PANTHÉON LITTÉRAIRE

LIVRES SACRÉS DE L'ORIENT

ORLÉANS, IMPRIMERIE DE G. JACOB, CLOÎTRE SAINT-ÉTIENNE, 4.

LES
LIVRES SACRÉS
DE L'ORIENT

COMPRENANT

LE CHOU-KING OU LE LIVRE PAR EXCELLENCE ;
LES SSE-CHOU OU LES QUATRE LIVRES DE CONFUCIUS ET DE SES DISCIPLES ;
LES LOIS DE MANOU, PREMIER LÉGISLATEUR DE L'INDE ;
LE KORAN DE MAHOMET ;

TRADUITS OU REVUS ET CORRIGÉS

PAR G. PAUTHIER

L'Asie fut le foyer d'où s'échappa la lumière
qui vint éclairer nos climats.   (D. FERNON.)

ORLÉANS
H. HERLUISON, LIBRAIRE-ÉDITEUR
17, RUE JEANNE-D'ARC, 17
—
1875

INTRODUCTION.

Les études orientales commencent, depuis quelque temps, à inspirer un vif intérêt en Europe. Il y a à la plus que de la curiosité, il y a un sentiment vrai de la nécessité de connaître des populations qui semblent aujourd'hui être appelées à prendre une part active au mouvement général de la vie des peuples, et en même temps de chercher de nouvelles solutions historiques à des faits mal connus ou inexpliqués, jusqu'ici, en renouant les anneaux perdus de cette grande chaîne de l'humanité qui se cache dans la nuit des âges, et dont nous ne connaissons bien encore que quelques fragments détachés.

L'Orient, avec ses immenses souvenirs, qui touchent au berceau du monde, comme lui, touche au berceau du soleil, avec ses mers de sable où sont couchées des nations, subsiste toujours. Il conserve encore vivantes dans son sein la première énigme et les premières traditions du genre humain.

Dans l'histoire comme dans la poésie, dans les manifestations religieuses comme dans les spéculations philosophiques, l'Orient est l'antécédent de l'Occident. Nous devons donc chercher à le connaître pour nous bien connaître nous-mêmes.

On a compris, depuis quelque temps, que l'histoire des Grecs et des Romains, ainsi que les notions qu'ils nous ont laissées sur les antiques civilisations de l'Orient, étaient tout à fait insuffisantes pour bien apprécier, non-seulement le développement de l'humanité dans tous les lieux et dans tous les âges, mais encore celui des nations grecque et romaine, et, par conséquent, celui des nations modernes, parce que, dans le grand mouvement des civilisations orientales et occidentales, il y a, pour la science historique, des origines particulières et complexes, des influences diverses à déterminer, comme la science géologique détermine, dans les gisements et les formes des substances terrestres, les origines et les âges des terrains primaires, secondaires et tertiaires. Si l'historien et le philosophe se bornaient à étudier seulement les faits et les idées propres à un peuple, ils n'auraient qu'une connaissance très-imparfaite du grand système et de la nature de l'humanité, comme le géologue qui n'étudierait qu'une montagne, un bassin, n'aurait également qu'une connaissance très-imparfaite du système de la terre.

Ce qui précède suffit pour faire sentir l'importance de connaître les grands monuments historiques, philosophiques et religieux des anciens peuples de l'Orient, dont l'existence a établi des foyers particuliers de développement intellectuel au milieu du développement général de l'humanité; monuments qui, comme la colonne de feu de Moïse, ont guidé cette humanité dans les divers chemins de la civilisation.

De tous les problèmes que l'esprit humain s'est jusqu'ici proposé de résoudre, il n'en est peut-être pas de plus important et de plus difficile que celui de l'origine et du développement des sociétés humaines. Si l'on ne veut pas s'en tenir à la solution religieuse de ce problème, et que l'on cherche à satisfaire son esprit par une solution historique, les grands monuments, qui ont servi de base aux premières civilisations, doivent être les premiers éléments de cette dernière solution; mais comme ces monuments étaient bien loin d'être accessibles à tous les esprits réfléchis qui s'occupent de ces sortes de problèmes, l'auteur de cette introduction, voué depuis de longues années à l'étude des langues et des civilisations de l'Orient, avait conçu, dès ses premiers pas dans cette carrière, la pensée de faire connaître quelques-uns de ces antiques monuments qui sont encore debout, non pas au milieu des solitudes du désert, comme les pyramides d'Égypte ou les colonnes de Palmyre, mais au sein des populations qu'ils dominent depuis trois à quatre mille ans, et qu'ils éclairent de leur sublime et merveilleuse clarté.

Il disait déjà, en 1831 : « A mesure que les connaissances sur l'Orient se développeront, on verra se révéler comme un monde nouveau, une civilisation merveilleuse que l'antiquité n'avait pas même soupçonnée. On sera surpris de voir ce qu'étaient les anciens en comparaison de ces vieux peuples de l'Orient, et on sera de plus en plus frappé de la vérité de cette allocution d'un prêtre d'Égypte à Solon (conservée par Platon dans son Timée) : « O Athéniens, vous n'êtes que des en-
« fants! vous ne connaissez rien de ce qui est plus
« ancien que vous; remplis de votre propre excel-
« lence et de celle de votre nation, vous ignorez
« tout ce qui vous a précédés; vous croyez que ce
« n'est qu'avec vous et avec votre ville que le monde
« a commencé d'exister*. »

Ce reproche d'ignorance vaniteuse, fait par un prêtre de Saïs aux Athéniens, aurait pu recevoir encore depuis, de nombreuses applications; mais il faut convenir, cependant, que l'on s'est beaucoup plus occupé de l'étude des langues et des civilisations de l'Orient dans les temps modernes que dans les temps anciens. Depuis environ deux siècles,

---

* Mémoire sur l'origine et la propagation de la doctrine du Tao, en Chine, etc. Introduction, page VIII.

l'Orient a été, pour ainsi dire, révélé à l'Europe par quelques hommes laborieux et intelligents; mais c'est surtout depuis une quarantaine d'années que les études orientales, favorisées par les grands événements dont le monde a été le théâtre, ont pris le plus de développement. Toutefois, ces études, et les connaissances nouvelles qu'elles révélaient à l'Europe, étaient circonscrites dans un cercle très-restreint d'esprits laborieux, plus aptes à les cultiver avec succès, qu'à les populariser et à les faire passer du domaine de la spéculation dans celui de la vie pratique. Il fallait d'ailleurs, pour que l'Europe s'intéressât à ce monde si nouveau pour elle, quoique si ancien, qu'il sortît du long sommeil de l'oubli dans lequel il était plongé depuis tant de siècles, qu'il cherchât à secouer les chaînes dont on avait voulu le charger en silence, et qu'il se montrât enfin résolu à prendre part à la vie générale de l'humanité, selon sa nature et sa propre destination. Singulière puissance des événements politiques! Cet Orient, qui n'existait guère que pour des esprits studieux ou des négociants avides, est devenu tout à coup l'arbitre, pour ainsi dire, des destinées de l'Europe, de cette vieille Europe qui, engourdie d'épuisement et de lassitude, sent le besoin d'aller puiser de nouveau la vie au soleil éclatant de l'Orient!

Mais l'Orient n'est-il pas encore, pour la plupart des esprits, même les plus cultivés, un de ces mondes fantastiques des *Mille et une Nuits*, qui ne présentent pas même l'ombre de la réalité; une de ces terres maudites où l'esclavage appesantit ses éternelles et lourdes chaînes, où la tyrannie continue son âge d'or, où l'humanité pétrifiée a perdu tout son caractère de noblesse et de dignité qui aurait encore pu, même au sein de l'esclavage, la sauver de l'oubli dédaigneux de l'Europe prétendue libre, et l'intéresser à ses destinées? L'Orient, avec ses races et ses civilisations si différentes, n'est-il pas le plus souvent encore confondu dans une même personnification imaginaire qui n'a pas plus de réalité que les rêveries du moyen âge? Il est temps que la généralité des esprits remplace les notions erronées que l'on s'est formées de l'Orient, par des idées vraies, par l'étude des monuments qui ont constitué les civilisations différentes des nations diverses qui le composent. C'est le seul moyen d'avoir l'intelligence des faits dont cette grande et belle partie du monde est et deviendra le théâtre.

En Orient, comme dans la plupart des contrées de la terre, mais en Orient surtout, le sol a été sillonné par de nombreuses révolutions, par des bouleversements qui ont changé la face des empires. De grandes nations, depuis quatre mille ans, ont paru avec éclat sur cette vaste scène du monde. La plupart sont descendues dans la tombe avec les monuments de leur civilisation, ou n'ont laissé que de faibles traces de leur passage : tel est l'ancien empire de Darius, dont l'antique législation nous a été en partie conservée dans les écrits de Zoroastre, et dont on cherche maintenant à retrouver les curieux et importants vestiges dans les inscriptions cunéiformes de Babylone et de Persépolis [*]. Tel est celui des Pharaons, qui, avant de s'ensevelir sous ses éternelles pyramides, avait jeté à la postérité, comme un défi, l'énigme de sa langue figurative, dont le génie moderne, après deux mille ans de tentatives infructueuses, commence enfin à soulever le voile. Mais d'autres nations, contemporaines de ces grands empires, ont résisté, depuis près de quarante siècles, à toutes les révolutions que la nature et l'homme leur ont fait subir. Restées seules debout et immuables quand tout s'écroulait ou se transformait autour d'elles, elles ressemblent à ces rochers escarpés que les flots des mers battent depuis le jour de la création, sans pouvoir les ébranler, portant ainsi témoignage de l'impuissance du temps pour détruire ce qui n'est pas une œuvre de l'homme.

En effet, c'est un phénomène, on peut le dire, extraordinaire que celui de la nation chinoise et de la nation indienne, se conservant immobiles depuis l'origine la plus reculée des sociétés humaines, sur la scène si mobile et si changeante du monde! On dirait que leurs premiers législateurs, saisissant de leur bras de fer ces nations à leur berceau, leur ont imprimé une forme indélébile, et les ont coulées, pour ainsi dire, dans un moule d'airain, tant l'empreinte a été forte, tant la forme a été durable! Assurément, il y a là quelques vestiges des lois éternelles qui gouvernent le monde.

Dans le volume que nous publions aujourd'hui sous le titre de LIVRES SACRÉS DE L'ORIENT, nous avons voulu réunir les principaux monuments des principales civilisations encore vivantes de cette belle et grande partie du monde. Ces civilisations sont la *Civilisation chinoise*, la *Civilisation indienne* et la *Civilisation musulmane*. Les monuments qui ont constitué ces trois grandes civilisations ont été, à des temps et en des lieux divers, trois puissants foyers de lumière qui ont jeté au loin un grand éclat, et qui se sont assimilé successivement des races d'une civilisation inférieure, sans que l'élément primitif en ait été altéré.

On ne peut trop s'étonner de voir avec quelle imperturbable assurance de nombreux écrivains ont traité des destinées de l'humanité, sans tenir plus de compte des civilisations indienne et chinoise que si elles n'avaient jamais eu une place au soleil! Toute l'humanité pour eux, ou plutôt, toutes les civilisations anciennes étaient, pour ainsi dire, circonscrites dans les murs d'Athènes et de Rome; tout le reste était barbare et complétement indigne d'un regard civilisé. Et cependant de grands empires, de brillantes civilisations existaient déjà en Asie, lorsque l'Égyptien Cécrops alla, avec quelques-uns de ses compatriotes civilisés, fonder la ville d'Athènes, et que le nourrisson d'une louve posa les premiers fondements de la ville de Rome. A cette dernière époque, une civilisation éclipsée, ou plutôt anéantie par Rome, brillait dans le Latium. Les Ombriens, les Ligu-

[*] Voir à ce sujet un savant Mémoire de M. E. Burnouf, *sur deux inscriptions cunéiformes trouvées près d'Hamaddan*, in-4°.

veut prendre part, comme à la chose la plus triviale et la plus vulgaire, et à laquelle on n'a pas besoin d'être préparé par le moindre travail intellectuel et moral.

Pour faire mieux comprendre les doctrines morales et politiques du philosophe chinois, nous pensons qu'il ne sera pas inutile de présenter ici un court aperçu des *Quatre Livres classiques*, dont nous donnons la traduction à la suite de celle du *Chou-king*, ou *Livre sacré par excellence*.

1° LE TA-HIO OU LA GRANDE ÉTUDE. Ce petit ouvrage se compose d'un *texte* attribué à KHOUNG-TSEU, et d'une *exposition* faite par son disciple *Thseng-tseu*. Le texte proprement dit est fort court. Il est nommé *King* ou *Livre par excellence*; mais tel qu'il est, cependant, c'est peut-être, sous le rapport de l'art de raisonner, le plus précieux de tous les écrits de l'ancien philosophe chinois, parce qu'il offre, au plus haut degré, l'emploi d'une méthode logique, qui décèle dans celui qui en fait usage, sinon la connaissance des procédés syllogistiques les plus profonds, enseignés et mis en usage par les philosophes indiens et grecs, au moins les progrès d'une philosophie qui n'est plus bornée à l'expression aphoristique des idées morales, mais qui est déjà passée à l'état scientifique. L'art est ici trop évident pour que l'on puisse attribuer l'ordre et l'enchaînement logique des propositions à la méthode naturelle d'un esprit droit qui n'aurait pas encore eu conscience d'elle-même. On peut donc établir que l'argument nommé *sorite* était déjà connu en Chine environ deux siècles avant Aristote, quoique les lois n'en aient peut-être jamais été formulées dans cette contrée, par des traités spéciaux*.

Toute la doctrine de ce premier traité repose sur un grand principe auquel tous les autres se rattachent et dont ils découlent comme de leur source primitive et naturelle: *le perfectionnement de soi-même*. Ce principe fondamental, le philosophe chinois le déclare obligatoire pour tous les hommes, depuis celui qui est le plus élevé et le plus puissant, jusqu'au plus obscur et au plus faible, et il établit, que négliger ce grand devoir, c'est se mettre dans l'impossibilité d'arriver à aucun autre perfectionnement moral.

Après avoir lu ce petit traité, on demeure convaincu que le but du philosophe chinois a été d'enseigner les devoirs du gouvernement politique comme ceux du perfectionnement de soi-même et de la pratique de la vertu par tous les hommes.

2° LE TCHOUNG-YOUNG, OU L'INVARIABILITÉ DANS LE MILIEU. Le titre de cet ouvrage a été interprété de diverses manières par les commentateurs chinois. Les uns l'ont entendu comme signifiant *la persévérance de la conduite dans une ligne droite également éloignée des extrêmes*, c'est-à-dire, dans la *voie de la vérité* que l'on doit constamment suivre; les autres l'ont considéré comme signifiant

* Voy. l'Argument philosophique de l'édition *chinoise-latine et française* que nous avons donnée de cet ouvrage. Paris, 1837, gr. in-8°.

tenir le milieu en se conformant aux temps et aux circonstances, ce qui nous paraît contraire à la doctrine exprimée dans ce livre, qui est d'une nature aussi métaphysique que morale. *Tseu-sse*, qui le rédigea, était petit-fils et disciple de KHOUNG-TSEU. On voit, à la lecture de ce traité, que *Tseu-sse* voulut exposer les principes métaphysiques des doctrines de son maître, et montrer que ces doctrines n'étaient pas de simples *préceptes dogmatiques* puisés dans le sentiment et la raison, et qui seraient par conséquent plus ou moins obligatoires selon la manière de sentir et de raisonner, mais bien des *principes métaphysiques* fondés sur la nature de l'homme et les lois éternelles du monde. Ce caractère élevé, qui domine tout le *Tchoung-young*, et que des écrivains modernes, d'un mérite supérieur d'ailleurs*, n'ont pas voulu reconnaître dans les écrits des philosophes chinois, place ce traité de morale métaphysique au premier rang des écrits de ce genre que nous a légués l'antiquité. On peut certainement le mettre à côté, sinon au-dessus de tout ce que la philosophie ancienne nous a laissé de plus élevé et de plus pur. On sera même frappé, en le lisant, de l'analogie qu'il présente, sous certains rapports, avec les doctrines morales de la philosophie stoïque enseignées par Épictète et Marc-Aurèle, en même temps qu'avec la métaphysique d'Aristote.

On peut se former une idée de son contenu par l'analyse sommaire que nous allons en donner, d'après les commentateurs chinois.

Dans le premier chapitre, *Tseu-sse* expose les idées principales de la doctrine de son maître KHOUNG-TSEU, qu'il veut transmettre à la postérité. D'abord il fait voir que la *voie droite*, ou la *règle de conduite morale*, qui oblige tous les hommes, a sa base fondamentale dans le ciel, d'où elle tire son origine, et qu'elle ne peut changer; que sa substance véritable, son essence propre, existe complétement en nous, et qu'elle ne peut en être séparée; secondement, il parle du devoir de conserver cette *règle de conduite morale*, de l'entretenir, de l'avoir sans cesse sous les yeux; enfin il dit que les saints hommes, ceux qui approchent le plus de l'intelligence divine, type parfait de notre imparfaite intelligence, l'ont portée par leurs œuvres à son dernier degré de perfection.

Dans les dix chapitres qui suivent, *Tseu-sse* ne fait, pour ainsi dire, que des citations de paroles de son maître destinées à corroborer et à compléter le sens du premier chapitre. Le grand but de cette partie du livre est de montrer que la *prudence éclairée*, l'*humanité* ou la *bienveillance universelle pour les hommes*, la *force d'âme*, ces *trois vertus universelles et capitales*, sont comme la porte par laquelle on doit entrer dans la *voie droite* que doivent suivre tous les hommes; c'est pourquoi ces vertus ont été traitées dans la première partie de l'ouvrage, qui comprend les chapitres 2, 3, 4, 5, 6, 7, 8, 9, 10 et 11.

* Voy. les Histoires de la philosophie ancienne, de Hegel et de H. Ritter, précédemment cités.

Dans le douzième chapitre, *Tseu-sse* cherche à expliquer le sens de cette expression du premier chapitre, où il est dit que la *voie droite* ou la *règle de conduite morale de l'homme* est tellement obligatoire, que l'on ne peut s'en écarter d'un seul point un seul instant. Dans les huit chapitres qui suivent, *Tseu-sse* cite sans ordre les paroles de son maître KHOUNG-TSEU, pour éclaircir le même sujet.

Toute morale qui n'aurait pas pour but le perfectionnement de la nature humaine serait une morale incomplète et passagère. Aussi le disciple de KHOUNG-TSEU, qui veut enseigner la loi éternelle et immuable d'après laquelle les actions des hommes doivent être dirigées, établit, dans le vingtième chapitre, que la loi suprême, la loi de conduite morale de l'homme qui renferme toutes les autres, est la *perfection*. « Il y a un principe certain, dit-« il, pour reconnaître l'état de perfection. *Celui qui* « *ne sait pas distinguer le bien du mal, le vrai du* « *faux, qui ne sait pas reconnaître dans l'homme* « *le mandat du ciel, n'est pas encore arrivé à la* « *perfection.* »

Selon le philosophe chinois, le *parfait*, le vrai, dégagé de tout mélange, est la loi du ciel; la *perfection* ou le *perfectionnement*, qui consiste à employer tous ses efforts pour découvrir et suivre la loi céleste, le vrai principe du mandat du ciel, est la loi de l'homme. Par conséquent, il faut que l'homme atteigne la *perfection* pour accomplir sa propre loi.

Mais pour que l'homme puisse accomplir sa loi, il faut qu'il la connaisse « Or, dit *Tseu-sse* (chap. « XXII), il n'y a dans le monde que les hommes « souverainement parfaits qui puissent connaître à « fond leur propre nature, la loi de leur être et les « devoirs qui en dérivent; pouvant connaître à « fond la loi de leur être et les devoirs qui en dé-« rivent, ils peuvent, par cela même, connaître à « fond la nature des autres hommes, la loi de leur « être, et leur enseigner tous les devoirs qu'ils ont « à observer pour accomplir le mandat du ciel. » Voilà les hommes parfaits, les saints, c'est-à-dire, ceux qui sont arrivés à la *perfection*, constitués les instituteurs des autres hommes, les seuls capables de leur enseigner leurs devoirs et de les diriger dans la droite voie, la *voie de la perfection morale*.

Mais *Tseu-sse* ne borne point là les facultés de ceux qui sont parvenus à la *perfection*. Suivant le procédé logique que nous avons signalé précédemment, il montre que les hommes arrivés à la *perfection* développent leurs facultés jusqu'à leur plus haute puissance, s'assimilent aux pouvoirs supérieurs de la nature, et s'absorbent finalement en eux. « Pouvant connaître à fond, ajoute-t-il, la na-« ture des autres hommes, la loi de leur être, et « leur enseigner les devoirs qu'ils ont à observer « pour accomplir le mandat du ciel, ils peuvent, « par cela même, connaître à fond la nature des « autres êtres vivants et végétants, et leur faire « accomplir leur loi de vitalité selon leur propre nature · pouvant connaître à fond la na-« ture des êtres vivants et végétants, et leur faire « accomplir leur loi de vitalité, selon leur propre « nature, ils peuvent, par cela même, au moyen « de leurs facultés intelligentes supérieures, aider « le ciel et la terre dans la transformation et l'en-« tretien des êtres, pour qu'ils prennent leur complet « développement; pouvant aider le ciel et la terre dans « la transformation et l'entretien des êtres, ils peu-« vent, par cela même, constituer un troisième pou-« voir avec le ciel et la terre. » Voilà la loi du ciel.

Mais, selon *Tseu-sse* (chap. XXIII-XXIV), il y a différents degrés de *perfection*. Le plus haut degré est à peine compatible avec la nature humaine, ou plutôt ceux qui l'ont atteint sont devenus supérieurs à la nature humaine. Ils peuvent prévoir l'avenir, la destinée des nations, leur élévation et leur chute, et ils sont assimilés aux intelligences immatérielles, aux êtres supérieurs à l'homme. Cependant, ceux qui atteignent un degré de *perfection* moins élevé, plus accessible à la nature de l'homme (chap. XXIII), opèrent un grand bien dans le monde par la salutaire influence de leurs bons exemples. On doit donc s'efforcer d'atteindre à ce second degré de *perfection*.

« Le *parfait* (chap. XXV) est par lui-même « parfait, absolu; la *loi du devoir* est par elle-« même loi du devoir. »

« Le *parfait* est le commencement et la fin de « tous les êtres; sans le parfait, les êtres ne se-« raient pas. » C'est pourquoi *Tseu-sse* place le perfectionnement de soi-même et des autres au premier rang des devoirs de l'homme. « Réunir le « perfectionnement intérieur et le perfectionne-« ment extérieur constitue la règle du devoir. »

« C'est pour cela, dit-il (chap. XXVI), que « l'homme souverainement parfait ne cesse jamais « d'opérer le bien et de travailler au perfectionne-« ment des autres hommes. » Ici le philosophe chinois exalte tellement la puissance de l'homme parvenu à la *perfection*, qu'il l'assimile à celle du ciel et de la terre (chap. XXVI et XXVII). C'est un caractère propre à la philosophie de l'Orient [*], et que l'on ne retrouve point dans la philosophie de l'antiquité classique, d'attribuer à l'homme parvenu à la *perfection* philosophique des pouvoirs surnaturels qui le placent au rang des puissances surhumaines.

Tseu-sse, dans le vingt-neuvième chapitre de son livre, est amené, par la méthode de déduction, à établir que les lois qui doivent régir un empire ne peuvent pas être proposées par des sages qui ne seraient pas revêtus de la dignité souveraine, parce qu'autrement, quoique excellentes, elles n'obtiendraient pas du peuple le respect nécessaire à leur sanction, et ne seraient point observées. Il en conclut que cette haute mission est réservée au souverain qui doit établir ses lois selon les lois du ciel et de la terre, et d'après les inspirations des intelligences supérieures. Mais voyez à quelle rare et

---

[*] Voyez aussi notre traduction des Essais de Colebrooke, sur la *Philosophie des Hindous*.

riens, les Volsques, les Étrusques surtout, ne méritaient pas le nom de barbares et l'oubli dans lequel les historiens romains, et presque tous les écrivains modernes qui les ont suivis, les ont laissés. Les monuments que l'on a découverts dans ces derniers temps de cet ancien peuple prouvent qu'il était déjà arrivé à un haut degré de civilisation et de richesse longtemps avant la naissance de Rome*. Le premier empire d'Assyrie tombait lorsque Rome sortait à peine de son berceau. L'Orient était déjà vieux; il avait déjà de vieilles monarchies en décadence, il avait déjà parcouru toutes les phases de la civilisation, lorsque l'Occident, où arrivaient ses colonies, était encore plongé dans la plus épaisse barbarie. Et l'on veut faire tout dater d'Athènes et de Rome, langues, religions, arts, en un mot, tout ce qui constitue la civilisation ! On veut plus, on veut que l'idée morale qui domine la société moderne n'ait été apportée dans le monde qu'à une époque encore plus récente, et que toute cette grande portion de l'humanité qui a été et est encore représentée en Orient par de si grands et de si nombreux empires, en ait été déshéritée ! La raison se refuse à admettre une pareille doctrine, qui, quand même les faits ne la démentiraient pas complétement, serait, à notre sens, la plus forte injure que l'on pût faire à la Divinité.

La publication du volume que nous offrons aujourd'hui au public, n'eût-elle d'autre résultat que de rectifier une foule de préjugés et d'idées fausses, admis presque universellement, et d'après lesquels on construit péniblement tous les jours des livres et des systèmes, nous croirions avoir rendu un service assez grand. Nous ne craignons pas d'affirmer que l'étude des civilisations de l'Orient est désormais d'une nécessité absolue pour quiconque veut écrire sur les origines et la filiation des peuples, des langues, des arts, des religions, de la morale, de la philosophie, en un mot, sur l'histoire tout entière de l'humanité. Nous ne craindrons pas d'affirmer encore que la plus grande partie des livres publiés depuis la découverte de l'imprimerie (et ils sont nombreux), dont les sujets se rapportent plus ou moins directement à ceux qui sont énumérés ci-dessus, sont à refaire, parce qu'ils partent tous de données plus ou moins inexactes, de bases plus ou moins fragiles, de systèmes plus ou moins faux, parce qu'ils n'ont tenu aucun compte de ces importantes civilisations qui ont eu et ont encore une grande influence sur le développement général de l'humanité. C'est comme si tous ceux qui ont créé des systèmes d'astronomie avaient négligé ou dédaigné de tenir compte des astres les plus rayonnants du système du monde ! Ces systèmes seraient assurément à refaire.

Un autre avantage qui résultera peut-être de la publication du présent volume, comme de toutes les publications qui nous feront connaître avec exactitude les monuments qui ont le plus contribué au développement des diverses civilisations de l'Orient, ce sera de mettre les esprits studieux et réfléchis en garde contre la facilité avec laquelle beaucoup d'écrivains, d'ailleurs très-recommandables, résolvent les plus hautes et les plus difficiles questions de l'histoire et de la philosophie. le plus souvent *à priori* ou d'après une connaissance très-superficielle des faits, s'appuyant sur des documents quelquefois très-suspects, le plus souvent recueillis au hasard et sans autorité aucune aux yeux d'une saine critique; car rien n'est plus dangereux et plus difficile à détruire que les erreurs ou les faits faux propagés par des noms illustres, dont la parole fait autorité, et même par des écrivains qui, sous le grand nom de *philosophie de l'histoire*, et d'après quelques vagues données, vous formulent imperturbablement les lois qui ont présidé aux événements de l'histoire et au développement des civilisations orientales dont ils savent à peine le premier mot.

N'est-il pas pénible, par exemple, de voir des historiens de la philosophie comme Hegel et H. Ritter, dont les habitudes d'esprit sérieuses devaient être exemptes, sinon d'une pareille ignorance, au moins d'une pareille légèreté, écrire, le premier :
« Nous avons des entretiens de Confucius avec ses
« disciples, dans lesquels est exprimée une morale
« populaire; cette morale se trouve partout, chez
« tous les peuples, et meilleure; elle n'a rien que
« de vulgaire. Confucius est un philosophe prati-
« que; la philosophie spéculative ne se rencontre
« pas dans ses écrits; ses doctrines morales ne sont
« que bonnes, usuelles, mais on n'y peut rien ap-
« prendre de spécial. L'ouvrage moral de Cicéron,
« *De Officiis*, nous en apprend plus et mieux que
« tous les ouvrages de Confucius; et, d'après ses
« ouvrages originaux, on peut émettre l'opinion
« qu'il vaudrait mieux pour la réputation de Con-
« fucius qu'ils n'eussent jamais été traduits *. »

Et le second : « Quant aux écrits attribués à Con-
« fucius, et qui sont pour ses compatriotes comme
« les sources de la sagesse, on peut remarquer que
« les Chinois réputent quelquefois sagesse tout
« autre chose que ce que nous regardons comme
« philosophie; car ces règles de conduite et ces
« sentences morales répétées jusqu'à satiété, qu'on
« rencontre dans les écrits de ce sage, ces formes
« de pratiques extérieures qui s'y trouvent pres-
« crites, et tout cela sans le moindre ensemble, ne
« mérite de nous qu'un sourire sur le sérieux plein
« de roideur qui voudrait faire passer ces maximes
« pour quelque chose d'important **. »

---

* *Vorlesungen über die Geschichte der Philosophie.* Erster Band. S. 140-141.

** *Histoire de la philosophie ancienne.* Traduction française de M. Tissot, t. I, p. 52. Nous nous proposons de démontrer un jour, dans une *Histoire spéciale de la philosophie chinoise*, que ces jugements des deux historiens allemands sur Confucius et la philosophie chinoise, sont aussi injustes que mal fondés; que la philosophie en Chine a été cultivée dès la plus haute antiquité par un très-grand nombre de

---

* C'est ce qui a été reconnu d'ailleurs par quelques historiens romains : *Tuscorum ante Romanum imperium late terra marique opes patuere*, Liv. V, 33; et Denys d'Halicarnasse fait venir de l'Étrurie la plupart des rites religieux des Romains.

Ce n'est pas ainsi que s'exprimaient autrefois en Allemagne, au sujet de Confucius, les Leibnitz, les Wolff, les Brucker, qui s'occupèrent aussi de l'histoire de la philosophie; mais cette science n'était pas encore arrivée à la hauteur où MM. Hegel et Ritter l'ont portée. Il est douteux, cependant, que les hautes doctrines spéculatives de ces derniers philosophes aient jamais une influence civilisatrice aussi étendue et aussi durable que les doctrines morales si vulgaires du philosophe chinois.

I. CIVILISATION CHINOISE.

La civilisation chinoise est sans aucun doute la plus ancienne civilisation du monde existante. Elle remonte authentiquement, c'est-à-dire, par les preuves de l'histoire chinoise *, jusqu'à deux mille six cents ans avant notre ère. Les documents recueillis dans le *Chou-king* ou *Livre par excellence* qui ouvre ce volume, surtout dans les premiers chapitres, sont les documents les plus anciens de l'histoire du monde. Il est vrai que le *Chou-king* fut coordonné par KHOUNG-FOU-TSEU (CONFUCIUS) dans la seconde moitié du sixième siècle avant notre ère **; mais ce grand philosophe, qui avait un si profond respect pour l'antiquité, n'altéra point les documents qu'il mit en ordre ***

---

philosophes, et que leurs immenses écrits ne méritent pas l'inconcevable dédain des historiens de l'Europe qui n'en ont aucune idée.

* On peut consulter à ce sujet notre *Description historique, géographique et littéraire de la Chine*, t. I, p. 32 et suiv. F. Didot frères, 1837.

** Voy. la Préface du P. Gaubil, p. I et suiv.

*** Il s'est élevé depuis quelque temps en France une école qui, appréciant les hommes et les choses de son point de vue philosophique, est souvent très-injuste dans ses jugements. Les noms les plus vénérés, ceux que l'éloignement des lieux et des temps, aussi bien que l'ignorance des faits, devraient mettre à l'abri d'une critique inconsidérée, sont l'objet de ses accusations. Ainsi elle reproche à KHOUNG-TSEU (*Confucius*) d'avoir *altéré* les doctrines religieuses qui l'avaient précédé; d'avoir « fait sur « les *King* et les livres de l'antiquité chinoise, un travail « analogue à celui de Platon, analogue à celui d'Aristote sur « les dogmes religieux des grandes sociétés auxquelles la « Grèce était redevable de sa civilisation, c'est-à-dire, que ce « philosophe élagua de ces livres toute la partie religieuse « qu'il ne comprenait pas très-bien, tout ce qui se rappor-« tait à l'explication ou au développement des dogmes tradi-« tionnels, en un mot, tout ce qui devait lui paraître dé-« pourvu d'intérêt. » (Appendice de M. Bazin à la *Chine*, de M. Davis, t. II, p. 346).

« Il est malheureusement vrai (dit aussi M. Ott, *Manuel « d'histoire ancienne*, p. 220) qu'un esprit de scepticisme « et de critique *étroite* présida à son travail sur la théologie, « et que c'est à lui et à ses disciples que l'on doit reprocher « la perte de tant de monuments antiques dont la Chine « était encore riche de son temps. »

Voilà assurément des accusations graves si elles étaient fondées; mais on ne fournit aucune preuve à l'appui. Quand il s'agit de faits semblables, les preuves *à priori* ne peuvent être admises, quelle que soit la profondeur des formules. Le dernier écrivain cité dit encore : « Confucius ne dit pas « un mot des peuples étrangers, et cela devait être. Suivant « les principes chinois, en effet, les étrangers n'ont d'autre « valeur que les animaux, et doivent être gouvernés comme « des animaux. » (*Id.*, p. 228). Que répondre à de pareilles assertions !

S'il fallait s'en rapporter à ce qui est dit dans les *Annales de la dynastie des Souï*, k. 27, le philosophe chinois que l'on accuse si positivement d'avoir détruit les monuments

---

D'ailleurs, pour les sinologues, le style de ces documents, qui diffère autant du style moderne que le style des douze Tables diffère de celui de Cicéron, est une preuve suffisante de leur ancienneté.

Ce qui doit profondément étonner à la lecture de ce beau monument de l'antiquité, c'est la haute raison, le sens éminemment moral qui y respirent. Les auteurs de ce livre, et les personnages dans la bouche desquels sont placés les discours qu'il contient, devaient, à une époque si reculée, posséder une grande culture morale qu'il serait difficile de surpasser, même de nos jours. Cette grande culture morale, dégagée de tout autre mélange impur que celui de la croyance aux indices des sorts, est un fait très-important pour l'histoire de l'humanité; car, ou cette grande culture morale était le fruit d'une civilisation déjà avancée, ou c'était le produit spontané d'une nature éminemment droite et réfléchie; dans l'un et l'autre cas, le fait n'en est pas moins digne des méditations du philosophe et de l'historien.

Les idées contenues dans le *Chou-king* sur la Divinité, sur l'influence bienfaisante qu'elle exerce constamment dans les événements du monde, sont très-pures et dignes en tout point de la plus saine philosophie. On y remarquera surtout l'intervention constante du Ciel ou de la Raison suprême, dans les relations des princes avec les populations, ou des gouvernements avec les gouvernés, et cette intervention est toujours en faveur de ces derniers, c'est-à-dire, du peuple. L'exercice de la souveraineté, qui dans nos sociétés modernes n'est le plus souvent que l'exploitation du plus grand nombre au profit de quelques-uns, n'est, dans le *Chou-king*, que l'accomplissement religieux d'un mandat céleste au profit de tous, qu'une noble et grande mission confiée au plus dévoué et au plus digne, et qui était retirée dès l'instant que le mandataire manquait à son mandat. Nulle part peut-être les droits et les devoirs respectifs des rois et des peuples, des gouvernements et des gouvernés, n'ont été enseignés d'une manière aussi élevée, aussi digne, aussi conforme à la raison. C'est bien là qu'est constamment mise en pratique cette grande maxime de la démocratie moderne : *vox populi, vox Dei*, « la voix du peuple est la voix de Dieu. » Cette maxime se manifeste partout, mais on la trouve ainsi formulée à la fin du chapitre *Kao-yao-mo*, § 7 (p. 56) :

« Ce que le ciel voit et entend n'est que ce que « le peuple voit et entend. Ce que le peuple juge « digne de récompense et de punition est ce que « le ciel veut punir et récompenser. Il y a une « communication intime entre le ciel et le peuple; « que ceux qui gouvernent les peuples soient donc « attentifs et réservés. » On la trouve aussi formu-

---

religieux de son pays, aurait, au contraire, composé deux ouvrages, formant ensemble *quatre-vingt et un livres*, dans lesquels il traitait des choses passées et futures, des esprits, des choses visibles et invisibles; mais ces livres furent livrés aux flammes par ordre de *Yang-ti*, second empereur de la dynastie des Souï (605 de notre ère), parce qu'ils furent considérés comme apocryphes.

INTRODUCTION.

lée de cette manière dans le *Ta-hio* ou la *Grande Etude*, ch. X, § 5 (p. 161) :

« Obtiens l'affection du peuple et tu obtiendras l'empire;

« Perds l'affection du peuple et tu perdras l'empire. »

On ferait plusieurs volumes si l'on voulait recueillir tous les axiomes semblables qui sont exprimés dans les livres chinois, depuis les plus anciens jusqu'aux plus modernes, et, nous devons le dire, on ne trouverait pas, dans tous les écrivains politiques et moraux de la Chine, bien plus nombreux que partout ailleurs, un seul apôtre de la tyrannie et de l'oppression, un seul écrivain qui ait eu l'audace, pour ne pas dire l'impiété, de nier les droits de tous aux dons de Dieu, c'est-à-dire, aux avantages qui résultent de la réunion de l'homme en société, et de les revendiquer au profit d'un seul ou d'un petit nombre. Le pouvoir le plus absolu que les écrivains politiques et les moralistes chinois aient reconnu aux chefs du gouvernement, n'a jamais été qu'un pouvoir délégué par le Ciel, ou la Raison suprême absolue, ne pouvant s'exercer que dans l'intérêt de tous, pour le bien de tous, et jamais dans l'intérêt d'un seul et pour le bien d'un seul. Des limites morales infranchissables sont posées à ce pouvoir absolu; et s'il lui arrivait de les dépasser, d'enfreindre ces lois morales, d'abuser de son mandat, alors, comme l'a dit un célèbre philosophe chinois du douzième siècle de notre ère, TCHOU-HI, dans son Commentaire sur le premier des *Quatre Livres classiques de la Chine* (voy. p. 154-155), enseigné dans toutes les écoles et les collèges de l'empire, le peuple serait dégagé de tout respect et de toute obéissance envers ce même pouvoir, qui serait détruit immédiatement, pour faire place à un autre pouvoir légitime, c'est-à-dire, s'exerçant uniquement dans les intérêts de tous.

Ces doctrines sont enseignées dans le *Chou-king* ou le *Livre sacré par excellence* des Chinois, ainsi que dans les *Quatre Livres classiques* du grand philosophe KHOUNG-TSEU et de ses disciples, dont nous donnons, dans ce volume, une traduction complète et aussi littérale que possible. Ces livres, révérés à l'égal des livres les plus révérés dans d'autres parties du monde, et qui ont reçu la sanction d'innombrables générations et de populations immenses, forment la base du droit public; ils ont été expliqués et commentés par les philosophes et les moralistes les plus célèbres, et ils sont continuellement dans les mains de tous ceux qui, tout en voulant orner leur intelligence, désirent encore posséder la connaissance de ces grandes vérités morales, qui font seules la prospérité et la félicité des sociétés humaines.

KHOUNG-FOU-TSEU (que les missionnaires européens, en le faisant connaître et admirer à l'Europe, nommèrent *Confucius*, en latinisant son nom), fut, non pas le premier, mais le plus grand législateur de la Chine*. C'est lui qui recueillit et mit en ordre, dans la seconde moitié du sixième siècle avant notre ère, tous les documents religieux, philosophiques, politiques et moraux, qui existaient de son temps, et en forma un corps de doctrines sous le titre de *Y-king* ou *Livre sacré des changements*; *Chou-king*, ou *Livre sacré par excellence*; *Chi-king*, ou *Livre des vers*; *Li-ki*, ou *Livre des Rites*. Les *Sse-chou*, ou *Quatre Livres classiques*, sont ses dits et ses maximes recueillis par ses disciples. Si l'on peut juger de la valeur d'un homme et de la puissance de ses doctrines par l'influence qu'elles ont exercée sur les populations, on peut, avec les Chinois, appeler KHOUNG-TSEU *le plus grand Instituteur du genre humain que les siècles aient jamais produit!*

En effet, il suffit de lire les ouvrages de ce philosophe, composés par lui ou recueillis par ses disciples, pour être de l'avis des Chinois. Jamais la raison humaine n'a été plus dignement représentée. On est vraiment étonné de retrouver dans les écrits de KHOUNG-TSEU l'expression d'une si haute et si vertueuse intelligence, en même temps que celle d'une civilisation aussi avancée. C'est surtout dans *Lûn-yù* ou les *Entretiens philosophiques* que se manifeste la belle âme de KHOUNG-TSEU. Où trouver, en effet, des maximes plus belles, des idées plus nobles et plus élevées que dans les livres dont nous publions la traduction? On ne doit pas être surpris si les missionnaires européens, qui les premiers firent connaître ces écrits à l'Europe, conçurent pour leur auteur un enthousiasme égal à celui des Chinois.

Ses doctrines étaient simples et fondées sur la nature de l'homme. Aussi disait-il à ses disciples : « Ma doctrine est simple et facile à pénétrer*. » Sur quoi l'un d'eux ajoutait : « La doctrine de notre » maître consiste uniquement à posséder la droi- » ture du cœur et à aimer son prochain comme soi- » même** ».

Cette doctrine, il ne la donnait pas comme nouvelle, mais bien comme un dépôt traditionnel des sages de l'antiquité, qu'il s'était imposé la mission de transmettre à la postérité***. Cette mission, il l'accomplit avec courage, avec dignité, avec persévérance, mais non sans éprouver de profonds découragements et de mortelles tristesses. Il faut donc que, partout, ceux qui se dévouent au bonheur de l'humanité, s'attendent à boire le calice d'amertume, le plus souvent jusqu'à la lie, comme s'ils devaient expier par toutes les souffrances humaines les dons supérieurs dont leur âme avait été douée pour accomplir leur mission divine!

Cette mission d'*Instituteur du genre humain*, le philosophe chinois l'accomplit dans toute son

---

* Nous renvoyons, pour d'amples détails sur sa vie et ses ouvrages, au premier volume de notre *Description de la Chine* déjà citée, t. Ier, p. 120 et suiv. On trouvera aussi, dans le XIIe volume des *Mémoires concernant les Chinois*, une vie très-détaillée du grand philosophe chinois, par le P. Amiot, que nous avons analysée dans l'ouvrage précité.

* *Lûn-yù*, ch. IV, § 15.
** *Id.*, § 16.
*** *Id*, ch. VII, § 1, 19.

étendue, et bien autrement qu'aucun philosophe de l'antiquité classique. Sa philosophie ne consistait pas en spéculations plus ou moins vaines, mais c'était une philosophie surtout pratique qui s'étendait à toutes les conditions de la vie, à tous les rapports de l'existence sociale. Le grand but de cette philosophie, le but pour ainsi dire unique était *l'amélioration constante de soi-même et des autres hommes*; de soi-même d'abord, ensuite des autres. L'amélioration ou le perfectionnement de soi-même est d'une nécessité absolue pour arriver à l'amélioration et au perfectionnement des autres. Plus la personne est en évidence, plus elle occupe un rang élevé, plus ses devoirs d'amélioration de soi-même sont grands. Aussi KHOUNG-TSEU considérait-il le gouvernement des hommes comme la plus haute et la plus importante mission qui puisse être conférée à un mortel, comme un véritable *mandat céleste*. L'étude du cœur humain, ainsi que l'histoire, lui avaient appris que le pouvoir pervertissait les hommes quand ils ne savaient pas se défendre de ses prestiges, que ses tendances permanentes étaient d'abuser de sa force et d'arriver à l'oppression. C'est ce qui donne aux écrits du philosophe chinois, comme à tous ceux de sa grande école, un caractère si éminemment politique et moral. La vie de KHOUNG-TSEU se consume en cherchant à donner des enseignements aux princes de son temps, à leur faire connaître leurs devoirs ainsi que la mission dont ils sont chargés pour gouverner les peuples et les rendre heureux. On le voit constamment plus occupé de prémunir les peuples contre les passions et la tyrannie des rois, que les rois contre les passions et la turbulence des peuples; non pas qu'il regardât les derniers comme ayant moins besoin de connaître leurs devoirs et de les remplir, mais parce qu'il considérait les rois comme seuls responsables du bien et du mal qui arrivaient dans l'empire, de la prospérité ou de la misère des populations qui leur étaient confiées. Il attachait à l'exercice de la souveraineté des devoirs si étendus et si obligatoires, une influence si vaste et si puissante, qu'il ne croyait pas pouvoir trop éclairer ceux qui en étaient revêtus, des devoirs qu'ils avaient à remplir pour accomplir convenablement leur mandat. C'est ce qui lui faisait dire : « Gouverner son pays avec la vertu et la ca« pacité nécessaires, c'est ressembler à l'étoile po« laire qui demeure immobile à sa place, tandis « que toutes les autres étoiles circulent autour « d'elle et la prennent pour guide*. »

Il avait une foi si vive dans l'efficacité des doctrines qu'il enseignait aux princes de son temps, qu'il disait:

« Si je possédais le mandat de la royauté, il ne « me faudrait pas plus d'une génération pour « faire régner partout la vertu de l'humanité**. »

Quoique la politique du premier philosophe et législateur chinois soit essentiellement *démocratique*, c'est-à-dire, ayant pour but la culture morale et la félicité du peuple, il ne faudrait pas cependant prendre ce mot dans l'acception qu'on lui donne habituellement. Rien ne s'éloigne peut-être plus de la conception moderne d'un gouvernement *démocratique* que la conception politique du philosophe chinois. Chez ce dernier, les lois morales et politiques qui doivent régir le genre humain sous le triple rapport de l'homme considéré dans sa nature d'être moral perfectible, dans ses relations de famille, et comme membre de la société, sont des lois éternelles, immuables, expression vraie de la véritable nature de l'homme, en harmonie avec toutes les autres lois du monde visible, transmises et enseignées par des hommes qui étaient eux-mêmes la plus haute expression de la nature morale de l'homme, soit qu'ils aient dû cette perfection à une faveur spéciale du ciel, soit qu'ils l'aient acquise par leurs propres efforts pour s'améliorer et se rendre dignes de devenir les instituteurs du genre humain. Dans tous les cas, ces lois ne pouvaient être parfaitement connues et enseignées que par un très-petit nombre d'hommes, arrivés à la plus haute culture morale de l'intelligence à laquelle il soit donné à la nature humaine d'atteindre, et qui aient dévoué leur vie tout entière et sans réserve à la mission noble et sainte de l'enseignement politique pour le bonheur de l'humanité. C'est donc la réalisation des lois morales et politiques qui peuvent constituer véritablement la société et assurer la félicité publique, lois conçues et enseignées par un petit nombre au profit de tous; tandis que, dans la conception politique moderne d'un gouvernement démocratique, la connaissance des lois morales et politiques qui constituent la société et doivent assurer la félicité publique, est supposée dans chaque individu dont se compose cette société, quel que soit son degré de culture morale et intellectuelle; de sorte que, dans cette dernière conception, il arrive le plus souvent, que celui qui n'a pas même les lumières nécessaires pour distinguer le juste de l'injuste, dont l'éducation morale et intellectuelle est encore entièrement à faire, ou même dont les penchants vicieux sont les seuls mobiles de sa conduite, est appelé, surtout si sa fortune le lui permet, à donner des lois à celui dont la culture morale et intellectuelle est le plus développée et dont la mission devrait être l'enseignement de cette même société, régie par les intelligences, les plus nombreuses il est vrai, mais aussi souvent les moins faites pour cette haute mission.

Selon KHOUNG-TSEU, *le gouvernement est ce qui est juste et droit**. C'est la réalisation des lois éternelles qui doivent faire le bonheur de l'humanité, et que les plus hautes intelligences, par une application incessante de tous les instants de leur vie, sont seules capables de connaître et d'enseigner aux hommes. Au contraire, le gouvernement, dans la conception moderne, n'est plus qu'un acte à la portée de tout le monde, auquel tout le monde

---

* *Lûn-yû*, ch. II, § 1.
** *Id.*, ch. XIII, § 12.

* *Lûn-yû*, ch. XII, § 17.

sublime condition il accorde le droit de donner des institutions aux hommes et de leur commander ! « Il n'y a dans l'univers (chap. XXXI) que « l'homme souverainement saint qui, par la fa- « culté de connaître à fond et de comprendre par- « faitement les lois primitives des êtres vivants, « soit digne de posséder l'autorité souveraine et de « commander aux hommes; qui, par sa faculté « d'avoir une âme grande, magnanime, affable et « douce, soit capable de posséder le pouvoir de ré- « pandre des bienfaits avec profusion; qui, par sa « faculté d'avoir une âme élevée, ferme, impertur- « bable et constante, soit capable de faire régner « la justice et l'équité; qui, par sa faculté d'être « toujours honnête, simple, grave, droit et juste, « soit capable de s'attirer le respect et la véné- « ration; qui, par sa faculté d'être revêtu des orne- « ments de l'esprit et des talents que donne une « étude assidue, et de ces lumières que procure « une exacte investigation des choses les plus ca- « chées, des principes les plus subtils, soit capa- « ble de discerner avec exactitude le vrai du faux, « et le bien du mal. »

Il ajoute : « Que cet homme souverainement saint « apparaisse avec ses vertus, ses facultés puissan- « tes, et les peuples ne manqueront pas de lui té- « moigner leur vénération; qu'il parle, et les peu- « ples ne manqueront pas d'avoir foi en ses paroles; « qu'il agisse, et les peuples ne manqueront pas « d'être dans la joie... Partout où les vaisseaux et « les chars peuvent parvenir, où les forces de l'in- « dustrie humaine peuvent faire pénétrer; dans « tous les lieux que le ciel couvre de son dais im- « mense; sur tous les points que la terre enserre, « que le soleil et la lune éclairent de leurs rayons, « que la rosée et les nuages du matin fertilisent, « tous les êtres humains qui vivent et qui respirent « ne peuvent manquer de l'aimer et de le révé- « rer. »

Mais ce n'est pas tout d'être *souverainement saint* pour donner des lois aux peuples et pour les gouverner; il faut encore être *souverainement parfait* (chap. XXXII) pour pouvoir distinguer et fixer les devoirs des hommes entre eux. La loi de l'homme souverainement parfait ne peut être connue que par l'homme souverainement saint; la vertu de l'homme souverainement saint ne peut être pratiquée que par l'homme souverainement parfait; il faut donc être l'un et l'autre pour être digne de posséder l'autorité souveraine. Les grands philosophes européens, qui trouvent la morale du philosophe chinois si triviale, si vulgaire, si dépourvue des hautes facultés de la spéculation allemande moderne, ne sont assurément pas si difficiles sur les conditions requises pour exercer convenablement la souveraineté, surtout quand on proclame comme principe fondamental de sa philosophie, que : *Tout ce qui est raisonnable existe réellement, et tout ce qui existe réellement est raisonnable* *.

---

* « *Was vernünftig ist, ist wirklich, und was wirklich ist, ist vernünftig.* » (Hegel).

3° Le LUN-YU, ou les ENTRETIENS PHILOSOPHIQUES. La lecture de ces *Entretiens philosophiques* de KHOUNG-TSEU et de ses disciples rappelle, sous quelques rapports, les dialogues de Platon, dans lesquels Socrate, son maître, occupe le premier plan, mais avec toute la différence des lieux et des civilisations. Il y a assurément beaucoup moins d'art, si toutefois il y a de l'art, dans les entretiens du philosophe chinois, recueillis par quelques-uns de ses disciples, que dans les dialogues poétiques du philosophe grec. On pourrait plutôt comparer les *dits* de KHOUNG-TSEU à ceux de Socrate, recueillis par son autre disciple Xénophon. Quoi qu'il en soit, l'impression que l'on éprouve à la lecture des *Entretiens* du philosophe chinois avec ses disciples n'en est pas moins grande et moins profonde, quoiqu'un peu monotone, peut-être. Mais cette monotonie même a quelque chose de la sérénité et de la majesté d'un enseignement moral qui fait passer successivement sous les yeux les divers côtés de la nature humaine en la contemplant d'une région supérieure. Et après cette lecture, on peut se dire comme le philosophe chinois : « Celui « qui se livre à l'étude du vrai et du bien, qui s'y « applique avec persévérance et sans relâche, n'en « éprouve-t-il pas une grande satisfaction * ? »

On peut dire que c'est dans ces *Entretiens philosophiques* que se révèle à nous toute la belle âme de KHOUNG-TSEU, sa passion pour la vertu, son ardent amour de l'humanité et du bonheur des hommes. Aucun sentiment de vanité ou d'orgueil, de menace ou de crainte, ne ternit la pureté et l'autorité de ses paroles. « Je ne naquis point doué « de la science, dit-il; je suis un homme qui a « aimé les anciens et qui a fait tous ses efforts « pour acquérir leurs connaissances **. »

« Il était complétement exempt de quatre cho- « ses, disent ses disciples : il était sans amour- « propre, sans préjugés, sans égoïsme et sans obsti- « nation ***. »

L'étude, c'est-à-dire, la recherche du bien, du vrai, de la vertu, était pour lui le plus grand moyen de perfectionnement. « J'ai passé, disait-il, des « journées entières sans nourriture, et des nuits « entières sans sommeil, pour me livrer à la médi- « tation, et cela sans utilité réelle : l'étude est bien « préférable. »

Il ajoutait : « L'homme supérieur ne s'occupe « que de la droite voie, et non du boire et du man- « ger. Si vous cultivez la terre, la faim se trouve « souvent au milieu de vous; si vous étudiez, la « félicité se trouve dans le sein même de l'étude. « L'homme supérieur ne s'inquiète que de ne pas « atteindre la droite voie; il ne s'inquiète pas de « la pauvreté ****. »

Avec quelle admiration il parle de l'un de ses disciples, qui, au sein de toutes les privations, ne s'en livrait pas moins avec persévérance à l'étude de la sagesse.

---

* *Lûn-yû*, ch. I, § 1.
** Id., ch. VII, § 19.
*** Id., ch. IX, § 4.
**** Id., ch. XV, § 30 et 31

« Oh! qu'il était sage, Hoéï! Il avait un vase de
« bambou pour prendre sa nourriture, une simple
« coupe pour boire, et il demeurait dans l'humble
« réduit d'une rue étroite et abandonnée; un
« autre homme que lui n'aurait pu supporter ses
« privations et ses souffrances. Cela ne changeait
« pas cependant la sérénité de Hoéï! Oh! qu'il était
« sage, Hoéï!* »

S'il savait honorer la pauvreté, il savait aussi
flétrir énergiquement la vie matérielle, oisive et
inutile. « Ceux qui ne font que boire et que man-
« ger, disait-il, pendant toute la journée, sans em-
« ployer leur intelligence à quelque objet digne
« d'elle, font pitié. N'y a-t-il pas le métier de bate-
« leur? Qu'ils le pratiquent. Ils seront des sages en
« comparaison**! »

C'est une question résolue souvent par l'affirmative, que les anciens philosophes grecs avaient eu
deux doctrines, l'une publique et l'autre secrète;
l'une pour le vulgaire (profanum vulgus), et l'autre
pour les initiés. La même question ne peut s'élever
à l'égard de KHOUNG-TSEU; car il déclare positivement qu'il n'a point de doctrine secrète. « Vous,
« mes disciples, tous tant que vous êtes, croyez-
« vous que j'aie pour vous des doctrines cachées?
« Je n'ai point de doctrines cachées pour vous. Je
« n'ai rien fait que je ne vous l'aie communiqué,
« ô mes disciples! C'est la manière d'agir de Khieou
« (de lui-même)***. »

Il serait très-difficile de donner une idée sommaire du Lún-yù, à cause de la nature de l'ouvrage, qui présente, non pas un traité systématique sur un ou plusieurs sujets, mais des réflexions
amenées à peu près sans ordre sur toutes sortes de
sujets. Voici ce qu'a dit un célèbre commentateur chinois du Lún-yù et des autres livres classiques, Tching-tseu, qui vivait sur la fin du onzième siècle de notre ère :

« Le Lún-yù est un livre dans lequel sont dépo-
« sées les paroles destinées à transmettre la doc-
« trine de la raison; doctrine qui a été l'objet de
« l'étude persévérante des hommes qui ont atteint
« le plus haut degré de sainteté... Si l'on demande
« quel est le but du Lún-yù, je répondrai : Le but
« du Lún-yù consiste à faire connaître la vertu de
« l'humanité ou de la bienveillance universelle pour
« les hommes; c'est le point principal des discours
« de KHOUNG-TSEU. Il y enseigne les devoirs de
« tous; seulement, comme ses disciples n'avaient
« pas les mêmes moyens pour arriver aux mêmes
« résultats (ou à la pratique des devoirs qu'ils de-
« vaient remplir), il répond diversement à leurs
« questions. » Le Lún-yù est divisé en deux livres,
formant ensemble vingt chapitres. Il y eut, selon
les commentateurs chinois, trois copies manus-
crites du Lún-yù : l'une conservée par les hommes instruits de la province de Tsi; l'autre par
ceux de Lou, la province natale de KHOUNG-TSEU,
et la troisième fut trouvée cachée dans un mur

* Lún-yù, ch. vi, § 9.
** Id., ch. xvii, § 22
*** Id, ch. vii, § 23.

après l'incendie des livres; cette dernière copie
fut nommée Koù-lûn, c'est à-dire, l'Ancien Lûn.
La copie de Tsi comprenait vingt-deux chapitres;
l'ancienne copie (Koù-lûn) vingt et un, et la copie
de Lou, celle qui est maintenant suivie, vingt. Les
deux chapitres en plus de la copie de Tsi ont été
perdus; le chapitre en plus de l'ancienne copie
vient seulement d'une division différente de la
même matière.

4°. MENG-TSEU. Ce quatrième des livres classiques porte le nom de son auteur, qui est placé par
les Chinois immédiatement après KHOUNG-TSEU,
dont il a exposé et développé les doctrines. Plus
vif, plus pétulant que ce dernier, pour lequel il
avait la plus haute admiration et qu'il regardait
comme le plus grand instituteur du genre humain
que les siècles aient jamais produit, il disait : « Depuis qu'il existe des hommes, il n'y en a jamais eu
de comparables à KHOUNG-TSEU.* » A l'exemple de
ce grand maître, il voyagea avec ses disciples (il
en avait dix-sept) dans les différents petits États
de la Chine, se rendant à la cour des princes,
avec lesquels il philosophait et auxquels il donnait
souvent des leçons de politique et de sagesse
dont ils ne profitaient pas toujours. Comme
KHOUNG-TSEU (ainsi que nous l'avons déjà dit
ailleurs**), il avait pour but le bonheur de ses
compatriotes et de l'humanité tout entière. En
communiquant la connaissance de ses principes
d'abord aux princes et aux hommes qui occupaient
un rang élevé dans la société, et ensuite à un
grand nombre de disciples que sa renommée attirait autour de lui, il s'efforçait de propager le
plus possible ces mêmes doctrines au sein de la multitude, et d'inculquer dans l'esprit des grands, des
princes, que la stabilité de leur puissance dépendait
uniquement de l'amour et de l'affection qu'ils auraient pour leurs peuples. Sa politique paraît avoir
eu une expression plus décidée et plus hardie que
celle de son maître. En s'efforçant de faire comprendre aux gouvernants et aux gouvernés leurs
devoirs réciproques, il tendait à soumettre tout
l'empire chinois à la domination de ses principes.
D'un côté, il enseignait aux peuples le droit
divin que les rois avaient à régner, et de l'autre
il enseignait aux rois que c'était leur devoir de
consulter les désirs du peuple, et de mettre un
frein à l'exercice de leur tyrannie; en un mot,
de se rendre le père et la mère du peuple. MENG-
TSEU était un homme de principes indépendants,
et, contrôle vivant et incorruptible du pouvoir,
il ne laissait jamais passer un acte d'oppression
dans les États avec lesquels il avait des relations,
sans le blâmer sévèrement.

MENG-TSEU possédait une connaissance profonde
du cœur humain, et il a déployé dans son ouvrage
une grande souplesse de talent, une grande habileté à découvrir les mesures arbitraires des princes
régnants et les abus des fonctionnaires publics. Sa
manière de philosopher est celle de Socrate et de

* Meng-tseu, ch. iii, p. 235, de notre traduction.
** Description de la Chine, T. I, p. 187.

INTRODUCTION.

Platon, mais avec plus de vigueur et de saillies spirituelles. Il prend son adversaire, quel qu'il soit, prince ou autre, corps à corps, et, de déduction en déduction, de conséquence en conséquence, il le mène droit à la sottise ou à l'absurde. Il le serre de si près qu'il ne peut lui échapper. Aucun écrivain oriental ne pourrait, peut-être, offrir plus d'attraits à un lecteur européen, surtout à un lecteur français, que Meng-tseu, parce que (ceci n'est pas un paradoxe) ce qu'il y a de plus saillant en lui, quoique Chinois, c'est la vivacité de son esprit. Il manie parfaitement l'ironie, et cette arme, dans ses mains, est plus dangereuse et plus aiguë que dans celles du sage Socrate.

Voici ce que dit un écrivain chinois du livre de Meng-tseu : « Les sujets traités dans cet ou« vrage sont de diverses natures. Ici, les vertus de « la vie individuelle et de parenté sont examinées ; « là, l'ordre des affaires est discuté. Ici, les devoirs « des supérieurs, depuis le souverain jusqu'au ma-« gistrat du dernier degré, sont prescrits pour « l'exercice d'un bon gouvernement; là, les travaux « des étudiants, des laboureurs, des artisans, des « négociants, sont exposés aux regards; et, dans le « cours de l'ouvrage, les lois du monde physique, « du ciel, de la terre, des montagnes, des riviè-« res, des oiseaux, des quadrupèdes, des pois-« sons, des insectes, des plantes, des arbres, sont « occasionnellement décrites. Bon nombre des af-« faires que Meng-tseu traita dans le cours de « sa vie, dans son commerce avec les hommes ; « ses discours d'occasion avec des personnes de tous « rangs ; ses instructions à ses élèves ; ses vues « ainsi que ses explications des livres anciens et « modernes, toutes ces choses sont incorporées « dans cette publication. Il rappelle aussi les faits « historiques, les dits des anciens sages pour l'ins-« truction de l'humanité. Dans le temps de Meng-« tseu, les sectes corrompues fondées par *Yang* « et *Mé* avaient pris naissance, et la véritable « doctrine était négligée. C'est pourquoi Meng-« tseu tâchait de détourner les hommes des sen-« tiers égarés de l'erreur, et d'amener ceux de son « temps, ainsi que ceux des siècles à venir, à ho-« norer les doctrines de Khoung-tseu, à avoir « en haute estime les actions vertueuses des an-« ciens rois, et à regarder avec horreur les exactions « oppressives des usurpateurs d'autres temps. Le « but du philosophe était de corriger les senti-« ments des hommes, de leur enseigner à gou-« verner leurs cœurs, à nourrir leur nature ver-« tueuse, et à ramener leurs pensées égarées à la « justice et à la droiture. De là il saisissait toute « opportunité, toute occasion qui se présentait à « lui pour propager ses doctrines * ».

M. Abel Rémusat a ainsi caractérisé les deux plus célèbres philosophes de la Chine :

« Le style de Meng-tseu, moins élevé et moins « concis que celui du prince des lettres (Khoung-« tseu), est aussi noble, plus fleuri et plus élé-« gant. La forme du dialogue qu'il a conservée à « ses entretiens philosophiques avec les grands « personnages de son temps, comporte plus de va-« riété qu'on ne peut s'attendre à en trouver dans « les apophthegmes et les maximes de Confucius. Le « caractère de leur philosophie diffère aussi sensi-« blement. Confucius est toujours grave, même « austère; il exalte les gens de bien, dont il fait « un portrait idéal, et ne parle des hommes vi-« cieux qu'avec une froide indignation. Meng-tseu, « avec le même amour pour la vertu, semble avoir « pour le vice plus de mépris que d'horreur; il « l'attaque par la force de la raison, et ne dédaigne « pas même l'arme du ridicule. Sa manière d'ar-« gumenter se rapproche de cette ironie qu'on at-« tribue à Socrate. Il ne conteste rien à ses ad-« versaires ; mais en leur accordant leurs principes, « il s'attache à en tirer des conséquences absurdes « qui les couvrent de confusion. Il ne ménage même « pas les grands et les princes de son temps, qui « souvent ne feignaient de le consulter que pour « avoir occasion de vanter leur conduite, ou pour « obtenir de lui les éloges qu'ils croyaient mériter. « Rien de plus piquant que les réponses qu'il leur « fait en ces occasions ; rien surtout de plus op-« posé à ce caractère servile et bas qu'un pré-« jugé trop répandu prête aux Orientaux et aux « Chinois en particulier. Meng-tseu ne ressemble « en rien à Aristippe: c'est plutôt à Diogène, mais « avec plus de dignité et de décence. On est quel-« quefois tenté de blâmer sa vivacité, qui tient de « l'aigreur ; mais on l'excuse en le voyant toujours « inspiré par le zèle du bien public *. »

Quel que soit le jugement que l'on porte sur les deux plus célèbres philosophes de la Chine et sur leurs ouvrages, dont nous donnons la traduction dans ce volume, il n'en restera pas moins vrai qu'ils méritent au plus haut degré l'attention du philosophe et de l'historien, et qu'ils doivent occuper un des premiers rangs parmi les rares génies qui ont éclairé l'humanité et l'ont guidée dans le chemin de la civilisation. Bien plus : nous pensons que l'on ne trouverait pas dans l'histoire du monde une figure à opposer à celle du grand philosophe chinois, pour l'influence si longue et si puissante que ses doctrines et ses écrits ont exercée sur ce vaste empire qu'il a illustré par sa sagesse et son génie. Et tandis que les autres nations de la terre élevaient de toutes parts des temples à des êtres inintelligents ou à des dieux imaginaires, la nation chinoise en élevait à l'apôtre de la sagesse et de l'humanité, de la morale et de la vertu; au grand missionnaire de l'intelligence humaine, dont les enseignements se soutiennent depuis plus de deux mille ans, et se concilient maintenant l'admiration et l'amour de plus de trois cents millions d'âmes **.

---

* Voy. *Indo-Chinese Gleaner*, n° 16, p. 77.

* Vie de *Meng-tseu*. Nouv. Mélanges asiatiques, t. II, p. 119.

** Nous renvoyons aussi, pour les détails biographiques que l'on pourrait désirer sur Meng-tseu, à notre *Description de la Chine* déjà citée, t. I, p. 187 et suiv., où l'on trouvera aussi le portrait de ce philosophe.

II. CIVILISATION INDIENNE.

La civilisation indienne présente des caractères qui contrastent singulièrement avec ceux de la civilisation chinoise. Quoiqu'elles soient très-rapprochées par le temps et l'espace, on les croirait situées aux deux pôles du monde. Il faut que des causes bien différentes aient présidé à leur naissance et à leur développement. L'expression, et en même temps la formule la plus complète de cette civilisation indienne, telle qu'elle existe encore de nos jours, est le *Code de lois de Manou*, dont le texte concis, mais éclairci par plusieurs commentateurs indiens, s'est conservé tel qu'il est depuis une haute antiquité, au-dessus de laquelle on ne peut placer que les *Védas*. Ces derniers livres religieux, dont on ne connaît encore en Europe que quelques fragments, sont l'expression de la civilisation d'un âge antérieur à la promulgation des *Lois de Manou*, et que celles-ci ont profondément modifié, non pas en ordonnant des choses contraires aux *Védas*, mais en prescrivant celles dont ils ne font pas mention, et qui entraient dans les vues du législateur qui les a promulguées.

Nous avons déjà dit que, pour bien comprendre une civilisation, il fallait remonter à son origine, et chercher à connaître les éléments dont elle a été formée, les circonstances qui ont concouru à sa naissance et à son développement. Or, les premiers et les principaux, sinon les uniques éléments de la civilisation indienne, sont les *Védas*, et le *Code de Manou*. Dans l'impossibilité de donner dans ce volume une traduction des *Védas*, que l'on ne possédera peut-être jamais complète, nous avons du moins voulu en donner une idée exacte par la traduction que nous avons faite du savant Mémoire du célèbre indianiste Colebrooke sur ces livres religieux, dont personne jusqu'à lui n'avait fait connaître le véritable caractère et le contenu. Ce Mémoire, que nous avons eu le regret d'être obligé d'abréger, suffira cependant pour faire reconnaître les principaux traits de la civilisation védique, qui eut de grands rapports de conformité, sinon d'identité, avec la civilisation bactrienne des livres de Zoroastre.

Dans les *Écritures védiques*, la doctrine de l'unité de Dieu est enveloppée sous plusieurs symboles ou personnifications des forces de la nature, qui sont devenues, par la suite des temps, aux yeux du vulgaire, des divinités intelligentes, indépendantes de la divinité suprême. La Bible donne en plusieurs endroits une idée sublime de *Jéhova*, dieu des Juifs; mais nous croyons que l'on ne trouverait nulle part une peinture plus sublime de la puissance de la divinité suprême que dans le *Kéna-Oupanichad*, tiré du *Sama-Véda*, dont nous donnons ici la traduction*:

KÉNA-OUPANICHAD
DU SAMA-VÊDA

1. Quel est celui (*demande l'Élève au Maître spirituel*) par qui l'Intelligence s'exerce ? Quel est celui par la puissance duquel le souffle vital et primitif agit [dans les êtres qu'il anime]? Quel est celui par la puissance duquel la vision et l'ouïe exercent leurs fonctions ? »

2. (*Le Maître spirituel répond :*) « [Celui qui est] l'audition de l'audition *, l'intelligence de l'intelligence, la parole de la parole, le souffle vital du souffle vital, la vision de la vision **; les Sages étant délivrés des liens terrestres [par la connaissance de cet Être suprême], après avoir quitté ce monde, deviennent immortels.

3. « C'est pourquoi l'œil ne peut en approcher, la parole ne peut l'atteindre, ni l'intelligence [le comprendre]; nous ne savons, ni ne connaissons comment il pourrait être distingué où connu; car il est au-dessus de ce qui peut être compris par la science, et également au-dessus de ce qui ne peut être compris par elle; voilà ce que nous avons appris de nos ancêtres qui nous ont transmis cette doctrine.

4. « Celui qui surpasse les paroles [qu'aucune parole ne peut exprimer] et par la puissance duquel la parole est exprimée; sache, ô toi! que celui-là est Brahma, et non ces choses périssables que l'homme adore !

5. « Celui qui ne peut être compris par l'Intelligence, et celui seul, disent les Sages, par la puissance duquel la nature de l'intelligence peut être comprise; sache, ô toi! que celui-là est Brahma, et non ces choses périssables que l'homme adore !

6. « Celui que l'on ne voit point par l'organe de la vision, et par la puissance duquel l'organe de la vision aperçoit [les objets]; sache, ô toi! que celui-là est Brahma, et non ces choses périssables que l'homme adore !

7. « Celui que l'on n'entend point par l'organe de l'ouïe, et par la puissance duquel l'organe de l'ouïe entend; sache, ô toi! que celui-là est Brahma, et non ces choses périssables que l'homme adore !

8. « Celui que l'on ne peut distinguer par l'organe de l'odorat, et par la puissance duquel l'organe de l'odorat s'exerce; sache, ô toi! que celui-là est Brahma, et non ces choses périssables que l'homme adore !

9. « Si tu te dis : « Je connais parfaitement [l'Être suprême]; » tu connais certainement peu la forme [les attributs] de Brahma, soit que tu le considères dans les limites de tes sens, soit que tu le voies dans les dieux célestes; ainsi donc ne

---

* Cette traduction, accompagnée du texte sanskrit et d'une ancienne traduction persane, tirée de deux manuscrits de la Bibliothèque royale de Paris, a déjà été publiée par nous en 1831, à la suite d'un *Mémoire sur l'Origine et la Propagation de la Doctrine du Tao en Chine*, par LAO-TSEU, in-8°. Nous la reproduisons ici textuellement.

Sloka 3. *Tad vidităd athŏ aviditâd adhi.* Cet emploi extraordinaire de la préposition inséparable *adhi*, qui, comme plusieurs particules chinoises, suit ici son régime, est une preuve de la haute antiquité toute védique de cet Oupanichad. Cette phrase signifie littéralement : « *Il est au-dessus de la connaissance comme au-dessus de la non-connaissance, ou de ce qui est connu et de ce qui ne l'est pas.* » *Vidităd* et *avidităd* sont des termes philosophiques.

* Littéralement : *l'oreille de l'oreille.*
** Littéralement : *l'œil de l'œil.*

INTRODUCTION.

soit-il pas être l'objet de tes méditations (*mîmansyam*)? — Je pense le connaître [dit l'Élève];

10. « Non que je suppose le connaître parfaitement, ni ne pas le connaître du tout; je le connais toutefois *partiellement;* comme parmi nous, celui qui connaît [les doctrines précédentes?] connaît l'Être suprême (*Tad*), de même je le connais sans le connaître parfaitement, et sans toutefois l'ignorer entièrement. »

11. (*Le Maître spirituel :*) « Celui qui croit ne pas le connaître, c'est celui qui le connaît; celui qui croit le connaître, c'est celui qui ne le connaît pas : IL est regardé comme incompréhensible par ceux qui le connaissent le plus, et comme parfaitement connu par ceux qui l'ignorent entièrement.

12. « La notion de la nature des êtres corporels étant acquise (*pratibhódha*), cette idée mène à la connaissance de la Divinité. [L'homme] trouve en lui-même la force [l'énergie de connaître Dieu], et, par *cette* connaissance, il obtient l'immortalité.

13. « Quiconque a une fois connu [DIEU], est à la vérité [est heureux]. Quiconque ne l'a pas connu, est livré à toutes les misères. Les Sages [qui connaissent Dieu] ayant médité profondément sur la nature de tous les êtres, après avoir quitté ce monde, deviennent immortels. »

14. — BRAHMA ayant défait les mauvais génies, les bons génies (*ou dieux secondaires*) restèrent vainqueurs par le secours de BRAHMA. Alors ils se dirent entre eux : « C'est nous qui avons vaincu, « c'est de nous qu'est venue la victoire, c'est à nous « qu'en revient l'honneur. »

15 L'ÊTRE SUPRÊME, ayant su toute leur vanité, leur apparut; ils ne connurent pas quelle était cette adorable apparition !

16. « O Agni ! dieu du feu, dirent-ils, origine du [Rig]-Véda, peux-tu savoir quelle est cette adorable apparition? — Oui, dit-il. » Il se dirigea vers l'adorable apparition qui lui demanda : « Qui es-tu? — Je suis *Agni*, le dieu du feu, répondit-il, je suis l'origine du [Rig]-Véda; voilà !

17. — Quelle puissance extraordinaire y a-t-il dans ta personne? — Je puis réduire en cendres tout ce qui est sur ce globe de terre; voilà ! » Alors l'ÊTRE SUPRÊME] ayant déposé un brin de paille devant lui : « Brûle cela ! »

18. « S'étant approché de cette paille, [le dieu du feu] malgré tous ses efforts, ne put la brûler. Aussitôt il s'en retourna [*vers les autres dieux*]: « Je n'ai pu connaître cette adorable apparition; voilà ! »

19. Alors [*les dieux*] s'adressèrent à *Vâyou*, le dieu du vent : « Dieu du vent ! peux-tu savoir quelle est cette adorable apparition; voilà ! — Oui, dit-il. » Il se dirigea vers l'adorable apparition qui lui demanda . Qui es-tu? — Je suis *Vâyou*, le dieu du vent, répondit-il, je suis celui qui pénètre l'espace illimité; voilà !

20. — Quelle puissance extraordinaire y a-t-il dans ta personne? — Je puis enlever tout ce qui est sur cette terre; voilà ! » Alors l'ÊTRE SUPRÊME ayant déposé un brin de paille devant lui . « Enlève cela ! ».

21. S'étant approché de cette paille, le dieu du vent ne put l'enlever; aussitôt il s'en retourna [*vers les autres dieux*] : « Je n'ai pu connaître cette adorable apparition; voilà ! »

22. Alors [*les dieux*] s'adressèrent a *Indra*, le dieu de l'espace : « Dieu de l'espace ! peux-tu savoir quelle est cette adorable apparition? — Oui, dit-il. » Il se dirigea vers l'adorable apparition qui disparut à ses regards.

23. Il rencontra dans ce même espace une femme sous la forme de la belle *Oumá*, femme de *Siva*, parée de robes d'or; il lui demanda quelle était cette adorable apparition. Elle lui répondit : « C'est BRAHMA ! BRAHMA, à qui vous devez la victoire dont vous vous enorgueillissez ! »

24. C'est ainsi qu'il connut BRAHMA : c'est pourquoi *Agni*, *Vâyou* et *Indra* se dirent chacun · « Je surpasse les autres dieux! » parce qu'ils avaient approché de l'adorable apparition , qu'ils l'avaient touchée par leurs organes sensibles, et qu'ils avaient connu les premiers que l'objet de leur investigation était BRAHMA.

25. C'est pourquoi *Indra* se dit : « Je surpasse même les autres dieux! » [*Agni* et *Vâyou*]; parce qu'il avait approché de l'adorable apparition, qu'il l'avait touchée par ses organes sensibles, et qu'il avait connu le premier que l'objet de son investigation était BRAHMA.

26. Voilà une peinture figurée de l'ÊTRE SUPRÊME qui brille *sur l'univers* de l'éclat de la foudre, et qui disparaît aussitôt plus rapide qu'un clin d'œil; c'est ainsi qu'il est le dieu des dieux!

27. Ainsi encore la grande Intelligence [*la grande Ame*] peut être conçue par l'âme, ou l'intelligence qui approche d'elle, pour ainsi dire [*iva*]. Avec cette même intelligence [*cette même Ame*], la pensée se *la* rappelle fréquemment, et en fait comme sa demeure. Cet ÊTRE SUPRÊME est appelé l'ADORABLE. Toutes les créatures révèrent [chérissent] celui qui le connaît.

28. « Récite-moi l'OUPANICHAD [ou la prin-

SLOKA 10. *Nó na védéti véda tcha*. *Na* est peut-être ici synonyme d'*iva*, *comme*. Alors cette phrase signifierait: « Je *le* connais comme négativement, je le connais cependant. »

SLOKA 14. Cette particule explétive *ha*, qui revient plusieurs fois d'une manière insolite entre le sujet et le régime, est ainsi placée dans le texte en caractères bengalis. C'est sans doute une forme védique.

SLOKA 15. Anquetil Duperron, dans sa traduction des *Oupnekat* (Oupanichad), a pris le pronom sanskrit *Idam*, *ce*, conservé en persan; pour *Adam*, nom du premier homme chez les Hébreux.

SLOKA 19. *Mátaris'va*; c'est ainsi que porte le texte bengali ; cette forme est répétée dans le quatrième *Sloka* de l'*Isa Oupanichad* que l'on peut voir ci-après, pag. 329.

SLOKA 26. *Vidyoutadd* et *nyamimichadà*; ces deux verbes offrent un exemple frappant et extraordinaire de la préposition *á*, suivant ici le verbe au lieu de le précéder. Son emploi exprime une énergie pittoresque, le mouvement d'*apparition* et de *disparition* de l'Être suprême; mouvement double et contraire dont cette préposition est douée dans les Védas, et qu'elle exprime ici admirablement.

27. *Abhi*..... *Sanivántchanti*.

cipale partie des Vêdas, *dit de nouveau l'Élève*]. — Je t'ai récité l'OUPANICHAD qui concerne BRAHMA, ou l'ÊTRE SUPRÊME [*répond le Maître spirituel*]. Ainsi je t'ai récité l'OUPANICHAD qui renferme les préceptes de la dévotion austère *, de la mortification **, de la pratique des cérémonies religieuses *** ; les autres parties des VÊDAS, qui forment des corps de sciences, sont la vérité éternelle. »

29. Celui qui connaît ce qui a été ci-dessus exposé, étant délivré de ses péchés, obtient une félicité éternelle dans le séjour des cieux.

Le passage suivant, tiré du *Tchandôgya-Oupanichad*, du même *Vêda*, fera connaître la doctrine de ces anciennes écritures sur l'âme humaine, dont il est à peine fait mention dans les Écritures hébraïques :

« PRA'TCHÎNAS'A'LA, fils d'OUPAMANYOU, SATYAYADJNYA, né de POULOUCHA, INDRADYOUMNA, rejeton de BHALLAVI, DJANA, descendant de S'ARKARA'KCHYA, et VOUDILA, issu de AS'WATARAS'WA, toutes personnes profondément versées dans la sainte écriture, et ayant de grandes demeures en leur possession, s'étant rencontrées ensemble, engagèrent une discussion pour savoir *Ce que c'est que l'âme*, et *Ce que c'est que Brahma*.

« Ces vénérables personnes se dirent : OUDDA'-
« LAKA, le fils d'AROUN'A, est très-instruit de ce
« que c'est que l'âme universelle; rendons-nous
« immédiatement près de lui. » Ils s'y rendirent;
mais celui-ci se dit en lui-même : « Ces grands et
« très-savants personnages m'interrogeront, et je
« ne serai pas [capable] de répondre complètement
« [à toutes leurs questions]; je veux leur indiquer
« un autre [instituteur]. » Il leur parla ainsi :
« AS'WAPATI, le fils de *Kékaya*, est très-instruit
« dans ce qui concerne l'âme universelle; allons le
« trouver. »

« Ils se rendirent tous près de lui ; et, à leur arrivée, [le roi] leur fit rendre les honneurs qui convenaient à chacun d'eux respectivement ; et, le jour suivant, il les congédia avec la politesse d'usage ; [mais voyant qu'ils restaient sans vouloir accepter ses présents], il leur parla ainsi : « Dans
« mes domaines il n'y a ni voleur, ni misérable, ni
« ivrogne, ni aucune personne insoucieuse d'un
« foyer consacré, ni ignorant, ni adultère de l'un
« ou l'autre sexe. Quel est le motif [qui a pu
« vous affliger]? » [Comme ils ne formaient aucune plainte, il continua ainsi] : « Je dois être interrogé,
« ô hommes vénérables ! [sur ce que vous désirez]. »
[Voyant qu'ils ne lui faisaient aucune question, il continua ainsi] : « Je vous accorderai des dons dans
« les mêmes proportions que j'en accorde à chaque
« prêtre officiant. Alors restez, ô les plus vénérés
« des hommes! » Ils répondirent : « Il est d'obli-
« gation, en effet, d'informer une personne de

* *Tapas.*
** *Damah.*
*** *Karma.*

« l'objet de la visite qu'on lui fait. Tu connais bien
« l'âme universelle ; communique-nous cette con-
« naissance. » Il répondit : « Demain matin je vous
« la communiquerai. » Pénétrant son dessein, les visiteurs, le jour suivant, l'accostèrent, portant [comme les élèves] des souches de bois à brûler Sans s'incliner pour les saluer, le roi leur parla ainsi:

« Qui adores-tu comme l'âme, ô fils d'OUPA-
« MANYOU? » — « Le ciel, répondit-il, ô vénérable roi ! » — « Splendide est cette [portion de] l'universel même, que tu adores comme l'âme : c'est pourquoi, dans ta famille, on voit [le jus de l'asclépias acide] extrait, exprimé et préparé [pour les rites religieux]; tu consommes la nourriture [comme un feu dévorant], et tu vois un [fils ou un autre] objet bien-aimé. Quiconque adore cet objet pour l'âme universelle jouit de même de la nourriture, contemple un objet bien-aimé, et trouve des occupations religieuses dans sa famille. Mais cela [le ciel] est [seulement] la tête de l'âme. Ta tête eût été perdue, ajouta le roi, si tu n'étais pas venu vers moi. »

« Il se tourna de nouveau vers SATYAYADJNYA, le fils de POULOUCHA, en disant : « Qu'adores-tu comme l'âme, ô descendant de PRA'TCHÎNAYÔ-GA? » — « Le soleil, ô vénérable roi ! » — « Variée est cette [portion de] l'universel même, que tu adores comme l'âme ; et, par conséquent, dans ta famille, on voit beaucoup de formes variées : un char attelé de cavales, et un trésor, en même temps que des esclaves femelles, t'entourent; tu consommes de la nourriture, et tu contemples un objet agréable. Quiconque adore [cet objet] pour l'âme universelle, a les mêmes jouissances, et trouve des occupations religieuses dans sa famille. Mais cela [le soleil] est seulement l'œil de l'âme. Tu aurais été aveugle, ajouta le roi, si tu n'étais pas venu vers moi. »

« Il s'adressa ensuite à INDRADYOUMNA, le fils de BHALLAVI : « Qu'adores-tu comme l'âme, ô descendant de VYA'GHRAPAD? » — « L'air, répondit-il, ô roi vénérable ! » — « Diffuse est cette portion de l'universel même, que tu adores comme l'âme; des offrandes nombreuses te sont présentées ; un grand nombre de chars te suivent; tu consommes de la nourriture, tu regardes avec complaisance un objet favori. Quiconque adore cela pour l'âme universelle jouit de la nourriture et contemple un objet bien-aimé ; il a en même temps des occupations religieuses dans sa famille. Mais cela [l'air] est seulement le souffle de l'âme. Ton souffle eût expiré, dit le roi, si tu n'étais pas venu vers moi. »

« Il interrogea ensuite DJANA, le fils de S'AR-KARA'KCHYA : « Qu'adores-tu comme l'âme, ô fils de S'ARKARA'KCHYA ? » — « L'élément éthéré, dit-il, ô roi vénérable! » — « Abondant est cet universel même, que tu adores comme l'âme; et, par conséquent, tu dois abonder pareillement en progéniture et en richesses. Tu consommes de la nourriture, tu vois un objet favori. Quiconque **adore** cela pour l'âme universelle consomme de la nourriture, voit un objet aimé, et a des occupations religieuses dans sa famille. Mais cela [l'élément éthéré] est seulement l'enveloppe de l'âme. Ton enveloppe eût été corrompue, dit le roi, si tu n'étais pas venu vers moi. »

« Il s'adressa ensuite à VOUDILA, le fils d'AS'WATARA'S'WA : « Qu'adores-tu comme l'âme, ô descendant de VYA'GHRAPAD ? » — « L'eau, dit-il, ô roi vénérable ! » — « Riche est cet universel même, que tu adores comme l'âme ; et, par conséquent, tu es opulent et prospère. Tu consommes de la nourriture, tu vois un objet favori. Quiconque adore cela pour l'âme universelle partage de semblables jouissances, contemple un objet aussi cher et a des occupations religieuses dans sa famille. Mais cela [l'eau] est seulement l'abdomen de l'âme. Ta vessie se fût rompue, dit le roi, si tu n'étais pas venu vers moi. »

« Enfin, il interrogea OUDDA'LAKA, le fils d'AROUN'A : « Qu'adores-tu comme l'âme, ô descendant de GÔTAMA ? » — « La terre, dit-il, ô roi vénérable ! » — « Ferme est cet universel même, que tu adores comme l'âme ; et, par conséquent, tu dois rester ferme avec de la progéniture et des bestiaux. Tu consommes de la nourriture, tu vois un objet favori. Quiconque adore cela pour l'âme universelle partage de semblables jouissances, voit un objet aussi aimé, et a des occupations religieuses dans sa famille. Mais cela [la terre] forme seulement les pieds de l'âme. Tes pieds eussent été estropiés, dit le roi, si tu n'étais pas venu vers moi. »

« Il s'adressa ainsi à eux [collectivement] : « Vous considérez l'âme universelle comme si c'était un être individuel, et vous partagez une jouissance distincte. Mais celui qui adore, comme l'âme universelle, ce qui est connu par ses portions [manifestées], et qui est induit [par la conscience], trouve un aliment dans tous les mondes, dans tous les êtres, dans toutes les âmes : sa tête est splendide comme celle de cette âme universelle; son œil est pareillement varié ; son souffle est également diffus ; son enveloppe corporelle est non moins abondante; son abdomen est pareillement rempli, et ses pieds sont la terre, sa poitrine est l'autel, ses cheveux sont l'herbe sacrée; son cœur, le feu de la famille; son esprit, la flamme consacrée, et sa bouche, l'oblation.

« La nourriture qui lui parvient d'abord devrait être solennellement offerte, et la première oblation qu'il fait, il devrait la présenter avec ces mots : « Que cette oblation au souffle soit efficace. » Ainsi le souffle est satisfait; et en lui, l'œil est rassasié; et dans l'œil, le soleil est content; et dans le soleil, le firmament est satisfait : et dans le firmament, le ciel et le soleil, et tout ce qui en dépend, deviennent pleins; et après cela, celui-là même [qui se nourrit des aliments] est amplement gratifié de progéniture et de troupeaux; en même temps qu'il acquiert de la vigueur provenant de la nourriture, et de la splendeur naissant des saintes observances*. »

* Extrait du *Mémoire sur les Védas*, par Colebrooke.

Selon W. Jones, qui le premier a fait connaître à l'Europe le *Code de Manou*, en le traduisant en anglais, ce législateur indien est cité avec honneur dans le *Véda* même, où il est dit « que tout ce « que MANOU déclara a été un remède pour l'âme »; et le sage VRIHASPATI, que l'on suppose maintenant présider à la planète Jupiter, dit, dans son propre *Traité des lois*, que « MANOU tient le pre- « mier rang parmi les législateurs, parce qu'il a « exprimé dans son Code le sens complet du *Véda*; « qu'aucun Code, en contradiction avec MANOU, « n'a été approuvé; que les autres *Sastras* et trai- « tés de grammaire ou de logique conservèrent de « l'éclat, aussi longtemps seulement que MANOU, « qui enseigne la voie pour arriver à des richesses « conformes à la justice, à la vertu et au bon- « heur final, ne fut pas reconnu en concurrence « avec ces ouvrages. VYA'SA aussi, le fils de PA- « RA'SARA, ci-devant mentionné, a décidé que le « *Véda* avec ses *Angas*, ou corps de traités, sur « les six compositions qui en sont déduites, le sys- « tème révélé de la médecine, les *Pourânas*, ou « histoires sacrées, et le Code de MANOU, furent « les quatre ouvrages d'une autorité suprême qui « n'ont jamais pu être ébranlés par des arguments « purement humains. »

On remarquera un caractère de démarcation profonde entre les monuments qui ont constitué la civilisation chinoise et ceux qui ont constitué la civilisation indienne. Si le Ciel, si la Divinité intervient dans les premiers, ce n'est que d'une manière médiate, et pour ainsi dire sous nos formes modernes, tandis que c'est immédiatement, directement et à la manière biblique, qu'elle intervient dans les derniers. MANOU est fils du dieu BRAHMA, et c'est comme tel qu'il promulgue les lois qui lui ont été révélées par son père. Les législateurs chinois s'appuient uniquement sur la *raison*, les législateurs indiens sur la *révélation*. Ces deux points de départ si différents produisent aussi une grande différence dans la *forme* : chez les premiers, la forme est *persuasive*, c'est le sage qui conseille ; chez les seconds, elle est *impérative*, c'est le dieu qui ordonne. Dans le premier cas, l'exercice de la raison est autorisée, il est même prescrit; dans le second, il est interdit; la loi n'a pas d'autre loi qu'elle-même; elle est parce qu'elle est; elle est à elle-même sa propre raison d'être.

Les législateurs qui ont pu imposer leurs lois aux peuples comme *révélées* de Dieu même, leur ont donné un caractère de stabilité qu'il est bien difficile d'atteindre par un autre mode de promulgation. C'est, en effet, un phénomène curieux et bien digne de la méditation de nos législateurs modernes, que ces grandes institutions des anciens peuples, restées debout, au milieu des révolutions successives des âges, tandis que nos lois modernes, nos institutions contemporaines, éphémères comme nos pensées du jour, s'écroulent au moindre choc qui les heurte, au moindre souffle qui passe. Voilà plus de trois mille ans que MANOU a promulgué dans l'Inde ses *lois révélées*, et depuis trois mille ans, l'Indien les respecte et les pratique. C'est que ces lois portent pour lui une empreinte d'immutabilité, un caractère de vénération que sa raison n'ose suspecter, et que nos lois, d'origine *très-humaine*, votées par assis et levé, ou à la majorité des voix, n'ont pas pour nous. Nous connaissons trop bien le caractère mortel de nos législateurs pour croire à l'éternité de leurs œuvres. Il est vrai que, dans notre âge sceptique, les *révélateurs* nouveaux seraient assez mal venus, et qu'ils auraient beau descendre du *Sina* avec les tables de la loi, comme *Moïse*; se dire fils de Brahma, comme Manou, confidents de la nymphe *Égérie*, comme *Numa*, envoyés de Dieu, comme *Mohammed*, les peuples d'aujourd'hui secoueraient la tête et les regarderaient passer avec un sentiment de pitié ou de dédain.

Cependant il faut, pour que des institutions sociales soient durables et dominent les siècles, qu'elles passent aux yeux des peuples qu'elles régissent, ou comme l'expression la plus complète de la plus haute sagesse humaine qu'il ait été donné à l'homme d'atteindre (ce qui est le cas de la Chine), ou comme la révélation de la volonté de l'Être souverain qui domine toutes les forces de la nature et qui ne permet aucun contrôle (ce qui est le cas de l'Inde) : sans cela, les institutions deviennent aussi mobiles que la volonté et les caprices des peuples. Alors, peut-être, lorsqu'elles sont arrivées à cet âge que l'on peut appeler *critique*, par opposition à celui que nous venons de signaler, les sociétés gagnent-elles par le progrès ce qu'elles ont perdu en stabilité. On ne peut guère s'empêcher d'admettre cette hypothèse, et de reconnaître en même temps que la *stabilité* était la loi des sociétés anciennes, et que le *progrès* est la loi des sociétés modernes.

On reste quelquefois confondu d'étonnement en contemplant ces monuments des anciennes législations, comme les lois de Manou, de Moïse, de Zoroastre, dans lesquelles on trouve des choses sublimes à côté de prescriptions telles, que l'on est porté à se demander si le législateur jouissait pleinement de sa raison, et s'il croyait s'adresser à des hommes lorsqu'il ordonnait de telles choses. Mais cet étonnement cesse quand on se reporte au temps où ces lois ont été promulguées, et quand on réfléchit que leur texte a pu difficilement parvenir jusqu'à nous sans altération. Une autre considération non moins importante est la nécessité où se sont trouvés les anciens législateurs de concilier les *anciennes coutumes* des peuples auxquels ils ont donné des institutions avec ces institutions mêmes. Ainsi, Manou recommande souvent* de respecter l'autorité des *coutumes immémoriales*. « La *coutume immémoriale* est la « principale loi approuvée par la révélation et la « tradition, » dit-il (*âtchârah paramô dharmah ; mos supremum jus*). On voit que l'autorité du révélateur dans l'Inde n'allait pas jusqu'à rompre

* Livre I, *Sloka* 108, 109, 110, etc.

complètement et ouvertement avec les coutumes antérieures; ce fait mérite d'être signalé.

C'est dans le premier livre de ces lois que l'on trouve la fameuse définition de l'origine des quatre principales castes de l'Inde : « Cependant, pour « la propagation de la race humaine, Brahma « produisit de sa bouche, de son bras, de sa cuisse « et de son pied, le *Brâhmane*, le *Kchatriya*, le « *Vaisya* et le *Soudra*. » (Liv. I, Sl. 31). Voici quelles fonctions sont assignées dans la société à ces quatre classes :

« Pour la conservation de la création entière, l'Être souverainement glorieux assigna des occupations différentes à ceux qu'il avait produits de sa bouche, de son bras, de sa cuisse et de son pied.

« Il donna en partage aux Brâhmanes l'étude et l'enseignement des *Védas*, l'accomplissement du sacrifice, la direction des sacrifices offerts par d'autres, le droit de donner et celui de recevoir.

« Il imposa pour devoir au *Kchatriya* de protéger le peuple, d'exercer la charité, de sacrifier, de lire les livres saints, et de ne pas s'abandonner aux plaisirs des sens.

« Soigner les bestiaux, donner l'aumône, sacrifier, étudier les livres saints, faire le commerce, prêter à intérêt, labourer la terre, sont les fonctions *allouées* au *Vaisya*.

« Mais le Souverain maître n'assigna au *Soudra* qu'un seul office : celui de servir les classes précédentes, sans déprécier leurs mérites. » (Liv. I, Sl. 87-91).

Voilà l'inégalité héréditaire des conditions établies de la manière la plus solennelle par le législateur indien. Il est probable que l'origine de cette division de classes d'hommes, habitant sur le même sol, vient de la diversité des races conquérantes et conquises à une époque très-reculée, et que le législateur de la race conquérante aura voulu tenir dans une démarcation éternelle par une sanction religieuse. Les différentes limites de ces castes, dans leur état actuel, semblent confirmer cette conjecture ; car la couleur des *Soudras* est beaucoup plus foncée que celle des premières castes, qui vraisemblablement sont venues du nord de l'Inde, comme les anciennes peuplades de la Chine.

Après avoir établi les degrés de supériorité et d'infériorité parmi les hommes, Manou établit aussi des degrés dans la création. « Parmi tous les « êtres, dit-il, les *premiers* sont les êtres *animés;* « parmi les êtres *animés*, ceux qui subsistent par « le moyen de leur *intelligence;* les *hommes* sont « les *premiers* entre les êtres *intelligents*, et les « *Brâhmanes* entre les hommes.

« Parmi les *Brâhmanes* les plus distingués sont « ceux qui possèdent la science sacrée; parmi les « savants, ceux qui connaissent leur devoir; parmi « ceux-ci, les hommes qui l'accomplissent avec « exactitude; parmi ces derniers, ceux que l'étude « des livres saints conduit à la béatitude.

« La naissance du *Brâhmane* est l'incarnati

« éternelle de la justice; car le *Bráhmane*, né
« pour l'exécution de la justice, est destiné à s'i-
« dentifier avec BRAHMA...

« Tout ce que le monde renferme est en quelque
« sorte la propriété du *Bráhmane*; par sa progé-
« niture et par sa naissance éminente, il a droit à
« tout ce qui existe. » (Liv. I, Sl. 97-100).

Dans la conception morale des philosophes chinois, la prière journalière n'est pas prescrite. On trouve même dans le *Lûn-yû* un fait singulier au sujet de la prière. « Le philosophe (KHOUNG-
« TSEU) étant très-malade, *Tseu-lou* le pria de
« permettre à ses disciples d'adresser pour lui leurs
« prières aux esprits et aux génies. Le philosophe
« dit : Cela convient-il? — *Tseu-lou* répondit avec
« respect : Cela convient. Il est dit dans le livre
« intitulé *Loui:* « Adressez vos *prières* aux esprits
« et aux génies d'en haut et d'en bas (du ciel et de
« la terre). » Le philosophe dit : « Ma prière est
« permanente*. » (*Lûn-yû*, ch. VII, § 34).

Dans les lois de MANOU, comme dans le *Koran*, la prière est instamment prescrite matin et soir. Ici c'est l'hymne intitulé *Sâvitri* qu'il est ordonné de réciter **. « Pendant le crépuscule du matin ,
« que l'homme se tienne debout, répétant à voix
« basse la *Sâvitri* jusqu'au lever du soleil ; et le
« soir au crépuscule, qu'il la récite assis jusqu'au
« moment où les étoiles paraissent distinctement.
« (Liv. II, Sl. 101).

Nous ne pouvons entrer ici dans toutes les questions que ferait naître un examen attentif des *Lois de* MANOU dont on trouvera la traduction dans ce volume ; ni le temps, ni l'espace ne nous le permettraient. Qu'il nous suffise de dire que ce livre extraordinaire renferme les éléments de toute la civilisation indienne, laquelle est encore enveloppée pour nous de tant de mystères.

III. CIVILISATION MUSULMANE.

L'établissement de la religion musulmane est un des phénomènes moraux les plus extraordinaires qui aient jamais paru dans les annales des nations. Au premier abord, on ne trouve point à ce grand fait de suffisantes raisons d'être. L'Asie, malgré de grands bouleversements politiques, n'était nullement disposée, lors de son apparition, à abandonner ses croyances pour en adopter de nouvelles. Depuis plus de six cents ans, elle avait donné naissance à une religion qui semblait devoir répondre à tous les besoins nouveaux des nations modernes. Une grande partie de l'Europe avait adopté cette doctrine ; et si une religion nouvelle pouvait être alors possible, c'était à la condition d'être un progrès moral, par rapport à telles qui l'avaient précédée.

Telle semble être la loi de progression qui constitue le développement moral des sociétés. Mais

---

* Ces paroles rappellent, par leur différence, celles de Socrate, qui recommandait, avant de mourir, de sacrifier un coq à Esculape. Quel était le plus sage de ces deux grands philosophes?

** On peut en voir la traduction, pages 315 et 344 de ce volume.

cette loi, pour être réelle, n'en est pas moins sujette à de nombreuses exceptions. Il est des circonstances qui empêchent cette loi de s'accomplir dans toute son étendue, au moins à nos yeux, et qui obligent certaines parties du genre humain à passer par diverses transformations pour arriver à leur plus grand perfectionnement moral. C'est ce qu'il est nécessaire de reconnaître pour apprécier avec plus de justesse quelques-uns des grands événements dont le monde est le théâtre.

La doctrine religieuse, qui prit aussi naissance en Asie, non loin de la contrée où, six cents ans plus tard, une autre religion devait s'élever, et comme sortir de son sein mutilé, paraît avoir été trop spiritualiste pour s'imposer aux populations ardentes des contrées de l'Orient. Sur les bords de la mer Rouge, dans une partie de l'Arabie, que l'on nomme *Hedjaz*, naquit, l'an 571 de l'ère chrétienne, le fondateur d'une religion nouvelle, qui devait être une transaction, pour ainsi dire, entre le spiritualisme chrétien et les croyances matérielles des anciens Arabes. Cet homme, qui se dit l'envoyé de Dieu, qui fit accepter sa mission, beaucoup moins par la persuasion que par la violence, fut instruit dans les croyances juives et chrétiennes, telles qu'elles étaient répandues par les populations juives et chrétiennes, établies en Arabie depuis plusieurs siècles. Ces populations s'étaient grandement accrues par les persécutions de Titus et d'Hadrien, dans le premier et le second siècle de notre ère, et par celles que subirent aussi par la suite les sectes chrétiennes, qui furent obligées de se réfugier hors des limites de l'empire romain. Les doctrines du christianisme avaient été propagées dans les églises du Yemen ; et les Arabes avaient été instruits dans la croyance de l'unité de Dieu. Divisés en tribus, comme autrefois les Juifs du temps de leurs patriarches, les Arabes s'assimilèrent en quelque sorte l'histoire des tribus juives, et finirent par voir dans les patriarches des Hébreux, et dans leurs législateurs ou prophètes, des ancêtres qui leur étaient communs.

Mohammed (que l'on nomme plus communément Mahomet), de la tribu arabe de Koreïsch, naquit à la Mecque, quatre ans après la mort de l'empereur Justinien. Son père, Abdallah, de la famille de Haschem, et sa mère, Amina, moururent dans son bas âge. Les oncles nombreux du jeune prophète réduisirent son héritage à cinq chameaux et à une servante éthiopienne. L'un d'eux, Abou-Taleb, chef du temple et gouverneur de la Mecque, fut le tuteur de sa jeunesse, dont on ignore les particularités. On dit qu'il fit instruire de bonne heure son pupille dans les affaires du commerce auquel il le destinait ; il lui apprit aussi personnellement le métier des armes, en l'emmenant avec lui à la tête de sa tribu, combattre celles avec lesquelles il se trouvait en guerre. La paix rendit le jeune Mohammed au commerce, dans lequel il se distingua par son intelligence, son activité, et surtout par sa bonne foi, vertu rare dans tous les temps, et qui lui mérita dans le cours de sa vie le surnom de *el Amin*, l'homme sûr et fidèle.

On reconnaîtra, dans ces particularités de la jeunesse de Mohammed, une analogie frappante avec de semblables particularités de la jeunesse, ou plutôt de la vie entière d'un homme qui, lui aussi, eut le projet de régénérer la société et de renouveler le monde par une doctrine sociale nouvelle. Nous ne savons quelle destinée est réservée à la doctrine de Ch. Fourier; mais, s'il fallait en croire les espérances de ce prophète moderne et la croyance de ses partisans, cette doctrine serait un jour plus répandue que le mahométisme, sans avoir besoin pour cela des mêmes moyens de propagation.

Une circonstance qui peut paraître indifférente, vint replacer le jeune Mohammed dans les conditions de richesses et de puissance qu'avait possédées sa famille, et qui ne devaient pas rester étrangères à son élévation. Une riche veuve, sa parente, nommée *Khadidja*, qui faisait un commerce considérable, le plaça à la tête de sa maison et l'épousa ensuite. Dès lors Mohammed put concevoir le projet de régénérer les croyances religieuses de ses compatriotes, et il s'y livra avec toute l'ardeur que lui donna l'espérance d'en devenir en même temps le chef. Mais ce ne fut qu'à l'âge de quarante ans qu'il se donna ouvertement la mission de prophète et qu'il proclama l'islamisme. Soit véritable fanatisme, soit fourberie, il se dit l'inspiré et l'envoyé de Dieu. Il avait voulu disposer les esprits de ses compatriotes à lui reconnaître cette mission divine, par une retraite de plusieurs mois, chaque année, dans une caverne du mont *Héra*, où il allait cultiver ses inspirations. Mais, s'il faut s'en rapporter et à l'histoire et même à de nombreux passages du *Koran*, il eut beaucoup de peine à vaincre l'incrédulité de ses compatriotes. Ce fut sa femme *Khadidja* qui, la première, partagea ou feignit de partager les croyances du nouveau prophète. *. Son second partisan fut *Zeïd*, son esclave, auquel il promit la liberté pour prix de son adhésion. *Ali*, élève de Mohammed et fils d'Abou-Taleb, fut le troisième, ensuite *Abou-Bekr*, son ami. Dans l'espace de trois années de laborieuses tentatives, le nombre des partisans de Mohammed ne s'éleva qu'à quatorze; mais, dans la quatrième année, il commença le rôle actif de *prophète*; et, dans un festin qu'il donna à quarante personnes de la famille de *Haschem*, il offrit à ses hôtes tous les trésors de ce monde et de la vie à venir, s'ils voulaient adopter sa doctrine : « Dieu m'a commandé, leur dit Mohammed, de « vous appeler à son service; quel est celui d'entre « vous qui voudra m'aider à accomplir ma mission? « Quel est celui d'entre vous qui voudra me servir « de compagnon et de vizir? » Le silence glacial de l'assemblée à ces paroles du nouveau prophète, fut rompu par l'exclamation impétueuse du jeune *Ali* qui, seulement dans la quatorzième année de son âge, s'écria : « O prophète! c'est moi! Qui-

* En 609 de notre ère.

« conque se lèverait contre toi, je lui briserais les « dents, je lui arracherais les yeux, je lui rom- « prais les jambes, je lui déchirerais le ventre! O « prophète! je serai ton vizir! » L'offre fut acceptée avec transport; et la religion, qui s'est étendue sur de si vastes contrées en Orient et en Occident, qui faillit vaincre nos pères dans les plaines de Poitiers, eut beaucoup de peine, pendant dix ans, de se créer quelques partisans dans la vallée de la Mecque. - Nous n'entrerons pas ici dans d'autres détails relatifs à l'établissement et à la propagation de la religion de Mohammed, ni sur les dogmes de cette religion : on les trouvera tout au long dans les *Observations historiques et critiques* de G. Sale, qui précèdent, dans ce volume, la traduction du Koran. Nous nous bornerons à ajouter que Mohammed conserva le rôle de prophète inspiré jusqu'au dernier moment de sa vie, qui arriva le 8 juin de l'année 632 de l'ère chrétienne, à Médine, où, chaque année, une foule immense de pèlerins se rend de tous les points de l'Afrique et de l'Asie pour visiter son tombeau.

Mohammed et la religion qu'il a fondée ont été, pendant bien des siècles, de la part d'auteurs chrétiens, l'objet des plus grossières et des plus absurdes accusations. Jamais, peut-être, fanatisme plus ignorant et plus aveugle n'avait exprimé plus de haine. Cependant, un examen impartial des doctrines exprimées dans le Koran, aurait fait reconnaître à ces critiques passionnés que Mohammed s'était le plus souvent inspiré des monuments et des croyances qui ont constitué les religions juive et chrétienne. Ce fait aurait dû rendre le prophète arabe moins coupable à leurs yeux, si l'on ne savait pas que la haine est souvent plus forte et plus envenimée entre les dissidents d'une même croyance qu'entre des croyances totalement opposées. Ce qui a pu rendre Mohammed si odieux à certains écrivains, c'est la persévérance qu'il met dans son livre à nier la *Trinité* de Dieu *, à combattre la croyance qu'il ait eu un *Fils*, à soutenir son unité absolue. Il préférait cependant les chrétiens aux sectateurs d'autres religions **. Il reconnaissait la mission de Moïse, de Jésus, et il prétendait continuer leur apostolat selon les vues de Dieu, son livre ne faisant que corroborer les Écritures antérieures ***; chaque époque, selon lui, ayant eu son livre sacré ****. Il n'est peut-être pas de livre qui donne une idée plus haute de la Divinité que le Koran : « Les ombres même de tous les êtres, dit-il, s'inclinent devant lui matin et soir *****! » C'est par la lecture de ce livre que nous pourrons apprendre à connaître le caractère arabe et l'énergie fanatique de l'ennemi que nous avons à combattre dans l'Algérie, où la croyance dans le Koran est encore très-vive. C'est aussi par l'étude assidue du Koran que nous pourrons com-

* Ch. v, vers. 77, 116.
** Ch. v, v. 85.
*** Ch. vi, v. 92.
**** Ch. xiii, v, 38.
***** Ch. xiii, v. 16.

prendre la politique des Arabes. Dans ce livre sacré la *déloyauté* en guerre est autorisée *, de même que la dépouille des ennemis **; la guerre doit se faire sans rémission ***. On y trouve aussi prescrits la *guerre sainte* et les *mois sacrés* ****. Les lâches, ou ceux qui ne veulent pas aller combattre les infidèles sont réprouvés et maudits *****.

Le moment n'a jamais été aussi opportun pour nous d'étudier le Koran qu'aujourd'hui, et de nous dépouiller entièrement des préjugés que l'on avait si longtemps cherché à accréditer sur la prétendue absurdité de Mohammed et de ses doctrines. Un certain Vivaldo était allé jusqu'à dire, en parlant du Koran, « que ce livre, loin d'être lu, doit être « bafoué, méprisé et jeté dans les flammes, par- « tout où on le trouvera; et comme c'est, ajoute-t-il, « une production tout à fait bestiale, elle ne mé- « rite point d'être rappelée dans la mémoire des hom- « mes ******. » Le plus savant éditeur et interprète du Koran, Maracci, qui en a donné la *Réfutation* en même temps que la *Traduction* *******, et dont, par conséquent, le témoignage ne peut être suspect, ne craint pas de dire que Mohammed a conservé tout ce qu'on trouve de plus plausible et de plus probable dans la religion chrétienne, avec tout ce qui nous paraît de plus conforme à la loi et à la lumière de la nature ********.

Voici le portrait que Abou'lféda a tracé de Mohammed dans la vie qu'il en a écrite :

« Ali, fils d'Abou-Taleb, a parlé des qualités physiques du prophète en ces termes : « Il était, « nous dit-il, d'une taille moyenne; sa tête était « forte, sa barbe épaisse, ses pieds et ses mains « rudes; sa charpente osseuse annonçait la vi- « gueur; son visage était coloré. » On dit encore qu'il avait les yeux noirs, les cheveux plats, les joues unies, le cou semblable à celui d'une urne d'argent. Anas a dit : « Dieu ne permit pas que « ses cheveux reçussent en blanchissant l'outrage « des années : il avait seulement vingt poils blancs « à la barbe et quelques cheveux blancs sur le som- « met de la tête... »

« L'esprit et la raison du prophète l'emportaient sur ceux des autres hommes. Adressant à Dieu de fréquentes prières, il était très-sobre de discours futiles. Son visage annonçait une bienveillance constante; il aimait à garder le silence; son humeur était douce, son caractère égal. Ses parents, ou ceux qui ne lui étaient pas attachés par les liens du sang, les puissants ou les faibles, trouvaient en lui une justice égale. Il aimait les humbles et ne méprisait pas le pauvre à cause de sa pauvreté,

---

* Ch. VIII, v. 60.
** Ib., v. 70.
*** Ch. IX, vers. 12, 13, 24, 29, 36, 82.
**** Ch. IX, v. 5.
***** Ib., v. 88, 91, 96.
****** Cité dans le livre fort estimable de M. de Pastoret, intitulé: Zoroastre, Confucius et Mahomet, que nous recommandons de lire, p. 233.
******* Alcorani textus universus, arab. et lat., cum notis et refutatione. Patavii, 1698, in-f°.
******** Ouvrage cité, p. 234.

comme il n'honorait pas le riche à cause de sa richesse. Toujours soigneux de se concilier l'amour des hommes marquants et l'attachement de ses compagnons, qu'il ne rebutait jamais, il écoutait avec une grande patience celui qui venait s'asseoir auprès de lui. Jamais il ne se retirait que l'homme auquel il donnait audience ne se fût levé le premier; de même que si quelqu'un lui prenait la main, il la laissait aussi longtemps que la personne qui l'avait abordé ne retirait pas la sienne. Il en était de même si l'on restait debout à traiter avec lui de quelque affaire; toujours, dans ce cas, il ne partait que le dernier. Souvent il visitait ses compagnons, les interrogeant sur ce qui se passait entre eux. Il s'occupait lui-même à traire ses brebis, s'asseyait à terre, raccommodait ses vêtements et ses chaussures, qu'il portait ensuite, tout raccommodés qu'ils étaient. Abou-Horaïra nous a laissé la tradition suivante: « Le prophète, dit-il, « sortit de ce monde sans s'être une seule fois ras- « sasié de pain d'orge, et quelquefois il arrivait « que sa famille passait un ou deux mois sans que, « dans aucune des maisons où elle faisait sa ré- « sidence, il y eût eu du feu d'allumé. Des dattes « et de l'eau faisaient toute sa nourriture. Quant « au prophète, il était parfois obligé, pour trom- « per sa faim, de se serrer (avec sa ceinture) une « pierre sur le ventre*. »

M. de Pastoret, dans l'ouvrage cité, compare ainsi Confucius (KHOUNG-TSEU) et Mohammed: « Si Mahomet connut mieux que ses prédécesseurs l'art d'enchaîner le peuple par des opinions religieuses, l'art plus grand d'approprier ses dogmes au climat et aux besoins naturels de ceux auxquels il annonçait sa doctrine, on ne peut se dissimuler que Confucius n'ait développé avec plus de sagesse et de profondeur les principes de la morale.

« Confucius et Mahomet naquirent l'un et l'autre dans un rang très-distingué. Celui-ci appartenait à une des plus illustres tribus de l'Arabie; celui-là était issu du sang des rois... Mahomet emploie les premières années de sa jeunesse à cultiver le commerce, profession dont les connaissances seront peu utiles au projet qu'il a conçu; Confucius se livre aux travaux et aux douceurs de la philosophie.

« Parvenu à une jeunesse plus avancée, le premier se cache aux hommes, dans l'espérance apparemment d'imprimer ainsi plus de respect... Renonçant au commerce auquel il s'était adonné dès son enfance, trouvant, dans un mariage opulent, de quoi réparer l'injustice de la fortune envers lui, il ne s'occupe plus que du dessein qui l'anime, et va tous les ans s'enfermer, pendant un intervalle déterminé, dans la caverne d'une montagne à trois milles de la Mecque.

« De tous temps la solitude et l'obscurité ont paru nécessaires à ceux qui voulaient séduire les hommes. L'Égypte nous en fournit des preuves

---

* Vie de Mohammed par *Abou'lféda*, traduction de M. Noël Desvergers, page 94.

anciennes; et, plus près de nous, les Druides durent à ce moyen la prépondérance religieuse qu'ils eurent dans la Grande-Bretagne et dans les Gaules. Une vie austère est encore un des moyens souvent mis en usage pour en imposer au vulgaire. Il n'échappa point à Mahomet. Il observa une grande frugalité; ses habits étaient simples et son ameublement peu fastueux.

« Cet imposteur ne tarda pas à supposer une révélation et des prodiges. C'est une adresse qu'avaient eue les plus fameux législateurs, comme l'ont déjà observé un grand nombre d'écrivains, d'après Platon, Joseph et Denys d'Halicarnasse. Osiris se prétendait inspiré par le ciel; Minos allait sur le mont Dyctée recevoir de Jupiter les lois qu'il donnait à la Crète. Lycurgue fit le voyage de Delphes pour consulter Apollon; Numa ne disait rien qu'il ne l'eût appris d'Égérie. Des oracles instruisaient Solon, et Zaleucus était secondé par Minerve. Mahomet imita ses prédécesseurs; comme eux, il fut le ministre et l'interprète d'un dieu qui lui révélait sa volonté sacrée. Ah! si l'on gémit sur notre destinée, en se rappelant par combien de mensonges nous avons acheté le petit nombre de vérités utiles que le temps a laissé parvenir jusqu'à nous, que de larmes ne verse-t-on pas quand on voit l'imposture avilir la conduite de ceux qui semblaient formés pour éclairer l'univers! Malheureuse condition des hommes! la morale la plus pure, les préceptes les plus sublimes de la raison fixent rarement leurs hommages; il faut moins nous convaincre que nous séduire, et souvent c'est par l'imagination seule qu'on nous entraîne.

« Confucius ne se déshonore point ainsi par des fables inventées pour tromper ses compatriotes. Il eût rougi de s'abaisser à la mauvaise foi. Son âme fut pure et sa conduite vraie. Sans doute, à cet égard, il mérite le premier rang. Ce n'est pas que ses rivaux n'aient peut-être mieux connu le cœur humain quand ils l'ont cru plus susceptible d'être ému par les illusions que par la vérité : mais ces illusions en dégradent-elles moins celui qui les enfante? Par quelle fatalité ont-elles tant animé ceux qui se prétendaient les apôtres de la sagesse et de la vertu?

« Ajoutons que sa vie entière inspire plus d'intérêt et de vénération que celle de Mahomet. Ce n'est point un enthousiaste ambitieux qui brûle de soumettre à son joug, ou ses prince, ou ses concitoyens; qui, sacrifiant tout à son audace, craint peu de bouleverser un empire, pourvu qu'il illustre son nom et fasse triompher ses pensées; c'est un philosophe paisible qu'embrase l'amour seul de ses semblables, qui n'aime que pour eux les places et les dignités, que le malheur éclaire sans l'abattre, et auquel tout ce qui l'environne, tous les événements dont sa carrière est assiégée, fournissent des leçons précieuses pour l'humanité. L'a-t-on vu, comme le législateur des Perses, se couvrir de honte à la fin de ses jours, en écoutant le délire de la vengeance, et faisant dévaster un pays, parce que le prince refusait de se soumettre à sa doctrine et à ses lois? L'a-t-on vu, comme Mahomet, se plaindre de la polygamie, essayer d'y mettre des bornes, et, cependant, aux yeux même de ses disciples, s'attribuer, de la part du ciel, le privilége d'une liberté sans bornes?

« Confucius prêcha sa doctrine dans les villes et dans les cours des rois. Mahomet, plus hardi ou plus heureux, les invita par écrit à recevoir la sienne, et ce ne fut pas sans succès. Le premier n'employa d'autre voix que celle de la persuasion; l'autre y joignit la force, et frappa de mort, quand il le put, ses ennemis, et ce qu'il appelait les incrédules. Tous essuyèrent des persécutions; mais Confucius, doué d'une âme tranquille, les supporta sans murmure, et ne leur opposa que la patience et le courage. Mahomet, unissant l'adresse au génie, tempéra par le calme de la réflexion le désir de la vengeance, et ne retarda ses coups que pour les rendre plus sûrs. Quelques années suffirent à tous les deux pour réformer leur patrie, et fonder, affermir cette puissance morale, civile et religieuse, qui semblerait devoir être l'ouvrage de plusieurs siècles réunis[*]. »

Le législateur des Indiens, Manou, dont nous publions le *Code* dans ce volume, échappe à toute appréciation historique, comme tous les personnages fabuleux de l'Inde, où le domaine de l'histoire est resté complétement stérile. Peut-être un jour, lorsque les antiquités de cette merveilleuse contrée seront mieux connues, lorsque ses nombreux monuments littéraires que l'on commence à peine à interpréter et qui produisent autant d'admiration que d'étonnement, seront explorés, lorsque les indianistes et les sinologues européens auront fait pour l'Inde et la Chine ce que les savants du seizième et du dix-septième siècles ont fait pour Rome et la Grèce, alors peut-être une lumière toute nouvelle viendra éclairer les origines du monde et des civilisations orientales dont nous n'apercevons encore que quelques faibles lueurs. Il serait plus que téméraire de vouloir, dès maintenant, poser des questions qu'il n'est réservé qu'à l'avenir de résoudre.

Quand la publication du présent volume n'aurait d'autre résultat que de mieux faire connaître les peuples dont la civilisation y est représentée par la traduction des écrits de leurs premiers législateurs, et de propager quelques idées morales, quelques notions plus exactes sur les éléments de ces mêmes civilisations, nous croirions être assez récompensé des peines qu'elles nous a causées.

Paris, 1er juin 1840.

G. PAUTHIER.

[*] M. de Pastoret, ouvrage cité, p. 385 et suiv.

NOTICES BIBLIOGRAPHIQUES.

Apres avoir présenté les considérations précédentes sur la nature et le contenu des monuments politiques, philosophiques et religieux qui composent ce volume, ainsi que sur les législateurs qui les ont légués à l'Orient, il nous reste à donner quelques renseignements sur les traductions que nous publions aujourd'hui, et sur les notices qui les accompagnent.

Nous avons eu pour but, dans la disposition de ce volume, de réunir comme en un faisceau, les principaux monuments qui ont constitué les trois grandes civilisations encore vivantes de l'Orient : la *Civilisation chinoise*, la *Civilisation indienne* et la *Civilisation musulmane*, et d'y joindre les notices et les éclaircissements qui pouvaient le plus servir à leur intelligence.

L'ordre que nous avons suivi est autant chronologique qu'ethnographique; car, si la nation chinoise est la nation la plus orientale de l'Asie, elle en est aussi chronologiquement, c'est-à-dire historiquement, la plus ancienne. Les premiers chapitres du *Chou-king* ont été composés plus de deux mille ans avant notre ère. Quelle que soit l'ancienneté encore incertaine des *Lois de Manou*, on ne peut guère les faire remonter à une époque aussi ancienne.

1° *Chou-king*.

La traduction que nous donnons du *Chou-king* ou *Livre par excellence*, qui ouvre ce volume, est celle du P. Gaubil, savant missionnaire français, qui passa trente-six ans à *Pé-king* où il mourut en 1759. Cette traduction avait déjà été publiée par de Guignes le père, en un vol. in-4°, sous ce titre : Le CHOU-KING, UN DES LIVRES SACRÉS DES CHINOIS, *qui renferme les fondements de leur ancienne histoire, les principes de leur gouvernement et de leur morale; ouvrage recueilli par Confucius, traduit et enrichi de notes par feu le P.* GAUBIL, *missionnaire à la Chine; revu et corrigé sur le texte chinois, accompagné de nouvelles notes, etc., par M. de Guignes. Paris*, 1770. Ayant résolu de donner dans le présent volume une traduction française de ce livre précieux, nous avions plusieurs partis à prendre: 1° ou publier une nouvelle édition de la traduction du missionnaire français telle que l'avait donnée de Guignes; 2° ou la publier telle que l'avait faite le P. Gaubil et telle que la donne une copie de son manuscrit déposée à la Bibliothèque royale de Paris; 3° ou revoir cette traduction originale manuscrite sur le texte chinois, la modifier, et l'améliorer autant que possible; 4° ou enfin faire une traduction nouvelle du même livre. C'est au troisième parti que nous nous sommes arrêté, comme celui qui rentrait le mieux dans le plan que nous nous étions prescrit.

Quelque mérite et quelque connaissance du chinois qu'ait eus de Guignes le père, son travail sur la traduction du *Chou-king* par Gaubil se borna à fort peu de chose. « On est également « surpris et affligé, a dit M. Abel Rémusat (Vie « de Gaubil), quand on voit l'éditeur du travail « de Gaubil, de Guignes, chercher à diminuer « l'honneur qui doit en revenir au missionnaire, « en réclamant pour lui-même quelque part dans « un ouvrage auquel il n'a sans doute coopéré « que bien faiblement; car, quelque connaissance « qu'ait eue du chinois le savant académicien, on « a peine à croire qu'il ait prétendu *corriger* le « missionnaire, et rendre sa *version plus littérale.* » Une comparaison attentive que nous avons faite de la copie manuscrite de la traduction de Gaubil, avec la copie imprimée *revue et corrigée* par son premier éditeur, nous autorise à dire que les corrections sont bornées le plus souvent à de très-légères modifications de style, et lorsque c'est le sens qui est changé, il se trouve souvent, comme nous l'avons fait remarquer dans plusieurs endroits différents *, que c'est au détriment de la fidélité, si l'on s'en rapporte aux commentateurs chinois que nous avons constamment suivis dans les nombreuses modifications que nous nous sommes permis de faire à la traduction originale du savant missionnaire, ainsi qu'on pourra s'en convaincre par les notes que nous avons destinées à justifier ces modifications. Plusieurs chapitres ont été presque refaits entièrement, entre autres le Chapitre IV de la 4ᵉ Partie, intitulé HONG-FAN, p. 89, qui est peut-être le plus curieux monument de l'ancienne philosophie, et celui où les connaissances humaines sont pour la première fois systématisées.

Nous devons dire, pour que l'on ne nous accuse pas d'une vaine présomption, que nous ne prétendons diminuer en rien le mérite du difficile et laborieux travail du P. Gaubil, pour lequel nous conservons une sincère admiration; mais nous

---

* Voyez entre autres les pages 48, deuxième colonne, note *, p. 51, deuxième col., note *, et p. 53, deuxième col., note **.

avons pensé que sa traduction pouvait être améliorée, et c'est ce que nous nous sommes efforcé de faire. Les sinologues jugeront si nous avons réussi.

Une amélioration que nous croyons incontestable, surtout pour ceux qui s'occupent de l'étude de la langue chinoise, c'est d'avoir reproduit presque tous les caractères chinois expliqués dans les notes, et dont la *transcription* en lettres latines ne donne le plus souvent aucune idée. L'importance du *Chou-king* pour l'ancienne histoire et pour les anciennes croyances religieuses, morales et politiques de la Chine, justifie et au delà un soin que l'on pourrait autrement accuser d'affectation et de pédantisme, mais que, nous aimons à le croire, peu de personnes nous reprocheront.

Nous avons rétabli, le plus souvent possible, dans la traduction française de Gaubil, les tournures simples du texte chinois, comme : *le roi dit, l'empereur dit*, etc., sans chercher à varier ces formules par des artifices de style, comme avait fait de Guignes, au risque de causer de la monotonie, parce que nous pensons que ce n'est pas avec des anciens monuments politiques, philosophiques et religieux, comme ceux qui sont compris dans ce volume, que l'on doit s'amuser à faire des fleurs de rhétorique ; la traduction la plus simple, la plus exacte, et celle qui conserve le plus les tournures du texte original, nous paraissant de beaucoup la meilleure, et même la seule vraiment admissible dans l'état actuel de nos connaissances.

Le P. Amiot, autre savant missionnaire français en Chine, mais un peu rhéteur, appelle la traduction du *Chou-king* par son confrère le P. Gaubil, *un squelette*, « parce qu'on ne peut pas plus y reconnaître les beautés de cet antique monument de la sagesse des Chinois, que l'on ne reconnaîtrait dans des ossements arides, la figure et l'embonpoint d'une personne à la fleur de l'âge. Par les soins de M. de Guignes, ajoute-t-il, le *Chou-king* français approche un peu plus de l'original. Il lui ressemblerait peut-être entièrement si ce savant n'avait point eu d'autre guide que les Chinois. Tel qu'il est, il vaut encore mieux que d'autres traductions qui ont été faites du même ouvrage, tant en latin qu'en français*. » Ce jugement du P. Amiot est souverainement injuste envers le P. Gaubil ; il faut que le premier de ces missionnaires ait eu l'idée la plus fausse et de la traduction manuscrite du second et des prétendues *améliorations* de de Guignes. Deshauteraies en avait la même opinion que nous lorsqu'il disait : « Ce jugement me paraît bien rigoureux après les soins que le savant P. Gaubil a pris pour perfectionner cet ouvrage ; si cette traduction n'est pas parfaite, c'est qu'il est impossible qu'il y en ait ; mais il ne faut s'en prendre qu'à l'obscurité du texte chinois, et non au traducteur, qui, après avoir beaucoup balancé sur l'interprétation d'un passage difficile, se voit dans l'obligation de borner ses incertitudes et d'adopter un sentiment*. »

Le très-petit nombre de notes de de Guignes, qui ont été conservées dans notre édition, portent son initiale, comme celles que nous y avons ajoutées portent aussi les nôtres. Les notes sans signatures, et qui ne sont pas placées entre deux crochets, sont de Gaubil.

Nous avons reproduit la *Préface* de Gaubil, qui était mise au rang des notes dans l'édition du *Chou-king* par de Guignes, ainsi que la *Lettre du P. de Mailla* sur les caractères chinois, et les *Recherches* du P. de Prémare, *sur les temps antérieurs à ceux dont parle le Chou-king*, quoique ce dernier et curieux travail ait encouru aussi la réprobation (non méritée à beaucoup d'égards) du P. Amiot**. On ne doit assurément pas prendre à la lettre tout ce que les écrivains chinois cités dans ces *Recherches* disent ; mais il est toujours bon que leurs opinions soient connues.

2° LES SSE-CHOU.

Les *Sse-chou* ou *Quatre livres classiques* de la Chine ont déjà été traduits plusieurs fois en diverses langues européennes, mais avec plus ou moins d'exactitude. « Le premier travail européen sur ces Livres, qui soit venu à ma connaissance, a dit M. Abel-Rémusat***, est la traduction du *Ta-hio*, en latin, imprimée en 1662, avec le texte chinois, à *Kiàn-tchâng-foù*****, dans la province de *Kiâng-si*. Le P. Ignace de Costa, jésuite portugais, est l'auteur de cette version, qui fut publiée par les soins du P. Prosper Intorcetta. Ce dernier donna, quelque temps après, le *Tchoûng-yoûng*, en chinois et en latin. J'ignore la date précise et le lieu de la publication de cet ouvrage, mais je crois que c'est celui qui, suivant Bayer, fut imprimé en partie à Canton, en partie à Goa. La première partie du *Lûn-yù* est le troisième et dernier ouvrage chinois publié en Chine par les missionnaires, avec le texte original et une paraphrase latine ; et ce sont là les livres de Confucius que l'on a coutume de désigner sous le nom de *Edition de Goa*.

« Ces mêmes versions, dépouillées du texte chinois et réimprimées à Paris, composent le *Confucius Sinarum philosophus*, ouvrage à la tête du quel quatre jésuites seulement sont nommés comme auteurs (les P. P. *Intorcetta*, *Herdtrich*, *Rougemont* et *Couplet*), quoiqu'un bien plus grand nombre eussent concouru à son exécution. La

---

* *Mémoires concernant les Chinois*, t. II, p. 54. La traduction du P. Gaubil est la seule qui, jusqu'à ce jour, ait été imprimée. Il existe, dit-on, une traduction latine manuscrite du *Choug-king*, dans la Bibliothèque impériale de Vienne.

* *Observations* mises en tête de l'Histoire générale de la Chine, par le P. de Mailla, p. LIXIX.

** *Mémoires* cités ; t. II, p. 140.

*** *Notices et extraits des manuscrits* de la Bibliothèque du roi, t. X, p. 287

**** Ce livre est extrêmement rare ; nous ne l'avons jamais eu entre les mains.

paraphrase du *Tchoŭng-yoŭng* avait en outre été imprimée en 1672, in-folio, et insérée dans la collection de Melchisedech Thévenot, et elle a encore été donnée depuis dans les *Analecta Vindobonensia*. Toutes ces réimpressions ne diffèrent de l'édition de *Goa* que par l'absence du texte original.

« Une nouvelle traduction des *Quatre livres*, à laquelle se joint celle du *Hiao-king*, ou de *l'Obéissance filiale*, et du *Siaò-hio*, ou de la *Petite Étude*, fut donnée en 1711 par le P. Noël, sous le titre de *Sinensis imperii libri classici sex* * (Prague, 1711, in-4°). Nous avons aussi dans le tome Ier des *Mémoires* sur les Chinois, une version française du *Ta-hio* et du *Thoŭng-yoŭng*. » Il faut ajouter à toutes ces versions, celles du *Ta-hio* et du premier *Livre* du *Lŭn-yŭ*, publiées à Serampoore, par M. Marshman, en 1809 et en 1814, à la suite de sa *Clavis Sinica*, avec le texte chinois en regard; puis celle du *Tchoŭng-yoŭng*, en latin et en français, par M. Abel Rémusat (*Notices des manuscrits*, etc., t. x, p. 297 et suivantes), aussi avec le texte en regard et la version mandchoue; puis, la traduction latine du *Meng-tseu*, par M. Stanislas Julien, sous ce titre : *Meng-tseu, vel Mencium inter sinenses philosophos ingenio, doctrina, nominisque claritate Confucio proximum edidit, latina interpretatione, ad interpretationem tartaricam utramque recensita, instruxit, et perpetuo commentario, e sinicis depromto, illustravit Stanislaus Julien*. Lutetiæ Parisiorum, 1824-1829. Enfin, M. W. Schott a publié, en 1826-1832, une version allemande du *Lŭn-yŭ*, et on a publié à *Malacca*, en 1828, une traduction anglaise des *Quatre livres*, sous ce titre : *The chinese classical Work, commonly called the* FOUR BOOKS, *translated and illustrated with notes, by the late Rev. David Collie*. Mallacca, 1828, in-8°.

Les plus littérales et les meilleures de ces versions sont, la traduction latine de *Meng-tseu*, de M. Stanislas Julien, et la traduction anglaise des *Quatre livres*, par le Rév. Collie. Les traductions latines et françaises des missionnaires jésuites, et celle du P. Noël, sont plutôt des *paraphrases* que des traductions. « Il faut avouer, dit de Guignes (*Mémoires de l'Académie des Inscriptions et Belles-lettres*, t. XXXVIII, p. 275), que la méthode de ce traducteur (le P. Couplet) n'est nullement propre à nous donner une idée de ces anciens livres, ni même à nous engager à les lire. A peine peut-on y reconnaître le texte, qui est enveloppé dans de longues et ennuyeuses paraphrases; ce n'est, à proprement parler, que la traduction d'un commentaire. » On peut en dire autant, et à plus forte raison selon nous, de la traduction du P. Noël. « On ne retrouve dans cette traduc-

tion, a dit M. Abel Rémusat (Vie de *Meng-tseu*), aucune trace des qualités que nous avons remarquées dans le livre de *Meng-tseu*; et le sens même est comme perdu au milieu d'une paraphrase verbeuse et fatigante. Aussi, cet auteur chinois qui, peut-être, était le plus capable de plaire à des lecteurs européens, est un de ceux qui ont été le moins lus et le moins goûtés. »

On aurait peine à croire que la traduction que le P. Cibot a faite du *Ta-hio* et du *Tchoŭng-yoŭng*, publiée dans le t. I des *Mémoires sur les Chinois* (p. 436 et suivantes), soit si verbeuse et si ampoulée, qu'en la comparant à celle que nous donnons dans ce volume, on les prendrait souvent pour des traductions d'un texte différent. Dans la traduction que nous avons faite des *Sse-chou* ou *Quatre livres*, nous nous sommes peu servi des travaux de nos devanciers; nous nous sommes efforcé, autant que possible, d'acquérir l'intelligence du texte chinois avec le secours des gloses et des commentaires, que, cependant, nous nous sommes gardé de fondre avec le texte, lorsque nous n'y étions pas obligé par la concision ou l'obscurité de ce dernier. Nous nous sommes également efforcé de rendre notre texte avec la plus grande concision possible, en rejetant d'une manière absolue tout ornement, toute figure, toute idée qui y serait étrangère, et en conservant, autant que le génie de notre langue nous l'a permis, les tournures mêmes et les inversions du texte. Nous ne concevons un bon travail de traducteur qu'à ces conditions.

L'importance morale que nous attachons à l'étude des *Quatre livres moraux de la Chine* nous avait fait entreprendre leur publication en chinois, avec une *version latine*, une *traduction française* du texte, et du commentaire complet de *Tchou-hi*, le plus célèbre des commentateurs philosophes chinois. La première livraison, comprenant le *Ta-hio*, a paru en 1837*; c'est cette traduction qui est reproduite dans ce volume, avec des extraits des commentaires.

3° LOIS DE MANOU.

La traduction qui est donnée dans ce volume des *Lois de Manou*, a été faite par M. A. Loiseleur-Deslonchamps, qu'une mort prématurée a enlevé récemment à la science laborieuse et souvent méconnue de l'érudition qu'il cultivait avec succès. Préparé à ce travail difficile par une étude assidue du texte sanskrit, dont il donna une édition correcte en 1830, et aidé par l'élégante et fidèle traduction anglaise de W. Jones qu'il prit pour guide, il publia sa traduction en 1833. C'est cette même traduction qui est reproduite ici textuellement, l'auteur, de son

---

* C'est sur cette traduction latine qu'a été faite la traduction française de l'abbé Pluquet, sous le titre de : *Les livres classiques de l'empire de Chine*. Paris, Debure, 1784.

* Sous ce titre : *Le Ta-hio ou la Grande Étude, ouvrage de* KHOUNG-FOU-TSEU *et de son disciple Thseng-tseu, traduit en français, avec une version latine et le texte chinois en regard, accompagné du commentaire complet de Tchou-hi, et de notes tirées de divers autres commentateurs chinois par G. Pauthier.* Paris, F. Didot, gr. in-8°

vivant, n'ayant désiré y faire aucun changement.

Dans l'impossibilité, comme nous l'avons déjà dit, de donner actuellement une traduction des Vêdas, nous n'avons pas cru pouvoir les mieux faire connoître qu'en traduisant le savant Mémoire de Colebrooke sur ces livres sacrés. L'obligation qui nous étoit imposée de nous restreindre dans de certaines limites, nous a forcé de l'abréger; mais les abréviations ne portent guère que sur des citations, et nous pensons que rien de ce qui étoit de plus important n'a été omis.

4° LE KORAN.

Le Koran a déjà été traduit plusieurs fois en français, en latin et en anglais. La première traduction imprimée est celle publiée par Bibliander, en latin, avec d'autres opuscules de divers auteurs. *Tiguri*, 1550, petit in-folio. La seconde et la meilleure est celle de Maracci, publiée à Padoue, en 1698, sous ce titre : *Alcorani textus universus ex correctioribus Arabum exemplaribus summâ fide descriptus, eâdemque fide ac pari diligentiâ ex arabico idiomate in latinum translatus, appositis unicuique capiti notis atque refutatione. Praemissus est prodromus, auctore Lud.* Maraccio. *Patavii*, ex typ. Seminarii, 1698, in-folio.

Vient ensuite la traduction française de Du Ryer, sieur de la Garde Malezair. Amsterdam, 1734, in-12, 2 vol. Puis, la traduction anglaise de G. Sale, précédée d'un excellent Discours préliminaire, que nous avons reproduit dans ce volume; cette traduction a pour titre : *The Coran, commonly called the Alcoran of Mohammed, translated into english immediately from the original arabic with explanatory notes, taken from the most approved Commentators; to wich is prefixed a preliminary discourse*, by George Sale. London, 1764, in-8°, 2 vol., ou in-4°, 1 vol.

La seconde traduction française est celle de Savary, Paris 1783, qui a eu plusieurs éditions. Cette traduction, que l'on regarde comme élégante, est faite dans le goût des traductions de l'époque où elle parut, c'est-à-dire, avec la prétention d'être une *belle infidèle*. Le traducteur ayant en vue les ornements du style, n'a fait, comme son prédécesseur Du Ryer, aucune distinction des versets, scrupuleusement conservés par Maracci et G. Sale.

Lorsque nous prîmes la résolution de comprendre une traduction française du Koran dans ce volume, nous crûmes qu'il nous suffirait de revoir la traduction de Savary; mais nous fûmes bientôt convaincu de la nécessité d'en faire une nouvelle. Celle qui est publiée dans ce volume a été faite, sur notre demande, par M. Kasimirski, aujourd'hui secrétaire interprète de la légation française en Perse, un des jeunes exilés de l'héroïque Pologne, qui s'est efforcé de se consoler des malheurs de sa patrie, et de supporter son noble exil par l'étude des langues orientales, dans lesquelles il a fait, en moins de dix ans, les plus grands progrès. Nous avons revu soigneusement cette traduction, imprimée en l'absence de l'auteur; mais nous n'y avons fait d'autres changements que ceux que nécessitait l'exigence de notre langue. Rarement nous eu avons recours au texte pour vérifier le sens de certains versets qui nous paraissaient douteux. Nous regrettons, et le lecteur le regrettera comme nous sans doute, que l'auteur n'ait pas pu revoir sa traduction avant et pendant l'impression; il auroit bien mieux améliorée que nous. Telle qu'elle est cependant, nous pensons qu'elle obtiendra le suffrage des orientalistes et de tous les hommes instruits.

CONCLUSION.

Trois grandes puissances, qui n'ont d'autres limites que celles de l'intelligence, du temps et de l'espace, les institutions politiques, les croyances religieuses et les climats, dominent les sociétés humaines. Elles les prennent à leur berceau, les façonnent de leurs mains civilisatrices, les nourrissent des aliments qui entretiennent la vie des âmes et des corps, en un mot, les forment à leur propre image et ressemblance. Ainsi les institutions, les croyances, le climat d'un peuple étant donnés, le caractère, la civilisation de ce peuple seront logiquement connus; de sorte que les institutions politiques et religieuses d'une nation se réfléchissent en elles-mêmes, comme elle se réfléchit dans ses propres institutions. Nous pensons qu'il serait difficile de trouver une triple application de ces principes plus frappante que dans le présent volume, où les trois grandes civilisations de la Chine, de l'Inde et de l'Arabie sont représentées par leurs monuments les plus antiques et les plus vénérés. G. P.

CIVILISATION CHINOISE.

LE CHOU-KING

OU

LE LIVRE PAR EXCELLENCE.

LE SSE-CHOU

OU

LES QUATRE LIVRES DE PHILOSOPHIE
MORALE ET POLITIQUE DE LA CHINE.

NOTICE SUR LE Y-KING

OU

LIVRE SACRÉ DES CHANGEMENTS.

書經

LE CHOU-KING,

LIVRE SACRÉ DE LA CHINE,

TRADUIT EN FRANÇAIS PAR LE P. GAUBIL;

REVU SOIGNEUSEMENT SUR LE TEXTE CHINOIS,

ET AUGMENTÉ D'UN GRAND NOMBRE DE NOTES PAR M. G. PAUTHIER.

PRÉFACE DU PÈRE GAUBIL.

I.

Histoire critique du Chou-King.

L'an 484 avant J. C., Confucius rassembla en un seul corps d'ouvrage le livre appelé *Chou-king*. On convient que ses différentes parties étaient tirées des historiens publics des dynasties dont il est parlé dans ce livre, mais on ne peut pas dire quelle était sa forme, ni de combien de chapitres il était composé du temps de ce philosophe; on ne sait pas même en quel état il fut après sa mort, jusqu'au temps de *Chi-hoang-ti*, qui ordonna [1] de brûler nommément ce *Chou-king*, que les lettrés de la famille de Confucius cachèrent. Lorsque l'empereur *Ven-ti* [2] voulut recouvrer, s'il était possible, cet ancien livre, il fallut s'adresser à un vieillard de plus de quatre-vingt-dix ans, qui était de *Tsi-nan-fou*, ville capitale de la province appelée aujourd'hui *Chan-tong*. Ce vieillard, nommé *Fou-cheng* [3], avait présidé à la littérature chinoise dans le temps de l'incendie des livres; il savait par cœur beaucoup d'endroits du *Chou-king*, et les expliquait à des lettrés et à des disciples, qui étaient de son pays. Comme *Fou-cheng* n'articulait pas bien les mots, et qu'il avait un accent différent de celui du pays où était la cour, les gens envoyés de la part de l'empereur pour avoir de lui ce qu'ils pourraient, eurent plus d'une fois besoin d'interprètes, et furent obligés d'avoir recours à ceux qui, à force d'entendre *Fou-cheng*, comprenaient ce qu'il disait; on écrivit ainsi ce livre qu'on appelle *Chou-king* de Fou-cheng; et parce qu'il fut écrit en caractères de ce temps-là, on l'appela *Chou-king* du nouveau texte.

Le manuscrit fait sur ce que *Fou-cheng* avait dicté, fut offert à l'empereur, qui le fit examiner par l'académie de littérature; on s'empressa de le lire et de le publier.

Quelque temps après, sous l'empire de *Vou-ti* [4], on trouva des livres écrits en caractères antiques, dans les ruines de l'ancienne maison de la famille de Confucius; un de ces livres était le *Chou-king*. Parmi les lettrés qu'on fit venir pour pouvoir le lire et le copier, était le célèbre *Kong-gan-koue*, de la famille de Confucius, et un des plus savants hommes de l'empire; ce savant était d'ailleurs ennemi des fausses sectes, surtout de celles qui donnaient dans la magie et les sortilèges.

Kong-gan-koue se servit du manuscrit de *Fou-cheng*, et de quelques habiles lettrés, pour déchiffrer le Chou-king que l'on venait de découvrir; ce livre était écrit sur des tablettes de bambou, et dans beaucoup d'endroits les caractères étaient effacés et rongés des vers. On trouva que ce vieux Chou-king était plus ample que celui de Fou-cheng, et on en mit au net cinquante-huit chapitres. Kong-gan-koue fit un petit commentaire d'un bon goût et fort clair; il y ajouta une préface curieuse, dans laquelle il rapporte que le Chou-king de Confucius, outre les cinquante-huit chapitres dont il déchiffra les textes, en contenait encore quarante-deux autres; il expliqua en préface en anciens caractères, qu'on prétendait avoir été composée par Confucius, et où l'on indique le nom et le sujet de chaque chapitre, qui étaient au nombre de cent. *Kong-gan-koue* fit aussi un petit commentaire, mais clair, sur cette préface; et parce que le Chou-king de *Kong-gan-koue* était écrit en vieux caractères, on l'appela le *Chou-king* du vieux texte. Les critiques assurent que cette préface dont je viens de parler n'est nullement de Confucius; et la plus grande antiquité qu'on lui donne est de quelque temps avant l'incendie des livres.

Quoique les lettrés chinois ne paraissent pas douter de l'existence ancienne du Chou-king en cent chapitres, cependant il est à remarquer que les livres classiques *Se-chou*, *Tso tchouen*, *Meng-tse*, faits par Confucius et par des auteurs contemporains, citent souvent des textes ou traits d'histoire du Chou-king, et jamais rien des chapitres qu'on dit perdus.

Kong-gan-koue ayant remis ses manuscrits aux lettrés de l'académie, on eut peu d'égard à son ouvrage, et dans les collèges on ne lisait que celui de Fou-cheng; mais plusieurs lettrés, même habiles, ne laissèrent pas de se servir du Chou-king de *Kong-gan-koue*, et de le louer. Les choses restèrent en cet état sous les Han, et même quelque temps après; ainsi il ne faut pas être surpris que des lettrés au premier ordre, du temps des *Han*, et des *Tsin* qui leur suc-

---

[1] Avant J. C. 213 ans.
[2] Avant J. C. 176 ans.
[3] Ailleurs on prononce *Fou-Seng*. [Voy. son portrait dans notre *Description de la Chine*, de l'*Univers pittoresque*.]
[4] La première année de son règne est l'an 140 avant J. C.

LIVRES SACRÉS DE L'ORIENT.

cédèrent, n'aient point cité les chapitres du Chou-king de Kong-gan-koue, ou aient traité de peu authentiques les chapitres qui ne sont pas dans le Chou-king de Fou-cheng. Les choses s'éclaircirent ensuite, on examina à fond les mêmes livres, et dès l'an 497 de J. C. les cinquante-huit chapitres de Kong-gan-kone furent généralement reconnus pour ce qu'on avait de l'ancien Chou-king, et c'est de Chou-king que j'ai traduit; depuis ce temps, il a été expliqué et enseigné dans tous les colléges de l'empire.

Le nom de *king*, joint à celui de *Chou*, fait voir l'estime qu'on a de ce livre : *king* signifie une *doctrine certaine et immuable; chou* veut dire *livre* : en quel temps, avant les Han, a-t-on employé le mot *king ?* je n'en sais rien. Il paraît que le nom de *Chang* placé devant *Chou*, a été donné vers le commencement des Han, ou tout au plus quelque temps avant l'incendie des livres sous *Chi-hoang-ti;* avant ce temps-là on citait ce livre sous le nom de quelqu'une de ses parties ; par exemple , livre de *Hia*, livre de *Tcheou*, etc.

On n'a point de commentaire du Chou-king qui soit antérieur aux Han. *Kong-ing-ta* fit, par ordre de l'empereur *Tai-tsong* [1], des *Tang*, un recueil des commentaires de *Kong-gan-koue*, et des notes, des remarques et autres commentaires faits par des auteurs qui vécurent entre lui et Kong-gan-koue; ce grand homme y ajouta son commentaire, et c'est, pour l'érudition et les recherches savantes, ce qu'on a de mieux sur le Chou-king. Durant la dynastie des Tang, on fit quelques autres remarques et des critiques utiles qu'on a insérées dans d'autres recueils. Depuis ce temps, il s'est fait une grande quantité de commentaires, de gloses, de notes de toutes especes, et on en a formé d'amples recueils. Dans notre maison française, nous avons les diverses collections de ces commentaires sur le Chou-king, et j'ai eu grand soin de les consulter dans les endroits qui m'ont paru mériter des recherches.

Au reste, le Chou-king est le plus beau livre de l'antiquité chinoise, et d'une autorité irréfragable dans l'esprit des Chinois. Je me suis déterminé à en communiquer la traduction , parce que j'ai su qu'en Europe on avait vu quelques fragments de ce livre, et qu'on s'en était fait de fausses idées.

Du temps de l'empereur Kang-hi, on a fait une belle édition du Chou-king; on y a ajouté un commentaire fort clair pour expliquer le sens du livre; ce commentaire s'appelle *Ge-kiang*. L'empereur fit ensuite traduire, en tartare *mantcheou*, le texte du Chou-king et le commentaire *Ge-kiang ;* ce prince revit et examina lui-même cette traduction faite avec beaucoup de soin et de dépense; les plus habiles Chinois et Tartares furent employés à cet ouvrage. La langue tartare a une construction et des règles fixes comme nos langues; et un Européen qui traduit le tartare, ne sera pas sujet aux méprises auxquelles la construction chinoise l'expose, s'il ne prend de grandes précautions. J'ai fait la traduction le plus littéralement qu'il m'a été possible; j'ai consulté d'habiles Chinois sur le sens de quelques textes que j'avais de la peine à expliquer ; j'ai ensuite comparé l'explication que j'avais faite du texte chinois avec le texte tartare, et dans les endroits difficiles du texte tartare, j'ai consulté le révérend père Parennin, qui entend à fond cette langue tartare.

II.

Chapitres qui sont dans le nouveau texte ou celui de Fou-cheng, et dans le vieux texte ou celui de Kong-gan-koue.

Dans le nouveau texte, les chapitres Chun-tien et Yao-tien n'en font qu'un, puisque Meng-tse , en citant un passage du chapitre Chun-tien, le cite comme étant du Yao-tien.

Le chapitre Ta-yu-mo n'est que dans l'ancien texte.

Le chapitre Kao-yao-mo est dans les deux textes ; mais dans le nouveau texte le chapitre Y-tsi est joint à celui de Kao-yao-mo, au lieu que dans l'ancien texte ce sont deux chapitres séparés.

Les chapitres Yu-kong et Kan-chi sont dans les deux textes.

Le chapitre Ou-tse-tchi-ko n'est que dans l'ancien texte.

Le chapitre Yn-tching n'est que dans l'ancien texte. Le *Tso-tchouen* cite le texte où est l'éclipse du soleil, comme étant du livre de Hia, c'est-à-dire, de la partie du Chou-king appelée livre de Hia.

Le chapitre Tang-chi est dans les deux textes.

Le chapitre Tchong-hoei-tchi-kao n'est que dans l'ancien texte.

Les chapitres Tang-kao et Y-hiun et les trois parties du chapitre Tai-kia ne sont que dans l'ancien texte ; ces trois parties sont autant de chapitres.

Le chapitre Hien-yeou-y-te n'est que dans l'ancien texte.

Dans le nouveau texte, les trois parties du chapitre Pan-keng n'en font qu'une. Dans l'ancien texte, le chapitre est divisé en trois chapitres ou parties.

Les trois parties du chapitre Yue-ming ne sont que dans l'ancien texte ; ce sont trois chapitres. Les deux textes ont les chapitres Kao-tsong-yong-ge, Si-pe-kan-li, et Ouei-tse.

Les trois parties du chapitre Tai-chi ne sont que dans l'ancien texte ; ce sont trois chapitres.

Du temps de la dynastie des Han, on se servait d'un chapitre du Tai-chi, rempli de traits fabuleux et différent de celui du vieux texte. Une jeune fille récitait par cœur dans la province de Ho-nan, un chapitre appelé Tai-chi, différent de celui dont le gros des lettrés des Han se servait; on trouva que le chapitre récité par la jeune fille était conforme à celui du vieux texte; et après la dynastie des Han, on rejeta le chapitre dont on s'était servi communément, et on s'en tint à celui de l'ancien texte.

Les deux textes ont le chapitre Mou-chi.

Le chapitre Vou-tching n'est que dans le vieux texte. Dans ce chapitre on a sujet de craindre qu'il n'y ait eu quelque altération.

Le chapitre Hong-fan est dans les deux textes.

Le chapitre Lou-gao n'est que dans l'ancien texte.

Les chapitres Kin-teng, Ta-kao, sont dans les deux textes.

Le chapitre Ouei-tse-tchi-ming n'est que dans l'ancien texte.

Les deux textes ont les chapitres Kang-kao, Tsieou-kao, Tse-tsai, Tchao-kao, Lo-kao, To-che, Vou-y, et Kiun-chi.

Le chapitre Tsai-tchong-tchi-ming n'est que dans le vieux texte.

Les chapitres To-fang et Li-ching sont dans les deux textes.

Les chapitres Tcheou-kouan et Kiun-tchin ne sont que dans le vieux texte.

Les chapitres Kou-ming et Kang-vang-tchi-kao sont dans les deux textes : mais dans le nouveau texte ces deux chapitres n'en font qu'un.

Les chapitres Pi-ming, Kiun-ya et Kiong-ming ne sont que dans le vieux texte.

Les chapitres Liu-hing, Ven-heou-tchi-ming, Mi-chi et Tsin-chi, sont dans les deux textes.

III.

De la chronologie du Chou-king.

Le Chou-king a quatre parties; la première s'appelle

---

[1] 640 après J. C.

Yu-chou, et contient ce qui s'est passé sous les deux empereurs Yao et Chun, la seconde partie est *Hia-chou*, et contient ce qui s'est passé sous la dynastie de Hia; la troisième partie est *Chang-chou*, et contient ce qui s'est passé sous la dynastie de Chang; la quatrième partie est appelée *Tcheou-chou*; on y voit ce qui s'est passé sous la dynastie des Tcheou. La lecture du livre fait aisément voir que la dynastie des Tcheou a succédé à celle de Chang ou de Yn, celle-ci à celle de Hia, et que celle de Hia est venue après Yao et Chun.

Si on n'avait que le Chou-king, on n'aurait que des idées confuses du temps compris dans les quatre parties du livre; mais on a d'ailleurs des connaissances qui découvrent les temps des événements qui y sont indiqués.

Les premiers chapitres du Chou-king parlent assez clairement de la durée du règne d'Yao et des années que Chun son successeur a vécu et régné.

La partie *Tcheou-chou* apprend que Ven-vang a vécu cent ans ou environ, et on sait que Vou-vang lui a succédé. Or Meng-tse, auteur classique, qui a écrit avant l'incendie des livres, met un espace de mille ans et plus entre la naissance de Ven-vang et celle de Chun.

Les deux derniers chapitres du Chou-king ne parlent que de deux petits princes, et le dernier roi dont parle ce livre est le roi Ping-vang.

Par l'histoire authentique, et d'après l'examen des éclipses du *Tchun-tsieou*, livre classique, on sait que l'an 720 avant J. C. est arrivée la mort du roi Ping-vang. On sait donc le temps de la fin du Chou-king.

On est instruit sur les temps du livre *Tchun-tsieou* par les éclipses, et on sait que l'an 551 avant J. C. est celui de la naissance de Confucius. Or Meng-tse met un intervalle de cinq cents ans et plus entre le temps de Confucius et celui de Vou-vang, fils de Ven-vang. Si on ajoute les mille ans écoulés entre Chun et Ven-vang, on a en gros le temps entre Yao, le premier roi dont parle le Chou-king, et Ping-vang, qui est le dernier; outre cela, on a le rapport du temps d'Yao au nôtre, du moins en gros.

L'auteur du *Tso-tchouen*, contemporain de Confucius, donne une durée de six cents ans à la dynastie de Chang. J'ai déjà dit que la partie dite *Tcheou-chou* donne cent ans de vie à Ven-vang, et on sait que son fils Vou-vang défit entièrement le dernier roi de Chang, et fut premier roi de Tcheou; on a donc un espace de mille ans et plus entre la naissance de Chun et le commencement du règne des Tcheou; et en ôtant six cents, on a cinq cents entre la naissance de Chun et le commencement de la dynastie de Chang; d'où retirant cent dix ans à peu près pour la vie de Chun, marquée dans la partie *Yu-chou*, il reste trois cent quatre-vingt-dix ans pour la dynastie de Hia. Tous ces intervalles de temps sont connus en général.

Le chapitre Vou-y, dans la partie *Tcheou-chou*, indique quelques règnes; le livre *Tsou-chou* marque les années de chaque roi des dynasties, l'histoire en fait de même, et tout cela sert à fixer le temps, du moins en général, des chapitres du Chou-king.

Il faut examiner les années des règnes marqués par les historiens, comme les positions d'une carte de géographie. Dans une carte, si on a plusieurs positions, en vertu des observations astronomiques, celles-ci corrigent les autres, et plus il y a d'observations ou de mesures géométriques, plus on peut compter sur la carte. De même si des observations astronomiques sont rapportées dans les règnes, et si on peut s'en servir pour fixer les années de ces règnes, elles répandront un grand jour sur tout le reste.

J'ai déjà dit que par ces observations astronomiques on détermine l'an 720 avant J. C. pour la dernière année de Ping-vang. L'examen de l'éclipse du soleil, rapportée dans le livre de Hia, chapitre Yn-tching, démontre qu'une des années du règne de Tchong-kang est l'an 2155 avant J. C.; cet espace entre la dernière année de Ping-vang et une des années de Tchong-kang, est donc démontré.

Tai-kang régna avant Tchong-kang, Ki régna avant Tai-kang, Ki succéda à Yu, celui-ci à Chun, Chun à Yao; Meng-tse donne sept ans de règne à Yu; les historiens ne sauraient errer de beaucoup pour les deux règnes de Ki et de Tai-kang; ainsi on sait assez sûrement l'espace entre Yao et Ping-vang. Le Chou-king a marqué les règnes de Chun et de Yao.

L'examen d'une éclipse du *Chi-king* détermine l'an 776 avant J. C. pour la sixième année du règne d'Yeou-vang. On sait que ce prince régna onze ans, et que son fils Ping-vang lui succéda; on connaît donc le règne de Ping-vang et de Yeou-vang. Les lettres cycliques des jours et le rapport de ces jours à celui du premier de la lune me donnent occasion de fixer l'an 1111 avant J. C. pour le premier de Vou-vang, l'an 1098 pour le septième de Tching-vang, l'an 1056 pour le douzième de Kang-vang; et par là on a la durée des règnes de Vou-vang et de Tching-vang, et l'espace certain entre Yeou-vang et Vou-vang, et entre Vou-vang et Tchong-kang. Ces connaissances servent infiniment à rectifier les intervalles que l'on connaît en général.

C'est une nécessité de prendre dans les historiens les années particulières des règnes entre Ven-vang et Tchong-kang; entre Kang-vang et Yeou-vang, on ne saurait se tromper sur les sommes totales, mais sur les sommes particulières: c'est à ceux qui écrivent l'histoire à rendre raison de ces sommes particulières, et à examiner l'autorité des auteurs qui les rapportent.

IV.

Astronomie qui se trouve dans le Chou-king.

Le premier chapitre [1] du Chou-king porte le titre de *Yao-tien*, c'est-à-dire, *livre qui parle de ce qu'a fait l'empereur Yao*; c'est un ouvrage composé du temps même de ce prince; ou du moins il est d'un temps qui n'en est pas éloigné, comme l'assurent généralement les auteurs chinois.

Dans ce chapitre, Yao apprend à ses astronomes Hi et Ho la manière de reconnaître les quatre saisons de l'année: voici ce que dit ce prince; il mérite d'être remarqué.

1° *Yao veut que Hi et Ho calculent et observent les lieux et les mouvements du soleil, de la lune et des astres, et qu'ensuite ils apprennent aux peuples ce qui regarde les saisons.*

2° *Selon Yao, l'égalité du jour et de la nuit, et l'astre Niao, font déterminer l'équinoxe du printemps.*

L'égalité du jour et de la nuit, et l'astre Hiu, marquent l'équinoxe d'automne.

Le jour le plus long et l'astre Ho sont la marque du solstice d'été.

Le jour le plus court et l'astre Mao font reconnaître le solstice d'hiver.

3° *Yao apprend à Hi et à Ho que le Ki est de 366 jours, et que pour déterminer l'année et ses quatre saisons, il faut employer la lune intercalaire.* Voilà les trois articles qui dans le Yao-tien ont du rapport à l'astronomie.

Le premier article nous apprend certainement que dès le temps d'Yao il y avait des mathématiciens nommés par l'empereur, pour mettre par écrit un calendrier qu'on devait distribuer au peuple; et le caractère *Siang*, que j'ai traduit, d'après le tartare, par *observer*, veut aussi dire

[1] On a cru devoir ajouter à ce qui précède ce que le père Gaubil a écrit sur le Chou-king dans ses *Observations mathématiques, astronomiques, etc.*; c'est ce qui forme les articles suivants. Voyez *Observ. astronom.*, t. III, p. 6 et suiv.

représentation; et on pourrait encore traduire *calculent* et *représentent*, comme si Yao ordonnait de faire une carte céleste, quoique le texte ne le spécifie pas. Il paraît que dans ce calendrier on devait, comme aujourd'hui, marquer le temps de l'entrée des astres dans les signes, le lieu des planètes et les éclipses.

Le second article fait voir qu'on savait reconnaître les deux équinoxes et les deux solstices par la grandeur des jours et des nuits; et ce n'est pas une petite gloire pour les Chinois d'avoir, dès ce temps-là, su profiter du mouvement des étoiles pour en comparer les lieux avec celui du soleil dans les quatre saisons.

Le troisième article démontre que du temps d'Yao on connaissait une année de 366 jours; c'est-à-dire, qu'on connaissait l'année de 365 jours et 6 heures, et on savait qu'au bout de quatre ans l'année avait 366 jours. Yao voulut pourtant qu'on employât l'année lunaire, et qu'afin que tout fût exact, on se servit de l'intercalation. Je n'ai garde de parler ici de ce que disent les interprètes, qui du temps des Han, et dans la suite, ont débité leur doctrine sur l'intercalation, sur l'ombre du gnomon aux différentes saisons, et sur les mois lunaires; on cherche l'astronomie de Yao, et non celle des siècles postérieurs. Je ne puis cependant me dispenser de rapporter ce qu'on a dit au temps des Han sur les quatre étoiles qui répondent aux quatre saisons; ce qu'ils écrivent à ce sujet est sûrement antérieur à leur temps, comme il sera facile de le démontrer.

Les interprètes qui ont écrit du temps des Han assurent, 1° que l'astre Niao est la constellation *Sing*, que *Hiu* est la constellation *Hiu*, que *Ho* est la constellation *Fang* et que *Mao* est la constellation *Mao*; 2° les interprètes assurent que dans le Yao-tien, il s'agit des étoiles qui passent au méridien [1] à midi, à minuit, à six heures du matin et à six heures du soir; 3° ils assurent en particulier que, du temps d'Yao, à six heures du soir la constellation *Sing* passait par le méridien à l'équinoxe du printemps, au-dessus de l'horizon, tandis que la constellation *Hiu* y passait au-dessous. A l'équinoxe d'automne, à six heures du soir, la constellation *Hiu* passait par le méridien. Au solstice d'hiver, à six heures du soir, Mao passait par le méridien; et à celui d'été, à six heures du soir, c'était la constellation *Fang*. De ces interprétations, il suit évidemment que, du temps d'Yao, le solstice d'hiver répondait à la constellation *Hiu*, et celui d'été à la constellation *Sing*. L'équinoxe du printemps répondait à la constellation *Mao*, et celui d'automne à la constellation *Fang* [2].

Cette explication des auteurs du temps des Han est généralement suivie par les interprètes, les astronomes et les historiens des Tsin, des Tang, des Song, des Yuen et des Ming, et par ceux de la dynastie présente; on le suppose, au tribunal des mathématiques, comme un point certain.

Durant les premières années de la dynastie des Han, il est certain qu'on rapportait à l'équateur, et non à l'écliptique, les constellations; mais peut-on bien assurer que c'était de même du temps d'Yao? Quoi qu'il en soit de cette question, on peut voir aisément à quel degré de ces constellations répondaient les deux équinoxes et les deux solstices au temps d'Yao, soit qu'on rapporte le lieu des astres à l'écliptique, soit qu'on les rapporte à l'équateur : pour cela, il ne faut pas se servir d'une seule constellation. Prenez l'étendue et le lieu des constellations à une année déterminée, et placez tellement le soleil dans chacune de ces quatre constellations, que vous trouviez toujours le même nombre de degrés que les fixes auront parcourus depuis Yao jusqu'à l'année déterminée, comme 1700, par exemple. En suivant cette méthode, dont j'ai parlé ailleurs, on trouve que depuis Yao, jusqu'en 1700 après J. C., les fixes ont avancé de plus de 56°, et par conséquent Yao a été sûrement plus de trois mille neuf cents ans avant l'an 1700 de J. C.; cela est conforme à la chronologie chinoise, et démontré par l'éclipse solaire observée sous Tchong-kang; et par là on démontre que l'interprétation que les auteurs des Han ont donnée du Yao-tien n'est pas une de leurs inventions, ou un de leurs calculs pour ce qui regarde le lieu des étoiles.

Il est certain que sous les Han on ne connaissait pas le mouvement propre des fixes, et quoiqu'ils pussent aisément voir que le solstice de leur temps répondait à d'autres étoiles qu'au temps d'Yao, ils n'étaient nullement au fait sur le nombre d'années qu'il faut pour que les fixes avancent d'un degré. Plusieurs d'entre ces auteurs croyaient que les saisons répondaient constamment aux mêmes étoiles, ou du moins pendant bien des siècles; d'autres commencèrent à douter si après huit cents ans elles avançaient d'un degré, et tous étaient parfaitement ignorants là-dessus, comme l'assurent unanimement les astronomes des dynasties suivantes. Cela supposé, comment s'est-il fait que les interprètes des Han aient unanimement placé les étoiles du Yao-tien au lieu qu'elles ont dû avoir, à peu près au temps où les Han font régner Yao? n'est-ce pas une preuve évidente que ces auteurs n'ont fait que rapporter fidèlement ce qu'ils savaient? et leur ignorance sur le mouvement des fixes nous garantit, dans le Yao-tien, un des plus anciens monuments d'astronomie.

On doit bien remarquer que, du temps des Tsin [1], on commença pour la première fois à établir un intervalle de cinquante ans, pour que les fixes avançassent d'un degré. Ces auteurs n'ont pas laissé de reconnaître et d'admettre l'interprétation des Han; les auteurs des Tang [2] et des Song [3] ont fait la même chose, quoique d'un côté ils suivent à peu de chose près la chronologie des Han, et que de l'autre leur système sur le mouvement des fixes soit entièrement opposé à l'interprétation des Han; mais tous ces auteurs ne se sont guère mis en peine de comparer les positions des étoiles du Yao-tien avec celles qu'ils remarquaient de leur temps. On peut consulter la dissertation sur l'éclipse du Chou-king, où je fais voir une erreur du père Martini sur le solstice d'hiver du temps d'Yao.

Dans le chapitre Chun-tien, c'est-à-dire, le chapitre où il est parlé de ce que fit l'empereur Chun, on voit, 1° l'année lunaire était en usage. La première lune s'appelait, comme aujourd'hui, *Tching-yue*, et nul astronome ne doute que la première lune de ce temps ne fût celle qui répond à la première d'aujourd'hui.

On voit, 2° il y avait alors un instrument pour désigner les mouvements des sept planètes. Cet instrument était orné de pierres précieuses; il y avait un axe mobile, et au-dessus, un tube pour voir les astres. Les Chinois disent des merveilles de cet instrument; et sans savoir au juste, ni sa figure, ni ses parties, ni ses différents usages, ils en ont fait des descriptions très-détaillées. Cette description étant faite par des Chinois postérieurs, je n'ai garde de l'attribuer à Chun. Le Chou-king, expliqué le plus à la rigueur, dit seulement qu'il y avait un instrument avec un axe pour régler les sept planètes, et que le tout était orné de pierres précieuses. Je sais qu'on exprime le caractère *Heng* par *un axe au-dessus duquel était un tube pour mirer*; mais cette traduction pourrait bien avoir son

---

[1] Je crois qu'on ne parle que du passage du méridien à six heures du soir
[2] Il n'est pas sûr que tous les interprètes parlent de six heures du soir pour les deux solstices.

[1] Ils commencèrent à régner l'an 265 de J. C.
[2] Ils commencèrent en 624 ou 625 de J. C.
[3] Ils commencèrent en 621 ou 622 de J. C.

origine dans l'interprétation faite longtemps après, à l'occasion d'un instrument qu'on avait devant les yeux, et qui avait un axe de cette espèce.

On voit, 3° une division de l'empire en partie orientale, partie occidentale, partie méridionale et partie septentrionale; et on doit bien remarquer que l'année où Chun alla au temple des ancêtres prendre possession du gouvernement de l'empire, auquel Yao l'avait associé, cette cérémonie se fit à la première lune. Cette même année la visite des provinces de l'empire se fit en cet ordre : à la seconde lune, on visita les provinces de l'orient; à la cinquième lune, on visita les provinces du midi; à la huitième lune, on alla vers les provinces de l'occident; et à la onzième lune, on visita les pays du septentrion. Partout on régla ce qui regardait les saisons, les lunes et les jours. Remarquez que dans le calendrier d'aujourd'hui, qu'on assure avoir la forme de celui d'Yao et de Chun; remarquez, dis-je, que dans ce calendrier l'équinoxe du printemps se trouve toujours dans la seconde lune, et celui d'automne, dans la huitième; le solstice d'été est toujours dans la cinquième lune, et celui d'hiver, dans la onzième. Or Yao voulut que celui qui observerait l'équinoxe du printemps fût à l'est, et que celui qui observerait l'équinoxe d'automne fût à l'ouest. Il voulut que celui qui observerait le solstice d'été fût au sud, et que celui qui observerait celui d'hiver fût au nord.

Les Chinois ont de tout temps partagé l'équateur et le zodiaque en vingt-quatre parties égales, dites *Tsie-ki*; et les deux équinoxes et les deux solstices ont toujours été les quatre grands *Tsie-ki*.

On voit dans le Chou-king que du temps de Yao il y eut une grande inondation. Dans le chapitre Yu-kong on voit ce que fit le grand Yu pour faire couler les eaux. On voit évidemment que ce prince était géomètre, et qu'il se servit utilement de la connaissance qu'il avait des aires de vent. Ce serait à pure perte qu'on penserait à faire un système pour trouver les observations astronomiques dont il eut besoin pour son ouvrage; le Chou-king n'en rapporte aucune; mais les lieux de la Chine dont il est parlé dans le Yu-kong sont si bien désignés, que sur les positions respectives dont il est parlé on pourrait dresser une carte d'une bonne partie de ce pays.

Dans le chapitre Yn-tching on voit l'éclipse du soleil observée à la Chine sous l'empire de Tchong-kang, l'an 2155 avant J. C.; j'ai fait une dissertation sur cette ancienne observation. Ce que dit le Chou-king fait voir, 1° qu'il y avait alors des gens préposés pour la supputation et pour l'observation des éclipses; 2° puisqu'on cite des lois anciennes contre les astronomes qui dans leur calcul représentaient l'éclipse trop tôt ou trop tard, il faut qu'on eût alors des règles sûres pour le calcul; 3° le premier jour de la lune avait, comme aujourd'hui, le caractère *Cho*, ou un autre équivalent ; 4° on voit combien est ancienne la méthode chinoise de rapporter le lieu du soleil aux constellations ; 5° on voit l'antiquité des cérémonies qu'on observait au temps des éclipses. J'en dirai quelque chose ailleurs; mais il est très-difficile d'en fixer l'époque, et encore plus de savoir au juste quelle fut l'intention que se proposa celui qui en fut l'auteur. Dans la dissertation sur cette éclipse, on voit le calcul et la fixation d'une époque fameuse pour l'histoire chinoise.

Dans le chapitre Y-hiun, on voit que sous le règne de Tai-kia, petit-fils de Tching-tang, les jours qui composaient les mois lunaires avaient, comme aujourd'hui, deux caractères pris du cycle de soixante jours. On appelle *Y-tcheou* un jour de la douzième lune de la première année de Tai-kia[1] : on voit de même les jours de cycle de soixante jours, marqués dans des chapitres où on parle des guerres de Vou-vang.

Je ne dis rien d'un chapitre appelé Hong-fan. Quelques astronomes chinois ont cru y voir un monument d'astronomie ; mais ce qu'ils disent là-dessus ne donne aucun éclaircissement sur l'astronomie ancienne. Ces auteurs ont perdu bien du temps à faire des commentaires ; et ce qu'on y voit de bien sûr, c'est qu'ils étaient de fort mauvais astronomes pour la plupart. Supposé que dans le Hong-fan il s'agisse de quelques règles du calcul astronomique, le secret s'en est perdu, et il serait fort inutile de le traduire ; il se trouverait peut-être quelque Européen qui perdrait son temps à le vouloir déchiffrer.

Le Chou-king qui nous reste n'est qu'un fragment, d'ailleurs très-considérable. Il contient ce qu'on sait de plus certain sur Yao, Chun, et sur les familles Hia, Chang et Tcheou.

V.

Éclaircissement sur les étoiles du chapitre Yao-tien.

Dans beaucoup d'éditions du Chou-king, on voit des figures anciennes pour les quatre constellations du Yao-tien. Dans ces figures, on voit les douze heures et les douze signes chinois, avec les caractères des vingt-huit constellations. On y voit le lieu du soleil dans les constellations, aux jours des deux équinoxes et des deux solstices, pour le temps d'Yao; on y voit pour le même temps l'heure où les constellations et les signes passent au méridien.

Ces figures ont été faites bien longtemps après les Han, et il ne faut pas s'imaginer qu'elles soient des monuments fort anciens. Parmi les figures des différentes éditions faites pour le temps d'Yao, il y en a de contraires les unes aux autres, et cela vient des différentes opinions sur le temps où les fixes parcourent un degré par leur mouvement, et par conséquent sur le lieu du soleil aux jours des deux équinoxes et des deux solstices dans les constellations au temps d'Yao ; sur quoi il faut remarquer que quoique les sentiments sur le mouvement propre des fixes soient fort différents, les opinions sur le temps de Yao s'accordent toutes, à quatre-vingts ou cent ans près, à faire régner ce prince 2300 ans avant J. C.

Je ne parle pas du sentiment cité et rejeté par Pan-kou, historien des Han, du sentiment du livre appelé *Tsou-chou*, trouvé après J. C., dans le troisième siècle. Selon ces sentiments, Yao aurait régné près de 2100 ans avant J. C.; ces sentiments ont constamment été rejetés.

J'ai mis cet éclaircissement sur le Yao-tien, parce que je sais que l'on a envoyé en France les figures dont je parle, du moins quelques-unes, et je sais encore qu'on les a données comme anciennes; cependant plusieurs de celles que l'on a envoyées sont du seizième siècle après J. C., et les plus anciennes en ce genre sont du dixième ou onzième siècle; peut-être y en a-t-il du sixième siècle; mais je n'en ai pas vu de cette antiquité. Il est sûr qu'il n'y en a aucune de cette sorte qui soit même de l'antiquité des Han.

Ce que je dis des figures pour le Yao-tien doit s'appliquer à celles où l'on voit le moment du coucher et du lever du soleil pour la latitude des lieux où Yao, Chun et Yu tenaient leur cour. Ce sont des calculs faits après coup, et leur antiquité ne remonte pas au-dessus du temps des premiers Han ; ce n'est pas qu'auparavant on ne fût au fait des calculs, mais il n'en reste d'autres monuments et indices que ceux que j'ai rapportés.

---

[1] *Tai-kia* était petit-fils de *Tching-tang*, fondateur de la dynastie des *Chang*. Selon la Chronologie d'aujourd'hui, l'an 1753 avant J. C. fut la première année de Tai-kia ; il succéda à son grand-père, et régna trente-trois ans.

VI.

Dissertation [1] sur l'éclipse solaire rapportée dans le Chou-king.

Texte du Chou-king.

« Tchong-kang venait de monter sur le trône... Hi et
« Ho, plongés dans le vin, n'ont fait aucun usage de leurs
« talents. Sans avoir égard à l'obéissance qu'ils doivent
« au prince, ils abandonnent les devoirs de leur charge,
« et ils sont les premiers [2] qui ont troublé le bon ordre du
« calendrier, dont le soin leur a été confié : car au premier
« jour de la dernière lune d'automne, le soleil et la lune
« dans leur conjonction n'étant pas d'accord dans Fang,
« l'aveugle a frappé le tambour, les officiers sont montés à
« cheval, et le peuple a accouru. Dans ce temps-là Hi et
« Ho [3], semblables à une statue de bois, n'ont rien vu ni
« entendu; et par leur négligence à supputer et à observer
« le mouvement des astres, ils ont violé la loi de mort
« portée par nos anciens princes. Selon nos lois inviolables,
« les astronomes qui devancent ou qui reculent le temps
« doivent être, sans rémission, punis de mort [4]. »

1° Tous les historiens, astronomes et interprètes, conviennent unanimement qu'il s'agit dans ce texte d'une éclipse du soleil à la troisième lune de l'automne, et sous Tchong-kang, empereur de la Chine, petit-fils d'Yu, fondateur de la première dynastie de Hia. Ils conviennent de même que la troisième lune d'automne de ce temps-là répondait à la troisième lune des Han. Or il est certain que la troisième lune de l'automne sous les Han était, comme aujourd'hui, la neuvième de l'année civile.

2° Tous les astronomes chinois, et la plupart des historiens, conviennent que le caractère *Fang*, dont il s'agit dans le texte, est celui de la constellation *Fang* d'aujourd'hui. En conséquence, ils disent que la conjonction du soleil et de la lune fut dans la constellation *Fang*.

3° Tous les historiens, interprètes et astronomes chinois, reconnaissent l'expression de l'éclipse dans ces deux caractères [5], *non concordants, sine concordia*. La version tartare dit *atchouhou acou*. Les Chinois, qui donnent unanimement cette explication aux deux caractères *Fo* et *Tsi*, ajoutent qu'au temps de l'éclipse du soleil la mésintelligence règne entre le soleil et la lune. Indépendamment de cette interprétation, ceux qui ont lu l'histoire chinoise reconnaissent d'abord une éclipse du soleil, quand ils voient le tambour battu par un aveugle au premier jour de la lune, et les officiers accourir avec le peuple à ce coup.

4° L'histoire chinoise [6], traduite en tartare par ordre de *Kang-hi*, rapporte l'éclipse à la neuvième lune de l'an 2159 avant J. C., premier de Tchong-kang; il était petit-fils d'Yu. Les historiens des dynasties des Song et des Ming disent la même chose.

5° Les historiens et les astronomes des Han assurent, 1° que la cour de Tchong-kang était à Gan-y-hien, ville du pays que l'on appelle aujourd'hui *Gan-y* [7]; 2° que Tchong-kang était petit-fils d'Yu, fondateur des Hia; 3° que sous le règne de Tchong-kang, à la neuvième lune, il y eut éclipse de soleil dans la constellation Fang. Sur quoi il faut remarquer que la constellation Fang des Han est démonstrativement la constellation Fang d'aujourd'hui. Pour le temps de l'éclipse, ils ne l'ont pas marqué distinctement; mais ils comptent dix-neuf cent soixante et onze ans depuis la première année d'Yu jusqu'à la première année de Kao-tsou, fondateur des Han. Or la première année de Kao-tsou est l'an 206 avant J. C. Au reste, ils mettent quarante-sept à quarante-huit ans entre la première année d'Yu et la première année de Tchong-kang, qu'ils font régner treize ans.

L'autorité des auteurs des Han [1] est d'autant plus grande, qu'ils ne pouvaient, par le calcul, savoir l'éclipse de Tchong-Kang : outre qu'ils n'avaient point de principes suffisants pour calculer une éclipse si ancienne, ils ne pouvaient en aucune manière rapporter juste à une constellation le lieu du soleil pour un temps si ancien : ils ne savaient presque rien sur le mouvement propre des fixes. Puis donc que ces auteurs rapportent l'éclipse à un temps et à un lieu d'une constellation que le calcul vérifie plus de mille neuf cents ans avant leur dynastie, il faut que ces auteurs aient rapporté fidèlement ce qu'ils ont trouvé sur une observation si ancienne.

6° Les plus fameux astronomes [2] de la dynastie des Tang [3] et des Yuen [4] ont calculé l'éclipse, et, selon leurs tables, ils trouvent qu'au premier jour de la neuvième lune de l'an 2128 avant J. C. il y eut une éclipse visible à la Chine, que c'est celle dont parle le Chou king, et que c'était la cinquième année de Tchong-kang. D'autres astronomes de ces dynasties disent, au contraire, que l'éclipse du Chou-king fut l'an 2155 avant J. C., cinquième année de Tchong-kang.

7° Hing-yun-lou, fameux astronome [5] des Ming, dit que véritablement le premier de la neuvième lune de l'an 2128 avant J. C. il y eut éclipse; mais que ce ne peut être une des années de Tchong-kang, dont le règne fut de treize ans. Il assure que la première année de Tchong-kang fut l'an 2159 avant J. C.; ensuite il vient à calculer l'éclipse, et il la trouve au premier de la neuvième lune de l'an 2154 avant J. C., sixième année de Tchong-kang. Il ajoute que, des treize années de ce prince, c'est la seule où il y a pu avoir éclipse, le soleil étant près la constellation Fang et à la neuvième lune.

8° L'an 2155 avant J. C. [6], le 12 octobre, à Pe-king, à 6 heures 57′ du matin, fut la ♂ du soleil et de la lune dans ♎ 0° 23′ 19″. Le ☊ dans ♍ 25° 24′ 27″ latitude boréale de la lune 26′ 10″; il y eut donc une éclipse du soleil à Pe-king : or je dis que c'est l'éclipse dont parle le Chou-king. Tous les astronomes chinois conviennent, avec ceux des Han, que durant la dynastie de Hia, la neuvième lune était celle des jours de laquelle le soleil entre dans le signe qui répond à notre signe ♍. Il est clair que, selon ce principe, le 12 octobre 2155 avant J. C. fut le premier de la neuvième lune; selon les connaissances qu'on a de l'astronomie ancienne chinoise, on ne calculait que le mouvement moyen. Du temps des Han, on ne calculait encore que le mouvement moyen. Selon les mêmes connais-

---

[1] *Observ. mathém.*, t. II, p. 140.

[2] Depuis qu'*Yao* avait nommé *Hi* et *Ho* pour avoir soin du tribunal des mathématiques, ils errèrent pour la première fois à cette éclipse.

[3] Nom de ceux qui étaient chargés du tribunal des mathématiques. On ne sait pas si c'était le nom de leur famille ou de leur emploi.

[4] Le père Parennin a confronté sur la version tartare du *Chou-king* la traduction que je mets ici de ce passage, et celle des autres qui suivront.

[5] *Fo*, non; *Tsi*, concordants.

[6] Règne de *Tchong-kang*. On y réfute solidement ceux qui mettent la cinquième année de *Tchong-kang* la 2128° avant J. C.

[7] Dans le *Chan-si*.

[1] Je parle des auteurs des *Han* d'occident, qui rétablirent les livres brûlés par ordre de l'empereur *Chi-hoang-ti*.

[2] On verra dans l'astronomie chinoise la méthode de ces astronomes pour calculer les éclipses.

[3] La première dynastie des *Tang* régna depuis environ 620 jusqu'en 908; et la seconde depuis 924 jusqu'en 937.

[4] Qui régnèrent depuis 1281 jusqu'en 1338.

[5] Il vivait sous le règne de *Van-li*, de 1613 à 1621. Il a calculé sur les tables chinoises de Cobilay, dont l'époque est au solstice d'hiver de la fin de l'an 1280 de J. C. au méridien de *Pe-king*.

[6] Table de M. de la Hire.

sances de cette astronomie ancienne, on rapportait à l'équateur, et non à l'écliptique, le lieu des constellations. Or l'an 2155 avant J. C., l'ascension droite de Fang était, par le calcul, de 181°; le soleil, au temps de l'éclipse, était donc bien près d'un des degrés de la constellation Fang.

Si on veut se donner la peine d'examiner les éclipses du soleil pour les années avant ou après l'an 2155, on n'en trouvera aucune, 1° qui ait été visible à la Chine, 2° à la neuvième lune, 3° près de la constellation Fang; et il est clair que le calcul des astronomes qui mettent l'éclipse aux années 2128 et 2154 est faux; et si le texte du Chou-king demande que l'éclipse soit à la première année de Tchong-kang; il s'ensuit que la première année de Tchong-kang sera l'an 2155 avant J. C.

Puisque tous les auteurs chinois conviennent d'une éclipse de soleil observée sous Tchong-kang à la Chine, à la neuvième lune, et vers la constellation Fang, il ne s'agit que de trouver vers ce temps-là une éclipse revêtue des circonstances caractéristiques; et comme ces circonstances ne conviennent qu'à l'éclipse du 12 octobre 2155 avant J. C., il faut conclure que la diversité des opinions des Chinois sur l'année de l'éclipse, ne vient que de ce qu'ils n'ont pas eu d'assez bons principes pour calculer cette ancienne éclipse.

La cour de Tchong-kang était à Gan-y-hien; or cette ville est plus occidentale que Pe-king de 20′ de temps; ainsi la ☾ ne fut à Gan-y-hien qu'à 6 heures 57′ au matin; donc, selon les règles, à la latitude marquée dans les tables, l'éclipse n'y fut pas visible. Les tables de Riccioli, Longomontan et Wing, ne donnent pas même l'éclipse visible aux parties orientales de l'empire, et à peine est-elle visible à ces parties, selon les philolaïques, rudolphiques et carolines. Or le Chou-king parle d'une éclipse observée, et selon l'histoire, Gan-y-hien fut le lieu de l'observation.

Pour répondre à cette difficulté, que ne font pas assurément les astronomes, il faut remarquer, 1° que les tables de M. Flamsteed représentent la latitude de la lune à peu près comme celles de M. de la Hire dans le cas présent; mais selon ces tables, la ☾ fut à Pe-king vers les 7 heures 25′ du matin; ainsi, selon ces tables, la conjonction fut visible à Gan-y-hien. Remarquez, 2° que selon toutes ces tables rapportées, la latitude de la lune est boréale de 26, 27 ou 28′; ainsi, selon ces tables, la conjonction fut écliptique à Gan-y-hien, *in terminis necessariis*. Le défaut de visibilité ne vient donc que de ce que, selon ces tables, la conjonction est représentée avant sept ou six ou cinq heures et demie du matin, etc. Or il est évident que dans une éclipse horizontale et si ancienne, ce défaut des tables n'empêche en rien la vérification de l'éclipse. Dans beaucoup d'éclipses, il n'est pas rare de voir dans les tables des différences et entre elles et entre l'observation sur le temps de la conjonction.

Personne ne doute de l'éclipse observée à Babylone le 22 octobre [1] 383 avant J. C. : commencement, 6 heures 36′ du matin; milieu, 7 heures 20′ : la lune se coucha éclipsée. Selon plusieurs tables, l'éclipse serait arrivée quand la lune était couchée à Babylone, où, par conséquent, l'éclipse n'aurait pu être observée. Dans cette éclipse, il y a des tables qui diffèrent d'une heure 15′ du temps de l'observation, tandis que d'autres ne diffèrent que de 2 à 3′. Malgré la diversité de ces calculs en vertu de cette éclipse, on fixe l'an 366 de Nabonassar à l'an 383 avant J. C.

Il y a longtemps que l'éclipse du Chou-king a été examinée et calculée par le père Adam Schall; depuis ce temps-là, les pères de Mailla, Kegler et Slaviseck ont calculé et vérifié cette éclipse [2]; et il est surprenant que le père Visdelou, ancien missionnaire de la Chine, et aujourd'hui évêque de Claudiopolis, dise qu'il n'a pu vérifier cette éclipse, quoiqu'il ait, dit-il, calculé pour plus de trente ans, vers le temps de Tchong-kang. Il reconnaît cependant le texte de Chou-king tel que je l'ai rapporté, et il avoue que, selon la chronologie chinoise, la première année de Tchong-kang fut l'an 2159 avant J. C.

Première difficulté sur le temps de cette éclipse. Le père Martini dit que sous Yao le solstice d'hiver fut observé au premier degré de la constellation Hiu; or, comme a remarqué M. Cassini [1], le premier degré de Hiu était l'an 1682 de J. C. dans ♒ 18° 16′ : voilà donc près de 49° 16′ que les étoiles ont avancé depuis Yao jusqu'à l'an 1628, c'est-à-dire, que l'intervalle est de 3478 ans; d'où ayant ôté 1627, reste 1851 ans avant J. C. pour le temps où a vécu Yao. Il est certain que Yao a vécu longtemps avant Tchong-kang. Comment donc Tchong-kang a-t-il pu régner l'an 2155?

Quoique j'aie déjà répondu ailleurs à cette difficulté, je le fais ici de nouveau, mais en peu de mots :

1° L'histoire ne dit pas que le solstice d'hiver fut observé sous Yao au premier degré de Hiu; elle dit seulement que sous Yao le solstice d'hiver répondait à la constellation Hiu, celui d'été à la constellation Sing, l'équinoxe du printemps à la constellation Mao, et celui d'automne à la constellation Fang. Quand on voudra savoir le temps d'Yao, en vertu de ce qui est dit de ces quatre constellations, il est clair qu'il faut les prendre toutes les quatre; c'est ce que fit autrefois le célèbre père des Ursins [2], saint missionnaire jésuite à la Chine, et c'est ce que je tâchai de faire en 1724, dans un écrit que j'envoyai en France au révérent père E. Souciet.

Ce que dit le père Martini de l'observation du solstice au premier degré de Hiu, est pris d'un auteur de la dynastie des Song; cet auteur vivait l'an de J. C. 1005. Or dans l'astronomie chinoise on voit qu'alors on croyait que les fixes avançaient d'un degré dans soixante-dix-huit ans, comme on voit dans le catalogue chinois des solstices d'hiver, l'an 1005 après J. C., les astronomes chinois placer le solstice d'hiver entre le 5 et 6° de la constellation Teou; d'un autre côté, on voit que dans ce temps-là on plaçait la première année d'Yao plus de 2300 ans avant J. C. ; de là on concluait que depuis Yao jusqu'à l'an 1005 avant J. C., les étoiles avaient avancé de 42°, et qu'ainsi le solstice d'hiver était, sous Yao, au premier degré de Hiu. Du temps des Tang, en 724 de J. C., les astronomes chinois faisaient faire aux étoiles un degré dans quatre-vingt-trois ans. Avant les Tang, les uns mettaient cent cinquante ans, les autres cent ans, les autres cinquante, les autres soixante et quinze; de sorte que tous ces auteurs supposant comme certain que Yao vivait plus de 2300 ans avant J. C., et sachant à quel degré du ciel répondait le solstice d'hiver de leur temps, ils concluaient différemment le nombre des degrés que les étoiles avaient avancé depuis Yao jusqu'à leur temps, et chacun plaçait différemment le solstice d'hiver sous Yao; et si aujourd'hui quelqu'un voulait déduire le temps d'Yao, par ce que disent les Chinois, depuis les Han jusqu'aux Yuen, sur le lieu du ciel où répondait le solstice d'hiver au temps d'Yao, on verrait vivre Yao, tantôt 700 ans avant J. C., tantôt 1500, tantôt 2000, tantôt 3000 ans, etc. Il ne faut donc s'en tenir qu'au texte de l'histoire et du Chou-king; la raison est que ce n'est que sous les Yuen que les Chinois ont eu des connaissances assez justes sur le mouvement des fixes; auparavant ils le connaissent très mal, et il paraît qu'ils le croient tantôt stationnaires, tantôt directes, tantôt rétrogrades, etc. [3].

sultat de son calcul dans le premier tome de ses Observations, p. 18 et 19.
[1] *Ricciol. Chronol. Réf.*
[2] *Relation de Siam*, par M. de la Loubère.
[3] On verra tout cela détaillé dans l'Astronomie chinoise.

---

[1] Voyez les Mémoires de l'Académie, 1703.
[2] Le père Gaubil l'a aussi calculée, et l'on peut voir le ré-

Depuis les Yuen, les historiens et les astronomes chinois ayant d'assez bonnes observations du solstice d'hiver, et sachant de l'autre côté que les étoiles avancent d'un degré dans soixante et douze ou soixante et treize ans, supposant d'ailleurs qu'Yao vivait plus de 2300 avant J. C. ; ces auteurs, dis-je, établirent unanimement qu'au temps d'Yao, le solstice d'hiver était au 7° de Hiu ; et si le père Martini avait fait son abrégé d'histoire sous les historiens des Yuen ou des Ming, il aurait dit assurément que sous Yao le solstice d'hiver était au 7° de la constellation Hiu : c'est à ce degré que le place l'histoire et l'astronomie des Ming, et nos pères, dans leur astronomie, posent cela comme sûr.

Ce que dit le père Martini sur la conjonction des planètes observées sous Tchouen-hio, empereur de la Chine, joint aux réflexions de M. Cassini [1], donne occasion à une seconde difficulté contre le temps où je fais régner Tchongkang ; en conséquence de l'éclipse du Chou-king, M. Cassini a cru trouver la conjonction dont parle le père Martini ; et cet habile astronome la met l'an 2012 avant J. C. Tchouen-hio régnait longtemps avant Tchong-kang ; comment donc celui-ci a-t-il régné l'an 2155 avant J. C. ? Dans un écrit que j'envoyai en 1724 au révérend père E. Souciet, je répondis au long à cette difficulté. Je répète ici ce qu'il y a d'essentiel.

1° Selon l'histoire chinoise, sous Tchouen-hio, le soleil et la lune étant en conjonction dans le 15° de ♎, ♄, ♃, ♂, ♀, ☿, furent dans la constellation *Che*. Pour vérifier l'histoire chinoise, il faut donc faire voir les cinq planètes réunies dans la constellation *Che*, le même jour que le soleil et la lune furent en conjonction dans le 15° d'*Aquarius* ; or c'est ce que n'a pas fait M. Cassini.

2° Dans l'astronomie chinoise, on verra ce qu'il faut penser de cette conjonction des planètes sous Tchouen-hio, et pourquoi on l'a rapportée à ce temps-là.

FIN DES OBSERVATIONS DU PÈRE GAUBIL.

VII.
Recherches sur les caractères chinois,
PAR LE PÈRE DE MAILLA.

Il n'est pas difficile [2] de donner une idée claire de l'origine des caractères chinois, de leurs différents changements, de leurs progrès jusqu'à nous ; en un mot, d'en écrire l'histoire : il y a quelques années, mon révérend père, que je vous l'avais promis ; aussi y travaillais-je dans le temps que les Mémoires de Trévoux de 1722 nous sont arrivés de France, à l'occasion de la traduction que je fais de l'histoire universelle de la Chine sur la version tartare qui en a été faite par les ordres, par les soins et sous l'inspection particulière du grand empereur *Ching-tsou-gin-hoang-ti*, si connu en Europe sous le nom de *Kang-hi*.

Mais comme je ne suis encore arrivé qu'au troisième siècle de l'ère chrétienne, c'est-à-dire, à la dynastie qui succéda à la célèbre famille des Han, et qu'il me faut encore deux ou trois ans pour achever cet ouvrage, que je ne croyais pas de si longue haleine lorsque je l'ai commencé, je ne veux pas vous faire attendre si longtemps sur les caractères chinois ; c'est ce qui me détermine à vous en entretenir dans cette lettre.

Le premier qui, suivant les Chinois, ait eu la pensée de faire connaître ce qui s'était passé, ou à un homme absent ce qui se passait par quelques lignes sensibles, sans qu'il fût nécessaire de parler, fut *Soui-gin-chi*, qui avait précédé Fo-hi dans le gouvernement du peuple, et qui vivait environ trois mille ans avant l'ère chrétienne : il s'était fait une certaine manière d'écrire, si elle mérite ce nom, qu'il enseigna à son peuple, avec de certaines petites cordelettes, sur lesquelles il faisait différents nœuds, qui, par leur nombre différent, leur différentes configurations, et leur différent éloignement, lui tenaient lieu de caractères ; il n'alla pas plus loin ; Confucius en parle en plusieurs endroits de ses ouvrages.

Fo-hi, qui lui succéda en 2941 avant l'ère chrétienne, fit quelques pas de plus pour la spéculation ; mais par rapport à la pratique, il s'en tint aux cordelettes de son prédécesseur, qui eurent cours pendant près de trois cents ans. Ce fut dans la pensée de les changer que Fo-hi fit ses *koua*, ou petites lignes du livre *Y-kang*, pour être le fondement sur lequel il prétendait qu'on se modelât pour faire des caractères : aussi les Chinois ont-ils toujours appelé et appellent encore aujourd'hui les *Koua*, *Ven-tse-tsou*, la source des caractères. Fo-hi vit bientôt que les Koua ne donneraient pas plus d'ouverture pour ce qu'il prétendait, que les cordelettes de Soui-gin-chi, s'il ne faisait rien de plus ; c'est ce qui le détermina à établir six règles, avec lesquelles, en se servant des petites lignes des Koua, on pourrait réussir dans la construction des caractères qu'il se proposait. Ces six règles consistaient à les faire ou par image et représentation de la chose, ou par emprunt et transport d'idée d'une chose à l'autre, ou par indication et usage, ou par son et par accent ; mais Fo-hi en demeura là, se contentant de donner ses préceptes sans les mettre en exécution.

Ce ne fut que sous l'empereur Hoang-ti que ce grand prince, convaincu de l'utilité et même de la nécessité des caractères dans la vie civile, ordonna à Tsang-kie, qu'il avait fait président du tribunal des historiens qu'il établit alors, de travailler aux caractères suivant les règles que Fo-hi en avait laissées. Tsang-kie, après avoir reçu cet ordre, étant un jour allé à la campagne, se trouva par hasard dans un lieu sablonneux sur le bord d'une rivière, et il vit quantité de vestiges d'oiseaux imprimés sur le sable. Tout occupé de l'ordre qu'il avait reçu, il examine avec soin tous ces vestiges, s'en remplit l'imagination, et de retour à sa maison, il prend une petite planche de bambou, se fait une espèce de pinceau assez pointu de même matière, le trempe dans du vernis, et trace diverses figures sur le modèle des vestiges des oiseaux qu'il avait vus, accommodant autant qu'il put son imagination aux règles de Fo-hi, ce qui lui donna quelques ouvertures pour s'acquitter de sa commission. Il considéra ces traits qu'il venait de former, il les examina avec soin, et plus il les examina et plus il en fut content. Animé par ce petit succès, il prépare plusieurs planches semblables à celle dont il s'était servi, sur chacune d'elles il forme divers caractères, suivant que son imagination, pleine des vestiges d'oiseaux et dirigée par les règles de Fo-hi, lui en fournissait ; il en composa ainsi jusqu'à cinq cent quarante, qu'il appela pour cette raison *Niao-tsi-ven*, ou *caractères de vestiges d'oiseaux* ; et comme les traits qu'il avait formés n'étaient pas également unis, qu'ils se trouvaient épais et forts dans un endroit, minces et faibles dans un autre, qu'ils avaient quelque ressemblance avec une espèce d'insecte qu'on trouve dans les eaux des provinces du midi, qui s'appelle *Ko-teou-tchong*, on leur donna aussi le nom de cet insecte, et on les appela *Ko-teou-ven*, ou *caractères de l'insecte*. *Ko-teou-tchong*, c'est ce nom qu'on a donné dans la suite, et qu'on donne encore aujourd'hui aux caractères anciens des trois premières familles.

Ce sont là, mon révérend père, les premiers caractères qui aient été inventés à la Chine, et qui ne passaient pas, comme je viens de le dire, le nombre de cinq cent quarante;

---

[1] *Relatio de Siam*, par M. de la Loubère.
[2] Le manuscrit du père Gaubil était terminé par une lettre du père de Mailla, datée de Pe-king, du 1er janvier 1725. On a cru ne pas devoir la supprimer, parce qu'elle est très-curieuse ; elle est adressée au père Souciet.

voilà, à proprement parler, la manière dont on a commencé de les faire. On s'en tint à ce nombre jusqu'au temps du règne de Chun, à peu près 2200 ans avant l'ère chrétienne. Ce prince, déjà sur l'âge, ayant témoigné que ce nombre ne suffisait pas, et que par cette disette plusieurs choses importantes ne pouvaient se mettre par écrit, plusieurs personnes se mirent à les augmenter, sans autre ordre, chacun suivant son génie et sa pensée; et cette liberté s'accrut si fort sous les trois familles *Hia*, *Chang* et *Tcheou*, qu'on ensevelit presque entièrement les caractères de *Tsang-kie*, qu'on les défigura si fort, et qu'on y mit une telle confusion, que Confucius se plaint amèrement dans le *Lun-yu*, ou *Livre des Sentences*, de ce que ces anciens caractères ne subsistaient plus de son temps.

Effectivement, on voit encore aujourd'hui sur la fameuse montagne de *Taï-chan*, dans la province de *Chan-tong*, quelques restes de soixante-douze grandes inscriptions gravées sur autant de grandes tables de marbre, qu'un pareil nombre de princes des différents États entre lesquels était partagée la Chine sous la dynastie des *Tcheou*, y firent élever pour servir de monument à la postérité, comme quoi ils y étaient allés en personne. Or les caractères de ces inscriptions sont si différents, et ont entre eux si peu de ressemblance que, qui ne connaîtrait que les caractères de l'une, ne pourrait rien deviner dans les autres; aussi n'y a-t-il personne aujourd'hui qui puisse les lire entièrement, bien moins les entendre; et, afin que vous connaissiez cette différence, je vous envoie plusieurs modèles qui vous la rendront sensible; j'y ajoute les mêmes caractères de la manière dont on les a écrits dans la suite : ceux-ci diffèrent encore plus de ces premiers que ces anciens caractères ne différaient entre eux.

L'empereur Siuen-vang, de la dynastie des Tcheou, qui commença à régner à la Chine 826 ans avant l'ère chrétienne, prince sage et éclairé, ne voyait qu'avec peine tant de confusion dans les caractères; il aurait bien voulu y apporter quelque remède efficace, mais il n'était pas assez maître dans l'empire, et les petits princes, qui auraient dû dépendre de lui absolument, ne recevaient ses ordres qu'autant qu'ils le jugeaient à propos : cependant, après y avoir pensé et consulté là-dessus son conseil, il résolut de faire une tentative, et donna la commission à un certain Tcheou, qui avait la charge de président du tribunal des historiens de l'empire, de choisir, de réduire et de déterminer les caractères qu'il voulait qui eussent cours à l'avenir dans tout l'empire.

Le président Tcheou, aidé des officiers de son tribunal, s'en occupa longtemps, réduisit sous quinze classes ceux qu'il crut qui passeraient plus aisément et qui seraient reçus avec moins de difficultés, et les présenta à l'empereur; ce prince les fit encore examiner par tous les habiles gens qui étaient auprès de lui, les examina lui-même avec soin, les approuva; et, afin qu'on vît l'estime qu'il en faisait et le désir qu'il avait qu'on ne les changeât plus à l'avenir, et combien il souhaitait que tout l'empire les reçût, il fit faire dix grands tambours de marbre, sur lesquels il fit graver, dans ces nouveaux caractères, des vers qu'il avait faits lui-même. Ces tambours, depuis ce temps-là, ont toujours été regardés comme un des plus beaux monuments de l'empire; un seul s'est perdu dans les différents transports que les révolutions de la Chine ont obligé de faire si souvent; mais les neuf autres subsistent encore aujourd'hui, et se voient au *Koue-tse-kien*, ou collège impérial de Pe-king, d'où j'ai l'honneur de vous écrire, et où ils sont gardés avec le plus grand soin : ce sont là les caractères qu'on appelle encore aujourd'hui *Ta-tchuen*. La rigueur des temps a effacé une partie des caractères de ces tambours; je vous envoie ce qui en reste sur le même papier sur lequel on l'a tiré en l'appliquant dessus; c'est un monument de deux mille cinq cents ans que j'ai cru qui vous ferait plaisir, et qui est une preuve sans réplique de la vérité de ce que je vous dis ; j'ai fait écrire ces mêmes caractères sur un papier à part, et j'ai mis au bas les caractères d'aujourd'hui, qui dans la suite ont pris leur place, afin que vous en vissiez la différence.

La confusion causée par la diversité des caractères était trop grande, et l'empereur Siuen-vang, comme je l'ai dit, était trop peu maître des différentes provinces de l'empire, pour qu'il pût si aisément en venir à bout. Aucun des princes particuliers ne voulut céder ni abandonner ceux dont il se servait; ainsi la même confusion subsista encore tout le temps que la Chine fut divisée, durant plus de cinq cents ans, après cette prétendue réforme de Siuen-vang jusqu'à Chi-hoang-ti, qui, après de cruelles et terribles guerres, se rendit enfin seul maître de tout l'empire.

Ce prince, qui était très-éclairé, et qui aurait été un des plus grands empereurs que la Chine ait eus, s'il n'avait fini son règne par trop de cruautés, vit bien qu'il n'était point convenable que dans ses États il y eût une si grande diversité et une si grande confusion de caractères; aussi, quand il eut détruit les six princes qui disputaient avec lui la monarchie entière de la Chine, et lorsqu'il se vit maître absolu, il donna ordre à Li-se, son premier ministre, d'en faire une réforme générale, et de se servir, autant qu'il pourrait, des caractères Ta-tchuen, que l'empereur Siuen-vang avait fait faire autrefois.

Lorsque Siuen-vang fit faire ces caractères Ta-tchuen, les princes de Tsin, dont descendait Chi-hoang-ti, ne lui furent pas plus dociles que les autres princes de l'empire, et les caractères Ta-tchuen avaient aussi peu de cours dans leurs États qu'ailleurs; aussi Li-se en avait fort peu de connaissance; il reçut néanmoins cet ordre de l'empereur sans réplique, fit venir Tchao-kao et Hou-mou-king, deux habiles gens de ce temps là, et de concert avec le tribunal de l'histoire, ils travaillèrent à cette réforme. La première chose qu'ils firent fut de déterminer cinq cent quarante caractères, autant qu'en avait fait Tsang-kie, qu'ils supposaient être les siens, pour servir de caractères fondamentaux, d'a près lesquels ils tireraient tous les autres dont on aurait besoin, par la combinaison de ceux-là, de deux en deux, de trois en trois, et même de plus s'il était nécessaire ; ce qui était très-conforme à la pensée de Fo-hi, qui en avait donné un exemple dans la combinaison de deux petites lignes qu'il avait posées pour fondement de ses Koua, et qui, combinées de deux en deux, de trois en trois, et enfin de six en six avaient produit 2, 4, 8, 16, 32, 64, qui donnaient 128 combinaisons différentes, et que c'est en cela que les Koua s'appelaient *Ven-tse-tsou*, fondement des caractères. Je vous envoie ces cinq cent quarante caractères fondamentaux, auxquels j'ai joint les caractères de nos jours, afin que vous en vissiez la différence; leur signification et leur son, que j'ai écrits suivant qu'un Français les prononcerait, y sont ajoutés. Le sens que je leur donne est un sens *primitif*; je l'ai tiré du dictionnaire *Choue-ven*, qui est le modèle et l'unique que les Chinois consultent en ce genre.

Après que Li-se et les autres eurent arrêté ces caractères *primitifs* et *fondamentaux*, Li-se, Tchao-kao et Hou-mou-king se chargèrent d'en faire autant qu'il serait nécessaire; et tous trois y travaillèrent à loisir dans leur particulier : chacun des trois en fit deux ou trois mille sous différents chapitres. Li-se en fit sept chapitres; Tchao-kao, six; Hou-mou-king, sept : et tous ces nouveaux caractères, y compris les caractères fondamentaux, ne faisaient que neuf mille trois cent cinquante et trois caractères, sans compter onze cent soixante et trois qui se trouvèrent doublés dans ceux que ces trois docteurs avaient faits. Tchao-kao et Hou-mou-king voulaient qu'on appelât ces nouveaux caractères *Siao-tchuen*; Li-se voulait, par flatterie pour Chi-hoang-ti, les appeler *Tsin-tchuen:* l'un et l'autre nom leur sont restés; mais celui de *Siao-tchuen* leur est plus ordinaire : c'est celui que je leur donne.

Lorsque Li-se vit cet ouvrage fini et approuvé de l'empereur, il fit écrire dans ces caractères les livres qui traitaient de la médecine, de l'astrologie, des sorts et de l'astronomie, pour lesquels il savait que Chi-hoang-ti avait de l'estime; il demanda ensuite que l'empereur ordonnât qu'à l'avenir on ne se servirait plus dans tout l'empire, dont il était le maître absolu, d'aucune autre sorte de caractères que des nouveaux; il ajouta qu'à la vérité il voyait de grandes difficultés, mais qu'on les surmonterait aisément si Sa Majesté voulait suivre sa pensée; si elle est bonne, lui répondit Chi-hoang-ti, pourquoi ne la suivrais-je pas? dites-la avec toute liberté, je vous l'ordonne; alors, dit l'histoire chinoise, Li-se lui parla ainsi :

« Nous ne lisons pas dans nos histoires que les princes
« qui ont devancé Votre Majesté aient toujours suivi les
« règles de leurs prédécesseurs : nous y lisons au contraire
« que les Chang firent de grands changements dans celles
« des Hia, et les Tcheou dans celles des Chang. Votre
« Majesté a ouvert une nouvelle voie de gouvernement qui,
« suivant les règles de la sagesse humaine, doit maintenir
« pour toujours sur le trône votre auguste famille; tous
« l'approuvent et la reçoivent avec des sentiments pleins
« d'estime et de vénération, il n'y a que ces stupides gens
« de lettres qui n'en veulent pas convenir; ils ont toujours
« dans la bouche les règles des anciens; ils en parlent sans
« cesse. Eh! qui a-t-il à imiter de bon dans le gouverne-
« ment des trois familles qui ont précédé celle de Votre
« Majesté? donner toutes sortes de libertés à ces sortes de
« gens de courir les provinces, comme pendant les guer-
« res passées, chez les princes, et les aider à y causer du
« trouble : cela se doit-il permettre?

« Aujourd'hui tout est arrêté, tout obéit à un seul maî-
« tre, tout vit en paix. Ce que l'on doit faire maintenant,
« à mon avis, pour prévenir les désordres à venir, c'est
« d'obliger ces gens de lettres de s'instruire uniquement
« des nouvelles règles de votre gouvernement; aucun, je
« le sais, ne veut s'y conformer; ils n'étudient que les
« anciennes coutumes; ils blâment ouvertement celles que
« Votre Majesté veut établir, et excitent par là le peuple à
« les condamner. A peine a-t-on publié quelques-uns de
« vos ordres, qu'on les voit dans chaque maison les criti-
« quer et les expliquer au dehors d'une manière qui ne
« vous fait pas honneur; ils ne se servent des connaissan-
« ces qu'ils ont acquises, que pour inspirer du dégoût au
« peuple contre votre gouvernement, et lui inspirer par là
« un esprit de révolte. Si Votre Majesté n'y met ordre d'une
« manière efficace, votre autorité perdra toute sa force,
« et les troubles recommenceront comme auparavant.

« Ma pensée serait donc, maintenant qu'elle vient de
« faire faire de nouveaux caractères, d'obliger tout le
« monde, sous de grièves peines, de n'employer que ceux-
« ci. Quelle confusion n'est-ce pas dans un État d'y voir
« septante et tant de manières différentes d'écrire une
« même chose? n'est-ce pas là un moyen très-propre de
« susciter et d'entretenir une révolte? Mais pour en venir à
« bout à coup sûr, il n'y a point de meilleur moyen que de
« faire brûler les livres Chou-king et Chi-king, et tous les
« autres quels qu'ils soient, à l'exception de ceux de méde-
« cine, d'astrologie, d'astronomie, des sorts et de l'histoire
« des Tsin, d'ordonner à tous ceux qui en ont de les remet-
« tre incessamment entre les mains des officiers du lieu,
« pour être mis en cendres, et cela sous peine de la vie ;
« que quiconque, après cela, s'avisera de parler encore des
« livres Chou-king, Chi-king et autres, seront mis à mort
« au milieu des rues; que ceux qui dorénavant auront la
« témérité de blâmer le gouvernement présent, seront,
« eux et toute leur famille, punis du dernier supplice;
« que les officiers qui seront négligents à faire exécuter
« ces ordres, seront censés coupables du même crime, et
« punis du même supplice, etc. Alors personne n'osant plus

« conserver dans sa maison que ceux qui seront écrits en
« caractères Tsin-tchuen, ceux-ci prendront infailliblement
« le dessus, et éteindront absolument tous les autres. »

Chi-hoang-ti approuva le dessein de Li-se, fit donner en conséquence ses ordres, les fit exécuter avec la plus grande cruauté, comme on le voit dans l'histoire, ce qui anéantit presque entièrement tous les anciens caractères.

Dans ce temps il n'y avait encore dans la Chine ni encre, ni pinceau, ni papier; on ne s'était servi jusque-là pour écrire que de la manière de Tsang-kié lorsqu'il fit ses premiers caractères, c'est-à-dire, que des petites planches de bambou tenaient lieu de papier, un petit bâton pointu de même matière servait de pinceau, et le vernis, d'encre. Lorsqu'un sujet occupait plusieurs planches, on les enfilait toutes ensemble avec une corde, et cela faisait un volume et un livre. Mong-tien, grand général de Chi-hoang-ti, l'homme le plus éclairé et le plus brave de son siècle, cherchait depuis longtemps quelques moyens plus aisés, qui délivrassent de l'embarras des planches; les guerres continuelles qui l'avaient jusqu'alors occupé jusque-là, ne lui avaient pas donné le temps nécessaire qu'il aurait souhaité pour cela ; mais se trouvant alors en paix, commandant sur les frontières de l'empire contre les incursions des Tartares, il s'appliqua tout entier à chercher quelque chose de plus commode que les planches, et il y réussit au delà de ses espérances; il fit une espèce de papier, grossier à la vérité, mais souple et maniable, qui est ce qu'il cherchait d'abord.

Quand il l'eut trouvé, il voulut essayer s'il pouvait écrire dessus avec l'ancien pinceau et le vernis; mais le pinceau déchirait le papier, et le vernis s'étendait trop; il lui fallut donc chercher une autre manière de pinceau et une autre sorte d'encre; pour le pinceau, il prit des cheveux, qu'il mit à peu près à la manière des pinceaux d'aujourd'hui; et pour l'encre, il prit du noir de fumée, qu'il délaya avec de l'eau : cette invention, toute bonne qu'elle était, ne lui réussit pas d'abord, l'encre s'étendait trop sur le papier, et les traits du pinceau étaient trop gros; mais en se servant de l'eau gommée et rendant plus fin son pinceau, il vint enfin à bout du dessein qu'il avait.

Cette manière d'écrire, beaucoup plus aisée que l'ancienne, eut d'abord cours dans tout l'empire, et principalement dans les tribunaux où la quantité des planches dont on s'était servi jusqu'alors tenait une place infinie et embarrassait extrêmement. Ce papier occupait à la vérité moins de place, mais ne délivrait pas des planches déjà écrites, sans récrire sur le papier tout ce qu'elles contenaient, ce qui ne se pouvait qu'avec une peine infinie; les Siao-tchuen, qui étaient d'elles-mêmes très-difficiles à écrire, y mettaient un nouvel obstacle.

Tching-miao, qui avait été employé par Li-se à l'ouvrage des Siao-tchuen, s'offrit à faciliter l'écriture par une nouvelle sorte de caractères différents, quant à la manière de les former, des Siao-tchuen, mais cependant presque tous les mêmes quant aux traits, c'est-à-dire, qu'au lieu de les faire courbes et tortus comme les Siao-tchuen, il en garderait le nombre et la disposition, ou combinaison de traits, mais les ferait droits sans courbure; il y travailla, et fit les caractères qu'on appelle *Li-chu*. Les écrivains des tribunaux y trouvèrent plus de facilité que dans les Siao-tchuen ; ils se mirent aussitôt à les apprendre, et on vit ces caractères régner dans tous les tribunaux, d'où peu à peu ils s'étendirent dans tout l'empire.

Les guerres qui survinrent peu de temps après, dès le commencement du règne d'Ulh-chi-hoang-ti, successeur de Chi-hoang-ti, y contribuèrent beaucoup ; on ne faisait plus grande attention à ce que rien ne s'écrivît qu'en Siao-tchuen: la liberté qu'on avait donnée sur cela aux seuls tribunaux n'eut plus de bornes si étroites, et ces tribunaux qui avaient ordre de ne plus entreprendre d'aller au delà de

Li-chu, leur donnèrent cependant une nouvelle forme dans les caractères qu'on appelle *Kiaï-chu*, qui sont ceux dont on se sert aujourd'hui le plus ordinairement. La facilité de les écrire leur a donné naissance dans les tribunaux d'où les gens d'affaires les prirent dans le temps, et les étendirent insensiblement dans tout l'empire.

Cette liberté qu'on se donnait faisait grand tort aux Siao-tchuen; ils ne paraissaient presque plus sur les rangs, et il était fort à craindre qu'ils n'eussent enfin le même sort que les Ta-chuen et les autres caractères anciens qui avaient précédé. Hiu-chin, zélé partisan des Siao-tchuen, en prit hautement la défense : comme il vivait au commencement de la dynastie des Han, et dans un temps où les guerres ne lui étaient pas fort favorables, il ne put faire tout ce qu'il aurait souhaité; il eut beau se plaindre, il eut beau crier, ses cris et ses plaintes eurent peu de succès. Voyant donc que les mouvements qu'il se donnait étaient inutiles, et que les Kiaï-chu tenaient toujours le dessus, il se mit alors à travailler à son dictionnaire, qu'il appela *Choue-ven*, où il ramassa tous les Siao-tchuen, au nombre de neuf mille trois cent cinquante-trois, qu'il donna pour servir de règle, à laquelle on devait se conformer dans la construction des caractères Li-chu et Kiaï-chu.

Si le travail de Hiu-chin ne remit pas les Siao-tchuen dans l'usage ordinaire, il les réunit dans le privilége que son dictionnaire leur a conservé si constamment, qu'aujourd'hui encore, lorsqu'on doute des traits d'un caractère, Li-chu ou Kiaï-chu, et de la manière dont il doit s'écrire, on a recours au dictionnaire Choue-ven, comme à une règle sûre, d'après laquelle on ne saurait se tromper, et dont il n'est guère permis de s'écarter sans s'exposer à la critique des habiles gens.

L'esprit de l'homme se contente difficilement de ce qu'il a : quelque beaux, quelque faciles que fussent les caractères Li-chu et Kiaï-chu, environ l'an 80 de l'ère chrétienne, sous le règne de l'empereur Tchang-hoang-ti, de la dynastie des Han, Tchang-tchi, Tou-sou et Tchoui-yuen, trois docteurs de ce temps-là, s'avisèrent d'en faire de nouveaux, auxquels ils donnèrent le nom de Tsao-chu. La difficulté fut de les faire recevoir du public; ils s'écrivaient à la vérité d'une manière plus libre que les autres, mais il s'en fallait de beaucoup qu'ils fussent aussi aisés à connaître et aussi beaux à voir : pour en venir à bout, ces trois docteurs s'écrivirent les uns aux autres des pièces d'éloquence et de vers qu'ils rendirent publiques, et excitèrent ainsi la curiosité des savants de ce temps-là, qui se piquaient de belles-lettres.

Ce moyen cependant ne leur réussit pas d'abord; le nombre de ces caractères qu'ils avaient faits était fort limité, il ne s'étendait pas au delà de ceux qu'ils avaient réussi employés dans leurs pièces d'éloquence; ainsi les savants de ce temps-là se contentèrent d'en savoir le sens, sans se mettre en peine de passer outre ni de les augmenter; ce ne fut que sous la dynastie des Tsin, qui succéda aux Han, que les Tsao-chu firent fortune. Plusieurs fameux docteurs résolurent de suppléer à ce qui leur manquait, et d'en faire les caractères des savants; ils y réussirent en partie, et il y a lieu de croire qu'ils y auraient réussi parfaitement s'ils s'étaient accordés entre eux; mais la diversité de pensées produisit la diversité de caractères, de telle sorte qu'il y eut dans peu presque autant de confusion qu'il y en avait parmi les anciens caractères des trois premières familles, confusion qui leur a fait grand tort, et qui les a empêchés de prévaloir par-dessus les Li-chu et les Kiaï-chu. Ils ne laissèrent pas cependant d'être en honneur parmi les savants, et de s'y conserver jusqu'au commencement de cette dynastie, qui règne aujourd'hui glorieusement à la Chine; ils ne s'écrivent mutuellement qu'en caractères Tsao-chu, et nous voyons que sous les Ming, famille qui a précédé celle qui règne, dans les lettres de Song-ko à Tsong-ki-tchang, écrites en caractères Kiaï-chu, qu'il le prie de l'excuser s'il ne lui écrivait pas en Tsao-chu, que faute de temps il se croyait obligé de manquer en cela au respect qu'il lui devait. Aujourd'hui ce n'est plus la même chose, les Tsao-chu ont beaucoup perdu sous les Tartares; ils sont encore assez communs dans le commerce, parmi quelques lettrés, dans les minutes de quelques affaires; mais ailleurs assez rares : je vous en ai donné quelques exemples après le Kiaï-chu.

Vous avez vu, mon révérend père, dans ce que j'ai eu l'honneur de vous dire jusqu'ici quel a été le commencement, le progrès, les divers changements des caractères chinois et les causes de ces changements, le tout fondé sur des pièces authentiques et sur des autorités qui sont les plus respectables dans la Chine; et d'après le Choue-ven, le premier dictionnaire qui ait jamais été fait, et qui seul en ce genre est d'une autorité incontestable. Il est vrai que quelques Chinois prétendent, du moins par rapport à l'antiquité, lui préférer le Ulh-ya; mais outre que ce livre n'est qu'proprement un dictionnaire, mais seulement une espèce d'*Indiculus universalis*, l'auteur en est fort incertain. Quelques-uns veulent que le fameux Tcheou-kong en soit le premier auteur; que Tse-ya, disciple de Confucius, l'augmenta dans la suite; qu'après lui Leang-yen le mit en ordre, et qu'étant ensuite tombé sous les Tsin, qui succédèrent aux Han, entre les mains de Kouo-po, il l'avait donné au public.

D'autres prétendent que Liu-pou-ouei, qu'on disait (vrai ou faux) être père de Chi-hoang-ti, préserva de l'incendie beaucoup de livres, dont il prétendit se faire auteur; que le Ulh-ya fut de ce nombre; qu'il voulut le faire paraître alors, mais qu'il n'eut pas cours, par la terreur que les cruautés de Chi-hoang-ti avaient inspirée à tout le monde; que cette gloire fut réservée à Kouo-po, qui le donna au public. Quoi qu'il en soit, l'incertitude où l'on est de son auteur en diminue beaucoup l'estime; il est cependant regardé comme un bon livre, et a beaucoup d'autorité parmi les savants chinois; mais quelque grande qu'elle soit, elle ne l'emporte point sur le dictionnaire Choue-ven.

Il ne me reste plus qu'à vous dire une chose qui confirme admirablement la plupart de celles que j'ai eu l'honneur de vous dire jusqu'ici. Nous lisons dans l'histoire chinoise que l'empereur Ling-hoang-ti, de la dynastie des Han, la huitième année de son règne, et la cent soixante-quinzième de l'ère chrétienne, zélé pour l'instruction de la jeunesse et la conservation de tous les caractères qui avaient existé à la Chine, et dont on n'avait pas encore perdu toute connaissance, fit faire quarante-six grandes tables de marbre, sur lesquelles il fit graver des deux côtés les King chinois, écrits en Ta-tchuen, en Siao-tchuen, en Li-chu, en Kiaï-chu, et même en Ko-teou-ven, choisissant pour cela parmi les septante et tant de sortes de caractères, qui avaient cours dans les différents États des trois premières familles, ceux dont il en restait suffisamment pour remplir son dessein. Il fit élever ces tables sur des piédestaux, au-devant de la porte méridionale du collége impérial, qui était à Lo-yang, dans le Ho-nan, où les empereurs de ce temps-là tenaient leur cour, afin que la vue journalière de ces caractères et des King qu'ils représentaient excitât les jeunes gens à s'en instruire, et conservât ainsi à la postérité la différence de ces caractères. Je ne sais s'il y a encore quelque reste de ces tables; quelque diligence que j'aie faite pour m'en instruire, je n'ai pu rien découvrir de certain sur cela.

Je vous laisse faire, mon révérend père, vos réflexions, si, posé la vérité de cette histoire, qu'il n'est permis de révoquer en doute qu'à ceux qui ne l'ont point examinée, on doit chercher tant de mystère dans ces caractères chinois; si ce sont de vrais hieroglyphes, et en quel sens on peut l'assurer; s'il a fallu un grand effort d'esprit pour les construire, et si la pure imagination de leurs auteurs n'y a point eu plus de part qu'un dessein réglé d'en faire un système régulier. Le narré simple de leur histoire me paraît décider toutes ces questions, et résoudre toutes les difficultés qu'on aurait d'ailleurs.

Suivant ce que j'ai dit, il paraîtrait que le nombre des caractères chinois ne va pas au delà de neuf mille trois cent cinquante et trois, ou tout au plus à dix mille cinq cent seize, ce qui est bien éloigné du sentiment commun, qui les fait monter à cinquante, soixante, et jusqu'à quatre-vingt mille. Il est vrai, mon révérend père, que la liberté qu'on s'est donnée dans tous les temps, qu'on se donne et qu'on se donnera dans la suite, en a augmenté et en augmentera encore considérablement le nombre. Mais c'est l'orgueil et l'envie de se faire un nom, et l'erreur plutôt que la nécessité, qui leur a donné naissance. Les caractères du dictionnaire Choue-ven, ou ceux qui ont été faits sur leurs modèles, les Li-chu et les Kiaï-chu, renferment tous ceux des King, et tous ceux dont on peut avoir besoin pour écrire sur toutes les matières; et je pourrais assurer que ce que les plus habiles lettrés chinois en connaissent ne va pas au delà de huit à dix mille.

Quoi qu'il en soit, il est très-vrai que le nombre des caractères chinois est très-considérable. Celui qui s'est donné le premier la liberté de les augmenter est un certain Yang-hiong, qui vivait sous Hiao-tching-hoang-ti, de la dynastie des Han, environ trente ans avant l'ère chrétienne. Il fut le premier qui s'avisa de les augmenter; plein de son mérite, dont il ne manquait pas, et de sa capacité, il composa des livres qui lui firent beaucoup d'honneur auprès des habiles gens. Ce succès lui enfla tellement le cœur, qu'il se mit dans la tête d'écrire d'une manière que personne n'entendît et ne pût entendre sans le consulter. Dans ce dessein, la pensée lui vint de mettre dans ses écrits plusieurs caractères que lui seul connût, et pour cela il fallait en faire de nouveaux, résolution que la vanité lui fit aussitôt prendre; dans cette idée, on le vit plusieurs jours de suite dans les rues, un papier d'une main et un crayon de l'autre, examiner de tous côtés attentivement tout ce qui se présentait à ses yeux, d'après quoi il traçait sur son papier différents traits, dont il se servait ensuite dans sa maison pour faire ces nouveaux caractères.

Quand il en eut fait quelques centaines, il se mit à composer de petites pièces qu'il faisait courir, dans lesquelles il insérait toujours quelques-uns de ses nouveaux caractères, qui, pour l'ordinaire, étaient fort composés. La réputation qu'il avait faisait rechercher ces pièces, et la difficulté qu'on trouvait à les entendre et à les lire obligeait ceux qui les avaient à aller consulter chez lui, qui est ce qu'il s'était proposé. S'entretenant un jour avec un de ses amis sur les ouvrages qu'il venait de rendre publics, « On voit bien, lui dit cet ami, on voit bien que vous y avez inséré plusieurs caractères nouveaux que sans doute vous avez faits vous-même, car on ne les trouve point ailleurs; mais pourquoi les avez-vous faits si chargés et si composés, et pourquoi ne les expliquez-vous pas? — Si je les avais expliqués, répondit Yang-hiong, et si je les avais faits plus simples, jouirais-je si souvent de l'honneur de votre compagnie et de celle de tant d'honnêtes gens qui viennent me consulter? c'est un appât que je vous ai jeté à dessein. »

Pressé cependant par ses amis, il résolut enfin d'expliquer ces caractères nouveaux, qui montaient jusqu'à 500, dans un ouvrage qui fut très-bien reçu du public. Ce succès en excita beaucoup d'autres à suivre cet exemple; Vang-mang même, ce perfide ministre, qui osa attenter à la vie et à la couronne de l'empereur son maître, à qui il enleva l'une et l'autre, double crime dont il fut puni comme il le méritait; Vang-mang, dis-je, environ la vingt-troisième ou vingt-quatrième année de l'ère chrétienne voulut avoir la gloire d'en avoir fait, et cette liberté que chacun se donnait, est une des principales sources du grand nombre de caractères qui sont à la Chine.

Une autre source de la multiplicité de ces caractères, est la liaison que les Chinois ont eue avec les pays étrangers, et principalement avec les royaumes du Si-yu, qui sont à l'ouest de la Chine. Les Chinois s'étaient peu à peu tellement étendus de ce côté-là, qu'au premier siècle de l'ère chrétienne, et au commencement du second, tous les rois qui sont depuis la Chine jusqu'à la mer Caspienne, s'étaient faits tributaires des Chinois, et venaient ou envoyaient, tous les trois ans au moins, offrir leur tribut et présenter leur hommage à l'empereur. Leur langage, si différent de celui des Chinois, et les choses qu'ils apportaient, inconnues à la Chine, déterminèrent Pan-kou, frère de Pan-tchao, général chinois qui avait pénétré jusqu'au bord de la mer Caspienne, de faire plusieurs caractères chinois pour les expliquer; Pan-tchao lui-même en fit aussi pour expliquer plusieurs choses de ces pays, dont on avait peu de connaissance à la Chine, ce qui donna occasion au livre intitulé *Lun-ki-chu*, que fit dans ce temps-là Tching-tsiao, dans lequel il ramassa un assez bon nombre de caractères faits à l'occasion des peuples du Si-yu, et en donna le son et la signification.

La grande augmentation que les royaumes du Si-yu firent aux caractères chinois vint principalement à l'occasion de la détestable secte de Fo, que l'empereur Ming-hoang-ti, de la dynastie des Han, introduisit dans l'empire la huitième année de son règne et la soixante-cinquième de l'ère chrétienne, quand les bonzes ou prêtres de cette idole lui furent apportée de Tien-tcho (l'Inde), un des royaumes du Si-yu. Ils avaient avec eux un livre où les lois de cette secte étaient expliquées, mais ce livre était en leur langue et en leurs caractères, bien différents de ceux des Chinois; il fallait donc le traduire, et ce fut la difficulté; on ne trouvait pas de caractères qui donnassent une idée assez nette de la plupart des erreurs de cette idolâtrie et des actions ridicules qu'elle ordonnait. On se contenta alors d'en donner une légère connaissance; mais ces bonzes, s'étant dans la suite instruits de la langue chinoise et de la nature de ses caractères, aidés du secours de ceux qui avaient embrassé leur secte et s'étaient faits leurs disciples, parmi lesquels il y avait quelques habiles gens, se mirent tous ensemble à faire de nouveaux caractères pour suppléer à ceux qui leur manquaient, semblables aux Kiaï-chu, dont ils donnèrent une suffisante explication, et produisirent le livre Po-lo-men-chu[1], qui expliquait plus en détail leur mauvaise loi. Ce livre fut bien reçu, principalement de quelques princes frères de l'empereur, qui avaient embrassé cette secte, et qui l'honorèrent avec plaisir de leurs noms; ce qui a accru tellement la liberté d'augmenter les caractères parmi ceux qui avaient suivi cette secte, que sous les Heou-leang, environ l'an 910 de l'ère chrétienne, le bonze Hing-hiun, dans son livre *Long-kan-cheou-king*, approuvé par un grand bonze appelé Tchi-kouang, qui y mit une belle préface, fit voir que depuis que la secte de Fo avait pénétré dans la Chine, l'écriture chinoise s'était enrichie de vingt-six mille quatre cent trente caractères nouveaux, nombre que peu de temps après le bonze Kien-yu augmenta encore dans son livre *Che-kien-yu-yun-tsong*, non quant aux traits et à la figure, mais quant au son et à l'accent qu'on devait leur donner dans la prononciation.

Je ne finirais pas si j'entreprenais de vous donner en détail tout ce qui s'est fait en ce genre; les Tao-tse, autres

---

[1] [C'est-à-dire, *Livre des Brahmanes*. Voyez à ce sujet les *Documents historiques sur l'Inde* que nous avons traduits du chinois et publiés dans le *Nouveau Journal asiatique*. Octobre, novembre et décembre 1839.] (G. P.)

espèces de bonzes, prétendirent qu'ils pouvaient profiter de cette liberté; Tchao-li-tching, dans son livre *Yo-pien-kiaï-y*, et Tchang-yeou-kien, dans son livre *Fou-kou-pien*, ne se servirent presque que de caractères nouveaux, soit en retranchant quelque chose aux anciens, soit en ajoutant, soit en leur donnant, par l'accent, une signification différente de celle qu'ils avaient. Tant de nouveautés avaient mis une si grande confusion parmi les caractères, que l'empereur Gin-tsong, de la dynastie des Song, ordonna, la quinzième année de son règne, environ l'an 1054 de J. C., à Ting-tou, président du tribunal des historiens, de réduire ces caractères à certaines bornes, et de se servir pour cela du Choue-ven, qui devait en être le modèle et la règle. L'ouvrage était de longue haleine et assez difficile; aussi Ting-tou ne put-il pas l'achever : la gloire en était réservée à Se-ma-kouang, qui, au commencement du règne de Chin-tsong, trente-huit ou quarante ans après l'ordre donné par Gin-tsong, offrit à l'empereur un dictionnaire de cinquante-trois mille cent soixante-cinq caractères, tous faits sur le modèle des caractères du Choue-ven, mais en Kiaï-chu, dont vingt et un mille huit cent quarante-six étaient doubles quant au sens et à la signification.

L'empereur Chin-tsong approuva le dictionnaire que Se-ma-kouang lui avait offert, et ordonna qu'il fût publié dans tout l'empire; on s'en servit, mais on ne s'y tint pas fort exactement. Jamais il n'y a eu à la Chine de règle fort sévère qui retint la liberté des gens sur cela : pourvu que les nouveaux qui se faisaient eussent à peu près la figure de ceux qui avaient cours, cela suffisait. Au temps près des trois premières familles, comme je l'ai suffisamment indiqué ci-dessus, tous se sont mêlés d'en faire, les femmes même, et nous en avons encore aujourd'hui, parmi ceux qui ont le plus de cours, qui ont été faits par l'impératrice Vou-chi, de la dynastie des Tang, qui enleva l'empire à son fils, et souilla le trône de toutes sortes d'infamies et de cruautés, l'espace de vingt et un ans qu'elle l'occupa. Nous autres Européens, sans dessein d'enrichir les caractères chinois, dont la multitude nous est si fort à charge, y avons notre part; l'auteur du *Tse-ouei-pou*, dictionnaire fait sous la dynastie des Ming, et donné au public au commencement de celle qui occupe aujourd'hui le trône, ne fait pas difficulté parmi les trente-trois mille trois cent quatre-vingt-quinze caractères dont il est composé, de citer le *Si-ju-ulh-mou tse*, dictionnaire chinois, qui, à côté de chaque caractère, a la prononciation européenne pour aider les nouveaux missionnaires qui arrivent à la Chine.

Vous voyez, par tout ce que je viens de dire, qu'il n'est pas aisé d'assurer combien il y a de caractères à la Chine; on peut dire que ceux qui en mettent jusqu'à quatre-vingt mille n'en mettent pas trop, si on a égard à tous ceux qui ont été faits sans modèle et sans règle, et que ceux qui n'en mettent que trente à quarante mille, n'en mettent pas trop peu, si on ne regarde que ceux qui sont faits sur les règles du Choue-ven, ce qu'on dirait plus exactement de Li-se, ministre de Chi-hoang-ti; la règle que lui et ses associés établirent pour fondement de la construction des caractères, est celle que Hiu-chin a suivie dans son dictionnaire Choue-ven [1].

Voilà ce que j'ai cru pouvoir dire sur l'histoire des caractères chinois, sans vous trop ennuyer; heureux si je ne suis point tombé dans le défaut que je voulais éviter, plus heureux encore si cette histoire vous fait quelque plaisir.

[1] [On peut encore consulter l'éloge de la ville de Moukden, p. 117. On y trouvera l'origine des caractères chinois, traitée d'une manière plus détaillée. On peut consulter aussi l'article *Écriture* de l'Éditeur actuel de ce volume, publié dans *l'Encyclopédie Nouvelle*, où la théorie synthétique des écritures égyptienne et chinoise est exposée.]

RECHERCHES

SUR LES TEMPS ANTÉRIEURS A CEUX DONT PARLE LE CHOU-KING, ET SUR LA MYTHOLOGIE CHINOISE,

PAR LE PÈRE DE PRÉMARE.

On a publié jusqu'ici en Europe beaucoup de livres qui traitent de l'histoire chinoise; mais on tomberait dans l'erreur, si on se persuadait que tout cela est aussi certain qu'on le dit. Ces écrivains ne conviennent point du temps où l'on doit fixer le commencement de la Chine. Les uns disent que Fo-hi a été son premier roi; et pour le sauver du déluge, ils ont recours à la chronologie des Septante, encore ont-ils bien de la peine d'en venir à bout. Les autres commencent par Hoang-ti, s'appuyant sur l'autorité de Se-ma-tsien, auteur ingénieux et poli, mais qui n'est pas si sûr qu'ils le pensent. D'autres enfin, suivant, ce qu'ils croient, Confucius, débutent par l'empereur Yao. Aucun n'a parlé en détail de ce qui précède Fo-hi; on dit pour raison que ce sont des fables; on devrait ajouter que ce qui suit Fo-hi n'est pas moins fabuleux. Pour moi, j'en ai toujours jugé autrement, et je crois que ces sortes de fables doivent être recueillies avec soin. George le Syncelle ne nous a conservé que de simples tables chronologiques des anciens rois d'Égypte; et les savants sont bien aises de trouver dans ces premiers âges de quoi exercer leur critique. La chronique des Chinois, ouvrant un champ encore plus vaste, donne aux curieux un plus beau jour pour faire paraître leur érudition et leur esprit. C'est pourquoi j'ai dessein de présenter ici tout ce que j'ai trouvé dans un assez grand nombre d'auteurs chinois, qui ont rassemblé tout ce qu'ils ont appris des anciens temps, et je commence avec eux par la naissance du monde.

CHAPITRE PREMIER.

DE LA NAISSANCE DE L'UNIVERS.

Lo-pi [1] dit qu'il a connu par l'*Y-king* [2], dans l'article *Ta-tchouen*, que *le ciel et la terre ont un commencement*; et il ajoute que *si cela se dit de la terre et du ciel, à plus forte raison doit-il se dire de l'homme*. Dans le chapitre *Su-Koua* [3] on parle fort clairement de l'origine du monde : *Après qu'il*

[1] *Lo-pi*. Cet écrivain vivait sous la dynastie des *Song*. Je le citerai souvent dans la suite. La dynastie des Song a commencé l'an 954, et fini en 1279 de J. C.

[2] L'*Y-king* est le nom du plus ancien, du plus obscur et du plus estimé de tous les monuments que la Chine nous ait conservés. Ce qu'on appelle *Ta-tchouen* est un traité divisé en deux parties, qu'on trouve à la fin de l'*Y-king*, et qu'on attribue vulgairement à Confucius.

[3] *Su-koua* est un autre petit traité qu'on trouve dans le même livre et dont on fait aussi Confucius auteur.

y eut un ciel et une terre, dit le texte, *toutes les choses matérielles furent formées : ensuite il y eut le mâle et la femelle; puis le mari et la femme*, etc. Cette cosmogonie n'est pas fort différente de celle de Moïse, qui dit aussi que Dieu fit d'abord le ciel et la terre, ensuite les êtres divers, et enfin le premier homme et la première femme.

Dans le *Hi-tse*[1], on lit ces paroles : *l'Y possède le grand terme, c'est lui qui produit le couple I; du couple sont venus les quatre images, et de là les huit symboles*. Quoique ces huit symboles, ces quatre images et ce couple conduisent l'esprit aux petites lignes[2] dont l'Y-king est composé, cependant, puisque ces lignes sont elles-mêmes autant d'énigmes, il reste toujours à chercher ce qu'elles signifient.

Lo-pi, expliquant cet endroit du *Hi-tse*, dit que le *grand terme est la grande unité et le grand Y; que l'Y n'a ni corps ni figure, et que tout ce qui a corps et figure a été fait par ce qui n'a ni figure ni corps*. La tradition porte que, *le grand terme ou la grande unité comprend trois, qu'un est trois, et que trois sont un*. Hoai-nan-tse[3] dit aussi que, *l'être qui n'a ni figure ni son, est la source d'où sont sortis tous les êtres matériels et tous les sons sensibles; que son fils, c'est la lumière, et que son petit-fils, c'est l'eau*. Pour revenir à Lo-pi, il explique le caractère I[4] par *Pi*, couple, et ajoute qu'on ne dit pas *eull* deux, mais *Leang*, parce que *eull* marquerait devant et après, au lieu que *Leang* dit simplement une conjonction mutuelle. Les faiseurs de chroniques ont mis ce passage du Hi-tse à la tête de leurs compilations, parce qu'ils ont cru qu'on y parlait de la naissance du monde; que le grand terme n'était autre chose que la matière avant toute séparation, comme le dit expressément Kong-gan-koue[5], après plusieurs autres; que le couple désignait la matière distinguée en pure et en impure, subtile et grossière, céleste et terrestre : que venant ensuite à s'unir, il en résulta quatre images ou quatre genres principaux, d'où sortirent de la même manière huit espèces d'êtres divers, qui s'unissant aussi deux à deux, en produisirent soixante-quatre, qui représentent en général tous les êtres dont l'univers est composé. Sans m'arrêter à examiner la vérité et la justesse de cette exposition, je cherche d'où vient le grand terme, qu'on restreint ainsi à désigner la matière dans le chaos; et je trouve que la raison a fait connaître aux plus habiles philosophes chinois que cette matière ne s'est pas faite elle-même. Le fameux Tcheou-lien-ki[1] commence sa carte du grand terme par ces mots essentiels : *Il y avait un être sans bornes, et ensuite il y eut le grand terme, qui est Tai-ki*. Vang-chin-tse[2] prétend avec raison que la pensée de Tcheou-lien-ki est la même que celle de Confucius. Dans les mots déjà cités, Y, ou l'unité, a donné l'être[3] au grand terme. *Le caractère Y, dit Vang-chin, ne marque point ici un livre nommé Y; mais il faut savoir qu'au commencement, quand il n'y avait point encore de grand terme, dès lors existait une raison agissante et inépuisable, qu'aucune image ne peut représenter, qu'aucun nom ne peut nommer, qui est infinie en toutes manières, et à laquelle on ne peut rien ajouter*. Tcheou-tse, au-dessus du grand terme, a mis un être sans terme et sans bornes, et il insère entre deux la particule *eull*, qui marque une postériorité d'existence, pour faire voir que le grand terme n'était pas d'abord, mais qu'il n'exista qu'ensuite; car sans cela il n'eût jamais mis cette particule entre l'être illimité et l'être limité. C'est ainsi que parle Vang-chin-tse; Lou-siang-chan[4] dit aussi que *Tcheou-lien-ki entend par Vou-ki l'être illimité, la même chose que Confucius par Y*, dans le passage cité ci-dessus. Lie-tse[5] distingue ce qu'il appelle Tai-y de ce qu'il nomme Tai-tsou et Tai-chi. *Lorsqu'il n'y avait que Taï-y, la grande unité, il n'y avait pas encore de matière*. Taï-tsou est le premier instant et le grand commencement de l'existence de la matière : Taï-chi est un second instant et le premier moment où la matière devint figurée. Les corps et la matière ont un commencement, il n'y a que la grande unité seule qui n'en a point.

Dans le chapitre *Choue-Koua*[6] on lit ces mots : *Le Ti ou le Seigneur a commencé de sortir pur l'orient*. Le texte se sert du mot *Tching*, qui est un des huit symboles radicaux de l'Y-king, et qui désigne l'orient et l'occident. Il parcourt ensuite les sept autres, et finit par *Ken*, qui désigne la montagne. La plupart des interprètes conviennent qu'il s'agit ici de la création de toutes choses, et plusieurs ont pensé en Europe que l'univers a été créé au printemps.

*Haud alios, prima nascentis origine mundi,
Illuxisse dies, aliumve habuisse tenorem.*

---

[1] *Hi-tse* est ce que Lo-pi a appelé ci-dessus *Ta-tchouen*.
[2] [Ces lignes sont brisées ou entières; c'est ce qu'on appelle *Yn* et *Yang*.]
[3] On l'appelle aussi *Hoai-nan-vang*, parce qu'il était roi de *Hoai-nan*. Son palais était une académie de savants, avec lesquels il creusait dans l'antiquité la plus reculée; c'est pourquoi ses ouvrages sont très-curieux et son style est très-beau.
[4] [I. Il ne faut pas confondre ce mot avec *y* ou *ye*, qui signifie *unité*; le caractère est différent.]
[5] *Kong-gan-koue* est un des plus célèbres interprètes qui vivaient du temps de la dynastie des Han. Il était descendant de Confucius à la huitième génération. Il trouva le *Chou-king* dans le creux d'un mur, il le commenta, et y fit une savante préface. Les Han ont régné depuis l'an 209 avant J. C. jusqu'en 190 de J. C.

[1] *Tcheou-lien-ki* vivait sous la dynastie des Song, entre 954 et 1279 de J. C. Il fut le maître des deux *Tchin-tse*; et la plupart des lettrés de cette dynastie, qui sont en grand nombre, font profession de suivre sa doctrine.
[2] *Vang-chin-tse* vivait sous la dynastie des Yuen, entre 1279 et 1333. Il a fait, entre autres ouvrages, un très-beau commentaire sur l'Y-king.
[3] Le mot *Yeou* se prend communément pour le verbe auxiliaire *avoir*; mais il signifie proprement l'*être*, et en le prenant dans une signification active, c'est *donner l'être*.
[4] *Lou-siang-chan* vivait sous les Song, entre l'année 954 et 1279 de J. C.; il eut quelques disputes avec Tchu-hi.
[5] *Lie-tse* est un philosophe fort ancien; il fut disciple de Kouan-yun-tse : il demeura quarante ans inconnu dans un désert.
[6] *Choue-koua* est le nom d'un traité assez court, qui est à la fin de l'Y-king.

Crediderim : ver illud erat, ver magnus agebat. Orbis, etc.

Le caractère *Ti*, dit Tchu-hi [1], signifie en cet endroit *le Seigneur et souverain maître du ciel*; et sur ce que le texte dit d'abord, le Seigneur sort, et ensuite toutes choses sortent, le même auteur dit que *toutes choses obéissent au Seigneur, et sortent lorsqu'il les appelle*. On parle ici, dit Hou-ping-ven [2], *de l'ordre avec lequel toutes choses ont été produites et parfaites. Mais qui les a produites ? qui leur a donné la perfection ? Il faut certainement qu'il y ait eu un maître, et un souverain ouvrier*; c'est pourquoi le texte l'appelle *Ti, le Seigneur*. L'Y-King dit dans le même sens que *le ciel a fait* (Tien-tsao), et, dans un autre endroit, que *le Ta-gin, ou le Grand homme*, a fait (Taï-gin-tsao); sur quoi Tsien-ki-sin [3] dit, sans balancer, *que le Grand homme a fait le ciel, la terre, les peuples et toutes choses*. Il y a donc un ciel qui a fait, et un ciel qui a été fait; et puisque le Grand homme a fait le ciel et toutes choses, il faut que le Grand homme soit le ciel qui n'a point été fait, mais qui est *la source et la cause de tous les êtres*; comme dit le Li-ki [4], le ciel corporel et visible est le symbole du ciel invisible, comme le Taï-ki matériel est une image grossière du Taï-ki spirituel, qui est la même chose que Taï-y ou l'unité.

Hiu-chin [5], expliquant le caractère *Y*, dit ces paroles : *Au premier commencement la raison subsistait dans l'unité; c'est elle qui fit et divisa le ciel et la terre, convertit et perfectionna toutes choses*. Cela est clair et formel; et puisque c'est la raison qui a fait le ciel et la terre, et qu'il est cependant vrai que le ciel a fait toutes choses, il faut nécessairement conclure que le caractère *Tien* a deux sens et qu'il dénote quelquefois l'ouvrage et le plus souvent l'ouvrier; c'est la grande unité que le Choue-ven appelle *Tao*; c'est à cet esprit auquel les anciens empereurs offraient des sacrifices, qui n'étaient dus qu'au Dieu souverain.

Le Tao-te-king [6] dit aussi que *la raison (Tao) produit un, qu'un produit deux, que deux produisent trois, et que trois ont produit toutes choses* [1].

Il y a une ancienne tradition qui porte que *le ciel fut ouvert à l'heure* Tse, *que la terre parut à l'heure* Tcheou, *et que l'homme naquit à l'heure* Yn. Ces trois lettres, par rapport à un jour, comprennent le temps qui s'écoule depuis onze heures de nuit jusqu'à cinq heures du matin ; et par rapport à un an, Tse commence en décembre, au point du solstice d'hiver, et répond au Capricorne ; *Tcheou* répond à janvier et au Verseau ; *Yn* répond à février et aux Poissons. L'année chinoise a commencé en divers temps par un de ces trois signes, et c'est ce qu'on appelle *San-tching*, c'est-à-dire, *les trois Tching*. Les Chinois appliquent les caractères Tse, Tcheou, Yn, etc., non-seulement aux heures, mais aux jours et aux années. Si on prenait les trois heures chinoises, qui en font six des nôtres, pour les six jours de la création, chaque jour Dieu continuerait son ouvrage en le reprenant où il l'avait laissé le jour précédent; car par *Tien-kaï* (le ciel fut ouvert), on peut entendre la lumière et le firmament; par *Ti-pi* (la terre parut), la terre tirée du sein des eaux, et éclairée du soleil et des astres ; par *Gin-seng* (l'homme naquit), tout ce qui a vie jusqu'à l'homme. J'ai lu dans un auteur chinois, *qu'au commencement, quand toutes choses furent produites, elles eurent* Tse *pour source et pour origine*. Tse *est le principe duquel tout est sorti*.

Les anciens King [2] ne raisonnent point sur la physique du monde; c'est une étude trop incertaine. Les Chinois n'ont commencé à bâtir des systèmes de l'univers que sous la famille des Song. On ne doit pas s'étonner qu'ils s'égarent ; nos anciens philosophes n'étaient guère plus habiles qu'eux, témoin

---

[1] *Tchu-hi*, c'est le fameux Tchu-ven-kong, le plus grand des athées chinois, si l'on en croit quelques savants; ce que j'en dirai ici en passant, c'est que j'ai fait voir que ce philosophe n'est pas plus athée que Socrate et Platon, et qu'on l'a fait passer pour athée sans aucune preuve.

[2] *Hou-ping-ven* vivait sous la dynastie des Yuen, entre 1279 et 1333 de J. C. ; il a commenté *l'Y-king*.

[3] *Tsien-ki-sin* vivait sous la dynastie des Ming, entre 1333 et 1628 de J. C. ; il a fait deux excellents ouvrages, l'un intitulé *Siang-siang*, et l'autre *Siang-tchao*.

[4] *Li-ki* est le nom d'un recueil de cérémonies, fait par les lettrés de la dynastie des Han, entre l'an 209 avant J. C. et l'an 190 après J. C. : quoiqu'il ne soit pas regardé par les savants comme *King*, ou canonique, on y trouve cependant beaucoup d'excellentes choses.

[5] *Hiu-chin* a vécu sous la dynastie des Han, entre l'an 209 avant J. C. et l'an 190 après J. C. ; il a fait le dictionnaire intitulé *Choue-ven*, où il donne l'analyse et le sens propre de chaque caractère. Il nous a conservé une grande multitude de traditions.

[6] *Le Tao-te-king* est un livre fort ancien et très-profond : il a été composé par Lao-tse, qui était contemporain de Confucius; on nomma l'ancien Lao, parce qu'il avait, dit-on, demeuré quatre-vingt-un ans dans le ventre de sa mère. Cet ouvrage contient quatre-vingt-un petits chapitres. [Voyez l'édition et la traduction que nous avons publiées de ce livre philosophique.] (G. P.)

[1] Pour entendre ces paroles, il faut prendre Tao pour cette raison souveraine, faisant abstraction des trois qu'elle renferme. La lettre *Seng*, qui est répétée quatre fois, signifie tellement *produire*, qu'on doit accommoder ce terme générique à chaque espèce de production particulière : quand il dit *tao-seng-y*, c'est-à-dire, *la raison produit un*, il ne faut pas penser que la raison existait avant qu'il y eût 1, 2 et 3, car elle n'est réellement que 1, 2 et 3, qu'elle renferme dans son essence. Mais comme 3 vient de 2, et que 2 vient de 1, un ou le premier n'ayant point d'autre origine que l'essence de la suprême raison, cela suffit pour dire : *Tao a produit un*. Les mots suivants, *un a produit deux*, sont aisés à entendre ; *deux* en cet endroit ne signifie pas *deux*, mais le second ou le deuxième. La phrase qui suit, *deux a produit trois*, ne signifie pas que le deuxième tout seul produit le troisième, mais en cette place indique le premier et le second; c'est une remarque de tous les interprètes. Tchouang-tse dit encore mieux qu'*un et la parole produisent le troisième*. Enfin les derniers mots, *trois ont produit toutes choses*, ne signifient pas que c'est le troisième seul qui a tout produit ; mais le caractère *San* désigne ici les trois qui ont conjointement fait tout ce qui a été fait.

[2] On donne le titre de *King* par excellence aux plus anciens et aux meilleurs livres qui soient à la Chine : qui dit *King*, dit un ouvrage qui n'a rien que de vrai, de bon et de grand ; en sorte que pour dire qu'une doctrine est fausse ou mauvaise, on dit qu'elle n'est pas *King* (*pou-king*). Le plus ancien, et, de l'aveu des Chinois, la source de tous les autres, est *l'Y-king* ; le second est le *Chi-king*, les odes ; le troisième est le *Chou-king*, le gouvernement des anciens rois. Il y en avait encore deux autres ; savoir, le *Li-ki*, les rites, et les *Yo-king*, la musique. On dit qu'ils se perdirent pendant le temps des guerres civiles.

la théogonie d'Hésiode, les mondes de Démocrite et les principes de Lucrèce. Ce qu'il y a d'heureux à la Chine, c'est que les mêmes auteurs qui se mêlent de philosopher sur la machine de l'univers, ont presque tous commenté les King, qu'ils font tous profession de suivre la grande doctrine que ces anciens monuments ont conservée, et qu'ils reconnaissent, comme ces King, un souverain Seigneur de toutes choses, auquel ils donnent tous les attributs que nous donnons au vrai Dieu. Je ne m'arrêterai donc point à expliquer la période de Tchao-kang-tsié [1], *qui comprend une grande année, qu'il appelle* Yuen, *et qui est composée de douze parties, comme d'autant de mois, qu'il nomme* Hoei, *de dix mille huit cents ans chacun*; ce qui fait cent vingt-neuf mille six cents ans pour le *Yuen* entier. Quand on a voulu prouver, par l'exposé de ce système, que tous les lettrés chinois sont athées, il me semble qu'il fallait démontrer que, posé ce système, il n'y a plus de Divinité dans le monde; et de plus, que tous les lettrés modernes sont entêtés de cette hypothèse; c'est ce que l'on n'a pas fait.

J'ai lu avec plaisir dans Lo-pi, parlant de *Tchao-kang-tsié*, *que son hypothèse sera tôt ou tard réfutée*. Ting-nan-hou [2] dit plus, à savoir, *que cette période entraîne avec soi bien des doutes;* et à ce sujet il loue fort Fang-kouen-chan [3], qui, après avoir demandé *comment on veut qu'il ait fallu plus de dix mille ans pour former le ciel, etc.*, dit sans balancer *que tout cela est absolument faux*. Ho-tang [4] soutient aussi que les calculs de Tchao-kang-tsié *n'ont aucun fondement, que l'auteur prétend les avoir tirés de la carte céleste de Fo-hi; mais qu'il n'y a rien de moins certain*. En effet, c'est gratuitement que le calculateur détermine le nombre de cent vingt-neuf mille six cents ans, plutôt que tout autre pour la durée de la période entière; c'est gratuitement qu'il en détermine le milieu au règne d'Yao. Enfin il est incroyable, comme dit Ting-nan-hou, qu'il ait fallu dix mille huit cents ans pour que le ciel fût formé, etc. Si on trouve quelques lettrés chinois qui vantent Tchao-kang-tsié, il faut se servir de la raison et du témoignage des auteurs chinois pour le réfuter.

CHAPITRE II.

LES PRINCIPALES ÉPOQUES DE L'HISTOIRE CHINOISE.

Les Chinois qui ont travaillé sur leur histoire ne lui donnent pas tous la même antiquité. En cette matière, les plus scrupuleux sont moins en danger de se tromper. Voici les diverses époques que leurs plus célèbres auteurs ont suivies :

La plus éloignée de nous est celle de Lieou-tao-yuen [1], qui vivait sous les Song, puisqu'il commence par le premier homme qu'il appelle *Pouan-kou*. Sous la même dynastie, Lo-pi composa son savant ouvrage, qui a pour titre *Lou-se*, dans lequel on trouve presque tout ce qu'on peut désirer sur les anciens temps; il ne passe pas les *Hia*; mais il ajoute quantité de dissertations d'une érudition peu commune. Tchin-tse-king [2], sous les Yuen, prit la même époque, et Yuen-leao-fan [3], sous la précédente famille des Ming, adopta tout ce que les autres avaient dit avant lui. Ce qu'il a de bon, c'est qu'il insère à propos les jugements critiques d'un assez grand nombre de savants; ce qui n'est pas d'un petit secours.

L'époque qui suit est celle de Se-ma-tching [4]; il a fait des commentaires sur l'histoire de Se-ma-tsien, et a mis à la tête les trois souverains *San-hoang-ki*. Le premier des trois est Fo-hi, selon cet auteur et plusieurs autres. Cette époque a été suivie par Vang-fong-tcheou [5], et par Ouei-chang [6].

La troisième époque est celle de Se-ma-tsien [7], qui a commencé son élégante histoire par Hoang-ti.

La quatrième époque est celle de Kin-gin-chan [8], qui ne commence qu'à l'empereur Yao.

La cinquième et dernière époque est celle de Se-ma-kouang [9]. Sa grande histoire est en deux cent quatre-vingt-quatorze volumes : il commence par le roi *Goei-lié-vang*, c'est-à-dire, aux guerres civiles qui durèrent jusqu'à ce que le roi de *Tsin*, devenu maître de toute la Chine, se fit appeler *Chi-hoang-ti*,

---

[1] *Tchao-kang-tsie* vivait sous la dynastie des Song, entre l'an 954 et l'an 1279 de J. C. : il est fameux pour les nombres. Ses périodes ont été mises au jour par son fils, et on les trouve dans le recueil nommé *Sing-lila-tsuen*.

[2] *Ting-nan-hou* vivait sous la dynastie des Ming, entre l'an 1333 et l'an 1628; il travailla sur l'histoire.

[3] *Fang-kouen-chan;* c'est Fang-song. On l'appelle Kouan-chan, du nom de son pays. Il fut grand ministre sous la même dynastie des Ming.

[4] *Ho-tang* docteur, sous la même dynastie des Ming.

---

[1] *Lieou-tao-yuen* vivait sous la dynastie des Song, entre l'an 954 et 1279 de J. C. Il travailla sur l'histoire avec Se-ma-kouang, dont je parlerai ailleurs. Mais ramassant tout ce que *Se-ma-kouang* avait judicieusement rejeté, il remonta jusqu'à Pouan-kou, et fit son *Toug-kien-vai-ki*.

[2] *Tchin-tse-king* est l'auteur du *Tong-king-sou-pien*, où il emprunte tout ce qu'il a trouvé dans le *Vai-ki*.

[3] *Yuen-leao-fan*, sous la dynastie des Ming, entre l'an 1333 et l'an 1628 de J. C., a fait un excellent abrégé de toute l'histoire, qu'il appelle *Kang-king-pou*. Il ne dit cependant pas tant de choses des premiers temps que Lo-pi.

[4] *Se-ma-tching* s'appelle ordinairement *Siao-se-ma*, pour le distinguer de *Se-ma-tsien*, auteur de *Sé-ki*; les commentaires de *Siao-se-ma* se nomment *So-yn*.

[5] *Vang-fong-tcheou* a fait un abrégé de l'histoire, qu'il appelle *Tching-se-tsuen-pien;* il ne vaut pas *Yuen-leao-fan*.

[6] *Ouei-chang* est un auteur qui a travaillé sur le *Vai-ki* de Lieou-tao-yuen, et sur le *Tsien-pien* de Kin-gin-chan, où le trouve au commencement du Kang-mo de *Tchu-hi*, où il est appelé *Ouei-chang-sien-seng*, le docteur Ouei-chang. Quand il expose son sentiment, il dit *Hien-gan*, c'est-à-dire, moi Hien, je remarque, etc. Ainsi, comme on voit, son petit nom est *Nan-hien;* il est différent de Tcheou-tsing-hien, dont parle Yuen-leao-fan, qui a aussi travaillé sur le Kang-mo de *Tchu-ven-kong*, le même que Tchu-hi.

[7] *Se-ma-tsien* a fleuri sous les Han, qui montèrent sur le trône l'an 206 avant J. C. On l'appelle, par honneur, *Taï-se-kong*, et on le met au nombre des *Tsaï-tso*, ou beaux esprits, qui ne sont pas plus de six; et cela non-seulement à cause de l'élégance de son style, mais parce que son livre est fait avec un art inconnu au vulgaire.

[8] *Kin-gin-chan* a vécu sous la dynastie des Song, entre l'an 954 et l'an 1279 de J. C. Son ouvrage, appelé Tong-kien-tsien-pien, se trouve au commencement du Kang-mo, après ce que Ouei-chang a cru devoir y ajouter.

[9] *Se-ma-kouang* est sans contredit un des plus célèbres philosophes de la dynastie des Song; sa grande histoire a pour titre *Tse-tchi-tong-kien*.

c'est-à-dire, *le premier souverain seigneur*. Tchu-hi commence son *Kang-mo* [1], comme Se-ma-kouang, par *Goei-lié-vang*; et c'est depuis longtemps l'époque la plus suivie.

Présentement, si nous comparons ces diverses époques avec la chronologie des histoires d'Europe, 1° le règne de *Chi-hoang-ti* n'a commencé qu'à l'an 246 avant J. C.; 2° l'époque de *Se-ma-kouang* et de *Tchu-hi* précède J. C. de quatre cent vingt-cinq ans. Il y a des auteurs qui croient qu'on peut encore remonter plus haut, c'est-à-dire, jusqu'à *Ping-vang*, quatre cent soixante-dix ans au-dessus de notre ère, vers le temps de Romulus; quelques-uns disent qu'on peut aller jusqu'aux années nommées *Kong-ho* [2]; ce serait huit cent quarante et un ans avant la naissance de J. C. Voilà, suivant les plus habiles critiques chinois, jusqu'où l'on peut aller sans grand danger, regardant tout ce qui est au-dessus comme très-incertain.

On peut, suivant ce principe, juger de l'époque de Kin-gin-chan, qui commence par le roi Yao, 2357 ans avant J. C. Celle de Se-ma-tsien est encore plus incroyable, puisque Hoang-ti, par où elle débute, doit être monté sur le trône 2704 ans avant notre ère. L'époque de Siao-se-ma, qui commence par Fo-hi, précède J. C. de plus de trois mille ans. Mais si on remonte, avec le Vaï-ki, jusqu'à Pouan-kou, les Chinois l'emportent beaucoup sur les Chaldéens et sur les Égyptiens; car, si on en croit le calcul de divers auteurs, depuis Pouan-kou jusqu'à la mort de Confucius, qui tombe 479 ans avant J. C., il s'est écoulé deux millions deux cent soixante-seize mille ans, ou seulement deux cent soixante-seize mille ans, ou deux millions sept cent cinquante neuf mille huit cent soixante ans, ou même trois millions deux cent soixante-seize mille ans, ou enfin, ce qui dit beaucoup plus, quatre-vingt-seize millions neuf cent soixante et un mille sept cent quarante années.

C'est donc abuser de la crédulité des savants de l'Europe, que d'élever si haut l'antiquité et la solidité de l'histoire chinoise. Car pour l'antiquité, les Chinois les plus indulgents ne lui donnent qu'environ huit cents ans avant notre ère, temps peu éloigné de la première olympiade. Pour la solidité, on la fonde en vain sur l'historien Se-ma-tsien, puisque cet écrivain passe, chez les meilleurs critiques chinois, pour être menteur. Le cycle [1] ou la révolution de dix lettres associées tour à tour avec douze autres, produit nécessairement soixante; c'est le fameux *Kia-tse* qu'on exalte tant. J'avoue qu'il sert à dénommer les années ou les jours qu'on fait répondre à ces soixante noms, dont l'ordre est immuable, et qu'on peut par ce moyen corriger quelques erreurs; mais j'ajoute qu'il est impossible d'assigner le temps où les Chinois ont commencé à ranger les années par la suite de cette période, qui de soi-même ne convient pas plus aux ans qu'aux mois et aux jours.

Quand il serait vrai que Confucius s'en est servi le premier dans son *Tchun-tsieou* [2], l'antiquité de cet usage n'irait qu'à 722 ans avant J. C., puisqu'on ne peut produire aucun autre monument pour prouver que la Chine a eu cette coutume dès l'antiquité la plus reculée. Quel fond peut-on donc faire sur tous les temps qu'il a plu à Se-ma-tsien de ranger, suivant le *Kia-tse*, en remontant par cette espèce d'échelle, jusqu'à Hoang-ti? Il eût pu remonter de la même manière jusqu'à Pouan-kou, et son histoire n'en eût pas été pour cela plus solide.

Les éclipses qu'on rencontre dans les anciens livres sont un autre point sur lequel nos mathématiciens comptent beaucoup. Je souhaiterais qu'ils s'accordassent aussi bien dans les calculs qu'ils en font, que dans la persuasion où ils sont d'avoir bien calculé. Les interprètes chinois demandent d'où vient que dans l'espace de cent vingt ans qu'on donne au *Tchun-tsieou*, le soleil s'est éclipsé jusqu'à trente-six fois, au lieu que pendant les dix-huit cents ans qui se sont écoulés auparavant, à peine peut-on compter trois ou quatre éclipses; ils répondent à cette question sans difficulté, que pendant les dix-huit siècles, qu'on donne aux trois premières familles, la vertu régnait dans le monde, et par conséquent que le soleil ne s'éclipsait point, mais que pendant la durée du *Tchun-tsieou*, le cœur de l'homme étant corrompu, le vice régnant sur la terre, on voyait alors bien souvent le soleil éclipsé. Cela ne peut être admis; on ne satisfait pas plus en disant que sous les trois familles on ne marquait pas exactement toutes les éclipses; surtout quand on est obligé de reconnaître que les deux astronomes *Hi* et *Ho* [3], n'ayant pas averti de la seule éclipse qu'on trouve dans le Chou-king, le roi Tchong-kang

---

[1] Ces deux mots me donnent occasion de les expliquer, avec quelques autres qu'on a rencontrés dans ce chapitre. L'histoire doit être liée et enchaînée comme un filet, *Kiang*; c'est la grosse corde du filet, à laquelle toutes les autres petites sont attachées; *Ki* exprime les menues cordes qui forment le treillis du filet, *Mo* désigne les yeux ou les petits vides qui sont entre les chaînons. L'histoire est comme un miroir; de là *kien* signifie miroir et histoire, *se* veut dire historien; *pien* signifie ranger avec ordre, suivre le fil; *tong*, qui se joint souvent à *kien*, veut dire pénétrer, reconnaître clairement; un miroir qui ne cache rien, *tong-kien*.

[2] Ces deux caractères, comme marque Lo-pi, ne sont pas un nom d'années, mais plutôt un nom d'homme. Du temps de Li-vang, le roi de Kong, qui s'appelait Ho (*Hong-pe-ho*), avait en main le gouvernement du royaume; au bout de quatre ans, il arriva une grande sécheresse: le régent se retira, et le roi de Tchao, nommé Mou (*Tchao-mou-kong*), mit Siuen-vang sur le trône.

[1] (Voyez la table du Kia-tse, à la fin de ce morceau.)

[2] *Tchun-tsieou* signifie proprement *le printemps et l'automne*; c'est ainsi qu'on appelait autrefois l'histoire: le printemps, pour marquer la bonté et les bienfaits du prince; l'automne, pour désigner sa justice et ses châtiments. La plus commune opinion est que le *Tchun-tsieou*, fait par Confucius, n'est dans le fond que l'histoire du royaume de *Lou*; mais on dit aussi que ce philosophe ayant chargé plusieurs de ses disciples de lui recueillir les histoires de tout l'empire, ils lui apportèrent les livres précieux de cent vingt royaumes, c'est de ces livres qu'il composa son *Tchun-tsieou*. Sema-tsien veut qu'un nommé *Tso-kieou-ming* ait travaillé au *Tchun-tsieou* avec Confucius, et qu'après la mort du philosophe, *Tso-kieou-ming*, appréhendant que ses disciples, qui ne l'avaient reçu que de vive voix, ne le donnassent au public, chacun suivant ses idées, les prévint, et le donna lui-même, avec de longs commentaires, qui sont appelés *Tso-tchouen*.

On trouve ces deux astronomes dès le temps d'Yao;

fit marcher contre eux toutes les troupes de l'empire, pour les punir d'une faute d'une si grande conséquence. Enfin feu M. Cassini tâcha en vain de vérifier ces sortes d'éclipses chinoises; ce que ce grand homme n'a pu faire, nos calculateurs modernes l'ont fait avec succès, s'il faut les en croire.

Si l'histoire chinoise est si peu sûre avant les quatorze années de la régence de Kong-ho, on me demandera pourquoi j'ai choisi justement ces siècles ténébreux pour servir de matière à cet ouvrage. J'ai déjà répondu que je l'ai fait pour exercer et satisfaire la louable curiosité de ceux qui sont bien aises de savoir ce que la Chine a conservé par tradition touchant les premiers âges du monde, que les Grecs appellent des temps incertains et fabuleux. Mais avant que d'en parler en détail, j'ai cru qu'il était bon d'en donner d'abord une idée générale.

CHAPITRE III.
IDÉE GÉNÉRALE DE L'ANCIENNE CHRONIQUE.

L'opinion la plus commune et connue de tout le monde est qu'il y eut au commencement trois souverains, *San-hoang*; ensuite cinq seigneurs, *Ou-ti*; puis trois rois, *San-vang*; et enfin cinq petits rois, *Ou-pa*: Cet ordre si juste de trois, et puis de cinq, qui revient par deux fois, est-ce une réalité ? est-ce un effet du hasard? est-ce un système fait à dessein? Quoi qu'il en soit, les cinq petits rois sont fort au-dessous de la vertu des trois rois; ceux-ci ne sont pas comparables aux cinq seigneurs, qui n'approchent pas eux-mêmes des trois souverains.

Lo-pi assure qu'on attribue à *Tong-tchong-chu*[1] l'explication suivante : *Les trois souverains sont les trois puissances*[2]; *les cinq seigneurs sont les cinq devoirs*; *les trois rois sont le soleil*[3], *la lune et les étoiles*; *les cinq petits rois sont les cinq montagnes*. Mais, comme cela est extravagant, Lo-pi ajoute que Tong-tchong-chu ne l'a point dit.

Le philosophe *Kouan-tse*[4] dit *que les trois* Hoang *connaissent l'unité, que les cinq* Ti *examinent la raison, que les trois* Vang *pénètrent la vertu, et que les cinq* Pa *ne cherchent qu'à vaincre par la voie des armes*. Mais *Kong-ing-ta*[5] prétend que le livre attribué à *Kouan-tse* n'est pas de lui; que *Lie-tse* et *Tchouang-tse* ne parlent qu'en figures et par paraboles; *que les lettrés, sous les* Tsin[1] *et les* Han, *en suivant ces anciens auteurs, ont fort parlé de trois* Hoang *et de cinq* Ti, *et ils ne savaient pas*, ajoute-t-il, *que ces souverains et ces seigneurs ne sont point des hommes réels qui aient jamais existé, et que Confucius n'en a point fait mention*.

Du moins si les auteurs chinois étaient d'accord sur ces premiers empereurs, et qu'ils reconnussent tous les mêmes personnages, ce serait une espèce de présomption en leur faveur; mais leurs opinions sont fort différentes, comme on va le voir.

Le livre *Tong-chin*[2], cité par Lo-pi, au lieu de trois Hoang en compte neuf. Il appelle les trois premiers *San-ling*, c'est-à-dire, *les trois intelligences*, après lesquels il met le ciel, la terre et l'homme, qu'il appelle les trois *Hoang* du milieu; et enfin les trois derniers, qui sont des hommes, mais dont il est impossible de convenir.

Kong-gan-koue a dit que les livres de *Fo-hi*, de *Chin-nong* et de *Hoang-ti* s'appelaient *San-fen*; et de là plusieurs prétendent que ces trois hommes sont les trois *Hoang*. *Tching-huen*[3] met *Niu-oua* entre *Fo-hi* et *Chin-nong*; il retranche conséquemment *Hoang-ti*; d'autres ne parlent point de *Niu-oua*, et mettent *Tcho-yong* à la place de *Hoang-ti*. Hou-chouang-hou[4] avoue qu'on lit dans le *Tcheou-li*[5], qu'il y a eu des livres des trois *Hoang* et des cinq *Ti*; mais il ajoute qu'on n'y trouve point le nom de ces huit monarques; que sous les *Tsin* on parla de *Tien-hoang*, de *Ti-hoang* et de *Gin-hoang*; que *Kong-gan-koue*, dans sa préface du *Chou-king*, donne *Fo-hi, Chin-nong* et *Hoang-ti* pour les trois Hoang, et qu'il assigne *Chao-hao, Tchouen-hio, Kao-sin, Yao* et *Chun* pour les cinq *Ti*; mais qu'on ne sait sur quoi il se fonde, puisque Confucius, dans le livre *Kia-yu*[6], appelle *Ti* tous les rois qui sont venus depuis *Fo-hi*. La même chose se prouve par Tso-chi[7] et par Liu-pou-ouei[8], d'où

---
[1] *Tsin*, c'est le nom de la dynastie qui précède les Han. Elle commence par *Chi-hoang-ti*, et finit à son fils, l'an 209
[2] *Lo-pi* cite une infinité de livres anciens, tels que celui-ci, qu'il n'y a pas moyen de découvrir.
[3] *Tching-huen*, dont le grand nom est *Kang-tching*, a fleuri, sous les Han, entre l'an 209 avant J. C. et l'an 190 après J. C., et il était de son temps pour le moins aussi fameux que *Tchu-hi* l'a été depuis sous les Song.
[4] *Hou-chouang-hou* vivait sous les Yuen, entre l'an 1279 et l'an 1333 de J. C. Tout ce qu'il dit ici se trouve cité dans une préface qui est à la tête du *Tsien-pien* de Kin-gin-chan.
[5] *Tcheou-li*, quelques-uns attribuent cet ancien rituel à Tcheou-kong même; mais plusieurs autres, et d'un assez grand poids, le révoquent en doute.
[6] *Kia-yu* est une espèce de vie de Confucius : ce livre n'est pas d'une grande autorité. On l'attribue à *Vang-sou*, fameux lettré sous les Tsin.
[7] *Tso-chi* a fait deux ouvrages fort estimés, surtout pour le style; il est le premier des cinq ou six Tsai-tse, pour la même raison que j'ai dite ci-dessus en parlant de Se-ma-tsien. On ne sait pas trop s'il prétend donner des histoires véritables, ou si ce n'est qu'un tour pour débiter de belles maximes de gouvernement. Le premier ouvrage de Tso-chi est son *Tso-tchouen*, ou *Commentaire sur le Tchun-tsieou*; le second s'appelle *Koue-yu*.
[8] *Liu-pou-ouei* vivait du temps de Chi-hoang-ti, vers l'an 240 avant J. C. Il a fait un *Tchun-tsieou* parfaitement bien écrit, et plein d'antiquités très-curieuses.

---
comment donc peuvent-ils être encore sous le roi Tchong-kang, au bout de cent quatre-vingts ans? Si on répond que c'est un nom de charge commun à ceux qui calculaient les éclipses, et qui devaient en avertir le roi, reste toujours à nous dire comment il faut que toutes les forces de l'empire, sous un généralissime, marchent contre un ou deux mathématiciens, qui n'ont pas bien observé le cours du soleil.

[1] *Tong-tchong-chu* vivait sous les Han, entre l'an 209 et l'an 190 avant J. C.; il a fait un *Tchun-tsieou* qui est estimé, et quelques autres ouvrages.
[2] Ces *trois puissances* sont, suivant l'opinion vulgaire, le ciel, la *terre* et l'*homme*. Les cinq *devoirs* sont ceux du roi et du sujet, du père et du fils, du mari et de la femme, des frères et des amis.
[3] Le soleil, la lune et les étoiles sont exprimés par *San-ming*, les cinq montagnes sont disposées aux quatre parties du monde, et la plus grande de toutes, *Tai-chan*, est au milieu. Cela n'est pas ainsi; mais on le suppose.
[4] *Kouan-tse*, dont j'ai parlé ci-dessus, vivait avant Confucius; il était premier ministre et tout le conseil du roi de *Tsi*.
[5] *Kong-ing-ta* vivait sous les *Tang*, entre l'an 617 et l'an 904 de J. C. Ses commentaires s'appellent *Tching-y*, et sont sur tous les *King*.

l'on conclut que Fo-hi, Chin-nong et Hoang-ti ne sont point les trois *Hoang;* reste donc qu'il n'y ait point d'autres trois *Hoang* que le *ciel*, la *terre* et *l'homme.* Enfin *Hou-ou-fong*[1], s'appuyant sur le *Hi-tse* de l'Y-king, prétend que Fo-hi, Chin-nong, Hoang-ti, Yao et Chun sont *les cinq seigneurs.*

Se-ma-tsien au contraire, si on en croit le *Ta-tai-li*[2], dit que Hoang-ti, Tchouen-hio, Kao-sin, Yao et Chun sont les cinq *Ti.* Hoang-fou-mi[3], après avoir donné Fo-hi, Chin-nong et Hoang-ti pour les trois souverains, veut que les cinq seigneurs soient Chao-hao, Tchouen-hio, Kao-sin, Yao et Chun.

S'il s'agissait de choisir entre tant d'opinions si diverses, je serais fort embarrassé, n'ayant trouvé aucun auteur qui ait songé à prouver qu'on doit plutôt le croire que les autres. Mais mon dessein n'est pas de prendre aucun parti dans tout le cours de cet ouvrage; j'aurai rempli ce que je me suis proposé, si je ne dis rien que je n'aie tiré des Chinois; permis aux lecteurs d'en juger, chacun suivant ses lumières.

Lo-pi, après le premier homme *Pouan-kou,* met les *Tsou-san-hoang,* dont il ne dit rien; ensuite il compte deux *Ling,* savoir, *Tien-hoang* et *Ti-hoang,* et enfin dix Ki[4], entre lesquels il partage toute l'histoire. Les six premiers ont cent soixante-dix-huit *Sing* ou familles différentes; les trois suivants en ont cinquante-deux, et le dixième commence par Hoang-ti. D'autres auteurs cités par le même Lo-pi soutiennent que *les dix Ki tous ensemble ne font que cent quatre-vingt-sept familles impériales;* quelques-uns veulent qu'il y ait eu six *Ki* avant l'empereur Soui-gin, tandis que Tchin-huen assure qu'après Soui-gin, il y eut six *Ki,* comprenant quatre-vingt-onze familles. Qui croire? Mais c'est assez parler en général; dans les chapitres suivants je vais parler en détail de tous les rois ou héros qui font la matière de l'ancienne chronique.

CHAPITRE IV.

DE POUAN-KOU ET DES TROIS HOANG.

On dit par tradition que le premier qui sortit pour régir le siècle, se nomme Pouan-kou, et qu'on l'appelle aussi Hoen-tun. Hou-ou-fong dit que Pouan-kou parut dans les premiers temps, et qu'on ne sait point quand il commença. Il pouvait ajouter qu'on ne sait pas mieux quand il finit, puisqu'on ne trouve nulle part le nombre des années de sa vie et de son règne. En ce temps-là, dit Tcheou-tsing-hien[1], *le ciel et la terre se séparèrent, Pouan-kou succéda au ciel, et sortit pour gouverner; ensuite le ciel s'ouvrit à Tse,* etc. Suivant ce système, il faut que Pouan-kou ait été fort longtemps avant qu'il y eût aucun homme, puisque *l'homme ne fut produit qu'à Yn.* Lo-pi ajoute que Pouan-kou *était très-intelligent, et qu'en un seul jour il prenait neuf formes différentes; que c'est le Seigneur qui, au commencement du chaos, faisait et convertissait toutes choses;* comment donc prendre Pouan-kou pour un homme réel? et comment peut-on dire que le seizième de la dixième lune est le jour de sa naissance?

Le père Amiot avait envoyé, en 1769, une courte dissertation sur les trois Hoang, qui n'était formée que de quelques passages d'auteurs chinois : comme ils parurent importants à **M. De Guignes,** *il crut devoir en ajouter une partie à la suite de ce chapitre du père de Prémare, et placer le reste en note; voici ce que dit le père Amiot :*

[Les trois Hoang par excellence sont les *Tien-hoang* ou les rois du ciel, les *Ti-hoang* ou les rois de la terre, et les *Gin-hoang* ou les rois des hommes.

Les auteurs chinois sont partagés tant sur l'origine que sur l'existence de ces trois Hoang. Les uns croient, et c'est le sentiment le plus suivi, que les trois Hoang sont Fo-hi, Chin-nong et Hoang-ti; les autres au contraire sont persuadés qu'outre Fo-hi, Chin-nong et Hoang-ti, il y a eu longtemps auparavant trois races d'hommes qui ont donné successivement des lois au monde, et ces trois races sont les *Tien-hoang,* les *Ti-hoang* et les *Gin-hoang,* dont je parlerai séparément, après avoir rapporté ce qu'en disent en général quelques critiques.

« L'origine des trois *Hoang* n'est pas fort an-
« cienne, dit *Hou-chi;* il en est parlé pour la pre-
« mière fois dans les livres faits sous la troisième
« dynastie, c'est-à-dire, sous la dynastie des
« Tcheou[2], et encore ne trouve-t-on dans ces livres
« que le nom général de ces trois Hoang : on n'y
« fait aucune mention des Tien-hoang, des Ti-hoang,
« des Gin-hoang. Ce ne fut que sous les Tsin[3], petite
« dynastie qui succéda à celle des Tcheou, qu'un
« écrivain nommé *Po-chi,* du nombre de ceux qui
« étaient chargés du soin de ramasser les matériaux
« qu'on employait ensuite pour composer l'histoire,
« parla des Hoang ou des premiers empereurs qui
« avaient gouverné le monde, avec la distinction
« de Tien-hoang, de Ti-hoang et de Gin-hoang.

« Sous les Han, successeurs immédiats des Tsin,
« il est parlé aussi des trois Hoang; mais Kong-gan-
« koue, auteur célèbre de ce temps-là, prétend, dans
« une préface qu'il mit à la tête du Chou-king, que
« les véritables trois Hoang ne sont autres que Fo-
« hi, Chin-nong et Hoang-ti.

---

[1] *Hou-ou-fong* a vécu sous les Song, entre l'an 954 et l'an 1279 après J. C. Il ne faut pas le confondre avec Hou-yun-fong, qui vivait longtemps après, sous les Yuen.
[2] *Tai-te,* sous les Han, entre l'an 209 avant J. C. et l'an 190 après J. C., donna le Li-ki en quatre-vingt-cinq chapitres; c'est ce qu'on appelle *Ta-tai-li.* Son frère Tai-ching le réduisit à quarante-neuf; c'est le *Siao-tai-li.*
[3] *Hoang-fou-mi* vivait sous les Tsin, entre l'an 224 et l'an 419 avant J. C.; il a fait le livre intitulé *Ti-vang-se-ki.*
[4] Le caractère *Ki* est pris ici dans une grande étendue, pour dire une période entière de siècles qui renferme plusieurs familles impériales. Si on demande pourquoi on n'a pas divisé ces premiers temps, par les diverses dynasties ou familles qu'on y met, et d'où vient qu'on les a partagés en dix Ki, je n'en sais rien, et les Chinois n'en disent rien.

[1] *Tcheou-tsing-hien;* il vivait sous la famille des Ming, entre l'an 1333 et l'an 1628 de J. C. Il a écrit sur le Yai-ki et sur le Kang-mo; c'est peut-être lui qu'on appelle *Ouei-ching.*
[2] Elle commence à régner l'an 1122, et finit l'an 248 avant J. C.
[3] Elle commence l'an 248 et finit l'an 206 avant J. C.

« Pour moi, continue Hou-chi, sans vouloir contredire le sentiment de Kong-gan-koue, je crois qu'on ne doit pas blâmer ceux qui disent qu'avant Fo-hi, Chin-nong et Hoang-ti il y a eu les Tien-hoang, les Ti-hoang et les Gin-hoang. Doit-on rejeter entièrement tout ce qui ne se trouve pas dans les anciens livres? Dans ceux qui ont été écrits avant les Tcheou, il n'y est fait aucune mention des trois Hoang, à la bonne heure; mais y est-il dit que les Tien-hoang, les Ti-hoang et les Gin-hoang n'ont pas existé? Cependant, à dire ici ce que je pense, je croirais volontiers que ce qui a donné lieu à l'histoire des trois Hoang, c'est qu'avant toutes choses il y a eu le ciel; la terre fut formée ensuite, et après la terre l'homme fut produit par les différentes combinaisons que les vapeurs les plus subtiles prirent entre elles. Le ciel commença ses opérations à la révolution du *Rat;* la terre, les siennes à celle du *Bœuf,* et l'homme fut produit à la révolution du *Tigre.* Voilà, je pense, ce qui a donné occasion à l'histoire des trois règnes avant Fo-hi, et aux noms d'empereurs du ciel, d'empereurs de la terre et d'empereurs des hommes. »

Jusqu'ici c'est *Hou-chi* qui a parlé. Il nous a dit que le ciel avait commencé ses opérations à la révolution du *Rat;* que la terre avait commencé les siennes à la révolution du *Bœuf,* et que l'homme avait été produit à la révolution du *Tigre.* Il ne nous dit point quelle est la durée de chacune de ces révolutions. Chao-tse y suppléera; voici comme il s'exprime :

« Depuis le moment où le ciel et la terre ont été en mouvement, jusqu'à celui où ils finiront, il doit y avoir une révolution entière. Une révolution contient douze périodes, et la période est composée de dix mille huit cents ans.

« A la première période, dite la période du *Rat,* le ciel a commencé ses opérations ; à la seconde période, ou la période du *Bœuf,* la terre a commencé les siennes ; et à la troisieme période, ou à la période du *Tigre,* l'homme a été produit, et mis en état de faire aussi ses opérations. Depuis cette troisième période jusqu'à celle du *Chien,* qui est la onzième, toutes choses iront leur train ; mais après avoir passé par tous les degrés dont elles sont capables, elles cesseront d'être, et le ciel, devenu sans force, ne produira plus rien jusqu'à la douzième période, où la terre et tout ce qui l'environne se détruiront aussi, et tout l'univers rentrera dans le chaos. Ce chaos sera une période entière à se débrouiller. Mais à la période du *Rat,* première de la seconde révolution, il se formera un nouveau ciel, lequel, une fois en mouvement, continuera toujours ses opérations, et ne finira jamais.

« Depuis la période du *Tigre* (troisième de la révolution), jusqu'à la période du *Cheval* (septième de la révolution), sous laquelle Yao naquit, et commença à gouverner l'empire, l'an *Kouei-ouei,* vingtième du cycle de soixante, il s'est écoulé plus de quarante-cinq mille ans. Il n'est pas douteux que pendant tout ce temps il n'y ait eu des hommes; peut-être même y a-t-il toujours eu des rois ou des maîtres pour les gouverner; mais comme il n'y avait point alors de livres, ou que s'il y en a eu, ils ne sont pas parvenus jusqu'à nous, comment savoir ce qui s'est passé? Pour ce qui regarde les Tien-hoang, les Ti-hoang et les Gin-hoang, nous ne l'avons appris que par tradition; et leur histoire nous ayant été transmise de génération en génération, elle ne saurait manquer d'avoir été altérée. Ainsi c'est à tort qu'on voudrait affirmer que la vie de chacun d'eux a été d'un si grand nombre d'années. Dire que les Tien-hoang et les Ti-hoang ont été des hommes qui ont vécu chacun dix-huit mille ans, est-ce une chose croyable? »]

Je reprends la suite de l'ouvrage du père de Prémare.

TIEN-HOANG.

On l'appelle aussi *Tien-ling,* c'est-à-dire, *le ciel intelligent, ou l'intelligence du ciel; Tse-jun,* le fils qui nourrit et embellit toutes choses ; *Tchong-tien, hoang-kiun,* le souverain roi au milieu du ciel. On dit qu'il naquit sur le mont *Vou-vai,* c'est-à-dire, le mont qui renferme tout, hors duquel il n'y a rien; et *Tchin-huen* avertit que cette montagne est au sud-est, à douze mille lieues du mont Kouen-lun. L'auteur du Choui-king [1] veut que ce soit le mont Kouen-lun lui-même. *Yong-chi,* qui a fait un commentaire sur cet ancien livre, dit que *les cinq Long et Tien-hoang en sont sortis : Tien-hoang avait le corps de serpent,* ce qui se dit aussi de Ti-hoang, de Gin-hoang et de plusieurs autres. *Tien-hoang est au-dessus de toutes choses; tranquille et comme sans goût, il ne faisait rien, et les peuples se convertissaient d'eux-mêmes.* On lui attribue un livre en huit chapitres, *c'est l'origine des lettres.* Les caractères dont se servaient les trois Hoang *étaient naturels, sans aucune forme déterminée : ce n'était qu'or et pierres précieuses. La dynastie de Tien-hoang eut treize rois de même nom* [2]*; c'est pourquoi on les appelle frères,* et on donne à chacun d'eux dix-huit mille ans de vie ou de regne [3]. Le Vai-ki dit que *Tien-hoang donna les noms aux dix Kan et aux douze Tchi, pour déterminer le lieu de l'année.* Ces noms ont chacun deux lettres, qu'on explique comme on peut, sans les entendre. Car comment, par exemple, concevoir que *Yue-fong* est *Kia,* etc.? Yuen-leao-fan dit que *kan* a *le sens de* kan, *qui signifie le tronc d'un arbre; c'est pourquoi les dix Kan s'appellent aussi* Che-mou, *les dix mères,* et que *Tchi,* a le sens de tchi, *les branches, c'est pourquoi on les appelle* Che-eull-tse, *les douze enfants* [4].

[1] Choui-king est un livre ancien où l'on trouve quantité de traditions; mais tous les livres qui portent le nom de King ne sont pas canoniques.
[2] Lo-pi dit que ce nom est *Vang,* qui signifie *l'espérance.*
[3] En tout deux cent trente-quatre mille ans.
[4] Le père Amiot, dans la petite dissertation déjà citée, dit, d'après les Chinois : Les *Tien-hoang,* ou empereurs du ciel, gouvernèrent le monde après *Pan-kou* ou *Pouan-kou,* le premier des hommes. Ils ne se mettaient point en peine de leur

TI-HOANG.

On le nomme aussi *Ti-ling* ou *Ti-tchong*, *hoang-kium*, c'est-à-dire, *celui qui règne souverainement au milieu de la terre*; *Tse-yuen*, ou le *fils principe*. Il y a onze rois du même nom, et ce nom est *Yo*, qui signifie la montagne; on les appelle les *onze rois dragons*[1] : ils avaient, dit Lo-pi, *le visage de fille, la tête de long* ou *dragon*, *et les pieds de cheval*. Un autre auteur dit qu'ils avaient *l'air de fille, le corps de serpent, les pieds de bêtes, et qu'ils sortirent du mont Long-men*. On prétend que *Ti-hoang n'est point né, et qu'il ne change point*; *qu'il protége et qu'il fixe toutes choses*. Le Vai-ki ajoute *qu'il partagea le jour et la nuit, et régla que trente jours feraient une lune*. Le livre Tong-li, cité par Lo-pi, ajoute encore *qu'il détermina le solstice d'hiver à la onzième lune*. Chacun de ces onze rois a régné ou vécu dix-huit mille ans, ce qui fait pour tous ensemble cent-quatre-vingt-dix-huit mille ans. Il y a des auteurs qui changent le texte, et veulent *qu'il n'y ait que dix-huit cents ans en tout*, *soit pour Tien-hoang*, *soit pour Ti-hoang*; c'est pour tâcher de faire accorder ce nombre d'années avec la période arbitraire de *Chao-kang-tsie* ; et de plus ils ne peuvent dire pourquoi les *Ti-hoang*, qui ne sont que onze, ont autant de durée que les *Tien-hoang*, qui sont treize. D'autres, pour tout le temps de ces deux *Hoang*, ne mettent que dix-huit mille ans; ce qui ne peut plus s'accorder avec les *Hoei de Chao-kang-tsie*. Une preuve qu'on prétend bien que ce sont de véritables années, c'est que *dans les temps les plus reculés*, *pour dire un an*, *on disait un changement de feuilles*. Cela se pratique encore dans les petites îles *Lieou-kieou*, qui sont situées entre le Japon et l'île Formose[2].

Il faudrait mettre ici *Gin-hoang*; mais comme c'est par lui que commence le premier des dix *Ki*, je le renvoie au chapitre suivant.

nourriture ni de leurs vêtements, et le travail était alors inconnu. Ils exerçaient un empire absolu, et tout le monde obéissait aveuglément à leurs ordres. Ils firent un cycle de dix et un autre de douze. Avant eux, le nom de l'année était inconnu. Ils déterminèrent les premiers le nombre des jours qui devaient la composer. Ils furent treize du même nom : ils étaient frères et vécurent chacun dix-huit mille ans.

[1] Nous expliquons ordinairement le caractère *Long* par dragon, animal qui inspire en Europe une idée de gros serpent, et qui se prend presque toujours en mauvaise part; au lieu que chez les Chinois *Long* offre presque toujours une si belle idée, que c'est un des plus beaux symboles.

[2] Le père Amiot, dans la dissertation dont j'ai parlé, dit, d'après les Chinois, que les *Ti-hoang*, ou empereurs de la terre, succédèrent aux Tien-hoang. Ils donnèrent au soleil, à la lune et aux étoiles le nom qu'ils portent aujourd'hui. Ils appelèrent les ténèbres *nuit*, et la terre par sa lumière, *jour*, l'intervalle de trente jours *mois*. Ils étaient onze frères de même nom, et la vie de chacun d'eux fut de dix-huit mille ans. [De G.]

CHAPITRE V.

ABRÉGÉ DES SIX PREMIERS KI.

Ier KI, *nommé* KIEOU-TEOU, *ou les neuf têtes*.

Ce *Ki* est celui de *Gin-hoang*[1], qu'on appelle autrement *Tai-hoang*, c'est-à-dire, le grand souverain. Un ancien auteur cité dans le *Lou-se* de Lo-pi dit que *Tai-hoang est fort honorable, non pas qu'il*

[1] Le père Amiot, dans la petite dissertation déjà citée, dit que les *Gin-hoang*, ou empereurs des hommes, succédèrent aux Ti-hoang. Ils divisèrent la terre en neuf parties. Les montagnes et les rivières servirent de termes pour chaque division. Ils rassemblèrent les hommes qui étaient épars çà et là, et qui n'avaient point de demeures fixes, et leur assignèrent des habitations. Ils formèrent les premiers liens de la société, c'est pourquoi on leur a donné aussi le nom de *Ku-fang*, qui signifie *habitant d'un lieu*. Tous les arts furent trouvés sous leur règne. La fourberie n'avait point encore paru sur la terre. Cependant, comme l'égalité des conditions avait déjà disparu, on inventa des punitions et des récompenses, on fit des lois, on créa des magistrats, on connut l'usage du feu et de l'eau. On apprit l'art d'apprêter les différents mets, et on assigna les devoirs particuliers de chacun des deux sexes. Neuf frères de même nom se partagèrent l'empire du monde et vécurent entre eux tous quarante-cinq mille six cents ans.

Un abréviateur d'histoire nommé *Vang-vang-jou*, parle des Gin-hoang en ces termes : « Les Gin-hoang sont appelés par les « uns Tai-hoang, et par les autres, Ku-fang-chi. Ces Ti-hoang « avaient gouverné en paix tout l'univers. Les hommes, sous « leur règne, avaient toutes choses en abondance, sans « qu'ils eussent besoin de se les procurer par le travail. Gin-« hoang naquit sur la montagne *Hing-ma-chan*, située dans le « royaume de Ti-ti. Il divisa la terre en neuf parties ; les mon-« tagnes et les rivières lui servirent de termes. Il choisit « sa partie du milieu pour y faire son séjour : de là il donna ses « ordres par tout et gouverna tout l'univers. Il civilisa les « hommes; les vents et les nuages lui obéissaient, et il dispo-« sait à son gré des six sortes de *Ki*, qui sont le repos, le mou-« vement, la pluie, les vents, la lumière et les ténèbres. Il « avait la subtilité et les autres qualités des esprits. Il n'est rien « qu'il ne sût et qu'il ne pût. Il réduisit toutes les langues à « une seule. Il embrassait tout l'univers, et tout l'univers le « respectait et lui rendait hommage. Sa doctrine égalait le ciel « par sa hauteur, et la terre par sa profondeur. Sa vertu était « immense, et les bienfaits dont il combla les hommes ne « peuvent se compter; ils égalaient ceux qu'on peut recevoir « du ciel. Il était maître, et il était bon maître; il gouvernait, « et il gouvernait bien. Il instruisit les peuples, et leur donna « les règles de la sagesse et du bon gouvernement; il leur en-« seigna la manière d'apprêter les mets et les règles d'un ho-« nête mariage.

« Il n'est parlé ici que d'un Gin-hoang, quoiqu'ils fussent « neuf de même nom qui donnaient en même temps des lois « au monde; la raison est que la forme du gouvernement « était la même partout, et que les neuf frères n'avaient qu'un « même cœur et une même volonté; leur mérite était grand « ainsi que leur vertu. Après eux il n'y eut plus sur la terre « qu'un Gin-hoang; les autres souverains avaient le titre de « roi et lui rendaient hommage. Les Gin-hoang vécurent en-« tre eux tous quarante-cinq mille six cents ans. »

Le père Amiot observe ici qu'un auteur nommé *Hiu-tsong-hai*, sans toucher à ce nombre d'années des Gin-hoang, abrège celle des Tien-hoang et des Ti-hoang, prétendant qu'on a substitué le caractère qui signifie *mille* à celui de *cent*, et qu'ainsi on a dit que les Tien-hoang et les Ti-hoang ont vécu chacun un *van*, huit mille années, ce qui veut dire dix-huit mille années, au lieu d'un *van*, et huit cents ans: c'est-à-dire, dix mille huit cents ans. Le père Amiot ajoute que si les critiques chinois, après avoir encore fait de ces retranchements sur le nombre des années, voulaient apprécier la valeur de ces années, y substituer ou des lunaisons ou des années lunaires, on pourrait se réunir avec eux et conclure que tout ce qu'ils disent des Tien-hoang, des Ti-hoang et des Gin-hoang, ne sont que des traditions défigurées de ce que l'Écriture dit des patriarches avant le déluge. [De G.]

l'emporte sur Tien-hoang et Ti-hoang, mais parce qu'il est au-dessus du peuple et de toutes choses, qu'il a établi l'ordre entre le roi et le sujet, et donné le premier les règles du gouvernement. Ce *Ki* n'a qu'un même nom, qui est *kai*, c'est-à-dire, le gracieux. *Tai-hoang* a le visage d'homme, le corps de dragon, et a neuf têtes ; mais, par ces neuf têtes, il faut entendre neuf rois, qui, selon le *Vai-ki*, ont duré quarante-cinq mille six cents ans. On dit que Tai-hoang naquit sur le mont Hing-ma, d'où sort l'eau de la vallée lumineuse. Il partagea le globe de la terre et des eaux en neuf parties, et c'est ce qui s'appelle les neuf Tcheou et les neuf Yeou. Il divisa de la même manière en neuf fleuves l'eau de la vallée de lumière. Les neuf frères prirent chacun sa partie de la terre, et Tai-hoang régna dans le milieu. Sur quoi Tcheou-tsin-hien fait cette réflexion : *Les neuf frères partagèrent entre eux le monde; chacun demeurait dans la partie qui lui était échue, et tous jouissaient également des bienfaits du ciel. Ce n'est pas comme aujourd'hui, que les plus proches parents se regardent comme ennemis, et que les frères se déchirent impitoyablement l'un l'autre.* On lit dans Yuen-leao-fan, que les Gin-hoang, montés sur un char de nuages attelé de six oiseaux, sortirent de la bouche du vallon; qu'ils étaient neuf frères, qui partagèrent entre eux les neuf parties du monde, qu'ils bâtirent des villes et les enfermèrent de murailles, et qu'ils comptent au moins cent cinquante che ou *générations*. Ce fut Gin-hoang qui commença le bon gouvernement; alors le seigneur ne fut plus un vain roi, le sujet ne fut plus comblé d'honneur sans raison; il y eut de la distinction entre le souverain et le vassal; on but et on mangea, et les deux sexes s'unirent; d'où Lo-pi conclut, qu'auparavant il n'y avait ni lois, ni rois, ni sujets, que les hommes n'étaient ni mâles ni femelles, et qu'ils n'avaient pas besoin de manger. Sous Gin-hoang, tous les peuples de l'univers étaient contents de leur sort. On travaillait le jour, on se reposait la nuit, et on ne songeait point à son propre intérêt.

IIe KI, *nommé* OU-LONG.

Ce second *Ki* renferme cinq *Sing*, ou familles différentes ; leur domination s'étendait aux cinq régions, ils présidaient aux cinq planètes [1], et ils étendirent les cinq montagnes. Lo-pi cite un auteur nommé Tchang-lin, qui dit que « Fo-hi a fait le ciel et la terre, et que les cinq dragons étendirent les montagnes. » Il cite aussi Tching-yuen [2], qui dit que

---

[1] *Ou-hing*; c'est proprement les cinq planètes, savoir : Saturne, qui répond à la terre, *Tou* ; Jupiter, qui répond au bois, *Mou*; Mars, au feu, *Ho* ; Vénus, au métal, *Kin*; et Mercure, à l'eau, *Choui*. Si on ajoute le soleil, *Ge*, et la lune, *Yeu*, c'est ce que les Chinois appellent les sept gouvernements.

Les Chinois qui se sont mêlés de raisonner sur la physique ont cru que ces cinq choses étaient autant d'éléments dont tous les corps sont composés; *Hing* signifie aller, marcher; et le caractère *sing*, qu'on prend pour étoiles en général, désigne proprement les planètes; le soleil produit la lumière dont elles brillent.

[2] Je ne connais point cet auteur.

« les cinq Long ou dragons montés sur un nuage, comme sur un char, gouvernaient l'univers ; dans ce temps-là, les hommes demeuraient dans des antres, ou se perchaient sur des arbres, comme dans des nids; le soleil et la lune brillaient d'une véritable lumière. » Il cite encore la préface du livre Tchun-tsieou-ming-li, qui dit que « les cinq familles régnaient en même temps, et que les rois montaient des dragons, ce qui fut cause qu'on les appela les cinq dragons. » Enfin il rapporte d'un autre auteur, qu'ils furent disciples de Tien-hoang. D'autres disent qu'ils sont les douze frères de Tien-hoang, et les esprits des douze heures. Yong-chi [1] prétend qu'ils avaient la face d'homme et le corps de dragon. On dit qu'ils avaient autrefois des temples sur la montagne des cinq dragons ; mais on ne dit pas combien d'années a duré leur règne, et on les met au nombre des *Sien*, c'est-à-dire, des immortels.

IIIe KI, *nommé* NIE-TI *ou* CHE-TI.

On compte dans ce *Ki* cinquante-neuf familles. Lo-pi cite ces paroles : *Après les neuf* Hoang *vinrent les soixante-quatre familles, qui furent suivies des trois* Hoang. Lo-pi veut que ce soit Se-ma-tsien qui ait dit cela, et il explique les soixante-quatre familles, en disant que cet historien a joint le *Ki* précédent avec celui-ci ; et que, par les trois *Hoang*, il entend le *Ki* nommé Ho-lo. Tchin-se-ming [2] dit que *les cinquante-neuf rois succédèrent aux cinq* Long *dans le gouvernement du monde, et qu'ils le partagèrent entre eux; mais on ne dit nulle part combien d'années ont régné tous ces monarques.*

IVe KI, *nommé* HO-LO.

Ce *Ki*, qu'on appelle *Ho-lo*, n'a que trois familles. Les Ho-lo apprirent aux hommes à se retirer dans le creux des rochers ; ils montaient des cerfs ailés pour gouverner. Voilà tout ce qui en est dit.

V[e] KI, *nommé* LIEN-TONG.

Ce *Ki* comprend six familles, dont on ne rapporte rien.

VIe KI, *nommé* SU-MING.

Ce *Ki* a quatre familles ; comme les Ho-lo, ils montaient des cerfs ailés : les Su-ming allaient sur six dragons; c'est tout ce qu'on en sait.

Il est aisé de compter les rois de ces différentes familles ; quand Tchin-se-ming en met quatre-vingt-trois depuis *Gin-hoang* jusqu'à *Su-ming*, je ne sais comme il les compte; car si on retranche Gin-hoang il n'y aura que soixante-dix-huit rois, et si l'on y comprend *Gin-hoang*, il y en aura quatre-vingt-six. Mais pour ce qui est du temps qu'ont duré les six premiers *Ki*, c'est un point bien plus difficile à décider. Lo-pi cite un auteur qui leur donne libéralement un million cent mille sept cent cinquante ans ; il rejette ce sentiment, et dit que les

---

[1] *Yong-chi* est cité comme un interprète du *Choui-king*, celui que j'ai n'en parle pas.

[2] *Tching-se-ming* vivait entre l'an 1279 et l'an 1333 de C., sous les Yuen. Il se trouve cité dans *Yuen-leao-fan*.

cinq premiers Ki ne font en tout que quatre-vingt-dix mille ans.

CHAPITRE VI.

SEPTIÈME KI, appelé SUN-FEI.

On le nomme ainsi, parce que les rois de ce temps-là étaient pleins de tant de vertu et de sincérité, que tous les peuples de l'univers suivaient leurs bons exemples avec autant de rapidité que s'ils avaient eu des ailes pour voler.

La période *Sun-fei* a vingt-deux familles de noms différents, et plus de soixante *che* ou générations; cependant Yuen-leao-fan, d'après le *Vai-ki*, dit *qu'elle n'a que des noms d'honneur et point de* che, c'est que ce mot *che* signifie tantôt un espace de trente ans, et tantôt une génération ou succession de père en fils. Il peut donc y avoir eu dans ce Ki plus de soixante *che*, c'est-à-dire, qu'il a duré plus de dix-huit cents ans, sans qu'il y ait eu de *che*, c'est-à-dire, sans que le fils ait jamais succédé à son père. Au reste, ces vingt-deux familles ne donnent pas également matière à raisonner, et il y en a même plusieurs dont on n'a conservé que le nom.

Le premier roi de ce Ki est appelé *Kiu-ling*, le grand intelligent. Yuen-leao-fan, Lo-pi, et plusieurs autres disent « qu'il naquit avec la matière première, et que c'est la véritable mère des neuf sources, qu'il tient dans la main sa grande image, qu'il a le pouvoir de convertir tout, qu'il monte sur le grand terme, qu'il marche dans la plus pure et la plus haute région, qu'il est sans intervalle, qu'il agit sans cesse, qu'il sortit des bords du fleuve *Fen*, qu'il précède le repos et le mouvement, qu'il retourne les montagnes et détourne les fleuves, et qu'il n'était pas toujours dans le même lieu; mais qu'il y a beaucoup de ses traces dans le royaume de Chou. La spirituelle conversion qu'il opéra fut très-grande. » Li-tchun-fong, cité dans le *Lou-se*, dit « qu'alors l'univers n'était pas encore tempéré, comme il l'a été depuis; c'est pourquoi *Kiu-ling* et *Niu-oua*, tous deux doués d'un esprit et d'un génie extraordinaires, sortirent pour aider la conversion. » Voilà donc *Niu-oua*, sœur et femme de *Fo-hi*, qui paraît sur la scène avec *Kiu-ling*, pour le même dessein.

Le second roi s'appelle *Kiu-king-chi*.
Le troisième, *Choui-ming-chi*.
Le quatrième, *Tcho-kouang-chi*.
Le cinquième, *Keou-tchin-chi*. Lo-pi lui-même ne trouve rien à dire de ces quatre empereurs; sinon qu'on parle dans le *Chan-hai-king*[1] de deux montagnes au nord, l'une appelée *Choui-ming-chan*, et l'autre *Tcho-kouang-chan*.

Le sixième est nommé *Hoang-chin* ou *Hoang-moei*, c'est-à-dire, *l'esprit jaune*, *Hoang teou* ou *la tête jaune*, et *Ta-fou* ou *le grand ventre*; c'est l'esprit des montagnes, *Chan-chin*. Il sortit du ciel pour aider le gouvernement, et on l'appela le jaune esprit. Le Kouei-tsang-king[1] dit que *Hoang-chin* combattit contre Yen-ti; mais par *Hoang-chin*, il entend *Hoang-ti*. Les sectateurs de Tao[2] disent que « le médiateur et le pacificateur, c'est Lao-tse[3], qui se fit un roi divin nommé *Hoang-chin*, et que pour cela il voulut devenir homme. » Il faut donc qu'on confonde *Hoang-chin* avec *Gin-hoang*; car Lo-pi dit que *Kiu-chin fut* successeur de *Gin-hoang*. Or ce *Kiu-chin* vient immédiatement après *Hoang-chin*. Dans tout ceci les Chinois ne savent pas à quoi s'en tenir.

Le septième est appelé *Kiu-chin*; *il naquit à* Tchang-hoai: *il attelait six moutons ailés; il régna cinq fois trois cents ans*. C'est tout ce qu'en dit Lo-pi; mais, en parlant de *Hoang-chin*, il rapporte qu'*après* trois cent quarante *ans* Kiu-chin *fut son successeur, et s'appela* Hoang-chin. Suivant cela, le sixième et le septième roi seraient le même homme; d'où on peut conclure que ces règnes ne sont pas plus clairs que ceux de Pouan-kou et des cinq dragons.

Le huitième s'appelle *Li-ling*. Dans le *Chan-hai-king* il est dit: *au désert d'orient on trouve le corps de* Li-ling, *parce qu'il ne s'est point corrompu*.

Le neuvième est *Tai-kouei*. Il y a, dit-on, une montagne de ce nom dans la province de Ho-nan; c'est là que demeurait l'empereur Tai-kouei.

Le dixième est *Kouei-kouei*
Le onzième est *Kang-tse-chi*.
Le douzième, *Tai-fong*.

Lo-pi, parlant en général de ces temps, dit que « les hommes étaient spirituels et vertueux, qu'ils avaient tout du ciel et rien de l'homme. L'esprit (Chin) suit le ciel comme un disciple suit son maître. L'appétit (Kouei), la partie animale, sert en esclave aux choses sensibles. Au commencement, l'homme obéissant au ciel, était tout esprit; mais ensuite, ne veillant pas sur lui-même, la passion prit le dessus, et il perdit l'intelligence; c'est pourquoi les anciens sages (Ching) ouvraient le ciel du ciel, et n'ouvraient point le ciel de l'homme; ils fermaient le chemin de l'homme, et ils ne fermaient point le chemin du ciel. Ouvrir le ciel, c'est faire naître la vertu; ouvrir l'homme, c'est donner l'entrée au voleur.

Le treizième est nommé *Gen-siang-chi*. On dit de lui qu'*il tint le milieu de l'anneau pour aller à la*

---

[1] Le *Chan-hai-king* est un livre si ancien, que les uns l'attribuent à l'empereur Yu, d'autres à Pe-y, qui vivait dans le même temps. Il contient une description du monde qui paraît imaginaire. On y parle au milieu de la terre le mont *Kouen-lun*. Il y est fait mention de beaucoup de monstres et de plantes extraordinaires. Les poètes chinois tirent de ce livre toutes leurs idées et toutes leurs expressions poétiques.

[1] *Kouei-tsang-king* est un livre ancien, et souvent cité par Lo-pi dans son Lou-se; je ne l'ai pu trouver. Il reste quelques fragments d'un *Y-king* nommé *Kouei-tsang*, qu'on attribue à Chin-nong.

[2] La secte de Tao est aussi ancienne à la Chine que celle des *ju* ou des Lettrés. Les anciens anachorètes ou Sien-gin, dont on a encore les livres, étaient pour le *Tao* et cherchaient l'immortalité. Dans la suite cette secte s'est corrompue, et a produit des charlatans qui ont voulu enseigner l'art de ne jamais mourir.

[3] *Lao-tse*. On croit que ce philosophe était contemporain de Confucius; il est auteur du livre *Tao-te-king*.

perfection; et c'est ce qui s'appelle *Tching-gin*, l'homme vrai. A cette occasion, Lo-pi fait un discours sur le *milieu*, et soutient que tous les lettrés, depuis la dynastie des Han, n'ont point vu en quoi il consiste. « Le sage, dit-il, peut bien ne pas atteindre au milieu, mais il n'est pas possible d'aller au delà; » c'est qu'il prend le milieu pour l'unité. Rien n'est plus grand, ajoute-t-il, rien n'est plus élevé, rien n'est plus intelligent. Comment pouvoir aller plus loin?

Le quatorzième est appelé *Kai-yng-chi*. On trouve dans le Chan-hai-king une montagne de ce nom.

Le quinzième se nomme *Ta-tun-chi*.

Le seizième est *Yun-yang-chi*. C'est un de ces anciens ermites ou Sien-gin qu'on met au rang des immortels; et on dit que *du temps de* Hoang-ti, *le maître* Yun-yang *nourrissait des* Long *ou des dragons sur le mont* Kan-tsuen, *c'est-à-dire, la douce source*.

Le dix-septième est *Vou-tchang-chi*.

Le dix-huitième est appelé *Tai-y-chi*, la grande unité. Il a plusieurs autres noms; tels sont ceux de *Hoang-gin* ou *le souverain homme*, *Tai-hoang* ou *le grand monarque*, *Yuen-kiun* ou *le premier* ou *le grand roi*, *Tien-tching* ou *la céleste vérité*. *Siao-tse* ou *le petit-fils*, et enfin *Tien-gin-tsoui-kouei*, *l'homme céleste d'un prix extrême*.

Le San-hoang-king[1] dit que Hoang-ti est l'ambassadeur du grand maître, et qu'il demeurait sur le mont Ngo-moei.

Ho-kouan-tse[2] dit que Tai-hoang demanda un jour à Tai-y *ce qui regarde le ciel, la terre et l'homme*. Chin-nong fut instruit par Tai-y-siao-tse, qui instruisait aussi Hoang-ti et Lao-tse. Ho-kouan-tse ajoute que Tai-y *prenait pour règle ce qui n'a point de figure, et qu'il ne goûtait que ce qui n'a point de goût*. Pao-pou-tse[3] prétend que *Tai-y travailla au grand œuvre, et se rendit immortel*. Cet anachorète, prétendu empereur, avait composé beaucoup de livres qui se sont perdus. Il est rapporté dans un fragment de ces anciens livres, « que Hoang-ti alla sur le mont *Ngo-moei* pour visiter Tien-tching-hoang-gin, qu'il le salua dans une salle de jaspe, et lui dit : « Je vous prie de m'expliquer l'unité trine. » Suivant ces vestiges de l'antiquité, il faut que Hoang-ti, qui ne paraît qu'au dixième et dernier *Ki*, vécût déjà de ce temps-là, à moins qu'on ne voulût prendre Tai-y pour un véritable immortel, qui devrait être encore sur cette montagne, s'il avait pu vivre jusqu'au temps de Lao-tse, dont on dit qu'il fut maître.

Le dix-neuvième s'appelle *Kong-sang-chi*. Kong-sang est un vaste pays, dont on parle en plusieurs endroits. On le nomme aussi le vaste désert de *Sang*; on dit aussi *Kiong-sang*, quoique Lo-pi veuille y mettre quelque différence. Un auteur ancien, que Lo-pi cite, dit ces paroles : « Kong-sang est immense comme le ciel, et il s'étend au delà des huit termes; c'est là que résident *Hi* et *Ho*[1], qui président au soleil et à la lune, et qui ont soin de la sortie et de l'entrée, pour faire la nuit et le jour. » Lieu-pou-ouei dit que *la mère*, *d'Y-yun*[2] *fu changée en Kong-sang, et que le petit Y-yun sortit du sein de cet arbre*. C'est ainsi qu'on fait naître Adonis. Confucius est né à *Kong-sang*, *et Kong-kong causa le déluge pour perdre Kong-sang*.

Le vingtième est *Chin-min-chi*. On le nomme aussi *Chin-hoang*, ou le souverain des esprits, ou le spirituel souverain. On le fait régner trois cents ans; son char était traîné par six cerfs ailés. Le Chan-hai-king parle de la montagne Chin-min.

Le vingt et unième roi est nommé *Y-ti-chi*.

Le vingt-deuxième et dernier est *Tse-che-chi*, après lequel sortit Yuen-hoang, et ce ne fut qu'alors qu'on cessa d'habiter dans des cavernes, c'est-à-dire, qu'au bout de tant de siècles et sous des princes dont on raconte tant de merveilles, on n'avait pas encore eu l'esprit de faire quelques cabanes pour se garantir des vents et de la pluie.

CHAPITRE VII.

HUITIÈME KI, *nommé* YN-TI.

Cette huitième période renferme treize dynasties, et elle diffère de la précédente en ce que chaque fondateur laisse après lui ses enfants sur le trône, si l'on peut parler ainsi par rapport à des temps encore si sauvages.

Première famille. Tchin-fang-chi succéda à Tse-che, et fonda la première famille; on l'appela aussi *Hoang-tse-kiu*. Il avait la tête fort grosse et quatre mamelles, circonstance qui se dit aussi de Ven-vang. « Le char de Tchin-fang était attelé de six licornes ailées; en suivant le soleil et la lune, en haut le ciel et en bas la terre, il unit ses vues à

---

[1] *San-hoang-king* est un livre ancien cité par Lo-pi; je l'ai fait chercher en vain : l'empire de la Chine est si vaste, les étudiants, si pauvrès, et l'étude de l'antiquité, si rare, qu'excepté les *King*, ou livres canoniques, et les quatre livres classiques qu'on trouve partout, on ne rencontre nulle part les livres qu'on souhaite le plus; à peine les libraires en savent-ils le nom.

[2] *Ho-kouan-tse* est un ancien ermite. Le livre Han-y-ven-chi nous a conservé un de ses ouvrages.

[3] *Pao-pou-tse* vivait sous les Han, entre l'an 209 avant J. C. et l'an 190 après J. C. Son livre est divisé en deux parties; dans la première il parle du *Tao*, et dans la seconde, des *Ju* ou lettrés qui suivent Confucius et les King. Il écrit bien; il soutient qu'on peut devenir immortel; mais que cet art ne peut s'apprendre. Il fait un long catalogue de presque tous les péchés, et dit que si l'on en a commis quelqu'un, on ne peut prétendre à l'immortalité : il ajoute qu'il faut de plus que le destin s'en mêle. L'herbe *tchi* est comme le rameau d'or; il faut la trouver, si l'on en a le bonheur. Il traite mal les charlatans, qui promettent qu'ils ne peuvent donner, ne le sachant pas. Il expose sous quelle figure Lao-tse et les autres immortels apparaissent, et avertit qu'il y aurait du danger de ne les pas bien distinguer; c'est peut-être pour cela qu'on fait passer les bonzes de cette secte pour sorciers.

[1] *Hi* et *Ho* se trouvent, dans le Chou-king, avoir le même emploi sous l'empereur Yao; bien plus, fort longtemps après, on veut que *Hi* et *Ho* aient manqué d'observer une éclipse sous Tchong-kang. Dans les poètes chinois, *Hi* et *Ho* conduisent les chevaux du soleil.

[2] *Y-yun* ou *Y-yn* est appelé, dans le Chou-king, du beau nom d'Yuen-ching. On dit qu'il aida le roi Tching-tang à fonder la seconde dynastie, et qu'il fut le tuteur de Tai-kia.

celles de l'esprit. Au commencement les hommes se couvraient avec des herbes.

Circum se foliis ac frondibus involventes.

Les serpents et les bêtes étaient en grand nombre, les eaux débordées n'étaient point encore écoulées, et la misère était extrême; vint Tchin-fang qui apprit aux hommes à préparer des peaux et à en ôter le poil avec des rouleaux de bois, pour s'en servir contre les frimas et les vents qui les incommodaient. Il leur apprit encore à faire comme un tissu de leurs cheveux pour leur couvrir la tête. On lui obéissait avec joie; il les appela hommes habillés de peau; il régna trois cent cinquante ans.

Seconde famille. Chou-chan-chi. Au lieu de parler de ce chef de dynastie, on ne parle que du pays qui s'appelle *Chou;* on est aussi embarrassé que sur Kong-sang. Yang-hiong[1], qui en a écrit l'histoire, dit que *ce royaume subsiste depuis Gin-hoang.* Chou est à l'occident, et répond à la province de Se-tchouen. *Chou ne savait point qu'il y eût des Chinois au monde, et les Chinois n'avaient point entendu parler de Chou ;* pourquoi donc mettre un *Chou-chan-chi* au nombre des rois de la Chine? On dit qu'un ancien roi de Chou, nommé *Yu-ya*, quitta le monde et se fit ermite; *peu après, il tomba du ciel un jeune homme qui s'appelait* Tou-yu; c'est le roi de la mer d'occident; *il se fit roi de tout le pays, et se nomma Vang-ti.* Ces peuples n'avaient point l'usage des lettres. Vang-ti suivit l'exemple de Yu-ya, et se retira sur le mont *Si-chan*, après avoir résigné le royaume à *Kai-ming*, dont la famille régna pendant cinq générations. *La femme de Kai-ming de garçon était devenue fille,* comme chez nous Iphis de fille devint garçon. *Kai-ming*, épris de sa beauté, l'épousa; mais l'air du pays la fit mourir. L'on ouvrit longtemps après son tombeau, *et on la trouva aussi belle et aussi fraîche que lorsqu'elle était en vie; son corps paraissait comme de glace.*

Troisième famille. Elle fut fondée par *Kai-kouei-chi*, et dura six générations. Il y en a qui confondent *Kai-kouei* avec *Chin-nong*.

Quatrième famille. Elle a pour chef Hoen-tun. Il est différent de *Pouan-kou*, à qui on donne le même nom. Cette famille a eu sept générations; on ne doit point la mettre après Fo-hi. Lo-pi cite Lao-tchen-tse[2], qui dit ces paroles : « Les anciens rois allaient les cheveux épars, et sans aucun ornement de tête; sans sceptre et sans couronne, ils gouvernaient l'univers; d'un naturel bienfaisant, ils nourrissaient toutes choses et ne faisaient mourir personne; donnant ainsi toujours, et ne recevant rien, les peuples, sans les reconnaître pour maîtres, portaient au fond du cœur leur vertu; alors le ciel et la terre gardaient un ordre charmant, et toutes choses croissaient sans relâche; les oiseaux faisaient leurs nids si bas, qu'on pouvait les prendre avec la main, et tous les animaux se laissaient conduire à la volonté de l'homme; on tenait le milieu, et la concorde régnait partout; on ne comptait point l'année par les jours; il n'y avait ni dedans ni dehors, ni de mien ni de tien. C'est ainsi que gouvernait Hoen-tun; mais quand on eut dégénéré de cet heureux état, les oiseaux et les bêtes, les vers et les serpents, tous ensemble, comme de concert, firent la guerre à l'homme. »

Cinquième famille. Tong-hou-chi fut chef de la cinquième famille, qui dura pendant dix-sept générations. Tse-se[1], cité par Lo-pi, dit que « les chansons de Tong-hou étaient gaies sans être lubriques, que ses marques de douleur étaient tendres sans être bruyantes; qu'en un mot c'était le siècle de la parfaite vertu. Lo-pi ajoute qu'on ne peut savoir au juste la suite de tous ces rois; et Hoai-nan-tse dit que personne alors ne ramassait ce qu'on avait oublié dans le chemin. »

Sixième famille. Elle a pour chef Hoang-tan-chi, et a duré pendant sept générations. Quelques auteurs l'appellent *Li-kouang*, ou, par honneur, *Hoang-tan*, le placent après *Tse-min*, et lui donnent deux cent cinquante ans de règne. C'est de *Hoang-tan* que l'on dit qu'il *gouvernait l'univers sans le gouverner.* Le mot *tsai* signifie en cet endroit porter l'univers, unir tous les hommes par les liens de la bonté et de la droiture. J'entends bien, dit Tchouang-tse, ce que c'est que *porter le monde dans son cœur*, mais je n'entends pas ce que c'est que gouverner le monde. Suivant cette maxime, on ne pense point à gouverner le monde, et le monde est content de son sort. *Les anciens rois*, dit Kouan-tse, *portaient le peuple, et le peuple les regardait comme des dieux.*

Septième famille. Ki-tong-chi est chef de la septième famille, qui eut trois générations.

Huitième famille. Elle a pour fondateur *Ki-y-chi*, qui eut quatre générations.

Neuvième famille. Ki-kiu-chi fonda cette famille. Kang-tsang-tse[2] dit « que Ki-kiu, roi de tout l'univers, ne le gouvernait point, et que tout le monde était dans une profonde paix; qu'il ne faisait aucun usage de ses sens extérieurs, et qu'il ne se piquait point de savoir, c'est-à-dire, que l'âme étant parfaitement tranquille, on ne s'empressait point de savoir, on renonçait à tous les objets sensibles, et on oubliait même qu'on savait quelque chose; » sur quoi Lo-pi dit que quand on a toutes sortes de remèdes en main, et qu'on n'a pas besoin de s'en

---

[1] *Yang-hiong* a été fameux sous les Han; il écrit bien, et a fait quantité de livres, entre autres le *Chou-ki*, l'histoire de Chou, son pays. Il ne faut pas le confondre avec *Yang-chu*, disciple de Lao-tse et l'antagoniste de *Me-tse*. Ces deux philosophes étaient les deux extrêmes; le premier ne pensait qu'à lui; le second, qu'au prochain. Confucius embrasse l'un et l'autre, ne sera qu'on ne travaille à la perfection des autres qu'après qu'on a donné tous ses soins à se perfectionner soi-même.

[2] *Lao-tchen-tse* ne m'est pas connu, si ce n'est peut-être Lao-tching, dont le petit nom est *Fang*, qui a écrit dans le goût de Lao-tse.

[1] *Tse-se-tse* a été le petit-fils de Confucius; on le fait auteur du livre Tchong-yong, un des quatre que tous les lettrés savent par cœur. Cet ouvrage n'est pas venu entier jusqu'à nous; il contient de très-belles choses sur le sage que Confucius attendait. Ce que Lo-pi cite de Tse-se n'est pas tiré de ce livre.

[2] *Kang-tsang-tse* vivait au commencement de la dynastie des Han; son livre a pour titre *Tong-ling-king*.

servir, cela s'appelle santé, que quand on a toute l'habileté et toute la prudence imaginables sans trouver aucune occasion de s'en servir, cela s'appelle un état de paix.

Dixième famille. Le chef de cette famille est *Hi-ouei-chi*. Tchouang-tse en parle, et vante ses jardins.

Onzième famille. C'est Yeou-tsao-chi qui l'a fondée; il régna plus de trois cents ans, et sa famille a eu plus de cent générations, pendant l'espace de douze ou de dix-huit mille ans. Han-fei-tse [1] dit que « dans les premiers âges du monde les animaux se multiplièrent extrêmement, et que les hommes étant assez rares, ils ne pouvaient vaincre les bêtes et les serpents. » Yen-tse [2] dit aussi que les anciens, perchés sur des arbres ou enfoncés dans des cavernes, possédaient l'univers. Ces bons rois ne respiraient que la charité, sans aucune ombre de haine; ils donnaient beaucoup et ne prenaient rien : le peuple n'allait point leur faire la cour chez eux, mais tout le monde se rendait à leur vertu. Il est dit dans le *Lou-se* et dans le *Vai-ki*, presque en mêmes termes, que « dans l'antiquité les hommes se cachaient au fond des antres et peuplaient les déserts, qu'ils vivaient en société avec toutes les créatures, et que ne pensant point à faire aucun mal aux bêtes celles-ci ne songeaient point à les offenser; que dans les siècles suivants on devint trop éclairé, ce qui fut cause que les animaux se révoltèrent; armés d'ongles, de dents, de cornes et de venin, ils attaquaient les hommes, qui ne pouvaient leur résister; alors Yeou-tsao régna, et ayant le premier fait des maisons de bois en forme de nids d'oiseaux, il porta le peuple à se retirer pour éviter d'être dévoré des bêtes féroces; on ne savait point encore labourer la terre, on vivait d'herbes et de fruits, on buvait le sang des animaux, on dévorait leur chair toute crue, et on avalait le poil et les plumes. »

Douzième famille. Soui-gin-chi en est le chef. Des auteurs disent que Soui-gin est le même que Gin-hoang, et que son nom de race est *Fong*, c'est-à-dire, le *vent;* c'est apparemment pour cela qu'on dit de Soui-gin presque tout ce qu'on dit de Fo-hi, qui portait le même nom de *Fong*. Il y en a qui prétendent que Soui-gin, Fo-hi et Chin-nong sont les trois Hoang; *que le premier ayant le feu pour symbole, régna au ciel; que le second ayant soin des choses humaines, régna sur les hommes; et que le troisième présidant à l'agriculture, fut le roi de la terre.* Le livre Che-pen [3] met Soui-gin avant Fo-hi immédiatement; quoi qu'il en soit, cette famille a huit générations. Les uns, depuis Soui-gin jusqu'à Fo-hi, comptent vingt-deux mille ans; les autres mettent trois familles entre l'un et l'autre.

On donne à *Soui-gin* deux cent trente ans de règne. Voici ce qui m'a paru le plus remarquable :

« Sur le sommet du mont Pou-tcheou se voient les murs de la Justice; le soleil et la lune ne sauraient en approcher; il n'y a là ni saisons différentes, ni vicissitudes de jours et de nuits : c'est le royaume de la lumière, qui confine avec celui de la mère du roi d'Occident [1]. Un sage (Ching) alla se promener au delà des bornes du soleil et de la lune; il vit un arbre sur lequel était un oiseau, qui, en le béquetant, faisait sortir du feu; il en fut frappé, il en prit une branche, et s'en servit pour en tirer du feu; c'est pour cela qu'on appela le premier roi Soui-gin. »

Mao-lou-men [2] remarque en cet endroit, « que dans les Ki précédents on comptait dix mille années pour le grand âge de l'homme; que ceux qui tenaient comme le milieu vivaient mille ans, et qu'enfin la vie la plus courte était de quelques centaines d'années; tant qu'on n'entendit point parler de cuire ni de rôtir, les forces de l'homme ne s'affaiblissaient point. » D'autres auteurs disent tout au contraire « que Soui-gin fit du feu par le moyen de certain bois, et apprit à cuire les viandes; par ce moyen, il n'y eut plus de maladie, l'estomac et le ventre ne furent plus dérangés; il suivit en cela les ordres du ciel, et pour cela il fut nommé Soui-gin : » il est vrai que *soui* veut dire *suivre;* il faudrait donc l'appeler plutôt *Soui-tien*. Suivant une autre étymologie, Soui-gin fit que les hommes purent suivre leur nature; et cela me paraît plus juste. Dans ce temps-là, il y avait beaucoup d'eaux sur la terre. Soui-gin apprit au peuple à pêcher; il faut donc qu'il ait inventé les filets, ce qui se dit de Fo-hi; il sortit du fleuve Lo quatre *Se*, c'est-à-dire, quatre grands officiers, afin de régler toutes choses à la place du ciel, comme c'est le devoir des grands ministres d'État. Soui-gin s'en servit; alors la voie du ciel fut droite, et les choses humaines en bon état; c'est pourquoi l'on dit que Soui-gin sortit du ciel, et que les quatre assistants sortirent du Lo. Le dragon apporta une mappe ou table, et la tortue, des caractères; Soui-gin est le premier à qui cela soit arrivé : la même chose se dira dans la suite de beaucoup d'autres. Soui-gin contempla le nord, et fixa les quatre parties du monde; il forma son gouvernement sur le modèle du ciel; il imposa le premier des noms aux plantes et aux animaux, et ces noms les exprimaient si bien, qu'en voyant les choses on les connaissait; c'est que le sage est étroitement uni à tous les êtres de l'univers; il inventa les poids et les mesures, pour mettre de l'ordre dans le commerce, ce qui ne s'était pas encore vu avant lui. Anciennement les hommes se mariaient à cinquante ans et les femmes à trente; Soui-gin

---

[1] *Han-fei-tse* était fils du roi de Han; l'empereur Chi-hoang-ti le goûta; mais Li-se, premier ministre de l'empire, fut cause de sa perte. Ses ouvrages sont divisés en cinquante-trois chapitres.

[2] *Yen-tse* fut ministre d'État sous trois rois de Tsi. Il était contemporain de Kouan-tse; il a fait un *Tchun-tsieou*.

[3] *Che-pen* est un livre de généalogies incertaines, et qui se contredisent. *Se-ma-tsien* le suit, s'il n'en est pas l'auteur.

[1] *Si-vang-mou*, c'est-à-dire, *mère du roi d'Occident*, est donc un nom de pays. On croit cependant que Mou-vang, dont on met le règne vers 1001 avant J. C., fit un voyage au bout du monde vers l'occident, et qu'il s'entretint longtemps avec *Si-vang-mou*.

[2] *Mao-lou-men* pourrait bien être *Mao-mong*, un des trois ermites du mont Mao, qu'on appelait *San-mao-tching-hiun*.

avança ce temps, et régla que les garçons se marieraient à trente ans et les filles à vingt. Enfin le livre Li-ki dit que c'est Soui-gin qui a le premier enseigné aux hommes l'urbanité et la politesse ; on verra cependant encore dans la suite beaucoup de barbarie.

Treizième famille. Yong-tching-chi en est le chef ; elle renferme huit générations. *En ce temps-là on se servait de cordes garnies de nœuds ; ce qui tenait lieu de l'écriture.* On sait que c'était la même chose au Pérou avant la conquête des Espagnols. Le peuple, sous cette dynastie, était fort grossier et fort ignorant. C'est dans ce temps qu'on met l'intempérance de Ki-tse ; *cet homme était si débauché et si effronté, qu'il exposait en plein marché son incontinence ; l'empereur se fâcha, et l'exila vers le sud-ouest. Ki-tse y devint le père d'un monstre, qui avait le corps d'homme, la queue et les pieds de cheval ;* c'est d'où vient le royaume des monstres à trois corps. Lo-pi met dans ce huitième Ki soixante-six générations ou *che* ; je ne sais sur quoi il se fonde ; car, soit qu'il prenne le mot *che* pour trente ans ou pour une génération, ce qu'il dit ne peut pas être, puisqu'on donne à la seule famille d'Yeou-tsao-chi plus de cent générations pendant douze ou dix-huit mille ans.

Le neuvième *Ki*, dans lequel je vais entrer, est si abondant, qu'au lieu de le mettre dans un seul chapitre, comme j'ai fait les autres, je suis obligé de le partager en neuf, qui fourniront chacun un chapitre assez long.

CHAPITRE VIII.

NEUVIÈME KI.

On appelle le neuvième *Ki* Chen-tong, parce que la vertu de ces bons rois pénétrait jusqu'à la raison céleste. Les écrivains ne rapportent pas les divers règnes de cette période, dans le même ordre. L'auteur du Vai-ki prend quinze de ces rois, dont il fait quinze ministres, ou rois tributaires sous Fo-hi : c'est bâtir des systèmes ; rien n'est plus aisé. Lo-pi était sans comparaison plus habile dans l'antiquité que les auteurs du Vai-ki et du Tsien-pien ; c'est pourquoi je continuerai de le suivre, comme j'ai fait jusqu'ici.

Premier empereur, nommé SE-HOANG. Ce grand roi, nommé Tsang-ti ou Se-hoang, avait pour petit nom *Ilie*, et on l'appelle souvent *Tsang-hie* ou *Tsang-kie*.

Le vulgaire croit que *Tsang-kie* fut un des ministres de *Hoang-ti*, et qu'il inventa les lettres, et on dit que cela se trouve dans le Che-pen ; mais Lo-pi réfute très-solidement cette fable dans un discours exprès, dont je mettrai ici le précis.

Le livre Tan-hou-ki [1] commence le neuvième *Ki* par Se-hoang, et Liu-pou-ouei dit clairement que Se-hoang a fait les lettres. Kouan-tse, Han-tse, le Koue-yu et le Se-ki ne parlent point d'un semblable ministre sous Hoang-ti : bien plus, le Che-pen, qu'on donne pour garant, parle en effet de Se-hoang ou Tseng-kie ; mais il ne dit nulle part que ce fut un ministre. L'erreur vient de Song-tchong, qui a commenté le Che-pen, et qui a dit que Tsang-kie était le ministre des lettres sous Hoang-ti ; on a ensuite cité cette glose comme le texte même du Che-pen. « Le premier inventeur des lettres est Tsang-kie, ensuite le roi Vou-hoai les fit graver sur la monnaie, et Fo-hi les mit en usage dans les actes publics pour le gouvernement de l'empire. Or ces trois monarques existaient avant Chin-nong et Hoang-ti ; comment donc prétendre que ce n'est que sous Hoang-ti que les lettres ont été inventées ? » Enfin tous les auteurs qui ont traité un peu à fond des lettres parlent, comme l'auteur du Choue-ven, de Tsang-kie. Or un simple ministre a-t-il jamais eu le titre de *Hoang ?* Après cette petite dissertation de Lo-pi, venons enfin à *Se-hoang* ou *Tsang-kie.*

« Il avait le front de dragon, la bouche grande, et quatre yeux spirituels et brillants ; c'est ce qui s'appelle tout lumineux. Le suprême ciel le donna à tous les rois pour modèle ; il le doua d'une très-grande sagesse. Ce prince savait former des lettres au moment qu'il naquit. Après qu'il eut reçu le Ho-tou [1], il visita les parties méridionales, il monta sur la montagne Yang-hin, et s'approcha du fleuve Lo, au septentrion ; une divine tortue, portant sur son dos des lettres bleues, les lui donna ; ce fut alors que pénétrant tous les changements du ciel et de la terre, en haut il observa les diverses configurations des étoiles ; en bas il examina toutes les traces qu'il avait vues sur la tortue ; il considéra le plumage des oiseaux, il prit garde aux montagnes et aux fleuves qui en sortent ; et enfin de tout cela il composa les lettres. » Les plus habiles Chinois prétendent que c'est l'ancienne écriture nommée *Ko-teou-chou*, et disent qu'elle subsista jusqu'au roi *Siuen-vang*, c'est-à-dire, jusqu'à l'an 827 avant l'ère chrétienne. Mais Kong-yng-ta a très-bien remarqué que « quoique la figure extérieure des lettres ait plusieurs fois changé, les six règles sur lesquelles Tsang-kie les forma, n'ont jamais souffert aucun changement ; alors, continue Lo-pi, il y eut de la différence contre le roi et le sujet, du rapport entre le fils et le père, de l'ordre entre le précieux et le vil. Les lois parurent, les rits et la musique régnèrent, les châtiments furent en vigueur. Se-hoang donna des règles de bon gouvernement ; il établit des ministres pour chaque affaire ; il n'y en eut aucune, si petite qu'elle fût, qui pût lui échapper, de manière que le ciel et la terre acquirent leur entière perfection. Après que les lettres furent inventées par Tsang-kie, il tomba du ciel une pluie de blé, un nuage couvrit le soleil, les Kuei ou esprits malins firent d'horribles hurlements au milieu des ténèbres, et le dragon se cacha. » Quelques auteurs prennent cela pour autant de mauvais présages,

---

[1] *Tan-hou-ki* ; c'est un ouvrage que Lo-pi cite souvent, et dont il fait grand cas ; c'est tout ce que j'en sais.

[1] Voyez la figure, à la fin du volume.

comme si l'invention des lettres n'eût pas été agréable au ciel. Tsang-kie régna cent dix ans à Yang-vou. Deuxième empereur, nommé PE-HOANG-CHI. On le nomme encore *Hoang-pe*; son nom de famille est *Pe*, son petit nom est *Tchi*. Lo-pi dit « que le livre *San-fen*[1] fait de Pe-hoang le second ministre de Fo-hi, mais que c'est une erreur qui vient de Pan-kou[2], écrivain fort inférieur à Tchouang-tse, qui dit expressément que Pe-hoang est un des empereurs qui ont sacrifié au ciel; ce n'est donc point un simple ministre d'État.

Pe-hoang sortit de Pou, qui est à l'orient du soleil; il montait un char attelé de six dragons; il régna par le bois; il agissait sans attachement, et il répondait sans jamais rien demander; il demeurait au midi de Tching-yang; c'est le mont Hoang-gin. Le livre Ming-li-su[3] dit que Hoang-pe monta sur l'arbre Pou-sang et en sortit, et qu'il se servit de six dragons[4] pour y monter et pour en descendre. Le dictionnaire Choue-ven dit que Sang est le même que Jo, l'arbre d'obéissance, aussi appelé Pou-sang, et que le soleil sortant à l'orient de la vallée lumineuse monte dessus. Il dit que Pou est un arbre divin duquel le soleil sort. Le Chan-hai-king le met à l'orient du mont Kouen-lun, et Hoai-nan-tse dit que l'arbre d'obéissance a dix fleurs, dont la lumière éclaire ce bas monde. Cet arbre d'obéissance *Jo-mou* est le même que *Sang*, qui signifie aujourd'hui un mûrier.

Troisième empereur, nommé TCHONG-HOANG-CHI. On le nomme autrement *Tchong-yang* « le milieu », ou bien *Tchong-hoang*. La secte *Tao* parle d'un *Tchang-hoang-tse*, duquel Lo-pi rapporte un passage assez remarquable sur le nombre cinq, qui tient le milieu dans les impairs 1, 3, cinq, 7, 9, qui règne partout, et qui, multiplié par lui-même, donne 25, le nombre propre de l'homme. Ce troisième monarque demeurait à l'occident du mont *Hoang-gin*, ou, selon d'autres, *San-hoang-chan*, la montagne des trois souverains. En ce temps-là, on se servait encore de cordes, parce que les lettres n'étaient pas encore parvenues jusqu'à l'usage commun. On dit que Tchong-hoang est l'empereur de la cérémonie *Fong-chen*, soit parce qu'il se trouve dans le *Ki* nommé *Chen-tong*, soit plutôt parce que c'est un de ceux qui ont fait une cérémonie, que Lo-pi explique fort au long[5].

[1] *San-fen* est le livre des trois *Hoang* : on dit qu'il est caché dans les plus hautes montagnes, et que le meilleur exemplaire est au mont Ngo-moei. Celui dont il s'agit, et que Lo-pi cite souvent, est bien plus moderne, puisqu'il n'a paru qu'après l'historien Pan-kou : il n'est pas fort long.

[2] *Pan-kou* est un historien et un bel esprit, qui vivait sous les Han orientaux et qui a écrit l'histoire des Han occidentaux. Son ouvrage demeura imparfait, et fut achevé par sa fille. Il a fait aussi deux poèmes fort élégants, qu'on appelle *Leang-tou-fou* (description poétique des deux cours impériales).

[3] *Ming-li-su*; c'est un de ces livres qui me sont inconnus, et qui se trouvent cités dans le *Lou-se*.

[4] *Dragon*. Il faut qu'il y ait quelque mystère caché sous ces six dragons ou *Long*; car l'Y-king dit, au sujet du caractère *King*, *il monte les six Long pour gouverner le ciel*. Or ces six Long, de l'aveu des interprètes mêmes, désignent les lignes qui composent le Koua appelé *Kien*.

[5] Comme il importe de la connaître, il faut savoir que le

J'ai dit que la cérémonie *Fong-chen* est plus rare que celle qui est appelée *Kiao-che*; car il n'y point eu de véritable empereur de la Chine qui n'ait sacrifié au souverain Seigneur, pour reconnaître son domaine absolu et sa providence : c'est *Kiao-che*; mais on ne compte que soixante-douze rois qui aient fait *Fong-chen*. Kouan-tse[1] de son temps n'en connaissait plus que douze.

Les anciens rois, dit Lo-pi, visitaient l'empire une fois tous les cinq ans; mais dans chaque famille royale on ne faisait la cérémonie *Fong-chen* qu'une seule fois. C'est, ajoute-t-il, une grande cérémonie par laquelle un empereur qui monte sur le trône avertit que sa famille a été choisie à la place de la précédente. Or, continue cet auteur, *si pour un plat de viande, qui ne sert qu'à la nourriture d'un pauvre, et qu'on a reçu en passant, on doit faire quelque remerciement, à combien plus forte raison cela se doit-il lorsqu'on a reçu tout l'univers;* mais il faut pour cela trois choses : 1° avoir fondé une nouvelle monarchie; 2° avoir établi un gouvernement si parfait, que tout l'univers jouisse d'une heureuse et profonde paix; 3° et par conséquent être un sage; c'est ce que veut dire l'*Y-king* par ces mots : « Les sages rois font une musique pour honorer la vertu, et quand elle est parfaite, ils l'offrent au Seigneur suprême; » aussi dit-on par tradition « que le sage seul peut offrir un sacrifice agréable au Seigneur, parce que le sage épuise tous les devoirs de l'homme, et que la vertu égale celle du Seigneur même; » on dit encore que « le fils obéissant peut seul faire au père des offrandes de son goût, parce qu'il a épuisé tous les devoirs du fils, et qu'il a le même cœur que le père. » Après donc que ces sages empereurs avaient achevé leur ouvrage, et bien cimenté la paix qu'ils avaient rendue au monde, ils montaient sur le Tai-chan pour en avertir et en remercier le ciel. Enfin ils faisaient graver sur des pierres quelques lettres, *non pas*, dit Lo-pi, *pour*

mot *Chen* a deux sens : selon le premier, il signifie *céder, transmettre* à quelqu'un; selon le second, c'est une certaine cérémonie : pour lors on y joint le caractère *Fong*, comme on joint *Che* à *Kiao*. Or Kiao-che, suivant Confucius, se rapporte au même objet, qui est le Seigneur suprême, considéré sous la double qualité de père et de mère, dont le ciel et la terre visibles sont de purs symboles. Il en faut dire autant de *Fong-chen*; il n'y a qu'une différence, c'est que *Fong-chen* se fait plus rarement que *Kiao-che*. *Fong*, c'est faire une élévation de terre, et *Chen*, c'est creuser une fosse; suivant le dictionnaire *Yun-hoei*, on joint toujours *Tai-chan* à *Fong*, et *Leang-fou* à *Chen*. *Tai-chan* est la plus haute de toutes les montagnes; son sommet est la porte du ciel et de la terre, et cette porte est la salle lumineuse. Le nom de *Tai-chan* n'est donc point déterminé à une certaine montagne qui est dans la province de *Chan-tong*: mais c'est un des principaux monts appelé *Yo*. Le *Tai chan* est au milieu, et les quatre autres, aux quatre parties du monde. *Leang-fou* est le nom d'une montagne plus petite et moins haute, qui est au pied du *Tai-chan*, et qui se nomme aussi *Yun-yun*. Cette explication est du dictionnaire *Tse-tien*. *Tse-tien* est le nom d'un dictionnaire fait par les ordres du feu empereur Kang-hi. Ce livre ne dit presque rien qui ne soit dans le Tching-tse-tong, mais il est plus net; il retranche l'érudition peu sûre dont celui-ci est plein, et il ajoute quantité de caractères qu'on ne trouverait que très-difficilement ailleurs.

[1] C'est *Kouan-tse* qui parle; son petit nom est *Y-ngou*; il dit moi, *Y-ngou*, je n'en compte que douze.

faire connaître leur mérite et leur vertu aux siècles à venir, mais simplement pour exprimer leur nom, et dire que c'est un tel qui a remercié le ciel de ses bienfaits. Il conclut de là que Se-hoang ayant le premier inventé les lettres, est aussi le premier qui ait fait la cérémonie Fong-chen.

Quatrième empereur, nommé TAI-TING-CHI. Il tenait sa cour à *Kieou-feou;* il régna quatre-vingt-dix ans; il avait pris le feu pour devise; c'est pourquoi on l'appelle *Jen-ti;* mais il ne faut pas le confondre avec Chin-nong, qui se nomme *Jen-ti.* On veut que de son temps *il y ait eu plusieurs présages très-heureux; il parut cinq Fong* [1] *de couleur extraordinaire : le ciel donna la douce rosée, la terre fit sortir de son sein des sources de nectar* [2]*, le soleil, la lune et les étoiles augmentèrent leur clarté, et les planètes ne s'écartèrent point de leur route.*

Cinquième empereur, nommé LI-LING-CHI, ou mieux LI-LOU-CHI : il fut un méchant homme, superbe et sans mérite; il tyrannisait le peuple, et n'écoutait point les bons conseils qu'on venait lui donner; ce qui fut cause que le peuple s'éloigna de lui; mais après qu'il eut fait mourir un sage qui le reprenait, tout l'empire se révolta; ce que Li-lou a été de son temps, Kie et Tcheou l'ont été dans la suite.

Le sixième empereur ne vaut pas mieux; on l'appelait HOEN-LIEN, c'est-à-dire, un hébété, un homme sans vertu et sans mérite.

Le *Lou-se* indique ici plusieurs rois, dont on ne dit presque rien, ou plutôt dont on ne connaît pas assez le règne; tels sont Yen-chi, dont parle Tchouang-tse, et Tai-chi, qu'il préfère à Chun. Ho-kouan-tse en nomme trois autres : 1° Tching-hoei-chi; 2° So-hoang-chi; 3° Nuei-touan-chi, dont il dit de très-belles choses; *ceux qui l'approchaient étaient témoins de sa bonté, et ceux qui étaient loin aimaient sa vertu; il n'était jamais las d'enseigner, il se communiquait sans s'avilir; il fit de l'univers* [3] *entier une seule famille; tous les rois barbares se soumirent et lui rendirent hommage.* Lo-pi rapporte ici un beau mot d'un ancien philosophe nommé Tse-hieou, qui dit que *ce que l'homme sait n'est rien en comparaison de ce qu'il ne sait pas.* (Gin-tchi-so-tchi, po-ju-ki-so-po-tchi.)

CHAPITRE IX.

DES EMPEREURS SUIVANTS JUSQU'A TCHO-YONG.

Le septième s'appelle HIEN-YUEN-CHI. Il est constant, par le témoignage de Tchouang-tse et de plusieurs autres, qu'il est entièrement différent de Hoang-ti. Mais dans ces derniers temps, la plupart ne lisant guère que le Se-ki de Se-ma-tsien, et trouvant que Hoang-ti s'appelait Hien-yuen, se mirent peu en peine d'aller fouiller dans l'antiquité. C'est une réflexion de Lo-pi, qu'on ne peut faire trop souvent.

Hien-yuen régnait au nord de *Kong-sang,* c'est à lui qu'on attribue l'invention des chars. *Il joignit ensemble deux morceaux de bois, l'un droit et l'autre en travers, afin d'honorer le Très-Haut, et c'est de là qu'il s'appela Hien-yuen;* car le bois traversier se nomme *Hien*, et celui qui est droit, nord et sud , est *Yuen.*

Le Chan-hai-king, dans un endroit, met le mont *Hien-yuen* au nord de Kong-sang, et dans un autre il place la colline Hien-yuen au bas du mont Kouen-lun. *Le vulgaire croit que c'est là que Hoang-ti se retira pour se mettre à l'abri du vent et des pluies ;* on dit *Hoang-ti,* parce qu'on le confond avec *Hien-yuen*. Au reste, le Lou-se avertit que ce n'est pas à cause de cette montagne que le roi s'appela *Hien-yuen,* mais que c'est plutôt à cause du roi que cette montagne fut ainsi nommée.

Hien-yuen fit battre de la monnaie de cuivre, et mit en usage la balance, pour juger du poids des choses; par ce moyen, l'univers fut gouverné en paix. Je dirai ici quelque chose sur les anciennes monnaies. *Ho* signifie marchandises; on écrivait autrefois seulement *hoa*, qui veut dire *changer*, parce que cela change et se consume [1]. Ces marchandises consistaient en métal, *kin* ; en pierres rares, *yu*; en ivoire, *tchi* ; en peaux, *pi* ; en monnaie battue, *tsuen;* et en étoffes, *pou.* On cite Confucius, qui dit que *les perles et les pierres précieuses tiennent le premier rang; que l'or tient le milieu, et que le dernier rang est pour la monnaie et les étoffes.* L'usage de la monnaie est de la plus haute antiquité à la Chine. On la distinguait par le nom de la famille régnante. Celle de Hien-yuen avait un pouce sept lignes, et pesait douze *tchu* [2]; et parce qu'on gravait des lettres sur ces monnaies, comme on fait encore à présent, on se sert encore de *ven* et de *tse,* qui signifient lettre, pour dire des pièces de monnaies; on les nomme aussi *Kin*, *Tsuen* et *Tao.*

Le huitième empereur est HE SOU. On donne une très-belle idée de son gouvernement. « Il respectait le peuple et ne négligeait rien. Sous lui les hommes vivaient en paix sans trop savoir ni ce qu'ils faisaient ni où ils allaient; ils se promenaient gaiement en se frappant le ventre doucement, comme si c'eût été un tambour; et ayant toujours la bouche pleine, ils goûtaient une joie pure. Après avoir donné le jour au travail, ils donnaient la nuit au repos. Quand ils sentaient la soif, ils cherchaient à boire, et quand la faim les pressait, ils cherchaient à manger; en un mot, ils ne connaissaient point encore ce que c'était que bien ou mal faire ». On dit que He-sou alla jouir de l'immortalité sur le mont *Tsien*. Lo-pi

---

[1] *Fong ;* c'est un oiseau symbolique : il s'appelle aussi *Hoang ;* c'est le roi des oiseaux.
[2] *Nectar.* J'ai traduit le caractère *Li* par *Nectar*. On appelle encore ce breuvage *Huen-tsiou*. Dans les premiers temps, ce n'était que de l'eau claire : j'ai fait allusion à ce vers d'Ovide :

Nectar erat manibus hausta duabus aqua.

[3] *Se hai*, les quatre mers, c'est-à-dire, la terre habitable. Les Chinois entendent par ces mots leur royaume : d'où savent-ils qu'il y a quatre mers dont il est environné?

[1] [C'est plutôt parce que la monnaie servait de moyen d'échange contre des produits naturels ou manufacturés.]
(G. P.)

[2] *Tchu;* c'est la vingtième partie d'un *Yo,* et un *Yo* pesait douze cents grains de millet.

demande si *He-sou* est véritablement devenu immortel, et il répond qu'il n'en sait rien.

Le neuvième empereur est nommé KAI-TIEN-CHI. Le mot *kai* se prononce aussi *ko*. Le Lou-se dit qu'il faut lire *kai*, et l'explique par *kuen*, qui signifie *avoir dans sa puissance*. Siao-se-ma met Kai-tien après Tai-ting, et Tchouang-tse ne parle point de Kai-tien; d'autres placent Kai-tien après Tchu-siang. Le livre *San-fen* dit que Yeou-tsao est père de Soui-gin, et Soui-gin père de Fo-hi; pour ce qui est de Tai-ting, de Vou-hoai, etc., il en fait autant de ministres sous Fo-hi. Ces sortes de systèmes sont faciles à faire; mais ils sont sans fondement et tombent d'eux-mêmes.

Les caractères dont se servait Kai-tien n'étaient point différents de ceux d'aujourd'hui; c'est un point qu'il est bon d'éclaircir. Yang-ching-ngan[1] prouve que les caractères dont on se sert maintenant n'ont point pour auteur Li-se[2]. Il distingue trois sortes de caractères outre les vulgaires; savoir, *Koteou*, *Ta-tchouen* et *Li-ven* : ces trois manières d'écrire avaient chacune leur usage, et existaient longtemps avant Chi-hoang-ti. Comme on ne peut s'assurer s'il ne viendra point un temps auquel on n'emploiera plus que des lettres triviales, on ne peut aussi être certain que dans les siècles les plus reculés de l'antiquité on n'employait que les caractères Ko-teou. « Les savants, ajoute-t-il, aiment les lettres antiques; les lettres courantes ont cours dans les tribunaux, et dans le commerce on se sert de lettres fausses et abrégées ».

On vante les chansons de Kai-tien, et on dit que son gouvernement était admirable; *sans qu'il eût besoin de parler, il était cru, et sans conversion il faisait agir. Que cette manière d'agir est sublime! et qu'elle est au-dessus de tout ce qu'on peut dire!* Il sacrifia sur le Tai-chan, et fit battre monnaie.

Le dixième empereur s'appelle TSUN-LIU-CHI. « Il ne témoignait à personne ni trop d'affection, ni trop de froideur, dans la crainte que cela ne blessât l'étroite union qu'il voulait faire régner parmi ses sujets; c'est pourquoi l'univers jouit toujours d'une aimable paix pendant quatre-vingt-dix années et plus, qu'il le gouverna. Il tenait sa cour au midi de Kiang-tai, et il fut enterré au nord du mont Feou-poei. »

---

[1] *Yang-ching-ngan* est souvent cité dans le Lou-se ; je ne le connais pas, ce que je pourrais dire de bien d'autres.

[2] *Li-se* était premier ministre d'État sous Chi-hoang ti ; c'est lui qui conseilla à ce prince, qui régna le premier sur toute la Chine, de faire brûler les anciens livres, parce que les lettrés d'alors en abusaient. J'ai lu quelques pièces de ce *Li-se*, qui sont très-bien écrites. *Liu-pou-ouei*, qui était à la même cour, est très-savant et très-poli ; ce n'est donc point par haine, mais par précaution, qu'on arracha les King de ce peuple de lettrés qu'on accusait de prêcher la révolte. Li-se prétendait qu'en bonne politique ces sortes de monuments ne devaient être que dans la bibliothèque de l'empereur

CHAPITRE X.

DES EMPEREURS DEPUIS TCHO-YONG JUSQU'A FO-HI.

Le onzième empereur se nomme TCHO-YONG, et plus souvent TCHO-JONG, que le Pe-hou-tong[1] explique par *réunir, continuer*. « On le nomma Tcho-yong, parce qu'il réunit la doctrine des trois rois, et qu'il la mit en pratique; il n'y avait point encore alors de concupiscence, ni par conséquent de malice. Tcho-yong prit pour maître Kouang-cheou[2]; le peuple s'excitait à la vertu avant qu'il fût menacé de châtiments. La société civile étant si bien réglée, et toutes les provinces dans un si bel ordre, l'univers jouissait de la paix, et toutes les créatures étaient simples et soumises; ce fut pour lors que Tcho-yong écoutant à Kan tcheou le concert des oiseaux, fit une musique d'union, dont l'harmonie pénétrait partout, touchait l'esprit intelligent, et calmait les passions du cœur de l'homme, de manière que les sens extérieurs étaient sains; les humeurs du corps, dans l'équilibre, et la vie des hommes très-longue : il appela cette musique *Tsieven*, c'est-à-dire, *la tempérance et la grâce.* »

Mais une musique comme celle des oiseaux ne passe point le son de la voix et des instruments; l'harmonie dont parlent les antiquités chinoises va bien au delà : quoiqu'on y trouve souvent des concerts de sons, le but principal est l'harmonie de toutes les vertus, de manière que le concert n'est parfait que quand, le corps et l'âme étant d'accord, la concupiscence est soumise à la raison; et il faut que cela se répande jusque dans toutes les parties de l'univers entier. On peut voir le *Li-ki*, chapitre *Yo-ki*[3], sur le même sujet. Au reste, cette musique est toujours jointe à l'urbanité extérieure qu'on appelle à la Chine *Li*. « La politesse, dit le Lou-se, regarde le dehors, mais elle doit venir du dedans; l'harmonie est dans le cœur, mais elle doit se répandre jusque sur le corps. L'urbanité gouverne l'extérieur, et la musique nous ramène au dedans de nous-mêmes. La civilité doit garder un juste milieu, mais l'harmonie indique l'union parfaite. Il faut à la musique les dehors polis pour la soutenir, mais il faut que ce qui paraît au dehors vienne du concert qui est au dedans. Il ajoute que la musique empêche la passion d'éclater, et que les lois de la politesse tiennent la musique dans de justes bornes. Confucius dit que pour instituer les lois de l'urbanité et faire l'harmonie, il faut être maître du monde et de soi-même; c'est-à-dire, un grand sage au dedans, et au

---

[1] *Pe-hou-tong*, c'est un livre qu'on attribue à Pan-kou sous les Han orientaux. Il donne de légères connaissances de plusieurs choses qui regardent les coutumes de la Chine. On dit cependant dans la préface que cet ouvrage est plus ancien, qu'on le trouve cité dans quantité d'auteurs, et qu'on ne peut déterminer ni qui l'a fait, ni quand il a paru.

[2] *Kouang-tcheou*. La secte Tao croit que c'est *Lao-tse* auquel ses sectateurs rapportent tout, comme les lettrés *Ju* rapportent tout à Confucius.

[3] Les chapitres du Li-ki ne sont pas tous d'un poids égal; mais après le *Ta-hio* et le *Tchong yong*, que les deux *Tching-tse* tirèrent de ce recueil pour les mettre entre les mains de tous les étudiants, je ne crois pas qu'il y en ait un plus beau ni plus profond que celui qui s'appelle *Yo-ki*

dehors un grand roi. Lo-pi conclut de tout cela que le siècle corrompu ne s'élevant point jusqu'à cette sublime doctrine, ses cérémonies et sa musique ne sont qu'une vaine parade, et comme un corps sans âme. » Pour revenir à Tcho-yong, il opérait la conversion par le feu; c'est pourquoi on l'appelle le Seigneur rouge. Sa cour était à Hoei : il régna cent ans, et fut enterré au midi du mont *Heng*. Il y a des auteurs qui font de Tcho-yong un des trois *Hoang*.

Le douzième empereur s'appelle HAO-YNG-CHI ou TSE-YNG. *On dit que de son temps on coupait les branches d'arbres pour tuer les bêtes. Il y avait alors peu d'hommes; mais on ne voyait que de vastes forêts, et les bois étaient pleins de bêtes sauvages.* Comment cela peut-il convenir au siècle où l'on veut que ce prince ait régné?

Le treizième empereur est un second YEOU-TSAO-CHI. Le Vai-ki place ce prince au commencement du dernier Ki, et lui donne pour successeur Soui-gin-chi; en sorte qu'il se serait écoulé neuf périodes entières avant que les hommes eussent pu avoir des cabanes pour se retirer, et du feu pour cuire leurs viandes. Lo-pi, suivant un meilleur système, a mis Yeou-tsao et Soui-gin à leur place dans le Ki précédent, et quoique le prince dont il s'agit maintenant porte le même nom, il en parle tout autrement. Il dit que *porté sur six dragons et sur des Ki-lin[1] volants, il suivait le soleil et la lune, et qu'on l'appela, par honneur,* Kou-hoang-chi, c'est-à-dire, l'ancien monarque. Il ajoute que *Kou-hoang reçut le Ho-tou que le dragon lui apporta, et le Lo-chu[2] qui lui fut donné par la tortue; que les caractères reçurent alors leur perfection, et que l'univers jouit de la paix.* Tchin-huen donne une grande idée de ces deux antiques monuments Ho-tou et Lo-chu, quand il dit que *ce sont les paroles de l'esprit du ciel, par lesquelles il donne ses ordres aux rois.*

Le quatorzième empereur est TCHU-SIANG-CHI ou TSE-SIANG. Il ne parvint à l'empire que longtemps après Yeou-tsao. *En ce temps-là, les vents furent grands et les saisons tout à fait déréglées; c'est pourquoi il donna ordre à Se-kouei de faire une guitare à cinq cordes, pour remédier au dérangement de l'univers, et pour conserver tout ce qui a vie.* Voici la première fois qu'on parle d'un instrument de musique, et Lo-pi dit à cette occasion *que la musique n'est autre chose que l'accord des deux principes*, l'un actif, nommé *Yang*, et l'autre passif, nommé *Yn*, sur lesquels roule la conservation du monde visible. En effet, le bel ordre de l'univers est une harmonie; et soit que l'on considère le monde physique, c'est-à-dire, le ciel et la terre, ou le monde moral, c'est-à-dire, l'homme, ou le monde politique, c'est-à-dire, le royaume, ou tous les trois enchaînés ensemble, on rencontre toujours ces deux principes qui doivent être d'accord, sans quoi point d'harmonie. Lo-pi ajoute *que le sage concerte les faux accords de l'Yn et de l'Yang, et qu'il fait des instruments pour déclarer leur union.* De tous les instruments qui font l'harmonie dont je parle, les deux principaux sont le *Kin* et le *Se* (voyez pl. I); faute de mots, nous les appelons *Luth, Lyre, Guitare,* etc. *L'un et l'autre sont essentiels au concert harmonique. Le premier gouverne le principe actif, et l'autre régit le passif. Le roi a tous les deux. Les princes tributaires n'ont que le Se, et ne peuvent avoir le Kin. Ce Kin préside à la vie; c'est pourquoi il inspire la joie. Le Se préside à la mort; c'est pourquoi il excite la compassion et la tristesse.*

Le quinzième empereur, YN-KANG-CHI. *De son temps les eaux ne s'écoulaient point, les fleuves ne suivaient point leur cours ordinaire, ce qui fit naître quantité de maladies.* Yn-kang institua les danses nommées *Ta-vou.* Sa cour était à Hoa-yuen, et il fut enterré au nord du mont Feou-poei. Lo-pi dit que *la vie de l'homme dépend de l'union du ciel et de la terre, et de l'usage de toutes les créatures. La matière subtile circule dans le corps; si donc le corps n'est point en mouvement, les humeurs ne coulent plus, la matière s'amasse, et de là les maladies, qui ne viennent toutes que de quelque obstruction.* Ce qu'il ajoute est un peu plus difficile à croire; car il fait tout dépendre du souverain : *dans un règne paisible on ne voit point de maladies, et sous un méchant roi, tout est en désordre;* c'est pourquoi le Li-ki dit qu'on peut juger d'un règne par les danses qui y sont en usage. On dit aussi qu'on juge de la vertu d'un homme par la manière dont il touche le luth, ou dont il tire de l'arc. La danse est donc tellement un exercice du corps, qu'en même temps elle se rapporte au gouvernement, comme j'ai dit de la musique.

Le seizième empereur, VOU-HOAI-CHI. On dit de ce bon roi, « qu'il conservait la vie des hommes par la raison, et qu'il prenait la vertu pour règle de ses châtiments. Les hommes alors trouvaient excellent tout ce qui leur conservait la vie, en leur servant de nourriture, et mettaient leur plaisir dans ce qui était en usage; ils demeuraient tranquilles chez eux, et faisaient grand cas de tout ce qui les maintenait en santé; ils travaillaient du corps, mais leur cœur n'avait ni amour, ni haine. Le monde était si peuplé, que partout, d'un lieu à un autre, on entendait le chant des coqs et la voix des chiens; le peuple vivait jusqu'à une extrême vieillesse, sans avoir grand commerce les uns avec les autres; la paix était profonde; le Fong-hoang descendait, la tortue et le dragon paraissaient; les vents et les pluies étaient tempérés; le froid et le chaud venaient dans leur saison. Vou-hoai monta sur le Tai-chan pour honorer le ciel; il descendit au mont Yun-yun, pour répandre ses ordres gravés sur la pierre, et l'univers en eut plus de beauté et plus de grâce[1]. »

---

[1] *Ki-lin,* animal fabuleux.
[2] Voyez les planches à la fin du volume.

[1] Un auteur nommé Hoang-sing-tchouen, cité par le père Amiot, dans la petite dissertation qu'il a envoyée en 1789, termine un de ses ouvrages, en disant qu'il a examiné quels ont été les empereurs qui ont occupé le trône entre les trois Hoang et Fo-hi, qu'il a parcouru tous les livres anciens et modernes, et que voici ce qu'il a trouvé : « Il y a eu neuf *Teou,* les cinq *Long* ou dragons, les cinquante-neuf *Che,* les

CHAPITRE XI.

FO-HI.

Le livre *Lou-se* est divisé en deux parties; les deux premiers volumes font la première appelée *Tsien-ki;* elle comprend depuis l'origine du monde jusqu'à Fo-hi. Les deux suivants font la seconde partie, nommée *Heou-ki;* elle contient ce qui s'est passé depuis Fo-hi jusqu'à la famille de *Hia*, par laquelle il finit. Quoiqu'on y suive toujours l'ordre des dix Ki, cette division fait voir cependant que ce qui suit Fo-hi est, suivant l'auteur, un peu plus vrai que tout ce qui le précède.

Si je voulais m'en tenir aux compilateurs modernes, j'aurais bientôt fini. Voici ce que Vang-fong-tcheou dit sur Fo-hi : « Ce prince traça le premier huit symboles; il donna le nom de Long à ses ministres; il créa le premier deux ministres d'État; il est le premier qui ait fait des filets et qui ait nourri les six animaux domestiques; il régla le premier les mariages, et il est le premier auteur de la musique. » C'est démentir tout ce qui a été dit des princes qui sont avant Fo-hi. Le Tsien-pien n'en dit guère plus. « Fo-hi régna par le bois; sa cour était à Tchin. Il apprit aux hommes la chasse et la pêche, il nourrit les animaux domestiques; il distingua huit symboles, et mit l'écriture en usage; il est l'auteur de la période de soixante; il appela ses ministres Long; il fit un luth et une guitare; après sa mort, il fut enterré à Tchin. »

Mais pourquoi rejeter toutes les autres traditions? plus elles sont anciennes, plus elles méritent d'être conservées; c'est pourquoi je me suis fait un scrupule d'omettre les moindres circonstances.

Ce prince, par lequel plus d'un auteur veut qu'on commence, a plusieurs beaux noms; il s'appelle *Tai-hao*, ou le *très-éclairé*, le *très-grand*, *parce qu'il avait toutes les vertus du Ching ou sage*, *et une clarté semblable à celle du soleil et de la lune.* On le nomme encore *Tchun-hoang*, ou le *seigneur du printemps; Mou-hoang*, ou le *souverain du bois; Tien-hoang*, ou le *roi du ciel; Gin-ti*, ou le *seigneur des hommes; Pao-hi* embrassant la victime, et ordinairement *Fo-hi*, qui soumet la victime.

La fille du seigneur, nommée *Hoa-su*, c'est-à-dire, *la fleur attendue*, ou *attendant la fleur*, fut mère de Fo-hi. *Se promenant sur les bords d'un fleuve de même nom*[1], *elle marcha sur la trace du grand homme; elle s'émut, un arc-en-ciel l'environna, et par ce moyen elle conçut; et au bout de douze ans, le quatrième de la dixième lune, elle accoucha vers l'heure de minuit; c'est pourquoi l'enfant fut nommé Soui* ou *l'année*, c'est-à-dire, Jupiter, l'étoile de l'année, parce qu'il achève son cours en douze ans, comme l'année en douze mois, et parce que Jupiter est aussi la planète du bois, Fo-hi s'appelle *Mou-hoang*, et on dit qu'il régna par la vertu du bois. Son nom de famille est *Fong*, c'est-à-dire : *le vent.* L'auteur du Choue-ven dit qu'autrefois *les Ching* ou *sages* se nommaient *enfants du ciel, parce que leurs mères les enfantaient par l'opération du ciel.*

Fo-hi naquit à Kieou-y, et fut élevé à Ki-tching. On ne peut rien dire de certain sur tous ces noms de pays. Les Chinois prétendent que ceux-ci sont à l'occident.

Fo-hi avait le corps de Long ou de dragon, la tête, de bœuf; Ven-tse[1] *dit le corps de serpent et la tête de Ki-lin. D'autres disent qu'il avait la tête longue; les yeux, beaux; les dents, de tortue; les lèvres, de Long; la barbe, blanche, qui tombait jusqu'à terre; il était haut de neuf pieds un pouce; il succéda au ciel et sortit à l'orient : il était orné de toutes les vertus, et il réunissait ce qu'il y a de plus haut et de plus bas.* Un dragon-cheval sortit du fleuve, portant une mappe ou table sur son dos; ce monstre embarrasse les interprètes. Kong-ngan-koue dit *qu'il réunit la semence du ciel et de la terre, qu'il a le corps du cheval et les écailles de Long, qu'il est ailé, et qu'il peut vivre dans l'eau.* Tout le monde convient que l'*Y-king* a été fait d'après cette mappe, qui était sur le dos de ce dragon-cheval. On convient encore que tout l'*Y-king* se rapporte aux deux symboles, *Kien* et *Kouen*, qui ne font qu'un seul et même tout. On convient enfin que *Kien* désigne le ciel et le dragon, que *Kouen* désigne la terre et la cavale. Comme cette mappe, nommée *Ho-tou*, servit à faire l'Y-king, de même le *Lo-chu* servit pour tracer les caractères, c'est pour cela qu'on a vu que Se-hoang reçut le Lo-chu. Il est donc faux que Fo-hi ait fait le premier les lettres, et que le Lo-chu ne parut au monde qu'au temps du grand Yu. Le chapitre Hi-tse dit que *Fo-hi en haut considéra les images du ciel, qu'en bas il prit des modèles sur la terre, que son corps lui fournit plusieurs rapports intimes, qu'il en trouva dans toutes les créatures les plus éloignées, qu'alors il plaça pour la première fois les huit symboles pour pénétrer les huit vertus de l'esprit intelligent, et pour ranger par ordre tous les êtres, suivant le caractère de chacun.* Tchu-hi dit *qu'en traçant les symboles il devint le premier père des lettres.* Il résulte cependant, d'après ce que j'ai rapporté jusqu'ici, que les lettres existaient longtemps avant Fo-hi, si on peut se servir des termes *avant* et *après* dans une chronique aussi confuse que celle-ci. Le livre San-fen dit que *Fo-hi fut empereur à trente ans, que vingt-deux ans après il reçut le Ho-tou, et qu'au bout de vingt-deux autres années il fit le livre céleste.* Le Hi-tse dit *qu'au commencement on gouvernait les peuples par le moyen de certains nœuds qu'on faisait à des cordes, qu'ensuite le sage mit à la place l'écriture pour servir*

« trois *Ho-lo*, les six *Lien-tong*, les quatre *Su-ming*, les
« vingt et un *Sun-sen*, les treize *Yn-ti*, les dix-huit *Chan-tong*
« et les quatorze *Chou-ki*, ce qui fait dix races, qui, pen-
« dant une très-longue suite d'années, ont occupé le trône
« avec beaucoup d'honneur, de gloire et de mérite. Je laisse
« au lecteur judicieux et éclairé à décider si tout cela mérite
« d'être cru.

[1] La même chose se dit de Kiang-Yuen, mère de Heou-tis, qui vivait sous l'empereur Yao.

[1] *Ven-tse* était disciple de Lao-tse; il a écrit dans les principes de la doctrine de son maître; c'est peut-être le même que Yun-ven tse.

aux officiers à remplir tous leurs devoirs, et aux peuples à examiner leur conduite, et c'est sur le symbole Kouai qu'il se régla pour exécuter son ouvrage. Yang-tching-tsai [1] explique cela de cette manière : « Il est évident, dit-il, que les deux parties du symbole Kouai sont en bas, Kien, le ciel; et en haut, Toui, la bouche ou la langue. Cette écriture, conclut-il, était donc la bouche et la parole du ciel. Le San-fen a donc raison de l'appeler Tien-chu ou livre céleste; c'est par là que Fo-hi perfectionna sa loi de paix, pour être la règle immuable de tous les rois à venir. Cette loi céleste était comprise en dix paroles, ou plutôt elle était au-dessus de toutes paroles; par elle tout le monde se purifiait le cœur dans le silence de la retraite, par elle les vertus du prince et des sujets s'agrandissaient et s'étendaient. Ce bon roi montait chaque jour de grand matin sur une terrasse, pour instruire lui-même son peuple. » Le Vai-ki prenant ces deux mots Chu Ki pour les lettres, au lieu que c'est plutôt un livre divin, Tien-chu, une écriture céleste, dit avec raison que toutes les lettres se réduisent à six classes; mais il se trompe dans l'ordre dont il les range, et dans l'idée qu'il en donne. Ceux qui sont venus après lui ayant mieux aimé copier ce qu'il en avait dit, que de se donner la peine d'aller à la source, sont tombés dans les mêmes erreurs; mais ils disent vrai quand ils ajoutent que par ce moyen Fo-hi *fit que dans tout l'univers la justice et la raison se rapportassent aux lettres, et que toutes les lettres du monde se rapportassent aux six classes ou règles qu'il appelle Lo-chu :* c'est donner une grande idée de cette écriture.

Pour revenir aux huit symboles [2], si l'on vient à les doubler, il en naîtra soixante-quatre, de six lignes chacun ; mais c'est une question parmi les Chinois, de savoir qui les a le premier ainsi doublés. Ceux qui veulent que ce soit Fo-hi paraissent approcher plus de la vérité; Lo-pi, qui est de ce sentiment, dit avec raison que pour concevoir comment Fo-hi put trouver dans treize symboles tout ce qui est rapporté dans le Hi-tse, il faut nécessairement avoir recours aux deux sections de trois lignes dont chacune des six lignes est composée. J'ai fait déjà sentir cela en parlant du symbole Kouai, sur lequel l'écriture a été formée. La même chose arrive dans tous les autres : donc les symboles doublés étaient en usage dès le temps de Fo-hi; cela est clair. Lo-pi ajoute que Fo-hi tira des symboles de six lignes tout ce qui concerne le bon gouvernement. Par exemple, le symbole Li lui donna l'idée de faire des filets pour la chasse et pour la pêche, et ces filets furent une nouvelle occasion d'inventer la toile pour faire des habits; c'est sur le symbole Kouai qu'il forma son livre des lois, etc. C'est donc se tromper que de penser que du temps de Fo-hi on se servait encore de cordes nouées, et que l'usage des livres ne

vint que sous Hoang-ti; c'est la conclusion du Lou-se.

Fo-hi apprit au peuple à élever les six animaux [1] domestiques, non-seulement pour avoir de quoi se nourrir, mais aussi pour servir de victimes dans les sacrifices qu'il offrait au maître du monde Chin-ki [2]; car c'est lui qui régla les rits Kiao-chen [3], et c'est pour le même usage qu'il fit un vase qu'il appela Ting. Lo-pi, dans une dissertation faite exprès, dit que *c'est par ce vase que commence l'harmonie;* car quand il a l'ouverture en bas, c'est Tchong, une cloche qui est la base et le fondement de la musique : quand il a l'ouverture en haut, c'est Ting, une espèce de marmite et un des principaux vases pour le sacrifice d'union. Les trépieds, dont on fait si grand cas dans Homère, pourraient bien avoir le même usage : quoi qu'il en soit, Fo-hi fondit un Ting, Hoang-ti trois et le grand Yu neuf; mais, comme remarque le Lou-se, *neuf sont trois, et trois sont un.*

La monnaie dont Fo-hi voulut qu'on se servit, était de cuivre, ronde en dedans, pour imiter le ciel, et carrée en dehors, pour imiter la terre. Il fit sur lui-même l'épreuve de plusieurs plantes médicinales; cela se dit communément de Chin-nong; mais Kong-tsong-tse [4] et le Che-pen veulent que ce soit Fo-hi. Lo-pi concilie ces sentiments, en disant que Chin-nong acheva ce que Fo-hi avait commencé.

« Avant Fo-hi les sexes se mêlaient indifféremment; il établit les mariages, et ordonna des cérémonies avec lesquelles ils devaient se contracter, afin de rendre respectable le premier fondement de la société humaine, et le peuple vécut depuis avec honneur. »

Il divisa l'univers en neuf parties, et considérant la vaste étendue de ses États, il chercha des sages pour l'aider à gouverner des peuples si nombreux. Il fit Kong-kong son premier ministre, à ce que disent le Vai-ki et le Tsien-pien, et ils ajoutent qu'il distingua ses officiers par le nom de Long ou dragon : Tchu-siang fut le Long volant, il fit les lettres; Hao-ing fut le Long caché, il fit le calendrier; Tai-ting fut le Long qui se repose, il fit les maisons; Hoen-tun fut le Long qui descend, il chassa tous les maux; Yn-kang fut le Long de la terre, il cultiva les champs; Li-lou fut le Long de l'eau, il fut maître des eaux et des forêts. Lo-pi appelle tout cela de pures visions des écrivains de la famille des Han; et au lieu de prendre pour officiers de Fo-hi tous les empereurs qui le précédaient

---

[1] Yang-tching-tsai vivait sous la dynastie des Fong, dans le dixième siècle de l'ère chrétienne.
[2] Voyez les figures du Y-King qui accompagnent la traduction latine faite par le père Regis et publiée par M. Mohl. Stuttgart, 1834-1839. 2 v. in-8. [G. P.]

[1] Ces six animaux sont Ma, le cheval; Nieou, le bœuf; Ki, la poule; Tchu, le cochon; Keou, le chien; Yang, le mouton.
[2] Chin désigne proprement l'esprit du ciel, et Ki celui de la terre; l'un et l'autre ainsi joints désignent le maître du monde. Tien-ti, le ciel et la terre, a le même sens.
[3] Kiao-chen, c'est la même chose que Kiao-che et que Fong-chen, dont j'ai déjà parlé ci-dessus; Kiao est un lieu découvert hors des murs; Che, c'est la même chose que Chen et Ki.
[4] Kong-tsong-tse est un des descendants de Confucius; on dit que c'est lui qui, dans la persécution de Chi-hoang-ti, cacha les livres dans la muraille de sa maison, et s'enfuit au désert. On a plusieurs de ses ouvrages.

de plusieurs siècles, il en cite d'autres qui ont des noms tout différents. L'auteur du Vai-ki, sans songer si cela est probable ou non, prend tous ces ministres de Fo-hi, au nombre de quinze [1], et en fait autant d'empereurs, qu'il fait régner l'un après l'autre entre Fo-hi et Chin-nong. Nan-hien croit pouvoir tout accommoder en disant que ces quinze seigneurs n'étaient que des princes subalternes, qui gouvernaient diverses provinces, comme firent ensuite les rois tributaires; mais il avertit à propos qu'i n'y a rien sur tout cela qui soit certain.

Fo hi travailla beaucoup sur l'astronomie. Il est dit dans le Tcheou-pi-souan [2] *qu'il divisa le ciel en degrés*, et Lo-pi avertit que le ciel n'a point proprement de degrés, mais que cela est pris du chemin que le soleil fait en un an. La période de soixante est de l'invention de Fo-hi. Le Tsien-pien dit clairement qu'il fit un calendrier pour fixer l'année à Yn [3], et qu'il est l'auteur du Kia-tse ou du cycle; le San-fen dit la même chose, et le Han-li-tchi [4] dit que Fo-hi fit le premier calendrier par le Kia-tse : ainsi quand le Che-pen l'attribue à Hoang-ti, c'est une erreur.

Fo-hi fit des armes et établit des supplices. Ces armes étaient de bois; celles de Chin-nong furent de pierre, et Tchi-yeou en fit enfin de métal. Fo-hi fit écouler les eaux, et entoura les villes de murailles; puisque Chin-nong commença d'en faire de pierres, il faut que les murs qu'éleva Fo-hi ne fussent que de terre battue.

Fo-hi donna les règles de la musique; ceux qui attribuent ce bel art à Hoang-ti se trompent. Après que Fo-hi eut institué la pêche, il fit une chanson pour les pêcheurs, et c'est à son exemple que Chin-nong en fit une pour les laboureurs : il prit du bois de *tong*, le creusa, et en fit une lyre longue de sept pieds deux pouces; les cordes étaient de soie et au nombre de vingt-sept; il appela cet instrument Li. Les opinions sont ici fort diverses; pour le nombre des cordes, les uns disent vingt-sept, d'autres vingt-cinq, d'autres vingt, d'autres dix, et d'autres enfin seulement cinq; pour sa longueur, les uns lui donnent sept pieds deux pouces, les autres seulement trois pieds six pouces six lignes. Lo-pi dit que trois et huit sont les nombres propres du bois : or trois fois neuf font vingt-sept, qui est le nombre des cordes, huit fois neuf font soixante-douze, ce qui fait la longueur de soixante-douze pouces; je donne cela pour ce qu'il peut valoir. Le Che-pen décrit ainsi la lyre de Fo-hi : le dessus était rond comme le ciel, le dessous était plat comme la terre; l'étang [5] du *Long* avait huit pouces pour communiquer avec les huit vents; l'étang du Fong avait quatre pouces pour représenter les quatre saisons, et il y avait cinq cordes, symboles des cinq planètes; quand Fo-hi la touchait, elle rendait un son céleste; il jouait dessus un air nommé *Kia-pien*, pour répondre aux bienfaits de l'esprit intelligent, et pour concilier le ciel et l'homme. Le livre Kin-tsan [1] dit que Fo-hi fit cette lyre pour détourner les maléfices, et pour bannir du cœur l'impureté.

Fo-hi prit du bois de *Sang* et fit une guitare à trente-six cordes; cet instrument servait à orner la personne de vertus, et à régler son cœur, afin de retourner à la droiture et à la vérité céleste. Le Che-pen dit qu'elle avait cinquante cordes, mais que Hoang-ti en fit une de vingt-cinq, parce que celle de Fo-hi rendait un son trop affligeant; c'est peut-être de là que Siao-se-ma dit que la guitare de Fo-hi avait vingt-cinq cordes. Enfin il fit un troisième instrument de terre cuite nommé *huen*, après quoi les rits et la musique furent dans une grande élévation; on ne trouvait plus rien de difficile, les peuples étaient simples, et sans tant de paroles ils se convertissaient; les enfants et les sujets étaient obéissants et souples, ce qui rendait le roi et les pères respectables; enfin il n'y avait jamais eu un siècle si beau.

Fo-hi remercia le Seigneur de tous les biens qu'il en avait reçus : il mourut âgé de cent quatre-vingt-quatorze ans, après en avoir régné cent soixante-quatre, ou, selon d'autres, cent quinze : il fut enterré à Chan-yang, d'autres disent à Tchin, et tout cela est en occident. Le Lou-se remarque que les tombeaux de tous ces anciens rois sont en divers lieux. Dans le Chan-hai-king on les rencontre presque tous sur le mont Kouen-lun; et Lo-pi dit que les vieillards savent par tradition qu'il y a un mont Kouen-lun, mais qu'il n'y a personne qui dise *J'y ai été*. La mère de Fo-hi fut enterrée dans la plaine de Feou-kiu; pour ce qui est de son père, on dit qu'il n'en a point, et que sa mère l'avait conçu par miracle. La fille, ou, selon d'autres, la femme de Fo-hi se noya dans le fleuve *Lo*; c'est pourquoi on la regarde comme l'esprit de ce fleuve.

CHAPITRE XII.

KONG-KONG.

Il n'y a peut-être point de personnage, dans toute l'antiquité chinoise, sur lequel les opinions soient plus partagées que sur celui-ci. Le Vai-ki et plusieurs autres livres disent que Kong-kong était premier ministre sous Fo-hi, et cependant le même Vai-ki rapporte que ce Kong-kong combattit contre Tcho-yong, qu'il ne put le vaincre, et que de rage il donna de la tête contre le mont Pou-tcheou [2] : or l'empe-

---

[1] Le premier est Niu va; les quatorze suivants sont tous ceux dont j'ai parlé ci-dessus, jusqu'à Fo-hi.
[2] *Tcheou-pi-souan-king* est un ouvrage fort ancien, qui traite de mathématique; on y dit que l'étoile polaire s'appelle ainsi, parce qu'elle est droit au centre du pôle; or elle en est présentement assez loin; et par le chemin qu'elle a fait, on pourrait juger de l'antiquité de ce livre, ou plutôt de la tradition qu'il a conservée.
[3] J'ai dit ci-devant que le caractère Yn marquait un des trois commencements d'année.
[4] *Han-li-tchi* est un traité qui doit se trouver dans la grande histoire chinoise intitulée *Nien-y-se*.
[5] L'étang du Long et du Fong est le nom qu'on donne à

deux endroits de ce Kin ou de cette lyre; je n'en sais pas davantage.
[1] Le livre *Kin-tsan* est un livre que je ne connais pas.
[2] Le mont *Pou-tcheou*, suivant le Chan-hai-king, est situé

reur Tcho-yong est antérieur à Fo-hi de plusieurs siècles. D'autres auteurs, en assez grand nombre, font combattre Niu-va et Kong-kong, comme je dirai ci-après. *Hoai-nan-tse dit que Kong-kong disputa l'empire à Tchouen-hio, que dans sa colère il donna un coup de corne contre Pou-tcheou, que les colonnes du ciel en furent brisées, et les liens de la terre rompus, que le ciel tomba vers le nord-ouest et que la terre eut une brèche au sud-est.* Ven-tse dit aussi que Kong-kong fit le déluge, ce qui obligea Tchouen-hio à le faire mourir. D'autres mettent cet événement sous Kao-sin, qui ne régna qu'après Tchouen-hio. Hoai-nan-tse dit qu'autrefois Kong-kong donna de toutes ses forces contre le mont Pou-tcheou, en sorte que la terre tomba vers le sud-est; qu'il disputa l'empire de l'univers à Kao-sin, et qu'il fut précipité dans l'abîme. Kia-kouei [1] dit que Kong-kong descendait de Chin-nong; que sur la fin du règne de Tchouen-hio il tyrannisa les rois tributaires, livra bataille à Kao-sin, et se fit empereur. Plusieurs autres, après Hoai-nan-tse, placent Kong-kong du temps de l'empereur Yao, et disent qu'il fut relégué à la région des ténèbres (Yeou-tcheou). Le même Hoai-nan-tse dit que du temps de Chun, Kong-kong excita le déluge pour perdre Kong-sang. Enfin Sun-tse attribue au grand Yu la victoire sur Kong-kong. Voilà donc le même fait, avec les mêmes circonstances, arrivé sous presque tous les empereurs depuis Fo-hi et même depuis Tcho-yong jusqu'au fondateur de la famille de Hia; ce qui est bien à remarquer. Lo-pi, pour tâcher de répondre à cette difficulté, dit qu'il y a eu plusieurs Kong-kong; que celui qu'on met sous Fo-hi était un roi tributaire, que celui dont on parle sous Yao, était fils de Chao-hao, et que celui que l'on place sous Chun descendait de Chin-nong; mais la difficulté demeure tout entière. Car comment pouvoir attribuer à plusieurs hommes un même fait aussi extraordinaire qu'est celui de faire une brèche au ciel, de briser les liens de la terre, et d'exciter un déluge universel pour perdre Kong-sang? Or ce fait se trouve répété partout où l'on parle de Kong-kong; et d'ailleurs le sentiment de Lo-pi ne peut être pris que pour un système, et ce système ne vaut pas mieux que celui des auteurs qui font passer quinze empereurs pour autant d'officiers de Fo-hi; système que Lo-pi rejette bien loin.

Quoi qu'il en soit, Kong-kong en chinois offre la même idée que Πανουργὸς en grec. Le livre Kouei-tsang dit *qu'il avait le visage d'homme, le corps de serpent et le poil roux; il était superbe et cruel, et il avait des ministres aussi méchants que lui. Il se vantait d'avoir la sagesse du sage, et disait qu'un prince comme lui ne devait point avoir de maître. Enivré de sa prétendue prudence, il se regardait comme un pur esprit, et se faisait appeler*

---

au nord-ouest de Kouen-lun, et Kouen-lun est par conséquent au sud-est de Pou-tcheou; Pou-tcheou, dit ce livre, est la cour supérieure du Seigneur, et Kouen-lun est la cour inférieure.

[1] *Kia-kouei* vivait sous la dynastie des Han orientaux, entre l'an vingt-quatre et l'an deux cent vingt de J. C.: il a fait beaucoup d'ouvrages.

la vertu de l'eau; il chargeait le peuple d'impôts, et les exigeait à force de supplices; il employa le fer à faire des coutelas et des haches, et le peuple sans appui périssait misérablement: il se plongea dans toutes sortes de débauches, et ses débauches le perdirent. Un de ses principaux ministres se nommait Feou-yeou. Tse-tsan [1] dit que ce méchant homme fut défait par Tchouen-hio, et qu'il se jeta dans le fleuve Hoai. Son corps était rouge comme le feu, et il ressemblait à un ours. Un autre ministre encore plus cruel se nommait Siang-lieou. Le Chan-hai-king dit qu'il avait neuf têtes pour dévorer les neuf montagnes, et le met au nord du mont Kouen-lun.

Kong-kong régna en tyran pendant quarante-cinq ans: son fils était, comme lui, sans mérite; il mourut au solstice d'hiver, et devint un esprit malin. Le Fong-sou-tong [2] donne à Kong-kong un autre fils nommé Sieou, qui fut si grand voyageur qu'on le prit après sa mort pour l'esprit qui préside aux voyages. Tso-chi dit qu'un fils de Kong-kong, nommé Keou-long, acquit du mérite dans l'agriculture; sous l'empereur Tchouen-hio, il eut la charge de Heou-tou. C'est une erreur, ajoute le Fong-sou-tong, de le prendre pour l'esprit de la terre. Le même Tso-chi parle d'un autre fils de Kong-kong nommé Huen-min, dont on a fait une étoile qui préside à la pluie.

Lie-tse et Yun-tse mettent Kong-kong avant Niu-va; mais on demande s'il faut le traiter de roi (*Vang*), ou bien de *Pa* ou prince? Lo-pi répond qu'il n'a été ni l'un ni l'autre, mais un usurpateur. L'idée de *Pa* était inconnue dans l'antiquité, et n'a commencé à paraître que lorsqu'on n'a plus reconnu de véritable roi (*Vang*). Se-ma-kouang dit que les anciens empereurs avaient sous eux trois Kong: le premier demeurait à la cour près du roi, et les deux autres partageaient entre eux le gouvernement de l'univers; on appelait ceux-ci les deux *Pe*; ce qui est fort différent de ce qu'on entendit dans la suite par les cinq *Pa*, qui furent l'un après l'autre à la tête des rois leurs égaux.

CHAPITRE XIII.

NIU-OUA ou NIU-VA.

C'est la sœur, ou, selon d'autres, la femme de Fo-hi; on l'appelle encore *Niu-hi* et *Niu-hoang*, la souveraine des vierges, et *Hoang-mou*, c'est-à-dire, la souveraine mère; mais son plus beau nom est *Ven-ming*. Dans l'Y-king, le sage accompli est souvent désigné par ces deux mots; *ven* veut dire *pacifique*, et *ming* signifie *la lumière*. Le roi Chun, dans le Chou-king, s'appelle *Ven-ming* par la même raison. On donnait à Fo-hi pour nom de race *Fong*,

---

[1] *Tse-tsan* est un ancien sage qui vivait avant Confucius, il était premier ministre du royaume de Tsi; n'y ayant point de pont sur une rivière voisine de la cour, il passait lui-même le peuple dans son chariot.

[2] *Fong-sou-tong*; c'est un recueil à peu près comme Pe-hou-tong; l'auteur vivait sous les Han, et s'appelle Yng-chao.

c'est-à-dire, *le vent*, et on donne à Niu-va celui de *Yun* ou la nuée. Le Choue-ven dit que *Niu-va est une vierge divine qui convertit toutes choses*. On lit dans le texte du Lou-se, qu'elle a fait le ciel, et dans le Chan-hai-kiag, qu'elle a pris de la terre jaune et en a formé l'homme : c'est ainsi, ajoute-t-il, que l'homme a commencé. On a vu ci-devant que Fo-hi a fait le ciel et la terre. La même chose pourrait se dire de Chin-nong dans le sentiment de ceux qui disent que Fo-hi, Niu-va et Chin-nong sont les trois souverains ; car le Fong-sou-tong assure que le titre de *Hoang* ne convient proprement qu'au ciel ; et dans l'opinion que Fo-hi, Niu-va et Chin-nong étaient des hommes, il ajoute qu'ils étaient semblables au souverain ciel, et que c'est pour cela qu'on les appela *Hoang*.

Niu-va avait le corps de serpent, la tête de bœuf, et les cheveux épars ; en un seul jour elle pouvait se changer spirituellement en soixante et dix ou soixante et douze manières. Elle sortit du mont Chin-kouang ; en naissant elle était douée d'une intelligence divine, ne laissant aucune trace sensible. Non-seulement elle est la déesse de la paix, mais sa victoire sur Kong-kong fait voir ce qu'elle peut dans la guerre ; c'est donc en même temps la pacifique Minerve et la belliqueuse Pallas fille de Jupiter ; elle préside encore aux mariages comme Junon, mais on ne peut pas dire de Junon ce qu'on dit de Niu-va, *qu'elle obtint par ses prières d'être vierge et épouse tout ensemble*. C'est ainsi que la reine Kiang-yuen devint la mère de Heou-tsi, et resta vierge.

Kong-kong, dit Lo-pi, fut le premier des rebelles ; il excita le déluge pour rendre l'univers malheureux ; il brisa les liens qui unissaient le ciel et la terre, et les hommes, accablés de tant de misères, ne pouvaient les souffrir ; alors Niu-va déployant ses forces toutes divines, combattit Kong-kong, le défit entièrement et le chassa. Après cette victoire, elle rétablit les quatre points cardinaux, et rendit la paix au monde [1]. La terre étant ainsi redressée, et le ciel mis dans sa perfection, tous les peuples passèrent à une vie nouvelle. On trouve dans d'autres auteurs quelques circonstances qui ne sont point à négliger. Yun-tse [2] dit que Kong-kong donna de ses cornes contre le mont Pou-tcheou, qu'il renversa les colonnes du ciel, qu'il rompit les liens de la terre, que Niu-va rétablit le ciel et tira des flèches contre dix soleils. Hoai-nan-tse ajoute que Niu-va purifia par le feu des pierres de cinq couleurs, et qu'elle en boucha les brèches du ciel; qu'elle prit les pieds d'une monstrueuse tortue, pour redresser les quatre termes ; qu'elle tua le dragon noir [1], pour rendre la paix à la terre ; qu'elle brûla des roseaux et en ramassa les cendres pour servir de digue au débordement des eaux. Le ciel avait reçu au nord-ouest une grande brèche, et la terre avait été rendue insuffisante au sud-est : Niu-va répara tout, en donnant à la terre de nouvelles forces, et remplissant les brèches que Kong-kong, par sa révolte, avait faites au ciel.

Ces deux faits, l'un de Kong-kong en mal, et l'autre de Niu-va en bien, ont paru si extraordinaires aux Chinois modernes, que ne pouvant les expliquer, ils ont pris le triste parti de les réfuter. Tchao-siue-kang [2] parle ainsi, au rapport d'Yuen-leao-fan : *Puisqu'on appelle le mont Pou-tcheou la colonne du ciel, il faut qu'il soit d'une hauteur extrême ; Kong-kong ne peut avoir guère plus d'une toise de haut, quelque grand qu'on le fasse ; et quelques forces qu'on lui donne, il ne pouvait remuer plus de trois mille pesant ; comment donc veut-on que d'un coup de sa tête il ait ébranlé le mont Pou-tcheou ? Ce qu'on dit de Niu-va est encore plus extravagant, car le ciel est éloigné de la terre de je ne sais combien de mille et de mille toises ; et Niu-va, quoique reine de la terre, n'était après tout qu'une femme : comment donc peut-elle voler au ciel pour le radouber avec des pierres de cinq couleurs ?* Il ajoute que ce sont autant de pures chimères.

Niu-va victorieuse s'établit dans une plaine sur le mont Tchong-hoang ; elle passa ensuite sur le mont Li, et comme elle régna par le bois, on dit que sa domination est à l'orient. « Ses mérites, dit Hoai-nan-tse, pénètrent jusqu'au plus haut des cieux, et s'étendent jusqu'au plus profond des abîmes ; son nom se répand sur tous les siècles futurs, et sa lumière remplit tout l'univers ; montée sur le char du tonnerre, elle le fait tirer par des Long ailés et soumis à ses ordres ; un nuage d'or la couvre et l'environne ; elle se joue ainsi dans le plus haut des airs, jusqu'à ce que, parvenue au neuvième ciel, elle fait sa cour au seigneur (Ti) à la porte de l'intelligence ; ne respirant que l'union et la paix, elle se repose auprès du Tai-tsou, et comblée de tant de gloire, loin de vanter ses mérites, elle se tient dans un humble et respectueux silence. »

On attribue à Niu-va plusieurs instruments à vent et à anche. « Les deux premiers, nommés Seng et Hoang, lui servaient pour communiquer avec les huit vents ; par le moyen des kouen ou flûtes doubles, elle réunit tous les sons en un seul, et accorde le soleil, la lune et les étoiles ; c'est ce qui s'appelle

---

[1] *Ki-tcheou* et *Tchong-ki* sont le royaume du milieu, comme le dit expressément la glose en cet endroit du Lou-se. Par ce royaume du milieu, on doit entendre le monde entier ; on le voit assez par les termes de *Tien-hia*, tout ce qui est sous le ciel, et de *Van-min*, tous les peuples. C'est un royaume qui est environné de quatre mers, qui a le mont *Tai-chan* au centre, et quatre autres montagnes à ses quatre coins ; c'est un royaume dont on ignore les diverses contrées, les rivières et les montagnes, dont on trouve les noms dans les anciens auteurs ; il paraît tout à fait distingué de Kouen-lun ; cependant ce mont *Pou-tcheou*, qui est au nord-ouest, qu'on nommé la cour supérieure du Seigneur, et qui étant ébranlé par Kong-kong occasionna une grande brèche au ciel, ce Koue-lun, qui est au sud-est, qu'on appelle la cour inférieure du Seigneur, et qui devient séparé du ciel ; ces deux montagnes paraissent assez clairement désigner le ciel et la terre, et malgré cela on ne trouve nulle part que le royaume du milieu soit la même chose que le mont Kouen-lun.

[2] *Yun-tse* est peut-être Yun-ven-tse ou Kouan-yun-tse.

[1] *He-long*, le dragon noir. Il est bien rare de trouver le caractère *long* pris, comme ici, en mauvaise part.

[2] *Tchao-siue-kang* vivait sous la dynastie des Ming ; il a fait plusieurs livres dans le quatorze ou quinzième siècle.

un concert parfait, une harmonie pleine : sa guitare était à cinq cordes; elle en jouait sur les collines et sur les eaux; le son en était fort tendre; elle augmenta le nombre des cordes jusqu'à cinquante, afin de s'unir au ciel, et pour inviter l'esprit à descendre; mais le son en était si touchant qu'on ne pouvait le soutenir; c'est pourquoi elle les réduisit à vingt-cinq, pour en diminuer la force; et alors il n'y eut plus rien dans l'univers de si caché ni de si délicat, qui ne fût dans l'ordre. ».

Niu-va régna cent trente ans; son tombeau est en cinq endroits différents; on prétend qu'elle a plusieurs fois apparu. Quelques auteurs ne la comptent que comme ayant aidé Fo-hi à gouverner, prétendant qu'une femme ne peut s'asseoir sur le trône de l'univers.

CHAPITRE XIV.

CHIN-NONG.

Ce qui distingue principalement ce héros de tous les autres, c'est l'agriculture et la médecine. Plusieurs auteurs prétendent, d'après le Hi-tse, que Chin-nong fut successeur de Fo-hi; c'est qu'ils ne séparent point Fo-hi de Niu-va; mais on ne dit nulle part, que je sache, comment Chin-nong parvint à l'empire.

La mère de Chin-nong s'appelle *Ngan-teng* ou *Niu-tong*, la fille qui monte et qui s'élève; on la fait épouse de Chao-tien, sans qu'on sache quel est ce personnage. Niu-teng se promenait un jour à Hoa-yang, c'est-à-dire, au midi de la colline des fleurs, conçut, par le moyen d'un esprit, dans un lieu nommé *Tchang-yang*, et mit au monde Chin-nong, dans un antre au pied du mont Li[1], ou, selon d'autres, dans un rocher du mont Li. C'est là qu'on veut que Lao-tse soit aussi né. Cette grotte n'a qu'un pas en carré à son entrée; mais en dedans elle est haute de trente toises, et longue de deux cents pieds; on l'appelle *la grotte de Chin-nong*. Il fut élevé et habita sur les bords du fleuve Kiang[2], et prit de là le nom de Kiang.

Chin-nong eut l'usage de la parole trois heures après qu'il fut né ; à cinq jours il marcha, à sept il eut toutes ses dents, et à trois ans il savait tout ce qui regarde l'agriculture. On dit que lorsqu'il naquit la terre fit sortir neuf fontaines, et que quand on buvait dans une, l'eau des huit autres s'agitait. Chin-nong était haut de huit pieds sept pouces; il avait la tête de bœuf et le corps d'homme, le front de dragon et les sourcils très-grands : on l'appela *Chin-nong*, c'est-à-dire, le *divin laboureur*, soit à cause que l'agriculture dont il s'agit est toute divine, soit à cause de la sincérité et de la bonté de son cœur. Il régna d'abord à Y et ensuite à Ki ; c'est pourquoi on le nomme Y-ki. Une glose dit que Y est le royaume où naquit Y-yun, et que Ki est un pays dont Ven-vang fut obligé de châtier les peuples. Il y a des auteurs qui veulent que Y-ki soit un ancien empereur, le même que Tai-ting. Chin-nong est aussi pris pour Ti-hoang, et se nomme souvent Yen-ti, parce qu'il régna par le feu.

Chin-nong eut pour maître Lao-long-ki; on le fait aussi disciple de Tchi-song-tse, qui fut maître de Hoang-ti et d'Yao. Cet ermite est le premier des *Sien* ou des immortels, et s'appelle souvent Mou-kong. Le Chan-hai-king dit qu'il se brûla sur le mont Kin-hoa, et que quittant sa dépouille mortelle, il s'envola sur le mont Kouen-lun, et s'arrêta dans une grotte de pierre, qui était la demeure de Si-vang-mou. La fille cadette de Chin-nong le suivit, et devint immortelle. On trouve quantité de traces de Mou-kong sur le mont Ngo-mi; il préside à la pluie. Tout ceci est tiré de Lieou-hiang[1]. Chin-nong consulta encore un autre ermite nommé Tchun-hi, et selon d'autres, Tai-y-siao-tse. Il lui demanda pourquoi les anciens vivaient si longtemps; l'ermite répondit *que le ciel avait neuf portes, que le soleil et la lune tenaient le milieu, et que c'est le chemin le plus sûr*.

Le livre Y-tcheou-chou[2] dit que sous Chin-nong il plut du blé; le Chi-king[3], en parlant de Heou-tsi, dit aussi que le bon grain descendit naturellement du ciel. Le Lou-se dit que tous les grains en général sont un présent du ciel, et il s'objecte que les voies du ciel sont fort éloignées, et que ce qu'on rapporte de Chin-nong et de Heou-tse n'est peut-être pas vrai. Il répond que dire cela c'est une extravagance, et qu'il n'y a rien qui soit plus proche que la communication mutuelle du ciel et de l'homme.

Le chapitre Hi-tse dit que Chin-nong considérant le Koua nommé Y[4], prit du bois fort et dur dont il fit le coutre de la charrue, et choisit du bois plus tendre pour en faire le manche : il apprit ainsi aux hommes à cultiver les champs; c'est ce que Tibulle attribue à Osiris. Au reste, Osiris, de même que Chin-nong, a sur la tête des cornes de bœuf. Jupiter Ammon avait le même ornement, et Bacchus, qui ne diffère point d'Osiris, est aussi cornu.

On attribue à Chin-nong, comme à Bacchus, l'invention du vin; car après qu'il eut orné la vertu et fait la charrue, la terre lui répondit par une source de vin qu'elle fit naître. Avant lui, l'eau s'appelait le premier vin, le vin céleste; et quoique dès le

---

[1] *Lieou-hiang*, fameux écrivain sous les Han : il mit en ordre la bibliothèque impériale; il a fait plusieurs ouvrages, entre autres l'histoire des Immortels, les Femmes illustres, les Guerres civiles, etc. Il écrit bien.

[2] *Y-tcheou-chou*; c'est, dit Lieou-hiang, ce qui resta de l'ancien Chou-king. On prétend que ce livre ne fut fait que du temps des Tcheou orientaux. Tout cela est donc fort inférieur au vrai Chou king.

[3] Le *Chi-king* est un des principaux livres canoniques; c'est un recueil d'odes et de cantiques qui tend au même but que l'Y-king et le Chou-king.

[4] Composé du Koua *e* et du Koua *d*.

---

[1] Li; cette montagne s'appelle aussi Lie. Tous ces pays, comme j'ai dit, sont inconnus.

[2] *Kiang* n'est pas ici le même caractère que celui du fleuve Kiang. Le premier, dont il s'agit ici, est composé de deux parties : en haut est le caractère qui signifie *mouton*, *chèvre*, ou en général cette espèce d'animal; au-dessous est celui qui désigne la *fille* ou la *femelle*. Le Choue-ven a donné cette analyse. Tchao-san-fou a fait sur ce livre un commentaire intitulé *Choue-ven-tsang-tsien*.

temps de Fo-hi on eût déjà la matière dont se fait le vin, ce fut Chin-nong qui nous donna ce breuvage nommé *Li* et *Lo*.

Pour revenir aux paroles du Hi-tse, que Chinkai[1] a expliqué relativement aux Koua de l'Y-king, Chin-nong, poursuit-il, apprit le labourage; et comme il n'y a point d'invention qui ait porté plus de profit aux hommes, on dit qu'il l'emprunta du Koua Y.

Chi-tse[2] dit que Chin-nong *obtenait de la pluie quand il en avait besoin, dans l'espace de cinq jours une bouffée de vent, et tous les dix jours une bonne pluie ; ce qui marque la vertu et la beauté de son règne.* On lit dans Kouan-tse que Chin-nong sema les cinq sortes de blé au midi du mont *Ki*, et que les peuples des neuf parties du monde apprirent de lui à se nourrir de grain. Il ordonna qu'on n'eût pas à gâter ce que la terre produit au printemps et en été, mais qu'on fût diligent à recueillir tous les fruits; afin de perfectionner toutes choses, qu'on n envahît point les travaux d'autrui, et que le labourage eût son temps privilégié. Enfin il enseigna tout ce qui regarde le chanvre et le mûrier, afin qu'il y eût des toiles et des étoffes de soie en abondance. Je crois qu'on sera bien aise que je mette ici quelques-unes des lois de ce bon roi; le livre *San-fen* nous en a conservé une partie. *C'est le ciel qui produit les peuples*, dit Chin-nong, *et c'est le véritable roi qui sert le ciel ;* cette pensée est presque mot pour mot dans le Chou-king. Le peuple est le fondement du royaume, et la nourriture est le ciel du peuple; quand le labourage ne va pas bien, la nourriture manque, et quand le peuple n'est pas droit, il fait un mauvais usage des fruits du labourage. Si un homme parvenu à la force de l'âge ne laboure point, il n'aura rien pour apaiser sa faim; et si une fille devenue grande ne s'occupe point à filer et à faire de la toile, elle n'aura rien pour résister au froid. On ne doit point regarder comme fort précieux ce qu'il est difficile d'avoir, et il ne faut pas souffrir qu'on conserve des meubles inutiles. Que chacun s'attribue ou la stérilité ou l'abondance, puisque l'une vient de sa paresse et l'autre de ses soins. Si les laboureurs sont vigilants et attentifs, il n'y aura point de famine assez grande pour faire mourir le peuple dans le milieu des chemins; et quand on a suffisamment de quoi se nourrir et se vêtir, la vertu règne, le crime n'ose se montrer, et tout le monde obéit, sans qu'il soit besoin de recourir aux lois. Hoai-nan-tse dit dans le même sens que Chin-nong ne donnait aucun ordre, et que tous les peuples lui obéissaient; ce n'est pas qu'il n'eût fait de lois, mais c'est qu'il n'avait pas besoin de leur secours. Un autre auteur dit que sans donner d'autre récompense au peuple que de le bien nourrir, il convertissait tout l'univers.

On doit aussi à Chin-nong la poterie et la fonte. Lo-pi dit cependant que ces arts ont commencé dès le temps de l'empereur Soui-gin, et que c'est une erreur d'attribuer la poterie à Hoang-ti, et l'art de fondre les métaux à Tchi-yeou. Chin-nong institua des fêtes, pendant lesquelles on devait s'abstenir de visites, de procès et de promenades; c'est, dit Lo-pi, ce qui est rapporté dans l'Y-king, au symbole. Fou : *Que les anciens rois, le septième jour, qu'il appelle le grand jour, faisaient fermer les portes des maisons, qu'on ne faisait ce jour-là aucun commerce, et que les magistrats ne jugeaient aucune affaire;* c'est ce qui s'appelle l'ancien calendrier. Yang-tsuen dit que Chin-nong ordonna le premier ce qui regarde le labourage, qu'il établit des fêtes, qu'il jugea du chaud et du froid pour fixer les saisons dans leur temps, soit qu'elles avancent, soit qu'elles retardent ; c'est pourquoi il se servit du mot *Lie*, qui signifie calendrier.

On dit que Chin-nong fit un livre sur l'art militaire, et qu'il était habile dans la guerre. Lorsque Pou et Soui se révoltèrent, il châtia ces deux petits rois, et affermit ainsi dans l'obéissance tous les royaumes de l'univers. Chin-nong, dit Soutsing[1], châtia Pou et Soui, Hoang-ti en fit autant de Soui-lou, et enchaîna Tchi-yeou. Yao fut obligé de châtier de la même manière Hoan-teou, autrement Kouen-teou, et Chun dompta San-miao.

Le Hi-tse, déjà cité, dit encore que Chin-nong, en pénétrant le symbole *Chi*[2], inventa les foires au milieu du jour, qu'il y fit venir tous les peuples du monde, et qu'il y ramassa toutes les marchandises de l'univers. On les échangeait mutuellement, après quoi on se retirait chacun dans son lieu. Il se servit de monnaie pour le même dessein, mais l'invention en est bien plus ancienne. Kong-ing-tu veut que les cérémonies de joie aient commencé sous Chin-nong, qui, comme on lit dans le texte du Lou-se, frappait sur un tambour de pierre pour honorer l'esprit invisible, et pour mettre par ce moyen de la communication entre le haut et le bas, entre le ciel et la terre.

Quoique Fo-hi eût commencé à guérir les maladies par la vertu des plantes, cet art est particulièrement attribué à Chin-nong ; *ce fut lui qui distingua toutes les plantes, et en détermina les diverses qualités.* Un passage tiré du livre San-hoang-ki paraît vouloir dire que Chin-nong battait et remuait les plantes avec une espèce de fouet ou de spatule rouge; ce qui désignerait la chimie, d'autant plus qu'on parle d'un creuset (Ting), dans lequel Chinnong éprouvait les plantes. Le seul mot *ting* marque assez qu'il se servait pour cela du feu. Le dictionnaire *Kang-hi-tse-tien* rapporte le passage du San-hoang-ki, mais il ne l'explique point. Il y a un auteur qui dit que Chin-nong, *en tournant un*

---

[1] *Chin-kai* vivait sous la dynastie des Song : il a fait un assez bon commentaire sur l'Y-king, qu'il a intitulé par modestie *Y-siao-tchouen*.

[2] *Chi-tse* était du royaume de *Tsin* : il s'enfuit à Chou, et fit un livre en vingt chapitres ; il n'en reste plus que deux. Il dit que dans le Tai-ki il y a un roi et un maitre; c'est qu'il prend Tai-ki pour l'univers, comme fait Tchouang-tse, quand il dit que le Tao est avant le Tai-ki.

[1] *Sou-tsing* vivait sous la dynastie des Han ; il était disciple de Kouei-kou-tse. Son frère cadet, nommé Sou-hi, fut aussi célèbre dans le même temps.

[2] Composé du Koua *c* et du Koua *d*.

fouet rouge, revomissait les poissons qu'il avait avalés. Un autre dit en général *que les plantes se divisent en quantité d'espèces différentes ; mais que si on examine bien leur figure et leur couleur, si on les éprouve par l'odorat et par le goût, on pourra distinguer les bonnes des méchantes, et en composer des remèdes pour guérir les maladies, sans qu'il soit nécessaire d'en faire l'épreuve sur soi-même ; mais le Ching*[1] *regarde cela d'une si grande conséquence, qu'il veut connaître par sa propre expérience la nature de chaque remède qu'il enseigne.* Dans un seul jour, Chin-nong fit l'épreuve de soixante-dix sortes de venins ; il parla sur quatre cents maladies, et donna trois cents soixante-cinq remèdes, autant qu'il y a de jours en l'an ; c'est ce qui compose son livre nommé *Pen-tsao* ; mais si on ne suit pas exactement la dose des remèdes, il y a du danger de les prendre. Ce *Pen-tsao* avait quatre chapitres, si on en croit le Che-ki. Lo-pi dit que le texte du Pen-tsao d'aujourd'hui est de Chin-nong ; mais cela est révoqué en doute par ceux qui prétendent que ce livre n'est pas ancien. Si on ne croit pas que le Chan-hai-king soit du grand Yu, comment croira-t-on que le Pen-tsao est de Chin-nong? On dit cependant que Chin-nong fit des livres gravés sur des planches carrées : Hoang-ti dit qu'il les a vus, et Ki-pe ajoute que c'étaient des secrets donnés par le suprême seigneur Chang-ti, et transmis à la postérité par son maître. On ne sait pas assez quel est ce Ki-pe, ni Tsiou-ho-ki[2], dont il était disciple. Par Chang-ti on ne peut pas entendre Chin-nong, car jamais empereur chinois n'a été nommé Chang-ti, ce terme étant déterminé pour l'Être suprême seul. *Chin-nong ordonna à Tsiou-ho-ki de mettre par écrit ce qui concerne la couleur des malades et ce qui regarde le pouls, d'apprendre si son mouvement est réglé et bien d'accord ; pour cela de le tâter de suite, et d'avertir le malade, afin de rendre par là un grand service au monde, en donnant aux hommes un si bon moyen de conserver leur vie.* Chin-nong composa des cantiques sur la fertilité de la campagne ; il fit une très-belle lyre et une guitare ornée de pierres précieuses, l'une et l'autre pour accorder la grande harmonie, mettre un frein à la concupiscence, élever la vertu jusqu'à l'Esprit intelligent, et faire le bel accord du ciel et de la terre. Yang-hiang dit les mêmes choses, encore plus clairement : *Chin-nong fit une lyre pour fixer l'esprit et arrêter la débauche, pour éteindre la concupiscence et remettre l'homme dans la vérité céleste.* Le nombre des cordes est différent dans différents auteurs. L'un dit sept, l'autre cinq, d'autres vingt-cinq. Lo-pi dit que cinq est le nombre de la terre, que Hoang-ti et Chun régnèrent par la terre ; donc leur lyre avait cinq cordes : que sept est le nombre du feu ; or Chin-nong et Yao régnèrent par le feu ; donc leur lyre avait sept cordes. Je ne sais où il a pris ce qu'il dit de ces nombres cinq et sept ; mais quand on lui accorderait cela, sa conséquence en serait-elle meilleure ? Il ajoute que cette lyre de Chin-nong était longue de six pieds six pouces six bonnes lignes. Horace a dit par tradition, d'Amphion et d'Orphée, à peu près la même chose de la musique ; et nos anciens ne sont guère plus sages que les Chinois modernes, quand ils veulent que les cordes de la lyre répondent aux sept planètes ; ce qui se dit aussi de la flûte de *Pan*.

*Et mihi disparibus septem compacta cicutis
Fistula, etc.*

Et quand ils disent que la harpe de Mercure avait trois cordes par rapport aux trois saisons de l'année, aux trois sons divers, et que l'aigu répond à l'été, le grave à l'hiver, et le moyen au printemps, et que dans la suite on y mit quatre cordes, en considération des quatre éléments ; cela vaut bien le nombre de la terre et le nombre du feu dont parle Lo-pi.

Chin-nong, monté sur un char traîné par six dragons, mesura le premier la figure de la terre, et détermina les quatre mers. Il trouva neuf cent mille stades[1] est et ouest sur huit cent cinquante mille stades nord et sud. Liu-pou-ouei ajoute qu'il divisa tout ce vaste espace en royaumes. Les plus proches du centre étaient les plus grands, et les plus éloignés étaient les plus petits, de manière que sur les mers qui environnaient ce bel empire, il y avait des royaumes seulement de vingt ou de dix stades ; il était borné, au midi, par ce qu'on appelle *Kiao*, et c'était là qu'on offrait les sacrifices ; au nord, par les ténèbres *Yeou* ; à l'orient, par la vallée lumineuse *Yang-kou* ; et à l'occident, par les *San-goei*. Le Chou-king, en parlant du roi Yao, rapporte aussi ces quatre points cardinaux, qu'il appelle la vallée lumineuse : *Yang-kou*, à l'orient ; *Nan-kiao*, au midi ; la vallée obscure, *Moei-kou*, à l'occident ; et la cour des ténèbres, *Yeou-tou*, au nord : c'est à ces quatre extrémités qu'Yao mit quatre mathématiciens pour observer les deux équinoxes et les deux solstices. Quelque étendu que fût l'empire de Chin-nong, il était si peuplé, et les habitants étaient si peu éloignés, que les cris des animaux domestiques se répandaient et s'entendaient d'un village au village prochain. Les grands royaumes se servaient des petits, et du centre de l'empire on allait à la circonférence.

Chin-nong sacrifiait au seigneur suprême, dans le temple de la lumière (*Ming-tang*) : rien n'est plus simple que ce temple ; la terre de ses murs n'avait aucun ornement ; le bois de sa charpente n'était point ciselé, afin que le peuple fît plus d'estime de la médiocrité. C'est une erreur grossière, dit Lo-pi, de prétendre que Hoang-ti a fait le premier des maisons, et a le premier bâti le temple de la lumière. Cet auteur tient le même langage en plusieurs au-

---

[1] *Ching* désigne un très-grand et très-sage personnage.
[2] Il n'est pas sûr que ce *Tsiou-ho ki* ait été le maître de Ki-pe.

[1] J'ai traduit Li par stade, dix *Li* font à peu près une de nos lieues ; ainsi ce serait quatre-vingt-dix mille lieues est et ouest, et quatre-vingt-cinq mille lieues nord et sud.
[On peut voir dans le *Nouveau Journal asiatique* (mars 1836, p. 290) un ancien texte chinois et la traduction que nous en avons donnée relatifs à cette connaissance de la grandeur de la terre et de l'aplatissement des pôles, qu'ont possédée les anciens Chinois.] [G. P.]

tres occasions, ne voyant pas que la même chose a pu se trouver sous divers empereurs. Chin-nong sacrifia hors des murs, au midi [1]; il fit aussi la cérémonie ordinaire sur la haute et basse montagne, en solennelle reconnaissance de ce que tout l'univers jouissait de la paix.

Lo-pi s'étend ici sur les louanges de Chin-nong : « Il ne détruisait aucune chose pour s'agrandir, il n'abaissait personne pour s'élever ; il ne profitait point, pour son intérêt particulier, des occasions les plus favorables ; il était le même dans la gloire et dans l'abaissement, et il marchait toujours gaiement devant le premier père de toutes choses ; c'est pourquoi son peuple n'était composé que de gens vertueux, sans le mélange d'aucun scélérat ; il n'employait aucuns supplices, les mœurs étaient pures ; on n'avait point ensemble de disputes, et chacun s'estimait assez riche, parce qu'il était content de ce qu'il avait ; sans se fatiguer, Chin-nong venait à bout de tout ; il ne voulait rien de l'univers, et l'univers lui offrait à l'envi toutes les richesses ; s'estimant peu, il honorait tout le monde, et il possédait ainsi l'estime de tous les hommes ; il savait le blanc, et il conservait le noir. »

Ces derniers mots, qui sont très-énigmatiques, se trouvent dans un livre attribué à Hoang-ti, et la glose les explique en disant *qu'il réunissait en sa personne deux natures ; c'est pourquoi il chercha la mort et il ne put la trouver.*

On dit que Chin-nong régnait à Tchin ; qu'après sa mort il fut enterré à Tchang-cha ; qu'il était âgé de cent soixante-huit ans, qu'il en avait régné cent quarante-cinq, et qu'il laissa douze enfants.

CHAPITRE XV.

DES DESCENDANTS DE CHIN-NONG.

Chi-tse dit que la dynastie de Chin-nong a eu soixante et dix empereurs. Liu-pou-ouei assure la même chose. La plupart des lettrés, dit Lo-pi, nient le fait, parce qu'ils n'examinent point l'antiquité : sont-ils donc plus croyables que Chi-tse et que Liu-pou-ouei ? « Si on n'en compte que sept ou huit, c'est que les autres ont peu régné, ou plutôt qu'on a perdu la tradition de ce qu'ils ont fait. »

Tous les historiens modernes suivent aveuglément le Vai-ki, et placent d'abord le roi Lin-kouei, fils de Chin-nong, qui régna quatre-vingts ans ; son fils Ti-ching lui succéda, et régna soixante ans ; ensuite Ti-ming, fils de Ti-ching, qui régna quarante-neuf ans ; ensuite Ti-y, fils du roi Ti-ming, qui régna quarante-cinq ans ; son fils Ti-lai lui succéda,

et son règne fut de quarante-huit ans ; il fut suivi de son fils Ti-kiu, qui régna quarante-trois ans, celui-ci fut père de Tsie-king, qui eut pour fils Ke et Hi : ni le père ni les deux enfants ne parvinrent à l'empire ; mais Ke eut un fils nommé Yu-vang, qui succéda au roi Ti-kiu, et régna cinquante-cinq ans ; c'est par lui que la dynastie finit.

A ne s'en tenir qu'à ce petit nombre de rois, nous aurions toujours trois cent quatre-vingt-dix ans pour la durée de cette famille, sous laquelle tous les empereurs s'appelèrent Ye-nou-Jen, comme Chin-nong le fondateur ; mais Lo-pi va bien plus loin, et dit que si on jugeait des soixante et dix empereurs de cette dynastie d'après les longs règnes de Chin-nong et de Hoang-ti, on trouverait quelques centaines de mille années. Le premier, qu'il met après Chin-nong, est Ti-tchu : dès l'âge de sept ans, il avait les vertus d'un sage, et il aida l'empereur son père en plusieurs choses. Lo-pi dit beaucoup de bien de son règne ; on le nomme Li-chan-chi, d'un des noms de Chin-nong, et on lui a fait l'honneur, dans les siècles suivants, de le placer pour accompagner l'esprit des grains. Il ne faut pas oublier que Heou-tsi s'appelle Tchu, du nom de cet empereur.

Lo-pi met ensuite King-kia, fils aîné et légitime de Ti-tchu, le troisième Ti-lin ; le Vai-ki le nomme Lin-kouei : c'est une erreur, dit Lo-pi, car Ti-lin est avant Ti-ching, et Ti-kouei ne vient qu'après. Il y a des auteurs qui ont dit que Ti-kouei était Chin-nong lui-même ; c'est qu'ils ignorent que Chin-nong a eu des successeurs de sa race en grand nombre. Lo-pi ne dit point qui fut le père de Ti-lin. Le quatrième, Ti-ching, c'est le fils du précédent ; ce fut lui qui régla les tailles sur les blés ; il ne prenait qu'un sur vingt. Kouan-tse rapporte les impôts à Kong-kong. Lo-pi dit qu'ils sont bien plus anciens, mais que la taille sur les blés n'est que depuis Chin-nong, et que Ti-ching la régla.

Le cinquième est Ti-kouei. Liu-pou-ouei dit que les peuples du royaume de So-cha se révoltèrent, et se rendirent à Chin-nong. So-cha était un pays tributaire d'Yen-ti ; c'est dans ce petit royaume qu'on a découvert le sel.

Le sixième est Ti-ming, fils de Kouei. Le septième, dans le Vai-ki, se nomme Ti-y, fils de Ti-ming ; Lo-pi l'appelle Ti-tchi. Le huitième n'est que dans Lo-pi, et est nommé Ti-li, père de Ti-lai, que le Vai-ki fait fils de Ti-y. Le dixième s'appelle Ti-kiu : sa mère était fille de Sang-choui. Le onzième, Tsie-king, fils du précédent, père de Ke et de Hi. Lo-pi les fait régner l'un après l'autre. Le quatorzième, Ti-ki, fils de Ti-hi et frère de Siao-ti.

Lo-pi s'étend ici sur les descendants de ce roi Ti-ki, et dit qu'il eut trois fils : le premier, Kiu, qui fut maître de Hoang-ti ; le second, Pe-lin, qui fut roi tributaire ; le troisième, Tcheou-yong, qui, sous le même Hoang-ti, eut la charge de Se-tou. Son fils Chu-hiao fut père de Keou-long, qui, sous l'empereur Tchuen-hio, était Heou-tou, et qui s'acquitta si bien de cette charge, qu'il eut l'honneur d'accompagner dans les cérémonies l'esprit tutélaire de la

---

[1] Ce qui s'appelle *Kiao* est un lieu hors des murs de la ville capitale de tout l'empire : il est situé droit au midi, et tout à découvert ; il est uniquement destiné à honorer par des sacrifices le suprême Seigneur, auquel seul ils sont offerts ; et comme on ne les offre qu'à lui seul, aussi n'y a-t-il que l'empereur seul qui puisse les offrir, encore n'ose-t-il pas les offrir par lui-même ; mais il choisit le fondateur de sa famille pour un emploi dont il se croit indigne ; et comme ces cérémonies se font en forme d'un grand banquet, c'est assez d'honneur pour lui que de servir à table.

terre. Ce Keou-long eut un fils nommé Tchoui, qui, sous l'empereur Yao, s'appela Kong-kong, père de Pe-y, roi de Liu, lequel, sous l'empereur Chun, était Se-yo, ou plutôt le premier des quatre grands ministres, qu'on appelait ainsi. Le fameux Tai-kong, qui aida Vou-vang à monter sur le trône, était un des descendants de Pe-y; il fut fait premier roi de Tsi. Après ces généalogies, que je ne garantis pas, Lo-pi parle du dernier roi des Yen, appelé Yu-vang. Il tenait sa cour à Kong-sang; c'est pourquoi on dit que Tchi-yeou attaqua Kong-sang. Le roi Yu-vang était trop prompt dans sa manière de gouverner; il voulait toujours l'emporter sur les autres, et disputait pour avoir seul ce qu'on avait pris à la chasse en commun; un de ses vassaux, nommé Tchi-yeou, se révolta. Ce rebelle Tchi-yeou ressemble fort à Kong-kong, et mérite bien que j'en parle en détail dans le chapitre suivant.

Mais pour faire mieux comprendre tout ce que je viens de dire, je mets ici en table cette famille de Chin-nong.

1 Ti-tchu.
2 Ti-king-kia.
3 Ti-lin.
4 Ti-ching.
5 Ti-kouei.
6 Ti-ming.
7 Ti-y.
8 Ti-li.
9 Ti-lai.
10 Ti-kiu.
11 Ti-tsie-king.
12 Ti-hi.
13 Ti-ki, Siao-ti.
14 Ti-ke.
15 Yu-vang, dernier roi.
Tcheou-yong, Pe-lin, Kiu.
Chu-hiao.
Keou-long.
Kong-kong.
Pe-y.
Tai-kong.

CHAPITRE XVI.

TCHI-YEOU.

Le nom de Tchi-yeou désigne son caractère; le mot *tchi* signifie un *ver*, un *vil insecte*; de là, par analogie, *tchi* veut dire *honteux*, *vilain*, *méchant*, *stupide*, *etc.*; c'est aussi le nom d'une étoile, comme chez nous Lucifer; *Yeou* se prend pour dire une chose parfaitement belle, et pour ce qui est extrêmement laid. Tchi-yeou s'appelle encore *Fan-tsuen*. Il y a des auteurs qui font de Tchi-yeou un ancien fils du ciel; il est vrai qu'il disputa le trône à Yu-vang, et qu'il s'empara d'une bonne partie de ses États mais la plupart des écrivains disent que Tchi-yeou n'était qu'un misérable, uniquement fameux par ses débauches et par ses crimes : on le fait inventeur des armes de fer et de plusieurs supplices. Il usurpa le nom de Yen-ti, parce que c'était celui de Chin-nong. Il s'appelle encore Tchi-ti, et Ven-tse dit qu'il est la calamité du feu; c'est lui que Hoang-ti défit, et c'est une erreur de croire que Hoang-ti combattit contre Yu-vang ou contre Chin-nong, et que Yen-ti *vainquit Tchi-yeou*. Cela vient de ce qu'on confond les noms.

Le Chou-king, à l'autorité duquel il n'est pas permis de se refuser, dit, en suivant les traditions anciennes, que *Tchi-yeou est le premier de tous les rebelles, et que sa rébellion se répandit sur tous les peuples qui apprirent de lui à commettre toutes sortes de crimes*. L'interprète dit en cet endroit que Tchi-yeou était chef de neuf noirs (Kieou-li); il avait le corps d'un homme, les pieds de bœuf, quatre yeux à la tête, et six mains; Argus en avait cent, Polyphème, un au milieu du front, et Briarée, cent mains. On donne à Tchi-yeou quatre-vingt-un frères, ou, suivant d'autres, soixante et douze, c'est-à-dire, neuf fois neuf, ou neuf fois huit; on dit de même que les Géants étaient frères, *et conjuratos cœlum rescindere fratres*. « Ils avaient le corps d'animaux, la tête de cuivre, et le front de fer ; c'est aux neuf noirs et à Tchi-yeou, leur aîné et leur chef, qu'on attribue l'origine des révoltes, des fraudes et des tromperies. »

Tchi-yeou, ne respirant que la rébellion, sortit du fleuve Yang-choui [1], et gravit le mont Kieou-nao pour attaquer Kong-sang; Yu-vang se retira dans le pays nommé Chou-tou; alors Tchi-yeou eut l'audace d'offrir le sacrifice sur les deux montagnes, et prit la qualité d'Yen-ti; mais le roi de Hiong, nommé Kong-sun, aida Yu-vang, et marcha contre les rebelles. La victoire ne fut pas aisée; le roi de Hiong, c'est-à-dire, de l'Ourse, qui s'appela ensuite Hoang-ti, était sur un char, et Tchi-yeou, à cheval; Tchi-yeou se mit à la tête des mauvais génies [2], et excita un affreux orage, pour ôter le jour aux troupes de Kong-sun. Le roi de Hiong, pendant trois ans, livra neuf batailles, sans pouvoir vaincre l'ennemi. L'Y-king dit aussi, d'un grand roi qu'il nomme *Kao-tsong*, c'est-à-dire, *le très-élevé et digne de tous honneurs*, qu'il châtia le royaume des mauvais génies, et qu'au bout de trois ans il le conquit. Hoang-ti s'en retourna sur la haute montagne; pendant trois jours, il y eut des ténèbres horribles et un brouillard affreux : alors le roi, levant les mains au ciel, poussait de grands soupirs; et le ciel lui envoya une fille céleste, qui lui donna des armes, avec assurance de la victoire. Hoang-ti fit un char qui se tournait toujours de lui-même vers le midi, afin de montrer les quatre régions, et aussitôt il enchaîna Tchi-yeou.

Le Chan-hai-king dit que Hoang-ti donna ordre au Long obéissant de tuer Tchi-yeou, et de le jeter

---

[1] Estimé un des quatre qui sortent de la fontaine du mont Kouen-lun, et qui coulent vers les quatre parties du monde. *Yang* signifie *mouton*, *agneau*.

[2] Je traduis *Tchi-moei* par mauvais génie; il est sûr que ce sont des esprits malfaisants. Le caractère *Kouei* et celui de *Chin* n'ont point par eux mêmes un mauvais sens; les Chinois disent, comme nous, un malin esprit, *Sie-chin*, *Ngo-kouei*; au reste, s'ils entendent par ces expressions de purs esprits ou des âmes séparées, c'est ce qui n'est pas facile à décider.

dans la noire vallée des maux : ce que nos poëtes expriment par divers noms, comme Neptune, Glaucus, etc.; les anciens Chinois appelaient tout cela Long, et désignaient ainsi le plus souvent des génies bienfaisants. On dit partout que Tchi-yeou n'est point mort; Hoang-ti fit faire son portrait pour épouvanter tout l'univers. Le Po-kou-tou [1] dit que les anciens avaient coutume de faire graver la figure de Tchi-yeou sur les vases dont ils se servaient, afin d'éloigner par cette vue tous les hommes de la débauche et de la cruauté. On lit dans le Kang-kien que Tchi-yeou est le mauvais génie, et que les étendards qu'on fait pour chasser les mauvais génies s'appellent les étendards de Tchi-yeou. Lo-pi ajoute que Tchi-yeou est peint avec des jambes et des cuisses de bêtes, et qu'il a des ailes de chauve-souris sur les épaules. On rapporte dans l'histoire que sous l'empereur Vou-ti, des Han, qui monta sur le trône 140 ans avant J. C., Tchi-yeou apparut en plein jour dans le territoire de Tai-yuen, ville capitale de la province de Chan-si; il avait les pieds de tortue et la tête de serpent. Le peuple, pour se délivrer des maux qu'il faisait souffrir, lui bâtit un temple.

Lo-pi, sur le châtiment de Tchi-yeou, dit ces belles paroles, qu'il a imitées de l'Y-king : *Tous ceux qui font le bien sont comblés de félicité, et tous ceux qui font le mal, sont accablés de misères; c'est la loi fixe et immuable du ciel.*

Ici finissent les recherches du père de Prémare sur ces antiquités. C'est d'après un autre exemplaire, mais en latin, de son ouvrage, qui comprend encore le règne de Hoang-ti, que l'on a inséré dans un livre intitulé *de l'Origine des Lois, des Arts et des Sciences*, par M. Goguet, tom. III, pag. 315 de l'édition in-4°, un morceau qui a pour titre *Extraits des Historiens chinois*. On aurait dû avertir qu'ils étaient copiés sur cet ouvrage du père de Prémare. Je dirai ici un mot de l'Histoire de Hoang-ti, que je tire de l'Histoire chinoise intitulée *Kang-mo*, afin de réparer en partie ce qui manque au manuscrit du père de Prémare, que j'ai entre les mains. C'est par ce prince que commence le dixième Ki.   D. G.

DIXIÈME KI.

HOANG-TI.

Ce prince, suivant le Kang-mo [2], portait encore le titre d'Yeou-hiong-chi; il descendait d'un frère de la mère de Chin-nong, prince de *Chao-tien*; celui-ci était un des princes vassaux. La mère de Hoang-ti était appelée Fou-pao; effrayée à l'aspect d'une nuée très-brillante, elle devint grosse et accoucha dans la suite sur une colline appelée Hien-yuen, d'un fils qui fut en conséquence nommé Hien-yuen, et qui, pour nom de famille, prit celui de Kong-sun. Dès le moment de sa naissance, il avait une intelligence extraordinaire, et savait parler; il succéda à Yue-vang. Comme il régna par la vertu de la terre qui est jaune, on l'appela *Hoang-ti* ou l'empereur jaune.

Hoang-ti combattit Yen-ti à Pan-tsuen; c'est dans cette occasion qu'il inventa la lance et le bouclier. Tous les princes vassaux vinrent se soumettre à lui; il dompta un grand nombre d'animaux féroces et tua le rebelle Tchi-yeou, dont il a été parlé plus haut. Après ces grandes victoires, Hoang-ti devint maître de l'empire. Il établit des ministres qui portaient le titre d'*Yun* ou de la *nuée*, et régla la forme du gouvernement; il en créa encore six autres, qui avaient soin des différentes contrées; il en établit aussi cinq pour ce qui concernait le ciel, c'est-à-dire, l'observation des astres et des phénomènes. Il ordonna à Ta-nao de faire le cycle de soixante, composé d'un cycle de dix appelé *Kan* et d'un autre de douze appelé *Tchi*, qui, réunis ensemble, servent à nommer chaque jour dans une révolution de soixante jours.

Par ses ordres, Yong-tching fit une sphère et régla le calendrier et les saisons. Li-cheou inventa la manière de compter; alors les poids et les balances furent réglés. Ling-lun fit la musique. Ce ministre était originaire du nord d'Yuen-yu, que d'autres confondent avec le mont Kouen-lun. On dit que Yuen-yu est situé à l'occident d'un pays que l'on appelle Ta-hia; dans les historiens postérieurs aux Han, Ta-hia répond à peu près au Khorasan. Ling-lun prit un roseau dans une vallée appelée Hiai-ki, y fit des trous et souffla dedans, afin d'imiter les tons de la cloche. Il distingua les différents tons de la musique, six étaient appelés *Liu*, et six *Lou;* avec ces tons il imitait le chant du Fong-hoang.

Le ministre Yong-yuen fit douze cloches, conformément aux douze lunes; alors les cinq tons furent d'accord, les saisons furent déterminées. Le ministre Ta-yong fit la musique appelée Hien-tchi. Hoang-ti fit le bonnet royal appelé *Mien* ou *Mien-lieou*, et les différents habits, les fit teindre de différentes couleurs, imitant le plumage des oiseaux, la couleur du ciel et celle des plantes; il fit faire aussi différents vases et instruments par Ning-fong et par Tche-tsiang; d'autres firent, par ses ordres, des arcs, des flèches et différentes armes. Tche-kou et Hoa-kou creusèrent un arbre et firent une barque, et avec des branches qu'ils taillèrent, ils firent des rames; on fit aussi des chariots : alors on put pénétrer partout. On construisit un lieu appelé Ho-kong, pour sacrifier au Chang-ti. Le commerce fut établi, et l'on fit fabriquer une monnaie que l'on appela *Kin-tao*. Hoang-ti fit un traité de médecine, qu'il nomma *Noui-king*. Loui-tsu, femme de Hoang-ti, et fille de Si-ling-chi, enseigna aux peuples l'art d'élever les vers à soie et à filer, pour faire des habits; dans la suite elle fut regardée comme une divinité.

Alors l'empire, qui jouissait d'une paix profonde, s'étendait du côté de l'orient jusqu'à la mer; du côté de l'occident, jusqu'à Kong-tong; au midi, jusqu'au

---

[1] *Po kou-tou* est un ouvrage assez gros dans lequel on trouve tous les anciens vases assez bien dessinés, et avec leur nom.

[2] L'édition du Kang-mo que je possède, diffère de celles de la bibliothèque du roi, en ce qu'à la tête on a mis toutes les anciennes traditions, depuis Puon-kou jusqu'à Fo-hi. Ce morceau est intitulé *San-hoang-ki* et *Ou-ti-ki*, ou chronique des trois *Hoang* et des cinq *Ti;* cet ouvrage renferme une grande partie de ce que le père de Prémare a rapporté dans ce qui précède.

Kiang; et au nord, jusqu'à Kuen-jo. On divisa tous ces pays en provinces ou Tcheou, et l'on mit partout des officiers : dix *Ye* ou villes formaient un *Tou*; dix *Tou*, un *Se*; dix *Se*, un *Tcheou*.

On dit que Kong-tong est peu éloigné de Sotcheou, dans le Chen-si ; que Kuen-jo est la partie de la Tartarie habitée par les Hiong-nou. On voit par là que les Chinois donnent à leur empire pour bornes le Kiang au midi, la mer à l'orient, le désert de Tartarie au nord, et l'extrémité occidentale de la province de Chen-si à l'occident.

Hoang-ti ayant rétabli l'ordre dans tout l'univers, et les peuples jouissant d'une profonde paix, il arriva des prodiges extraordinaires; on vit naître une plante qui avait la vertu de faire connaître les fourbes et les imposteurs, lorsqu'ils entraient quelque part; cette plante était nommée Kiu-tie ou Kiu-y. Le Fong-hoang fit son nid dans le palais, et le Ki-lin se promena dans les jardins de l'empereur. Enfin après un règne de cent ans, ce prince mourut âgé de cent onze ans, au midi de la montagne Kingchan, située dans le Ho-nan, où il avait fait fondre trois grands vases appelés Ting; il avait épousé quatre femmes dont il eut vingt-cinq enfants.

J'ai abrégé ici l'histoire d'Hoang-ti; on voit en la lisant que la plupart des découvertes faites sous son règne ont déjà été attribuées à des princes plus anciens. Comme c'est à Hoang-ti que les familles impériales prétendent toutes remonter, et qu'à la tête de toutes les éditions du Chou-king les Chinois ont mis une table généalogique des trois premières dynasties, Hia, Chang et Tcheou, j'ai cru devoir l'ajouter ici; elle pourra servir à faire connaître le nombre des générations écoulées avant l'ère chrétienne.

Table généalogique des trois premières dynasties dont il est question dans le Chou-king, telle qu'elle est donnée par les Chinois.

Nombre des générations.

1		HOANG-TI.			
2	Tchang-y,		Chao-hao ou Yuen-tun,		
3	Tchuen-hio,		Kiao-kie,		
4	Kuen,	Kiong-tchen,	Kao-sin ou Ti-ko.		
5	Yu, Fondateur de la première dynastie, nommée Hia.	King-kang,	Sie,	Heou-tsi,	Yao.
6	Ki,	Kiu-vang,	Chao-ming,	Pou-ko.	
7	Tai-kang, Tchong-kang,	Kiao-gou,	Siang-tou,	Kio.	
8	Siang,	Kou-seou,	Chang-jo,	Kong-lieou.	
9	Chao-kang,	Chun,	Tsao-yu,	King-tsie.	
10	Chu,		Y,	Hoang-po.	
11	Hoai,		Tchin,	Kiang-fo.	
12	Mang,		Vi,	Moei-yu.	
13	Sie,		Pao-ting,	Kong-si.	
14	Po-kiang,		Pao-ye,	Kao-yu.	
15	Kong-kiao,	Kiong,	Pao-ping,	Ya-yu.	
16	Kao,	Kin,	Tchu-gin,	Kong-cho-tsu-loui.	
17	Fa,		Tchu-kouei,	Tai-vang, autrement Tan-fou	
18	Kie, Le dernier de cette dynastie.		Tien-y ou Tching-tang, Fondateur de la seconde dynastie nommée Chang.	Vang-ki.	
				Ven-vang, père de Vou-vang, Fondateur de la troisième dynastie appelée Tcheou.	

TABLE GÉNÉALOGIQUE.

TCHING-TANG,

19	Taï-ting, Vaï-ping, Tchoug-gin,
20	Taï-kia,
21	Vo-ting, Taï-keng,
22	Siao-kia, Yong-ki, Taï-vou,
23	Ho-tan-kia, Vaï-gin, Tchong-ting,
24	Tsou-ye,
25	Tsou-sin,
26	Ouo-ting, Tsou-ting,
27	Anonyme,
28	Nan-keng,
29	Siao-ye, Siao-sin, Pan-keng, Yang-kia,
30	Vou-ting,
31	Tsou-kia, Tsou-keng,
32	Keng-ting, Lin-sin,
33	Vou-y,
34	Taï-ting,
35	Ti-ye,
36	Chéou, dernier de la seconde dynastie.

Troisième Dynastie.

36	Vou-vang, fils de Ven-vang.
37	Tching-vang,
38	Kang-vang,
39	Tchao-vang,
40	Mou-vang,
41	Kong-vang.
42	Y-vang, Hiao-vang,
43	Y-vang,
44	Anonyme,
45	Li-vang,
46	Siuen-vang,
47	Yeou-vang,
48	Ping-vang, le dernier dont il est parlé dans le Chou-king.

Ce dernier prince commença à régner l'an 770 avant J. C. et finit l'an 720.

On fait Hoang-ti inventeur du cycle de soixante : ce cycle sert actuellement à marquer les jours et les années; mais dans le Chou-king on ne le voit employé que pour désigner les jours ; comme il est nécessaire de le connaître et de l'avoir quelquefois sous les yeux en lisant le Chou-king, on a cru devoir le mettre ici.

CYCLE DE SOIXANTE.

Ce cycle de soixante est composé, 1° d'un cycle de dix qu'on nomme les dix *Kan*. Les noms de chaque *kan* sont,

      1   2   3   4   5   6   7   8   9   10
Kia, Y, Ping, Ting, Vou, Ki, Keng, Sin, Gin, Kuei.

2° d'un cycle de douze, qu'on appelle les douze Tchi, et qu'on nomme chacun séparément,

    1   2   3   4   5   6   7   8   9   10   11   12
Tse, Tcheou, Yn, Mao, Chin, Se, Ou, Ouei, Chin, Yeou, Su, Hai.

Ces deux cycles, combinés ainsi ensemble, forment le cycle de soixante.

1 Kia-tse,	11 Kia-su,	21 Kia-chin,	31 Kia-ou,	41 Kia-chin,	51 Kia-yn,
2 Y-tcheou,	12 Y-hai,	22 Y-yeou,	32 Y-ouei,	42 Y-se,	52 Y-mao,
3 Ping-yn,	13 Y-tse,	23 Ping-su,	33 Ping-chin,	43 Ping-ou,	53 Ping-chin,
4 Ting-mao,	14 Ting-tcheou,	24 Ting-hai,	34 Ting-yeou,	44 Ting-ouei.	54 Ting-se,
5 Vou-yn,	15 Vou-tse,	25 Vou-tse,	35 Vou-su,	45 Vou-chin,	55 Vou-ou,
6 Ki-se,	16 Ki-mao,	26 Ki-tcheou,	36 Ki-hai,	46 Ki-yeou,	56 Ki-ouei,
7 Keng-ou,	17 Keng-chin,	27 Keng-yn,	37 Keng-tse,	47 Keng-su,	57 Keng-chin,
8 Sin-ouei,	18 Sin-se,	28 Sin-mao,	38 Sin-tcheou,	48 Sin-hai,	58 Sin-yeou,
9 Gin-chin,	19 Gin-ou,	29 Gin-chin,	39 Gin-yn,	49 Gin-tse,	59 Gin-su,
10 Kuei-yeou,	20 Kieu-ouei,	30 Kuei-se,	40 Kuei-mao,	50 Kuei-tcheou,	60 Kuei-hai.

Ainsi actuellement que l'on se sert de ce cycle pour les années, Kia-tse, par exemple, désigne 1804 de J. C.; Y-tcheou, 1805; Ping-yn, 1806, etc. Ce cycle répond à notre siècle; mais au lieu que le siècle est de cent années, le cycle n'est que de soixante, après lesquels on revient au premier nombre, ou Kia-tse[*].

[*] Une autre manière de compter les années en Chine est la désignation de l'*année de règne* de chaque empereur et du mois de cette même année. Ainsi l'année 1804 de l'ère chrétienne est la première année du cycle de soixante et la neuvième *Kia-King* du règne de l'empereur qui a précédé celui qui règne aujourd'hui en Chine. Cette même année 1804 de notre ère est la première du soixante-quinzième cycle des Chinois, d'après la *Table chronologique* rédigée par les plus savants lettrés de la Chine sous le règne de l'empereur KHIEN-LOUNG, et que nous avons publiée à la fin du premier volume de notre *Description de la Chine* (Paris, Didot frères, 1837). Cette *Table chronologique* que le père Amiot envoya en France pour être déposée à la bibliothèque du roi, où elle se trouve, doit être préférée sous tous les rapports aux *Tables chronologiques* rédigées par des Européens souvent ignorants des premiers éléments de l'histoire chinoise, et qui par cela même n'ont aucun titre aux prétentions qu'ils s'attribuent.

(G. P.)

LE CHOU-KING.

OU LE LIVRE SACRÉ,

NOMMÉ AUSSI

尚書 CHANG-CHOU[1],

OU LE LIVRE SUPÉRIEUR.

PREMIÈRE PARTIE,
INTITULÉE
虞書 YU-CHOU.

CHAPITRE PREMIER.
INTITULÉ
堯典 YAO-TIEN.

SOMMAIRE.

Ce chapitre, le premier du Chou-king, ne commence qu'au règne d'Yao. Il n'y est question que des vertus de ce prince, de l'observation des solstices et des équinoxes qu'il fit faire, des soins qu'il prit pour réparer les maux que le déluge ou l'inondation de la Chine avait occasionnés, et du choix de Chun pour régner avec lui et lui succéder. Voilà tous les faits historiques du règne d'Yao rapportés dans ce chapitre. Le titre *Yao-tien* signifie *livre d'Yao*. *Tien*, suivant les Chinois, veut dire une doctrine immuable transmise par les anciens. *Yao*, qui est le nom de l'empereur, signifie *très-sublime*. Dans le nouveau texte, ce chapitre est réuni au suivant, avec lequel il n'en fait qu'un, au lieu que dans l'ancien ils sont séparés. Du temps de Meng-tse, ils ne formaient également qu'un chapitre.

YAO. Kang-mo, 2337, 2288; Tsou-chou, 2208, 2103, avant J.-C.

§ 1. Ceux qui ont fait des recherches[2] sur l'ancien empereur Yao, rapportent que le bruit de ses grandes actions se répandit partout; que la réserve, la pénétration, l'honnêteté, la décence, la prudence, brillaient en lui; qu'il était grave et humble, et que tant de grandes qualités le rendirent célèbre au ciel et sur la terre*.

2. Il sut si bien développer les hautes facultés qu'il avait en lui, que la vue de ses vertus mit la paix dans sa famille, le bon ordre parmi ses officiers, l'union dans tous les pays; ceux qui avaient jusque-là tenu une mauvaise conduite, se corrigèrent, et la paix régna partout**.

3. Yao ordonna à ses ministres Hi et Ho*** de respecter le Ciel suprême, de suivre exactement et

---

[1] Note du père Gaubil : *Chang-chou* est le nom du *Chou-king*: chou signifie *livre*; chang, *ancien, auguste, supérieur*. Dans *Yu-chou*, *Yu* est le titre de règne de *Chun*, successeur de l'empereur *Yao*. Cette partie du *Chou-king*, appelée *Yu-chou*, est des historiens du règne de *Chun*.

[2] Ce premier paragraphe est d'un temps postérieur aux historiens du règne de Chun, soit qu'il soit de Confucius, ou d'un temps encore plus ancien. On croit qu'il a été inséré, ainsi que peut-être même le second, par les éditeurs du Chou-king.

---

* C'est le sens que donne Tsaï-tchen, disciple de Tchou-hi à l'expression du texte 格于上下 *Khe yu chang-hia*; littéralement : *elles parvinrent en haut et en bas*. KHOUNG-YING-TA l'explique de même. Le père Gaubil avait traduit : *dans tout l'empire*. (G. PAUTHIER.)

** La première partie de ce paragraphe ne se trouve pas dans la traduction du père Gaubil, qui commence par *la vue*, etc. Nous ne continuerons pas à signaler en *Notes* les changements que nous avons apportés à la traduction du savant missionnaire, changements qui d'ailleurs nous ont toujours paru justifiés par les commentateurs chinois et par le sens du texte lui-même; on les reconnaîtra facilement en comparant cette édition-ci à l'ancienne.

Voici comment Deshauteraies, l'éditeur de l'*Histoire générale de la Chine*, traduite par le père de Mailla, traduit ces deux paragraphes : « Si on jette d'abord des yeux attentifs « sur l'ancien empereur YAO, voici ce qu'on en dit : Les ser- « vices qu'il a rendus à la république s'étendent à tous les « temps, à tous les lieux et à toutes les personnes. Il fut « diligent, éclairé, poli et prudent; et ces vertus lui furent « naturelles, sans que la violence ou la contrainte y eussent « aucune part. Il fut vraiment respectueux, il sut être hum- « ble; l'éclat de sa vertu a rempli tout l'univers. Il sut donner « à la nature raisonnable tout l'éclat dont elle est susceptible, « et ce fut pour lui un moyen d'établir l'amour réciproque « dans sa famille; après avoir établi la concorde dans sa « famille, il fit régner l'égalité et l'ordre parmi le peuple de « l'État qu'il possédait en propre; le peuple de son État ayant « été par ses soins et son exemple éclairé des lumières de la « droite raison, l'union et la concorde se répandirent dans « tout l'empire. Quelle admirable conversion n'opéra-t-il point « dans l'esprit de tous les peuples ! Ainsi la concorde fut gé- « nérale. »

Cette traduction donne sans doute le sens du texte, mais paraphrasé à l'aide des commentateurs. (G. P.)

*** Le disciple de TCHOU-HI dit que HI et HO étaient des fonctionnaires qui présidaient à la rédaction du calendrier et enseignaient le cours des saisons (G. P.)

avec attention les règles pour la supputation de tous les mouvements des astres, du soleil et de la lune, et de faire connaître au peuple les temps et les saisons par la rédaction du calendrier.

4. Il ordonna particulièrement à Hi-tchong [1] d'aller à la vallée brillante de Yu-y [2], et d'y observer le lever du soleil, afin de régler ce qui se fait au printemps. L'égalité du jour et de la nuit, et l'observation de l'astre Niao [3], font juger du milieu du printemps : c'est alors que les peuples sortent de leurs demeures, et que les oiseaux et les autres animaux sont occupés à faire leurs petits.

5. Hi-chou eut ordre d'aller à Nan-kiao [4], et d'y régler les changements qu'on voit en été. La longueur du jour et l'observation de l'astre Ho [5] font juger du milieu de l'été : c'est alors que les populations se séparent davantage les unes des autres, que les oiseaux changent de plumage, et les animaux de poil.

6. Il fut particulièrement prescrit à Ho-tchong [6] d'aller dans la vallée obscure de l'Occident *, pour suivre et observer avec respect le coucher du soleil, et régler ce qui s'achève en automne. L'égalité du jour et de la nuit, et l'observation de l'astre Hiu, font juger du milieu de l'automne ; alors le peuple

est tranquille, le plumage des oiseaux et le poil des animaux donnent un agréable spectacle.

7. Ho-chou eut ordre d'aller au nord à Yeou-tou [1], pour disposer ce qui regarde les changements produits par l'hiver. La brièveté du jour et l'observation de l'astre Mao [2] font juger du milieu de l'hiver. Les populations se retirent alors, pour éviter le froid : le plumage des oiseaux et le poil des animaux se resserrent.

8. L'empereur * dit : Hi et Ho [3], une période solaire est de *trois cent soixante-six* jours ; en intercalant une lune et en déterminant ainsi quatre saisons, l'année se trouve exactement complétée. Cela étant parfaitement réglé, chaque fonctionnaire s'acquittera, selon le temps et la saison, de son emploi ; et tout sera dans le bon ordre **.

---

[1] *Hi-tchoung*, de même que *Hi-chou*, *Ho-chou* et *Ho-tchong*, dont il est parlé dans les autres paragraphes, sont les noms des officiers qui, sous Yao, présidaient à l'astronomie. Ils étaient chargés non-seulement du calcul et des observations, mais encore de corriger les abus et les désordres qui s'étaient introduits dans les mœurs et dans la religion : ainsi ces astronomes étaient en même temps chargés des cérémonies religieuses ; c'est pour cela qu'Yao ordonne de respecter le Ciel suprême. On voit qu'il s'agit ici de l'équinoxe du printemps.

[2] La vallée *Yu-y* est, selon les interprètes, dans la partie orientale de la province de Chan-tong.
[Le *Chi-san-king* dit que *Yu* était situé dans la mer, que *Yu-y* est un nom de pays, et que la *vallée brillante*, *Yang-kou*, est celle où le soleil se lève.] (G. P.)

[3] L'astre *Niao* doit être ici pris pour un espace céleste ou une constellation appelée *Niao*, qui commence par l'étoile du cœur de l'hydre ; c'est la constellation *Sing*.

[4] Selon les interprètes, *Nan-kiao* était vers le Tong-king. Dans ce cinquième paragraphe, il s'agit du solstice d'été.
[Le commentateur TCHING-TCHI ou TCHING dit qu'après les mots *Nan-Kiao*, qui désignent le *Toung-Kin* et la *Cochinchine*, il devait y avoir dans le texte chinois : C'est-à-dire, *résidence où l'on observait les astres : ming tou*.] (G. P.)

[5] L'astre *Ho* est l'espace céleste, ou la constellation appelée *Fang*. C'est π dans le Scorpion par où cette constellation commence.

[6] Il s'agit de l'équinoxe d'automne ; et l'astre *Hiu* est la constellation ou espace céleste appelé de ce nom *Hiu*. Cette constellation commence par l'étoile β dans Aquarius. La vallée obscure d'Occident est, selon les interprètes, dans le Chen-si.

Dans les notes qu'on verra par la suite sur les pays dont le *Chou-king* parle, je désigne les pays d'aujourd'hui, qui répondent aux noms de ceux que l'on trouve dans le *Chou-king* ; car il ne faut pas s'imaginer que dans le temps de la composition de ce livre on disait, par exemple, *Si-gan-fou*, capitale du Chen-si ; *Tai-yuen-fou*, capitale du Chan-si, etc. ces lieux portaient alors d'autres noms.

昧谷 *Meï-kou*, lieu où le soleil se couche, disent les commentateurs. (G. P.)

[1] Selon les interprètes, *Yeou-tou* est dans la province de Pe-tche-li.
[2] Il s'agit du solstice d'hiver. L'astre *Mao* est la constellation ou espace céleste du nom *Mao*. Cette constellation commence par la lucide des Pléiades.
* En chinois *Ti*. C'est le nom qu'ont pris et porté les monarques chinois de plusieurs dynasties et qui est supérieur à celui de *Wang*, roi. Le *Chouë-wen* définit ainsi ce terme : « *surnom du roi qui gouverne le monde* (litt. : *le dessous du « ciel*). Le *Pin-tseu-thsian* le définit : l'*Esprit du Ciel*. Le *Sse-« ki* de *Sse-ma-thsian*, écrit cent cinquante ans avant notre « ère, dit *qu'on nomme Ti ou Empereur, celui qui par ses « vertus représente le ciel.* » (G. P.)

[3] On voit que Yao connaissait l'année Julienne de 365 jours et un 1/4 ; la quatrième année est de 366 jours. On voit aussi qu'on intercalait alors quelques mois, qu'on partageait l'année en quatre saisons. La connaissance d'une année lunaire qu'on intercale quelquefois, et de l'année solaire de 365 jours et un quart, donne aisément la connaissance du cycle de dix-neuf ans.

En vertu de ce qui est rapporté des constellations qui désignent les solstices et les équinoxes, on ne saurait déterminer l'époque précise du temps d'Yao. On ne rapporte pas l'année de son règne où il fit ces règlements ; on ne détaille pas comment il fixa les quatre saisons. On voit bien que les solstices et les équinoxes étaient rapportés par Yao à quelque degré des constellations indiquées ; et cela seul démontre que Yao régnait plus de 2100 et 2200 ans avant J. C. Je laisse aux astronomes à faire les réflexions convenables sur l'antiquité de l'astronomie chinoise, et sur les connaissances d'Yao dans l'astronomie.

** Les Chinois, dit Deshauteraies, partagent le zodiaque, entre autres divisions, en vingt-huit constellations, dont ils assignent sept à chacune des quatre parties du monde. Les sept méridionales commencent par les étoiles des pieds des Gémeaux, et finissent par celles du Cancer. Ils observent la même chose à l'égard des quatre saisons, dont ils assignent le printemps à l'orient, l'été au midi, l'automne à l'occident et l'hiver au septentrion. *Tang-yi-heng* prouve par son calcul que le premier degré du Lion était alors au méridien.

« Yao envoya ces quatre mathématiciens aux quatre extrémités de la Chine pour vérifier le calendrier qui avait été calculé par les tables de *Hi* et de *Ho*, et on voit par le texte du *Chou-king* qu'il leur donna quatre marques pour en reconnaître les erreurs. La première était l'ombre du gnomon ; la deuxième, l'étoile qui passait par le méridien, le jour des équinoxes et des solstices, trente-sept minutes et demie après le coucher du soleil ; la troisième était le peuple, qui, suivant la saison, vit plus ou moins retiré ; enfin la quatrième étaient les animaux, dont les dispositions sont différentes selon les différents temps. » Voyez ci-devant les Observations du père Gaubil sur l'astronomie du *Chou-king*.

Le commentateur chinois *Tsaï-chin* explique ainsi ce paragraphe :

« Le ciel est parfaitement rond ; on divise un de ses grands cercles en 365 degrés 1/4 ; chaque jour, en tournant autour de

9. L'empereur dit : Qui cherchera un homme disposé à gouverner selon les circonstances des temps ? Si on le trouve, je l'emploierai dans le gouvernement de l'empire. Fang-tsi répondit : Yn-tse-tchou[1] a une très-grande pénétration. Vous vous trompez, dit l'empereur ; Yn-tse-tchou manque de droiture ; il aime à disputer : un tel homme convient-il ?

10. L'empereur dit : Qui cherchera donc un homme disposé à traiter mes affaires ? Houan-teou dit : C'est bien ; Kong-kong, dans le maniement des affaires, a montré de l'habileté et de l'application. L'empereur reprit : Ah ! vous êtes dans l'erreur ; Kong-kong dit beaucoup de choses inutiles ; et quand il faut traiter une affaire, il s'en acquitte mal ; il affecte d'être modeste, attentif et réservé, mais son orgueil est sans bornes *.

11. L'empereur dit : Oh! *Sse-yo*[2] (grands des quatre montagnes), on souffre beaucoup de la grande inondation des eaux[3], qui couvrent les collines de toutes parts, surpassent les montagnes, et paraissent aller jusqu'aux cieux. S'il y a quelqu'un qui puisse remédier à ce désastre, je veux qu'on l'emploie. Les grands dirent : Kouen[1] est l'homme qui convient. L'empereur répliqua : Vous vous trompez ; Kouen aime la contradiction, et ne sait ni obéir ni vivre avec ses égaux sans les maltraiter. Les grands répondirent : Cela n'empêche pas qu'on ne se serve de lui, afin de voir ce qu'il sait faire. Eh bien, dit Yao, employons-le ; mais qu'il soit sur ses gardes. Kouen travailla pendant neuf ans sans succès *.

12. L'empereur dit aux grands des quatre montagnes : Oh ! je règne depuis soixante et dix ans ; si parmi vous il y a quelqu'un qui puisse bien gouverner, je lui céderai l'empire. Les grands répondirent : Aucun n'a les talents nécessaires. L'empereur dit : Proposez ceux qui sont sans emploi et qui mènent une vie privée. Tous répondirent : Il y a Yu-chun, qui est sans femme et d'un rang obscur. — J'en ai entendu parler, dit l'empereur ; qu'en pensez-vous ? Les grands répondirent ** : Yu-chun, quoique fils d'un père aveugle, qui n'a ni talents ni esprit ; quoique né d'une méchante mère dont il est maltraité ***, et quoique frère de Siang[3], qui est plein d'orgueil, garde les règles de l'obéissance filiale, et vit en paix ; insensiblement il est parvenu à corriger les défauts de sa famille, et à empêcher qu'elle ne fasse de grandes fautes. Alors l'empereur dit : Je veux lui donner mes deux filles en mariage[4], pour voir de quelle manière il se comportera avec elles, et comment il les dirigera. Ayant donc tout préparé, il donna ses deux filles à Yu-chun, quoique d'une condition si inférieure. Yao, en les faisant partir pour Kouei-joui[5], leur ordonna de respecter leur nouvel époux.

---

la terre, il avance d'un degré : le soleil, qui est dans le ciel, va un peu plus doucement ; chaque jour, il fait le tour de la terre ; mais il s'en faut d'un degré qu'il aille aussi vite que le ciel, et ce n'est qu'après 365 jours, plus 235 parties d'un jour, que nous divisons en 940 parties, que le soleil revient au même point d'où il était parti, et c'est là ce que nous appelons une année solaire ; c'est là le nombre déterminé de nous observons dans son mouvement annuel.

« Il n'en est pas de même de la lune ; elle marche bien plus doucement que le soleil, par rapport au ciel où elle est ; il s'en faut par jour de *dix* degrés et de *sept parties* d'un degré divisé en dix-neuf parties, qu'elle aille aussi vite que le ciel ; ce qui fait qu'en 29 jours, plus 499 parties d'un jour, divisés comme ci-dessus en 940 parties, elle vient se rejoindre au soleil ; de sorte qu'au bout de 384 jours entiers, il se trouve qu'elle a rejoint le soleil douze fois, et que le total du surplus qui restait à la lune, toujours divisé en 940 parties ; d'où il s'ensuit que ces 5988 parties donnent 6 jours, plus 348 parties d'un jour, ce qui fait en tout 354 jours, plus 348 parties d'un jour pour la détermination des jours dont est composée l'année lunaire.

« L'année est composée de 12 mois et le mois de 30 jours, ce qui donne 360 jours pour la détermination d'une année ; d'où il suit que le mouvement du soleil donne 5 jours de plus, 235 parties d'un jour, divisé également en 940 parties, et la lune, 5 jours de moins, plus 592 parties d'un jour ; et c'est là la différence qui doit faire le mois intercalaire lunaire. Chaque année donnera donc 10 jours, plus 827 parties d'un jour, qui, dans trois ans, donnent trente-deux jours, plus 601 parties d'un jour d'intercalation, et au bout de *cinq* ans, 54 jours, plus 375 parties d'un jour ; de sorte qu'au bout de dix-neuf ans, après sept intercalations, le soleil et la lune se rapprochent de fort près ; et cette révolution s'appelle un *Tchang*. Cependant, dit le *Tsan-pien*, il s'en manque encore de quelque chose que le soleil et la lune ne viennent se rejoindre parfaitement au même point ; c'est pour cela que prenant 27 *tchang* pour 1 *hoëi*, 13 *hoëi* pour 1 *toung*, et 3 *toung* pour 1 *youan*, le total, qui fait 4617 ans, est l'époque du retour de la lune au soleil sans restes. » (Le père de Mailla et le *Chou-king*, *Kian-pen*, *Kiouan* 1, p. 4 et 5.) (G. P.)

[1] *Yn-tse-tchou* était fils de l'empereur Yao.
* *Tsai-chin* dit que *Houan-teou* son *nom de ministre*, et *Kong-kong* un *nom de fonctionnaire* ou de *fonctions*. (G. P.)
[2] *Sse-yo* signifie en chinois quatre montagnes, une à l'orient, l'autre à l'occident, la troisième au sud, la quatrième au nord. C'est sous l'idée et le nom de *Se-yo* qu'alors on désignait quelquefois tous les grands de l'empire.
[3] L'inondation des eaux est ce qu'on appelle le déluge d'Yao.

[1] *Kouen* est le nom du père de l'empereur Yu. Il travailla inutilement à faire écouler les eaux.
* La traduction de ce paragraphe important, dans lequel se trouve la plus ancienne mention chinoise de l'inondation diluvienne, a été rétablie ici telle que l'avait faite le père Gaubil, et que Deguignes avait voulu rendre, comme à son ordinaire, plus *élégante*. Toutefois ce savant, qui prétend avoir rendu la traduction du père Gaubil plus *littérale*, n'en a pas donné ici la preuve ; il aurait même pu se dispenser de changer le mot *désastre* employé par Gaubil (*manuscrit*) en celui de *malheur*, qu'on lit dans l'édition de Deguignes ; parce que la *grande inondation* dont il est question dans le texte était plutôt un désastre qu'un *malheur*.
On pourrait donner une traduction plus littérale du paragraphe ci-dessus en disant : « L'empereur dit : Ah ! *Sse-yo!* « les grandes eaux qui sont débordées de toutes parts me- « nacent de tout envahir ! leurs flots accumulés enveloppent « les montagnes et montent jusqu'à leurs sommets élevés ; « elles sont si grandes qu'elles semblent toucher le ciel ! le « peuple d'en-bas (*hia-min*) implore du secours, etc. » (G. P.)
[2] Il s'agit de *Chun*, successeur d'Yao.
** *Tsai-chin* dit que ce fut le seul *Sse-yo* qui répondit, regardant l'appellation de *Sse-yo* comme ne s'appliquant qu'à un seul personnage.
*** *Tsai-chin* dit que c'était une *seconde mère* ou une *belle-mère* de *Chun*, et que *Siang* était son frère d'une mère différente. (G. P.)
[3] *Siang* est le nom du frère de Chun.
[4] J'ai mis *mes deux filles*. Il y a eu des missionnaires qui ont pensé qu'on pouvait traduire *ma seconde fille*. J'ai cru devoir suivre le sens que donnent les Chinois à un texte qui est du ressort de leur grammaire.
[5] Selon la tradition et les interprètes, *Kouei-joui* est le nom

CHAPITRE II,

INTITULÉ

舜典 CHUN-TIEN.

SOMMAIRE.

Chun-tien signifie livre de Chun. Dans ce chapitre Yao, après avoir donné à Chun ses filles en mariage, l'associe à l'empire, et meurt. Chun fait la visite et la division de ses États en provinces, institue des lois, punit des rebelles, établit des ministres. Chun est le successeur immédiat d'Yao. Dans ce chapitre, comme dans le précédent, il n'y a rien qui puisse déterminer les temps où ces princes ont vécu. Ce chapitre est réuni, dans le nouveau texte, au précédent, comme je l'ai dit.

CHUN. Kang-mo, 2255, 2206; Tsou-chou, 2102, 2049, avant J. C.

1. Ceux qui ont fait des recherches sur l'ancien empereur Chun[1] rapportent que ce prince fut véritablement l'image de l'empereur Yao; il en eut la gloire et les vertus. On admira en lui une prudence consommée, une affabilité jointe à un grand génie, beaucoup de douceur et de gravité; il fut sincère, et il relevait ces talents par une grande modestie. L'empereur, instruit d'une aussi rare vertu, lui fit part de l'empire.

2. Chargé de faire observer les cinq règles[2], il les fit observer; quand il fut à la tête des ministres, il établit le bon ordre partout; lorsqu'il fut intendant des quatre Portes[3], il fit régner l'ordre et l'union; et quand il fut envoyé aux pieds des grandes montagnes[4], ni les vents violents, ni le tonnerre, ni la pluie ne le rebutèrent jamais.

3. L'empereur dit : Chun, approchez-vous; je me suis informé avec soin de vos actions, et j'ai examiné vos paroles; je veux récompenser votre mérite et vos services; depuis trois ans, vous vous êtes rendu digne de monter sur le trône. Mais Chun, par humilité et modestie, ne se croyait pas assez vertueux pour succéder à Yao.

4. Au premier jour de la première lune, Chun

d'une petite rivière qui prend sa source à la montagne *Li*, au sud de *Pou-tcheou*, ville du Chan-si, près du fleuve Hoang-ho. Chun demeurait sur la montagne *Li*; et sa demeure est désignée par ces deux caractères *Kouei-joui*.

[1] Les deux premiers paragraphes sont sans doute des éditeurs du Chou-king, longtemps après les historiens de Chun.

[2] Les cinq règles sont exprimées par les deux caractères 五典 *Ou-tien*, c'est-à-dire, *cinq enseignements immuables*; c'est ce que les Chinois ont appelé depuis 五倫 *Ou-lun*, c'est-à-dire, *cinq devoirs*, qui sont ceux du père et des enfants, du roi et des sujets, des époux, des vieillards, des jeunes gens et des amis.

[3] Les quatre Portes sont les quatre Yo du chapitre précédent, et désignent les quatre parties de l'empire. L'intendant des quatre Portes est exprimé par le caractère *Pin*, qui signifie *loger, traiter*. Quand les princes tributaires venaient à la cour, l'intendant des quatre Portes avait soin de les faire loger et traiter.

[4] Par ces derniers mots, on fait allusion à ce que Chun fit pour remédier au dégât causé par l'inondation.

fut installé héritier de l'empire dans la salle des ancêtres[1].

5. En examinant le *Siuen-ki*[2] et le *Yu-heng*[3], il mit en ordre ce qui regarde les sept planètes[4].

6. Ensuite il fit le sacrifice *Loui* au Chang-ti[5], et les cérémonies aux six *Tsong*[6], aux montagnes, aux rivières, et en général en l'honneur de tous les esprits.

7. Il se fit apporter les cinq marques honorifiques (*Choui*)[7], sur la fin de la lune, et il assemblait chaque jour les grands[8] et les princes tributaires (*Mou*)[9], pour les leur distribuer.

8. A la seconde lune de l'année, il alla visiter la partie orientale de l'empire. Arrivé à *Tai-tsong*[10], il brûla des herbes, et fit un sacrifice. Il se tourna vers les montagnes et les rivières, et fit des cérémonies; ensuite il assembla les princes de la partie orientale, et il en reçut[11] cinq sortes de pierres pré-

[1] 文祖 *Ven-tsou* désigne la salle où l'on honorait les ancêtres : 文 *Ven* signifie plein de vertus et de mérites, et 祖 *tsou*, chef de race. Quelques commentateurs disent que *tsou* ou l'ancêtre désigne celui dont Yao avait reçu l'empire. Selon les historiens, Yao et Chun étaient de la même famille, et avaient Hoang-ti pour ancêtre commun.

[2] Selon les interprètes, *siuen* veut dire *fait* ou *orné de pierres précieuses*; *ki* signifie *instrument pour représenter les astres*; et selon ces mêmes interprètes, *siuen-ki* veut dire ici une *sphère*.

[3] *Yu* signifie *précieux*. *Heng* est expliqué par *tube mobile* pour observer. Le tube était, dit-on, une partie de la sphère.

[4] Les sept *Tching* 七政, ou les *sept Directions*, c'est un des noms qu'on donne encore aujourd'hui aux sept planètes, dans les Éphémérides des Chinois.

[5] 上帝 CHANG-TI. *Chang* signifie *auguste, souverain*; *ti* signifie *maître, roi, prince, souverain*. Ces deux caractères expriment, dans les anciens livres chinois, ce qu'il y a de plus digne de respect, d'amour et de vénération, le souverain Seigneur et Maître des esprits et des hommes, etc.

[6] 六宗 Il est impossible de déterminer quels sont ces six *Tsong*; ce mot signifie *digne de respect* : il s'agit de six espèces d'esprits. On voit que par les montagnes, rivières, il faut entendre les esprits des montagnes, des rivières.

[7] 瑞 *Choui* répond assez à *Tessera* : c'était une marque, comme un sceau ou autre chose, pour distinguer et reconnaître les rangs des princes tributaires.

[8] Les quatre *Yo*; ce sont les grands officiers qui avaient soin des principales affaires des quatre parties de l'empire.

[9] 牧 *Mou* veut dire *berger* : c'est par ce nom qu'on désignait les grands vassaux, ou princes tributaires.

[10] *Tai-tsong* est le *Yo* ou la montagne de l'Orient; c'est le mont *Tai-chan*, près de la ville *Tai-gan-tcheou*, du *Chantong*. Le *Yo* du midi est près de la ville de *Hing-tcheou-fou* du *Hou-kouang* : le *Yo* occidental est près de *Hoa-yn-hien*, dans le district de *Si-gan-fou*, capitale du Chen-si. Yo Le du nord est près de la ville de *Hoen-yuen-tcheou*, dans le Chen-si. Dans tous ces *Yo* ou montagnes, Chun faisait d'abord le sacrifice au *Chang-ti* ou Souverain Maître, ensuite il faisait des cérémonies aux esprits des montagnes, des rivières, etc. Après s'être acquitté de ces devoirs de religion, il traitait les affaires de l'empire.

[11] [Il y a ici un renversement dans le texte du Chou-king : ces paroles ne sont qu'après. Il régla les cinq cérémonies.]

LIVRES SACRÉS DE L'ORIENT. 4

cieuses, trois pièces de soie[1], deux vivants[2] et un mort. Il régla les temps[3], les lunes, les jours. Il mit de l'uniformité dans la musique, dans les mesures[4], dans les poids et dans les balances. Après avoir encore réglé les cinq cérémonies[5], et laissé le modèle des instruments qu'on devait y employer, il revint. A la cinquième lune, il alla visiter la partie australe de l'empire. Quand il fut arrivé à la montagne du sud, il fit ce qu'il avait fait à Taï-tsong. A la huitième lune, il se rendit à la partie occidentale, et garda le même ordre quand il fut à la montagne d'occident. A la onzième lune, il alla visiter la partie septentrionale; et quand il fut à la montagne du nord, il fit ce qu'il avait fait à celle de l'ouest. Étant de retour, il alla à Y-tsou[6], et fit la cérémonie d'offrir un bœuf.

9. Une fois tous les cinq ans[7], il faisait la visite de l'empire, et les princes tributaires venaient quatre fois à la cour lui offrir leurs hommages. Ces princes rendaient compte de leur conduite; on examinait et on vérifiait ce qu'ils disaient; on récompensait de chariots et d'habits ceux qui avaient rendu des services.

10. D'abord il divisa l'empire en douze parties, appelées Tcheou, mit des marques et des signaux sur douze montagnes, et creusa des canaux pour l'écoulement des eaux.

11. Il fit publier[*] des lois constantes et générales pour punir les criminels. Il ordonna l'exil pour les cas où l'on pouvait se dispenser des cinq supplices. Il voulut que dans les tribunaux les fautes ordinaires fussent punies du fouet seulement, et des verges de bambou dans les collèges[8]. Il régla que par le métal[1] on pourrait se racheter de la peine due à certaines fautes; qu'on pardonnât celles qui sont commises par hasard et sans malice; mais il voulut qu'on punît, sans rémission, les gens qui seraient incorrigibles, et qui pécheraient par abus de leur force ou de leur autorité. Il recommanda le respect et l'observation de ses lois; mais il voulut que les juges, en punissant, donnassent des marques de compassion.

12. Il exila Kong-kong[2] à Yeou-tcheou[3]. Houan-teou eut ordre de se retirer à Tsong-chan[4]; les San-miao[*] furent chassés et envoyés à San-gouei[5]; Kouen fut renfermé dans une étroite prison à Yu-chan[6]. Après la punition de ces quatre criminels, l'empire fut en paix.

13. La vingt-huitième année[7], l'empereur Yao monta[8] et descendit [mourut]. Le peuple porta le deuil pendant trois ans, et pleura ce prince comme les enfants pleurent leur père et leur mère. On fit cesser dans l'intérieur des quatre mers [l'empire chinois] les concerts de musique [**].

14. Chun alla à la salle des ancêtres au premier jour de la première lune.

15. Il interrogea les grands des quatre montagnes[9], ouvrit les quatre portes, vit par lui-même ce qui vient par les quatre yeux, et entendit ce qui vient par les quatre oreilles.

16. Il appela les douze Mou[10], et leur dit : Tout consiste, pour les provisions des vivres[***], à bien

---

[1] L'on voit ici l'antiquité des ouvrages en soie.

[2] Je ne saurais bien expliquer le sens de ces paroles, *deux vivants*, *un mort*.
[*Tsaï-chin*, disciple de TCHOU-HI, explique ainsi les *deux vivants*: Les *King* ou mandarins du second ordre prenaient *un mouton*; les *Ta fou* ou mandarins supérieurs, *une grue*, pour les offrir au souverain : voilà les *deux vivants*; le mort était *un faisan* que les lettrés lui présentaient.] (G. P.)

[3] Le calendrier d'Yao et de Chun était dans la forme de celui d'aujourd'hui; c'est-à-dire, l'équinoxe du printemps doit être dans la seconde lune; celui d'automne, dans la huitième; le solstice d'été, dans la cinquième; et celui d'hiver, dans la onzième.

[4] Je ne suis pas en état de donner des connaissances exactes sur les poids, les mesures, la balance et la musique dont il est parlé. [Il y avait à la suite de cette note de Gaubil : *mais on voit ici l'antiquité des ouvrages en soie*; Deguignes, son premier éditeur, l'a supprimée.] (G. P.)

[5] Les cinq cérémonies étaient celles des esprits, du deuil, des réjouissances, des bons et des mauvais succès en paix et en guerre.

[6] Y-tsou est un des noms de la salle des ancêtres. Le bœuf qu'on offrait avait été tué auparavant.

Une année était pour les tributaires de la partie orientale; une autre, pour ceux de la partie occidentale; une troisième, pour ceux du sud; la quatrième, pour ceux du nord. Ainsi, dans quatre ans, chacun d'eux devait venir une fois à la cour; et la cinquième année, Chun allait visiter leur domaine.

[*] Le texte chinois dit *figurer*, 象 siang, parce qu'alors en Chine il n'y avait pas d'autres moyens de promulgation. (G. P.)

[8] Il serait à souhaiter qu'on marquât expressément ce qui s'enseignait dans les collèges.

[1] On n'indique pas quel était le métal avec lequel on rachetait les fautes commises. Était-ce quelque monnaie?

[2] Dans le chapitre précédent, on a parlé de *Kong-kong*, de *Houan-teou* et de *Kouen*; *San-miao* était un des vassaux du sud. Ces quatre exilés furent depuis appelés les quatre scélérats, *Sse-hiong*.

[3] *Yeou-tcheou* est dans le *Leao-tong*.

[4] *Tsong-chan* est dans le district de *Yo-tcheou-fou* du *Hou-kouang*.

[*] Le père Gaubil avait traduit : *San-miao fut chassé*, etc. Mais le commentateur *Tsaï-chin* dit que *San-miao* est un nom de royaume; ce sont donc les habitants de ce royaume qui furent chassés. (G. P.)

[5] *Sang-ouei* est près de *Cha-tcheou*, au delà du pays de *Kokonor*.

[6] *Yu-chan* est dans le district de *Hoaï-gan-fou*, dans le *Kiang-nan*; c'est ce que disent les interprètes.

[7] La vingt-huitième année se compte depuis que Chun fut installé héritier de l'empereur Yao.

[8] C'est ainsi qu'on désigne la mort d'Yao, par ces deux caractères *tsou lo*. Le premier mot veut dire que l'esprit monta au ciel (*ascendit*), et le second, que le corps fut enterré (*descendit*).

[**] En chinois les *huit tons*; c'est-à-dire ceux produits par le *métal*, la *pierre*, les *fils de soie*, les *roseaux*, les *calebasses*, les *instruments de terre*, de *cuir* et de *bois*. (G. P.)

[9] J'ai traduit à la lettre. On veut dire que Chun sut ce qui se passait dans l'empire. [Le commentaire dit que CHUN ouvrit les *quatre portes* ou les portes des *quatre côtés* afin d'attirer près de sa personne les sages les plus éminents de son empire (pour en recevoir des avis.)] (G. P.)

[10] Les douze 牧 Mou avaient soin des douze parties de l'empire. *Mou* veut dire *berger*.

[***] *Tsaï-chin* dit à ce sujet : « La règle pour avoir toujours des approvisionnements de vivres suffisants consiste seulement à ne pas prendre le temps des laboureurs; c'est ce que voulait dire Chun. » (G. P.)

prendre son temps. Il faut traiter humainement ceux qui viennent de loin, instruire ceux qui sont près de nous, estimer et faire valoir les hommes de talent, croire et se fier aux gens vertueux et charitables, ne pas avoir de commerce avec ceux dont les mœurs sont corrompues; par là on se fera obéir des Man et des Y[1] (ou des barbares).

17. Chun dit : O vous grands des quatre montagnes, si quelqu'un de vous est capable de bien gérer les affaires de l'empereur, je le mettrai à la tête des ministres, afin que l'ordre et la subordination règnent en tous lieux. Tous lui présentèrent Pe-yu[2], qui était Se-kong[3]. Alors l'empereur adressa la parole à Yu, et dit : En conséquence de ce que les grands proposent, je veux qu'outre la charge d'intendant des ouvrages pour la terre et pour l'eau, vous soyez le premier ministre de l'empire. Yu fit la révérence, en disant que ce poste convenait mieux à Tsi[4], ou à Sie[5], ou à Kao-yao. L'empereur lui dit : Allez (obéissez).

18. L'empereur dit : Ki[6], vous voyez la misère et la famine que les peuples souffrent; en qualité de Heou-tsi, faites semer toutes sortes de grains, suivant la saison.

19. L'empereur dit : Sie, l'union n'est pas parmi les peuples, et dans les cinq États il y a du désordre; en qualité de Se-tou[7], publiez avec soin les cinq instructions[8] ; soyez doux et indulgent.

20. L'empereur dit : Kao-yao, les étrangers excitent des troubles. Si parmi les sujets de Hia[9] il se trouve des voleurs, des homicides et des gens de mauvaises mœurs, vous, Kao-yao, en qualité de juge[10], employez les cinq règles pour punir les crimes par autant de peines qui leur soient proportionnées[1]. Ces peines proportionnées aux crimes ont trois lieux pour être mises à exécution. Il y a des lieux pour les cinq sortes d'exil; et dans ces lieux, il y a trois sortes de demeures; mais il faut avoir beaucoup de discernement, et être parfaitement instruit.

21. L'empereur dit : Quel est celui d'entre vous qui est en état d'occuper la direction des travaux d'art*? Tous répondirent que c'était Tchoui. L'empereur dit à celui-ci : Soyez Kong-kong[2]. Tchoui, en faisant la révérence, dit que Chou-tsiang et Pe-yu étaient plus dignes que lui; mais l'empereur, en le louant des observations qu'il avait faites, lui dit : Allez, faites ce que je vous ordonne.

22. Quel est celui, continua l'empereur, qui peut avoir l'intendance des hauts et des bas; des montagnes, des forêts, des lacs, des étangs, des plantes, des arbres, des oiseaux et des animaux ? Tous répondirent : C'est Y. L'empereur dit à celui-ci[3] : Il faut que vous soyez mon grand intendant[4]. Y fit la révérence, et dit que Tchou, Hou, Hiong et Pi en étaient plus capables. L'empereur répliqua : Allez et obéissez.

23. L'empereur dit : O grands des quatre montagnes, y a-t-il quelqu'un qui puisse présider aux trois cérémonies ? Tous nommèrent Pe-y; et l'empereur dit à Pe-y : Il faut que vous soyez Tchi-

---

[1] Les caractères que je traduis par *peine proportionnée*, et *peines proportionnées* aux crimes, peuvent se traduire par *vérifications* et *confrontations*, aveux des criminels. L'on peut, si l'on veut, user des termes qui expriment ce sens.

* Le père Gaubil avait traduit : *Quel est celui qui est en état d'être à la tête des artistes et de présider aux ouvrages qui demandent beaucoup d'art ?* mais Deguignes, dans son extrême répugnance pour tout ce qui pouvait faire supposer quelque civilisation en Chine, a corrigé Gaubil en mettant simplement *à la tête des ouvrages publics*. Cependant on est autorisé, d'après les commentateurs chinois, à donner au mot 工 *Koung* du texte la signification qui lui était attribuée par Gaubil, et que nous lui avons restituée. *Tsaï-chin* dit que la personne demandée par l'empereur pour être mise à la tête des *arts*, doit se conformer à leurs principes en les administrant : 順其理而治之也 Il ajoute que, d'après le *Tien-li*, il y avait *six arts*, qui étaient : 1° l'art de la terre (*tou-koung*); 2° l'art du métal (*kin-koung*); 3° l'art de la pierre (*chi-koung*); 4° l'art du bois (*mou-koung*); 5° l'art des quadrupèdes ou bêtes fauves (*cheou-koung*); 6° l'art des herbes (*tsao-koung*). D'après le *tcheou-li*, il y aurait eu 1° l'art de travailler le bois (*tching mo tchi koung*); 2° l'art de travailler le métal (*tching kin tchi koung*); 3° l'art de travailler les peaux (*tching phie tchi koung*); 4° l'art de préparer et d'appliquer les couleurs (*che sse tchi koung*); 5° l'art de façonner la terre pour en faire des vases ou autres ustensiles (*touan tchi tchi koung*). (G. P.)

[2] Les deux caractères 共工 *Kong-kong* expriment l'office de celui qui présidait aux ouvrages d'art que l'on faisait pour l'empereur.

[3] 伯與 *Pe-yu*. Le caractère *yu* diffère de celui d'Yu, qui fut empereur après Chun.

[4] 虞 Yu est le titre de l'intendant des montagnes, forêts, étangs, lacs, etc. Il ne faut pas le confondre avec 禹 Yu, qui fut depuis empereur.

---

[1] 蠻夷 *Man* et *Y* désignent les étrangers. [Ce paragraphe est d'une morale admirable.] (G. P.)

[2] 伯禹 *Pe yu* est le nom de Yu, qui succéda à l'empereur Chun. *Pe* exprime une dignité qui donnait la prééminence sur les princes, vassaux d'un certain district; le Pe était leur chef.

[3] 司空 *Se-kong* était celui qui présidait aux ouvrages publics, aux digues et aux canaux.

[4] *Tsi* est le fameux Heou-tsi, tige des empereurs de la dynastie de Tcheou.

[5] *Sie* est le nom d'un grand dont les empereurs de la dynastie de Chang tiraient leur origine.

[6] *Ki* est le nom de Heou-tsi; *tsi* signifie *grains, semences*.

[7] 后 *Heou* signifie *seigneur, prince*. Heou-tsi exprime ici l'intendant de l'agriculture.

[8] 司徒 *Se-tou* exprime le ministre qui devait expliquer et faire garder les cinq règles.

[9] Les cinq instructions 五教 *ou-kiao* sont les règles dont il est parlé dans le 2° paragraphe de ce même chapitre.

[10] 夏 *Hia* exprime l'empire chinois.

[11] 士 *Che* ou *sse* exprime le titre d'un juge criminel.

tsong[1] : depuis le matin jusqu'au soir, pénétré de crainte et de respect, soyez sur vos gardes, ayez le cœur droit et sans passion. Pe-y fit la révérence, et proposa Kouei et Long comme plus capables. L'empereur dit : Vous êtes louable de vous excuser; mais je veux être obéi.

24. L'empereur dit : Kouei, je vous nomme surintendant de la musique[2] ; je veux que vous l'enseigniez aux enfants des princes et des grands : faites en sorte qu'ils soient sincères et affables, indulgents, complaisants et graves ; apprenez-leur à être fermes, sans être durs ni cruels ; donnez-leur le discernement, mais qu'ils ne soient point orgueilleux ; expliquez-leur vos pensées dans des vers, et composez-en des chansons entremêlées de divers tons et de divers sons, et accordez-les aux instruments de musique. Si les huit modulations sont gardées, et s'il n'y a aucune confusion dans les différents accords, les esprits[3] et les hommes seront unis. Kouei[4] répondit : Quand je frappe ma pierre, soit fortement, soit doucement, les animaux les plus féroces sautent de joie.

25. L'empereur dit à Long : J'ai une extrême aversion pour ceux qui ont une mauvaise langue ; leurs discours sèment la discorde, et nuisent beaucoup à ce que font les gens de bien ; par les mouvements et les craintes qu'ils excitent, ils mettent le désordre dans le public. Vous donc, Long, je vous nomme Na-yen[5] [ou Censeur général de l'empire] :

soit que vous transmettiez mes ordres et mes résolutions, soit que vous me fassiez le rapport de ce que les autres disent, depuis le matin jusqu'au soir, n'ayez en vue que la droiture et la vérité.

26. L'empereur dit : O vous, qui êtes au nombre de vingt-deux[1], soyez attentifs, et traitez, selon les conjonctures des temps, les affaires[2] de l'empire.

27. Une fois tous les trois ans Chun[3] examinait la conduite des mandarins. Après trois examens, il punissait les coupables, et récompensait ceux qui s'étaient bien comportés ; par ce moyen, il n'y avait personne qui ne travaillât à se rendre digne de récompenses. On faisait aussi le choix et l'examen des San-miao[4].

28. Chun[5] avait trente ans lorsqu'il fut appelé pour être employé à la direction des affaires de l'État ; il resta dans ce poste pendant trente années ; cinquante ans après il monta fort loin[6], et mourut.

---

[1] 秩宗 *Tchi-tsong* était le nom de celui qui présidait aux cérémonies pour les esprits. L'ancien livre 國語 *Koue-yu* dit que Pe-y était le ministre qui présidait aux cérémonies pour les esprits. Il serait bien utile d'être au fait sur les trois cérémonies dont le texte parle. Les interprètes disent qu'il s'agit des cérémonies pour le ciel, la terre et les hommes. Selon le Koue-yu, Pe-y avait soin des cérémonies pour les esprits ; il s'agit donc des esprits dans le texte. Il est difficile aujourd'hui d'être bien au fait sur le vrai sens et l'institution de ces trois cérémonies du texte ; cela n'y est pas assez détaillé. Le livre *Koue-yu*, cité dans cette note, est un excellent livre, écrit avant l'incendie des livres. Il parle de plusieurs États et familles de vassaux, sous la dynastie de *Tcheou*. Dans ce livre, il y a quantité de choses curieuses sur l'ancienne histoire chinoise.

[2] L'on voit ici que la musique ainsi que l'étude de la poésie et des vers étaient, au temps de Chun, une affaire d'État. On souhaiterait d'être au fait sur l'ancienne musique chinoise et sur l'ancienne poésie. Il faut espérer qu'il se trouvera des missionnaires en état de donner là-dessus des connaissances utiles et exactes. Confucius a fait une collection de plusieurs pièces de vers et de chansons ; elle forme un très-beau livre, appelé Chi-king. On l'a ici traduit. [Une traduction latine du père de Lacharme a été publiée à Stuttgard chez Cotta en 1830, par les soins de M. Mohl. Un traité complet sur la musique chinoise a été traduit en français par le père Amiot, et publié dans les *Mémoires sur les Chinois*, t. v.] (G. P.)

[3] Dans ces paroles, *les esprits*, *les hommes seront unis*, on fait allusion à la musique employée dans les cérémonies faites au ciel, aux esprits, aux ancêtres, aux cérémonies des fêtes dans le palais des empereurs, etc.

[4] Cette dernière phrase est répétée dans le chapitre *Y-tsi*, § 10 ; elle était oubliée dans la traduction du père Gaubil. — (D.)

[5] 納言 *Na* exprime ce que nous disons, *porter de bouche*, *yen* signifie *parole*. Le texte fait assez voir l'emploi

du *Na-yen* au temps de Chun. On exprima ensuite cette charge par les termes métaphoriques de ministre du gosier et de la langue.

[1] Selon les interprètes, les *vingt-deux* sont les ministres proposés à Chun, les quatre *Yo*, les douze *Mou*, etc.

[2] Les affaires de l'empire sont exprimées dans les textes par les deux caractères 天功 *T'ien koung* : « cœli opera negotia commissa » Par cette noble idée, Chun voulait engager les mandarins à s'acquitter dignement de leur devoir, et à les faire ressouvenir que c'était le ciel même qui les chargeait de leurs emplois. Les interprètes rapportent de très-belles sentences à l'occasion de ce passage.

[3] On voit ici l'antiquité de la coutume chinoise de faire l'examen du mérite et des fautes des officiers. On a vu que *San-miao* était le nom d'un vassal exilé.

[4] Ici c'est le nom des peuples qui étaient sans doute sujets de ce vassal. Les *San-miao* se révoltèrent quelquefois ; mais, parce que la révolte n'était pas générale, ou qu'ils s'étaient soumis, Chun veut qu'on récompense même ceux des *San-miao* qui se comporteraient bien.

[5] Dans le Yao-tien, ou chapitre précédent, on a vu que Yao appela Chun à la soixante et dixième année de son règne. Chun, après trois ans d'épreuve, fut installé héritier de l'empire ; et, à cette installation, il avait trente-trois ans. Il gouverna, avec Yao, vingt-huit ans ; à cette vingt-huitième année, Yao mourut. Yao régna donc cent ans. A la mort d'Yao, Chun avait donc soixante ans. Il régna encore cinquante ans ; ainsi Chun mourut âgé de cent dix ans.

[6] Ce texte, que je traduis *monta fort loin*, est, selon quelques commentateurs, une expression métaphorique, qui exprime la mort de l'empereur Chun ; encore aujourd'hui on dit d'un empereur qui vient de mourir : *il est dans un grand et dans un long voyage*. D'autres disent qu'effectivement Chun mourut en faisant la visite de l'empire, et que le lieu de sa mort était loin de la cour.

[Dans le mémorial historique intitulé *Tsou chou* ou *Livre de bambou*, lorsqu'un empereur ou un roi meurt, on dit toujours qu'il est *monté* : 陟 *tchi*; cela signifie, dit le philosophe Han-tseu, qu'il *est monté au ciel* : *weï ching thian ye*. Dans le § 13 de ce même chapitre il est dit, en parlant de la mort de Yao, qu'il *monta* et *descendit* : 殂落 *tsou-lo*; le commentaire chinois explique ainsi les deux caractères : « *Monter* et *descendre*, c'est *mourir*. La *mort*, c'est le *retour* au ciel du *Kouei-khi*, ou de l'*esprit vital*, que l'on « exprime par *monter* : *Tsou*; c'est en même temps le *retour* « à la terre du *Thi-pé*, ou *principe matériel*, que l'on exprime « par *descendre*, *lo*. » On voit clairement ici la distinction des deux principes qui constituent la nature de l'homme et toute véritable philosophie.] (G. P.)

CHAPITRE III,

INTITULÉ

大禹謨 TA-YU-MO.

SOMMAIRE.

Ce chapitre ne contient que des préceptes sur le gouvernement, le choix que Chun veut faire d'Yu pour lui succéder, l'éloge d'Yu, le refus que celui-ci fait d'accepter l'empire; la punition de quelques rebelles. Ta-yu-mo signifie *avis* ou *délibérations du grand Yu.*

Chun, Kang-mo, 2255, 2206; Tsou-chou, 2102, 2049, avant J. C.

1. Ceux qui ont examiné l'histoire de l'ancien grand Yu [1], disent qu'en publiant dans l'empire [2] les ordres et les instructions de l'empereur [Chun], il fit paraître beaucoup de respect et d'obéissance.

2. Yu dit : Quand le prince peut surmonter les difficultés de son état; quand un ministre ou sujet peut également surmonter les difficultés de son état, l'empire est bien gouverné; les peuples marchent avant peu dans le chemin de la vertu.

3. L'empereur Chun dit : Cela est juste; des discours si sages et si vrais ne doivent pas être cachés; les pratiquer, ne pas laisser les gens sages dans les lieux déserts et inconnus, mettre l'union et la paix dans tous les pays, porter son attention sur tous les peuples, sacrifier ses lumières et ses vues à celles des autres, ne pas maltraiter ni rebuter ceux qui sont hors d'état de faire des plaintes, ne pas abandonner les pauvres et les malheureux; voilà les vertus que l'empereur [3] pratiqua.

4. (Le ministre) Y dit : Quel sujet d'admiration ! La vertu de l'empereur se fit connaître partout, et ne se démentit jamais. Elle était sainte et divine*. Il sut se faire craindre et respecter; et ses manières douces et agréables le firent aimer. C'est pour cela que l'auguste [4] ciel le favorisa, et que l'ayant chargé de ses ordres, il le rendit possesseur des quatre mers et prince du monde (ou maître de l'empire).

[1] Ce premier paragraphe est des historiens ou des éditeurs postérieurs aux historiens de l'empereur Chun. [Les commentateurs sont très-partagés sur son véritable sens.] (G. P.)

[2] [Dans les quatre mers.]

[3] Il s'agit, dans ce paragraphe et dans le suivant, de l'empereur Yao.

* « Elle opérait tant de conversions qu'elle était *sainte*; elle était si incompréhensible, si cachée, qu'elle était *divine*, » disent les commentateurs. (G. P.)

[4] *L'auguste ciel* est exprimé par ces caractères 皇 *hoang,* auguste, et 天 *Tien,* ciel. On voit ici que l'empereur Yao reçut du ciel l'empire; que c'est le ciel qui le chargea de l'exécution de ses ordres. C'est par ces sortes de textes qu'il faut juger de la vraie doctrine des anciens Chinois; et l'on verra constamment les mêmes idées dans la suite du Chou-king.

5. Yu répondit : Celui qui garde la loi [1] est heureux, celui qui la viole est malheureux; c'est la même chose que l'ombre et l'écho.

6. Y dit : Hélas ! il faut veiller sur soi-même, et ne cesser de se corriger; ne laissez pas violer les lois et les coutumes de l'État; fuyez les amusements agréables; ne vous livrez pas aux plaisirs des sens. Quand vous donnez des commissions aux gens sages et expérimentés, ne changez pas ce que vous leur avez dit. Ne balancez pas à éloigner de vous ceux qui ont les mœurs dépravées. Si dans les délibérations vous voyez des doutes et des points difficiles à déterminer, ne concluez rien d'abord ; attendez que vous soyez instruit de l'état des choses; assurez-vous de la certitude de vos jugements par des réflexions mûres et prolongées*. Ne vous opposez pas aux choses prescrites par la raison [2] pour rechercher les louanges ou les suffrages du peuple; ne vous opposez pas aux désirs du peuple pour suivre vos propres penchants**. Si vous êtes appliqué aux affaires, les étrangers viendront de toutes parts se soumettre à vous avec obéissance.

7. Yu dit : Ah ! prince, pensez-y bien ; la vertu est le fondement ou la base d'un bon gouvernement; et ce gouvernement consiste d'abord à procurer au peuple les choses nécessaires à sa subsistance et à

[1] Le caractère 出 *Ti,* que je traduis par la loi, veut dire la loi naturelle, la droite raison. Yu prétend que le bonheur et le malheur attachés à l'observation de la loi naturelle sont des effets nécessaires, qui suivent infailliblement de leur cause; comme l'écho et l'ombre suivent de leur cause. [C'est-à-dire, que comme l'ombre suit le corps et l'écho la voix, celui qui fait le crime ne peut éviter le châtiment, comme celui qui fait bien est toujours récompensé.]

* Afin, dit *Tsaï-chin* que, par exemple, on sache bien que ce qui *est rond est rond.* (G. P.)

[2] Ici la raison, ou la loi naturelle, a pour caractère 道 *Tao;* et cette loi vient du ciel, selon la doctrine constante des livres classiques. On doit se souvenir que la partie du Chou-king que l'on traduit ici *est un monument de plus de deux mille ans* avant J. C.(*). Il est aisé de voir quelle était l'idée que Yao, Chun, Yu, etc., se formaient d'un auguste ciel qui donne l'empire, d'une droite raison et de la loi naturelle, d'où dépendent le bonheur et le malheur des hommes.

** Voilà le véritable sens de cet admirable passage du *Chou-king,* que lui père Gaubil, et après lui Deguignes, ont mal compris et mal traduit, ou plutôt que Deguignes seul avait mal compris; car il a dénaturé, dans son édition, la traduction de Gaubil en voulant le corriger. Gaubil avait traduit : « Gardez-vous bien d'aller contre (la droite raison) et de re-« chercher les suffrages des peuples pour suivre vos désirs et « votre penchant; n'allez pas contre les idées et les sentiments « des peuples. » Deguignes corrige ainsi : — *Quand la rai-« son vous démontre une vérité, ne vous y opposez pas. Recher-« chez les suffrages des peuples, et ne vous en écartez pas pour « suivre vos désirs et votre penchant;* » détruisant ainsi toute l'harmonie et la haute moralité de ces deux maximes, pour en faire quelque chose de trivial et de faux; car s'il est dit de *ne pas s'opposer à ce que la raison démontre,* le texte chinois ajoute qu'il ne faut pas faire cela *pour* (ou dans le but de) *rechercher les louanges ou les suffrages du peuple;* et en second lieu le même texte ne dit pas *recherchez les suffrages du peuple,* mais *ne vous opposez pas aux désirs du peuple* pour

(*) Deguignes avait supprimé dans son édition ces mots *avant J. C.,* qui se trouvent dans le manuscrit du père Gaubil. On peut juger par cette suppression grave de l'esprit qui le dirigeait dans ses travaux. (G. P.)

sa conservation, c'est-a-dire, l'eau [1], le feu, les métaux, le bois, la terre ou le sol* et les grains. Il faut encore penser à le rendre vertueux, et ensuite à lui procurer l'usage utile de toutes ces choses. Il faut enfin le préserver de ce qui peut nuire à sa santé et à sa vie. Voilà neuf objets qu'un prince doit avoir en vue pour se rendre utile et recommandable. Ces neuf points doivent être la matière des chants. Quand on enseigne, on emploie les éloges; quand on gouverne, on emploie l'autorité. Ces neuf sortes de chants servent à animer et à exhorter ; et c'est ainsi que l'on conserve le peuple.

8. L'empereur dit alors : J'approuve ce que vous dites. Depuis que vous avez achevé les ouvrages pour remédier au dégât de l'inondation, le ciel peut procurer ce qu'on doit attendre de lui **. Les six sortes de provisions [2] et les trois affaires sont en état : on est en sûreté pour tous les âges ; et c'est vous, Yu, à qui on est redevable d'un si grand bien.

9. L'empereur dit : Venez, Yu.[3] Je règne depuis trente-trois ans ; mon grand âge et ma faiblesse ne me permettent plus de donner aux affaires toute l'application convenable ; je veux que vous ayez une autorité souveraine sur mes peuples ; faites donc vos efforts pour vous acquitter dignement de cet emploi.

suivre vos propres penchants; ce qui est bien différent. Voici le texte, qui mérite bien d'être rapporté ici 罔違道 以于百姓之譽罔咈百姓以從己之欲

[1] Le feu, le bois, la terre, l'eau, les métaux, sont ce que les Chinois appellent 五刑 *ou-hing*. Plusieurs Européens ont traduit ces deux caractères par *quinque elementa*. Je crois que l'idée des Chinois a été de représenter ces cinq choses comme cinq choses très-nécessaires à la vie, et nullement comme les principes des corps.

* 土 *Thou;* cette cinquième partie des six choses que, selon Yu, le gouvernement doit au peuple, avait été omise par l'éditeur Deguignes. C'est cependant une partie importante. (G. P.)

** Il y a dans le texte chinois : « La terre est *aplanie* [ou mise dans l'état où il convient qu'elle soit, *ping*], le ciel donne l'accroissement ou le développement complet à toutes choses ; » tout cela renfermé dans ces quatre mots énergiques : 地 平天成 *thi ping, thian tching*. Tsaï-chin dit sur ce passage. « Les eaux et la terre étant bien administrées, sont désignées par le caractère 平 *ping, égal, droit, uni :* on dit par conséquent que les eaux et la terre ont été bien nivelées, *ping ;* et que toutes choses ont obtenu leur complet développement. » (G. P.)

[2] Les six sortes de provisions sont, outre les cinq *hing* [c'est-à-dire, l'eau, le feu, le métal, le bois, la terre], les grains. Les trois affaires sont *l'étude de la vertu, l'usage des choses nécessaires à la vie*, et *le soin de conserver la vie des peuples*. C'est Yu qui eut la meilleure part aux ouvrages faits pour réparer les dégâts de l'inondation.

[3] Chun avait résolu de nommer Yu héritier de l'empire.

10. Yu répondit : Ma vertu est insuffisante pour gouverner ; le peuple ne m'obéirait pas. Il n'en est pas de même de Kao-yao [1] ; ses talents sont au-dessus de ceux des autres ; le peuple les connaît, et son inclination est pour lui ; c'est à cela surtout que l'empereur doit réfléchir. Soit que je pense à la charge que vous m'offrez, soit que je la refuse, soit que j'en parle et que je tâche de dire ma pensée avec toute la droiture et la sincérité possibles, j'en reviens toujours à Kao-yao, et je dis toujours que le choix doit tomber sur lui. Vous, qui êtes sur le trône, pensez au mérite de chacun.

11. L'empereur dit : Kao-yao, les mandarins et le peuple gardent les règlements que j'ai faits. Vous avez la charge de juge [2] ; vous savez vous servir à propos des cinq supplices, et vous employez utilement les cinq instructions ; ainsi l'empire est paisible ; la crainte de ces supplices empêche de commettre beaucoup de fautes qu'il faudrait punir ; le peuple tient un juste milieu, c'est à vos mérites qu'on le doit ; ne devez-vous pas redoubler d'efforts ?

12. Kao-yao [3] répondit : Les vertus de l'empereur ne sont pas ternies par des fautes. Dans le soin qu'il a de ses sujets, il fait voir beaucoup de modération ; et dans son gouvernement, la grandeur d'âme éclate. S'il faut punir, la punition ne passe pas des pères aux enfants ; mais s'il faut récompenser, les récompenses s'étendent jusqu'aux descendants. A l'égard des fautes involontaires, il les pardonne, sans rechercher si elles sont grandes ou petites. Les fautes commises volontairement, quoique petites en apparence, sont punies. Dans le cas des fautes douteuses, la peine est légère ; mais s'il s'agit d'un service rendu, quoique douteux, la récompense est grande. Il aime mieux s'exposer à ne pas faire observer les lois contre les criminels, que de mettre à mort un innocent. Une vertu qui se plaît ainsi à conserver la vie aux sujets, gagne le cœur du peuple ; et c'est pour cela qu'il est si exact à exécuter les ordres des magistrats.

13. L'empereur dit : Tout se passe d'une manière conforme à mes désirs ; l'ordre est dans les quatre parties (de l'empire) ; c'est un effet de votre bonne conduite *.

14. L'empereur dit : Venez, Yu. Quand nous

[1] Ce qu'on dit ici de Kao-yao fait bien de l'honneur à cet ancien sage chinois. [Il en fait encore plus peut-être à Yu, qui, avec un désintéressement bien rare, voulait que l'on conférât l'autorité souveraine au plus digne.] (G. P.)

[2] On emploie ici le mot 士 *Che* ou *sse*, qui veut dire *juge criminel.*

[3] Je laisse à d'autres à faire les réflexions convenables sur la sagesse que Kao-yao fait paraître dans ce paragraphe. [Le père Gaubil n'a fait que le traduire presque littéralement, sans y ajouter le moindre ornement de style ; ce qui le rend encore plus admirable.] (G. P.)

* *Tsaï-chin* dit à ce sujet : « Le peuple ne transgresse pas les « lois, et les supérieurs (ou les magistrats chargés de les faire « exécuter) ne font pas usage des supplices C'est ce que Chun « désirait ! » (G. P.)

eûmes tant à craindre de la grande inondation [1], vous travaillâtes avec ardeur et avec droiture; vous rendîtes les plus grands services, et vos talents ainsi que votre sagesse se manifestèrent dans tout l'empire. Quoique dans votre famille vous ayez vécu avec modestie, quoique vous ayez si bien servi l'État, vous n'avez pas cru que ce fût une raison pour vous dispenser de travailler; et ce n'est pas une vertu médiocre. Vous êtes sans orgueil; il n'est personne dans l'empire qui, par ses bonnes qualités, soit au-dessus de vous. Nul n'a fait de si grandes choses; et cependant vous ne faites pas valoir ce que vous faites. Personne dans l'empire ne peut vous le disputer en mérite. De là quelle idée ne dois-je pas avoir de votre vertu? Je ne puis me dispenser de louer vos services. Les nombres écrits dans le calendrier [2] du ciel vous désignent pour monter à la dignité de prince héritier (de l'empire).

15. Le cœur [3] de l'homme est plein d'écueils; le cœur du Tao ou de la Raison suprême est simple et caché. Soyez pur, soyez simple, et tenez toujours un juste milieu [*].

16. N'ajoutez pas foi à des discours sans les avoir examinés, et ne prenez aucun parti qu'après avoir bien réfléchi.

17. Le prince ne doit-il pas être aimé? le peuple ne doit-il pas être craint? S'il n'y a pas de souverain, à qui les peuples auront-ils recours? Et s'il n'y a pas de populations, qui aidera le souverain dans le gouvernement? C'est ce qu'il faut considérer attentivement. Que de précautions n'a pas à garder celui qui occupe le trône! Il faut avoir soin de conserver l'amour de la vertu, et de s'améliorer continuellement soi-même. Si les peuples situés entre les quatre mers sont maltraités et réduits à l'extrémité, vous perdez pour toujours le bonheur que le ciel vous a procuré. Les paroles qui sortent de la bouche ont de bons effets quelquefois; elles font aussi quelquefois naître des guerres. Je ne veux pas que vous refusiez encore le poste que je vous destine.

18. Yu dit : Les ministres qui ont rendu de grands services doivent être examinés un à un par le sort [Pou][1]; et il faut que celui que le sort indique comme le plus digne soit choisi. L'empereur dit : Yu, le fonctionnaire qui a soin du Tchen doit, avant tout, examiner ce qu'il se propose de faire, et prendre une résolution; ensuite il jette les yeux sur la grande Tortue. Il y a longtemps que j'ai pris ma résolution. Si je m'informe et si je consulte les autres, tous sont de mon avis. J'ai les suffrages des Esprits, de la Tortue et du Chi [2]; le sort ne donnera pas une nouvelle décision plus heureuse. Yu fit la révérence,

---

[1] Il paraît que Chun parle de l'inondation comme d'un événement dont lui, Yu, et les autres de son temps, avaient été témoins; ainsi il ne semble pas que le déluge de Yao soit les restes des eaux du déluge de Noé. D'un autre côté, à moins de supposer faux tout ce qui est rapporté de l'état de l'empire sous Yao, Chun et Yu, on ne peut dire que ce déluge de Yao soit celui de Noé.

[On peut aussi consulter sur cette question la première lettre du père de Mailla à Fréret, page 102 et suivantes, placée en tête de sa traduction de l'Histoire générale de la Chine, dans laquelle le savant missionnaire réfute vivement ceux de ses confrères qui voulaient voir dans cette inondation le déluge de Noé.]
(G. P.)

[2] L'expression de *calendrier du ciel* (Tien-li) est ici remarquable. Elle fait voir que Chun croyait que l'empire était donné par le ciel; et elle confirme le sens de l'autre expression de l'empire, sous l'idée de commission donnée par le ciel. Le caractère *Li* exprime la succession des saisons et des mouvements des corps célestes. Ici cette expression calendrier *du ciel* dénote la succession et l'ordre des empereurs, connue et déterminée par le ciel.

[3] On oppose ici le cœur de l'homme à celui du 道 *Tao*. On veut parler de deux cœurs, l'un dégagé des passions, l'autre simple et très pur. 道 *Tao* exprime la droite raison. Il est fort naturel de penser que l'idée d'un Dieu pur, simple, et seigneur des hommes, est la vraie source de ces paroles. On peut aisément voir quel est ce milieu dont il est ici question.

[*] Selon Tsaï-chin, « par le cœur de l'homme : 人心 *jin sin*, on entend ici *son intelligence* qui distingue le bien du mal : 人之知覺 *jin tchi tchi kio*, intelligence, qui est maîtresse à l'intérieur, mais qui se laisse influencer par les objets extérieurs. En désignant les inspirations nées de la forme matérielle du corps animé, alors on l'appelle *intelligence humaine :* 人心 *jin sin;* en désignant les inspirations nées du principe de la raison et de la justice, alors on l'appelle *intelligence de la raison suprême :* 道心 *tao sin*. Le cœur ou l'intelligence de l'homme

est changeante, affectée d'intérêts privés, et se dévouant difficilement au bien public; c'est pourquoi on dit qu'elle est *pleine d'écueils*. L'intelligence de la raison suprême est difficilement claire, évidente, manifeste à tous les yeux, et elle est facilement obscurcie; c'est pourquoi il est dit qu'elle est *subtile, etc.* »
(G. P.)

[1] Voici le texte chinois le plus ancien qu'on ait sur les sorts et sur la divination. On verra dans la suite que, selon les règles, on ne devait avoir recours aux sorts que dans le cas où l'on ne pouvait pas se déterminer par d'autres voies. Il paraît premièrement que Chun faisait beaucoup de cas des lumières tirées des sorts; secondement, que l'on prétendait consulter les esprits. Ces caractères ⼘ 占 *Pou* et *Tchen* signifient *inspection sur quelque objet, pour connaître des choses cachées*, et savoir ce qu'on doit faire. *Pou* est composé de deux caractères, dont l'un ⼁ veut dire *maître*, et l'autre ｜ *descendre;* comme si, par le *Pou*, le Maître ou l'Esprit descendait. *Tchen* est composé de 口 *keou*, bouche, et de ⼘ *Pou*, c'est-à-dire, *paroles du Pou*. Le *Pou*, ou cette inspection, se faisait sur une tortue nommée Kouei, qu'on faisait, dit-on, brûler. Dans la suite des temps, on s'est servi, par abus, du livre *Y-king* pour la divination. Comme on ne sait pas au juste la manière dont on usait des sorts au temps de Chun, on ne saurait ni les condamner ni les approuver.

[2] 筮 *Chi* exprime une sorte d'herbe employée dans la divination. Le caractère *Chi* est composé de celui de bambou, 竹 roseau, et de 巫 *vou*, qui signifie *deviner*.

en refusant toujours. Alors l'empereur dit : Ne refusez pas ; obéissez.

19. Le premier jour de la première lune, Yu reçut le mandat souverain dans la salle des ancêtres*. Il fut mis à la tête de tous les ministres, et on garda le même cérémonial qu'on avait observé à l'élévation de l'empereur.

20. L'empereur dit : Hélas! Yu! maintenant Yeou-miao ne veut pas se soumettre; allez, Yu[1], allez le punir. Yu rassembla donc les princes tributaires[2], et publia ses ordres à l'armée, en ces termes : « Que chacun soit attentif dans son poste, et qu'il écoute mes ordres. Yeou-miao[3] est aveuglé, téméraire et sans foi ; il méprise tout le monde. Il se croit prudent ; il viole la loi, s'oppose à la raison, et foule aux pieds la vertu éternelle ; il se sert de gens vils et méprisables, et laisse dans les déserts ceux qui sont sages. Au lieu de protéger les peuples, il les abandonne. Le ciel a résolu sa perte ; c'est pour cela que je vous ai fait venir. J'ai ordre de l'empereur d'aller punir ce coupable ; réunissez vos forces, soyez unis ; ceux qui se distingueront par leurs belles actions, recevront des récompenses. »

21. Après trente jours, les peuples de *Miao* persistaient encore dans leur désobéissance ; alors Y parla à *Yu* avec beaucoup de force, en ces termes : « C'est par la seule vertu qu'on peut émouvoir le ciel ; il n'est point de lieu si éloigné où elle ne pénètre ; l'orgueil le fait souffrir mais l'humilité lui donne des forces ; telle est la loi du ciel. Quand autrefois l'empereur était à *Li-chan*[4], il allait chaque jour cultiver la terre, et il invoquait en pleurant le ciel miséricordieux, son père et sa mère. Il rejetait sur lui-même toutes les fautes, et s'avouait coupable. En servant avec respect son père Kou-seou, il le touchait ; et Kou-seou se corrigea sincèrement à la vue de la modestie, de la réserve et de la crainte respectueuse de son fils. Les esprits se laissent toucher par un cœur sincère, à plus forte raison devons-nous l'espérer d'Yeou-miao. » Yu, après avoir entendu un discours si sublime, salua Y, et dit : Rien n'est plus vrai. Ensuite ayant rangé

* 神宗 *chin-tsoung*, salle des Esprits des morts.
(G. P.)

[1] Meng-tse, auteur d'une très-grande autorité, dit que Chun proposa Yu au ciel pendant dix-sept ans ; c'est-à-dire, que Yu fut dix-sept ans collègue de Chun.

[2] [Le père Gaubil a mis partout *regulos* ; j'ai cru devoir substituer à ce terme, *princes tributaires* ou *princes vassaux*.] (D.)

[3] *Yeou-miao* est le nom d'un vassal du sud. Le nom de *Miao* est tantôt celui des princes des peuples appelés 苗, *Miao*, tantôt c'est le nom de ces peuples répandus dans quelques provinces. Ils ne sont soumis que de nom ; et ils ont leurs lois, leur langue propres. Encore aujourd'hui les Chinois se servent à peu près des mêmes termes de Yu, quand ils parlent de ceux qui ils sont en guerre.

[4] *Li-chan* est le nom de la première demeure de Chun, avant qu'il fût empereur ; voyez les notes du chapitre *Yao-tien*, page 47, § 12.

l'armée, il donna l'ordre pour se retirer. Depuis ce temps, l'empereur s'appliqua de plus en plus à vivre en paix, et à faire fleurir partout la vertu. Il fit faire, entre les deux escaliers[1], des danses[2] avec des boucliers et avec des étendards. Soixante et dix jours après, Yeou-miao vint, et se soumit.

CHAPITRE IV,

INTITULÉ

皋陶謨 KAO-YAO-MO.

SOMMAIRE.

Ce chapitre n'offre que des conseils et des préceptes sur le gouvernement, donnés par le ministre Kao-yao sous le règne de Chun. Son titre signifie *conseils et avis de Kao-yao*. Ce chapitre est dans les deux textes ; mais dans ce nouveau il est réuni au chapitre suivant, intitulé *Y-tsi*.

Chun. Kang-mo, 2255, 2206 ; Tsou-chou, 2102, 2049, avant J. C.

1. Ceux qui ont examiné l'histoire, et les paroles de l'ancien Kao-yao, lui font dire : Si un prince est véritablement vertueux, on ne lui cachera rien dans les conseils, et ses ministres seront d'accord. Yu dit : Cela est juste, mais expliquez-vous. Kao-yao continua ainsi avec satisfaction : Celui qui s'occupe à se perfectionner dans la vertu[3], doit s'en occuper éternellement ; il doit mettre l'ordre dans les neuf degrés de consanguinité : alors les gens sages viendront de tous côtés, et l'animeront par leurs exemples et par leurs conseils ; c'est ainsi qu'en partant de près on va très loin. Yu, à ce discours si sage, fit la révérence à Kao-yao, et dit : Vous parlez juste.

2. Kao-yao dit : Oui, un prince doit bien connaître les hommes, et mettre l'union parmi les peuples. Yu dit : Hélas ! l'empereur 4 même a bien de la peine à réussir dans ces deux choses. Si un prince connaît bien les hommes, il n'emploie que les sages dans

[1] Quand on parle des deux escaliers, on suppose connue la situation des bâtiments où étaient ces deux escaliers ; mais cette connaissance manque aujourd'hui. [Dans les tables du livre intitulé *Y-li*, on voit des plans pour les cérémonies. Il y a entre autres deux escaliers par lesquels montaient, chacun de leur côté, les princes vassaux de l'orient et de l'occident.] (D.)

[2] Dans ces temps anciens, la danse était en honneur à la Chine, et elle faisait partie du culte religieux. S'il en faut croire les historiens postérieurs, il y avait des collèges établis pour apprendre aux enfants des grands et des ministres les différentes danses alors en usage, à faire les révérences dans les cérémonies et les exercices militaires, parce que les danseurs tenaient en main des armes et des étendards. On voit ici le grand précepte de Confucius, qu'il faut 1° se régler et se réformer soi-même, 2° sa famille, 3° le royaume, 4° l'empire. [Voyez ci-après le commencement du *Ta-hio* ou de la *Grande Étude*.]
(G. P.)

[3]

[4] Yu ne prétend pas accuser Yao et Chun ; mais il veut faire voir la difficulté d'avoir les deux choses dont Kao-yao parle ; et il veut dire que si Yao et Chun n'ont pu éviter les maux causés par de mauvais sujets, il faut s'attendre à de bien plus grands maux sous d'autres princes.

les fonctions publiques; s'il est humain et bienfaisant pour le peuple, son cœur généreux et ses libéralités le font aimer; si, à un cœur bienfaisant et généreux, il joint la prudence, il n'aura rien à craindre de Hoan-teou, il ne lui sera pas nécessaire d'exiler Yeou-miao, et il ne redoutera point les discours artificieux des hypocrites et des méchants*.

3. Kao-yao dit : Dans les actions, il y a neuf vertus à considérer : cet homme a de la vertu, dit-on; mais il faut voir ce qu'il fait. Yu dit : Comment donc? — Kao-yao répondit : Celui-là est homme de bien, qui sait unir la retenue avec l'indulgence, la fermeté avec l'honnêteté, la gravité avec la franchise, la déférence avec de grands talents, la constance avec la complaisance, la droiture et l'exactitude avec la douceur, la modération avec le discernement, l'esprit avec la docilité, et le pouvoir avec l'équité; celui-là est, à juste titre, appelé homme sage, qui pratique constamment ces neuf vertus.

4. Celui qui tous les jours pratique trois de ces vertus, et en donne des exemples, est en état de gouverner sa famille. Celui qui, avec respect et avec attention, pratique constamment six de ces vertus, et en donne des exemples, est en état de gouverner un royaume. Si un prince s'attache à rassembler de tous côtés les hommes vertueux pour s'en servir, ceux qui se distinguent par les neuf vertus, feront tous leurs efforts pour être employés les uns dans les postes qui demandent de grands talents, les autres, dans ceux qui ne sont pas si importants; les fonctionnaires publics sans jalousie ne penseront qu'à s'animer à bien faire; et ceux qui se distinguent dans les différents arts, suivant les saisons, s'appliqueront à toutes sortes d'ouvrages, selon les cinq Tchin[1].

5. Les grands vassaux ne doivent point apprendre de vous l'usage des plaisirs : soyez sans cesse sur vos gardes; dans l'espace d'un ou de deux jours, il se trouve une infinité de rencontres délicates; veillez à ce que vos fonctionnaires publics ne négligent pas leur emploi. Ils gèrent les affaires du ciel[1], et c'est de lui qu'ils tiennent leur mission*.

6. Parce que les cinq enseignements viennent[2] du ciel, nous les prenons pour la règle de notre conduite, et nous faisons grand cas de la distinction des cinq états sociaux[3]. Parce que le ciel a fait la distinction des cérémonies, nous prenons ces cinq cérémonies pour des lois immuables. Nous observons de concert les règles du respect et de la déférence, de la concorde et de l'équité. Parce que le ciel donne un mandat spécial aux hommes, distingués par leur vertu**, il veut qu'ils soient reconnus à cinq sortes d'habillements[4]. Parce que le ciel punit les méchants, on emploie les cinq supplices. L'art de gouverner mérite qu'on y pense sérieusement.

7. Ce que le ciel[5] voit et entend n'est que ce que le peuple voit et entend. Ce que le peuple juge digne de récompense et de punition, est ce que le

---

* Le philosophe YANG a dit : Connaître les hommes, maintenir le peuple dans la tranquillité et l'harmonie par sa conduite humaine et bienfaisante, c'est là le but principal, la substance du livre (ou discours) de KAO-YAO. Les neuf vertus et ce qui en dérive, déterminées dans le paragraphe suivant, sont nécessaires à posséder pour connaître les hommes; les rapports sociaux déterminés par la loi [les devoirs relatifs au souverain et au sujet, au père et au fils, aux frères aînés et aux frères cadets, au mari et à la femme, et aux amis entre eux], et écrits dans la loi, sont les règles à observer pour se conduire convenablement envers le peuple. Il est impossible, sans connaître les hommes, de pouvoir les gouverner convenablement. (G. P.)

[1] Les cinq 辰 tchin sont les cinq choses les plus nécessaires, le bois, le feu, la terre, les métaux, l'eau. Tchin est exprimé par un caractère qui signifie en général temps, saisons. Selon quelques interprètes, ces cinq choses peuvent s'exprimer par les cinq planètes Saturne, Jupiter, Mars, Vénus, Mercure. Selon ces mêmes interprètes, ces cinq planètes président aux saisons de l'année.

[1] Voyez ce qui est dit dans les notes du vingt-quatrième et vingt-cinquième paragraphes du chapitre Chun-tien, ou second chapitre, page 51.

* Par 天工 thian-koung, artisans ou ouvriers du ciel, on entend, dit Tsaï-chin, les hommes sages qui gèrent à sa place, selon les principes de la raison, les affaires publiques : ce que gouvernent ou administrent la foule de magistrats ou fonctionnaires publics, ne sont rien autre chose que les affaires du ciel.
L'ancien commentaire Tching-y dit à ce sujet : « Les lois,
« les rits, les récompenses et les châtiments, tout vient du
« ciel. Sa volonté est de récompenser les bons et de punir les
« méchants; car il n'y a que le bien ou le mal qui soit récom-
« pensé ou puni du ciel. Et quand il punit, ou qu'il récom-
« pense, il n'y a ni grands ni petits qui puissent lui échap-
« per. » (G. P.)

[2] Les cinq enseignements sont les cinq règles du deuxième paragraphe du chapitre Chun-tien, ou second chapitre, p. 48.
Ils sont appelés ici 五典 Ou-tien.

[3] Voyez la note du paragraphe précédent.

** 天命有德 thian ming yeou te; le père Gaubil avait traduit : « Parce que le ciel met au-dessus des autres les gens distingués par leurs vertus. » Nous croyons notre traduction plus fidèle et plus conforme à l'esprit du Chou-king. (G. P.)

[4] [Les cinq sortes d'habillements 五服 Ou-fou. Les Chinois avaient distingué les états et les conditions par la différence des habits; et cet usage subsiste encore. On appelle les robes de cérémonies : Ming-fou; c'est une longue robe qui tombe jusqu'aux pieds, et qui traîne par derrière. Sur le devant comme sur le dos, sont brodées des figures d'animaux ou d'oiseaux, suivant la qualité de ceux qui les portent. Par-dessus cette robe est une ceinture ou massif, large de quatre doigts : elle est chargée de figures, ou de montagnes, ou de rochers, ou d'arbres, ou de fleurs, ou de caractères anciens, ou d'oiseaux, ou d'animaux, suivant la charge que l'on occupe ou le rang que l'on tient. Anciennement les bonnets que l'on portait avaient encore la marque distinctive de l'état des personnes; chaque ministre ou officier, suivant sa place, portait un bonnet plus ou moins orné.] (D.)

[5] On voit ici des idées bien contraires à celles que quelques Européens, peu instruits du Chou-king, ont données d'un ciel matériel, sans connaissance et sans autorité sur les hommes, honoré par les Chinois même anciens. Ce serait bien s'aveugler que de penser que les textes qu'on voit ici ne sont que des textes qui expriment l'athéisme.

ciel veut punir[1] et récompenser. Il y a une communication intime entre le ciel et le peuple [*] : que ceux qui gouvernent les peuples soient donc attentifs et réservés!

8. Kao-yao ajouta : Ce que j'ai dit est conforme à la raison, et peut être mis en pratique. Oui, dit Yu ; on peut acquérir de la gloire en le pratiquant. Ah! répondit Kao-yao, je ne le sais pas encore ; je n'ai prétendu, par mon discours, qu'animer et qu'exhorter.

CHAPITRE V,

INTITULÉ

益稷 Y-TSI.

SOMMAIRE.

[*] Ce chapitre est intitulé *Y-tsi*, du nom de deux ministres, l'un nommé Y et l'autre Tsi ou Heou-tsi, dont il y est fait mention. Yu, qui fut depuis empereur, y donne encore des avis à Chun. Ce chapitre, dans le nouveau texte, est réuni au précédent, au lieu que dans l'ancien il en est séparé, et forme un chapitre particulier.

CHUN. Kang-mo, 2255, 2206 ; Tsou-chou, 2102, 2049, avant J. C.

1. L'empereur dit : Venez, Yu, donnez-moi de sages conseils. Yu salua et dit : Ah! empereur! que puis-je vous dire? tous les jours je m'efforce de bien faire. A ces paroles, Kao-yao dit : Expliquez-vous. Yu continua ainsi : Quand la grande inondation[2] s'éleva jusqu'au ciel, quand elle environna les montagnes et couvrit les lieux élevés, le peuple troublé fut submergé [**] par les eaux ; alors je montai sur les quatre moyens de transport[3], je suivis les montagnes, et je coupai les bois. Avec Y, je fis des provisions de grains et de chair d'animaux pour faire subsister les peuples. Dans les neuf parties de l'empire, je ménageai des lits pour les rivières, et je les fis couler vers les quatre mers. Au milieu des campagnes, je creusai des canaux pour communiquer avec les rivières. Aidé de Tsi[4], j'ensemençai les terres, et, à force de travail, on en tira de quoi vivre. On joignit la chair des animaux aux poissons, et les peuples eurent de quoi subsister. Par mes représentations, je vins à bout de faire transporter des provisions dans les endroits qui en manquaient ; et en ayant fait des amas, je fis faire des échanges ; ainsi l'on eut partout des grains. Ensuite on fit la division des départements ; on leur donna une forme de gouvernement qui s'exécuta. Kao-yao dit : C'est bien ; un discours si sage est pour nous d'un grand exemple.

2. Yu dit : Oh! vous empereur, qui êtes sur le trône, soyez attentif. L'empereur dit : Vous avez raison. Yu ajouta : Déterminez l'objet[1] qui doit vous fixer ; examinez bien les occasions où il faut délibérer et agir ; et pensez à rendre invariables et la délibération et l'exécution. Si vos ministres sont fidèles et d'accord entre eux, ils attendront votre résolution : vous recevrez clairement les ordres du Chang-ti[2] ; le ciel vous comblera de ses faveurs, et redoublera ses bienfaits.

3. L'empereur dit : Un ministre ne me touche-t-il pas de bien près? et celui qui me touche de bien près n'est-il pas un ministre? Yu dit : Rien n'est plus vrai.

4. L'empereur dit : Un ministre me sert de pied, de main, d'oreille et d'œil. Si je pense à gouverner et à conserver les peuples, vous êtes mon secours : s'il faut répandre mes bienfaits dans les quatre parties de l'empire, vous les distribuez ; si, lorsque je vois la figure des anciens habits[3], je veux en faire de semblables, sur lesquels le soleil, la lune, les étoiles, les signes, les montagnes, les serpents et les oiseaux de diverses couleurs soient représentés, sur lesquels l'on voie en broderie le *tsong-y*[4], les herbes des eaux, le feu, le riz, les haches, les cognées avec leurs diverses couleurs ; leurs jours et leurs ombres, vous êtes en état de faire ces sortes d'habits. Quand je veux entendre la musique[5], les cinq sons, les huit modulations, j'examine ma bonne ou mauvaise conduite, je souhaite qu'on m'offre ces chants qui sont adaptés aux cinq sons ; vous savez tout distinguer.

5. Si je fais des fautes, vous devez m'en avertir ;

---

[1] Plusieurs fois les Chinois ont abusé de ces paroles, quand il y a eu des révolutions et des mécontents.
[*] Littéralement : *entre le haut et le bas.*
« Ce paragraphe signifie, dit *Tsai-chin*, qu'il y a un seul et même principe rationnel de conduite pour le ciel et les hommes [réunis en nation]. Ils communiquent entre eux sans intermédiaires. Ce que le cœur des hommes conserve, c'est ce que la raison céleste possède aussi ; et ce que notre intelligence révère, c'est ce que le ciel et le peuple révèrent également. » (G. P.)
[2] Il faut joindre ceci à ce qu'on dira dans le chapitre *Yu-kong*, qui suit, pour savoir ce qui se fit après l'inondation arrivée sous Yao.
[**] C'est le sens que comporte le caractère 墊 *tien*, auquel *Tsai-chin* donne pour synonyme 溺 *nie*. (G. P.)
[3] Les quatre 載 *tsai* étaient des barques pour les rivières, des voitures pour les montagnes, les marais, les plaines.
[4] *Tsi* est *Heou-tsi*, tige des empereurs de la dynastie Tcheou.

[1] Cet objet, qui doit fixer, est le souverain bien, selon les interprètes : c'est la raison naturelle, la raison qui éclaire, qui nous a été donnée par le ciel. [Voyez le commencement du *Ta-hio*.] (G. P.)
[2] 上帝 *Chang-ti* est le souverain maître du ciel et de la terre, selon les livres classiques chinois. Ces deux caractères paraissent souvent dans le Chou-king.
[3] Il est remarquable que Chun, qui est si ancien, parle de la figure des habits des anciens ; ces figures étaient sans doute des figures ou tableaux des anciens.
[4] Le *Tsong-y* était une coupe dont on se servait dans les cérémonies pour les ancêtres.
[5] On voit encore ici l'antiquité de la musique et de la poésie chinoises, aussi bien que son utilité, et la fin qu'on se proposait.

vous seriez blâmables si, en ma présence, vous m'applaudissiez, et si, éloignés de moi, vous parliez autrement; respectez l'état des quatre[1] ministres qui sont près de moi.

6. Si un homme inconsidéré prononce des paroles qui puissent faire tort et causer de la discorde, faites-le tirer à un but, pour vérifier ce qu'il a dit; frappez-le, afin qu'il s'en souvienne, et tenez-en registre; s'il promet de se corriger et de vivre avec les autres, mettez ses paroles en musique, et que chaque jour on les lui chante; s'il se corrige, il faut en avertir l'empereur; alors on pourra se servir de cet homme, sinon qu'il soit puni.

7. Yu dit : Ces paroles sont justes : la réputation et la gloire de l'empereur sont parvenues jusqu'aux bords de la mer et aux extrémités du monde. Les sages de tous les royaumes souhaitent d'être à votre service; tous les jours vous récompensez le mérite, vous examinez soigneusement ce qu'on dit et ce qu'on fait. Quand on voit de si grandes récompenses en habits et en chars, qui oserait manquer à la déférence, au respect et à l'honnêteté qu'on se doit réciproquement? Si cela n'arrivait pas, peu à peu on viendrait à ne faire aucun effort pour se rendre recommandable par ses mérites.

8. Ne soyez pas comme Tan-tchou[2], superbe, entreprenant, aimant la dissipation, cruel et plongé jour et nuit dans l'inquiétude; dans les endroits même où il n'y avait pas d'eau, il voulait aller en barque; dans sa maison, il vivait avec une troupe de débauchés, et s'adonnait à toutes sortes d'impudicités; aussi ne succéda-t-il pas au trône de son père. Pour éviter de pareilles fautes, je me mariai avec la fille du prince de Tou-chan[3] (et je restai avec elle pendant les jours), sin, gin, kouei, kia[4]. Dans la suite, quoique j'entendisse les cris de Ki[5] (mon fils), je ne disais pas : O mon cher fils! je ne pensais qu'au grand ouvrage de mettre en état les terres de l'empire. Je mis en ordre les cinq grandes divisions de l'empire[6]; je parvins jusqu'à une distance de cinq mille (li)[7]; chaque Tcheou eut douze

[1] On met *quatre ministres*. Cette expression dénote en général tous les mandarins qui étaient près de l'empereur. On met *quatre*, parce qu'on les appelle les yeux, les oreilles, les pieds et les mains de l'empereur.
[2] Tan-tchou était fils de l'empereur Yao. Il paraît, par ce texte, qu'il avait contracté des alliances criminelles.
[3] *Tou-chan* est, dit-on, un lieu qui relève de la ville de Fong-yang-fou dans le Kiang-nan.
[4] On sait que le cycle chinois de soixante est composé de deux autres cycles, l'un de dix et l'autre de douze : *Sin, Gin, Kouei, Kia* sont quatre caractères du cycle particulier de dix. Ces dix caractères ont quelquefois anciennement exprimé les jours. Or, selon les interprètes, Yu veut dire que s'étant marié, il resta avec sa femme les quatre jours nommés *Sin, Gin, Kouei, Kia*.
[5] *Ki* est le nom du fils d'Yu; ce fut depuis l'empereur Ki.
[6] L'empire était aussi divisé en cinq grands districts appelés 服 *Fou*.
[7] Les commentateurs disent que par *cinq mille* on entend cinq mille *Li* ou stades chinois.

chefs; et au dehors je renfermai dans leurs bornes les quatre mers. Cinq autres choses furent établies, et je réussis dans mon entreprise. L'inconsidéré Miao ne vint pas se soumettre; prince, vous devez faire attention à cela. L'empereur répondit : C'est vous, Yu, qui par vos vertus avez réussi à porter le peuple à faire le bien, dont je lui donnais des leçons. Ka-yao a donné un grand éclat à votre ouvrage, par les cinq supplices qu'il a sagement publiés et employés; et il est pénétré d'estime pour votre conduite.

9. Kouei[1] dit : Lorsque l'on fait résonner le *Ming-kieou*[2]; lorsque l'on touche la lyre nommée *Kin* et la guitare nommée *Ssé*[*], et qu'on les accompagne de chansons, le grand-père et le père se rendent présents[3]; l'hôte[4] d'Yu est sur son siége, tous les princes vassaux se font beaucoup d'honnêtetés. Au-dessous les sons des flûtes, du petit tambour appelé *tao-kou*, commencent et finissent en même temps que le *Tchou* et le *Yu*[5]. Les orgues et les petites cloches[6] retentissent tour à tour, les oiseaux et les animaux tressaillent de joie. Le *Fong-hoang*[7] bat des ailes quand il entend les neuf accords de la musique *Siao-chao*[8].

10. Kouei[9] dit encore : Quand je frappe ma pierre, soit doucement, soit fortement, les bêtes les plus féroces sautent de joie, et les chefs des fonctionnaires publics sont d'accord entre eux.

11. L'empereur fit alors cette chanson :
Ceux qui respectent les ordres du ciel,

[1] *Kouei* est le nom du ministre qui présidait à la musique.
[2] *Ming kieou*, ou simplement *Kieou*, nom d'une pierre estimée qui rendait un son harmonieux.
[*] Voyez la figure de ces instruments de musique telle que la représente l'édition du *Chou-king*, intitulée *Ta thsiouan*, et notre *Description de la Chine*, t. I, pl. 2. (G. P.)
[3] [Dans les cérémonies des ancêtres, on chantait, et les ancêtres étaient censés participer à ces chansons.] (D.)
[4] *L'hôte d'Yu*. Il s'agit de Tan-tchou, fils de Yao. On fait allusion aux cérémonies faites à la mémoire de l'empereur Yao, mort. Tan-tchou, son fils, était le chef de la cérémonie, et était, au palais, traité aux dépens de l'empereur Chun, dont le titre était Yu.
[5] *Tchou* et *yu* étaient, dit-on, de petites pièces de bois ornées de figures et de caractères; c'étaient des instruments de musique.
[6] [Le père Gaubil a traduit ici clochettes et clavecins. La figure de ce second instrument, qui est dans le Chou-king, représente un amas de tuyaux dans lesquels on souffle; c'est plutôt une espèce d'orgue. — D.]
[7] Le *Fong-hoang* est le nom d'un oiseau fabuleux, dont la venue et l'apparition dénote, selon les Chinois, un roi illustre, un règne heureux. Je ne sais au juste ce qui a donné occasion à cette ancienne fable chinoise, ou à cette figure ou expression métaphorique.
[8] *Siao-chao* est le nom d'une musique de ce temps-là. [*Siao* est encore le nom d'un instrument de musique. En général, il est très-difficile de connaître ces instruments anciens, et de rendre en français le terme qui leur convient.] On voit que le texte de ce paragraphe est métaphorique, sur ce qu'il dit du *fong-hoang*, des bêtes féroces, du grand-père et du père morts, qui se rendent présents. Ces dernières paroles rappellent la maxime chinoise d'honorer les morts comme s'ils étaient en vie et présents à la cérémonie.
[9] *Kouei* voulait faire voir la beauté et les grands effets d'une musique bien exécutée.

Apportent une grande attention aux temps et aux circonstances.

Il fit encore la suivante :

Quand les ministres se complaisent dans leur devoir,

Le souverain [1] s'élève à un haut degré de splendeur ;

Tous les fonctionnaires publics coopèrent avec joie au bien général.

Kao-yao salua, et dit à haute voix : Il faut y bien penser. Quand vous exhortez les autres, et quand vous mettez la main à l'œuvre pour traiter les affaires, pensez que vous êtes un modèle qui doit servir d'exemple aux autres : soyez attentif à la fin qui doit terminer les affaires ; apportez-y toute votre attention. Puis il continua en chantant [2] :

Si l'empereur est sage et éclairé,

Les ministres s'acquittent bien de leurs devoirs,

Et toutes les affaires prospèrent.

Il chanta encore :

Si l'empereur n'a que des idées confuses et des inclinations basses,

Les ministres seront lents et paresseux ;

Les affaires iront en décadence.

L'empereur le salua, et dit : Cela est vrai ; allez, et soyez attentif sur vous-même.

SECONDE PARTIE,

INTITULÉE

夏書 HIA-CHOU [3]

CHAPITRE PREMIER,

INTITULÉ

禹貢 YU-KONG [4]

SOMMAIRE.

Le titre de ce chapitre signifie *tributs* ou *redevances assignés par Yu*. Il ne contient qu'une description de l'empire, faite par ce prince dans le temps qu'il était ministre d'Yao et de Chun ; ainsi tout ce détail appartient aux règnes précédents ; mais les écrivains postérieurs ont cru devoir rapporter ces travaux d'Yu dans l'histoire de son règne. Dans ce chapitre, on suppose l'empire divisé en neuf parties nommées Tcheou, mot qui signifie terre

[1] L'empereur est, dans ce paragraphe, désigné par le caractère qui exprime la *tête* ; et les officiers sont désignés par les caractères qui expriment les pieds et les mains.

[2] On voit encore ici l'ancienne coutume chinoise de mettre en musique les plus belles maximes pour le gouvernement.

[3] 夏 *hia* est le nom de la dynastie dont Yu fut le premier empereur.

[4] Dans 禹貢 *Yu Koung*, 貢 *Koung* exprime *tribut*, *redevance* ; 禹 *Yu* est le nom de l'empereur.

habitable au milieu des eaux. On commence par Ki-tcheou, où l'on suppose qu'était la cour d'Yao. Le père Gaubil, dans ses Observations astronomiques, tome III, page 12, dit « que les lieux dont il est parlé dans ce « chapitre sont si bien désignés, qu'on pourrait dresser « une carte d'une bonne partie de la Chine ; que les difficultés qu'on rencontrerait ne seraient pas plus considérables que celles qu'on éprouve pour la géographie de l'ancienne Gaule, etc. » Il dit encore que « quelques missionnaires, qui ont cru que dans ce chapitre il ne s'agissait pas de la Chine, se trompent. »

Yu. Kang-mo, 220s, 2198 ; Tsou-chou, 2049, 2042, avant J. C.

1. Yu, pour faire la division de la terre[*], suivit les montagnes, coupa les forêts, détermina quelles étaient les hautes montagnes et les grands courants d'eaux[**] (afin de régler les limites et reconnaître les lieux).

I. KI-TCHEOU.

2. Yu commença par la montagne Hou-keou[1], d'où il alla faire les réparations nécessaires à Leang et à Ki[2]. Après avoir fait la même chose à Tai-yuen[3], il conduisit ses ouvrages jusqu'au sud de la montagne Yo[4]. Il fit aussi ceux de Tan[5] et de Hoai, et les poussa jusqu'à Hong-tchang[6].

3. La terre de ce pays est blanche et friable. Les impôts sont du premier ordre, quelquefois plus bas. Le labourage est du cinquième ordre, ou de l'ordre moyen. Les rivières de Heng[7] et de Ouei eurent leur cours ; le pays de Ta-lou[8] devint labourable ; le tribut des barbares des îles, qui consiste en peaux et en étoffes pour vêtements, arriva par le Hoang-ho[9], laissant à droite Kie-chi[10].

II. YEN-TCHEOU.

4. La rivière de Tsi[11] et le fleuve Hoang-ho sont du territoire d'Yen [Yen-tcheou]. Les neuf rivières[12]

[*] Par la *terre* on doit entendre, dit *Tsaï-chin*, les neuf provinces de la Chine. (G. P.)

[**] On a cru pouvoir déduire de ce texte que Yu, pour faire les opérations de *nivellement*, connut les propriétés du triangle rectangle. Voyez ce qui en a été dit, page 50 de notre Résumé de l'histoire et de la civilisation chinoises, depuis les temps les plus anciens jusqu'à nos jours. (G. P.)

[1] *Hou-keou*, montagne dans le district de Ping-yang-fou, du Chan-si ; elle est située près de Kie-tcheou, sur le bord oriental du Hoang-ho.

[2] *Leang* et *Ki*, montagnes qui sont dans le district de Fuen-tcheou-fou, du Chan-si.

[3] *Tai-yuen*, pays où est la capitale appelée *Tai-yuen-fou*, du Chan-si.

[4] *Yo*, montagne du district de Ping-yang-fou, près de la ville de Yo-yang-hien.

[5] *Tan*, pays de Hoai-king-fou, dans le Ho-nan.

[6] *Hong-tchang*, jonction de deux rivières du Chan-si, qui se jettent dans le Hoang-ho.

[7] *Heng* et *Ouei*, deux rivières qui viennent du district de Tchin-ting-fou, du Pe-tche-li.

[8] *Ta-lou*, pays de Chun-te-fou, dans le Pe-tche-li.

[9] Dans le texte, le *Hoang-ho* s'appelle simplement *Ho*, rivière. Par l'histoire chinoise, il est constant qu'il n'y a pas longtemps que le Hoang-ho passait du Ho-nan dans le Pe-tche-li. J'ai parlé de cela assez au long dans l'histoire de la dynastie des Yuen.

[10] *Kie-chi*, montagne près de Yong-ping-fou, du *Pe-tche-li*.

[11] *Tsi*, rivière du Chan-tong.

[12] On ne sait pas bien l'endroit de ces neuf rivières. Selon les interprètes, il y en avait quelques-unes dans le district

reprirent leurs cours habituel. Le grand amas d'eau nommé Loui-hia[1] fut fait. Les deux rivières Yong[2] et Tsou[3], qui se joignent, reprirent également leur cours; on put planter des mûriers[4], nourrir des vers à soie, et descendre des hauteurs pour habiter les plaines.

5. La terre d'Yen-tcheou est noire, grasse et argileuse. Il y a beaucoup de plantes et de grands arbres. Les impôts sont du neuvième ordre, et le labourage, du sixième. Après avoir été labourées pendant treize ans, les terres furent comme les autres. Ce qui vient de ce pays consiste en vernis et en soie écrue. Ce qui se met dans les caisses de réserve, consiste en tissus de diverses couleurs, et se transporte, par le Tsi et le To[5], sur le fleuve Hoang-ho.

III. TSING-TCHEOU.

6. La mer et la montagne Tai[6] sont du pays de Tsing [*Tsing-tcheou*]; les barbares de Yu[7] furent rangés à leur devoir; et le cours des rivières de Ouei et de Tsi fut tracé.

7. La terre de cette province est blanche, grasse et argileuse. La côte de la mer est longue et stérile. Le labourage est du troisième ordre, et les impôts, du quatrième. Ce qui vient de là consiste en sel, en toiles fines, et en toutes sortes de productions de la mer, en soie écrue de la montagne Tai, en chanvre, en étain, en bois de pin et en pierres précieuses. Les barbares de Lai[8] nourrissent des bestiaux. Ce qu'on met dans les caisses de réserve consiste en soie écrue des montagnes. On navigue sur la rivière Ouen[9] pour entrer dans celle de Tsi.

IV. SU-TCHEOU.

8. La mer, la montagne Tai et la rivière Hoai[10], sont du territoire de Sou [*Su-tcheou*]. Les réparations nécessaires furent faites aux bassins du Hoai et du Y. On put labourer la terre de Meng[11] et d'Yu.

On fit le lac Ta-ye[1], et Tong-yuen[2] fut en état.

9. La terre [dans cette province] est rouge, grasse et argileuse. Les plantes et les arbres y croissent en grande abondance. Le labourage est du second ordre, et les impôts, du cinquième. Ce qui vient de là consiste en terre des cinq couleurs, en plumes de poules de montagnes, en bois de Tong[3], qui croît sur la partie méridionale de la montagne Y[4], en pierres dites *King*, du rivage de la rivière Sse[5] en perles que pêchent les barbares du Hoai, et en poissons. Ce qu'on met dans les caisses de réserve consiste en pièces de soie rouges, noires et blanches. Par les rivières de Hoai et de Sse on entre dans le Hoang-ho.

V. YING-TCHEOU.

10. Le Hoai[6] et la mer entrent dans la province de Yang [Yang-cheou]. Yu forma le lac Pong-li[7]; et l'oiseau Yang eut de quoi se reposer. Les trois[8] Kiang[9] eurent leur embouchure, et on remédia au débordement du grand lac Tchin-tse[10].

11. Les grands et les petits bambous croissent avec abondance dans cette province. Il y a beaucoup d'herbes et de plantes; les arbres sont hauts, et la terre est couverte de marais. Le labourage est du neuvième ordre, et les impôts, du septième, tantôt plus, tantôt moins. Ce qui vient de là consiste en or, en argent, en cuivre, en pierres précieuses, en bambous, en dents[11], en peaux, en plumes d'oiseaux, en poil de bêtes, en bois, en habits faits d'herbes, que les barbares des îles travaillent. Dans les caisses de réserve on met des coquillages et des tissus de diverses couleurs. On a grand soin des oranges et des pamplemousses [yeou] pour les offrir à l'empereur, selon les ordres qu'il donne. On va du Kiang[12] dans la mer, et de la mer dans les rivières Hoai et Sse.

VI. KING-TCHEOU.

12. La montagne King[13], et la partie méridionale de la montagne Hong[14], sont du territoire de King

---

de *Ho-hien-fou*, du Pe-tche-li. Il y a apparence que Yu fit aller le Hoang-ho dans la mer par plusieurs canaux.
[1] *Loui-hia*, dans le district de Po-tcheou, du Chan-tong.
[2] *Yong* était un bras du Hoang-ho.
[3] *Tsou*, un bras de la rivière de Tsi.
[4] Des mûriers, des vers à soie, du vernis, au temps d'Yao, sont choses dignes de remarque.
[5] *To*, bras du Hoang-ho.
[6] *Tai*, montagne dans le district de Tsi-nan-fou, capitale du Chan-tong; c'est la montagne Tai-tsong dont on a parlé dans le chapitre Chun-tien.
[7] *Yu* est dans le pays Teng-tcheou-fou, du Chan-tong; c'est le caractère *Yu* du pays dont il est parlé dans le Yao-tien, et où Yao voulait qu'on observât l'équinoxe du printemps, suivant ce que disent les interprètes.
[8] *Lai* est le pays où est aujourd'hui Lai-tcheou-fou, du Chan-tong.
[9] *Ouen* est une rivière du Chan-tong.
[10] La rivière *Hoai* donne son nom à la ville de Hoai-gan-fou, du Kiang-nan.
[11] *Meng* et *Yu* sont deux montagnes : la première, dans le district de Yen-tcheou-fou, du Chang-tong; la seconde, dans le district de Hoai-gan-fou, de la province de Kiang-nan.

[1] *Ta-ye*, lac dans le district de Yen-tcheou-fou, du Chan-tong.
[2] *Tong-yuen* est Tong-ping-tcheou, dans le même district.
[3] L'arbre appelé *Tong* produit de quoi faire une huile de ce nom, fort utile et estimée à la Chine, à cause de ses usages.
[4] La montagne *Y* est près de Pi-tcheou, du district de Hoai-gan-fou, du Kiang-nan.
[5] La rivière *Sse* est dans le Chan-tong.
[6] J'ai déjà parlé de la rivière *Hoai* et de celle de *Sse*.
[7] Le lac *Pong-li* est le lac Po-yang, dans le Kiang-si.
[8] *Tchin-tcho* est le grand lac près de Sou-tcheou, du Kiang-nan.
[9] *Kiang* signifie rivière.
[10] Les trois *Kiang* ou rivière sont des canaux qui étaient à Song-kiang-fou et à Sou-tcheou-fou, du Kiang-nan.
[11] Les interprètes disent qu'il faut expliquer *dents d'éléphants*; supposé qu'il n'y eût pas d'éléphant dans Yang-tcheou, on pouvait en apporter d'ailleurs; peut-être aussi s'agit-il de dents de quelque autre animal.
[12] C'est ici le nom d'une grande rivière.
[13] La montagne *King* est dans le district de Siang-yang-fou, du Hou-kouang.
[14] La montagne *Heng* est dans le district de Heng-tcheou-fou, dans la même province.

[King-tcheou]. Le Kiang[1] et le Han, après leur jonction, vont à la mer. Les neuf rivières[2] furent fixées. Le To[3] et le Tsien eurent leur cours. On desséscha le Young[4], et on put labourer la terre de celui de Mong.

13. Le sol de cette province est marécageux. Le labourage est du huitième ordre; les impôts, du troisième. On tire de là des plumes d'oiseaux, des poils de bêtes, des dents, des peaux, de l'or, de l'argent, du cuivre, du bois appelé *Tchun* pour faire des flèches, d'un autre bois nommé *kou*, du cyprès, des pierres nommées *li-tchi*, propres à moudre, et du sable. Les trois petits royaumes [*Pang*] donnent du bambou, appelé *kiouen-lou*, et du bois dit *hou*. On y fait des rouleaux de fagots de l'herbe appelée Thsing-kia. Dans les caisses de réserve, on met des pièces de soie noire et rouge, des ceintures ornées de pierres précieuses. On tire de grandes tortues des neuf rivières; le transport se fait par le Kiang, le To et le Tsien; on va ensuite par terre à la rivière Lo[5], et de là au Hoang-ho méridional.

VII. YU-TCHEOU.

14. La montagne King et le Hoang-ho sont compris dans la province de Yu [Yu-tcheou]. On fit écouler dans le Hoang-ho les eaux de Y, de Lo, de Tchan et de Kien. On fit les lacs Yng et Po; et après avoir achevé les réparations nécessaires à Ko-tse, on conduisit les ouvrages à Mong-tchou[6].

15. La terre est friable, grasse et argileuse; le labourage est du quatrième ordre, et les impôts, du second, quelquefois plus, quelquefois moins. Ce qu'on tire de là consiste en vernis, chanvres, toiles fines. Dans les caisses de réserve, on met du fil de coton. Selon les ordres du prince, on en apporte des pierres pour polir. On s'embarque sur le Lo pour entrer dans le Hoang-ho.

VIII. LEANG-TCHEOU.

16. Le sud de la montagne Hoa[7] et le He-choui [eau noire][1] sont compris dans la province de Liang [Liang-tcheou]. On rendit Min[2] et Po[3] labourables; le To et le Tsien[4] reprirent leur cours. Quand Tsai[5] et Ming furent en état, on fit la cérémonie Liu[6], en l'honneur des esprits des montagnes, et on acheva les ouvrages de Ho-y[7].

17. La terre est verte et noire. Le labourage est du septième ordre, et les impôts, du huitième; il y a trois différences. On tire de là des pierreries, du fer, de l'argent, de l'acier, des pierres *Nou* et *King*, des peaux de diverses façons d'ours, de renard, de chat sauvage. On vient de la montagne Si-king[8], en suivant le Hoang on s'embarque sur le Tsien[9], et on passe le Mien; on entre dans le Ouei, et on passe le Hoang-ho.

IX. YONG-TCHEOU.

18. Le He-choui et le Hoang-ho occidental[10] sont compris dans la province de *Young* [Yong-tcheou]. Le réservoir d'eau nommé *Jo*[11] fut dirigé à l'ouest. King et Ouei furent unis au Joui. Les rivières Tsi et Tsou eurent leur cours réglé, et les eaux de Fong coulèrent ensemble.

19. On fit la cérémonie aux esprits des montagnes[12] à celles de Kien et de Ki[13]. On vint aux montagnes Tchong-nan, Tun-vou et Niao-chou; et après avoir achevé les ouvrages des lieux bas, on alla à Tchou-ye[14]. Le pays de San-Ouei[15] devint habitable, et les San-miao se corrigèrent.

20. La terre de cette province est jaune et friable; le labourage est du premier ordre, et les impôts, du sixième. On tire de là des pierreries et des perles.

21. On s'embarque à Tsi-che[16], et l'on va à Long-men[17], ou Hoang-ho occidental; on se rencontre[18] à l'embouchure de Ouei et de Joui.

---

[1] Le *Kiang* et le *Han* sont deux grandes rivières. Le Han entre dans le Kiang, près de Han-yang-fou, du Hou-kouang. La jonction de ces deux rivières est très-propre pour reconnaître les pays dont il est question.
[2] Le lac *Toung-ting-hou*, du Hou-kouang, porte le nom des neuf rivières, parce que neuf rivières ou y entrent ou en sont près.
[3] *To* et *Tsien* sont des branches du Kiang et du Han.
[4] *Young* et *Meng* étaient des lacs qui ont donné leur nom aux pays de Gan-lo, Te-gan, Hia et Hoa, dans le Hou-kouang.
[5] La rivière *Lo* se jette dans le Hoang-ho, dans le Ho-nan; et le Hoang-ho a le nom d'austral, par rapport au pays de Ping-yang-fou, du Chan-si, où était la cour.
[6] *Yng, Po, Ko-tse* et *Mong-tchou* sont quatre lacs de ce temps-là; *Mong-tchou* est dans le district de Kouei-te-fou, du Honan; *Ko-tse* est dans le district de Tsao-tcheou, du Chan-tong; *Yng* est dans le district du Ho-nan-fou, dans la même province.
[7] La montagne *Hoa* est près de Hoa-yn, dans le district de Si-gan-fou.

[1] *He-choui* vient de près de Sou-tcheou, du Chen-si.
[2] La montagne *Min* est dans le district de Tching-tou-fou, du Se-tchouen.
[3] La montagne *Po* est dans le district de Kong-tchang-fou, du Chen-si.
[4] *To* et *Tsien*, bras des rivières Kiang et Han, différents de ceux qui sont du King-tcheou.
[5] *Tsai* et *Mong*, montagnes dans le Se-tchouen.
[6] La cérémonie *Liu* ou *Lu* était pour honorer les esprits des montagnes.
[7] *Ho-y* est un pays dans la même province.
[8] *Si-king* est Tao-tcheou, du Chen-si.
[9] *Tsien* et *Ouei* sont des rivières du Chen-si.
[10] Le *Hoang-ho* occidental est le Hoang-ho qui est à l'ouest de Ping-yang-fou, du Chen-si. La cour était près de Ping-yang-fou.
[11] *Jo-choui* est près de Kan-tcheou, dans le Chen-si.
[12] La cérémonie *Liu* est, comme j'ai dit, pour les esprits des montagnes.
[13] *Kien* et *Ki*, *Tchong-nan*, *Tun-vou*, *Niao-chou* sont des montagnes du Chen-si.
[14] *Tchou-ye* est près de Leang-Tcheou, du Chen-si.
[15] *San-Ouei*, montagne près de Cha-tcheou, à l'ouest du Chen-si. C'est là que le prince des San-miao avait été exilé.
[16] *Tsi-che* est une montagne près de Ho-tcheou, sur les frontières du Chen-si et du Ko-konor.
[17] *Long-men* est une fameuse montagne le long du Hoang-ho, près de la ville Han-tching, du district de Si-gan-fou.
[18] Indépendamment de la tradition, dans le chapitre Ou tse-tchi-ko (plus bas, chapitre III de cette seconde partie), il

PART. II, CHAP. I, YU-KONG.   63

22. Les Jong occidentaux, les Koen-lun, les Si-tchi et les Kou-seou se soumirent. Il vient de ce pays des tissus de diverses peaux.

23. Après qu'Yu eut fait les ouvrages nécessaires pour les montagnes Kien et Ki[1], il alla à celle de King[2]; il passa le fleuve Hoang-ho de Hou-keou et à Loui-cheou[3]; il alla à Tai-yo; de Ti-tchou et de Si-tching[4] il alla à Vang-ou[5]; de Tai-hang[6] et de Heng-chan[7] il alla à Kie-che, et fit entrer les eaux dans la mer.

24. De Si-king, de Tchou-yu[8] et de Niao-chou, il alla à Tai-hoa[9]; de Hiong-eul[10], de Ouai-fang[11] et de Tong-pe[12], il alla à Pei-ouei[13].

25. Yu, après avoir fait les ouvrages à la montagne Po-tchong[14], alla à King-chan; de Neï-fang il alla à Ta-pi[15].

26. Du sud de la montagne Min il alla à la montagne Heng, passa Kieou-kiang, et arriva à Fou-tsien-yuen[16].

27. Yu, après avoir fini les ouvrages pour Jo-choui, prit une partie de ses eaux, et les fit couler vers la montagne Ho-li, et les autres vers Lieou-cha.

28. Yu fit les réparations convenables pour He-choui. Il fit aller ses eaux vers le pays de San-Ouei et à la mer du sud[1].

29. Depuis Tsi-che, Yu fit des travaux pour faire aller le Hoang-ho[2] à Long-men[3]. Ensuite il le fit aller au sud, jusqu'au nord de la montagne Hoa; de là il le fit courir à l'est jusqu'à Ti-tchou[4]; de là à l'est jusqu'à Meng-tsin[5]; de là à l'est, passant l'embouchure du Lo, il le fit aller à Ta-pei[6]; ensuite au nord, passant par Kiang-choui[7], il le conduisit à Ta-lou, encore au nord; il le divisa en neuf rivières; leur réunion fit le lac Ni[8] (ou lac formé des eaux refluées). C'est ainsi qu'Yu le fit entrer dans la mer.

30. Depuis Po-tchong[9], Yu fit les travaux pour le Yang, le fit couler à l'est, fit la rivière Han, encore à l'est; ce fut l'eau Tsang-lang[10], passant le San-chi; il le conduisit à Ta-pi[11], et le fit entrer au sud dans le Kiang. A l'est, Yu fit le grand amas d'eau Pong-li[12], et la rivière coulant à l'est, il en fit Pe-Kiang, ou le Kiang du nord, qui va à la mer.

31. Depuis Ming-chan[13], il fit les ouvrages pour le Kiang; à l'est, il fut divisé, et ce fut le To, encore à l'est; il fut conduit jusqu'à Li[14]; et passant

---

et dit que Yao habitait dans Ki-tcheou; les tributs des neuf cheou étaient pour la cour. On remarque partout que ce tribut allait au Hoang-ho. Dans la description de Leang-tcheou, on voit qu'en venant par la rivière Ouei, on passait le Hoang-ho. Ici on dit que l'embouchure de la rivière Ouei était le lieu où l'on s'assemblait. Cette embouchure du Ouei se voit encore dans la carte du Chen-si; et on voit clairement que la cour devait être près de cette embouchure.

[1] Kien et Ki sont des montagnes du district de Fong-siang-fou, du Chen-si.
[2] La montagne King est dans celui de Si-gan-fou, de la même province.
[3] Loui-cheou, montagne près de Pou-tcheou, du Chen-si.
[4] Si-tching, montagne du district de Yang-tching-hien, du Chen-si.
[5] Vang-ou, montagne près de Hoei-king-fou, du Ho-nan.
[6] Tai-hang ou Tai-hing est près de la même ville; c'est une chaîne de montagnes.
[7] Heng-chan est le Yo boréal du chapitre Chun-tien ou second chapitre de la première partie.
[8] Tchou-yu, montagne du district de Kong-tchang-fou, du Chen-si.
[9] Tai-hoa est la montagne Hoa, ou Yo occidental, du chapitre Chun-tien.
[10] Hiong-eul, montagne du district de Si-gan-fou, du Chen-si, près de Chang-hien.
[11] Ouai-fang, montagne près de Teng-fong, du Ho-nan.
[12] Tong-pe, montagne près de Tong-pe-hien, du Ho-nan.
[13] Poei-ouei, montagne près de Te-gan-fou, du Hou-kouang.
[14] Po-tchong, montagne du Ho-nan.
[15] Ta-pi, montagne près de Han-yang-fou, du Hou-kouang.
[16] Fou-tsien-yuen est près de Te-gan-hien, du district de Eou-kiang-fou, du Kiang-si. Pour les autres noms, voyez les notes précédentes. Il paraît que Yu voulait bien examiner les sources des rivières Kiang, Han, Ouei, Lo, Tsi, Fen, etc. Le livre Tcheou-pey est, sans contredit, un des plus anciens livres chinois; il est du commencement de la dynastie de Tcheou,' ou de la fin de celle de Chang. Dans ce livre, on assure premièrement que la connaissance du triangle rectangle, qu'on explique, et celle de ses propriétés, on peut mesurer les hauteurs et les profondeurs, etc. On assure secondement que, dans son ouvrage, Yu se servit de ces connaissances. Il est donc naturel de penser qu'Yu fit des nivellements, et mesura la hauteur de beaucoup de montagnes.

[1] La mer du Sud présente quelque difficulté; serait-ce la mer de Ko kouor? en ce cas, le He-choui ou Eau-noire serait le He-choui et Si-tchi. Cette mer du Sud serait-elle celle de Tong-king, ou autre? Dans ce cas-là, le He-choui serait celui de Se-tchouen, qui va dans les rivières qui entrent dans celles qui vont a la grande mer du sud de la Chine.
[2] Le cours du Hoang-ho est ici remarquable; et encore à la fin de la dynastie Song, ce fleuve allait se décharger dans la mer de Pe-tche-li, au moins par un bras. Ceux qui voudront examiner cet ancien monument de géographie, doivent avoir devant les yeux une carte de la Chine; elle leur sera nécessaire pour tous les autres lieux dont parle le Chou-king.
[3] Pour Long-men, Lou-pou-ouei, auteur du temps de Tsin-chi-hoang, avant les Han, dit qu'Yu perça cette montagne pour y faire passer le Hoang-ho. Il ajoute qu'avant l'inondation le Hoang-ho avait son cours à l'est, au nord de Long-men; c'est pour cela qu'Yu perça cette montagne pour donner passage au Hoang-ho, et sauver Ki-tcheou, où était la cour.
[4] Ti-tchou, montagne près de Tchen-tcheou, du Ho-nan.
[5] Mong-tsin est Mong-tsin du Ho-nan.
[6] Ta-poei est près de Ta-ming-fou, du Pe-tche-li.
[7] Kiang-choui était près de Ki-tcheou, du Pe tche-li.
[8] 泥 Ni signifie ici les eaux de ces neuf rivières ou canaux réunis et joints avec la marée. Ces neuf rivières ou canaux devaient entrer dans le district de Ho-kien-fou, du Pe-tche-li; et le Ni était plus avancé vers la mer.
[9] Po-tchong est une montagne du district de Kong-tchang-fou, du Chen-si; c'est la source de la rivière Han, appelée Yang dans cet endroit. Le Han a deux sources.
[10] Tsang-lang, San-chi étaient des noms du pays par où le Han passait; c'était dans le district de Siang-yang et de Gan-lo, du Hou-kouang.
[11] Ta-pi est, comme j'ai dit, près de Han-yang-fou, du Hou-kouang. Voilà l'embouchure de la rivière Han bien marquée.
[12] J'ai dit ailleurs que Pong-li est le lac Po-yang, du Kian-si.
[13] La montagne Min est la source de la rivière Kiang, dans le Se-tchouen.
[14] Li est dans le district de Yo-tcheou, du Hou-kouang.

les neuf Kiang[1], il conduisit les travaux jusqu'à Tong-ling[2]; allant à l'est, il réunit au nord les eaux, et en fit Tchong-kiang, qu'il fit entrer dans la mer.

32. Yu fit les ouvrages pour Yen-choui[3]. Le cours à l'est fut Tsi, qui entra dans le Hoang-ho, devint un amas d'eau appelé Yng, parvint ensuite au nord de Tao-kieou[4]; de là allant à l'est à Ko[5]; et après s'unissant au nord-ouest, au Ouen[6], entra dans la mer au nord-est.

33. Depuis Tong-pe[7], Yu fit les travaux pour Hoai, qui à l'est se joignit à Sse et à Y, et se déchargea dans la mer orientale.

34. Yu commença aux montagnes Niao-chou et Tong-hiuë ses ouvrages pour les eaux de Ouei; il les réunit avec Fong, ensuite à l'est avec King, après à l'est, passant par Tsi et Tsou, il fit entrer ces eaux dans le Hoang-ho.

35. Yu commença à Hioung-eul ses ouvrages pour la rivière Lo; au nord-est il fit unir les eaux avec Kien et Tchen, ensuite à l'est avec Y, et les fit entrer dans le Hoang-ho au nord-est.

36. Les réparations pour l'écoulement des eaux furent faites dans toutes les parties de l'empire : on put enfin habiter sur les bords de la mer et des rivières; partout on put pénétrer dans les montagnes et y faire la cérémonie Liu[8]. On répara le lit de toutes les rivières jusqu'à leur source; on fixa les eaux dans les lacs; et partout les communications furent rétablies.

37. Yu fit de grandes améliorations dans les six Fou[9]; il fit une comparaison très-exacte de tous les fonds de terres, de leur fort et de leur faible [ou de la richesse et de la pauvreté du sol], et régla avec soin les revenus qui pouvaient en provenir. Ces revenus furent divisés en trois classes; et il sut ce qu'on pouvait tirer de l'empire.

38. Yu[1] donna des terres et des surnoms, et dit: « Si vous tâchez d'être encore plus vertueux que je m'efforce de l'être, vous ne détruirez pas ce que je viens de faire. »

39. Yu détermina cinq cents li[2] pour le Tien-fou[3] ou domaine impérial; à cent li on donne le grain avec la tige ou le tronc; à deux cents li on coupe la tige, et on apporte les grains; à trois cents li on coupe l'épi, et on donne les grains avec l'enveloppe; à quatre cents li on donne les grains non mondés; à cinq cents li on donne les grains mondés*.

40. Yu régla que cinq cents li formeraient le domaine des Heou-fou ou grands vassaux; cent li pour la terre des grands mandarins; deux cents li pour l'état des Nan[4]; trois cents li pour les Tchou-heou ou tous les autres vassaux feudataires.

41. Cinq cents li, selon la division d'Yu, devaient former le Soui-fou [ou domaine de la paix]; trois cents de ces li étaient des lieux destinés pour apprendre les sciences et se former aux bonnes mœurs, et deux cents li pour les lieux dans lesquels on se formait aux exercices militaires.

42. Cinq cents li furent déterminés pour le Yaë-fou [ou domaine de punition]; savoir, trois cents pour les étrangers du nord [Y[5]], deux cents pour les coupables [Tsai[6]].

---

[1] Les neuf *Kiang* ou neuf rivières, c'est le nom du lac Tong-ting-hou, du Hou-kouang.

[2] *Tong-ling* était dans le district de Yo-tcheou, dans la même province. Voilà les cours du Han et du Kiang bien marqués. Yu devait avoir une grande connaissance des pays de la Chine où se trouvaient les montagnes et les rivières dont on parle.

[3] *Yen-choui* est le nom de la rivière Tsi, dans le district de Hoai-king-fou, du Ho-nan. Il s'est fait de grands changements dans le cours de cette rivière, qu'on voit se cacher en terre, et ensuite reparaître.

[4] *Tao-kieou* est Ting-tao-hien, du district de Yen-tcheou-fou, du Chan-tong.

[5] *Ko* est le nom d'un lac dans le même district.

[6] *Ven* est une rivière du Chan-tong.

[7] *Tong-pe* est Tong-pe-hien, du Ho-nan. On voit qu'Yu examina le pays par où passaient les rivières dont il parle. Il serait à souhaiter que l'on détaillât les mesures qu'il prit et les obstacles qu'il surmonta.

[8] On a déjà remarqué que la cérémonie *Liu* était pour honorer les esprits des montagnes. Non-seulement les Chinois avaient certaines montagnes où ils faisaient des sacrifices et des oblations, etc., mais même les Tartares, durant les premiers Han avant J. C. L'histoire chinoise parle souvent des Tartares appelés Hiong-nou. Ils allaient, à des temps réglés, faire des sacrifices au ciel, sur une montagne du Chen-si. Cette montagne s'appelait, en leur langue, *Ki-lien;* et les Chinois disaient que ces Tartares adoraient le Tien-tchou, ou maître du ciel, dont ils faisaient une statue d'or. Le caractère chinois *Tsong* signifie honorer; au-dessus est le caractère *Chan*, montagne; au-dessous est *Tsong*, digne de respect.

[9] Les six 府 *Fou*, selon les interprètes, sont les grains, la terre, l'eau, les métaux, le bois et le feu.

[1] On dit qu'Yu donna des terres; c'est-à-dire que, par ordre de l'empereur, il régla les domaines, les principautés de chacun, et en nomma les possesseurs. Il donna des surnoms, c'est-à-dire, qu'il nomma des chefs de famille.

[2] Le caractère 理 *Li* exprime ici une mesure terrestre chinoise. De tous temps, dix-huit cents pieds chinois ont fait un *li*; et parce que les uns ont mis six pieds pour faire un *pas*, et les autres cinq pieds, on voit tantôt que trois cents pas font un *li*, et tantôt que pour un *li* il faut trois cent soixante pas; mais ceux qui mettent trois cents pas prétendent, aussi bien que ceux qui mettent trois cent soixante pas, que pour faire un *li* il faut dix-huit cents pieds : le pied a été différent en Chine, et il l'est encore dans divers endroits; et quoiqu'on prétende que dix-huit cents pieds font un *li*, les *li* ont été et sont encore différents. Le pied dont se servait le grand Yu se voit encore en figure. Ce n'est pas ici le lieu d'examiner si les Chinois ont conservé véritablement le pied dont Yu se servait. Selon cette figure, le pied d'Yu contient neuf pouces quatre lignes et un peu plus de notre pied de roi.

[3] Sous Yao, l'empire était divisé en neuf parties appelées *Tcheou*. Voici une autre division en cinq *fou*. La cour de l'empereur était dans le Tien-fou; la ville impériale était, dit-on, au centre de ce fou; et le Tien-fou était au milieu des autres. Le Tien-fou avait, dit-on, cinq cents *li* du nord au sud, et autant de l'est à l'ouest.

* Il s'agit ici des tribus ou redevances à donner, eu égard à la distance de la cour. (G. P.)

[4] 男 諸 侯 *Nan* et *Tchou-heou* sont des titres de dignités.

[5] 夷 *Y* dénote les étrangers du nord.

[6] Le caractère 蔡 *Tsai* dénote des gens coupables, et il y avait deux cents *li* pour la demeure de ces criminels.

43. Il y eut aussi cinq cents *li* pour le domaine de l'exportation [Hoang-fou]; savoir, trois cents pour les Man¹, deux cents pour les lieux d'exil².

44. A l'est jusqu'aux bords de la mer, à l'ouest jusqu'aux sables mouvants [Lieou-cha³]; du nord au sud, et jusqu'aux quatre mers, Yu se rendit célèbre par ses instructions et par les changements qu'il opéra dans les mœurs. Il prit un Kouei-noir¹, et annonça la fin des travaux qu'il avait entrepris.

CHAPITRE II

INTITULÉ

甘誓 KAN-TCHI.

SOMMAIRE.

Kan-tchi signifie *ordres donnés dans le pays de Kan;* c'est le nom d'un lieu où est aujourd'hui Hou, ville du troisième ordre, dans le district de Si-gan-fou, capitale du Chen-si. Chi exprime un commandement prohibitif. Ce chapitre ne contient qu'une délibération pour aller punir un rebelle. L'empereur dont il est question n'est point nommé ; c'est Ki, fils et successeur d'Yu. Ce chapitre, qui n'est qu'un fragment, est dans les deux textes. En général, dans tous les textes suivants, les souverains de la Chine ne portent plus que le titre de Vang, qui signifie roi.

Ki. Kang-mo, 2197, 2189; Tsou-chou, 2038, 2022, avant J. C.

1. Avant le grand combat qui se donna à Kan, les six King² furent appelés.

2. Le roi³ leur dit : Hélas! vous qui êtes préposés aux six corps de troupes⁴, écoutez les ordres sévères que j'ai à vous donner.

3. Yeou-hou-chi⁵ nuit aux cinq Hing⁶, et les méprise. La paresse et la négligence lui ont fait

¹ *Man* dénote des étrangers du midi.

² 流 *Lieou* dénote des exilés. [Selon *Tsaï-chin*, lieux où l'on exilait les criminels.] On ne saurait compter sur les figures chinoises des cinq Fou, et il serait à souhaiter que le Chou-king eût marqué, au moins en gros, les dimensions de chaque fou du nord au sud, et de l'est à l'ouest. [Voici comment les Chinois figurent la division de la Chine, faite par Yu, et exposée dans le texte :

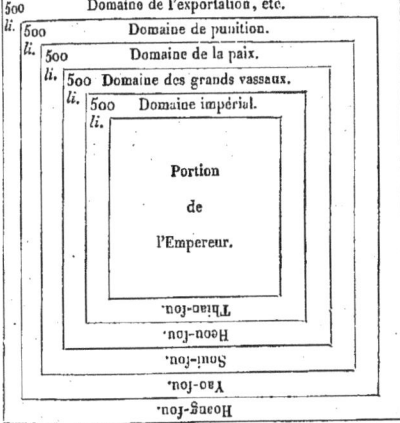

Si l'on se rappelle que le signe *idéographique* désignant le royaume dans la langue chinoise écrite, est un *carré*, et si l'on fait attention que le domaine du suzerain dans cette division territoriale est au milieu, on concevra facilement comment le nom de *Royaume du milieu* a pris naissance pour désigner l'empire chinois. On pourrait peut-être reprocher à cette division de l'empire par Yu d'être purement idéale, et de ne pas représenter à l'époque de cet empereur l'état réel de l'empire. Mais il n'est pas cependant invraisemblable qu'après l'écoulement des eaux et la conquête par Yu d'une grande étendue de pays sur les éléments, cet empereur ait fait la division et la distribution de cette vaste contrée comme le texte chinois et la figure l'indiquent.

On aura remarqué que le tribut ne commence à être payé à l'empereur qu'aux terres de son domaine; la portion du centre, où est sa résidence, est possédée en propre par lui.]
(G. P.)

³ 流沙 *Lieou-cha* est le pays désert et plein de sable à l'ouest du Chen-si. Ce pays porte encore ce nom. *Lieou* signifie couler, mouvant, fluide; *cha* signifie sable. Ces deux idées conviennent au pays à l'ouest du Chen-si. On reconnaît la Chine, quand on voit à l'est la mer, à l'ouest ces déserts sablonneux, après qu'on a si bien marqué les rivières Hoang-ho, Kiang, Han, etc. Plusieurs noms des montagnes et des rivières subsistent encore tels qu'ils sont dans le Yu-kong. Ce que j'ai dit des pays qui répondent au nom du Yu-kong, passe pour certain chez les Chinois; et cela est constant par les géographies et les descriptions de l'empire qui existent depuis le commencement des Han 206 avant J. C. Tsin-chi-hoang fit brûler beaucoup d'anciens livres; mais il eut grand soin de conserver les cartes et les catalogues des lieux. Toutes ces cartes et ces catalogues furent recueillis avec soin l'an 206 avant Jésus-Christ; et l'histoire des Han a fait là-dessus la belle description de l'empire, qu'on voit encore en entier. Les historiens de ce temps-là ont eu grand soin de faire connaître les pays de l'empire. On connaît aujourd'hui avec certitude les changements des noms arrivés aux pays, villes, etc. Depuis l'an 206 avant J. C., les historiens des Han ont marqué quels sont les pays dont les noms qui restent sont douteux. Ce que je dis sur les noms des pays du Yu-kong doit s'appliquer à ce que je dirai ensuite des autres pays.

¹ Le *Kouei* était une pièce de bois ou pierre de prix que les grands et les princes tenaient avec respect devant le visage quand ils parlaient à l'empereur. Selon les interprètes, la couleur noire était un symbole de l'épouvante et la frayeur des peuples à la vue des dégâts de l'inondation. [Il y avait plusieurs espèces de ces *Kouei* ou marque d'honneur que portaient les grands vassaux. Voici la forme du 玄

hiouan kouei dont il est question dans le texte. Le caractère chinois qui désigne cette marque d'honneur

圭 est composé du signe idéographique: 土 *thou*, terre, deux fois répété. Ce qui indique que c'étaient des possesseurs de fiefs relevant de la couronne qui portaient ce signe honorifique.]
(G. P.)

² Les six *King* désignent les généraux des six corps de troupes de l'armée.

³ Le roi dont il s'agit est Ki, fils de l'empereur Yu. Meng-tse dit que Ki succéda à Yu.

⁴ Litt. les *six affaires* 六事 *lou sse*. Les six affaires sont celles qui regardaient les six corps de troupes.

⁵ *Yeou-hou-chi* était de la famille d'Yu ; il était seigneur de Kan ; il s'était révolté.

⁶ Les cinq *Hing* 五行 ou *hing* sont le bois, le feu, la terre, les métaux et l'eau. On veut dire qu'Yeou-hou-chi vexait le peuple.

abandonner les trois Tching[1]. Puisque le ciel a résolu de l'exterminer et *de rompre son mandat* [*], je n'ai en vue que d'exécuter ses ordres avec respect, en punissant ce rebelle.

4. Si ceux qui sont à la gauche[2] et à la droite ne sont pas attentifs aux devoirs de leur charge, c'est vous qui serez coupables du crime de n'avoir pas bien exécuté mes ordres. Vous tomberez dans la même faute, si les officiers qui dirigent les chevaux ne savent pas s'en servir à propos.

5. Je récompenserai, devant les ancêtres, ceux qui exécuteront mes commandements; et s'il s'en trouve qui aient désobéi à mes ordres, je les ferai mourir, eux et leurs enfants, devant l'esprit de la terre[3].

CHAPITRE III

INTITULÉ

五子之歌 OU-TSE-TCHI-KO.

SOMMAIRE.

On blâme la conduite de Tai-kang, qui succéda à Ki; cinq frères chantent à ce sujet de très-belles maximes. Le titre signifie *chanson des cinq fils*. Ce chapitre n'est que dans l'ancien texte.

TAI-KANG. Kang-mo, 2188, 2160; Tsou-chou, 2018, 2015, avant J. C.

1. TAI-KANG[4] était sur le trône comme un mannequin[5]; l'amour du plaisir lui avait fait abandonner le chemin de la vertu. Malgré l'aversion que les peuples avaient conçue contre lui, il ne pensait qu'à satisfaire ses passions. Étant allé à la chasse, au delà du Lo, cent jours se passèrent sans qu'il revînt.

2. Y, seigneur de Kiong, profitant de l'indignation des peuples, avait fait garder les passages de la rivière pour empêcher son retour.

3. Alors les cinq frères du roi suivirent leur mère, et allèrent l'attendre à l'embouchure du Lo. Dans le chagrin où étaient ces cinq fils, ils composèrent chacun un chant qui contenait les avis et les préceptes du grand Yu[2].

4. Le premier d'entre eux dit :

Voici ce qui est dans les documents de notre auguste aïeul[3] :

Ayez de la tendresse pour le peuple;
Ne le méprisez pas;
Il est le fondement de l'État.
Si ce fondement est ferme, l'empire est paisible.

5. Si je considère bien l'état de l'empire,
Un mari ignorant et grossier, une femme ignorante et grossière,
Peuvent être au-dessus de moi.
Si un homme tombe trois fois dans des fautes,
Attendra-t-il que les plaintes soient publiques pour penser à se corriger?
Avant que cela soit, il faut être sur ses gardes.
Quand je me vois chargé de si innombrables populations,
Je crains autant que si je voyais des rênes pourries employées pour atteler six chevaux :
Celui qui commande aux autres ne doit-il pas toujours craindre?

6. Le second d'entre eux dit :

Selon les enseignements de notre auguste aïeul,
Au dedans, l'amour excessif des femmes;
Au dehors, l'amour excessif de ces grandes chasses[4],
La trop forte passion pour le vin, pour la musique déshonnête,

---

[1] Les interprètes ne s'accordent pas sur le sens des *trois Tching* 三 正 *san tching* ; ce mot à la lettre signifie trois directions. Selon les uns, il s'agit de la loi du ciel, de celle de la terre, et de celle de l'homme. Selon d'autres, il s'agit de trois mois lunaires qui commençaient l'année. Je crois qu'il s'agit du calendrier, et qu'on veut dire que le seigneur de Kan ne recevait pas le calendrier pour le soleil, la lune et les autres astres.

[*] C'est là le sens exact de l'expression du texte : 絶其命 *thsiouet khi ming* attribuée au ciel. (G. P.)

[2] La guerre se faisait sur des chars : au côté gauche étaient les arbalétriers; à droite étaient des gens armés de haches et de lances; au milieu étaient des gens qui avaient soin des chevaux attelés. [Les anciens Chinois, avant que de livrer bataille, et lorsqu'ils étaient en présence de l'ennemi, envoyaient un corps de troupes nommé en conséquence *Sien-fong*, pour sonder les forces de ceux qu'ils avaient à combattre. Le chef de ce corps s'avançait vers le chef du corps opposé, et l'un et l'autre se battaient en présence des deux camps; lorsqu'il y en avait un de tué, on en faisait sortir un second; quelquefois, après la défaite de celui-ci, un troisième, et même un quatrième : alors on faisait retirer le vainqueur, en sonnant de la trompette, et on envoyait un autre à sa place; souvent ces premiers combats décidaient de la victoire, c'est-à-dire, qu'après la défaite d'un chef, ou de deux, etc., toute l'armée prenait quelquefois la fuite. On ne croyait pas alors que la victoire dût consister à faire périr beaucoup de monde.] D.

[3] Le 社 *che* ou *sse* est l'esprit de la terre ou qui présidait à la terre. (G. P.)

[4] *Tai-kang* fut roi après son père K..

[5] Le caractère 尸 *chi* désigne l'enfant qui, dans les cérémonies, représentait le mort. On faisait devant cet enfant les cérémonies, pour faire voir qu'on honorait les morts, comme s'ils étaient vivants. Chun institua les cérémonies du Chi; on y substitua ensuite les tablettes. On voit que ces tablettes ne sont, dans leur institution, que de purs signes. Par cette expression de Chi, on veut dire que Tai-kang n'était roi que de nom.

[1] La cour d'Yu était vers Gan-y-hien, du Chan-si. Tai-kang passa le Hoang-ho, pour aller chasser dans le Ho-nan.

[2] Les documents de l'empereur Yu étaient sans doute dans l'histoire de ce prince, ou dans quelque livre qui s'est perdu.

[3] [C'est l'empereur *Yu*.]

[4] [Ces grandes chasses, que l'on blâme ici, consistaient à marcher avec une espèce d'armée qui faisait l'enceinte de tout un pays, pour entourer les bêtes féroces de toute espèce; elles étaient très-dangereuses pour les chasseurs qui livraient combat à ces animaux; mais elles entretenaient le courage des soldats; prolongées trop longtemps, elles étaient nuisibles à cause de la marche de tant de troupes et de tant de peuples; elles avaient leur avantage lorsqu'elles étaient

Pour les palais élevés et pour les murailles ornées de peintures,
Sont six défauts dont un seul peut perdre un royaume.

7. Le troisième d'entre eux dit :
Depuis le règne de Tao-tang[1],
La demeure des rois a été à Ki;
Et parce qu'on n'a gardé ni sa doctrine ni ses lois,
Le trouble s'est mis dans son gouvernement.
On a perdu cette ville[2].

8. Le quatrième d'entre eux dit :
Notre aïeul, par son application continuelle à la vertu,
Devint célèbre, et fut le maître de tous les États.
Il a laissé des règles invariables,
Et un vrai modèle de conduite à ses descendants.
Cependant le Tchi[3], qui doit être partout en usage, et le Kiun, qui doit servir pour l'égalité,
Sont renfermés dans le trésor.
On a abandonné sa doctrine et ses lois.
C'est pourquoi il n'y a plus de salle pour honorer les ancêtres, ni pour faire les cérémonies et les sacrifices.

9. Le cinquième d'entre eux[4] dit :
Hélas! que puis-je faire?
La tristesse m'accable;
Les populations me haïssent!
À qui donc puis-je avoir recours?
Le repentir est dans mon cœur,
La honte sur mon visage.
Je me suis écarté de la vertu;
Mais mon repentir peut-il réparer le passé?

CHAPITRE IV,

INTITULÉ

胤征 YN-TCHING.

SOMMAIRE.

Tchong-kang fait la guerre à deux grands de l'empire qui avaient négligé leur devoir et surtout l'observation d'une éclipse de soleil, la première que les Chinois indiquent, et la seule qui soit marquée dans le Chou-king. Ce chapitre Yn-tching n'est que dans l'ancien texte. Yn est le nom du prince, général de l'armée de Tchong-kang, et Tching signifie *punition*, c'est-à-dire, *punition faite par Yn*.

[Îles dans les temps marqués, en ce qu'elles dépeuplaient ces îles des animaux féroces, et qu'elles procuraient aux peuples des peaux et des vivres en abondance. On voit, en lisant Tsou-chou, que dans un certain temps de l'année les souverains de la Chine faisaient de ces chasses.] — (D.)
[1] Tao-tang est le nom de l'empereur Yao.
[2] Ki est le Ki-tcheou dont il est parlé dans le chapitre Yu-kong. Yu, Chun, Yao avaient leur cour entre Ping-yang-fou et le Hoang-ho, au sud de cette ville.
[3] Le Tchi et le Kiun étaient, selon les interprètes, l'origine des poids et des mesures, qu'on gardait à la cour.
[4] [Ce dernier veut désigner l'empereur Tai-kang.]

TCHONG-KANG. Kang-mo, 2189, 2147; Tsou-chou, 2012, 2010, av. J. C.

1. Aussitôt que Tchong-kang[1] fut monté sur le trône, il donna à Yn-heou le commandement des six corps de troupes. Hi et Ho[2] négligeaient leur devoir, et étaient dans leur ville, ne pensant qu'à boire avec excès; c'est pourquoi Yn-heou, après avoir reçu les ordres du roi, marcha pour les punir.

2. Yn-heou appela ses gens et leur dit : Les sages nous ont laissé des avis et des enseignements clairs et vrais, dont l'observation peut conserver l'empire. Les rois nos prédécesseurs gardaient avec respect les ordres de ciel; les ministres observaient exactement les lois; les mandarins de tous les rangs remplissaient les devoirs de leur charge. Aussi ces rois se sont-ils rendus célèbres par leur vertu.

3. Chaque année, à la première lune du printemps, les censeurs[3] allaient par les chemins avertir, au son d'une petite cloche, les mandarins et ceux qui étaient chargés d'instruire les autres, de se corriger mutuellement, de voir et d'exhorter les ouvriers. Ils ajoutaient : Celui qui n'est pas attentif à son devoir doit être puni.

4. Hi et Ho[4], plongés dans le vin, n'ont fait aucun usage de leurs talents; ils ont agi contre les devoirs de leur charge, et sont sortis de leur état. Ils sont les premiers qui ont mis le désordre et la confusion dans les nombres fixes du ciel, et qui ont

[1] *Tchong-kang* était frère de *Tai-kang*. Selon Kong-gan-koue, Se-ma-tsien, et quelques autres, Y, prince de Kiong, détrôna Tai-kang, et mit Tchong-kang sur le trône; mais, selon d'autres, Y régna au nord du Hoang-ho. Tai-kang, et ensuite Tchong-kang, établirent leur cour au pays où est aujourd'hui Tai-kang-hien, du Ho-nan. L'auteur du Tso-tchouen, contemporain de Confucius, et dont le livre est d'une grande autorité, assure que le prince Y détrôna Tai-kang, et que ce fut Kao-kang, petit-fils de Tchong-kang, qui rétablit l'empire de Hia; c'est-à-dire que le prince Y s'empara de la capitale de l'empire et des pays au nord du Hoang-ho; puisque, selon le texte du Chou-king, Tchong-kang avait des troupes et était sur le trône, il avait donc des États.
[2] *Hi* et *Ho* favorisaient les rebelles. Ils étaient puissants, et négligeaient l'emploi de président des mathématiques; emploi très-important dans ce temps là. [Hi et Ho sont les deux personnages qui, dans le chapitre 1er, avaient été chargés de la rédaction du calendrier.]
[3] Les deux caractères 逸人 *Tsieou-jin* paraissaient signifier un homme qui en rassemble d'autres dans un lieu. [Le terme de *censeurs* par lequel nous avons traduit l'expression de *Tsieou-jin*, ne répond peut-être pas exactement au terme chinois; mais il est à peu près son équivalent. Tsai-chin dit que « *Tsieou-jin* étaient des magistrats qui donnaient « des ordres pour pratiquer ce qui convenait. »] (G. P.)
[4] L'ancien livre Koue-yu et le chapitre Lou-hing du Chou-king font voir que *Hi* et *Ho* étaient les descendants de ces grands mandarins qui, du temps de l'empereur Tchuen-hio, furent préposés pour remédier aux désordres du faux culte et de la superstition. Selon le Koue-yu, *Hi* et *Ho* avaient, sous la dynastie de Hia, le même emploi que sous Yao et Tchuen-hio; ainsi *Hi* et *Ho* étaient non-seulement [les] chefs de l'astronomie, mais encore ils avaient soin des cérémonies de la religion. Il parait que dans les éclipses du soleil, il fallait observer bien des cérémonies, qui peut-être alors avaient rapport à la religion. *Hi* et *Ho* étaient d'ailleurs de grands seigneurs, et leur poste leur donnait une grande autorité. Il ne faut donc pas être surpris qu'ayant manqué à supputer et à observer l'éclipse, et, outre cela, étant fauteurs des révoltes, le roi soit obligé d'envoyer une armée

abandonné la commission qu'on leur avait donnée. Au premier jour [1] de la dernière lune d'automne, le soleil et la lune en conjonction [2] n'ont pas été d'accord dans Fang [3]. L'aveugle a frappé le tambour; les mandarins et le peuple ont, comme le *chi* [4], couru avec précipitation. Hi et Ho, dans leur poste, n'ont rien vu ni rien entendu; aveugles sur les apparences célestes, ils ont encouru la peine portée par les lois des anciens rois. Selon ces lois [5], celui

---

contre eux. Le Tso-tchuen cite le texte où est cette éclipse comme du livre de Hia, c'est-à-dire, de la partie du Chou-king intitulée *Hia-chou*.

[1] La dernière ou la troisième lune d'automne était, dans le calendrier d'alors, la neuvième de l'année chinoise. Dans la lettre écrite à M. Fréret, j'ai fait voir que selon la méthode chinoise, le 12 octobre 2155 avant J. C., jour de l'éclipse, était dans la neuvième lune, et que dans cette méthode on devait marquer l'équinoxe d'automne vers le neuf ou le dix d'octobre.

[2] Cette expression *n'a pas été d'accord* est l'expression d'une éclipse de soleil.

Selon l'histoire chinoise, il paraît plus probable que la cour de Tchong-kang était au sud du Hoang-ho, vers Tai-kang-hien, du district de Kai-fong-fou. Voyez le Tong-kien-kang-mou, qui cite entre autres le livre Tsou-chou. Cette circonstance favorise le calcul de l'éclipse dont il est fait mention dans ce chapitre. Cet auteur en parle comme d'une éclipse vue. L'auteur du Tso-tchuen parle aussi de cette éclipse du soleil rapportée dans ce chapitre; il prétend qu'on y indique les cérémonies observées dans ces occasions; par exemple, de faire abstinence, de s'accuser de ses fautes, etc. J'ai parlé ailleurs de ces cérémonies. Supposé qu'au temps de Tchong-Kang elles fussent telles qu'elles étaient du temps de l'auteur du Tso-tchouen, il y a apparence que dans des temps si reculés elles n'étaient pas sujettes à bien des superstitions, qui ont pu s'introduire. Aussi le père Verbiest dit que dans son origine les cérémonies, pour les éclipses du soleil, étaient permises et religieuses; il ajoute que le soleil est le symbole du prince, et que l'éclipse est le symbole d'un grand malheur; que l'arc et les flèches dont les mandarins s'armaient marquaient la disposition où ils étaient de mourir au service de leur prince; que les génuflexions et prosternations étaient pour prier le maître du ciel de protéger l'empire et l'empereur : dans cette supposition, Hi et Ho étaient punissables, non-seulement comme révoltés, mais comme ayant été cause qu'on n'avait pu faire que fort mal les cérémonies dont on voit assez l'importance dans le système du père Verbiest; système qui peut assez se prouver par l'antiquité chinoise. La fable du Dragon aux nœuds, fort nouvelle à la Chine, est venue des Indes; mais les cérémonies dont j'ai parlé sont de la première antiquité.

A l'occasion de l'éclipse rapportée dans ce chapitre, j'ai écrit au long, soit à M. Fréret, soit au révérend père Souciet; je crois qu'on peut très-bien prouver, par cette éclipse, que la première année de Tchong-kang est la 2155e avant J. C.; voyez la dissertation qui est au commencement de ce volume.

Le chapitre Yn-tching est sans contredit un des plus beaux et des plus sûrs monuments de l'antiquité chinoise; et, puisque M. Fréret a cru pouvoir publier ce qu'on lui a envoyé de la Chine contre ce chapitre, il est juste de publier ce que l'on peut opposer à ces difficultés.

[3] 房 *Fang* est le nom d'une constellation chinoise qui commence par l'étoile π Scorpion, et finit par σ occidental, près du cœur du Scorpion.

[4] Le 月 *Chi* est le même *Chi* avec lequel on a désigné Tai kang. Ce mot signifie celui qui représente le mort dans les cérémonies.

[5] Une loi si sévère contre les calculateurs d'éclipses, dans des temps si reculés, dénote une ancienne méthode pour les éclipses.

qui devance ou qui recule les temps, doit être, sans rémission, puni de mort*.

5. Aujourd'hui je veux me mettre à votre tête, et exécuter les ordres du ciel contre Hi et Ho : unissez-vous à moi, faites des efforts pour la famille royale, secondez-moi, apportez tous vos soins à faire respecter l'autorité et les ordres du fils du ciel.

6. Quand le feu prend sur le sommet de la montagne Kuen, il calcine indifféremment les pierres précieuses et les pierres communes. Si un ministre du ciel [3] est sans vertu, il est plus à craindre que le feu qui dévore. Je ne punirai pas ceux qui ont été entraînés par violence, mais je ferai instruire et corriger ceux qui ont été séduits par des mœurs corrompues et entraînés par de fausses maximes.

7. Hélas! si on ne se relâche pas de la rigueur des lois pour faire place à l'indulgence et à la compassion, tout sera dans l'ordre; mais on perdra tout, si, sous prétexte de compassion, on ne sait pas se faire craindre : vous tous soyez sur vos gardes, et soyez attentifs à cela.

---

* Voici une traduction plus littérale que nous avons faite de ce paragraphe :

« En ce temps, Hi et Ho, s'abandonnant aux vices, ont
« foulé aux pieds leurs devoirs; ils se sont livrés avec emportement à l'ivrognerie; ils ont agi contrairement aux devoirs
« de leur magistrature, et se sont par là écartés de leur condition. Dès le commencement, ils ont porté le trouble dans
« la chaîne céleste (les nombres fixes du ciel, selon le commentaire), l'ordre des révolutions journalières et périodiques
« du soleil et de la lune pendant l'année), et ont rejeté bien
« loin leurs fonctions. *Au premier jour de la troisième lune*
« *d'automne* (Ki-tsieou) *le Tchin* (selon le commentaire de
« *Tsaï-chin* : *la conjonction du soleil et de la lune*) n'a pas
« été en harmonie dans la constellation FANG. L'aveugle a
« frappé du tambour : les magistrats et la foule du peuple ont
« couru avec précipitation, tels qu'un cheval égaré. Hi et
« Ho étaient comme des cadavres dans leurs fonctions; ils
« n'ont rien entendu, ni rien appris. Aveugles et rendus stupides sur les apparences et les signes célestes, ils ont encouru la peine portée par les rois nos prédécesseurs. Le
« *Tching-tien* * dit : Celui qui devance les temps (ou saisons),
« doit être mis à mort sans rémission. Celui qui retarde les
« temps (ou saisons), doit être mis à mort sans rémission. »
(G. P.)

[1] Ces paroles confirment que Hi et Ho étaient des révoltés.

[2] Le roi porte ici le titre de fils du ciel, 天子 *Tien-tse*; ce titre est donc bien ancien à la Chine; il a été connu des Persans; voyez la Bibliothèque orientale de M. d'Herbelot, p. 870, titre *Tien-çu*; on prononce ici *Tien-tse*.

[3] Dans le chapitre *Kao-yao-mo*, on a vu que les affaires de l'empire sont appelées affaires du ciel : on en a vu la raison; c'est pourquoi un mandarin de l'empire est ici traité de mandarin du ciel.

* Cette citation d'un livre ancien, dans un livre par lui-même déjà très-ancien, n'a pas encore été remarquée, que nous sachions, et nous paraît cependant très-remarquable. Le commentateur *Tsaï-chin*, le seul que nous ayons sous les yeux, dit que l'expression *Tching-tien* indique les « *Lois de l'administration des anciens rois*. » Ces LOIS étaient donc écrites et connues des magistrats à l'époque dont il est question. (G. P.)

商書 CHANG-CHOU,
OU LIVRE DE LA DYNASTIE CHANG.

TROISIÈME PARTIE.

INTRODUCTION.

Chang-chou signifie livre de Chang, c'est-à-dire, histoire de la dynastie de Chang. Ce livre a été composé, dit-on, par les historiens qui vivaient du temps de cette dynastie. Chang est le nom du pays dont Tching-tang était prince avant que d'être roi. Ce pays est aux environs de Kouei-te-fou, dans le Ho-nan.

CHAPITRE PREMIER
INTITULÉ
湯誓 TANG-TCHI.

SOMMAIRE.

Tang-tchi signifie *ordre de Tang*, ou *du roi Tching-tang*, fondateur de cette dynastie. Ce prince blâme la conduite de Kie, et s'annonce comme chargé du ciel pour le punir. Ce chapitre est dans les deux textes.

TCHING-TANG, Kang-mo, 1766, 1784; Tsou-chou, 1838, 1847, avant J. C.

1. Le roi [1] dit à ses troupes réunies : Venez; écoutez-moi. Je ne suis qu'un petit prince; et comment oserais-je porter le trouble dans l'empire? mais les Hia ont commis de grandes fautes; le ciel a ordonné leur perte.

2. Aujourd'hui réunis en foule vous dites : Notre prince n'a pas compassion de nous; il veut que nous abandonnions nos moissons et nos affaires pour aller punir Hia. J'ai bien entendu vos paroles, mais la famille Hia est coupable; je crains le souverain empereur du ciel; je n'ose pas différer l'exécution de la justice suprême [2].

[1] Le roi, c'est-à-dire, *Tching-tang*.
[2] Le père Gaubil traduit ainsi ce paragraphe : « Aujourd'hui vous dites tous : Puisque notre maître n'a pour nous aucune compassion, nous abandonnons nos moissons pour aller punir Hia. J'ai entendu ces discours. Hia est coupable. Je crains le souverain Maître, et je n'oserais me dispenser de punir Hia. » Nous croyons la traduction que nous avons donnée plus exacte, en ce qu'elle fait connaître les plaintes et les regrets des sujets de Chang, forcés d'abandonner leurs moissons pour aller punir un souverain dont ils ignorent les crimes; la réponse qu'ils reçoivent, et qui tend à les persuader par des raisons d'État, prouve que leur assentiment n'était pas spontané.
Le commentaire de *Tsaï-chin* ne laisse d'ailleurs aucun doute sur la manière dont on doit entendre ce paragraphe. Il y est dit : « Le peuple de *Po-ye* [capitale du petit État de *Tching-thang*] vivait en paix sous l'administration vertueuse des « *Thang*; et les cruautés de *Kie* n'étaient pas parvenues jusqu'à lui. C'est pourquoi il ne connaissait pas les crimes de

3. Vous dites maintenant : Comment les crimes de Hia peuvent-ils venir jusqu'à nous [1]? Le roi de la dynastie Hia épuise les sueurs de son peuple et ruine sa ville [2]. Les populations dans la misère n'ont plus d'affection pour lui et vivent dans la discorde. C'est en vain qu'il dit : *Quand le soleil périra* [3], *vous et moi périrons avec lui.* Telle est la vertu présomptueuse de Hia; je dois aujourd'hui aller le combattre.

4. Secondez-moi pour lui infliger le châtiment que le ciel lui destine [4]. Je vous en récompenserai grandement; ne craignez pas de mettre votre confiance en moi, je tiendrai ma parole; mais si vous n'exécutez pas mes ordres, je vous ferai mourir, vous et vos enfants : n'attendez pas de pardon [5].

CHAPITRE II,
INTITULÉ
仲虺之誥 TCHONG-HOEI-TCHI-KAO.

SOMMAIRE.

Dans ce chapitre, le ministre Tchong-hoei donne de sages conseils au roi, qui paraît avoir quelques remords de s'être emparé de l'empire. Le titre de ce chapitre signifie *avis de Tchong-hoei*. Ce chapitre n'est pas dans l'ancien texte.

TCHING-TANG, Kang-mo, 1766, 1784; Tsou-chou, 1838, 1847, avant J. C.

1. *Tching-tang* [6], après avoir fait fuir Kie-Nan-tchao [7], craignant de n'avoir pas suivi les règles de la vertu, dit : J'appréhende que dans les temps à venir on ne parle mal de ce que j'ai fait [8].

« la famille *Hia*, et les efforts que l'on faisait pour la renverser du trône. Au contraire, il interpelle *Thang* en lui di- « sant qu'il n'a aucune compassion des habitants de *Po-ye*, en « leur faisant abandonner leurs moissons et leurs affaires pour « aller punir et châtier la dynastie *Hia*. *Thang* leur répond : « Je vous ai entendus en effet vous tous parler ainsi; mais « *Kie des Hia* est si cruel et si tyrannique que *le ciel or-* « *donne de l'exterminer :* 天命殛之 *thian* « *ming kie tchi*. Je crains le souverain suprême; je ne puis « pas ne pas aller le combattre et punir ses crimes. » (G. P.)
[1] C'est Tching-tang qui répond.
[2] La ville de *Hia* était la cour de cette dynastie. C'était Gan-y-hien du Chan-si.
[3] Cette phrase fait allusion à quelques paroles du roi de Hia, qui paraissait se croire aussi sûr de l'empire, qu'il était sûr que le soleil ne s'éteindrait pas dans le ciel.
[4] L'empereur Yao eut Chun pour successeur. Chun étant mort, Yu fut le premier empereur de la dynastie de Hia. Le dernier de cette dynastie fut Kie, désigné souvent par *Hia*, nom de la dynastie.
[5] Voyez le *Résumé* précédemment cité p. 60. (G. P.)
[6] Selon le *Tong-kien-kang-mo*, la première année de l'empire de *Tching-tang* est l'an 1766 avant J. C. Cet ouvrage est un excellent abrégé des histoires particulières des dynasties chinoises jusqu'à la dynastie des *Ming*. Il commence par *Fo-hi*.
[7] *Nan-tchao* est le pays de *Tchao-hien*, du district de *Lu-toheou-fou*, dans le *Kiang-nan*. Après la bataille perdue, *Kie* s'était enfui jusque dans ce pays-là.
[8] [Cette conduite de Tching-tang, et dans la suite celle de Vou-vang, n'ont pas été approuvées par tous les Chinois,

2. Alors Tchong-hoei [1] lui dit : Eh quoi donc ! le ciel en donnant la vie aux hommes *, leur a donné aussi des passions. Si les hommes étaient sans maître, il n'y aurait que trouble et confusion ; c'est pourquoi ce même ciel a fait naître un homme souverainement intelligent, pour prendre, au temps voulu, les rênes du gouvernement. La vertu des *Hia* s'étant éclipsée, a fait tomber les peuples sur des charbons ardents. Le ciel a doué le [nouveau] roi de force et de prudence, et il le donne comme exemple à suivre aux dix mille royaumes ; il veut que ce prince continue ce qu'Yu [2] a fait anciennement ; en suivant ses lois vénérées, c'est comme si l'on suivait les ordres du ciel.

3. Le roi de Hia est coupable pour avoir voulu tromper le ciel suprême [3], en publiant des décrets injustes ; le souverain pouvoir ne le tient plus sous

quoique le Chou-king dise que c'est par l'ordre du ciel. Deux philosophes chinois, l'un nommé Yuen-kou, et l'autre Hoang-seng, disputaient devant King-ti, empereur des Han, qui vivait l'an 158 de J. C. Hoang-seng prétendait que Tching-tang et Vou-vang ne devaient pas s'emparer du royaume ; l'autre répondait que Kie et Cheou, qui étaient des monstres, ayant été abandonnés par les peuples, ces deux grands hommes, pour répondre aux vœux du peuple, les firent périr, et montèrent ainsi sur le trône à leur place, par l'ordre du ciel. *Quelque vieux que soit un bonnet*, reprit Hoang-seng, *on le met sur sa tête ; et quelque propres que soient des souliers, on les met à ses pieds ; pourquoi cela ? c'est qu'il y a une distinction naturelle et essentielle entre le haut et le bas. Kie et Cheou étaient de grands scélérats, mais ils étaient rois ; Tching-tang et Vou-vang étaient de grands et de sages personnages, mais ils étaient sujets ; et un sujet qui, bien loin de reprendre son maître de ses fautes pour tâcher de l'en corriger, se sert au contraire de ces mêmes fautes pour le perdre, et pour régner à sa place, n'est-il pas usurpateur ?* Yuen-kou, pour embarrasser son adversaire, cita l'exemple de la famille régnante, et dit : Il s'ensuivrait de ce que vous avancez, que le fondateur de la dynastie des Han aurait mal fait de monter sur le trône occupé par les Tsin. L'empereur, devant lequel ces deux lettrés parlaient, et qui était de la famille des Han, mit fin à cette conversation, en disant que les lettrés qui sont sages ne doivent pas agiter de semblables questions. »
(D.)

[1] *Tchong-hoei* était un des grands ministres de Tching-tang. Il descendait de *Hi-tchong*, qui, du temps de l'empereur Yu, avait l'intendance sur les chars. Les anciens astrologues ou astronomes chinois, pour se ressouvenir de ce Hi-tchong, ont donné son nom à quatre étoiles de l'aile supérieure du Cygne vers la tête du Dragon. [Le Kang-mo place ce discours de Tchong-hoei à la première année du règne de Tching-tang.]

* L'ancien commentaire *Tching-y* [véritable sens] s'exprime ainsi sur ce passage : « Le ciel produit l'homme et lui donne un corps et une âme. Chacun de nous a donc un corps, visible et matériel ; il a aussi une âme spirituelle et intelligente. L'homme étant produit de la sorte, le ciel l'assiste : je ne veux pas dire simplement que le ciel, après lui avoir donné un corps et une âme, lui fait diverses lois ; mais je dis qu'il l'assiste encore d'une manière particulière. Car l'homme pense, agit, parle, distingue le vrai du faux, et le bien du mal ; il a besoin de nourriture et d'habillements ; il se trouve tantôt dans l'abondance et tantôt dans la disette ; il est tour à tour en mouvement et en repos. Or, pour garder en tout cela une exacte justice, il faut certainement le secours du ciel ; car il y a là un droit chemin à suivre : si on le suit, on est heureux ; si on s'en écarte, on est malheureux. C'est pourquoi le ciel s'unit à l'homme, et l'aide constamment à marcher dans cette voie qui conduit à l'immortalité. » (PRÉMARE.)

[2] Le fondateur de la dynastie de Hia.

[3] Le ciel suprême est désigné par *Chang-tien*.

sa sauvegarde ; le Seigneur [1] l'a en aversion, il a donné mandat à Chang [2] d'instruire et de diriger le peuple.

4. Hia n'a fait aucun cas des gens de bien, et il a eu beaucoup d'imitateurs de sa conduite ; comme notre royaume se trouve sous la domination de Hia, l'ivraie se trouve mêlée avec le grain, et la balle avec le riz mondé. Les grands et les petits tremblent, et craignent d'être injustement opprimés ; mais que sera-ce quand les grandes actions de vertu de notre roi seront suffisamment publiées et connues ?

5. Vous, roi, vous n'aimez, ni les femmes, ni la musique déshonnête ; vous n'enlevez pas le bien d'autrui ; vous placez ceux qui ont de la vertu dans les premières charges ; vous donnez de grandes récompenses à ceux qui ont rendu de grands services ; vous traitez les autres comme vous-même ; si vous faites des fautes, vous ne tardez pas à vous en corriger ; vous êtes indulgent et miséricordieux ; et dans tout, vous faites paraître de la bonne foi.

6. Le chef de Ko [3] s'étant vengé sur celui qui apportait des vivres, on commença par punir ce chef. Quand on allait mettre l'ordre dans le pays de l'orient, les barbares de l'occident se plaignaient ; quand on passait chez les barbares du midi, les peuples du nord murmuraient, en disant : Pourquoi nous mettre ainsi après les autres ? Dans tous les endroits où l'armée passait, les familles, en se témoignant leur joie, disaient : Nous attendions notre chef ; sa venue nous rend la vie ; il y a longtemps que les peuples ont les yeux attachés sur Chang.

7. Il faut conserver et protéger ceux qui ont de grands talents, exciter et protéger les hommes vertueux, donner de l'éclat à ceux qui ont de la droiture et de la fidélité, procurer la tranquillité à ceux qui sont gens de bien, relever le courage des faibles, ménager ceux qui sont sans talents, saisir ceux qui excitent des troubles, faire mourir ceux qui font violence [4], éviter ce qui peut causer la ruine, s'affermir

[1] Le Seigneur, c'est-à-dire, *Chang-ti*. Ce paragraphe exprime très-bien l'idée des anciens Chinois sur l'autorité du ciel. Tchong-hoei veut dire que le ciel a déposé Kie, et nommé Tching-tang à sa place. Dans l'idée des anciens Chinois, le roi est établi par le ciel, le maître et l'instituteur des peuples. Ces idées sont souvent rappelées dans le Chou-king. On voit que Tchong-hoei veut faire voir que Tching-tang est désigné roi par le ciel. Il y à apparence que Tching-tang avait quelques scrupules. Il était vassal de Kie.

[2] Nom de la nouvelle dynastie dont Tching-tang fut le fondateur.

用人惟已 *young jin wei i* ; c'est une autre formule de cette belle maxime de morale éternelle que nous avons déjà fait remarquer ailleurs. Voyez notre édition de la *Grande étude*, en *chinois*, en *latin* et en *français*, avec le Commentaire complet de *Tchou-hi*, p. 66. (G. P.)

[3] *Ko* est le nom d'un pays qu'on met dans le territoire de Kouei-te-fou, dans le Ho-nan. Meng-tse parle au long du vassal *Ko*, et de sa négligence à faire les cérémonies.

[4] Ce passage est difficile à expliquer dans le texte ; ou moins j'ai trouvé de la difficulté, et je ne saurais répondre du vrai sens.

dans ce qui conserve : voilà ce qui rend un État florissant.

8. Un prince qui travaille tous les jours à se rendre vertueux et meilleur, gagnera le cœur des peuples de tous les royaumes ; mais s'il est superbe et plein de lui-même, il sera abandonné de sa propre famille. Roi, appliquez-vous à donner de grands exemples de vertu ; soyez pour le peuple un modèle du juste milieu qu'il doit tenir ; traitez les affaires selon la justice ; réglez votre cœur selon les lois de la bienséance ; procurez l'abondance à vos successeurs. J'ai entendu dire que, qui sait se trouver un maître, est digne de régner ; et que, qui ne le sait pas, ne peut réussir. Quand on aime à interroger les autres, on ne manque de rien ; mais croire qu'on se suffit à soi-même, c'est être nul et vain.

9. Hélas! pour bien finir, il faut bien commencer. On doit examiner ceux qui gardent les devoirs de leur état, détruire les brouillons et les gens cruels. Si vous respectez et si vous observez la loi du ciel, vous conserverez toujours le mandat du ciel [1].

CHAPITRE III,

INTITULÉ

湯誥 TANG-KAO.

SOMMAIRE.

Ce chapitre est un discours que le roi Tching-tang fit à tous ses grands vassaux, qui, après la défaite de Kie, s'étaient assemblés pour le reconnaître en qualité de roi. Tang-kao signifie *avis* ou *avertissement de Tching-tang*. Ce chapitre n'est que dans l'ancien texte.

TCHING-TAS, ô. Kang-mo, 1766, 1754; Tsou-chou, 1558, 1547, avant J. C.

1. Après la défaite de Hia, le roi revint à Po [2], et fit le discours suivant, en présence des grands arrivés de tous les points de l'empire.

2. Le roi dit : Soyez attentifs vous tous grands et peuples rassemblés des dix mille côtés : prêtez attentivement l'oreille à mes discours. L'auguste Chang-ti [3] a donné la raison naturelle à l'homme ; si l'homme s'y conforme, son essence existera constamment ; s'il ne s'y conforme pas, le prince est le seul qui doive la lui faire suivre [4].

3. Le roi de Hia a éteint en lui les lumières de la raison ; il a fait souffrir mille mauvais traitements aux peuples de tous les États de l'empire. Ceux-ci, opprimés et ne pouvant supporter une si grande cruauté, ont fait connaître aux esprits [1], supérieurs et inférieurs, qu'ils étaient injustement opprimés. La raison éternelle du ciel rend heureux les hommes vertueux, et malheureux les hommes vicieux et débauchés ; c'est pourquoi le ciel, pour manifester les crimes de Hia, a fait tomber toutes ces calamités sur la famille *Hia*, pour rendre ses crimes manifestes à tous.

4. En conséquence, tout indigne que je suis, j'ai cru devoir me conformer aux ordres évidents et redoutables du ciel. Je n'ai pu laisser de si grands crimes impunis ; j'ai osé me servir d'un bœuf noir (dans le sacrifice) ; j'ai osé avertir l'auguste ciel et la divine souveraine [2]. Voulant punir Hia, j'ai cherché un grand saint [3], et nous avons réuni nos efforts pour votre bien à tous ; nous avons demandé au ciel ses ordres.

5. Le ciel suprême aime sincèrement et protège les peuples ; c'est pour cela que le grand criminel [4] a pris la fuite, et s'est soumis. L'ordre du ciel ne peut varier. Comme [au printemps] les plantes et les arbres reprennent la vie, les peuples ont repris leurs forces et leur vigueur.

6. Chargé aujourd'hui de vos royaumes et de vos familles, je crains d'offenser le ciel et la terre [5] ; et parce que je ne sais si effectivement je ne suis pas coupable, ma crainte est pareille à celle d'un homme qui appréhende de tomber dans un profond abîme.

7. J'ai assigné à chacun de vous les États qu'il doit gouverner. Gardez-vous de suivre des lois et des coutumes injustes ; ne tombez pas dans les défauts qui suivent l'oisiveté, ni dans l'amour des plaisirs. En observant et en gardant les lois sages et équitables, vous accomplirez le mandat du ciel.

8. Si vous faites quelque chose de louable, je ne puis le cacher ; et si je tombe dans quelque faute, je n'oserai me la pardonner. Tout est marqué [6] dis-

---

[1] C'est-à-dire, l'empire. L'empire est ici désigné par les deux caractères 天命 *Tien-ming*, qui veulent dire ordre du ciel, commission donnée par le ciel.

[2] Po est le nom du pays qui est près de Kouei-te-fou, du Ho-nan.

[3] Souverain maître.

[4] Quoique le texte de ce premier paragraphe soit un peu difficile à traduire mot à mot, le sens est clair et n'a pas besoin du secours des interprètes, ils disent qu'il y a des passions qui offusquent la lumière naturelle, et qui portent l'homme à violer la loi intérieure ; ils ajoutent qu'il faut qu'il y ait quelqu'un qui ait l'autorité de punir ceux qui violent cette loi.

---

[1] Les 神 *Chin* et les 祇 *Ki*. Ce sont des esprits. Aujourd'hui les *Chin* sont les esprits des vents, des tonnerres ; les *Ki* sont les esprits des rivières, des montagnes, etc. J'ignore s'il en était de même du temps de Tching-tang.

[2] Le divin *Heou*, en chinois *Chin heou*, est, selon plusieurs interprètes, *Heou-tou*, et ils disent qu'il s'agit de la terre. *Heou* signifie prince, et *Tou* signifie terre. Quand même il s'agirait de la terre, selon Confucius, les cérémonies pour le ciel et la terre ont pour objet le souverain maître Chang-ti ; mais le texte ne parle nullement de terre. Il s'agit peut-être ici du chef de la famille de Tching-tang, à qui il faisait des cérémonies après avoir sacrifié au ciel. Le culte des esprits a été de tout temps en usage à la Chine, et le souverain de tous les esprits est le Chang-ti.

[3] L'homme très-sage dont on parle est *Y-yn*; il en sera fait mention dans la suite.

[4] Il s'agit ici de l'empereur *Kie*.

[5] Il s'agit des esprits du ciel et de la terre.

[6] Les interprètes ont fait grande attention à ces paroles. Le

tinctement dans le cœur du Chang-ti. Si vous commettez des actes criminels, ils retombent sur moi; mais si j'en commets, moi, vous n'y avez nulle part.

9. Hélas! si ce que j'ai dit se fait avec une volonté sincère de bien faire, on peut espérer de réussir.

CHAPITRE IV,

INTITULÉ

伊訓 Y-HIUN.

SOMMAIRE.

Ce titre signifie *instructions d' Y-yn*, qui avait été ministre de Tching-tang, et qui l'était de Taï-kia. Ce chapitre en effet ne contient que des conseils donnés par ce sage ministre à Taï-kia, il n'est que dans l'ancien texte.

TAÏ-KIA. Kang-mo, 1753, 1721; Tsou-chou, 1840, 1829, avant J. C.

1. A la première année[1], au second jour du cycle[2], à la douzième lune[3], Y-yn[4] fit le sacrifice au roi prédécesseur, et présenta avec respect le roi successeur à ses ancêtres; les grands et les vassaux du domaine impérial [*Tien-fou*[5]] et du domaine des grands vassaux [*Heou-fou*] assistèrent à cette cérémonie. Les officiers étant venus pour prendre les ordres de ce ministre, Y-yn fit l'éloge de la haute vertu de l'illustre aïeul, et donna ces avis au roi.

caractère 簡 *Kien* signifie *examiner, compter un a un*. Le fameux Tchou-hi, auteur de la dynastie des Song postérieurs, dit que le ciel connaît le bien et le mal que nous faisons; que ce bien et ce mal sont dans le cœur du Chang-ti, comme dans un rôle ou livre de compte. Le *Chang-ti* est supposé la même chose que le ciel. Ceux qui cherchent en Europe à se mettre au fait sur ce que les Chinois ont pensé sur le ciel ou le Chang-ti, peuvent s'en tenir à des passages clairs, pareils à ceux-ci, soit pour le texte du livre même, soit pour les textes des interprètes anciens et modernes.

[1] La première année est celle du roi *Taï-kia*, petit-fils de Tching-tang.

[2] *Y-tcheou* dans le cycle de soixante jours; c'est le texte chinois le plus ancien qui ait clairement les signes du cycle de soixante.

[3] La douzième lune était celle dans le cours de laquelle était le solstice d'hiver; c'était la forme du calendrier de la dynastie de Chang, qui avait fixé la première lune à ce temps, selon l'auteur du Tso-tchouen. On voit que le texte ne spécifie pas quel était ce jour du cycle : était-ce le premier, le cinquième, le dixième, etc. de la douzième lune? Ainsi je crois qu'il est inutile de chercher la première année de Taï-kia, en vertu de cette expression du texte de ce premier paragraphe. Dans ce qui s'y dit des solstices chinois, on peut voir les faux principes sur lesquels Lieou-hin, au temps de Han, en vertu de ce texte, a déterminé l'an 1738 avant J. C. pour la première année de l'empire de Taï-kia; l'époque de cette première année est très-incertaine.

[4] 伊尹 Y-yn était un des ministres de Tching-tang. Après la mort de ce prince, Y-yn fut régent de l'empire. Pendant les trois ans du deuil, le nouveau roi ne gouvernait pas; il ne pensait qu'à pleurer la mort de son prédécesseur. Le régent avait le titre de *Tchong-tsai*.

[5] Pour le *Tien-fou*, le *Heou-fou*, voyez le chapitre *Yu-kong I* de la seconde partie.

2. Il dit : Tant que les anciens rois de Hia ne suivirent que la vertu, le ciel ne les affligea pas par des calamités; tout était réglé dans les montagnes, dans les rivières et parmi les esprits[1]; il n'y avait aucun désordre parmi les oiseaux, les animaux et les poissons. Mais lorsque leurs descendants cessèrent de les imiter, l'auguste ciel les punit par une infinité de malheurs. Il s'est servi de notre bras pour nous donner l'empire. C'est à Ming-tiao[2] que commença la décadence de Hia, et c'est à Po[3] que nous commençâmes à nous élever.

3. Notre roi de Chang[4], qui faisait éclater partout sa sainte autorité, détruisit la tyrannie pour faire place à la clémence, et se fit véritablement aimer de tous les peuples.

4. Aujourd'hui, prince, dès le commencement de votre règne, succédez à ses vertus; faites paraître de l'amour pour votre famille et du respect pour les anciens; commencez donc par la famille et par le royaume, et achevez par les quatre mers[5].

5. Votre prédécesseur gardait inviolablement les devoirs de l'homme; il suivait les conseils salutaires qu'on lui donnait; il écoutait les anciens, et se conformait à leurs avis. Devenu maître, il connut parfaitement ceux avec qui il avait à traiter; tant qu'il ne fut que sujet, il se rendit recommandable par sa droiture. Avec les autres il n'exigeait pas une trop grande perfection; mais en travaillant lui-même à se rendre vertueux, il craignait sans cesse de ne pouvoir y parvenir. C'est ainsi qu'il obtint l'empire. Il faut avouer que cela est difficile.

6. La recherche qu'il fit des sages a été d'un grand secours pour vos successeurs.

7. Il mit ordre aux fautes de ceux qui remplissent des fonctions publiques en établissant des supplices. Il disait que ceux qui osent danser perpétuellement dans le palais, s'enivrer et chanter sans cesse dans leurs maisons, sont censés avoir les mœurs[6] des magiciens[7]; que ceux qui courent après les richesses et les femmes, qui aiment une oisiveté continuelle et une trop grande dissipation, sont censés

[1] On veut probablement dire ici qu'il n'y avait pas de gens qui abusassent du culte des esprits. On en avait abusé, suivant l'histoire chinoise, dès le temps de Tchao-hao, successeur de Hoang-ti; mais aussi on tâchait de remédier à ce désordre.

[2] *Ming-tiao* était près de Gan-y-hien, du Chan-si, un lieu de plaisance où le roi Kie commettait bien des désordres.

[3] *Po* était la demeure de Tching-tang, dans le pays de Kouei te-fou, du Honan.

[4] C'est *Tching-tang*.

[5] Par les quatre mers, 四海 il faut entendre l'empire.

[6] Le caractère qui exprime *mœurs* est traduit en tartare par *lemon*, c'est-à-dire, *fausses maximes, fausses lois, superstition;* et cela fait voir que Tching-tang désapprouvait ce que les *Vou* faisaient de son temps. Le mot grec *demon* a, au moins pour le son, bien du rapport au *temon* tartare, et peut-être a-t-il eu la même signification.

[7] Dans ce paragraphe, 'magicien' est exprimé par le mot *Vou*, qui signifie encore aujourd'hui un *enchanteur*, un

avoir des mœurs corrompues ; que ceux qui méprisent les discours des sages, qui foulent aux pieds la sincérité et la droiture, qui éloignent les gens respectables par leur âge et par leur vertu, pour n'employer que des gens sans honneur, sont censés avoir des mœurs qui tendent au trouble et à la discorde. Si les grands et le prince ont un de ces défauts et une de ces trois espèces de mœurs [1], la famille et le royaume périront. Si les ministres ne corrigent point dans les autres ces défauts, il faut faire des marques noires [2] sur leur visage ; ce sera la peine dont ils seront punis. Qu'on instruise exactement les jeunes gens.

8. Oh ! prince successeur, soyez bien attentif sur toutes vos démarches ; réfléchissez-y ; les vues d'un grand sage vont loin ; les discours salutaires ont un grand éclat. Le souverain maître (Chang-ti) n'est pas constamment le même à notre égard ; ceux qui font le bien, il les comble de toutes sortes de bonheur ; ceux qui font le mal, au contraire, il les afflige de toutes sortes de maux. Ne méprisez pas la vertu ; c'est elle qui fait le bonheur de tous les royaumes ; le défaut de vertu détruit leur gloire.

CHAPITRE V,

INTITULÉ

太甲 TAI-KIA.

SOMMAIRE.

Ce chapitre Taï-kia, divisé en trois sections, concerne, comme le précédent, le roi Taï-kia, petit-fils de Tching-tang. On y dit que ce prince n'écoutant pas les avis d'Y-yn, ce ministre le fit enfermer dans un palais, d'où il ne le tira que lorsqu'il le crut en état de régner. Lorsqu'il l'eut rétabli sur le trône, il lui donna de nouvelles instructions. Les trois parties de ce chapitre ne sont

que dans l'ancien texte, et forment tout autant de chapitres différents.

TAI-KIA. Kang-mo, 1753, 1721 ; Tsou-chou, 1840, 1829, avant J. C.

├ PREMIÈRE SECTION.

1. Le roi successeur [1] ne suivait pas les avis d'Y-yn*.

2. Ce ministre Y-yn écrivit un livre dans lequel il disait : Le roi prédécesseur, toujours attentif à l'ordre manifeste du ciel suprême, ne cessa d'avoir du respect pour les esprits supérieurs et inférieurs, pour le Che-tsi [2] et pour la salle des ancêtres [3]. Le ciel considérant donc sa vertu, le chargea de ses ordres suprêmes, et favorisant tous les royaumes, les affermit dans la paix et la tranquillité. Je l'aidai moi-même ; et parce que nous réussîmes dans cette entreprise, vous êtes aujourd'hui en possession de l'empire.

3. Quand, moi Yn, j'examine Hia [4] de la ville occidentale [5], je vois que tant que ses rois gardèrent les règles de leur état, ils conservèrent jusqu'à la fin leur dignité, et la firent conserver à leurs ministres ; mais quand leur successeur ne put se maintenir sur le trône, ses ministres perdirent aussi leur rang. Prince, regardez avec crainte votre état de roi ; si dans ce poste vous ne vous comportez pas en roi, vous déshonorerez votre aïeul.

4. Le roi paraissait insensible à ces exhortations.

5. Y-yn y ajouta ces paroles : Le roi prédécesseur faisait, de grand matin, briller sa vertu ; il restait assis à attendre le lever du soleil, et il faisait faire une exacte recherche des gens sages ; par là il aidait, il encourageait d'avance ses successeurs. Ne violez donc point ses ordres, si vous ne voulez pas vous perdre.

6. Réfléchissez sur ses vertus, et qu'elles soient pour vous un modèle éternel.

7. Imitez le chasseur, qui ne tire la flèche qu'après avoir bandé l'arc et visé au but. Examinez le point fixe sur lequel vous devez porter vos vues : c'est la conduite de votre aïeul ; en l'imitant vous

---

magicien, un *sorcier*, un homme que l'on croit avoir communication avec les esprits pour savoir des choses cachées. Les interprètes appellent *Vou* celui qui, par des danses et des chansons, invoque ou fait des offrandes aux esprits. Il y avait autrefois des hommes et des femmes destinés à faire l'emploi de *Vou*. Dès les premiers temps de la monarchie chinoise, les *Vou* étaient en vogue. Dans leur institution, ils n'avaient apparemment rien de mauvais ; l'ignorance, l'orgueil et les autres passions portèrent bien des gens à faire entendre qu'ils avaient communication avec les esprits et qu'ils savaient les choses cachées.
Il paraît ici que l'on condamne les *Vou*. L'histoire chinoise, au règne de Chao-hao, qui régna après Hoang-ti, rapporte les désordres causés par les *Vou*. Elle dit aussi le remède que l'empereur Tchouen-hio y apporta ; ce trait de l'histoire chinoise est rapporté par l'auteur de l'ancien livre *Koue-yu* ; et le chapitre *Lu-hing*, qu'on verra dans la quatrième partie du Chou-king, y fait allusion.
[1] Ce qui est appelé ici *trois espèces de mœurs*, est appelé en chinois 三風 *les trois foung* ou *trois mœurs* ; en tartare, *ilan temon*, ou *les trois fausses maximes, fausses lois*, etc. Le mot tartare détermine clairement le sens du caractère *foung* dans le cas présent.
[2] Cette punition s'appelait *Me*.

[1] Tching-tang est le premier de la dynastie de *Chang* ; mais il n'est pas sûr si *Tai-kia* lui succéda immédiatement. Selon d'habiles écrivains, deux oncles paternels régnèrent avant lui, peu de temps à la vérité ; j'en ai parlé dans ma chronologie.
* Dans le texte, il porte le titre de *Gou-heng* ; c'est un nom de fonctions publiques, selon *Tsai-chin*.
[2] Je ne sais si du temps de Tching-tang, *Che-tsi* dénotait un culte religieux rendu à des esprits, ou un culte civil rendu à d'illustres sages de l'antiquité, comme étant les auteurs de l'agriculture ; car *Che-tsi* peut être interprété par *esprits des fruits et de l'agriculture*, et par *illustre* ou *illustres personnages de l'antiquité*, qui ont été les auteurs ou promoteurs de l'agriculture.
[3] La salle des ancêtres est exprimée dans ce paragraphe par le caractère *Miao*. Sur ce caractère, consultez une note du chapitre *Hien-yeou-y-te*, qu'on verra bientôt.
[4] C'est-à-dire, les rois de *Hia*.
[5] Il s'agit de *Gan-y-hien* ; la demeure de *Tai-kia* était à l'orient.

me comblerez de joie, et les siècles à venir vous combleront d'éloges.

8. Le roi ne se corrigea pas.

9. Y-yn dit encore : La conduite du roi n'est qu'une suite de fautes : son éducation ressemble à son naturel. Il est nécessaire qu'il n'ait aucune communication avec ceux qui ont de mauvaises mœurs. Je veux faire un palais dans Tong[1] ; c'est là qu'auprès du roi prédécesseur je donnerai au roi des instructions, afin qu'il ne suive plus des mœurs corrompues.

10. En conséquence, le roi alla dans le palais de Tong; il garda là le deuil, et se mit enfin dans le vrai chemin de la vertu.

丗 SECTION II.

1. A la troisième année[2], le premier jour de la douzième lune, Y-yn, avec le bonnet et les autres habits royaux, alla au-devant du roi successeur, et le reconduisit à la cour nommée Po[3].

2. Il écrivit un livre dans lequel il disait : Des peuples sans roi ne peuvent vivre ni en paix ni dans l'ordre; un roi sans peuple ne peut gouverner les quatre régions. C'est par une faveur spéciale de l'auguste ciel pour l'empire des Chang qu'on vous voit enfin perfectionné dans la vertu. Prince, c'est un bonheur qui ne finira jamais.

3. Le roi fit la révérence en prenant sa tête dans ses mains et en s'inclinant jusqu'à terre[4], et dit : Moi, jeune homme, je n'ai point brillé jusqu'ici par la vertu, et j'ai paru n'avoir aucune conduite. Pour satisfaire mes passions, je n'ai gardé ni modération ni bienséance, et une foule de crimes sont précipitamment tombés sur moi. On peut se mettre à couvert des calamités qui viennent du ciel, mais nullement de celles que nos passions déréglées nous attirent. Jusqu'ici je n'ai fait aucun cas de vos instructions, mon gouverneur[5]; aussi ai-je mal commencé; mais je veux bien finir; et je compte sur les soins et sur les instructions que votre vertu me procurera.

4. Y-yn fit la révérence en prenant sa tête dans ses mains et en s'inclinant jusqu'à terre[6], et parla ainsi : Un prince intelligent travaille à se perfectionner soi-même, et son vrai talent est de savoir s'accommoder au génie et aux inclinations de ceux qui lui sont soumis.

5. Le roi prédécesseur traitait les pauvres et les malheureux comme ses propres enfants; aussi les peuples lui obéissaient-ils avec joie. Les habitants des royaumes voisins disaient : Nous attendons notre véritable maître; quand il sera venu, nous serons délivrés de l'oppression.

6. Prince, redoublez vos efforts pour avancer dans le chemin de la vertu; imitez votre illustre aïeul; ne vous laissez pas surprendre un seul moment par la mollesse ni par l'oisiveté.

7. Si dans les honneurs que vous rendez aux ancêtres, vous remplissez les devoirs de l'obéissance filiale; si vous gardez la gravité et la bienséance en traitant avec vos inférieurs; si vous faites paraître du discernement dans l'examen[1] de ce qui vient de loin; si vous vous appliquez à bien comprendre toute l'étendue du sens des discours salutaires que vous entendez, prince, je ne me lasserai jamais de voir en vous ces vertus.

下 SECTION III.

1. Y-yn continua d'exhorter plusieurs fois le roi en ces termes : Le ciel n'a point d'affection particulière pour personne ; il aime ceux qui ont du respect. L'attachement des peuples à leur souverain n'est pas constamment le même; ils ne sont attachés qu'à ceux qui sont humains et bienfaisants. Les esprits ne regardent pas toujours de bon œil les cérémonies qu'on leur fait, et ils ne sont favorables qu'à ceux qui les font avec un cœur droit et sincère. Que le trône confié par le ciel[2] est difficile à occuper!

2. La paix ou la bonne administration règne où règne la vertu; si celle-ci manque, tout est dans le trouble et la confusion. Celui qui tient une conduite pacifique et conforme à la droite raison, réussit dans ses entreprises; mais s'il se livre à la discorde, il ne peut manquer d'échouer. Faire ce qui convient pour bien commencer et pour bien finir, est l'ouvrage d'un roi très-intelligent.

3. Le roi votre prédécesseur travailla sans relâche à se rendre vertueux, et il put être comparé[3] au souverain seigneur (Chang-ti). Prince, puisque vous lui succédez, ayez les yeux attachés sur lui.

4. Si l'on veut monter sur un lieu élevé[4], il faut nécessairement commencer par le bas; si on veut

---

[1] Tong était la sépulture de Tching-tang.
[2] La troisième année est la troisième année du règne de Taï-kia. Dans ce premier paragraphe, le premier jour de la douzième lune n'a pas de caractère du cycle de soixante.
[3] C'était la cour.
[4] La révérence que fit le roi dénote une inclination de tête jusqu'à terre. [Selon Tsaï-chin, cette révérence se faisait comme nous l'avons exprimé dans la traduction ci-dessus.]
  (G. P.)
[5] Dans le texte, il y a des instructions de mon Sse-pao, terme qui veut dire directeur et protecteur.
[6] La révérence de Y-yn est exprimée avec les mêmes caractères que celle du roi.

[1] Cet examen, qui vient de loin, est l'examen de ce qui est et de ce qui se passe dans tous les pays de l'empire.
[2] Le trône dont il s'agit dans ce premier paragraphe, est la dignité royale; le texte porte 天位 Tien-weï. La place céleste ; c'est dans le même sens qu'on a vu les ministres et les mandarins de l'empire désignés par les ministres et les mandarins des affaires du ciel.
[3] L'union au Chang-ti est remarquable, étant, selon le texte, l'effet de la vertu. [Ce n'est pas d'union dont il est ici question, c'est de parité, comme nous l'avons rétabli dans la traduction ci-dessus.]   (G. P.)
[4] Le sens est que la vertu s'acquiert peu à peu.

aller vers un lieu éloigné, il faut nécessairement partir d'un endroit qui soit près.

5. Ne méprisez pas les occupations[1] du peuple, considérez-en les difficultés; ne vous regardez pas hors de danger sur le trône, concevez-en au contraire tout le péril.

6. C'est en commençant qu'il faut réfléchir, et non à la fin.

7. Si ces paroles sont contraires à vos inclinations, vous devez rechercher les prescriptions de la raison; mais si elles sont conformes à ce que vous souhaitez, vous devez également rechercher ce qui est contraire à la raison pour l'éviter.

8. Hélas! si l'on ne fait point de réflexion, comment comprendre ce que j'ai dit? et si l'on ne fait pas des efforts, comment l'accomplir? Un seul homme de bien peut régler tous les royaumes.

9. Sur des discours artificieux, un prince ne doit pas changer l'ancien gouvernement. Si un ministre, pour son plaisir et pour son utilité, ne veut pas rester en charge, quand le terme de sa commission est fini, c'est un avantage éternel pour l'empire.

CHAPITRE VI,

INTITULÉ

咸有一德 HIEN-YEOU-Y-TE.

SOMMAIRE.

Ce chapitre prend son titre de cette phrase qui est dans le texte, au troisième paragraphe, *Hien-yeou-y-te*, qui signifie *tous avaient les mêmes dispositions*. C'est ainsi que dans la Bible plusieurs livres ne portent d'autres titres que les mots par où ils commencent. Dans ce chapitre Y-yn continue de donner des préceptes à Taï-kia, qui n'en profitait pas autant que ce ministre le désirait; celui-ci en conséquence avait dessein de quitter le gouvernement. Ce chapitre n'est que dans l'ancien texte.

TAÏ-KIA. Kang-mo; 1753, 1721; Tsou-chou; 1840, 1529, avant J. C.

1. Y-yn voulait remettre le gouvernement entre les mains de Taï-kia, et se retirer; mais auparavant il lui donna de nouveaux préceptes pour pratiquer la vertu.

2. Il dit : Hélas! on ne doit pas compter sur une faveur constante du ciel; il peut révoquer son mandat. Si votre vertu subsiste constamment, vous conserverez le trône; mais l'empire[2] est perdu pour vous, si vous n'êtes pas constamment vertueux.

3. Le roi de Hia ne put être constant dans la vertu; il méprisa les esprits et opprima le peuple;

aussi l'auguste ciel ne le protégea plus, et jeta les yeux sur tous les royaumes pour faire paraître et pour instruire celui qui devait recevoir son mandat; il chercha[1] un homme d'une vertu très-pure, qu'il voulait mettre à la tête des affaires qui regardent les esprits; alors Tching-tang et moi avions les mêmes dispositions qui nous unissaient au cœur du ciel. L'ordre du ciel fut clair et manifeste; nous obtînmes l'empire, et nous changeâmes le Tching[2] de Hia.

4. Ce n'est pas que le ciel ait un amour particulier pour notre dynastie de Chang. Le ciel aime une vertu pure. Ce n'est pas la dynastie de Chang qui a recherché les peuples, mais ce sont les peuples qui sont venus chercher la vertu.

5. Si la vertu[3] est pure et sans mélange[4], on est heureux dans tout ce qu'on entreprend; mais s'il y a du mélange, on est malheureux. Le bonheur ou le malheur ne sont point attachés à la personne des hommes; mais le bien ou le mal que le ciel envoie dépendent de leur vertu ou de leurs vices.

6. Maintenant, prince, qui venez de recevoir le mandat souverain, ne pensez qu'à avancer de plus en plus dans la vertu; travaillez-y depuis le premier jour jusqu'au dernier, et tous les jours renouvelez-vous.

7. Quand il s'agit des ministres, n'employez que des gens sages et qui aient des talents; que tous ceux qui sont auprès de vous soient tels. Un ministre doit penser à aider son souverain dans la pratique de la vertu, et à être utile au peuple. Employez tous vos efforts, soyez attentif, aimez la paix, et soyez invariable dans votre conduite.

8. La vertu n'a point de modèle déterminé et invariable; mais celui qui fait le bien peut servir de modèle. Les bonnes actions ne sont pas déterminées d'une manière spéciale; mais tout ce qui se fait de bien se réduit à un seul principe.

9. Si vous faites en sorte que tout le peuple dise : Que les discours du roi sont sublimes! qu'il dise encore : Que son cœur est droit! vous jouirez de la prospérité de votre aïeul, et vous conserverez à jamais les biens et la vie du peuple.

---

[1] On représente ici l'empereur comme choisi du ciel pour être à la tête des affaires qui regardent les esprits. Le seul empereur a droit de sacrifier publiquement au ciel ou Chang-ti. Ce droit, attaché à l'empereur dès le commencement de l'empire, est remarquable.

[2] Les interprètes disent que le 正 *Tching* de Hia est la première lune du calendrier, c'est-à-dire, que la dynastie de Chang changea la première lune du calendrier. On a parlé ailleurs de ce changement.

[3] Dans le livre classique *Ta-hio*, on remarque que dans les bains du roi Tching-tang on voyait des caractères gravés qui contenaient le sens de ces paroles. Y-yn fait sans doute allusion à cette sentence gravée dans le bassin du bain de Tching-tang. Voyez-le ci-après.

[4] [Il y a dans le texte : *si la vertu est une*; et pour l'autre nombre, *si la vertu est deux et trois*. — D.] Mais le sens est celui qui est donné ci-dessus d'après les commentateurs chinois. (G. P.)

---

[1] Les interprètes disent qu'il s'agit de l'agriculture et de l'entretien des vers à soie, par ces expressions de l'*occupation du peuple*.

[2] L'empire est, dans ce texte, et dans le chap. IV, désigné par les mots 九有 *neuf yeou* ou *parties*, c'est-à-dire, les neuf *Tcheou* dont on a parlé dans le chapitre *Yu-kong*.

10. C'est dans le temple [1] des sept générations que la vertu paraît, et c'est dans le chef d'une infinité d'hommes qu'on voit l'art de gouverner.

11. Si le roi est sans peuple, de qui se servira-t-il? Si le peuple est sans roi, par qui sera-t-il gouverné? Plein de vous-même, ne méprisez pas les autres, sous prétexte qu'ils sont incapables. Les gens les plus faibles, hommes et femmes, peuvent faire quelque chose de bon; si le maître du peuple le néglige, il ne remplit pas les devoirs de son état.

CHAPITRE VII,

INTITULÉ

盤康 PAN-KENG.

SOMMAIRE.

Ce chapitre, divisé en trois parties, a pour titre le nom du roi qui succéda à Yang-kia. Le prince, à l'occasion des débordements du Hoang-ho, exhorte ses sujets à quitter l'ancienne cour pour aller s'établir ailleurs, et cite plusieurs belles maximes de gouvernement. Il paraît que les populations avaient beaucoup de répugnance pour le suivre. Cette translation de l'empire fit changer le nom de la dynastie Chang, qui porta alors celui de Yn. Dans la troisième partie, il donne des règles de gouvernement pour la nouvelle ville. Dans le nouveau texte, les trois parties du chapitre Pan-keng n'en font qu'une, au lieu que dans l'ancien texte ce chapitre est divisé en trois parties. Tout le discours de ce prince est assez singulier. Ce prince semble parler à tous ses sujets, et cependant il ne s'agit que des habitants d'une seule ville, qu'il veut transporter dans une autre.

PAN-KENG. Kang-mo, 1401, 1374; Tsou-chou, 1313, 1288, avant J. C.

上 PREMIÈRE SECTION.

1. Lorsque Pan-keng [2] voulut transporter la cour à Yn, le peuple refusant d'y aller, ce prince fit venir ceux qui paraissaient les plus mécontents, et leur parla ainsi :

2. Le roi de notre dynastie, qui vint autrefois ici,

[1] Le caractère est 廟 Miao, qui signifie *une des salles intérieures du palais de l'empereur vivant* ; il signifie encore *figure*, *représentation*. C'est pour ces raisons qu'anciennement à la Chine on appelait la salle des ancêtres *Miao*, parce que, selon l'axiome chinois, on doit honorer les morts comme s'ils étaient vivants, et parce que dans cette salle étaient les représentations ou figures des ancêtres, ou même parce que cette salle faisait ressouvenir des ancêtres morts. Les bonzes s'étant introduits, empruntèrent depuis ce caractère chinois *Miao* pour exprimer le temple de leurs idoles. La salle des ancêtres morts pour les empereurs avait, 1° la représentation du fondateur ou chef de la famille; cette représentation ou tablette restait toujours; 2° si quelque autre se rendait recommandable, sa représentation restait également. Pour les autres, après sept générations, on ôtait leur représentation.

[2] *Pan-keng*, roi de la dynastie de *Chang*, tenait sa cour à Keng, ancienne ville du Hoang-ho dans le district de Kie-tcheou, du Chansi. Les inondations du Hoang-ho causèrent de grands dommages à la ville royale; c'est ce qui obligea ce prince à transporter sa cour à Yn dans le district de Ho-nan-fou, du Honan.

aimait ses sujets, et ne pensait pas à leur donner la mort. Depuis ce temps, les peuples n'ont pu s'aider mutuellement dans leurs besoins. J'ai consulté le Sort [1], et il m'ordonne d'exécuter mon dessein.

3. Les rois mes prédécesseurs, par respect pour les ordres du ciel, dans de pareilles circonstances, ne demeuraient pas toujours dans le même lieu; la ville royale va être placée pour la cinquième fois dans un endroit différent du royaume. Si aujourd'hui je ne me conformais pas à cette ancienne pratique, ce serait ignorer l'ordre [2] prescrit par le ciel ; et pourrait-on dire que je marche sur les traces des princes mes prédécesseurs?

4. Notre État est semblable à celui d'un arbre renversé dont il reste quelque rejeton; le ciel, en perpétuant notre mandat, veut, dans une nouvelle ville, faire continuer ce que nos ancêtres ont commencé; n'est-ce pas rétablir la tranquillité dans tous les lieux?

5. Pan-keng, en instruisant le peuple, commença par les hommes qui étaient constitués en dignité, et leur proposa l'exemple des anciens; il leur fit voir qu'ils devaient garder les lois qu'ils avaient établies; mais craignant que les vrais sentiments des populations ne lui fussent pas connus, il convoqua la foule du peuple* dans le palais.

6. Le roi s'exprima à peu près en ces termes : Venez tous, je veux vous instruire; soyez sincères,

[1] 卜 *Pou*, sort, oracle. Voyez le chapitre *Ta-yu-mo*. Pan-keng voulait faire entendre que le ciel avait manifesté sa volonté par le Pou. Il voulait faire entendre aussi que les anciens rois de sa dynastie consultaient le Pou quand ils transportaient la cour.

[2] [Le père Gaubil a traduit : *je serais insensible à la mort d'un si grand nombre de mes sujets*. J'ai cru devoir me conformer au but du texte, qui dit que les anciens se transportaient ailleurs par ordre du ciel auquel ils étaient très-soumis; que comme ces ordres étaient que l'on quittât cette ville, il devait s'y soumettre également, d'autant plus que les oracles avaient parlé. Il y a littéralement dans le texte, *non scirem Cœli mandata decreta*. Le sens donné par le père Gaubil vient de ce que le mot *Ming*, qui signifie *ordre*, signifie aussi *la vie*, et que *Tuon*, *judicare*, *statuere*, signifie en même temps *præcidere*. Il a traduit *non scirem vitas præcisas*, je serais insensible aux vies coupées ou tranchées; il a supprimé le nom du ciel qui est exprimé dans le texte, et paraphrasé le reste comme regardant les peuples.] (D.)

Deguignes, tout en rendant la traduction du père Gaubil plus fidèle, se trompe lui-même dans le sens qu'il attribue au caractère 斷 *touan* qui précède 命 *ming*, ordre, décret. Il ne signifie point ici *judicare*, *statuere*, comme il le prétend, mais bien *præcidere*, *rumpere*, puisque le commentateur *Tsaï-chin* lui donne pour synonyme 絶 *thsiouei*, *rumpere*, *præcidere*. La phrase en question signifie donc : *Si maintenant je ne continuais pas le lien traditionnel de l'antiquité, je ne saurais pas que le décret du ciel* [qui m'était imposé pour habiter Keng] *est rompu*, c'est-à-dire, *a cessé d'exister*, *est changé*, etc. (G. P.)

* C'est le sens donné par *Tsaï-chin* : « Par le caractère « *Tchoung* du texte, dit-il, on entend la convocation des mandarins et du peuple indistinctement : 眾者臣民 咸在也 « *tchoung-tche*, *tchin min hién tsaï ye*. »

rectifiez votre cœur, et ne vous opiniâtrez pas à vouloir vivre dans la mollesse et la volupté.

7. Anciennement les rois mes prédécesseurs se servaient d'anciennes familles pour gouverner les affaires; ils avaient de grands égards pour leurs ministres, parce que ceux-ci rapportaient fidèlement au peuple les sentiments du prince; le peuple était tranquille et tout occupé de son bien-être, parce qu'on ne proférait pas témérairement des paroles coupables. Aujourd'hui, vous faites courir des bruits dangereux, auxquels le peuple ajoute foi. Je ne sais pas ce que vous prétendez produire par là*.

8. Je n'ai nullement perdu l'amour du bien public; mais vous, en cachant au peuple mon zèle à cet égard; n'avez-vous pas craint de m'offenser? C'est comme si je voyais le feu. Je vous suis d'un faible appui, mais je puis faire connaître vos fautes.

9. Si dans le filet qui est tendu les cordes sont longues, il n'y a aucune confusion; de même si les laboureurs travaillent sans relâche quand il faut semer, ils auront en automne une abondante récolte.

10. Si vous rectifiez votre cœur, si votre zèle sincère s'étend jusqu'au peuple, jusqu'à vos alliés, jusqu'à vos amis, vous pouvez sans crainte vous glorifier de suivre le chemin de la vertu.

11. Vous ne craignez pas un mal ** qui désole les lieux près et éloignés; semblables en cela aux laboureurs paresseux qui ne songent qu'à se divertir, qui ne se donnent aucune peine, et qui négligent la culture de leurs champs; croyez-vous qu'ils puissent avoir une abondante récolte?

12. Si dans ce que vous dites au peuple vous n'avez point de paroles de félicitations et d'encouragement, c'est vous qui répandez le poison. Et puisque vous en êtes les auteurs, on doit vous punir comme des criminels. C'est en vain que vous vous repentirez, on ne doit pas vous épargner. Dans le temps que le peuple veut faire ses représentations pour se délivrer des maux qu'il souffre, vous faites courir des bruits inconsidérés; votre vie et votre mort sont entre mes mains, et cependant vous ne m'avertissez point de ce qui se passe; au contraire, les discours vides que vous tenez entre vous ne servent qu'à inspirer des craintes au peuple. Quand le feu prend dans une vaste campagne, quoiqu'on ne puisse s'en approcher, on peut parvenir à l'éteindre. Le désordre a commencé par vous, vous êtes les coupables, et ce n'est pas moi qui le suis.

13. Tchi-jin[1] disait : « Parmi les hommes on doit choisir les anciens; parmi les ustensiles, il ne faut pas rechercher les anciens, mais les nouveaux. »

14. Autrefois le travail et le repos agréables furent communs à vos ancêtres; oserais-je donc vous punir sans raison? De siècle en siècle on a récompensé le mérite de vos ancêtres; cacherai-je ce que vous avez de bon? Lorsque je fais de grandes cérémonies à mes ancêtres[2], les vôtres sont à côté des miens, et ont part à ces cérémonies[3], soit dans le bonheur, soit dans le malheur; comment oserais-je, sans raison, vous récompenser?

15. Ce que je vous propose est difficile[4]; j'imite celui qui tire de la flèche, et ne pense qu'au but; ne méprisez jamais ni les vieillards ni les jeunes gens sans appui; travaillez à vous maintenir toujours dans votre état, et faites vos efforts pour m'aider dans l'exécution de mes desseins.

16. Je punirai de mort ceux que je trouverai coupables, parents ou autres[5]; mais je ferai valoir ceux qui feront leur devoir; ce sera à vous que j'attribuerai le bien qui résultera pour le royaume, et à ma négligence à punir les fautes ce qui arrivera de mal.

17. Avertissez exactement les autres de ce que je vous dis; que dans la suite chacun soit attentif à faire ce qui sera ordonné, et à remplir les devoirs de son état. Dans vos paroles, soyez réservés; autrement n'attendez aucun pardon; le repentir serait inutile.

䷁ SECTION II.

1. Pan-keng se prépara à passer la rivière[6], et ayant ordonné au peuple de partir, il fit venir ceux qui avaient de la répugnance; après que tous furent rassemblés, il leur ordonna de garder le respect convenable dans le palais; ensuite il les fit entrer et leur parla avec autant de force que de droiture.

2. Il leur dit : Soyez attentifs à mes paroles, ne résistez pas à mes ordres.

Les rois mes prédécesseurs n'oubliaient pas de penser aux besoins des populations; celles-ci à leur tour soutenaient leur prince, et ces efforts qu'on faisait de part et d'autre les mettaient à couvert des malheurs des temps.

---

* *Tsaï-chin* explique ainsi la pensée renfermée dans le texte : « Maintenant lorsque vous êtes à l'intérieur (ou en « conseil au palais), vous déchirez le petit peuple de vos mor-« dants sarcasmes et de vos moqueries; lorsque vous êtes au « dehors, vous n'avez pas une parole de félicitation et de « bonheur pour les cent familles (tout le peuple chinois). » (G. P.)

** Il y a dans le texte *un grand poison* (G. P.)

[1] On ne sait rien de détaillé sur ce *Tchi-jin*. [Les commentaires disent que c'est le nom d'un ancien sage.]
[2] Dans la salle des ancêtres des empereurs on fait mettre le nom des sujets qui ont rendu de grands services à l'État. Par ce texte, on voit que cette coutume est bien ancienne.
[3] Selon beaucoup d'interprètes, le sens de cette phrase est que les âmes des rois et des grands dont on parle sont dans le ciel, et voient le bonheur et le malheur qui arrivent.
[4] Il veut dire que cette migration est une entreprise difficile, parce que beaucoup de gens s'y opposent.
[5] Littéralement : *proches ou éloignés*. (G. P.)
[6] La rivière dont il s'agit est le Hoang-ho. La cour était au nord de cette rivière, on la transporta au sud.

3. Lorsque notre dynastie Yn [1] fut dans la désolation, les rois mes prédécesseurs ne voulurent pas rester plus longtemps dans leur demeure, et ils résolurent de la transporter ailleurs, dans la vue de procurer un plus grand avantage au peuple. Pourquoi ne pensez-vous pas à ce que vous avez entendu dire de nos prédécesseurs? En faisant paraître tant d'attention pour ce qui vous regarde, ce n'est que pour vous soulager, et je ne prétends pas vous exiler comme des criminels.

4. Quand je vous dis d'aller dans la nouvelle ville, c'est pour vous que je le dis, et pour me conformer à leurs intentions (des ancêtres).

5. Maintenant, je ne veux vous faire changer de demeure que pour affermir le royaume; vous ne paraissez pas sensibles à la tristesse qui accable mon cœur. Si vous me déclariez sincèrement vos pensées, si vous étiez véritablement unis à moi de cœur et de sentiments, j'en serais soulagé; mais vous n'en faites rien; vous attirez sur vous toutes sortes de calamités; vous êtes comme des gens qui se sont embarqués; si vous ne passez pas la rivière, vos provisions seront corrompues : ce qu'on transporte se pourrira. Si vous persistez à ne me pas suivre, vous périrez certainement dans les eaux; réfléchissez-y : quand même en particulier vous gémiriez, de quel secours cela vous sera-t-il?

6. Si vous ne réfléchissez pas davantage sur les maux qui vous menacent, vous courez à grands pas vers votre perte; vous avez aujourd'hui l'occasion, pouvez-vous répondre de l'avenir? et comment trouverez-vous en haut [dans le ciel] un garant de la conservation de votre vie?

7. J'ai encore un avis à vous donner : si vous commencez mal, vous risquez de vous perdre; prenez garde que d'autres ne vous fassent un mauvais parti.

8. Je souhaite que le ciel continue de vous conserver la vie; je n'ai garde de vous faire violence par des menaces; je veux avoir soin de vous faire subsister.

9. En réfléchissant sur ce que vos ancêtres ont souffert et entrepris pour mon divin prince [2], je ne puis m'empêcher de vous protéger et de vous aimer.

10. Un plus long séjour dans cette ville nuirait aux affaires du royaume; mon sublime [3] prince ferait tomber sur moi une foule de calamités : pourquoi, dirait-il, faire souffrir tant de maux à mon peuple?

[1] Yn est le nom de la dynastie. Avant Pan-keng on l'appelait Chang. Le nom d'Yn lui fut donné du temps de Pan-keng; aujourd'hui on l'appelle indifféremment des deux noms. La désolation dont on parle était le débordement du Hoang-ho.

[2] Par les paroles *mon divin prince* 神后 *Chin-heou,* Pan-keng fait allusion à Tching-tang, chef de la dynastie.

[3] *Sublime prince* 高后 *Kao-heou;* il faut entendre par là le roi Tching-tang.

11. Si vous tous, vous ne prenez pas avec moi des mesures pour conserver votre vie, si de part et d'autre tout ne se fait pas de concert, notre ancien prince vous punira, et vous accablera de malheurs. Il vous dira : Pourquoi ne vous accordez-vous pas avec mon descendant? Si vous vous écartez donc du chemin de la vertu, vous ne pourrez éviter les maux qui vous arriveront d'en haut.

12. Les rois mes prédécesseurs [1] ont été servis par vos aïeux, et ceux-ci, dans les occasions, ont souffert beaucoup pour mes ancêtres. Vous êtes tous le peuple dont je prends soin; si vous détruisez ce qui doit être dans votre cœur à mon égard, mes ancêtres consoleront vos aïeux, et ceux-ci vous abandonneront, ne vous secourront pas, et vous périrez.

13. Si parmi ceux qui administrent en mon nom il s'en trouve qui veuillent accumuler des trésors, leurs ancêtres [2] avertiront mon sublime prince; ils diront : Punissez nos neveux. Mon sublime prince se rendra à leurs prières, et vous accablera de toutes sortes de malheurs.

14. Hélas! maintenant que je vous fais un appel, vous n'y répondez pas avec les égards qu'il mérite; mais pensez à mon chagrin, et ne détournez pas cet objet de votre esprit; que chacun de vous réfléchisse et délibère; que tous obéissent et suivent le juste milieu.

15. S'il y a parmi vous des gens vicieux et de mauvaises mœurs qui n'observent aucune règle, qui troublent et renversent tout; s'il y a des gens trompeurs, de mauvaise foi et des voleurs, j'ordonnerai qu'on leur coupe le nez, qu'on les mette à mort, qu'on éteigne leur race, et que leurs neveux n'aillent pas dans la nouvelle ville.

16. En sortant d'ici vous conserverez votre vie, et vous vous assurerez un repos durable. Les ordres que je vous donne pour partir affermiront à jamais vos familles.

SECTION III.

1. Quand Pan-keng eut transporté la cour dans le lieu qu'il avait choisi, il régla ce que chacun devait faire dans son état pour la tranquillité des populations.

[1] On voit ici que Pan-keng supposait que l'âme de Tching-tang et celle des aïeux, de ceux à qui il parlait, subsistaient encore.

[2] Cela suppose aussi que l'âme subsiste après la mort. On ne prétend pas répondre de quelques fausses idées que plusieurs Chinois auront pu se former sur l'état des âmes après la mort, et sur ce qu'elles peuvent. Mais si on veut se servir de ce chapitre pour prouver que les Chinois, dans leurs cérémonies, invoquent les morts, et attendent d'eux quelque chose, il faut 1° qu'on suppose que les âmes subsistent après la mort; et c'est ce que ne veulent pas ceux des Européens qui croient que les Chinois pensent que l'âme périt avec le corps à la mort; il faut 2° penser que, dans ce chapitre *Pan keng*, il ne s'agit pas des cérémonies ordinaires faites aux morts; c'est un cas particulier pour le roi Pan-keng; 3° il faut se ressouvenir que, selon les anciens Chinois, les âmes

2. Il dit : Ne soyez pas négligents dans vos emplois; pensez à affermir solidement notre dynastie [1].

3. Maintenant, je veux vous ouvrir mon cœur, et vous faire part de mes vrais sentiments. Je ne prétends pas vous condamner; ne vous assemblez donc pas pour vous communiquer vos ressentiments et pour faire des plaintes amères contre moi qui ne suis qu'un seul homme.

4. Autrefois le roi prédécesseur [2], dans le grand désir d'imiter les belles actions des anciens, voulut aller sur les montagnes. Il délivra notre royaume des maux qui l'affligeaient, et nous rendit les plus grands services.

5. Aujourd'hui nos populations désolées sont obligées de quitter leur habitation ordinaire; elles n'ont aucun lieu où elles puissent demeurer tranquilles ; pourquoi donc dites-vous que je trouble et que j'épouvante les populations en les faisant aller ailleurs?

6. Le souverain Maître (Chang-ti) a voulu faire encore briller la vertu de l'illustre fondateur de notre dynastie, et protéger notre empire ; c'est pour cela que, de concert avec quelques sujets fidèles et respectueux, je veux travailler à la conservation de la vie de mes peuples, et fixer maintenant et pour toujours ma demeure dans la nouvelle ville.

7. Je n'ai pas prétendu, moi, homme de peu de mérite [3], faire peu de cas de vos avis ; j'ai seulement voulu exécuter ce qui m'a paru raisonnable. Personne n'ose résister à la décision du Sort [4], il faut le prendre pour règle.

8. O vous [5], qui êtes à la tête des grands vassaux de l'État, vous qui êtes les chefs des mandarins, et vous qui avez soin des affaires, vous êtes toujours sans doute accablés de tristesse !

9. C'est par choix, et après un examen attentif, que je vous indique ce que vous devez faire; pensez soigneusement à mes peuples.

10. Je ne me servirai jamais de ceux qui cherchent à s'enrichir; mais je distinguerai et j'aimerai ceux qui sont attentifs à défendre la vie et les biens de mes sujets, ceux dont les vues et les desseins ont pour objet le bien public, et la conservation des peuples dans leurs habitations.

11. Aujourd'hui je vous ai fait venir en ma présence pour vous dire ce que je crois devoir être fait, et ce qui ne doit pas se faire; ne négligez rien de ce que j'ai dit.

12. Au lieu de vous occuper à rassembler des richesses et des choses rares, ne pensez qu'à acquérir le mérite de procurer au peuple un repos et une tranquillité durables.

13. Faites-lui connaître le chemin de la vertu, et joignez toujours à une grande exactitude la droiture et la simplicité du cœur.

CHAPITRE VIII,

INTITULÉ

說命 YUE-MING

SOMMAIRE.

Ce chapitre est divisé en trois parties ; le titre signifie *ordres donnés à Yue*, le même que Fou-yue, dont il est parlé dans la vie de Vou-ting. Il ne contient que des demandes du roi, et des instructions de Fou-yue. Les trois parties de ce chapitre ne sont que dans l'ancien texte, et forment trois chapitres.

VOU-TING. Kang-mo, 1324, 1266 ; Tsou-chou, 1274, 1216, avant J. C.

上 PREMIÈRE SECTION.

1. Le roi [1], après trois ans de deuil passés dans le palais de Leang-gan [2], gardait encore le silence. Tous les grands lui firent alors des représentations. Ils lui dirent : Écoutez, prince ! celui qui sait est appelé celui qui comprend et qui voit clairement; celui qui comprend et qui voit clairement est le véritable modèle à imiter. Alors le fils du ciel, qui est le seul maître de tous les royaumes, doit être considéré par tous les mandarins ou fonctionnaires publics comme leur modèle. Les paroles du roi sont de véritables ordres ; mais s'il ne parle pas, les ministres ne peuvent recevoir ses instructions.

2. Le roi, pour répondre à ces interpellations, fit un livre dans lequel il disait : C'est avec une grande satisfaction que je me suis appliqué à mettre le bon

---

[des] gens illustres par leur vertu étaient devant le *Chang-ti*, et que le *Chang-ti* étant le souverain Seigneur, les esprits et les âmes des gens morts vertueux ne pouvaient rien sans l'ordre du *Chang-ti*.
[1] La dynastie est exprimée par deux caractères *Ta-ming*, 大命 grand ordre, grande commission [grand mandat].
[2] Selon plusieurs historiens, sous Tching-tang il y eut une famine et une sécheresse de sept ans. Tching-tang, dans cette occasion, se dévoua pour son peuple. Voyez le père Couplet et les autres. Peut-être dans ce paragraphe Pan-keng fait-il allusion à ce trait d'histoire : il serait à souhaiter qu'on sût ces belles actions des anciens ; mais il y a bien des livres qui se sont trouvés perdus. [Le commentaire que j'ai entre les mains dit qu'il s'agit de la translation de l'empire dans la ville de Po, faite sous Tching-tang, où les ancêtres de Tching-tang avaient demeuré; c'est en cela que Pan-keng voulut les imiter.] (D.)
[3] Pan-keng s'appelle ici *homme vil, petit homme* [小 人 *siao jin.*] Il paraît se servir du *Pou* comme d'un oracle.
[4] On parle encore du *Pou* dans le chapitre *Ta-yu-mo*.
[5] Ceux qui étaient à la tête des grands vassaux avaient le titre de 伯 *Pe*.

[1] Le roi dont il est parlé est le roi *Kao-tsong*, le même que *Vou-ting* ; il portait le deuil de son père *Siao-ye*.
[2] *Leang-gan* est le palais où Kao-tsong portait le deuil. L'an 1324 avant J. C. est, selon l'histoire Tong-kien-kang-mou, la première année du règne de Kao-tsong.

ordre dans tout le royaume; mais j'ai toujours appréhendé de ne pas avoir une vertu suffisante pour cela. C'est pourquoi si je ne parle pas, c'est parce que je crains de ne pas imiter la vertu de mes prédécesseurs. J'ai réfléchi respectueusement en moi-même sur la manière de diriger ma raison relativement à un songe dans lequel l'empereur m'a donné un sage pour ministre; c'est lui [le nouveau ministre] qui doit parler pour moi *.

3. On décrivit** donc la figure de cet homme qui avait apparu en songe. On prit cette description, et on chercha dans tout le royaume. Yue¹, habitant dans un endroit retiré et désert de Fou-yuen², fut le seul homme que l'on trouva ressemblant ***.

4. C'est pourquoi il fut établi ministre, et le prince lui confia le soin de toutes les affaires.

5. Il lui donna ses ordres en ces termes : Matin et soir [depuis le matin jusqu'au soir] instruisez-moi dans la pratique du bien. Aidez-moi à me rendre vertueux.

6. Soyez pour moi ce qu'est une pierre à aiguiser le fer, ce que sont une barque et des rames pour passer une rivière considérable, et ce qu'est une pluie abondante dans une année de sécheresse.

7. Ouvrez votre cœur et arrosez le mien.

8. Si après avoir pris une médecine, on ne sent aucun trouble³ dans les yeux et dans le cœur, on ne peut attendre de guérison ; si en marchant pieds nus, on ne jette pas les yeux sur la terre, le pied sera blessé.

9. De concert avec les ministres, ne craignez pas de me redresser, quoique je sois votre supérieur; procurez la tranquillité au peuple, en faisant en sorte que j'imite les rois mes prédécesseurs, et sui tout mon sublime prince¹.

10. Observez exactement ce que je vous ordonn en ce moment, et ne cessez jusqu'à la fin de le pr tiquer.

11. Yue s'adressant à son tour au roi, dit : C'e par la règle et par le cordeau que le bois devie droit. Si le roi se conforme aux avis des sages, i pourra devenir parfait², et s'il est parfait, ses m nistres feront d'eux-mêmes leur devoir : qui osera alors violer les ordres d'un tel roi?

中 SECTION II.

1. Yue, après avoir assemblé tous les mandarin et leur avoir communiqué ses ordres, s'étant appr ché du roi, dit : Le roi intelligent, qui autrefois si conforma avec respect à la loi du ciel, fonda l'em pire³ et établit une cour. Il assigna des lieux devaient résider le roi, les grands vassaux et l grands mandarins. Ce prince intelligent ne s'occup pas des plaisirs, il n'eut que le gouvernement peuple en vue.

2. Il n'y a que le ciel⁴ qui soit souverainem

---

* La traduction que nous donnons ici de ce paragraphe est conforme à l'explication de *Tsaï-chin*. Le père Gaubil avait traduit : « Le roi répondit dans un écrit : Je désire de mettre « le bon ordre dans tout le royaume; si je ne parle pas, c'est « parce que je crains de ne pas imiter la vertu de mes prédé-« cesseurs. J'ai réfléchi respectueusement en moi-même sur « la loi : dans un songe le Seigneur ⁽ᵃ⁾ m'a donné un ministre « fidèle; c'est lui qui doit parler pour moi. »

Tsaï-chin fait les réflexions suivantes sur ce paragraphe : « Or *Kao-tsoung* réfléchit respectueusement dans l'ombre et le silence sur le cœur [ou le sentiment] de la raison. Cette raison est simple, une et non double; il n'y a pas de communication à demi-voix avec le ciel. C'est pourquoi si, dans la communication murmurée d'un songe, l'empereur [du ciel] donne un sage ministre, ce n'est que par la pensée que la confidence a pu avoir lieu; ce que les esprits subtils communiquent n'est pas saisissable d'une manière directe par les hommes. » (G. P.)

** Selon *Tsaï-chin*, et non pas *on la peignit*. (G. P.)
¹ *Yue* est aussi nommé *Fou-yüe*.
² *Ping-lo-hien*, ville du district de Ping-yang-fou, du Chan-si, est près du lieu où on trouva Fou-yue. On y voit encore une salle bâtie en l'honneur de cet homme illustre.
*** Il n'est pas dit dans le texte ni dans le commentaire de *Tsaï-chin*, qu'il ait été maçon, comme avait traduit le père Gaubil. (G. P.)
³ On veut dire par là que si la médecine ne se fait pas sentir, etc.

⁽ᵃ⁾ 帝 *Ti*, seigneur; c'est le *Chang-ti*. Le songe de Kao-tsoung est un trait d'histoire que les Chinois ont toujours regardé comme un des plus authentiques et des plus avérés.

¹ *Tching-tang*, fondateur de la dynastie.
² *Ching*, c'est le sage accompli, le juste et le sage parfa
³ Ici *Yue* parle du premier roi de la Chine; mais ce suit ne donne aucune lumière sur le temps où il régna. O peut encore traduire, ce me semble, au pluriel, et dire : «L rois intelligents fondèrent l'empire. » *Yue* parlait de ce pr mier roi comme d'un personnage connu. Dans les comme taires sur le livre classique *Y-king*, Confucius parle de Fo hi comme du premier roi, et sur cet article l'autorité Confucius est préférable aux autres.
⁴ La parfaite intelligence attribuée ici au ciel a été fort marquée par les interprètes anciens et modernes. Ceux qu ont prétendu que les anciens Chinois n'ont reconnu d'au ciel que le matériel, n'ont eu garde d'examiner ces sortes passages dans les *King*. C'est cependant d'après l'interprétation ces passages clairs qu'on doit juger de ce que pensent l Chinois d'aujourd'hui.
Le célèbre *Tsaï-chin*, qui vivait vers l'an 1200 de J. C. dit qu'il n'y a rien que le ciel n'entende et ne voie. Les très commentateurs expliquent en détail cette souveraine i telligence. Le commentaire à l'usage de *Kang-hi* dit qu ciel est simple, intelligent, juste, spirituel; qu'il voit tou qui se fait en public et en particulier dans les endroits plus cachés. Le beau commentaire *Ge-ki* dit : Pouvoir ch tier les mauvais, récompenser les bons, être la vérité mêm être esprit incompréhensible, immuable, permanent, just sans passion; tout cela se trouve dans ces deux caractèr chinois 聰明 *Tsong-ming*, qui dans ce texte si souverainement intelligent. Je n'ai rapporté ici qu'une pa tie de ce qui est dit par les commentateurs de ce passa Si on veut se donner la peine d'examiner les commen des passages des *King*, depuis la dynastie des *Han* jusqu celle d'aujourd'hui, on trouvera une doctrine pareille que je viens de dire sur l'intelligence du ciel.

[*Tsaï-chin* explique ainsi les quatre premiers caractères ce paragraphe: 惟天聰明 *weï thian theu ming*, il n'y a que le ciel qui soit souverainement intelligent éclairé par : « il n'est rien qu'il n'entende, il n'est rien qu'il « voie; cela ne signifie pas autre chose; il a un sentiment « justice qui s'étend à l'universalité des êtres, et voilà tou « 無所不聞無所不見 他公而已矣 » Cette explication du ciel intelligent et éclairé, l'homme parfait l'imite, les ministres lui obéissent avec respect, et le peuple suit les lois du gouvernement.

3. La bouche[1] fait naître la honte [si elle donne des ordres injustes]; le casque et la cuirasse amènent la guerre; les habits doivent être mis dans les armoires. Il faut être attentif aux armes. Abstenez-vous des fautes qui peuvent venir de ces quatre sources; mais si vous vous procurez sincèrement l'avantage qui peut en résulter, il n'est aucun bien que vous ne puissiez faire.

4. La paix et le trouble dépendent des mandarins de divers ordres. Les emplois ne doivent pas être donnés à ceux qui ne suivent que leurs passions et leurs intérêts privés, mais à ceux qui ont de la capacité et qui ont en vue le bien public; les honneurs ne doivent pas être conférés aux méchants, mais aux sages.

5. Pensez au bien avant que d'agir, mais sachez choisir le temps pour le faire.

6. Croire[2] qu'on a assez de vertu, c'est perdre sa propre vertu; et se vanter de ses bonnes actions, c'est en perdre le mérite.

7. Réfléchissez avant que d'agir; c'est en réfléchissant qu'on prévient bien des chagrins.

8. Si l'on ne fait pas de bien aux hommes, on en est méprisé; si l'on ne rougit pas d'une faute involontaire, c'est une nouvelle faute.

9. Si l'on est fixé sur un objet déterminé, le gouvernement sera simple et facile.

10. Dans les sacrifices et dans les oblations, observez la propreté; autrement il n'y a point de respect. Les rits et les cérémonies trop multipliés font naître de la confusion; il n'est pas aisé de servir et d'honorer les esprits.

11. Le roi dit: Que cela est admirable! Je veux suivre exactement vos avis. Si vous ne m'aviez pas parlé ainsi, comment aurais-je appris ce que je dois faire?

Yue salua respectueusement en plaçant sa tête entre ses mains et s'inclinant jusqu'à terre; il dit: Il n'est pas difficile de connaître le bien, mais il est difficile de le mettre en pratique. Prince, si vous avez de la bonne volonté, rien ne vous sera difficile, et vous imiterez la parfaite vertu de vos prédécesseurs. Si je ne parlais pas ainsi, je serais coupable.

SECTION III.

1. Le roi dit: Approchez, Yue. Autrefois, étant jeune, j'étudiai sous Kan-pan[1], et je demeurai caché dans les villages de la campagne, d'où je vins près de la rivière; je me rendis ensuite à Po, et à la fin je n'en fus pas plus instruit.

2. Faites-moi connaître la vérité; soyez pour moi ce que le riz[2] et le froment sont pour le vin, ce que le sel et le mei[3] sont pour le bouillon; corrigez-moi, et ne m'abandonnez pas; je crois être en état de pouvoir profiter de vos instructions.

3. Yue dit au roi: L'homme qui veut savoir beaucoup et entreprendre des choses considérables, doit examiner l'antiquité[*]. Si dans une entreprise on ne suit pas les anciens, je n'ai pas entendu dire qu'elle puisse réussir ni subsister.

4. Si en cherchant à vous instruire vous restez humble et modeste, si vous apportez une attention perpétuelle à vos actions, vous viendrez à bout de vous perfectionner, et si vous le voulez sincèrement, vous posséderez l'art de gouverner.

5. Instruire les autres est la moitié de la doctrine; celui qui, depuis le commencement jusqu'à la fin s'attache à donner des préceptes aux autres, s'instruit lui-même, sans s'en apercevoir.

6. En examinant les lois des anciens rois, on voit que si elles sont bien gardées, on ne commettra point de fautes.

7. Pour me conformer à ces lois, je chercherai de tous côtés des gens propres au gouvernement, et je les emploierai dans toutes les fonctions publiques.

8. Le roi dit: Tout ce qui est entre les quatre mers, en jetant les yeux sur moi, saura que ma vertu n'est que le fruit de vos instructions.

9. Les pieds et les mains servent à composer l'homme, et un bon ministre[4] rend son roi parfait.

10. Autrefois Pao-heng[5] fut ministre du roi prédécesseur; il disait: Si je ne puis faire de mon prince un autre Yao[6], un autre Chun, je serai aussi honteux que si on m'avait battu dans une place publique. Si un seul homme avait de la peine à vivre dans le royaume, je me croirais coupable

---

[1] Kan-pan est le nom d'un sage de ce temps-là; c'est tout ce qu'on en sait.
[2] Ce texte parle du vin fait avec le riz et le froment.
[3] Je ne sais ce que c'est que Mei ou Moei; on s'en servait pour donner un goût un peu acide au bouillon.
[*] C'est-à-dire, les enseignements des premiers saints ou sages parfaits, dit Tsaï-chin, et des anciens sages princes. (G. P.)
[4] Le songe de Kao-tsong et l'élévation d'Yue se publièrent dans tout l'empire; ainsi les peuples avaient raison d'espérer de voir en Kao-tsong et en Yue un grand roi et un grand ministre.
[5] Pao-heng, Go-heng et Ho-heng étaient des titres d'Y-yn, dont on a parlé dans le chapitre Taï-kia et ailleurs; on donne ici une grande idée d'Y-yn, qui avait été ministre de Tching-tang.
[6] Quand les Chinois parlent d'un roi parfait, ils disent que c'est un Yao, un Chun. Dans les chapitres Yao-tien, Chun tien, etc., on a parlé de ces empereurs.

---

commentateur est rigoureusement déduite de la composition des deux caractères qui expriment les attributs du ciel dont l'un a pour radical l'oreille et l'autre le soleil.] (G. P.)
[1] Ce paragraphe contient des sentences sans doute en usage et de grand poids au temps de Yue.
[2] Yue, après avoir dit que le prince doit imiter la souveraine intelligence du ciel, dit en quoi le prince doit imiter cette intelligence.

LIVRES SACRÉS DE L'ORIENT.

de cette faute. C'est ainsi que Pao-heng conduisit mon illustre prédécesseur jusqu'à l'auguste ciel. Aidez-moi donc, et faites en sorte que Pao-heng ne soit pas le seul grand ministre de la dynastie de Chang.

11. Un roi sans un sage ne saurait gouverner, comme un sage sans un bon roi ne peut faire le bien. Vous, Yue, mettez-moi en état d'être un digne successeur des rois mes ancêtres, et procurez au peuple un repos qui soit durable. Yue fit une profonde révérence en s'inclinant jusqu'à terre, la tête dans ses mains, et dit : Je reçois sans crainte les ordres du fils du ciel, et je les publierai.

CHAPITRE IX,

INTITULÉ

高宗肜日 KAO-TSONG-YONG-GE.

SOMMAIRE.

Ce chapitre concerne encore, suivant quelques-uns, le règne de Kao-tsong, autrement Vou-ting. Un sage, nommé Tsou-ki, lui reproche de faire trop souvent des cérémonies aux ancêtres. Dans le titre, Kao-tsong est le nom du roi. *Ge* signifie *jour*, et *Yong* veut dire *cérémonie faite un jour après une autre cérémonie*. La plupart des interprètes pensent qu'il s'agit des cérémonies que Kao-tsong faisait trop souvent à son père, et de ce qu'il demandait, dans ses prières, d'être heureux ; aussi Tsou-ki lui dit que le bonheur des hommes ne dépend que de leur conduite. Quelques interprètes croient que Kao-tsong adressait ces cérémonies à Tching-tang, fondateur de la dynastie des Chang. Il y en a qui pensent que ce chapitre regarde Tsou-keng, successeur de Kao-tsong. C'est le sentiment de l'auteur du Kang-mo, qui indique ce chapitre sous le règne de Tsou-keng ; ce serait par conséquent ce prince qui aurait fait à Kao-tsong les cérémonies ; c'est aussi le sentiment de l'auteur du Tsou-chou. Ce chapitre est dans les deux textes.

VOU-TING. Kang-mo, 1324, 1266; Tsou-chou, 1274, 1216, avant J. C.

1. Au jour de la cérémonie de Kao-tsong, le faisan[1] chanta.

2. Tsou-ki[2] dit : Il faut d'abord corriger le roi, ensuite on réglera cette affaire[3].

3. Il parla donc ainsi au roi pour l'instruire : Le ciel observe les hommes d'ici-bas, et veut qu'ils ne fassent que ce qui est conforme à la raison et à la justice. Aux uns il accorde une longue vie, aux autres, une vie de peu de durée ; ce n'est pas le ciel qui perd les hommes, les hommes se perdent eux-mêmes, en transgressant ses lois éternelles.

4. Si les hommes ne se rendent pas vertueux, s'ils ne font pas l'aveu de leurs fautes, le ciel leur manifeste sa volonté afin qu'ils se corrigent ; car sans cela ils diraient : Quel est le jugement que le ciel porte de nous*?

5. Hélas ! les fonctionnaires publics commis par le roi pour commander aux peuples doivent avoir pour lui des soins respectueux, parce que les peuples sont les enfants du ciel[1]. A l'égard des cérémonies aux ancêtres, il ne faut pas trop fréquemment les répéter.

CHAPITRE X,

INTITULÉ

西伯戡黎 SI-PE-KAN-LI.

SOMMAIRE.

Dans ce chapitre un sage, nommé Tsou-y, déplore les malheurs dont la dynastie de Chang, autrement Yn, est menacée, et les annonce au roi, qu'il accuse d'en être l'auteur. Le titre du chapitre signifie *conquête de la principauté de Li, par le prince d'occident*. Il s'agit ici de Ven-vang, qui portait le titre de Si-pe, c'est-à-dire prince d'occident. *Kan* signifie *vaincre*, et *Li* le petit royaume que Ven-vang occupait. Ce chapitre est dans les deux textes.

TI-SIN. Kang-mo, 1154, 1123; Tsou-chou, 1102, 1051, avant J. C.

1. Le chef[2] des grands vassaux de la partie occidentale de l'empire ayant soumis le royaume de Li, Tsou-y[3], saisi de frayeur, vint à la hâte en avertir le roi.

2. Il dit : Fils du ciel[4], le ciel a révoqué le mandat qu'il avait donné à notre dynastie Yn. Les hommes supérieurs et la grande Tortue[5] n'annoncent

---

* Le père Gaubil avait traduit cette dernière phrase 乃曰其如台, *naï youĕ : Khi jou taï,* par ces mots : *Voilà ce que je propose* ; mais il n'est pas de tout question de cela dans le chinois, que nous avons traduit selon l'explication de *Tsaï-chin*. (G. P.)

[1] *Descendants, venus de*, etc. Les peuples ont été faits par le ciel, selon la doctrine chinoise.

[2] Dans les quatre parties de l'empire, il y avait des petits États dépendants du roi. Leurs princes avaient parmi eux un chef appelé *Pe*. L'État de *Tcheou*, dans le district de Si-gan-fou, du Chen-si, avait pour chef le prince *Ven-vang*. Ce Ven-vang devint puissant, et fut chef des princes de la partie occidentale.

[3] *Tsou-y* était descendant de *Tsou-ki*, dont le chapitre précédent fait mention.

[4] Le roi dont parle le texte est *Cheou* ou *Tcheou*, dernier roi de la dynastie de Chang. L'an 1154 avant J. C. est la première année de son règne dans l'histoire *Tong-kien-kang-mou*.

[5] *La Grande Tortue* est le *Pou* ou les sorts dont on a parlé dans le chapitre *Ta-yu-mo*.

---

[1] Le chant du *Faisan* fut pris pour un mauvais présage. Plusieurs expliquent ainsi la phrase du second paragraphe : A la vue des signes manifestes de l'ordre que le ciel donne, qu'ils se corrigent ; les peuples disent : Que deviendrons-nous donc ?

[2] *Tsou-ki* passe pour un des sages de cette dynastie.

[3] *Régler cette affaire*, c'est-à-dire, régler cette trop fréquente répétition des cérémonies, et corriger les abus qui pourraient en résulter.

rien d'heureux. Ce n'est pas que les rois nos ancêtres nous aient abandonnés, nous, leurs descendants ; c'est vous, roi, qui, en vous livrant à toutes sortes d'excès, êtes la cause de notre ruine.

3. Parce que le ciel nous a rejetés, nous ne vivons plus en paix, nous ne pensons pas à ce que la conscience[1] dicte, et nous ne gardons aucune règle.

4. Toutes les populations souhaitent notre destruction, et disent : Pourquoi le ciel ne détruit-il pas cette dynastie ? pourquoi ses grands décrets ne s'exécutent-ils pas par l'expulsion du roi que nous avons ? Tel est l'état des choses.

5. Le roi dit : Hélas ! hélas ! ma vie n'est-elle pas déterminée dans les décrets du ciel ?

6. Tsou-y se retira en disant : Hélas ! hélas ! avec des crimes si publics et si multipliés, peut-on espérer de conserver le mandat du ciel ?

7. C'en est fait de la dynastie Yn, elle est perdue ; tout ce qui se passe annonce la ruine de votre royaume.

CHAPITRE XI,

INTITULÉ

微子 OUEI-TSE.

SOMMAIRE.

Dans ce chapitre, Ouei-tse, frère du roi, déplore le sort de la dynastie régnante ; Ki-tse, qui prévoit les malheurs dont elle est menacée, fait un court tableau des crimes auxquels on se livrait, exhorte Ouei-tse à prendre la fuite pour conserver sa vie, et promet de ne le pas abandonner. Ce chapitre est dans les deux textes.

Ti-sin, Kang-mo, 1154, 1123 ; Tsou-chou, 1102, 1031 avant J. C.

1. Ouei-tse[2] tint un discours à peu près en ces termes : Grands dignitaires, petits dignitaires, chefs[3] de l'empire, la dynastie Yn ne peut plus gouverner les quatre parties. Les grandes actions de notre fondateur ont eu et ont encore un grand éclat ; mais nous qui sommes venus après lui, en nous livrant aux excès du vin, nous avons dégénéré de cette grande vertu.

2. Tous les peuples de cette dynastie, grands et petits, sont livrés au vice ; ils sont voleurs, débauchés et scélérats. Les grands et les mandarins subalternes, à l'exemple l'un de l'autre, commettent tous les crimes. Les méchants ne sont pas punis ; et cette impunité anime le peuple. Partout on ne voit que des haines, des querelles, des vengeances et des inimitiés. Notre dynastie Yn est donc sur le point de faire un triste naufrage. Elle est comme celui qui passe une grande rivière et qui ne peut gagner le bord. Le temps de sa perte est venu.

3. Il dit : O grands dignitaires, petits dignitaires ! une conduite si déréglée est cause que nos anciennes et sages familles se sont retirées dans les lieux déserts. Aujourd'hui, si vous ne nous dirigez et ne nous avertissez de ces tristes événements, quel remède pourrons-nous y apporter ?

4. Le Fou-che dit : Fils du roi, si le ciel fait tomber sur notre dynastie Yn tant de malheurs et tant de calamités, c'est parce que le roi[1] est plongé dans les excès du vin.

5. Il n'a aucun égard pour ceux qu'il doit estimer ; il maltraite et il éloigne les anciennes familles et ceux qui depuis longtemps étaient en place.

6. Aujourd'hui, le peuple de Yn vole les animaux destinés aux cérémonies des esprits ; il y a des juges qui les reçoivent et qui les mangent, et on ne les punit point.

7. On extorque l'argent des populations comme s'ils étaient des ennemis : de là naissent des querelles, des haines et des vengeances ; les méchants sont unis entre eux et ne font qu'un ; parmi le peuple, plusieurs périssent de misère, et personne n'en donne avis.

8. Il faut que j'aie part aux calamités qui affligent aujourd'hui la dynastie Yn ; mais si elle est détruite, je ne serai ni sujet ni esclave d'aucun autre. Fils de roi, voici ce que j'ai à vous dire : Il est de votre prudence de penser à vous retirer ; ce que j'ai dit[2] autrefois vous a perdu ; fils de roi, si vous ne vous retirez pas, je périrai aussi.

9. Que chacun prenne le parti qu'il jugera le plus conforme à son devoir ; mais avant il faut faire la cérémonie[3] aux rois prédécesseurs ; pour moi je ne pense pas me retirer.

---

[1] Le texte dit 天性 Tien-sing « nature céleste. » [Tsaï-chin explique cette phrase et la suivante par celle-ci : Le peuple a perdu ses sentiments habituels (de fidélité envers nous) ; il repousse, il foule aux pieds les lois qui le régissent depuis si longtemps. »] (G. P.)

[2] Ouei-tse était frère aîné du roi.

[3] Ils sont nommés dans ce texte Fou-she et Chao-she, titres des premières dignités de la cour. Ki-tse, de la famille royale, était Fou-che. Pi-kan, de la même famille royale, était Chao-che. Ces trois princes étaient en grande réputation de probité.

---

[1] Le roi Ti-sin ou Cheou était successeur de Ti-y. Ouei-tse et Ti-sin étaient fils de la même mère ; mais quand Ouei-tse naquit, sa mère n'était que seconde femme, au lieu qu'elle était reine quand Ti-sin naquit. Le roi voulait déclarer Ouei-tse prince héritier ; mais le président de l'histoire et des mathématiques dit que, selon la loi chinoise, le fils de la reine devait être préféré aux fils des secondes femmes ; cet avis fut suivi.

[2] Le prince Ki-tse avait conseillé au roi Ti-y de faire déclarer Ouei-tse prince héritier. [Il parle ici à Ouei-tse.] Pi-kan n'ayant cessé d'exhorter le roi à se corriger, le roi fit inhumainement massacrer ce digne ministre.

[3] Cette phrase est dans le texte : Il faut le faire connaître aux rois prédécesseurs ; il faut en avertir les rois prédécesseurs. Ces sortes d'expressions, faire connaître aux ancêtres, sont figurées, et signifient qu'on fait une cérémonie devant la tablette ou représentation des ancêtres, et parce qu'on doit faire ces cérémonies avec le même respect que s'ils étaient présents, on se sert de ces expressions.

QUATRIÈME PARTIE,

INTITULÉE

周書 TCHEOU-CHOU

LIVRE DE LA DYNASTIE DE TCHEOU.

CHAPITRE PREMIER,

INTITULÉ

泰誓 TAI-TCHI.

SOMMAIRE.

Le titre de ce chapitre signifie *grande ordonnance* ou *grand précepte*. Le Kang-mo le place à la première année de Vou-vang, en qualité de roi, et à la première lune après le départ de Vou-vang, pris du chapitre Vou-tching; c'est-à-dire, que l'auteur de cet ouvrage a voulu rétablir l'ordre chronologique qui paraît manquer dans le Chou-king pour cette quatrième partie. Le chapitre Taï-tchi est divisé en trois parties ou sections; dans la première, Vou-vang représente aux peuples la conduite barbare du roi de Chang, autrement Yn. Il leur annonce que le ciel l'a choisi pour gouverner le royaume, et les exhorte à lui obéir. Dans la seconde section il continue de parler des cruautés de Cheou. Dans la troisième, après la revue des troupes, Vou-vang insiste sur l'ordre qui lui est donné par le ciel de s'emparer du royaume. Ces trois parties ne sont que dans l'ancien texte, où elles sont réunies en un seul chapitre.

VOU-VANG. Kang-mo, 1122, 1116; Tsou-chou, 1050, 1045, avant J. C.

上 PREMIÈRE SECTION.

1. Au printemps de la treizième année, il y eut une grande assemblée à Meng-tsin [1].

2. Le roi dit [2] : Vous qui êtes les respectables seigneurs des royaumes voisins, vous qui êtes préposés au gouvernement des affaires et au commandement des troupes, écoutez attentivement les ordres que j'ai à vous donner.

3. Le ciel et la terre sont le père et la mère de tous les êtres. L'homme, entre tous ces êtres, est le seul qui ait l'intelligence en partage; mais un roi doit l'emporter par sa droiture et par son discernement; étant supérieur par sa droiture et son discernement, il devient le père et la mère du peuple.

4. Aujourd'hui Cheou, roi de la dynastie de Chang, n'a aucun respect pour le ciel suprême, accable de calamités le pauvre peuple.

5. Ce roi est livré au vin et à la débauche; il se plaît à exercer des cruautés inouïes; lorsqu'il punit, la punition s'étend sur toute la famille; s'il donne des dignités, il les rend héréditaires*. Il fait des dépenses excessives en maisons de plaisance, en tours, en pavillons, en chaussées et en lacs; il épuise les peuples par ses exactions; il fait mettre en broche et rôtir les gens de bien et ouvrir le ventre des femmes enceintes. L'auguste ciel irrité a mis entre les mains de mon illustre père son autorité respectable; mais mon père n'a pu achever d'exécuter les ordres du ciel.

6. C'est pourquoi, moi, Fa [1], homme de peu de moyens, et vous qui commandez aux royaumes voisins, examinons le gouvernement des Chang. Le roi Cheou ne pense point à réformer sa conduite; tranquille sur son État, il ne rend plus ses devoirs ni au souverain Seigneur (Chang-ti), ni aux esprits; il ne fait plus les cérémonies dans la salle de ses ancêtres; il laisse prendre par des voleurs les animaux destinés aux offrandes, et les autres choses [2]; je dis en conséquence, puisque c'est moi qui suis chargé des peuples, et qui ai reçu le mandat de les gouverner, ne dois-je pas remédier à ce désordre?

7. Le ciel, pour aider et assister les peuples [3], leur a donné des princes, leur a donné des instituteurs ou chefs habiles**. Les uns et les autres sont les ministres du souverain Seigneur (Chang-ti) pour gouverner l'empire paisiblement et avec douceur; pour punir les coupables et récompenser les bons. Comment oserais-je agir d'une manière contraire à ses intentions?

8. Lorsque les forces sont égales, il faut avoir égard aux talents; si les talents sont égaux, il faut avoir égard à la droiture du cœur. Le roi Cheou a sous ses ordres une infinité de soldats qui tous ont des sentiments différents; je n'en ai que trois mille, mais ils n'ont tous qu'un même sentiment.

9. Les crimes du roi de Chang sont à leur comble; le ciel ordonne qu'il soit châtié, et si je ne me

---

[1] *Meng-tsin*, ville du Ho-nan, dans le district du Ho-nan-fou.

[2] Le roi dont il s'agit ici est *Vou-vang*, prince de l'État appelé *Tcheou*. La famille de *Vou-vang* regardait comme roi le prince *Ven-vang* son père, mais l'histoire ne donne ce titre qu'à *Vou-vang*. Il est incertain d'où l'on doit compter

---

* On voit par ce passage que c'était un chef d'accusation dans l'antiquité chinoise que des magistratures ou des fonctions publiques rendues *héréditaires*. « Les magistrats « où les fonctionnaires publics, dit *Tsaï-chin*, n'étaient pas « choisis parmi les sages et les hommes de talent; mais on « faisait succéder les fils aînés aux pères; et les emplois « publics passaient tous aux enfants des titulaires. »
(G. P.)

[1] *Fa* est le nom du roi Vou-vang. Vou-vang s'appelle lui-même *siao*, petit, chétif, homme de peu de moyens.

[2] *Autres choses* : ces mots sont exprimés par les deux caractères *Tso-tching*. Selon les interprètes, c'est le riz cuit mis dans des plats destinés aux sacrifices et aux cérémonies. J'ai mieux aimé traduire *et autres choses*.

[3] *Vou-vang* veut faire voir qu'il est choisi par le ciel pour être roi.

** « Le ciel, dit *Tsaï-chin*, afin d'assister les peuples, leur a « fait des princes pour les protéger, leur a fait des chefs ou « instituteurs pour les instruire; les princes et les insti- « tuteurs possèdent à eux seuls la puissance; ils sont la gau- « che et la droite (*c'est-à-dire* les ministres) du souverain « empereur pour rendre le monde paisible et heureux. Alors « (pour accomplir leur mission) ils doivent punir les crimi- « nels, et récompenser les innocents. » (G. P.)

conforme pas aux ordres du ciel, je serai complice de Cheou.

10. Tous les jours je tremble et je m'observe. J'ai succédé aux droits de mon illustre père : je fais, à l'honneur du souverain Seigneur (Chang-ti), la cérémonie Loui [1]; à l'honneur de la terre, la cérémonie Y [2], et je me mets à votre tête pour appliquer les châtiments décrétés par le ciel.

11. Le ciel a de la prédilection pour les peuples : ce que le peuple désire, il s'empresse de le lui accorder. Vous tous, aidez-moi à affermir pour toujours la tranquillité [3] des contrées situées entre les quatre mers; quand l'occasion s'en présente, il ne faut pas la perdre.

甲 SECTION II.

1. Au jour cinquante-cinquième du cycle [4], le roi fit faire halte [5] à son armée au nord du fleuve; les princes et les grands étaient à la tête de leurs corps. Le roi voyant les troupes assemblées, les encouragea, et leur donna ses ordres en ces termes :

2. Il dit : Vous qui venez de la terre occidentale, et qui êtes nombreux, écoutez ce que j'ai à vous prescrire.

3. J'ai entendu dire qu'un homme de bien qui pratique la vertu s'exerce chaque jour dans la pratique de cette vertu, et qu'il ne se lasse jamais; que l'homme pervers qui se livre au vice s'exerce chaque jour dans le vice, et qu'il ne se lasse jamais. Cheou, roi de Chang, fait tous les jours de nouveaux efforts, et se livre à toutes sortes d'excès; il repousse les respectables vieillards pour se lier avec des criminels, pour s'adonner au vin et à la débauche; il en résulte beaucoup de cruautés. Les fonctionnaires inférieurs l'imitent; ils s'unissent entre eux; on ne voit que vengeances, abus d'autorité, querelles, et oppressions de toutes sortes, qui produisent des accusations et des meurtres. Les innocents ont été obligés d'avoir recours au ciel, et leur vertu, justement opprimée, leur a fait pousser des cris qu'il a entendus.

4. Le ciel chérit les peuples, et un roi doit se conformer au ciel. Kie, roi de la dynastie de Hia, n'avait pas obéi au ciel; il avait inondé le royaume du venin de sa méchanceté; c'est pourquoi le ciel a secouru Tching-tang, et l'a chargé de détruire Kie avec la dynastie *Hia*.

5. Les crimes de Kie n'étaient pas cependant aussi grands que ceux de Cheou. Celui-ci a chassé son frère aîné [1], qui était doué d'une grande sagesse; il a fait souffrir une mort cruelle à ceux de ses ministres [2] qui lui faisaient des représentations; il a osé dire qu'il avait le mandat du ciel; qu'il n'était pas nécessaire d'être ni grave ni réservé; que les sacrifices et les cérémonies n'étaient d'aucune utilité; il a dit que ses rigueurs et ses cruautés ne pouvaient lui faire aucun mal. Votre miroir n'est pas éloigné! Examinez le roi de la précédente dynastie Hia. Le ciel me destine pour avoir soin des peuples; cette destination est conforme à mes songes, et le sort [3] la confirme : voilà un double présage. Si on en vient à un combat avec le roi de Chang, certainement je serai vainqueur.

6. Cheou a une infinité d'archers à son service; mais ils diffèrent tous par les sentiments et les qualités. Les officiers dont je me sers sont au nombre de dix [4]; mais ils ont les mêmes sentiments et les mêmes qualités. Cheou n'emploie que ses parents et ses alliés; mais les parents doivent-ils être préférés aux sages?

7. Le ciel [5] voit ce que les peuples voient; le ciel entend ce que les peuples entendent. Tout le monde se réunit pour me blâmer; il faut donc que je marche.

8. En répandant partout la terreur de mes armes, en entrant sur les frontières de Cheou, en réprimant sa malice et sa cruauté, j'acquerrai, par ma victoire, la même gloire qu'acquit autrefois Tching-tang.

9. Vous qui êtes à la tête des corps de troupes, soyez attentifs; ne soyez pas sans vigilance; il vaut mieux se défendre que de mépriser ses ennemis. Les peuples sont aussi effrayés que si l'on allait briser leur tête. Holà! n'ayez qu'un esprit et qu'un cœur; ache-

---

[1] Dans le chapitre *Chun-tien*, le sacrifice que le roi fit au *Chang-ti* est exprimé par le caractère *Loui*; et, selon la doctrine constante des Chinois, c'est le même sacrifice que celui qu'on fait au ciel dans le *Kiao*. Ce caractère *Kiao* désigne souvent le sacrifice fait au ciel.

[2] Le sacrifice *Y* est le même que le sacrifice *Che*. Ces sacrifices *Kiao* et *Che*, selon Confucius, sont tous le *Chang-ti*; ainsi le sacrifice au ciel et à la terre n'est qu'un seul sacrifice fait au Seigneur du ciel et de la terre (*Chang-ti*). S'il s'agissait ici de quelques esprits particuliers qu'on honorait quand on allait combattre les ennemis, alors la cérémonie était différente de celle qui était faite au *Chang-ti*.

[3] Le *Tong-kien-kang-mou* désigne la première année du règne de Vou-vang par les caractères *Ki-mao*. Ce sont ceux de l'an 1122 avant J. C., et ceux de la seizième place dans le cycle de soixante. Mais après avoir examiné les points fondamentaux de la chronologie chinoise, je crois que l'année 1111 avant J. C. est la première année du règne de *Vou-vang*.

[4] Ce jour est nommé *Vou-ou*; ici on ne marque aucune lune; mais dans le chapitre *Vou-tching* on verra que c'est la première lune.

[5] *Vou-vang* passa le *Hoang-ho* à *Meng-tsin* pour entrer dans le Chen-si, au nord du *Hoang-ho*. Il venait avec ses troupes de la province du Cheu-si, qui est à l'occident de Meng-tsin.

[1] Le frère aîné de *Cheou* était *Ouei-tse* dont on a parlé.
[2] On indique la mort de *Pi-kan*. Selon la géographie chinoise, le tombeau de *Pi-kan* se voit près de Yen-ché, dans le district de Ho-nan-fou, du Ho-nan.
[3] Pour le *Pou*, voyez le chapitre *Ta-yu-mo*. *Vou-vang* veut faire entendre que le *Pou* et ses songes lui ont fait connaître les ordres du ciel.
[4] On ne sait quels sont les grands ou les officiers dont on parle.
[5] On peut remarquer dans tous ces textes la doctrine du *Chou-king* sur la connaissance et l'autorité attribuée au ciel. Cette doctrine se verra encore bien nettement énoncée ailleurs.

vons ce que nous avons commencé, et que notre ouvrage subsiste éternellement.

SECTION III.

1. Le jour suivant, le roi fit la revue de ses six corps de troupes et leur donna ses ordres.
2. Le roi dit : Holà! vous qui m'avez suivi du pays occidental, et qui êtes sages, écoutez : La loi du ciel se fait clairement entendre et connaître; ses différents articles sont manifestes. Aujourd'hui le roi de Chang ne fait aucun cas des cinq devoirs [1], et il les viole sans crainte, quand il le juge à propos; il est rejeté du ciel; il est détesté et maudit par le peuple.
3. Il a fait couper les jambes à ceux qui le matin avaient passé la rivière à gué. Il a fait ouvrir le cœur de ceux que la vertu rendait respectables; par ses cruautés, ses tortures et ses meurtres, il a empoisonné et dépeuplé le pays compris entre les quatre mers. Il a donné son estime et sa confiance aux hommes les plus corrompus et les plus pervers; il a destitué de leurs emplois ceux que leur mérite avait élevés aux premières charges. Il a foulé aux pieds les lois de l'État, et a fait mettre en prison ceux qui étaient distingués par leur sagesse; il a laissé dépérir les lieux où se font les sacrifices au ciel et à la terre [2]. Il n'a point fait de cérémonies dans la salle des ancêtres; pour complaire à une femme [3] qu'il aime, il a eu recours à des moyens extraordinaires et à des maléfices [4]. Le souverain Seigneur (Chang-ti), qui ne l'a point approuvé, a résolu sa perte. Soyez-moi donc sincèrement attachés; il nous faut être les exécuteurs des châtiments du ciel.
4. Les anciens avaient cette maxime : Celui qui me traite bien est mon prince; celui qui me maltraite est mon ennemi. Cet homme, abandonné du ciel, ne suit que des voies de rigueur; il est notre ennemi, et le sera toujours. Les anciens ont encore dit : Celui qui veut faire fleurir la vertu, recherche ce qui peut l'augmenter; et celui qui veut abolir le vice, en examine le principe. Moi, quoique faible, je me mets à votre tête pour détruire votre ennemi : appliquez-vous à bien faire; que chacun de vous fasse de nouveaux efforts, afin que votre prince réussisse. Je donnerai de grandes récompenses à ceux qui se seront signalés, mais je punirai exemplairement ceux qui n'auront pas rempli leur devoir.
5. L'éclat de mon illustre père est semblable à celui du soleil et de la lune, qui se répand de toutes parts; il brilla d'abord dans les pays occidentaux [1], et notre royaume de Tcheou devint maître de beaucoup d'autres pays [2].
6. Si je remporte la victoire sur Cheou, elle ne viendra pas de mon courage, mais de la vertu de mon illustre père : si je suis vaincu, ce sera ma faute et non pas la sienne.

CHAPITRE II,

INTITULÉ

牧誓 MOU-TCHI.

SOMMAIRE.

Le titre de ce chapitre signifie *ordres donnés dans la plaine de Mou-ye*, où toutes les troupes étaient rassemblées. Vou-vang les exhorte encore à combattre Cheou, en leur représentant la conduite de ce prince. Le Kang-mo place ce discours à la deuxième lune de la troisième année de Vou-vang. Ce chapitre est dans les deux textes.

Vou-vang. Kang-mo [1], 1122, 1116 ; Tsou-chou, 1050, 1048, avant J. C.

1. Au premier jour du cycle [3], avant la première lueur du crépuscule, le roi et sa cour arrivèrent à Mou-ye [4], vaste plaine du royaume de Chang. En donnant ses ordres, le roi tenait de sa main gauche une hache resplendissante d'or jaune et de pierreries; de sa droite il portait élevé un étendard blanc, et s'en servait pour donner les signaux. Il dit : Que vous venez de loin, hommes de la terre occidentale!
2. Le roi dit : Vous, princes héréditaires des royaumes voisins; et vous, qui êtes préposés au gouvernement des affaires; vous, président de l'instruction publique [*Se-tou* [5]], président des chevaux ou de la guerre [*Se-ma* [6]], président des travaux publics [*Se-kong* [7]]; vous, officiers de tous grades [*Ya-lu* [8] et *Che-chi* [9]]; vous qui êtes à la tête de mille hommes, vous qui commandez cent hommes;
3. Vous qui êtes venus des pays de Yong [10], de

---

[1] Les cinq devoirs dont on parle sont les enseignements du chapitre *Chun-tien*.
[2] Les sacrifices *Kiao* et *Che* sont pour honorer le *Chang-ti*.
[3] Cette femme, que *Cheou* aimait, est *Tan-ki* ou *Ta-ki*. L'ancien livre *Koue-yu* dit que cette femme fut la cause de sa perte et de celle de la dynastie *Chang*.
[4] On fait allusion à quelques sortilèges, etc.

[1] Les pays occidentaux sont ceux où sont les villes et dépendances de Si-gan-fou et Fong-tsiang-fou, du Chen-si.
[2] Les pays dont on parle sont les petits États qui avaient leurs princes dépendants du roi.
[3] Exprimés par *Kia-tse* : ces caractères sont ceux de la première place dans le cycle de soixante. Ici, il s'agit d'un jour du cycle de soixante jours. C'est de ces deux caractères *Kia-tse* que le cycle de soixante a pris le nom de *Kia-tse*.
[4] *Mou-ye* est dans le district de *Ouei-hoei-fou*, du Ho-nan, au nord du *Hoang-ho*.
[5] Le *Se-tou* avait soin de l'instruction des peuples.
[6] Le *Se-ma* commandait les troupes.
[7] Le *Se-kong* avait l'intendance sur les terres et sur les ouvrages publics.
[8] Les *Ya-lu* étaient les grands et les petits officiers.
[9] Les *Che-chi* étaient les officiers de la garde du roi.
[10] *Yong, Chou,* etc., sont des pays qu'on dit être situés sud-ouest par exemple, dans le Se-tchouen, et dans le Yunnan. [J'ajouterai, à ces observations du père Gaubil, que tous ces peuples dans le texte portent le nom de Y, c'est-à-dire, *barbares*; ainsi cette conquête de la Chine, faite par Vou-vang, est une conquête faite par des étrangers de l'occident de la Chine. Il y avait encore quelques autres peuples et des Chinois D.]

Chou, de Kiang, de Meou, de Ouei, de Lou, de Peng et de Pou :

4. Élevez vos lances, préparez vos boucliers ; j'ai des ordres à vous donner.

5. Le roi dit : Selon le proverbe des anciens, *la poule ne doit pas chanter ; si elle chante, la famille est perdue.*

6. Aujourd'hui Cheou, roi de Chang, ne suit que les avis d'une femme [1] ; c'est elle qui fait tout, et il ne se met nullement en peine des sacrifices ni des cérémonies ; c'est pourquoi rien ne lui réussit. Il a des oncles paternels [2], des frères aînés de père et de mère ; au lieu de les avancer, il les abandonne, pour faire venir de tous côtés des gens qui méritent l'exil et les supplices. C'est en eux cependant qu'il met sa confiance ; c'est à eux qu'il donne les emplois ; il en fait ses ministres, ses grands et ses mandarins ; aussi le peuple est-il traité cruellement, aussi les désordres et les fourberies règnent-ils dans la cour de Chang.

7. Aujourd'hui, moi Fa [3], j'exécuterai respectueusement les châtiments du ciel. Dans le combat que nous allons livrer, après six ou sept pas, arrêtez-vous et remettez-vous en ordre de bataille ; redoublez vos efforts.

8. Après quatre, cinq, six et sept attaques, arrêtez-vous, et remettez-vous en ordre de bataille ; redoublez vos efforts.

9. Dans cette campagne contre la dynastie Chang, combattez vaillamment comme des tigres et des ours*; ne faites aucun mal à ceux qui viendront se soumettre et servir nos hommes de la terre occidentale ; redoublez vos efforts.

10. Quiconque ne fera pas attention à ce que j'ai dit, et marquera de la lâcheté, sera puni sévèrement.

CHAPITRE III,

INTITULÉ

武成 VOU-TCHING.

SOMMAIRE.

Ce chapitre** contient l'histoire de toute l'expédition de Vou-vang contre Cheou, et la conquête qu'il fait du royaume ; c'est ce que signifie le titre de Vou-tching ; *Vou* désigne une *guerre*, et *tching* signifie *fin, chose consommée ;* sur la fin du chapitre on fait connaître les succès de la sage administration du nouveau roi. Ce chapitre n'est que dans le vieux texte, et l'on soupçonne qu'il a été altéré en quelques endroits.

VOU-VANG. Kang-mo, 1122, 1116 ; Tsou-chou, 1050, 1045, avant J. C.

1. (1.) Le vingt-neuvième jour [1] de la première lune, le lendemain [2] du jour où la lune est obscurcie, le roi était parti de Tcheou [3] pour aller attaquer et soumettre le royaume de Chang.

2. (6.) Instruit des crimes du roi de *Chang*, il en avait averti l'auguste ciel, le Heou-tou [4], les célèbres montagnes qu'il avait vues en passant, et les grandes rivières ; il leur avait dit : Moi, Fa, roi de Tcheou, arrière-petit-fils de celui qui avait une si grande vertu, je vais châtier le roi de Chang. Aujourd'hui ce roi de *Chang*, contre toutes les lois, prive cruellement les peuples des choses que le ciel a faites pour eux ; il protège et soutient les scélérats, ainsi que ceux qui ont mérité l'exil et les supplices. Ces scélérats vivent en sûreté sous lui, comme des poissons cachés au fond d'un profond étang, et comme des bêtes féroces dans de grandes et épaisses forêts. Moi, qui suis si peu de chose, j'ai eu le bonheur d'avoir des gens sages et pleins d'humanité ; nous avons osé nous conformer avec respect aux ordres du souverain Seigneur (Chang-ti), pour dissiper de pernicieux complots. Les peuples de Hoa, de Hia [5], de Man [6] et de Me, me sont attachés.

3. (8.) O vous, Esprits, soyez-moi propices, et qu'il ne m'arrive rien, dans ce que je vais exécuter pour des milliers de populations, qui puisse vous déplaire ni vous couvrir de honte !

Au cinquante-cinquième jour [7] du cycle, l'armée [8], qui était passée à Meng-tsin, fut, au soixantième

---

[1] On voit que Vou-vang parle de *Tan-ki*, maîtresse ou concubine de Cheou.
[2] On voit aussi que Vou-vang indique *Ouei-tse*, frère aîné de Cheou. Selon plusieurs, *Pi-kan* et *Ki-tse* étaient oncles paternels.
[3] Fa est le nom du roi Vou-vang.
* Littéralement : *comme des tigres hou,* comme des tigres *pi ;* comme des ours *hiong,* comme des ours *pie.*
(G. P.)
** Ce chapitre a deux *rédactions* dans l'édition du Chou-king avec le commentaire de *Tsaï-chin,* que nous possédons. La première, qui est la plus ancienne, a ses paragraphes disposés selon l'ordre des *numéros* que nous avons placés entre parenthèses ; la seconde *rédaction,* qui est la plus moderne, est faite conformément à l'ordre naturel des événements. Cette rédaction, suivie par le père Gaubil, est ici conservée : elle porte en tête dans le texte chinois le titre suivant : *Chapitre Wou-tching, tel qu'il est maintenant rédigé après avoir été mûrement examiné.* (G. P.)

[1] En chinois 壬辰 *Gin-chin,* caractères qui désignent le vingt-neuvième jour du cycle de soixante.
[2] Il s'agit du second jour de la première lune.
[3] *Tcheou* est dans le district de Si-gan-fou.
[4] *Heou* 后 signifie *prince, gouverner ;* 土 *Tou* signifie *terre....* Si *Heou-tou* ne signifie pas ici le nom d'un esprit particulier, on peut dire que *Heou-tou* est le même que l'auguste ciel et le Chang-ti. Ainsi *auguste ciel heou-tou* signifierait auguste ciel gouvernant la terre, ou esprit du ciel et de la terre, ou seigneur du ciel et de la terre. J'ai déjà dit que le culte des esprits est de la première antiquité à la Chine.
[5] Hoa et Hia sont des noms des Chinois.
[6] Man et Me sont des noms d'étrangers.
[7] Ce jour est nommé *Vou-ou.*
[8] On voit assez qu'il s'agit de la même armée et de la même année que dans les chapitres *Taï-tchi* et *Mou-tchi.*

jour¹, rangée dans la plaine du royaume de Chang, et on attendit l'ordre admirable du ciel*. Au premier jour du cycle², Cheou (roi de Chang), dès le matin, et avant le lever du soleil, se mit à la tête de son armée, aussi nombreuse que les arbres d'une forêt. Les deux armées se trouvèrent rassemblées à Mou-ye; celle de (Cheou) ne combattit pas contre nous; mais les soldats qui étaient au premier rang tournèrent leurs armes (contre eux-mêmes); on vit couler des ruisseaux de sang, sur lesquels flottaient des branches et des pièces de bois : une fois on s'arma, et cette fois seule décida du sort de l'empire. On remit le gouvernement de Chang sur l'ancien pied; on fit sortir Ki-tse de prison; on fit à Pi-kan une sépulture, à laquelle on mit des marques pour la reconnaître. On alla saluer Chang-yong³ dans son village; on distribua l'argent et les effets qui se trouvèrent dans la tour des cerfs [*Lou-taï*⁴]; on tira les provisions de Kou-kiao; on fit de grandes largesses dans tout l'empire, et les peuples témoignèrent beaucoup de joie de se voir soumis au roi de Tcheou.

4. (2.) A la quatrième lune, la clarté⁵ ayant paru, le roi partit du royaume de Chang, et alla à Fong⁶ : il congédia les troupes, et gouverna en paix. Il renvoya les chevaux au sud de la montagne Hoa⁷, et les bœufs, dans la plaine de Tao-lin⁸, en avertissant tout le royaume qu'ils ne serviraient plus (pour les armées).

5. (4.) Après la pleine lune⁹, les chefs des principautés, les grands et les mandarins reçurent leurs commissions de Tcheou.

6. (3.) Au quarante-quatrième jour du cycle¹, on fit la cérémonie dans la salle des ancêtres de Tcheou; les grands du royaume s'empressèrent à l'envi de tenir les ustensiles pour cette cérémonie. Après trois jours, c'est-à-dire, au quarante-septième jour du cycle², on brûla du bois³, on regarda en haut de tous côtés⁴, et on annonça, en grande pompe, la fin de l'expédition militaire.

7. (5.) Le roi dit : Grands du royaume, écoutez : le roi prédécesseur⁵ fonda notre royaume; Kong-lieou⁶ l'agrandit, et donna un nouveau lustre à l'ouvrage de ses prédécesseurs. Taï-vang⁷ fut le premier qui porta le titre de roi. Vang-ki fut très-attentif à l'honneur de la famille royale; mon illustre père Ven-vang se rendit recommandable par de grandes actions et par des services considérables : le ciel le chargea de ses ordres, et ce prince donna partout des marques de son amour pour les peuples; les grands royaumes le redoutèrent, et les petits eurent confiance en sa vertu. Après neuf ans⁸, il laissa son grand ouvrage, sans avoir pu y mettre la dernière main; mais tout faible que je suis, j'ai suivi ses vues et ses projets.

8. (7.) Par respect pour l'ordre absolu du ciel, j'allai vers l'orient pour châtier les méchants; je mis la tranquillité partout; c'est pourquoi tous les peuples, hommes et femmes, venaient offrir des pièces de soie noires et jaunes dans des coffres, et louaient notre royaume de Tcheou; touchés du bonheur dont le ciel les favorisait, ils voulurent être sujets du royaume de Tcheou.

9. On établit cinq dignités⁹; la division des apa-

---

¹ Nommé *Kouei-haï*.

* « L'ordre de vaincre les *Chang*, selon *Tsaï-chin*. » (G. P.)

² Nommé 甲子 *Kia-tse*, qui est le premier d'un nouveau cycle.

³ 商容 *Chang-yong* était un sage exilé par le roi Cheou. [C'est de ce sage que le prince philosophe *Hoaï-nan-tseu* (qui vivait dans le second siècle avant notre ère) dit que *Lao-tseu* apprit la doctrine du *Tao*, ou de la Raison suprême. Voyez la préface de notre édition du *Tao-te-King*.] (G. P.)

⁴ *Lou-taï* et *Kou-kiao* sont les noms des lieux où étaient les trésors et les magasins du roi Cheou.

⁵ Les interprètes disent que cette expression, *la clarté parut :* 生明 *seng ming* désigne le troisième jour de la lune. Eu comparant les jours de la première lune du premier paragraphe avec les jours de la quatrième lune du quatrième paragraphe, on voit qu'il y eut entre ces deux lunes une lune intercalaire.

⁶ *Fong* est dans le district de Si-gan-fou, du Chen-si.

⁷ *Hoa* est la montagne qui porte encore ce nom, près du Hoang-ho, dans le district de Si-gan-fou.

⁸ *Tao-lin* est à l'orient de Hoa : on dit que c'est Tong-kouan, fameux passage sur les confins du Chen-si, et du Honan, près du Hoang-ho.

⁹ Les caractères qui expriment la pleine lune désignent l'obscurité qui commence à se former sur le corps de la lune.

¹ Nommé 丁未 *Ting-ouei*.

² Nommé 康戌 *Keng-su*.

³ En brûlant du bois, c'était sacrifier au ciel, disent les interprètes.

⁴ Le caractère 望 *Ouang*, qui signifie *espérer, regarder en haut*, exprime ici l'honneur qu'on rendait aux esprits des montagnes et des rivières.

⁵ Le roi prédécesseur est *Heou-tsi*, chef de la dynastie de Tcheou. L'histoire *Tong-kien-kang-mou* dit que *Heou-tsi* fut fait prince de *Taï* l'an 2277 avant J. C, la quatre-vingt-unième année du règne de *Yao*, dont il était frère. Taï est dans le district de Vou-kong-hien, ville dépendante de Si-gan-fou, Chen-si.

⁶ *Kong-lieou*, un des ancêtres de Vou-vang, vivait sous *Kie*, dernier roi de la dynastie *Hia*. L'habitation de Kong-lieou était à Pin. Ce lieu n'est pas loin de Pin-tcheou, district de Si-gan-fou.

⁷ *Taï-vang*, bisaïeul de Vou-vang, donna à son domaine le titre de *Tcheou*. L'an 1327 avant J. C. cette cour de Tcheou était près de Taï, ancien domaine de Heou-tsi. Le livre classique *Chi-king* dit de belles choses sur Heou-tsi et les autres ancêtres de Vou-vang.

⁸ Le commencement des neuf ans dont parle ce paragraphe est la première année du règne attribué à *Ven-vang*; mais quand il mourut, le roi *Cheou* était encore sur le trône; et Vou-vang a été mis par l'histoire premier roi de Tcheou.

⁹ Les dignités étaient celles de 公 *Kong*, de 侯 *Heou*, de 伯 *Pe*, de 子 *Tse* et de 男 *Nan*. Les *Kong* et *Heou*

nages* fut de trois espèces ; les charges ne furent données qu'à des gens sages ; les affaires furent mises entre les mains de ceux qui pouvaient les régir. On donna au peuple les cinq enseignements [1]. On eut grand soin de lui fournir des vivres en abondance ; on fit garder le deuil et respecter les sacrifices et les cérémonies ; la bonne foi et l'équité régnèrent : on rechercha les gens capables, on récompensa le mérite ; alors ce prince gouverna avec la même facilité qu'il aurait tourné sa main.

CHAPITRE IV,
INTITULÉ
洪範 HONG-FAN.

SOMMAIRE.

Ce chapitre, nommé Hong-fan, c'est-à-dire, *grande* ou *sublime doctrine*, est un monument de la science et de la doctrine des anciens Chinois. C'est tout à la fois un traité de physique, d'astrologie, de divination, de morale, de politique et de religion, que Ki-tse, dont nous avons déjà parlé, fait connaître au roi Vou-vang. Les Chinois pensent, comme on le verra dans ce chapitre, que ce traité fut refusé par le ciel à Kouen, à cause de sa désobéissance, et qu'il fut donné à son fils Yu, à cause de ses vertus. Il ressemble assez à celui d'Ocellus Lucanus, mais il est plus ancien, puisque Confucius, né l'an 550 avant J. C., n'a fait que nous le conserver. Le prince Ki-tse, à qui on le rapporte ici, vivait, comme on le voit, sous Vou-vang. Ainsi voilà le plus ancien ouvrage de cette espèce qui nous soit connu ; il est très-obscur et très-difficile à entendre. Ce chapitre est dans les deux textes.

Vou-vang. Kang-mo, 1122, 1116 ; Tsou-chou, 1080, 1048, avant J. C.

1. A la treizième année [2], le roi interrogea Ki-tse.
2. Le roi dit : Oh ! Ki-tse, le ciel a des voies

CAPITI HONG-FAN LATINA VERSIO**.

Cum princeps seu imperator *Vou-Vang* post 13 annos debellato prædecessore *Cheu*, obtinuisset imperium, his étaient maîtres d'un pays de cent li ; les *Pe* avaient soixante et dix li ; les *Tse* et les *Nan* avaient cinquante li. C'est ce que dit *Meng-tse*. Dans le chapitre *Yu-kong* on a vu que la connaissance du li dépendait de celle du pied. Le pied dont on se servait du temps de *Vou-vang* était plus petit que celui de *Yu*. À en juger par les figures qui restent, le pied de *Vou-vang* contenait sept pouces quatre lignes deux tiers de notre pied de roi.

* En chinois 分土 *fen-thou*, divisions ou partages des terres. *Tsaï-chin* dit, comme le remarque ci-dessus le père Gaubil, que les *Koung* et les *Heou* avaient une étendue de cent li ou dix lieues ; les *Pe*, de soixante et dix ; les *Tseu* et les *Nan*, de cinquante. Ce qui forme les *trois* espèces d'apanages. (G. P.)
[1] Les cinq enseignements sont ceux dont on a parlé dans le chapitre *Chun-tien*.
[2] On a parlé de cette treizième année dans le premier chapitre de cette quatrième partie : c'est ici la même difficulté.
** Ce chapitre étant peut-être le plus extraordinaire et le plus curieux monument de l'ancienne philosophie, puisqu'il remonte à plus de onze cents ans avant notre ère, nous croyons devoir rapporter ici la traduction latine qui en a été faite par le père Noël dans son *Ethica Sinensis*, cap. 2, p. 140 et seqq.

secrètes par lesquelles il rend le peuple tranquille et fixe. Il s'unit à lui pour l'aider à garder son repos et son état fixe. Je ne connais point cette règle [1]: quelle est-elle ?

3. Ki-tse répondit : J'ai entendu dire qu'autrefois Kouen [2] ayant empêché l'écoulement des eaux de la grande inondation, les cinq éléments [*Hing* [3]] furent entièrement dérangés ; que le Seigneur (*Ti*) [4], qui en fut courroucé, ne lui donna pas les neuf règles fondamentales et catégoriques de la sublime doctrine* ; que ce Kouen, abandonnant la doctrine fondamentale, fut mis en prison, et mourut misérablement ; mais que Yu [5], qui lui succéda, reçut du ciel ces neuf règles de la sublime doctrine, et qu'alors les lois universelles et invariables qui constituent les rapports des êtres furent mises en vigueur.

4. La première règle fondamentale et catégorique réside dans les cinq *éléments primitifs agissants***;

verbis interrogavit regulum regni sive principatus Ki ; Eheu ! Cœlum quidem occulta virtute populos stabilit, eosque ad simul cohabitandum colligit et adjuvat ; sed ego quonam modo dirigendus et componendus sit universalis humanæ conditionis ordo, ignoro. Tu, quæso, me edoce. Tum regulus regni Ki sic ait : Ego audivi principem *Quen* olim jussum ab imperatore *Yao* reprimere debacchantes diluvii aquas, eis vallum et aggeres objecisse, atque ita primum ordinem quinque Elementorum seu universalium Principiorum, quem cœli Dominus disposuerat, perturbasse. Hinc cœli Dominus vehementi ira exarsit, nec illi novem magnarum regularum seu legum species tradidit, sicque ille universalis humanæ conditionis ordo decidit. Postquam morte mulctatus fuit princeps *Quen*, filius Yu illi successit, aquasque debacchantes naturali cursu per canales in mare deduxit atque inundationes sedavit. Et tunc cœlum illi magnarum regularum novem species elargitum est, hisque universalis seu naturalis humanæ conditionis ordo refloruit.

Prima harum novem specierum fuit : quinque elementa

[1] Cette règle fondamentale est la droite raison, la conscience, la lumière naturelle. *Kong-ing-ta*, fameux interprète des livres classiques, qui vivait sous *Taï-tsong*, empereur des *Tang*, et dont les commentaires furent publiés l'an de J. C. 640, s'est fort étendu sur ce paragraphe. Il dit que l'homme a reçu du ciel son corps et son âme spirituelle ; que tout ce qu'il a, dans quelque état qu'il soit, lui vient du secours du ciel ; qu'il y a une raison immuable qu'on connaît ; si on la suit on est heureux, si on l'abandonne on est malheureux. Or, dit-il, ce ciel nous aide à suivre en tout cette raison immuable ; c'est pourquoi il nous aide à garder notre état.
[2] *Kouen* est le père du roi *Yu* : on en a parlé dans les chapitres *Yao-tien* et *Chun-tien*.
[3] Les cinq 行 *Hing* sont l'eau, le bois, la terre, le feu, les métaux, cinq choses nécessaires à la vie.
[4] Le 帝 *Ti* est le *Chang-ti*.
* 九疇 *Kieou-tcheou* ; *Tsaï-chin* dit que ce sont les grandes lois qui gouvernent le monde : 治天下之大法 et qui tirent du ciel leur origine. (G. P.)
[5] *Yu* est le roi *Yu*, fils de *Kouen*.
** Les cinq (*éléments*) *agissants* 五行 ou *hing*, dit le commentateur *Tsaï-chin*, dépendent du ciel. Les *cinq choses*

la seconde est l'attention aux cinq choses morales; la troisième est l'application aux huit principes ou règles du gouvernement; la quatrième est l'accord dans les cinq [choses] périodiques; la cinquième est l'application du pivot fixe du souverain; la sixième est la pratique des trois vertus; la septième est l'intelligence dans l'examen de ce qui est douteux; la huitième est l'attention à toutes les apparences qui indiquent quelque chose; la neuvième est la recherche des cinq félicités, et la crainte des six malheurs [1].

5. PREMIÈREMENT. La catégorie des cinq *éléments agissants* est ainsi composée : 1° l'eau, 2° le feu, 3° le bois, 4° les métaux, 5° la terre. L'eau est humide et descend; le feu brûle et monte; le bois se courbe et se redresse; les métaux se fondent, et sont susceptibles de transformations; la terre est propre aux semences et à produire des moissons. Ce qui descend et est humide, a le goût salin; ce qui brûle et s'élève a le goût amer; ce qui se courbe et se redresse a le goût acide; ce qui se fond et se transforme est d'un goût piquant et âpre; ce qui se sème et se recueille est doux.

6. SECONDEMENT. La catégorie des cinq *choses morales* est composée ainsi qu'il suit : 1° la forme ou figure extérieure du corps, 2° la parole, 3° la vue, 4° l'ouïe, 5° la pensée. L'extérieur doit être grave et respectueux; la parole doit être honnête et fidèle; la vue doit être claire, distincte; l'ouïe doit être fine; la pensée doit être pénétrante. L'extérieur du corps grave et respectueux se fait respecter; la parole honnête et fidèle se fait estimer; la vue claire et distincte prouve de l'expérience; avec l'ouïe fine on est en état de concevoir et d'exécuter de grands projets; avec une pensée pénétrante on est un saint ou un homme parfait.

7. TROISIÈMEMENT. La catégorie des *huit principes de gouvernement* comprend, 1° les vivres, 2° les biens [1], 3° les sacrifices et les cérémonies, 4° le ministère des travaux publics [*Sse-kong* [2]], 5° le ministère de l'instruction publique [*Sse-tou* [3]], 6° le ministère de la justice [*Sse-keou* [4]], 7° la manière de traiter les étrangers, 8° les armées.

8. QUATRIÈMEMENT. La catégorie des cinq [*choses*] *périodiques* [5] comprend, 1° l'année, 2° la lune ou le mois, 3° le soleil ou le jour, 4° les étoiles, les planètes et les signes, 5° les nombres astronomiques [6].

---

sive quinque primaria rerum principia bene ordinare, nempe eorum usum. *Secunda* : quinque res, quæ spectant ad mores, diligenter curare. *Tertia* : octo res, quæ ad hominis vitam conducunt, rite disponere. *Quarta* : quinque res, quæ ad tempus spectant, accurate distribuere. *Quinta* : absolutum regis perfecti exemplar præbere. *Sexta* : trium virtutum usum temperare. *Septima* : res dubias clare examinare. *Octava* : effectuum secuturorum turbam attenti cogitare et perpendere. *Nona* : hortari ad quinque bona, et deterrere a sex malis. Nunc de singulis.

Prima species. Sunt primaria et universalia quinque rerum principia, quarum usum juxta cujusque naturam ac proprietates debet rex rite ordinare. Primum, est aqua; secundum, ignis; tertium, lignum; quartum, metallum; quintum, terra seu humus. Aquæ proprietas est humefactio et descensus; ignis, calefactio et ascensus; ligni, curvitas et rectitudo; metalli, liquefactio et durities seu immutatio; terræ, frugum quæ seruntur et metuntur, fœcunditas. Ex aquæ humefactione et descensu, amaror; ex ligni curvitate et rectitudine, acor; ex metalli liquefactione et duritie, seu ex metalli immutatione, asperitas, sive sapor asper; ex terræ fœcunditate, dulcedo.

Secunda species. Sunt quinque res, quæ ad componendos mores spectant : prima, corporis forma; secunda, loquæla; tertia, aspectus; quarta, auditus; quinta cogitatio. Corporis formæ virtus, est majestas; loquelæ, rectitudo; aspectus, claritas; auditus, intelligentia; cogitionis, subtilitas. Majestas parit reverentiam; rectitudo, directionem; claritas, prudentiam; intelligentia, recta consilia; subtilitas, rerum perfectam notitiam, seu sapientiam.

Tertia species. Sunt octo res ad hominis vitam spectantes, quos rex debet studiose curare ac rite disponere. Prima est victus; secunda, merces; tertia, cultus Spirituum, et parentationes; quarta, publicorum operum, et rei agrariæ magistratus; quinta, doctrinæ ac morum magistratus; sexta, justitiæ magistratus; septima, hospitum ritus; octava, militia.

Quarta species. Sunt quinque res ad tempus spectantes, quas rex debet exacte distribuendas curare. Prima, est annus; secunda, mensis; tertia, dies; quarta, stellarum longitudines, latitudines, solisque ac lunæ duodecim conjunctiones, seu duodecim domus cœlestes; quinta, kalendarium, et Tabulæ astronomicæ.

[1] Le caractère *ho*, que je rends par *biens*, etc., exprime généralement tout ce qui contribue à rendre les gens aisés et riches, comme les denrées, le commerce, la monnaie; en un mot, ce qui peut entrer dans le commerce.

[2] Le *Sse-kong* ou *Ssu-kong* avait soin des palais, maisons, digues, chemins, etc.

[3] Celui qui avait soin de l'instruction des peuples s'appelait *Sse-tou* ou *Ssu-tou*; il devait avoir soin que chacun sût sa religion et les devoirs de son état.

[4] Celui qui avait soin de faire punir les fautes s'appelait *Sse-keou* ou *Ssu-keou*. Le caractère *Su*, qui entre dans le nom de ces dignités, est écrit par les missionnaires, tantôt *sse* ou *se*, et tantôt *su*; c'est un *u* qui tourne vers l'*e*, comme seu; il faut distinguer cet *u* d'avec l'*u* qui se prononce *ou*.

[5] Le caractère chinois que je rends par période est *Ki*; il exprime les chroniques et les annales; il exprime aussi une révolution des astres, des cycles et des années. Il peut exprimer un point fixe pour la chronologie et l'astronomie. Il exprime ce qui sert à calculer et marquer les points principaux de diverses parties des mathématiques.

[6] La méthode du calcul dont il s'agit est la science de l'astronomie nécessaire pour le calendrier; c'est surtout ici qu'il faut bien distinguer le texte du Chou-king de celui des interprètes. Ce qu'on a vu dans les chapitres *Yao-tien*, I de la première partie; *Yu-kong*, le I; et *Yn-tching*, le IV de la seconde, suppose des connaissances des mathématiques, et

---

morales 五事 ou *sse* dépendent de l'homme. Les *cinq choses morales* (*ou sse*) corespondent aux cinq (éléments) agissants (*ou hing*) : c'est l'union de l'homme et du ciel: Les *huit principes de gouvernement* 八政 *pa-tching* sont ce que les hommes ont obtenu du ciel. Les *cinq* (*choses*) *périodiques* 五紀 ou *ki* sont ce que le ciel manifeste aux hommes; le *pivot fixe* du souverain 皇極 *hoang-ki* est ce que le prince détermine comme but, etc. » (G. P.)

[1] Dans les textes suivants on expliquera toutes ces règles.

9. CINQUIÈMEMENT. La règle catégorique *le pivot fixe du souverain* (ou *le milieu du souverain* [1]) est observée quand le souverain * a dans ses actions un centre ou pivot fixe [qui lui sert de règle de conduite] : alors il se procure les cinq félicités [2], et il en fait jouir ensuite les peuples ; tant que les populations vous verront conserver cette règle de droiture fixe, ils la conserveront également.

10. Toutes les fois que parmi les populations il n'existe point de liaisons criminelles, ni de mœurs corrompues, que les hommes en place n'ont pas de vices, c'est parce que le souverain a gardé cette règle fixe de conduite.

11. Toutes les fois que parmi les peuples il y en a qui ont de la prudence, qui travaillent beaucoup, et qui sont vigilants, vous devez les favoriser. S'il s'en trouve qui ne puissent parvenir exactement à cette règle fixe de la vertu, mais qui ne commettent pas de fautes, le souverain doit les recevoir et les traiter avec bonté ; voyant que vous êtes compatissant, ils feront des efforts pour être vertueux ; alors ne laissez pas ces efforts sans récompense.

Quinta species. Est absolutum regis perfecti exemplar. Dum rex absolutum et vitæ et morum regiminis exemplar edit, tunc quintuplex bonorum genus in se colligit, populis transfundendum. Unde omnes istius temporis populi imitantes summam regis perfectionem et exemplum, eum vicissim etiam adjuvant. Quod nec in populo prava regnent consortia, nec in magistratibus pravæ factiones, id maxime prolluit ex perfecto regis exemplo. In populo alii sunt mentis perspicacia, alii actionis vivacitate, alii disciplinæ ingore præditi ; hos rex debet sæpe cogitare, ut ad perfectionem exstimulet. Alii sunt qui, licet istam majorem perfectionem non attingant, non audent tamen culpas ac crimina committere ; hos rex debet suscipere, fovere, instruere. Postea si hilares proficiant, imo et verbis et factis ostendant se virtutem diligere, rex illis magistratus conferat ; absolutum certe regis exemplum, optime imitabuntur.

même des connaissances assez étendues. L'histoire de l'astronomie nous assure d'ailleurs qu'avant Yao il y avait des astronomes en charge, qu'il y en avait sous les dynasties *Hia* et *Chang* ; on a encore des restes des catalogues d'étoiles de ces deux dynasties : au temps de Ki-tse, Tcheou-kong, frère de Vou-vang, était astronome. La même histoire de l'astronomie nous apprend que Ven-vang, père de Vou-vang, avait un observatoire ; que Kong-lieou, un des ancêtres de Vou-vang, observait, sur la fin de la dynastie de Hia, les diverses ombres du soleil. Cela étant, il ne faut pas être surpris de ce que Ki-tse dit ici sur ce qui a rapport à l'astronomie.

* Le *souverain* est désigné par le caractère 皇 *Hoang*, et le *milieu* dont on parle est exprimé par le caractère 極 *Kie* ; or *Kie*, signifie un *pivot*, un *pôle*, et un *terme* ; et ici, par métaphore, il exprime l'*exemple*, le *modèle*, *un objet à imiter*. Ce milieu n'est autre chose que le souverain bien, la droite raison. Dans le sens du Chou-king, un souverain est celui qui tient la place du ciel pour gouverner et enseigner les hommes ; il doit être le modèle sur lequel les peuples doivent se former. Il faut donc que le roi commence par garder ce milieu et par se conformer à cette loi éternelle et immuable, c'est par cet endroit qu'il doit se faire voir aux peuples ; c'est pour cela qu'un roi sage est souvent, par Confucius, au pôle du ciel, autour duquel toutes les étoiles tournent sans cesse.
* Comme l'extrémité du pôle nord, dit *Tsaï-chin*. (G. P.)
[2] On verra plus bas ces *cinq félicités*

C'est ainsi que les hommes se conduisent sur la règle et l'exemple du souverain.

12. Ne soyez pas dur comme un tigre à l'égard de ceux qui sont sans appui, et ne faites paraître aucune crainte à l'égard de ceux qui sont riches et puissants.

13. Si vous faites en sorte que les hommes qui ont du mérite et des talents se perfectionnent dans leur conduite, votre royaume sera florissant. Si vos mandarins ont de quoi vivre, ils feront le bien ; mais si vous n'encouragez pas les familles à aimer la vertu, on tombera dans de grandes fautes ; si vous récompensez des gens sans mérite, vous passerez pour un prince qui se fait servir par ceux qui sont vicieux.

14. Peuples [1], ne suivez pas une voie écartée, et inégale :
Imitez la droiture et l'équité de votre roi.
Dans tout ce que vous aimez,
Conformez-vous à la loi de votre roi ;
Dans ce que vous haïssez,
Conformez-vous à la conduite de votre roi :
Ne vous en écartez d'aucune manière :
Sa loi est juste et équitable ;
Ne vous en écartez d'aucune manière.
La route que le roi tient est égale et unie ;
Ne vous opposez pas à sa loi, ne la violez pas.
La route du roi est droite et vraie ;
Conformez-vous à son exemple.
Retournez à son pivot fixe.

15. Ces préceptes sur le pivot [2] ou l'exemple du

sectabuntur, adjuvabunt. Pauperes et orphanos non premat ; potentes et illustres non timeat. Si aliqui inter præfectos sint habiles, perspicaces, activi, illos ad profectum excitet ; atque hoc modo regnum florebit. Quia autem præfecti dum opibus honeste affluunt, melius virtute vacant ; ideo caveat ne non habeant stipendia ad honestam suæ domus sustentationem sufficientia ; alioqui daret illis peccandi occasionem. Quoad illos qui virtutem non amant, si illis magistratum aut stipendia conferat, utetur malis ad malum. Deinde magistratibus ac populis hanc versuum odam addiscendam et cantitandam commendet : « Qui non tor-
« tuose nec claudicanter incedit, is colit regis nostri mentem ;
« qui non sequitur pravam voluptatem, is colit regis nostri
« viam ; qui non sequitur pravam iram, is colit regis nostri
« iter. Dum abest tortuositas et factio, regis nostri via fit
« amplissima ; dum abest factio et tortuositas, regis nostri
« via fit æqualissima ; dum abest oppositio et declinatio,
« regis nostri via fit rectissima. » Atque hoc dicitur unire extremam perfectionem, et redire ad extremam perfectio-

[1] Il s'agit ici d'un roi qui suit en tout cette loi immuable du ciel. Ces paroles sont d'une chanson que Ki-tse voulait que tout le monde apprît. On ne dit pas de quel temps avant Ki-tse est cette chanson ; elle est peut-être de la première antiquité.
[2] Le pivot ou exemple dont on parle est toujours exprimé par le terme 極 *kie* en chinois, qui veut dire *pôle*, *objet extrême*, *extrémité* ; et c'est la droite raison que nous devons toujours avoir en vue, comme règle constante de notre conduite. Ce milieu est ainsi exprimé, *le terme de l'Auguste*, ou *le terme de la Majesté suprême*. On veut dire

souverain sont la règle immuable, et renferment de grandes instructions; ils sont la doctrine même du Seigneur (Ti)[1].

16. Si tous les peuples prennent ces paroles pour la vraie doctrine qu'ils doivent connaître, et pour la règle de conduite qu'ils doivent suivre, afin de se rapprocher de la lumière du fils du ciel, ils diront: Le ciel a pour le peuple l'amour d'un père et d'une mère; il est le maître du monde.

17. SIXIÈMEMENT. La catégorie des *trois vertus* comprend, 1° la droiture, 2° l'exactitude et la sévérité dans le gouvernement, 3° l'indulgence et la douceur. Quand tout est en paix, la seule droiture suffit; s'il y a des méchants qui abusent de leur puissance, il faut employer la sévérité; si les peuples sont dociles, soyez doux et indulgent; mais il faut encore de la sévérité à l'égard de ceux qui sont dissimulés et peu éclairés, et de la douceur à l'égard de ceux qui ont l'âme grande et l'esprit élevé.

18. Le souverain seul a droit de récompenser; le souverain seul a droit de punir; le souverain seul a droit d'être servi à table dans des vases de jade.

19. Si les sujets vassaux[2] récompensent, punissent, et se font servir des aliments dans des vases de jade, eux et leurs familles et leurs États périront. Si les mandarins ne sont ni droits ni équitables, le peuple donnera dans des excès.

20. SEPTIÈMEMENT. Dans la catégorie des *cas douteux*, on choisit un homme pour interroger le sorts [*Pou*[1] et *Chi*]; on l'investit de ses fonctions; il examine ce Pou et ce Chi.

21. Cet examen comprend 1° la vapeur qui se forme en rosée, 2° celle qui se dissipe, 3° le teint obscur ou terne (de l'écaille [2]), 4° les fissures isolées, et 5° celles qui se croisent et se tiennent.

22. Les deux pronostics : 1. le *Tching*[3] ou l'*immutabilité*, 2° le *Hoei* ou la *mutabilité*.

non licent. Præfectus qui ista sibi usurpat domui suæ damnum et regno perniciem importat. Si enim præfecti nec recti, nec æqui fuerint, mox populi libidine etiam excæcati, suæ conditionis et officii limites transgredientur.

Septima species, est rerum dubiarum examen. (Id est, ait interpretatio imperatoris *Kham-hi*, examinare cui legis bona vel mala ad determinandam hominis actionem. Rex eligat ac statuat certos præfectos ad jaciendas sortes, et data occasione eas jaci jubeat. Hæ sortes dicuntur: prima, pluvia seu humiditas; secunda, claritas seu serenitas; tertia, obscuritas; quarta, dispersio; quinta, transversio; sexta, firmitas (seu pars inferior symboli ænigmatici, dicti *Qua*, id est, tres lineolæ inferiores symboli); septima, mutabilitas (seu pars superior ejusdem symboli,

nem. Ista summæ seu extremæ perfectionis doctrina a rege tradita, est communis rectæ rationis ordo, et magna totius orbis instructio; hoc non regis, sed cœli Domini est documentum. Dum igitur omnis populus hanc ultimæ perfectionis doctrinam cantitare solebit, sensim instruetur, et ab instructione transibit ad opus; et per hoc, regis splendori approximabit, dicetque : Rex noster in regni regimine vere noster pater et mater est.

Sexta species. Sunt tres virtutes in regimine servandæ; prima, dicitur vera honestas; secunda, victrix fortitudo; tertia, victrix mansuetudo. Ubi habetur pacis concordia, ibi vera honestas; ubi inmutabilis constantia, ibi victrix fortitudo; ubi accomoda moderatio, ibi victrix mansuetudo; nimirum fortitudo pusillanimitatem, mansuetudo audaciam debet vincere. Auctoritas ergo, potestas, majestas, præmiorum largitio, pœnarum inflictio, victus splendidior est quid proprium solius regis; ista magistratui seu vassalo

que ce terme vient de l'Auguste ciel, du Chang-ti, et que le roi qui tient la place du ciel doit toujours avoir en vue ce terme ou cet objet.

[1] Le caractère 帝 *Ti, Dominus*, désigne ici le ciel ou le Chang-ti, selon les interprètes. Vou-vang, par le conseil de Ki-tse, doit faire apprendre au peuple la chanson comprise dans le paragraphe précédent; pour l'animer à le faire, Ki-tse dit à Vou-vang que la doctrine de cette chanson est celle du ciel, et, selon le Chou-king, le roi est celui qui, à la place du ciel, doit instruire les peuples et les gouverner. Son titre de *Tien-tse* (fils du ciel) est venu de ce principe.

[2] Pour entendre ces paroles, il faut se ressouvenir que la Chine avait autrefois beaucoup de princes ou seigneurs tributaires. Plusieurs de ces États étaient désignés par le caractère 國 *Koue*, qui signifie royaume. Ces princes avaient le titre de 臣 *Tchin*, sujet. Le maître souverain était le roi.

On veut dire que l'autorité souveraine réside dans le souverain seul; qu'il ne faut pas la diviser, qu'il ne faut pas que les récompenses que font les grands et les vassaux soient comme celles du souverain. Ils ont droit de punir, mais non comme le roi; leur table ne doit pas être servie comme celle du souverain. Si en ces trois points les grands et les vassaux oublient leur devoir, les uns perdent leur famille et les autres perdent leur royaume.

[1] Dans le chapitre *Ta-yu-mo*, on a parlé du *Pou*. Selon les interprètes, le Pou est l'inspection d'une tortue qu'on brûlait. Le *Chi* est, selon les mêmes interprètes, une herbe qu'on examinait avec les figures du livre *Y-king*. On sait que ces figures s'appellent *Koua*. Des feuilles ou filaments de l'herbe on faisait les traits qui composent les Koua, soit les trois lignes de dessous, soit les trois lignes de dessus; l'union de ces six lignes faisait des Koua; on les remuait, et on examinait le nouveau Koua qui en résultait. Cet examen par les Koua n'est pas dans le texte; il parle de l'herbe *Chi*; l'examen des Koua est dans les interprètes. Par l'histoire du *Tchun-tsieou*, on voit qu'au temps de Confucius la divination par les Koua était assez en vogue. On ne sait pas trop comment cela se faisait; il faut remarquer qu'il s'agit dans ce texte des cas douteux.

[2] Selon les interprètes, la *Tortue* brûlée donnait des indices, par les esprits aqueux et autres que l'action du feu faisait sortir, et par les différentes figures qu'on remarquait sur l'écaille de cette tortue à mesure qu'elle se brûlait. Cette liqueur et ces traits donnaient cinq sortes d'indices, selon cinq sortes de figures que l'on croyait apercevoir sur la tortue. On croyait voir la figure d'une pluie qui tombe, on croyait voir la figure d'une pluie qui cesse et suivie d'un beau temps. On voyait la figure d'un temps sombre, on voyait un quartier entier de la tortue plein de marques noires, on voyait des lignes qui se croisaient; par ces sortes de figures on jugeait des indices.

[3] Les *Koua* ont deux parties; l'une inférieure, l'autre supérieure; chacune a trois lignes, et c'est proprement un troisième Koua, qui résulte de l'union des deux. Dans le *Tchi* on examinait le *Tching*, ou la partie inférieure du *Koua*; on examinait aussi le *Hoei*, ou la partie supérieure. [Le père Gaubil avait traduit ces deux paragraphes par : *la figure de la pluie qui tombe et qui cesse*, *la figure d'un temps sombre*, *la figure d'un quartier plein de brouillards*, *la figure de lignes qui se croisent*; c'est le *Tching*, c'est le *Hoei*. Comme il s'agit de brûler l'écaille d'une tortue sur laquelle se forme une vapeur, une espèce de terne ou d'obscurité, et des fentes, on a cru se rapprocher davantage du texte dans la traduction ci-dessus.]

23. Ce qui fait sept, dont cinq sont pour le *Pou* et deux pour le *Tchen;* on examine les fautes dans lesquelles on pourrait tomber.

24. Cet homme est investi de ses fonctions pour faire l'examen par le *Pou* et par le *Chi*[1]. S'il se trouve trois hommes qui usent du *Tchen*, on s'en tient à ce que deux de ces trois diront.

25. Si vous avez un doute important, examinez vous-même; consultez les grands, les ministres et le peuple; consultez le *Pou*[2] et le *Chi*. Lorsque tout se réunit pour indiquer et faire voir la même chose, c'est ce qu'on appelle le grand accord; vous aurez la tranquillité, la force, et vos descendants seront dans la joie. Si les grands, les ministres et le peuple disent d'une manière, et que vous soyez d'un avis contraire, mais conforme aux indices de la Tortue et du *Chi*, votre avis réussira. Si vous voyez les grands et les ministres d'accord avec la tortue[1] et le *Chi*, quoique vous et le peuple soyez d'un avis contraire, tout réussira également. Si le peuple, la tortue, le *Chi* sont d'accord, quoique vous, les grands et les ministres vous vous réunissiez pour le contraire, vous réussirez dans le dedans[2], mais non au dehors.

Si la tortue et le *Chi* sont contraires au sentiment des hommes, ce sera un bien que de ne rien entreprendre; il n'en résulterait que du mal.

26. Huitièmement. Cette catégorie des *apparences*[3] ou *phénomènes* comprend: 1° la pluie, 2° le temps serein, 3° chaud, 4° le froid, 5° le vent, 6° les saisons. Si les cinq premiers arrivent exactement suivant la règle, les herbes et les plantes croissent en abondance.

27. Un grand excès est sujet à beaucoup de calamités; un petit excès est également sujet à beaucoup de calamités.

Voici les bonnes *apparences* : Quand la vertu règne, la pluie vient à propos; quand on gouverne bien, le temps serein paraît; une chaleur qui vient dans son temps, désigne la prudence; quand on rend des jugements équitables, le froid arrive à propos; la perfection est désignée par les vents qui soufflent selon la saison. Voici les mauvaises *apparences* :

(*id est, tres ejus superiores lineolæ*). Universim sunt septem; quinque fiunt per conjecturas (nempe quinque primæ); duæ (nempe ultimæ) per figuras seu symbola. Hujus ope, actionum defectus evitantur. Dum sors jacienda est, jube illam a tribus, quos constituisti, præfectis jaci; si non concordant tres simul, sequere quod duo dicunt. Occurrente magni ponderis negotio, quod dubium parit, primo te ipsum consule, deinde tuos præfectos, postea populum, postremo sortes. Si tu, si sortes testitudinis, si sortes herbarum *Xi*, si præfecti, si populus suffragentur actioni, id dicitur magna concordantia; ac proinde agendo, tibi et tuis posteris proderis. Deinde, si tu et sortes suffragentur, sed præfecti et populus refragentur, etiam tunc bonum est, seu potes agere. Si præfecti et sortes suffragentur, sed tu et populus refragemini, etiam tunc bonum. Si populus et sortes suffragentur, sed tu et tui præfecti re-

[1] Ici le *Chi* s'appelle *Tchen*, mais *Tchen* peut se prendre aussi pour le *Pou*. Dans le chapitre *Tu-yu-mo*, III de la première partie, on a parlé du *Tchen*.

[2] Par ce qu'on a vu jusqu'ici, et ce qu'on verra dans la suite des *Pou*, *Tchen*, *Chi*, *tortue*, il est évident que ce n'est que dans les cas douteux qu'on usait, ou au moins qu'on devait user, selon la doctrine chinoise, de ces moyens. Il est clair encore qu'on ne prétendait consulter quelque esprit qui voit et qui connaît ce que les hommes ne sont pas en état de voir ni de connaître, et qu'enfin il s'agissait des affaires publiques de l'État. Un auteur qui vivait du temps de Kang-hi, et qui a fait en douze volumes un ouvrage appelé *Ge-tchi*, qui est plein de critique sur les livres chinois, et sur d'autres points de la littérature chinoise; cet auteur, dis-je, parle avec beaucoup de solidité sur l'abus du *Pou* et du *Tchen*. Il assure que les *Koua* du livre *Y-king* ont été faits pour diriger les peuples et non pour deviner. On voit assez que les beaux commentaires de Confucius sur les explications des *Koua*, faites par Tcheou-kong et par Ven-vang, sont en partie pour préserver les Chinois du danger des divinations par les *Koua*. Les explications de ces *Koua*, faites par Ven-vang et son fils Tcheou-kong, ne font pas mention de ces sortes de divinations. Pour porter un jugement certain sur les sorts des anciens Chinois, il faudrait être bien au fait de toutes les circonstances qui les accompagnaient, et des idées qu'ils en avaient : or il est bien difficile d'avoir ces deux choses. Le chef préposé au *Pou* et au *Chi* devait, selon les règles prescrites, être sans passion, par sa vertu, être en état de connaître les intentions du ciel et des esprits. C'est aux savants d'Europe à comparer les sorts des anciens Chinois, ou leur ancienne divination, avec celle des autres anciens peuples. Les missionnaires ne sont pas ici en état de faire ces comparaisons, faute de temps et de livres; mais ils ont quelques moments pour faire savoir aux Européens ce qu'ils peuvent savoir eux-mêmes par la lecture des livres chinois.

fragemini, etiam tunc bonum. Si tu et sortes testitudinis suffragentur, sed sortes herbarum *Xi*, præfecti, et populus refragentur, bonum agere res ad familiam spectantes (utpote res minoris momenti); non vero res ad regnum spectantes. Si sortes et testitudinis et herbarum *Xi* simul refragentur, tunc bonum est quiescere, seu non agere; malum agere.

Octava species, est effectorum multitudo, scilicet pluvia, serenitas, calor, frigus, ventus. Hæc quinque dicuntur *tempus*. Si unumquodque eorum juxta suum ordinem ac suam anni tempestatem perfecte advenerit, tum maxima herbarum, frugum, aliarumque rerum ubertas abundat; si autem illorum unum vel per excessum, vel per defectum aberraverit, tunc calamitas exsurgit. Hæc effecta tum bona, tum mala diversis hominum moribus, ista sibi attrahentium respondere solent. Bona effecta virtuti respondentia sic : venerandæ vultus modestiæ, respondet opportuna pluvia; verborum moderationi, opportuna serenitas; prudentiæ, opportunus calor; rectis consiliis, opportunum frigus; sapientiæ, opportunus ventus. Contra vero, mala

---

[1] Dans le texte, le caractère de la *tortue* est substitué à celui de *Pou*, qui est dans les autres endroits du texte.

[2] *Le dedans* signifie, dit-on, les cérémonies, les sacrifices; et *le dehors* signifie les expéditions militaires.

[3] Je rends par *apparences* le caractère chinois 徵 *Tching*, n'ayant pas trouvé de mots qui puissent remplir toute l'étendue de celui-ci. Dans le cas présent, il signifie *météore, phénomène, apparence*, mais de telle manière qu'il a rapport avec quelque autre chose avec laquelle il est lié; un météore, un phénomène, par exemple, qui indique quelque bien ou quelque mal; c'est une espèce de correspondance qu'on paraît supposer exister entre les événements ordinaires de la vie des hommes et la constitution de l'air, selon les différentes saisons : ce qui est dit ici suppose je ne sais quelle physique de ce temps-là; il est inutile de rapporter les interprétations des Chinois postérieurs, elles sont pleines de fausses idées sur la physique. Peut-être aussi *Ki-tse* voulait-il faire le physicien sur des points qu'il ne savait pas.

Quand les vices règnent, il pleut sans cesse ; si on se comporte légèrement et en étourdi, le temps est trop sec ; la chaleur est continuelle, si l'on est négligent et paresseux de même, le froid ne cesse point, si on est trop prompt ; et les vents soufflent toujours, si on est aveugle sur soi-même.

29. Le roi doit examiner attentivement ce qui se passe dans une année ; les grands, ce qui se passe dans un mois ; et les petits mandarins, ce qui se passe dans un jour.

30. Si la constitution de l'atmosphère dans l'année, le mois et le jour, est conforme à la saison, les grains viennent à leur maturité, et il n'y a aucune difficulté dans le gouvernement ; on fait valoir ceux qui se distinguent par leur vertu, et chaque famille est en repos et dans la joie.

31. Mais s'il y a du dérangement dans la constitution de l'atmosphère, dans les jours, dans les mois et dans l'année, les grains ne mûrissent pas, le gouvernement est en désordre, les gens vertueux demeurent inconnus, et la paix n'est pas dans les familles [1].

32. Les étoiles représentent les peuples : il y a des étoiles qui aiment le vent, d'autres qui aiment la pluie. Les points solsticiaux [2] pour l'hiver et pour l'été sont indiqués par le cours du soleil et de la lune ; le vent souffle et la pluie tombe selon le cours de la lune dans les étoiles.

33. NEUVIÈMEMENT. La catégorie des cinq bonheurs comprend, 1° une longue vie, 2° des richesses, 3° la tranquillité, 4° l'amour de la vertu, 5° une mort heureuse après avoir accompli sa destinée.

34. Les six malheurs : 1° une vie courte et vicieuse, 2° les maladies, 3° l'affliction, 4° la pauvreté, 5° la cruauté, 6° la faiblesse et l'oppression [1].

---

effecta vitiis respondentia sic : corporis immodestiæ respondet frequens seu nimia pluvia ; verborum dissolutioni, crebra seu nimia serenitas ; imprudentiæ, creber calor ; præcipitationi, crebrum frigus ; insipientiæ, creber ventus. (Interpretatio imperatoris *Kam-hi* ad hunc textum sic ait : Ista hominis actionum, et cœli effectum correspondentia, non debet sic intelligi, ut unum uni singillatim correspondeat, sed generatim intelligenda est.) Itaque rex, unius anni ; primarii curiæ præfecti, unius mensis ; reliqui magistratus, unius diei effecta examinent. Dum annus, mensis, dies suam constanter temperiem servant, tunc frugum maturitas habetur, regni regimen floret, idonei viri in dignitatibus fulgent, domus tranquilla pace gaudent ; dum autem non servant ; tunc frugum maturitas non habetur, regni regimen squallet, idonei viri non promoventur, domus pace et concordia carent. Quod attinet ad populos : quemadmodum stellæ fixæ a cœlo pendent, ita illi pendent a rege et magistratibus. Stellæ aliæ ventos, aliæ pluvias

[1] On suppose ici une correspondance mutuelle entre les événements ordinaires de la vie des hommes, surtout des rois et des grands et la constitution de l'air ; mais au lieu de s'en prendre aux fausses idées que Ki-tse peut avoir eues sur ce sujet, on pourra réfléchir sur ce qu'on a pensé en Europe là-dessus, et sur ce que bien des gens y disent et pensent encore de répréhensible et de dangereux. Il paraît que les Chinois ont admis une matière homogène dans tous les corps ; ils ont admis une âme subsistante après la destruction du corps ; ils ont admis des esprits et un être spirituel, maître du ciel, de la terre et des hommes ; mais ils ont été mauvais physiciens, et se sont mis peu en peine de la métaphysique et de la dialectique ; ils n'ont pas trop réfléchi sur le fond de leur raisonnement sur la nature des êtres ; ils n'ont nullement approfondi la question de l'union de l'âme avec le corps, ni celle des opérations de l'âme.

[2] On voit que le texte ne dit pas à quelle étoile répondait le soleil aux solstices d'hiver et d'été ; on n'indique point également les noms des étoiles qui aiment le vent et la pluie. Dans les divers catalogues d'étoiles que j'ai envoyés, on aura vu ce que les Chinois ont pensé sur ce point.

amant ; ita viri plebei, alii victum, alii vestitum desiderant. Ex motus solis et lunæ revolutionibus habetur hiems et æstas ; et luna juxta diversas constellationes ad quas appellit, ventos aut pluvias excitat. Ita nempe rex et magistratus.

Nona species, sunt quinque bona, scilicet ætas longæva, opes, valetudo, seu interna et externa pax, amor virtutis, finalis honestæ vitæ perfectio ; et sex mala, scilicet mors præmatura, morbi, moeror, paupertas, effrænata malitia, seu audaciæ presumptio, pusillanimitas.

CHAPITRE V,

INTITULÉ

旅獒 LOU-GAO.

SOMMAIRE.

Le titre de ce chapitre signifie *Chien au pays de Lou*; il est fait à l'occasion d'un chien que les peuples du pays de Lou, situé à l'occident de la Chine, envoyèrent à l'empereur. Tchao-kong fait à ce sujet des remontrances au prince sur l'usage qu'on doit faire des présents ; il dit qu'on doit, par sa vertu, les mériter, pour les distribuer ensuite aux gens vertueux. Le Kang-mo met cet événement à la quatorzième année de Vou-vang. Ce chapitre n'est que dans l'ancien texte.

Vou-vang. Kang-mo, 1122, 1116 ; Tsou-chou, 1050, 1045, avant J. C.

1. La victoire remportée sur le roi de Chang [2] procura une libre communication avec les neuf [3] Y et les

[1] Dans ce chapitre, on a vu que, selon *Ki-tse*, l'empereur *Yu* reçut autrefois du ciel le *Hong-fan*, qui contient neuf pièces. Les interprètes disent que Ki-tse parle d'une ancienne carte appelée *Lo-chou*, attribuée au grand *Yu*; dans cette carte on voit neuf nombres ou globules noirs et blancs qui font un carré magique, et contiennent des propriétés de nombres : supposé que *Ki-tse* ait en vue cette carte, l'explication qu'il fait à l'occasion de ce nombre neuf est bien allégorique, et il ne paraît pas que l'auteur de cette carte ait pensé à ce que dit Ki-tse. Cette carte *Lo-chou* est, sans contredit, très-ancienne à la Chine ; et si Ki-tse a voulu en parler, il aura fait ce que Ven-vang, Tcheou-kong et Confucius ont fait, c'est-à-dire que, sous prétexte d'expliquer cette énigme, il a donné de très-belles instructions sur la conduite que les princes et les sujets doivent tenir.

[2] Le roi de *Chang* est *Cheou*, dernier roi de la dynastie *Yn* ou *Chang*.

[3] Les 夷 Y et les 蠻 Man sont les étrangers ; Man exprime ordinairement les étrangers du sud.

huit Man, et les gens de Lou[1], pays d'occident, vinrent offrir un grand chien. A cette occasion, le Taï-pao[2] fit ce chapitre Lou-gao, pour instruire le roi.

2. Il dit : Lorsqu'un roi est éclairé et qu'il aime véritablement la vertu, tous les étrangers, voisins ou éloignés, viennent se soumettre et lui offrir les productions de leur pays[3]; mais ces présents ne doivent être que des vêtements, des vivres et des meubles utiles.

3. C'est par estime pour la vertu éclatante du roi qu'on vient lui offrir des présents, et celui-ci en fait part aux princes qui ne sont pas de sa famille, afin qu'ils soient exacts à remplir leurs devoirs. Il partage les choses précieuses aux princes de sa famille, afin qu'ils pensent à la proximité du sang et à l'union qui doit régner entre eux; ainsi tout le monde a du respect pour ces choses offertes et reçues, et on voit que la vertu en a été de part et d'autre le vrai principe.

4. Une vertu accomplie n'est jamais méprisée; ne faire point cas de ceux qui sont recommandables par leur sagesse, c'est décourager les hommes; mépriser les gens ordinaires, c'est leur ôter la force de travailler à s'améliorer.

5. Si on ne se laisse pas séduire par ce qui se voit et par ce qui s'entend, tout est dans l'ordre.

6. Mépriser les hommes, c'est ruiner la vertu; et convoiter les objets extérieurs, c'est souiller sa pensée.

7. Notre pensée doit être constamment fixée sur la droite raison[4]; nos paroles doivent également émaner de la droite raison.

8. Ne pas pratiquer ce qui est sans utilité, ne pas nuire à ce qui a de l'utilité, est une action digne d'éloge. Quand on ne recherche pas les choses rares, et quand on ne méprise pas les choses utiles*, le peuple a le nécessaire. Un chien, un cheval sont des animaux que votre pays ne produit pas; il n'en faut pas nourrir; de même n'élevez pas chez vous de beaux oiseaux ni des animaux extraordinaires. En ne faisant point de cas des raretés étrangères, les hommes étrangers viendront eux-mêmes chez vous : qu'y a-t-il de plus précieux qu'un sage? il met la paix parmi tous ceux qui sont autour de nous.

9. Hélas! ne vous ralentissez pas du matin au soir; si l'on ne veille sans cesse sur soi-même, la faute la plus légère détruit la plus haute vertu : voyez celui qui élève une montagne, il conduit son ouvrage jusqu'à soixante et douze pieds[1]; mais tout est renversé si un seul panier manque.

10. En pratiquant sincèrement ces préceptes, le peuple ayant de quoi vivre conservera ses demeures, et votre dynastie pourra être éternelle*.

CHAPITRE VI,

INTITULÉ

金縢 KIN-TENG.

SOMMAIRE.

Selon les interprètes, la dynastie des Tcheou avait un coffre, dans lequel étaient renfermés les papiers importants et les registres pour les sorts; ce coffre était lié avec des bandes dorées. En chinois *Kin* signifie *de l'or*, et *teng* veut dire *bande;* ainsi ce coffre était appelé, *King-teng;* et comme il s'agit dans ce chapitre, de prières, de sacrifices et de la consultation des oracles, pour lesquels on fut obligé d'ouvrir le coffre, on a donné au chapitre le nom de *Bande d'or*. Tcheou-kong s'offre lui-même au ciel pour conserver la vie du roi Vou-vang, qui était dangereusement malade. Ce chapitre se trouve dans les deux textes.

VOU-VANG. Kang-mo, 1122, 1116. Tsou-chou, 1050, 1045, avant J. C.

1. Après la défaite du roi de Chang, Vou-vang[2] tomba dangereusement malade; il n'y avait plus de joie.

2. Les deux princes[3] dirent : Il faut que nous consultions les sorts en faveur du roi.

3. Tcheou-kong répondit : Ne causons pas de chagrin aux rois nos prédécesseurs.

---

[1] Je ne sais où était le pays de *Lou; Gao* est le caractère qui signifie *un grand chien*.

[2] 太保 *Taï-pao* est le titre d'une grande dignité; 太 *Taï* signifie *grand;* 保 *pao* signifie *protection, conservation;* c'était un des grands ministres d'État ; Tchao-kong, prince de la famille régnante, était alors Taï-pao.

[3] Le présent que firent ces étrangers est traité de 貢 *Kong, redevance* et *tribut*. C'est de ce caractère que les Chinois se servent encore aujourd'hui quand ils parlent de quelques présents offerts à l'empereur par les princes étrangers. Les Chinois se plaisent à regarder les princes des autres pays comme sujets de leur roi.

[Le caractère 貢 *Koung*, qui signifie *tribut*, ne se trouve pas dans le texte, mais dans le commentaire; il est dit seulement, dans le texte, que ces étrangers vinrent *offrir des choses de leur pays*.] (G. P.)

[4] On parle ici de la droite raison, de la loi naturelle; le caractère est 道 *Tao*.

* Ces maximes sont reproduites par SIE-HOEÏ, dans son commentaire sur le troisième chapitre du *Tao-te-King*, de LAO-TSEU. Voyez notre édition, page 43. (G. P.)

---

[1] Dans ce texte, on parle d'une mesure de huit pieds appelée 仞 *Chin*. Les Chinois ont encore ce goût pour les montagnes artificielles. J'ai parlé d'un pied dont on dit que se servait *Vou-vang*.

* Deguignes avait ainsi corrigé la dernière partie de ce paragraphe : *On conserve la vie au peuple, on le maintient dans ses demeures, et le gouvernement est fixe;* ce qui est contraire au sens précis du texte et à l'interprétation des commentateurs chinois. (G. P.)

[2] Il s'agit de la seconde année de Vou-vang.

[3] *Taï-kong* était un des premiers ministres, descendant d'un grand seigneur du temps d'Yao. *Tchao-kong* était aussi un autre ministre; il était de la famille régnante.

4. Il se disposa cependant à faire cette cérémonie, et éleva sur un même terrain trois globes de terre, et un quatrième au sud, d'où l'on se tournait vers le nord ; là, se tenant debout [1], il plaça le Pi, et portant entre ses mains le signe des grands vassaux [*le Kouei*], il fit la cérémonie à Taï-vang, à Vang-ki et à Ven-vang [2].

5. Le grand historien [*Sse* [3]] récita alors la prière qui était écrite en ces termes : « Votre successeur est dangereusement malade ; le ciel a confié à vous trois [4] le soin de son fils ; moi, Tan [5], je me dévoue à la mort pour lui.

6. J'ai la piété qu'un fils doit avoir pour ses ancêtres ; j'ai les qualités et les connaissances qui sont nécessaires pour le service des Esprits ; votre successeur n'a pas comme moi, Tan, ces qualités ni ces connaissances.

7. Il a reçu son mandat de roi dans le palais [6] du Seigneur (Ti) ; il est en état de soutenir les quatre parties de l'empire, et de les conserver à vos descendants ; il est craint et respecté partout : hélas ! ne laissez pas perdre le précieux mandat que le ciel lui a donné. Le roi notre prédécesseur [7] aura à jamais un lieu [8] dans lequel il pourra résider.

8. J'examinerai donc incessamment la grande tortue : si vous m'exaucez, je prendrai le Pi [9] et le Kouei, et je me retirerai pour attendre vos ordres ; mais si vous ne m'exaucez pas, je cacherai ce Pi et ce Kouei. »

9. On fit alors examiner la tortue par trois personnes, et toutes trois trouvèrent des signes heureux ; on ôta la serrure, on consulta le livre, qui annonça du bonheur.

10. Tcheou-kong dit alors ces paroles : Selon les signes donnés, le roi ne périra point. Tout ignorant que je suis, j'ai connu les nouvelles volontés des trois rois (prédécesseurs) ; ils méditent l'affermissement éternel de notre dynastie, et j'espère qu'ils vont donner des marques de leur amour pour notre souverain.

11. Tcheou-kong [1] se retira, mit son billet dans le coffre lié avec des bandes d'or, et le lendemain le roi recouvra la santé.

12. Après la mort de Vou-vang [2], Kouan-chou et ses autres frères cadets firent courir des bruits dans le royaume ; ils disaient que Tcheou-kong pensait à nuire au jeune roi [3].

13. Ce ministre, en conséquence, prévint les deux autres ministres en ces termes : Si je ne me retire pas, je ne pourrai plus avertir les rois nos prédécesseurs [4].

14. Tcheou-kong demeura deux ans dans le pays oriental ; pendant ce temps-là, on découvrit et on prit les coupables.

15. Tcheou-kong fit une ode qu'il envoya au roi ; le nom de l'ode était *Tchi-kiao* [5]. Le roi n'avait jamais osé accuser Tcheou-kong.

16. En automne, au temps de la moisson, il s'éleva une furieuse tempête, il y eut de grands tonnerres et des éclairs ; un vent impétueux fit coucher les blés et déracina les arbres ; tout le peuple fut dans la consternation. Le roi et les principaux ministres se couvrirent du bonnet de peau (*Pien*), et firent ouvrir le coffre [6] lié avec des bandes d'or ; on y vit le billet par lequel Tcheou-kong demandait à mourir pour Vou-vang.

17. Les deux ministres [7] et le roi interrogèrent les mandarins préposés aux cérémonies, et ceux qui étaient chargés des affaires publiques ; ceux-ci répondirent que cela était vrai ; mais ils ajoutèrent en soupirant : Tcheou-kong nous a ordonné de garder le secret, et nous n'avons osé parler.

18. Le roi prit le billet en pleurant : Il n'est pas nécessaire, dit-il, de consulter les sorts. Autrefois Tcheou-kong rendit de grands services à la famille

---

[1] C'est *Tcheou-kong*, autre ministre, qui était frère de Vou-vang.
[2] Dans le troisième chapitre de cette partie, on a parlé de *Taï-vang*, de *Vang-ki* et de *Ven-vang*. C'est *Taï-vang* qui commença à se faire traiter en roi, à avoir des officiers ; avant lui, les princes de Tcheou étaient peu de chose ; c'est pour cela que Tcheou-kong le place à la tête des ancêtres auxquels il adresse sa prière pour Vou-vang.
[3] Le 中 *Sse* était un grand mandarin préposé aux cérémonies ; il était aussi l'historien de l'empire.
[4] On voit que *Tcheou-kong* croyait que les âmes de son père, de son aïeul et de son bisaïeul étaient au ciel, et il paraît qu'il regardait Ven-vang, Vang-ki et Taï-vang comme intercesseurs auprès du ciel.
[5] *Tan* est le nom de Tcheou-kong. [Les commentateurs supposent des altérations dans ce paragraphe.] (G. P.)
[6] *Le palais du Seigneur* est le palais du Chang-ti, ou le lieu dans lequel on honorait le Chang-ti.
[7] Le roi prédécesseur est *Heou-tsi*, chef de la famille de Tcheou.
[8] Ce lieu est la salle destinée à honorer les ancêtres.
[9] On a déjà parlé plus haut du Pi et du *Kouei*. Le Pi était une pierre de prix en usage dans les cérémonies ; le *Kouei* était une pièce de bois, ou une pierre de prix que les princes et les grands mettaient devant le visage en parlant à l'empereur. À la fin du chapitre *Yu-kong*, on a parlé de ce *Kouei*.

[1] On ne peut se servir de ce que fait ici *Tcheou-kong*, pour prouver que les Chinois, en honorant leurs ancêtres et en les invoquant, attendent quelque chose d'eux ; car la cérémonie de *Tcheou-kong* lui est particulière, et n'est pas celle que prescrivaient les lois chinoises pour l'honneur que l'on devait rendre aux ancêtres. Ceux qui croient en Europe que les Chinois pensent que tout meurt avec le corps, ne s'accommoderont pas des idées de *Tcheou-kong*.
[2] Ces paroles ont sans doute fait penser à Se-ma-tsien que *Vou-vang* n'avait régné que deux ans ; mais Kouan-tse, auteur, avant l'incendie des livres, dit que *Vou-vang* régna sept ans après la défaite du roi Cheou.
[3] C'est *Tching-vang*, fils et successeur de Vou-vang. Tcheou-kong était régent de l'empire et tuteur du roi.
[4] C'est-à-dire, « je ne pourrai plus faire de cérémonies aux rois nos prédécesseurs. » Il craint qu'on ne le fasse mourir.
[5] *Tchi-kiao* est le nom d'un oiseau.
[6] L'ouverture du coffre se fit sans doute pour consulter le *Pou* le livre dont il est parlé plus haut. On souhaiterait avoir plus de détails sur ce coffre et sur ce qu'on y conservait ; mais les auteurs de ce chapitre écrivaient dans un temps où on avait là-dessus des connaissances qui se sont perdues.
[7] *Tchao-kong* et *Taï-kong*.

royale; mais j'étais un enfant, et je ne l'ai point su; aujourd'hui le ciel a manifesté sa puissance et la vertu de Tcheou-kong : moi, qui suis si peu de chose, je veux aller au-devant de lui; cela est conforme au cérémonial de l'empire.

19. Le roi était à peine sorti du Kiao [1], qu'il tomba une grande pluie, et un vent contraire au premier redressa les blés. Les deux ministres (Tchao-kong et Taï-kong) ordonnèrent de réparer les dommages causés par la chute des grands arbres, et cette année la récolte fut très-abondante.

CHAPITRE VII,

INTITULÉ

大誥 TA-KAO.

SOMMAIRE.

Ta-kao signifie *grands avis* ou *avis importants*. Ce chapitre contient des maximes de gouvernement et des avis que le roi Tching-vang donna, la troisième année de son règne, à ses ministres. Il se plaint de lui-même, de son peu d'expérience, et se propose d'imiter la conduite de ses ancêtres. Il ordonne de lever une armée pour aller contre les partisans de la dynastie Yn, qui songeaient à se révolter. Ce chapitre est dans les deux textes.

TCHING-VANG. Kang-mo, 1115, 1079; Tsou-chou, 1044, 1008, avant J. C.

1. Le roi parla à peu près en ces termes [2] : Voici les ordres que je donne à vous qui êtes mes grands vassaux et à vous qui êtes mes ministres et mes mandarins. Le ciel n'a pas compassion de moi, il afflige ma famille et ne diminue point sa sévérité. Jeune, comme je le suis, je n'ai pas la prudence nécessaire pour procurer au peuple la tranquillité; à plus forte raison ne puis-je comprendre ni pénétrer les ordres du ciel.

2. Oui, jeune et sans expérience, je suis comme un homme qui veut passer une eau très-profonde : je cherche quelqu'un qui me dirige dans ce passage dangereux. En faisant fleurir les lois, et en étendant cet empire que j'ai reçu de mon père, je ferai voir que je n'ai point oublié ses grandes actions. Comment oserais-je résister à l'autorité que le ciel fait paraître!

3. Vou-vang m'a laissé une grande tortue inestimable pour connaître les volontés du ciel; c'est elle qui a prédit autrefois qu'il y aurait dans le pays occidental de grands troubles [1], et que les peuples d'occident ne seraient point tranquilles. Dans quel aveuglement n'a-t-on pas été!

4. Ce faible reste de la dynastie Yn [2] ose entreprendre de se rétablir, malgré le juste châtiment du ciel. Il croit savoir que notre royaume est travaillé d'un mal grave [3], que le peuple est mécontent; il veut, dit-il, rétablir l'ordre et avilir notre royaume de Tcheou.

5. Dans ce temps d'aveuglement, j'attends incessamment les dix sages [4] qui sont parmi le peuple; j'espère qu'ils rétabliront la paix, et continueront les entreprises de Vou-vang. Tout est pour moi un sujet de joie; les sorts ne nous annoncent que du bonheur.

6. Je vous adresse donc ces paroles, princes des royaumes voisins, chefs des mandarins, et vous qui avez soin des affaires. Puisque les sorts [5] sont favorables, il faut que toutes vos troupes me suivent pour aller punir ceux du royaume de Yn, et les sujets qui ont abandonné mon service.

7. Mais vous ne cessez de dire : L'entreprise est difficile! le trouble non-seulement est parmi les peuples, il est encore dans la famille royale [6]; nous et nos respectables vieillards nous ne sommes pas d'avis de faire la guerre : pourquoi ne pas résister aux sorts?

8. Malgré mon peu d'expérience, je pense sans cesse à ces difficultés, et je soupire, en disant : Que cet aveuglement cause de tristesse aux veufs et aux veuves! Je ne puis me dispenser de faire ce que le ciel ordonne. Puisqu'il me charge d'un fardeau si pesant et d'une commission si difficile, moi, qui suis si jeune, ne devez-vous pas avoir compassion de ma faiblesse? selon la justice, vous devez tous me consoler; achevons ce que mon père, qui a mis partout la paix, a entrepris.

9. Je n'oserai manquer à l'ordre du souverain Seigneur (Chang-ti); le ciel combla de bonheur mon père, et éleva notre petit royaume de Tcheou. C'est

---

[1] Les interprètes varient sur le sens que le caractère 郊 *Kiao* doit avoir; les uns disent que *Kiao* signifie le lieu où l'on sacrifiait au ciel ou au Chang-ti, et qu'il s'agit ici de cette cérémonie; les autres ne nient pas la signification de *Kiao*, comme lieu du sacrifice au ciel, au Chang-ti; mais ils ajoutent que dans ce chapitre *Kiao* signifie l'étendue d'un certain district de la cour ou ville royale. Il est certain que *Kiao* a aussi cette signification. La distribution des années pour les faits rapportés dans ce chapitre n'est pas facile à déterminer en vertu de ce que le Chou-king rapporte.

[2] Le roi dont il s'agit est *Tching-vang*, fils de Vou-vang. Vou-vang avait donné un petit État à Vou-keng, fils du dernier roi de Chang ou de Yn; cet État était dans le pays de Kouei-te-fou, du Ho-nan. Vou-vang avait nommé trois de ses frères pour veiller sur le pays de ses nouveaux sujets; de la dynastie Yn : après la mort de Vou-vang, Vou-keng et les trois oncles du roi se révoltèrent.

[1] La cour était dans le Chen-si, pays occidental, par rapport au Ho-nan, où était l'ancienne cour de la dynastie Yn.

[2] Le roi fait allusion aux révoltes de ses oncles et de *Vou-keng*.

[3] *Tching-vang* parle de *Vou-keng*, fils du roi de Chang ou de Yn.

[4] Je ne sais quels sont les dix *sages* dont on parle.

[5] On voit que *Tching-vang* a grand soin d'avertir que le ciel se déclare pour lui, et que le *Pou* lui a fait connaître la volonté du ciel.

[6] La jalousie contre *Tcheou-kong* avait fort porté à la révolte les trois frères de Vou-vang et de Tcheou-kong.

LIVRES SACRÉS DE L'ORIENT.

par l'usage des sorts[1] que mon père soumit le royaume. Le ciel aime encore aujourd'hui le peuple; j'ai consulté le sort : hélas! que les ordres du ciel sont manifestes et redoutables! Ils sont le grand fondement de notre dynastie.

10. Le roi dit encore : Vous avez des anciens qui sont instruits de ce qui s'est passé autrefois, et il vous est aisé de connaître ce que fit mon père, et les peines qu'il se donna. C'est par des travaux et par des difficultés presque insurmontables[2] que le ciel fait réussir nos entreprises; oserais-je ne pas achever cet ouvrage que mon père a commencé? C'est pour cela que je vous ai si fort encouragés, vous, princes des royaumes voisins. La protection que le ciel annonce est vraie, le peuple la connaît; puis-je ne pas terminer ce qui a été entrepris par ces hommes qui ont rétabli le royaume? Le ciel regarde ce que souffrent aujourd'hui les peuples comme une maladie; comment oserais-je ne pas exécuter entièrement l'ordre heureux que reçurent autrefois ceux qui affermirent ce royaume?

11. Le roi dit : Je vous ai déjà annoncé que je voulais marcher pour punir les rebelles; je vous en ai dit les difficultés, et j'y réfléchis tous les jours. Lorsqu'un père fait le plan d'une maison, si son fils n'en jette pas les fondements, la maison sera-t-elle bâtie? lorsqu'un père fait labourer son champ, si son fils ne sème pas, quelle en sera la récolte? Mon respectable père dit : J'ai mon petit-fils qui n'abandonnera pas mon entreprise; comment donc ne ferais-je pas des efforts pour conserver et pour affermir son royaume?

12. Un chef de famille laisse un fils; si l'ami du père ou du frère aîné, manquant au devoir de l'amitié, attaque ce fils, que peut-on penser de ses domestiques, qui ne viennent point encourager ni secourir ce fils?

13. Le roi dit : Oh! soyez donc tranquilles; un bon gouvernement est l'effet de la sagesse des bons ministres[3]. Dix hommes instruits des ordres du souverain Seigneur (Chang-ti), qui ne doutaient pas de la réalité du secours du ciel, n'osèrent violer ses ordres; aujourd'hui le ciel afflige notre dynastie de Tcheou; les auteurs du trouble me touchent de près[4], ils attaquent leur propre famille; igno-rez-vous qu'il ne faut pas aller contre les ordres du ciel?

14. Je ne cesserai d'y penser. Le ciel, en détruisant la dynastie Yn, ressemble à celui qui sème; comment donc oserais-je aujourd'hui ne pas achever ce qui reste à faire? Pensez que le ciel rendit autrefois heureux ceux qui servirent si bien le royaume.

15. Comment oserais-je aller contre ce que je sais par les sorts? À l'exemple de mon père, je veux mettre l'ordre et la paix sur les frontières. Aujourd'hui le sort ne nous annonce rien que d'heureux, c'est pourquoi je veux me mettre à votre tête, et aller punir les rebelles de l'orient. Les ordres du ciel ne sauraient être trompeurs, et le sort[1] y est conforme.

CHAPITRE VIII,

INTITULÉ

微子之命 OUEI-TSE-TCHI-MING.

SOMMAIRE.

Tching-vang ayant battu et fait mourir Vou-keng, fils du dernier roi de Yn, donna au frère aîné de ce prince, qui était nommé Ki, et qui portait le titre de Ouei-tse, c'est-à-dire, prince du pays de Ouei, la principauté de Song, pays situé près de Kouei-te-fou, dans le Honan, que Vou-keng avait occupé, avec ses sujets de Yn, mais sous le pouvoir de Vou-vang. C'est en investissant Ouei-tse que Tching-vang lui tient ce discours sur la conduite qu'il devait tenir dans le gouvernement de son petit État. Le roi fait en même temps l'éloge de ce prince. Ainsi le titre signifie *ordre donné à Ouei-tse*. Le chapitre onzième de la troisième partie porte aussi le nom de ce même prince. Ce chapitre n'est que dans l'ancien texte.

TCHING-VANG. K'ang-no, 1115, 1079; Tsou-chou, 1044, 1008, avant J.C.

1. Le roi dit : Fils aîné de Yn, écoutez : Je pense attentivement à la sublime vertu de vos ancêtres, et à ce que vous imitez leur sagesse; c'est pourquoi je vous déclare héritier et chef de votre famille; je veux que vous ayez soin de ses cérémonies; vous serez dans mon palais comme un hôte : vous et moi soyons à jamais heureux!

---

[1] *Tching-vang* revient toujours aux présages indiqués par la tortue comme des ordres du ciel.

[2] L'auteur du *Tso-tchouen*, à la troisième année de *Yn-kong*, prince de *Lou*, dit que les princes de l'État de *Song* sont de la dynastie *Yn*; et à la seconde année de *Ven-kong*, prince de *Song*, cet auteur dit encore que les princes de *Song* sont des descendants du roi *Ti-y*. Confucius dit que l'État de *Song* subsistait de son temps, et que ses princes étaient de la race de Tching-tang. Il dit aussi que les princes de l'État de *Ki* étaient des descendants du roi de Yn. Le pays de *Ki* était dans le Ho-nan.

[3] Les princes de *Ki* et de *Song*, comme héritiers des familles *Hia* et *Chang*, ou *Yn*, obtinrent des rois la permission de sacrifier au Chang-ti, avec les cérémonies employées par les rois; de plus, ils avaient la permission de se servir de la forme des calendriers propres à ces dynasties.

---

[1] Dans le chapitre III de la première partie, on a vu que *Chun* ne faisait pas grand cas de ce qu'on faisait par la tortue. Ici on voit de même que les grands de la cour de *Tching-vang* n'étaient pas fort portés à s'en tenir aux oracles de la tortue; mais *Tching-vang* insiste fort sur les ordres du ciel manifestés par le *Pou*. On voit encore que *Tching-vang* emploie les termes de ciel et de Chang-ti dans la même signification.

[2] *Tching-vang* fait allusion à la bravoure et à la fidélité de plusieurs capitaines connus de son temps, et inconnus aujourd'hui.

[3] *Tching-vang* parle de dix hommes instruits, etc. On ne sait rien sur ces dix hommes.

[4] On voit que le roi fait allusion à la révolte de ses oncles.

2. Oh! Tching-tang, votre ancêtre, réunissait les vertus les plus sublimes; il était un modèle parfait de sagesse; il avait l'âme grande et l'esprit profond; c'est pourquoi l'auguste ciel l'aima, l'aida et lui conféra son mandat. Ce prince consola les peuples par sa clémence; il bannit la corruption et la tyrannie; il répandit partout ses bienfaits, et transmit ses vertus à ses descendants.

3. Vous imitez un si grand modèle; aussi depuis longtemps jouissez-vous de la plus grande réputation; vous êtes attentif et prudent dans l'obéissance filiale, vigilant et respectueux dans les devoirs que vous rendez aux esprits et aux hommes. Je loue vos rares vertus, et je ne les oublie jamais; le souverain Seigneur (Chang-ti) se plaît toujours aux sacrifices que vous lui offrez; les peuples vous respectent et jouissent d'une paix perpétuelle; c'est pour cela que je vous donne la haute dignité de premier prince [1], et je veux que vous gouverniez les Hia orientaux [2].

4. Soyez attentif, et partez; instruisez les peuples. Dans vos habillements, gardez avec respect les coutumes et les lois établies, défendez les droits de votre roi; apprenez à vos sujets les vertus et les grandes actions de votre illustre prédécesseur; travaillez à conserver toujours votre dignité, et aidez-moi. Que la vertu règne à jamais parmi vos descendants, et que votre conduite soit un modèle pour les autres royaumes. Ne faites jamais rien qui puisse déplaire à la dynastie de Tcheou.

5. Partez, soyez vertueux, et n'allez pas contre les ordres que je vous donne.

CHAPITRE IX,

INTITULÉ

康誥 KANG-KAO.

SOMMAIRE.

Ce chapitre *Kang-kao* souffre quelques difficultés pour le temps où il a été fait, et pour le prince auquel il appartient. Le roi qui parle est Vou-vang, frère aîné de Kang-cho ou Tang-cho. Kang-cho était oncle de Tching-vang, suivant les historiens; et cependant, dans le Chou-king, le roi le traite de frère cadet. Il y a ici quelque erreur, ou l'on a eu tort de placer ce chapitre sous Tching-vang. Il paraît appartenir à Vou-vang. Kong-gan-koue et Kong-ing-ta disent que, dans ce chapitre et dans le suivant, c'est Tcheou-kong qui parle à Kang-cho, et qui, au nom du roi Tching-vang, rapporte les avis de Vou-

上公 *Chang-koung.* La dignité de *Kong* était, dans le temps-là, la première après celle de roi.

東夏 Les Chinois s'appellent *Hia*, et par les Hia orientaux *Thoung-hia,* on indique le pays de *Song*, qui était à *Kouei-te-fou*, pays oriental par rapport à la cour de Tching-vang.

vang; mais les autres interprètes pensent que c'est Vou-vang lui-même; ainsi ces deux chapitres appartiendraient au règne précédent. Quoi qu'il en soit, Vou-vang donne à Kang-cho, son frère cadet, le pays qu'occupait le dernier roi de la dynastie Chang, situé dans le district de Ouei-hoei-fou, du Ho-nan; et en le lui donnant, il lui fit ces instructions. *Kao* veut dire *avertissement;* ainsi le titre signifie *avertissement donné à Kang ou Kang-cho.* En effet, ce chapitre renferme des instructions sur les devoirs d'un prince envers ses sujets, sur la punition des crimes, et sur la vertu qu'un prince doit s'efforcer d'acquérir. Ce chapitre est dans les deux textes.

TCHING-VANG. Kang-mo, 1119, 1079; Tsou-chou, 1044, 1008, avant J. C

1. Au jour de la pleine lune du troisième mois, Tcheou-kong [1] ayant formé le projet de bâtir une nouvelle ville dans l'orient, auprès de la rivière de Lo, et tous les peuples jouissant alors d'une paix profonde, il assembla les grands du royaume et les mandarins, exhorta les peuples à vivre en paix et à être soumis aux Tcheou, et fit ses instructions sur le gouvernement.

2. Le roi dit: Jeune prince [2], vous qui êtes mon frère cadet et le chef des grands vassaux,

3. Notre illustre père Ven-vang a donné de grands exemples de vertus, et a été attentif à faire observer les lois portées contre les criminels.

4. Il ne méprisait ni les veufs ni les veuves; il employait ceux qui devaient être employés; il respectait ceux qui étaient respectables; il punissait ceux qui devaient être punis. Par les grands exemples de vertus qu'il donna aux peuples, il fonda notre dynastie; quelques États se soumirent à nous; ensuite nos contrées occidentales furent pénétrées de respect pour lui, et le désirèrent pour maître. Ses hautes vertus parvinrent jusqu'au souverain Seigneur (Chang-ti), qui les approuva, et qui lui donna l'ordre de détruire la dynastie Yn. Ven-vang reçut ce mandat authentique; alors les pays et les peuples furent sagement gouvernés; c'est pourquoi, jeune prince, si vous êtes en dignité dans l'orient, vous le devez aux soins de votre faible [3] frère aîné [4].

5. Le roi dit: Oh! prince, soyez attentif. Dans le gouvernement de votre peuple, imitez avec respect Ven-vang; exécutez ce que vous avez entendu; conformez-vous à des paroles si sages; protégez et conservez vos sujets; informez-vous [5] soigneusement de ce que firent autrefois les rois de Yn, qui se distinguèrent par leurs vertus; pensez aussi à ces

[1] [Des commentateurs ont remarqué que ce préambule devait être celui du chapitre Lo-kao, à la tête duquel il fallait le placer. Le père Gaubil l'a omis tout à fait, au moins on ne le voit pas dans les deux copies. D.]
[2] [Dans le texte on se sert du mot *Fong*, qui signifie celui à qui l'on a donné des terres en apanage. D.] *Tsai-chin* dit au contraire que *Fong* était le nom de *Kang-chou*.
(G. P.)
[3] J'ai mis *faible frère aîné*. Dans ce temps-là, c'était et c'est encore l'usage des'appeler pauvre, petit, sans talents, etc.
[4] Il veut dire que *Kang-cho* doit son État à son frère aîné Vou-vang.
[5] Il paraît que Vou-vang exhorte ce prince à lire l'histoire

anciens et illustres sujets de la même dynastie; que leurs exemples servent à affermir votre cœur dans la vertu; instruisez-en vos sujets; informez-vous encore des anciens sages rois, et imitez-les; par ce moyen vous rendrez les peuples tranquilles et heureux; étendez partout la loi du ciel; ayez une vertu qui puisse vous mettre en état de remplir vos devoirs, vous montrerez par là que vous voulez sincèrement observer les règles que je vous prescris.

6. Le roi dit : Jeune prince, vous êtes comme celui qui est malade ou blessé; veillez sans cesse; le ciel est redoutable, mais il est propice à ceux qui ont le cœur droit. On peut connaître les inclinations du peuple; mais il est difficile de le contenir; partez; rectifiez votre cœur; fuyez les plaisirs et les amusements; c'est le vrai secret de bien gouverner. J'ai entendu dire que les murmures ne viennent point de l'importance grande ou petite des affaires, mais de la bonne ou de la mauvaise conduite du souverain, de son exactitude ou de sa négligence. On examine s'il suit la droite raison ou non, s'il est exact ou non.

7. Votre devoir est de publier les ordres du roi, et de gouverner à sa place; procurez l'union et la tranquillité aux peuples de Yn; conservez-les, aidez le roi, affermissez le royaume, renouvelez le peuple*.

8. Le roi dit : Prince, soyez attentif, et instruisez-vous de ce qui regarde les châtiments. Si celui qui est coupable d'une faute légère, l'a commise de sa propre volonté, il doit être puni sévèrement. Au contraire, s'il est coupable d'une faute considérable, et qu'il ne l'ait pas commise par malice ni de dessein prémédité, c'est une faute de malheur et de hasard qu'il faut pardonner, si le criminel l'avoue.

9. Le roi dit : Prince, il y a à cet égard des différences à observer ; si vous les connaissez, et si vous les observez parfaitement, le peuple sera soumis de lui-même, il se corrigera et vivra en paix. Si vous agissez avec lui comme avec un malade, il se défera de ce qu'il a de mauvais; si vous l'aimez comme votre fils **, votre gouvernement sera tranquille.

10. Prince †, ce n'est pas vous qui punissez de mort ou de quelque autre peine les criminels. De vous-même et selon vos désirs, vous ne devez punir ni de mort ni de quelque autre supplice que ce soit; ce droit ne vient pas de vous : s'il faut couper à quelqu'un les oreilles ou le nez, ne le faites pas selon vos inclinations particulières; gardez la justice.

11. Le roi dit : Quant aux affaires du dehors, faites connaître et publier ces lois ; faites observer ces sages lois que les rois de Yn ont portées pour la punition des crimes.

12. Il dit encore : S'il s'agit de fautes considérables, pensez-y cinq, six, dix jours, et même jusqu'à trois mois; ensuite soyez exact à exécuter l'arrêt.

13. Le roi dit : En publiant ces lois de Yn, en les faisant exécuter, ayez toujours égard à ce que les circonstances et la raison exigent; ne suivez pas vos propres sentiments, et quoique vous vous conformiez à toutes les règles de la droiture, dites toujours en vous-même : Peut-être ai-je manqué à quelque chose.

14. Jeune prince, peu de gens ont le cœur aussi bon que le vôtre; vous connaissez le mien, et le désir que j'ai de pratiquer la vertu.

15. Quand on voit les fautes qui se commettent, ceux qui volent et qui excitent des troubles; les fourbes, les trompeurs, les homicides; ceux qui tendent des pièges aux autres pour avoir leur bien; enfin ceux qui, sans craindre la mort, commettent ouvertement toutes sortes de crimes : il n'est personne qui n'en ait horreur.

16. Le roi dit : Prince, ces fautes sont certainement dignes d'horreur, mais elles sont moins dangereuses que la désobéissance d'un fils et la discorde dans les familles. Si un fils n'a pas pour son père le respect qu'il lui doit, s'il ne lui obéit pas, il blesse le cœur de ce père, qui alors ne l'aime plus, et l'abandonne. Si un frère cadet n'observe pas l'ordre établi manifestement par le ciel, et ne respecte pas ses aînés, ceux-ci ne prendront aucun soin de leurs cadets, et n'auront pour eux aucun sentiment de tendresse et de compassion. Si nous, qui gouvernons les autres, nous ne punissons pas sévèrement ces excès, nous détruisons de fond en comble les règles de conduite qui ont été données aux peuples par le ciel. Allez donc, prince; hâtez-vous d'exécuter les lois que Ven-vang a décernées contre les crimes ; et dans la recherche et la punition de ceux que j'ai indiqués, ne soyez pas indulgent.

17. Il faut punir sévèrement ceux qui ne gardent point les lois; mais j'ai encore plus d'horreur de ceux qui, par état, doivent enseigner les autres, de ceux qui gouvernent, et en général de ceux qui ont quelque emploi, lorsqu'ils altèrent ou changent les ordres du souverain, lorsqu'ils recherchent les applaudissements et les éloges des peuples, lorsqu'ils ne sont point attentifs, qu'ils n'obéissent pas, et qui causent du chagrin au prince. Une pareille conduite est d'un mauvais exemple, et porte les autres à mal faire. Peut-on se dispenser de punir de telles fautes? Vous, prince, hâtez-vous de suivre lois et de punir de tels mandarins.

18. Un prince qui ne sait pas gouverner sa mille, ne peut gouverner ses ministres, ni ceux ont de l'autorité; s'il est sévère, s'il est cruel, il n'a pas soin d'exécuter les ordres de son souverain, il n'aura point de vertu; comment donc gouverner

19. Ayez du respect pour les lois établies; servez-vous de ces lois pour mettre la paix par-

---

* Voyez le *Ta-hio*, page 31 de notre édition. (G. P.)
** Voyez le *Ta-hio*, page 63.
† Les interprètes disent qu'un roi juge à la place du ciel.

les peuples; pensez à ce que Ven-vang a fait; conservez le peuple dans la paix et dans l'union. Si vous pouvez dire : J'en suis venu à bout, cela me remplira de joie.

20. Le roi dit : Si on connaît clairement ce qui regarde le peuple, si on y pense sans passion, on lui procurera le repos et la joie. Je veux imiter la vertu des sages rois de la dynastie Yn, et gouverner par la paix et par la douceur. Aujourd'hui, parmi ces peuples, il n'y a personne qui ne soit docile à suivre le chemin qu'on lui indique. Peut-on, sans lois et sans guide, gouverner un peuple?

21. Le roi dit : Prince, je dois nécessairement examiner ce qui s'est passé autrefois. C'est pour cela que je vous ai parlé de la vertu, et de la manière de punir les crimes. Les peuples ne sont pas encore entièrement en repos, leur cœur n'est pas encore entièrement fixe, et l'union parfaite ne règne pas encore parmi eux. Quand j'y pense sans passion, je ne puis me plaindre si le ciel veut me punir; ce qui fait le coupable ne vient pas de la grandeur ni de la multitude; mais que dire de ce qui est si clairement entendu par le ciel?

22. Le roi dit : Prince, soyez sur vos gardes; ne donnez pas occasion de se plaindre de vous; rejetez les mauvais conseils, et ne faites rien contre la droite et saine raison. Dans les jugements, ayez en vue la vérité et la droiture; travaillez avec soin à imiter les grands exemples de vertu; tenez votre cœur fixe sur les vrais objets; examinez quels sont vos progrès dans la vertu; étendez jusque dans les lieux les plus reculés ce que vous aurez trouvé de bon et d'utile; procurez la paix et la tranquillité au peuple, et ne cessez jamais de vous reprocher vos fautes.

23. Le roi dit : Jeune prince, pensez que le mandat de la souveraineté n'est pas immuable; ne laissons donc pas périr celui que nous avons reçu; comprenez bien le sens des ordres que je vous donne, exécutez ce que je vous dis, et gouvernez vos sujets en paix.

24. Le roi dit : Allez, prince, ne tardez pas à faire observer les règles que je vous prescris; si vous faites exactement ce que je vous dis aujourd'hui, votre État subsistera toujours.

[1] Je ne vois pas trop la liaison de ces phrases. Il paraît que Vou-vang veut dire que c'est peut-être sa faute si les peuples nouvellement conquis ne sont point encore entièrement changés, que la grandeur de cette faute doit se mesurer, non par la grandeur du pays et la multitude des peuples, mais par les soins qu'on ne se donne pas, par le défaut d'application. Si par ces sortes de fautes Vou-vang croit qu'il doit être puni, à plus forte raison croit-il pouvoir l'être pour de plus grands crimes commis par les peuples, comme la désobéissance, le meurtre, le vol, et autres crimes qui font pousser aux malheureux des cris vers le ciel.

CHAPITRE X,

INTITULÉ

酒誥 TSIEOU-KAO.

SOMMAIRE.

Le titre de ce chapitre signifie *avis ou ordres sur l'usage du vin*. Il s'agit ici du vin de riz, qui fut découvert, suivant la plupart des auteurs, du temps de Yn, fondateur de la première dynastie. Le raisin n'est à la Chine que depuis les premiers Han. Ce que l'on dit ici du vin et de son usage est remarquable. C'est encore Vou-vang qui parle et qui donne ces avis à son frère Kang-cho. Il blâme beaucoup le trop fréquent usage du vin, et veut qu'on ne le permette que dans certaines occasions; il cite en plusieurs endroits les préceptes de Ven-vang son père. Suivant Kong-gan-koue et Kong-ing-ta, c'est Tcheou-kong qui parle au nom de Tching-vang à Kang-cho; mais les autres Interprètes pensent que c'est Vou-vang; c'est la même difficulté que pour le chapitre précédent. Ce chapitre est dans les deux textes.

TCHING-VANG. Kang-mo, 1115, 1079; Tsou-chou, 1044, 1008, avant J. C.

1. Le roi dit : Annoncez clairement aux peuples du royaume de Mei[1] les ordres importants que je vous donne.

2. Quand Ven-vang, mon respectable père, fonda dans le pays occidental notre dynastie, depuis le matin jusqu'au soir il instruisit les chefs des mandarins de tous les royaumes, leurs mandarins et tous ceux qui étaient chargés des affaires, et leur défendait de boire du vin, en leur disant qu'on ne devait en user que dans les sacrifices et dans les offrandes. Cet ordre, ajoutait-il, est venu du ciel; quand pour la première fois il donna le vin aux peuples, il voulut que ce ne fût que pour les cérémonies religieuses*.

3. Le ciel a manifesté sa colère envers le peuple; tout a été en troubles dans le royaume; on a abandonné la vertu; les grands comme les petits États se sont perdus, parce que l'on s'est trop livré au vin.

4. Ven-vang, en instruisant les jeunes gens, disait : Que chacun dans son emploi, dans ses affaires, s'abstienne d'aimer le vin. On ne doit en boire que dans les cérémonies qui se font dans tous les royaumes pour les sacrifices et pour les offrandes, mais encore avec modération, et nullement avec excès.

5. Il disait encore : Qu'on instruise les jeunes gens du royaume à n'aimer que ce que leur pays produit**; ce sera le moyen de conserver l'innocence

[1] 妹 Mei, ou *Fong-mei*, est le nom du pays *Ouei-hoei-fou*, du Ho-nan.

* On peut comparer cette ancienne défense de boire du vin ou des liqueurs fermentées, avec celle prescrite dans le Koran. (G. P.)

** Ce paragraphe peut faire conjecturer, si on manquait d'autres témoignages, que le commerce de la Chine avec les

et la droiture du cœur. Que ces jeunes gens soient attentifs aux règles et aux préceptes que leur père et leur aïeul ont laissés; qu'ils estiment les grandes et les petites vertus.

6. Si parmi les habitants du pays de Meï (dit Vouvang) vous voyez des laboureurs qui se donnent beaucoup de peine; qui, accablés de fatigue, s'empressent de venir servir leur roi, leur père, leur mère ou leur aïeul; de même si vous en voyez qui se soient beaucoup fatigués à atteler les bœufs à la charrue ou *à faire le commerce dans les pays éloignés**, et qui, à leur retour, servent leur père et leur mère, les nourrissent et leur procurent de la joie; lorsqu'ils feront dans l'intérieur de leur famille des repas où rien ne manque, mais où tout se passe avec décence, dans ces sortes de cas on peut permettre l'usage du vin.

7. Que ceux qui sont en dignité, que les chefs des mandarins, les grands, et ceux qui sont recommandables par leur prudence et par leur expérience, écoutent mes instructions. Si vous avez soin de l'entretien des gens âgés, si vous servez fidèlement votre maître, on vous permet de bien boire et de bien manger. Si vous pensez sérieusement à vous rendre vertueux et à suivre le juste milieu; si vous vous mettez en état d'offrir des viandes et d'autres présents, dans les cérémonies des sacrifices, vous pouvez alors vous réjouir et user du vin; si vous observez ces règles, et si les mandarins que le roi emploie s'acquittent de leurs charges avec fidélité, le ciel de son côté favorisera une si grande vertu, et n'oubliera jamais les intérêts de la famille royale.

8. Le roi dit : Prince, si nous sommes aujourd'hui maîtres du royaume que la dynastie de Yn possédait auparavant, c'est parce que les princes, les ministres, et les jeunes gens qui assistèrent Ven-vang, suivirent ses ordres, exécutèrent ses préceptes, et qu'ils ne furent point adonnés au vin.

9. Prince, j'ai appris que les sages rois de la dynastie de Yn gouvernaient leurs peuples avec beaucoup de prudence, ayant toujours en vue la brillante loi du ciel; qu'ils n'avaient égard qu'à la vertu, et ne recherchaient que les talents. Depuis le roi Tching-tang [1] jusqu'au roi Ti-y, tous remplirent les devoirs d'un roi, et eurent de grands égards pour leurs ministres; ceux-ci, de leur côté, s'efforcèrent d'aider le prince, et ne cherchèrent point à se divertir ni à contenter leurs passions; à plus forte raison n'osèrent-ils se livrer uniquement au vin.

10. Les vassaux qui sont au delà du pays de la cour, les Heou [1], les Tien, les Nan, les Ouei, les chefs de ces vassaux, les mandarins du district de la cour; les chefs de ceux qui étaient en charge, les mandarins de tous les ordres, les ouvriers et les artisans, les grands et le peuple, ceux qui demeuraient dans les villages faisaient tous leur devoir. Ils ne se livraient pas au vin, ne perdaient point leur temps, ne songeaient qu'à servir leur prince, à publier ses vertus, et à seconder les travaux de ceux qui occupaient les premières places; et par là ils ne travaillaient que pour les intérêts du souverain.

11. J'ai su que le successeur de tant de sages rois ne songeait qu'à satisfaire sa passion pour le vin. Il donna au peuple l'exemple d'un mauvais gouvernement; tout le monde se plaignit de lui, et loin de se corriger, il se livra sans règle et sans mesure à toutes sortes de débauches. L'amour du plaisir et de la promenade lui faisait oublier son rang et la majesté royale. Il faisait gémir et maltraitait le peuple, sans penser à se corriger; il ne cherchait que les occasions de boire et de se divertir; d'ailleurs il était d'un caractère trop vif, cruel, et il ne craignait point la mort. Quand il commettait tant de crimes dans la cour de la dynastie de Chang, il n'était nullement touché de la ruine de sa famille, ni de celle de son royaume; il ne faisait pas monter au ciel l'odeur de la vertu dans les sacrifices; le ciel n'entendait que les plaintes et les murmures des peuples, et ne sentait que l'odeur d'une troupe de débauchés et de gens plongés dans le vin; c'est pourquoi le ciel a détruit la dynastie Yn [2]. Si l'amour excessif du plaisir attira la haine du ciel, et si les crimes commis par le peuple hâtèrent la ruine entière de l'État, on ne peut point dire que le ciel ait traité injustement cette dynastie.

12. Le roi dit : Prince, je ne vous entretiendrai pas longtemps sur ce sujet. Vous savez que les anciens ont dit les paroles suivantes : *Ce n'est pas l'eau qui doit vous servir de miroir, c'est le peuple**. La dy-

---

pays étrangers, au nombre desquels devait se trouver l'Inde, était déjà étendu à cette époque. On pourrait en trouver plusieurs preuves dans le *Chou-king* même, telles que dans le paragraphe suivant. (G. P.)

* Le texte dit positivement *des marchands qui vont au loin faire le commerce des étoffes* 遠服賈 *Youan-fou-Kou*. (G. P.)

[1] *Tching-tang* fut le premier roi de la dynastie Chang, et *Ti-y* fut le pénultième. Vou-vang suppose que les rois qui se trouvent entre ces deux sont connus, et il veut dire que depuis *Tching-tang* jusqu'à *Ti-y*, nul n'a eu les vices du dernier roi *Cheou*, du moins nul n'avait cet esprit d'irréligion ni cette obstination dans le vice.

[1] Les 候 *Heou*, les 甸 *Tien*, les 男 *Nan* et les 衛 *Ouei*, étaient des titres de divers vassaux.

[2] On peut remarquer que ce passage du Chou-king sert à faire connaître l'irréligion du roi Cheou, et le respect qu'on doit avoir pour le ciel. On a remarqué de même qu'on s'est fort attaché à faire voir l'irréligion de *Kie*, dernier roi de la dynastie de *Hia*.

* Voici le texte de ce proverbe ancien si remarquable, que l'on ne médite pas assez : 人無於水監 當於民監 *jin wou iu choui kin ; thang m min kin* ; littéralement : *les hommes ne doivent pas prendre l'eau pour miroir; ils doivent prendre le peuple pour miroir*. (G. P.)

nastie Yn a perdu le royaume, voilà le miroir sur lequel nous devons jeter les yeux, pour examiner ce que nous devons faire, selon les circonstances du temps.

13. Écoutez encore ce que j'ai à vous dire : Faites en sorte que les grands officiers de Yn, les vassaux, les Heou, les Tien, les Nan, les Ouei, ne soient pas adonnés au vin : à plus forte raison devez-vous tâcher d'obtenir la même chose du grand historien [*Tai-sse*[1]] et de l'historien de l'intérieur [*Neï-sse*], avec qui vous agissez familièrement; de vos grands et des principaux mandarins de votre cour. Vous devez avoir encore plus de soin de détourner du vin ceux qui sont près de vous pour vous aider, tels que celui qui devant vous exhorte les autres à la vertu et celui qui a l'intendance des affaires. Vous devez être encore plus exact à détourner de la passion du vin le Ki-fou[2], qui doit réprimer ceux qui n'obéissent point aux princes; le Nong-fou, qui, selon l'équité, conserve le peuple; et le Hong-fou, qui détermine les bornes des terres de chacun. Ces trois grands mandarins, qui sont toujours à vos côtés, doivent éviter les excès du vin, et vous devez, à plus forte raison, les éviter vous-même.

14. Si on vient vous donner avis qu'il y a des gens qui sont attroupés pour boire, ne pardonnez pas cette faute; faites prendre les coupables, faites-les lier et conduire à Tcheou[3]; je les ferai punir.

15. Mais abstenez-vous de condamner[4] ceux des mandarins de Yn qui, suivant de mauvais exemples, se sont livrés au vin; faites-leur donner de l'instruction.

16. S'ils profitent de ces instructions, je les récompenserai avec éclat; mais s'ils n'en profitent pas, je n'aurai aucune compassion d'eux ; je les mettrai au nombre de ceux qu'il faut condamner, puisqu'ils ne se corrigent pas.

17. Le roi dit : Souvenez-vous toujours des ordres que je viens de vous donner. Prince, si vous ne savez pas diriger vos ministres, le peuple aimera le vin.

[1] La vraie idée qu'on doit attacher aux noms des anciennes charges est très-difficile à fixer, surtout quand il n'y a pas de textes anciens qui déterminent cette idée. Le *Taï-Sse* avait soin de l'histoire; mais cet officier était bien plus considérable qu'aujourd'hui ; il présidait à l'astronomie et conservait les livres qui contenaient les maximes et les cérémonies pour la religion, pour les mœurs et le gouvernement. Le *Noui-che* ou *Neï-sse* avait sans doute une charge qui dépendait de celle du *Taï-che* ou *Taï-se*.

[2] Les emplois de *Ki-fou*, *Nong-fou*, *Hong-fou*, sont ici expliqués dans le texte. Ces mêmes emplois seront désignés ailleurs par d'autres noms.

[3] 周 *Tcheou* était la cour de Vou-vang, dans le Chen-si.

[4] Le caractère 殺 *cha*, condamner, signifie faire le procès ; il signifie ordinairement tuer, faire mourir ; mais dans le Chou-king, quand il s'agit des procès criminels, ce caractère *cha* signifie souvent faire le procès, condamner, juger, infliger une peine, quoique cette peine ne soit pas celle de mort.

CHAPITRE XI,

INTITULÉ

梓材 TSE-TSAI.

SOMMAIRE.

Ce chapitre appartient encore au règne de Vou-vang, suivant la plupart des interprètes, quoique quelques-uns, cités dans les sommaires des deux autres, pensent qu'il soit de Tching-vang. Le titre signifie *matière du bois Tse*. Tse est un bois estimé pour faire des meubles. Ce titre est pris d'un passage du quatrième paragraphe. Vou-vang ou Tching-vang continue de donner des avis à son frère Kang-cho sur l'accord parfait qui doit régner entre le prince, les grands et les sujets. Ce chapitre est dans les deux textes.

TCHING-VANG. Kang-mo, 1118, 1079 ; Tsou-chou, 1044, 1008, avant J. C.

1. C'est du devoir d'un prince de faire en sorte qu'il y ait une mutuelle correspondance entre le peuple et les mandarins, entre les mandarins et les grandes familles, entre les grandes familles et les vassaux.

2. Prince, publiez mes ordres, et dites : J'ai un directeur de l'instruction publique, un directeur de la guerre, un directeur des travaux publics, des chefs des mandarins qui se servent mutuellement d'exemple. Dites encore : Je ne veux ni condamner, ni maltraiter. Si mon prince a des égards pour le peuple, et s'il le soulage, je ferai de même ; s'il pardonne aux méchants, aux trompeurs, à ceux qui tuent et qui oppriment les autres, je me réglerai sur sa conduite.

3. C'est pour le peuple qu'il y a un roi, des chefs et des princes vassaux ; ceux-ci ne doivent pas le maltraiter ni lui faire du tort ; ils doivent avoir des égards pour les pauvres, soutenir les orphelins, les veuves et les jeunes filles qui sont sans appui. Il faut que dans un royaume tous se conforment aux règles de la raison, et que tous aient ce qui est nécessaire à leur état. Un roi n'établit des princes vassaux et des mandarins que pour procurer le repos aux peuples et défendre leurs vies ; c'est ce que de tout temps les rois ont recommandé aux princes vassaux. Vous êtes un de leurs chefs, n'ayez pas recours aux châtiments pour gouverner.

4. Après avoir bien préparé un champ et en avoir arraché les mauvaises herbes, il faut creuser des canaux, des fossés, et bien assigner les bornes ; dans la construction d'une maison, après avoir élevé les murailles, il faut les couvrir et les crépir. Quand on a la matière du bois *Tse*, il faut le raboter, le polir, et le peindre de fleurs rouges.

5. Vous devez présentement imiter la grande vertu des anciens rois. Si vous réunissez en vous leurs belles qualités, les rois voisins viendront vous rendre des hommages, vivront avec vous comme

leur frère, et se perfectionneront dans la vertu. Un prince véritablement vertueux est respecté et aimé de tous les peuples des autres royaumes.

6. L'auguste ciel chargea autrefois les premiers rois du soin des peuples et du pays de l'empire du milieu [1].

7. Prince, que la vertu soit la règle de votre conduite; ne cessez jamais de procurer la paix et la joie à des peuples qui ont été si agités par les troubles, et pensez sérieusement à tenir une conduite qui soit un sujet de joie pour les rois prédécesseurs.

8. En vous servant de leur exemple comme d'un miroir fidèle, vous serez en état de transmettre à vos fils et à vos descendants un royaume qui durera éternellement.

CHAPITRE XII,

INTITULÉ

召誥 TCHAO-KAO.

SOMMAIRE.

Le titre de ce chapitre signifie *avis donnés par Tchao-kong*, qui avait la dignité de Taï-pao. On a déjà parlé de ce ministre dans le chapitre Kin-teng. C'est au roi Tching-vang que sont adressés ces avis. Ce chapitre est dans les deux textes.

TCHING-VANG. Kang-mo, 1113, 1079; Tsou-chou, 1044, 1002, avant J. C.

1. Le trente-deuxième jour du cycle, qui est le sixième après le jour de la pleine lune [3] du second mois, le roi partit le matin de Tcheou [4] et alla à Fong.

2. Le grand conservateur du royaume [Taï-pao] partit aussi avant Tcheou-kong, afin d'examiner l'endroit que l'on avait choisi pour habiter. Le quarante-troisième jour [5] du cycle, au matin, fut le troisième jour de la troisième lune; trois jours après, ou le quarante-cinquième du cycle [6], au matin, le grand conservateur arriva à Lo [7]. Ils se servirent des sorts [1] pour examiner cette demeure; après cet examen, ils en dressèrent un plan.

3. Le troisième jour suivant, le quarante-septième du cycle [2], le grand conservateur fit travailler le peuple de la dynastie Yn, pour tracer les différents endroits de la ville, au nord de la rivière Lo, et cinq jours après, le cinquante-unième du cycle [3], la ville fut tracée.

4. Le lendemain, cinquante-deuxième du cycle [4], au matin, Tcheou-kong [5] arriva, examina le plan et les dimensions de la nouvelle ville, et en fit le tour.

5. Le troisième jour après [6], cinquante-quatrième du cycle, on se servit dans le sacrifice Kiao [7] de deux bœufs, et le lendemain, cinquante-cinquième du cycle [8], dans le sacrifice à l'esprit de la terre [*Che*], fait à la nouvelle ville, on se servit d'un bœuf, d'une brebis et d'un cochon pour le sacrifice.

6. Le septième jour ou le premier du cycle [9], au matin, Tcheou-kong fit publier un écrit contenant des ordres pour les grands de Yn, les Heou, les Tien, les Nan et les chefs des vassaux.

7. Après la publication de ces ordres, les peuples de Yn furent encouragés à bien servir.

8. Ensuite le grand conservateur conduisit le chef des vassaux, et étant sorti, il prit les présents, qui consistaient en étoffes et en soieries; il rentra, et les remit à Tcheou-kong, en disant : Nous nous prosternons à terre, et nous offrons ces présents au roi et à Tcheou-kong. A l'égard de ce qui doit être publié aux peuples de Yn, c'est l'affaire de ceux qui en ont été chargés.

9. L'auguste ciel et souverain Seigneur (Chang-ti) a ôté l'empire de Yn à son fils héritier [10]; c'est pour cela, prince, que vous êtes aujourd'hui sur le trône. A la vue d'un événement si heureux (pour

---

[1] *L'empire du milieu*; c'est ainsi qu'on nomme la Chine.
[2] Nommé *y-ouei*.
[3] Il s'agit ici de lunes ou mois lunaires dans la forme du calendrier de la dynastie de *Tcheou*. Dans ce calendrier, le solstice d'hiver devait toujours être dans la première lune. Les caractères cycliques de ce premier paragraphe peuvent donner l'année dont il s'agit, et ces caractères ne conviennent qu'à l'an 1098 avant J. C. Le dix-huitième janvier julien de cette année fut le jour de la pleine lune à la Chine, et, selon le méthode pour les jours chinois, le 18 janvier s'appelait *Ki-tcheou*, ou 26 dans le cycle chinois. Le jour *Y-ouei*, ou trente-deuxième du cycle, fut donc le vingt-quatrième janvier; c'est de ce jour *Y-ouei* dont on parle. Il est facile de voir les autres jours juliens qui répondent aux jours chinois de l'an 1098. Le calcul du lieu du soleil et de la lune fait voir que le dix-huitième janvier fut la pleine lune de la seconde lune dans le calendrier de la dynastie de Tcheou.
[4] *Tcheou* et *Fong* sont dans le district de *Si-gan-fou*.
[5] Nommé *Ping-ou*.
[6] Nommé *Vou-chin*.
[7] *Lo*, rivière du *Ho-nan*; c'est aussi le lieu où est aujourd'hui la ville de Ho nan-fou.

[1] On a souvent parlé du *Pou*.
[2] Nommé *Keng-su*.
[3] Nommé *Kia-yn*.
[4] Nommé *Y-mao*.
[5] *Tcheou-kong* était frère du roi Vou-vang, et régent de l'empire.
[6] Nommé *Ting-se*.
[7] On parle ici des sacrifices dans le 郊 *Kiao* et dans le 社 *Che*. J'ai déjà dit que Confucius déclare que ces sacrifices *Kiao* et *Che* sont pour honorer le Chang-ti; aussi quand on dit le *Kiao* est le temple du ciel, le *Che* le temple de la terre, selon Confucius, c'est le temple du maître du ciel et de la terre; dans le *Kiao* et dans le *Che*, on honore ce souverain maître Chang-ti. (Tsai-chin dit que le *Kiao* est un sacrifice au ciel et à la terre; c'est pourquoi on y emploie deux bœufs. Le père Gaubil avait bien traduit le terme *deux* qui se trouve dans le texte 牛二 *nieou euth*; mais Deguignes a *corrigé* et a mis *de*, si toutefois ce n'est pas une faute d'impression.] (G. P.)
[8] Nommé *Vou-ou*.
[9] Nommé *Kia-tse*.
[10] *Le fils héritier* est le dernier roi de la dynastie *Yn*. Ce paragraphe est le commencement d'un beau placet adressé par Tchao-kong au roi Tching-vang.

vous), et si malheureux (pour le roi de Yn), peut-on ne pas être pénétré d'une crainte respectueuse?

10. Le ciel a privé pour toujours de son mandat souverain la dynastie de Yn; les anciens et vertueux rois [1] de cette dynastie sont dans le ciel; mais parce que leur successeur a obligé les sages de son royaume de se tenir cachés, et qu'il a maltraité les peuples, ses sujets ont pris leurs femmes et leurs enfants, et, en les embrassant, en les encourageant, ils ont invoqué le ciel; ils ont voulu prendre la fuite, mais on s'est saisi de ces malheureux. Hélas! le ciel a eu compassion des peuples des quatre parties du monde; c'est par amour pour ceux qui souffraient, qu'il a remis son mandat entre les mains de ceux qui avaient de la vertu; prince, songez donc à la pratiquer.

11. Jetez les yeux sur la dynastie de Hia; tant que le ciel l'a dirigée et protégée comme un fils obéissant, les rois de cette dynastie ont respecté et suivi exactement les ordres et les intentions du ciel; cependant elle a été détruite dans la suite : examinez ce qui s'est passé dans celle de Yn; le ciel la dirigea et la protégea également; alors on vit des rois de cette dynastie qui obéissaient avec respect aux ordres du ciel; aujourd'hui elle est entièrement détruite.

12. Prince, qui, dans un âge fort tendre, êtes sur le trône de votre père, ne rejetez pas les avis des vieillards; comme ils sont parfaitement instruits des talents et de la vertu de nos prédécesseurs, leurs vues sont conformes à ce que conseille le ciel.

13. Quoique jeune, vous êtes le fils héritier; si vous pouvez rendre le peuple tranquille et le faire vivre dans l'union, vous serez heureux; redoutez l'indolence et la paresse, et pensez avec crainte aux périls où un peuple peut vous exposer.

14. Venez, prince, au centre de l'empire [2], continuer la mission de vos prédécesseurs qui leur fut donnée par le souverain Seigneur (Chang-ti); acquittez-vous par vous-même des devoirs de votre état. Tan [3] a dit : La ville étant construite, le prince fera avec respect [4] les offrandes et les cérémonies aux esprits supérieurs et inférieurs, et sera uni à l'auguste ciel; il pourra gouverner dans le milieu [5]. Prince, voilà les paroles de Tan : si vous affermissez votre royaume, et si vous gouvernez sagement les peuples, vous serez heureux.

15. Le roi, après avoir soumis et rendu dociles les peuples de Yn, doit les faire vivre avec les nôtres : par là ces peuples se corrigeront de leurs mauvaises inclinations, et se perfectionneront de jour en jour.

16. Si le roi veille sans cesse sur lui-même, il aura nécessairement du respect et de l'estime pour la vertu.

17. Nous ne pouvons nous dispenser de voir, comme dans un miroir, ce qui s'est passé sous les deux dynasties de Hia et de Yn; je n'oserais dire que je sais que celle de Hia conserva longtemps le royaume, et qu'ensuite elle le perdit promptement; mais je sais qu'elle perdit son mandat lorsqu'elle abandonna la vertu; de même je n'ose dire que la dynastie de Yn conserva longtemps le royaume, et qu'elle le perdit ensuite en peu de temps; mais je sais qu'elle perdit son mandat lorsqu'elle ne suivit plus la vertu.

18. Prince, vous avez reçu par succession leur mandat, je veux dire, le même mandat que ces deux dynasties ont autrefois possédé; imitez ce que leurs rois ont fait de bien; souvenez-vous que tout dépend du commencement [1].

19. Dans l'éducation d'un jeune enfant, tout dépend du commencement. On perfectionne soi-même le penchant au bien et les principes du bon discernement qu'on a en naissant. Aurez-vous du ciel la prudence necessaire? en obtiendrez-vous le bonheur ou le malheur? en obtiendrez-vous un long règne? Nous savons maintenant que tout dépend du commencement.

20. Prince, puisque votre cour doit être dans la nouvelle ville, hâtez-vous d'aimer la vertu; c'est en la pratiquant que vous devez prier le ciel [2] de conserver pour toujours votre dynastie.

21. Prince, sous prétexte que les peuples ne gardent pas les lois, et qu'ils se livrent à des excès, n'usez pas d'abord de rigueur, en les faisant mourir ou punir cruellement; si vous savez vous accommoder à leurs inclinations, vous vous rendrez recommandable.

22. Si, pendant que vous êtes sur le trône, vous faites votre principal objet de la vertu, tous les peuples du royaume s'empresseront de vous imiter, et vous vous rendrez célèbre.

23. Les supérieurs et les inférieurs doivent sans cesse faire des efforts; ils doivent désirer que notre dynastie conserve la puissance aussi longtemps que les deux dynasties Hia et Yn l'ont conservée sans

---

[1] On voit ici que *Tchao-kong* supposait les âmes des sages rois dans le ciel, que le ciel peut priver du royaume, qu'on doit l'invoquer, qu'il a de la compassion, qu'il donne des ordres; est-ce là véritablement l'idée du ciel matériel ? *Tchao-kong* suppose ici connues les histoires des dynasties *Hia* et *Chang*.

[2] *Le centre de l'empire* est la cour qu'on établissait à *Lo*. Tchao-kong invite le roi à venir dans cette nouvelle cour.

[3] Tan est le nom de Tcheou-kong.

[4] Il faut remarquer que, selon le Chou-king, honorer le ciel est le principal devoir d'un prince.

[5] Le mot de *milieu* désigne ici la cour.

[1] *Tchao-kong* ne parle pas des princes avant la dynastie *Hia*, dont *Yu* fut fondateur. Avant le roi *Yu*, le royaume n'était pas attaché aux familles; le but de *Tchao-kong* est de faire voir à Tching-vang le danger de perdre le royaume que sa famille a obtenu; et pour cela il insiste sur les changements arrivés aux dynasties *Hia* et *Chang*. On voit que, selon le Chou-king, la vertu est ce qui conserve le royaume dans les familles.

[2] On voit ici la doctrine constante du Chou-king sur l'autorité du ciel, maître absolu des empires. Cet endroit doit être remarqué à cause de la prière au ciel pour la conservation de la dynastie.

périr. Prince, je souhaite que ce soit le peuple qui vous procure la possession éternelle de cette puissance.

24. Je me prosterne à terre, et je vous adresse ces paroles. Je ne craindrai pas de faire respecter votre autorité et d'observer vos ordres; je ferai imiter votre illustre vertu aux peuples qui ci-devant étaient nos ennemis, aux mandarins et aux peuples qui nous ont toujours été attachés. Prince, si vous conservez en paix votre royaume jusqu'à la fin, vous vous ferez un grand nom. Je n'ose me donner pour exact ni pour attentif; mais prenant avec respect les présents des grands vassaux, je vous les offre afin qu'ils servent dans les prières que vous adressez au ciel [1] pour la conservation de votre dynastie.

CHAPITRE XIII
INTITULÉ
洛誥 LO-KAO.

SOMMAIRE

Lo-kao signifie *avis donnés à l'occasion de la ville de Lo* dont on a parlé précédemment. C'est le ministre Tcheou-kong qui rend compte au roi Tching-vang des soins qu'il a pris pour faire construire cette ville; et, après lui avoir donné plusieurs sages instructions, il remet à ce prince le gouvernement du royaume, dont il avait été régent pendant sept ans. Les interprètes avouent qu'il y a dans ce chapitre des endroits peu intelligibles, à cause de quelques lacunes ou de quelques transpositions; on n'y voit pas trop l'ordre des temps. Ce chapitre est dans les deux textes.

TCHING-VANG. Kang-mo, 1115, 1079; Tsou-chou, 1044, 1008, avant J. C.

1. Tcheou-kong prenant sa tête entre ses mains, s'inclina vers la terre et dit : Je rends compte de ma mission à mon illustre et jeune roi.

2. Le roi ne se croyant pas en état de bien exécuter le mandat du ciel pour commencer et pour achever l'ouvrage, je suis venu après le grand conservateur pour examiner la ville orientale, et nous avons posé ensemble les fondements du lieu où l'illustre roi pourra tenir sa cour.

3. Le cinquante-deuxième jour du cycle [2], au matin, j'arrivai à la cour de Lo, je consultai les sorts, et j'examinai, au nord du fleuve [3], les environs de la rivière Li [4], ensuite l'orient de celle de Kien [5], et l'occident de celle de Tchen ; je vis alors [1] que tout convenait à Lo. Je trouvai le même résultat dans un second examen que je fis de l'orient de la rivière de Tchen. Je vous ai envoyé, par un exprès, une carte des lieux*, et le détail de ce que j'ai fait dans l'examen des sorts.

4. Le roi se prosterna jusqu'à terre, en disant: O Tcheou-kong, vous n'avez pu vous empêcher de respecter les preuves que le ciel vous a données de son amour; vous avez examiné avec soin la ville et vous en avez fait un rapport propre à correspondre au bonheur dont le ciel favorise notre dynastie de Tcheou. Vous m'envoyez un exprès, et vous me faites part, dans une lettre, du bonheur éternel que le sort vous a annoncé; je veux que ce bonheur vous soit commun avec moi. Vous désirez que je respecte jusqu'à dix mille et dix mille années les marques que le ciel me donne de son amour; je me prosterne à terre et reçois avec respect vos instructions [2].

5. Tcheou-kong répondit : C'est pour la première fois que le roi fera la grande cérémonie du sacrifice et des oblations dans la nouvelle cour. Il faut exactement et avec ordre honorer tous les esprits, même ceux qui ne sont pas marqués dans le livre [3].

6. J'ai disposé par ordre les mandarins; je les ai fait aller à Tcheou, en disant qu'il y avait des affaires à traiter.

7. Prince, dans un édit que vous publierez, vous devez parler de ceux qui se sont rendus recommandables par leurs grands services, et avertir qu'après leur mort on fera en particulier pour eux des cérémonies avant les autres [4]. Vous publierez un second édit pour ordonner aux mandarins de vous seconder dans l'accomplissement de votre mandat.

---

[1] Ces prières faites au ciel, pour la conservation de la dynastie, sont remarquables.

[2] Ce jour est nommé *Y-mao*. Ce jour, comparé au jour *Y-mao* du troisième paragraphe du chapitre précédent, fait voir qu'il s'agit de la même année 1098 avant J. C.

[3] C'est apparemment le *Hoang-ho*.

[4] On ne sait pas au juste où est la rivière *Li*; mais elle ne devait pas être loin de la rivière *Lo*; ce n'était peut-être qu'un ruisseau.

[5] Les deux rivières *Kien* et *Tchen* sont auprès de Ho-nan-fou, du Ho-nan.

---

[1] Par l'histoire de l'astronomie, on sait que *Tcheou-kong* était astronome et géomètre; on a encore les hauteurs méridiennes solsticiales du soleil qu'il observa dans la ville de Lo. L'usage de la boussole lui était connu; ainsi il était en état de faire une carte plus parfaite que ne le sont celles que l'on voit dans ce pays, faites par les Chinois. Ces paroles paraissent être celles d'un placet envoyé par *Tcheou-kong* au roi Tching-vang.

* Cette carte est exprimée en chinois par 圖 *tou*, tableau, plan. (G. P.)

[2] La reconnaissance et le respect du roi *Tching-vang* pour son oncle paternel *Tcheou-kong* sont dignes de remarque. Ce prince parait avoir eu beaucoup d'égards pour les connaissances que le *Pou* donnait; mais on voit dans ce prince un grand respect pour le ciel. La régence de Tcheou-kong allait finir; Tching-vang devait gouverner par lui-même.

[3] Tcheou-kong passe pour un des principaux auteurs du livre *Li-ki*, ou livre des cérémonies. C'est sans doute de ce livre, ou d'un livre du même genre dont on parle dans ce paragraphe; il serait à souhaiter qu'on eût un tel livre dans l'état où il était au temps de Tcheou-kong, ou même au temps de Confucius. Ce livre, tel que nous l'avons, contient de choses très-curieuses sur l'antiquité et les mœurs de la nation chinoise; mais il a été fort altéré, et il serait très-important que l'on fût bien au fait de ces sortes d'altérations, du temps où elles ont été faites, ainsi que de l'occasion et du motif de ces altérations.

[4] Selon la règle chinoise, dans la salle où l'on honore les rois ou ancêtres morts, on honore aussi plusieurs sujets illustres qui ont rendu de grands services à la dynastie.

8. Attachez-vous à connaître ceux qui se distinguent par leur mérite; c'est ainsi que vous formerez vos mandarins.

9. Jeune prince, vous aurez peut-être des vices particuliers et des passions qui vous empêcheront d'être équitable et juste; prenez garde qu'ils ne soient comme le feu qui se communique : dans le commencement c'est peu de chose; mais peu à peu il se forme une flamme qu'on ne peut plus éteindre.

10. En voulant suivre la loi et en traitant les affaires, imitez-moi. Notre royaume de Tcheou a d'anciens mandarins; envoyez-les dans la nouvelle cour, faites-leur connaître la conduite qu'ils doivent tenir; alors ils seront exacts, ils s'animeront à bien faire, ils s'efforceront de se rendre recommandables par leurs services, et ils donneront un grand éclat à votre gouvernement : par là vous serez célèbre à jamais.

11. Tcheou-Kong dit encore : Jeune prince, achevez ce qui est commencé.

12. Pensez sérieusement à ceux des grands vassaux qui sont ou ne sont pas exacts à remplir leurs devoirs et à rendre leurs hommages. Ces hommages doivent être rendus avec une cérémonie respectueuse : si le respect est moins estimé que les présents qu'on offre, ce n'est pas un respect; et si les sentiments du cœur n'accompagnent pas ce respect, cette cérémonie n'est pas censée respectueuse aux yeux du peuple, et il y aura du défaut ou de l'excès dans les affaires.

13. Jeune prince, faites publier ce que le temps ne m'a pas permis de publier moi-même; profitez de ce que je vous ai enseigné sur les moyens de fléchir le cœur des populations; si vous n'y donnez pas votre attention, vous risquez de perdre le royaume; mais si, comme moi, vous imitez sans cesse votre père, vous ne le perdrez pas; marchez avec précaution. Désormais je veux être chargé d'instruire les laboureurs de leurs devoirs. Si vous entretenez toujours le peuple dans la paix, on viendra des lieux les plus éloignés pour connaître votre royaume.

14. Le roi dit : O Tcheou-kong [1], éclairez-moi de vos lumières, je suis faible; vous me donnez de grands exemples de vertu; vous désirez que je fasse briller les belles actions de Ven-vang et de Vou-vang; vous me rendez docile aux ordres du ciel, et par vos instructions les peuples de tout le royaume sont fixés dans la paix et la tranquillité.

15. Vous m'avez instruit de grandes choses, à faire la distinction du mérite, à rendre les honneurs après la mort à ceux qui se sont le plus distingués, à honorer les esprits, même ceux dont le culte n'est pas expressément prescrit dans le livre.

16. L'éclat de votre vertu est répandu dans le ciel et sur la terre; tout le royaume est informé de vos travaux; la paix et l'équité qui règnent partout font espérer un gouvernement doux et tranquille; vous me faites jouir du fruit des travaux de Ven-vang et de Vou-vang; nuit et jour je pense à faire exactement les cérémonies aux ancêtres.

17. Le roi dit : Les services que vous m'avez rendus sont infinis; j'en fais un grand cas; ne cessez aujourd'hui de m'aider; sans vous je ne puis rien.

18. Le roi dit : Je veux retourner à Tcheou [1] pour y régner, et je vous charge du gouvernement de Lo.

19. Vous avez sagement conduit l'État; mais vous n'avez pas achevé de régler la manière dont il faut récompenser le mérite des sujets illustres; ainsi vous avez encore des services à me rendre.

20. En gouvernant avec tant de sagesse le pays dont je vous charge, vous donnerez à mes mandarins le parfait modèle de gouvernement, vous conserverez les peuples que Ven-vang et Vou-vang ont soumis, et vous en ferez des défenseurs de notre royaume [2].

21. Le roi dit : Restez, Tcheou-kong; je pars pour Tcheou; je suis plein d'estime pour ce que vous avez fait, je m'en réjouis, et je veux y conformer ma conduite; par votre retraite ne m'accablez pas de tristesse; je ne suis point dégoûté du travail qu'il faut entreprendre pour procurer la tranquillité aux populations; ne vous lassez pas d'instruire les mandarins; les siècles à venir goûteront le fruit de vos soins.

22. Tcheou-kong fit une profonde révérence, la tête entre ses mains, et dit : C'est vous, prince, qui m'avez ordonné de venir ici pour conserver le peuple commis aux soins de Ven-vang, et donner de l'éclat aux actions de votre illustre père Vou-vang : je suis pénétré du plus profond respect.

23. Jeune prince [3], venez et gouvernez cette nouvelle cour, ayez du respect pour les lois du royaume et pour ceux des sujets de la dynastie Yn que leur

---

[1] *Tcheou-kong* passe pour avoir fait plusieurs ouvrages. Dans le livre *Tcheou-li* et dans le *Li-ki*, il y a bien des choses qui sont de lui; mais il est difficile de déterminer au juste ce qu'il a fait dans ces deux ouvrages. Il est hors de doute qu'il y a plusieurs choses dans l'astronomie qui ont été transmises par ce grand homme. Ses explications des *Koua* du livre *Y-king* subsistent; mais cet ouvrage est difficile à entendre.

[1] Dans ce chapitre, on n'a pas marqué le voyage de Tching-vang de la cour de *Tcheou*, dans le Chen-si, à la nouvelle cour de *Lo*, dans le Ho-nan; et jusqu'à cet endroit il est souvent douteux si Tcheou-kong est en présence de Tching-vang, ou s'il lui parle par lettres envoyées par un exprès. On voit qu'une des grandes raisons d'établir une seconde cour à *Lo* était pour tenir en respect les sujets de la dynastie Yn.

[2] *Des défenseurs du royaume*; le texte porte *Se-fou*, ou les quatre *Fou*, ce qui veut dire quatre conseillers du roi, ou quatre corps de troupes, ou quatre officiers préposés à la garde du roi, ou les troupes qui défendent les quatre frontières du nord, du sud, de l'est et de l'ouest.

[3] Il faut que, dans ce chapitre, il y ait eu quelques phrases de transposées : dans les paragraphes précédents, on supposait le roi arrivé à *Lo*, et dans celui-ci Tcheou-kong l'invite à y venir.

vertu a rendus recommandables. Vous allez gouverner le royaume, soyez pour la dynastie de Tcheou un illustre et respectable modèle d'un grand roi : dans la suite[1], vous régnerez dans le milieu[1], tous les peuples seront dans le chemin de la vertu, et vous serez illustre par de grandes actions.

24. J'ai été à la tête des grands et des ministres, j'ai toujours fait paraître beaucoup de respect pour ce que nos anciens ont fait de mémorable ; j'ai suivi, autant que j'ai pu, leur exemple, et j'ai cru que c'était surtout par une grande droiture qu'il fallait former mon illustre et jeune prince à être le modèle des autres ; par là j'ai tâché d'imiter parfaitement la vertu de Ven-vang, votre aïeul.

25. Vous avez envoyé un exprès pour faire instruire les peuples de Yn, et vous lui avez ordonné de me demander en quel état était ma santé ; outre cela, vous m'avez envoyé en présent deux vases[2] remplis du vin Kou-tchang[3], et vous avez ainsi parlé : Il faut avoir le cœur pur et respectueux. Je me prosterne à terre, et je me sers de ces deux heureux vases pour marquer mon respect.

26. Je n'oserais boire de ce vin ; mais je m'en suis déjà servi pour honorer avec respect Ven-vang et Vou-vang.

27. Je souhaite que le roi soit exact à imiter ses ancêtres, qu'il vive longtemps sans fâcheux accident, que jusqu'à dix mille ans il ait des imitateurs de sa vertu, que les nouveaux sujets de la dynastie Yn jouissent d'une longue et heureuse suite d'années.

28. Je souhaite que jusqu'à dix mille ans vous gouverniez heureusement les peuples de Yn. Dans tout ce qui les regarde, faites en sorte qu'ils se plaisent à suivre vos exemples.

29. Au cinquième jour du cycle[1], le roi[2] était à la nouvelle cour. Dans la cérémonie Tching[3] on sacrifia un bœuf basané pour Ven-vang, et un autre bœuf basané pour Vou-vang ; et, par ordre du roi, on écrivit ce qui regardait cette cérémonie. Y[4] lut la formule, et avertit que Tcheou-kong resterait dans la ville de Lo pour gouverner. Les grands hôtes qui devaient assister le roi dans la cérémonie, soit pour offrir, soit pour tuer les bœufs, se rendirent auprès de lui. Ce prince entra dans la grande salle, et versa du vin à terre.

30. Le roi ordonna à Tcheou-kong[5] de rester

---

[1] C'est-à-dire, dans la nouvelle cour, qui est le centre du royaume.

[2] Les interprètes disent que Tching-vang étant allé de sa nouvelle cour de Lo à l'ancienne cour de Tcheou, fit ce présent à Tcheou-kong ; cela étant, on n'a pas gardé l'ordre des temps dans ce chapitre. [On peut voir la forme de ces deux vases représentés dans l'édition chinoise du Chou-king ta thsiouan.] (G. P.)

[3] 秬 鬯 Kou-tchang exprime un vin fait de millet noir appelé Kou, et d'une herbe odoriférante appelée Tchang. Ce vin demandait un cœur pur et plein de respect, selon la pensée du roi Tching-vang : il était donc destiné pour des cérémonies faites au ciel, ou aux esprits, ou aux ancêtres ; et peut-être était-il pour les trois cérémonies. Le caractère qui exprime le respect dans l'usage de ce vin est 禋 Yn ; il est composé de trois autres caractères particuliers, 示 Chi, qui veut dire faire voir ; 西, Si, occident ; 土 Tou, terre, pays. Les anciens Chinois auraient-ils eu en vue le pays d'occident, d'où ils sont sortis ? Ce caractère, appliqué aux cérémonies, serait-il des vestiges de quelque ancienne cérémonie dans laquelle on regardait l'occident en honorant le ciel, les esprits, ou les premiers ancêtres ? Les caractères chinois sont composés de plusieurs autres caractères, et le total a du rapport à la chose exprimée par ce caractère composé ; ce sont des idées simples qui font une idée composée. L'analyse que je fais ici du caractère Yn n'est qu'une conjecture ; je ne la donne que pour telle, et je n'ai garde de m'engager à trouver dans les anciens monuments et dans les traditions chinoises de quoi la prouver. Je sais que plusieurs Européens ont abusé de l'analyse des caractères chinois ; mais les Chinois eux-mêmes font quelquefois de ces sortes d'analyses.

---

[1] Ce jour est nommé Vou-chin.

[2] Ce paragraphe peut encore se traduire ainsi : Au jour Vou-chin, le roi étant à la nouvelle cour, fit la cérémonie Tching ; mais je soupçonne quelque transposition, et je me serais assurer que le sens est que le jour Vou-chin était dans la douzième lune.

[3] Le caractère 烝 Tching désigne une grande cérémonie qu'on devait faire en hiver ; elle se fit le cinquième jour nommé Vou-chin ; et en vertu du texte, c'était alors la douzième lune. Le jour Vou-chin était en effet dans la douzième lune, l'an 1098 avant J. C. Le 23 décembre s'appelait vou-chin. Il est certain que la première lune du calendrier de Tcheou était celle dans les jours de laquelle le soleil entre dans ce que nous appelons le signe Caper, ou dans les jours de laquelle était le solstice d'hiver. Le 23 décembre 1098 fut le premier jour de l'an civil qui commença l'an chinois 1098 avant J. C. C'est au 22 décembre que finit la septième année de la régence de Tcheou-kong. Or je crois que l'on peut très bien expliquer jusqu'à la douzième lune, la régence de Tcheou-kong fut de sept ans, qu'il gouverna le royaume de Ven-vang et de Vou-vang avec beaucoup de prudence. Cette année fut la dernière de la régence de Tcheou-kong ; et puisqu'il fut régent sept ans, et que cette septième année fut l'an 1098 avant J. C., la première année du règne de Tching-vang doit être marquée l'an 1104 avant J. C.

[4] Le nom de l'historien était Y ; et parce que le roi devait prendre le gouvernement du royaume, on faisait cette grande cérémonie aux ancêtres Ven-vang et Vou-vang, fondateurs de la dynastie.

[5] Kong-gan-koue, Kong-ing-ta, et d'autres anciens interprètes, soutiennent que Pe-kin, fils de Tcheou-kong, fut installé prince de Lou, et que c'est le sens des paroles du Chou-king et des ordres du roi que les autres interprètes expliquent d'un ordre donné à Tcheou-kong de rester dans Lo pour. Cette si grande différence d'interprétations vient du différent sens du caractère chinois Heou ; il est inutile d'expliquer au long cette difficulté. Le sentiment de Kong-ing-ta et de Kong-gan-koue est aujourd'hui assez généralement rejeté, et il faut avoir recours à des traits d'histoire, qui ne sont pas dans le Chou-king, pour trouver dans ce paragraphe l'installation de Pe-kin. On sait d'ailleurs qu'il est fils de Tcheou-kong, et qu'il lui succéda dans la principauté de Lou. Les interprètes avouent que, dans le chapitre Lo-kao, il y a des endroits peu intelligibles, à cause des lacunes et des transpositions ; qu'on ne voit pas l'ordre des temps pour ce que le roi et Tcheou-kong disent ; cependant on se réunit assez à dire qu'il s'agit de l'année où Tcheou-kong remit à Tching-vang le gouvernement de sa régence, et que cette régence fut de sept ans. Ce sentiment est même celui de quelques-uns, qui croient que dans le vingt-septième paragraphe et suivants, le sens est qu'après que Tcheou-kong fut laissé dans Lo pour

dans la ville de Lo pour gouverner. Tout fut écrit, et Y en avertit : on était alors dans la douzième lune.

31. Tcheou-kong gouverna, avec beaucoup de prudence, pendant sept ans, le royaume de Ven-vang et de Vou-vang.

CHAPITRE XIV,

INTITULÉ

多士 TO-SSE.

SOMMAIRE.

Ces mots To-sse signifient *beaucoup de gens constitués en dignité*. Parmi les sujets de la dynastie Yn, qui avaient eu ordre d'aller habiter dans la ville de Lo, plusieurs avaient occupé des charges ; c'est à eux que Tcheou-kong adresse les ordres de Tching-vang contenus dans ce chapitre. On représente à ces peuples combien ils ont été malheureux sous Cheou, on leur ordonne de se bien conduire dans la nouvelle ville qu'on vient de construire pour eux ; on les menace s'ils ne sont pas soumis. Il paraît par là qu'il n'y avait pas alors beaucoup de villes dans la Chine, et que les peuples vivaient dans les campagnes. Ce chapitre est dans les deux textes.

Tching-vang. Kang-mo, 1118, 1079 ; Tsou-chou, 1044, 1008, avant J. C.

1. A la troisième lune[1], Tcheou-kong commença à publier, dans la nouvelle cour de Lo, les ordres du roi aux mandarins de la dynastie de Yn.

2. C'est ainsi que s'exprima le roi : Vous qui avez été ministres et mandarins sous la dynastie de Yn, et qui vivez encore ici, écoutez : Le ciel suprême[2], irrité contre votre dynastie, l'a détruite, et par un ordre plein d'amour pour notre famille, il nous a donné son autorité pour exercer la souveraineté dans le royaume de Yn ; il a voulu que nous achevassions l'ouvrage[3] du Seigneur (Ti ou Chang-ti).

3. Écoutez, vous tous, dignitaires : Notre royaume de Tcheou était très-petit, et nous n'aurions jamais osé aspirer à renverser la dynastie de Yn ; mais le ciel, qui n'était pas pour vous, et qui ne pouvait compter sur des gens qui excitaient des troubles, s'est déclaré en notre faveur ; comment aurions-nous osé penser à devenir les maîtres de l'empire ?

gouverner cette nouvelle cour, il gouverna sept ans, et mourut après ces sept ans. On convient que Vou-vang fut roi sept ans, et que Tching-vang son fils lui succéda. Par les chapitres *Tchao-kao* et *Lo-kao*, on a dû voir que l'an 1111 avant J. C. fut le premier du règne de Vou-vang. Selon le *Tso-tchouen*, la dynastie *Chang* dura six cents ans ; ainsi la première année de Tching-tang serait la 1711 avant J. C. ; mais sans doute le *Tso-tchouen* parle d'un nombre approchant de six cents ans.
[1] Il s'agit ici de la troisième lune de l'an 1097 avant J. C., la première année que Tching-vang gouverna par lui-même.
[2] Les caractères *Tien*, ciel, et *Ti* ou *Chang-ti*, sont pris dans le même sens.
[3] L'ouvrage du *Chang-ti* est la tranquillité de l'empire. Le Chang-ti, irrité contre la dynastie de *Yn*, donna l'autorité à celle de *Tcheou* ; on en vint aux mains, on punit le crime, on mit la tranquillité dans le royaume donné par le Chang-ti : voilà ce qu'on veut dire.

4. Ce qui s'est passé parmi les peuples a fait voir combien le Seigneur (Ti) est redoutable.

5. J'ai entendu dire que le souverain Seigneur (Chang-ti) conduit les hommes par la vraie douceur[1] ; le roi de la dynastie de Hia[2] ne fit rien de ce qui était agréable aux peuples ; c'est pourquoi le Seigneur l'accabla d'abord de calamités, pour l'instruire et lui faire sentir ses égarements ; mais ce prince ne fut pas docile, il proféra des discours[3] pleins d'orgueil, et s'adonna à toutes sortes de débauches : alors le ciel n'eut aucun égard pour lui ; il lui retira son mandat et le punit.

6. Il chargea de ses ordres Tching-tang, fondateur de votre dynastie ; il détruisit celle de Hia, et fit gouverner les peuples de l'empire par un roi sage.

7. Depuis Tching-tang[4] jusqu'à Ti-y, tous les rois firent paraître de la vertu, eurent du respect pour les cérémonies et pour les sacrifices, et ils furent exacts à les faire.

8. Le ciel les protégea et les conserva, ainsi que leur royaume ; et ces princes, qui ne cessèrent de craindre le Seigneur, n'en furent point abandonnés. Ils imitèrent le ciel, et, à son exemple, ils répandirent partout les effets de leur bon cœur et de leur libéralité.

9. Le roi[5], successeur (de Ti-y), ne s'est point mis en peine de la loi du ciel, il ne s'est pas informé du soin que prenaient ses ancêtres pour conserver leur famille, il n'a pas imité leur zèle ni leur exactitude, il n'a pas pensé à la loi du ciel, toute manifeste qu'elle soit, et il n'a eu aucun égard pour ses sujets.

10. C'est pourquoi le souverain Seigneur (Chang-ti) l'a abandonné et l'a puni.

11. Le ciel n'a pas été avec lui, parce qu'il n'a pas suivi le principe lumineux de la raison.

12. Dans les quatre parties du monde[6], aucun

[1] L'auteur du commentaire *Ge-ki* dit qu'on voit ici le cœur du ciel plein de miséricorde, et un maître plein d'amour pour les hommes. *Kong-ing-ta* dit que les anciens livres étant perdus, on ne peut savoir en détail les calamités dont le ciel punit d'abord le roi *Kie*. *Kong-gan-koue* et le même *Kong-ing-ta* représentent les calamités comme des instructions salutaires données par le ciel pour changer le cœur de *Kie* ; et *Kong-ing-ta* dit en particulier que le ciel veut qu'à la vue de ces fléaux, les hommes craignent et pratiquent la vertu. On ajoute que le ciel se servit de ces calamités pour avertir *Kie*, pour lui faire sentir ses crimes afin qu'il se corrigeât ; que le ciel ne résolut de le perdre que lorsqu'il le vit insensible à ses avertissements. Les interprètes plus récents ont tenu à peu près le même langage.
[2] Il s'agit ici du dernier roi de cette dynastie nommé *Kie*.
[3] On fait sans doute allusion à quelques paroles impies de *Kie*.
[4] *Tching-tang* veut dire que les rois de *Yn*, depuis Tching-tang jusqu'à Ti-y, ne donnèrent pas dans ces excès monstrueux qui perdirent la dynastie ; voyez le chapitre *Tsieou-kao*.
[5] Le successeur de *Ti-y* fut *Cheou*, dernier roi de la dynastie de *Yn*. Ceux qui voient l'athéisme dans les anciens livres chinois peuvent examiner le sens de ce paragraphe.
[6] On veut dire que le royaume de *Yn* a été détruit par l'ordre du ciel.

royaume, grand ou petit, ne peut être détruit, si l'ordre n'en est donné.

13. Le roi continua ainsi : Vous qui avez été élevés en dignité sous la dynastie de Yn, le roi de Tcheou s'est entièrement appliqué aux affaires du Seigneur[1].

14. Il a reçu un mandat qui lui disait : *Détruis la dynastie Yn;* il a averti [2] le Seigneur suprême qu'il avait exécuté son mandat*.

15. On ne sert pas deux maîtres ; les sujets de l'empire de votre prince doivent nous être soumis.

16. J'ajoute encore : Ce n'est pas moi qui suis la cause de ce que vous avez souffert; c'est votre propre cour [3].

17. Le roi dit : Il ne convenait pas de vous laisser dans un lieu sur lequel le ciel faisait tomber tant de malheurs.

18. Vous qui avez été en dignité (sous la dynastie Yn), voilà pourquoi je vous ai ordonné de venir à l'occident de votre pays. Ne dites pas que, sans avoir égard à la vertu, je cherche à faire de la peine : c'est l'ordre du ciel; si vous vous y opposez, je ne vous donnerai pas de nouvelles instructions ; ne vous plaignez pas de moi.

19. Vous savez que les anciens sujets de Yn ont laissé des mémoires [4] et des lois, et que la dynastie de Yn fut substituée à celle de Hia.

20. Peut-être direz-vous : Dans la cour de notre roi on voyait des sujets de Hia jouir d'une grande considération, et on leur donnait des charges de mandarins. Je vous assure que c'est à la seule vertu que j'ai égard; c'est pourquoi je vous ai fait venir de la cour du ciel, qui est dans le royaume de Chang [5]. En vous aimant véritablement, j'imite l'exemple des anciens ; je ne suis point en faute, j'exécute le mandat du ciel.

21. Le roi dit : Quand je revins de Yen [6], je me relâchai sur la peine de mort que devaient subir les peuples de quatre de vos royaumes [1]; je me contentai de les punir par l'exil ; le ciel fut satisfait de cette punition, et je vous rangeai avec les sujets de Tcheou, afin que vous fussiez soumis et obéissants.

22. Le roi dit : Après avoir accordé la vie, j'ai donné de nouveaux ordres; j'ai fait bâtir dans le pays de Lo une grande ville, afin que les vassaux des quatre parties de l'empire eussent des lieux propres pour s'assembler, et afin que vos mandarins des environs me servissent fidèlement.

23. Outre cela, je vous ai donné des terres à cultiver et des maisons où vous pouvez habiter en sûreté.

24. Si vous gardez l'obéissance qui m'est due, le ciel vous favorisera ; autrement vous perdrez vos terres, et je vous ferai subir les justes peines décernées contre vous par le ciel.

25. Si vous pouvez demeurer longtemps dans vos villages, et faire passer à vos héritiers les terres que vous possédez ; si, dans ce pays de Lo, vous êtes toujours attentifs et retenus, vos descendants seront comblés d'honneurs et de biens; ils en seront redevables à votre transmigration.

26. Le roi dit [3]....... Il dit encore : Ce que je viens d'ordonner concerne les lieux de vos habitations.

CHAPITRE XV,

INTITULÉ

無逸 **VOU-Y.**

SOMMAIRE.

Le titre de ce chapitre signifie, *il ne faut pas se livrer au plaisir*. Tcheou kong le composa pour détourner Tching-vang de l'amour des plaisirs. Il lui retrace l'histoire des anciens rois de la dynastie de Yn, et lui fait voir que ceux qui ont gouverné sagement leurs peuples ont régné longtemps, que les méchants au contraire n'ont fait, pour ainsi dire, que passer sur le trône. Ce chapitre est dans les deux textes.

TCHING-TANG. Kang-mo, 1113, 1079 ; Tson-chou, 1044, 1008, avant J.C.

1. Tcheou-kong dit : Hélas ! un roi sage ne pense pas à se livrer au plaisir.

---

[1] *Par affaire du Seigneur*, on entend la guerre contre le roi *Cheou*, que *Tching-vang* dit avoir été faite par les ordres du *Chang-ti*. Les affaires du Seigneur sont aussi les cérémonies.

[2] Dans le style du *Chou-king*, *avertir le ciel*, *les esprits et les ancêtres*, c'est faire une cérémonie. Les grands et les autres sujets de la dynastie *Yn*, soupçonnés de favoriser les rebelles, avaient eu ordre de quitter l'ancienne cour de *Yn* et d'aller à *Lo*. Cette transmigration rendait le gouvernement de *Lo* fort important.

* Ce paragraphe avait été confondu dans la traduction du père Gaubil avec le précédent, et en même temps dénaturé; nous l'avons rétabli dans sa sublime simplicité. (G. P.)

[3] Le roi fait allusion aux débauches de la cour du dernier roi de *Yn*, et à la révolte de ses propres oncles paternels.

[4] On sait que les historiens de l'empire sont très-anciens à la Chine; les mémoires que l'on cite sont les livres d'histoire; ces livres contenaient ce qui se passait d'important ; les grands exemples, les édits des rois, les règlements pour la religion: toutes ces choses y étaient enregistrées. Les chapitres du *Chou-king* qui restent, ont été écrits ainsi par les historiens, depuis *Yao* jusqu'aux rois voisins du temps de Confucius.

[5] La cour de Chang s'appelait *cour du ciel, Tien-y,* parce que le roi tient sa dignité du ciel. La ville de *Lo* était occidentale par rapport à cette cour.

[6] *Yen* était un pays vers l'orient, qui se révolta contre Tching-vang.

[1] Les quatre royaumes révoltés étaient celui de *Vou-keng*, fils du dernier roi de *Yn*, et ceux des oncles paternels du roi; voyez les chapitres *Kin-teng* et *Ta-kao*. Les officiers à qui on adresse la parole étaient non-seulement du pays de l'ancienne cour de *Yn*, mais encore des autres pays de ces quatre États. Les trois oncles paternels du roi tenaient leurs États de Vou-vang, leur frère, après la défaite de *Cheou*.

[2] Les grands vassaux venaient de temps en temps à la cour; on les traitait, on les défrayait, et ceux qui étaient les plus distingués avaient le nom d'hôte ou d'ami, qui loge en passant chez un ami, ou qui vient voir un ami ; ici on leur donne le titre d'hôte, *Pin*.

[3] *Après ces paroles, le roi dit...* il y a quelque chose qui paraît manquer dans le texte, selon plusieurs interprètes; peut-être aussi le sens est-il, le roi dit et redit : on voulait bien inculquer ce que le roi ordonnait.

2. Il s'instruit d'abord des soins que se donnent les laboureurs et des peines qu'ils souffrent pour semer et pour recueillir ; il ne se réjouit que quand il connaît ce qui fait la ressource et l'espérance des gens de la campagne.

3. Jetez les yeux sur cette classe d'hommes : les parents ont beaucoup souffert pour semer et pour recueillir ; mais leurs enfants, qui ne pensent point à ces travaux, se divertissent, passent le temps à tenir des discours frivoles et remplis de mensonges, et méprisent leur père et leur mère, en disant : Les vieillards n'entendent et ne savent rien.

4. Tcheou-kong dit : J'ai appris qu'autrefois Tchong-tsong, roi de la dynastie de Yn, conformément à l'ordre du ciel, travaillait sans relâche à devenir homme de bien ; il menait une vie dure, il était attentif et exact ; il craignait toujours de tomber en faute ; il gouvernait ses sujets avec beaucoup de prudence et de précaution, et n'osait perdre le temps dans l'oisiveté ni dans les plaisirs ; aussi Tchong-tsong[1] régna-t-il pendant soixante et quinze ans.

5. Dans la même dynastie, le roi Kao-tsong[2] vécut d'abord parmi les gens de la campagne, et y souffrit beaucoup ; lorsqu'il fut monté sur le trône, il passa trois ans dans le palais de Leang-gan[3] sans parler, et après un silence si long, il ne parla jamais que d'une manière modeste et honnête ; il ne s'abandonna point à la paresse ni au plaisir ; il rendit illustre la dynastie de Yn ; tout fut en paix. Sous son règne, les grands et les petits ne se plaignirent point de lui ; c'est pourquoi il régna cinquante-neuf ans[4].

6. Dans cette même dynastie, le roi Tsou-kia[5] ne croyant pouvoir monter sur le trône sans commettre une injustice, alla se cacher parmi les gens de la campagne, et vécut comme eux ; ensuite devenu roi, et connaissant parfaitement les ressources et les moyens qui font subsister les paysans, il fut plein d'amour et de complaisance pour le peuple ; il n'osa jamais faire peu de cas des veufs ni des veuves ; aussi Tsou-kia[6] régna-t-il pendant trente-trois ans.

7. Les rois qui régnèrent après ces princes, ne se plaisaient dès leur naissance qu'aux divertissements ; uniquement occupés des plaisirs, ils ne connurent point ce que les paysans souffrent dans la culture de la terre ; les peines que le peuple endure ne vinrent point jusqu'aux oreilles de ces princes ; parce que ceux-ci passèrent leur vie et leur règne dans les délices et dans les excès, leur vie et leur règne ne furent pas de longue durée. On trouve des règnes de dix, de sept et de huit, de cinq et de six, de quatre et même de trois ans.

8. Tcheou-kong dit : Dans notre royaume de Tcheou, Taï-vang[1] et Vang-ki furent modestes et réservés.

9. Ven-vang fut attentif à s'habiller modestement, à établir la paix et à faire valoir l'agriculture.

10. Sa douceur le fit aimer, il se distingua par sa politesse, il eut pour les peuples un cœur de père, il veilla à leur conservation, et il fut libéral et généreux pour les veuves et les veufs. Depuis le matin jusqu'à midi, et jusqu'au coucher du soleil, il n'avait pas le temps de faire un repas, tant il était occupé du soin de mettre et d'entretenir l'union parmi le peuple.

11. Ven-vang[2] ne se livra point aux plaisirs qu'il fallait prendre hors du palais et dans les campagnes : il ne reçut de ses sujets que ce qui lui était exactement dû ; aussi quand il commença à régner, il était au milieu de son âge, et il régna cinquante ans.

12. Tcheou-kong dit : Prince, vous êtes l'héritier de Ven-vang ; suivez son exemple ; ne vous abandonnez point à tous ces plaisirs ni à tous ces amuse-

---

[1] Tchong-tsong est le roi Taï-vou. Selon l'histoire Tong-Kien-kang-mou, la première année de ce prince est la 1637 avant J. C. C'est de ce chapitre que les historiens ont pris les soixante-quinze ans du règne de ce prince.
[2] Le roi Kao-tsong est le même que Vou-ting. On en a parlé dans le chapitre Yue-ming.
[3] Leang-gan est le nom du palais où Kao-tsong gardait le deuil pour son père.
[4] L'histoire Tong-kien-kang-mou met la première année du règne de ce prince à l'an 1324 avant J. C., et c'est d'après ce paragraphe que les historiens lui ont donné cinquante-neuf ans de règne.
[5] Le roi Tsou-kia était un des fils de Kao-tsong. Selon le Tong-kien-kang-mou, la première année de Tsou-kia est l'an 1258 avant J. C. C'est également de ce passage que les historiens ont pris le règne de trente-trois ans. Tsou-kia avait un frère aîné appelé Tsou-keng. Kao-tsong ne voulut pas désigner Tsou-keng pour être roi, et nomma Tsou-kia ; mais celui-ci, jugeant bien que c'était faire tort à son frère, s'enfuit. Tsou-keng fut donc roi, et après lui, Tsou-kia.
[6] Il faudrait savoir en détail l'âge de ces trois rois de la dy-

nastie de Yn, et quand ils montèrent sur le trône. Un règne de trente-trois ans n'est pas censé assez long pour mériter tant d'éloges, et sans doute ce roi était déjà âgé quand il prit possession de l'empire. Tcheou-kong était au fait de l'histoire des rois de la dynastie de Yn, et il avait sans doute des raisons particulières pour ne parler que de ces rois. Il aurait pu, par exemple, parler du règne de Yao et de celui de Chun ; mais voulant relever les avantages d'une vie frugale et laborieuse, il choisit les trois princes de la dynastie de Yn qui s'étaient distingués en cela, et qui pour récompense avaient vécu et régné longtemps. Il importait fort à Tching-vang d'être instruit de l'histoire de la dynastie de Yn dont beaucoup de sujets puissants étaient mécontents. Il est clair que Tcheou-kong avait devant les yeux le catalogue des années et des règnes, au moins pour cette dynastie. Selon l'histoire qui nous reste, outre les trois règnes dont Tcheou-kong parle, il y en a qui passent quinze et vingt ans ; mais peut-être qu'eu égard à l'âge de ces princes avaient en montant sur le trône, c'était fort peu ; peut-être aussi Tcheou-kong ne voulait-il parler que des trois. Les interprètes ne s'accordent pas sur le roi Tsou-kia ; les uns disent que le Tsou-kia du texte est Taï-kia, petit-fils de Tching-tang ; d'autres disent qu'il s'agit de Tsou-kia, fils du roi Kao-tsong ; de part et d'autre, il y a des auteurs d'une grande autorité ; mais le sentiment pour Tsou-kia, fils de Kao-tsong, passe pour être mieux fondé.

[1] On a vu que Taï-vang fut le premier prince de Tcheou, qui eut une cour, des grands officiers, etc. : c'est pour cela que Tcheou-kong ne parle pas des autres plus anciens.
[2] Pour le règne de Ven-vang, il s'agit de sa dignité de prince vassal ; et puisqu'il commença à l'être au milieu de son âge, et qu'il régna cinquante ans, il s'ensuit qu'il vécut environ cent ans ; c'est l'âge que lui donne Meng-tse ou Mencius.

ments; ne recevez des peuples que les redevances qu'ils vous doivent.

13. Gardez-vous de penser que, de temps en temps, vous pouvez vous livrer au plaisir ; ce serait un mauvais exemple pour vos sujets, et une désobéissance au ciel. La plupart des gens de ce siècle sont portés à imiter les fautes des autres ; ne soyez pas comme Cheou, roi de Yn, qui donna dans l'excès du vin ; ce défaut le perdit et le jeta dans un aveuglement déplorable.

14. Tcheou-kong dit : J'ai appris que les anciens s'avertissaient mutuellement des fautes qu'il fallait éviter, et qu'ils s'animaient réciproquement. Ils s'instruisaient les uns les autres, et se communiquaient avec franchise leurs pensées; aussi ne voyait-on pas alors des gens qui eussent recours à la fraude et au mensonge.

15. Si vous ne suivez pas le conseil que je vous donne, prince, vos vices seront imités ; on changera et on dérangera les sages lois portées par les anciens rois contre les crimes; il n'y aura aucune distinction du grave au léger ; tout sera dans la confusion ; le peuple mécontent murmurera ; il en viendra même jusqu'à faire des imprécations[1] et à prier les esprits contre vous.

16. Tcheou-kong continua ainsi : Après Tchong-tsong, roi de la dynastie de Yn, vint Kao-tsong, ensuite Tsou-kia, ensuite Ven-vang, roi de Tcheou. Ces quatre princes[2] se comportèrent avec beaucoup de prudence.

17. Si quelqu'un accusait un autre, en disant : Un tel a murmuré contre vous, un tel a mal parlé de vous : ces quatre princes, loin de se mettre en colère, faisaient des efforts pour devenir plus vertueux, se reprochaient les fautes qu'on leur imputait, et les reconnaissaient.

18. Si vous n'écoutez pas ces avis, vous croirez des fourbes et des menteurs qui vous diront que des gens sans honneur se plaignent de vous et en parlent en termes injurieux ; alors vous voudrez punir, et vous ne penserez pas à la conduite que doit tenir un roi. Vous manquerez de cette grandeur d'âme qu'on reconnaît dans le pardon. Vous ferez inconsidérément le procès aux innocents, et vous punirez ceux qui ne le méritent pas. Les plaintes seront les mêmes, tout l'odieux et tout le mauvais retomberont sur vous.

19. Tcheou-kong dit : Prince héritier, faites attention à ces conseils.

[1] Le Chou-king ne spécifie ni le temps de ces anciens, dont il est parlé plus haut, ni les imprécations dont il s'agit ici.
[2] La conduite qu'on fait tenir aux *quatre princes* est digne de remarque, et Tcheou-kong avait sans doute l'histoire détaillée, non-seulement de son père, mais même celle des autres princes.

CHAPITRE XVI,

INTITULÉ

君奭 KIUN-CHI.

SOMMAIRE.

Kiun-chi signifie *le sage Chi*, le même que Tchao-kong, qui sous prétexte de son grand âge, voulait se retirer de la cour. A cette occasion Tcheou-kong lui représente que l'empire a besoin de lui, s'efforce de le détourner de ce dessein, et lui dit qu'il ne peut l'exécuter sans faire un tort considérable aux affaires du gouvernement ; il lui cite à ce sujet l'exemple de plusieurs anciens sages. Ce chapitre est dans les deux textes.

TCHING-VANG. Kang-mo, 1115, 1079; Tsou-chou, 1044, 1008, avant J.-C.

1. Tcheou-kong parla ainsi au sage Chi :

2. Le ciel irrité a détruit la dynastie de Yn, la nôtre possède le royaume que celle de Yn a perdu ; mais puis-je dire que nous conserverons toujours ce bonheur, et que j'en suis certain ? Il pourra arriver que la sincérité du cœur nous procurât le secours éternel du ciel ; et comment alors oserais-je penser et dire que notre dynastie aura le malheur de périr ?

3. Hélas ! vous disiez autrefois : Il est de notre devoir de conserver le royaume que le souverain Seigneur (Chang-ti) nous a donné. Pour moi, dans le temps même que le peuple obéit, et ne paraît pas disposé à faire des plaintes, je ne puis m'empêcher de penser à ce qui arrivera dans les temps à venir, à l'autorité et à la sévérité du ciel. Si le roi si ses fils ou petits-fils n'observent pas les règles que les grands et les petits, les supérieurs et les inférieurs doivent garder entre eux ; s'ils perdent l'éclat que leurs ancêtres ont procuré à la dynastie, pourrais-je dire : J'étais dans ma famille, et j'ignorais ce qui se passait ?

4. Le mandat du ciel n'est pas facile à conserver, et on ne peut espérer d'être toujours favorisé du ciel. Si des rois l'ont perdu, c'est parce qu'ils n'ont pas suivi avec respect les règles laissées par les anciens, et le principe lumineux de la raison[2].

5. J'avoue que, moi Tan, je suis hors d'état de gouverner ; je puis seulement diriger notre jeune prince, afin qu'il profite de la gloire de ses aïeux.

6. Il dit encore : Nous ne pouvons espérer une faveur constante du ciel, mais nous devons tâcher de conserver longtemps la forme de gouvernement que Ven-vang nous a laissée, et prier le ciel de ne pas abandonner ce royaume.

[1] *L'empire* est ici désigné par un mandat donné par le ciel : *Tien-ming* ; on a déjà vu cette expression ailleurs.
[2] *La droite raison* est désignée par ces deux caractères *Ming-te*, la brillante vertu. Selon la doctrine du Chou-king, les fautes des hommes attirent la colère du ciel ; et comme il ne peut répondre de leur conduite, on ne saurait dire qu'ils ne seront pas punis.

7. Tcheou-Kong dit : Sage Chi, écoutez-moi[1] : j'ai appris qu'autrefois Tching-tang, ayant pris possession de l'empire, le ministre Y-yn[2] eut communication avec l'auguste ciel ; du temps de Taï-kia, ce fut encore le même ministre[3]. Sous Taï-vou[4], les ministres Y-tchi[5] et Tchin-hou eurent aussi communication[6] avec le souverain Seigneur (Chang-ti), le ministre Vou-hien[7], du temps de Tsou-y[8] ; Kan-pan et Vou-hien, du temps de Vou-ting[9], gouvernèrent le royaume.

8. Ces grands ministres firent tous leurs efforts pour s'acquitter de leur charge ; et parce qu'ils soutinrent la dynastie de Yn, les rois de cette dynastie les associèrent au ciel dans les cérémonies qu'ils faisaient aux ancêtres[10], et ils régnèrent un grand nombre d'années.

9. Par une faveur spéciale du ciel, cette dynastie fut solidement affermie. Les ministres et les grands, rigides observateurs de la vertu, montraient beaucoup de bonté envers tout le monde, et de la tendresse pour les malheureux. Les Heou, les Tien, et les autres vassaux, préposés pour défendre l'empire, accouraient au premier ordre, ne pensaient qu'à se rendre vertueux et à bien gouverner au nom du roi leur suzerain ; aussi, dans les affaires qu'il fallait traiter dans les quatre parties de l'empire, comptait-on sur ce qu'un seul homme disait, comme sur le Pou[11] et sur le Chi.

10. Koung dit : O sage Chi, le ciel conserva longtemps la dynastie Yn, à cause de ses ministres justes et intelligents ; mais un prince[12] de cette dynastie fut dépouillé de l'autorité. Aujourd'hui, ô Chi, si vous y pensez sans cesse, le royaume sera affermi, et, quoique nouvellement fondé, vous lui donnerez un grand éclat.

11. Kong dit : Le souverain Seigneur (Chang-ti) a détruit la dynastie Yn, il a donné des forces à la vertu de Ven-vang, et lui a remis le soin de l'empire.

12. Ven-vang gouverna avec beaucoup de tranquillité le pays de Hia[1], parce qu'il fut très-bien servi par Ko-chou[2], par Hong-yao, par San-y-seng, par Taï-tien et par Nan-kong-ko.

13. Il dit encore : S'il n'avait pas eu ces ministres[3] pour aller d'un côté et d'un autre porter ses ordres, enseigner aux peuples les règles et les devoirs, il n'aurait pu réussir ni se rendre si utile à ces peuples.

14. Pleins de zèle pour ce prince, ils ne lui inspirèrent que des sentiments vertueux. La connaissance qu'ils avaient de l'auguste autorité du ciel leur servait de guide ; c'est ainsi qu'ils faisaient la réputation de Ven-vang, qu'ils le soutenaient et le dirigeaient. Le souverain Seigneur (Chang-ti), qui en fut instruit, le choisit[4] pour gouverner à la place des rois de Yn.

15. Quatre de ces ministres[5] dirigèrent encore Vou-vang, et contribuèrent à son bonheur. Ce prince respecta la majesté et l'autorité du ciel, et lui fut soumis. Après l'entière défaite de ses ennemis, ces quatre ministres illustrèrent son règne, le soutinrent, et publièrent partout sa vertu.

16. Aujourd'hui, moi Tan, qui suis sans aucun talent, et comme celui qui veut passer une grande rivière, je souhaite désormais achever avec vous ce qui concerne mes fonctions. Notre jeune prince est sur le trône comme s'il n'y était pas. Ne me chargez pas seul du fardeau ; si vous vous retirez, et si vous ne suppléez pas à ce que je suis hors d'état de faire, je serai privé des exemples et des instructions d'un ministre illustre, qui, à de grands talents, joint de rares vertus ; je n'entendrai pas le chant de l'oiseau[6], à plus forte raison ne comprendrai-je pas les ressorts qui font agir le ciel.

---

[1] Tcheou-kong suppose que l'on connaissait l'histoire de la dynastie de Chang, et il en parle beaucoup, à cause des sujets de cette dynastie, qui étaient alors mécontents.

[2] Y-yn fut ministre de Tching-tang et de Taï-kia.

[3] Il y a dans le texte Pao-heng ; c'est le titre que Y-yn portait sous Taï-kia.

[4] Pour Taï-vou, voyez le chapitre Vou-y.

[5] Y-tchi était le fils de Y-yn.

[6] Ces paroles, eurent communication avec ciel, eurent communication avec le Chang-ti, signifient que ces ministres furent favorisés par le ciel.

[7] Vou-hien, ministre de Tsou-y, était fils de ce fameux Vou-hien, qui passe pour auteur d'un ancien catalogue d'étoiles. Il ne faut pas dire que j'ai envoyé sur les étoiles.

[8] Selon le Tong-kien-kang-mou, l'an 1525 avant J.-C. fut la première année de Tsou-y.

[9] Pour Vou-ting, voyez le chapitre Vou-y. Il est surprenant qu'on ne parle pas du ministre Fou-yue sous Vou-ting. Kong-ing-ta dit qu'il ne peut en savoir la raison. [Vou-hien, ministre de Vou-ting, est fils du précédent Vou-hien. Dans ces deux noms, Hien est écrit différemment.]

[10] On fait allusion à la cérémonie des rois chinois, d'honorer le ciel et de lui sacrifier. Après avoir sacrifié au ciel, ils rendaient des honneurs aux rois leurs ancêtres. Cette cérémonie s'appelle Pei ou Poei, caractère qui veut dire accompagner, être auprès. D'autres, plus versés dans ces matières, ont parlé de cette cérémonie.

[11] Les connaissances qu'on avait par le Pou et par le Chi étaient regardées par Tcheou-kong comme venant des esprits. Ce ministre lui-même était regardé comme un esprit, c'est-à-dire, comme un homme fort intelligent et sans passion.

[12] C'est Cheou, dernier roi de la dynastie Yn ; il est appelé dans ce texte l'héritier du ciel, qui a la même signification que fils du ciel

---

[1] Le pays de Hia est la Chine.

[2] Ko-chou était frère de Ven-vang ; les autres étaient de sa famille.

[3] Tcheou-kong veut inculquer que de tous les mauvais ministres, et par là il veut faire voir à Chi que s'il se retire il portera un grand préjudice à son roi.

[4] Tcheou-kong et Vou-vang regardaient Ven-vang comme le fondateur du royaume de Tcheou ; mais l'histoire place Vou-vang comme premier roi de cette dynastie.

[5] Ko-chou, frère de Ven-vang, était mort quand Vou-vang fut roi.

[6] Le chant de l'oiseau est celui de cet oiseau fabuleux appelé Fong-hoang. Selon les Chinois, la vue de cet oiseau est un signe de bonheur pour le prince. Selon cette idée, Tcheou-kong dit que si Tchao-kong se retire, le règne de Tching-vang ne sera pas heureux, on n'entendra pas le Fong-hoang.

17. Kong dit : Hélas! si le royaume est échu à notre famille, c'est pour nous un grand bonheur; mais qu'il s'est rencontré de difficultés! Je vous le dis, il faut nous attacher de plus en plus à la vertu, et faire en sorte que nos neveux ne s'écartent point de la justice.

18. Vou-vang déclara sa volonté, et en vous mettant à la tête du peuple il vous donna ses ordres, en disant : Apportez tous vos soins à l'éducation du roi; acquittez-vous de cet emploi avec affection et avec droiture; souvenez-vous toujours du royaume que j'ai reçu, ne perdez point de vue la vertu de Ven-vang, et ayez pour le roi un cœur rempli de tendresse et de compassion.

19. Kong dit : Je vous ai dit sincèrement ce que je pense; ô Chi, vous êtes grand conservateur [1], vous voulez remplir votre devoir dans toute son étendue; faites donc, je vous prie, attention à ce que je vous ai dit; considérez que le malheur arrivé à la dynastie Yn peut également nous arriver un jour.

20. Ne pensez pas qu'en vous avertissant si souvent, je crois que vous n'ajoutez pas foi à mes paroles; je veux seulement vous faire souvenir que nous devons exécuter l'ordre qui nous a été donné de bien élever le roi. Si ce que je dis est de votre avis, vous direz ce que je dis, et vous reconnaîtrez que cette obligation retombe sur nous deux. Quoique le ciel nous comble de ses faveurs, je crains encore que nous ne remplissions pas tous nos devoirs. Pour vous, vous continuerez de plus en plus à aimer et à respecter la vertu; vous produirez ceux que leur vertu distinguera; et, dans un temps favorable, vous pourrez céder votre charge à quelque autre.

21. Oh! nous avons l'un et l'autre servi jusqu'ici avec zèle, et nos services ont procuré l'heureux état dont nous jouissons; nous ne nous sommes pas épargnés pour achever ce que Ven-vang a si bien commencé. Il faut continuer d'affermir le royaume, et lui soumettre les pays même qui sont au delà de la mer, où le soleil se lève.

22. Kong dit : S'il y a, dans tout ce que je vous ai dit, quelque chose à reprendre, je l'ai fait à cause de l'inquiétude où votre retraite me mettrait par rapport aux ordres du ciel concernant le peuple.

23. Kong dit : Vous savez de quoi ce peuple est capable. Dans ces commencements, il s'est bien comporté en toute occasion; mais pensez à la fin; suivez l'avis que je vous donne, et continuez à remplir vos fonctions.

---

[1] Taï-pao était un titre d'honneur, Taï exprime grand, pao signifie protection et conservation.

CHAPITRE XVII,

INTITULÉ

蔡仲之命 TSAÏ-TCHONG-TCHI-MING.

SOMMAIRE.

Ce titre signifie *ordre donné à Tsaï-tchong*. C'est le roi Tching-vang qui, accordant la dignité de prince d'un canton du Ho-nan, indique à Tsaï-tchong de quelle manière il doit se conduire dans son État; il lui ordonne de conserver la paix parmi le peuple, l'union parmi les autres petits souverains ses égaux, et d'être attaché à sa personne. Ce chapitre n'est que dans l'ancien texte.

TCHING-VANG. Kang-mo, 1112, 1079; Tsou-chou, 1044, 1003, avant J.C.

1. Dans le temps que Tcheou-kong était Tchong-tsaï [1], et à la tête des ministres, les oncles paternels [2] du roi firent courir des bruits séditieux. Kouan-chou fut exécuté à mort dans le pays de Chang [3], Tsaï-chou fut envoyé en prison à Ko-lin [4], et on lui donna sept chars [5]. Ho-chou [6] fut dégradé, privé de ses titres, et pendant trois ans on ne parla pas de lui. Tcheou-kong donna à Tsaï-tchong [7] le titre de King-che [8], parce qu'il ne s'écarta pas de son devoir; et après la mort de Tsaï-chou, on donna à Tsaï-tchong la dignité de prince de Tsaï [9], en conséquence de la requête présentée au roi.

2. Le roi [10] dit : Jeune prince [11], vous avez fait paraître de la vertu, vous n'avez pas suivi de mauvais exemples, et vous avez exactement gardé les devoirs de votre état; c'est pourquoi je vous nomme Heou [12] dans la partie orientale; allez dans votre nouvel État, et soyez attentif.

3. Ensevelissez dans un oubli éternel les fautes de votre père, et ne pensez qu'à la fidélité et à l'obéissance que vous me devez : gardez-vous de donner dans de semblables excès. Dès aujourd'hui vous devez tenir une conduite plus régulière que celle de votre père, et vous ne devez pas vous endormir sur un point qui demande tous vos soins; laissez à vos

---

[1] Dans le chapitre *Y-hiun*, on a vu le sens de *Tchong-tsaï*.
[2] Le caractère *Chou* exprime oncle paternel.
[3] *Chang* est le nom du pays qui est aujourd'hui *Kouei-te-fou*, du Ho-nan.
[4] Je ne sais à quel pays d'aujourd'hui répond *Ko-lin*.
[5] Le nombre des *chars* désignait la qualité et la puissance des princes vassaux. Ces *chars*, laissés à Tsaï-chou, étaient un reste de sa dignité.
[6] *Ho-chou* était prince vassal; on lui ôta ce titre; il fut trois ans comme un simple particulier; après ces trois ans, on le rétablit.
[7] *Tsaï-tchong* était fils de *Tsaï-chou*.
[8] *King-che* est le nom de quelque grande charge; je ne sais pas bien en quoi elle consistait.
[9] *Tsaï* est le nom d'un pays dépendant de *Ju-ning-fou*, dans le Ho-nan.
[10] Le roi est *Tching-vang*.
[11] *Tsaï-tchong* était appelé *Hou*, et c'est ainsi qu'il est désigné dans ce chapitre.
[12] *Heou* est le titre de prince ou seigneur d'un État.

fils et à vos petits-fils un exemple digne d'être suivi ; observez les règles et les instructions de Ven-vang, notre aïeul, et n'imitez pas votre père, qui a agi contre les ordres de son roi.

4. L'auguste ciel ne fait acception de personne, mais ses faveurs sont toujours pour l'homme vertueux. Le cœur et l'affection des peuples ne sont pas toujours les mêmes, mais ils se tournent toujours vers ceux qui leur font du bien. La manière de faire le bien n'est pas toujours la même; mais tout ce qui contribue à conserver la paix, tend à la même fin. La manière de faire le mal n'est pas toujours la même; mais tout ce qui tend à mettre le trouble, produit toujours le même effet. Soyez donc sur vos gardes.

5. Quand vous entreprenez une affaire, examinez d'abord quelle doit en être la fin, vous vous épargnerez des inquiétudes. Mais si vous ne pensez pas à ce terme, vous en serez accablé.

6. Soyez exact et attentif dans votre charge, soyez ami des quatre vassaux vos voisins, défendez et soutenez la famille royale, conservez l'union avec vos frères, et procurez la paix, qui est si nécessaire au peuple.

7. Suivez toujours cette droite raison qui réside dans un juste milieu en toutes choses. Sous prétexte que vous vous croyez plus expérimenté que les anciens, ne changez pas les anciennes coutumes, ce serait un désordre. Assurez-vous de ce que vous voyez et de ce que vous entendez ; des discours que la passion a dictés ne doivent pas vous faire changer de conduite; si vous exécutez ce que je vous dis, je ne pourrai me dispenser de vous louer.

8. Le roi dit : Allez, jeune prince, et souvenez-vous de ce que je vous ordonne.

CHAPITRE XVIII,

INTITULÉ

多方 TO-FANG.

SOMMAIRE.

To-fang signifie *plusieurs pays*, expression qui se trouve au commencement de ce chapitre, à l'occasion des instructions que Tcheou-kong adresse aux chefs des différents peuples qui s'étaient révoltés, sur la manière dont ils doivent se conduire. Il retrace en même temps une partie de l'histoire des anciens temps, pour faire voir que le ciel ne protège que ceux qui aiment la vertu, et qu'il punit les crimes. Ce chapitre concerne encore Tching-vang, qui avait soumis ces rebelles. On ne sait pas au juste en quelle année ce prince donne les ordres qui sont contenus dans ce chapitre, qui est dans les deux textes.

TCHING-VANG, Kang-mo, 1115, 1079 ; Tsou-chou, 1044, 1038, avant J. C.

1. Au vingt-quatrième jour du cycle [1], à la cinquième lune, le roi revint de Yen [1] à Tsong-tcheou [2].

2. Alors Tcheou-kong dit : Voici ce que le roi ordonne : Avertissez tous les peuples de vos quatre royaumes [3] ; vous, qui gouvernez les pays de Yn, vous ne devez pas ignorer que je n'ai pas voulu faire mourir vos sujets.

3. On a fait beaucoup de raisonnements sur le mandat du ciel, mais on n'a pas pensé au respect qu'on doit toujours avoir pour les cérémonies des ancêtres [4].

4. Le Seigneur (Chang-ti) [5] avertit d'abord le roi de Hia [6] par des calamités; mais ce prince, occupé de ses plaisirs, ne proféra pas un seul mot qui fît connaître qu'il aimait le peuple; il était si aveuglé par les débauches, qu'il ne pensa pas un seul jour au chemin que le Seigneur lui ouvrait, comme vous le savez, pour se corriger.

5. Ce prince raisonnait sur le mandat [7] du Seigneur ; il n'avait aucun soin de ce qui sert à conserver la vie et le repos du peuple, il lui faisait souffrir mille tourments; alors les troubles augmentèrent ; dans son propre palais tout était en confusion, l'union et la concorde en étaient bannies; on n'avait égard pour personne, et le peuple était mécontent; on mettait en place des gens cruels et avares, qui firent souffrir toutes sortes de maux à la ville royale, et qui la réduisirent à l'extrémité.

6. Le ciel [8] chercha donc un homme qui fût en état d'être le roi du peuple. Tching-tang eut le bon-

---

de Yen; ainsi on ne peut dire à quel jour julien répond ce vingt-quatrième jour nommé *Ting haï*. L'histoire Tong-kien-kang-mou marque l'an 1111 avant J. C.; mais cette année, le 25 mars et le 24 mai étant *Ting-haï*, ce *Ting-haï* ne fut pas dans la cinquième lune du calendrier de Tcheou.

[1] *Yen* est le nom du royaume oriental qui s'était révolté contre Tching-vang.

[2] *Tsong-tcheou* est le nom de la cour de Tching-vang, dans le district de Si-gan-fou, du Chen-si.

[3] Les quatre royaumes ou États sont: 1° *Chang*, dans le pays de Kouei-te-fou, du Ho-nan; 2° *Kouan*, dans le pays de Kaï-fong-fou, du Ho-nan; 3° *Tsaï*, dans le pays de Ju-ning-fou, du Ho-nan; 4° *Ho*, dans le pays de Ping-yang-fou, du Chan-si. Ces quatre États s'étaient révoltés.

[4] Le prince de *Yen* et sa famille furent détruits; ainsi il n'y eut plus de salle pour honorer leurs ancêtres; c'est ce malheur qu'on devait prévenir.

[5] Les interprètes ont fort remarqué dans ce passage les expressions qui marquent la volonté du Seigneur de corriger les coupables, et les voies qu'il prit pour empêcher *Kie* de se perdre entièrement. Le *Ge-kiang*, qui est un commentaire fait à l'usage de l'empereur *Kang-hi*, dit en particulier que le Chang-ti portait sans cesse *Kie* à se corriger; que ce prince, malgré ses débauches, avait des moments où il apercevait ses égarements, et que s'il se fût repenti, le cœur du ciel se serait tourné en sa faveur.

[6] [C'est *Kie*, dernier roi de la dynastie de *Hia*.]

[7] L'ordre du Seigneur semble l'empire ; on fait allusion à quelques paroles pleines d'arrogance dites par *Kie*, et qui marquaient son peu de respect pour le ciel.

[8] Dans le Chou-king, on voit beaucoup de répétitions de mêmes traits d'histoire et de mêmes traits de morale. Ce qui est dit du ciel et du Chang-ti dans ce chapitre est remarquable par lui-même, il n'est nullement nécessaire de s'étendre là-dessus.

heur d'être manifestement chargé des ordres de punir et de détruire le royaume de Hia.

7. Le ciel ne s'éloigna ainsi de Hia que parce que les gens de bien n'étaient plus récompensés ou ne restaient pas longtemps en place, parce que les honneurs et les dignités n'étaient que pour ceux que leurs vices et leurs mauvaises qualités mettaient hors d'état de bien traiter le peuple. On exerçait mille actes d'injustice et de cruauté, et chacun, dans son état, trouvait toutes sortes d'obstacles pour subsister ; le chemin était fermé de tous côtés.

8. Tout le monde convint donc de choisir Tching-tang pour régner sur les populations à la place de Hia.

9. On s'animait mutuellement, parce que ce prince était un vrai modèle à suivre, et parce qu'il était très-attentif à tout ce qui pouvait conserver la vie et le repos de ses sujets.

10. Jusqu'au roi Ti-y [1] la vertu fut honorée et récompensée, et on punissait les crimes à propos.

11. Les coupables étaient punis de mort ou de quelque grande peine, si les fautes étaient graves ; mais on relâchait ceux dont l'innocence était reconnue. Par là tout le monde était animé à faire son devoir.

12. Il n'en a pas été de même de votre dernier roi [2] : dans les divers endroits de sa domination, il n'a pu gouverner selon les lois de sa dynastie, qui avait reçu le mandat du ciel.

13. Oh, dit le roi, avertissez les populations qui sont dans vos pays, que ce n'est pas le ciel qui de lui-même a détruit le royaume de Hia ni celui de Yn.

14. C'est votre roi et ses propres sujets qui, répandus dans le royaume, étaient plongés dans la débauche. Ce prince pensait mal sur le mandat du ciel, et proférait des paroles peu mesurées.

15. Le roi de Hia, dans ses délibérations sur le gouvernement, ne savait pas choisir ce qui pouvait lui conserver longtemps le royaume ; le ciel l'a puni, et a mis à sa place Tching-tang.

16. Le dernier roi de votre dynastie ne songea qu'à contenter ses passions ; dans son gouvernement, il ne fit voir ni exactitude, ni pureté de mœurs ; le ciel l'a puni [3].

17. Quelque sage [4] que soit un homme, s'il n'est pas attentif il peut devenir inconsidéré ; de même, quelque inconsidéré que soit un homme, s'il est attentif il peut devenir sage. Le ciel attendit cinq ans pour donner le temps au fils et au descendant de Tching-tang [1] de se corriger. Ce prince pouvait être un grand roi, mais il ne réfléchit pas, et il n'écouta rien.

18. Le ciel fit alors des recherches dans tous les pays ; il donna de grandes marques de sa colère et de son autorité, et quand il fut question de faire voir celui qu'il aimait et qu'il protégeait, on ne le trouva pas dans votre royaume.

19. Le roi de Tcheou [2] était alors aimé de tous les peuples, et parce qu'il pratiquait la vertu, il fut en état d'être mis à la tête des affaires qui regardent les esprits [3] : le ciel enseigna ce qui pouvait rendre les gens vertueux, choisit notre famille pour succéder à celle de Yn, et nous rendit les maîtres absolus de tout votre pays.

20. Mais pourquoi vous donner tant de conseils ? j'ai fait grâce de la vie aux peuples de vos quatre royaumes.

21. Pourquoi ne seriez-vous pas désormais fidèles et tranquilles dans votre pays ? pourquoi ne vous soumettriez-vous pas à notre famille de Tcheou ? Pourquoi ne vous aideriez-vous pas et ne vous aimeriez-vous pas, en vous acquittant de votre devoir ? Vous êtes aujourd'hui dans vos familles, vous faites cultiver vos terres, pourquoi donc ne seriez-vous pas obéissants à votre roi, et pourquoi n'exhorteriez-vous pas tout le monde à bien servir notre dynastie, puisqu'elle a reçu d'une manière éclatante le mandat du ciel ?

22. Pourquoi n'avez-vous jamais été tranquilles ? votre cœur n'a-t-il donc jamais ressenti des mouvements de compassion ? Pourquoi l'ordre du ciel ne vous a-t-il pas fixés ? et pourquoi y avez-vous si peu pensé, en faisant tant de choses contre les lois ? Vous êtes-vous imaginé que les gens droits et équitables vous croiraient ?

[1] *Kong-gan-koue* et *Kong-ing-ta* supposent que Ven-vang eut le droit à la couronne, et, avec plusieurs autres auteurs, ils fixent ce droit neuf ans avant sa mort. Les mêmes auteurs supposent que les treize années dont les chapitres *Hong-fan* et *Taï-chi* parlent, doivent être prises depuis cette année où Ven-vang reçut le droit à la couronne. Selon ces mêmes auteurs, après la mort de Ven-vang, Vou-vang garda le deuil pendant trois ans ; il fit ensuite la guerre deux ans, au bout desquels Vou-vang fut maître du royaume. Selon ces auteurs, c'est de ces cinq ans qu'il s'agit ici. Cette explication des cinq ans est aujourd'hui peu reçue.

[2] Le roi de *Tcheou* est Vou-vang ; on peut encore remarquer ici, comme ailleurs, l'autorité et la connaissance attribuées au ciel. Kong-gan-koue dit : Qu'il s'agit du devoir ou de la charge de sacrifier au ciel, et il suppose que c'est de cette charge que vient le titre de roi ; ce titre est *Tien-vang*, roi céleste, c'est-à-dire, selon lui, roi qui sacrifie au ciel, ou roi dont le droit est de sacrifier au ciel. Dans le livre classique *Tchun-tsieou*, le roi porte le titre de *Tien-vang*.

[3] Le commentaire *Ge-ki* dit ces paroles, *être mis à la tête des affaires qui regardent les esprits, le ciel,* ont le même sens que celles du chapitre *Hieh-yeou-y-te*, qu'on a vues appliquées au roi comme chef des sacrifices et des cérémonies faites au ciel. De tout temps les empereurs chinois ont regardé comme un devoir essentiel de leur état de sacrifier au ciel.

---

[1] Pour *Ti-y*, voyez le chapitre *To-sse* et le chapitre *Tsieou-kao*.
[2] [Ce prince est *Cheou*, dernier roi de la dynastie de *Chang* ou de *Yn*.]
[3] [Il s'agit de *Cheou*, dernier roi de *Yn*.]
[4] Les interprètes s'étendent beaucoup sur ce passage ; ils prennent ces paroles dans le sens le plus moral, et disent que l'homme le plus mauvais peut, par la pensée et par le repentir, devenir homme de bien ; que le ciel souhaitait sincèrement que *Cheou* se corrigeât et se repentît ; que ce ciel était disposé à lui conserver le royaume, mais que son malheur vint d'endurcissement et d'opiniâtreté. Les interprètes disent encore que le ciel attendit cinq ans en faveur de Tching-tang, dont Cheou était descendant.

23. Jusqu'ici, je me suis contenté de vous instruire et de vous avertir ; j'ai fait punir et emprisonner les plus coupables ; c'est ce qui est arrivé jusqu'à trois fois. Si vous n'avez aucun égard à cette grâce que je vous ai accordée de vous avoir conservé la vie, je vous ferai punir sévèrement, non parce que notre dynastie de Tcheou ne saurait vous laisser tranquilles, mais parce que vos fautes méritent cette punition.

24. Le roi dit : Avertissez les mandarins de tous vos pays, et principalement ceux de Yn, que depuis cinq ans vous êtes gouvernés par mes inspecteurs.

25. C'est pourquoi, que tous vos mandarins s'acquittent des devoirs de leur charge [1].

26. Si la paix et l'union ne règnent point parmi le peuple, c'est la faute de ceux qui le gouvernent ; ainsi commencez vous-mêmes par aimer la paix et la concorde : votre exemple les fera régner dans vos familles, si elles n'y sont pas ; l'exemple de vos familles instruira les villes, et par là vous serez capables de bien traiter les affaires.

27. Si vous voyez des gens pleins de vices et de défauts, ne vous rebutez pas ; soyez toujours affables et honnêtes, et faites un juste choix de ceux qui dans votre ville pourront vous être utiles.

28. Si à l'avenir, dans le territoire de Lo, vous vous appliquez avec soin à faire cultiver les terres, le ciel vous comblera de ses bienfaits, et la dynastie de Tcheou vous donnera de grandes récompenses. Dans le palais du roi même, vous aurez des charges considérables, et si vous remplissez exactement votre devoir, vous serez placés dans les premières dignités.

29. Le roi dit : Oh ! si vous tous, qui êtes mandarins, vous ne pouvez vous animer les uns les autres à être fidèles à mes ordres, vous n'aurez pas pour moi l'obéissance qui m'est due, et alors les peuples prendront ce prétexte pour ne pas obéir. Si vous ne pensez qu'à vivre dans la mollesse et dans les plaisirs, vous oublierez entièrement les ordres de votre roi, vous attirerez sur vous la colère redoutable du ciel ; alors j'exécuterai ses ordres pour vous punir, et je vous ferai passer dans des lieux très-éloignés de ceux où vous êtes [2].

30. Le roi dit : Je ne vous donnerai pas de nouveaux avis ; j'ai eu soin de vous faire connaître mes volontés.

31. Il dit encore : C'est pour vous le commencement d'une nouvelle vie ; mais si vous ne pouvez

vivre en paix, vous n'aurez aucun sujet de vous plaindre de moi (lorsque je vous punirai).

CHAPITRE XIX,
INTITULÉ
立 政 LI-TCHING.

SOMMAIRE.

Li ou Lie-tching signifie *établir le gouvernement*. Ce chapitre renferme les avis que Tcheou-kong donna à Tching-vang pour établir le gouvernement. Il parcourt l'ancienne histoire, et s'attache particulièrement à faire le tableau du gouvernement établi par Ven-vang et par Vou-vang. Il fait connaître les différents officiers chargés de conduire les peuples. Ce chapitre se trouve dans les deux textes.

TCHING-VANG. Kang-mo, 1115, 1079 ; Tsou-chou, 1044, 1008, avant J. C.

1. Tcheou-kong dit : C'est après l'avoir salué respectueusement, la tête entre mes mains et incliné vers la terre, que je veux instruire le fils héritier du ciel des devoirs d'un roi. Tous alors avertirent le roi d'être attentif sur soi-même, et dirent : A sa droite et à sa gauche, le roi a les intendants des vivres [r], les grands fonctionnaires nommés *Tchang-gin* [2], les juges criminels [3], les intendants du garde-meuble [4] et les intendants des différentes armes [5]. Tcheou-kong reprit la parole, et dit : Hélas ! que cela est louable ! mais savoir être touché de la misère des autres, que cela est rare !

2. Parmi les anciens, examinons ce qui se passa sous la dynastie de Hia. Dans le temps de la grande puissance de cette dynastie, on s'appliquait à choisir des gens expérimentés [6], à honorer et à respecter

---

[1] Tching-vang avait donné des charges à des sujets de la dynastie de *Yn* ; mais il leur avait donné des surveillants et des inspecteurs.

[2] On voit par ce passage, ainsi que par plusieurs autres qui précèdent, qu'on était alors dans l'usage de transporter ailleurs les peuples vaincus. On voit encore qu'on regardait les sujets de la dynastie de *Yn* comme des peuples différents de ceux des *Tcheou*. Ceux de *Yn* avaient traité de même ceux de la dynastie de *Hia*.

---

[1] Les noms des charges ont souvent changé à la Chine ; c'est une difficulté dans la lecture des anciens livres, et ce n'est pas sans peine et sans travail que l'on peut donner une idée de ce qu'il faut entendre par ces différents noms. 常 伯 *Tchang-pe* est le nom de ceux qui avaient soin de faire fournir les vivres au peuple.

[2] 常 任 *Tchang-gin*, c'étaient ceux qui traitaient les affaires importantes du royaume, aussi bien que celles de la religion.

[3] 準 人 *Tchun-gin* étaient les juges criminels. Ces trois charges étaient les trois premières de la cour.

[4] 綴 衣 *Tcho-y* est le nom des mandarins qui avaient soin des meubles et des habits du roi.

[5] 虎 賁 *Hou-fen* étaient ceux qui avaient soin des flèches, des chevaux et des armes du roi. Ces deux dernières charges, quoique inférieures aux autres, étaient très-considérables. Ces cinq charges, envisagées par Tcheou-kong, lui font faire une exclamation sur leur importance ; mais il veut que la compassion soit la vertu propre de ceux qui sont en place.

[6] Les interprètes assurent que le texte fait allusion au bon gouvernement de Yu, fondateur de la dynastie de *Hia*. On sait très-peu de chose des rois de cette dynastie.

le souverain Seigneur (Chang-ti). Quand on était assuré que quelqu'un s'était exercé dans la pratique des neuf vertus [1], alors on ne craignait point d'en avertir le roi ; on se mettait à genoux, et ainsi prosterné, on disait : Le nom de roi convient à celui qui sait donner à propos les charges de Sse [2], de Mou [3] et de Tchun [4]. Mais ces importantes charges seront données à des gens sans probité, si dans ce choix on juge du talent et de la vertu par les seules apparences, par l'air et par les agréments : les distribuer ainsi, c'est s'écarter des règles de l'équité.

3. Kie n'eut pas assez de vertu pour gouverner le royaume selon les lois anciennement établies ; son gouvernement fut tyrannique, et il ne laissa pas de successeurs.

4. Ensuite Tching-tang [5] monta sur le trône, le souverain Seigneur (Chang-ti) lui donna des ordres authentiques, et ce prince les exécuta exactement. Il gouverna le royaume avec beaucoup de sagesse ; il sut choisir des gens propres à remplir ces trois charges [6] ; et ceux-ci, dans leurs emplois, firent voir qu'ils avaient le mérite et la sagesse que Tchingtang avait reconnus en eux. Par ses soins et par sa vigilance, ce prince parvint à se servir utilement des talents de ceux qui étaient dans ces trois charges ; il fut lui-même le modèle de toutes les vertus. Ceux qui étaient dans la ville de Chang [7] vécurent dans une grande union, et les peuples des quatre parties du royaume, se formant sur ce modèle, tâchèrent d'imiter une vertu qui était l'objet de leur admiration.

5. Hélas ! le naturel de Cheou fut mauvais ; dans le gouvernement, il s'introduisit des gens qui ne songeaient qu'à tourmenter le peuple, des gens qui avaient un cœur barbare et inhumain. Ce prince donna les emplois à ceux qui ne savaient s'occuper que de leurs plaisirs. Le Seigneur, irrité, le punit, et nous donna le royaume de Yn ; et l'autorité dont Chang avait été revêtu nous ayant été transmise, nous fûmes chargés du soin de gouverner tous les peuples.

6. Ven-vang et Vou-vang, qui connurent l'importance de bien remplir ces charges ne les donnèrent qu'à des sujets dont ils connaissaient parfaitement le cœur et la sagesse ; ils les employèrent dans le service respectueux du souverain Seigneur (Chang-ti) et dans le gouvernement des peuples.

7. Voici la forme du gouvernement qu'ils établirent. Gin-gin [1], Tchun-fou [2] et Mou [3] étaient trois grandes charges.

8. Hou-pen, Tcho-y [4], Tseou-ma [5], Siao-yn [6], les Hi-po [7] de la droite et de la gauche, les cent Se et les Fou [8] ;

9. Le grand Tou [9], le petit Pe [10], les gens pour les arts [11], les cent Se [12] des mandarins du dehors, le Taï-sse [13], le Yn-pe [14], et les autres : tous étaient recommandables par leur vertu et par leur sagesse.

10. Le Se-tou [15], le Se-ma [16], le Se-kong [17] et les Ya-lou [18] ;

11. Les mandarins pour les pays barbares de Ouei [19],

[1] 任人 C'est le Tchang-gin.
[2] 準夫 C'est le Tchun-gin.
[3] 牧 C'est le Tchang-pe.
[4] Pour Tcho-y et Hou-pen, voyez les notes sur le premier paragraphe.
[5] Le 趣馬 Tseou-ma avait soin des chevaux du roi.
[6] Le 小尹 Siao-yn avait soin des petits mandarins.
[7] Les officiers des chars et des habits, etc.
[8] 百司庶府 Pe-sse, tchou-fou, les mandarins pour les provisions et les repas.
[9] 太都 Taï-tou, le chef des mandarins de la ville impériale.
[10] 小伯 Siao-pe, le chef des mandarins de la petite cour où le roi allait quelquefois.
[11] 藝人 Yun-jin, les astrologues, les mathématiciens, les artistes, ceux qui faisaient des prières et des cérémonies aux esprits.
[12] 百司 Pe-sse ; le dernier mot signifie présider.
[13] 太史 Taï-sse, l'historien du royaume.
[14] 尹伯 Yn-pe, chefs, gouverneurs, surintendants, etc.
[15] 司從 Sse-tou, celui qui avait soin de la doctrine.
[16] 司馬 Sse-ma, celui qui avait soin du gouvernement des troupes.
[17] 司空 Sse-koung, celui qui avait soin des terres.
[18] 亞旅 Ya-lou, noms d'officiers, etc. Ces quatre sortes d'offices étaient pour les vassaux.
[19] Trois royaumes barbares, c'est-à-dire, étrangers. Dans le chapitre Mou-chi, on a parlé de Ouei ou Vei et de Liu.

---

[1] Les neuf vertus dont on parle sont les neuf vertus dont il a été fait mention dans le chapitre Kao-yao-mo.

[2] Le 事 Se est le même que le Tchang-gin.

[3] Le 牧 Mou, le même que Tchang-pe. Mou est le caractère de berger ; depuis, par métaphore, on l'a appliqué aux princes et aux officiers.

[4] 準 Tchun, le même que Tchun-gin. Voyez les notes du premier paragraphe.

[5] Dans ce paragraphe et le suivant, on compare la conduite du premier roi de la dynastie de Chang avec celle du dernier, comme on a comparé celle du premier roi de la dynastie de Hia avec celle du dernier.

[6] Les trois charges dont on parle sont Tchang-pe, Tchang-gin et Tchun-gin.

[7] On a déjà dit que la ville de Chang était dans le pays de Kouei-te-fou, du Ho-nan.

de Liu, de Tching, pour les trois Po [1], et pour les Fan [2].

12. Ven-vang connaissait le cœur de ceux qu'il mettait en place. Ainsi, quand il créa de grands mandarins pour gouverner, pour faire subsister et pour corriger les peuples, il fut en état d'être servi par des gens que la vertu rendait recommandables.

13. Ven-vang ne se mêlait point des affaires portées aux juges, ni des procès, des vérifications, des confrontations et des délibérations; il observait seulement si les Yeou-se et les Mou-fou [3] gardaient ou ne gardaient pas les lois.

14. Dans ce qui concerne le détail des procédures, des sentences et des délibérations, il avait grande attention de ne pas faire connaître ce qu'il savait.

15. Vou-vang imita la conduite de son père, et ne pensa pas à priver de leurs places les sages et équitables mandarins qui les occupaient. Il suivit les desseins de son père, il en imita l'affabilité et l'honnêteté envers tout le monde; aussi eut-il le même bonheur et la même gloire.

16. Jeune prince, vous voilà sur le trône; tâchez désormais de bien connaître le fond du cœur des grands que vous nommez pour gouverner, pour punir, ou pour faire vivre les peuples. Quand vous serez assuré de leur droiture, confiez-leur les plus importantes affaires : voilà le vrai moyen d'animer les peuples, et de faire en sorte que dans les procès, dans les jugements et dans les délibérations, il n'y ait rien que de juste et d'équitable; mais prenez garde que de mauvais esprits ne troublent tout.

17. Quand il ne s'agirait que d'une seule parole, pensez aux gens sages et vertueux, pour en obtenir les secours nécessaires dans le gouvernement des peuples qu'on vous a confiés.

18. Hélas! moi Tan [4], je vous ai dit tout ce que j'ai appris d'utile et de salutaire des anciens; souvenez-vous désormais que vous êtes fils de Vou-vang et petit-fils de Ven-vang; ne négligez pas les affaires qui regardent les jugements, les sentences et les délibérations, mais qu'il n'y ait que les officiers préposés pour cela qui s'en occupent.

19. Dans les anciens temps [5], sous les princes de Chang, et après eux, sous Ven-vang, on créa de grands mandarins pour gouverner, pour punir et pour faire vivre le peuple; c'est ce qui procura de si beaux règnes.

20. Ces princes, dans le gouvernement de leurs États, n'ont jamais employé des gens de mauvaises mœurs. Si vous ne vous appliquez pas à l'étude de la vertu, on ne fera aucun cas de vous dans le monde. Dans la distribution des charges du royaume, n'ayez en vue que la vertu. Les sages doivent être seuls chargés de vous aider dans le gouvernement.

21. Jeune prince, fils de Vou-vang et petit-fils de Ven-vang, vous êtes le maître du royaume; dans les procès, ne vous exposez pas à de faux jugements ni à de mauvaises décisions, établissez des juges.

22. Tenez en bon état votre armée, et allez au delà des frontières fixées par Yu; parcourez vous-même tous les lieux du royaume, et qu'au delà de la mer même les peuples vous soient soumis [1]. Faites connaître partout les grandes actions de Ven-vang, la gloire et la majesté de Vou-vang.

23. Je souhaite que les rois vos successeurs n'emploient que des mandarins qui soient constants et fidèles dans leurs places.

24. Tcheou-kong appela le grand historien du royaume [2] et lui dit : Sou-kong, qui fut autrefois Se-keou [3], fut très-exact dans ce qui regardait les procès, et mit notre dynastie en état de régner longtemps : écrivez avec soin tout ce que fit Sou-kong, afin que cela serve de modèle aux juges.

CHAPITRE XX,

INTITULÉ

周官 TCHEOU-KOUAN.

SOMMAIRE.

Tcheou-kouan signifie *mandarins de la dynastie de Tcheou*. Ce chapitre contient une énumération des

---

[1] Les trois 亳 Po sont des pays inconnus aujourd'hui.

[2] 阪 Fan exprime tous lieux dangereux, difficiles à gouverner; le royaume des barbares et les trois Po étaient réputés tels.

[3] Les 有司 Yeou-se et les 牧夫 Mou-fou étaient des juges criminels et civils.

[4] 旦 Tan est le nom de Tcheou-kong.

[5] Selon les interprètes, ces anciens temps sont ceux du roi Yu, fondateur de la dynastie de Hia; mais à la lettre on ne parle que du temps antérieur à celui de Chang. Tcheou-kong,

dans son discours à Tching-vang, a en vue de faire voir la cause de la perte des familles royales; pour cela il n'avait besoin que d'indiquer les familles de Hia et de Chang. Avant Yu, le royaume n'était pas héréditaire.

[1] On fait allusion aux ouvrages du roi Yu, décrits dans le chapitre *Yu-kong*, où l'on voit les limites du royaume du temps d'Yao.

[2] 太史 Taï-sse; c'est l'historien du royaume. On le voit ici chargé d'écrire ce qui regardait les causes criminelles, c'est-à-dire, un modèle de ce qu'on devait observer dans ces causes. L'historien devait tenir registre des actions des princes, des grands événements, des ordres et des règlements pour le gouvernement du royaume.

[3] 司寇 Se-keou veut dire juge criminel, ou président pour les causes criminelles. Au temps de Vou-vang, Sou kong exerçait cette charge.

mandarins établis par les Tcheou pour le gouvernement de l'État, et des instructions adressées à ces mandarins. Ce chapitre n'est que dans l'ancien texte.

TCHING-VANG. Kang-mo, 1118, 1079 ; Tsou-chou, 1044, 1008, avant J. C.

1. Le roi de Tcheou, dans le dessein de bien gouverner, fit l'examen de toutes les parties du royaume; il alla punir ceux qui ne venaient point rendre leurs hommages, et rétablit partout l'ordre et la tranquillité. Les grands vassaux des six Fou[1] se conformèrent en tout à ses ordres. De retour à Tsong-tcheou[2], il fit les règlements que les fonctionnaires publics devaient observer.

2. Le roi dit : Anciennement, dans le temps de la grande loi[3], le bon gouvernement consistait à prévenir les troubles et à conserver le royaume sans danger[4].

3. Yao et Chun[5], après avoir examiné l'antiquité[6], créèrent cent mandarins : au dedans étaient les Pe-kouei[7] et les Se-yo[8], au dehors étaient les Tcheou-mou[9], les Heou[10] et les Pe[11] ; tous ceux qui étaient en place étaient d'accord, et la tranquillité régnait dans tout le royaume. Les dynasties de Hia[12] et de Chang[13] doublèrent le nombre de ces manda-rins, et furent en état de bien gouverner. Un roi sage, en établissant ainsi des mandarins, n'a pas égard au nombre, mais au choix de ces hommes.

4. Aujourd'hui je pense à acquérir de la vertu, je la respecte et je m'en occupe; depuis le matin jusqu'au soir, je crains de ne pas réussir; je porte toujours mes vues sur les anciens, pour m'y conformer, et je désire que les mandarins soient instruits.

5. Les trois Kong[1] sont appelés Taï-se[2], Taï-fou[3] et le Taï-pao[4] : ils traitent de la loi, gèrent les affaires du royaume, et établissent un parfait accord entre les deux princes[5] ; ce n'est qu'à ceux qui ont de grands talents qu'on doit donner des postes si élevés.

6. Les trois Kou[6] sont appelés le Chao-che, le Chao-sou et le Chao-pao : ils sont adjoints aux trois Kong, instruisent les peuples, expliquent ce qui regarde le ciel[7] et la terre, et se réunissent pour m'aider.

7. Le Tchong-tsaï[8] a soin du gouvernement de l'empire; tous les officiers dépendent de lui, et il veille à ce que tout soit dans l'ordre.

8. Le Se-tou[9] enseigne la doctrine, publie les cinq documents[10], et instruit les peuples.

---

[1] Les six 服 Fou étaient les six parties du royaume, en y comprenant le territoire de la cour.

[2] Tsong-tcheou était la cour de Vou-vang et de Tching-vang, dans le pays de Si-gan-fou, du Chen-si.

[3] On voit que le temps de la grande loi est un temps d'innocence; les troubles et les dangers des États ne sont venus qu'après ce temps. Je crois que Tching-vang veut dire que l'innocence des mœurs et la tranquillité publique sont la base du bon gouvernement. Les commentaires ne donnent ici aucune lumière sur le texte.

[4] A la lettre, l'administration du gouvernement avant le trouble, la conservation du royaume avant le danger.

[5] Yao et Chun sont nommés dans ce texte Tang et Yu.

[6] Ces mots examiner l'antiquité sont remarquables. Ces deux rois avaient donc des connaissances, c'est-à-dire, quelque histoire des temps antérieurs aux leurs. L'auteur du Tso-tchuen parle des officiers de Hoang-ti, de Chao-hao, qui régnaient avant Yao. Confucius, dans ses commentaires sur l'Y-king, parle de Fo-hi, de Chin-nong et de Hoang-ti comme de princes qui ont régné avant Yao.

[7] Dans 百揆 Pe-kouei, 百 Pe exprime le nombre cent, et c'est un nombre vague, pour marquer les affaires différentes de ces cent officiers ; 揆 Kouei signifie mesure, délibération, et Pe-kouei était le tribunal des ministres d'État.

[8] 四岳 Se-yo ; 四 Se signifie quatre, et 岳 yo veut dire montagnes ; c'est le tribunal qui avait soin des affaires des vassaux des quatre parties de l'empire.

[9] 州牧 Tcheou-mou ; 州 Tcheou exprime région, pays ; 牧 mou exprime berger, conducteur, etc. Ces officiers étaient chargés de pourvoir à la subsistance des peuples.

[10] Les 侯 Heou étaient les vassaux ou petits princes.

[11] Les 伯 Pe étaient d'autres petits princes qui avaient droit d'inspection sur les autres vassaux.

[12] Hia désigne ici Yu, fondateur de la dynastie de Hia.

[13] Chang désigne Tching-tang, fondateur de la dynastie de Chang.

---

[1] Le caractère 公 Kong exprime un homme sans passion, qui n'a en vue que la vertu.

[2] Le caractère 太 Taï signifie grand, respectable 師 Se exprime le modèle ; ici c'est un modèle de vertu ; c'est une grande charge.

[3] 傅 Fou exprime le secours, l'aide.

[4] 保 Pao exprime la protection, le soutien ; ces trois Kong étaient comme les directeurs et instituteurs du roi ou du prince héritier, et les maîtres qui le portaient à la vertu.

[5] Les livres chinois sont remplis des deux caractères Yn et Yang. Dans le sens naturel, yang signifie clair ; yn signifie obscure, lumière et ténèbres. Dans la physique chinoise, yang est le mouvement, ou le principe du mouvement ; yn est le repos, ou le principe du repos. Le sens moral et métaphorique de ces deux termes est à l'infini, et s'étend à ce qui est susceptible du plus ou du moins, soit dans le physique, soit dans le moral. Le sens de ce paragraphe est que tout va bien dans l'empire, que les loix sont en vigueur, que le commerce fleurit, qu'il n'y a point de calamités publiques, que les saisons ne sont pas dérangées.

[6] 孤 Kou veut dire unique, uniquement. Je ne vois pas la raison de cette dénomination. Les trois Kou étaient comme les aides et les substituts des trois Kong. 少 Chao signifie petit ; ce qui désigne une dignité inférieure aux précédentes.

[7] Par ciel et terre il faut, je crois, entendre la religion et le gouvernement.

[8] Dans le chapitre Y-hiun et Ouei-tse-tchi-ming, on a parlé du Tchong-tsaï; 冢 Tchong signifie grand, 宰 Tsaï, gouverneur.

[9] Le chapitre Chun-tien parle du 司徒 Se-tou.

[10] Les cinq documents sont les cinq devoirs ou les cinq 典 Tien, dont on a parlé au chapitre Chun-tien et ailleurs

9. Le Tsong-pe[1] a soin des cérémonies, a l'intendance sur ce qui regarde les esprits et les hommes, et met l'union et l'accord entre ce qui est en haut[2] et ce qui est en bas.

10. Le Se-ma veille à la défense de l'empire, commande aux six corps de troupes, et maintient en paix les provinces.

11. Le Se-keou a soin de faire observer les lois contre les criminels; c'est lui qui doit faire le procès à tous les malfaiteurs et à ceux qui causent des troubles.

12. Le Se-kong[3] est chargé des ouvrages publics; il doit procurer aux quatre sortes d'habitants[4] des lieux sûrs et commodes pour leur demeure, examiner l'utilité qu'on peut retirer de la culture des terres, selon les temps et les saisons.

13. Ces six ministres[5] ne pouvant faire tout par eux-mêmes, ont des mandarins qui dépendent d'eux : ils encouragent les neuf Mou[6], procurent l'abondance aux peuples, et les animent.

14. Tous les six ans, les cinq ordres des vassaux viennent une fois rendre hommage. Six ans après, ils en font autant, et alors le roi, selon la saison, va faire la visite du royaume. A chacune des quatre montagnes[7], il examine les règles[8] et le modèle qui ont été prescrits; chaque vassal vient rendre son hommage; on récompense exactement ceux qui se sont bien comportés, et on punit ceux qui se sont rendus coupables.

15. Le roi dit : Vous, qui êtes en dignité, vous que la prudence et la sagesse doivent distinguer du reste des hommes, soyez attentifs : prenez garde aux peines que vous décernerez contre les criminels ; ces lois une fois promulguées, doivent être observées ; il serait dangereux de les laisser sans effet. Suivez en tout la justice ; défiez-vous des passions qui produisent des intérêts et des vues particulières ; si vous n'y êtes point livrés, le peuple vous sera sincèrement attaché.

16. Tout homme qui est en charge doit être instruit de l'antiquité[1]; avec cette connaissance, il parle à propos et ne se trompe pas dans ses décisions : les règles et les lois établies doivent être votre maître. Ne séduisez pas les magistrats par des discours étudiés ; si vous répandez mal à propos des doutes, on ne peut rien déterminer ; si vous êtes négligents et paresseux, les affaires languissent. Des magistrats qui ne sont pas instruits sont comme deux murailles qui se regardent : s'ils veulent traiter une affaire, ils ne savent ce qu'ils font ; tout est dans le désordre et dans la confusion.

17. Il faut instruire les mandarins ; si l'on veut faire des actions dignes d'éloge, il faut nécessairement réfléchir ; si l'on veut rendre les autres vertueux, il faut faire de grands efforts sur soi-même ; et si on a le courage de se vaincre, on s'épargne beaucoup de peines pour l'avenir.

18. Quand on est constitué en dignité, peu à peu on devient superbe ; de même, quand on a de grands appointements, peu à peu on devient prodigue. C'est une grande vertu que de savoir être modeste et économe. N'usez jamais de mensonge. La vérité procure la joie et la tranquillité du cœur ; le mensonge, au contraire, ne cause que des peines.

19. Dans les grands postes, soyez toujours sur vos gardes ; pensez au danger où vous êtes : celui qui ne craint rien est surpris par le danger.

20. Si l'on produit les sages, si l'on a des égards pour ceux qui ont des talents, la paix règne parmi les mandarins ; sans cette paix, le gouvernement est dans le désordre. Si ceux que vous avez mis en place remplissent leur devoir, ce sera une preuve de votre discernement ; mais s'il arrive le contraire, vous passerez pour incapable d'occuper un emploi.

21. Le roi dit : Hélas ! vous qui êtes à la tête de toutes les affaires, et vous grands mandarins, soyez exacts et attentifs dans vos charges, et distinguez-vous par votre application ; si vous aidez votre roi, si vous procurez la tranquillité au peuple, tous les royaumes nous seront soumis.

---

[1] 宗 Tsong signifie respectable ; 伯 Pe, intendant, chef.

[2] L'accord entre le haut et le bas dénote les prières et les cérémonies pour rendre les esprits propices. Il s'agit des cérémonies religieuses pour les esprits, et des civiles pour des hommes morts ; c'est ce que l'on entend par les esprits et les hommes.

[3] Dans 司空 Se-kong, 空 kong exprime un antre souterrain, le vide. Les anciens interprètes disent que ce caractère avertit que les premiers hommes habitaient dans les cavernes souterraines.

[4] Les quatre sortes d'habitants sont, suivant les commentaires, les lettrés, les laboureurs, les artisans et les marchands.

[5] En chinois, King désigne les grands que le roi emploie pour les affaires. On dit aujourd'hui les neuf King. Dans le livre Tcheou-li, qui renferme plusieurs morceaux composés par Tcheou-kong et par plusieurs autres, on dit que le Tchong-tsai est le ministre du ciel ; le Se-tou, le ministre de la terre ; le Tsong-po, le ministre du printemps ; le Se-ma, le ministre de l'été ; le Se-keou, le ministre de l'automne ; le Se-kong, le ministre de l'hiver. Chacun de ces six ministres avait soixante officiers inférieurs, ce qui composait trois cent soixante. Dans ce livre Tcheou-li, il y a plusieurs morceaux qui n'y ont été mis que du temps des Han.

[6] Les neuf 牧 Mou sont ceux qui avaient soin de la subsistance des peuples des neuf parties de l'empire ; Mou veut dire berger.

[7] En chinois, les quatre Yo 四岳 sse-yo, étaient quatre montagnes célèbres, où les princes vassaux venaient rendre leurs hommages quand l'empereur faisait la visite de l'empire ; voyez le chapitre Chun-tien ; le nombre de ces visites y est mieux détaillé, et n'est pas le même que dans ce chapitre.

[8] Ces règles et ce modèle, ou cette forme, regardaient le calendrier, les poids, les mesures, etc. Voyez le chapitre Chun-tien.

[1] Puisque Tching-vaug veut que les officiers sachent l'antiquité, au temps de ce prince il y avait donc des livres qui apprenaient cette antiquité.

CHAPITRE XXI,

INTITULÉ

君陳 KIUN-TCHIN.

SOMMAIRE.

Après la mort de Tcheou-kong, Kiun-tchin fut chargé de lui succéder dans le gouvernement de la ville de Lo, où étaient les sujets de l'ancienne dynastie de Yn. Ainsi ce chapitre contient l'éloge de Tcheou-kong et les avis de Tching-vang à Kiun-tchin. On voit que Tching-vang donne de grandes marques d'estime à Tcheou-kong son oncle paternel, que les Chinois regardent comme un sage accompli ; je puis ajouter ici qu'il est véritablement leur législateur. Il était chargé d'instruire les peuples de Yn, qui étaient les sujets de la dynastie précédente. Outre la connaissance que Tcheou-kong avait de l'antiquité, on dit qu'il savait l'astronomie, la géométrie. Nous avons vu que ce Tcheou-kong venait de l'occident ; est-ce de la province la plus occidentale de la Chine, ou de pays plus éloignés? Si c'est du premier endroit, ce pays était assez barbare, comme il résulte de la lecture de l'histoire; alors, où Tcheou-kong avait-il appris toutes ces sciences? Ce chapitre n'est que dans l'ancien texte.

[TCHING-VANG. Kang-mo, 1115, 1079 ; Tsou-chou, 1044, 1008, avant J. C.

1. Le roi dit : Kiun-tchin, votre vertu, l'obéissance respectueuse que vous avez toujours eue pour vos parents, et votre amour pour vos frères, me sont connus ; je puis vous charger de publier mes ordres ; je vous ordonne donc de gouverner le Kiao oriental [1].

2. Tcheou-kong [2] était le maître et le père du peuple ; c'est pourquoi le peuple l'aima toujours. Soyez attentif : voici la règle que je vous prescris : Suivez soigneusement la forme de gouvernement que Tcheou-kong vous a laissée ; profitez de ses instructions, et le peuple sera bien gouverné.

[1] Le caractère 郊 Kiao est celui du lieu où l'on sacrifie au ciel ; c'est aussi le nom du sacrifice. Dans la ville de Lo, on avait bâti un temple pour sacrifier au ciel. Kiao veut dire aussi frontières ; la ville de Lo était orientale par rapport au pays de Si-gan-fou, du Chen-si, où était la cour.
[2] Tcheou-kong, oncle paternel de Tching-vang, était gouverneur général de la ville de Lo. Ce prince mourut à la onzième année du règne de Tching-vang, selon l'histoire Tong-kien-kang-mou. Dans ce livre, cette onzième année est l'an 1106 avant J. C. Mais selon les principes que j'ai tâché d'établir, cette onzième année est l'an 1094 avant J. C. Après la mort de Tcheou-kong, le roi donna le gouvernement de Lo à un grand de sa cour nommé Kiun-tchin. [Le fameux Tcheou-kong, dont il est fait si souvent mention dans cette partie du Chou-king, est regardé comme l'inventeur de la boussole. On rapporte que la sagesse de son administration, sous Tching-vang, ayant été connue de tous les peuples voisins, un roi des pays méridionaux envoya des ambassadeurs à Tching-vang pour se soumettre à lui et payer un tribut. Tcheou-kong fit construire un chariot sur lequel était une figure d'homme, dont la main droite montrait toujours le sud. Ce chariot était destiné à reconduire les ambassadeurs à leur pays ; on le nommait Tchi-nan-tche, c'est-à-dire, chariot qui montre le midi ; et c'est le nom que les Chinois donnent à présent à la boussole. Tous cependant n'attribuent pas cette invention à Tcheou-kong, et la font beaucoup plus ancienne.]

3. J'ai entendu dire [1] qu'une bonne conduite établit le goût et l'odeur qui peuvent toucher les esprits ; ce goût et cette odeur ne viennent point des grains, mais d'une vertu pure. Mettez tous les jours en pratique les beaux documents de Tcheou-kong, occupez-vous-en, et ne vous livrez pas aux plaisirs ni aux divertissements.

4. La plupart des gens qui n'ont pas vu un sage désirent de le voir ; mais lorsqu'ils l'ont vu, ils ne profitent pas de ses leçons. Kiun-tchin [2], soyez attentif ; vous êtes le vent, et les peuples sont les plantes.

5. Dans ce qui regarde le gouvernement, il n'y a rien qui n'ait ses difficultés ; soit que vous détruisiez, soit que vous établissiez, délibérez-en souvent avec vos mandarins ; et quand même leur avis serait unanime, vous devez encore y réfléchir.

6. Si vous avez quelque nouveau dessein, ou quelque nouveau projet, intérieurement, avertissez-en le roi ; ensuite mettez-les en pratique au dehors, et dites que ce dessein et ce projet sont dus aux talents du roi. Qu'un tel ministre est louable, et qu'il est illustre !

7. Le roi dit : Kiun-tchin, publiez partout les instructions de Tcheou-kong ; ne pensez pas à vous faire craindre, sous prétexte de votre puissance ; l'exactitude à punir le crime ne doit point être un prétexte pour faire du mal ; soyez indulgent, mais faites observer la loi ; sachez temporiser à propos, et tout sera dans l'ordre.

8. Dans ce qui concerne la punition des peuples de Yn, quand même je dirais : Punissez, ne punissez point ; et si je disais : Pardonnez, ne pardonnez point ; suivez le juste milieu.

9. S'il se trouve des gens qui violent vos lois, ou qui ne se corrigent pas, après avoir reçu vos instructions, vous devez les punir sévèrement, afin d'empêcher que les autres ne tombent dans les mêmes fautes.

10. Il y a trois sortes de fautes, même en matière légère, qu'il ne faut jamais pardonner. La première est l'habitude dans la fourberie et dans les mauvaises mœurs ; la seconde est le renversement des règles les plus fondamentales ; et la troisième est tout ce qui tend à corrompre les mœurs des peuples.

11. N'ayez point d'aversion pour les esprits bornés, et n'exigez pas qu'un homme soit parfait en tout.

12. On gagne à être patient, et savoir supporter les défauts des autres est une grande vertu.

[1] Cette phrase, rapportée par Tching-vang, est une sentence des anciens, selon Kong-gan-koue. On parle sans doute des grains qui servaient pour ces cérémonies aux esprits. On a dit que le vin dont on se servait pour ces cérémonies était fait de riz ; on employait peut-être aussi des gâteaux, etc.
[2] Kiun-tchin avait vu Tcheou-kong, il avait vécu avec lui ; ainsi Tching-vang avertit Kiun-tchin de faire voir qu'il a profité des exemples de Tcheou-kong.

3. Il faut distinguer ceux que l'on conduit sans peine, de ceux qu'on a de la peine à gouverner. Donnez des charges et des récompenses à ceux qui se comportent bien ; animez et exhortez au bien ceux qui se comportent mal.

4. Tous les peuples sont naturellement bons ; mais un penchant pour le plaisir les fait changer ; alors ils violent les ordres de leurs supérieurs, pour suivre leurs propres passions. Observez et publiez exactement les lois, soyez ferme et constant dans la vertu ; vos inférieurs, touchés de vos instructions, se corrigeront tous, et parviendront même à une grande et solide vertu. Ce sera pour moi la source d'un vrai bonheur, et ce sage gouvernement vous procurera une gloire et une réputation qui ne finiront jamais.

CHAPITRE XXII,

INTITULÉ

顧命 KOU-MING*.

SOMMAIRE.

Ce chapitre contient le détail de la mort de Tching-vang, son testament et ses funérailles. Kou-ming signifie *ordre de celui qui est près de mourir* : on y parle de l'installation de Kang-vang. Le père Gaubil, à l'occasion de la multitude des noms d'instruments, d'habits, d'armes, etc., dit que si tous les chapitres du Chou-king en étaient remplis comme celui-ci, il ne l'aurait pas traduit, à cause de la difficulté de rendre tous ces termes. Il dit qu'il les a fait répondre, autant qu'il a pu, aux termes français. Ce chapitre est dans les deux textes ; mais dans le nouveau texte il n'en fait qu'un avec le suivant.

TCHING-VANG. Kang-mo, 1115, 1079 ; Tsou-chou, 1044, 1008, avant J. C

1. Au jour de la pleine lune du quatrième mois, le roi se trouva très-mal¹.

2. Au premier jour du cycle², le roi se lava les mains et le visage ; ceux qui étaient auprès de lui pour le servir lui mirent le bonnet nommé *mien*¹ et l'habillement ; alors ce prince s'appuya sur une petite table faite de pierres précieuses.

3. Il appela Chi, qui était grand conservateur², et les grands vassaux³ des royaumes de *Joui*, de *Tong*, de *Pi*, de *Ouei* et de *Mao* ; il fit venir encore le gardien de la porte du palais⁴, le vassal *Houtchin*⁵, le chef des mandarins, et tous ceux qui étaient chargés des affaires.

4. Le roi dit : Hélas ! ma maladie est mortelle ; je sens que mon mal augmente continuellement ; dans la crainte de ne pouvoir plus vous déclarer par la suite ma volonté, je vais vous instruire de mes ordres.

5. Les rois mes prédécesseurs, Ven-vang et Vou-vang, ont fait briller partout l'éclat de leur vertu ; ils ont été très-attentifs à procurer au peuple tout ce qui peut conserver la vie ; ils ont eu soin d'instruire chacun des devoirs de son état, et ils ont si bien réussi, que tous ont été dociles à leurs instructions ; cela a été connu des peuples de Yn, et tout l'empire a été soumis à notre famille.

6. Ensuite, malgré mon peu d'expérience, je leur succédai ; mais ce ne fut pas sans crainte ni sans respect que je me vis chargé par le ciel d'une mission si périlleuse : j'ai donc continué à faire observer les instructions de Ven-vang et de Vou-vang, et je n'ai jamais osé les changer ni les transgresser.

7. Aujourd'hui le ciel m'afflige d'une grande maladie⁶ ; je ne puis me lever, et à peine me reste-t-il

---

* Le caractère 顧 *Kou* signifie *un homme sur le point de mourir* ; et le caractère 命 *ming* veut dire *ordre* ; c'est-à-dire *ordre ou volonté testamentaire*. (G. P.)
¹ Le caractère que je traduis, *se trouva très-mal*, signifie à la rigueur, *fut sans joie, fut triste* ; mais on veut dire qu'il fut à l'extrémité.
² On peut séparer la date au premier jour du cycle ou au jour *Kia-tse*, des mots suivants, et dire que c'était le jour *Kia-tse*, c'est-à-dire, qu'on peut expliquer que le jour de la pleine lune fut le jour *Kia-tse*, ou premier du cycle. La pleine lune est désignée, dans le texte précédent, par deux caractères qui veulent dire littéralement *commencement d'obscurité et de noirceur*. On divisait le temps d'une lune en blanc ou en noir, ou en clair et en obscur. Lieou-hin, qui vivait quelques années avant J. C., et *Pan-kou*, historien qui florissait soixante et dix ou quatre-vingts ans après J. C., mettent l'année de la mort de Tching-vang l'an 1079 avant J. C., et le font régner trente-sept ans. L'histoire *Tong-kien-kang-mou* a suivi ces deux points *Lieou-hin* et *Pan-kou*. Ceux-ci ajoutent que cette année de la mort de Tching-vang, au jour *Keng-su*, quarante-septième du cycle, fut la nouvelle lune de la quatrième lune du calendrier de Tcheou, et qu'au jour *Kia-tse* fut la pleine lune ; ils citent le chapitre *Kou-ming*. L'année

1079, le jour *Keng-su* fut le 28 février julien ; mais la pleine lune fut plusieurs jours après ; or le 14 mars fut le jour *Kia-tse*, et la pleine lune ne fut que quelques jours après. Ces deux auteurs ont donc fait un faux calcul, fondé sur leurs faux principes du mouvement lunaire et solaire et du retour de la période de soixante-seize ans. L'an 1068 est l'an de la mort de Tching-vang ; le 16 mars julien fut le jour *Kia-tse*, et le jour de la pleine lune au matin à la Chine. Que du soleil fait voir que ce fut la quatrième lune du calendrier de Tcheou, puisque dans le cours de cette lune l'équinoxe arriva.
¹ Nommé *Mien*. (Voyez les planches qui accompagnent la première édit.)
² 太保 *Taï-pao*, était Tchao-kong, qui était aussi appelé Chi.
³ Les vassaux de *Pi* et de *Mao* sont traités de *Kong* ; ce qui fait voir qu'ils étaient les trois *Kong* dont il est parlé dans le chapitre *Tcheou-kouan*. Le prince de Ouei était *Kang*, dont on a parlé au chapitre *Kang-hao*. Les tributaires de Joui et de Tong ont le titre de *Pe*, c'est-à-dire, qu'ils étaient chefs de plusieurs autres vassaux.
⁴ 師氏 *Se-chi* ; c'était un autre grand, qui gardait la porte du palais.
⁵ 虎臣 *Hou-tchin* ; c'est le grand appelé *Hou-pen* du chapitre *Tcheou-kouan*.
⁶ Le père Couplet parle au long de ce testament de Tching-vang ; il y a ajouté l'interprétation d'un fameux auteur appelé Tchang, qui fut ministre du royaume du temps de la dynastie des Ming. Ce père suit la chronologie du Tong-kien-kang-mou pour le temps de Tching-vang ; et le nombre de 1077 est une faute d'impression ; il faut lire 1079, comme il l'a mis dans la chronologie. L'âge de Tching-vang, ni la durée de son règne, ne sont pas dans le texte du Chou-king ; ce sont les auteurs des Han qui les ont rapportés.(COUPLET, *præm. Declar*, pag. LXXIX et LXXX.)

un souffle de vie. Je vous ordonne de veiller avec soin à la conservation de Tchao, mon fils héritier; qu'il sache résister à toutes les difficultés.

8. Qu'il traite bien ceux qui viennent de loin, qu'il instruise ceux qui sont auprès de sa personne, qu'il entretienne la paix dans tous les royaumes, grands et petits.

9. C'est par l'autorité et par le bon exemple qu'il faut gouverner les inférieurs; vous ne sauriez être assez attentifs à faire en sorte que, dès le commencement de son règne, mon fils Tchao ne donne dans aucun vice.

10. Après que les grands eurent reçu les ordres du roi, ils se retirèrent; on détendit les rideaux [1] et on les emporta. Le lendemain, second jour du cycle [2], le roi mourut.

11. Alors le grand conservateur [3] ordonna à Tchong-hoan et à Nan-kong-mao de dire à Lou-ki, prince de Tsi [4], de prendre deux hallebardiers et cent gardes pour venir hors de la porte australe au-devant du prince héritier Tchao, et de le conduire dans le corps de logis qui est à l'orient; c'est là que ce prince devait uniquement penser à pleurer la mort de son père.

12. Au quatrième jour du cycle [5], Tchao-kong fit écrire les paroles testamentaires du feu roi, et la manière dont se feraient les cérémonies.

13. Sept jours après, le dixième du cycle [6], il ordonna aux mandarins de faire préparer le bois dont on aurait besoin.

14. Le mandarin appelé Tie eut soin de mettre en état l'écran sur lequel étaient représentées des haches [7], et il tendit des rideaux (autour du trône).

15. Vis-à-vis la porte tournée vers le sud, on étendit trois rangs de nattes appelées *mie* [8]; la couleur des bords était mêlée de blanc et de noir; on plaça la petite table faite de pierres précieuses.

16. Devant l'appartement occidental, tourné vers l'orient, on étendit également trois rangs de nattes nommées *Ti* [9], dont les bords étaient faits de pièces de soies de diverses couleurs, et on plaça une petite table [1] faite de coquillages.

17. Devant l'appartement oriental, tourné vers l'occident, on étendit encore trois rangs de nattes appelées *fong*, dont les bords étaient de soie de plusieurs couleurs; on y mit une petite table faite de pierres précieuses très-bien taillées.

18. Devant un appartement séparé, à l'occident, on étendit, vers le sud, trois rangs de nattes appelées *Sun* [2], dont les bords étaient de soie noire; on plaça une petite table vernissée.

19. On rangea les cinq sortes de pierres précieuses, et ce qui était de plus rare, l'épée, dont le fourreau était de couleur de chair; le livre des grands documents [3]; les pierres précieuses, appelées *Hong-pi* et *Yuen-yen*, furent rangées dans l'appartement occidental [4], qui était à côté; on mit dans l'appartement, du côté opposé, les pierres précieuses appelées *Ta-yu* et *Y-yu* [5], le *Tien-kieou* [6] et le *Ho-tou* [7]; dans un autre appartement, à l'occident, on

---

[1] Les petites tables dont on parle ici servaient au roi pour les audiences. Le *Chi*, ou celui qui représentait le roi mort, s'appuyait sur une de ces tables comme le roi, suivant quelques interprètes.

[2] Les nattes appelées *Fong* et *Sun* étaient faites de bourgeons de bambous.

[3] Il serait important de savoir quels étaient ces instruments et ce livre des grands documents : était-ce l'histoire de l'empire, ou quelque livre de religion ou de morale, ou l'un et l'autre? Dans les documents étaient peut-être les explications des *Koua*, de l'*Y-king*, données par Ven-vang et par Tcheou-kong. Ces deux princes ont représenté l'état de l'empire de leur temps, et surtout la vraie cause de la perte de la dynastie de Chang. Ces explications de Ven-vang et de Tcheou-kong, jointes aux interprétations de Confucius, sont un ouvrage très-important, mais très-difficile dans beaucoup d'endroits. [Selon le commentateur Tchou-hi, l'expression chinoise 大訓 *ta-hiun*, *grand document et enseignement*, désigne le livre ou l'histoire des trois augustes souverainetés (du ciel, de la terre et de l'homme), et celle des cinq empereurs ; d'où il résulterait qu'il existait déjà des livres avant le *Chou-king*, et que ces livres désignés ici renfermaient l'histoire de ces temps très-reculés, que nous avons nommée ailleurs *antéhistoriques*.] (G. P.)

[4] Une figure exacte de la disposition des bâtiments du palais de Tching-vang ne serait point inutile ; depuis longtemps on a envoyé en France de ces sortes de figures ; mais je ne sais de quel temps elles sont ; je ne les crois pas anciennes.

[5] Dans 夷玉 *Y-yu*, *Y* est le caractère d'étranger ; ces pierres avaient sans doute été données en tribut ou en présent par des étrangers.

[6] Les interprètes mettent au nombre des pierres précieuses le 天球 *Tien-kieou* ; mais je crois qu'on parle d'un *Tien-kieou*, qui veut dire sphère, globe céleste, ou autre chose, pour représenter le mouvement des astres. Dans le *Chun-tien*, on a vu que *Chun* fit un globe, ou une sphère, ou un instrument pour observer et représenter le mouvement des astres ; il s'agit sans doute ici de quelques instruments semblables.

[7] Le *Ho-tou* est une figure ancienne attribuée à *Fo-hi* ; c'est là sans doute qu'il faut chercher la vraie origine des figures du livre *Y-king*, je veux dire des *Koua*, c'est-à-dire, des premiers principes de l'écriture chinoise. Pour ce qui regarde les autres figures qui représentent les diverses dispositions des *Koua*, la plupart sont très-nouvelles. Ceux qui ont écrit sur le livre *Y-king*, n'ont pas manqué de parler au long de

---

[1] Les *rideaux* dont il s'agit étaient autour du lit d'où le roi harangua les grands; c'étaient des *rideaux de parade* mis exprès pour cette cérémonie.

[2] Ce jour nommé *Y-tcheou*, second du cycle : le 16 mars 1068 fut, à la Chine, *Kia-tse*, ou premier du cycle ; le roi Tching-vang mourut donc le 17 mars.

[3] *Tai-pao* ; c'était Tchao-kong. [C'était le régent du royaume pendant le grand deuil du nouveau roi, qui durait trois ans.] (G. P.)

[4] Dans le *Chan-tong*.

[5] Le jour *Ting-mao*, quatrième du cycle, fut le 19 mars 1068, et le jour *Kouei-yeou*, dixième du cycle, fut le 25 de mars.

[6] Dans ce texte, Tchao-kong porte le titre de *Pe-siang*.

[7] Cet écran ou paravent était haut de huit pieds, et il était couvert d'une étoffe de soie rouge, sur laquelle étaient représentées des haches, symboles de la puissance royale.
(G. P.)

[8] Elles étaient faites de bambou coupé en long.

[9] Faites de jonc.

plaça les habits appelés *Yn* [1], destinés aux danses; les grands coquillages et le tambour [2] appelé *Fen-fou*; dans un autre appartement oriental, on mit la lance appelée *Touï*, l'arc appelé *Ho* et les flèches nommées *Tchouï*, faites de bambous.

20. Le grand char orné de pierres précieuses fut mis près de l'escalier des hôtes [3]; ce char était tourné vers le sud. Un autre char, destiné à conduire le premier, fut placé auprès de l'escalier de celui qui attend les hôtes; il était aussi tourné vers le sud; le char de devant fut placé auprès de l'appartement latéral de la gauche, et les chars de derrière [4], auprès de l'appartement latéral de la droite.

21. Deux mandarins, couverts d'un bonnet rouge foncé [5], et tenant une hallebarde à trois têtes, étaient debout au dedans de la porte de la grande salle [6]; quatre mandarins couverts d'un bonnet de peau de faon [7], et présentant la pointe de leurs hallebardes, étaient debout à côté des salles de l'escalier de l'ouest et de l'est, et se répondaient les uns aux autres. A la salle de l'est et de l'ouest était un grand mandarin couvert de son bonnet de cérémonie, et tenant en main une hache; sur l'escalier oriental était un autre grand mandarin couvert de son bonnet, et armé d'une pique; sur l'escalier occidental était encore un grand, couvert de son bonnet, et armé d'une pique à quatre pointes; un autre, couvert de son bonnet, et armé d'une pique très-pointue, paraissait debout sur le petit escalier, à côté de celui de l'orient.

22. Le roi, couvert d'un bonnet de toile de chanvre [1], vêtu d'habits de différentes couleurs, monta l'escalier des hôtes; les grands et les princes vassaux, avec des bonnets de toile de chanvre et des habits noirs, vinrent au-devant de lui; chacun alla à son poste, et s'y tint debout.

23. Le grand conservateur [*Taï-pao*], le grand historien de l'empire [*Taï-sse*], l'intendant des rites et cérémonies [*Taï-tsong* [2]], étaient tous couverts d'un bonnet de chanvre, mais habillés de rouge; le régent du royaume et l'intendant des cérémonies montèrent l'escalier de celui qui traite les hôtes; le régent du royaume [3] portait entre ses mains le grand *Kouei* [4], et le tenait élevé en haut; l'intendant des cérémonies portait élevées en haut la coupe et la pierre précieuse; le grand historien monta sur l'escalier des hôtes, et remit au roi le testament qui était écrit.

24. Il dit : Notre auguste prince, appuyé sur la petite table de pierres précieuses, a déclaré ses dernières volontés; il vous ordonne de suivre les instructions de vos ancêtres, de veiller avec soin sur le royaume de Tcheou, d'observer les grandes règles *, de maintenir la paix et les bonnes mœurs dans le royaume, et enfin d'imiter et de publier les belles actions et les instructions de Ven-vang et de Vou-vang.

25. Le roi se prosterna plusieurs fois, se leva et répondit : Tout incapable que je suis, me voilà chargé du gouvernement du royaume; je crains et je respecte l'autorité du ciel.

26. Ensuite le roi prit la coupe et la pierre précieuse, fit trois fois la révérence [5], versa trois fois du vin à terre, et en offrit trois fois; alors le maître des cérémonies répondit : C'est bien [6].

---

[1] Cette figure *Ho-tou*, qui signifie *fluvii figura*, ou figure sortie du fleuve.
Il y avait un pays où l'on avait réglé ce qui concerne les choses.
[2] Le tambour, les flèches, la lance, etc., étaient des choses qui avaient appartenu aux anciens rois. Leur antiquité était connue sans doute du temps de Tching-vang; aujourd'hui on ne peut faire que des conjectures.
[3] Les princes vassaux qui venaient à la cour étaient appelés *hôtes*, et il y avait un grand officier chargé de les traiter et d'avoir soin de ce qui les regardait. La coutume de faire voir, dans ces cérémonies des funérailles, le même train et l'équipage que le vivant avait; c'est pour cela que, dans ce paragraphe et les autres, on dit exposés à la vue de tout le monde les plus belles choses qui avaient été à l'usage de Tching-vang. L'honneur qu'on rend aux morts doit se rendre comme s'ils étaient vivants; voilà la grande maxime chinoise.
[4] [On parle ici de cinq chars : le grand *Ta-lou*, qui était de pierreries; le *Tchouï-lou*, qui était d'or; le chariot de devant, qui était de bois; les chariots de derrière, au nombre de deux, l'un nommé *Siang-lou*, ou chariot peint, et l'autre *Ko-lou*, ou chariot sculpté.] [Voyez la figure du grand char nommé 大輅 *Ta-lou*, dans notre *Description de la Chine*, t. 1, pl. 35.] (G. P.)
[5] Nommé 雀弁 *Tsio-pien*; la politesse chinoise demande qu'on ait la tête couverte. [Voyez la forme de ces différents bonnets, ouvrage cité, pl. 36.] (G. P.)
[6] La grande salle où était la tablette ou représentation de Tching-vang, regardait le sud; à côté est et ouest étaient deux appartements ou salles moins élevées, mais toujours vers le sud. A l'est était un bâtiment tourné vers l'ouest, et à l'ouest était un bâtiment tourné vers l'est; ces bâtiments formaient une cour, dont l'entrée regardait le sud; pour entrer dans cette cour, il fallait sans doute passer par d'autres cours, dont la grande entrée était au sud.
[7] Nommé 綦弁 *Ki-pien*. On voit encore de ces figures de bonnets, arcs, flèches, chars, etc.; je ne sais si elles sont anciennes.

---

[1] *Le roi* est le nouveau roi Kang-vang, fils de Tching-vang.
[2] Le 太史 *Taï-sse* était l'historien de l'empire; le 太高 *Taï-tsong* était le chef des rites.
[3] 太保 *Taï-pao*; c'était le régent du royaume durant le grand deuil du roi; il devait remettre au roi la pierre précieuse au moment qu'il serait installé; et ce n'est pas en qualité de *Taï-pao* que Tchao-kong était régent du royaume, mais en qualité de *Tsong-tsaï*.
[4] Le grand 圭 *Kouei* était une pierre précieuse à l'usage du roi.
* Ou *les lois constitutives* selon le commentaire. (G. P.)
5 A la représentation de son père mort.
[6] Le caractère 饗 *Hiang* signifie prendre plaisir à accepter; c'est le sens littéral. Dans le chapitre *Y-tsi*, on a vu qu'il y a dans les cérémonies aux morts des expressions métaphoriques, *Hiang* est clairement de ce genre, si on l'applique à la représentation. Le maître des cérémonies ou le *Chang-tsong* disait *Hiang*, c'est-à-dire, si le mort vivait,

27. Le grand conservateur prit la coupe, descendit, se lava les mains, prit une autre coupe, la plaça dans le vase appelé Tchang, et fit la cérémonie, en avertissant¹ : il donna ensuite la coupe à un des maîtres des cérémonies, et salua²; le roi lui rendit le salut³.

28. Alors le grand conservateur reprenant la coupe, versa du vin à terre, s'en frotta les lèvres, revint à sa place, et après avoir donné la coupe à un officier des cérémonies, salua; le roi lui rendit le salut.

29. Le grand conservateur descendit de sa place, et fit retirer tout ce qui avait servi à la cérémonie; les princes vassaux sortirent par la porte de la Salle des Ancêtres⁴, et attendirent.

CHAPITRE XXIII,

INTITULÉ

康王之誥 KANG-VANG-TCHI-KAO.

SOMMAIRE.

Le titre de ce chapitre signifie *avis donnés au roi Kang-vang*; il contient aussi les ordres de ce prince, fils de

---

il serait content, la cérémonie est bien faite, on a gardé et observé toutes les règles. [On peut encore traduire ce mot par *je suis rassasié*, et c'est sa signification la plus naturelle, qui a rapport au repas qu'on présente au défunt, et se rapproche davantage de l'usage des autres peuples orientaux.]

¹ Offrit la coupe à la représentation, et publia l'acte de prise de possession du royaume pour Kang-vang; c'est ce qui signifie *avertir*.
² La représentation.
³ A la place de son père mort, soit que ce fût au 月 *Chi*, c'est-à-dire, à l'enfant qui représentait le mort, soit que ce fût à la tablette. C'est au *Chi* ou à la tablette qu'on offrait quand on faisait la cérémonie, comme si ce *Chi* ou cette tablette eût été le roi. Le *Chi* et la tablette sont, dans leur institution, un pur signe, une pure représentation; et supposé qu'il y ait des gens assez grossiers qui croient que l'âme des morts soit présente sur ces représentations, il est facile de les désabuser. Ce n'est pas la tablette qui s'appelle *Chin-tso*, ou lieu de l'esprit; c'est le lieu où l'on met la tablette qui s'appelle ainsi. *Chin-tso* veut dire lieu ou place de l'âme ou de l'esprit, c'est-à-dire, la représentation de l'homme mort. Ceux des Chinois qui croiraient, par exemple, que l'âme meurt avec le corps, ne peuvent point croire qu'elle réside sur ces tablettes; ainsi croire que les âmes résident sur les tablettes et qu'elles meurent, est une contradiction. On sait que souvent on fait ou l'on peut faire la cérémonie à la même personne en plusieurs endroits fort éloignés les uns des autres; il faudra donc que ceux qui feront les cérémonies croient que la même âme est présente sur les représentations, dont l'une sera, par exemple, à Canton et l'autre à Pe-king, etc. Ceux qui auraient des sentiments particuliers là-dessus pourraient être facilement instruits sur l'ancien usage et institution des tablettes, et on peut voir là-dessus les dissertations qui se sont faites; au reste, on ne prétend pas autoriser des erreurs particulières qui peuvent s'être glissées, ni plusieurs usages introduits, peut-être étrangers à l'essentiel de la cérémonie des tablettes.

⁴ Le caractère 廟 *Miao* exprime une représentation; la salle du palais où se faisait la cérémonie à l'honneur de Tching-vang, s'appelle ici *Miao*. A cause de cette représentation, la salle des ancêtres est appelée *Miao*. Voyez le chapitre *Hien-yeou-y-te*.

Tching-vang. Ce chapitre est la continuation du précédent. Il se trouve dans les deux textes, mais dans le nouveau il est réuni au précédent, avec lequel il ne fait qu'un chapitre.

KANG-VANG. Kang-mo, 1078, 1053; Tsou-chou, 1007, 932, avant J.-C.

1. Le roi étant sorti, s'arrêta au dedans de la porte de l'appartement du nord. Le grand conservateur¹, à la tête des princes vassaux d'occident entra par la porte qui est à gauche, et Pi-kong à la tête des princes vassaux d'orient, entra par celle qui est à droite; on rangea les chevaux quatre en quatre; ils étaient de couleur qui tirait sur le jaune, et le crin était teint de rouge. Les princes vassaux prenant leur *Kouei*⁴ et les pièces de soie⁵, les tinrent élevées entre les mains, et dirent: Nous qui sommes vos sujets, chargés de la défense du royaume⁶, nous prenons la liberté de vous offrir ce qui est dans notre pays. Après ces paroles, ils firent plusieurs révérences à genoux, et le roi, successeur de l'autorité et de la vertu des rois prédécesseurs, rendit le salut.

2. Le grand conservateur et le prince de Joui se saluèrent mutuellement en joignant les mains, et en s'inclinant légèrement, et ensuite firent la révérence à genoux, et dirent: Nous prenons la liberté de parler ainsi au fils du ciel. En considération de ce que Ven-vang et Vou-vang ont gouverné avec beaucoup de prudence et avec un cœur de père les pays occidentaux⁸, l'auguste ciel leur a donné avec éclat le royaume, après en avoir privé la dynastie de Yn; et ces deux princes⁹ ont été très-soumis aux ordres du ciel.

¹ Outre la charge de *Taï-pao* et de *Tchong-tsaï*, ou régent du royaume, Tchao-kong avait la dignité de prince vassal ou de Kong, et était chef des princes vassaux de la partie occidentale.
² *Pi-kong* était aussi prince vassal ou Kong, et chef des princes de la partie orientale; il était encore *Taï-sse* à la place de *Tcheou-kong*, c'est-à-dire, un des trois Kong dont on parle au chapitre *Tcheou-kouan*.
³ On ne parle pas des autres présents que les princes vassaux offrirent; on ne parle que des chevaux.
⁴ Le 圭 *Kouei* était cette tablette que les princes et les grands mettaient devant le visage en parlant au roi.
⁵ La pièce de soie qu'on tenait entre les mains désignait la redevance.
⁶ L'emploi de ces princes vassaux était de défendre le royaume avec leurs troupes; le roi étant encore dans le deuil, rendit le salut aux princes qui étaient traités comme hôtes, et qui ont ce titre dans ce texte.
⁷ Le prince de Joui est traité de 伯 *Pe*, c'est-à-dire, chef de plusieurs autres princes; il avait aussi la charge de *Se-tou*, dont on a parlé dans le chapitre *Tcheou-kouan*. Le texte est mis la manière dont les deux princes vassaux se saluèrent; ce salut consiste à joindre les mains en se courbant un peu.
⁸ Le royaume de *Tcheou* était dans le Chen-si; Ven-vang et Vou-vang furent 西伯 *Si-pe*, ou chefs des princes de l'ouest. Tchao-kong avait le titre de *Si-pe*. Voyez le chapitre *Si-pe-kan-li*.
⁹ On voit qu'on exhorte Kang-vang à honorer et à respecter le ciel, et qu'on le fait ressouvenir que le ciel est maître et souverain des royaumes, qu'il donne et qu'il ôte quand il le juge à propos.

3. Vous venez de prendre possession du royaume; imitez leurs actions, récompensez et punissez à propos, procurez le bonheur et le repos à vos descendants: voilà ce que vous devez avoir soigneusement en vue; tenez toujours en bon état vos six corps de troupes, et conservez ce royaume que vos ancêtres ont obtenu avec tant de peine.

4. Alors le roi leur parla ainsi : O vous qui êtes les principaux chefs [1] de tous les royaumes, voici ce que Tchao vous répond :

5. Les rois mes prédécesseurs Ven-vang [2] et Vou-vang pensaient plus à récompenser qu'à punir; leur libéralité s'étendait partout; leur gouvernement était sans défaut, et fondé sur la droiture : voilà ce qui les rendit si illustres dans tout l'empire. Leurs mandarins, intrépides comme des ours, étaient en même temps sincères et fidèles; ils ne pensaient qu'à servir et défendre la famille royale; c'est pour cela que ces princes reçurent le mandat du souverain Seigneur (Chang-ti) [3], et que l'auguste ciel (Hoang-tien) approuvant leur conduite, leur donna autorité sur tout l'empire.

6. Ils ont créé des princes vassaux [4], afin que ceux-ci défendissent le royaume de leurs successeurs. Vous qui êtes mes oncles paternels [5], pensez que vous, vos pères et vos aïeux ont été sujets des rois mes prédécesseurs, et qu'ils ont maintenu la paix. Votre corps est éloigné de la cour, mais votre cœur y doit être; partagez avec moi le travail et les inquiétudes, remplissez tous les devoirs de sujets; quoique jeune, ne me couvrez pas de honte.

7. Les grands et les princes vassaux, après avoir reçu les ordres du roi, se saluèrent mutuellement les mains jointes, et se retirèrent promptement; le roi quitta le bonnet de cérémonie pour prendre le bonnet de deuil.

侯 甸 男 衞 *Heou*, *Tien*, *Nan* et *Ouei*, sont des titres de divers ordres de princes vassaux.

[2] On voit toujours que dans le Chou-king la fondation du règne des Tcheou est attribuée à Ven-vang et à Vou-vang; mais l'histoire plaça Vou-vang premier roi de cette dynastie.

[3] Le Chou-king suppose toujours que c'est le ciel ou le *Chang-ti* qui donne l'autorité.

[4] Parmi ces princes vassaux créés par Vou-vang et par Tching-vang, les uns étaient de la famille de Tcheou, d'autres des principales familles des sujets de Tcheou, et même des descendants des rois de Chang, de Hia, et des rois plus anciens; tous avaient des États qui étaient tributaires du roi, et ils étaient créés pour la défense du roi appelé *Tien-tse*. Ces princes vassaux avaient une histoire de leur famille, et plusieurs avaient des historiens en titre. Il est difficile que tout d'ouvrages aient péri dans l'incendie des livres, ordonné par le roi *Chi-hoang*. Se-ma-tsien, qui écrivait plus de cent ans avant J. C. et qui était historien de l'empire, a recueilli les mémoires qui regardent les familles de tous ces princes; c'est une partie très-considérable de son histoire.

[5] *Kang-vang* appelle oncles paternels ceux des princes qui étaient ses vrais oncles paternels, et ceux même qui n'étaient pas ses parents.

CHAPITRE XXIV,

INTITULÉ

畢 命 PI-MING.

SOMMAIRE.

Ce chapitre, intitulé *Pi-ming*, contient les ordres donnés à Pi, qui était un des princes vassaux ; son éloge, et des avis sur le gouvernement. C'est le roi Kang-vang qui parle. Ce chapitre n'est que dans l'ancien texte.

KANG-VANG. Kang-mo, 1078, 1083; Tsou-chou, 1007, 962, avant J. C.

1. A la sixième lune de la douzième année, au septième jour du cycle [1], fut celui où la clarté parut. Le troisième jour après, ou le neuvième de cycle, de bon matin, le roi partit de Tsong-tcheou [2] et alla à Fong [3]; il ordonna à Pi-kong de gouverner Tching-tcheou [4], qui était frontière orientale.

2. Le roi dit : O mon père et mon premier instituteur [5], Ven-vang et Vou-vang ont obtenu le royaume

[1] Ce jour est nommé dans le cycle *Keng-ou*. On convient qu'il s'agit du troisième jour de la sixième lune du calendrier de Tcheou. Lieou-hin et Pan-kou prétendent que c'est à l'an 1067 avant J. C. que ce *Keng-ou* fut le troisième jour de la sixième lune de Tcheou, et ils placent à cette année la douzième année du règne de Kang-vang; le Tong-kien-kang-mou a suivi cette chronologie. L'an 1067 avant J. C., le 16 mai, fut le jour *Keng-ou*, septième du cycle; mais le 14 mai ne fut pas le premier de la lune, ce ne fut que quelques jours après : la douzième de Kang-vang n'est donc pas l'an 1067. Posé le principe avoué par Pan-kou et par Lieou-hin, le troisième jour de la lune, ces caractères conviennent à l'an 1056 avant J. C.; le 16 mai fut le jour de la lune dans la Chine; le 18 mai s'appelle *Keng-ou*, troisième de la lune, et cette lune était la sixième du calendrier de Tcheou, puisque dans le cours de cette lune le soleil entra dans le signe des Gémeaux. Par les chapitres *Chao-kao*, *Lo-kao* et celui-ci, on voit que dès ce temps-là les astronomes chinois comptaient le premier jour de la lune du jour où le soleil et la lune étaient véritablement en conjonction. Le temps d'une lunaison était divisé en temps de clarté et en temps d'obscurité; le passage du temps obscur au temps clair était désigné par la mort de l'obscur, et le passage du temps clair à l'obscur était marqué par la naissance de l'obscur. Voyez le chapitre *Kou-ming*. L'histoire *Tong-kien-kang-mou* donne à Kang-vang vingt-six ans de règne ; si cela est, sa mort est l'an 1042 avant J. C. : puisqu'on a trouvé que la douzième année du règne de Kang-vang est l'an 1056 avant J. C., la première année de son règne sera l'an 1067 avant J. C. Cette année 1067 doit avoir dans le cycle de 60 les caractères *Kia-su*, onzième du cycle; or le livre Tsou-chou marque la première année du règne de Kang-vang par les caractères *Kia-su* ; mais, selon ce livre, il faut qu'on l'ait aujourd'hui, ces caractères *Kia-su* sont ceux de l'an 1007 avant J. C. ; en sorte qu'il y a une différence de soixante ans, ou d'un cycle entier de 60. Il paraît de bonne critique il faut conclure de là qu'il s'est glissé quelques fautes dans le nombre des années données par ce livre Tsou-chou; l'an douzième de Kang-vang, fixé à l'an 1056 avant J. C., paraît démontré; les caractères *Kia-su*, du Tsou-chou, pour la première année, prouvent cette correction à faire; j'en ai parlé dans la chronologie.

[2] On a déjà dit que *Tsong-tcheou* était la cour de Vou-vang et de Tching-vang, dans le district de Si-gan-fou.

[3] *Fong* était dans le même district. A *Fong* il y avait une salle destinée à honorer la mémoire de Ven-vang, c'est-à-dire, qu'on y avait sa tablette.

[4] *Tching-tcheou* était la ville de *Lo* dont on a souvent parlé.

[5] Tcheou-kong avait été 太 師 *Taï-sse*, et un des

de Yn, parce qu'ils ont donné de grands exemples de vertu à tout le monde.

3. Tcheou-kong [1] fut d'un grand secours pour le roi mon père; il procura la paix et affermit le royaume dans ma famille; il prit beaucoup de précautions pour gouverner les mutins du royaume de Yn; il les transporta dans la ville de Lo, et les plaçant auprès de la cour du roi, il les fit changer de conduite à force de les instruire. Trois périodes de douze ans [2] se sont écoulées, et avec le temps les mœurs de ces peuples ont passé du vice à la vertu : je me vois dans une grande tranquillité.

4. Il est des temps où la raison règne, et il en est ou elle est négligée. Le gouvernement est bon ou mauvais, selon qu'on garde ou qu'on ne garde pas les règles de la raison. Si on ne fait pas valoir les gens de bien, les peuples ne peuvent être encouragés.

5. Plein de vertu, vous faites paraître de l'exactitude et de l'attention dans les plus petites choses; voici le quatrième roi [3] que vous servez avec réputation, et c'est avec droiture et avec majesté que vous avez toujours gouverné vos inférieurs; il n'est personne qui ne respecte vos ordres et vos conseils; les services que vous avez rendus à mes ancêtres sont infinis. Faible comme je le suis [4], je laisse traîner ma robe, et je joins les mains pour témoigner que je vous suis redevable de tant de choses.

6. Le roi dit : Ah! mon père et mon instituteur, je vous charge de l'emploi que possédait Tcheou-kong; allez donc à votre poste.

7. Il faut distinguer les bons d'avec les mauvais, et mettre des marques à leurs maisons. Faites valoir les bons, punissez les mauvais, et publiez ce que vous faites en faveur des uns et contre les autres. S'il y en a qui désobéissent aux ordres, et qui n'observent pas les lois et méprisent vos instructions, privez-les de leur terre, donnez-leur-en de plus éloignées; cette justice animera les uns et intimidera les autres. Si vous maintenez en bon état les limites [1], si vous êtes attentif à bien conserver les postes qui défendent les frontières [2], la paix sera dans tout le royaume.

8. Celui qui gouverne doit s'attacher à ce qui dure toujours, et celui qui parle doit s'attacher à ne dire que ce qui est nécessaire, et à le dire en peu de mots. On ne doit point chercher à se distinguer par des voies extraordinaires; il faut suivre les règles qui sont établies. Les mœurs de la dynastie de Yn avaient dégénéré en complaisance et en flatterie, et celui qui savait faire des discours étudiés et recherchés, passait pour un homme habile; ces maximes ne sont pas encore entièrement abolies, pensez-y.

9. Je me rappelle cette belle sentence des anciens : La vertu règne rarement parmi les gens riches et parmi ceux qui sont d'anciennes maisons; l'orgueil leur inspire de la haine et du mépris pour les gens vertueux, et ils les maltraitent : c'est détruire la loi du ciel, que de ne pas s'embarrasser de garder les règles de la modération, de ne penser à vivre que dans le luxe et dans la mollesse; c'est le défaut qui a toujours régné; c'est un torrent qui inonde tout.

10. Les grands de la dynastie de Yn comptaient sur le crédit dont ils jouissaient depuis si longtemps, uniquement occupés à faire des dépenses, ils étouffaient les sentiments de la justice et de l'équité; ils cherchaient à se faire remarquer par des habits magnifiques; l'orgueil, l'amour du plaisir, le mépris des autres, l'envie démesurée d'être estimés leur avaient si fort gâté l'esprit et le cœur, qu'ils paraissaient persévérer jusqu'à la mort dans leurs mauvaises habitudes; malgré les soins qu'on s'est donnés pour les faire rentrer en eux-mêmes, il a toujours été très-difficile de les empêcher de donner dans ces excès.

11. Un homme riche, qui sait profiter des instructions qu'on lui donne, obtient une vie éternelle; toutes ces instructions se réduisent à la droiture du cœur, et à la constance dans la vertu. Si dans les instructions qu'on donne aux autres on ne cherche pas les exemples et les préceptes dans l'antiquité, que peut-on leur enseigner?

12. Hélas! mon père et mon instituteur! la tranquillité ou le danger du royaume dépendent de la conduite qu'on doit tenir avec ces grandes familles de la dynastie de Yn. Il ne faut être ni trop ferme ni trop complaisant : voilà le moyen de les ramener au bien.

13. Tcheou-kong fut le premier qui eut cet emploi

---

trois Kong dont on a parlé au chapitre *Tcheou-kouan*. Pi-kong avait alors cette dignité de Taï-sse, et Kang-vang, par respect, l'appelle *père*.

[1] Après la mort de Vou-vang, *Tcheou-kong* prit beaucoup de peine pour réprimer la révolte des premiers et s'assurer des chefs des Yn, qu'il transporta à Lo à la septième année de sa régence; depuis cette septième année jusqu'à la douzième année de Kang-vang, il y a quarante-deux ans.

[2] Kong-gan-koue, Kong-ing-ta et d'autres disent qu'un 紀 *Ki* signifie ici une révolution de Jupiter dans douze ans. Depuis la septième année de la régence de Tcheou-kong, on était dans la quatrième révolution de Jupiter : peut-être Kang-vang parle-t-il du temps écoulé entre la mort de Tcheou-kong et cette douzième année; on ne sait pas au juste la mort de ce ministre.

[3] *Pi-kong* avait vécu sous Ven-vang, Vou-vang et Tching-vang; ainsi Kang-vang était le quatrième roi.

[4] Cette manière de parler fait voir la reconnaissance de Kang-vang pour Pi-kong; le roi s'appelle *Petit* dans le texte.

[1] Cela fait allusion à l'ancienne division chinoise pour les champs; chaque famille avait ses terres, selon son état, les bornes étaient marquées.

[2] On fait allusion ici à deux sortes de frontières, la ville avait un certain district; les frontières de ce district s'appelaient *Kiao*; ces frontières avaient d'autres frontières. Le caractère *Kiao* veut dire encore *hors des murs de la ville*.

important; il s'en acquitta dignement. Kiun-tchin continua et maintint la tranquillité; vous devez y mettre la dernière main. Si ces trois gouverneurs se sont conduits par le même esprit et avec la même équité, l'effet sera le même, la sagesse du gouvernement produira l'union, les règles seront gardées, les peuples reconnaîtront qu'ils sont heureux, et qu'on leur rend un grand service; tous les étrangers auront un modèle à suivre pour régler leurs mœurs, et auront confiance en nous : ce sera pour moi un bonheur qui n'aura point de fin.

14. Affermissez pour toujours dans Tching-tchou le règne de notre famille; ce sera pour vous une gloire immortelle; vos descendants auront dans vous un parfait modèle pour s'acquitter dignement des charges dont ils seront pourvus.

15. Ne vous excusez point en disant que vous ne le pouvez pas; ne pensez qu'à bien prendre votre résolution : ne dites pas que le peuple est en petit nombre; vous devez être attentif dans cette affaire; elle a été entreprise par les rois mes ancêtres, il faut la conduire à sa dernière perfection, et donner un nouvel éclat au gouvernement de vos prédécesseurs ².

CHAPITRE XXV,

INTITULÉ

君牙 KIUN-YA.

SOMMAIRE.

Kiun-ya était un des grands officiers du roi Mou-vang; en lui donnant la charge de Se-tou, ce prince lui fit le discours suivant. Ce chapitre n'est que dans l'ancien texte.

Mou-vang. Kang-mo, 1002, 947; Tsou-chou, 962, 907, avant J. C.

1. Le roi dit : Kiun-ya, que votre aïeul et votre père ont fait voir de zèle, de droiture et de fidélité dans les services qu'ils ont rendus à la famille royale! aussi ces services sont-ils marqués sur la grande bannière 4.

2. Quoique faible, succédant au royaume de Ven-vang, de Vou-vang, de Tching-vang et de Kang-vang, je dois être héritier de leur conduite. Je pense en même temps à ces illustres mandarins qui ont si bien servi les rois mes prédécesseurs dans le gouvernement du royaume. Je me trouve dans la même inquiétude et dans le même danger que si mes pieds étaient sur la queue d'un tigre ou si je marchais sur la glace du printemps.

3. Je vous ordonne aujourd'hui de m'aider; je vous constitue mon ministre ¹, continuez et imitez les anciens exemples; prenez garde de ne rien faire qui puisse déshonorer votre aïeul et votre père.

4. Publiez et faites observer partout les cinq règles ² inviolables et immuables, servez-vous-en avec respect pour maintenir le peuple dans une parfaite union; si vous gardez exactement ce juste milieu, tous les autres le garderont, et les peuples ne suivront pas d'autre exemple que le vôtre.

5. Les grandes chaleurs et les pluies de l'été, les grands froids de l'hiver font pousser des cris plaintifs au peuple; il souffre véritablement; mais il est tranquille, s'il voit qu'on a compassion de sa misère et qu'on pense à le soulager.

6. Ven-vang, qui s'est acquis une gloire immortelle par sa rare prudence, et Vou-vang, qui ne s'est pas rendu moins illustre par ses grandes actions, me protègent, moi qui suis leur successeur. Ils ont si sagement réglé tout, qu'il n'y a rien à changer. Expliquez clairement et avec soin les instructions laissées par ces grands princes; aidez-moi à suivre leurs traces, et, s'il se peut, à acquérir leur réputation; pensez vous-même à imiter et à égaler vos ancêtres.

7. Le roi dit : Les règles, la doctrine et les exemples des grands de l'antiquité, doivent être votre modèle; la paix et le trouble d'un État dépendent de là : imitez votre aïeul et votre père, et rendez célèbre le règne de votre roi.

---

¹ Tching-tcheou est la ville de Lo.
² Dans ces mots, vos prédécesseurs, Kang-vang indique Tcheou-kong et Kiun-tchin, qui avaient été gouverneurs de Lo.
³ Le roi Mou-vang. C'est ce roi si célèbre par son voyage dans un pays inconnu de l'occident. On peut voir la traduction que nous avons donnée des Grands tableaux chronologiques concernant ce prince, dans notre ouvrage précédemment cité, à la page 94 et suivantes. (G. P.)
⁴ Le 太常 Taï-tchang est le nom d'une bannière royale, sur laquelle on écrivait les noms de ceux qui avaient rendu de grands services à l'État. Le livre Tcheou-li parle de cette bannière; et il ajoute qu'on y voyait la figure du soleil et de la lune. Ce livre dit encore qu'après la mort on faisait des cérémonies en l'honneur de ces sujets qui avaient rendu service. Dans les figures qu'on voit de cette bannière, outre le soleil et la lune, on y distingue les étoiles de la grande Ourse.
[On peut voir la figure de cette bannière dans notre Description de la Chine, t. I, pl. 35.] (G. P.)
¹ [Il y a dans le texte : Soyez mes cuisses, mes bras, mon cœur et mon dos.]
² Les cinq règles sont les cinq devoirs dont on a parlé au chapitre Chun-tien, ou chap. II, part. I. Kiun-ya, en qualité de Se-tou, devait publier les cinq règles. Pour le Se-tou, voyez le chapitre Tcheou-kouan. Le président du grand tribunal, appelé Hou-pou, a le titre de Se-tou; mais ce n'est pas ce tribunal qui a soin de publier et de faire observer les cinq règles; le Hou-pou est chargé des revenus et des finances, des droits, des douanes, impôts, etc. Le Se-tou avait, au moins indirectement, l'intendance sur les tailles, et il devait les faire payer, ou en délivrer, selon les bonnes ou mauvaises années; c'est sans doute pour cela que le président du Hou-pou s'appelle Se-tou.

CHAPITRE XXVI,

INTITULÉ

囧 命 KIONG-MING.

SOMMAIRE.

Kiong-ming signifie *ordres et instructions donnés à Kiong*, qui était un des grands officiers du roi Mou-vang. On le nomme encore Pe-kiong, parce qu'il était chef de plusieurs princes vassaux. Ce chapitre renferme des instructions sur les devoirs que Pe-kiong devait remplir dans l'exercice de sa charge; il n'est que dans l'ancien texte.

MOU-VANG. Kang-mo, 1002, 947; Tsou-chou, 962, 907, avant J. C.

1. Pe-kiong, dit le roi [1], je ne puis encore venir à bout d'être vertueux; je me vois roi et successeur de plusieurs rois; je suis dans des craintes et des inquiétudes continuelles; au milieu de la nuit, je me lève, et je pense sans cesse à éviter de commettre des fautes.

2. Autrefois Ven-vang et Vou-vang eurent en partage une souveraine intelligence et une sagesse extraordinaire; leurs grands et leurs petits mandarins étaient sincères et équitables; les grands préposés au char du roi, ceux qui suivaient et allaient porter ses ordres, étaient tous recommandables par leur vertu : soit que les ministres aidassent le roi dans le gouvernement, soit qu'ils publiassent ou fissent exécuter ses ordres, soit qu'ils s'adressassent au roi, dans toutes ces circonstances ils faisaient exactement leur devoir, les lois pénales étaient observées, et les ordres étaient exécutés. Les peuples étaient en paix, parce qu'ils étaient dociles et soumis.

3. Mon caractère est porté au mal, mais ma ressource est dans les ministres qui sont auprès de moi; ils doivent suppléer, par leur prudence et par leur expérience, à ce qui me manque; ils doivent me redresser dans mes égarements, corriger mon obstination, et changer ce que mon cœur a de mauvais : par là je pourrai me mettre en état de suivre les grands exemples de mes prédécesseurs.

4. Je vous nomme aujourd'hui directeur des chars; vous devez diriger tous les mandarins des chars [2], et concourir avec eux à me porter à la vertu, et

m'aider à faire ce que je ne puis faire sans le secours des autres.

5. Choisissez avec attention vos mandarins, et ne vous servez jamais des hypocrites, des fourbes, des flatteurs, ni de ceux qui cherchent à en imposer par des discours artificieux; n'employez que des gens sages.

6. Si les mandarins des chars sont bien réglés, le roi le sera aisément; mais s'ils sont flatteurs, le roi se croira parfait. Les vertus et les défauts des rois dépendent des grands et des fonctionnaires publics.

7. Ne contractez jamais d'amitié avec les débauchés; de tels hommes dans les charges du char porteront le roi à s'opposer aux lois et aux coutumes des anciens.

8. Ne rechercher dans ces fonctionnaires publics d'autre avantage que celui des richesses, c'est faire un tort irréparable à cette charge. Si vous n'êtes pas extrêmement exact à servir votre roi, je vous punirai sévèrement.

9. Le roi dit : Soyez attentif, ne vous lassez jamais de me servir fidèlement, et de me porter à suivre les anciennes coutumes. [1]

CHAPITRE XXVII,

INTITULÉ

呂 刑 LIU-HING.

SOMMAIRE.

Liu-hing signifie *les supplices prescrits à Liu-heou*, c'est-à-dire, au prince de Liu. Liu était le nom de la principauté. Ce prince occupait à la cour de Mou-vang la charge de Se-keou ou de président du tribunal des crimes. Ainsi ce chapitre renferme le détail des peines infligées aux criminels, et la conduite que doivent tenir les magistrats dans le jugement des affaires. Ce chapitre est dans les deux textes.

MOU-VANG. Kang-mo, 1002, 947; Tsou-chou, 962, 907, avant J. C.

1. Le roi, âgé de cent ans [1], était encore sur le trône. Dans un âge si avancé, où la mémoire et les forces manquent, après avoir examiné, il fit écrire la manière de punir les crimes, et ordonna à Liu-heou de la publier dans le royaume.

2. Le roi dit : Selon les anciens documents de Tchi-yeou [3], ayant commencé à exciter des trou-

---

[1] C'est encore le roi Mou-vang.

[2] Les mandarins du Char s'appelaient 僕 *Pou*, et leur chef était le *Ta-pou* ou le *Taï-pou*, ou *Taï-pou-tching*; on dit aussi 大正 *Ta-tching*. Ces officiers étaient auprès du roi dans toutes les occasions où le prince montait sur son char, et même dans les autres temps ils étaient souvent avec le prince; ce facile accès qu'ils avaient rendait ce charges très considérables. De tels officiers pouvaient gagner la confiance du roi, et leurs bonnes ou mauvaises mœurs pouvaient aisément gâter ou redresser celles du roi.

[1] Se-ma-tsien dit que Mou-vang, en montant sur le trône, était âgé de cinquante ans, et qu'il régna cinquante-cinq ans. Le *Tsou-chou*, le *Tong-kien-kang-mou* et d'autres ont aussi donné pareillement à Mou-vang cinquante-cinq ans de règne. Ce paragraphe ferait d'abord penser que Mou-vang régna cent ans, mais les interprètes s'accordent à dire que les cent ans doivent s'entendre des années de l'âge et non du règne.

[2] Ces anciens documents sont sans doute quelques livres d'histoire qui subsistaient du temps de Mou-vang.

[3] Il paraît que Tchi-yeou donna le premier exemple de quelque grand crime, et qu'avant lui le peuple vivait dans

bles, on ne vit partout que des brigandages ; le peuple, qui auparavant vivait dans l'innocence, se pervertit; des voleurs, des fourbes et des tyrans parurent de tous côtés.

3. Le chef des Miao [1] ne se conformant pas à la vertu, ne gouverna que par les supplices; il en employa cinq très-cruels, qui étaient appelés *Fa;* il punit les innocents, et le mal s'étendit. Lorsqu'il condamnait à avoir le nez ou les oreilles coupés, à être fait eunuque, ou à avoir des marques sur le visage, il ne faisait aucune distinction de ceux qui voulaient parler pour leur défense, et on ne suivait aucune forme de procédure.

4. De tous côtés se formaient des troupes de gens qui se corrompaient réciproquement; tout était dans le trouble et dans la discorde; la bonne foi était bannie ; on ne gardait aucune subordination ; on n'entendait que jurements et imprécations ; le bruit de tant de cruautés exercées, même contre les innocents, vint jusqu'en haut. Le souverain Seigneur (Chang-ti) jeta les yeux sur les peuples, et ne ressentit aucune odeur de vertu; il n'existait que l'odeur de ceux qui étaient nouvellement morts dans les tourments.

5. L'auguste maître [1] eut pitié de tant d'innocents condamnés injustement; il punit les auteurs de la tyrannie par des supplices proportionnés; il détruisit les Miao, et ne voulut plus qu'il subsistassent.

6. Il ordonna aux deux chefs de l'astronomie et du culte [2] de couper la communication du ciel [3] avec la terre; il n'y eut plus ce qui s'appelait arriver et descendre; les princes et les sujets suivirent clairement les règles qu'ils devaient garder, et on n'opprima plus les veuves ni les veufs.

7. L'auguste maître s'informa sans passion de ce qui se passait dans le royaume; les veuves et les veufs accusèrent le Miao : par sa respectable vertu, il se rendit redoutable; et par sa grande intelligence, il expliqua clairement ce qui devait se faire.

8. Il donna ses ordres aux trois princes [4], afin qu'ils fissent connaître son affection pour le peuple. Pe-y publia de sages règlements, et, en corrigeant les peuples, il les empêcha de faire des fautes dignes de punition. Yu remédia aux maux de l'inondation, et assigna des noms aux principales rivières, et aux montagnes. Tsi donna des règles pour labourer et ensemencer les terres, et on sema toutes sortes de grains. Ces trois Heou étant venus à bout de leurs entreprises, le peuple ne manqua de rien.

9. Le ministre [5] se servit des châtiments pour

---

une grande innocence. Kong-gan-koue dit que Tchi-yeou était un prince qui fut tué par ordre du roi Hoang-ti. Le *Tong-kien-kang-mou* dit, d'après le *Vaï-hi*, ouvrage d'histoire ancienne, par Lieou-jou, auteur du temps des Song postérieurs, que Tchi-yeou fut pris dans un combat, et tué par un prince qui, peu de temps après, fut roi sous le nom de Hoang-ti. Le commentaire *Ge-kiang* suppose que les crimes de Tchi-yeou furent cause qu'on établit un tribunal pour décerner les peines contre les criminels. On a envoyé en France la traduction du commencement de l'histoire chinoise; on peut voir ce qu'elle dit de Tchi-yeou ; c'était un magicien. Le *Tong-kien-kang-mou* suppose dans Hoang-ti la connaissance de la boussole : une comète s'appelle *l'étendard de Tchi-yeou*. Selon Kong-gan-koue, Tchi-yeou était chef des Kieou-li ; or à la lettre Kieou-li veut dire *neuf noirs*. Selon quelques-uns, Tchi-yeou était un roi, en chinois *fils du ciel;* selon d'autres, c'était un homme ordinaire; d'autres le font un prince usurpateur, et Kieou-li était le nom de quelques chefs ou de quelques familles. Voici sur Tchi-yeou quelques fables. Il y a des auteurs qui lui donnent quatre-vingt-un frères, d'autres, soixante et douze : un auteur dit que les Kieou-li avaient le parler des hommes, le corps des bêtes et la tête de bronze ; qu'ils mangeaient du sable, qu'ils ont inventé les armes, qu'ils épouvantaient le monde, étaient cruels et coupables de toutes sortes de crimes. Un autre livre dit que Hoang-ti ordonna à un dragon ailé de détruire Tchi-yeou, de le jeter ensuite dans une vallée pleine de maux. Selon d'autres, dans le combat, Tchi-yeou eut l'art d'obscurcir l'air ; mais, par le moyen de la boussole, Hoang-ti trouva Tchi-yeou, le prit et le lia; Hoang-ti reçut d'une vierge céleste des armes pour vaincre Tchi-yeou; on ajoute que Tchi-yeou avait des ailes et le corps d'une bête.

[1] Au lieu du *Chef des Miao* on peut mettre les *Chefs de Miao*. Selon le *Koué-yu*, les Chefs des Miao vivaient du temps du roi Yao. Ce livre ajoute qu'ils étaient descendants des Kieou-li, qui excitèrent de grands désordres à la fin du règne de Chao-hao; ce même livre dit que le roi Tchouen-hio succéda à Chao-hao; que ce prince arrêta les désordres des Kieou-li, qui excitaient de grands troubles; que la superstition, le faux culte, et surtout la divination, étaient fort en vogue. Enfin les San-miao renouvelèrent les crimes des Kieou-li. Le *Koue-yu* dit que ces Kieou-li avaient tout confondu parmi les hommes et les esprits, que Tchouen-hio, pour y remédier, nomma Tchong et Li officiers du ciel et de la terre, et qu'ils rétablirent l'ordre. Ce livre dit encore que le roi Yao nomma officiers du ciel et de la terre les descendants des San-mio, qui arrêtèrent les désordres causés par les San-mio. Ainsi ces San-miao, à la cruauté et à la tyrannie, ajoutaient la superstition, le faux culte et la divination; les officiers Hi et Ho sont descendants de Tchong et de Li, selon Kong-gan-koue, suivi en cela des autres interprètes, et ce sentiment est unanime. On voit donc l'emploi d'astronomie, au temps de Yao, établi pour réprimer les devins, le faux culte, etc., aussi bien que pour calculer et observer les astres.

[1] L'auguste maître (Hoang-ti) est Yao, selon Kong-gan-koue et selon le *Koue-yu*, quelques interprètes disent que c'est le roi Chun, qui fut collègue de Yao ; ces troubles des San-miao arrivèrent peut-être dans le temps que Chun était collègue de Yao.

[2] *Tchong* et *Li;* ce sont Hi et Ho, dont il est parlé dans la première partie, chap. I. Supposé qu'il s'agisse de Chun, il faudra dire que Chun donna une nouvelle commission à Hi et à Ho ; si cela ne regarde que le roi Yao, les ordres donnés par ce prince pour le calendrier et pour la lune intercalaire, furent occasionnés par les désordres des Miao ; et cela est très-remarquable.

[3] *Couper la communication du ciel avec la terre*, veut dire : mirent ordre au faux culte, aux divinations, aux prestiges ; on régla les cérémonies, et on sut jusqu'où allait le pouvoir des hommes, et ce qu'ils devaient observer dans le culte des esprits. On voit donc pourquoi dans le *Yao-tien*, ou chap. I, part. I, Yao recommande à ses astronomes une si grande attention et un si grand respect pour le ciel.

[4] [Les trois *Heou ;* ce sont Pe-y, Yu et Tsi, dont il est parlé ici.]

[5] Ce ministre, qui porte dans le texte le titre de ┼ *Sse*, est Kao-yao, dont on a parlé dans la partie du *Chou-king* appelée *Yu-chou* ; ce qui se dit ici est relatif à ce qui est rapporté dans cette première partie du *Chou-king*, et fait voir que cela arriva dans le temps que Chun gouvernait ; mais l'ordre des temps n'a peut-être pas été bien gardé dans cette première partie ; il y a apparence que quantité de faits qui

maintenir le peuple et lui apprendre à respecter toujours la vertu.

10. La majesté et l'affabilité étaient dans les supérieurs, l'intégrité et la pénétration dans les inférieurs. Partout on n'estimait et on n'aimait que la vertu ; on gardait exactement, dans les punitions, le juste milieu. En gouvernant ainsi le peuple, on l'aidait à bien vivre.

11. Le magistrat, chargé de punir, ne faisait acception ni de l'homme puissant ni de l'homme riche ; attentif et réservé, il ne donnait aucune prise a la censure ni à la critique [1] : un juge des crimes imite la vertu du ciel en exerçant le droit de vie et de mort ; c'est le ciel qui s'associe à lui.

12. Le roi dit : Vous, qui dans les quatre parties présidez au gouvernement, vous qui êtes préposés pour faire exécuter les lois pénales, n'êtes-vous pas à la place du ciel [2] pour être les pasteurs du peuple ? Quel est celui que vous devez imiter, n'est-ce pas Pe-y [3], dans la manière de publier les lois qui concernent les châtiments ? Que devez vous avoir en horreur, n'est-ce pas la conduite des Miao, qui dans les jugements n'avaient aucun égard à ce qui convient à la raison, et ne pensaient pas à choisir des gens capables de garder le juste milieu dans la punition ? Les juges des Miao, enflés de leur crédit, ne cherchaient qu'à s'enrichir ; ils avaient le pouvoir [4] d'employer les cinq supplices, et de juger les contestations ; mais ils abusaient de leur autorité pour opprimer les innocents. Le souverain Seigneur (Chang-ti), trouva ces Miao coupables, les accabla de toutes sortes de malheurs ; et parce qu'ils ne pouvaient se laver de leurs crimes, il éteignit leur race.

13. Le roi dit : Soyez attentifs, vous qui êtes mes oncles paternels aînés, mes frères aînés, mes oncles paternels cadets, mes frères cadets, fils et petits-fils, tous ecoutez mes paroles, ce sont des ordres que je vous donne. Il faut penser tous les jours à ce qui peut procurer la tranquillité ; soyez attentifs sur vos démarches, ayez soin de réprimer les mouvements de votre cœur. Le ciel m'a chargé de travailler à corriger et à perfectionner le peuple ;

mais cette mission n'est que pour un temps fort court. Parmi les fautes que l'on commet il faut examiner celles qui sont faites de dessein prémédité, et celles qui ne le sont pas ; suivez les ordres du ciel, et aidez-moi ; quoique je vous dise : Punissez, pardonnez, il ne faut pas d'abord punir ou pardonner. Ayez soin d'employer à propos les cinq supplices, et pratiquez les trois vertus. Si je suis content, les populations auront confiance en moi, et seront tranquilles.

14. Vous qui êtes chefs de divers ordres, écoutez-moi ; je vais vous parler des supplices et des peines. Si vous voulez que le peuple vive en paix, ne devez-vous pas faire un bon choix des personnes, ne devez-vous pas être attentifs aux punitions, ne devez-vous pas penser à ce que vous statuez ?

15. Après que les deux parties ont produit leurs pièces, les juges écoutent de part et d'autre ce qui se dit ; et si après l'examen, il n'y a aucun doute, on emploie les cinq supplices ; mais s'il y a quelque doute sur l'usage de ces supplices ; il faut avoir recours aux cinq genres de rachat ; si on doute que l'accusé soit dans le cas du rachat, alors on juge selon le cas des cinq sortes de fautes, ou involontaires ou presque inévitables.

16. Ces cinq sortes de fautes sont occasionnées, 1° parce qu'on craint un homme en place, 2° parce qu'on veut ou se venger ou reconnaître un bienfait, 3° parce qu'on est pressé par des discours de femmes, 4° parce qu'on aime l'argent, 5° parce qu'on a écouté de fortes recommandations. Dans les juges et dans les parties, ces défauts peuvent se trouver, pensez-y bien.

17. Quand on doute des cas où il faut employer les cinq supplices et de ceux où l'on peut permettre le rachat, il faut pardonner. Éclaircissez les procédures, et remplissez votre devoir. Quoiqu'on vérifie beaucoup d'accusations, il faut encore examiner les apparences et les motifs ; ce qui ne peut être examiné ni vérifié, ne doit pas faire la matière d'un procès : alors n'entrez dans aucune discussion ; craignez toujours la colère et l'autorité du ciel.

18. On délivre un accusé des marques noires sur le visage ; de l'amputation du nez ou des pieds, de la castration [1], et de la mort, quand on doute du cas où on doit employer ces peines. La première se rachète par cent Hoan [2], la seconde par deux cents,

---

concernent les rois Chun et Yao ne sont pas venus à notre connaissance. Ce qui est dit dans ce chapitre *Liu-hing*, joint à ce que dit le *Koue-yu*, est un grand supplément pour l'histoire de Yao. Le *Chou-king* suppose des temps avant Yao ; mais il ne dit rien de bien détaillé ; il aurait été à souhaiter qu'un tel livre nous eût instruit de cet événement de Tchi-yeou ; mais Mou-vang parlait à des gens qui étaient au fait sur l'ancienne histoire.

[1] Ce qu'on dit ici des *Juges*, et de leur droit de vie et de mort, mérite d'être remarqué.

[2] *A la place du ciel, pasteurs du peuple*, expressions remarquables, que les commentaires ont fort amplifiées.

[3] *Pe-y* est le même dont on a parlé dans la première partie du *Chou-king*.

[4] On voit que ce n'est pas par les Miao que les supplices furent inventés, mais qu'ils abusèrent de ce droit. Dans la première partie, on a vu des princes des Miao révoltés, ensuite soumis ; il s'agit ici de plusieurs autres chefs des Miao du même temps

[1] [C'est sans doute ce supplice qui a donné naissance à cette foule d'hommes destinés dans la suite à la garde des femmes.

[2] 鍰 Ce caractère, que je transcris par *Hoan*, peut aussi se prononcer *Hiuen* ; six taëls, ou six onces, font un Hoan ; le caractère *Kin*, qui entre dans sa composition, veut dire métal, dans son origine ; étaient-ce six taëls en cuivre ou en autre métal ? je n'en sais rien : je ne sais pas bien aussi rapport de l'once de ce temps-là à celle d'aujourd'hui. On a envoyé eu Europe le rapport de la livre chinoise d'aujourd'hui à quelque livre connue.

troisième par cinq cents, la quatrième par six cents, la cinquième par mille; mais il faut s'assurer de la peine qu'on inflige, et du rachat qui doit être fixé[1]. Le premier rachat est de mille espèces, aussi bien que le second; le troisième est de cinq cents, le quatrième de trois cents, le cinquième est de deux cents : ce qui fait en total trois mille. Quand on examine les procès pour les fautes graves ou légères, il faut éviter les discours et les paroles ambarrassantes et confuses, qui ne sont propres qu'à faire égarer; il ne faut pas suivre ce qui n'est pas d'usage; observez les lois établies, prenez-en le sens, et faites tout ce qui dépendra de vous.

19. Il y a des cas sujets à de grandes punitions; mais si la cause ou le motif rendent ces cas légers, il faut punir légèrement; au contraire, il y a des cas sujets à des punitions légères, mais que la cause ou le motif rendent graves; alors il faut employer de grandes punitions. Pour les cas de rachats légers ou considérables, il y a une balance à tenir dans les peines et les rachats; les circonstances exigent tantôt qu'on soit doux et tantôt sévère. Dans tout ce qui regarde les peines et les rachats, il y a un certain ordre fondamental, un certain principe auquel il faut tout ramener; les lois sont pour mettre l'ordre.

20. Être condamné à se racheter, n'est pas une peine semblable à celle de la mort; mais elle ne laisse pas de faire souffrir. Ceux qui savent faire des discours étudiés, ne sont pas propres à terminer les procès criminels; il ne faut que des gens doux, sincères et droits, qui gardent toujours le juste milieu. Faites attention aux paroles qui se disent contre ce qu'on pense, et n'en faites aucune à celles auxquelles on ne peut ajouter foi; mais tâchez de voir s'il n'y a pas une véritable raison qui puisse diriger dans le jugement; l'exactitude et la compassion doivent en être le principe. Expliquez et publiez le code des lois; quand tous en auront été instruits, on pourra garder un juste milieu; mettez-vous en état de faire votre devoir dans les cas où il faut punir par les supplices, comme dans ceux où on peut accorder le rachat. En gardant cette conduite, après votre sentence, on pourra compter sur vous, vous m'en ferez le rapport, et je vous croirai; mais en faisant ce rapport, ne négligez et n'oubliez rien; vous devez punir le même homme de deux supplices, s'il est doublement coupable.

21. Le roi dit : Faites attention, vous qui êtes magistrats; vous, princes de ma famille, et vous grands, qui n'en êtes pas, à ce que je viens de vous dire. Je crains et je suis réservé quand il s'agit des cinq supplices : il résulte de leur institution un grand avantage; le ciel a prétendu par là secourir les peuples, et c'est dans cette vue qu'il s'est associé des juges qui sont ses inférieurs. On tient quelquefois des discours sans preuves apparentes; il faut s'attacher à en chercher le vrai ou le faux : dans la décision des deux parties, un juste et droit milieu, pris à propos, c'est ce qui est le plus propre à terminer les différends du peuple. Dans les procès, n'ayez pas en vue votre utilité particulière; les richesses ainsi acquises ne sont point un trésor, mais un amas de crimes qui attirent des malheurs qu'on doit toujours craindre. On ne doit pas dire que le ciel n'est pas équitable : ce sont les hommes qui se sont attiré ces maux. Si le ciel[1] ne châtiait pas par des peines sévères, le monde manquerait d'un bon gouvernement.

22. Le roi dit encore : Vous qui devez succéder à ceux qui conduisent aujourd'hui les affaires du royaume, quel modèle vous proposerez-vous désormais? ce doit être ceux qui ont su faire prendre au peuple un juste milieu; écoutez attentivement, et vérifiez ce qu'on dira dans les procès criminels. Ces sages qui ont eu autrefois le soin de pareilles affaires, sont dignes d'être éternellement loués; dans l'exercice de leurs charges, ils suivaient toujours la droite raison; aussi ont-ils été heureux. Vous gouvernerez des peuples portés d'eux-mêmes à la vertu, si, quand il s'agira des cinq supplices, vous vous proposez ces heureux et grands modèles.

CHAPITRE XXVIII,

INTITULÉ

文侯之命 VEN-HEOU-TCHI-MING.

SOMMAIRE.

Le roi Tching-vang donna le territoire de Ta-yuen-fou, capitale du Chan-si, en apanage à son frère Tang-cho-yu. Ven-heou était un des successeurs de Tang-cho-yu; il régnait dans ce pays, qui d'abord s'était appelé Tang, et qui alors portait le nom de Tsin. Il commença à régner l'an 780, et mourut l'an 746 avant J. C., et le roi dont il s'agit ici, qui adresse la parole à Ven-heou, est Ping-vang, qui commença à régner l'an 770 avant J. C. Il se plaint des malheurs de sa famille, exhorte Ven-heou

---

[1] Je ne saurais donner des éclaircissements convenables sur ces différentes sortes de *rachat* de ce temps-là : il y a des chinois sur les lois pénales et sur l'ordre qu'on doit tenir dans les tribunaux des crimes; sans doute dans ces livres on explique les anciennes et les nouvelles lois sur ces sortes de choses; mais je ne les ai pas lus. [On peut consulter la législation pénale actuelle de la Chine, le *Code pénal* de la dynastie tartare mandchoue actuellement régnante, dans la traduction anglaise qu'en a faite M. G. Staunton, dans la traduction française de cette même traduction; et surtout les deux tableaux de rachats, pag. 13 et 14.] (G. P.)

[1] Dans ce chapitre, comme dans beaucoup d'autres, on voit la doctrine constante du *Chou-king* sur le ciel, sa connaissance, son autorité sur les hommes, et sa justice.

à le défendre et à bien gouverner le royaume et le petit État de Thsin; car ces petits souverains occupaient en même temps des places considérables auprès du roi. Ven-heou-tchi-ming signifie *ordres donnés à Ven-heou*. Ce chapitre est dans les deux textes.

PING-VANG. Kang-mo, Tsou-chou, 770, 720, avant J. C.

1. Le roi dit : Mon père [1] Y-ho, Ven-vang et Vou-vang furent autrefois très-illustres; ils suivirent exactement les lumières de la raison; l'éclat de leurs vertus étant monté jusqu'au ciel, et leur réputation s'étant répandue dans tout le royaume, le souverain Seigneur (Chang-ti) les plaça sur le trône. D'illustres sujets, pleins de capacité et de zèle, servirent ces princes : dans tout ce que l'on entreprenait, considérable ou non, on suivait la justice et la raison; c'est à cette sage conduite qu'on doit attribuer le repos dont nos prédécesseurs ont joui.

2. Oh! que je suis à plaindre en montant sur le trône! Je vois que le ciel nous afflige; d'abord il a cessé de favoriser les peuples soumis à notre domination; les *Jong* [2] sont venus et ont réduit à la dernière extrémité mon royaume et ma famille [3]. Ceux qui sont mes ministres, ne sont pas ces anciens si recommandables par leur prudence : de plus, je ne puis rien par moi-même; quel est donc celui qui pourra me tenir lieu de grand-père et de père? S'il se trouve quelqu'un qui me serve fidèlement, je pourrai encore voir mon trône affermi.

3. O mon père Y-ho, vous venez de donner un nouveau lustre à la mémoire du chef de votre branche; vous avez retracé l'image des temps où Ven-vang et Vou-vang fondèrent le royaume; vous êtes venu à bout de m'établir leur successeur, et vous avez fait voir que vous égaliez vos ancêtres en obéissance filiale; vous m'avez secouru dans mon affliction, et vous m'avez fortement soutenu contre tous les périls : je ne puis m'empêcher de vous combler d'éloges.

4. Le roi dit : O mon père Y-ho [1], dans votre État examinez vos sujets, faites régner la paix et l'union parmi eux. Je vous donne un vase plein de vin Ku-tchang [2], un arc rouge et cent flèches rouges, un arc noir et cent flèches noires; je vous donne encore quatre chevaux; partez donc, faites-vous obéir par ceux qui sont loin, instruisez ceux qui sont près, aimez et mettez en paix le peuple; fuyez les plaisirs et les amusements; examinez et aimez les gens de votre ville royale, et donnez à tout le monde de grands exemples de vertu.

CHAPITRE XXIX,

INTITULÉ

費誓 MI-TCHI.

SOMMAIRE.

Ce chapitre et le suivant ne regardent que des petits princes qui étaient établis dans les provinces; mais à cause des préceptes qu'ils renferment, Confucius les a joints aux chapitres du Chou-king. Il est aisé d'apercevoir qu'ils sont d'un style bien différent de celui des chapitres précédents. Pe-kin, fils de Tcheou-kong, et qui était alors prince de Lou, dans le Chan-tong, est celui qui parle dans ce chapitre. A l'occasion de l'expédition qu'il fit contre ses ennemis dans le pays de Mi, dont on ignore la situation, il publia l'ordonnance qui suit : elle contient des ordres afin que toutes ses troupes soient en bon état et qu'elles se conduisent bien pendant cette guerre. Pe-kin commença à régner l'an 1115 avant J. C. Il a déjà été parlé de ce prince dans les notes du chapitre Lo-kao. Ce chapitre Mi-tchi est dans les deux textes.

PE-KIN. Kang-mo, 1115, 1095, avant J. C.

1. Écoutez mes ordres en silence, dit le prince, depuis quelque temps, les barbares de Hoaï [4] et les Sou-jong [5] se sont attroupés et font du désordre.

---

[1] Les rois donnaient alors le titre *de roi, de père*, ou *oncle paternel* aux grands vassaux de leurs familles. Le prince Ven avait le titre de *Y-ho*.

[2] 戎 *Jong* est le nom ancien des peuples de Kokonor, pays voisin du Thibet; du Chen-si et du Se-tchouen; on leur donne les noms de chiens.

[3] Le roi Yeou-vang, prédécesseur de Ping-vang, éperdûment amoureux d'une femme appelée *Pao-se*, répudia la reine, et chassa le prince héritier, fils de cette reine. Pao-se fut déclarée reine, et son fils fut nommé prince héritier. La reine et son fils s'enfuirent chez le prince de Chin (Chin est le pays de Nan-hiang-fou, du Ho-nan), de la maison de la reine; le prince de Chin, indigné de l'affront fait à sa famille, attira les Jong ; Yeou-vang s'étant mis en marche pour repousser ces barbares, fut tué dans un combat, Pao-se fut prise, les Jong firent des ravages infinis, et mirent le royaume à deux doigts de sa perte. Le prince Ven et un autre firent venir le prince héritier, et le proclamèrent roi; c'est celui qu'on appelle *Ping-vang*; il transféra la cour à Lo-yang; c'est Ho-nan-fou, du Ho-nan. Ping-vang fait ici allusion à ces temps fâcheux où il fut lui-même en si grand danger, et du côté des Jong, et du côté de Yeou-vang, qui voulait que le prince de Chin lui livrât le prince héritier. L'endroit où Yeou-vang fut tué est près de la montagne Li, auprès de Lin-tong-hien ville dépendante de Si-gan-fou, du Chen-si. L'auteur du *Koue-yu* donne douze ans de règne au roi Yeou-vang. L'examen des éclipses chinoises démontre que l'année 720 avant J. C. est celle de la mort du roi Ping-vang. Le même examen des éclipses fait voir que la sixième année du règne du roi Yeou-vang est l'an 776 avant J. C.

---

[1] Le chef de la branche du prince Ven, qui porte le titre de *Y-ho*, est Cho-yu, frère cadet du roi Tching-vang. Cho-yu, s'appela Tang-cho. Il fut fait prince de Thsin dans le pays de Taï-yuen-fou, du Chan-si. Dans ce pays de Thsin on se servait du calendrier de Hia, c'est-à-dire, que dans le temps où la cour du roi de Tcheou on comptait la douzième lune par exemple, dans le pays de Thsin, on comptait la dixième lune.

[2] Pour le vin *Kou-tchang*, voyez le chapitre *Lo-kao*.

[3] Ces princes de Lou avaient le titre de *Kong*, que les Européens ont rendu par le mot latin *comtes*, comte; la capitale de cet État était où est aujourd'hui Kou-fou, ville dans le district de Yen-tcheou-fou, du Chan-tong. Le livre classique *Tchun-tsieou*, contient l'histoire de douze princes de Lou; ce livre et le *Tso-tchuen* sont ce qu'il y a de meilleur sur l'antiquité chinoise.

[4] Les barbares de Hoaï habitaient dans le territoire de Hoaï-gan-fou, du Kiang-nan.

[5] Les 徐戎 *Sou-jong* habitaient près de Sou-tcheou dans le Kiang-nan.

2. Que vos casques et vos cuirasses soient en état ; prenez vos boucliers, et ayez attention qu'ils soient bons ; préparez vos arcs et vos flèches ; ayez de bonnes lances, de bonnes piques ; aiguisez vos sabres : s'ils se trouvaient émoussés, vous seriez en faute.

3. Dans la marche et le campement de l'armée, qu'il y ait des gens qui aient soin des bœufs et des chevaux ; qu'il y ait des lieux commodes pour faire paître ces animaux et pour les garder. Fermez tous les enclos, comblez les fossés[1], ne causez aucun dommage aux troupeaux, ni à ceux qui les gardent ; autrement vous seriez sévèrement punis.

4. Lorsque des bœufs et des chevaux s'échappent, lorsque des valets et des servantes prennent la fuite, leurs maîtres ne doivent pas franchir les barrières, ni sortir du camp pour les reprendre ; que ceux d'entre vous qui les auront trouvés les restituent à leur maître, sans leur faire aucun mal : j'aurai égard à cela, et je vous récompenserai ; autrement, vous serez punis. On ne doit rien voler ; si vous sortez de l'enceinte du camp, si vous volez des bœufs et des vaches, si vous attirez à vous les valets et les servantes des autres, vous porterez la peine due à de telles fautes.

5. Le onzième jour du cycle[2], j'irai combattre les Sou-joung ; préparez les vivres ; s'ils manquaient, vous seriez coupables d'une grande faute. Vous, gens des trois Kiao[3] et des trois Souï[4] de Lou, préparez les clous et les planches. Au même onzième jour, je veux que les retranchements soient faits ; prenez garde d'y manquer : au supplice de mort près, vous devez vous attendre à tous les autres ; c'est vous aussi qui devez faire de grands amas de fourrages ; sans cela vous serez coupables, et comme tels vous serez sévèrement punis.

CHAPITRE XXX,

INTITULÉ

秦誓 THSIN-TCHI.

SOMMAIRE.

Le titre de Thsin-tchi signifie *ordre* ou *défense du prince de Thsin*, pays situé dans le Chen-si. Le prince dont il s'agit ici est Mou-kong, qui venait d'être battu par Siang-kong, prince du pays de Tçin, situé dans le Chan-si et dans les environs. C'est après cette défaite que Mou-kong fit le discours suivant. Mou-kong commença à régner l'an 659 de J. C. et finit l'an 621. Confucius, dans son Tchun-tsieou, rapporte cette bataille à la trente-troisième année de Hi-kong, prince de Lou ; et, par l'examen des éclipses, on voit que cette année est l'an 627 avant J. C. Fei-tsou, ancêtre de Mou-kong, la treizième année du roi Hiao-vang, 897 avant J. C., avait été fait prince de Thsin à cause des services qu'il avait rendus dans les haras. Il se disait descendant de Pe-y, ministre du temps de Chun. Vers l'an 770 avant J. C., un des descendants de Fei-tsou, nommé Siang-kong, et différent de celui dont nous avons parlé plus haut, fut fait prince de Thsin, pays où avait été la cour des rois de la Chine jusqu'à Ping-vang. Ce Siang-kong contribua beaucoup au rétablissement de Ping-vang, mais il eut la hardiesse de sacrifier au Chang-ti, droit réservé au roi seul ; il eut des historiens publics, et ses descendants s'emparèrent du trône. Ce chapitre est dans l'ancien et le nouveau texte : il contient quelques réflexions sur l'abus qu'il y a d'écouter des jeunes gens.

MOU-KONG. Kang-mo, 659, 621, avant J. C.

1. Le prince[1] dit : Vous tous écoutez-moi et ne m'interrompez pas, j'ai à vous entretenir sur un sujet important : de toutes les paroles, c'est la plus essentielle.

2. Les anciens ont dit : La plupart des gens cherchent à se satisfaire : il n'est pas difficile de reprendre dans les autres ce qu'ils ont de mauvais, mais recevoir les avis et les réprimandes des autres, sans les laisser couler comme l'eau, c'est là la difficulté.

3. Les jours et les mois se passent[2], mon cœur en est affligé, car ils ne reviendront pas.

4. Parce que mes anciens ministres[3] ne me proposaient pas des choses de mon goût, leurs avis me déplaisaient ; je préférais les avis de ceux qui sont nouvellement entrés dans mon conseil ; désormais j'éviterai toutes ces fautes, si je prends conseil de ceux qui ont les cheveux blancs.

5. Quoique les forces et la vigueur manquent aux vieillards, ils ont la sincérité et la prudence en partage, et je veux m'en servir. Les jeunes gens au contraire sont vigoureux, braves, habiles à tirer de la flèche et à conduire un char, mais je ne m'en servirai pas pour le conseil ; ils sont portés à me flatter, ils savent faire des discours étudiés, ils changent le sens des paroles des sages ; dans quel temps pourrai-je donc m'en servir ?

Que n'ai-je un ministre d'une droiture parfaite ! quand même il n'aurait d'autre habileté qu'un cœur simple et sans passion, il serait comme s'il avait les plus grands talents. Lorsqu'il verrait des hom-

---

[1] Ces enclos et ces fossés servaient à prendre les bêtes sauvages.
[2] Ce jour est nommé *Kia-su* dans le cycle de 60. On ne sait pas l'année ni le mois de l'expédition de Pe-kin.
[3] 郊 *Kiao* est ici le nom de frontière.
[4] 遂 *Souï* est aussi le nom de frontière ; à une certaine distance de la cour, le pays s'appelait *Kiao*, et à une certaine distance de Kiao, le pays s'appelait *Souï*. Il est difficile aujourd'hui d'avoir des idées bien justes sur ces sortes de frontières, et il est aussi difficile de donner raison du nombre des trois Kiao et des trois Souï.

---

[1] Mou-kong.
[2] On voit que Mou-kong craignait de mourir avant d'avoir mis ordre à toutes ses affaires.
[3] Le malheur de Mou-kong fut de ne pas vouloir écouter un ancien officier appelé Kien-chou, qui lui avait conseillé de ne pas entreprendre la guerre. Ce prince belliqueux aima mieux écouter un jeune officier appelé Ki-tse : il fut entièrement défait, et se repentit de sa démarche.

mes de haute capacité, il les produirait, et n'en serait pas plus jaloux que s'il possédait leurs talents lui-même. S'il venait à distinguer un homme d'une vertu et d'une intelligence vastes, il ne se bornerait pas à en faire l'éloge du bout des lèvres, il le rechercherait avec sincérité et l'emploierait dans les affaires. Je pourrais me reposer sur un tel ministre du soin de protéger mes enfants, leurs enfants et le peuple. Quel avantage n'en résulterait-il pas pour le royaume [1] ?

[1] Ce paragraphe et le suivant sont cités dans le livre classique *Ta-hio*, ou la *Grande Etude* que l'on peut voir ci-après. (G. P.)

7. Mais si un ministre est jaloux des hommes de talent, et que par envie il éloigne ou tienne à l'écart ceux qui possèdent une vertu et une habileté éminentes, en ne les employant pas dans les charges importantes, et en leur suscitant méchamment toutes sortes d'obstacles, un tel ministre, quoique possédant des talents, est incapable de protéger mes enfants, leurs enfants et le peuple. Ne pourrait-on pas dire alors que ce serait un danger imminent, propre à causer la ruine de l'empire?

8. Un seul homme peut mettre le royaume dans un grand danger; et la vertu d'un seul homme peut aussi faire régner la paix et la tranquillité.

NOTICE DU LIVRE CHINOIS

NOMMÉ

易經 Y-KING,

OU

LIVRE CANONIQUE DES CHANGEMENTS,

AVEC DES NOTES,

PAR CLAUDE VISDELOU, ÉVÊQUE DE CLAUDIOPOLIS [1].

LETTRE DE M. VISDELOU
aux cardinaux de la congrégation de Propaganda fide.

Le cardinal Sacripanti, d'heureuse mémoire, me marqua, par ses dernières lettres, que votre sacrée congrégation souhaitait que je traduisisse en latin le livre que les Chinois appellent *Y-king*, ou que, si j'en avais une version toute faite, je l'envoyasse à Rome. Plût à Dieu que je pusse satisfaire sur ce sujet les désirs de Vos Éminences, et leur marquer en même temps mon obéissance ! elles n'attendraient pas longtemps cet ouvrage ; mais à présent, aveugle comme je le suis, je ne puis ni lire ni écrire, et je n'ai aucune version de ce livre ; il est vrai que j'en ai inséré beaucoup de morceaux dans mes écrits que j'ai envoyés à Rome ; mais ce ne sont que des lambeaux du texte. Heureusement j'ai rappelé dans ma mémoire les notes que j'avais écrites, il y a quelques années, à la marge de ce livre ; elles sont assez amples, et même elles en contiennent un chapitre entier ; j'ai tâché de n'en rien oublier en les dictant. Ces notes, accompagnées d'un exemple tiré de ce livre, pourront vous en donner une idée assez juste. J'espère que Vos Éminences ne dédaigneront pas ce petit ouvrage, que j'ai dicté à *M. de Lollière*, qui, pour marquer son zèle envers votre sacrée congrégation, a bien voulu prendre la peine de l'écrire.

Nota. Quoique une traduction latine du *Y-king*, ou *Livre sacré des transformations*, faite par le père Régis, ait été imprimée depuis quelques années à Stuttgart, nous n'avons pas cru devoir retrancher cette *Notice* du savant père Visdelou, insérée à la suite de la première édition du *Chou-king*. Cette *Notice* peut donner une idée suffisamment exacte du célèbre et obscur livre chinois qui a exercé la sagacité de tant de commentateurs, et que l'on n'est pas encore parvenu à bien comprendre. (G. P.)

Qu'il me soit permis à présent de rapporter une chose qui me regarde, aussi bien que ce livre. Il y avait cinq ans que j'étais à la Chine, et à peine y en avait-il quatre que j'avais commencé à m'attacher à la lecture des livres chinois, quand l'empereur Kang-hi me rappela avec un de mes compagnons de Canton à Pe-king ; on nous conduisit tout droit au palais. L'empereur était alors dangereusement malade, et nous ne pûmes le voir. Le prince, désigné héritier de l'empire, gérait les affaires à la place de l'empereur son père. On lui rapporta qu'il était venu un Européen qui, en quatre ans, avait acquis la connaissance des livres canoniques et classiques. Ce prince vint aussitôt à la porte, et demanda où était cet Européen. « Le voici, » lui répondis-je, après m'être prosterné, à la manière du pays. Le prince fit apporter sur-le-champ un volume du livre canonique nommé *Chou-king*, c'est-à-dire, *Histoire canonique* : il l'ouvrit au hasard, et m'ordonna de me lever et de lire. Je le lus, et je l'expliquai en présence de plusieurs personnes qui l'accompagnaient. Comme les Chinois ont une grande opinion d'eux-mêmes et de ce qui vient d'eux, le prince fut en admiration, et dit ces paroles : *Ta-tong*, c'est-à-dire, *il l'entend fort bien*. Je me prosternai de nouveau : alors il me demanda ce que je pensais du livre canonique intitulé *Y-king*, qui est celui dont il s'agit ici. Je n'osai d'abord répondre ; il comprit mon silence, et, pour m'encourager, il me pressa de dire librement ce que j'en pensais. Alors je répondis : « Ce livre dit de très-« bonnes choses sur le gouvernement des empires « et sur les mœurs ; mais il a cela de mauvais, que « c'est le livre des sorts. » Le prince ne s'offensa point de ma liberté ; et pour excuser ce livre, suivant la manière des Chinois, qui tâchent d'adoucir par une bonne interprétation ce qu'on n'approuve pas en eux, il dit : *Peut-être que les anciens n'avaient point ces sorts en vue.*

Il y avait là présent quelques-uns de nos pères, l'un desquels [1] a osé faire imprimer que j'avais dit au prince que ce livre quadrait avec les principes fondamentaux de la religion chrétienne ; à quoi je n'ai pas même songé : ou il a mal entendu, ou il a appliqué à la religion ce que j'avais dit des mœurs.

Vos Éminences trouveront, dans un petit ouvrage que j'ai écrit moi-même, et envoyé à Rome, beaucoup de choses extraites du livre *Y-king*, qui regardent les nombres, le destin, ou le sort qui leur est attaché ; il est intitulé : *Annotations sur la réponse du père Antoine de Beauvollier aux textes proposés par M. l'évêque de Conon* [2] *à l'empereur Kang-hi, comme contraires à la religion chrétienne.*

Elles trouveront encore dans mes autres écrits plusieurs morceaux qui ont rapport à ce livre, et surtout dans l'*Histoire de la religion des philosophes chinois* [3].

Que le Seigneur tout-puissant conserve longtemps Vos Éminences pour le bien de la propagation de la foi !

A. Pondichéri, le 20 janvier 1728.

NOTICE DE L'Y-KING,

Avec un exemple tiré du même livre.

On ne saurait concevoir l'estime que les Chinois ont pour le Livre canonique des changements ; si c'est à bon droit, ou à tort, c'est ce qu'on va voir. En effet, soit que l'on considère l'antiquité de ce livre, ou ses auteurs, ou sa forme, ou sa matière ; c'est un livre tout à fait singulier. Premièrement, pour son ancienneté, s'il en faut croire les annales des Chinois, il a été commencé quarante-six siècles avant celui-ci. Si cela est vrai, comme toute la nation l'admet unanimement, on peut à juste titre l'appeler le plus ancien des livres. Pour ce qui regarde ses auteurs, le premier de tous a été Fo-hi, premier empereur des Chinois, et le véritable fondateur de l'empire de la Chine ; mais comme sous son règne, qui était près de 3000 ans avant l'ère chrétienne, l'art d'écrire, au rapport des mêmes annales, n'était pas encore inventé, il composa ce livre avec vingt-quatre traits, ou petites lignes, dont douze étaient entières et douze entrecoupées ou séparées par un petit intervalle.

Ce n'était pas proprement un livre, ni quelque chose d'approchant ; c'était une énigme très-obscure, et plus difficile cent fois à expliquer que celle du Sphinx. Les huit trigrammes de Fo-hi ne parurent pas être assez considérables à l'un des empereurs qui lui succédèrent de près ; c'est pourquoi sur chacun des huit trigrammes, il en mit huit autres, et par cette opération, avec huit trigrammes seuls il fit soixante-quatre hexagrammes. Il ne fit qu'augmenter les ténèbres, au lieu de les dissiper.

Dans la suite des temps, douze siècles avant l'ère chrétienne, Ven-vang, roi très-puissant, et fondateur de la dynastie de Tcheou, essaya, comme un autre Œdipe, de résoudre l'énigme, ajoutant pour cet effet, aux hexagrammes, des notes très-courtes ; par exemple, au premier hexagramme, qui désigne le *ciel*, ou, selon lui, *Kien*, c'est-à-dire, *la vertu infatigable du ciel*, il mit pour commentaire ces quatre paroles, *yuen, heng, li, tching*, qui signifient *commençant, avançant, perfectionnant, consommant* [1] ; paroles qu'il rapporte à la vertu du ciel. Qu'il y aurait de choses à dire, si je voulais expliquer le sens que les philosophes prétendent être caché sous ces quatre mots !

Cela parut être encore peu de chose à Tcheou-kong, fils de Ven-vang, pour l'éclaircissement d'une énigme si obscure ; c'est pourquoi il y ajouta une interprétation plus ample.

Enfin, cinq siècles avant l'ère chrétienne, Confucius (en chinois *Kong-fou-tse*) éclaircit par son commentaire la table de Fo-hi, les notes de Ven-vang et l'interprétation de Tcheou-kong. Ce fut alors que ce livre, ainsi augmenté et enrichi, reçut toute sa forme. Confucius aimait principalement ce livre ; il l'admirait ; il l'avait toujours en main ; tellement qu'à force de le feuilleter il usa plusieurs cordons ; car dans ce temps le papier n'était pas encore inventé, et les feuillets de bois étaient enfilés. Il souhaitait que la vie lui fût prolongée uniquement afin de pouvoir acquérir une parfaite connaissance de ce livre. Il l'orna de commentaires rédigés en dix chapitres, que ceux qui vinrent après lui nommèrent les *dix ailes* sur lesquelles ce livre volerait à la postérité.

Lorsque j'ai dit que Ven-vang fut le premier qui travailla à la solution de l'énigme de Fo-hi, il ne faut pas l'entendre comme s'il eût été absolument le premier, mais seulement comme ayant été le premier de ceux dont les ouvrages existent ; car il n'est pas croyable que pendant près de deux mille ans, qui s'étaient alors écoulés depuis la première production de ce livre, il n'y en eut aucune explication par écrit, ou par tradition ; au contraire, il est évident, par les anciens monuments des dynasties de Hia et de Chang, auxquelles succéda celle de Tcheou, qu'elles ont eu toutes trois leur livre particulier des changements ; et l'histoire remarque expressément que *ces trois dynasties ont suivi chacune une méthode différente pour l'arrangement*

---

[1] Le père Bouvet, dans son portrait historique de l'empereur de la Chine, imprimé en 1698, p. 229.
[2] Charles Maigrot.
[3] Cet ouvrage qui serait sans doute fort curieux, n'a jamais été imprimé ; on ne sait pas ce qu'il est devenu. (G. P.)

[1] C'est-à-dire, le commencement, le progrès, la perfection, la consommation de toutes choses.

des *hexagrammes*. Je suis donc porté à croire qu'avant le roi Ven-vang, les interprètes de ce livre étaient les philosophes ordinaires; que leurs ouvrages sur ce livre ont été absorbés par l'éclat et par la réputation de ceux de Ven-vang, de Tcheou-kong et de Confucius; et qu'enfin ils sont péris par l'injure des temps. Car, pour conclure cet article par une courte récapitulation, Fo-hi est depuis si longtemps tenu par les Chinois pour un si grand personnage, qu'il est même reconnu pour l'un des cinq Chang-ti, coadjuteur du grand Chang-ti [1]. L'autre empereur, Ven-vang, qui doubla les huit trigrammes de Fo-hi, est reconnu de tous les Chinois pour très-sage et très-saint. Tcheou-kong, pour le dire en un mot, ne le cède qu'au seul Confucius. Enfin Confucius, que les Chinois appellent le *faîte du genre humain*, le *comble de la sainteté*, le *maître et le modèle des empereurs même*, est celui qui a mis la dernière main à ce livre : livre véritablement auguste, s'il parlait comme il faut de Dieu et de la nature.

On peut connaître à présent la forme de ce livre, par ce que je viens de dire de ses auteurs. J'ai pourtant oublié une chose qu'il importe le plus de savoir : ce fut le ciel qui, par un prodige surprenant, en montra la forme à Fo-hi. Comme ce prince était sur le bord du fleuve Hoang-ho, il sortit tout à coup du sein des eaux un dragon qui portait sur son dos la forme de ce livre; Fo-hi la copia sur-le-champ, et forma sur ce dessin la table des huit trigrammes.

C'est à peu près de la même manière que le Chang-ti donna au grand Yu [2] la forme d'un autre livre; car du fleuve Lo-choui, qui se décharge dans le fleuve Hoang-ho, il sortit une tortue, qui avait sur son écaille l'empreinte des dix premiers nombres combinés entre eux d'une certaine manière. De ces nombres, Yu composa, je ne sais par quel moyen, le livre qui a pour titre le *grand Prototype* [3], lequel fait partie du livre canonique appelé *Chou-king*; de là cette sentence si connue : *Lotchouchu, Hotchoutou*, c'est-à-dire, le fleuve *Lo-choui* a produit le livre, le fleuve *Hoang-ho* a produit la table. Confucius a adopté l'une et l'autre fable, et les a confirmées ouvertement par son suffrage.

Passons à la matière de ce livre. L'*Y-king* embrasse beaucoup de sujets; c'est comme l'encyclopédie des Chinois. On peut pourtant réduire les matières à trois chefs; savoir, la métaphysique, la physique et la morale. A l'égard de la métaphysique, lorsqu'il parle du premier principe, il ne fait que l'effleurer, pour ainsi dire; il s'étend un peu plus sur la physique, qu'il traite pourtant plus métaphysiquement que physiquement, c'est-à-dire, par certaines notions universelles; mais, pour la morale, il en traite à fond, n'oubliant rien de ce qui appartient à la vie de l'homme, considéré comme seul, comme père de famille, et comme homme d'État. Quand je dis que ce livre traite de toutes ces matières, il ne faut pas croire, du moins à l'égard des deux premières, que ce soit méthodiquement et avec ordre : ce n'est seulement que par occasion, et dans des morceaux détachés des textes, et répandus çà et là. Mais ce qui dans ce livre peut être regardé comme un quatrième chef, c'est qu'il est le livre des sorts, livre qui de toute antiquité a servi aux prédictions. Rien n'est si ordinaire dans ses hexagrammes que les mots de fortuné et d'infortuné.

Mais comme ce point est d'une très-grande importance pour nos affaires, je vais le prouver de trois manières, afin que l'on ne s'imagine pas que j'avance ceci à la légère.

1° Tous les livres anciens des Chinois fournissent beaucoup d'exemples de ces sorts mis en pratique; le livre canonique *Chou-king* les recommande, ainsi que font les autres livres, et les histoires sont remplies de pareils exemples.

2° Confucius non-seulement approuve ces sorts, mais encore il enseigne en termes formels, dans le Livre canonique des changements [1], l'art de les déduire; et certainement cet art attaché à ce livre ne se déduit que de ce que Confucius y en a dit. De plus, Tço-kieou-ming, disciple de Confucius, dont il avait écrit les leçons, dans ses commentaires sur les *Annales canoniques* [2] de Confucius son maître, a inséré tant d'exemples de ces sorts, que cela va jusqu'au dégoût; il fait quadrer si juste les événements aux prédictions, que, si ce qu'il en dit était vrai, ce serait tout autant de miracles. D'ailleurs tous les philosophes, jusqu'à ceux d'aujourd'hui, usent de ces sorts; et même la plupart assurent hardiment, que par leur moyen il n'y a rien qu'ils ne puissent prédire : enfin, tous tiennent pour ce livre des sorts.

3° Chi-hoang-ti, fondateur de la dynastie des Thsin, ayant condamné au feu, par son édit si détesté des Chinois, les livres canoniques et les histoires des âges précédents, afin d'abolir la mémoire de l'antiquité, en excepta pourtant le Livre canonique des changements, seulement parce que c'était le livre des sorts; car son édit épargna tous les livres de médecine, d'agriculture et des sorts. Enfin, le caractère qui dénote les lignes des hexagrammes, et qui se lit *Koua*, si l'on n'a égard qu'au sens du mot, signifie *pendule*; cependant, si on a égard à

---

[1] C'est-à-dire, *suprême empereur*, ou *souverain empereur* : c'est l'empereur du ciel. Il en sera plus amplement parlé dans la suite. Voyez les remarques.
[2] C'est le fondateur de la dynastie de Hia.
[3] C'est le *Hong-fan*, ou le chapitre IV de la quatrième partie du *Chou-king*. (Voyez ci-devant, pag. 89.)

---

[1] C'est-à-dire, dans son commentaire sur l'*Y-kigk*.
[2] Le *Tchun-tsieou*.

sa composition, on voit clairement qu'il est formé de la lettre *pou*, qui, par antonomase, signifie *sort*, et proprement *sort de tortue*.

Quant à ce qui regarde le premier principe, voici ce que dit ce livre. Taï-ki[1] a engendré deux effigies; ces deux effigies ont engendré quatre images; ces quatre images ont engendré les huit trigrammes de Fo-hi.

Cela est assez énigmatique; c'est pourquoi il faut l'interpréter. Taï-ki signifie *grand comble*; métaphore tirée des toits, dont la pièce transversale, qui en est le faîte, s'appelle *Ki*, parce que c'est la plus haute pièce du toit. Or de même que tous les chevrons sont appuyés sur le faîte du toit, de même aussi toutes choses sont appuyées sur le premier principe. Il faut ici observer soigneusement qu'il dit *engendrer*, et non *faire*.

Les Chinois interprètent allégoriquement les deux effigies *Yang* et *Yn* par les deux matières, ou la matière universelle divisée en deux[2]; mais, dans le sens propre, elles signifient le ciel et la terre. Les quatre images désignent la matière parfaite, jeune et vieille[3]; et la matière imparfaite, aussi jeune et vieille. C'est ainsi que par cette distinction de deux degrés de perfection et d'imperfection[4], les deux matières engendrent quatre matières. Les huit trigrammes de Fo-hi dénotent toutes les choses de l'univers : savoir le ciel, la terre, le feu, les eaux, les montagnes, les foudres, et encore deux autres, sous lesquelles tout le reste est compris.

Mais les philosophes exposent plus clairement cet axiome; car voici ce qu'ils disent sans aucune allégorie. Le *grand comble*, Taï-ki, a engendré le ciel et la terre; le ciel et la terre ont engendré les cinq éléments; les cinq éléments ont engendré toutes choses. Ce même axiome est l'abîme dans lequel se sont précipités les philosophes que l'on appelle *Athéo-politiques;* car ils prétendent que ce *grand comble* est la raison primitive, qui, quoique sans entendement ni volonté, est absolument le premier principe de toutes choses. Ils veulent que, quoique cette raison soit privée d'entendement et de volonté, elle gouverne pourtant toutes choses, et cela d'autant plus infailliblement, qu'elle agit nécessairement. Ils prétendent enfin, que tout émane d'elle, ce que le mot *engendrer* semble indiquer. Aussi ces philosophes n'hésitent-ils pas de donner à cette raison le titre de *dame gouvernante;* et, comme Confucius dans le Livre canonique des changements

[1] *Taï-ki* est l'air primogène, qui, par le mouvement et le repos, d'où résultent le chaud et le froid, le sec et l'humide, etc., a produit les cinq éléments qui composent toutes choses.
[2] La parfaite *Yang*, et l'imparfaite *Yn*, la subtile et la grossière, la céleste et la terrestre, la clarté et l'obscurité, le chaud et le froid, le sec et l'humide, et toutes les autres qualités de la matière.
[3] Vigoureuse et fluide.
[4] De force et de faiblesse, ou d'intension et de rémission.

a fait plus d'une fois mention du Chang-ti, c'est-à-dire, du *suprême empereur*, et du Ti, c'est-à-dire, de l'*empereur*, et que cependant on ne voit nulle part dans ce livre, ni dans les autres, que le Chang-ti ait engendré la matière, c'est-à-dire, le ciel et la terre, les philosophes concluent de là que le titre de Chang-ti ne peut convenir à la raison primitive, que quand il s'agit seulement du gouvernement de l'univers. De là vient que plusieurs d'entre eux admettent, outre la raison primitive, un génie céleste approprié au ciel; du moins les interprètes de l'empereur Kang-hi, dans l'examen de l'hexagramme de la *dispersion*, où il est fait mention du sacrifice au Chang-ti, cherchant la cause pour laquelle, après la fin de la dispersion, c'est-à-dire, après que les troubles de l'empire sont apaisés, on sacrifie au Chang-ti, en rendent celle-ci : Que dans le temps de la dispersion, où les sacrifices au Chang-ti sont souvent négligés, les esprits du Chang-ti se trouvant dispersés, doivent donc ensuite être rassemblés par les sacrifices.

De plus, la plupart des philosophes, et surtout les anciens, donnent au *grand comble* le nom de *Tao*, qui, à leur compte, ne diffère de *Li*, c'est-à-dire, de la raison primitive, qu'autant que l'acte et la puissance diffèrent entre eux.

Je ne dois pas omettre ici que le terme de ciel s'entend de trois façons : il signifie le *grand comble*, quelquefois aussi le ciel matériel; souvent, parmi ceux qui admettent des génies dans tous les grands corps du monde, il est employé pour désigner ce génie; ou plutôt, selon l'habile interprète qui a fait la concordance des quatre livres classiques, le ciel est pris tantôt pour la raison primitive, tantôt pour la matière seule, et tantôt pour la raison primitive et la matière ensemble.

A l'égard de la physique, ce livre se contente d'exposer le travail annuel de la terre, et de le parcourir par saisons, comme on le voit dans le texte fameux qui commence ainsi : Ti, c'est-à-dire, l'empereur, sort du trigramme de l'ébranlement, etc.; car, par Ti, le terme les interprètes entendent le Chang-ti, et les anciens interprètes, l'empereur Fo-hi, qui, comme nous avons déjà dit, a été élevé à la dignité de Chang-ti du second ordre. Ensuite le texte commençant par le printemps, auquel répond le trigramme de l'ébranlement, conduit son Chang-ti par les sept autres trigrammes de Fo-hi, et le mène ainsi par les huit saisons de l'année, jusqu'à la fin de l'hiver; décrivant par ordre ce que la nature opère pendant chaque trigramme, ou saison de l'année. De plus, comme ils rapportent les changements annuels des saisons à la matière imparfaite, c'est-à-dire, au froid et à l'humide, et à la matière parfaite, c'est-à-dire, au chaud et au sec; ils posent aussi pour indubitable que la matière parfaite, ou le chaud, commence précisément au solstice d'hiver : que de là en avançant, elle acquiert chaque mois un nouveau degré de force, jusqu'à ce qu'elle soit parvenue, en six mois et par six degrés, au solstice d'été. Ensuite au chaud succède le froid, qui commence au jour même du solstice d'été, et qui ne parvient au sixième degré de perfection qu'au bout de six mois, c'est-à-dire, au solstice d'hiver, après quoi le chaud recommence sur-le-champ [1]. C'est pourquoi ils divisent chaque signe du zodiaque en six parties, attribuant à chaque sixième partie de signes la domination d'un hexagramme ; mais comme les hexagrammes sont au nombre de soixante-quatre, et que les douze signes, divisés chacun en six, font soixante et douze parties, ils suppléent aisément, par une opération particulière, à ce qui manque à l'égalité de ces nombres. Mais ce n'est pas ici le lieu d'en parler : d'ailleurs toute cette opération est purement arbitraire et imaginaire. Telles sont les bagatelles, quoique indignes de la gravité de l'astronomie, que les Chinois ont adoptées, et qu'ils ont insérées, comme ils le font encore à présent dans presque toutes les tables astronomiques, avec tout l'étalage d'un calcul pénible, comme gens qui divisent le zodiaque, et tout autre cercle, en trois cent soixante-cinq degrés et environ un quart.

Le Livre canonique des changements traite aussi des esprits, qu'il appelle tantôt *Kouei-chin*, et quelquefois *Chin* simplement. En voici deux textes : l'un affirme que toute la vertu d'agir qu'ont les Kouei-chin vient des nombres ; l'autre s'exprime ainsi : *Ching-gin-y-chin-che-kiao*, c'est-à-dire, *les saints personnages établissent les lois à la faveur des esprits* ; et plus clairement, *les saints emploient la religion et la crainte des esprits, pour persuader aux peuples l'observance des lois*. Je ne me souviens pas bien de ce que les interprètes disent sur ce texte ; mais c'est peut-être de cet apophtegme qu'est venue l'erreur qui a infecté l'esprit des Chinois ; savoir, que toutes les religions sont bonnes, quelques diverses et opposées qu'elles soient entre elles, chacune d'elles étant bonne pour le peuple qui la suit ; car, disent-ils, elles n'ont été publiées par leurs instituteurs que dans la vue de porter les peuples à la vertu. De là aussi est peut-être venu

que plusieurs empereurs ont supposé des prodiges, pour s'attacher davantage les peuples, entre autres les empereurs des dynasties Tang [1] et Song [2]. Ils tâchèrent de persuader aux peuples, par des prodiges supposés, qu'ils étaient sortis d'une race presque divine ; et qui plus est, deux empereurs de la dynastie Song publièrent hautement, il y a environ six cents ans, qu'il était tombé du ciel des livres qu'ils honoraient eux-mêmes par des sacrifices et des supplications, quoique, selon le témoignage de l'histoire, ils eussent été écrits de leur propre consentement par des imposteurs à gages. Il est vrai que le premier des deux hésita d'abord sur ce qu'il avait à faire, craignant, par un tel attentat, d'encourir la censure publique ; mais ayant consulté là-dessus un philosophe, qui, pour toute réponse, lui cita l'apophtegme dont on a parlé, il se confirma dans sa résolution, et commença aussitôt à exécuter son projet. C'est aussi de là que je conjecture qu'est venue la fable du livre empreint sur le dos d'une tortue, et celle du dragon de Fo-hi, et même l'usage des sorts.

A l'égard des nombres, dont j'ai déjà touché quelque chose en passant, Confucius en parle amplement dans le Livre canonique des changements, et particulièrement des dix premiers nombres, dont les cinq impairs sont célestes et parfaits, et les cinq pairs sont terrestres et imparfaits. Les cinq nombres célestes 1, 3, 5, 7, 9, font la somme de 25 : les cinq nombres terrestres 2, 4, 6, 8, 10, font celle de 30 : ces deux sommes additionnées donnent le nombre de 55, qui est le même que celui des verges ou baguettes, au moyen desquelles on déduit les sorts du Livre canonique des changements ; mais auparavant on rejette cinq baguettes, ensuite une autre pour des raisons tout à fait frivoles : il n'en reste donc plus que quarante-neuf. Ces quarante-neuf baguettes combinées diversement par trois opérations différentes, donnent une petite ligne parfaite ou imparfaite ; et après dix-huit opérations de cette sorte, qu'il serait trop long de rapporter ici, et que j'ai décrites ailleurs, il résulte six petites lignes, et par conséquent un hexagramme. On cherche cet hexagramme dans le Livre canonique des changements, ensuite on lit les notes qui le suivent, et delà on conclut quel sera l'événement de ce que l'on projette. Des dix premiers nombres, les uns sont commençants, les autres consommants : de là se tire la génération des éléments. Le ciel, par l'unité, commence l'eau ; la terre, par le nombre six, la consomme ; et ainsi des quatre autres éléments.

Il est temps de passer à la génération des hexagrammes. La matière se divise en deux, deux en

---

[1] La matière, ou la vapeur parfaite, croît toujours depuis le solstice d'hiver jusqu'au solstice d'été, et parvient le jour du solstice d'été au sixième et dernier degré de force. La matière, ou la vapeur imparfaite, croît de même depuis le solstice d'été jusqu'à celui d'hiver, où elle acquiert le sixième et dernier degré de force. Ainsi c'est aux deux solstices que se fait la division et la séparation de la vapeur parfaite et de l'imparfaite. Le jour du solstice d'hiver, la vapeur imparfaite est pure, et ne tient rien de la parfaite. De même le jour du solstice d'été, la vapeur parfaite est pure, et sans aucun mélange de l'imparfaite : aux autres temps de l'année elles sont un peu mêlées ensemble. La vapeur parfaite et imparfaite différent entre elles ; mais aux deux solstices leurs extrémités se joignent, l'une finissant et l'autre commençant. Ainsi tantôt ces deux vapeurs se joignent, et tantôt elles s'éloignent l'une de l'autre.

[1] Le commencement de la dynastie Tang est en 627.
[2] Celui de la dynastie Song est en 960.

quatre, quatre en huit, huit en seize, seize en trente-deux, trente-deux en soixante-quatre : là on s'arrête, afin qu'il y ait seulement soixante-quatre hexagrammes. C'est, à proprement parler, une progression géométrique, que l'on peut pousser à l'infini. Mais en tout cela qu'y a-t-il de solide? quelle est cette génération des éléments? et quels sont les cinq éléments qui engendrent et composent toutes choses? Car certainement deux d'entre eux, le bois et le métal, n'entrent aucunement dans la composition de toutes choses. Cependant ils croient qu'ils y entrent si bien, que même ils impriment quelque chose d'eux dans les âmes humaines; car c'est un dogme reçu de tous les interprètes, et même des anciens, que les cinq vertus; savoir, la charité, la justice, la civilité, la prudence et la foi, dérivent des cinq éléments : comme la charité, du bois; la justice, du métal; et ainsi des autres. Qu'y a-t-il en tout cela qui n'éloigne l'esprit de la connaissance du vrai Dieu et du premier principe? Les huit trigrammes de Fo-hi ne présentent à l'esprit que huit choses; savoir, le ciel, la terre, le feu, les eaux de deux genres, les montagnes, et le reste de pareille nature; mais il n'y a pas un mot de Dieu ou du premier principe de toutes choses. Les soixante-quatre hexagrammes, qui sont composés des huit trigrammes octuplés, n'en peuvent dire davantage. Cette génération des cinq éléments par les nombres, n'est-elle pas une pure chimère? C'en est tellement une, qu'il y a lieu de s'étonner que des hommes qui, comme les Chinois, voient très-clair dans les choses humaines et politiques, puissent être si aveugles pour les choses naturelles; car, que ces Chinois aient de la pénétration et de la sagacité pour ce qui regarde les mœurs et le gouvernement des empires, c'est de quoi on ne peut douter, et dont on sera convaincu par l'exemple suivant, qui est une version de l'un des soixante-quatre hexagrammes, qui traite de l'humilité. J'en ai traduit mot à mot les textes entiers; j'ai seulement abrégé la paraphrase des interprètes de l'empereur Kang-hi, me contentant d'en tirer ce qui était absolument nécessaire pour l'intelligence des textes. Cependant, quoique je me sois servi modérément de l'autorité des interprètes, il sera libre au lecteur de laisser ce que j'en ai cité, afin de pouvoir par lui-même juger du texte seul; mais, avant de passer à cet hexagramme, disons encore un mot sur ce livre.

Tout le Livre canonique des changements [1] étant

[1] Le Livre canonique des changements contient huit trigrammes; savoir, le trigramme du ciel, et celui de la terre, qui sont le père et la mère des autres; et six enfants, c'est-à-dire, les autres six trigrammes, qui sont engendrés des deux premiers; savoir, l'eau, le feu, les foudres, les vents, les montagnes, et les eaux dormantes. Le feu et l'eau ne se nuisent pas entre eux, les tonnerres et les vents ne se contrarient pas les uns les autres; les montagnes et les eaux dormantes se communiquent mutuellement leurs vapeurs; et c'est ainsi que se font les conversions et les générations, et que toutes choses

contenu dans les huit trigrammes de Fo-hi, comme un arbre dans sa semence, je crois qu'il ne sera pas inutile d'en donner une explication plus précise. Ven-vang joignit aux huit trigrammes de Fo-hi autant de mots, par lesquels il désigna le ciel, la terre, les eaux courantes, les eaux dormantes, le feu, les montagnes, les foudres et les vents. Je dis qu'il désigna, car les mots qu'il y ajouta ne signifient pas proprement le ciel, la terre, etc., mais seulement leur vertu : par exemple, *Kien* signifie proprement la force, ou la vertu infatigable du ciel, par laquelle il continue perpétuellement ses révolutions. *Kouen*, c'est-à-dire, soumission, signifie la vertu propre de la terre, par laquelle elle se soumet et obéit sans cesse au ciel. *Ken* signifie proprement stabilité, ce qui est la vertu des montagnes par laquelle elles restent constamment fixes et immobiles sur leur base.

On doit entendre la même chose des autres mots et de leur signification. Or, en tout cela, il n'y a aucune trace du premier principe; et cependant ce livre pose pour premier principe de toutes choses le ciel et la terre; car, sous l'hexagramme du ciel il y a ces mots : *Ta-tsaï-kien-yuen! Van-voe-tsu-tchi-y-chi*, c'est-à-dire, *Que la vertu commençante du ciel est grande! toutes choses tirent d'elle leur commencement*. De même, sous l'hexagramme de la terre, il y a : *Ta-tsaï-kouen-yuen! Van-voe-tsu-chi-y-tching*, c'est-à-dire, *Que la vertu commençante de la terre est grande! toutes choses tirent d'elle leur consommation*. De là vient que le ciel est appelé par les Chinois le père de toutes choses, qui donne le commencement à tout; et que la terre est nommée mère qui nourrit, élève, perfectionne et consomme toutes choses. Cependant ils ne peuvent être l'un et l'autre, ni l'unique ni premier principe; et d'ailleurs, comme nous avons déjà dit, le premier principe absolu est le *grand comble*, qui a engendré le ciel et la terre : ainsi dans la table de Fo-hi, il n'est fait mention nulle part du premier principe de toutes choses; néanmoins, plusieurs interprètes prennent quelquefois le ciel pour le *grand comble*, et surtout sa vertu *Kien*, sans doute parce que le ciel est le plus grand et le plus élevé de tous les corps, et que c'est en lui qu'éclate principalement la puissance et la splendeur du premier principe.

deviennent parfaites. Il faut observer que par les deux premiers trigrammes, le ciel et la terre, qui sont le père et la mère de toutes choses, et par les six autres, l'eau, le feu, les foudres, les vents, les montagnes, et les eaux dormantes, qui comme engendrés du ciel et de la terre, sont censés être leurs six enfants, sont figurés par autant d'images. Le ciel et la terre unissent leur semence, et par là se trouve entre eux la distinction du mari et de la femme. Le soleil, la lune, les foudres, les vents, les montagnes et les eaux dormantes, sont les esprits ou les vapeurs honorables de leurs six enfants : sont ceux-là qu'on appelle les six vénérables. Les étoiles, les signes du zodiaque, l'eau, le feu, les fossés, les canaux et les bassins d'eaux, sont les images des six vénérables.

Venons à présent à l'hexagramme[1] que j'ai cité. L'hexagramme de l'humilité est formé de deux trigrammes, dont l'un est externe et supérieur, c'est *Ken*, c'est-à-dire, soumission de la terre; l'autre est interne et inférieur, c'est *Ken*, c'est-à-dire, stabilité d'une montagne. Ainsi, dans cet hexagramme, où emblême, un mont élevé ou caché sous la terre, figure un honnête homme qui demeure ferme en lui-même, pendant qu'au dehors il s'accommode et s'assujettit à l'état des affaires.

TEXTE.

L'humilité[2] surmonte tout; le sage arrive au but. [*Y-king, Chang-king*, liv. I, f° 43 et suiv.]

INTERPRÉTATION.

Ven-vang veut dire que l'humilité est une vertu que rien n'arrête, qui ne connaît point d'obstacle, et qui conduit tout à une heureuse fin. C'est pourquoi le sage, qui ne reconnaît point en soi la vertu dont il est doué, qui paraît ignorer ses belles actions, parvient, par son humilité, au but de la sagesse et à l'accomplissement de ses desseins.

TEXTE.

Le *Touan*, c'est-à-dire, la sentence ou décision définitive de Confucius sur ce Koua, dit : La raison du ciel est éclatante, et s'abaisse jusqu'à la terre. La raison de la terre est humble, et s'élève en haut. La raison du ciel diminue ce qui est plein (et élevé), et augmente ce qui est bas (et petit). La raison de la terre détruit ce qui est (élevé et) plein, et altère ce qui est bas (et soumis.) Les Kouei-chin (esprits) nuisent à ce qui est plein (et élevé), et font du bien à ce qui est (petit et) bas. La raison de l'homme hait (celui) qui est plein (de soi), et elle aime celui qui est humble. L'humilité est honorée et éclatante; elle est abaissée, et ne peut être surmontée; elle est la fin du sage.

INTERPRÉTATION.

Confucius dit : L'humilité n'est pas seulement la vertu de l'homme, elle l'est aussi du ciel et de la terre. Ce n'est que par leur soumission (réciproque) que le ciel et la terre trouvent en eux de quoi engendrer et corrompre toutes choses, en quoi leur vertu éclate pleinement. La terre, quoique située au plus bas lieu, dès qu'elle a reçu du ciel les temps propres aux saisons), renvoie en haut (par une humble reconnaissance) les vapeurs qui sortent de son sein. C'est ainsi que le ciel envoie en bas ses influences, pour faire naître et croître toutes choses, et que la terre renvoie en haut ses vapeurs,

[3] Ce que l'on appelle texte ici est le commentaire de Ven-sé, de Tcheou-kong et de Confucius, que l'on a ensuite cité et interprété d'une manière plus étendue.

[4] En chinois 謙 *Kien* veut dire *humble*, celui qui ne s'enorgueillit point de ce qu'il possède.

qui s'unissant aux influences du ciel, achèvent toutes choses. Si le ciel et la terre ont besoin de soumission pour exercer leur vertu générative, combien plus les hommes en ont-ils besoin pour exercer leur vertu !

Expliquons ceci plus amplement : Dès que le soleil est parvenu au méridien, il penche vers son couchant; dès que la lune est pleine, elle décroît, puis disparaît ; au froid succède le chaud, au chaud succède le froid. Dans toutes ces choses la raison du ciel diminue ce qui est plein (ou complet), et augmente ce qui est bas (et petit). La terre abat, renverse et détruit ce qui est plein et élevé (comme les montagnes et les collines): au contraire, elle augmente et incite à couler ce qui est bas et soumis (comme les eaux). Les esprits en font de même : ils se comportent de telle manière envers les hommes, que les gens hautains et pleins de cupidité tombent dans beaucoup de malheurs, et que les gens modérés et tempérants parviennent à un état heureux. A l'égard des autres choses, ils font que ce qui est florissant et vigoureux se fane et se flétrit peu à peu, et que ce qui est passé et corrompu se renouvelle et revit. C'est ainsi qu'ils nuisent à ce qui est plein (et élevé), et font du bien à ce qui est bas (et petit). Enfin ceci paraîtra plus clairement dans l'homme. L'homme hait nécessairement ceux qui sont orgueilleux et pleins (d'eux-mêmes), et il aime nécessairement ceux qui sont humbles et soumis ; car ce n'est pas par choix ou délibération qu'il aime ou qu'il hait en eux ces qualités ; mais cet amour ou cette haine s'introduisent d'eux-mêmes, étant excités naturellement par les humbles ou par les superbes. Par conséquent, si un homme humble, constitué en une grande dignité, se maintient humble, il deviendra encore plus illustre par son humilité. Si étant placé dans le plus bas rang, il ne respire que l'humilité, il s'attirera l'amour de chacun. Ce sont là autant de moyens par lesquels l'honnête homme conduit à la fin désirée sa vertu et ses desseins. En général, un homme arrogant et plein de soi, s'attire l'aversion de ses plus proches mêmes, et la vertu de l'humilité renouvelée de jour en jour, se concilie l'amour de tout le monde. Or le ciel, la terre et les esprits peuvent-ils aller au delà de ce qui plaît au cœur de l'homme ?

TEXTE.

Le *Touan* dit : Des montagnes sous terre, humilité. L'honnête homme se sert (de l'humilité) pour diminuer le trop, et augmenter le trop peu. Il pèse l'un et l'autre, il les met en équilibre.

INTERPRÉTATION.

Confucius dit : Cet emblême de la terre, qui, quoique située au plus bas lieu, tient cachée dans son sein une haute montagne, est proposé pour modèle à l'honnête homme, afin qu'il évite soigneusement de se trop considérer lui-même, et de mépriser les autres; car il y a sur ce sujet une certaine raison d'équilibre (ou de justice), contre laquelle on pèche ordinairement, ou par le trop en s'élevant, ou par le trop peu en s'abaissant. Ceux-là seuls en sont exempts, qui retranchent cet excès d'ostentation et de gloire, et répriment leur cœur par l'humilité; qui s'étudient à augmenter en eux le peu qu'ils ont de soumission et d'humilité, et qui, dans le plus bas rang, cherchent encore à se mettre au-dessus des autres; à quoi ils parviennent, lorsqu'en pesant et examinant les choses qui leur sont communes aussi bien qu'aux autres, ils distribuent équitablement aux autres, comme à eux-mêmes, ce qu'ils trouvent de pesant ou de léger, gardant en cela, tant pour les autres que pour eux (les lois de) l'équilibre et les règles de la justice.

TEXTE.

La première (ligne) des six (ou des imparfaites)[1]: que l'honnête homme humble, se serve (de l'humilité) pour traverser le grand fleuve. Sort fortuné! L'image dit : L'honnête homme humble, humble, se baisse pour paître.

INTERPRÉTATION.

Cette première ligne est la plus basse du trigramme inférieur; c'est pourquoi elle représente un honnête homme, deux fois, ou parfaitement humble; qui se trouvant aidé et favorisé de tous, peut entreprendre et exécuter heureusement les choses les plus difficiles et les plus épineuses : c'est ce que dit Tchou-ven-kong; mais Confucius en établit la cause, en ce que cet homme, vraiment et sincèrement humble, se nourrit de la vertu comme d'un aliment.

TEXTE.

La seconde des six. L'humilité éclatante (devient) justement fortunée. L'image dit : L'humilité éclatante, sort juste et fortuné! gagne le fond du cœur.

INTERPRÉTATION.

Tcheou-kong dit : La seconde ligne des six, comme étant au rang des imparfaites, est paire et molle (ou douce); elle représente un honnête homme sortant du plus bas degré, et qui est conduit de la vie privée aux honneurs, au son de la renommée suivie de la gloire; comme donc cet homme se trouve favorisé du roi, qui est désigné par la cinquième ligne du second trigramme, ou du trigramme supérieur (car la seconde ligne est semblable à la cinquième en situation et en qualité); que de plus il a pour soi l'amitié et la bienveillance du peuple, désigné par la première et la plus basse ligne, et qu'il s'est acquis l'un et l'autre par sa conduite réglée sur la droite raison, il n'est pas étonnant après cela si toutes choses lui réussissent heureusement. Confucius, commentant Tcheou-kong, dit : L'humilité éclatante est justement fortunée, parce qu'elle n'a pas recherché la réputation et la gloire, mais qu'elle les a acquises (sans dessein), étant d'elles-mêmes sorties du fond du cœur où réside la véritable et sincère vertu.

TEXTE.

La troisième des neuf. Humilité qui a rendu de grands services. L'honnête homme a une fin fortunée. L'image dit : Un honnête homme qui a rendu humblement de grands services est approuvé de tous les peuples.

INTERPRÉTATION.

La troisième ligne des neuf, ou des parfaites, est impaire et dure (ou forte et constante) : elle désigne un honnête homme élevé aux plus grands emplois; car elle est la plus haute du trigramme. Les ministres des empires s'étudient à rendre de bons services à l'État par la manière dont ils gèrent les affaires; mais combien s'en trouvent-ils qui, après les avoir bien gérées, se réfugient dans l'humilité! Or cette ligne, comme étant parfaite et la plus élevée du trigramme, désigne un honnête homme qui est parfait et élevé à la plus haute dignité. Cet homme donc ayant de la vertu et de l'autorité, étant agréable à ses supérieurs et à ses inférieurs, rend de très-grands services à l'État; mais loin de devenir insolent, il se retranche dans l'humilité contre les louanges, et fuit (avec soin) toute ostentation : de là vient que toutes les choses lui réussissent jusqu'à la fin. Confucius dit : Certainement l'humilité est difficile à pratiquer à tous les hommes; mais elle l'est encore plus à ceux qui, par la bonne administration, ont bien mérité de l'État. Au reste, cette troisième ligne des neuf (ou ce qu'elle figure), répond aux vœux de tout le monde par son courage à surmonter les travaux les plus pénibles, et par sa bonne conduite dans les affaires; c'est pourquoi un tel homme est estimé, agréé, bien venu de tous les peuples.

TEXTE.

La quatrième des six; tout utilement, humilité manifestée. L'image dit : Toutes choses utiles. L'humilité manifestée ne s'éloigne point de la raison.

INTERPRÉTATION.

Tcheou-kong dit : La quatrième ligne, comme étant du nombre des six, c'est-à-dire, molle; comme étant placée justement sur les trois lignes du trigramme inférieur, et sous les deux plus hautes du trigramme supérieur, désigne un honnête homme

---

[1] Il faut se ressouvenir que les nombres imparfaits sont les nombres pairs, comme ici le nombre 6, et que les parfaits sont impairs, comme le nombre 9.

augmenté en dignité et en humilité; ainsi il n'entreprend et n'exécute rien que pour l'utilité publique. Mais comme par cela même que la quatrième ligne est au-dessus de la troisième, cet homme se trouve aussi au-dessus du premier ministre, désigné par la troisième ligne; il faut qu'il lui manifeste, comme aux autres, une certaine humilité particulière, sûr, par là, de les attacher tous à sa personne. Confucius dit : Tout s'établit utilement par l'humilité manifestée, parce que cette manifestation est conforme à la règle de la raison : c'est démonstration, et non ostentation; c'est sincérité, et non déguisement.

TEXTE.

La cinquième des six (ou celui qu'elle figure), n'a pas assez de richesses pour la multitude : il se servira utilement de la guerre : tout avec utilité. L'image dit : Il se servira utilement de la guerre, pour réduire les rebelles.

INTERPRÉTATION.

Tcheou-kong dit : La cinquième ligne est du nombre des six; ainsi, comme occupant le milieu du trigramme supérieur, elle désigne le roi, et comme molle, elle dénote l'humilité : elle enseigne qu'il n'y a personne à qui l'humilité ne soit plus nécessaire qu'aux rois. Or, quoiqu'un roi soit dépourvu de richesse, si pourtant il s'est attaché, par son humilité, l'esprit des peuples ou de la multitude, il se servira utilement de leur secours pour soutenir la guerre; et elle lui réussira heureusement et utilement. Confucius craignant que ce texte, malentendu, ne mît les armes aux mains des furieux, et n'excitât des guerres que la seule nécessité peut excuser, y a joint cette exception : La guerre réussira heureusement, ou contre des rebelles, ou contre un ennemi opiniâtre, supposé qu'on l'entreprenne, parce qu'on ne peut faire autrement.

TEXTE.

La plus haute (ligne) des six; humilité reconnue. Elle se servira utilement de l'armée pour châtier une ville, un royaume. L'image dit : Elle n'a pas encore obtenu ce qu'elle désire : elle peut se servir de l'armée pour châtier une ville, un royaume.

INTERPRÉTATION.

Tcheou-kong dit : La plus haute ligne de cet hexagramme désigne, par sa situation, un honnête homme constitué dans une dignité sublime; dont par conséquent l'humilité est reconnue et applaudie de tous; c'est pourquoi, si un tel homme forme une armée de la multitude qu'il s'est attachée, il s'en servira avec succès; mais pourtant, comme cette ligne est molle (ou douce) de sa nature, un tel homme doux (ou mol), comme cette ligne, n'est pas doué de talents propres pour entreprendre de grandes guerres, et surtout de la force qui y est nécessaire. De plus, comme cette ligne étant hors du milieu (de son trigramme), occupe une place étrangère, cet homme aussi n'a pas toute la dignité convenable pour commander une grande armée : c'est pourquoi il pourra bien avec succès faire la guerre aux rebelles de son État; mais s'il attaque des royaumes étrangers, il ne s'en trouvera pas bien.

Confucius dit : Puisque cet homme, par son naturel mou, n'est pas doué de talents conformes à sa dignité, ni de la force nécessaire pour conduire une grande armée, il ne peut pas encore désirer l'honneur et la dignité de généralissime des troupes; ainsi il doit se contenter de commander une petite armée, suffisante pour soumettre les rebelles de son État, s'il en trouve, de crainte qu'il ne succombe sous un plus grand fardeau.

J'ai tiré l'interprétation de cet hexagramme des commentaires des interprètes de l'empereur Kanghi, dans lesquels elle est beaucoup plus étendue. Je me suis seulement contenté d'en exprimer la moelle et le suc, afin d'abréger. Il faut encore une fois observer ici que Fo-hi, Ven-vang, Tcheou-kong et Confucius, c'est-à-dire, les quatre personnages que les Chinois reconnaissent pour les plus sages, ont été les auteurs de ce livre. Assurément, si Fo-hi a eu toutes ces choses dans la tête en fabriquant ses trigrammes avec des petites lignes, il a été un très-grand homme. Il faut aussi que Ven-vang et Tcheou-kong aient été de fameux OEdipes, pour avoir pu débrouiller des énigmes si obscures. Ils n'auraient pourtant résolu ces énigmes que par d'autres énigmes, si Confucius n'eût éclairci et enrichi leurs ouvrages par des commentaires plus clairs et plus amples.

Pour conclure, les huit trigrammes de Fo-hi, et les soixante-quatre hexagrammes provenus de leur multiplication, sont autant d'emblêmes, qui par leur qualité parfaite, impaire et dure, ou imparfaite, paire et molle; par leur situation supérieure ou inférieure, ou moyenne, ou hors du milieu du trigramme; enfin par leurs rapports divers, et leurs comparaisons différentes, figurent les diverses opérations de la nature dans ses générations et corruptions, les différens états de la vie humaine, ses vertus même et ses vices, enfin tous les sorts heureux ou malheureux du destin. Qui plus est, un seul hexagramme considéré en soi, ou même les deux trigrammes dont il est composé, sont autant d'images qui représentent quelque chose, comme dans cet exemple : Des montagnes sous terre représentent une chose élevée, située sous une chose basse, et désignent des grands hommes qui, par humilité, se mettent d'eux-mêmes au-dessous des autres, quelque inférieurs que ceux-ci leur soient en vertu;

en science et en talents. Par ce seul exemple, on peut concevoir aisément quelle excellente doctrine sur les mœurs les philosophes tirent souvent de ce livre. Plût à Dieu qu'ils en déduisissent toujours une bonne sur la nature, et qu'ils n'en déduisissent pas toujours une mauvaise sur la religion!

REMARQUES

De Visdelou, pour servir de supplément et d'explication à l'ouvrage précédent.

I.

Les philosophes chinois parlent de révérer le ciel; mais ils entendent par le ciel, la raison, *non pas celle qui fait l'homme, et qui n'est point l'effet de celle-là*, mais la raison primitive, qui est le premier principe et la cause nécessaire de toutes choses. Respecter cette raison, c'est la suivre; de même que l'on respecte le destin, non par les prières et les honneurs, mais en se soumettant à ses lois. Les destinées, disent-ils, sont marquées par le ciel, c'est-à-dire, par la raison primitive, qui est le premier principe de tous les êtres. A la vérité, elle agit à l'aveugle; mais la même nécessité qui la rend aveugle la rend aussi infaillible. C'est elle qui est le destin, en tant qu'elle agit nécessairement. Cette doctrine est celle que les missionnaires appellent athéo-politique.

Il est bon d'observer ici, que la religion, ou la secte philosophique de la Chine, n'exclut point les sacrifices, qui sont au contraire très-nombreux. Pour ne parler ici que des sacrifices principaux ou impériaux, il y en a pour le ciel, la terre, et les ancêtres des empereurs; pour l'esprit ou le génie tutélaire des terres labourables, et pour le génie tutélaire des grains de l'empire; on sacrifie à ceux-ci en même temps. Il y a aussi des sacrifices pour les cinq principales montagnes de l'empire; pour les cinq montagnes tutélaires; pour les quatre mers et les quatre fleuves. On sacrifie aux sépulcres des empereurs illustres des dynasties passées, au temple dédié à Confucius dans le lieu même de sa naissance, et aux autres sages ou héros. Tous ces sacrifices se font par l'empereur même, ou par ses ordres. De plus, quand l'empereur doit marcher en personne pour quelque expédition militaire, il sacrifie à l'esprit des étendards, et l'on teint du sang des victimes les étendards et les tambours.

Il sacrifie au génie qui préside au remuement des terres, et au génie des armes à feu. Outre cela, *et ceci est essentiel pour le fond de la doctrine des Chinois*, les empereurs sacrifiaient autrefois aux génies des éléments, par la vertu desquels ils croyaient que leur dynastie régnait. Il est vrai que les deux dernières dynasties ont cessé de sacrifier à ces génies, mais non pas de les révérer. Pour bien comprendre la raison de ce culte, il est nécessaire de voir sur quoi il est fondé.

Les philosophes chinois posent comme un fait incontestable, que les *cinq éléments* [1], savoir, le bois, le feu, la terre, le métal et l'eau, sont les principes immédiats de toutes choses, et que les cinq génies qui les gouvernent étendent leur domination sur les dynasties, qui doivent tour à tour posséder l'empire de la Chine; de même qu'ils président aux *cinq parties* qui forment le ciel en entier, et aux cinq saisons dont l'année est composée.

Ils donnent à chacun de ces génies le nom de *Chang-ti* et celui de la couleur [1] qui lui est propre. Ainsi le génie qui préside à l'orient et au printemps, est celui de l'élément du bois, ou le *Chang-ti* vert. Le génie qui préside au septentrion et à l'été, est celui de l'élément du feu, ou le *Chang-ti* rouge. Le génie qui préside à la partie moyenne du ciel et à la saison moyenne de l'année, est celui de l'élément de la terre, ou le *Chang-ti* jaune; lequel, comme on le voit, tient le milieu entre les cinq éléments et les cinq saisons, et dans le monde. Le génie qui préside à l'occident et à l'automne, est celui de l'élément du métal, ou le *Chang-ti* blanc; et le génie qui préside au septentrion et à l'hiver, est celui de l'élément de l'eau, ou le *Chang-ti* noir.

Or chacun de ces éléments produit une dynastie. Ainsi l'élément du bois en produit une, et son *Chang-ti* forme un fondateur. Ensuite l'élément du feu produit une autre dynastie, et un nouveau fondateur. Et après que les trois autres éléments ont fondé chacun la leur, l'élément du bois reprend la domination et forme un nouveau fondateur; et ce période dure autant que le monde, sans interruption et nécessairement. De là cette formule de l'histoire chinoise : Telle dynastie a régné par la vertu du bois, ou de quelque autre élément. Celle d'aujourd'hui, par exemple, règne par la vertu de l'eau. De là vient aussi que la plupart des anciennes dynasties sacrifiaient au *Chang-ti*, ou à l'élément qu'elles regardaient comme leur père, voulant persuader au peuple qu'elles en étaient issues. Ils donnent souvent à ce période [2] prétendu, qui est très-ancien, le nom des cinq vertus ou des cinq révolutions, par rapport au nombre des éléments; attribuant au bois la charité [3]; à celui du feu les cérémonies [4]; à celui de la terre la foi et la sincérité [5]; à celui du métal la justice [6], et à celui de l'eau la prudence [7]. Il n'est pas croyable combien il y a eu entre les philosophes de contestations sur un sujet si frivole. Ils ont surtout balancé longtemps sur l'ordre qu'il fallait tenir dans ce période; les uns prétendant qu'il fallait suivre l'ordre de génération que voici : Le bois produit le feu [8], le feu pro-

et l'imperfection des éléments paraissent en eux-mêmes. La perfection du feu est toute au dehors; c'est par là qu'il éclate et brille : son imperfection est toute au dedans, où il est bleu, violet ou noir, etc. La perfection de l'eau est en dedans, par la raison de sa transparence : son imperfection est au dehors, par sa froideur et son humidité, et ainsi des autres éléments. Les cinq éléments et les blés sont les six trésors des Chinois.

[1] La couleur de l'élément, qui domine sur la dynastie régnante, a la préférence sur toutes les autres couleurs aux sacrifices et aux pompes funèbres.
[2] Ce période, selon les Chinois, est une chose de la dernière conséquence pour le bien de l'empire, parce qu'ils croient que les vertus des cinq éléments doivent dominer tour à tour, par un enchaînement nécessaire, inviolable et perpétuel.
[3] Le bois, les arbres, fournissent charitablement à l'homme la plus grande partie de ses besoins.
[4] Le feu est absolument nécessaire aux cérémonies de la religion.
[5] La terre est le symbole de la vertu ferme, solide et sincère.
[6] C'est avec le métal qu'on justicie les criminels.
[7] L'eau, comme un miroir naturel, est le symbole de la prudence.
[8] Le feu n'est autre chose que du bois, dont les parties sont en continuelle agitation.

[1] Les éléments sont composés de la matière parfaite et de l'imparfaite, qui règnent tour à tour. Ils attribuent à la parfaite le chaud et le sec, et à l'imparfaite, le froid et l'humide, et prétendent que leurs périodes sont très-réguliers; que la matière parfaite, ou le chaud et le sec, s'élève depuis minuit jusqu'à midi, et l'imparfaite, ou le froid et l'humide, depuis midi jusqu'à minuit; que la parfaite domine depuis le solstice d'hiver jusqu'à celui d'été, et l'imparfaite, depuis le solstice d'été jusqu'à celui d'hiver. D'ailleurs, disent-ils, la perfection

duit la terre [1], la terre produit le métal [2], le métal produit l'eau [3]; ensuite l'eau produit le bois [4], le bois produit le feu; et ainsi du reste.

Les autres au contraire disent qu'il fallait suivre l'ordre des destructions que voici : La terre détruit l'eau [5], l'eau détruit le feu, le feu détruit le métal [6], le métal détruit le bois [7]; ensuite le bois détruit la terre [8], la terre détruit l'eau; et ainsi des autres. L'ordre de la génération l'a enfin emporté, et on le suit depuis longtemps.

Ce n'est pas tout : ils se sont avisés de fixer le nombre des années de ce période chimérique. Selon ce compte, qui à la vérité n'est pas si ancien à beaucoup près que l'invention de ce période, les empires fondés par l'*élément de la terre* durent mille ans, sous cinquante générations. Ceux fondés par l'*élément du métal* durent neuf cents ans, sous quarante-neuf générations. Ceux fondés par l'*élément de l'eau* durent six cents ans, sous vingt générations. Ceux fondés par l'*élément du bois* durent huit cents ans, sous trente générations. Ceux enfin fondés par l'*élément du feu* durent sept cents ans, sous vingt générations. Telle est, disent-ils, la règle fixe et perpétuelle du ciel et de la terre.

Voilà quelle est la doctrine des philosophes chinois sur les révolutions des générations élémentaires, ou des cinq *Chang-ti*. C'est ainsi qu'ils prétendent que le cours des empires n'est pas moins périodique que les révolutions célestes; et c'est ce qui a donné lieu à cette formule des empereurs : *Nous, que le ciel par ses révolutions a destinés à l'empire*. Mais ces révolutions, quoique imaginaires, en ont produit de réelles, dans l'empire chinois. Car, comme les philosophes, ajoutant erreurs sur erreurs, soutiennent que l'art peut prévoir ces événements, qu'ils croient nécessaires, avec autant de certitude qu'ils prévoient une éclipse, surtout en les concluant des pronostics qui ne manquent jamais de les précéder [9], ils ont donné naissance aux sorts et aux devins, qui ont rempli la Chine de tableaux prophétiques, de vaines prédictions et de faux prodiges. Aussi des usurpateurs, qui craignaient de prendre les armes, se sont souvent servis de cette double persuasion, pour obliger les empereurs légitimes à leur céder le trône. Ils mettaient d'abord dans leurs intérêts les devins, qui les servaient de toute l'habileté de leur métier; et la rareté des prodiges vrais les obligeait ensuite à en faire imaginer une infinité de faux par des imposteurs à gage.

De cette doctrine, que nous venons de voir, dépend en partie la connaissance de ce que les Chinois pensent de la Divinité, chaque dynastie, dans tout ce qu'elle fait, se réglant uniquement sur la révolution de l'élément par la vertu duquel elle règne, afin de faire éclater en tout la gloire de l'intelligence de l'élément dominant, ou du *Chang-ti* qui la gouverne.

Fo-hi, le premier empereur de la Chine, régna par la vertu de l'élément du *bois*. *Hoang-ti*, troisième empereur, régna par l'élément de la *terre*, qui tenant le milieu entre les cinq éléments, est le symbole de la vertu véritable, ferme et solide, ou de la médiocrité. C'est ce *Hoang-ti*, dont le règne commença l'an 2697 avant l'ère chrétienne, qu'ils disent avoir été enlevé au ciel par un dragon à longue barbe. Ce dragon, disent-ils, s'avança vers l'empereur, qui monta dessus avec plus de soixante et dix personnes, tant officiers de sa maison que dames de son palais. Aussitôt ce dragon prit l'essor pour s'élever. Le reste des officiers de moindre conséquence, n'ayant pu monter sur le dragon, s'attacha à ses barbes; mais une secousse du dragon les fit tomber à terre, avec une partie de ses barbes qu'ils avaient empoignée, et fit tomber aussi l'arc de *Hoang-ti*. Cependant les peuples regardaient *Hoang-ti* qui montait au ciel; quand ils l'eurent perdu de vue, ils se jetèrent sur son arc et sur les barbes du dragon, et s'y tenant attachés ils se mirent à pleurer et à gémir. De cette histoire vient cette expression chinoise, au sujet des empereurs défunts : *Il a monté sur le dragon comme sur un char; le cocher du dragon est monté au ciel, où il a été reçu en qualité d'hôte; le cocher du dragon s'est élevé en haut en qualité d'hôte*, etc.; et tout cela pour dire, L'empereur défunt qui est allé au ciel, etc. Ce dragon a quelque ressemblance avec l'aigle de l'apothéose des empereurs romains, que l'on croyait monter au ciel en forme d'aigle, ou portés au ciel sur les ailes d'un aigle.

II.

Outre le souverain *Chang-ti*, qui préside à tout le ciel, il y a encore cinq autres *Chang-ti* [1] qui président séparément aux cinq régions du ciel, aux cinq saisons de l'année, et aux cinq éléments, partageant ainsi le fardeau du souverain *Chang-ti*. Ces cinq *Chang-ti* sont appelés célestes; et, afin qu'ils ne succombassent pas sous le poids de leur emploi, les Chinois leur ont donné pour adjoints et coadjuteurs cinq *Chang-ti* humains, qui sont cinq anciens empereurs de la Chine. Ils ont aussi assigné à ces cinq *Chang-ti* humains cinq ministres ou préfets.

III.

Les sacrifices aux cinq *Chang-ti* ont été religieusement offerts et continués par toutes les dynasties jusqu'à celle des *Ming* [2]; mais celle-ci, à laquelle celle [3] d'aujourd'hui a succédé immédiatement, les a entièrement retranchés par l'avis des philosophes athéo-politiques, qui ne reconnaissent pour tout *Chang-ti* que la raison primitive.

Au reste, outre les honneurs communs rendus aux cinq *Chang-ti*, les dynasties précédentes honoraient, par une superstition particulière, celui des cinq *Chang-ti* dont la dynastie régnante croyait être issue. Car les Chinois croient que les vicissitudes des empires dépendent de la révolution fatale des cinq éléments successifs les uns aux autres. Ils nomment ce période *calendrier*, parce que les mutations des empires dépendent aussi bien de ce

---

[1] Par les cendres du bois.
[2] Le métal se forme dans les entrailles de la terre.
[3] Où le liquide par la fusion.
[4] Le bois ne saurait croître sans eau.
[5] Par sa sécheresse, etc.
[6] Par la fonte, qui de dur qu'il est, le rend liquide.
[7] C'est avec le métal qu'on détruit les forêts, etc.
[8] Par la nourriture qu'il en tire.
[9] La domination des éléments se fait connaître par des prodiges; sous celle du *bois*, apparition d'un dragon vert; les arbres et les plantes sont d'une vigueur et d'une beauté extraordinaire. Sous celle du *feu*, apparition d'un corbeau changé en feu; sous celle de *la terre*, apparition d'un grand dragon jaune; grande abondance de biens de la terre ; sous celle du *métal*, l'argent regorge de lui-même des mines; il se voit des animaux blancs, qui ne sont pas ordinairement de cette couleur : enfin, sous celle de l'*eau*, pluies abondantes; les fleuves rompent leurs digues.

[1] [M. Visdelou aurait dû citer ici les passages des auteurs qui établissent la croyance de ces différents Chang-ti. On ne trouve point cette doctrine dans le *Chou-king*. Il fallait démontrer qu'avant la dynastie des Ming elle avait été reçue dans tout l'empire, et indiquer en quel temps elle a commencé. D'ailleurs, était-elle admise universellement, ou ne l'était-elle que par quelques philosophes? En un mot, ce que dit ici M. Visdelou demande de nouveaux éclaircissements. Tous ces différents Chang-ti ne seraient-ils pas plutôt des *Kouei-chin* ou des esprits subordonnés au Chang-ti, qui se porte ce nom?]
[2] L'an 1369.
[3] L'an 1645.

période, que les conjonctions et les oppositions des planètes dépendent de leur mouvement propre. Ils disent que, lorsque la domination d'un nouvel élément approche, le *Chang-ti* qui préside à cet élément, engendre un homme digne de l'empire, et l'aide à l'obtenir. C'est pourquoi toute la dynastie, dont cet homme était le fondateur, donnait par reconnaissance au *Chang-ti*, le nom de *Kan-seng-ti*, c'est-à-dire, le *Chang-ti*, qui, par une sympathie secrète avait engendré le fondateur de la dynastie; et sous ce nom, tant que cette dynastie durait, ce *Chang-ti* jouissait de certains honneurs particuliers, jusqu'à ce qu'il eût fait place à un autre.

Tous ceux qui ont quelque connaissance de la philosophie chinoise savent qu'elle roule sur ces cinq éléments, comme sur autant de pivots; et pour n'en dire ici que ce qui convient au dessein que je me propose, c'est un axiome reçu de tous, que le *bois* domine au printemps; le *feu*, en été; le *métal*, en automne; et l'*eau*, en hiver : que la *terre*, comme l'appui et le soutien des autres éléments, n'a sous sa domination aucune saison réglée de l'année; que cependant, pour ne paraître pas être privée de domination, elle exerce son empire sur les dix-huit derniers jours de chacune des quatre saisons annuelles, et de plus, par la raison qu'elle est située au milieu des éléments, aussi sur la fin de l'été, qui est le milieu de l'année, elle règne, elle est en vigueur d'une manière plus particulière. Aujourd'hui encore on marque dans le calendrier chinois ses trois jours d'occultation, et la première dizaine de jours ne commence que du jour nommé *Keng*, qui est le troisième d'après le solstice d'été.

La terre est censée par les Chinois du genre imparfait ou féminin; ils l'appellent communément la mère de toutes choses; et un ancien empereur des *Han*, nommé *Vou-ti*, dans les hymnes que l'on chantait pendant qu'il sacrifiait à l'esprit de la terre, l'invoquait tantôt sous le nom de *mère divine*, tantôt sous celui de *mère heureuse*.

IV.

A l'égard du terme *Chin*[1], soit qu'il soit seul, ou ainsi réuni à *Kouei-chin*[2], aucun de nos termes ne peut le rendre parfaitement. Si on le traduit par *esprits*, ce n'est pas assez; si on le traduit par le mot de *dieux*, c'est trop. Car le *Chin* des Chinois est une appellation commune à toute intelligence, même à celle de l'homme. De plus, les esprits rationnels, pour parler comme les Chinois, c'est-à-dire, les esprits dans lesquels réside la faculté d'entendre, sont appelés ordinairement *Chin* par les médecins, et, à leur exemple, par les philosophes mêmes. Qui plus est, tout ce qui anime le corps est souvent appelé de ce nom, surtout lorsqu'au termes de *Chin* on ajoute celui de *Tsing*[3], c'est-à-dire, *semen*, pour faire de ces deux termes le *Tsing-chin*[4], qui veut dire *semen*, et *spiritus rationalis* : manière de parler qui est communément en usage pour signifier l'état du corps vigoureux, plein de suc, *semineque et spiritibus turgentem*. Ainsi les Chinois ont plusieurs idées ou notions de *Chin*.

1° Quand c'est en général qu'on en parle, l'*une est générale*, et alors elle signifie une certaine vertu divine, excellente, et incompréhensible, et l'on honore de ce titre les hommes extraordinaires, dont la sainteté surpasse la condition humaine : *l'autre est particulière*, et cette appellation convient alors aux êtres seuls qui sont révérés par des sacrifices, tels que sont les génies célestes, les esprits terrestres, et les mânes des morts : auquel cas, pour éviter toute équivoque, on les nomme souvent

Kouei-chin. Or cette notion des *Kouei-chin*, en tant qu'elle regarde les dieux seuls, est morale et populaire; et ceux qui l'admettent attribuent des intelligences à tous les corps de l'univers, et aux mânes des morts, sans se mettre en peine si ces formes sont véritablement informantes, ou purement assistantes. Ou cette notion est physique et philosophique, et pour lors ils la considèrent de deux façons; car, eu égard à la nature de toutes choses, et même des hommes, les philosophes définissent les *Kouei-chin* des puissances naturelles de la double matière, c'est-à-dire, de la matière parfaite et de l'imparfaite; ou bien, comme le dit plus clairement *Tchang-tsaï*, les *Kouei* sont les *Chin* de la matière imparfaite, et les *Chin* sont de la parfaite. D'autres ayant égard à l'étymologie de ce mot, interprètent le terme *Chin* par un autre de même nom, qui signifie *s'étendre*, et le terme de *Kouei* par un autre de même dénomination, qui veut dire *se replier*, *se recourber*, *se contracter* : et par cette extension et contraction, qu'ils appellent l'*allée* et la *venue*, ou le systole et le diastole de la nature, ils figurent les vicissitudes de la nature dans ses générations et corruptions alternatives. Car ils ne pensent pas que les *Kouei-chin*, considérés comme les propriétés innées de la double matière, soient des natures subsistantes par elles-mêmes, mais seulement les formes des choses, non distinctes des choses mêmes qu'elles composent, et dont elles sont une partie intrinsèque et essentielle, ni distinctes même de la matière. Ils disent que les *Kouei-chin* de ce genre sont les principes internes de tous les effets, prodiges et miracles de la nature; qu'à leur approche toutes choses naissent, croissent et prennent vigueur; et qu'à leur retraite toutes choses décroissent, vieillissent et périssent. Au reste, c'est de ces *Kouei-chin* physiques, pour ainsi dire, que sont composés les *Kouei-chin* qui sont des substances subsistantes par elles-mêmes, comme sont les mânes des morts, selon le sentiment de plusieurs. Or comme ces *Kouei-chin* physiques, ou les puissances de la double matière, découlent de la raison primitive dans la matière, il s'ensuit qu'ils ne sont réellement autre chose que cette même raison, en tant qu'elle meut, agite et régit la matière.

Mais, eu égard seulement à l'homme mort, ils divisent l'*âme de l'homme* en deux parties, l'une mobile et subtile, d'où provient la faculté de connaître, et ils appellent celle-là *Hoen*[1]; l'autre fixe et grossière, d'où provient la faculté de sentir, et ils l'appellent *Pe*[2]. A l'une et l'autre de ces deux parties répondent directement les *Kouei-chin* ou les mânes. Car après la mort, la première de ces parties, qui étant dégagée des liens du corps retourne au ciel, d'où elle était venue, devient *Chin*; et la seconde, qui avec le corps auquel elle était attachée et annexée retourne à la terre, d'où elle avait été tirée, devient *Kouei*. Ainsi tout le mystère des sacrifices qu'ils font aux mânes des morts, père, mère, et ancêtres, consiste en ce que, par la vertu secrète d'une certaine sympathie, les deux parties de l'âme soient tellement émues et frappées de la piété sincère de ceux qui sacrifient, qu'elles viennent se réunir pour ce temps, et jouir des offrandes qu'on leur présente.

Cette définition de l'âme et des mânes est enseignée en peu de mots par *Tching-hiuen*, ancien et fameux interprète, au chap. XVII, fol. 1, des histoires particulières de l'histoire des *Han*. Le *Chin*, dit-il, de la matière imparfaite et de la parfaite, s'appelle *Tsing*, *semen*, et *Ki*, esprit. Le *Chin* des affections et de la nature s'appelle *Hoen*, c'est-à-dire, la partie la plus subtile de l'âme, et *Pe*, c'est-à-dire, la partie de l'âme la plus grossière. Cela veut dire que, et *semen*, et l'*esprit* proviennent de

[1] 神 [2] 鬼神 [3] 精 [4] 精神

fleur divine de la double matière; que de l'esprit, ou de la vapeur la plus subtile, vient la partie la plus subtile de l'âme, ou la faculté de connaître; et que du *semen*, ou de la vapeur la plus grossière, vient la partie la plus grossière de l'âme, capable de sentiment et d'affection.

Au reste, quand j'ai parlé d'une *notion des dieux morale et populaire*, il ne faut pas penser qu'elle appartienne seulement au peuple, et nullement aux philosophes : car, outre les philosophes de la dynastie des *Han*, et presque tous ceux qui les ont suivis, jusqu'à l'institution de la secte des *Athéo-politiques*, lesquels posaient pour principe de toutes choses la seule matière première, suivant cette célèbre maxime : *Taï-ki han-san-ouei-ye*, c'est-à-dire, *Taï-ki*[1], ou le *premier principe, contient en soi trois choses, et de ces trois il en forme une*[2]. Il s'en trouve parmi les athéo-politiques mêmes qui attribuent, du moins en apparence, des intelligences au ciel, et aux autres corps de l'univers. Et certainement *Tchou-wen-kong*[3], leur coryphée, commentant la table de *Tcheou-chun-y*, disait, selon le témoignage de son disciple et célèbre philosophe *Tchang-van-hien* [*Sing-li-ta-tsuen* L. 54.]: « Quand on dit que *Taï-ki*, c'est-à-dire, la raison primitive, ou premier principe de toutes choses, a produit le ciel et la terre, et formé les *Kouei-chin*, et le *Chang-ti*, ou les *Chang-ti*, cela ne nous dit autre chose que ce qui est compris dans cet axiome de *Tcheou-chun-y* : *Taï-ki*, par le mouvement et le repos, a produit la matière parfaite et l'imparfaite ».

Cela ne doit pas paraître étonnant, puisque les athées les plus rigides ne peuvent nier que les âmes humaines, qui sont des intelligences, ne soient produites et formées par ce même premier principe. Mais ces *Kouei-chin*, ces *Chang-ti*, qui sont des substances, tirent toute leur faculté d'entendre, et leur vertu d'opérer, des *Kouei-chin* physiques, qui sont les propriétés innées de l'une et de l'autre matière; quoique, pour dire la chose comme elle est, les athées rigides se raillent communément de tout le genre des dieux. Comme ils croient que tout est réglé par le destin, ils ne laissent aucun lieu aux prières et aux vœux, et ne parlent qu'avec mépris des religions où l'on sacrifie.

太極

[1] C'est-à-dire, que ces trois choses n'en font qu'une, ne font qu'un tout, qui est le monde, l'univers; tout est un.
[2] *Tchou-wen-kong* signifie *Tchou, Prince de la littérature*. C'est le titre honorifique de *Tchou-hi*, le célèbre commentateur des livres de KHOUNG-TSEU et le chef des philosophes chinois modernes. Plusieurs d'entre les missionnaires l'ont accusé d'être *athée*; d'autres, parmi lesquels on doit placer au premier rang le père Amiot et le père Prémare, l'ont défendu contre cette accusation. On peut lire du premier de ces savants missionnaires, la *Notice*, jusqu'ici inédite, qu'il a écrite sur ce philosophe, en tête de ce volume. (G. P.)

2° Quand c'est par opposition que l'on parle des *Chin*, on établit alors trois ordres de dieux, dont les célestes sont nommés *Chin*, les terrestres *Ki*, et les mânes des morts *Kouei*. Eu égard à cette distinction, on peut traduire *Chin*, par génies; *Ki*, par esprits; et *Kouei*, par mânes des morts: quoique dans le fond nos termes ne quadrent pas parfaitement aux termes chinois. Reste à observer que les Chinois emploient souvent, pour désigner les dieux, le terme *Chin-ling*, c'est-à-dire, *Chin*, intelligents; et celui de *Chin-ming*, c'est-à-dire, clairs et connaissants.

Les Chinois sont certainement au-dessus des autres peuples pour le soin et l'exactitude avec laquelle ils écrivent leurs histoires. Outre celle que nous appelons en général l'histoire, ils composent aussi sur toutes choses des histoires particulières, parmi lesquelles celle de la religion tient le premier lieu.

Chaque dynastie a l'histoire de sa religion. Ainsi il ne sera pas difficile, au lieu de s'amuser à disputer sur leurs livres canoniques, ou sur les morceaux détachés des textes, de porter par l'histoire même un jugement certain sur la religion de chaque dynastie, et de décider enfin si la religion des Chinois est la religion des adorateurs du vrai Dieu.

Que l'on ne s'imagine pas que la religion présente des Chinois soit différente de l'ancienne : car quoiqu'on y ait innové de temps en temps touchant le lieu, le temps et la forme, cependant les choses principales s'y pratiquent selon le rit ancien. Aujourd'hui, comme autrefois, on sacrifie au ciel, à la terre, aux fleuves, aux ancêtres, etc. Aujourd'hui encore, les anciennes cérémonies sont en usage, excepté quelques-unes en petit nombre, qui n'ont été changées par aucun autre motif que parce qu'on a cru qu'elles ne convenaient pas à l'antiquité, tant les opinions sont en cela différentes.

Il faut pourtant excepter, comme nous l'avons déjà dit, les sacrifices aux cinq *Chang-ti*, qui ont été supprimés par la dynastie des *Ming*[1], et par celle d'aujourd'hui appelée *Thsing*[2], qui suit pas à pas celle des *Ming*, à laquelle elle a succédé[3].

[1] Le commencement de la dynastie des *Ming* est en 1639; elle succéda à celle d'*Yuen*, ou des descendants de Genghizkhan, qui avait commencé en 1280.
[2] La dynastie des *Tsing* a commencé en 1645.
[3] On peut aussi consulter, sur le *Y-king*, un ouvrage manuscrit du père Prémare, déposé à la Bibliothèque royale de Paris, et qui a pour titre : « *Selecta quædam vestigia præcipuorum christianæ religionis Dogmatum ex antiquis sinarum libris eruta*. Manuscrit petit in-4° de 327 pages, plein de citations chinoises, tendant à prouver que les anciens Chinois ont eu connaissance des principaux dogmes de la religion chrétienne. M. Bonnetty, à qui nous avions signalé ce curieux manuscrit, en a donné une analyse étendue dans ses *Annales de philosophie chrétienne*, Août, novembre 1837, et années suivantes. (G. P.)

FIN DE LA NOTICE SUR LE Y-KING

四書

LES SSE CHOU,

ou

LES QUATRE LIVRES DE PHILOSOPHIE

MORALE ET POLITIQUE

DE LA CHINE,

TRADUITS DU CHINOIS PAR M. G. PAUTHIER.

大學

LE TA HIO,

ou

LA GRANDE ÉTUDE,

OUVRAGE DE

KHOUNG-FOU-TSEU [CONFUCIUS]

ET DE SON DISCIPLE THSÉNG-TSEU.

PREMIER LIVRE CLASSIQUE.

PRÉFACE DU COMMENTAIRE

SUR LE TA HIO,

PAR

LE DOCTEUR TCHOÛ-HÎ.

Le Livre de la *Grande Étude* est celui que, dans l'antiquité, on enseignait aux hommes dans le lieu de la *Grande Étude* (le Grand Collége impérial) et qu'on leur proposait pour règle de conduite ; or, les hommes, tirant du ciel leur origine, il en résulte qu'il n'en est aucun qui n'ait été doué par lui des sentiments de charité ou d'humanité, de justice, de convenance et de sagesse. Cependant, quoique tous les hommes possèdent certaines dispositions naturelles et constitutives qu'ils ont reçues en naissant, il en est quelques-uns qui n'ont pas le pouvoir ou la faculté de les cultiver et de les bien diriger. C'est pourquoi ils ne peuvent pas tous avoir en eux les moyens de connaître les dispositions existantes de leur propre nature, et ceux de leur donner leur complet développement. Il en est qui, possédant une grande perspicacité, une intelligence pénétrante, une connaissance intuitive, une sagesse profonde, peuvent développer toutes les facultés de leur nature, et ils se distinguent au milieu de la foule qui les environne ; alors le ciel leur a certainement donné le mandat d'être les chefs et les instituteurs des générations infinies ; il les a chargés de la mission de les gouverner et de les instruire, afin de les faire retourner à la pureté primitive de leur nature.

Voilà comment [les anciens empereurs] *Fou-hi*, *Chin-noung*, *Hoang-ti*, *Yao* et *Chun* occupèrent successivement les plus hautes dignités que confère le ciel ; comment les ministres d'État furent attentifs à suivre et à propager leurs instructions, et d'où les magistrats qui président aux lois civiles et à la musique dérivèrent leurs enseignements.

Après l'extinction des trois premières dynasties, les institutions qu'elles avaient fondées s'étendirent graduellement. Ainsi, il arriva par la suite que dans les palais des rois, comme dans les grandes villes et même jusque dans les plus petits villages, il n'y avait aucun lieu où l'on ne se livrât à l'étude. Dès que les jeunes gens avaient atteint l'âge de huit ans, qu'ils fussent les fils des rois, des princes, ou de la foule du peuple, ils entraient tous à la *Petite École* [1], et là on leur enseignait à arroser, à balayer, à répondre promptement et avec soumission à ceux qui les appelaient ou les interrogeaient ; à entrer et à sortir selon les règles de la bienséance ; à recevoir les hôtes avec politesse, et à les reconduire de même. On leur enseignait aussi les usages du monde et des cérémonies ; la musique, l'art de lancer des flèches, de diriger des chars, ainsi que celui d'écrire et de compter.

Lorsqu'ils avaient atteint l'âge de quinze ans, alors, depuis l'héritier présomptif de la dignité impériale et tous les autres fils de l'empereur, jusqu'aux fils des princes, des premiers ministres, des gouverneurs de provinces, des lettrés ou docteurs de l'empire promus à des dignités, ainsi que tous ceux d'entre les enfants du peuple qui brillaient par des talents supérieurs, entraient à la *Grande École* [2], et on leur enseignait les moyens de pénétrer et d'approfondir les principes des choses, de rectifier les mouvements de leur cœur, de se corriger, de se perfectionner eux-mêmes, et de gouverner les hommes. Voilà comment les doctrines que l'on enseignait dans les colléges étaient divisées en *grandes* et *petites*. Par cette division et cette composition des études, leur propagation s'étendit au loin, et le mode d'enseigner se maintint dans

[1] 小學 *Siaô hio*.
[2] 大學 *Tá hio*.

les limites précises de cet ordre de subordination; c'est ce qui en fit un véritable enseignement. En outre, toute la base de cette institution résidait dans la personne du prince, qui en pratiquait tous les devoirs. On ne demandait aucun salaire aux enfants du peuple, et on n'exigeait rien d'eux que ce dont ils avaient besoin pour vivre journellement. C'est pourquoi, dans ces âges passés, il n'y avait aucun homme qui ne se livrât à l'étude. Ceux qui étudiaient ainsi se gardaient bien de ne pas s'appliquer à connaître les dispositions naturelles que chacun d'eux possédait réellement, la conduite qu'il devait suivre dans les fonctions qu'il avait à remplir; et chacun d'eux faisait ainsi tous ses efforts, épuisait toutes ses facultés, pour atteindre à sa véritable destination. Voilà comment il est arrivé que, dans les temps florissants de la haute antiquité, le gouvernement a été si glorieux dans ceux qui occupaient les emplois élevés, les mœurs si belles, si pures dans les inférieurs, et pourquoi il a été impossible aux siècles qui leur ont succédé d'atteindre à ce haut degré de perfection.

Sur le déclin de la dynastie des Tchéou, lorsqu'il ne paraissait plus de souverains doués de sainteté et de vertu, les règlements des grandes et petites Écoles n'étaient plus observés; les saines doctrines étaient dédaignées et foulées aux pieds; les mœurs publiques tombaient en dissolution. Ce fut à cette époque de dépravation générale qu'apparut avec éclat la sainteté de Khoung-tseu; mais il ne put alors obtenir des princes qu'ils le plaçassent dans les fonctions élevées de ministre ou instituteur des hommes, pour leur faire observer ses règlements et pratiquer sa doctrine. Dans ces circonstances, il recueillit dans la solitude les lois et institutions des anciens rois, les étudia soigneusement et les transmit [à ses disciples] pour éclairer les siècles à venir. Les chapitres intitulés Khio-li, Chao-i, Neï-tse¹, concernent les devoirs des élèves, et appartiennent véritablement à la Petite Étude, dont ils sont comme les ruisseaux détachés ou des appendices; mais, parce que les instructions concernant la Petite Étude [ou l'Étude propre aux enfants] avaient été complétement développées dans les ouvrages ci-dessus, le livre qui nous occupe a été destiné à exposer et rendre manifestes à tous, les lois claires, évidentes, de la Grande Étude [ou l'Étude propre aux esprits mûrs]. En dehors du livre, et comme frontispice, sont posés les grands principes qui doivent servir de base à ces enseignements, et dans le livre, ces mêmes principes sont expliqués et développés en paragraphes séparés. Mais, quoique dans une multitude de trois mille disciples, il n'y en ait eu aucun qui n'eût souvent entendu les enseignements du maître, cependant le contenu de ce livre fut transmis à la postérité par les seuls disciples de Thsêng-tseu, qui en avait reçu lui-même les maximes de son maître Khoung-tseu, et qui, dans une Exposition concise, en avait expliqué et développé le sens.

Après la mort de Mêng-tseu, il ne se trouva plus personne pour enseigner et propager cette doctrine des anciens; alors, quoique le livre qui la contenait continuât d'exister, ceux qui la comprenaient étaient fort rares. Ensuite il est arrivé que les lettrés dégénérés, s'étant habitués à écrire des narrations, à compiler, à faire des discours élégants, leurs œuvres concernant la Petite Étude furent au moins doubles de celles de leurs prédécesseurs; mais leurs préceptes différents furent d'un usage complétement nul.

Les doctrines du Vide et de la Non-entité², du Repos

¹ Chapitres du 禮記 Li-ki; ou Livre des Rites.
² Celle des Tao-sse qui a Lao-tseu pour fondateur.

absolu et de l'Extinction finale¹, vinrent ensuite se placer bien au-dessus de celle de la Grande Étude; mais elles manquaient de base véritable et solide. Leur autorité, leurs prétentions, leurs artifices ténébreux, leurs fourberies, en un mot, les discours de ceux qui les prêchaient pour s'attirer une renommée glorieuse et un vain nom, se sont répandus abondamment parmi les hommes; de sorte que l'erreur, en envahissant le siècle, a abusé les peuples, et a fermé toute voie à la charité et à la justice. Bien plus, le trouble et la confusion de toutes les notions morales sont sortis de leur sein; au point que les sages mêmes ne pouvaient être assez heureux pour obtenir d'entendre et d'apprendre les devoirs les plus importants de la grande doctrine, et que les hommes du commun ne pouvaient également être assez heureux pour obtenir dans leur ignorance d'être éclairés sur les principes d'une bonne administration; tant les ténèbres de l'ignorance s'étaient épaissies et avaient obscurci les esprits. Cette maladie s'était tellement augmentée, dans la succession des années; elle était devenue tellement invétérée, qu'à la fin de l'époque des cinq dynasties [vers 950 de notre ère] le désordre et la confusion étaient au comble.

Mais il n'arrive rien sur cette terre que le ciel ne ramène de nouveau dans le cercle de ses révolutions; la dynastie des Soung s'éleva, et la vertu fut bientôt florissante; les principes du bon gouvernement et l'éducation reprirent leur éclat. A cette époque, apparurent dans la province du Ho-nan deux docteurs de la famille Tching, lesquels, dans le dessein de transmettre à la postérité les écrits de Mêng-tseu et de ses disciples, les réunirent et en formèrent un corps d'ouvrage. Ils commencèrent d'abord par manifester une grande vénération pour ce livre [le Tá hio ou la Grande Étude], et ils le remirent en lumière, afin qu'il frappât les yeux de tous. A cet effet, ils le retirèrent du rang secondaire où il était placé², en mirent en ordre les matériaux, et lui rendirent ses beautés primitives. Ensuite la doctrine qui avait été anciennement exposée dans le livre de la Grande Étude, pour instruire les hommes; le véritable sens du saint texte original [de Khoung-tseu] et de l'Explication de son sage disciple, furent de nouveau examinés et rendus au siècle, dans toute leur splendeur. Quoique moi Hi, je ne sois ni habile, ni pénétrant, j'ai été assez heureux cependant pour retirer quelque fruit de mes propres études sur ce livre, et pour entendre la doctrine qui y est contenue. J'avais vu qu'il existait encore dans le travail des deux docteurs Tching des choses incorrectes, inégales, que d'autres en avaient été détachées ou perdues; c'est pourquoi, oubliant mon ignorance et ma profonde obscurité, je l'ai corrigé et mis en ordre autant que je l'ai pu, en remplissant les lacunes qui y existaient, et en y joignant des notes pour faire saisir le sens et la liaison des idées³; enfin, en suppléant ce que les premiers éditeurs et commentateurs avaient omis ou seulement indiqué d'une manière trop concise; en attendant que, dans la suite des temps, il vienne un sage capable d'accomplir la tâche que je n'ai fait qu'effleurer. Je sais parfaitement que celui qui entreprend plus qu'il ne lui convient, n'est pas exempt d'encourir pour sa faute le blâme de la postérité. Cependant, en ce qui concerne le

¹ Celle des Bouddhistes, qui a Fo ou Bouddha pour fondateur.
² Il formait un des chapitres du Li-ki.
³ Il ne faudrait pas croire que cet habile commentateur ait fait des changements au texte ancien du livre; il n'a fait que transposer quelquefois des chapitres de l'Explication, et suppléer par des notes aux lacunes des mots ou des idées; mais il a eu toujours soin d'en avertir dans le cours de l'ouvrage, et ses additions explicatives sont imprimées en plus petits caractères et en lignes plus courtes que celles du texte primitif.

gouvernement des États, la conversion des peuples, l'amélioration des mœurs, celui qui étudiera mon travail sur le mode et les moyens de se corriger ou se perfectionner soi-même et de gouverner les hommes, dira assurément qu'il ne lui aura pas été d'un faible secours.

Du règne nommé *Chun-hi*, année *Kui-yeo* [1191 de notre ère], second mois lunaire *Kia-tseu*, dans la ville de *Sin-ngan*, ou de la *Paix nouvelle* [vulgairement nommée *Hoëi-tchéou*]. Préface de *Tchou-hi*.

AVERTISSEMENT
DU DOCTEUR TCHING-TSEU.

Le docteur *Tching-tseu* a dit : Le *Tá hio* [ou la *Grande étude*] est un livre laissé par KHOUNG-TSEU et son disciple [*Thséng-tseu*], afin que ceux qui commencent à étudier les sciences morales et politiques s'en servent comme d'une porte pour entrer dans le sentier de la sagesse. On peut voir maintenant que les hommes de l'antiquité, qui faisaient leurs études dans un ordre méthodique, s'appuyaient uniquement sur le contenu de ce livre; et ceux qui veulent étudier le *Lun yu* et le *Méng-tseu*, doivent commencer leurs études par le *Tá hio*; alors ils ne courent pas le risque de s'égarer.

大學

LA GRANDE ÉTUDE.

1. La loi de la grande Étude, ou de la philosophie pratique, consiste à développer et remettre en lumière le principe lumineux de la raison que nous avons reçu du ciel, à renouveler les hommes, et à placer sa destination définitive dans la perfection, ou le souverain bien.

2. Il faut d'abord connaître le but auquel on doit tendre, ou sa destination définitive, et prendre ensuite une détermination; la détermination étant prise, on peut ensuite avoir l'esprit tranquille et calme; l'esprit étant tranquille et calme, on peut ensuite jouir de ce repos inaltérable que rien ne peut troubler; étant parvenu à jouir de ce repos inaltérable que rien ne peut troubler, on peut ensuite méditer et se former un jugement sur l'essence des choses; ayant médité et s'étant formé un jugement sur l'essence des choses, on peut ensuite atteindre à l'état de perfectionnement désiré.

3. Les êtres de la nature ont une cause et des effets; les actions humaines ont un principe et des conséquences : connaître les causes et les effets, les principes et les conséquences, c'est approcher très-près de la méthode rationnelle avec laquelle on parvient à la perfection.

4. Les anciens princes qui désiraient développer et remettre en lumière, dans leurs États, le principe lumineux de la raison que nous recevons du ciel, s'attachaient auparavant à bien gouverner leurs royaumes; ceux qui désiraient bien gouverner leurs royaumes, s'attachaient auparavant à mettre le bon ordre dans leurs familles; ceux qui désiraient mettre le bon ordre dans leurs familles, s'attachaient auparavant à se corriger eux-mêmes; ceux qui désiraient se corriger eux-mêmes, s'attachaient auparavant à donner de la droiture à leur âme; ceux qui désiraient donner de la droiture à leur âme, s'attachaient auparavant à rendre leurs intentions pures et sincères; ceux qui désiraient rendre leurs intentions pures et sincères, s'attachaient auparavant à perfectionner le plus possible leurs connaissances morales; perfectionner le plus possible les connaissances morales consiste à pénétrer et approfondir les principes des actions.

5. Les principes des actions étant pénétrés et approfondis, les connaissances morales parviennent ensuite à leur dernier degré de perfection; les connaissances morales étant parvenues à leur dernier degré de perfection, les intentions sont ensuite rendues pures et sincères; les intentions étant rendues pures et sincères, l'âme se pénètre ensuite de probité et de droiture; l'âme étant pénétrée de probité et de droiture, la personne est ensuite corrigée et améliorée; la personne étant corrigée et améliorée, la famille est ensuite bien dirigée; la famille étant bien dirigée, le royaume est ensuite bien gouverné; le royaume étant bien gouverné, le monde ensuite jouit de la paix et de la bonne harmonie.

6. Depuis l'homme le plus élevé en dignité, jusqu'au plus humble et au plus obscur; devoir égal pour tous : corriger et améliorer sa personne, ou le *perfectionnement de soi-même*, est la base fondamentale de tout progrès et de tout développement moral.

7. Il n'est pas dans la nature des choses que ce qui a sa base fondamentale en désordre et dans la confusion, puisse avoir ce qui en dérive nécessairement, dans un état convenable.

Traiter légèrement ce qui est le principal ou le plus important, et gravement ce qui n'est que secondaire, est une méthode d'agir qu'il ne faut jamais suivre[1].

[1] Le texte entier de l'ouvrage consiste en quinze cents quarante-six caractères. Toute l'Exposition, [de *Thséng-tseu*] est composée de citations variées qui servent de commentaire au *King*, [ou texte original de KHOUNG-TSEU] lorsqu'il n'est pas complétement narratif. Ainsi, les principes posés dans le texte sont successivement développés dans un enchaînement logique. Le sang circule bien partout dans les veines. Depuis le commencement jusqu'à la fin, le grave et le léger sont employés avec beaucoup d'art et de finesse. La lecture de ce livre est agréable et pleine de suavité. On doit le méditer longtemps, et l'on ne parviendra même jamais à en épuiser le sens. (*Note du commentateur.*)

Le *King* ou *Livre par excellence*, qui précède, ne forme qu'un chapitre ; il contient les propres paroles de KHOUNG-TSEU, que son disciple *Thseng-tseu* a commentées dans les dix sections ou chapitres suivants, composés de ses idées recueillies par ses disciples.

Les tablettes en bambou des anciennes copies avaient été réunies d'une manière fautive et confuse ; c'est pour cela que *Tching-tseu* détermina leur place, et corrigea en l'examinant la composition du livre. Par la disposition qu'il établit, l'ordre et l'arrangement ont été arrêtés comme il suit.

EXPLICATION DE THSÊNG-TSEU.

CHAPITRE PREMIER.

Sur le devoir de développer et de rendre à sa clarté primitive le principe lumineux de notre raison.

1. Le *Khang-kao*[1] dit : Le roi *Wen* parvint à développer et faire briller dans tout son éclat le principe lumineux de la raison que nous recevons du ciel.

2. Le *Taï-kia*[2] dit : Le roi *Tching-thang* avait sans cesse les regards fixés sur *ce don brillant de l'intelligence que nous recevons du ciel*.

3. Le *Ti-tien*[3] dit : *Yao* put *développer et faire briller dans tout son éclat le principe sublime de l'intelligence que nous recevons du ciel*.

4. Tous ces exemples indiquent que l'on doit cultiver sa nature rationnelle et morale.

Voilà le premier chapitre du Commentaire. Il explique ce que l'on doit entendre par *développer et remettre en lumière le principe lumineux de la raison que nous recevons du ciel*.

CHAPITRE II.

Sur le devoir de renouveler ou d'éclairer les peuples.

1. Des caractères gravés sur la baignoire du roi *Tching-thang* disaient : Renouvelle-toi complétement chaque jour ; fais-le de *nouveau*, encore de *nouveau*, et toujours de *nouveau*.

2. Le *Khang-kao* dit : Fais que le peuple *se renouvelle*.

3. Le *Livre des Vers* dit :

« Quoique[1] ... des *Tcheou* possédât depuis « longtemps une principauté royale,

« Elle obtint du ciel (dans la personne de *Wen-*« *wang*) une investiture *nouvelle*. »

4. Cela prouve qu'il n'y a rien que le sage ne pousse jusqu'au dernier degré de la perfection.

[1], [2], [3] Ils forment aujourd'hui des chapitres du *Chou-king*.

Voilà le second chapitre du Commentaire. Il explique ce que l'on doit entendre par *renouveler les peuples*.

CHAPITRE III.

Sur le devoir de placer sa destination définitive dans la perfection ou le souverain bien.

1. Le *Livre des Vers* dit :

« C'est dans un rayon de mille *li* (cent lieues) de « la résidence royale,

« Que le peuple aime à *fixer sa demeure*. »

2. Le *Livre des Vers* dit :

« L'oiseau jaune au chant plaintif *mien-mân*,

« *Fixe sa demeure* dans le creux touffu des « montagnes. »

Le philosophe [KHOUNG-TSEU] a dit :

En fixant là sa demeure, il prouve qu'il connaît le lieu de sa *destination* ; et l'homme [la plus intelligente des créatures[1]] ne pourrait pas en savoir autant que l'oiseau !

3. Le *Livre des Vers* dit :

« Que la vertu de *Wen-wang* était vaste et pro-« fonde !

« Comme il sut joindre la splendeur à la solli-« tude la plus grande pour l'accomplissement de « ses différentes *destinations* ! »

Comme prince, il *plaçait sa destination* dans la pratique de l'humanité ou de la bienveillance universelle pour les hommes ; comme sujet, il *plaçait sa destination* dans les égards dus au souverain ; comme fils, il *plaçait sa destination* dans la pratique de la piété filiale ; comme père, il *plaçait sa destination* dans la tendresse paternelle ; comme entretenant des relations ou contractant des engagements avec les hommes, il *plaçait sa destination* dans la pratique de la sincérité et de la fidélité[2].

4. Le *Livre des Vers* dit :

« Regarde là-bas sur les bords du *Ki* ;

« Oh ! qu'ils sont beaux et abondants les verts « bambous !

« Nous avons un prince orné de science et de « sagesse[3] ;

« Il ressemble à l'artiste qui coupe et travaille « l'ivoire,

« A celui qui taille et polit les pierres précieuses.

« O qu'il paraît grave et silencieux !

[1] C'est l'explication que donne le *Ji-kiang*, en développant le commentaire laconique de *Tchou-hi* : « L'homme est de tous les êtres le plus intelligent ; s'il ne pouvait pas choisir le souverain bien pour s'y fixer, c'est qu'il ne serait pas même aussi intelligent que l'oiseau. »

[2] Le *Ji-kiang* s'exprime ainsi : « *Tchou-tseu* dit : Chaque homme possède en soi le principe de sa *destination* obligatoire ou de ses devoirs de conduite, et, **atteindre à sa desti**-*nation*, est du devoir du saint homme. »

[3] *Tcheou-Koung* qui vivait en 1160 avant notre ère ; l'un des plus sages et des plus savants hommes qu'ait eus la Chine.

« Comme sa conduite est austère et digne!
« Nous avons un prince orné de science et de sa-
« gesse;
« Nous ne pourrons jamais l'oublier! »

5. *Il ressemble à l'artiste qui coupe et travaille l'ivoire*, indique l'étude ou l'application de l'intelligence à la recherche des principes de nos actions; *il ressemble à celui qui taille et polit les pierres précieuses*, indique le perfectionnement de soi-même. L'expression : *O qu'il paraît grave et silencieux!* indique la crainte, la sollicitude qu'il éprouve pour atteindre à la perfection ; *comme sa conduite est austère et digne!* exprime combien il mettait de soin à rendre sa conduite digne d'être imitée. *Nous avons un prince orné de science et de sagesse ; nous ne pourrons jamais l'oublier!* indique cette sagesse accomplie, cette perfection morale que le peuple ne peut oublier.

6. *Le Livre des Vers* dit :

« Comme la mémoire des anciens rois (*Wen* et
« *Wou*) est restée dans le souvenir des hommes! »

Les sages et les princes, qui les suivirent, imitèrent leur sagesse et leur sollicitude pour le bien-être de leur postérité. Les populations jouirent en paix, par la suite, de ce qu'ils avaient fait pour leur bonheur, et elles mirent à profit ce qu'ils firent de bien et de profitable dans une division et une distribution équitables des terres ¹. C'est pour cela qu'ils ne seront point oubliés dans les siècles à venir.

Voilà le troisième chapitre du Commentaire. Il explique ce que l'on doit entendre par *placer sa destination définitive dans la perfection ou le souverain bien* ².

CHAPITRE IV.

Sur le devoir de connaître et de distinguer les causes et les effets.

1. Le Philosophe a dit : Je puis écouter des plaidoiries et juger des procès comme les autres hommes ; mais ne serait-il pas plus nécessaire de faire en sorte d'empêcher les procès ? Ceux qui sont fourbes et méchants, il ne faudrait pas leur permettre de porter leurs accusations mensongères et de suivre leurs coupables desseins. On parviendrait par là à se soumettre entièrement les mauvaises intentions des hommes. C'est ce qui s'appelle *connaître la racine ou la cause*.

Voilà le quatrième chapitre du Commentaire. Il explique ce que l'on doit entendre par *la racine et les branches* ou *la cause et les effets*.

CHAPITRE V.

Sur le devoir de perfectionner ses connaissances morales en pénétrant les principes des actions.

1. Cela s'appelle, *connaître la racine ou la cause*.
2. Cela s'appelle, *la perfection de la connaissance*.

Voilà ce qui reste du cinquième chapitre du Commentaire. Il expliquait ce que l'on doit entendre par *perfectionner ses connaissances morales en pénétrant les principes des actions;* il est maintenant perdu. Il y a quelque temps, j'ai essayé de recourir aux idées de *Tching-tseu* [autre commentateur du *Tá hio*, un peu plus ancien que *Tchou-hi*] pour suppléer à cette lacune, en disant :

Les expressions suivantes du texte, *perfectionner ses connaissances morales consiste à pénétrer le principe et la nature des actions,* signifient que si nous désirons *perfectionner nos connaissances morales,* nous devons nous livrer à une investigation profonde des actions, et scruter à fond leurs principes ou leur raison d'être; car l'intelligence spirituelle de l'homme n'est pas évidemment incapable de *connaître* [ou est adéquate à la *connaissance*]; et les êtres de la nature, ainsi que les actions humaines, ne sont pas sans avoir un principe, une cause ou une raison d'être ¹. Seulement ces principes, ces causes, ces raisons d'être n'ont pas encore été soumis à d'assez profondes investigations. C'est pourquoi la science des hommes n'est pas complète, absolue ; c'est aussi pour cela que la *Grande Étude* commence par enseigner aux hommes que ceux d'entre eux qui étudient la philosophie morale doivent soumettre à une longue et profonde investigation les êtres de la nature et les actions humaines, afin qu'en partant de ce qu'ils savent déjà des principes des actions, ils puissent augmenter leurs connaissances, et pénétrer dans leur nature la plus intime ². En s'appliquant ainsi à exercer toute son énergie, toutes ses facultés intellectuelles, pendant longtemps, on arrive un jour à avoir une connaissance, une compréhension intime des vrais principes des actions; alors la nature intrinsèque et extrinsèque de toutes les actions humaines, leur essence la plus subtile, comme leurs parties les plus grossières, sont pénétrées ; et, pour notre in-

---

¹ C'est l'explication que donnent de ce passage plusieurs commentateurs : « Par le partage des champs labourables et leur distribution en portion d'un *li* (un 10ᵉ de lieue carrée), chacun eut de quoi s'occuper et s'entretenir habituellement; c'est là le profit qu'ils en ont tiré. » (Ho-kiang.)
² Dans ce chapitre sont faites plusieurs citations du *Livre des Vers*, qui seront continuées dans les suivants. Les anciennes éditions sont fautives à cet endroit. Elles placent ce chapitre après celui sur le *devoir de rendre ses intentions pures et sincères*. (Tchou-hi.)

¹ Le *Ji-kiang* s'exprime ainsi sur ce passage : « Le cœur ou le principe pensant de l'homme est éminemment immatériel, éminemment intelligent ; il est bien loin d'être dépourvu de tout savoir naturel, et toutes les actions humaines sont bien loin de ne pas avoir une cause ou une raison d'être, également naturelle. »
² Le Commentaire Ho-kiang s'exprime ainsi : « Il n'est pas dit [dans le texte primitif] qu'il faut chercher à connaître, à scruter profondément les principes, les causes ; mais il est dit qu'il faut chercher à apprécier parfaitement les actions; en disant qu'il faut chercher à connaître, à scruter profondément les principes, les causes, alors on entraîne facilement l'esprit dans un chaos d'incertitudes inextricables ; en disant qu'il faut chercher à apprécier parfaitement les actions, alors on conduit l'esprit à la recherche de la vérité. »
Pascal a dit : « C'est une chose étrange que les hommes aient voulu comprendre les principes des choses, et arriver jusqu'à connaître tout ! car il est sans doute qu'on ne peut former ce dessein sans présomption ou sans une capacité infinie comme la nature. »

telligence ainsi exercée et appliquée par des efforts soutenus, tous les principes des actions deviennent clairs et manifestes. Voilà ce qui est appelé, *la pénétration des principes des actions*; voilà ce qui est appelé, *la perfection des connaissances morales*.

CHAPITRE VI.

Sur le devoir de rendre ses intentions pures et sincères.

1. Les expressions, *rendre ses intentions pures et sincères*, signifient : Ne dénature point tes inclinations droites, comme celles de fuir une odeur désagréable, et d'aimer un objet agréable et séduisant. C'est ce qui est appelé la satisfaction de soi-même. C'est pourquoi le sage veille attentivement sur ses intentions et ses pensées secrètes.

2. Les hommes vulgaires qui vivent à l'écart et sans témoins commettent des actions vicieuses; il n'est rien de mauvais qu'ils ne pratiquent. S'ils voient un homme sage qui veille sur soi-même, ils feignent de lui ressembler, en cachant leur conduite vicieuse et en faisant parade d'une vertu simulée. L'homme qui les voit est comme s'il pénétrait leur foie et leurs reins; alors à quoi leur a-t-il servi de dissimuler? C'est là ce que l'on entend par le proverbe : *La vérité est dans l'intérieur, la forme, à l'extérieur.* C'est pourquoi le sage doit veiller attentivement sur ses intentions et ses pensées secrètes.

3. *Thseng-tseu* a dit : De ce que dix yeux le regardent, de ce que dix mains le désignent, combien n'a-t-il pas à redouter, ou à veiller sur lui-même!

4. Les richesses ornent et embellissent une maison, la vertu orne et embellit la personne; dans cet état de félicité pure, l'âme s'agrandit, et la substance matérielle qui lui est soumise profite de même. C'est pourquoi le sage doit *rendre ses intentions pures et sincères*[1].

Voilà le sixième chapitre du Commentaire. Il explique ce que l'on doit entendre par *rendre ses intentions pures et sincères*.

CHAPITRE VII.

Sur le devoir de se perfectionner soi-même en pénétrant son âme de probité et de droiture.

1. Ces paroles, *se corriger soi-même de toutes passions vicieuses consiste à donner de la droiture*

[1] « Il est dit dans le *King* : *Désirant rendre ses intentions pures et sincères, ils s'attachaient d'abord à perfectionner au plus haut degré leurs connaissances morales.* Il est encore dit : *Les connaissances morales étant portées au plus haut degré, les intentions sont ensuite rendues pures et sincères.* Or l'essence propre de l'intelligence est d'être éclairée; s'il existe en elle des facultés qui ne soient pas encore développées, alors ce sont ces facultés qui sont mises au jour par le perfectionnement des connaissances morales; il doit donc y avoir des personnes qui ne peuvent pas véritablement faire usage de toutes leurs facultés, et qui, s'il en est ainsi, se

à son âme, veulent dire : Si l'âme est troublée par la passion de la colère, alors elle ne peut obtenir cette *droiture*; si l'âme est livrée à la crainte, alors elle ne peut obtenir cette *droiture*; si l'âme est agitée par la passion de la joie et du plaisir, alors elle ne peut obtenir cette *droiture*; si l'âme est accablée par la douleur, alors elle ne peut obtenir cette *droiture*.

2. L'âme, n'étant point maîtresse d'elle-même, on regarde et on ne voit pas; on écoute et on n'entend pas; on mange et on ne connaît point la saveur des aliments. Cela explique pourquoi l'action de *se corriger soi-même de toutes passions vicieuses consiste dans l'obligation de donner de la droiture à son âme.*

Voilà le septième chapitre du Commentaire. Il explique ce que l'on doit entendre par *se corriger soi-même de toute habitude, de toutes passions vicieuses, en donnant de la droiture à son âme*[1].

CHAPITRE VIII.

Sur le devoir de mettre le bon ordre dans sa famille, en se perfectionnant soi-même.

1. Ce que signifient ces mots, *mettre le bon ordre dans sa famille consiste auparavant à se corriger soi-même de toutes passions vicieuses*, le voici : Les hommes sont partiaux envers leurs parents et ceux qu'ils aiment; ils sont aussi partiaux, ou injustes, envers ceux qu'ils méprisent et qu'ils haïssent; envers ceux qu'ils respectent et qu'ils révèrent, ils sont également partiaux, ou serviles; ils sont partiaux, ou trop miséricordieux[2], envers ceux qui inspirent la compassion et la pitié; ils

trompent elles-mêmes. De cette manière, quelques hommes sont éclairés par eux-mêmes, et ne font aucun effort pour devenir tels; alors ce sont ces hommes qui éclairent les autres; en outre, ils ne cessent pas de l'être, et ils n'aperçoivent aucun obstacle qui puisse les empêcher d'approcher de la vertu. C'est pourquoi ce chapitre sert de développement au précédent, pour rendre cette vérité évidente. Ensuite il y aura à examiner le commencement et la fin de l'usage des facultés, et à établir que leur ordre ne peut pas être troublé, et que leurs opérations ne peuvent pas manquer de se manifester. C'est ainsi que le philosophe raisonne. » (TCHOU-HI.)

[1] Ce chapitre se rattache aussi au précédent, afin d'en lier le sens à celui du chapitre suivant. Or, *les intentions étant rendues pures et sincères*, alors la vérité est sans mélange d'erreur, le bien sans mélange de mal, et l'on possède véritablement la vertu. Ce qui peut la conserver dans l'homme, c'est le cœur ou la faculté intelligente dont il est doué pour dompter ou maintenir son corps. Quelques-uns ne savent-ils pas seulement rendre leurs intentions pures et sincères, sans pouvoir examiner soigneusement les facultés de l'intelligence qui sait les conserver telles? alors ils ne possèdent pas encore la vérité intérieurement, et ils doivent continuer à améliorer, à perfectionner leurs personnes.

Depuis ce chapitre jusqu'à la fin, tout est parfaitement conforme aux anciennes éditions. (TCHOU-HI.)

[2] C'est le sens que donnent les commentateurs chinois. *L'Explication du Kiang-i-pi-tchi* dit : « Envers les hommes qui sont dans la peine et la misère, qui sont épuisés par la souffrance, quelques-uns s'abandonnent à une excessive indulgence, et ils sont *partiaux*. »

sont aussi partiaux, ou hautains envers ceux qu'ils traitent avec supériorité. C'est pourquoi, aimer et reconnaître les défauts de ceux que l'on aime; haïr et reconnaître les bonnes qualités de ceux que l'on hait, est une chose bien rare sous le ciel[1].

2. De là vient le proverbe qui dit : *Les pères ne veulent pas reconnaître les défauts de leurs enfants, et les laboureurs, la fertilité de leurs terres.*

3. Cela prouve qu'un homme qui ne s'est pas corrigé lui-même de ses penchants injustes est incapable *de mettre le bon ordre dans sa famille.*

Voilà le huitième chapitre du Commentaire. Il explique ce que l'on doit entendre par *mettre le bon ordre dans sa famille, en se corrigeant soi-même de toute habitude, de toutes passions vicieuses.*

CHAPITRE IX.

Sur le devoir de bien gouverner un État, en mettant le bon ordre dans sa famille.

1. Les expressions du texte, *pour bien gouverner un royaume, il est nécessaire de s'attacher auparavant à mettre le bon ordre dans sa famille,* peuvent s'expliquer ainsi : Il est impossible qu'un homme qui ne peut pas instruire sa propre famille, puisse instruire les hommes. C'est pourquoi le fils de prince[2], sans sortir de sa famille, se perfectionne dans l'art d'instruire et de gouverner un royaume. La piété filiale est le principe qui le dirige dans ses rapports avec le souverain; la déférence est le principe qui le dirige dans ses rapports avec ceux qui sont plus âgés que lui; la bienveillance la plus tendre est le principe qui le dirige dans ses rapports avec la multitude[3].

Le *Ji-kiang* s'exprime ainsi sur ce chapitre : « Thseng-tseu dit : Ce que le saint Livre (le texte de KHOUNG-TSEU) appelle *mettre le bon ordre dans sa famille, consiste auparavant à se corriger soi-même de toutes passions vicieuses,* signifie : Que la personne étant le fondement, la base de la famille, celui qui veut *mettre le bon ordre dans sa famille* doit savoir que tout consiste dans les sentiments d'amitié et d'aversion, d'amour et de haine qui sont en nous, et qu'il faut seulement de ne pas être *partial* et *injuste* dans l'expression de ces sentiments. L'homme se laisse toujours naturellement entraîner aux sentiments qui naissent en lui, e il est dans le sein d'une famille, il perd promptement la règle de ses devoirs naturels. C'est pourquoi, dans ce qu'il aime et dans ce qu'il hait, il arrive aussitôt à la *partialité* et à *l'injustice,* et sa personne n'est point corrigée et améliorée. »
La glose du *Kiang-i-pi-tchi* dit que le fils d'un prince possédant un royaume qui est ici désigné.
En dégageant complètement la pensée du philosophe de la forme chinoise, on voit qu'il assimile le gouvernement de l'État à celui de la famille, et qu'à ses yeux, celui qui possède les vertus exigées d'un chef de famille, possède également toutes les vertus exigées d'un souverain. C'est aussi ce que dit le *Commentaire impérial (Ji-kiang)* : « Ces trois vertus : la *piété filiale*, la *déférence* envers les frères aînés, la *bienveillance* on l'affection pour ses parents, sont des vertus avec lesquelles le prince orne sa personne, tout en instruisant sa famille; elles sont généralement la source des bonnes mœurs, et en les étendant, en en faisant une grande application, on en fait par conséquent la règle de toutes ses ac-

2. Le *Khang-kao* dit : Il est comme une mère qui embrasse tendrement son nouveau-né[1]. Elle s'efforce de toute son âme à prévenir ses désirs naissants; si elle ne les devine pas entièrement, elle ne se méprend pas beaucoup sur l'objet de ses vœux. Il n'est pas dans la nature qu'une mère apprenne à nourrir un enfant pour se marier ensuite.

3. Une seule famille, ayant de l'humanité et de la charité, suffira pour faire naître dans la nation ces mêmes vertus de charité et d'humanité; une seule famille, ayant de la politesse et de la condescendance, suffira pour rendre une nation condescendante et polie; un seul homme, le prince[2], étant avare et cupide, suffira pour causer du désordre dans une nation. Tel est le principe ou le mobile de ces vertus et de ces vices. C'est ce que dit le proverbe : *Un mot perd l'affaire; un homme détermine le sort d'un empire.*

4. Yao et *Chun* gouvernèrent l'empire avec humanité, et le peuple les imita. *Kie* et *Tcheou*[3], gouvernèrent l'empire avec cruauté, et le peuple les imita. Ce que ces derniers ordonnaient était contraire à ce qu'ils aimaient, et le peuple ne s'y

tions. Voilà comment le fils du prince, sans sortir de sa famille, se forme dans l'art d'instruire et de gouverner un royaume. »

[1] Le *Commentaire impérial (Ji-kiang)* s'exprime ainsi sur ce passage : « Autrefois *Wou-wang* écrivit un livre pour donner des avertissements à *Kang-chou* (son frère cadet qu'il envoyait gouverner un État dans la province du *Honan*); il dit : Si l'on exerce les fonctions de prince, il faut aimer, chérir les cent familles (tout le peuple chinois) comme une tendre mère aime et chérit son jeune enfant au berceau. Or, dans les premiers temps que son jeune enfant vient de naître, chaque mère ne peut pas apprendre par des paroles sorties de sa bouche ce que l'enfant désire; la mère qui, par sa nature, est appelée à lui donner tous ses soins et à ne le laisser manquer de rien, s'applique avec la plus grande sincérité de cœur, et beaucoup plus souvent qu'il n'est nécessaire, à chercher à savoir ce qu'il désire, et elle le trouve ensuite. Aussi qu'elle cherche à savoir ce que son enfant désire, et quoiqu'elle ne puisse pas toujours réussir à deviner tous ses vœux, cependant son cœur est satisfait, et le cœur de son enfant doit aussi être satisfait; ils ne peuvent pas s'éloigner l'un de l'autre. Or, le cœur de cette mère, qui chérit ainsi son jeune enfant au berceau, le fait naturellement, et de lui-même; toutes les mères ont les mêmes sentiments maternels; elles n'ont pas besoin d'attendre qu'on les instruise de leur devoir pour pouvoir ainsi aimer leurs enfants. Aussi n'a-t-on jamais vu dans le monde qu'une jeune femme apprenne d'abord les règles des soins à donner à un jeune enfant au berceau, pour se marier ensuite. Si l'on sait une fois que les tendres soins qu'une mère prodigue à son jeune enfant lui sont ainsi inspirés par ses sentiments naturels, on peut savoir également que ce sont les mêmes sentiments de tendresse naturelle qui doivent diriger un prince dans *ses rapports avec la multitude.* N'en est-il pas de même dans *ses rapports avec le souverain* et *avec ses aînés?* Alors, c'est ce qui est dit que, *sans sortir de sa famille, on peut se perfectionner dans l'art d'instruire et de gouverner un royaume.* »

[2] Par *un seul homme* on indique le *prince.* (Glose.)
[3] On peut voir ce qui a été dit de ces souverains de la Chine, dans notre *Résumé de l'histoire et de la civilisation chinoises, depuis les temps les plus anciens jusqu'à nos jours,* pages 33 et suivantes, et pages 61, 70. On peut aussi y recourir pour toutes les autres informations historiques que nous n'avons pas cru devoir reproduire ici.

soumit pas. C'est pour cette raison que le prince doit lui-même pratiquer toutes les vertus et ensuite engager les autres hommes à les pratiquer. S'il ne les possède pas et ne les pratique pas lui-même, il ne doit pas les exiger des autres hommes. Que n'ayant rien de bon, rien de vertueux dans le cœur, on puisse être capable de commander aux hommes ce qui est bon et vertueux, cela est impossible et contraire à la nature des choses.

5. C'est pourquoi *le bon gouvernement d'un royaume consiste dans l'obligation préalable de mettre le bon ordre dans sa famille.*

6. Le *Livre des Vers* dit :

« Que le pêcher est beau et ravissant!

« Que son feuillage est fleuri et abondant!

« Telle une jeune fiancée se rendant à la demeure

« de son époux,

« Et se conduisant convenablement envers les

« personnes de sa famille! »

Conduisez-vous convenablement envers les personnes de votre famille, ensuite vous pourrez instruire et diriger une nation d'hommes.

7. Le *Livre des Vers* dit :

« Faites ce qui est convenable entre frères et sœurs

« de différents âges. »

Si vous faites ce qui est convenable entre frères de différents âges, alors vous pourrez instruire de leurs devoirs mutuels les frères aînés et les frères cadets d'un royaume [1].

8. Le *Livre des Vers* dit :

« Le prince dont la conduite est toujours pleine

« d'équité et de sagesse,

« Verra les hommes des quatre parties du monde

« imiter sa droiture. »

Il remplit ses devoirs de père, de fils, de frère aîné et de frère cadet, et ensuite le peuple l'imite.

9. C'est ce qui est dit dans le texte : *L'art de bien gouverner une nation consiste à mettre auparavant le bon ordre dans sa famille.*

Voilà le neuvième chapitre du Commentaire. Il expli-

[1] Dans la politique de ces philosophes chinois, chaque famille est une nation ou État en petit, et toute nation ou tout État n'est qu'une grande famille : l'une et l'autre doivent être gouvernées par les mêmes principes de sociabilité et soumis aux mêmes devoirs. Ainsi, comme un homme qui ne se montre pas de vertus dans sa conduite et n'exerce point d'empire sur ses passions, n'est pas capable de bien administrer une famille; de même un prince qui n'a pas les qualités qu'il faut pour bien administrer une famille est également incapable de bien gouverner une nation. Ces doctrines ne sont point constitutionnelles, parce qu'elles sont en opposition avec la doctrine que le chef de l'*État règne et ne gouverne pas*, et qu'elles lui attribuent un pouvoir exorbitant sur ses sujets, celui d'un père sur ses enfants, pouvoir dont les princes, en Chine, sont aussi portés à abuser que partout ailleurs; mais d'un autre côté ce caractère d'assimilation au père de famille leur impose des devoirs qu'ils trouvent quelquefois assez gênants pour se décider à les enfreindre; alors , d'après la même politique, les membres de la grande famille ont le droit, sinon toujours la force, de déposer les mauvais rois qui ne gouvernent pas en vrais pères de famille. On en a vu des exemples.

que ce que l'on doit entendre par *bien gouverner [son] royaume, en mettant le bon ordre dans sa famille.*

CHAPITRE X.

Sur le devoir d'entretenir la paix et la bonne harmonie dans le monde, en bien gouvernant les royaumes.

1. Les expressions du texte, *faire jouir le monde de la paix et de l'harmonie consiste à bien gouverner son royaume,* doivent être ainsi expliquées : Que celui qui est dans une position supérieure, le prince, traite ses père et mère avec respect, le peuple aura de la piété filiale; que le prince honore la supériorité d'âge entre les frères, et le peuple aura de la déférence fraternelle; que le prince ait de la commisération pour les orphelins, et le peuple n'agira pas d'une manière contraire. C'est pour cela que le prince a en lui la règle et la mesure de toutes les actions.

2. Ce que vous réprouvez dans ceux qui sont au-dessus de vous, ne le pratiquez pas envers ceux qui sont au-dessous; ce que vous réprouvez dans vos inférieurs, ne le pratiquez pas envers vos supérieurs; ce que vous réprouvez dans ceux qui vous précèdent, ne le faites pas à ceux qui vous suivent; ce que vous réprouvez dans ceux qui vous suivent, ne le faites pas à ceux qui vous précèdent; ce que vous réprouvez dans ceux qui sont à votre droite, ne le faites pas à ceux qui sont à votre gauche; que vous réprouvez dans ceux qui sont à votre gauche, ne le faites pas à ceux qui sont à votre droite : voilà ce qui est appelé la raison et la règle de toutes les actions.

3. Le *Livre des Vers* dit :

« Le seul prince qui inspire de la joie

« Est celui qui est le père et la mère du peuple. »

Ce que le peuple aime, l'aimer; ce que le peuple hait, le haïr : voilà ce qui est appelé *être le père et la mère du peuple.*

4. Le *Livre des Vers* dit :

« Voyez au loin cette grande montagne du Midi!

« Avec ses rochers escarpés et menaçants!

« Ainsi, ministre Yn, tu brillais dans ta fierté

« Et le peuple te contemplait avec terreur! »

Celui qui possède un empire ne doit pas négliger de veiller attentivement sur lui-même, de pratiquer le bien et éviter le mal; s'il ne tient compte de ces principes, alors la ruine de son empire en sera la conséquence [1].

[1] On veut dire [dans ce paragraphe] que celui qui est dans la position la plus élevée de la société [le souverain] ne pas ne pas prendre en sérieuse considération ce que les hommes ou les populations demandent et attendent de lui; ne se conformant pas dans sa conduite aux droites règles de la raison, et qu'il se livrât de préférence aux actes vicieux [aux actions contraires à l'intérêt du peuple] en donnant libre cours à ses passions d'amitié et de haine, alors sa pr[opre]

5. *Le Livre des vers* dit :

« Avant que les princes de la dynastie des *Yn* [ou *Chang*] eussent perdu l'affection du peuple,
« Ils pouvaient être comparés au Très-Haut.
« Nous pouvons considérer dans eux
« Que le mandat du ciel n'est pas facile à conserver. »

Ce qui veut dire :

« Obtiens l'affection du peuple, et tu obtiendras l'empire ;
« Perds l'affection du peuple, et tu perdras l'empire[1]. »

6. C'est pourquoi un prince doit, avant tout, veiller attentivement sur son principe rationnel et moral. S'il possède les vertus qui en sont la conséquence, il possédera le cœur des hommes ; s'il possède le cœur des hommes, il possédera aussi le territoire ; s'il possède le territoire, il en aura les revenus ; s'il en a les revenus, il pourra en faire usage pour l'administration de l'État. Le principe rationnel et moral est la base fondamentale ; les richesses ne sont que l'accessoire.

7. Traiter légèrement la base fondamentale ou le principe rationnel et moral, et faire beaucoup de cas de l'accessoire ou des richesses, c'est pervertir les sentiments du peuple et l'exciter par l'exemple au vol et aux rapines.

8. C'est pour cette raison que, si un prince ne pense qu'à amasser des richesses, alors le peuple, pour l'imiter, s'abandonne à toutes ses passions mauvaises ; si au contraire il dispose convenablement des revenus publics, alors le peuple se maintient dans l'ordre et la soumission.

9. C'est aussi pour cela que si un souverain ou des magistrats publient des décrets et des ordonnances contraires à la justice, ils éprouveront une résistance opiniâtre à leur exécution et aussi par des moyens contraires à la justice ; s'ils acquièrent des richesses par des moyens violents et contraires à la justice, ils les perdront aussi par des moyens violents et contraires à la justice.

10. Le *Khang-kao* dit : « Le mandat du ciel qui donne la souveraineté à un homme, ne la lui confère pas pour toujours. » Ce qui signifie qu'en pratiquant le bien ou la justice, on l'obtient ; et qu'en pratiquant le mal ou l'injustice, on le perd.

11. Les Chroniques de *Thsou* disent :

« La nation de *Thsou* ne regarde pas les parures en or et en pierreries comme précieuses ; mais « pour elle, les hommes vertueux, les bons et sages « ministres sont les seules choses qu'elle estime être « précieuses. »

12. *Kieou-fan* a dit :

« Dans les voyages que j'ai faits au dehors, je « n'ai trouvé aucun objet précieux ; l'humanité, et « l'amitié pour ses parents, sont ce que j'ai trouvé « seulement de précieux. »

13. Le *Thsin-tchi* dit :

« Que n'ai-je un ministre d'une droiture parfaite, « quand même il n'aurait d'autre habileté qu'un « cœur simple et sans passions ; il serait comme s'il « avait les plus grands talents ! Lorsqu'il verrait « des hommes de haute capacité, il les produirait, « et n'en serait pas plus jaloux que s'il possédait « leurs talents lui-même. S'il venait à distinguer un « homme d'une vertu et d'une intelligence vastes, « il ne se bornerait pas à en faire l'éloge du bout « des lèvres, il le rechercherait avec sincérité et « l'emploierait dans les affaires. Je pourrais me reposer sur un tel ministre du soin de protéger mes « enfants, leurs enfants et le peuple. Quel avantage « n'en résulterait-il pas pour le royaume[1] ?

« Mais si un ministre est jaloux des hommes de « talent, et que par envie il éloigne ou tienne à l'écart « ceux qui possèdent une vertu et une habileté éminentes, en ne les employant pas dans les charges « importantes, et en leur suscitant méchamment « toutes sortes d'obstacles, un tel ministre, quoi- « que possédant des talents, est incapable de pro- « téger mes enfants, leurs enfants, et le peuple. Ne « pourrait-on pas dire alors que ce serait un danger « imminent, propre à causer la ruine de l'empire ? »

14. L'homme vertueux et plein d'humanité peut seul éloigner de lui de tels hommes, et les rejeter parmi les barbares des quatre extrémités de l'empire, ne leur permettant pas d'habiter dans le royaume du milieu.

Cela veut dire que l'homme juste et plein d'humanité seul est capable d'aimer et de haïr convenablement les hommes[2].

15. Voir un homme de bien et de talent, et ne pas lui donner de l'élévation ; lui donner de l'élévation et ne pas le traiter avec toute la préférence qu'il mérite, c'est lui faire injure. Voir un homme

---

[1] On voit par ces instructions de *Mou-koung*, du prince petit royaume de *Thsin*, tirées du *Chou-king*, quelle importance on attachait déjà en Chine, 650 ans avant notre ère, au bon choix des ministres, pour la prospérité et le bonheur d'un État. Partout l'expérience éclaire les hommes ! Mais malheureusement ceux qui les gouvernent ne savent pas ou ne veulent pas toujours en profiter.

[2] « Je n'admire point un homme qui possède une vertu dans toute sa perfection, s'il ne possède en même temps dans un pareil degré la vertu opposée, tel qu'était Épaminondas, qui avait l'extrême valeur jointe à l'extrême bénignité ; car autrement ce n'est pas monter, c'est tomber. On ne montre pas sa grandeur pour être à une extrémité, mais bien en touchant les deux à la fois, et remplissant tout l'entre-deux. »

(PASCAL.)

---

personne serait exterminée, et le gouvernement périrait ; c'est là la grande ruine de l'empire [dont il est parlé dans le texte].

(TCHOU-HI.)

Le *Ho-kiang* dit à ce sujet : « La fortune du prince dépend du ciel, et la volonté du ciel existe dans le peuple. Si le prince obtient l'affection et l'amour du peuple, le Très-Haut le regardera avec complaisance et affermira son trône ; mais s'il perd l'affection et l'amour du peuple, le Très-Haut le regardera avec colère, et il perdra son royaume. »

LIVRES SACRÉS DE L'ORIENT

pervers et ne pas le repousser ; le repousser et ne pas l'éloigner à une grande distance, c'est une chose condamnable pour un prince.

16. Un prince qui aime ceux qui sont l'objet de la haine générale, et qui hait ceux qui sont aimés de tous, fait ce que l'on appelle un outrage à la nature de l'homme. Des calamités redoutables atteindront certainement un tel prince.

17. C'est en cela que les souverains ont une grande regle de conduite à laquelle ils doivent se conformer ; ils l'acquièrent, cette règle, par la sincérité et la fidélité ; et ils la perdent par l'orgueil et la violence.

18. Il y a un grand principe pour accroître les revenus (de l'État ou de la famille). Que ceux qui produisent ces revenus soient nombreux, et ceux qui les dissipent, en petit nombre ; que ceux qui les font croître par leur travail se donnent beaucoup de peine, et que ceux qui les consomment le fassent avec modération ; alors, de cette manière, les revenus seront toujours suffisants [1].

19. L'homme humain et charitable acquiert de la considération à sa personne, en usant généreusement de ses richesses ; l'homme sans humanité et sans charité augmente ses richesses aux dépens de sa considération.

20. Lorsque le prince aime l'humanité et pratique la vertu, il est impossible que le peuple n'aime pas la justice ; et lorsque le peuple aime la justice, il est impossible que les affaires du prince n'aient pas une heureuse fin ; il est également impossible que les impôts dûment exigés ne lui soient pas exactement payés.

21. *Meng-hien-tseu* [2] a dit : Ceux qui nourrissent des coursiers et possèdent des chars à quatre chevaux n'élèvent pas des poules et des pourceaux, qui sont le gain des pauvres. Une famille qui se sert de glace dans la cérémonie des ancêtres ne nourrit das des bœufs et des moutons. Une famille de cent chars, ou un prince, n'entretient pas des ministres qui ne cherchent qu'à augmenter les impôts pour accumuler des trésors. S'il avait des ministres qui ne cherchassent qu'à augmenter les impôts pour amasser des richesses, il vaudrait mieux qu'il eût des ministres ne pensant qu'à dépouiller le trésor du souverain. — Ce qui veut dire que ceux qui gouvernent un royaume ne doivent point faire leur richesse privée des revenus publics ; mais qu'ils doivent faire de la justice et de l'équité leur seule richesse.

22. Si ceux qui gouvernent les États ne pensent qu'à amasser des richesses pour leur usage personnel, ils attireront indubitablement auprès d'eux des hommes dépravés ; ces hommes leur feront croire qu'ils sont des ministres vertueux, et ces hommes dépravés gouverneront le royaume. Mais l'administration de ces ministres appellera sur le gouvernement les châtiments divins et les vengeances du peuple. Quand les affaires publiques sont arrivées à ce point, quels ministres, fussent-ils les plus justes et les plus vertueux, détourneraient de tels malheurs ? Ce qui veut dire que ceux qui gouvernent un royaume ne doivent point faire leur richesse privée des revenus publics, mais qu'ils doivent faire de la justice et de l'équité leur seule richesse.

Voilà le dixième chapitre du Commentaire. Il explique ce que l'on doit entendre par *faire jouir le monde de la paix et de l'harmonie, en bien gouvernant l'empire* [1].

L'Explication tout entière consiste en dix chapitres. Les quatre premiers chapitres exposent l'ensemble général de l'ouvrage et en montrent le but. Les six autres chapitres exposent plus en détail les diverses branches du sujet de l'ouvrage. Le cinquième chapitre enseigne le devoir d'être vertueux et éclairé. Le sixième chapitre pose la base fondamentale du perfectionnement de soi-même. Ceux qui commencent l'étude de ce livre doivent faire tous leurs efforts pour surmonter les difficultés que ce chapitre présente à sa parfaite intelligence ; ceux qui le lisent ne doivent pas le regarder comme très-facile à comprendre et en faire peu de cas.

---

[1] *Liu-chi* a dit : « Si dans un royaume le peuple n'est pas paresseux et avide d'amusements, alors ceux qui produisent les revenus sont nombreux ; si la cour n'est pas son séjour de prédilection, alors ceux qui mangent ou dissipent ces revenus sont en petit nombre ; si on n'enlève pas aux laboureurs le temps qu'ils consacrent à leurs travaux, alors ceux qui travaillent, qui labourent et qui sèment, se donneront beaucoup de peines pour faire produire la terre ; si l'on a soin de calculer ses revenus pour régler sur eux ses depenses, alors l'usage que l'on en fera sera modéré. »

[2] *Meng-hien-tseu* était un sage *Ta-fou*, ou mandarin, du royaume de *Lou*, dont la postérité s'est éteinte dans son second petit-fils. *Ceux qui nourrissent des coursiers et possèdent des chars à quatre chevaux*, ce sont les mandarins ou magistrats civils, *Ta-fou*, qui passent les premiers examens des lettrés à des périodes fixes. *Une famille qui se sert de glace dans la cérémonie des ancêtres*, ce sont les grands de l'ordre supérieur nommés *King*, qui se servaient de *glace* dans les cérémonies funèbres qu'ils faisaient en l'honneur de leurs ancêtres. *Une famille de cent chars*, ce sont les grands de l'État qui possédaient des fiefs séparés dont ils tiraient les revenus. Le prince devrait plutôt perdre ses propres revenus, ses propres richesses, que d'avoir des ministres qui fissent éprouver des vexations et des dommages au peuple. C'est pourquoi *il vaut mieux que* [le prince] *ait des ministres qui dépouillent le trésor du souverain, que des ministres qui surchargent le peuple d'impôts pour accumuler des richesses*.

[1] « Le sens de ce chapitre est, qu'il faut faire tous ses efforts pour être d'accord avec le peuple dans son amour et son aversion, ou partager ses sympathies, et qu'il ne faut pas s'appliquer uniquement à faire son bien-être matériel. Tout cela est relatif à la règle de conduite la plus importante que l'on puisse s'imposer. Celui qui peut agir ainsi, traite alors bien les sages, se plaît dans les avantages qui en résultent ; chacun obtient ce à quoi il peut prétendre, et le monde vit dans la paix et l'harmonie. » (*Glose*.)

Thoung-yang-hiu-chi a dit : « Le grand but, le sens principal de ce chapitre signifie que le gouvernement d'un empire consiste dans l'application des règles de droiture et d'équité naturelles que nous avons en nous, à tous les actes de gouvernement, ainsi qu'au choix des hommes que l'on emploie, qui, par leur bonne ou mauvaise administration, conservent ou perdent l'empire. Il faut donc que dans ce qu'ils aiment et dans ce qu'ils haïssent ils se conforment toujours au sentiment du peuple. »

中庸

TCHOUNG-YOUNG,

OU

L'INVARIABILITÉ DANS LE MILIEU;

RECUEILLI PAR TSEU-SSE, PETIT-FILS ET DISCIPLE DE KHOUNG-TSEU.

DEUXIEME LIVRE CLASSIQUE.

AVERTISSEMENT
DU DOCTEUR TCHING-TSEU.

Le docteur *Tching-tseu* a dit : Ce qui ne dévie d'aucun côté est appelé *milieu* (*tchoung*); ce qui ne change pas est appelé *invariable* (*young*). Le *milieu* est la droite voie, ou la droite règle du monde; l'*invariabilité* en est la raison fixe. Ce livre comprend les règles de l'intelligence qui ont été transmises par les disciples de Khoung-tseu à leurs propres disciples. *Tseu-sse* (petit-fils de Khoung-tseu) craignit que, dans la suite des temps, ces règles de l'intelligence ne se corrompissent; c'est pourquoi il les consigna dans ce livre pour les transmettre lui-même à *Meng-tseu*. *Tseu-sse*, au commencement de son livre, parle de la raison qui est une pour tous les hommes; dans le milieu, il fait des digressions sur toutes sortes de sujets; et à la fin, il revient sur la raison unique, dont il réunit tous les éléments. S'étend-il dans des digressions variées, alors il parcourt les six points fixes du monde (l'est, l'ouest, le nord, le sud, le nadir et le zénith); se resserre-t-il dans son exposition, alors il se concentre et s'enveloppe pour ainsi dire dans les voiles du mystère. La saveur de ce livre est inépuisable, tout est fruit dans son étude. Celui qui sait parfaitement le lire, s'il le médite avec une attention soutenue, et qu'il en saisisse le sens profond, alors, quand même il mettrait toute sa vie ses maximes en pratique, il ne parviendrait pas à les épuiser.

CHAPITRE PREMIER.

1. Le *mandat* du ciel (ou le principe des opérations vitales et des actions intelligentes conférées par le ciel aux êtres vivants[1]) s'appelle *nature rationnelle*; le principe qui nous dirige dans la conformité de nos actions avec la nature rationnelle, s'appelle *règle de conduite morale* ou *droite voie*; le système coordonné de la règle de conduite morale ou droite voie, s'appelle *Doctrine des devoirs* ou *Institutions*.

2. La *règle de conduite morale* qui doit diriger les actions est tellement obligatoire que l'on ne peut s'en écarter d'un seul point, un seul instant. Si l'on pouvait s'en écarter, ce ne serait plus une règle de conduite immuable. C'est pourquoi l'homme supérieur, ou celui qui s'est identifié avec la droite voie[1], veille attentivement dans son cœur sur les principes qui ne sont pas encore discernés par tous les hommes, et il médite avec précaution sur ce qui n'est pas encore proclamé et reconnu comme doctrine.

3. Rien n'est plus évident pour le sage que les choses cachées dans le secret de la conscience; rien n'est plus manifeste pour lui que les causes les plus subtiles des actions. C'est pourquoi l'homme supérieur veille attentivement sur les inspirations secrètes de sa conscience.

4. Avant que la joie, la satisfaction, la colère, la tristesse, ne soient produites dans l'âme (avec excès), l'état dans lequel on se trouve s'appelle *milieu*. Lorsqu'une fois elles se sont produites dans l'âme, et qu'elles n'ont encore atteint qu'une certaine limite, l'état dans lequel on se trouve s'appelle *harmonique*. Ce milieu est la grande base fondamentale du monde; l'harmonie en est la loi universelle et permanente.

5. Lorsque le *milieu* et l'*harmonie* sont portés au point de perfection, le ciel et la terre sont dans un état de tranquillité parfaite, et tous les êtres reçoivent leur complet développement.

Voilà le premier chapitre du livre dans lequel *Tseu-sse* expose les idées principales de la doctrine qu'il veut transmettre à la postérité. Dabord il montre clairement que la *voie droite* ou *la règle de conduite morale* tire sa racine fondamentale, sa source primitive du ciel, et qu'elle ne peut changer; que sa substance véritable existe complètement en nous, et qu'elle

[1] *Commentaire.*

[1] *Glose.*

ne peut en être séparée. Secondement il parle du devoir de la conserver, de l'entretenir, de l'avoir sans cesse sous les yeux; enfin il dit que les saints hommes, ceux qui approchent le plus de l'intelligence divine, l'ont portée par leurs bonnes œuvres à son dernier degré de perfection. Or, il veut que ceux qui étudient ce livre reviennent sans cesse sur son contenu, qu'ils cherchent en eux-mêmes les principes qui y sont enseignés, et s'y attachent après les avoir trouvés, afin de repousser tout désir dépravé des objets extérieurs et d'accomplir les actes vertueux que comporte leur nature originelle. Voilà ce que *Yang-chi*[1] appelait la substance nécessaire ou le corps obligatoire du livre. Dans les dix chapitres qui suivent, *Tseu-sse* ne fait, pour ainsi dire, que des citations des paroles de son maître, destinées à corroborer et à compléter le sens de ce premier chapitre.

CHAPITRE II.

1. Le philosophe TCHOUNG-NI (KHOUNG-TSEU) dit : L'homme d'une vertu supérieure persévère invariablement dans le milieu; l'homme vulgaire, ou sans principes, est constamment en opposition avec ce milieu invariable.

2. L'homme d'une vertu supérieure persévère sans doute invariablement dans le milieu; par cela même qu'il est d'une vertu supérieure, il se conforme aux circonstances pour tenir le milieu. L'homme vulgaire et sans principes tient aussi quelquefois le milieu; mais par cela même qu'il est un homme sans principes, il ne craint pas de le suivre témérairement en tout et partout (sans se conformer aux circonstances [2]).

Voilà le second chapitre.

CHAPITRE III.

1. Le philosophe (KHOUNG-TSEU) disait : Oh! que la limite de la persévérance dans le milieu est admirable! Il y a bien peu d'hommes qui sachent s'y tenir longtemps!

Voilà le troisième chapitre.

CHAPITRE IV.

1. Le Philosophe disait : La voie droite n'est pas suivie; j'en connais la cause. Les hommes instruits la dépassent; les ignorants ne l'atteignent pas. La voie droite n'est pas évidente pour tout le monde, je le sais : les hommes d'une vertu forte vont au delà; ceux d'une vertu faible ne l'atteignent pas.

2. De tous les hommes, il n'en est aucun qui ne boive et ne mange; mais bien peu d'entre eux savent discerner les saveurs!

Voilà le quatrième chapitre.

CHAPITRE V.

1. Le Philosophe disait : Qu'il est à déplorer que la voie droite ne soit pas suivie !

Voilà le cinquième chapitre. Ce chapitre se rattache au précédent qu'il explique, et l'exclamation sur la *voie droite* qui n'est pas suivie sert de transition pour lier le sens du chapitre suivant. (TCHOU-HI.)

CHAPITRE VI

1. Le Philosophe disait : Que la sagesse et la pénétration de *Chun* étaient grandes! Il aimait à interroger les hommes et à examiner attentivement en lui-même les réponses de ceux qui l'approchaient; il retranchait les mauvaises choses et divulguait les bonnes. Prenant les deux extrêmes de ces dernières, il ne se servait que de leur milieu envers le peuple. C'est en agissant ainsi qu'il devint le grand *Chun!*

Voilà le sixième chapitre.

CHAPITRE VII.

1. Le Philosophe disait : Tout homme qui dit : *Je sais distinguer les mobiles des actions humaines*, présume trop de sa science; entraîné par son orgueil, il tombe bientôt dans mille piéges, dans mille filets qu'il ne sait pas éviter. Tout homme qui dit : *Je sais distinguer les mobiles des actions humaines*, choisit l'état de persévérance dans la voie droite également éloignée des extrêmes; mais il ne peut le conserver seulement l'espace d'une lune.

Voilà le septième chapitre. Il y est parlé indirectement du grand sage du chapitre précédent. En outre, il y est question de la sagesse qui n'est point éclairée, pour servir de transition au chapitre suivant. (TCHOU-HI.)

CHAPITRE VIII.

1. Le Philosophe disait : *Hoeï*[1], lui, était véritablement un homme! Il choisit l'état de persévérance dans la voie droite également éloignée des extrêmes. Une fois qu'il avait acquis une vertu, il s'attachait fortement, la cultivait dans son intérieur et ne la perdait jamais.

Voilà le huitième chapitre.

---

[1] Le philosophe *Yang-tseu*.
[2] Glose

[1] Le plus aimé de ses disciples.

CHAPITRE IX.

1. Le Philosophe disait : Les États peuvent être gouvernés avec justice ; les dignités et les émoluments peuvent être refusés ; les instruments de gains et de profits peuvent être foulés aux pieds : la persévérance dans la voie droite également éloignée des extrêmes ne peut être gardée !

Voilà le neuvième chapitre. Il se rattache au chapitre précédent et il sert de transition au chapitre suivant. (Tchou-hi.)

CHAPITRE X.

1. *Tseu-lou* [disciple de Khoung-tseu] interrogea son maître sur la force de l'homme.

2. Le Philosophe répondit : Est-ce sur la force virile des contrées méridionales, ou sur la force virile des contrées septentrionales ? Parlez-vous de votre propre force ?

3. Avoir des manières bienveillantes et douces pour instruire les hommes ; avoir de la compassion pour les insensés qui se révoltent contre la raison : voilà la force virile propre aux contrées méridionales ; c'est à elle que s'attache le sage.

4. Faire sa couche de lames de fer et des cuirasses de peaux de bêtes sauvages ; contempler sans frémir les approches de la mort : voilà la force virile propre aux contrées septentrionales, et c'est à elle que s'attachent les braves.

5. Cependant, que la force d'âme de l'homme supérieur qui vit toujours en paix avec les hommes et ne se laisse point corrompre par les passions, est bien plus forte et bien plus grande ! Que la force d'âme de celui qui se tient sans dévier dans la voie droite, également éloignée des extrêmes, est bien plus forte et bien plus grande ! Que la force d'âme de celui qui, lorsque son pays jouit d'une bonne administration qui est son ouvrage, ne se laisse point corrompre ou aveugler par un sot orgueil, est bien plus forte et bien plus grande ! Que la force d'âme de celui qui, lorsque son pays sans lois manque d'une bonne administration reste immuable dans la vertu jusqu'à la mort, est bien plus forte et bien plus grande !

Voilà le dixième chapitre.

CHAPITRE XI.

1. Le Philosophe disait : Rechercher les principes des choses qui sont dérobées à l'intelligence humaine ; faire des actions extraordinaires qui paraissent en dehors de la nature de l'homme ; en un mot, opérer des prodiges pour se procurer des admirateurs et des sectateurs dans les siècles à venir : voilà ce que je ne voudrais pas faire.

2. L'homme d'une vertu supérieure s'applique à suivre et à parcourir entièrement la voie droite. Faire la moitié du chemin, et défaillir ensuite, est une action que je ne voudrais pas imiter.

3. L'homme d'une vertu supérieure persévère naturellement dans la pratique du milieu également éloigné des extrêmes. Fuir le monde, n'être ni vu ni connu des hommes, et cependant n'en éprouver aucune peine ; tout cela n'est possible qu'au saint.

Voilà le onzième chapitre. Les citations des paroles de Khoung-tseu par *Tseu-sse*, faites dans le but d'éclaircir le sens du premier chapitre, s'arrêtent ici. Or le grand but de cette partie du livre est de montrer que la *prudence éclairée*, l'*humanité* ou la *bienveillance universelle pour les hommes*, la *force d'âme*, ces trois vertus universelles et capitales, sont la porte par où l'on entre dans la voie droite que doivent suivre tous les hommes. C'est pourquoi ces vertus ont été traitées dans la première partie de l'ouvrage, en les illustrant par l'exemple des actions du grand *Chun*, de *Yan-youan* (ou *Hoeï*, le disciple chéri de Khoung-tseu), et de *Tseu-lou* (autre disciple du même philosophe). Dans *Chun*, c'est la *prudence éclairée* ; dans *Yan-youan*, c'est l'*humanité* ou la bienveillance pour tous les hommes ; dans *Tseu-lou*, c'est la *force d'âme* ou la *force virile*. Si l'une de ces trois vertus manque, alors il n'est plus possible d'établir la règle de conduite morale ou la voie droite, et de rendre la vertu parfaite. On verra le reste dans le vingtième chapitre. (Tchou-hi.)

CHAPITRE XII.

1. La voie droite (ou la règle de conduite morale du sage, également éloigné des extrêmes) est d'un usage si étendu, qu'elle peut s'appliquer à toutes les actions des hommes ; mais elle est d'une nature tellement subtile, qu'elle n'est pas manifeste pour tous.

2. Les personnes les plus ignorantes et les plus grossières de la multitude, hommes et femmes, peuvent atteindre à cette science simple de se bien conduire ; mais il n'est donné à personne, pas même à ceux qui sont parvenus au plus haut degré de sainteté, d'atteindre à la perfection de cette science morale ; il reste toujours quelque chose d'inconnu qui dépasse les plus nobles intelligences sur cette terre[1]. Les personnes les plus ignorantes et les plus grossières de la multitude, hommes et femmes, peuvent pratiquer cette règle de conduite morale dans ce qu'elle a de plus général et de plus commun ; mais il n'est donné à personne, pas même à ceux qui sont parvenus au plus haut degré de sainteté, d'atteindre à la perfection de cette règle de conduite morale, il y a encore quelque chose que l'on ne peut pratiquer. Le ciel et la terre sont grands sans doute ; cependant l'homme trouve encore en eux des imperfections. C'est pourquoi le

[1] *Glose.*

sage, en parlant de ce que la règle de conduite morale de l'homme a de plus grand, dit que le monde ne peut la contenir ; et en parlant de ce qu'elle a de plus petit, il dit que le monde ne peut la diviser.

3. Le *Livre des vers dit*[1] :

« L'oiseau *youan* s'envole jusque dans les cieux, « le poisson plonge jusque dans les abîmes. »

Ce qui veut dire, que la règle de conduite morale de l'homme est la loi de toutes les intelligences ; qu'elle illumine l'univers dans le plus haut des cieux comme dans les plus profonds abîmes !

4. La règle de conduite morale du sage a son principe dans le cœur de tous les hommes, d'où elle s'élève à sa plus haute manifestation pour éclairer le ciel et la terre de ses rayons éclatants !

Voilà le douzième chapitre. Il renferme les paroles de *Tseu-sse* destinées à expliquer le sens de cette expression du premier chapitre, où il est dit que l'*on ne peut s'écarter de la règle de conduite morale de l'homme*. Dans les huit chapitres suivants, *Tseu-sse* cite sans ordre les paroles de KHOUNG-TSEU pour éclaircir le même sujet. (TCHOU-HI.)

CHAPITRE XIII.

1. Le philosophe a dit : La voie droite ou la règle de conduite que l'on doit suivre, n'est pas éloignée des hommes. Si les hommes se font une règle de conduite éloignée d'eux, c'est-à-dire, qui ne soit pas conforme à leur propre nature, elle ne doit pas être considérée comme une règle de conduite.

2. Le *Livre des Vers dit*[2] :

« L'artisan qui taille un manche de cognée sur un « autre manche,

« N'a pas son modèle éloigné de lui. »

Prenant le manche modèle pour tailler l'autre manche, il le regarde de côté et d'autre, et, après avoir confectionné le nouveau manche, il les examine bien tous les deux pour voir s'ils diffèrent encore l'un de l'autre. De même le sage se sert de l'homme ou de l'humanité pour gouverner et diriger les hommes ; une fois qu'il les a ramenés au bien, il s'arrête là[3].

3. Celui dont le cœur est droit, et qui porte aux autres les mêmes sentiments qu'il a pour lui-même, ne s'écarte pas de la loi morale du devoir prescrite aux hommes par leur nature rationnelle ; il ne fait pas aux autres ce qu'il désire qui ne lui soit pas fait à lui-même.

4. La règle de conduite morale du sage lui impose quatre grandes obligations : moi je n'en puis pas seulement remplir complètement une. Ce qui est exigé d'un fils, qu'il soit soumis à son père, je ne puis pas même l'observer encore ; ce qui est exigé d'un sujet, qu'il soit soumis à son prince, je ne puis pas même l'observer encore ; ce qui est exigé d'un frère cadet, qu'il soit soumis à son frère aîné, je ne puis pas même l'observer encore ; ce qui est exigé des amis, qu'ils donnent la préférence en tout à leurs amis, je ne puis pas l'observer encore. L'exercice de ces vertus constantes, éternelles ; la circonspection dans les paroles de tous les jours ; ne pas négliger de faire tous ses efforts pour parvenir à l'entier accomplissement de ses devoirs ; ne pas se laisser aller à un débordement de paroles superflues ; faire en sorte que les paroles répondent aux œuvres, et les œuvres aux paroles ; en agissant de cette manière, comment le sage ne serait-il pas sincère et vrai ?

Voilà le treizième chapitre.

CHAPITRE XIV.

1. L'homme sage qui s'est identifié avec la loi morale, en suivant constamment la ligne moyenne, également éloignée des extrêmes, agit selon les devoirs de son état, sans rien désirer qui lui soit étranger.

2. Est-il riche, comblé d'honneurs, il agit comme doit agir un homme riche et comblé d'honneurs. Est-il pauvre et méprisé, il agit comme doit agir un homme pauvre et méprisé. Est-il étranger et d'une civilisation différente, il agit comme doit agir un homme étranger et de civilisation différente. Est-il malheureux, accablé d'infortune, il agit comme doit agir un malheureux accablé d'infortunes. Le sage qui s'est identifié avec la loi morale, conserve toujours assez d'empire sur lui-même pour accomplir les devoirs de son état dans quelque condition qu'il se trouve.

3. S'il est dans un rang supérieur, il ne tourmente pas ses inférieurs ; s'il est dans un rang inférieur, il n'assiège pas de sollicitations basses et cupides ceux qui occupent un rang supérieur. Il se tient toujours dans la droiture, et ne demande rien aux hommes ; alors la paix et la sérénité de son âme ne sont pas troublées. Il ne murmure pas contre le ciel, et il n'accuse pas les hommes de ses infortunes.

4. C'est pourquoi le sage conserve une âme toujours égale, en attendant l'accomplissement de la destinée céleste. L'homme qui est hors de la voie du devoir, se jette dans mille entreprises téméraires pour chercher ce qu'il ne doit pas obtenir.

5. Le Philosophe a dit : L'archer peut être, sous un certain point, comparé au sage : s'il s'écarte du but auquel il vise, il réfléchit en lui-même pour en chercher la cause.

Voilà le quatorzième chapitre.

---

[1] Livre *Ta-ya*, ode *Han-lou*.
[2] Livre *Kouê-foung*, ode *Fa-ko*
[3] Il ne lui impose pas une perfection contraire à sa nature.

CHAPITRE XV.

1. La voie morale du sage peut être comparée à la route du voyageur qui doit commencer à lui pour s'éloigner ensuite ; elle peut aussi être comparée au chemin de celui qui gravit un lieu élevé en partant du lieu bas où il se trouve.

2. Le *Livre des Vers* dit [1] :

« Une femme et des enfants qui aiment l'union et l'harmonie,

« Sont comme les accords produits par le Kin et le Khe.

« Quand les frères vivent dans l'union et l'harmonie, la joie et le bonheur règnent parmi eux. Si le bon ordre est établi dans votre famille, votre femme et vos enfants seront heureux et satisfaits. »

3. Le Philosophe a dit : Quel contentement et quelle joie doivent éprouver un père et une mère à la tête d'une semblable famille !

Voilà le quinzième chapitre.

CHAPITRE XVI.

1. Le Philosophe a dit : Que les facultés des puissances subtiles de la nature sont vastes et profondes !

2. On cherche à les apercevoir, et on ne les voit pas ; on cherche à les entendre, et on ne les entend pas ; identifiées à la substance des choses, elles ne peuvent en être séparées.

3. Elles font que dans tout l'univers les hommes purifient et sanctifient leur cœur, se revêtent de leurs habits de fêtes pour offrir des sacrifices et des oblations à leurs ancêtres. C'est un océan d'intelligences subtiles ! Elles sont partout au-dessus de nous, à notre gauche, à notre droite ; elles nous environnent de toutes parts !

4. Le *Livre des Vers* dit [2] :

« L'arrivée des esprits subtils

« Ne peut être déterminée ;

« A plus forte raison si on les néglige. »

5. Ces esprits cependant, quelque subtils et imperceptibles qu'ils soient, se manifestent dans les formes corporelles des êtres ; leur essence étant une essence réelle, vraie, elle ne peut pas ne pas se manifester sous une forme quelconque.

Voilà le seizième chapitre. *On ne peut ni voir, ni entendre ces esprits subtils ;* c'est-à-dire, qu'ils sont dérobés à nos regards par leur propre nature. Identifiés avec la substance des choses telles qu'elles existent, ils sont donc aussi d'un usage général. Dans les trois chapitres qui précèdent celui-ci, il est parlé de choses d'un usage restreint, particulier ; dans les trois chapitres suivants, il est parlé de choses d'un usage général ; dans ce chapitre-ci, il est parlé tout à la fois de choses d'un usage général, obscures et abstraites : il comprend le général et le particulier. (Tchou-bi)

CHAPITRE XVII.

1. Le Philosophe a dit : Qu'elle était grande, la piété filiale de *Chun !* il fut un saint par sa vertu ; sa dignité fut la dignité impériale ; ses possessions s'étendaient aux quatre mers [1] ; il offrit les sacrifices impériaux à ses ancêtres dans le temple qui leur était consacré ; ses fils et ses petits-fils conservèrent ses honneurs dans une suite de siècles [2].

2. C'est ainsi que sa grande vertu fut, sans aucun doute, le principe qui lui fit obtenir sa dignité impériale, ses revenus publics, sa renommée, et la longue durée de sa vie.

3. C'est ainsi que le ciel, dans la production continuelle des êtres, leur donne sans aucun doute leurs développements selon leurs propres natures, ou leurs tendances naturelles : l'arbre debout, il le fait croître, le développe ; l'arbre tombé, mort, il le dessèche, le réduit en poussière.

4. Le *Livre des Vers* dit [3] :

« Que le prince qui gouverne avec sagesse soit « loué !

« Sa brillante vertu resplendit de toutes parts ;

« Il traite comme ils le méritent les magistrats « et le peuple ;

« Il tient ses biens et sa puissance du ciel ;

« Il maintient la paix, la tranquillité et l'abon-« dance en distribuant [les richesses qu'il a reçues] ;

« Et le ciel les lui rend de nouveau ! »

5. Il est évident par là que la grande vertu des sages leur fait obtenir le mandat du ciel pour gouverner les hommes. »

Voilà le dix-septième chapitre. Ce chapitre tire son origine de la persévérance dans la voie droite, de la constance dans les bonnes œuvres ; il a été destiné à montrer au plus haut degré leur dernier résultat ; il fait voir que les effets de la voie du sage sont effectivement très-étendus, et que ce par quoi ils sont produits, est d'une nature subtile et cachée. Les deux chapitres suivants présentent aussi de pareilles idées. (Tchou-hi.)

CHAPITRE XVIII.

1. Le Philosophe a dit : Le seul d'entre les hommes qui n'ait pas éprouvé les chagrins de l'âme, fut certainement *Wen-wang*. Il eut *Wang-ki* pour père, et *Wou-wang* fut son fils. Tout le bien que le père avait entrepris fut achevé par le fils.

2. *Wou-wang* continua les bonnes œuvres de *Taï-wang*, de *Wang-ki* et de *Wen-wang*. Il ne

---

[1] Livre Siao-ya, ode Tchang-ti.
[2] Livre Ta-ya, ode Y-tchi.

[1] C'est-à-dire, aux douze provinces (*Tcheou*) dans lesquelles était alors compris l'empire chinois. (*Glose*.)
[2] *Glose*.
[3] Livre Ta-ya, ode Kia-lo.

revêtit qu'une fois ses habits de guerre, et tout l'empire fut à lui. Sa personne ne perdit jamais sa haute renommée dans tout l'empire; sa dignité fut celle de fils du ciel [c'est-à-dire, d'empereur]; ses possessions s'étendirent aux quatre mers. Il offrit les sacrifices impériaux à ses ancêtres dans le temple qui leur était consacré; ses fils et ses petits-fils conservèrent ses honneurs et sa puissance dans une suite de siècles.

3. *Wou-wang* était déjà très-avancé en âge lorsqu'il accepta le mandat du ciel qui lui conférait l'empire. *Tcheou-kong* accomplit les intentions vertueuses de *Wen-wang* et de *Wou-wang*. Remontant à ses ancêtres, il éleva *Taï-wang* et *Wang-ki* au rang de roi qu'ils n'avaient pas possédé, et il leur offrit les sacrifices selon le rite impérial. Ces rites furent étendus aux princes tributaires, aux grands de l'empire revêtus de dignités, jusqu'aux lettrés et aux hommes du peuple sans titres et dignités. Si le père avait été un grand de l'empire, et que le fils fût un lettré, celui-ci faisait des funérailles à son père selon l'usage des grands de l'empire, et il lui sacrifiait selon l'usage des lettrés; si son père avait été un lettré, et que le fils fût un grand de l'empire, celui-ci faisait des funérailles à son père selon l'usage des lettrés, et il lui sacrifiait selon l'usage des grands de l'empire. Le deuil d'une année s'étendait jusqu'aux grands; le deuil de trois années s'étendait jusqu'à l'empereur. Le deuil du père et de la mère devait être porté trois années sans distinction de rang : il était le même pour tous.

Voilà le dix-huitième chapitre.

CHAPITRE XIX.

1. Le Philosophe a dit : Oh! que la piété filiale de *Wou-wang* et de *Tcheou-kong* s'étendit au loin !

2. Cette même piété filiale sut heureusement suivre les intentions des anciens sages qui les avaient précédés, et transmettre à la postérité le récit de leurs grandes entreprises.

3. Au printemps, à l'automne, ces deux princes décoraient avec soin le temple de leurs ancêtres; ils disposaient soigneusement les vases et ustensiles anciens les plus précieux [au nombre desquels étaient le grand sabre à fourreau de pourpre, et la sphère céleste de *Chun*[1]]; ils exposaient aux regards les robes et les différents vêtements des ancêtres, et ils leur offraient les mets de la saison.

4. Ces rites étant ceux de la salle des ancêtres, c'est pour cette raison que les assistants étaient soigneusement placés à gauche ou à droite, selon que l'exigeait leur dignité ou leur rang; les dignités et les rangs étaient observés : c'est pour cette raison que les hauts dignitaires étaient distingués du commun des assistants; les fonctions cérémoniales étaient attribuées à ceux qui méritaient de les remplir : c'est pour cette raison que l'on savait distinguer les sages des autres hommes; la foule s'étant retirée de la cérémonie, et la famille s'étant réunie dans le festin accoutumé, les jeunes gens servaient les plus âgés : c'est pour cette raison que la solennité atteignait les personnes les moins élevées en dignité. Pendant les festins, la couleur des cheveux était observée : c'est pour cette raison que les assistants étaient placés selon leur âge.

5. Ces princes, *Wou-wang* et *Tcheu-kong*, succédaient à la dignité de leurs ancêtres; ils pratiquaient leurs rites; ils exécutaient leur musique; ils honoraient ce qu'ils avaient respecté; ils chérissaient ce qu'ils avaient aimé; ils les servaient morts comme ils les auraient servis vivants; ils les servaient ensevelis dans la tombe comme s'ils avaient encore été près d'eux : n'est-ce pas là le comble de la piété filiale?

6. Les rites du sacrifice au ciel et du sacrifice à la terre étaient ceux qu'ils employaient pour rendre leurs hommages au suprême Seigneur [1]; les rites du temple des ancêtres étaient ceux qu'ils employaient pour offrir des sacrifices à leurs prédécesseurs. Celui qui sera parfaitement instruit des rites du sacrifice au ciel et du sacrifice à la terre, et qui comprendra parfaitement le sens du grand sacrifice quinquennial nommé *Ti*, et du grand sacrifice automnal nommé *Tchang*, gouvernera aussi facilement le royaume que s'il regardait dans la paume de sa main.

Voilà le dix-neuvième chapitre.

CHAPITRE XX.

1. *Ngaï-koung* interrogea KHOUNG-TSEU sur les principes constitutifs d'un bon gouvernement.

2. Le Philosophe dit : Les lois gouvernementales des rois *Wen* et *Wou* sont consignées tout entières sur les tablettes de bambous. Si leurs ministres existaient encore, alors leurs lois administratives seraient en vigueur; leurs ministres ont cessé d'être, et leurs principes pour bien gouverner ne sont plus suivis.

3. Ce sont les vertus, les qualités réunies des ministres d'un prince qui font la bonne administration d'un État; comme la vertu fertile de la terre, réunissant le mou et le dur, produit et fait croître les plantes qui couvrent sa surface. Cette bonne administration dont vous me parlez ressem-

---

[1] On peut voir la gravure de cette sphère, et la description des cérémonies indiquées ci-dessus, dans la *Description de la Chine*, par le traducteur, tom. I, pag. 89 et suiv.

[1] « Le ciel et la terre qui est au milieu. » (*Glose*.)

ble aux roseaux qui bordent les fleuves ; elle se produit naturellement sur un sol convenable.

4. Ainsi la bonne administration d'un État dépend des ministres qui lui sont préposés. Un prince qui veut imiter la bonne administration des anciens rois doit choisir ses ministres d'après ses propres sentiments, toujours inspirés par le bien public; pour que ses sentiments aient toujours le bien public pour mobiles, il doit se conformer à la grande loi du devoir; et cette grande loi du devoir doit être cherchée dans l'humanité, cette belle vertu du cœur qui est le principe de l'amour pour tous les hommes.

5. Cette humanité, c'est l'homme lui-même; l'amitié pour les parents en est le premier devoir. La justice, c'est l'équité ; c'est rendre à chacun ce qui lui convient : honorer les hommes sages, en forme le premier devoir. L'art de savoir distinguer ce que l'on doit aux parents de différents degrés, celui de savoir comment honorer les sages selon leurs mérites, ne s'apprennent que par les rites, ou principes de conduite inspirés par le ciel [1].

6. C'est pourquoi le prince ne peut pas se dispenser de corriger et perfectionner sa personne. Dans l'intention de corriger et perfectionner sa personne, il ne peut pas se dispenser de rendre à ses parents ce qui leur est dû. Dans l'intention de rendre à ses parents ce qui leur est dû, il ne peut pas se dispenser de connaître les hommes sages pour les honorer et pour qu'ils puissent l'instruire de ses devoirs. Dans l'intention de connaître les hommes sages, il ne peut pas se dispenser de connaître le ciel, ou la loi qui dirige dans la pratique des devoirs prescrits.

7. Les devoirs les plus universels pour le genre humain sont au nombre de cinq ; et l'homme possède trois facultés naturelles pour les pratiquer. Les cinq devoirs sont : les relations qui doivent exister entre le prince et ses ministres, le père et ses enfants, le mari et la femme, les frères aînés et les frères cadets, et l'union des amis entre eux; lesquelles cinq relations constituent la loi naturelle du devoir la plus universelle pour les hommes. La conscience, qui est la lumière de l'intelligence pour distinguer le bien et le mal; l'humanité, qui est l'équité du cœur; le courage moral, qui est la force d'âme, sont les trois grandes et universelles facultés morales de l'homme; mais ce dont on doit se servir pour pratiquer les cinq grands devoirs se réduit à une seule et unique condition.

8. Soit qu'il suffise de naître pour connaître ces devoirs universels, soit que l'étude ait été nécessaire pour les connaître, soit que leur connaissance ait exigé de grandes peines, lorsqu'on est parvenu à cette connaissance, le résultat est le même ; soit que l'on pratique naturellement et sans efforts ces devoirs universels, soit qu'on les pratique dans le but d'en retirer des profits ou des avantages personnels, soit qu'on les pratique difficilement et avec efforts, lorsqu'on est parvenu à l'accomplissement des œuvres méritoires, le résultat est le même.

9. Le Philosophe a dit : Celui qui aime l'étude, ou l'application de son intelligence à la recherche de la loi du devoir, est bien près de la science morale; celui qui fait tous ses efforts pour pratiquer ses devoirs, est bien près de ce dévouement au bonheur des hommes que l'on appelle humanité; celui qui sait rougir de sa faiblesse dans la pratique de ses devoirs, est bien près de la force d'âme nécessaire pour leur accomplissement.

10. Celui qui sait ces trois choses, connaît alors les moyens qu'il faut employer pour bien régler sa personne, ou se perfectionner soi-même; connaissant les moyens qu'il faut employer pour régler sa personne, il connaît alors les moyens qu'il faut employer pour faire pratiquer la vertu aux autres hommes; connaissant les moyens qu'il faut employer pour faire pratiquer la vertu aux autres hommes, il connaît alors les moyens qu'il faut employer pour bien gouverner les empires et les royaumes.

11. Tous ceux qui gouvernent les empires et les royaumes ont neuf règles invariables à suivre, à savoir : se régler ou se perfectionner soi-même, révérer les sages, aimer ses parents, honorer les premiers fonctionnaires de l'État ou les ministres, être en parfaite harmonie avec tous les autres fonctionnaires et magistrats, traiter et chérir le peuple comme un fils, attirer près de soi tous les savants et les artistes, accueillir agréablement les hommes qui viennent de loin, les étrangers [1], et traiter avec amitié tous les grands vassaux.

12. Dès l'instant que le prince aura bien réglé et amélioré sa personne, aussitôt les devoirs universels seront accomplis envers lui-même; dès l'instant qu'il aura révéré les sages, aussitôt il n'aura plus de doute sur les principes du vrai et du faux, du bien et du mal; dès l'instant que ses parents seront l'objet des affections qui leur sont dues, aussitôt il n'y aura plus de dissensions entre ses oncles, ses frères aînés et ses frères cadets; dès l'instant qu'il honorera convenablement les fonctionnaires supérieurs ou ministres, aussitôt il verra les affaires d'État en bon ordre; dès l'instant qu'il traitera comme il convient les fonctionnaires et magistrats secondaires, aussitôt les docteurs, les lettrés s'acquitteront avec zèle de leurs devoirs dans les cérémonies; dès l'instant qu'il aimera et traitera le peuple comme un fils, aussitôt ce même peuple sera porté à imiter

---

[1] Il y a ici dans l'édition de *Tchou-hi* un paragraphe qui se retrouve plus loin, et que la plupart des autres éditeurs chinois ont supprimé, parce qu'il n'a aucun rapport avec ce qui précède et ce qui suit, et qu'il paraît là déplacé et faire un double emploi. Nous l'avons aussi supprimé en cet endroit.

[1] La *Glose* dit que ce sont *les marchands étrangers* (chang), *les commerçants* (kou), *les hôtes ou visiteurs* (pin), et *les étrangers au pays* (liu).

ses supérieurs, dès l'instant qu'il aura attiré près de lui tous les savants et les artistes, aussitôt ses richesses seront suffisamment mises en usage; dès l'instant qu'il accueillera agréablement les hommes qui viennent de loin, aussitôt les hommes des quatre extrémités de l'empire accourront en foule dans ses États pour prendre part à ses bienfaits; dès l'instant qu'il traitera avec amitié ses grands vassaux, aussitôt il sera respecté dans tout l'empire.

13. Se purifier de toutes souillures, avoir toujours un extérieur propre et décent, et des vêtements distingués; ne se permettre aucun mouvement, aucune action contrairement aux rites prescrits[1] : voilà les moyens qu'il faut employer pour bien régler sa personne; repousser loin de soi les flatteurs, fuir les séductions de la beauté, mépriser les richesses, estimer à un haut prix la vertu et les hommes qui la pratiquent : voilà les moyens qu'il faut employer pour donner de l'émulation aux sages; honorer la dignité de ses parents, augmenter leurs revenus, aimer et éviter ce qu'ils aiment et évitent : voilà les moyens qu'il faut employer pour faire naître l'amitié entre les parents; créer assez de fonctionnaires inférieurs pour exécuter les ordres des supérieurs : voilà le moyen qu'il faut employer pour exciter le zèle et l'émulation des ministres; augmenter les appointements des hommes pleins de fidélité et de probité : voilà le moyen d'exciter le zèle et l'émulation des autres fonctionnaires publics; n'exiger de services du peuple que dans les temps convenables, diminuer les impôts : voilà les moyens d'exciter le zèle et l'émulation des familles; examiner chaque jour si la conduite des hommes que l'on emploie est régulière, et voir tous les mois si leurs travaux répondent à leurs salaires : voilà les moyens d'exciter le zèle et l'émulation des artistes et des artisans; reconduire les étrangers quand ils s'en vont, aller au-devant de ceux qui arrivent pour les bien recevoir, faire l'éloge de ceux qui ont de belles qualités et de beaux talents, avoir compassion de ceux qui en manquent : voilà les moyens de bien recevoir les étrangers; prolonger la postérité des grands feudataires sans enfants, les réintégrer dans leurs principautés perdues, rétablir le bon ordre dans les États troublés par les séditions, les secourir dans les dangers, faire venir à sa cour les grands vassaux, et leur ordonner de faire apporter par les gouverneurs de province les présents d'usage aux époques fixées; traiter grandement ceux qui s'en vont et généreusement ceux qui arrivent, en n'exigeant d'eux que de légers tributs : voilà les moyens de se faire aimer des grands vassaux.

14. Tous ceux qui gouvernent les empires ont les neuf règles invariables à suivre; les moyens à employer pour les pratiquer se réduisent à un seul.

15. Toutes les actions vertueuses, tous les devoirs qui ont été résolus d'avance, sont par cela même accomplis; s'ils ne sont pas résolus d'avance, ils sont par cela même dans un état d'infraction. Si l'on a déterminé d'avance les paroles que l'on doit prononcer, on n'éprouve par cela même aucune hésitation. Si l'on a déterminé d'avance ses affaires, ses occupations dans le monde, par cela même elles s'accomplissent facilement. Si l'on a déterminé d'avance la conduite morale dans la vie, on n'éprouvera point de peines de l'âme. Si l'on a déterminé d'avance la loi du devoir, elle ne faillira jamais.

16. Si celui qui est dans un rang inférieur n'obtient pas la confiance de son supérieur, le peuple ne peut pas être bien administré; il y a un principe certain dans la détermination de ce rapport : *Celui qui n'est pas sincère et fidèle avec ses amis, n'obtiendra pas la confiance de ses supérieurs.* Il y a un principe certain pour déterminer les rapports de sincérité et de fidélité avec les amis : *Celui qui n'est pas soumis envers ses parents, n'est pas sincère et fidèle avec ses amis.* Il y a un principe certain pour déterminer les rapports d'obéissance envers les parents : *Si en faisant un retour sur soi-même on ne se trouve pas entièrement dépouillé de tout mensonge, de tout ce qui n'est pas la vérité; si l'on ne se trouve pas parfait enfin, on ne remplit pas complétement ses devoirs d'obéissance envers ses parents.* Il y a un principe certain pour reconnaître l'état de perfection : *Celui qui ne sait pas distinguer le bien du mal, le vrai du faux; qui ne sait pas reconnaître dans l'homme le mandat du ciel, n'est pas encore arrivé à la perfection.*

17. Le parfait, le vrai, dégagé de tout mélange, est la loi du ciel; la perfection ou le perfectionnement, qui consiste à employer tous ses efforts pour découvrir la loi céleste, le vrai principe du mandat du ciel, est la loi de l'homme. L'homme *parfait* [*ching-tche*] atteint cette loi sans aucun secours étranger; il n'a pas besoin de méditer, de réfléchir longtemps pour l'obtenir; il parvient à elle avec calme et tranquillité; c'est là le *saint homme* [*ching-jin*]. Celui qui tend constamment à son perfectionnement, est le sage qui sait distinguer le bien du mal, choisit le bien et s'y attache fortement pour ne jamais le perdre.

18. Il doit beaucoup étudier pour apprendre tout ce qui est bien; il doit interroger avec discernement, pour chercher à s'éclairer dans tout ce qui est bien; il doit veiller soigneusement sur tout ce qui est bien, de crainte de le perdre, et le méditer dans son âme; il doit s'efforcer toujours de connaître tout ce qui est bien, et avoir grand soin de le distinguer de tout ce qui est mal; il doit ensuite fermement et constamment pratiquer ce bien.

---

[1] « Regarder, écouter, parler, se mouvoir, sortir, entrer, se lever, s'asseoir, sont des mouvements qui doivent être conformes aux rites. » (*Glose.*)

19. S'il y a des personnes qui n'étudient pas, ou qui, si elles étudient, ne profitent pas, qu'elles ne se découragent point, ne s'arrêtent point; s'il y a des personnes qui n'interrogent pas pour s'éclairer sur les choses douteuses ou qu'elles ignorent, les hommes instruits, ou si, en les interrogeant, elles ne peuvent devenir plus instruites, qu'elles ne se découragent point; s'il y a des personnes qui ne méditent pas, ou qui, si elles méditent, ne parviennent pas à acquérir une connaissance claire du principe du bien, qu'elles ne se découragent point; s'il y a des personnes qui ne distinguent pas le bien du mal, ou qui, si elles le distinguent, n'en ont pas cependant une perception claire et nette, qu'elles ne se découragent point; s'il y a des personnes qui ne pratiquent pas le bien, ou qui, si elles le pratiquent, ne peuvent y employer toutes leurs forces, qu'elles ne se découragent point : ce que d'autres feraient en une fois, elles le feront en dix ; ce que d'autres feraient en cent, elles le feront en mille.

20. Celui qui suivra véritablement cette règle de persévérance, quelque ignorant qu'il soit, il deviendra nécessairement éclairé ; quelque faible qu'il soit, il deviendra nécessairement fort.

Voilà le vingtième chapitre. Il contient les paroles de KHOUNG-TSEU destinées à offrir les exemples de vertus du grand *Chun*, de *Wen-wang*, de *Wou-wang* et de *Tcheou-koung*, pour les continuer. *Tseu-sse*, dans ce chapitre, éclaircit ce qu'ils ont transmis par la tradition; il le rapporte et le met en ordre. Il fait même plus, car il embrasse les devoirs d'un usage général, ainsi que les devoirs moins accessibles des hommes qui tendent à la perfection, en même temps que ceux qui concernent les petits et les grands, afin de compléter le sens du douzième chapitre. Dans le chapitre précédent, il est parlé de la perfection, et le philosophe expose ce qu'il entend par ce terme; ce qu'il appelle le *parfait* est véritablement le nœud central et fondamental de ce livre.
(TCHOU-HI.)

CHAPITRE XXI.

1. La haute lumière de l'intelligence qui naît de la perfection morale, ou de la vérité sans mélange, s'appelle vertu naturelle ou sainteté primitive. La perfection morale qui naît de la haute lumière de l'intelligence, s'appelle instruction ou sainteté acquise. La perfection morale suppose la haute lumière de l'intelligence; la haute lumière de l'intelligence suppose la perfection morale.

Voilà le vingt et unième chapitre, par lequel *Tseu-sse* a lié le sens du chapitre précédent à celui des chapitres suivants, dans lesquels il expose la doctrine de son maître KHOUNG-TSEU, concernant la *loi du ciel* et la *loi de l'homme*. Les onze chapitres qui suivent renferment les paroles de *Tseu-sse*, destinées à éclaircir et à développer le sens de celui-ci.

CHAPITRE XXII.

1. Il n'y a dans le monde que les hommes souverainement parfaits qui puissent connaître à fond leur propre nature, la loi de leur être, et les devoirs qui en dérivent; pouvant connaître à fond leur propre nature et les devoirs qui en dérivent, ils peuvent par cela même connaître à fond la nature des autres hommes, la loi de leur être, et leur enseigner tous les devoirs qu'ils ont à observer pour accomplir le mandat du ciel; pouvant connaître à fond la nature des autres hommes, la loi de leur être, et leur enseigner les devoirs qu'ils ont à observer pour accomplir le mandat du ciel, ils peuvent par cela même connaître à fond la nature des autres êtres vivants et végétants, et leur faire accomplir leur loi de vitalité selon leur propre nature; pouvant connaître à fond la nature des êtres vivants et végétants, et leur faire accomplir leur loi de vitalité selon leur propre nature, ils peuvent par cela même, au moyen de leurs facultés intelligentes supérieures, aider le ciel et la terre dans les transformations et l'entretien des êtres, pour qu'ils prennent leur complet développement; pouvant aider le ciel et la terre dans les transformations et l'entretien des êtres, ils peuvent par cela même constituer un troisième pouvoir avec le ciel et la terre.

Voilà le vingt-deuxième chapitre. Il y est parlé de la loi du ciel. (TCHOU-HI.)

CHAPITRE XXIII.

1. Ceux qui viennent immédiatement après ces hommes souverainement parfaits par leur propre nature, sont ceux qui font tous leurs efforts pour rectifier leurs penchants détournés du bien ; ces penchants détournés du bien peuvent arriver à l'état de perfection; étant arrivés à l'état de perfection, alors ils produisent des effets extérieurs visibles; ces effets extérieurs visibles étant produits, alors ils se manifestent; étant manifestés, alors ils jetteront un grand éclat; ayant jeté un grand éclat, alors ils émouvront les cœurs; ayant ému les cœurs, alors ils opéreront de nombreuses conversions; ayant opéré de nombreuses conversions, alors ils effaceront jusqu'aux dernières traces du vice : il n'y a dans le monde que les hommes souverainement parfaits qui puissent être capables d'effacer ainsi les dernières traces du vice dans le cœur des hommes.

Voilà le vingt-troisième chapitre. Il y est parlé de la loi de l'homme.

CHAPITRE XXIV.

1. Les facultés de l'homme souverainement parfait sont si puissantes qu'il peut, par leur moyen, prévoir les choses à venir. L'élévation des familles royales s'annonce assurément par d'heureux présages ; la chute des dynasties s'annonce assurément aussi par de funestes présages ; ces présages heureux ou funestes se manifestent dans la grande herbe nommée *chi*, sur le dos de la tortue, et excitent en elle de tels mouvements qu'ils font frissonner ses quatre membres. Quand des événements heureux ou malheureux sont prochains, l'homme souverainement parfait prévoit avec certitude s'ils seront heureux ; il prévoit également avec certitude s'ils seront malheureux ; c'est pourquoi l'homme souverainement parfait ressemble aux intelligences surnaturelles.

Voilà le vingt-quatrième chapitre. Il parle de la loi du ciel.

CHAPITRE XXV.

1. Le *parfait* est par lui-même parfait, absolu ; la *loi du devoir* est par elle-même loi de devoir.

2. Le *parfait* est le commencement et la fin de tous les êtres ; sans le parfait ou la perfection, les êtres ne seraient pas. C'est pourquoi le sage estime cette perfection au-dessus de tout.

2. L'homme parfait ne se borne pas à se perfectionner lui-même et s'arrêter ensuite ; c'est pour cette raison qu'il s'attache à perfectionner aussi les autres êtres. Se perfectionner soi-même est sans doute une vertu ; perfectionner les autres êtres est une haute science ; ces deux perfectionnements sont des vertus de la nature ou de la faculté rationnelle pure. Réunir le perfectionnement extérieur et le perfectionnement intérieur, constitue la règle du devoir. C'est ainsi que l'on agit convenablement selon les circonstances.

Voilà le vingt-cinquième chapitre. Il y est parlé de la loi de l'homme.

CHAPITRE XXVI.

1. C'est pour cela que l'homme souverainement parfait ne cesse jamais d'opérer le bien, ou de travailler au perfectionnement des autres hommes.

2. Ne cessant jamais de travailler au perfectionnement des autres hommes, alors il persévère toujours dans ses bonnes actions ; persévérant toujours dans ses bonnes actions, alors tous les êtres portent témoignage de lui.

3. Tous les êtres portant témoignage de lui, alors l'influence de la vertu s'agrandit et s'étend au loin ; étant agrandie et étendue au loin, alors elle est vaste et profonde ; étant vaste et profonde, alors elle est haute et resplendissante.

4. La vertu de l'homme souverainement parfait est vaste et profonde : c'est pour cela qu'il a en lui la faculté de contribuer à l'entretien et au développement des êtres ; elle est haute et resplendissante : c'est pour cela qu'il a en lui la faculté de les éclairer de sa lumière ; elle est grande et persévérante : c'est pour cela qu'il a en lui la faculté de contribuer à leur perfectionnement, et de s'identifier par ses œuvres avec le ciel et la terre.

5. Les hommes souverainement parfaits, par la grandeur et la profondeur de leur vertu, s'assimilent avec la terre ; par sa hauteur et son éclat, ils s'assimilent avec le ciel ; par son étendue et sa durée, ils s'assimilent avec l'espace et le temps sans limite.

6. Celui qui est dans cette haute condition de sainteté parfaite ne se montre point, et cependant, comme la terre, il se révèle par ses bienfaits ; il ne se déplace point, et cependant, comme le ciel, il opère de nombreuses transformations ; il n'agit point, et cependant, comme l'espace et le temps, il arrive au perfectionnement de ses œuvres.

7. La puissance ou la loi productive du ciel et de la terre peut être exprimée par un seul mot ; son action dans l'un et l'autre n'est pas double : c'est la perfection ; mais alors sa production des êtres est incompréhensible.

8. La raison d'être, ou la loi du ciel et de la terre, est vaste en effet ; elle est profonde ! elle est sublime ! elle est éclatante ! elle est immense ! elle est éternelle !

9. Si nous portons un instant nos regards vers le ciel, nous n'apercevons d'abord qu'un petit espace scintillant de lumière ; mais si nous pouvions nous élever jusqu'à cet espace lumineux, nous trouverions qu'il est d'une immensité sans limites ; le soleil, la lune, les étoiles, les planètes y sont suspendus comme à un fil ; tous les êtres de l'univers en sont couverts comme d'un dais. Maintenant si nous jetons un regard sur la terre, nous croirions d'abord que nous pouvons la tenir dans la main ; mais si nous la parcourons, nous la trouverons étendue, profonde ; soutenant la haute montagne fleurie[1] sans fléchir sous son poids ; enveloppant les fleuves et les mers dans son sein, sans en être inondée, et contenant tous les êtres. Cette montagne ne nous semble qu'un petit fragment de rocher ; mais si nous explorons son étendue, nous la trouverons vaste et élevée ; les plantes et les arbres croissant à sa surface, des oiseaux et des quadrupèdes y faisant leur demeure, et renfermant elle-même dans son sein des trésors inexploités. Et cette eau que nous apercevons de loin, nous semble pouvoir à peine remplir une coupe ;

[1] Montagne de la province du *Chen-si*.

légère ; mais si nous parvenons à sa surface, nous ne pouvons en sonder la profondeur ; des énormes tortues, des crocodiles, des hydres, des dragons, des poissons de toute espèce vivent dans son sein; des richesses précieuses y prennent naissance.

10. Le *Livre des Vers* dit [1] :

« Il n'y a que le mandat du ciel
« Dont l'action éloignée ne cesse jamais. »

Voulant dire par là, que c'est cette action incessante qui le fait le mandat du ciel.

« Oh ! comment n'aurait-elle pas été éclatante,
« La pureté de la vertu de *Wou-wang* ? »

Voulant dire aussi par là, que c'est par cette même pureté de vertu qu'il fut *Wou-wang* car elle ne s'éclipsa jamais.

Voilà le vingt-sixième chapitre. Il y est parlé de la loi du ciel.

CHAPITRE XXVII.

1. Oh que la loi du devoir de l'homme saint est grande!

2. C'est un océan sans rivages ! elle produit et entretient tous les êtres ; elle touche au ciel par sa hauteur.

3. Oh! qu'elle est abondante et vaste ! elle embrasse trois cents rites du premier ordre et trois mille du second.

4. Il faut attendre l'homme capable de suivre une telle loi, pour qu'elle soit ensuite pratiquée.

5. C'est pour cela qu'il est dit : « Si l'on ne possède pas la suprême vertu des saints hommes, la suprême loi du devoir ne sera pas complétement pratiquée.

6. C'est pour cela aussi que le sage, identifié avec la loi du devoir, cultive avec respect sa nature vertueuse, cette raison droite qu'il a reçue du ciel, et qu'il s'attache à rechercher et à étudier attentivement ce qu'elle lui prescrit. Dans ce but, il pénètre jusqu'aux dernières limites de sa profondeur et de son étendue, pour saisir ses préceptes les plus subtils et les plus inaccessibles aux intelligences vulgaires. Il développe au plus haut degré les hautes et pures facultés de son intelligence, et il se fait une loi de suivre toujours les principes de la droite raison. Il se conforme aux lois déjà reconnues et pratiquées anciennement de la nature vertueuse de l'homme, et il cherche à en connaître de nouvelles, non encore déterminées ; il s'attache avec force à tout ce qui est honnête et juste, afin de réunir en lui la pratique des rites, qui sont l'expression de la loi céleste.

7. C'est pour cela que, s'il est revêtu de la dignité souveraine, il n'est point rempli d'un vain orgueil ; s'il se trouve dans l'une des conditions inférieures, il ne se constitue point en état de révolte. Que l'administration du royaume soit équitable, sa parole suffira pour l'élever à la dignité qu'il mérite ; qu'au contraire le royaume soit mal gouverné, qu'il y règne des troubles et des séditions, son silence suffira pour sauver sa personne.

Le Livre des Vers dit [1] :

« Parce qu'il fut intelligent et prudent observateur
« des événements ;
« C'est pour cela qu'il conserva sa personne. »

Cela s'accorde avec ce qui est dit précédemment.

Voilà le vingt-septième chapitre. Il y est parlé de la loi de l'homme.

CHAPITRE XXVIII.

1. Le Philosophe a dit : L'homme ignorant et sans vertu, qui aime à ne se servir que de son propre jugement ; l'homme sans fonctions publiques, qui aime à s'arroger un pouvoir qui ne lui appartient pas ; l'homme né dans le siècle et soumis aux lois de ce siècle, qui retourne à la pratique des lois anciennes, tombées en désuétude ou abolies, et tous ceux qui agissent d'une semblable manière, doivent s'attendre à éprouver de grands maux.

2. Excepté le fils du ciel, ou celui qui a reçu originairement un mandat pour être le chef de l'empire [2], personne n'a le droit d'établir de nouvelles cérémonies, personne n'a le droit de fixer de nouvelles lois somptuaires, personne n'a le droit de changer ou de corriger la forme des caractères de l'écriture en vigueur.

3. Les chars de l'empire actuel suivent les mêmes ornières que ceux des temps passés ; les livres sont écrits avec les mêmes caractères ; et les mœurs sont les mêmes qu'autrefois.

4. Quand même il posséderait la dignité impériale des anciens souverains, s'il n'a pas leurs vertus, personne ne doit oser établir de nouvelles cérémonies, et une nouvelle musique. Quand même il posséderait leurs vertus, s'il n'est pas revêtu de leur dignité impériale, personne ne doit également oser établir de nouvelles cérémonies et une nouvelle musique.

5. Le Philosophe a dit : J'aime à me reporter aux usages et coutumes de la dynastie des *Hia* ; mais le petit État de *Khi*, où cette dynastie s'est éteinte, ne les a pas suffisamment conservés. J'ai étudié les usages et coutumes de la dynastie de *Yin* [ou *Chang*] ; ils sont encore en vigueur dans l'État de *Soûng*. J'ai étudié les usages et coutumes de la

---

[1] Livre *Tcheou-soung*, ode *Weï-thian-tchi-ming*

[1] Livre *Ta-ya*, ode *Tching-ming*
[2] C'est ainsi que s'exprime la *Glose*.

dynastie des *Tcheou;* et comme ce sont celles qui sont aujourd'hui en vigueur, je dois aussi les suivre.

<small>Voilà le vingt-huitième chapitre. Il se rattache au chapitre précédent, et il n'y a rien de contraire au suivant. Il y est aussi question de la loi de l'homme.</small>

<small>(Tchou-hi.)</small>

CHAPITRE XXIX.

1. Il y a trois affaires que l'on doit regarder comme de la plus haute importance dans le gouvernement d'un empire : *L'établissement des rites ou cérémonie, la fixation des lois somptuaires, et l'altération dans la forme des caractères de l'écriture;* et ceux qui s'y conforment commettent peu de fautes.

2. Les lois, les règles d'administration des anciens temps, quoique excellentes, n'ont pas une autorité suffisante, parce que l'éloignement des temps ne permet pas d'établir convenablement leur authenticité; manquant d'authenticité, elles ne peuvent obtenir la confiance du peuple; le peuple ne pouvant accorder une confiance suffisante aux hommes qui les ont écrites, il ne les observe pas. Celles qui sont proposées par des sages non revêtus de la dignité impériale, quoique excellentes, n'obtiennent pas le respect nécessaire; n'obtenant pas le respect qui est nécessaire à leur sanction, elles n'obtiennent pas également la confiance du peuple; n'obtenant pas la confiance du peuple, le peuple ne les observe pas.

3. C'est pourquoi la loi du devoir d'un prince sage, dans l'établissement des lois les plus importantes, a sa base fondamentale en lui-même; l'autorité de sa vertu et de sa haute dignité s'impose à tout le peuple; il conforme son administration à celle des fondateurs des trois premières dynasties, et il ne se trompe point; il établit ses lois selon celles du ciel et de la terre, et elles n'éprouvent aucune opposition; il cherche la preuve de la vérité dans les esprits et les intelligences supérieures, et il est dégagé de nos doutes; il est cent générations à attendre le saint homme, et il n'est pas sujet à nos erreurs.

4. *Il cherche la preuve de la vérité dans les esprits et les intelligences supérieures,* et par conséquent il connaît profondément la loi du mandat céleste; *il est cent générations à attendre le saint homme, et il n'est pas sujet à nos erreurs;* par conséquent il connaît profondément les principes de la nature humaine.

5. C'est pourquoi le prince sage n'a qu'à agir, et, pendant des siècles, ses actions sont la loi de l'empire; il n'a qu'à parler, et, pendant des siècles, ses paroles sont la règle de l'empire. Les peuples éloignés ont alors espérance en lui; ceux qui l'avoisinent ne s'en fatigueront jamais.

6. Le *Livre des Vers* dit [1] :

« Dans ceux-là il n'y a pas de haine,
« Dans ceux-ci il n'y a point de satiété.
« Oh! oui, matin et soir
« Il sera à jamais l'objet d'éternelles louanges! »

Il n'y a jamais eu de sages princes qui n'aient été tels après avoir obtenu une pareille renommée dans le monde.

<small>Voilà le vingt-neuvième chapitre. Il se rattache à ces paroles du chapitre précédent : *placé dans le rang supérieur* (ou revêtu de la dignité impériale), *il n'est point rempli d'orgueil;* il y est aussi parlé de la loi de l'homme.</small>

CHAPITRE XXX.

1. Le philosophe Koung-tseu rappelait avec vénération les temps des anciens empereurs *Yao* et *Chun;* mais il se réglait principalement sur la conduite des souverains plus récents *Wen* et *Wou.* Prenant pour exemple de ses actions les lois naturelles et immuables qui régissent les corps célestes au-dessus de nos têtes, il imitait la succession régulière des saisons qui s'opère dans le ciel; à nos pieds, il se conformait aux lois de la terre ou de l'eau fixes ou mobiles.

2. On peut le comparer au ciel et à la terre, qui contiennent et alimentent tout, qui couvrent et enveloppent tout; on peut le comparer aux quatre saisons, qui se succèdent continuellement sans interruption; on peut le comparer au soleil et à la lune, qui éclairent alternativement le monde.

3. Tous les êtres de la nature vivent ensemble de la vie universelle, et ne se nuisent pas les uns aux autres; toutes les lois qui règlent les saisons et les corps célestes s'accomplissent en même temps sans se contrarier entre elles. L'une des facultés particulières de la nature est de faire couler un ruisseau; mais ses grandes énergies, ses grandes et souveraines facultés produisent et transforment tous les êtres. Voilà en effet ce qui rend grands le ciel et la terre.

<small>Voilà le trentième chapitre. Il traite de la loi du ciel.</small>

<small>(Tchou-hi.)</small>

CHAPITRE XXXI.

1. Il n'y a dans l'univers que l'homme souverainement saint qui, par la faculté de connaître à fond et de comprendre parfaitement les lois primitives des êtres vivants, soit digne de posséder l'autorité souveraine et de commander aux hommes; qui, par sa faculté d'avoir une âme grande, magnanime, et

---

[1] Livre *Tcheou-soung*, ode *Tching-lou.*

fable et douce, soit capable de posséder le pouvoir de répandre des bienfaits avec profusion; qui, par sa faculté d'avoir une âme élevée, ferme, imperturbable et constante, soit capable de faire régner la justice et l'équité; qui, par sa faculté d'être toujours honnête, simple, grave, droit et juste, soit capable de s'attirer le respect et la vénération; qui, par sa faculté d'être revêtu des ornements de l'esprit, et des talents que procure une étude assidue, et de ces lumières que donne une exacte investigation des choses les plus cachées, des principes les plus subtils, soit capable de discerner avec exactitude le vrai du faux, le bien du mal.

2. Ses facultés sont si amples, si vastes, si profondes, que c'est comme une source immense d'où tout sort en son temps.

3. Elles sont vastes et étendues comme le ciel; la source cachée d'où elles découlent est profonde comme l'abîme. Que cet homme souverainement saint apparaisse avec ses vertus, ses facultés puissantes, et les peuples ne manqueront pas de lui témoigner leur vénération; qu'il parle, et les peuples ne manqueront pas d'avoir foi en ses paroles; qu'il agisse, et les peuples ne manqueront pas d'être dans la joie.

4. C'est ainsi que la renommée de ses vertus est un océan qui inonde l'empire de toutes parts; elle s'étend même jusqu'aux barbares des régions méridionales et septentrionales; partout où les vaisseaux et les chars peuvent aborder, où les forces de l'industrie humaine peuvent faire pénétrer, dans tous les lieux que le ciel couvre de son dais immense, sur tous les points que la terre enserre, que le soleil et la lune éclairent de leurs rayons, que la rosée et les nuages du matin fertilisent; tous les êtres humains qui vivent et qui respirent ne peuvent manquer de l'aimer et de le révérer. C'est pourquoi il est dit : *Que ses facultés, ses vertus puissantes l'égalent au ciel.*

Voilà le trente et unième chapitre. Il se rattache au chapitre précédent; il y est parlé des énergies ou facultés partielles de la nature dans la production des êtres. Il y est aussi question de la loi du ciel.
(Tchou-m.)

CHAPITRE XXXII.

1. Il n'y a dans l'univers que l'homme souverainement parfait par la pureté de son âme qui soit capable de distinguer et de fixer les devoirs des cinq grandes relations qui existent dans l'empire entre les hommes, d'établir sur des principes fixes et conformes à la nature des êtres, la grande base fondamentale des actions et des opérations qui s'exécutent dans le monde; de connaître parfaitement les créations et les annihilations du ciel et de la terre.

Un tel homme souverainement parfait a en lui-même le principe de ses actions.

2. Sa bienveillance envers tous les hommes est extrêmement vaste; ses facultés intimes sont extrêmement profondes; ses connaissances des choses célestes sont extrêmement étendues.

3. Mais à moins d'être véritablement très-éclairé, profondément intelligent, saint par ses vertus, instruit des lois divines, et pénétré des quatre grandes vertus célestes : *l'humanité, la justice, la bienséance, et la science des devoirs,* comment pourrait-on connaître ses mérites?

Voilà le trente-deuxième chapitre. Il se rattache au chapitre précédent, et il y est parlé des grandes énergies ou facultés de la nature dans la production des êtres; il y est aussi question de la loi du ciel. Dans le chapitre qui précède celui-ci, il est parlé des vertus de l'homme souverainement saint; dans celui-ci, il est parlé de la loi de l'homme souverainement parfait. Ainsi la loi de l'homme souverainement parfait ne peut être connue que par l'homme souverainement saint; la vertu de l'homme souverainement saint ne peut être pratiquée que par l'homme souverainement parfait; alors ce ne sont pas effectivement deux choses différentes. Dans ce livre, il est parlé du saint homme comme ayant atteint le point le plus extrême de la loi céleste; arrivé là, il est impossible d'y rien ajouter. (Tchou-hi.)

CHAPITRE XXXIII.

1. Le *Livre des Vers* dit [1] :
« Elle couvrait sa robe brodée d'or d'un surtout
« grossier. »

Elle haïssait le faste et la pompe de ses ornements. C'est ainsi que les actions vertueuses du sage se dérobent aux regards, et cependant se révèlent de plus en plus chaque jour, tandis que les actions vertueuses de l'homme inférieur se produisent avec ostentation et s'évanouissent chaque jour. La conduite du sage est sans saveur comme l'eau; mais cependant elle n'est point fastidieuse; elle est retirée, mais cependant elle est belle et grave; elle paraît confuse et désordonnée, mais cependant elle est régulière. Le sage connaît les choses éloignées, c'est-à-dire, le monde, les empires et les hommes par les choses qui les touchent, par sa propre personne; il connaît les passions des autres par les siennes propres, les mouvements de son cœur; il connaît les plus secrets mouvements de son cœur, par ceux qui se révèlent dans les autres. Il pourra ainsi entrer dans le chemin de la vertu.

2. Le *Livre des Vers* dit [2] :
« Quoique le poisson en plongeant se cache dans
« l'eau,
« Cependant la transparence de l'onde le trahit, et
« on peut le voir tout entier. »

---
[1] Livre *Kouë-foung*, ode *Chi-jin.*
[2] Livre *Siao-ya*, ode *Tching-youe.*

C'est ainsi que le sage en s'examinant intérieurement ne trouve rien dans son cœur dont il ait à se reprocher et à rougir. Ce que le sage ne peut trouver en lui, n'est-ce pas ce que les autres hommes n'aperçoivent pas en eux?

3. Le *Livre des Vers* dit[1] :

« Sois attentif sur toi-même jusque dans ta mai-
« son ;

« Prends bien garde de ne rien faire, dans le lieu
« le plus secret, dont tu puisses rougir. »

C'est ainsi que le sage s'attire encore le respect, lors même qu'il ne se produit pas en public ; il est encore vrai et sincère, lors même qu'il garde le silence.

4. Le *Livre des Vers* dit[2] :

« Il se rend avec recueillement et en silence au
« temple des ancêtres ;

« Et pendant tout le temps du sacrifice, il ne s'é-
« lève aucune discussion sur la préséance des rangs
« et des devoirs. »

C'est ainsi que le sage, sans faire de largesses, porte les hommes à pratiquer la vertu ; il ne se livre point à des mouvements de colère, et il est craint du peuple à l'égal des haches et des coutelas.

5. Le *Livre des Vers* dit[3] :

« Sa vertu recueillie ne se montrait pas, tant
« elle était profonde !

« Cependant tous ses vassaux l'imitèrent ! »

C'est pour cela qu'un homme plein de vertus s'attache fortement à pratiquer tout ce qui attire le respect, et par cela même il fait que tous les États jouissent entre eux d'une bonne harmonie.

[1] Livre *Ta-ya*, ode I.
[2] Livre *Chang-soung*, ode *Liet tsou*.
[3] Livre *Tcheou-soung*, ode *Ciei-wen*.

6. Le *Livre des Vers*[1] met dans la bouche du souverain suprême ces paroles :

« J'aime et je chéris cette vertu brillante qui est
« l'accomplissement de la loi naturelle de l'homme,

« Et qui ne se révèle point par beaucoup de pompe
« et de bruit. »

Le Philosophe disait à ce sujet : La pompe extérieure et le bruit servent bien peu pour la conversion des peuples.

Le *Livre des Vers* dit[2] :

« La vertu est légère comme le duvet le plus
« fin. »

Le duvet léger est aussi l'objet d'une comparaison :

« Les actions, les opérations secrètes du ciel
« suprême

« N'ont ni son, ni odeur. »

C'est le dernier degré de l'immatérialité.

Voilà le trente-troisième chapitre. *Tseu-sse* ayant, dans les précédents chapitres, porté l'exposé de sa doctrine au dernier degré de l'évidence, revient sur son sujet pour en sonder la base. Ensuite il enseigne qu'il est de notre devoir de donner une attention sérieuse à nos actions et à nos pensées intérieures secrètes ; il poursuit et dit qu'il faut faire tous nos efforts pour atteindre à cette solide vertu qui attire le respect et la vénération de tous les hommes, et procure une abondance de paix et de tranquillité dans tout l'empire. Il exalte ses effets admirables, merveilleux, qui vont jusqu'à la rendre dénuée des attributs matériels du son et de l'odeur ; et il s'arrête là. Ensuite il reprend les idées les plus importantes du Livre, et il les explique en les résumant. Son intention, en revenant ainsi sur les principes les plus essentiels pour les inculquer davantage dans l'esprit des hommes, est très-importante et très-profonde. L'étudiant ne doit-il pas épuiser tous les efforts de son esprit pour les comprendre ? (Tchou-hi.)

[1] Livre *Ta-ya*, ode *Hoang-i*.
[2] Livre *Ta-ya*, ode *Tching min*.

FIN DU TCHOUNG-YOUNG.

論語

LE LUN-YU,

ou

LES ENTRETIENS PHILOSOPHIQUES.

TROISIÈME LIVRE CLASSIQUE.

上論 CHANG-LUN,

PREMIER LIVRE.

CHAPITRE PREMIER,

COMPOSÉ DE 16 ARTICLES.

1. Le philosophe KHOUNG-TSEU a dit : Celui qui se livre à l'étude du vrai et du bien, qui s'y applique avec persévérance et sans relâche, n'en éprouve-t-il pas une grande satisfaction?

N'est-ce pas aussi une grande satisfaction de voir arriver près de soi des contrées éloignées des hommes attirés par une communauté d'idées et de sentiments?

Être ignoré ou méconnu des hommes, et ne pas s'en indigner, n'est-ce pas le propre de l'homme éminemment vertueux?

2. *Yeou-tseu* [disciple de KHOUNG-TSEU] dit : Il est rare que celui qui pratique les devoirs de la piété filiale et de la déférence fraternelle, aime à se révolter contre ses supérieurs; mais il n'arrive jamais que celui qui n'aime pas à se révolter contre ses supérieurs, aime à susciter des troubles dans l'empire.

L'homme supérieur ou le sage applique toutes les forces de son intelligence à l'étude des principes fondamentaux; les principes fondamentaux étant bien établis, les règles de conduite, les devoirs moraux, s'en déduisent naturellement. La piété filiale, la déférence fraternelle, dont nous avons parlé, ne sont-elles pas le principe fondamental de l'humanité, ou de la bienveillance universelle pour les hommes?

3. KHOUNG-TSEU dit : Des expressions ornées et fleuries, un extérieur recherché et plein d'affectation, s'allient rarement avec une vertu sincère.

4. *Thseng-tseu* dit : Je m'examine chaque jour sur trois points principaux : N'aurais-je pas géré les affaires d'autrui avec le même zèle et la même intégrité que les miennes propres? n'aurais-je pas été sincère dans mes relations avec mes amis et mes condisciples? n'aurais-je pas conservé soigneusement et pratiqué la doctrine qui m'a été transmise par mes instituteurs?

5. KHOUNG-TSEU dit : Celui qui gouverne un royaume de mille chars [1] doit obtenir la confiance du peuple, en apportant toute sa sollicitude aux affaires de l'État; il doit prendre vivement à cœur les intérêts du peuple en modérant ses dépenses, et n'exiger les corvées des populations qu'en temps convenable.

6. KHOUNG-TSEU dit : Il faut que les enfants aient de la piété filiale dans la maison paternelle et de la déférence fraternelle au dehors. Il faut qu'ils soient attentifs dans leurs actions, sincères et vrais dans leurs paroles envers tous les hommes qu'ils doivent aimer de toute la force et l'étendue de leur affection, en s'attachant particulièrement aux personnes vertueuses. Et si après s'être bien acquittés de leurs devoirs, ils ont encore des forces de reste, ils doivent s'appliquer à orner leur esprit par l'étude et à acquérir des connaissances et des talents.

7. *Tseu-hia* [disciple de KHOUNG-TSEU] dit : Être épris de la vertu des sages au point d'échanger pour elle tous les plaisirs mondains [2]; servir ses père et mère autant qu'il est en son pouvoir de le faire; dévouer sa personne au service de son prince; et, dans les relations que l'on entretient avec ses amis, porter toujours une sincérité et une fidélité à toute épreuve : quoique celui qui agirait ainsi puisse être

---

[1] « Un *royaume de mille chars* est un royaume feudataire, dont le territoire est assez étendu pour lever une armée de mille chars de guerre. » (*Glose*.)

[2] La *Glose* entend par *Sse*, les plaisirs des *femmes*.

considéré comme dépourvu d'instruction, moi je l'appellerai certainement un homme instruit.

8. KHOUNG-TSEU dit : Si l'homme supérieur n'a point de gravité dans sa conduite, il n'inspirera point de respect; et, s'il étudie, ses connaissances ne seront pas solides. Observez constamment la sincérité et la fidélité ou la bonne foi ; ne contractez pas des liaisons d'amitié avec des personnes inférieures à vous-même moralement et pour les connaissances ; si vous commettez quelques fautes, ne craignez pas de vous corriger.

9. Thseng-tseu dit : Il faut être attentif à accomplir dans toutes ses parties les rites funéraires envers ses parents décédés, et offrir les sacrifices prescrits; alors le peuple, qui se trouve dans une condition inférieure, frappé de cet exemple, retournera à la pratique de cette vertu salutaire.

10. Tseu-kin interrogea Tseu-koung, en disant: Quand le philosophe votre maître est venu dans ce royaume, obligé d'étudier son gouvernement, a-t-il lui-même demandé des informations, ou, au contraire, est on venu les lui donner? Tseu-koung répondit : Notre maître est bienveillant, droit, respectueux, modeste et condescendant; ces qualités lui ont suffi pour obtenir toutes les informations qu'il a pu désirer. La manière de prendre des informations de notre maître ne diffère-t-elle pas de celle de tous les autres hommes ?

11. KHOUNG-TSEU dit : Pendant le vivant de votre père, observez avec soin sa volonté; après sa mort, ayez toujours les yeux fixés sur ses actions : pendant les trois années qui suivent la mort de son père le fils qui, dans ses actions, ne s'écarte point de sa conduite, peut être appelé doué de piété filiale.

12. Yeou-tseu dit : Dans la pratique usuelle de la politesse (ou de cette éducation distinguée qui est la loi du ciel [1]), la déférence ou la condescendance envers les autres doit être placée au premier rang. C'était la règle de conduite des anciens rois, dont ils tirent un si grand éclat; tout ce qu'ils firent, les grandes comme les petites choses, en dérivent. Mais il est cependant une condescendance que l'on ne doit pas avoir quand on sait que ce n'est que de la condescendance; n'étant pas de l'essence même de la véritable politesse, il ne faut pas la pratiquer.

13. Yeou-tseu dit : Celui qui ne promet que ce qui est conforme à la justice, peut tenir sa parole; celui dont la crainte et le respect sont conformes aux lois de la politesse, éloigne loin de lui la honte et le déshonneur. Par la même raison, si l'on ne perd pas en même temps les personnes avec lesquelles on est uni par des liens étroits de parenté, on peut devenir un chef de famille.

14. KHOUNG-TSEU dit : L'homme supérieur, quand il est à table, ne cherche pas à assouvir son appétit; lorsqu'il est dans sa maison, il ne cherche pas les jouissances de l'oisiveté et de la mollesse; il est attentif à ses devoirs et vigilant dans ses paroles; il aime à fréquenter ceux qui ont des principes droits, afin de régler sur eux sa conduite. Un tel homme peut être appelé *philosophe*, ou qui se plaît dans l'étude de la sagesse [1].

15. Tseu-koung dit : Comment trouvez-vous l'homme pauvre qui ne s'avilit point par une adulation servile; l'homme riche qui ne s'enorgueillit point de sa richesse ?

KHOUNG-TSEU dit : Un homme peut encore être estimable sans leur ressembler ; mais ce dernier ne sera jamais comparable à l'homme qui trouve du contentement dans sa pauvreté, ou qui, étant riche, se plaît néanmoins dans la pratique des vertus sociales.

Thou-koung dit : On lit dans le Livre des Vers:
« Comme l'artiste qui coupe et travaille l'ivoire,
« Comme celui qui taille et polit les pierres précieuses. »

Ce passage ne fait-il pas allusion à ceux dont il vient d'être question ?

KHOUNG-TSEU répondit : Sse (surnom de Tseu-koung) commence à pouvoir citer, dans la conversation, des passages du Livre des Vers ; il interroge les événements passés pour connaître l'avenir.

16. KHOUNG-TSEU dit : Il ne faut pas s'affliger de ce que les hommes ne nous connaissent pas, mais au contraire de ne pas les connaître nous-mêmes.

CHAPITRE II,

COMPOSÉ DE 24 ARTICLES.

1. Le Philosophe [3] dit : Gouverner son pays avec la vertu et la capacité nécessaires, c'est ressembler à l'étoile polaire qui demeure immobile à sa place, tandis que toutes les autres étoiles circulent autour d'elle et la prennent pour guide.

2. Le Philosophe dit: Le sens des trois cents odes du Livre des Vers est contenu dans une seule de ces expressions : « Que vos pensées ne soient point perverses. »

3. Le Philosophe dit : Si on gouverne le peuple selon les lois d'une bonne administration, et qu'on le maintienne dans l'ordre par la crainte des supplices, il sera circonspect dans sa conduite, sans rougir de ses mauvaises actions. Mais si on le gou-

---

[1] Commentaire de Tchou-hi.

[1] En chinois hao-hio, littéralement : aimant, chérissant l'étude.

[2] Ode Khi-ngao, section Vei-foung.

[3] Nous emploierons dorénavant ce mot pour rendre le mot chinois Tseu, lorsqu'il est isolé, terme dont on qualifie en Chine ceux qui se sont livrés à l'étude de la sagesse, et dont le chef et le modèle est KHOUNG-tseu, ou KHOUNG-FOU-tseu.

verne selon les principes de la vertu, et qu'on le maintienne dans l'ordre par les seules lois de la politesse sociale (qui n'est que la loi du ciel), il éprouvera de la honte d'une action coupable, et il avancera dans le chemin de la vertu.

4. Le Philosophe dit : A l'âge de quinze ans, mon esprit était continuellement occupé à l'étude; à trente ans, je m'étais arrêté dans des principes solides et fixes; à quarante, je n'éprouvais plus de doutes et d'hésitation; à cinquante, je connaissais la loi du ciel, c'est-à-dire, la loi constitutive que le ciel a conférée à chaque être de la nature pour accomplir régulièrement sa destinée [1]; à soixante, je saisissais facilement les causes des événements; à soixante et dix, je satisfaisais aux désirs de mon cœur, sans toutefois dépasser la mesure.

5. Meng-i-tseu (grand du petit royaume de Lou) demanda ce que c'était que l'obéissance filiale.

Le Philosophe dit qu'elle consistait à ne pas s'opposer aux principes de la raison.

Fan-tchi (un des disciples de KHOUNG-TSEU), en conduisant le char de son maître, fut interpellé par lui de cette manière : Meng-sun [2] me questionnait un jour sur la piété filiale; je lui répondis qu'elle consistait à ne pas s'opposer aux principes de la raison.

Fan-tchi dit : Qu'entendez-vous par là? Le Philosophe répondit : Pendant la vie de ses père et mère, il faut leur rendre les devoirs qui leur sont dûs, selon les principes de la raison naturelle qui nous est inspirée par le ciel (li); lorsqu'ils meurent, il faut aussi les ensevelir selon les cérémonies prescrites par les rites (qui ne sont que l'expression sociale de la raison céleste), et ensuite leur offrir des sacrifices également conformes aux rites.

6. Meng-wou-pe demanda ce que c'était que la piété filiale. Le Philosophe dit : Il n'y a que les pères et les mères qui s'affligent véritablement de la maladie de leurs enfants.

7. Tseu-yeou demanda ce que c'était que la piété filiale. Le Philosophe dit : Maintenant, ceux qui sont considérés comme ayant de la piété filiale, sont ceux qui nourrissent leurs père et mère; mais ce soin s'étend également aux chiens et aux chevaux; car on leur procure aussi leur nourriture. Si on n'a pas de vénération et de respect pour ses parents, quelle différence y aurait-il dans notre manière d'agir?

8. Tseu-hia demanda ce que c'était que la piété filiale? Le Philosophe dit : C'est dans la manière d'agir et de se comporter que réside toute la difficulté. Si les pères et mères ont des travaux à faire que les enfants les exemptent de leurs peines; si ces derniers ont le boire et le manger en abondance, et qu'ils leur en cèdent une partie : est-ce là exercer la piété filiale?

9. Le Philosophe dit : Je m'entretiens avec Hoeï (disciple chéri du Philosophe) pendant toute la journée, et il ne trouve rien à m'objecter, comme si c'était un homme sans capacité. De retour chez lui, il s'examine attentivement en particulier, et il se trouve alors capable d'illustrer ma doctrine. Hoeï n'est pas un homme sans capacité.

10. Le Philosophe dit : Observez attentivement les actions d'un homme; voyez quels sont ses penchants; examinez attentivement quels sont ses sujets de joie. Comment pourrait-il échapper à vos investigations! Comment pourrait-il plus longtemps vous en imposer!

11. Le Philosophe dit : Rendez-vous complètement maître de ce que vous venez d'apprendre, et apprenez toujours de nouveau; vous pourrez alors devenir un instituteur des hommes.

12. Le Philosophe dit : L'homme supérieur n'est pas un vain ustensile employé aux usages vulgaires.

13. Tseu-kong demanda quel était l'homme supérieur. Le Philosophe dit : C'est celui qui d'abord met ses paroles en pratique, et ensuite parle conformément à ses actions.

14. Le Philosophe dit : L'homme supérieur est celui qui a une bienveillance égale pour tous, et qui est sans égoïsme et sans partialité. L'homme vulgaire est celui qui n'a que des sentiments d'egoïsme sans disposition bienveillante pour tous les hommes en général.

15. Le Philosophe dit : Si vous étudiez sans que votre pensée soit appliquée, vous perdrez tout le fruit de votre étude; si, au contraire, vous vous abandonnez à vos pensées sans les diriger vers l'étude, vous vous exposez à de graves inconvénients.

16. Le Philosophe dit : Opposez-vous aux principes différents des véritables [1]; ils sont dangereux et portent à la perversité [2].

17. Le Philosophe dit : Yeou, savez-vous ce que c'est que la science? Savoir que l'on sait ce que l'on sait, et savoir que l'on ne sait pas ce que l'on ne sait pas : voilà la véritable science.

18. Tseu-tchang étudia dans le but d'obtenir les fonctions de gouverneur. Le Philosophe lui dit : Écoutez beaucoup, afin de diminuer vos doutes; soyez attentif à ce que vous dites, afin de ne rien dire de superflu; alors vous commettrez rarement des fautes. Voyez beaucoup, afin de diminuer les dangers que vous pourriez courir en n'étant pas informé de ce qui se passe. Veillez attentivement sur vos actions, et vous aurez rarement du repentir. Si

---

[1] Commentaire.
[2] Celui dont il vient d'être question.

[1] Ce sont des principes, des doctrines contraires à celles des saints hommes. (TCHOU-HI.)
[2] Le commentateur Tching-tseu dit que les paroles ou la doctrine de Fo, ainsi que celles de Yang et de Mé, ne sont pas conformes à la raison.

dans vos paroles il vous arrive rarement de commettre des fautes, et si dans vos actions vous trouvez rarement une cause de repentir, vous possédez déjà la charge à laquelle vous aspirez.

19. *Ngaï-koung* (prince de *Lou*) fit la question suivante : Comment ferai-je pour assurer la soumission du peuple? KHOUNG-TSEU lui répondit : Élevez, honorez les hommes droits et intègres; abaissez, destituez les hommes corrompus et pervers; alors le peuple vous obéira. Élevez, honorez les hommes corrompus et pervers; abaissez, destituez les hommes droits et intègres, et le peuple vous désobéira.

20. *Ki-kang* (grand du royaume de *Lou*) demanda comment il faudrait faire pour rendre le peuple respectueux, fidèle, et pour l'exciter à la pratique de la vertu. Le Philosophe dit : Surveillez-le avec dignité et fermeté, et alors il sera respectueux; ayez de la piété filiale et de la commisération, et alors il sera fidèle; élevez aux charges publiques et aux honneurs les hommes vertueux, et donnez de l'instruction à ceux qui ne peuvent se la procurer par eux-mêmes, alors il sera excité à la vertu.

21. Quelqu'un parla ainsi à KHOUNG-TSEU : Philosophe, pourquoi n'exercez-vous pas une fonction dans l'administration publique? Le Philosophe dit : On lit dans le *Chou-king*[1] : « S'agit-il de la piété filiale? il n'y a que la piété filiale et la concorde entre les frères de différents âges qui doivent être principalement cultivées par ceux qui occupent des fonctions publiques; ceux qui pratiquent ces vertus remplissent par cela même des fonctions publiques d'ordre et d'administration. » Pourquoi considérer seulement ceux qui occupent des emplois publics, comme remplissant des fonctions publiques?

22. Le Philosophe dit : Un homme dépourvu de sincérité et de fidélité est un être incompréhensible à mes yeux. C'est un grand char sans flèche, un petit char sans timon; comment peut-il se conduire dans le chemin de la vie?

23. *Tseu-tchang* demanda si les événements de dix générations pouvaient être connus d'avance?

Le Philosophe dit : Ce que la dynastie des *Yn* (ou des *Chang*) emprunta à celle des *Hia* en fait de rites et de cérémonies, peut être connu; ce que la dynastie des *Tcheou* (sous laquelle vivait le philosophe) emprunta à celle des *Yn*, en fait de rites et de cérémonies, peut être connu. Qu'une autre dynastie succède à celle des *Tcheou*[2], alors même les événements de cent générations pourront être prédits[3].

24. Le Philosophe dit : Si ce n'est pas au génie auquel on doit sacrifier que l'on sacrifie, l'action que l'on fait n'est qu'une tentative de séduction avec un dessein mauvais; si l'on voit une chose juste, et qu'on ne la pratique pas, on commet une lâcheté.

CHAPITRE III,

COMPOSÉ DE 26 ARTICLES.

1. KHOUNG-TSEU dit Que *Ki-chi* (grand du royaume de *Lou*) employait huit troupes de musiciens à ses fêtes de famille; s'il peut se permettre d'agir ainsi, que n'est-il pas capable de faire?[1]

2. Les trois familles (des grands du royaume de *Lou*) se servaient de la musique *Young-tchi*. Philosophe dit :

« Il n'y a que les princes qui assistent à la cérémonie;

« Le fils du Ciel (l'empereur) conserve un air profondément recueilli et réservé. » (Passage du *Livre des Vers*.)

Comment ces paroles pourraient-elles s'appliquer à la salle des trois familles?

3. Le Philosophe dit : Être homme, et ne pas pratiquer les vertus que comporte l'humanité, comment serait-ce se conformer aux rites? Être homme, et ne pas posséder les vertus que comporte l'humanité[2], comment jouerait-on dignement de la musique?

4. *Ling-fang* (habitant du royaume de *Lou*) demanda quel était le principe fondamental des rites (ou de la raison céleste, formulé en diverses cérémonies sociales[3]).

Le Philosophe dit : C'est là une grande question assurément! En fait de rites, une stricte économie est préférable à l'extravagance; en fait de cérémonies funèbres, une douleur silencieuse est préférable à une pompe vaine et stérile.

5. Le Philosophe dit : Les barbares du nord et l'occident (les *I* et les *Joung*) ont des princes qui les gouvernent; ils ne ressemblent pas à nous les hommes de *Hia* (de l'empire des *Hia*), qui n'en avons point.

6. *Ki-chi* alla sacrifier au mont *Taï-chan* (le royaume de *Lou*). Le Philosophe interpella

---

[1] Voyez précédemment la traduction de ce *Livre*.
[2] Cette supposition même est hardie de la part du Philosophe.
[3] Selon les commentateurs chinois, qui ne font que confirmer ce qui résulte clairement du texte, le Philosophe dit à

son disciple que l'étude du passé peut seule faire connaître l'avenir, et que par son moyen on peut arriver à connaître la loi des événements sociaux.

[1] Il était permis aux empereurs, par les rites, d'avoir troupes de musiciens dans les fêtes; aux princes, six; aux *ta-fou* ou ministres, quatre. *Ki-chi* usurpait le rang de prince.
[2] *Jin*, la droite raison du monde. (Comm.)
[3] C'est ainsi que les commentateurs chinois entendent le mot *li*.

*yéou*¹ en lui disant : Ne pouvez-vous pas l'en empêcher? Ce dernier lui répondit respectueusement : Je ne le puis! Le Philosophe s'écria : Hélas! hélas! ce que vous avez dit relativement au mont *Taï-chan*, me fait voir que vous êtes inférieur à *Ling-tang* (pour la connaissance des devoirs du cérémonial²).

7. Le Philosophe dit : L'homme supérieur n'a de querelles ou de contestations avec personne. S'il lui arrive d'en avoir, c'est quand il faut tirer au but. Il cède la place à son antagoniste vaincu, et il monte dans la salle; il en descend ensuite pour prendre une tasse avec lui (en signe de paix). Voilà les seules contestations de l'homme supérieur.

8. *Tseu-hia* fit une question en ces termes : « Que sa bouche fine et délicate a un sourire agréable! « Que son regard est doux et ravissant! Il faut que le fond du tableau soit préparé pour peindre! » (Paroles du *Livre des Vers*.) Quel est le sens de ces paroles? Le Philosophe dit : Préparez d'abord le fond du tableau pour y appliquer ensuite les couleurs. *Tseu-hia* dit : Les lois du rituel sont donc secondaires? Le Philosophe dit : Vous avez saisi ma pensée, ô *Chang!* Vous commencez maintenant à comprendre mes entretiens sur la poésie.

9. Le Philosophe dit : Je puis parler des rites et des cérémonies de la dynastie *Hia*; mais je suis incapable d'en comprendre le sens caché. Je puis parler des rites et des cérémonies de la dynastie *Yn*; mais *Sung* est incapable d'en saisir le sens caché : le secours des lois et l'opinion des sages ne suffisent pas pour en connaître les causes. S'ils suffisaient, alors nous pourrions en saisir le sens le plus caché.

10. Le Philosophe dit : Dans le grand sacrifice royal nommé *Ti*, après que la libation a été faite pour demander la descente des esprits, je ne désire plus rester spectateur de la cérémonie.

11. Quelqu'un lui ayant demandé quel était le sens du grand sacrifice royal, le Philosophe dit : Je ne le connais pas. Celui qui connaîtrait ce sens, tout ce qui est sous le ciel serait pour lui clair et manifeste; il n'éprouverait pas plus de difficultés à tout connaître qu'à poser le doigt dans la paume de sa main.

12. Il faut sacrifier aux ancêtres comme s'ils étaient présents; il faut adorer les esprits et les génies comme s'ils étaient présents. Le Philosophe dit : Je ne fais pas les cérémonies du sacrifice comme si ce n'était pas un sacrifice.

13. *Wang-sun-kia* demanda ce que l'on entendait en disant qu'il fallait mieux adresser ses hommages au génie des grains, qu'au génie du foyer. Le Philosophe dit : Il n'en est pas ainsi ; dans cette supposition, celui qui a commis une faute envers le ciel ¹, ne saurait pas à qui adresser sa prière.

14. Le Philosophe dit : Les fondateurs de la dynastie des *Tcheou* examinèrent les lois et la civilisation des deux dynasties qui les avaient précédés; quels progrès ne firent-ils pas faire à cette civilisation! Je suis pour les *Tcheou*.

15. Quand le Philosophe entra dans le grand temple, il s'informa minutieusement de chaque chose; quelqu'un s'écria : Qui dira maintenant que le fils de l'homme de *Tséou*² connaît les rites et les cérémonies? Lorsqu'il est entré dans le grand temple, il s'est informé minutieusement de chaque chose! Le Philosophe ayant entendu ces paroles, dit : Cela même est conforme aux rites.

16. Le Philosophe dit : En tirant à la cible, il ne s'agit pas de dépasser le but, mais de l'atteindre; toutes les forces ne sont pas égales; c'était là la règle des anciens.

17. *Tseu-koung* désira abolir le sacrifice du mouton qui s'offrait le premier jour de la douzième lune. Le Philosophe dit : *Sse*, vous n'êtes occupés que du sacrifice du mouton; moi je ne le suis que de la cérémonie.

18. Le Philosophe dit : Si quelqu'un sert (maintenant) le prince comme il doit l'être, en accomplissant les rites, les hommes le considèrent comme un courtisan et un flatteur.

19. *Ting* (prince de *Lou*) demanda comment un prince doit employer ses ministres, et les ministres, servir le prince. KHOUNG-TSEU répondit avec déférence : Un prince doit employer ses ministres selon qu'il est prescrit dans les rites; les ministres doivent servir le prince avec fidélité.

20. Le Philosophe dit : Les modulations joyeuses de l'ode *Kouan-tseu* n'excitent pas des désirs licencieux; les modulations tristes ne blessent pas les sentiments.

21. *Ngaï-koung* (prince de *Lou*) questionna *Tsaï-ngo*, disciple de KHOUNG-TSEU relativement aux autels ou tertres de terre érigés en l'honneur des génies. *Tsaï-ngo* répondit avec déférence : Les familles princières de la dynastie *Hia* érigèrent ces autels autour de l'arbre *pin*; les hommes de la dynastie *Yn*, autour des *cyprès*; ceux de la dynastie *Tcheou*, autour du *châtaignier* : car on dit que le *châtaignier* a la faculté de rendre le peuple craintif ³.

Le Philosophe ayant entendu ces mots, dit : Il ne faut pas parler des choses accomplies, ni donner des avis concernant celles qui ne peuvent pas se faire convenablement; ce qui est passé doit être exempt de blâme.

22. Le Philosophe dit : *Kouan-tchoung* (grand,

---

¹ Disciple du Philosophe, et aide-assistant de *Ki-chi*.
² Il n'y avait que le chef de l'État qui avait le droit d'aller sacrifier au mont *Taï-chan*.

¹ « Envers la raison (*li*.) » (*Comm.*)
² L'homme de *Tséou*, c'est-à-dire, le père de KHOUNG-TSEU.
³ Le nom même du châtaignier, *li*, signifie *craindre*.

ou *ta-fou*, de l'État de *Thsi*) est un vase de bien peu de capacité. Quelqu'un dit : *Kouan-tchoung* est donc avare et parcimonieux ? [Le Philosophe] répliqua : *Kouan-chi* (le même) a trois grands corps de bâtiments nommés *Kouei*, et dans le service de ses palais il n'emploie pas plus d'un homme pour un office. est-ce là de l'avarice et de la parcimonie ?

Alors, s'il en est ainsi, *Kouan-tchoung* connaît-il les rites ?

[Le Philosophe] répondit : Les princes d'un petit État ont leurs portes protégées par des palissades; *Kouan-chi* a aussi ses portes protégées par des palissades. Quand deux princes d'un petit État se rencontrent, pour fêter leur bienvenue, après avoir bu ensemble, ils renversent leurs coupes; *Kouan-chi* a aussi renversé sa coupe. Si *Kouan-chi* connaît les rites ou usages prescrits, pourquoi vouloir qu'il ne les connaisse pas ?

23. Le Philosophe s'entretenant un jour sur la musique avec le *Tai-sse*, ou intendant de la musique du royaume de *Lou*, dit : En fait de musique, vous devez être parfaitement instruit; quand on compose un air, toutes les notes ne doivent-elles pas concourir à l'ouverture ? en avançant, ne doit-on pas chercher à produire l'harmonie, la clarté, la régularité dans le but de compléter le chant ?

24. Le résident de *Y* demanda avec prière d'être introduit près [du Philosophe] disant : « Lorsque des « hommes supérieurs sont arrivés dans ces lieux , « je n'ai jamais été empêché de les voir. » Ceux qui suivaient le Philosophe l'introduisirent, et quand le résident sortit, il leur dit : Disciples du Philosophe, en quelque nombre que vous soyez, pourquoi gémissez-vous de ce que votre maître a perdu sa charge dans le gouvernement ? L'empire est sans lois [1], sans direction depuis longtemps; le ciel va prendre ce grand homme pour en faire un héraut [2] rassemblant les populations sur son passage, et pour opérer une grande réformation.

25. Le Philosophe appelait le chant de musique nommé *Tchao* (composé par *Chun*) parfaitement beau, et même parfaitement propre à inspirer la vertu. Il appelait le chant de musique nommé *Vou, guerrier*, parfaitement beau, mais nullement propre à inspirer la vertu.

26. Le Philosophe dit : Occuper le rang suprême, et ne pas exercer des bienfaits envers ceux que l'on gouverne; pratiquer les rites et usages prescrits, sans aucune sorte de respect; et les cérémonies funèbres, sans douleur véritable : voilà ce que je ne puis me résigner à voir.

CHAPITRE IV,

COMPOSÉ DE 26 ARTICLES.

1. Le Philosophe dit : L'humanité ou les sentiments de bienveillance envers les autres sont admirablement pratiqués dans les campagnes; celui qui choisissant sa résidence, ne veut pas habiter parmi ceux qui possèdent si bien l'humanité ou les sentiments de bienveillance envers les autres, peut-il être considéré comme doué d'intelligence ?

2. Le Philosophe dit : Ceux qui sont dépourvus d'*humanité* [1] ne peuvent se maintenir longtemps vertueux dans la pauvreté, ne peuvent se maintenir longtemps vertueux dans l'abondance et les plaisirs. Ceux qui sont pleins d'humanité, aiment à trouver le repos dans les vertus de l'humanité; et ceux qui possèdent la science, trouvent leur profit dans l'humanité.

3. Le Philosophe dit : Il n'y a que l'homme plein d'humanité qui puisse aimer véritablement les hommes, et qui puisse les haïr d'une manière convenable [2].

4. Le Philosophe dit : Si la pensée est sincèrement dirigée vers les vertus de l'humanité, on ne commettra point d'actions vicieuses.

5. Le Philosophe dit : Les richesses et les honneurs sont l'objet du désir des hommes; si on ne peut les obtenir par des voies honnêtes et droites, il faut y renoncer. La pauvreté et une position humble et vile sont l'objet de la haine et du mépris des hommes; si on ne peut en sortir par des voies honnêtes et droites, il faut y rester. Si l'homme supérieur abandonne les vertus de l'humanité, comment pourrait il rendre sa réputation de sagesse parfaite ? L'homme supérieur ne doit pas un seul instant [3] contrairement aux vertus de l'humanité. Dans les moments les plus pressés, comme dans les plus confus, il doit s'y conformer.

6. Le Philosophe dit : Je n'ai pas encore vu d'homme qui aimât convenablement les hommes pleins d'humanité. qui eût une haine convenable pour les hommes vicieux et pervers. Celui qui aime les hommes pleins d'humanité, ne met rien au-dessus d'eux; celui qui hait les hommes sans humanité,

---

[1] Littéralement : *tout ce qui est sous le ciel* (*Thian-hia*, le *monde*).
[2] Tel est le sens que comportent les deux mots chinois *Mou-to*, littéralement : *clochette avec battant de bois*, dont se servaient les hérauts dans les anciens temps, pour rassembler la multitude dans le but de lui faire connaître un message du prince. (*Comment.*) Le texte porte littéralement : *le ciel va prendre votre maître pour en faire une clochette avec un battant de bois*. Nous avons dû traduire, en le paraphrasant, pour en faire comprendre le sens.

---

[1] Nous emploierons désormais ce terme pour rendre le caractère chinois 仁 *jin*, qui comprend toutes les vertus attachées à l'*humanité*.
[2] La même idée est exprimée presque avec les mêmes termes dans le *Ta-hio*, chap. x, paragr. 14.
[3] Littéralement : *intervalle d'un repas*.

pratique l'humanité; il ne permet pas que les hommes sans humanité approchent de lui.

Ya-t-il des personnes qui puissent faire un seul jour usage de toutes leurs forces pour la pratique des vertus de l'humanité? [S'il s'en est trouvé] je n'ai jamais vu que leurs forces n'aient pas été suffisantes [pour accomplir leur dessein], et, s'il en existe, je ne les ai pas encore vues.

7. Le Philosophe dit : Les fautes des hommes sont relatives à l'état de chacun. En examinant attentivement ces fautes, on arriva à connaître si leur humanité était une véritable humanité.

8. Le Philosophe dit : Si le matin vous avez entendu la voix de la raison céleste, le soir vous pourrez mourir [1].

9. Le Philosophe dit : L'homme d'étude dont la pensée est dirigée vers la pratique de la raison, mais qui rougit de porter de mauvais vêtements et de se nourrir de mauvais aliments, n'est pas encore apte à entendre la sainte parole de la justice.

10. Le Philosophe dit : L'homme supérieur, dans toutes les circonstances de la vie, est exempt de préjugés et d'obstination ; il ne se règle que d'après la justice.

11. Le Philosophe dit : L'homme supérieur fixe ses pensées sur la vertu ; l'homme vulgaire les attache à la terre. L'homme supérieur ne se préoccupe que de l'observation des lois ; l'homme vulgaire ne pense qu'aux profits.

12. Le Philosophe dit : Appliquez-vous uniquement aux gains et aux profits, et vos actions vous feront recueillir beaucoup de ressentiments.

13. Le Philosophe dit : L'on peut, par une réelle et sincère observation des rites, régir un royaume ; et cela n'est pas difficile à obtenir. Si l'on ne pouvait pas, par une réelle et sincère observation des rites, régir un royaume, à quoi servirait de se conformer aux rites ?

14. Le Philosophe dit : Ne soyez point inquiets de ne point occuper d'emplois publics ; mais soyez inquiets d'acquérir les talents nécessaires pour occuper ces emplois. Ne soyez point affligés de ne pas encore être connu ; mais cherchez à devenir digne de l'être.

15. Le Philosophe dit : *San!* (nom de *Thseng-tseu*), ma doctrine est simple et facile à pénétrer. *Thseng-tseu* répondit : Cela est certain.

Le Philosophe étant sorti, ses disciples demandèrent ce que leur maître avait voulu dire. *Thseng-tseu* répondit : « La doctrine de notre maître consiste « uniquement à avoir la droiture du cœur et à aimer « son prochain comme soi-même [2]. »

[1] Le caractère 道 *Tao* de cette admirable sentence, que nous avons traduit par *voix de la raison divine*, est expliqué ainsi par *Tchou-hi*: La raison ou le principe des devoirs dans les actions de la vie : *sse we thang jan tchi li*.

[2] En chinois, *tchoung* et *chou*. On croira difficilement que

16. Le Philosophe dit : L'homme supérieur est influencé par la justice ; l'homme vulgaire est influencé par l'amour du gain.

17. Le Philosophe dit : Quand vous voyez un sage, réfléchissez en vous-même si vous avez les mêmes vertus que lui. Quand vous voyez un pervers, rentrez en vous-même et examinez attentivement votre conduite.

18. Le Philosophe dit : En vous acquittant de vos devoirs envers vos père et mère, ne faites que très-peu d'observations, si vous voyez qu'ils ne sont pas disposés à suivre vos remontrances, ayez pour eux les mêmes respects, et ne vous opposez pas à leur volonté ; si vous éprouvez de leur part de mauvais traitements, n'en murmurez pas.

19. Le Philosophe dit : Tant que votre père et votre mère subsistent, ne vous éloignez pas loin d'eux ; si vous vous éloignez, vous devez leur faire connaître la contrée où vous allez vous rendre.

20. Le Philosophe dit : Pendant trois années (depuis sa mort), ne vous écartez pas de la voie qu'a suivie votre père ; votre conduite pourra être alors appelée de la piété filiale.

21. Le Philosophe dit : L'âge de votre père et de votre mère ne doit pas être ignoré de vous ; il doit faire naître en vous, tantôt de la joie, tantôt de la crainte.

22. Le Philosophe dit : Les anciens ne laissaient point échapper de vaines paroles, craignant que leurs actions n'y répondissent point.

23. Le Philosophe dit : Ceux qui se perdent en restant sur leur garde sont bien rares!

24. Le Philosophe dit : L'homme supérieur aime à être lent dans ses paroles, mais rapide dans ses actions.

25. Le Philosophe dit : La vertu ne reste pas comme une orpheline abandonnée ; elle doit nécessairement avoir des voisins.

26. *Tseu-yeou* dit : Si, dans le service d'un prince, il arrive de le blâmer souvent, on tombe bientôt en disgrâce. Si, dans les relations d'amitié, on blâme souvent son ami, on éprouvera bientôt son indifférence.

CHAPITRE V,

COMPOSÉ DE 27 ARTICLES.

1. Le Philosophe dit Que *Kong-tchi-tchang* (un de ses disciples) pouvait se marier, quoiqu'il fût dans les prisons, parce qu'il n'était pas criminel ; et il se maria avec la fille du Philosophe.

Le Philosophe dit à *Nan-young* (un de ses disciples)

notre traduction soit exacte; cependant nous ne pensons pas que l'on puisse en faire une plus fidèle.

Que si le royaume était gouverné selon les principes de la droite raison, il ne serait pas repoussé des emplois publics; que si, au contraire, il n'était pas gouverné par les principes de la droite raison, il ne subirait aucun châtiment : et il le maria avec la fille de son frère aîné.

2. Le Philosophe dit Que *Tseu-tsien* (un de ses disciples) était un homme d'une vertu supérieure. Si le royaume de *Lou* ne possédait aucun homme supérieur, où celui-ci aurait-il pris sa vertu éminente?

3. *Tseu-koung* fit une question en ces termes : Que pensez-vous de moi? Le Philosophe répondit : Vous êtes un vase. — Et quel vase? reprit le disciple. — Un vase chargé d'ornements[1], dit le Philosophe.

4. Quelqu'un dit que *Young* (un des disciples de KOUNG-TSEU) était plein d'humanité, mais qu'il était dénué des talents de la parole. Le Philosophe dit : A quoi bon faire usage de la faculté de parler avec adresse? Les discussions de paroles que l'on a avec les hommes nous attirent souvent leur haine. Je ne sais pas s'il a les vertus de l'humanité; pourquoi m'informerais-je s'il sait parler avec adresse?

5. Le Philosophe pensait à faire donner à *Tsi-tiao-kaï* (un de ses disciples) un emploi dans le gouvernement. Ce dernier dit respectueusement à son maître : Je suis encore tout à fait incapable de comprendre parfaitement les doctrines que vous nous enseignez. Le Philosophe fut ravi de ces paroles.

6. Le Philosophe dit : La voie droite (sa doctrine) n'est point fréquentée. Si je me dispose à monter un bateau pour aller en mer, celui qui me suivra, n'est-ce pas *Yeou* (surnom de *Tseu-lou*)? *Tseu-lou*, entendant ces paroles, fut ravi de joie. Le Philosophe dit : *Yeou*, vous me surpassez en force et en audace, mais non en ce qui consiste à saisir la raison des actions humaines.

7. *Meng-wou-pe* (premier ministre du royaume de *Lou*) demanda si *Tseu-lou* était humain? Le Philosophe dit : Je l'ignore. Ayant répété sa demande, le Philosophe répondit : S'il s'agissait de commander les forces militaires d'un royaume de mille chars, *Tseu-lou* en serait capable; mais je ne sais pas quelle est son humanité.

— Et *Kieou*, qu'en faut-il penser? Le Philosophe dit : *Kieou*? s'il s'agissait d'une ville de mille maisons, ou d'une famille de cent chars, il pourrait en être le gouverneur : je ne sais pas quelle est son humanité.

— Et *Tchi* (un des disciples de KHOUNG-TSEU), qu'en faut-il penser? Le Philosophe dit : *Tchi*, ceint d'une ceinture officielle, et occupant un poste à la cour, serait capable, par son élocution fleurie, d'introduire et de reconduire les hôtes : je ne sais pas quelle est son humanité.

8. Le Philosophe interpella *Tseu-koung*, en disant : Lequel de vous, ou de *Hoeï*, surpasse l'autre en qualités? (*Tseu-koung*) répondit avec respect : Moi *Sse*, comment oserais-je espérer d'égaler seulement *Hoeï*? *Hoeï* n'a besoin que d'entendre une partie d'une chose pour en comprendre de suite les dix parties; moi *Sse*, d'avoir entendu cette seule partie, je ne puis en comprendre que deux.

Le Philosophe dit : Vous ne lui ressemblez pas; je vous accorde que vous ne lui ressemblez pas.

9. *Tsaï-yu* se reposait ordinairement sur un lit pendant le jour. Le Philosophe dit : Le bois pourri ne peut être sculpté; un mur de boue ne peut être blanchi; à quoi servirait-il de réprimander *Yu*?

Le Philosophe dit : Dans le commencement de mes relations avec les hommes, j'écoutais leurs paroles, et je croyais qu'ils s'y conformaient dans leurs actions. Maintenant, dans mes relations avec les hommes, j'écoute leurs paroles, mais j'examine leurs actions. *Tsaï-yu* a opéré en moi ce changement.

10. Le Philosophe dit : Je n'ai pas encore vu un homme qui fût inflexible dans ses principes. Quelqu'un lui répondit avec respect : Et *Chin-tchang*? Le Philosophe dit : *Chang* est adonné au plaisir; comment serait-il inflexible dans ses principes?

11. *Tseu-koung* dit : Ce que je ne désire pas que les hommes me fassent, je désire également ne pas le faire aux autres hommes. Le Philosophe dit : *Sse*, vous n'avez pas encore atteint ce point de perfection.

12. *Tseu-koung* dit : On peut souvent entendre parler notre maître sur les qualités et les talents nécessaires pour faire un homme parfaitement distingué; mais il est bien rare de l'entendre discourir sur la nature de l'homme, et sur la raison céleste.

13. *Tseu-lou* avait entendu (dans les enseignements de son maître) quelque maxime morale qu'il n'avait pas encore pratiquée, il craignait d'en entendre encore de semblables.

14. *Tseu-koung* fit une question en ces termes : Pourquoi *Khoung-wen-tseu* était-il appelé *lettré*, ou d'*une éducation distinguée* (*wen*)? Le Philosophe dit : Il est intelligent, et il aime l'étude; il ne rougit pas d'interroger ses inférieurs (pour en recevoir d'utiles informations); c'est pour cela qu'il est appelé *lettré* ou d'*une éducation distinguée*.

15. Le Philosophe dit Que *Tseu-tchan* (grand de l'État de *Tching*) possédait les qualités, au nombre de quatre, d'un homme supérieur; ses actions étaient empreintes de gravité et de dignité; en servant son supérieur, il était respectueux; dans les soins qu'il prenait pour la subsistance du

---

[1] Vase *hou-lien*, richement orné, dont on faisait usage pour mettre le grain dans le temple des ancêtres. On peut voir les n° 21, 22, 23, (48° planche) des vases que l'auteur de cette traduction a fait graver, et publier dans le 1ᵉʳ volume de sa *Description historique, géographique et littéraire de l'empire de la Chine*; Paris, F. Didot, 1837.

peuple, il était plein de bienveillance et de sollicitude, dans la distribution des emplois publics, il était juste et équitable.

16. Le Philosophe dit : *Ngan-ping-tchoung* (grand de l'État de *Thsi*) savait se conduire parfaitement dans ses relations avec les hommes; après un long commerce avec lui, les hommes continuaient à le respecter.

17. Le Philosophe dit : *Tchang-wen-tchoung* (grand du royaume de *Lou*) logea une grande tortue dans une demeure spéciale, dont les sommités représentaient des montagnes, et les poutres, des herbes marines. Que doit-on penser de son intelligence?

18. *Tseu-tchang* fit une question en ces termes : Le mandarin *Tseu-wen* fut trois fois promu aux fonctions de premier ministre (*ling-yin*), sans manifester de la joie, et il perdit par trois fois cette charge sans montrer aucun regret. Comme ancien premier ministre, il se fit un devoir d'instruire de ses fonctions le nouveau premier ministre. Que doit-on penser de cette conduite? Le Philosophe dit Qu'elle fut droite et parfaitement honorable. (Le disciple) reprit : Était-ce de l'humanité? (Le Philosophe) répondit : Je ne le sais pas encore; pourquoi (dans sa conduite toute naturelle) vouloir trouver la grande vertu de l'humanité?

Tsouï-tseu (grand du royaume de *Thsi*), ayant assassiné le prince de *Thsi*, *Tchin-wen-tseu* (également grand dignitaire, *ta-fou*, de l'État de *Thsi*), qui possédait dix quadriges (ou quarante chevaux de guerre) s'en défit et se retira dans un autre royaume. Lorsqu'il y fut arrivé, il dit : « Ici aussi il y a des grands comme notre *Tsouï-tseu*. » Il s'éloigna de là, et se rendit dans un autre royaume. Lorsqu'il y fut arrivé, il dit encore : « Ici aussi il y a des grands comme notre *Tsouï-tseu*. » Et il s'éloigna de nouveau. Que doit-on penser de cette conduite? Le Philosophe dit : Il était pur. — Était-ce de l'humanité? [Le Philosophe] dit : Je ne le sais pas encore; pourquoi [dans sa conduite toute naturelle] vouloir trouver la grande vertu de l'humanité?

19. *Ki-wen-tseu* (grand du royaume de *Lou*) réfléchissait trois fois avant d'agir. Le Philosophe ayant entendu ces paroles, dit : Deux fois peuvent suffire.

20. Le Philosophe dit : *Ning-wou-tseu* (grand de l'État de *Weï*), tant que le royaume fut gouverné selon les principes de la droite raison, affecta de montrer sa science; mais lorsque le royaume ne fut plus dirigé par les principes de la droite raison, alors il affecta une grande ignorance. Sa science peut être égalée; sa (feinte) ignorance ne peut pas l'être.

21. Le Philosophe, étant dans l'État de *Tchin*, s'écria : Je veux m'en retourner! je veux m'en retourner! les disciples que j'ai dans mon pays ont de l'ardeur, de l'habileté, du savoir, des manières parfaites; mais ils ne savent pas de quelle façon ils doivent se maintenir dans la voie droite.

22. Le Philosophe dit : *Pe-i* et *Chou-tsi*[1] ne pensent point aux fautes que l'on a pu commettre autrefois (si l'on a changé de conduite); aussi, il est rare que le peuple éprouve des ressentiments contre eux.

23. Le Philosophe dit : Qui peut dire que *Weï-sang-kao* était un homme droit? Quelqu'un lui ayant demandé du vinaigre, il alla en chercher chez son voisin pour le lui donner.

24. Le Philosophe dit : Des paroles fleuries, des manières affectées, et un respect exagéré, voilà ce dont *Tso-kieou-ming* rougit. Moi Khieou (petit nom du Philosophe) j'en rougis également. Cacher dans son sein de la haine et des ressentiments en faisant des démonstrations d'amitié à quelqu'un, voilà ce dont *Tso-kieou-ming* rougit. Moi Khieou, j'en rougis également.

25. *Yen-youan* et *Ki-lou* étant à ses côtés, le Philosophe leur dit : Pourquoi l'un et l'autre ne m'exprimez-vous pas votre pensée? *Tseu-lou* dit : Moi, je désire des chars, des chevaux et des pelisses fines et légères, pour les partager avec mes amis. Quand même ils me les prendraient, je n'en éprouverais aucun ressentiment.

Yen-youan dit : Moi, je désire de ne pas m'enorgueillir de ma vertu ou de mes talents, et de ne pas répandre le bruit de mes bonnes actions.

Tseu-lou dit : Je désirerais entendre exprimer la pensée de notre maître. Le philosophe dit : Je voudrais procurer aux vieillards un doux repos; aux amis et à ceux avec lesquels on a des relations, conserver une fidélité constante; aux enfants et aux faibles, donner des soins tout maternels [2].

26. Le Philosophe dit : Hélas! je n'ai pas encore vu un homme qui ait pu apercevoir ses défauts, et qui s'en soit blâmé intérieurement.

27. Le Philosophe dit : Dans un village de dix maisons, il doit y avoir des hommes aussi droits, aussi sincères que Khieou (lui-même); mais il n'y en a point qui aime l'étude comme lui.

CHAPITRE VI,

COMPOSÉ DE 28 ARTICLES.

1. Le Philosophe dit : *Young* peut remplir les fonctions de celui qui se place sur son siége, la face tournée vers le midi (c'est-à-dire, gouverner un État).

Tchoung-koung (*Young*) demanda si *Tsang-pe-tseu* (pouvait remplir les mêmes fonctions). Le

---

[1] Deux fils du prince *Kou-tchou*.
[2] « Laissez venir à moi les petits enfants. » (*Évangile*.)

Philosophe dit : Il le peut; il a le jugement libre et pénétrant.

Tchoung-koung dit : Se maintenir toujours dans une situation digne de respect, et agir d'une manière grande et libérale dans la haute direction des peuples qui nous sont confiés, n'est-ce pas là aussi ce qui rend propre à gouverner? Mais si on n'a que de la libéralité, et que toutes ses actions répondent à cette disposition de caractère, n'est-ce pas manquer des conditions nécessaires et ne posséder qu'une trop grande libéralité?

Le Philosophe dit : Les paroles de *Young* sont conformes à la raison.

2. *Ngaï-kong* demanda quel était celui des disciples du Philosophe qui avait le plus grand amour de l'étude.

KHOUNG-TSEU répondit avec déférence : Il y avait *Yan-hoeï* qui aimait l'étude avec passion; il ne pouvait éloigner de lui l'ardent désir de savoir ; il ne commettait pas deux fois la même faute. Malheusement sa destinée a été courte, et il est mort jeune. Maintenant il n'est plus[1] ! je n'ai pas appris qu'un autre eût un aussi grand amour de l'étude.

3. *Tseu-hoa* ayant été envoyé (par le Philosophe) dans le royaume de *Tchi*, *Yan-tseu* demanda du riz pour la mère de *Tseu-hoa*, qui était momentanément privée des secours de son fils). Le Philosophe dit : Donnez-lui-en une mesure. Le disciple en demanda davantage. Donnez-lui-en une mesure et demie, répliqua-t-il ; *Yan-tseu* lui donna cinq *ping* de riz (ou huit mesures).

Le Philosope dit : *Tchi* (*Tseu-hoa*), en se rendant dans l'État de *Thsi*, montait des chevaux fringants, portait des pelisses fines et légères; j'ai toujours entendu dire que l'homme supérieur assistait les nécessiteux, et n'augmentait pas les richesses du riche.

Youan-sse (un des diciples du Philosophe) ayant été fait gouverneur d'une ville, on lui donna neuf cents mesures de riz pour ses appointements. Il les refusa.

Le Philosophe dit : Ne les refusez pas; donnez-les aux habitants des villages voisins de votre demeure.

4. Le Philosophe, interpellant *Tchoung-koung*, dit : Le petit d'une vache de couleur mêlée, qui aurait le poil jaune et des cornes sur la tête, quoiqu'on puisse désirer ne l'employer à aucun usage, [les génies] des montagnes et des rivières le rejetteraient-ils?

5. Le Philosophe dit : Quant à *Hoeï*, son cœur pendant trois mois ne s'écarta point de la grande vertu de l'humanité. Les autres hommes agissent ainsi pendant un mois ou un jour ; et voilà tout!

6. *Ki-kang-tseu* demanda si *Tchoung-yeou* pourrait occuper un emploi supérieur dans l'administration publique. Le Philosophe dit : *Yeou* est certainement propre a occuper un emploi dans l'administration publique; pourquoi ne le serait-il pas? Il demanda ensuite. Et *Sse* est-il propre à occuper un emploi supérieur dans l'administration publique?

— *Sse* a un esprit pénétrant, très-propre à occuper un emploi supérieur dans l'administration publique; pourquoi non? Il demanda encore : *Kieou* est-il propre à occuper un emploi supérieur dans l'administration publique ? — *Kieou*, avec ses talents nombreux et distingués, est très-propre à occuper un emploi supérieur dans l'administration publique; pourquoi non?

7. *Ki-chi* envoya un messager à *Min-tseu-kien* (disciple de KHOUNG-TSEU), pour lui demander s'il voudrait être gouverneur de *Pi*. *Min-tseu-kien* répondit : Veuillez remercier pour moi votre maître; et s'il m'envoyait de nouveau un messager, il me trouverait certainement établi sur les bords de la rivière *Wan* (hors des ses États).

8. *Pe-nieou* (disciple de KHOUNG-TSEU) étant malade, le Philosophe demanda à le voir. Il lui prit la main à travers la croisée, et dit : Je le perds! c'était la destinée de ce jeune homme, qu'il eût cette maladie; c'était la destinée de ce jeune homme, qu'il eût cette maladie !

9. Le Philosophe dit : O qu'il était sage, *Hoeï*! il avait un vase de bambou pour prendre sa nourriture, une coupe pour boire, et il demeurait dans l'humble réduit d'une rue étroite et abandonnée: un autre homme que lui n'aurait pu supporter ses privations et ses souffrances. Cela ne changeait pas cependant la sérénité de *Hoeï* : ô qu'il était sage, *Hoeï*!

10. *Yan-kieou* dit : Ce n'est pas que je ne me plaise dans l'étude de votre doctrine, maître; mais mes forces sont insuffisantes. Le Philosophe dit: Ceux dont les forces sont insuffisantes font la moitié du chemin et s'arrêtent; mais vous, vous manquez de bonne volonté.

11. Le Philosophe, interpellant *Tseu-hia*, lui dit : Que votre savoir soit le savoir d'un homme supérieur, et non celui d'un homme vulgaire.

12. Lorsque *Tseu-yeou* était gouverneur de la ville de *Wou*, le Philosophe lui dit : Avez-vous des hommes de mérite? Il répondit : Nous avons *Tan-taï*, surnommé *Mie-ming*, lequel en voyageant ne prend point de chemin de traverse, et qui, excepté lorsqu'il s'agit d'affaires publiques, n'a jamais mis les pieds dans la demeure de *Yen* (*Tseu-yeou*).

13. Le Philosophe dit : *Meng-tchi-fan* (grand de l'État de *Lou*) ne se vantait pas de ses belles actions. Lorsque l'armée battait en retraite, il était à l'arrière-garde; mais lorsqu'on était près d'entrer en ville, il piquait son cheval et disait : Ce n'est pas que j'aie eu plus de courage que les autres pour rester en arrière, mon cheval ne voulait pas avancer.

---

[1] *Yan-hoeï* mourut à trente-deux ans.

14. Le Philosophe dit : Si l'on n'a pas l'adresse insinuante de *To*, intendant du temple des ancêtres, et la beauté de *Soung-tchao*, il est difficile, hélas! d'avancer dans le siècle où nous sommes.

15. Le Philosophe dit : Comment sortir d'une maison sans passer par la porte? pourquoi donc les hommes ne suivent-ils pas la droite voie?

16. Le Philosophe dit : Si les penchants naturels de l'homme dominent son éducation, alors ce n'est qu'un rustre grossier; si, au contraire, l'éducation domine les penchants naturels de l'homme (dans lesquels sont compris la droiture, la bonté de cœur, etc.), alors ce n'est qu'un écrivain politique. Mais lorsque l'éducation et les penchants naturels sont dans d'égales proportions, ils forment l'homme supérieur.

17. Le Philosophe dit : La nature de l'homme est droite; si cette droiture du naturel vient à se perdre pendant la vie, on a repoussé loin de soi tout bonheur.

18. Le Philosophe dit : Celui qui connaît les principes de la droite raison n'égale pas celui qui les aime; celui qui les aime n'égale pas celui qui en fait ses délices et les pratique.

19. Le Philosophe dit : Les hommes au-dessus d'une intelligence moyenne peuvent être instruits dans les plus hautes connaissances du savoir humain; les hommes au-dessous d'une intelligence moyenne ne peuvent pas être instruits des hautes connaissances du savoir humain.

20. *Fan-tchi* demanda ce que c'était que le savoir? Le Philosophe dit: Employer toutes ses forces pour faire ce qui est juste et convenable aux hommes; révérer les esprits et les génies, et s'en tenir toujours à la distance qui leur est due : voilà ce que l'on peut appeler *savoir*. Il demanda ce que c'était que l'humanité. L'humanité? dit [le Philosophe] c'est ce qui est d'abord difficile à pratiquer et que l'on peut cependant acquérir par beaucoup d'efforts : voilà ce qui peut être appelé *humanité*.

21. Le Philosophe dit : L'homme instruit est (comme) une eau limpide qui réjouit; l'homme humain est (comme) une montagne qui réjouit. L'homme instruit a en lui un grand principe de mouvement; l'homme humain, un principe de repos. L'homme instruit a en lui des motifs instantanés de joie; l'homme humain a pour lui l'éternité.

22. Le Philosophe dit : L'État de *Thsi*, par un changement ou une révolution, arrivera à la puissance de l'État de *Lou*; l'État de *Lou*, par une révolution, arrivera au gouvernement de la droite raison.

23. Le Philosophe dit : Lorsqu'une coupe à anses a perdu ses anses, est-ce encore une coupe à anses, est-ce encore une coupe à anses?

24. *Tsaï-ngo* fit une question en ces termes : Si un homme plein de la vertu de l'humanité, se trouvait interpellé en ces mots : « Un homme les tombé dans un puits, » pratiquerait-il la vertu de l'humanité s'il l'y suivait? Le Philosophe dit : Pourquoi agirait-il ainsi? l'homme supérieur doit s'éloigner; il ne doit pas se précipiter lui-même dans le puits; il ne doit point s'abuser sur l'étendue du devoir, qui ne l'oblige point à perdre la vie (pour agir contrairement aux principes de la raison).

25. Le Philosophe dit : L'homme supérieur doit appliquer toute son étude à former son éducation, à acquérir des connaissances; il doit attacher une grande importance aux rites ou usages prescrits. En agissant ainsi, il pourra ne pas s'écarter de la droite raison.

26. Le Philosophe ayant fait une visite à *Nan-tseu* (femme de *Ling-koung*, prince de l'État de *Wei*), *Tseu-lou* n'en fut pas satisfait. KHOUNG-TSEU s'inclina en signe de résignation, et dit : « Si j'ai « mal agi, que le ciel me rejette; que le ciel me « rejette. »

27. Le Philosophe dit : L'invariabilité dans le milieu est ce qui constitue la vertu; n'en est-ce pas le faîte même? Les hommes rarement y persévèrent.

28. *Tseu-koung* dit : S'il y avait un homme qui manifestât une extrême bienveillance envers le peuple, et ne s'occupât que du bonheur de la multitude, qu'en faudrait-il penser? pourrait-on l'appeler homme doué de la vertu de l'humanité? Le Philosophe dit : Pourquoi se servir (pour le qualifier) du mot *humanité*? ne serait-il pas plutôt un *saint*? *Yao* et *Chun* sembleraient même bien au-dessous de lui.

L'homme qui a la vertu de l'humanité désire s'établir lui même, et ensuite établir les autres hommes; il désire connaître les principes des choses, et ensuite les faire connaître aux autres hommes.

Avoir assez d'empire sur soi-même pour juger des autres par comparaison avec nous, et agir envers eux comme nous voudrions que l'on agît envers nous-même, c'est ce que l'on peut appeler la doctrine de l'*humanité*; il n'y a rien au delà.

CHAPITRE VII,

COMPOSÉ DE 37 ARTICLES.

1. Le Philosophe dit : Je commente, j'éclaircis (les anciens ouvrages), mais je n'en compose pas de nouveaux. J'ai foi dans les anciens, et je les aime; j'ai la plus haute estime pour notre *Laopang* [1].

2. Le Philosophe dit : Méditer en silence et rappeler à sa mémoire les objets de ses méditations; se livrer à l'étude, et ne pas se rebuter; instruire est

---

[1] Sage, *ta-fou*, de la dynastie des *Chang*.

hommes, et ne pas se laisser abattre : comment parviendrai-je à posséder ces vertus?

3. Le Philosophe dit : La vertu n'est pas cultivée; l'étude n'est pas recherchée avec soin; si l'on entend professer des principes de justice et d'équité, on ne veut pas les suivre; les méchants et les pervers ne veulent pas se corriger : voilà ce qui fait ma douleur !

4. Lorsque le Philosophe se trouvait chez lui, sans préoccupation d'affaires, que ses manières étaient douces et persuasives! que son air était affable et prévenant !

5. Le Philosophe dit : O combien je suis déchu de moi-même; depuis longtemps je n'ai plus vu en songe *Tcheou-koung*[1] !

6. Le Philosophe dit : Que la pensée soit constamment fixée sur les principes de la droite voie ;

Que l'on tende sans cesse à la vertu de l'humanité;

Que l'on s'applique, dans les moments de loisir, à la culture des arts[2].

7. Le Philosophe dit : Dès l'instant qu'une personne est venue me voir, et m'a offert les présents d'usage[3], je n'ai jamais manqué de l'instruire.

8. Le Philosophe dit : Si un homme ne fait aucun effort pour développer son esprit, je ne le développerai point moi-même. Si un homme ne veut faire aucun usage de sa faculté de parler, je ne pénétrerai pas le sens de ses expressions; si, après avoir fait connaître l'angle d'un carré, on ne sait pas la dimension des trois autres angles, alors je ne renouvelle pas la démonstration.

9. Quand le Philosophe se trouvait à table avec une personne qui éprouvait des chagrins de la perte de quelqu'un, il ne pouvait manger pour satisfaire son appétit. Le Philosophe, dans ce jour (de deuil) se livrait lui-même à la douleur, et il ne pouvait chanter.

10. Le Philosophe, interpellant *Yen-youan*, lui dit : Si on nous emploie dans les fonctions publiques, alors nous remplissons notre devoir; si on nous renvoie, alors nous nous reposons dans la vie privée. Il n'y a que vous et moi qui agissions ainsi.

Tseu-lou dit : Si vous conduisiez trois corps d'armée ou *Kiun* de douze mille cinq cents hommes chacun, lequel de nous prendriez-vous pour lieutenant?

Le Philosophe dit : Celui qui de ses seules mains nous engagerait au combat avec un tigre; qui, sans motifs, voudrait passer à gué un fleuve; qui prodiguerait sa vie sans raison et sans remords : je ne voudrais pas le prendre pour lieutenant. Il me faudrait un homme qui portât une vigilance soutenue dans la direction des affaires; qui aimât à former des plans et à les mettre à exécution.

11. Le Philosophe dit : Si pour acquérir des richesses par des moyens honnêtes il me fallait faire un vil métier, je le ferais; mais si les moyens n'étaient pas honnêtes, j'aimerais mieux m'appliquer à ce que j'aime.

12. Le Philosophe portait la plus grande attention sur l'ordre, la guerre et la maladie.

13. Le Philosophe, étant dans le royaume de *Thsi*, entendit la musique nommée *Tchao* (de *Chun*). Il en éprouva tant d'émotion que, pendant trois lunes, il ne connut pas le goût des aliments. Il dit : Je ne me figure pas que depuis la composition de cette musique, on soit jamais arrivé à ce point de perfection.

14. *Yen-yeou* dit : Notre maître aidera-t-il le prince de *Weï? Tseu-koung* dit : Pour cela, je le lui demanderai.

Il entra (dans l'appartement de son maître), et dit: Que pensez-vous de *Pe-i* et de *Chou-tsi*? Le Philosophe dit : Ces hommes étaient de véritables sages de l'antiquité. Il ajouta : N'éprouvèrent-ils aucun regret? — Ils cherchèrent à acquérir la vertu de l'humanité, et ils obtinrent cette vertu : pourquoi auraient-ils éprouvé des regrets? En sortant (*Tseu-koung*), dit : Notre maître n'assistera pas (le prince de *Weï*).

15. Le Philosophe dit : Se nourrir d'un peu de riz, boire de l'eau, n'avoir que son bras courbé pour appuyer sa tête, est un état qui a aussi sa satisfaction. Être riche et honoré par des moyens iniques, c'est pour moi comme le nuage flottant qui passe.

16. Le Philosophe dit : S'il m'était accordé d'ajouter à mon âge de nombreuses années, j'en demanderais cinquante pour étudier le *Y-king*; afin que je pusse me rendre exempt de fautes graves.

17. Les sujets dont le Philosophe parlait habituellement étaient le *Livre des Vers*, le *Livre des Annales* et le *Livre des Rites*. C'étaient les sujets constants de ses entretiens.

18. *Ye-kong* interrogea *Tseu-lou* sur KHOUNG-TSEU. *Tseu-lou* ne lui répondit pas.

Le Philosophe dit : Pourquoi ne lui avez-vous pas répondu? C'est un homme qui, par tous les efforts qu'il fait pour acquérir la science, oublie de prendre de la nourriture; qui, par la joie qu'il éprouve de l'avoir acquise, oublie les peines qu'elle lui a causées, et qui ne s'inquiète pas de l'approche de la vieillesse. Je vous en instruis.

19. Le Philosophe dit : Je ne naquis point doué de la science. Je suis un homme qui a aimé les anciens, et qui a fait tous ses efforts pour acquérir leurs connaissances.

---

[1] Voyez notre *Description de la Chine*, t. I, p. 84 et suiv.
[2] Ces arts sont, selon le Commentaire, les *rites*, la musique, l'art de tirer de l'arc, l'équitation, l'écriture et l'arithmétique.
[3] Des morceaux de viande salée et séchée au soleil.

20. Le Philosophe ne parlait dans ses entretiens ni des choses extraordinaires, ni de la bravoure, ni des troubles civils, ni des esprits.

21. Le Philosophe dit : Si nous sommes trois qui voyagions ensemble, je trouverai nécessairement deux instituteurs (dans mes compagnons de voyage) ; je choisirai l'homme de bien pour l'imiter, et l'homme pervers pour me corriger.

22. Le Philosophe dit : Le ciel a fait naître la vertu en moi ; que peut donc me faire *Hoan-touï* ?

23. Vous, mes disciples, tous tant que vous êtes, croyez-vous que j'aie pour vous des doctrines cachées ? Je n'ai point de doctrines cachées pour vous. Je n'ai rien fait que je ne vous l'aie communiqué, ô mes disciples ! C'est la manière d'agir de KHIEOU (de lui-même).

24. Le Philosophe employait quatre sortes d'enseignements : la littérature, la pratique des actions vertueuses, la droiture ou la sincérité, et la fidélité.

25. Le Philosophe dit : Je ne puis parvenir à voir un saint homme ; tout ce que je puis, c'est de voir un sage.

Le Philosophe dit : Je ne puis parvenir à voir un homme véritablement vertueux ; tout ce que je puis, c'est de voir un homme constant et ferme dans ses idées.

Manquer de tout, et agir comme si l'on possédait avec abondance ; être vide, et se montrer plein ; être petit, et se montrer grand : est un rôle difficile à soutenir constamment.

26. Le Philosophe pêchait quelquefois à l'hameçon, mais non au filet ; il chassait aux oiseaux avec une flèche, mais non avec des pièges.

27. Le Philosophe dit : Comment se trouve-t-il des hommes qui agissent sans savoir ce qu'ils font ? je ne voudrais pas me comporter ainsi. Il faut écouter les avis de beaucoup de personnes, choisir ce qu'ils ont de bon et le suivre ; voir beaucoup et réfléchir mûrement sur ce que l'on a vu ; c'est le second pas de la connaissance.

28. Les *Heou-hiang* (habitants d'un pays ainsi nommé) étaient dificiles à instruire. Un de leurs jeunes gens étant venu visiter les disciples du Philosophe, ils délibérèrent s'ils le recevraient parmi eux.

Le Philosophe dit : Je l'ai admis à entrer [au nombre de mes disciples] ; je ne l'ai pas admis à s'en aller. D'où vient cette opposition de votre part ? cet homme s'est purifié, s'est renouvelé lui-même afin d'entrer à mon école ; louez-le de s'être ainsi purifié ; je ne réponds pas de ses actions passées ou futures.

29. Le Philosophe dit : L'humanité est-elle si éloignée de nous ! je désire de posséder l'humanité, et l'humanité vient à moi.

30. Le juge du royaume de *Tchin* demanda si *Tchao-kong* connaissait les rites. KHOUNG-TSEU dit : Il connaît les rites.

KHOUNG-TSEU s'étant éloigné (le juge), salua *Ou-ma-ki*, et le faisant entrer, il lui dit : J'ai entendu dire que l'homme supérieur ne donnait pas son assentiment aux fautes des autres ; cependant un homme supérieur y a donné son assentiment. Le prince s'est marié avec une femme de la famille *Ou*, du même nom que le sien, et il l'a appelée *Ou-meng-tseu*. Un prince doit connaître les rites et coutumes : pourquoi, lui, ne les connaît-il pas ?

Ou-ma-ki avertit le Philosophe, qui s'écria : Que KHIEOU est heureux ! s'il commet une faute, les hommes sont sûrs de la connaître.

31. Lorsque le Philosophe se trouvait avec quelqu'un qui savait bien chanter, il l'engageait à chanter la même pièce une seconde fois, et il l'accompagnait de la voix.

32. Le Philosophe dit : En littérature, je ne suis pas l'égal d'autres hommes. Si je veux que mes actions soient celles d'un homme supérieur, alors je ne puis jamais atteindre à la perfection.

33. Le Philosophe dit : Si je pense à un homme qui réunisse la sainteté à la vertu de l'humanité, comment oserais-je me comparer à lui ! tout ce que je sais, c'est que je m'efforce de pratiquer ces vertus sans me rebuter, et de les enseigner aux autres sans me décourager et me laisser abattre. C'est là tout ce que je vous puis dire de moi. *Kong-si-hoa* dit : Il est juste d'ajouter que nous, vos disciples, nous ne pouvons pas même apprendre ces choses.

34. Le Philosophe étant très-malade, *Tseu-lou* le pria de permettre à ses disciples d'adresser pour lui leurs prières [1] aux esprits et aux génies. Le Philosophe dit : Cela convient-il ? *Tseu-lou* répondit avec respect : Cela convient. Il est dit dans le livre intitulé *Loû* : « Adressez vos *prières* aux esprits « et aux génies d'en haut et d'en bas (du ciel et « de la terre). » Le Philosophe dit : La prière de KHIEOU (la sienne) est permanente.

35. Le Philosophe dit : Si l'on est prodigue et adonné au luxe, alors on n'est pas soumis. Si l'on est trop parcimonieux, alors on est vil et abject. La bassesse est cependant encore préférable à la désobéissance.

36. Le Philosophe dit : L'homme supérieur a de l'équanimité et de la tranquillité d'âme. L'homme vulgaire éprouve sans cesse du trouble et de l'inquiétude.

37. Le Philosophe était d'un abord aimable et prévenant ; sa gravité sans roideur, et la dignité de son maintien inspiraient du respect sans contrainte.

---

[1] Le mot chinois, selon le commentateur, implique l'idée d'*éviter le mal et d'avancer dans la vertu* avec l'assistance des esprits. Si l'on n'a aucun motif de *prier*, alors l'on ne doit pas *prier*.

CHAPITRE VIII,

COMPOSÉ DE 21 ARTICLES.

1. Le Philosophe dit : C'est *Taï-pé* qui pouvait être appelé souverainement vertueux! on ne trouvait rien à ajouter à sa vertu. Trois fois il refusa l'empire, et le peuple ne voyait rien de louable dans son action désintéressée.

2. Le Philosophe dit : Si la déférence et le respect envers les autres ne sont pas réglés par les rites ou l'éducation, alors ce n'est plus qu'une chose fastidieuse; si la vigilance et la sollicitude ne sont pas réglées par l'éducation, alors ce n'est qu'une timidité outrée; si le courage viril n'est pas réglé par l'éducation, alors ce n'est que de l'insubordination; si la droiture n'est pas réglée par l'éducation, alors elle entraîne dans une grande confusion.

Si ceux qui sont dans une condition supérieure traitent leurs parents comme ils doivent l'être, alors le peuple s'élèvera à la vertu de l'humanité. Pour la même raison, s'ils ne négligent pas et n'abandonnent pas leurs anciens amis, alors le peuple n'agira pas d'une manière contraire.

3. *Thseng-tseu*, étant dangereusement malade, fit venir auprès de lui ses disciples, et leur dit : Découvrez-moi les pieds, découvrez-moi les mains. Le *Livre des Vers* dit :

« Ayez la même crainte et la même circonspection
« Que si vous contempliez sous vos yeux un abîme
« profond,
« Que si vous marchiez sur une glace fragile! »
Maintenant ou plus tard, je sais que je dois vous quitter, mes chers disciples.

4. *Thseng-tseu* étant malade, *Meng-king-tseu* (grand du royaume de *Lou*), demanda des nouvelles de sa santé. *Thseng-tseu* prononça ces paroles : « Quand l'oiseau est près de mourir, son chant devient triste; quand l'homme est près de mourir, ses paroles portent l'empreinte de la vertu. »

Les choses que l'homme supérieur met au-dessus de tout dans la pratique de la droite raison, sont au nombre de trois : dans sa démarche et dans son attitude, il a soin d'éloigner tout ce qui sentirait la brutalité et la rudesse; il fait en sorte que la véritable expression de sa figure représente autant que possible la réalité et la sincérité de ses sentiments; que dans les paroles qui lui échappent de la bouche et dans l'intonation de sa voix, il éloigne tout ce qui pourrait être bas ou vulgaire et contraire à la raison. Quant à ce qui concerne les vases en bambous (choses moins importantes), il faut que quelqu'un préside à leur conservation.

5. *Thseng-tseu* dit : Posséder la capacité et les talents, et prendre avis de ceux qui en sont dépourvus; avoir beaucoup, et prendre avis de ceux qui n'ont rien; être riche, et se comporter comme étant pauvre; être plein, et paraître vide ou dénué de tout; se laisser offenser, sans en témoigner du ressentiment : autrefois j'avais un ami qui se conduisait ainsi dans la vie.

6. *Thseng-tseu* dit . L'homme à qui l'on peut confier un jeune orphelin de six palmes (*tchi*) de haut [1], à qui l'on peut remettre l'administration et le commandement d'un royaume de cent *li* d'étendue, et qui, lorsque apparaît un grand déchirement politique, ne se laisse pas arracher à son devoir, n'est-ce pas un homme supérieur? Oui, c'est assurément un homme supérieur!

7. *Thseng-tseu* dit : Les lettrés ne doivent pas ne pas avoir l'âme ferme et élevée, car leur fardeau est lourd, et leur route, longue.

L'humanité est le fardeau qu'ils ont à porter (ou le devoir qu'ils ont à remplir); n'est-il pas en effet bien lourd et bien important? c'est à la mort seulement qu'on cesse de le porter : la route n'est-elle pas bien longue?

8. Le Philosophe dit : Élevons notre esprit par la lecture du *Livre des Vers* ; établissons nos principes de conduite sur le *Livre des Rites* ; perfectionnons-nous par la *Musique*.

9. Le Philosophe dit : On peut forcer le peuple à suivre les principes de la justice et de la raison; on ne peut pas le forcer à les comprendre.

10. L'homme qui se plaît dans les actions courageuses et viriles, s'il éprouve les privations et les souffrances de la misère, causera du trouble et du désordre; mais l'homme qui est dépourvu des vertus de l'humanité, les souffrances et les privations même lui manquant, causera beaucoup plus de troubles et de désordres.

11. Le Philosophe dit : Supposé qu'un homme soit doué de la beauté et des talents de *Tcheou-koung*, mais qu'il soit en même temps hautain et d'une avarice sordide, ce qui lui reste de ses qualités ne vaut pas la peine qu'on y fasse attention.

12. Le Philosophe dit : Il n'est pas facile de trouver une personne qui pendant trois années se livre constamment à l'étude sans avoir en vue les émoluments qu'il peut en retirer.

13. Le Philosophe dit : Celui qui a une foi inébranlable dans la vérité, et qui aime l'étude avec passion, conserve jusqu'à la mort les principes de la vertu, qui en sont la conséquence.

Si un État se trouve en danger de révolution (par suite de son mauvais gouvernement), n'allez pas le visiter; un pays qui est livré au désordre ne peut pas y rester. Si un empire se trouve gouverné par les principes de la droiture et de la raison, allez le visiter; s'il n'est pas gouverné par les principes de la

---
[1] L'héritier du trône.

raison, restez ignorés dans la retraite et la solitude.

Si un État est gouverné par les principes de la raison, la pauvreté et la misère sont un sujet de honte; si un État n'est pas gouverné par les principes de la raison, la richesse et les honneurs sont alors les sujets de honte¹!

14. Le Philosophe dit : Si vous n'occupez pas des fonctions dans un gouvernement, ne donnez pas votre avis sur son administration.

15. Le Philosophe dit : Comme le chef de musique nommé *Tchi*, dans son chant qui commence par ces mots: *Kouan-tsiu-tchi-louan*, avait su charmer l'oreille par la grâce et la mélodie!

16. Le Philosophe dit : Être courageux et hardi sans droiture, hébété sans attention, inepte sans sincérité; je ne connais pas de tels caractères.

17. Le Philosophe dit : Étudiez toujours comme si vous ne pouviez jamais atteindre (au sommet de la science), comme si vous craigniez de perdre le fruit de vos études.

18. Le Philosophe dit : O quelle élévation, quelle sublimité dans le gouvernement de *Chun* et de *Yu*! et cependant il n'était encore rien à leurs yeux.

19. Le Philosophe dit : O qu'elle était grande la conduite de *Yao* dans l'administration de l'empire! qu'elle était élevée et sublime! il n'y a que le ciel qui pouvait l'égaler en grandeur; il n'y a que *Yao* qui pouvait imiter ainsi le ciel! Ses vertus étaient si vastes et si profondes, que le peuple ne trouvait point de noms pour leur donner!

O quelle grandeur! quelle sublimité dans ses actions et ses mérites! et que les monuments qu'il a laissés de sa sagesse sont admirables!

20. *Chun* avait cinq ministres; et l'empire était bien gouverné.

Wou-wang disait : J'ai pour ministres dix hommes d'État habiles dans l'art de gouverner.

KHOUNG-TSEU dit : Les hommes de talent sont rares et difficiles à trouver; n'est-ce pas la vérité? A partir de l'époque de *Chang* (*Yao*) et de *Yu* (*Chun*) jusqu'à ces ministres (de *Wou-wang*), pleins de mérites, il y a eu une femme, ainsi que neuf hommes de mérite; et voilà tout.

De trois parties qui formaient l'empire (*Wen-wang*) en eut deux, avec lesquelles il continua à servir la dynastie de *Yn*. La vertu du fondateur de la dynastie des *Tcheou* peut être appelée une vertu sublime.

21. Le Philosophe dit : Je ne vois aucun défaut dans *Yu*! il était sobre dans le boire et dans le manger, et souverainement pieux envers les esprits et les génies. Ses vêtements ordinaires étaient mauvais et grossiers; mais comme ses robes et ses autres habillements de cérémonies étaient beaux et parés! Il habitait une humble demeure; mais il employa tous ses efforts pour faire élever des digues et creuser des canaux pour l'écoulement des eaux. Je ne vois aucun défaut dans *Yu*.

CHAPITRE IX,

COMPOSÉ DE 30 ARTICLES.

1. Le Philosophe parlait rarement du gain, du destin (ou mandat du ciel, *ming*) et de l'humanité (la plus grande des vertus).

2. Un homme du village de *Ta-hiang* dit : Que KHOUNG-TSEU est grand! cependant ce n'est pas son vaste savoir qui a fait sa renommée.

Le Philosophe ayant entendu ces paroles, interpella ses disciples en leur disant : Que dois-je entreprendre de faire? Prendrai-je l'état de voiturier? où apprendrai-je celui d'archer? Je serai voiturier.

3. Le Philosophe dit : Autrefois on portait un bonnet d'étoffe de lin, pour se conformer aux rites; maintenant on porte un bonnet de soie, comme plus économique; je veux suivre la multitude. Autrefois on s'inclinait respectueusement au bas des degrés de la salle de réception pour saluer son prince, en se conformant aux rites; maintenant on salue en haut des degrés. Ceci est de l'orgueil. Quoique je m'éloigne en cela de la multitude, je suivrai le mode ancien.

4. Le Philosophe était complétement exempt de quatre choses : il était sans amour-propre, sans préjugés, sans obstination et sans égoïsme.

5. Le Philosophe éprouva des inquiétudes et des frayeurs à *Kouang*. Il dit : *Wen-wang* n'est plus; la mise en lumière de la pure doctrine ne dépend-elle pas maintenant de moi?

Si le ciel avait résolu de laisser périr cette doctrine, ceux qui ont succédé à *Wen-wang*, qui n'est plus, n'auraient pas eu la faculté de la faire revivre et de lui rendre son ancien éclat. Le ciel ne veut donc pas que cette doctrine périsse. Que me veulent donc les hommes de *Kouang*?

6 Un *Taï-tsaï*, ou grand fonctionnaire public, interrogea un jour *Tseu-koung* en ces termes : Votre maître est-il un saint? N'a-t-il pas un grand nombre de talents?

Tseu-koung dit : Certainement le ciel lui a départi presque tout ce qui constitue la sainteté, et, en outre, un grand nombre de talents.

Le Philosophe ayant entendu parler de ces propos, dit : Ce grand fonctionnaire me connaît-il? Quand j'étais petit, je me suis trouvé dans des circonstances pénibles et difficiles; c'est pourquoi j'ai acquis un grand nombre de talents pour la pratique des affaires

---

¹ Ces admirables principes n'ont pas besoin de commentaires.

vulgaires. L'homme supérieur possède-t-il un grand nombre de ces talents? Non, il n'en possède pas un grand nombre.

Lao (un des disciples de KHOUNG-TSEU) dit : Le Philosophe répétait souvent : « Je ne fus pas employé jeune dans les charges publiques; c'est pourquoi je m'appliquai à l'étude des arts. »

7. Le Philosophe dit : Suis-je véritablement en possession de la science? je n'en sais rien[1]. Mais s'il se rencontre un ignorant qui me fasse des questions, tant vides soient-elles, j'y réponds de mon mieux, en épuisant le sujet sous toutes ses faces.

8. Le Philosophe dit : L'oiseau nommé *Foung* ou *Foung-ling* ne vient pas, le fleuve ne fait pas sortir de son sein le tableau (sur lequel est figuré le dragon). C'en est fait de moi.

9. Lorsque le Philosophe voyait quelqu'un en habits de deuil, ou portant le bonnet et la robe de magistrat, ou aveugle, quand même il eût été plus jeune que lui, il se levait à son approche (s'il se trouvait assis). S'il passait devant lui assis, le philosophe accélérait le pas.

10. *Yen-youan* s'écria en soupirant : Si je considère la doctrine de notre maître, je ne vois rien de plus élevé; si je cherche à la pénétrer, je ne trouve rien de plus impénétrable; si je la regarde comme devant mes yeux et me précédant, aussitôt elle m'échappe et me fuit.

Mon maître m'a cependant conduit pas à pas; il a développé graduellement mon esprit, car il savait admirablement captiver les hommes par ses paroles; il a étendu beaucoup mes connaissances dans les sciences qui constituent l'éducation, et il m'a surtout fait étudier le *Livre des Rites*.

Si je voulais m'arrêter je ne le pouvais pas. Quand j'avais épuisé toutes mes forces, (cette doctrine) était toujours là comme fixée devant moi à une certaine distance. Quoique j'aie désiré ardemment de l'atteindre, je n'ai pu y parvenir.

11. Le Philosophe étant très-malade, *Tseu-lou* lui envoya un disciple pour lui servir de ministre.

Dans un intervalle (de souffrances) que lui laissa la maladie, le Philosophe dit : N'y a-t-il pas déjà longtemps que *Yeou* (*Tseu-lou*) se conduit d'une manière peu conforme à la raison? Je n'ai pas de ministres, et cependant j'ai quelqu'un qui en fait les fonctions; qui trompé-je, de moi ou du ciel?

Plutôt que de mourir entre les mains d'un ministre, n'aurait-il pas mieux valu pour moi de mourir entre les mains de mes disciples? Quoique dans ce dernier cas je n'eusse pas obtenu de grandes funérailles, je serais mort dans la droite voie!

12. *Tseu-koung* dit : Si j'avais un beau joyau dans les circonstances actuelles, devrais-je le renfermer et le cacher dans une boîte, ou chercher à le vendre un bon prix? Le Philosophe dit : Vendez-le vendez-le! Mais j'attendrais quelqu'un qui pût l'estimer sa valeur.

13. Le Philosophe témoigna le désir d'aller habiter parmi les *Kieou-i*, ou les neuf tribus barbares des régions orientales. Quelqu'un dit : Ce serait une condition vile et abjecte; comment avoir un pareil désir? Le Philosophe dit : Où l'homme supérieur, le sage, habite, comment y aurait-il bassesse et abjection?

14. Le Philosophe dit : Lorsque du royaume de *Wé* je retournai dans celui de *Lou*, je corrigeai et rectifiai la musique. Les chants compris sous les noms de *Ya* et de *Koung* (deux divisions du *Livre des Vers*) furent remis chacun à la place qu'ils doivent occuper.

15. Le Philosophe dit : Quand vous êtes hors de chez vous, rendez vos devoirs à vos magistrats supérieurs. Quand vous êtes chez vous, faites votre devoir envers vos père et mère et vos frères. Dans les cérémonies funèbres, ne vous permettez aucune négligence. Ne vous livrez à aucun excès dans l'usage du vin. Comment pourrais-je tolérer une conduite contraire?

16. Le Philosophe étant sur le bord d'une rivière dit : Comme elle coule avec majesté! elle ne s'arrête ni jour ni nuit!

17. Le Philosophe dit : Je n'ai encore vu personne qui aimât autant la vertu que l'on aime la beauté du corps.

18. Le Philosophe dit : Soit une comparaison : je veux former un monticule de terre; avant d'avoir rempli un panier, je puis m'arrêter; je m'arrête. Soit une autre comparaison : je veux niveler un terrain; quoique j'aie déjà transporté un panier de terre, j'ai toujours la liberté de discontinuer ou d'avancer; je puis agir d'une façon ou d'une autre.

19. Le Philosophe dit : Dans le cours de nos entretiens, celui dont l'esprit ne se lassait point, ne s'engourdissait point; c'était *Hoeï*!

20. Le Philosophe, parlant de *Yen-youan* (*Hoeï*), disait : Hélas! je le vis toujours avancer et jamais s'arrêter.

21. Le Philosophe dit : L'herbe pousse, mais ne donne point de fleurs; si elle donne des fleurs, elle ne produit point de graines mûres. Voilà où en est le sage!

22. Le Philosophe dit : Dès l'instant qu'un enfant est né, il faut respecter ses facultés; la science qui lui viendra par la suite, ne ressemble en rien à son état présent. S'il arrive à l'âge de quarante ou de cinquante ans sans avoir rien appris, il n'est plus digne d'aucun respect.

23. Le Philosophe dit : Un langage sincère et conforme à la droite raison, n'obtiendra-t-il pas l'assentiment universel? C'est un changement de

---

[1] *Wou-tchi-ye*; non scio equidem

conduite, une conversion à la vertu qui est honorable et bien par-dessus tout. Un langage insinuant et flatteur ne causera-t-il pas de la satisfaction à celui qui l'entend ? c'est la recherche du vrai qui est honorable et bien par-dessus tout. Eprouver de la satisfaction en entendant un langage flatteur, et ne pas rechercher le vrai ; donner son assentiment à un langage sincère conforme à la droite raison, et ne pas se convertir à la vertu : c'est ce que je n'ai jamais approuvé et pratiqué moi-même.

24. Le Philosophe dit : Mettez toujours au premier rang la droiture du cœur et la fidélité ; ne contractez point d'amitié avec ceux qui ne vous ressemblent pas; si vous commettez une faute : alors ne craignez pas de changer de conduite.

25. Le Philosophe dit : A une armée de trois divisions (un corps de 37,500 hommes) on peut enlever son général (et la mettre en déroute); à l'homme le plus abject ou le plus vulgaire, on ne peut enlever sa pensée!

26. Le Philosophe dit : S'il y a quelqu'un qui, vêtu d'habits les plus humbles et les plus grossiers, puisse s'asseoir sans rougir a côté de ceux qui portent les vêtements les plus précieux et les plus belles fourrures, c'est *Yeou !*

« Sans envie de nuire et sans désirs ambitieux,
« A quelle action simple et vertueuse n'est-on
« pas propre [1] ? »

Tseu-lou (Yeou) avait sans cesse la maxime précédente à la bouche. Le Philosophe dit : C'est à l'étude et à la pratique de la droite raison qu'il faut surtout s'appliquer; comment suffirait-il de faire le bien?

27. Le Philosophe dit : Quand la saison de l'hiver arrive, c'est alors que l'on reconnaît le pin et le cyprès (dont les feuilles ne tombent pas), tandis que les autres feuilles tombent.

28. Celui qui est instruit et éclairé par la raison, n'hésite point ; celui qui possède la vertu de l'humanité, n'éprouve point de regret; celui qui est fort et courageux, n'a point de crainte.

29. Le Philosophe dit : On peut s'appliquer de toutes ses forces à l'étude, sans pouvoir rencontrer les vrais principes de la raison, la véritable doctrine ; on peut rencontrer les vrais principes de la raison, sans pouvoir s'y établir d'une manière fixe ; on peut s'y établir d'une manière fixe, sans pouvoir déterminer leur valeur d'une manière certaine, relativement aux temps et aux circonstances.

30. « Les fleurs du prunier sont agitées de côté
« et d'autre,
« Et je pense à leur porter un appui.
« Comment ne penserais-je pas à toi,
« O ma demeure, dont je suis si éloigné [2] ! »

Le Philosophe dit : On ne doit jamais penser à la distance, quelle qu'elle soit, qui nous sépare (de la vertu).

CHAPITRE X,

COMPOSÉ DE 17 ARTICLES.

1. KHOUNG-TSEU, lorsqu'il résidait encore dans son village, était extrêmement sincère et droit ; mais il avait tant de modestie, qu'il paraissait dépourvu de la faculté de parler.

Lorsqu'il se trouva dans le temple des ancêtres et à la cour de son souverain, il parla clairement et distinctement ; et tout ce qu'il dit portait l'empreinte de la réflexion et de la maturité.

2. A la cour, il parla aux officiers inférieurs avec fermeté et droiture; aux officiers supérieurs, avec une franchise polie.

Lorsque le prince était présent, il conservait une attitude respectueuse et digne.

3. Lorsque le prince le mandait à sa cour, et le chargeait de recevoir les hôtes [1], son attitude changeait soudain. Sa démarche était grave et mesurée, comme s'il avait eu des entraves aux pieds.

S'il venait à saluer les personnes qui se trouvaient auprès de lui, soit à droite, soit à gauche, sa robe, devant et derrière, tombait toujours droite et bien disposée.

Son pas était accéléré en introduisant les hôtes, et il tenait les bras étendus comme les ailes d'un oiseau.

Quand l'hôte était parti, il se faisait un devoir d'aller rendre compte (au prince) de sa mission en lui disant : « L'hôte n'est plus en votre présence. »

4. Lorsqu'il entrait sous la porte du palais, il inclinait le corps, comme si la porte n'avait pas été assez grande pour le laisser passer.

Il ne s'arrêtait point en passant sous la porte, et dans sa marche il ne foulait point le seuil de ses pieds.

En passant devant le trône, sa contenance changeait tout à coup ; sa démarche était grave et mesurée, comme s'il avait eu des entraves. Ses paroles semblaient aussi embarrassées que ses pieds.

Prenant sa robe avec les deux mains, il montait ainsi dans la salle du palais, le corps incliné, et retenait son haleine comme s'il n'eût pas osé respirer.

En sortant, après avoir fait un pas, il se relâchait peu à peu de sa contenance grave et respectueuse, et prenait un air riant ; et quand il atteignait le bas de l'escalier, laissant retomber sa robe, il étendait de nouveau les bras comme les ailes d'un oiseau ;

---

[1] Paroles du *Livre des Vers*.
[2] Citation d'un ancien *Livre des Vers*. Les deux premiers vers n'ont aucun sens, selon *Tchou-hi*; ils servent seulement d'exorde aux deux suivants.

[1] Les princes ou grands vassaux qui gouvernent le royaume.
(TCHOU-HI.)

et en repassant devant le trône, sa contenance changeait de nouveau, et sa démarche était grave et mesurée, comme s'il avait eu des entraves aux pieds.

5. En recevant la marque distinctive de sa dignité (comme envoyé de son prince), il inclina profondément le corps, comme s'il n'avait pu la supporter. Ensuite il l'éleva en haut avec les deux mains, comme s'il avait voulu la présenter à quelqu'un, et la baissa jusqu'à terre, comme pour la remettre à un autre ; présentant dans sa contenance et son attitude l'apparence de la crainte, et dans sa démarche tantôt lente, tantôt rapide, comme les différents mouvements de son âme.

En offrant les présents royaux selon l'usage, il avait une contenance grave et affable ; en offrant les autres présents, son air avait encore quelque chose de plus affable et de plus prévenant.

6. Le Philosophe ne portait point de vêtements avec des parements pourpre ou bleu foncé.

Il ne faisait point ses habillements ordinaires d'étoffe rouge ou violette.

Dans la saison chaude, il portait une robe d'étoffe de chanvre fine ou grossière, sous laquelle il en mettait toujours une autre pour faire ressortir la première.

Ses vêtements noirs (d'hiver) étaient fourrés de peaux d'agneaux ; ses vêtements blancs, de peaux de daims ; ses vêtements jaunes, de peaux de renards.

La robe qu'il portait chez lui eut pendant longtemps la manche droite plus courte que l'autre.

Son vêtement de nuit ou de repos était toujours une fois et demi aussi long que son corps.

Il portait dans sa maison des vêtements épais faits de poils de renards.

Excepté dans les temps de deuil, aucun motif ne l'empêchait de porter attaché à ses vêtements tout ce qui était d'usage.

S'il ne portait pas le vêtement propre aux sacrifices et aux cérémonies nommé *wei-chang*, sa robe était toujours un peu ouverte sur le côté.

Il n'allait pas faire de visites de condoléance avec une robe garnie de peaux d'agneaux et un bonnet noir.

Le premier de chaque lune, il mettait ses habits de cour, et se rendait au palais (pour présenter ses devoirs au prince).

7. Dans les jours d'abstinence, il se couvrait constamment d'une robe blanche de lin.

Dans ces mêmes jours d'abstinence, il se faisait toujours un devoir de changer sa manière de vivre ; il se faisait aussi un devoir de changer le lieu où il avait l'habitude de reposer.

8. Quant à la nourriture, il ne rejetait pas le riz cuit à l'eau, ni les viandes de bœuf ou de poisson découpées en petits morceaux.

Il ne mangeait jamais de mets corrompus par la chaleur, de poisson aussi, et des autres viandes déjà entrées en putréfaction. Si la couleur en était altérée il n'en mangeait pas ; si l'odeur en était mauvaise il n'en mangeait pas ; s'ils avaient perdu leur saveur, il n'en mangeait pas ; si ce n'était pas des produits de la saison, il n'en mangeait pas.

La viande qui n'était pas coupée en lignes droites, il ne la mangeait pas. Si un mets n'avait pas la sauce qui lui convenait, il n'en mangeait pas.

Quand même il aurait eu beaucoup de viande à son repas, il faisait en sorte de n'en prendre jamais une quantité qui excédât celle de son pain ou de son riz. Il n'y avait que pour sa boisson qu'il n'était pas réglé ; mais il n'en prenait jamais une quantité qui pût porter le trouble dans son esprit.

Si le vin était acheté sur un marché public, il n'en buvait pas ; si on lui présentait de la viande sèche achetée sur les marchés, il n'en mangeait pas.

Il ne s'abstenait pas de gingembre dans ses aliments.

Il ne mangeait jamais beaucoup.

Quand on offrait les sacrifices et les oblations dans les palais du prince, il ne retenait pas pour lui, même pour une nuit, la viande qu'il avait reçue. Quand il y offrait lui-même les oblations de viande à ses ancêtres, il ne passait pas trois jours sans la servir ; si les trois jours étaient passés, on ne la mangeait plus.

En mangeant, il n'entretenait point de conversation ; en prenant son repos au lit, il ne parlait point.

Quand même il n'eût pris que très peu d'aliments et des plus communs, soit des végétaux, ou du bouillon, il en offrait toujours une petite quantité comme oblation ou libation ; et il faisait cette cérémonie avec le respect et la gravité convenables.

9. Si la natte sur laquelle il devait s'asseoir n'était pas étendue régulièrement, il ne s'asseyait pas dessus.

10. Quand des habitants de son village l'invitaient à un festin, il ne sortait de table que lorsque les vieillards qui portaient des bâtons étaient eux-mêmes sortis.

Quand les habitants de son village faisaient la cérémonie nommée *nô*, pour chasser les esprits malins, il se revêtait de sa robe de cour, et allait s'asseoir parmi les assistants du côté oriental de la salle.

11. Quand il envoyait quelqu'un prendre des informations dans d'autres États, il lui faisait deux fois la révérence, et l'accompagnait jusqu'à une certaine distance.

Kang-tseu lui ayant envoyé un certain médicament, il le reçut avec un témoignage de reconnaissance ; mais il dit : Khieou ne connaît pas assez ce médicament, il n'ose pas le goûter.

12. Son écurie ayant été incendiée, le Philosophe de retour de la cour dit : Le feu a-t-il atteint quelque personne ? je ne m'inquiète pas des chevaux.

13. Lorsque le prince lui envoyait en présent de

aliments[1], il se faisait aussitôt un devoir de les placer régulièrement sur sa table, et de les goûter. Lorsque le prince lui envoyait un présent de chair crue, il la faisait toujours cuire, et il l'offrait ensuite (aux mânes de ses ancêtres). Si le prince lui envoyait en présent un animal vivant, il se faisait un devoir de le nourrir et de l'entretenir avec soin. S'il était invité par le prince à dîner à ses côtés, lorsque celui-ci se disposait à faire une oblation, le Philosophe en goûtait d'abord.

S'il était malade, et que le prince allât le voir, il se faisait mettre la tête à l'orient, se revêtait de ses habits de cour, et se ceignait de sa plus belle ceinture.

Lorsque le prince le mandait près de lui, sans attendre son attelage, qui le suivait, il s'y rendait à pied.

14. Lorsqu'il entrait dans le grand temple des ancêtres, il s'informait minutieusement de chaque chose.

15. Si quelqu'un de ses amis venait à mourir, n'ayant personne pour lui rendre les devoirs funèbres, il disait : Le soin de ses funérailles m'appartient.

Recevait-il des présents de ses amis, quoique ce fussent des chars et des chevaux, s'il n'y avait pas de viande qu'il pût offrir comme oblation à ses ancêtres, il ne les remerciait par aucune marque de politesse.

16. Quand il se livrait au sommeil, il ne prenait pas la position d'un homme mort; et lorsqu'il était dans sa maison, il se dépouillait de sa gravité habituelle.

Si quelqu'un lui faisait une visite pendant qu'il portait des habits de deuil, quand même c'eût été une personne de sa connaissance particulière, il ne manquait jamais de changer de contenance et de prendre un air convenable; s'il rencontrait quelqu'un en bonnet de cérémonie, ou qui fût aveugle, quoique lui-même ne portât que ses vêtements ordinaires, il ne manquait jamais de lui témoigner de la déférence et du respect.

Quand il rencontrait une personne portant des vêtements de deuil, il la saluait en descendant de son attelage; il agissait de même lorsqu'il rencontrait les personnes qui portaient les tablettes sur lesquelles étaient inscrits les noms des citoyens[2].

Si l'on avait préparé pour le recevoir un festin splendide, il ne manquait jamais de changer de contenance et de se lever de table pour s'en aller.

Quand le tonnerre se faisait entendre tout à coup, ou que se levaient des vents violents, il ne manquait jamais de changer de contenance (de prendre un air de crainte respectueux envers le ciel)[1].

17. Quand il montait sur son char, il se tenait debout ayant les rênes en mains.

Quand il se tenait au milieu, il ne regardait point en arrière, ni ne parlait sans un motif grave; il ne montrait rien du bout du doigt.

18. Il disait : Lorsque l'oiseau aperçoit le visage du chasseur, il se dérobe à ses regards, et il va se reposer dans un lieu sûr.

Il disait encore : « Que le faisan qui habite au sommet de la colline sait bien choisir son temps (pour prendre sa nourriture) ! » *Tseu-lou*, ayant vu le faisan, voulut le prendre; mais celui-ci poussa trois cris, et s'envola.

下論 HIA-LUN,
SECOND LIVRE.

CHAPITRE XI,
COMPOSÉ DE 25 ARTICLES.

1. Le Philosophe dit : Ceux qui les premiers firent des progrès dans la connaissance des rites et dans l'art de la musique sont regardés (aujourd'hui) comme des hommes grossiers. Ceux qui après eux et de notre temps ont fait de nouveaux progrès dans les rites et dans la musique, sont regardés comme des hommes supérieurs.

Pour mon propre usage, je suis les anciens.

2. Le Philosophe disait : De tous ceux qui me suivirent dans les États de *Tchin* et de *Tsaï*, aucun ne vient maintenant à ma porte (pour écouter mes leçons).

Ceux qui montraient le plus de vertu dans leur conduite étaient *Yan-youan*, *Min-tseu-kian*, *Jan-pe-nieou*, et *Tchoung-koung*. Ceux qui brillaient par la parole et dans les discussions étaient *Tsaï-ngo*, et *Tseu-koung*; ceux qui avaient le plus de talents pour l'administration des affaires étaient *Jan-yeou* et *Ki-lou*; ceux qui excellaient dans les études philosophiques étaient *Tseu-yeou* et *Tseu-hia*.

3. Le Philosophe dit : *Hoeï* ne m'aidait point (dans mes discussions)[2]; dans tout ce que je disais, il ne trouvait rien dont il ne fût satisfait.

4. Le Philosophe dit : O quelle piété filiale avait *Min-tseu-kian* ! Personne ne différait là-dessus de sentiment avec le témoignage de ses père et mère et de ses frères.

---

[1] Cet usage s'est maintenu en Chine jusqu'à nos jours. Voyez les diverses relations d'ambassades européennes à la cour de l'empereur de la Chine.
[2] Quels beaux sentiments, et comme ils relèvent la dignité de l'homme !

---

[1] *Commentaire chinois.*
[2] Parce qu'il était toujours de l'avis de son maître.

5. *Nan-young*, trois fois par jour, répétait l'ode *Pe-kouei* du *Livre des Vers*. Khoung-tseu lui donna la fille de son frère en mariage.

6. *Ki-kang-tseu* demanda lequel des disciples du Philosophe avait le plus d'application et d'amour pour l'étude. Khoung-tseu répondit avec déférence : C'était *Yan-hoeï* qui aimait le plus l'étude ! mais, malheureusement, sa destinée a été courte; il est mort avant le temps. Maintenant c'en est fait ; il n'est plus !

7. *Yan-youan* étant mort, *Yan-lou* (père de *Yan-youan*) pria qu'on lui remît le char du Philosophe pour le vendre, afin de faire construire un tombeau pour son fils avec le prix qu'il en retirerait.

Le Philosophe dit : Qu'il ait du talent ou qu'il n'en ait pas, chaque père reconnaît toujours son fils pour son fils. *Li* (ou *Pe-yu*, fils de Khoung-tseu) étant mort, il n'eut qu'un cercueil intérieur, et non un tombeau. Je ne puis pas aller à pied pour faire construire un tombeau (à *Yan-youan*); puisque je marche avec les grands dignitaires, je ne dois pas aller à pied.

8. *Yan-youan* étant mort, le Philosophe dit : Hélas ! le ciel m'accable de douleurs ! hélas ! le ciel m'accable de douleurs !

9. *Yan-youan* étant mort, le Philosophe le pleura avec excès. Les disciples qui le suivaient dirent : Notre maître se livre trop à sa douleur.

(Le Philosophe) dit : N'ai-je pas éprouvé une perte extrême ?

Si je ne regrette pas extrêmement un tel homme, pour qui donc éprouverais-je une pareille douleur ?

10. *Yan-youan* étant mort, ses condisciples désirèrent lui faire de grandes funérailles. Le Philosophe dit : Il ne le faut pas.

Ses condisciples lui firent des funérailles somptueuses.

Le Philosophe dit : *Hoeï* (*Yan-youan*) me considérait comme son père; moi je ne puis le considérer comme mon fils ; la cause n'en vient pas de moi, mais de mes disciples.

11. *Ki-lou* demanda comment il fallait servir les esprits et les génies. Le Philosophe dit : Quand on n'est pas encore en état de servir les hommes, comment pourrait-on servir les esprits et les génies ? — Permettez-moi, ajouta-t-il, que j'ose vous demander ce que c'est que la mort ? [Le Philosophe] dit : Quand on ne sait pas encore ce que c'est que la vie, comment pourrait-on connaître la mort ?

12. *Min-tseu* se tenait près du Philosophe, l'air calme et serein ; *Tseu-lou*, l'air austère et hardi ; *Jan-yeou* et *Tseu-koung*, l'air grave et digne. Le Philosophe en était satisfait.

En ce qui concerne *Yeou* (ou *Tseu-lou*, dit-il), il ne lui arrivera pas de mourir de sa mort naturelle [1].

[1] À cause de son esprit aventureux et hardi.

13. Les habitants du royaume de *Lou* voulaient construire un grenier public.

Min-tseu-kian dit : Pourquoi l'ancien ne servirait-il pas encore, et pourquoi agir comme vous le faites? Qu'est-il besoin de le changer et d'en construire un autre (qui coûtera beaucoup de sueurs au peuple) ?

Le Philosophe dit : Cet homme n'est pas un homme à vaines paroles ; s'il parle, c'est toujours à propos et dans un but utile.

14. Le Philosophe dit : Comment les sons de la guitare [2] de *Yeou* (*Tseu-lou*), peuvent-ils parvenir jusqu'à la porte de *Khieou* ? (À cause de cela) les disciples du Philosophe ne portaient plus le même respect à *Tseu-lou*. Le philosophe dit : *Yeou* est déjà monté dans la grande salle, quoiqu'il ne soit pas encore entré dans la demeure intérieure.

15. *Tseu-koung* demanda lequel de *Sse* ou de *Chang* était le plus sage ? Le Philosophe dit : *Sse* dépasse le but; *Chang* ne l'atteint pas.

Il ajouta : Cela étant ainsi, alors *Sse* est-il supérieur à *Chang* ?

Le Philosophe dit : Dépasser, c'est comme ne pas atteindre.

16. *Ki-chi* était plus riche que *Tcheou-koung*, et cependant *Kieou* levait pour lui des tributs plus considérables, et il ne faisait que de les augmenter sans cesse.

Le Philosophe dit : Il n'est pas de ceux qui fréquentent mes leçons. Les petits enfants doivent publier ses crimes au bruit du tambour, et il leur est permis de le poursuivre de leurs railleries.

17. *Tchaï* est sans intelligence.

San a l'esprit lourd et peu pénétrant.

Sse est léger et inconstant.

Yeou a les manières peu polies.

18. Le Philosophe dit : *Hoeï*, lui, approchait beaucoup de la voie droite ! il fut souvent réduit à la plus extrême indigence.

Sse ne voulait point admettre le mandat du ciel, mais il ne cherchait qu'à accumuler des richesses. Comme il tentait beaucoup d'entreprises, alors il atteignait souvent son but.

19. *Tseu-tchang* demanda ce que c'était que la voie, ou la règle de conduite de l'homme vertueux par sa nature. Le Philosophe dit : Elle consiste à marcher droit sans suivre les traces des anciens et ainsi à ne pas pénétrer dans la demeure la plus secrète (des saints hommes.)

20. Le Philosophe dit : Si quelqu'un discourt solidement et vivement, le prendrez-vous pour un homme supérieur, ou pour un rhéteur qui en impose ?

21. *Tseu-lou* demanda si aussitôt qu'il avait entendu une chose (une maxime ou un précepte de

[1] Commentaire de *Tchou-hi*.
[2] Instrument de musique nommé *sse* en chinois. On en peut voir la figure dans notre ouvrage cité. Planche 2.

vertu enseigné par le Philosophe) il devait la mettre immédiatement en pratique? Le Philosophe dit : Vous avez un père et un frère aîné qui existent encore (et qui sont vos précepteurs naturels); pourquoi donc, aussitôt que vous auriez entendu une chose, la mettriez-vous immédiatement en pratique? *Yan-yeou* demanda également si aussitôt qu'il avait entendu une chose il devait la mettre immédiatement en pratique? Le Philosophe dit : Aussitôt que vous l'avez entendue, mettez-la en pratique. *Kong-si-hoa* dit : *Yeou* [*Tseu-lou*] a demandé si aussitôt qu'il avait entendu une chose il devait la mettre immédiatement en pratique? Le maître a répondu : Vous avez un père et un frère aîné qui existent encore. *Khieou* (*Yan-yeou*) a demandé si aussitôt qu'il avait entendu une chose il devait la mettre immédiatement en pratique? Le maître a répondu : Aussitôt que vous l'avez entendue, mettez-la en pratique. Moi *Tchi* (*Kong-si-hoa*), j'hésite (sur le sens de ces deux réponses); je n'ose faire une nouvelle question. Le Philosophe dit : Quant à *Khieou* il est, toujours disposé à reculer; c'est pourquoi je l'aiguillonne pour qu'il avance : *Yeou* aime à surpasser les autres hommes; c'est pourquoi je le retiens.

22. Le Philosophe éprouva un jour une alarme dans *Kouang*. *Yan-youan* était resté en arrière. (Lorsqu'il eut rejoint), le Philosophe lui dit : Je vous croyais mort! (Le disciple) dit : Le maître étant vivant, comment *Hoeï* (*Yan-youan*) oserait-il mourir?

23. *Ki-tseu-jan*[1] demanda si *Tchouang-yeou* et *Yan-khieou* pouvaient être appelés de grands ministres?

Le Philosophe répondit : Je pensais que ce serait sur des choses importantes et extraordinaires que vous me feriez une question, et vous êtes venu me parler de *Yeou* et de *Khieou*!

Ceux que l'on appelle grands ministres servent leur prince selon les principes de la droite raison (et non selon les désirs du prince)[2]; s'ils ne le peuvent pas, alors ils se retirent.

Maintenant *Yeou* et *Khieou* peuvent être considérés comme ayant augmenté le nombre des ministres.

Il ajouta : Alors, ils ne feront donc que suivre la volonté de leur maître?

Le Philosophe dit : Faire périr son père ou son prince, ce ne serait pas même suivre sa volonté.

24. *Tseu-lou*[3] fit nommer *Tseu-kao* gouverneur de *Pi*.

Le Philosophe dit : Vous avez fait du tort à ce jeune homme.

[1] Fils puîné de *Ki-chi*, qui, par la grande puissance que sa famille avait acquise, avait fait nommer ses deux fils ministres. (TCHOU-HI.)
[2] Commentaire.
[3] *Tseu-lou* était gouverneur de *Ki-chi*.

Tseu-lou dit : Il aura des populations à gouverner, il aura les esprits de la terre et des grains à ménager; qu'a-t-il besoin de lire des livres (en pratiquant les affaires comme il va le faire); il deviendra par la suite assez instruit.

Le Philosophe dit : C'est là le motif pourquoi je hais les docteurs de cette sorte.

25. *Tseu-lou*, *Thseng-sie*[1], *Yan-yeou*, *Kong-si-hoa*, étaient assis aux côtés du Philosophe.

Le Philosophe dit : Ne serais-je même que d'un jour plus âgé que vous, n'en tenez compte dans nos entretiens (n'ayez aucune réserve par rapport à mon âge).

Demeurant à l'écart et dans l'isolement, alors vous dites : Nous ne sommes pas connus. Si quelqu'un vous connaissait, alors que feriez-vous?

Tseu-lou répondit avec un air léger, mais respectueux : Supposé un royaume de dix mille chars de guerre, pressé entre d'autres grands royaumes, ajoutez même, par des armées nombreuses, et qu'avec cela il souffre de la disette et de la famine; que *Yeou* (*Tseu-lou*) soit préposé à son administration, en moins de trois années, je pourrais faire en sorte que le peuple de ce royaume reprît un courage viril, et qu'il connût sa condition. Le philosophe sourit à ces paroles.

Et vous, *Khieou*, que pensez-vous?

Le disciple répondit respectueusement : Supposé une province de soixante ou de soixante et dix *li* d'étendue, ou même de cinquante ou de soixante *li*, et que *Khieou* soit préposé à son administration, en moins de trois ans je pourrais faire en sorte que le peuple eût le suffisant. Quant aux rites et à la musique, j'en confierais l'enseignement à un homme supérieur.

Et vous, *Tchi*, que pensez-vous?

Le disciple répondit respectueusement : Je ne dirai pas que je puis faire ces choses; je désire étudier. Lorsque se font les cérémonies du temple des ancêtres, et qu'ont lieu de grandes assemblées publiques, revêtu de ma robe d'azur et des autres vêtements propres à un tel lieu et à de telles cérémonies, je voudrais y prendre part en qualité d'humble fonctionnaire.

Et vous, *Tian*, que pensez-vous?

Le disciple ne fit plus que de tirer quelques sons rares de sa guitare; mais ces sons se prolongeant, il la déposa, et, se levant, il répondit respectueusement : Mon opinion diffère entièrement de celle de mes trois condisciples. Le Philosophe dit : Qui vous empêche de l'exprimer? chacun ici peut dire sa pensée. (Le disciple) dit : Le printemps n'étant plus, ma robe de printemps mise de côté, mais coiffé du bonnet de virilité[2], accompagné de cinq ou six

[1] Père de *Thseng-tseu*, rédacteur du *Ta-hio*.
[2] *Kouan*, bonnet que le père donne à son fils à l'âge de vingt ans.

hommes, et de six ou sept jeunes gens, j'aimerais à aller me baigner dans les eaux de l'Y[1], à aller prendre le frais dans ces lieux touffus où l'on offre les sacrifices au ciel pour demander la pluie, moduler quelques airs, et retourner ensuite à ma demeure.

Le Philosophe, applaudissant à ces paroles par un soupir de satisfaction, dit : Je suis de l'avis de *Tian.*

Les trois disciples partirent, et *Thseng-sie* resta encore quelque temps. *Thseng-sie* dit : Que doit-on penser des paroles de ces trois disciples? Le Philosophe dit : chacun d'eux a exprimé son opinion; et voilà tout. — Il ajouta : Maître, pourquoi avez-vous souri aux paroles de *Yeou?*

(Le Philosophe) dit : On doit administrer un royaume selon les lois et coutumes établies; ses paroles n'étaient pas modestes; c'est pourquoi j'ai souri.

Mais *Khieou* lui-même n'exprimait-il pas le désir d'administrer aussi un État? Comment voir cela dans une province de soixante à soixante et dix *li*, et même de cinquante à soixante *li* d'étendue? ce n'est pas là un royaume.

Et *Tchi,* n'était-ce pas des choses d'un royaume dont il entendait parler? ces cérémonies du temple des ancêtres, ces assemblées publiques, ne sont-elles pas le privilége des grands de tous les ordres? et comment *Tchi* pourrait-il y prendre part en qualité d'humble fonctionnaire? qui pourrait donc remplir les grandes fonctions?

CHAPITRE XII,

COMPOSÉ DE 24 ARTICLES.

1. *Yan-youan* demanda ce que c'était que la vertu de l'humanité. Le Philosophe dit : Avoir un empire absolu sur soi-même, retourner aux rites, ou aux lois primitives de la raison céleste manifestée dans les sages coutumes; c'est pratiquer la vertu de l'humanité. Qu'un seul jour, un homme dompte ses penchants et ses désirs déréglés, et qu'il retourne à la pratique des lois primitives, tout l'empire s'accordera à dire qu'il a la vertu de l'humanité. Mais la vertu de l'humanité dépend-elle de soi-même, ou bien dépend-elle des autres hommes? *Yan-youan* dit : Permettez-moi de demander quelles sont les diverses ramifications de cette vertu? Le Philosophe dit : Ne regardez rien contrairement aux rites; n'entendez rien contrairement aux rites; ne dites rien contrairement aux rites; ne faites rien contrairement aux rites. *Yan-youan* dit : Quoique *Hoeï* (lui-même) n'ait pas fait preuve jusqu'ici de pénétration, il demande à mettre ces préceptes en pratique.

2. *Tchoung-koung* demanda ce que c'était que la vertu de l'humanité? Le Philosophe dit : Quand vous êtes sorti de chez vous, comportez-vous comme si vous deviez voir un hôte d'une grande distinction; en dirigeant le peuple, comportez-vous avec le même respect que si vous offriez le grand sacrifice. Ce que vous ne désirez pas qui vous soit fait à vous-même, ne le faites pas aux autres hommes. (En vous comportant ainsi) dans le royaume, personne n'aura contre vous de ressentiment; dans votre famille, personne n'aura contre vous de ressentiment.

Tchoung-koung dit : Quoique *Young (Tchoung-koung)* n'ait pas fait preuve jusqu'ici de pénétration, il demande à mettre ces préceptes en pratique.

3. *Sse-ma-nieou* demanda ce que c'était que la vertu de l'humanité?

Le Philosophe dit : Celui qui est doué de la vertu de l'humanité est sobre de paroles. — Il ajouta : Celui qui est sobre de paroles, c'est celui-là qui l'on appelle doué de la vertu de l'humanité? Le Philosophe dit : Pratiquer l'humanité est une chose difficile; pour en parler, ne faut-il pas être sobre de paroles?

4. *Sse-ma-nieou* demanda ce qu'était l'homme supérieur? Le Philosophe dit : L'homme supérieur n'éprouve ni regrets ni crainte. (*Sse-ma-nieou*) ajouta : Celui qui n'éprouve ni regrets ni crainte, c'est celui-là que l'on nomme l'homme supérieur? Le Philosophe dit : Celui qui s'étant examiné intérieurement ne trouve en lui aucun sujet de peine, celui-là qu'aurait-il à regretter? qu'aurait-il à craindre?

5. *Sse-ma-nieou,* affecté de tristesse dit : Tous les hommes ont des frères; moi seul je n'en ai point!

Tseu-hia dit : *Chang* (lui-même) a entendu dire:

Que la vie et la mort étaient soumises à une loi immuable fixée dès l'origine, et que les richesses et les honneurs dépendaient du ciel;

Que l'homme supérieur veille avec une sérieuse attention sur lui-même, et ne cesse d'agir ainsi; qu'il porte dans le commerce des hommes une déférence toujours digne, avec des manières distinguées et polies, regardant tous les hommes qui habitent dans l'intérieur des quatre mers (tout l'univers) comme ses propres frères. En agissant ainsi, pourquoi l'homme supérieur s'affligerait-il donc de n'avoir pas de frères?

6. *Tseu-tchang* demanda ce que c'était que la pénétration? Le Philosophe dit : Ne pas écouter des calomnies qui s'insinuent à petit bruit comme une eau qui coule doucement, et des accusations dont les auteurs seraient prêts à se couper un morceau de chair pour les affirmer; cela peut être appelé de la pénétration. Ne pas tenir compte des calomnies

---

[1] Située au midi de la ville de *Kou.*

qui s'insinuent à petit bruit comme une eau qui coule doucement, et des accusations dont les auteurs sont toujours prêts à se couper un morceau de chair pour les affirmer; cela peut être aussi appelé de l'extrême pénétration.

7. *Tseu-koung* demanda ce que c'était que l'administration des affaires publiques ? Le Philosophe dit : Ayez de quoi fournir suffisamment aux besoins des populations, des troupes en quantité suffisante, et que le peuple vous soit fidèle.

Tseu-koung dit : Si l'on se trouve dans l'impossibilité de parvenir à ces conditions, et que l'une doive être écartée, laquelle de ces trois choses faut-il écarter de préférence ? (Le Philosophe) dit : Il faut écarter les troupes.

Tseu-koung dit : Si l'on se trouve dans l'impossibilité de parvenir aux autres conditions, et qu'il faille en écarter encore une, laquelle de ces deux choses faut-il écarter de préférence ? (Le Philosophe) dit : Écartez-les provisions. Depuis la plus haute antiquité, tous les hommes sont sujets à la mort; mais un peuple qui n'aurait pas de confiance et de fidélité dans ceux qui le gouvernent, ne pourrait subsister.

8. *Ko-tseu-tching* (grand de l'État de *Wei*) dit : L'homme supérieur est naturel, sincère; et voilà tout. A quoi sert-il de lui donner les ornements de l'éducation ?

Tseu-koung dit : Oh! quel discours avez-vous tenu, maître, sur l'homme supérieur ! quatre chevaux attelés ne pourraient le ramener dans votre bouche. Les ornements de l'éducation sont comme le naturel; le naturel, comme les ornements de l'éducation. Les peaux de tigre et de léopard, lorsqu'elles sont tannées, sont comme les peaux de chien et de mouton tannées.

9. *Ngai-koung* questionna *Yeou-jo* en ces termes : L'année est stérile, et les revenus du royaume ne suffisent pas; que faire dans ces circonstances ?

Yeou-jo répondit avec déférence : Pourquoi n'exigez-vous pas la dîme ? (Le prince) dit : Les deux dixièmes ne me suffisent pas; d'après cela, que ferais-je du dixième seul ?

(*Yeou-jo*) répondit de nouveau avec déférence : Si les cent familles (tout le peuple chinois) ont le suffisant, comment le prince ne l'aurait-il pas ? les cent familles n'ayant pas le suffisant, pourquoi le prince l'exigerait-il ?

10. *Tseu-tchang* fit une question concernant la manière dont on pouvait accumuler des vertus et dissiper les erreurs de l'esprit. Le Philosophe dit : Mettre au premier rang la droiture et la fidélité à sa parole; se livrer à tout ce qui est juste (en tâchant de se perfectionner chaque jour) : c'est accumuler des vertus. En aimant quelqu'un, désirer qu'il vive; en le détestant, désirer qu'il meure, c'est par conséquent désirer sa vie, et, en outre, dé-

sirer sa mort; c'est là le trouble, l'erreur de l'esprit.

L'homme parfait ne recherche point les richesses; il a même du respect pour les phénomènes extraordinaires [1].

11. *King-kong*, prince de *Thsi*, questionna KHOUNG-TSEU sur le gouvernement.

KHOUNG-TSEU lui répondit avec déférence : Que le prince soit prince; le ministre, ministre; le père, père; le fils, fils. (Le prince) ajouta : Fort bien ! c'est la vérité ! si le prince n'est pas prince, si le ministre n'est pas ministre, si le père n'est pas père, si le fils n'est pas fils, quoique les revenus territoriaux soient abondants, comment parviendrais-je à en jouir et à les consommer ?

12. Le Philosophe dit : Celui qui avec la moitié d'une parole peut terminer des différends, n'est-ce pas *Yeou* (*Tseu-lou*)?

Tseu-lou ne met pas l'intervalle d'une nuit dans l'exécution de ses résolutions.

13. Le Philosophe dit : Je puis écouter des plaidoiries, et juger des procès comme les autres hommes; mais ne serait-il pas plus nécessaire de faire en sorte d'empêcher les procès [2] ?

14. *Tseu-tchang* fit une question sur le gouvernement. Le Philosophe dit : Réfléchissez mûrement, ne vous lassez jamais de faire le bien et de traiter les choses avec droiture.

15. Le Philosophe dit : Celui qui a des études très-étendues en littérature, se fait un devoir de se conformer aux rites; il peut même prévenir les séditions.

16. Le Philosophe dit : L'homme supérieur perfectionne ou développe les bonnes qualités des autres hommes; il ne perfectionne pas ou ne développe pas leurs mauvais penchants; l'homme vulgaire est l'opposé.

17. *Ki-kang-tseu* questionna KHOUNG-TSEU sur le gouvernement. KHOUNG-TSEU répondit avec déférence : Le gouvernement, c'est ce qui est juste et droit. Si vous gouvernez avec justice et droiture, qui oserait ne pas être juste et droit ?

18. *Ki-kang-tseu* ayant une grande crainte des voleurs, questionna KHOUNG-TSEU à leur sujet. KHOUNG-TSEU lui répondit avec déférence : Si vous ne désirez point le bien des autres, quand même vous les en récompenseriez, vos sujets ne voleraient point.

19. *Ki-kang-tseu* questionna de nouveau KHOUNG-TSEU sur la manière de gouverner, en disant : Si je mets à mort ceux qui ne respectent aucune loi, pour favoriser ceux qui observent les lois, qu'arrivera-t-il de là ? KHOUNG-TSEU répondit avec déférence : Vous qui gouvernez les affaires publiques, qu'avez-

---

[1] Plusieurs commentateurs chinois regardent cette phrase comme défectueuse ou interpolée.
[2] Ce paragraphe se trouve déjà dans le *Ta-hio*, chap. IV, § 1.

vous besoin d'employer les supplices? aimez la vertu, et le peuple sera vertueux. Les vertus d'un homme supérieur sont comme le vent; les vertus d'un homme vulgaire sont comme l'herbe; l'herbe, lorsque le vent passe dessus, s'incline.

20. *Tseu-tchang* demanda Quel devait être un chef pour pouvoir être appelé illustre (ou d'une vertu reconnue par tous les hommes)?

Le Philosophe répondit : Qu'appelez-vous illustration?

Tseu-tchang répondit avec respect : Si l'on réside dans les provinces, d'entendre bien parler de soi; si l'on réside dans sa famille, d'entendre bien parler de soi.

Le Philosophe dit : Cela, c'est simplement une bonne renommée, et non de l'illustration. L'illustration dont il s'agit consiste à posséder le naturel, la droiture, et à chérir la justice; à examiner attentivement les paroles des hommes, à considérer leur contenance, à soumettre sa volonté à celle des autres hommes. (De cette manière) si l'on réside dans les provinces, on est certainement illustre; si l'on réside dans sa famille, on est certainement illustre.

Cette renommée, dont il s'agit, consiste quelquefois à ne prendre que l'apparence de la vertu de l'humanité, et de s'en éloigner dans ses actions. En demeurant dans cette voie, on n'éprouve aucun doute; si l'on réside dans les provinces, on entendra bien parler de soi ; si l'on réside dans sa famille, on entendra bien parler de soi.

21. *Fan-tchi*, ayant suivi le Philosophe dans la partie inférieure du lieu sacré où l'on faisait les sacrifices au ciel pour demander la pluie (*Wou-yu*)[1], dit : Permettez-moi que j'ose vous demander ce qu'il faut faire pour accumuler des vertus, se corriger de ses défauts, et discerner les erreurs de l'esprit ?

Le Philosophe dit : Oh! c'est là une grande et belle question!

Il faut placer avant tout le devoir de faire ce que l'on doit faire (pour acquérir la vertu), et ne mettre qu'au second rang le fruit que l'on en obtient; n'est-ce pas là accumuler des vertus? combattre ses défauts ou ses mauvais penchants, ne pas combattre les défauts ou les mauvais penchants des autres; n'est-ce pas là se corriger de ses défauts? par un ressentiment ou une colère d'un seul matin perdre son corps, pour que le malheur atteigne ses parents, n'est-ce pas là un trouble de l'esprit?

22. *Fan-tchi* demanda ce que c'était que la vertu de l'humanité? Le Philosophe dit : Aimer les hommes. — Il demanda ce que c'était que la science? Le Philosophe dit : Connaître les hommes. *Fan-tchi* ne pénétra pas le sens de ces réponses.

Le Philosophe dit : Élever aux honneurs les hommes justes et droits, et repousser tous les pervers, on peut, en agissant ainsi, rendre les pervers justes et droits.

Fan-tchi, en s'en retournant, rencontra *Tseu-hia*, et lui dit : Je viens de faire une visite à notre maître, et je l'ai questionné sur la science. Le maître m'a dit : Élever aux honneurs les hommes justes et droits, et repousser tous les pervers, on peut, en agissant ansi, rendre les pervers justes et droits. Qu'a-t-il voulu dire?

Tseu-hia dit : Oh! que ces paroles sont fertiles en application!

Chun ayant obtenu l'empire, choisit parmi la foule, et éleva aux plus grands honneurs *Kao-yao*; ceux qui étaient vicieux et pervers, il les tint éloignés. *Chang* ayant obtenu l'empire, choisit parmi la foule, et éleva aux plus grands honneurs *Y-yn*; ceux qui étaient vicieux et pervers, il les tint éloignés.

23. *Tseu-koung* demanda comment il fallait se comporter dans ses relations avec ses amis. Le Philosophe dit : Avertissez avec droiture de cœur, et ramenez votre ami dans le chemin de la vertu. Si vous ne pouvez pas agir ainsi, abstenez-vous. Ne vous déshonorez pas vous-même.

24. *Thseng-tseu* dit : L'homme supérieur emploie son éducation (ou ses talents acquis par l'étude) à rassembler des amis, et ses amis à l'aider dans la pratique de l'humanité.

CHAPITRE XIII,

COMPOSÉ DE 30 ARTICLES.

1. *Tseu-lou* fit une question sur la manière de bien gouverner. Le Philosophe dit : Donnez le premier au peuple, et de votre propre personne, l'exemple de la vertu; donnez le premier au peuple, et de votre propre personne, l'exemple des labeurs[1].

— Je vous prie d'ajouter quelque chose à ces instructions. — Ne vous lassez jamais d'agir ainsi.

2. *Tchoung-khong*, exerçant les fonctions de ministre de *Ki-chi*, fit une question sur la manière de bien gouverner. Le Philosophe dit : Commencez par avoir de bons fonctionnaires sous vos ordres pour diriger avec intelligence et probité les diverses branches de votre administration; pardonnez les fautes légères; élevez les hommes de vertus et de talents aux dignités publiques. [*Tchoung-khong*] ajouta: Comment connaître les hommes de vertus et de talents afin de les élever aux dignités? [Le Philosophe] dit : Élevez aux dignités ceux que vous con-

---

[1] Voyez l'*Article* 10 de ce même chapitre.

[1] Ces deux maximes sont exprimées dans le texte par quatre caractères : *sian-tchi*, *láo-tchi*; PRÆEAS EO, LABORES EO

naissez être tels : ceux que vous ne connaissez pas, croyez-vous que les autres hommes les négligeront ?

3. *Tseu-lou* dit : Supposons que le prince de l'État de *Meï* vous désire, maître, pour diriger les affaires publiques; à quoi vous appliqueriez-vous d'abord de préférence ?

Le Philosophe dit : Ne serait-ce pas a rendre correctes les dénominations mêmes des personnes et des choses ?

Tseu-lou dit : Est-ce véritablement cela? Maître, vous vous écartez de la question. A quoi bon cette rectification ?

Le Philosophe dit : Vous êtes bien simple ! *Yeou*. L'homme supérieur, dans ce qu'il ne connaît pas bien, éprouve une sorte d'hésitation et d'embarras.

Si les dénominations ne sont pas exactes, correctes, alors les instructions qui les concernent n'y répondent pas comme il convient; les instructions ne répondant pas aux dénominations des personnes et des choses, alors les affaires ne peuvent être traitées comme il convient.

Les affaires n'étant pas traitées comme il convient, alors les rites et la musique ne sont pas en honneur; les rites et la musique n'étant pas en honneur, alors les peines et les supplices n'atteignent pas leur but d'équité et de justice, les peines et les supplices n'atteignant pas leur but d'équité et de justice, alors le peuple ne sait où poser sûrement ses pieds et tendre ses mains.

C'est pourquoi l'homme supérieur, dans les noms qu'il donne, doit toujours faire en sorte que ses instructions y répondent exactement; les instructions étant telles, elles devront être facilement exécutées. L'homme supérieur, dans ses instructions, n'est jamais inconsidéré ou futile.

4. *Fan-tchi* pria son maître de l'instruire dans l'agriculture. Le Philosophe dit : Je n'ai pas les connaissances d'un vieil agriculteur. Il le pria de lui enseigner la culture des jardins. Il répondit : Je n'ai pas les connaissances d'un vieux jardinier.

Fan-tchi étant sorti, le Philosophe dit : Quel homme vulgaire que ce *Fan-siu* !

Si ceux qui occupent les rangs supérieurs dans la société aiment à observer les rites, alors le peuple n'osera pas ne pas les respecter; si les supérieurs se plaisent dans la pratique de la justice, alors le peuple n'osera pas ne pas être soumis; si les supérieurs chérissent la sincérité et la fidélité, alors le peuple n'osera pas ne pas pratiquer ces vertus. Si les choses se passent ainsi, alors les peuples des quatre régions portant sur leurs épaules leurs enfants enveloppés de langes, accourront se ranger sous vos lois. [Quand on peut faire de pareilles choses], à quoi bon s'occuper d'agriculture ?

5. Le Philosophe dit : Qu'un homme ait appris à réciter les trois cents odes du *Livre des Vers*, s'il reçoit un traitement pour exercer des fonctions dans l'administration publique, qu'il ne sait pas remplir; ou s'il est envoyé comme ambassadeur dans les quatre régions du monde, sans pouvoir par lui-même accomplir convenablement sa mission; quand même il aurait encore lu davantage, à quoi cela servirait-il ?

6. Le Philosophe dit : Si la personne de celui qui commande aux autres ou qui les gouverne, est dirigée d'après la droiture et l'équité, il n'a pas besoin d'ordonner le bien pour qu'on le pratique; si sa personne n'est pas dirigée par la droiture et l'équité, quand même il ordonnerait le bien, il ne serait pas obéi.

7. Le Philosophe dit : Les gouvernements des États de *Lou* et de *Weï* sont frères.

8. Le Philosophe disait de *Kong-tseu-king*, grand de l'État de *Weï*, qu'il s'était parfaitement bien comporté dans sa famille. Quand il commença à posséder quelque chose, il disait : J'aurai un jour davantage; quand il eut un peu plus, il disait : C'est bien; quand, il eut de grandes richesses il disait : C'est parfait.

9. Le Philosophe ayant voulu se rendre dans l'État de *Weï*, *Yan-yeou* conduisait son char.

Le Philosophe dit : Quelle multitude (quelle grande population)!

Yan-yeou dit : Une grande multitude en effet. Qu'y aurait-il à faire pour elle? Le Philosophe dit: De la rendre riche et heureuse. [Le disciple] ajouta : Quand elle serait riche et heureuse, que faudrait-il faire encore pour elle? [Le Philosophe] dit : L'instruire.

10. Le Philosophe dit : Si [un gouvernement] voulait m'employer aux affaires publiques, dans le cours d'une douzaine de lunes, je pourrais déjà réformer quelques abus; dans trois années, la réformation serait complète.

11. Le Philosophe dit : « Si des hommes sages et « vertueux gouvernaient un État pendant sept an- « nées, ils pourraient dompter les hommes cruels, « (les convertir au bien) et supprimer les suppli- « ces. » Qu'elles sont parfaites ces paroles (des anciens sages)!

12. Le Philosophe dit : Si je possédais le mandat de la royauté, il ne me faudrait pas plus d'une génération¹ pour faire régner partout la vertu de l'humanité.

13. Le Philosophe dit : Si quelqu'un règle sa personne selon les principes de l'équité et de la droiture, quelle difficulté éprouvera-t-il dans l'administration du gouvernement? s'il ne règle pas sa personne selon les principes de l'équité et de la droiture, comment pourrait-il rectifier la conduite des autres hommes ?

14. *Yan-yeou*, étant revenu de la cour, le Philo-

¹ Un laps de temps de trente années.   (TCHOU-HI.

sophe lui dit : Pourquoi si tard ? [Le disciple] lui répondit respectueusement : Nous avons eu à traiter des affaires concernant l'administration. Le Philosophe dit : C'étaient des affaires du prince, sans doute; car s'il se fût agi des affaires d'administration publique, quoique je ne sois plus en fonctions, je suis encore appelé à en prendre connaissance.

15. *Ting-kong* (prince de *Lou*) demanda s'il y avait un mot qui eût la puissance de faire prospérer un État ? KHOUNG-TSEU lui répondit avec déférence : Un seul mot ne peut avoir cette puissance; on peut cependant approcher de cette concision désirée.

Il y a un proverbe parmi les hommes qui dit : « Faire son devoir comme prince, est difficile; le « faire comme ministre, n'est pas facile [1]. »

Si vous savez que de faire son devoir comme Prince est une chose difficile, n'est-ce pas en presque un seul mot trouver le moyen de faire prospérer un État?

[Le même prince] ajouta : Y a-t-il un mot qui ait la puissance de perdre un État ? KHOUNG - TSEU répondit avec déférence : Un seul mot ne peut avoir cette puissance; on peut cependant approcher de cette concision désirée. Il y a un proverbe parmi les hommes qui dit : » Je ne vois pas qu'un prince ait plaisir « à remplir ses devoirs, à moins que ses paroles ne « trouvent point de contradicteurs. » Qu'il fasse le bien, et qu'on ne s'y oppose pas; c'est très-bien : qu'il fasse le mal, et que l'on ne s'y oppose pas; n'est-ce pas, dans ce peu de mots, trouver la cause de la ruine d'un État?

16. *Ye-koung* demanda ce que c'était que le bon gouvernement ?

Le Philosophe dit : Rendez satisfaits et contents ceux qui sont près de vous, et ceux qui sont éloignés accourront d'eux-mêmes.

17. *Tseu-hia*, étant gouverneur de *Kiu-fou* (ville de l'État de *Lou*), demanda ce que c'était que le bon gouvernement? Le Philosophe dit : Ne désirez pas aller trop vite dans l'expédition des affaires, et n'ayez pas en vue de petits avantages personnels. Si vous désirez expédier promptement les affaires, alors vous ne les comprendrez pas bien; si vous avez en vue de petits avantages personnels, alors les grandes affaires ne se termineront pas convenablement.

18. *Ye-kong*, s'entretenant avec KHOUNG-TSEU, dit : Dans mon village, il y a un homme d'une droiture et d'une sincérité parfaites; son père ayant volé un mouton, le fils porta témoignage contre lui.

KHOUNG-TSEU dit : Les hommes sincères et droits de mon lieu natal diffèrent beaucoup de celui-là : le père cache les fautes de son fils, le fils cache les fautes de son père. La droiture et la sincérité existent dans cette conduite.

19. *Fan-tchi* demanda ce que c'était que la vertu de l'humanité. Le Philosophe répondit : Dans la vie privée, ayez toujours une tenue grave et digne; dans le maniement des affaires, soyez toujours attentif et vigilant; dans les rapports que vous avez avec les hommes, soyez droit et fidèle à vos engagements. Quand même vous iriez parmi les barbares des deux extrémités de l'empire, vous ne devez point négliger ces principes.

20. *Tseu-koung* fit une question en ces termes : A quelles conditions un homme peut-il être appelé lettré du premier ordre (*ssé*), ou homme d'État? Le Philosophe dit : Celui qui, dans ses actions et dans sa personne, a toujours le sentiment de la honte du mal; qui, envoyé comme ambassadeur dans les quatre régions, ne déshonore pas le mandat de son prince : celui-là peut être appelé lettré du premier ordre ou homme d'État.

[*Tseu-koung*] ajouta : Permettez-moi de vous demander quel est celui qui vient après? [Le Philosophe] dit : Celui dont les parents et les proches vantent la piété filiale, et dont les compagnons de jeunesse célèbrent le devoir fraternel.

Il ajouta encore : Permettez-moi de vous demander quel est celui qui vient ensuite? [Le Philosophe] dit : Celui qui est toujours sincère dans ses paroles, ferme et persévérant dans ses entreprises, quand même il aurait la dureté de la pierre, qu'il serait un homme vulgaire, il peut cependant être considéré comme celui qui suit immédiatement.

Il dit encore : Ceux qui sont de nos jours à la tête de l'administration publique, quels hommes sont-ils?

Le Philosophe dit : Hélas! ce sont des hommes de la même capacité que le boisseau nommé *téou*, et la mesure nommée *chao*. Comment seraient-ils dignes d'être comptés ?

21. Le Philosophe dit : Je ne puis trouver des hommes qui marchent dans la voie droite, pour leur communiquer la doctrine; me faudra-t-il recourir à des hommes qui aient les projets élevés et hardis, mais qui manquent de résolution pour exécuter, ou, à défaut de science, doués d'un caractère persévérant et ferme ? Les hommes aux projets élevés et hardis, mais qui manquent de résolution pour exécuter, en avançant dans la voie droite, prennent, pour exemple à suivre, les actions extraordinaires des grands hommes; les hommes qui n'ont qu'un caractère persévérant et ferme s'abstiennent au moins de pratiquer ce qui dépasse leur raison.

22. Le Philosophe dit : Les hommes des provinces méridionales ont un proverbe qui dit : « Un « homme qui n'a point de persévérance n'est capa- « ble ni d'exercer l'art de la divination, ni celui de

---

[1] Weï kiún, nán; weï tchín, póu i : *agere principem, difficile; agere ministrum non facile.*

« la médecine. » Ce proverbe est parfaitement juste. « Celui qui ne persévère pas dans sa vertu, éprouvera quelque honte. » *Y-king.*

Le Philosophe dit : Celui qui ne pénètre pas le sens de ces paroles, n'est propre à rien.

23. L'homme supérieur vit en paix avec tous les hommes, sans toutefois agir absolument de même. L'homme vulgaire agit absolument de même, sans toutefois s'accorder avec eux.

24. *Tseu-koung* fit une question en ces termes : Si tous les hommes de son village chérissent quelqu'un, qu'en faut-il penser ? Le Philosophe dit : Cela ne suffit pas pour porter sur lui un jugement équitable.—Si tous les hommes de son village haïssent quelqu'un, qu'en faut-il penser ? Le Philosophe dit : Cela ne suffit pas pour porter sur lui un jugement équitable. Ce serait bien différent si les hommes vertueux d'entre les habitants de ce village le chérissaient, et si les hommes vicieux de ce même village le haïssaient.

25. Le Philosophe dit : L'homme supérieur est facilement servi, mais difficilement satisfait. Si on tâche de lui plaire par des moyens contraires à la droite raison, il n'est point satisfait. Dans l'emploi qu'il fait des hommes, il mesure leur capacité (il les emploie selon leur capacité). L'homme vulgaire est difficilement servi et facilement satisfait. Si on tâche de lui plaire, quoique ce soit par des moyens contraires à la raison, il est également satisfait. Dans l'emploi qu'il fait des hommes, il ne cherche que son avantage personnel.

26. Le Philosophe dit : L'homme supérieur, s'il se trouve dans une haute position, ne montre point de faste et d'orgueil ; l'homme vulgaire montre du faste et de l'orgueil, sans être dans une position élevée.

27. Le Philosophe dit : L'homme qui est ferme, patient, simple et naturel, sobre en paroles, approche beaucoup de la vertu de l'humanité.

28. *Tseu-lou* fit une question en ces termes : A quelles conditions un homme peut-il être appelé lettré du premier ordre, ou homme d'État ? Le Philosophe dit : Rechercher le vrai avec sincérité, exposer le résultat de ses recherches ou de ses informations avec la même sincérité ; avoir toujours un air affable et prévenant : voilà ce que l'on peut appeler les conditions d'un lettré de premier ordre. Les amis et les connaissances doivent être traités avec sincérité et franchise ; les frères, avec affabilité et prévenance.

29. Le Philosophe dit : Si un homme vertueux instruisait le peuple pendant sept ans, il pourrait le rendre habile dans l'art militaire.

30. Le Philosophe dit : Employer à l'armée des populations non instruites dans l'art militaire, c'est les livrer à leur propre perte.

CHAPITRE XIV,

COMPOSÉ DE 47 ARTICLES.

1. *Hien* [1] demanda ce que c'était que la honte ? Le Philosophe dit : Quand l'État est gouverné par les principes de la droite raison, recevoir un salaire [2] ; quand l'État n'est pas gouverné par les principes de la droite raison, recevoir également un salaire : c'est là de la honte.

2. Aimer à dompter son désir de combattre, et ne pas satisfaire ses ressentiments, ni ses penchants avides ; cela ne peut-il pas être considéré comme la vertu de l'humanité ?

Le Philosophe dit : Si cela peut être considéré comme difficile, comme la vertu de l'humanité ; c'est ce que je ne sais pas.

3. Le Philosophe dit : Si un lettré aime trop l'oisiveté et le repos de sa demeure, il n'est pas digne d'être considéré comme lettré.

4. Le Philosophe dit : Si l'État est gouverné par les principes de la droite raison, parlez hautement et dignement, agissez hautement et dignement. Si l'État n'est pas gouverné par les principes de la droite raison, agissez toujours hautement et dignement ; mais parlez avec mesure et précaution.

5. Le Philosophe dit : Celui qui a des vertus, doit avoir la faculté de s'exprimer facilement ; celui qui a la faculté de s'exprimer facilement, ne doit pas nécessairement posséder ces vertus. Celui qui est doué de la vertu de l'humanité, doit posséder le courage viril ; celui qui est doué du courage viril, ne possède pas nécessairement la vertu de l'humanité.

6. *Nan-koung-kouo* questionna KHOUNG-TSEU en ces termes : *Y* savait parfaitement tirer de l'arc ; *Ngao* savait parfaitement conduire un navire. L'un et l'autre ne sont-ils pas arrivés à la mort ? *Yu* et *Tsie* labouraient la terre de leur propre personne, et cependant ils ont obtenu l'empire. Le maître ne répondit point. *Nan-koung-kouo* sortit. Le Philosophe dit : C'est un homme supérieur, que cet homme-là ! comme il sait admirablement rehausser la vertu !

7. Le Philosophe dit : Il y a eu des hommes supérieurs qui n'étaient pas doués de la vertu de l'humanité ; mais il n'y a pas encore eu d'homme sans mérite qui fût doué de la vertu de l'humanité.

8. Le Philosophe dit : Si l'on aime bien, ne peut-on pas aussi bien châtier [3] ? Si l'on a de la droiture et de la fidélité, ne peut-on pas faire des remontrances ?

---

[1] Petit nom de *Youan-sse.*
[2] Pour des fonctions que l'on ne remplit pas, ou que l'on n'a pas besoin de remplir.
[3] « Qui aime bien, châtie bien, » dit aussi un proverbe français.

9. Le Philosophe dit : S'il fallait rédiger les documents d'une mission officielle, *Pi-chin* en traçait le plan et les esquissait ; *Chi-chou* les examinait attentivement et y plaçait les dits des anciens ; l'ambassadeur chargé de remplir la mission, *Tseu-Yu*, corrigeait le tout ; *Tseu-tchan*, de *Thoung-li*, y ajoutait les divers ornements du style.

10. Quelqu'un demanda quel était *Tseu-tchan?* Le Philosophe dit : C'était un homme bienfaisant. On demanda aussi quel était *Tseu-si?* [Le Philosophe] dit : Celui-là ? celui-là ? (cette question est déplacée).

On demanda quel était *Kouan-tchoung?* Il dit : C'est un homme qui avait enlevé à *Pe-chi*[1] un fief de trois cents familles. [Cependant] ce dernier] se nourrissant d'aliments grossiers, ne laissa échapper jusqu'à la fin de ses jours aucune parole de ressentiment ou d'indignation.

11. Le Philosophe dit : Il est difficile d'être pauvre, et de n'éprouver aucun ressentiment ; il est facile en comparaison d'être riche, et de ne pas s'en enorgueillir.

12. Le Philosophe dit : *Meng-kong-tcho* (grand fonctionnaire du royaume de *Lou*) est très-propre à être le premier intendant des familles *Tchao* et *Wei*[2] ; mais il n'est pas capable d'être grand fonctionnaire des petits États de *Ting* et de *Sie*.

13. *Tseu-lou* demanda en quoi consistait l'homme accompli ? Le Philosophe répondit : S'il réunit la science de *Wou-tchoung*[3], la modération de *Kong-tcho*[3], la force virile de *Tchouang-tseu* de *Pian*[4], l'habileté dans les arts de *Jen-khieou* ; si, outre cela, il est versé dans la connaissance des rites et de la musique : il peut être considéré comme un homme accompli.

Il ajouta : Qu'est-il besoin que l'homme accompli de nos jours soit tel qu'il vient d'être décrit? Si, en voyant un profit à obtenir, il pense à la justice ; si, en voyant un danger, il dévoue sa vie ; si, lorsqu'il s'agit d'anciens engagements, il n'oublie pas les paroles de ses jours d'autrefois ; il pourra aussi être considéré comme un homme accompli.

14. Le Philosophe questionna *Kong-ming*, surnommé *Kia*[5], sur *Kong-tcho-wen-tseu*[6], en ces termes : Faut-il le croire ? on dit que votre maître ne parle pas, ne rit pas, et n'accepte rien de personne?

Kong-ming-kia répondit avec respect : Ceux qui ont rapporté cela, vont trop loin. Mon maître parle en temps opportun ; il ne fatigue pas les autres de ses discours. Quand il faut être joyeux, il rit ; mais il ne fatigue pas les autres de ses rires. Quand cela est juste, il reçoit ce qu'on lui offre ; mais on n'est pas fatigué de sa facilité à recevoir. Le Philosophe dit : Il se comporte ainsi ! comment se peut-il comporter ainsi !

15. Le Philosophe dit : *Tsang-wen-tchoung* cherchait à obtenir du prince de *Lou* que sa postérité eût toujours la terre de *Fang* en sa possession. Quoiqu'il eût dit qu'il ne voulait pas l'exiger de son prince, je n'ajoute pas foi à ses paroles.

16. Le Philosophe dit : *Wen-kong*, prince de *Tçin*, était un fourbe sans droiture ; *Hoan-kong*, prince de *Thsi*, était un homme droit sans fourberie.

17. *Tseu-lou* dit : *Hoan-kong* tua *Kong-tseu-kieou*. *Tchao-hoë* mourut avec lui ; *Kouan-tchoung* ne mourut pas : ne doit-on pas dire qu'il a manqué de la vertu de l'humanité ?

Le Philosophe dit : *Koan-kong* réunit et pacifia tous les grands de l'État, sans recourir à la force des armes ; ce résultat fut dû à l'habileté de *Kouan-tchoung* : quel est celui dont l'humanité peut égaler la sienne !

18. *Tseu-koung* dit : *Kouan-tchoung* n'était pas dénué de la vertu de l'humanité ? Lorsque *Hoan-kong* tua *Kong-tse-kieou*, [*Kouan-tchoung*, son ministre] ne sut pas mourir ; mais il aida le meurtrier dans ses entreprises.

Le Philosophe dit : *Kouan-tchoung* aida *Hoan-kong* à soumettre les grands de tous les ordres, à remettre de l'unité et de l'ordre dans l'empire. Le peuple, jusqu'à nos jours, a conservé les bienfaits de son administration. Sans *Kouan-tchoung* j'aurais les cheveux rasés, et ma robe suspendue en nœuds à mon côté gauche (selon la coutume des barbares[1]).

Pourquoi [*Kouan-tchoung*], comme un homme ou une femme vulgaire, aurait-il accompli le devoir d'une médiocre fidélité, en s'étranglant ou en se jetant dans un fossé plein d'eau, sans laisser un souvenir dans la mémoire des hommes[2] !

19. L'intendant de *Kong-tcho-wen-tseu* étant devenu ministre par le choix et avec l'appui de ce grand dignitaire, se rendit avec lui à la cour du prince. Le Philosophe ayant appris ce fait, dit : Il était digne par ses vertus et ses connaissances d'être considéré comme *paré des ornements de l'éducation* (wen).

20. Le Philosophe ayant dit que *Ling-kong*,

---

[1] *Grand de l'État de Thsi.*
[2] *Familles de l'État de Tçin, ayant le rang de king, donné aux premiers dignitaires.*
[3] *Grand fonctionnaire de Lou.*
[4] *Grand fonctionnaire de la ville de Pian, dans l'État de Lou.*
[5] *De l'État de Wei.*
[6] *Grand dignitaire de l'État de Wei.*

---

[1] *Commentaire.*
[2] Ces paroles éloquentes du philosophe chinois sont une admirable leçon pour ceux qui placent la loi du devoir dans de vaines et stériles doctrines. Oh ! sans doute il vaut cent fois mieux consacrer sa vie au service de son pays, au bonheur de l'humanité tout entière, que de la jeter en holocauste à une vaine poussière ! Si, comme le dit le grand philosophe, que nous traduisons, *Koang-tchoung* s'était suicidé, comme des esprits étroits l'auraient voulu, pour ne pas survivre à la défaite et à la mort du prince dont il était le ministre, il n'aurait pas accompli les grandes réformes populaires qu'il accomplit, et par suite de l'état de barbarie où serait tombée la Chine, KHOUNG-TSEU s'aurait été lui-même qu'un barbare.

prince de *Weï*, était sans principes, *Khang-tseu* observa que, s'il en était ainsi, pourquoi n'avait-il pas été privé de sa dignité?

KHOUNG-TSEU dit : *Tchoung-cho-yu* préside à la réception des hôtes et des étrangers; *Chou-to* préside aux cérémonies du temple des ancêtres, *Wang-sun-kia* préside aux affaires militaires : cela étant ainsi, pourquoi l'aurait-on privé de sa dignité?

21. Le Philosophe dit : Celui qui parle sans modération et sans retenue, met difficilement ses paroles en pratique.

22. *Tchin-tching-tseu* (grand de l'État de *Thsi*) mit à mort *Kien-kong*, (prince de *Thsi*).

KHOUNG-TSEU se purifia le corps par un bain, et se rendit à la cour (de *Lou*), où il annonça l'événement à *Ngaï-kong* (prince de *Lou*) en ces termes : *Tchin-keng* a tué son prince; je viens demander qu'il soit puni.

Le prince dit : Exposez l'affaire à mes trois grands dignitaires.

KHOUNG-TSEU dit : Comme je marche immédiatement après les grands dignitaires, je n'ai pas cru devoir me dispenser de vous faire connaître l'événement. Le prince dit : C'est à mes trois grands dignitaires qu'il faut exposer le fait.

Il exposa le fait aux trois grands dignitaires, qui virent que cette démarche ne convenait pas. KHOUNG-TSEU ajouta : Comme je marche immédiatement après les grands dignitaires, je n'ai pas cru devoir me dispenser de vous faire connaître le fait.

23. *Tseu-lou* demanda comment il fallait servir le prince. Le Philosophe dit : Ne l'abusez pas, et faites-lui des remontrances.

24. Le Philosophe dit : L'homme supérieur s'élève continuellement en intelligence et en pénétration; l'homme sans mérites descend continuellement dans l'ignorance et le vice.

25. Le Philosophe dit : Dans l'antiquité, ceux qui se livraient à l'étude le faisaient pour eux-mêmes; maintenant, ceux qui se livrent à l'étude, le font pour les autres (pour paraître instruits aux yeux des autres [1]).

26. *Kieou-pe-yu* (grand dignitaire de l'État de *Weï*) envoya un homme à KHOUNG-TSEU pour savoir de ses nouvelles. KHOUNG-TSEU fit asseoir l'envoyé près de lui, et lui fit une question en ces termes : Que fait votre maître? L'envoyé répondit avec respect : Mon maître désire diminuer le nombre de ses défauts, mais il ne peut en venir à bout. L'envoyé étant sorti, le Philosophe dit : Quel digne envoyé! quel digne envoyé!

27. Le Philosophe dit Que lorsque une chose ne rentrait pas dans ses fonctions, il ne fallait pas se mêler de la diriger.

28. THSENG-TSEU dit : « Quand l'homme supérieur médite sur une chose, il ne sort pas de ses fonctions. » (*Y-King.*)

29. Le Philosophe dit : L'homme supérieur rougit de la crainte que ses paroles ne dépassent ses actions.

30. Le Philosophe dit : Les voies droites, ou vertus principales de l'homme supérieur, sont au nombre de trois, que je n'ai pas encore pu complétement atteindre : la *vertu de l'humanité*, qui dissipe les tristesses ; la *science*, qui dissipe les doutes de l'esprit ; et le *courage viril*, qui dissipe les craintes.

Tseu-koung dit : Notre maître parle de lui-même avec trop d'humilité.

31. *Tseu-koung* s'occupait à comparer entre eux les hommes des diverses contrées. Le Philosophe dit : *Sse*, vous êtes sans doute un sage très-éclairé; quant à moi, je n'ai pas assez de loisir pour m'occuper de ces choses.

32. Ne vous affligez pas de ce que les hommes ne vous connaissent point; mais affligez-vous plutôt de ce que vous n'avez pas encore pu mériter d'être connu.

33. Le Philosophe dit : Ne pas se révolter d'être trompé par les hommes, ne pas se prémunir contre leur manque de foi, lorsque cependant on l'a prévu d'avance, n'est-ce pas là être sage?

34. *Weï-seng-mou*, s'adressant à KHOUNG-TSEU lui dit : KHIEOU (petit nom du Philosophe), pourquoi êtes-vous toujours par voies et par chemins pour propager votre doctrine? N'aimez-vous pas un peu trop à en parler?

KHOUNG-TSEU dit : Je n'oserais me permettre d'aimer trop à persuader par la parole ; mais je hais l'obstination à s'attacher à une idée fixe.

35. Le Philosophe dit : Quand on voit le beau cheval nommé *Ki*, on ne loue pas en lui la force, mais les qualités supérieures.

36. Quelqu'un demanda : Que doit-on penser de celui qui rend bienfaits pour injures [1]?

Le Philosophe dit : [Si l'on agit ainsi], avec quoi payera-t-on les bienfaits eux-mêmes?

Il faut payer par l'équité la haine et les injures, et les bienfaits par des bienfaits.

37. Le Philosophe dit : Je ne suis connu de personne.

Tseu-koung dit : Comment se fait-il que personne ne vous connaisse? Le Philosophe dit : Je n'en veux pas au ciel, je n'en accuse pas les hommes. Humble et simple étudiant, je suis arrivé par moi-même à pénétrer les choses les plus élevées. Si quelqu'un me connaît, c'est le ciel!

38. *Kong-pe-liao* calomniait *Tseu-lou* près de *Ki-*

---

[1] Voyez l'*Évangile* et le *Koran*. L'*Évangile* dit qu'il faut rendre le bien pour le mal; le *Koran*, qu'il faut rendre le mal pour le mal. Le précepte du Philosophe chinois nous paraît moins sublime que celui de Jésus, mais peut-être plus conforme aux lois équitables de la nature humaine.

sun. *Tseu-fou-king-pé* (grand de l'État de *Lou*) en informa [le Philosophe en ces termes : Son supérieur [*Ki-sun*] a certainement une pensée de doute d'après le rapport de *Kong-pe-liao*. Je suis assez fort pour châtier (le calomniateur), et exposer son cadavre dans la cour du marché.

Le Philosophe dit : Si la voie de la droite raison doit être suivie, c'est le décret du ciel; si la voie de la droite raison doit être abandonnée, c'est le décret du ciel. Comment *Kong-pe-liao* arrêterait-il les décrets du ciel?

39. Le Philosophe dit : Les sages fuient le siècle.

Ceux qui les suivent immédiatement, fuient leur patrie.

Ceux qui suivent immédiatement ces derniers, fuient les plaisirs.

Ceux qui viennent après, fuient les paroles trompeuses.

40. Le Philosophe dit : Ceux qui ont agi ainsi, sont au nombre de sept.

41. *Tseu-lou* passa la nuit à *Chi-men*. Le gardien de la porte lui dit : D'où venez-vous? *Tseu-lou* lui dit : Je viens de près de KHOUNG-TSEU. Le gardien ajouta : Il doit savoir sans doute qu'il ne peut pas faire prévaloir ses doctrines, et cependant il agit, il les propage toujours!

42. Le Philosophe étant un jour occupé à jouer de son instrument de pierre nommé *king*, dans l'État de *Weï*, un homme, portant un panier sur ses épaules, vint à passer devant la porte de KHOUNG-TSEU, et s'écria : Ah! combien il a de cœur celui qui joue ainsi du *king*!

Après un instant de silence, il ajouta : O les hommes vils! quelle harmonie! *king*! *king*! personne ne sait l'apprécier. Il a cessé de jouer; c'est fini.

« Si l'eau est profonde, alors ils la passent sans
« relever leur robe;
Si elle n'est pas profonde, alors ils la relèvent [1]. »

Le Philosophe dit : Pour celui qui est persévérant et ferme, il n'est rien de difficile.

43. *Tseu-tchang* dit : Le *Chou-king* rapporte que *Kao-tsoung* passa dans le *Liang-yn* [2] trois années sans parler; quel est le sens de ce passage?

Le Philosophe dit : Pourquoi citer seulement *Kao-tsoung*? Tous les hommes de l'antiquité agissaient ainsi. Lorsque le prince avait cessé de vivre, tous les magistrats ou fonctionnaires publics qui continuaient leurs fonctions recevaient, du premier ministre, leurs instructions pendant trois années.

44. Le Philosophe dit : Si celui qui occupe le premier rang dans l'État aime à se conformer aux rites, alors le peuple se laisse facilement gouverner.

45. *Tseu-lou* demanda ce qu'était l'homme supérieur. Le Philosophe répondit : Il s'efforce constamment d'améliorer sa personne pour s'attirer le respect. — C'est là tout ce qu'il fait? — Il améliore constamment sa personne pour procurer aux autres du repos et de la tranquillité. — C'est là tout ce qu'il fait? — Il améliore constamment sa personne pour rendre heureuses toutes les populations. Il améliore constamment sa personne pour rendre heureuses toutes les populations : *Yao* et *Chun* eux-mêmes agirent ainsi.

46. *Youan-jang* (un ancien ami du Philosophe), plus âgé que lui, était assis sur le chemin les jambes croisées. Le Philosophe lui dit : Étant enfant, n'avoir pas eu de déférence fraternelle; dans l'âge mûr, n'avoir rien fait de louable; parvenu à la vieillesse, ne pas mourir : c'est être un vaurien. Et il lui frappa les jambes avec son bâton (pour le faire lever).

47. Un jeune homme du village de *Kioué-tang* était chargé par le Philosophe de recevoir les personnes qui le visitaient. Quelqu'un lui demanda s'il avait fait de grands progrès dans l'étude?

Le Philosophe dit : J'ai vu ce jeune homme s'asseoir sur le siége [1]; je l'ai vu marchant de pair avec ses maîtres [2]; je ne cherche pas à lui faire faire des progrès dans l'étude, je désire seulement qu'il devienne un homme distingué.

CHAPITRE XV,
COMPOSÉ DE 41 ARTICLES.

1. *Ling-kong*, prince de *Weï*, questionna KHOUNG-TSEU sur l'art militaire. KHOUNG-TSEU lui répondit avec déférence : Si vous m'interrogiez sur les affaires des cérémonies et des sacrifices, je pourrais vous répondre en connaissance de cause. Quant aux affaires de l'art militaire, je ne les ai pas étudiées. Le lendemain matin il partit.

Étant arrivé dans l'État de *Tching*, les vivres lui manquèrent complètement. Les disciples qui le suivaient tombaient de faiblesse, sans pouvoir se relever.

Tseu-lou, manifestant son mécontentement, dit : Les hommes supérieurs éprouvent donc aussi les besoins de la faim? Le Philosophe dit : L'homme supérieur est plus fort que le besoin; l'homme vulgaire, dans le besoin, se laisse aller à la défaillance.

2. Le Philosophe dit : *Sse*, ne pensez-vous pas que j'ai beaucoup appris, et que j'ai retenu tout cela dans ma mémoire?

[Le disciple] répondit avec respect : Assurément; n'en est-il pas ainsi?

---

[1] Citation du *Livre des Vers*. *Weï-foung*, ode *Pao-yéou-kou*.
[2] Demeure pour passer les années de deuil.

[1] Au lieu de se tenir à un angle de l'appartement, comme il convenait à un jeune homme.
[2] Au lieu de marcher à leur suite.

Il n'en est pas ainsi ; je ramène tout à un seul principe.

3. Le Philosophe dit : *Yeou* (petit nom de *Tseu-lou*), ceux qui connaissent la vertu sont bien rares !

4. Le Philosophe dit : Celui qui sans agir gouvernait l'État, n'était-ce pas *Chun?* comment faisait-il? offrant toujours dans sa personne l'aspect vénérable de la vertu, il n'avait qu'à se tenir la face tournée vers le midi, et cela suffisait.

5. *Tseu-tchang* demanda comment il fallait se conduire dans la vie.

Le Philosophe dit : Que vos paroles soient sincères et fidèles ; que vos actions soient constamment honorables et dignes, quand même vous seriez dans le pays des barbares du midi et du nord, votre conduite sera exemplaire. Mais si vos paroles ne sont pas sincères et fidèles, vos actions constamment honorables et dignes, quand même vous seriez dans une cité de deux mille familles, ou dans un hameau de vingt-cinq, que penserait-on de votre conduite?

Lorsque vous êtes en repos, ayez toujours ces maximes sous les yeux; lorsque vous voyagez sur un char, voyez-les inscrites sur le joug de votre attelage. De cette manière votre conduite sera exemplaire.

Tseu-tchang écrivit ces maximes sur sa ceinture.

6. Le Philosophe dit : Oh ! qu'il était droit et véridique l'historiographe *Yu* (grand dignitaire du royaume de *Wei*)! Lorsque l'État était gouverné selon les principes de la raison, il était droit comme une flèche; lorsque l'État n'était pas gouverné par les principes de la raison, il était également droit comme une flèche.

Khiu-pe-yu était un homme supérieur! si l'État était gouverné par les principes de la droite raison, alors il remplissait des fonctions publiques ; si l'État n'était pas gouverné par les principes de la droite raison, alors il résignait ses fonctions et se retirait dans la solitude.

7. Le Philosophe dit : Si vous devez vous entretenir avec un homme (sur des sujets de morale), et que vous ne lui parliez pas, vous le perdez. Si un homme n'est pas disposé à recevoir vos instructions morales, et que vous les lui donniez, vous perdez vos paroles. L'homme sage et éclairé ne perd pas les hommes (faute de les instruire); il ne perd également pas ses instructions.

8. Le Philosophe dit : Le lettré qui a les pensées grandes et élevées, l'homme doué de la vertu de l'humanité, ne cherchent point à vivre pour nuire à l'humanité; ils aimeraient mieux livrer leur personne à la mort pour accomplir la vertu de l'humanité.

9. *Tseu-kouang* demanda en quoi consistait la pratique de l'humanité? Le Philosophe dit : L'artisan qui veut bien exécuter son œuvre, doit commencer par bien aiguiser ses instruments. Lorsque vous habiterez dans un État quelconque, fréquentez pour les imiter les sages d'entre les grands fonctionnaires de cet État, et liez-vous d'amitié avec les hommes humains et vertueux d'entre les lettrés.

10. *Yan-youan* demanda comment il fallait gouverner un État?

Le Philosophe dit : Suivez la division des temps de la dynastie *Hia*.

Montez les chars de la dynastie *Yin*; portez les bonnets de la dynastie *Tcheou*. Quant à la musique, adoptez les airs *chao-woû* (de *Chun*).

Rejetez les modulations de *Tching*; éloignez de vous les flatteurs. Les modulations de *Tching* sont licencieuses; les flatteurs sont dangereux.

11. Le Philosophe dit : L'homme qui ne médite ou ne prévoit pas les choses éloignées, doit éprouver un chagrin prochain.

12. Le Philosophe dit : Hélas! je n'ai encore vu personne qui aimât la vertu comme on aime la beauté corporelle[1].

13. Le Philosophe dit : *Tsang-wen-tchoung* n'était-il pas un secret accapareur d'emplois publics? Il connaissait la sagesse et les talents de *Lieou-hia-hoeï*, et il ne voulut point qu'il pût siéger avec lui à la cour.

14. Le Philosophe dit : Soyez sévères envers vous-mêmes et indulgents envers les autres, alors vous éloignerez de vous les ressentiments.

15. Le Philosophe dit : Si un homme ne dit point souvent en lui-même : Comment ferai-je ceci? comment éviterai-je cela? comment moi, pourrais-je lui dire : Ne faites pas ceci; évitez cela? C'en est fait de lui.

16. Le Philosophe dit : Quand une multitude de personnes se trouvent ensemble pendant toute une journée, leurs paroles ne sont pas toutes celles de l'équité et de la justice; elles aiment à ne s'occuper que de choses vulgaires et pleines de ruses. Qu'il leur est difficile de faire le bien!

17. Le Philosophe dit : L'homme supérieur fait de l'équité et de la justice la base de toutes ses actions ; les rites forment la règle de sa conduite; la déférence et la modestie le dirigent au dehors; la sincérité et la fidélité lui servent d'accomplissements. N'est-ce pas un homme supérieur?

18. Le Philosophe dit : L'homme supérieur s'afflige de son impuissance (à faire tout le bien qu'il désire); il ne s'afflige pas d'être ignoré et méconnu des hommes.

19. Le Philosophe dit : L'homme supérieur regrette de voir sa vie s'écouler sans laisser après lui des actions dignes d'éloges.

[1] Voyez la même pensée exprimée ci-devant

20. Le Philosophe dit : L'homme supérieur ne demande rien qu'à lui-même ; l'homme vulgaire et sans mérite demande tout aux autres.

21. Le Philosophe dit : L'homme supérieur est ferme dans ses résolutions, sans avoir de-différends avec personne ; il vit en paix avec la foule, sans être de la foule.

22. Le Philosophe dit : L'homme supérieur ne donne pas de l'élévation à un homme pour ses paroles ; il ne rejette pas des paroles à cause de l'homme qui les a prononcées.

23. *Tseu-koung* fit une question en ces termes : Ya-t-il un mot dans la langue que l'on puisse se borner à pratiquer seul jusqu'à la fin de l'existence ? Le Philosophe dit : Il y a le mot *chou*[1], dont le sens est : *Ce que l'on ne désire pas qui nous soit fait, il ne faut pas le faire aux autres.*

24. Le Philosophe dit : Dans mes relations avec les hommes, m'est-il arrivé d'être injuste envers quelqu'un, ou de louer quelqu'un outre mesure ? S'il se trouve quelqu'un que j'aie loué outre mesure, il a pris à tâche de justifier par la suite mes éloges.

Ces personnes (dont j'aurais exagéré les défauts ou les qualités) pratiquent les lois d'équité et de droiture des trois dynasties ; (quel motif aurais-je eu de les en blâmer) ?

25. Le Philosophe dit : J'ai presque vu le jour où l'historien de l'empire laissait des lacunes dans ses récits (quand il n'était pas sûr des faits) ; où celui qui possédait un cheval, le prêtait aux autres pour le monter ; maintenant ces mœurs sont perdues.

26. Le Philosophe dit : Les paroles artificieuses pervertissent la vertu même ; une impatience capricieuse ruine les plus grands projets.

27. Le Philosophe dit : Que la foule déteste quelqu'un, vous devez examiner attentivement avant de juger ; que la foule se passionne pour quelqu'un, vous devez examiner attentivement avant de juger.

28. Le Philosophe dit : L'homme peut agrandir la voie de la vertu ; la voie de la vertu ne peut pas agrandir l'homme.

29. Le Philosophe dit : Celui qui a une conduite vicieuse, et ne se corrige pas, celui-là peut être appelé vicieux.

30. Le Philosophe dit : J'ai passé des journées entières sans nourriture, et des nuits entières sans sommeil, pour me livrer à des méditations, et cela sans utilité réelle ; l'étude est bien préférable.

31. Le Philosophe dit : L'homme supérieur ne s'occupe que de la droite voie, il ne s'occupe pas du boire et du manger. Si vous cultivez la terre, la faim se trouve souvent au milieu de vous ; si vous étudiez, la félicité se trouve dans le sein même de l'étude. L'homme supérieur ne s'inquiète que de ne pas atteindre la droite voie ; il ne s'inquiète pas de la pauvreté.

32. Le Philosophe dit : Si l'on a assez de connaissance pour atteindre à la pratique de la raison, et que la vertu de l'humanité que l'on possède ne suffise pas pour persévérer dans cette pratique, quoiqu'on y parvienne, on finira nécessairement par l'abandonner.

Dans le cas où l'on aurait assez de connaissance pour atteindre à la pratique de la raison, et où la vertu de l'humanité que l'on possède suffirait pour persévérer dans cette pratique ; si l'on n'a ni gravité, ni dignité, alors le peuple n'a aucune considération pour vous.

Enfin, quand même on aurait assez de connaissance pour atteindre à la pratique de la raison, que la vertu de l'humanité que l'on possède suffirait pour persévérer dans cette pratique, et que l'on y joindrait la gravité et la dignité convenables ; si l'on traite le peuple d'une manière contraire aux rites, il n'y a pas encore là de vertu.

33. Le Philosophe dit : L'homme supérieur ne peut pas être connu et apprécié convenablement dans les petites choses, parce qu'il est capable d'en entreprendre de grandes. L'homme vulgaire, au contraire, n'étant pas capable d'entreprendre de grandes choses, peut être connu et apprécié dans les petites.

34. Le Philosophe dit : La vertu de l'humanité est plus salutaire aux hommes que l'eau et le feu ; j'ai vu des hommes mourir pour avoir foulé l'eau et le feu ; je n'en ai jamais vu mourir pour avoir foulé le sentier de l'humanité.

35. Le Philosophe dit : Faites-vous un devoir de pratiquer la vertu de l'humanité, et ne l'abandonnez pas même sur l'injonction de vos instituteurs.

36. Le Philosophe dit : L'homme supérieur se conduit toujours conformément à la droiture et à la vérité, et il n'a pas d'obstination.

37. Le Philosophe dit : En servant un prince, ayez beaucoup de soins et d'attention pour ses affaires, et faites peu de cas de ses émoluments.

38. Le Philosophe dit : Ayez des enseignements pour tout le monde, sans distinction de classes et de rangs.

39. Le Philosophe dit : Les principes de conduite étant différents, on ne peut s'aider mutuellement par des conseils.

40. Le Philosophe dit : Si les expressions dont on se sert sont nettes et intelligibles, cela suffit.

41. L'intendant de la musique, nommé *Mian*[1]

---

[1]. 知日 Voyez ce mot, et l'explication que nous en avons donnée dans notre édition déjà citée du *Ta-hio*, en *chinois, en latin et en français*, avec la traduction complète du commentaire de *Tchou-hi*, p. 66. Voyez aussi la même maxime déjà plusieurs fois exprimée précédemment.

[1] Il était aveugle.

vint un jour voir (Khoung-tseu). Arrivé au pied des degrés, le Philosophe lui dit : Voici les degrés. Arrivé près des siéges, le Philosophe lui dit : Voici les siéges. Et tous deux s'assirent. Le Philosophe l'informa alors qu'un tel s'était assis là, un tel autre là. L'intendant de la musique *Mian* étant parti, *Tseu-tchang* fit une question en ces termes : Ce que vous avez dit à l'intendant est-il conforme aux principes?

Le Philosophe dit : Assurément; c'est là la manière d'aider et d'assister les maîtres d'une science quelconque.

CHAPITRE XVI,

COMPOSÉ DE 14 ARTICLES.

1. *Ki-chi* était sur le point d'aller combattre *Tchouan-yu* [1].

Jan-yeou et *Ki-lou*, qui étaient près de Khoung-tseu, lui dirent : *Ki-chi* se prépare à avoir un démêlé avec *Tchouan-yu*.

Le Philosophe dit : *Khieou (Jan-yeou)*! n'est-ce pas votre faute?

Ce *Tchouan-yu* reçut autrefois des anciens rois la souveraineté sur *Thoung-moung* [2].

En outre, il rentre par une partie de ses confins dans le territoire de l'État (de *Lou*). Il est le vassal des esprits de la terre et des grains (c'est un État vassal du prince de *Lou*). Comment aurait-il à subir une invasion?

Jan-yeou dit : Notre maître le désire. Nous deux, ses ministres, nous ne le désirons pas.

Khoung-tseu dit : *Khieou*! (l'ancien et illustre historien) *Tcheou-jin* a dit : « Tant que vos forces vous servent, remplissez votre devoir; si vous ne pouvez pas le remplir, cessez vos fonctions. Si un homme en danger n'est pas secouru; si lorsqu'on le voit tomber on ne le soutient pas : alors à quoi servent ceux qui sont là pour l'assister! »

Il suit de là que vos paroles sont fautives. Si le tigre ou le buffle s'échappent de l'enclos où ils sont renfermés; si la tortue à la pierre précieuse s'échappe du coffre où elle était gardée : à qui en est la faute?

Jan-yeou dit : Maintenant ce pays de *Tchouan-yu* est fortifié, et se rapproche beaucoup de *Pi* (ville appartenante en propre à *Ki-chi*). Si maintenant on ne s'en empare pas, il deviendra nécessairement, dans les générations à venir, une source d'inquiétudes et de troubles pour nos fils et nos petits-fils.

Khoung-tseu dit : *Khieou*! l'homme supérieur hait ces détours d'un homme qui se défend de toute ambition cupide, lorsque ses actions le démentent.

J'ai toujours entendu dire que ceux qui possèdent un royaume, ou qui sont chefs de grandes familles, ne se plaignent pas de ce que ceux qu'ils gouvernent ou administrent sont peu nombreux, mais qu'ils se plaignent de ne pas avoir l'étendue de territoire qu'ils prétendent leur être due; qu'ils ne se plaignent pas de la pauvreté où peuvent se trouver les populations, mais qu'ils se plaignent de la discorde qui règne entre elles et eux. Car, si chacun obtient la part qui lui est due, il n'y a point de pauvre; si la concorde règne, il n'y a pas pénurie d'habitants; s'il y a paix et tranquillité, il n'y a pas cause de ruine ou de révolution.

Les choses se passent ainsi. C'est pourquoi, si les populations éloignées ne sont pas soumises, alors cultivez la science et la vertu, afin de les ramener à vous par vos mérites. Une fois qu'elles sont revenues à l'obéissance, alors faites les jouir de la paix et de la tranquillité.

Maintenant, *Yeou* et *Khieou*, en aidant votre maître, vous ne ramènerez pas à l'obéissance les populations éloignées, et celles-ci ne pourront venir se soumettre d'elles-mêmes. L'État est divisé, troublé, déchiré par les dissensions intestines, et vous n'êtes pas capable de le protéger.

Et cependant vous projetez de porter les armes au sein de cet État. Je crains bien que les petits-fils de *Ki* n'éprouvent un jour que la source continuelle de leurs craintes et de leurs alarmes ne soit pas dans le pays de *Tchouan-yu*, mais dans l'intérieur de leur propre famille.

2. Khoung-tseu dit : Quand l'empire est gouverné par les principes de la droite raison, alors les rites, la musique, la guerre pour soumettre les rebelles, procèdent des fils du ciel (des empereurs). Si l'empire est sans loi, s'il n'est pas gouverné par les principes de la droite raison, alors les rites, la musique, la guerre pour soumettre les rebelles, procèdent des princes tributaires ou des vassaux de tous les rangs. Quand (ces choses, qui sont exclusivement dans les attributions impériales) procèdent des princes tributaires, il arrive rarement que dans l'espace de dix générations [1] ces derniers ne perdent pas leur pouvoir usurpé (qui tombe alors dans les mains des grands fonctionnaires publics). Quand il arrive que ces actes de l'autorité impériale procèdent des grands fonctionnaires, il est rare que dans l'espace de cinq générations ces derniers ne perdent pas leur pouvoir (qui tombe entre les mains des intendants des grandes familles). Quand les intendants des grandes familles s'emparent du pouvoir royal, il est rare qu'ils ne le perdent pas dans l'espace de trois générations.

---

[1] Nom d'un royaume. (*Commentaire.*)
[2] Nom d'une montagne. (*Ibid.*)

[1] Ou de dix périodes de trente années.

Si l'empire est gouverné selon les principes de la droite raison, alors l'administration ne réside pas dans les grands fonctionnaires.

Si l'empire est gouverné selon les principes de la droite raison, alors les hommes de la foule ne s'occupent pas à délibérer et à exprimer leur sentiment sur les actes qui dépendent de l'autorité impériale.

3. KHOUNG-TSEU dit : Les revenus publics n'ont pas été versés à la demeure du prince pendant cinq générations; la direction des affaires publiques est tombée entre les mains des grands fonctionnaires pendant quatre générations. C'est pourquoi les fils et les petits-fils des trois *Houan* [trois familles de princes de *Lou*] ont été si affaiblis.

4. KHOUNG-TSEU dit : Il y a trois sortes d'amis qui sont utiles, et trois sortes qui sont nuisibles. Les amis droits et véridiques, les amis fidèles et vertueux, les amis qui ont éclairé leur intelligence, sont les amis utiles ; les amis qui affectent une gravité toute extérieure et sans droiture, les amis prodigues d'éloges et de basses flatteries, les amis qui n'ont que de la loquacité sans intelligence, sont les amis nuisibles.

5. KHOUNG-TSEU dit : Il y a trois sortes de joies ou satisfactions qui sont utiles, et trois sortes qui sont nuisibles. La satisfaction de s'instruire à fond dans les rites et la musique, la satisfaction d'instruire les hommes dans les principes de la vertu, la satisfaction de posséder l'amitié d'un grand nombre de sages, sont les joies ou satisfactions utiles; la satisfaction que donne la vanité et l'orgueil, la satisfaction de l'oisiveté et de la mollesse, la satisfaction de la bonne chère et des plaisirs, sont les satisfactions nuisibles.

6. KHOUNG-TSEU dit : Ceux qui sont auprès des princes vertueux pour les aider dans leurs devoirs ont trois fautes à éviter : De parler sans y avoir été invités, ce qui est appelé précipitation; de ne pas parler lorsqu'on y est invité, ce qui est appelé taciturnité; de parler sans avoir observé la contenance et la disposition (du prince), ce qui est appelé aveuglement.

7. KHOUNG-TSEU dit : Il y a pour l'homme supérieur trois choses dont il cherche à se préserver : Dans le temps de la jeunesse, lorsque le sang et les esprits vitaux ne sont pas encore fixés (que la forme corporelle n'a pas encore pris tout son développement[1]), ce que l'on doit éviter ce sont les plaisirs sensuels; quand on a atteint la maturité, et que le sang et les esprits vitaux ont acquis toute leur force et leur vigueur, ce que l'on doit éviter, ce sont les rixes et les querelles; quand on est arrivé à la vieillesse, que le sang et les esprits vitaux tombent dans un état de langueur, ce que l'on doit éviter, c'est le désir d'amasser des richesses.

8. KHOUNG-TSEU dit : Il y a trois choses que l'homme supérieur révère : Il révère les décrets du ciel, il révère les grands hommes, il révère les paroles des saints.

Les hommes vulgaires ne connaissent pas les décrets du ciel, et par conséquent ils ne les révèrent pas; ils font peu de cas des grands hommes, et ils se jouent des paroles des saints.

9. KHOUNG-TSEU dit : Ceux qui du jour même de leur naissance possèdent la science, sont les hommes du premier ordre (supérieurs à tous les autres); ceux qui par l'étude acquièrent la science, viennent après eux; ceux qui, ayant l'esprit lourd et épais, acquièrent cependant des connaissances par l'étude, viennent ensuite ; enfin ceux qui, ayant l'esprit lourd et épais, n'étudient pas et n'apprennent rien; ceux-là sont du dernier rang parmi les hommes.

10. KHOUNG-TSEU dit : L'homme supérieur, ou l'homme accompli dans la vertu, a neuf sujets principaux de méditations : En regardant, il pense à s'éclairer; en écoutant, il pense à s'instruire; dans son air et son attitude, il pense à conserver du calme et de la sérénité; dans sa contenance, il pense à conserver toujours de la gravité et de la dignité; dans ses paroles, il pense à conserver toujours de la fidélité et de la sincérité; dans ses actions, il pense à s'attirer toujours du respect; dans ses doutes, il pense à interroger les autres; dans la colère, il pense à réprimer ses mouvements; en voyant des gains à obtenir, il pense à la justice.

11. KHOUNG-TSEU dit : « On considère le bien comme si on ne pouvait l'atteindre; on considère le vice comme si on touchait de l'eau bouillante. » J'ai vu des hommes agir ainsi, et j'ai entendu des hommes tenir ce langage.

« On se retire dans le secret de la solitude pour chercher dans sa pensée les principes de la raison; on cultive la justice pour mettre en pratique ces mêmes principes de la raison. » J'ai entendu tenir ce langage, mais je n'ai pas encore vu d'homme agir ainsi.

12. *King-kong*, prince de *Thsi*, avait mille quadriges de chevaux. Après sa mort, on dit que le peuple ne trouva à louer en lui aucune vertu. *Pei* et *Chou-tsi* moururent de faim au bas de la montagne *Cheou-yang*, et le peuple n'a cessé jusqu'à nos jours de faire leur éloge.

N'est-ce pas cela que je disais?

13. *Tchin-kang* fit une question à *Pe-yu* (fils de KHOUNG-TSEU) en ces termes : Avez-vous entendu des choses extraordinaires?

Il lui répondit avec déférence : Je n'ai rien entendu. (Mon père) est presque toujours seul. Moi *Li*, en passant un jour rapidement dans la salle, je

---

[1] *Commentaire.*

fus interpellé par lui en ces termes : Étudiez-vous le *Livre des Vers*? Je lui répondis avec respect : Je ne l'ai pas encore étudié. — Si vous n'étudiez pas le *Livre des Vers*, vous n'aurez rien à dire dans la conversation. Je me retirai, et j'étudiai le *Livre des Vers*.

Un autre jour qu'il était seul, je passai encore à la hâte dans la salle, et il me dit : Étudiez-vous le *Livre des Rites*? Je lui répondis avec respect : Je ne l'ai pas encore étudié. — Si vous n'étudiez pas le *Livre des Rites*, vous n'aurez rien pour vous fixer dans la vie. Je me retirai, et j'étudiai le *Livre des Rites*.

Après avoir entendu ces paroles, *Tchin-kang* s'en retourna et s'écria tout joyeux : J'ai fait une question sur une chose, et j'ai obtenu la connaissance de trois. J'ai entendu parler du *Livre des Vers*, du *Livre des Rites*; j'ai appris en outre que l'homme supérieur tenait son fils éloigné de lui.

14. L'épouse du prince d'un État est qualifiée par le prince lui-même de *Fou-jin*, ou *compagne de l'homme*. Cette épouse (nommée *Fou-jin*) s'appelle elle-même *petite fille*. Les habitants de l'État l'appellent *épouse* ou *compagne du prince*. Elle se qualifie, devant les princes des différents États, *pauvre petite reine*. Les hommes des différents États la nomment aussi *compagne du prince*.

CHAPITRE XVII,
COMPOSÉ DE 26 ARTICLES.

1. *Yang-ho* (intendant de la maison de *Ki-chi*) désira que KHOUNG-TSEU lui fît une visite. KHOUNG-TSEU n'alla pas le voir. L'intendant l'engagea de nouveau en lui envoyant un porc. KHOUNG-TSEU ayant choisi le moment où il était absent pour lui faire ses compliments, le rencontra dans la rue. (*Yang-ho*) aborda KHOUNG-TSEU en ces termes : Venez, j'ai quelque chose à vous dire. Il dit : Cacher soigneusement dans son sein des trésors précieux, pendant que son pays est livré aux troubles et à la confusion, peut-on appeler cela de l'humanité? (Le Philosophe) dit : On ne le peut. — Aimer à s'occuper des affaires publiques et toujours perdre les occasions de le faire, peut-on appeler cela sagesse et prudence? (Le Philosophe) dit : On ne le peut. — Les soleils et les lunes (les jours et les mois) passent, s'écoulent rapidement. Les années ne sont pas à notre disposition. KHOUNG-TSEU dit : C'est bien, je me chargerai d'un emploi public.

2. Le Philosophe dit : Par la nature, nous nous rapprochons beaucoup les uns des autres; par l'éducation, nous devenons très-éloignés.

3. Le Philosophe dit : Il n'y a que les hommes d'un savoir et d'une intelligence supérieurs qui ne changent point en vivant avec les hommes de la plus basse ignorance, de l'esprit le plus lourd et le plus épais.

4. Le Philosophe s'étant rendu à *Wou-tching*, (petite ville de *Lou*), il y entendit un concert de voix humaines mêlées aux sons d'un instrument à corde.

Le maître se prit à sourire légèrement, et dit : Quand on tue une poule, pourquoi se servir d'un glaive qui sert à tuer les bœufs?

Tseu-yeou répondit avec respect : Autrefois, moi *Yen*, j'ai entendu dire à mon maître que si l'homme supérieur qui occupe un emploi élevé dans le gouvernement, étudie assidûment les principes de la droite raison (les rites, la musique, etc.), alors, par cela même il aime les hommes et il en est aimé; et que si les hommes du peuple étudient assidûment les principes de la droite raison, alors ils se laissent facilement gouverner.

Le Philosophe dit : Mes chers disciples, les paroles de *Yen* sont justes. Dans ce que j'ai dit il y a quelques instants, je ne faisais que rire.

5. *Kong-chan, feï-jao* (ministre de *Ki-chi*) ayant appris qu'une révolte avait éclaté à *Pi*, en avertit le Philosophe, selon l'usage. Le Philosophe désirait se rendre auprès de lui.

Tseu-lou, n'étant pas satisfait de cette démarche, dit : Ne vous y rendez-pas, rien ne vous y oblige; qu'avez-vous besoin d'aller voir *Kong-chan-chi*?

Le Philosophe dit : Puisque cet homme m'appelle, pourquoi n'aurait-il aucun motif d'agir ainsi? s'il lui arrive de m'employer, je ferai du royaume de *Lou* un État de *Tcheou* oriental [1].

6. *Tseu-tchang* demanda à KHOUNG-TSEU ce que c'était que la vertu de l'humanité? KHOUNG-TSEU dit : Celui qui peut accomplir cinq choses dans le monde est doué de la vertu de l'humanité. (*Tseu-tchang*) demanda en suppliant quelles étaient ces cinq choses. (Le Philosophe) dit : Le respect de soi-même et des autres, la générosité, la fidélité ou la sincérité, l'application au bien et la bienveillance pour les autres.

Si vous observez dans toutes vos actions le respect de vous-même et des autres, alors vous ne serez méprisé de personne; si vous êtes généreux, alors vous obtiendrez l'affection du peuple; si vous êtes sincère et fidèle, alors les hommes auront confiance en vous; si vous êtes appliqué au bien, alors vous aurez des mérites; si vous êtes bienveillant et miséricordieux, alors vous aurez tout ce qu'il faut pour gouverner les hommes.

7. *Pé-hie* (grand fonctionnaire de l'État de *Tçin*, demanda à voir [KHOUNG-TSEU]. Le Philosophe désira se rendre à son invitation.

---
[1] C'est-à-dire, Qu'il introduira dans l'État de *Lou*, situé à l'orient de celui des *Tcheou*, les sages doctrines de l'antiquité conservées dans ce dernier État.

Tseu-lou dit : Autrefois, moi, Yeou, j'ai souvent entendu dire à mon maître ces paroles : Si quelqu'un commet des actes vicieux de sa propre personne, l'homme supérieur ne doit pas entrer dans sa demeure. Poé-hie s'est révolté contre Tchung-meou [1]; d'après cela, comment expliquer la visite de mon maître ?

Le Philosophe dit : Oui, sans doute, j'ai tenu ces propos; mais ne disais-je pas aussi : Les corps les plus durs ne s'usent point par le frottement? Ne disais-je pas encore : La blancheur inaltérable ne devient pas noire par son contact avec une couleur noire? pensez-vous que je suis un melon de saveur amère, qui n'est bon qu'à être suspendu sans être mangé?

8. Le Philosophe dit : Yeou, avez-vous entendu parler des six maximes et des six défauts qu'elles impliquent? Le [disciple] répondit avec respect : Jamais. — Prenez place à côté de moi, je vais vous les expliquer.

L'amour de l'humanité, sans l'amour de l'étude, a pour défaut l'ignorance ou la stupidité; l'amour de la science, sans l'amour de l'étude, a pour défaut l'incertitude ou la perplexité; l'amour de la sincérité et de la fidélité, sans l'amour de l'étude, a pour défaut la duperie; l'amour de la droiture, sans l'amour de l'étude, a pour défaut une témérité inconsidérée; l'amour du courage viril, sans l'amour de l'étude, a pour défaut l'insubordination; l'amour de la fermeté et de la persévérance, sans l'amour de l'étude, a pour défaut la démence, ou l'attachement à une idée fixe.

9. Le Philosophe dit : Mes chers disciples, pourquoi n'étudiez-vous pas le *Livre des Vers* ?

Le *Livre des Vers* est propre à élever les sentiments et les idées ;

Il est propre à former le jugement par la contemplation des choses ;

Il est propre à réunir les hommes dans une mutuelle harmonie ;

Il est propre à exciter des regrets sans ressentiments.

[On y trouve enseigné] que lorsqu'on est près de ses parents, on doit les servir, et que lorsqu'on en est éloigné, on doit servir le prince.

On s'y instruit très au long des noms d'arbres, de plantes, de bêtes sauvages et d'oiseaux.

10. Le Philosophe interpella *Pé-yu* (son fils), en disant : Vous exercez-vous dans l'étude du *Tcheou-nan* et du *Tchao-nan* (les deux premiers chapitres du *Livre des Vers*)? Les hommes qui n'étudient pas le *Tcheou-nan* et le *Tchao-nan* sont comme s'ils se tenaient debout le visage tourné vers la muraille.

11. Le Philosophe dit : On cite à chaque instant les *Rites* ! les *Rites* ! Les pierres précieuses et les habits de cérémonies ne sont-ils pas pour vous tout ce qui constitue les *rites* ? On cite à chaque instant la *Musique* ! la *Musique* ! Les clochettes et les tambours ne sont-ils pas pour vous tout ce qui constitue la musique ?

12. Le Philosophe dit : Ceux qui montrent extérieurement un air grave et austère, lorsqu'ils sont intérieurement légers et pusillanimes, sont à comparer aux hommes les plus vulgaires. Ils ressemblent à des larrons qui veulent percer un mur pour commettre leurs vols.

13. Le Philosophe dit : Ceux qui recherchent les suffrages des villageois, sont des voleurs de vertus.

14. Le Philosophe dit : Ceux qui dans la voie publique écoutent une affaire et la discutent, font un abandon de la vertu.

15. Le Philosophe dit : Comment les hommes vils et abjects pourraient-ils servir le prince ?

Ces hommes, avant d'avoir obtenu leurs emplois, sont déjà tourmentés de la crainte de ne pas les obtenir; lorsqu'ils les ont obtenus, ils sont tourmentés de la crainte de les perdre.

Dès l'instant qu'ils sont tourmentés de la crainte de perdre leurs emplois, il n'est rien dont ils ne soient capables.

16. Le Philosophe dit : Dans l'antiquité, les peuples avaient trois travers d'esprit; de nos jours, quelques-uns de ces travers sont perdus; l'ambition des anciens s'attachait aux grandes choses et dédaignait les petites ; l'ambition des hommes de nos jours est modérée sur les grandes choses et très ardente sur les petites.

La gravité et l'austérité des anciens étaient modérées sans extravagance; la gravité et l'austérité des hommes de nos jours est irascible, extravagante. La grossière ignorance des anciens était droite et sincère ; la grossière ignorance des hommes de nos jours n'est que fourberies ; et voilà tout.

17. Le Philosophe dit : Les hommes aux paroles artificieuses et fleuries, aux manières engageantes, sont rarement doués de la vertu de l'humanité.

18. Le Philosophe dit : Je déteste la couleur violette (couleur intermédiaire), qui dérobe aux regards la véritable couleur de pourpre. Je déteste les sons musicaux de *Tching*, qui portent le trouble et la confusion dans la véritable musique. Je déteste les langues aiguës (ou calomniatrices), qui bouleversent les États et les familles.

19. Le Philosophe dit : Je désire ne pas passer mon temps à parler.

Tseu-koung dit : Si notre maître ne parle pas, alors, comment ses disciples transmettront-ils ses paroles à la postérité ?

Le Philosophe dit : Le ciel, comment parle-t-il? les quatre saisons suivent leur cours; tous les êtres

---

[1] Nom de cité.

de la nature reçoivent tour à tour l'existence. Comment le ciel parle-t-il ?

20. *Jou-peï*[1] désirait voir KHOUNG-TSEU. KHOUNG-TSEU s'excusa sur son indisposition ; mais aussitôt que le porteur du message fut sorti de la porte, le Philosophe prit sa guitare, et se mit à chanter, dans le dessein de se faire entendre.

21. *Tsaï-ngo* demanda si au lieu de trois années de deuil après la mort des parents, une révolution de douze lunes (ou une année) ne suffirait pas ?

Si l'homme supérieur n'observait pas les rites sur le deuil pendant trois années, ces rites tomberaient certainement en désuétude; si pendant trois années il ne cultivait pas la musique, la musique certainement périrait.

Quand les anciens fruits sont parvenus à leur maturité, de nouveaux fruits se montrent et prennent leur place. On change de feu en forant les bois qui le donnent[2]. Une révolution de douze lunes peut suffire pour toutes ces choses.

Le Philosophe dit : Si l'on se bornait à se nourrir du plus beau riz, et à se vêtir des plus beaux habillements, seriez-vous satisfait et tranquille ? — Je serais satisfait et tranquille.

Si vous vous trouvez satisfait et tranquille de cette manière d'agir, alors pratiquez-la.

Mais cet homme supérieur (dont vous avez parlé), tant qu'il sera dans le deuil de ses parents, ne trouvera point de douceur dans les mets les plus recherchés qui lui seront offerts; il ne trouvera point de plaisir à entendre la musique, il ne trouvera point de repos dans les lieux qu'il habitera. C'est pourquoi il ne fera pas (ce que vous proposez ; il ne réduira pas ses trois années de deuil à une révolution de douze lunes). Maintenant si vous êtes satisfait de cette réduction, pratiquez-la.

Tsaï-ngo étant sorti, le Philosophe dit : *Yu* (petit nom de *Tsaï-ngo*) n'est pas doué de la vertu de l'humanité. Lorsque l'enfant a atteint sa troisième année d'âge, il est sevré du sein de ses père et mère; alors suivent trois années de deuil pour les parents; ce deuil est en usage dans tout l'empire : *Yu* n'a-t-il pas eu ces trois années d'affection publique de la part de ses père et mère ?

22. Le Philosophe dit : Ceux qui ne font que boire et manger pendant toute la journée, sans employer leur intelligence à quelque objet digne d'elle, font pitié. N'y a-t-il pas le métier de bateleur ? Qu'ils le pratiquent, ils seront des sages en comparaison !

23. *Tseu-lou* dit : L'homme supérieur estime-t-il beaucoup le courage viril ? Le Philosophe dit : L'homme supérieur met au-dessus de tout l'équité et la justice. Si L'homme supérieur possède le courage viril ou la bravoure, sans la justice, il fomente des troubles dans l'État. L'homme vulgaire qui possède le courage viril ou la bravoure, sans la justice, commet des violences et des rapines.

24. *Tseu-khoung* dit : L'homme supérieur a-t-il en lui des sentiments de haine ou d'aversion ? Le Philosophe dit : Il a en lui des sentiments de haine ou d'aversion. Il hait, ou déteste ceux qui divulguent les fautes des autres hommes; il déteste ceux qui, occupant les rangs les plus bas de la société, calomnient leurs supérieurs; il déteste les braves et les forts qui ne tiennent aucun compte des rites; il déteste les audacieux et les téméraires qui s'arrêtent au milieu de leurs entreprises sans avoir le cœur de les achever.

[*Tseu-khoung*] dit : C'est aussi ce que moi *Sse*, je déteste cordialement. Je déteste ceux qui prennent tous les détours, toutes les précautions possibles pour être considérés comme des hommes d'une prudence accomplie ; je déteste ceux qui rejettent toute soumission, toute règle de discipline, afin de passer pour braves et courageux; je déteste ceux qui révèlent les défauts secrets des autres, afin de passer pour droits et sincères.

25. Le Philosophe dit : Ce sont les servantes et les domestiques qui sont les plus difficiles à entretenir. Les traitez-vous comme des proches, alors ils sont insoumis; les tenez-vous éloignés, ils conçoivent de la haine et des ressentiments.

26. Le Philosophe dit : Si, parvenu à l'âge de quarante ans (l'âge de la maturité de la raison), on s'attire encore la réprobation (des sages), c'en est fait, il n'y a plus rien à espérer.

CHAPITRE XVIII,

COMPOSÉ DE 11 ARTICLES.

1. *Weï-tseu*[1], ayant résigné ses fonctions, *Ki-tseu*[2] devint l'esclave (de *Cheou-sin*). *Pi-kan* fit des remontrances, et fut mis à mort. KHOUNG-TSEU dit : La dynastie *Yin* (ou *Chang*) eut trois hommes doués de la grande vertu de l'humanité[3].

2. *Lieou-hia-hoeï* exerçait les fonctions de chef des prisons de l'État; il fut trois fois destitué de ses fonctions. Une personne lui dit : Et vous n'avez pas encore quitté ce pays ? Il répondit : Si je sers les hommes selon l'équité et la raison, comment trouverais-je un pays où je ne serais pas trois fois destitué de mes fonctions ? si je sers les hommes contraire

---

[1] Homme du royaume de *Lou*.
[2] C'était un usage de renouveler le feu à chaque saison.

[1] Prince feudataire de l'État de *Weï*, frère du tyran *Cheou-sin*. Voyez notre *Résumé historique de l'histoire et de la civilisation chinoises*, etc., pag. 70 et suiv.
[2] Oncle de *Cheou-sin*, ainsi que *Pi-Kan*, que le premier fit périr de la manière la plus cruelle. Voyez l'ouvrage cité, pag. 70, 2ᵉ col.
[3] *Weï-tseu*, *Ki-tseu*, et *Pi-kan*.

ment à l'équité et à la raison, comment devrais-je quitter le pays où sont mon père et ma mère?

3. *King-kong* prince de *Thsi*, s'occupant de la manière dont il recevrait Khoung-tseu, dit : « Je ne puis le recevoir avec les mêmes égards que j'ai eus envers *Ki-chi* [1]. Je le recevrai d'une manière intermédiaire entre *Ki* et *Meng* [2]. » Il ajouta : « Je suis vieux, je ne pourrai pas utiliser sa présence. » Khoung-tseu se remit en route pour une autre destination.

4. Les ministres du prince de *Thsi* avaient envoyé des musiciennes au prince de *Lou*. *Ki-hoan-tseu* (grand fonctionnaire de *Lou*) les reçut; mais pendant trois jours elles ne furent pas présentées à la cour. Khoung-tseu s'éloigna (parce que sa présence gênait la cour).

5. Le sot *Tsie-yu*, de l'État de *Thsou*, en faisant passer son char devant celui de Khoung-tseu, chantait ces mots : « Oh! le phénix! oh! le phénix! comme sa vertu est en décadence! Les choses passées ne sont plus soumises à sa censure; les choses futures peuvent se conjecturer. Arrêtez-vous donc! arrêtez-vous donc! Ceux qui maintenant dirigent les affaires publiques sont dans un éminent danger! »

Khoung-tseu descendit de son char dans le dessein de parler à cet homme; mais celui-ci s'éloigna rapidement, et le Philosophe ne put l'atteindre pour lui parler.

6. *Tchang-tsiu* et *Ki-nie* étaient ensemble à labourer la terre. Khoung-tseu, passant auprès d'eux, envoya *Tseu-lou* leur demander où était le gué (pour passer la rivière).

Tchang-tsiu dit : Quel est cet homme qui conduit le char? *Tseu-lou* dit : C'est Khoung-khieou. L'autre ajouta : C'est Khoung-khieou de *Lou*? — C'est lui-même. — Si c'est lui, il connaît le gué.

[*Tseu-lou*] fit la même demande à *Ki-nie*. *Ki-nie* dit : Mon fils, qui êtes-vous? Il répondit : Je suis *Tching-yeou*. — Êtes-vous un des disciples de Khoung-khieou de *Lou*? Il répondit respectueusement : Oui. — Oh! l'empire tout entier se précipite comme un torrent vers sa ruine, et il ne se trouve personne pour le changer, le réformer! Et vous, vous êtes le disciple d'un maître qui ne fuit que les hommes (qui ne veulent pas l'employer [3]). Pourquoi ne vous faites-vous pas le disciple des maîtres qui fuient le siècle (comme nous)? — Et le laboureur continua à semer son grain.

Tseu-lou alla rapporter ce qu'on lui avait dit. Le Philosophe s'écria en soupirant : Les oiseaux et les quadrupèdes ne peuvent se réunir pour vivre ensemble; si je n'avais pas de tels hommes pour disciples, qui aurais-je? Quand l'empire a de bonnes lois, et qu'il est bien gouverné, je n'ai pas à m'occuper de le réformer.

7. *Tseu-lou* étant resté en arrière de la suite du Philosophe, il rencontra un vieillard portant une corbeille suspendue à un bâton. *Tseu-lou* l'interrogea en disant : Avez-vous vu notre maître? Le vieillard répondit : Vos quatre membres ne sont pas accoutumés à la fatigue; vous ne savez pas faire la distinction des cinq sortes de grains : quel est votre maître? En même temps il planta son bâton en terre, et s'occupa à arracher des racines.

Tseu-lou joignit les mains sur sa poitrine en signe de respect, et se tint debout près du vieillard.

Ce dernier retint *Tseu-lou* avec lui pour passer la nuit. Il tua une poule, prépara un petit repas, et lui offrit à manger. Il lui présenta ensuite ses deux fils.

Le lendemain lorsque le jour parut, *Tseu-lou* se mit en route pour rejoindre son maître, et l'instruire de ce qui lui était arrivé. Le Philosophe dit : C'est un solitaire qui vit dans la retraite. Il fit ensuite retourner *Tseu-lou* pour le voir. Mais lorsqu'il arriva, le vieillard était parti (afin de dérober ses traces).

Tseu-lou dit : Ne pas accepter d'emploi public, est contraire à la justice. Si on se fait une loi de ne pas violer l'ordre des rapports qui existent entre les différents âges, comment serait-il permis de violer la loi de justice, bien plus importante, qui existe entre les ministres et le prince [1]? Désirant conserver pure sa personne, on porte le trouble et la confusion dans les grands devoirs sociaux. L'homme supérieur qui accepte un emploi public remplit son devoir. Les principes de la droite raison n'étant pas mis en pratique, il le sait (et il s'efforce d'y remédier).

8. Des hommes illustres sans emplois publics furent *Pe-y*, *Chou-thsi* (prince de *Kou-tchou*), *Yu-tchoung* (le même que *Taï-pé*, du pays des *Man* ou barbares du midi), *Y-ye*, *Tchou-tchang*, *Lieou-hia-hoeï*, et *Chao-lien* (barbares de l'est).

Le Philosophe dit : N'abandonnèrent-ils jamais leurs résolutions, et ne déshonorèrent-ils jamais leur caractère, *Pe-y* et *Chou-thsi*? On dit que *Lieou-hia-hoeï* et *Chao-lien* ne soutinrent pas jusqu'au bout leurs résolutions, et qu'ils déshonorèrent leur caractère. Leur langage était en harmonie avec la raison et la justice; leurs actes étaient en harmonie

---

[1] Grand de premier ordre de l'État de *Lou*.
[2] Grand du dernier ordre de l'État de *Lou*.
[3] *Commentaire chinois*.

[1] Si l'homme a des devoirs de famille à remplir, il a aussi des devoirs sociaux plus importants, et auxquels il ne peut se soustraire sans faillir; tel est celui d'occuper des fonctions publiques lorsque l'on peut être utile à son pays. C'est ce que l'on doit à ce devoir que de s'éloigner de la vie politique et de se retirer dans la retraite lorsque ses services peuvent être utiles. Voilà la pensée du philosophe chinois, qui avait des sectateurs d'une doctrine contraire a combattre. Voyez notre édition du *Livre de la Raison suprême et de la Vertu* du philosophe *Lao-tseu* le contemporain de Khoung-tseu.

avec les sentiments des hommes. Mais en voilà assez sur ces personnes et sur leurs actes.

On dit que *Yu-tchoung* et *Y-ye* habitèrent dans le secret de la solitude, et qu'ils répandirent hardiment leur doctrine. Ils conservèrent à leur personne toute sa pureté; leur conduite se trouvait en harmonie avec leur caractère insociable, et était conforme à la raison.

Quant à moi, je diffère de ces hommes; je ne dis pas d'avance : Cela se peut, cela ne se peut pas.

9. L'intendant en chef de la musique de l'État de *Lou*, nommé *Tchi*, se réfugia dans l'État de *Thsi*. Le chef de la seconde tablée ou troupe, *Kan*, se réfugia dans l'État de *Tsou*. Le chef de la troisième troupe, *Liao*, se réfugia dans l'État de *Thsaï*. Le chef de la quatrième troupe, *Kioué*, se réfugia dans l'État de *Thsin*.

Celui qui frappait le grand tambour, *Fang-chou*, se retira dans une île du *Hoang-ho*.

Celui qui frappait le petit tambour, *Wou*, se retira dans le pays de *Han*.

L'intendant en second, nommé *Yang*, et celui qui jouait des instruments de pierre, nommé *Siang*, se retirèrent dans une île de la mer.

10. *Tcheou-kong* (le prince de *Tcheou*) s'adressa à *Lou-kong* (le prince de *Lou*), en disant : L'homme supérieur ne néglige pas ses parents et ne les éloigne pas de lui; il n'excite pas des ressentiments dans le cœur de ses grands fonctionnaires, en ne voulant pas se servir d'eux; il ne repousse pas, sans de graves motifs, les anciennes familles de dignitaires, et il n'exige pas toutes sortes de talents et de services d'un seul homme.

11. Les *Tcheou* (anciens) avaient huit hommes accomplis, c'étaient *Pe-ta*, *Pe-kouo*, *Tchoung-to*, *Tchoung-hoé*, *Chou-ye*, *Chou-hia*, *Ki-soui*, *Ki-wa*.

CHAPITRE XIX,

COMPOSÉ DE 25 ARTICLES [1].

---

1. *Tseu-tchang* dit : L'homme qui s'est élevé au-dessus des autres par les acquisitions de son intelligence [2], prodigue sa vie à la vue du danger. S'il voit des circonstances propres à lui faire obtenir des profits, il médite sur la justice et le devoir. En offrant un sacrifice, il médite sur le respect et la gravité, qui en sont inséparables. En accomplissant des cérémonies funèbres, il médite sur les sentiments de regrets et de douleurs qu'il éprouve. Ce sont là les devoirs qu'il se plaît à remplir.

[1] Ce chapitre ne rapporte que les dits des disciples de KHOUNG-TSEU. Ceux de *Tseu-hia* sont les plus nombreux; ceux de *Tseu-khoung*, après. (*Commentaire*.)
[2] Tel est le sens du mot *sse*, donné par quelques commentateurs chinois.

2. *Tseu-tchang* dit : Ceux qui embrassent la vertu sans lui donner aucun développement qui ont su acquérir la connaissance des principes de la droite raison, sans pouvoir persévérer dans sa pratique : qu'importe au monde que ces hommes aient existé ou qu'ils n'aient pas existé?

3. Les disciples de *Tseu-hia* demandèrent à *Tseu-tchang* ce que c'était que l'amitié ou l'association des amis? *Tseu-tchang* dit : Qu'en pense votre maître *Tseu-hia*? (Les disciples) répondirent avec respect : *Tseu-hia* dit Que ceux qui peuvent se lier utilement par les liens de l'amitié, s'associent, et que ceux dont l'association serait nuisible, ne s'associent pas. *Tseu-tchang* dit : Cela diffère de ce que j'ai entendu dire. J'ai appris que l'homme supérieur honorait les sages et embrassait dans son affection toute la multitude; qu'il louait hautement les hommes vertueux et avait pitié de ceux qui ne l'étaient pas. Suis-je un grand sage ; pourquoi, dans mes relations avec les hommes, n'aurais-je pas une bienveillance commune pour tous? Ne suis-je pas un sage ; les hommes sages (dans votre système) me repousseront. S'il en est ainsi, pourquoi repousser de soi certains hommes?.

4. *Tseu-hia* dit : Quoique certaines professions de la vie soient humbles [1], elles sont cependant véritablement dignes de considération. Néanmoins, si ceux qui suivent ces professions veulent parvenir à ce qu'il y a de plus éloigné de leur état [2], je crains qu'ils ne puissent réussir. C'est pourquoi l'homme supérieur ne pratique pas ces professions inférieures.

5. *Tseu-hia* dit : Celui qui chaque jour acquiert des connaissances qui lui manquaient, et qui chaque mois n'oublie pas ce qu'il a pu apprendre, peut être dit aimer l'étude.

6. *Tseu-hia* dit : Donnez beaucoup d'étendue à vos études, et portez-y une volonté ferme et constante. Interrogez attentivement, et méditez à loisir sur ce que vous avez entendu. La vertu de l'humanité, la vertu supérieure est là.

7. *Tseu-hia* dit : Tous ceux qui pratiquent les arts manuels, s'établissent dans des ateliers pour confectionner leurs ouvrages; l'homme supérieur étudie pour porter à la perfection les règles des devoirs.

8. *Tseu-hia* dit : Les hommes vicieux déguisent leurs fautes sous un certain dehors d'honnêteté.

9. *Tseu-hia* dit : L'homme supérieur a trois apparences changeantes : si on le considère de loin, il paraît grave, austère; si on approche de lui, on le trouve doux et affable; si on entend ses paroles, il paraît sévère et rigide.

[1] Comme celles de laboureur, jardinier, médecin, etc. (*Commentaire*.)
[2] Comme le gouvernement du royaume, la pacification de l'empire, etc. (*Commentaire*)

10. *Tseu-hia* dit : Ceux qui remplissent les fonctions supérieures d'un État, se concilient d'abord la confiance de leur peuple pour obtenir de lui le prix de ses sueurs ; s'ils n'obtiennent pas sa confiance, alors ils sont considérés comme le traitant d'une manière cruelle. Si le peuple a donné à son prince des preuves de sa fidélité, il peut alors lui faire des remontrances ; s'il n'a pas encore donné des preuves de sa fidélité, il sera considéré comme colomniant son prince.

11. *Tseu-hia* dit : Dans les grandes entreprises morales, ne dépassez pas le but ; dans les petites entreprises morales, vous pouvez aller au delà ou rester en deçà, sans de grands inconvénients.

12. *Tseu-yeou* dit : Les disciples de *Tseu-ya* sont de petits enfants. Ils peuvent arroser, balayer, répondre respectueusement, se présenter avec gravité et se retirer de même. Ce ne sont là que les branches ou les choses les moins importantes ; mais la racine de tout, la chose la plus importante, leur manque complétement[1]. Que faut-il donc penser de leur science?

Tseu-hia ayant entendu ces paroles, dit : Oh ! *Yan-yeou* excède les bornes. Dans l'enseignement des doctrines de l'homme supérieur, que doit-on enseigner d'abord, que doit-on s'efforcer d'inculquer ensuite? Par exemple, parmi les arbres et les plantes, il y a différentes classes qu'il faut distinguer. Dans l'enseignement des doctrines de l'homme supérieur, comment se laisser aller à la déception? Cet enseignement a un commencement et une fin ; c'est celui du saint homme.

13. *Tseu-hia* dit : Si pendant que l'on occupe un emploi public on a du temps et des forces de reste, alors on doit s'appliquer à l'étude de ses devoirs ; quand un étudiant est arrivé au point d'avoir du temps et des forces de reste, il doit alors occuper un emploi public.

14. *Tseu-yeou* dit : Lorsqu'on est en deuil de ses père et mère, on doit porter l'expression de sa douleur à ses dernières limites, et s'arrêter là.

15. *Tseu-yeou* dit : Mon ami *Tchang* se jette toujours dans les plus difficiles entreprises ; cependant il n'a pas encore pu acquérir la vertu de l'humanité.

16. *Thseng-tseu* dit : Que *Tchang* a la contenance grave et en digne! cependant il ne peut pas pratiquer avec les hommes la vertu de l'humanité!

17. *Thseng-tseu* dit : J'ai entendu dire au maître qu'il n'est personne qui puisse épuiser toutes les facultés de sa nature. Si quelqu'un le pouvait, ce devrait être dans l'expression de la douleur pour la perte de ses père et mère.

18. *Thseng-tseu* dit : J'ai entendu souvent le maître parler de la piété filiale de *Meng-tchouang-tseu*. (Ce grand dignitaire de l'État de *Lou*) peut être imité dans ses autres vertus ; mais, après la mort de son père, il ne changea ni ses ministres ni sa manière de gouverner ; et c'est en cela qu'il est difficile à imiter.

19. Lorsque *Meng-chi* (*Meng-tchouang-tseu*) nomma *Yang-fou* ministre de la justice, *Yang-fou* consulta *Thseng-tseu* (son maître) sur la manière dont-il devait se conduire. *Thseng-tseu* dit : Si les supérieurs qui gouvernent perdent la voie de la justice et du devoir, le peuple se détache également du devoir et perd pour longtemps toute soumission. Si vous acquérez la preuve qu'il a de tels sentiments de révolte contre les lois, alors ayez compassion de lui, prenez-le en pitié et ne vous en réjouissez jamais.

20. *Tseu-koung* dit : La perversité de *Cheou* (*sin*) ne fut pas aussi extrême qu'on l'a rapporté. C'est pour cela que l'homme supérieur doit avoir en horreur de demeurer dans des lieux immondes ; tous les vices et les crimes possibles lui seraient imputés.

21. *Tseu-koung* dit : Les fautes de l'homme supérieur sont comme des éclipses du soleil et de la lune. S'il commet des fautes, tous les hommes les voient ; s'il se corrige, tous les hommes le contemplent.

22. *Kong-sun-tchao*, grand de l'État de *Weï*, questionna *Tseu-koung* en ces termes : A quoi ont servi les études de *Tchoung-ni* (Khoung-tseu)?

Tseu-koung dit : Les doctrines des (anciens rois) *Wen* et *Wou* ne se sont par perdues sur la terre ; elles se sont maintenues parmi les hommes. Les sages ont conservé dans leur mémoire leurs grands préceptes de conduite ; et ceux qui étaient avancés dans la sagesse, ont conservé dans leur mémoire les préceptes de morale moins importants qu'ils avaient laissés au monde. Il n'est rien qui ne se soit conservé des préceptes et des doctrines salutaires de *Wen* et de *Wou*. Comment le maître ne les aurait-il pas étudiés? et même comment n'aurait-il eu qu'un seul et unique précepteur?

23. *Chou-sun Wou-chou*, s'entretenant avec des dignitaires du premier ordre à la cour du prince de *Lou*, dit : *Tseu-koung* est bien supérieur en sagesse à *Tchoung-ni*.

Tseu-fou-king-pe (grand dignitaire de l'État de *Lou*) en informa *Tseu-koung*. *Tseu-koung* dit : Pour me servir de la comparaison d'un palais et de ses murs, moi *Sse*, je ne suis qu'un mur qui atteint à peine aux épaules ; mais si vous considérez attentivement tout l'édifice, vous le trouverez admirable.

Les murs de mon maître sont très-élevés. Si vous ne parvenez pas à en franchir la porte, vous ne pourrez contempler toute la beauté du temple des

---

[1] Voyez le *Ta-hio*, chap. I. pag. 7.

ancêtres, ni les richesses de toutes les magistratures de l'État.

Ceux qui parviennent à franchir cette porte, sont quelques rares personnes. Les propos de mon supérieur (*Wou-chou*, relativement à KHOUNG-TSEU et à lui) ne sont-ils pas parfaitement analogues?

24. *Chou-sun Wou-chou*, ayant de nouveau rabaissé le mérite de *Tchoung-ni*, *Tseu-koung* dit : N'agissez pas ainsi; *Tchoung-ni* ne doit pas être calomnié. La sagesse des autres hommes est une colline ou un monticule que l'on peut franchir; *Tchoung-ni* est le soleil et la lune, qui ne peuvent pas être atteints et franchis. Quand même les hommes (qui aiment l'obscurité) désireraient se séparer complétement de ces astres resplendissants, quelle injure feraient-ils au soleil et à la lune? Vous voyez trop bien maintenant que vous ne connaissez pas la mesure des choses.

25. *Tching-tseu-king* (disciple de KHOUNG-TSEU), s'adressant à *Tseu-koung*, dit : Vous avez une constance grave et digne: en quoi *Tchoung-ni* est-il plus sage que vous?

Tseu-koung dit : L'homme supérieur, par un seul mot qui lui échappe, est considéré comme très-éclairé sur les principes des choses; et par un seul mot, il est considéré comme ne sachant rien. On doit donc mettre une grande circonspection dans ses paroles.

Notre maître ne peut pas être atteint (dans son intelligence supérieure); il est comme le ciel, sur lequel on ne peut monter, même avec les plus hautes échelles.

Si notre maître obtenait de gouverner des États, il n'avait qu'à dire (au peuple): Établissez ceci, aussitôt il l'établissait; suivez cette voie morale, aussitôt il la suivait; conservez la paix et la tranquillité, aussitôt il se rendait à ce conseil; éloignez toute discorde, aussitôt l'union et la concorde régnaient : tant qu'il vécut, les hommes l'honorèrent; après sa mort, ils l'ont regretté et pleuré. D'après cela, comment pouvoir atteindre à sa haute sagesse?

CHAPITRE XX,

COMPOSÉ DE 3 ARTICLES.

1. *Yao* dit : Oh! *Chun!* le ciel a résolu que la succession de la dynastie impériale reposerait désormais sur votre personne. Tenez toujours fermement et sincèrement le milieu de la droite voie. Si les peuples qui sont situés entre les quatre mers souffrent de la disette et de la misère, les revenus du prince seront à jamais supprimés.

Chun confia aussi un semblable mandat à *Yu*. (Celui-ci) dit : Moi humble et pauvre *Li*, tout ce que j'ose, c'est de me servir d'un taureau noir (dans les sacrifices); tout ce que j'ose, c'est d'en instruire l'empereur souverain et auguste. S'il a commis des fautes n'osé-je (moi, son ministre) l'en blâmer? Les ministres naturels de l'empereur (les sages de l'empire[1]) ne sont pas laissés dans l'obscurité; ils sont tous en évidence dans le cœur de l'empereur. Ma pauvre personne a beaucoup de défauts qui ne sont pas communs (aux sages) des quatre régions de l'empire. Si les [sages des] quatre régions de l'empire ont des défauts, ces défauts existent également dans ma pauvre personne.

Tcheou (*Wou-wang*) eut une grande libéralité; les hommes vertueux furent à ses yeux les plus éminents.

[Il disait] : Quoique l'on ait des parents très-proches (comme des fils et des petits-fils), il n'est rien comme des hommes doués de la vertu de l'humanité[2]! je voudrais que les fautes de tout le peuple retombassent sur moi seul.

[*Wou-wang*] donna beaucoup de soin et d'attention aux poids et mesures. Il examina les lois et les constitutions, rétablit dans leurs emplois les magistrats qui en avaient été privés; et l'administration des quatre parties de l'empire fut remise en ordre.

Il releva les royaumes détruits (il les rétablit et les rendit à leurs anciens possesseurs[3]); il renoua le fil des générations interrompues (il donna des rois aux royaumes qui n'en avaient plus[4]; il rendit les honneurs à ceux qui avaient été exilés. Les populations de l'empire revinrent d'elles-mêmes se soumettre à lui.

Ce qu'il regardait comme de plus digne d'attention et de plus important, c'était l'entretien du peuple, les funérailles et les sacrifices aux ancêtres.

Si vous avez de la générosité et de la grandeur d'âme, alors vous vous gagnez la foule; si vous avez de la sincérité et de la droiture, alors le peuple se confie à vous; si vous êtes actif et vigilant, alors toutes vos affaires ont d'heureux résultats; si vous portez un égal intérêt à tout le monde, alors le peuple est dans la joie.

2. *Tseu-tchang* fit une question à KHOUNG-TSEU en ces termes : Comment pensez-vous que l'on doive diriger les affaires de l'administration publique? Le Philosophe dit : Honorez les cinq choses excellentes[5], fuyez les quatre mauvaises actions[6]; voilà comment vous pourrez diriger les affaires de l'administration publique. *Tseu-tchang* dit : Qu'appelez-vous les cinq choses excellentes? Le Philosophe dit :

---

[1] *Commentaire*.
[2] Chapitre *Taï-tchi*, du *Chou-king*.
[3] *Commentaire*.
[4] *Ibid*.
[5] « Ce sont des choses qui procurent des avantages au peuple. » (*Commentaire*.)
[6] « Ce sont celles qui portent un détriment au peuple. » (*Commentaire*.)

L'homme supérieur (qui commande aux autres) doit répandre des bienfaits, sans être prodigue; exiger des services du peuple, sans soulever ses haines; désirer des revenus suffisants, sans s'abandonner à l'avarice et à la cupidité; avoir de la dignité et de la grandeur, sans orgueilleuse ostentation, et de la majesté sans rudesse.

Tseu-tchang dit : Qu'entendez-vous par être bienfaisant sans prodigalité? Le Philosophe dit : Favoriser continuellement tout ce qui peut procurer des avantages au peuple, en lui faisant du bien, n'est-ce pas là être bienfaisant sans prodigalité? Déterminer, pour les faire exécuter par le peuple, les corvées qui sont raisonnablement nécessaires, et les lui imposer, qui pourrait s'en indigner? Désirer seulement tout ce qui peut être utile à l'humanité, et l'obtenir, est-ce là de la cupidité? Si l'homme supérieur (ou le chef de l'État) n'a ni une trop grande multitude de populations, ni un trop petit nombre; s'il n'a ni de trop grandes ni de trop petites affaires; s'il n'ose avoir de mépris pour personne : n'est-ce pas là le cas d'avoir de la dignité sans ostentation? Si l'homme supérieur compose régulièrement ses vêtements, s'il met de la gravité et de la majesté dans son attitude et sa contenance, les hommes le considéreront avec respect et vénération ; n'est-ce pas là de la majesté sans rudesse?

Tseu-tchang dit : Qu'entendez-vous par les quatre mauvaises actions? Le Philosophe dit : C'est ne pas instruire le peuple et le tuer (moralement) en le laissant tomber dans le mal)[1]; on appelle cela cruauté ou tyrannie : c'est ne pas donner des avertissements préalables, et paraître exiger une conduite parfaite; on appelle cela violence, oppression; c'est différer de donner ses ordres, et vouloir l'exécution d'une chose aussitôt qu'elle est résolue; on appelle cela injustice grave; de même que, dans ses rapports journaliers avec les hommes, montrer une sordide avarice, on appelle cela se comporter comme un collecteur d'impôts.

3. Le Philosophe dit : Si l'on ne se croit pas chargé de remplir une mission, un mandat, on ne peut pas être considéré comme un homme supérieur.

Si l'on ne connaît pas les rites ou les lois qui règlent les relations sociales, on n'a rien pour se fixer dans sa conduite.

Si l'on ne connaît pas la valeur des paroles des hommes, on ne les connaît pas eux-mêmes.

---

[1] *Commentaire.*

孟子

MENG-TSEU,

QUATRIÈME LIVRE CLASSIQUE.

上孟

PREMIER LIVRE.

CHAPITRE PREMIER,

COMPOSÉ DE 7 ARTICLES.

1. MENG-TSEU alla visiter le roi *Liang-hoeï-wang* (roi de l'État de *Weï* [1]).

Le roi lui dit : Sage vénérable, puisque vous n'avez pas jugé que la distance de mille *li* (cent lieues) fût trop longue pour vous rendre à ma cour, sans doute que vous m'apportez de quoi enrichir mon royaume?

MENG-TSEU répondit avec respect : Roi! qu'est-il besoin de parler de gains ou de profits? j'apporte avec moi l'humanité, la justice; et voilà tout.

Si le roi dit : Comment ferai-je pour enrichir mon royaume? les grands dignitaires diront : Comment ferons-nous pour enrichir nos familles? Les lettrés et les hommes du peuple diront : Comment ferons-nous pour nous enrichir nous-mêmes? Si les supérieurs et les inférieurs se disputent ainsi à qui obtiendra le plus de richesses, le royaume se trouvera en danger. Dans un royaume de dix mille chars de guerre, celui qui détrône ou tue son prince doit être le chef d'une famille de mille chars de guerre [2]. Dans un royaume de mille chars de guerre, celui qui détrône ou tue son prince, doit être le chef d'une famille de cent chars de guerre [3]. De dix mille prendre mille, et de mille prendre cent, ce n'est pas prendre une petite portion [4]. Si on place en second lieu la justice, et en premier lieu le gain ou le profit, tant que les (supérieurs) ne seront pas renversés et dépouillés, (les inférieurs) ne seront pas satisfaits.

Il n'est jamais arrivé que celui qui possède véritablement la vertu de l'humanité abandonnât ses parents (ses père et mère); il n'est jamais arrivé que l'homme juste et équitable fît peu de cas de son prince.

Roi, parlons en effet de l'humanité et de la justice; rien que de cela. A quoi bon parler de gains et de profits?

2. MENG-TSEU étant allé voir un autre jour *Liang-hoeï-wang*, le roi, qui était occupé sur son étang à considérer les oies sauvages et les cerfs, lui dit : Le sage ne se plaît-il pas aussi à ce spectacle?

MENG-TSEU lui répondit respectueusement : Il faut être parvenu à la possession de la sagesse pour se réjouir de ce spectacle. Si l'on ne possède pas encore la sagesse, quoique l'on possède ces choses, on ne doit pas s'en faire un amusement.

Le *Livre des Vers* dit :

« Il commence (*Wen-wang*) par esquisser le plan
« de la tour de l'Intelligence (observatoire);

« Il l'esquisse, il en trace le plan et on l'exécute;

« La foule du peuple, en s'occupant de ces tra-
« vaux

« Ne met pas une journée entière à l'achever.

« En commençant de tracer le plan (*Wou-wang*)
« défendait de se hâter;

« Et cependant le peuple accourait à l'œuvre
« comme un fils.

« Lorsque le roi (*Wou-wang*) se tenait dans le
« parc de l'Intelligence,

« Il aimait à voir les cerfs et les biches se repo-
« ser en liberté, s'enfuir à son approche;

« Il aimait à voir ces cerfs et ces biches éclatants
« de force et de santé,

« Et les oiseaux blancs, dont les ailes étaient res-
« plendissantes.

« Lorsque le roi se tenait près de l'étang de l'In-
« telligence,

---

[1] Petit État de la Chine à l'époque de MENG-TSEU, et dont la capitale se nommait *Ta-liang*; de son vivant, ce roi se nommait *Weï-yng*; après sa mort, on le nomma *Liang-hoeï-wang*, roi bienfaisant de la ville de *Liang*.
[2] Un grand vassal, possédant un fief de mille *li* ou cent lieues carrées. (*Commentaire*.)
[3] Un *ta-fou*, ou grand dignitaire. (*Ibid*.)
[4] C'est prendre le dixième, qui était alors la proportion habituelle de l'impôt public.

« Il se plaisait à voir la multitude des poissons, « dont il était plein, bondir sous ses yeux. »

Wen-wang se servit des bras du peuple pour construire sa tour et pour creuser son étang ; et cependant le peuple était joyeux et content de son roi. Il appela sa tour *la Tour de l'Intelligence* (parce qu'elle avait été construite en moins d'un jour)[1] ; et il appela son étang *l'Étang de l'Intelligence* (pour la même raison). Le peuple se réjouissait de ce que son roi avait des cerfs, des biches, des poissons de toutes sortes. Les hommes de l'antiquité n'avaient de joie qu'avec le peuple, que lorsque le peuple se réjouissait avec eux ; c'est pourquoi ils pouvaient véritablement se réjouir.

Le *Tchang-tchi*[2] dit : « Quand ce soleil périra-« t-il ? Nous voulons périr avec lui. » Si le peuple désire périr avec lui, quoique le roi ait une tour, un étang, des oiseaux et des bêtes fauves, comment pourrait-il se réjouir seul ?

3. *Liang-hoeï-wang* dit : Moi qui ai si peu de capacité dans l'administration du royaume, j'épuise cependant à cela toutes les facultés de mon intelligence. Si la partie de mon État, située dans l'enceinte formée par le fleuve *Hoang-ho*, vient à souffrir de la famine, alors j'en transporte les populations valides à l'orient du fleuve, et je fais passer des grains de ce côté dans la partie qui entoure le fleuve. Si la partie de mon État située à l'orient du fleuve vient à souffrir de la famine, j'agis de même. J'ai examiné l'administration des royaumes voisins ; il n'y a aucun (prince) qui, comme votre pauvre serviteur, emploie toutes les facultés de son intelligence à (soulager son peuple). Les populations des royaumes voisins, cependant, ne diminuent pas, et les sujets de votre pauvre serviteur n'augmentent pas. Pourquoi cela ?

MENG-TSEU répondit respectueusement : Roi, vous aimez la guerre ; permettez-moi d'emprunter une comparaison à l'art militaire : Lorsque au son du tambour le combat s'engage, que les lances et les sabres se sont mêlés ; abandonnant leurs boucliers et traînant leurs armes, les uns fuient ; un certain nombre d'entre eux font cent pas et s'arrêtent, et un certain nombre d'autres font cinquante pas et s'arrêtent : si ceux qui n'ont fui que de cinquante pas se moquent de ceux qui ont fui de cent, qu'en penserez-vous ?

[Le roi] dit : Il ne leur est pas permis de railler les autres ; ils n'ont fait que fuir moins de cent pas. C'est également fuir. [MENG-TSEU] dit : Roi, si vous savez cela, alors n'espérez pas de voir la population de votre royaume s'accroître de celle des royaumes voisins.

Si vous n'intervenez point dans les affaires des laboureurs en les enlevant, par des corvées forcées,

[1] *Commentaire.*
[2] Chapitre du *Chou-king*. Voyez ci-devant.

aux travaux de chaque saison, les récoltes dépasseront la consommation. Si des filets à tissu serré ne sont pas jetés dans les étangs et les viviers, les poissons de diverses sortes ne pourront pas être consommés. Si vous ne portez la hache dans les forêts que dans les temps convenables, il y aura toujours du bois en abondance. Ayant plus de poissons qu'il n'en pourra être consommé, et plus de bois qu'il n'en sera employé, il résultera de là que le peuple aura de quoi nourrir les vivants et offrir des sacrifices aux morts ; alors il ne murmurera point. Voilà le point fondamental d'un bon gouvernement.

Faites planter des mûriers dans les champs d'une famille qui cultive cinq arpents de terre, et les personnes âgées pourront se couvrir de vêtements de soie. Faites que l'on ne néglige pas d'élever des poules, des chiens[1] et des pourceaux de toutes espèces, et les personnes âgées de soixante et dix ans pourront se nourrir de viande. N'enlevez pas, dans les saisons qui exigent des travaux assidus, les bras des familles qui cultivent cent arpents de terre, et ces familles nombreuses ne seront pas exposées aux horreurs de la faim. Veillez attentivement à ce que les enseignements des écoles et des collèges propagent les devoirs de la piété filiale et le respect équitable des jeunes gens pour les vieillards, alors on ne verra pas des hommes à cheveux blancs traîner ou porter de pesants fardeaux sur les grands chemins. Si les septuagénaires portent des vêtements de soie et mangent de la viande, et si les jeunes gens à cheveux noirs ne souffrent ni du froid ni de la faim, toutes les choses seront prospères. Il n'y a pas encore eu de prince qui, après avoir agi ainsi, n'ait pas régné sur le peuple.

Mais, au lieu de cela, vos chiens et vos pourceaux dévorent la nourriture du peuple, et vous ne savez pas y remédier. Le peuple meurt de faim sur les routes et les grands chemins, et vous ne savez pas ouvrir les greniers publics. Quand vous voyez des hommes morts de faim, vous dites : *Ce n'est pas ma faute, c'est celle de la stérilité de la terre.* Cela diffère-t-il d'un homme qui, ayant percé un autre homme de son glaive, dirait : *Ce n'est pas moi, c'est mon épée !* Ne rejetez pas la faute sur les intempéries des saisons, et les populations de l'empire viendront à vous pour recevoir des soulagements à leurs misères.

4. *Liang-hoeï-wang* dit : Moi, homme de peu de vertu, je désire sincèrement suivre vos leçons.

MENG-TSEU ajouta avec respect : Tuer un homme avec un bâton ou avec une épée, trouvez-vous à cela quelque différence ?

Le roi dit : Il n'y a aucune différence. — Le tuer avec une épée ou avec un mauvais gouvernement, trouvez-vous de la différence ?

[1] Il y a en Chine des chiens que l'on mange ; l'on peut en voir au Jardin des Plantes de Paris.

Le roi dit : Je n'y trouve aucune différence. Meng-tseu ajouta : Vos cuisines regorgent de viandes, et vos écuries sont pleines de chevaux engraissés. Mais le visage décharné du peuple montre la pâleur de la faim, et les campagnes sont couvertes des cadavres de personnes mortes de misère. Agir ainsi, c'est exciter des bêtes féroces à dévorer les hommes.

Les bêtes féroces se dévorent entre elles et sont en horreur aux hommes. Vous devez gouverner et vous conduire dans l'administration de l'État comme étant le père et la mère du peuple. Si vous ne vous dispensez pas d'exciter les bêtes féroces à dévorer les hommes, comment pourriez-vous être considéré comme le père et la mère du peuple ?

Tchoung-ni dit : « Les premiers qui façonnèrent des statues ou mannequins de bois (pour les funérailles) ne furent-ils pas privés de postérité ? » Le Philosophe disait cela, parce qu'ils avaient fait des hommes à leur image, et qu'ils les avaient employés (dans les sacrifices). Qu'aurait-il dit de ceux qui agissent de manière à faire mourir le peuple de faim et de misère ?

5. *Liang-hoeï-wang* dit : Le royaume de *Tçin*[1] n'avait pas d'égal en puissance dans tout l'empire. Sage vénérable, c'est ce que vous savez fort bien. Lorsqu'il tomba en partage à ma chétive personne, aussitôt à l'orient je fus défait par le roi de *Thsi*, et mon fils aîné périt. A l'occident, j'ai perdu dans une guerre, contre le roi de *Thsin*, sept cents *li* de territoire. Au midi, j'ai reçu un affront du roi de *Thsou*. Moi, homme de peu de vertu, je rougis de ces défaites. Je voudrais, pour l'honneur de ceux qui sont morts, effacer en une seule fois toutes ces ignominies. Que dois-je faire pour cela ?

Meng-tseu répondit respectueusement : Avec un territoire de cent *li* d'étendue (10 lieues), on peut cependant parvenir à régner en souverain.

Roi, si votre gouvernement est humain et bienfaisant pour le peuple, si vous diminuez les peines et les supplices, si vous allégez les impôts et les tributs de toute nature, les laboureurs sillonneront plus profondément la terre, et arracheront la zizanie de leurs champs. Ceux qui sont jeunes et forts, dans leurs jours de loisir cultiveront en eux les vertus de la piété filiale, de la déférence envers leurs frères aînés, de la droiture et de la sincérité. A l'intérieur, ils s'emploieront à servir leurs parents; au dehors, ils s'emploieront à servir les vieillards et leurs supérieurs. Vous pourrez alors parvenir à leur faire saisir leurs bâtons pour frapper les durs boucliers et les armes aiguës des hommes de *Thsin* et de *Thsou*.

Les rois de ces États dérobent à leurs peuples le temps le plus précieux, en les empêchant de labourer leur terre et d'arracher l'ivraie de leurs champs afin de pouvoir nourrir leurs pères et leurs mères. Leurs pères et leurs mères souffrent du froid et de la faim ; leurs frères, leurs femmes et leurs enfants sont séparés l'un de l'autre et dispersés de tous côtés (pour chercher leur nourriture).

Ces rois ont précipité leurs peuples dans un abîme de misère en leur faisant souffrir toutes sortes de tyrannies. Prince, si vous marchez pour les combattre, quel est celui d'entre eux qui s'opposerait à vos desseins ?

C'est pourquoi il est dit : « Celui qui est humain « n'a pas d'ennemis. » Roi, je vous en prie, plus de retard.

6. Meng-tseu alla visiter *Liang-siang-Wang* (fils du roi précédent).

En sortant de son audience, il tint ce langage à quelques personnes : En le considérant de loin, je ne lui ai pas trouvé de ressemblance avec un prince ; en l'approchant de près, je n'ai rien vu en lui qui inspirât le respect. Tout en l'abordant, il m'a demandé : Comment faut-il s'y prendre pour consolider l'empire ? Je lui ai répondu avec respect : On lui donne de la stabilité par l'unité. — Qui pourra lui donner cette unité ?

J'ai répondu avec respect : Celui qui ne trouve pas de plaisir à tuer les hommes, peut lui donner cette unité.

— Qui sont ceux qui viendront se rendre à lui ? J'ai répondu avec respect : Dans tout l'empire, il n'est personne qui ne vienne se soumettre à lui. Roi, connaissez-vous ces champs de blé en herbe ? Si, dans l'intervalle de sept ou huit lunes, il survient une sécheresse, alors ces blés se dessèchent. Mais si dans l'espace immense du ciel se forment d'épais nuages, et que la pluie tombe avec abondance, alors les tiges de blé, reprenant de la vigueur, se redressent. Qui pourrait les empêcher de se redresser ainsi ? Maintenant ceux qui, dans tout ce grand empire, sont constitués les *pasteurs des hommes*[1], il n'en est pas un qui ne se plaise à faire tuer les hommes. S'il s'en trouvait parmi eux un seul qui n'aimât pas à faire tuer les hommes, alors toutes les populations de l'empire tendraient vers lui leurs bras, et n'espéreraient plus qu'en lui. Ce que je dis est la vérité. Les populations viendront se réfugier sous son aile, semblables à des torrents qui se précipitent dans les vallées. Lorsqu'elles se précipiteront comme un torrent, qui pourra leur résister ?

7. *Siouan-wang*, roi de *Thsi*, interrogea Meng-tseu en disant : Pourrais-je obtenir de vous d'entendre le récit des actions de *Houan*, prince de *Thsi*, et de *Wen*, prince de *Tçin* ?

---

[1] Une partie du royaume de *Weï*, appartenait autrefois au royaume de *Tçin*.

[1] 人牧 *Jin-mou*. « Ce sont les princes qui nourrissent et entretiennent les peuples. » (*Comm.*) Cette expression se trouve aussi dans Homère.

MENG-TSEU répondit avec respect : De tous les disciples de *Tchoung-ni* aucun n'a raconté les faits et gestes de *Hoan* et de *Wen*. C'est pourquoi ils n'ont pas été transmis aux générations qui les ont suivis; et votre serviteur n'en a jamais entendu le récit. Si vous ne cessez de me presser de questions semblables, quand nous occuperons-nous de l'art de gouverner un empire?

[Le roi] dit : Quelles règles faut-il suivre pour bien gouverner?

[MENG-TSEU] dit : Aimez, chérissez le peuple, et vous ne rencontrerez aucun obstacle pour bien gouverner.

Le roi ajouta : Dites-moi si ma chétive personne est capable d'aimer et de chérir le peuple?

— Vous en êtes capable, répliqua MENG-TSEU.

— D'où savez-vous que j'en suis capable? [MENG-TSEU] dit : Votre serviteur a entendu dire à *Hou-hé*[1] ces paroles : « Le roi était assis dans la salle d'au-
« dience; des hommes qui conduisaient un bœuf lié
« par des cordes, vinrent à passer au bas de la salle.
« Le roi les ayant vus, leur dit : Où menez-vous ce
« bœuf? Ils lui répondirent respectueusement : Nous
« allons nous servir (de son sang) pour arroser une
« cloche. Le roi dit : Lâchez-le ; je ne puis supporter
« de voir sa frayeur et son agitation, comme celle
« d'un innocent qu'on mène au lieu du supplice.
« Ils répondirent avec respect : si nous agissons
« ainsi, nous renoncerons donc à arroser la cloche
« de son sang? (Le roi) reprit : Comment pour-
« riez-vous y renoncer? remplacez-le par un mou-
« ton. » Je ne sais pas si cela s'est passé ainsi.

Le roi dit : Cela s'est passé ainsi.

MENG-TSEU dit : Cette compassion du cœur suffit pour régner. Les cent familles (qui forment le peuple chinois) ont toutes considéré le roi, dans cette occasion, comme mû par des sentiments d'avarice; mais votre serviteur savait d'une manière certaine que le roi était mû par un sentiment de compassion.

Le roi dit : Assurément. Dans la réalité, j'ai donné lieu au peuple de me croire mû par des sentiments d'avarice. Cependant, quoique le royaume de *Thsi* soit resserré dans d'étroites limites, comment aurais-je sauvé un bœuf par avarice? seulement, je n'ai pu supporter de voir sa frayeur et son agitation, comme celle d'un innocent qu'on mène au lieu du supplice. C'est pourquoi je l'ai fait remplacer par un mouton.

MENG-TSEU dit : Prince, ne soyez pas surpris de ce que les cent familles ont regardé le roi comme ayant été mû, dans cette occasion, par des sentiments d'avarice. Vous aviez fait remplacer une grande victime par une petite; comment le peuple aurait-il deviné le motif de votre action? Roi, si vous avez eu compassion seulement d'un être innocent que l'on menait au lieu du supplice, alors pourquoi entre le bœuf et le mouton avez-vous fait un choix? Le roi répondit en souriant : C'est cependant la vérité; mais quelle était ma pensée? Je ne l'ai pas épargné à cause de sa valeur, mais je l'ai échangé contre un mouton. Toutefois, le peuple a eu raison de m'accuser d'avarice.

MENG-TSEU dit : Rien en cela ne doit vous blesser, car c'est l'humanité qui vous a inspiré ce détour. Lorsque vous aviez le bœuf sous vos yeux, vous n'aviez pas encore vu le mouton. Quand l'homme supérieur a vu les animaux vivants, il ne peut supporter de les voir mourir; quand il a entendu leurs cris d'agonie, il ne peut supporter de manger leur chair. C'est pourquoi l'homme supérieur place son abattoir et sa cuisine dans des lieux éloignés.

Le roi, satisfait de cette explication, dit : On lit dans le *Livre des Vers* :

« Un autre homme avait une pensée;
« Moi, je l'ai devinée, et lui ai donné sa mesure[1]. »

Maître, vous avez exprimé ma pensée. J'avais fait cette action; mais en y réfléchissant à plusieurs reprises, et en cherchant les motifs qui m'avaient fait agir comme j'ai agi, je n'avais pu parvenir à m'en rendre compte intérieurement. Maître, en m'expliquant ces motifs, j'ai senti renaître en mon cœur de grands mouvements de compassion. Mais ces mouvements du cœur, quel rapport ont-ils avec l'art de régner?

MENG-TSEU dit : S'il se trouvait un homme qui dît au roi : Mes forces sont suffisantes pour soulever un poids de trois mille livres, mais non pour soulever une plume; ma vue peut discerner le mouvement de croissance de l'extrémité des poils d'automne de certains animaux, mais elle ne peut discerner une voiture chargée de bois qui suit la grande route; roi, auriez-vous foi en ses paroles? Le roi dit : Aucunement. — Maintenant, vos bienfaits ont pu atteindre jusqu'à un animal, mais vos bonnes œuvres n'arrivent pas jusqu'aux populations. Quelle en est la cause? Ainsi donc, si l'homme ne soulève pas une plume, c'est parce qu'il ne fait pas usage de ses forces; s'il ne voit pas la voiture chargée de bois, c'est qu'il ne fait pas usage de sa faculté de voir; si les populations ne reçoivent pas de vous des bienfaits, c'est que vous ne faites pas usage de votre faculté bienfaisante. C'est pourquoi, si un roi ne gouverne pas comme il doit gouverner (en comblant le peuple de bienfaits[2]), c'est parce qu'il ne le *fait* pas, et non parce qu'il ne le *peut* pas.

Le roi dit : En quoi diffèrent les apparences du mauvais gouvernement par *mauvais vouloir* ou par *impuissance*?

---

[1] L'un des ministres du roi.

[1] Ode *Khiao-yen*, section *Siao-ya*.
[2] Commentaire.

MENG-TSEU dit : Si l'on conseillait à un homme de prendre sous son bras la montagne *Taï-chan* pour la transporter dans l'Océan septentrional, et que cet homme dît : *Je ne le puis*, on le croirait, parce qu'il dirait la vérité ; mais si on lui ordonnait de rompre un jeune rameau d'arbre, et qu'il dît encore : *Je ne le puis*, alors il y aurait de sa part *mauvais vouloir* et non *impuissance*. De même le roi qui ne gouverne pas bien comme il devrait le faire, n'est pas à comparer à l'espèce d'homme essayant de prendre la montagne *Taï-chan* sous son bras pour la transporter dans l'Océan septentrional, mais à l'espèce d'homme disant ne pouvoir rompre le jeune rameau d'arbre.

Si la piété filiale que j'ai pour un parent, et l'amitié fraternelle que j'éprouve pour mes frères, inspirent aux autres hommes les mêmes sentiments ; si la tendresse toute paternelle avec laquelle je traite mes enfants inspire aux autres hommes le même sentiment : je pourrai verser aussi facilement mes bienfaits dans l'empire que dans ma main.

Le *Livre des Vers* dit :

« Je me comporte comme je le dois envers ma femme,

« Ensuite envers mes frères aîné et cadets ;

« Afin de gouverner convenablement mon État, qui n'est qu'une famille [1]. »

Cela veut dire qu'il faut cultiver ces sentiments d'humanité dans son cœur, et les appliquer aux personnes désignées, et que cela suffit. C'est pourquoi, celui qui met en action, qui produit au dehors ces bons sentiments, peut embrasser, dans sa tendre affection, les populations comprises entre les quatre mers ; celui qui ne réalise pas ces bons sentiments, qui ne leur fait produire aucun effet, ne peut pas même entourer de ses soins et de son affection sa femme et ses enfants. Ce qui rendait les hommes des anciens temps si supérieurs aux hommes de nos jours, n'était pas autre chose ; ils suivaient l'ordre de la nature dans l'application de leurs bienfaits ; et voilà tout. Maintenant que vos bienfaits ont pu atteindre les animaux, vos bonnes œuvres ne s'étendront-elles pas jusqu'aux populations, et celles-ci en seront-elles seules privées ?

Quand on a placé des objets dans la balance, on connaît ceux qui sont lourds et ceux qui sont légers. Quand on a mesuré des objets, on connaît ceux qui sont longs et ceux qui sont courts. Toutes les choses ont en général ce caractère ; mais le cœur de l'homme est la chose la plus importante de toutes. Roi, je vous en prie, mesurez-le (c'est-à-dire, tâchez d'en déterminer les véritables sentiments).

Ô roi ! quand vous faites briller aux yeux les armes aiguës et les durs boucliers, que vous exposez au danger les chefs et leurs soldats, et que vous vous attirez ainsi les ressentiments de tous les grands vassaux, vous en réjouissez-vous dans votre cœur ?

Le roi dit : Aucunement. Comment me réjouirais-je de pareilles choses ? Tout ce que je cherche, en agissant ainsi, c'est d'arriver à ce qui fait le plus grand objet de mes désirs.

MENG-TSEU dit : Pourrais-je parvenir à connaître le plus grand des vœux du roi ? Le roi sourit, et ne répondit pas.

[MENG-TSEU] ajouta : Serait-ce que les mets de vos festins ne sont pas assez copieux et assez splendides pour satisfaire votre bouche ? et vos vêtements assez légers et assez chauds pour couvrir vos membres ? ou bien serait-ce que les couleurs les plus variées des fleurs ne suffisent point pour charmer vos regards, et que les sons et les chants les plus harmonieux ne suffisent point pour ravir vos oreilles ? ou enfin, les officiers du palais ne suffisent-ils plus à exécuter vos ordres en votre présence ? La foule des serviteurs du roi est assez grande pour pouvoir lui procurer toutes ces jouissances ; et le roi, cependant, n'est-il pas affecté de ces choses ?

Le roi dit : Aucunement. Je ne suis point affecté de ces choses.

MENG-TSEU dit : S'il en est ainsi, alors je puis connaître le grand but des désirs du roi. Il veut agrandir les terres de son domaine, pour faire venir à sa cour les rois de *Thsin* et de *Thsou*, commander à tout l'empire du milieu, et pacifier les barbares des quatre régions. Mais agir comme il le fait, pour parvenir à ce qu'il désire, c'est comme si l'on montait sur un arbre pour y chercher des poissons.

Le roi dit : La difficulté serait-elle donc aussi grande ?

MENG-TSEU dit : Elle est encore plus grande et plus dangereuse. En montant sur un arbre pour y chercher des poissons, quoiqu'il soit sûr que l'on ne puisse y en trouver, il n'en résulte aucune conséquence fâcheuse ; mais en agissant comme vous agissez, pour obtenir ce que vous désirez de tous vos vœux, vous épuisez en vain toutes les forces de votre intelligence dans ce but unique ; il s'en suivra nécessairement une foule de calamités.

[Le roi] dit : Pourrais-je savoir quelles sont ces calamités ?

[MENG-TSEU] dit : Si les hommes de *Tseou* [1] et ceux de *Thsou* entrent en guerre, alors, ô roi ! lesquels, selon vous, resteront vainqueurs ?

Le roi dit : Les hommes de *Thsou* seront les vainqueurs.

— S'il en est ainsi alors, un petit royaume ne pourra certainement en subjuguer un grand. Un petit nombre de combattants ne pourra certainement pas résister à un grand nombre ; les faibles ne pour-

---

[1] Ode *Sse-ïchaï*, section *Ta-ya*.

[1] Le royaume de *Tseou* était petit ; celui de *Thsou* était grand. (*Commentaire.*)

ront certainement pas résister aux forts. Le territoire situé dans l'intérieur des mers (l'empire de la Chine tout entier) comprend neuf régions de mille *li* chacune. Le royaume de *Thsi* (celui de son interlocuteur), en réunissant toutes ses possessions, n'a qu'une seule de ces neuf portions de l'empire. Si avec (les forces réunies) d'une seule de ces régions, il veut se soumettre les huit autres, en quoi différera-t-il du royaume de *Tseou* qui attaquerait celui de *Thsou*? Or il vous faut réfléchir de nouveau sur le grand objet de vos vœux.

Maintenant, ô roi! si vous faites que, dans toutes les parties de votre administration publique, se manifeste l'action d'un bon gouvernement; si vous répandez au loin les bienfaits de l'humanité, il en résultera que tous ceux qui dans l'empire occupent des emplois publics voudront venir résider à la cour du roi; que tous les laboureurs voudront venir labourer les champs du roi; que tous les marchands voudront venir apporter leurs marchandises sur les marchés du roi; que tous les voyageurs et les étrangers voudront voyager sur les chemins du roi; que toutes les populations de l'empire, qui détestent la tyrannie de leurs princes, voudront accourir à la hâte près du roi pour l'instruire de leurs souffrances. S'il en était ainsi, qui pourrait les retenir?

Le roi dit : Moi, homme de peu de capacité, je ne puis parvenir à ces résultats par un gouvernement si parfait; je désire que vous, maître, vous aidiez ma volonté (en me conduisant dans la bonne voie)[1]; que vous m'éclairiez par vos instructions. Quoique je ne sois pas doué de beaucoup de perspicacité, je vous prie, cependant, d'essayer cette entreprise.

[MENG-TSEU] dit : Manquer des choses[2] constamment nécessaires à la vie, et cependant conserver toujours une âme égale et vertueuse, cela n'est qu'en la puissance des hommes dont l'intelligence cultivée s'est élevée au-dessus du vulgaire. Quant au commun du peuple, alors s'il manque des choses constamment nécessaires à la vie, par cette raison, il manque d'une âme constamment égale (et vertueuse; s'il manque d'une âme constamment égale et vertueuse, violation de la justice, dépravation du cœur, licence du vice, excès de la débauche; il n'est rien qu'il ne soit capable de faire. S'il arrive à ce point de tomber dans le crime (en se révoltant contre les lois), on exerce des poursuites contre lui, et on lui fait subir des supplices. C'est prendre le peuple dans des filets. Comment, s'il existait un homme véritablement doué de la vertu de l'humanité, occupant le trône, pourrait-il commettre cette action criminelle de prendre ainsi le peuple dans des filets?

C'est pourquoi un prince éclairé, en constituant,

[1] *Commentaire*.

[2] 產 *Tchan*, patrimoine quelconque en terres ou en maisons; moyens d'existence.

[3] *Commentaire*.

comme il convient, la propriété privée du peuple, obtient pour résultat nécessaire, en premier lieu, que les enfants aient de quoi servir leurs père et mère; en second lieu, que les pères aient de quoi entretenir leurs femmes et leurs enfants; que le peuple puisse se nourrir toute la vie des productions des années abondantes, et que, dans les années de calamités, il soit préservé de la famine et de la mort. Ensuite il pourra instruire le peuple, et le conduire dans le chemin de la vertu. C'est ainsi que le peuple suivra cette voie avec facilité.

Aujourd'hui, la constitution de la propriété privée du peuple est telle, qu'en considérant la première chose de toutes, les enfants n'ont pas de quoi servir leurs père et mère, et qu'en considérant la seconde, les pères n'ont pas de quoi entretenir leurs femmes et leurs enfants; qu'avec les années d'abondance, le peuple souffre jusqu'à la fin de sa vie la peine et la misère, et que, dans les années de calamités, il n'est pas préservé de la famine et de la mort. Dans de telles extrémités, le peuple ne pense qu'à éviter la mort en craignant de manquer du nécessaire. Comment aurait-il le temps de s'occuper des doctrines morales pour se conduire selon les principes de l'équité et de la justice?

O roi, si vous désirez pratiquer ces principes, pourquoi ne ramenez-vous pas votre esprit sur ce qui en est la base fondamentale (la constitution de la propriété privée[2])?

Faites planter des mûriers dans les champs d'une famille qui cultive cinq arpents de terre, et les personnes âgées de cinquante ans pourront porter des vêtements de soie; faites que l'on ne néglige pas d'élever des poules, des pourceaux de différentes espèces, et les personnes âgées de soixante et dix ans pourront se nourrir de viande. N'enlevez pas, dans les temps qui exigent des travaux assidus, les bras des familles qui cultivent cent arpents de terre, et ces familles nombreuses ne seront pas exposées aux souffrances de la faim. Veillez attentivement à ce que les enseignements des écoles et des collèges propagent les devoirs de la piété filiale et le respect équitable des jeunes gens pour les vieillards, alors on ne verra pas des hommes à cheveux blancs traîner ou porter de pesants fardeaux sur les grandes routes. Si les septuagénaires portent des vêtements de soie et mangent de la viande, et si les jeunes gens à cheveux noirs ne souffrent ni du froid ni de la faim, toutes les choses seront prospères. Il n'y a pas encore eu de prince qui, après avoir agi ainsi, n'ait pas régné sur tout l'empire.

[1] Le texte porte : *Tchi min tchi tchan* : CONSTITUENS POPULI REM-FAMILIAREM. La *Glose* ajoute : *Tchan, chi tchan;* CETTE PROPRIÉTÉ PRIVÉE EST UNE PROPRIÉTÉ EN CHAMPS CULTIVABLES.

[2] *Commentaire chinois*. Le paragraphe qui suit est une répétition de celui qui se trouve déjà dans ce même chapitre, pag. 220.

CHAPITRE II,

COMPOSÉ DE 16 ARTICLES.

Tchouang-pao [1], étant allé voir MENG-TSEU, lui dit : Moi Pao, un jour que j'étais allé voir le roi, le roi, dans la conversation, me dit Qu'il aimait beaucoup la musique. Moi Pao, je n'ai su que lui répondre. Que pensez-vous de cet amour du roi pour la musique ? MENG-TSEU dit : Si le roi aime la musique avec prédilection, le royaume de *Thsi* approche beaucoup (d'un meilleur gouvernement).

Un autre jour, MENG-TSEU, étant allé visiter le roi, lui dit : Le roi a dit dans la conversation, à *Tchouang-y-tseu* (*Tchouang-pao*), Qu'il aimait beaucoup la musique ; le fait est-il vrai ? Le roi, ayant changé de couleur, dit : Ma chétive personne n'est pas capable d'aimer la musique des anciens rois. Seulement j'aime beaucoup la musique appropriée aux mœurs de notre génération.

MENG-TSEU dit : Si le roi aime beaucoup la musique, alors le royaume de *Thsi* approche beaucoup (d'un meilleur gouvernement). La musique de nos jours ressemble à la musique de l'antiquité.

Le roi dit : Pourrais-je obtenir de vous des explications là-dessus ?

MENG-TSEU dit : Si vous prenez seul le plaisir de la musique, ou si vous le partagez avec les autres hommes, dans lequel de ces deux cas éprouverez-vous le plus grand plaisir ? Le roi dit : Le plus grand sera assurément celui que je partagerai avec les autres hommes. MENG-TSEU ajouta : Si vous jouissez du plaisir de la musique avec un petit nombre de personnes, ou si vous en jouissez avec la multitude, dans lequel de ces deux cas éprouverez-vous le plus grand plaisir ? Le roi dit : Le plus grand plaisir sera assurément celui que je partagerai avec la multitude.

Votre serviteur vous prie de lui laisser continuer la conversation sur la musique.

Je suppose que le roi commence à jouer en ce lieu de ses instruments de musique, tout le peuple entendant les sons des divers instruments de musique [2] du roi, éprouvera aussitôt un vif mécontentement, froncera le sourcil, et il se dira : Notre roi aime beaucoup à jouer de ses instruments de musique ; mais comment gouverne-t-il donc pour que nous soyons arrivés au comble de la misère ? Les pères et les fils ne se voient plus ; les frères, les femmes, les enfants sont séparés l'un de l'autre et dispersés de tous côtés. Maintenant que le roi aille à la chasse dans ce pays-ci, tout le peuple entendant le bruit des chevaux et des chars du roi, voyant la magnificence de ses étendards ornés de plumes et de queues flottantes, éprouvera aussitôt un vif mécontentement, froncera le sourcil, et il se dira : Notre roi aime beaucoup la chasse ; comment fait-il donc pour que nous soyons arrivés au comble de la misère ? Les pères et les fils ne se voient plus ; les frères, les femmes et les enfants sont séparés l'un de l'autre et dispersés de tous côtés. La cause de ce vif mécontentement, c'est que le roi ne fait pas participer le peuple à sa joie et à ses plaisirs.

Je suppose maintenant que le roi commence à jouer en ces lieux de ses instruments de musique, tout le peuple entendant les sons des divers instruments du roi, éprouvera un vif sentiment de joie, que témoignera son visage riant ; et il se dira : Notre roi se porte sans doute fort bien, autrement comment pourrait-il jouer des instruments de musique ? Maintenant, que le roi aille à la chasse dans ce pays-ci, le peuple entendant le bruit des chevaux et des chars du roi, voyant la magnificence de ses étendards ornés de plumes et de queues flottantes, éprouvera un vif sentiment de joie que témoignera son visage riant ; et il se dira : Notre roi se porte sans doute fort bien, autrement comment pourrait-il aller à la chasse ? La cause de cette joie, c'est que le roi aura fait participer le peuple à sa joie et à ses plaisirs.

Maintenant, si le roi fait participer le peuple à sa joie et à ses plaisirs, alors il régnera véritablement.

2. *Siouan-wang*, roi de *Thsi*, interrogea MENG-TSEU en ces termes : J'ai entendu dire que le parc du roi *Wen-wang* avait soixante et dix *li* (sept lieues) de circonférence ; les avait-il véritablement ?

MENG-TSEU répondit avec respect : C'est ce que l'histoire rapporte [1].

Le roi dit : D'après cela, il était donc d'une grandeur excessive ?

MENG-TSEU dit : Le peuple le trouvait encore trop petit.

Le roi dit : Ma chétive personne a un parc qui n'a que quarante *li* (quatre lieues) de circonférence, et le peuple le trouve encore trop grand ; pourquoi cette différence ?

MENG-TSEU dit : Le parc de *Wen-wang* avait sept lieues de circuit ; mais c'était là que se rendaient tous ceux qui avaient besoin de cueillir de l'herbe ou de couper du bois. Ceux qui voulaient prendre des faisans ou des lièvres allaient là. Comme le roi avait son parc en commun avec le peuple, celui-ci le trouvait trop petit (quoiqu'il eût sept lieues de circonférence) ; cela n'était-il pas juste ?

Moi, votre serviteur, lorsque je commençai à franchir la frontière, je m'informai de ce qui était principalement défendu dans votre royaume, avant

---

[1] Un des ministres du roi de *Thsi*.
[2] Littéralement, *des clochettes et des tambours, des flûtes et autres instruments à vent*.

[1] *Tchouan*, ancien livre perdu. (*Commentaire*.)

d'oser pénétrer plus avant. Votre serviteur apprit qu'il y avait dans l'intérieur de vos lignes de douannes un parc de quatre lieues de tour; que l'homme du peuple qui y tuait un cerf était puni de mort, comme s'il avait commis le meurtre d'un homme; alors c'est une véritable fosse de mort de quatre lieues de circonférence ouverte au sein de votre royaume. Le peuple, qui trouve ce parc trop grand, n'a-t-il pas raison?

3. *Siouan-wang*, roi de *Thsi*, fit une question en ces termes : Y a-t-il un art, une règle à suivre pour former des relations d'amitié entre les royaumes voisins?

MENG-TSEU répondit avec respect : Il en existe. Il n'y a que le prince doué de la vertu de l'humanité qui puisse, en possédant un grand État, procurer de grands avantages aux petits. C'est pourquoi *Tching-thang* assista l'État de *Ko*, et *Wen-wang* ménagea celui des *Kouen-i* (ou des barbares de l'occident). Il n'y a que le prince doué d'une sagesse éclairée qui puisse, en possédant un petit État, avoir la condescendance nécessaire envers les grands États. C'est ainsi que *Taï-wang* se conduisit envers les *Hiun-hio* (ou les barbares du nord), et *Keou-tsian*, envers l'État de *Ou*.

Celui qui, commandant à un grand État, protége, assiste les petits, se conduit d'une manière digne et conforme à la raison céleste; celui qui, ne possédant qu'un petit État, a de la condescendance pour les grands États, respecte, en lui obéissant, la raison céleste; celui qui se conduit d'une manière digne et conforme à la raison céleste, est le protecteur de tout l'empire; celui qui respecte, en lui obéissant, la raison céleste, est le protecteur de son royaume.

Le *Livre des Vers* [1] dit :

« Respectez la majesté du ciel,

« Et par cela même vous conserverez le mandat « qu'il vous a délégué. »

Le roi dit : La grande, l'admirable instruction ! Ma chétive personne a un défaut, ma chétive personne aime la bravoure.

[MENG-TSEU] répondit avec respect : Prince, je vous en prie, n'aimez pas la bravoure vulgaire (qui n'est qu'une impétuosité des esprits vitaux [2]). Celui qui possède celle-ci saisit son glaive en jetant autour de lui des regards courroucés, et s'écrie : « Comment cet ennemi ose-t-il venir m'attaquer? » Cette bravoure n'est que celle d'un homme vulgaire qui peut résister à un seul homme. Roi, je vous en prie, ne vous occupez que de la bravoure des grandes âmes.

Le *Livre des Vers* [3] dit :

[1] Ode *Ngo-tsiang-tchi*, section *Tchiou-soung*.
[2] Commentaire.
[3] Ode *Hoang-i*, section *Ta-ya*.

« Le roi (*Wen-wang*), s'animant subitement de- « vint rouge de colère;

« Il fit aussitôt ranger son armée en ordre de « bataille,

« Afin d'arrêter les troupes ennemies qui mar- « chaient sur elles;

« Afin de rendre plus florissante la prospérité des « *Tcheou*,

« Afin de répondre aux vœux ardents de tout « l'empire. »

Voilà la bravoure de *Wen-wang*. *Wen-wang* ne s'irrite qu'une fois, et il pacifie toutes les populations de l'empire.

Le *Chou-king*, ou *Livre par excellence* [1], dit : « Le ciel, en créant les peuples, leur a préposé des « princes (pour avoir soin d'eux [2]); il leur a donné des « instituteurs (pour les instruire). Aussi est-il dit : « Ils sont les auxiliaires du souverain suprême, qui « les distingue par des marques d'honneurs dans « les quatre parties de la terre. Il n'appartient qu'à « moi (c'est *Wou-wang* qui parle) de récompenser « les innocents et de punir les coupables. Qui, dans « tout l'empire, oserait s'opposer à sa volonté [3]? »

Un seul homme (*Cheou-sin*) avait commis des actions odieuses dans l'empire; *Wou-wang* en rougit. Ce fut là la bravoure de *Wou-wang*; et *Wou-wang*, s'étant irrité une seule fois, pacifia toutes les populations de l'empire.

Maintenant, si le roi, en se livrant une seule fois à ses mouvements d'indignation ou de bravoure, pacifiait toutes les populations de l'empire, les populations n'auraient qu'une crainte : c'est que le roi n'aimât pas la bravoure.

4. *Siouan-Wang*, roi de *Thsi*, était allé voir MENG-TSEU dans le *Palais de la neige* (*Siou-koung*). Le roi dit : Convient-il aux sages de demeurer dans un pareil lieu de délices? MENG-TSEU répondit avec respect : Assurément. Si les hommes du peuple n'obtiennent pas cette faveur, alors ils accusent leur supérieur (leur prince).

Ceux qui n'obtiennent pas cette faveur, et qui accusent leur supérieur, sont coupables; mais celui qui est constitué le supérieur du peuple, et qui ne partage pas avec le peuple ses joies et ses plaisirs, est encore plus coupable.

Si un prince se réjouit de la joie du peuple, le peuple se réjouit aussi de sa joie. Si un prince s'attriste des tristesses du peuple, le peuple s'attriste aussi de ses tristesses. Qu'un prince se réjouisse avec tout le monde, qu'il s'attriste avec tout le monde; en agissant ainsi, il est impossible qu'il trouve de la difficulté à régner.

[1] Voyez ci-devant, pag. 45.
[2] Commentaire.
[3] C'est-à-dire, à la volonté, aux vœux de l'empire lui-même, des populations qui demandaient un gouvernement doux et humain, et qui abhorraient la tyrannie sous laquelle le dernier roi les avait opprimées.

Autrefois, *King-kong,* roi de *Thsi,* interrogeant *Yan-tseu* (son premier ministre), dit : Je désirerais contempler les (montagnes) *Tchouan-fou* et *Tchao-wou,* et, suivant la mer au midi (dans l'Océan oriental[1]), parvenir à *Lang-ye.* Comment dois-je agir pour imiter les anciens rois dans leurs visites de l'empire?

Yan-tseu répondit avec respect : O l'admirable question! Quand le fils du ciel [2] se rendait chez les grands vassaux, on nommait ces visites, visites d'enquêtes (*sun-cheou*); faire ces visites d'*enquêtes,* c'est *inspecter ce qui a été donné à conserver.* Quand les grands vassaux allaient faire leur cour au fils du ciel, on appelait ces visites *comptes-rendus (chou-tchi).* Par *comptes-rendus* on entendait *rendre compte (au roi ou à l'empereur) de tous les actes de son administration.* Aucune de ces visites n'était sans motif. Au printemps (les anciens empereurs) inspectaient les champs cultivés, et fournissaient aux laboureurs les choses dont ils avaient besoin. En automne, ils inspectaient les moissons, et ils donnaient des secours à ceux qui ne récoltaient pas de quoi leur suffire. Un proverbe de la dynastie *Hia* disait : « Si notre roi ne visite pas (le royaume), comment recevrons-nous ses bienfaits? Si notre roi ne se donne pas le plaisir d'inspecter (le royaume), comment obtiendrons-nous des secours? » Chaque visite, chaque récréation de ce genre, devenait une loi pour les grands vassaux.

Maintenant les choses ne se passent pas ainsi. Des troupes nombreuses se mettent en marche avec le prince (pour lui servir de garde [3]), et dévorent toutes les provisions. Ceux qui éprouvent la faim, ne trouvent plus à manger; ceux qui peuvent travailler, ne trouvent plus de repos. Ce ne sont plus que des regards farouches, des concerts de malédictions. Dans le cœur du peuple naissent alors des haines profondes, il résiste aux ordres (du roi), qui prescrivent d'opprimer le peuple. Le boire et le manger se consomment avec l'impétuosité d'un torrent. Ces désordres sont devenus la frayeur des grands vassaux.

Suivre le torrent qui se précipite dans les lieux inférieurs, et oublier de retourner sur ses pas, on appelle cela *suivre le courant* [4]; suivre le torrent en remontant vers sa source, et oublier de retourner sur ses pas, on appelle cela *suivre sans interruption ses plaisirs* [5]; poursuivre les bêtes sauvages sans se rassasier de cet amusement, on appelle cela *perdre son temps en choses vaines* [6]; trouver ses dé-

lices dans l'usage du vin, sans pouvoir s'en rassasier, on appelle cela *se perdre de gaieté de cœur* [1].

Les anciens rois ne se donnaient point les satisfactions des deux premiers égarements du cœur (le *lieou* et le *lian*), et ils ne mettaient pas en pratique les deux dernières actions vicieuses, le *hoang* et le *wang.* Il dépend uniquement du prince de déterminer en cela les principes de sa conduite.

King-kong fut très-satisfait (de ce discours de *Yan-tseu*). Il publia aussitôt dans tout le royaume un décret royal par lequel il informait le peuple qu'il allait quitter (son palais splendide) pour habiter dans les campagnes. Dès ce moment, il commença à donner des témoignages évidents de ses bonnes intentions en ouvrant les greniers publics pour assister ceux qui se trouvaient dans le besoin. Il appela auprès de lui l'intendant en chef de la musique, et lui dit : « Composez pour moi un chant « de musique qui exprime la joie mutuelle d'un « prince et d'un ministre. » Or, cette musique est celle que l'on appelle *Tchi-chao* et *Kio-chao* (la première qui a rapport aux affaires du prince, la seconde qui a rapport au peuple [2]). Les paroles de cette musique sont l'ode du *Livre des Vers,* qui dit :
« Quelle faute peut-on attribuer
« Au ministre qui **modère et retient son prince?**
« Celui qui modère et retient le prince, aime le prince. »

5. *Siouan-wang,* roi de *Thsi,* fit une question en ces termes : Tout le monde me dit de démolir le *Palais de la lumière (Ming-thang)* [3]; faut-il que je me décide à le détruire?

MENG-TSEU répondit avec respect : Le *Palais de la lumière* est un palais des anciens empereurs. Si le roi désire pratiquer le gouvernement des anciens empereurs, il ne faut pas qu'il le détruise.

Le roi dit : Puis-je apprendre de vous quel était ce gouvernement des anciens empereurs?

[MENG-TSEU] répondit avec respect : Autrefois, lorsque *Wen-wang* gouvernait (l'ancien royaume de) *Khi,* les laboureurs payaient comme impôt la neuvième partie de leurs produits; les fonctions publiques (entre les mains des descendants des hommes illustres et vertueux des premiers temps) étaient, par la suite des générations, devenues salariées; aux passages des frontières et sur les marchés, une surveillance active était exercée, mais aucun droit n'était exigé; dans les lacs et les étangs, les ustensiles de pêche n'étaient pas prohibés; les criminels n'étaient pas punis dans leurs femmes et leurs enfants. Les vieillards qui n'avaient plus de femmes

---

[1] *Commentaire.*
[2] Ainsi se nommaient les anciens empereurs de la Chine.
[3] *Commentaire.*

[4] 流 *Lieou,* couler; figurément, *s'abandonner au courant des plaisirs, aux voluptés, etc.*
[5] 連 *Lian.* [6] *Hoang.*

---

[1] 亡 *Wang.*
[2] *Commentaire.*
[3] C'était un lieu où les empereurs des *Tcheou,* dans les visites qu'ils faisaient à l'orient de leur empire, recevaient les hommages des princes vassaux. Il en restait encore des vestiges du temps des *Han.* (*Commentaire.*)

étaient nommés *veufs* ou *sans compagnes* (*kouan*); la femme âgée qui n'avait plus de mari était nommée *veuve* ou *sans compagnon* (*koua*); le vieillard privé de fils était nommé *solitaire* (*tou*); les jeunes gens privés de leurs père et mère étaient nommés *orphelins sans appui* (*kou*). Ces quatre classes formaient la population la plus misérable de l'empire, et n'avaient personne qui s'occupât d'elles. *Wen-wang*, en introduisant dans son gouvernement les principes d'équité et de justice, et en pratiquant dans toutes les occasions la grande vertu de l'humanité, s'appliqua d'abord au soulagement de ces quatre classes. Le *Livre des Vers* dit :

« On peut être riche et puissant;
« Mais il faut avoir de la compassion pour les
« malheureux veufs et orphelins [1]. »

Le roi dit : Qu'elles sont admirables les paroles que je viens d'entendre! MENG-TSEU ajouta : O roi! si vous les trouvez admirables, alors pourquoi ne les pratiquez-vous pas? Le roi dit : Ma chétive personne a un défaut [2], ma chétive personne aime les richesses.

MENG-TSEU répondit avec respect : Autrefois *Kong-lieou* aimait aussi les richesses.

Le *Livre des Vers* [3] dit (en parlant de *Kong-lieou*) :
« Il entassait (des meules de blé), il accumulait
« (les grains dans les greniers);
« Il réunissait des provisions sèches dans des sacs
« sans fond et dans des sacs avec fond.
« Sa pensée s'occupait de pacifier le peuple pour
« donner de l'éclat à son règne.
« Les arcs et les flèches étant préparés,
« Ainsi que les boucliers, les lances et les haches,
« Alors il commença à se mettre en marche. »

C'est pourquoi ceux qui restèrent eurent des blés entassés en meules, et des grains accumulés dans les greniers, et ceux qui partirent (pour l'émigration dans le lieu nommé *Pin*) eurent des provisions sèches réunies dans des sacs; par suite de ces mesures, ils purent alors se mettre en marche. Roi, si vous aimez les richesses, partagez-les avec le peuple; quelle difficulté trouverez-vous alors à régner?

Le roi dit : Ma chétive personne a encore une autre faiblesse, ma chétive personne aime la volupté.

MENG-TSEU répondit avec respect : Autrefois *Taï-wang* (l'ancêtre de *Wen-wang*) aimait la volupté; il chérissait sa femme.

Le *Livre des Vers* dit [4] :
« *Tan-fou*, surnommé *Kou-kong* (le même que *Taï-wang*),
« Arriva un matin, courant à cheval;
« En longeant les bords du fleuve occidental,
« Il parvint au pied du mont *Khi*.

[1] Ode *Tching-youeï*, section *Siao-ya*.
[2] Il y a dans le texte , *une maladie*.
[3] Ode *Kong-lieou*, section *Ta-ya*.
[4] Ode *Mion*, section *Ta-ya*.

« Sa femme *Kiang* était avec lui :
« C'est là qu'il fixa avec elle son séjour. »

En ce temps-là, il n'y avait, dans l'intérieur des maisons, aucune femme indignée (d'être sans mari [1]); et dans tout le royaume, il n'y avait point de célibataire. Roi, si vous aimez la volupté (aimez-la comme *Taï-wang*), et rendez-la commune à toute la population (en faisant que personne ne soit privé des plaisirs du mariage); alors, quelle difficulté trouverez-vous à régner?

6. MENG-TSEU s'adressant à *Siouan-wang*, roi de *Thsi*, lui dit : Je suppose qu'un serviteur du roi ait assez de confiance dans un ami pour lui confier sa femme et ses enfants au moment où il va voyager dans l'État de *Thsou*. Lorsque cet homme est de retour, s'il apprend que sa femme et ses enfants ont souffert le froid et la faim, alors que doit-il faire?

Le roi dit : Il doit rompre entièrement avec son ami.

MENG-TSEU dit : Si le chef suprême de la justice (*Sse-sse*) ne peut gouverner les magistrats qui lui sont subordonnés, alors quel parti doit-on prendre à son égard?

Le roi dit : Il faut le destituer.

MENG-TSEU dit : Si les provinces situées entre les quatre limites extrêmes du royaume ne sont pas bien gouvernées, que faudra-t-il faire?

Le roi (feignant de ne pas comprendre) regarda à droite et à gauche, et parla d'autre chose [2].

7. MENG-TSEU étant allé visiter *Siouan-wang*, roi de *Thsi*, lui dit : Ce qui fait appeler un royaume ancien, ce ne sont pas les vieux arbres élevés qu'on y trouve, ce sont les générations successives de ministres habiles qui l'ont rendu heureux et prospère. Roi, vous n'avez aucun ministre intime (qui ait votre confiance, comme vous la sienne); ceux que vous avez faits hier ministres, aujourd'hui vous ne vous rappelez déjà plus que vous les avez destitués.

Le roi dit : Comment saurais-je d'avance qu'ils n'ont point de talents, pour les repousser?

MENG-TSEU dit : Le prince qui gouverne un royaume, lorsqu'il élève les sages aux honneurs et aux dignités, doit apporter dans ses choix l'attention et la circonspection la plus grande. S'il agit en sorte de donner la préférence (à cause de sa sagesse) à un homme d'une condition inférieure sur un homme d'une condition élevée, et à un parent éloigné sur un parent plus proche; n'aura-t-il pas apporté dans ses choix beaucoup de vigilance et d'attention?

Si tous ceux qui vous entourent vous disent : *Un tel est sage*, cela ne doit pas suffire (pour le croire); si tous les grands fonctionnaires disent :

[1] Commentaire chinois.
[2] L'argument de MENG-TSEU, pour faire comprendre au roi de *Thsi* qu'il devait réformer son gouvernement ou abdiquer, était habile; mais il ne fut pas efficace.

Un tel est sage, cela ne doit pas encore suffire; si tous les hommes du royaume disent: *Un tel est sage*, et qu'après avoir pris des informations pour savoir si l'opinion publique était fondée, vous l'avez trouvé sage, vous devez ensuite l'employer (dans les fonctions publiques, de préférence à tout autre).

Si tous ceux qui vous entourent vous disent : *Un tel est indigne* (ou impropre à remplir un emploi public), ne les écoutez pas; si tous les grands fonctionnaires disent : *Un tel est indigne*, ne les écoutez pas; si tous les hommes du royaume disent : *Un tel est indigne*, et qu'après avoir pris des informations pour savoir si l'opinion publique était fondée, vous l'avez trouvé indigne, vous devez ensuite l'éloigner (des fonctions publiques).

Si tous ceux qui vous entourent disent : *Un tel doit être mis à mort*, ne les écoutez-pas ; si tous les grands fonctionnaires disent : *Un tel doit être mis à mort*, ne les écoutez pas; si tous les hommes du royaume disent : *Un tel doit être mis à mort*, et qu'après avoir pris des informations, pour savoir si l'opinion publique était fondée, vous l'avez trouvé méritant la mort, vous devez ensuite le faire mourir. C'est pourquoi on dit que c'est l'opinion publique qui l'a condamné et fait mourir.

Si le prince agit de cette manière (dans l'emploi des honneurs et dans l'usage des supplices¹), il pourra ainsi être considéré comme le père et la mère du peuple.

8. *Siouan-wang*, roi de *Thsi*, fit une question en ces termes : Est-il vrai que *Tching-thang*² détrôna *Kie*³ et l'envoya en exil, et que *Wou-wang*⁴ mit à mort *Cheou-(sin)*⁵ ?

MENG-TSEU répondit avec respect : L'histoire le rapporte.

Le roi dit : Un ministre ou sujet a-t-il le droit de détrôner et de tuer son prince ?

MENG-TSEU dit : Celui qui fait un vol à l'humanité est appelé *voleur*; celui qui fait un vol à la justice, (qui l'outrage), est appelé *tyran*⁶. Or un *voleur* et un *tyran* sont des hommes que l'on appelle *isolés*, *réprouvés* (abandonnés de leurs parents et de la foule⁷). J'ai entendu dire que *Tching-thang* avait mis à mort un homme *isolé*, *réprouvé*, (abandonné de tout le monde), nommé *Cheou-sin*; je n'ai pas entendu dire qu'il eût tué son prince.

MENG-TSEU étant allé visiter *Siouan-wang*, roi

---

¹ *Commentaire*.
² Fondateur de la seconde dynastie chinoise.
³ Dernier roi de la première dynastie.
⁴ Fondateur de la troisième dynastie.
⁵ Dernier roi de la deuxième dynastie. Voyez le *Résumé de l'Histoire et de la Civilisation chinoises*, déjà cité, p. 60 et 77.
⁶ Le mot chinois que nous rendons par *tyran* est 殘, *tsan*, composé du radical générique *pervers*, *cruel*, *vicieux*, et de *deux lances* qui désignent les moyens violents employés pour commettre le mal et exercer la tyrannie.
⁷ *Commentaire*.

---

de *Thsi*, lui dit : Si vous faites construire un grand palais, alors vous serez obligé d'ordonner au chef des ouvriers de faire chercher de gros arbres (pour faire des poutres et des solives): si le chef des ouvriers parvient à se procurer ces gros arbres, alors le roi en sera satisfait, parce qu'il les considérera comme pouvant supporter le poids auquel on les destine. Mais si le charpentier, en les façonnant avec sa hache, les réduit à une dimension trop petite, alors le roi se courroucera, parce qu'il les considérera comme ne pouvant plus supporter le poids auquel on les destinait. Si un homme sage s'est livré à l'étude dès son enfance, et que parvenu à l'âge mûr et désirant mettre en pratique les préceptes de sagesse qu'il a appris, le roi lui dise : Maintenant abandonnez tout ce que vous avez appris, et suivez mes instructions; que penseriez-vous de cela ?

En outre je suppose qu'une pierre de jade brute soit en votre possession, quoiqu'elle puisse peser dix mille *i* (ou 200,000 onces chinoises), vous appellerez certainement un lapidaire pour la façonner et la polir. Quant à ce qui concerne le gouvernement de l'État, si vous dites (à des sages) : Abandonnez tout ce que vous avez appris, et suivez mes instructions, agirez-vous différemment que si vous vouliez instruire le lapidaire de la manière dont il doit tailler et polir votre pierre brute ?

10. Les hommes de *Thsi* attaquèrent ceux de *Yan*, et les vainquirent.

Siouan-wang interrogea (MENG-TSEU), en disant : Les uns me disent de ne pas aller m'emparer (du royaume de *Yan*), d'autres me disent d'aller m'en emparer. Qu'un royaume de dix mille chars puisse conquérir un autre royaume de dix mille chars dans l'espace de cinq décades (ou cinquante jours) et l'occuper, la force humaine ne va pas jusque-là. Si je ne vais pas m'emparer de ce royaume, j'éprouverai certainement la défaveur du ciel; si je vais m'en emparer, qu'arrivera-t-il?

MENG-TSEU répondit avec respect : Si le peuple de *Yan* se réjouit de vous voir prendre possession de cet État, allez en prendre possession; l'homme de l'antiquité qui agit ainsi fut *Wou-wang*. Si le peuple de *Yan* ne se réjouit pas de vous voir prendre possession de ce royaume, alors n'allez pas en prendre possession; l'homme de l'antiquité qui agit ainsi, fut *Wen-wang*.

Si avec les forces d'un royaume de dix mille chars vous attaquez un autre royaume de dix mille chars, et que le peuple vienne au-devant des armées du roi en leur offrant du riz cuit à manger et du vin à boire, pensez-vous que ce peuple ait une autre cause d'agir ainsi, que celle de fuir l'eau et le feu (ou une cruelle tyrannie)? Mais si vous rendiez encore cette eau plus profonde, et ce feu plus brûlant (c'est-à-dire, si vous alliez exercer une tyrannie plus cruelle encore), il se tournerait d'un autre côté pour obtenir sa délivrance; et voilà tout.

11. Les hommes de *Thsi* ayant attaqué l'État de *Yan*, et l'ayant pris, tous les autres princes résolurent de délivrer *Yan*. *Siouan-wang* dit : Les princes des différents États ont résolu en grand nombre d'attaquer ma chétive personne; comment ferai-je pour les attendre? MENG-TSEU répondit avec respect : Votre serviteur a entendu parler d'un *homme* qui, ne possédant que soixante et dix *li* (7 lieues) de territoire, parvint cependant à appliquer les principes d'un bon gouvernement à tout l'empire; *Tching-thang* fut cet homme. Mais je n'ai jamais entendu dire qu'un prince possédant un État de mille *li* [1] (cent lieues) craignît les attaques des hommes.

Le *Chou-king*, *Livre par excellence*, dit : « *Tching-thang*, allant pour la première fois « combattre les princes qui tyrannisaient le peuple, « commença par le roi de *Ko;* l'empire mit en lui « toute sa confiance; s'il portait ses armes vers « l'orient, les barbares de l'occident se plaignaient « (et soupiraient après leur délivrance); s'il por« tait ses armes au midi, les barbares du nord se plai« gnaient (et soupiraient après leur délivrance), « en disant : Pourquoi nous met-il après les autres? » Les peuples aspiraient après lui, comme, à la suite d'une grande sécheresse, on aspire après les nuages et l'arc-en-ciel. Ceux qui (sous son gouvernement) se rendaient sur les marchés n'étaient plus arrêtés en route; ceux qui labouraient la terre, n'étaient plus transportés d'un lieu dans une autre. *Tching-thang* mettait à mort les princes (qui exerçaient la tyrannie [2]) et soulageait les peuples. Comme lorsque la pluie tombe dans un temps désiré, les peuples éprouvaient une grande joie.

Le *Chou-king* dit : « Nous attendions avidement « notre prince; après son arrivée, nous avons été « rendus à la vie. »

Maintenant, le roi de *Yan* opprimait son peuple; le roi est allé pour le combattre et l'a vaincu. Le peuple de *Yan* pensant que le vainqueur les délivrerait du milieu de l'eau et du feu (de la tyrannie sous laquelle il gémissait), vint au-devant des armées du roi, en leur offrant du riz cuit à manger et du vin à boire. Mais si vous faites mourir les pères et les frères aînés; si vous jetez dans les liens les enfants et les frères cadets; si vous détruisez les temples dédiés aux ancêtres; si vous enlevez de ces temples les vases précieux qu'ils renferment : qu'arrivera-t-il de là? L'empire tout entier redoutait certainement déjà la puissance de *Thsi*. Maintenant que vous avez encore doublé l'étendue de votre territoire, sans pratiquer un gouvernement humain, vous soulevez par là contre vous les armées de l'empire.

Si le roi promulguait promptement un décret qui ordonnât de rendre à leurs parents les vieillards et les enfants ; de cesser d'enlever des temples les vases précieux; et si, de concert avec le peuple de *Yan*, vous rétablissez à sa tête un sage prince et quittez son territoire, alors vous pourrez parvenir à arrêter (les armées des autres princes toutes prêtes à vous attaquer).

12. Les princes de *Tsou* et de *Lou* étant entrés en hostilités l'un contre l'autre, *Mou-kong* (prince de *Tseou*) fit une question en ces termes : Ceux de mes chefs de troupes qui ont péri en combattant sont au nombre de trente-trois, et personne d'entre les hommes du peuple n'est mort en les défendant. Si je condamne à mort les hommes du peuple, je ne pourrai pas faire mourir tous ceux qui seront condamnés; si je ne les condamne pas à mort, ils regarderont, par la suite, avec dédain, la mort de leurs chefs et ne les défendront pas. Dans ces circonstances, comment dois-je agir pour bien faire?

MENG-TSEU répondit avec respect : Dans les dernières années de stérilité, de désastres et de famine, le nombre des personnes de votre peuple, tant vieillards qu'infirmes, qui se sont précipités dans des fossés pleins d'eau ou dans des mares, y compris les jeunes gens forts et vigoureux qui se sont dispersés dans les quatre parties de l'empire (pour chercher leur nourriture), ce nombre, dis-je, s'élève à près de mille [1]; et pendant ce temps les greniers du prince regorgeaient d'approvisionnements; ses trésors étaient pleins; et aucun chef du peuple n'a instruit le prince de ses souffrances. Voilà comment les supérieurs [2] dédaignent et tyrannisent horriblement les inférieurs [3]. *Thseng-tseu* disait : « Prenez « garde! prenez-garde! Ce qui sort de vous retourne « à vous! » Le peuple maintenant est arrivé *à rendre ce qu'il a reçu*. Que le prince ne l'en accuse pas.

Dès l'instant que le prince pratique un gouvernement humain, aussitôt le peuple prend de l'affection pour ses supérieurs, et il donnerait sa vie pour ses chefs.

13. *Wen-kong*, prince de *Teng*, fit une question en ces termes : *Teng* est un petit royaume; mais comme il est situé entre les royaumes de *Thsi* et de *Thsou*, servirai-je *Thsi*, ou servirai-je *Thsou*?

MENG-TSEU répondit avec respect : C'est un de ces conseils qu'il n'est pas en mon pouvoir de vous donner. Cependant, si vous continuez à insister, alors j'en aurai un (qui sera donné par la nécessité); creusez plus profondément ces fossés, élevez plus

---

[1] Il indique l'État et le roi de *Thsi*.
Commentaire.

[1] C'était, pour le peuple, une bien plus grande perte que celle des *trente-trois* chefs de troupes. (*Commentaire*.)
[2] Le prince et les chefs.
[3] Ils se soucient fort peu de la vie du peuple.
(*Commentaire*.)

haut ces murailles; et si avec le concours du peuple vous pouvez les garder, si vous êtes prêt à tout supporter jusqu'à mourir pour défendre votre ville, et que le peuple ne vous abandonne pas, alors c'est là tout ce que vous pouvez faire (dans les circonstances où vous vous trouvez).

14. *Wen-kong*, prince de *Teng*, fit une autre question en ces termes : Les hommes de *Thsi* sont sur le point de ceindre de murailles l'État de *Sié*; j'en éprouve une grande crainte. Que dois-je faire dans cette circonstance?

Meng-tseu répondit avec respect : Autrefois *Taï-wang* habitait dans la terre de *Pin*; les barbares du nord, nommés *Joung*, l'inquiétaient sans cesse par leurs incursions; il quitta cette résidence et se rendit au pied du mont *Khi*, où il se fixa; ce n'est pas par choix et de propos délibéré qu'il agit ainsi, c'est parce qu'il ne pouvait pas faire autrement.

Si quelqu'un pratique constamment la vertu, dans la suite des générations, il se trouvera toujours parmi ses fils et ses petits-fils un homme qui sera élevé à la royauté. L'homme supérieur qui veut fonder une dynastie, avec l'intention de transmettre la souveraine autorité à sa descendance, agit de telle sorte que son entreprise puisse être continuée. Si cet homme supérieur accomplit son œuvre (s'il est élevé à la royauté[1]), alors le ciel a prononcé[2]. Prince, que vous fait ce royaume de *Thsi*? Efforcez-vous de pratiquer la vertu (qui fraye le chemin à la royauté), et bornez-vous là.

15. *Wen-kong*, prince de *Teng*, fit encore une question en ces termes : *Teng* est un petit royaume. Quoiqu'il fasse tous ses efforts pour être agréable aux grands royaumes, il ne pourra éviter sa ruine. Dans ces circonstances, que pensez-vous que je puisse faire? Meng-tseu répondit avec respect : Autrefois, lorsque *Taï-wang* habitait le territoire de *Pin*, et que les barbares du nord l'inquiétaient sans cesse par leurs incursions, il s'efforçait de leur être agréable en leur offrant comme un tribut des peaux de bêtes et des pièces d'étoffe de soie, mais il ne parvint pas à empêcher leurs incursions; il leur offrit ensuite des chiens et des chevaux, et il ne parvint pas encore à empêcher leurs incursions; il leur offrit enfin des perles et des pierres précieuses, et il ne parvint pas plus à empêcher leurs incursions. Alors ayant assemblé tous les anciens du peuple, il les informa de ce qu'il avait fait, et leur dit : Ce que les *Joung* (barbares du nord ou Tartares) désirent, c'est la possession de notre territoire. J'ai entendu dire que l'homme supérieur ne cause pas de préjudice aux hommes au sujet de ce qui sert à leur nourri-

ture et à leur entretien[1]. Vous, mes enfants, pourquoi vous affligez-vous de ce que bientôt vous n'aurez plus de prince? je vais vous quitter. Il quitta donc *Pin*, franchit le mont *Liang*; et ayant fondé une ville au pied de la montagne *Khi*, il y fixa sa demeure. Alors les habitants de *Pin* dirent : C'était un homme bien humain (que notre prince)! nous ne devons pas l'abandonner. Ceux qui le suivirent se hâtèrent, comme la foule qui se rend au marché.

Quelqu'un dit (aux anciens) : Ce territoire nous a été transmis de génération en génération; ce n'est pas une chose que nous pouvons, de notre propre personne, transmettre (à des étrangers); nous devons tout supporter jusqu'à la mort, pour le conserver, et ne pas l'abandonner.

Prince, je vous prie de choisir entre ces deux résolutions.

16. *Phing-kong*, prince de *Lou*, était disposé à sortir (pour visiter Meng-tseu[2]), lorsque son ministre favori *Thsang-tsang* lui parla ainsi : Les autres jours, lorsque le prince sortait, il prévenait les chefs de service du lieu où il se rendait; aujourd'hui, quoique les chevaux soient déjà attelés au char, les chefs de service ne savent pas encore où il va. Permettez que j'ose vous le demander. Le prince dit : Je vais faire une visite à Meng-tseu. *Thsang-tsang* dit : Comment donc! la démarche que fait le prince est d'une personne inconsidérée, en allant le premier rendre visite à un homme du commun. Vous le regardez sans doute comme un sage? Les rites et l'équité sont pratiqués en public par celui qui est sage; et cependant les dernières funérailles que Meng-tseu a fait faire (à sa mère) ont surpassé (en somptuosité) les premières funérailles qu'il fit faire (à son père, et il a ainsi manqué aux rites). Prince, vous ne devez pas le visiter. *Phing-kong* dit : Vous avez raison.

Lo-tching-tseu (disciple de Meng-tseu), s'étant rendu à la cour pour voir le prince, lui dit : Prince, pourquoi n'êtes-vous pas allé voir Meng-kho (Meng-tseu)? Le prince lui répondit : Une certaine personne m'a informé que les dernières funérailles que Meng-tseu avait fait faire (à sa mère) avaient surpassé (en somptuosité) les premières funérailles qu'il avait fait faire (à son père). C'est pourquoi je ne suis pas allé le voir. *Lo-tching-tseu* dit : Qu'est-ce que le prince entend donc par l'expression *surpasser*? Mon maître a fait faire les premières funérailles conformément aux rites prescrits pour les simples lettrés, et les dernières, conformément aux rites prescrits pour les grands fonctionnaires; dans les premières, il a employé trois trépieds, et,

---

[1] *Commentaire.*
[2] Il n'est plus nécessaire de continuer l'œuvre commune. (*Commentaire.*)

[1] C'est-à-dire que lorsque sa personne est un obstacle au repos et à la tranquillité d'un peuple, il fait abnégation de ses intérêts privés, en faveur de l'intérêt général, auquel il n'hesite pas à se sacrifier; il est vrai qu'il y a bien peu d'hommes supérieurs qui agissent ainsi.
[2] *Commentaire.*

dans les dernières, il en a employé cinq : est-ce là ce que vous avez voulu dire? — Point du tout, repartit le roi. Je parle du cercueil intérieur et du tombeau extérieur, ainsi que de la beauté des habits de deuil. *Lo-tching-tseu* dit : Ce n'est pas en cela que l'on peut dire qu'il a *surpassé* (les premières funérailles par le luxe des dernières); les facultés du pauvre et du riche ne sont pas les mêmes [1].

Lo-tching-tseu, étant allé visiter Meng-tseu, lui dit : J'avais parlé de vous au prince; le prince avait fait ses dispositions pour venir vous voir; mais c'est son favori *Thsang-tsang* qui l'en a empêché : voilà pourquoi le prince n'est pas réellement venu.

Meng-tseu dit : Si l'on parvient à faire pratiquer au prince les principes d'un sage gouvernement, c'est que quelque cause inconnue l'y aura engagé; si on n'y parvient pas, c'est que quelque cause inconnue l'en a empêché. Le succès ou l'insuccès ne sont pas au pouvoir de l'homme; si je n'ai pas eu d'entrevue avec le prince de *Lou*, c'est le ciel qui l'a voulu. Comment le fils de la famille *Thsang* (*Thsang-tsang*) aurait-il pu m'empêcher de me rencontrer avec le prince?

CHAPITRE III,

COMPOSÉ DE 9 ARTICLES.

1. *Kong-sun-tcheou* (disciple de Meng-tseu) fit une question en ces termes : Maître, si vous obteniez une magistrature, un commandement provincial dans le royaume de *Thsi*, on pourrait sans doute espérer de voir se renouveler les actions méritoires de *Kouan-tchoung* et de *Yan-tseu*?

Meng-tseu dit : Vous êtes véritablement un homme de *Thsi*. Vous connaissez *Kouan-tchoung* et *Yan-tseu*; et voilà tout!

Quelqu'un interrogea *Thseng-si* (petit-fils de *Thseng-tseu*) en ces termes : Dites-moi lequel de vous ou de *Tseu-lou* est le plus sage? *Thseng-si* répondit avec quelque agitation : Mon aïeul avait beaucoup de vénération pour *Tseu-lou*. — S'il en est ainsi, alors, dites-moi lequel de vous ou de *Kouan-tchoung* est le plus sage? *Thseng-si* parut s'indigner de cette nouvelle question, qui lui déplut, et il répondit : Comment avez-vous pu me mettre en comparaison avec *Kouan-tchoung*? *Kouan-tchoung* obtint les faveurs de son prince, et celui-ci lui remit toute son autorité. Outre cela, il dirigea l'administration du royaume si longtemps [2], que ses actions si vantées (eu égard à ses moyens d'action)

ne sont que fort ordinaires. Pourquoi me mettez-vous en comparaison avec cet homme?

Meng-tseu dit : *Thseng-si* se souciait fort peu de passer pour un autre *Kouan-tchoung*; et vous voudriez que moi je désirasse de lui ressembler!

Le disciple ajouta : *Kouan-tchoung* rendit son prince le chef des autres princes; *Yan-tseu* rendit son prince illustre. *Kouan-tchoung* et *Yan-tseu* ne sont-ils pas dignes d'être imités?

Meng-tseu dit : Il serait aussi facile de faire un prince souverain du roi de *Thsi* que de tourner la main.

Le disciple reprit : S'il en est ainsi, alors les doutes et les perplexités de votre disciple sont portés à leur dernier degré; car enfin, si nous nous reportons à la vertu de *Wen-wang*, qui ne mourut qu'après avoir atteint l'âge de cent ans, ce prince ne put parvenir au gouvernement de tout l'empire. *Wou-wang* et *Thceou-koung* continuèrent l'exécution de ses projets. C'est ainsi que par la suite la grande rénovation de tout l'empire fut accomplie. Maintenant vous dites que rien n'est si facile que d'obtenir la souveraineté de l'empire, alors *Wen-wang* ne suffit plus pour être offert en imitation?

Meng-tseu dit : Comment la vertu de *Wen-wang* pourrait-elle être égalée? Depuis *Tching-thang* jusqu'à *Wou-ting*, six ou sept princes doués de sagesse et de sainteté ont paru. L'empire a été soumis à la dynastie de *Yn* pendant longtemps. Et par cela même qu'il lui a été soumis pendant longtemps, il a été d'autant plus difficile d'opérer des changements. *Wou-ting* convoqua à sa cour tous les princes vassaux, et il obtint l'empire, avec la même facilité que s'il eût tourné sa main. Comme *Tcheou* (ou *Cheou-sin*) ne régna pas bien longtemps après *Wou-ting* [1], les anciennes familles qui avaient donné des ministres à ce dernier roi, les habitudes de bienfaisance et d'humanité que le peuple avait contractées, les sages instructions et les bonnes lois, étaient encore subsistantes. En outre, existaient aussi *Weï-tseu*, *Weï-tchoung* [2], les fils du roi *Pi-kan*, *Ki-tseu* [3] et *Kiao-ke*. Tous ces hommes, qui étaient des sages, se réunirent pour aider et servir le prince. C'est pourquoi *Chou-sin* régna longtemps et finit par perdre l'empire. Il n'existait pas un pied de terre qui ne fût sa possession, un peuple qui ne lui fût soumis. Dans cet état de choses, *Wen-wang* ne possédait qu'une petite contrée de cent *li* (dix lieues) de circonférence, de laquelle il partit (pour conquérir l'empire). C'est pourquoi il éprouva tant de difficultés.

---

[1] Il n'y a que sept générations de distance. (*Comm.*) Les tables chronologiques chinoises placent la dernière année du règne de *Wou-ting* 1266 ans avant notre ère, et la première de celui de *Cheou-sin*, 1154; ce qui donne un intervalle de douze années entre les deux règnes.

[2] Beaux-frères de *Cheou-sin*.

[3] Voyez précédemment page 80.

---

[1] Meng-tseu était pauvre lorsqu'il perdit son père; mais lorsqu'il perdit sa mère, il était riche et grand fonctionnaire public. De là la différence dans les funérailles qu'il fit faire à ses père et mère.

[2] Pendant quarante années.   (*Commentaire.*)

Les hommes de *Thsi* ont un proverbe qui dit : *Quoique l'on ait la prudence et la pénétration en partage, rien n'est avantageux comme des circonstances opportunes ; quoique l'on ait de bons instruments aratoires, rien n'est avantageux comme d'attendre la saison favorable.* Si le temps est arrivé, alors tout est facile.

Lorsque les princes de *Hia* et ceux de *Yin* et de *Tcheou* florissaient [1], leur territoire ne dépassa jamais mille *li* (ou 100 lieues) d'étendue ; le royaume de *Thsi* a aujourd'hui cette étendue de territoire. Le chant des coqs et les aboiements des chiens se répondant mutuellement (tant la population est pressée), s'étendent jusqu'aux quatre extrémités des frontières ; par conséquent le royaume de *Thsi* a une population égale à la leur (à celle de ces royaumes de mille *li* d'étendue). On n'a pas besoin de changer les limites de son territoire pour l'agrandir, ni d'augmenter le nombre de sa population. Si le roi de *Thsi* pratique un gouvernement humain (plein d'amour pour le peuple [2]), personne ne pourra l'empêcher d'étendre sa souveraineté sur tout l'empire.

En outre, on ne voit plus surgir de princes qui exercent la souveraineté. Leur interrègne n'a jamais été si long que de nos jours. Les souffrances et les misères des peuples produites par des gouvernements cruels et tyranniques, n'ont jamais été si grandes que de nos jours. Il est facile de faire manger ceux qui ont faim et de faire boire ceux qui ont soif.

Khoung-tseu disait : La vertu dans un bon gouvernement se répand comme un fleuve ; elle marche plus vite que le piéton ou le cavalier qui porte les proclamations royales.

Si de nos jours un royaume de dix mille chars vient à posséder un gouvernement humain, les peuples s'en réjouiront comme (se réjouit de sa délivrance) l'homme que l'on a détaché du gibet où il était suspendu la tête en bas. C'est ainsi que si on fait seulement la moitié des actes bienfaisants des hommes de l'antiquité, les résultats seront plus que doubles. Ce n'est que maintenant que l'on peut accomplir de telles choses.

2. *Kong-sun-tcheou* fit une autre question en ces termes : Maître, je suppose que vous soyez grand dignitaire et premier ministre du royaume de *Thsi*, et que vous parveniez à mettre en pratique vos doctrines de bon gouvernement, quoique il puisse résulter de là que le roi devienne chef suzerain des autres rois, ou souverain de l'empire, il n'y aurait rien d'extraordinaire. Si vous deveniez ainsi premier ministre du royaume, éprouveriez-vous dans votre cœur des sentiments de doute ou de crainte ?
Meng-tseu répondit : Aucunement. Dès que j'ai eu atteint quarante ans, je n'ai plus éprouvé ces mouvements du cœur.

Le disciple ajouta : S'il en est ainsi, alors, maître, vous surpassez de beaucoup *Meng-pun*.

Il n'est pas difficile, reprit Meng-tseu, de rester impassible. *Kao-tseu*, à un âge plus jeune encore que moi, ne se laissait ébranler l'âme par aucune émotion.

Y a-t-il des moyens ou des principes fixes pour ne pas se laisser ébranler l'âme ?

Il y en a.

Pe-koung-yeou entretenait son courage viril de cette manière : Il n'attendait pas, pour se défendre, d'être accablé sous les traits de son adversaire, ni d'avoir les yeux éblouis par l'éclat de ses armes ; mais s'il avait reçu la moindre injure d'un homme, il pensait de suite à la venger, comme s'il avait été outragé sur la place publique ou à la cour. Il ne recevait pas plus une injure d'un manant vêtu d'une large veste de laine, que d'un prince de dix mille chars (du roi d'un puissant royaume). Il réfléchissait en lui-même s'il tuerait le prince de dix mille chars, comme s'il tuerait l'homme vêtu d'une large veste de laine. Il n'avait peur d'aucun des princes de l'empire ; si des mots outrageants pour lui, tenus par eux, parvenaient à ses oreilles, il les leur renvoyait aussitôt.

C'est de cette manière que *Meng-chi-che* entretenait aussi son courage viril. Il disait : « Je regarde du même œil la défaite que la victoire. Calculer le nombre des ennemis avant de s'avancer sur eux, et méditer longtemps sur les chances de vaincre avant d'engager le combat, c'est redouter trois armées ennemies. » Pensez-vous que *Meng-chi-che* pouvait acquérir la certitude de vaincre ? Il pouvait seulement être dénué de toute crainte ; et voilà tout.

Meng-chi-che rappelle *Thseng-tseu* pour le caractère ; *Pe-koung-lieou* rappelle *Tseu-hia*. Si l'on compare le courage viril de ces deux hommes, on ne peut déterminer lequel des deux surpasse l'autre ; cependant *Meng-chi-che* avait le plus important (celui qui consiste à avoir un empire absolu sur soi-même).

Autrefois *Thseng-tseu*, s'adressant à *Tseu-siang*, lui dit : Aimez-vous le courage viril ? j'ai beaucoup entendu parler du grand courage viril (ou de la force d'âme) à mon maître (Khoung-tseu). *Il disait :* Lorsque je fais un retour sur moi-même, et que je ne me trouve pas le cœur droit, quoique j'aie pour adversaire un homme grossier, vêtu d'une large veste de laine, comment n'éprouverais-je en moi-même aucune crainte ? Lorsque je fais un retour sur moi-même, et que je me trouve le cœur droit, quoique je puisse avoir pour adversaires mille ou dix mille hommes, je marcherais sans crainte à l'ennemi.

Meng-chi-che possédait la bravoure qui naît de

---

[1] Aux époques de *Yu*, de *Thang*, de *Wen-wang* et de *Wouwang*.
[2] *Commentaire*.

l'impétuosité du sang, et qui n'est pas à comparer au courage plus noble que possédait *Thseng-tseu* (celui d'une raison éclairée et souveraine [1]).

Kong-sun-tcheou dit : Oserais-je demander sur quel principe est fondée la force ou la fermeté d'âme [2] de mon maître, et sur quel principe était fondée la force ou fermeté d'âme de *Kao-tseu?* Pourrais-je obtenir de l'apprendre de vous ? [MENG-TSEU répondit] : *Kao-tseu* disait : « Si vous ne saisissez pas clairement la raison des paroles que quelqu'un vous adresse, ne la cherchez pas dans (les passions de) son âme ; si vous ne la trouvez pas dans (les passions de) son âme, ne la cherchez pas dans les mouvements désordonnés de son esprit vital. »

Si vous ne la trouvez pas dans (les passions de) son âme, ne la cherchez pas dans les mouvements désordonnés de son esprit vital; cela se doit ; mais *si vous ne saisissez pas clairement la raison des paroles que quelqu'un vous adresse, ne la cherchez pas dans (les passions de) son âme;* cela ne se doit pas. Cette *intelligence* (que nous possédons en nous, et qui est le produit de l'âme [3]), commande à l'*esprit vital*. L'*esprit vital* est le complément nécessaire des membres corporels de l'homme ; l'*intelligence* est la partie la plus noble de nous-même ; l'*esprit vital* vient ensuite. C'est pourquoi je dis : Il faut surveiller avec respect son *intelligence*, et ne pas troubler [4] son *esprit vital*.

[Le disciple ajouta] : Vous avez dit : « L'*intelligence* est la partie la plus noble de nous-même ; l'*esprit vital* vient ensuite. » Vous avez encore dit : « Il faut surveiller avec respect son intelligence, et entretenir avec soin son *esprit vital*. » Qu'entendez-vous par là ? MENG-TSEU dit : Si l'*intelligence* est livrée à son action individuelle [5], alors elle devient l'esclave soumise de l'*esprit vital*; si l'*esprit vital* est livré à son action individuelle, alors il trouble l'*intelligence*. Supposons maintenant qu'un homme tombe la tête la première, ou qu'il fuie avec précipitation ; dans les deux cas, l'*esprit vital* est agité, et ses mouvements réagissent sur l'*intelligence*.

Le disciple continua : Permettez que j'ose vous demander, maître, en quoi vous avez plus raison (que *Kao-tseu*)?

MENG-TSEU dit : Moi, je comprends clairement la raison des paroles que l'on m'adresse ; je dirige selon les principes de la droite raison mon *esprit vital* qui coule et circule partout.

— Permettez que j'ose vous demander ce que vous entendez par l'*esprit vital* qui coule et circule partout? — Cela est difficile à expliquer.

[1] *Commentaire.*
[2] Littéralement, *l'inébranlabilité du cœur.*
[3] *Commentaire.*
[4] « Entretenir avec soin ». (*Commentaire.*)
[5] 專 — 也 *Tchouan-i-ye.* (*Commentaire.*)

Cet *esprit vital* a un tel caractère, qu'il est souverainement grand (sans limites [1]), souverainement fort (rien ne pouvant l'arrêter [2]). Si on le dirige selon les principes de la droite raison, et qu'on ne lui fasse subir aucune perturbation, alors il remplira l'intervalle qui sépare le ciel et la terre.

Cet *esprit vital* a encore ce caractère, qu'il réunit en soi les sentiments naturels de la justice ou du devoir et de la raison ; sans cet *esprit vital*, le corps a soif et faim.

Cet *esprit vital* est produit par une grande accumulation d'équité (un grand accomplissement de devoirs [3]), et non par quelques actes accidentels d'équité et de justice. Si les actions ne portent pas de la satisfaction dans l'âme, alors elle a soif et faim. Moi, pour cette raison, je dis donc : *Kao-tseu* n'a jamais connu le devoir, puisqu'il le jugeait extérieur à l'homme.

Il faut opérer de bonnes œuvres, et ne pas en calculer d'avance les résultats. L'âme ne doit pas oublier son devoir, ni en précipiter l'accomplissement. Il ne faut pas ressembler à l'homme de l'État de *Soung*. Il y avait dans l'État de *Soung* un homme qui était dans la désolation de ce que ses blés ne croissaient pas ; il alla les arracher à moitié, pour les faire croître plus vîte. Il s'en revint l'air tout hébété, et dit aux personnes de sa famille : Aujourd'hui je suis bien fatigué ; j'ai aidé nos blés à croître. Ses fils accoururent avec empressement pour les voir ; mais toutes les tiges de blé avaient séché.

Ceux qui, dans le monde, n'aident pas leurs blés à croître, sont bien rares. Ceux qui pensent qu'il n'y a aucun profit à retirer (de la culture de l'*esprit vital*), et l'abandonnent à lui-même, sont comme celui qui ne sarcle pas ses blés ; ceux qui veulent aider prématurément le développement de leur *esprit vital*, sont comme celui qui aide à croître ses blés en les arrachant à moitié. Non-seulement dans ces circonstances on n'aide pas, mais on nuit.

— Qu'entendez-vous par ces expressions : *Je comprends clairement la raison des paroles que l'on m'adresse?* MENG-TSEU dit : Si les paroles de quelqu'un sont erronées, je connais ce qui trouble son esprit, ou l'induit en erreur ; si les paroles de quelqu'un sont abondantes et diffuses, je connais ce qui le fait tomber ainsi dans la loquacité ; si les paroles de quelqu'un sont licencieuses, je sais ce qui détourne son cœur de la droite voie ; si les paroles de quelqu'un sont louches, évasives, je sais ce qui a dépouillé son cœur de la droite raison. Dès l'instant que ces défauts sont nés dans le cœur d'un homme, ils altèrent ses sentiments de droiture et de bonne direction ; dès l'instant que l'altération des sentiments de droiture et de bonne direction du cœur

[1] *Commentaire.*
[2] *Ibid.*
[3] *Ibid.*

été produite, les actions se trouvent viciées. Si les saints hommes apparaissaient de nouveau sur la terre, ils donneraient sans aucun doute leur assentiment à mes paroles.

Tsaï-ngo et *Tseu-koung* parlaient d'une manière admirablement conforme à la raison; *Jan-nieou*, *Min-tseu* et *Yan-youan* savaient parfaitement bien parler, et agissaient conformément à la vertu. Khoung-tseu réunissait toutes ces qualités, et cependant il disait : « Je ne suis pas habile dans l'art de la parole. » D'après ce que vous avez dit, maître, vous seriez bien plus consommé dans la sainteté?

— O le blasphème ! reprit Meng-tseu ; comment pouvez-vous tenir un pareil langage?

Autrefois *Tseu-koung*, interrogeant Khoung-tseu, lui dit : Maître, êtes-vous un saint? Khoung-tseu lui répondit : Un saint? je suis bien loin de pouvoir en être un! j'étudie sans jamais me lasser les préceptes et les maximes des saints hommes, et je les enseigne sans jamais me lasser. *Tseu-koung* ajouta : *Étudier sans jamais se lasser*, c'est être éclairé; *enseigner les hommes sans jamais se lasser*, c'est posséder la vertu de l'humanité. Vous possédez les lumières de la sagesse et la vertu de l'humanité, maître ; vous êtes par conséquent saint. » Si Khoung-tseu (ajouta Meng-tseu) n'osait pas se permettre d'accepter le titre de saint, comment pouvez-vous me tenir un pareil langage?

Kong-sun-tcheou poursuivit : Autrefois, j'ai entendu dire que *Tseu-hia*, *Tseu-yeou* et *Tseu-tchang* avaient tous une partie des vertus qui constituent le saint homme; mais que *Jan-nieou*, *Min-tseu* et *Yan-youan* en avaient toutes les parties, seulement bien moins développées. Oserais-je vous demander dans lequel de ces degrés de sainteté vous aimeriez à vous reposer?

Meng-tseu dit : Moi? je les repousse tous [1]. Le disciple continua : Que pensez-vous de *Pe-i* et de *Y-yin*?

— Ils ne professent pas les mêmes doctrines que moi. « Si votre prince n'est pas votre prince [2], ne le servez-pas; si le peuple n'est pas votre peuple [3], ne lui commandez pas. Si l'État est bien gouverné et en paix, alors avancez-vous dans les emplois ; s'il est dans le trouble, alors retirez-vous à l'écart. » Voilà les principes de *Pe-i*. « Qui servirez-vous, si ce n'est le prince? à qui commanderez-vous, si ce n'est au peuple? Si l'État est bien gouverné, avancez-vous dans les emplois; s'il est dans le trouble, avancez-vous également dans les emplois. » Voilà les principes de *Y-yin*. « S'il convient d'accepter une magistrature, acceptez cette magistrature; s'il convient de cesser de la remplir, cessez de la remplir. S'il convient de l'occuper longtemps, occupez-la longtemps; s'il convient de vous en démettre sur-le-champ, ne tardez pas un instant. » Voilà les principes de Khoung-tseu. L'un et les autres sont de saints hommes du temps passé. Moi, je n'ai pas encore pu arriver à agir comme eux ; toutefois, ce que je désire par-dessus tout, c'est de pouvoir imiter Khoung-tseu.

— *Pe-i* et *Y-yin* sont-ils des hommes du même ordre que Khoung-tseu? — Aucunement. Depuis qu'il existe des hommes, jusqu'à nos jours, il n'y en a jamais eu de comparable à Khoung-tseu !

— Mais cependant, n'eurent-ils rien de commun? — Ils eurent quelque chose de **commun**. S'ils avaient possédé un domaine de cent *li* d'étendue, et qu'ils en eussent été princes, tous les trois auraient pu devenir assez puissants pour convoquer à leur cour les princes vassaux et posséder l'empire. Si en commettant une action contraire à la justice, et en faisant mourir un innocent, ils avaient pu obtenir l'empire, tous les trois n'auraient pas agi ainsi. Quant à cela, ils se ressemblaient.

Le disciple poursuivit : Oserai-je vous demander en quoi ils différaient?

Meng-tseu dit : *Tsaï-ngo*, *Tseu-koung* et *Yeou-jo* étaient assez éclairés pour connaître le saint homme (Khoung-tseu [1]); leur peu de lumières cependant n'alla pas jusqu'à exagérer les éloges de celui qu'ils aimaient avec prédilection [2].

Tsaï-ngo disait : Si je considère attentivement mon maître, je le trouve bien plus sage que *Yao* et *Chun*.

Tseu-koung disait : En observant les usages et la conduite des anciens empereurs, je connais les principes qu'ils suivirent dans le gouvernement de l'empire; en écoutant leur musique, je connais leurs vertus. Si depuis cent générations, je classe dans leur ordre les cent générations de rois qui ont régné, aucun d'eux n'échappera à mes regards. Eh bien! depuis qu'il existe des hommes jusqu'à nos jours, je puis dire qu'il n'en a pas existé de comparable à Khoung-tseu.

Yeou-jo disait : Non-seulement les hommes sont de la même espèce, mais le *Khi-lin* ou la Licorne, et les autres quadrupèdes qui courent; le *Foung-hoang* ou le Phénix, et les autres oiseaux volants ; le mont *Taï-chan*, ainsi que les collines et autres élévations; les fleuves et les mers, ainsi que les petits cours d'eau et les étangs, appartiennent aux mêmes espèces. Les saints hommes comparés avec la multitude sont aussi de la même espèce ; mais ils sortent de leur espèce, ils s'élèvent au-dessus d'elle, et dominent la foule des autres hommes. Depuis qu'il

---

[1] C'est au plus haut degré de sainteté qu'il aspire.
[2] C'est-à-dire, *S'il n'est pas éclairé*. (*Commentaire*.)
[3] *S'il n'est pas honorable*. (*Commentaire*.)
[4] *Commentaire*.

[1] *Commentaire*.
[2] « Les paroles de ces témoins oculaires sont dignes de confiance. » (*Commentaire*.)

existe des hommes jusqu'à nos jours, il n'y en a pas eu de plus accompli que KHOUNG-TSEU.

3. MENG-TSEU dit : Celui qui emploie toutes ses forces disponibles¹ à simuler les vertus de l'humanité, veut devenir chef des grands vassaux. Pour devenir chef des grands vassaux, il doit nécessairement avoir un grand royaume. Celui qui emploie toute sa vertu à pratiquer l'humanité, règne véritablement ; pour régner véritablement, il n'a pas à attendre, à convoiter un grand royaume. Ainsi *Tching-thang*, avec un État de soixante et dix *li* (sept lieues) d'étendue ; *Wen-wang* avec un État de cent *li* (dix lieues) d'étendue, parvinrent à l'empire.

Celui qui dompte les hommes et se les soumet par la force des armes, ne subjugue pas les cœurs ; pour cela, la force, quelle qu'elle soit, est toujours insuffisante². Celui qui se soumet les hommes par la vertu, porte la joie dans les cœurs qui se livrent sans réserve, comme les soixante et dix disciples de KHOUNG-TSEU se soumirent à lui.

Le *Livre des Vers* ³ dit :

« De l'occident et de l'orient,

« Du midi et du septentrion,

« Personne ne pensa à ne pas se soumettre. »

Cette citation exprime ma pensée.

4. MENG-TSEU dit : Si le prince est plein d'humanité, il se procure une grande gloire ; s'il n'a pas d'humanité, il se déshonore. Maintenant si, en haïssant le déshonneur, il persévère dans l'inhumanité, c'est comme si en détestant l'humidité on persévérait à demeurer dans les lieux bas.

Si le prince hait le déshonneur, il ne peut rien faire de mieux que d'honorer la vertu et d'élever aux dignités les hommes distingués par leur savoir et leur mérite. Si les sages occupent les premiers emplois publics ; si les hommes de mérite sont placés dans des commandements qui leur conviennent, et que le royaume jouisse des loisirs de la paix⁴, c'est le temps de reviser et mettre dans un bon ordre le régime civil et le régime pénal. C'est en agissant ainsi que les autres États, quelque grands qu'ils soient, se trouveront dans la nécessité de vous respecter.

Le *Livre des Vers* ⁵ dit :

« Avant que le ciel ne soit obscurci par des nuages

« ou que la pluie ne tombe,

« J'enlève l'écorce de la racine des mûriers

« Pour consolider la porte et les fenêtres de mon

« nid ⁶.

« Après cela, quel est celui d'entre la foule au-

« dessous de moi,

« Qui oserait venir me troubler ? »

KHOUNG-TSEU disait : Oh ! que celui qui a composé ces vers connaissait bien l'art de gouverner !

En effet, si un prince sait bien gouverner son royaume, qui oserait venir le troubler ?

Maintenant, si lorsqu'un royaume jouit de la paix et de la tranquillité, le prince emploie ce temps pour s'abandonner à ses plaisirs vicieux et à la mollesse, il attirera inévitablement sur sa tête de grandes calamités.

Les calamités, ainsi que les félicités, n'arrivent que parce qu'on se les est attirées.

Le *Livre des Vers* ¹ dit :

« Si le prince pense longtemps à se conformer au

« mandat qu'il a reçu du ciel,

« Il s'attirera beaucoup de félicités. »

Le *Taï-kia* ² dit : « Quand le ciel nous envoie des

« calamités, nous pouvons quelquefois les éviter ;

« quand nous nous les attirons nous-mêmes, nous

« ne pouvons les supporter sans périr. » Ces citations expriment clairement ce que je voulais dire.

MENG-TSEU dit : Si le prince honore les sages, et emploie les hommes de mérite dans des commandements ; si ceux qui sont distingués par leurs talents supérieurs sont placés dans les hautes fonctions publiques : alors tous les lettrés de l'empire seront dans la joie et désireront demeurer à sa cour. Si dans les marchés publics on n'exige que le prix de location des places que les marchands occupent, et non une taxe sur les marchandises ; si les règlements des magistrats qui président aux marchés publics sont observés, sans que l'on exige le prix de location des places : alors tous les marchands de l'empire seront dans la joie, et désireront porter leurs marchandises sur les marchés du prince (qui les favorisera ainsi).

Si aux passages des frontières on se borne à une simple inspection sans exiger de tribut ou de droits d'entrée, alors tous les voyageurs de l'empire seront dans la joie et désireront voyager sur les routes du prince qui agira ainsi.

Que ceux qui labourent ne soient assujettis qu'à *l'assistance* (c'est-à-dire à labourer une portion déterminée des champs du prince), et non à payer des redevances, alors tous les laboureurs de l'empire seront dans la joie, et désireront aller labourer dans les domaines du prince. Si les maisons des artisans ne sont pas assujetties à la capitation et à la redevance en toiles, alors toutes les populations seront dans la joie, et désireront devenir les populations du prince.

S'il se trouve un prince qui puisse fidèlement pratiquer ces cinq choses, alors les populations des royaumes voisins lèveront vers lui leurs regards

---

¹ « Comme les armes et les moyens de séduction. » (*Comm.*)
² Conférez le *Tao-te-king*, de *Lao-tseu*.
³ Ode *Wen-wang*, section *Ta-ya*.
⁴ Qu'il n'ait rien à craindre de l'extérieur ni à souffrir de l'intérieur. (*Commentaire*.)
⁵ Ode *Tchi-hiao*, section *Kouë-foung*.
⁶ C'est un oiseau qui parle.

¹ Ode *Wen-wang*, section *Ta-ya*.
² Chapitre du *Chou-king*.

comme vers un père et une mère. Or, on n'a jamais vu, depuis qu'il existe des hommes jusqu'à nos jours, que des fils et des frères aient été conduits à attaquer leurs père et mère. Si cela est ainsi, alors le prince n'aura aucun ennemi dans l'empire. Celui qui n'a aucun adversaire dans l'empire, est l'envoyé du ciel. Il n'a pas encore existé d'homme qui, après avoir agi ainsi, n'ait pas régné sur l'empire.

6. MENG-TSEU dit : Tous les hommes ont un cœur compatissant et miséricordieux pour les autres hommes. Les anciens rois avaient un cœur compatissant, et par cela même ils avaient un gouvernement doux et compatissant pour les hommes. Si le prince a un cœur compatissant pour les hommes, et qu'il mette en pratique un gouvernement doux et compatissant, il gouvernera aussi facilement l'empire qu'il tournerait un objet dans la paume de sa main.

Voici comment j'explique le principe que j'ai avancé ci-dessus, que *tous les hommes* ont un cœur compatissant et miséricordieux pour les autres hommes : Je suppose que des hommes voient tout à coup un jeune enfant près de tomber dans un puits ; tous éprouvent à l'instant même un sentiment de crainte et de compassion caché dans leur cœur ; et ils éprouvent ce sentiment, non parce qu'ils désirent nouer des relations d'amitié avec le père et la mère de cet enfant ; non parce qu'ils sollicitent les applaudissements ou les éloges de leurs amis et de leurs concitoyens, ou qu'ils redoutent l'opinion publique.

On peut tirer de là les conséquences suivantes : Si l'on n'a pas un cœur miséricordieux et compatissant, on n'est pas un homme ; si l'on n'a pas les sentiments de la honte et de l'aversion, on n'est pas un homme ; si l'on n'a pas les sentiments d'abnégation et de déférence, on n'est pas un homme ; si l'on n'a pas le sentiment du vrai et du faux, ou du juste et de l'injuste, on n'est pas un homme.

Un cœur miséricordieux et compatissant est le principe de l'humanité ; le sentiment de la honte et de l'aversion est le principe de l'équité et de la justice ; le sentiment d'abnégation et de déférence est le principe des usages sociaux ; le sentiment du vrai et du faux ou du juste et de l'injuste est le principe de la sagesse.

Les hommes ont en eux-mêmes ces quatre principes, comme ils ont quatre membres. Donc le prince qui, possédant ces quatre principes naturels, dit qu'il ne peut pas les mettre en pratique, se nuit à lui-même, se perd complètement ; et ceux qui disent que leur prince ne peut pas les pratiquer, ceux-là perdent leur prince.

Chacun de nous, nous avons ces quatre principes en nous-même, et si nous savons tous les développer et les faire fructifier, ils seront comme du feu qui commence à brûler, comme une source qui commence à jaillir. Si un prince remplit les devoirs que ces sentiments lui prescrivent, il acquerra une puissance suffisante pour mettre les quatre mers sous sa protection. S'il ne les remplit pas, il ne sera pas même capable de bien servir son père et sa mère.

7. MENG-TSEU dit : L'homme qui fait des flèches n'est-il pas plus inhumain que l'homme qui fait des cuirasses ou des boucliers ? Le but de l'homme qui fait des flèches est de blesser les hommes, tandis que le but de l'homme qui fait des cuirasses et des boucliers est d'empêcher que les hommes soient blessés. Il en est de même de l'homme dont le métier est de faire des vœux de bonheur à la naissance des enfants, et de l'homme dont le métier est de faire des cercueils [1]. C'est pourquoi on doit apporter beaucoup d'attention dans le choix de la profession que l'on veut embrasser.

KHOUNG-TSEU disait : Dans les villages, l'humanité est admirable. Si quelqu'un ayant à choisir le lieu de sa demeure ne va pas habiter là où réside l'humanité, comment obtiendrait-il le nom d'homme sage et éclairé ? Cette humanité est une dignité honorable conférée par le ciel, et la demeure tranquille de l'homme. Personne ne l'empêchant d'agir librement, s'il n'est pas humain, c'est qu'il n'est pas sage et éclairé.

Celui qui n'est ni humain, ni sage et éclairé ; qui n'a ni urbanité ni équité, est l'esclave des hommes. Si cet esclave des hommes rougit d'être leur esclave, il ressemble au fabricant d'arcs qui rougirait de fabriquer des arcs, et au fabricant de flèches qui rougirait de fabriquer des flèches.

S'il rougit de son état, il n'est rien, pour en sortir, comme de pratiquer l'humanité.

L'homme qui pratique l'humanité est comme l'archer ; l'archer se pose d'abord lui-même droit, et ensuite il lance sa flèche. Si après avoir lancé sa flèche il n'approche pas le plus près du but, il ne s'en prend pas à ceux qui l'ont vaincu, mais au contraire il en cherche la faute en lui-même ; et rien de plus.

8. MENG-TSEU dit : Si *Tseu-lou* se trouvait averti par quelqu'un d'avoir commis des fautes, il s'en réjouissait.

Si l'ancien empereur *Yu* entendait prononcer des paroles de sagesse et de vertu, il s'inclinait en signe de vénération pour les recueillir.

Le grand *Chun* avait encore des sentiments plus élevés : pour lui la vertu était commune à tous les hommes. Si quelques-uns d'entre eux étaient plus vertueux que lui, il faisait abnégation de lui-même pour les imiter. Il se réjouissait d'emprunter ainsi des exemples de vertu aux autres hommes, pour pratiquer lui-même cette vertu.

---

[1] Le premier ne désire que des naissances, et l'autre ne désire que des décès.

Dès le temps où il labourait la terre, où il fabriquait de la poterie, où il faisait le métier de pêcheur, jusqu'à celui où il exerça la souveraineté impériale, il ne manqua jamais de prendre pour exemples les bonnes actions des autres hommes.

Prendre exemple des autres hommes pour pratiquer la vertu, c'est donner aux hommes les moyens de pratiquer cette vertu. C'est pourquoi il n'est rien de plus grand, pour l'homme supérieur, que de procurer aux autres hommes les moyens de pratiquer la vertu.

9. MENG-TSEU dit : *Pe-i* ne servait pas le prince qui n'était pas le prince de son choix, et il ne formait pas des relations d'amitié avec des amis qui n'étaient pas de son choix. Il ne se présentait pas à la cour d'un roi pervers, il ne s'entretenait pas avec des hommes corrompus et méchants ; se tenir à la cour d'un roi pervers, parler avec des hommes corrompus et méchants, c'était pour lui comme s'asseoir dans la boue avec des habits de cour. Si nous allons plus loin, nous trouverons qu'il a encore poussé bien au delà ses sentiments d'aversion et de haine pour le mal ; s'il se trouvait avec un homme rustique dont le bonnet ou le chapeau n'était pas convenablement placé sur sa tête, détournant aussitôt le visage, il s'éloignait de lui, comme s'il avait pensé que son contact allait le souiller. C'est pourquoi il ne recevait pas les invitations des princes vassaux qui se rendaient près de lui, quoiqu'ils missent dans leurs expressions et leurs discours toute la convenance possible : ce refus provenait de ce que il aurait cru se souiller en les approchant.

Lieou-hia-hoeï (premier ministre du royaume de *Lou*) ne rougissait pas de servir un mauvais prince, et il ne dédaignait pas une petite magistrature. S'il était promu à des fonctions plus élevées, il ne cachait pas ses principes de droiture, mais il se faisait un devoir de suivre constamment la voie droite. S'il était négligé et mis en oubli, il n'en avait aucun ressentiment ; s'il se trouvait dans le besoin et la misère, il ne se plaignait pas. C'est pourquoi il disait : « Ce que vous faites vous appartient, et ce « que je fais m'appartient. Quand même vous seriez « les bras nus et le corps nu à mes côtés, comment « pourriez-vous me souiller ? » C'est pourquoi il portait toujours un visage et un front sereins dans le commerce des hommes ; et il ne se perdait point. Si quelqu'un le prenait par la main, et le retenait près de lui, il restait. Celui qui, étant ainsi pris par la main et retenu, cédait à cette invitation, pensait que ce serait aussi ne pas rester pur que de s'éloigner.

MENG-TSEU dit : *Pe-i* avait un esprit étroit ; *Lieou-hia-hoeï* manquait de tenue et de gravité. L'homme supérieur ne suit ni l'une ni l'autre de ces façons d'agir.

CHAPITRE IV,

COMPOSÉ DE 14 ARTICLES.

1. MENG-TSEU dit : Les temps propices du ciel ne sont pas à comparer aux avantages de la terre ; les avantages de la terre ne sont pas à comparer à la concorde entre les hommes.

Supposons une ville ceinte de murs intérieurs de trois *li* de circonférence et de murs extérieurs de sept *li* de circonférence, entourée d'ennemis qui l'attaquent de toutes parts sans pouvoir la prendre. Pour assiéger et attaquer cette ville, les ennemis ont dû obtenir le temps du ciel qui convenait ; mais cependant comme ils n'ont pas pu prendre cette ville, c'est que le temps du ciel n'est pas à comparer aux avantages de la terre (tels que murs, fossés et autres moyens de défenses).

Que les murailles soient élevées ; les fossés, profonds ; les armes et les boucliers, solides et durs ; le riz, abondant : si les habitants fuient et abandonnent leurs fortifications, c'est que les avantages de la terre ne valent pas l'union et la concorde entre les hommes.

C'est pourquoi il est dit : Il ne faut pas placer les limites d'un peuple dans des frontières toutes matérielles, ni la force d'un royaume dans les obstacles que présentent à l'ennemi les montagnes et les cours d'eau, ni la majesté imposante de l'empire dans un grand appareil militaire. Celui qui a pu parvenir à gouverner selon les principes de l'humanité et de la justice, trouvera un immense appui dans le cœur des populations. Celui qui ne gouverne pas selon les principes de l'humanité et de la justice, trouvera peu d'appui. Le prince qui ne trouvera que peu d'appui dans les populations, sera même abandonné par ses parents et alliés. Celui qui aura pour l'assister dans le péril presque toutes les populations, recevra les hommages de tout l'empire.

Si le prince auquel tout l'empire rend hommage attaque celui qui a été abandonné même par ses parents et alliés, qui pourrait lui résister ? C'est pourquoi l'homme d'une vertu supérieure n'a pas besoin de combattre ; s'il combat, il est sûr de vaincre.

2. MENG-TSEU se disposait à aller rendre visite au roi (de *Thsi*), lorsque le roi lui envoya un messager qui vint lui dire de sa part qu'il avait bien désiré le voir, mais qu'il était malade d'un refroidissement qu'il avait éprouvé, et qu'il ne pouvait affronter le vent. Il ajoutait que le lendemain matin il espérait le voir à sa cour, et il demandait s'il ne pourrait pas savoir quand il aurait ce plaisir. MENG-TSEU répondit avec respect que, malheureusement, il était aussi malade, et qu'il ne pouvait aller à la cour.

Le lendemain matin il sortit pour aller rendre les devoirs de parenté à une personne de la famille *Toung-kouo*. *Kong-sun-tcheou* (son disciple) dit : Hier, vous avez refusé (de faire une visite au roi) pour cause de maladie ; aujourd'hui vous allez faire une visite de parenté ; peut-être cela ne convient-il pas ? MENG-TSEU dit : Hier j'étais malade, aujourd'hui je vais mieux ; pourquoi n'irais-je pas rendre mes devoirs de parenté ?

Le roi envoya un exprès pour demander des nouvelles de sa maladie, et il fit aussi appeler un médecin. *Meng-tchoung-tseu* (frère et disciple de MENG-TSEU) répondit respectueusement à l'envoyé du roi : Hier, il reçut une invitation du roi ; mais ayant éprouvé une indisposition qui l'a empêché de vaquer à la moindre affaire, il n'a pu se rendre à la cour. Aujourd'hui, son indisposition s'étant un peu améliorée, il s'est empressé de se rendre à la cour. Je ne sais pas s'il a pu y arriver ou non.

Il envoya aussitôt plusieurs hommes pour le chercher sur les chemins, et lui dire que son frère le priait de ne pas revenir chez lui, mais d'aller à la cour.

MENG-TSEU ne put se dispenser de suivre cet avis, et il se rendit à la demeure de la famille *King-tcheou*, où il passa la nuit. *King-tseu* lui dit : Les principaux devoirs des hommes sont : à l'intérieur ou dans la famille, entre le père et les enfants ; à l'extérieur, ou dans l'État, entre le prince et les ministres. Entre le père et les enfants la tendresse et la bienveillance dominent ; entre le prince et les ministres la déférence et l'équité dominent. Moi *Tcheou*, j'ai vu la déférence et l'équité du roi pour vous, mais je n'ai pas encore vu en quoi vous avez eu de la déférence et de l'équité pour le roi. MENG-TSEU dit : Eh ! pourquoi donc tenez-vous un pareil langage ? Parmi les hommes de *Thsi*, il n'en est aucun qui s'entretienne de l'humanité et de la justice avec le roi. Ne regarderaient-ils pas l'humanité et la justice comme dignes de louanges ! Ils disent dans leur cœur : A quoi servirait-il de parler avec lui d'humanité et de justice ? Voilà ce qu'ils disent. Alors il n'est pas d'irrévérence et d'injustice plus grandes que celles-là ! Moi, je n'ose parler devant le roi, si ce n'est conformément aux principes de *Yao* et de *Chun*. C'est pour cela que de tous les hommes de *Thsi* aucun n'a autant que moi de déférence et de respect pour le roi.

King-tseu dit : Pas du tout ; moi je ne suis pas de cet avis là. On lit dans le *Livre des Rites* : « Quand votre père vous appelle, ne différez pas pour dire : Je vais ; quand l'ordre du prince vous appelle, n'attendez pas votre char. » Vous aviez fermement l'intention de vous rendre à la cour, mais après avoir entendu l'invitation du roi, vous avez aussitôt changé de résolution. Il faut bien que votre conduite ne s'accorde pas avec ce passage du *Livre des Rites*.

MENG-TSEU répondit : Que voulez-vous dire par là ? *Thseng-tseu* disait : « Les richesses des rois de « *Tçin* et de *Thsou* ne peuvent être égalées ; ces « rois se fient sur leurs richesses ; moi je me fie « sur mon humanité : ces rois se fient sur leur haute « dignité et leur puissance, moi je me fie sur mon « équité. De quoi ai-je donc besoin ? » Si ces paroles n'étaient pas conformes à l'équité et à la justice, *Thseng-tseu* les aurait-il tenues ? Il y a peut-être dans ces paroles (de *Thseng tseu*) une doctrine de haute moralité. Il existe dans le monde trois choses universellement honorées : l'une est le rang ; l'autre, l'âge ; et la troisième, la vertu. A la cour, rien n'est comparable au rang ; dans les villes et les hameaux, rien n'est comparable à l'âge ; dans la direction et l'enseignement des générations ainsi que dans l'amélioration du peuple, il n'y a rien de comparable à la vertu. Comment pourrait-il arriver que celui qui ne possède qu'une de ces trois choses (le rang), méprisât l'homme qui en possède deux ?

C'est pourquoi, lorsqu'un prince veut être grand et opérer de grandes choses, il a assez de raison pour ne pas appeler à chaque instant près de lui ses sujets. S'il désire avoir leur avis, il se rend alors près d'eux ; s'il n'honore pas la vertu, et qu'il ne se réjouisse pas des bonnes et saines doctrines, il n'agit pas ainsi. Alors il n'est pas capable de remplir ses fonctions [1].

C'est ainsi que *Tching-thang* s'instruisit d'abord près de *Y-yin*, qu'il fit ensuite son ministre. Voilà pourquoi il gouverna sans peine. *Houan-koung* s'instruisit d'abord près de *Houan-tchoung*, qu'il fit ensuite son ministre. Voilà pourquoi il devint sans peine le chef de tous les grands vassaux.

Maintenant les territoires des divers États de l'empire sont de la même classe (ou à peu près d'une égale étendue) ; les avantages sont les mêmes. Aucun d'eux ne peut dominer les autres. Il n'y a pas d'autre cause à cela, sinon que les princes aiment à avoir des ministres auxquels ils donnent les instructions qu'il leur convient, et qu'ils n'aiment pas à avoir des ministres dont ils recevraient eux-mêmes les instructions.

Tching-thang n'aurait pas osé faire venir près de lui *Y-yin*, ni *Houan-koung*, appeler près de lui *Houan-tchoung*. Si *Houan-tchoung* ne pouvait pas être mandé près d'un petit prince, à plus forte

---

[1] MENG-TSEU veut faire dépendre les princes des sages et des hommes éclairés, et non les sages et les hommes éclairés des princes. Il relève la dignité de la vertu et de la science, qu'il place au-dessus du rang et de la puissance. Jamais peut-être la philosophie n'a offert un plus noble sentiment de sa dignité et de la valeur de ses inspirations. Il serait difficile de reconnaître ici (pas plus que dans aucun autre écrivain chinois) cet esprit de servitude dont on a bien voulu les gratifier en Europe.

raison celui qui ne fait pas grand cas de *Kouan-tchoung!*

3. *Tchin-thsin* (disciple de MENG-TSEU) fit une question en ces termes : Autrefois, lorsque vous étiez dans le royaume de *Thsi*, le roi vous offrit deux mille onces d'or double, que vous ne voulûtes pas recevoir. Lorsque vous étiez dans le royaume de *Soung*, le roi vous en offrit quatorze cents onces et vous les reçûtes. Lorsque vous étiez dans le royaume de *Sie*, le roi vous en offrit mille onces et vous les reçûtes. Si, dans le premier cas, vous avez eu raison de refuser, alors, dans les deux derniers cas, vous avez eu tort d'accepter ; si, dans les deux derniers cas, vous avez eu raison d'accepter, alors, dans le premier cas, vous avez eu tort de refuser. Maître, il faut nécessairement que vous me concédiez l'une ou l'autre de ces propositions.

MENG-TSEU dit : J'ai eu raison dans tous les cas. Quand j'étais dans le royaume de *Soung*, j'allais entreprendre un grand voyage; celui qui entreprend un voyage, a besoin d'avoir avec lui des présents de voyage. Le roi me parla en ces termes : « Je vous « offre les présents de l'hospitalité. » Pourquoi ne les aurais-je pas reçus ?

Lorsque j'étais dans le royaume de *Sie*, j'avais l'intention de prendre des sûretés contre tout fâcheux événement. Le roi me parla en ces termes : « J'ai appris que vous vouliez prendre des sûretés « pour continuer votre voyage; c'est pourquoi je « vous offre cela pour vous procurer des armes. » Pourquoi n'aurais-je pas accepté ?

Quant au royaume de *Thsi*, il n'y avait pas lieu (de m'offrir et d'accepter les présents du roi). S'il n'y avait pas lieu de m'offrir ces présents, je les aurais donc reçus comme don pécuniaire. Comment existerait-il un homme supérieur capable de se laisser prendre à des dons pécuniaires ?

4. Lorsque MENG-TSEU se rendit à la ville de *Phing-lo*, il s'adressa à l'un des premiers fonctionnaires de la ville, et lui dit : Si l'un de vos soldats porteurs de lance abandonne trois fois son poste en un jour, l'expédierez-vous ou non ? Il répondit : Je n'attendrais pas la troisième fois.

[MENG-TSEU ajouta] : S'il en est ainsi, alors vous-même vous avez abandonné votre poste, et cela un grand nombre de fois. Dans les années calamiteuses, dans les années de stérilité et de famine, les vieillards et les infirmes, du peuple dont vous devez avoir soin, qui se sont précipités dans les fossés pleins d'eau, et dans les mares des vallées ; les jeunes gens forts et robustes qui se sont dispersés et se sont rendus dans les quatre parties de l'empire (pour y chercher leur nourriture) sont au nombre de plusieurs milliers.

[Le magistrat] répondit : Il ne dépend pas de moi *Kiu-sin*, que cela soit ainsi.

[MENG-TSEU] poursuivit : Maintenant je vous dirai que s'il se trouve un homme qui reçoive d'un autre des bœufs et des moutons pour en être le gardien et les faire paître à sa place, alors il lui demandera nécessairement des pâturages et de l'herbe pour les nourrir. Si après lui avoir demandé des pâturages et des herbes pour nourrir son troupeau, il ne les obtient pas, alors pensez-vous qu'il ne le rendra pas à l'homme qui le lui a confié, ou qu'au contraire il se tiendra là immobile en le regardant mourir ?

[Le magistrat] répondit : Pour cela, c'est la faute de moi *Kiu-sin*.

Un autre jour, MENG-TSEU étant allé voir le roi, il lui dit : De tous ceux qui administrent les villes au nom du roi, votre serviteur en connaît cinq ; et d'entre ces cinq il n'y a que *Khoung-kiu-sin* qui reconnaisse ses fautes. Lorsqu'il les eut racontées au roi, le roi dit : Quant à ces calamités, c'est moi qui en suis coupable.

5. MENG-TSEU, s'adressant à *Tchi-wa* (ta-fou, ou l'un des premiers fonctionnaires de *Thsi*), lui dit : Vous avez refusé le commandement de la ville de *Ling-khieou*, et vous avez sollicité les fonctions de chef de la justice. Cela paraissait juste, parce que ce dernier poste vous donnait la faculté de parler au roi le langage de la raison. Maintenant, voilà déjà plusieurs lunes d'écoulées depuis que vous êtes en fonctions, et n'avez-vous déjà pas parlé ?

Tchi-wa, ayant fait des remontrances au roi, qui n'en tint aucun compte, se démit de ses fonctions de ministre, et se retira.

Les hommes de *Thsi* dirent : Quant à la conduite de *Tchi-wa*, (à l'égard du roi) elle est parfaitement convenable; quant à celle de MENG-TSEU nous n'en savons rien.

Kong-tou-tseu instruisit son maître de ces propos.

MENG-TSEU répliqua : J'ai toujours entendu dire que celui qui a une magistrature à remplir, s'il ne peut obtenir de faire son devoir, se retire ; que celui qui a le ministère de la parole pour donner des avertissements au roi, s'il ne peut obtenir que ses avertissements soient suivis, se retire. Moi, je n'ai pas de magistrature à remplir ici ; je n'ai pas également le ministère de la parole ; alors, que je me produise à la cour ou que je m'en éloigne, ne suis-je pas libre d'agir comme bon me semble ?

6. Lorsque MENG-TSEU était revêtu de la dignité honoraire de *King*, ou de premier mandarin dans le royaume de *Thsi*, il alla faire des compliments de condoléance à *Teng*; et le roi envoya *Wang-kouan*, premier magistrat de la ville de *Ko*, pour l'assister dans ses fonctions d'envoyé. *Wang-kouan*, matin et soir, voyait MENG-TSEU ; mais en allant et en revenant de *Teng* à *Thsi*, pendant toute la route MENG-TSEU ne s'entretint pas avec lui des affaires de leur légation.

Kong-sun-tcheou dit : Dans le royaume de *Thsi*, la dignité de *King*, ou de premier mandarin, n'est pas petite. La route qui mène de *Thsi* à *Teng* n'est pas également peu longue. En allant et en revenant, vous n'avez pas parlé avec cet homme des affaires de votre légation ; quelle en est la cause ?

MENG-TSEU dit : Ces affaires avaient été réglées par quelqu'un ; pourquoi en aurais-je parlé [1] ?

7. MENG-TSEU quitta le royaume de *Thsi* pour aller rendre les devoirs funèbres (à sa mère) dans le royaume de *Lou*. En revenant dans le royaume de *Thsi*, il s'arrêta dans la petite ville de *Yng*. *Tchoung-yu* (un de ses anciens disciples) lui dit avec soumission : Ces jours passés, ne sachant pas que votre disciple *Yu* était tout à fait inepte, vous m'avez ordonné, à moi *Yu*, de faire faire un cercueil par un charpentier. Dans la douleur où vous vous trouviez, je n'ai pas osé vous questionner à cet égard. Aujourd'hui je désire vous demander une explication sur un doute que j'ai : le bois du cercueil n'était-il pas trop beau ?

MENG-TSEU dit : Dans la haute antiquité, il n'y avait point de règles fixes pour la fabrication des cercueils soit intérieurs soit extérieurs. Dans la moyenne antiquité, les planches du cercueil intérieur avaient sept pouces d'épaisseur ; le cercueil extérieur était de même. Cette règle était observée par tout le monde depuis l'empereur jusqu'à la foule du peuple ; et ce n'était pas assurément pour que les cercueils fussent beaux. Ensuite les parents se livraient à toute la manifestation des sentiments de leur cœur.

Si on n'a pas la faculté de donner à ses sentiments de douleur toute l'expression que l'on désire [2], on ne peut pas se procurer des consolations. Si on n'a pas de fortune, on ne peut également pas se donner la consolation de faire à ses parents de magnifiques funérailles. Lorsqu'ils pouvaient obtenir d'agir selon leur désir, et qu'ils en avaient les moyens, tous les hommes de l'antiquité employaient de beaux cercueils. Pourquoi moi seul n'aurais-je pas pu agir de même ?

Or, si, lorsque leurs père et mère viennent de décéder, les enfants ne laissent pas la terre adhérer à leur corps, auront-ils un seul sujet de regret (pour leur conduite) ?

J'ai souvent entendu dire que l'homme supérieur ne doit pas être parcimonieux à cause des biens du monde, dans les devoirs qu'il rend à ses parents.

8. *Tching-thoung* (ministre du roi de *Thsi*), de son autorité privée, demanda à MENG-TSEU si le royaume de *Yan* pouvait être attaqué ou subjugué par les armes ?

MENG-TSEU dit : Il peut l'être. *Tseu-khouaï* (roi de *Yan*) ne peut, de son autorité privée, donner *Yan* à un autre homme. *Tseu-tchi* (son ministre) ne pouvait accepter le royaume de *Yan* du prince *Tseu-khouaï*. Je suppose, par exemple, qu'un magistrat se trouve ici, et que vous ayez pour lui beaucoup d'attachement. Si, sans en prévenir le roi, et de votre autorité privée, vous lui transférez la dignité et les émoluments que vous possédez ; si ce lettré, également sans avoir reçu le mandat du roi, et de son autorité privée, les accepte de vous : alors pensez-vous que ce soit licite ? En quoi cet exemple diffère-t-il du fait précédent ?

Les hommes de *Thsi* [1] ayant attaqué le royaume de *Yan*, quelqu'un demanda à MENG-TSEU s'il n'avait pas excité *Thsi* à conquérir *Yan* ? Il répondit : Aucunement. *Tching-thoung* m'a demandé si le royaume de *Yan* pouvait être attaqué et subjugué par les armes ? Je lui ai répondu en disant Qu'il pouvait l'être. Là-dessus le roi de *Thsi* et ses ministres l'ont attaqué. Si *Tching-thoung* m'avait parlé ainsi : Quel est celui qui peut l'attaquer et le conquérir ? Alors je lui aurais répondu en disant : Celui qui en a reçu la mission du ciel, celui-là peut l'attaquer et le conquérir.

Maintenant, je suppose encore qu'un homme en ait tué un autre. Si quelqu'un m'interroge à ce sujet, et me dise : Un homme peut-il en faire mourir un autre ? Alors je lui répondrais en disant : Il le peut. Mais si cet homme me disait : Quel est celui qui peut tuer un autre homme ? Alors je lui répondrais en disant : Celui qui exerce les fonctions de ministre de la justice, celui-là peut faire mourir un autre homme (lorsqu'il mérite la mort). Maintenant comment aurais-je pu conseiller de remplacer le gouvernement tyrannique de *Yan* par un autre gouvernement tyrannique [2] ?

9. Les hommes de *Yan* se révoltèrent. Le roi de *Thsi* dit : Comment me présenterai-je sans rougir devant MENG-TSEU ?

Tching-kia (un de ses ministres) dit : Que le roi ne s'afflige pas de cela. Si le roi se compare à *Tcheou-koung* [3], quel est celui qui sera trouvé le plus humain et le plus prudent ?

Le roi dit : Oh ! quel langage osez-vous tenir ?

Le ministre poursuivit : *Tcheou-koung* avait envoyé *Kouan-cho* pour surveiller le royaume de *Yn*; mais *Kouan-cho* se révolta avec le royaume de *Yn* (contre l'autorité de *Tcheou-koung*). Si lorsque *Tcheou-koung* chargea *Kouan-cho* de sa mission, il prévoyait ce qui arriverait, il ne fut pas humain ; s'il ne le prévoyait pas, il ne fut pas prudent. Si

---

[1] Selon plusieurs commentateurs chinois, la cause du silence que MENG-TSEU avait gardé avec son second envoyé, c'est le mépris qu'il avait pour lui.

[2] Si des lois spéciales règlent les funérailles.

[1] Le prince et ses ministres. (*Commentaire*.)

[2] Littéralement, *remplacer un* yan *par un* yan, ou un tyran par un autre tyran. C'est l'interprétation des commentateurs chinois.

[3] Un des plus grands hommes de la Chine. Voyez l'Histoire précédemment citée, pag. 84 et suiv.

Tcheou-koung ne fut pas d'une humanité et d'une prudence consommée, à plus forte raison le roi ne pouvait-il pas l'être (dans la dernière occasion).

Moi *Tchin-kia*, je vous prie de me laisser aller voir MENG-TSEU, et de lui expliquer l'affaire.

Il alla voir MENG-TSEU, et lui demanda quel homme c'était que *Tcheou-koung*?

MENG-TSEU répondit : C'était un saint homme de l'antiquité.

— N'est-il pas vrai qu'il envoya *Kouan-cho* pour surveiller le royaume de *Yn* et que *Kouan-cho* se révolta avec ce royaume?

— Cela est ainsi, dit-il.

— *Tcheou-koung* prévoyait-il qu'il se révolterait, lorsqu'il le chargea de cette mission ?

— Il ne le prévoyait pas.

— S'il en est ainsi, alors le saint homme commit par conséquent une faute?

— *Tcheou-koung* était le frère cadet de *Kouan-cho*, qui était son frère aîné. La faute de *Tcheou-koung* n'est-elle pas excusable?

En effet, si les hommes supérieurs de l'antiquité commettent des fautes, ils se corrigent ensuite. Si les hommes (prétendus) supérieurs de notre temps commettent des fautes, ils continuent à suivre la mauvaise voie (sans vouloir se corriger). Les fautes des hommes supérieurs de l'antiquité sont comme les éclipses du soleil et de la lune ; tous les hommes les voyaient ; et quant à leur conversion, tous les hommes la contemplaient avec joie. Les hommes supérieurs de nos jours, non-seulement continuent à suivre la mauvaise voie, mais encore ils veulent la justifier.

10. MENG-TSEU se démit de ses fonctions de ministre honoraire (à la cour du roi de *Thsi*) pour s'en retourner dans sa patrie.

Le roi étant allé visiter MENG-TSEU, lui dit : Aux jours passés, j'avais désiré vous voir, mais je n'ai pas pu l'obtenir Lorsqu'enfin j'ai pu m'asseoir à vos côtés, toute ma cour en a été ravie. Maintenant vous voulez me quitter pour retourner dans votre patrie ; je ne sais si par la suite je pourrai obtenir de vous visiter de nouveau?

MENG-TSEU répondit : Je n'osais pas vous en prier. Certainement c'est ce que je désire.

Un autre jour le roi, s'adressant à *Chi-tseu*, lui dit : Je désire retenir MENG-TSEU dans mon royaume en lui donnant une habitation et en entretenant ses disciples avec dix mille mesures (*Tchoung*) de riz, afin que tous les magistrats et les habitants du royaume aient sous les yeux un homme qu'ils puissent révérer et imiter. Pourquoi ne le lui annonceriez-vous pas en mon nom?

Chi-tseu confia cette mission à *Tchin-tseu*, pour en prévenir son maître MENG-TSEU. *Tchin-tseu* rapporta à MENG-TSEU les paroles de *Chi-tseu*.

MENG-TSEU dit : C'est bien ; mais comment ce *Chi-tseu* ne sait-il pas que je ne puis accéder à cette proposition[1]? Si je désirais des richesses, comment aurais-je refusé cent mille mesures de riz pour en accepter maintenant dix-mille? Est-ce là aimer les richesses?

Ki-sun disait : C'était un homme bien extraordinaire que *Tseu-cho-i*! Si, en exerçant des fonctions publiques, il n'était pas promu à un emploi supérieur, alors il cessait toute poursuite ; mais il faisait plus, il faisait en sorte que son fils ou son frère cadet fût élevé à la dignité de *King* (l'une des premières du royaume). En effet, parmi les hommes, quel est celui qui ne désire pas les richesses et les honneurs? mais *Tseu-cho-i* lui seul, au milieu des richesses et des honneurs, voulait avoir le monopole, et être le chef du marché qui perçoit pour lui seul tous les profits.

L'intention de celui qui, dans l'antiquité, institua les marchés publics, était de faire échanger ce que l'on possédait contre ce que l'on ne possédait pas. Ceux qui furent commis pour présider à ces marchés, n'avaient d'autre devoir à remplir que celui de maintenir le bon ordre. Mais un homme vil se trouva qui fit élever un grand tertre au milieu du marché pour y monter. De là il portait des regards de surveillance à droite et à gauche, et recueillait tous les profits du marché. Tous les hommes le regardèrent comme un vilain et un misérable. C'est ainsi que depuis ce temps-là sont établis les droits perçus dans les marchés publics ; et la coutume d'exiger des droits des marchands date de ce vilain homme.

11. MENG-TSEU, en quittant le royaume de *Thsi*, passa la nuit dans la ville de *Tcheou*. Il se trouva là un homme qui, à cause du roi, désira l'empêcher de continuer son voyage. Il s'assit près de lui, et lui parla. MENG-TSEU, sans lui répondre, s'appuya sur une table et s'endormit.

L'hôte, qui voulait le retenir, n'en fut pas satisfait, et il lui dit : Votre disciple a passé une nuit entière avant d'oser vous parler ; mais comme il voit, maître, que vous dormez sans vouloir l'écouter, il vous prie de le dispenser de vous visiter de nouveau.

MENG-TSEU lui répondit : Asseyez-vous. Je vais vous instruire de votre devoir. Autrefois si *Mo-kong*, prince de *Lou*, n'avait pas eu un homme (de vertus éminentes) auprès de *Tseu-sse*, il n'aurait pas pu le retenir (à sa cour). Si *Sie-lieou* et *Chin-thsiang* n'avaient pas eu un homme (distingué) auprès de *Mo-kong*, ils n'auraient pas pu rester auprès de sa personne.

Vous, vous avez des projets relativement à un vieillard respectable[3], et vous n'êtes pas même par-

---

[1] C'est-à-dire, demeurer de nouveau dans le royaume de *Thsi*, puisque sa doctrine sur le gouvernement n'y était pas admise. (*Commentaire.*)

[2] Il désigne les émoluments de la dignité de *King*, qu'il avait refusés. (*Commentaire.*)

[3] Il se désigne ainsi lui-même. (*Commentaire.*)

venu à me traiter comme *Tseu-sse.* N'est-ce pas vous qui avez rompu avec le vieillard ? ou si c'est le vieillard qui a rompu avec vous ?

12. MENG-TSEU, ayant quitté le royaume de *Thsi, Yn-sse,* s'adressant à plusieurs personnes, leur dit : Si MENG-TSEU ne savait pas que le roi ne pouvait pas devenir un autre *Tching-thang* ou un autre *Wou-wang,* alors il manque de perspicacité et de pénétration. Si au contraire il le savait, et que dans cette persuasion il soit également venu à sa cour, alors c'était pour obtenir des émoluments. Il est venu de mille *li* (cent lieues) pour voir le roi, et pour n'avoir pas réussi dans ce qu'il désirait, il s'en est allé. Il s'est arrêté trois jours et trois nuits à la ville de *Tcheou* avant de continuer sa route; pourquoi tous ces retards et ces délais? Moi *Sse,* je ne trouve pas cela bien.

Kao-tseu rapporta ces paroles à son ancien maître MENG-TSEU.

MENG-TSEU dit : Comment *Yn-sse* me connaît-il ? Venir de cent lieues pour voir le roi, c'était là ce que je désirais vivement (pour propager ma doctrine). Je quitte ce royaume, parce que je n'ai pas obtenu ce résultat. Est-ce là ce que je désirais ? Je n'ai pu me dispenser d'agir ainsi.

J'ai cru même trop hâter mon départ en ne passant que trois jours dans la ville de *Tcheou* avant de la quitter. Le roi pouvait changer promptement sa manière d'agir. S'il en avait changé, alors il me rappelait près de lui.

Lorsque je fus sorti de la ville sans que le roi m'eût rappelé, j'éprouvai alors un vif désir de retourner dans mon pays. Mais quoique j'eusse agi ainsi, abandonnais-je pour cela le roi ? Le roi est encore capable de faire le bien, de pratiquer la vertu. Si le roi m'emploie un jour, alors non-seulement le peuple de *Thsi* sera tranquille et heureux, mais toutes les populations de l'empire jouiront d'une tranquillité et d'une paix profondes. Le roi changera peut-être bientôt sa manière d'agir ; c'est l'objet de mes vœux de chaque jour.

Suis-je donc semblable à ces hommes vulgaires, à l'esprit étroit, qui, après avoir fait à leur prince des remontrances dont il n'a tenu aucun compte, s'irritent et laissent apparaître sur leur visage le ressentiment qu'ils en éprouvent ? Lorsqu'ils ont pris la résolution de s'éloigner, ils partent et marchent jusqu'à ce que leurs forces soient épuisées, avant de s'arrêter quelque part pour y passer la nuit.

Yn-sse, ayant entendu ces paroles, dit : Je suis véritablement un homme vulgaire.

13. Pendant que MENG-TSEU s'éloignait du royaume de *Thsi, Tchoung-yu,* un de ses disciples, l'interrogea en chemin, et lui dit : Maître, vous ne me semblez pas avoir l'air bien satisfait. Aux jours passés, moi *Yu,* j'ai souvent entendu dire à mon maître : « L'homme supérieur ne murmure point

« contre le ciel, et ne se plaint point des hommes. »

MENG-TSEU répondit : Ce temps-là différait bien de celui-ci [1].

Dans le cours de cinq cents ans, il doit nécessairement apparaître un roi puissant (qui occupe le trône des fils du ciel [2]) ; et dans cet intervalle de temps doit aussi apparaître un homme qui illustre son siècle. Depuis l'établissement de la dynastie des *Tcheou* jusqu'à nos jours, il s'est écoulé plus de sept cents ans. Que l'on fasse le calcul de ce nombre d'années écoulées (en déduisant un période de cinq cents ans), alors on trouvera que ce période est bien dépassé (sans cependant qu'un grand souverain ait apparu). Si on examine avec attention le temps présent, alors on verra qu'il peut apparaître maintenant.

Le ciel, à ce qu'il semble, ne désire pas encore que la paix et la tranquillité règnent dans tout l'empire. S'il désirait que la paix et la tranquillité régnassent dans tout l'empire, et qu'il me rejetât, qui choisirait-il dans notre siècle (pour accomplir cette œuvre) ? Pourquoi donc n'aurais-je pas un air satisfait ?

14. MENG-TSEU ayant quitté le royaume de *Thsi,* et s'étant arrêté à *Kieou* [3], *Kong-sun-tcheou* lui fit une question en ces termes : Exercer une magistrature, et ne pas en accepter les émoluments, était-ce la règle de l'antiquité ?

MENG-TSEU répondit : Aucunement. Lorsque j'étais dans le pays de *Thsoung,* j'obtins de voir le roi. Je m'éloignai bientôt, et je pris la résolution de le quitter entièrement. Je n'en voulus pas changer ; c'est pourquoi je n'acceptai point d'émoluments.

Peu de jours après, le roi ayant ordonné de rassembler des troupes (pour repousser une agression), je ne pus prendre congé du roi. Mais je n'avais pas du tout l'intention de demeurer longtemps dans le royaume de *Thsi.*

CHAPITRE V,

COMPOSÉ DE 5 ARTICLES.

Wen-koung, prince de *Teng,* héritier présomptif du trône de son père [4], voulant se rendre dans le royaume de *Thsou,* passa par celui de *Soung,* pour voir MENG-TSEU.

MENG-TSEU l'entretint des bonnes dispositions naturelles de l'homme ; il lui fit nécessairement l'éloge de *Yao* et de *Chun.*

---

[1] Littéralement, *Illud unum tempus, hoc unum tempus*
[2] Commentaire.
[3] Ville située sur les frontières de *Thsi.*
[4] Littéralement, *fils de la génération* ou *du siècle.*

L'héritier du trône, revenant du royaume de *Thsou*, alla de nouveau visiter MENG-TSEU. MENG-TSEU lui dit : Fils du siècle, mettez-vous en doute mes paroles ? Il n'y a qu'une voie pour tout le monde, et rien de plus.

Tching-hian, parlant à *King-kong*, roi de *Thsi*, lui disait : Ces grands sages de l'antiquité n'étaient que des hommes; nous aussi qui vivons nous sommes des hommes; pourquoi craindrions-nous de ne pas pouvoir égaler leurs vertus ?

Yan-youan disait : Quel homme était-ce que *Chun*, et quel homme suis-je ? Celui qui veut faire tous ses efforts peut aussi l'égaler.

Kong-ming-i disait : *Wen-wang* est mon instituteur et mon maître. Comment *Tcheou-koung* me tromperait-il ?

Maintenant, si vous diminuez la longueur du royaume de *Teng* pour augmenter et fortifier sa largeur, vous en ferez un État de cinquante *li* carrés. De cette manière, vous pourrez en former un bon royaume (en y faisant régner les bons principes de gouvernement). Le *Chou-king* dit : « Si un « médicament ne porte pas le trouble et le désordre « dans le corps d'un malade, il n'opérera pas sa « guérison. »

2. *Ting-kong*, prince de *Teng*, étant mort, le fils du siècle (l'héritier du trône), s'adressant à *Jan-yeou*, lui dit : Autrefois MENG-TSEU s'entretint avec moi dans l'État de *Soung*. Je n'ai jamais oublié dans mon cœur ce qu'il me dit. Maintenant que par un malheureux événement je suis tombé dans un grand chagrin, je désire vous envoyer pour interroger MENG-TSEU, afin de savoir de lui ce que je dois faire dans une telle circonstance.

Jan-yeou, s'étant rendu dans le royaume de *Tseou*, interrogea MENG-TSEU. MENG-TSEU répondit : Les questions que vous me faites ne sont-elles pas véritablement importantes ? C'est dans les funérailles qu'on fait à ses parents que l'on manifeste sincèrement les sentiments de son cœur. *Thseng-tseu* disait : Si pendant la vie de vos parents vous les servez selon les rites; si après leur mort vous les ensevelissez selon les rites; si vous leur offrez les sacrifices *tsi* selon les rites, vous pourrez être appelé plein de piété filiale. Je n'ai jamais étudié les rites que l'on doit suivre pour les princes de tous les ordres; cependant j'en ai entendu parler. Un deuil de trois ans; des habillements de toile grossière, grossièrement faits; une nourriture de riz, à peine mondé, et cuit dans l'eau : voilà ce qu'observaient, et dont se servaient les populations des trois dynasties, depuis l'empereur jusqu'aux dernières classes du peuple.

Après que *Jan-yeou* lui eut rapporté ces paroles, le prince ordonna de porter un deuil de trois ans. Les ministres parents de son père, et tous les fonctionnaires publics, ne voulurent pas s'y conformer; ils dirent : De tous les anciens princes de *Lou* (d'où viennent nos ancêtres), aucun n'a pratiqué cette coutume d'honorer ses parents décédés; de tous nos anciens princes, aucun également n'a pratiqué ce deuil. Quant à ce qui vous concerne, il ne vous convient pas d'agir autrement; car l'histoire dit : « Dans « les cérémonies des funérailles et du sacrifice aux « mânes des défunts, il faut suivre la coutume des « ancêtres. » C'est-à-dire, que nos ancêtres nous ont transmis le mode de les honorer, et que nous l'avons reçu d'eux.

Le prince s'adressant à *Jan-yeou*, lui dit : Dans les jours qui ne sont plus, je ne me suis jamais livré à l'étude de la philosophie [1]. J'aimais beaucoup l'équitation, et l'exercice des armes. Maintenant, les anciens ministres et alliés de mon père et tous les fonctionnaires publics n'ont pas de confiance en moi; ils craignent peut-être que je ne puisse suffire à l'accomplissement des grands devoirs qui me sont imposés. Vous, allez encore pour moi consulter MENG-TSEU à cet égard. *Jan-yeou* se rendit de nouveau dans le royaume de *Tseou* pour interroger MENG-TSEU. MENG-TSEU dit : Les choses étant ainsi, votre prince ne doit pas rechercher l'approbation des autres. KHOUNG-TSEU disait : « Lors- « que le prince venait à mourir, les affaires du « gouvernement étaient dirigées par le premier « ministre [2]. L'héritier du pouvoir ne nourrissait de « riz cuit dans l'eau, et son visage prenait une teinte « très-noire. Lorsqu'il se plaçait sur son siège « dans la chambre mortuaire, pour se livrer à sa « douleur, les magistrats et les fonctionnaires pu- « blics de toutes classes n'osaient se soustraire aux « démonstrations d'une douleur dont l'héritier du « trône donnait le premier exemple. Quand les « supérieurs aiment quelque chose, les inférieurs « l'affectionnent bien plus vivement encore. La « vertu de l'homme supérieur est comme le vent, « la vertu de l'homme inférieur est comme l'herbe. « L'herbe, si le vent vient à passer sur elle, s'in- « cline nécessairement. » Il est au pouvoir du fils du siècle d'agir ainsi.

Lorsque *Jan-yeou* lui eut rapporté ces instructions, le fils du siècle dit : C'est vrai, cela ne dépend que de moi. Et pendant cinq lunes, il habita une hutte en bois (construite en dehors de la porte du palais, pour y passer le temps du deuil) et il ne donna aucun ordre concernant les affaires de l'État. Tous les magistrats du royaume et les membres de sa famille se firent un devoir de l'appeler versé dans la connaissance des rites. Quand le jour des funérailles arriva, des quatre points du royaume vinrent de nombreuses personnes pour le contempler; et les personnes qui avaient assisté aux funérailles furent très-satisfaites de l'air consterné de son visage et de la violence de ses gémissements.

---

[1] Littéralement, à *étudier et à interroger*
[2] Le plus âgé des six *King* ou grands dignitaires.

3. *Wen-koung*, prince de *Teng*, interrogea MENG-TSEU sur l'art de gouverner.

MENG-TSEU dit : Les affaires du peuple [1] ne doivent pas être négligées. Le *Livre des Vers* dit [2] :

« Pendant le jour, vous, cueillez des roseaux;
« Pendant la nuit, vous, faites-en des cordes et des nattes :
« Hâtez-vous de monter sur le toit de vos maisons pour les réparer. »
« La saison va bientôt commencer où il faudra semer tous les grains. »

C'est là l'avis du peuple. Ceux qui ont constamment l'usage d'une propriété suffisante pour leur entretien ont l'esprit constamment tranquille; ceux qui n'ont pas constamment l'usage d'une telle propriété n'ont pas un esprit constamment tranquille. S'ils n'ont pas l'esprit constamment tranquille, alors violation du droit, perversité du cœur, dépravation des mœurs, licence effrénée; il n'est rien qu'ils ne commettent. Si on attend que le peuple soit plongé dans le crime pour le corriger par des châtiments, c'est prendre le peuple dans des filets. Comment un homme possédant la vertu de l'humanité, et siégeant sur un trône, pourrait-il prendre ainsi le peuple dans des filets?

C'est pour cette raison qu'un prince sage est nécessairement réfléchi et économe; il observe les rites prescrits envers les inférieurs, et , en exigeant les tributs du peuple, il se conforme à ce qui est déterminé par la loi et la justice.

Yang-hou disait : Celui qui ne pense qu'à amasser des richesses, n'est pas humain; celui qui ne pense qu'à exercer l'humanité, n'est pas riche.

Sous les princes de la dynastie *Hia*, cinquante arpents de terre payaient tribut (ou étaient soumis à la dîme); sous les princes de la dynastie *Yn*, soixante et dix arpents étaient assujettis à la corvée d'assistance (*tsou*); les princes de la dynastie *Tcheou* exigèrent ces deux premiers tributs pour cent arpents de terre (que reçut chaque famille). En réalité l'une et l'autre de ces dynasties prélevèrent la dîme [3] sur les terres. Le dernier de ces tributs est une répartition égale de toutes les charges; le second est un emprunt.

Loung-tseu disait : En faisant la division et répartition des terres, on ne peut pas établir de meilleur impôt que celui de l'*assistance* (*tsou*); on ne peut pas en établir de plus mauvais que celui de la *dîme* (*koung*). Pour ce dernier tribut, le prince calcule le revenu moyen de plusieurs années, afin d'en faire la base d'un impôt constant et invariable. Dans les années fertiles où le riz est très-abondant , et où ce ne serait pas exercer de la tyrannie que d'exiger un tribut plus élevé, on exige relativement peu. Dans les années calamiteuses, lorsque le laboureur n'a pas même de quoi fumer ses terres, on exige absolument de lui l'intégralité du tribut. Si celui qui est constitué pour être le père et la mère du peuple agit de manière à ce que les populations, les regards pleins de courroux, s'épuisent jusqu'à la fin de l'année par des travaux continuels, sans que les fils puissent nourrir leurs père et mère, et qu'en outre les laboureurs soient obligés d'emprunter à gros intérêts pour compléter leurs taxes; s'il fait en sorte que les vieillards et les enfants, à cause de la détresse qu'ils éprouvent, se précipitent dans les fossés pleins d'eau, en quoi sera-t-il donc le père et la mère du peuple?

Les traitements ou pensions héréditaires [1] sont déjà en vigueur depuis longtemps dans le royaume de *Teng*.

Le *Livre des Vers* dit [2] :

« Que la pluie arrose d'abord les champs que nous cultivons en commun [3];
« Et qu'elle atteigne ensuite nos champs privés. »

C'est seulement lorsque le système du tribut d'*assistance* (*tsou*) est en vigueur que l'on cultive des champs en commun. D'après cette citation du *Livre des Vers*, on voit que même sous les *Tcheou* on percevait encore le tribut d'*assistance*.

Établissez des écoles de tous les degrés pour instruire le peuple, celles où l'on enseigne à respecter les vieillards, celles où l'on donne l'instruction à tout le monde indistinctement, celles où l'on apprend à tirer de l'arc qui se nommait *Hiao* sous les *Hia* et *Sin* sous les *Yin*, et *Tsiang* sous les *Tcheou*. Celles que l'on nomme *hio* (*études*) ont conservé ce nom sous les trois dynasties. Toutes ces écoles sont destinées à enseigner aux hommes leurs devoirs. Lorsque les devoirs sont clairement enseignés par les supérieurs, les hommes de la foule commune s'aiment mutuellement dans leur infériorité.

S'il arrivait qu'un grand roi apparût dans l'empire, il prendrait certainement votre gouvernement pour exemple. C'est ainsi que vous deviendriez le précepteur d'un grand roi.

Le *Livre des Vers* dit :

« Quoique la famille des *Tcheou* possédât depuis
« longtemps une principauté royale,
« Le mandat qu'elle a reçu du ciel est récent [4]. »

C'est de *Wen-wang* dont il est question. Si vous faites tous vos efforts [5] pour mettre en pratique les instructions ci-dessus [6], vous pourrez aussi renouveler votre royaume.

Wen-koung envoya *Pi-tchen* pour interroger

---

[1] Celle de l'agriculture. (*Commentaire*.)
[2] De *Thsi-youet*, section *Pin-foung*.
[3] Ou de dix parties une. (*Commentaire*.)

[1] Traitements prélevés sur les revenus royaux, et accordés aux fils et aux petits-fils de ceux qui se sont illustrés par leurs mérites ou leurs actions dans l'État. (*Commentaire*.)
[2] Ode *Ta-thian*, section *Siao-ya*.
[3] Et appartenant au prince.
[4] Ces deux vers sont déjà cités dans le *Ta-hio*, chap. II, § 3.
[5] Il indique *Wen-kong*. (*Commentaire*).
[6] L'établissement des écoles de tous les degrés. (*Comm*.)

MENG-TSEU sur les terres divisées en carrés égaux.

MENG-TSEU dit : Votre prince est disposé à pratiquer un gouvernement humain, puisqu'il vous a choisi pour vous envoyer près de moi ; vous devez faire tous vos efforts pour répondre à sa confiance. Ce gouvernement humain doit commencer par une détermination des limites ou bornes des terres. Si la détermination des limites n'est pas exacte, les divisions en carrés des champs ne seront pas égales, et les salaires ou pensions en nature ne seront pas justement réparties. C'est pourquoi les princes cruels et leurs vils agents se soucient fort peu de la délimitation des champs. Une fois la détermination des limites exécutée exactement, la division des champs et la répartition des pensions ou traitements en nature pourront être assises sur des bases sûres et déterminées convenablement.

Quoique le territoire de l'État de Teng soit étroit et petit, il faut qu'il y ait des hommes supérieurs (par leur savoir [1], des fonctionnaires publics), il faut qu'il y ait des hommes rustiques. S'il n'y a pas d'hommes supérieurs ou de fonctionnaires publics, personne ne se trouvera pour gouverner et administrer les hommes rustiques ; s'il n'y a pas d'hommes rustiques, personne ne nourrira les hommes supérieurs, ou les fonctionnaires publics.

Je voudrais que dans les campagnes éloignées des villes, sur neuf divisions quadrangulaires égales, une d'elles (celle du milieu) fût cultivée en commun pour subvenir aux traitements des magistrats ou fonctionnaires publics par le tribut d'*assistance*; et que dans le milieu du royaume (près de la capitale) on prélevât la dîme, comme impôt ou tribut.

Tous les fonctionnaires publics, depuis les plus élevés en dignité jusqu'aux plus humbles, doivent chacun avoir un champ *pur* (dont les produits sont employés uniquement dans les sacrifices ou cérémonies en l'honneur des ancêtres). Le champ *pur* doit contenir cinquante arpents.

Pour les frères (cadets qui ont atteint leur seizième année [2]), on doit ajouter vingt-cinq arpents de terre.

Ni la mort, ni les voyages ne feront sortir ces colons de leur village. Si les champs de ce village sont divisés en portions quadrangulaires semblables, au dehors comme au dedans, ils formeront des liens étroits d'amitié ; ils se protégeront et s'aideront mutuellement dans leurs besoins et leurs maladies ; alors toutes les familles vivront dans une union parfaite.

Un *li* carré d'étendue constitue un *tsing* (portion carrée de terre) ; un *tsing* contient neuf cents arpents ; dans le milieu se trouve le champ public [3]. Huit familles, ayant toutes chacune cent arpents en propre, entretiennent ensemble le champ public ou commun. Les travaux communs étant achevés, les familles peuvent ensuite se livrer à leurs propres affaires. Voilà ce qui constitue l'occupation distincte des hommes des champs.

Voilà le résumé de ce système. Quant aux modifications et améliorations qu'on peut lui faire subir, cela dépend du prince et de vous.

4. Il fut un homme du nom du *Hiu-hing* qui, vantant beaucoup les paroles de l'ancien empereur *Chin-noung*, passa du royaume de *Thsou* dans celui de *Teng*. Étant parvenu à la porte de *Wen-kong*, il lui parla ainsi : « Moi homme d'une région éloignée, j'ai entendu dire que le prince pratiquait un gouvernement humain [1]. Je désire recevoir une habitation et devenir son paysan.

Wen-kong lui donna un endroit pour habiter. Ceux qui le suivaient, au nombre de quelques dizaines d'hommes, se couvrirent tous d'habits de laine grossière. Les uns tressaient des sandales, les autres, des nattes de jonc, pour se procurer leur nourriture.

Un certain *Tchin-siang*, disciple de *Tchin-liang* [2], accompagné de son frère cadet nommé *Sin*, portant les instruments de labourage sur leurs épaules, vinrent de l'État de *Soung* dans celui de *Teng*, et dirent : Nous avons appris que le prince pratiquait le gouvernement des saints hommes (de l'antiquité) ; il est donc aussi lui-même un saint homme. Nous désirons être les paysans du saint homme.

Tchin-siang ayant vu *Hiu-hing* en fut ravi de joie. Il rejeta complètement les doctrines, qu'il avait apprises de son premier maître, pour étudier celles de *Hiu-hing*.

Tchin-siang, étant allé voir MENG-TSEU, lui rapporta les paroles de *Hiu-hing*, en disant : « Le prince de *Teng* est véritablement un sage prince ; mais quoiqu'il en soit ainsi, il n'a pas encore été instruit des saines doctrines. Le prince sage cultive la terre et se nourrit avec le peuple ; il gouverne en même temps qu'il prépare lui-même ses aliments. Maintenant le prince de *Teng* a des greniers et des trésors privés ; en agissant ainsi, il fait tort au peuple pour s'entretenir lui-même. Comment peut-on l'appeler sage ? »

MENG-TSEU dit : *Hiu-tseu* sème certainement lui-même le millet dont il se nourrit ?

— Oui.

— *Hiu-tseu* tisse certainement lui-même la toile de chanvre dont il se fait des vêtements ?

— En aucune façon. *Hiu-tseu* porte des vêtements de laine.

— *Hiu-tseu* porte un bonnet ?

---

[1] Nécessité d'établir des écoles.
[2] Commentaire.
[3] Voyez la figure que nous avons donnée de cette division, *Chou-king*, pag. 65.

[1] Il veut parler de la distribution des terres en portions carrées. (*Commentaire.*)
[2] Du royaume de *Thsou*.

— Il porte un bonnet.
— Quel genre de bonnet?
— Un bonnet de toile sans ornement.
— Tisse-t-il lui-même cette toile?
— Aucunement. Il l'échange contre du millet.
— Pourquoi *Hiu-tseu* ne la tisse-t-il pas lui-même?
— En le faisant, il nuirait à ses travaux d'agriculture.
— *Hiu-tseu* se sert-il de vases d'airain ou de vases de terre pour cuire ses aliments? Se sert-il d'un soc de fer pour labourer?
— Sans doute.
— Les confectionne-t-il lui-même?
— Aucunement. Il les échange contre du millet.
— Si celui qui échange contre du millet les instruments aratoires et les ustensiles de cuisine dont il se sert, ne croit pas faire du tort aux fabricants d'instruments aratoires et d'ustensiles de cuisine, alors ces derniers, qui échangent leurs instruments aratoires et leurs ustensiles de cuisine contre du millet, pensent-ils faire du tort aux laboureurs? Pourquoi donc *Hiu-tseu* ne fait-il pas le potier et le forgeron? Il n'aurait qu'à prendre dans l'intérieur de sa maison tous ces objets dont il a besoin pour s'en servir. Pourquoi se donner tant de peine de faire des échanges pareils avec tous les artisans? Comment *Hiu-tseu* ne craint-il pas tous ces ennuis?

Tchin-siang répondit: Les travaux des artisans ne peuvent certainement pas se faire en même temps que ceux de l'agriculture.

S'il en est ainsi, reprit MENG-TSEU, le gouvernement d'un empire est donc la seule occupation qui puisse s'allier avec les travaux de l'agriculture? Il est des affaires qui appartiennent aux grands hommes [1], il en est qui appartiennent aux hommes du commun. Or, une seule personne (en cultivant la terre) prépare (au moyen des échanges) les objets que tous les artisans confectionnent. Si vous étiez obligés de les confectionner vous-mêmes pour vous en servir ensuite, ce serait forcer tout le monde à être sans cesse sur les chemins. C'est pourquoi il est dit: « Les uns travaillent de leur intelligence, les autres travaillent de leurs bras. Ceux « qui travaillent de leur intelligence gouvernent les « hommes; ceux qui travaillent de leurs bras sont « gouvernés par les hommes. Ceux qui sont gouvernés par les hommes nourrissent les hommes; « ceux qui gouvernent les hommes sont nourris par « les hommes. » C'est la loi universelle du monde.

Dans le temps de *Yao*, l'empire n'était pas encore tranquille. D'immenses eaux, débordant de toutes parts, inondèrent l'empire; les plantes et les arbres croissaient avec surabondance; les oiseaux et les bêtes fauves se multipliaient à l'infini. les cinq sortes de grains ne pouvaient mûrir; les oiseaux et les bêtes fauves causaient les plus grands dommages aux hommes; leurs vestiges se mêlaient sur les chemins avec ceux des hommes jusqu'au milieu de l'empire. *Yao* était seul à s'attrister de ces calamités. Il éleva *Chun* (à la dignité suprême) pour l'aider à étendre davantage les bienfaits d'un bon gouvernement. *Chun* ordonna à *I* (*Pé-i*) de présider au feu. Lorsque *I* eut incendié les montagnes et les fondrières, les oiseaux et les bêtes fauves (qui infestaient tout) se cachèrent.

Yu [1] rétablit le cours des neuf fleuves, fit écouler le *Thsi* et le *Ta* dans la mer. Il dégagea le cours des fleuves *Jou* et *Han* des obstacles qui les obstruaient; il fit couler les rivières *Hoaï* et *Sse* dans le fleuve *Kiang*. Cela fait, les habitants du royaume du milieu purent ensuite obtenir des aliments (en labourant et ensemençant les terres [2]). A cette époque, *Yu* fut huit années absent (occupé de ses grands travaux); il passa trois fois devant la porte de sa maison sans y entrer. Aurait-il pu labourer ses terres, quand même il l'aurait voulu?

Heou-tsi enseigna au peuple à semer et à moissonner. Lorsque les cinq sortes de grains furent semés, et que les champs ensemencés furent purgés de la zizanie, les cinq sortes de grains vinrent à maturité, et les hommes du peuple eurent de quoi se nourrir.

Les hommes ont en eux le principe de la raison; mais si tout en satisfaisant leur appétit, en s'habillant chaudement, en se construisant des habitations commodes, ils manquent d'instruction, alors ils se rapprochent beaucoup des animaux.

Les saints hommes (*Yao* et *Chun*) furent affligés de cet état de choses. *Chun* ordonna à *Sie* de présider à l'éducation du peuple, et de lui enseigner les devoirs des hommes, afin que les pères et les enfants aient de la tendresse les uns pour les autres; que le prince et ses ministres aient entre eux des rapports équitables; que le mari et la femme sachent la différence de leurs devoirs mutuels; que le vieillard et le jeune homme soient chacun à leur place; que les amis et les compagnons aient de la fidélité l'un pour l'autre.

L'homme aux mérites éminents [3] disait (à son frère *Sie*): « Va consoler les populations, appelle-les « à toi; ramène-les à la vertu; corrige-les, aide-les, « fais-les prospérer; fais que par elles-mêmes elles « retournent au bien; en outre, répands sur elles de « nombreux bienfaits. » Lorsque ces saints hommes se préoccupaient ainsi avec tant de sollicitude du bonheur des populations, pensez-vous qu'ils aient eu le loisir de se livrer aux travaux de l'agriculture?

---

[1] À ceux qui gouvernent un empire. (*Commentaire*.)

[1] Voyez ci-devant les travaux de *Yu* rapportés dans le *Chou-king*, page 60.
[2] *Commentaire*.
[3] *Yao*, ainsi appelé par ses ministres (*Commentaire*.)

Yao était tourmenté par la crainte de ne pas rencontrer un homme comme *Chun* (pour l'aider à gouverner l'empire); et *Chun* était tourmenté par la crainte de ne pas rencontrer des hommes comme *Yu* et *Hao-Yao*. Ceux qui sont tourmentés de la crainte de ne pas cultiver cent arpents de terre, ceux-là sont des agriculteurs.

L'action de partager aux hommes ses richesses, s'appelle bienfaisance; l'action d'enseigner la vertu aux hommes, s'appelle droiture du cœur; l'action d'obtenir l'affection des hommes pour gouverner l'empire, s'appelle humanité. C'est pour cette raison qu'il est facile de donner l'empire à un homme, mais qu'il est difficile d'obtenir l'affection des hommes pour gouverner l'empire.

KHOUNG-TSEU disait : O que *Yao* fut grand comme prince! Il n'y a que le ciel qui soit grand; il n'y a que *Yao* qui ait imité sa grandeur. Que ses vertus et ses mérites étaient incommensurables! Les populations ne purent trouver de termes pour les qualifier. Quel prince c'était que *Chun*! qu'il était grand et sublime! Il posséda l'empire sans s'en glorifier.

Tant que *Yao* et *Chun* gouvernèrent l'empire, n'eurent-ils pas assez de quoi occuper toute leur intelligence, sans se livrer encore aux travaux de l'agriculture?

J'ai entendu dire que certains hommes, en se servant (des enseignements et des doctrines répandus par les grands empereurs) de la dynastie *Hia*, avaient changé les mœurs des barbares; je n'ai jamais entendu dire que des hommes éclairés par ces doctrines, aient été convertis à la barbarie par les barbares. *Tchin-liang*, natif de l'État de *Thsou*, séduit par les principes de *Tcheou-koung* et de *Tchoung-ni*, étudia dans la partie septentrionale du royaume du milieu. Les savants de cette région septentrionale n'ont peut-être jamais pu le surpasser en savoir; il est ce que vous appelez un lettré éminent par ses talents et son génie. Vous et votre frère cadet, vous avez été ses disciples quelques dizaines d'années. Votre maître mort, vous lui avez aussitôt fait défection.

Autrefois, lorsque KHOUNG-TSEU mourut, après avoir porté son deuil pendant trois ans, ses disciples, ayant disposé leurs effets pour s'en retourner chacun chez eux, allèrent tous prendre congé de *Tseu-koung*. Lorsqu'ils se retrouvèrent ainsi en présence l'un de l'autre, ils fondirent en larmes et gémirent à en perdre la voix. Ensuite ils s'en retournèrent dans leurs familles. *Tseu-koung* revint près du tombeau de son maître; il se construisit une demeure près de ce tombeau, et l'habita seul pendant trois années. Ensuite il s'en retourna dans sa famille.

Un autre jour, *Tseu-hia*, *Tseu-tchang* et *Tseu-yeou*, considérant que *Yeou-jo* avait beaucoup de ressemblance avec le saint homme (leur maître), voulaient le servir comme ils avaient servi KHOUNG-TSEU. Comme ils pressaient *Thseng-tseu* de se joindre à eux, *Thseng-tseu* leur dit : Cela ne convient pas. Si vous laviez quelque chose dans le *Hiang* et le *Kan*, et si vous exposez cet objet au soleil d'automne pour le sécher, oh! qu'il sera éclatant et pur! sa blancheur ne pourra être surpassée.

Maintenant, ce barbare des régions méridionales, homme à la langue de l'oiseau criard *Kioué*, ne possède aucunement la doctrine des anciens rois; comme vous avez abandonné votre maître pour étudier sous lui, vous différez beaucoup de *Thseng-tseu*.

J'ai entendu dire que « l'oiseau sortant de la profonde vallée, s'envolait au sommet des arbres. » Je n'ai jamais entendu dire qu'il descendait du sommet des arbres pour s'enfoncer dans les vallées ténébreuses. Le *Lou-soung* [2] dit :

« Il [3] mit en fuite les barbares de l'occident et du « septentrion,
« Et il dompta les royaumes de *King* et de « *Chou*. »

C'est sous un homme des régions barbares, que *Tcheou-koung* vainquit, que vous étudiez! Je pense, moi, que ce n'est pas bien de changer ainsi.

[*Tching-liang* répondit] : Si l'on suivait la doctrine de *Hiu-tseu*, alors la taxe dans les marchés ne serait pas double, et la fraude ne s'exercerait pas jusqu'au centre du royaume. Quand même vous enverriez au marché un jeune enfant de douze ans, on ne le tromperait pas. Si des pièces de toile de chanvre et d'étoffe de soie avaient la même longueur et la même largeur, alors leur prix serait le même; si des tas de chanvre brut et de chanvre, de soie écrue et de soie préparée avaient le même poids, alors leur prix serait le même; si les cinq sortes de grains étaient en même quantité, petite ou grande, alors leur prix serait le même; et des souliers de la même grandeur se vendraient également le même prix.

MENG-TSEU dit : L'inégale valeur des choses est dans la nature même des choses. Certaines choses diffèrent entre elles d'un prix double, quintuple, certaines autres, d'un prix décuple, centuple; d'autres encore, d'un prix mille fois ou dix mille fois plus grand. Si vous confondez ainsi toutes choses en leur donnant à toutes une valeur proportionnée seulement à la grandeur ou à la quantité, vous jetez le trouble dans l'empire. Si de bons souliers et de mauvais souliers sont du même prix, quel homme voudrait en confectionner de bons? Si l'on suivait les doctrines de *Hiu-tseu*, on s'exciterait mutuellement à exercer la fraude : comment pourrait-on alors gouverner sa famille et l'État?

---

[1] Paroles du *Livre des Vers*, ode *Fa-mo*, section *Siao-ya*.
[2] Section du *Livre des Vers*, ode *Pi-Kong*.
[3] *Tcheou-koung*.

5. Un nommé *I-tchi*, disciple de *Mé*, demanda, par l'entremise de *Siu-phi*[1], à voir MENG-TSEU. MENG-TSEU dit : Je désire certainement le voir; mais maintenant je suis encore malade. Lorsque je serai mieux, moi j'irai le voir. Que *I-tseu* se dispense donc de venir.

Le lendemain, il demanda encore à voir MENG-TSEU. MENG-TSEU dit : Aujourd'hui je puis le voir. Si je ne le ramène pas à la droiture et à la vérité, alors c'est que la doctrine que nous suivons ne porte pas l'évidence avec soi. Mais j'ai l'espérance de le ramener aux véritables principes. J'ai entendu dire que *I-tseu* était le disciple de *Mé*. Or, la secte de *Mé* se fait une règle de la plus grande économie dans la direction des funérailles. Si *I-tseu* pense à changer les mœurs et les coutumes de l'empire, pourquoi regarde-t-il cette règle comme contraire à la raison, et en fait-il peu de cas? Ainsi *I-tseu* a enseveli ses parents avec somptuosité; alors il suit de là qu'il s'est conduit envers ses parents selon les principes que sa secte méprise.

Siu-tseu rapporta ces paroles à *I-tseu*. *I-tseu* dit : C'est aussi la doctrine des lettrés. « Les (saints) hommes de l'antiquité avaient la même tendresse pour un jeune enfant au berceau que pour tout autre[2]. » Que signifient ces paroles? Or, moi *Tchi*, j'estime que l'on doit également aimer tout le monde sans acception de personne; mais il faut commencer par ses parents.

Siu-tseu rapporta ces paroles à MENG-TSEU. MENG-TSEU dit : *I-tseu* croit-il qu'il ne doive pas y avoir de différence entre les sentiments que l'on porte au fils de son frère aîné, et les sentiments que l'on porte au jeune enfant au berceau de son voisin? C'est du *Chou-king* dont il a tiré sa citation; mais elle signifie simplement que si un jeune enfant, qui ne fait encore que de se traîner, se laisse tomber dans un puits, ce n'est pas la faute de l'enfant. Or le ciel, en produisant les êtres vivants, a fait en sorte qu'ils aient en eux un principe fondamental unique (qui est de devoir la naissance à leur père et à leur mère[3]). Cependant *I-tseu* partage en deux ce principe fondamental (en obligeant d'aimer pareillement son père et sa mère et les hommes qui passent sur le chemin[4]).

Or, dans les siècles reculés de la haute antiquité, l'usage n'était pas encore établi d'ensevelir ses parents. Lorsque leurs père et mère étaient morts, les enfants prenaient leurs corps et les allaient jeter dans des fosses pratiquées le long des chemins. Le lendemain, lorsqu'ils repassaient auprès d'eux, et qu'ils voyaient que les loups les avaient dévorés, ou que les vers les avaient rongés, une sueur froide couvrait leur front; ils en détournaient leurs regards et ne pouvaient plus en supporter la vue. Cette sueur qui couvrait leur front n'était pas produite en eux pour avoir vu les corps d'autres personnes que ceux de leurs père et mère; mais c'est la douleur qui, de leur cœur, parvenait jusqu'à leur front.

Ils s'en retournaient promptement, et, rapportant avec eux un panier et une bêche, ils couvraient de terre le corps de leurs parents. Cette action de recouvrir de terre le corps de leurs parents, si elle était naturelle et conforme à la raison, alors il faut nécessairement que le fils pieux et l'homme humain aient une règle à suivre pour enterrer leurs parents.

Siu-tseu rapporta ces paroles à *I-tseu*. *I-tseu*, hors de lui-même, s'écria au même instant : Je suis instruit dans la bonne doctrine!

CHAPITRE VI,

COMPOSÉ DE 10 ARTICLES.

1. *Tchin-taï* (disciple de MENG-TSEU) dit : Ne pas faire le premier une visite aux princes de tous rangs, paraît être une chose de peu d'importance. Maintenant, supposez que vous soyez allé les voir le premier, le plus grand bien qui pourra en résulter sera de les faire régner selon les vrais principes, le moindre sera de faire parvenir celui que vous aurez visité au rang de chef des vassaux. Or le *Mémorial* (*tchi*) dit : *En se courbant d'un pied on se redresse de huit.* Il me paraît convenable que vous agissiez ainsi.

MENG-TSEU dit : Autrefois *King-koung*, roi de *Thsi*, voulant aller à la chasse, appela auprès de lui, au moyen de l'étendard orné de plumes, les hommes préposés à la garde du parc royal. Ne s'étant pas rendus à l'appel, il résolut de les faire aussitôt mettre à mort. « L'homme éclairé et ferme dans « sa résolution (dit à ce sujet KHOUNG-TSEU) n'oublie pas que son corps pourra bien être jeté à la « voirie ou dans une fosse pleine d'eau. L'homme « brave et résolu n'oublie pas qu'il peut perdre sa « tête. » Pourquoi KHOUNG-TSEU fit-il ainsi l'éloge (des hommes de résolution)? Il en fait l'éloge, parce que ces hommes ne se rendirent pas à un signal qui n'était pas le leur. Si, sans attendre le signal qui doit les appeler, des hommes préposés à certaines fonctions les abandonnaient, qu'arriverait-il de là?

Or, cette maxime *de se courber d'un pied pour se redresser de huit,* concerne l'utilité ou les avantages que l'on peut retirer de cette conduite. Mais

---

[1] Disciple de MENG-TSEU.
[2] Paroles du *Chou-king*.
[3] *Commentaire*.
[4] *Ibid*.

s'il s'agit d'un simple gain ou profit, est-il permis, en vue de ce profit, de *se courber de huit pieds pour ne se redresser que d'un ?*

Autrefois *Tchao-kian-tseu* (un des premiers fonctionnaires, *ta-fou*, de l'État de *Tçin*) ordonna à *Wang-liang* (un des plus habiles cochers) de conduire son char pour son serviteur favori nommé *Hi*. Pendant tout le jour, il ne prit pas une bête fauve.

Le favori, en rendant compte à son maître de ce résultat, dit : C'est le plus indigne des hommes de l'art de tout l'empire !

Quelqu'un ayant rapporté ces paroles à *Wang-liang*, celui-ci dit : Je prie qu'on me laisse de nouveau conduire le char. Il insista si vivement, que le favori *Hi* y consentit. Dans un seul matin, il prit dix bêtes fauves.

Le favori, en rendant compte à son maître de ce résultat, dit : C'est le plus habile des hommes de l'art de tout l'empire !

Kian-tseu dit alors : J'ordonne qu'il conduise ton char. *Wang-liang*, en ayant été averti, refusa en disant : Lorsque pour lui j'ai dirigé ses chevaux selon les règles de l'art, il n'a pas pu prendre une seule bête fauve de toute la journée ; lorsque pour lui je les ai laissés aller à tort et à travers, en un seul matin il en a pris dix. Le *Livre des Vers* dit :

« Quand il n'oublie pas de guider les chevaux se-
« lon les règles de l'art,
« L'archer lance ses flèches avec la plus grande
« précision. »

Mais je n'ai pas l'habitude de conduire un char pour un homme aussi ignorant des règles de son art. Je vous prie d'agréer mon refus.

Ainsi un cocher a honte même de se voir adjoint à un (mauvais) archer. Il ne voudrait pas y être adjoint quand même cet archer prendrait autant de bêtes fauves qu'il en faudrait pour former une colline. Que serait-ce donc si l'on faisait plier les règles de conduite les plus droites pour se mettre à la merci des princes en allant les visiter le premier ? Or, vous vous êtes trompé (dans votre citation). Celui qui s'est une fois plié soi-même, ne peut plus redresser les autres hommes.

2. *King-tchun* dit : *Kong-sun-yen* et *Tchang-i* ne sont-ils pas de grands hommes ? lorsque l'un d'eux s'irrite, tous les princes tremblent ; lorsqu'ils restent en paix, tout l'empire est tranquille.

MENG-TSEU dit : Comment pour cela peuvent-ils être considérés comme grands ? Vous n'avez donc jamais étudié le *Livre des Rites* ? Lorsque le jeune homme reçoit le bonnet viril, le père lui donne ses instructions ; lorsque la jeune fille se marie, la mère lui donne ses instructions. Lorsqu'elle se rend à la demeure de son époux, sa mère l'accompagne jusqu'à la porte, et l'exhorte en ces termes : Quand tu seras dans la maison de ton mari, tu devras être respectueuse, tu devras être attentive et circonspecte : ne t'oppose pas aux volontés de ton mari. Faire de l'obéissance et de la soumission sa règle de conduite, est la loi de la femme mariée.

Habiter constamment dans la grande demeure du monde [1] ; se tenir constamment sur le droit siège du monde [2] ; marcher dans la grande voie du monde [3] ; quand on a obtenu l'objet de ses vœux (des emplois et des honneurs), faire part au peuple des biens que l'on possède ; lorsqu'on n'a pas obtenu l'objet de ses vœux, pratiquer seul les principes de la droite raison en faisant tout le bien que l'on peut ; ne pas se laisser corrompre par les richesses et les honneurs ; rester immuable dans la pauvreté et l'abjection ; ne pas fléchir à la vue du péril et de la force armée : voilà ce que j'appelle être un grand homme.

3. *Tcheou-siao* fit une question en ces termes : Les hommes supérieurs de l'antiquité remplissaient-ils des fonctions publiques ? MENG-TSEU dit : Ils remplissaient des fonctions publiques. L'histoire dit : si KHOUNG-TSEU passait trois lunes sans obtenir de son prince un emploi public ; alors il était dans un état inquiet et triste. S'il franchissait les frontières de son pays pour aller dans un État voisin, il portait toujours avec lui des dons de bonne réception. *Koung-ming-i* disait : Lorsque les hommes de l'antiquité passaient trois lunes sans obtenir de leur prince des emplois publics, alors ils en étaient vivement affligés. [*Tcheou-siao* dit] : Si l'on est pendant trois mois sans obtenir de son prince un emploi public, et qu'on en soit vivement affligé, n'est-ce pas être beaucoup trop susceptible ?

MENG-TSEU dit : Pour un lettré, perdre son emploi, c'est comme pour les princes perdre leur royaume. Le *Livre des Rites* dit : « Ces princes labourent la
« terre avec l'aide de leurs fermiers pour fournir du
« millet à tout le monde ; leurs femmes élèvent des
« vers à soie, et dévident les cocons pour aider à la
« fabrication des vêtements. »

Si la victime n'est pas parfaitement propre au sacrifice, si le millet que l'on doit offrir n'est pas mondé, si les vêtements ne sont pas préparés, le prince n'ose pas faire la cérémonie aux ancêtres.

Si le lettré n'a pas un champ (comme les fonctions publiques donnent droit d'en avoir un), alors il ne fait pas la cérémonie à ses ancêtres ; si la victime qui doit être immolée, si les ustensiles et les vêtements ne sont pas préparés, il n'ose pas se permettre de faire la cérémonie aux ancêtres ; alors, il n'ose pas se permettre la moindre joie. Cela ne suffit-il pas pour qu'il soit dans l'affliction ?

[*Tcheou-siao* dit : *S'il franchissait les fron-*

---
[1] C'est-à-dire, dans l'*humanité*. (*Commentaire*.)
[2] Se maintenir constamment dans les limites des convenances prescrites par les rites. (*Commentaire*.)
[3] Observer constamment la justice et l'équité dans les fonctions publiques que l'on occupe. (*Commentaire*.)

tières de son pays pour aller dans un État voisin, il portait toujours avec lui des dons de bonne réception; que signifient ces paroles?

Meng-tseu dit : Pour un lettré, occuper un emploi public, c'est comme, pour un laboureur, cultiver la terre. Lorsque le laboureur quitte sa patrie, y laisse-t-il les instruments de labourage?

Tcheou-siao dit : Le royaume de *Tçin* est aussi un royaume où l'on remplit des fonctions publiques. Je n'avais jamais entendu dire que les hommes fussent aussi impatients d'occuper des emplois; s'il convient d'être aussi impatient d'occuper des emplois, que dire des hommes supérieurs qui n'acceptent que difficilement un emploi public?

Meng-tseu dit : Dès l'instant qu'un jeune homme est né (ses père et mère) désirent pour lui une femme; dès l'instant qu'une jeune fille est née (ses père et mère) désirent pour elle un mari. Le sentiment du père et de la mère (pour leurs enfants), tous les hommes l'ont personnellement. Si sans attendre la volonté de leurs père et mère, et les propositions du chargé d'office [1], les jeunes gens pratiquent une ouverture dans les murs de leurs habitations, afin de se voir l'un l'autre à la dérobée; s'ils franchissent les murs pour se voir plus intimement en secret : alors le père et la mère, ainsi que tous les hommes du royaume, condamneront leur conduite, qu'ils trouveront méprisable.

Les hommes de l'antiquité ont toujours désiré occuper des emplois publics; mais de plus ils détestaient de ne pas suivre la voie droite. [2] Ceux qui ne suivent pas leur voie droite, en visitant les princes, sont de la même classe que ceux qui percent les murs (pour obtenir des entrevues illicites).

4. *Pheng-keng* (disciple de Meng-tseu) fit une question en ces termes : Lorsqu'on se fait suivre (comme Meng-tseu) par quelques dizaines de chars, et que l'on se fait accompagner par quelques centaines d'hommes (qui les montent), n'est-il pas déplacé de se faire entretenir par les différents princes dans ses différentes excursions?

Meng-tseu dit : S'il fallait s'écarter de la droite voie, alors il ne serait pas convenable de recevoir des hommes, pour sa nourriture, une seule cuillerée de riz cuit; si on ne s'écarte pas de la droite voie, alors *Chun* peut accepter l'empire de *Yao* sans que cela paraisse déplacé. Vous, pensez-vous que cela soit déplacé?

— Aucunement. Mais il n'est pas convenable qu'un lettré sans mérites, et vivant dans l'oisiveté, mange le pain des autres (en recevant des salaires en nature qu'il ne gagne pas).

[1] Ou entremetteur. Les mariages se font ordinairement en Chine par le moyen des entremetteurs ou entremetteuses avoués, et pour ainsi dire officiels, du moins toujours officieux.

[2] C'est-à-dire qu'ils n'auraient jamais voulu obtenir des emplois par des moyens indignes d'eux.

Meng-tseu dit : Si vous ne communiquez pas vos mérites aux autres hommes; si vous n'échangez rien de ce que vous possédez contre ce que vous ne possédez pas, afin que par votre superflu vous vous procuriez ce qui vous manque, alors le laboureur aura du millet de superflu, la femme aura de la toile dont elle ne saura que faire. Mais si vous faites part aux autres de ce que vous possédez (par des échanges), alors le charpentier et le charron pourront être nourris par vous.

Supposons qu'il y ait ici un homme [1] qui, dans son intérieur, soit rempli de bienveillance, et, au dehors, plein de commisération pour les hommes; que cet homme conserve précieusement la doctrine des anciens rois, pour la transmettre à ceux qui l'étudieront après lui; lorsque cet homme n'est pas entretenu par vous, pourquoi honorez-vous tant les charpentiers et les charrons (qui se procurent leur entretien par leur labeur), et faites-vous si peu de cas de ceux qui (comme l'homme en question) pratiquent l'humanité et la justice?

Tcheou-siao dit : L'intention du charpentier et du charron est de se procurer l'entretien de la vie; l'intention de l'homme supérieur qui pratique les principes de la droite raison, est-elle aussi de se procurer l'entretien de la vie?

Meng-tseu répondit : Pourquoi scrutez-vous son intention? Dès l'instant qu'il a bien mérité envers vous, vous devez le rétribuer, et vous le rétribuez. Or, rétribuez-vous l'intention, ou bien rétribuez-vous les bonnes œuvres?

— Je rétribue l'intention. — Je suppose un homme ici. Cet homme a brisé les tuiles de votre maison pour pénétrer dans l'intérieur, et avec les tisons de l'âtre il a souillé les ornements des murs. Si son intention était, en agissant ainsi, de se procurer de la nourriture, lui donnerez-vous des aliments?

— Pas du tout.

— S'il en est ainsi, alors vous ne rétribuez pas l'intention; vous rétribuez les bonnes œuvres.

5. *Wen-tchang* fit une question en ces termes : Le royaume de *Soung* est un petit royaume. Maintenant il commence à mettre en pratique le mode de gouvernement des anciens rois. Si les royaumes de *Thsi* et de *Thsou* le prenaient en haine et qu'ils portassent les armes contre lui, qu'en arriverait-il?

Meng-tseu dit : Lorsque *Tching-thang* habitait le pays de *Po*, il avait pour voisin le royaume de *Ko*. Le chef de *Ko* avait une conduite dissolue, et n'offrait point de sacrifices à ses ancêtres. *Thang* envoya des hommes qui lui demandèrent pourquoi il ne sacrifiait pas? Il répondit : Je ne puis me procurer de victimes. *Thang* ordonna de lui envoyer des bœufs et des moutons. Le chef de *Ko* les man-

[1] Meng-tseu se désigne lui-même.

gea, et n'en eut plus pour offrir en sacrifice. *Thang* envoya de nouveau des hommes qui lui demandèrent pourquoi il ne sacrifiait pas ? — Je ne puis me procurer du millet pour la cérémonie. *Thang* ordonna que la population de *Po* allât labourer pour lui, et que les vieillards, ainsi que les faibles, portassent des vivres à cette population. Le chef de *Ko*, conduisant avec lui son peuple, alla fermer le chemin à ceux qui portaient le vin, le riz et le millet, et il les leur enleva; et ceux qui ne voulaient pas les livrer, il les tuait. Il se trouvait parmi eux un enfant qui portait des provisions de millet et de viande; il le tua et les lui enleva. Le *Chou-king* dit : « Le chef de *Ko* « traita en ennemis ceux qui portaient des vivres. » Il fait allusion à cet événement.

Parce que le chef de *Ko* avait mis à mort cet enfant, *Thang* lui déclara la guerre. Les populations situées dans l'intérieur des quatre mers dirent unanimement : Ce n'est pas pour enrichir son empire, mais c'est pour venger un mari ou une femme privés de leurs enfants, qu'il leur a déclaré la guerre.

Thang commença la guerre par le royaume de *Ko*. Après avoir vaincu onze rois, il n'eut plus d'ennemis dans l'empire. S'il portait la guerre à l'orient, les barbares de l'occident se plaignaient; s'il portait la guerre au midi, les barbares du nord se plaignaient, en disant : Pourquoi nous laisse-t-il pour les derniers ?

Les peuples aspiraient après lui comme, dans une grande sécheresse, ils aspirent après la pluie. Ceux qui allaient au marché n'étaient plus arrêtés en route; ceux qui labouraient la terre n'étaient plus transportés d'un lieu dans un autre. *Thang* faisait mourir les princes et consolait les peuples, comme dans les temps de sécheresse la pluie qui vient à tomber procure une grande joie aux populations. Le *Chou-king* dit : « Nous attendons no- « tre prince; lorsque notre prince sera venu, nous « serons délivrés de la tyrannie et des supplices. »

Il y avait des hommes qui n'étaient pas soumis; *Wou-wang* se rendit à l'orient pour les combattre. Ayant rassuré les maris et les femmes, ces derniers placèrent leur soie noire et jaune dans des corbeilles, et dirent : En continuant à servir notre roi des *Tcheou*, nous serons comblés de bienfaits. Aussitôt ils allèrent se soumettre dans la grande ville de *Tchéou*. Leurs hommes élevés en dignité remplirent des corbeilles de soie noire et jaune, et ils allèrent avec ces présents au-devant des chefs des *Tcheou*; le peuple remplit des plats de provisions de bouche et des vases de vin, et il alla avec ces présents au-devant de la troupe de *Wou-wang*. (Pour obtenir un pareil résultat) celui-ci délivrait ces populations du feu et de l'eau (c'est-à-dire, de la plus cruelle tyrannie); il mettait à mort leurs tyrans; et voilà tout.

Le *Taï-chi* (un des chapitres du *Chou-king*) dit : « La renommée de ma puissance s'est étendue « au loin; lorsque j'aurai atteint les limites de son « royaume, je me saisirai du tyran. Cette renommée « s'accroîtra encore lorsque j'aurai mis à mort ce « tyran et vaincu ses complices; elle brillera même « de plus d'éclat que celle de *Thang*. »

Le royaume de *Soung* ne pratique pas le mode de gouvernement des anciens rois, comme il vient d'être dit ci-dessus. S'il pratiquait le mode de gouvernement des anciens rois, toutes les populations, situées entre les quatre mers, élèveraient vers lui des regards d'espérance, et n'aspireraient qu'en lui, en désirant que le roi de ce royaume devînt leur prince. Quoique les royaumes de *Thsi* et de *Tsou* soient grands et puissants, qu'aurait-il à en redouter ?

6. Meng-tseu, s'adressant à *Thaï-pou-ching* (ministre du royaume de *Soung*) dit : Désirez-vous que votre roi devienne un bon roi ? Si vous le désirez, je vous donnerai des instructions bien claires à ce sujet. Je suppose que le premier ministre de *Thsou* soit ici. S'il désire que son fils parle le langage de *Thsi*, ordonnera-t-il à un habitant de ce royaume de l'instruire ? ordonnera-t-il à un habitant du royaume de *Thsou* de l'instruire ?

— Il ordonnera à un habitant de *Thsi* de l'instruire.

— Si un seul homme de *Thsi* lui donne de l'instruction, et qu'en même temps tous les hommes de *Thsou* lui parlent continuellement leur langue, quand même le maître le frapperait chaque jour pour qu'il apprît à parler la langue de *Thsi*, il ne pourrait en venir à bout. Si au contraire il l'emmène et le retient pendant plusieurs années dans le bourg de *Tchouang-yo* [1], quand même il le frapperait chaque jour pour qu'il apprît à parler la langue de *Thsou*, il ne pourrait en venir à bout.

Vous avez dit que *Sie-kiu-tcheou* (ministre du royaume de *Soung*) était un homme doué de vertu, et que vous aviez fait en sorte qu'il habitât dans le palais du roi. Si ceux qui habitent le palais du roi, jeunes et vieux, vils et honorés, étaient tous d'autres *Sie-kiu-tcheou*, avec qui le roi pourrait-il mal faire ? Si ceux qui habitent le palais du roi, jeunes et vieux, vils et honorés, étaient tous différents de *Sie-kiu-tcheou*, avec qui le roi pourrait-il faire le bien ? Si donc il n'y a que *Sie-kiu-tcheou* d'homme vertueux, que ferait-il seul près du roi de *Soung* ?

7. *Kong-sun-tcheou* fit une question en ces termes : Vous n'allez pas voir les princes; quel en est le motif ?

Meng-tseu dit : Les anciens qui ne voulaient pas devenir ministres des rois n'allaient pas les voir. *Kouan-kan-mo* évita le prince, qui alla le visiter, en se sauvant par-dessus le mur. *Sie-lieou* ferma

[1] Bourg très-fréquenté du royaume de *Thsi*.

sa porte, et ne voulut pas le recevoir. L'un et l'autre de ces sages allèrent trop loin. Si le prince insiste fortement, le sage lettré peut aller le visiter.

Yang-ho désirait voir Khoung-tseu, mais il redoutait de ne pas observer les rites.

[Il est dit dans le *Livre des Rites*] : Lorsque le premier fonctionnaire porte un présent à un lettré, s'il arrive que celui-ci ne soit pas dans sa maison pour le recevoir, alors il se présente à la demeure du fonctionnaire pour l'en remercier. » Yang-ho s'informa d'un moment où Khoung-tseu se trouvait absent de sa maison, et il choisit ce moment pour aller porter à Khoung-tseu un petit porc salé. Khoung-tseu, de son côté, s'informa d'un moment où Yang-ho était absent de sa maison pour aller l'en remercier. Si Yang-ho était revenu chez lui avant le moment indiqué, Khoung-tseu aurait-il pu s'empêcher de le voir ?

Thseng-tseu disait : Ceux qui se serrent les épaules pour sourire avec approbation à tous les propos de ceux qu'ils veulent flatter, se fatiguent plus que s'ils travaillaient à l'ardeur du soleil.

Tseu-lou disait : Si des hommes dissimulés parlent ensemble avant d'avoir contracté entre eux des liens d'amitié, voyez comme leur visage se couvre de rougeur. Ces hommes-là sont de ceux que je prise peu. En les examinant bien, on peut savoir ce que l'homme supérieur nourrit en lui-même.

8. *Taï-yng-tchi* (premier ministre du royaume de *Soung*) disait : Je n'ai pas encore pu n'exiger pour tribut que le dixième des produits [1], ni abroger les droits d'entrée aux passages des frontières et les taxes des marchés. Je voudrais cependant diminuer ces charges pour attendre l'année prochaine, et ensuite je les supprimerai entièrement. Comment faire ?

Meng-tseu dit : Il y a maintenant un homme qui chaque jour prend les poules de ses voisins. Quelqu'un lui dit : Ce que vous faites n'est pas conforme à la conduite d'un homme honnête et sage. Mais il répondit : Je voudrais bien me corriger peu à peu de ce vice ; chaque mois, je ne prendrai plus qu'une poule pour attendre l'année prochaine, et ensuite je m'abstiendrai complétement de voler. Si l'on sait que ce que l'on pratique n'est pas conforme à la justice, alors on doit cesser incontinent. Pourquoi attendre à l'année prochaine ?

9. *Kong-tou-tseu* dit : Les hommes du dehors proclament tous, maître, que vous aimez à disputer. Oserais-je vous interroger à cet égard ?

Meng-tseu dit : Comment aimerais-je à disputer ? Je ne puis m'en dispenser. Il y a longtemps que le monde existe ; tantôt c'est le bon gouvernement qui règne ; tantôt c'est le trouble et l'anarchie.

A l'époque de l'empereur Yao, les eaux débordées inondèrent tout le royaume. Les serpents et les dragons l'habitaient, et le peuple n'avait aucun lieu pour fixer son séjour. Ceux qui demeuraient dans la plaine se construisaient des huttes comme des nids d'oiseaux ; ceux qui demeuraient dans les lieux élevés se creusaient des habitations souterraines. Le *Chou-king* dit : « Les eaux débordant de toutes « parts, me donnent un avertissement. » Les *eaux débordant de toutes parts* sont de grandes et vastes eaux[1]. *Chun* ayant ordonné à *Yu* de les maîtriser et de les diriger, *Yu* fit creuser la terre pour les faire écouler dans la mer. Il chassa les serpents et les dragons, et les fit se réfugier dans les marais pleins d'herbes. Les eaux des fleuves *Kiang*, *Hoaï*, *Ho* et *Han* recommencèrent à suivre le milieu de leurs lits. Les dangers et les obstacles qui s'opposaient à l'écoulement des eaux étant éloignés, les oiseaux de proie et les bêtes fauves, qui nuisaient aux hommes, disparurent ; ensuite les hommes obtinrent une terre habitable, et ils y fixèrent leur séjour.

Yao et *Chun* étant morts, la doctrine d'humanité et de justice de ces saints hommes dépérit. Des princes cruels et tyranniques apparurent pendant une longue série de générations. Ils détruisirent les demeures et les habitations pour faire à leurs places des lacs et des étangs, et le peuple ne sut plus où trouver un lieu pour se reposer. Ils ravagèrent les champs en culture pour en faire des jardins et des parcs de plaisance ; ils firent tant que le peuple se trouva dans l'impossibilité de se vêtir et de se nourrir. Les discours les plus pervers, les actions les plus cruelles vinrent encore souiller ces temps désastreux. Les jardins et les parcs de plaisance, les lacs et les étangs, les mares et les marais pleins d'herbes se multiplièrent tant que les oiseaux de proie et les bêtes fauves reparurent ; et lorsqu'il tomba entre les mains de *Cheou* (ou *Tcheou-sin*), l'empire parvint au plus haut degré de troubles et de confusion.

Tcheou-kong aida *Wou-wang* à renverser et détruire *Cheou*, et à conquérir le royaume de *Yan*. Après trois années de combats, le prince de ce royaume fut renversé ; *Wou-wang* poursuivit *Feï-lian* jusque dans un coin de terre fermé par la mer, et le tua. Après avoir éteint cinquante royaumes, il se mit à la poursuite des tigres, des léopards, des rhinocéros, des éléphants [2], et les chassa au loin. L'empire fut alors dans une grande joie. Le *Chou-king* dit : « O comme ils brillent d'un grand éclat, « les desseins de *Wen-wang*! comme ils furent « bien suivis par les hauts faits de *Wou-wang*! Ils « ont aidé et instruit les hommes de nos jours, qui

浲水者洪水也 *Kiang-choui-tche; koung-choui-ye.*

---

[1] Littéralement : qu'*une partie sur dix*, ou la dîme.

[2] En un mot, de toutes les bêtes que *Cheou-sin* entretenait dans ses parcs royaux pour ses plaisirs.

« sont leur postérité. Tout est maintenant parfai-
« tement réglé ; il n'y a rien à reprendre. »

La génération suivante est dégénérée; les principes d'humanité et de justice (proclamés par les saints hommes et enseignés dans les livres sacrés [1]) sont tombés dans l'oubli. Les discours les plus pervers, les actions les plus cruelles, sont venus de nouveau troubler l'empire. Il s'est trouvé des sujets qui ont fait mourir leur prince ; il s'est trouvé des fils qui ont fait mourir leur père.

Khoung-tseu, effrayé (de cette grande dissolution), écrivit son livre intitulé le *Printemps et l'Automne*[2] (*Tchun-thsieou*). Ce livre contient les devoirs du fils du ciel (ou de l'empereur). C'est pourquoi Khoung-tseu disait : « Celui qui me con-
« naîtra, ne me connaîtra que d'après le *Printemps*
« *et l'Automne*[3]; celui qui m'accusera[4], ne le fera
« que d'après le *Printemps et l'Automne*. »

Il n'apparaît plus de saints rois (pour gouverner l'empire); les princes et les vassaux se livrent à la licence la plus effrénée; les lettrés de chaque lieu[5] professent les principes les plus opposés et les plus étranges; les doctrines des sectaires *Yang-tchou* et *Mé-ti* remplissent l'empire; et les doctrines de l'empire (celles qui sont professées par l'État), si elles ne rentrent pas dans celles de *Yang*, rentrent dans celles de *Mé*. La secte de *Yang* rapporte tout à soi; elle ne reconnaît pas de princes. La secte de *Mé* aime tout le monde indistinctement; elle ne reconnaît point de parents. Ne point reconnaître de parents, ne point reconnaître de princes, c'est être comme des brutes et des bêtes fauves.

Koung-ming-i disait : « Les cuisines du prince re-
« gorgent de viandes, ses écuries sont remplies de
« chevaux fringants ; mais le peuple porte sur son
« visage les empreintes de la faim; les campagnes
« désertes sont encombrées d'hommes morts de
« misère : c'est ainsi que l'on pousse les bêtes féroces
« à dévorer les hommes[6]. »

Si les doctrines des sectes *Yang* et *Mé* ne sont pas réprimées; si les doctrines de Khoung-tseu ne sont pas remises en lumière, les discours les plus pervers abuseront le peuple et étoufferont les principes salutaires de l'humanité et de la justice. Si les principes salutaires de l'humanité et de la justice sont étouffés et comprimés, alors non-seulement ces discours pousseront les bêtes féroces à dévorer les hommes, mais ils exciteront les hommes à se dévorer entre eux.

Moi, effrayé des progrès que font ces dangereuses doctrines, je défends la doctrine des saints hommes du temps passé; je combats *Yang* et *Mé*; je repousse leurs propositions corruptrices, afin que des prédicateurs pervers ne surgissent dans l'empire pour les répandre. Une fois que ces doctrines perverses sont entrées dans les cœurs, elles corrompent les actions; une fois qu'elles sont pratiquées dans les actions, elles corrompent tout ce qui constitue l'existence sociale. Si les saints hommes de l'antiquité paraissaient de nouveau sur la terre, ils ne changeraient rien à mes paroles.

Autrefois *Yu* maîtrisa les grandes eaux et fit cesser les calamités qui affligeaient l'empire; *Tcheou-kong* réunit sous sa domination les barbares du midi et du septentrion ; il chassa au loin les bêtes féroces[1], et toutes les populations de l'empire purent vivre en paix. Après que Khoung-tseu eut achevé la composition de son livre historique le *Printemps et l'Automne*, les ministres rebelles et les brigands tremblèrent.

Le *Livre des Vers* dit :

« Les barbares de l'occident et du septentrion
« sont mis en fuite;
« Les royaumes de *Hing* et de *Chou* sont domptés;
« Personne n'ose maintenant me résister. »

Ceux qui ne reconnaissent ni parents, ni princes[2], sont les barbares que *Tcheou-koung* mit en fuite.

Moi aussi je désire rectifier le cœur des hommes, réprimer les discours pervers, m'opposer aux actions dépravées, et repousser de toutes mes forces des propositions corruptrices, afin de continuer l'œuvre des trois grand saints, Yu, Tcheou-kong et Khoung-tseu[3], qui m'ont précédés. Est-ce là aimer à disputer[4]? Je n'ai pu me dispenser d'agir comme je l'ai fait. Celui qui peut par ses discours combattre les sectes de *Yang* et de *Mé*, est un disciple des saints hommes.

10. *Khouang-tchang* dit : *Tchin-tchoung-tseu* n'est-il pas un lettré plein de sagesse et de simplicité ? Comme il demeurait à *Ou-ling*, ayant passé trois jours sans manger, ses oreilles ne purent plus entendre, et ses yeux ne purent plus voir. Un poirier se trouvait là auprès d'un puits; les vers avaient mangé plus de la moitié de ses fruits. Le moribond, se traînant sur ses mains et sur ses pieds; cueillit le restant pour le manger. Après en avoir goûté trois fois, ses oreilles recouvrèrent l'ouïe, et ses yeux, la vue.

---

[1] *Commentaire.*
[2] Histoire du royaume de *Lou* (sa patrie.) (*Commentaire*.)
[3] C'est seulement dans ce livre que l'on trouve exprimés tous les sentiments de tristesse et de douleur que Khoung-tseu éprouvait pour la perversité de son siècle. (*Commentaire*.)
[4] Les mauvais princes et les tyrans qu'il flétrit dans ce livre.
[5] 處士 *Tchou-sse* ; le Commentaire dit que ce sont les lettrés non employés.
[6] Voyez précédemment, pag. 221.

[1] De l'espèce des tigres, des léopards, des rhinocéros et des éléphants. (*Commentaire*.)
[2] Les sectaires de *Yang* et de *Mé*. (*Commentaire*.)
[3] *Commentaire.*
[4] La justification de Meng-tseu peut bien être regardée comme complète, et sa mission d'apôtre infatigable des anciennes doctrines remises en lumière et prêchées avec tant de majesté et de persévérance par Khoung-tseu, se trouve ainsi parfaitement expliquée par lui-même.

Meng-tseu dit : Entre tous les lettrés du royaume de *Thsi*, je regarde certainement *Tchoung-tseu* comme le plus grand[1]. Cependant, malgré cela, comment *Tchoung-tseu* entend-il la simplicité et la tempérance ? Pour remplir le but de *Tchoung-tseu*, il faudrait devenir ver de terre ! alors on pourrait lui ressembler.

Le ver de terre, dans les lieux élevés, se nourrit de terre sèche, et dans les lieux bas, il boit l'eau bourbeuse. La maison qu'habite *Tchoung-tseu* n'est-ce pas celle que *Pé-i*[2] se construisit ? ou bien serait-ce celle que le voleur *Tche*[3] bâtit ? Le millet qu'il mange n'est-il pas celui que *Pé-i* sema ? ou bien serait-ce celui qui fut semé par *Tche* ? Ce sont là des questions qui n'ont pas encore été résolues.

Kouang-tchang dit : Qu'importe tout cela ? Il faisait des souliers de sa personne, et sa femme tissait du chanvre pour échanger ces objets contre des aliments.

Meng-tseu poursuivit : *Tchoung-tseu* était d'une ancienne et grande famille de *Thsi*. Son frère aîné, du nom de *Taï*, reçoit, dans la ville de *Ho*, dix mille mesures de grain de revenus annuels en nature. Mais lui regarde les revenus de son frère aîné comme des revenus iniques, et il ne veut pas s'en nourrir ; il regarde la maison de son frère aîné comme une maison inique, et il ne veut pas l'habiter. Fuyant son frère aîné, et se séparant de sa mère, il est allé se fixer à *Ou-ling*. Un certain jour qu'il était retourné dans son pays, quelqu'un lui apporta en présent, de la part de son frère aîné, une oie vivante. Fronçant le sourcil à cette vue, il dit : A quel usage destine-t-on cette oie criarde ? Un autre jour, sa mère tua cette oie et la lui donna à manger. Son frère aîné, revenant du dehors à la maison, dit : Cela, c'est de la chair d'oie criarde ; alors *Tchoung-tseu* sortit, et il la vomit de son sein.

Les mets que sa mère lui donne à manger, il ne les mange pas ; ceux que sa femme lui prépare, il les mange. Il ne veut pas habiter la maison de son frère aîné, mais il habite le village de *Ou-ling*. Est-ce de cette façon qu'il peut remplir la destination de l'espèce qu'il s'était proposée ? Si quelqu'un veut ressembler à *Tchoung-tseu*, il doit se faire ver de terre ; ensuite il pourra atteindre son but.

---

[1] Le texte porte : comme *le plus grand doigt* de la main.
[2] Homme de l'antiquité, célèbre par son extrême tempérance. (*Commentaire*.)
[3] Homme de l'antiquité, célèbre par son intempérance.

下孟 HIA-MENG.

SECOND LIVRE.

CHAPITRE PREMIER.

CONTENANT 28 ARTICLES.

1. Meng-tseu dit : Quand même vous auriez la pénétration de *Li-leou*[1], et l'habileté de *Kouŋ-chou-tseu*[2], si vous ne faites pas usage du compas et de la règle, vous ne pourrez façonner des objets ronds et carrés. Quand même vous auriez l'ouïe aussi fine que *Sse-kouang*, si vous ne faites pas usage des six règles musicales, vous ne pourrez mettre en harmonie les cinq tons ; quand même vous suivriez les principes de *Yao* et de *Chun*, si vous n'employez pas un mode de gouvernement humain et libéral[3], vous ne pourrez pas gouverner pacifiquement l'empire.

Maintenant les *princes* ont sans doute un cœur humain et une renommée d'humanité, et cependant les peuples ne ressentent pas leurs bienfaits ; eux-mêmes ne peuvent pas servir d'exemples ou de modèles aux siècles à venir, parce qu'ils ne pratiquent pas les principes d'humanité et de justice des anciens rois.

C'est pourquoi il est dit : « La vertu seule ne suffit « pas pour pratiquer un bon mode de gouverne- « ment ; la loi seule ne peut pas se pratiquer par « elle-même. »

Le *Livre des Vers*[4] dit :

« Ils ne pécheront ni par excès ni par oubli ;

« Ils suivront les lois des anciens. »

Il n'a jamais existé de prince qui se soit mis en défaut en suivant les lois et les institutions des anciens rois.

Lorsque les saints hommes eurent épuisé toutes les facultés de leurs yeux, ils transmirent à la postérité le compas, la règle, le niveau et l'aplomb pour former les objets carrés, ronds, de niveau et droits ; et ces instruments n'ont pas encore pu être remplacés par l'usage. Lorsqu'ils eurent épuisé dans toute

---

[1] *Li-leou*, homme qui vivait du temps de *Hoang-ti*, et fameux par sa vue excessivement perçante. (*Comm.*)
[2] Son petit nom était *Pan*, homme du royaume de *Lou*, dont l'intelligence et le génie étaient extrêmes. (*Comm.*) Un autre commentateur chinois ajoute que cet homme avait construit pour sa mère un homme en bois qui remplissait les fonctions de cocher, de façon qu'une fois le ressort étant lâché, aussitôt le char était emporté rapidement comme par un mouvement qui lui était propre.
[3] 仁政 *Jin-tching*, HUMANUM REGIMEN. La Glose explique ces mots en disant, que *c'est l'observation et la pratique de lois propres à instruire le peuple et à pourvoir à ses besoins*.

son étendue leur faculté de l'ouïe, ils transmirent à la postérité les six *liu* ou règles de musique, qui rectifient les cinq sons; et ces règles n'ont pas encore pu être remplacées par l'usage. Lorsqu'ils eurent épuisé toutes les facultés de leur intelligence, toutes les inspirations de leur cœur, ils transmirent à la postérité les fruits de leurs méditations en lui léguant un mode de gouvernement qui ne permet pas de traiter cruellement les hommes et l'humanité s'étendit sur tout l'empire.

C'est pourquoi il est dit : Si vous voulez construire un monument qui domine, vous devez en poser les fondations sur une colline ou un plateau élevé; si vous voulez construire un édifice sans apparence, vous devez en poser les fondations sur un sol bas et humide, le long des rivières et des étangs. Si en exerçant le gouvernement on ne suit pas la manière de gouverner des anciens rois, peut-on appeler cette conduite conforme à la sagesse et à la prudence?

C'est pourquoi il n'y a que l'homme humain et plein de compassion pour les hommes qui soit convenablement placé sur le siége élevé de la puissance souveraine. Si un homme inhumain et cruel se trouve placé sur le siége élevé de la puissance souveraine, c'est un fléau qui verse toutes ses iniquités sur la multitude.

Si le supérieur ou le prince ne suit pas la droite règle de conduite et une sage direction, les inférieurs ne suivront aucune loi, ne se soumettront à aucune subordination. Si à la cour on ne fait aucun cas de la droite raison, si on ne croit pas à ses prescriptions; si les magistrats n'ont aucun respect pour les institutions, n'y ajoutent aucune confiance; si les hommes supérieurs se révoltent contre l'équité, en violant les lois, et les hommes vulgaires contre la justice: c'est un heureux hasard lorsque, dans de telles circonstances, le royaume se conserve sans périr.

C'est pourquoi il est dit : Ce n'est par une calamité pour le royaume de ne pas avoir des villes complétement fortifiées de murs intérieurs et extérieurs, de ne pas avoir des cuirasses et des armes en grand nombre; ce n'est pas une cause de ruine pour un empire de ce que les champs et les campagnes éloignés des villes ne soient pas bien cultivés, que les biens et les richesses ne soient pas accumulés. Si le supérieur ou le prince ne se conforme pas aux rites, si les inférieurs n'étudient pas les principes de la raison, le peuple perverti se lèvera en insurrection, et la ruine de l'empire sera imminente.

Le *Livre des Vers* dit[1] :

« Le ciel est sur le point de renverser la dynastie « de (*Tcheou*).

« (Ministres de cette dynastie) ne perdez pas de « temps! »

L'expression *ne perdez pas de temps* est équivalente à celle de ne ne pas être *négligents*. Ne pas suivre les principes d'équité et de justice dans le service du prince; ne pas observer les rites en acceptant ou en refusant une magistrature; blâmer vivement dans ses discours les principes de conduite des anciens empereurs : c'est comme si l'on était négligent et insouciant de la ruine de l'empire.

C'est pourquoi il est dit : Exhorter le prince à pratiquer des choses difficiles, s'appelle acte de respect envers lui; lui proposer le bien à faire, l'empêcher de commettre le mal, s'appelle dévouement sincère. Mais dire : *Mon prince ne peut pas* (exercer un gouvernement humain), cela s'appelle *voler*.

2. MENG-TSEU dit : Le compas et la règle sont les instruments de perfectionnement des choses carrées et rondes; le saint homme est l'accomplissement parfait des devoirs prescrits entre les hommes.

Si, en exerçant les fonctions et les devoirs de souverain, vous voulez remplir dans toute leur étendue les devoirs du souverain; si, en exerçant les fonctions de ministre, vous voulez remplir dans toute leur étendue les devoirs de ministre: dans ces deux cas, vous n'avez qu'à imiter la conduite de *Yao* et de *Chun*, et rien de plus. Ne pas servir son prince comme *Chun* servit *Yao*, ce n'est pas avoir du respect pour son prince; ne pas gouverner le peuple comme *Yao* le gouverna, c'est opprimer le peuple.

KHOUNG-TSEU disait : « Il n'y a que deux grandes « voies dans le monde : celle de l'humanité et celle « de l'inhumanité; et voilà tout. »

Si la tyrannie qu'un prince exerce sur son peuple est extrême, alors sa personne est mise à mort et son royaume est détruit[1]. Si sa tyrannie n'est pas poussée à l'extrême, alors sa personne est en danger, et son royaume est menacé d'être divisé. Le peuple donne à ces princes les surnoms de *hébété* (*Yeou*) de *cruel* (*Li*)[2]. Quand même ces princes auraient des fils pleins de tendresse et de piété filiale pour eux, et des neveux pleins d'humanité, ces derniers, pendant cent générations, ne pourraient changer les noms flétrissants que leur a imposés la justice populaire.

Le *Livre des Vers*[3] dit :

« L'exemple de la dynastie *Yn* n'est pas éloigné

« Il en est un autre du temps de la dynastie « *Hia*. »

暴其民甚則身刹國亡

Pao khi min chin, tseu chin cha, houé wang. La même maxime est reproduite sous différentes formes dans les *quatre livres moraux*. Voyez notre édition *chinoise-latine-française* du *Ta-hio*, pag. 78-79. (*Commentaire.*)

[2] Comme *Yeou-wang* et *Li-wang*, deux rois de la dynastie des *Tcheou*, qui régnaient 878 et 781 ans avant notre ère.

[3] Ode *Tchang*, section *Ta-ya*.

---

[1] Ode *Pan*, section *Ta-ya*.

Ce sont les deux rois (auxquels le peuple a donné des noms flétrissants) qui sont ici désignés.

5. MENG-TSEU dit : Les fondateurs des trois dynasties obtinrent l'empire par l'humanité, leurs successeurs le perdirent par l'inhumanité et la tyrannie.

Voilà les causes qui renversent et élèvent les empires, qui les conservent ou les font périr.

Si le fils du ciel est inhumain, il ne conserve point sa souveraineté sur les peuples situés entre les quatre mers. Si les rois et princes vassaux sont inhumains, ils ne conservent point l'appui des esprits de la terre et des fruits de la terre. Si les présidents du tribunal suprême et les autres grands fonctionnaires sont inhumains, ils ne conservent point les vénérables temples des ancêtres. Si les lettrés et les hommes du peuple sont inhumains, ils ne conservent pas intacts leurs quatre membres.

Maintenant, si l'on a peur de la mort ou de la perte de quelques membres, et que l'on se plaise néanmoins dans l'inhumanité, n'agit-on pas comme si l'on détestait l'ivresse, et que en même temps on se livrât de toutes ses forces à la boisson?

4. MENG-TSEU dit : Si quelqu'un aime les hommes sans en recevoir des marques d'affection, qu'il ne considère que son humanité. Si quelqu'un gouverne les hommes sans que les hommes se laissent facilement gouverner par lui, qu'il ne considère que sa sagesse et sa prudence. Si quelqu'un traite les hommes avec toute la politesse prescrite, sans être payé de retour, qu'il ne considère que l'accomplissement de son devoir.

Lorsqu'on agit ainsi, s'il arrive que l'on n'obtienne pas ce que l'on désire, dans tous les cas, on ne doit en chercher la cause qu'en soi-même. Si sa conduite est conforme aux principes de la droiture et de la raison, l'empire retourne de lui-même se soumettre à lui.

Le *Livre des Vers*[1] dit :

« Celui qui pense toujours à se conformer au mandat du ciel,

« Attire sur lui un grand nombre de félicités. »

5. MENG-TSEU dit : Les hommes ont une manière constante de parler (sans trop la comprendre). Tous disent : l'*empire*, le *royaume*, la *famille*. La base de l'empire existe dans le royaume ; la base du royaume existe dans la famille; la base de la famille existe dans la personne.

6. MENG-TSEU dit : Il n'est pas difficile d'exercer le gouvernement; il ne faut pas s'attirer de ressentiments de la part des grandes maisons. Ce que ces grandes maisons désirent, un des royaumes (qui constituent l'empire) le désire aussi ; ce qu'un royaume désire, l'empire le désire aussi. C'est pourquoi les instructions et les préceptes de vertus se répandront comme un torrent jusqu'aux quatre mers.

7. MENG-TSEU dit : Lorsque la droite règle de la raison est suivie dans l'empire, la vertu des hommes inférieurs sert la vertu des hommes supérieurs ; la sagesse des hommes inférieurs sert la sagesse des hommes supérieurs. Mais quand la droite règle de la raison n'est pas suivie dans l'empire, les petits servent les grands; les faibles servent les forts (ce qui est contraire à la raison). Ces deux états de choses sont réglés par le ciel. Celui qui obéit au ciel est conservé ; celui qui lui résiste périt.

King-koung, prince de *Thsi*, dit : « Lorsqu'un prince ne peut pas commander aux autres, si en outre il ne veut recevoir d'ordres de personne, il se sépare par cela même des autres hommes. Après avoir versé beaucoup de larmes, il donne sa fille en mariage au prince barbare du royaume de *Ou*. »

Maintenant les petits royaumes imitent les grands royaumes, et cependant ils rougissent d'en recevoir des ordres et de leur obéir. C'est comme si des disciples rougissaient de recevoir des ordres de leur maître plus âgé qu'eux, et de lui obéir.

Si les petits royaumes rougissent d'obéir aux autres, il n'est rien de meilleur pour eux que d'imiter *Wen-wang*. (En le prenant pour exemple) un grand royaume après cinq ans, un petit royaume après sept ans, exerceront assurément le pouvoir souverain dans l'empire.

Le *Livre des Vers*[1] dit :

« Les descendants de la famille des *Chang*

« Étaient au nombre de plus de cent mille.

« Lorsque l'empereur suprême (*Chang-ti*) l'eut
« ordonné (en transmettant l'empire à une autre
« famille),

« Ils se soumirent aux *Tcheou*,

« Ils se soumirent aux *Tcheou*,

« Parce que le mandat du ciel n'est pas éternel.

« Les ministres de la famille *Yn* (ou *Chang*),

« doués de perspicacité et d'intelligence,

« Versant le vin des sacrifices, servent dans le
« palais impérial. »

KHOUNG-TSEU dit : Comme le nouveau souverain était humain, on ne peut pas considérer ceux qui lui étaient opposés comme nombreux. Si le chef d'un royaume aime l'humanité, il n'aura aucun ennemi ou adversaire dans l'empire.

Maintenant, si l'on désire n'avoir aucun ennemi ou adversaire dans l'empire, et que l'on ne fasse pas usage de l'humanité (pour arriver à ce but), c'est comme si l'on voulait prendre un fer chaud avec la main, sans avoir auparavant trempé dans l'eau.

Le *Livre des Vers*[2] dit :

---

[1] Ode *Wen-wang*, section *Ta-ya*.
[2] Ode *Sang-jeou*, section *Ta-ya*.

« Qui peut prendre avec la main un fer chaud
« Sans l'avoir auparavant trempé dans l'eau ? »

8. MENG-TSEU dit : Peut-on s'entretenir et parler le langage de la raison avec les princes cruels et inhumains ? les dangers les plus menaçants sont pour eux des motifs de tranquillité, et les calamités les plus désastreuses sont pour eux des sujets de profits ; ils se réjouissent de ce qui cause leur ruine. Si on pouvait s'entretenir et parler le langage de la raison avec les princes inhumains et cruels, y aurait-il un aussi grand nombre de royaumes qui périraient, et de familles qui succomberaient ?

Il y avait un jeune enfant qui chantait, en disant :
« L'eau du fleuve *Thsang-lang* est-elle pure,
« Je pourrai y laver les bandelettes qui ceignent
« ma tête ;
« L'eau du fleuve *Thsang-lang* est-elle trouble,
« Je pourrai y laver mes pieds. »

KHOUNG-TSEU dit : Mes petits enfants, écoutez ces paroles : Si l'eau est pure, alors il y lavera les bandelettes qui ceignent sa tête ; si elle est trouble, alors il y lavera ses pieds ; c'est lui-même qui en décidera.

Les hommes se méprisent certainement eux-mêmes avant que les autres hommes les méprisent. Les familles se détruisent certainement elles-mêmes avant que les hommes les détruisent. Les royaumes s'attaquent certainement eux-mêmes avant que les hommes les attaquent.

Le *Taï-kia*[1] dit : « On peut se préserver des ca-
« lamités envoyées par le ciel ; on ne peut supporter
« celles que l'on s'est attirées soi-même. » Ces paroles disent exactement ce que je voulais exprimer.

9. MENG-TSEU dit : *Kie* et *Cheou* perdirent l'empire, parce qu'ils perdirent leurs peuples ; ils perdirent leurs peuples, parce qu'ils perdirent leur affection.

Il y a une voie sûre d'obtenir l'empire : il faut obtenir le peuple, et par cela même on obtient l'empire. Il y a une voie sûre d'obtenir le peuple : il faut obtenir son cœur ou son affection, et par cela même on obtient le peuple. Il y a une voie sûre d'obtenir le cœur du peuple ; c'est de lui donner ce qu'il désire, de lui fournir ce dont-il a besoin, et de ne pas lui imposer ce qu'il déteste.

Le peuple se soumet à l'humanité, comme l'eau coule en bas, comme les bêtes féroces se retirent dans les lieux déserts.

Ainsi, c'est la loutre qui fait rentrer les poissons dans le fond des eaux, et l'épervier qui fait fuir les oiseaux dans l'épaisseur des forêts ; ce sont les (mauvais rois) *Kie* et *Tcheou* qui font fuir les peuples dans les bras de *Thang* et de *Wou-wang*.

Maintenant, si entre tous les princes de l'empire il s'en trouvait un qui chérît l'humanité, alors tous les rois et les princes vassaux (par leur tyrannie habituelle) forceraient leurs peuples à se réfugier sous sa protection. Quand même il voudrait ne pas régner en souverain sur tout l'empire, il ne pourrait pas s'en abstenir.

Maintenant, ceux qui désirent régner en souverains sur tout l'empire, sont comme un homme qui pendant une maladie de sept ans, cherche l'herbe précieuse (*'aï*) qui ne procure du soulagement qu'après avoir été séchée pendant trois années. S'il ne s'occupe pas déjà de la cueillir, il ne pourra en recevoir du soulagement avant la fin de sa vie. Si les princes ne s'appliquent pas de toute leur intelligence à la recherche et à la pratique de l'humanité, jusqu'à la fin de leur vie, ils s'affligeront de la honte de ne pas la pratiquer, pour tomber enfin dans la mort et l'oubli.

Le *Livre des Vers*[1] dit :
« Comment ces princes pourraient-ils devenir
« hommes de bien ?
« Ils se plongent mutuellement dans l'abîme. »
C'est la pensée que j'ai tâché d'exprimer ci-dessus.

10. MENG-TSEU dit : Il n'est pas possible de tenir des discours raisonnables avec ceux qui se livrent, dans leurs paroles, à toute la fougue de leurs passions ; il n'est pas possible d'agir en commun dans des affaires qui demandent l'application la plus soutenue, avec des hommes sans énergie qui s'abandonnent eux-mêmes. Blâmer les usages et l'équité dans ses discours, c'est ce que l'on appelle s'abandonner dans ses paroles à la fougue de ses passions. Dire : « Ma personne ne peut exercer
« l'humanité et suivre la justice, cela s'appelle
« abandon de soi-même. »

L'humanité, c'est la demeure tranquille de l'homme ; la justice, c'est la voie droite de l'homme.

Laisser sa demeure tranquille sans l'habiter, abandonner sa voie droite sans la suivre, ô que cela est lamentable !

11. MENG-TSEU dit : La voie droite est près de vous, et vous la cherchez au loin ! C'est une chose qui est de celles qui sont faciles, et vous la cherchez parmi celles qui sont difficiles ! Si chacun aime son père et mère comme on doit les aimer, et respecte ses aînés comme on doit les respecter, l'empire sera dans l'union et l'harmonie.

12. MENG-TSEU dit : Si ceux qui sont dans une condition inférieure (à celle du prince[2]) n'obtiennent pas toute la confiance de leur supérieur, le peuple ne pourra pas être gouverné. Il y a une voie sûre d'obtenir la faveur et la confiance du prince : si on n'est pas fidèle envers ses amis, on n'obtient pas la faveur et la confiance du prince. Il y a une voie sûre pour être fidèle envers ses amis : si dans les devoirs que l'on rend à ses père et mère on ne leur procure pas de joie, on n'est pas fidèle envers ses

---

[1] Chapitre du *Chou-king*.

[1] Ode *Sang-jeou*, section *Ta-ya*.
[2] Comme les ministres. (*Commentaire.*)

amis. Il y a une voie sûre pour procurer de la joie à ses père et mère : si en faisant un retour sur soi-même on ne se trouve pas vrai, sincère, exempt de feinte et de déguisement, on ne procure pas de joie à ses père et mère. Il y a une voie sûre de se rendre vrai, sincère, exempt de feinte et de déguisement : si on ne sait pas discerner en quoi consiste réellement la vertu, on ne rend pas sa personne vraie, sincère, exempte de feinte et de déguisement.

C'est pourquoi, la vérité pure et sincère¹ est la voie du ciel; méditer sur la vérité, est la voie ou le devoir de l'homme.

Il n'y a jamais eu d'homme qui, étant souverainement vrai, sincère, ne se soit concilié la confiance et la faveur des autres hommes. Il n'y a jamais eu d'homme qui, n'étant pas vrai, sincère, ait pu se concilier longtemps cette confiance et cette faveur.

13. MENG-TSEU dit : Lorsque *Pe-i*, fuyant la tyrannie de *Cheou* (sin), habitait les bords de la mer septentrionale, il apprit l'élévation de *Wen-wang* (comme chef des grands vassaux des provinces occidentales de l'empire) ; et se levant avec émotion, il dit : Pourquoi n'irais-je pas me soumettre à lui? j'ai entendu dire que le chef des grands vassaux de l'occident excellait dans la vertu d'entretenir les vieillards. Lorsque *Taï-koung*, fuyant la tyrannie de *Cheou* (sin), habitait les bords de la mer orientale, il apprit l'élévation de *Wen-wang* (comme chef des grands vassaux des provinces occidentales de l'empire); et se levant avec émotion, il dit : Pourquoi n'irais-je pas me soumettre à lui? j'ai entendu dire que le chef des grands vassaux de l'occident excellait dans la vertu d'entretenir les vieillards.

Ces deux vieillards étaient les vieillards les plus éminents de l'empire; et en se soumettant à *Wen-wang*, c'étaient les pères de l'empire qui lui avaient fait leur soumission. Dès l'instant que les pères de l'empire s'étaient soumis, à quel autre se seraient donc rendus leurs fils?

Si parmi tous les princes feudataires, il s'en trouvait un qui pratiquât le gouvernement de *Wen-wang*, il arriverait certainement que, dans l'espace de sept années, il parviendrait à gouverner l'empire.

14. MENG-TSEU dit : Lorsque *Khieou*² était intendant de la famille *Ki*, il ne pouvait prendre sur lui d'agir autrement que son maître, et il exigeait en tribut le double de millet qu'autrefois. KHOUNG-TSEU dit : « *Khieou* n'est plus mon disciple; mes jeunes gens (les autres disciples du Philosophe) devraient le poursuivre publiquement de huées et du bruit des tambours. »

On doit inférer de là que, si un prince ne pratique pas un gouvernement humain et que ses ministres l'enrichissent en prélevant trop d'impôts, ce prince et ses ministres sont réprouvés et rejetés par KHOUNG-TSEU; à plus forte raison repoussait-il ceux qui suscitent des guerres dans l'intérêt seul de leur prince. Si on livre des combats pour gagner du territoire, les hommes tués couvriront les campagnes; si on livre des combats pour prendre une ville, les hommes tués rempliront la ville prise. C'est ce que l'on appelle faire que la terre mange la chair des hommes. Ce crime n'est pas suffisamment racheté par la mort.

C'est pourquoi ceux qui placent toutes leurs vertus à faire la guerre, devraient être rétribués de la peine la plus grave. Ceux qui fomentent des ligues entre les grands vassaux, devraient subir la peine qui la suit immédiatement; et ceux qui imposent les corvées de cultiver et de semer les terres aux laboureurs dont les champs sont dépouillés d'herbes stériles, devraient subir la peine qui vient après.

15. MENG-TSEU dit : De tous les organes des sens qui sont à la disposition de l'homme, il n'en est pas de plus admirable que la pupille de l'œil. La pupille de l'œil ne peut cacher ou déguiser les vices que l'on a. Si l'intérieur de l'âme est droit, alors la pupille de l'œil brille d'un pur éclat; si l'intérieur de l'âme n'est pas droit, alors la pupille de l'œil est terne et obscurcie.

Si vous écoutez attentivement les paroles d'un homme, si vous considérez la pupille de ses yeux, comment pourrait-il se cacher à vous?

16. MENG-TSEU dit : Celui qui est affable et bienveillant ne méprise pas les hommes; celui qui est modéré dans ses exigences, ne dépouille pas de force les hommes de ce qu'ils possèdent. Les princes qui méprisent et dépouillent les hommes de ce qu'ils possèdent, et qui n'ont qu'une crainte, celle de ne pas être obéis, comment pourraient-ils être appelés affables et modérés dans leurs exigences? L'affabilité et la modération pourraient-elles consister dans le son de la voix et l'expression riante du visage?

17. *Chun-yu-khoüen*¹ dit : N'est-il pas conforme aux rites que l'homme et la femme ne se donnent et ne reçoivent réciproquement, de leurs propres mains, aucun objet?

MENG-TSEU répondit : C'est conforme aux rites. — Si la femme de son frère était en danger de se noyer, pourrait-on la secourir avec la main ? — Ce serait l'action d'un loup, de ne pas secourir la femme de son frère qui serait en danger de se noyer. Il est conforme aux rites que l'homme et la femme ne se donnent et ne reçoivent réciproquement de leurs propres mains aucun objet. L'action de secourir avec la main la femme de son frère en

---

¹ Principe rationnel qui est en nous, vrai dans tout et pour tous, et qui ne trompe jamais : c'est le fondement de la voie céleste. (*Commentaire*.)
² *Jan-khieou*, disciple de KHOUNG-TSEU.

¹ Certain sophiste du royaume de *Thsi*.

danger de se noyer, est une exception conforme à la raison.

Maintenant, je suppose que l'empire soit sur le point d'être submergé (ou de périr dans les agitations des troubles civils) : que penser du magistrat qui ne s'empresse pas de le secourir?

L'empire sur le point d'être submergé doit être secouru selon les règles de l'humanité et de la justice. La femme de son frère étant en danger de se noyer peut être secourue avec la main. Voudriez-vous que je secourusse l'empire avec ma main?

18. Koung-sun-tcheou dit : Pourquoi un homme supérieur n'instruit-il pas lui-même ses enfants?

MENG-TSEU dit : Parce qu'il ne peut pas employer la force. Celui qui enseigne doit le faire selon les règles de la droiture. Si (l'enfant) n'agit pas selon les règles de la droiture, le (père) se fâche ; s'il se fâche, il s'irrite ; alors il blesse les sentiments de tendresse qu'un fils doit avoir pour son père. « Mon « maître (dit le fils en parlant de son père) de- « vrait m'instruire selon les règles de la droiture ; « mais il ne s'est jamais guidé par les règles de cette « droiture. » Dans cet état de choses, le père et le fils se blessent mutuellement. Si le père et le fils se blessent mutuellement, alors il en résulte un grand mal.

Les anciens confiaient leurs fils à d'autres pour les instruire et faire leur éducation.

Entre le père et le fils, il ne convient pas d'user de corrections pour faire le bien. Si le père use de corrections pour porter son fils à faire le bien, alors l'un et l'autre sont bientôt désunis de cœur et d'affections. Si une fois ils sont désunis de cœur et d'affections, il ne peut point leur arriver de malheurs plus grands.

19. MENG-TSEU dit : Parmi les devoirs que l'on rend à ceux qui sont au-dessus de soi[1], quel est le plus grand? C'est celui de servir ses père et mère, qui est le plus grand. De tout ce que l'on conserve et protége dans le monde, qu'y a-t-il de plus important? C'est de se conserver soi-même (dans la droite voie,) qui est le plus important. J'ai toujours entendu dire que ceux qui ne se laissaient pas égarer dans le chemin de la perdition pouvaient servir leurs parents ; mais je n'ai jamais entendu dire que ceux qui se laissaient égarer dans le chemin de la perdition, pussent servir leurs parents.

Quel est celui qui est exempt de servir quelqu'un, (ou qui est exempt de devoir)? Les devoirs que l'on doit à ses parents forment la base fondamentale de tous les devoirs. Quel est celui qui est exempt des actes de conservation? La conservation de soi-même (dans la droite voie) est la base fondamentale de toute conservation.

Lorsque Thseng-tseu nourrissait (son père) Thseng-si, il avait toujours soin de lui servir de la viande et du vin à ses repas. Quand on était sur le point d'enlever les mets, il demandait toujours à qui il pouvait en offrir. S'informait-on s'il y avait des mets de reste, il répondait toujours qu'il y en avait.

Après la mort de Thseng-si, lorsque Thseng-youan nourrissait (son père) Thseng-tseu, il avait toujours soin de lui servir de la viande et du vin à ses repas. Quand on était sur le point d'enlever les mets, il ne demandait pas à qui il pouvait en offrir. S'informait-on s'il y avait des mets de reste, il répondait qu'il n'y en avait pas. Il voulait les faire servir de nouveau (à son père). Voilà ce que l'on appelle nourrir la bouche et le corps, et rien de plus. Si quelqu'un agit comme Thseng-tseu, on peut dire de lui qu'il nourrit la volonté, l'intelligence (qu'il agit convenablement envers ses parents).

Il est permis de servir ses parents comme Thseng-tseu.

20. MENG-TSEU dit : Tous les hommes ne sont pas propres à reprendre les princes ; tous les modes d'administration ne sont pas susceptibles d'être blâmés. Il n'y a que les grands hommes qui puissent réprimer les vices du cœur des princes. Si le prince est humain, rien dans son gouvernement n'est inhumain. Si le prince est juste, rien dans son gouvernement n'est injuste. Si le prince est droit, rien dans son gouvernement qui ne soit droit. Une fois que le prince se sera fait un devoir d'avoir une conduite constamment droite, le royaume sera tranquille et stable.

21. MENG-TSEU dit : Il y a des hommes qui sont loués au delà de toute attente ; il y a des hommes qui sont poursuivis de calomnies lorsqu'ils ne recherchent que l'intégrité de la vertu.

22. MENG-TSEU dit : Il y a des hommes qui sont d'une grande facilité dans leurs paroles, parce qu'ils n'ont trouvé personne pour les reprendre.

23. MENG-TSEU dit : Un des grands défauts des hommes est d'aimer à être les modèles des autres hommes.

24. Lo-tching-tseu (disciple de MENG-TSEU), ayant suivi Tseu-ngao, se rendit dans le royaume de Thsi. Lo-tching-tseu étant allé voir MENG-TSEU, MENG-TSEU lui dit : Êtes-vous venu exprès pour me voir?

— Maître, pourquoi tenez-vous un pareil langage?

— Depuis combien de jours êtes-vous arrivé?

— Depuis trois jours.

— Si c'est depuis trois jours, alors n'avais-je pas raison de vous tenir le langage que vous avez entendu?

— Le lieu de mon séjour n'était pas encore déterminé.

— Avez-vous appris que ce n'est qu'après avoir

---

[1] Ce sont les pères et mères, les personnes plus âgées, et le prince.

connu e lieu de son séjour que l'on va voir ceux auxquels on doit du respect?

— Je reconnais que j'ai commis une faute.

25. MENG-TSEU continuant à s'adresser à Lo-tching-tseu lui dit : Vous êtes venu en accompagnant Tseu-ngao, dans le seul but de boire et de manger. Je ne pensais pas qu'autrefois vous étudiez les principes d'humanité et de justice des anciens dans le seul but de boire et de manger!

26. MENG-TSEU dit : Le manque de piété filiale est un triple défaut, le manque de postérité est le plus grand des défauts.

Chun se maria sans en prévenir son père et sa mère, dans la crainte de ne pas laisser de postérité. Les hommes supérieurs ont pensé qu'en agissant dans cette intention, c'est comme s'il avait prévenu son père et sa mère.

27. MENG-TSEU dit : Le fruit le plus précieux de l'humanité, c'est de servir ses parents. Le fruit le plus précieux de l'équité, c'est de déférer aux avis de son frère aîné.

Le fruit le plus précieux de la prudence ou de la sagesse, c'est de connaître ces deux choses et de ne pas s'en écarter. Le fruit le plus précieux de l'urbanité, est de remplir ces deux devoirs avec complaisance et délicatesse.

Le fruit le plus précieux de la musique (qui produit la concorde et l'harmonie) est d'aimer ces deux choses. Si on les aime, elles naissent aussitôt. Une fois nées, produites, comment pourrait-on réprimer les sentiments qu'elles inspirent? Ne pouvant réprimer les sentiments que ces vertus inspirent, alors, sans le savoir, les pieds les manifestent par leurs mouvements cadencés et les mains par leurs applaudissements.

28. MENG-TSEU dit : Il n'y avait que Chun qui pût voir, sans plus d'orgueil que si c'eût été un brin d'herbe, un empire désirer ardemment se soumettre à sa domination, et cet empire être plein de joie de sa soumission. Pour lui, ne pas rendre heureux et contents ses parents, c'était ne pas être homme; ne pas leur obéir en tout, c'était ne pas être fils.

Lorsque Chun eut accompli ses devoirs de fils envers ses parents, son père Kou-seou parvint au comble de la joie. Lorsque Kou-seou fut parvenu au comble de la joie, l'empire fut converti à la piété filiale. Lorsque Kou-seou fut parvenu au comble de la joie, tous ceux qui dans l'empire étaient pères ou fils virent leurs devoirs fixés. C'est ce que l'on appelle la grande piété filiale.

CHAPITRE II,

COMPOSÉ DE 33 ARTICLES.

1. MENG-TSEU dit : *Chun* naquit à *Tchou-foung* [1], il passa à *Fou-hia*, et mourut à *Ming-thiao*; c'était un homme des provinces les plus éloignées de l'orient.

Wen-wang naquit à *Khi-tcheou*, et mourut à *Pi-yng*; c'était un homme des provinces les plus éloignées de l'occident.

La distance mutuelle de ces deux régions est de plus de mille *li* (cent lieues); l'espace compris entre les deux époques (où naquirent ces deux grands rois) est de plus de mille années. Ils obtinrent tous deux d'accomplir leurs desseins dans le royaume du milieu avec la même facilité que se réunissent les deux parties des tablettes du sceau royal.

Les principes de conduite des premiers saints et des saints qui leur ont succédé sont les mêmes.

2. Lorsque *Tseu-tchan* présidait à l'administration du royaume de *Tching*, il prit un homme sur son propre char pour lui faire traverser les rivières *Tsin* et *Wei*.

MENG-TSEU dit : Il était obligeant et compatissant, mais il ne savait pas bien administrer.

Si chaque année, au onzième mois, les ponts qui servent aux piétons étaient construits; si au douzième mois les ponts qui servent aux chars étaient aussi construits, le peuple n'aurait pas besoin de se mettre en peine pour passer à gué les fleuves et les rivières.

Si l'homme qui administre un État porte l'équité et la justice dans toutes les parties de son administration, il peut (sans qu'on l'en blâme) éloigner de lui la foule qui se trouverait sur son passage. Comment pourrait-il faire passer l'eau à tous les hommes qu'il rencontrerait?

C'est pourquoi celui qui administre un État, s'il voulait procurer un tel plaisir à chaque individu en particulier, le jour ne lui suffirait pas [2].

3. MENG-TSEU s'adressant à *Siouan-wang*, roi de *Thsi*, lui dit : Si le prince regarde ses ministres comme ses mains et ses pieds, alors les ministres regarderont le prince comme leurs viscères et leur cœur; si le prince regarde ses ministres comme des chiens ou des chevaux, alors les ministres regarderont le prince comme un homme du vulgaire; si le prince regarde ses ministres comme l'herbe qu'il foule aux pieds, alors les ministres regarderont le prince comme un voleur et un ennemi.

[1] Contrée déserte située sur les confins de l'empire chinois.
[2] C'est par des mesures générales, qui sont utiles à tout le monde, et non par des bienfaits particuliers, qui ne peuvent profiter qu'à un très-petit nombre d'individus, relativement à la masse du peuple, qu'un homme d'État, un prince, doivent signaler leur bonne administration.

Le roi dit : On lit dans le *Livre des Rites* : (Un ministre qui quitte le royaume qu'il gouvernait) porte (trois mois) un habit de deuil en mémoire du prince qu'il a servi. Comment un prince doit-il se conduire pour qu'un ministre porte ainsi le deuil après l'avoir quitté ?

Meng-tseu répondit : Il exécute ses avis et ses conseils; il écoute ses remontrances ; il fait descendre ses bienfaits parmi le peuple. Si, par une cause quelconque, son ministre le quitte, alors le prince envoie des hommes pour l'escorter jusqu'au delà des frontières de son royaume; en outre, il le précède (par ses bons offices) près du nouveau prince chez lequel l'ancien ministre a l'intention de se rendre. Si, après son départ, il s'écoule trois années sans qu'il revienne, alors il prend ses champs et sa maison (pour lui en conserver les revenus). C'est là ce que l'on appelle avoir trois fois accompli les rites. S'il agit ainsi, son ministre, à cause de lui, se revêtira de ses habits de deuil.

Maintenant, si le prince n'exécute pas les avis et les conseils de son ministre; s'il n'écoute pas ses remontrances; s'il ne fait pas descendre ses bienfaits parmi le peuple; si, par une cause quelconque, son ministre venant à le quitter, il le maltraite et le retient par force auprès de lui; qu'en outre il le réduise à la plus extrême misère dans le lieu où il s'est retiré; si le jour même de son départ, il se saisit de ses champs et de sa maison : c'est là ce que l'on appelle agir en *voleur* et en *ennemi*. Comment ce ministre (ainsi traité) porterait-il le deuil d'un *voleur* et d'un *ennemi*?

4. Meng-tseu dit : Si, sans qu'ils se soient rendus coupables de quelques crimes, le prince met à mort les lettrés, alors les premiers fonctionnaires peuvent quitter le royaume. Si, sans qu'il se soit rendu coupable de quelques crimes, le prince opprime le peuple, alors les lettrés peuvent quitter le royaume.

5. Meng-tseu dit : Si le prince est humain, personne ne sera inhumain; si le prince est juste, personne ne sera injuste.

6. Meng-tseu dit : Le grand homme ne pratique pas une urbanité qui manque d'urbanité, ni une équité qui manque d'équité.

7. Meng-tseu dit : Les hommes qui tiennent constamment le milieu nourrissent ceux qui ne le tiennent pas; les hommes de capacité et de talents nourrissent ceux qui n'en ont pas. C'est pourquoi les hommes se réjouissent d'avoir un père et un frère aîné doués de sagesse et de vertus.

Si les hommes qui tiennent constamment le milieu abandonnent ceux qui ne le tiennent pas; si les hommes de capacité et de talents abandonnent ceux qui n'en ont pas : alors la distance entre le sage et l'insensé ne sera pas de l'épaisseur d'un pouce (la différence entre eux ne sera pas grande).

8. Meng-tseu dit : Il faut que les hommes sachent ce qu'ils ne doivent pas pratiquer, pour pouvoir ensuite pratiquer ce qui convient.

9. Meng-tseu dit : Si l'on raconte les actions vicieuses des hommes, comment faire pour éviter les chagrins que l'on se prépare?

10. Meng-tseu dit : Tchoung-ni ne portait jamais les choses à l'excès.

11. Meng-tseu dit : le grand homme (ou l'homme d'une équité sans tache [2]), ne s'impose pas l'obligation de dire la vérité dans ses paroles (il la dit naturellement); il ne se prescrit pas un résultat déterminé dans ses actions; il n'a en vue que l'équité et la justice.

12. Meng-tseu dit : Celui qui est un grand homme, c'est celui qui n'a pas perdu l'innocence et la candeur de son enfance.

13. Meng-tseu dit : Nourrir les vivants est une action qui ne peut pas être considérée comme une grande action; il n'y a que l'action de rendre des funérailles convenables aux morts qui puisse être considérée comme grande.

14. Meng-tseu dit : L'homme supérieur fait tous ses efforts pour avancer dans la vertu par différents moyens; ses désirs les plus ardents sont d'arriver à posséder dans son cœur cette vertu, ou cette raison naturelle qui en constitue la règle. Une fois qu'il la possède, alors il s'y attache fortement, il en fait pour ainsi dire sa demeure permanente; en ayant fait sa demeure permanente, il l'explore profondément; l'ayant explorée profondément, alors il la recueille de tous côtés, et il dispose de sa source abondante. C'est pourquoi l'homme supérieur désire ardemment posséder dans son cœur cette raison naturelle si précieuse.

15. Meng-tseu dit : L'homme supérieur donne à ses études la plus grande étendue possible, afin d'éclairer sa raison et d'expliquer clairement les choses; il a pour but de revenir plusieurs fois sur les mêmes objets pour les exposer sommairement et pour ainsi dire dans leur essence.

16. Meng-tseu dit : C'est par la vertu (c'est-à-dire, par l'humanité et la justice [2]) que l'on subjugue les hommes; mais il ne s'est encore trouvé personne qui ait pu les subjuguer ainsi. Si l'on nourrit les hommes des aliments de la vertu, on pourra ensuite subjuguer l'empire. Il n'est encore arrivé à personne de régner souverainement, si les cœurs des populations de l'empire ne lui sont pas soumis.

17. Meng-tseu dit : Les paroles que l'on prononce dans le monde n'ont véritablement rien de funeste en elles-mêmes; le résultat réel de leur effet funeste, c'est d'obscurcir la vertu des sages et de les éloigner des emplois publics.

[1] *Commentaire.*
[2] *Ibid.*

18. *Siu-tseu* a dit : *Tchoung-ni* faisait souvent le plus grand éloge de l'eau, en s'écriant: « Que l'eau « est admirable ! que l'eau est admirable ! » Quelle leçon voulait-il tirer de l'eau ?

MENG-TSEU dit : L'eau qui s'échappe de sa source avec abondance ne cesse de couler ni jour ni nuit. Elle remplit les canaux, les fossés ; ensuite, poursuivant sa course, elle parvient jusqu'aux quatre mers. L'eau qui sort de la source coule ainsi avec rapidité (jusqu'aux quatre mers). C'est pourquoi elle est prise pour sujet de comparaison.

S'il n'y a pas de source, les pluies étant recueillies à la septième ou huitième lune, les canaux et les fossés des champs seront remplis ; mais l'homme pourra facilement s'attendre à les voir bientôt desséchés. C'est pourquoi, lorsque le bruit et la renommée de son nom dépassent le mérite des actions, l'homme supérieur en rougit.

19. MENG-TSEU dit : Ce en quoi les hommes diffèrent des bêtes brutes est une chose bien peu considérable [1] ; la foule vulgaire la perd bientôt ; les hommes supérieurs la conservent soigneusement.

Chun avait une grande pénétration pour découvrir la raison des choses ; il scrutait à fond les devoirs des hommes entre eux. Il agissait selon l'humanité et la justice, sans pratiquer de propos délibéré l'humanité et la justice.

20. MENG-TSEU dit : *Yu* détestait le vin recherché ; mais il aimait beaucoup les paroles qui inspiraient la vertu.

[*Tching*]-*thang* tenait constamment le milieu ; il établisait les sages (ou il leur donnait des magistratures) sans leur demander à quel pays, à quelle secte ou à quelle classe ils appartenaient.

Wen-wang considérait le peuple comme un blessé (qui a besoin de beaucoup de soin) ; il s'attachait à contempler la droite voie comme s'il ne l'avait jamais vue.

Wen-wang ne méprisait point les hommes et les choses présentes ; il n'oubliait pas les hommes et les choses éloignées [2].

Tcheou-koung pensait à réunir dans sa personne (en les imitant) les rois (les plus célèbres) des trois dynasties [3], en pratiquant quatre principales choses qu'ils avaient pratiquées. Si entre ces choses il s'en trouvait une qui ne convînt plus au temps où il vivait, il y réfléchissait attentivement jour et nuit. Lorsqu'il avait été assez heureux pour trouver la raison de l'inconvenance et de l'inopportunité de cette chose, il s'asseyait pour attendre l'apparition du jour.

21. MENG-TSEU dit : Les vestiges de ceux qui avaient exercé le pouvoir souverain ayant disparu, les vers qui les célébraient périrent. Les vers ayant péri, le livre intitulé le *Printemps et l'Automne* [1] fut composé (pour les remplacer.)

Le livre intitulé *Ching* (quadrige), du royaume de *Tçin* ; le livre intitulé *Thao-wo*, du royaume de *Thsou* ; le livre intitulé *Tchun-thsieou*, du royaume de *Lou*, ne font qu'un.

Les actions qui sont célébrées dans ce dernier ouvrage, sont celles de princes comme *Houan, kong* du royaume de *Thsi* ; *Wen, kong* du royaume de *Tçin*. Le style qui y est employé est historique. KHOUNG-TSEU disait (en parlant de son ouvrage) : « Les choses qui y sont rapportées m'ont paru « équitables et justes ; c'est ce qui me les a fait re-« cueillir. »

22. MENG-TSEU dit : Les bienfaits d'un sage qui a rempli des fonctions publiques s'évanouissent après cinq générations ; les bienfaits d'un sage qui n'a pas rempli de fonctions publiques s'évanouissent également après cinq générations.

Moi, je n'ai pas pu être un disciple de KHOUNG-TSEU ; mais j'ai recueilli de mon mieux ses préceptes de vertu des hommes (qui ont été les disciples de *Tseu-sse*).

MENG-TSEU dit : Lorsqu'une chose paraît devoir être acceptée, et qu'après un plus mûr examen elle ne paraît pas devoir l'être, si on l'accepte, on blesse le sentiment de la modération. Lorsqu'une chose paraît devoir être donnée, et qu'après un plus mûr examen elle ne paraît pas devoir l'être, si on la donne, on blesse le sentiment de la bienfaisance. Lorsque le temps paraît être venu où l'on peut mourir, et qu'après une réflexion plus mûre il ne paraît plus convenir de mourir, si l'on se donne la mort, on blesse le sentiment de force et de vie que l'on possède.

24. Lorsque *Pheng-meng*, apprenant de *Y* [2] à lancer des flèches, eut épuisé toute sa science, il crut que *Y* était le seul dans l'empire qui le surpassait dans cet art, et il le tua.

MENG-TSEU dit : Ce *Y* était aussi criminel. *Koung-ming-i* disait : « Il paraît ne pas avoir été criminel ; » c'est-à-dire, qu'il était moins criminel que *Pheng-meng*. Comment n'aurait-il pas été criminel ?

Les habitants du royaume de *Tching* ayant envoyé *Tseu-cho-jou-tseu* pour attaquer le royaume de *Weï*, ceux de *Weï* envoyèrent *Yu-koung-tchi-sse* pour le poursuivre. *Tseu-cho-jou-tseu* dit : Aujourd'hui je me trouve mal ; je ne puis pas tenir mon arc ; je me meurs. Interrogeant ensuite celui qui conduisait son char, il lui demanda quel était l'homme qui le poursuivait ? Son cocher lui répondit : C'est *Yu-koung-tchi-sse*.

---

[1] C'est la raison naturelle. (*Commentaire*.)
[2] Il y a dans le texte, *les prochains* et les *éloignés*, sans substantifs qualifiés. Nous avons suivi l'interprétation de la Glose.
[3] *Yu, Tchang, Wen-(wang)* et *Wou-(wang.)* (*Glose*.)

[1] *Tchun-thsieou*, composé par KHOUNG-TSEU.
[2] Prince du royaume de *Yeou-khioung*.

— Alors j'ai la vie sauve.

Le cocher reprit : Yu-koung-tchi-sse est le plus habile archer du royaume de Weï. Maître, pourquoi avez-vous dit que vous aviez la vie sauve ?

— Yu-koung-tchi-sse apprit l'art de tirer de l'arc de Yin-koung-tchi-ta. Yin-koung-tchi-ta apprit de moi l'art de tirer de l'arc. Yin-koung-tchi-ta est un homme à principes droits. Celui qu'il a pris pour ami est certainement aussi un homme à principes droits.

Yu-koung-tchi-sse l'ayant atteint, lui dit : Maître, pourquoi ne tenez-vous pas votre arc en main ?

— Aujourd'hui je me trouve mal ; je ne puis tenir mon arc.

— J'ai appris l'art de tirer de l'arc de Yin-koung-tchi-ta ; Yin-koung-tchi-ta apprit l'art de tirer de l'arc de vous, maître. Je ne supporte pas l'idée de me servir de l'art et des principes de mon maître au préjudice du sien. Quoiqu'il en soit ainsi, l'affaire que j'ai à suivre aujourd'hui est celle de mon prince ; je n'ose pas la négliger. Alors il prit ses flèches, qu'il ficha sur la roue du char, et leur fer se trouvant enlevé, il en lança quatre, et s'en retourna.

25. MENG-TSEU dit : Si la belle Si-tseu s'était couverte d'ordures, alors tous les hommes se seraient éloignés d'elle en se bouchant le nez.

Quoiqu'un homme ait une figure laide et difforme, s'il se purifie et tient son cœur sans souillure, s'il se fait souvent des ablutions, alors il pourra sacrifier au souverain suprême (Chang-ti).

26. MENG-TSEU dit : Lorsque dans le monde on disserte sur la nature rationnelle de l'homme, on ne doit parler que de ses effets. Ses effets sont ce qu'il y a de plus important dans ces facultés de la raison (qui ne tombent pas sous les sens).

C'est ainsi que nous éprouvons de l'aversion pour un (faux) sage, qui use de captieux détours. Si ce sage agissait naturellement comme Yu en dirigeant les eaux (de la grande inondation), nous n'éprouverions point d'aversion pour sa sagesse. Lorsque Yu dirigeait les grandes eaux, il les dirigeait selon leur cours le plus naturel et le plus facile. Si le sage dirige aussi ses actions selon la voie naturelle de la raison et la nature des choses, alors sa sagesse sera grande aussi.

Quoique le ciel soit très-élevé, que les étoiles soient très-éloignées, si on porte son investigation sur les effets naturels qui en procèdent, on peut calculer ainsi, avec la plus grande facilité, le jour où après mille ans le solstice d'hiver aura lieu.

27. Koung-hang-tseu[1] ayant eu à faire des funérailles à son père en fils pieux, un commandant de la droite du prince fut envoyé près de lui pour assister aux cérémonies funèbres.

Lorsqu'il eut franchi la porte, de nombreuses personnes entrèrent en s'entretenant avec le commandant de la droite du prince. D'autres l'accompagnèrent jusqu'à son siége en s'entretenant aussi avec lui.

MENG-TSEU n'adressa pas la parole au commandant de la droite du prince. Celui-ci en fut mortifié, et il dit : Une foule de personnes distinguées sont venues s'entretenir avec moi qui suis revêtu de la dignité de Houan ; MENG-TSEU seul ne m'a point adressé la parole ; c'est une marque de mépris qu'il m'a témoignée !

MENG-TSEU ayant entendu ces paroles, dit : On lit dans le Livre des Rites : « Étant à la cour, il ne « faut pas se rendre à son siége en s'entretenant avec « quelqu'un ; il ne faut point sortir des gradins que « l'on occupe pour se saluer mutuellement. » Moi, je ne désirais qu'observer les rites ; n'est-il pas étonnant que Tseu-ngao pense que je lui ai témoigné du mépris ?

28. MENG-TSEU dit : Ce en quoi l'homme supérieur diffère des autres hommes, c'est qu'il conserve la vertu dans son cœur. L'homme supérieur conserve l'humanité dans son cœur, il y conserve aussi l'urbanité.

L'homme humain aime les hommes ; celui qui a de l'urbanité respecte les hommes.

Celui qui aime les hommes est toujours aimé des hommes : celui qui respecte les hommes est toujours respecté des hommes.

Je suppose ici un homme qui me traite avec grossièreté et brutalité ; alors en homme sage, je dois faire un retour sur moi-même et me demander si je n'ai pas été inhumain, si je n'ai pas manqué d'urbanité : autrement, comment ces choses me seraient-elles arrivées ?

Si après avoir fait un retour sur moi-même je trouve que j'ai été humain ; si après un nouveau retour sur moi-même je trouve que j'ai eu de l'urbanité ; la brutalité et la grossièreté dont j'ai été l'objet existant toujours, en homme sage, je dois de nouveau descendre en moi-même et me demander si je n'ai pas manqué de droiture ?

Si après cet examen intérieur je trouve que je n'ai pas manqué de droiture ; la grossièreté et la brutalité dont j'ai été l'objet existant toujours, en homme sage, je me dis : Cet homme qui m'a outragé n'est qu'un extravagant, et rien de plus. S'il en est ainsi, en quoi diffère-t-il de la bête brute ? Pourquoi donc me tourmenterais-je à propos d'une bête brute ?

C'est pour ce motif que le sage est toute sa vie intérieurement plein de sollicitudes (pour faire le bien), sans qu'une (peine ayant une cause extérieure[1]) l'affecte pendant la durée d'un matin.

Quant aux sollicitudes intérieures, le sage en éprouve constamment. [Il se dit] : Chun était un

---

[1] Premier ministre du roi de Thsi.

[1] Glose.

homme, je suis aussi un homme ; *Chun* fut un exemple de vertus et de sagesse pour tout l'empire, et il put transmettre ses instructions aux générations futures ; moi, je n'ai pas encore cessé d'être un homme de mon village (un homme vulgaire). Ce sont là pour lui de véritables motifs de préoccupations pénibles et de chagrins ; il n'aurait plus de sujets d'affliction ; s'il était parvenu à ressembler à *Chun*. Quant aux peines qui ont une cause extérieure, étrangère, le sage n'en éprouve pas. Il ne commet pas d'actes contraires à l'humanité ; il ne commet pas d'actes contraires à l'urbanité. Si une peine ayant une cause extérieure l'affectait pendant la durée d'un matin, cela ne serait pas alors une peine pour le sage.

29. *Yu* et *Tsi* étant entrés dans l'âge de l'égalité d'âme (dans cet âge de la raison où l'on a pris de l'empire sur ses passions et ses penchants [1]), ils passèrent trois fois devant leur porte sans y entrer (pour ne pas interrompre les soins qu'ils donnaient à l'intérêt public). KHOUNG-TSEU loua leur conduite dans ces circonstances.

Yan-tseu [2], dans l'âge des passions turbulentes, habitait une ruelle obscure et déserte, mangeait dans une écuelle de roseaux, et buvait dans une courge. Les hommes n'auraient pu supporter ses privations et ses tristesses. Mais *Yan-tseu* ne perdit pas son air serein et satisfait. KHOUNG-TSEU loua sa conduite dans cette circonstance.

MENG-TSEU dit : *Yu, Tsi* et *Kan-hoeï* se conduisirent d'après les mêmes principes.

Yu agissait comme s'il avait pensé que l'empire, étant submergé par les grandes eaux, il avait lui-même causé cette submersion. *Tsi* agissait comme s'il avait pensé que l'empire, épuisé par la famine, il avait lui-même causé cette famine. C'est pourquoi ils éprouvaient une telle sollicitude.

Si *Yu, Tsi* et *Yan-tseu* s'étaient trouvés à la place l'un de l'autre, ils auraient agi de même.

Maintenant, je suppose que les personnes de ma maison se querellent ensemble, je m'empresserai de les séparer. Quoique leurs cheveux et les bandes de leurs bonnets soient épars de côté et d'autre, je devrai également m'empresser de les séparer.

Si ce sont les hommes d'un même village ou du voisinage qui se querellent ensemble, ayant les cheveux et les bandelettes de leurs bonnets épars de côté et d'autre, je fermerai les yeux sans aller m'interposer entre eux pour les séparer. Je pourrais même fermer ma porte, sans me soucier de leurs différends.

30. *Koung-tou-tseu* (disciple de MENG-TSEU) dit : Tout le monde dans le royaume prétend que *Khouang-tchang* n'a point de piété filiale. Maître,

comme vous avez avec lui des relations fréquentes, que vous êtes avec lui sur un pied de politesse très-grande, oserais-je vous demander pourquoi on a une telle opinion de lui ?

MENG-TSEU dit : Les vices que, selon les mœurs de notre siècle, on nomme *défauts de piété filiale*, sont au nombre de cinq. Laisser ses quatre membres s'engourdir dans l'oisiveté, au lieu de pourvoir à l'entretien de son père et de sa mère, est le premier défaut de piété filiale. Aimer à jouer aux échecs [1], à boire du vin, au lieu de pourvoir à l'entretien de son père et de sa mère, est le second défaut de piété filiale. Convoiter les richesses et le lucre, et se livrer avec excès à la passion de la volupté, au lieu de pourvoir à l'entretien de son père et de sa mère, est le troisième défaut de piété filiale. S'abandonner entièrement aux plaisirs des yeux et des oreilles, en occasionnant à son père et à sa mère de la honte et de l'ignominie, est le quatrième défaut de piété filiale. Se complaire dans les excès d'une force brutale, dans les rixes et les emportements, en exposant son père et sa mère à toute sorte de dangers, est le cinquième défaut de piété filiale. *Tchang-tseu* a-t-il un de ces défauts ?

Ce *Tchang-tseu* étant fils, il ne lui convient pas d'exhorter son père à la vertu ; ce n'est pas pour lui un devoir de réciprocité.

Ce devoir d'exhorter à la vertu est de règle entre égaux et amis ; l'exhortation à la vertu entre le père et le fils, est une des causes qui peuvent le plus altérer l'amitié.

Comment *Tchang-tseu* peut-il désirer que le mari et la femme, la mère et le fils demeurent ensemble (comme c'est un devoir pour eux) ? Parce qu'il a été coupable envers son père, il n'a pu demeurer près de lui ; il a renvoyé sa femme, chassé son fils, et il se trouve ainsi jusqu'à la fin de sa vie privé de l'entretien et des aliments qu'il devait en attendre. *Tchang-tseu*, dans la détermination de sa volonté, ne paraît pas avoir voulu agir comme il a agi (envers sa femme et son fils [2]). Mais si après s'être conduit comme il l'a fait (envers son père), il avait en outre accepté l'alimentation de sa femme et de son fils [3]), il aurait été des plus coupables. Voilà l'explication de la conduite de *Tchang-tseu* (qui n'a rien de répréhensible).

31. Lorsque *Thseng-tseu* habitait dans la ville de *Wou-tching*, quelqu'un, en apprenant l'approche d'un brigand armé du royaume de *Youeï*, lui dit : Le brigand arrive ; pourquoi ne vous sauvez-vous pas ? Il répondit (à un de ceux qui étaient préposés à la garde de sa maison [4]) : Ne logez personne dans

---

[1] *Po-i ;* on voit par là que ce jeu était déjà beaucoup en usage du temps de MENG-TSEU.
[2] *Glose.*
[3] *Ibid.*
[4] *Ibid.*

---

[1] *Glose.*
[2] Voyez ci-devant, pag. 186, art. 5

ma maison, afin que les plantes et les arbres qui se trouvent dans l'intérieur ne soient pas détruits ; et lorsque le brigand se sera retiré, alors remettez en ordre les murs de ma maison, car je reviendrai l'habiter.

Le brigand s'étant retiré, *Thseng-tseu* retourna à sa demeure. Ses disciples dirent : Puisque le premier magistrat de la ville a si bien traité notre maître (en lui donnant une habitation), ce doit être un homme plein de droiture et de déférence ! Mais fuir le premier à l'approche du brigand, et donner ainsi un mauvais exemple au peuple, qui pouvait l'imiter ; revenir ensuite, après le départ du brigand, ce n'est peut-être pas agir convenablement.

Chin-yeou-hing (un des disciples de *Thseng-tseu*) dit : C'est ce que vous ne savez pas. Autrefois la famille *Ching-yeou* ayant eu à souffrir les calamités d'une grande [1] dévastation, des soixante et dix hommes qui accompagnaient notre maître (*Thseng-tseu*) aucun ne vint l'aider dans ces circonstances difficiles.

Lorsque *Tseu-sse* habitait dans le royaume de *Weï*, quelqu'un, en apprenant l'approche d'un brigand armé du royaume de *Thsi*, lui dit : Le brigand arrive ; pourquoi ne vous sauvez-vous pas ?

Tseu-sse répondit : Si moi *Ki*, je me sauve, qui protégera le royaume avec le prince ?

MENG-TSEU dit : *Thseng-tseu* et *Tseu-sse* eurent les mêmes principes de conduite. *Thseng-tseu* était précepteur de la sagesse[2] ; il était par conséquent dans les mêmes conditions (de dignité et de sûreté à maintenir) qu'un père et un frère aîné ; *Tseu-sse* était magistrat ou fonctionnaire public ; il était par conséquent dans une condition bien inférieure (sous ces deux rapports). Si *Thseng-tseu* et *Tseu-sse* se fussent trouvés à la place l'un de l'autre, ils auraient agi de même.

32. *Tchou-tseu*, magistrat du royaume de *Thsi*, dit : Le roi a envoyé des hommes pour s'informer secrètement si vous différez véritablement, maître, des autres hommes.

MENG-TSEU dit : Si je diffère des autres hommes ? *Yao* et *Chun* eux-mêmes étaient de la même nature que les autres hommes.

33. [MENG-TSEU] dit : Un homme de *Thsi* avait une femme légitime et une seconde femme qui habitaient toutes deux dans sa maison.

Toutes les fois que le mari sortait, il ne manquait jamais de se gorger de vin et de viande avant de rentrer au logis. Si sa femme légitime lui demandait qui étaient ceux qui lui avaient donné à boire et à manger, alors il lui répondait que c'étaient des hommes riches et nobles.

Sa femme légitime, s'adressant à la concubine, lui dit : Toutes les fois que le mari sort, il ne manque jamais de rentrer gorgé de vin et de viande. Si je lui demande quelles sont les personnes qui lui ont donné à boire à manger, il me répond : Ce sont des hommes riches et nobles ; et cependant aucune personne illustre n'est encore venue ici. Je veux observer en secret où va le mari.

Elle se leva de grand matin, et suivit secrètement son mari dans les lieux où il se rendait. Il traversa le royaume [1] sans que personne vînt l'accoster et lui parler. Enfin, il se rendit dans le faubourg oriental où, parmi les tombeaux, se trouvait un homme qui offrait le sacrifice des ancêtres, dont il mangea les restes, sans se rassasier. Il alla encore ailleurs avec la même intention. C'était là sa méthode habituelle de satisfaire son appétit.

Sa femme légitime, de retour à la maison, s'adressant à la concubine, lui dit : Notre mari était l'homme dans lequel nous avions placé toutes nos espérances pour le reste de nos jours, et maintenant voici ce qu'il a fait. Elle raconta ensuite à la concubine ce qu'elle avait vu faire à son mari, et elles pleurèrent ensemble dans le milieu du gynécée. Et le mari, ne sachant pas ce qui s'était passé, revint le visage tout joyeux du dehors se vanter de ses bonnes fortunes auprès de sa femme légitime et de sa femme de second rang.

Si le sage médite attentivement sur la conduite de cet homme, il verra par quels moyens les hommes se livrent à la poursuite des richesses, des honneurs, du gain et de l'avancement, et combien ils sont peu nombreux ceux dont les femmes légitimes et de second rang ne rougissent pas et ne se désolent pas de leur conduite.

CHAPITRE III,

COMPOSÉ DE 9 ARTICLES.

1. *Wen-tchang* (disciple de MENG-TSEU) fit une question en ces termes : « Lorsque *Chun* « rendait aux champs (pour les cultiver), il versait « des larmes en implorant le ciel miséricordieux. » Pourquoi implorait-il le ciel en versant des larmes ?

MENG-TSEU dit : Il se plaignait (de ne pas être aimé de ses parents), et il pensait aux moyens de l'être.

Wen-tchang dit : Si son père et sa mère l'aimaient, il devait être satisfait, et ne pas oublier leur tendresse. Si son père et sa mère le détestaient, il devait supporter ses chagrins sans se plaindre. S'il en est ainsi, *Chun* se plaignait donc de ses parents ?

---

[1] C'est ainsi que la Glose explique l'expression *fou-thsou* du texte par *iso-louan*.

[2] 師 *Sse* ; il avait aussi de nombreux disciples.

[1] Quelques interprètes pensent qu'ici *Kouè*, royaume, signifie ville.

Meng-tseu dit : *Tchang-si*, interrogeant *Kong ming-kao*, dit : En ce qui concerne ces expressions : *Lorsque Chun se rendait aux champs*, j'ai entendu là-dessus vos explications ; quant à celles-ci, *il versait des larmes en implorant le ciel miséricordieux*, j'en ignore le sens.

Koung-ming-kao dit : Ce n'est pas une chose que vous puissiez comprendre.

Koung-ming-kao (continua Meng-tseu) pensait que le cœur d'un fils pieux ne pouvait être ainsi exempt de chagrins. « Pendant que j'épuise mes forces (se disait-il) à cultiver les champs, je ne fais que remplir mes devoirs de fils, et rien de plus. Si mon père et ma mère ne m'aiment pas, y a-t-il de ma faute ? »

L'empereur (*Yao*) lui envoya ses fils, neuf jeunes gens vigoureux, et ses deux filles, et il ordonna à un grand nombre de magistrats ainsi que d'officiers publics de se rendre près de *Chun* avec des approvisionnements de bœufs, de moutons, et de grains pour son service. Les lettrés de l'empire en très-grand nombre se rendirent près de lui.

L'empereur voulut en faire son ministre et lui transmettre l'empire. Ne recevant aucune marque de déférence (ou de soumission au bien) de ses père et mère, il était comme un homme privé de tout, qui ne sait où se réfugier.

Causer de la joie et de la satisfaction aux hommes dont l'intelligence est la plus éclairée dans l'empire, c'est ce que l'on désire le plus vivement, et cependant cela ne suffisait pas pour dissiper les chagrins (de *Chun*). L'amour d'une jeune et belle femme est ce que les hommes désirent ardemment ; *Chun* reçut pour femmes les deux filles de l'empereur, et cependant cela ne suffisait pas pour dissiper ses chagrins. Les richesses sont aussi ce que les hommes désirent vivement ; en fait de richesses, il eut l'empire en possession, et cependant cela ne suffisait pas pour dissiper ses chagrins. Les honneurs sont ce que les hommes désirent ardemment ; en fait d'honneurs, il fut revêtu de la dignité de fils du ciel (ou d'empereur), et cependant cela ne suffisait pas pour dissiper ses chagrins. Le sentiment de causer de la satisfaction et de la joie aux hommes de l'empire dont l'intelligence est la plus éclairée, l'amour de jeunes et belles femmes, les richesses et les honneurs, ne suffisaient pas pour dissiper les chagrins de *Chun*. Il n'y avait que la déférence de ses père et mère à ses bons conseils qui auraient pu dissiper ses chagrins.

L'homme, lorsqu'il est jeune, chérit son père et sa mère. Quand il sent naître en lui le sentiment de l'amour, alors il aime une jeune et belle adolescente ; quand il a une femme et des enfants, alors il aime sa femme et ses enfants ; quand il occupe un emploi public, alors il aime le prince. Si (dans ce dernier cas) il n'obtient pas la faveur du prince, alors il en éprouve une vive inquiétude.

Celui qui a une grande piété filiale, aime jusqu'à son dernier jour son père et sa mère. Jusqu'à cinquante ans, chérir (son père et sa mère) est un sentiment de piété filiale que j'ai observé dans le grand *Chun*.

2. *Wen-tchang* continua ses questions :

Le *Livre des Vers* [1] dit :

« Quand un homme veut prendre une femme,
« que doit-il faire ? »

« Il doit consulter son père et sa mère. »

Personne ne pouvait pratiquer plus fidèlement ces paroles que *Chun*. *Chun* cependant ne consulta pas ses parents avant de se marier. Pourquoi cela ?

Meng-tseu répondit : S'il les avait consultés, il n'aurait pas pu se marier. La cohabitation ou l'union sous le même toit, de l'homme et de la femme, est le devoir le plus important de l'homme. S'il avait consulté ses parents, il n'aurait pas pu remplir ce devoir, le plus important de l'homme [2], et par là il aurait provoqué la haine de son père et de sa mère. C'est pourquoi il ne les consulta pas.

Wen-tchang continua : J'ai été assez heureux pour obtenir de vous d'être parfaitement instruit des motifs qui empêchèrent *Chun* de consulter ses parents avant de se marier ; maintenant comment se fit-il que l'empereur ne consulta pas également les parents de *Chun* avant de lui donner ses deux filles en mariage ?

Meng-tseu dit : L'empereur savait aussi que s'il les avait consultés, il n'aurait pas obtenu leur consentement au mariage.

Wen-tchang poursuivit : Le père et la mère de *Chun* lui ayant ordonné de construire une grange à blé, après avoir enlevé les échelles, *Kou-seou* (son père) y mit le feu. Ils lui ordonnèrent ensuite de creuser un puits, d'où il ne se fut pas plutôt échappé (par une ouverture latérale qu'il s'était ménagée [3]), qu'ils le comblèrent.

Siang [4] dit : « C'est moi qui ai suggéré le dessein
« d'engloutir le prince de la résidence impériale
« (*Chun*) ; j'en réclame tout le mérite. Ses bœufs et
« ses moutons appartiennent à mon père et à ma
« mère ; ses granges et ses grains appartiennent à
« mon père et à ma mère ; son bouclier et sa lance, à
« moi ; sa guitare, à moi ; son arc ciselé, à moi : à ses
« deux femmes j'ordonnerai d'orner ma couche. »

Siang s'étant rendu à la demeure de *Chun* (pour s'emparer de ce qui s'y trouvait, le croyant englouti), il trouva *Chun* assis sur son lit et jouant de la guitare.

---

[1] Ode *Nan-chan*, section *Kouë-foung*.
[2] Parce qu'il n'aurait pas obtenu leur assentiment, et qu'il n'aurait pas voulu leur désobéir.
[3] *Commentaire.*
[4] Frère cadet de *Chun*, mais d'une autre mère.

Siang dit : « J'étais tellement inquiet de mon « prince, que je pouvais à peine respirer; » et son visage se couvrit de rougeur. *Chun* lui dit : « Veuillez, « je vous prie, diriger en mon nom cette foule de « magistrats et d'officiers publics. » Je ne sais pas si *Chun* ignorait que *Siang* avait voulu le faire mourir.

MENG-TSEU dit : Comment l'aurait-il ignoré? Il lui suffisait que *Siang* éprouvât de la peine pour en éprouver aussi, et qu'il éprouvât de la joie pour en éprouver aussi.

Wen-tchang répliqua : S'il en est ainsi, *Chun* aurait donc simulé une joie qu'il n'avait pas? — Aucunement. Autrefois des poissons vivants furent offerts en don à *Tseu-tchan*, du royaume de *Tching*. *Tseu-tchan* ordonna que les gardiens du vivier les entretinssent dans l'eau du lac. Mais les gardiens du vivier les firent cuire pour les manger. Étant venus rendre compte de l'ordre qui leur avait été donné, ils dirent : Quand nous avons commencé à mettre ces poissons en liberté, ils étaient engourdis et immobiles; peu à peu ils se sont ranimés et ont repris de l'agilité; enfin ils se sont échappés avec beaucoup de joie. *Tseu-tchan* dit : Ils ont obtenu leur destination! ils ont obtenu leur destination!

Lorsque les gardiens du vivier furent partis, ils se dirent entre eux : Qui donc disait que *Tseu-tchan* était un homme pénétrant? Après que nous avons eu fait cuire et mangé ses poissons, il dit : Ils ont obtenu leur destination! Ils ont obtenu leur destination! Ainsi donc le sage peut être trompé dans les choses vraisemblables; il peut être difficilement trompé dans les choses invraisemblables ou qui ne sont pas conformes à la raison. *Siang*, étant venu près de *Chun* avec toutes les apparences d'un vif sentiment de tendresse pour son frère aîné, celui-ci y ajouta une entière confiance et s'en réjouit. Pourquoi aurait-il eu de la dissimulation?

3. *Wen-tchang* fit cette nouvelle question : *Siang* ne pensait chaque jour qu'aux moyens de faire mourir *Chun*. Lorsque *Chun* fut établi fils du ciel (ou empereur), il l'exila loin de lui; pourquoi cela?

MENG-TSEU dit : Il en fit un prince vassal. Quelques-uns disent qu'il l'avait exilé loin de lui.

Wen-tchang dit : *Chun* exila le président des travaux publics (*Koung-kong*) à *Yeou-tcheou;* il relégua *Houan-teou* à *Tsoung-chan;* il fit périr (le roi des) *San-miao* à *San-wei;* il déporta *Kouan* à *Yu-chan*. Ces quatre personnages étant châtiés, tout l'empire se soumit, en voyant les méchants punis. *Siang* était un homme très-méchant, de la plus grande inhumanité; pour qu'il fût établi prince vassal de la terre de *Yeou-pi;* il fallait que les hommes de *Yeou-pi* fussent eux-mêmes bien criminels? L'homme qui serait véritablement humain, agirait-il ainsi? En ce qui concerne les autres personnages (coupables), *Chun* les punit; en ce qui concerne son frère cadet, il le fit prince vassal!

MENG-TSEU répondit : L'homme humain ne garde point de ressentiments envers son frère; il ne nourrit point de haine contre lui. Il l'aime, le chérit comme un frère; et voilà tout.

Par cela même qu'il l'aime, il désire qu'il soit élevé aux honneurs; par cela même qu'il le chérit, il désire qu'il ait des richesses. *Chun*, en établissant son frère prince vassal des *Yeou-pi*, l'éleva aux honneurs et l'enrichit. Si pendant qu'il était empereur son frère cadet fût resté homme privé, aurait-on pu dire qu'il l'avait aimé et chéri?

— Oserais-je me permettre de vous faire encore une question, dit *Wen-tchang*? « Quelques-uns di-« rent qu'il l'avait exilé loin de lui. » Que signifient ces paroles?

MENG-TSEU dit : *Siang* ne pouvait pas posséder la puissance souveraine dans son royaume. Le fils du ciel (l'empereur) fit administrer ce royaume par un délégué, et c'est de celui-ci dont il exigeait les tributs. C'est pourquoi on dit que son frère (ainsi privé d'autorité) avait été exilé. Comment *Siang* aurait-il pu opprimer le peuple de ce royaume (dont il n'était que le prince nominal)? Quoique les choses fussent ainsi, *Chun* désirait le voir souvent; c'est pourquoi *Siang* allait le voir à chaque instant. Chun n'attendait pas l'époque où l'on apportait les tributs, ni celle où l'on rendait compte des affaires administratives pour recevoir le prince vassal des *Yeou-pi*. Voilà ce que signifient les paroles que vous avez citées.

4. *Hian-khieou-ming* (disciple de MENG-TSEU) lui fit une question en ces termes : Un ancien proverbe dit : « Les lettrés (quelque) éminents et doués « de vertus qu'ils soient, ne peuvent pas faire d'un « prince un sujet, et d'un père, un fils (en attribuant « la supériorité au seul mérite). » Cependant, lorsque *Chun* se tenait la face tournée vers le midi (c'est-à-dire, présidait solennellement à l'administration de l'empire), *Yao*, à la tête des princes vassaux, la face tournée vers le nord, lui rendait hommage; *Kou-seou*, aussi la face tournée vers le nord, lui rendait hommage. *Chun*, en voyant son père *Kou-seou*, laissait voir sur son visage l'embarras qu'il éprouvait. KHOUNG-TSEU disait à ce propos : « En ce « temps-là, l'empire était dans un danger imminent; « il était bien près de sa ruine. » Je ne sais si ces paroles sont véritables.

MENG-TSEU dit : Elles ne le sont aucunement. Ces paroles n'appartiennent point à l'homme éminent auquel elles sont attribuées. C'est le langage d'un homme grossier des contrées orientales du royaume de *Thsi*.

Yao étant devenu vieux, *Chun* prit en main l'administration de l'empire. Le *Yao-tian*[7] dit : « Lorsque « après vingt-huit ans (de l'administration de *Chun*)

---

[7] Chapitre du *Chou-king*. Voyez ci-devant, pag. 45.

« le prince aux immenses vertus (*Yao*) mourut, toutes les familles de l'empire, comme si elles avaient porté le deuil de leur père ou de leur mère décédés, le pleurèrent pendant trois ans, et les peuples qui parcourent les rivages des quatre mers s'arrêtèrent et suspendirent dans le silence les huit sons. »

KHOUNG-TSEU dit : « Le ciel n'a pas deux soleils ; le peuple n'a pas deux souverains. » Cependant si *Chun* fut élevé à la dignité de fils du ciel, et qu'en outre, comme chef des vassaux de l'empire, il ait porté trois ans le deuil de *Yao*, il y avait donc en même temps deux empereurs.

Hian-khleou-ming dit : J'ai été assez heureux pour obtenir de vous de savoir que *Chun* n'avait pas fait *Yao* son sujet. Le *Livre des Vers*[1] dit :

« Si vous parcourez l'empire,
« Vous ne trouverez aucun lieu qui ne soit le territoire du souverain ;
« Si vous suivez les rivages de la terre, vous ne trouverez aucun homme qui ne soit le sujet de l'empereur. »

Mais dès l'instant que *Chun* fut empereur, permettez-moi de vous demander comment *Kou-seou* (son père) ne fut pas son sujet?

MENG-TSEU dit : Ces vers ne disent pas ce que vous pensez qu'ils disent. Des hommes qui consacraient leurs labeurs au service du souverain, et qui ne pouvaient pas s'occuper des soins nécessaires à l'entretien de leur père et de leur mère (les ont composés). C'est comme s'ils avaient dit : Dans ce que nous faisons, rien n'est étranger au service du souverain ; mais nous seuls, qui possédons des talents éminents, nous travaillons pour lui (cela est injuste).

C'est pourquoi ceux qui expliquent les vers ne doivent pas, en s'attachant à un seul caractère, altérer le sens de la phrase ; ni en s'attachant trop étroitement à une seule phrase, altérer le sens général de la composition. Si la pensée du lecteur (ou de celui qui explique les vers) va au-devant de l'intention du poète, alors on saisit le véritable sens. Si l'on n'e s'attache qu'à une seule phrase, celle de l'ode qui commence par ces mots : *Que la voie lactée s'étend dans l'espace*[2], et qui est ainsi conçue[3] : *Des débris de la population aux cheveux noirs de Tcheou, il ne reste pas un enfant vivant*, signifierait, en la prenant à la lettre, qu'il n'existe plus un seul individu dans l'empire de *Tcheou* !

S'il est question du plus haut degré de la piété filiale, rien n'est aussi élevé que d'honorer ses parents. S'il est question de la plus grande marque d'honneur que l'on puisse témoigner à ses parents,

---

[1] Ode *Pe-chan*, section *Siao-ya.*
[2] Ode *Yun-han*, section *Ta-ya.*
[3] C'est *Li-wang* qui est ici désigné. (*Glose.*)

rien n'est comparable à l'entretien qu'on leur procure sur les revenus de l'État. Comme [*Kou-seou*] était le père du fils du ciel, le combler d'honneur était pour ce dernier la plus haute expression de sa piété filiale ; et comme il l'entretint avec les revenus de l'empire, il lui donna la plus grande marque d'honneur qu'il pouvait lui donner.

Le *Livre des Vers*[1] dit :
« Il pensait constamment à avoir de la piété filiale,
« Et par sa piété filiale il fut un exemple à tous. »
Voilà ce que j'ai voulu dire.
On lit dans le *Choù-king*[2] :
« Toutes les fois que *Chun* visitait son père *Kou-seou* pour lui rendre ses devoirs, il éprouvait un sentiment de respect et de crainte. *Kou-seou* aussi déférait à ses conseils. » Cela confirme (ce qui a été dit précédemment), que l'on ne peut pas faire d'un père un fils.

5. *Wen-tchang* dit : Est-il vrai que l'empereur *Yao* donna l'empire à *Chun*?

MENG-TSEU dit : Aucunement. Le fils du ciel ne peut donner ou conférer l'empire à aucun homme.

Wen-tchang dit : Je l'accorde ; mais alors *Chun*, ayant possédé l'empire, qui le lui a donné?

MENG-TSEU dit : Le ciel le lui a donné.

Wen-tchang continua : Si c'est le ciel qui le lui a donné, lui a-t-il conféré son mandat par des paroles claires et distinctes ?

MENG-TSEU répliqua : Aucunement. Le ciel ne parle pas ; il fait connaître sa volonté par les actions, ainsi que par les hauts faits (d'un homme) ; et voilà tout.

Wen-tchang ajouta : Comment fait-il connaître sa volonté par les actions et les hauts faits (d'un homme) ?

MENG-TSEU dit : Le fils du ciel peut seulement proposer un homme au ciel ; il ne peut pas ordonner que le ciel lui donne l'empire. Les vassaux de l'empire peuvent proposer un homme au fils du ciel ; ils ne peuvent pas ordonner que le fils du ciel lui confère la dignité de prince vassal. Le premier fonctionnaire [*ta-fou*] d'une ville peut proposer un homme au prince vassal ; il ne peut pas ordonner que le prince vassal lui confère la dignité de premier magistrat.

Autrefois *Yao* proposa *Chun* au ciel, et le ciel l'accepta ; il le montra au peuple couvert de gloire, et le peuple l'accepta. C'est pourquoi je disais :
« Le ciel ne parle pas ; il fait connaître sa volonté
« par les actions et les hauts faits d'un homme ; et
« voilà tout. »

Wen-tchang dit : Permettez-moi une nouvelle question : Qu'entendez-vous par ces mots : *Il le proposa au ciel, et le ciel l'accepta ; il le montra au peuple couvert de gloire, et le peuple l'accepta?*

---

[1] Ode *Hia-wou*, section *Ta-ya.*
[2] Chapitre *Ta-yu-mo*, page 52.

MENG-TSEU dit : Il lui ordonna de présider aux cérémonies des sacrifices, et tous les esprits [1] eurent ses sacrifices pour agréables : c'est là l'*acceptation du ciel*. Il lui ordonna de présider à l'administration des affaires publiques, et les affaires publiques étant par lui bien administrées, toutes les familles de l'empire furent tranquilles et satisfaites : voilà l'*acceptation du peuple*. Le ciel lui donna l'empire, et le peuple aussi le lui donna. C'est pourquoi je disais : *Le fils du ciel ne peut pas à lui seul donner l'empire à un homme*.

Chun aida Yao dans l'administration de l'empire pendant vingt-huit ans. Cela ne fut pas le résultat de la puissance de l'homme, mais du ciel.

Yao étant mort, et le deuil de trois ans achevé, Chun se sépara du fils de Yao, et se retira dans la partie méridionale du fleuve méridional (pour lui laisser l'empire). Mais les grands vassaux de l'empire, qui venaient au printemps et en automne jurer foi et hommage, ne se rendaient pas près du fils de Yao, mais près de Chun. Ceux qui portaient des accusations ou qui avaient des procès à vider, ne se présentaient pas au fils de Yao, mais à Chun. Les poëtes qui louaient les hauts faits dans leurs vers et qui les chantaient, ne célébraient point et ne chantaient point le fils de Yao, mais ils célébraient et chantaient les exploits de Chun. C'est pourquoi j'ai dit que *c'était le résultat de la puissance du ciel*. Après cela, il revint dans le royaume du milieu [2], et monta sur le trône du fils du ciel. Si ayant continué d'habiter le palais de Yao, il avait opprimé et contraint son fils, c'eût été usurper l'empire et non le recevoir du ciel.

Le *Thaï-tchi* [3] dit : « Le ciel voit ; mais il voit par « (les yeux de) mon peuple. Le ciel entend ; mais « il entend par (les oreilles de) mon peuple. » C'est là ce que j'ai voulu dire.

6. *Wen-tchang* fit une autre question en ces termes : Les hommes disent : Ce ne fut que jusqu'à Yu (que l'intérêt public fut préféré par les souverains à l'intérêt privé) ; ensuite la vertu s'étant affaiblie, l'empire ne fut plus transmis au plus sage, mais il fut transmis au fils. Cela n'est-il pas vrai ?

MENG-TSEU dit : Aucunement ; cela n'est pas ainsi. Si le ciel donne l'empire au sage, alors (l'empereur) le lui donne ; si le ciel le donne au fils, alors (l'empereur) le lui donne.

Autrefois Chun proposa Yu au ciel (en le faisant son ministre). A la dix-septième année de son administration, Chun mourut. Les trois années de deuil étant écoulées, Yu se sépara du fils de Chun, et se retira dans la contrée de *Yang-tching*. Les populations de l'empire le suivirent, comme, après la mort de Yao, elles n'avaient pas suivi son fils, mais Chun.

Yu proposa Y au ciel (en le faisant son ministre). A la septième année de son administration, Yu mourut. Les trois années de deuil étant écoulées, Y se sépara du fils de Yu, et se retira dans la partie septentrionale du mont *Ki-chan*. Ceux qui, au printemps et en automne venaient à la cour porter leurs hommages, qui accusaient quelqu'un ou avaient des procès à vider, ne se rendirent pas près de Y, mais ils se présentèrent à Khi (fils de Yu), en disant : C'est le fils de notre prince. Les poëtes qui louaient les hauts faits dans leurs vers, et qui les chantaient, ne célébrèrent pas et ne chantèrent pas Y, mais ils chantèrent Khi en disant : C'est le fils de notre prince.

Than-tchou (fils de Yao) était bien dégénéré des vertus de son père ; le fils de Chun était aussi bien dégénéré. Chun en aidant Yao à administrer l'empire, Yu en aidant Chun à administrer l'empire, répandirent pendant un grand nombre d'années leurs bienfaits sur les populations. Khi, étant un sage, put accepter et continuer avec tout le respect qui lui était dû le mode de gouvernement de Yu. Comme Y n'avait aidé Yu à administrer l'empire que peu d'années, il n'avait pas pu répandre longtemps ses bienfaits sur le peuple (et s'en faire aimer). Que Chun, Yu et Y diffèrent mutuellement entre eux par la durée et la longueur du temps (pendant lequel ils ont administré l'empire) ; que leurs fils aient été, l'un un sage, les autres des fils dégénérés : ces faits sont l'œuvre du ciel, et non celle qui dépend de la puissance de l'homme. Celui qui opère ou produit des effets sans action apparente, c'est le ciel ; ce qui arrive sans qu'on l'ait fait venir, c'est la destinée [2].

Pour qu'un simple et obscur particulier arrive à posséder l'empire, il doit, par ses qualités et ses vertus, ressembler à Yao et à Chun, et en outre il doit se trouver un fils du ciel (ou empereur) qui propose à l'acceptation du peuple. C'est pour cela (c'est-à-dire, parce qu'il ne fut pas proposé à l'acceptation du peuple par un empereur), que TCHOUNG-NI (ou KHOUNG-TSEU) ne devint pas empereur (quoique ses vertus égalassent celles de Yao et de Chun).

---

[1] 百神 *Pe-chin*, littéralement, les *cent esprits* ; ce sont les esprits du ciel, de la terre, des montagnes et des fleuves. (Glose.)

[2] *T'choung-koué*, c'est-à-dire, le royaume suzerain qui se trouvait placé au milieu de tous les autres royaumes feudataires qui formaient avec lui l'empire chinois.

[3] Un des chapitres du *Chou-king*, page 84.

[1] Pour le philosophe chinois, les intentions du ciel, concernant la succession à l'empire, se manifestent par le vœu populaire, qui se produisait sous trois formes : l'adhésion des grands vassaux ; celle du commun du peuple, qui se choisit le dispensateur de la justice ; et enfin les chants des poëtes qui sanctionnent, pour ainsi dire, les deux premières formes du vœu populaire, et le transmettent à la postérité. La question serait de savoir si ces trois formes du vœu populaire sont toujours véritablement et sincèrement produites.

[2] *Ming*, ordre donné et reçu, mandat.

Pour que celui qui, par droit de succession ou par droit héréditaire, possède l'empire, soit rejeté par le ciel, il faut qu'il ressemble aux tyrans *Kie* et *Cheou*. C'est pourquoi *Y-yin* et *Tcheou-kong* ne possédèrent pas l'empire.

Y-yin, en aidant *Thang*, le fit régner sur tout l'empire. *Thang* étant mort, *Thaï-ting* (son fils aîné) n'avait pas été (avant de mourir aussi) constitué son héritier, et *Ngaï-ping* n'était âgé que de deux ans, *Tchoung-jin*, que de quatre. *Thaï-kia* (fils de *Thaï-ting*) ayant renversé et foulé aux pieds les institutions et les lois de *Thang*, *Y-yin* le relégua dans le palais nommé *Thoung* ¹ pendant trois années. Comme *Thaï-kia*, se repentant de ses fautes passées, les avait prises en aversion et s'en était corrigé, comme il avait cultivé, dans le palais de *Thoung*, pendant trois ans, les sentiments d'humanité, et qu'il était passé à des sentiments d'équité et de justice en écoutant avec docilité les instructions de *Y-yin*, ce dernier le fit revenir à la ville de *Po*, sa capitale.

Tcheou-koung n'eut pas la possession de l'empire, par les mêmes motifs qui en privèrent *Y* sous la dynastie *Hia*, et *Y-yin* sous celle des *Chang*.

KHOUNG-TSEU disait : « *Thang* [*Yao*] et *Yu* [*Chun*] transférèrent l'empire (à leurs ministres) ; les empereurs des dynasties *Hia*, *Heou-yin* (ou second *Chang*) et *Tcheou* le transmirent à leurs descendants ; les uns et les autres se conduisirent par le même principe d'équité et de justice. »

1. *Wen-tchang* fit une question en ces termes : On dit que ce fut par son habileté à préparer et à découper les viandes que *Y-yin* parvint à obtenir la faveur de *Thang* ; cela est-il vrai ?

MENG-TSEU répondit : Aucunement ; il n'en est pas ainsi. Lorsque *Y-yin* s'occupait du labourage dans les champs du royaume de *Yeou-sin*, et qu'il faisait ses délices de l'étude des institutions de *Yao* et de *Chun*, si les principes d'équité et de justice que ces empereurs avaient répandus) n'avaient pas régné alors, si leurs institutions fondées sur la raison n'avaient pas été établies, quand même on l'aurait rendu maître de l'empire, il aurait dédaigné cette dignité ; quand même on aurait mis à sa disposition mille quadriges de chevaux attelés, il n'aurait pas daigné les regarder. Si les principes d'équité et de justice répandus par *Yao* et *Chun* n'avaient pas régné alors, si leurs institutions fondées sur la raison n'avaient pas été établies, il n'aurait pas donné un fétu aux hommes, et il n'aurait pas reçu un fétu d'eux.

Thang ayant envoyé des exprès avec des pièces de soie afin de l'engager à venir à sa cour, il répondit avec un air de satisfaction, mais de désintéressement : A quel usage emploierais-je les pièces de soie que *Thang* m'offre pour m'engager à aller à sa cour ? Y a-t-il pour moi quelque chose de préférable à vivre au milieu des champs et à faire mes délices des institutions de *Yao* et de *Chun* ?

Thang envoya trois fois des exprès pour l'engager à venir à sa cour. Après le départ des derniers envoyés, il fut touché de cette insistance, et, changeant de résolution, il dit : « Au lieu de passer ma vie au milieu des champs, et de faire mon unique plaisir de l'étude des institutions si sages de *Yao* et de *Chun*, ne vaut-il pas mieux pour moi de faire en sorte que ce prince soit un prince semblable à ces deux grands empereurs ? Ne vaut-il pas mieux pour moi de faire en sorte que ce peuple (que je serai appelé à administrer) ressemble au peuple de *Yao* et de *Chun* ? Ne vaut-il pas mieux que je voie moi-même par mes propres yeux ces institutions pratiquées par le prince et par le peuple ? Lorsque le ciel (poursuivit *Y-yin*) fit naître ce peuple, il voulut que ceux qui les premiers connaîtraient les principes des actions ou les devoirs moraux, instruisissent ceux qui devaient les apprendre d'eux ; il voulut que ceux qui les premiers auraient l'intelligence des lois sociales la communiquassent à ceux qui devaient ne l'acquérir qu'ensuite. Moi je suis des hommes de tout l'empire celui qui le premier ai cette intelligence. Je veux, en me servant des doctrines sociales de *Yao* et de *Chun*, communiquer l'intelligence de ces doctrines à ce peuple qui les ignore. Si je ne lui en donne pas l'intelligence, qui la lui donnera ? »

Il pensait que si parmi les populations de l'empire il se trouvait un simple homme ou une simple femme qui ne comprît pas tous les avantages des institutions de *Yao* et de *Chun*, c'était comme s'il l'avait précipité lui-même dans le milieu d'une fosse ouverte sous ses pas. C'est ainsi qu'il entendait se charger du fardeau de l'empire. C'est pourquoi en se rendant près de *Thang*, il lui parla de manière à le déterminer à combattre le dernier roi de la dynastie *Hia* et à sauver le peuple de son oppression.

Je n'ai pas encore entendu dire qu'un homme, en se conduisant d'une manière tortueuse, ait rendu les autres hommes droits et sincères ; à plus forte raison ne le pourrait-il pas s'il s'était déshonoré lui-même ¹. Les actions des saints hommes ne se ressemblent pas toutes. Les uns se retirent à l'écart et dans la retraite, les autres se produisent et se rapprochent du pouvoir ; les uns s'exilent du royaume, les autres y restent. Ils ont tous pour but de se rendre purs, exempts de toute souillure, et rien de plus.

J'ai toujours entendu dire que *Y-yin* avait été recherché par *Thang*, pour sa grande connaissance des doctrines de *Yao* et de *Chun* ; je n'ai jamais en-

¹ En s'introduisant près du prince sous le prétexte de bien cuire et de bien découper les viandes, comme on le supposerait de *Y-yin*. (*Glose*.)

---

¹ Où était élevé le monument funéraire du roi son père.

tendu dire que ce fût pour son habileté dans l'art de cuire et de découper les viandes.

Le *Y-hiun*[1] dit : « Le ciel ayant décidé sa ruine, « *Thang* commença par combattre *Kie* dans le Pa-« lais des pasteurs [2] ; moi j'ai commencé à *Po*[3]. »

8. *Wen-tchang* fit cette question : Quelques-uns prétendent que KHOUNG-TSEU, étant dans le royaume de *Weï*, habita la maison d'un homme qui guérissait les ulcères ; et que dans le royaume de *Thsi*, il habita chez un eunuque du nom de *Tsi-hoan*. Cela est-il vrai?

MENG-TSEU dit : Aucunement; cela n'est pas arrivé ainsi. Ceux qui aiment les inventions ont fabriqué celles-là.

Étant dans le royaume de *Weï*, il habita chez *Yan-tcheou-yeou*[4]. Comme la femme de *Mi-tseu* et celle de *Tseu-lou* (disciple de KHOUNG-TSEU) étaient sœurs, *Mi-tseu*, s'adressant à *Tseu-lou*, lui dit : Si KHOUNG-TSEU logeait chez moi [5], il pourrait obtenir la dignité de *King* ou de premier dignitaire du royaume de *Weï*.

Tseu-lou rapporta ces paroles à KHOUNG-TSEU. KHOUNG-TSEU dit : « Il y a un mandat du ciel, une « destinée. » KHOUNG-TSEU ne recherchait les fonctions publiques que selon les rites ou les convenances ; il ne les quittait que selon les convenances. Qu'il les obtînt ou qu'il ne les obtînt pas, il disait : Il y a une destinée. Mais s'il avait logé chez un homme qui guérissait les ulcères et chez l'eunuque *Tsi-hoan*, il ne se serait conformé ni à la justice ni à la destinée.

KHOUNG-TSEU, n'aimant plus à habiter dans les royaumes de *Lou* et de *Weï*, il les quitta, et il tomba dans le royaume de *Soung* entre les mains de *Houan*, chef des chevaux du roi, qui voulait l'arrêter et le faire mourir. Mais ayant revêtu des habits légers et grossiers, il se rendit au delà du royaume de *Soung*. Dans les circonstances difficiles où se trouvait alors KHOUNG-TSEU, il alla demeurer chez le commandant de ville *Tching-tseu*, qui était ministre du roi *Tcheou*, du royaume de *Tchin*.

J'ai souvent entendu tenir ces propos : « Con-« naissez les ministres qui demeurent près du prince, « d'après les hôtes qu'ils reçoivent chez eux ; con-« naissez les ministres éloignés de la cour, d'après « les personnes chez lesquelles ils logent. » Si KHOUNG-TSEU avait logé chez l'homme qui guérissait les ulcères et chez l'eunuque *Tsi-hoan*, comment aurait-il pu s'appeler KHOUNG-TSEU?

9. *Wen-tchang* fit encore cette question : Quelques-uns disent que *Pe-li-hi*[6] se vendit pour cinq peaux de mouton a un homme du royaume de *Thsin*, qui gardait les troupeaux ; et que pendant qu'il était occupé lui-même à faire paître les bœufs, il sut se faire connaître et appeler par *Mou-koung*, roi de *Thsin*. Est-ce vrai?

MENG-TSEU dit : Aucunement; cela ne s'est pas passé ainsi. Ceux qui aiment les inventions ont fabriqué celles-là.

Pe-li-hi était un homme du royaume de *Yu*. Les hommes du royaume de *Thsin* ayant, avec des présents composés de pierres précieuses de la région *Tchouï-ki*, et de coursiers nourris dans la contrée nommée *Kioue*, demandé au roi de *Yu* de leur permettre de passer par son royaume pour aller attaquer celui de *Kouë*, *Koung-tchi* en détourna le roi. *Pe-li-hi* ne fit aucune remontrance.

Sachant que le prince de *Yu* (dont il était ministre) ne pouvait pas suivre les bons conseils qu'il lui donnerait dans cette occasion, il quitta son royaume pour passer dans celui de *Thsin*. Il était alors âgé de soixante et dix ans. S'il n'avait pas su à cette époque avancée de sa vie que de rechercher la faveur de *Mou-koung* en menant paître des bœufs, était une action honteuse, aurait-il été nommé doué de sagesse et de pénétration? Comme les remontrances (au roi de *Yu*), ne pouvaient être suivies, il ne fit pas de remontrances; peut-il pour cela être appelé un homme imprudent? Sachant que le prince de *Yu* était près de sa perte, il le quitta le premier ; il ne peut pas pour cela être appelé imprudent.

En ces circonstances il fut promu dans le royaume de *Thsin*. Sachant que *Mou-koung* pourrait agir de concert avec lui, il lui prêta son assistance; peut-on l'appeler pour cela imprudent? En étant ministre du royaume de *Thsin*, il rendit son prince illustre dans tout l'empire, et sa renommée dut être transmise aux générations qui l'ont suivi. S'il n'avait pas été un sage, aurait-il pu obtenir ces résultats? Se vendre pour rendre son prince accompli, est une action que les hommes les plus grossiers du village, qui s'aiment et se respectent, ne feraient pas; et celui que l'on nomme un sage l'aurait fait?

CHAPITRE IV,

COMPOSÉ DE 9 ARTICLES.

---

1. MENG-TSEU dit : Les yeux de *Pe-i* ne regardaient point les formes ou les objets qui portaient au mal ; ses oreilles n'entendaient point les sons portaient au mal. Si son prince n'était pas digne de l'être [1], il ne le servait pas ; si le peuple (qu'on lui confiait) n'était pas digne d'être gouverné, il ne

---

[1] Chapitre du *Chou-king*, qui rapporte les faits de *Y-yin*.
[2] *Mou-kong*, palais de *Kie*, ainsi nommé.
[3] *Po*, la capitale de *Thang*.
[4] Homme d'une sagesse reconnue, et premier magistrat du royaume de *Weï*. (*Glose*.)
[5] Il était le favori du roi de *Weï*.
[6] Sage du royaume de *Yu*.

[1] Voyez liv. 1ᵉʳ, chap. III.

gouvernait pas. Quand les lois avaient leur cours, alors il acceptait des fonctions publiques ; quand l'anarchie régnait, alors il se retirait dans la retraite. Là où une administration perverse s'exerçait ; là où un peuple pervers habitait, il ne pouvait pas supporter de demeurer. Il pensait, en habitant avec les hommes des villages, que c'était comme s'il se fût assis dans la boue ou sur de noirs charbons avec sa robe de cour et son bonnet de cérémonies.

A l'époque du tyran *Cheou* (*sin*), il habitait sur les bords de la mer septentrionale, en attendant la purification de l'empire. C'est pourquoi ceux qui par la suite ont entendu parler des mœurs de *Pe-i*, s'ils étaient ignorants et stupides, sont (par son exemple) devenus judicieux ; et s'ils étaient d'un caractère faible, ont acquis une intelligence ferme et persévérante.

Y-yin disait : Qui servirez-vous, si ce n'est le prince ? Qui gouvernerez-vous, si ce n'est le peuple ? Quand les lois avaient leurs cours, il acceptait des fonctions publiques ; quand l'anarchie régnait, il acceptait également des fonctions publiques.

Il disait [1] : « Lorsque le ciel fit naître ce peuple, il voulut que ceux qui les premiers connaîtraient les principes des actions, ou les devoirs sociaux, instruisissent ceux qui devaient les apprendre d'eux ; il voulut que ceux qui les premiers auraient l'intelligence des lois sociales la communiquassent à ceux qui devaient ne l'acquérir qu'ensuite. Moi je suis des hommes de tout l'empire celui qui le premier ai cette intelligence. Je veux, en me servant des doctrines sociales de *Yao* et de *Chun*, communiquer l'intelligence de ces doctrines à ce peuple qui les ignore. »

Il pensait que si parmi les populations de l'empire il se trouvait un simple homme ou une simple femme qui ne comprît pas tous les avantages des institutions de *Yao* et de *Chun*, c'était comme s'il l'avait précipité lui-même dans une fosse ouverte sous ses pas. C'est ainsi qu'il entendait se charger du fardeau de l'empire.

Lieou-hia-hoeï ne rougissait pas de servir un prince vil ; il ne repoussait pas une petite magistrature. S'il entrait en place, il ne retenait pas les sages dans l'obscurité, et il se faisait un devoir de suivre toujours la droite voie. S'il était négligé, délaissé, il n'en conservait point de ressentiment ; s'il se trouvait jeté dans le besoin et la misère, il ne se plaignait point, ne s'en affligeait point. S'il lui arrivait d'habiter parmi les hommes du village, ayant toujours l'air satisfait, il ne voulait pas les quitter pour aller demeurer ailleurs. Il disait : Vous, agissez comme vous l'entendez ; moi j'agis comme je l'entends [2]. Quand même les bras nus et le corps sans vêtement vous viendriez vous asseoir à mes côtés, comment pourriez-vous me souiller ?

C'est pourquoi ceux qui par la suite ont entendu parler des mœurs de *Lieou-hia-hoeï*, s'ils étaient pusillanimes, sont (par son exemple) devenus pleins de courage ; et s'ils étaient froids et insensibles, sont devenus aimants et affectueux.

KHOUNG-TSEU, voulant quitter le royaume de *Thsi*, prit dans sa main une poignée de riz passé dans l'eau, et se mit en route. Lorsqu'il voulut quitter le royaume de *Lou*, il dit : « Je m'éloigne lentement. » C'est le devoir de celui qui s'éloigne du royaume de son père et de sa mère [1]. Quand il fallait se hâter, se hâter ; quand il fallait s'éloigner lentement, s'éloigner lentement ; quand il fallait mener une vie privée, mener une vie privée ; quand il fallait occuper un emploi public, occuper un emploi public : voilà KHOUNG-TSEU.

MENG-TSEU dit : *Pe-i* fut le plus pur des saints ; *Y-yin* fut celui d'entre eux qui supporta le plus patiemment toutes sortes de fonctions publiques ; *Lieou-hia-hoeï* en fut le plus accommodant ; et KHOUNG-TSEU fut de tous celui qui se conforma le plus aux circonstances (en réunissant en lui toutes les qualités des précédents [2]).

KHOUNG-TSEU peut être appelé le grand ensemble de tous les sons musicaux (qui concourent à former l'harmonie). Dans le grand ensemble de tous les sons musicaux, les instruments d'airain produisent les sons, et les instruments de pierres précieuses les mettent en harmonie. Les sons produits par les instruments d'airain commencent le concert ; l'accord que leur donnent les instruments de pierres précieuses terminent ce concert. Commencer le concert est l'œuvre d'un homme sage, terminer le concert est l'œuvre d'un saint, ou d'un homme parfait.

Si on compare la prudence à quelque autre qualité, c'est à l'habileté ; si on compare la sainteté à quelque autre qualité, c'est à la force (qui fait atteindre au but proposé). Comme l'homme qui lance une flèche à cent pas, s'il dépasse ce but, il est fort ; s'il ne fait que l'atteindre, il n'est pas fort.

2. *Pe-koung-ki* [3] fit une question en ces termes : Comment la maison de *Tcheou* ordonna-t-elle les dignités et les salaires ?

MENG-TSEU dit : Je n'ai pas pu apprendre ces choses en détail. Les princes vassaux qui avaient en haine ce qui nuisait à leurs intérêts et à leurs penchants, ont de concert fait disparaître les règlements écrits de cette famille. Mais cependant, moi KHO, j'en ai appris le sommaire.

---

[1] Voyez le chapitre précédent, § 7.

爾爲爾我爲我 *Eulh-weï-eulh,*

ngo-weï-ngo ; littéralement, *vous, pour vous ; moi, pour moi.*

[1] KHOUNG-TSEU naquit dans le royaume de *Lou* ; c'était le royaume de son père et de sa mère. (*Glose.*)

[2] *Glose.*

[3] Homme de l'Etat de *Weï*.

Le titre de *Thian-tseu*, fils du ciel [1] (ou empereur), constituait une dignité ; le titre de *Koung*, une autre ; celui de *Heou*, une autre ; celui de *Pe*, une autre ; celui de *Tseu* ou *Nan*, une autre : en tout, pour le même ordre, cinq degrés ou dignités [2].

Le titre de prince (*kiun*) constituait une dignité d'un autre ordre ; celui de président des ministères, (*king*), une autre ; celui de premier administrateur civil d'une ville (*ta-fou*), une autre ; celui de lettré de premier rang (*chang-sse*), une autre ; celui de lettré de second rang (*tchoung-sse*), une autre ; celui de lettré de troisième rang (*hia-sse*), une autre : en tout, pour le même ordre, six degrés.

Le domaine constitué du fils du ciel [3] était un territoire carré de mille *li* d'étendue sur chaque côté [4] ; les *Koung* et les *Heou* avaient chacun un domaine de cent *li* d'étendue en tous sens ; les *Pe* en avaient un de soixante et dix *li* ; les *Tseu* et les *Nan*, de cinquante *li* : en tout quatre classes. Celui qui ne possédait pas cinquante *li* de territoire, ne pénétrait pas (de son propre droit [1]) jusqu'au fils du ciel. Ceux qui dépendaient des *Heou* de tous rangs étaient nommés *Fou-young* ou vassaux.

Le domaine territorial que les *King*, ou présidents des ministères, recevaient de l'empereur, était équivalent à celui des *Heou* ; celui que recevaient les *Ta-fou*, commandants des villes, équivalait à celui des *Pe* ; celui que recevaient les *Youan-sse* (ou *Chang-sse*), lettrés de premier rang, équivalait à celui des *Tseu* et des *Nan*.

Dans les royaumes des grands dont le territoire avait cent *li* d'étendue en tous sens [2], le prince (ou le chef, *Koung* et *Heou*) avait dix fois autant de revenus que les *King*, ou présidents des ministères ; les présidents des ministères, quatre fois autant que les *Ta-fou*, ou premiers administrateurs des villes ; les premiers administrateurs des villes, deux fois autant que les *Chang-sse*, ou lettrés de premier rang ; les lettrés de premier rang, deux fois autant que les *Tchoung-sse*, ou lettrés de second rang ; les lettrés de second rang, deux fois autant que les *Hia-sse*, ou lettrés de troisième rang. Les lettrés de troisième rang avaient les mêmes appointements que les hommes du peuple qui étaient employés dans différentes magistratures. Ces appointements devaient être suffisants pour leur tenir lieu des revenus agricoles qu'ils auraient pu se procurer en cultivant la terre.

Dans les royaumes de second rang dont le territoire n'avait que soixante et dix *li* d'étendue en tous sens, le prince (ou le chef, *Pe*) avait dix fois autant de revenus que les *King*, ou présidents des ministères ; les présidents des ministères, trois fois autant que les premiers administrateurs des villes ; les premiers administrateurs des villes, deux fois autant que les lettrés de premier rang ; les lettrés de premier rang, deux fois autant que les lettrés de second rang ; les lettrés de second rang, deux fois autant que les lettrés de troisième rang. Les lettrés de troisième rang avaient les mêmes appointements que les hommes du peuple qui étaient employés dans différentes magistratures. Ces appointements devaient être suffisants pour leur tenir lieu des revenus agricoles qu'ils auraient pu se procurer en cultivant la terre.

Dans les petits royaumes dont le territoire n'avait que cinquante *li* d'étendue en tous sens, le prince (ou chef, *Tseu* et *Nan*) avait dix fois autant de revenus que les présidents des ministères ; les présidents des ministères, deux fois autant que les premiers administrateurs des villes ; les premiers administrateurs des villes, deux fois autant que les

---

[1] « Celui qui pour père a le ciel, pour mère, la terre, et qui est constitué leur fils, c'est le *fils du ciel*. » (*Glose*.)

[2] On a quelquefois traduit ces quatre derniers titres par ceux de duc (*koung*), prince (*heou*), comte (*pe*), marquis et baron (*tseu* et *nan*) ; mais en supposant qu'autrefois ils aient pu avoir quelques rapports d'analogie pour les idées qu'ils représentaient, ils n'en auraient plus aucun de nos jours. Voici comment les définit la Glose chinoise que nous avons sous les yeux :

1° 公 *Koung*, celui dont les fonctions consistaient à se dévouer complètement au bien public, sans avoir aucun égard à son intérêt privé ;

2° 侯 *Heou*, celui dont les fonctions étaient de veiller aux affaires du dehors, et qui en même temps était prince ;

3° 伯 *Pe*, celui qui avait des pouvoirs suffisants pour former l'éducation des citoyens (*Tchang-jin*) ;

4° 子 *Tseu*, celui qui avait des pouvoirs suffisants pour pourvoir à l'entretien des citoyens ; et 男 *nan*, celui qui en avait aussi de suffisants pour les rendre paisibles. »

Voici comment la même Glose définit les titres suivants :

1° 君 *Kiun* (prince), celui dont les proclamations (*tchuming*) suffisaient pour corriger et redresser la foule du peuple ;

2° 卿 *King*, celui qui savait donner et retirer les emplois publics, et dont la raison avait toujours accès près du prince ;

3° 夫大 *Ta-fou*, ceux dont le savoir suffisait pour instruire et administrer des citoyens ;

4° 上士 *Chang-sse* ; ceux dont les talents suffisaient pour faire les affaires des citoyens : trois commandements constituaient le *chang-sse* ;

5° 中士 *Tchoung-sse*, deux commandements le constituaient,

6° 下士 *Hia-sse*, un commandement le constituait. »

[3] Les revenus se percevaient sur les terres ; c'est pourquoi on dit le *domaine* ou le *territoire* (*thi*).

[4] « Par le mot *fang* (*carré*), dit la Glose, il veut dire que les quatre côtés de ce territoire, à l'orient, à l'occident, au midi et au nord, avaient chacun d'étendue, en droite ligne, mille *li*, ou 100 lieues. »

---

[1] *Glose*.

[2] « Royaumes des *Koung* et des *Heou*. » (*Glose*.)

lettrés du premier rang ; les lettrés du premier rang, deux fois autant que les lettrés du second rang ; les lettrés du second rang, deux fois autant que les lettrés du troisième rang. Les lettrés du troisième rang avaient les mêmes appointements que les hommes du peuple qui étaient employés dans différentes magistratures. Ces appointements devaient être suffisants pour leur tenir lieu des revenus agricoles qu'ils auraient pu se procurer en cultivant la terre.

Voici ce que les laboureurs obtenaient des terres qu'ils cultivaient. Chacun d'eux en recevait cent arpents (pour cultiver). Par la culture de ces cent arpents, les premiers ou les meilleurs cultivateurs nourrissaient neuf personnes ; ceux qui venaient après en nourrissaient huit ; ceux de second ordre en nourrissaient sept ; ceux qui venaient après en nourrissaient six. Ceux de la dernière classe, ou les plus mauvais, en nourrissaient cinq. Les hommes du peuple qui étaient employés dans différentes magistratures recevaient des appointements proportionnés à ces différents produits.

3. *Wen-tchang* fit une question en ces termes : Oserai-je vous demander quelles sont les conditions d'une véritable amitié ?

MENG-TSEU dit : Si vous ne vous prévalez pas de la supériorité de votre âge, si vous ne vous prévalez pas de vos honneurs, si vous ne vous prévalez pas de la richesse ou de la puissance de vos frères, vous pouvez contracter des liens d'amitié. Contracter des liens d'amitié avec quelqu'un, c'est contracter amitié avec sa vertu. Il ne doit pas y avoir d'autre motif de liaison d'amitié.

Meng-hian-tseu[1] était le chef d'une famille de cent chars. Il y avait cinq hommes liés entre eux d'amitié : *Yo-tching-khieou*, *Mou-tchoung*; j'ai oublié le nom des trois autres. [Meng]-*hian-tseu* était aussi lié d'amitié avec ces cinq hommes, qui faisaient peu de cas de la grande famille de *Hian-tseu*. Si ces cinq hommes avaient pris en considération la grande famille de *Hian-tseu*, celui-ci n'aurait pas contracté amitié avec eux.

Non-seulement le chef d'une famille de cent chars doit agir ainsi, mais encore des princes de petits États devraient agir de même.

Hoeï, *Koung* de l'État de *Pi*, disait : Quant à *Tseu-sse*, j'en ai fait mon précepteur ; quant à *Yan-pan*, j'en ai fait mon ami. *Wang-chun* et *Tchang-sï* (qui leur sont bien inférieurs en vertus) sont ceux qui me servent comme ministres.

Non-seulement le prince d'un petit État doit agir ainsi, mais encore des princes ou chefs de plus grands royaumes devraient aussi agir de même.

Ping, *Koung* de *Tçin*, avait une telle déférence pour *Haï-thang*[2], que lorsque celui-ci lui disait de

[1] Voyez *Tá-hio*, chap. x, § 21.
[2] Sage du royaume de *Tçin*.

rentrer dans son palais, il y rentrait ; lorsqu'il lui disait de s'asseoir, il s'asseyait ; lorsqu'il lui disait de manger, il mangeait. Quoique ses mets n'eussent été composés que du riz le plus grossier, ou de jus d'herbes, il ne s'en rassasiait pas moins, parce qu'il n'osait pas faire le contraire (tant il respectait les ordres du sage[1]). Ainsi il avait pour eux la déférence la plus absolue, et rien de plus. Il ne partagea pas avec lui une portion de la dignité qu'il tenait du ciel (en lui donnant une magistrature[2]) ; il ne partagea pas avec lui les fonctions de gouvernement qu'il tenait du ciel (en lui conférant une partie de ces fonctions[3]) ; il ne consomma pas avec lui les revenus qu'il tenait du ciel[4]. Les lettrés (qui occupent des fonctions ou des magistratures publiques) honorent ainsi les sages (auxquels ils ne se croient pas supérieurs) ; mais les rois et les *Koung* ou princes ne les honorent pas ainsi.

Lorsque *Chun* eut été élevé au rang de premier ministre, il alla visiter l'empereur. L'empereur donna l'hospitalité à son gendre dans le second palais, et même il mangea à la table de *Chun*. Selon que l'un d'eux visitait l'autre, ils étaient tour à tour hôte recevant et hôte reçu (sans distinction d'*empereur* et de *sujet*). C'est ainsi que le fils du ciel entretenait des liens d'amitié avec un homme privé.

Si étant dans une position inférieure, on témoigne de la déférence et du respect à son supérieur, cela s'appelle *respecter la dignité*; si, étant dans une position supérieure, on témoigne de la déférence et du respect à son inférieur, cela s'appelle *honorer et respecter l'homme sage*. Respecter la dignité, honorer et respecter l'homme sage, le devoir est le même dans les deux circonstances.

4. *Wen-tchang* fit une question en ces termes : Oserais-je vous demander quel sentiment on doit avoir en offrant des présents[5] pour contracter amitié avec quelqu'un ?

MENG-TSEU dit : Celui du respect.

Wen-tchang continua : Refuser cette amitié et repousser ces présents à plusieurs reprises, est une action considérée comme irrévérencieuse ; pourquoi cela ?

MENG-TSEU dit : Lorsqu'un homme honoré (par sa position ou sa dignité) vous fait un don, si vous vous dites, avant de l'accepter : Les moyens qu'il a employés pour se procurer ces dons d'amitié sont-

[1] Glose.
[2] Glose.
[3] Glose.
[4] Ces trois expressions 天位 *thian-weï*, dignité du ciel ; 天職 *thian-chi*, fonctions du ciel ; 天祿 *thian-lou*, revenus du ciel, équivalent à *dignité royale*, *fonctions royales*, *revenus royaux*.
[5] Ce sont les rois et les princes qui invitent les sages à leur cour, en leur offrant de riches présents, dont il est ici question.

ils justes, ou sont-ils injustes ? ce serait manquer de respect envers lui; c'est pourquoi on ne doit pas les repousser.

Wen-tchang dit : Permettez ; je ne les repousse pas d'une manière expresse par mes paroles ; c'est dans ma pensée que je les repousse. Si je me dis en moi-même : « Cet homme honoré par sa dignité, qui m'offre ces présents, les a extorqués [1] au peuple : cela n'est pas juste; » et que sous un autre prétexte que je donnerai, je ne les reçoive pas : n'agirai-je pas convenablement ?

MENG-TSEU dit : S'il veut contracter amitié selon les principes de la raison; s'il offre des présents avec toute la politesse et l'urbanité convenables : KHOUNG-TSEU lui-même les eût acceptés.

Wen-tchang dit : Maintenant, je suppose un homme qui arrête les voyageurs dans un lieu écarté en dehors des portes de la ville, pour les tuer et les dépouiller de ce qu'ils portent sur eux : si cet homme veut contracter amitié selon les principes de la raison, et s'il offre des présents avec toute la politesse d'usage, sera-t-il permis d'accepter ces présents qui sont le produit du vol?

MENG-TSEU dit : Cela ne sera pas permis. Le *Khang-kao* dit : « Ceux qui tuent les hommes et « jettent leurs corps à l'écart pour les dépouiller « de leurs richesses, et dont l'intelligence obscur- « cie et hébétée ne redoute pas la mort; il n'est « personne chez tous les peuples qui ne les ait en « horreur. » Ce sont là des hommes que, sans attendre ni instruction judiciaire, ni explication, on fait mourir de suite. Cette coutume expéditive de faire justice des assassins sans discussions préalables, la dynastie *Yn* la reçut de celle de *Hia*, et la dynastie des *Tcheou* de celle *Kin*; elle a été en vigueur jusqu'à nos jours. D'après cela, comment seriez-vous exposé à recevoir de pareils présents?

Wen-tchang poursuivit : De nos jours, les princes de tous rangs, extorquant les biens du peuple, ressemblent beaucoup aux voleurs qui arrêtent les passants sur les grands chemins pour les dépouiller [2]. Si lorsqu'avec toutes les convenances d'usage ils offrent des présents au sage, le sage les accepte; oserais-je vous demander en quoi il place la justice [3] ?

MENG-TSEU dit : Pensez-vous donc que si un souverain puissant apparaissait au milieu de nous, il rassemblerait tous les princes de nos jours et les ferait mourir pour les punir de leurs exactions ? ou bien qu'après les avoir tous prévenus du châtiment qu'ils méritaient, ils ne se corrigeaient pas, il les ferait périr ? Appeler (comme vous venez de le faire) ceux qui prennent ce qui ne leur appartient pas, *voleurs de grands chemins*, c'est étendre à cette espèce de gens la sévérité la plus extrême que comporte la justice (fondée sur la saine raison [1]).

KHOUNG-TSEU occupait une magistrature dans le royaume de *Lou* (sa patrie). Les habitants, lorsqu'ils allaient à la chasse, se disputaient à qui prendrait la chasse de l'autre ; et KHOUNG-TSEU en faisait autant. S'il est permis de se disputer de cette façon à qui prendra le gibier de l'autre lorsque l'on est à la chasse, à plus forte raison est-il permis de recevoir les présents qu'on vous offre.

Wen-tchang continua : S'il en est ainsi, alors KHOUNG-TSEU, en occupant sa magistrature, ne s'appliquait sans doute pas à pratiquer la doctrine de la droite raison?

MENG-TSEU répondit : Il s'appliquait à pratiquer la doctrine de la droite raison.

— Si son intention était de pratiquer cette doctrine, pourquoi donc, étant à la chasse, se querellait-il pour prendre le gibier des autres ?

— KHOUNG-TSEU avait le premier prescrit dans un livre, d'une manière régulière, que l'on emploierait certains vases en nombre déterminés, dans le sacrifice aux ancêtres, et qu'on ne les remplirait pas de mets tirés à grands frais des quatre parties du royaume.

— Pourquoi ne quittait-il pas le royaume de *Lou*?

— Il voulait mettre ses principes en pratique. Une fois qu'il voyait que ses principes pouvant être mis en pratique, n'étaient cependant pas pratiqués, il quittait le royaume. C'est pourquoi il n'est jamais resté trois ans dans un royaume sans le quitter.

Lorsque KHOUNG-TSEU voyait que sa doctrine pouvait être mise en pratique, il acceptait des fonctions publiques ; quand on le recevait dans un État avec l'urbanité prescrite, il acceptait des fonctions publiques ; quand il pouvait être entretenu avec les revenus publics, il acceptait des fonctions publiques.

Voyant que sa doctrine pouvait être pratiquée par *Ki-houan-tseu* (premier ministre de *Ting, Koung* de *Lou*), il accepta de lui des fonctions publiques ; ayant été traité avec beaucoup d'urbanité par *Ling Koung* de *Wei*, il accepta de lui des fonctions p[ubliques]

---

[1] 取 *Thsiu, prendre;* et quand on suppose que c'est avec violence et impunité, *extorquer*.

[2] 今之諸侯取之於民也猶禦也 *Kin tchi tchou heou thsiu tchi iu min, yeou yu ye.*

[3] *Wen khi ho i.* (*Glose.*)

[1] *Glose.* On nous fera l'honneur de croire que, dans les hardis passages si adroitement rédigés, pas plus que dans tout l'ouvrage, nous ne nous sommes pas permis d'ajouter un seul mot au texte chinois sans le placer entre parenthèses ; et dans ce dernier cas, ils est toujours tiré de la Glose, ou du corps même de la phrase.

[2] La Glose dit : Cela signifie seulement qu'il ne s'opposait pas à cette coutume; mais non que par lui-même il en fit autant.

bliques ; ayant été entretenu avec les revenus publics par Hiao, Koung de *Weï*, il accepta de lui des fonctions publiques.

5. Meng-tseu dit : On accepte et on remplit des fonctions publiques, sans que ce soit pour cause de pauvreté ; mais il est des temps où c'est pour cause de pauvreté. On épouse une femme dans un tout autre but que celui d'en recevoir son entretien ; mais il est des temps où c'est dans le but d'en recevoir son entretien.

Celui qui pour cause de pauvreté refuse une position honorable, reste dans son humble condition ; et en refusant des émoluments, il reste dans la pauvreté.

Celui qui refuse une position honorable, et reste dans son humble condition ; qui refuse des émoluments, et reste dans la pauvreté : que lui convient-il donc de faire ? Il faut qu'il fasse le guet autour des portes de la ville, ou qu'il fasse résonner la crécelle de bois (pour annoncer les veilles de la nuit).

Lorsque Khoung-tseu était *directeur d'un grenier public* [1], il disait : Si mes comptes d'approvisionnements et de distributions sont exacts, mes devoirs sont remplis. Lorsqu'il était *administrateur général des campagnes* [2], il disait : Si les troupeaux sont en bon état, mes devoirs sont remplis.

Si lorsqu'on se trouve dans une condition inférieure on parle de choses bien plus élevées que soi [3], on est coupable (de sortir de son état [4]). Si lorsqu'on se trouve à la cour d'un prince, on ne remplit pas les devoirs que cette position impose, on se couvre de honte.

6. *Wen-tchang* dit : Pourquoi les lettrés (qui n'occupent pas d'emplois publics [5]) ne se reposent-ils pas du soin de leur entretien sur les princes des différents ordres [6] ?

Meng-tseu dit : Parce qu'ils ne l'osent pas. Les princes de différents ordres, lorsqu'ils ont perdu leur royaume, se reposent sur tous les autres princes du soin de leur entretien ; c'est conforme à l'usage établi ; mais ce n'est pas conforme à l'usage établi que les lettrés se reposent sur les princes du soin de leur entretien.

Wen-tchang dit : Si le prince leur offre pour aliments du millet ou du riz, doivent-ils l'accepter ?

— Ils doivent l'accepter.

— Ils doivent l'accepter ; et de quel droit [7] ?

— Le prince a des devoirs à remplir envers le peuple dans le besoin ; il doit le secourir [1].

— Lorsqu'on offre un secours, on le reçoit, et lorsque c'est un présent, on le refuse ; pourquoi cela ?

— Parce qu'on ne l'ose pas (dans le dernier cas).

— Permettez-moi encore une question : On ne l'ose pas ; et comment cela ?

— Celui qui fait le guet à la porte de la ville, celui qui fait résonner la crécelle de bois, ont, l'un et l'autre, un emploi permanent qui leur donne droit à être nourris aux dépens des revenus ou impôts du prince. Ceux qui, n'occupant plus d'emplois publics permanents, reçoivent des dons du prince, sont considérés comme manquant du respect que l'on se doit à soi-même.

— Je sais maintenant que si le prince fournit des aliments au lettré, il peut les recevoir ; mais j'ignore si ces dons doivent être continués ?

— *Mou-koung* se conduisit ainsi envers *Tseu-sse* : il envoyait souvent des hommes pour prendre des informations sur son compte (pour savoir s'il était en état de se passer de ses secours [2]) ; et il lui envoyait souvent des aliments de viande cuite. Cela ne plaisait pas à *Tseu-sse*. A la fin, il prit les envoyés du prince par la main et les conduisit jusqu'en dehors de la grande porte de sa maison ; alors, le visage tourné vers le nord, la tête inclinée vers la terre, et saluant deux fois les envoyés, sans accepter leurs secours, il dit : « Je sais dès maintenant que le prince me nourrit, moi *Ki*, comme « si j'étais un chien ou un cheval. » Or, de ce moment là, les gouverneurs et premiers administrateurs des villes n'ont plus alimenté (les lettrés) ; cependant si, lorsqu'on aime les sages, on ne peut les élever à des emplois, et qu'en outre on ne puisse leur fournir ce dont ils ont besoin pour vivre, peut-on appeler cela aimer les sages ?

Wen-tchang dit : Oserais-je vous faire une question : Si le prince d'un royaume désire alimenter un sage, que doit-il faire dans ce cas pour qu'on puisse dire qu'il est véritablement alimenté ?

Meng-tseu dit : Le lettré doit recevoir les présents ou les aliments qui lui sont offerts par l'ordre du prince, en saluant deux fois et en inclinant la tête. Ensuite les gardiens des greniers royaux doivent continuer les aliments, les cuisiniers doivent continuer la viande cuite, sans que les hommes chargés des ordres du prince les lui présentent de nouveau [3].

---

[1] Voyez à ce sujet notre *Description historique*, etc., de *l'empire de la Chine*, déjà cité, vol. I, pag. 123 et suiv.
[2] *Chin-tian*. Voyez à ce sujet le même ouvrage, pag. 125.
[3] « De la haute administration du royaume. » (*Glose.*)
[4] *Glose.* [5] *Glose.*
諸侯 *Tchou-heou* : les *heou* en général.
何義 *Ho* [2] ; littéralement, *de quelle justice* ?

君之於民也，固周之
Kiun tchi iu ming ye , ko tcheou tchi.
[2] *Glose.*
[3] « Afin de ne pas l'obliger à répéter à chaque instant ses salutations et ses remerciments. »   (*Commentaire.*)

Tseu-sse se disait en lui-même : « Si pour des viandes cuites on me tourmente de manière à m'obliger à faire souvent des salutations de remercîments, ce n'est pas là un mode convenable de subvenir à l'entretien des sages. »

Yao se conduisit de la manière suivante envers *Chun* : il ordonna à ses neuf fils de le servir ; il lui donna ses deux filles en mariage ; il ordonna à tous les fonctionnaires publics de fournir des bœufs, des moutons, de remplir des greniers pour l'entretien de *Chun* au milieu des champs ; ensuite il l'éleva aux honneurs et lui conféra une haute dignité. C'est pourquoi il est dit avoir honoré un sage selon un mode convenable à un souverain ou à un prince.

7. *Wen-tchang* dit : Oserais-je vous faire une question : Pourquoi un sage ne va-t-il pas visiter les princes [1] ?

MENG-TSEU dit : S'il est dans leur ville principale, on dit qu'il est le sujet de la place publique et du puits public ; s'il est dans la campagne, on dit qu'il est le sujet des herbes forestières. Ceux qui sont dans l'un et l'autre cas, sont ce que l'on nomme les hommes de la foule [2]. Les hommes de la foule qui n'ont pas été ministres, et n'ont pas encore offert de présents au prince, n'osent pas se permettre de lui faire leur visite ; c'est l'usage.

Wen-tchang dit : Si le prince appelle les hommes de la foule pour un service exigé, ils vont faire ce service. Si le prince désirant les voir les appelle auprès de lui, ils ne vont pas le voir ; pourquoi cela ?

MENG-TSEU dit : Aller faire un service exigé, est un devoir de justice [3] ; aller faire des visites (au prince), n'est pas un devoir de justice.

Par conséquent, pourquoi le prince désirerait-il que les lettrés lui fissent des visites ?

Wen-tchang dit : Parce qu'il est fort instruit, parce que lui-même est un sage.

MENG-TSEU dit : Si parce qu'il est fort instruit (il veut l'avoir près de lui pour s'instruire encore [4]), alors le fils du ciel n'appelle pas auprès de lui son précepteur ; à plus forte raison un prince ne l'appellera-t-il pas. Si parce qu'il est sage (il veut descendre jusqu'aux sages [5]), alors je n'ai pas encore entendu dire qu'un prince, désirant voir un sage, l'ait appelé auprès de lui.

Mou-koung étant allé, selon l'usage, visiter *Tseu-sse*, lui dit : Dans l'antiquité, comment un prince de mille quadriges [6] faisait-il pour contracter amitié avec un lettré ?

Tseu-sse, peu satisfait de cette question, répondit : Il y a une maxime d'un homme de l'antiquité qui dit : Que le prince *le serve* (en le prenant pour son maître), *et qu'il l'honore*. A-t-il dit, *qu'il contracte amitié avec lui* ? »

Tseu-sse était peu satisfait de la question du prince ; n'était-ce pas parce qu'il s'était dit en lui-même : « Quant à la dignité, au rang que vous occupez, vous êtes prince, et moi je suis sujet ; « comment oserais-je former des liens d'amitié avec « un prince ? Quant à la vertu, c'est vous qui êtes « mon inférieur, qui devez me servir ; comment « pourriez-vous contracter des liens d'amitié avec « moi ? » Si les princes de mille quadriges qui cherchaient à contracter des liens d'amitié avec les lettrés, ne pouvaient y parvenir, à plus forte raison ne pouvaient-ils pas les appeler à leur cour.

King, Koung de *Thsi* [2], voulant aller à la chasse, appela les gardiens des parcs royaux avec leur étendard. Comme ils ne se rendirent pas à l'appel, il avait résolu de les faire mourir.

« L'homme dont la pensée est toujours occupée « de son devoir (lui représenta KHOUNG-TSEU) « n'oublie pas qu'il sera jeté dans un fossé, ou dans « une mare d'eau (s'il le transgresse) ; l'homme « au courage viril n'oublie pas qu'il perdra sa « tête. »

Pourquoi KHOUNG-TSEU prit-il la défense de ces hommes ? Il la prit parce que les gardiens n'ayant pas été avertis avec leur propre signal, ils ne s'étaient pas rendus à l'appel.

Wen-tchang dit : Oserais-je vous faire une question : De quel objet se sert-on pour appeler les gardiens des parcs royaux ?

MENG-TSEU dit : On se sert d'un bonnet de poil ; pour les hommes de la foule, on se sert d'un étendard de soie rouge sans ornement ; pour les lettrés, on se sert d'un étendard sur lequel sont figurés deux dragons ; pour les premiers administrateurs, on se sert d'un étendard orné de plumes de cinq couleurs qui pendent au sommet de la lance.

Comme on s'était servi du signal des premiers administrateurs pour appeler les gardiens des parcs royaux, ceux-ci, même en présence de la mort (qui devait être le résultat de leur refus), n'oseraient pas se rendre à l'appel. Si on s'était servi du signal des lettrés pour appeler les hommes de la foule, les hommes de la foule auraient-ils osé se rendre

---

[1] Il fait allusion à son maître.
[2] Tous ceux qui n'occupent aucun emploi public.
[3] « Aller faire un service exigé, est un devoir pour les hommes de la foule ; ne pas aller faire des visites (au prince), est d'un usage consacré pour les lettrés. » (TCHOU-HI.)
[4] Supplément de la Glose.
[5] Ibid.
[6] C'étaient les princes du rang de 侯 *Heou*. Ces expressions chinoises, *un prince de cent quadriges, un prince de mille quadriges, un prince de dix mille quadriges*, sont tout à fait analogues à celles dont nous nous servons pour désigner la puissance relative des machines à vapeur de la force de vingt, de cinquante, de cent chevaux, etc.

[1] « Par ce mot de 臣 *tchin, sujet*, il veut désigner la condition (*fen*) des hommes de la foule. » (*Glose*.)
[2] Voyez précédemment, liv. I, chap. VI, pag. 249.

l'appel? bien moins encore ne s'y rendrait-il pas, si on s'était servi du signal d'un homme dépourvu de sagesse ¹, pour appeler un homme sage!

Si lorsqu'on désire recevoir la visite d'un homme sage on n'emploie pas les moyens convenables ², c'est comme si en désirant qu'il entrât dans sa maison on lui en fermait la porte. L'équité ou le devoir est la voie ; l'urbanité est la porte. L'homme supérieur ne suit que cette voie, ne passe que par cette porte. Le *Livre des Vers* ³ dit :

« La voie royale, la grande voie, est plane comme une pierre qui sert à moudre le blé;

« Elle est droite comme une flèche;

« C'est elle que foulent les hommes supérieurs ;

« C'est elle que regardent de loin les hommes de la foule ⁴. »

Wen-tchang dit : KHOUNG-TSEU, se trouvant appelé par un message du prince, se rendait à son invitation sans attendre son char. S'il en est ainsi, KHOUNG-TSEU agissait-il mal?

MENG-TSEU dit : Ayant été promu à des fonctions publiques, il occupait une magistrature; et c'est parce qu'il occupait une magistrature qu'il était invité à la cour.

8. MENG-TSEU, interpellant *Wen-tchang*, dit : Le lettré vertueux d'un village se lie spontanément d'amitié avec les lettrés vertueux de ce village; le lettré vertueux d'un royaume se lie spontanément d'amitié avec les lettrés vertueux de ce royaume; le lettré vertueux d'un empire se lie spontanément d'amitié avec les lettrés vertueux de cet empire.

Pensant que les liens d'amitié qu'il contracte avec les lettrés vertueux de l'empire ne sont pas encore suffisants, il veut remonter plus haut, et il examine les œuvres des hommes de l'antiquité; il récite leurs vers, il lit et explique leurs livres. S'il ne connaissait pas intimement ces hommes, en serait-il capable? C'est pourquoi il examine attentivement leur siècle ⁵. C'est ainsi qu'en remontant encore plus haut il contracte de plus nobles amitiés.

9. *Siouan*, roi de *Thsi*, interrogea MENG-TSEU sur les premiers ministres (*King*).

Le Philosophe dit : Sur quels premiers ministres le roi m'interroge-t-il?

Le roi dit : Les premiers ministres ne sont-ils pas tous de la même classe?

MENG-TSEU répondit : Ils ne sont pas tous de la même classe. Il y a des premiers ministres qui sont unis au prince par des liens de parenté; il y a des premiers ministres qui appartiennent à des familles différentes de la sienne.

Le roi dit : Permettez-moi de vous demander ce que sont les premiers ministres consanguins.

MENG-TSEU répondit : Si le prince a commis une grande faute (qui puisse entraîner la ruine du royaume ¹), alors ils lui font des remontrances. S'il retombe plusieurs fois dans la même faute sans vouloir écouter leurs remontrances, alors ils le remplacent dans sa dignité et lui ôtent son pouvoir.

Le roi, ému de ces paroles, changea de couleur.
MENG-TSEU ajouta : Que le roi ne trouve pas mes paroles extraordinaires. Le roi a interrogé un sujet ; le sujet n'a pas osé lui répondre contrairement à la droiture et à la vérité.

Le roi, ayant repris son air habituel, voulut ensuite interroger le Philosophe sur les premiers ministres de familles différentes.

MENG-TSEU dit : Si le prince a commis une grande faute, alors ils lui font des remontrances; s'il retombe plusieurs fois dans les mêmes fautes, sans vouloir écouter leurs remontrances, alors ils se retirent.

CHAPITRE V,

COMPOSÉ DE 20 ARTICLES.

---

1. *Kao-tseu* dit : La nature de l'homme ressemble au saule flexible; l'équité ou la justice ressemble à une corbeille; on fait avec la nature de l'homme l'humanité et la justice, comme on fait une corbeille avec le saule flexible.

MENG-TSEU dit : Pouvez-vous, en respectant la nature du saule, en faire une corbeille? Vous devez d'abord rompre et dénaturer le saule flexible pour pouvoir ensuite en faire une corbeille. S'il est nécessaire de rompre et de dénaturer le saule flexible pour en faire une corbeille, alors ne sera-t-il pas nécessaire aussi de rompre et de dénaturer l'homme pour le faire humain et juste? Certainement vos paroles porteraient les hommes à détruire en eux tout sentiment d'humanité et de justice.

2. *Kao-tseu* continuant : La nature de l'homme ressemble à une eau courante; si on la dirige vers l'orient, elle coule vers l'orient; si on la dirige vers l'occident, elle coule vers l'occident. La nature de l'homme ne distingue pas entre le bien et le mal, comme l'eau ne distingue pas entre l'orient et l'occident.

---

¹ « Par *homme dépourvu de sagesse*, dit la Glose, il indique celui qui désire recevoir la visite d'un sage, et lui fait un appel à ce sujet. »
² L'*Explication du Kiang-i-pi-tchi* dit à ce sujet : « C'est pourquoi le prince d'un royaume qui désire recevoir la visite d'un homme sage, doit suivre la marche convenable : ou le sage habite son voisinage, et alors il doit le visiter lui-même; ou il est éloigné, et alors il doit lui envoyer des exprès pour l'engager à se rendre à sa cour. »
³ Oda *Ta-toung*, section *Ta-ya*.
⁴ Il y a encore maintenant en Chine des routes destinées uniquement au service de l'empereur et de sa cour
⁵ Les actions et les hauts faits qu'ils ont accomplis dans leur génération (*Glose.*)

¹ *Commentaire.*

Meng-tseu dit : L'eau, assurément, ne distingue pas entre l'orient et l'occident ; ne distingue-t-elle pas non plus entre le haut et le bas ? La nature de l'homme est naturellement bonne, comme l'eau coule naturellement en bas. Il n'est aucun homme qui ne soit naturellement bon, comme il n'est aucune eau qui ne coule naturellement en bas.

Maintenant, si en comprimant l'eau avec la main vous la faites jaillir, vous pourrez lui faire dépasser la hauteur de votre front. Si en lui opposant un obstacle vous la faites refluer vers sa source, vous pourrez alors la faire dépasser une montagne. Appellerez-vous cela la nature de l'eau ? C'est un effet de la contrainte.

Les hommes peuvent être conduits à faire le mal ; leur nature le permet aussi.

3. *Kao-tseu* dit : La vie[1], c'est ce que j'appelle nature.

Meng-tseu dit : Appelez-vous la vie nature, comme vous appelez le blanc blanc ?

Kao-tseu dit : Oui.

Meng-tseu dit : Selon vous, la blancheur d'une plume blanche est-elle comme la blancheur de la neige blanche ? et la blancheur de la neige blanche est-elle comme la blancheur de la pierre blanche nommée *Yu* ?

Kao-tseu dit : Oui.

Meng-tseu dit : S'il en est ainsi, la nature du chien est donc la même que la nature du bœuf, et la nature du bœuf est donc la même que la nature de l'homme ?

4. *Kao-tseu* dit : Les aliments et les couleurs appartiennent à la nature ; l'humanité est intérieure, non extérieure ; l'équité est extérieure, et non intérieure.

Meng-tseu dit : Comment appelez-vous l'humanité intérieure et l'équité extérieure ?

Kao-tseu répondit : Si cet homme est un vieillard, nous disons qu'il est un vieillard ; sa vieillesse n'est pas en nous ; de même que si tel objet est blanc, nous le disons blanc, parce que sa blancheur est en dehors de lui. C'est ce qui fait que je l'appelle extérieure.

Meng-tseu dit : Si la blancheur d'un cheval blanc ne diffère pas de la blancheur d'un homme blanc, je doute si vous ne direz pas que la vieillesse d'un vieux cheval ne diffère pas de la vieillesse d'un vieil homme ! Le sentiment de justice qui nous porte à révérer la vieillesse d'un homme, existe-t-il dans la vieillesse elle-même ou dans nous ?

Kao-tseu dit : Je me suppose un frère cadet, alors je l'aime comme un frère ; que ce soit le frère cadet d'un homme de *Thsin*, alors je n'éprouve aucune affection de frère pour lui. Cela vient de ce que cette affection est produite par une cause qui est en moi. C'est pourquoi je l'appelle intérieure.

Je respecte un vieillard de la famille d'un homme de *Thsou*, et je respecte également un vieillard de ma famille ; cela vient de ce que ce sentiment est produit par une cause hors de moi, la vieillesse. C'est pourquoi je l'appelle extérieure.

Meng-tseu dit : Le plaisir que vous trouveriez à manger la viande rôtie préparée par un homme de *Thsin*, ne diffère pas du plaisir que vous trouveriez à manger de la viande rôtie préparée par moi. Ces choses ont en effet la même ressemblance. S'il en est ainsi, le plaisir de manger de la viande rôtie est-il aussi extérieur ?

5. *Meng-ki-tseu*, interrogeant *Koung-tou-tseu*, dit : Pourquoi (Meng-tseu) appelle-t-il l'équité intérieure ?

Koung-tou-tseu dit : Nous devons tirer de notre propre cœur le sentiment de respect que nous portons aux autres ; c'est pourquoi il l'appelle intérieur.

— Si un homme du village est d'une année plus âgé que mon frère aîné, lequel devrai-je respecter ?

— Vous devez respecter votre frère aîné.

— Si je leur verse du vin à tous deux, lequel devrai-je servir le premier ?

— Vous devez commencer par verser du vin à l'homme du village.

— Si le respect pour la qualité d'aîné consiste dans le premier exemple, et la déférence ou les égards dans le second ; l'un et l'autre consistent réellement dans un sujet extérieur et non intérieur.

Koung-tou-tseu ne put pas répondre. Il fit part de son embarras à Meng-tseu. Meng-tseu dit : Demandez-lui auquel, de son oncle ou de son frère cadet, il témoigne du respect ; il vous répondra certainement que c'est à son oncle.

Demandez-lui si son frère cadet représentait l'esprit de son aïeul[1] (dans les cérémonies que l'on fait en l'honneur des défunts), auquel des deux il porterait du respect ; il vous répondra certainement que c'est à son frère cadet.

Mais si vous lui demandez quel est le motif qui lui fait révérer son frère cadet plutôt que son oncle, il vous répondra certainement que c'est parce qu'il représente son aïeul.

Vous, dites-lui aussi que c'est parce que l'homme du village représentait un hôte qu'il lui devait les premiers égards. C'est un devoir permanent de respecter son frère aîné ; ce n'est qu'un devoir accidentel et passager de respecter l'homme du village.

Ki-tseu, après avoir entendu ces paroles, dit : Devant respecter mon oncle, alors je le respecte ;

---

[1] Par le mot 生 *Seng*, *vie*, dit *Tchou-hi*, « il désigne ce par quoi l'homme et les autres êtres vivants connaissent, comprennent, sentent et se meuvent. »

[1] 為尸 *Wei-chi* ; littéralement, *faire le mort*.

devant respecter mon frère cadet, alors je le respecte : l'une et l'autre de ces deux obligations sont constituées réellement dans un sujet extérieur et non intérieur.

Koung-tou-tseu dit : Dans les jours d'hiver, je bois de l'eau tiède ; dans les jours d'été, je bois de l'eau fraîche. D'après cela, l'action de boire et de manger résiderait donc aussi dans un sujet extérieur ?

6. *Koung-tou-tseu* dit : Selon *Kao-tseu*, la nature (dans les commencements de la vie¹) n'est ni bonne ni mauvaise.

Les uns disent : La nature peut devenir bonne, elle peut devenir mauvaise. C'est pourquoi, lorsque *Wen* et *Wou* apparurent, le peuple aima en eux une nature bonne ; lorsque *Yeou* et *Li* apparurent, le peuple aima en eux une nature mauvaise.

D'autres disent : Il est des hommes dont la nature est bonne, il en est dont la nature est mauvaise. C'est pourquoi, pendant que *Yao* était prince, *Siang* n'en existait pas moins ; pendant que *Kou-seou* était mauvais père, *Chun* n'en existait pas moins. Pendant que *Cheou* (*sin*) régnait comme fils du frère aîné (de la famille impériale), existaient cependant aussi *Weï-tseu-ki* et *Pi-kan*, de la famille impériale. Maintenant vous dites : La nature de l'homme est bonne. S'il en est ainsi, ceux (qui ont exprimé précédemment une opinion contraire) sont-ils donc dans l'erreur ?

MENG-TSEU dit : Si l'on suit les penchants de sa nature, alors on peut être bon. C'est pourquoi je dis que la nature de l'homme est *bonne*. Si l'on commet des actes vicieux, ce n'est pas la faute de la faculté que l'homme possède (de faire le bien).

Tous les hommes ont le sentiment de la miséricorde et de la pitié ; tous les hommes ont le sentiment de la honte et de la haine du vice ; tous les hommes ont le sentiment de la déférence et du respect ; tous les hommes ont le sentiment de l'approbation et du blâme.

Le sentiment de la miséricorde et de la pitié, c'est de l'humanité ; le sentiment de la honte et de la haine du vice, c'est de l'équité ; le sentiment de la déférence et du respect, c'est de l'urbanité ; le sentiment de l'approbation et du blâme, c'est de la sagesse. L'humanité, l'équité, l'urbanité, la sagesse ne sont pas fomentées en nous par les objets extérieurs ; nous possédons ces sentiments d'une manière fondamentale et originelle : seulement nous n'y pensons pas.

C'est pourquoi l'on dit : « Si vous cherchez à éprouver ces sentiments, alors vous les éprouverez ; si vous les négligez, alors vous les perdez. » Parmi ceux qui n'ont pas développé complétement ces facultés de notre nature, les uns diffèrent des autres comme du double, du quintuple ; d'autres, d'un nombre incommensurable.

Le *Livre des Vers* ¹ dit :
« Le genre humain, créé par le ciel,
« A reçu en partage la faculté d'agir et la règle
« de ses actions ;
« Ce sont, pour le genre humain, des attributs
« universels et permanents
« Qui lui font aimer ces admirables dons. »

KHOUNG-TSEU dit : Celui qui composa ces vers connaissait bien la droite voie (c'est-à-dire, la nature et les penchants de l'homme). C'est pourquoi, *si on a la faculté d'agir*, on doit nécessairement *avoir aussi la règle de ses actions*, ou les moyens de les diriger. *Ce sont là, pour le genre humain, des attributs universels et permanents ;* c'est pourquoi *ils lui font aimer ces admirables dons.*

7. MENG-TSEU dit : Dans les années d'abondance, le peuple fait beaucoup de bonnes actions ; dans les années de stérilité, il en fait beaucoup de mauvaises ; non pas que les facultés qu'il a reçues du ciel diffèrent ainsi ; c'est parce que les passions qui ont assailli et submergé son cœur l'ont ainsi entraîné dans le mal.

Maintenant, je suppose que vous semez du froment, et que vous avez soin de le bien couvrir de terre. Le champ que vous avez préparé est partout de même ; la saison dans laquelle vous avez semé a aussi été la même. Ce blé croît abondamment, et quand le temps du solstice est venu, il est mûr en même temps. S'il existe quelque inégalité, c'est dans l'abondance et la stérilité partielles du sol, qui n'aura pas reçu également la nourriture de la pluie et de la rosée, et les labours de l'homme.

C'est pourquoi toutes les choses qui sont de même espèce sont toutes mutuellement semblables (sont de même nature). Pourquoi en douter seulement en ce qui concerne l'homme ? Les saints hommes nous sont semblables par l'espèce.

C'est pour cela que *Loung-tseu* disait : Si quelqu'un fait des pantoufles tressées à une personne sans connaître son pied, je sais qu'il ne lui fera pas un panier. Les pantoufles se ressemblent toutes ; les pieds de tous les hommes de l'empire se ressemblent.

La bouche, quant aux saveurs, éprouve les mêmes satisfactions. *Y-ya* ² fut le premier qui sut trouver ce qui plaît généralement à la bouche. Si en appliquant son organe du goût aux saveurs, cet organe eût différé par sa nature de celui des autres hommes, comme de celui des chiens et des chevaux, qui ne sont pas de la même espèce que nous ; alors, comment tous les hommes de l'empire, en fait de

¹ Glose.

¹ Ode *Tching-min*, section *Ta-ya*.
² C'était un magistrat du royaume de *Thsi*, sous le prince *Wen-kong*. Il devint célèbre, comme Brillat-Savarin, par son art de préparer les mets.

goût, s'accorderaient-ils avec *Y-ya* pour les saveurs?

Ainsi donc, quant aux saveurs, tout le monde a nécessairement les mêmes goûts que *Y-ya*, parce que le sens du goût de tout le monde est semblable.

Il en est de même pour le sens de l'ouïe. Je prends pour exemple les sons de musique; tous les hommes de l'empire aiment nécessairement la mélodie de l'intendant de la musique nommé *Kouang*, parce que le sens de l'ouïe se ressemble chez tous les hommes.

Il en est de même pour le sens de la vue. Je prends pour exemple *Tseu-tou*[1]; il n'y eut personne dans l'empire qui n'appréciât sa beauté. Celui qui n'aurait pas apprécié sa beauté eût été aveugle.

C'est pourquoi je dis : la bouche, pour les saveurs, a le même goût; les oreilles, pour les sons, ont la même audition; les yeux, pour les formes, ont la même perception de la beauté. Quant au cœur, seul ne serait-il pas le même, pour les sentiments, chez tous les hommes?

Ce que le cœur de l'homme a de commun et de propre à tous, qu'est-ce donc? C'est ce qu'on appelle la *raison naturelle*, l'*équité naturelle*. Les saints hommes ont été seulement les premiers à découvrir (comme *Y-ya* pour les saveurs) ce que le cœur de tous les hommes a de commun. C'est pourquoi la raison naturelle, l'équité naturelle, plaisent à notre cœur, de même que la chair préparée des animaux qui vivent d'herbes et de grains plaît à notre bouche.

8. MENG-TSEU dit : Les arbres du mont *Nieou-chan*[2] étaient beaux. Mais parce que ces beaux arbres se trouvaient sur les confins du grand royaume, la hache et la serpe les ont atteints. Peut-on encore les appeler beaux? Ces arbres qui avaient crû jour et nuit, que la pluie et la rosée avaient humectés, ne manquaient pas (après avoir été coupés) de repousser des rejetons et des feuilles. Mais les bœufs et les moutons y sont venus paître, et les ont endommagés. C'est pourquoi la montagne est aussi nue et aussi dépouillée qu'on la voit maintenant. L'homme qui la voit ainsi dépouillée pense qu'elle n'a jamais porté d'arbres forestiers. Cet état de la montagne est-il son état naturel?

Quoiqu'il en soit ainsi pour l'homme, les choses qui se conservent dans son cœur, ne sont-ce pas les sentiments d'humanité et d'équité? Pour lui, les passions qui lui ont fait déserter les bons et nobles sentiments de son cœur, sont comme la hache et la serpe pour les arbres de la montagne, qui chaque matin les attaquent.. (Son âme, après avoir ainsi perdu sa beauté), peut-on encore l'appeler belle?

Les effets d'un retour au bien produits chaque jour au souffle tranquille et bienfaisant du matin fait que, sous le rapport de l'amour de la vertu et de la haine du vice, on se rapproche un peu de la nature primitive de l'homme (comme les rejetons de la forêt coupée). Dans de pareilles circonstances, ce que l'on fait de mauvais dans l'intervalle d'un jour empêche de se développer et détruit les germes de vertus qui commençaient à renaître.

Après avoir ainsi empêché à plusieurs reprises les germes de vertu qui commençaient à renaître, de se développer, alors ce souffle bienfaisant du soir ne suffit plus pour les conserver. Dès l'instant que le souffle bienfaisant du soir ne suffit plus pour les conserver, alors le naturel de l'homme ne diffère pas beaucoup de celui de la brute. Les hommes, voyant le naturel de cet homme semblable à celui de la brute, pensent qu'il n'a jamais possédé la faculté innée de la raison. Sont-ce là les sentiments véritables et naturels de l'homme?

C'est pourquoi si chaque chose obtient son alimentation naturelle, il n'en est aucune qui ne prenne son accroissement; si chaque chose ne reçoit pas son alimentation naturelle, il n'en est aucune qui ne dépérisse.

KHOUNG-TSEU disait : « Si vous le gardez, alors
« vous le conservez; si vous le délaissez, alors vous
« le perdez. Il n'est pas de temps déterminé pour
« cette perte et cette conservation. Personne ne
« connaît le séjour qui lui est destiné. » Ce n'est que du cœur de l'homme dont il parle.

9. MENG-TSEU dit : N'admirez pas un prince qui n'a ni perspicacité, ni intelligence.

Quoique les produits du sol de l'empire croissent facilement, si la chaleur du soleil ne se fait sentir qu'un seul jour, et le froid de l'hiver, dix, rien ne pourra croître et se développer. Mes visites (près du prince) étaient rares. Moi parti, ceux qui refroidissaient (ses sentiments pour le bien) arrivaient en foule. Que pouvais-je faire des germes qui existaient en lui pour le bien?

Maintenant, le jeu des échecs est un art de calcul, un art médiocre toutefois. Si cependant vous n'y appliquez pas toute votre intelligence, tous les efforts de votre volonté, vous ne saurez pas jouer ce jeu. *I-thsieou* est de tous les hommes de l'empire celui qui sait le mieux jouer ce jeu. Si, pendant que *I-thsieou* enseigne à deux hommes le jeu des échecs, l'un de ces hommes applique toute son intelligence et toutes les forces de sa volonté à écouter les leçons de *I-thsieou*, tandis que l'autre homme, quoique y prêtant l'oreille, applique toute son attention à rêver l'arrivée d'une troupe d'oies sauvages, pensant, l'arc tendu et la flèche posée sur la corde de soie, à les tirer et à les abattre, quoiqu'il étudie en même temps que l'autre, il sera bien loin de l'égaler. Sera-ce à cause de son intelligence,

---

[1]. Très-beau jeune homme, dont la beauté est célébrée dans *Livre des Vers*.

[2]. *Montagne des bœufs* dans le royaume de *Thsi*.

de sa perspicacité (moins grandes) qu'il ne l'égalera pas? je réponds : Non, il n'en est pas ainsi.

10. Meng-tseu dit : Je désire avoir du poisson; je désire aussi avoir du sanglier sauvage. Comme je ne puis les posséder ensemble, je laisse de côté le poisson, et je choisis le sanglier (que je préfère). Je désire jouir de la vie, je désire posséder aussi l'équité. Si je ne puis les posséder ensemble, je laisse de côté la vie, et je choisis l'équité.

En désirant la vie, je désire également quelque chose de plus important que la vie (comme l'équité); c'est pourquoi je la préfère à la vie.

Je crains la mort, que j'ai en aversion; mais je crains quelque chose de plus redoutable encore que la mort (l'iniquité); c'est pourquoi la mort serait là en face de moi, que je ne la fuirais pas (pour suivre l'iniquité).

Si de tout ce que les hommes désirent rien n'était plus grave, plus important que la vie, alors croit-on qu'ils n'emploieraient pas tout ce qui pourrait leur faire obtenir ou prolonger la vie?

Si de tout ce que les hommes ont en aversion rien n'était plus grave, plus important que la mort, alors croit-on qu'ils n'emploieraient pas tout ce qui pourrait leur faire éviter cette affliction?

Les choses étant ainsi, alors, quand même on conserverait la vie (dans le premier cas), on n'en ferait pas usage; quand même (dans le second cas) on pourrait éviter la mort, on ne le ferait pas.

C'est pourquoi ces sentiments naturels, qui font que l'on aime quelque chose plus que la vie, que l'on déteste quelque chose plus que la mort, non-seulement les sages, mais même tous les hommes les possèdent; il n'y a de différence, que les sages peuvent s'empêcher de les perdre.

Si un homme, pressé par la faim, obtient une petite portion de riz cuit, une petite coupe de bouillon, alors il vivra; s'il ne les obtient pas, il mourra. Si vous appelez à haute voix cet homme, quand même vous suivriez le même chemin que lui, pour lui donner ce peu de riz et de bouillon, il ne les acceptera pas; si, après les avoir foulés aux pieds, vous les lui offrez, le mendiant les dédaignera.

Je suppose que l'on m'offre un traitement de dix mille mesures de riz, alors, si, sans avoir égard aux usages et à l'équité, je les reçois, à quoi me serviront ces dix mille mesures de riz? Les emploierai-je à me construire un palais, à l'embellissement de ma maison, à l'entretien d'une femme et d'une concubine, ou les donnerai-je aux pauvres et aux indigents que je connais?

Il n'y a qu'un instant, ce pauvre n'a pas voulu recevoir, même pour s'empêcher de mourir, les aliments qu'on lui offrait; et maintenant, moi, pour construire un palais ou embellir ma maison, je recevrais ce traitement?

Il n'y a qu'un instant, le pauvre n'a pas voulu recevoir, même pour s'empêcher de mourir, les aliments qu'on lui offrait; et maintenant, moi, pour entretenir une femme et une concubine, je recevrais ce traitement?

Il n'y a qu'un instant, le pauvre n'a pas voulu recevoir, même pour s'empêcher de mourir, les aliments qu'on lui offrait; et maintenant, moi, pour secourir les pauvres et les indigents que je connais, je recevrais ce traitement? Ne puis-je donc pas m'en abstenir? Agir ainsi, c'est ce qu'on appelle avoir perdu tout sentiment de pudeur.

11. Meng-tseu dit : L'humanité, c'est le cœur de l'homme; l'équité, c'est la voie de l'homme. Abandonner sa voie, et ne pas la suivre; perdre (les sentiments naturels de) son cœur, et ne pas savoir les rechercher : ô que c'est une chose à déplorer!

Si l'on perd une poule ou un chien, on sait bien les rechercher; si l'on perd les sentiments de son cœur, on ne sait pas les rechercher!

Les devoirs de la philosophie pratique [1] ne consistent qu'à rechercher ces sentiments du cœur que nous avons perdus; et voilà tout.

12. Meng-tseu dit : Maintenant, je prends pour exemple le doigt qui n'a pas de nom [2]. Il est recourbé sur lui-même, et ne peut s'allonger. Il ne cause aucun malaise, et ne nuit point à l'expédition des affaires. S'il se trouve quelqu'un qui puisse le redresser, on ne regarde pas le voyage du royaume de *Thsin* et de *Thsou* comme trop long, parce que l'on a un doigt qui ne ressemble pas à celui des autres hommes.

Si l'on a un doigt qui ne ressemble pas à celui des autres hommes, alors on fait chercher les moyens de le redresser; mais si son cœur (par sa perversité) n'est pas semblable à celui des autres hommes, alors on ne sait pas chercher à recouvrer les sentiments d'équité et de droiture que l'on a perdus. C'est ce qui s'appelle ignorer les différentes espèces de défauts.

13. Meng-tseu dit : Les hommes savent comment on doit planter et cultiver l'arbre nommé *Thoung*, que l'on tient dans ses deux mains, et l'arbre nommé *Tse*, que l'on tient dans une seule main; mais pour ce qui concerne leur propre personne, ils ne savent pas comment la cultiver. Serait-ce que l'amour et les soins que l'on doit avoir pour sa propre personne, n'équivalent pas à ceux que l'on doit aux arbres *Thoung* et *Tse*? C'est là le comble de la démence!

14. Meng-tseu dit : L'homme, quant à son propre corps, l'aime dans tout son ensemble; s'il

---

[1] En chinois 學 問 *Hio-wen*, littéralement, *étudier, interroger*; ces deux mots signifient ensemble, dit la Glose, la doctrine de la science et des œuvres appliquée au devoir.
[2] « C'est le quatrième. » (*Commentaire.*)

l'aime dans tout son ensemble, alors il le nourrit et l'entretient également dans tout son ensemble. S'il n'en est pas une seule pellicule de la largeur d'un pouce qu'il n'aime, alors il n'en est pas également une seule pellicule d'un pouce qu'il ne nourrisse et n'entretienne. Pour examiner et savoir ce qui lui est bon et ce qui ne lui est pas bon, s'en repose-t-il sur un autre que sur lui? Il ne se conduit en cela que d'après lui-même; et voilà tout.

Entre les membres du corps, il en est qui sont nobles, d'autres, vils; il en est qui sont petits, d'autres, grands [1]. Ne nuisez pas aux grands en faveur des petits; ne nuisez pas aux nobles en faveur des vils. Celui qui ne nourrit que les petits (la *bouche et le ventre*) est un petit homme, un homme vulgaire; celui qui nourrit les grands (l'*intelligence et la volonté*) est un grand homme.

Je prends maintenant un jardinier pour exemple : S'il néglige les arbres *Ou* et *Kia* [2], et qu'il donne tous ses soins au jujubier, alors il sera considéré comme un vil jardinier qui ignore son art.

Si quelqu'un, pendant qu'il prenait soin d'un seul de ses doigts, eût négligé ses épaules et son dos, sans savoir qu'ils avaient aussi besoin de soins, on pourrait le comparer à un loup qui s'enfuit (sans regarder derrière lui).

Les hommes méprisent et traitent de vils ceux d'entre eux qui sont adonnés à la boisson et à la bonne chère, parce que ces hommes, en ne prenant soin que des moindres parties de leur corps, perdent les grandes.

Si les hommes adonnés à la boisson et à la bonne chère pouvaient ne pas perdre ainsi les plus nobles parties de leur être, estimeraient-ils tant leur bouche et leur ventre, même dans leur moindre pellicule?

15. *Koung-tou-tseu* fit une question en ces termes : Les hommes se ressemblent tous. Les uns sont cependant de grands hommes, les autres, de petits hommes; pourquoi cela?

MENG-TSEU dit : Si l'on suit les inspirations des grandes parties de soi-même, on est un grand homme; si l'on suit les penchants des petites parties de soi-même, on est un petit homme.

Koung-tou-tseu continua : Les hommes se ressemblent tous. Cependant les uns suivent les inspirations des grandes parties de leur être, les autres suivent les penchants des petites; pourquoi cela?

MENG-TSEU dit : Les fonctions des oreilles et des yeux ne sont pas de penser, mais d'être affectés par les objets extérieurs. Si les objets extérieurs frappent ces organes, alors ils les séduisent, et c'en est fait. Les fonctions du cœur (ou de l'intelligence) sont de penser [1]. S'il pense, s'il réfléchit, alors il arrive à connaître la raison des actions (auxquelles les sens sont entraînés). S'il ne pense pas, alors il n'arrive pas à cette connaissance. Ces organes sont des dons que le ciel nous a faits. Celui qui s'est d'abord attaché fermement aux parties principales de son être [2], ne peut pas être entraîné par les petites [3]. En agissant ainsi, on est un grand homme (un saint ou un sage [4]); et voilà tout.

16. MENG-TSEU dit : Il y a une dignité céleste comme il y a des dignités humaines (ou conférées par les hommes). L'humanité, l'équité, la droiture, la fidélité ou la sincérité, et la satisfaction que l'on éprouve à pratiquer ces vertus sans jamais se lasser : voilà ce qui constitue la dignité du ciel. Les titres de *Koung* (chef d'une principauté), de *King* [premier ministre], et de *Ta-fou* (premier administrateur) : voilà quelles sont les dignités conférées par les hommes.

Les hommes de l'antiquité cultivaient les dignités qu'ils tenaient du ciel, et les dignités des hommes les suivaient.

Les hommes de nos jours cultivent les dignités du ciel pour chercher les dignités des hommes. Après qu'ils ont obtenu les dignités des hommes, ils rejettent celles du ciel. C'est là le comble de la démence. Aussi à la fin doivent-ils périr dans l'égarement.

17. MENG-TSEU dit : Le désir de la noblesse ou de la distinction et des honneurs, est un sentiment commun à tous les hommes : chaque homme possède la noblesse en lui-même [7], seulement il ne pense pas à la chercher en lui.

Ce que les hommes regardent comme la noblesse, ce n'est pas la véritable et noble noblesse. Ceux que *Tchao-meng* (premier ministre du roi de *Thsin*) a faits nobles, *Tchao-meng* peut les avilir.

Le *Livre des Vers* [8] dit :

« Il nous a enivrés de vin;
« Il nous a rassasiés de vertus ! »

Cela signifie qu'il nous a rassasiés d'humanité et d'équité. C'est pourquoi le sage ne désire pas se rassasier de la saveur de la chair exquise ou du mil

---

[1] « Par membres *nobles* et *grands*, dit la Glose, il désigne le *cœur* ou l'*intelligence* et la *volonté*; par membres *vils* et *petits*, il indique la *bouche* et le *ventre*. »
[2] Deux arbres très-beaux dont le bois est très-estimé.

---

[1] « Le cœur (心 *sin*), par la pensée ou la méditation, forme la science. » (*Glos.*)
[2] « Le cœur ou l'intelligence et la pensée. » (*Glos.*)
[3] Les organes des sens; ceux de l'ouïe, de la vue. »
[4] *Glose*.
[5] « La dignité céleste, dit *Tchou-hi*, est celle que donnent la vertu et l'équité, qui font que l'on est noble et distingué par soi-même. »
[6] 貴 *kouei*. Ce mot renferme l'idée d'une noblesse conférée par les emplois que l'on occupe, ou par les dignités dont elle n'est jamais séparée.
[7] « La noblesse possédée en soi-même; ce sont les dignités du ciel » (TCHOU-HI.)
[8] Ode *Ki-tsoui*, section *Ta-ya*.

Une bonne renommée et de grandes louanges deviennent son partage; c'est ce qui fait qu'il ne désire pas porter les vêtements brodés.

18. MENG-TSEU dit : L'humanité subjugue l'inhumanité, comme l'eau subjugue ou dompte le feu. Ceux qui de nos jours exercent l'humanité sont comme ceux qui avec une coupe pleine d'eau voudraient éteindre le feu d'une voiture chargée de bois, et qui, voyant que le feu ne s'éteint pas, diraient : « L'eau ne dompte pas le feu. » C'est de la même manière (c'est-à-dire, aussi faiblement, aussi mollement) que ceux qui sont humains aident à dompter leurs mauvais penchants ceux qui sont arrivés au dernier degré de l'inhumanité ou de la perversité. Aussi finissent-ils nécessairement par périr dans leur iniquité.

19. MENG-TSEU dit : Les cinq sortes de céréales sont les meilleurs des grains; mais s'ils ne sont pas arrivés à leur maturité, ils ne valent pas les plantes *Thi* et *Paï*. L'humanité (dans sa perfection) réside aussi dans la maturité, et rien de plus.

20. MENG-TSEU dit : Lorsque *Y* (l'habile archer) enseignait aux hommes à tirer de l'arc, il se faisait un devoir d'appliquer toute son attention à tendre l'arc. Ses élèves aussi devaient appliquer toute leur attention à bien tendre l'arc.

Lorsque *Ta-thsiang*[1] enseignait les hommes (dans un art), il se faisait un devoir de se servir de la règle et de l'équerre. Ses apprentis devaient aussi se servir de la règle et de l'équerre.

CHAPITRE VI,

COMPOSÉ DE 16 ARTICLES.

1. Un homme du royaume de *Jin* interrogea *Ouo-liu-tseu*[2] en ces termes : Est-il d'une grande importance d'observer les rites en prenant ses aliments ?

Il répondit : Les rites sont d'une grande importance.

— Est-il d'une grande importance d'observer les rites dans les plaisirs du mariage?

— Les rites sont d'une grande importance.

— (Dans certaines circonstances) si vous ne mangez que selon les rites, alors vous périssez de faim; et si vous ne vous conformez pas aux rites pour prendre de la nourriture, alors vous obtenez la facilité de manger. Est-il donc nécessaire de suivre les rites?

Je suppose le cas où un jeune homme, en allant lui-même au-devant de sa fiancée[1], ne l'obtiendrait pas pour épouse; et si, au contraire, il n'allait pas lui-même au-devant d'elle, il l'obtiendrait pour épouse. Serait-il obligé d'aller lui-même au-devant de sa fiancée?

Ouo-liu-tseu ne put pas répondre. Le lendemain, il se rendit dans le royaume de *Thsou*, afin de faire part de ces questions à MENG-TSEU.

MENG-TSEU dit : Quelle difficulté avez-vous donc trouvée à répondre à ces questions ?

En n'ayant pas égard à sa base, mais seulement à son sommet, alors vous pouvez rendre plus élevé un morceau de bois d'un pouce carré que le faîte de votre maison.

« L'or est plus pesant que la plume. » Pourra-t-on dire cependant qu'un bouton d'or pèse plus qu'une voiture de plumes?

Si en prenant ce qu'il y a de plus important dans le boire et le manger, et ce qu'il y a de moins important dans les rites, on les compare ensemble, trouvera-t-on que le boire et le manger ne sont seulement que d'une plus grande importance? Si en prenant ce qu'il y a de plus important dans les plaisirs du mariage, et ce qu'il y a de moins important dans les rites, on les compare ensemble, trouvera-t-on que les plaisirs du mariage ne sont seulement que d'une plus grande importance?

Allez et répondez à celui qui vous a interrogé par ces paroles : Si en rompant un bras à votre frère aîné, vous lui prenez des aliments alors vous aurez de quoi vous nourrir; si en ne le lui rompant pas, vous ne pouvez obtenir de lui des aliments; alors le lui romprez-vous?

Si, en pénétrant à travers le mur dans la partie orientale[2] d'une maison voisine, vous en enlevez la jeune fille, alors vous obtiendrez une épouse; si vous ne l'enlevez pas, vous n'obtiendrez pas d'épouse; alors l'enlèverez-vous ?

2. *Kiao* (frère cadet du roi) de *Thsao*, fit une question en ces termes : Tous les hommes, dit-on, peuvent être des *Yao* et des *Chun*; cela est-il vrai?

MENG-TSEU dit : Il en est ainsi.

Kiao dit : Moi *Kiao*, j'ai entendu dire que *Wen-wang* avait dix pieds de haut, et *Thang*, neuf[3]; maintenant, moi *Kiao*, j'ai une taille de neuf pieds quatre pouces, je mange du millet, et rien de plus (je n'ai pas d'autres talents que cela). Comment dois-je faire pour pouvoir être (un *Yao* ou un *Chun*)?

MENG-TSEU dit : Pensez-vous que cela consiste dans la taille? Il faut faire ce qu'ils ont fait, et rien de plus.

---

[1] C'était un *Koung-sse*, littéralement, *maître ès-arts*.
[2] Disciple de MENG-TSEU.

[1] C'est une des six observances ou cérémonies du mariage d'aller soi-même au-devant de sa fiancée pour l'introduire dans sa demeure.
[2] Partie occupée par les femmes.
[3] Ces deux rois sont placés par les Chinois immédiatement après *Yao* et *Chun*.

Je suppose un homme en ce lieu. Si ses forces ne peuvent pas lutter contre celles du petit d'un canard, alors c'est un homme sans forces. Mais s'il dit : Je puis soulever un poids de cent *Kiun* (ou trois cents livres chinoises), c'est un homme fort. S'il en est ainsi, alors il soulève le poids que soulevait le fameux *Ou-hoë*; c'est aussi par conséquent un autre *Ou-hoë*, et rien de plus. Maître, pourquoi vous affligeriez-vous de ne pas surpasser (*Yao* et *Chun*) en forces corporelles? c'est seulement de ne pas accomplir leurs hauts faits et pratiquer leurs vertus que vous devriez vous affliger.

Celui qui, marchant lentement, suit ceux qui sont plus avancés en âge, est appelé plein de déférence ; celui qui, marchant rapidement, devance ceux qui sont plus avancés en âge, est appelé sans déférence. Une démarche lente (pour témoigner sa déférence) dépasse-t-elle le pouvoir de l'homme? Ce n'est pas ce qu'il ne peut pas, mais ce qu'il ne fait pas. La principale règle de conduite de *Yao* et de *Chun*, était la piété filiale, la déférence envers les personnes plus âgées, et rien de plus.

Si vous revêtez les habillements de *Yao*, si vous tenez les discours de *Yao*, si vous pratiquez les actions de *Yao*, vous serez *Yao*, et rien de plus.

Mais si vous revêtez les habillements de *Kie*, si vous tenez les discours de *Kie*, si vous pratiquez les actions de *Kie*, vous serez *Kie*, et rien de plus.

Kiao dit : Si j'obtenais l'autorisation de visiter le prince de *Thseou*, et que je pusse y prolonger mon séjour, je désirerais y vivre et recevoir de l'instruction à votre école.

MENG-TSEU dit : La voie droite [1] est comme un grand chemin ou une grand'route. Est-il difficile de la connaître? Une cause de douleur pour l'homme est seulement de ne pas la chercher. Si vous retournez chez vous, et que vous la cherchiez sincèrement, vous aurez de reste un précepteur pour vous instruire.

3. *Koung-sun-tcheou* fit une question en ces termes : *Kao-tseu* disait : « L'ode *Siao-pan* [2] est une « pièce de vers d'un homme bien médiocre. »

MENG-TSEU dit : Pourquoi *Kao-tseu* parle-t-il ainsi?

— Parce que celui qui parle dans cette ode éprouve un sentiment d'indignation contre son père.

MENG-TSEU répliqua : Comme ce vieux *Kao-tseu* a mal compris et interprété ces vers!

Je suppose un homme en ce lieu. Si un autre homme du royaume de *Youeï*, l'arc tendu, s'apprêtait à lui lancer sa flèche, alors moi je m'empresserais, avec des paroles gracieuses, de l'en détourner. Il n'y aurait pas d'autre motif à cela, sinon que je lui suis étranger. Si au contraire mon frère aîné, l'arc tendu, s'apprêtait à lui lancer sa flèche, alors je m'empresserais, avec des larmes et des sanglots, de l'en détourner. Il n'y aurait pas d'autre motif à cela, sinon que je suis lié à lui par des liens de parenté.

L'indignation témoignée dans l'ode *Siao-pan*, est une affection de parent pour un parent. Aimer ses parents comme on doit les aimer, est de l'humanité. Que ce vieux *Kao-tseu* a mal compris et expliqué ces vers!

Koung-sun-tcheou dit : Pourquoi dans l'ode *Kaï-foung* le même sentiment d'indignation n'est-il pas exprimé?

MENG-TSEU dit : Dans l'ode *Kaï-foung*, la faute des parents est très-légère; dans l'ode *Siao-pan*, la faute des parents est très-grave. Quand les fautes des parents sont graves, si l'on n'en éprouve pas d'indignation, c'est un signe qu'on leur devient de plus en plus étranger. Quand les fautes des parents sont légères, si l'on en éprouve de l'indignation, c'est un signe que l'on ne supporte pas une légère faute. Devenir étranger à ses parents est un manque de piété filiale ; ne pas supporter une faute légère, est aussi un manque de piété filiale.

KHOUNG-TSEU disait, en parlant de *Chun* : Que sa piété filiale était grande! A l'âge de cinquante ans, il chérissait encore vivement ses parents.

4. *Soung-kheng* [1], voulant se rendre dans le royaume de *Thsou*, MENG-TSEU alla au-devant de lui dans la région *Che-Khieou*.

MENG-TSEU lui dit : Maître, où allez-vous?

Soung-kheng répondit : J'ai entendu dire que les royaumes de *Thsin* et de *Thsou* allaient se battre. Je veux voir le roi de *Thsou*, et lui parler pour l'en détourner de la guerre. Si le roi de *Thsou* n'est point satisfait de mes observations, j'irai voir le roi de *Thsin*, et je l'exhorterai à ne pas faire la guerre. De ces deux rois, j'espère qu'il y en aura un auquel mes exhortations seront agréables.

MENG-TSEU dit : Moi KHO, j'ai une grâce à vous demander ; je ne désire pas connaître dans tous ses détails le discours que vous ferez, mais seulement le sommaire. Que lui direz-vous?

Soung-kheng dit : Je lui dirai que la guerre qu'il veut faire n'est pas profitable.

MENG-TSEU dit : Votre intention, maître, est une grande intention; mais le motif n'en est pas admissible.

Maître, si vous parlez gain et profit aux rois de *Thsin* et de *Thsou*, et que les rois de *Thsin* et de *Thsou*, prenant plaisir à ces profits, retiennent la multitude de leurs trois armées, les soldats de ces trois armées se réjouiront d'être retenus loin de

---

[1] La voie de conduite morale que suivirent *Yao* et *Chun*.
[2] Section *Ta-ya*.

[1] « Docteur qui, pendant que les royaumes étaient en guerre, les parcourait pour répandre sa doctrine. » (*Glose*.)

champs de bataille, et se complairont dans le gain et le profit.

Si celui qui est serviteur ou ministre sert son prince pour l'amour du gain; si celui qui est fils sert son père pour l'amour du gain; si celui [qui est] frère cadet sert son frère aîné pour l'amour du gain; alors le prince et ses ministres, le père et le fils, le frère aîné et le frère cadet, dépouillés enfin de tout sentiment d'humanité et d'équité, n'auront d'égards l'un pour l'autre que pour le seul amour du gain. Agir ainsi, et ne pas tomber dans les plus grandes calamités, c'est ce qui n'a jamais eu lieu.

Maître, si vous parlez d'humanité et d'équité aux rois de Thsin et de Thsou, et que les rois de Thsin et de Thsou, prenant plaisir à l'humanité et à l'équité, retiennent la multitude de leurs armées, les soldats de ces trois armées se réjouiront d'être retenus loin des champs de bataille, et se complairont dans l'humanité et l'équité.

Si celui qui est serviteur ou ministre sert son prince pour l'amour de l'humanité et de l'équité; si celui qui est fils sert son père pour l'amour de l'humanité et de l'équité; si celui qui est fils cadet sert son frère aîné pour l'amour de l'humanité et de l'équité; alors le prince et ses ministres, le père et le fils, le frère aîné et le frère cadet, ayant repoussé l'appât du gain, n'auront des égards l'un pour l'autre que pour le seul amour de l'humanité et de l'équité. Agir ainsi, et ne pas régner en souverain sur tout l'empire, c'est ce qui n'a jamais eu lieu. Qu'est-il besoin de parler gain et profit?

5. Pendant que MENG-TSEU habitait dans le royaume de Thseou, Ki-jin (frère cadet du roi de Jin), qui était resté à la place de son frère pour régir le royaume de Jin, lui fit offrir des pièces d'étoffes de soie (sans le visiter lui-même). MENG-TSEU les accepta sans faire de remercîments.

Un jour qu'il se trouvait dans la ville de Phing-lo (dans le royaume de Thsi), Tchou-tseu, qui était ministre, lui fit offrir des pièces d'étoffes de soie. Il les accepta sans faire de remercîments.

Un autre jour, étant passé du royaume de Thseou dans celui de Jin, il alla rendre visite à Ki-tseu (pour le remercier de ses présents). Étant passé de la ville de Phing-lo dans la capitale du royaume de Thsi, il n'alla pas rendre visite à Tchou-tseu.

Ouo-liu-tseu, se réjouissant en lui-même, dit : Lian, j'ai rencontré l'occasion (d'interroger) ce que je cherchais.

Il lui fit une question en ces termes : Maître, étant passé dans le royaume de Jin, vous avez visité Ki-tseu; étant passé dans le royaume de Thsi, vous n'avez pas visité Tchou-tseu; est-ce parce qu'il était ministre?

MENG-TSEU dit : Aucunement. Le *Chou-king*[1]

Chapitre *Lo-kao*.

dit : « Lorsqu'on fait des présents à un supérieur, « on doit employer la plus grande urbanité, la plus « grande politesse possible. Si cette politesse n'est « pas équivalente aux choses offertes, on dit que l'on « n'a pas fait de présents à son supérieur. Seule- « ment on ne les a pas présentés avec les intentions « prescrites. »

C'est parce qu'il n'a pas rempli tous les devoirs prescrits dans l'offre des présents à des supérieurs.

Ouo-liu-tseu fut satisfait. Il répondit à quelqu'un qui demandait de nouvelles explications : *Ki-tseu* ne pouvait pas se rendre dans le royaume de *Thseou*[1]; *Tchou-tseu* pouvait se rendre dans la ville de *Phing-lo*.

6. *Chun-yu-kouen* dit : Placer au premier lieu la renommée de son nom et le mérite de ses actions, c'est agir en vue des hommes; placer en second lieu la renommée de son nom et le mérite de ses actions, c'est agir en vue de soi-même (de la vertu seule [2]). Vous, maître, vous avez fait partie des trois ministères supérieurs, et lorsque vous avez vu que votre nom et le mérite de vos actions ne produisaient aucun bien ni près du prince ni dans le peuple [3], vous avez résigné vos fonctions. L'homme humain se conduit-il véritablement de cette manière?

MENG-TSEU dit : Celui qui étant dans une condition inférieure, n'a pas voulu, comme sage, servir un prince dégénéré, c'est *Pe-i*. Celui qui cinq fois se rendit auprès de *Thang*; celui qui cinq fois se rendit auprès de *Kie*, c'est *Y-jin*. Celui qui ne haïssait pas un prince dépravé, qui ne refusait pas un petit emploi, c'est *Lieou-hia-hoéi*. Ces trois hommes, quoique avec une règle de conduite différente, n'eurent qu'un seul but. Ce seul but, quel était-il? c'est celui que l'on appelle l'humanité [4]. L'homme supérieur ou le sage est humain; et voilà tout. Qu'a-t-il besoin de ressembler aux autres sages?

Chun-yu-kouen dit : Du temps de *Mo*, *Koung* de *Lou*, pendant que *Koung-i-tseu* avait en main toute l'administration de l'empire, que *Tséu-lieou* et *Tséu-sse* étaient ministres, le royaume de *Lou* perdit beaucoup plus de son territoire qu'auparavant. Si ces faits sont véritables, les sages ne sont donc d'aucune utilité à un royaume?

MENG-TSEU dit : Le roi de *Yu*, n'ayant pas employé (le sage) *Pe-li-hi*, perdit son royaume. *Mou*, *Koung* de *Thsin*, l'ayant employé, devint chef des princes vassaux. S'il n'avait pas employé des sages

---

[1] Pour visiter lui-même MENG-TSEU, considéré comme son supérieur par sa sagesse.
[2] Glose.
[3] Littéralement, *en haut et en bas*.
[4] « Par le mot 仁 *Jin* (humanité), dit *Tchou-hi*, il indique un état du cœur sans passions ou intérêts privés, et comprenant en soi la raison céleste. »

dans ses conseils, alors il aurait perdu son royaume. comment la présence des sages dans les conseils des princes, pourrait-elle occasionner une diminution de territoire?

Chun-yu-kouen dit : Lorsque autrefois *Wang-pao* habitait près du fleuve *Ki*, les habitants de la partie occidentale du fleuve jaune devinrent habiles dans l'art de chanter sur des notes basses. Lorsque *Mian-kiu* habitait dans le *Kao-tang*, les habitants de la partie droite du royaume de *Thsi* devinrent habiles dans l'art de chanter sur des notes élevées. Les épouses de *Hoa-tcheou* et de *Ki-liang*[1], qui étaient habiles à déplorer la mort de leurs maris sur un ton lugubre, changèrent les mœurs des hommes du royaume. Si quelqu'un possède en lui-même un sentiment profond, il se produira nécessairement à l'extérieur. Je n'ai jamais vu, moi *Kouen*, un homme pratiquer les sentiments de vertus qu'il possède intérieurement, sans que ses mérites soient reconnus. C'est pourquoi, lorsqu'ils ne sont pas reconnus, c'est qu'il n'y a pas de sage[2]. S'il en existait, moi *Kouen*, je les connaîtrais certainement.

MENG-TSEU dit : Lorsque KHOUNG-TSEU était ministre de la justice dans le royaume de *Lou*, le prince ne tenait aucun compte de ses conseils. Un sacrifice eut bientôt lieu (dans le temple dédié aux ancêtres). Le reste des viandes offertes ne lui ayant pas été envoyé (comme l'usage le voulait), il résigna ses fonctions et partit sans avoir même pris le temps d'ôter son bonnet de cérémonies. Ceux qui ne connaissaient pas le motif de sa démission, pensèrent qu'il l'avait donnée à cause de ce qu'on ne lui avait pas envoyé les restes du sacrifice; ceux qui crurent le connaître, pensèrent que c'était à cause de l'impolitesse du prince. Quant à KHOUNG-TSEU, il voulait se retirer sous le prétexte d'une faute imperceptible de la part du prince; il ne voulait pas que l'on crût qu'il s'était retiré sans cause. Quand le sage fait quelque chose, les hommes de la foule, les hommes vulgaires n'en comprennent certainement pas les motifs[3].

7. MENG-TSEU dit : Les cinq chefs des grands vassaux[4] furent des hommes coupables envers les trois grands souverains[5]. Les différents princes régnants de nos jours sont des hommes coupables envers les cinq chefs des grands vassaux. Les premiers administrateurs de nos jours sont des hommes coupables envers les différents princes régnants de nos jours.

Les visites[1] que le fils du ciel faisait aux différents princes régnants s'appelaient *visites de chasse* (*Siun-cheou*); l'hommage que les différents princes régnants venaient rendre au fils du ciel, s'appelait *visite de comptes rendus* (*Chou-tchi*).

Au printemps, l'empereur visitait les laboureurs et il assistait ceux qui n'avaient pas le suffisant. En automne, il visitait ceux qui récoltaient les fruits de la terre, et il aidait ceux qui n'avaient pas de quoi se suffire.

Si, lorsqu'il entrait dans les confins du territoire des princes régnants qu'il visitait, il trouvait la terre dépouillée de broussailles; si les champs, si les campagnes étaient bien cultivés; si les vieillards étaient entretenus sur les revenus publics et les sages honorés; si les hommes les plus distingués par leurs talents occupaient les emplois publics; alors il donnait des récompenses aux princes, et ces récompenses consistaient en un accroissement de territoire.

Mais si au contraire, en entrant sur le territoire des princes régnants qu'il visitait, il trouvait la terre inculte et couverte de broussailles; si ces princes négligeaient les vieillards, dédaignaient les sages; si des exacteurs et des hommes sans probité occupaient les emplois publics : alors il châtiait ces princes.

Si ces princes manquaient une seule fois de rendre leur visite d'*hommage et de comptes rendus* à l'empereur, alors celui-ci les faisait descendre d'un degré de leur dignité. S'ils manquaient deux fois de faire leur visite d'hommage à l'empereur, celui-ci diminuait leur territoire. S'ils manquaient trois fois de faire leur visite d'hommage à l'empereur, alors six corps de troupes de l'empereur allaient les changer.

C'est pourquoi le fils du ciel punit ou châtie les différents princes régnants sans les combattre par les armes; les différents princes régnants combattent par les armes, sans avoir par eux-mêmes l'autorité de punir ou châtier un rebelle. Les cinq princes chefs de grands vassaux se liguèrent avec un certain nombre de princes régnants pour combattre les autres princes régnants. C'est pourquoi je dis que les cinq chefs des grands vassaux furent coupables envers les trois souverains.

De ces chefs de grands vassaux c'est *Houan* qui fut le plus puissant. Ayant convoqué à *Kouei-khieou* les différents princes régnants (pour former une alliance entre eux), il attacha la victime du sacrifice, plaça sur elle le livre (qui contenait les différents statuts du pacte fédéral), sans toutefois faire passer sur les lèvres des fédérés du sang de la victime.

La première obligation était ainsi conçue : «

---

[1] « Deux hommes qui, étant ministres du roi de *Thsi*, avaient été tués dans un combat par *Kiu*. » (*Glose*.)
[2] *Houan* fait allusion à MENG-TSEU.
[3] Il fait allusion à *Kouen*.
[4] « MENG-TSEU désigne *Houan*, *Koung* ou prince de *Thsi*; *Wan*, de *Tçin*; *Mou*, de *Tchin*; *Siang*, de *Soung*; *Tchouang*, de *Thsou*. » (*Glose*.)
[5] « Il désigne *Yu*, *Wen* et *Wou* (fils) de *Thang*. » (*Glose*.)

[1] Voyez précédemment, liv. I, chap. II, page 227.

« mourir les enfants qui manqueront de piété filiale ;
« n'ôtez pas l'hérédité au fils légitime pour la don-
« ner à un autre ; ne faites pas une épouse de votre
« concubine. »

La seconde obligation était ainsi conçue : « Ho-
« norez les sages (en les élevant aux emplois et aux
« dignités) ; donnez des traitements aux hommes
« de talent et de génie ; produisez au grand jour les
« hommes vertueux. »

La troisième obligation était ainsi conçue : « Res-
« pectez les vieillards ; chérissez les petits enfants ;
« n'oubliez pas de donner l'hospitalité aux hôtes
« et aux voyageurs. »

La quatrième obligation était ainsi conçue :
« Que les lettrés n'aient pas de charges ou ma-
« gistratures héréditaires ; que les devoirs de diffé-
« rentes fonctions publiques ne soient pas remplis
« par la même personne [1]. En choisissant un lettré
« pour lui confier un emploi public, vous devez
« préférer celui qui a le plus de mérites ; ne faites
« pas mourir de votre autorité privée les premiers
« administrateurs des villes. »

La cinquième obligation était ainsi conçue :
« N'élevez pas des monticules de terre dans les
« coins de vos champs ; n'empêchez pas la vente des
« fruits de la terre ; ne conférez pas une princi-
« pauté à quelqu'un sans l'autorisation de l'empe-
« reur. »

Houan-koung dit : « Vous tous qui avec moi
« venez de vous lier par un traité : ce traité étant
« sanctionné par vous, emportez chacun chez vous
« des sentiments de concorde et de bonne har-
« monie. »

Les différents princes d'aujourd'hui transgressent
tous ces cinq obligations. C'est pourquoi j'ai dit
que les différents princes de nos jours étaient coupables envers les cinq chefs des grands vassaux.

Augmenter les vices des princes (par ses adula-
tions ou ses flatteries), est une faute légère ; aller au-
devant des vices des princes (en les encourageant
par ses conseils ou ses exemples), est une faute grave;
de nos jours, les premiers administrateurs vont tous
au-devant des vices de leur prince ; c'est pourquoi
j'ai dit que les premiers administrateurs de nos
jours étaient coupables envers les différents princes
régnants.

8. Le prince de *Lou* voulait faire *Chin-tseu* son
général d'armée. MENG-TSEU dit : Se servir du
peuple sans qu'on l'ait instruit auparavant (des
usages et de la justice), c'est ce qu'on appelle pousser le peuple à sa perte. Ceux qui poussaient le
peuple à sa perte n'étaient pas tolérés par la génération de *Yao* et de *Chun*.

En supposant que dans un seul combat vous vain-
quiez les troupes de *Thsi*, et que vous occupiez
Nan-yang (ville de ce royaume) ; dans ce cas même
vous ne devriez pas encore agir comme vous en avez
le projet.

Chin-tseu changeant de couleur à ces paroles qui
ne lui faisaient pas plaisir, dit : « Cela, c'est ce que
moi *Khou-li*, j'ignore. »

MENG-TSEU dit : Je vous avertis très-clairement
que cela ne convient pas. Le territoire du fils du
ciel consiste en mille *li* d'étendue sur chaque côté.
S'il n'avait pas mille *li*, il ne suffirait pas à recevoir
tous les différents princes.

Le territoire des *Tchou-heou*, ou différents princes,
consiste en cent *li* d'étendue de chaque côté. S'il
n'avait pas cent *li*, il ne suffirait pas à observer les
usages prescrits dans le livre des statuts du temple
dédié aux ancêtres.

Tcheou-koung accepta une principauté dans le
royaume de *Lou*, qui consistait en cent *li* d'étendue
sur chaque côté. Ce territoire était bien loin de ne
pas lui suffire, quoiqu'il ne consistât qu'en cent *li*
d'étendue sur chaque côté.

Thaï-koung reçut une principauté dans le royaume
de *Thsi*, qui ne consistait aussi qu'en cent *li* d'étendue sur chaque côté. Ce territoire était bien loin
de ne pas lui suffire, quoiqu'il ne consistât qu'en
cent *li* d'étendue sur chaque côté.

Maintenant le royaume de *Lou* a cinq fois cent *li*
d'étendue sur chaque côté. Pensez-vous que, si un
nouveau souverain apparaissait au milieu de nous,
il diminuerait l'étendue du royaume de *Lou* ou qu'il
l'augmenterait ?

Quand même on pourrait prendre (la ville de
Nan-yang) sans coup férir, et l'adjoindre au royaume
de *Lou*, un homme humain ne le ferait pas ; à plus
forte raison ne le ferait-il pas s'il fallait la prendre
en tuant des hommes.

L'homme supérieur qui sert son prince (comme
il doit le servir), doit exhorter son prince à se conformer à la droite raison, à appliquer sa pensée à
la pratique de l'humanité, et rien de plus.

9. MENG-TSEU dit : Ceux qui aujourd'hui servent
les princes (ou leurs ministres) disent : « Nous
« pouvons, pour notre prince, épuiser la fécon-
« dité de la terre, et remplir les greniers publics. »
Ce sont ceux-là que l'on appelle aujourd'hui de
bons ministres, et qu'autrefois on appelait des spoliateurs du peuple.

Si le prince, n'aspirant pas à suivre la droite
raison, ni à appliquer sa pensée à la pratique de
l'humanité, les ministres cherchent à l'enrichir,
c'est chercher à enrichir le tyran *Kie*.

Ceux qui disent : « Nous pouvons, pour notre
« prince, faire des traités avec des royaumes ; si
« nous engageons une guerre, nous avons l'assu-
« rance de vaincre : » ce sont ceux-là que l'on
nomme aujourd'hui de bons ministres, et qu'autrefois on appelait des spoliateurs de peuples.

---

[1] Défense du cumul des emplois publics.

LIVRES SACRÉS DE L'ORIENT.

Si le prince, n'aspirant pas à suivre la droite raison, ni à appliquer sa pensée à la pratique de l'humanité, les ministres cherchent pour lui à livrer des batailles, c'est adjoindre des forces au tyran *Kie*.

Si ce prince suit la règle de conduite des ministres d'aujourd'hui, et qu'il ne change pas les usages actuels, quand même vous lui donneriez l'empire, il ne pourrait pas seulement le conserver un matin.

10. *Pe-koueï* dit : Moi je désirerais, sur vingt, ne prélever qu'un. Qu'en pensez-vous ?

Meng-tseu dit : Votre règle, pour la levée de l'impôt, est la règle des barbares des régions septentrionales.

Dans un royaume de dix mille maisons, si un seul homme exerce l'art de la poterie, pourra-t-il suffire à tous les besoins ?

Pe-kouei dit : Il ne le pourra pas. Les vases qu'il fabriquera ne pourront suffire à l'usage de toutes les maisons.

Meng-tseu dit : Chez les barbares du nord, les cinq sortes de céréales ne croissent point ; il n'y a que le millet qui y croisse. Ces barbares n'ont ni villes fortifiées, ni palais, ni maisons, ni temples consacrés aux ancêtres, ni cérémonies des sacrifices ; ils n'ont ni pièces d'étoffe de soie pour les princes de différents ordres, ni festins à donner ; ils n'ont pas une foule de magistrats ou d'employés de toutes sortes à rétribuer : c'est pourquoi, en fait d'impôts ou de taxes, ils ne prennent que le vingtième du produit, et il suffit.

Maintenant, si le prince qui habite le royaume du milieu rejetait tout ce qui constitue les différentes relations entre les hommes [1], et qu'il n'eût point d'hommes distingués par leur sagesse ou leurs lumières pour l'aider à administrer le royaume [2], comment pourrait-il l'administrer lui seul ?

S'il ne se trouve qu'un petit nombre de fabricants de poterie, le royaume ne pourra pas ainsi subsister ; à plus forte raison, s'il manquait d'hommes distingués par leur sagesse et leurs lumières (pour occuper les emplois publics).

Si nous voulions rendre l'impôt plus léger qu'il ne l'est d'après le principe de *Yao* et de *Chun* (qui exigeaient le *dixième* du produit), il y aurait de grands barbares septentrionaux et de petits barbares septentrionaux, tels que nous.

Si nous voulions rendre l'impôt plus lourd qu'il ne l'est d'après le principe de *Yao* et de *Chun*, il y aurait un grand tyran du peuple nommé *Kie*, et de petits tyrans du peuple, nouveaux *Kie*, tels que nous.

[1] « Il fait allusion aux *villes fortifiées*, aux *palais*, aux *maisons, etc.* » (*Glose.*)
[2] « Il fait allusion aux *magistrats et employés, etc.* » (Ibid.)

11. *Pe-kouei* dit : Moi *Tan* je surpasse *Yu* dans l'art de maîtriser et de gouverner les eaux.

Meng-tseu dit : Vous êtes dans l'erreur. L'habileté de *Yu* dans l'art de maîtriser et de diriger les eaux, consistait à les faire suivre leur cours naturel et rentrer dans leur lit.

C'est pour cette raison que *Yu* fit des quatre mers le réceptacle des grandes eaux ; maintenant, mon fils, ce sont les royaumes voisins que vous avez faits le réceptacle des eaux [1].

Les eaux qui coulent en sens contraire ou hors de leur lit sont appelées *eaux débordées* ; les eaux débordées sont les *grandes eaux*, ou les eaux de la grande inondation du temps de l'empereur *Yao*. C'est une de ces calamités que l'homme humain abhorre. Mon fils, vous êtes dans l'erreur.

12. Meng-tseu dit : Si l'homme supérieur n'a pas une confiance ferme dans sa raison, comment, après avoir embrassé la vertu, pourrait-il la conserver inébranlable ?

13. Comme le prince de *Lou* désirait que *Lo-tching-tseu* (disciple de Meng-tseu) prît en main toute l'administration du royaume, Meng-tseu dit : Moi, depuis que j'ai appris cette nouvelle, je n'en dors pas de joie.

Koung-sun-tcheou dit : *Lo-tching-tseu* a-t-il de l'énergie ?

Meng-tseu dit : Aucunement.

— A-t-il de la prudence et un esprit apte à combiner de grands desseins ?

— Aucunement.

— A-t-il beaucoup étudié, et ses connaissances sont-elles étendues ?

— Aucunement.

— S'il en est ainsi, pourquoi ne dormez-vous pas de joie ?

— Parce que c'est un homme qui aime le bien.

— Aimer le bien suffit-il ?

— Aimer le bien, c'est plus qu'il ne faut pour gouverner l'empire ; à plus forte raison pour gouverner le royaume de *Lou*.

Si celui qui est préposé à l'administration de l'État aime le bien, alors les hommes de bien qui habitent entre les quatre mers, regarderont comme une tâche légère de parcourir mille *li* pour venir lui conseiller le bien.

Mais s'il n'aime pas le bien, alors ces hommes prendront à dire : « C'est un homme suffisant qui « répète (à chaque avis qu'on lui donne) : Je sais « déjà cela depuis longtemps. » Ce ton et cet air suffisant repoussent les bons conseillers au delà de mille *li*. Si les lettrés (ou les hommes de bien en général [2]) se retirent au delà de mille *li*, alors

[1] C'est-à-dire, qu'il n'a fait que déverser les eaux dans les royaumes voisins.
[2] *Glose.*

calomniateurs, les adulateurs, les flatteurs [1] (les courtisans de toutes sortes) arrivent en foule. Si, se trouvant continuellement avec des flatteurs, des adulateurs et des calomniateurs, il veut bien gouverner, comment le pourra-t-il ?

14. *Tchin-tseu* dit : Comment les hommes supérieurs de l'antiquité acceptaient-ils et géraient-ils un ministère ?

Meng-tseu dit : Trois conditions étaient exigées pour accepter un ministère, et trois pour s'en démettre.

D'abord : Si le prince en recevant ces hommes supérieurs leur avait témoigné des sentiments de respect, s'il avait montré de l'urbanité ; si, après avoir entendu leurs maximes, il se disposait à les mettre aussitôt en pratique, alors ils se rendaient près de lui. Si, par la suite, sans manquer d'urbanité, le prince ne mettait pas leurs maximes en pratique, alors ils se retiraient.

Secondement : Quoique le prince n'ait pas encore mis leurs maximes en pratique, si en les recevant il leur avait témoigné du respect et montré de l'urbanité, alors ils se rendaient près de lui. Si ensuite l'urbanité venait à manquer, alors ils se retiraient.

Troisièmement : Si le matin le prince laissait ses ministres sans manger, s'il les laissait également le soir sans manger ; que, exténués de besoins, ils ne pussent sortir de ses États, et que le prince, en apprenant leur position, dise : « Je puis mettre en pratique leurs doctrines qui sont pour eux la chose la plus importante, je ne puis également suivre leurs avis ; mais cependant, faire en sorte qu'ils meurent de faim sur mon territoire, c'est ce dont je ne puis m'empêcher de rougir ; » si, dis-je, dans ces circonstances il vient à leur secours (en leur donnant des aliments), ils peuvent en accepter pour s'empêcher de mourir, mais rien de plus.

15. Meng-tseu dit : *Chun* se produisit avec éclat dans l'empire, du milieu des champs ; *Fou-youé* fut élevé au rang de ministre, de l'état de maçon [1] ; *Kiao-ke* [2] fut élevé (au rang de conseiller de *Wen-wang*), du milieu des poissons et du sel qu'il vendait ; *Kouan-i-ou* fut élevé au rang de ministre, de celui de geôlier des prisons ; *Sun-cho-ngao* fut élevé à une haute dignité, du rivage de la mer (où il vivait ignoré) ; *Pe-li-hi* fut élevé au rang de conseiller d'État, du sein d'une échoppe.

C'est ainsi que, lorsque le ciel veut conférer une grande magistrature (ou une grande mission) à ces hommes d'élite, il commence toujours par éprouver leur âme et leur intelligence dans l'amertume de leurs difficultés ; il fatigue leurs nerfs et leurs os par des travaux pénibles ; il torture dans les tourments de la faim leur chair et leur peau ; il réduit leur personne à toutes les privations de la misère et du besoin ; il ordonne que les résultats de leurs actions soient contraires à ceux qu'ils se proposaient d'obtenir. C'est ainsi qu'il stimule leur âme, qu'il endurcit leur nature, qu'il accroît et augmente leurs forces d'une énergie sans laquelle ils eussent été incapables d'accomplir leur haute destinée.

Les hommes commencent toujours par faire des fautes, avant de pouvoir se corriger. Ils éprouvent d'abord des angoisses de cœur, ils sont arrêtés dans leurs projets, et ensuite ils se produisent. Ce n'est que lorsqu'ils ont lu sur la figure des autres, et entendu ce qu'ils disent, qu'ils sont éclairés sur leur propre compte.

Si, dans l'intérieur d'un État, il n'y a pas de familles gardiennes des lois [1] et des hommes supérieurs par leur sagesse et leur intelligence [2] pour aider le prince (dans l'administration de l'État) ; si, au dehors, il ne se trouve pas de royaumes qui suscitent des guerres, ou d'autres calamités extérieures, l'État périt d'inanition.

Ainsi, il faut savoir de là que l'on vit de peines et d'épreuves, et que l'on périt par le repos et les plaisirs.

16. Meng-tseu dit : Il y a un grand nombre de manières de donner des enseignements. Il est des hommes que je crois indignes de recevoir mes enseignements, et que je refuse d'enseigner ; et par cela même je leur donne une instruction, sans autre effort de ma part.

CHAPITRE VII,

COMPOSÉ DE 46 ARTICLES.

1. Meng-tseu dit : Celui (qui développe toutes les facultés de son principe pensant), connaît sa nature rationnelle ; une fois que l'on connaît sa nature rationnelle, alors on connaît le ciel [3].

---

[1] 法家 *Fa-kia*. « Ce sont, dit *Tchou-hi*, des ministres (de familles), qui, de génération en génération, font exécuter les lois (près du prince). »

[2] 士 *Sse*, lettrés, ainsi plusieurs fois définis par les commentateurs chinois.

[3] Le « cœur, ou *principe pensant* (心 *Sin*), dit *Tchou-hi*, c'est la partie spirituelle et intelligente de l'homme, ce qui constitue la raison dans la foule des êtres, et influe sur toutes les actions. La *nature rationnelle* (性 *Sing*), c'est alors la raison qui caractérise le cœur (ou principe pensant) ; et le ciel (天 *Thian*), c'est la source d'où la raison procède. »

---

[1] Littéralement, *ceux dont le visage donne toujours un assentiment*.
[2] Sous le règne de *Wou-ting*, de la dynastie des *Chang*.
[3] Sous *Wen-wang*.

Conserver son principe pensant, alimenter sa nature rationnelle, c'est en agissant ainsi que l'on se conforme aux intentions du ciel.

Ne pas considérer différemment une vie longue et une vie courte, s'efforcer d'améliorer sa personne en attendant l'une ou l'autre, c'est en agissant ainsi que l'on constitue le mandat que l'on a reçu du ciel (ou que l'on accomplit sa destinée).

2. MENG-TSEU dit : Il n'arrive rien sans qu'il ne soit décrété par le ciel. Il faut accepter avec soumission ses justes décrets. C'est pourquoi celui qui connaît les justes décrets du ciel ne se placera pas sous un mur qui menace ruine.

Celui qui meurt après avoir pratiqué dans tous ses points la loi du devoir, la règle de conduite morale qui est en nous, accomplit le juste décret du ciel. Celui qui meurt dans les entraves imposées aux criminels n'accomplit pas le juste décret du ciel.

3. MENG-TSEU dit : Cherchez, et alors vous trouverez ; négligez tout, et alors vous perdrez tout. C'est ainsi que chercher sert à trouver ou obtenir, si nous cherchons les choses qui sont en nous [1].

Il y a une règle, un principe sûr pour faire ses recherches ; il y a une loi fatale dans l'acquisition de ce que l'on cherche. C'est ainsi que chercher ne sert pas à obtenir, si nous cherchons des choses qui sont hors de nous [2].

4. MENG-TSEU dit : Toutes les actions de la vie ont en nous [3] leur principe ou leur raison d'être. Si après avoir fait un retour sur soi-même on les trouve parfaitement vraies, parfaitement conformes à notre nature, il n'y a point de satisfaction plus grande.

Si on fait tous ses efforts pour agir envers les autres comme on voudrait les voir agir envers nous, rien ne fait plus approcher de l'humanité, lorsqu'on la cherche, que cette conduite.

5. MENG-TSEU dit : O qu'ils sont nombreux ceux qui agissent sans avoir l'intelligence de leurs actions ; qui étudient sans comprendre ce qu'ils étudient ; qui, jusqu'à la fin de leurs jours, suivent leur droite voie sans la connaître !

6. MENG-TSEU dit : L'homme ne peut pas ne point rougir de ses fautes. Si une fois il a honte de ne pas avoir eu honte de ses fautes, il n'aura plus de motifs de honte.

7. MENG-TSEU dit : La pudeur ou la honte est d'une très-grande importance dans l'homme.

Ceux qui exercent les arts de ruses et de fourberies, n'éprouvent plus le sentiment de la honte. Ceux qui n'éprouvent plus le sentiment de la honte, ne sont plus semblables aux autres hommes. En quoi leur ressembleraient-ils ?

8. MENG-TSEU dit : Les sages rois de l'antiquité aimaient la vertu et oubliaient leur autorité. Les sages lettrés de l'antiquité auraient-ils agi seuls d'une manière contraire ? Ils se plaisaient à suivre leur droite voie, et ils oubliaient l'autorité des hommes [1]. C'est pourquoi si les rois et les *Koung* ou grands vassaux ne leur témoignaient pas des sentiments de respect, s'ils n'observaient pas envers eux toutes les règles de la politesse et de l'urbanité, alors souvent ils n'obtenaient pas la faculté de les voir. Par conséquent, si souvent ils n'obtenaient pas la faculté de les voir, à plus forte raison n'auraient-ils pas obtenu d'en faire leurs agents ou leurs sujets.

9. MENG-TSEU, s'adressant à *Soung-keou-tsian*, dit : Aimez-vous à voyager pour enseigner vos doctrines ? moi, je vous enseignerai à voyager ainsi.

Si les hommes (les princes) auxquels vous enseignez vos doctrines en prennent connaissance et les pratiquent, conservez un visage tranquille et serein ; s'ils ne veulent ni les connaître, ni les pratiquer, conservez également un visage tranquille et serein.

Soung-keou-tsian dit : Comment faire pour conserver toujours ainsi un visage tranquille et serein ?

MENG-TSEU dit : Si vous avez à vous honorer de votre vertu, si vous avez à vous réjouir de votre équité, alors vous pourrez conserver un visage tranquille et serein.

C'est pourquoi le lettré, ou l'homme distingué par sa sagesse et ses lumières, s'il se trouve accablé par la misère, il ne perd jamais de vue l'équité ; et s'il est promu aux honneurs, il ne s'écarte jamais de la voie droite.

« S'il se trouve accablé par la misère, il ne perd « jamais de vue l'équité ; » c'est pourquoi l'homme distingué par sa sagesse et ses lumières possède toujours l'empire qu'il doit avoir sur lui-même. « S'il est promu aux honneurs, il ne s'écarte jamais « de sa voie droite ; » c'est pourquoi le peuple ne perd pas les espérances de bien-être qu'il avait conçues de son élévation.

Si les hommes de l'antiquité [2] obtenaient la réalisation de leurs desseins, ils faisaient participer le peuple aux bienfaits de la vertu et de l'équité. S'ils n'obtenaient pas la réalisation de leurs desseins, ils s'efforçaient d'améliorer leur propre personne et de se rendre illustres dans leur siècle par leurs vertus. S'ils étaient dans la pauvreté, alors ils ne s'occupaient qu'à améliorer leur personne par la pratique de la vertu. S'ils étaient promus aux honneurs ou aux emplois, alors ils ne s'occupaient qu'à

---

[1] « Comme l'humanité, l'équité, etc. » (*Glose.*)
[2] « Comme les richesses, les honneurs, le gain, l'avancement. » (*Glose.*)
[3] « C'est-à-dire, dans notre nature. » (*Glose.*)

[1] « Ils oubliaient la dignité et le rang des rois dont ils faisaient peu de cas. » (*Glose.*)
[2] « Par les hommes de l'antiquité, il indique les lettrés du temps des trois (premières) dynasties. » (*Glose.*)

faire régner la vertu et la félicité dans tout l'empire.

10. MENG-TSEU dit : Ceux qui attendent l'apparition d'un roi comme *Wen-wang*, pour secouer la torpeur de leur âme, et se produire dans la pratique du bien, ceux-là sont des hommes vulgaires. Les hommes distingués par leur sagesse et leurs lumières n'attendent par l'apparition d'un *Wen-wang* pour se produire.

11. MENG-TSEU dit : Si vous donnez à un homme toutes les richesses et la puissance des familles de *Han* et de *Wei*, et qu'il se considère toujours avec la même humilité qu'auparavant, alors cet homme dépasse de beaucoup les autres hommes.

12. MENG-TSEU dit : Si un prince ordonne au peuple des travaux dans le but de lui procurer un bien-être à lui-même, quand même ces travaux seraient très-pénibles, il ne murmurera pas. Si, dans le but de conserver la vie aux autres, il fait périr quelques hommes du peuple, quand même celui-ci verrait mourir quelques-uns des siens, il ne s'irritera pas contre celui qui aura ordonné leur mort.

13. MENG-TSEU dit : Les peuples ou les sujets des chefs des grands vassaux sont contents et joyeux ; les sujets des rois souverains sont pleins de joie et de satisfaction [1].

Quoique le prince fasse faire quelques exécutions (nécessaires), le peuple ne s'en irrite pas ; quoiqu'il lui procure des avantages, il n'en sent pas le mérite. Le peuple chaque jour fait des progrès dans le bien, et il ne sait pas qui les lui fait faire.

[Au contraire] partout où le sage souverain se transporte, le peuple se convertit au bien ; partout où il réside, il agit comme les esprits (d'une manière occulte). L'influence de sa vertu se répand partout en haut et en bas comme celle du ciel et de la terre. Comment dira-t-on que ce sont là de petits bienfaits (tels que ceux que peuvent conférer les petits princes)?

14. MENG-TSEU dit : Les paroles d'humanité ne pénètrent pas si profondément dans le cœur de l'homme qu'un renom d'humanité ; on n'obtient pas aussi bien l'affection du peuple par un bon régime, une bonne administration et de bonnes lois, que par de bons enseignements et de bons exemples de vertus.

Le peuple craint de bonnes lois, une bonne administration; le peuple aime de bons enseignements, de bons exemples de vertus. Par de bonnes lois, une bonne administration, on obtient de bons revenus (ou impôts) du peuple; par de bons enseignements, de bons exemples de vertus, on obtient le cœur du peuple.

15. MENG-TSEU dit : Ce que l'homme peut faire sans études est le produit de ses facultés naturelles [1] ; ce qu'il connaît sans y avoir longtemps réfléchi, sans l'avoir médité, est le produit de sa science naturelle [2].

Il n'est aucun enfant de trois ans qui ne sache aimer ses parents; ayant atteint l'âge de cinq ou six ans, il n'en est aucun qui ne sache avoir des égards pour son frère aîné. Aimer ses parents d'un amour filial, c'est de la tendresse; avoir des égards pour son frère aîné, c'est de l'équité. Aucune autre cause n'a fait pénétrer ces sentiments dans les cœurs de tous les habitants de l'empire.

16. MENG-TSEU dit : Lorsque *Chun* habitait dans les retraites profondes d'une montagne reculée, au milieu des rochers et des forêts; qu'il passait ses jours avec des cerfs et des sangliers, il différait bien peu des autres hommes rustiques qui habitaient les retraites profondes de cette montagne reculée. Mais lui, lorsqu'il avait entendu une parole vertueuse, une parole de bien, ou qu'il avait été témoin d'une action vertueuse, il sentait bouillonner dans son sein les nobles passions du bien, comme les ondes des grands fleuves *Kiang* et *Ho*, après avoir rompu leurs digues, se précipitent dans les abîmes sans qu'aucune force humaine puisse les contenir!

17. MENG-TSEU dit : Ne faites pas ce que vous ne devez pas faire (comme contraire à la raison [3]); ne désirez pas ce que vous ne devez pas désirer. Si vous agissez ainsi, vous avez accompli votre devoir.

18. MENG-TSEU dit : L'homme qui possède la sagacité de la vertu et la prudence de l'art, le doit toujours aux malheurs et aux afflictions qu'il a éprouvés.

Ce sont surtout les ministres orphelins (ou qui sont les fils de leurs propres œuvres) et les enfants naturels [4] qui maintiennent soigneusement toutes les facultés de leur âme dans les circonstances difficiles, et qui mesurent leurs peines jusque dans leurs profondeurs les plus cuisantes. C'est pourquoi ils sont pénétrants.

19. MENG-TSEU dit : Il y a des hommes qui, dans le service de leur prince (comme ministres), ne s'occupent uniquement que de lui plaire et de le rendre satisfait d'eux-mêmes.

Il y a des ministres qui ne s'occupent que de procurer de la tranquillité et du bien-être à l'État; cette tranquillité et ce bien-être seuls les rendent heureux et satisfaits.

Il y a un peuple qui est le peuple du ciel [5], et qui,

---

[1] Dans ce paragraphe et les suivants, MENG-TSEU signale la différence qu'il avait trouvée entre le régime des princes chefs vassaux, et le régime des rois souverains.

[1] « Qui n'ont d'autre origine que le ciel, qui ne procédent d'aucune source, si ce n'est du ciel. » (*Comm.*)
[2] *Ibid.*
[3] « Ce que la raison ne prescrit pas. » (*Glose.*)
[4] *Nothi pulli sunt optimi.* (COLUMELLE.)
[5] « Ce sont les hommes d'élite sans emplois publics qui

s'il est appelé à remplir des fonctions publiques, les accepte pour faire le bien, s'il juge qu'il peut le faire.

Il y a de grands hommes, d'une vertu accomplie, qui, par la rectitude qu'ils impriment à toutes leurs actions, rendent tout ce qui les approche (prince et peuple) juste et droit.

20. MENG-TSEU dit : L'homme supérieur éprouve trois contentements ; et le gouvernement de l'empire comme souverain n'y est pas compris.

Avoir son père et sa mère encore subsistants, sans qu'aucune cause de trouble et de dissension existe entre le frère aîné et le frère cadet, est le premier de ces contentements.

N'avoir à rougir ni en face du ciel, ni en face des hommes, est le second de ces contentements.

Être assez heureux pour rencontrer parmi les hommes de sa génération des hommes de talents et de vertus dont on puisse augmenter les vertus et les talents par ses instructions, est le troisième de ces contentements.

Voilà les trois contentements de l'homme supérieur ; et le gouvernement de l'empire comme souverain n'y est pas compris.

21. MENG-TSEU dit : L'homme supérieur désire un ample territoire et un peuple nombreux ; mais il ne trouve pas là un véritable sujet de contentement.

L'homme supérieur se complaît, en demeurant dans l'empire, à pacifier et rendre stables les populations situées entre les quatre mers ; mais ce qui constitue sa nature, n'est pas là.

Ce qui constitue la nature de l'homme supérieur, n'est pas augmenté par un grand développement d'action, n'est pas diminué par un long séjour dans l'état de pauvreté et de dénûment, parce que la portion (de substance rationnelle qu'il a reçue du ciel [1]) est fixe et immuable.

Ce qui constitue la nature de l'homme supérieur : l'humanité, l'équité, l'urbanité, la prudence, ont leur fondement dans le cœur (ou le principe pensant). Ces attributs de notre nature se produisent dans l'attitude, apparaissent dans les traits du visage, couvrent les épaules, et se répandent dans les quatre membres ; les quatre membres les comprennent sans les enseignements de la parole.

22. MENG-TSEU dit : Lorsque Pe-i [2], fuyant la tyrannie de Cheou (sin), habitait les bords de la mer septentrionale, il apprit l'élévation de Wen-wang [3] ; et se levant avec émotion il dit : Pourquoi n'irais-je pas me soumettre à lui ? j'ai entendu dire que le chef des grands vassaux de l'occident excellait dans la vertu d'entretenir les vieillards.

Lorsque Taï-kong, fuyant la tyrannie de Cheou (sin), habitait les bords de la mer orientale, il apprit l'élévation de Wen-wang ; et se levant avec émotion, il dit : Pourquoi n'irais-je pas me soumettre à lui ? j'ai entendu dire que le chef des grands vassaux de l'occident excellait dans la vertu d'entretenir les vieillards.

S'il se trouve dans l'empire un homme qui ait la vertu d'entretenir les vieillards, alors tous les hommes pleins d'humanité s'empresseront d'aller se soumettre à lui.

Si dans une habitation de cinq arpents de terre, vous plantez des mûriers au pied des murs, et que la femme de ménage élève des vers à soie, alors les vieillards pourront se couvrir de vêtements de soie ; si vous nourrissez cinq poules et deux porcs femelles, et que vous ne négligiez pas les saisons (de l'incubation et de la conception), alors les vieillards pourront ne pas manquer de viande. Si un simple particulier cultive un champ de cent arpents, une famille de huit bouches pourra ne pas souffrir de la faim.

Ces expressions (des deux vieillards), *le chef des vassaux de l'occident excelle dans la vertu d'entretenir les vieillards,* signifiaient qu'il savait constituer à chacun une propriété privée composée d'un champ (de cent arpents [1]) et d'une habitation (de cinq [2]) ; qu'il savait enseigner aux populations l'art de planter (des mûriers) et de nourrir (des poules et des pourceaux) ; qu'en dirigeant par l'exemple les femmes et les enfants, il les mettait à même de nourrir et d'entretenir leurs vieillards. Si les personnes âgées de cinquante ans manquent de vêtements de soie, leurs membres ne seront pas réchauffés. Si les septuagénaires manquent de viande pour aliments, ils ne seront pas bien nourris. N'avoir pas ses membres réchauffés (par ses vêtements) et ne pas être bien nourris, cela s'appelle avoir froid et faim. Parmi les populations soumises à Wen-wang, il n'y avait point de vieillards souffrants du froid et de la faim. C'est ce que les expressions citées précédemment veulent dire.

23. MENG-TSEU dit : Si l'on gouverne les populations de manière à ce que leurs champs soient bien cultivés ; si on allège les impôts (en n'exigeant que le dixième du produit [3]), le peuple pourra acquérir de l'aisance et du bien-être.

S'il prend ses aliments aux heures du jour convenables [4], et qu'il ne dépense ses revenus que selon les rites prescrits, ses revenus ne seront pas passés par sa consommation.

---

donnent à la raison céleste, qui est en nous, tous les développements qu'elle comporte : on les nomme *le peuple du ciel.* »
(TCHOU-HI.)

[1] *Commentaire.*
[2] Voyez liv. II, chap. I, § 13.
[3] Comme chef des grands vassaux des provinces occidentales de l'empire.

[1] *Glose.*
[2] *Ibid.*
[3] *Ibid.*
[4] « Le matin et le soir. »   (Glose.)

Si le peuple est privé de l'eau et du feu, il ne peut vivre. Si pendant la nuit obscure un voyageur frappe à la porte de quelqu'un pour demander de l'eau et du feu, il ne se trouvera personne qui ne les lui donne, parce que ces choses sont partout en quantité suffisante. Pendant que les saints hommes gouvernaient l'empire, ils faisaient en sorte que les pois et autres légumes de cette espèce, ainsi que le millet, fussent aussi abondants que l'eau et le feu. Les légumes et le millet étant aussi abondants que l'eau et le feu, parmi le peuple, comment s'y trouverait-il des hommes injustes et inhumains?

24. MENG-TSEU dit : Lorsque KHOUNG-TSEU gravissait la montagne *Toung-chan*, le royaume de *Lou* lui paraissait bien petit ; lorsqu'il gravissait la montagne *Taï-chan* [1], l'empire lui-même lui paraissait bien petit!

C'est ainsi que, pour celui qui a vu les mers, les eaux des rivières et même des fleuves peuvent à peine être considérés comme des eaux, et pour celui qui a passé par la porte des saints hommes (qui a été à leur école), les paroles ou les instructions des autres hommes peuvent à peine être considérées comme des instructions.

Il y a un art de considérer les eaux : on doit les observer dans leurs courants et lorsqu'elles s'échappent de leur source. Quand le soleil et la lune brillent de tout leur éclat, leurs reflets les font scintiller dans leurs profondes cavités.

L'eau courante est un élément de telle nature que si on ne la dirige pas vers les fossés ou les réservoirs (dans lesquels on veut la conduire), elle ne s'y écoule pas. Il en est de même de la volonté de l'homme supérieur appliquée à la pratique de la droite raison : s'il ne lui donne pas son complet développement, il n'arrivera pas au suprême degré de sainteté.

25. MENG-TSEU dit : Celui qui se levant au chant du coq pratique la vertu avec la plus grande diligence, est un disciple de *Chun*.

Celui qui se levant au chant du coq s'occupe du gain avec la plus grande diligence, est un disciple du voleur *Tché*.

Si vous voulez connaître la différence qu'il y a entre l'empereur *Chun* et le voleur *Tché*, elle n'est pas ailleurs que dans l'intervalle qui sépare le gain de la vertu.

26. MENG-TSEU dit : *Yang-tseu* de l'intérêt personnel, de l'amour de soi, fait son unique étude. Devrait-il arracher un cheveu de sa tête pour procurer quelque avantage public à l'empire, il ne l'arracherait pas.

Me-tseu aime tout le monde ; si en abaissant sa tête jusqu'à ses talons, il pouvait procurer quelque avantage public à l'empire, il le ferait.

Tseu-mo tenait le milieu. Tenir le milieu, c'est approcher beaucoup de la droite raison. Mais tenir le milieu sans avoir de point fixe (tel que la tige d'une balance), c'est comme si l'on ne tenait qu'un côté.

Ce qui fait que l'on déteste ceux qui ne tiennent qu'un côté, ou qui suivent une voie extrême, c'est qu'ils blessent la droite raison; et que pendant qu'ils s'occupent d'une chose, ils en négligent ou en perdent cent.

27. MENG-TSEU dit : Celui qui a faim, trouve tout mets agréable; celui qui a soif, trouve toute boisson agréable : alors l'un et l'autre n'ont pas le sens du goût dans son état normal, parce que la faim et la soif le dénaturent. N'y aurait-il que la bouche et le ventre qui fussent sujets aux funestes influences de la faim et de la soif? Le cœur de l'homme a aussi tous ces inconvénients.

Si les hommes pouvaient se soustraire aux funestes influences de la faim et de la soif, et ne pas dénaturer leur cœur, alors ils ne s'affligeraient pas de ne pouvoir atteindre à la vertu des hommes supérieurs à eux par leur sainteté et leur sagesse.

28. MENG-TSEU dit : *Lieou-hia-hoeï* n'aurait pas échangé son sort contre celui des trois premiers grands dignitaires de l'empire [1].

29. MENG-TSEU dit : Celui qui s'applique à faire une chose est comme celui qui creuse un puits. Si après avoir creusé un puits jusqu'à soixante et douze pieds on ne va pas jusqu'à la source, on est dans le même cas que si on l'avait abandonné.

30. MENG-TSEU dit : *Yao* et *Chun* furent doués d'une nature parfaite; *Thang* et *Wou* s'incorporèrent ou perfectionnèrent la leur par leurs propres efforts; les cinq princes chefs des grands vassaux n'en eurent qu'une fausse apparence.

Ayant eu longtemps cette fausse apparence d'une nature accomplie, et n'ayant fait aucun retour vers la droiture, comment auraient-ils su qu'ils ne la possédaient pas?

31. *Koung-sun-tcheou* dit : *Y-yin* disait : « Moi, « je n'ai pas l'habitude de visiter souvent ceux qui « ne sont pas dociles (aux préceptes de la raison). » Il relégua *Thaï-kia* dans le palais où était élevé le tombeau de son père, et le peuple en fut très-satisfait. *Thaï-kia* s'étant corrigé, il le fit revenir à la cour, et le peuple en éprouva une grande joie.

Lorsqu'un sage est ministre de quelque prince, si ce prince n'est pas sage (ou n'est pas docile aux conseils de la raison [2], peut-il, à l'exemple de *Y-yin*, le reléguer loin du siège du gouvernement?

---

[1] La plus élevée de l'empire.

[1] Les trois 公 *Koung* : ce sont les *Thaï-sse*, *Thaï-fou* et *Thaï-pao*. (Glose.)

[2] Glose.

Meng-tseu dit : S'il a les intentions de *Y-yin* c'est-à-dire son amour du bien public [1]), il le peut ; s'il n'a pas les intentions de *Y-yin*, c'est un usurpateur.

32. *Koung-sun-tcheou* dit : On lit dans le *Livre des Vers* [2] :

« Que personne ne mange inutilement [3]. »

L'homme supérieur ne laboure pas, et cependant il mange ; pourquoi cela ?

Meng-tseu dit : Lorsqu'un homme supérieur habite un royaume, si le prince l'emploie dans ses conseils, alors l'État est tranquille, le trésor public est rempli, le gouvernement est honoré et couvert de gloire. Si les fils et les frères cadets du royaume suivent les exemples de vertus qu'il leur donne, alors ils deviennent pieux envers leurs parents, pleins de déférence pour leurs aînés, de droiture et de sincérité envers tout le monde. Ce n'est pas là *manger inutilement* (les produits ou les revenus des autres). Qu'y a-t-il au contraire de plus grand et de plus digne ?

33. *Tian*, fils du roi de *Thsi*, fit une question en ces termes : Le lettré à quoi sert-il ?

Meng-tseu dit : Il élève ses pensées.

Tian dit : Qu'appelez-vous *élever ses pensées* ?

Meng-tseu dit : C'est les diriger vers la pratique de l'humanité, de l'équité et de la justice ; et voilà tout. Tuer un innocent, ce n'est pas de l'humanité ; prendre ce qui n'est pas à soi, ce n'est pas de l'équité. Quel est le séjour permanent de l'âme ? c'est l'humanité. Quelle est sa voie ? l'équité. S'il habite l'humanité, s'il marche dans l'équité, les devoirs du grand homme (ou de l'homme d'État) sont remplis.

34. Meng-tseu dit : Si sans équité vous eussiez donné le royaume de *Thsi* à *Tchoung-tseu*, il ne l'aurait pas accepté. Tous les hommes eurent foi en sa sagesse. Ce refus (d'accepter le royaume de *Thsi*), c'est de l'équité, comme celle qui refuse une écuelle de riz cuit ou de bouillon. Il n'y a pas de faute plus grave pour l'homme que d'oublier les devoirs qui existent entre les pères et mères et les enfants, entre le prince et les sujets, entre les supérieurs et les inférieurs [4]. Est-il permis de croire un homme grand et consommé dans la vertu, lorsque sa vertu n'est que médiocre ?

35. *Tiao-yng* fit une question en ces termes : Si pendant que *Chun* était empereur, *Kao-yao* avait été président du ministère de la justice, et que *Kou-seou* (père de *Chun*) eût tué un homme, alors qu'aurait fait *Kao-yao* ?

Meng-tseu répondit : Il aurait fait observer la loi ; et voilà tout.

Tiao-yng dit : S'il avait voulu agir ainsi, *Chun* ne l'en aurait-il pas empêché ?

Meng-tseu dit : Comment *Chun* aurait-il pu l'en empêcher ? Il avait reçu cette loi (du ciel [1], avec son mandat, pour la faire exécuter).

Tiao-yng dit : S'il en est ainsi, alors comment *Chun* se serait-il conduit ?

Meng-tseu dit : *Chun* aurait regardé l'abandon de l'empire comme l'abandon de sandales usées par la marche ; et prenant secrètement son père sur ses épaules [2], il serait allé se réfugier sur une plage déserte de la mer, en oubliant, le cœur satisfait, jusqu'à la fin de sa vie, son empire et sa puissance.

36. Meng-tseu, étant passé de la ville de *Fan* dans la capitale du royaume de *Thsi*, il y vit de loin le fils du roi. A cette vue, il s'écria en soupirant : Comme le séjour de la cour change l'aspect d'un homme ! et comme un régime opulent change sa corpulence ! Que le séjour dans un lieu est important ! Cependant tous les fils ne sont-ils pas également enfants des hommes ?

Meng-tseu dit : La demeure, l'appartement, les chars, les chevaux, les habillements du fils du roi ont beaucoup de ressemblance avec ceux des fils des autres hommes ; et puisque le fils du roi est tel (que je viens de le voir), il faut que ce soit le séjour à la cour qui l'ait ainsi changé ; quelle influence doit donc avoir le séjour de celui qui habite dans la vaste demeure de l'empire !

Le prince de *Lou*, étant passé dans le royaume de *Soung*, il arriva à la porte de la ville de *Tiet-tche*, qu'il ordonna à haute voix d'ouvrir. Les gardiens dirent : « Cet homme n'est pas notre prince, « comment sa voix ressemble-t-elle à celle de notre « prince ? » Il n'y a pas d'autre cause à cette ressemblance que le séjour de l'un et de l'autre prince se ressemblait [3].

37. Meng-tseu dit : Si le prince entretient un sage sans avoir de l'affection pour lui, il le traite comme il traite ses pourceaux. S'il a de l'affection pour lui sans lui témoigner le respect qu'il mérite, il l'entretient comme ses propres troupeaux.

Des sentiments de vénération et de respect doivent être témoignés (au sage par le prince) avant de lui offrir des présents.

---

[1] Glose.
[2] Ode *Fa-chen*, section *Koué-foung*.
[3] « Que personne, sans les avoir mérités, ne reçoive des traitements du prince. » (*Glose*.) On pourrait traduire cette pensée ancienne par cette formule moderne, *que personne ne consomme sans avoir produit*, qui lui est équivalente.
[4] *Tchoung-tseu* s'attachait exclusivement à la vertu de l'équité, et il négligeait les autres ; il quitta sa mère et son frère aîné, refusa d'accepter un emploi et un traitement du roi de *Thsi*, et encourut ainsi plusieurs reproches.

[1] Glose.
[2] Comme Énée s'enfuit de Troie en portant son père Anchise sur ses épaules.
[3] C'est-à-dire, que rien ne ressemble tant à un prince régnant qu'un autre prince régnant, parce que l'un et l'autre ont les mêmes habitudes, le même entourage, et le même genre de vie.

Si les sentiments de vénération et de respect que le prince lui témoigne, n'ont point de réalité, le sage ne peut être retenu près de lui par de vaines démonstrations.

38. Meng-tseu dit : Les diverses parties figurées du corps¹ et les sens² constituent les facultés de notre nature que nous avons reçues du ciel³. Il n'y a que les saints hommes (ou ceux qui parviennent à la perfection) qui puissent donner à ces facultés de notre nature leur complet développement.

39. *Siouan-wang*, roi de *Thsi*, voulait abréger son temps de deuil. *Koung-sun-tchéou* lui dit : N'est-il pas encore préférable de porter le deuil pendant une année, que de s'en abstenir complétement ?

Meng-tseu dit : C'est comme si vous disiez à quelqu'un qui tordrait le bras de son frère aîné : « Pas si vite, pas si vite ! » Enseignez-lui la piété filiale, la déférence fraternelle, et bornez-vous à cela.

Le fils du roi étant venu à perdre sa mère, son précepteur sollicita pour lui (de son père) la permission de porter le deuil pendant quelques mois. *Koung-sun-tcheou* dit : Pourquoi pendant quelques mois seulement ?

Meng-tseu dit : Le jeune homme avait désiré porter le deuil pendant les trois années prescrites, mais il n'en avait pas obtenu l'autorisation de son père. Quand même il n'aurait obtenu de porter le deuil qu'un jour, c'était encore préférable pour lui à s'abstenir complétement de le porter.

40. Meng-tseu dit : Les enseignements de l'homme supérieur sont au nombre de cinq.

Il est des hommes qu'il convertit au bien de la même manière que la pluie qui tombe en temps convenable fait croître les fruits de la terre.

Il en est dont il perfectionne la vertu ; il en est dont il développe les facultés naturelles et les lumières.

Il en est qu'il éclaire par les réponses qu'il fait à leurs questions.

Il en est enfin qui se convertissent d'eux-mêmes au bien et se rendent meilleurs (entraînés qu'ils sont par son exemple).

Voilà les cinq manières dont l'homme supérieur instruit les hommes.

41. *Koung-sun-tcheou* dit : Que ces voies (du sage) sont hautes et sublimes ! qu'elles sont admirables et dignes d'éloges ! La difficulté de les mettre en pratique me paraît aussi grande que celle d'un homme qui voudrait monter au ciel sans pouvoir y parvenir. Pourquoi ne rendez-vous pas ces voies faciles, afin que ceux qui veulent les suivre puissent les atteindre, et que chaque jour ils fassent de nouveaux efforts pour en approcher ?

Meng-tseu dit : Le charpentier habile ne change ni ne quitte son aplomb et son cordeau à cause d'un ouvrier incapable. *Y*, l'habile archer, ne changeait pas la manière de tendre son arc à cause d'un archer sans adresse.

L'homme supérieur apporte son arc, mais il ne tire pas. Les principes de la vertu brillent soudain aux yeux de ceux qui la cherchent (comme un trait de flèche). Le sage se tient dans la voie moyenne, (entre les choses difficiles et les choses faciles¹); que ceux qui le peuvent, le suivent.

42. Meng-tseu dit : Si dans un empire règnent les principes de la raison, le sage accommode sa personne à ces principes ; si, dans un empire, ne règnent pas les principes de la raison (s'il est dans le trouble et l'anarchie²), le sage accommode les principes de la raison au salut de sa personne.

Mais je n'ai jamais entendu dire que le sage ait accommodé les principes de la raison ou les ait fait plier aux caprices et aux passions des hommes !

43. *Koung-tou-tseu* dit : Pendant que *Theng-keng*³ suivait vos leçons, il paraissait être du nombre de ceux que l'on traite avec urbanité ; cependant vous n'avez pas répondu à une question qu'il vous a faite : pourquoi cela ?

Meng-tseu dit : Ceux qui se fient sur leur noblesse ou sur leurs honneurs, interrogent ; ceux qui se fient sur leur sagesse ou leurs talents, interrogent ; ceux qui se fient sur leur âge plus avancé, interrogent ; ceux qui se fient sur les services qu'ils croient avoir rendus à l'État, interrogent ; ceux qui se fient sur d'anciennes relations d'amitié avec des personnes en charge, interrogent : tous ceux-là sont des gens auxquels je ne réponds pas. *Kheng-keng* se trouvait dans deux de ces cas⁴.

44. Meng-tseu dit : Celui qui s'abstient de ce dont il ne doit pas s'abstenir, il n'y aura rien dont il ne s'abstienne ; celui qui reçoit avec froideur ceux qu'il devrait recevoir avec effusion de tendresse, il n'y aura personne qu'il ne reçoive froidement ; ceux qui s'avancent trop précipitamment, reculeront encore plus vite.

45. Meng-tseu dit : L'homme supérieur ou le sage aime tous les êtres qui vivent⁵, mais il n'a point pour eux les sentiments d'humanité qu'il a pour les hommes ; il a pour les hommes des sentiments d'humanité, mais il ne les aime pas de l'amour qu'il a pour ses père et mère. Il aime ses père et mère de l'amour filial, et il a pour les hommes des sen-

---

¹ « Telles que les oreilles, les yeux, les mains, les pieds et autres de cette espèce. » (*Glose.*)
² « Tels que la vue, l'ouïe, etc. » (*Glose.*)
³ 天性 *Thian-sing*, Coeli natura.

¹ *Glose.*
² *Ibid.*
³ Frère cadet du roi de *Theng.*
⁴ « Il était vain de sa dignité (de frère de prince), et il était également vain de sa prétendue sagesse. » (*Glose.*)
⁵ « Il indique les oiseaux, les bêtes, les plantes, les arbres. » (*Glose.*)

timents d'humanité; il a pour les hommes des sentiments d'humanité, et il aime tous les êtres qui vivent.

46. MENG-TSEU dit : L'homme pénétrant et sage n'ignore rien; il applique toutes les forces de son intelligence à apprendre les choses qu'il lui importe de savoir. Quant à l'homme humain, il n'est rien qu'il n'aime; il s'applique de toutes ses forces à aimer ce qui mérite d'être aimé.

Yao et *Chun* étaient sages et pénétrants, toutefois leur pénétration ne s'étendait pas à tous les objets. Ils appliquaient les forces de leur intelligence à ce qu'il y avait de plus important (et négligeaient le reste). Yao et *Chun* étaient pleins d'humanité, mais cette humanité n'allait pas jusqu'à aimer également tous les hommes; ils s'appliquaient principalement à aimer les sages d'un amour filial.

Il est des hommes qui ne peuvent porter le deuil de leurs parents pendant trois ans, et qui s'informent soigneusement du deuil de trois mois ou de celui de cinq; ils mangent immodérément, boivent abondamment, et vous interrogent minutieusement sur le précepte des rites : *Ne déchirez pas la chair avec les dents.* Cela s'appelle ignorer à quoi il est le plus important de s'appliquer.

CHAPITRE VIII,

COMPOSÉ DE 38 ARTICLES.

1. MENG-TSEU dit : Oh que *Liang-hoeï-wang*[1] est inhumain! L'homme (ou le prince) humain arrive par ceux qu'il aime à aimer ceux qu'il n'aimait pas. Le prince inhumain au contraire arrive par ceux qu'il n'aime pas à ne pas aimer ceux qu'il aimait.

Koung-sun-tcheou dit : Qu'entendez-vous par là?

MENG-TSEU dit : *Liang-hoeï-wang*, ayant voulu livrer une bataille pour cause d'agrandissement de territoire, fut battu complétement, et laissa les cadavres de ses soldats pourrir sur le champ du combat sans leur faire donner la sépulture. Il aurait bien voulu recommencer de nouveau, mais il craignit de ne pouvoir vaincre lui-même. C'est pourquoi il poussa son fils, qu'il aimait, à sa perte fatale[2] en l'excitant à le venger. C'est ce que j'appelle *arriver par ceux que l'on n'aime pas à ne pas aimer ceux que l'on aimait.*

MENG-TSEU dit : Dans le livre intitulé le *Printemps et l'Automne*[3], on ne trouve aucune guerre juste et équitable. Il en est cependant qui ont une apparence de droit et de justice; mais on ne doit pas moins les considérer comme injustes.

Les actes de redressement[1] sont des actes par lesquels un supérieur déclare la guerre à ses inférieurs pour redresser leurs torts. Les royaumes qui sont égaux entre eux ne se redressent point ainsi mutuellement.

3. MENG-TSEU dit : Si l'on ajoute une foi entière, absolue, aux livres (historiques), alors on n'est pas dans une condition aussi avantageuse que si l'on manquait de ces livres.

Moi, dans le chapitre du *Chou-king* intitulé *Wou-tching*[2], je ne prends que deux ou trois articles, et rien de plus.

L'homme humain n'a point d'ennemi dans l'empire[3]. Comment donc lorsqu'un homme souverainement humain (comme *Wou-wang*) en attaque un souverainement inhumain (comme *Cheou-sin*), y aurait-il un si grand carnage que les boucliers de bois flotteraient dans le sang[4]?

4. MENG-TSEU dit : S'il y a un homme qui dise : « Je sais parfaitement ordonner et diriger une armée; je sais parfaitement livrer une bataille : » cet homme est un grand coupable.

Si le prince qui gouverne un royaume aime l'humanité, il n'aura aucun ennemi dans l'empire.

Lorsque *Tching-thang* rappelait à leur devoir les habitants des régions méridionales, les barbares des régions septentrionales se plaignaient (d'être abandonnés par lui); lorsqu'il rappelait à leurs devoirs les habitants des régions orientales, les barbares des régions occidentales se plaignaient en disant : *Pourquoi nous réserve-t-il pour les derniers?*

Lorsque *Wou-wang* attaqua la dynastie de *Yin*, il n'avait que trois cents chars de guerre et trois mille vaillants soldats.

Wou-wang (en s'adressant aux populations) leur dit : « Ne craignez rien; je vous apporte la paix « et la tranquillité; je ne suis pas l'ennemi des cent « familles (du peuple chinois). » Et aussitôt les populations prosternèrent leurs fronts vers la terre, comme des troupeaux de bœufs labourent la terre de leurs cornes. —

Le terme (*tching*) par lequel on désigne l'action de *redresser* ou *rappeler à leur devoir* par les armes ceux qui s'en sont écartés, signifie *rendre droits, corriger* (*tching*). Quand chacun désire se redresser ou se corriger soi-même, pourquoi recourir à la force des armes pour arriver au même résultat?

5. MENG-TSEU dit : Le charpentier et le charron peuvent donner à un homme leur règle et leur

---

[1] Ou *Hoeï*, roi de *Liang*.
[2] Conférez liv. I, chap. I, p. 221.
[3] Le *Tchun-tsieou* de KHOUNG-TSEU.

[1] *Tching-tche.*
[2] Voyez ci-devant, pag. 87.
[3] Tous les hommes s'empressent de se soumettre à lui sans combattre.
[4] Ces motifs du doute historique du philosophe MENG-TSEU paraîtront sans doute peu convaincants.

équerre, mais ils ne peuvent pas le rendre immédiatement habile dans leur art.

6. Meng-tseu dit : *Chun* se nourrissait de fruits secs et d'herbes des champs, comme si toute sa vie il eût dû conserver ce régime. Lorsqu'il fut fait empereur [1], les riches habits brodés qu'il portait, la guitare dont il jouait habituellement, les deux jeunes filles qu'il avait comme épouses à ses côtés, ne l'affectaient pas plus que s'il les avait possédées dès son enfance.

7. Meng-tseu dit : Je sais enfin maintenant que de tuer les proches parents d'un homme est un des crimes les plus graves (par ses conséquences).
En effet, si un homme tue le père d'un autre homme, celui-ci tuera aussi le père du premier. Si un homme tue le frère aîné d'un autre homme, celui-ci tuera aussi le frère aîné du premier. Les choses étant ainsi, ce crime diffère bien peu de celui de tuer ses parents de sa propre main.

8. Meng-tseu dit : Les anciens qui construisirent des portes aux passages des confins du royaume, avaient pour but d'empêcher des actes de cruauté et de dévastation ; ceux de nos jours qui font construire ces portes de passages ont pour but d'exercer des actes de cruauté et d'oppression [2].

9. Meng-tseu dit : Si vous ne suivez pas vous-même la voie droite [3], elle ne sera pas suivie par votre femme et vos enfants. Si vous donnez des ordres qui ne soient pas conformes à la voie droite [4], ils ne doivent pas être exécutés par votre femme et vos enfants.

10. Meng-tseu dit : Ceux qui sont approvisionnés de toutes sortes de biens, ne peuvent mourir de faim dans les années calamiteuses ; ceux qui sont approvisionnés de toutes sortes de vertus, ne seront pas troublés par une génération corrompue.

11. Meng-tseu dit : Les hommes qui aiment la bonne renommée peuvent céder pour elle un royaume de mille quadriges. Si un homme n'a pas ce caractère, son visage témoignera de sa joie ou de ses regrets pour une écuelle de riz et de bouillon.

12. Meng-tseu dit : Si on ne confie pas (les affaires et l'administration du royaume) à des hommes humains et sages, alors le royaume sera comme s'il reposait sur le vide.
Si on n'observe pas les règles et les préceptes de l'urbanité et de l'équité, alors les supérieurs et les inférieurs sont dans le trouble et la confusion.

天子 *Thian-tseu*, fils du ciel.

[1] Il fait allusion aux droits, ou impôts injustes que les différents princes imposaient sur les voyageurs et les marchandises à ces différents passages.
[3] « *Tchang-jan tchi-li*, la raison, les principes du devoir. » (*Glose*.)
[4] « A la raison, aux principes du devoir. » (*Glose*.)

Si on n'apporte pas un grand soin aux affaires les plus importantes [1], alors les revenus ne pourront suffire à la consommation.

13. Meng-tseu dit : Il a pu arriver qu'un homme inhumain obtînt un royaume ; mais il n'est encore jamais arrivé qu'un homme inhumain conquît l'empire.

14. Meng-tseu dit : Le peuple est ce qu'il y a de plus noble dans le monde [2] ; les esprits de la terre et les fruits de la terre ne viennent qu'après ; le prince est de la moindre importance [3].

C'est pourquoi si quelqu'un se concilie l'amour et l'affection du peuple des collines (ou des campagnes [4]), il deviendra fils du ciel (ou empereur) ; s'il arrive à être fils du ciel, ou empereur, il aura pour lui les différents princes régnants ; s'il a pour lui les différents princes régnants, il aura pour lui les grands fonctionnaires publics.

Si les différents princes régnants (par la tyrannie qu'ils exercent sur le peuple) mettent en péril les autels des esprits de la terre et des fruits de la terre, alors le fils du ciel les dépouille de leur dignité et les remplace par de sages princes.

Les victimes opimes étant prêtes, les fruits de la terre étant disposés dans les vases préparés, et le tout étant pur, les sacrifices sont offerts selon les saisons. Si cependant la terre est desséchée par la chaleur de l'air, ou si elle est inondée par l'eau des pluies, alors le fils du ciel détruit les autels des esprits pour en élever d'autres en d'autres lieux.

15. Meng-tseu dit : Les saints hommes sont les instituteurs de cent générations. *Pe-i* et *Lieou-hia-hoeï* sont de ce nombre. C'est pourquoi ceux qui ont entendu parler des grandes vertus de *Pe-i* sont devenus modérés dans leurs désirs, de

[1] D'après un commentateur chinois, cité par M. Stan. Julien, ces affaires sont, par exemple, de constituer à chacun une propriété privée suffisante pour le faire vivre avec sa famille, d'enseigner comment on doit élever les animaux domestiques, d'assigner des traitements aux uns, de distribuer des terres, d'accomplir les différents sacrifices, d'inviter les sages à sa cour par l'envoi de présents, etc.

[2] 民爲貴 *Min weï kouei*: la Glose dit à ce sujet : « Le mot 貴 *Kouei*, noble, donne l'idée de ce qu'il y a de plus grave et de plus important. »

[3] Voici le texte chinois tout entier de ce paragraphe :
孟子曰民爲貴社稷次之君爲輕 « *Meng-tseu youeï : min weï kouei ; che, tsie, thseu tchi ; kiun weï king* ; mot à mot : Meng-tseu ait : *populus est præ-ommibus-nobilis; terræ-spiritus, frugum-spiritus secundarii illius; Princeps est levioris-momenti.* » Il serait difficile de trouver dans les écrits des plus hardis penseurs modernes de pareilles propositions.

Il y a longtemps, comme on le voit, que les principes sur lesquels sera fondé l'avenir politique du monde, ont été proclamés, et dans des pays que nous couvrons de nos orgueilleux et injustes dédains.

[4] *Commentaire.*

grossiers et avides qu'ils étaient, et les hommes sans courage ont senti s'affermir leur intelligence; ceux qui ont entendu parler des grandes vertus de Lieou-hia-hoeï sont devenus les hommes les plus doux et les plus humains, de cruels qu'ils étaient; et les hommes d'un esprit étroit sont devenus généreux et magnanimes. Il faudrait remonter cent générations pour arriver à l'époque de ces grands hommes, et après cent générations de plus écoulées, il n'est personne qui, en entendant le récit de leurs vertus, ne sente son âme émue et disposée à les imiter. S'il n'existait jamais de saints hommes, en serait-il de même? Et combien doivent être plus excités au bien ceux qui les ont approchés de près et ont pu recueillir leurs paroles!

16. MENG-TSEU dit : Cette humanité dont j'ai si souvent parlé, c'est l'homme (c'est la raison qui constitue son être [1]); si l'on réunit ces deux termes ensemble (l'humanité et l'homme [2]), c'est la voie [3].

17. MENG-TSEU dit : KHOUNG-TSEU, en s'éloignant du royaume de Lou, disait : « Je m'éloigne lentement. C'est la *voie* pour s'éloigner du royaume de son père et de sa mère. En s'éloignant de Thsi, il prit dans sa main du riz macéré dans l'eau, et il se mit en route. C'est la *voie* pour s'éloigner d'un royaume étranger.

18. MENG-TSEU dit : L'homme supérieur (KHOUNG-TSEU), souffrit les privations du besoin [4] dans les royaumes de Tchin et de Thsaï, parce qu'il ne trouva aucune sympathie ni chez les princes ni chez leurs ministres.

19. *Me-ki* dit : Moi Khi, je fais excessivement peu de cas des murmures et de l'improbation des hommes.

MENG-TSEU dit : Ils ne blessent aucunement. Les hommes distingués par leurs vertus, leurs talents et leurs lumières, sont encore bien plus sujets aux clameurs de la multitude. Le *Livre des Vers* [5] dit :

« J'éprouve dans mon cœur une profonde tris-
« tesse;
« Je suis en haine près de cette foule dépravée. »
Voilà ce que fut KHOUNG-TSEU.
« Il ne put fuir la jalousie et la haine des hom-
« mes,
« Qui cependant n'ôtèrent rien à sa renom-
« mée [6]. »
Voilà ce que fut Wen-wang!

20. MENG-TSEU dit : Les sages (de l'antiquité) éclairaient les autres hommes de leurs lumières; ceux de nos jours les éclairent de leurs ténèbres!

21. MENG-TSEU, s'adressant à *Kao-tseu*, lui dit : Si les sentiers des montagnes sont fréquentés par les hommes, si on y passe souvent et sans interruption, ils deviennent viables; mais si dans un court intervalle de temps ils ne sont pas fréquentés, alors les herbes et les plantes y croissent et les obstruent; aujourd'hui ces herbes et ces plantes obstruent votre cœur.

22. *Kao-tseu* dit : La musique de *Yu* surpasse la musique de *Wen-wang*.

MENG-TSEU dit : Pourquoi dites-vous cela?
Kao-tseu dit : Parce que les anneaux des clochettes (des instruments de musique de *Yn*) sont usés.
MENG-TSEU dit : Cela suffit-il (pour porter un tel jugement)? Les ornières des portes des villes ont-elles été creusées par le passage d'un seul quadrige?

23. Pendant que le royaume de *Thsi* éprouvait une famine, *Tchin-Tsin* dit : Tous les habitants du royaume espèrent que vous, maître, vous ferez ouvrir une seconde fois les greniers publics de la ville de *Thang*. Peut-être ne pouvez-vous pas faire de nouveau (cette demande au prince)?

MENG-TSEU dit : Si je faisais de nouveau cette demande, je serais un autre *Foung-fou*. Ce *Foung-fou* était un homme de *Tçin* très-habile dans l'art de prendre des tigres avec les mains. Ayant fini par devenir un sage lettré, il se rendit un jour dans les champs situés hors de la ville au moment où une multitude d'hommes était à la poursuite d'un tigre. Le tigre s'était retranché dans le défilé d'une montagne, où personne n'osait aller le poursuivre. Aussitôt que la foule aperçut de loin *Foung-fou*, elle courut au-devant de lui, et *Foung-fou*, étendant les bras, s'élança de son char. Toute la foule fut ravie de joie. Mais les sages lettrés qui se trouvèrent présents se moquèrent de lui [1].

24. MENG-TSEU dit : La bouche est destinée à goûter les saveurs; les yeux sont destinés à contempler les couleurs et les formes des objets; les oreilles sont destinées à entendre les sons; les narines sont destinées à respirer les odeurs; les quatre membres (les pieds et les mains) sont destinés à se reposer de leurs fatigues. C'est ce qui constitue la nature de l'homme en même temps que sa destination. L'homme supérieur n'appelle pas cela sa *nature*.

L'humanité [2] est relative aux pères et aux enfants; l'équité [3] est relative au prince et aux sujets; l'ur-

---

[1] *Commentaire.* [2] *Glose.*
[3] C'est la conformité de toutes ses actions aux lois de notre nature. Conférez le *Tchoung-young*, chap. I, § I.
[4] Pendant sept jours, il manqua des nécessités de la vie.
[5] Ode *Pe-tcheou*, section *Peï-foung*.
[6] *Livre des Vers*, ode *Mian*, section *Ta-ya*.

[1] « Parce qu'il ne sut pas persister dans l'état qu'il avait embrassé. » (TCHOU-HI.)

[2] 仁 Jin. *L'humanité*, dit la Glose, consiste principalement dans l'*amour*; c'est pourquoi elle appartient aux pères et aux enfants. »

[3] 義 I. *L'équité* consiste principalement dans le re

banité¹ est relative aux hôtes et aux maîtres de maison; la prudence² est relative aux sages; le saint homme appartient à la voie du ciel (qui comprend toutes les vertus précédentes). C'est l'accomplissement de ces vertus, de ces différentes destinations qui constitue le mandat du ciel en même temps que notre nature. L'homme supérieur ne l'appelle pas *mandat* du ciel.

25. *Hao-seng*, dont le petit nom était *Pou-haï*, fit une question en ces termes : Quel homme est-ce que *Lo-tching-tseu*?

Meng-tseu dit : C'est un homme simple et bon, c'est un homme sincère et fidèle.

— Qu'entendez-vous par être simple et bon? qu'entendez-vous par être sincère et fidèle?

— Celui qui est digne d'envie, je l'appelle bon. Celui qui possède réellement en lui la bonté, je l'appelle sincère.

Celui qui ne cesse d'accumuler en lui les qualités et les vertus précédentes, est appelé excellent.

Celui qui à ces trésors de vertus joint encore de l'éclat et de la splendeur, est appelé grand.

Celui qui est grand, et qui efface complétement les signes extérieurs ou les vestiges de sa grandeur, est appelé saint.

Celui qui est saint, et qui en même temps ne peut être connu par les organes des sens, est appelé esprit.

Lo-tching-tseu est arrivé au milieu des deux premiers degrés (de cette échelle de sainteté³); il est encore au-dessous des quatre degrés plus élevés.

26. Meng-tseu dit : Ceux qui se séparent du (sectaire) *Mé*, se réfugient nécessairement près du (sectaire) *Yang*⁴; ceux qui se séparent de *Yang* se réfugient nécessairement près des *Jou*⁵, ou lettrés. Ceux qui se réfugient ainsi près des lettrés doivent être accueillis favorablement; et voilà tout.

Ceux d'entre les lettrés, qui disputent aujourd'hui avec *Yang* et *Mé*, se conduisent comme se mettant à la poursuite d'un petit pourceau échappé, ils l'étrangleraient après qu'il serait rentré à son étable.

27. Meng-tseu dit : Il y a un tribut consistant

¹ ; c'est pourquoi elle appartient au prince et aux sujets. » (*Glose*.)
² 禮 *Li*. L'urbanité consiste principalement dans la bienveillance et l'affabilité; c'est pourquoi elle appartient aux maîtres de maison qui reçoivent des hôtes. (*Glose*.)
³ 智 *Tchi*. La *prudence* consiste principalement dans l'art de distinguer, de discerner (le bien du mal); c'est pourquoi elle appartient aux sages. » (*Glose*.)
⁴ « Il désigne la bonté et la sincérité.... (*Glose*.) Conférez ci-devant, liv. II, chap. 7, pag. 295.
⁵ « Les 儒 *Jou* sont ceux qui suivent les doctrines de Khoung-tseu et des premiers grands hommes de la Chine. Ces doctrines des *Jou*, dit la Glose, sont la raison du grand milieu et de la souveraine rectitude. »

en toile de chanvre et en soie dévidée; il y a un tribut de riz, et un autre tribut qui se paye en corvées. L'homme supérieur (ou le prince qui aime son peuple) n'exige que le dernier de ces tributs, et diffère les deux premiers. S'il exige ensemble les deux premiers, alors le peuple est consumé de besoins; s'il exige les trois genres de tributs en même temps, alors le père et le fils sont obligés de se séparer (pour vivre).

28. Meng-tseu dit : Il y a trois choses précieuses pour les princes régnants de différents ordres : le territoire¹, les populations², et une bonne administration³. Ceux qui regardent les perles et les pierreries comme choses précieuses, seront certainement atteints de grandes calamités.

29. *Y-tching*, dont le petit nom était *Kouo*, occupait une magistrature dans le royaume de *Thsi*.

Meng-tseu dit : *Y-tching-kouo* mourra.

Y-tching-kouo ayant été tué, les disciples du Philosophe lui dirent: Maître, comment saviez-vous que cet homme serait tué?

Meng-tseu dit : C'était un homme de peu de vertu; il n'avait jamais entendu enseigner les doctrines de l'homme supérieur; alors il était bien à présumer que (par ses actes contraires à la raison) il s'exposerait à une mort certaine.

30. Meng-tseu, se rendant à *Theng*, s'arrêta dans le palais supérieur⁴. Un soulier, que l'on était en train de confectionner, avait été posé sur le devant de la croisée. Le gardien de l'hôtellerie le chercha, et ne le trouva plus.

Quelqu'un interrogeant Meng-tseu, lui dit : Est-ce donc ainsi que vos disciples cachent ce qui ne leur appartient pas?

Meng-tseu répondit : Pensez-vous que nous sommes venus ici pour soustraire un soulier?

— Point du tout. Maître, d'après l'ordre d'enseignement que vous avez institué, vous ne recherchez point les fautes passées, et ceux qui viennent à vous (pour s'instruire) vous ne les repoussez pas. S'ils sont venus à vous avec un cœur sincère, vous les recevez aussitôt au nombre de vos disciples, sans autre information.

31. Meng-tseu dit : Tous les hommes ont le sentiment de la commisération. Étendre ce sentiment à tous leurs sujets de peine et de souffrance, c'est de l'humanité. Tous les hommes ont le sentiment de ce qui ne doit pas être fait. Étendre ce sentiment à tout ce qu'ils font, c'est de l'équité.

Que tous les hommes puissent réaliser par des actes ce sentiment qui nous porte à désirer de ne pas nuire aux autres hommes, et ils ne pourront suf-

¹ « Pour constituer le royaume. » (*Glose*.)
² « Pour conserver et protéger le royaume. » (*Glose*.)
³ « Pour gouverner le royaume. » (*Glose*.)
⁴ *Chang-koung*, hôtellerie pour recevoir les voyageurs de distinction.

fire à tout ce que l'humanité réclame d'eux. Que tous les hommes puissent réaliser dans leurs actions ce sentiment que nous avons de ne pas percer les murs des voisins (pour les voler), et ils ne pourront suffire à tout ce que l'équité réclame d'eux.

Que tous les hommes puissent constamment et sincèrement ne jamais accepter les appellations singulières de la seconde personne *tu, toi*[1], et, partout où ils iront, ils parleront selon l'équité.

Si le lettré, lorsque son temps de parler n'est pas encore venu, parle, il surprend la pensée des autres par ses paroles; si son temps de parler étant venu, il ne parle pas, il surprend la pensée des autres par son silence. Ces deux sortes d'action sont de la même espèce que celle de percer le mur de son voisin.

32. MENG-TSEU dit : Les paroles dont la simplicité est à la portée de tout le monde et dont le sens est profond, sont les meilleures. L'observation constante des vertus principales qui sont comme le résumé de toutes les autres et la pratique des actes nombreux qui en découlent, est la meilleure règle de conduite.

Les paroles de l'homme supérieur ne descendent pas plus bas que sa ceinture (s'appliquent toujours aux objets qui sont devant ses yeux), et ses principes sont également à la portée de tous.

Telle est la conduite constante de l'homme supérieur : il ne cesse d'améliorer sa personne, et l'empire jouit des bienfaits de la paix.

Le grand défaut des hommes est d'abandonner leurs propres champs pour ôter l'ivraie de ceux des autres. Ce qu'ils demandent des autres (de ceux qui les gouvernent[2]) est important, difficile; et ce qu'ils entreprennent eux-mêmes, est léger, facile.

33. MENG-TSEU dit : *Yao* et *Chun* reçurent du ciel une nature accomplie; *Thang* et *Wou* rendirent la leur accomplie par leurs propres efforts.

Si tous les mouvements de l'attitude et de la démarche sont conformes aux rites, on a atteint le comble de la vertu parfaite. Quand on gémit sur les morts, ce n'est pas à cause des vivants que l'on éprouve de la douleur. On ne doit pas se départir d'une vertu inébranlable, inflexible, pour obtenir des émoluments du prince. Les paroles et les discours du sage doivent toujours être conformes à la vérité, sans avoir pour but de rendre ses actions droites et justes.

L'homme supérieur en pratiquant la loi (qui est l'expression de la raison céleste[3]) attend (avec indifférence) l'accomplissement du destin; et voilà tout.

---

[1] En chinois 爾 汝 *euth, jou*, que l'on emploie dans le langage familier ou lorsque l'on traite quelqu'un injurieusement et avec mépris.
[2] Glose.
[3] Ibid.

34. MENG-TSEU dit : S'il vous arrive de vous entretenir avec nos hommes d'État[1], méprisez-les intérieurement. Gardez-vous d'estimer leur somptueuse magnificence.

Ils possèdent des palais hauts de quelques toises, et dont les saillies des poutres ont quelques pieds de longueur; si j'obtenais leur dignité, et que j'eusse des vœux à réaliser, je ne me construirais pas un palais. Les mets qu'ils se font servir à leurs festins occupent un espace de plus de dix pieds; quelques centaines de femmes les assistent dans leurs débauches; moi, si j'obtenais leur dignité, et que j'eusse des vœux à remplir, je ne me livrerais pas comme eux à la bonne chère et à la débauche. Ils se livrent à tous les plaisirs et aux voluptés de la vie, et se plongent dans l'ivresse; ils vont à la chasse entraînés par des coursiers rapides; des milliers de chars les suivent[2]; moi, si j'obtenais leur dignité, et que j'eusse des vœux à réaliser, ce ne serait pas ceux-là. Tout ce qu'ils ont en eux sont des choses que je ne voudrais pas posséder; tout ce que j'ai en moi appartient à la saine doctrine des anciens; pourquoi donc les craindrais-je?

35. MENG-TSEU dit : Pour entretenir dans notre cœur le sentiment de l'humanité et de l'équité, rien n'est meilleur que de diminuer les désirs. Il est bien peu d'hommes qui, ayant peu de désirs, ne conservent pas toutes les vertus de leur cœur; et il en est aussi bien peu qui ayant beaucoup de désirs conservent ces vertus.

36. *Thseng-tsi* aimait beaucoup à manger le fruit du jujubier, mais *Thseng-tseu* ne pouvait pas supporter d'en manger.

Koung-sun-tcheou fit cette question : Quel est le meilleur d'un plat de hachis ou de jujubes?

MENG-TSEU dit : C'est un plat de hachis.

Koung-sun-tcheou dit : S'il en est ainsi, alors pourquoi *Thseng-tseu* en mangeant du hachis ne mangeait-il pas aussi des jujubes?

— Le hachis est un plat commun (dont tout le monde mange); les jujubes sont un plat particulier (dont peu de personnes mangent). Nous ne proférons pas le petit nom de nos parents, nous prononçons leur nom de famille, parce que le nom de famille est commun et que le petit nom est particulier.

37. *Wen-tchang* fit une question en ces termes : Lorsque KHOUNG-TSEU se trouvait dans le royaume de *Tchin* (pressé par le besoin), il disait : « Pourquoi « ne retourné-je pas dans mon pays? Les disciples

---

[1] 大 人 *Ta-jin*, hommes qui occupent une position élevée. « Il fait allusion aux hommes qui, de son temps étaient distingués par leurs emplois et leurs dignités. » (TCHOU-HI.)
Quelques commentateurs prétendent que MENG-TSEU désigne les princes de son temps.
[2] Ces détails ne peuvent guère se rapporter qu'aux princes

« que j'ai laissés dans mon village sont très-intelligents, ils ont de grandes conceptions, et ils les exécutent sommairement; ils n'oublient pas le commencement et la fin de leurs grandes entreprises. » Pourquoi KHOUNG-TSEU, se trouvant dans le royaume de *Tchin*, pensait-il à ses disciples doués d'une grande intelligence et de hautes pensées, du royaume de *Lou*?

MENG-TSEU dit : Comme KHOUNG-TSEU ne trouvait pas dans le royaume de *Tchin* des hommes tenant le milieu de la droite voie, pour s'entretenir avec eux, il dut reporter sa pensée vers des hommes de la même classe qui avaient l'âme élevée et qui se proposaient la pratique du bien. Ceux qui ont l'âme élevée, forment de grandes conceptions; ceux qui se proposent la pratique du bien, s'abstiennent de commettre le mal. KHOUNG-TSEU ne désirait-il pas des hommes qui tinssent le milieu de la droite voie? Comme il ne pouvait pas en trouver, c'est pour cela qu'il pensait à ceux qui les suivent immédiatement.

Oserais-je vous demander (continua *Wen-tchang*) quels sont les hommes que l'on peut appeler *hommes à grandes conceptions*?

MENG-TSEU dit : Ce sont des hommes comme *Khin-tchang*, *Thseng-si*, et *Mou-phi*; ce sont ceux-là que KHOUNG-TSEU appelait *hommes à grandes conceptions*.

— Pourquoi les appelait-il hommes à grandes conceptions?

Ceux qui ne rêvent que de grandes choses, qui ne parlent que de grandes choses, ont toujours à la bouche ces grands mots : Les hommes de l'antiquité! les hommes de l'antiquité! Mais si vous comparez leurs paroles à leurs actions, vous trouverez que les actions ne répondent pas aux paroles. Comme KHOUNG-TSEU ne pouvait trouver des hommes à conceptions élevées, il désirait du moins rencontrer des hommes intelligents qui évitassent de commettre des actes dont ils auraient eu à rougir, et de pouvoir s'entretenir avec eux. Ces hommes sont ceux qui s'attachent fermement à la pratique du bien et à la fuite du mal; ce sont aussi ceux qui suivent immédiatement les hommes qui tiennent le milieu de la droite voie.

KHOUNG-TSEU disait : Je ne m'indigne pas contre ceux qui passant devant ma porte n'entrent pas dans ma maison; ces gens-là sont seulement les plus honnêtes de tout le village [1]! Les plus honnêtes de tout le village sont la peste de la vertu.

Quels sont donc les hommes (poursuivit *Wen-tchang*) que vous appelez les plus honnêtes de tout le village?

MENG-TSEU répondit : Ce sont ceux qui disent (aux *hommes à grandes conceptions*) : « Pourquoi êtes vous donc toujours guindés sur les grands « projets et les grands mots de vertus? nous ne « voyons point vos actions dans vos paroles ni vos « paroles dans vos actions. A chaque instant, vous « vous écriez : Les hommes de l'antiquité! les « hommes de l'antiquité! (et aux hommes qui s'at- « tachent fermement à la pratique du bien) : Pour- « quoi dans vos actions et toute votre conduite « êtes-vous d'un si difficile accès et si austères? ».

Pour moi, je veux (continue MENG-TSEU) que celui qui est né dans un siècle soit de ce siècle. Si les contemporains le regardent comme un honnête homme, cela doit lui suffire. Ceux qui font tous leurs efforts pour ne pas parler et agir autrement que tout le monde, sont des adulateurs de leur siècle; ce sont les plus honnêtes gens de leur village!

Wen-tchang dit : Ceux que tout leur village appellent *les plus honnêtes gens*, sont toujours d'honnêtes gens, partout où ils vont; KHOUNG-TSEU les considérait comme la peste de la vertu; pourquoi cela?

MENG-TSEU dit : Si vous voulez les trouver en défaut, vous ne saurez par où les prendre; si vous voulez les attaquer par un endroit, vous n'en viendrez pas à bout. Ils participent aux mœurs dégénérées et à la corruption de leur siècle. Ce qui habite dans leur cœur ressemble à la droiture et à la sincérité : ce qu'ils pratiquent ressemble à des actes de tempérance et d'intégrité. Comme toute la population de leur village les vante sans cesse, ils se croient des hommes parfaits, et ils ne peuvent entrer dans la voie de *Yao* et de *Chun*. C'est pourquoi KHOUNG-TSEU les regardait comme la peste de la vertu.

KHOUNG-TSEU disait : « Je déteste ce qui n'a que « l'apparence sans la réalité; je déteste l'ivraie, dans « la crainte qu'elle ne perde les récoltes; je déteste « les hommes habiles, dans la crainte qu'ils ne con- « fondent l'équité; je déteste une bouche diserte, « dans la crainte qu'elle ne confonde la vérité; je « déteste les sons de la musique *Tching*, dans la « crainte qu'ils ne corrompent la musique; je dé- « teste la couleur violette, dans la crainte qu'elle « ne confonde la couleur pourpre; je déteste les plus « honnêtes gens des villages, dans la crainte qu'ils « ne confondent la vertu. »

L'homme supérieur retourne à la règle de conduite immuable; et voilà tout. Une fois que cette règle de conduite immuable aura été établie comme elle doit l'être, alors la foule du peuple sera excitée à la pratique de la vertu; une fois que la foule du peuple aura été excitée à la pratique de la vertu, alors il n'y aura plus de perversité et de fausse sagesse.

38. MENG-TSEU dit : Depuis *Yao* et *Chun* jusqu'à *Tch'ng* (ou *Tching-thang*), il s'est écoulé cinq cents

---

[1] «Ceux que tout le village, trompé par l'apparence de leur fausse vertu, appelle les hommes les meilleurs du village. » (*Commentaire.*)

ans et plus. *Yu* et *Kao-yao* apprirent la règle de conduite immuable en la voyant pratiquer (par *Yao* et *Chun*); *Thang* l'apprit par la tradition.

Depuis *Thang* jusqu'à *Wen-wang*, il s'est écoulé cinq cents ans et plus. *Y-yin* et *Laï-tchou* apprirent cette doctrine immuable en la voyant pratiquer par *Tching-thang*; *Wen-wang* l'apprit par la tradition.

Depuis *Wen-wang* jusqu'à Khoung-tseu, il s'est écoulé cinq cents ans et plus. *Thaï-koung-wang* et *San-y-seng*, apprirent cette doctrine immuable en la voyant pratiquer par *Wen-wang*; Khoung-tseu l'apprit par la tradition.

Depuis Khoung-tseu jusqu'à nos jours, il s'est écoulé cent ans et plus. La distance qui nous sépare de l'époque du saint homme, n'est pas bien grande; la proximité de la contrée que nous habitons avec celle qu'habitait le saint homme, est plus grande[1]; ainsi donc, parce qu'il n'existe plus personne (qui ait appris la doctrine immuable en la voyant pratiquer par le saint homme), il n'y aurait personne qui l'aurait apprise et recueillie par la tradition!

[1] Le royaume de *Lou*, qui était la patrie de Khoung-tseu et le royaume de *Tseou*, qui était celle de Meng-tseu, étaient presque contigus.

CIVILISATION INDIENNE.

NOTICE SUR LES VÊDAS,

ou

ÉCRITURES SACRÉES DE L'INDE

LES LOIS DE MANOU,

PREMIER LÉGISLATEUR DE L'INDE.

NOTICE SUR LES VÉDAS,

ou

LIVRES SACRÉS DES HINDOUS [1],

PAR H. T. COLEBROOKE,

TRADUIT DE L'ANGLAIS PAR G. PAUTHIER.

HISTOIRE DES VÉDAS.

A l'époque des premières investigations des Européens dans la littérature indienne, ce fut un sujet de doute de savoir si les *Védas* existaient; ou, quand même quelques portions de ces livres sacrés se fussent conservées, si une personne, quelque instruite qu'elle eût été sous d'autres rapports, pouvait être capable de comprendre le dialecte suranné dans lequel ils étaient écrits. On croyait de plus, que, si un *Bráhman'a* ou Brâhmane possédait réellement les Écritures indiennes, les préjugés religieux l'empêcheraient néanmoins d'en communiquer la connaissance à d'autres personnes qu'à un *Hindou* régénéré. Ces notions, accréditées par des histoires populaires, furent entretenues longtemps encore après que les *Védas* eurent été communiqués à DARA-CHÉKOU, et que des portions de ces mêmes livres eurent été traduites par lui, pour son usage, en langue persane [2]. Les doutes ne furent finalement abandonnés que lorsque le colonel POLIER eut obtenu de *Djeyepoúr* un manuscrit qu'il crut être une copie complète des *Védas*, et qu'il déposa au Muséum britannique. A peu près à la même époque, sir Robert CHAMBERS recueillit à Bénarès de nombreux fragments des Écritures indiennes : le général MARTINE, à une époque plus récente, obtint des copies de quelques portions de ces livres; et sir William JONES fut assez heureux pour se procurer des portions considérables des *Védas*, et pour traduire plusieurs curieux passages de l'un d'eux [1]. J'ai été encore plus heureux en réunissant à Bénarès le Texte et le Commentaire d'une grande partie de ces livres célèbres [2]; et sans attendre que j'aie pu les examiner plus complétement qu'il ne m'a été encore possible, je tâcherai de donner ici une courte exposition de ce qu'ils contiennent principalement.

C'est un fait bien connu, que le *Véda* originel est considéré par les Hindous comme ayant été révélé par BRAHMA et comme ayant été conservé par la tradition jusqu'à ce qu'il fut arrangé dans son état actuel par un sage, qui obtint par là le surnom de VYA'SA ou *Véda-vyâsa*; c'est-à-dire, *Compilateur des Védas*. Il distribua l'Écriture indienne en quatre parties, qui sont intitulées *Ritch*, *Yadjouch*, *Sáman* et *A'tharvan'a*; et dont chacune porte la dénomination de *Véda*.

WILKINS et William JONES furent conduits, par l'examen de plusieurs passages remarquables, à suspecter que le quatrième *Véda* est plus moderne que les trois autres. Il est certain que MANOU, comme d'autres législateurs Indiens, parle toujours de trois seulement, et fait à peine allusion au qua-

---

[1] Tiré des *Asiatic Researches*, vol. VIII, pag. 369-476.
[2] Des extraits des *Védas* ont aussi été traduits en dialecte hindi; mais on ne sait pas à quelle occasion cette version en dialecte vulgaire a été faite.
[Ces portions des *Védas* traduites en persan par Dara-chékou, frère d'*Aureng-zeb*, fils aîné de l'empereur *Cha-djéan*, l'an 1067 de l'hégire, 1657 de l'ère chrétienne, dans la ville de Bénarès, sont les *Oupanichads*, ou portions théologiques des *Védas*. Cette traduction persane existe en manuscrit à la Bibliothèque royale de Paris. C'est de ce manuscrit que nous avons tiré la traduction persane du *Kéna-oupanichad* du *Sama-véda* et de l'*Isa-oupanichad* du *Yadjour-véda*, que nous avons publiée en 1831, avec le texte sanskrit et une traduction française.] (G. P.)

[1] Voyez Préface de MANOU, ci-après, pag. 331-32.
[2] La Société Asiatique de Paris a obtenu en 1837, d'un ministre éclairé de l'instruction publique, M. Guizot, une allocation annuelle de quinze cents francs destinée à faire faire dans l'Inde une copie complète des *Védas*. Cette honorable et utile entreprise a déjà reçu un commencement d'exécution. Voyez à ce sujet la Lettre de M. J. Prinsep, secrétaire de la Société Asiatique de Calcutta, insérée dans le *Nouveau Journal Asiatique*, juillet 1838, pag. 86. (G. P.)

trième, l'*A'tharvan'a*[1], sans toutefois le désigner par le titre de *Véda*. Des passages tirés de l'Écriture indienne elle-même semblent confirmer cette induction : car le quatrième *Véda* n'est pas mentionné dans le passage cité par moi, dans un premier Essai[2], du blanc *Yadjouch*[3] ; ni dans le texte qui suit, tiré de l'Écriture indienne par le commentateur du *Ritch* (Rig-véda).

« Le *Rig-véda* tire son origine du feu ; le *Ya-*
« *djour-véda*, de l'air ; et le *Sama-véda*, du soleil[4]. »

On peut trouver des arguments en faveur de cette opinion dans les dictionnaires (sanskrits) populaires ; car AMARASINHA nomme seulement trois *Védas*, et mentionne l'*Atharvan'a* sans lui donner la même dénomination. Il est probable, cependant, que quelque portion, au moins, de l'*Atharvan'a* est aussi ancienne que la compilation des trois autres ; et son nom, comme les leurs, est antérieur à l'arrangement qu'en a fait VYA'SA ; mais la même chose peut être admise relativement aux *Itihása* et aux *Pourán'as*, lesquels constituent un cinquième *Véda*, comme l'*A'tharvan'a* en constitue un quatrième.

Il serait inutile, par conséquent, de citer en preuve de ce fait les *Pourán'as* mêmes, qui énumèrent toujours quatre *Védas*, et qui établissent l'*Itihása* et les *Pourán'as* comme un quatrième ; puisque l'antiquité de quelques-uns des *Pourán'as* encore existants est plus que douteuse, et que l'authenticité de certains d'entre eux en particulier ne paraît pas avoir été jusqu'ici suffisamment établie. Il serait également inutile de citer les *Mandoúka* et *Tápaniyas Oupanichads*, dans lesquels l'*Atharva-véda* est énuméré parmi les Écritures, et dans l'un desquels le nombre de *quatre Védas* est expressément affirmé : car ces deux *Oupanichads* appartiennent à l'*A'tharvan'a* lui-même. La mention du sage ATHARVAN, en différents endroits des *Védas*[5], ne prouve rien ; et même un texte du *Yadjour-véda*[6], où il est nommé en opposition avec le *Ritch*, le *Yadjouch* et le *Sáman* et leur supplément ou *Bráhman'a*, n'est pas décisif. Mais on peut ajouter un passage tout à fait exceptionnel, que le commentateur du *Ritch* a cité dans un but différent, du *Tchhándógya Oupanichad*, qui est une portion du *Sáman*. Dans ce passage, N'ARADA,

[1] MANOU, chap. II, sloka 33.
[2] Second *Essai sur les cérémonies religieuses des Hindous*. Voyez *Asiatic Researches*, vol. VII, pag. 251.
[3] Tiré du XXXI° chapitre, lequel, avec le précédent chapitre, le XXX°, a rapport au *Pourouchamédha*, type de l'immolation allégorique de NA'RA'YAN'A ou de BRAHMA, sous ce caractère.
[4] MANOU fait allusion à cette origine fabuleuse des *Védas* (chap. I, § 23). Son commentateur, MÉDHA'TITHI, l'explique en remarquant que le *Rig-véda* s'ouvre par un hymne au feu ; et le *Yadjour-véda*, par un hymne dans lequel l'air est mentionné. Mais KOULLOU'KA-BHAT'T'A (autre commentateur) a recours aux rénovations de l'univers. « Dans un *Kalpa*, les
« *Védas* procédèrent du *feu*, de l'*air* et *du soleil* ; dans un
« autre, de BRAHMA', à son immolation allégorique. »
[5] Voyez *Védas* passim.
[6] Dans le *Taittiriya-oupanichad*.

ayant sollicité d'être instruit par *Sanatkoumára*, et étant interrogé par ce dernier sur l'étendue de sa science antérieure, répond : « J'ai appris le *Rig-*
« *véda*, le *Yadjour-véda*, le *Sáma-véda*, l'*A'thar-*
« *van'a* [qui est] le quatrième, le *Itihása* et le *Pou-*
« *rán'a* [qui sont] le cinquième, et [la grammaire,
« ou] le *Véda* des *Védas*, les devoirs que l'on doit
« rendre aux mânes, l'art de calculer, la connais-
« sance des présages, les révolutions des périodes,
« l'intention du discours [ou l'art de raisonner],
« les maximes de morale, la divine science [ou la
« construction de l'écriture], les sciences dépen-
« dantes de la sainte écriture [ou l'accentuation,
« la prosodie, et les rites religieux], la conjuration
« des esprits, l'art du soldat, la science de l'astro-
« nomie, l'enchantement des serpents, la science
« des demi-dieux [ou la musique et les arts méca-
« niques] : j'ai étudié tout cela ; cependant je ne
« connais seulement que le texte [ou la lettre], et
« je n'ai pas connaissance de l'esprit[1]. »

Il paraît par ce passage comparé avec d'autres de moindre autorité, et avec les notions reçues des Hindous eux-mêmes, que le *Ritch*, le *Yadjouch* et le *Sáman*, sont les trois principales parties du *Véda* ; que l'*Atharvan'a* est communément admis comme un quatrième ; et que divers poëmes mythologiques, intitulés *Itihása*, et *Pourán'as*, sont comptés comme un supplément à l'Écriture, et comme tel, constituent un cinquième *Véda*[2].

La véritable raison pourquoi les trois premiers *Védas* sont souvent mentionnés sans aucune notion du quatrième, doit être cherchée, non dans leur origine et leur antiquité différentes, mais dans la

[1] *Tchhándógya Oupanichad*, chap. VII, § I. J'ai inséré le passage tout entier, parce qu'il contient une ample énumération des sciences. Les noms par lesquels la grammaire et les autres arts sont indiqués dans le texte original, sont obscurs ; mais les annotations de SANKARA les expliquent. Ce passage, comme quelque autre partie que ce soit d'un *Véda* où il est lui-même nommé (car peu d'autres exemples se présentent) peut, selon les cas, être plus moderne qu'une autre partie à laquelle le nom a été antérieurement assigné. On fera voir par la suite que les *Védas* sont une compilation de prières, appelées *Mantras*, avec une collection de préceptes ou de maximes intitulés *Bráhman'a*, de la dernière partie desquelle l'*Oupanichad* est tiré. Les prières sont proprement les *Védas*, et précédèrent vraisemblablement le *Bráhman'a*.

[2] Quand l'étude des Écritures indiennes était plus générale qu'à présent, spécialement parmi les *Bráhman'as de Kanyakoubdja*, des prêtres instruits tiraient leurs titres du nombre des *Védas* avec lesquels ils s'étaient familiarisés. Depuis que chaque prêtre se fut borné à l'étude d'un seul *Véda*, aucun titre particulier ne fut dérivé de l'accomplissement de ce devoir ; mais une personne qui avait étudié deux *Védas* fut surnommée *Dvivédi* [qui connaît *deux Védas*] ; une personne qui était familiarisée avec la connaissance de *trois Védas* était surnommée *Trivédi* [qui sait *trois Védas*] ; celle qui était versée dans quatre : *Tchatourvédi* [qui sait ou connaît *quatre Védas*]. Comme les poëmes mythologiques furent seulement appelés figurativement un *Véda*, aucune distinction ne paraît avoir été dérivée de leur connaissance, comme additionnelle aux quatre Écritures. Les titres ci-dessus mentionnés sont devenus des surnoms de famille parmi les *Bráhman'as* de *Kanódja*, et se sont corrompus dans la prononciation vulgaire en *Dóbé*, *Tiwári*, et *Tchanbé*.

différence de leur usage et de leur but. Des prières employées dans les rites solennels, appelés *Yadjnyas*, ont été placées dans les trois principaux *Védas* : celles qui sont en prose sont nommées *Yadjouch*; de même que celles qui sont en vers ou mesurées, sont nommées *Ritch*; et quelques-unes, qui sont destinées à être chantées, sont appelées *Sâman* : et ces noms, comme distinguant différentes parties des *Védas*, sont antérieurs à leur séparation dans la compilation de Vyâ′sa. Mais l'*A'tharvan'a* n'étant pas employé dans les cérémonies religieuses ci-dessus mentionnées, et contenant des prières employées aux purifications, aux rites destinés à se concilier la faveur des divinités, et comme imprécations contre des ennemis, est essentiellement différent des autres *Védas*; comme cela est remarqué par l'auteur d'un traité élémentaire sur la classification des sciences indiennes [1].

Mais différentes écoles de prêtres ont admis quelques variations dans des ouvrages qui paraissent sous le même titre. Cette circonstance est prise en considération par les commentateurs des *Védas* qui rapportent l'histoire suivante empruntée aux *Pourán'as* et à d'autres autorités. Vyâ′sa ayant compilé et arrangé les Écritures, les théogonies et les poëmes mythologiques, enseigna les différents *Védas* à autant de disciples; à savoir, le *Ritch*, à Paila; le *Yadjouch*, à Waisampa′yana; et le *Sâman*, à Jaimini; comme aussi le *A'tharvan'a*, à Soumantou, et le *Itihâsa*, ainsi que les *Pourân'as*, à Sou′ta. Ces disciples instruisirent leurs pupilles respectifs, lesquels, devenant précepteurs à leur tour, communiquèrent la connaissance à leurs propres disciples; jusqu'à ce qu'enfin, par suite d'une instruction successive, de si grandes variations s'introduisirent dans le texte, ou dans la manière de le lire et de le réciter, et dans les préceptes non moins sacrés pour son usage et son application, qu'il naquit onze cents différentes écoles d'interprétations des Écritures.

Les différentes *Sanhitâs* ou collections de prières, telles qu'elles sont reçues dans les nombreuses écoles de variations, plus ou moins considérables, admises par ces écoles, soit dans l'arrangement du texte entier (comprenant les prières et les préceptes), soit par rapport à ses portions particulières, constituèrent les *S'âkhâs* ou branches de chaque *Véda*. La tradition conservée dans les *Pourân'as*, compte seize *Sanhitâs* ou collections de prières, du *Rig-véda*; quatre-vingt-six du *Yadjouch*, ou, en y comprenant celles qui furent introduites par une seconde révélation de ce *Véda*, cent et une; et non moins qu'un millier du *Sâma-véda*, outre neuf de l'*Atharvan'a*. Mais des traités sur l'étude du *Véda* réduisent les *S'âkhâs* du *Ritch* à cinq; et celles du *Yadjouch*, en y comprenant ses deux révélations, à quatre-vingt-six [1].

La progression dans laquelle (pour employer le langage des *Pourân'as*) l'arbre de la science produisit ses branches nombreuses, est ainsi rapportée. Paila enseigna le *Rig-véda* ou le *Bahvritch* à deux disciples, Bhakala et Indrapramati. Le premier, nommé aussi *Bhâkali*, fut l'éditeur d'une *Sanhitâ*, ou collection de prières, et une *Sâkhâ* portant son nom, subsiste encore : il est dit avoir produit d'abord deux écoles, puis ensuite trois. Indrapramati communiqua sa science à son propre fils Mandoukêya, par lequel une *Sanhitâ* fut compilée, et duquel une des *S'âkhâs* a emprunté son nom. Vêdamitra, surnommé Sakalya, étudia sous le même maître, et donna une collection complète de prières : elle subsiste encore; mais il est dit avoir donné naissance à cinq différentes éditions du même texte. Les deux autres et principales *Sâkhâs* du *Ritch* sont celles de As′wala′yana et de Sa′nkhya′yana, ou peut-être Kauchi′tatchi : mais le *Wichn'ou-Pourân'a* les omet, et il donne à entendre que S′a′kapou′rn'i, un pupille de Indrapramati, donna la troisième édition variée d'après ce maître ou instituteur, et qu'il fut aussi l'auteur du *Niroukta* ; s'il en est ainsi, il est le même que Ya′ska. Son école semble avoir été subdivisée par la formation de trois autres écoles produites par ses disciples.

Le *Yadjouch* ou *Adhwaryou*, consiste en deux différents *Védas*, qui se sont divisés séparément en diverses *S'âkhâs*. Pour expliquer les noms par lesquels tous les deux sont distingués, il est nécessaire de rapporter une légende qui est gravement consignée dans les *Pourân'as* et dans les commentaires sur les *Védas*.

Le *Yadjouch*, dans sa forme originelle, fut d'abord enseigné par Vais′ampa′yana à vingt-sept disciples. A cette époque, ayant instruit Ya′djnaw′alkya, il lui confia la mission d'enseigner le *Véda* à d'autres disciples. Ayant été ensuite offensé par le refus de Ya′djnawalkya de prendre à son compte une partie du péché commis par Va′isampa′yana, qui avait, sans intention, tué le fils de sa propre sœur, le vindicatif précepteur força Ya′djnawalkya d'abandonner la science qu'il avait apprise [2]. Ce dernier la vomit aussitôt sous une forme tangible. Le restant des disciples de Vais′ampa′yana ayant reçu l'ordre de recueillir le *Véda* vomi, prirent la forme de perdrix, et avalèrent ces textes qui furent souillés, et que, pour cette raison, on a

---

[1] Madhousou′dana Saraswati, dans le *Prast'hâna bhéda*.

[1] Les autorités d'après lesquelles ces faits sont établis sont principalement le *Vichn'ou-pourân'a*, part. III, chap. IV, et le *Vidjeya-vilâsa*, sur l'étude de l'Écriture; ainsi que le *Tcharan'a-vyoûha*, sur les *S'âkhâs des Védas*.

[2] *Vichn'ou-pourân'a*, part. III, chap. v. Un différent motif de ressentiment est assigné par d'autres.

nommés *noirs;* ils sont aussi surnommés *Taittirtya*, de *tittiri*, nom de la perdrix.

YA'DJNAWALKYA, abattu par le chagrin, eut recours au soleil; et, par la faveur de cet astre, il obtint une nouvelle révélation du *Yadjouch*, lequel est appelé *blanc* ou *pur*, en opposition avec l'autre, et il est pareillement nommé *Vádjasanéyi*, d'après un nom patronymique, à ce qu'il paraîtrait, de YA'DJNAWALKYA lui-même; car le *Véda* déclare que « ces textes purs, révélés par le soleil, sont « publiés par YA'DJNAWALKYA, le descendant de « VA'DJASANI[1]. » Mais, selon le *Vichn'ou-Pourán'a* (3, 5, *ad finem*), les prêtres qui étudient le *Yadjouch*, sont appelés *Vádjins*, parce que le soleil, qui le révéla, prit la forme d'un cheval (*Vádjin*).

J'ai cité cette absurde légende, parce que les commentateurs du blanc *Yadjouch* y renvoient. Mais je n'y ai trouvé cependant aucune allusion, ni dans le *Véda* lui-même, ni dans la Table explicative de son contenu. Au contraire, l'Index (du noir) *Yadjouch* donne de cette épithète une raison différente et plus rationnelle. VAIS'AMPA'YANA, d'après cette autorité[2], enseigna le *Yadjour-véda* à *Yáska*, qui instruisit TITTIRI[3] : OUKHA le reçut de lui, et le communiqua à A'TRE'YA, lequel forma la *Sákhá*, qui en a emprunté le nom, et pour laquelle cet index a été arrangé.

Le blanc *Yadjouch* fut enseigné par YA'DJNAWALKYA à quinze disciples, qui fondèrent autant d'écoles. Les plus remarquables d'entre elles sont les *S'ákhás* de KANWA et de MADHYANDINA; immédiatement après viennent celles des *Djábálas*, *Bandháyanas* et *Tápaníyas*. Les autres branches du *Yadjouch* semblent avoir été arrangées en plusieurs classes. Ainsi les *Tcharakas* ou étudiants d'une *S'ákhá*, ainsi nommés d'après un précepteur de cette *Sákhá*, appelé TCHARAKA, sont considérés comme renfermant dix divisions, parmi lesquelles sont les *Káthas*, ou disciples de KATHA, élève de VAIS'AMPA'YANA; comme aussi les *Swetás'wataras*, les *Aupamaniyavas*, et les *Maitráyan'iyas;* la dernière classe mentionnée en comprend sept autres. De la même manière, les *Taittiríyakas* sont, dans le premier exemple, subdivisés en deux, les *Ankhyáyas* et les *Tchándikéyas;* et cette dernière classe est de nouveau subdivisée en cinq, les *Apastambíyas*, etc. De ce nombre, la *S'ákhá* ou branche d'APASTAMBA, est encore subsistante, ainsi que la *S'ákhá* d'ATRE'YA parmi celles qui naquirent d'OUKHA : mais les autres, ou la plupart d'entre elles, sont devenues rares, sinon totalement éteintes.

SOUMANTOU, fils de DJAIMINI, étudia le *Sámavéda* ou *Tchhándógya*, sous son frère; et son propre fils, SOUKARMAN, étudia sous le même instituteur; mais il fonda une école différente, laquelle donna naissance à deux autres, qu'établirent ses élèves HIRAN'YANA'BHA et PAUCHYINDJI, lesquelles donnèrent naissance à un millier d'autres : car LO'KA'KCHI, KOUT'HOUMI, et d'autres disciples de PAUCHYINDJI, donnèrent leurs noms à des écoles séparées, qui furent accrues par leurs élèves. La *S'ákhá*, intitulée *Kaut'houmi*, subsiste encore. HIRAN'YANA'BHA, l'autre élève de SOUKARMAN, eut quinze disciples, auteurs de *Sanhitás*, nommées collectivement les *Sámagas* du nord, et quinze autres, nommés les *Sámagas* du midi; et KRITI, l'un de ses élèves, eut vingt-quatre disciples, par lesquels, et par les sectateurs desquels, d'autres écoles furent fondées. La plupart d'entre elles sont maintenant perdues; et, d'après une légende, elles furent détruites par la foudre d'INDRA. La principale *S'ákhá*, maintenant subsistante, est celle des *Rán'áyaniyas*, comprenant sept subdivisions, l'une desquelles est intitulée *Kaut'houmi*, comme elle a été mentionnée ci-dessus; et elle comprend six écoles distinctes. Celle des *Talavakáras* est pareillement encore subsistante, au moins en partie, comme on le montrera en parlant des *Oupanichads*.

L'*A'tharva-véda* fut enseigné par SOUMANTOU à son élève KABANDHA, qui le divisa entre DÉVADARS'A et PAT'HYA. Le premier de ceux-ci a donné son nom à la *S'ákhá*, intitulée *Dévadars'i*, comme PIPPALA'DA, le dernier de ses quatre disciples, a donné le sien à la *S'ákhá* des *Paippaládis*. Une autre branche de l'*A'tharvan'a* dérive son nom de S'AUNAKA, le troisième des élèves de PAT'HYA. Les autres sont de moindre notoriété.

Telle est la courte histoire des *Védas*, comme on la peut déduire des autorités précédemment citées. Mais ces nombreuses *S'ákhás* ne diffèrent pas si fort l'une de l'autre que l'on pourrait le croire de la mention d'un égal nombre de *Sanhitás* ou « Collections distinctes de textes. » En général, les diverses écoles du même *Véda* semblent avoir employé la même réunion de prières; elles diffèrent davantage dans leurs copies des « Préceptes » ou *Bráhman'as;* et quelques-unes d'entre elles reçurent dans le canon de leur Écriture, des portions qui ne paraissent pas avoir été reconnues par les autres. Cependant, la principale différence semble toujours avoir été l'usage de rituels particuliers, enseignés en aphorismes (*soûtras*) adoptés par chaque école.

---

[1] *Vrihad-áran'yaka* ad calcem. Le passage est cité par le commentateur du *Rig-véda*. Dans l'Index aussi, YA'DJNAWALKYA, est dit avoir reçu la révélation du soleil.

[2] *Kándánoukramá*, vers 25. Cet Index indicatif est formé pour l'*Atréyi-s'ákhá*. Son auteur est KOUNDINA, si le texte (vers 27) est exactement interprété.

[3] Ceci s'accorde avec l'étymologie du mot *Taittiríya;* car, selon les grammairiens (voyez PANINI, IV, iii, 102), le dérivatif implique ici « récité par *Tittiri*, quoique composé par « une personne différente. » Une explication semblable est donnée par les commentateurs des *Oupanichads*.

et ces rituels ne constituent pas une partie du *Véda*, mais, ainsi que la grammaire et l'astronomie, ils sont placés dans le *Véda* comme des appendices.

Il est peut-être convenable de remarquer ici que chaque *Véda* consiste en deux parties, dénommées les *Mantras* et les *Bráhman'as*, ou les *Prières* et les *Préceptes*. La collection complète des hymnes, prières et invocations, appartenant à chaque *Véda*, est intitulée sa *Sanhitá*. Chaque autre portion de l'Écriture indienne est comprise sous le titre général de « Divinité » (*Bráhman'a*). Ce titre général comprend les préceptes qui inculquent les devoirs religieux, les maximes qui expliquent ces préceptes, et les arguments qui sont relatifs à la théologie [1]. Mais, dans l'arrangement actuel des *Védas*, la portion qui contient des passages appelés *Bráhma-n'a's* en renferme plusieurs qui sont strictement des prières ou *Mantras*. La théologie de l'Écriture indienne comprenant la portion argumentative intitulée *Védánta* est contenue dans des traités nommés *Oupanichads*, dont quelques-uns sont des portions du *Bráhman'a* proprement dit, et dont d'autres se trouvent seulement dans une forme détachée, et un seul fait partie de la *Sanhitá* elle-même.

II. DU RIG-VÉDA.

La *Sanhitá* du premier *Véda* [2] contient des *mantras*, ou « prières » qui, pour la plupart, sont élogieuses, comme le nom de *Rig-véda* l'implique [3]. Cette collection est divisée en huit parties (*tchan'da*), chacune desquelles est subdivisée en autant de lectures (*adhyáya*). Un autre mode de division est aussi adopté dans le cours du volume, établissant une distinction de dix livres (*mán'dala*), qui sont subdivisés en plus de cent chapitres (*anouváka*), et comprennent un millier d'hymnes ou d'invocations (*soûkta*). Une autre division de plus de deux mille sections (*barga*) est commune aux deux méthodes ; et le tout contient plus de dix mille vers, ou plutôt stances, de différentes mesures.

En examinant cette volumineuse compilation, un arrangement systématique est bientôt aperçu. Des chapitres successifs, et même des livres entiers, comprennent les hymnes d'un auteur particulier ; les invocations, surtout, adressées aux mêmes divinités, des hymnes relatifs à de semblables sujets, et des prières destinées pour de semblables circonstances, sont fréquemment classées ensemble. Ceci demande une explication.

Dans une lecture régulière du *Véda*, qui est enjointe à tous les prêtres, et qui est beaucoup pratiquée par les *Mahráttas* et les *Telingas*, l'étudiant ou le lecteur est requis de remarquer spécialement l'auteur, le sujet, le mètre et l'objet de chaque *mantra* ou invocation. L'intelligence de la signification du passage est considérée comme moins importante. Les instituteurs ou fondateurs du système Hindou ont recommandé certainement l'étude du sens ; mais ils ont inculqué avec une égale force et avec plus de succès, de porter son attention sur le nom du *Richi* ou personne par laquelle le texte fut d'abord prononcé, la divinité à laquelle il est adressé, ou le sujet auquel il se rapporte, et aussi son rhythme ou mètre, et son objet, ou la cérémonie religieuse dans laquelle il doit être employé. La pratique des prêtres modernes est conforme à ces maximes. Comme le Koran parmi les Mohammédans, le *Véda* est mis entre les mains des enfants, dans la première période de leur éducation ; et il continue ensuite d'être lu par routine, dans le but d'en prononcer les paroles, sans en comprendre le sens.

Le *Véda* est donc récité dans divers modes superstitieux, mot par mot, soit simplement en les séparant, soit autrement en répétant les mots alternativement, lentement ou rapidement, une fois ou plus souvent. Des copies du *Rig-véda* et du *Yadjouch* (car le *Sáma-véda* est seulement chanté) sont préparées pour ces modes de récitation et pour d'autres encore, et elles sont appelées *Pada, Krama, Djatá, Ghana*, etc. mais ces différentes manières de renverser le texte sont restreintes, comme il le paraîtrait, aux principaux *Védas*, c'est-à-dire, aux éditions originales du *Rig-véda* et du *Yadjouch*, tandis que les éditions postérieures dans lesquelles le texte ou l'arrangement du texte est varié, étant par conséquent considérées comme des *S'ákhás* subordonnées, doivent être récitées d'une seule manière.

Il semble ici nécessaire de justifier mon interprétation de ce qui est appelé *Richi* d'un *mantra*. Le dernier terme a été regardé comme signifiant une incantation plutôt qu'une prière : et autant qu'une efficacité surnaturelle est attribuée à la simple récitation des mots d'un *mantra*, cette interprétation est suffisamment exacte, et, comme telle, elle est

---

[1] L'explication ici donnée est prise du *Prast'hána-bhéda*.
[2] J'ai plusieurs copies de ce *Véda*, avec l'index correspondant pour la *Sákalya-s'ákhá*, et aussi un excellent commentaire par SA'YANA'TCHARYA. Dans une autre collection de *Mantras*, appartenante à la *A'swaláyani-s'ákhá* de ce *Véda*, je trouve que les premières sections, en petit nombre, de chaque lecture, s'accordent avec les autres copies ; mais le restant des sections sont omises. Je me demande si elle peut être considérée comme une copie complète de cette *S'ákhá*.
[3] Le nom de ce *Véda* est dérivé du verbe radical *Ritch*, louer, et signifiant proprement, quelque prière ou hymne dans laquelle une divinité est louée. Comme ces prières et ces hymnes sont pour la plupart en vers, le terme devient aussi applicable à de tels passages de l'un ou l'autre *Véda*, qui peuvent être ramenés à une mesure, d'après les règles de la prosodie. Le premier *Véda*, dans la compilation de VYA'SA, comprenant la plupart de ces textes, est appelé le *Rig-véda* ; ou, comme il est dit dans le Commentaire sur l'Index, « parce qu'il abonde en de pareils textes mesurés (*ritch*). »

indubitablement applicable aux incantations inintelligibles du *Mantra-s'âstra* ou des *Tantras* et *Agamas*. Mais l'origine du terme est certainement différente. La dérivation d'un verbe, qui signifie « parler « en particulier, » est aisément expliquée par l'injonction de méditer le texte du *Véda*, ou de le réciter à voix basse; et le sens d'un *mantra* quelconque, dans les Écritures indiennes, est généralement trouvé être une prière contenant une demande à une déité, ou bien des actions de grâces, des louanges, et l'adoration.

Le *Richi* ou saint d'un *mantra* est défini, dans l'Index du *Rig-véda*, comme par les commentateurs, « celui par qui il est prononcé : » de même que la *Dévatâ* ou déité est « celle qui y est mentionnée. » Dans l'Index du *Vâdjasanéyi Yadjour-véda*, le *Richi* est interprété « le voyant ou celui qui se res- « souvient » du texte; et la *Dévatâ* est dite être « contenue dans la prière, ou [nommée] au com- « mencement, ou [indiquée comme] la déité qui « partage l'oblation ou la louange. » Conformément à ces définitions, la déité, qui est louée ou suppliée dans la prière, est sa *Dévatâ;* mais dans peu de passages, qui ne contiennent ni demande, ni adoration, le sujet est considéré comme la déité dont il est parlé. Par exemple, l'éloge de la générosité est la *Dévatâ* de plusieurs hymnes entiers adressés aux princes, dont les auteurs des hymnes reçurent des dons.

Le *Richi*, ou celui qui parle, est d'ailleurs rarement mentionné dans le *mantra;* mais, dans quelques exemples, il se nomme lui-même. Un petit nombre de passages, en effet, parmi les *mantras* du *Véda*, sont dans la forme du dialogue; et, dans de pareils cas, les interlocuteurs furent alternativement considérés comme *Richi* et *Dévatâ*. En général, la personne à laquelle le passage fut révélé, ou, d'après une autre glose, par laquelle son usage et son application furent d'abord découverts [1], est appelée le *Richi* de ce *mantra*. Il est évidemment alors l'auteur de la prière, malgré les assertions des Hindous, chez lesquels c'est un article de leur croyance que les *Védas* ne furent pas composés par un auteur humain. C'est pour cela que l'on doit entendre qu'en affirmant l'existence primordiale de leurs Écritures, ils nient que ces ouvrages soient la composition originale de l'Éditeur (VYA'SA); mais ils croient que ces livres ont été graduellement révélés à des écrivains inspirés.

Les noms des auteurs respectifs de chaque passage sont conservés dans la *Anoukraman'i*, ou Table explicative du contenu, laquelle table explicative a été révélée d'en haut avec le *Véda* lui-même, et dont l'autorité n'est pas mise en question. D'après cet Index, VIS'WA'MITRA est l'auteur de tous les hymnes contenus dans le troisième livre du *Rig-véda;* comme BHARADWA'DJA est, à quelques rares exceptions, le compositeur de ceux qui sont recueillis dans le sixième livre; VAS'ICHT'HA, dans le septième; GRITSAMADA, dans le second; VAMADÉVA, dans le quatrième; et BOUD'HA', ainsi que d'autres descendants d'ATRI, dans le cinquième. Mais, dans les livres restants de ce *Véda*, les auteurs sont plus variés : parmi ces derniers, outre AGASTYA, KAS'YAPA, fils de MARI'TCHI, ANGIRAS, DJAMADAGNI, fils de BHRIGOU; PARA'S'ARPA, père de VYA'SA: GO'TAMA et son fils NO'D'HA, VRIHASPATI, NA'RADA, ainsi que d'autres célèbres saints indiens; le plus distingué est KAN'WA et ses nombreux descendants; MÉDHA'TITHI, etc.; MAD'HOUTCH'PANDAS, et d'autres dans la postérité de VIS'WA'MITRA; S'OUNAS'ÉPHA, fils d'ADJIGARTA; EOUTSA, HIRAN'YASTOU'YA, SAVYA, et d'autres descendants d'ANGIRAS; outre un grand nombre d'autres saints, dans la postérité des personnages ci-dessus mentionnés.

Il est digne de remarque que plusieurs personnes de naissance royale (par exemple, cinq fils du roi VRIHANGIR, et TRAYYAROUN'A, et TRASADA'SYOU, qui furent eux-mêmes rois), sont mentionnés parmi les auteurs des hymnes qui constituent ce *Véda* : et le texte lui-même, dans quelques endroits, s'adresse positivement, et dans d'autres fait une allusion indirecte à des monarques dont les noms sont familiers dans l'histoire héroïque de l'Inde. Comme ce fait peut contribuer à fixer l'âge dans lequel le *Véda* fut composé, je signalerai ici les passages d'une pareille tendance tels qu'ils sont tombés sous mes yeux.

Le sixième hymne du dix-huitième chapitre du premier livre est articulé par un ascétique nommé KAKCHI'VAT, à la louange de la munificence de *Swanaya*, qui lui avait conféré des dons immenses. Le sujet est continué dans l'hymne septième, et

---

[1] En traduisant littéralement, « le *Richi* est celui par le- « quel le texte *fut vu.* » PANINI (IV, ii, 7) se sert du même terme pour expliquer le sens des dérivés employés comme dénominations de passages dans les Écritures; et ses commentateurs s'accordent avec ceux du *Véda* dans l'explication qui en est ici donnée. Par *Richi* on entend généralement l'écrivain supposé inspiré; quelquefois, cependant, l'inspirateur imaginé est appelé le *Richi* ou saint du texte; et d'autres fois, comme on l'a observé ci-dessus, c'est l'interlocuteur du dialogue ou celui qui prononce la sentence.

[1] Il paraît, par un passage du *Vidjéya-vilâsa*, comme aussi d'après le *Védadîpa*, ou Commentaire abrégé sur le *Vâdjasan'éyi*, aussi bien que d'après l'Index lui-même, que KA'TYA'YANA est l'auteur reconnu de l'Index du blanc *Yadjous*. Celui du *Rig-véda* est attribué par le commentateur au même KA'TYA'YANA, élève de SAUNAKA. Les différents Index du *Véda* contribuent à la conservation du texte véritable, spécialement là où le mètre, ou le nombre des syllabes est établi, comme c'est généralement le cas.

[2] Premier du nom, et ancêtre de la race des rois nommés « enfants de la lune (*Tchandra-vansa*). »

[Voyez, au sujet de cette race royale qui a régné anciennement sur l'Inde, la *Notice historique sur l'Inde*, traduite par nous du chinois, et insérée dans le *Journal Asiatique*, mois d'*octobre, novembre, décembre* 1839.] (G. P.)

se termine par un dialogue vraiment étrange entre le roi BHA'VAYAVYA et sa femme RO'MASA', fille de VRIHASPATI. On pourrait remarquer, concernant KAKCHI'VAT, que sa mère OUS'IK, fut esclave (bondmaid) de la femme du roi ANGA.

Le huitième livre s'ouvre par une invocation qui fait allusion à une singulière légende. A'SANGA, fils de PLAYOGA, et son successeur sur le trône, fut métamorphosé en femme; mais il recouvra son sexe par les prières de ME'D'HYA'TITHI, que pour cette raison, il récompensa très-généreusement. Dans cet hymne il est introduit faisant l'éloge de sa propre munificence; et vers la fin, sa femme S'ASI-VATI, fille d'ANGIRAS, se réjouit avec transport de son retour à la virilité.

L'hymne qui suit applaudit à la libéralité des rois VIBHINDOU, Pakast'haman (fils de KOURAYA'N'A), KOUROUNGA, KA'S'OU (fils de TCHÊDI'), et TIRIN-DIRA (fils de PARAS'OU), qui ont à différentes fois accordé de splendides dons aux auteurs respectifs de ces actions de grâces. Dans le troisième chapitre du même livre, l'hymne septième fait l'éloge de la générosité de TRASADA'SYOU, le petit-fils de MANDHA'TRI. Le quatrième chapitre s'ouvre par une invocation contenant les louanges de la libéralité de TCHITRA; et l'hymne quatrième du même chapitre célèbre VAROU, fils de SOUCHA'MAN.

Dans le premier chapitre du dixième livre, il y a un hymne à l'eau, récité pas un roi nommé SIN-D'HOU-DWI'PA, le fils d'AMBARICHA. Le septième chapitre contient plusieurs passages, depuis le quinzième jusqu'au dix-huitième soûkta, qui font allusion à une légende remarquable. ASAMA'TI, fils ou descendant d'IKWA'KOU, avait renvoyé ses premiers prêtres, et il en avait pris d'autres : les Bráhmanes renvoyés récitèrent des incantations pour sa destruction : ses nouveaux prêtres, cependant, non-seulement neutralisèrent leurs mauvais desseins, mais ils leur rendirent la pareille, et causèrent la mort de l'un de ces Bráhmanes : les autres récitèrent ces prières pour leur propre conservation, et pour la résurrection de leur compagnon.

Le huitième chapitre s'ouvre pas un hymne qui fait allusion à une histoire concernant NA'BHA'NÊ-DICHT'HA, fils de MANOU, qui fut exclu de la participation avec ses frères du partage de l'héritage paternel. La légende elle-même est racontée dans le *Aitaréya Bráhman'a*[1], ou seconde partie du *Rig-véda*.

Parmi les autres hymnes composés par de royaux auteurs dans les chapitres suivants du dixième livre de la *Sanhitá*, j'en remarque un par MA'NDHA'TRI, fils de YOUVANA'S'WA; et un autre par S'IVI, fils de OUS'YNARA; un troisième par VA'SOUMANAS, fils de

[1] Dans la seconde lecture et dans la quatorzième section du cinquième livre.

RO'HIDAS'WA ; et un quatrième par PRATARDANA, fils de DIVO'DA'SA, roi de *Kási*.

Les déités invoquées paraissent être, d'après une inspection rapide du *Véda*, aussi variées que les auteurs des prières à elles adressées ; mais, selon les plus anciennes annotations faites sur l'Écriture indienne, ces noms si nombreux de personnes et de choses sont tous solubles en différents titres de *trois divinités*, et en dernier lieu d'*un seul Dieu*. Le *Nig'han'ti*, ou Glossaire des *Védas*, se termine par trois listes de noms de divinités; la première comprenant toutes celles qui paraissent synonymes avec le *feu*, la seconde avec *l'air*, et la troisième avec le *soleil*[1]. Dans la dernière partie du *Niroukta*, qui se rapporte entièrement aux divinités, il est affirmé deux fois qu'il n'y a que *trois dieux : Tisra éva dévatáh*[2]. L'autre conséquence, que ces trois dieux ne désignent qu'une seule divinité, est appuyée par de nombreux passage du *Véda;* et elle est établie d'une manière claire et concise, au commencement de l'Index du *Rig-Véda*, sur l'autorité du *Nicoukta* et du *Véda* lui-même. (Voici le texte) :

« *Yasya vákyam, sa richir; yá tén'ótchyaté, sá dévatá; yad akchara-parimán'am, tatch tchhandó. Arthépsava richayó dévatás tch'handóbhir abhyad'hávan.*

TISRA ÉVA DÉVATAH; *kchity-antarikcha-dyous-t'háná, agnir váyou sourya ity : évam vyáritayah próktá vyastáh; samastanam pradjápatir. O'nkára sarvadévatyah, páraméchťhyó va, bráhmó, daivó va, ád'hyátmikas. Tat tat st'háná anyás tad vibhútayah ; karma prit'haktwád d'hi prithag abhid'hána stutayó bhavanty : ék'aiva vá mahán átmá dévatá; sa sourya ity atchakchaté; sa hi sarvabhout' átmá. Tad ouktam richin'á:* SOU'RYA A'TMA'DJAGATAS TAST'HOUCHAS TCHÊTI. *Tad vibhoútayó'nya dévatás. Tad apy étad richin' óktam :* INDRAM MITRAM VAROUN'AM AGNIM A'HOUR ITI. »

« Le *Richi* [d'un passage particulier quel qu'il
« soit] est celui dont il est la parole; et celui par le-
« quel elle est prononcée est la déité [du texte] :
« et le nombre des syllabes constitue le mètre [de la
« prière]. Les sages [*Richis*] désireux [d'obtenir]
« des objets particuliers se sont approchés des dieux
« avec [des prières composées en] mesure.

« LES DIVINITÉS SONT SEULEMENT TROIS, dont

[1] *Nighan'ti*, ou première partie du *Niroukta*, chap. V.
[2] Dans la seconde et la troisième section du douzième chapitre, ou lecture, du Glossaire explicatif du *Véda*. Le *Niroukta* consiste en trois parties. La première est un glossaire, comme il a été mentionné ci-dessus, qui comprend cinq courts chapitres ou lectures; le second, intitulé *Naiyama*, ou la première moitié du *Niroukta*, ainsi proprement appelé, consiste en six longs chapitres; et le troisième, intitulé *Daivata*, ou seconde moitié du *Niroukta* proprement dit, en contient huit de plus. Le chapitre cité ici est marqué comme le douzième, comprenant le Glossaire, ou sept seulement, en n'y comprenant pas ce dernier.

« les demeures sont la terre, la région intermédiaire
« et le ciel; [à savoir] le feu, l'air et le soleil. Elles
« sont dites chacune [1] [les divinités] de plusieurs
« noms mystérieux; et le Seigneur des créatures
« (PRADJA'PATI) est [leur divinité] collectivement.
« La syllabe O'm désigne chaque divinité; elle ap-
« partient à celui qui habite dans le séjour suprême
« (PARAMÊCHTHI') : elle appartient à celui qui
« s'étend au loin (*Brahma*); à Dieu (*Déva*); à
« l'âme suprême ou qui domine toutes les autres
« âmes (*Adhyâtmâ*). D'autres divinités apparte-
« nantes à ces diverses régions sont des portions des
« [trois] dieux; car ils sont nommés et décrits di-
« versement par rapport à leurs différentes opéra-
« tions : mais [dans le fait] il n'y a qu'une seule
« divinité : LA GRANDE AME (*Mahân âtmâ*). Elle
« est nommée le soleil; car le soleil est l'âme de
« tous les êtres; [et] ceci est déclaré par le sage :
« LE SOLEIL EST L'AME DE CE QUI SE MEUT (*djagat*)
« ET DE CE QUI NE SE MEUT PAS (*tastouch*).
« Les autres divinités sont des portions ou fractions
« de sa personne, et ce qui est expressément dé-
« claré par le [texte] [2] : le sage appelle feu, MITRA,
« INDRA, et VAROUNA, » etc. [3].

Le passage de l'*Anoukramani* est en partie
abrégé du *Niroukta* (chap. XII), et en partie pris du
Brâhmân'a du *Véda*. Il montre (ce qui peut être
aussi déduit des textes des Écritures indiennes, traduites dans le présent Essai, et dans ceux qui l'ont précédé [4]), que l'ancienne religion Hindoue, telle qu'elle
est fondée sur les Écritures indiennes, ne reconnaît
qu'un seul Dieu [5], quoique cependant elle ne distingue pas suffisamment la créature du créateur.

Les sujets et les différents emplois des prières contenues dans les *Védas*, diffèrent plus que les divinités qui en sont l'objet, ou que les titres par lesquels elles sont invoquées. Chaque vers est rempli
d'allusions à la mythologie [6] et aux notions indiennes
sur la nature divine et les esprits célestes. Pour les
cérémonies innombrables qui doivent être accomplies par un chef de maison, et encore plus, pour
ces rites sans fin prescrits aux anachorètes et aux
ascétiques, un choix de prières est offert à chaque
degré de célébration. Il peut suffire d'observer ici
que INDRA, ou le firmament, le feu, le soleil, la
lune, l'eau, l'air, les esprits, l'atmosphère et la
terre, sont les objets auxquels les prières sont le plus
fréquemment adressées; et les sacrifices variés et
répétés accomplis avec le feu, ainsi que l'usage de
boire le jus laiteux de la *plante de la lune* ou de
l'*Asclepias acide* [1], fournissent d'abondantes occasions pour de nombreuses prières adaptées aux différents degrés des rites religieux. C'est pourquoi
je choisirai pour objet de mes remarques telles
prières qui me paraîtront les plus singulières, plutôt que telles autres qui pourraient sembler les plus
beaux spécimens de ce *Véda*.

Dans le quinzième chapitre du premier livre, il
y a deux hymnes attribués à KOUSTA et aussi à
TRITA, fils de l'eau. Trois ascétiques qui, à ce qu'il
paraîtrait, étaient frères, puisqu'ils sont nommés
dans une autre portion du *Véda* comme fils (*Aptya*)
de l'eau (*ap*), étaient accablés par la soif pendant
qu'ils voyageaient dans un désert de sable. A la fin
ils trouvèrent un puits, et l'un d'eux descendit et
en retira de l'eau pour ses compagnons; mais les
frères ingrats volèrent ses effets, et le laissèrent dans
le puits, en couvrant ce dernier avec une lourde
roue de chariot. Dans sa détresse, le frère trahi
prononça les hymnes en question. Il paraît, d'après
le texte, que KOUTSA se trouva aussi une fois dans
une semblable détresse, et qu'il prononça la même
invocation ou une invocation semblable; et pour
cette raison, ces hymnes ont été placés, par le compilateur du *Véda*, parmi celles dont KOUTSA est
l'auteur.

Le vingt-deuxième chapitre du même livre commence par un dialogue entre AGASTYA, INDRA
et les MAROUTS; et le restant de ce chapitre, avec
tout le vingt-quatrième, comprennent vingt-six
hymnes adressés par AGASTYA à ces divinités, et
aux ASWINS, le feu, le soleil, et quelques autres
déités. Le dernier de ces hymnes fut prononcé par
AGASTYA, dans la crainte d'être empoisonné; et

héros déifiés (comme dans les *Pourân'as*), mais une mythologie qui personnifie les éléments et les planètes, et qui peuple
le ciel et le monde inférieur d'ordres d'êtres variés et nombreux.

Je ferai remarquer, cependant, en beaucoup d'endroits, le
texte original des légendes qui sont familières dans les poëmes
mythologiques; telle, par exemple, que celle du démon VRI-
TRA tué par INDRA, qui de là a été surnommé VRITRAHAN
(qui a tué *Vritra*); mais je ne remarque rien qui corresponde
aux légendes favorites de ces sectes qui adorent soit le
Linga ou *Sakti*, soit RAMA ou KRICHN'A. J'en excepte quelques portions détachées, dont l'originalité paraît douteuse,
ainsi qu'on le fera voir vers la fin de cet Essai.

[1] *Sôma-latâ*, Asclepias acida, ou Cynanchum viminale.

---

[1] *Bhour, bhouvah*, et *swar*, appelés les *Vyâhritis*. Voyez
MANOU, chap. II, sl. 76. Dans le texte original, le cas nomi-
natif est ici employé pour le génitif, ainsi que cela est remarqué par le commentateur de ce passage. De telles irrégularités
sont fréquentes dans les *Védas* eux-mêmes.
[2] *Richi* signifie ici texte (non sage). Voyez HARADATTA,
BHATTO'DJI, etc.; et PANINI, III, ii, 186.
[3] *Niroukta*, chap. XII, § 4 *ad finem*. Le restant du passage,
qui est ici brièvement cité par l'auteur de l'Index, identifie
le feu avec la grande âme et l'unique.
[4] C'est-à-dire, les *Essais* de Colebrooke *sur les cérémonies
religieuses des Hindous (Asiatic Researches*, vol. v, pag. 345-
368. Calcutta, 1798; et vol. VII, pag. 232-285, 288-331. Repro-
duits dans les *Miscellaneous Essais*, vol. 1, pag. 123-226;
Londres, 1837). (G. P.)
[5] C'est aussi ce que le célèbre Bráhmane *Ram-mohan-roy*,
qui est venu mourir en Angleterre en 1833, a prouvé dans
plusieurs opuscules publiés à Calcutta, en *sanskrit*, en *bengali* et en *anglais*, les derniers réunis et publiés à Londres
en 1832 sous ce titre :
« *Translation of several principal Books, passages, and
textes of the Veds, and of some controversial works on Brah-
manical theology, by Ram-mohan-roy*; seconde édition; un
vol. in-8°. (G. P.)
[6] Non une mythologie qui exalte d'une manière avouée les

Il est dit dans les rituels que l'on doit l'employer dans les incantations contre les effets du poison. D'autres incantations applicables au même objet se rencontrent dans différentes parties du *Véda*; par exemple, une prière par Vasichtha, pour se préserver du poison. (Liv. vii, chap. iii, § 18.)

Le troisième livre, distribué en cinq chapitres, contient des invocations par Vis'wa'mitra, fils de Gathin et petit fils de Kous'ika. Le dernier hymne ou *soûkta*, dans ce livre, consiste en six prières, dont l'une renferme la célèbre *Gâyatri*. Ce texte remarquable est répété plus d'une fois dans les autres *Védas*; mais depuis que Vis'w'amitra est reconnu pour être le *Richi* auquel il fut le premier révélé, il paraît que sa place originale et propre est dans cet hymne. C'est pourquoi je joins ici une traduction de la prière qui le contient, de même que l'hymne précédent (tous les deux étant adressés au soleil), dans le but de montrer la confession de foi du prêtre indien, avec son context, en ayant, dans des premiers Essais, donné plus d'une version séparée du texte. Les autres prières contenues dans le même *soûkta*, étant adressées à d'autres divinités, sont omises ici.

« Nous t'offrons ce nouvel et excellent éloge de toi, ô splendide, joyeux soleil (*Poûchan*) ! Accueille avec satisfaction ces paroles que je t'adresse ; viens visiter cette âme qui te désire, comme un homme plein d'amour désire une femme ! Puisse le soleil (*Poûchan*) qui contemple tous les mondes, être notre protecteur !

« Méditons sur l'adorable lumière du divin ordonnateur (*Savitrî*) [1] : puisse-t-il guider nos intelligences ! Désireux de nourriture, nous sollicitons les dons du soleil splendide (*Savitrî*), qui doit être adoré avec beaucoup de vénération. Hommes vénérables, guidés par l'entendement, saluez le divin soleil (*Savitri*) avec des oblations et des louanges. »

Les deux derniers hymnes du troisième chapitre du septième livre sont remarquables, comme étant adressés à l'esprit gardien de l'habitation, et employés comme des prières qui doivent être récitées avec des oblations en construisant une maison. La légende appartenant au second de ces hymnes est singulière : Vasichtha, se rendant pendant une nuit à la maison de Varoun'a (avec l'intention d'y dormir, disent les uns, mais, selon que d'autres l'affirment, avec le dessein d'y voler du grain, pour apaiser sa faim après un jeûne de trois jours), fut assailli par le dogue qui gardait la maison. Il prononça cette prière, ou incantation, pour endormir le chien de garde, qui l'aboyait, et qui était prêt à le dévorer. On joint ici une version littérale de ces hymnes :

« Gardien de ce séjour ! fais connaissance avec nous ; deviens pour nous une heureuse demeure ; procure-nous ce que nous demandons de toi, et accorde du bonheur à nos bipèdes et à nos quadrupèdes. Gardien de cette maison ! fais-nous accroître, ainsi que notre fortune. Lune ! pendant que tu subsistes avec bénignité, puissions-nous, avec nos vaches et nos chevaux, être exempts de décrépitude ; garde-nous, comme un père protège ses enfants. Gardien de cette demeure ! puissions-nous être réunis dans un séjour heureux, délicieux, mélodieux, que tu nous auras procuré ; garde nos richesses sous ta protection : et défends-nous ; c'est notre attente. »

L'hymne quatrième du quatrième chapitre se termine par une prière à Roudra, laquelle étant employée avec des oblations après un jeûne de trois jours, est supposée procurer une heureuse vie d'une centaine d'années. Dans le sixième livre, se rencontrent trois hymnes, lesquels étant récités avec adoration au soleil, sont regardés comme occasionnant une chute de pluie après un laps de cinq jours. Les deux premiers sont justement adressés à un nuage ; et le troisième l'est aux grenouilles, parce que ces dernières avaient coassé pendant que Vasichtha récitait les précédentes prières ; circonstance qu'il regarda comme un heureux présage.

Le sixième chapitre du dixième livre se termine par deux hymnes dont la prière a pour but la destruction des ennemis, et qui sont employés dans les sacrifices pour le même dessein.

Le septième chapitre s'ouvre par un hymne, dans lequel Sou'rya', surnommé Sa'vitri', la femme de la lune [1], est le personnage qui le prononce ; comme Dakchin'a', fille de Pradja'pati, et Djouhou, fille de Brahma', sont aussi celles qui prononcent les hymnes dans les chapitres suivants [2] ; un passage très-singulier se présente dans un autre endroit, contenant un dialogue entre Yama et sa sœur jumelle Yamouna', qu'il tâche de séduire ; mais ses offres sont rejetées par elle avec une vertueuse résistance.

Vers la fin du dixième chapitre, un hymne d'un style tout différent de composition est prononcé par Vatch, fille d'Ambhrin'a', à sa propre louange,

---

[1] Sa'tan'a'tcha'rya, le commentateur, dont la glose est ici suivie, considère ce passage comme admettant deux interprétations : la lumière, ou *Brâhma*, constituant la splendeur de l'ordonnateur suprême ou du créateur de l'univers ; ou la lumière, l'orbe du soleil splendide.

[1] *Sóma*, un des noms de la lune, en sanskrit est *masculin*.
(G. P.)
Ce mariage est décrit dans l'*Aitaréya-brâhman'a*, où la seconde lecture du quatrième livre s'ouvre de cette manière : « Pradja'pati donna sa fille Sou'rya' Sa'vitri' à So'ma, le roi. » La légende bien connue dans les *Pourânas*, concernant le mariage de Soma avec la fille de Dakcha, semble fondée sur cette histoire des *Védas*.

[2] Dans l'introduction à l'Index, ces déesses et d'autres, qui sont comptées au nombre des auteurs des saints textes, sont énumérées et distinguées par l'appellation de *Brâhmavâdint*. Un auteur inspiré est, au masculin, nommé *Brâhmavâdin*.

comme âme suprême et universelle [1]. *Vâtch*, cela doit être observé, signifie, *parole*, *discours*, et elle est le pouvoir actif de BRAHMA', dont elle procède.

La traduction suivante est une version littérale de cet hymne, qui est expliqué par le commentateur, en harmonie avec les doctrines théologiques des *Védas*.

« Je suis l'égale des *Roudras*, des *Vasous*, des *A'dityas* et des *Vis'wadêvas*. Je soutiens tout à la fois le soleil et l'Océan [MITRA et VAROUN'A], le firmament [INDRA] et le feu, ainsi que les ASWINS. Je supporte la lune [SOMA] qui détruit les ennemis, et [le soleil nommé] TWACHTRI, POU'CHAN ou BHAGA. J'accorde des richesses à l'honnête adorateur qui accomplit les sacrifices, qui fait des oblations et qui satisfait [les déités]. Moi, je suis la reine, la donatrice des richesses, qui possède la connaissance, et la première des divinités qui méritent d'être adorées ; que les dieux ont rendue universelle, présente partout et pénétrant tous les êtres. Celui qui mange des aliments par mon intermédiaire, comme celui qui voit, qui respire, qui entend par moi, et qui cependant ne me connaît pas, est perdu ; qu'il entende alors la foi que j'annonce. Je déclare cela même, qui est adoré par les dieux et par les hommes. Je rends fort celui que je choisis ; je le rends *Bráhma*, saint et sage. Je tends l'arc de ROUDRA, pour tuer le démon, ennemi de BRAHMA' ; je fais la guerre pour les peuples [contre leurs ennemis] ; et je parcours le ciel et la terre. J'ai porté le père sur la tête de cet [esprit universel], et mon origine est dans le milieu de l'Océan [2] ; et par conséquent je pénètre tous les êtres, et je touche ce ciel avec ma forme. En donnant naissance à tous les êtres, je passe comme le vent ; je suis au-dessus du ciel, au delà de la terre ; et ce qui est le grand Un, je le suis. »

Le dixième chapitre se termine par un hymne à la nuit ; et le onzième commence par deux hymnes relatifs à la création du monde. Un autre sur ce sujet a été traduit dans un premier Essai [3] ; c'est le dernier hymne qui se trouve dans le *Rig-véda*, et son auteur est AG'HAMARCHAN'A (un fils de MA-D'HOUTCHANDAS), dont il emprunte le nom, pa lequel il est généralement cité. Les autres hymnes dont une version est ici jointe, ne sont pas attribués à un auteur déterminé. PRADJA'PATI, surnommé *Paramêchthi*, et son fils YADJNYA, sont dits les personnages qui les ont primitivement prononcés Mais de ces noms, l'un est un titre de l'esprit primordial, et l'autre semble faire allusion à l'immolation allégorique de BRAHMA'.

I. « Alors ils n'existaient là ni entité, ni non-entité ; ni monde, ni ciel, ni quelque chose au-dessus de lui ; rien, partout, dans la félicité d'aucun être enveloppant ou enveloppé ; ni eau : tout était profond et dangereux. La mort n'existait pas ; alors il n'y avait pas d'immortalité ; ni distinction de jour et de nuit. Mais CELUI-LA [1] respirait sans aspiration, sans souffle, seul avec celle dont il soutient la vie dans son sein (*Swadhá*=*a se sustenta*). Autre que lui, rien n'existait [qui] depuis [ait existé] Les ténèbres étaient là ; [car] cet univers était enveloppé de ténèbres, et il était indistinctible [comme les fluides mêlés dans] les eaux ; mais cette masse qui était couverte d'une croûte, fut [à la fin] organisée par le pouvoir de la contemplation. Le premier désir fût formé dans son intelligence ; et il devint la semence productive originaire ; cette semence, les sages la reconnaissant dans leurs cœurs par l'intelligence, la distinguent par le nom de non entité, comme la limite de l'entité.

« Le rayon lumineux de ces [actes créateurs] se répandit-il dans le milieu ? ou au-dessus ? ou au-dessous ? Cette semence productive devint autre fois providence [ou âmes sensibles], et matière [ou les éléments] : elle qui est soutenue par lui dans son sein [1], fut la partie inférieure ; et lui, qui observe, fut la partie supérieure.

« Qui connaît exactement et qui pourra affirmer ce monde d'où et comment cette création a eu lieu ? Les dieux sont postérieurs à cette production du monde. Alors qui peut savoir d'où elle procède ? ou d'où ce monde si varié est sorti ? S'il se soutient [lui-même] ou non ? Celui qui, dans le plus haut des cieux, est le gouverneur et l'ordonnateur de cet univers, doit le savoir certainement ; mais aucun autre être ne peut posséder cette connaissance [2].

---

[1] Vers la fin du *Vrihadâran'yaka*, VATCH est mentionnée comme recevant une révélation d'AMBHRI'NI, qui l'avait obtenue du soleil : mais ici elle porte elle-même le nom patronymique absolument semblable de AMBHRIN'I.

[2] Le ciel est le père, comme il est expressément déclaré dans un autre endroit ; et le ciel est un produit de l'esprit, selon plus d'un passage des *Védas*. Sa naissance est par conséquent placée sur la tête de l'esprit suprême. Le commentateur indique trois interprétations du restant de la stance : « mon parent, le saint AMBHRIN A, est au milieu de l'Océan ; » ou, « mon origine, la divinité sensible, est dans les eaux, « qui constituent les corps des dieux ; » ou, « le dieu sensible, « qui est au milieu des eaux, qui pénètre l'intelligence, est « mon origine. »

[3] Dans le premier *Essai sur les cérémonies religieuses des Hindous*. Lieu cité.

---

[1] Le pronom sanskrit *Tad*, employé ainsi emphatiquement est interprété comme destiné à représenter l'*être suprême* selon les doctrines de la philosophie *Védânta*. [Voir l'exposition de ce système de philosophie dans les *Essais de* Colebrooke *sur la philosophie des Hindous*, que nous avons traduits et publiés en français avec des notes.] Lorsqu'il est manifesté par la création, il est l'entité (*sat*) ; tandis que lorsqu'il reste sous des formes qui sont une pure illusion, il est la non-entité (*asat*). Tout cet hymne est expliqué selon les doctrines reçues de la théologie indienne ou *Védânta*. Les ténèbres et le désir (*Tamas* et *Kâma*) ont une ressemblance éloignée avec le *Chaos* et l'*Éros* d'Hésiode. *Théogonie*, v. 116.

[2] On peut conférer avec cet hymne, sur la création

II. « Cette victime, qui était liée avec des liens de chaque côté, et étendue par les efforts de cent et un dieux, les pères, qui lièrent, façonnèrent et placèrent la chaîne et la trame, adorent. Le [premier] mâle étendit et enroula cette [toile], et la déploya dans ce monde et dans le ciel : ces rayons du créateur] rassemblés à l'autel, et préparés pour les chants sacrés, et les fils de la chaîne.

« Quelle était la dimension de cette victime divine que tous les dieux sacrifièrent? quelle était sa forme? quel était le motif? la clôture? la mesure? l'oblation? et la prière? D'abord fut produite la *Gâyatrî*, accompagnée du feu; ensuite le soleil (*Savitri*) accompagné d'*Ouchn'ih*; ensuite la lune splendide, avec *Anouchtubh*, et avec les prières; tandis que *Vrihati* accompagna l'élocution de VRIHASPATI (ou la planète Jupiter). *Virâtî* fut soutenue par le soleil et par l'eau (MITRA et VAROUNA); mais la partie [moyenne] du jour et *Tricht'oubh* composèrent la suite d'INDRA; *Djagatî*[1] suivit tous les dieux : et par ce sacrifice [universel] les sages et les hommes furent formés.

« Lorsque cet ancien sacrifice fut accompli, les sages et les hommes et nos ancêtres furent formés par lui. Regardant avec un esprit attentif cette oblation, que les saints primitifs offrirent, je les vénère. Les sept sages, inspirés, suivent avec des prières et des actions de grâces la trace de ces saints primitifs, et pratiquent avec sagesse [l'offrande des sacrifices]; comme les conducteurs de chars se servent de rênes pour guider leurs chevaux]. »

Quelques parties de ces hymnes portent une ressemblance évidente avec un autre hymne tiré du *Yadjouch*[2], et dont je parlerai de nouveau en traitant de ce *Véda*. Le commentateur du *Rig-véda* le cite pour suppléer quelques omissions dans le texte ci-dessus. Il paraît aussi, sur la foi de ces citations, que des passages analogues à ceux-ci se rencontrent dans le *Taïttirîyaka* ou noir *Yadjouch*, et aussi dans le *Brâhman'a* de ce *Véda*.

Les cent et un dieux, qui sont les agents dans la formation de l'univers, dont un sacrifice a été pris pour type, sont, d'après ce commentateur, les antères de la vie de BRAHMA' ou ses respirations personnifiées dans la forme d'ANJIRAS, etc. Les sept sages, qui instituèrent les sacrifices à l'imitation du type principal, sont MARÎTCHI et d'autres. *Gâyatrî*, *Ouchn'ih*, etc., sont des noms de mètres ou des différentes longueurs de stances et vers mesurés dans les *Védas*.

Les citations précédentes peuvent suffire pour montrer le style de cette partie du *Véda*, qui comprend les prières et les invocations.

Une autre partie, appartenante, à ce qu'il paraît, au même *Véda*, est intitulée *Aitarêya Brâhman'a*. Elle est divisée en huit livres (*pandjikâ*), chacun contenant cinq chapitres ou lectures (*adhyâya*), et subdivisés en un nombre égal de sections (*tchan'da*), s'élevant en tout à deux cent quatre-vingt-cinq. Étant partie en prose, le nombre des passages contenus dans ces sections multipliées n'a pas besoin d'être indiqué.

Manquant, soit d'un commentaire complet[1], soit d'un index explicatif[2], je ne puis entreprendre, d'après une lecture rapide, de décrire le contenu entier de cette partie du *Véda*. Je trouve cependant un grand nombre de passages curieux dans cette partie du *Rig-véda*, spécialement vers la fin. Le septième livre traite des sacrifices accomplis par des rois, le sujet est continué dans les quatre premiers chapitres du huitième livre; et trois de ces chapitres sont relatifs à une cérémonie pour la consécration des rois, en versant sur leurs têtes, pendant qu'ils sont assis sur un trône préparé pour cet objet, de l'eau mêlée avec du miel, du beurre clarifié, et une liqueur spiritueuse, aussi bien que deux sortes d'herbes et des premières pousses de blé. Cette cérémonie, appelée *Abhichéka*, est célébrée à l'avènement d'un roi, et ensuite en diverses occasions, une partie des rites appartenants à de certains sacrifices solennels, accomplis pour l'obtention d'objets particuliers.

Le mode de célébration est le sujet du second chapitre du huitième livre, ou du trente-septième chapitre, compté (comme cela est fait par le commentateur) depuis le commencement de l'*Aitarêya*. Il contient un exemple, qui n'est pas seul dans les *Védas* (quoiqu'il ne soit pas commun, mais plutôt rare, dans leur partie didactique), d'une recherche sur la différence d'opinion parmi les auteurs inspirés. « Quelques-uns, y est-il dit, prétendent que la consécration est accomplie par la prière appropriée, mais sans les mots sacrés (*Vyâhrîtis*), qui sont considérés comme superflus; d'autres, et particulièrement SATYAKA'MA, fils de DJA'BA'LA, prescrivent la récitation complète de ces mots sacrés, par des raisons exposées tout au long; et OUDDA'LAKA, fils d'AROUN'A, a par conséquent ainsi ordonné l'accomplissement de la cérémonie. »

Le sujet de ce chapitre est terminé par le remarquable passage suivant : « Connaissant bien toute [l'efficacité de la consécration], DJANAMÊ'DJAYA, fils de PARIKCHIT, fit la déclaration suivante : « Prêtres, qui êtes versés dans cette cérémonie, aidez-

---

monde, le récit de cette même création, qui se trouve au commencement des lois de MANOU, ci-après. (G. P.)
[1] *Djagati* signifie *celle qui va*, comme *Djagat*, le monde, signifie aussi *qui se meut*. (G. P.)
[2] Cité dans le second *Essai sur les cérémonies religieuses des Hindous*.

[1] Je possède trois copies entières du texte, mais une partie seulement du commentaire de SAANVATCHARYA.
[2] L'Index précédemment mentionné ne s'étend pas à cette partie du *Véda*.

moi, moi qui suis pareillement certain [de ses bénéfices], à célébrer le rite solennel. C'est pourquoi je suis vainqueur [dans le combat singulier], c'est pourquoi je défais des armées rangées, avec une armée rangée : ni les flèches des dieux, ni celles des hommes ne m'atteignent; je vivrai pendant la période entière de ma vie; je resterai maître de la terre entière. » « —Certainement ni les flèches des dieux, ni celles des hommes, ne l'atteignent, celui que les prêtres bien instruits aident à célébrer le rite solennel; il vit toute la période de sa vie; il reste maître de toute la terre. »

Le trente-huitième chapitre (ou le troisième du huitième livre) décrit une consécration supposée d'INDRA, lorsqu'il fut choisi par les dieux pour être leur roi. Elle consiste en rites semblables, mais plus solennels, comprenant, entre autres particularités, une construction fantasque de son trône avec les textes du *Véda*; outre une répétition de la cérémonie de la consécration dans diverses régions, pour lui assurer la domination universelle. Cette dernière partie de la description mérite d'être citée, à cause des aperçus géographiques qu'elle contient [1].

Le trente-neuvième chapitre est relatif à un rite solennel particulier, accompli en imitation de l'inauguration fabuleuse d'INDRA. On y croit que cette célébration devient une cause efficace d'obtenir un grand pouvoir et la monarchie universelle; et les trois dernières sections de ce chapitre rapportent des exemples de son heureuse pratique.

Le quarantième et dernier chapitre de l'*Aitarêya Brâhman'a* est relatif à l'avantage d'entretenir un *Pourôhita*, ou prêtre salarié; le choix d'une personne convenable pour cet emploi et le mode d'après lequel le roi doit lui donner ses appointements : en même temps que les fonctions qu'il doit remplir. La dernière section décrit les rites qui doivent être accomplis, sous la direction d'un tel prêtre pour la destruction des ennemis du roi.

Avant de quitter cette partie du *Véda*, je pense qu'il convient d'ajouter que la fin du septième livre contient la mention de plusieurs monarques, auxquels l'observance des rites qui y sont décrits fut enseignée par divers sages.

L'*Aitarêya A'ran'yaka* est une autre portion du *Rig-véda*. Il comprend dix-huit chapitres ou lectures inégalement distribués en cinq livres (*A'ran'yaka*). Le second, qui est le plus long, car il contient sept lectures, constitue, avec le troisième, un *Oupanichad* de ce *Véda*, intitulé le *Bahvritch Brâh-*

[1] Nous avons traduit intégralement jusqu'ici le savant et curieux Mémoire de Colebrooke sur les *Védas*, c'est-à-dire, à peu près le premier tiers; nous regrettons vivement que des motifs particuliers à la confection matérielle du présent volume, nous forcent de ne donner que de courts extraits des deux tiers qui suivent. Nous espérons pouvoir publier ailleurs ce mémoire complet avec plusieurs autres extraits des *Védas*. (G. P.)

man'a Oupanichad, ou plus communément, l'*Aitarêya*, comme ayant été récité par un sage nommé AITARÊYA. Les quatre dernières lectures du second *A'ran'yaka* sont particulièrement d'accord avec les doctrines théologiques du *Védânta*, et sont par cela même choisies par les théologiens de l'école *Védânta* comme étant proprement l'*Aitarêya Oupanichad*. Les lectures suivantes sont littéralement traduites de cette partie du second *A'ran'yaka*.

L'AITARÊYA A'RAN'YA.

LIVRE II.

§ IV. « Originairement cet [univers] n'était qu'AME; rien autre chose n'existait d'actif [ou d'inactif]. LUI eut cette pensée : *Je veux créer des mondes;* c'est ainsi qu'il créa ces mondes [divers], l'eau, la lumière, les [êtres] mortels et les eaux. Cette eau est la [région] au-dessus du ciel, que le ciel soutient; l'atmosphère contient la lumière; la terre est mortelle; et les régions au-dessous sont les eaux [1].

« LUI eut cette pensée : *Voilà donc des mondes je veux créer des gardiens des mondes*. Ainsi il tira des eaux et forma un être revêtu d'un corps [2]. IL le vit, et de cet être, ainsi contemplé, la bouche s'ouvrit comme un œuf; de la bouche sortit la parole; de la parole procéda le feu. Les narines s'étendirent; par les narines le souffle de la respiration passa; par le souffle de la respiration l'air fut propagé. Les yeux s'ouvrirent; des yeux sortit un rayon lumineux; de ce rayon lumineux fut produit le soleil. Les oreilles se dilatèrent; de ces oreilles vint l'ouïe; de l'ouïe, les régions de l'espace. La peau s'étendit; de la peau sortit le poil; du poil furent produits les herbes et les arbres. La poitrine s'ouvrit; de la poitrine procéda l'esprit, et de l'esprit, la lune. Le nombril s'épanouit; du nombril vint la déglutition; de celle-ci, la mort. L'organe de la génération apparut; de cet organe s'écoula la semence productive; de là les eaux tirent leur origine.

« Ces déités, étant ainsi formées, tombèrent dans ce vaste océan; et elles, vinrent à LUI avec soif et faim, et elles s'adressèrent ainsi à LUI : « *Accorde-nous une dimension [plus petite], dans laquelle dimension habitant, nous puissions manger des aliments*. » LUI leur offrit [la forme] d'une vache : elles dirent : *Cela n'est pas suffisant pour nous.* IL leur montra la forme humaine : elles s'écrièrent : *Très*

[1] *Ambhas, eau*, et *âpas*, les eaux. Le commentateur donne des raisons pour que ces termes synonymes soient employés séparément pour désigner les régions au-dessus du ciel, et celles au-dessus de la terre.

[2] *Pouroucha*, une forme humaine.

« *Ah! admirable!* C'est pourquoi l'homme seul [est déclaré être] bien formé. »

« Lui leur fit occuper leurs places respectives. Le feu, devenant la parole, entra dans la bouche ; l'air, devenant souffle, pénétra dans les narines. Le soleil, devenant vue, pénétra dans les yeux ; l'espace devint ouïe, et occupa les oreilles. Les herbes et les arbres devinrent les cheveux et le poil, et remplirent la peau. La lune, devenant l'esprit, entra dans la poitrine. La mort, devenant la déglutition, pénétra par le nombril ; et l'eau devint la semence productive, et occupa l'organe de la génération.

« La faim et la soif s'adressèrent à lui, en disant : *Assigne-nous* [*nos places*]. Lui répliqua : « Je vous distribue parmi les déités ; et je vous fais participer à leur puissance. C'est pour cela que, à quelque déité que ce soit qu'une oblation soit offerte, la faim et la soif y ont leur part.

« Lui fit cette réflexion : Ce sont là des mondes et des gouverneurs de mondes ; pour eux je donnerai une forme à l'aliment. Il observa les eaux ; les eaux, ainsi contemplées, la forme sortit ; et l'aliment est la forme qui fut ainsi produite.

« Étant ainsi formé, il se détourna et chercha à fuir. L'homme [primordial] s'efforça de le saisir par la parole, mais il ne put l'atteindre par sa voix ; l'eût-il saisi par la voix, [la faim] eût été satisfaite en nommant l'aliment. Il tenta de l'atteindre par son souffle, mais il ne put le respirer par inflation ; l'eût-il atteint par son souffle, [la faim] eût été satisfaite en odorant l'aliment. Il chercha à l'atteindre par un coup d'œil, mais il ne put le surprendre par son regard ; l'eût-il saisi par la vue, [la faim] eût été satisfaite en voyant l'aliment. Il chercha à le saisir par l'ouïe, mais il ne put le saisir en l'écoutant ; l'eût-il saisi en l'écoutant, [la faim] eût été satisfaite en écoutant l'aliment. Il s'efforça de le saisir par sa peau, mais il ne put le retenir par son toucher ; l'eût-il saisi par son contact, [la faim] eût été satisfaite en touchant l'aliment. Il désira l'atteindre par l'esprit, mais il ne put y parvenir par la pensée ; l'eût-il saisi par la pensée, [la faim] eût été satisfaite en méditant sur l'aliment. Il essaya de le saisir par l'organe de la génération, mais il ne put le tenir ainsi ; l'eût-il saisi ainsi, [la faim] eût été satisfaite par émission. Enfin, il tâcha de l'atteindre par la déglutition, et ainsi il l'avala ; cet air, qui est ainsi attiré à l'intérieur, saisit l'aliment ; et cet air véritable est le lien de la vie. »

« Lui, l'âme universelle, fit cette réflexion : Comment ce [corps] pourrait-il exister sans moi ? — Il considéra par quelle extrémité il y pourrait pénétrer. Il se dit : Si [sans moi] la parole s'articule, le souffle s'exhale, et la vue voit ; si l'ouïe entend, la peau sent, et l'esprit réfléchit ; si la déglutition avale, et l'organe de la génération remplit ses fonctions ; alors, que suis-je ?

« Séparant la suture du crâne [*sîman*], il pénétra par sa voie. Cette ouverture est appelée la suture du crâne (*vidritî*), et elle est le chemin qui mène à la béatitude (*nândana*)[1].

« Les places de récréation de cette âme sont au nombre de trois, et les modes de sommeil, aussi nombreux. Ceci (*en désignant l'œil droit*) est un lieu de récréation ; ceci (*en désignant le gosier*) est [aussi] un séjour de joie ; ceci (*en désignant le cœur*) est [également] une région de délices.

« Ainsi né [comme l'esprit animant], il distingua les éléments, [en faisant cette remarque] : « De quel autre [que de LUI] puis-je ici affirmer [l'existence] ; et il contempla cette personne [pensante][2], le grand étendu[3], [en s'écriant] : C'est LUI que j'ai vu. C'est pourquoi c'est lui qui est nommé CE-VOYANT (IDAM-DRA) : CE-VOYANT est donc son nom ; et LUI, étant CE-VOYANT, ils l'appellent par une dénomination éloignée INDRA ; car les dieux se plaisent généralement dans le mystère [de leur nom]. Les dieux se plaisent dans le mystère[4]. »

§ V. « Ce [vivant principe] est d'abord, dans l'homme, un fœtus, ou une semence productive, qui est l'essence extraite de tous les membres [du corps] ; ainsi l'homme se nourrit lui-même de lui-même ; mais quand il émet sa semence productive dans la femme, il procrée ce [fœtus] ; et telle est sa première naissance.

« Il [le fœtus] devient identifié avec la femme ; et étant ainsi identifié avec elle, comme s'il était son propre corps, il ne la détruit pas. Elle chérit, caresse son lui-même[5] reçu ainsi dans son sein ; et comme elle le nourrit, elle doit être chérie [par lui]. La femme nourrit ce fœtus : mais lui aima antérieurement l'enfant, et plus tard il en fit de même après sa naissance. Puisqu'il entretient, qu'il soutient l'enfant avant et après sa naissance, il s'aime lui-même ; et cela, pour la perpétuelle succession des personnes ; car c'est ainsi que ces personnes sont perpétuées. Telle est sa seconde naissance.

« Ce [second] lui-même devient son représentant dans les saints actes [de religion] : et cet autre [lui-même], ayant rempli ses obligations et complété ses périodes de vie, meurt. Parti de ce monde, il renaît de nouveau, sous quelque autre forme] : et telle est la troisième naissance.

« Ceci fut déclaré par le saint sage : « Dans la

---

[1] Les Hindous croient que l'âme, ou la vie qui a conscience d'elle-même, entre dans le corps par la suture ou ouverture supérieure du crâne, se loge dans le cerveau, et peut contempler, par la même ouverture, les perfections divines. L'esprit, ou la faculté rationnelle, est compté comme un organe du corps, situé dans le cœur.
[2] *Pouroucha*.
[3] *Brâhma*, ou le grand Un.
[4] Ici, comme à la fin de chaque division d'un *Oupanichad*, ou d'un chapitre quelconque dans la partie didactique des *Védas*, la dernière phrase est répétée.
[5] Car l'homme est identifié avec l'enfant procréé par lui.

matrice, j'ai reconnu toutes les naissances successives de ces déités. Une centaine de corps, comme des chaînes d'airain, me suspendent en bas : cependant, comme un faucon, je m'élève doucement. » Ainsi parla Vá'madéva, reposant dans la matrice ; et possédant cette connaissance [intuitive], il s'éleva, après avoir rompu cette prison corporelle, et montant à l'heureuse région du ciel [1], il atteignit le but de tout désir et devint immortel. Il devint immortel.

§ VI. « Quelle est cette âme, pour que nous puissions l'adorer ? Qu'est-ce que l'âme ? Est-ce ce par quoi [un homme voit] ? par quoi il entend ? par quoi il savoure les odeurs ? par quoi il émet la parole ? par quoi il discerne un goût agréable d'un autre désagréable ? Est-elle le cœur [ou l'entendement] ? le sentiment [où volonté] ? Est-elle la sensation ? ou le pouvoir d'agir ? ou le discernement ? ou la compréhension ? ou la perception ? ou la rétention ? ou l'attention ? ou l'application ? ou l'activité inquiète [la peine] ? ou la mémoire ? ou l'assentiment ? ou la détermination ? ou l'action animale ? ou le penchant ? ou le désir ?

« Ce ne sont là que des noms variés de la conception. Mais cette [âme, consistant dans la faculté de conception] est Brahma' : il est Indra, il est le Seigneur des créatures (Pradja'pati) ; ces dieux sont lui ; et tels sont ces cinq éléments primitifs, la terre, l'air, le fluide éthéré, l'eau et la lumière [2] ; ces éléments, soit seuls, soit associés avec des objets de petite dimension et d'autres semences [d'existence], et [de nouveau] avec d'autres [êtres] produits par des œufs, ou nés dans des matrices, ou procédant de l'humidité échauffée [3], ou sortant des plantes ; qu'ils soient chevaux, ou vaches, ou hommes, ou éléphants, tout ce qui vit, marche ou vole, ou tout ce qui est immobile [comme les herbes et les arbres] : tout cela est l'œil de l'intelligence. [Toute chose] est fondée sur l'intelligence ; le monde est l'œil de l'intelligence, et l'intelligence est sa base. L'intelligence est Brahma, le grand Un.

« Par cette âme intelligente intuitivement, ce sage monte du monde présent à la région bienheureuse du ciel ; et obtenant l'accomplissement de tous ses vœux, devient immortel. Il devint immortel. »

SUR LE KAUCHI'TATCHI.

Un autre *Oupanichad* de ce *Véda* appartient à un *S'ákhá* particulier, et est nommé à cause de cela et à cause du *Bráhman'a* auquel il appartient et dont il est extrait : *Kauchítatchí Bráhman'a Oupanichad*. D'après un abrégé qui en a été fait [car je n'ai par vu l'ouvrage en entier], il paraît contenir deux dialogues ; l'un, dans lequel Indra instruit Pratardana dans la théologie ; et l'autre, dans lequel Adja'tas'a'trou, roi de *Kás'i*, communique la connaissance divine à un prêtre nommé Ba'la'tchí. Une conversation pareille entre ces deux personnes se trouve pareillement dans le *Vrihadáran'yaka* du *Yadjour-véda*, comme on le fera remarquer par la suite. En ce qui touche l'autre contenu du *Bráhman'a*, dont ces dialogues sont tirés, je n'en ai pas obtenu jusqu'ici une information satisfaisante.

L'abrégé ci-dessus mentionné se rencontre dans une paraphrase métrique des douze principaux *Oupanichads* en vingt chapitres, par Vidya'ran'ya, le précepteur de M'adhava A'tcha'rya. Il emploie positivement le terme de *Kauchítatchí* comme le nom d'une *S'ákhá* du *Rig-véda*.

SUR LE BLANC YADJOUR-VÉDA.

Le *Vádjasanéyí*, ou blanc *Yadjouch*, est le plus court des *Védas*, en tant que l'on a égard à la principale partie, qui comprend les *mantras*. La *Sanhitá*, ou collection de prières et d'invocations appartenante à ce *Véda*, est comprise en quarante lectures (*adhyáya*) inégalement subdivisées en de nombreuses et courtes sections (*kandiká*) ; chacune desquelles, en général, constitue une prière ou mantra. Il est aussi divisé, comme le *Rig-véda*, en *anouvákas* ou chapitres. Le nombre des *anouvákas*, comme ils sont déterminés à la fin de l'index de ce *Véda*, paraît être de deux cent quatre-vingt-six : le nombre de sections, ou stances, à peu près de deux mille (ou exactement 1987) ; mais on y comprend plusieurs répétitions du même texte en divers endroits. Les lectures sont très-inégales, contenant de treize à cent dix-sept sections (*kandiká*).

Quoique nommé le *Yadjour-véda*, il consiste en passages dont quelques-uns portent la dénomination de *Ritch*, tandis que les autres peuvent seulement être strictement appelés *Yadjouch*. Les premiers sont, comme les prières du *Rig-véda*, en mètres : les autres sont en prose mesurée, contenant de une à cent six syllabes ; ou, lorsqu'elles dépassent cette quantité, elles sont considérées comme étant en prose non réductible à une mesure quelconque.

Le *Yadjour-véda* a rapport principalement aux oblations et aux sacrifices, comme son nom l'implique [1]. Le premier chapitre et la plus grande partie

---

[1] *Swarga*, ou place de la félicité céleste.
[2] Brahma' (au genre masculin) dénote ici, selon les commentateurs, l'esprit intelligent, dont la naissance eut lieu dans l'œuf du monde, d'où il a emprunté le nom de Hiran'yagarbha. Indra est le chef des dieux, ou déités subordonnées, entendant par là les éléments et les planètes. Pradja'pati est le premier esprit incorporé, appelé Vira'dj, et décrit dans la précédente partie de cet extrait. Les dieux sont le *feu*, et le restant, comme ils y sont décrites.
[3] La vermine et les insectes sont supposés engendrés par l'humidité échauffée.

[1] *Yadjouch* est dérivé du verbe *Yadj*, adorer ; une

tie du second, contiennent des prières adaptées pour les sacrifices à la pleine lune et au changement de lune; mais les six dernières sections concernent les offrandes aux mânes. Le sujet du troisième chapitre est la consécration d'un feu perpétuel et le sacrifice des victimes; les cinq qui suivent se rapportent principalement à la cérémonie nommée *Agnich'tóma*, laquelle renferme celle de boire le jus de l'*Asclépias acide*. Les deux qui suivent sont relatifs au *Vâdjapéya* et au *Râdjasoûya*; la dernière de ces cérémonies comprend la consécration d'un roi. Huit chapitres, depuis le onzième au dix-huitième, concernent le feu sacrificatoire; et la cérémonie nommée *Sautrâman'i*, qui était le sujet de la dernière section du dixième chapitre, occupe trois autres chapitres, depuis le dix-neuvième jusqu'au vingt et unième. Les prières dont on doit faire usage à un *As'wamêd'ha*, ou cérémonie emblématique de l'immolation d'un cheval, et d'autres animaux par un roi ambitieux de l'empire universel, sont placées dans quatre chapitres, du vingt-deuxième au vingt-cinquième. Les deux qui suivent sont des chapitres de mélanges; le *Sautrâman'i* et l'*As'wamêd'ha* sont complets dans deux autres; et le *Pourouchamêd'ha*, ou cérémonie accomplie comme le type de l'immolation allégorique de NA'RA'YAN'A, remplit le trentième et le trente et unième chapitre. Les trois qui suivent appartiennent au *Sarwamêd'ha*, ou aux prières et oblations pour un succès universel. Un chapitre suit sur le *Pitrimêd'ha*, ou obsèques en commémoraison d'un ancêtre décédé; et les cinq derniers chapitres contiennent les passages de ce *Véda* qui sont attribués à DAD'HYATCH, fils ou descendant d'ATHARVAN; quatre d'entre eux consistent en prières applicables à différents rites religieux, comme sacrements, purifications, pénitence, etc.; et le dernier est restreint à la théologie.

A l'exception de ces cinq derniers chapitres, la plupart des passages contenus dans la précédente partie de cette collection de prières sont attribués à des personnages divins. Le quarantième et dernier chapitre est un *Oupanichad*, comme nous l'avons dit, lequel est communément appelé ISA-VASYAM, des deux premiers mots qui commencent son texte; et quelquefois *Is'ad'hyâya*, nom composé du premier mot du texte et de celui de lecture: *Adhyâya*; mais le titre propre est *Oupanichad* de la *Vâdjasanêya Sanhitâ*. L'auteur, comme on l'a dit ci-dessus, est DAD'HYATCH, fils ou descendant d'ATHARVAN[1].

Une autre étymologie lui est quelquefois assignée: mais la première est plus conforme au sujet; à savoir, les sacrifices (*Yadjnya*), les oblations au feu (*Sôma*).

Selon Colebrooke, William JONES aurait traduit cet *Oupanichad* en anglais, et la traduction, conforme au commentaire de *S'ankara-atchárya*, serait imprimée dans ses œuvres posthumes. Une autre traduction anglaise du même *Oupanichad*

La seconde partie de ce *Véda* appartenante au *Mâdhyandina S'âkhâ*, est intitulée le *S'atapatha Brâhman'a*, et elle est beaucoup plus copieuse que la collection de prières. Elle consiste en quatorze livres (*kan'da*) inégalement distribués en deux parties (*bhâga*), dont la première contient dix livres, et la seconde, seulement quatre. Le nombre des lectures (*ad'hyâya*) contenues dans chaque livre, varie; et il en est ainsi des *Brâhman'as*, ou préceptes séparés, dans chaque lecture. Un autre mode de division par chapitres (*prapâtaka*), prévaut aussi dans le cours du volume; et la distinction des *Brâhman'as*, qui sont de nouveau subdivisés en courtes sections (*kan'dikâ*), est subordonnée à ces deux modes de division.

Les quatorze livres qui constituent cette partie du *Véda* comprennent une centaine de lectures, correspondantes aux soixante-huit chapitres. Le nombre entier des articles distincts intitulés *Brâhman'a*, est de quatre cent quarante: les sections (*kan'dikâ*) sont aussi comptées, et elles se montent à sept mille six cent vingt-quatre.

Le même ordre est observé dans la collection de préceptes concernant les rites religieux, que celui qui a été suivi dans l'arrangement des prières qui leur appartiennent. Le premier et le second livre traitent des cérémonies que l'on doit pratiquer à la pleine lune et au changement de lune, de la consécration du feu sacrificatoire, etc. Le troisième et le quatrième ont rapport au mode de préparer le jus de l'*Asclépias acide*, et à d'autres cérémonies qui y sont relatives, comme celle du *Djyótichtóma*, etc. Le cinquième est restreint au *Vâdjapéya* et au *Râdjasoûya*. Les quatre qui suivent enseignent la consécration du feu sacrificatoire; et le dixième, intitulé *Agnirahasya*, montre les avantages de ces cérémonies. Les trois premiers livres de la seconde partie sont déterminés par le commentateur, comme relatifs au *Sautrâman'i* et à l'*As'wamêd'ha*; et le quatrième, qui est le dernier, appartient à la théologie. Dans l'original, le treizième livre est spécialement nommé *Aswamêdhya*, et le quatorzième est intitulé *Vrihad âran'yaka*.

L'*As'wamêd'ha* et le *Pourouchamêd'ha*, célébrés dans la manière prescrite par ce *Véda*, ne sont pas réellement des sacrifices de chevaux et d'hommes. Dans la cérémonie mentionnée la première, six cent neuf animaux de diverses espèces prescrites, do-

a été faite par le Brâhmane *Ram-mohan-roy*, et elle a été imprimée à Calcutta (1816), et à Londres (1832), avec trois autres *Oupanichads*, qui sont le *Kéna*, le *Mandaka* et le *Katha* ou *Kathaka*. Nous en avons nous-même publié une traduction française en 1831, ainsi que du *Kéna-oupanichad*, avec le texte sanskrit en regard, et la version persane faite par *Dara-chékou* en 1657 de notre ère, à la suite d'un *Mémoire sur l'origine et la propagation de la doctrine du Tao* en Chine, par LAO-TSEU. Nous les reproduisons, l'un, dans l'Introduction; et l'autre, à la suite de cet Essai.

(G. P.)

mestiques et sauvages, y compris des oiseaux, des poissons et des reptiles, sont attachés, les animaux privés, à vingt et un pieux, et les animaux sauvages dans les intervalles qui séparent les piliers; et, après que certaines prières ont été récitées, les victimes sont relâchées sans leur avoir fait aucun mal.

Dans l'autre cérémonie, cent quatre-vingt-cinq hommes, des diverses tribus spécifiées, de caractères et de professions prescrites, sont attachés à onze poteaux; et après que l'hymne concernant l'immolation allégorique de Nâ'râ'yana a été récité[1], ces victimes humaines sont mises en liberté intactes; et les oblations de beurre sont faites au feu sacrificatoire.

Ce mode d'accomplir l'*As'wamêd'ha* et le *Pourouchamêd'ha*, comme des cérémonies emblématiques, non comme des sacrifices réels, est enseigné dans ce *Véda;* et l'interprétation est pleinement confirmée par les rituels[2] et par les commentateurs de la *Sanhitâ* et du *Brâhman'a*, dont l'un en donne cette raison : « Parce que la viande des victimes « qui ont été sacrifiées à un *Yadjnya* doit être man-« gée par les personnes qui ont offert le sacrifice; « mais il ne peut être permis à un homme, encore « moins peut-on exiger de lui, qu'il mange de la « chair humaine[3]. »

On peut conclure de là, ou au moins conjecturer, que les sacrifices humains ne furent pas autorisés par le *Véda* lui-même; mais, ou alors ils étaient déjà abrogés, et une cérémonie emblématique leur avait été substituée; ou ils ont dû être introduits en des temps plus récents, sur l'autorité de certains *Pourân'as* ou *Tantras*, fabriqués par des personnes qui, dans cette matière comme dans d'autres, établirent plusieurs pratiques injustifiables, sur le fonds de certains emblêmes ou d'allégories qu'ils comprirent mal.

Le cheval, qui est le sujet des cérémonies religieuses appelées *As'wamêd'ha*, est aussi, d'une manière avouée, un emblême du *Viradj* ou de l'être primordial et universel manifesté. Dans la dernière section du *Taittirîya Yadjour-véda*, les diverses parties du corps du cheval sont décrites, comme des divisions du temps et des portions de l'univers : « L'aurore est sa tête; le soleil, son œil; l'air, son souffle; la lune, son oreille, etc. » Un passage semblable du quatorzième livre du *S'atapatha-brâhman'a* décrit le même cheval allégorique, pour la méditation de celui qui ne peut pas accomplir un *As'wamêd'ha;* et la réunion des animaux vivants, constituant une victime imaginaire, à un réel *As'wamêd'ha*, représente également l'être universel,

selon les doctrines de l'Écriture indienne. Il n'est pas certain, cependant, si cette cérémonie ne donna pas aussi occasion d'en instituer une autre, non autorisée à ce qu'il paraît par les *Védas*, dans laquelle un cheval est réellement sacrifié.

Le *Vrihad-âran'yaka*, qui constitue le quatorzième livre du *S'atapatha-brâhman'a*, est la conclusion du *Vâdja-sanéyi* ou blanc *Yadjouch*. Il consiste en sept chapitres ou huit lectures : et les cinq dernières lectures dans un arrangement, correspondant aux six dernières lectures dans un autre, forment un traité théologique intitulé le *Vrihad Oupanichad*, ou *Vâdjasanéyi-brâhman'a Oupanichad*, mais plus communément cité sous le nom de *Vrihad-âran'-yaka*. La plus grande partie de ce traité est en forme de dialogue, et Ya'djnawalkya en est le principal interlocuteur. Comme un *Oupanichad*, il appartient proprement à la *Kânwâ S'âkhâ;* au moins il est ainsi cité par Vidyâran'ya, dans sa paraphrase des *Oupanichads* mentionnée précédemment. Il ne paraît pas cependant qu'il s'y trouve quelque différence matérielle, de celui reçu par l'école Ma'd'hyandina, si ce n'est dans la division des chapitres et des sections, et dans les listes des instituteurs successifs par lesquels il a été transmis.

SUR LE NOIR YADJOUR-VÉDA.

Le *Taittirîya* ou noir *Yadjouch*, est plus copieux (j'entends par rapport aux *mantras*) que le blanc *Yadjouch;* mais il l'est moins que le *Rig-véda*. La *Sanhitâ*, ou collection de prières, est arrangée en sept livres (*achtaka* ou *kan'da*) contenant de cinq à huit lectures ou chapitres (*ad'hyâya-prás'na* ou *prapâtaka*). Chaque chapitre ou lecture est subdivisée en sections (*anouvâka*), lesquelles sont également distribuées dans la troisième et le sixième livre, mais inégalement dans les autres. Le nombre entier excède six cent cinquante.

Un autre mode de division, par *kân'das*, est établi dans l'Index. Dans l'arrangement, chaque livre (*kân'da*) est relatif à un sujet séparé; et les chapitres qui y sont compris sont énumérés et décrits. Outre cela, dans la *Sanhitâ* elle-même, les textes contenus dans chaque section sont énumérés, et il en est ainsi des syllabes dans chaque texte.

La première section (*anouvâka*), dans cette collection de prières, correspond avec la première section (*kan'dika*) dans le blanc *Yadjouch*[1]; mais tout le reste diffère, et il en est ainsi de l'arrangement des sujets. Plusieurs des matières traitées sont néanmoins les mêmes dans les deux *Védas;* mais elles sont différemment placées et différemment traitées. Ainsi la

---

[1] Voyez le second *Essai sur les cérémonies religieuses des Hindous*.
[2] Je veux particulièrement désigner un rituel séparé du *Pourouchamêd'ha* par Ya'djnadé'va.
[3] Passage cité de mémoire; j'ai lu le passage il y a plusieurs années, mais je ne puis maintenant le retrouver.

[1] Traduite dans le premier *Essai sur les cérémonies religieuses des Hindous*, avec le premier vers dans chacun des trois autres *Védas*.

cérémonie appelée *Rádja-soúya* occupe un *kán'da* correspondant avec le huitième *prás'na* du premier livre (*achtaka*), et elle est précédée par deux *kán'das* relatifs au *Vádjapéya* et au mode de sa célébration, qui occupe quatorze sections dans le précédent *prás'na*. Le feu consacré est le sujet de quatre *kan'das*, qui remplissent le quatrième et le cinquième livre. Le sacrifice (*adhwara*) est décrit dans la seconde et la troisième lecture du premier livre, et dans plusieurs lectures du sixième. Le sujet est continué dans le septième et dans le huitième livre, qui traitent largement du *Djyótich'tóma*, renfermant la manière de préparer et de boire le jus de l'*Asclépias acide*. L'*As'waméd'ha*, le *Nriméd'ha* et le *Pitriméd'ha* sont traités à part chacun à leurs places; c'est-dire, dans la collection de prières et dans la seconde partie de ce *Véda*. D'autres sujets, introduits en différents endroits, sont nombreux; mais il serait ennuyeux de les spécifier tout au long.

A la seconde partie de ce *Véda* appartient un *A'ran'ya*, divisé, comme la *Sanhitá* en lectures (*prás'na*), et de nouveau subdivisé en chapitres (*anowáka*), contenant des textes ou sections, qui sont énumérés, et dans lesquels les syllabes ont aussi été comptées. Ici de même, une division par *kán'das*, d'après les différents sujets, prévaut. Les six premières lectures, et leurs *kán das* correspondants, sont relatives aux observances religieuses. Les deux qui suivent forment trois *Oupanichads*, ou, comme on les cite habituellement, deux, dont l'un est communément intitulé le *Taittiríyaka Oupanichad*, et dont l'autre est nommé le *Náráyan'a*, ou, pour le distinguer d'un autre, appartenant exclusivement à l'*A'tharva-véda*, le grand (*Mahá* ou *Vrihan*) *Náráyan'a*. Ils sont tous admis dans les collections de traités théologiques dépendants de l'*A'tharvan'a*; mais le dernier mentionné est ici subdivisé en deux *Oupanichads*.

SUR D'AUTRES OUPANICHADS DU YADJOUR-VÉDA.

Parmi les *S'ákhás* du *Yadjour-véda*, l'une, intitulée *Maitráyan'i*, fournit un *Oupanichad*, qui porte la même dénomination. Une paraphrase abrégée, qui en a été faite en vers par VIDYA'RAN'YA, le montre comme un dialogue dans lequel un sage, nommé *S'ákáyan'a*, communique au roi VRIHADRATHA la connaissance théologique dérivée d'un autre sage nommé MAITRA.

Une *Sákhá* différente de ce *Véda*, intitulée *Katha* ou le *Káthaka*, fournit un autre *Oupanichad* portant le même nom, et qui est un des *Oupanichads* les plus fréquemment cités par les écrivains du *Védánta*. C'est un extrait d'un *Bráhman'a*, et il se trouve aussi dans les collections d'*Oupanichads* appartenants à l'*A'tharvan'a*.

SWÉTA'S'WATARA, qui a donné son nom à plus d'une *S'ákhá* du *Yadjour-véda*, dont un *Oupanichad* est extrait, y est introduit comme enseignant la théologie. Cet *Oupanichad*, contenu en six chapitres ou lectures (*ad'hyáya*), se trouve dans les collections de traités théologiques appartenants à l'*A'tharva-véda*; mais, au fait, il paraît appartenir exclusivement au *Yadjoùch*.

SUR LE SA'MA-VÉDA.

Un degré particulier de sainteté semble être attaché, d'après les idées indiennes, au *Sáma-véda*, si l'on peut s'en rapporter à l'induction que suggère l'étymologie de son nom, laquelle indique, selon la dérivation [1] qui lui est habituellement assignée, l'efficacité de cette partie des *Védas*, pour effacer les péchés. Les prières appartenantes à ce *Véda* sont, comme on l'a observé ci-devant, composées en mètres, et destinées à être chantées; et leur efficacité supposée est, à ce qu'il paraît, attribuée à ce mode de les prononcer.

N'ayant pas encore pu obtenir une copie complète de ce *Véda*, ou d'un commentaire qui s'y rapporte, je ne puis que le décrire imparfaitement, d'après les fragments que j'ai pu réunir.

Une partie principale, sinon la première, du *Sáma-véda*, est celle intitulée *A'rtchika*. Elle comprend des prières, parmi lesquelles j'en trouve plusieurs qui se rencontrent constamment dans les rituels des prêtres *Sáma-védáya* ou *Tch'han'dóga*, et dont quelques-unes ont été traduites dans des premiers Essais.[2] Elles sont ici arrangées, comme il le paraît d'après deux copies de l'*A'rtchika*[3], en six chapitres (*prapátaka*), subdivisés en demi-chapitres, et en sections (*das'ati*); dix en chaque chapitre, et contenant habituellement le nombre exact de dix vers chacun. La même collection de prières, dans le même ordre, mais préparée pour être chantée, est distribuée en dix-sept chapitres, sous le titre de *Gráma-géya-gána*. C'est au moins son titre dans la seule copie que j'aie vue. Mais des rituels, désignant les mêmes prières pour être chantées, emploient la désignation d'*A'rtchika-gána*, parmi d'autres termes applicables à des modes variés de récit rhythmique.

Une autre portion du *Sáma-véda*, arrangée pour être chantée, porte le titre de *A'ran'ya-gána*. Trois

---

[1] De la racine *chó*, transformable en *só* ou *sá*, et signifiant détruire. Le dérivé est expliqué comme indiquant quelque chose qui détruit le péché.
[2] Sur les cérémonies religieuses des Hindous. Lieu cité.
[3] L'une d'entre elles est datée de près de deux siècles, en 1672 *samvat*. Cette copie offre le titre ultérieur de *Tchandasi-sanhitá*.

copies[1], qui semblent concorder exactement entre elles, offrent la même distribution en trois chapitres, qui sont subdivisés en demi-chapitres et en décades ou sections, comme l'*A'rtchika* ci-dessus mentionné[2]. Mais je n'en ai pas encore pu trouver une copie complète, détachée des additions faites pour guider ceux qui chantent les prières qu'il contient.

Les additions dont il est question consistent à prolonger le son des voyelles, à résoudre les diphtongues en deux syllabes ou en un plus grand nombre, en y insérant pareillement, en beaucoup d'endroits, d'autres syllabes additionnelles, et en outre en plaçant des marques numériques pour la direction de la voix; quelques-unes des prières étant soumises à des variations dans la manière de les chanter, sont répétées une fois ou plus, dans le but de montrer ces différences, et à la plupart sont ajoutés en forme de titre les noms appropriés de différents passages.

Sous le titre d'*A'rchaya Bráhman'a*, j'ai trouvé ce qui paraît être un index de ces deux portions du *Sáma-véda;* car les noms des passages, ou quelquefois les noms initiaux, y sont énumérés dans le même ordre sous lequel ils se présentent dans le *Gráma-géya* ou *A'rtchika,* suivi par l'*A'ran'ya-gána.* Cet index, comme les tables explicatives des autres *Védas,* ne spécifie pas le mètre de chaque prière, ni la déité à laquelle elle est adressée, ni l'occasion dans laquelle on doit en faire usage, mais seulement le *Richi* ou l'auteur; et, de la variété des noms cités dans quelques exemples, on peut tirer la conclusion que les mêmes textes sont attribués à plus d'un auteur.

On a déjà donné à entendre que les modes de chanter la même prière sont variés, et portent différentes appellations. Ainsi les rituels désignent fréquemment certains textes de ce *Véda* pour être d'abord récités simplement, à voix basse, selon le mode habituel de la prononciation à voix basse de ce *Véda,* et ensuite pour être chantés de la même manière dans un mode particulier sous la dénomination de *A'rtchika-gána,* en montrant, cependant, diverses variations et exceptions à ce mode, sous l'appellation de *Aniroukta-gána.* Ainsi, pareillement ou à peu près, les mêmes passages qui sont contenus dans l'*A'rtchika* et le *Gráma-géya,* sont arrangés dans un ordre différent, avec de nouvelles variations quant au mode de les chanter, dans une autre collection nommée l'*Ouha-gána.*

D'après la comparaison et l'examen de ces parties du *Sáma-véda,* dans lesquelles, autant que la collation de ces parties a pu être exécutée, les textes paraissent être les mêmes, arrangés seulement dans un ordre différent, et marqués pour un mode de récit différent, je suis amené à penser que les autres collections, sous des noms semblables, peuvent ne pas différer d'avantage de l'*A'rtchika* et de l'*A'ran'ya* ci-dessus mentionnés, et que ces textes peuvent peut-être constituer la totalité de cette partie du *Sáma-véda* qui correspond aux *Sanhitás* des autres *Védas.*

Sous la dénomination du *Bráhman'a,* qui est appropriée à la seconde partie ou supplément du *Véda,* divers ouvrages ont été reçus par différentes écoles du *Sáma-véda.* Quatre paraissent exister; j'en ai vu trois d'entre eux, complets ou en partie. L'un est dénommé *Chadvins'a,* probablement parce qu'il contient vingt-six chapitres. Un autre est appelé *Adbhoúta,* ou, plus au long, *Adbhoúta Bráhman'a.* La seule portion que j'aie pu voir jusqu'ici, de l'un et de l'autre, est l'apparence d'un fragment, et se termine à la fin du cinquième chapitre; les deux noms ou titres qu'ils portent y semblent placés, à ce qu'il paraît, par suite d'une même erreur; et je ne tenterai pas de déterminer auquel d'entre eux ils appartiennent réellement.

Un troisième *Bráhman'a* de ce *Véda* est appelé *Pantcha-vins'a;* et probablement il est ainsi nommé du nombre de vingt et un chapitres qui y sont compris; je conjecture que c'est le même qu'un autre que j'ai en ma possession, non désigné par un titre particulier, mais contenant ce nombre précis de chapitres.

Le mieux connu d'entre les *Bráhman'as* du *Sáma-véda* est celui intitulé *Tándya.* Le principal des *Oupanichads* de ce même *Véda* est le *Tchhandógya,* qui contient huit chapitres (*prapátakas*), qui paraissent extraits de la même partie du *Bráhman'a,* dans lequel ils sont énumérés de trois à dix. Le premier et le second n'étant pas compris dans l'*Oupanichad,* ont probablement rapport aux cérémonies religieuses[1].

Un autre *Oupanichad* du *Sáma-véda* appartient à la *S'ákhá* des *Talavákaras.* Il est appelé le *Kénéchita,* ou le *Kéna-oupanichad,* du mot ou des mots par lesquels son texte commence; et, comme il le paraît d'après le commentaire de S'ANKARA, ce traité est le neuvième chapitre (*ad'hyáya*) de l'ouvrage dont il est extrait[2].

---

[1] Colebrooke cite de cet *Oupanichad* un dialogue appartenant au cinquième chapitre, qui est d'une beauté sublime. La question traitée dans ce dialogue entre de grands sages est de savoir « *ce que c'est que notre âme? ce que c'est que* BRHAMA ou DIEU? Les uns disent que c'est le *ciel;* un autre, le *soleil;* un autre, *l'air;* un autre, *l'élément éthéré;* un autre, *l'eau;* un autre, la *terre.* » Nous regrettons beaucoup de ne pouvoir l'insérer ici. (G. P.)

[2] Voyez, dans l'Introduction, la traduction que nous en avons faite d'après le texte sanskrit. (G. P.)

---

[1] La plus ancienne de ces copies en ma possession est datée de près de trois siècles, en 1587 *samvat.*

[2] Cet *A'ran'ya* comprend près de trois cents vers (*sáman*), ou exactement deux cent quatre-vingt-dix. L'*A'rtchika* en contient deux fois autant, ou près de six cents.

SUR L'ATHARVAN-VÉDA.

La *Sanhitâ*, ou collection de prières et d'invocations, appartenante à l'*A'tharvan'a*, est comprise en vingt livres (*kân'da*) subdivisés en sections (*anouvâka*), hymnes (*soûkta*), et vers (*ritch*). Un autre mode de division par chapitres (*prapâtaka*) est aussi indiqué. Le nombre des vers est calculé à six mille quinze, les sections excèdent cent, et les hymnes se montent à plus de sept cent soixante. Le nombre des chapitres est d'environ quarante.

L'*A'tharvan-véda*, comme cela est bien connu, contient plusieurs formules d'imprécation pour la destruction des ennemis. Mais on ne devrait pas en conclure que tel est le principal sujet de ce *Véda*, puisqu'il contient aussi un grand nombre de prières pour le salut et pour détourner de soi les calamités, et, comme les autres *Védas*, de nombreux hymnes aux dieux, avec les prières que l'on doit employer dans les rites solennels et dans les pratiques religieuses, à l'exception de celles qui sont nommées *yadjnya* ou relatives aux sacrifices.

Le *Gópatha-bráhman'a* paraît appartenir à la seconde partie de ce *Véda*. Il contient cinq chapitres. Le premier a trait à l'origine du monde venant de *Brahma*, et il paraît, par la quatrième section de ce chapitre, qu'ATHARVAN est considéré comme un *Pradjâpati* (ou grand ancêtre) chargé par Brahma de créer et de protéger les êtres subordonnés.

Dans le premier chapitre, plusieurs passages remarquables, identifiant la personne primordiale (*pouroucha*) avec l'année (*samvat-sara*), font des allusions bien positives au kalendrier. Dans un endroit (la cinquième section), après avoir établi que l'année contient douze ou treize mois lunaires, la division de cette période est poursuivie jusqu'à trois cent soixante jours, et ensuite à dix mille huit cents *mouhoûrtas* ou heures.

J'arrive à la partie la plus remarquable de l'*A'tharva-véda*, consistant en traités théologiques, intitulés *Oupanichads*, qui en dépendent.

On en compte cinquante-deux ; mais on parvient à ce nombre en comptant, comme des *Oupanichads* distincts, différentes parties d'un même traité. Quatre semblables traités, comprenant huit *Oupanichads*, en même temps que six de ceux qui ont été précédemment décrits comme appartenants à d'autres *Védas*, sont continuellement cités dans les dissertations sur le *Védânta*. D'autres sont cités plus rarement, ou ne le sont pas du tout.

Il peut être convenable d'expliquer ici ce que l'on entend par *Oupanichad*. Dans les dictionnaires, ce terme est donné comme l'équivalent de *Rahasya*, qui signifie *mystère*[1]. Ce dernier terme est, dans le fait, fréquemment employé par MANOU et d'autres anciens auteurs, là où les commentateurs entendent signifier *Oupanichad*. Mais, ni l'étymologie, ni l'acception du mot qui est ici à expliquer, n'ont une connexion directe avec l'idée de secret, de caché, ou de mystère. Sa signification propre, selon SANKARA, SA'YAN'A, et d'autres commentateurs, est *divine science*, ou *la connaissance de Dieu*; et d'après les mêmes autorités, ce terme est également applicable à la théologie elle-même et à un livre dans lequel cette science est enseignée. Il dérive du verbe *sad* (*shad-lri*), détruire, se mouvoir, précédé par la préposition *oupa*, près, et *ni*, continuellement, ou *nis*, certainement. Le sens, tel qu'on peut le déduire de cette étymologie, selon les différentes explications données par les commentateurs, désigne invariablement la connaissance des perfections divines, et l'obtention qui s'ensuit de la béatitude par l'exemption des passions.

Toute la théologie indienne est ouvertement fondée sur les *Oupanichads*[1]. Ceux qui ont été précédemment décrits ont été montrés comme extraits du *Véda*. Les autres sont aussi considérés comme appartenants à l'Écriture indienne : on ne sait pas cependant d'une manière positive si ce sont des essais détachés ou s'ils ont été extraits d'un *bráhman'a* de l'*A'tharva-véda*. Je n'en ai trouvé aucun dans la *Sanhitâ* de l'*A'tharvan'a*, ni dans le *Gópatha-bráhman'a*.

Dans les meilleures copies des cinquante-deux *Oupanichads*, les quinze premiers sont dits avoir été tirés des *Saunatchîyas*, dont la *S'âkhâ* semble être la principale de l'*A'tharva-véda*. Les trente-sept autres appartiennent à différentes *S'âkhâs*, la plupart à celle de *Paippalâdis* ; mais quelques-uns d'entre eux, comme on le fera voir sont empruntés aux autres *Védas*.

CONCLUSION.

DE L'AUTHENTICITÉ ET DE L'ANCIENNETÉ DES VÉDAS.

N'ayant aucun doute sur les ouvrages décrits dans cette Notice, je pense qu'il est néanmoins convena-

---

[1] C'est le sens que paraît avoir aussi attaché à ce mot le traducteur persan des *Oupanichads*, ainsi que Anquetil Duperron qui a donné pour titre à sa version latine de la traduction persane de *Dara-chékou* (deux énormes volumes in-4°. Strasbourg, 1801) : OUPNEKHAT, *id est* SECRETUM TEGENDUM. Ce grand ouvrage, d'un esprit ardent et élevé, ne mérite pas, malgré sa latinité barbare, due au système de version littérale adopté par le traducteur, l'oubli dans lequel on l'a généralement laissé jusqu'à ce jour. Tel qu'il est, il peut donner une idée très-imparfaite, il est vrai, de la théologie védique, et il peut engager quelques indianistes à publier une version plus fidèle des *Oupanichads* d'après le texte sanskrit. G. P.

[1] Cela est expressément affirmé dans le *Védânta-sara*, vers 3.

ble de faire connaître quelques-unes des raisons sur lesquelles ma croyance à leur authenticité est fondée. Il paraît nécessaire d'établir ces raisons, depuis qu'un auteur récent a avancé d'une manière tranchante que les *Védas* étaient des livres apocryphes [1].

Il a déjà été dit précédemment que la pratique de lire les principaux *Védas* dans des modes superstitieux, tend à conserver le texte original. Des copies, préparées pour de tels modes de récitation, sont répandues dans les diverses parties de l'Inde, spécialement à *Bénarès*, à *Djeye-nagar*, et sur les bords de la *Gôdâvérî*. Des interpollations et des falsifications sont devenues impraticables, depuis que cet usage a été introduit; et le *Rig-véda*, ainsi que les deux *Yadjouchs*, appartenants aux différentes *Sâkhâs*, dans lesquels cette coutume a été adoptée, ont été par cela même, depuis longtemps, préservés de toute altération.

Les tables explicatives du contenu appartenantes aux différents *Védas*, tendent aussi à conserver la pureté du texte, puisque le sujet et une grande partie de chaque passage y sont spécifiés. L'Index, en outre, est lui-même préservé contre toute altération par plus d'une exposition de son contenu dans la forme d'un commentaire perpétuel.

C'est une opinion bien fondée et reçue par les savants dans l'Inde, qu'aucun livre n'est tout à fait exempt de changements et d'interpellations tant qu'il n'a pas été commenté; mais une fois qu'une glose a été publiée, aucune altération ne peut plus avoir lieu, parce que le commentaire perpétuel note chaque passage, et, en général, explique chaque mot.

Des commentaires sur les *Védas* eux-mêmes existent, qui assurent l'authenticité du texte. Quelques-uns sont reçus comme ayant été composés dans les premiers temps; je ne dois, cependant, m'appuyer que sur ceux auxquels je puis m'en référer avec toute certitude. J'ai des fragments de la glose d'Ouvat'a, la plus grande partie de celle de Sa'yan'a sur plusieurs *Védas*, et une glose complète de Mahidhara sur chaque *Véda*. Je possède aussi presque tout le commentaire de Sankara sur les *Oupanichads*, et une partie de celle de *Gaudapâdas*, ainsi que d'autres par différents auteurs moins célèbres.

L'authenticité des commentaires, d'un autre côté, est assurée par une foule d'annotateurs, dont les ouvrages sont de nouveau interprétés par d'autres. Cette observation est particulièrement applicable aux parties les plus importantes des *Védas*, lesquelles, comme cela est naturel, sont expliquées avec le soin le plus minutieux et en même temps le plus fastidieux.

[1] *Forgeries*, Pinkerton, dans sa *Géographie moderne*. vol II.

Le *Niroukta*, avec ses commentaires copieux sur les mots vieillis ou tombés en désuétude, et sur des passages des Écritures, assure de nouveau l'authenticité de l'exactitude du texte, comme il y est expliqué. Les renvois et les citations, dans ces ouvrages, s'accordent avec le texte des *Védas*, tel que nous le trouvons maintenant.

La grammaire de la langue *sanskrite* contient des règles applicables aux anomalies de l'ancien dialecte. Les nombreux et volumineux commentaires qui ont été faits sur l'ancien dialecte et sur d'autres parties de la grammaire, abondent en exemples tirés des *Védas*; et ici aussi, le texte actuel est exactement semblable à ces anciennes citations.

Les ouvrages philosophiques spécialement, les nombreux commentaires sur les aphorismes de la *Mîmânsâ* et du *Védânta*, éclaircissent et appuient chaque proposition avancée dans ces ouvrages par d'amples citations tirées des *Védas*. L'objet de la *Mîmânsâ* est d'établir l'évidence, la force des préceptes contenus dans l'Écriture, et de fournir des maximes pour son interprétation, et, dans le même but, des règles de raisonnement, d'après lesquelles on puisse déduire un système de logique. L'objet du *Védânta* est d'expliquer le système de théologie mystique enseignée par la révélation supposée, et de montrer son application à la poursuite enthousiaste d'une perfection impossible et d'un commerce mystique avec la Divinité. L'une et l'autre sont étroitement liées avec les *Védas*; et ici, pareillement, l'authenticité du texte est appuyée et confirmée par des renvois et des citations.

De nombreuses collections d'aphorismes, par des anciens auteurs, sur des cérémonies religieuses, contiennent, à chaque ligne, des renvois à des passages des *Védas*. Des commentaires sur ces aphorismes citent des passages d'une plus grande étendue. Des traités séparés interprètent aussi les prières employées dans les différentes cérémonies. Des rituels, quelques-uns anciens, d'autres modernes, contiennent un détail abondant du cérémonial, avec toutes les prières qui doivent être récitées dans les divers rites religieux pour lesquels elles ont été composées. De tels rituels sont encore subsistants, non-seulement pour les cérémonies qui sont constamment observées, mais pour d'autres qui sont rarement pratiquées; et même pour des cérémonies qui sont depuis longtemps tombées en désuétude. Dans tous, les passages tirés des *Védas* s'accordent avec le texte de la compilation générale.

Les législateurs indiens, avec leurs commentateurs, ainsi que les digestes copieux et les compilations faites d'après leurs ouvrages, se réfèrent fréquemment aux *Védas*, spécialement sur des points de loi qui concernent la religion. Ici aussi les citations s'accordent avec le texte actuel de l'Écriture indienne.

Des écrivains sur les sujets de morale empruntent aux *Védas* des exemples de maximes morales, et citent des passages tout au long tirés de leur sainte Écriture, à l'appui de leurs préceptes moraux[1]. Ces citations se trouvent concorder avec le texte reçu des livres sacrés.

Des citations de l'Écriture indienne se rencontrent dans chaque branche de littérature étudiée par les Hindous orthodoxes. L'astronomie, autant qu'elle a rapport avec le kalendrier, a de fréquentes occasions de s'en référer aux *Védas*. Les écrivains médicaux les citent quelquefois, et même les annotateurs des poëtes profanes se réfèrent occasionnellement à son autorité, en expliquant des passages qui renferment des allusions au texte sacré.

Les écrivains même des sectes hérétiques offrent des citations des *Védas*. J'en ai rencontré de semblables dans les livres des *Djainas*, sans aucune indication du moindre doute sur l'authenticité de l'original, quoiqu'ils n'admettent pas ses doctrines, et n'en reconnaissent pas l'autorité.

Dans toutes les branches de la littérature indienne, pendant que je lisais ou que je consultais les ouvrages des divers auteurs, j'ai trouvé des renvois perpétuels aux *Védas*, et j'ai fréquemment vérifié les citations. Sous ce rapport, je défends l'authenticité du texte de l'Écriture indienne, tel qu'il existe maintenant; et quoique les passages que j'ai ainsi vérifiés soient peu nombreux comparativement à la grande étendue des *Védas*, cependant j'ai des motifs suffisants de soutenir que, aucune science, dans les arts indignes de la supercherie et de la falsification, ne pourrait être équivalente à la tâche ardue et difficile de fabriquer des ouvrages volumineux, pour concorder avec les citations très-nombreuses qui se trouvent dans plusieurs milliers de volumes, composés sur divers sujets, dans chaque branche de littérature, et dispersés parmi les diverses nations d'Hindous, qui habitent l'*Hindoustan* et le *Dékhan*. Si quelque partie de ce qui est maintenant reçu comme le *Véda*, ne peut soutenir l'épreuve d'une semblable comparaison, elle peut être rejetée comme au moins douteuse, si non supposée. Et même telles parties qui ne pourraient pas être pleinement confirmées par une sévère investigation, devraient être admises avec précaution, ou rejetées comme mises en question. J'indiquerai certaines parties du quatrième *Véda* que je considère comme étant dans cette catégorie. Mais, avec les exceptions ici indiquées, les diverses portions des *Védas* qui ont été examinées sont exemptes de tout soupçon; et jusqu'à ce qu'elles soient déclarées inauthentiques par autre chose qu'une vague assertion, elles ont tous les titres pour être admises comme des copies authentiques de livres qui (quelque peu dignes qu'elles en aient été) ont été longtemps tenues en grande vénération par les Hindous.

Je sais que cette opinion trouvera pour contradicteurs ceux qui sont disposés à mettre en question toute la littérature indienne[1], et à la considérer tout entière comme consistant en ouvrages apocryphes, fabriqués depuis un petit nombre d'années, ou tout au plus dans les derniers siècles. Cette opinion paraît être fondée sur des assertions et des conjectures qui furent hasardées inconsidérément, qui ont été ardemment reçues, et propagées d'une manière extravagante.

En premier lieu, on doit observer qu'un ouvrage ne doit pas être condamné à la hâte, comme apocryphe, parce que, à l'examen, il paraît ne pas avoir été réellement écrit par la personne dont le nom est habituellement associé avec les citations qui en sont tirées. Car si l'ouvrage lui-même montre qu'on n'a pas eu pour but de faire croire qu'il a été écrit par cette personne, la conclusion logique est que l'on ne prétendit jamais le lui attribuer. Ainsi les deux principaux Codes de la loi Hindoue sont habituellement cités comme étant de MANOU[2] et de YA'DJNAWALKYA; mais dans les Codes eux-mêmes, ces personnages sont interlocuteurs, non auteurs; et les meilleurs commentateurs déclarent expressément que ces Institutes furent écrits par d'autres personnes que MANOU et YA'DJNAWALKYA. Le *Soúrya-siddhântá*[3] n'est pas considéré comme ayant été écrit par MAYA; mais ce personnage y est introduit comme recevant sa science d'une incarnation partielle du soleil; et leur conversation forme un dialogue qui est récité par une autre personne dans une assemblée différente. Le texte de la philosophie *Sânkhya*, d'où la secte de BOUDDHA semble avoir emprunté ses doctrines, n'est pas un ouvrage de KAPILA lui-même, quoiqu'il lui soit vulgairement attribué; mais l'ouvrage laisse évidemment voir qu'il a été composé par IS'WARA-KRICHN'A; et il est dit qu'il reçut la doctrine de KAPILA d'une manière médiate, par le moyen d'instituteurs successifs, après sa publication par PANTCHAS'IKHA, qui avait été lui-même instruit par ASOURI, le disciple de KAPILA.

En me prononçant pour l'authenticité des *Védas*, j'entends dire qu'ils sont les mêmes ouvrages, les mêmes compositions qui, sous le titre de *Védas*, ont été révérés par les Hindous pendant des centaines, sinon pendant des milliers d'années[4]. Je

---

[1] Un ouvrage intitulé : *Niti mandjart* est un exemple de ce mode de traiter des sujets moraux.

[1] Comme Bentley et d'autres indianistes de la même force. (G. P.)
[2] Le *Code* dit *de* MANOU est celui dont la traduction est publiée ci-après. (G. P.)
[3] Le plus ancien traité d'astronomie indienne. (G. P.)
[4] Quelle que soit l'époque à laquelle on veuille faire remonter la composition et l'existence des *Védas*, il en est une au-dessous de laquelle on ne pourra plus les faire descendre

regarde comme probable qu'ils furent compilés par Dwaipa'yana, la personne que l'on dit les avoir recueillis, et que pour cela même on a nommée *Vyâsa*, ou *le Compilateur*. Je ne vois aucune difficulté à admettre que ces passages, qui sont maintenant inscrits sous le nom d'auteurs humains, soit comme les *Richis*, soit comme ceux qui récitent le texte, furent attribués aux mêmes personnes, depuis aussi longtemps que la compilation a été faite; et, probablement, dans beaucoup de circonstances, ces passages furent réellement composés par les auteurs auxquels ils sont attribués. En ce qui concerne les textes qui sont attribués à des personnes divines, d'après la mythologie indienne, on peut conclure de bonne foi que les véritables auteurs de ces passages n'étaient pas connus lorsque la compilation fut faite, et, pour cette raison, ils furent attribués à des personnages fabuleux.

Les différentes parties qui constituent les *Védas* doivent avoir été écrites en différents temps. La période exacte dans laquelle elles furent compilées, ou celle dans laquelle la plus grande partie des *Védas* fut composée, ne peut être déterminée avec exactitude et confiance, d'après quelques faits reconnus cependant comme certains. Mais la contrée où la compilation des *Védas* eut lieu, peut l'être, puisque plusieurs rivières de l'Inde sont mentionnées dans plus d'un texte; et par rapport à la période, j'incline à penser que les cérémonies nommées *Yadjnya*, et les prières qui doivent être récitées à ces cérémonies, sont aussi anciennes que le kalendrier qui indique avoir été composé pour de semblables rites religieux. [Après une discussion approfondie sur l'astronomie des *Védas*, Colebrooke arrive à cette conclusion que] lorsque le kalendrier employé dans les *Védas* fut réglé, les points solsticiaux étaient calculés comme étant, l'un au commencement de la constellation *Dhanicht'há*, et l'autre au milieu de la constellation *As'léchá*; et telle était la situation de ces points cardinaux, *dans le quatorzième siècle avant l'ère chrétienne*. J'ai eu une première occasion de montrer, d'après un autre passage des *Védas*, que la correspondance des saisons avec les mois, comme les unes et les autres y sont établis, et aussi comme on les trouve indiqués dans le passage cité du *Djyótich*, s'accorde avec cette situation des points cardinaux.

J'arrive maintenant à remplir la promesse que j'ai faite de signaler telles parties des quatre *Védas* qui paraîtraient d'une authenticité douteuse. Ce sont les *Oupanichads* détachés, dont je n'ai pas fait mention précédemment, et qui ne sont pas admis dans les meilleures collections, cinquante-deux traités théologiques, appartenants à l'*A'tharva-Véda*, et même quelques-uns de ceux qui y sont compris, mais qui, autant que mes recherches me permettent de l'avancer, ne paraissent pas avoir été commentés par d'anciens auteurs, ni avoir été cités dans les anciens commentaires sur le *Védánta*. Deux de ces *Oupanichads* sont particulièrement douteux; l'un intitulé : *Ráma-tápaniya*, consistant en deux parties (*Poúrva* et *Outtara*), et l'autre appelé *Gópála tápaniya*, comprenant aussi deux parties, dont l'une est nommée *Krichn'a-oupanichad*. L'introduction au premier de ces ouvrages contient un sommaire, qui s'accorde en substance avec l'histoire mythologique de l'époux de Sita et conquérant de *Lanká*. L'autre exalte le héros de *Mathourá*.

Quoique le *Ráma-tápaniya* soit inséré dans toutes les collections d'*Oupanichads* que j'ai vues, et que le *Gópala-tápaniya* paraissent dans quelques-unes, cependant je suis porté à douter de leur authenticité, et à soupçonner qu'ils ont été écrits dans des temps modernes comparativement aux autres *Védas*. Ce soupçon est principalement fondé sur l'opinion que les sectes qui adorent maintenant Ra'ma et Krichn'a comme des incarnations de Vichn ou, sont comparativement nouvelles. Je n'ai pas trouvé, dans aucun chapitre des *Védas*, la moindre trace d'un pareil culte. La doctrine réelle de toute l'Écriture indienne est *l'unité de la divinité*, dans laquelle l'univers est compris; et le polythéisme apparent qu'elle présente offre les éléments, les étoiles, et les planètes comme dieux. Les trois principales manifestations de la divinité, ainsi que les autres attributs et énergies personnifiés, et la plupart des autres dieux de la mythologie indienne, sont effectivement mentionnés, ou au moins indiqués dans les *Védas*. Mais le culte des héros déifiés ne fait pas partie de ce système; les incarnations des divinités ne sont pas également suggérées dans aucune des portions du texte que j'ai pu voir jusqu'ici, quoiqu'il y soit fait quelquefois allusion par les commentateurs.

D'après les notions que je me suis formées de l'histoire réelle de la religion Hindoue, le culte de *Ráma* et de Krichn'a par les *Vaichn'avas*, et celui de Mahadêva et de bhava'ni, par les *Saivas* et les *Sáktas*, ont été généralement introduits, depuis la persécution des *Bouddhas* et des *Djainas*. Les institutions des *Védas* sont antérieures à Bouddha, dont la théologie semble avoir été empruntée au système de Kapila, et dont la doctrine pratique la plus claire est déclarée avoir été l'illégitimité, l'illégalité de tuer les animaux, qui, selon son opinion, étaient trop fréquemment mis à mort, dans le dessein de manger leur chair, sous le prétexte d'ac-

---

dorénavant; c'est celle du *commencement du sixième siècle de notre ère*, époque où les *quatre Védas* sont mentionnés par un prêtre bouddhique chinois voyageant dans l'Inde, et que l'auteur de cette note a le premier fait connaître dans sa traduction de la *Notice historique sur l'Inde*, tiré des écrivains chinois. Voyez *Nouveau Journal Asiatique*, décembre 1839, pag. 467-468. (G. P.)

complir un sacrifice ou *Yadjnya*. La destruction de la secte de BOUDDHA dans l'Inde n'a pas fait revivre le système religieux prescrit dans les *Védas*. Beaucoup de choses qui y sont enseignées sont maintenant tombées en désuétude; et à leur place, de nouveaux ordres de dévots religieux ont été institués, et de nouvelles formes de cérémonies religieuses ont été établies. Des rituels fondés sur les *Pourân'as*, et des observances empruntées à une source plus suspecte encore, les *Tantras*, ont, en grande partie, remplacé les institutions des *Védas*. En particulier, le sacrifice d'animaux devant les idoles de KALI [1], a remplacé la pratique moins sanguinaire du *Yadjnya* (ou sacrifice védique); et l'adoration de RA'MA et de KRICHN'A a remplacé l'adoration des éléments et des planètes. Si cette opinion que je me suis formée est fondée, il s'ensuit que les *Oupanichads* en question ont probablement été composés dans des temps postérieurs, depuis l'introduction de ces sectes qui tiennent RA'MA et KRICHN'A en particulière vénération.

D'après le même principe, tout *Oupanichad* qui favorise fortement les doctrines de ces sectes peut être rejeté, comme étant très-suspect. Tel est l'*A't-mâ-bôdha Oupanichad*, dans lequel KRICHN'A est désigné par le titre de MADHOUSOU'DANA, fils de DEVA'TCHI'; de même que le *Soundarîtâpani*, qui prêche le culte de DÊVI'.

Les autres *Oupanichads*, dont il n'a pas encore été question, autant du moins que j'ai pu m'en assurer par l'examen que j'en ai fait, n'offrent aucune

[1] Dans le Bengale et dans les provinces limitrophes, des milliers de chevreaux et de jeunes buffles sont immolés devant l'idole, dans chaque temple célèbre; et des personnes opulentes font de semblables destructions d'animaux dans leurs chapelles particulières. La secte qui a adopté ce système prévaut dans le Bengale et dans beaucoup d'autres provinces de l'Inde; le chapitre sanguinaire, traduit du *Kâlikâ-pourân'a* par M. Blaquière (*Asiatic Researches*, vol. v, pag. 371) est l'une des autorités sur lesquelles elle s'appuie. Mais la pratique n'en est pas approuvée par les autres sectes d'Hindous.

évidence interne d'une date moderne; je ne laisse la possibilité d'un doute à leur égard, que simplement parce que je n'ai pas acquis une évidence externe de leur authenticité. Mais il est probable que des recherches subséquentes pourront donner la certitude de l'exactitude de la plupart d'entre eux, comme des extraits des *Védas*, et de leur authenticité, comme ouvrages cités par des auteurs connus. Sous le point de vue de la doctrine, ils paraissent conformes aux *Oupanichads* authentiques.

La description précédente peut servir à donner quelque notion des *Védas*. Ces ouvrages sont trop volumineux [1] pour être traduits complétement, et leur contenu récompenserait difficilement le travail du lecteur; beaucoup moins encore celui du traducteur. Le dialecte ancien dans lequel ils sont composés, et spécialement celui des trois premiers *Védas*, est extrêmement difficile et obscur; et, quoique curieux, comme le père d'un langage poli et raffiné (le *sanskrit* classique), ses difficultés continueront longtemps d'empêcher un pareil examen des *Védas* entiers, tel qu'il serait exigé pour extraire tout ce qui est important et remarquable dans ces volumineux ouvrages. Mais ils méritent bien d'être consultés par les orientalistes.

[1] On a commencé, depuis quelques années, à entreprendre la traduction des *Védas*. Un indianiste allemand, d'un esprit noble et distingué, d'un savoir aussi varié que profond, Frédéric ROSEN, avait entrepris à Londres une traduction latine du *Rig-véda*; une mort prématurée et fatale à la science est venue l'enlever au milieu de sa noble tâche et au moment où il achevait l'impression du premier livre du *Rig-véda*, comprenant cent vingt et un hymnes, en sanskrit et en latin, avec des notes savantes. Londres, 1838; un vol. in-4°, publié sous ce titre : RIG-VÊDA SANHITA, *liber primus*, *Sanskritè et Latinè*; edidit FRIDERICUS ROSEN.
Une traduction d'une partie de la collection d'hymnes du *Rig-véda*, faite par le révérend J. Stevenson, accompagnée du texte et du commentaire lithographiés, a aussi paru à Bombay en 1832 ou 1833; mais il en est arrivé à peine quelques exemplaires en Europe.
M. H. H. Wilson, auquel l'étude du sanskrit doit tant d'obligations, annonce une traduction anglaise complète du *Rig-véda*, et M. L. Poley, une traduction française des *Oupanichads*.

ISA OUPANICHAD

DU YADJOUR-VÊDA,

TRADUIT DU SANSKRIT PAR G. PAUTHIER.

1. Cet Univers et tout ce qui se meut dans cet Univers, est rempli par l'énergie [la puissance], de l'Être ordonnateur; c'est pourquoi [dégagé des choses terrestres], conserve [son culte dans ton cœur]; n'entretiens point de convoitise pour la propriété de personne.

2. Que l'homme, pour accomplir ses œuvres [1], désire vivre un siècle; car dans toi, ô homme! excepté ces œuvres, il n'est rien qui ne soit atteint de souillures.

[1] *Karmâni* : c'est, selon *Sankara A'tcharia*, la pratique des cérémonies religieuses et des rites sacrés.

3. Ils s'en vont dans les lieux (*loká, mondes*) sans soleils [1], enveloppés d'une aveugle obscurité, ceux qui se suicident eux-mêmes [2] [en se livrant aux plaisirs terrestres?].

4. L'Être suprême unique (*Sanskr.* Ékam, l'Unité) ne se meut point, quoiqu'il soit plus rapide que la pensée; car les Dieux mêmes ne peuvent l'atteindre; il ne peut être perçu par les organes primitifs de la sensation [*les organes matériels ou externes*]; Il dépasse même immensément les autres organes rapides de l'Intelligence [*les organes spirituels ou internes*]. Il demeure immobile; et pendant ce temps, après avoir mesuré l'étendue de l'espace, il établit le système des mondes!

5. Il se meut, il ne se meut pas; il est éloigné, il est près; il est dans tout, il est hors de tout!

6. Celui qui voit tous les êtres dans l'Ame ou l'*Esprit* suprême, et l'Ame suprême dans tous les êtres, celui-là n'aura de mépris pour rien [3].

7. Celui qui a reconnu que les êtres sont dans l'Ame universelle [où sont cette Ame universelle], alors, qu'y a-t-il d'insensé? qu'y a-t-il de triste à découvrir l'Unité (*Ekatvam*), l'identité des choses?

8. Lui enveloppe et pénètre tout; il est sans corps, sans aspérités, sans souillures [qui exigent des ablutions]; il est pur, inaccessible au péché, [parfait], sachant tout, le grand poëte [*Kavih*], le grand prophète, plein de savoir et d'inspiration [*Manichi*]; présent partout, existant par lui-même, qui a assigné à chacun, selon ses mérites, le prix de ses œuvres dans la succession éternelle des temps.

9. Ils s'en vont dans d'épaisses ténèbres ceux qui adorent l'ignorance (des choses divines?), et ils vont dans des ténèbres plus épaisses encore, ceux qui possèdent la science [ou la connaissance].

10. Ils ont dit [*les Sages*] que la conséquence de la science, ou connaissance, est une; et ils ont dit que la conséquence de l'ignorance, est autre; c'est ce que nous avons appris aux enseignements des Sages qui nous ont transmis cette doctrine.

11. Celui qui est instruit de ces deux choses ensemble, la science et l'ignorance (*vidyam et avidyam*), après avoir surmonté la mort par l'ignorance, obtient l'immortalité par la science.

12. Ils s'en vont dans d'épaisses ténèbres, ceux qui adorent la nature incréée, [ou *Prakriti* [1]]; mais ils s'en vont dans des ténèbres encore plus épaisses, ceux qui se complaisent dans la nature créée et périssable [ou la matière [2]].

13. Ils ont dit [*les Sages*] que la conséquence de la nature périssable [ou *créée*] est une, et que la conséquence de la nature impérissable [ou *incréée*], est autre; c'est ce que nous avons appris aux enseignements des Sages, qui nous ont transmis cette doctrine.

14. Celui qui est instruit de ces deux choses ensemble, la matière périssable et la dissolution (*vinas'am*), après avoir surmonté la mort par la dissolution, obtient l'immortalité par la nature incréée, [ou *Prakriti*].

15. « Le visage [la *voie*] de la vérité, est couvert par des voiles d'or épais et prestigieux [3]; ô Soleil! nourricier du monde, dévoile la vérité [à mes regards], afin que moi, ton fidèle adorateur, je puisse voir le *soleil* de la justice et de la vérité.

16. « O Soleil! nourricier du monde! solitaire anachorète! dominateur et régulateur suprême! fils de Pradjâpati! écarte tes rayons éblouissants, retiens ton éclatante lumière, afin que je puisse contempler ta forme ravissante, et devenir partie de l'Être divin qui se meut dans toi!

17. « Puisse [mon] souffle de vie [mes esprits vitaux] être absorbé dans l'âme moléculaire et universelle de l'espace! Que ce corps matériel et périssable soit réduit en cendres!

O Dieu!

« Souviens-toi de [mes] sacrifices, souviens-toi de [mes] œuvres! Souviens-toi de [mes] sacrifices, souviens-toi de [mes] œuvres!

18. « O Agni [Dieu du feu]! conduis-nous par le droit chemin [à la récompense de nos œuvres]! ô Dieu! tu connais toutes nos actions, efface nos péchés; nous t'offrons le plus haut tribut de nos louanges! notre dernière salutation! »

---

[1] *Asouryá*, les traducteurs persans ont lu: *Asoura loká*, les mondes des *Asouras* ou démons.
[2] *Atmahanó, qui tuent leur âme*, ou *qui se tuent eux-mêmes*, probablement en ne pratiquant pas les rites religieux.
[3] Les traducteurs persans ont traduit *atma* dans le sens de *soi-même* au lieu de *grande Ame*; j'ai préféré suivre Rammohan-roy.

[1] Voyez *Essais sur la philosophie des Hindous*. tr. f. gl.
[2] Les Indiens nomment la matière informe ou créée *hiranya garbha*, l'œuf du monde, le fœtus de la création rudimentaire.
[3] Cette apostrophe au soleil est prononcée, selon Sankara Atchara, par une personne agitée à l'approche de la mort, pour avoir négligé de parvenir à la connaissance de Dieu.

MANAVA-DHARMA-SASTRA.

LOIS DE MANOU,

COMPRENANT

LES INSTITUTIONS RELIGIEUSES ET CIVILES DES INDIENS,

TRADUITES DU SANSKRIT ET ACCOMPAGNÉES DE NOTES EXPLICATIVES,

PAR A. LOISELEUR DESLONGCHAMPS.

PRÉFACE

DE L'ÉDITION DE 1833.

L'ouvrage dont je publie aujourd'hui la traduction, n'est connu en France que des Orientalistes et du petit nombre de personnes qui se livrent à l'étude comparative de la législation; on n'a pu jusqu'à présent lire les Lois de Manou que dans la traduction anglaise donnée par William Jones, il y a environ quarante ans, sous le titre de : *Institutes of Hindu law; or the ordinances of Menu, according to the gloss of Kullúka; comprising the Indian system of duties religious and civil.* Je crois donc nécessaire de faire précéder ma traduction de quelques détails sur le Livre de Manou, et sur le législateur auquel est attribué ce code, qui forme encore aujourd'hui la base du droit indien.

Les mots *Mánava-Dharma-Sástra* signifient littéralement le Livre de la Loi de Manou; ce n'est donc pas un code dans le sens ordinaire de ce mot, lequel s'applique communément à un recueil renfermant uniquement des règles pour déterminer les relations des hommes entre eux, et les peines que méritent les divers délits. C'est véritablement, comme l'entendaient les anciens peuples, le Livre de la Loi, comprenant tout ce qui regarde la conduite civile et religieuse de l'homme. En effet, outre les matières dont traite ordinairement un code, on trouve réunis, dans les Lois de Manou, un système de cosmogonie; des idées de métaphysique; des préceptes qui déterminent la conduite de l'homme dans les diverses périodes de son existence; des règles nombreuses relatives aux devoirs religieux, aux cérémonies du culte, aux observances pieuses et aux expiations; des règles de purification et d'abstinence; des maximes de morale; des notions de politique, d'art militaire et de commerce; un exposé des peines et des récompenses après la mort, ainsi que des diverses transmigrations de l'âme, et des moyens de parvenir à la béatitude.

On verra, dans le premier Livre du *Mánava-Dharma-Sástra*, que le nom de Manou, rapproché par William Jones de ceux de Ménès et de Minos, appartient à chacun des sept personnages divins qui, suivant les idées des Indiens, ont successivement gouverné le monde. C'est au premier Manou, surnommé Swâyambhouva, c'est-à-dire, issu de l'Être existant par lui-même, que le Livre de la Loi est censé avoir été révélé par Brahmâ lui-même, et le Richi Bhrigou est supposé l'avoir fait connaître. Ce code, en admettant qu'on doive l'attribuer à un antique législateur nommé Manou, que les Indiens ont ensuite divinisé et confondu avec l'un des saints personnages, qui, dans leur croyance, régissent le monde, ce code se sera conservé d'âge en âge par la tradition jusqu'au moment où il aura été rédigé en vers dans la forme qu'il a maintenant; car il est bon de dire, pour les personnes qui ne savent pas le sanskrit, que les lois de Manou sont écrites en *slokas* ou stances de deux vers, dans un mètre dont les Indiens attribuent l'invention à un saint ermite nommé Vâlmiki, que l'on croit avoir vécu quinze cents ans avant notre ère.

William Jones cite, dans la préface de sa traduction, un passage emprunté à la préface d'un traité de Lois de Nârada, où il est dit : « Manou ayant écrit les Lois de Brahmâ en cent mille slokas ou distiques, arrangés sous vingt-quatre chefs en mille chapitres, donna l'ouvrage à Nârada, le sage parmi les Dieux, qui l'abrégea, pour l'usage du genre humain, en douze mille vers, qu'il donna à un fils de Bhrigou, nommé Soumati, lequel, pour la plus grande facilité de la race humaine, les réduisit à quatre mille; les mortels ne lisent que le second abrégé fait par Soumati, tandis que les Dieux du ciel inférieur et les musiciens célestes étudient le code primitif commençant avec le cinquième vers un peu modifié de l'ouvrage qui existe actuellement sur la terre; il ne reste rien de l'abrégé de Nârada, qu'un élégant épitome d'un neuvième titre original sur l'administration de la justice. » Maintenant, ajoute William Jones, puisque les Lois de Manou, comme nous les avons, ne comprennent que deux mille six cent quatre-vingt-cinq slokas, elles ne peuvent pas être l'ouvrage entier attribué à Soumati, qui est probablement celui qu'on désigne sous le nom de *Vriddha-Mánava*, ou ancien code de Manou, et qu'on ne trouve plus entier, quoique plusieurs passages de ce code, qui ont été conservés par tradition, soient cités dans le nouveau Digeste.

L'époque où le Mânava-Dharma-Sâstra a été rédigé ne nous est guère mieux connue que le nom du véritable rédacteur, et l'on est forcé à cet égard de s'en tenir à des conjectures. Les calculs sur lesquels William Jones s'était fondé pour placer la rédaction du texte actuel vers l'an 1280, ou vers l'année 880 avant notre ère, ont paru généralement reposer sur des bases si faibles, qu'il serait inutile d'en reproduire ici le détail. Les meilleures conjectures, dans l'état de nos connaissances, sont probablement celles que l'on peut tirer du code lui-même. Les dogmes religieux y présentent toute la simplicité antique : un Dieu unique, éternel, infini, principe et essence du monde, Brahme ou Paramâtmâ (la grande Ame), sous le nom de Brahmâ, régit l'univers, dont il est tour à tour le créateur et le destructeur. On ne voit aucune trace, dans le code de Manou, de cette triade ou trinité (Trimoûrti) si fameuse dans des systèmes mythologiques sans doute postérieurs. Vichnou et Siva, que les recueils de légendes appelés Pourânas présentent comme deux Divinités égales, et même supérieures à Brahmâ, ne sont nommés qu'une seule fois en passant, et ne jouent aucun rôle, même secondaire, dans le système de créations et de destructions du monde exposé par le législateur. Les neuf Incarnations de Vichnou n'y sont pas mentionnées, et tous les Dieux nommés dans les Lois de Manou ne sont que des personnifications du ciel, des astres, des éléments, et d'autres objets pris dans la nature. Ce système mythologique paraît avoir les plus grands rapports avec celui des Védas, dont la haute antiquité est incontestable; c'est d'ailleurs un ouvrage éminemment orthodoxe, l'autorité des Védas y est sans cesse invoquée, et le législateur Vrihaspati a dit : « Manou tient le premier rang parmi les législateurs, parce qu'il a exprimé dans son code le sens entier du Véda : aucun code n'est approuvé lorsqu'il contredit le sens d'une loi promulguée par Manou. » Cette simplicité des dogmes religieux est peut-être une des preuves à alléguer en faveur de l'antiquité du code de Manou; ajoutons que, parmi les personnages historiques que l'on y trouve cités, aucun ne paraît appartenir à une époque postérieure au douzième siècle avant notre ère, et que le célèbre réformateur de la religion Brahmanique, Bouddha, qui, suivant l'opinion généralement adoptée, vivait environ mille ans avant Jésus-Christ, n'est pas mentionné une seule fois, ce dont on peut conclure que cette réforme n'avait pas encore eu lieu. Ce n'est donc pas établir une hypothèse dénuée de fondement que de faire remonter la rédaction du code de Manou au treizième siècle avant notre ère, comme l'a fait M. Chézy dans un article très-intéressant inséré dans le *Journal des Savants*, en 1831.

La partie métaphysique de la cosmogonie, qui ouvre le premier Livre du code de Manou, a été expliquée par le célèbre commentateur Koulloûka-Bhatta, suivant des idées empruntées au système philosophique Sânkhya, et le savant Colebrooke, dans les préliminaires de son Mémoire sur ce système, sans entrer dans aucun détail, paraît adopter l'opinion du scholiaste Indien. Il faut convenir toutefois que Koulloûka-Bhatta, pour ramener le texte de Manou à son interprétation, est forcé de le torturer singulièrement, et il serait sans doute possible d'expliquer la cosmogonie métaphysique de Manou d'une manière toute différente. Telle est l'opinion que M. Lassen a énoncée dans la préface de son édition de la *Sânkhya-Kârikâ*, et qu'il se réserve de développer plus tard. La connaissance parfaite que M. Lassen possède de la langue sanskrite, les recherches profondes auxquelles il s'est livré sur la philosophie indienne, le mettent à même, sans aucun doute, d'aborder cette question difficile, et de la résoudre à la grande satisfaction des Indianistes : pour moi, j'ai dû adopter simplement l'interprétation de Koulloûka-Bhatta sans la discuter; c'était le seul parti que j'eusse à prendre.

L'extrême concision du texte de Manou était, pour les scholiastes Indiens, une belle occasion d'exercer leur sagacité; aussi ce code ne manque-t-il pas de commentateurs. Parmi eux, on cite, comme les plus habiles, Médhâtithi,

fils de Bîraswâmî-Bhatta, Govindarâdja, Dharanidhara et Koulloûka-Bhatta. Ce dernier est le plus estimé. « Son commentaire, dit William Jones, est peut-être le plus précis, le plus lumineux, le moins fastueux, le plus savant, le plus profond, et encore le plus agréable qui ait été composé sur aucun auteur ancien ou moderne, européen ou asiatique. » On ignore à quelle époque vivait Koulloûka; il nous apprend lui-même qu'il appartenait à une famille honorable du district de Gaur dans le Bengale, mais qu'il avait fixé sa résidence parmi les savants sur les bords du Gange à Kâsi (Bénarès). J'ai presque toujours pris pour guide son commentaire, qui se trouve joint au Texte de Manou dans les deux éditions du Mânava-Dharma-Sâstra, publiées à Calcutta; mais je me suis aussi aidé d'un autre commentaire fort clair et fort précis en général, qui accompagne le Texte de Manou dans un des manuscrits de la Bibliothèque du Roi, et dont l'auteur est appelé Râgharânanda. A l'exemple du traducteur anglais, j'ai fait imprimer en italique la partie du commentaire que j'ai introduite dans le texte, de sorte que l'on peut du premier coup d'œil distinguer le texte des explications et des développements donnés par le scholiaste.

Quant à la prononciation des mots indiens, je dois, pour les personnes étrangères à la langue sanskrite, expliquer ce qui pourrait fournir matière à quelque erreur. Les lettres *ch* doivent toujours être prononcées d'une manière douce, comme dans *char*, *cheval*. Ainsi, pour le mot *Vasichtha*, prononcez *Vasichetha*, et non *vasiktha*. Le *g* doit toujours avoir un son dur, comme s'il était suivi d'un *u*. Ainsi, pour *Angiras*, prononcez *Anguiras*, et non *Anjiras*. L's même entre deux voyelles, ne doit jamais avoir le son du *z*. Ainsi, pour *Vaisya*, prononcez *Vaïcya*, et non *Vaizya*.

L'excellente traduction de Jones a réuni les suffrages des Indianistes, entre autres celui du savant Colebrooke, qui a presque toujours adopté cette traduction pour les passages de Manou cités dans le Digeste des lois indiennes relatives aux contrats et aux successions. Dernièrement encore le mérite de ce précieux travail a été dignement apprécié par l'illustre Schlegel, dans son intéressant et curieux ouvrage sur l'étude des langues asiatiques. « La traduction de Jones, dit M. de Schlegel, est en général d'une grande fidélité; elle tombe quelquefois dans la paraphrase, mais c'était presque inévitable, vu la brièveté des stances mesurées de l'original. Le coloris du style est surtout admirable; il respire en même temps la majesté législative et je ne sais quelle simplicité sainte et patriarcale. Nous sommes transportés comme par enchantement dans les siècles, les mœurs et la sphère d'idées qui ont concouru à mettre en vigueur ces lois religieuses et sociales, lesquelles à leur tour ont dominé une grande nation pendant des milliers d'années. » Le travail de Jones mérite entièrement les éloges que lui a donnés M. de Schlegel, et il m'a été d'un très-grand secours; cependant mon admiration pour le talent de mon devancier ne m'a pas empêché de discuter avec soin les passages de sa traduction qui me paraissaient douteux, ce qui m'a conduit quelquefois à adopter un sens différent. Enfin, j'ai fait tous mes efforts pour rendre le texte sanskrit avec le plus de fidélité et de précision possible.

Je me proposais de soumettre ma traduction à l'illustre maître dont j'ai suivi les leçons; mais le cruel fléau qui a enlevé aux sciences plusieurs personnes distinguées, a compris M. Chézy au nombre de ses victimes. Qu'il me soit permis d'exprimer les regrets que m'a causés une perte aussi douloureuse, et d'adresser à la mémoire de l'homme excellent qui m'aidait de ses conseils et m'honorait de son amitié, le tribut de gratitude que je lui dois.

A. LOISELEUR DESLONGCHAMPS.

LIVRE PREMIER.

CRÉATION [*]

1. Manou était assis, ayant sa pensée dirigée vers un seul objet; les Maharchis [1] l'abordèrent, et, après l'avoir salué avec respect, lui adressèrent ces paroles :

2. « Seigneur, daigne nous déclarer, avec exactitude et en suivant l'ordre, les lois qui concernent toutes les classes *primitives* [2], et les classes nées du mélange des premières [3].

3. « Toi seul, ô Maître, connais les actes, le principe et le véritable sens de cette règle universelle, existante par elle-même, inconcevable, dont la raison humaine ne peut pas apprécier l'étendue, *et qui est le Véda* [4]. »

4. Ainsi interrogé par ces êtres magnanimes, celui dont le pouvoir était immense, après les avoir tous salués, leur fit cette sage réponse : « Écoutez, » leur dit-il.

5. « Ce *monde* était *plongé dans* l'obscurité [1]; imperceptible, dépourvu de tout attribut distinctif, ne pouvant ni être découvert par le raisonnement, ni être révélé, il semblait entièrement livré au sommeil.

6. « *Quand la durée de la dissolution (Pralaya)* [2] *fut à son terme*, alors le Seigneur existant par lui-même, et qui n'est pas à la portée des sens externes, rendant perceptible ce monde avec les cinq éléments et les autres principes, resplendissants de l'éclat le plus pur, parut et dissipa l'obscurité, *c'est-à-dire, développa la nature (Prakriti)*.

7. « Celui que l'esprit seul peut percevoir, qui échappe aux organes des sens, qui est sans parties visibles, éternel, l'âme de tous les êtres, que nul ne peut comprendre, déploya sa propre splendeur.

8. « Ayant résolu, dans sa pensée, de faire émaner de sa substance les diverses créatures, il produisit d'abord les eaux dans lesquelles il déposa un germe.

---

[*] Voici la traduction que nous avons faite de ce grand livre des Lois de Manou; traduction qui fut insérée dans le Globe en 1829 et qui a été reproduite dans l'*Encyclopédie des Gens du monde*, art. *Cosmogonie*. On y remarquera quelques différences avec celle de M. Loiseleur Deslongchamps :

1. Manou était assis, la pensée fixée sur un objet unique, quand les grands sages, s'étant approchés de lui, et l'ayant salué avec respect, lui tinrent ce discours :

2. « Être souverainement puissant! daigne nous révéler dans l'ordre dans lequel ils doivent être exécutés, les devoirs qui concernent les quatre castes et ceux des classes mêlées.

3. « Car toi seul, ô le premier-né des êtres! tu connais le véritable sens de ces devoirs obligatoires universels, existants par eux-mêmes [a], insaisissables dans tous leurs détails par la pensée humaine, incommensurables. »

4. Ainsi interpellé par ces sages magnanimes, celui dont la puissance est infinie leur répondit en ces termes : « Écoutez!

5. « Cela (l'univers visible) n'était que ténèbres, incompréhensible à l'intelligence, indistinct, ne pouvant être connu, ni par les procédés logiques du raisonnement, ni par la sagesse humaine, et comme endormi de toutes parts.

6. « Alors le grand pouvoir existant par lui-même, lui-même n'étant point vu, mais rendant l'univers visible avec les éléments primitifs et les autres grands principes, se manifesta dans toute la puissance de sa gloire, dissipant les ténèbres.

7. « Lui, que l'esprit seul peut concevoir, dont l'essence échappe aux organes des sens, l'indécouvert et l'indécouvrable, l'éternel, le principe formateur de toutes les créatures, qu'aucune créature ne peut comprendre, apparut dans toute sa splendeur.

8. « Lui, l'esprit suprême, ayant résolu de faire sortir de sa propre substance corporelle [a] les créatures diverses, il produisit (*sasardja*) d'abord les eaux; et il déposa en elles une semence productive.

---

[1] Les Maharchis ou grands Richis, sont de saints personnages d'un ordre supérieur. On distingue plusieurs classes de Richis.

[2] Les classes primitives sont au nombre de quatre, savoir : la classe sacerdotale ou celle des Brâhmanes, la classe militaire ou royale ou celle des Kchatriyas, la classe commerçante ou agricole ou celle des Vaisyas, et la classe servile ou celle des Soûdras. Voyez plus loin, dans le même Livre, stance 31, et 87 et suivantes.

[3] Ces classes sont énumérées dans le dixième Livre.

[4] Le Véda est la Sainte Écriture des Indiens. Les principaux Védas sont au nombre de trois : le Ritch, le Yadjous et le Sâman. Les Lois de Manou les citent fréquemment, tandis que le quatrième Véda, l'Atharva, n'y est mentionné qu'une fois (Liv. XI, st. 33.) Quelques savants ont pensé que ce dernier Véda était plus moderne; mais cette opinion n'est point celle de l'illustre Colebrooke, qui a donné, dans le huitième volume des *Recherches Asiatiques*, un Mémoire très-important sur les Livres sacrés des Indiens, et qui pense que l'Atharva est au moins en partie aussi ancien que les autres Védas. Chaque Véda renferme des prières (Mantras) et des traités (Brâhmanas).

*Obligatoires à toutes les créatures qu'ils obligent; non-humains, ainsi l'explique le commentateur Koullouka, par conséquent de nature divine.

---

[1] Suivant le commentateur, par l'obscurité (Tamas) il faut entendre la nature (Prakriti). Le monde, dans le temps de la dissolution (Pralaya), à cause de son imperceptibilité, était dissous dans la nature, et la nature elle-même n'avait pas été développée par l'Ame divine (Brahmâtmâ). — La *Prakriti*, le premier des vingt-cinq principes admis par le système philosophique appelé Sànkhya, est la matière première, la cause matérielle universelle. Le système Sânkhya, avec lequel la partie métaphysique de la cosmogonie qu'on va lire parait avoir de grands rapports, a été exposé par M. Colebrooke, dans un de ses mémoires sur la Philosophie Indienne, insérés dans les Transactions de la Société Asiatique de Londres. Ces admirables Mémoires sont maintenant à la portée de tout le monde, grâce à la traduction française que M. Pauthier en a publiée (1 vol. in-8°). Cette utile publication est un vrai service rendu à la science. Les indianistes trouveront aussi un exposé du système Sânkhya dans l'excellente édition de la *Sânkhya-kârikâ* donnée par M. Lassen.

[2] Le *Pralaya* est la dissolution ou destruction du monde qui a lieu à la fin du jour de Brahmâ.

[a] Le sanskrit : *S'arirât swat*, « ex corpore suo; » Koullouka explique ce mot par *avyâkritaroûpât*, « de sa forme non encore dévoilée ou manifestée. »

9. « Ce *germe* devint un œuf brillant comme l'or, aussi éclatant que l'astre aux mille rayons, et dans lequel *l'Être suprême* naquit lui-même *sous la forme de* Brahmâ [1], l'aïeul de tous les êtres.

10. « Les eaux ont été appelées nârâs, parce qu'elles étaient la production de Nara (l'Esprit divin); ces eaux ayant été le premier lieu de mouvement (ayana) de Nara, il a, en conséquence, été nommé Nârâyana [2] (celui qui se meut sur les eaux).

11. « Par ce qui est, par la cause imperceptible, éternelle, qui existe *réellement* et n'existe pas *pour les organes*, a été produit ce divin mâle (Pouroucha), célèbre dans le monde sous le nom de Brahmâ.

12. « Après avoir demeuré dans cet œuf une année *de Brahmâ* [3], le Seigneur, par sa seule pensée, sépara cet œuf en deux parts;

13. « Et de ces deux parts, il forma le ciel et la terre; au milieu *il plaça* l'atmosphère [4], les huit régions célestes [5], et le réservoir permanent des eaux.

14. « Il exprima de l'Ame suprême [6], le sentiment

9. « Celle-ci devint un œuf brillant comme l'or éclatant de mille rayons, et de cet œuf il renaquit lui-même *Brahmâ* (l'énergie créatrice de Brahma) le grand ancêtre de tous les mondes.

10. « Les eaux ont été appelées *nées de l'homme* (nârâ), parce qu'en effet les eaux sont les filles du premier homme, ou Esprit suprême *; et comme ces mêmes eaux ont été son premier lieu ou champ d'action, il est arrivé de là que par tradition on l'a appelé *celui qui se meut sur les eaux* (Nârâyan'a).

11. « C'est par cette cause imperceptible, insaisissable aux sens, éternelle, étant elle-même *l'être* et le *non-être*, qu'a été produit ce divin mâle qui est célébré dans l'univers sous le nom de Brahma.

12. « Dans l'œuf primaire, le pouvoir souverain demeura inactif une année divine, à la fin de laquelle il fit que l'œuf se divisa de lui-même;

13. « Et de ces divisions, l'énergie créatrice de Brahma forma le ciel et la terre, l'atmosphère qui les sépare, les huit régions, le grand et éternel abîme des eaux.

14. « De l'âme suprême ** elle tira l'intelligence (*manas*,

---

[1] Brahmâ est ici le Dieu unique, créateur du monde. Dans la mythologie indienne, Vichnou et Siva lui sont adjoints, et forment avec lui la triade (Trimoûrti). Brahmâ est aussi nommé Hiranyagarbha (sorti de la matrice dorée), par allusion à l'œuf d'or.

[2] C'est Brahmâ qui est ici désigné sous le nom de Nârâyana; dans les Pourânas (antiques légendes), Nârâyana est ordinairement un des noms du dieu Vichnou.

[3] Le jour de Brahmâ, ainsi qu'on verra plus loin (st. 72 du même Livre), équivaut à 4,320,000,000 d'années humaines de 360 jours; la nuit a une durée pareille. Le jour de Brahma est appelé *kalpa*. Trente de ces kalpas forment un mois de Brahmâ; douze de ces mois, une année; l'année de Brahmâ équivaut donc à 3,110,400,000 d'années humaines.

[4] Par *atmosphère*, il faut entendre ici l'espace entre la terre et le soleil.

[5] Ces huit régions sont les quatre points cardinaux et les quatre points intermédiaires; huit dieux y président.

[6] C'est l'âme de l'univers, le *Paramâtmâ*.

* Commentaire.
** « *Brahmâ* (ou l'énergie créatrice de Brahma), dit le commentateur *Koullouka*, fit sortir de l'*âme* (*Atma*), c'est-à-dire de l'âme suprême (*paramâtma*), sous la forme de la lumière éthérée, l'intelligence instinctive, etc.

(Manas) qui existe par sa nature, et n'existe pas pour les sens; et *avant la production du sentiment, l'Ahankâra* [1] (le moi), moniteur et souverain maître;

15. « Et, *avant le sentiment et la conscience, il produisit le grand principe intellectuel* (Mahat) [2] et tout ce qui reçoit les trois qualités [3], et les cinq organes *de l'intelligence* destinés à percevoir les objets extérieurs, *et les cinq organes de l'action* [4], et les rudiments (Tanmâtras) [5] des cinq éléments.

16. « Ayant uni des molécules imperceptibles de ces six *principes* doués d'une grande énergie, savoir, les *rudiments subtils des cinq éléments et la conscience*, à des particules de ces mêmes principes transformés et devenus les éléments *et les sens*; alors il forma tous les êtres.

17. « Et parce que les six molécules imperceptibles *émanées de la substance* de cet *Être suprême*, savoir, les *rudiments subtils des cinq éléments et la conscience*, pour prendre une forme, se joignent à ces *éléments* et à *ces organes des sens*; à cause de cela, les sages ont désigné la forme visible de ce Dieu sous le nom de Sarira (qui reçoit les six molécules).

18. « Les éléments y pénètrent avec des fonctions qui leur sont propres, ainsi que le sentiment (Manas), source inépuisable des êtres, avec des attributs infiniment subtils.

mens), qui existe et n'existe pas par elle-même; et de cette intelligence, la conscience (ou ce qui produit le sentiment du moi, *egoitatem-faciens*) qui conseille intérieurement et qui gouverne;

15. « Et le grand principe intellectuel, et toutes les formes vitales revêtues des trois qualités, et les cinq organes des sens destinés à percevoir les objets extérieurs.

16. « Ayant une fois parcouru avec les émanations de l'esprit suprême les plus petites particules des six principes, immensément opérateurs, elle forma tous les êtres.

17. « Et parce que les membres substantiels de la forme (les plus petites particules de la nature visible) ont quelque chose des six émanations successives, les sages nomment dépendantes des six (*s'arîram*) sa forme visible.

18. « C'est ainsi que les grands éléments pénètrent dans cette forme visible, revêtus de leurs facultés actives, ainsi que l'intelligence avec des organes corporels; la cause périssable de toutes les formes apparentes.

---

[1] L'*Ahankâra* est la conscience, ou, plus exactement, qui produit *le moi*, ou le sentiment *du moi*.

[2] Le *Mahat* est aussi appelé *Bouddhi* (l'intelligence).

[3] Ce sont les qualités de bonté (Sattwa), de passion (Rajas), et d'obscurité (Tamas). Voyez Liv. XII, st. 24.

[4] Les philosophes indiens distinguent onze organes des sens, dix externes et un interne. Parmi les dix externes, les cinq premiers, dits organes de l'intelligence, sont l'œil, l'oreille, le nez, la langue et la peau; les cinq autres, dits organes de l'action, sont l'organe de la parole, les mains, les pieds, l'orifice inférieur du tube intestinal, et les organes de la génération. Le onzième organe, l'interne, est le sentiment (Manas), qui participe de l'intelligence et de l'action. Voyez plus loin, Liv. II, st. 89 et suiv.

[5] Cinq *Tanmâtras*, particules subtiles, rudiments ou atomes, produisent les cinq grands éléments, l'éther, l'air, le feu, l'eau et la terre.

[6] Les *Tanmâtras* ou rudiments subtils des cinq éléments en se transformant, produisent les éléments, et la conscience produit les sens. *Commentaire.*

19. « Au moyen de particules subtiles et pourvues d'une forme, de ces sept principes (Pourouchas) doués d'une grande énergie, *l'intelligence, la conscience, et les rudiments subtils des cinq éléments*, a été formé ce périssable *univers, émanation* de l'impérissable *source*.

20. « Chacun de ces *éléments*[1] acquiert la qualité de celui qui le précède, de sorte que, plus un élément est éloigné dans la série, plus il a de qualités.

21. « L'Être suprême assigna aussi, dès le principe, à chaque créature en particulier, un nom, des actes, et une manière de vivre, d'après les paroles du Véda.

22. « Le souverain Maître produisit une multitude de Dieux (Dévas) essentiellement agissants, doués d'une âme, et une troupe invisible[2] de Génies (Sâdhyas), et le sacrifice institué dès le commencement.

23. « Du feu, de l'air et du soleil, il exprima[3], pour l'accomplissement du sacrifice, les trois Védas éternels, nommés Ritch, Yadjous et Sâma.

24. « Il créa le temps et les divisions du temps, les constellations, les planètes, les fleuves, les mers, les montagnes, les plaines, les terrains inégaux,

25. « La dévotion austère, la parole, la volupté, le désir, la colère, et cette création, car il voulait donner l'existence à tous les êtres.

26. « Mais cet (univers) est formé des parties les plus subtiles de ces sept principes, manifestés humainement sous une forme visible, et doués d'une grande énergie créatrice, c'est le changeant de l'immuable.

27. « Chacun de ces éléments acquiert, dans l'ordre de sa succession, la qualité de celui qui le précède; de façon que plus un élément est éloigné de la source primitive de son développement, plus il a revêtu de qualités.

28. « Lui (l'Être suprême) assigna d'abord, à toutes les créatures, des noms distincts, des fonctions différentes, et différents devoirs, comme cela a été prescrit dans les paroles du Véda.

29. « Lui, le suprême ordonnateur, fit émaner de sa substance une multitude de divinités inférieures avec des attributs actifs et des âmes pures, et une quantité de génies d'une grande perfection, et le sacrifice éternel.

30. « Et il tira du feu, du vent et du soleil, le triple et éternel Brahma : *le Rig, le Yadjouch et le Sâma, pour l'accomplissement du sacrifice.*

31. « Il donna l'existence et des divisions au temps, aux étoiles, aux planètes, aux fleuves, aux mers, aux montagnes, aux plaines et aux vallées;

32. « A la dévotion austère, à la parole humaine, à la volupté, à l'amour, à la colère aussi; c'est ainsi qu'il opéra cette création, désirant donner l'existence aux êtres. »

On peut comparer cette *création* avec celle de la Genèse; on remarquera, entre ces deux grandes formules cos-

26. « Pour établir une différence entre les actions, il distingua le juste et l'injuste, et soumit ces créatures sensibles au plaisir et à la peine, et aux autres conditions opposées[1].

27. « Avec des particules (mâtrâs) ténues des cinq *éléments subtils*, et qui sont périssables *à l'état d'éléments grossiers*[2], tout ce *qui existe* a été formé successivement.

28. « Lorsque le souverain Maître a destiné d'abord tel ou tel être animé à une occupation quelconque, cet être l'accomplit de lui-même toutes les fois qu'il revient au monde.

29. « Quelle que soit la qualité qu'il lui ait donnée en partage au moment de la création, la méchanceté ou la bonté, la douceur ou la rudesse, la vertu ou le vice, la véracité ou la fausseté, cette qualité vient le retrouver spontanément *dans les naissances qui suivent*.

30. « De même que les saisons, dans leur retour périodique, reprennent naturellement leurs attributs spéciaux, de même les créatures animées *reprennent* les occupations *qui leur sont propres*.

31. « Cependant, pour la propagation de la race humaine, de sa bouche, de son bras, de sa cuisse et de son pied, il produisit le Brâhmane, le Kchatriya, le Vaisya et le Soûdra.

32. « Ayant divisé son corps en deux parties, le souverain Maître devint moitié mâle et moitié femelle, et, en s'unissant à cette partie femelle, il engendra Virâdj.

33. « Apprenez, nobles Brâhmanes, que celui que le divin mâle (Pouroucha), *appelé* Virâdj, a produit de lui-même, en se livrant à une dévotion austère, c'est moi, *Manou*, le créateur de tout cet *univers*.

34. « C'est moi qui, désirant donner naissance au genre humain, après avoir pratiqué les plus pénibles austérités, ai produit d'abord dix Saints éminents (Maharchis), seigneurs des créatures (Pradjâpatis), savoir :

35. « Marîtchi, Atri, Angiras, Poulastya, Poulaha, Kratou, Pratchétas *ou Dakcha*, Vasichtha, Bhrigou, et Nârada.

36. « Ces êtres tout-puissants créèrent sept autres Manous[3], les Dieux (Dévas)[4] et leurs demeures,

mogoniques, des analogies et des différences que ce n'est pas ici le lieu de signaler.   G. PAUTHIER.

---

[1] Ces conditions sont : le désir et la colère, l'amour passionné et la haine, la faim et la soif, le chagrin et l'infatuation, etc.   (*Commentaire*.)

[2] Ou bien, et qui sont susceptibles de se transformer *en éléments grossiers*.

[3] On verra plus loin (st. 79, note) que la période appelée *kalpa* embrasse les règnes de quatorze Manous. Suivant les idées des Indiens, le Manou actuel est le septième, et il sera suivi de sept autres Manous. C'est probablement d'eux qu'il est question dans cette stance; le commentaire semble l'indiquer.

[4] Les Dévas sont des génies qui ont pour chef Indra, roi

Les cinq éléments sont l'éther, l'air, le feu, l'eau et la terre. L'éther n'a qu'une qualité, le son; l'air en a deux, le son et la tangibilité; le feu en a trois, le son, la tangibilité et la couleur; l'eau en a quatre, le son, la tangibilité, la couleur et la saveur; la terre en a cinq, qui sont les quatre qui viennent d'être énoncées, plus l'odeur.   (*Commentaire*.)

¹ Soukchma, *subtile, imperceptible*.

² Littéralement, *mulsit*.

et des Maharchis doués d'un immense pouvoir;

37. « Ils créèrent les Gnomes (Yakchas)[1], les Géants (Râkchasas)[2], les Vampires (Pisâtchas)[3], les Musiciens célestes (Gandharbas)[4], les Nymphes (Apsarasas)[5], les Titans (Asouras)[6], les Dragons (Nâgas)[7], les Serpents (Sarpas)[8], les Oiseaux (Souparnas)[9], et les différentes tribus des Ancêtres divins (Pitris)[10];

38. « Les éclairs, les foudres, les nuages, les arcs colorés d'Indra, les météores, les trombes[11], les comètes, et les étoiles de diverse grandeur;

39. « Les Kinnaras[1], les singes, les poissons, les différentes espèces d'oiseaux, le bétail, les bêtes sauvages, les hommes, les animaux carnassiers pourvus d'une double rangée de dents;

40. « Les vermisseaux, les vers, les sauterelles, les poux, les mouches, les punaises, et toute espèce de mousquite piquante; enfin, les différents corps privés du mouvement.

41. « Ce fut ainsi que, d'après mon ordre, ces magnanimes sages créèrent, par le pouvoir de leurs austérités, tout cet assemblage d'êtres mobiles et immobiles, en se réglant sur les actions[2].

42. « Je vais maintenant vous déclarer quels actes particuliers ont été assignés ici-bas à chacun de ces êtres, et de quelle manière ils viennent au monde.

43. « Les bestiaux, les bêtes sauvages, les animaux carnassiers pourvus de deux rangées de dents, les géants, les vampires et les hommes, naissent d'une matrice.

44. « Les oiseaux sortent d'un œuf, de même que les serpents, les crocodiles, les poissons, les tortues, et d'autres sortes d'animaux soit terrestres *comme le lézard,* soit aquatiques *comme le poisson à coquille.*

45. « Les mousquites piquantes, les poux, les mouches, les punaises, naissent de la vapeur chaude; ils sont produits par la chaleur, de même que tout ce qui leur ressemble, *comme l'abeille, la fourmi.*

46. « Tous les corps privés du mouvement, et qui poussent soit d'une graine, soit d'un rameau *mis en terre,* naissent du développement d'un bourgeon : les herbes produisent une grande quantité de fleurs et de fruits, et périssent lorsque les fruits sont parvenus à leur maturité;

47. « Les végétaux appelés rois des forêts n'ont point de fleurs et portent des fruits; et soit qu'ils portent aussi des fleurs ou seulement des fruits, ils reçoivent le nom d'arbres sous ces deux formes;

48. « Il y a différentes sortes d'arbrisseaux croissant soit en buisson, soit en touffe; puis diverses espèces de gramens, des plantes rampantes et grimpantes. Tous ces végétaux poussent d'une semence ou d'un rameau.

49. « Entourés de la qualité d'obscurité[3] manifestée sous une multitude de formes, à cause de leurs actions précédentes, ces êtres[4], doués d'une conscience intérieure, ressentent le plaisir et la peine.

---

du ciel; ils sont aussi nommés Souras (voyez le Râmâyana, Liv. I, chap. XLV) et Adityas, de leur mère Aditi, femme de Kasyapa.

[1] Yakchas, serviteurs de Kouvéra, Dieu des richesses, et gardiens de ses jardins et de ses trésors.

[2] Râkchasas, génies malfaisants qui paraissent être de plusieurs sortes : les uns sont des géants ennemis des Dieux, comme Ravana dans le poëme épique du Râmâyana; les autres sont des espèces d'ogres ou de vampires avides de sang et de chair humaine, hantant les forêts et les cimetières, comme Hidimbha dans le curieux épisode du Mahâbhârata, publié par M. Bopp. Les Râkchasas viennent sans cesse troubler les sacrifices des pieux ermites, qui sont forcés d'appeler à leur secours des princes célèbres par leur valeur. Ainsi, dans le Râmâyana (Liv. Ier, chap. XX), le Mouni Viswâmitra vient réclamer l'assistance de Râma, fils du roi Dasaratha, et dans le drame de Sakountalâ (acte II et acte III), les ermites appellent à leur secours le roi Douchmanta. Le nombre des Râkchasas est incalculable, et ne cesse de se renouveler, les âmes criminelles étant souvent condamnées à entrer dans le corps d'un Râkchasa, et à y être logées plus ou moins longtemps, suivant la gravité de leur faute. (Voyez plus loin, Liv. XII, st. 44.)

[3] Pisâtchas, esprits méchants altérés de sang, et qui tiennent de la nature des Râkchasas, mais paraissent leur être inférieurs.

[4] Gandharbas, musiciens célestes qui font partie de la cour d'Indra, roi du firmament.

[5] Apsarâs, courtisanes ou bayadères du ciel d'Indra. Suivant les poëtes, elles sortirent de la mer pendant que les Dévas et les Asouras la barattaient dans l'espérance d'obtenir l'ambroisie (Amrita).

[6] Asouras, génies en hostilité perpétuelle avec les Dévas. Parmi ces Asouras, les uns sont appelés Daityas, de leur mère Diti, femme de Kasyapa, fils de Maritchi; les autres sont nommés Dânavas, de leur mère Danou, femme du même personnage. Les Asouras sont représentés dans les poëmes indiens comme les ennemis des Dieux (Dévas), avec lesquels ils sont sans cesse en querelle, et, chose singulière, les Dieux appellent quelquefois à leur secours un roi célèbre par sa valeur. (Voyez le drame de Sakountalâ, acte sixième.) Les Asouras sont d'un ordre fort supérieur aux Râkchasas, comme eux, ennemis des Dévas. (Voyez plus loin, Liv. XII, st. 48.)

[7] Nâgas, demi-dieux ayant une face humaine avec une queue de serpent, et le cou étendu du coluber nâga. Leur roi est Vâsouki; ils habitent les régions infernales.

[8] Sarpas, serpents d'un ordre inférieur aux Nâgas.

[9] Souparnas, oiseaux divins dont le chef est Garouda, qui est considéré dans la mythologie comme l'oiseau et la monture de Vichnou. — Les Dévas, les Asouras, les Gandharbas, les Nâgas, les Sarpas et les Souparnas, sont ordinairement considérés, dans la mythologie indienne, comme nés de Kasyapa, par diverses femmes. Ce Kasyapa est un Saint (Richi), fils de Maritchi, l'un des Pradjapatis.

[10] Les Pitris ou Dieux Mânes sont des personnages divins, ancêtres du genre humain, et qui habitent l'orbite de la lune. (Voyez plus bas, Liv. III, st. 192 et suivantes.)

[11] Il n'y a pas en français d'expression qui réponde exactement au mot sanskrit *nirghâta;* suivant la Glose, le nirghâta est un bruit surnaturel qui se fait dans la terre et dans l'air.

[1] Kinnaras, musiciens attachés au service de Kouvéra, Dieu des richesses, et qui ont une tête de cheval.

[2] C'est-à-dire, en faisant naître tel ou tel être parmi les Dieux, les hommes ou les animaux, en raison de ses actes. (*Commentaire.*)

[3] Voyez plus loin, Livre XII, st. 42.

[4] Les animaux et les végétaux.

50. « Telles ont été déclarées, depuis Brahmâ jusqu'aux végétaux, les transmigrations[1] qui ont lieu dans ce monde effroyable, qui se détruit sans cesse.

51. « Après avoir ainsi produit cet univers et moi, celui dont le pouvoir est incompréhensible disparut de nouveau, absorbé dans l'âme suprême, remplaçant le temps *de la création* par le temps *de la dissolution (Pralaya).*

52. « Lorsque ce Dieu s'éveille, aussitôt cet univers accomplit ses actes; lorsqu'il s'endort, l'esprit plongé dans un profond repos, alors le monde se dissout[2].

53. « Car, pendant son paisible sommeil, les êtres animés pourvus des principes de l'action quittent leurs fonctions, et le sentiment (Manas) tombe dans l'inertie, *ainsi que les autres sens :*

54. « Et lorsqu'ils se sont dissous en même temps dans l'Ame suprême, alors cette âme de tous les êtres dort[3] tranquillement dans la plus parfaite quiétude.

55. « Après s'être retirée dans l'obscurité *primitive*, elle y demeure longtemps avec les organes des sens, n'accomplit pas ses fonctions, et se dépouille de sa forme.

56. « Lorsque, réunissant de nouveau des principes élémentaires subtils, elle s'introduit dans une semence végétale ou animale, alors elle reprend une forme *nouvelle.*

57. « C'est ainsi que, par un réveil et par un repos alternatifs, l'Être immuable fait revivre ou mourir éternellement tout cet assemblage de créatures mobiles et immobiles.

58. « Après avoir composé ce livre *de la loi* lui-même dès le principe, il me le fit apprendre par cœur, et moi j'instruisis Marîtchi et les autres sages.

59. « Bhrigou, que voici, vous fera connaître pleinement le contenu de ce livre; car ce Mouni[4] l'a appris en entier de moi-même. »

60. Alors le Maharchi Bhrigou, ainsi interpellé par Manou, dit avec bienveillance à tous ces Richis : « Écoutez.

61. « De ce Manou Swâyambhouva (issu de l'Être existant de lui-même) descendent six autres Manous, qui chacun donnèrent naissance à une race de créatures; *ces Manous*, doués d'une âme noble et d'une énergie supérieure, *étaient :*

62. « Swârotchicha, Ottomi, Tâmasa, Raivata,

[1] On sait qu'un des dogmes indiens est la métempsycose. L'âme passe par plusieurs corps, jusqu'à ce qu'elle ait mérité d'être absorbée dans Brahme. Voyez le Liv. XII.
[2] Littéralement, *s'endort.*
[3] Bien qu'il n'y ait point de sommeil pour l'Ame suprême douée de l'omniscience, on lui applique ici la loi générale de la vie. (*Commentaire.*)
[4] Mouni, nom que l'on donne à un saint personnage pieux et instruit, qui participe plus ou moins de la nature divine, ou qui s'est élevé par la pénitence au-dessus de la nature humaine.

le glorieux Tchâkchoucha, et le fils de Vivaswat[1].

63. « Ces sept Manous tout-puissants, dont Swâyambhouva est le premier, ont chacun, pendant leur période (Antara), produit et dirigé ce *monde*, composé d'êtres mobiles et d'êtres immobiles.

64. « Dix-huit *niméchas* (clins d'œil) font une *káchthá;* trente *káchthás;* une *kalá*, trente *kalás*, un *mouhoûrta* : autant de *mouhoûrtas* composent un jour et une nuit.

65. « Le soleil établit la division du jour et de la nuit pour les hommes et pour les Dieux; la nuit *est* pour le sommeil des êtres, et le jour pour le travail.

66. « Un mois *des mortels* est un jour et une nuit des Pitris[2]; il se divise en deux quinzaines[3] : la

[1] Vaivaswata est le nom patronymique du septième Manou, et veut dire fils du soleil (Vivaswat). Au nom de Vaivaswata se rattache l'histoire du dernier déluge, rapportée par les poëmes indiens, et dont je vais donner un précis, d'après un épisode du Mahâbhârata, publié en sanskrit par M. Bopp, et dont M. Pauthier a donné une traduction française insérée dans la *Revue de Paris*, en septembre 1832. — Le saint monarque Vaivaswata se livrait aux plus rigoureuses austérités. Un jour qu'il s'acquittait de ses pratiques de dévotion sur les bords de la Virini, un petit poisson lui adressa la parole, pour le prier de le retirer de la rivière, où il serait inévitablement la proie des poissons plus gros que lui. Vaivaswata le prit, et le plaça dans un vase plein d'eau, où il finit par grossir tellement, que le vase ne pouvait plus le contenir, et Manou fut obligé de le transporter successivement dans un lac, puis dans le Gange, et enfin dans la mer; le poisson continuant toujours à grossir. Chaque fois que Manou le changeait de place, le poisson, tout énorme qu'il était, devenait facile à porter, et agréable au toucher et à l'odorat. Lorsqu'il fut dans la mer, il adressa ainsi la parole au saint personnage : « Dans peu, tout ce qui existe sur la terre sera détruit; voici le temps de la dissolution est arrivé pour tous les êtres mobiles et immobiles. Tu construiras un fort navire, pourvu de cordages, dans lequel tu t'embarqueras avec les sept Richis, après avoir pris avec toi toutes les graines. Tu m'attendras sur ce navire, et je viendrai à toi, ayant une corne sur la tête, qui me fera reconnaître. » Vaivaswata obéit : il construisit un navire, s'y embarqua, et pensa au poisson, qui se montra bientôt. Le saint attacha un câble très-fort à la corne du poisson, qui fit voguer le navire sur la mer avec la plus grande rapidité, malgré l'impétuosité des vagues et la violence de la tempête, qui ne laissait distinguer ni la terre ni les régions célestes. Le poisson traîna ainsi le vaisseau pendant un grand nombre d'années, et le fit enfin aborder sur le sommet du mont Himavat (Himâlaya), où il ordonna aux Richis d'attacher le navire. « Je suis Brahmâ, seigneur des créatures, dit-il alors; aucun être ne m'est supérieur. Sous la forme d'un poisson, je vous ai sauvés du danger. Manou, que voici, va maintenant opérer la création. » Ayant ainsi parlé, il disparut, et Vaivaswata, après avoir pratiqué des austérités, se mit à créer tous *les* êtres. — La métamorphose en poisson est communément attribuée, dans les poëmes indiens, au dieu Vichnou. Cette métamorphose, qui avait pour but de recouvrer les Védas, qu'un géant avait dérobés, est la première des neuf incarnations ou descentes de ce Dieu, nommées *Avataras.* Voyez les *Recherches Asiatiques*, vol. I, pag. 170, et vol. II, pag. 171, de la traduction française.
[2] Les Pitris ou Mânes sont les grands ancêtres du genre humain (voyez ci-dessus, st. 37) et les ancêtres déifiés des hommes; ils habitent la lune.
[3] Le mois lunaire des Indiens est divisé en deux parts (*pakchas*), chacune de quinze jours lunaires (*tithis*). La quinzaine éclairée (*souhla-pakcha*) finit avec le jour de la

quinzaine noire est, *pour les Mânes*, le jour destiné aux actions ; et la *quinzaine* blanche, la nuit consacrée au sommeil.

67. « Une année des mortels est un jour et une nuit des Dieux ; et voici quelle en est la division : le jour répond au cours septentrional du soleil, et la nuit, à son cours méridional.

68. « Maintenant, apprenez par ordre, et succinctement, quelle est la durée d'une nuit et d'un jour de Brahmâ, et de chacun des *quatre* âges (Yougas)[1].

69. « Quatre mille années *divines*[2] composent, au dire des sages, le Krita-youga ; le crépuscule qui précède est d'autant de centaines d'années ; le crépuscule qui suit est pareil.

70. « Dans les trois autres *âges*, également précédés et suivis d'un crépuscule, les milliers et les centaines d'années sont successivement diminués d'une unité[3].

71. « Ces quatre âges qui viennent d'être énumérés étant supputés ensemble, la somme *de leurs années*, qui est de douze mille[4], est dite l'âge des Dieux.

72. « Sachez que la réunion de mille âges divins[5] compose en somme un jour de Brahmâ, et que la nuit a une durée égale.

73. « Ceux qui savent que le saint jour de Brahmâ ne finit qu'avec mille âges, et que la nuit embrasse un pareil espace de temps, connaissent véritablement le jour et la nuit.

74. « A l'expiration de cette nuit, Brahmâ, qui était endormi, se réveille ; et, en se réveillant, il fait émaner l'esprit *divin* (Manas)[1], qui par son essence existe, et n'existe pas *pour les sens extérieurs*.

75. « Poussé par le désir de créer, *éprouvé par l'Ame suprême*, l'esprit *divin ou le principe intellectuel* opère la création, et donne naissance à l'éther, que les sages considèrent comme doué de la qualité du son.

76. « De l'éther, opérant une transformation, naît l'air, véhicule de toutes les odeurs, pur et plein de force, dont la propriété reconnue est la tangibilité.

77. « Par une métamorphose de l'air est produite la lumière, qui éclaire, dissipe l'obscurité, brille, et qui est déclarée avoir la forme apparente pour qualité.

78. « De la lumière, par une transformation, naît l'eau, qui a pour qualité la saveur ; de l'eau provient la terre, ayant pour qualité l'odeur : telle est la création opérée dès le principe.

79. « Cet âge des Dieux ci-dessus énoncé, et qui embrasse douze mille années *divines*, répété soixante et onze fois[2], est ce qu'on appelle ici la période d'un Manou (Manwantara).

80. « Les périodes des Manous sont innombrables, ainsi que les créations et les destructions du monde, et l'Être suprême les renouvelle comme en se jouant.

81. « Dans le Krita-youga, la Justice, sous la *forme d'un taureau*, se maintient ferme sur ses quatre pieds ; la Vérité règne, et aucun bien obtenu par les mortels ne dérive de l'iniquité.

82. « Mais dans les autres âges, par l'acquisition *illicite des richesses et de la science*, la Justice perd successivement un pied ; et *remplacés par* le vol, la fausseté et la fraude, les avantages honnêtes diminuent graduellement d'un quart.

---

pleine lune, et la quinzaine obscure (*krichna-pakcha*), avec le jour de la nouvelle lune.

[1] Ces quatre âges, appelés *Krita*, *Trétá*, *Dwápara* et *Kali*, ont été rapprochés par W. Jones des quatre âges des Grecs, l'âge d'or, l'âge d'argent, l'âge d'airain et l'âge de fer. On verra plus loin que les retours périodiques de ces quatre âges sont innombrables ; suivant les Indiens, les trois premiers âges de la période actuelle sont écoulés, et nous sommes maintenant dans le Kali-youga, qui a commencé 3101 avant J. C.

[2] L'année divine étant de 360 ans, 4,000 années divines font 1,440,000 années humaines, 400 années divines, 144,000 années humaines, qui, étant doublées, donnent 288,000. Le total du Krita-youga est donc de 1,728,000 années humaines de 360 jours.

[3] Ainsi, la durée du second âge ou Trétá-youga est de 3,000 années divines, avec deux crépuscules chacun de 300 années, ce qui fait 1,296,000 années humaines ; la durée du Dwápara-youga est de 2,400 années divines, les deux crépuscules compris, ce qui donne 864,000 années humaines ; enfin, la durée du Kali-youga est de 1200 années divines, avec les crépuscules, ce qui fait 432,000 années humaines.

[4] Ces 12,000 années répondent à 4,320,000 années humaines.

[5] Ces mille âges divins équivalent à 4,320,000,000 d'années humaines, à l'expiration desquelles a lieu le *Pralaya*, c'est-à-dire, la dissolution du monde. Alors commence la nuit de Brahmâ. A la fin de la période de 100 années, chacune de 360 kalpas ou jours de Brahmâ, aura lieu le *Mahâ-Pralaya*, c'est-à-dire, la destruction générale de l'univers ; et Brahmâ lui-même cessera d'exister. Cinquante de ces années sont écoulées

[1] Suivant le commentateur, le mot *Manas* peut s'entendre ici du principe intellectuel (*Mahat*).

[2] Ces 71 âges divins donnent 308,720,000 années humaines, auxquelles il faut ajouter la période appelée *Sandhi*, placée à la fin de chaque Manwantara, et qui est de la même durée qu'un Satya-youga, c'est-à-dire, de 4,800 années divines, ou de 1,728,000 années humaines ; ce qui fait en tout 308,448,000. Quatorze Manwantaras donnent 4,318,272,000 années ; en y ajoutant un Sandhi de 1,728,000 années, on obtient 4,320,000,000 d'années, durée du jour de Brahmâ. Chaque Manwantara est terminé par un déluge. (Voyez *Recherches Asiatiques*, tom. II, pag. 274 de la traduction française.) Nous sommes maintenant, suivant les Indiens, dans le premier jour ou kalpa du premier mois de la cinquante et unième année de l'âge de Brahmâ, et dans le vingt-huitième âge divin du septième Manwantara, celui de Vaiwasvata ; les trois premiers âges humains de cet âge divin et quatre mille neuf cent trente-trois ans de l'âge kali sont écoulés. (Voyez les *Recherches Asiatiques*, tom. II, pag. 109 et 432.) Plusieurs savants ont cherché dans l'astronomie la solution des problèmes que présente ce système chronologique qu'évidemment artificiel. On peut consulter les trois Mémoires de Jones, Davis et Bentley, dans les volumes II, III, V, VI et VII des *Recherches Asiatiques* ; et le Mémoire de M. Colebrooke sur les notions des astronomes indiens concernant la Précession des Équinoxes et les mouvements des Planètes, dans le douzième volume du même recueil.

83. « Les hommes, exempts de maladies, obtiennent l'accomplissement de tous leurs désirs, et vivent quatre cents ans pendant le premier âge; dans le Trétâ-youga et les âges suivants, leur existence perd par degrés un quart de sa durée.

84. « La vie des mortels déclarée dans le Véda, les récompenses des actions et les pouvoirs des êtres animés, portent dans ce monde des fruits proportionnés aux âges.

85. « Certaines vertus sont particulières à l'âge Krita, d'autres à l'âge Trétâ, d'autres à l'âge Dwâpara, d'autres à l'âge Kali, en proportion de la décroissance de ces âges.

86. « L'austérité domine pendant le premier âge, la science divine pendant le second, l'accomplissement du sacrifice pendant le troisième; au dire des sages, la libéralité seule pendant le quatrième âge.

87. « Pour la conservation de cette création entière, l'Être souverainement glorieux assigna des occupations différentes à ceux qu'il avait produits de sa bouche, de son bras, de sa cuisse et de son pied [1].

88. « Il donna en partage aux Brâhmanes l'étude et l'enseignement des *Védas*, l'accomplissement du sacrifice, la direction des sacrifices offerts par d'autres, le droit de donner et celui de recevoir;

89. « Il imposa pour devoirs au Kchatriya de protéger le peuple, d'exercer la charité, de sacrifier, de lire les Livres sacrés, et de ne pas s'abandonner aux plaisirs des sens.

90. « Soigner les bestiaux, donner l'aumône, sacrifier, étudier les Livres saints, faire le commerce, prêter à intérêt, labourer la terre, sont les fonctions allouées au Vaisya.

91. « Mais le souverain Maître n'assigna au Soûdra qu'un seul office, celui de servir les classes précédentes, sans déprécier leur mérite.

92. « Au-dessus du nombril, *le corps de* l'homme a été proclamé plus pur, et la bouche en a été déclarée la partie la plus pure par l'Être qui existe de lui-même.

93. « Par son origine, qu'il tire du membre le plus noble, parce qu'il est né le premier, parce qu'il possède la Sainte Écriture, le Brâhmane est de droit le seigneur de toute cette création.

94. « En effet, c'est lui que l'Être existant par lui-même, après s'être livré aux austérités, produisit dès le principe de sa propre bouche, pour l'accomplissement des offrandes aux Dieux et aux Mânes, pour la conservation de tout ce qui existe.

95. « Celui par la bouche duquel les habitants du Paradis mangent sans cesse le beurre clarifié, et les Mânes, le repas funèbre, quel être aurait-il pour supérieur?

96. « Parmi tous les êtres, les premiers sont les êtres animés; parmi les êtres animés, ceux qui subsistent par *le moyen* de leur intelligence: les hommes sont les premiers entre les êtres intelligents, et les Brâhmanes, entre les hommes;

97. « Parmi les Brâhmanes, les plus distingués sont ceux qui possèdent la science sacrée; parmi les savants, ceux qui connaissent leur devoir; parmi ceux-ci, les hommes qui l'accomplissent avec exactitude; parmi ces derniers, ceux que l'étude des Livres saints conduit à la béatitude.

98. « La naissance du Brâhmane est l'incarnation éternelle de la justice; car le Brâhmane, né pour l'exécution de la justice, est destiné à s'identifier avec Brahme [1].

99. « Le Brâhmane, en venant au monde, est placé au premier rang sur cette terre; souverain seigneur de tous les êtres, il doit veiller à la conservation du trésor des lois *civiles et religieuses*.

100. « Tout ce que ce monde renferme est en *quelque sorte* la propriété du Brâhmane; par sa primogéniture et par sa naissance *éminente*, il a droit à tout ce qui existe.

101. « Le Brâhmane ne mange que sa propre nourriture, ne porte que ses propres vêtements, ne donne que son avoir; c'est par la générosité du Brâhmane que les autres hommes jouissent des biens de ce monde.

102. « Pour distinguer les occupations du Brâhmane et celles des autres classes dans l'ordre convenable, le sage Manou, qui procède de l'Être existant par lui-même, composa ce code de lois.

103. « Ce livre doit être étudié avec persévérance par tout Brâhmane instruit, et être expliqué par lui à ses disciples, mais jamais par aucun autre homme *d'une classe inférieure*.

104. « En lisant ce livre, le Brâhmane qui accomplit exactement ses dévotions, n'est souillé par aucun péché en pensée, en parole ou en action.

105. « Il purifie une assemblée [2], sept de ses ancêtres et sept de ses descendants, et mérite seul de posséder toute cette terre.

106. « Cet excellent *livre* fait obtenir toute chose désirée; il accroît l'intelligence, il procure de la gloire et une longue existence, il mène à la béatitude suprême.

107. « La loi s'y trouve complétement exposée,

---

[1] Voyez ci-dessus, st. 21.

[1] Brahme ou Brahma est l'Être suprême, le Dieu unique, éternel, principe et essence du monde, d'où sortent tous les êtres, et où ils retournent. L'identification avec Brahme produit le *moksha*, c'est-à-dire, la délivrance des liens du corps; l'âme, désormais exempte de toute transmigration, est absorbée dans la Divinité. La délivrance finale est regardée comme le bonheur suprême; c'est l'objet des vœux de tout pieux Indien. — Il y a cette différence entre Brahma et Brahmâ, que Brahma (nom neutre) est l'Éternel, l'Être suprême, et que Brahmâ (nom masculin) est ce même Dieu se manifestant comme créateur.

[2] Voyez Liv. III, st. 183 et suiv.

ainsi que le bien et le mal des actions et les coutumes immémoriales des quatre classes.

108. « La coutume immémoriale est la principale loi approuvée par la Révélation (Srouti) et la Tradition (Smriti)[1]; en conséquence, celui qui désire le bien de son âme doit se conformer toujours avec persévérance à la coutume immémoriale.

109. « Le Brâhmane qui s'écarte de la coutume ne goûte pas le fruit de la Sainte Écriture; mais s'il l'observe exactement, il obtient une récolte complète.

110. « Ainsi les Mounis, ayant reconnu que la loi dérive de la coutume immémoriale, ont adopté ces coutumes approuvées pour base de toute pieuse austérité.

111. « La naissance du monde, la règle des sacrements (Sanskâras), les devoirs et la conduite d'un élève en théologie (Brahmatchârî), l'importante cérémonie du bain *que prend l'élève avant de quitter son maître, lorsque son noviciat est terminé;*

112. « Le choix d'une épouse, les divers modes de mariage, la manière d'accomplir les *cinq* grandes oblations (Mahâ-Yadjnas, et la célébration du service funèbre (Srâdda)[2] institué dès le principe;

113. « Les différents moyens de soutenir sa vie, les devoirs d'un maître de maison (Grihastha), les aliments permis et ceux qui sont défendus, la purification des hommes et celle des ustensiles employés;

114. « Les règlements qui regardent les femmes, le devoir austère des *Vânaprasthas ou anachorètes, celui des Sannyâsis ou dévots ascétiques, et qui conduit* à la béatitude (Mokcha), le renoncement au monde, tous les devoirs d'un roi, la décision des affaires judiciaires;

115. « Les statuts qui concernent le témoignage et l'enquête, les devoirs de l'épouse et du mari, la loi de partage des successions, les défenses contre le jeu, les châtiments à infliger aux criminels;

116. « Les devoirs des Vaisyas et des Soûdras, l'origine des classes mêlées, la règle de conduite de toutes les classes en cas de détresse, et les modes d'expiations;

117. « Les trois sortes de transmigrations qui sont dans ce monde le résultat des actions, la félicité suprême réservée aux bonnes œuvres, l'examen du bien et du mal;

118. « Et enfin les lois éternelles des différentes contrées, des classes et des familles, et les usages des différentes sectes d'hérétiques et des compagnies de marchands, ont été déclarés dans ce livre par Manou.

119. « De même que jadis, à ma prière, Manou a déclaré le contenu de ce livre, de même vous aujourd'hui apprenez-le de moi, *sans suppression ni augmentation.*

LIVRE SECOND.

SACREMENTS; NOVICIAT.

1. « Apprenez quels sont les devoirs observés par les hommes vertueux, *savants dans le Véda,* et toujours inaccessibles à la haine ainsi qu'à l'amour passionné; devoirs qui sont gravés dans les cœurs *comme les moyens de parvenir à la béatitude.*

2. « L'amour de soi-même[1] n'est pas louable; toutefois dans ce monde rien n'en est exempt; en effet, l'étude de la Sainte Écriture a pour motif l'amour de soi-même, de même que la pratique des actes que prescrivent les Livres sacrés.

3. « De l'espérance *d'un avantage* naît l'empressement; les sacrifices ont pour mobile l'espérance; les pratiques de dévotion austère et les observances pieuses sont reconnues provenir de l'espoir d'une récompense.

4. « On ne voit jamais ici-bas une action quelconque accomplie par un homme qui n'en a pas le désir; en effet, quelque chose qu'il fasse, c'est le désir qui en est le motif.

5. « En remplissant parfaitement les devoirs prescrits, *sans avoir pour mobile l'attente de la récompense,* l'homme parvient à l'immortalité[2], et, dans ce monde, il jouit *de l'accomplissement* de tous les désirs que son esprit a pu concevoir.

6. « La loi a pour bases le Véda tout entier, les ordonnances et les pratiques morales de ceux qui le possèdent, les coutumes immémoriales des gens de bien, et, *dans les cas sujets au doute,* la satisfaction intérieure.

7. « Quel que soit le devoir enjoint par Manou à tel ou tel individu, ce devoir est complètement déclaré dans la Sainte Écriture; car Manou possède toute la science divine.

8. « Le sage, après avoir entièrement examiné ce système complet de lois avec l'œil du savoir pieux, doit, reconnaissant l'autorité de la Révélation, se renfermer dans son devoir.

---

[1] La *Srouti* est l'Écriture Sainte, le Véda; la *Smriti,* la loi déclarée par les législateurs inspirés à leurs élèves, et recueillie par ces derniers. Voyez Liv. II, st. 10.
[2] Le Srâddha est une cérémonie religieuse qui a pour but de faciliter aux âmes des morts l'accès du ciel, et de les déifier en quelque sorte parmi les Mânes. Si les hommes cessaient de faire des Srâddhas, les âmes de leurs ancêtres seraient précipitées du séjour des Mânes dans l'enfer.

[1] L'amour de soi-même est l'habitude d'agir par intérêt.
(*Commentaire.*)
[2] C'est-à-dire qu'il obtient la délivrance finale.
(*Commentaire.*)

9. « Certes, l'homme qui se conforme aux règles prescrites par la Révélation (Srouti) et par la Tradition (Smriti), acquiert de la gloire dans ce monde, et obtient dans l'autre une félicité parfaite. »

10. « Il faut savoir que la Révélation est le Livre saint (Véda), et la Tradition, le Code de Lois (Dharma-Sâstra); l'une et l'autre ne doivent être contestées sur aucun point, car le système des devoirs en procède tout entier.

11. « Tout homme des trois premières classes qui, embrassant les opinions des livres sceptiques, méprise ces deux bases fondamentales, doit être exclu de la compagnie des gens de bien comme un athée et un contempteur des Livres sacrés.

12. « Le Véda, la Tradition, les bonnes coutumes, et le contentement de soi-même, sont déclarés par les sages les quatre sources du système des devoirs.

13. « La connaissance du devoir suffit à ceux qui ne sont attachés ni à la richesse ni aux plaisirs; et pour ceux qui cherchent à connaître le devoir *dans des vues intéressées*, l'autorité suprême est la Révélation divine.

14. « Mais lorsque la Révélation offre deux préceptes *en apparence contradictoires*, tous deux sont reconnus comme lois, et ces deux lois ont été déclarées par les Sages parfaitement valables.

15. « *Par exemple*, il est dit dans les Livres sacrés que le sacrifice doit être accompli après le lever du soleil, avant son lever, lorsque l'on ne voit ni le soleil ni les étoiles; en conséquence, le sacrifice peut avoir lieu dans l'un ou l'autre de ces moments.

16. « Celui pour qui, depuis la cérémonie de la conception jusqu'à *la translation* au cimetière, on accomplit toutes les cérémonies avec les prières d'usage, doit être reconnu comme ayant le privilège de lire ce code; ce qu'aucun autre ne peut avoir[1].

17. « Entre les deux rivières divines de Saraswatî[2] et de Drichadwatî[3], un espace se trouve renfermé; cette contrée, digne des Dieux, a reçu le nom de Brahmâvarta.

18. « La coutume qui s'est perpétuée dans ce pays, par la tradition immémoriale, parmi les classes primitives et les classes mêlées, est déclarée bonne coutume.

19. « **Kouroukchétra**[1], Matsya, Pantchâla ou *Kanyâkoubja*[2], Soûrasénaka ou *Mathourâ*[3], forment la contrée nommée Brahmarchi, voisine de celle de Brahmâvarta.

20. « C'est de la bouche d'un Brâhmane né dans ce pays que tous les hommes, sur la terre, doivent apprendre leurs règles de conduite spéciales.

21. « La région située entre *les monts* Himavat[4] et Vindhya[5], à l'est de Vinasana[6] et à l'ouest de Prayâga[7], est appelée Madhyadésa (pays du milieu).

22. « Depuis la mer orientale jusqu'à la mer occidentale, l'espace compris entre ces deux montagnes est désigné par les Sages sous le nom d'Aryâvarta (séjour des hommes honorables).

23. « Tout lieu où se rencontre naturellement la gazelle noire est reconnu convenable pour l'accomplissement du sacrifice; le pays des Mlétchhas en est différent[8].

24. « Ceux qui appartiennent aux trois premières classes doivent avoir grand soin de s'établir dans les lieux qui viennent d'être désignés; mais un Soûdra, s'il est en peine pour se procurer sa subsistance, peut demeurer n'importe dans quel endroit.

25. « L'origine de la loi et la production de cet univers vous ont été exposées sommairement; apprenez maintenant les lois qui concernent les classes.

26. « Avec les rites propices ordonnés par le Véda doivent être accomplis les sacrements (Sanskâras)[9]

---

[1] En conséquence, la lecture de ce code n'est permise qu'aux hommes des trois premières classes; elle est défendue aux Soûdras. (*Commentaire.*)

[2] Saraswati, rivière qui descend des montagnes qui bordent au nord-est la province de Dehli, d'où elle se dirige vers le sud-ouest, et se perd dans les sables du grand désert, dans la contrée de Bhatti. Suivant les Indiens, elle continue son cours par-dessous terre, et va se réunir au Gange et à Piamounâ, près d'Allahâbad. La Saraswati s'appelle aujourd'hui *Sarsouti*.

[3] Drichadwati, rivière qui coule au nord-est de Dehli.

[1] Kouroukchétra, contrée voisine de Dehli, qui a été le théâtre de la sanglante bataille livrée par les Pândavas aux Kóravas. Ces princes étaient les fils de deux frères, Dritaráchtra et Pândou, qui descendaient d'un roi nommé Kourou Les détails de leurs querelles sont consignés dans le grand poëme épique intitulé *Mahâbhârata*.

[2] Kanyâcoubja est un nom indien qui a été altéré en celui de Kanoudje. Le mot sanskrit *kanyâ* signifie *jeune fille*, et *koubja*, *bossu*, étymologie qui a trait à l'histoire des cent filles de Kousanâbha, roi de Kanoudje, qui furent rendues contrefaites par le Dieu Vâyou, pour avoir refusé de céder à ses désirs; le roi leur père les maria à un saint personnage nommé Brahmadatta; et au moment de la cérémonie, elles reprirent leur première beauté. (*Râmâyana*, Liv. I, chap. XXXIV.)

[3] Mathourâ, ville de la province d'Agra.

[4] L'Himavat ou Himálaya, dont le nom signifie *séjour des frimas*, est la chaîne de montagnes qui borne l'Inde vers le nord, et la sépare de la Tartarie; c'est l'Imaüs des anciens. Le Gange, l'Indus, le Brahmapoutra, et d'autres rivières considérables, sortent de ces montagnes. Dans la mythologie indienne, l'Himavat est personnifié comme époux de Ménâ, et père de Gangâ, déesse du Gange, et de Dourgâ (appelée aussi Oumâ et Pârvati), épouse du Dieu Siva. (*Râmâyana*, Liv. I, chap. XXXVI.)

[5] Le Vindhya est la chaîne de montagnes qui sépare l'Inde centrale du Dékhan, et qui s'étend de la province de Béhar presque jusqu'à celle du Gouzerat.

[6] Vinasana, contrée au nord-ouest de Dehli, dans le voisinage du moderne Panniput.

[7] Prayâga, célèbre place de pèlerinage au confluent du Gange et du Djemna, aujourd'hui Allahâbad.

[8] C'est-à-dire, qu'il n'est pas propre au sacrifice. Les Indiens entendent par *Mlétchhas* les étrangers ou barbares.

[9] Les sacrements (Sanskâras) sont des cérémonies purificatoires particulières aux trois premières classes; les principaux sont énumérés dans la stance qui suit; le mariage est le dernier sacrement.

qui purifient le corps des Dwidjas ¹, celui de la conception et les autres, qui enlèvent toute impureté dans ce monde et dans l'autre.

27. « Par des offrandes au feu pour la purification du fœtus, par la cérémonie accomplie à la naissance, par celle de la tonsure, et par celle de l'investiture du cordon sacré, toutes les souillures que le contact de la semence ou de la matrice a pu imprimer aux Dwidjas sont effacées entièrement.

28. « L'étude du Véda, les observances pieuses, les oblations au feu, l'acte de dévotion du Traividya, les offrandes *aux Dieux et aux Mânes pendant le noviciat*, la procréation des fils, les *cinq grandes oblations* et les sacrifices solennels, préparent le corps à l'absorption dans l'Être divin.

29. « Avant la section du cordon ombilical, une cérémonie est prescrite à la naissance d'un enfant mâle; on doit lui faire goûter du miel et du beurre clarifié dans une cuiller d'or ², en récitant des paroles sacrées.

30. « Que le père *accomplisse, ou s'il est absent,* fasse accomplir la cérémonie de donner un nom *à l'enfant* le dixième ou douzième jour *après la naissance,* ou dans un jour lunaire propice, dans un moment favorable, sous une étoile d'une heureuse influence.

31. « Que le nom d'un Brâhmane, *par le premier des deux mots dont il se compose,* exprime la faveur propice; celui d'un Kchatriya, la puissance; celui d'un Vaisya, la richesse; celui d'un Soûdra, l'abjection.

32. « Le nom d'un Brâhmane, *par son second mot,* doit indiquer la félicité; celui d'un guerrier, la protection; celui d'un marchand, la libéralité; celui d'un Soûdra, la dépendance.

33. « Que celui d'une femme soit facile à prononcer, doux, clair, agréable, propice; qu'il se termine par des voyelles longues, et ressemble à des paroles de bénédiction.

34. « Dans le quatrième mois, il faut sortir l'enfant de la maison *où il est né pour lui faire voir le soleil;* dans le sixième mois, lui donner à manger du riz, ou suivre l'usage adopté par la famille comme plus propice.

35. « La cérémonie de la tonsure ³, pour tous les Dwidjas, doit être faite conformément à la loi, pendant la première ou la troisième année, d'après l'injonction de la Sainte Écriture.

36. « Que l'on fasse dans la huitième année, à partir de la conception, l'initiation ¹ d'un Brâhmane; celle d'un Kchatriya, dans la onzième année; celle d'un Vaisya, dans la douzième.

37. « Pour un Brâhmane qui aspire à l'éclat que donne la science divine ², cette cérémonie peut s'accomplir dans la cinquième année; pour un Kchatriya ambitieux, dans la sixième; pour un Vaisya désireux de se livrer aux affaires commerciales, dans la huitième.

38. « Jusqu'à la seizième année pour un Brâhmane, jusqu'à la vingt-deuxième pour un Kchatriya, jusqu'à la vingt-quatrième pour un Vaisya, le temps de *recevoir l'investiture sanctifiée par la* Sâvitrî, n'est pas encore passé.

39. « Mais au delà de ce terme, *les jeunes hommes de* ces trois classes qui n'ont pas reçu ce sacrement en temps convenable, [indignes de l'initiation, excommuniés (Vrâtyas), sont en butte au mépris des gens de bien.

40. « Avec ces hommes qui n'ont pas été purifiés suivant les règles prescrites, qu'un Brâhmane, même en cas de détresse, ne contracte jamais ni liaison par l'étude de l'Écriture Sainte, ni alliance de famille.

41. « Les étudiants en théologie (Brahmatchâris) doivent porter *pour manteaux* ⁴ des peaux de gazelle noire, de cerf et de bouc; et *pour tuniques,* des tissus de chanvre ⁵, de lin ⁶ et de laine, dans l'ordre direct des classes ⁷.

42. « La ceinture d'un Brâhmane doit être de moundja ⁸, composée de trois cordes égales, et douce au toucher; celle d'un Kchatriya doit être une corde d'arc faite de moûrvâ ⁹; celle d'un Vaisya, de trois fils de chanvre.

43. « Au défaut du moundja *et des autres plantes,* que les ceintures soient faites *respectivement*

---

¹ Le mot *Dwidja* signifie *né deux fois, régénéré.* On appelle Dwidja tout homme des trois premières classes, Brâhmane, Kchatriya ou Vaisya, qui a été investi du cordon sacré. Cette investiture, ou initiation, constitue la seconde naissance des Dwidjas. Voyez plus loin, dans le même Livre, st. 169 et 170.

² Le texte porte littéralement, *on doit lui faire goûter du miel, du beurre clarifié et de l'or.*

³ Cette cérémonie consiste à raser toute la tête, à l'exception du sommet, sur lequel on laisse une mèche de cheveux.

¹ Cette initiation (*Oupanayana*), particulière aux trois premières classes, est distinguée par l'investiture du cordon sacré et de la ceinture. La communication de la Sâvitrî, la plus sainte de toutes les prières, est une partie essentielle de l'initiation. Voyez plus loin, st. 169 et st. 170.

² Comme à cet âge un enfant n'a pas encore de volonté, l'intention de son père passe pour la sienne. (*Commentaire.*)

³ On donne le nom de *Brahmatchâri* au jeune Dwidja, depuis son investiture jusqu'au moment où il devient maître de maison (*Grihastha*).

⁴ Les deux mots sanskrits *outtariya* et *adhovasana,* que j'ai traduits par *manteau* et *tunique,* signifient littéralement, le premier, *vêtement supérieur,* le second, *vêtement inférieur.*

⁵ *Sana, Cannabis sativa.* Le mot *Sana* s'applique aussi à plusieurs plantes dont on retire une sorte de chanvre, comme la crotalaire (*Crotalaria juncea*).

⁶ Kchoumâ, *Linum usitatissimum.*

⁷ C'est-à-dire, qu'un jeune Brâhmane doit porter une peau de gazelle et un tissu de chanvre; un Kchatriya, une peau de cerf et un tissu de lin; un Vaisya, une peau de bouc et un tissu de laine.

⁸ *Saccharum munja.*

⁹ *Sanseviera zeylanica.*

de kousa[1], d'asmântacâ[2] et de valwadja[3], en trois cordes, avec un seul nœud, ou bien avec trois ou cinq, *suivant les usages de la famille.*

44. « Il faut que le cordon sacré, porté sur la partie supérieure du corps, soit de coton et en trois fils pour un Brâhmane; que celui d'un Kchatriya soit de fil de chanvre; celui d'un Vaisya, de laine filée.

45. « Un Brâhmane doit, suivant la loi, porter un bâton de vilva[4] ou de palâsa[5]; celui d'un guerrier doit être de vata[6] ou de khadira[7]; celui d'un marchand, de pîlou[8] ou d'oudoumbara[9].

46. « Que le bâton d'un Brâhmane soit assez long pour atteindre ses cheveux; que celui d'un Kchatriya s'élève jusqu'à son front; celui d'un Vaisya, à la hauteur de son nez.

47. « Ces bâtons doivent tous être droits, intacts, agréables à l'œil, n'ayant rien d'effrayant, revêtus de leur écorce, et non attaqués par le feu.

48. « S'étant muni du bâton désiré, après s'être placé en face du soleil, et avoir fait le tour du feu en marchant de gauche à droite[10], que le novice aille mendier sa subsistance suivant la règle.

49. « L'initié[11] appartenant à la première des trois classes régénérées doit, en demandant l'aumône *à une femme*[12], commencer sa requête par le mot « Madame; » l'élève appartenant à la classe militaire doit placer ce mot au milieu de sa phrase, et le Vaisya, à la fin.

50. « C'est à sa mère, à sa sœur, ou à la propre sœur de sa mère, qu'il doit demander d'abord sa subsistance, ou bien à toute autre femme dont il ne puisse pas être rebuté.

51. « Après avoir ainsi recueilli sa nourriture en quantité suffisante, et l'avoir montrée à son directeur (Gourou) sans supercherie, s'étant purifié en se lavant la bouche, qu'il prenne son repas, le visage tourné vers l'orient.

52. « Celui qui mange en regardant l'orient prolonge sa vie; en regardant le midi, acquiert de la gloire; en se tournant vers l'occident, parvient au bonheur; en se dirigeant vers le nord, obtient *la récompense de* la vérité.

53. « Le Dwidja, après avoir fait son ablution, doit toujours prendre sa nourriture dans un parfait recueillement; son repas terminé, il doit se laver la bouche de la manière convenable, et arroser d'eau les *six* parties creuses de sa *tête*, *ses yeux, ses oreilles et ses narines.*

54. « Qu'il honore toujours sa nourriture, et la mange sans dégoût; en la voyant, qu'il se réjouisse, se console *lorsqu'il a du chagrin*, et fasse des vœux pour en avoir toujours autant.

55. « En effet, une nourriture constamment révérée donne la force musculaire et l'énergie virile; lorsqu'on la prend sans l'honorer, elle détruit ces deux avantages.

56. « Qu'il se garde de donner ses restes à personne, de rien manger dans l'intervalle *de ses deux repas du matin et du soir,* de prendre une trop grande quantité d'aliments, et d'aller quelque part après son repas, sans avoir auparavant lavé sa bouche.

57. « Trop manger nuit à la santé, à la durée de l'existence, au *bonheur futur dans le ciel*[1], cause l'impureté, est blâmé dans ce monde; il faut donc s'en abstenir avec soin.

58. « Que le Brâhmane fasse toujours l'ablution avec la partie pure de sa main consacrée au Véda, ou avec celle qui tire son nom du Seigneur des créatures, ou bien avec celle qui est consacrée aux Dieux, mais jamais avec la partie dont le nom dérive des Mânes (Pitris).

59. « On appelle partie consacrée au Véda celle qui est située à la racine du pouce; la partie du Créateur est à la racine du petit doigt; celle des Dieux est au bout des doigts; celle des Mânes, entre le pouce et l'index.

60. « Qu'il avale d'abord de l'eau à trois reprises, *autant qu'il en peut tenir dans le creux de sa main;* qu'il essuie ensuite deux fois sa bouche *avec la base de son pouce;* et enfin, qu'il touche avec de l'eau les cavités *ci-dessus mentionnées*[2], sa poitrine et sa tête.

61. « Celui qui connaît la loi, et qui cherche la pureté, doit toujours faire son ablution avec la partie pure de sa main, en se servant d'eaux qui ne soient ni chaudes ni écumeuses, et se tenant dans un endroit écarté, le visage tourné vers l'orient ou vers le nord.

62. « Un Brâhmane est purifié par l'eau qui descend jusqu'à sa poitrine; un Kchatriya, par celle qui va dans son gosier; un Vaisya, par celle qu'il prend dans sa bouche; un Soûdra, par celle qui touche du bout *de la langue et des lèvres.*

63. « Un Dwidja est nommé Oupavîtî lorsque sa main droite est levée, *et que le cordon sacré, ou son vêtement, est attaché sur l'épaule gauche et passe sous l'épaule droite;* il est dit Prâtchînâvîtî

---

[1] Pao cynosuroides.
[2] Spondias mangifera ou *Andropogon muricatus.*
[3] Saccharum cylindricum.
[4] Ægle marmelos.
[5] Butea frondosa.
[6] Le grand figuier des Indes, *Ficus Indica.*
[7] Mimosa Catechu.
[8] Careya arborea ou *Salvadora Persica.*
[9] Ficus glomerata.
[10] Cette cérémonie est appelée *Pradakchina.*
[11] C'est-à-dire, le novice (Brahmatchâri) investi du cordon sacré.
[12] Voyez la stance qui suit.

[1] Parce que cela empêche de s'acquitter des devoirs pieux qui font obtenir le ciel. (*Commentaire.*)
[2] Voyez st. 53.

quand sa main gauche est levée, *et que le cordon, fixe sur l'épaule droite, passe sous l'épaule gauche*; est appelé Nivîtî lorsque le cordon est attaché à on cou.

64. « Lorsque sa ceinture, la peau qui lui sert de manteau, son bâton, son cordon et son aiguière[1] sont en mauvais état, il doit les jeter dans l'eau, et s'en procurer d'autres bénits par des prières.

65. « La cérémonie du Késânta[2] est fixée à la seizième année, *à partir de la conception*, pour les Brâhmanes; à la vingt-deuxième, pour la classe militaire; pour la classe commerçante, elle a lieu deux ans plus tard.

66. « Les mêmes cérémonies, mais sans les prières (Mantras), doivent être accomplies, pour les femmes, dans le temps et dans l'ordre déclarés, afin de purifier leurs corps.

67. « La cérémonie du mariage est reconnue *par les législateurs* remplacer, pour les femmes, le sacrement *de l'initiation*, prescrit par le Véda; leur zèle à servir leur époux leur tient lieu du séjour auprès du père spirituel, et le soin de leur maison, de l'entretien du feu sacré.

68. « Telle est, comme je l'ai déclaré, la loi de l'initiation des Dwidjas, initiation qui est le signe de leur renaissance et les sanctifie: apprenez maintenant à quels devoirs ils doivent s'astreindre.

69. « Que le maître spirituel (Gourou), après avoir initié son élève *par l'investiture du cordon sacré*, lui enseigne d'abord les règles de la pureté, les bonnes coutumes, l'entretien du feu consacré, et les devoirs pieux du matin, de midi et du soir [3].

70. « Au moment d'étudier, le jeune novice ayant fait une ablution conformément à la loi, le visage tourné vers le nord, doit adresser au Livre saint l'hommage respectueux [4], et recevoir sa leçon étant couvert d'un vêtement pur, et maître de ses sens.

71. « En commençant et en finissant la lecture du Véda, que toujours il touche avec respect les pieds de son directeur (Gourou); qu'il lise les mains jointes, car tel est l'hommage dû à la Sainte Écriture.

72. « C'est en croisant ses mains qu'il doit toucher les pieds de son père spirituel, de manière à porter la main gauche sur le pied gauche, et la main droite sur le pied droit.

73. « Au moment de se mettre à lire, que le directeur, toujours attentif, lui dise: « Holà, étudie, » et qu'il l'arrête ensuite en lui disant: « Repose-toi. »

74. « Qu'il prononce toujours le monosyllabe sacré au commencement et à la fin *de l'étude* de la Saint Écriture; toute lecture qui n'est pas précédée de AUM [1] s'efface peu à peu, et celle qui n'en est pas suivie ne laisse pas de traces dans l'esprit.

75. « Assis sur des tiges de kousa [2] ayant leur sommet dirigé vers l'orient, et purifié par cette herbe sainte *qu'il tient dans ses deux mains*, purgé de toute souillure par trois suppressions de son haleine, *chacune de la durée de cinq voyelles brèves*, qu'il prononce alors le monosyllabe AUM.

76. « La lettre A, la lettre U et la lettre M, *qui, par leur réunion, forment le monosyllabe sacré*, ont été exprimées des trois Livres saints par Brahmâ, le Seigneur des créatures, ainsi que *les trois grands mots* BHOÛR, BHOUVAH et SWAR[3].

77. « Des trois Védas, le Très-Haut (Paraméchthî) [4], le Seigneur des créatures, a extrait aussi, stance (pada) par stance, cette invocation appelée SAVITRÎ [5], qui commence par le mot TAD.

[1] AUM ou OM est le monosyllabe sacré, le nom mystique de la Divinité qui précède toutes les prières et toutes les invocations. — Pour les Indiens adorateurs de la *Trimoûrti* ou Triade divine, AUM exprime l'idée des trois Dieux en un; A est le nom de Vichnou; U, celui de Siva; M, celui de Brahmâ.
[2] Le cousa (*Poa cynosuroides*) est une herbe sacrée.
[3] Ces trois mots (Vyâhritis) signifient *terre*, *atmosphère*, *ciel*. Ce sont les noms des trois mondes.
[4] Littéralement, *celui qui réside au séjour suprême*.
[5] Je crois devoir citer ici en entier l'hymne de Viswâmitra au soleil, dont la Sâvitrî fait partie. Je l'ai traduit sur le texte sanskrit publié par M. Rosen, dans son *Specimen du Rig-Véda*, en m'aidant de la traduction latine littérale qu'il y a jointe. M. Colebrooke avait déjà traduit cet hymne en anglais dans son mémoire sur les Védas. [Voy. ci-dessus, p. 315.]

HYMNE AU SOLEIL.

I.

1. Cet excellent et nouvel éloge de toi, ô radieux et brillant Soleil! t'est adressé par nous.
2. Daigne agréer mon invocation; visite mon âme avide, comme un homme amoureux va trouver une femme.
3. Que le Soleil, qui voit et contemple toutes choses, soit notre protecteur.

II.

1. Méditons sur la lumière admirable du Soleil (Savitri) resplendissant; qu'il dirige notre intelligence.
2. Avides de nourriture, nous sollicitons par une humble prière les dons du Soleil adorable et resplendissant.
3. Les prêtres et les Brâhmanes, par des sacrifices et par des cantiques, honorent le Soleil resplendissant, guidés par leur intelligence.

Cet hymne est, comme on voit, divisé en deux strophes, chacune de trois stances. La seconde strophe, qui, en sanskrit, commence par le mot TAD, est probablement la Sâvitrî dont il est question dans le texte de Manou, et par les trois padas, il faut, à ce que je crois, entendre les trois stances dont se compose cette seconde strophe. Les Indiens ne récitent souvent que la première stance de la Sâvitrî, et cette stance est particulièrement désignée sous le nom de *Gâyatrî*. Cependant les mots *Sâvitrî* et *Gâyatrî* paraissent être employés indifféremment par les deux commentateurs des lois de Manou, Koullouca et Râghavânanda.

---

[1] L'aiguière (Kamandalou) est un pot à l'eau, de terre ou de bois, dont se servent les élèves et les dévots ascétiques.
[2] Le *Késânta* est indiqué par le commentateur comme un sacrement (Sanskâra) sans autre explication. Suivant W. Jones, c'est une cérémonie dans laquelle on coupe la chevelure; tandis que, selon M. Wilson (*Sanskrit Dictionary*), le Késânta est le devoir de donner l'aumône, de faire des présents, etc.
[3] Ces devoirs pieux sont appelés *Sandhyâs*.
[4] Ce salut respectueux, nommé *Andjali*, consiste à incliner légèrement la tête en rapprochant l'une de l'autre les paumes des mains et en les élevant jusqu'au milieu du front.

78. « En récitant à voix basse [1]; matin et soir, le monosyllabe et cette prière *de la Sâvitrî*, précédée des trois mots (Vyâhritis) *Bhour, Bhouvah, Swar,* tout Brâhmane qui connaît parfaitement les Livres sacrés obtient la sainteté que le Véda procure.

79. « En répétant mille fois dans un lieu écarté cette triple invocation, *composée du monosyllabe mystique, des trois mots et de la prière,* un Dwidja se décharge en un mois, même d'une grande faute, comme un serpent de sa peau.

80. « Tout membre des classes sacerdotale, militaire et commerçante qui néglige cette prière, et qui ne s'acquitte pas en temps convenable de ses devoirs pieux, est en butte au mépris des gens de bien.

81. « Les trois grands mots inaltérables, précédés du monosyllabe AUM, et suivis de la Sâvitrî, qui se compose de trois stances (padas), doivent être reconnus comme la principale partie du Véda, *ou comme le moyen d'obtenir la béatitude éternelle.*

82. « Celui qui, pendant trois années, répète tous les jours cette prière sans y manquer, ira retrouver la Divinité suprême (Brahme), aussi léger que le vent, revêtu d'une forme immortelle.

83. « Le monosyllabe mystique est le Dieu suprême; les suppressions de l'haleine, *pendant lesquelles on récite le monosyllabe, les trois mots et la Sâvitrî tout entière,* sont l'austérité pieuse la plus parfaite; rien n'est au-dessus de la Sâvitrî; *la déclaration de la vérité est préférable au silence.*

84. « Tous les actes pieux prescrits par le Véda, tels que les oblations au feu et les sacrifices, passent sans résultat; mais le monosyllabe est inaltérable, c'est *le symbole de* Brahme, le Seigneur des créatures.

85. « L'offrande qui consiste dans la prière faite à voix basse, *et composée du monosyllabe, des trois mots et de la Sâvitrî,* est dix fois préférable au sacrifice régulier [2]; lorsque la prière est récitée de manière qu'on ne puisse pas l'entendre, elle vaut cent fois mieux; faite mentalement, elle a mille fois plus de mérite.

86. « Les quatre oblations domestiques, réunies au sacrifice régulier, ne valent pas la seizième partie de l'offrande, qui ne consiste que dans la prière à voix basse.

87. « Par la prière à voix basse, un Brâhmane peut, sans aucun doute, parvenir à la béatitude, qu'il fasse ou ne fasse pas tout autre acte pieux; étant ami (Maitra) des créatures, *auxquelles il ne fait aucun mal, même quand la loi l'y autorise,*

puisqu'il n'offre point de sacrifices, il est dit justement uni à Brahme (Brâhmana).

88. « Lorsque les organes des sens se trouvent en rapport avec des objets attrayants, l'homme expérimenté doit faire tous ses efforts pour les maîtriser, de même qu'un écuyer pour contenir ses chevaux.

89. « Ces organes, déclarés par les anciens Sages au nombre de onze, je vais vous les énumérer exactement et dans l'ordre convenable, *savoir :*

90. « Les oreilles, la peau, les yeux, la langue, et cinquièmement le nez; l'orifice inférieur du tube intestinal, les parties de la génération, la main, le pied, et l'organe de la parole, qui est reconnu le dixième.

91. « Les cinq premiers, l'oreille et ceux qui suivent, sont dits organes de l'intelligence; et les cinq qui restent, dont le premier est l'orifice du tube intestinal, sont appelés organes de l'action.

92. « Il faut en reconnaître un onzième, le sentiment (Manas), qui par sa qualité participe de l'intelligence et de l'action; dès qu'il est soumis, les deux classes précédentes, composées chacune de cinq organes, sont également soumises.

93. « En se livrant au penchant des organes vers la sensualité, on ne peut manquer de tomber en faute; mais en leur imposant un frein, on parvient au bonheur suprême.

94. « Certes, le désir n'est jamais satisfait par la jouissance de l'objet désiré : semblable au feu dans lequel on répand du beurre clarifié, il ne fait que s'enflammer davantage.

95. « Comparez celui qui jouit de tous ces plaisirs des sens et celui qui y renonce entièrement: *le dernier est bien supérieur,* car l'abandon complet de tous les désirs est préférable à leur accomplissement.

96. « Ce n'est pas seulement en évitant de les flatter qu'on peut soumettre ces organes disposés à la sensualité, mais plutôt en se livrant avec persévérance à l'étude de la science sacrée.

97. « Les Védas, la charité, les sacrifices, les observances pieuses, les austérités, ne peuvent pas mener à la félicité celui dont le naturel est entièrement corrompu.

98. « L'homme qui entend, qui touche, qui voit, qui mange, qui sent *des choses qui peuvent lui plaire ou lui répugner,* sans éprouver ni joie ni tristesse, doit être reconnu comme ayant dompté ses organes.

99. « Mais si un seul de tous ces organes vient à s'échapper, la science divine de l'homme s'échappe en même temps, de même que l'eau *s'échappe par un trou* de la base d'une outre.

100. « Après s'être rendu maître de tous ses organes, et après avoir soumis le sens interne, l'homme

---

[1] L'action de réciter une prière à voix basse, de manière à n'être pas entendu, s'appelle *Djapa.*
[2] Comme, par exemple, celui du jour de la nouvelle lune, et celui du jour de la pleine lune. (*Commentaire.*)

doit vaquer à ses affaires sans macérer son corps par la dévotion.

101. « Pendant le crépuscule du matin, qu'il se tienne debout, répétant à voix basse la Sâvitrî jusqu'au lever du soleil; et le soir, au crépuscule, qu'il la récite assis jusqu'au moment où les étoiles paraissent distinctement.

102. « En faisant sa prière le matin, debout, il efface tout péché qu'il a pu commettre pendant la nuit *sans le savoir;* et en la récitant le soir, assis, il détruit toute souillure contractée *à son insu* pendant le jour.

103. « Mais celui qui ne fait pas sa prière debout le matin, et qui ne la répète pas le soir étant assis, doit être exclu comme un Soûdra de tout acte particulier aux trois classes régénérées.

104. « *Lorsqu'un Dwidja ne peut pas se livrer à l'étude des Livres sacrés*, s'étant retiré dans une forêt, près d'une eau pure, imposant un frein à ses organes, et observant avec exactitude la règle journalière *qui consiste dans la prière,* qu'il répète la Sâvitrî *avec le monosyllabe Aum et les trois mots Bhoûr, Bhouvah, Swar,* dans un parfait recueillement.

105. « Pour l'étude des Livres accessoires (Védângas)[1], pour la prière indispensable de tous les jours, il n'y a pas lieu d'observer les règles de la suspension[2], non plus que pour les formules sacrées qui accompagnent l'offrande au feu.

106. « La récitation de la prière quotidienne ne peut pas être suspendue, car elle est appelée l'oblation de la Sainte Écriture (Brahmasattra); le sacrifice où le Véda sert d'offrande est toujours méritoire, même lorsqu'il est présenté dans un moment où la lecture des Livres sacrés doit être interrompue.

107. « La prière à voix basse, répétée pendant une année entière par un homme maître de ses organes et toujours pur, élève ses offrandes de lait, de caillé, de beurre clarifié et de miel *vers les Dieux et les Mânes auxquels elles sont destinées, et qui lui accordent l'accomplissement de ses désirs.*

108. « Le Dwidja qui a été initié *par l'investiture du cordon sacré* doit alimenter le feu sacré *soir et matin*, mendier sa subsistance, s'asseoir sur un lit très-bas, et complaire à son directeur jusqu'à la fin de son noviciat.

109. « Le fils d'un instituteur, un élève assidu et docile, celui qui peut communiquer une autre science, celui qui est juste, celui qui est pur, celui qui est dévoué, celui qui est puissant, celui qui est libéral, celui qui est vertueux, celui qui est allié par le sang, tels sont les dix jeunes hommes qui peuvent être admis légalement à étudier le Véda.

110. « L'homme sensé ne doit pas parler sans qu'on l'interroge ou répondre à une question déplacée; il doit alors, même lorsqu'il sait *ce qu'on lui demande,* se conduire dans le monde comme s'il était muet.

111. « De deux personnes dont l'une répond mal à propos à une demande faite mal à propos par l'autre, l'une mourra ou encourra la haine.

112. « Partout où l'on ne trouve ni la vertu, ni la richesse, ni le zèle et la soumission convenables *pour étudier le Véda,* la sainte doctrine ne doit pas y être semée, de même qu'une bonne graine dans un terrain stérile.

113. « Il vaut mieux, pour un interprète de la Sainte Écriture, mourir avec sa science, même lorsqu'il se trouve dans un affreux dénûment, que de la semer dans un sol ingrat.

114. « La Science divine, abordant un Brâhmana, lui dit : « Je suis ton trésor, conserve-moi, ne me « communique pas à un détracteur; par ce moyen, « je serai toujours pleine de force;

115. « Mais lorsque tu trouveras un élève (Brah-« matchârî) parfaitement pur et maître de ses sens, « fais-moi connaître à ce Dwidja, comme à un vi-« gilant gardien d'un tel trésor. »

116. « Celui qui, sans en avoir reçu la permission, acquiert par l'étude *la connaissance de la* Sainte Écriture, est coupable du vol des Textes sacrés, et descend au séjour infernal (Naraka).

117. « Quel que soit celui par le secours duquel un étudiant acquiert du savoir concernant les affaires du monde, le sens des Livres sacrés ou la connaissance de l'Être suprême, il doit saluer ce maître le premier.

118. « Un Brâhmane dont toute la science consiste dans la Sâvitrî, mais qui réprime parfaitement ses passions, est préférable à celui qui n'a sur elles aucun empire, qui mange de tout, vend de tout, bien qu'il connaisse les trois Livres saints.

119. « On ne doit pas s'installer sur un lit ou sur un siège en même temps que son supérieur; et lorsqu'on est couché ou assis, il faut se lever pour le saluer.

120. « Les esprits vitaux d'un jeune homme semblent sur le point de s'exhaler à l'approche d'un vieillard; c'est en se levant et en le saluant qu'il les retient.

121. « Celui qui a l'habitude de saluer les gens avancés en âge, et qui a constamment des égards pour eux, voit s'accroître ces quatre choses : la durée de son existence, son savoir, sa renommée et sa force.

---

[1] Les Angas ou Védângas sont des sciences sacrées regardées comme parties accessoires des Védas. Ces sciences sont au nombre de six : la première traite de la prononciation; la seconde, des cérémonies religieuses; la troisième, de la grammaire; la quatrième, de la prosodie; la cinquième, de l'astronomie; la sixième, de l'explication des mots et des phrases difficiles des Védas.

[2] La lecture des Védas doit être suspendue dans certaines circonstances. Voyez plus loin, Livre IV, st. 101 et suiv.

122. « Après la formule de salutation, que le Brâhmane qui aborde un homme plus âgé que lui, prononce son propre nom, en disant : « Je suis un tel. »

123. « Aux personnes qui, *par ignorance de la langue sanskrite*, ne connaissent pas la signification du salut accompagné de la déclaration du nom, l'homme instruit doit dire : « C'est moi, » et de même à toutes les femmes[1].

124. « En saluant, il doit prononcer, après son nom, l'interjection HO[2]! ; car les Saints estiment que HO! a la propriété de représenter le nom *des personnes à qui l'on s'adresse*.

125. « Puisses-tu vivre longtemps, ô digne homme! » c'est ainsi qu'il faut répondre au salut d'un Brâhmane, et la voyelle de la fin de son nom avec la consonne qui précède doit être prolongée de manière à occuper trois moments.

126. « Le Brâhmane qui ne connaît pas la manière de répondre à une salutation ne mérite pas d'être salué par un homme recommandable par son savoir ; il est comparable à un Soûdra.

127. « Il faut demander à un Brâhmane, en l'abordant, si sa dévotion prospère ; à un Kchatriya, s'il est en bonne santé ; à un Vaisya, s'il réussit dans son commerce ; à un Soûdra, s'il n'est pas malade.

128. « Celui qui vient de faire un sacrifice solennel, quelque jeune qu'il soit, ne doit pas être interpellé par son nom ; mais que celui qui connaît la loi se serve, pour lui adresser la parole, de l'interjection « ho! » ou du mot « seigneur! »

129. « En parlant à l'épouse d'un autre, ou à une femme qui ne lui est pas alliée par le sang, il doit lui dire « madame » ou « bonne sœur. »

130. « A ses oncles maternels et paternels, au père de sa femme, à des prêtres célébrants (Ritwidjs), à des maîtres spirituels (Gourous), lorsqu'ils sont plus jeunes que lui, il doit dire, en se levant : « C'est moi. »

131. « La sœur de sa mère, la femme de son oncle maternel, la mère de sa femme et la sœur de son père, ont droit aux mêmes respects que la femme de son maître spirituel ; et lui sont égales.

132. « Il doit se prosterner tous les jours aux pieds de l'épouse de son frère, si elle est de la même classe que lui *et plus âgée*; mais ce n'est qu'au retour d'un voyage qu'il doit aller saluer ses parentes paternelles et maternelles.

133. « Avec la sœur de son père ou de sa mère, et avec sa sœur aînée, qu'il tienne la même conduite qu'à l'égard de sa mère ; toutefois, sa mère est plus vénérable qu'elles.

134. « L'égalité n'est pas détruite entre citoyens d'une ville par une différence d'âge de dix ans ; entre artistes, par cinq ans de différence dans l'âge ; entre Brâhmanes, versés dans le Véda, par une différence de trois ans : l'égalité n'existe que peu de temps entre les membres d'une même famille.

135. « Un Brâhmane âgé de dix ans, et un Kchatriya parvenu à l'âge de cent années, doivent être considérés comme le père et le fils ; et des deux c'est le Brâhmane qui est le père, *et qui doit être respecté comme tel*.

136. « La richesse, la parenté, l'âge, les actes religieux, et, en cinquième lieu, la science divine, sont des titres au respect ; les derniers, par gradation, sont plus recommandables *que ceux qui précédent*.

137. « Tout homme des trois *premières* classes, chez qui se remarquent en plus grand nombre les plus importantes de ces cinq qualités honorables, a le plus de droits au respect ; et même un Soûdra, s'il est entré dans la dixième décade de son âge.

138. « On doit céder le passage à un homme en chariot, à un vieillard plus que nonagénaire, à un malade, à un homme portant un fardeau, à une femme, à un Brâhmane ayant terminé ses études, à un Kchatriya, à un homme qui va se marier.

139. « Mais parmi ces personnes, si elles se trouvent réunies en même temps, le Brâhmane ayant terminé son noviciat et le Kchatriya doivent être honorés de préférence ; et de ces deux derniers, le Brâhmane doit être traité avec plus de respect que le Kchatriya.

140. « Le Brâhmane qui, après avoir initié son élève, lui fait connaître le Véda avec la règle du sacrifice et la partie mystérieuse, *nommée Oupanichad*[1], est désigné *par les Sages* sous le nom d'instituteur (Atchârya).

141. « Celui qui, pour gagner sa subsistance, enseigne une seule partie du Véda ou les sciences accessoires (Védângas), est appelé sous-précepteur (Oupâdhyâya).

142. « Le Brâhmane, *ou le père lui-même*, qui accomplit suivant la règle la cérémonie de la conception et les autres, et qui le premier donne à l'enfant du riz pour sa nourriture, est appelé directeur (Gourou)[2].

143. « Celui qui est attaché au service de quelqu'un pour alimenter le feu sacré, faire les oblations

---

[1] La partie théologique et la partie argumentative des Védas sont comprises dans des traités appelés Oupanichads. Ces traités ont été traduits en persan sous le nom d'*Oupnekhat*, par l'ordre de Dára-Chékouh, frère de l'empereur moghol Aureng-Zeyb ; et cette version persane a été traduite en latin par Anquetil-Duperron. Le comte Lanjuinais a publié une analyse fort estimée de ce dernier ouvrage. W. Jones et le célèbre Brâhmane Rammohun Roy ont traduit, du sanskrit en anglais, plusieurs Oupanichads.

[2] Les noms de *Gourou* et d'*Atchárya* sont très-souvent employés l'un pour l'autre.

---

[1] On en voit un exemple dans le drame de Sakountalâ (Act. IV, pag. 109 de l'édition in-8°).
[2] En sanskrit *Bhauh*.

domestiques, l'Agnichtoma et les autres sacrifices, est dit ici (*dans ce code*) le chapelain (Ritwidj) de celui qui l'emploie.

144. « Celui qui, par des paroles de vérité, fait pénétrer dans les oreilles la Sainte Écriture, doit être regardé comme un père, comme une mère; son élève ne doit jamais lui causer d'affliction.

145. « Un instituteur [1] est plus vénérable que dix sous-précepteurs; un père, que cent instituteurs; une mère est plus vénérable que mille pères.

146. « De celui qui donne l'existence, et de celui qui communique les dogmes sacrés, celui qui donne la sainte doctrine est le père le plus respectable; car la naissance spirituelle, *qui consiste dans le sacrement de l'initiation, et qui introduit à l'étude du Véda*, est pour le Dwidja éternelle dans ce monde et dans l'autre.

147. « Lorsqu'un père et une mère, s'unissant par amour, donnent l'existence à un enfant, cette naissance ne doit être considérée que comme purement humaine, puisque l'enfant se forme dans la matrice.

148. « Mais la naissance que son instituteur, qui a lu la totalité des Livres saints, lui communique, suivant la loi, par la Sâvitrî, est la véritable, et n'est point assujettie à la vieillesse et à la mort.

149. « Lorsqu'un précepteur procure à un élève un avantage quelconque, faible ou considérable, par la communication du Texte révélé, que l'on sache que dans ce code il est considéré comme son père spirituel (Gourou), à cause du bienfait de la sainte doctrine.

150. « Le Brâhmane auteur de la naissance spirituelle, et qui enseigne le devoir, est, suivant la loi, lors même qu'il est encore enfant, *regardé comme le père d'un homme âgé*.

151. « Kavi, fils d'Angiras, jeune encore, fit étudier l'Écriture Sainte à ses oncles paternels et à ses cousins; « Enfants! » leur disait-il, son savoir lui donnant sur eux l'autorité d'un maître.

152. « Pleins de ressentiment, ils allèrent demander aux Dieux la raison de ce mot; et les Dieux, s'étant réunis, leur dirent : « L'enfant vous a parlé convenablement [2]. »

153. « En effet, l'ignorant est un enfant; celui qui enseigne la doctrine sacrée est un père, car les Sages ont donné le nom d'enfant à l'homme illettré, et celui de père au précepteur.

154. « Ce ne sont pas les années, ni les cheveux blancs, ni les richesses, ni les parents, *qui constituent la grandeur*; les Saints ont établi cette loi : « Celui qui connaît les Védas et les Angas est grand parmi nous. »

[1] On doit entendre ici par *instituteur*, celui qui, au moment de l'initiation, apprend au jeune homme la Sâvitrî, et rien de plus. (*Commentaire.*)
[2] W. Jones met la stance qui suit dans la bouche des Dieux; mais le Commentaire ne donne pas cette indication.

155. « La prééminence est réglée par le savoir entre les Brâhmanes, par la valeur entre les Kchatriyas, par les richesses en grains *et autres marchandises* entre les Vaisyas, par la priorité de la naissance entre les Soûdras.

156. « Un homme n'est pas vieux parce que sa tête grisonne; mais celui qui, jeune encore, a déjà lu la Sainte Écriture, est regardé par les Dieux comme un homme âgé.

157. « Un Brâhmane qui n'a pas étudié les Livres sacrés est comparable à un éléphant de bois et à un cerf en peau; tous les trois ne portent qu'un vain nom.

158. « De même que l'union d'un eunuque avec des femmes est stérile, qu'une vache est stérile avec une autre vache, que le don fait à un ignorant ne porte point de fruits, de même un Brâhmane qui n'a pas lu les Védas ne recueille pas les fruits *que procure l'accomplissement des devoirs prescrits par la Srouti et la Smriti*.

159. « Toute instruction qui a le bien pour objet doit être communiquée sans maltraiter les disciples, et le maître qui désire être juste doit employer des paroles douces et agréables.

160. « Celui dont le langage et l'esprit sont purs et parfaitement réglés en toute circonstance, recueille tous les avantages attachés à la connaissance du Védânta [1].

161. « On ne doit jamais montrer de mauvaise humeur, bien qu'on soit affligé, ni travailler à nuire à autrui, ni même en concevoir la pensée; il ne faut pas proférer une parole dont quelqu'un pourrait être blessé, et qui fermerait l'entrée du ciel *à celui qui l'aurait prononcée*.

162. « Qu'un Brâhmane craigne constamment tout honneur mondain comme du poison, et qu'il désire toujours le mépris à l'égal de l'ambroisie [2].

163. « En effet, quoique méprisé, il s'endort paisible et se réveille paisible; il vit heureux dans

[1] Le Védânta est la partie théologique des Védas. Cette partie se compose des traités nommés *Oupanichads*. Voyez st. 140.
[2] L'ambroisie (Amrita) est la nourriture et le breuvage des Dieux, et leur procure l'immortalité. Selon le *Vâyou-Pourâna*, cité par M. Wilson, la lune en est le réservoir. Il est rempli par le soleil pendant la quinzaine de la croissance de la lune; à la pleine lune, les Dieux, les Mânes et les Saints en boivent tous les jours une *halâ* ou un doigt, jusqu'à ce que l'ambroisie soit épuisée. — Suivant une autre légende mythologique, l'ambroisie fut le résultat du *barattement* de la mer. Les Dieux et les Titans (Asouras) se réunirent pour cette opération. Le mont Mandara leur servit de moulinet, et le grand serpent Vâsouki, de corde pour le mettre en mouvement. La mer, agitée par le mouvement de rotation imprimé au mont Mandara, produisit alors plusieurs choses précieuses, entre autres l'Amrita (breuvage d'immortalité), que tenait à sa main, dans un vase, Dhanwantari, dieu de la médecine. Les Dieux et les Titans se disputèrent l'ambroisie qui finit par être le partage des premiers. L'origine de l'ambroisie est le sujet d'un épisode du Mahâbhârata elle est aussi racontée dans le Râmâyana (Liv. I, chap. XLV).

ce monde, tandis que l'homme dédaigneux ne tarde pas à périr.

164. « Le Dwidja, dont l'âme a été purifiée par la succession régulière des cérémonies mentionnées[1], doit, pendant qu'il demeure avec son maître spirituel, se livrer par degrés aux pratiques pieuses qui préparent à l'étude des Livres sacrés.

165. « C'est après s'être soumis à différentes pratiques de dévotion, ainsi qu'aux observances pieuses que la loi prescrit, que le Dwidja doit s'adonner à la lecture du Véda tout entier et des traités mystérieux[2].

166. « Que le Brâhmane qui veut se livrer aux austérités s'applique sans cesse à l'étude du Véda, car l'étude de l'Écriture Sainte est reconnue dans ce monde comme l'acte de dévotion le plus important pour un Brâhmane.

167. « Certes, il soumet tout son corps[3] aux austérités les plus méritoires, lors même qu'il porte une guirlande, le Dwidja qui s'adonne chaque jour de tout son pouvoir à la lecture des Livres sacrés.

168. « Le Dwidja qui, sans avoir étudié le Véda, se livre à une autre occupation, est rabaissé bientôt, pendant sa vie, à la condition de Soûdra, de même que tous ses descendants.

169. « La première naissance de l'homme régénéré (Dwidja) a lieu dans le sein de sa mère, la seconde lors de l'investiture de la ceinture *et du cordon*, la troisième à l'accomplissement du sacrifice; telle est la déclaration du Texte révélé.

170. « Dans celle de ces trois naissances qui l'introduit à la connaissance de l'Écriture Sainte, et qui est distinguée par la ceinture *et le cordon* qu'on lui attache, la Sâvitrî[4] est sa mère et l'instituteur, son père.

171. « L'instituteur (Atchârya) est appelé son père *par les législateurs*, parce qu'il lui enseigne le Véda; car aucun acte pieux n'est permis à un jeune homme avant qu'il ait reçu la ceinture *et le cordon sacré*.

172. « *Jusque-là*, qu'il s'abstienne de prononcer aucune formule sacrée, excepté l'exclamation Swaha, *adressée aux Mânes pendant le service funèbre*; car il ne diffère pas d'un Soûdra, jusqu'au moment où il est régénéré par le Véda.

173. « Lorsqu'il a reçu l'initiation, on exige de lui qu'il se soumette aux règles établies, et qu'il étudie la Sainte Écriture par ordre, en observant auparavant les usages institués.

174. « Le manteau de peau, le cordon, la ceinture, le bâton, le vêtement, déterminés pour chaque étudiant *suivant sa classe*[1], doivent être renouvelées dans certaines pratiques religieuses.

175. « Que le novice demeurant chez son directeur se conforme aux observances pieuses qui suivent, en soumettant tous ses organes, afin d'augmenter sa dévotion.

176. « Tous les jours après s'être baigné, lorsqu'il est bien pur, qu'il fasse une libation[2] d'eau fraîche aux Dieux, aux Saints et aux Mânes; qu'il honore les Divinités et alimente le feu sacré.

177. « Qu'il s'abstienne de miel, de viande, de parfums, de guirlandes, de sucs savoureux extraits des végétaux, de femmes, de toute substance *douce devenue* acide, de mauvais traitements à l'égard des êtres animés;

178. « De substances onctueuses pour son corps, de collyre pour ses yeux, de porter des souliers et un parasol; qu'il s'abstienne de désirs sensuels, de colère, de cupidité, de danse, de chant et de musique;

179. « De jeu, de querelles, de médisance, d'imposture, de regarder ou d'embrasser les femmes *avec amour*, et de nuire à autrui.

180. « Qu'il se couche toujours à l'écart, et qu'il ne répande jamais sa semence; en effet, s'il cède au désir, s'il répand sa semence, il porte atteinte à la règle de son ordre *et doit faire pénitence*[3].

181. « Le Dwidja novice qui, pendant son sommeil, a involontairement laissé échapper sa liqueur séminale, doit se baigner, adorer le soleil, puis répéter trois fois la formule : « Que ma semence revienne à moi. »

182. « Qu'il apporte *pour son instituteur* de l'eau dans un vase, des fleurs, de la bouse de vache, de la terre, de l'herbe *kousa* autant qu'il peut en avoir besoin, et que tous les jours il aille mendier sa nourriture.

183. « Que le novice ait soin d'aller demander chaque jour sa nourriture dans les maisons des gens qui ne négligent pas l'accomplissement des sacrifices prescrits par le Véda, et qui sont renommés pour la pratique de leurs devoirs.

184. « Il ne doit pas mendier dans la famille de son directeur, ni chez ses parents paternels et maternels; et si l'accès des autres maisons lui est fermé, les premières personnes dans l'ordre sont celles qu'il lui faut surtout éviter[4].

185. « Ou bien, qu'il parcoure en mendiant tout le village (s'il ne s'y trouve aucune des maisons ci-dessus[5] mentionnées), étant parfaitement pur, et

---

[1] Voyez ci-dessus, st. 27.
[2] Ce sont les Oupanichads. Voyez ci-dessus, st. 140.
[3] Littéralement, *il se soumet jusqu'au bout des ongles*.
[4] Voyez ci-dessus, st. 77.

[1] Voyez ci-dessus, st. 41-47.
[2] Cette libation, appelée *Tarpana*, se fait avec la main droite.
[3] Voyez Liv. XI, st. 118.
[4] Ainsi, qu'il s'adresse d'abord à ses parents maternels ; à leur défaut, à ses parents du côté paternel ; au défaut de ces derniers, aux parents de son directeur. (*Commentaire.*)
[5] Dans la st. 183.

gardant le silence; mais qu'il évite les gens diffamés *et coupables de grandes fautes.*

186. « Ayant rapporté du bois [1] d'un endroit éloigné, qu'il le dépose en plein air, et que le soir et le matin, il s'en serve pour faire une oblation au feu, sans jamais y manquer.

187. « Lorsque, sans être malade, il a négligé sept jours de suite de recueillir l'aumône et d'alimenter avec du bois le feu sacré, il doit subir la pénitence ordonnée à celui qui a violé ses vœux de chasteté [2].

188. « Que le novice ne cesse jamais de mendier, et qu'il ne reçoive pas sa nourriture d'une seule et même personne : vivre d'aumônes est regardé comme aussi méritoire pour l'élève que de jeûner.

189. « Toutefois, s'il est invité à une cérémonie en l'honneur des Dieux ou des Mânes, il peut manger son aise *la nourriture donnée par une seule personne*, en se conformant aux préceptes d'abstinence et en se conduisant comme un dévot ascétique; alors sa règle n'est pas enfreinte.

190. « Mais, au dire des Sages, ce cas n'est applicable qu'à un Brâhmane, et ne peut nullement convenir à un Kchatriya et à un Vaisya.

191. « Qu'il en reçoive ou non l'ordre de son instituteur, le novice doit s'appliquer avec zèle à l'étude, et chercher à satisfaire son vénérable maître.

192. « Maîtrisant son corps, sa voix, ses organes des sens et son esprit; qu'il se tienne les mains jointes [3], les yeux fixés sur son directeur.

193. « Qu'il ait toujours la main *droite* découverte, un maintien décent, un vêtement convenable; et lorsqu'il reçoit l'invitation de s'asseoir, qu'il s'asseye en face de son père spirituel.

194. « Que sa nourriture, ses habits et sa parure soient toujours très-chétifs en présence de son directeur; il doit se lever avant lui, et rentrer après lui.

195. « Il ne doit répondre aux ordres de son père spirituel ou s'entretenir avec lui, ni étant couché, ni étant assis, ni en mangeant, ni de loin, ni en regardant d'un autre côté.

196. « Qu'il le fasse debout, lorsque son directeur est assis; en l'abordant, quand il est arrêté; en allant à sa rencontre, s'il marche; en courant derrière lui, lorsqu'il court;

197. « En allant se placer en face de lui, s'il détourne la tête; en marchant vers lui, lorsqu'il est éloigné; **en** s'inclinant, s'il est couché ou arrêté près de lui.

198. « Son lit et son siége doivent toujours être très-bas, lorsqu'il se trouve en présence de son directeur; et même, tant qu'il est à la portée de ses regards, il ne doit pas s'asseoir tout à son aise.

199. « Qu'il ne prononce jamais le nom de son père spirituel purement et simplement [1], même en son absence, et qu'il ne contrefasse jamais sa démarche, son langage et ses gestes.

200. « Partout où l'on tient sur le compte de son directeur des propos médisants ou calomnieux, il doit boucher ses oreilles ou s'en aller ailleurs.

201. « S'il médit de son directeur, il deviendra un âne *après sa mort*; s'il le calomnie, un chien; s'il jouit de ses biens *sans sa permission*, un insecte; s'il le regarde d'un œil d'envie, un ver.

202. « Il ne doit lui rendre des honneurs ni par *l'intermédiaire d'une autre personne* lorsqu'il est loin de lui, *et qu'il peut venir lui-même*, ni lorsqu'il est en colère, ni en présence d'une femme; s'il est en voiture ou sur un siége, qu'il en descende pour saluer son père spirituel.

203. « Qu'il ne s'asseye pas avec son directeur contre le vent [2] ou sous le vent, et ne dise rien lorsqu'il n'est pas à portée d'être entendu par lui.

204. « Il peut s'asseoir avec son vénérable maître dans un chariot traîné par des bœufs, des chevaux ou des chameaux, sur une terrasse, sur un endroit pavé, sur une natte *d'herbe tressée*, sur un rocher, sur un banc de bois, dans un bateau.

205. « Lorsque le directeur de son directeur est présent, qu'il se comporte avec lui comme avec son propre directeur; et il ne peut pas saluer ceux de ses parents qui ont droit à son respect, sans y être invité par son maître spirituel.

206. « Telle est également la conduite qu'il doit constamment tenir à l'égard des précepteurs qui lui enseignent la sainte doctrine, de ses parents du côté paternel, *comme son oncle*, des personnes qui l'éloignent de l'erreur et lui donnent de bons conseils.

207. « Que toujours il se comporte envers les hommes vertueux comme envers son directeur, et qu'il fasse de même à l'égard des fils de son directeur, s'ils sont respectables *par leur âge*, ainsi qu'à l'égard des parents paternels de son vénérable maître.

208. « Le fils de son maître spirituel, qu'il soit ou plus jeune, ou du même âge que lui, ou étudiant, s'il est en état d'enseigner la sainte doctrine, a droit aux mêmes hommages que le directeur, lorsqu'il *est présent* pendant un sacrifice, *soit comme célébrant, soit comme simple assistant.*

209. « Mais il ne doit pas frotter avec des parfums

---

[1] Le bois employé pour les sacrifices doit être celui du figuier à grappes, de la butée feuillue, et de la mimose catechu. Il paraît cependant qu'on peut se servir aussi de celui de l'adenanthère à épines, et du manguier. Le bois doit être coupé en petites bûches longues d'un empan, et pas plus grosses que le poing. (COLEBROOKE, *Rech. Asiat.*, tom. VII, pag. 235.)

[2] Voyez Liv. XI, st. 118.

[3] Littéralement, *faisant l'andjali.*

---

[1] C'est-à-dire, sans y joindre un titre d'honneur.
(*Commentaire.*)

[2] C'est-à-dire, de manière que le vent vienne vers lui de l'endroit où son directeur est assis, ou de manière que le vent vienne de la place où il est assis vers son directeur.
(*Commentaire.*)

le corps du fils de son directeur, le servir pendant le bain, manger ses restes, et lui laver les pieds.

210. « Les femmes de son directeur, lorsqu'elles sont de la même classe, doivent être honorées comme lui; mais si elles appartiennent à une classe différente, le novice ne leur doit d'autre hommage que de se lever et de les saluer.

211. « Que l'élève ne se charge pas des soins qui consistent à répandre sur la femme de son directeur de l'huile odorante, à la servir pendant le bain, à frotter ses membres, à disposer avec art sa chevelure.

212. « Il ne doit pas non plus se prosterner devant une jeune épouse de son vénérable maître en touchant ses pieds avec respect, s'il a vingt ans accomplis, et sait distinguer le bien et le mal.

213. « Il est dans la nature du sexe féminin de chercher ici-bas à corrompre les hommes, et c'est pour cette raison que les sages ne s'abandonnent jamais aux séductions des femmes.

214. « En effet, une femme peut en ce monde écarter du droit chemin, non-seulement l'insensé, mais aussi l'homme pourvu d'expérience, et le soumettre au joug de l'amour et de la passion.

215. « Il ne faut pas demeurer dans un lieu écarté avec sa mère, sa sœur ou sa fille; les sens réunis sont bien puissants, ils entraînent l'homme le plus sage.

216. « Mais un élève, s'il est jeune lui-même, peut, suivant l'usage prescrit, se prosterner à terre devant les jeunes épouses de son directeur, en disant : « Je suis un tel. »

217. « Au retour d'un voyage, le jeune novice doit toucher respectueusement les pieds des femmes de son père spirituel, et chaque jour se prosterner devant elles, observant ainsi les pratiques des gens de bien.

218. « De même qu'un homme qui creuse avec une bêche arrive à une source d'eau, de même l'élève qui est attentif et docile parvient à *acquérir* la science que recèle *l'esprit* de son père spirituel.

219. « Qu'il ait la tête rasée, ou les cheveux longs tombants [1], ou réunis en faisceau sur le sommet de la tête; que jamais le soleil, lorsqu'il se couche ou se lève, ne le trouve dormant dans le village.

220. « Car si le soleil se lève ou se couche sans qu'il le sache, pendant qu'il se livre au sommeil avec sensualité, il doit jeûner un jour entier en répétant à voix basse la Sâvitrî.

221. « Celui qui se couche et se lève sans se régler sur le soleil, et ne subit pas cette pénitence, se rend coupable d'une grande faute.

222. « Après avoir fait son ablution, étant pur, parfaitement recueilli, et placé dans un lieu exempt de souillures, que l'élève remplisse, suivant la règle, le devoir pieux, au lever et au coucher du soleil, en récitant à voix basse la Sâvitrî [1].

223. « Si une femme ou un Soûdra cherche, par un moyen quelconque, à obtenir le souverain bien, qu'il s'y applique de même avec ardeur, ou fasse ce qui lui plaît davantage, *et que la loi autorise*.

224. « Au dire de quelques hommes sensés, ce souverain bien consiste dans la vertu et la richesse, ou, *suivant d'autres*, dans le plaisir et la richesse, ou, *suivant d'autres encore*, dans la vertu seule; ou, selon *d'autres enfin*, dans la richesse; mais c'est la réunion des trois qui constitue le vrai bien : telle est la décision formelle.

225. « Un instituteur est l'image de l'Être divin (Brahme); un père, l'image du Seigneur des créatures (Pradjâpati) [2]; une mère, l'image de la terre; un propre frère, l'image de l'âme.

226. « Un instituteur, un père, une mère, et un frère aîné, ne doivent jamais être traités avec mépris, surtout par un Brâhmane, même lorsqu'il a été molesté.

227. « Plusieurs centaines d'années ne pourraient pas faire la compensation des peines qu'endurent une mère et un père pour donner la naissance à des enfants, *et les élever*.

228. « Que le jeune homme fasse constamment et en toute occasion ce qui peut plaire à ses parents, ainsi qu'à son instituteur; lorsque ces trois personnes sont satisfaites, toutes les pratiques de dévotion sont heureusement accomplies, *et obtiennent une récompense*.

229. « Une soumission respectueuse aux volontés de ces trois personnes est déclarée la dévotion la plus éminente, et, sans leur permission, l'élève ne doit remplir aucun autre pieux devoir.

230. « En effet, elles représentent les trois mondes, les trois autres ordres, les trois Livres saints, les trois feux;

231. « Le père est le feu sacré perpétuellement entretenu par le maître de maison [3]; la mère, le feu des cérémonies [4]; l'instituteur, le feu du sacrifice [5] : cette triade de feux mérite la plus grande vénération.

232. « Celui qui ne les néglige pas, devenu maître de maison, parviendra à l'empire des trois mondes, son corps brillera d'un pur éclat, et il jouira dans le ciel d'une félicité divine.

233. « Par son respect pour sa mère il obtient

---

[1] Voyez ci-dessus, st. 101 et 102.
[2] C'est Brahmâ qui est ici désigné sous le nom de Pradjâpati.
[3] C'est le feu dit *Gârhapatya*.
[4] Ce feu, pris dans le premier, et qu'on place vers le sud, est appelé *Dakchina*.
[5] Ce troisième feu, dit *Ahavaniya*, est le feu consacré pris dans le premier, et préparé pour les oblations.

---

[1] La coiffure appelée *djatâ* consiste à porter les cheveux longs et tombants sur les épaules; souvent les cheveux sont réunis en totalité ou en partie, et disposés en une sorte de touffe qui s'élève droit sur le sommet de la tête.

ce bas monde¹ ; par son respect pour son père, le monde intermédiaire, *celui de l'atmosphère*² ; par sa soumission aux ordres de son directeur, il parvient au monde *céleste* de Brahmâ.

234. « Celui qui respecte ces trois personnes respecte tous ses devoirs, *et en obtient la récompense* ; mais pour quiconque néglige de les honorer, toute œuvre pie est sans fruit.

235. « Tant que ces trois personnes vivent, il ne doit s'occuper *volontairement* d'aucun autre devoir ; mais qu'il leur témoigne toujours une soumission respectueuse, s'appliquant à leur faire plaisir et à leur rendre service.

236. « Quel que soit le devoir qu'il remplisse en pensée, en parole ou en action, sans manquer à l'obéissance qu'il leur doit, dans des vues qui concernent l'autre monde, qu'il vienne, *lorsqu'il l'a rempli*, le leur déclarer.

237. « Par l'hommage rendu à ces trois seules personnes, tous les actes prescrits à l'homme *par l'Écriture Sainte et par la Loi* sont parfaitement accomplis ; c'est le premier devoir évidemment ; tout autre devoir est dit secondaire.

238. « Celui qui a la foi, peut recevoir une science utile même d'un Soûdra, la connaissance de la principale vertu d'un homme vil, et la perle des femmes, d'une famille méprisée.

239. « On peut séparer l'ambroisie (Amrita) du poison même, *et la retirer lorsqu'elle s'y trouve mêlée* ; on peut recevoir d'un enfant un bon conseil, apprendre d'un ennemi à se bien conduire, et extraire de l'or d'une substance impure.

240. « Les femmes, les pierres précieuses³, la science, la vertu, la pureté, un bon conseil, et les différents arts libéraux, doivent être reçus de quelque part qu'ils viennent.

241. « Il est enjoint, en cas de nécessité⁴, d'étudier l'Écriture Sainte sous un instituteur qui n'est pas Brâhmane ; et l'élève doit le servir avec respect et soumission, tant que dure l'instruction.

242. « Que le novice ne séjourne pas sa vie entière auprès d'un directeur qui n'appartient pas à la classe sacerdotale, ou bien auprès d'un Brâhmane qui ne connaît pas les Livres saints et les sciences accessoires, s'il veut obtenir la suprême félicité, *la délivrance finale*.

243. « Toutefois, s'il désire rester jusqu'à la fin de sa vie dans la maison de son maître spirituel, qu'il le serve avec zèle jusqu'à la séparation *de son âme et* de son corps.

244. « Celui qui se soumet docilement aux vo-

lontés de son directeur, jusqu'au terme de son existence, s'élève, aussitôt après, à l'éternelle demeure de l'Être divin¹.

245. « Le novice qui connaît son devoir ne doit faire aucun don à son directeur avant *son départ* ; mais au moment où, congédié par lui, il est sur le point d'accomplir la cérémonie du bain², qu'il offre des présents à son vénérable maître, autant qu'il est en son pouvoir.

246. « Qu'il lui donne un champ, de l'or, une vache, un cheval, un parasol, des souliers, un siège, du riz, des herbes potagères ou des vêtements, pour se concilier l'affection de son directeur.

247. « Après la mort de son instituteur, l'élève *qui veut passer sa vie dans le noviciat* doit se conduire envers le fils de son directeur, s'il est vertueux, ou bien envers son épouse, ou bien à l'égard d'un de ses parents du côté paternel, comme envers son vénérable maître.

248. « Si aucune de ces personnes n'est vivante, qu'il se mette en possession de la demeure, du siège et de la place des exercices religieux de son maître spirituel ; qu'il entretienne le feu avec la plus grande attention, et travaille à se rendre digne de la délivrance finale.

249. « Le Brâhmane qui continue ainsi son noviciat sans violer ses vœux, parvient à la condition suprême, et ne renaît pas sur la terre.

LIVRE TROISIÈME.

MARIAGE ; DEVOIRS DU CHEF DE FAMILLE.

1. « L'étude des trois Védas prescrite au novice dans la maison de son directeur, doit durer trente-six ans, ou la moitié, ou le quart de ce temps, ou bien enfin jusqu'au moment où il les comprend parfaitement.

2. « Après avoir étudié dans l'ordre une branche (*Sâkhâ*) *de* chacun des Livres sacrés, ou bien de deux, ou même *d'*un seul, celui qui n'a jamais enfreint les règles du noviciat peut entrer dans l'ordre des maîtres de maison (Grihasthas).

3. « Renommé pour l'accomplissement de ses devoirs, ayant reçu de son père *naturel ou de son père spirituel* le présent de la Sainte Écriture, *qu'il a étudiée sous sa direction*, qu'il soit gratifié par lui, avant son mariage, de l'offre d'une vache

---

¹ Celui de la terre.
² L'atmosphère doit s'entendre de l'espace entre la terre et le soleil.
³ Suivant une autre interprétation : les femmes *aussi précieuses que des* joyaux.
⁴ C'est-à-dire, au défaut d'un instituteur de la classe sacerdotale. (*Commentaire.*)

¹ Il s'identifie avec Brahme. (*Commentaire.*)
² Au moment de quitter son directeur, l'élève qui a terminé son noviciat (*Brahmatcharya*) fait une ablution (*Snâna*) et prend alors le nom de *Snâtaka* (celui qui s'est baigné)

étant orné d'une guirlande et assis sur un siège élevé.

4. « Ayant reçu l'assentiment de son directeur, s'étant purifié par un bain suivant la règle, que le Dwidja dont les études sont terminées épouse une femme de la même classe que lui, et pourvue des signes convenables.

5. « Celle qui ne descend pas d'un de ses aïeux maternels *ou paternels*, jusqu'au sixième degré [1], et qui n'appartient pas à la famille de son père, *ou de sa mère*, par une origine commune *prouvée par le nom de famille*, convient parfaitement à un homme des trois premières classes pour le mariage et pour l'union charnelle.

6. « Il doit éviter, en s'unissant à une épouse, les dix familles suivantes, lors même qu'elles seraient très-considérables et très-riches en vaches, chèvres, brebis, biens et grains ; savoir :

7. « La famille dans laquelle on néglige les sacrements, celle qui ne produit pas d'enfants mâles, celle où l'on n'étudie pas l'Écriture Sainte, celle dont les individus ont le corps couvert de longs poils, ou sont affligés, soit d'hémorrhoïdes, soit de phthisie, soit de dyspepsie, soit d'épilepsie, soit de lèpre blanche, soit d'éléphantiasis.

8. « Qu'il n'épouse pas une fille ayant des cheveux rougeâtres, ou ayant un membre de trop, ou souvent malade, ou nullement velue, ou trop velue, ou insupportable par son bavardage, ou ayant les yeux rouges ;

9. « Ou qui porte le nom d'une constellation, d'un arbre, d'une rivière, d'un peuple barbare, d'une montagne, d'un oiseau, d'un serpent, ou d'un esclave, ou dont le nom rappelle un objet effrayant.

10. « Qu'il prenne une femme bien faite, dont le nom soit agréable, qui ait la démarche *gracieuse* d'un cygne ou d'un jeune éléphant, dont le corps soit revêtu d'un léger duvet, dont les cheveux soient fins, les dents, petites, et les membres, d'une douceur charmante.

11. « Un homme de sens ne doit pas épouser une fille qui n'a pas de frère, ou dont le père n'est pas connu ; dans la crainte, *pour le premier cas*, qu'elle ne lui soit accordée par le père que dans l'intention d'adopter le fils qu'elle pourrait avoir [2], ou, *pour le second cas*, de contracter un mariage illicite.

12. « Il est enjoint aux Dwidjas de prendre une femme de leur classe pour le premier mariage ; mais lorsque le désir les porte *à se remarier*, les femmes doivent être préférées d'après l'ordre naturel des classes.

13. « Un Soûdra ne doit avoir pour femme qu'une Soûdrâ, un Vaisya peut prendre une épouse dans la classe servile et dans la sienne ; un Kchatriya, dans les deux classes mentionnées et dans la sienne propre ; un Brâhmane, dans ces trois classes et dans la classe sacerdotale.

14. « Il n'est rapporté dans aucune ancienne histoire qu'un Brâhmane ou un Kchatriya, même en cas de détresse [1], ait pris pour première femme une fille de la classe servile.

15. « Les Dwidjas assez insensés pour épouser une femme de la dernière classe, abaissent bientôt leurs familles et leurs lignées à la condition de Soûdras.

16. « L'épouseur d'une Soûdrâ, *s'il fait partie de la classe sacerdotale*, est dégradé sur-le-champ, selon Atri [2] et le fils d'Outathya (*Gotama*) [3] ; à la naissance d'un fils, *s'il appartient à la classe militaire*, au dire de Sônaka [4] ; lorsque ce fils a un enfant mâle, *s'il est de la classe commerçante*, selon Bhrigou [5].

17. « Le Brâhmane *qui n'épouse pas une femme de sa classe*, et *qui* introduit une Soûdrâ dans son lit, descend au séjour infernal ; s'il en a un fils, il est dépouillé de son Brâhmane.

18. « Lorsqu'un Brâhmane se fait assister par une Soûdrâ dans les offrandes aux Dieux, les oblations aux Mânes et les devoirs hospitaliers, les Dieux et les Mânes ne mangent pas ce qui leur est offert, et lui-même n'obtient pas le ciel *pour récompense d'une telle hospitalité*.

19. « Pour celui dont les lèvres sont polluées par celles d'une Soûdrâ [6], qui est souillé par son haleine, et qui en a un enfant, aucune expiation n'est déclarée par la loi.

20. « Maintenant connaissez succinctement les huit modes de mariage en usage aux quatre classes ; les uns, bons ; les autres, mauvais dans ce monde et dans l'autre :

21. « Le mode de Brahmâ, celui des Dieux (Dévas), celui des Saints (Richis), celui des Créateurs (Pradjâpatis), celui des mauvais Génies (Asouras), celui des Musiciens célestes (Gandharbas), celui des Géants (Râkchasas ; enfin, le huitième et le plus vil, celui des Vampires (Pisâtchas) [7].

22. « Je vais vous expliquer entièrement quel est le mode légal pour chaque classe, quels sont les avantages ou les désavantages de chaque mode, et

---

[1] C'est-à-dire, au défaut d'une femme de la même classe. (*Commentaire.*)
[2] Atri, l'un des dix Pradjâpatis, passe pour l'auteur d'un traité de lois qui existe encore.
[3] Gotama, législateur dont on cite encore des textes.
[4] Sônaka, mouni d'une grande célébrité, et descendant de Souhotra, roi de Kasi.
[5] Bhrigou, l'un des dix Pradjâpatis, et narrateur des lois de Manou, parle ici de lui-même à la troisième personne ; il est compté au nombre des législateurs.
[6] Littéralement : *pour celui qui boit l'écume des lèvres d'une Soûdrâ.*
[7] Voyez ci-dessus, Liv. I, st. 37.

---

[1] Littéralement, celle qui ne lui est pas *sapindâ* du côté de la mère ou de son père. Voyez Liv. V, st. 60.
[2] Voyez Liv. IX, st. 127 et 136.

LIVRES SACRÉS DE L'ORIENT.

les bonnes ou mauvaises qualités des enfants qui en proviennent.

23. « Que l'on sache que *les six premiers* mariages dans l'ordre énoncé sont permis à un Brâhmane; les quatre derniers, à un Kchatriya; les mêmes, à un Vaisya et à un Soûdra, à l'exception du mode des Géants.

24. « Des législateurs considèrent les quatre premiers seulement comme convenables à un Brâhmane, n'assignent au Kchatriya que le mode des Géants, au Vaisya et au Soûdra, que celui des mauvais Génies.

25. « Mais ici (*dans ce Livre*), parmi les cinq *derniers mariages*, trois sont reconnus légaux, et deux illégaux; le mode des Vampires et celui des mauvais Génies ne doivent jamais être mis en pratique.

26. « Soit séparés, soit réunis [1], deux mariages précédemment énoncés, celui des Musiciens célestes et celui des Géants, sont permis par la loi au Kchatriya.

27. « Lorsqu'un père, après avoir donné à sa fille une robe et des parures, l'accorde à un homme versé dans la Sainte Écriture et vertueux, qu'il a invité de lui-même et qu'il reçoit avec honneur, ce mariage légal est dit celui de Brahmâ.

28. « Le mode appelé Divin *par les Mounis* est celui par lequel, la célébration d'un sacrifice étant commencée, un père, après avoir paré sa fille, l'accorde au prêtre qui officie.

29. « Lorsqu'un père accorde, suivant la règle, la main de sa fille, après avoir reçu du prétendu une vache et un taureau, ou deux couples semblables, pour l'accomplissement d'une cérémonie religieuse *ou pour les donner à sa fille, mais non comme gratification*, ce mode est dit celui des Saints.

30. « Quand un père marie sa fille avec les honneurs convenables, en disant : « Pratiquez tous deux ensemble les devoirs prescrits, » ce mode est déclaré celui des Créatures.

31. « Si le prétendu reçoit de son plein gré la main d'une fille, en faisant aux parents et à la jeune fille des présents selon ses facultés, ce mariage est dit celui des mauvais Génies.

32. « L'union d'une jeune fille et d'un jeune homme résultant d'un vœu mutuel, est dite le mariage des Musiciens célestes; née du désir, elle a pour but les plaisirs de l'amour.

33. « Quand on enlève par force, de la maison paternelle, une jeune fille qui crie au secours et qui pleure, après avoir tué ou blessé *ceux qui veulent s'opposer à cette violence*, et fait brèche *aux murs*, ce mode est dit celui des Géants.

34. « Lorsqu'un amant s'introduit secrètement auprès d'une femme endormie, ou enivrée par une liqueur spiritueuse, ou dont la raison est égarée, cet exécrable mariage, appelé mode des Vampires, est le huitième et le plus vil.

35. « Il est à propos que le don d'une fille en mariage soit précédé de libations d'eau pour la classe sacerdotale; mais dans les autres classes la cérémonie a lieu suivant le désir de chacun.

36. « Apprenez maintenant, ô Brâhmanes, par l'exposé complet que je vais vous en faire, les qualités particulières assignées par Manou à chacun de ces mariages.

37. « Le fils né d'une femme mariée suivant le mode de Brahmâ, s'il se livre à la pratique des œuvres pies, délivre du péché dix de ses ancêtres, dix de ses descendants, et lui-même le vingt et unième.

38. « Celui qui doit le jour à une femme mariée selon le mode Divin, sauve sept personnes de sa famille dans la ligne ascendante et dans la ligne descendante; celui qui est né d'un mariage selon le mode des Saints, en sauve trois, et celui qui provient de l'union conjugale célébrée d'après le mode des Créateurs, en rachète six.

39. « Des quatre premiers mariages, en suivant l'ordre, à commencer par le mode de Brahmâ, naissent des enfants brillants de l'éclat de la science divine, estimés des hommes vertueux,

40. « Doués d'un extérieur agréable et de la qualité de bonté, opulents, illustres, jouissant de tous les plaisirs, exacts à remplir leurs devoirs, et qui vivent cent années.

41. « Mais par les *quatre* autres mauvais mariages qui restent, sont produits des fils cruels, menteurs, ayant en horreur la Sainte Écriture et les devoirs qu'elle prescrit.

42. « Des mariages irréprochables naît une postérité irréprochable; des mariages répréhensibles, une postérité méprisable : on doit donc éviter les mariages dignes du mépris.

43. « La cérémonie de l'union des mains [1] est enjointe lorsque les femmes sont de la même classe que leurs maris; quand elles appartiennent à une autre classe, voici la règle qu'il faut suivre dans la cérémonie du mariage.

44. « Une fille de la classe militaire *qui se marie avec un Brâhmane* doit tenir une flèche, à laquelle son mari doit en même temps porter la main; une fille de la classe commerçante, si elle épouse un Brâhmane ou un Kchatriya, doit tenir

---

[1] Ces deux modes sont réunis lorsqu'un Kchatriya, étant d'intelligence avec une jeune fille qu'il aime, l'enlève à main armée pour l'épouser. (*Comm.*) — On trouve un exemple de la réunion de ces deux modes dans un épisode du Bhâgavata-Pourâna, intitulé *Mariage de Roukmini*, et dont M. Langlois a publié une traduction dans ses *Mélanges de Littérature sanskrite*.

[1] L'union des mains des deux époux est une partie essentielle de la cérémonie du mariage, appelée à cause de cela *Panigrâha* (union des mains.)

LIVRE TROISIÈME.

un aiguillon; une fille Soûdrâ, le bord d'un manteau, lorsqu'elle s'unit à un homme de l'une des trois classes supérieures.

45. « Que le mari s'approche de sa femme dans la saison favorable *à l'enfantement*, annoncée par *l'écoulement sanguin*, et lui soit toujours fidèlement attaché; *même dans tout autre temps*, à l'exception des jours lunaires défendus [1], il peut venir à elle avec amour, séduit par l'attrait de la volupté.

46. « *Seize jours et seize* nuits, *chaque mois, à partir du moment où le sang se montre*, avec quatre jours distincts interdits par les gens de bien, forment ce qu'on appelle la saison naturelle des femmes.

47. « De ces *seize nuits*, les quatre premières sont défendues [2], ainsi que la onzième et la treizième; les dix autres nuits sont approuvées.

48. « Les nuits paires, *parmi ces dix dernières*, sont favorables à la procréation des fils, et les nuits impaires, à celle des filles; en conséquence, celui qui désire un fils doit s'approcher de sa femme dans la saison favorable et pendant les nuits paires.

49. « *Toutefois*, un enfant mâle est engendré si la semence de l'homme est en plus grande quantité; lorsque le contraire a lieu, c'est une fille : une égale coopération produit un eunuque, ou un garçon et une fille; en cas de faiblesse ou d'épuisement, il y a stérilité.

50. « Celui qui, pendant les nuits interdites, et pendant huit autres, s'abstient du commerce conjugal, est *aussi chaste qu'*un novice, quel que soit l'ordre dans lequel il se trouve, *celui de maître de maison, ou celui d'anachorète*.

51. « Un père qui connaît la loi ne doit pas recevoir la moindre gratification en mariant sa fille; car l'homme qui, par cupidité, accepte une *semblable* gratification, est considéré comme ayant vendu son enfant.

52. « Lorsque des parents, par égarement d'esprit, se mettent en possession des biens d'une femme, de ses voitures, ou de ses vêtements, ces méchants descendent au séjour infernal.

53. « Quelques hommes instruits disent que le présent d'une vache et d'un taureau *fait par le prétendu* dans le mariage suivant le mode des Saints, *est une* gratification *donnée au père*; mais c'est à tort : toute gratification, faible ou considérable, *reçue par un père en mariant sa fille*, constitue une vente.

54. « Lorsque les parents ne prennent pas pour eux les présents qui sont destinés à la jeune fille, ce n'est pas une vente, c'est purement une galanterie faite à la jeune épouse, et un témoignage d'affection.

55. « Les femmes mariées doivent être comblées d'égards et de présents par leurs pères, leurs frères, leurs maris, et les frères de leurs maris, lorsque ceux-ci désirent une grande postérité.

56. « Partout où les femmes sont honorées, les Divinités sont satisfaites; mais lorsqu'on ne les honore pas, tous les actes pieux sont stériles.

57. « Toute famille où les femmes vivent dans l'affliction ne tarde pas à s'éteindre; mais lorsqu'elles ne sont pas malheureuses, la famille s'augmente et prospère en toutes circonstances.

58. « Les maisons maudites par les femmes d'une famille, auxquelles on n'a pas rendu les hommages qui leur sont dus, se détruisent entièrement, comme si elles étaient anéanties par un sacrifice magique.

59. « C'est pourquoi les hommes qui ont le désir des richesses doivent avoir des égards pour les femmes de leur famille, et leur donner des parures, des vêtements et des mets recherchés, lors des fêtes et des cérémonies solennelles.

60. « Dans toute famille où le mari se plaît avec sa femme, et la femme avec son mari, le bonheur est assuré pour jamais.

61. « Certes, si une femme n'est pas parée d'une manière brillante, elle ne fera pas naître la joie dans le cœur de son époux; et si le mari n'éprouve pas de joie, le mariage demeurera stérile.

62. « Lorsqu'une femme brille par sa parure, toute sa famille resplendit également; mais si elle ne brille pas, la famille ne jouit d'aucun éclat.

63. « En contractant des mariages répréhensibles, en omettant les cérémonies prescrites, en négligeant l'étude de la Sainte Écriture, en manquant de respect aux Brâhmanes, les familles tombent dans l'avilissement;

64. « En exerçant les arts, *comme la peinture;* en se livrant à des trafics, *comme l'usure;* en procréant des enfants seulement avec des femmes Soûdrâs; en faisant commerce de vaches, de chevaux, de voitures, en labourant la terre, en servant un Roi;

65. « En sacrifiant pour ceux qui n'ont pas le droit d'offrir des sacrifices, et en niant la récompense future des bonnes actions : les familles qui abandonnent l'étude des Livres saints se détruisent promptement;

66. « Mais, au contraire, celles qui possèdent les avantages que procure l'étude des Livres sacrés, quoiqu'elles aient peu de bien, sont comptées au nombre des familles honorables, et acquièrent une grande renommée.

67. « Que le maître de maison fasse avec le feu nuptial, suivant la règle prescrite, les offrandes domestiques *du soir et du matin*, et celles des cinq grandes oblations *qui doivent être accomplies avec ce feu*, et la cuisson journalière *des aliments*.

---

[1] Voyez Liv. IV, st. 128.
[2] Voyez Liv. IV, st. 40.

68. « Le chef de famille a cinq places ou ustensiles qui peuvent causer la mort des petits animaux[1], savoir : l'âtre, la pierre à moudre, le balai, le mortier et le pilon, la cruche à l'eau; en les employant, il est lié *par le péché;*

69. « Mais pour l'expiation *des fautes involontaires qui résultent de l'emploi* de ces objets mentionnés dans l'ordre, cinq grandes offrandes (Mahâ-Yadjnas), que doivent accomplir chaque jour les maîtres de maison, ont été instituées par les Maharchis.

70. « Dans l'action *de réciter, de lire* et d'enseigner la Sainte Écriture, consiste l'adoration du Véda; la libation d'eau[2] est l'offrande aux Mânes (Pitris); le beurre liquide répandu dans le feu est l'offrande aux Divinités; le riz, ou tout autre aliment donné aux créatures vivantes, est l'offrande aux Esprits; l'accomplissement des devoirs hospitaliers, est l'offrande aux hommes.

71. « Celui qui ne néglige pas ces cinq grandes oblations, autant qu'il est en son pouvoir, n'est pas souillé par les péchés que cause l'emploi des ustensiles meurtriers, même en demeurant toujours dans sa maison;

72. « Mais quiconque n'a pas d'égards pour cinq sortes de personnes, savoir : les Dieux, les hôtes, les personnes dont il doit avoir soin, les Mânes, et lui-même, bien qu'il respire, ne vit pas.

73. « On a aussi appelé les cinq oblations : adoration sans offrande (Ahouta), offrande (Houta), offrande excellente (Prahouta), offrande divine (Brâhmya-houta), bon repas (Prâsita)[3].

74. « L'adoration sans offrande est la récitation et la lecture de la Sainte Écriture : l'offrande est l'action de jeter du beurre clarifié dans le feu, l'offrande excellente est la nourriture donnée aux Esprits, l'offrande divine est le respect à l'égard des Brâhmanes, et le bon repas est l'eau ou le riz présenté aux Mânes.

75. « Que le maître de maison soit toujours exact à lire l'Écriture Sainte, et à faire l'offrande aux Dieux; car s'il accomplit cette offrande avec exactitude, il soutient ce monde avec les êtres mobiles et immobiles qu'il renferme.

76. « L'offrande de beurre clarifié, jetée dans le feu de la manière convenable, s'élève vers le soleil *en vapeur;* du soleil elle descend en pluie; de la pluie naissent les végétaux alimentaires; de ces végétaux les créatures *tirent leur subsistance.*

77. « De même que tous les êtres animés ne vivent que par le secours de l'air, de même tous les *autres* ordres ne vivent que par le secours du maître de maison.

78. « Par la raison que les hommes des trois autres ordres sont tous les jours soutenus par le maître de maison, au moyen des saints dogmes et des aliments qu'ils reçoivent de lui, pour cela l'ordre du chef de famille est le plus éminent.

79. « En conséquence, que celui qui désire jouir dans le ciel d'une félicité inaltérable, et être toujours heureux ici-bas, remplisse avec le plus grand soin les devoirs de son ordre; les hommes qui n'ont pas d'empire sur leurs sens ne sont pas capables de remplir ces devoirs.

80. « Les Saints, les Mânes, les Dieux, les Esprits et les hôtes, demandent aux chefs de famille les oblations prescrites; l'homme qui connaît son devoir doit les satisfaire.

81. « Qu'il honore les Saints en récitant la Sainte Écriture; les Dieux, par des oblations au feu suivant la loi; les Mânes, par des services funèbres (Srâddhas); les hommes, en leur présentant de la nourriture; les Esprits, en donnant des aliments aux êtres animés.

82. « Qu'il fasse tous les jours une offrande (Srâddha) avec du riz ou d'autre grain, ou avec de l'eau, ou bien avec du lait, des racines et des fruits, afin d'attirer sur lui la bienveillance des Mânes.

83. « Il peut convier un Brâhmane à celle des cinq oblations qui est en l'honneur des Mânes, mais il n'en doit admettre aucun à celle qui est adressée à tous les Dieux.

84. « Après avoir préparé la nourriture destinée à être offerte à tous les Dieux, que le Dwidja fasse tous les jours, dans le feu domestique, l'oblation (Homa) aux Divinités suivantes, avec les cérémonies d'usage :

85. « D'abord, à Agni[1] et à Soma[2] séparément, puis aux deux ensemble, ensuite aux Dieux assemblés (Viswas-Dévas)[3] et à Dhanwantari[4];

86. « A Kouhoû[5], à Anoumati[6], au Seigneur des créatures (Pradjâpati)[7], à Dyâvâ et à Prithivî[8], et enfin au feu du bon sacrifice.

87. « Après avoir ainsi fait l'offrande de beurre

---

[1] Littéralement, *cinq instruments de meurtre.*
[2] La libation d'eau n'est pas la seule chose qu'on offre aux Mânes. Voyez plus loin, st. 82.
[3] Littéralement, *chose bien mangée.*

[1] Agni, Dieu du feu, régent de l'un des huit points cardinaux, du sud-est.
[2] Soma, ou Tchandra, Dieu qui préside à la lune (*Linus.*)
[3] Viswas-Dévas, Dieux d'une classe particulière, et dont on compte dix; leurs noms sont : Vasou, Satya, Kratou, Dakcha, Kâla, Kâma, Dhriti, Kourou, Pourourava et Mâdrava. (*Wilson.*)
[4] Dhanwantari, Dieu de la médecine sorti de la mer en même temps que l'ambroisie (Amrita).
[5] Kouhoû, Déesse qui préside au jour d'après la nouvelle lune.
[6] Anoumati, Déesse du jour qui suit la pleine lune.
[7] Le nom de *Pradjâpati* convient à plusieurs Divinités ou Saints personnages. C'est peut-être de Virâdj qu'il est ici question.
[8] Dyâvâ est la Déesse du ciel, et Prithivî, celle de la terre. — Chacune des oblations qui précèdent doit être accompagnée de l'exclamation *Swâhâ;* ainsi : Swâhâ à Agni, Swâhâ à Soma, etc.

et de riz dans un profond recueillement, qu'il aille vers chacune des quatre régions célestes, en marchant *de l'est* vers le sud, *et ainsi de suite*, et qu'il adresse l'oblation (Bali) à Indra[1], Yama[2], Varouna[3] et Kouvéra[4], ainsi qu'aux Génies qui forment leur suite[5].

88. « Qu'il jette du riz cuit à sa porte, *en disant* : « Adoration aux Vents (Marouts); » dans l'eau, *en disant* · « Adoration aux Divinités des ondes; » sur son pilon et son mortier, *en disant* : « Adoration aux Divinités[6] des forêts. »

89. « Qu'il rende le même hommage à Srî[7], *du côté du nord-est*, auprès de son oreiller; à Bhadrakâli[8], *vers le sud-ouest*, au pied de son lit; à Brahmâ et à Vâstospati[9], au milieu de sa demeure.

90. « Qu'il jette en l'air son offrande aux Dieux assemblés (Viswas); qu'il la fasse *de jour* aux Esprits qui marchent le jour, et *pendant la nuit*, à ceux qui marchent la nuit.

91. « Dans l'étage supérieur de son habitation, *ou derrière lui*, qu'il fasse une oblation pour la prospérité de tous les êtres, et qu'il offre tout le reste aux Mânes, *la face tournée* vers le midi.

92. « Il doit verser à terre peu à peu la part de nourriture destinée aux chiens, aux hommes dégradés, aux nourrisseurs de chiens, à ceux qui sont attaqués de l'éléphantiasis ou de la consomption pulmonaire, aux corneilles et aux vers.

93. « Le Brâhmane qui honore ainsi constamment tous les êtres, parvient au séjour suprême, sous une forme resplendissante, par un chemin direct.

94. « Après avoir accompli de cette manière l'acte des oblations, qu'il offre des aliments à son hôte avant tout autre, et fasse l'aumône au novice mendiant, suivant la règle, *en lui donnant une portion de riz équivalente à une bouchée.*

95. « Quelle que soit la récompense obtenue par un élève pour l'œuvre méritoire d'avoir donné une vache à son père spirituel, suivant la loi, le Dwidja maître de maison obtient la même récompense pour avoir donné une portion de riz *au novice mendiant.*

96. « *Lorsqu'il n'a que peu de riz préparé*, qu'il en donne seulement une portion *après l'avoir assaisonnée*, ou bien qu'il donne un vase d'eau garni *de fleurs et de fruits* à un Brâhmane qui connaît le véritable sens des Livres saints, après l'avoir honoré suivant la règle.

97. « Les offrandes faites aux Dieux et aux Mânes par les hommes ignorants ne produisent aucun fruit, lorsque, dans leur égarement, ils en donnent une partie à des Brâhmanes *privés de l'éclat que communique l'étude de la Sainte Écriture*, et qui sont comparables à des cendres.

98. « Mais l'oblation versée dans la bouche[1] d'un Brâhmane resplendissant de savoir divin et de dévotion austère, doit tirer celui qui l'a faite de la situation la plus difficile, et le décharger d'une grande faute.

99. « Lorsqu'un hôte se présente, que le maître de maison, avec les formes prescrites, lui offre un siège, de l'eau pour se laver les pieds, et de la nourriture qu'il a assaisonnée de son mieux.

100. « Lors même qu'un maître de maison ne vit que de grain glané, et fait des oblations aux cinq feux[2], le Brâhmane qui ne reçoit pas dans la demeure de cet homme les honneurs de l'hospitalité, attire à lui le mérite de toutes ses œuvres pies.

101. « De l'herbe, la terre *pour se reposer*, de l'eau *pour se laver les pieds*, de douces paroles : voilà ce qui ne manque jamais dans la maison des gens de bien.

---

[1] Indra, chef des Dévas et roi du ciel (Swarga), est régent de l'un des huit points cardinaux, de l'est. Il a pour arme l'arc-en-ciel, et son corps est couvert de mille yeux qui sont les étoiles. Son règne finit au bout de l'un des quatorze Manwantaras (périodes de Manous) qui composent un Kalpa, ou jour de Brahmâ. Alors l'Indra régnant est remplacé par celui qui, parmi les Dieux, les Asouras ou les hommes, a le plus mérité cet honneur. Il pourrait même, avant le terme fixé, être dépossédé par un Saint, ayant accompli des austérités qui le rendraient digne du trône d'Indra. Cette crainte l'occupe souvent, et aussitôt qu'un saint personnage se livre à de pieuses mortifications capables de l'inquiéter, il lui envoie une séduisante nymphe (Apsarâ) pour tâcher de le faire succomber, et de lui enlever ainsi tout le fruit de ses austérités. Voyez l'histoire de Kandou, traduite par M. Chézy (*Journal Asiatique*, vol. I), l'épisode de *Sakountalâ*, extrait du Mahâbhârata, et celui de Viswâmitra dans le Râmâyana (Liv. 1, chap. LXII et LXIV).

[2] Yama est le juge des morts, et le régent du midi. Souverain de l'enfer, il récompense ou punit les mortels suivant leurs œuvres; il envoie les bons au ciel, et les méchants dans les différentes régions infernales.

[3] Varouna, Dieu des eaux, préside à l'ouest. Il est aussi considéré comme le punisseur des méchants; il les retient au fond de ses abîmes, et les entoure de liens formés de serpents.

[4] Le texte porte *Indou*, et le commentaire, *Soma*. Ces deux noms désignent ordinairement Tchandra, Dieu de la lune; mais il est évident qu'il s'agit ici du régent du nord, Kouvéra, nommé aussi Soma et Indou. Kouvéra est le Dieu des richesses.

[5] Ces oblations doivent se faire du côté de l'est pour Indra, régent de l'est, ou pour les Génies de l'est; du sud, pour Yama, régent du midi; du côté de l'ouest, pour Varouna, et du nord, pour Kouvéra. La formule est : « Adoration (Namali) à Indra. » (*Commentaire.*)

[6] Ces Divinités résident dans les arbres. Voyez le quatrième acte du drame de *Sakountalâ*, traduit par M. Chézy, page 124 de l'édition in-8°.

[7] Sri ou Lakhmi, Déesse de l'abondance et de la prospérité, est, dans la Mythologie, l'épouse du dieu Vichnou. Son nom de Sri a paru avoir quelque analogie avec celui de Cérès.

[8] Bhadracâli, une des formes de la déesse Dourgâ. (*Wilson.*)

[9] Vâstospati paraît être un Dieu domestique. Suivant M. Wilson, *Vâstospati* est un nom d'Indra.

[1] Littéralement, *dans le feu de la bouche.*
[2] Ces cinq feux sont le Gârhapatya, le Dakchina, l'Ahavaniya (voyez ci-dessus, Liv. II, st. 231), l'Avasathya, et le Sabhya. Le sens exact de ces deux derniers mots n'est pas bien connu. (Voyez Wilson, *Mâlati and Mâdhava*, pag. 7. Le Sabhya, suivant le commentateur, est le feu qu'on apporte pour se réchauffer quand il fait froid.

102. « Un Brâhmane qui repose une seule nuit sous le toit hospitalier, est appelé hôte (Atithi), parce qu'il ne séjourne pas même pendant la durée d'un jour lunaire (Tithi).

103. « Que le chef de famille ne considère pas comme un hôte le Brâhmane qui demeure dans le même village que lui, ou celui qui vient par passetemps lui rendre visite dans la maison où demeure son épouse, et où ses feux sont allumés.

104. « Les maîtres de maison assez dépourvus de sens pour aller prendre part au repas d'un autre, en punition de cette conduite sont réduits, après leur mort, à la condition de bestiaux, de ceux qui leur ont donné des aliments.

105. « Un maître de maison ne doit pas, le soir, refuser l'hospitalité à celui que le coucher du soleil lui amène, *parce qu'il n'a pas le temps de gagner sa demeure;* que cet hôte arrive à temps ou trop tard[1], il ne doit pas séjourner dans la maison sans y manger.

106. « Que le chef de famille ne mange lui-même aucun mets sans en donner à son hôte : honorer celui qu'on reçoit, c'est le moyen d'obtenir des richesses, de la gloire, une longue existence, et le Paradis (Swarga).

107. « Selon qu'il reçoit des supérieurs, des inférieurs ou des égaux, il faut que le siége, la place et le lit qu'il leur offre, que les civilités qu'il leur fait au moment de leur départ, que son attention à les servir, soient proportionnés à leur rang.

108. « Lorsque l'oblation à tous les Dieux est terminée, *ainsi que les autres offrandes*, s'il survient un nouvel hôte, le maître de la maison doit faire de son mieux pour lui donner des aliments, mais ne pas recommencer l'offrande (Bali).

109. « Qu'un Brâhmane ne proclame pas sa famille et son lignage pour être admis à un repas, car celui qui les fait connaître pour ce motif est nommé par les Sages mangeur de choses vomies.

110. « Un homme de la classe royale n'est pas considéré comme un hôte dans la maison d'un Brâhmane, non plus qu'un Vaisya, un Soûdra, un ami de ce Brâhmane, un de ses parents paternels, et son directeur.

111. « Mais si un Kchatriya arrive dans la maison d'un Brâhmane en qualité d'hôte, ce Brâhmane peut aussi lui donner à manger, lorsque les Brâhmanes mentionnés sont rassasiés;

112. « Et même lorsqu'un Vaisya et un Soûdra sont entrés dans sa demeure en manière d'hôtes, qu'il les fasse manger avec ses domestiques, en leur témoignant de la bienveillance.

113. « Quant à ses amis et aux autres personnes qui viennent par affection lui rendre visite, qu'il leur fasse prendre part au repas destiné à sa femme *et à lui-même*, après avoir de son mieux préparé les mets.

114. « Qu'il serve de la nourriture sans hésiter, avant d'en offrir à ses hôtes, aux femmes nouvellement mariées, aux jeunes filles, aux malades et aux femmes enceintes.

115. « L'insensé qui mange le premier sans avoir rien offert aux personnes mentionnées, ne sait pas, en prenant sa nourriture, qu'il servira lui-même de pâture aux chiens et aux vautours.

116. « Mais lorsque les Brâhmanes ses hôtes, ses parents et ses domestiques, sont rassasiés, que le maître de maison et sa femme mangent ce qui reste du repas.

117. « Après avoir honoré les Dieux, les Saints, les hommes, les Mânes et les Divinités domestiques, que le maître de maison se nourrisse avec le reste des offrandes.

118. « Il ne se repaît que de péché, celui qui fait cuire pour lui seul; en effet, le repas fait avec les reliefs de l'oblation est appelé la nourriture des gens de bien.

119. « Un roi, un prêtre célébrant, un Brâhmane dont le noviciat est entièrement terminé, un directeur, un beau-fils, un beau-père et un oncle maternel, doivent être gratifiés de nouveau d'un madhouparca[1] au bout d'une année, *lorsqu'ils viennent visiter le maître de maison.*

120. « Un roi et un Brâhmane présents à la célébration du sacrifice, doivent être gratifiés d'un madhouparca, mais non lorsque l'oblation est achevée, telle est la règle; *les autres, au contraire, doivent recevoir le madhouparca, lors même qu'ils n'arrivent pas au moment de l'oblation.*

121. « A la fin du jour, le riz étant préparé, que l'épouse fasse une offrande sans réciter de formule sacrée, *excepté mentalement;* car l'oblation adressée aux Dieux assemblés est prescrite pour le soir et pour le matin, *ainsi que les autres oblations.*

122. « De mois en mois, le jour de la nouvelle lune, le Brâhmane qui entretient un feu, après avoir adressé aux Mânes l'offrande *des gâteaux* (*pindas*), doit faire le Srâddha[2] (repas funèbre), appelé Pindânwâhârya (après offrande).

---

[1] C'est-à-dire, avant ou après l'oblation et le repas du soir. (*Commentaire.*)

[1] Le *madhouparka* est un présent de miel, de lait caillé et de fruits.
[2] Le mot *Srâddha* a un sens assez étendu, et s'applique à diverses sortes de cérémonies en l'honneur des Dieux et des Mânes. Le but du Srâddha, accompli pour un parent récemment décédé, est de faire parvenir son âme au séjour céleste, et de l'y déifier en quelque sorte parmi les Mânes. Sans cela, suivant la croyance des Indiens, cette âme continuerait à rôder ici-bas parmi les mauvais esprits. D'autres Srâddhas, comme celui de la nouvelle lune, sont faits en l'honneur de plusieurs Ancêtres, et des Mânes en général, et ils ont pour objet d'assurer leur félicité dans l'autre monde. L'offrande quotidienne, qui fait partie des cinq grandes oblations, est aussi un Srâddha, nommé *Nitya*, c'est-à-dire, *constant*, parce qu'on doit le faire tous les jours. Voyez le Mémoire

123. « Les Sages ont appelé Pindânwâhârya [1] le festin (Srâddha) mensuel en l'honneur des Mânes, *parce qu'il a lieu après l'offrande des pindas ou gâteaux de riz*, et il faut avoir grand soin de le composer de viandes approuvées par la loi.

124. « Je vous ferai connaître exactement quels sont les Brâhmanes que l'on doit inviter à ce repas ou en exclure, quel doit être leur nombre, et quels mets il faut leur offrir.

125. « Au Srâddha des Dieux que le maître de maison reçoive deux Brâhmanes, et trois à celui qui a lieu pour son père, son aïeul paternel et son bisaïeul paternel ; ou bien un seulement à chacune de ces deux cérémonies : quelque riche qu'il soit, il ne doit pas chercher à recevoir grande compagnie.

126. « Les cinq avantages suivants : l'honorable accueil *fait aux Brâhmanes*, le lieu et le temps *favorables*, la pureté, la faveur de recevoir des Brâhmanes, sont détruits par une assemblée trop nombreuse ; en conséquence, il ne doit pas désirer une nombreuse assemblée.

127. « La cérémonie en mémoire des morts est appelée service des Mânes ; cette cérémonie, prescrite par la loi, procure sans cesse toute espèce de prospérité à celui qui la célèbre exactement le jour de la nouvelle lune.

128. « C'est à un Brâhmane versé dans la Sainte Écriture que les oblations aux Dieux et aux Mânes doivent être données par ceux qui les adressent ; en effet, ce que l'on donne à cet homme vénérable produit des fruits excellents.

129. « Quand même on n'invite qu'un seul Brâhmane instruit à l'oblation aux Dieux et à celle aux Mânes, on obtient une belle récompense, mais non en nourrissant une multitude de gens qui ne connaissent pas les Livres saints.

130. « Que celui qui fait la cérémonie s'enquière d'un Brâhmane parvenu au terme de la lecture du Véda, *en remontant* jusqu'à un degré éloigné *dans l'examen de la pureté de sa famille*; un tel homme est digne de partager les oblations aux Dieux et aux Mânes, c'est un véritable hôte.

131. « Dans un Srâddha où un million d'hommes étrangers à l'étude des Livres sacrés recevraient de la nourriture, la présence d'un seul homme connaissant la Sainte Écriture, et satisfait *de ce qui lui serait offert*, aurait plus de mérite, d'après la loi.

132. « C'est à un Brâhmane distingué par son savoir qu'il faut donner la nourriture consacrée aux Dieux et aux Mânes; en effet, des mains souillées de sang ne peuvent pas se purifier avec du sang [2].

133. « Autant de bouchées l'homme dépourvu de toute connaissance sacrée avale, pendant une oblation aux Dieux et aux Mânes, autant celui qui fait la cérémonie avalera, dans l'autre monde, de boules de fer brûlantes, armées de pointes aiguës.

134. « Quelques Brâhmanes se consacrent spécialement à la science sacrée ; d'autres, aux austérités ; d'autres, aux pratiques austères et à l'étude des saints Livres ; d'autres, à l'accomplissement des actes religieux.

135. « Les oblations aux Mânes doivent être présentées avec empressement aux Brâhmanes voués à la science sacrée ; les oblations aux Dieux peuvent être offertes, avec les cérémonies d'usage, aux quatre ordres de Brâhmanes mentionnés.

136. « Il peut se faire qu'un fils ayant pour père un homme étranger à l'étude des dogmes sacrés, soit lui-même parvenu au terme de la lecture des Livres saints, ou bien qu'un fils qui n'a pas lu le Véda ait un père très-versé dans les Livres sacrés :

37. « De ces deux personnages, on doit reconnaître comme le supérieur celui dont le père a étudié le Véda ; mais pour rendre hommage à la Sainte Écriture, il faut recevoir l'autre avec honneur.

138. « On ne doit pas admettre un ami au repas funèbre (Srâddha); c'est par d'autres présents qu'il faut se concilier son affection : le Brâhmane que l'on ne considère ni comme un ami, ni comme un ennemi, peut seul être convié à prendre part au Srâddha.

139. « Celui dont les repas funèbres et les offrandes aux Dieux ont pour principal motif l'amitié, ne retire aucun fruit, dans l'autre monde, de ses festins funèbres et de ses offrandes.

140. « L'homme qui, par ignorance, contracte des liaisons au moyen du repas funèbre, est exclu du séjour céleste, comme voué au Srâddha, *par intérêt seulement*, et comme le plus vil des Dwidjas.

141. « Une telle offrande, qui ne consiste que dans un festin offert à de nombreux convives, a été appelée diabolique (Paisâtchi) par les Sages ; elle est confinée dans ce bas monde [1] comme une vache aveugle dans son étable.

142. « De même que le laboureur qui sème du grain dans un terrain stérile ne récolte rien, de même celui qui donne l'offrande de beurre liquide à un Brâhmane ignorant n'en retire aucun avantage.

143. « Mais ce que l'on donne, conformément à la loi, à un homme imbu de la science sacrée, produit des fruits également recueillis, dans ce monde et dans l'autre, par ceux qui offrent et par ceux qui reçoivent.

[de] M. Colebrooke sur les cérémonies religieuses des Indiens, dans le septième volume des *Recherches Asiatiques*.

[1] Le mot *Pindânwâhârya* se compose de *pinda*, gâteau, *anou*, après, et *âhârya*, devant être mangé.

[2] Cela veut dire que ce n'est pas en donnant de nouveau à manger à un ignorant, qu'on peut effacer la faute d'avoir offert de la nourriture à un homme étranger à la doctrine sacrée. (*Commentaire*.)

[1] Elle n'est d'aucun avantage pour l'autre monde. (*Commentaire*.)

144. « *S'il ne se trouve à proximité aucun Brâhmane instruit*, on peut, à sa volonté, inviter au repas funèbre un ami, mais jamais un ennemi, lors même qu'il connaît les saints dogmes; car l'oblation mangée par un ennemi n'est d'aucun avantage pour l'autre monde.

145. « On doit avoir grand soin de convier au repas funèbre un Brâhmane ayant lu toute la Sainte Écriture, et possédant spécialement le Rig-Véda; un Brâhmane très-versé dans le Yadjour-Véda, et connaissant toutes les branches des Livres saints; ou bien un Brâhmane ayant terminé la lecture des Livres sacrés, mais possédant particulièrement le Sâma-Véda.

146. « Il suffit qu'un de ces trois personnages prenne part à un repas funèbre, après avoir reçu un accueil honorable, pour que les ancêtres de celui qui fait la cérémonie, jusqu'au septième individu, éprouvent une satisfaction inaltérable.

147. « Telle est la principale condition lorsqu'on adresse des offrandes aux Dieux et aux Mânes; mais, *au défaut de la première*, il faut connaître une autre condition secondaire, toujours observée par les gens de bien :

148. « Que celui qui fait un Srâddha, *au défaut de Brâhmanes instruits*, invite au repas son grand-père maternel, son oncle maternel, le fils de sa sœur, le père de sa femme, son maître spirituel, le fils de sa fille, le mari de cette fille, son cousin maternel ou paternel, son chapelain, ou le prêtre qui fait ses sacrifices.

149. « Celui qui connaît la loi ne doit pas examiner trop scrupuleusement *le lignage* d'un Brâhmane pour l'admettre à la cérémonie en l'honneur des Dieux; mais, pour celle des Mânes, il doit apporter le plus grand soin à l'enquête.

150. « Les Brâhmanes qui ont commis des vols, ou qui se sont rendus coupables de grands crimes; ceux qui sont eunuques, ceux qui professent l'athéisme : ont été déclarés par Manou indignes d'avoir part aux offrandes faites en l'honneur des Dieux et des Mânes.

151. « Un novice qui a négligé l'étude de la Sainte Écriture, un homme né sans prépuce, un joueur, et les gens qui sacrifient pour tout le monde, ne méritent pas d'être admis au repas funèbre.

152. « Les médecins, les prêtres qui montrent des idoles, les marchands de viande, et ceux qui vivent d'un trafic, doivent être exclus de toute cérémonie consacrée aux Dieux et aux Mânes.

153. « Un valet au service d'une ville ou d'un roi, un homme ayant une maladie des ongles ou les dents noires, un élève qui résiste aux ordres de son directeur, un Brâhmane qui a abandonné le feu sacré, un usurier,

154. « Un phthisique, un nourrisseur de bestiaux un jeune frère marié avant son aîné[1], un Brâhmane qui néglige les cinq oblations, un ennemi des Brâhmanes, un frère aîné qui ne s'est pas marié avant son jeune frère, un homme qui vit aux dépens de ses parents,

155. « Un danseur de profession, un *novice* ou *un dévot ascétique* violateur du vœu de chasteté, le mari d'une femme de la classe servile en premières noces, le fils d'une femme remariée, un homme borgne, un mari dans la maison duquel est un amant,

156. « Un maître qui enseigne la Sainte Écriture pour un salaire, et un élève qui reçoit les leçons d'un homme salarié; l'élève d'un Soûdra, et le Soûdra précepteur; un homme outrageux en paroles; le fils né d'une femme adultère, pendant la vie ou après la mort du mari;

157. « Un jeune homme qui abandonne sans raison son père, sa mère, ou son directeur; celui qui a étudié les saints Livres avec des gens dégradés, ou qui a contracté des alliances avec eux.

158. « Un incendiaire, un empoisonneur, un homme qui mange la nourriture offerte par un adultérin; un marchand de soma[2], un marin, un poète panégyriste, un fabricant d'huile, un faux témoin,

159. « Un fils qui a des contestations avec son père, un homme qui fait jouer pour lui, un buveur de liqueurs enivrantes, un homme attaqué d'éléphantiasis, un individu mal famé, un hypocrite, un marchand de sucs végétaux,

160. « Un fabricant d'arcs et de flèches, le mari d'une jeune fille mariée avant sa propre sœur aînée, un homme qui cherche à nuire à son ami, le maître d'une maison de jeu, un père qui a son fils pour précepteur,

161. « Un épileptique, un homme affligé d'une inflammation des glandes du cou, un lépreux, un méchant, un fou, un aveugle, et enfin, un contempteur des Védas : doivent tous être exclus.

162. « Un homme qui dresse des éléphants, des taureaux, des chevaux ou des chameaux, un astrologue de profession, un nourrisseur d'oiseaux, un maître d'armes.

163. « Un homme qui donne à des eaux courantes une autre direction, celui qui se plaît à en arrêter le cours, un ouvrier qui construit des maisons, un messager, un planteur d'arbres *salarié*,

164. « Un nourrisseur de chiens dressés pour l'amusement, un fauconnier, un séducteur de jeunes filles, un homme cruel, un Brâhmane qui mène la vie d'un Soûdra, un prêtre qui ne sacrifie qu'aux Divinités inférieures,

165. « Un homme qui ne se conforme pas aux

---

[1] Voyez plus loin, st. 171 et 172.
[2] Soma, plante consacrée à la lune; c'est l'asclépiade acide. Le jus qu'on en extrait, et qu'on boit dans certains sacrifices est aussi désigné sous le nom de *soma*.

bonnes coutumes, celui qui remplit ses devoirs avec négligence, celui qui importune par ses demandes, un laboureur, un homme qui a les jambes enflées, un homme méprisé des gens de bien,

166. « Un berger, un gardien de buffles, l'époux d'une femme mariée pour la seconde fois, et un porteur de corps morts salarié : doivent être évités avec grand soin.

167. « Que ces hommes dont la conduite est répréhensible, *ou qui doivent leurs infirmités ou leurs maladies à des fautes commises dans une naissance précédente ;* qui sont indignes d'être reçus dans une assemblée honorable ; et les derniers de la classe sacerdotale, : soient exclus des deux cérémonies par tout judicieux Brâhmane.

168. « Un Brâhmane qui n'a pas étudié la Sainte Écriture s'éteint comme un feu d'herbe sèche ; l'offrande ne doit pas lui être donnée, car on ne verse pas dans la cendre le beurre clarifié.

169. « Je vais vous déclarer sans rien omettre quel fruit le donateur retire, dans l'autre vie, d'une offrande donnée pendant la cérémonie des Dieux ou pendant celle des Mânes, à des gens qui ne méritent pas d'être admis dans une réunion d'hommes vertueux :

170. « La nourriture mangée par les Dwidjas qui ont enfreint les règles, comme un jeune frère marié avant son aîné, et par les autres individus inadmissibles, est savourée par les Géants (Râkchasas), *et non par les Dieux et les Mânes.*

171. « Celui qui prend une épouse et allume le feu nuptial, lorsque son frère aîné n'est pas encore marié, est appelé Parivettri, et le frère aîné, Parivitti.

172. « Le Parivitti, le Parivettri, la jeune fille avec laquelle un tel mariage est contracté, vont tous trois dans l'enfer (Naraka), ainsi que celui qui a accordé l'épouse, et le prêtre qui a fait le sacrifice nuptial.

173. « Celui qui satisfait sa passion pour la veuve de son frère au gré de ses désirs, *sans se conformer aux règles prescrites,* bien qu'elle soit légalement unie avec lui [1], doit être appelé mari d'une Didhichoû (femme remariée).

174. « Deux fils désignés sous les noms de Kounda et de Golaka, naissent de l'adultère des femmes mariées : si l'époux est vivant, l'enfant est un Kounda ; s'il est mort, un Golaka.

175. « Ces deux êtres, fruits d'un commerce adultère, anéantissent, dans ce monde et dans l'autre, les offrandes adressées aux Dieux et aux Mânes, lorsqu'on leur en donne une part.

176. « Lorsqu'un homme inadmissible regarde des convives honorables qui prennent part à un festin,

l'imprudent qui fait la cérémonie n'obtient dans l'autre monde aucune récompense de *la nourriture offerte à* tous ceux sur lesquels cet homme a jeté les yeux.

177. « Un aveugle qui *s'est trouvé placé dans un lieu où un autre* aurait vu, anéantit, pour le donneur, le mérite de la réception de quatre-vingt-dix *convives honorables ;* un borgne, de soixante; un lépreux, de cent ; un homme attaqué de consomption, de mille.

178. « Si les membres de quelques Brâhmanes sont touchés par un homme qui sacrifie pour la dernière classe, celui qui fait la cérémonie ne retire pas, de ce qu'il donne à ces Brâhmanes, les fruits que procure le Srâddha ;

179. « Et le Brâhmane versé dans la Sainte Écriture, qui, par cupidité, reçoit un présent d'un pareil sacrificateur, marche à sa perte aussi promptement qu'un vase de terre non cuite se détruit dans l'eau.

180. « La nourriture donnée à un vendeur de soma devient de l'ordure [1]; à un médecin, du pus et du sang : donnée à un montreur d'idoles, elle est perdue ; à un usurier, elle n'est pas agréée.

181. « Celle que l'on donne à un commerçant n'est productive ni dans cette vie ni dans l'autre, et celle qui est offerte à un Dwidja, fils d'une veuve remariée, est semblable à l'offrande de beurre clarifié versée dans la cendre.

182. « Quant aux autres hommes inadmissibles et méprisables ci-dessus mentionnés, la nourriture qu'on leur donne a été déclarée par les Sages *devenir* de la sécrétion séreuse, du sang, de la chair, de la moelle et des os [2].

183. « Apprenez maintenant complétement par quels Brâhmanes peut être purifiée une réunion souillée par des gens inadmissibles, connaissez ces personnages éminents, ces purificateurs des assemblées :

184. « Ceux qui sont parfaitement versés dans tous les Védas et dans tous les livres accessoires (Angas), et qui descendent d'une famille de savants théologiens, doivent être considérés comme capables d'effacer la souillure d'une réunion.

185. « Le Brâhmane qui s'est consacré à l'étude d'une des parties du Yadjour-Véda, celui qui entretient avec soin les cinq feux [3], celui qui possède une partie du Rig-Véda, celui qui connaît les six livres accessoires, le fils d'une femme mariée suivant le rite de Brahmâ, celui qui chante la principale portion du Sâma-Véda,

---

[1] Voyez plus loin, Liv. IX, st. 59 et 60.

[1] C'est-à-dire, que celui qui a donné de la nourriture à un marchand de soma, renaît parmi les animaux qui se nourrissent d'excréments. (*Commentaire.*)
[2] Même explication que pour la stance 180.
[3] Voyez ci-dessus, st. 100.

186. « Celui qui comprend parfaitement les saints Livres et qui les explique, le novice qui a donné mille vaches, l'homme âgé de cent ans : tels sont les Brâhmanes qui doivent être regardé comme capables de purifier une réunion de conviés.

187. « La veille du jour où la cérémonie du repas funèbre doit avoir lieu, ou bien le jour même, que celui qui donne le Srâddha invite d'une manière honorable au moins trois Brâhmanes comme ceux qui ont été mentionnés.

188. « Le Brâhmane qui a été invité au Srâddha des Mânes doit se rendre entièrement maître de ses sens : qu'il ne lise point la Sainte Écriture, *et récite seulement la prière à voix basse, qu'on ne doit jamais manquer de dire*, de même que celui par qui la cérémonie est célébrée.

189. « Les Mânes des ancêtres, *à l'état invisible*, accompagnent de tels Brâhmanes conviés ; sous une forme aérienne, ils les suivent, et prennent place à côté d'eux lorsqu'ils s'asseyent.

190. « Le Brâhmane invité convenablement à des offrandes en l'honneur des Dieux et des Mânes, et qui commet la moindre transgression, renaîtra pour cette faute sous la forme d'un porc.

191. « Celui qui, après avoir reçu une invitation à un repas funèbre, satisfait son amour pour une femme de la classe servile, se charge de tout le mal que celui qui donne le Srâddha a pu commettre.

192. « Exempts de colère, parfaitement purs, toujours chastes comme des novices, ayant déposé les armes, doués des plus éminentes qualités, les Pitris[1] sont nés avant les Dieux.

193. « Apprenez maintenant quelle est l'origine de tous les Pitris, par quels hommes et par quelles cérémonies ils doivent spécialement être honorés.

194. « Ces fils de Manou, issu de Brahmâ, ces Saints (Richis), dont le premier est Marîtchi[2], ont tous eu des fils qui ont été déclarés former les tribus des Pitris.

195. « Les Somasads, fils de Virâdj[3], sont reconnus être les ancêtres des Sâdhyas ; et les Agnichwâttas, réputés dans le monde enfants de Marîtchi, sont les ancêtres des Dévas.

196. « Les fils d'Atri, appelés Barhichads, sont les ancêtres des Daityas[4], des Dânavas, des Yakchas, des Gandharbas, des Ouragas, des Râkchasas, des Souparnas, des Kinnaras.

197. « Les Somapas sont les ancêtres des Brâhmanes ; les Havichmâts, des Kchatriyas ; les Adjyapas, des Vaisyas ; les Soukâlîs, des Soûdras.

198. « Les Somapas sont fils du Sage *Brigou*, les Havichmats, d'Angiras ; les Adjyapas, de Poulastya ; les Soukâlîs, de Vasichtha.

199. « Les Agnidagdhas, les Anagnidagdhas, les Kâvias, les Barhichads, les Agnichwâttas et les Sômyas, doivent être reconnus comme les ancêtres des Brâhmanes.

200. « Les tribus de Pitris qui viennent d'être énumérées, sont les principales, et leurs fils et leurs petits-fils, indéfiniment, doivent aussi dans ce monde être considérés comme des Pitris.

201. « Des Saints (Richis) sont nés les Pitris, des Pitris, les Dieux (Dévas) et les Titans (Dânavas) ; et par les Dieux a été produit successivement ce monde entier, composé d'êtres mobiles et immobiles.

202. « De l'eau pure offerte simplement aux Dieux Mânes (Pitris) avec foi, dans des vases d'argent ou argentés, est la source d'un bonheur inaltérable.

203. « La cérémonie en l'honneur des Mânes est supérieure, pour les Brâhmanes, à la cérémonie en l'honneur des Dieux, et l'offrande aux Dieux qui précède l'offrande aux Mânes a été déclarée en augmenter le mérite.

204. « C'est afin de préserver les oblations aux Mânes que le maître de maison doit commencer par une offrande aux Dieux, car les Géants dévastent tout repas funèbre qui est privé de ce préservatif.

205. « Qu'il fasse précéder et suivre le Srâddha d'une offrande aux Dieux, et qu'il se garde de commencer et de finir par les oblations aux Mânes ; car celui qui commence et qui finit par l'offrande aux Mânes périt bientôt avec toute sa race.

206. « Qu'il enduise de bouse de vache une place pure et solitaire, et qu'il choisisse avec soin un endroit qui ait une pente vers le midi[1].

207. « Les Mânes reçoivent toujours avec satisfaction ce qui leur est offert, dans les clairières des forêts qui sont naturellement pures, ou sur le bord des rivières, ou dans les endroits écartés.

208. « Après que les Brâhmanes ont fait leurs ablutions de la manière convenable, le chef de famille doit les placer, chacun séparément, sur des sièges préparés et couverts de kousa.

209. « Lorsqu'il a fait asseoir ces Brâhmanes à leurs places avec respect, qu'il les gratifie de parfums et de guirlandes odorantes, ayant préalablement honoré les Dieux. —

---

[1] Les Pitris ou Dieux Mânes sont des personnages divins considérés comme les ancêtres des Dieux, des Génies et du genre humain ; ils habitent la lune. On appelle aussi Pitris les Mânes déifiés des Ancêtres des hommes, et les mêmes oblations paraissent être adressées aux Ancêtres divins et aux Mânes des Ancêtres des hommes.
[2] Voyez ci-dessus, Liv. I, st. 35.
[3] Voyez ci-dessus, Liv. I, st. 33.
[4] Voyez, pour les Daityas et ceux qui suivent, les notes de la stance 37 du Livre Ier.

[1] Yama, seigneur des Mânes (Pitripati), est régent du midi.

210. « Après avoir apporté à ses convives de l'eau, de l'herbe kousa et des grains de sésame (tila), que le Brâhmane autorisé par les autres Brâhmanes fasse avec eux l'offrande au feu sacré.

211. « Ayant d'abord adressé à Agni, à Soma et à Yama, une offrande propitiatoire de beurre clarifié, en se conformant aux règles prescrites, il doit ensuite satisfaire les Mânes *par une offrande de riz*.

212. « S'il n'a pas de feu consacré (*comme par exemple s'il n'est pas encore marié, ou si sa femme est morte*), qu'il verse *les trois oblations* dans la main d'un Brâhmane; car il n'y a pas de différence entre le feu et un Brâhmane : telle est la décision prononcée par ceux qui connaissent le Véda.

213. « En effet, les Sages regardent ces Brâhmanes exempts de colère, au visage toujours serein, d'une race primitive, voués à l'accroissement du genre humain, comme les Dieux de la cérémonie funèbre.

214. « Après avoir fait le tour du feu, de la manière prescrite, en marchant *de gauche à droite et en jetant dans le feu l'offrande*, avec la main droite qu'il répande de l'eau sur l'endroit où doivent être placés *les gâteaux de riz*.

215. « Ayant fait trois gâteaux[1] avec ce qui reste de riz et de beurre clarifié, qu'il les dépose *sur des brins de kousa*[2] dans le plus profond recueillement, de la même manière que l'eau, *c'est-à-dire, avec la main droite*, ayant son visage tourné vers le midi.

216. « Lorsqu'il a déposé ces gâteaux *sur des brins de l'herbe kousa* avec la plus grande attention et suivant la règle, qu'il s'essuie la main *droite* avec *des* racines de cette herbe, pour *la satisfaction* de ceux qui partagent ces restes, *savoir : le père, le grand-père et le bisaïeul de son bisaïeul paternel*.

217. « Ayant fait une ablution, se tournant vers le nord, et retenant trois fois sa respiration lentement, que le Brâhmane qui connaît les paroles sacrées salue les *six Divinités des* saisons et les Mânes.

218. « Qu'il verse de nouveau lentement auprès des gâteaux ce qui reste de l'eau *qu'il a répandue sur la terre*, et qu'il flaire ces gâteaux avec un parfait recueillement dans l'ordre où ils ont été offerts.

219. « Prenant alors dans ce même ordre une portion de chacun de ces *trois* gâteaux *offerts aux Mânes de son père, de son grand-père paternel et de son bisaïeul décédés*, qu'il fasse d'abord manger ces portions suivant la règle, aux *trois* Brâhmanes assis *qui représentent son père, son grand-père et son bisaïeul*.

220. « Si son père est vivant, que le maître de maison adresse le Srâddha aux Mânes de *trois de* ses ancêtres paternels, à commencer par son grand-père; ou bien il peut faire manger son père, pendant la cérémonie, à la place du Brâhmane *qui le représenterait s'il était mort, et donner aux deux Brâhmanes qui représentent son grand-père et son bisaïeul des portions des deux gâteaux qui leur sont consacrés*.

221. « Que celui dont le père est mort et dont le grand-père paternel existe encore, après avoir proclamé le nom de son père dans la cérémonie funèbre, proclame aussi celui de son bisaïeul, *c'est-à-dire, qu'il fasse le Srâddha en leur mémoire*.

222. « Ou bien le grand-père peut prendre part au Srâddha *à la place du Brâhmane qui le représenterait s'il était décédé*, ainsi que Manou l'a déclaré; ou bien son petit-fils, autorisé par lui, peut agir à sa volonté *et faire la cérémonie seulement en l'honneur de son père et de son bisaïeul morts, ou bien y joindre son vieux grand-père*.

223. « Ayant répandu sur les mains des *trois* Brâhmanes de l'eau avec de l'herbe kousa et du sésame, qu'il leur donne la partie supérieure *de chacun* des *trois* gâteaux, en disant : « Que cette offrande (Swadhâ) soit pour eux[1]. »

224. « Apportant alors avec ses deux mains un vase plein de riz, qu'il le place devant les Brâhmanes lentement et en pensant aux Mânes.

225. « La nourriture que l'on apporte sans y mettre les deux mains, est sur-le-champ dispersée par les mauvais Génies (Asouras) au cœur pervers.

226. « Étant pur et parfaitement attentif, qu'il place d'abord avec soin sur la terre des sauces, des herbes potagères et d'autres choses propres à être mangées avec le riz, du lait, du caillé, du beurre clarifié, du miel.

227. « Diverses sortes de confitures, des mets de plusieurs espèces préparés avec du lait, des racines et des fruits, des viandes agréables et des liqueurs parfumées.

228. « Ayant apporté tous ces mets sans trop de précipitation, qu'il les présente aux convives tour à tour, étant parfaitement attentif et très-pur, en déclarant toutes les qualités *de ces mets*.

229. « Qu'il ne verse pas une larme, ne s'irrite pas, ne profère pas de mensonge, ne touche pas les mets avec le pied et ne les secoue pas.

---

[1] Littéralement, *trois boules* (Pindas).
[2] Le kousa (*Poa synosuriodes*) est l'herbe sainte employée dans les actes religieux.

[1] En prenant la partie supérieure du premier gâteau, et en la donnant au Brâhmane, celui qui fait la cérémonie dit : Oblation (Swadhâ) à mon père; et de même pour chacun des deux autres gâteaux. (*Comm.*) — Le législateur revient ici sur ce qui a été dit dans la stance 219.

230. « Une larme attire les Esprits [1]; la colère, les ennemis; le mensonge, les chiens; l'attouchement du pied, les Géants (Râkchasas); l'action de secouer ces mets, les pervers.

231. « Quelque chose qui soit agréable aux Brâhmanes, qu'il la leur donne sans regret, et qu'il leur tienne des discours sur l'Être suprême : tel est le désir des Mânes.

232. « Pendant la cérémonie en l'honneur des Mânes, qu'il lise à haute voix la Sainte Écriture, les codes de lois, les histoires morales, les poëmes héroïques (Itihâsas), les antiques légendes (Pourânas) [2], et les textes théologiques.

233. « Joyeux lui-même, qu'il cherche à inspirer de la joie aux Brâhmanes, et leur offre à manger sans trop se hâter; qu'il attire leur attention à plusieurs reprises sur le riz et les autres mets, et sur leurs bonnes qualités.

234. « Qu'il ait grand soin de convier au repas funèbre le fils de sa fille, lors même qu'il n'a pas terminé son noviciat; qu'il lui mette sur son siége un tapis *fait avec le poil de la chèvre du Népâl*, et répande sur la terre du sésame (tila).

235. « Trois choses sont pures dans un Srâddha : le fils d'une fille, un tapis *du Népâl* et des grains de sésame; et trois choses y sont estimées : la pureté, l'absence de colère, le défaut de précipitation.

236. « Il faut que tous les mets apprêtés soient très-chauds, et que les Brâhmanes mangent en silence; ils ne doivent pas déclarer les qualités des mets, lors même qu'ils sont interrogés à ce sujet par le maître du repas.

237. « Tant que les mets se conservent chauds et que l'on mange en silence et sans déclarer les qualités de ces mets, les Mânes prennent leur part du festin.

238. « Ce que mange un Brâhmane qui a la tête couverte ou le visage tourné vers le midi, ou bien qui a ses souliers à ses pieds, n'est certainement savouré que par les Géants, *et non par les Mânes*.

239. « Il ne faut pas qu'un Tchandâla [1], un porc, un coq, un chien, une femme ayant ses règles, et un eunuque, voient manger les Brâhmanes.

240. « Pendant une offrande au feu, une distribution de présents, un repas donné à des Brâhmanes, un sacrifice aux Dieux, un Srâddha en l'honneur des Mânes, ce que les êtres mentionnés peuvent voir, ne produit pas le résultat désiré.

241. « Le porc le détruit par son odorat; le coq, par le vent de ses ailes; le chien, par son regard; l'homme de la classe la plus vile, par son attouchement.

242. « Un homme boiteux ou borgne, ou bien ayant un membre de moins ou de trop, lors même qu'il serait serviteur du maître du repas, doit être éloigné de la cérémonie.

243. « Si un Brâhmane ou un mendiant se présente et demande de la nourriture, le maître du repas doit, après avoir obtenu la permission des conviés, lui faire, de son mieux, un honorable accueil.

244. « Après avoir mêlé des mets de toute sorte *avec des assaisonnements* et les avoir arrosés d'eau, qu'il les jette devant les Brâhmanes dont le repas est terminé, en les répandant *sur les brins de kousa qui sont* à terre.

245. « Ce qui reste *dans les plats* et ce qui a été répandu sur les brins de kousa doit être la part des enfants qui sont morts avant l'initiation, et des hommes qui ont abandonné *sans sujet* les femmes de leur classe.

246. « Les Sages ont décidé que le reste qui est tombé à terre, pendant le repas en l'honneur des Mânes, appartient aux serviteurs diligents et d'un bon naturel.

247. « Avant le Srâddha appelé Sapindana, on doit faire, pour un Brâhmane qui vient de mourir, un Srâddha [2] particulier sans offrande aux Dieux, auquel un seul Brâhmane peut être convié, et consacrer un seul gâteau (pinda).

248. « Lorsque le Srâddha appelé Sapindana a été célébré pour ce Dwidja, suivant la loi, l'offrande des gâteaux doit être faite par ses fils, *tous les ans, le jour de sa mort*, de la manière prescrite pour le Srâddha du jour de la nouvelle lune.

---

[1] C'est-à-dire, envoie les mets aux Esprits, qui les savourent, tandis que les Mânes n'en éprouvent aucune satisfaction. (*Commentaire.*)

[2] Les Pourânas sont des recueils en vers des anciennes légendes, au nombre de dix-huit, et que les Indiens supposent avoir été compilés et arrangés dans la forme qu'ils ont maintenant, par un savant Brâhmane, nommé Vyasa, c'est-à-dire, *le compilateur*, que l'on fait vivre mille à douze cents ans avant notre ère; et auquel on attribue aussi l'arrangement des Védas dans la forme qu'ils ont maintenant, et le grand poëme épique du Mahâbhârata. Les Pourânas traitent particulièrement de cinq choses, savoir : la création, la destruction et le renouvellement des mondes, la généalogie des Dieux et des héros, les règnes des Manous, et les actions de leurs descendants. L'Agni-Pourâna, l'un des plus considérables, renferme en outre des notions d'astrologie, d'astronomie, de géographie, de politique, de jurisprudence, de médecine, de poésie, de rhétorique et de grammaire; c'est une véritable encyclopédie indienne. Le fond des Pourânas est ancien, puisque l'on voit qu'ils sont cités dans le texte de Manou; mais dans la forme qu'ils ont maintenant, ils sont regardés comme modernes par quelques savants. C'est une question qui demande à être éclaircie par de nouvelles études. L'âge des divers monuments de la littérature Indienne est loin d'être fixé d'une manière certaine.

[1] Tchandâla, homme impur, né d'un Soûdra et d'une femme de la classe sacerdotale.

[2] Ce Srâddha est appelé *Ekodichta*; c'est-à-dire, adressé *à un seul*. On doit offrir quinze Srâddhas semblables dans le courant de l'année de la mort d'un parent, afin d'élever au ciel l'âme du défunt. Ces Srâddhas particuliers sont terminés par un Srâddha sapindana, qui se fait le jour de l'anniversaire de la mort. (Voyez les *Recherches Asiatiques*, vol. VII, pag. 263, édit. in-8°.)

249. « L'insensé qui, après avoir pris part à un repas funèbre, donne son reste à un Soûdra, est précipité la tête la première dans la région infernale appelée Kâlasoûtra.

250. « Si un homme, après avoir assisté à un Srâddha, partage le même jour la couche d'une femme, ses ancêtres pendant le mois seront couchés sur les excréments de cette femme.

251. « Après avoir demandé à ses convives : « Avez-vous bien mangé ? » lorsqu'ils sont rassasiés, qu'il les invite à se laver la bouche ; et, l'ablution terminée, qu'il leur dise : « Reposez-vous ici ou chez vous[1]. »

252. « Que les Brâhmanes lui disent alors : « Que l'oblation (Swadhâ) soit *agréable aux Mânes !* » car, dans tous les actes pieux en l'honneur des Mânes, ces mots : « Que l'oblation soit *agréable*, » sont une excellente bénédiction.

253. « Ensuite, qu'il fasse connaître aux convives ce qui reste des mets ; et étant invité par les Brâhmanes à en disposer de telle manière, qu'il fasse ce qui lui est prescrit par eux.

254. « Après une cérémonie en mémoire des Mânes, qu'il dise aux Brâhmanes : « Avez-vous bien mangé ? » Après un Srâddha purificatoire pour une famille : « Avez-vous bien entendu ?[2] » Après un Srâddha pour un accroissement de prospérité : « Avez-vous réussi ? » Après une cérémonie en l'honneur des Dieux : « Êtes-vous satisfaits[3] ? »

255. « L'après-midi, des brins de kousa, la purification du lieu, des grains de sésame, une généreuse distribution d'aliments, des mets bien apprêtés, des Brâhmanes distingués ; voilà les avantages *désirables* dans les cérémonies en l'honneur des Mânes.

256. « Des brins de kousa, des prières (Mantras), la première partie de la journée, toutes les offrandes *qui vont être énumérées*, et les purifications mentionnées, doivent être reconnus comme des choses très prospères dans la cérémonie en l'honneur des Dieux.

257. « Du riz sauvage comme en mangent les anachorètes, du lait, le jus exprimé de l'asclépiade acide (soma), de la viande fraîche et du sel qui n'est pas préparé artificiellement, sont désignés comme propres par leur nature à servir d'offrande.

258. « Après avoir congédié les Brâhmanes, le maître de maison doit, plongé dans le recueillement, gardant le silence, et s'étant purifié, se tourner vers le midi, et demander aux Mânes les grâces suivantes :

259. « Que dans notre famille le nombre des hommes généreux s'augmente ; que le zèle pour les saints dogmes s'accroisse ainsi que notre lignée ! Puisse la foi ne jamais nous abandonner ! Puissions-nous avoir beaucoup à donner ! »

260. « Ayant ainsi terminé l'offrande des gâteaux, aussitôt après *que les vœux ont été adressés aux Mânes*, qu'il fasse manger *ce qui reste de* ces gâteaux à une vache, à un Brâhmane ou à une chèvre, ou bien qu'il les jette dans le feu ou dans l'eau.

261. « Quelques-uns font l'offrande des gâteaux après *le repas des Brâhmanes*, d'autres donnent à manger *ce qui reste de ces* gâteaux aux oiseaux, ou les jettent dans le feu ou dans l'eau.

262. « Une épouse légitime, fidèle à ses devoirs envers son mari, et attentive à honorer les Mânes, doit manger le gâteau du milieu en récitant la formule d'usage, si elle désire un enfant mâle.

263. « Par ce moyen, elle met au monde un fils destiné à jouir d'une longue existence, illustre, intelligent, riche, ayant une postérité nombreuse, pourvu de bonnes qualités et remplissant ses devoirs avec exactitude.

264. « Ensuite, que le maître de maison, après s'être lavé les mains et la bouche, prépare de la nourriture pour ses parents du côté paternel ; et, après la leur avoir donnée avec respect, qu'il offre aussi de quoi manger à ses parents maternels.

265. « Ce que les Brâhmanes ont laissé doit rester, *sans qu'on nettoie*, jusqu'à ce qu'ils aient été congédiés ; alors, que le maître de maison fasse les oblations domestiques *ordinaires* : telle est la loi établie.

266. » Je vais vous déclarer, sans rien omettre, quelles sont les offrandes, faites suivant la règle, qui procurent aux Mânes un satisfaction durable et même éternelle.

267. « Les Mânes sont satisfaits un mois entier d'une offrande de sésame, de riz, d'orge, de lentilles noires, d'eau, de racines ou de fruits, adressée avec les cérémonies d'usage.

268. « La chair de poisson leur cause du plaisir pendant deux mois ; celle des bêtes fauves, trois mois ; celle du mouton, quatre mois ; celle des oiseaux *qu'il est permis aux Dwidjas de manger*, cinq mois ;

269. « La chair du chevreau, six mois ; celle du daim moucheté, sept mois ; celle de la gazelle noire (éna) huit mois ; celle du cerf (rourou), neuf mois.

---

[1] Ou bien, suivant une autre leçon : « Puissiez-vous être satisfaits ! » ce qui est sans doute une formule d'adieu.
[2] Je suppose qu'il s'agit d'une lecture des textes saints. Le Commentaire ne donne pas d'explication.
[3] Chacune de ces quatre allocutions ne consiste que dans un seul mot. Comme le Commentaire les répète sans les expliquer, peut-être n'ai-je pas parfaitement saisi le sens ; voici les quatre mots avec la traduction littérale : Swaditam, *bien mangé*; Sousroutam, *bien entendu* ; Sampannam, *obtenu* ; Rouchitam, *averti*.

270. « Ils sont satisfaits pendant dix mois de la chair du sanglier et du buffle, et pendant onze mois, de celle des lièvres et des tortues.

271. « Une offrande de lait de vache, ou de riz préparé avec du lait, leur est agréable pendant un an; la satisfaction que leur procure la chair du vârdhrinasa [1] est de douze années.

272. « L'herbe potagère appelée kâlasâca, les écrevisses de mer, la chair du rhinocéros, celle du chevreau à toison rougeâtre et le miel, leur causent un plaisir éternel, de même que les grains dont se nourrit un anachorète.

273. « Toute substance pure mêlée avec du miel et offerte pendant la saison des pluies [2], le treizième jour de la lune et sous l'astérisme lunaire de Maghâ [3], est la source d'une satisfaction sans fin.

274. « Puisse-t-il naître dans notre lignée, *di-*
« *sent les Mânes*, un homme qui nous offre du
« riz bouilli dans du lait, du miel et du beurre cla-
« rifié, le treizième jour de la lune et *dans tout*
« *autre jour lunaire*, lorsque l'ombre d'un élé-
« phant tombe à l'est! »

275. « Une oblation quelconque, faite selon les règles par un mortel dont la foi est parfaitement pure, procure à ses ancêtres, dans l'autre monde, une joie éternelle et inaltérable.

276. « Dans la quinzaine noire, le dixième jour et les suivants, à l'exception du quatorzième, sont les jours lunaires les plus favorables pour un Srâddha; il n'en est pas de même des autres jours.

277. « Celui qui fait un Srâddha dans les jours lunaires pairs, et sous les constellations lunaires paires, obtient l'accomplissement de tous ses désirs; celui qui honore les Mânes dans les jours impairs, obtient une illustre postérité.

278. « De même que la seconde quinzaine (*la quinzaine noire*) est préférable à la première pour un Srâddha, de même la seconde partie du jour est préférable à la première.

279. « L'oblation aux Mânes doit être faite avec soin jusqu'à la fin, suivant la règle prescrite, avec *la partie de la main droite consacrée aux Mânes*, par un Brâhmane portant le cordon sacré sur son épaule droite, ne prenant point de repos et tenant à la main l'herbe kousa.

280. Qu'il ne fasse jamais de Srâddha pendant la nuit, car elle est infestée par les Géants [1]; ni à l'aurore, ni au crépuscule, ni peu de temps après le lever du soleil.

281. « Le maître de maison *qui ne peut pas faire tous les mois le Srâddha du jour de la nouvelle lune*, doit donner un repas funèbre, de la manière prescrite, trois fois l'année : pendant la saison froide, la saison chaude, et celle des pluies; mais qu'il fasse tous les jours le Srâddha qui fait partie des cinq oblations.

282. « L'oblation qui fait partie de l'acte pieux en l'honneur des Mânes ne doit pas se faire dans un feu non consacré, et le Srâddha mensuel du Brâhmane qui entretient un feu ne peut avoir lieu que le jour de la nouvelle lune; *mais le Srâddha de l'anniversaire d'une mort, étant fixé relativement à l'époque, n'est pas soumis à cette règle.*

283. « Une libation d'eau adressée aux Mânes, après le bain, par un Brâhmane *qui se trouve dans l'impossibilité de s'acquitter du Srâddha journalier qui fait partie des cinq oblations*, lui acquiert toute la récompense de l'acte pieux en l'honneur des Mânes.

284. « Les Sages appellent nos pères, Vasous; nos grands-pères paternels, Roudras; les pères de nos grands-pères paternels, Adityas [2] : ainsi l'a déclaré la révélation éternelle.

285. « Qu'un homme mange toujours du Vighasa et de l'Amrita (ambroisie) : le Vighasa est le reste d'un repas *offert à des convives respectables*; l'Amrita, le reste d'un sacrifice aux Dieux.

286. « Telles sont, comme je vous les ai déclarées, les règles qui concernent les cinq oblations; apprenez maintenant les lois prescrites pour la manière de vivre des Brâhmanes. »

LIVRE QUATRIÈME.

MOYENS DE SUBSISTANCE; PRÉCEPTES.

1. « Que le Brâhmane, après avoir demeuré le premier quart [3] de sa vie auprès de son directeur (Gou-

---

[1] Les sacrificateurs donnent le nom de *vârdhrinasa* à un vieux bouc blanc à longues oreilles, appelé aussi *tripiva* (qui boit de trois manières), parce que, lorsqu'il boit, la langue et les oreilles trempent en même temps dans l'eau.
(*Commentaire.*)

[2] Les saisons (*ritous*), au nombre de six, chacune de deux mois, sont nommées *vasanta* (printemps), *grichma* (saison chaude), *varcha* (saison pluvieuse), *sarat* (automne), *hémanta* (saison froide), *sisira* (hiver). L'ancienne année indienne, de trois cent soixante jours, commençait vers l'équinoxe d'automne, avec la saison appelée *sarat*. Voici les noms des douze mois (*mâsas*) dans cet ordre : *âswina* (septembre-octobre), *kartika* (octobre-novembre), *mârgasîrcha* (novembre-décembre), *pôcha* (décembre-janvier), *mâgha* (janvier-février), *phâlgouna* (février-mars), *chaitra*, *marsavril*, *vaisâkha* (avril-mai), *djyaichtha* (mai-juin), *âchâdha* (juin-juillet), *srâvana* (juillet-août), *bhâdra* (août-septembre). L'année moderne commence avec le mois de *tchaitra*, et avec la saison de *vasanta*.

[3] Maghâ, le dixième astérisme lunaire.

[1] Littéralement, *car elle est dite Râkchasi*.
[2] Ils doivent donc être honorés sous ces noms dans le Srâddha, comme des Divinités. (*Commentaire.*)
[3] La vie d'un Brâhmane est divisée en quatre périodes; il entre successivement dans les quatre ordres religieux, qui

rou), séjourne pendant la seconde période de son existence dans sa maison après s'être marié.

2. « Tout moyen d'existence qui ne fait point de tort aux êtres vivants, ou leur en fait le moins possible, est celui qu'un Brâhmane doit adopter pour vivre, excepté dans les cas de détresse.

3. « Dans le seul but de se procurer sa subsistance, qu'il cherche à amasser du bien par les occupations irréprochables qui lui conviennent spécialement, et sans mortifier son corps.

4. « Il peut vivre par le secours du rita et de l'amrita, ou du mrita, ou du pramrita, ou même du satyânrita, mais jamais par la swavritti.

5. « Par rita [1] (subsistance vraie), on doit entendre l'action de ramasser des grains de riz ou de glaner; par amrita (subsistance immortelle), ce qu'on *donne et* qui n'est pas demandé; par mrita (subsistance mortelle), l'aumône mendiée; par pramrita (subsistance très-mortelle), le labourage [2];

6. « Par satyânrita (vérité et fausseté), le commerce; on peut aussi, *dans certains cas*, y avoir recours pour soutenir son existence; la servitude est ce qu'on appelle swavritti (vie des chiens); un Brâhmane doit l'éviter avec le plus grand soin.

7. « On peut amasser du grain dans son grenier *pour trois ans ou plus*, ou bien garder dans des jarres des provisions *pour un an*, ou n'en avoir que pour trois jours, ou n'en pas recueillir pour le lendemain.

8. « Des quatre Brâhmanes maîtres de maison *qui suivent ces quatre différents modes*, le dernier dans l'ordre successivement doit être reconnu le meilleur, comme étant celui qui, par sa vertueuse conduite, mérite le plus de conquérir les mondes.

9. « L'un d'eux, *qui a beaucoup de personnes à nourrir*, a six moyens d'existence, *qui sont de glaner, de recevoir l'aumône, de la demander, de labourer la terre, de faire le commerce, de prêter à intérêt;* l'autre, *dont la maison est moins nombreuse*, a trois ressources, savoir : *de sacrifier, d'enseigner la Sainte Écriture, et de recevoir l'aumône;* l'autre a deux occupations, *le sacrifice et l'enseignement;* le quatrième vit en répandant la connaissance des saints Livres.

10. « Que le Brâhmane qui soutient son existence en ramassant des grains et en glanant, et qui se voue à l'entretien du feu consacré, accomplisse les sacrifices de la nouvelle et de la pleine lune, et des solstices, sans y joindre d'autres offrandes.

11. « Qu'il ne fréquente jamais le monde pour gagner sa subsistance; qu'il tienne la conduite droite, franche et pure qui convient à un Brâhmane.

12. « Qu'il se maintienne dans un parfait contentement s'il cherche le bonheur, et qu'il soit modeste dans ses désirs; car le contentement est la source du bonheur; le malheur a pour origine l'état contraire.

13. « Le Brâhmane tenant maison, qui soutient son existence par un des moyens mentionnés, doit se conformer aux règles suivantes, dont l'observation lui procure le Paradis (Swarga), une longue existence et une grande renommée.

14. « Qu'il accomplisse toujours avec persévérance son devoir particulier prescrit par le Véda; car, en le remplissant de son mieux, il parvient à la condition suprême, *qui est la délivrance finale*.

15. « Qu'il ne cherche pas à acquérir de richesses par le moyen des arts qui séduisent, *comme le chant et la musique*, ni par des occupations interdites; et, qu'il soit dans l'opulence ou dans la détresse, il ne doit pas recevoir du premier venu.

16. « Qu'il ne se livre avec passion à aucun des plaisirs des sens; qu'il emploie toute son énergie mentale à surmonter un penchant excessif vers ces plaisirs.

17. « Il doit abandonner tous les biens qui l'empêcheraient de lire la Sainte Écriture, et chercher un moyen d'existence qui n'entrave pas l'étude des Livres sacrés; car c'est ce qui peut lui procurer la félicité.

18. « Qu'il se comporte dans ce monde de telle sorte, que ses vêtements, ses discours, ses pensées, soient d'accord avec son âge, ses actions, sa fortune, ses connaissances en théologie, et sa famille.

19. « Il faut qu'il étudie toujours ces Sâstras [1] (recueils révérés) qui développent l'intelligence et enseignent les moyens d'acquérir des richesses ou de conserver sa vie, et les traités explicatifs du Véda.

20. « En effet, à mesure qu'un homme fait des progrès dans l'étude des Sâstras, il devient éminemment instruit, et son savoir brille d'un vif éclat.

21. « Qu'il fasse tout son possible pour ne pas omettre les cinq oblations aux Saints, aux Dieux, aux Esprits, aux hommes et aux Mânes.

22. « Quelques hommes qui connaissent bien les ordonnances concernant ces oblations, au lieu d'offrir extérieurement ces cinq grands sacrifices, font continuellement les offrandes dans les cinq organes de leurs sens.

23. « Les uns sacrifient constamment leur respiration dans leur parole, *en récitant la Sainte*

[sont : celui de *Brahmatchâri* ou novice, celui de *Grihastha* ou maître de maison, celui de *Vânaprastha* ou anachorète, celui de *Sannyâsi* ou dévot ascétique.
[1] Il est difficile de déterminer d'une manière précise le sens des mots *rita*, *mrita*, etc.; je les ai traduits d'une manière conjecturale.
[2] Voyez plus loin, Liv. X st. 83.

[1] Le mot *Sastra* signifie *livre*, *science*; pris dans son sens général, il désigne les ouvrages sur la religion, les lois, ou les sciences, qui sont considérés comme ayant une origine

Écriture au lieu de respirer; et leur parole dans leur respiration, *en gardant le silence*, trouvant *ainsi* dans leur parole et dans leur respiration la récompense éternelle des oblations.

24. « D'autres Brâhmanes font toujours ces oblations avec la science divine, voyant par l'œil du savoir divin que la science est la base de leur accomplissement.

25. « Le maître de maison doit toujours faire des offrandes au feu, au commencement et à la fin du jour et de la nuit, et accomplir, à la fin de chaque quinzaine lunaire, les sacrifices particuliers de la nouvelle lune et de la pleine lune.

26. « Quand la récolte précédente est épuisée, *et même lorsqu'elle ne l'est pas*, qu'il fasse une offrande de grain nouveau *aussitôt que la moisson est terminée;* à la fin de chaque saison *de quatre mois*, qu'il accomplisse les oblations prescrites; aux solstices, qu'il sacrifie un animal; à la fin de l'année, qu'il fasse des oblations avec le jus de l'asclépiade (soma).

27. « Le Brâhmane qui entretient un feu consacré, et qui désire vivre de longues années, ne doit pas manger du riz nouveau et de la viande avant d'avoir offert les prémices de la récolte, et sacrifié un animal;

28. « Car les feux sacrés, avides de grain nouveau et de viande, lorsqu'ils n'ont pas été honorés par les prémices de la moisson et par le sacrifice d'un animal, cherchent à dévorer l'existence du Brâhmane négligent.

29. « Qu'il fasse tout son possible pour qu'aucun hôte ne séjourne jamais dans sa maison sans qu'on lui ait offert, avec les égards qui lui sont dus, un siège, des aliments, un lit, de l'eau, des racines ou des fruits.

30. « Les hérétiques, les hommes qui se livrent à des occupations défendues, les hypocrites[1], les gens qui n'ajoutent pas foi à la Sainte Écriture, ceux qui l'attaquent par des sophismes, ceux qui ont les manières du héron[2], ne doivent pas être honorés par lui, même d'une seule parole.

31. « Les Brâhmanes maîtres de maison, qui n'ont quitté la demeure de leur père spirituel qu'après avoir terminé l'étude des Védas, et accompli tous les devoirs pieux, et qui sont très-savants en théologie, doivent être accueillis avec honneur, et avoir part aux offrandes destinées aux Dieux et aux Mânes; mais qu'on évite ceux qui sont tout le contraire.

32. « Celui qui tient maison doit, autant qu'il est en son pouvoir, donner des aliments aux gens qui n'en préparent pas pour eux-mêmes *aux élèves en théologie*, et même aux mendiants hérétiques, et tous les êtres, *jusqu'aux plantes*, doivent avoir leur part sans que sa famille en souffre.

33. « Un chef de famille qui meurt de faim peut implorer la générosité d'un roi *de la classe militaire*, d'un sacrificateur ou de son élève, mais non d'aucun autre; telle est la règle établie.

34. « Un Brâhmane maître de maison, qui a des moyens *de se procurer sa subsistance*, ne doit pas se laisser mourir de faim, ni porter des habits vieux ou sales, tant qu'il lui reste quelque ressource.

35. « Qu'il ait ses cheveux, ses ongles et sa barbe coupés, qu'il soit ferme dans ses austérités, qu'il porte des vêtements blancs, qu'il soit pur, applique à l'étude du Véda, et à tout ce qui peut lui être salutaire.

36. « Qu'il porte un bâton de bambou et une aiguière pleine d'eau, le cordon du sacrifice, une poignée de kousa, et des boucles d'oreille en or très brillantes.

37. « Il ne doit jamais regarder le soleil pendant son lever, ni pendant son coucher, ni durant une éclipse, ni lorsqu'il est réfléchi dans l'eau, ni lorsqu'il est au milieu de sa course.

38. « Qu'il n'enjambe pas par-dessus une corde à laquelle un veau est attaché, qu'il ne coure pas pendant qu'il pleut, ni ne regarde par son image dans l'eau; telle est la règle établie.

39. « Qu'il ait toujours sa droite du côté d'un monticule de terre, d'une vache, d'une idole, d'un Brâhmane, d'un vase de beurre clarifié, ou de miel, d'un endroit où quatre chemins se rencontrent, et des grands arbres bien connus, lorsqu'il vient à passer auprès.

40. « Quelque désir qu'il éprouve, il ne doit pas s'approcher de sa femme lorsque ses règles commencent à se montrer[2], ni reposer avec elle dans le même lit.

41. « En effet, la science, la virilité, la vigueur, la vue et l'existence de l'homme qui s'approche de sa femme pendant qu'elle est ainsi souillée par l'écoulement sanguin, se détruisent entièrement.

42. « Mais chez celui qui s'éloigne d'elle à l'époque de sa souillure, la science, la virilité, la vigueur, la vue et l'existence acquièrent de l'accroissement.

43. « Qu'il ne mange pas avec sa femme *dans le même plat*, et ne la regarde pas pendant qu'elle mange, qu'elle éternue, ou qu'elle bâille, ni lorsqu'elle est assise nonchalamment;

44. « Ni pendant qu'elle applique le collyre[3] sur

---

[1] On a vu dans la stance 30 qu'il était défendu de leur parler; mais on peut leur donner à manger.
[2] Voyez Liv. III, st. 47.
[3] Le collyre est une poudre noire extrêmement fine, composée en grande partie d'oxide de zinc, et que les femmes indiennes appliquent légèrement sur leurs cils.

---

[1] Littéralement, *ceux qui ont les habitudes du chat*. Voyez plus loin, st. 195.
[2] Voyez st. 196.

ses yeux, ou se parfume d'essence, ni lorsqu'elle a la gorge découverte, ni quand elle met au monde un enfant, s'il attache du prix à sa virilité.

45. « Il ne doit pas prendre sa nourriture n'ayant qu'un seul vêtement, ni se baigner entièrement nu ; qu'il ne dépose son urine et ses excréments ni sur le chemin, ni sur des cendres, ni dans un pâturage de vaches,

46. « Ni dans une terre labourée avec la charrue, ni dans l'eau, ni sur un bûcher funèbre, ni sur une montagne, ni sur les ruines d'un temple, ni sur un nid de fourmis blanches, en aucun temps ;

47. « Ni dans des trous habités par des créatures vivantes, ni en marchant, ni debout, ni sur le bord d'une rivière, ni sur le sommet d'une montagne.

48. « De même, il ne doit jamais évacuer son urine ou ses excréments en regardant *des objets agités par le vent*, *ni en regardant* le feu, ou un Brâhmane, ou le soleil, ou l'eau, ou des vaches.

49. « Qu'il les dépose après avoir couvert *la terre* de bois, de mottes, de feuilles et d'herbes sèches, et d'autres choses semblables, n'ayant rien qui le souille, gardant le silence, enveloppé dans son vêtement et la tête couverte.

50. « Le jour, qu'il fasse ses nécessités, le visage dirigé vers le nord ; la nuit, la face tournée vers le sud ; à l'aurore et au crépuscule du soir, de la même manière que pendant le jour.

51. « Dans l'ombre ou dans l'obscurité, soit de nuit, soit de jour, *lorsqu'on ne peut pas distinguer les régions célestes*, un Brâhmane, en satisfaisant ses besoins naturels, peut avoir le visage tourné comme il lui plaît, ainsi que dans les endroits où il a à craindre pour sa vie *de la part des voleurs et des bêtes féroces*.

52. « Celui qui urine en face du feu, du soleil, de la lune, d'un réservoir d'eau, d'un Dwidja, d'une vache, ou du vent, perd toute sa science sacrée.

53. « Que le maître de maison ne souffle pas le feu avec sa bouche, et ne regarde pas sa femme nue ; qu'il ne jette rien de sale dans le feu et n'y chauffe pas ses pieds,

54. « Qu'il ne le place pas *dans un réchaud* sous *son lit*, qu'il n'enjambe pas par-dessus, et ne le mette pas à ses pieds *pendant son sommeil* ; qu'il ne fasse rien qui puisse nuire à son existence.

55. « Au crépuscule du matin ou du soir, il ne doit ni manger, ni se mettre en chemin, ni se coucher ; qu'il ne trace pas de lignes sur la terre, et n'ôte pas lui-même sa guirlande de fleurs.

56. « Qu'il ne jette dans l'eau ni de l'urine, ni de l'ordure, ni de la salive, ni une autre chose souillée par une substance impure, ni du sang, ni des poisons.

57. « Qu'il ne dorme pas seul dans une maison déserte, qu'il ne réveille pas un homme endormi *qui lui est supérieur en richesse et en science* ; qu'il ne s'entretienne pas avec une femme qui a ses règles ; qu'il n'aille pas faire un sacrifice sans être accompagné *par un célébrant*.

58. « Dans une chapelle consacrée au feu, dans un endroit où parquent des vaches, devant des Brâhmanes, en lisant la Sainte Écriture et en mangeant, il doit avoir le bras droit découvert.

59. « Qu'il ne dérange pas une vache qui boit, et n'aille pas en donner avis *à celui dont elle boit le lait* ; et lorsqu'il voit dans le ciel l'arc d'Indra [1], qu'il ne le montre à personne, s'il est au fait *de ce qui est permis et de ce qui ne l'est pas*.

60. « Il ne doit pas demeurer dans une ville habitée par des hommes qui ne remplissent pas leurs devoirs, ni faire un long séjour dans celle où les maladies sont nombreuses ; qu'il ne se mette pas seul en voyage, et ne reste pas longtemps sur une montagne.

61. « Qu'il ne réside pas dans une cité qui a pour roi un Soûdra, ni dans celle qui est entourée de gens pervers, ou bien fréquentée par des bandes d'hérétiques *portant les insignes de leur secte*, ou par des hommes appartenants aux classes mêlées.

62. « Il ne doit pas manger une substance dont on a extrait l'huile, ni trop satisfaire son appétit, ni prendre de la nourriture trop tôt le matin ou trop tard le soir, ni *faire un repas* le soir, lorsqu'il a mangé abondamment le matin.

63. « Qu'il ne se livre à aucun travail inutile ; qu'il ne boive point d'eau dans le creux de sa main ; qu'il ne mange rien après l'avoir mis dans son giron, et ne soit jamais curieux mal à propos.

64. « Il ne doit ni danser, ni chanter, ni jouer d'aucun instrument de musique, *excepté dans les cas indiqués par les Sâstras*, ni frapper son bras avec sa main, ni grincer les dents *en poussant des cris inarticulés*, ni faire du vacarme lorsqu'il est irrité.

65. « Qu'il ne lave jamais ses pieds dans un bassin de laiton ; qu'il ne mange pas dans un plat cassé, ou sur lequel il a des soupçons.

66. « Qu'il ne porte point des souliers, des vêtements, un cordon de sacrifice, un ornement, une guirlande, une aiguière, qui ont déjà servi à d'autres.

67. « Qu'il ne voyage pas avec des bêtes de somme indociles, ou exténuées de faim et de maladie, ou dont les cornes, les yeux ou les sabots ont quelque défaut, ou dont la queue est mutilée ;

68. « Mais qu'il se mette toujours en route avec des animaux bien dressés, agiles, pourvus de signes avantageux, d'une couleur agréable, d'une belle

---

[1] Littéralement, *l'arme d'Indra* ; c'est l'arc-en-ciel.

forme, et qu'il les excite modérément de l'aiguillon.

69. « Le soleil sous le signe de la Vierge (Kanyâ)[1], la fumée d'un bûcher funéraire et un siége brisé, doivent être évités; le maître de maison ne doit jamais couper lui-même ses ongles ou ses cheveux, ni raccourcir ses ongles avec ses dents.

70. « Qu'il n'écrase pas une motte de terre sans raison; qu'il ne coupe pas d'herbe avec ses ongles; qu'il ne fasse aucun acte absolument sans avantage, ou qui pourrait avoir des suites désagréables.

71. « L'homme qui écrase ainsi des mottes de terre, qui coupe de l'herbe *avec ses ongles*, ou qui ronge ses ongles, est entraîné rapidement à sa perte, de même que le détracteur et l'homme impur.

72. « Qu'il ne tienne aucun propos répréhensible; qu'il ne porte point de guirlande, excepté *sur la tête*; monter sur le dos d'une vache ou d'un taureau est une chose blâmable en toutes circonstances.

73. « Qu'il ne s'introduise pas autrement que par la porte dans une ville ou dans une maison enclose de murs; et la nuit, qu'il se tienne loin des racines des arbres.

74. « Il ne doit jamais jouer aux dés, ni porter lui-même ses souliers *avec la main*, ni manger étant couché sur un lit, ou en tenant sa nourriture dans sa main, ou l'ayant posée sur un siége.

75. « Qu'il ne mange rien de mêlé avec du sésame lorsque le soleil est couché; qu'il ne dorme jamais ici-bas entièrement nu, et qu'il n'aille nulle part *après avoir mangé*, sans s'être lavé la bouche.

76. « Qu'il prenne son repas après avoir arrosé ses pieds avec de l'eau, mais qu'il ne se couche jamais ayant les pieds humides; celui qui mange, ses pieds étant mouillés, jouira d'une longue existence.

77. « Qu'il ne s'engage jamais dans un endroit impraticable, où il ne peut pas distinguer sa route, *et qui est embarrassé par des arbres*, *des lianes et des buissons, où peuvent être cachés des serpents ou des voleurs*; qu'il ne regarde pas de l'urine ou des excréments, et qu'il ne passe pas une rivière *en nageant* avec *le secours de* ses bras.

78. « Que celui qui désire une longue vie ne marche pas sur des cheveux, de la cendre, des os ou des tessons, ni sur des graines de coton, ni sur des menues pailles de grain.

79. « Qu'il ne reste pas, *même à l'ombre d'un arbre*, en compagnie avec des gens dégradés, ni avec des Tchândâlas[1], ni avec des Poukkasas[2], ni avec des fous, ni avec des hommes fiers *de leurs richesses*, ni avec des gens de la plus vile espèce, ni avec des Antyâvasâyîs[3].

80. « Qu'il ne donne à un Soûdra ni un conseil, ni les restes de son repas, *à moins qu'il ne soit son domestique*; ni le beurre dont une portion a été présentée en offrande *aux Dieux* : il ne doit pas lui enseigner la loi ni aucune pratique de dévotion expiatoire, *excepté par l'intermédiaire d'une autre personne*.

81. « En effet, celui qui déclare la loi à un homme de la classe servile, ou lui fait connaître une pratique expiatoire, est précipité avec lui dans le séjour ténébreux appelé Asamvrita.

82. « Qu'il ne se gratte pas la tête avec les deux mains, qu'il ne la touche pas avant d'avoir fait une ablution après son repas, et qu'il ne se baigne pas sans la laver.

83. « Qu'il se garde de prendre quelqu'un aux cheveux *par colère* et de le frapper à la tête, *ou de se frapper ainsi lui-même*; et après s'être frotté la tête *d'huile*, qu'il ne touche avec de l'huile aucun de ses membres.

84. « Il ne doit rien accepter d'un roi qui n'est pas de race royale, ni des gens qui vivent du produit d'une boucherie, d'un moulin à huile, d'une boutique de distillateur ou d'une maison de prostituées.

85. « Un moulin à huile est aussi odieux que dix boucheries; une distillerie, que dix moulins à huile; un lieu de prostitution, que dix boutiques de distillateur; un *tel* roi, que dix *personnes tenant des* maisons de débauche.

86. « Un roi *qui n'appartient pas à la classe militaire* est déclaré semblable à un boucher qui exploite dix mille boucheries; recevoir de lui, est une chose horrible.

87. « Celui qui accepte d'un roi avide et transgresseur des lois, va successivement dans les vingt et un enfers (Narakas) suivants :

88. « Le Tâmisra, l'Andhatâmisra, le Mahâraurava, le Rôrava, le Naraka, le Kâlasoûtra, et le Mahânaraka;

89. « Le Sandjîvana, le Mahâvîtchi, le Tapana, le Sampratâpana, le Samhâta, le Sakâkola, le Koudmala, le Poûtimrittica;

90. « Le Lohasankou, le Ridjîcha, le Panthâna, la rivière Sâlmalî, l'Asipatravana, et le Lohadâraka[4].

---

[1] Le zodiaque, nommé en sanskrit *râsi-tchakra*, roue ou cercle des signes, et partagé en trois cent soixante degrés ou portions (*ansas*), dont trente pour chacun des douze signes nommés : *mécha*, le bélier; *vricha*, le taureau; *mithouna*, le couple; *karkataka*, l'écrevisse; *sinhâ*, le lion; *kanyâ*, la Vierge; *toulâ*, la balance; *vristchika*, le scorpion; *dhanous*, l'arc ou le sagittaire; *makara*, le monstre marin; *koumbha*, l'urne ou le verseau; *minas*, les poissons.

[1] Tchandâla, homme vil, né d'un Soûdra et d'une Brâhmanî. Voyez plus loin, Liv. x, st. 12.
[2] Poukkasa, homme impur, né d'un Nichâda et d'une femme de la classe servile. Voyez Liv. x, st. 18.
[3] Antyâvasâyî, homme abject et méprisable, né d'un Tchândâla et d'une femme Nichâdî. Voyez Liv. x, st. 39.
[4] La signification de plusieurs de ces mots m'est inconnue; d'autres sont susceptibles d'explication : Tâmisra et Andhâ

91. « Instruits de cette règle, les sages Brâhmanes, interprètes des Saintes Écritures et désireux de la béatitude après leur mort, ne reçoivent jamais rien d'un roi.

92. « Que le maître de maison s'éveille au moment consacré à Brâhmî[1], *c'est-à-dire, à la dernière veille de la nuit;* qu'il réfléchisse sur la vertu et sur les avantages honnêtes, sur les peines corporelles qu'ils exigent, sur l'essence et la signification du Véda.

93. « S'étant levé, ayant satisfait les besoins naturels et s'étant purifié, réunissant toute son attention, qu'il se tienne debout longtemps en récitant la Sâvatrî pendant le crépuscule du matin, et remplisse dans son temps l'autre pieux office, *celui du soir.*

94. « En répétant longtemps la prière des deux crépuscules, les Saints (Richis) obtiennent une longue existence, une science parfaite, de la renommée pendant la vie, une gloire éternelle après la mort, et l'éclat que donnent les connaissances sacrées.

95. « Le jour de la pleine lune du mois de srâvana[2] ou du mois de bhâdra[3], après avoir accompli, suivant la règle, la cérémonie appelée Oupâkarma[4], que le Brâhmane étudie la Sainte Écriture avec assiduité pendant quatre mois et demi.

96. « Sous l'astérisme lunaire de Pouchya[5], qu'il accomplisse hors de la ville la *cérémonie appelée* donation (Outsarga)[6] des Livres saints, ou bien qu'il la fasse dans le premier jour de la quinzaine éclairée du mois de mâgha[7] et dans la première moitié de ce jour.

97. « Après avoir achevé hors de la ville cette cérémonie suivant la loi, qu'il suspende sa lecture pendant ce jour, la nuit suivante et la journée du lendemain[8], ou pendant ce jour et la nuit *qui suit;*

98. « Mais ensuite, qu'il lise avec attention les Védas pendant les quinzaines éclairées, et qu'il étudie tous les Védângas pendant les quinzaines obscures.

99. « Qu'il ne lise qu'en prononçant distinctement et avec l'accentuation convenable, mais jamais en présence d'un Soûdra; à la dernière veille de la nuit[1], après avoir lu la Sainte Écriture, quelque fatigué qu'il soit, il ne doit pas se rendormir.

100. « Que le Dwidja lise toujours les prières (Mantras)[2] de la manière qui vient d'être prescrite, et qu'il lise de même avec assuiduité les préceptes (Brâhmanas) et les prières, lorsqu'il n'y a pas d'empêchement.

101. « Que celui qui étudie *la Sainte Écriture,* et celui qui l'enseigne à des élèves conformément aux règles mentionnées, s'abstiennent toujours de lire dans les circonstances suivantes, où toute lecture est défendue.

102. « La nuit, lorsque le vent se fait entendre et le jour, lorsque la poussière est soulevée *par le vent :* voilà, pendant la saison des pluies, deux cas où l'étude *du Véda* a été interdite par ceux qui savent quand il est à propos de lire.

103. « Lorsqu'il éclaire, qu'il tonne, qu'il pleut, ou qu'il tombe du ciel, de tous côtés, de grands météores, la lecture doit être suspendue jusqu'au même moment du jour suivant; c'est ainsi que Manou l'a décidé.

104. « Lorsque le Brâhmane verra ces accidents se manifester en même temps, les feux étant allumés *pour l'offrande du soir ou pour celle du matin,* qu'il sache que l'on ne doit pas alors lire le Véda, et de même quand des nuages se montrent hors *de la saison des pluies.*

105. « A l'occasion d'un bruit surnaturel (nirghâta), d'un tremblement de terre, d'un obscurcissement des corps lumineux, même en temps convenable, qu'il sache que la lecture doit être remise au même moment du jour qui suit.

106. « Pendant que les feux consacrés flambent, si des éclairs se montrent, si l'on entend le tonnerre, *mais sans pluie,* la lecture doit être interrompue pendant le reste du jour ou de la nuit[3]; et s'il vient à pleuvoir, le Brâhmane doit cesser de lire un jour et une nuit.

107. « Ceux qui désirent observer leurs devoirs avec la plus grande perfection, doivent toujours suspendre leur lecture dans les villages et dans les villes, et dans tous les endroits où règne une odeur fétide.

108. « Dans un village que traverse un convoi funèbre, en présence d'un homme pervers, lorsqu'une personne pleure, et au milieu d'une multitude de gens, l'étude du Véda doit cesser.

---

misra peuvent signifier *lieux des ténèbres; Rôrava* et Maharôrava, *séjours des larmes;* Tahâvitchi, *fleuve aux grandes vagues;* Tapana et Sampratâpana, *séjours des douleurs;* Pratimrittika, *lieu infect;* Lohasankou, *place des dards de fer;* Ridjicha, *lieu où les méchants sont exposés au feu dans une poêle à frire;* Asipatravana, *forêt dont les feuilles sont des lames d'épées.*

[1] Brâhmi ou Saraswatî, Déesse du langage et de l'éloquence.
[2] Srâvana, juillet-août.
[3] Bhâdra, août-septembre.
[4] Le commentateur ne donne aucun détail sur cette cérémonie. Suivant W. Jones, elle se fait avec le feu consacré.
[5] L'astérisme de Pouchya est le huitième.
[6] Je ne sais pas en quoi consiste cette cérémonie.
[7] Mâgha, janvier-février.
[8] Littéralement, *pendant une nuit ailée,* c'est-à-dire, placée entre deux jours.

[1] Une veille (*yama*) est la huitième partie d'un jour et d'une nuit, et de la durée de trois heures.
[2] Littéralement, *la partie composée en mesures régulières* (Tchhandaskrita); les Mantras sont en vers.
[3] Littéralement, tant que dure la lueur *du soleil (si les phénomènes ont lieu le matin),* ou celle *des étoiles (si les phénomènes ont lieu le soir).*

109. « Dans l'eau, au milieu de la nuit, en satisfaisant les deux besoins naturels, lorsqu'on a encore dans sa bouche un reste de nourriture, ou quand on a pris part à un Srâddha, on ne doit pas même méditer dans son esprit *sur le Véda.*

110. « Un Brâhmane instruit qui a reçu une invitation pour une cérémonie funèbre en l'honneur d'une seule personne[1], doit être trois jours sans étudier la Sainte Écriture, et de même lorsqu'il vient de naître un fils au roi ou que Râhou[2] apparaît.

111. « Tant que l'odeur et l'onctuosité des parfums se conservent sur le corps d'un savant Brâhmane, qui a pris part à un Srâddha pour une personne, il ne doit point lire la Sainte Écriture.

112. « Qu'il n'étudie point couché sur un lit, ni ayant les pieds sur un siège, ni étant assis les jambes croisées et couvert d'un vêtement qui entoure ses genoux et ses reins, ni après avoir mangé de la viande, ou bien du riz ou d'autres aliments donnés à l'occasion d'une naissance *ou d'une mort;*

113. Ni lorsqu'il fait du brouillard, ni lorsqu'on entend le sifflement des flèches *ou le son du luth,* ni pendant les crépuscules du matin et du soir, ni le jour de la nouvelle lune, ni le quatorzième jour lunaire, ni le jour de la pleine lune, ni le huitième jour lunaire.

114. « Le jour de la nouvelle lune tue le guide spirituel, le quatorzième jour lunaire tue le disciple; le huitième et celui de la pleine lune détruisent *le souvenir de* la Sainte Écriture; on doit, en conséquence, s'abstenir de toute lecture pendant ces jours lunaires.

115. « Lorsqu'il tombe une pluie de poussière, que les quatre principales régions du ciel sont en feu, que les cris du chacal, du chien, de l'âne ou du chameau se font entendre, le Brâhmane ne doit pas lire *les Védas,* ni lorsqu'il est en compagnie.

116. « Qu'il ne lise pas près d'un cimetière, ni près d'un village, ni dans un pâturage de vaches, ni revêtu d'un habit qu'il portait pendant un entretien amoureux avec sa femme, ni lorsqu'il vient de recevoir quelque chose dans un Srâddha.

117. « Que la chose donnée dans un Srâddha soit une créature animée ou un objet inanimé, celui qui la reçoit ne doit pas lire le Véda; car on dit, dans ce cas, que sa bouche est dans sa main.

118. « Lorsque le village est attaqué par des voleurs, ou qu'un incendie y répand l'alarme, que le Brâhmane sache que la lecture doit être remise au lendemain, de même que dans tous les cas de phénomènes extraordinaires.

119. « Après l'Oupâkarma et l'Outsarga, la lecture doit être suspendue pendant trois nuits *par celui qui veut remplir ses devoirs de la manière la plus parfaite;* et de même, *après le jour de la pleine lune du mois d'âgrahâyana*[1]*, aux huitièmes jours lunaires des trois quinzaines obscures suivantes, on doit cesser la lecture* pour le jour et la nuit, ainsi que pendant *le jour et la nuit* de la fin de chaque saison.

120. « Que le Brâhmane ne lise ni à cheval, ni sur un arbre, ni sur un éléphant, ni dans un bateau, ni sur un âne, ni sur un chameau, ni sur un terrain stérile, ni dans une voiture,

121. « Ni pendant une altercation verbale, ni pendant une querelle violente, ni au milieu d'une armée, ni durant une bataille, ni aussitôt après le repas *lorsque ses mains sont encore humides,* ni pendant une indigestion, ni après avoir vomi, ni lorsqu'il éprouve des aigreurs,

122. « Ni au préjudice des égards dus à un hôte, ni lorsque le vent souffle violemment, ni lorsque le sang coule de son corps ou qu'il a été blessé par une arme.

123. « Si le chant du Sâma[2] vient à frapper son oreille, qu'il ne lise pendant ce temps ni le Rig-Véda, ni le Yadjous; et après avoir terminé l'étude d'un Véda ou de la partie nommée Aranyaka, qu'il ne commence pas sur-le-champ une autre lecture.

124. « Le Rig-Véda est consacré aux Dieux, le Yadjour-Véda aux hommes, le Sâma-Véda aux Mânes; c'est pourquoi le son du Sâma-Véda est en *quelque sorte comme* impur.

125. « Que les Brâhmanes instruits, sachant cela, après avoir d'abord répété dans l'ordre, à plusieurs reprises, l'essence de la triade Védique, *savoir le monosyllabe sacré, les trois paroles, et la Sâvitrî,* lisent ensuite le Véda tous les jours permis.

126. « Si *une vache ou* un *autre* animal, une grenouille, un chat, un chien, un serpent, une mangouste ou un rat, passe *entre le maître et son élève,*

---

[1] Voyez ci-dessus, Liv. III, st. 247.
[2] Râhou est le nœud ascendant personnifié, ou la tête du dragon. Râhou était un Asoura ou Titan, qui, lors du barattement de la mer, et de la production de l'Amrita (voyez ci-dessus, Liv. II, st. 162, *note*), se mêla parmi les Dieux, afin d'avoir sa part de la liqueur qui donnait l'immortalité. Au moment où il y portait ses lèvres, le soleil et la lune le découvrirent, et le dénoncèrent à Vichnou, qui, d'un coup de son disque, lui trancha la tête. Le breuvage divin avait rendu l'Asoura immortel; et sa tête, par vengeance, se jette de temps en temps sur le soleil et sur la lune pour les dévorer. Telle est, suivant la mythologie indienne, l'origine des éclipses. Cette fable est rapportée dans le curieux épisode du Mahâbhârata sur la production de l'Amrita, dont le savant Wilkins a donné une traduction anglaise, insérée à la suite de la Bhagavad-Gîtâ, et que M. Poley a eu l'heureuse idée de reproduire dans les notes de son édition du Dévî-Mahâtmya. Le tronc de l'Asoura, sous le nom de Kétou, est le nœud descendant personnifié, ou la queue du dragon. En astronomie, Râhou et Kétou sont deux planètes

[1] Agrahâyana ou mârgasira, novembre-décembre.
[2] Les prières du Sâma-Véda sont en vers, et destinées être chantées; celles du Rig-Véda sont en vers, mais doivent être récitées; celles du Yadjous sont généralement en prose (*Recherches Asiatiques*, tom. VIII, pag. 381, édit. in-8°

que l'on sache que la lecture doit être suspendue pendant un jour et une nuit.

127. « Il y a deux cas où un Dwidja doit toujours, avec le plus grand soin, se garder de lire, savoir : lorsque la place où il doit étudier est souillée, et lorsque lui-même n'est pas purifié.

128. « Pendant la nuit de la nouvelle lune, la huitième, celle de la pleine lune et la quatorzième, que le Dwidja maître de maison soit aussi chaste qu'un novice, même dans la saison *favorable à l'amour conjugal* [1].

129. « Qu'il ne se baigne ni après avoir mangé, ni étant malade, ni au milieu de la nuit, ni plusieurs fois avec ses vêtements, ni dans une pièce d'eau qui ne lui est pas bien connue.

130. « Qu'il ne traverse pas à dessein l'ombre des images sacrées, celle *de son père ou* de son guide spirituel, celle d'un roi, celle d'un maître de maison, celle d'un instituteur, celle d'un homme à cheveux roux *ou au teint cuivré*, et celle d'un homme qui a fait un sacrifice.

131. « A midi ou à minuit, ou après avoir mangé de la viande dans un repas funèbre, ou à l'un ou l'autre des deux crépuscules, qu'il ne s'arrête pas longtemps à une place dans laquelle quatre chemins se rencontrent.

132. « Qu'il évite tout contact volontaire avec des substances onctueuses qu'un homme a employées pour se frotter le corps, avec de l'eau qui a servi à un bain, avec de l'urine, des excréments, du sang, de la matière muqueuse, et des choses crachées ou vomies.

133. « Qu'il ne choie ni un ennemi, ni l'ami d'un ennemi, ni un homme pervers, ni un voleur, ni la femme d'un autre.

134. « Car il n'y a rien dans le monde qui s'oppose plus à une prolongation de l'existence que de courtiser la femme d'un autre homme.

135. « Que le Dwidja qui désire un accroissement de richesses ne méprise jamais un Kchatriya, un serpent et un Brâhmane très-versé dans la Sainte Écriture, quelle que soit leur détresse ;

136. « Car ces trois êtres peuvent causer la mort de celui qui les méprise ; en conséquence, l'homme sage ne doit jamais les regarder avec dédain.

137. « Qu'il ne se méprise jamais lui-même pour ses mauvais succès précédents ; qu'il aspire à la fortune jusqu'à sa mort, et ne se la figure pas difficile à obtenir.

138. « Qu'il dise la vérité, qu'il dise des choses qui fassent plaisir, qu'il ne déclare pas de vérité désagréable, et qu'il ne profère pas de mensonge officieux : telle est l'éternelle loi.

139. « Qu'il dise : « Bien, bien, » ou qu'il dise : « Bien [2] ; » qu'il ne conserve point d'inimitié sans raison, et ne cherche querelle à personne mal à propos.

140. « Qu'il ne se mette en voyage ni trop tôt le matin, ni trop tard le soir, ni vers midi, ni dans la compagnie d'un inconnu, ni seul, ni avec des gens de la classe servile.

141. « Qu'il n'insulte pas ceux qui ont un membre de moins, ni ceux qui en ont un de trop *par difformité*, ni les ignorants, ni les gens âgés, ni les hommes dépourvus de beauté, ni ceux qui n'ont pas de bien, ni ceux dont la naissance est vile.

142. « Que le Brâhmane qui n'a pas fait d'ablution, *après avoir mangé ou après avoir satisfait les besoins de la nature*, ne touche pas avec sa main une vache, un Brâhmane ou le feu ; et quand il est bien portant, qu'il ne regarde jamais les corps lumineux du firmament avant de s'être purifié.

143. « S'il lui arrive de les toucher étant impur, *qu'il fasse une ablution, et* que toujours il arrose *ensuite*, avec de l'eau prise dans le creux de sa main, ses organes des sens, tous ses membres et son nombril.

144. « Quand il n'est pas malade, qu'il ne touche jamais sans raison ses organes creux [1] ; qu'il évite également de porter la main à la partie velue de son corps, qui doit rester cachée.

145. « Qu'il observe exactement les usages propices, et les règles de conduite établies ; qu'il soit pur de corps et d'esprit, maître de ses organes ; qu'il récite la prière à voix basse, et fasse les offrandes au feu constamment et sans interruption.

146. « Pour ceux qui observent les usages propices et les règles de conduite établies, qui sont toujours parfaitement purs, qui répètent la prière à voix basse, et font les oblations au feu, aucun malheur n'est à craindre.

147. « Que le Brâhmane récite en temps convenable, avec la plus grande exactitude, la partie du Véda qu'il doit répéter tous les jours, *et qui se compose du monosyllabe Aum, des trois mots Bhoûr, Bhouvah, Swar, et de la Sâvitri* ; ce devoir a été déclaré par les Sages le principal ; tout autre devoir est dit secondaire.

148. « Par son application à réciter le Texte saint, par une pureté parfaite, par des austérités rigoureuses, par son attention à ne point faire de mal aux êtres animés, un Brâhmane rappelle à sa mémoire sa naissance précédente :

149. « En se rappelant sa naissance précédente, il s'applique de nouveau à réciter le Texte sacré, et, par cette application constante, il parvient à jouir du bonheur éternel, *qui consiste dans la délivrance finale.*

150. « Qu'il fasse constamment, le jour de la nouvelle lune et de la pleine lune, les offrandes sancti-

---

[1] Voyez Liv. III, st. 45
[2] Je n'ai pas saisi le sens de ce passage.

[1] Voyez ci-dessus, Liv. II, st. 53.

fiées par la Sâvitrî, et les oblations propitiatoires; et qu'il adresse toujours son tribut de vénération aux Mânes, les huitième et neuvième jours lunaires *des trois quinzaines obscures après la pleine lune du mois d'âgrahâyana, en accomplissant les cérémonies prescrites* [1].

151. « Qu'il dépose loin de l'endroit où se conserve le feu sacré, les ordures, l'eau qui a servi à laver les pieds, les restes de la nourriture, et l'eau qui a été employée pour un bain.

152. « Pendant *la fin de la nuit et* la première partie du jour, qu'il satisfasse les besoins naturels, s'habille, se baigne, lave ses dents, applique le collyre sur ses yeux et adore les Divinités.

153. « *Le jour de la nouvelle lune et les autres* jours lunaires prescrits, qu'il s'approche avec respect des images des Dieux, des Brâhmanes vertueux, du Souverain pour obtenir sa protection, et des parents qu'il doit révérer.

154. « Qu'il salue humblement les hommes respectables qui viennent le voir, et leur donne son propre siége; qu'il s'asseye près d'eux, les mains jointes [2], et les suive par derrière lorsqu'ils partent.

155. « Qu'il observe sans relâche les coutumes excellentes déclarées parfaitement dans le Livre révélé et dans les recueils de lois, liées à des pratiques particulières, et sur lesquelles repose le devoir religieux et civil.

156. « Car, en suivant ces coutumes, il obtient une longue existence, la postérité qu'il désire, et des richesses inépuisables; l'observation de ces coutumes détruit les signes funestes.

157. « L'homme qui suit de mauvaises pratiques est, dans ce monde, en butte au blâme général; toujours malheureux, affligé par les maladies, il ne jouit que d'une courte existence.

158. « Bien que dépourvu de tous les signes *qui annoncent la prospérité*, l'homme qui suit les bonnes coutumes, dont la foi est pure, qui ne médit de personne, doit vivre cent années.

159. « Qu'il évite avec soin tout acte qui dépend du secours d'un autre; qu'il s'applique au contraire avec zèle à toute fonction qui ne dépend que de lui-même.

160. Tout ce qui dépend d'un autre cause de la peine, tout ce qui dépend de soi procure du plaisir; qu'il sache que telle est en somme la raison du plaisir et de la peine.

161. « On doit s'empresser d'accomplir toute action *qui n'est ni prescrite ni défendue*, et qui cause intérieurement à celui qui la fait une douce satisfaction; mais il faut s'abstenir de celle qui produit l'effet contraire.

162. « Que le Dwidja évite de faire aucun mal à son instituteur, à celui qui lui a expliqué le Véda, à son père, à sa mère, à son maître spirituel, aux Brâhmanes, aux vaches, et à tous ceux qui pratiquent les austérités.

163. « Qu'il se garde de l'athéisme [1], du mépris de la Sainte Écriture et des Dieux, de la haine, de l'hypocrisie, de l'orgueil, de la colère, et de l'âcreté d'humeur.

164. « Qu'il ne lève jamais son bâton sur un autre par colère, et n'en frappe personne, à l'exception de son fils ou de son élève; il peut les châtier pour leur instruction.

165. « Le Dwidja qui se précipite sur un Brâhmane dans l'intention de le blesser, *mais qui ne le frappe pas*, est condamné à tourner pendant cent années dans l'enfer appelé Tâmisra.

166. « Pour l'avoir, par colère et à dessein, frappé rien qu'avec un brin d'herbe, il doit renaître, pendant vingt et une transmigrations, dans le ventre d'un animal ignoble.

167. « L'homme qui par ignorance de la loi, fait couler le sang du corps d'un Brâhmane qui ne le combattait pas, éprouvera après sa mort la peine la plus vive.

168. « Autant le sang en tombant à terre absorbe de grains de poussière, autant d'années celui qui a fait couler ce sang sera dévoré par des animaux carnassiers, dans l'autre monde.

169. « C'est pourquoi celui qui connaît la loi ne doit jamais attaquer un Brâhmane, ni le frapper même avec un brin d'herbe, ni faire couler du sang de son corps.

170. « L'homme injuste, celui qui a acquis sa fortune par de faux témoignages, celui qui se plaît sans cesse à faire le mal, ne peuvent pas jouir du bonheur ici-bas.

171. « Dans quelque détresse que l'on soit en pratiquant la vertu, on ne doit pas tourner son esprit vers l'iniquité; car on peut voir le prompt changement qui s'opère dans la situation des hommes injustes et pervers.

172. « L'iniquité commise dans ce monde, de même que la terre, ne produit pas sur-le-champ des fruits; mais, s'étendant peu à peu, elle mine et renverse celui qui l'a commise.

173. « Si ce n'est pas à lui, c'est à ses enfants; si ce n'est pas à ses enfants, c'est à ses petits-fils qu'est réservée la peine; mais, certes, l'iniquité commise n'est jamais sans fruit pour son auteur.

174. « Au moyen de l'injustice, il réussit pour un temps; alors il obtient toutes sortes de pros-

---

[1] La cérémonie du huitième jour lunaire s'appelle *Achtakâ*, et celle du neuvième jour, *Anwachtakâ*. Voyez le Kalendrier indien, publié par Jones dans son Mémoire sur l'année lunaire des Hindous. (*Rech. Asiat.*, vol. III.)

[2] Littéralement, *faisant l'andjali*.

[1] L'athéisme (*nâstikya*) est l'action de nier un autre monde.

pérités, il triomphe de ses ennemis; mais il périt ensuite avec sa famille, et tout ce qui lui appartient.

175. « Un Brâhmane doit toujours se plaire dans la vérité, la justice, les coutumes honorables et la pureté, châtier ses élèves à propos, et régler ses discours, son bras et son appétit.

176. « Qu'il renonce à la richesse et aux plaisirs lorsqu'ils ne sont point d'accord avec la loi, et à tout acte même légal qui préparerait un avenir malheureux et affligerait les gens.

177. « Qu'il n'agisse pas, ne marche pas, ne regarde pas inconsidérément; qu'il ne prenne pas de voies tortueuses, ne soit pas léger dans ses discours, ne fasse et ne médite rien qui puisse nuire à autrui.

178. « Qu'il marche dans cette route suivie par ses parents et par ses aïeux, et qui est celle des gens de bien; tant qu'il la suit, il ne fait pas le mal.

179. « Avec un chapelain (Ritwidj), un conseiller spirituel (Pourohita), un instituteur, un oncle maternel, un hôte, un protégé, un enfant, un homme âgé, un malade, un médecin; avec ses parents du côté paternel, avec ses parents par alliance, avec ses parents maternels,

180. « Avec son père et sa mère, avec les femmes de sa famille, avec son frère, son fils, sa femme, sa fille et ses domestiques : qu'il n'ait jamais aucune contestation.

181. « En s'abstenant de querelles avec les personnes mentionnées, un maître de maison est déchargé de tous les péchés *commis à son insu*, et, en évitant toute espèce de dispute, il réussit à conquérir les mondes suivants :

182. « Son instituteur est maître du monde de Brâhma [1]; son père, de celui des Créateurs (Pradjâpatis); son hôte, de celui d'Indra; son chapelain, de celui des Dieux;

183. « Ses parentes disposent du monde des Nymphes (Apsaras); ses cousins maternels, de celui des Viswas-Dévas; ses parents par alliance, de celui des Eaux; sa mère et son oncle maternel, de la Terre;

184. « Les enfants, les gens âgés, les pauvres protégés, et les malades, doivent être considérés comme seigneurs de l'Atmosphère; son frère aîné est égal à son père, sa femme et son fils sont comme son propre corps;

185. « La réunion de ses domestiques est comme son ombre, sa fille est un très-digne objet de tendresse; en conséquence, s'il reçoit quelque offense de l'une de ces personnes, qu'il la supporte toujours sans colère.

[1] C'est-à-dire, qu'en évitant toute querelle avec son instituteur, et en cherchant au contraire à le contenter, il obtient le monde de Brahmâ. *Commentaire.*)

186. « Quand même il est en droit, *à cause de sa science et de sa dévotion*, de recevoir des présents, qu'il réprime toute propension à en accepter; car, s'il en reçoit beaucoup, l'énergie que lui communique l'étude de la Sainte Écriture ne tarde pas à s'éteindre.

187. « Que l'homme sensé qui ne connaît pas les règles prescrites par la loi pour l'acceptation des présents, ne reçoive rien, même lorsqu'il meurt de faim.

188. « L'homme étranger à l'étude de la Sainte Écriture, et qui reçoit de l'or *ou de l'argent*, des terres, un cheval, une vache, du riz, un vêtement, des grains de sésame et du beurre clarifié, est réduit en cendre, comme du bois *auquel on met le feu*.

189. « De l'or et du riz préparé consument sa vie; des terres et une vache, son corps; un cheval consume ses yeux; un vêtement, sa peau; du beurre, sa virilité; du sésame, sa postérité.

190. « Le Dwidja étranger aux pratiques de dévotion et à l'étude du Véda, et qui cependant est avide de présents, s'engloutit en même temps que celui qui lui donne, comme avec un bateau de pierre au milieu de l'eau.

191. « C'est pourquoi l'homme ignorant doit craindre d'accepter quoi que ce soit; car le moindre présent le met dans une situation aussi désespérée que celle d'une vache au milieu d'un bourbier.

192. « Celui qui connaît la loi, ne doit pas offrir même de l'eau à un Dwidja qui a les manières hypocrites du chat, ni à un Brâhmane qui a les habitudes du héron, ni à celui qui ne connaît pas le Véda.

193. « Toute chose, même acquise légalement, que l'on donne à ces trois individus, est également préjudiciable, dans l'autre monde, à celui qui donne et à celui qui reçoit.

194. « De même que celui qui veut passer l'eau dans un bateau de pierre tombe au fond, de même l'ignorant qui donne et l'ignorant qui reçoit sont engloutis dans l'abîme infernal.

195. « Celui qui étale l'étendard de sa vertu, qui est toujours avide, qui emploie la fraude, qui trompe les gens par sa mauvaise foi, qui est cruel, et calomnie tout le monde, est considéré comme ayant les habitudes du chat.

196. « Le Dwidja aux regards toujours baissés, d'un naturel pervers, pensant uniquement à son propre avantage, perfide et affectant l'apparence de la vertu, est dit avoir les manières du héron.

197. « Ceux qui agissent comme le héron, et ceux qui ont les habitudes du chat, sont précipités dans l'enfer appelé Andhatâmisra, en punition de cette mauvaise conduite.

198. « Un homme ne doit jamais, sous le pré-

texte d'austérité pieuse, faire pénitence d'une action coupable, cherchant ainsi à cacher sa faute sous des pratiques de dévotion, et trompant les femmes et les Soûdras.

199. « De pareils Brâhmanes sont méprisés, dans cette vie et dans l'autre, par les hommes versés dans la Sainte Écriture, et tout acte pieux fait par hypocrisie va aux Râkchasas.

200. « Celui qui, sans avoir droit aux insignes d'un ordre, gagne sa subsistance en les portant, se charge des fautes commises par ceux auxquels appartiennent ces insignes, et renaît dans le ventre d'une bête brute.

201. « Qu'un homme ne se baigne jamais dans la pièce d'eau d'un autre; car s'il le fait, il est souillé d'une partie du mal que le maître de cette pièce d'eau a pu commettre.

202. « Celui qui se sert d'une voiture, d'un lit, d'un siége, d'un puits, d'un jardin, d'une maison, sans que le propriétaire les lui ait livrés, se charge du quart des fautes de celui-ci.

203. « On doit se baigner toujours dans les rivières, dans les étangs creusés en l'honneur des Dieux, dans les lacs, dans les ruisseaux et dans les torrents.

204. « Que le sage observe constamment les devoirs moraux (Yamas) avec plus d'attention que les devoirs pieux (Niyamas)[1]; celui qui néglige les devoirs moraux déchoit, même lorsqu'il observe tous les devoirs pieux.

205. « Un Brâhmane ne doit jamais manger à un sacrifice fait par un homme qui n'a pas lu le Véda, ou bien offert par le sacrificateur commun d'un village, par une femme ou un eunuque.

206. « L'offrande de beurre clarifié faite par de pareilles gens porte malheur aux hommes de bien et déplaît aux Dieux; il faut donc éviter de pareilles oblations.

207. « Qu'il ne mange jamais la nourriture offerte par un fou, par un homme en colère, par un malade, ni celle sur laquelle un pou est tombé, ou qui a été à dessein touchée avec le pied.

208. « Qu'il ne reçoive pas non plus la nourriture sur laquelle a jeté les yeux un homme ayant causé un avortement[2], celle qui a été touchée par une femme ayant ses règles, celle qu'un oiseau a becquetée, celle qui s'est trouvée en contact avec un chien;

209. « Celle qu'une vache a flairée, et particulièrement celle qui a été criée; celle d'une bande de Brâhmanes fourbes, celle des courtisanes, et celle qui est méprisée par les hommes versés dans la sainte doctrine;

210. « Celle d'un voleur, d'un chanteur public, d'un charpentier, d'un usurier, d'un homme qui a récemment accompli un sacrifice, d'un avare, d'un homme privé de sa liberté, d'un homme chargé de chaînes;

211. « Celle d'une personne en horreur à tout le monde, d'un eunuque, d'une femme impudique, d'un hypocrite; qu'il ne reçoive pas les substances douces devenues aigres, celles qui ont été gardées une nuit, la nourriture d'un Soûdra, les restes d'un autre;

212. « La nourriture d'un médecin, d'un chasseur, d'un homme pervers, d'un mangeur de restes, d'un homme féroce, d'une femme en mal d'enfant, celle d'un homme qui quitte le repas avant les autres pour faire son ablution, celle d'une femme dont les dix jours de purification, après ses couches, ne sont pas encore écoulés;

213. « Celle qui n'est pas donnée avec les égards convenables, la viande qui n'a pas été offerte en sacrifice, la nourriture d'une femme qui n'a ni époux ni fils, celle d'un ennemi, celle d'une ville, celle d'un homme dégradé, celle sur laquelle on a éternué.

214. « Celle d'un médisant et d'un faux témoin, celle d'un homme qui vend la récompense d'un sacrifice, celle d'un danseur, d'un tailleur, d'un homme qui rend le mal pour le bien;

215. « Celle d'un forgeron, d'un Nichâda[1], d'un acteur, d'un orfévre, d'un ouvrier en bambous, d'un armurier;

216. « Celle des gens qui élèvent des chiens, celle des marchands de liqueurs spiritueuses, celle d'un blanchisseur, d'un teinturier, d'un méchant, d'un homme dans la maison duquel s'est introduit, à son insu, l'amant de sa femme;

217. « Celle des hommes qui souffrent les infidélités de leurs femmes, ou qui sont soumis aux femmes en toutes circonstances; la nourriture donnée pour un mort avant que les dix jours soient écoulés, et enfin qu'il ne mange pas toute nourriture qui ne lui plaît pas.

218. « La nourriture donnée par un roi détruit la virilité; celle d'un Soûdra, l'éclat de la science divine; celle d'un orfévre, l'existence; celle d'un corroyeur, la réputation;

219. « Celle que donne un artisan, un cuisinier

---

[1] Cette traduction des mots yamas et niyamas, par devoirs moraux et devoirs pieux, n'est pas absolument exacte. Voici au reste l'énumération des uns et des autres faite par Yâdjnavalkya, célèbre législateur, cité par les deux commentateurs Koullouka et Râghavânanda. Les Yamas, au nombre de dix, sont : la chasteté (Brahmatcharya), la compassion, la patience, la méditation, la véracité, la droiture, l'abstinence du mal, l'abstinence du vol, la douceur et la tempérance. Les Niyamas sont : les ablutions, le silence, le jeûne, le sacrifice, l'étude du Véda, la continence, l'obéissance au père spirituel, la pureté, l'impassibilité et l'exactitude.

[2] Littéralement, le meurtrier d'un fœtus; et, suivant une autre leçon le meurtrier d'un Brâhmane.

[1] Nichâda, homme dégradé, né d'un Brâhmane et d'une Soûdrâ. Voyez Liv. X, st. 8.

par exemple, anéantit toute postérité; celle d'un blanchisseur, la force musculaire; celle d'une bande de fripons et d'une courtisane exclut des mondes divins.

220. « Manger la nourriture d'un médecin, c'est avaler du pus; celle d'une femme impudique, de la semence; celle d'un usurier, des excréments; celle d'un armurier, des choses impures :

221. « Celle de toutes les autres personnes mentionnées dans l'ordre, et dont on ne doit pas goûter la nourriture, est considérée par les Sages comme de la peau, des os et des cheveux.

222. « Pour avoir, par mégarde, mangé la nourriture de l'une de ces personnes, il faut jeûner pendant trois jours; mais après l'avoir mangée avec connaissance de cause, on doit se soumettre à une pénitence, de même que si l'on avait goûté de la liqueur séminale, des excréments et de l'urine.

223. « Que tout Dwidja instruit ne mange point le riz apprêté par un Soûdra qui ne fait pas de Srâddha; mais s'il est dans le besoin, qu'il accepte du riz cru en quantité suffisante pour une nuit seulement.

224. « Les Dieux, après avoir comparé avec attention un théologien avare et un financier libéral, déclarèrent que la nourriture donnée par ces deux hommes était de la même qualité;

225. « Mais Brâhma, venant à eux, leur dit : « Ne faites pas égal ce qui est différent; la nourriture de l'homme libéral est purifiée par la foi, « celle de l'autre est souillée par le défaut de foi. »

226. « Qu'un homme *riche* fasse toujours, sans relâche et avec foi, des sacrifices et des œuvres charitables[1]; car ces deux actes, accomplis avec foi, au moyen de richesses loyalement acquises, procurent des récompenses impérissables.

227. « Qu'il remplisse constamment le devoir de la libéralité, lors de ses sacrifices et de ses consécrations, *soit dans l'enceinte consacrée aux oblations, soit hors de cette enceinte*, autant qu'il est en son pouvoir, et d'un esprit content, quand il trouve des hommes dignes de ses bienfaits.

228. « L'homme exempt d'envie, dont on implore la charité, doit toujours donner quelque chose; ses dons rencontreront un digne objet qui le délivrera de tout mal.

229. « Celui qui donne de l'eau obtient du contentement; celui qui donne de la nourriture, un plaisir inaltérable; le donneur de sésame, la postérité qu'il désire; celui qui donne une lampe, une excellente vue;

230. « Le donneur de terres obtient des propriétés territoriales; celui qui donne de l'or, une longue vie; le donneur de maisons, de magnifiques palais;

celui qui donne de l'argent (roûpya, une beauté (roûpa) parfaite :

231. « Le donneur de vêtements parvient au séjour de Tchandra[1]; celui qui donne un cheval (aswa), au séjour des *deux* Aswis[2]; celui qui donne un taureau obtient une grande fortune; celui qui donne une vache s'élève au monde de Soûrya[3];

232. « Celui qui donne une voiture ou un lit obtient une épouse; celui qui donne un refuge, la souveraineté; le donneur de grains, une éternelle satisfaction; celui qui donne la science divine, l'union avec Brahme :

233. « De tous ces dons consistants en eau, riz, vaches, terres, vêtements, sésame, or, beurre clarifié et autres, le don de la sainte doctrine est le plus important.

234. « Quelle que soit l'intention dans laquelle un homme fait tel ou tel don, il en recevra la récompense, selon cette intention, avec les honneurs convenables.

235. « Celui qui offre avec respect un présent, et celui qui le reçoit respectueusement, parviennent tous deux au ciel (Swarga); ceux qui agissent autrement vont dans l'enfer (Naraka).

236. « Qu'un homme ne soit pas fier de ses austérités : après avoir sacrifié, qu'il ne profère pas de mensonge, qu'il n'insulte pas des Brâhmanes, même étant vexé par eux; après avoir fait un don, qu'il n'aille pas le prôner partout.

237. « Un sacrifice est anéanti par un mensonge; le mérite des pratiques austères, par la vanité; l'existence, par l'insulte faite à des Brâhmanes; le fruit des charités, par l'action de les prôner.

238. « Évitant d'affliger aucun être animé, afin de ne pas aller seul dans l'autre monde, qu'il accroisse par degrés sa vertu, de même que les fourmis blanches augmentent leur habitation.

239. « Car son père, sa mère, son fils, sa femme et ses parents, ne sont pas destinés à l'accompagner dans son passage à l'autre monde; la vertu seule lui restera.

240. « L'homme naît seul, meurt seul, reçoit seul la récompense de ses bonnes actions et seul la punition de ses méfaits.

241. « Après avoir abandonné son cadavre à la terre, comme un morceau de bois ou une motte d'argile, les parents de l'homme s'éloignent en détournant la tête; mais la vertu accompagne son âme.

242. « Qu'il augmente donc sans cesse peu à peu sa vertu, afin de ne pas aller seul dans l'autre

---

[1] Ces œuvres charitables sont de creuser un étang ou un puits, de construire une fontaine publique, de planter un jardin etc.

[1] Admis dans le séjour de Tchandra, il jouit des mêmes pouvoirs surhumains. (*Commentaire*.)
[2] Les deux Aswis, fils du soleil (Soûrya) et de la nymphe Aswini, sont les médecins des Dieux.
[3] Soûrya, Dieu du soleil, est fils de Kasyapa et d'Aditi, ce qui lui vaut le nom d'Aditya. On compte douze Adityas, qui sont les formes du soleil dans chaque mois de l'année.

monde; car si la vertu l'accompagne, il traverse les ténèbres impraticables *des séjours infernaux.*

243. « L'hommes qui a pour but principal la vertu, dont les péchés ont été effacés par une austère dévotion, est transporté sur-le-champ dans le monde céleste *par la vertu,* brillant de lumière, et revêtu d'une forme divine.

244. « Que celui qui désire faire parvenir sa famille à l'élévation, contracte toujours des alliances avec des hommes de la première distinction, et abandonne entièrement tous les hommes bas et méprisables.

245. « En s'alliant constamment avec les hommes les plus honorables, et en fuyant les gens vils et méprisables, un Brâhmane parvient au premier rang; par une conduite contraire, il se ravale à la classe servile.

246. « Celui qui est ferme dans ses entreprises, doux, patient, étranger à la société des pervers, et incapable de nuire, s'il persiste dans cette bonne conduite, obtiendra le ciel par sa continence et sa charité.

247. « Il peut accepter de tout le monde du bois, de l'eau, des racines, des fruits, la nourriture qu'on lui offre sans qu'il la demande, du miel, et une protection contre le danger.

248. » Une aumône *en argent* apportée et offerte, et qui n'a été ni sollicitée ni promise auparavant, peut être reçue, même d'un homme coupable d'une mauvaise action ; tel est le sentiment de Brahmâ.

249. « Les Mânes des ancêtres de celui qui méprise cette aumône ne prennent aucune part, pendant quinze ans, au repas funèbre; et pendant quinze ans, le feu n'élève point l'oblation du beurre clarifié *vers les Dieux.*

250. « On ne doit pas rejeter avec orgueil un lit, des maisons, des brins de kousa, des parfums, de l'eau, des fleurs, des pierres précieuses, du caillé, de l'orge grillé, des poissons, du lait, de la viande, des herbes potagères.

251. « Si le maître de maison désire assister *son père et sa mère et* les *autres* personnes qui ont droit à son respect, *sa femme et* ceux auxquels il doit protection, s'il veut honorer les Dieux ou ses hôtes, qu'il accepte de qui que ce soit; mais qu'il ne fasse pas servir à son propre plaisir ce qu'il a reçu.

252. « Mais si ses parents sont morts, ou s'il demeure séparé d'eux dans sa maison, il doit, lors qu'il cherche sa subsistance, ne rien recevoir que des gens de bien.

253. « Un laboureur, l'ami d'une famille, un pâtre, un esclave et un barbier, un malheureux qui vient s'offrir *pour travailler,* sont des hommes de la classe servile qui peuvent manger la nourriture qui leur est donnée *par ceux auxquels ils sont attachés.*

254. « Le pauvre qui vient s'offrir doit déclarer ce qu'il est[1], ce qu'il désire faire, et à quel service il peut être employé.

255. « Celui qui donne aux gens de bien, sur lui-même, des renseignements contraires à la vérité, est l'être le plus criminel qu'il y ait au monde; il s'approprie par un vol un caractère qui n'est pas le sien.

256. « C'est la parole qui fixe toutes choses, c'est la parole qui en est la base, c'est de la parole qu'elles procèdent; le fourbe qui la dérobe, pour *la faire servir à des faussetés,* dérobe toute chose.

257. « Après avoir, suivant la règle, acquitté ses dettes envers les Saints (Maharchis) *en lisant l'Écriture,* envers les Mânes *en donnant l'existence à un fils*[2], envers les Dieux *en accomplissant les sacrifices,* que le chef de famille, abandonnant à son fils les soins du ménage, reste dans sa maison entièrement indifférent aux affaires du monde, *dirigeant toutes ses pensées vers l'Être suprême.*

258. « Seul, et dans un endroit écarté, qu'il médite constamment sur le bonheur futur de son âme; car en méditant de cette manière, il parvient à la béatitude suprême, *qui est l'absorption dans Brahme.*

259. « Telle est la manière de vivre constante du Brâhmane maître de maison ; telles sont les règles prescrites à celui qui a terminé son noviciat, règles louables qui augmentent la qualité de bonté.

260. « En se conformant à ces préceptes, le Brâhmane qui connaît les Livres saints se décharge de tout péché; et obtient la gloire d'être absorbé pour toujours dans l'Essence divine. »

LIVRE CINQUIÈME.

RÈGLES D'ABSTINENCE ET DE PURIFICATION.
DEVOIRS DES FEMMES.

1. Les Saints, ayant entendu la déclaration des lois qui concernent les maîtres de maison, s'adressèrent en ces termes au magnanime Bhrigou, qui procédait du Feu :

2. « O maître! comment la mort peut-elle, *avant l'âge fixé par le Véda,* étendre son pouvoir sur les Brâhmanes qui observent leurs devoirs comme ils ont été déclarés, et qui connaissent les Livres saints? »

---

[1] C'est-à-dire, quelle est sa famille, quel est son naturel (*Commentaire.*)
[2] Si un homme ne laissait pas un fils pour accomplir après lui le Srâdha (service funèbre), les Mânes de ses ancêtres seraient précipités du séjour céleste dans l'enfer.

3. Le vertueux Bhrigou, fils de Manou, dit alors à ces illustres Saints : « Écoutez pour quelles fautes la mort cherche à détruire l'existence des Brâhmanes :

4. « Lorsqu'ils négligent l'étude des Védas, abandonnent les coutumes approuvées, remplissent avec indolence leurs devoirs pieux ou enfreignent les règles d'abstinence, la mort attaque leur existence.

5. « L'ail, l'oignon, les poireaux, les champignons, et tous les végétaux qui ont poussé au milieu de matières impures, ne doivent pas être mangés par les Dwidjas.

6. « Les gommes rougeâtres qui exsudent des arbres *et se figent*, celles qu'on en retire par des incisions, le fruit du sélou[1], le lait d'une vache qui vient de vêler *et qu'on fait épaissir au feu*, doivent être évités avec grand soin par un Brâhmane.

7. « Du riz bouilli avec du sésame, du samyâva[2], du riz cuit avec du lait et un gâteau de farine qui n'ont pas été préalablement offerts à une Divinité, des viandes qui n'ont pas été touchées en récitant des prières, du riz et du beurre clarifié destinés à être présentés aux Dieux, et dont l'oblation n'a pas été faite ;

8. « Le lait frais d'une vache avant que dix jours se soient écoulés depuis qu'elle a vêlé, celui de la femelle d'un chameau ou d'un quadrupède dont le sabot n'est pas fendu ; le lait d'une brebis, celui d'une vache en chaleur ou qui a perdu son veau ;

9. « Celui de toutes les bêtes sauvages qui habitent les bois, excepté le buffle ; celui d'une femme, et toute substance *naturellement douce, mais devenue* acide, doivent être évités.

10. « Parmi ces substances acides, on peut manger du lait de beurre, ainsi que tout ce qu'on prépare avec du lait de beurre, et tous les acides qu'on extrait des fleurs, des racines et des fruits qui n'ont pas de propriétés nuisibles.

11. « Que tout Dwidja s'abstienne des oiseaux carnivores sans exception, des oiseaux qui vivent dans les villes, des quadrupèdes au sabot non fendu, excepté ceux que permet la Sainte Écriture, et de l'oiseau appelé tittibha[3] ;

12. « Du moineau, du plongeon, du cygne (hansa), du tchakravâka[4], du coq de village, du sârasa[5], du radjjouvâla[6], du pivert (dâtyoûha)[7], du perroquet et de la sârikâ[8] ;

13. « Des oiseaux qui frappent avec le bec, des oiseaux palmipèdes, du vanneau, des oiseaux qui déchirent avec leurs griffes, de ceux qui plongent pour manger les poissons : qu'il s'abstienne de viande exposée dans la boutique d'un boucher et de viande séchée,

14. « *De la chair* du héron, de la balâkâ[1], du corbeau, du hoche-queue, des animaux amphibies mangeurs de poissons, des porcs apprivoisés, et enfin de tous les poissons *dont l'usage n'est pas permis.*

15. « Celui qui mange la chair d'un animal est dit mangeur de cet animal ; le mangeur de poisson est un mangeur de toutes sortes de viandes ; il faut donc s'abstenir de poissons.

16. « Les deux poissons appelés pâthîna[2] et rohita[3] peuvent être mangés dans un repas en l'honneur des Dieux ou des Mânes, ainsi que le râdjîva[4], le sinhatounda[5] et le sasalka[6] de toute sorte.

17. « Qu'il ne mange pas les animaux qui vivent à l'écart, ni les bêtes fauves et les oiseaux qu'il ne connaît point (bien qu'ils ne soient pas au nombre de ceux qu'on ne doit pas manger) ; ni ceux qui ont cinq griffes.

18. « Les législateurs ont déclaré que, parmi les animaux à cinq griffes, le hérisson, le porc-épic, le crocodile du Gange, le rhinocéros, la tortue et le lièvre, étaient permis, ainsi que tous les quadrupèdes qui n'ont qu'une rangée de dents[7], le chameau excepté.

19. « Le Dwidja qui a mangé avec intention un champignon, la chair d'un porc privé ou d'un coq de village, de l'ail, un poireau ou un oignon, est sur-le-champ dégradé ;

20. « Mais s'il a mangé l'une de ces six choses involontairement, qu'il fasse la pénitence du Sântapana[8], ou le Tchândrâyana[9] des religieux ascétiques ; pour d'autres choses, qu'il jeûne un jour entier.

---

[1] Sélou, *Cordia myxa.*
[2] Samyâva, mets fait avec du beurre, du lait, du sucre et de la farine de froment.
[3] *Parra Jacana* ou *P. Goensis.*
[4] Oie rougeâtre, *Anas casarca.*
[5] Grue indienne.
[6] Oiseau inconnu.
[7] Gallinule (Colebrooke
[8] *Gracula religiosa.* Cet oiseau est fort docile ; il imite facilement tous les sons, et parle avec plus de pureté que le perroquet. Voyez la pièce du Théâtre Indien, intitulée *Ratnâvalî.*

[1] Sorte de grue.
[2] Poisson du Nil, *Silurus pelorius.*
[3] *Cyprinus denticulatus.*
[4] *Cyprinus niloticus.*
[5] Poisson inconnu.
[6] Écrevisse de mer.
[7] Ce passage présente une grave difficulté, attendu qu'il n'existe pas d'animaux n'ayant qu'une rangée de dents. Dans la stance 39 du Livre Ier, où le législateur parle de la création des animaux, il est question des bêtes féroces pourvues de deux rangées de dents ; le commentateur donne pour exemple le lion ; toutes les dents des carnivores sont tranchantes, et croisent l'une sur l'autre ; tandis que les molaires des herbivores ruminants sont plates en dessus, et s'appliquent l'une sur l'autre. C'est peut-être dans cette différence que présente le système dentaire des animaux, qu'il faut chercher l'explication du passage en question.
[8] Voyez Liv. XI, st. 212.
[9] Voyez Liv. XI, st. 218.

21. « Un Dwidja doit accomplir, chaque année, une pénitence appelée *Prâdjâpatya*[1], pour se purifier de la souillure contractée en mangeant, sans le savoir, des aliments défendus; et s'il l'a fait sciemment, qu'il subisse la pénitence particulière ordonnée dans ce cas.

22. « Les bêtes sauvages et les oiseaux dont l'usage est approuvé peuvent être tués, par les Brâhmanes, pour le sacrifice et pour la nourriture de ceux qu'ils doivent soutenir; car Agastya[2] le fit autrefois.

23. « En effet, on présentait aux Dieux la chair des bêtes sauvages et des oiseaux que la loi permet de manger, dans les anciens sacrifices, et dans les offrandes faites par des Brâhmanes et par des Kchatriyas.

24. « Tout aliment susceptible d'être mangé ou avalé, et qui n'a éprouvé aucune souillure, peut, si on y ajoute de l'huile, être mangé, quoiqu'il ait été gardé pendant une nuit entière; il en est de même des restes du beurre clarifié.

25. « Tout mets préparé avec de l'orge ou du blé, ou apprêté de différentes manières avec du lait, quoique non arrosé d'huile, peut être mangé par les Dwidjas, même lorsqu'il a été gardé pendant quelque temps.

26. « Les aliments dont l'usage est permis ou interdit aux Dwidjas ont été énumérés sans omission; je vais vous déclarer maintenant les règles à suivre pour manger de la viande ou s'en abstenir.

27. « Que le Dwidja mange de la viande lorsqu'elle a été offerte en sacrifice et sanctifiée par les prières d'usage, ou bien *une fois seulement* quand des Brâhmanes le désirent, ou dans une cérémonie religieuse lorsque la règle l'y oblige, ou quand sa vie est en danger.

28. C'est pour l'entretien de l'esprit vital que Brahmâ a produit ce monde; tout ce qui existe, ou mobile ou immobile, sert de nourriture à l'être animé.

29. « Les êtres immobiles sont la proie de ceux qui se meuvent; les êtres privés de dents, de ceux qui en sont pourvus; les êtres sans mains, de ceux qui en ont; les lâches, des braves.

30. « Celui qui, même tous les jours, se nourrit de la chair des animaux qu'il est permis de manger, ne commet point de faute; car Brahmâ a créé certains êtres animés pour être mangés, et les autres pour les manger.

31. « Manger de la viande seulement pour l'accomplissement d'un sacrifice, a été déclaré la règle des Dieux; mais agir autrement, est dit la règle des Géants.

32. « Celui qui ne mange la chair d'un animal qu'il a acheté, ou qu'il a élevé lui-même, ou qu'il a reçu d'un autre, qu'après l'avoir offerte aux Dieux ou aux Mânes, ne se rend pas coupable.

33. « Que le Dwidja qui connaît la loi ne mange jamais de viande sans se conformer à cette règle, à moins de nécessité urgente; car, s'il enfreint cette règle, il sera, dans l'autre monde, dévoré par les animaux *dont il a mangé la chair illicitement*, sans pouvoir opposer de résistance.

34. « La faute de celui qui tue des bêtes fauves, séduit par l'attrait du gain, n'est pas *considérée*, dans l'autre monde, *comme* aussi grande que celle du Dwidja qui mange des viandes sans les avoir préalablement offertes aux Dieux.

35. « Mais l'homme qui, dans une cérémonie religieuse, se refuse à manger la chair *des animaux sacrifiés*, lorsque la loi l'y oblige, renaît, après sa mort, à l'état d'animal, pendant vingt et une transmigrations successives.

36. « Un Brâhmane ne doit jamais manger la chair des animaux qui n'ont pas été consacrés par des prières (Mantras); mais qu'il en mange, se conformant à la règle éternelle, lorsqu'ils ont été consacrés par les paroles sacrées.

37. « Qu'il fasse avec du beurre ou de la pâte l'image d'un animal, lorsqu'il a le désir *de manger de la viande*; mais qu'il n'ait jamais la pensée de tuer un animal sans en faire l'offrande.

38. « Autant l'animal avait de poils sur le corps, autant de fois celui qui l'égorge d'une manière illicite périra de mort violente à chacune des naissances qui suivront.

39. « L'être qui existe par sa propre volonté a créé lui-même les animaux pour le sacrifice; et le sacrifice est la cause de l'accroissement de cet univers; c'est pourquoi le meurtre commis pour le sacrifice n'est point un meurtre.

40. « Les herbes, les bestiaux, les arbres, les animaux amphibies et les oiseaux dont les sacrifices ont terminé l'existence, renaissent dans une condition plus relevée.

41. « Lorsqu'on reçoit un hôte avec des cérémonies particulières, lorsqu'on fait un sacrifice, lorsqu'on adresse des offrandes aux Mânes ou aux Dieux, on peut immoler des animaux; mais non dans toute autre circonstance: telle est la décision de Manou.

42. « Le Dwidja qui connaît bien l'essence et la signification de la Sainte Écriture, lorsqu'il tue des animaux dans les occasions qui viennent d'être mentionnées, fait parvenir à un séjour de bonheur et lui-même et les animaux immolés.

43. « Tout Dwidja doué d'une âme généreuse, soit qu'il demeure dans sa propre maison, ou dans celle de son père spirituel, ou dans la forêt[1], ne

---

[1] Voyez Liv. XI, st. 211.
[2] Agastya est le nom d'un saint fameux.

[1] C'est-à-dire, soit qu'il appartienne à l'ordre des maîtres de maison, ou à celui des novices, ou à celui des anachorètes.

doit commettre aucun meurtre *sur les animaux* sans la sanction du Véda, même en cas de détresse.

44. « Le mal prescrit et fixé par la Sainte Écriture, et que l'on fait dans ce monde composé d'êtres mobiles et immobiles, ne doit pas être considéré comme du mal; car c'est de la Sainte Écriture que la loi procède.

45. « Celui qui, pour son plaisir, tue d'innocents animaux, ne voit pas son bonheur s'accroître, soit pendant sa vie, soit après sa mort.

46. « Mais l'homme qui ne cause pas, de son propre mouvement, aux êtres animés, les peines de l'esclavage et de la mort, et qui désire le bien de toutes les créatures, jouit d'une félicité sans fin.

47. « Celui qui ne fait de mal à aucun être, réussit sans difficulté, quelle que soit la chose qu'il médite, qu'il fasse, à laquelle il attache sa pensée.

48. « Ce n'est qu'en faisant du mal aux animaux qu'on peut se procurer de la viande; et le meurtre d'un animal ferme l'accès du Paradis; on doit donc s'abstenir de *manger de la* viande *sans observer la règle prescrite*.

49. « En considérant attentivement la formation de la chair, et la mort ou l'esclavage des êtres animés, que les Dwidja s'abstienne de toute espèce de viande, *même de celle qui est permise*.

50. « Celui qui, se conformant à la règle, ne mange pas de la viande comme un Vampire (Pisâtcha), se concilie l'affection dans ce monde, et n'est pas affligé par les maladies.

51. « L'homme qui consent à la mort d'un animal, celui qui le tue, celui qui le coupe en morceaux, l'acheteur, le vendeur, celui qui prépare la viande, celui qui la sert, et enfin celui qui la mange, sont tous regardés comme ayant part au meurtre.

52. « Il n'y a pas de mortel plus coupable que celui qui désire augmenter sa propre chair, au moyen de la chair des autres êtres, sans honorer auparavant les Mânes et les Dieux.

53. « L'homme qui ferait chaque année, pendant cent ans, le sacrifice du cheval (Aswamédha) [1], et celui qui *pendant sa vie* ne mangerait pas de viande, obtiendraient une récompense égale pour leurs mérites.

54. « En vivant de fruits et de racines pures, et des grains qui servent de nourriture aux anachorètes, on n'obtient pas une aussi grande récompense qu'en s'abstenant entièrement de la chair des animaux.

55. « IL ME [1] dévorera dans l'autre monde, celui dont je mange la chair ici-bas! » C'est de cette réflexion que dérive véritablement, suivant les Sages, le mot qui signifie CHAIR.

56. « Ce n'est pas une faute que de manger de la viande, de boire des liqueurs spiritueuses, de se livrer à l'amour, *dans les cas où cela est permis;* le penchant des hommes les y porte; mais s'en abstenir est très-méritoire.

57. « Je vais déclarer maintenant, de la manière convenable et en suivant l'ordre relativement aux quatre classes, les règles de purification pour les morts et celles de la purification des choses inanimées.

58. « Lorsqu'un enfant a toutes ses dents, et lorsque, après la naissance des dents, on lui a fait la tonsure *et l'investiture du cordon*, s'il vient à mourir, tous ses parents sont impurs; à la naissance d'un enfant, la règle est la même.

59. « L'impureté occasionnée par un corps mort a été déclarée par la loi durer dix jours *et dix nuits* pour les sapindas, ou jusqu'au moment où les os sont recueillis [2], *c'est-à-dire, pendant quatre jours,* ou seulement pendant trois jours, ou même un seul, *suivant le mérite des Brâhmanes parents du mort* [3].

60. « La parenté des sapindas [4] ou des hommes liés entre eux par l'offrande des gâteaux (pindas) cesse avec la septième personne, *ou le sixième degré de l'ascendance et de la descendance;* celle des samânodakas ou de ceux qui sont liés par une égale oblation d'eau, cesse lorsque leur origine et leurs noms de famille ne sont plus connus.

---

[1] L'aswamédha est un sacrifice de l'ordre le plus élevé; accompli cent fois par un prince, il lui donne le droit de régner sur les Dieux à la place d'Indra. Ce sacrifice, d'abord emblématique (le cheval étant simplement attaché pendant la cérémonie, mais non immolé), est ensuite devenu réel.

[1] Ces deux mots sont représentés, dans l'original sanskrit, par les deux mots MAM SA, qui, réunis, forment *mâmsa*, qui signifie *chair*.

[2] Lorsqu'on brûle le corps, on ménage le feu de manière qu'il reste quelques os, que l'on recueille ensuite. (*Rech. Asiat.*, vol. VII, pag. 242.)

[3] Le Brâhmane qui entretient le feu sacré prescrit par la Srouti, et qui a étudié le Véda avec les Mantras et les Brâhmanas, se purifie en un jour; celui qui n'a qu'un seul de ces deux mérites, en trois jours; celui qui n'entretient que le feu prescrit par la Smriti, est purifié en quatre jours; enfin, celui qui n'est recommandable par aucune qualité, se purifie en dix jours. (*Commentaire.*)

[4] Le père, le grand-père d'un homme, et les quatre aïeux qui suivent dans la ligne ascendante, en tout six personnes, sont dits sapindas. La qualité de sapinda s'arrête au septième aïeul. Il en est de même dans la ligne descendante pour le fils, le petit-fils, etc. Cette qualité de sapinda résulte de la liaison établie par le gâteau funèbre (pinda). En effet, un gâteau est offert au père, au grand-père paternel, et au bisaïeul paternel; les trois aïeux dans la ligne ascendante qui viennent après le bisaïeul paternel, ont pour leur part le reste du riz qui a servi à faire les gâteaux Le septième aïeul ne participe point aux gâteaux funèbres. L'homme dont les six personnes mentionnées sont sapindas, est aussi leur sapinda, à cause de la liaison établie par l'offrande des gâteaux. La qualité de sapinda embrasse donc sept personnes. — La qualité de samânodaka ne cesse que lorsque les relations de parenté ne laissent plus de traces dans la mémoire des hommes. (*Comm.*) Voyez ci-dessus, Liv. III, st. 215-220; et le *Digest of Hindu Law*, vol. III, pag. 531.

61. « De même que cette impureté[1] est déclarée pour les sapindas à l'occasion d'un parent mort, de même qu'elle soit observée à la naissance d'un enfant par tous ceux qui recherchent une pureté parfaite.

62. « La souillure causée par un mort est commune à tous *les sapindas*; mais celle de la naissance n'est que pour le père et la mère; et pour la mère surtout, car le père se purifie en se baignant.

63. « L'homme qui a répandu sa semence est purifié par un bain; s'il a donné le jour à un enfant par son union avec une femme déjà mariée à un autre, qu'il expie sa faute par une purification de trois jours.

64. « En un jour et une nuit ajoutés à trois fois trois nuits, les sapindas, *quel que soit leur mérite*, qui ont touché un cadavre, sont purifiés; les samânodakas, en trois jours.

65. « Un élève qui accomplit la cérémonie des funérailles de son directeur, *dont il n'est point parent*, n'est purifié qu'au bout de dix nuits; il est égal, dans ce cas, aux sapindas qui portent le corps.

66. « En autant de nuits qu'il s'est écoulé de mois depuis la conception, une femme est purifiée lors d'une fausse couche; et une femme qui a ses règles se purifie en se baignant, lorsque l'écoulement sanguin est arrêté.

67. « Pour des enfants mâles qui meurent avant d'avoir été tonsurés, la purification est *d'un jour et d'une nuit*, suivant la loi; mais lorsqu'on leur a fait la tonsure, une purification de trois nuits est requise.

68. « Un enfant mort avant l'âge de deux ans, *et qui n'a pas été tonsuré*, doit être transporté hors de la ville par ses parents, orné *de guirlandes de fleurs, et doit être déposé* dans une terre pure, sans qu'on ramasse ses os *par la suite*.

69. « On ne doit faire pour lui ni la cérémonie avec le feu consacré[2], ni des libations d'eau; après l'avoir laissé comme un morceau de bois dans la forêt, ses parents sont soumis à une purification de trois jours.

70. « Les parents ne doivent point faire de libation d'eau pour un enfant qui n'avait pas trois ans accomplis; ils peuvent cependant en faire, s'il avait toutes ses dents, ou si on lui avait donné un nom.

71. « Un Dwidja, si son compagnon de noviciat vient à mourir, est impur pendant un jour et une nuit; à la naissance d'un enfant, une purification de trois nuits est prescrite pour les samânodakas.

72. « Les parents par alliance des demoiselles *fiancées, mais non mariées*, qui viennent à mourir, se purifient en trois jours; leurs parents paternels sont purifiés de la même manière, *si la mort a lieu après le mariage*.

73. « Qu'ils se nourrissent de riz non assaisonné de sel factice, qu'ils se baignent pendant trois jours, qu'ils s'abstiennent de viande et couchent à part sur la terre :

74. « Telle est la règle de l'impureté causée par la mort d'un parent, lorsqu'on se trouve sur le lieu même; mais en cas d'éloignement, voici quelle est la règle que doivent suivre les sapindas et les samânodakas :

75. « Celui qui apprend, avant l'expiration des dix jours *d'impureté*, qu'un de ses parents est mort dans un pays éloigné, est impur pendant le reste des dix jours ;

76. « Mais si le dixième jour est passé, il est impur pendant trois nuits; et s'il s'est écoulé une année, il se purifie en se baignant.

77. « Si, lorsque les dix jours sont expirés, un homme apprend la mort d'un parent ou la naissance d'un enfant mâle, il devient pur en se plongeant dans l'eau avec ses vêtements.

78. « Lorsqu'un enfant *qui n'a pas encore toutes ses dents*, ou un samânodaka, vient à mourir dans un pays éloigné, son parent est sur-le-champ purifié en se baignant avec ses habits.

79. « Si, pendant les dix jours, une nouvelle mort ou une nouvelle naissance a lieu, un Brâhmane demeure impur, seulement tant que ces dix jours ne sont pas écoulés.

80. « A la mort d'un instituteur, l'impureté *de l'élève* a été déclarée durer trois nuits; elle est d'un jour et d'une nuit, si le fils ou la femme de l'instituteur vient à mourir : telle est la règle établie.

81. « Lorsqu'un Brâhmane qui a lu toute la Sainte Écriture est décédé, un homme *qui demeure dans la même maison* est souillé pendant trois nuits; et pendant deux jours et une nuit pour un oncle maternel, un élève, un chapelain, et un parent éloigné.

82. « Lorsqu'un homme demeure dans le même lieu qu'un souverain *de race royale* qui vient à mourir, *il est impur* tant que dure la lueur du soleil ou des étoiles, selon que *l'événement a eu lieu le jour ou la nuit; il est impur* un jour entier à la mort d'un Brâhmane *demeurant dans la même maison*, et qui n'a pas lu tous les Livres saints, ou à celle d'un maître spirituel qui connaît seulement une partie des Védas et des Védângas.

---

[1] Les sapindas ne doivent point faire leur toilette, mais rester sales, et s'abstenir de parfums. Ils doivent également omettre les ablutions journalières et le culte divin. (*Rech. Asiat.*, vol. VII, pag. 248.)

[2] C'est-à-dire, qu'on ne doit pas brûler son corps. — Le bûcher d'un Brâhmane qui entretenait un feu consacré, doit être allumé avec ce feu. (*Rech. Asiat.*, vol. VII, pag. 241 et 243.)

83. « Un Brâhmane *qui n'est recommandable ni par sa conduite, ni par son savoir*, devient pur en dix jours, *à la mort d'un sapinda initié et à la naissance d'un enfant qui vient à terme;* un Kchatriya, en douze jours ; un Vaisya, en quinze ; un Soûdra[1], en un mois.

84. « Aucun homme ne doit prolonger les jours d'impureté, ni interrompre les oblations aux feux sacrés; pendant qu'il les accomplit, quoique sapinda, il ne peut pas être impur.

85. « Celui qui a touché un Tchândâla, une femme ayant ses règles, un homme dégradé *pour un grand crime*, une femme qui vient d'accoucher, un corps mort, ou une personne qui en a touché un, se purifie en se baignant.

86. « Le Brâhmane qui a fait ses ablutions et s'est bien purifié doit toujours, à la vue d'un homme impur, réciter à voix basse les prières (Mantras) au Soleil, et les oraisons qui effacent la souillure.

87. « Lorsqu'un Brâhmane a touché un os humain encore gras, il se purifie en se baignant; si l'os n'est pas onctueux, en prenant de l'eau dans sa bouche, et en touchant une vache ou en regardant le soleil.

88. « Un élève en théologie ne doit pas faire de libations d'eau, *dans une cérémonie funèbre*, avant la fin de son noviciat; mais lorsqu'il est terminé, s'il fait une libation d'eau, il lui faut trois nuits pour se purifier.

89. « Pour ceux qui négligent leurs devoirs, pour ceux qui sont nés du mélange impur des classes, pour les mendiants hérétiques, pour ceux qui abandonnent la vie volontairement, on ne doit point faire de libation d'eau ;

90. « Non plus que pour les femmes qui adoptent les manières et le costume des hérétiques, ni pour celles qui mènent une vie déréglée, ou qui se font avorter, ou qui font périr leurs maris, ou qui boivent des liqueurs spiritueuses.

91. « Un novice, en transportant le corps de son instituteur *qui lui a fait étudier avant l'investiture une Sâkhâ*[2] *ou branche du Véda*, de son précepteur *qui lui a enseigné une portion du Véda ou un Védânga*, de son directeur *qui lui a expliqué le sens des Livres saints*, de son père ou de sa mère, ne viole pas les règles de son ordre.

92. « On doit transporter hors de la ville le corps d'un Soûdra décédé, par la porte du midi ; et ceux des Dwidjas, d'après l'ordre des classes, par les portes de l'ouest, du nord et de l'orient.

93. « Les rois *de race noble et qui ont reçu l'onction royale*, les novices, les hommes qui se livrent à des austérités pieuses, et ceux qui offrent un sacrifice, ne peuvent pas éprouver d'impureté; les uns occupent le siège d'Indra, les autres sont toujours aussi purs que Branme.

94. « Pour le roi qui est placé sur le trône de la souveraineté, la purification est déclarée avoir lieu à l'instant; il doit ce privilége au poste éminent qui ne lui est confié que pour qu'il veille sans cesse au salut des peuples.

95. « La purification a de même lieu sur-le-champ pour ceux qui périssent dans un combat *après que le roi a fait sa retraite*, ou qui sont tués par la foudre ou par l'ordre du roi, ou qui perdent la vie en défendant une vache ou un Brâhmane, et pour tous ceux que le roi désire être purs, *comme son conseiller spirituel (Pourohita), afin que ses affaires n'éprouvent pas de retard*.

96. « Le corps d'un roi est composé de particules émanées de Soma[1], d'Agni[2], de Sourya[3], d'Anila[4], d'Indra[5], de Kouvéra[6], de Varouna[7] et de Yama[8], les huit *principaux* gardiens du monde (Lokapâlas).

97. « Puisque dans la personne du roi résident les gardiens du monde, il est reconnu par la loi qu'il ne peut pas être impur ; car ces Génies tutélaires produisent ou éloignent la pureté ou l'impureté des mortels.

98. « Celui qui meurt d'un coup d'épée[9] dans un combat, en remplissant le devoir d'un Kchatriya, accomplit dans cet instant le sacrifice le plus méritoire, et la purification a lieu pour lui sur-le-champ : telle est la loi.

99. « *Lorsque les jours d'impureté sont à leur fin*, le Brâhmane *qui a fait un Srâddha* se purifie en touchant de l'eau; un Kchatriya, en touchant son cheval, son éléphant ou ses armes ; un Vaisya, en touchant son aiguillon ou les rênes *de ses bœufs;* un Soûdra, en touchant son bâton.

100. « Le mode de purification qui concerne les sapindas vous a été déclaré, ô chefs des Dwidjas ! apprenez maintenant le moyen de se purifier à l'occasion de la mort d'un parent plus éloigné.

101. « Un Brâhmane, après avoir transporté, avec l'affection qu'on a pour un parent, le corps d'un Brâhmane qui ne lui est pas sapinda, ou celui de quelqu'un de ses proches parents par sa mère, est purifié en trois nuits ;

102. « Mais s'il accepte la nourriture offerte par

---

[1] Le mariage tient lieu de l'initiation pour les Soûdras.
[2] Une *Sâkhâ*[2] est une branche ou subdivision des Védas formée de plusieurs *Sanhitâs*, ou collections de prières dans chaque Véda.

[1] Soma ou Tchandra, Dieu de la lune, est aussi le souverain des sacrifices, le roi des Brâhmanes, et préside aux plantes médicinales.
[2] Agni, Dieu du feu, préside au sud-est.
[3] Soûrya ou Arka est le Dieu du soleil.
[4] Anila, appelé aussi Vâyou et Pavana, est le Dieu du vent et le régent du nord-ouest.
[5] Indra ou Sakra est le roi du ciel, et préside à l'est.
[6] Kouvéra, Dieu des richesses, est le régent du nord.
[7] Varouna, Dieu des eaux, est le régent de l'ouest.
[8] Yama, Dieu des enfers.
[9] Littéralement, *d'un coup de l'arme que l'on brandit*.

les sapindas du mort, dix jours sont nécessaires pour sa purification; s'il ne mange rien, il est purifié en un jour, à moins qu'il ne demeure dans la même maison que le défunt; *car, dans ce cas, une purification de trois jours est requise.*

103. « Après avoir suivi volontairement le convoi d'un parent paternel ou de toute autre personne, s'il se baigne ensuite avec ses habits, il se purifie en touchant le feu et en mangeant du beurre clarifié.

104. « On ne doit point faire porter au cimetière par un Soûdra le corps d'un Brâhmane, lorsque des personnes de sa classe sont présentes; car l'offrande funèbre étant polluée par le contact d'un Soûdra, ne facilite par l'accès du ciel au défunt.

105. « La science sacrée, les austérités, le feu, les aliments purs, la terre, l'esprit, l'eau, l'enduit fait avec de la bouse de vache, l'air, les cérémonies religieuses, le soleil, et le temps; voilà quels sont les agents de la purification pour les êtres animés.

106. « De toutes les choses qui purifient, la pureté dans l'acquisition des richesses est la meilleure; celui qui conserve sa pureté en devenant riche est réellement pur, et non celui qui n'est purifié qu'avec de la terre et de l'eau.

107. « Les hommes instruits se purifient par le pardon des offenses; ceux qui négligent leurs devoirs, par les dons; ceux dont les fautes sont secrètes, par la prière à voix basse; ceux qui connaissent parfaitement le Véda, par les austérités.

108. « La terre et l'eau purifient ce qui est souillé; une rivière est purifiée par son courant; une femme qui a eu de coupables pensées, par ses règles; un Brâhmane devient pur en se détachant de toutes les affections mondaines.

109. « La souillure des membres *du corps de l'homme* est enlevée par l'eau; celle de l'esprit, par la vérité; la sainte doctrine et les austérités effacent les souillures du principe vital; l'intelligence est purifiée par le savoir.

110. « Les règles certaines de la purification qui concernent le corps viennent de vous être déclarées; apprenez maintenant quels sont les moyens assurés de purifier les divers objets dont on fait usage.

111. « Pour les métaux, pour les pierres précieuses, et pour toute chose faite de pierre, la purification prescrite par les Sages se pratique avec des cendres, de l'eau et de la terre.

112. « Un vase d'or qui n'a pas renfermé de substance onctueuse se nettoie simplement avec de l'eau, de même que tout ce qui est produit dans l'eau *comme le corail, les coquilles, les perles,* ce qui tient de la nature de la pierre et l'argent non ciselé.

113. « L'union du Feu et des Eaux a donné naissance à l'or et à l'argent; en conséquence, la purification la plus estimée pour ces deux métaux se fait avec les éléments qui les ont produits.

114. « Les pots de cuivre, de fer, de laiton, d'étain, de fer-blanc et de plomb, seront convenablement nettoyés avec des cendres, des acides et de l'eau.

115. « La purification prescrite pour tous les liquides consiste à enlever avec des feuilles de kousa la superficie qui a été souillée; celle des toiles cousues ensemble se fait en les arrosant avec de l'eau bien pure; celles des ustensiles de bois, en les rabotant.

116. « Les vases qui servent au sacrifice, comme les tasses où l'on boit le jus de l'asclépiade (soma), et ceux où l'on met le beurre clarifié, doivent, au moment du sacrifice, être frottés avec la main et lavés.

117. « Les pots dans lesquels on prépare l'oblation, les différentes cuillers avec lesquelles on jette dans le feu le beurre clarifié, le vase de fer, le van, le chariot, le pilon et le mortier [1], doivent être purifiés avec de l'eau chaude.

118. « On purifie, en les arrosant, des grains et des vêtements en quantité *excédant la charge d'un homme;* mais s'ils sont en petite quantité, la loi ordonne de les laver.

119. « Les peaux, les corbeilles en canne tressée, sont purifiées de la même manière que les vêtements; pour les herbes potagères, les racines et les fruits, la même purification est requise que pour le grain.

120. « On purifie les étoffes de soie ou de laine avec des terres salines; les tapis de laine du Népâl, avec les fruits broyés du savonier; les tuniques et les manteaux, avec les fruits du vilva [2]; les tissus de lin, avec des graines de moutarde blanche écrasées.

121. « Les ustensiles faits avec des coquillages, de la corne, des os ou de l'ivoire, doivent être purifiés par l'homme instruit, comme les tissus de lin, en ajoutant de l'urine de vache ou de l'eau.

122. « On purifie l'herbe, le bois à brûler et la paille, en les arrosant avec de l'eau; une maison, en la balayant, en la frottant et en l'enduisant de bouse de vache; un pot de terre, en le faisant cuire une seconde fois;

123. « Mais lorsqu'un vase de terre a été en contact avec une liqueur spiritueuse, de l'urine, des excréments, des crachats, du pus ou du sang, il ne sera pas purifié même par une cuisson.

124. « On purifie le sol de cinq manières, en le balayant, en l'enduisant de bouse de vache, en

---

[1] C'est un mortier de bois, servant à dégager le riz de ses balles.
[2] *Ægle marmelos*

l'arrosant avec de l'urine de vache, en le grattant, en y faisant séjourner des vaches *un jour et une nuit*.

125. « Une chose becquetée par un oiseau, flairée par une vache, secouée avec le pied, sur laquelle on a éternué, ou qui a été souillée par le contact d'un pou, est purifiée par une aspersion de terre.

126. « Tant que l'odeur et l'humidité causées par une substance impure restent sur un objet souillé, pendant tout ce temps il faut employer de la terre et de l'eau pour toutes les purifications des objets inanimés.

127. « Les Dieux ont assigné aux Brâhmanes trois choses pures qui leur sont particulières, savoir : la chose qui a été souillée à leur insu, celle qu'ils arrosent avec de l'eau *en cas de doute*, et celle qu'ils ordonnent en disant : « Que cette chose soit pure pour moi. »

128. « Les eaux dans lesquelles une vache peut étancher sa soif sont pures, lorsqu'elles coulent sur une terre *pure*, lorsqu'elles ne sont souillées par aucune malpropreté, lorsqu'elles sont agréables par leur odeur, leur couleur et leur goût.

129. « La main d'un artisan est toujours pure *pendant qu'il travaille*, de même que la marchandise exposée pour être vendue; la nourriture donnée à un novice qui mendie n'est jamais souillée : telle est la règle établie.

130. « La bouche d'une femme est toujours pure; un oiseau est pur dans le moment où il fait tomber un fruit; un jeune animal, pendant qu'il tette; un chien, lorsqu'il chasse les bêtes fauves.

131. « La chair d'une bête sauvage tuée par des chiens a été déclarée pure par Manou, de même que celle d'un animal tué par d'autres carnivores ou par des gens vivant de la chasse, comme les Tchândâlas.

132. « Toutes les cavités au-dessus du nombril sont pures; celles qui se trouvent au-dessous sont impures, de même que toutes les excrétions qui sortent du corps.

133. « Les mouches, les gouttelettes de salive qui s'échappent de la bouche, l'ombre *même d'une personne impure*, une vache, un cheval, les rayons du soleil, la poussière, la terre, l'air, le feu, *qui ont touché des objets impurs*, doivent toujours être considérés comme purs dans leur contact.

134. « Pour purifier les organes par lesquels sortent les excréments et l'urine, on doit employer de la terre et de l'eau autant qu'il est nécessaire, ainsi que pour enlever les douze impuretés du corps.

135. « Les exsudations grasses, la liqueur séminale, le sang, la crasse de la tête, l'urine, les excréments, le mucus du nez, l'ordure des oreilles, l'humeur flegmatique, les larmes, les concrétions des yeux et la sueur, sont les douze impuretés du corps humain.

LIVRES SACRÉS DE L'ORIENT.

136. « Celui qui désire la pureté doit employer un morceau de terre *avec de l'eau* pour le conduit de l'urine; il doit en employer trois pour l'anus, dix pour une main, *la gauche, qui est celle dont il faut se servir pour cette purification*, et sept pour les deux, *ou plus s'il est nécessaire*.

137. « Cette purification est celle des maîtres de maison; celle des novices doit être double; celle des anachorètes, triple; celle des mendiants ascétiques, quadruple.

138. « Après avoir déposé son urine ou ses excréments, on doit, *après la purification ci-dessus mentionnée*, se laver la bouche, puis arroser les cavités de son corps, et de même lorsqu'on va lire le Véda, et toujours au moment de manger.

139. « Que le Dwidja prenne d'abord de l'eau dans sa bouche à trois reprises, et s'essuie ensuite deux fois la bouche s'il désire la pureté de son corps : une femme et un Soûdra ne font cela qu'une fois.

140. « Les Soûdras qui se conforment aux préceptes de la loi, doivent se faire raser la tête une fois par mois; leur mode de purification est le même que celui des Vaisyas, et les restes des Brâhmanes doivent être leur nourriture.

141. « Les gouttelettes de salive qui tombent de la bouche sur une partie du corps ne rendent pas impur, non plus que les poils de la barbe qui entrent dans la bouche, ni ce qui s'introduit entre les dents.

142. « Les gouttes d'eau qui découlent sur les pieds de celui qui présente de l'eau aux autres pour leur ablution, doivent être reconnues comme pareilles à des eaux qui coulent sur un sol pur; il ne peut pas être souillé par elles.

143. « Celui qui en portant un fardeau, n'importe de quelle manière, est touché par un homme ou un objet impur, peut, sans déposer ce qu'il porte, se purifier en faisant une ablution.

144. « Après avoir vomi, ou après avoir été purgé, on doit se baigner et manger du beurre clarifié : *lorsqu'on vomit* après avoir mangé, on doit seulement se laver la bouche; le bain est ordonné pour celui qui a eu commerce avec une femme.

145. « Après avoir dormi, après avoir éternué, après avoir mangé, après avoir craché, après avoir dit des mensonges, après avoir bu et au moment de lire la Sainte Écriture, on doit se laver la bouche, même étant pur.

146. « Je vous ai déclaré complètement les règles de purification qui concernent toutes les classes, et les moyens de purger de souillure les objets dont on se sert; apprenez maintenant les lois qui regardent les femmes.

147. « Une petite fille, une jeune femme, une femme avancée en âge, ne doivent jamais rien faire suivant leur propre volonté, même dans leur maison.

148. « Pendant son enfance, une femme doit dépendre de son père; pendant sa jeunesse, elle dépend de son mari; son mari étant mort, de ses fils; *si elle n'a pas de fils, des proches parents de son mari, ou, à leur défaut, de ceux de son père; si elle n'a pas de parents paternels, du souverain,* une femme ne doit jamais se gouverner à sa guise.

149. « Qu'elle ne cherche jamais à se séparer de son père, de son époux ou de ses fils; car, en se séparant d'eux, elle exposerait au mépris les deux familles.

150. « Elle doit être toujours de bonne humeur, conduire avec adresse les affaires de la maison, prendre grand soin des ustensiles du ménage, et n'avoir pas la main trop large dans sa dépense.

151. « Celui auquel elle a été donnée par son père, ou par son frère avec l'assentiment paternel, elle doit le servir avec respect pendant sa vie, et ne point lui manquer après sa mort, *soit en se conduisant d'une manière impudique, soit en négligeant de faire les oblations qu'elle doit lui adresser.*

152. « Les paroles de bénédiction et le sacrifice au Seigneur des créatures (Pradjâpati), ont pour motif, dans les cérémonies nuptiales, d'assurer le bonheur des mariés; mais l'autorité de l'époux sur sa femme repose sur le don que le père lui a fait de sa fille *au moment des fiançailles.*

153. « Le mari dont l'union a été consacrée par les prières d'usage procure continuellement ici-bas du plaisir à son épouse, soit dans la saison convenable, soit dans un autre temps, et lui fait obtenir le bonheur dans l'autre monde.

154. « Quoique la conduite de son époux soit blâmable, bien qu'il se livre à d'autres amours et soit dépourvu de bonnes qualités, une femme vertueuse doit constamment le révérer comme un Dieu.

155. « Il n'y a ni sacrifice, ni pratique pieuse, ni jeûne, qui concernent les femmes en particulier; qu'une épouse chérisse et respecte son mari, elle sera honorée dans le ciel.

156. « Une femme vertueuse qui désire obtenir le même séjour de félicité que son mari, ne doit rien faire qui puisse lui déplaire, soit pendant sa vie, soit après sa mort.

157. « Qu'elle amaigrisse son corps volontairement en vivant de fleurs, de racines et de fruits purs; mais après avoir perdu son époux, qu'elle ne prononce même pas le nom d'un autre homme[1].

[1] On ne trouve rien dans les lois de Manou qui autorise l'usage cruel qui oblige les femmes à monter sur le bûcher après la mort de leurs maris; mais plusieurs autres législateurs les engagent à se brûler, et promettent le ciel pour récompense à celles qui se sacrifient. Voyez le Mémoire de M. Colebrooke sur les devoirs d'une fidèle veuve, dans le quatrième volume des *Recherches Asiatiques*, le *Digest of Hindu Law*, vol. II, pag. 451 et suiv, et les *Mélanges Asiatiques* de M. Rémusat, t. I, pag. 280.

158. « Que jusqu'à la mort elle se maintienne patiente et résignée, vouée à des observances pieuses, chaste et sobre comme un novice, s'appliquant à suivre les excellentes règles de conduite des femmes n'ayant qu'un seul époux.

159. « Plusieurs milliers de Brâhmanes exempts de sensualité dès leur plus tendre jeunesse, et qui n'ont pas laissé de postérité, sont pourtant parvenus au ciel;

160. « Et de même que ces hommes austères, la femme vertueuse qui, après la mort de son mari, se conserve parfaitement chaste, va droit au ciel, quoiqu'elle n'ait pas d'enfants.

161. « Mais la veuve qui, par le désir d'avoir des enfants, est infidèle à son mari, encourt le mépris ici-bas, et sera exclue du séjour *céleste* où est admis son époux.

162. « Tout enfant que met au monde une femme après avoir eu commerce avec un autre que son mari, n'est pas son enfant légitime; de même, celui qu'engendre un homme avec la femme d'un autre ne lui appartient pas; et nulle part, *dans ce code*, le droit de prendre un second époux n'a été assigné à une femme vertueuse.

163. « Celle qui abandonne son mari, lequel appartient à une classe inférieure, pour s'attacher à un homme d'une classe supérieure, est méprisée dans ce monde, où elle est désignée sous le nom de Parapoûrvâ (qui a un autre mari que l'ancien).

164. « Une femme infidèle à son mari est en butte à l'ignominie ici-bas; *après sa mort*, elle renaît dans le ventre d'un chacal, ou bien elle est affligée d'éléphantiasis et de consomption pulmonaire;

165. « Au contraire, celle qui ne trahit pas son mari, et dont les pensées, les paroles et le corps sont purs, obtient la même demeure céleste que son époux, et est appelée femme vertueuse par les gens de bien.

166. « En menant cette conduite honorable, la femme chaste dans ses pensées, dans ses paroles et dans sa personne, obtient ici-bas une haute réputation, et est admise, après sa mort, dans le même séjour que son époux.

167. « Tout Dwidja connaissant la loi, qui voit mourir la première une épouse qui se conformait à ces préceptes et appartenait à la même classe que lui, doit la brûler avec les feux consacrés et avec les ustensiles du sacrifice.

168. « Après avoir ainsi accompli, avec les feux consacrés, la cérémonie des funérailles d'une femme morte avant lui, qu'il contracte un nouveau mariage et allume une seconde fois le feu nuptial.

169. » Qu'il ne cesse jamais de faire les cinq grandes oblations suivant les règles prescrites; et après avoir fait choix d'une épouse, qu'il demeure dans

sa maison pendant la seconde période de son existence. »

LIVRE SIXIÈME.

DEVOIRS DE L'ANACHORÈTE ET DU DÉVOT ASCÉTIQUE.

1. « Le Dwidja ayant préalablement terminé ses études, après avoir ainsi demeuré dans l'ordre des maîtres de maison, conformément à la règle, doit ensuite vivre dans la forêt, muni d'une ferme résolution et parfaitement maître de ses organes.

2. « Lorsque le chef de famille voit sa peau se rider et ses cheveux blanchir, et qu'il a sous ses yeux le fils de son fils, qu'il se retire dans une forêt[1].

3. « Renonçant aux aliments qu'on mange dans les villages et à tout ce qu'il possède, confiant sa femme à ses fils, qu'il parte seul, ou bien qu'il emmène sa femme avec lui.

4. « Emportant son feu consacré et tous les ustensiles domestiques employés dans les oblations, quittant le village pour se retirer dans la forêt, qu'il y demeure en maîtrisant ses organes des sens.

5. « Avec les différentes sortes de grains purs qui servent de nourriture aux Mounis, *comme le riz sauvage*, avec des herbes potagères, des racines et des fruits, qu'il accomplisse les cinq grandes oblations suivant les règles prescrites.

6. « Qu'il porte une peau *de gazelle* ou un vêtement d'écorce; qu'il se baigne soir et matin; qu'il porte toujours ses cheveux longs[2] et laisse pousser sa barbe, les poils de son corps et ses ongles.

7. « Autant qu'il est en son pouvoir, qu'il fasse des offrandes aux êtres animés, et des aumônes, avec une portion de ce qui est destiné à sa nourriture, et qu'il honore ceux qui viennent à son ermitage en leur présentant de l'eau, des racines et des fruits.

8. « Il doit s'appliquer sans cesse à la lecture du Véda, endurer tout avec patience, être bienveillant et parfaitement recueilli, donner toujours, ne jamais recevoir, se montrer compatissant à l'égard de tous les êtres.

9. « Qu'il fasse régulièrement les offrandes au feu disposé suivant le mode Vitâna[3], ne négligeant pas, en temps convenable, les oblations du jour de la nouvelle lune et du jour de la pleine lune.

10. « Qu'il accomplisse aussi le sacrifice en l'honneur des constellations lunaires, l'offrande de grain nouveau, les cérémonies qui ont lieu de quatre mois en quatre mois, et celles du solstice d'hiver et du solstice d'été.

11. « Avec des grains purs, nourriture des Mounis, croissant dans le printemps ou dans l'automne[1], et récoltés par lui-même, qu'il fasse séparément, suivant la règle, les gâteaux et les autres mets destinés à être présentés en offrande;

12. « Et après avoir adressé aux Dieux cette oblation des plus pures, produit de la forêt, qu'il mange le reste en y joignant du sel ramassé par lui-même.

13. « Qu'il mange des herbes potagères qui viennent sur la terre ou dans l'eau, des fleurs, des racines et des fruits produits par des arbres purs, et des huiles formées dans les fruits.

14. « Qu'il évite le miel et la viande, les champignons terrestres, le boûstrina[2], le sigrouka[3], et les fruits du sléchmâtaka[4].

15. « Dans le mois d'âswina, il doit jeter les grains sauvages qu'il avait précédemment amassés, ainsi que les vieux vêtements, et les herbes, les racines et les fruits récoltés par lui.

16. « Qu'il ne mange jamais ce qui a poussé dans un champ labouré, quoique ce champ ait été abandonné par le propriétaire, ni des racines et des fruits provenants d'un village, même lorsque la faim le tourmente.

17. « Il peut manger des aliments cuits au moyen du feu, ou *des fruits* mûris par le temps; il peut, *pour écraser certains fruits*, employer une pierre, ou se servir de ses dents en guise de pilon.

18. « Qu'il recueille du grain pour un jour seulement, ou qu'il en fasse provision pour un mois ou pour six mois, ou même pour un an.

19. « Après s'être procuré, autant qu'il a pu, de quoi se nourrir, qu'il mange le soir ou le matin, ou seulement lorsqu'arrive le temps du quatrième ou même du huitième repas[5];

20. « Ou bien, qu'il suive les règles de la pénitence lunaire (Tchândrâyana)[6] pendant la quinzaine éclairée et pendant la quinzaine obscure, ou qu'il mange une fois seulement, à la fin de cha-

---

[1] Il devient alors *Vânaprastha*, c'est-à-dire, habitant de la forêt.
[2] Littéralement, *qu'il porte une djatâ*. Voyez ci-dessus, Liv. II, st. 219.
[3] Le *Vitâna* consiste à prendre du feu dans le trou (*kounda*) creusé pour le feu dit *Gârhapatya*, et à le porter dans les deux trous creusés pour les feux appelés *Ahavantya Dakchina*.

[1] Le printemps (*vasanta*) comprend les mois de *tchaitra* (mars-avril) et de *vaisâkha* (avril-mai); l'automne (*sarat*), les mois d'*âswina* (septembre-octobre) et de *kârtika* (octobre-novembre).
[2] *Andropogon schœnanthus*.
[3] Herbe inconnue.
[4] *Cordia myxa*.
[5] C'est-à-dire, le soir du second ou du quatrième jour, après avoir jeûné jusque-là. On fait ordinairement, par jour, deux repas, un le matin, un autre le soir. (*Commentaire.*)
[6] Voyez Liv. XI, st. 216.

cune de ces deux quinzaines, des grains bouillis;

21. « Où qu'il ne vive absolument que de fleurs et de racines, et de fruits mûris par le temps, qui sont tombés spontanément, observant strictement les devoirs des anachorètes.

22. « Qu'il se roule sur la terre, ou qu'il se tienne tout un jour sur le bout des pieds; qu'il se lève et s'asseye alternativement, et qu'il se baigne trois fois par jour [1].

23. « Dans la saison chaude (grîchma)[2], qu'il supporte l'ardeur de cinq feux[3]; pendant les pluies (varchâs), qu'il s'expose *tout nu* aux *torrents d'eau que versent les* nuages; durant la froide saison (hémanta), qu'il porte un vêtement humide, augmentant par degrés ses austérités.

24. « Trois fois par jour, en faisant son ablution, qu'il satisfasse les Dieux et les Mânes *par une libation d'eau*; et se livrant à des austérités de plus en plus rigoureuses, qu'il dessèche sa substance mortelle.

25. « Alors, ayant déposé en lui-même, suivant la règle, les feux sacrés, *en avalant les cendres*, qu'il n'ait plus ni feux domestiques, ni demeure, gardant le silence le plus absolu, vivant de racines et de fruits;

26. « Exempt de tout penchant aux plaisirs sensuels, chaste comme un novice, ayant pour lit la terre, ne consultant pas son goût pour une habitation, et se logeant au pied des arbres.

27. « Qu'il reçoive des Brâhmanes anachorètes et des autres Dwidjas maîtres de maison, qui demeurent dans la forêt, l'aumône nécessaire au soutien de son existence.

28. « Ou bien, il peut apporter de la nourriture d'un village, après l'avoir reçue dans un plat fait avec des feuilles, ou dans la main nue, ou dans un tesson, et en manger huit bouchées.

29. » Telles sont, avec d'autres encore, les pratiques pieuses que doit suivre un Brâhmane retiré dans une forêt; et pour unir son âme à l'Être suprême, il doit étudier les différentes parties théologiques (Oupanichads)[4] du Livre révélé,

30. « Qui ont été étudiées avec respect par les dévots ascétiques et par les Brâhmanes maîtres de maison *retirés dans la forêt*, pour l'accroissement de leur science et de leurs austérités, et pour la purification de leur corps.

31. « Ou bien, *s'il a quelque maladie incurable*, qu'il se dirige vers la région invincible *du nord-est*, et marche d'un pas assuré jusqu'à la dissolution de son corps, aspirant à l'union divine, et ne vivant que d'eau et d'air.

32. « Le Brâhmane qui s'est dégagé de son corps par l'une de ces pratiques mises en usage par les grands Richis, exempt de chagrin et de crainte est admis avec honneur dans le séjour de Brahme.

33. « Lorsque l'anachorète a ainsi passé dans les forêts la troisième période de son existence, que pendant la quatrième il embrasse la vie ascétique, renonçant entièrement à toute espèce d'affections.

34. « L'homme qui a passé d'ordre en ordre[1], qui a fait au feu les oblations requises, qui a toujours maîtrisé ses organes, étant fatigué *de donner* des aumônes et *de faire* des offrandes, en se consacrant à la dévotion ascétique, obtient après sa mort la suprême félicité.

35. « Après avoir acquitté les trois dettes *aux Saints, aux Mânes et aux Dieux*[2], qu'il dirige son esprit vers la délivrance finale (Mokcha)[3]; mais celui qui, avant d'avoir payé ces dettes, désire la béatitude, se précipite dans le séjour infernal.

36. « Lorsqu'il a étudié les Védas de la manière prescrite par la loi, lorsqu'il a donné le jour à des fils suivant le mode légal, et offert des sacrifices autant qu'il a pu, *ses trois dettes étant acquittées*, il peut alors n'avoir d'autre pensée que la délivrance finale.

37. « Mais le Brâhmane qui, sans avoir étudié les Livres saints, sans avoir engendré des fils et fait des sacrifices, désire la béatitude, va dans l'enfer.

38. « Après avoir accompli le sacrifice de Pradjâpati, dans lequel il présente, en guise d'offrande, tout ce qu'il possède, suivant l'injonction du Véda; après avoir déposé en lui-même le feu du sacrifice, un Brâhmane peut quitter sa maison pour embrasser la vie ascétique[4].

39. « Lorsqu'un homme imbu de la partie théologique des Livres saints, mettant à l'abri de la crainte tous les êtres animés, quitte l'ordre des maîtres de maison pour passer dans celui des dévots ascétiques, les mondes célestes resplendissent de sa gloire.

40. « Le Dwidja de la part duquel les créatures sensibles n'éprouvent pas la moindre crainte, délivré de sa substance mortelle, n'a plus rien à craindre de quoi que ce soit.

41. « Sortant de sa maison, emportant avec lui des ustensiles purs, *comme son bâton et son aiguière*, gardant le silence, exempt de tout désir,

---

[1] Le matin, à midi et le soir; c'est ce qu'on appelle les trois *savanas*.
[2] Voyez ci-dessus, Liv. III, st. 273, *note*.
[3] Quatre de ces feux sont placés aux quatre points cardinaux; le soleil fait le cinquième. (*Commentaire*).
[4] Voyez ci-dessus, Liv. II, st. 140, *note*.

[1] C'est-à-dire, qui a été successivement élève en théologie (Brahmatchâri), maître de maison (Grihastha) et anachorète (Vânaprastha).
[2] Voyez ci-dessus, Liv. IV, st. 257.
[3] Le Mokcha est l'absorption dans l'Ame suprême. Voyez ci-dessus, Liv. I, st. 98.
[4] C'est-à-dire, pour entrer dans le quatrième ordre, celui des Sannyâsis (dévots ascétiques), sans passer par celui des anachorètes. (*Commentaire*.)

excité par les objets qui se présentent à lui, qu'il embrasse la vie ascétique.

42. « Qu'il soit toujours seul et sans compagnon, afin d'obtenir la félicité suprême, en considérant que la solitude est le seul moyen d'obtenir ce bonheur; en effet, il n'abandonne pas et n'est pas abandonné, *et n'éprouve jamais le chagrin qui en résulte.*

43. « Qu'il n'ait ni feu, ni domicile ; qu'il aille au village chercher sa nourriture, *lorsque la faim le tourmente;* qu'il soit résigné, muni d'une ferme résolution; qu'il médite en silence, et fixe son esprit sur l'Être divin.

44. « Un pot de terre, la racine des grands arbres *pour habitation,* un mauvais vêtement, une solitude absolue, la même manière d'être avec tous, tels sont les signes qui distinguent un Brâhmane qui est près de la délivrance finale.

45. « Qu'il ne désire point la mort, qu'il ne désire point la vie; qu'il attende le moment fixé pour lui, comme un domestique attend ses gages.

46. « Qu'il purifie ses pas en regardant où il met le pied, *de peur de marcher sur des cheveux, sur un os, ou sur toute autre chose impure;* qu'il purifie l'eau qu'il doit boire *en la filtrant* avec un linge, *dans la crainte de faire périr les petits animaux qui pourraient s'y trouver;* qu'il purifie ses paroles par la vérité; qu'il conserve toujours son esprit pur.

47. « Il doit supporter avec patience les paroles injurieuses, ne mépriser personne, et ne point garder rancune à quelqu'un au sujet de ce corps *faible et maladif.*

48. « Qu'il ne s'emporte pas, à son tour, contre un homme irrité; si on l'injurie, qu'il réponde doucement, et qu'il ne profère point de vaine parole ayant rapport à des objets soumis aux sept perceptions[1], *qui sont les cinq organes des sens, le sentiment et l'intelligence; qu'il ne parle que de l'Être divin.*

49. « Méditant avec délices sur l'Ame suprême, assis, n'ayant besoin d'aucune chose, inaccessible à tout désir sensuel, sans autre société que son âme, qu'il vive ici-bas dans l'attente de la béatitude éternelle.

50. « Il ne doit jamais chercher à se procurer sa subsistance en expliquant des prodiges et les présages[2], ni au moyen de l'astrologie ou de la chiromancie, ni en donnant des préceptes de morale casuiste, ou en interprétant l'Écriture Sainte.

51. « Qu'il n'entre jamais dans une maison fréquentée par des ermites, des Brâhmanes, des oiseaux, des chiens, ou par d'autres mendiants.

52. « Ayant ses cheveux, ses ongles et sa barbe coupés, s'étant muni d'un plat, d'un bâton et d'une aiguière, qu'il erre continuellement dans un recueillement parfait, évitant de faire du mal à aucune créature animée.

53. « Que les plats dont il se sert ne soient pas en métal et n'aient point de fracture : c'est avec de l'eau qu'il convient de les purifier, de même que les tasses employées dans un sacrifice.

54. « Une gourde, un plat de bois, un pot de terre, une corbeille de bambous ; tels doivent être, suivant les préceptes de Manou Swâyambhouva (issu de l'Être existant par lui-même), les ustensiles d'un Yati[1] (dévot ascétique).

55. « Qu'il mendie sa nourriture une fois par jour, et n'en désire pas une grande quantité; car le dévot avide d'aumônes finit par s'abandonner aux plaisirs des sens.

56. « *Le soir*, lorsque l'on ne voit plus la fumée de la cuisine, que le pilon est en repos, que le charbon est éteint, que les gens sont rassasiés, que les plats sont retirés, c'est alors que le dévot doit toujours mendier sa subsistance.

57. « S'il n'obtient rien, qu'il ne s'afflige pas; s'il obtient quelque chose, qu'il ne s'abandonne pas à la joie; qu'il ne songe qu'à soutenir son existence, et ne consulte pas sa fantaisie dans le choix de ses ustensiles.

58. « Qu'il dédaigne surtout de recevoir des aumônes après une humble salutation, car les aumônes ainsi reçues enchaînent *dans les liens de la renaissance* le dévot qui est sur le point d'en être dégagé.

59. « En prenant peu de nourriture, en se retirant dans les endroits écartés, qu'il contienne ses organes, naturellement entraînés par l'attrait de la sensualité.

60. « En maîtrisant ses organes, en renonçant à toute espèce d'affection ou de haine, en évitant de faire du mal aux créatures, il se prépare l'immortalité.

61. « Qu'il considère avec attention les transmigrations des hommes, qui sont causées par leurs actions coupables; leur chute dans l'enfer, et les tourments qu'ils endurent dans la demeure de Yama;

---

[1] Littéralement, *qu'il ne profère point de vaine parole renfermée entre sept portes.*

[2] Les Indiens sont fort superstitieux, et ont grande foi aux présages. On trouve à chaque instant, dans les pièces de théâtre, des traces de leurs préjugés à cet égard. Ainsi, le tremblement de l'œil droit est considéré comme un présage malheureux pour une femme, et heureux pour un homme (voyez *Sakuntalâ*, acte v, et le *Théâtre Indien*, tom. I, pag. 104 et 124, *trad. française*); le tremblement de l'œil gauche est, pour un homme, un présage funeste (*ibid.*, p. 117, 149 et 350), de même que le tremblement du bras gauche. *Théâ-* *tre Indien*, tom. I, pag. 149.) L'agitation du bras droit est, pour un homme, un signe heureux. (*Ibid.*, pag. 112.) La vue d'un serpent et d'un oiseau sinistre annoncent des malheurs. (*Ibid.*, pag. 149.)

[1] Les mots *Yati*, *Sannyâsi* et *Parivrâdjaka*, désignent un religieux du quatrième ordre. Yati signifie littéralement *celui qui s'est dompté;* Sannyâsi, *celui qui a renoncé à tout;* Parivrâdjaka, *celui qui mène une vie errante.*

62. « Leur séparation de ceux qu'ils aiment, et leur union avec ceux qu'ils haïssent; la vieillesse qui leur fait sentir ses atteintes, les maladies qui les affligent;

63. « L'esprit vital sortant de ce corps pour renaître dans le ventre d'une créature humaine, et les transmigrations de cette âme dans des millions [1] de matrices;

64. « Les malheurs que subissent les êtres animés par suite de leur iniquité, et la félicité inaltérable qu'ils éprouvent, et *qui résulte de cette contemplation de l'Être divin* que procure la vertu.

65. « Qu'il réfléchisse, avec l'application d'esprit la plus exclusive, sur l'essence subtile et indivisible de l'Ame suprême (Paramâtmâ), et sur son existence dans les corps des êtres les plus élevés et les plus bas.

66. « Quel que soit l'ordre dans lequel un homme se trouve, bien qu'il ait été accusé faussement *et injustement privé des insignes de son ordre*, qu'il continue à remplir son devoir, et se montre le même à l'égard de toutes les créatures; porter les insignes d'un ordre n'est pas en remplir les devoirs.

67. « Ainsi, quoique le fruit du kataka [2] ait la propriété de purifier l'eau, cependant on ne purifiera pas de l'eau en prononçant seulement le nom de ce fruit.

68. « Afin de ne causer la mort d'aucun animal, que le Sannyâsî, la nuit comme le jour, même au risque de se faire du mal, marche en regardant à terre.

69. « Le jour et la nuit, comme il fait périr involontairement un certain nombre de petits animaux, pour se purifier, il doit se baigner et retenir six fois sa respiration.

70. « Trois suppressions d'haleine seulement, faites suivant la règle, et accompagnées des paroles sacrées : *Bhoûr, Bhouvah, Swar* [3], du monosyllabe *Aum, de la Sâvitrî et du siras* [4], doivent être considérées comme l'acte de dévotion le plus grand pour un Brâhmane.

71. « De même que les impuretés des métaux sont détruites lorsqu'on les expose au feu, de même toutes les fautes que les organes peuvent commettre sont effacées par des suppressions d'haleines.

72. « Qu'il efface ses péchés en retenant sa respiration; qu'il expie ses fautes en se livrant au recueillement le plus absolu; qu'il réprime les désirs sensuels en imposant un frein à ses organes; qu'il détruise, par la méditation profonde, les qualités opposées à la nature divine [1].

73. « En se livrant à la méditation la plus abstraite, qu'il observe la marche de l'âme à travers les différents corps, depuis le degré le plus élevé jusqu'au plus bas; marche que les hommes dont l'esprit n'a pas été perfectionné par la lecture des Védas ont peine à distinguer.

74. « Celui qui est doué de cette vue sublime [2] n'est plus captivé par les actions; mais celui qui est privé de cette vue parfaite est destiné à retourner dans le monde.

75. « En ne faisant point de mal aux créatures, en maîtrisant ses organes, en accomplissant les devoirs pieux prescrits par le Véda, et en se soumettant aux pratiques de dévotion les plus austères, on parvient ici-bas au but suprême, *qui est de s'identifier avec Brahme*.

76. « Cette demeure dont les os forment la charpente, à laquelle les muscles servent d'attaches, enduite de sang et de chair, recouverte de peau, infecte, qui renferme des excréments et de l'urine,

77. « Soumise à la vieillesse et aux chagrins, affligée par les maladies, en proie aux souffrances de toute espèce, unie à la qualité de passion, destinée à périr, que cette demeure humaine soit abandonnée *avec plaisir par celui qui l'occupe*.

78. « De même qu'un arbre quitte le bord d'une rivière *lorsque le courant l'emporte*, de même qu'un oiseau quitte un arbre *suivant son caprice*, de même celui qui abandonne ce corps *par nécessité ou par sa propre volonté*, est délivré d'un monstre horrible.

79. « Laissant à ses amis ses bonnes actions, à ses ennemis ses fautes, le Sannyâsî, en se livrant à une méditation profonde, s'élève jusqu'à Brahme, qui existe de toute éternité.

80. « Lorsque, par sa connaissance intime du mal, il devient insensible à tous les plaisirs des sens, alors il obtient le bonheur dans ce monde, et la béatitude éternelle dans l'autre.

81. « S'étant de cette manière affranchi par degrés de toute affection mondaine, devenu insensible à toutes les conditions opposées, *comme l'honneur et le déshonneur*, il est absorbé pour toujours dans Brahme.

82. « Tout ce qui vient d'être déclaré [3] s'obtient par la méditation de l'Essence divine; car aucun homme, lorsqu'il ne s'est pas élevé à la connais-

---

[1] Littéralement, *dix mille millions*.
[2] *Strychnos potatorum*. Si l'on frotte avec une des semences de cette plante l'intérieur d'une jarre servant à mettre de l'eau, cela fait précipiter les particules terreuses répandues dans l'eau.
[3] Voyez ci-dessus, Liv. II, st. 76.
[4] Le mot *siras* signifie ordinairement *tête*. Peut-être faut-il entendre par ce mot la première strophe de l'hymne au soleil? mais je ne donne pas cela comme certain. Voyez ci-dessus, Liv. II, st. 77, *note*.

[1] Telles que la colère, la cupidité, la médisance.
(*Comment.*)
[2] C'est-à-dire, celui pourqui l'Être suprême est présent partout.
(*Commentaire.*)
[3] Savoir, l'affranchissement de toute affection mondaine, et l'insensibilité à toutes les conditions opposées.
(*Commentaire.*)

sance de l'Ame suprême, ne peut recueillir le fruit de ses efforts.

83. « Qu'il lise constamment à voix basse la partie du Véda qui concerne le sacrifice, celle qui a rapport aux Divinités, celle qui a pour objet l'Ame suprême, et tout ce qui est déclaré dans le Védânta[1].

84. « La Sainte Écriture est un refuge assuré même pour ceux qui ne la comprennent pas, pour ceux qui la comprennent et qui la lisent, pour ceux qui désirent le ciel, et pour ceux qui aspirent à une éternité de bonheur.

85. « Le Brâhmane qui embrasse la vie ascétique selon les règles qui viennent d'être déclarées dans l'ordre convenable, se dépouille ici-bas de tout péché, et se réunit à la Divinité suprême.

86. « Je vous ai instruits des devoirs communs aux *quatre classes*[2] *de* Yatis maîtres d'eux-mêmes; connaissez maintenant les règles particulières auxquelles sont astreints ceux *de la première classe* qui renoncent à toutes les pratiques pieuses prescrites par le Véda.

87. « Le novice, l'homme marié, l'anachorète et le dévot ascétique forment quatre ordres distincts, qui tirent leur origine du maître de maison.

88. « Le Brâhmane qui entre successivement dans tous ces ordres, conformément à la loi, et qui se conduit de la manière prescrite, parvient à la condition suprême, *c'est-à-dire*, *à l'identification avec Brahme*.

89. « Mais parmi les membres de ces ordres, le maître de maison qui observe les préceptes de la Srouti et de la Smriti, est reconnu le principal; car c'est lui qui soutient les trois autres.

90. « De même que toutes les rivières et tous les fleuves vont se confondre dans l'Océan, de même tous les membres des autres ordres viennent chercher un asile auprès du maître de maison.

91. « Les Dwidjas qui appartiennent à ces quatre ordres doivent toujours, avec le plus grand soin, pratiquer les dix vertus qui composent le devoir.

92. « La résignation, l'action de rendre le bien pour le mal, la tempérance, la probité, la pureté, la répression des sens, la connaissance des Sâstras, celle de l'Ame suprême, la véracité et l'abstinence de colère: telles sont les dix vertus en quoi consiste le devoir.

93. « Les Brâhmanes qui étudient ces dix préceptes du devoir, et, après les avoir étudiés, s'y conforment, parviennent à la condition suprême.

94. « Un Dwidja qui pratique avec la plus grande attention ces dix vertus, qui a entendu l'interprétation du Védânta comme la loi le prescrit, et dont les *trois* dettes sont acquittées[1], peut renoncer entièrement au monde.

95. « Se désistant de tous les devoirs religieux de maître de maison, ayant effacé tous ses péchés, réprimé ses organes et compris parfaitement le sens des Védas, qu'il vive heureux et paisible sous la tutelle de son fils[1].

96. « Après avoir abandonné toute espèce de pratique pieuse, dirigeant son esprit vers l'unique objet de ses pensées, *la contemplation de l'Être divin*, exempt de tout autre désir, ayant expié ses fautes par sa dévotion, il atteint le but suprême.

97. « Je vous ai déclaré les quatre règles de conduite qui concernent les Brâhmanes, règles saintes, et qui produisent, après la mort, des fruits impérissables; connaissez maintenant le devoir des rois. »

LIVRE SEPTIÈME.

CONDUITE DES ROIS ET DE LA CLASSE MILITAIRE

1. « Je vais déclarer les devoirs des rois, la conduite que doit tenir un monarque; *je dirai* quelle est son origine, et par quel moyen il peut obtenir la récompense suprême.

2. « Un Kchatriya qui a reçu, suivant la règle, le divin sacrement *de l'initiation*, doit s'appliquer à protéger avec justice tout *ce qui est soumis à son pouvoir*.

3. « En effet, ce monde, privé de rois, étant de tous côtés bouleversé par la crainte, pour la conservation de tous les êtres, le Seigneur créa un roi,

4. « En prenant des particules éternelles de la substance d'Indra, d'Anila, de Yama, de Soûrya d'Agni, de Varouna, de Tchandra et de Kouvéra[3];

5. » Et c'est parce qu'un roi a été formé de particules tirées de l'essence de ces principaux Dieux, qu'il surpasse en éclat tous les autres mortels.

6. « De même que le soleil, il brûle les yeux et les cœurs, et personne sur la terre ne peut le regarder en face.

7. « Il est le Feu, le Vent, le Soleil, le Génie qui préside à la lune, le Roi de la justice, le Dieu des richesses, le Dieu des eaux, et le Souverain du firmament, par sa puissance.

---

[1] Voyez Liv. II, st. 160.
[2] Les Yatis ou Sannyâsis, de quatre sortes, sont, d'après le commentaire, les Koutîtcharas, les Bahoûdakas, les Hansas et les Paramahansas.

[1] Voyez ci-dessus, Liv. IV, st. 257.
[2] Ceci concerne spécialement le Yati, nommé *Koutîtchora*. Voyez ci-dessus, st. 86.
[3] Voyez ci-dessus, Liv. V, st. 96.

8. « On ne doit pas mépriser un monarque, même encore dans l'enfance, en se disant : « C'est un simple mortel; » car c'est une grande Divinité qui réside sous cette forme humaine.

9. « Le feu ne brûle que l'homme qui s'en approche imprudemment; mais le feu *du courroux d'un roi* consume toute une famille avec ses troupeaux et tous ses autres biens.

10. « Après avoir mûrement examiné l'opportunité d'une affaire, ses propres forces, le temps et le lieu, un roi, pour faire triompher la justice, emprunte successivement toutes sortes de formes; *suivant les circonstances, il est ami, ennemi ou neutre.*

11. « Celui qui, dans sa bienveillance, répand les faveurs de la fortune, par sa valeur détermine la victoire, et dans sa colère cause la mort, réunit certainement toute la majesté *des gardiens du monde*.

12. « L'homme qui, dans son égarement, lui témoigne de la haine, doit périr infailliblement; car, sur-le-champ, le roi s'occupe des moyens de le perdre.

13. « Que le roi ne s'écarte jamais des règles par lesquelles il a déterminé ce qui est légal et ce qui est illégal, relativement aux choses permises et aux choses défendues.

14. « Pour aider le roi dans ses fonctions, le Seigneur produisit, dès le principe, le *Génie du châtiment*, protecteur de tous les êtres, exécuteur de la justice, son propre fils, et dont l'essence est toute divine.

15. « C'est la crainte du châtiment qui permet à toutes les créatures mobiles et immobiles de jouir de ce qui leur est propre, et qui les empêche de s'écarter de leurs devoirs.

16. « Après avoir bien considéré le lieu et le temps, les moyens *de punir* et les préceptes de la loi, que le roi inflige le châtiment avec justice à ceux qui se livrent à l'iniquité.

17. « Le châtiment est un roi plein d'énergie; c'est un administrateur habile, c'est un sage dispensateur de la loi; il est reconnu comme le garant de l'accomplissement du devoir des quatre ordres.

18. « Le châtiment gouverne le genre humain, le châtiment le protège; le châtiment veille pendant que tout dort; le châtiment est la justice, disent les Sages.

19. « Infligé avec circonspection et à propos, il procure aux peuples le bonheur; mais appliqué inconsidérément, il les détruit de fond en comble.

20. « Si le roi ne châtiait pas sans relâche ceux qui méritent d'être châtiés, les plus forts rôtiraient les plus faibles, comme des poissons, sur une broche[1];

21. « La corneille viendrait becqueter l'offrande de riz, le chien lécherait le beurre clarifié; il n'existerait plus de droit de propriété; l'homme du rang le plus bas prendrait la place de l'homme de la classe la plus élevée.

22. « Le châtiment régit tout le genre humain, car un homme naturellement vertueux se trouve difficilement; c'est par la crainte du châtiment que le monde peut se livrer aux jouissances qui lui sont allouées.

23. « Les Dieux, les Titans, les Musiciens célestes, les Géants, les serpents, remplissent leurs fonctions spéciales, contenus par la crainte du châtiment.

24. « Toutes les classes se corrompraient, toutes les barrières seraient renversées, l'univers ne serait que confusion, si le châtiment ne faisait plus son devoir[1].

25. « Partout où le châtiment, à la couleur noire, à l'œil rouge, vient détruire les fautes, les hommes n'éprouvent aucune épouvante, si celui qui dirige le châtiment est doué d'un jugement sain.

26. « Les Sages considèrent comme propre à régler le châtiment un roi véridique, n'agissant qu'avec circonspection, possédant les saints Livres, et parfaitement expert en fait de vertu, de plaisir et de richesse.

27. « Le roi qui l'impose à propos augmente ces trois moyens de félicité; mais un prince voluptueux, colère et fourbe, reçoit la mort du châtiment.

28. « Car le châtiment est l'énergie la plus puissante; il est difficile à soutenir pour ceux dont l'âme n'a pas été fortifiée par l'étude des lois; il détruirait, avec toute sa race, un roi qui s'écarterait de son devoir;

29. « Il dévasterait les châteaux, le territoire, les pays habités, avec les êtres mobiles et immobiles qu'ils renferment, et affligerait, *par la privation des offrandes qui doivent leur être adressées*, même les Saints et les Dieux dans le ciel[2].

30. « Le châtiment ne peut pas être infligé convenablement par un roi privé de conseillers, imbécile, avide de gain, dont l'intelligence n'a pas été perfectionnée *par l'étude des lois*, et qui est adonné aux plaisirs des sens.

31. « C'est par un prince entièrement pur, fidèle à ses promesses, observateur des lois, entouré de serviteurs habiles, et doué d'un jugement sain, que le châtiment peut être imposé d'une manière équitable.

32. « Qu'il se conduise dans son royaume selon la justice, qu'il châtie avec rigueur ses ennemis,

---

[1] Ou, suivant une autre leçon, les plus forts feraient leur proie des plus faibles, comme les poissons dans leur élément.

[1] C'est-à-dire, s'il cessait d'agir, ou agissait mal à propos. (*Commentaire.*)

[2] Littéralement, *dans l'atmosphère* (Antariksha), dans la région intermédiaire.

qu'il soit toujours franc avec ses amis affectionnés, et plein de douceur à l'égard des Brâhmanes.

33. « La renommée d'un monarque qui agit de cette manière, lors même qu'il vit de grain glané [1], s'étend au loin dans le monde, comme une goutte d'huile de sésame dans l'eau;

34. « Mais la renommée d'un prince qui est tout l'opposé *du premier*, et dont les passions ne sont pas vaincues, se resserre [2] dans le monde, de même qu'une goutte de beurre liquéfié dans l'eau.

35. « Un roi a été créé pour être le protecteur de toutes les classes et de tous les ordres [3], qui se maintiennent successivement dans l'accomplissement de leurs devoirs particuliers.

36. « C'est pourquoi je vais vous exposer, de la manière convenable et par ordre, ce que le roi doit faire, avec ses ministres, pour protéger les peuples.

37. « Après s'être levé à l'aube du jour, le roi doit témoigner son respect aux Brâhmanes versés dans la connaissance des trois Livres saints et dans la science de la morale, et se gouverner par leurs conseils.

38. « Qu'il vénère constamment les Brâhmanes respectables *par leur vieillesse et par leur dévotion*, possédant la Sainte Écriture, purs *d'esprit et de corps;* car celui qui vénère les vieillards est toujours honoré, même par les Géants.

39. « Qu'il prenne continuellement exemple sur eux pour l'humilité, lors même que sa conduite est sage et mesurée; car un monarque humble et modeste dans ses manières ne peut se perdre en aucune circonstance.

40. « Beaucoup de souverains, par suite de leur inconduite, ont péri avec leurs biens, tandis que des ermites ont obtenu des royaumes par leur sagesse et leur humilité.

41. « Véna se perdit par son manque de sagesse, ainsi que le roi Nahoucha[4], Soudâsa[5], Yavana, Soumoukha et Nimi.

42. « Prithou [1], au contraire, parvint à la royauté par la sagesse de sa conduite, ainsi que Manou; Kouvéra obtint de même l'empire des Richesses, et le fils de Gâdhi [2], le rang de Brâhmane.

43. « Que le roi apprenne de ceux qui possèdent les trois Védas la triple doctrine qu'ils renferment, qu'il étudie les lois immémoriales relatives à l'application des peines, qu'il acquière la science du raisonnement, la connaissance de l'Ame suprême, et qu'il s'instruise des travaux des différentes professions, *comme l'agriculture, le commerce et le soin des bestiaux*, en consultant ceux qui les exercent.

44. « Qu'il fasse, nuit et jour, tous ses efforts pour dompter ses organes; car celui qui maîtrise ses organes est seul capable de soumettre les peuples à son autorité.

45. « Qu'il évite, avec le plus grand soin, les vices qui conduisent à une fin malheureuse, parmi lesquels dix naissent de l'amour du plaisir, et huit, de la colère.

46. « En effet, un souverain adonné aux vices que produit l'amour du plaisir, perd sa vertu et sa richesse; s'il se livre aux vices causés par la colère, il perd même l'existence *par la vengeance de ses sujets.*

---

[1] C'est-à-dire, quoiqu'il ait un mince trésor.
[2] Littéralement, *se fige.*
[3] Les quatre ordres sont : celui des novices, celui des maîtres de maison, celui des anachorètes, et celui des dévots ascétiques.
[4] Nahoucha, prince de la dynastie lunaire, roi de Pratichthâna, et dont Francis Hamilton place le règne dans le dix-neuvième siècle avant notre ère. Selon la Fable, Indra ayant perdu le trône du ciel, Nahoucha, qui avait fait cent fois le sacrifice du cheval, fut mis à la place d'Indra. Curieux de jouir de tous ses droits, il voulut avoir l'amour de Satchi', femme du Dieu détrôné. Elle consentit à le recevoir, s'il se montrait à ses yeux dans un équipage plus pompeux que celui de son prédécesseur. Nahoucha pensa que rien n'était plus magnifique que de se faire porter sur les épaules des Brâhmanes. Comme ils allaient trop lentement au gré de son impatience, il s'oublia au point de frapper la tête sacrée d'Agastya, en lui disant *sarpa, sarpa,* c'est-à-dire, *avance, avance.* Le saint, irrité, répéta les mêmes mots, mais dans un autre sens; dans sa bouche ils signifiaient *marche, serpent;* et, en effet, Nahoucha fut changé en serpent. (LANGLOIS, *Théâtre Indien,* vol. II, pag. 436.)
[5] Soudâsa, roi d'Avodhyâ, placé par Hamilton dans le dix-septième siècle avant notre ère. Selon le même auteur, Nimi, roi de Mithila, a dû régner dans le dix-neuvième siècle avant J. C.
[1] Prithou, ancien roi de l'Inde, que l'on dit antérieur aux deux antiques et célèbres dynasties dont les Indiens font remonter l'origine jusqu'aux dieux Soma et Soûrya. Boudha, fils de Soma, et régent de la planète de Mercure, est considéré comme le premier roi de la race lunaire (Soma-Vansa). Ikchwâkou, fils de Manou Vaivaswata, par conséquent petit-fils de Soûrya (Vivaswat), et que l'on fait vivre près de deux mille ans avant Jésus-Christ, est le premier roi de la race solaire (Soûrya-Vansa). Les princes de cette dynastie régnaient sur la contrée appelée Kosala, qui avait pour capitale Ayodhyâ, ville fondée par Ikchwâkou. La capitale des rois de la dynastie lunaire fut d'abord Pratichthâna, ville de l'Antarvedi, située près confluent du Gange et du Djemna (Yamounâ), dont on voit encore les ruines sur la rive gauche du Gange, vis-à-vis d'Allahâbâd. Les princes de la race lunaire s'étendirent ensuite dans le Kouroudésa, et fondèrent successivement Indraprastha, Hastinâpoura et Kosâmbipoura.
[2] Viswâmitra, fils de Gâdhi, est un prince de la race lunaire dont les querelles avec le Mouni Vasichtha sont célèbres dans les annales fabuleuses de l'Inde ancienne. La possession d'une vache qui produisait tout à volonté, et que Viswâmitra voulait enlever au saint personnage, fut l'origine d'une lutte dans laquelle Vasichtha fut vainqueur par le secours de sa vache, qui produisit des légions de Barbares qui anéantirent les troupes de son adversaire. Viswâmitra, reconnaissant la supériorité du pouvoir des Brâhmanes, se livra à de rigoureuses austérités pour s'élever du rang de Kchatriya à celui de Brâhmane, et Brahmâ fut contraint de lui accorder cette faveur. Quelques savants pensent que, par la vache, il faut entendre l'Inde ou sa partie la plus riche, dont la souveraineté fut un sujet de guerre entre deux princes ou deux classes rivales, celle des Brâhmanes et celle des Kchatriyas. Les Brâhmanes appelèrent à leur secours des nations étrangères, par le secours desquelles ils remportèrent la victoire. La guerre de Viswâmitra contre Vasichtha, et les pénitences par lesquelles il obtint la dignité de Brâhmane, sont racontées dans le Râmâyana, et forment un des épisodes les plus intéressants de cet admirable poëme.

47. « La chasse, le jeu [1], le sommeil pendant le jour, la médisance, les femmes, l'ivresse, le chant, la danse, la musique instrumentale et les voyages inutiles, sont les dix sortes de vices qui naissent de l'amour du plaisir :

48. « L'empressement à divulguer le mal, la violence, l'action de nuire en secret, l'envie, la calomnie, l'action de s'approprier le bien d'autrui, celle d'injurier ou de frapper quelqu'un, composent la série des huit vices engendrés par la colère.

49. « Qu'il fasse principalement ses efforts pour vaincre le désir immodéré, que tous les Sages considèrent comme l'origine de ces deux séries de vices ; en effet, ces deux séries en découlent.

50. « Les liqueurs enivrantes, le jeu, les femmes et la chasse, ainsi énumérés par ordre, doivent être regardés par un roi comme ce qu'il y a de plus funeste dans la série des vices nés de l'amour du plaisir.

51. « Qu'il considère toujours l'action de frapper, celle d'injurier et celle de nuire au bien d'autrui, comme les trois choses les plus pernicieuses dans la série des vices produits par la colère ;

52. « Et dans la réunion des sept vices mentionnés, auxquels, en tous lieux, les hommes sont enclins, les premiers dans l'ordre doivent être reconnus comme plus graves *que ceux qui suivent* par tout prince magnanime.

53. « Le vice et la mort étant comparés, le vice a été déclaré la chose la plus horrible ; en effet, l'homme vicieux tombe dans les plus profondes régions de l'enfer ; après sa mort, l'homme exempt de vices parvient au ciel.

54. « Le roi doit choisir sept ou huit ministres dont les ancêtres étaient attachés au service royal, versés eux-mêmes dans la connaissance des lois, braves, habiles à manier les armes, de noble lignage, et dont la fidélité est assurée *par un serment fait sur l'image d'une Divinité.*

55. « Une chose très-facile en elle-même devient difficile pour un homme seul ; à plus forte raison lorsqu'il s'agit de gouverner, sans être assisté, un royaume dont les revenus sont considérables !

56. « Qu'il examine toujours, avec ces ministres, les choses à discuter en commun, la paix et la guerre, ses forces [2], ses revenus, sa sûreté *personnelle et celle de son royaume,* et les moyens d'assurer les avantages acquis.

57. « Après avoir pris leurs avis différents à part, puis collectivement, qu'il adopte, dans l'affaire que l'on traite, la mesure qui lui paraît la plus avantageuse.

58. « Mais qu'il délibère avec un Brâhmane d'un haut savoir, et le plus habile de tous ces conseillers, sur l'importante résolution qu'il a prise relativement aux six articles *principaux* [1].

59. « Qu'il lui communique avec confiance toutes les affaires ; et après avoir pris avec lui une détermination finale, qu'il mette alors la chose à exécution.

60. « Il doit aussi choisir d'autres conseillers intègres, très-instruits, assidus, experts en matière de finances, et d'une vertu éprouvée.

61. « Autant d'hommes sont nécessaires pour que les affaires soient exécutées convenablement, autant le roi doit prendre à son service des gens actifs, capables et expérimentés.

62. « Parmi eux, qu'il emploie ceux qui sont braves, intelligents, de bonne famille et intègres, à exploiter les mines *d'or, d'argent ou de pierres précieuses,* et à percevoir les produits des terres cultivées, et qu'il confie la garde de l'intérieur de son palais aux hommes pusillanimes, *parce que des hommes courageux, voyant le roi souvent seul ou entouré de ses femmes, pourraient le tuer, à l'instigation des ennemis.*

63. « Qu'il fasse choix d'un ambassadeur parfaitement versé dans la connaissance de tous les Sâstras, sachant interpréter les signes, la contenance et les gestes, pur dans ses mœurs et incorruptible, habile, et d'une illustre naissance.

64. « On estime l'ambassadeur d'un roi lorsqu'il est affable, pur, adroit, doué d'une bonne mémoire, bien au fait des lieux et des temps, de belle prestance, intrépide et éloquent.

65. « C'est du général que dépend l'armée, c'est de la juste application des peines que dépend le bon ordre ; le trésor et le territoire dépendent du roi, la guerre et la paix, de l'ambassadeur.

66. « En effet, c'est l'ambassadeur qui rapproche *des ennemis,* c'est lui qui divise des alliés ; car il traite les affaires qui déterminent la rupture ou la bonne intelligence.

67. « Dans les négociations avec un roi étranger, que l'ambassadeur devine *les intentions de ce roi* d'après certains signes, d'après son maintien et ses gestes, et au moyen des signes et des gestes de ses propres émissaires secrets, et qu'il connaisse les projets *de ce prince,* en s'abouchant avec des conseillers *avides ou mécontents.*

68. « Étant complètement instruit *par son ambassadeur* de tous les desseins du souverain étranger, que le roi prenne les plus grandes précautions pour qu'il ne puisse lui nuire en aucune manière.

69. « Qu'il fixe son séjour dans une contrée champêtre, fertile en grains, habitée par des gens de bien, saine, agréable, entourée de voisins paisibles, où les habitants peuvent se procurer facilement de quoi vivre.

---

[1] Littéralement, *les dés.*
[2] Ces forces consistent dans l'armée, le trésor, les villes et le territoire. (*Commentaire.*)

[1] Voyez plus loin, st. 160.

70. « Qu'il s'établisse dans une place ayant son abord défendu soit par un désert *aride s'étendant tout autour*, soit par des remparts en pierres ou en briques, soit par des fossés remplis d'eau, soit par des bois *impénétrables*, soit par des hommes *armés*, soit par une montagne *sur laquelle cette place est située*.

71. « Qu'il fasse tout son possible pour se retirer dans une place rendue inaccessible par une montagne; car une telle forteresse est très-estimée à cause des nombreux avantages qu'elle présente.

72. « Les trois premiers endroits d'un accès difficile, *les déserts, les murailles et les fossés*, servent de protection aux bêtes sauvages, aux rats et aux animaux aquatiques; et les trois derniers moyens de défense, en suivant l'ordre, *les bois, les soldats et les montagnes*, aux singes, aux hommes et aux Dieux.

73. « De même que les ennemis de ces êtres ne peuvent pas leur nuire lorsqu'ils sont à l'abri dans leurs divers gîtes; de même un roi qui s'est retiré dans une place inaccessible n'a rien à craindre de ses ennemis.

74. « Un seul archer placé sur un rempart peut tenir tête à cent ennemis; cent archers peuvent résister à dix mille ennemis; voilà pourquoi on attache du prix à une place forte.

75. « La forteresse doit être pourvue d'armes, d'argent, de vivres, de bêtes de somme, de Brâhmanes, de pionniers, de machines, d'herbes et d'eau.

76. « Au milieu, que le roi fasse construire pour lui un palais renfermant tous les bâtiments nécessaires et bien distribué, défendu *par des murs et des fossés*, habitable dans toutes les saisons, brillant *de stuc*, entouré d'eau et d'arbres.

77. « Après s'y être établi, qu'il prenne une épouse de la même classe que lui ; pourvue des signes qui sont d'un heureux présage, appartenante à une grande famille, charmante, douée de beauté et de qualités estimables.

78. « Qu'il choisisse un conseiller spirituel (Pourohita), et un chapelain (Ritwidj), chargés de célébrer pour lui les cérémonies domestiques et celles qui s'accomplissent avec les trois feux sacrés.

79. « Que le roi fasse différents sacrifices, accompagnés de nombreux présents; pour remplir entièrement son devoir, qu'il procure aux Brâhmanes des jouissances et des richesses.

80. « Qu'il fasse percevoir son revenu annuel dans tout son domaine par des commis fidèles; qu'il observe les lois dans ce monde: qu'il se conduise comme un père avec ses sujets.

81. « Il doit établir dans chaque partie divers inspecteurs intelligents, chargés d'examiner la conduite de ceux qui sont au service du prince.

82. « Qu'il honore, *en leur faisant des présents*, les Brâhmanes qui, *après avoir terminé leurs études théologiques*, ont quitté la maison de leur père spirituel ; car ce trésor que déposent les rois entre les mains des Brâhmanes a été déclaré impérissable.

83. « Il ne peut être enlevé ni par les voleurs, ni par les ennemis, il ne peut pas se perdre ; par conséquent, c'est aux Brâhmanes que le roi doit confier cet impérissable trésor[1].

84. « L'oblation versée dans la bouche *ou dans la main* d'un Brâhmane est bien meilleure que les offrandes au feu; elle ne tombe jamais, elle ne se dessèche jamais, elle n'est jamais consumée.

85. « Le don fait à un homme qui n'est point Brâhmane n'a qu'un mérite ordinaire; il en a deux fois autant, s'il est offert à un homme qui se dit Brâhmane; adressé à un Brâhmane avancé dans l'étude des Védas, il est cent mille fois plus méritoire; fait à un théologien consommé, il est infini.

86. « Offert à une personne qui en est digne, et avec une foi pure, un don procure après la mort une récompense faible ou considérable à celui qui le fait.

87. « Un roi qui protège son peuple, étant défié par un ennemi qui l'égale, le surpasse ou lui est inférieur en forces, ne doit pas se détourner du combat; qu'il se rappelle le devoir de la classe militaire.

88. « Ne jamais fuir dans un combat, protéger les peuples, révérer les Brâhmanes, tels sont les devoirs éminents dont l'accomplissement procure aux rois la félicité.

89. « Les souverains qui, dans les batailles, désireux de se vaincre l'un l'autre, combattent avec le plus grand courage et sans détourner la tête, vont directement au ciel *après leur mort*.

90. « Un guerrier ne doit jamais, dans une action, employer contre ses ennemis des armes perfides, *comme des bâtons renfermant des stylets aigus*, ni des flèches barbelées, ni des flèches empoisonnées, ni des traits enflammés[2].

91. « Qu'il ne frappe ni un ennemi qui est à pied, *si lui-même est sur un char*, ni un homme efféminé, ni celui qui joint les mains *pour demander merci*, ni celui dont les cheveux sont défaits, ni celui qui est assis, ni celui qui dit : « Je suis ton prisonnier, »

92. « Ni un homme endormi, ni celui qui n'a pas de cuirasse, ni celui qui est nu, ni celui qui est désarmé, ni celui qui regarde le combat sans y prendre part, ni celui qui est aux prises avec un autre.

---

[1] C'est-à-dire, qu'il doit leur faire des présents.
(*Commentaire.*)
[2] On a cru qu'il s'agissait ici de fusées renfermant une composition inflammable analogue à celle du feu grégeois ou de la poudre à canon; mais cela est fort incertain. Les traits enflammés mentionnés dans le texte de Manou étaient peut-être simplement des flèches garnies de matières propres à mettre le feu. Les Anciens en employaient de semblables,

93. « Ni celui dont l'arme est brisée, ni celui qui est accablé par le chagrin, ni un homme grièvement blessé, ni un lâche, ni un fuyard ; qu'il se rappelle le devoir des braves *guerriers*.

94. « Le lâche qui prend la fuite pendant le combat, et qui est tué par les ennemis, se charge de toutes les mauvaises actions de son chef, quelles qu'elles soient ;

95. « Et si ce fuyard qui a été tué avait fait provision de quelques bonnes œuvres pour l'autre vie, son chef en retire tout l'avantage.

96. « Les chars, les chevaux, les éléphants, les ombrelles, les vêtements, les grains, les bestiaux, les femmes, les ingrédients de toute espèce, les métaux, *à l'exception de l'or et de l'argent*, appartiennent de droit à celui qui s'en est emparé à la guerre.

97. « On doit prélever sur ces prises la partie la plus précieuse pour l'offrir au roi ; telle est la règle du *Véda* ; et le roi doit distribuer entre tous les soldats ce qui n'a pas été pris séparément.

98. « Telle est la loi irréprochable et primordiale qui concerne la classe militaire ; un Kchatriya, en tuant ses ennemis dans le combat, ne doit jamais s'écarter de cette loi.

99. « Qu'il désire conquérir ce qu'il n'a pas acquis, qu'il conserve avec soin ce qu'il acquiert ; en le conservant, qu'il l'augmente *en le faisant valoir*, et le produit, qu'il le donne à ceux qui en sont dignes.

100. « Qu'il sache que l'observation de ces quatre préceptes fait obtenir ce qui est l'objet des désirs de l'homme, *la félicité* ; en conséquence, il doit toujours s'y conformer exactement et sans relâche.

101. « Que le roi essaye de conquérir ce qu'il convoite, avec le secours de son armée ; par sa vigilance, qu'il conserve ce qu'il a gagné ; en le conservant, qu'il l'augmente par les modes légaux ; lorsqu'il l'a augmenté, qu'il le répande en libéralités.

102. « Que ses troupes soient constamment exercées, qu'il déploie toujours sa valeur, qu'il cache avec soin ce qui doit rester secret, qu'il épie constamment le côté faible de l'ennemi.

103. « Le roi dont l'armée s'exerce continuellement, est craint du monde entier ; en conséquence, qu'il tienne toujours les peuples en respect par ses forces militaires.

104. « Qu'il agisse toujours loyalement, et n'ait jamais recours à la fraude, et, se tenant constamment sur ses gardes, qu'il découvre les manœuvres perfides de son ennemi.

105. « Que son adversaire ne connaisse pas son côté faible ; mais que lui cherche à reconnaître la partie vulnérable de son ennemi ; semblable à la tortue, qu'il attire à lui tous les membres de la royauté, et qu'il répare toutes les brèches de l'État.

106. « Comme le héron, qu'il réfléchisse sur les avantages qu'il peut obtenir ; comme le lion, qu'il déploie sa valeur ; comme le loup, qu'il attaque à l'improviste ; comme le lièvre, qu'il opère sa retraite avec prudence.

107. « Lorsqu'il s'est ainsi disposé à faire des conquêtes, qu'il soumette à son autorité les opposants par la négociation, et par les trois autres moyens, *qui sont : de répandre des présents, de semer la division, et d'employer la force des armes* [1].

108. « S'il ne réussit pas à les réduire par les trois premiers moyens, qu'il les attaque à force ouverte, et les force successivement de se soumettre.

109. « Parmi ces quatre moyens de succès, à commencer par les traités, les hommes instruits estiment toujours de préférence les négociations pacifiques et la guerre pour l'avantage des royaumes.

110. « De même que le cultivateur arrache la mauvaise herbe pour préserver le grain, de même un roi doit protéger son royaume en détruisant ses ennemis.

111. « Le monarque insensé qui opprime ses sujets par une conduite injuste, est bientôt privé de la royauté et de la vie, ainsi que tous ses parents.

112. « De même que l'épuisement du corps détruit la vie des êtres animés, de même la vie des rois se détruit par l'épuisement de leur royaume.

113. « Pour maintenir le bon ordre dans ses États, que le roi se conforme toujours aux règles qui suivent ; car le souverain dont le royaume est bien gouverné voit sa prospérité s'accroître.

114. « Pour deux, trois, cinq, ou même cent villages, *suivant leur importance*, qu'il établisse une compagnie de gardes commandés par un officier de confiance, et chargés de veiller à la sûreté du pays.

115. « Qu'il institue un chef pour chaque commune (grâma [2]), un chef de dix communes, un chef de vingt, un chef de cent, un chef de mille.

116. « Le chef d'une commune doit lui-même faire connaître au chef de dix communes les désordres, *comme vols, brigandages*, à mesure qu'ils ont lieu dans sa juridiction, *lorsqu'il ne peut pas les réprimer* ; le chef de dix communes doit en faire part au chef préposé pour vingt :

117. « Le chef de vingt communes doit notifier le tout au chef institué pour cent, et ce dernier doit transmettre l'information lui-même au chef de mille communes.

---

[1] Voyez plus loin, st. 198.
[2] Le mot *grâma*, que j'ai cru devoir traduire par *commune*, doit s'entendre ici d'un village, ou d'un bourg avec son territoire environnant.

118. « Les choses que les habitants d'une commune sont tenus de donner tous les jours au roi, telles que riz, boisson, bois de chauffage, doivent être perçues par le chef d'une commune pour ses émoluments.

119. « Le chef de dix communes doit jouir du produit d'un koula [1]; le chef de vingt communes, du produit de cinq koulas ; le chef de cent communes, du produit d'une commune (grâma); le chef de mille communes, du produit d'une ville (poura).

120. « Les affaires de ces communes, soit générales, soit particulières, doivent être inspectées par un autre ministre du roi, actif et bien intentionné.

121. « Dans chaque grande ville (nagara), qu'il nomme un surintendant général, d'un rang élevé, entouré d'un appareil imposant, semblable à une planète au milieu des étoiles.

122. « Ce surintendant doit surveiller toujours lui-même les autres fonctionnaires; et le roi doit se faire rendre un compte exact, par ses émissaires, de la conduite de tous ses délégués dans les différentes provinces.

123. « Car, en général, les hommes chargés par le roi de veiller à la sûreté du pays, sont des fourbes portés à s'emparer du bien d'autrui ; que le roi prenne la défense du peuple contre ces gens-là.

124. « Les hommes en place qui sont assez pervers pour soutirer de l'argent de ceux qui ont affaire à eux, doivent être dépouillés de tous leurs biens par le roi, et bannis du royaume.

125. « Aux femmes attachées à son service, et à toute la bande des domestiques, que le roi alloue un salaire journalier proportionné à leur rang et à leurs fonctions.

126. « Il faut donner au dernier des domestiques un pana [2] de cuivre *par jour*, un vêtement complet [3] deux fois par an, et un drona [4] de grain tous les mois; et au premier des domestiques, six panas, *six vêtements deux fois par an, et six mesures de grain tous les mois.*

127. « Après avoir considéré le prix auquel les marchandises sont achetées, celui auquel on les vend, la distance du pays d'où on les apporte, les dépenses de nourriture et d'assaisonnement, les précautions nécessaires pour apporter les marchandises en toute sûreté, que le roi fasse payer des impôts aux commerçants.

128. « Après un mûr examen, un roi doit lever continuellement les impôts dans ses États, de telle sorte que lui-même et le marchand retirent la juste récompense de leurs travaux.

129. « De même que la sangsue, le jeune veau et l'abeille ne prennent que petit à petit leur nourriture, de même ce n'est que par petites portions que le roi doit percevoir le tribut annuel dans son royaume.

130. « La cinquantième partie peut être prélevée par le roi sur les bestiaux et sur l'or ou l'argent *ajoutés chaque année au fonds;* la huitième, la sixième ou la douzième partie sur les grains, *suivant la qualité du sol et les soins qu'il exige.*

131. « Qu'il prenne la sixième partie du bénéfice annuel fait sur les arbres, la viande, le miel, le beurre clarifié, les parfums, les plantes médicinales, les sucs végétaux, les fleurs, les racines et les fruits;

132. « Sur les feuilles, les plantes potagères, l'herbe, les ustensiles de canne, les peaux, les vases de terre, et tout ce qui est en pierre.

133. « Un roi, même lorsqu'il meurt *de besoin*, ne doit pas recevoir de tribut d'un Brâhmane versé dans la Sainte Écriture; et qu'il ne souffre jamais que, dans ses États, un pareil Brâhmane soit tourmenté par la faim.

134. « Lorsque, sur le territoire d'un roi, un homme imbu de la Sainte Écriture souffre de la faim, le royaume de ce prince sera bientôt en proie à la famine.

135. « Après s'être assuré de ses connaissances théologiques et de la pureté de sa conduite, que le roi lui assure un état honorable; qu'il le protége contre tous, comme fait un père pour son fils légitime.

136. « Les devoirs religieux accomplis tous les jours par ce Brâhmane, sous la protection du roi, prolongent la durée de l'existence du souverain, et augmentent ses richesses et ses États.

137. « Que le roi fasse payer, comme impôt, une redevance annuelle très-modique aux hommes de son royaume qui appartiennent à la dernière classe, et qui vivent d'un commerce peu lucratif.

138. « Quant aux ouvriers, aux artisans et aux Soûdras, qui gagnent leur subsistance à force de

---

[1] Le *koula* est l'étendue de terrain qui peut être labourée par deux charrues, pourvues chacune de six taureaux.
[2] Le *pana* vaut quatre-vingts des petits coquillages appelés *cauris.* Voyez aussi Liv. VIII, st. 136.
[3] Un vêtement de dessus et un vêtement de dessous.
[4] Un kountchi vaut huit mouchtis ou poignées de grains; un pouchkala, huit kountchis; un âdhaka, quatre pouchkalas; un drona, quatre âdhakas. (*Commentaire.*) Suivant M. Wilson (*Sanscrit Dictionary*), l'âdhaka répond à sept livres onze onces Avoirdupois, mesure anglaise (3 kilogr. 486 grammes); par conséquent, le drona équivaut, selon le même calcul, à trente livres douze onces Avoirdupois (13 kil. 943 gramm.). M. Haughton, dans une des notes qu'il a jointes à sa traduction de Jones, fait observer que cette solde serait bien faible, et que le drona doit avoir été autrefois plus considérable. Suivant une autre évaluation donnée par M. Carey, dans son *Dictionnaire Bengali*, et citée par M. Haughton, l'âdhaka, dans le voisinage de Calcutta, répond à cent soixante livres (72 kil. 546 gr.) ; et le drona, par conséquent, à six cent quarante livres (290 kil. 185 gr.). Je dois ajouter que le drona est le vingtième du cumbha, et que cette dernière mesure vaut, suivant M. Wilson (*Sanscrit Dictionary*), un peu plus de trois boisseaux (bushels) : trois boisseaux répondent à un hectolitre. Le drona, qui n'est que le vingtième du kumbha, vaudrait cinq litres suivant cette évaluation, évidemment trop faible.

peine, qu'il les fasse travailler chacun un jour par mois.

139. « Qu'il ne coupe pas sa propre racine, *en refusant, par excès de bonté, de recevoir les impôts*, ni celle des autres, *en exigeant des tributs exorbitants* par excès d'avarice; car en coupant sa propre racine *et la leur*, il se réduit, lui et les autres, à l'état le plus misérable.

140. « Que le roi soit sévère ou doux suivant les circonstances; un souverain doux et sévère à propos est généralement estimé.

141. « Lorsqu'il est fatigué d'examiner les affaires des hommes, qu'il confie cet emploi à un premier ministre versé dans la connaissance des lois, très-instruit, maître de ses passions, et appartenant à une bonne famille.

142. « Qu'il protège ainsi ses peuples avec zèle et vigilance, en remplissant de la manière prescrite tous les devoirs qui lui sont imposés.

143. « Le souverain dont les sujets éplorés sont enlevés par des brigands hors de son royaume, sous ses yeux et aux yeux de ses ministres, est véritablement un mort et non un être vivant.

144. « Le principal devoir d'un Kchatriya est de défendre les peuples, et le roi qui jouit des avantages qui ont été énumérés est tenu de remplir ce devoir.

145. « S'étant levé à la dernière veille de la nuit, après s'être purifié, qu'il adresse, dans un profond recueillement, ses offrandes au feu et ses hommages aux Brâhmanes, et qu'il entre dans la salle d'audience convenablement décorée.

146. « Étant là, qu'il réjouisse ses sujets *par des paroles et des regards gracieux*, et les congédie ensuite; après les avoir renvoyés, qu'il tienne conseil avec ses ministres.

147. « Montant au sommet d'une montagne, ou bien se rendant en secret sur une terrasse, ou dans un endroit solitaire d'une forêt, qu'il délibère avec eux sans être observé.

148. « Le roi dont les résolutions secrètes ne sont pas connues des autres hommes qui se réunissent entre eux, étend son pouvoir sur toute la terre, bien qu'il n'ait pas de trésor.

149. « Les hommes idiots, muets, aveugles ou sourds, les oiseaux bavards, *comme le perroquet et la sârikâ*, les gens très-âgés, les femmes, les barbares (Mlétchhas), les malades et les estropiés, doivent être éloignés au moment de la délibération.

150. « Les hommes disgraciés *dans cette vie, pour des fautes commises dans une naissance précédente*, trahissent une résolution secrète, de même que les oiseaux bavards, et particulièrement les femmes; c'est pourquoi il faut avoir soin de les exclure.

151. « Au milieu du jour ou de la nuit, lorsqu'il est exempt d'inquiétudes et de fatigues de concert avec ses ministres ou bien seul, qu'il réfléchisse sur la vertu, le plaisir et la richesse;

152. « Sur les moyens d'acquérir en même temps ces choses, qui sont, en général, opposées l'une à l'autre; sur le mariage de ses filles, et sur l'éducation de ses fils;

153. « Sur l'opportunité d'envoyer des ambassadeurs, sur les chances de succès de ses entreprises; qu'il surveille la conduite de *ses femmes dans l'appartement intérieur*, et les démarches de ses émissaires.

154. « Qu'il réfléchisse sur les huit affaires des rois, *comprenant les revenus, les dépenses, les missions des ministres, les défenses, la décision des cas douteux, l'examen des affaires judiciaires, l'application des peines, les expiations*; sur les cinq sortes d'espions *qu'il doit employer secrètement, savoir : des jeunes hommes hardis et d'un esprit pénétrant, des anachorètes dégradés, des laboureurs malheureux, des marchands ruinés, de faux pénitents*; sur les intentions bienveillantes ou hostiles de ses voisins, et sur les dispositions des États environnants;

155. « Sur la conduite du prince étranger qui n'a que des forces médiocres, *et qui, se trouvant voisin d'un ennemi et d'un ambitieux, n'est pas assez puissant pour leur résister s'ils sont unis, mais peut leur tenir tête s'ils sont divisés*; sur les préparatifs du monarque désireux de conquêtes, sur la situation du prince qui reste neutre, *mais qui peut résister à l'ennemi, au conquérant et à celui dont les forces sont médiocres, pourvu qu'ils ne soient pas réunis*, et particulièrement sur celle de son propre ennemi.

156. « Ces *quatre* puissances, désignées sous la dénomination commune de souche des pays environnants avec huit autres *appelées les branches, et qui offrent différentes sortes d'alliés ou d'adversaires*, sont déclarées les douze principales puissances.

157. « Cinq autres pouvoirs secondaires, savoir : leurs ministres, leurs territoires, leurs places fortes, leurs trésors et leurs armées, ajoutés à chacun de ces douze pouvoirs, forment en tout soixante-douze pouvoirs, *qu'il faut examiner*.

158. « Le roi doit considérer comme ennemi tout prince qui est son voisin immédiat, ainsi que l'allié de ce prince; comme ami, le voisin de son ennemi; et comme neutre, tout souverain qui ne se trouve dans aucune de ces deux situations.

159. « Qu'il prenne de l'ascendant sur tous ces princes par le secours des négociations et par les trois autres moyens[1], soit séparés, soit réunis, surtout par sa valeur et sa politique.

160. « Qu'il médite sans cesse les six ressources

[1] Voyez ci-dessus, st. 107.

qui sont : de faire un traité de paix ou d'alliance, d'entreprendre la guerre, de se mettre en marche, d'asseoir son camp, de diviser ses forces, de se mettre sous la protection d'un monarque puissant.

161. « Après avoir considéré la situation des affaires, qu'il se détermine, suivant les circonstances, à attendre l'ennemi, à se mettre en marche, à faire la paix ou la guerre, à diviser ses forces ou à chercher un appui.

162. « Un roi doit savoir qu'il y a deux sortes d'alliances et de guerres, qu'il y a également deux manières de camper ou de se mettre en marche, et d'obtenir la protection d'un autre souverain.

163. « On doit reconnaître deux sortes d'alliances ayant pour but de procurer des avantages, soit dans le moment, soit par la suite : celle où les deux princes conviennent d'agir et de marcher ensemble, et celle où ils doivent agir séparément.

164. » La guerre a été déclarée de deux espèces : on peut la faire pour son propre compte, ou pour venger une injure faite à un allié, dans le dessein de vaincre l'ennemi, soit dans la saison, soit dans un autre temps.

165. « Tantôt le roi se met seul en campagne pour détruire l'ennemi à son plaisir, tantôt il se réunit à son allié; la marche est donc reconnue de deux sortes.

166. « Le campement est déclaré avoir lieu dans deux circonstances : lorsqu'on a été successivement affaibli, soit par les coups du Sort[1], soit par suite de mauvaises combinaisons[2], ou lorsqu'on veut favoriser son allié.

167. « Pour assurer la réussite d'une entreprise, l'armée et le roi doivent se séparer en deux corps ; tel est le double système de la division des forces, proclamé par ceux qui apprécient les avantages des six ressources.

168. « Un prince se met sous la protection d'un roi puissant dans deux circonstances : lorsqu'il est accablé par l'ennemi, afin d'être à l'abri de ses attaques; et *d'avance dans la crainte d'être assailli*, afin que le bruit *de cette puissante protection* se *répande et tienne l'ennemi en respect*.

169. « Lorsque le roi reconnaît que, par la suite, sa supériorité sera certaine, et que, pour le présent, il n'a qu'un léger dommage à supporter, qu'il ait recours aux négociations pacifiques;

170. « Mais quand il voit que tous les membres de l'État sont dans la situation la plus florissante, et que lui-même s'est élevé au plus haut degré du pouvoir, alors qu'il entreprenne la guerre.

171. « Lorsqu'il est parfaitement sûr que son armée est contente et bien approvisionnée, et que le contraire a lieu chez son ennemi, qu'il entre en campagne contre son adversaire,

172. « Mais s'il est faible en équipages et en soldats, qu'il choisisse avec soin une position avantageuse, et amène peu à peu les ennemis à faire la paix.

173. « Lorsqu'un roi pense que son ennemi est sous tous les rapports, plus puissant que lui, alors, divisant ses forces en deux corps, qu'il *se retire, avec une partie des troupes, dans une place forte, et tâche de parvenir à ses fins, qui sont d'arrêter les progrès de l'ennemi.*

174. « Mais lorsqu'il peut être attaqué de tous côtés par les forces de son antagoniste, alors qu'il cherche promptement la protection d'un souverain juste et puissant.

175. « Celui qui tient à la fois en respect ses propres sujets et les forces ennemies, doit constamment être honoré par lui de tout son pouvoir, comme un maître spirituel (Gourou).

176. « Toutefois, si, dans cette situation, il s'aperçoit qu'une telle protection a des inconvénients, quelle que soit sa détresse, qu'il fasse une guerre vigoureuse sans balancer.

177. « Un souverain, profond politique, doit mettre en œuvre tous les moyens indiqués, pour que ses alliés, les puissances neutres et ses ennemis, n'aient aucune supériorité sur lui.

178. « Qu'il examine mûrement l'issue présumable de toutes les affaires, la situation présente des choses, ainsi que les avantages et les désavantages de tout ce qui s'est passé.

179. « Celui qui sait prévoir dans l'avenir l'unité ou l'inconvénient d'une mesure, qui dans l'occasion présente se décide avec promptitude, qui lorsqu'un événement a eu lieu en apprécie les conséquences, n'est jamais renversé par ses ennemis,

180. « Qu'il dispose tout de telle sorte, que ses alliés, les monarques neutres et ses ennemis, ne puissent avoir sur lui aucun avantage; telle est, en somme, toute la politique.

181. « Lorsque le roi se met en campagne pour envahir le territoire de son ennemi, il doit s'avancer peu à peu de la manière suivante, en se dirigeant vers la capitale de son adversaire.

182. « Qu'il commence son expédition dans le mois favorable de mârgâsîrcha[1], *lorsque sa marche est embarrassée par des éléphants et par des chars*, ou bien vers les mois de phâlgouna[2] et de tchaitra[3], *s'il a beaucoup de cavalerie*, suivant les troupes qui l'accompagnent, *afin de trouver les récoltes de l'automne ou du printemps dans la contrée qu'il veut envahir.*

---

[1] C'est-à-dire, en punition de fautes commises dans une vie précédente. (*Commentaire*).
[2] Peut-être mieux *en punition de fautes commises dans cette vie.*

[1] Mârgasîrcha ou âgrahâyana, **novembre-décembre.**
[2] Phâlgouna, février-mars.
[3] Tchaitra, mars-avril

183. « Même dans les autres saisons, lorsqu'il voit que la victoire est certaine, et qu'il est arrivé quelque malheur à son ennemi, qu'il se mette en marche pour combattre.

184. « Ayant pris les précautions nécessaires pour la sûreté de son royaume, et fait tous les préparatifs de son entreprise; s'étant procuré tout ce qui est nécessaire pour séjourner dans le pays ennemi, et ayant envoyé à propos des espions;

185. « Ayant fait ouvrir trois sortes de routes *à travers les plaines, les forêts et les endroits inondés*, et organisé les six corps de son armée, *les éléphants, la cavalerie, les chars, les fantassins, les officiers et les valets*, conformément aux règles de la tactique militaire, qu'il se dirige vers la capitale de son ennemi.

186. « Qu'il se tienne en garde contre ces *faux amis* qui en secret sont d'intelligence avec l'ennemi, et contre les gens qui sont revenus à son service après l'avoir quitté; car ce sont les plus dangereux ennemis.

187. « Pendant la marche, qu'il range ses troupes dans un ordre ayant la forme d'un bâton [1], d'un chariot [2], d'un verrat [3], d'un monstre marin (macara) [4], d'une aiguille [5] ou de Garoura [6].

188. « De quelque côté qu'il appréhende du danger, qu'il étende ses troupes de ce côté, et qu'il se place toujours au centre d'un bataillon disposé comme une fleur de lotus.

189. « Qu'il place un commandant (Sénâpati) et un général (Balâdhyakcha) dans toutes les directions; et chaque fois qu'il craint une attaque d'un côté, c'est vers cet endroit qu'il doit tourner.

190. « Qu'il établisse de tous côtés des postes composés de soldats fidèles, connaissant les différents signaux, habiles à soutenir une attaque et à charger l'ennemi, intrépides, et incapables de déserter.

191. « Qu'il fasse combattre réunis en une seule phalange des soldats peu nombreux; qu'il étende, s'il le veut, des forces considérables; et, après les avoir rangées en forme d'aiguille ou de foudre, qu'il donne la bataille.

192. « Qu'il combatte dans une plaine avec des chars et des chevaux; dans un endroit couvert d'eau, avec des éléphants et des bateaux armés; sur un terrain couvert d'arbres et de broussailles, avec des arcs; dans une place découverte, avec des sabres, des boucliers et autres armes.

193. « Il doit placer dans les premiers rangs des hommes nés dans les provinces de Kouroukchètra, de Matsya, de Pantchâla, de Soûraséna [2], et des hommes grands et agiles *nés dans d'autres contrées*.

194. « Qu'il encourage son armée après l'avoir rangée en bataille, et qu'il examine avec soin ses soldats; qu'il soit instruit de la manière dont ils se comportent pendant qu'ils sont aux mains avec l'ennemi.

195. « Lorsqu'il a bloqué son ennemi, il doit asseoir son camp, ravager le territoire étranger, et gâter continuellement l'herbe des pâturages, les provisions de bouche, l'eau et le bois de chauffage de son adversaire.

196. « Qu'il détruise les pièces d'eau, les remparts, les fossés; qu'il harcèle l'ennemi *pendant le jour*, et l'attaque à l'improviste pendant la nuit.

197. « Qu'il attire à son parti ceux qui peuvent seconder ses desseins, *comme des parents du prince ennemi ayant des prétentions au trône, ou des ministres mécontents*; qu'il soit informé de tout ce qu'ils font; et lorsque le ciel se montre favorable, qu'il combatte pour faire des conquêtes, libre de toute crainte.

198. « Qu'il fasse tous ses efforts pour réduire ses ennemis, par des négociations, par des présents, et en fomentant des dissensions; qu'il emploie ces moyens à la fois ou séparément, sans avoir recours au combat.

199. « Comme on ne prévoit jamais d'une manière certaine pour laquelle des deux armées sera la victoire ou la défaite dans une bataille, le roi doit, autant que possible, éviter d'en venir aux mains;

200. « Mais lorsqu'il ne peut se servir d'aucun des trois expédients indiqués, qu'il combatte vaillamment, afin de vaincre l'ennemi.

201. « Après avoir conquis *un pays*, que le roi honore les Divinités *qu'on y adore* et les vertueux Brâhmanes; qu'il distribue des largesses *au peuple*, et fasse des proclamations propres à éloigner toute crainte.

202. « Quand il s'est complètement assuré des dispositions de tous les vaincus, qu'il installe dans ce pays un prince de la race royale et lui impose des conditions.

203. « Qu'il fasse respecter les lois *de la nation*

---

[1] C'est-à-dire, en colonne, disposée de la manière suivante: en tête, un général; au milieu, le roi; à l'arrière-garde, un commandant; aux deux côtés, les éléphants; près des éléphants, les chevaux; ensuite, les piétons : telle est la disposition à laquelle il faut avoir recours lorsqu'on a à craindre de tous les côtés d'être attaqué. (*Commentaire.*)

[2] La tête étant allongée, et la queue étendue, lorsqu'on craint d'être attaqué par derrière. (*Commentaire.*)

[3] Lorsque le centre est considérable, et que l'avant-garde et l'arrière-garde sont faibles; disposition nécessaire quand on peut être attaqué par les deux flancs. (*Commentaire.*)

[4] Les principales forces étant réunies à l'avant-garde et à l'arrière-garde, tandis que le centre est faible, lorsqu'on craint d'être assailli en tête et en queue. (*Commentaire.*)

[5] Lorsque les meilleures troupes sont en tête d'une longue colonne, dans l'appréhension d'une attaque à l'avant-garde. (*Commentaire.*)

[6] Disposition analogue à la troisième, les ailes étant plus étendues. (*Commentaire.*) — Garoura ou Garouda, fils de Kasyapa et de Vinatâ, frère d'Arouna, cocher du soleil, est représenté avec les ailes et la tête d'un oiseau, et considéré comme le souverain de la race emplumée.

---

[1] C'est-à-dire, en une longue ligne, ou en trois corps.
[2] Voyez ci-dessus, Liv. II, st. 19.

conquise comme elles ont été promulguées, et qu'il offre en présent des pierreries au prince et à ses courtisans.

204. « Enlever des choses précieuses, ce qui produit la haine, ou les donner, ce qui concilie l'amitié, peut être louable ou blâmable suivant les circonstances.

205. « La réussite de toutes les affaires du monde dépend des lois du Destin, *réglées par les actions des mortels dans leurs existences précédentes*, et de la conduite de l'homme; les décrets de la Destinée sont un mystère; c'est donc aux moyens dépendants de l'homme qu'il faut avoir recours.

206. « Le vainqueur peut encore conclure la paix avec son adversaire et le prendre pour allié avec empressement, en considérant que les trois fruits *d'une expédition* sont un ami, de l'or, ou une augmentation de territoire.

207. « Qu'il examine d'abord les dispositions du roi qui pourrait profiter de son absence pour envahir son royaume, et celles du prince qui tient ce roi en respect, et qu'il retire ensuite le fruit de son expédition, soit qu'il contracte ou non un traité d'alliance avec son adversaire *vaincu*.

208. « En gagnant des richesses et un accroissement de territoire, un roi n'augmente pas autant ses ressources qu'en se conciliant un ami fidèle, qui, bien que faible, peut un jour devenir puissant.

209. « Un allié peu redoutable, mais vertueux, reconnaissant, faisant le bonheur de ses sujets, dévoué *à ses amis* et ferme dans ses entreprises, est digne d'une haute estime.

210. « Les Sages considèrent comme un ennemi invincible celui qui est instruit, d'une noble race, brave, habile, libéral, plein de gratitude *pour ceux qui lui ont rendu service*, et inébranlable dans ses desseins.

211. « La bonté, l'art de connaître les hommes, la valeur, la compassion, une libéralité inépuisable, telles sont les vertus qui font l'ornement d'un prince neutre.

212. « Un roi doit abandonner sans hésiter, pour sauver sa personne, même une contrée salubre, fertile, et très-favorable à l'accroissement du bétail.

213. « Pour remédier à l'infortune, qu'il garde avec soin ses richesses, qu'il sacrifie ses richesses pour sauver son épouse, qu'il sacrifie son épouse et ses richesses pour se sauver lui-même.

214. « Un prince sage, qui voit toutes sortes de calamités fondre en même temps sur lui, doit mettre en œuvre tous les expédients convenables, soit à la fois, soit séparément.

215. « Se renfermant tout entier dans l'examen de trois sujets, qui sont : celui qui dirige l'affaire, *c'est-à-dire lui-même*, l'objet qu'il se propose, et les moyens *de succès*, qu'il s'efforce de parvenir au but de ses désirs.

216. « Après avoir délibéré avec ses ministres sur tout ce *qui concerne l'État*, de la manière qui a été prescrite, après s'être livré aux exercices *qui conviennent à un guerrier*, et s'être baigné à midi, que le roi entre dans l'appartement intérieur pour prendre son repas.

217. « Là, qu'il mange des aliments préparés par des serviteurs dévoués à sa personne, connaissant le temps nécessaire, et d'une fidélité inaltérable; cette nourriture doit être éprouvée avec le plus grand soin[1], et consacrée par des prières (Mantras) qui neutralisent le poison.

218. « Qu'il mêle à tous ses aliments des antidotes, et qu'il ait toujours soin de porter sur lui de pierres précieuses qui détruisent l'effet du poison.

219. « Que des femmes, surveillées avec soin, et dont les parures et les vêtements ont été examinés préalablement, *de peur qu'elles ne cachent des armes ou du poison*, viennent l'éventer, et répandre sur son corps de l'eau et des parfums avec la plus grande attention.

220. « Il doit prendre les mêmes précautions en allant en voiture, en se couchant, en s'asseyant, en mangeant, en se baignant, en faisant sa toilette et en ajustant ses ornements.

221. « Après avoir mangé, qu'il se divertisse avec ses femmes, dans l'appartement intérieur, et lorsqu'il s'est réjoui pendant le temps convenable, qu'il s'occupe de nouveau des affaires publiques.

222. « S'étant équipé, qu'il passe en revue les gens de guerre, les éléphants, les chevaux et les chars, les armes et les accoutrements.

223. « Le soir, après avoir rempli ses devoirs pieux, qu'il se rende, muni de ses armes, dans une partie retirée de son palais, pour entendre les rapports secrets de ses espions.

224. « Puis, les ayant congédiés pour se rendre dans une autre partie de son palais, qu'il retourne, entouré des femmes qui le servent, dans l'appartement intérieur pour y prendre son repas du soir.

225. « Là, ayant mangé une seconde fois quelque peu, ayant été récréé par le son des instruments, qu'il se livre au repos lorsqu'il en est temps, et se lève ensuite exempt de fatigue.

226. « Telles sont les règles que doit suivre un roi lorsqu'il se porte bien; mais quand il est malade, qu'il confie à ses ministres le soin des affaires.

---

[1] Cette épreuve se fait avec le secours de la perdrix (tchakora); à la vue d'un mets qui renferme du poison, les yeux de la perdrix deviennent rouges.   (*Commentaire.*)

LIVRE HUITIÈME.

OFFICE DES JUGES; LOIS CIVILES ET CRIMINELLES.

1. « Un roi désireux d'examiner les affaires judiciaires doit se rendre à la cour de justice dans un humble maintien, étant accompagné de Brâhmanes et de conseillers expérimentés.

2. « Là, assis ou debout, levant la main droite, modeste dans ses habits et dans ses ornements, qu'il examine les affaires des parties contestantes.

3. « Que chaque jour il décide l'une après l'autre, par des raisons tirées des coutumes particulières aux pays, *aux classes et aux familles*, et des Codes de lois, les causes rangées sous les dix-huit *principaux* titres *qui suivent :*

4. « Le premier de ces titres comprend les dettes; *le second*, les dépôts; *le troisième*, la vente d'un objet sans droit de propriété; *le quatrième*, les entreprises commerciales faites par des associés; *le cinquième*, l'action de reprendre une chose donnée;

5. « *Le sixième*, le non-payement des gages ou du salaire; *le septième*, le refus de remplir des conventions; *le huitième*, l'annulation d'une vente ou d'un achat; *le neuvième*, les discussions entre un maître et son valet;

6. « *Le dixième*, la loi qui concerne les disputes sur les limites; *le onzième et le douzième*, les mauvais traitements et les injures; *le treizième*, le vol; *le quatorzième*, le brigandage et les violences; *le quinzième*, l'adultère;

7. « *Le seizième*, les devoirs de la femme et du mari; *le dix-septième*, le partage des successions; *le dix-huitième*, le jeu et les combats d'animaux : tels sont les dix-huit points sur lesquels sont basées les affaires judiciaires dans ce monde.

8. « Les contestations des hommes ont, en général, rapport à ces articles, *et à quelques autres non mentionnés*; que le roi juge leurs affaires en s'appuyant sur la loi éternelle.

9. « Lorsque le roi ne fait pas lui-même l'examen des causes, qu'il charge un Brâhmane instruit de remplir cette fonction.

10. « Que ce Brâhmane examine les affaires soumises à la décision du roi; accompagné de trois assesseurs, qu'il se rende au tribunal éminent, et s'y tienne assis ou debout.

11. « Quel que soit le lieu où siégent trois Brâhmanes versés dans les Védas, présidés par un Brâhmane très-savant choisi par le roi, cette assemblée est appelée par les Sages, la cour de Brahmâ *à quatre faces*.

12. « Lorsque la justice blessée par l'injustice se présente devant la cour, et que les juges ne lui retirent pas le dard, ils en sont eux-mêmes blessés.

13. « Il faut ou ne pas venir au tribunal, ou parler selon la vérité; l'homme qui ne dit rien, ou profère un mensonge, est également coupable.

14. « Partout où la justice est détruite par l'iniquité, la vérité par la fausseté sous les yeux des juges, ils sont également détruits.

15. « La justice frappe lorsqu'on la blesse; elle préserve lorsqu'on la protège; « gardons-nous, en « conséquence, de porter atteinte à la justice, de « peur que, si nous la blessons, elle ne nous pu « nisse. » Tel est le langage que doivent tenir les *juges au président, lorsqu'ils le voient disposé à violer la justice.*

16. « Le vénérable Génie de la justice est *représenté sous la forme d*'un taureau (Vricha); celui qui lui fait tort est appelé par les dieux Vrichala (ennemi du taureau); il ne faut donc pas porter atteinte à la justice.

17. « La justice est le seul ami qui accompagne les hommes après le trépas; car toute autre affection est soumise à la même destruction que le corps.

18. « Un quart de l'injustice *d'un jugement* retombe sur celui *des deux contestants* qui en est cause; un quart sur le *faux* témoin, un quart sur tous les juges, un quart sur le roi;

19. « Mais lorsque le coupable est condamné, le roi est innocent, les juges sont exempts de blâme, et la faute revient à celui qui l'a commise.

20. « Que le prince choisisse, si telle est sa volonté, pour interprète de la loi, un homme *de la classe sacerdotale* qui n'en remplit pas les devoirs, et qui n'a d'autre recommandation que sa naissance, ou bien un homme qui passe pour Brâhmane, ou même *au défaut de ce Brâhmane, un kchatriya* ou un *Vaisya*, mais jamais un homme de la classe servile.

21. « Lorsqu'un roi souffre qu'un Soûdra prononce des jugements sous ses yeux, son royaume est dans une détresse semblable à celle d'une vache dans un bourbier.

22. « Le pays habité par un grand nombre de Soûdras, fréquenté par des athées et dépourvu de Brâhmanes, est bientôt en entier détruit par les ravages de la famine et des maladies.

23. « Se plaçant sur le siège où il doit rendre la justice, décemment vêtu, et rassemblant toute son attention, après avoir rendu hommage aux gardiens du monde (Lokapâlas), que le roi *ou le juge nommé par lui* commence l'examen des causes.

24. « Considérant ce qui est avantageux ou nuisible, et s'attachant principalement à reconnaître ce qui est légal ou illégal, qu'il examine toutes les affaires des parties en suivant l'ordre des classes.

25. « Qu'il découvre ce qui se passe dans l'esprit des hommes par le moyen des signes extérieurs, par le son de leur voix, la couleur de leur visage, leur maintien, l'état de leur corps, leurs regards et leurs gestes.

26. « D'après l'état du corps, le maintien, la démarche, les gestes, les paroles, les mouvements des yeux et du visage, on devine le travail intérieur de la pensée.

27. « Le bien par héritage d'un enfant *sans protecteur* doit rester sous la garde du roi, jusqu'à ce qu'il ait terminé ses études ou soit sorti de l'enfance, *c'est-à-dire, jusqu'à sa seizième année*.

28. « La même protection doit être accordée aux femmes stériles, à celles qui n'ont pas de fils, aux femmes sans parents, à celles qui sont fidèles à leur époux *absent*, aux veuves, et aux femmes affligées par une maladie.

29. « Qu'un monarque juste inflige aux parents qui tenteraient de s'approprier le bien de ces femmes pendant leur vie, le châtiment réservé aux voleurs.

30. « Un bien quelconque dont le maître n'est pas connu doit être *proclamé au son du tambour*, puis conservé en dépôt par le roi pendant trois ans; avant l'expiration des trois ans, le propriétaire peut le reprendre; après ce terme, le roi peut se l'adjuger.

31. « L'homme qui vient dire : « Cela est à moi, » doit être questionné avec soin; ce n'est qu'après qu'on lui a fait déclarer la forme, le nombre et les autres renseignements, que le propriétaire doit être remis en possession de l'objet en question.

32. « Celui qui ne peut pas indiquer parfaitement le lieu et le temps où l'objet a été perdu, ainsi que la couleur, la forme et la dimension *de cet objet*, doit être condamné à une amende de même valeur.

33. « Que le roi prélève la sixième partie sur un bien perdu *par quelqu'un*, et conservé *par lui*, ou bien la dixième, ou seulement la douzième, se rappelant le devoir des gens de bien, *suivant qu'il l'a gardé pendant trois ans, pendant deux ans, ou seulement pendant une année*.

34. « Un bien perdu *par quelqu'un*, et trouvé *par des hommes au service du roi*, doit être confié à la garde de gens choisis exprès; ceux que le roi prendra volant ce bien, qu'il les fasse fouler aux pieds d'un éléphant.

35. « Lorsqu'un homme vient dire avec vérité : « Ce trésor m'appartient, » *et lorsqu'il prouve ce qu'il avance, le trésor ayant été trouvé soit par cet homme lui-même, soit par un autre*, le roi doit en prendre la sixième ou la douzième partie, *suivant la qualité de cet homme*;

36. « Mais celui qui l'a déclaré faussement doit être mis à l'amende de la huitième partie de ce qu'il possède, ou *pour le moins* condamné à payer une somme égale à une faible portion de ce trésor après qu'on l'a compté.

37. « Lorsqu'un Brâhmane instruit vient à découvrir un trésor jadis enfoui, il peut le prendre en entier, car il est seigneur de tout ce qui existe;

38. « Mais quand le roi trouve un trésor anciennement déposé en terre, *et qui n'a point de maître*, qu'il en donne la moitié aux Brâhmanes, et fasse entrer l'autre moitié dans son trésor.

39. « Le roi a droit à la moitié des anciens trésors et des métaux précieux que la terre renferme, par sa qualité de protecteur, et parce qu'il est le seigneur de la terre.

40. « Le roi doit restituer aux hommes de toutes les classes leur bien que des voleurs avaient enlevé; car un roi qui se l'approprie se rend coupable de vol.

41. « Un roi vertueux, après avoir étudié les lois particulières des classes et des provinces, les règlements des compagnies de marchands et les coutumes des familles, doit leur donner force de loi, *lorsque ces lois, ces règlements et ces coutumes ne sont pas contraires aux préceptes des Livres révélés*.

42. « Les hommes qui se conforment aux règlements qui les concernent, et se renferment dans l'accomplissement de leurs devoirs, deviennent chers aux autres hommes, quoiqu'ils soient éloignés.

43. « Que le roi et ses officiers se gardent de susciter un procès, et qu'ils ne négligent jamais *par cupidité* une cause apportée devant eux.

44. « De même qu'un chasseur, en suivant la trace des gouttes de sang, parvient au réduit de la bête fauve *qu'il a blessée*, de même, à l'aide de sages raisonnements, que le roi arrive au véritable but de la justice.

45. « Qu'il considère attentivement la vérité, l'objet, sa propre personne, les témoins, le lieu, le mode et le temps, s'attachant aux règles de la procédure.

46. « Qu'il mette en vigueur les pratiques suivies par les Dwidjas savants et vertueux, si elles ne sont pas en opposition avec les coutumes des provinces, des classes et des familles.

47. « Lorsqu'un créancier vient porter plainte devant lui, pour le recouvrement d'une somme prêtée que retient un débiteur, qu'il fasse payer le débiteur, après que le créancier a fourni la preuve de la dette.

48. « Un créancier, pour forcer son débiteur de le satisfaire, peut avoir recours aux différents moyens en usage pour recouvrer une dette.

49. « Par des moyens conformes au devoir mo-

ral [1], par des procès, par la ruse [2], par la détresse [3]; et cinquièmement enfin, par les mesures violentes [4], un créancier peut se faire payer la somme qu'on lui doit.

50. « Le créancier qui force son débiteur à lui rendre ce qu'il lui a prêté, ne doit pas être réprimandé par le roi pour avoir repris son bien.

51. « Lorsqu'un homme nie une dette, que le roi lui fasse payer la somme dont le créancier fournit la preuve, et le punisse d'une légère amende, proportionnée à ses facultés.

52. « Sur la dénégation d'un débiteur sommé devant le tribunal de s'acquitter, que le demandeur appelle en témoignage une personne présente au moment du prêt, ou produise une autre preuve *comme un billet*.

53. « Celui qui invoque le témoignage d'un homme qui n'était pas présent; celui qui, après avoir déclaré une chose, la nie; celui qui ne s'aperçoit pas que les raisons qu'il avait alléguées d'abord, et celles qu'il fait valoir ensuite, sont en contradiction;

54. « Celui qui, après avoir donné certains détails modifie son premier récit; celui qui, interrogé sur un fait bien établi, ne donne pas de réponse satisfaisante;

55. « Celui qui s'est entretenu avec les témoins dans un lieu où il ne le devait pas; celui qui refuse de répondre à une question faite à plusieurs reprises; celui qui quitte le tribunal;

56. « Celui qui garde le silence lorsqu'on lui ordonne de parler, ou ne prouve pas ce qu'il a avancé, et enfin celui qui ne sait pas ce qui est possible et ce qui est impossible: sont tous déboutés de leurs demandes.

57. « Lorsqu'un homme vient dire: « J'ai des témoins; » et étant invité à les produire, ne le fait pas, le juge doit pour cette raison prononcer contre lui.

58. « Si le demandeur n'expose pas les motifs de sa plainte, il doit être puni, d'après la loi, par un châtiment corporel ou par une amende, *suivant les circonstances*; et si le défendeur ne répond pas dans le délai de trois quinzaines, il est condamné par la loi.

59. « Celui qui nie à tort une dette, et celui qui réclame faussement ce qui ne lui est pas dû, doivent être condamnés par le roi à une amende double de la somme en question, comme agissant volontairement d'une manière inique.

60. « Lorsqu'un homme amené devant le tribunal par un créancier, étant interrogé *par le juge*, nie la dette, l'affaire doit être éclaircie, par le témoignage de trois personnes au moins, devant les Brâhmanes préposés par le roi.

61. « Je vais vous faire connaître quels témoins les créanciers *et les autres plaideurs* doivent produire dans les procès, ainsi que la manière dont ces témoins doivent déclarer la vérité.

62. « Des maîtres de maison, des hommes ayant des enfants mâles, des habitants d'un même endroit, appartenants soit à la classe militaire, soit à la classe commerçante, soit à la classe servile, étant appelés par le demandeur, sont admis à porter témoignage, mais non les premiers venus, excepté lorsqu'il y a nécessité.

63. On doit choisir comme témoins pour les causes, dans toutes les classes, des hommes dignes de confiance, connaissant tous leurs devoirs, exempts de cupidité, et rejeter ceux dont le caractère est tout l'opposé.

64. « Il ne faut admettre ni ceux qu'un intérêt pécuniaire domine, ni des amis, ni des domestiques, ni des ennemis, ni des hommes dont la mauvaise foi est connue, ni des malades, ni des hommes coupables d'un crime.

65. « On ne peut prendre pour témoin ni le roi, ni un artisan *de bas étage, comme un cuisinier*, ni un acteur, ni un habile théologien, ni un étudiant, ni un ascétique détaché de toutes les relations mondaines.

66. « Ni un homme entièrement dépendant, ni un homme mal famé, ni celui qui exerce un métier cruel, ni celui qui se livre à des occupations interdites, ni un vieillard, ni un enfant, ni un homme seulement, ni un homme appartenant à une classe mêlée, ni celui dont les organes sont affaiblis,

67. « Ni un malheureux accablé par le chagrin, ni un homme ivre, ni un fou, ni un homme souffrant de la faim ou de la soif, ni un homme excédé de fatigue, ni celui qui est épris d'amour, ni un homme en colère, ni un voleur.

68. « Des femmes doivent rendre témoignage pour des femmes; des Dwidjas du même rang, pour des Dwidjas; des Soûdras, honnêtes pour des gens de la classe servile; des hommes appartenants aux classes mêlées, pour ceux qui sont nés dans ces classes;

69. « Mais s'il s'agit d'un événement arrivé dans les appartements intérieurs, ou dans une forêt, ou

---

[1] — [4] Les passages qui suivent, et qui sont empruntés au législateur Vrihaspati, cité dans le Commentaire sanskrit et dans le *Digest of Hindu Law*, éclaircissent entièrement cette stance.

Par la médiation des amis et des parents, par de douces remontrances, en suivant partout un débiteur ou en se tenant constamment dans sa maison, on peut l'obliger de payer la dette; ce mode de recouvrement est dit conforme au devoir moral.

Lorsqu'un créancier, par ruse, emprunte une chose à son débiteur, ou retient une chose déposée par lui, et le contraint de cette manière à payer la dette, ce moyen est appelé une fraude légale.

Lorsqu'il force le débiteur à payer en enfermant son fils, sa femme, ou ses bestiaux, ou bien en veillant constamment à sa porte, cela est dit une contrainte légale.

Lorsqu'ayant attaché le débiteur, il l'emmène à sa maison, et en le battant, ainsi que par d'autres moyens analogues, l'oblige à payer, c'est ce qu'on appelle le mode violent.

d'un meurtre, celui, quel qu'il soit, qui a vu le fait doit porter témoignage entre les deux parties.

70. « *Dans de telles circonstances*, au défaut de témoins *convenables*, on peut recevoir la déposition d'une femme, d'un enfant, d'un vieillard, d'un élève, d'un parent, d'un esclave ou d'un domestique;

71. « Mais comme un enfant, un vieillard et un malade, peuvent ne point dire la vérité, que le juge considère leur témoignage comme faible, de même que celui des hommes dont l'esprit est aliéné.

72. « Toutes les fois qu'il s'agit de violences, de vol, d'adultère, d'injures et de mauvais traitements, il ne doit pas examiner trop scrupuleusement la compétence des témoins.

73. « Le roi doit adopter le *rapport du* plus grand nombre, lorsque les témoins sont partagés; lorsqu'il y a égalité *en nombre*, il doit se déclarer pour ceux qui sont distingués par leur mérite; quand ils sont tous recommandables, pour les Dwidjas les plus accomplis.

74. « Il faut avoir vu ou entendu, *suivant la circonstance*, pour qu'un témoignage soit bon; le témoin qui dit la vérité, dans ce cas, ne perd ni sa vertu, ni sa richesse.

75. « Le témoin qui vient dire, devant l'assemblée des hommes respectables, autre chose que ce qu'il a vu ou entendu, après sa mort est précipité dans l'enfer la tête la première, et est privé du ciel.

76. « Lorsque, même sans avoir été appelé pour l'attester, un homme voit ou entend une chose, s'il est par la suite interrogé à ce sujet, qu'il déclare exactement cette chose comme il l'a vue, comme il l'a entendue.

77. « Le témoignage unique d'un homme exempt de cupidité, est admissible *dans certains cas;* tandis que celui d'un grand nombre de femmes, même honnêtes, ne l'est pas (à cause de l'inconstance de l'esprit des femmes), non plus que celui des hommes qui ont commis des crimes.

78. « Les dépositions faites, de leur propre mouvement, par les témoins, doivent être admises au procès; mais tout ce qu'ils peuvent dire autrement, *étant influencés par un motif quelconque*, ne peut pas être reçu par la justice.

79. « Lorsque les témoins sont assemblés dans la salle d'audience, en présence du demandeur et du défendeur, que le juge les questionne, en les exhortant doucement, de la manière suivante :

80. « Déclarez avec franchise tout ce qui s'est passé à votre connaissance, dans cette affaire, entre les deux parties réciproquement; car votre témoignage est ici requis. »

81. « Le témoin qui dit la vérité, en faisant sa déposition, parvient aux séjours suprêmes, et obtient dans ce monde la plus haute renommée; sa parole est honorée de Brahmâ.

82. « Celui qui rend un faux témoignage tombe dans les liens de Varouna [1], sans pouvoir opposer de résistance, pendant cent transmigrations; on doit, en conséquence, ne dire que la vérité.

83. « Un témoin est purifié en déclarant la vérité; la vérité fait prospérer la justice : c'est pour cela que la vérité doit être déclarée par les témoins de toutes les classes.

84. « L'âme (Atmâ) est son propre témoin; l'âme est son propre asile; ne méprisez jamais votre âme, ce témoin par excellence des hommes!

85. « Les méchants se disent : « Personne ne nous « voit, » mais les Dieux les regardent, de même que l'esprit (Pouroucha) qui siége en eux.

86. « Les Divinités gardiennes du ciel, de la terre, des eaux, du cœur humain, de la lune, du soleil, du feu des enfers, des vents, de la nuit, des deux crépuscules et de la justice, connaissent les actions de tous les êtres animés.

87. « Dans la matinée, en présence *des images* des Dieux et des Brâhmanes, que le juge, après s'être purifié, invite les Dwidjas également purifiés, et ayant la face tournée vers le nord ou vers l'est, à dire la vérité.

88. « Il doit interpeller un Brâhmane en lui disant : « Parle; » un Kchatriya, en lui disant : « Déclare la vérité; » un Vaisya, en lui représentant *le faux témoignage comme une action aussi coupable que celle de voler des bestiaux*, du grain et de l'or; un Soûdra, en assimilant, *dans les sentences suivantes*, le faux témoignage à tous les crimes :

89. « Les séjours de tourments réservés au meur« trier d'un Brâhmane, à l'homme qui tue une « femme ou un enfant, à celui qui fait tort à son « ami, et à celui qui rend le mal pour le bien, « sont également destinés au témoin qui fait une « déposition fausse.

90. « Depuis ta naissance, tout le bien que tu as « pu faire, ô honnête homme! *sera entièrement* « *perdu pour toi, et* passera à des chiens, si tu dis « autre chose que la vérité.

91. « O digne homme! tandis que tu te dis : « Je « suis seul avec moi-même, » dans ton cœur ré« side sans cesse cet Esprit suprême, observateur « attentif et silencieux de tout le bien et de tout « le mal.

92. « Cet Esprit qui siége dans ton cœur, c'est « un juge sévère, un punisseur inflexible, c'est un « Dieu; si tu n'es jamais en discorde avec lui, ne

---

[1] Voyez ci-dessus, Liv. III, st. 87; et plus loin, Liv. IX, st. 245 et 308.

[2] Littéralement, *c'est Yama, c'est Vaivaswata*. Yama est le juge des morts; Vaivaswata est un autre nom du même Dieu, considéré dans ses attributs de punisseur. C'est en qualité de fils du soleil (Vivaswat) que Yama est appelé Vaivaswata.

« va pas *en pèlerinage à la rivière de Gangâ* [1], ni « dans les plaines de Kourou. »

93. « Nu et chauve, souffrant de la faim et de « la soif, privé de la vue, celui qui aura porté un « faux témoignage sera réduit à mendier sa nour- « riture, avec une tasse brisée, dans la maison de « son ennemi.

94. « La tête la première, il sera précipité dans « les gouffres les plus ténébreux de l'enfer, le scé- « lérat qui, interrogé dans une enquête judiciaire, « fait une fausse déposition.

95. « Il est comparable à un aveugle qui mange « les poissons avec les arêtes, *et éprouve de la* « *peine au lieu du plaisir qu'il se promettait*, « l'homme qui vient dans la cour de justice donner « des renseignements inexacts et parler de ce qu'il « n'a pas vu.

96. « Les Dieux pensent qu'il n'y a pas dans ce « monde d'homme meilleur que celui dont l'âme, « qui sait tout, n'éprouve aucune inquiétude pen- « dant qu'il fait sa déclaration.

97. « Apprends maintenant, ô digne homme! « par une énumération exacte et dans l'ordre, com- « bien un faux témoin tue de ses parents, suivant « les choses sur lesquelles porte la déposition.

98. « Il tue cinq de ses parents [2] par un faux té- « moignage relatif à des bestiaux, il en tue dix par « un faux témoignage concernant des vaches; il en « tue cent par un faux rapport relatif à des che- « vaux, il en tue mille par une déposition fausse « relative à des hommes;

99. « Il tue ceux qui sont nés et ceux qui sont à « naître par une déclaration fausse concernant de « l'or; il tue tous les êtres par un faux témoignage « concernant de la terre; garde-toi donc de faire « une fausse déposition dans un procès relatif à « une terre.

100. « Les Sages ont déclaré un faux témoignage « concernant l'eau *d'un puits ou d'un étang*, et « concernant le commerce charnel avec les femmes, « comme égal à un faux témoignage concernant « une terre; de même qu'une fausse déposition re- « lative à des *perles et autres* choses précieuses « produites dans l'eau, et à tout ce qui a la nature « de la pierre.

101. « Instruit de tous les crimes dont on se « rend coupable en faisant une fausse déposition, « déclare avec franchise tout ce que tu sais, comme « tu l'as vu et entendu. »

102. « Qu'il s'adresse aux Brâhmanes qui gardent les bestiaux, qui font le commerce, qui se livrent à des travaux ignobles, qui exercent le métier de bateleur, qui remplissent des fonctions serviles ou la profession d'usurier, comme à des Soûdras.

103. « Dans certains cas, celui qui, par un pieux motif, dit autrement qu'il ne sait, n'est pas exclu du monde céleste; sa déposition est appelée parole des Dieux.

104. « Toutes les fois que la déclaration de la vé- rité pourrait causer la mort d'un Soûdra, d'un Vaisya, d'un Kchatriya ou d'un Brâhmane, *lors- qu'il s'agit d'une faute commise dans un moment d'égarement, et non d'un crime prémédité, comme vol, effraction*, il faut dire un mensonge; et dans ce cas, c'est préférable à la vérité.

105. « Que les témoins *qui ont ainsi menti par un motif louable*, offrent à Saraswatî des gâteaux de riz et de lait consacrés à la Déesse de l'éloquence, pour faire une expiation parfaite du péché de ce faux témoignage.

106. « Ou bien, que le témoin répande dans le feu, suivant la règle, une oblation de beurre cla- rifié, *adressée à la Déesse des prières*, en récitant des oraisons du Yadjour-Véda, ou l'hymne à Va- rouna qui commence par OUD, ou bien les trois invocations aux Divinités des eaux.

107. « L'homme qui, sans être malade, ne vient pas, dans le courant des trois quinzaines *qui sui- vent une sommation*, rendre témoignage dans un procès ayant rapport à une dette, sera chargé du payement de la dette entière, et condamné en outre à une amende du dixième.

108. « Le témoin auquel, dans l'intervalle de sept jours après la déposition, il survient une ma- ladie, un accident par le feu, ou la mort d'un pa- rent, doit être condamné à payer la dette et une amende.

109. « Dans les affaires pour lesquelles il n'y a pas de témoins, le juge ne pouvant reconnaître parfaitement entre deux parties contestantes de quel côté est la vérité, peut en acquérir la connais- sance par le *moyen du serment*.

110. « Des serments ont été faits par les sept grands Richis [2] et par les Dieux pour *éclaircir* des affaires *douteuses*; Vasichtha lui-même fit un ser- ment devant le roi *Soudâmâ*, fils de Piyavana, *lors*

---

[1] Gangâ, fille du mont Himavat et de la nymphe Ména, est la Déesse qui, dans la mythologie indienne, préside au Gange. Elle était, dans le principe, habitante du ciel, et elle descendit sur la terre à la prière d'un saint roi nommé Bha- giratha. Les détails de la descente de Gangâ remplissent un épisode de Râmâyana, dont M. de Schlegel a donné, dans la *Bibliothèque Indienne*, une belle traduction en vers alle- mands.

[2] C'est-à-dire, il se rend aussi coupable que s'il tuait cinq de ses parents; ou bien, il précipite cinq de ses parents dans l'enfer. (*Commentaire.*)

[1] Saraswatî, Déesse qui préside à l'éloquence, aux arts et à la musique, elle est l'épouse de Brahmâ.

[2] Les sept Maharchis ou grands Richis sont des saints qui président aux sept étoiles de la grande Ourse. Leurs noms sont : Marichi, Atri, Angiras, Poulastya, Poulaha, Kratou et Vasichtha. Ces noms se retrouvent tous dans la liste des dix Pradjâpatis (voyez ci-dessus, Liv I, st. 34), ce qui porte à croire que les sept Richis sont du nombre des dix Pradjâ- patis.

qu'il fut accusé par *Viswâmitra*[1] *d'avoir mangé cent enfants.*

111. « Qu'un homme sensé ne fasse jamais un serment en vain, même pour une chose de peu d'importance; car celui qui fait un serment en vain, est perdu dans l'autre monde et dans celui-ci.

112. « *Toutefois*, avec des maîtresses, avec une jeune fille que l'on recherche en mariage, ou lorsqu'il s'agit de la nourriture d'une vache, de matières combustibles *nécessaires pour un sacrifice*, ou du salut d'un Brâhmane, ce n'est pas un crime que de faire un *pareil* serment.

113. « Que le juge fasse jurer un Brâhmane par sa véracité; un Kchatriya, par ses chevaux, ses éléphants ou ses armes; un Vaisya, par ses vaches, ses grains et son or; un Soûdra, par tous les crimes.

114. « Ou bien, *suivant la gravité du cas*, qu'il fasse prendre du feu *avec la main* à celui qu'il veut éprouver, ou qu'il ordonne de le plonger dans l'eau, ou lui fasse toucher séparément la tête de chacun de ses enfants et de sa femme.

115. « Celui que la flamme ne brûle pas, que l'eau ne fait pas surnager, auquel il ne survient pas de malheur promptement, doit être reconnu comme véridique dans son serment.

116. « *Le Richi* Vatsa ayant été autrefois calomnié par son jeune frère *consanguin*, *qui lui reprochait d'être le fils d'une Soûdrâ*, jura que c'était faux; passa au milieu du feu pour attester la vérité de son serment, et le feu, qui est l'épreuve de la culpabilité et de l'innocence de tous les hommes, ne brûla pas même un seul de ses cheveux, à cause de sa véracité.

117. « Tout procès dans lequel un faux témoignage a été rendu, doit être recommencé par le juge, et ce qui a été fait doit être considéré comme non avenu.

118. « Une déposition faite par cupidité, par erreur, par crainte, par amitié, par concupiscence, par colère, par ignorance et par étourderie, est déclarée non valable.

119. « Je vais énumérer dans l'ordre, les diverses sortes de punitions réservées à celui qui rend un faux témoignage par l'un de ces motifs :

120. « S'il fait une fausse déposition par cupidité, qu'il soit condamné à mille *panas* d'amende; si c'est par égarement d'esprit, au premier degré de l'amende, *qui est de deux cent cinquante panas*[2]; par crainte, à l'amende moyenne *de cinq cents panas* deux fois répétée; par amitié, au quadruple de l'amende du premier degré;

121. « Par concupiscence, à dix fois la peine du premier degré; par colère, à trois fois l'autre amende, *c'est-à-dire, la moyenne*; par ignorance, à deux cents *panas* complets; par étourderie, à cent seulement.

122. « Telles sont les punitions déclarées par les anciens Sages, et prescrites par les législateurs en cas de faux témoignage, pour empêcher qu'on ne s'écarte de la justice et pour réprimer l'iniquité.

123. « Un prince juste doit bannir les hommes des trois *dernières* classes après leur avoir fait payer l'amende *de la manière susdite*, lorsqu'ils donnent un faux témoignage; mais qu'il bannisse simplement un Brâhmane.

124. « Manou Swâyambhouva (issu de l'Être existant par lui-même) a déterminé dix endroits où l'on peut infliger une peine aux *hommes des* trois *dernières* classes; mais qu'un Brâhmane sorte du royaume sain et sauf.

125. « *Ces dix endroits sont* : les organes de la génération, le ventre, la langue, les deux mains, les deux pieds en cinquième lieu, l'œil, le nez, les deux oreilles, les biens et le corps, *pour les crimes qui emportent la peine capitale*.

126. « Après s'être assuré des circonstances aggravantes, *comme par exemple la récidive*, du lieu et du moment, après avoir examiné les facultés du coupable et le crime, que le roi fasse tomber le châtiment sur ceux qui le méritent.

127. « Un châtiment injuste détruit la renommée pendant la vie, et la gloire après la mort; il ferme l'accès du ciel dans l'autre vie : c'est pourquoi un roi doit s'en garder avec soin.

128. « Un roi qui punit les innocents, qui n'inflige aucun châtiment à ceux qui méritent d'être punis, se couvre d'ignominie, et va dans l'enfer *après sa mort*.

129. « Qu'il punisse d'abord par une simple réprimande, ensuite par des reproches sévères, troisièmement par une amende, enfin par un châtiment corporel;

130. « Mais lorsque, même par des punitions corporelles, il ne parvient pas à réprimer les coupables, qu'il leur applique les quatre peines à la fois.

131. « Les diverses dénominations appliquées au cuivre, à l'argent et à l'or *en poids*, usitées communément dans ce monde pour les relations commerciales des hommes, je vais vous les expliquer sans rien omettre.

132. « Quand le soleil passe à travers une fenêtre, cette poussière fine que l'on aperçoit est la première quantité perceptible; on la nomme trasarénou.

133. « Huit grains de poussière (trasarénous) doivent être considérés comme égaux en poids à

---

[1] Voyez ci-dessus, Liv. VII, st. 42. Le trait de l'histoire de Viswâmitra, mentionné par le commentateur, ne m'est pas connu.

[2] Voyez plus loin, st. 138.

une graine de pavot; trois de ces graines sont réputées égales à une graine de moutarde noire; trois de ces dernières, à une de moutarde blanche;

134. « Six graines de moutarde blanche sont égales à un grain d'orge de moyenne grosseur; trois grains d'orge sont égaux à un krichnala[1]; cinq crichnalas, à un mâcha[2]; seize mâchas, à un souvarna[3];

135. « Quatre souvarnas d'or font un pala; dix palas, un dharana; un mâchaka d'argent doit être reconnu comme ayant la valeur de deux krichnalas réunis;

136. « Seize de ces mâchakas d'argent font un dharana, ou un pourâna d'argent; mais le kârchika[4] de cuivre doit être appelé pana ou kârchâpana;

137. « Dix dharanas d'argent sont égaux à un satamâna, et le poids de quatre souvarnas est désigné sous le nom de nichka.

138. « Deux cent cinquante panas sont déclarés être la première amende, cinq cents panas doivent être considérés comme l'amende moyenne, et mille panas, comme l'amende la plus élevée.

139. « Si un débiteur *amené devant le tribunal par son créancier* reconnaît sa dette, il doit payer cinq pour cent *d'amende au roi;* et s'il la nie, et qu'on la prouve, le double : tel est le décret de Manou.

140. « Un prêteur d'argent, *s'il a un gage*, doit recevoir, en sus de son capital, l'intérêt fixé par Vasichtha, *c'est-à-dire*, la quatre-vingtième partie du cent par mois, *ou un et un quart.*

141. « Ou bien, *s'il n'a pas de gage*, qu'il prenne deux du cent *par mois*, se rappelant le devoir des gens de bien; car, en prenant deux du cent, il n'est pas coupable de gains illicites.

142. « Qu'il reçoive deux du cent pour intérêt par mois (mais jamais plus) *d'un Brâhmane*, trois *d'un Kchatriya*, quatre *d'un Vaisya*, et cinq *d'un Soûdra*, suivant l'ordre direct des classes.

---

[1] Le *krichnala*, appele aussi *ractiká*, ou, par corruption, *ritti*, est la baie d'un rouge noirâtre que produit un petit arbrisseau nommé *goundjá* (Abrus precatorius). Cette baie forme le plus petit des poids du bijoutier et de l'orfévre; elle pèse environ un grain troy cinq seizièmes; mais le poids factice, appelé *krichnala*, pèse environ deux grains trois seizièmes, ou deux grains et un quart. (Wilson, *Sanscrit Dictionary*.) Ces deux grains troy et un quart valent 146 milligrammes.

[2] Le poids du *mâcha* serait, suivant ce calcul, de onze grains troy et un quart (729 milligram.); mais, suivant M. Wilson, le mâcha est aussi compté huit et dix krichnalas, et le mâcha d'un usage commun équivaut à dix-sept grains troy (1 gram. 101 milligramm.).

[3] Poids d'or qui répond, d'après le calcul de cinq krichnalas au mâcha, à 180 grains troy environ (11 gr. 659 milligr.), mais qui a varié. Voyez le Dictionnaire de M. Wilson, aux mots *Souvarna* et *Karcha*, et la traduction du *Mrichchhakati*, par le même, page 50.

[4] Le poids du *kârchika* de cuivre est, suivant le commentateur, du quart d'un *pala*, c'est-à-dire, de 80 krichnalas. A présent le *pana* vaut quatre-vingts des petits coquillages appelés *cauris*.

---

143. « Mais si un gage, *comme un terrain ou une vache*, lui est livré, avec permission d'en profiter, il ne doit point recevoir *d'autre* intérêt pour la somme prêtée, et après un grand laps de temps, *ou lorsque les profits se montent à la valeur de la dette*, il ne peut ni donner ce gage, ni le vendre.

144. « On ne doit pas jouir, malgré le propriétaire d'un gage *simplement déposé, et consistant en vêtements, parures,* et autres objets de même sorte; celui qui en jouit doit abandonner l'intérêt, et si *l'objet a été usé ou gâté*, il doit satisfaire le propriétaire en lui donnant le prix *de l'objet en bon état;* autrement il serait un voleur de gages.

145. « Un gage et un dépôt ne peuvent pas être perdus pour le propriétaire par suite d'un laps de temps considérable; ils doivent être recouvrés, quoiqu'ils soient restés longtemps *chez le dépositaire.*

146. « Une vache qui donne du lait, un chameau, un cheval de selle, un animal envoyé pour qu'on le dresse au travail (*comme, par exemple, un taureau*) et d'autres choses dont le propriétaire permet la jouissance par amitié, ne doivent jamais être perdues pour lui.

147. « *Excepté dans les cas précédemment énoncés*, quand un propriétaire voit, sans faire aucune réclamation, d'autres personnes jouir sous ses yeux, pendant dix ans, d'un bien quelconque lui appartenant, il ne doit pas en recouvrer la possession.

148. « S'il n'est ni un idiot, ni un enfant au-dessous de la seizième année ou n'ayant pas seize ans accomplis, et que la jouissance de ce bien ait lieu à la portée de ses yeux, ce bien est perdu pour lui, suivant la loi, et celui qui en jouit peut le conserver.

149. « Un gage, la limite d'une terre, le bien d'un enfant, un dépôt ouvert ou scellé, des femmes, les propriétés d'un roi, et celles d'un théologien, ne sont pas perdues, parce qu'un autre en a joui.

150. « L'imprudent qui use d'un gage déposé, sans l'assentiment du possesseur, doit abandonner la moitié de l'intérêt, en réparation de cette jouissance.

151. « L'intérêt d'une somme prêtée, reçu en une seule fois, *et non par mois ou par jour*, ne doit pas dépasser le double de la dette, *c'est-à-dire, ne doit pas monter au delà du capital que l'on rembourse en même temps;* et pour du grain, du fruit, de la laine *ou du crin*, des bêtes de somme, *prêtés pour être payés en objets de même valeur*, l'intérêt doit être, au plus, assez élevé pour quintupler la dette.

152. « Un intérêt qui dépasse le taux légal, et qui s'écarte de la règle précédente, n'est pas valable; les Sages l'appellent procédé usuraire; le prêteur ne doit recevoir, *au plus*, que cinq du cent.

153. « Qu'un prêteur *pour un mois, ou pour deux, ou pour trois, à un certain intérêt,* ne reçoive pas le même intérêt au delà de l'année, ni aucun intérêt désapprouvé, ni l'intérêt de l'intérêt, *par convention préalable,* ni un intérêt mensuel *qui puisse par excéder le capital,* ni un intérêt extorqué d'un débiteur *dans un moment de détresse* [1], ni des profits exorbitants d'un gage dont la jouissance tient lieu d'intérêt.

154. « Celui qui ne peut pas acquitter une dette *à l'époque fixée,* et qui désire renouveler le contrat, peut refaire l'écrit, *avec l'assentiment du prêteur,* en payant *tout* l'intérêt qui est dû.

155. « Mais si, *par quelque coup du sort,* il se trouve dans l'impossibilité d'offrir le payement de l'intérêt, qu'il inscrive comme capital, dans le contrat qu'il renouvelle, l'intérêt qu'il aurait dû payer.

156. « Celui qui s'est chargé du transport de certaines marchandises, moyennant un intérêt fixé d'avance, dans tel lieu, en un laps de temps déterminé, et qui ne remplit pas les conditions relatives au temps et au lieu, ne doit pas recevoir le prix convenu, *mais celui qui sera fixé par des experts.*

157. « Lorsque des hommes parfaitement au fait des traversées maritimes et des voyages par terre, et sachant proportionner le bénéfice à la distance des lieux et au temps, fixent un intérêt quelconque *pour le transport de certains objets,* cette décision a force légale relativement à l'intérêt déterminé.

158. « L'homme qui se rend ici-bas caution de la comparution d'un débiteur, et qui ne peut pas le produire, doit payer la dette de son propre avoir ;

159. « Mais un fils n'est pas tenu d'acquitter les sommes dues *par son père* pour s'être rendu caution, ou promises *par lui,* sans raison, *à des courtisanes ou à des musiciens,* non plus que l'argent perdu au jeu, ou dû pour des liqueurs spiritueuses, ni le reste *du payement* d'une amende ou d'un impôt.

160. « Telle est la règle établie dans le cas d'une caution de comparution ; mais lorsqu'un homme qui avait garanti un payement vient à mourir, le juge doit faire acquitter la dette par les héritiers.

161. « Toutefois, dans quelle circonstance peut-il arriver que, après la mort d'un homme qui s'est rendu caution, mais non pour le payement *d'une dette,* et dont les affaires sont bien connues, le créancier réclame la dette *de l'héritier ?*

162. « Si la caution a reçu de l'argent du débiteur, et possède assez de bien pour payer, que le fils de celui qui a reçu cet argent acquitte la dette aux dépens du bien *dont il hérite;* telle est la loi.

163. « Tout contrat fait par une personne ivre, ou folle, ou malade, ou entièrement dépendante, par un enfant, par un vieillard, ou par une personne qui n'y est pas autorisée, est de nul effet.

164. « L'engagement pris par une personne de faire une chose, bien qu'il soit confirmé par des preuves, n'est pas valable, s'il est incompatible avec les lois établies et les coutumes immémoriales.

165. « Lorsque le juge aperçoit de la fraude dans un gage ou dans une vente, dans un don, ou dans l'acceptation d'une chose, partout enfin où il reconnaît de la fourberie, il doit annuler l'affaire.

166. « Si l'emprunteur vient à mourir, et que l'argent ait été dépensé pour sa propre famille, la somme doit être payée par les parents, divisés ou non divisés, de leur propre avoir.

167. « Lors même qu'un esclave fait une transaction quelconque, *un emprunt, par exemple,* pour la famille de son maître, celui-ci, qu'il ait été absent ou non, ne doit pas refuser de la reconnaître.

168. « Ce qui a été donné par force *à une personne qui ne pouvait pas l'accepter,* possédé par force, écrit par force, a été déclaré nul par Manou, comme toutes les choses faites par contrainte.

169. « Trois sortes de personnes souffrent pour d'autres, les témoins, les cautions, les inspecteurs des causes; et quatre autres s'enrichissent *en se rendant utiles à autrui,* le Brâhmane, le financier, le marchand et le roi.

170. « Qu'un roi, quelque pauvre qu'il puisse être, ne s'empare pas de ce qu'il ne doit pas prendre; et, quelque riche qu'il soit, qu'il n'abandonne rien de ce qui est à prendre, même la plus petite chose.

171. « En prenant ce qu'il ne doit pas prendre, et en refusant ce qui lui revient de droit, le roi fait preuve de faiblesse, et il est perdu dans ce monde et dans l'autre.

172. « En prenant ce qui lui est dû, en prévenant le mélange des classes, et en protégeant le faible, le roi acquiert de la force, et prospère dans l'autre monde et dans celui-ci.

173. « C'est pourquoi le roi, de même que Yama, renonçant à tout ce qui peut lui plaire ou lui déplaire, doit suivre la règle de conduite de ce juge suprême des hommes, réprimant sa colère, et imposant un frein à ses organes.

174. « Mais le monarque au cœur pervers, qui, dans son égarement, prononce des sentences injustes, est bientôt réduit sous la dépendance de ses ennemis.

175. « Au contraire, lorsqu'un roi, réprimant l'amour des voluptés et la colère, examine les causes avec équité, les peuples s'empressent vers lui, comme les rivières se précipitent vers l'Océan.

176. « Le débiteur qui, *s'imaginant qu'il a une grande influence sur le souverain,* vient se plaindre

---

[1] On, suivant W. Jones, ni un intérêt exigé d'un débiteur comme le prix du risque, lorsqu'il n'y a ni dangers publics ni détresse. Voyez aussi le *Digest,* vol. I, page 50.

devant le prince de ce que son créancier tâche de recouvrer, *par les moyens permis*, ce qui lui est dû, doit être forcé par le roi de payer comme amende le quart de la somme, et de rendre au créancier ce qu'il lui doit.

177. « Un débiteur peut s'acquitter avec son créancier au moyen de son travail, s'il est de la même classe, ou d'une classe inférieure; mais s'il est d'une classe supérieure, qu'il paye la dette petit à petit, *selon ses facultés*.

178. « Telles sont les règles suivant lesquelles un roi doit décider équitablement les affaires entre deux parties contestantes, après que les témoignages et les autres preuves ont éclairci les doutes.

179. « C'est à une personne d'une famille honorable, de bonnes mœurs, connaissant la loi, véridique, ayant un grand nombre de parents, riche et honnête, que l'homme sensé doit confier un dépôt.

180. « Quel que soit l'objet, et de quelque manière qu'on le dépose entre les mains d'une personne, on doit reprendre cet objet de la même manière; ainsi déposé, ainsi repris [1].

181. « Celui à qui on redemande un dépôt, et qui ne le remet pas à la personne qui l'avait confié, doit être interrogé par le juge, le demandeur n'étant pas présent.

182. « Au défaut de témoins, que le juge fasse déposer de l'or *ou tout autre objet précieux*, sous des prétextes plausibles, entre les mains du défendeur, par des émissaires ayant passé l'âge de l'enfance, et dont les manières sont agréables;

183. « Alors, si le dépositaire remet l'objet confié dans le même état et sous la même forme qu'il lui a été livré, il n'y a pas lieu d'admettre les plaintes portées contre lui par d'autres personnes;

184. « Mais s'il ne remet pas à ces agents l'or confié, ainsi qu'il convient, qu'il soit arrêté et forcé de restituer les deux dépôts; ainsi l'ordonne la loi.

185. « Un dépôt non scellé ou scellé ne doit jamais être remis; *pendant la vie de l'homme qui l'a confié*, à l'héritier présomptif *de celui-ci*; car ces deux dépôts sont perdus si l'héritier *à qui le dépositaire les a rendus* vient à mourir *avant de les avoir remis au propriétaire, et le dépositaire est obligé d'en tenir compte*; mais s'il ne meurt pas, ils ne sont pas perdus : *c'est pourquoi, dans l'incertitude des événements, il ne faut remettre les dépôts qu'à celui qui les a confiés*.

186. « Mais si un dépositaire, *après la mort de celui qui lui avait confié un dépôt*, remet de son propre mouvement ce dépôt à l'héritier du défunt, il ne doit être exposé à aucune réclamation de la part du roi ou des parents *du mort*.

187. « L'objet confié doit être réclamé sans détour et amicalement; après s'être assuré du caractère du dépositaire, c'est à l'amiable qu'il faut terminer l'affaire.

188. « Telle est la règle qu'il faut suivre pour la réclamation de tous les dépôts; dans le cas d'un dépôt scellé, celui qui l'a reçu ne doit être inquiété en aucune manière, s'il n'a rien soustrait *en altérant le sceau*.

189. « Si un dépôt a été pris par des voleurs, emporté par les eaux ou consumé par le feu, le dépositaire n'est pas tenu d'en rendre la valeur, pourvu qu'il n'en ait rien pris.

190. « Que le roi éprouve par toutes sortes d'expédients, et par les ordalies que prescrit le Véda, celui qui s'est approprié un dépôt, et celui qui réclame ce qu'il n'a pas déposé.

191. « L'homme qui ne remet pas un objet confié, et celui qui demande un dépôt qu'il n'a pas fait, doivent tous les deux être punis comme des voleurs, *s'il s'agit d'un objet important, comme de l'or ou des perles*, ou condamnés à une amende égale en valeur à la chose en question, *si elle a peu de prix*.

192. « Que le roi fasse payer une amende de la valeur de l'objet à celui qui a dérobé un dépôt ordinaire, ainsi qu'à celui qui a soustrait un dépôt scellé, sans distinction.

193. « Celui qui, par de fausses offres de service, s'empare de l'argent d'autrui, doit subir publiquement, ainsi que ses complices, diverses sortes de supplice *suivant les circonstances, et même la mort*.

194. « Un dépôt consistant en telles choses, livré par quelqu'un en présence de certaines personnes, doit lui être remis dans le même état et de la même manière; celui qui y met de la fraude doit être puni.

195. « Le dépôt fait et reçu en secret doit être rendu en secret; ainsi livré, ainsi repris.

196. « Que le roi décide de cette sorte les causes concernant un dépôt et un objet prêté par amitié, sans maltraiter le dépositaire.

197. « Celui qui vend le bien d'un autre, sans l'assentiment de celui qui en est propriétaire, ne doit pas être admis par le juge à rendre témoignage comme un voleur qui s'imagine ne pas avoir volé.

198. « S'il est proche parent du propriétaire, il doit être condamné à une amende de six cent panas; mais s'il n'est point parent et n'a aucune prétention à faire valoir, il est coupable de vol.

199. « Une donation ou une vente faite par un autre que le véritable propriétaire, doit être considérée comme non avenue; telle est la règle établie dans les procédures.

200. « Pour toute chose dont on a eu la jouissance sans pouvoir produire aucun titre, les titres seuls font autorité et non la jouissance; ainsi l'a déterminé la loi.

---

[1] Littéralement, comme *s'est fait* le dépôt, ainsi *doit se faire* l'action de le reprendre.

201. « Celui qui en plein marché, devant un grand nombre de personnes, achète un bien quelconque, en acquiert à juste titre la propriété en payant le prix de ce bien, *même si le vendeur n'est pas propriétaire;*

202. « Mais si le vendeur *qui n'était pas propriétaire* ne peut pas être produit, l'acheteur qui prouve que le marché a été conclu publiquement est renvoyé sans dépens par le roi, et l'ancien possesseur, qui avait perdu le bien, le reprend *en payant à l'acheteur la moitié de sa valeur.*

203. « On ne doit vendre aucune marchandise mêlée avec une autre *comme non mêlée*, ni une marchandise de mauvaise qualité *comme bonne*, ni une marchandise *d'un poids* plus faible *que celui dont on est convenu*, ni une chose éloignée, ni une chose dont on a caché les défauts.

204. « Si, après avoir montré au prétendu une jeune fille *dont la main lui est accordée moyennant une gratification, on lui en donne une autre* pour épouse, il devient le mari de toutes les deux pour le même prix; telle est la décision de Manou.

205. « Celui qui donne une jeune fille en mariage, et fait auparavant connaître ses défauts, déclarant qu'elle est folle ou attaquée d'éléphantiasis, ou qu'elle a déjà eu commerce avec un homme, n'est passible d'aucune peine.

206. « Si un prêtre officiant, choisi pour faire un sacrifice, abandonne sa tâche, une part seulement des honoraires, en proportion de ce qu'il a fait, doit lui être donnée par ses acolytes.

207. « Après la distribution des honoraires, s'il est obligé de quitter la cérémonie *pour cause de maladie et non sous un faux prétexte*, qu'il prenne sa part entière, et fasse achever par un autre prêtre ce qu'il a commencé.

208. « Lorsque, dans une cérémonie religieuse, des gratifications particulières sont fixées pour chaque partie de l'office divin, celui qui a accompli telle partie doit-il prendre ce qui y a été alloué, ou les prêtres doivent-ils partager les honoraires en commun?

209. « *Dans certaines cérémonies*, que l'Adhwaryou (lecteur du Yadjour-Véda) prenne le char, que le Brahmâ (prêtre officiant) prenne un cheval, que le Hotri (lecteur du Rig-Véda) prenne un *autre cheval*, et l'Oudgâtri (chanteur du Sâma-Véda) le chariot dans lequel ont été apportés les ingrédients du sacrifice.

210. « *Cent vaches étant à distribuer entre seize prêtres*, les quatre principaux ont droit à la moitié environ *ou quarante-huit*; les quatre qui suivent, à la moitié de ce nombre; la troisième série, au tiers; la quatrième, au quart.

211. « Lorsque des hommes se réunissent pour coopérer, chacun par leur travail, à une même entreprise, telle est la manière dont la distribution des parts doit être faite.

212. « Lorsque de l'argent a été donné *ou promis* par quelqu'un à une personne qui le demandait pour le consacrer à un acte religieux, le don sera de nul effet, si l'acte n'est pas accompli;

213. « Mais si, par orgueil ou par avarice, l'homme qui a reçu l'argent refuse dans ce cas de le rendre, *ou prend par force l'argent promis*, il doit être condamné par le roi à une amende d'un souvarna[1] en punition de ce vol.

214. « Telle est, comme je viens de la déclarer, la manière légale de reprendre une chose donnée; je vais ensuite déclarer les cas où l'on peut ne pas solder des gages.

215. « L'homme salarié qui, sans être malade, refuse par orgueil de faire l'ouvrage convenu, sera puni par une amende de huit krichnalas[2] *d'or*, et son salaire ne doit pas lui être payé.

216. « Mais si après avoir été malade, lorsqu'il est rétabli, il fait son ouvrage conformément à la convention antérieure, il doit recevoir sa paye, même après un grand laps de temps.

217. « Toutefois, qu'il soit malade ou bien portant, si l'ouvrage stipulé n'est pas fait *par lui-même ou par un autre*, son salaire ne doit pas lui être donné, quand même il s'en faut de très peu que la tâche ne soit achevée.

218. « Tel est le règlement complet concernant toute besogne entreprise pour un salaire; je vais vous déclarer maintenant la loi qui a rapport à ceux qui rompent leurs engagements.

219. « Que le roi bannisse de son royaume celui qui, ayant fait avec des négociants, et d'autres habitants d'un bourg (grâma) ou d'un district, une convention à laquelle il s'était engagé par serment, manque par avarice à ses promesses;

220. « En outre, que le roi, ayant fait arrêter cet homme de mauvaise foi, le condamne à payer quatre souvarnas, ou six nichkas, ou un satamâna d'argent[3], *suivant les circonstances, et même les trois amendes à la fois.*

221. « Telle est la règle d'après laquelle un roi juste doit infliger des punitions à ceux qui ne remplissent pas leurs engagements parmi tous les citoyens, et dans toutes les classes.

222. « Celui qui, ayant acheté ou vendu une chose, *laquelle a un prix fixé, et n'est point périssable, comme une terre ou des métaux*, vient à s'en repentir, pendant dix jours peut rendre, ou reprendre cette chose;

223. « Mais passé le dixième jour, il ne peut plus ni rendre ni forcer de rendre; celui qui reprend *par*

---

[1] Voyez ci-dessus, st. 134.
[2] *Ibid.*
[3] *Ibid.* et suiv.

force, ou oblige à reprendre, doit être puni par le roi d'une amende de six cents *panas*.

224. « Que le roi lui-même fasse payer une amende de quatre-vingt-seize panas à celui qui donne en mariage une fille ayant des défauts, sans en prévenir [1].

225. « Mais celui qui, par méchanceté, s'en vient dire : « Cette fille n'est pas vierge, » doit subir une amende de cent *panas*, s'il ne peut pas prouver qu'elle ait été polluée.

226. « Les prières nuptiales sont destinées aux vierges seulement, et jamais en ce monde à celles qui ont perdu leur virginité; car de telles femmes sont exclues des cérémonies légales.

227. « Les prières nuptiales sont la sanction nécessaire du mariage, et les hommes instruits doivent savoir que le pacte *consacré par ces prières* est complet et irrévocable au septième pas (pada) [2] *fait par la mariée, lorsqu'elle marche donnant la main à son mari.*

228. « Lorsqu'une personne éprouve du regret après avoir conclu une affaire quelconque, le juge doit, d'après la règle énoncée, la faire rentrer dans le droit chemin.

229. « Je vais maintenant décider convenablement, et suivant les principes de la loi, les contestations qui s'élèvent entre les propriétaires de bestiaux et les pâtres, lorsqu'il arrive quelque accident.

230. « Pendant le jour, la responsabilité relative à la sûreté des bestiaux regarde le gardien; pendant la nuit, *leur sûreté regarde* le maître, *si le troupeau est* dans sa maison, mais s'il en est autrement *si nuit et jour le troupeau est confié au gardien*, c'est le gardien qui est responsable.

231. « Le vacher qui a pour gages des rations de lait doit traire la plus belle vache sur dix, avec l'agrément du maître; ce sont là les gages du pâtre qui n'a pas d'autre salaire.

232. « Lorsqu'un animal vient à se perdre, est tué par des reptiles,[3] ou par des chiens, ou tombe dans un précipice, et cela par la négligence du gardien, il est forcé d'en donner un autre;

233. « Mais lorsque des voleurs ont enlevé un animal, il n'est pas obligé de le remplacer, s'il a proclamé le vol, et s'il a soin, en temps et lieu, d'en instruire son maître.

234. « Quand un animal vient à mourir, qu'il apporte à son maître les oreilles, la peau, la queue, la peau de l'abdomen, les tendons, la rotchaná et qu'il montre les membres.

235. « Lorsqu'un troupeau de chèvres ou de brebis est assailli par des loups, et que le pâtre n'accourt pas, si un loup enlève une chèvre ou une brebis et la tue, la faute en est au pâtre.

236. « Mais si, pendant qu'il les surveille et qu'elles paissent réunies dans une forêt, un loup s'élance à l'improviste et en tue une, dans ce cas le pâtre n'est pas coupable.

237. « Tout autour d'un village (grâma), qu'on laisse pour pâture un espace inculte, large de quatre cents coudées ou de trois jets d'un bâton, et trois fois cet espace autour d'une ville.

238. « Si les bestiaux qui paissent dans ce pâturage endommagent le grain d'un champ non enclos de haies, le roi ne doit infliger aucune punition aux gardiens.

239. « Que le propriétaire d'un champ l'entoure d'une haie *d'arbrisseaux épineux*, par-dessus laquelle un chameau ne puisse pas regarder, et qu'il bouche avec soin toutes les ouvertures par lesquelles un chien ou un porc pourrait passer sa tête.

240. « Des bestiaux accompagnés d'un berger, *qui font quelque dégât*, près de la grande route ou près du village, dans un terrain enclos, doivent être mis à l'amende de cent *panas*; s'ils n'ont pas de gardien, que le propriétaire du champ les éloigne.

241. « Pour d'autres champs, le *maître du bétail* doit payer une amende d'un pana et d'un quart, mais partout le *prix du grain gaspillé* doit être payé au propriétaire : telle est la décision.

242. « Une vache dans les dix jours après qu'elle a vêlé, les taureaux *que l'on garde pour la fécondation*, et les bestiaux consacrés aux Dieux, accompagnés ou non de leur gardien, ont été déclarés exempts d'amende par Manou.

243. « Lorsque le champ est dévasté par la faute des bestiaux du fermier lui-même, *ou lorsqu'il néglige de semer en temps convenable*, il doit être puni d'une amende égale à dix fois la valeur de la part *de la moisson qui revient au roi, laquelle se trouve perdue par sa négligence*, ou seulement la moitié de cette amende, si la faute vient des gens à gages, sans qu'il en ait eu connaissance.

244. « Tels sont les règlements que doit observer un roi juste, dans tous les cas de transgression de la part des propriétaires, des bestiaux et des gardiens.

245. « Quand il s'élève une contestation au sujet

---

[1] Voyez ci-dessus, st. 205.

[2] J'avais d'abord pensé que, dans ce passage, le mot *pada* pouvait aussi avoir le sens de *verset, stance*, et j'avais supposé en conséquence que c'était à la septième stance des prières que le pacte était complet. Mais j'ai trouvé depuis, dans le Mémoire de M. Colebrooke sur les cérémonies religieuses des Indiens (*Rech. Asiat.*, vol. VII, p. 303), un passage qui est en faveur de l'interprétation de W. Jones, que j'ai conservée. Voyez aussi le *Digest of Hindu Law*, vol. II, p. 484 et 468.

[3] J'ai suivi Jones; dans le texte, il est question d'insectes ou vers (*crimis*).

[1] La *rotchaná* est la bile concrète de la vache; on, suivant d'autres autorités, c'est une substance qu'on trouve dans la tête de cet animal, et qu'on emploie comme parfum, comme médicament et comme teinture.

des limites entre deux villages, que le roi choisisse le mois de djyaichtha[1] pour déterminer ces limites, les bornes étant alors plus faciles à distinguer, *l'ardeur du soleil ayant entièrement desséché l'herbe.*

246. « Les limites étant établies, on doit y planter de grands arbres, comme des nyagrodhas[2], des aswatthas[3], des kinsoukas[4], des sâlmalîs[5], des sâlas[6], des tâlas[7], et des arbres abondants en lait, comme *l'oudoumbara*[8];

247. « Des arbrisseaux en touffe, des bambous de diverses sortes, des samis[9], des lianes, des saras[10], des koubdjakas[11] touffus; qu'on forme en outre des monticules de terre : par ce moyen, la limite ne peut pas se détruire.

248. « Des lacs, des puits, des pièces d'eau et des ruisseaux, doivent aussi être établis sur les limites communes, ainsi que des chapelles consacrées aux Dieux;

249. « On doit encore faire pour les limites d'autres marques secrètes, en voyant que sur la détermination des bornes, les hommes sont continuellement dans l'incertitude.

250. « De grosses pierres, des os, des queues de vache, de menues pailles de riz, de la cendre, des tessons, de la bouse de vache séchée, des briques, du charbon, des cailloux et du sable;

251. « Et enfin des substances de toutes sortes, que la terre ne corrode pas dans un laps de temps considérable, doivent être déposées *dans des jarres,* et cachées sous la terre à l'endroit des limites communes.

252. « C'est au moyen de ces marques que le roi doit déterminer la limite entre les terres de deux parties en contestation, ainsi que d'après l'ancienneté de la possession et d'après le cours d'un ruisseau;

253. » Mais pour peu qu'il y ait du doute dans l'examen des marques mêmes, les déclarations des témoins sont nécessaires pour décider la contestation relative aux limites.

254. « C'est en présence d'un grand nombre de villageois et des deux parties contestantes, que ces témoins doivent être interrogés sur les marques des limites.

255. « Lorsqu'une déclaration unanime et positive est donnée par ces hommes interrogés sur les limites, qu'elles soient déterminées *par un écrit,* avec le nom de tous les témoins.

256. « Que ces hommes, mettant de la terre sur leurs têtes, portant des guirlandes *de fleurs rouges* et des vêtements rouges, après avoir juré par *la récompense future de* leurs bonnes actions, fixent exactement la limite.

257. « Les témoins véridiques qui font leur déposition ainsi que l'ordonne la loi, sont purifiés de toute faute; mais ceux qui font un faux rapport doivent être condamnés à deux cents *panas* d'amende.

258. « Au défaut de témoins, que quatre *hommes des* villages voisins, *situés aux quatre côtés des villages contestants,* soient invités à porter une décision sur les limites, étant convenablement préparés, et en présence du roi;

259. « Mais s'il n'y a ni voisins, ni gens dont les ancêtres aient vécu dans le village depuis le temps où il a été bâti, et capables de rendre un témoignage sur les limites, le roi doit faire appeler les hommes suivants, qui passent leur vie dans les bois :

260. « Des chasseurs, des oiseleurs, des vachers, des pêcheurs, des gens qui arrachent des racines, des chercheurs de serpents, des glaneurs, et d'autres hommes vivant dans les forêts.

261. « Ces gens étant consultés, d'après la réponse donnée par eux sur les marques des limites communes, le roi doit faire établir avec justice des bornes entre les deux villages.

262. « Pour des champs, des puits, des pièces d'eau, des jardins et des maisons, le témoignage des voisins est le meilleur moyen de décision relativement aux bornes.

263. « Si les voisins font une fausse déclaration, lorsque des hommes sont en dispute pour les bornes de leurs propriétés, ils doivent chacun être condamnés par le roi à l'amende moyenne[1].

264. « Celui qui s'empare d'une maison, d'une pièce d'eau, d'un jardin ou d'un champ, *en menaçant le propriétaire,* doit être condamné à cinq cents *panas* d'amende, et à deux cents seulement s'il l'a fait par erreur.

265. « Si les bornes ne peuvent pas être autrement déterminées, *faute de marques et de témoins,* qu'un roi équitable se charge lui-même, dans l'intérêt des deux parties, de fixer la limite de leurs terres; telle est la règle établie.

266. « Je viens d'énoncer complétement la loi relative à la détermination des limites; maintenant, je vous ferai connaître les décisions concernant les outrages en paroles.

267. « Un Kchatrîya, pour avoir injurié un Brâhmane, mérite une amende de cent *panas*; un Vaisya, une amende de cent cinquante ou de deux cents, un Soûdra, une peine corporelle.

---

[1] Djyaichtha, mai-juin.
[2] Nyagrodha, *Ficus Indica.*
[3] Aswatha, *Ficus religiosa.*
[4] Kinsouka, *Butea frondosa.*
[5] Sâlmali, *Bombax heptaphyllum.*
[6] Sâla, *Shorea robusta.*
[7] Tâla, *Borassus flabelliformis* ou *Corypha taliera.*
[8] Oudoumbara, *Ficus glomerata.*
[9] Sami, *Mimosa suma* et *Serratula anthelmintica.*
[10] Sara, *Saccharum sarra.*
[11] Koubdjaka ou Koubdja, *Achyranthes aspera.*

[1] Elle est de cinq cents panas.

268. « Un Brâhmane sera mis à l'amende de cinquante *panas*, pour avoir outragé un homme de la classe militaire; de vingt-cinq, pour un homme de la classe commerçante; de douze, pour un Soûdra.

269. « Pour avoir injurié un homme de la même classe que lui, un Dwidja sera condamné à douze *panas* d'amende; pour des propos infâmes, la peine en *général* doit être doublée.

270. « Un homme de la dernière classe qui insulte des Dwidjas par des invectives affreuses, mérite d'avoir la langue coupée; car il a été produit par la partie inférieure *de Brahmâ*.

271. « S'il les désigne par leurs noms et par leurs classes d'une manière outrageuse, un stylet de fer, long de dix doigts, sera enfoncé tout brûlant dans sa bouche.

272. « Que le roi lui fasse verser de l'huile bouillante dans la bouche et dans l'oreille, s'il a l'impudence de donner des avis aux Brâhmanes relativement à leur devoir.

273. « Celui qui nie à tort, par orgueil, les connaissances sacrées, le pays natal, la classe, *l'initiation* et les *autres* sacrements d'un homme *qui lui est égal en rang*, doit être contraint de payer deux cents *panas* d'amende.

274. « Si un homme reproche à un autre d'être borgne, boiteux, ou d'avoir une infirmité semblable, bien qu'il dise la vérité, il doit payer la faible amende d'un kârchâpana.

275. « Celui qui maudit sa mère, son père, sa femme, son frère, son fils ou son maître spirituel, doit subir une amende de cent *panas*, de même que celui qui refuse de céder le passage à son directeur.

276. « Un roi judicieux doit imposer l'amende suivante à un Brâhmane et à un Kchatriya *qui se sont mutuellement outragés ;* le Brâhmane doit être condamné à la peine inférieure[1], et le Kchatriya, à l'amende moyenne.

277. « La même application de peines doit avoir lieu exactement pour un Vaisya et un Soûdra *qui se sont injuriés réciproquement*, suivant leurs classes[2], sans mutilation *de la langue ;* ainsi l'a prescrit la loi.

278. « Je viens de déclarer complétement quels sont les modes de punition à infliger pour les outrages en paroles : à présent, je vais vous exposer la loi qui concerne les mauvais traitements.

279. « De quelque membre que se serve un homme de basse naissance pour frapper un supérieur, ce membre doit être mutilé: tel est l'ordre de Manou.

280. « S'il a levé la main ou un bâton sur un supérieur, il doit avoir la main coupée; si dans un mouvement de colère, il lui a donné un coup de pied, que son pied soit coupé.

281. « Un homme de la basse classe qui s'avise de prendre place à côté d'un homme appartenant à la classe la plus élevée, doit être marqué au-dessous de la hanche et banni, ou bien le roi doit ordonner qu'on lui fasse une balafre sur les fesses.

282. « S'il crache avec insolence *sur un Brâhmane*, que le roi lui fasse mutiler les deux lèvres; s'il *urine sur ce Brâhmane*, l'urètre; s'il lâche un vent en face de lui, l'anus ;

283. « S'il le prend par les cheveux, par les pieds, par la barbe, par le cou ou par les bourses, que le roi lui fasse couper les deux mains sans balancer.

284. « Si un homme égratigne la peau d'une personne *de la même classe que lui-même*, et s'il fait couler son sang, il doit être condamné à cent *panas* d'amende; pour une blessure qui a pénétré dans la chair, à six nichkas[1]; pour la fracture d'un os, au bannissement.

285. « Lorsqu'on endommage de grands arbres, on doit payer une amende proportionnée à leur utilité et à leur valeur: telle est la décision.

286. « Si un coup suivi d'une vive angoisse a été donné à des hommes ou à des animaux, le roi doit infliger une peine à celui qui a frappé, en raison de la douleur plus ou moins grande que le coup a dû causer.

287. « Lorsqu'un membre a été blessé, et qu'il en résulte une plaie ou une hémorrhagie, l'auteur du mal doit payer les frais de la guérison; ou, *s'y refuse*, il doit être condamné à payer la dépense et une amende.

288. « Celui qui endommage les biens d'un autre sciemment ou par mégarde, doit lui donner satisfaction, et payer au roi une amende égale au dommage.

289. « Pour avoir gâté du cuir ou des sacs de cuir, des ustensiles de bois ou de terre, des fleurs, des racines ou des fruits, l'amende doit être de cinq fois leur valeur.

290. « Les Sages ont admis dix circonstances relatives à une voiture, au cocher et au maître de cette voiture, dans lesquelles l'amende est suspendue; pour tous les autres cas, une amende est ordonnée.

291. « Lorsque la bride[2] s'est cassée *par accident*, que le joug s'est brisé, que la voiture va de travers[3], *à cause de l'inégalité du terrain*, ou heurte quelque chose; lorsque l'essieu est rompu ou que la roue est fracassée ;

---

[1] L'amende inférieure est de deux cent cinquante panas; la moyenne, de cinq cents. Voyez ci-dessus, st. 138.

[2] C'est-à-dire, que le Vaisya doit être condamné à l'amende inférieure, et le Soûdra, à l'amende moyenne.

[1] Voyez ci-dessus, st. 137.

[2] Littéralement, *la corde nasale*. On la passe par une incision faite au nez des taureaux pour les conduire.

[3] Ou bien, peut-être, *lorsque la voiture verse*.

292. « Lorsque les sangles, le licou ou les rênes sont rompus; quand le cocher a crié : « Gare! » Manou a déclaré que, *dans l'un ou l'autre de ces dix cas,* aucune amende ne devait être imposée *pour un accident;*

293. « Mais quand une voiture s'écarte de la route par la maladresse du cocher, s'il arrive quelque malheur, le maître doit être condamné à deux cents *panas* d'amende.

294. « Si le cocher est capable *de bien conduire,* mais négligent, il mérite l'amende; mais si le cocher est maladroit, les personnes qui sont dans la voiture doivent chacune payer cent *panas.*

295. « Si un cocher, rencontré dans le chemin par des bestiaux ou par une autre voiture, vient à tuer *par sa faute* des êtres animés, il doit, sans aucun doute, être condamné à l'amende, *d'après la règle qui suit* :

296. « Pour un homme tué, une amende [1] égale à celle que l'on paye pour vol doit être sur-le-champ imposée; elle est de moitié pour de grands animaux, comme des vaches, des éléphants, des chameaux et des chevaux ;

297. « Pour des bestiaux de peu de valeur, l'amende est de deux cents *panas,* et de cinquante pour des bêtes fauves, *comme le cerf et la gazelle,* et pour des oiseaux agréables, *comme le cygne et le perroquet;*

298. « Pour un âne, un bouc, un bélier, l'amende doit être de cinq mâchas *d'argent*, et d'un seul mâcha pour avoir tué un chien ou un porc.

299. « Une femme [2], un fils, un domestique, un élève, un frère du même lit, *mais plus jeune,* peuvent être châtiés, lorsqu'ils commettent quelque faute, avec une corde ou une tige de bambou ;

300. « Mais toujours sur la partie postérieure du corps, et jamais sur les parties nobles; celui qui frappe d'une autre manière est passible de la même peine qu'un voleur.

301. « La loi qui concerne les mauvais traitements vient d'être exposée en entier; je vais maintenant déclarer la règle des peines prononcées contre le vol.

302. « Que le roi s'applique avec le plus grand soin à réprimer les voleurs; par la répression des voleurs, sa gloire et son royaume prennent de l'accroissement.

303. « Certes, le roi qui met *les gens de bien* à l'abri de la crainte doit toujours être honoré; car il accomplit *en quelque sorte* un sacrifice en permanence, dont les présents sont l'assurance contre le danger.

304. « La sixième partie *du mérite* de toutes les actions vertueuses revient au roi qui protége ses peuples; la sixième partie des actions injustes est le partage de celui qui ne veille pas à la sûreté de ses sujets.

305. « La sixième partie *de la récompense obtenue par chacun pour* des lectures pieuses, des sacrifices, des dons et des honneurs rendus aux Dieux, appartient à juste titre au roi, pour la protection qu'il accorde.

306. « En protégeant toutes les créatures avec équité et en punissant les coupables, un roi accomplit chaque jour un sacrifice accompagné de cent mille présents.

307. « Le roi qui ne protége pas les peuples, et qui perçoit cependant les redevances [1], les impôts, les droits sur les marchandises, les présents journaliers *de fleurs, de fruits et d'herbes potagères,* et les amendes, va sur-le-champ en enfer *après sa mort.*

308. « Ce roi qui, sans être le protecteur de ses sujets, prend la sixième partie des fruits de la terre, est considéré par les Sages comme tirant à lui toutes les souillures des peuples.

309. « Que l'on sache qu'un souverain qui n'a pas égard aux préceptes des Livres sacrés, qui nie l'autre monde, qui se procure des richesses par des moyens iniques, qui ne protége pas ses sujets et dévore leurs biens, est destiné aux régions infernales.

310. « Pour réprimer l'homme pervers, que le roi emploie avec persévérance trois moyens : la détention, les fers, et les diverses peines corporelles.

311. « C'est en réprimant les méchants et en favorisant les gens de bien que les rois sont toujours purifiés, de même que les Brâhmanes le sont en sacrifiant.

312. « Le roi qui désire le bien de son âme doit pardonner sans cesse aux plaideurs, aux enfants, aux vieillards et aux malades, qui s'emportent contre lui en invectives.

313. « Celui qui pardonne aux gens affligés qui l'injurient, est honoré pour cela dans le ciel; mais celui qui, par orgueil de sa puissance, conserve du ressentiment, ira pour cette raison en enfer.

314. « Celui qui a volé *de l'or à un Brâhmane* doit courir en toute hâte vers le roi, les cheveux défaits, et déclarer son vol, en disant : « J'ai com- « mis telle action, punis-moi; »

315. « Il doit porter sur ses épaules une masse d'armes ou une massue de bois de khadira [2], ou une javeline pointue des deux bouts, ou une barre de fer.

316. « Le voleur, soit qu'il meure sur le coup, *étant frappé par le roi,* ou qu'il soit laissé *pour*

---

[1] Elle est de mille panas.
[2] Un autre législateur ordonne le contraire : « Ne frappez pas, même avec une fleur, une femme coupable de cent fautes. » (*Digest,* II, p. 209.)

[1] Il faut entendre ici par *redevance* la sixième partie des fruits de la terre.
[2] *Mimosa catechu.*

mort et survive, est purgé de son crime; mais si le roi ne le punit pas, la faute du voleur retombe sur lui.

317. « L'auteur de la mort d'un fœtus[1] communique sa faute à la personne qui mange de la nourriture qu'il a apprêtée; une femme adultère, à son mari *qui tolère ses désordres;* un élève *qui néglige ses devoirs pieux*, à son directeur *qui ne le surveille pas;* celui qui offre un sacrifice *et n'observe pas les cérémonies, au sacrificateur négligent;* un voleur, au roi *qui lui pardonne:*

318. « Mais les hommes qui ont commis des crimes, et auxquels le roi a infligé des châtiments, vont droit au ciel exempts de souillure, aussi purs que les gens qui ont fait de bonnes actions.

319. « Celui qui enlève la corde ou le seau d'un puits, et celui qui détruit une fontaine publique, doivent être condamnés à une amende d'un mâcha[2] d'or, et à rétablir les choses dans leur premier état.

320. « Une peine corporelle doit être infligée à celui qui vole plus de dix koumbhas[3] de grain; pour moins *de dix koumbhas*, il doit être condamné à une amende de onze fois la valeur du vol, et à restituer au propriétaire son bien.

321. « Un châtiment corporel sera de même infligé, pour avoir volé plus de cent palas[4] d'objets précieux se vendant au poids, comme de l'or et de l'argent, ou de riches vêtements.

322. « Pour un vol de plus de cinquante palas des objets susdits, on doit avoir la main coupée; pour *moins de cinquante palas*, le roi doit appliquer une amende de onze fois la valeur de l'objet.

323. « Pour avoir enlevé des hommes de bonne famille, et surtout des femmes, et des bijoux d'un grand prix, *comme des diamants*, le voleur mérite la peine capitale.

324. « Pour vol de grands animaux, d'armes et de médicaments, le roi doit infliger une peine après avoir considéré le temps et le motif.

325. « Pour avoir volé des vaches appartenantes à des Brâhmanes, et leur avoir percé les narines[5]; enfin pour avoir enlevé des bestiaux à des Brâhmanes, le malfaiteur doit avoir sur-le-champ la moitié du pied coupée.

326. « Pour avoir pris du fil, du coton, des semences servant à favoriser la fermentation des liqueurs spiritueuses, de la bouse de vache, du sucre brut, du caillé, du lait, du lait de beurre, de l'eau ou de l'herbe,

327. « Des paniers de bambou *servant à puiser de l'eau*, du sel de toute espèce, des pots de terre, de l'argile ou des cendres,

328. « Des poissons, des oiseaux, de l'huile, du beurre clarifié, de la viande, du miel, ou toute chose provenant des animaux, *comme du cuir, de la corne et de l'ivoire*,

329. « Ou d'autres substances de peu d'importance, des liqueurs spiritueuses, du riz bouilli ou des mets de toute sorte, l'amende est le double du prix de l'objet volé.

330. « Pour avoir volé des fleurs, du grain encore vert, des buissons, des lianes, des arbrisseaux, et d'autres grains non épluchés, *en quantité égale à la charge d'un homme*, l'amende est de cinq krichnalas[1] d'or ou d'argent, *suivant les circonstances*.

331. « Pour des grains épluchés *ou vannés*, pour des herbes potagères, des racines ou des fruits, l'amende est de cent panas, s'il n'y a aucune liaison *entre le voleur et le propriétaire;* de cinquante, s'il existe des relations *entre eux*.

332. « L'action de prendre une chose par violence sous les yeux du propriétaire est un brigandage; en son absence, c'est un vol, de même que ce qu'on nie après l'avoir reçu.

333. « Que le roi impose la première amende[2] à l'homme qui enlève les objets ci-dessus énumérés, lorsqu'ils sont apprêtés pour qu'on s'en serve, ainsi qu'à celui qui enlève du feu d'une chapelle.

334. « Quel que soit le membre dont un voleur se sert d'une manière ou d'une autre pour nuire aux gens, le roi doit le lui faire couper, pour l'empêcher de commettre de nouveau le même crime.

335. « Un père, un instituteur, un ami, une mère, une épouse, un fils et un conseiller spirituel ne doivent pas être laissés impunis par le roi, lorsqu'ils ne se maintiennent pas dans leurs devoirs.

336. « Dans le cas où un homme de basse naissance serait puni d'une amende d'un kârchâpana, un roi doit subir une amende de mille panas, et *jeter l'argent dans la rivière*[3], *ou le donner à des Brâhmanes:* telle est la décision.

337. « L'amende d'un Soûdra pour un vol quelconque doit être huit fois plus considérable que la peine ordinaire; celle d'un Vaisya, seize fois; celle d'un Kchatriya, trente-deux fois;

338. « Celle d'un Brâhmane, soixante-quatre fois, ou cent fois, ou même cent vingt-huit fois plus considérable, lorsque chacun d'eux connaît parfaitement le bien ou le mal de ses actions.

---

[1] Ou, suivant le Commentaire, l'auteur de la mort d'un Brâhmane.
[2] Voyez ci-dessus, st. 134.
[3] Un koumbha de vingt dronas vaut, suivant M. Wilson (*Sanscrit Dictionary*), un peu plus de trois boisseaux (*bushels*). Les trois boisseaux équivalent à un hectolitre. D'après le commentateur, un koumbha vaut vingt dronas; un drona, deux cents palas.
[4] Voyez ci-dessus, st. 135.
[5] Pour y placer une corde servant à les conduire, afin de les employer comme bêtes de somme. (*Commentaire*.)

[1] Voyez ci-dessus, st. 134.
[2] Celle de deux cent cinquante panas.
[3] Varouna, dieu des eaux, est le seigneur du châtiment

339. « Prendre des racines ou des fruits à de grands arbres *non renfermés dans une enceinte*, ou du bois pour un feu consacré, ou de l'herbe pour nourrir des vaches, a été déclaré par Manou n'être pas un vol.

340. « Le Brâhmane qui, pour prix d'un sacrifice, ou de l'enseignement des dogmes sacrés, reçoit, *avec connaissance de cause*, de la main d'un homme, une chose qu'il a prise et qu'on ne lui a point donnée, est *punissable* comme un voleur.

341. « Le Dwidja qui voyage, et dont les provisions sont très-chétives, s'il vient à prendre deux cannes à sucre ou deux petites racines dans le champ d'un autre, ne doit pas payer d'amende.

342. « Celui qui attache des animaux libres *appartenants à un autre*, et qui met en liberté ceux qui sont attachés, et celui qui prend un esclave, un cheval ou un char, sont passibles des mêmes peines que le voleur.

343. « Lorsqu'un roi, par l'application de ces lois, réprime les voleurs, il obtient de la gloire dans ce monde, et après sa mort, le bonheur suprême.

344. « Que le roi qui aspire à la souveraineté du monde, ainsi qu'à une gloire éternelle et inaltérable, ne souffre pas un seul instant l'homme qui commet des violences, *comme des incendies*, *des brigandages*.

345. « Celui qui se livre à des actions violentes doit être reconnu comme bien plus coupable qu'un diffamateur, qu'un voleur et qu'un homme qui frappe avec un bâton.

346. « Le roi qui endure un homme commettant des violences se précipite vers sa perte, et encourt la haine générale.

347. « Jamais, soit par motif d'amitié, soit dans l'espoir d'un gain considérable, le roi ne doit relâcher les auteurs d'actions violentes, qui répandent la terreur parmi toutes les créatures.

348. « Les Dwidjas peuvent prendre les armes quand leur devoir est troublé dans son accomplissement, et quand tout à coup les classes régénérées sont affligées par un désastre.

349. « Pour sa propre sûreté, dans une guerre entreprise pour *défendre* des droits sacrés, et pour protéger une femme ou un Brâhmane, celui qui tue justement ne se rend pas coupable.

350. « Un homme doit tuer, sans balancer, quiconque se jette sur lui pour l'assassiner, *s'il n'a aucun moyen de s'échapper*, quand même ce serait son directeur, ou un enfant, ou un vieillard, ou même un Brâhmane très-versé dans la Sainte Écriture.

351. « Tuer un homme qui fait une tentative d'assassinat, en public ou en particulier, ne rend aucunement coupable le meurtrier : c'est la fureur aux prises avec la fureur.

352. Que le roi bannisse, après les avoir punis par des mutilations flétrissantes, ceux qui se plaisent à séduire les femmes des autres.

353. « Car c'est de l'adultère que naît dans le monde le mélange des classes, et du mélange des classes provient la violation des devoirs, destructrice de la race humaine, qui cause la perte de l'univers.

354. « L'homme qui s'entretient en secret avec la femme d'un autre, et qui a été déjà accusé d'avoir de mauvaises mœurs, doit être condamné à la première amende;

355. « Mais celui contre qui on n'a jamais porté de semblable accusation, et qui s'entretient avec une femme pour un motif valable, ne doit subir aucune peine; car il n'est point coupable de transgression.

356. « Celui qui parle à la femme d'un autre dans une place de pèlerinage, dans une forêt, ou dans un bois, ou vers le confluent de deux rivières, *c'est-à-dire*, *dans un endroit écarté*, encourt la peine de l'adultère.

357. « Être aux petits soins *auprès d'une femme*, *lui envoyer des fleurs et des parfums*, folâtrer avec elle, toucher sa parure ou ses vêtements, et s'asseoir avec elle sur le même lit, sont considérés *par les Sages* comme les preuves d'un amour adultère.

358. « Toucher *le sein* d'une femme mariée, *ou d'autres parties de son corps* d'une manière indécente, se laisser toucher ainsi par elle, sont des actions résultantes de l'adultère avec consentement mutuel.

359. « Un Soûdra doit subir la peine capitale pour avoir fait violence à la femme d'un Brâhmane; et, dans toutes les classes, ce sont principalement les femmes qui doivent être surveillées sans cesse.

360. « Que des mendiants, des panégyristes, des personnes ayant commencé un sacrifice, et des artisans *du dernier ordre*, *comme des cuisiniers*, s'entretiennent avec des femmes mariées, sans qu'on s'y oppose.

361. « Que nul homme n'adresse la parole à des femmes étrangères lorsqu'il en a reçu la défense *de ceux dont elles dépendent*; s'il leur parle malgré la défense qui lui en a été faite, il doit payer un souvarna d'amende.

362. « Ces règlements ne concernent pas les femmes des danseurs et des chanteurs, ni celles des hommes qui vivent du déshonneur de leurs femmes; car ces gens amènent des hommes, et leur procurent des entretiens avec leurs femmes, ou se tiennent cachés pour favoriser une amoureuse entrevue.

363. « Toutefois, celui qui a des relations particulières, soit avec ces femmes, soit avec des servantes dépendantes d'un maître, soit avec des r

gieuses *d'une secte hérétique*, doit être condamné à une légère amende.

364. « Celui qui fait violence à une jeune fille subira sur-le-champ une peine corporelle; mais s'il jouit de cette jeune fille parce qu'elle y consent, et s'il est de la même classe qu'elle, il ne mérite pas de châtiment.

365. « Si une jeune fille aime un homme d'une classe supérieure à la sienne, le roi ne doit pas lui faire payer la moindre amende; mais si elle s'attache à un homme d'une naissance inférieure, elle doit être enfermée dans sa maison sous bonne garde.

366. « Un homme de basse origine qui adresse ses vœux à une demoiselle de haute naissance, mérite une peine corporelle; s'il courtise une fille du même rang que lui, qu'il donne la gratification d'usage, *et qu'il épouse la jeune fille*, si le père y consent.

367. « L'homme qui, par orgueil, souille de force une jeune fille, *par le contact de son doigt*, aura deux doigts coupés sur-le-champ, et mérite en outre une amende de six cents *panas*.

368. « Lorsque la jeune fille a été consentante, celui qui l'a polluée *de cette manière*, s'il est du même rang qu'elle, ne doit pas avoir les doigts coupés; mais il faut lui faire payer deux cents *panas* d'amende pour l'empêcher d'y revenir.

369. « Si une demoiselle souille une autre demoiselle *par le contact de son doigt*, qu'elle soit condamnée à deux cents *panas* d'amende, qu'elle paye *au père de la jeune fille* le double du présent de noce, et reçoive dix coups de fouet;

370. « Mais une femme qui attente *de la même manière* à la pudeur d'une jeune fille, doit avoir sur-le-champ la tête rasée et les doigts coupés, *suivant les circonstances*, et elle doit être promenée par *les rues*, montée sur un âne.

371. « Si une femme, fière de sa famille et de ses qualités, est infidèle à son époux, que le roi la fasse dévorer par des chiens dans une place très-fréquentée;

372. « Qu'il condamne l'adultère *son complice* à être brûlé sur un lit de fer chauffé à rouge, et que les exécuteurs alimentent sans cesse le feu avec du bois, jusqu'à ce que le pervers soit brûlé.

373. « Un homme déjà reconnu coupable une première fois, et qui au bout d'un an est encore accusé *d'adultère*, doit payer une amende double; *et de même* pour avoir cohabité avec la fille d'un excommunié (Vrâtya), ou avec une femme Tchândâlî.

374. « Le Soûdra qui entretient un commerce criminel avec une femme appartenante à l'une des trois premières classes, gardée *à la maison*, ou non gardée, sera privé du membre *coupable*, et de tout son avoir, si elle n'était pas gardée; si elle l'était, il **perdra tout,** *ses biens et l'existence.*

375. « *Pour adultère avec une femme de la classe des Brâhmanes, qui était gardée*, un Vaisya sera privé de tout son bien après une détention d'une année; un Kchatriya sera condamné à mille *panas* d'amende, et aura la tête rasée et arrosée d'urine *d'âne*;

376. « Mais si un Vaisya ou un Kchatriya a des relations coupables avec une Brâhmanî non gardée *par son mari*, que le roi fasse payer au Vaisya cinq cents *panas* d'amende, et mille au Kchatriya.

377. « Si tous les deux commettent un adultère avec une Brâhmanî gardée par son époux, *et douée de qualités estimables*, ils doivent être punis comme des Soûdras, ou brûlés avec un feu *d'herbes ou de* roseaux.

378. « Un Brâhmane doit être condamné à mille *panas* d'amende, s'il jouit par force d'une Brâhmanî surveillée; il n'en doit payer que cinq cents, si elle s'est prêtée à ses désirs.

379. « Une tonsure ignominieuse est ordonnée au lieu de la peine capitale pour un Brâhmane adultère, dans les cas où la punition des autres classes serait la mort.

380. « Que le roi se garde bien de tuer un Brâhmane, quand même il aurait commis tous les crimes possibles; qu'il le bannisse du royaume en lui laissant tous ses biens, et sans lui faire le moindre mal.

381. « Il n'y a pas dans le monde de plus grande iniquité que le meurtre d'un Brâhmane; c'est pourquoi le roi ne doit pas même concevoir l'idée de mettre à mort un Brâhmane.

382. « Un Vaisya ayant des relations coupables avec une femme gardée appartenante à la classe militaire, et un Kchatriya, avec une femme de la classe commerçante, doivent subir tous les deux la même peine que dans le cas d'une Brâhmanî non gardée.

383. « Un Brâhmane doit être condamné à payer mille *panas*, s'il a un commerce criminel avec des femmes surveillées appartenantes à ces deux classes; pour adultère avec une femme de la classe servile, un Kchatriya et un Vaisya subiront une amende de mille *panas*.

384. « Pour *adultère avec* une femme Kchatriya non gardée, l'amende d'un Vaisya est de cinq cents *panas*; un Kchatriya doit avoir la tête rasée et arrosée d'urine *d'âne*, ou bien payer l'amende.

385. « Un Brâhmane qui entretient un commerce charnel avec une femme non gardée appartenante soit à la classe militaire, soit à la classe commerçante, soit à la classe servile, mérite une amende de cinq cents *panas*; de mille, si la femme est d'une classe mêlée.

386. « Le prince dans le royaume duquel on ne rencontre ni un voleur, ni un adultère, ni un diffamateur ni un homme coupable d'actions violentes

ou de mauvais traitements, partage le séjour de Sakra [1].

387. « La répression de ces cinq individus, dans le pays soumis à la domination d'un roi, lui procure la prééminence sur les hommes du même rang que lui, et répand sa gloire dans ce monde.

388. « Le sacrificateur qui abandonne le prêtre célébrant, et le célébrant qui abandonne le sacrificateur, chacun d'eux étant capable de remplir son devoir, et n'ayant commis aucune faute grave, sont passibles chacun de cent *panas* d'amende.

389. « Une mère, un père, une épouse et un fils, ne doivent pas être délaissés ; celui qui abandonne l'un d'eux, lorsqu'il n'est coupable d'aucun grand crime, doit subir une amende de six cents *panas*.

390. « Lorsque des Dwidjas sont en contestation sur une affaire qui concerne leur ordre, que le roi se garde bien d'interpréter lui-même la loi, s'il désire le salut de son âme.

391. « Après leur avoir rendu les honneurs qui leur sont dus, et les avoir d'abord apaisés par des paroles amicales, que le roi, assisté de plusieurs Brâhmanes, leur fasse connaître leur devoir.

392. « Le Brâhmane qui donne un festin à vingt Dwidjas, et n'invite ni le voisin dont la demeure est à côté de la sienne, ni celui dont la maison est après celle-là, s'ils sont dignes d'être conviés, mérite une amende d'un mâcha *d'argent*.

393. « Un Brâhmane très-versé dans la Sainte Écriture, qui n'invite pas un Brâhmane, *son voisin*, également savant et vertueux, dans des occasions de réjouissance, *comme un mariage*, doit être condamné à payer à ce Brâhmane le double de la valeur du repas, et un mâcha d'or *au roi*.

394. « Un aveugle, un idiot, un homme perclus, un septuagénaire, et un homme qui rend de bons offices aux personnes très-versées dans la Sainte Écriture, ne doivent être soumis par aucun *roi* à un impôt.

395. « Que le roi honore toujours un savant théologien, un malade, un homme affligé, un enfant, un vieillard, un indigent, un homme de noble naissance et un homme respectable par sa vertu.

396. « Un blanchisseur doit laver *le linge des pratiques* petit à petit, sur une planche polie, de bois de sâlmalî [2] ; il ne doit pas mêler les vêtements *d'une personne* avec les vêtements *d'une autre*, ni les faire porter *à quelqu'un*.

397. « Le tisserand à qui on a livré dix palas de *fil de coton*, doit rendre *un tissu pesant* un palas *de plus*, *à cause de l'eau de riz qui entre dedans* ; s'il agit autrement, qu'il paye une amende de douze *panas*.

398. « Que des hommes connaissant bien dans quels cas on peut imposer des droits, et experts en toutes sortes de marchandises, évaluent le prix des marchandises, et que le roi prélève la vingtième partie *du bénéfice*.

399. « Que le roi confisque tout le bien d'un négociant qui, par cupidité, exporte les marchandises dont le commerce a été déclaré réservé au roi, ou dont l'exportation a été défendue.

400. « Celui qui fraude les droits, qui vend ou achète à une heure indue, ou qui donne une fausse évaluation de ses marchandises, doit subir une amende de huit fois la valeur des objets.

401. « Après avoir considéré, pour toutes les marchandises, de quelle distance on les apporte, *si elles viennent d'un pays étranger* ; à quelle distance elles doivent être envoyées, *dans le cas de celles qu'on exporte*; combien de temps on les a gardées, le bénéfice qu'on peut faire, la dépense qu'on a faite, que le roi établisse des règles pour la vente et pour l'achat.

402. « Tous les cinq jours ou à chaque quinzaine, *suivant que le prix des objets est plus ou moins variable*, que le roi règle le prix des marchandises en présence de ces *experts ci-dessus mentionnés*.

403. « Que la valeur des métaux précieux, ainsi que les poids et mesures, soient exactement déterminés par lui, et que tous les six mois il les examine de nouveau.

404. « Le péage *pour traverser une rivière* est d'un pana pour une voiture *vide*, d'un demi-pana pour un homme chargé d'un fardeau, d'un quart *de pana* pour un animal, *comme une vache*, ou pour une femme, d'un huitième pour un homme non chargé.

405. « Les chariots qui portent des balles de marchandises doivent payer le droit en raison de la valeur ; ceux qui n'ont que des caisses vides, peu de chose, de même que les hommes mal vêtus.

406. « Pour un long trajet, que le prix du transport *sur un bateau* soit proportionné aux endroits et aux époques ; mais cela doit s'entendre du trajet sur un fleuve ; pour la mer, il n'y a pas de fret fixé.

407. « Une femme enceinte de deux mois ou plus, un mendiant ascétique, un anachorète, et des Brâhmanes portant les insignes *du noviciat*, ne doivent payer aucun droit pour leur passage.

408. « Lorsque, dans un bateau, un objet quelconque vient à se perdre par la faute des bateliers, ils doivent se cotiser pour en rendre un pareil.

409. « Tel est le règlement qui concerne ceux qui vont en bateau, lorsqu'il arrive malheur par la faute des bateliers dans le trajet ; mais pour un accident inévitable, on ne peut rien faire payer.

410. « Que le roi enjoigne aux Vaisyas de faire le commerce, de prêter de l'argent *à intérêt*, de labou-

---

[1] Sakra est un des noms d'Indra, roi du ciel
[2] *Bombax heptaphyllum*.

rer *la terre*, ou d'élever des bestiaux ; aux Soûdras, de servir les Dwidjas.

411. « Lorsqu'un Kchatriya et un Vaisya se trouvent dans le besoin, qu'un Brâhmane par compassion les soutienne, en leur faisant remplir les fonctions qui leur conviennent.

412. « Le Brâhmane qui, par cupidité, emploie a des travaux serviles des Dwidjas ayant reçu l'investiture, malgré eux et en abusant de son pouvoir, doit être puni par le roi d'une amende de six cents *panas*;

413. « Mais qu'il oblige un Soûdra, acheté ou non acheté, à remplir des fonctions serviles ; car il a été créé pour le service des Brâhmanes par l'Être existant de lui-même.

414. « Un Soûdra, bien qu'affranchi par son maître, n'est pas délivré de l'état de servitude ; car cet état lui étant naturel, qui pourrait l'en exempter ?

415. « Il y a sept espèces de serviteurs, *qui sont*: le captif fait sous un drapeau *ou dans une bataille*, le domestique qui se met au service d'une personne pour qu'on l'entretienne, le serf né *d'une femme esclave* dans la demeure du maître, celui qui a été acheté ou donné, celui qui a passé du père au fils, celui qui est esclave par punition, *ne pouvant pas acquitter une amende*.

416. « Une épouse, un fils et un esclave, sont déclarés par la loi ne rien posséder par eux-mêmes ; tout ce qu'ils peuvent acquérir est la propriété de celui dont ils dépendent.

417. « Un Brâhmane, *s'il est dans le besoin*, peut en toute sûreté de conscience s'approprier le bien d'un Soûdra, son esclave, *sans que le roi doive le punir ;* car un esclave n'a rien qui lui appartienne en propre, et ne possède rien dont son maître ne puisse s'emparer.

418. « Que le roi mette tous ses soins à obliger les Vaisyas et les Soûdras de remplir leurs devoirs ; car si ces hommes s'écartaient de leurs devoirs, ils seraient capables de bouleverser le monde.

419. « Que tous les jours le roi s'occupe de mettre à fin les affaires commencées, et qu'il s'informe de l'état de ses équipages, des revenus et des dépenses fixes, du produit des mines et de son trésor.

420. « C'est en décidant toutes les affaires de la manière qui a été prescrite, que le roi évite toute faute et parvient à la condition suprême. »

LIVRE NEUVIÈME.

LOIS CIVILES ET CRIMINELLES ; DEVOIRS DE LA CLASSE COMMERÇANTE ET DE LA CLASSE SERVILE.

1. « Je vais déclarer les devoirs immémoriaux d'un homme et d'une femme qui restent fermes dans le sentier légal, soit séparés, soit réunis.

2. « Jour et nuit, les femmes doivent être tenues dans un état de dépendance par leurs protecteurs ; et même, lorsqu'elles ont trop de penchant pour les plaisirs *innocents et légitimes*, elles doivent être soumises par ceux dont elles dépendent à leur autorité.

3. « Une femme est sous la garde de son père pendant son enfance, sous la garde de son mari pendant sa jeunesse, sous la garde de ses enfants dans sa vieillesse ; elle ne doit jamais se conduire à sa fantaisie.

4. « Un père est répréhensible s'il ne donne pas *sa fille en mariage* dans le temps convenable ; un mari est répréhensible s'il ne s'approche point de sa femme *dans la saison favorable ;* après la mort du mari, un fils est répréhensible s'il ne protége pas sa mère.

5. « On doit surtout s'attacher à garantir les femmes des *mauvais* penchants, même les plus faibles ; si les femmes n'étaient pas surveillées, elles feraient le malheur des deux familles.

6. « Que les maris, quelque faibles qu'ils soient considérant que c'est une loi suprême pour toutes les classes, aient grand soin de veiller sur la conduite de leurs femmes.

7. « En effet, un époux préserve sa lignée, ses coutumes, sa famille, lui-même et son devoir, en préservant son épouse.

8. « Un mari, en fécondant le sein de sa femme, y renaît sous la forme d'un fœtus, et l'épouse est nommée DJAYA, parce que son mari naît (djâyaté) en elle une seconde fois.

9. « Une femme met toujours au monde un fils doué des mêmes qualités que celui qui l'a engendré ; c'est pourquoi, afin d'assurer la pureté de sa lignée, un mari doit garder sa femme avec attention.

10. « Personne ne parvient à tenir les femmes dans le devoir par des moyens violents ; mais on y réussit parfaitement avec le secours des expédients qui suivent :

11. « Que le mari assigne pour fonctions à sa femme la recette des revenus et la dépense, la purification *des objets et du corps*, l'accomplissement de son devoir, la préparation de la nourriture et l'entretien *des ustensiles* du ménage.

12. « Renfermées dans leur demeure, sous la garde

d'hommes fidèles et dévoués, les femmes ne sont pas en sûreté; celles-là seulement sont bien en sûreté qui se gardent elles-mêmes de leur propre volonté.

13. « Boire des liqueurs enivrantes, fréquenter mauvaise compagnie, se séparer de son époux, courir d'un côté et d'un autre, se livrer au sommeil *à des heures indues*, et demeurer dans la maison d'un autre, sont six actions déshonorantes pour des femmes mariées.

14. « De telles femmes n'examinent pas la beauté, elles ne s'arrêtent pas à l'âge; que leur amant soit beau ou laid, *peu importe;* c'est un homme, et elles en jouissent.

15. « A cause de leur passion pour les hommes, de l'inconstance de leur humeur, et du manque d'affection qui leur est naturel, on a beau, ici-bas, les garder avec vigilance, elles sont infidèles à leurs époux.

16. « Connaissant ainsi le caractère qui leur a été donné au moment de la création par le Seigneur des créatures, que les maris mettent la plus grande attention à les surveiller.

17. « Manou a donné en partage aux femmes l'amour de leur lit, de leur siége et de la parure, la concupiscence, la colère, les mauvais penchants, le désir de faire du mal, et la perversité.

18. « Aucun sacrement n'est, pour les femmes, accompagné de prières (Mantras), ainsi l'a prescrit la loi; privées de la connaissance des lois et des prières *expiatoires*, les femmes *coupables* sont la fausseté même : telle est la règle établie.

19. « En effet, on lit dans les Livres saints plusieurs passages qui démontrent leur véritable naturel; connaissez maintenant ceux des *Textes sacrés* qui peuvent servir d'expiation :

20. » Ce sang que ma mère, infidèle à son époux, « a souillé en allant dans la maison d'un autre, « que mon père le purifie! » Telle est la teneur de la formule sacrée *que doit réciter le fils qui connaît la faute de sa mère.*

21. « Si une femme a pu concevoir en son esprit une pensée quelconque préjudiciable à son époux, cette prière a été déclarée la parfaite expiation de cette faute *pour le fils, et non pour la mère.*

22. « Quelles que soient les qualités d'un homme auquel une femme est unie par un mariage légitime, elle acquiert elle-même ces qualités, de même que la rivière par son union avec l'Océan.

23. « Akchamâlâ, femme d'une basse naissance, étant unie à Vasichtha, et Sârangî étant unie à Mandapâla[1], obtinrent un rang très-honorable.

24. « Ces femmes-là, et d'autres encore, également de basse extraction, sont parvenues dans le monde à l'élévation par les vertus de leurs seigneurs.

25. « Telles sont les pratiques toujours pures de la conduite civile de l'homme et de la femme; apprenez les lois qui concernent les enfants, et desquelles dépend la félicité dans ce monde et dans l'autre.

26. « Les femmes qui s'unissent à leurs époux dans le désir d'avoir des enfants, qui sont parfaitement heureuses, dignes de respect, et qui font l'honneur de leurs maisons, sont véritablement les Déesses de la fortune; il n'y a aucune différence.

27. « Mettre au jour des enfants, les élever lorsqu'ils sont venus au monde, s'occuper chaque jour des soins domestiques : tels sont les devoirs des femmes.

28. « De la femme seule procèdent les enfants, l'accomplissement des devoirs pieux, les soins empressés, le plus délicieux plaisir, et le ciel[1] pour les Mânes des ancêtres et pour *le mari* lui-même.

29. « Celle qui ne trahit pas son mari, et dont les pensées, les paroles et le corps sont purs, parvient *après sa mort* au même séjour que son époux, et est appelée vertueuse par les gens de bien;

30. « Mais, par une conduite coupable envers son époux, une femme est, dans ce monde, en butte à l'ignominie; *après sa mort*, elle renaîtra dans le ventre d'un chacal, et sera affligée de maladies, *comme la consomption pulmonaire et l'éléphantiasis.*

31. « Connaissez maintenant, relativement aux enfants, cette loi salutaire qui concerne tous les hommes, et qui a été déclarée par les Sages et par les Maharchis nés dès le principe.

32. « Ils reconnaissent l'enfant mâle comme le fils du seigneur *de la femme;* mais la Sainte Écriture présente, relativement au seigneur, deux opinions : suivant les uns, le seigneur est celui qui a engendré l'enfant; suivant les autres, c'est celui à qui appartient la mère.

33. « La femme et considérée par la loi comme le champ, et l'homme comme la semence; c'est par la coopération du champ et de la semence qu'a lieu la naissance de tous les êtres animés.

34. « Dans certains cas, le pouvoir prolifique du mâle a une importance spéciale; dans d'autres cas, c'est la matrice de la femelle : lorsqu'il y a égalité dans les pouvoirs, la race qui en provient est très-estimée.

35. « Si l'on compare le pouvoir procréateur mâle avec le pouvoir femelle, le mâle est déclaré supérieur, car la progéniture de tous les êtres animés est distinguée par les marques du pouvoir mâle.

36. « Quelle que soit l'espèce de graine que l'on jette dans un champ préparé dans la saison conve-

---

[1] Les hommes ne sont admis dans le séjour céleste qu'autant qu'ils laissent après eux des enfants pour offrir le Srâddha ou service funèbre, qui assure la félicité des âmes dans l'autre monde

---

[1] Mandapâla, saint ou Richi

nable, cette semence se développe en une plante de la même espèce, douée de qualités visibles particulières.

37. « Sans aucun doute, cette terre est appelée la matrice primitive des êtres; mais la semence, dans sa végétation, ne déploie aucune des propriétés de la matrice.

38. « Sur cette terre, dans le même champ cultivé, des semences de différentes sortes, semées en temps convenable par les laboureurs, se développent selon leur nature.

39. « Les diverses espèces de riz[1], le moudga[2], le sésame, le mâcha[3], l'orge, l'ail et la canne à sucre, poussent suivant la nature des semences.

40. « Qu'on sème une plante, et qu'il en vienne une autre, c'est ce qui ne peut pas arriver; quelle que soit la graine que l'on sème, celle-là seule se développe.

41. « En conséquence, l'homme de bon sens, bien élevé, versé dans les Védas et les Angas, et qui désire une longue existence, ne doit jamais répandre sa semence dans le champ d'un autre.

42. « Ceux qui sont instruits des temps passés répètent des vers à ce sujet chantés par Vâyou, qui montrent qu'on ne doit pas jeter sa semence dans le champ d'autrui.

43. « De même que la flèche du chasseur est lancée en pure perte dans la blessure qu'un autre chasseur a faite à l'antilope, de même la semence répandue par un homme dans le champ d'un autre est aussitôt perdue pour lui.

44. « Les Sages qui connaissent les temps anciens regardent toujours cette terre (Prithivî) comme l'épouse du roi Prithou[4], et ils ont décidé que le champ cultivé est la propriété de celui qui *le premier* en a coupé le bois *pour le défricher*, et la gazelle, celle du chasseur qui l'a blessée mortellement[5].

45. « Celui-là seul est un homme parfait qui se compose de *trois personnes réunies, savoir :* sa femme, lui-même et son fils; et les Brâhmanes ont déclaré cette maxime : « Le mari ne fait qu'une même personne avec son épouse. »

46. « Une femme ne peut être affranchie de l'autorité de son époux, ni par vente ni par abandon ; nous reconnaissons ainsi la loi autrefois promulguée par le Seigneur des créatures (Pradjâpati).

47. « Une seule fois est fait le partage d'une succession; une seule fois une jeune fille est donnée en mariage; une seule fois le père dit : « Je l'accorde : » telles sont les trois choses qui, pour les gens de bien, sont faites une fois pour toutes.

48. « Le *propriétaire du* mâle qui a engendré avec des vaches, des juments, des chameaux femelles, des filles esclaves, des buffles femelles, des chèvres et des brebis, n'a aucun droit sur la progéniture; la même chose a lieu pour les femmes des autres hommes.

49. « Ceux qui ne possèdent point de champ, mais qui ont des semences, et vont les répandre dans la terre d'autrui, ne retirent aucun profit du grain qui vient à pousser.

50. « Si un taureau engendre cent veaux en s'accouplant avec les vaches des autres, ces veaux appartiennent aux propriétaires des vaches, et le taureau a inutilement répandu sa semence.

51. « Ainsi, ceux qui, n'ayant pas de champ[1], jettent leur semence dans le champ d'autrui, travaillent pour le propriétaire; l'ensemenceur, *dans ce cas*, ne retire aucun profit *de sa semence.*

52. « A moins que, relativement au produit, le propriétaire du champ et celui de la semence n'aient fait une convention particulière, le produit appartient évidemment au maître du champ; la terre[2] est plus importante que la semence;

53. « Mais lorsque, par un pacte spécial, on donne un champ pour l'ensemencer, le produit est, dans ce monde, déclaré la propriété commune du propriétaire de la semence et du maître du champ.

54. « L'homme dans le champ duquel une graine apportée par l'eau ou par le vent vient à pousser, garde pour lui la plante qui en provient; celui qui n'a fait que semer *dans le terrain d'un autre* ne récolte aucun fruit.

55. « Telle est la loi concernant les petits des vaches, des juments, des femmes esclaves, des femelles du chameau, des chèvres, des brebis, des poules et des femelles du buffle.

56. « Je vous ai déclaré l'importance et la non-importance du champ et de la semence; maintenant je vais vous exposer la loi qui concerne les femmes n'ayant pas d'enfants.

57. « La femme d'un frère aîné est considérée comme la belle-mère d'un jeune frère, et la femme du plus jeune comme la belle-fille de l'aîné.

58. « Le frère aîné qui connaît charnellement la femme de son jeune frère, et le jeune frère la femme de son aîné, sont dégradés, bien qu'ils y aient été invités *par le mari ou par des parents*, à moins que le mariage ne soit stérile.

59. « Lorsqu'on n'a pas d'enfants, la progéniture que l'on désire peut être obtenue par l'union de l'épouse, convenablement autorisée, avec un frère ou un autre parent (sapinda).

---

[1] Le texte en cite deux, nommées *vrîhi* et *sâli.*
[2] *Phaseolus mungo.*
[3] *Phaseolus radiatus.*
[4] Voyez ci-dessus, Liv. VII, st. 42.
[5] De même, à cause de l'antériorité, l'enfant appartient à l'époux de la femme, et non à celui qui en est le véritable père.

[1] Ceci doit s'entendre de ceux qui ne sont pas mariés, et qui ont des liaisons avec les femmes des autres hommes.
(*Commentaire*)

[2] Littéralement *la matrice.*

60. « Arrosé de beurre liquide et gardant le silence, que le parent chargé de cet office, en s'approchant, pendant la nuit, d'une veuve *ou d'une femme sans enfants*, engendre un seul fils, mais jamais un second.

61. « Quelques-uns de ceux qui connaissent à fond cette question, se fondant sur ce que le but de cette disposition peut n'être pas parfaitement atteint *par la naissance d'un seul enfant*, sont d'avis que les femmes peuvent légalement engendrer *de cette manière* un second fils.

62. « L'objet de cette commission une fois obtenu, suivant la loi, que les deux personnes, *le frère et la belle-sœur*, se comportent, l'une à l'égard de l'autre, comme un père et une belle-fille.

63. « Mais un frère, *soit l'aîné, soit le jeune*, qui, chargé de remplir ce devoir, n'observe pas la règle prescrite, et ne pense qu'à satisfaire ses désirs, sera dégradé dans les deux cas : *s'il est l'aîné*, comme ayant souillé la couche de sa belle-fille ; *s'il est le jeune frère*, celle de son père spirituel.

64. « Une veuve, *ou une femme sans enfants*, ne doit pas être autorisée par des Dwidjas à concevoir du fait d'un autre ; car ceux qui lui permettent de concevoir du fait d'un autre, violent la loi primitive.

65. « Il n'est question en aucune manière d'une pareille commission dans les passages de la Sainte Écriture qui ont rapport au mariage, et dans les lois nuptiales il n'est pas dit qu'une veuve puisse contracter une autre union.

66. « En effet, cette pratique, qui ne convient qu'à des animaux, a été blâmée hautement par les Brâhmanes instruits ; cependant elle est dite avoir eu cours parmi les hommes, sous le règne de Véna.

67. « Ce roi qui réunit autrefois toute la terre sous sa domination, et qui fut *regardé, à cause de cela seulement, comme* le plus distingué des Râdjarchis [1], ayant l'esprit troublé par la concupiscence, fit naître le mélange des classes.

68. « Depuis ce temps, les gens de bien désapprouvent l'homme qui, par égarement, invite une veuve, *ou une femme stérile, à recevoir les caresses d'un autre homme pour* avoir des enfants.

69. » Toutefois, lorsque le mari d'une jeune fille vient à mourir après les fiançailles, que le propre frère *du mari* la prenne pour femme, selon la règle suivante :

70. « Après avoir épousé, suivant le rite, cette jeune fille, *qui doit être* vêtue d'une robe blanche, et pure dans ses mœurs, que toujours il s'approche d'elle une fois dans la saison favorable, jusqu'à ce qu'elle ait conçu.

[1] Râdjarchi, saint personnage ou Richi de la classe royale.

71. « Qu'un homme de sens, après avoir accordé sa fille à quelqu'un, ne s'avise point de la donner à un autre ; car en donnant sa fille lorsqu'il l'a déjà accordée, il est aussi coupable que celui qui a porté un faux témoignage dans une affaire relative à des hommes [1].

72. « Même après l'avoir épousée régulièrement, un homme doit abandonner une jeune fille ayant des marques funestes, ou malade, ou polluée, ou qu'on lui a fait prendre par fraude.

73. « Si un homme donne en mariage une fille ayant quelque défaut, sans en prévenir, l'époux peut annuler l'acte du méchant qui lui a donné cette jeune fille.

74. « Lorsqu'un mari a des affaires *en pays étranger*, qu'il ne s'absente qu'après avoir assuré à sa femme des moyens d'existence : car une femme, même vertueuse, affligée par la misère, peut commettre une faute.

75. « Si, avant de partir, son mari lui a donne de quoi subsister, qu'elle vive en menant une conduite austère ; s'il ne lui a rien laissé, qu'elle gagne sa vie en exerçant un métier honnête, *comme celui de filer*.

76. « Lorsque son mari est parti pour aller remplir un devoir pieux, qu'elle l'attende pendant huit ans ; lorsqu'il s'est absenté pour des motifs de science ou de gloire, qu'elle l'attende pendant six ans ; pour son plaisir, pendant trois ans seulement ; *après ce terme, qu'elle aille le retrouver*.

77. « Durant une année entière, qu'un mari supporte l'aversion de sa femme ; mais après une année, *si elle continue à le haïr*, qu'il prenne ce qu'elle possède en particulier, *lui donne seulement de quoi subsister et se vêtir*, et cesse d'habiter avec elle.

78. « La femme qui néglige un mari passionné *pour le jeu*, aimant les liqueurs spiritueuses, ou affligé d'une maladie, doit être abandonnée pendant trois mois, et privée de ses parures et de ses meubles.

79. « Mais celle qui a de l'aversion pour un mari insensé, ou coupable de grands crimes, ou eunuque, ou impuissant, ou affligé soit d'éléphantiasis, soit de consomption pulmonaire, ne doit être ni abandonnée ni privée de son bien.

80. « Une femme adonnée aux liqueurs enivrantes, ayant de mauvaises mœurs, toujours en contradiction *avec son mari*, attaquée d'une maladie *incurable comme la lèpre*, d'un caractère méchant, et qui dissipe son bien, doit être remplacée par une autre femme [2].

81. « Une femme stérile doit être remplacée la huitième année ; celle dont les enfants sont tous

[1] Voyez ci-dessus, Liv. VIII, st. 98.
[2] Littéralement, *suspendue de ses fonctions.* — Son mari peut épouser une autre femme. (*Commentaire*.)

motrs, la dixième; celle qui ne met au monde *que des filles*, la onzième; celle qui parle avec aigreur, sur-le-champ;

82. « Mais celle qui, bien que malade, est bonne et de mœurs vertueuses, ne peut être remplacée par une autre qu'autant qu'elle y consent, et ne doit jamais être traitée avec mépris.

83. « La femme remplacée légalement, qui abandonne avec colère la maison de son mari, doit à l'instant être détenue ou répudiée en présence de la famille réunie.

84. « Celle qui, après en avoir reçu la défense, boit, dans une fête, des liqueurs enivrantes, ou fréquente les spectacles et les assemblées, sera punie d'une amende de six krichnalas.

85. « Si des Dwidjas prennent des femmes dans leur propre classe et dans les autres, la préséance, les égards et le logement doivent être réglés d'après l'ordre des classes.

86. « Pour tous les Dwidjas, une femme de la même classe, et non une femme d'une classe différente, doit vaquer aux soins officieux qui concernent la personne du mari, et remplir les actes religieux de chaque jour.

87. « Mais celui qui, follement, fait remplir ces devoirs par une autre, lorsqu'il a près de lui une femme de sa classe, de tout temps a été considéré comme un Tchandâla engendré par une Brâhmanî et un Soûdra.

88. « C'est à un jeune homme distingué, d'un extérieur agréable, et de la même classe, qu'un père doit donner sa fille en mariage, suivant la loi, quoiqu'elle n'ait pas encore atteint l'âge *de huit ans, auquel on doit la marier.*

89. « Il vaut mieux, pour une demoiselle en âge d'être mariée, rester dans la maison *paternelle* jusqu'à sa mort, que d'être jamais donnée par son père à un époux dépourvu de *bonnes* qualités.

90. « Qu'une fille quoique nubile attende pendant trois ans; mais après ce terme qu'elle se choisisse un mari du même rang qu'elle-même.

91. « Si une jeune fille n'étant pas donnée en mariage prend de son propre mouvement un époux, elle ne commet aucune faute, non plus que celui qu'elle va trouver.

92. « La demoiselle qui se choisit un mari ne doit pas emporter avec elle les parures qu'elle a reçues de son père, de sa mère ou de ses frères; si elle les emporte, elle commet un vol.

93. « Celui qui épouse une fille nubile ne donnera pas de gratification au père; car le père a perdu toute autorité sur sa fille, en retardant pour elle le moment de devenir mère.

94. « Un homme de trente ans doit épouser une fille de douze ans, qui lui plaise; un homme de vingt-quatre ans, une fille de huit; *s'il a fini plus tôt son* noviciat, pour que l'accomplissement de ses devoirs *de maître de maison* ne soit pas retardé, qu'il se marie promptement.

95. « Lors même que le mari prend une femme qui lui est donnée par les Dieux, et pour laquelle il n'a pas d'inclination, il doit toujours la protéger, si elle est vertueuse, afin de plaire aux Dieux.

96. « Les femmes ont été créées pour mettre au jour des enfants, et les hommes, pour les engendrer; en conséquence, des devoirs communs, qui doivent être accomplis *par l'homme* de concert avec la femme, sont ordonnés dans le Véda.

97. « Si une gratification a été donnée pour *obtenir la main d'*une demoiselle, et si le prétendu vient à mourir *avant la consommation du mariage*, la demoiselle doit être mariée au frère du prétendu, quand elle y consent.

98. « Un Soûdra même ne doit point recevoir de gratification en donnant sa fille en mariage; car le père qui reçoit une gratification, vend sa fille d'une manière tacite.

99. « Mais ce que les gens de bien anciens et modernes n'ont jamais fait, c'est, après avoir promis une jeune fille à quelqu'un, de la donner à un autre;

100. « Et, même dans les créations précédentes, nous n'avons jamais entendu dire qu'il y ait eu de vente tacite d'une fille, au moyen d'un payement appelé gratification, *faite par un homme de bien*.

101. « Qu'une fidélité mutuelle se maintienne jusqu'à la mort, tel est, en somme, le principal devoir de la femme et du mari.

102. « C'est pourquoi un homme et une femme unis par le mariage, doivent bien se garder d'être jamais désunis, et de se manquer de foi l'un à l'autre.

103. « Le devoir plein d'affection de l'homme et de la femme vient de vous être déclaré, ainsi que le moyen d'avoir des enfants en cas de stérilité du mariage; apprenez maintenant comment doit se faire le partage d'une succession.

104. « Après la mort du père et de la mère, que les frères, s'étant rassemblés, se partagent également entre eux le bien de leurs parents, *lorsque le frère aîné renonce à son droit*; ils n'en sont pas maîtres pendant la vie de ces deux personnes, *à moins que le père n'ait préféré partager le bien lui-même;*

105. « *Mais* l'aîné, *lorsqu'il est éminemment vertueux*, peut prendre possession du patrimoine en totalité, et les autres frères doivent vivre sous sa tutelle, comme ils vivaient sous *celle de* leur père.

106. « Au moment de la naissance de l'aîné, *avant même que l'enfant ait reçu les sacrements*, un homme devient père et acquitte sa dette à l'égard de ses ancêtres [1], le fils aîné doit donc tout avoir.

[1] Les ancêtres de celui qui n'a pas de fils pour accomplir le Srâddha en 'eur honneur, sont exclus du séjour celeste.

107. « Le fils par la naissance duquel un homme acquitte sa dette et obtient l'immortalité, a été engendré pour l'accomplissement du devoir ; les Sages considèrent les autres comme nés de l'amour.

108. « Que le frère aîné, *lorsque le bien n'est pas partagé*, ait pour ses jeunes frères l'affection d'un père pour ses fils ; ils doivent, suivant la loi, se comporter envers lui comme à l'égard d'un père.

109. « L'aîné fait prospérer la famille ou la détruit, *suivant qu'il est vertueux ou pervers* ; l'aîné dans ce monde est le plus respectable ; l'aîné n'est pas traité avec mépris par les gens de bien.

110. « Le frère aîné qui se conduit ainsi qu'un aîné doit le faire, est *à révérer* comme un père, comme une mère ; s'il ne se conduit pas comme un frère aîné, on doit le respecter comme un parent.

111. « Que les frères vivent réunis, ou bien séparés, s'ils ont le désir d'accomplir *séparément* les devoirs pieux ; par la séparation, les actes pieux sont multipliés ; la vie séparée est donc vertueuse.

112. « Il faut prélever pour l'aîné le vingtième *de l'héritage* avec le meilleur de tous les meubles ; pour le second, la moitié de cela, *ou un quarantième* ; pour le plus jeune, le quart, *ou un quatre-vingtième*.

113. « Que l'aîné et le plus jeune prennent chacun leur portion comme il a été dit ; et que ceux qui sont entre eux deux aient chacun une part moyenne, *ou un quarantième*.

114. « De tous les biens réunis que le premier né prenne le meilleur, tout ce qui est excellent dans son genre, et le meilleur de dix *bœufs ou autres bestiaux, s'il l'emporte sur ses frères en bonnes qualités* ;

115. « Mais il n'y a pas de prélèvement du meilleur de dix *animaux*, parmi des frères également habiles à remplir leurs devoirs ; seulement, on doit donner quelque peu de chose à l'aîné comme un témoignage de respect.

116. « Si l'on fait un prélèvement de la manière susdite, que le reste soit divisé en parts égales ; mais si rien n'est prélevé, que la distribution des parts s'opère de la manière suivante :

117. « Que l'aîné ait une part double, le second fils, une part et demie, *s'ils surpassent les autres en vertu et en savoir*, et que les jeunes frères aient chacun une part *simple* : telle est la loi établie.

118. « Que les frères donnent, chacun sur leur lot, des portions à leurs sœurs *par la même mère et non mariées, afin qu'elles puissent se marier*; qu'ils donnent le quart de leur part ; ceux qui le refusent seront dégradés.

119. « Un seul bouc, un seul mouton ou un seul animal au pied non fourchu ne peut pas être partagé, *c'est-à-dire, vendu pour qu'on en partage la valeur* ; un bouc ou un mouton qui reste *après la distribution des parts*, doit appartenir à l'aîné.

120. « Si un jeune frère, *après y avoir été autorisé*, a engendré un fils en cohabitant avec la femme de son frère aîné décédé [1], le partage doit être également *entre ce fils qui représente son père, et son père naturel, qui est en même temps son oncle, sans prélèvement* : telle est la règle établie.

121. « Le représentant, *fils de la veuve et du jeune frère*, ne peut pas être substitué à l'héritier principal, *qui est le frère aîné mort, relativement au droit de recevoir une portion prélevée sur l'héritage, outre la part simple* ; l'héritier principal est devenu père en conséquence de la procréation *d'un fils par son jeune frère* ; ce fils ne doit recevoir, suivant la loi, qu'une portion égale *à celle de son oncle, et non une double portion*.

122. « Un jeune fils étant né d'une femme mariée la première, et un aîné d'une femme mariée en dernier lieu, on peut être en doute sur la manière dont le partage doit se faire.

123. « Que le fils né de la première femme prenne un excellent taureau prélevé sur l'héritage, les autres taureaux de moindre qualité sont ensuite pour ceux qui lui sont inférieurs du côté de leurs mères *mariées plus tard*.

124. « Que le fils né le premier et qui a été mis au monde par une femme mariée la première, prenne quinze *vaches* et un taureau, *lorsqu'il est savant et vertueux*, et que les autres fils prennent ce qui reste, chacun suivant *le droit que lui transmet sa mère* : telle est la décision.

125. « Comme parmi des fils nés de mères égales en rang, sans aucune *autre* distinction, il n'y a pas de primauté du côté de la mère, la primauté est déclarée dépendre de la naissance.

126. « Le droit d'invoquer *Indra*, dans les *prières appelées* Swabrâhmanyâs, est alloué à celui qui est venu au monde le premier ; et lorsque, parmi différentes femmes, il naît deux jumeaux, la primauté est reconnue appartenir au premier né.

127. « Celui qui n'a point d'enfant mâle peut charger sa fille, de la manière suivante, de lui élever un fils, *en se disant* : « que l'enfant mâle qu'elle « mettra au monde devienne le mien et accomplisse « en mon honneur la cérémonie funèbre. »

128. « C'est de cette manière qu'autrefois le Pradjâpati Dakcha lui-même destina ses *cinquante* filles à lui donner des fils, pour l'accroissement de sa race.

129. « Il en donna dix à Dharma [2], treize à Kasyapa [3], et vingt-sept [4] à Soma, roi *des Brâhmanes*

---

[1] Voyez ci-dessus, st. 59 et 60.
[2] Dharma est un des noms de Yama ; ainsi appelé comme Dieu de la justice.
[3] Kasyapa est un saint personnage, fils de Maritchi, qui est considéré comme le père des Dieux et des Asouras, et de plusieurs divinités inférieures. Parmi les filles de Dakcha, épouses de Kasyapa, les principales sont : Aditi, mère des Adityas ou Dévas, et Diti, mère de Daityas.
[4] Ces vingt-sept filles de Dakcha, épouses de Soma (*Lu-*

et des *herbes médicinales*, en les gratifiant *de parures* avec une parfaite satisfaction.

130. « Le fils d'un homme est comme lui-même, et une fille *chargée de l'office désigné* est comme un fils : qui donc pourrait recueillir l'héritage d'un homme *qui ne laisse pas de fils*, lorsqu'il a une fille qui ne fait qu'une même âme avec lui ?

131. « Tout ce qui a été donné à la mère lors de son mariage, revient par héritage à sa fille *non mariée*; et le fils d'une fille *mis au monde pour l'objet ci-dessus mentionné*, héritera de tout le bien du père de sa mère mort sans enfant mâle.

132. « Que le fils d'une fille *marié dans l'intention susdite* prenne tout le bien de son grand-père maternel mort sans enfant mâle, et qu'il offre deux gâteaux funèbres, l'un à son propre père, l'autre à son aïeul maternel.

133. « Entre le fils d'un fils et le fils d'une fille *ainsi mariée*, il n'y a, dans ce monde, aucune différence, suivant la loi, puisque le père *du premier* et la mère *du second* sont tous deux nés du même homme.

134. « Si, après qu'une fille a été chargée de produire *pour son père* un enfant mâle, il naît un fils *à cet homme*, dans ce cas que le partage de la succession soit égal ; car il n'y a pas de droit d'aînesse pour une femme.

135. « Si une fille ainsi chargée par son père de lui donner un fils, vient à mourir sans avoir mis au monde un enfant mâle, le mari de cette fille peut se mettre en possession de tout son bien, sans hésiter.

136. « Que la fille ait reçu la commission susdite *en présence du mari*, ou non (*le père ayant formé ce projet sans le déclarer*), si elle a un fils par *son union* avec un mari du même rang qu'elle, l'aïeul maternel, par la naissance de cet enfant, devient le père d'un fils, et ce fils doit offrir le gâteau funèbre, et hériter du bien.

137. « Par un fils, un homme gagne les mondes célestes; par le fils d'un fils, il obtient l'immortalité; par le fils de ce petit-fils, il s'élève au séjour du soleil.

138. « Par la raison que le fils délivre son père du séjour infernal appelé Pout, il a été appelé Sauveur de l'enfer (Pouttra) par Brahmâ lui-même.

139. « Dans le monde, il n'y a aucune différence entre le fils d'un fils et celui d'une fille *chargée de l'office mentionné*; le fils d'une fille délivre son grand-père dans l'autre monde, aussi bien que le fils d'un fils.

140. « Que le fils d'une fille *mariée pour le motif susdit*, offre le premier gâteau funèbre à sa mère, le second au père de sa mère, et le troisième à son bisaïeul maternel.

141. « Lorsqu'un fils doué de toutes les vertus a été donné à un homme *de la manière qui sera exposée*, ce fils, quoique sorti d'une autre famille, doit recueillir l'héritage *tout entier, à moins qu'il n'y ait un fils légitime ; car, dans ce cas, il ne peut avoir que la sixième partie.*

142. « Un fils donné *à une autre personne* ne fait plus partie de la famille de son père naturel, et ne doit pas hériter de son bien; le gâteau funèbre suit la famille et le patrimoine; pour celui qui a donné son fils, il n'y a plus d'oblation funèbre *faite par ce fils.*

143. « Le fils d'une femme non autorisée à avoir un enfant d'un autre homme, et le fils engendré par le frère du mari avec une femme qui a un enfant mâle, ne sont pas aptes à hériter, l'un étant l'enfant d'un adultère, l'autre étant produit par la luxure.

144. « Le fils d'une femme, même autorisée, mais qui n'a pas été engendré selon les règles [1], n'a pas de droits à l'héritage paternel ; car il a été engendré par un homme dégradé [2] ;

145. « Mais le fils engendré, *suivant les règles prescrites*, par une femme autorisée, *s'il est doué de bonnes qualités*, doit hériter, *sous tous les rapports*, comme un fils engendré par le mari; car, *dans ce cas*, la semence et le produit appartiennent de droit au propriétaire du champ.

146. « Celui qui prend sous sa garde les biens *meubles et immeubles* d'un frère mort et sa femme, après avoir procréé un enfant pour son frère, doit remettre à ce fils tout le bien qui lui revient, *lorsqu'il entre dans sa seizième année.*

147. Lorsqu'une femme, sans y être autorisée [3], obtient un fils, par un commerce *illégal* avec le frère de son mari, ou tout autre parent; ce fils né de l'amour a été déclaré par les Sages impropre à hériter, et né en vain.

148. « Ce règlement *qui vient d'être énoncé* ne doit s'entendre que d'un partage entre des fils nés de femmes de la même classe ; apprenez maintenant la loi qui concerne les fils mis au monde par plusieurs femmes de classes différentes.

149. « Si un Brâhmane à quatre femmes *appartenantes aux quatre classes* dans l'ordre direct, et si elles ont toutes des fils, voici quelle est la règle prescrite pour le partage :

150. Le valet de charrue, le taureau qui sert à

---

[1] Voyez ci-dessus, st. 60.
[2] *Ibid.* st. 63.
[3] Ou, suivant une autre leçon préférée par William Jones et M. Colebrooke : « Quand une femme, même étant légalement autorisée, engendre un fils avec le frère ou tout autre parent de son mari, le fils, s'il a été engendré par *un homme animé* d'un désir *impudique*, a été déclaré par les Sages impropre à hériter, et né en vain. (*Digest*, III, 199.)

---

nus), sont les Nymphes qui président aux vingt-sept astérismes lunaires.

féconder les vaches, le chariot, les joyaux et le principal logis doivent être prélevés sur l'héritage, et donnés au fils de la femme Brâhmanî, avec une part plus grande, à cause de sa supériorité.

151. « Que le Brâhmane prenne trois parts sur le reste de la succession ; que le fils de la femme Kchatriyâ prenne deux parts ; celui de la Vaisyâ, une part et demie ; celui de la Soûdrâ, une part simple.

152. « Ou bien, un homme versé dans la loi doit diviser tout le bien en dix parts, *sans que rien soit prélevé*, et faire une distribution légale de la manière suivante :

153. « Que le fils de la Brâhmanî prenne quatre parts ; le fils de la Kchatriyâ, trois ; le fils de la Vaisyâ, deux ; et le fils de la Soûdrâ, une seule :

154. « Mais, qu'un Brâhmane ait ou n'ait pas de fils *nés de femmes appartenantes aux trois classes régénérées*, la loi défend de donner au fils d'une Soûdrâ plus de la dixième portion du bien.

155. « Le fils d'un Brâhmane, d'un Kchatriya ou d'un Vaisya par une femme Soûdrâ, n'est pas admis à hériter, *à moins qu'il ne soit vertueux, ou que sa mère n'ait été légitimement mariée* ; mais ce que son père lui donne lui appartient en propre.

156. « Tous les fils de Dwidjas, nés de femmes appartenantes à la même classe que leurs maris, doivent partager l'héritage également, après que les plus jeunes ont donné à l'aîné son lot prélevé.

157. « Il est ordonné à un Soûdra d'épouser une femme de sa classe et non une autre ; tous les enfants qui naissent d'elle doivent avoir des parts égales, quand même il y aurait une centaine de fils.

158. « De ces douze fils des hommes que Manou Swâyambhouva (issu de l'Être existant de lui-même) a distingués, six sont parents et héritiers *de la famille*, et six non héritiers, mais parents.

159. « Le fils engendré par le mari lui-même en *légitime mariage*, le fils de sa femme *et de son frère suivant le mode indiqué ci-dessus* [1], un fils donné, un fils adopté, un fils né clandestinement *ou dont le père est inconnu*, et un fils rejeté *par ses parents naturels*, sont tous les six parents et héritiers *de la famille*.

160. « Le fils d'une demoiselle non mariée, celui d'une épousée enceinte, un fils acheté, le fils d'une femme mariée deux fois, un fils qui s'est donné lui-même, et le fils d'une Soûdrâ, sont parents tous les six, mais non héritiers.

161. « L'homme qui passe au travers de l'obscurité infernale, ne laissant après lui que des fils méprisables, *comme les onze derniers*, a le même sort que celui qui passe l'eau dans une mauvaise barque.

[1] Voyez st. 59 et 60.

162. « Si un homme a pour héritiers de son bien un fils légitime, et un fils de sa femme et d'un parent, *né avant le fils légitime, pendant une maladie de cet homme, laquelle avait été considérée comme incurable*, que chacun de ces deux fils, à l'exclusion de l'autre, prenne possession du bien de son père naturel.

163. « Le fils légitime d'un homme est seul maître du bien paternel ; mais, pour prévenir le mal, qu'il assure aux autres fils des moyens d'existence.

164. « Lorsque le fils légitime a fait l'évaluation du bien paternel, qu'il en donne au fils de la femme *et d'un parent* la sixième partie, ou la cinquième, *s'il est vertueux*.

165. « Le fils légitime et le fils de l'épouse peuvent hériter immédiatement du bien paternel *de la manière indiquée ci-dessus*, mais les dix autres fils dans l'ordre énoncé (*celui qui suit étant exclu par celui qui précède*) n'héritent que des devoirs de la famille, et d'une part de la succession.

166. « Le fils qu'un homme engendre lui-même avec la femme à laquelle il est uni par le sacrement *du mariage*, étant légitime (ôrasa) [1], doit être reconnu comme le premier en rang.

167. « Celui qui est engendré, suivant les règles prescrites, par la femme d'un homme mort, impuissant ou malade, *laquelle est* autorisée *à cohabiter avec un parent*, est dit le fils de l'épouse (kchétradja) [2].

168. « On doit reconnaître comme fils donné, celui qu'un père et une mère, *d'un consentement mutuel*, donnent en faisant une libation d'eau [3], à une personne qui n'a point de fils, l'enfant étant de la même classe que cette personne, et témoignant de l'affection.

169. « Lorsqu'un homme prend pour fils un jeune garçon de la même classe que lui, qui connaît l'avantage *de l'observation des cérémonies funèbres*, et le mal *résultant de leur omission*, et doué de toutes les qualités estimées dans un fils, cet enfant est appelé fils adoptif [4].

170. « Si un enfant vient au monde dans la demeure de quelqu'un, sans qu'on sache quel est son père, cet enfant né clandestinement dans la maison, appartient au mari de la femme qui l'a mis au monde.

171. « L'enfant qu'un homme reçoit comme son propre fils, après qu'il a été abandonné par le père et la mère, ou par l'un des deux, *l'autre étant mort*, est appelé fils rejeté.

[1] Littéralement, *né de sa poitrine* (ouras).
[2] Littéralement, *né dans le champ du mari*.
[3] Ou peut-être mieux : en faisant une invocation aux Divinités des eaux. Cette interprétation, que je dois à M. Langlois, est fondée sur un passage du *Harivansa*, grand poème mythologique et historique, dont M. Langlois imprime en ce moment la traduction.
[4] Littéralement, *fils factice* (kritrima).

172. « Lorsqu'une fille accouche secrètement d'un fils dans la maison de son père, cet enfant, qui devient celui de l'homme que cette fille épouse, doit être désigné par la dénomination de fils d'une demoiselle.

173. « Si une femme enceinte se marie, que sa grossesse soit connue ou non, l'enfant mâle qu'elle porte dans son sein appartient au mari, et il est dit reçu avec l'épouse.

174. « L'enfant qu'un homme désireux d'avoir un fils *qui accomplisse le service funèbre en son honneur*, achète de son père ou de sa mère, est appelé fils acheté, qu'il lui soit égal ou non *en bonnes qualités* ; *l'égalité sous le rapport de la classe étant exigée pour tous ces fils*.

175. « Lorsqu'une femme abandonnée de son époux, ou veuve, en se remariant de son plein gré, met au jour un enfant mâle, il est appelé fils d'une femme remariée.

176. « Si elle est encore vierge, *quand elle se marie pour la seconde fois*, ou si après avoir quitté un mari *tout jeune pour suivre un autre homme*, elle revient auprès de lui, elle doit renouveler la cérémonie du mariage avec l'époux qu'elle prend en secondes noces, *ou avec le jeune mari auprès duquel elle revient*.

177. « L'enfant qui a perdu son père et sa mère, ou qui a été sans motif abandonné par eux, et qui s'offre de son propre mouvement à quelqu'un, est dit donné de lui-même.

178. « L'enfant qu'un Brâhmane engendre par luxure *en s'unissant* avec une femme de la classe servile, quoique jouissant de la vie (pârayan), est comme un cadavre (sava); c'est pourquoi il est appelé cadavre vivant (pârasava).

179. « Le fils engendré par un Soûdra et par une femme son esclave, ou par l'esclave femelle de son esclave mâle, peut recevoir une part de l'héritage, s'il y est autorisé *par les fils légitimes* : telle est la loi établie.

180. « Les onze fils qui viennent d'être énumérés, à commencer par le fils de l'épouse, ont été déclarés par les législateurs, aptes à représenter successivement le fils légitime, pour prévenir la cessation de la cérémonie funèbre.

181. « Ces *onze* fils, ainsi appelés parce qu'ils peuvent être substitués au fils légitime, et qui doivent la vie à un autre homme, sont réellement les fils de celui qui leur a donné la naissance, et non d'aucun autre ; *aussi ne doit-on les prendre pour fils qu'au défaut d'un fils légitime ou du fils d'une fille*.

182. « Si parmi plusieurs frères de père et de mère, il en est un qui obtient un fils, Manou les a tous déclarés pères d'un enfant au moyen de ce fils; c'est-à-dire, qu'alors les oncles de cet enfant ne doivent pas adopter d'autres fils ; *qu'il recueille leur héritage, et leur offre le gâteau funèbre*.

183. « *Semblablement*, si, parmi les femmes du même mari, une d'elles donne naissance à un fils, toutes, au moyen de ce fils, ont été déclarées par Manou, mères d'un enfant mâle.

184. « Au défaut de chacun des premiers dans l'ordre *parmi ces douze fils*, celui *qui suit et qui est inférieur* doit recueillir l'héritage; mais s'il en existe plusieurs de même condition, ils doivent tous avoir part au bien.

185. « Ce ne sont point les frères, ni les père et mère, mais les fils *légitimes et leurs enfants, ou à leur défaut les autres fils* qui doivent hériter d'un père; que la fortune d'un homme qui ne laisse point de fils, *de fille ni de veuve*, retourne à son père, et à ses frères *au défaut du père et de la mère*.

186. « Des libations d'eau doivent être faites pour trois ancêtres ; *savoir, le père, le grand-père paternel et le bisaïeul* ; un gâteau doit leur être offert à tous trois : la quatrième personne *dans la descendance* est celle qui leur offre *ces oblations, et qui hérite de leur bien au défaut d'héritier plus proche* ; la cinquième personne ne participe pas à l'oblation.

187. « Au plus proche parent (sapinda)[1], *mâle ou femelle*, appartient l'héritage *de la personne décédée*; au défaut *des sapindas et de leur lignée*, le samânodaka, *ou parent éloigné*, sera l'héritier ou bien le précepteur spirituel, ou l'élève *du défunt*.

188. « Au défaut de toutes ces personnes, des Brâhmanes versés dans les trois Livres saints, purs *d'esprit et de corps*, et maîtres de leurs passions, sont appelés à hériter, *et doivent en conséquence offrir le gâteau;* de cette manière, les devoirs funèbres ne peuvent pas cesser.

189. « La propriété des Brâhmanes ne doit jamais revenir au roi : telle est la règle établie ; mais, dans les autres classes, au défaut de tout héritier, que le roi se mette en possession du bien.

190. « Si la veuve d'un homme mort sans enfants conçoit un enfant mâle en cohabitant avec un parent, qu'elle donne à ce fils, *lors de sa majorité*, ce que son mari possédait.

191. « Si deux fils nés de la même mère et de deux *maris différents, morts successivement*, sont en contestation pour leur patrimoine qui est entre les mains de leur mère, que chacun, à l'exclusion de l'autre, prenne possession du bien de son propre père.

192. « A la mort de la mère, que les frères utérins et les sœurs utérines *non mariées* se parta-

---

[1] La qualité de *sapinda*, dans ce cas, s'étend seulement jusqu'à la quatrième personne ou jusqu'au troisième degré dans la descendance. (*Digest of Hindu Law*, vol. III, p. 11.)

gent également le bien maternel, *les sœurs mariées reçoivent un présent proportionné au bien;*

193. « Et même, si elles ont des filles, il est à propos de leur donner quelque chose de la fortune de leur grand-mère maternelle, par motif d'affection.

194. « Le bien séparé d'une femme est de six espèces, savoir : ce qui lui a été donné devant le feu nuptial; ce qu'on lui a donné au moment de son départ pour la maison de son mari; ce qui lui a été donné en signe d'affection; ce qu'elle a reçu de son frère, de sa mère ou de son père.

195. « Les présents qu'elle a reçus, après son mariage, *de la famille de son mari, ou de sa propre famille*, ou ceux que son mari lui a faits par amitié, doivent appartenir après sa mort à ses enfants, même du vivant de son époux.

196. « Il a été décidé que tout ce que possède une jeune femme mariée suivant les modes de Brahmâ, des Dieux, des Saints, des Musiciens célestes, ou des Créateurs[1], doit revenir à son mari, si elle meurt sans laisser de postérité.

197. « Mais il est ordonné que toute la fortune qui a pu lui être donnée à un mariage selon le mode des mauvais Génies, ou selon les deux autres modes, devienne le partage du père et de la mère, si elle meurt sans enfants.

198. « Tout le bien qui peut avoir été donné, n'importe dans quel temps, par son père, à une femme *de l'une des trois dernières classes, et dont le mari, qui est un Brâhmane, a d'autres femmes,* doit revenir, *si elle meurt sans postérité,* à la fille d'une Brâhmanî ou à ses enfants.

199. « Une femme ne peut rien mettre à part *pour elle,* des biens de la famille qui sont communs à elle et à plusieurs autres parents, non plus que la fortune de son mari, sans sa permission.

200. « Les parures portées par des femmes pendant la vie de leurs maris, ne doivent pas être partagées par les héritiers des maris entre eux; s'ils en font le partage, ils sont coupables.

201. « Les eunuques, les hommes dégradés, les aveugles et les sourds de naissance, les fous, les idiots, les muets et les estropiés ne sont point admis à hériter;

202. « Mais il est juste que tout homme sensé qui hérite leur donne, autant qu'il est en son pouvoir, de quoi subsister et se couvrir jusqu'à la fin de leurs jours; s'il ne le faisait pas, il serait criminel.

203. « Si, parfois, il prend fantaisie à l'eunuque et aux autres de se marier, s'ils ont des enfants, *la femme de l'eunuque ayant conçu du fait d'un autre homme suivant les règles prescrites,* ces enfants sont aptes à hériter.

204. « Après la mort du père, si le frère aîné vivant en commun avec ses *frères,* fait quelque gain *par son labeur,* les jeunes frères doivent en avoir leur part, s'ils s'appliquent à l'étude de la science sacrée;

205. « Et s'ils sont tous étrangers à l'étude de la science et font des bénéfices par leur travail, que le partage *de ces profits* soit égal entre eux, puisque cela ne vient pas du père : telle est la décision.

206. « Mais la richesse acquise par le savoir appartient exclusivement à celui qui l'a gagnée, de même qu'une chose donnée par un ami, ou reçue à l'occasion d'un mariage, ou présentée comme offrande hospitalière.

207. « Si l'un des frères est en état d'amasser de la fortune par sa profession, et n'a pas besoin du bien *de son père,* il doit renoncer à sa part après qu'on lui a fait un léger présent, *afin que par la suite ses enfants ne puissent pas élever de réclamation.*

208. « Ce qu'un frère a gagné à force de peine sans nuire au bien paternel, il ne doit pas le donner contre sa volonté, puisqu'il l'a acquis par son propre labeur.

209. « Lorsqu'un père parvient à recouvrer, *par ses efforts,* un bien que son propre père n'avait pas pu ravoir, qu'il ne le partage pas contre son gré avec ses fils, puisque c'est par lui-même qu'il a été acquis.

210. « Si des frères, après s'être séparés d'abord, se réunissent ensuite pour vivre en commun, puis font un second partage, que les parts soient égales; il n'y a pas dans ce cas de droit d'aînesse.

211. « *Au moment d'un partage,* si l'aîné ou le plus jeune de plusieurs frères est privé de sa part, *parce qu'il embrasse la vie de dévot ascétique,* ou si l'un d'eux vient à mourir, sa part ne doit pas être perdue;

212. « Mais que ses frères utérins qui ont réuni leurs parts en commun, et ses sœurs utérines s'assemblent et divisent entre eux sa part, *s'il ne laisse ni femme ni enfants, et si le père et la mère sont morts.*

213. « Un frère aîné qui, par cupidité, fait tort à ses jeunes frères, est privé de *l'honneur attaché à* la primogéniture, ainsi que de sa part, et doit être puni par le roi d'une amende.

214. « Tous les frères qui sont adonnés à quelque vice perdent leurs droits à l'héritage, et l'aîné ne doit pas s'approprier tout le bien sans rien donner à ses jeunes frères.

215. « Si des frères, vivant en commun *avec leur père,* réunissent leurs efforts pour la même entreprise, le père ne doit jamais faire de parts inégales, *en partageant le bénéfice.*

216. « Que le fils né après un partage *du bien*

---

[1] Voyez ci-dessus, Liv. III, st. 21 et suiv.

fait par le père, de son vivant, prenne possession de la part de son père, ou bien, si les frères *qui avaient partagé avec leur père* ont de nouveau réuni leurs lots au sien, qu'il partage avec eux.

217. « Si un fils meurt sans enfants *et sans laisser de femme*, le père ou la mère doit hériter de sa fortune; la mère elle-même étant morte, que la mère du père *ou le grand-père paternel* prenne le bien *au défaut de frères et de neveux*.

218. « Lorsque toutes les dettes et tous les biens ont été convenablement distribués suivant la loi, tout ce qui vient à être découvert par la suite doit être réparti de la même manière.

219. « Des vêtements, des voitures et des parures *d'une valeur médiocre, dont tel ou tel héritier se servait avant le partage,* du riz préparé, l'eau *d'un puits*, des esclaves femelles, les conseillers spirituels ou les prêtres de la famille, et les pâturages pour les bestiaux ont été déclarés ne pouvoir pas être partagés, *mais devoir être employés comme auparavant.*

220. « La loi des héritages et les règles qui concernent les fils, à commencer par celui de l'épouse, viennent de vous être exposées successivement; connaissez la loi qui a rapport au jeux de hasard.

221. « Le jeu et les paris doivent être proscrits par le roi dans son royaume; car ces deux coupables pratiques causent aux princes la perte de leurs royaumes.

222. « Le jeu et les paris sont des vols manifestes; aussi le roi doit-il faire tous ses efforts pour y mettre obstacle.

223. « Le jeu ordinaire est celui pour lequel on emploie des objets inanimés *comme des dés;* on appelle pari (samâhwaya)[1] le jeu auquel on fait servir des êtres animés *comme des coqs, des béliers,* et *que précède une gageure.*

224. « Celui qui s'adonne au jeu ou bien aux paris, et celui qui en fournit le moyen *en tenant une maison de jeu,* doivent être punis corporellement par le roi; de même que les Soûdras qui portent les insignes des Dwidjas.

225. « Les joueurs, les danseurs et les chanteurs publics, les hommes qui décrient les Livres saints, les religieux hérétiques, les hommes qui ne remplissent pas les devoirs de leur classe et les marchands de liqueurs doivent être chassés de la ville à l'instant.

226. « Lorsque ces voleurs secrets sont répandus dans le royaume d'un souverain, par leurs actions perverses ils vexent continuellement les honnêtes gens.

227. « Autrefois, dans une création précédente, le jeu fut reconnu comme un grand mobile de haine; en conséquence, l'homme sage ne doit pas se livrer au jeu, même pour s'amuser.

228. « Que l'homme qui, en secret ou en public, s'adonne au jeu, subisse le châtiment qu'il plaira au roi d'infliger.

229. « Tout homme appartenant aux classes militaire, commerçante et servile, qui ne peut pas payer une amende, doit s'acquitter par son travail; un Brâhmane la payera petit à petit.

230. « Que la peine infligée par le roi aux femmes, aux enfants, aux fous, aux gens âgés, aux pauvres et aux infirmes, soit *d'être frappés* avec un fouet ou une tige de bambou, *ou d'être attachés avec* des cordes.

231. « Le roi doit confisquer tous les biens des ministres qui, chargés des affaires publiques et enflammés de l'orgueil de leurs richesses, ruinent les affaires de ceux qui les soumettent à leur décision.

232. « Que le roi mette à mort ceux qui font de faux édits, ceux qui causent des dissensions parmi les ministres, ceux qui tuent des femmes, des enfants ou des Brâhmanes, et ceux qui sont d'intelligence avec les ennemis.

233. « Toute affaire qui, à une époque quelconque, a été conduite à son terme et jugée, doit, si la loi a été suivie, être considérée par le roi comme terminée; qu'il ne la fasse pas recommencer;

234. « Mais quelle que soit l'affaire qui ait été décidée injustement par les ministres ou par le juge, que le roi la réexamine lui-même, et les condamne à une amende de mille *panas*.

235. « Le meurtrier d'un Brâhmane, le buveur de liqueurs fermentées[1], l'homme qui a volé *de l'or appartenant à un Brâhmane*, et celui qui souille la couche de son maître spirituel *ou de son père*, doivent tous être considérés comme coupables chacun d'un grand crime.

236. « Si ces quatre hommes ne font pas une expiation, que le roi leur inflige justement un châtiment corporel avec une amende.

237. « Pour avoir souillé le lit de son maître spirituel, qu'on imprime *sur le front du coupable une marque représentant* les parties naturelles de la femme; pour avoir bu des liqueurs spiritueuses, *une marque représentant* le drapeau d'un distillateur; pour avoir volé *l'or d'un prêtre*, le pied d'un chien; pour le meurtre d'un Brâhmane, *la figure d'un homme sans tête.*

238. « On ne doit ni manger avec ces hommes, ni sacrifier avec eux, ni étudier avec eux, ni s'allier par le mariage avec eux; qu'ils errent sur la terre

---

[1] Le mot *samâhwaya* signifie littéralement *provocation;* c'est l'action d'exciter des animaux les uns contre les autres, et de les faire battre pour son plaisir.

[1] Il est défendu aux Kchatriyas et aux Vaisyas de boire de l'esprit de riz; aux Brâhmanes, de boire de l'esprit de riz, de la liqueur extraite du madhouka, et de l'esprit de sucre. (*Commentaire.*)

dans un état misérable, exclus de tous les devoirs sociaux.

239. « Ces hommes marqués de signes flétrissants doivent être abandonnés par leurs parents paternels et maternels, et ne méritent ni compassion ni égards : telle est l'injonction de Manou.

240. « *Des criminels de* toutes les classes, qui font l'expiation que prescrit la loi, ne doivent pas être marqués au front par ordre du roi ; qu'ils soient seulement condamnés à l'amende la plus élevée.

241. « Pour *les* crimes *ci-dessus énoncés*, commis par un Brâhmane *jusqu'alors recommandable par ses bonnes qualités*, l'amende moyenne doit lui être infligée ; ou bien, *s'il a agi avec préméditation*, qu'il soit banni du royaume, *et prenne* avec *lui* ses effets et sa famille ;

242. « Mais des hommes des autres classes ayant commis ces crimes sans préméditation, doivent perdre tous leurs biens, et être *exilés ou même* mis à mort, si le crime a été prémédité.

243. « Qu'un prince vertueux ne s'approprie pas le bien d'un grand criminel ; si par cupidité il s'en empare, il est souillé du même crime.

244. « Ayant jeté cette amende dans l'eau, qu'il l'offre à Varouna, ou bien qu'il la donne à un Brâhmane vertueux et imbu de la Sainte Écriture.

245. « Varouna est le seigneur du châtiment, il étend son pouvoir même sur les rois, et un Brâhmane parvenu au terme des études sacrées est le seigneur de cet univers.

246. « Partout où un roi s'abstient de prendre pour lui le bien des criminels, il naît dans le temps convenable des hommes destinés à jouir d'une longue existence ;

247. « Le grain des laboureurs y pousse en abondance, selon qu'il a été semé par chacun d'eux ; les enfants ne meurent pas *dans leurs premières années*, et il ne vient au monde aucun monstre.

248. « Si un homme de la basse classe se plaît à tourmenter des Brâhmanes, que le roi le punisse au moyen de divers châtiments corporels, propres à inspirer la terreur.

249. « On considère comme aussi injuste pour un roi de laisser aller un coupable, que de condamner un innocent : la justice consiste à appliquer la peine conformément à la loi.

250. « Les règles d'après lesquelles on doit prononcer sur une affaire judiciaire entre deux contestants, vous ont été exposées en détail sous dix-huit chefs.

251. « Un roi remplissant ainsi parfaitement les devoirs imposés par la loi, doit chercher, *en se conciliant l'affection des peuples*, à posséder les pays qui ne lui sont pas soumis, et les gouverner convenablement lorsqu'il les a en son pouvoir.

252 « S'étant établi dans une contrée florissante, et ayant mis ses forteresses en état de défense, suivant les préceptes de l'art, qu'il fasse les plus grands efforts pour extirper les scélérats [1].

253. « En protégeant les hommes qui se conduisent honorablement et en punissant les méchants, les rois qui ont pour unique pensée le bonheur des peuples, parviennent au paradis ;

254. « Mais lorsqu'un souverain perçoit le revenu royal sans veiller à la répression des voleurs, ses États sont agités par des troubles, et lui-même est exclu du séjour céleste.

255. « Tout au contraire, lorsque le royaume d'un prince, placé sous la sauvegarde de son bras puissant, jouit d'une sécurité profonde, ce royaume prospère sans cesse, comme un arbre que l'on arrose avec soin.

256. « Que le roi, employant comme espions ses propres yeux, distingue bien deux sortes de voleurs : les uns se montrent en public, les autres se cachant, et qui enlèvent le bien d'autrui ;

257. « Les voleurs publics sont ceux qui subsistent en vendant différentes choses *d'une manière frauduleuse* ; les voleurs cachés sont ceux qui s'introduisent secrètement *dans une maison par une brèche faite à un mur*, les brigands vivant dans les forêts, et autres.

258. « Les hommes qui se laissent corrompre par des présents, ceux qui extorquent de l'argent par des menaces, les falsificateurs, les joueurs, les diseurs de bonne aventure, les faux honnêtes gens, les chiromanciens,

259. « Les dresseurs d'éléphants et les charlatans qui ne font pas ce qu'ils promettent de faire, les hommes qui exercent à tort les arts libéraux, et les adroites courtisanes :

260. « Tels sont, avec d'autres encore, les voleurs qui se montrent en public ; que, dans ce monde, le roi sache les distinguer, ainsi que les autres qui se cachent pour agir ; hommes méprisables qui portent les insignes des gens d'honneur.

261. « Après les avoir découverts, par le secours de personnes sûres, déguisées, et qui *en apparence* exercent la même profession qu'eux, et par des espions répandus de tous côtés, qu'il les attire et se rende maître d'eux.

262. « Après avoir proclamé complètement les mauvaises actions de chacun de ces misérables, que le roi leur inflige une peine exactement proportionnée à leurs forfaits et à leurs facultés.

263. « Car sans le châtiment il est impossible de réprimer les délits des voleurs aux intentions perverses, qui se répandent furtivement dans ce monde.

264. « Les places fréquentées, les fontaines publiques, les boulangeries, les maisons de courti-

---

[1] Littéralement, *pour enlever les épines.*

sanes, les boutiques de distillateurs, les maisons de traiteurs, les endroits où quatre routes se rencontrent, les grands arbres consacrés, les assemblées et les spectacles,

265. « Les anciens jardins royaux, les forêts, les maisons des artisans, les bâtiments déserts, les bois et les parcs :

266. « Tels sont les lieux, ainsi que d'autres de ce genre, que le roi doit faire surveiller par des sentinelles et des patrouilles, et par des espions, afin d'écarter les voleurs.

267. « Par le moyen d'espions adroits, ayant été voleurs, qui s'associent avec les voleurs, les accompagnent, et sont bien au fait de leurs différentes pratiques, qu'il les découvre et les fasse sortir de leurs retraites.

268. « Sous les divers prétextes d'un festin composé de mets délicats, d'une entrevue avec un Brâhmane *qui assurera le succès de leur entreprise*, ou d'un spectacle de tours de force, que les espions parviennent à réunir tous ces hommes.

269. « Que le roi s'empare à force ouverte de ceux qui, *dans la crainte d'être arrêtés*, ne vont pas à ces réunions, et de ceux qui se sont engagés avec les anciens voleurs au service du roi, *et ne se réunissent pas à eux ;* qu'il les mette à mort, ainsi que leurs amis, et leurs parents paternels et maternels *s'ils sont d'intelligence avec eux*.

270. « Qu'un prince juste ne fasse pas mourir un voleur, à moins qu'il ne soit pris avec l'objet dérobé *et les instruments du vol ;* si on le prend avec ce qu'il a enlevé et les outils dont il s'est servi, qu'il le fasse mourir sans hésiter.

271. « Qu'il condamne également à mort tous ceux qui, dans les villages *et dans les villes*, donnent des vivres aux voleurs, leur fournissent des instruments et leur offrent un asile.

272. « Si les hommes qui sont chargés de la garde de certains cantons, ou ceux du voisinage qui ont été désignés, restent neutres pendant les attaques des voleurs, que le roi les punisse sur-le-champ comme tels.

273. « Si l'homme qui subsiste en accomplissant *pour les autres* des pratiques pieuses, s'écarte de son devoir particulier, que le roi le punisse sévèrement d'une amende comme un misérable qui enfreint son devoir.

274. « Lorsqu'un village est pillé *par des voleurs*, lorsque des digues sont rompues ou lorsque des brigands se montrent sur le grand chemin, ceux qui ne s'empressent pas d'accourir au secours doivent être bannis, emportant avec eux ce qu'ils possèdent.

275. « Que le roi fasse périr par divers supplices les gens qui dérobent son trésor, ou refusent de lui obéir, ainsi que ceux qui encouragent les ennemis.

276 « Si des voleurs, après avoir fait une brèche à un mur[1], commettent un vol pendant la nuit, que le roi ordonne de les empaler sur un dard aigu, après leur avoir fait trancher les deux mains.

277. « Qu'il fasse couper deux doigts à un coupeur de bourses[2] pour le premier vol ; pour récidive, un pied et une main ; pour une troisième fois, qu'il le condamne à mort.

278. « Ceux qui donnent aux voleurs du feu et de la nourriture, leur fournissent des armes ou un logement, et recèlent les objets dérobés, doivent être punis par le roi comme des voleurs.

279. « Que le roi fasse noyer dans l'eau celui qui rompt la digue d'un étang *et occasionne la perte des eaux*, ou lui fasse trancher la tête ; ou bien, si le coupable répare le dégât, qu'il soit condamné à l'amende la plus élevée[3].

280. « Le roi doit faire périr sans hésiter ceux qui pratiquent une brèche à l'hôtel du trésor public, à l'arsenal, ou bien à une chapelle, ou qui volent des éléphants, des chevaux ou des chars *appartenants au roi*.

281. « L'homme qui détourne à son profit *une partie de* l'eau d'un ancien étang, ou bien arrête le courant d'un ruisseau, doit être condamné à payer l'amende au premier degré.

282. « Celui qui dépose ses ordures sur la route royale, sans une nécessité urgente, doit payer deux kârchâpanas, et nettoyer sur-le-champ l'endroit qu'il a sali ;

283. « Un malade, un vieillard, une femme enceinte et un enfant doivent seulement être réprimandés et nettoyer la place : telle est l'ordonnance.

284. « Tous les médecins et chirurgiens qui exercent mal leur art méritent une amende ; elle doit être du premier degré pour *un cas relatif à* des animaux, du second degré pour des hommes.

285. « Celui qui brise un pont, un drapeau, une palissade ou des idoles *d'argile*, doit réparer tout le dégât, et payer cinq cents *panas*.

286. « Pour avoir mêlé des marchandises de mauvaise qualité avec des marchandises de bon aloi, pour avoir percé des pierres précieuses, et pour avoir perforé maladroitement *des perles*, on doit subir l'amende au premier degré, *et payer le dommage*.

287. « Celui qui donne à des acheteurs payant le même prix, des choses de qualité différente, *les unes bonnes, les autres mauvaises*, et celui qui vend la même chose à des prix différents, doivent, *selon les circonstances*, payer la première amende ou l'amende moyenne.

---

[1] Voyez, dans le troisième acte du *Mrittchhacati*, le détail des procédés employés par les voleurs pour pratiquer une brèche.

[2] Littéralement, *coupeur de nœuds ;* ou, plus exactement encore, *défaiseur de nœuds*. Les Indiens portent leur argent dans un nœud fait à l'un des coins de leur vêtement.

[3] Voyez Liv. VIII, st. 138.

288. « Que le roi place toutes les prisons sur la voie publique, afin que les criminels, affligés et hideux, soient exposés aux regards de tous.

289. « Qu'il bannisse sur-le-champ celui qui renverse un mur, celui qui comble des fossés, et celui qui brise des portes, *lorsque ces objets sont du domaine public ou royal.*

290. « Pour tous les sacrifices dont le but est de faire périr un innocent, une amende de deux cents panas doit être imposée, de même que pour les conjurations magiques et pour les sortiléges de toute espèce, lorsque ces actes pervers n'ont pas réussi.

291. « Celui qui vend de mauvaise graine comme bonne, ou qui place la bonne graine en dessus *pour cacher la mauvaise*, et celui qui détruit la marque des limites, doivent subir un châtiment qui les défigure;

292. « Mais le plus pervers de tous les fourbes est un orfévre qui commet une fraude; que le roi le fasse couper par morceaux avec des rasoirs.

293. « Pour vol d'instruments de labourage, d'armes et de médicaments, que le roi applique une peine en ayant égard au temps et à l'utilité *des objets.*

294. « Le roi, son conseil, sa capitale, son territoire, son trésor, son armée et ses alliés, sont les sept parties dont se compose le royaume, qui, pour cela, est dit formé de sept membres (Saptânga).

295. « Parmi les sept membres d'un royaume, ainsi énumérés par ordre, on doit considérer la ruine du premier comme une plus grande calamité *que la ruine de celui qui vient après dans l'énumération, et ainsi de suite.*

296. « Entre les sept pouvoirs dont la réunion forme ici-bas un royaume, et qui se soutiennent réciproquement comme les trois bâtons d'un dévot ascétique *qui sont liés ensemble, et dont aucun ne dépasse l'autre*, il n'y a aucune supériorité née de la prééminence des qualités.

297. « Cependant, certains pouvoirs sont plus estimés pour certains actes, et le pouvoir par lequel une affaire est mise à exécution est préférable dans cette affaire particulière.

298. « En se servant d'émissaires, en déployant sa puissance, en s'occupant des affaires publiques, que le roi cherche toujours à reconnaître sa force et celle de son ennemi.

299. « Après avoir mûrement considéré les calamités et les désordres *qui affligent ses États et ceux de l'étranger*, et leur plus ou moins grande importance, qu'il mette à exécution ce qu'il a résolu.

300. « Qu'il recommence ses opérations à plusieurs reprises, quelque fatigué qu'il puisse être, car la fortune s'attache toujours à l'homme entreprenant et doué de persévérance.

301. « Tous les âges appelés Krita, Trétâ, Dwâpara et Kali[1], dépendent de la conduite du roi, en effet le roi est dit *représenter* un de ces âges.

302. « Lorsqu'il dort, il est l'âge Kali; lorsqu'il s'éveille, l'âge Dwâpara; lorsqu'il agit avec énergie, l'âge Trétâ; lorsqu'il fait le bien, l'âge Krita.

303. « Un roi, par sa puissance et par ses actions, doit se montrer l'émule d'Indra, d'Arka[2], de Yama, de Varouna, de Tchandra, d'Agni et de Prithivî.

304. « De même que, pendant les quatre mois pluvieux, Indra verse l'eau du ciel en abondance, de même, que le roi, imitant les actes du Souverain des nuages, répande sur ses peuples une pluie de bienfaits.

305. « De même que, pendant huit mois, Aditya absorbe l'eau par ses rayons, de même, que le roi tire de son royaume le revenu légal, par un acte semblable à celui du soleil.

306. « De même que Mârouta[3] s'introduit et circule dans toutes les créatures, de même le roi, à l'instar du Dieu du vent, doit pénétrer partout, au moyen de ses émissaires.

307. « Ainsi que Yama, lorsque le temps est venu, punit amis et ennemis, *ou ceux qui le respectent et ceux qui le méprisent*, de même, que le roi punisse ses sujets *criminels* à l'exemple du juge des enfers.

308. « De même que Varouna ne manque jamais d'enlacer *le coupable* dans ses liens, de même, que le prince condamne les méchants à la détention, à l'instar du Dieu des eaux.

309. « Le roi à la vue duquel ses sujets éprouvent autant de plaisir qu'en regardant le disque de Tchandra dans son plein, représente le Régent de la lune.

310. « Qu'il soit toujours armé de courroux et d'énergie contre les criminels, qu'il soit impitoyable à l'égard des mauvais ministres, il remplira ainsi les fonctions d'Agni.

311. « De même que Dharâ[4] porte également toutes les créatures, de même le roi qui soutient tous les êtres remplit un office semblable à celui de la Déesse de la terre.

312. « S'appliquant sans relâche à ces devoirs et à d'autres encore, que le souverain réprime les voleurs qui résident dans ses États et ceux qui demeurent sur le territoire des autres princes, *et viennent infester le sien.*

313. « Dans quelque détresse qu'il se trouve, il doit bien se garder d'irriter les Brâhmanes *en prenant leurs biens*; car, une fois irrités, ils le détruiraient sur-le-champ avec son armée et ses équi-

---

[1] Voyez LIV. 1, st. 70, 81 et suiv.
[2] Arka, un des noms du soleil (Soûrya).
[3] Mârouta, un des noms de Vâyou.
[4] Dharâ, un des noms de Prithivî.

pages, *par leurs imprécations et leurs sacrifices magiques.*

314. « Qui pourrait ne pas être détruit après avoir excité la colère de ceux qui ont créé, *par le pouvoir de leurs imprécations,* le feu[1] qui dévore tout, l'Océan avec ses eaux amères[2] et la lune[3], dont la lumière s'éteint et se ranime tour à tour[4]?

315. « Quel est le prince qui prospérerait en opprimant ceux qui, dans leur courroux, pourraient former d'autres mondes et d'autres régents des mondes[5], et changer des Dieux en mortels?

316. « Quel homme, désireux de vivre, voudrait faire du tort à ceux par le secours desquels, *au moyen de leurs oblations,* le monde et les Dieux subsistent perpétuellement, et qui ont pour richesse le savoir divin?

317. « Instruit ou ignorant, un Brâhmane est une divinité puissante, de même que le feu consacré ou non consacré est une puissante divinité.

318. « Doué d'un pur éclat, le feu, même dans les places où l'on brûle les morts, n'est pas souillé, et il flambe ensuite avec une plus grande activité pendant les sacrifices, quand on y jette du beurre clarifié.

319. « Ainsi, lors même que les Brâhmanes se livrent à toutes sortes de vils emplois, ils doivent constamment être honorés; car ils ont en eux quelque chose d'éminemment divin.

320. « Si un Kchatriya se porte à des excès d'insolence à l'égard des Brâhmanes en toute occasion, qu'un Brâhmane le punisse *en prononçant contre lui une malédiction ou une conjuration magique;* car le Kchatriya tire son origine du Brâhmane.

321. « Des eaux procède le feu; de la classe sacerdotale, la classe militaire; de la pierre, le fer; leur pouvoir qui pénètre tout s'amortit contre ce qui les a produits.

322. « Les Kchatriyas ne peuvent pas prospérer sans les Brâhmanes; les Brâhmanes ne peuvent pas s'élever sans les Kchatriyas; en s'unissant, la classe sacerdotale et la classe militaire s'élèvent dans ce monde et dans l'autre.

323. « Après avoir donné aux Brâhmanes toutes les richesses qui sont le produit des amendes légales, que le roi, *lorsque sa fin approche,* abandonne à son fils le soin du royaume, et aille chercher la mort dans un combat; *ou, s'il n'y a pas de guerre, qu'il se laisse mourir de faim.*

324. « Se conduisant de la manière prescrite, et s'appliquant toujours aux devoirs d'un roi, que le monarque enjoigne à ses ministres de travailler au bonheur du peuple.

325. « Telles sont les règles immémoriales concernant la conduite des princes, exposées sans aucune omission; que l'on apprenne maintenant successivement quelles sont les règles qui regardent la classe commerçante et la classe servile.

326. « Le Vaisya, après avoir reçu le sacrement *de l'investiture du cordon sacré,* et après avoir épousé une femme *de la même classe que lui,* doit toujours s'occuper avec assiduité de sa profession et de l'entretien des bestiaux.

327. « En effet, le Seigneur des créatures, après avoir produit les animaux utiles, en confia le soin au Vaisya, et plaça toute la race humaine sous la tutelle du Brâhmane et du Kchatriya.

328. « Qu'il ne prenne jamais à un Vaisya la fantaisie de dire : « Je ne veux plus avoir soin des bestiaux; » et lorsqu'il est disposé à s'en occuper, aucun autre homme ne doit jamais en prendre soin.

329. « Qu'il soit bien informé de la hausse et de la baisse du prix des pierres précieuses, des perles, du corail, du fer, des tissus, des parfums et des assaisonnements;

330. « Qu'il soit bien instruit de la manière dont il faut semer les graines, et des bonnes ou mauvaises qualités des terrains; qu'il connaisse aussi parfaitement le système complet des mesures et des poids;

331. « La bonté ou les défauts des marchandises,

---

[1] Bhrigou, Brâhmane, entretenant un feu perpétuel, maudit un jour Agni, parce qu'il n'avait pas protégé sa femme enceinte attaquée par un géant, et le condamna à tout dévorer. (LANGLOIS, *Théâtre Indien,* vol. II, p. 393.)

[2] Je ne connais pas de légende qui concerne l'Océan.

[3] D'après une légende du Padma-Pourâna, citée par M. Wilson (*Vikrama and Urvasi,* pag. 7), Tchandra, époux des vingt-sept filles de Dakcha, les négligeait toutes pour Rohini sa favorite. Les sœurs de Rohini, jalouses de cette préférence, s'en plaignirent à leur père, qui fit à plusieurs reprises des reproches à son gendre. Mais voyant que ses remontrances étaient inutiles, il le condamna par une imprécation à rester sans enfants, et à vivre dans la langueur et la consomption. Ses femmes implorèrent pour lui la compassion de Dakcha, qui adoucit l'imprécation qu'il ne pouvait pas révoquer entièrement, et prononça que sa langueur, au lieu d'être constante, serait seulement périodique. Telle est l'origine du décours et de l'accroissement successifs de la lune. — En astronomie, Rohini est la quatrième maison lunaire formée de cinq étoiles, dont la principale est Aldebaran.

[4] Cette stance ne serait-elle pas mieux traduite de la manière suivante : « Qui pourrait ne pas être détruit après avoir provoqué la colère de ceux par les malédictions desquels le feu (Agni) a été condamné à tout dévorer, l'Océan à rouler des eaux amères, et la lune à voir successivement s'éteindre et se ranimer sa lumière? »

[5] Ceci fait probablement allusion à un trait de l'histoire de Viswâmitra. Pendant que ce saint Mouni se livrait aux plus rigides austérités pour s'élever à la dignité de Brâhmane (voyez ci-dessus, Liv. VII, st. 42), un roi, nommé Trisankou, s'adressa à lui pour obtenir d'être transporté au ciel avec son corps. Viswâmitra le lui promit; il commença un sacrifice dans ce but, et par le pouvoir surnaturel que lui avait acquis sa dévotion, il fit monter au ciel Trisankou. Mais Indra ne voulut point le recevoir, et le précipita vers la terre, la tête la première; alors, enflammé de courroux, Viswâmitra, comme un autre Pradjâpati, créa, par le pouvoir de ses austérités, dans la région du sud, sept nouveaux Richis et d'autres constellations (Nakchatras), et menaça de créer un nouvel Indra et d'autres Divinités. Alors les Dieux effrayés consentirent à ce que Trisankou restât dans le ciel, entouré des constellations nouvelles. (*Râmâyana,* I, c. LX.)

les avantages et les désavantages des différentes contrées, le bénéfice ou la perte probable sur la vente des objets, et les moyens d'augmenter le nombre des bestiaux.

332. « Il doit connaître les gages qu'il faut donner aux domestiques et les différents langages des hommes, les meilleures précautions à prendre pour conserver les marchandises, et tout ce qui concerne l'achat et la vente.

333. « Qu'il fasse les plus grands efforts pour augmenter sa fortune d'une manière légale, et qu'il ait bien soin de donner de la nourriture à toutes les créatures animées.

334. « Une obéissance aveugle aux ordres des Brâhmanes versés dans la connaissance des saints Livres, maîtres de maison et renommés pour leur vertu, est le principal devoir d'un Soûdra, et lui procure le bonheur *après sa mort*.

335. « Un Soûdra pur *d'esprit et de corps*, soumis aux volontés des classes supérieures, doux en son langage, exempt d'arrogance, et s'attachant principalement aux Brâhmanes, obtient une naissance plus relevée.

336. « Telles sont les règles propices concernant la conduite des quatre classes lorsqu'elles ne sont pas dans la détresse; apprenez maintenant, par ordre, quels sont leurs devoirs dans des circonstances critiques. »

LIVRE DIXIEME.

CLASSES MÊLÉES; TEMPS DE DÉTRESSE.

1. « Que les trois classes régénérées, se maintenant dans *l'accomplissement de* leurs devoirs, étudient les Livres saints; mais que ce soit un Brâhmane qui les leur explique, et non un membre des deux autres classes : telle est la décision.

2. « Le Brâhmane doit connaître les moyens de subsistance prescrits par la loi pour toutes les classes; qu'il les déclare aux autres, et se conforme lui-même *à ces règles*.

3. « Par sa primogéniture, par la supériorité de son origine, par sa connaissance parfaite des Livres sacrés, et par la distinction de son investiture, le Brâhmane est le seigneur de toutes les classes.

4. « Les classes sacerdotale, militaire et commerçante sont régénérées toutes trois; la quatrième, la classe servile, n'a qu'une naissance : il n'y a pas de cinquième *classe primitive*.

5. « Dans toutes les classes, ceux-là seulement qui sont nés, dans l'ordre direct, de femmes égales *à leurs maris* sous le rapport de la classe, et vierges *au moment du mariage*, doivent être considérés comme appartenants à la même classe *que leurs parents*.

6. « Les fils engendrés par des Dwidjas *mariés* avec des femmes appartenantes à la classe qui suit immédiatement la leur, ont été déclarés, par les législateurs, semblables *à leurs pères, mais non de la même classe*, et méprisables à cause de l'infériorité de la naissance de leurs mères [1].

7. « Telle est la règle immémoriale pour les fils nés de femmes appartenantes à la classe qui suit immédiatement *celle de leurs maris*; pour les fils nés de femmes dont la classe est séparée *de celle de leurs maris* par une ou deux classes *intermédiaires*, voici quelle est la règle légale :

8. « *Du mariage* d'un Brâhmane avec une fille Vaisyâ naît un fils appelé Ambachtha; avec une fille Soûdrâ, un Nichâda nommé aussi Pârasava;

9. « *De l'union* d'un Kchatriya avec une fille Soûdrâ naît un être appelé Ougra, féroce dans ses actions, se plaisant dans la cruauté, et qui participe de la nature de la classe guerrière et de la classe servile.

10. « Les fils d'un Brâhmane [2] *marié* avec des femmes appartenantes aux trois classes *inférieures*; ceux d'un Kchatriya [3] *marié* avec des femmes des deux classes *qui viennent après*; celui d'un Vaisya [4] marié avec une femme de la seule classe *inférieure à la sienne* : sont regardés tous les six comme vils (Apasadas), *par rapport aux autres fils*.

11. « *Du mariage* d'un Kchatriya et d'une fille Brâhmanî naît un fils appelé Soûta; *de l'union* d'un Vaisya avec des femmes appartenantes aux classes militaire et sacerdotale naissent deux fils nommés Mâgadha et Vaidéha.

12. « *De l'union* d'un Soûdra avec des femmes appartenantes aux classes commerçante, militaire et sacerdotale, résultent des fils produits par le mélange *impur* des classes, et qui sont l'Ayogava, le Kchattri et le Tchandâla, le dernier des mortels.

13. « De même que l'Ambachtha et l'Ougra [5], nés dans l'ordre direct [6], avec une classe intermédiaire entre celles de leurs parents, sont considérés par la loi *comme pouvant être touchés sans impureté*; de même le Kchattri et le Vaidéha [7], nés dans l'or-

---

[1] Ces fils sont appelés Moûrdhâbhichikta, Mâhichya et Karana. L'emploi du premier (fils d'un Brâhmane et d'une Kchatriyâ) est de montrer à conduire un éléphant, un cheval ou un char, et à se servir des armes; la profession du second (fils d'un Kchatriya et d'une Vaisyâ), d'enseigner la danse, la musique et l'astronomie; la profession du Karana (fils d'un Vaisya et d'une Soûdrâ), de servir les princes. (*Commentaire*.)

[2] Le Moûrdhâbhichikta, l'Ambachtha et le Nichâda.

[3] Le Mâhichya et l'Ougra.

[4] Le Karana.

[5] Voyez ci-dessus, st. 8 et 9.

[6] L'ordre direct relativement aux classes est du Brâhmane au Soûdra; l'ordre inverse, du Soûdra au Brâhmane.

[7] Le Kchattri est le fils d'un Soûdra et d'une Kchatriyâ; le Vaidéha, d'un Vaisya et d'une Brâhmanî. Voyez st. 11 et 12.

dre inverse, *avec une classe intermédiaire entre celle de leurs parents, peuvent être touchés sans impureté.*

14. « Les fils de Dwidjas, ci-dessus mentionnés et nés, dans l'ordre direct, de femmes dont la classe suit immédiatement *celle de leurs maris, ou bien en se séparée par une ou deux classes intermédiaires*, sont distingués, suivant le degré d'infériorité de la naissance de leurs mères, sous le nom d'Anantaras, *d'Ékântaras, de Dwyantaras*[1].

15. « Par *l'union* d'un Brâhmane avec une fille Ougrâ[2] est produit un Avrita ; avec une fille Ambachthâ[3], un Abhîra ; avec une fille Ayogavî[4], un Dhigvana.

16. « L'Ayogava, le Kchattri, et le Tchandâla[5], qui est le dernier des hommes, naissent d'un Soûdra dans l'ordre inverse *des classes*, et tous les trois sont exclus *de l'accomplissement des cérémonies funèbres en l'honneur de leurs ancêtres.*

17. « Le Mâgadha et le Vaidéha[6], nés d'un Vaisya, et le Soûta seulement, né d'un Kchatriya, de même dans l'ordre inverse, sont trois autres fils également exclus *des mêmes devoirs.*

18. « Le fils d'un Nichâda[7] et d'une femme Soûdrâ appartient à la race des Poukkasas ; mais le fils d'un Soûdra et d'une femme Nichâdî est nommé Koukkoutaka.

19. « Celui qui est né d'un Kchattri et d'une femme Ougrâ, est appelé Swapâka; celui qui est engendré par un Vaidéha et une Ambachthî, est appelé Véna.

20. « Les fils que les Dwidjas engendrent avec des femmes de leur classe, sans accomplir ensuite les cérémonies, *comme celle de l'investiture*, privés du sacrement conféré par la Sâvitrî, sont appelés Vrâtyas (excommuniés).

21. « D'un Brâhmane ainsi excommunié naît un fils d'un naturel pervers nommé, *suivant les pays*, Bhoûrdjakantaka, Avantya, Vâtadhâna, Pouchpadha et Saikha.

22. « Un Kchatriya excommunié donne naissance à un fils appelé Djhalla, Malla, Nitchhivi, Nata, Karana, Khasa et Dravira.

23. « D'un Vaisya excommunié naît un fils nommé Soudhanwâ, Tchârya, Kâroucha, Vidjanmâ, Maitra et Sâtwata.

24. « Le mélange illicite des classes, les mariages contraires aux règlements, et l'omission des cérémonies prescrites, sont l'origine des classes impures.

25. « Je vais maintenant déclarer complètement quels individus sont produits par les races mêlées, lorsqu'elles s'unissent entre elles dans l'ordre direct et dans l'ordre inverse.

26. « Le Soûta, le Vaidéha, le Tchandâla qui est le dernier des mortels, le Mâgadha, le Kchattri et l'Ayogava[1],

27. « Tous les six engendrent des enfants semblables[2] avec des femmes de leur classe, avec des femmes de la même classe que leurs mères, avec des femmes des hautes classes, *et avec des femmes de la classe servile.*

28. « De même qu'un fils apte à recevoir une seconde naissance peut naître, dans l'ordre direct, d'un Brâhmane et d'une femme appartenant à la seconde ou à la troisième des trois *premières* classes, aussi bien que d'une femme de sa classe; de même, entre les hommes vils, *c'est-à-dire, entre le fils d'un Vaisya et d'une Kchatriyâ, le fils d'un Vaisya et d'une Brâhmanî, et le fils d'un Kchatriya et d'une Brâhmanî, il n'y a aucune supériorité.*

29. « Ces six individus[3], en s'unissant réciproquement avec des femmes de ces races, engendrent un grand nombre de races abjectes et méprisables, plus infâmes que celles dont ils sont sortis.

30. « De même qu'un Soûdra engendre avec une femme de la classe sacerdotale un fils plus vil que lui ; de même, un de ces êtres vils, avec une femme de l'une des quatre classes *pures,* engendre un fils encore plus vil que lui.

31. « Les six classes abjectes, en se mariant entre elles dans l'ordre inverse[4], engendrent quinze classes encore plus abjectes et plus viles.

32. « Un Dasyou[5], en s'unissant à une femme Ayogavî[6], engendre un Sairindhra qui sait faire la toilette *de son maître,* qui remplit des fonctions serviles, bien qu'il ne soit pas esclave, et qui gagne aussi sa subsistance à tendre des filets *pour prendre des bêtes sauvages.*

---

[1] Voyez ci-dessus, st. 11 et 12.
[2] Semblables entre eux, aussi vils les uns que les autres mais plus vils que leurs parents. (*Commentaire*.)
[3] Voyez ci-dessus, st. 26.
[4] L'ordre direct de ces six classes est le suivant : le Soûta, le Mâgadha, le Vaidéha, l'Ayogava, le Kchattri et le Tchandâla ; l'ordre inverse, par conséquent, est celui qui commence par le Tchandâla. — Le Tchandâla, en s'unissant dans l'ordre inverse (c'est-à-dire, en remontant successivement de la classe des Kchattris à celle des Soûtas) à une femme de chacune des cinq classes qui précèdent la sienne, peut produire cinq fils différents ; le Kchattri, en se mariant de même à une femme de chacune des quatre autres classes, peut produire quatre fils ; l'Ayogava, également dans l'ordre inverse, en peut produire trois ; le Vaidéha, deux ; le Mâgadha, un ; en tout quinze fils. En se mariant dans l'ordre direct, comme, par exemple, le Soûta avec une femme de chacune des cinq classes qui suivent la sienne, etc., ils produisent quinze autres fils. (*Commentaire.*)
[5] Voyez st. 45.
[6] *Ibid.* 12.

---

[1] *Anantara* signifie, sans intervalle ; *Ékântara*, avec un intervalle ; *Diwntayara*, avec deux intervalles.
[2] Voyez st.
[3] *Ibid.* 8.
[4] *Ibid.* 12.
[5] *Ibid.*
Ibid. 11.
hâda, né d'un Brâhmane et d'une Soûdrâ. Voyez st. 8.

33. « Un Vaidéha [1] engendre, *avec une Ayogavî*, un Maitréyaka à la voix douce, qui fait métier de louer les hommes puissants, et sonne une cloche au lever de l'aurore.

34. « Un Nichâda [2] *qui s'unit à une femme Ayogavî*, donne le jour à un Mârgava ou Dâsa, qui vit du métier de batelier, et qui est appelé Kaivarta par les habitants d'Aryâvarta.

35. « Ces trois individus de naissance vile, *le Sairindhra, le Maitréyaka et le Margava*, sont engendrés chacun par des femmes Ayogavîs, qui portent les habits des morts, sont méprisées, et mangent des aliments défendus.

36. « D'un Nichâda *et d'une femme Vaidéhi* naît un Kârâvara, corroyeur de son métier; d'un Vaidéha *avec une Kârâvarâ et une Nichâdi* naissent un Andhra et un Méda, qui doivent vivre hors du village.

37. « D'un Tchandâla [3] *et d'une Vaidéhî* naît un Pândousopâka, qui gagne sa vie en travaillant le bambou; et d'un Nichâda *et d'une Vaidéhî*, un Ahindika *qui exerce le métier de geôlier*.

38. « D'un Tchandâla et d'une femme Poukkasî [4] naît un Sopâka, dont le métier est d'exécuter les criminels, misérable sans cesse exposé au mépris des gens de bien.

39. « Une femme Nichâdî, en s'unissant à un Tchandâla, met au monde un fils appelé Antyâvasâyî, employé dans les endroits où l'on brûle les morts, et méprisé même des hommes méprisables.

40. « Ces races, formées par le mélange impur des classes et désignées par le père et la mère, qu'elles soient cachées ou non, **doivent être connues** à leurs occupations.

41. « Six fils, *trois* mis au monde par des femmes de la même classe que leurs maris, et *trois* nés de femmes appartenantes aux classes *régénérées* qui suivent[5], peuvent accomplir les devoirs des Dwidjas, *et recevoir l'investiture;* mais les fils *nés dans l'ordre inverse* [6], *et* dont la naissance est vile, sont égaux, sous le rapport du devoir, à de simples Soûdras, *et indignes de l'initiation*.

42. « Par le pouvoir de leurs austérités, par le mérite de leurs pères, ils peuvent tous, dans chaque âge, parvenir ici-bas, parmi les hommes, à une naissance plus élevée, de même qu'ils peuvent être ravalés à une condition inférieure;

43. « Par l'omission des sacrements et par la non-fréquentation des Brâhmanes, les races suivantes de Kchatriyas sont descendues par degrés, dans ce monde, au rang de Soûdras :

44. « Ce sont les Pôndrakas, les Odras, les Dravidas, les Kâmbodjas, les Yavanas, les Sakas, les Pâradas, les Pahlavas, les Tchînas, les Kirâtas, les Daradas et les Khasas [1].

45. « Tous les hommes issus des races qui tirent leur origine de la bouche, du bras, de la cuisse et du pied de Brahmâ [2], mais qui ont été exclus de leurs classes *pour avoir négligé leus devoirs*, sont appelés Dasyous (voleurs), soit qu'ils parlent le langage des Barbares (Mlétchhas), ou celui des hommes honorables (Aryas).

46. « Les fils de Dwidjas, nés du mélange des classes dans l'ordre direct, et ceux qui sont nés dans l'ordre inverse, ne doivent subsister qu'en exerçant les professions méprisées des Cwidjas.

47. « Les Soûtas doivent dresser des chevaux et conduire des chars ; les Ambachthas, pratiquer la médecine; les Vaidéhas, garder les femmes ; les Mâgadhas, voyager pour faire le commerce ;

48. « Les Nichâdas, s'occuper à prendre du poisson; les Ayogavas, exercer le métier de charpentier ; les Médas, les Andhras, les Tchountchous et les Madgous [3], faire la guerre aux animaux des forêts ;

49. « Les Kchattris, les Ougras et le Poukkasas, tuer ou prendre les animaux qui vivent dans des trous; les Dhigvanas, préparer les cuirs; les Vénas, jouer des instruments de musique.

50. « Que ces hommes établissent leur séjour au pied des grands arbres consacrés, près des endroits

---

[1] Voyez st. 11.
[2] *Ibid.* 8.
[3] *Ibid.* 12.
[4] *Ibid.* 18.
[5] C'est-à-dire, nés du mariage d'un Brâhmane avec une Kchatriyâ, ou d'une Vaisyâ, et de l'union d'un Kchatriya avec une femme de la classe commerçante. (*Commentaire.*)
[6] Comme le Soûta, etc. Voyez st. 11.

[1] Ces races de Kchatriyas dégénérés ont été déterminées de la manière suivante, d'après des recherches qui, toutefois, laissent encore matière à des doutes, et offrent plus d'un rapprochement hasardé. Les Pôndrakas paraissent être les peuples de Tchandail ou des provinces orientales du gouvernement présent des Mahrattes, sur les confins du Béhar et au midi du Gange; les Odras sont les Ouriyas qui habitent la partie septentrionale d'Orissa; les Dravidas sont, à ce qu'on pense, les peuples du sud de la côte de Coromandel ; les Câmbodjas, les Arachosiens; dans les Yavanas, on croit reconnaître les Ioniens ou les Grecs d'Asie; dans les Sakas, les Saces; dans les Páradas, les Paropamisiens; dans les Pahlavas, les anciens Persans; dans les Tchînas, les Chinois : les Kirâtas sont généralement les montagnards, peut-être spécialement ceux de l'Himâla ou Imaüs; les Daradas sont les Darades, les Durds; les Khasas, les habitants du pays de Kachgar. — Une difficulté a été signalée relativement au rapprochement des Tchinas et des Chinois; c'est que le premier prince de la dynastie Thsin, qui a donné son nom à la Chine, n'ayant commencé à régner que 246 ans avant Jésus-Christ, les Chinois n'ont pu être désignés sous le nom de Tchinas dans les lois de Manou, si elles sont, comme on le croit, antérieures de plus de mille ans à notre ère; autrement il faudrait supposer que le passage en question a subi une interpolation. (Abel Rémusat, *Nouveaux Mélanges Asiatiques*, vol. II, pag. 334. Voyez cependant l'opinion exposée à ce sujet par M. Pauthier, dans sa *Description de la Chine*. Paris, Didot, 1836, in-8°.)

[2] C'est-à-dire, tous les hommes sortis des quatre classes primitives. Voyez ci-dessus, Liv. I, st. 31.

[3] Le Tchountchou et le Madgou sont nés d'un Brâhmane par une femme Vaidéhi et par une femme Ougrâ.

(*Commentaire.*)

où l'on brûle les morts, des montagnes et des bois, qu'ils soient connus de tout le monde et vivent de leurs travaux.

51. « La demeure des Tchandâlas et des Swapâkas doit être hors du village; ils ne peuvent pas avoir de vases entiers, et ne doivent posséder pour tout bien que des chiens et des ânes;

52. « Qu'ils aient pour vêtements les habits des morts; pour plats, des pots brisés; pour parure, du fer : qu'ils aillent sans cesse d'une place à une autre.

53. « Qu'aucun homme, fidèle à ses devoirs, n'ait de rapports avec eux; ils doivent n'avoir d'affaires qu'entre eux, et ne se marier qu'avec leurs semblables.

54. « Que la nourriture qu'ils reçoivent des autres ne leur soit donnée *que dans des tessons et par l'intermédiaire d'un valet*, et qu'ils ne circulent pas la nuit dans les villages et dans les villes.

55. « Qu'ils y viennent dans le jour pour leur besogne, distingués au moyen des signes prescrits par le roi, et qu'ils soient chargés de transporter le corps d'un homme qui meurt sans laisser de parents : tel est le règlement.

56. « Qu'ils exécutent, d'après l'ordre du roi, les criminels condamnés à mort par un arrêt légal, et qu'ils prennent pour eux les habits, les lits et les parures de ceux qu'ils mettent à mort.

57. « On doit reconnaître à ses actions l'homme qui appartient à une classe vile, qui est né d'une mère méprisable, mais qui n'est pas bien connu, et qui a l'apparence d'un homme d'honneur, quoiqu'il ne soit pas tel :

58. « Le manque de sentiments nobles, la rudesse de paroles, la cruauté et l'oubli des devoirs, dénotent ici-bas l'homme qui doit le jour à une mère digne de mépris.

59. « Un homme d'une naissance abjecte prend le *mauvais* naturel de son père, ou celui de sa mère, ou tous les deux à la fois; jamais il ne peut cacher son origine.

60. « Quelque distinguée que soit la famille d'un homme, s'il doit sa naissance au mélange des classes, il participe, à un degré plus ou moins marqué, du naturel *pervers* de ses parents.

61. « Toute contrée où naissent ces hommes de race mêlée qui corrompent la pureté des classes, est bientôt détruite, ainsi que ceux qui l'habitent.

62. « L'abandon de la vie, sans espoir de récompense, pour le salut d'un Brâhmane, d'une vache, d'une femme ou d'un enfant, fait parvenir au ciel les hommes de vile naissance.

63. « Se garder de faire le mal, dire toujours la vérité, s'abstenir de tout vol, être pur, et réprimer ses organes, voilà sommairement en quoi consiste le devoir prescrit par Manou aux quatre classes.

64. « Si la fille d'une Soûdrâ et d'un Brâhmane, en s'unissant à un Brâhmane, met au monde *une fille qui s'unit de même à un Brâhmane, et ainsi de suite*, la basse classe remontera au rang le plus distingué, à la septième génération.

65. « Un Soûdra peut ainsi s'élever à la condition de Brâhmane, et *le fils d'*un Brâhmane *et d'une Soûdrâ* descendre à celle de Soûdra, *par une succession de mariages;* la même chose peut avoir lieu pour la lignée d'un Kchatriya et pour celle d'un Vaisya.

66. « S'il y a du doute relativement à la préférence entre l'homme qui a été engendré par un Brâhmane, pour son plaisir, avec une femme de la classe servile *non mariée*, et celui qui doit le jour à une femme Brâhmanî et à un Soûdra :

67. « Celui qui a été engendré par un homme honorable et par une femme vile, peut se rendre honorable par ses qualités; mais celui qui a été engendré par une femme d'une classe distinguée et par un homme vil, doit lui-même être regardé comme vil : telle est la décision.

68. « Toutefois, il a été déterminé par la loi que ces deux individus ne doivent pas recevoir le sacrement *de l'investiture;* le premier, à cause de la bassesse de sa mère; le second, à cause de l'ordre des classes interverti.

69. « De même qu'une bonne graine qui pousse dans un bon terrain s'y développe parfaitement; de même celui qui doit le jour à un père et à une mère honorables est digne de recevoir tous les sacrements.

70. « Quelques Sages vantent préférablement la semence; d'autres, le champ; d'autres estiment à la fois le champ et la semence; voici quelle est la décision :

71. « La semence, répandue dans un sol ingrat, s'y détruit sans rien produire; un bon terrain sur lequel aucune graine n'est jetée, demeure entièrement nu [1].

72. « Mais puisque, par l'excellence des vertus de leurs pères, les fils même d'animaux sauvages sont devenus de saints hommes honorés et glorifiés [2]; pour cette raison, le pouvoir mâle l'emporte.

73. « Après avoir mis en comparaison un Soûdra remplissant les devoirs des classes honorables, et un homme des classes distinguées se conduisant comme un Soûdra, Brahmâ lui-même a dit : « Ils ne sont ni égaux ni inégaux, » *leur mauvaise conduite établissant un rapport entre eux.*

74. « Que les Brâhmanes qui s'appliquent *aux moyens de parvenir* à la béatitude finale, et qui

---

[1] Littéralement, *est purement un sthandila.* Un *sthandila* est un terrain préparé pour un sacrifice.
[2] Le commentateur cite pour exemple Richyasringa, fils du saint ermite Vibhândaka et d'une daine.

sont fermes dans leurs devoirs, se conforment parfaitement aux six pratiques suivantes :

75. « Lire la Sainte Écriture, enseigner aux autres à la lire, sacrifier, assister les autres dans leurs sacrifices, donner et recevoir : telles sont les six pratiques enjointes à la première des classes ;

76. « Mais parmi ces six actes du Brâhmane, trois servent à sa subsistance, *savoir* : enseigner les Védas, diriger un sacrifice, et recevoir des présents d'un homme pur.

77. « Trois de ces pratiques sont réservées au Brâhmane, et ne regardent pas le Kchatriya ; *savoir* : faire lire les Livres saints, officier dans un sacrifice, et accepter des présents.

78. « Ces trois pratiques sont également interdites au Vaisya par la loi ; car Manou, le Seigneur des créatures, n'a pas prescrit ces actes aux deux classes *militaire et commerçante*.

79. « Les moyens de subsistance propres au Kchatriya sont de porter l'épée ou le javelot ; au Vaisya, de faire le commerce, de soigner les bestiaux et de labourer la terre ; mais leurs devoirs, *à tous les deux*, sont de donner des aumônes, de lire la Sainte Écriture et de sacrifier.

80. « Enseigner le Véda, protéger les peuples, faire le commerce, et s'occuper des bestiaux, sont respectivement les occupations les plus recommandables pour le Brâhmane, le Kchatriya et le Vaisya ;

81. « Mais si un Brâhmane ne peut pas subsister en s'acquittant de ses devoirs ci-dessus mentionnés, qu'il vive en remplissant le devoir d'un Kchatriya ; car il vient immédiatement après le sien.

82. « Cependant si l'on demande comment il doit vivre dans le cas où il ne peut gagner sa subsistance ni par l'un ni par l'autre de ces deux emplois, *voici ce qu'il doit faire* : qu'il laboure la terre, soigne les bestiaux et mène la vie d'un Vaisya.

83. « Toutefois un Brâhmane ou un Kchatriya, contraint de vivre des mêmes ressources qu'un Vaisya, doit avec soin, *autant que possible*, éviter le labourage, travail qui fait périr *des êtres animés*, et qui dépend d'un secours étranger, *comme celui des bœufs*.

84. « Certaines gens approuvent l'agriculture ; mais ce moyen d'existence est blâmé des hommes de bien ; car le bois armé d'un fer tranchant déchire la terre et les animaux qu'elle renferme.

85. « Mais si, par le manque de subsistance, un Brâhmane ou un Kchatriya est forcé de renoncer à l'observation parfaite de ses devoirs, pour gagner de quoi vivre, qu'il vende les marchandises dont les Vaisyas font commerce, en évitant celles qu'il faut éviter ;

86. « Qu'il s'abstienne de vendre des sucs végétaux de toute sorte, du riz apprêté, des graines de sésame, des pierres, du sel, du bétail, des créatures humaines ;

87. « Aucune étoffe rouge, aucun tissu de chanvre de lin ou de laine, quand même il ne serait pas rouge ; des fruits, des racines, des plantes médicinales ;

88. « De l'eau, des armes, du poison, de la viande, du jus d'asclépiade, des parfums de toute sorte, du lait, du miel, du caillé, du beurre liquide, de l'huile de sésame, de la cire, du sucre et du gazon consacré ;

89. « Des animaux des forêts, quels qu'ils soient, des bêtes féroces, des oiseaux, des liqueurs enivrantes, de l'indigo, de la laque, et aucun animal au sabot non fendu.

90. « Mais le Brâhmane laboureur peut, s'il le veut, vendre, pour des usages pieux, des graines de sésame sans mélange, après les avoir produites par sa propre culture, pourvu qu'il ne les garde pas longtemps *dans l'espoir d'en tirer plus de profit*

91. « S'il emploie le sésame à tout autre usage qu'à préparer sa nourriture, à frotter ses membres et à faire des oblations, il sera plongé à l'état de ver, ainsi que ses aïeux, dans les excréments d'un chien.

92. « Un Brâhmane est dégradé sur-le-champ s'il vend de la viande, de la laque ou du sel ; er trois jours, il est réduit à la condition de Soûdra, s'il fait commerce de lait.

93. « Pour avoir vendu de son plein gré les autres marchandises *interdites*, un Brâhmane, en sept nuits, descend à l'état de Vaisya.

94. « *Cependant*, on peut troquer des liquides contre des liquides, mais non du sel contre des liquides ; on peut aussi échanger du riz préparé pour du riz cru, et des graines de sésame pour un même poids, ou pour une même mesure d'autres grains.

95. « Un homme de la classe militaire, en cas de détresse, peut avoir recours à ces différents moyens d'existence ; mais jamais, dans aucun temps, il ne doit penser à des fonctions plus élevées, *comme celles d'un Brâhmane*.

96. « Que l'homme de basse naissance qui, par cupidité, vit en se livrant aux occupations des classes supérieures, soit à l'instant privé par le roi de tout ce qu'il possède, et banni.

97. « Il vaut mieux s'acquitter de ses propres fonctions d'une manière défectueuse, que de remplir parfaitement celles d'un autre ; car celui qui vit en accomplissant les devoirs d'une autre classe perd sur-le-champ la sienne.

98. « Un homme de la classe commerçante qui ne peut pas subsister en remplissant ses propres devoirs, peut descendre aux fonctions du Soûdra, pourvu qu'il ait soin d'éviter ce qu'on ne doit pas faire ; mais qu'il les quitte aussitôt qu'il en a le moyen.

99. « Un Soûdra qui ne trouve pas l'occasion de servir des Dwidjas, peut se livrer pour vivre aux travaux des artisans, si sa femme et ses enfants sont dans le besoin ;

100. « Qu'il exerce de préférence les métiers, *comme celui de charpentier,* et les différents arts, comme la peinture, par le moyen desquels il peut rendre service aux Dwidjas.

101. « Un Brâhmane qui ne veut point remplir les fonctions *des Kchatriyas ni celles* des Vaisyas, et qui préfère rester ferme dans son chemin, bien qu'il soit exténué par le manque de subsistance, et près de succomber, doit se conduire de la manière suivante :

102. « Le Brâhmane qui est tombé dans la misère doit recevoir de qui que ce soit ; car, d'après la loi, il ne peut pas advenir que la pureté parfaite soit souillée.

103. « En enseignant la Sainte Écriture, en dirigeant des sacrifices, en recevant des présents dans des cas interdits, les Brâhmanes, *lorsqu'ils sont dans la détresse,* ne commettent aucune faute ; ils sont aussi purs que l'eau ou le feu.

104. « Celui qui, se trouvant en danger de mourir de faim, reçoit de la nourriture de n'importe qui, n'est pas plus souillé par le péché, que l'éther subtil par la boue :

105. « Adjîgarta, étant affamé, fut sur le point de faire périr son fils *Sounahsépha*[1] ; cependant il ne se rendit coupable d'aucun crime, car il cherchait un secours contre la famine :

106. « Vâmadéva, qui savait distinguer parfaitement le bien et le mal, ne fut nullement rendu impur pour avoir désiré, dans un moment où il était pressé par la faim, manger de la chair de chien pour conserver sa vie :

107. « Le rigide pénitent Bharadwâdja, étant tourmenté par la faim, et seul avec son fils dans une forêt déserte, accepta plusieurs vaches du charpentier Vridhou :

108. « Viswâmitra[2], qui cependant connaissait parfaitement la distinction du bien et du mal, succombant de besoin, se décida à manger la cuisse d'un chien qu'il avait reçue de la main d'un Tchandâla.

109. « De ces trois actes *généralement désapprouvés, savoir :* recevoir des présents *offerts par des hommes méprisables,* diriger *pour eux* des sacrifices, et *leur* expliquer l'Écriture Sainte, recevoir des présents est ce qu'il y a de plus bas, et ce qui est le plus reproché à un Brâhmane dans l'autre monde.

110. « Officier dans un sacrifice, et expliquer l'Écriture Sainte, sont deux actes toujours accomplis pour ceux dont l'âme a été purifiée *par le sacrement de l'initiation ;* mais un don est reçu même de la part d'un homme servile, de la basse classe.

111. « Le péché commis en assistant *des hommes méprisables* dans un sacrifice, et en *leur* expliquant la Sainte Écriture, est effacé par la prière à voix basse et par les oblations ; le péché commis en recevant quelque chose *d'eux,* par l'abandon de ce présent et par les austérités.

112. Un Brâhmane privé de ressources doit glaner des épis ou des grains n'importe où : glaner des épis est préférable à recevoir un présent *répréhensible ;* ramasser des grains l'un après l'autre, est encore plus louable.

113. « Des Brâhmanes maîtres de maison qui sont dans le dénûment, et ont besoin d'un métal *non précieux,* ou de quelque autre objet, doivent le demander au roi ; il ne faut pas s'adresser à un roi qui n'est pas disposé à donner, *et dont l'avarice est bien connue.*

114. « La première des choses qui vont être énumérées, et ainsi de suite, peut être reçue plus innocemment que celles qui viennent après, savoir : un champ non ensemencé, un champ ensemencé, des vaches, des chèvres, des brebis, des métaux précieux, du grain nouveau, du grain apprêté.

115. « Il y a sept moyens légaux d'acquérir du bien, *qui sont :* les héritages, les donations, les échauges ou les achats, *moyens permis à toutes les classes ;* les conquêtes, *qui sont réservées à la classe militaire ;* le prêt à intérêt, le commerce ou le labourage, *qui regardent la classe commerçante ;* et les présents reçus de gens honorables, *qui sont réservés aux Brâhmanes.*

116. « Les sciences, *comme la médecine ;* les arts, *comme celui de préparer les parfums ;* le travail pour un salaire, le service pour gages, le soin des bestiaux, le commerce, le labourage, le contentement *de peu,* la mendicité et l'usure, sont des moyens de soutenir sa vie *dans les temps de détresse.*

117. « Le Brâhmane et le Kchatriya, *même dans un moment critique,* ne doivent pas prêter à intérêt ; mais chacun d'eux peut, si cela lui plaît, prêter, moyennant un faible intérêt, à un homme coupable d'un crime, qui doit faire de cet argent un pieux usage.

118. « Un roi qui prend même la quatrième partie *des récoltes de son royaume,* dans un cas de nécessité urgente, et qui protège le peuple de tout son pouvoir, ne commet aucune faute.

119. « Son devoir particulier est de vaincre ; que

---

[1] Le commentateur ajoute simplement qu'Adjîgarta vendit son fils pour un sacrifice, qu'il l'attacha au poteau, et se disposa à l'immoler. J'ignore la suite de la légende.
[2] Sounahsépha, Vâmadéva, Bharadwâdja et Vaswâmitra, sont de saints personnages que l'on compte au nombre des Richis inspirés, auxquels les Indiens croient que les prières (*Mantras*) du Rig-Véda ont été révélées. (*Rech. Asiat.*, vol. VIII, pag. 391 et 392.)

jamais dans un combat il ne tourne le dos; après avoir, les armes à la main, défendu les hommes de la classe commerçante, qu'il reçoive l'impôt légal.

120. « L'impôt sur la classe commerçante *qui, dans les temps de prospérité, est seulement du douzième des récoltes, et du cinquantième des bénéfices pécuniaires*[1], peut être, *dans des cas de détresse*, de la huitième *et même de la quatrième partie des récoltes et du vingtième* des grains en argent; les Soûdras, les ouvriers et les artisans doivent assister de leur travail *et ne payer aucune taxe.*

121. « Un Soûdra qui désire se procurer sa subsistance, *et ne trouve pas l'occasion de s'attacher à un Brâhmane*, peut servir un Kchatriya, ou bien, *au défaut de celui-ci*, qu'il se procure des moyens d'existence en se mettant au service d'un riche Vaisya.

122. « Qu'il serve un Brâhmane dans l'espoir d'obtenir le ciel, ou pour le double motif *de se procurer sa subsistance dans ce monde, et la félicité dans l'autre;* celui qui est désigné comme le serviteur d'un Brâhmane, parvient au but de ses désirs.

123. « Servir les Brâhmanes est déclaré l'action la plus louable pour un Soûdra; toute autre chose qu'il peut faire est pour lui sans récompense.

124. « Ils doivent lui allouer dans leur maison des moyens d'existence suffisants, après avoir pris en considération son habileté, son zèle et le nombre de ceux qu'il est obligé de soutenir.

125. « Le reste du riz apprêté doit lui être donné, ainsi que les vêtements usés, le rebut des grains et les vieux meubles.

126. « Il n'y a, en aucune manière, de faute pour un Soûdra *qui mange de l'ail et d'autres aliments défendus*, et il ne doit pas recevoir le sacrement *de l'investiture;* les devoirs pieux, *comme les oblations au feu*, ne lui sont pas prescrits, mais il ne lui est pas défendu d'accomplir le devoir religieux, *qui consiste à faire des offrandes de riz préparé.*

127. « Les Soûdras qui désirent accomplir leur devoir tout entier, qui le connaissent parfaitement et imitent les pratiques des gens de bien *dans l'accomplissement des oblations domestiques*, en s'abstenant de réciter aucun texte sacré, *excepté celui de l'adoration*, ne commettent aucun péché et s'attirent de justes louanges.

128. « Toutes les fois qu'un Soûdra, sans dire de mal de personne, accomplit les actes des Dwidjas, *qui ne lui sont pas défendus*, il parvient, sans être blâmé, à l'élévation dans ce monde et dans l'autre.

129. « Un Soûdra ne doit pas amasser de richesses *superflues*, même lorsqu'il en a le pouvoir; car

[1] Voyez Liv. VII, st. 130.

un Soûdra, lorsqu'il a acquis de la fortune, vexe les Brâhmanes *par son insolence.*

130. « Tels sont, ainsi qu'ils ont été déclarés, les devoirs des quatre classes dans le cas de détresse; en les observant exactement, on parvient au bonheur suprême.

131. « Ce système des devoirs qui concernent les quatre classes a été exposé en entier; je vais maintenant déclarer la loi pure de l'expiation des péchés. »

LIVRE ONZIÈME.

PÉNITENCES ET EXPIATIONS.

1. « Celui qui veut *se marier pour* avoir des enfants, celui qui doit faire un sacrifice, celui qui voyage, celui qui a donné toute sa fortune dans une cérémonie pieuse, celui qui veut soutenir son directeur, son père ou sa mère, celui qui a besoin d'un secours pour lui-même, lorsqu'il étudie le Texte saint pour la première fois, celui qui est affligé d'une maladie;

2. « Que ces neuf Brâhmanes soient considérés comme des mendiants vertueux appelés Snâtakas; lorsqu'ils n'ont rien, il faut leur offrir des dons *en or ou en bestiaux*, proportionnés à leur science.

3. « On doit donner à ces éminents Brâhmanes du riz en même temps que des présents, *dans l'enceinte consacrée à l'offrande au feu;* mais à tous les autres, que le riz apprêté soit donné hors du terrain consacré; *cette règle n'est pas applicable aux autres présents.*

4. « Que le roi offre, comme il convient, aux Brâhmanes très-versés dans les Védas, des joyaux de toute espèce, et la récompense *qui leur est due* pour leur présence au sacrifice.

5. « Celui qui a une femme et qui, après avoir demandé de l'argent à quelqu'un, épouse une autre femme, ne retire d'autre avantage que le plaisir sensuel; les enfants appartiennent à celui qui a donné l'argent.

6. « Que tout homme, selon ses moyens, fasse des présents aux Brâhmanes versés dans la Sainte Écriture et détachés des choses de ce monde; après sa mort, il obtient le ciel.

7. « Celui qui a des provisions de grains suffisantes pour nourrir, pendant trois années et même plus, ceux que la loi lui ordonne de soutenir, peut boire le jus de l'asclépiade (soma) *dans un sacrifice offert par lui volontairement, et différent du sacrifice prescrit;*

8. « Mais le Dwidja qui, ayant une moindre

provision de grain, boit le jus de l'asclépiade, ne retirera aucun fruit même du premier sacrifice dans lequel il a bu cette liqueur, et, *à plus forte raison, du sacrifice qu'il a offert de son propre mouvement, sans en avoir le droit.*

9. « Celui qui, *par gloriole*, fait des présents à des étrangers, tandis que sa famille vit dans la peine, bien qu'il ait le moyen *de la soutenir,* savoure du miel et avale du poison; il ne pratique qu'une fausse vertu ;

10. « Ce qu'il fait au préjudice de ceux qu'il est de son devoir de soutenir, dans l'espoir d'un état futur, finira par lui causer un sort misérable dans ce monde et dans l'autre.

11. « Si le sacrifice offert par un Dwidja, et particulièrement par un Brâhmane, se trouve arrêté par le défaut de quelque chose, sous le règne d'un prince connaissant la loi ;

12. « Que le sacrificateur prenne cet objet *par ruse ou par force,* pour l'accomplissement du sacrifice, dans la maison d'un Vaisya qui possède de nombreux troupeaux, mais qui ne sacrifie pas et ne boit pas le jus de l'asclépiade.

13. « *S'il ne peut pas se procurer ce dont il a besoin chez un Vaisya*, qu'il emporte, s'il le veut, les deux ou trois objets nécessaires, de la maison d'un Soûdra; car un Soûdra n'a pas affaire de tout ce qui concerne les rites religieux.

14. « Qu'il les prenne aussi sans hésiter dans la maison d'un Kchatriya qui n'a pas de feu consacré, et qui possède cent vaches; ou de celui qui en a mille, et qui n'offre pas de sacrifices *avec l'asclépiade.*

15. « Qu'il les prenne également, *par force ou par ruse*, chez un Brâhmane qui reçoit continuellement des présents et ne donne jamais rien, s'il ne les lui livre pas *sur sa demande ;* par cette action, sa renommée s'étend et sa vertu s'accroît.

16. « De même, un Brâhmane qui a passé six repas, *ou trois jours*, sans manger, doit, au moment du septième repas, *c'est-à-dire, le matin du quatrième jour,* prendre à un homme dépourvu de charité *de quoi se nourrir pendant la journée,* sans s'occuper du lendemain.

17. « Il peut prendre *ce dont il a besoin* dans la grange, dans le champ, dans la maison ou dans un autre endroit quelconque; mais il doit en dire la raison au propriétaire, s'il la demande.

18. « Un homme de la classe militaire ne doit jamais s'emparer de ce qui appartient à un Brâhmane ; mais s'il est dans le dénûment, il peut prendre ce qui est la propriété d'un homme qui se conduit mal, et de celui qui n'observe pas ses devoirs religieux.

19. « Celui qui s'empare de choses appartenantes a des méchants pour les donner à des gens de bien,

se transforme lui-même en un bateau dans lequel il les fait traverser les uns et les autres [1].

20. « La richesse des hommes qui accomplissent les sacrifices avec exactitude est appelée par les sages le bien des Dieux ; mais la richesse des gens qui ne font pas de sacrifices est dite le bien des mauvais génies (Asouras).

21. « Qu'un roi juste n'inflige aucune amende à cet homme *qui dérobe ou prend par force ce qui lui est nécessaire pour un sacrifice ;* car c'est par la folie du prince qu'un Brâhmane meurt de besoin.

22. « Après s'être informé du nombre des personnes que le Brâhmane est obligé d'entretenir; après avoir examiné ses connaissances théologiques et sa conduite morale, que le roi lui assigne, sur les dépenses de sa maison, des moyens d'existence convenables ;

23. « Et après lui avoir assuré sa subsistance, que le roi le protége envers et contre tous ; car le roi obtient la sixième partie des œuvres méritoires du Brâhmane qu'il protége.

24. « Qu'un Brâhmane n'implore jamais la charité d'un Soûdra pour subvenir aux frais d'un sacrifice ; car s'il fait un sacrifice après avoir mendié de cette manière, il renaît après sa mort à l'état de Tchandâla.

25. « Le Brâhmane qui a demandé quelque chose pour faire un sacrifice et n'emploie pas à cet usage tout ce qu'il a reçu, deviendra milan ou corneille pendant cent années.

26. « Tout homme à l'âme perverse qui, par cupidité, ravit le bien des Dieux ou des Brâhmanes, vivra dans l'autre monde des restes d'un vautour.

27. « L'oblation appelée Vaiswânarî doit constamment être accomplie au renouvellement de l'année, pour expier l'omission *involontaire* des sacrifices d'animaux et des cérémonies où l'on emploie l'asclépiade.

28. « Le Dwidja qui, sans nécessité urgente, accomplit un devoir suivant la forme prescrite pour les cas de détresse, n'en retire aucun fruit dans l'autre vie ; ainsi la chose a été décidée.

29. « Les Dieux Viswas, les Sâdhyas, et les Saints éminents de la classe sacerdotale, ont suivi la règle secondaire au lieu de la règle principale, lorsqu'ils avaient à craindre pour leur vie, dans des circonstances critiques.

30. « Aucune récompense n'est réservée dans l'autre monde à l'insensé qui, ayant le pouvoir de se conformer au précepte principal, suit le précepte secondaire.

31. « Un Brâhmane qui connaît la loi ne doit adresser au roi aucune plainte ; qu'il se serve de

---

[1] C'est-à-dire, qu'il les tire de peine les uns et les autres.
(*Commentaire.*)

ses propres forces pour punir les hommes qui l'offensent.

32. « Ses propres forces, *qui ne dépendent que de lui*, comparées à celles du roi, *qui dépendent des autres*, sont plus puissantes; un Brâhmane ne doit donc avoir recours qu'à son propre pouvoir pour réduire ses ennemis.

33. « Qu'il emploie, sans hésiter, les prières magiques de l'Atharva-*Véda* [1] et d'Angiras ; la parole est l'arme du Brâhmane ; c'est avec son secours qu'il doit détruire ses oppresseurs.

34. « Que le Kchatriya se tire du danger par la force de son bras ; le Vaisya, au moyen de ses richesses, de même que le Soûdra ; le Brâhmane, par les prières, et les offrandes *des sacrifices magiques*.

35. « Celui qui accomplit ses devoirs, qui corrige *à propos son fils ou son élève*, qui donne des avis salutaires, et qui est bien intentionné *à l'égard de toutes les créatures*, est à bon droit appelé Brâhmane; on ne doit rien lui dire de désagréable ou d'injurieux.

36. « Qu'une jeune fille, une jeune femme *mariée ou non mariée*, un homme peu instruit et un imbécile ne fasse pas d'oblations au feu ; non plus qu'un homme affligé, ni un homme privé du sacrement *de l'initiation*.

37. « En effet, lorsque de tels individus font une oblation, ils sont précipités dans l'enfer avec celui pour qui cette oblation est faite ; en conséquence, un Brâhmane connaissant parfaitement les préceptes sacrés, et ayant lu tous les Védas, doit seul adresser des offrandes au feu consacré.

38. Le Brâhmane qui possède des richesses, et qui ne donne pas en présent, à celui qui sanctifie son feu, un cheval consacré à Pradjâpati, est égal à celui qui n'a pas de feu sacré.

39. « Que celui qui a la foi, et qui est maître de ses sens, accomplisse d'autres pratiques pieuses, mais qu'il ne sacrifie jamais en ce monde, s'il ne peut offrir que de médiocres honoraires *à celui qui officie*.

40. « Un sacrifice où l'on ne distribue que de faibles honoraires anéantit les organes des sens, la réputation, *le bonheur futur dans* le ciel, la vie, la gloire *après la mort*, les enfants et les bestiaux ; en conséquence, que l'homme peu riche ne fasse pas de sacrifices.

41. « Le Brâhmane ayant un feu consacré à entretenir, et qui l'a négligé volontairement *matin et soir*, doit faire la pénitence du Tchândrâyana [2]

pendant un mois ; sa faute est égale au meurtre d'un fils.

42. « Ceux qui, après avoir reçu des présents d'un Soûdra, font des oblations au feu, sont considérés comme les prêtres des Soûdras et méprisés des hommes qui récitent la Sainte Écriture.

43. « Celui qui leur fait un présent, mettant son pied sur le front de ces hommes ignorants qui honorent le feu, au moyen de ce que leur donne un Soûdra, surmontera pour jamais les peines *de l'autre monde*.

44. « Tout homme qui n'accomplit pas les actes prescrits, ou qui se livre à des actes défendus, ou qui s'abandonne aux plaisirs des sens, est tenu de faire une pénitence expiatoire.

45. « De savants théologiens considèrent les expiations comme applicables aux fautes involontaires seulement ; mais d'autres les étendent aux fautes commises volontairement, d'après des preuves tirées de la Sainte Écriture.

46. « Une faute involontaire est effacée en récitant *certaines parties de* l'Écriture Sainte ; mais la faute qui a été commise à dessein et dans un transport *de haine ou de colère*, n'est expiée que par des pénitences austères de diverses sortes.

47. « Le Dwidja qui est obligé de faire une expiation pour une faute commise, soit pendant sa vie actuelle, soit dans sa vie précédente, *et que témoignent certaines infirmités*, ne doit pas avoir de rapports avec les gens de bien, tant que la pénitence n'est pas accompli.

48. « Pour des crimes commis dans cette vie ou pour des fautes d'une existence précédente, quelques hommes au cœur pervers sont affligés de certaines *maladies ou* difformités.

49. « Celui qui a volé de l'or *à un Brâhmane* a une maladie des ongles ; le buveur de liqueurs spiritueuses *défendues*, les dents noires ; le meurtrier d'un Brâhmane est affligé de consomption pulmonaire ; l'homme qui a souillé le lit de son maître spirituel est privé de prépuce ;

50. « Celui qui se plaît à divulguer les mauvaises actions a une odeur fétide du nez ; le calomniateur, une haleine empestée ; le voleur de grain, un membre de moins ; le faiseur de mélanges, un membre de trop ;

51. « Celui qui a volé du grain apprêté est affligé de dyspepsie ; le voleur de doctrine sacrée, *c'est-à-dire, celui qui étudie sans en avoir l'autorisation*, est muet ; le voleur de vêtements a la lèpre blanche ; le voleur de chevaux est boiteux [1].

---

[1] Le quatrième Véda, l'Atharva, n'est cité que cette seule fois dans le texte de Manou, et encore pourrait-on croire, comme W. Jones, qu'il est ici question du sage Atharvá, si le mot *véda* n'était pas ajouté par le commentateur.
[2] Voyez plus loin, st. 216.

[1] On lit dans la traduction de Jones la stance suivante qui est rejetée par les commentateurs :
« L'homme qui a volé une lampe est aveugle ; celui qui en éteint une *par mauvaise intention* est borgne ; celui qui se plaît à faire du mal est dans un état perpétuel de maladie, l'adultère est sujet à des gonflements de ses membres produits par des flatuosités. »

52. « De cette manière, suivant la différence des actions, naissent des hommes méprisés par les gens de bien, idiots, muets, aveugles, sourds et difformes.

53. « En conséquence, il faut toujours faire pénitence afin de se purifier; car ceux qui n'auront pas expié leurs péchés renaîtront avec ces marques ignominieuses.

54. « Tuer un Brâhmane, boire des liqueurs spiritueuses *défendues*, voler *l'or d'un Brâhmane*, commettre un adultère avec la femme de son père *naturel ou* spirituel, ont été déclarés des crimes du plus haut degré par les législateurs, ainsi que toute liaison avec les hommes qui les ont commis.

55. « Se vanter faussement d'être d'un rang distingué, faire au roi un rapport mal intentionné, et accuser à tort un maître spirituel, sont des crimes *presque* semblables à celui de tuer un Brâhmane.

56. « Oublier la Sainte Écriture, montrer du dédain pour les Védas, porter un faux témoignage, tuer un ami, manger des choses défendues, ou des choses auxquelles on ne doit pas goûter *à cause de leur impureté*, sont six crimes *presque* semblables à celui de boire des liqueurs spiritueuses.

57. « Enlever un dépôt, une créature humaine, un cheval, de l'argent, un champ, des diamants, ou autres pierres précieuses, est *presque* égal à voler de l'or *à un Brâhmane*.

58. « Tout commerce charnel avec des sœurs de mère, des jeunes filles, des femmes de la plus vile des classes mêlées, ou avec les épouses d'un ami ou d'un fils, est considéré par les Sages comme *presque* égal à la souillure du lit paternel.

59. « Tuer une vache, officier dans un sacrifice fait par des hommes indignes de sacrifier, commettre un adultère, se vendre soi-même, abandonner un maître spirituel, une mère ou un père, omettre la récitation des Textes saints ou l'entretien du feu *prescrit par les Sâstras*, négliger un fils;

60. « Laisser son jeune frère se marier le premier *lorsqu'on est l'aîné*[1], prendre une femme avant son frère aîné *lorsqu'on est le cadet*, donner une fille à l'un de ces deux frères, et faire pour eux le sacrifice nuptial;

61. « Souiller une jeune fille, exercer l'usure, enfreindre les règles de chasteté *imposées au novice*, vendre un étang consacré, un jardin, une femme ou un enfant;

62. « Négliger le sacrement de l'investiture, abandonner un parent, enseigner le Véda pour un salaire, l'étudier sous un maître salarié, vendre des marchandises qui ne doivent pas être vendues;

63. « Travailler dans des mines de toute sorte, entreprendre de grands travaux de construction, gâter *à plusieurs reprises* des plantes médicinales, vivre *du métier honteux* d'une femme, faire des sacrifices pour causer la mort d'un innocent, avoir recours à des charmes et à des drogues magiques *pour se rendre maître de quelqu'un;*

64. « Abattre des arbres encore verts pour en faire du bois à brûler, accomplir un acte religieux dans des vues personnelles, manger des aliments défendus *une seule fois et sans intention;*

65. « Négliger d'entretenir le feu consacré, voler des objets de valeur, excepté de l'or, ne pas acquitter ses *trois* dettes[1], lire des ouvrages irréligieux, aimer avec passion la danse, le chant et la musique instrumentale;

66. « Voler du grain, des métaux *de bas prix* et des bestiaux, folâtrer avec des femmes adonnées aux liqueurs spiritueuses, tuer *par mégarde* une femme, un Soûdra, un Vaisya ou un Kchatriya, nier un état futur *et les récompenses et les peines après la mort:* sont des crimes secondaires.

67. « Faire du mal à un Brâhmane, sentir des choses qu'on ne doit pas flairer *à cause de leur fétidité* ou des liqueurs spiritueuses, tromper, et s'unir charnellement avec un homme, sont considérés comme entraînant la perte de la classe.

68. « Tuer un âne, un cheval, un chameau, un cerf, un éléphant, un bouc, un bélier, un poisson, un serpent ou un buffle, est déclaré une action qui ravale à une classe mêlée.

69. « Recevoir des présents d'hommes méprisables, faire un commerce illicite, servir un maître Soûdra et dire des mensonges, doivent être considérés comme des motifs d'exclusion de la société des gens de bien.

70. « Tuer un insecte, un ver ou un oiseau, manger ce qui a été apporté avec une liqueur spiritueuse *dans le même panier*, voler du fruit, du bois ou des fleurs, et être pusillanime, sont des fautes qui causent la souillure.

71. « Apprenez maintenant complétement par le moyen de quelles pénitences particulières tous ces péchés qui viennent d'être énumérés l'un après l'autre, peuvent être effacés.

72. « *Le Brâhmane* meurtrier d'un Brâhmane *qu'il a tué sans le vouloir, et auquel il était très supérieur en bonnes qualités*, doit se bâtir une cabane dans une forêt et y demeurer douze ans[2], ne vivant que d'aumônes, pour la purification de son âme, ayant pris, comme marque de son crime, le crâne du mort, *ou tout autre crâne humain, au défaut du premier*.

73. « Ou bien, *si le coupable appartient à la classe militaire, et s'il a tué volontairement un Brâhmane recommandable*, qu'il s'offre de son

---

[1] Voyez ci-dessus, Liv. III, st. 171 et 172.

[1] Voyez ci-dessus, Liv. IV, st. 257.
[2] Ce nombre d'années doit être doublé pour un Kchatriya, triplé pour un Vaisya, quadruplé pour un Soûdra. (*Commentaire*.)

plein gré, comme but, à des archers instruits *de son désir d'expier ce meurtre*, ou bien, qu'il se jette trois fois, *ou jusqu'à ce qu'il meure*, la tête la première dans un feu ardent;

74. « Ou bien, *si le Brâhmane a été tué par mégarde*, que le meurtrier accomplisse le sacrifice de l'Aswamédha, du Swardjit, du Gosava, de l'Abhidjit, du Viswadjit, du Tritwrit ou de l'Agnichtout;

75. « Ou bien, *si le meurtre a été commis involontairement, et sur un Brâhmane peu recommandable*, que le *Dwidja* coupable fasse à pied cent yodjanas [1] en récitant le texte d'un des Védas, mangeant peu et maîtrisant ses sens, afin d'expier le crime d'avoir tué un Brâhmane;

76. « Ou bien, *si le Brâhmane tué par mégarde n'était recommandable par aucune qualité, et si le meurtrier est un riche Brâhmane*, qu'il donne tout ce qu'il possède à un Brâhmane versé dans les Védas, ou assez de bien pour qu'il puisse subsister, ou une maison garnie des ustensiles nécessaires *pour la durée de son existence*;

77. « Ou bien, qu'il marche contre le courant vers *la source de* la Saraswatî, en mangeant seulement de ces grains sauvages qu'on offre aux Dieux; ou bien, réduisant sa nourriture à une très-petite quantité, qu'il répète trois fois la Sanhitâ du Véda [2].

78. « *Au lieu de se retirer dans une forêt*, le coupable *qui subit la pénitence de douze années* peut, après avoir rasé ses cheveux et sa barbe, s'établir auprès d'un village ou d'un pâturage de vaches, ou dans un ermitage, ou au pied d'un arbre consacré, n'ayant d'autre désir que de faire du bien aux vaches et aux Brâhmanes.

79. « Là, pour sauver une vache ou un Brâhmane, qu'il fasse sur-le-champ le sacrifice de sa vie; celui qui a sauvé une vache ou un Brâhmane expie le crime d'avoir tué un homme de la classe sacerdotale.

80. «Son crime est encore effacé lorsqu'il essaye, au moins à trois fois, de reprendre par force à des voleurs le bien d'un Brâhmane qu'ils enlèvent, soit qu'il le recouvre tout entier *dans une de ces tentatives*, soit qu'il perde la vie pour cette cause.

81. « En restant de la sorte ferme dans ses austérités religieuses, chaste comme un novice et parfaitement recueilli, dans l'espace de douze ans, il expie le meurtre d'un Brâhmane.

82. « Ou bien, *si un Brâhmane vertueux en tue sans intention un autre qui n'avait aucune bonne qualité*, il peut expier son crime en le proclamant dans une assemblée de Brâhmanes et de Kchatriyas, réunis pour le sacrifice du cheval (Aswamédha), et en se baignant avec les autres Brâhmanes à l'issue de la cérémonie [1].

83. « Les Brâhmanes sont déclarés la base, et les Kchatriyas, le sommet du système des lois; en conséquence, celui qui déclare sa faute en leur présence lorsqu'ils sont réunis, est purifié.

84. « Un Brâhmane, par sa seule naissance, est un objet de vénération même pour les Dieux, et *ses décisions sont* une autorité pour le monde; c'est la Sainte Écriture qui lui donne ce privilége.

85. « Que trois Brâhmanes versés dans les Védas s'étant réunis, déclarent aux coupables l'expiation qu'exige leur crime; la pénitence indiquée suffira pour leur purification; car les paroles des sages enlèvent la souillure.

86. « Ainsi un Brâhmane, *ou un autre Dwidja*, qui a accompli dans un parfait recueillement une des expiations précédentes, *suivant la circonstance*, efface le crime d'avoir tué un homme de la classe sacerdotale, en pensant fermement qu'il y a une *autre vie pour l'*âme.

87. « Il doit faire la même pénitence pour avoir tué un fœtus *dont le sexe était* inconnu, *mais dont les parents appartenaient à la classe sacerdotale*, ou un Kchatriya, ou un Vaisya occupé à un sacrifice, ou une femme Brâhmanî venant de se baigner après sa souillure périodique.

88. « De même que pour avoir rendu un faux témoignage *dans un procès concernant de l'or ou des terres*, pour avoir accusé à tort son maître spirituel, pour s'être approprié un dépôt et pour avoir tué la femme *d'un Brâhmane entretenant un feu consacré*, et un ami.

89. « Cette purification *de douze années* a été déclarée pour celui qui a tué involontairement un Brâhmane; mais pour le meurtre d'un Brâhmane commis à dessein, cette expiation ne suffit pas [2].

90. « Le Dwidja qui a été assez insensé pour boire, *avec intention*, de la liqueur spiritueuse *extraite du riz*, doit boire de la liqueur enflammée; lorsqu'il a brûlé son corps par ce moyen, il est déchargé de son péché;

91. « Ou bien il doit boire, jusqu'à ce qu'il en meure, de l'urine de vache, ou de l'eau, ou du lait, ou du beurre clarifié, ou du jus exprimé de la bouse de vache : tout cela bouillant;

92. « Ou bien, *s'il a bu par mégarde de l'esprit de riz, et avec intention des liqueurs extraites du sucre et du madhouka* [3], pour expier la faute d'avoir

---

[1] Yodjana, mesure de distance égale à quatre krôsas, qui, huit mille coudées ou quatre mille *yards* par kôsa ou kós, font exactement neuf milles anglais. D'autres calculs ne donnent au yodjana que cinq milles, et même quatre milles et demi.

[2] Sanhitâ, collection de prières, hymnes et invocations d'un Véda.

[1] Littéralement, à l'*Avabhirtha*; ce mot désigne un sacrifice supplémentaire, qui a pour objet d'expier ce qui a pu être défectueux dans le sacrifice principal qui précède.

[2] La pénitence doit être doublée, ou même le meurtrier doit subir la mort. (*Commentaire*) Voyez Liv. IX, st. 235.

bu des liqueurs spiritueuses, qu'il mange pendant une année, une fois chaque nuit, des grains de riz concassé, et du marc d'huile de sésame, étant couvert d'un cilice, ayant ses cheveux longs, et tenant un drapeau de distillateur.

93. « L'esprit de riz est le mala[1] (extrait) du grain, et une mauvaise action est aussi désignée par *le mot* mala; c'est pourquoi un Brâhmane, un Kchatriya et un Vaisya ne doivent pas boire de l'esprit de riz.

94. « On doit reconnaître trois *principales* sortes de liqueurs enivrantes : celle qu'on retire du résidu du sucre, celle qu'on extrait du riz moulu, et celle qu'on obtient *des fleurs* du madhouka[2]; il en est d'une comme de toutes; les Brâhmanes ne doivent pas en boire.

95. « Les *autres* boissons enivrantes, *qui sont au nombre de neuf,* la chair des animaux *défendus*, les *trois* liqueurs spiritueuses *ci-dessus énumérées*, celle qu'on nomme âsava, *qui est faite avec des drogues enivrantes*, forment la nourriture des Gnomes (Yakchas), des Géants (Râkchasas), et des Vampires (Pisâtchas); elles ne doivent jamais être goûtées par un Brâhmane qui mange le beurre clarifié offert aux Dieux.

96. « Un Brâhmane ivre peut tomber sur un objet impur, ou prononcer quelques paroles du Véda, ou bien encore se porter à une action coupable étant privé de sa raison par l'ivresse.

97. « Celui dont l'essence divine répandue dans tout son être se trouve une fois inondée de liqueur enivrante, perd son rang de Brâhmane et déchoit à l'état de Soûdra.

98. « Tels sont, comme ils ont été énoncés, les différents modes d'expiation pour avoir bu des liqueurs spiritueuses; je vais maintenant déclarer la pénitence requise pour avoir volé de l'or *à un Brâhmane*.

99. « L'homme qui a volé de l'or *à un Brâhmane* doit aller trouver le roi, lui déclarer sa faute et lui dire : « Seigneur, punissez-moi. »

100. « Le roi, prenant une massue de fer, *que le coupable porte sur son épaule*[3], doit le frapper lui-même une fois; par ce coup, le voleur, *qu'il meure ou non,* est déchargé de son crime; la faute d'un Brâhmane *ne doit s'expier que* par des austérités; *les autres Dwidjas peuvent également se purifier par le même moyen.*

101. « Le Dwidja qui désire se laver par des austérités de la faute d'avoir volé de l'or, doit, couvert d'un vêtement d'écorce, subir dans la forêt la pénitence de celui qui a tué un Brâhmane involontairement.

102. « C'est par de telles expiations qu'un Dwidja peut effacer la faute commise par lui en volant de l'or *à un Brâhmane;* mais qu'il expie par les pénitences suivantes le crime d'adultère avec la femme de son père spirituel *ou naturel.*

103. « Celui qui a souillé *avec connaissance de cause* l'épouse de son père, *laquelle était de la même classe*, doit, en proclamant à haute voix son crime, s'étendre lui-même sur un lit de fer brûlant, et embrasser une image de femme rougie au feu; ce n'est que par la mort qu'il peut être purifié.

104. « Ou bien, s'étant coupé lui-même le pénis et les bourses, et les tenant dans ses doigts, qu'il marche d'un pas ferme vers la région de Nirriti[1] jusqu'à ce qu'il tombe mort.

105. « Ou, *s'il a commis la faute par méprise*, prenant à sa main un morceau de lit, se couvrant d'un vêtement d'écorce, laissant croître ses cheveux, sa barbe et ses ongles, qu'il se retire dans une forêt déserte et y fasse la pénitence du Prâdjâpatya[2] pendant un an entier avec un parfait recueillement.

106. « Ou bien, *si la femme était dissolue et d'une classe inférieure*, qu'il fasse, pendant trois mois, la pénitence du Tchândrâyana[3], en maîtrisant ses organes et en ne se nourrissant que de fruits et de racines sauvages, et de grain bouilli dans l'eau, afin d'expier le crime d'avoir souillé le lit de son père.

107. « C'est par les pénitences qui viennent d'être mentionnées que les grands coupables[4] doivent expier leurs forfaits; ceux qui n'ont commis que des fautes secondaires[5] peuvent les effacer au moyen des diverses austérités suivantes.

108. « Celui qui a commis le crime secondaire de tuer une vache *par mégarde*, doit, s'étant rasé la tête entièrement, avaler, pendant un mois, des grains d'orge bouillis *dans l'eau*, et s'établir dans un pâturage de vaches couvert de la peau *de celle qu'il a tuée :*

109. « Pendant les deux mois qui suivent, qu'il mange le soir, une fois tous les deux jours[6], une petite quantité de grains sauvages non assaisonnés de sel factice; qu'il fasse ses ablutions avec de l'urine de vache, et soit entièrement maître de ses organes :

110. « Qu'il suive les vaches tout le jour, et, se tenant *derrière elles*, qu'il avale la poussière qui s'élève *sous leurs sabots;* après les avoir servies et les avoir saluées, que pendant la nuit il se place auprès d'elles pour les garder :

111. « Pur et exempt de colère, qu'il s'arrête, lorsqu'elles s'arrêtent; qu'il les suive, lorsqu'elles

---

[1] Le mot *mala* signifie *excrétion, ordure, impureté.*
[2] Bassia latifolia.
[3] Voyez ci-dessus, Liv. VIII, st. 315

[1] Nirriti, divinité qui préside au sud-ouest.
[2] Voyez plus loin, st. 211.
[3] Voyez st. 216.
[4] Voyez ci-dessus, st. 54-58.
[5] Voyez st. 59-66.
[6] Littéralement, *au moment du quatrième repas.*

marchent; qu'il s'asseye, lorsqu'elles se reposent :

112. « Si une vache est malade ou est assaillie par des brigands et des tigres, ou tombe, ou s'empêtre dans un bourbier, qu'il la dégage par tous les moyens possibles :

113. Pendant la chaleur, la pluie ou le froid, ou lorsque le vent souffle avec violence, qu'il ne cherche pas à se mettre à l'abri, avant d'avoir mis les vaches à couvert de son mieux :

114. « S'il voit une vache manger *du grain* dans une maison, un champ ou une grange appartenant soit à lui-même, soit à d'autres, qu'il se garde d'en rien dire, de même que lorsqu'il voit un jeune veau boire *du lait*.

115. « Le meurtrier d'une vache qui se dévoue, suivant cette règle, au service d'un troupeau, efface en trois mois la faute qu'il a commise.

116. « *En outre*, lorsque sa pénitence est entièrement accomplie, qu'il donne dix vaches et un taureau, ou s'il n'en a pas le moyen, qu'il abandonne tout ce qu'il possède à des Brâhmanes versés dans le Véda.

117. « Que tous les Dwidjas qui ont commis des fautes secondaires, excepté celui qui a enfreint le vœu de chasteté, fassent pour leur purification la pénitence précédente, ou celle du Tchândrâyana.

118. « Quant à celui qui a violé le vœu de chasteté, il doit sacrifier un âne borgne *ou noir* à Nirriti, suivant le rite des oblations domestiques, dans un endroit où quatre chemins se rencontrent, et pendant la nuit.

119. « Après avoir, suivant la règle, répandu de la graisse dans le feu, comme offrande, à la fin du sacrifice, qu'il fasse des oblations de beurre clarifié à Vata[1], Indra, Gourou[2] et Vahni[3], en récitant la prière qui commence par SAM.

120. « Les hommes versés dans la Sainte Écriture et qui connaissent la loi, considèrent comme une violation de la règle *de chasteté*, l'émission volontaire de la semence chez un Dwidja encore novice.

121. « Aux quatre *Dieux* Mârouta, Pourouhoûta[4], Gourou et Pâvaka[5], retourne tout l'éclat que donne l'étude assidue de la Sainte Écriture, et qui est perdu par le novice qui enfreint ses vœux.

122. « Lorsqu'il a commis cette faute, se couvrant de la peau de l'âne *sacrifié*, qu'il aille demander l'aumône dans sept maisons en proclamant son péché.

123. « Prenant par jour un seul repas sur la nourriture obtenue ainsi en mendiant, et se baignant aux trois moments (savanas) de la journée[1], au bout d'un an il est purifié.

124. « Après avoir commis volontairement une de ces actions qui entraînent la perte de la classe[2], qu'il s'impose la pénitence du Sântapana; et si la faute a été involontaire, la pénitence du Prâdjâpatya.

125. « Pour les fautes qui ravalent à une classe mêlée, ou qui rendent indigne d'être admis parmi les gens de bien[3], le coupable doit subir, afin de se purifier, la pénitence du Tchândrâyana pendant un mois; pour les fautes qui causent la souillure[4], il doit manger pendant trois jours des grains d'orge bouillis dans l'eau et chauds.

126. « Pour avoir tué *avec intention* un homme *vertueux* de la classe militaire, la pénitence doit être le quart de celle qui est imposée pour le meurtre d'un Brâhmane; elle ne doit être que d'un huitième pour un Vaisya *recommandable par sa conduite*, et d'un seizième pour un soûdra qui remplissait avec exactitude ses devoirs.

127. « Mais le Brâhmane qui, sans le vouloir, fait périr un homme de la classe royale, doit donner à des Brâhmanes mille vaches et un taureau afin de se purifier;

128. « Ou bien, maîtrisant ses organes et portant ses cheveux longs, qu'il subisse pendant trois ans la pénitence imposée au meurtrier d'un Brâhmane; qu'il demeure loin du village, et choisisse pour demeure le pied d'un arbre.

129. « Un Dwidja doit se soumettre à la même pénitence pendant un an, pour avoir tué *involontairement* un Vaisya dont la conduite était louable ou bien qu'il donne cent vaches et un taureau.

130. « Pendant six mois, il doit faire cette pénitence entière pour avoir tué, *sans le vouloir*, un Soûdra, ou bien qu'il donne à un Brâhmane dix vaches blanches et un taureau.

131. « S'il a tué *à dessein* un chat, une mangouste (nakoula), un geai bleu, une grenouille, un chien, un crocodile, un hibou, ou une corneille, qu'il fasse la pénitence prescrite pour le meurtre d'un Soûdra, *celle du Tchândrâyana*.

132. « Ou bien, *s'il l'a fait par mégarde*, qu'il ne boive que du lait pendant *trois jours et* trois nuits; ou, *s'il a une maladie qui l'en empêche*, qu'il fasse à pied un yodjana de chemin; ou, *s'il ne le peut pas*, qu'il se baigne *chaque nuit* dans une rivière, ou qu'il répète en silence la prière adressée au Dieu des eaux.

133. « Que le Brâhmane qui a tué un serpent donne *à un autre Brâhmane* une bêche *ou un bâton*

---

[1] Vâta est un des noms de Vâyou ou Mârouta, Dieu du vent.
[2] Gourou, nommé aussi Vriaspati, est le régent de la planète de Jupiter.
[3] Vahni est un des noms d'Agni, Dieu du feu.
[4] Pourouhoûta est un des noms d'Indra, roi du ciel.
[5] Pâvaka veut dire *purificateur*; c'est un des noms d'Agni.

[1] Le matin, à midi et le soir.
[2] Voyez ci-dessus, st. 67.
[3] *Ibid.*, st. 68 et 69
[4] *Ibid.*, st. 70.

ferré; s'il a tué un eunuque, qu'il donne une charge de paille et un mâchaka[1] de plomb.

134. « Pour avoir tué un porc, qu'il donne un pot de beurre clarifié; pour un francolin (tittiri), un drona[2] de sésame; pour un perroquet, un veau de deux ans; pour un krôntcha[3], un veau de trois ans.

135. « S'il a tué un cygne (hansa), une balâkâ[4], un héron, un paon, un singe, un faucon ou un milan, il doit donner une vache à un Brâhmane.

136. « Qu'il donne un vêtement pour avoir tué un cheval; cinq taureaux noirs pour un éléphant tué; un taureau, pour un bouc ou un bélier; pour un âne, un veau d'un an.

137. « S'il a tué des animaux sauvages carnivores, qu'il donne une vache ayant beaucoup de lait; pour des bêtes fauves non carnivores, une belle génisse; pour un chameau, un krichnala d'or.

138. « S'il a tué une femme de l'une des quatre classes surprise en adultère, qu'il donne pour sa purification un sac de peau, un arc, un bouc ou un bélier, dans l'ordre direct des classes[5].

139. « Si un Brâhmane se trouve dans l'impossibilité d'expier par des dons la faute d'avoir tué un serpent ou quelque autre créature, qu'il fasse chaque fois la pénitence du *Prâdjâpatya* pour effacer son péché.

140. « Pour avoir tué mille petits animaux ayant des os, ou une quantité d'animaux dépourvus d'os, suffisante pour remplir un chariot, qu'il se soumette à la même pénitence que pour le meurtre d'un Soûdra;

141. « Mais lorsqu'il a tué des animaux pourvus d'os, qu'il donne aussi, *chaque fois*, quelque chose, *comme un pana de cuivre*, à un Brâhmane : pour des animaux qui n'ont pas d'os, il est purifié, *chaque fois*, en retenant sa respiration *et en récitant la Sâvitri avec le début (Siras), le monosyllabe Aum, et les trois mots Bhoûr, Bhouvah, Swar*.

142. « Pour avoir coupé, *une seule fois et sans mauvaise intention*, des arbres portant fruit, des buissons, des lianes, des plantes grimpantes ou des plantes rampantes en fleur, on doit répéter cent prières du Rig-Véda.

143. « Pour avoir tué des insectes de toutes sortes qui naissent dans le riz et dans les autres grains, dans les liquides, *comme le jus de la canne à sucre*, dans les fruits ou dans les fleurs, la purification est de manger du beurre clarifié.

144. « Si l'on arrache inutilement des plantes cultivées ou des plantes nées spontanément dans une forêt, on doit suivre une vache pendant un jour entier, et ne se nourrir que de lait.

145. « C'est par ces pénitences que peut être effacée la faute d'avoir fait du mal *aux êtres animés*, sciemment ou par mégarde; écoutez maintenant quelles pénitences sont prescrites pour avoir mangé ou bu des choses défendues.

146. « Celui qui, sans le savoir, boit une liqueur spiritueuse, *autre que l'esprit de riz*, est purifié en recevant de nouveau le sacrement *de l'investiture du cordon*, après avoir d'abord subi la pénitence du *Taptakritchhra*[1]; même pour avoir bu à dessein *des liqueurs spiritueuses, celle du riz exceptée*[2], une pénitence entraînant la perte de la vie ne peut pas être ordonnée : telle est la règle établie.

147. « Pour avoir bu de l'eau ayant séjourné dans un vase qui a contenu de l'esprit de riz ou toute autre liqueur spiritueuse, on doit boire, pendant *cinq jours et* cinq nuits, du lait bouilli avec la *plante* sankhapouchpî[3].

148. « Si un Brâhmane touche ou donne une liqueur spiritueuse, ou la reçoit avec les formes d'un sage, *c'est-à-dire, en remerciant*, et s'il boit de l'eau laissée par un Soûdra, il ne doit avaler pendant trois jours que de l'eau bouillie avec du kousa.

149. « Lorsqu'un Brâhmane, après avoir bu le jus de l'asclépiade (soma) *dans un sacrifice*, vient à sentir l'haleine d'un homme ayant bu des liqueurs fortes, il ne se purifie qu'en retenant trois fois sa respiration au milieu de l'eau, et en mangeant du beurre clarifié.

150. « Tous les hommes appartenants aux trois classes régénérées, et qui, par mégarde, ont goûté de l'urine ou des excréments *humains*, ou une chose qui a été en contact avec une liqueur spiritueuse, doivent recevoir de nouveau le sacrement *de l'investiture du cordon sacré*;

151. « Mais dans cette seconde cérémonie de l'investiture des Dwidjas, la tonsure, la ceinture, le bâton, la quête des aumônes, et les règles d'abstinence, n'ont pas besoin d'être renouvelées.

152. « Celui qui a mangé de la nourriture offerte par des gens avec lesquels il ne doit pas manger, ou les restes d'une femme ou d'un Soûdra, ou des viandes défendues, ne doit boire, pendant *sept jours et sept nuits*, que de l'orge réduite en bouillie dans de l'eau.

153. « Si un Brâhmane a bu des liqueurs *naturellement douces, mais devenues* aigres, et des jus astringents, bien que ces substances soient pures, il est souillé tant que ce qu'il a pris n'est pas digéré.

154. « Après avoir goûté *par hasard* de l'urine ou des excréments d'un porc privé, d'un âne, d'un chameau, d'un chacal, d'un singe ou d'une corneille, qu'un Dwidja fasse la pénitence du Tchândrâyana.

---

[1] Voyez Liv. VIII, st. 135.
[2] *Ibid.* VII, st. 126.
[3] Sorte de héron ou de courlieu.
[4] Sorte de grue.
[5] C'est-à-dire, qu'il donne un sac de peau pour avoir tué une Brâhmanî; un arc, pour une Kchatriyâ, etc.

[1] Voyez plus loin, st. 214.
[2] *Andropogon aciculatum*.
[3] Voyez ci-dessus, st. 90, 91 et 93.

155. « S'il mange de la viande sèche ou des champignons terrestres, et quelque chose venant d'une boucherie, à son insu, il doit s'imposer la même pénitence.

156. « Pour avoir mangé, *avec connaissance de cause*, la chair d'un animal carnivore, d'un porc domestique, d'un chameau, d'un coq, d'une créature humaine, d'une corneille ou d'un âne, la pénitence brûlante (Taptakritchhra) est la seule expiation.

157. « Le Brâhmane qui, avant d'avoir terminé son noviciat, prend sa part du repas mensuel *en l'honneur d'un parent récemment décédé*[1], doit jeûner pendant trois jours *et trois nuits*, et rester un jour dans l'eau.

158. « Le novice qui goûte du miel ou de la viande, *sans le vouloir ou dans un moment de détresse*, doit subir la pénitence la plus faible, *celle du Prâdjâpatya*, et terminer ensuite son noviciat.

159. « Après avoir mangé ce qui a été laissé par un chat, une corneille, un rat, un chien ou une mangouste, ou bien une chose qui a été touchée par un pou, qu'il boive de la *plante appelée* brahmasouvartchalâ *en infusion dans l'eau*.

160. « Celui qui cherche à se conserver pur, ne doit point manger d'aliments défendus; s'il le fait par mégarde, qu'il les vomisse aussitôt, ou qu'il se purifie sur-le-champ par le moyen des expiations prescrites.

161. « Telles sont les différentes sortes de pénitences prescrites pour avoir mangé des aliments défendus; apprenez maintenant la règle des pénitences par lesquelles on peut expier le crime de vol.

162. « Le Brâhmane qui a volontairement pris un objet, comme du grain cuit ou cru, dans la maison d'un homme de la même classe que lui, est absous en faisant la pénitence du Prâdjâpatya pendant une année entière;

163. « Mais pour avoir enlevé des hommes ou des femmes, pour s'être emparé d'un champ ou d'une maison, ou pour avoir pris l'eau d'un puits ou d'un lavoir, la pénitence du Tchândrâyana est prescrite.

164. « Après avoir volé dans la maison d'un autre des objets de peu de valeur, que le coupable fasse la pénitence du Sântapana pour sa purification, ayant d'abord restitué les objets volés, *ce qu'on doit faire dans tous les cas*.

165. « Pour avoir pris des choses susceptibles d'être mangées ou avalées, une voiture, un lit, un siége, des fleurs, des racines ou des fruits, l'expiation est d'avaler les cinq choses que produit une vache, *du lait, du caillé, du beurre, de l'urine et de la bouse*.

166. » Pour avoir volé de l'herbe, du bois, des arbres, du riz sec, du sucre brut, des vêtements, des peaux ou de la viande, il faut subir un jeûne sévère pendant *trois jours et* trois nuits.

167. « Pour avoir dérobé des pierres précieuses, des perles, du corail, du cuivre, de l'argent, du fer, du laiton ou des pierres, on ne doit manger pendant douze jours que du riz concassé.

168. « On *ne* doit prendre *que* du lait pendant trois jours, pour avoir volé du coton, de la soie ou de la laine, ou un animal au pied fourchu ou non fourchu, ou des oiseaux, ou des parfums, ou des plantes officinales, ou des cordages.

169. « C'est par ces pénitences qu'un Dwidja peut effacer la faute qui résulte d'un vol; mais il ne peut expier que par les pénitences suivantes le crime de s'être approché d'une femme avec laquelle un commerce charnel lui est interdit.

170. » Celui qui a entretenu une liaison charnelle avec ses sœurs de la même mère, avec les femmes de son ami ou de son fils, avec des filles avant l'âge de puberté, ou avec des femmes des classes les plus viles, doit subir la pénitence imposée à celui qui a souillé le lit de son père spirituel *ou naturel*;

171. « Celui qui a connu charnellement la fille de sa tante paternelle, *qui est comme* sa sœur, ou la fille de sa tante maternelle, ou bien la fille de son oncle maternel, doit faire la pénitence du Tchândrâyana.

172. « Qu'aucun homme judicieux ne choisisse l'une de ces trois femmes pour épouse; en raison du degré de parenté, on ne doit pas les prendre en mariage; celui qui se marie à une d'elles, va dans les régions infernales.

173. « L'homme qui a répandu sa semence avec des femelles d'animaux, *excepté la vache*[1], ou avec une femme ayant ses règles, ou dans toute autre partie que la naturelle, ou dans l'eau, doit faire la pénitence du Sântapana.

174. « Le Dwidja qui se livre à sa passion pour un homme, *n'importe dans quel lieu*, et pour une femme dans un chariot traîné par des bœufs, ou dans l'eau, ou pendant le jour, doit se baigner avec ses vêtements.

175. « Lorsqu'un Brâhmane s'unit charnellement à une femme Tchandâlî ou Mlétchhâ, ou mange avec elle, ou reçoit d'elle des présents, il est dégradé, s'il a agi sciemment; s'il l'a fait volontairement, il est ravalé à la même condition que cette femme.

176. « Que le mari enferme dans un appartement séparé une femme entièrement corrompue, qu'il lui impose la pénitence à laquelle un homme est soumis pour avoir commis un adultère;

177. « Mais si elle commet une nouvelle faute

---

[1] Voyez ci-dessus, Liv. III, st. 247.

[1] Celui qui a commis le crime de bestialité avec une vache doit faire pendant un an le Prâdjâpatya. (*Commentaire*.)

ayant été séduite par un homme de sa classe, la pénitence *du Prâdjâpatya* et celle du Tchândrâyana sont prescrites pour sa purification.

178. « Le péché que commet un Brâhmane en s'approchant, pendant une seule nuit, d'une femme Tchandâlî, il l'efface en vivant d'aumônes pendant trois ans, et en répétant sans cesse la Sâvitrî.

179. « Telles sont les expiations applicables à ces quatre sortes de pécheurs : *ceux qui font du mal aux créatures, ceux qui mangent des aliments défendus, ceux qui volent, et ceux qui s'unissent charnellement à des femmes auxquelles ils ne doivent pas s'unir;* écoutez maintenant les expiations suivantes, enjointes à ceux qui ont des rapports avec ces hommes dégradés :

180. « Celui qui a des relations avec un homme dégradé est dégradé lui-même au bout d'un an; non pas en sacrifiant, en lisant la Sainte Écriture, ou en contractant une alliance avec lui, *ce qui entraîne la dégradation sur-le-champ*, mais *simplement* en allant dans la même voiture, en s'asseyant sur le même siége, en mangeant au même repas.

181. « L'homme qui a des rapports avec quelqu'un de ces gens dégradés doit faire la pénitence à laquelle ce pécheur lui-même est soumis, pour se purifier de ces relations.

182. « Les *sapindas* et les *samânodakas* d'un *grand criminel* dégradé doivent offrir pour lui, *comme s'il était mort*, une libation d'eau hors *du village*, le soir d'un jour non favorable, en présence de ses parents paternels, de son chapelain (Ritwidj), et de son guide spirituel (Gourou).

183. « Une esclave femelle, *se tournant vers le sud*, doit renverser avec le pied un *vieux* pot rempli d'eau, semblable à celui qu'on offre aux morts; après cela, tous les parents proches ou éloignés sont impurs pendant un jour et une nuit.

184. « On doit s'abstenir de parler à cet homme *dégradé*, de s'asseoir dans sa compagnie, de lui donner sa part d'un héritage, et de l'inviter aux réunions mondaines.

185. « Que les priviléges de la primogéniture soient perdus pour lui, ainsi que tout le bien qui est le partage d'un aîné; que la part de l'aîné revienne à un jeune frère qui lui est supérieur en vertu;

186. « Mais lorsqu'il a fait la pénitence requise, ses parents et lui doivent renverser un vase neuf plein d'eau, après s'être baignés ensemble dans une pièce d'eau bien pure.

187. « Ayant jeté le vase dans l'eau, qu'il entre dans sa maison et remplisse comme auparavant toutes les affaires qui concernent sa famille.

188. On doit faire la même cérémonie pour les femmes dégradées; il faut leur donner des vêtements, des aliments et de l'eau, **et les loger** *dans des cabanes* **près de la maison.**

189. « Qu'aucun homme n'ait de communication avec les pécheurs qui n'ont pas subi leur pénitence; mais lorsqu'ils ont expié leur faute, qu'il ne leur fasse jamais de reproches.

190. « Cependant, qu'il s'abstienne de vivre dans la compagnie de ceux qui ont tué des enfants, rendu le mal pour le bien, mis à mort des suppliants qui demandaient asile, ou tué des femmes, lors même qu'ils se sont purifiés suivant la loi.

191. « Ceux qui appartiennent aux trois premières classes, mais auxquels on n'a pas fait apprendre la Sâvitrî suivant la règle [1], doivent subir trois fois la pénitence ordinaire, *celle du Prâdjâpatya*, puis être initiés selon le rite.

192. « La même pénitence doit aussi être prescrite aux Dwidjas qui désirent expier un acte illégal, ou l'omission de l'étude du Véda.

193. « Les Brâhmanes qui acquièrent du bien par des actes blâmables sont purifiés par l'abandon de ce bien, par des prières et des austérités.

194. « En répétant trois mille fois la Sâvitrî dans le plus profond recueillement, en ne prenant que du lait pour toute nourriture, pendant un mois, dans un pâturage de vaches, un Brâhmane se purifie d'avoir reçu un présent répréhensible.

195. « Lorsque, amaigri par ce long jeûne, il revient du pâturage, qu'il salue les autres Brâhmanes qui doivent lui demander : « Digne homme, « désirez-vous être admis de nouveau parmi nous, « *et promettez-vous de ne plus commettre le même* « *péché?* »

196. « Après avoir répondu affirmativement aux Brâhmanes, qu'il donne de l'herbe aux vaches, et dans cet endroit purifié par la présence des vaches, que les personnes de sa classe s'occupent de sa réadmission.

197. « Celui qui a officié à un sacrifice pour des excommuniés (Vrâtyas) [2], qui a brûlé le corps d'un étranger, fait des conjurations magiques *pour causer la mort d'un innocent*, ou le *sacrifice impur* appelé Ahîna, expie sa faute par trois pénitences.

198. « Le Dwidja qui a refusé sa protection à un suppliant, ou qui a enseigné la Sainte Écriture dans un jour interdit, efface ce péché en ne mangeant que de l'orge pendant une année.

199. « Celui qui a été mordu par un chien, par un chacal, par un âne, par des animaux carnivores fréquentant un village, par un homme, un cheval, un chameau ou un porc, se purifie en retenant sa respiration.

200. « Ne manger seulement qu'au moment du sixième repas, *ou le soir du troisième jour*, pendant un mois; réciter une Sanhitâ des Védas, faire

---

[1]. C'est-à-dire, qui n'ont pas été initiés, qui n'ont pas reçu le sacrement de l'investiture du cordon; la communication de la Sâvitrî est une partie essentielle de cette cérémonie.

[2] Voyez ci-dessus, Liv. II, st. 39; et Liv. X, st. 20.

au feu les offrandes appelées Sâkalas[1] : telles sont les expiations qui conviennent à tous ceux qui sont exclus des repas, *et pour lesquels une expiation particulière n'a pas été prescrite.*

201. « Si un Brâhmane monte volontairement dans un chariot traîné par des chameaux ou des ânes, ou s'il s'est baigné absolument nu, il est absous en retenant une fois sa respiration, *et en récitant en même temps la Sâvitri.*

202. « Celui qui, étant très-pressé, a déchargé ses excréments n'ayant pas d'eau *à sa disposition*, ou *l'a fait* dans l'eau, peut être purifié en se baignant avec ses vêtements hors de la ville, et en touchant une vache.

203. « Pour l'omission des actes que le Véda ordonne d'accomplir constamment et pour la violation des devoirs prescrits à un maître de maison, la pénitence est de jeûner *un jour entier*.

204. « L'homme qui a imposé silence à un Brâhmane ou tutoyé un supérieur, doit se baigner, ne rien manger le reste du jour, et apaiser l'offensé en se prosternant avec respect devant lui.

205. « Celui qui a frappé un Brâhmane, même avec un brin d'herbe, ou qui l'a attaché par le cou avec un vêtement, ou qui l'a emporté sur lui dans une contestation, doit calmer son ressentiment en se jetant à ses pieds.

206. « L'homme qui s'est précipité impétueusement sur un Brâhmane avec intention de le tuer, demeurera cent années en enfer ; mille années, s'il l'a frappé.

207. « Autant le sang *du Brâhmane blessé*, répandu à terre, absorbe de grains de poussière, autant de milliers d'années l'auteur de ce méfait restera dans le séjour infernal.

208. « Pour s'être rué *d'une manière menaçante* sur un Brâhmane, qu'un homme fasse la pénitence ordinaire ; qu'il subisse la pénitence rigoureuse[2], s'il l'a frappé ; qu'il s'impose à la fois la pénitence ordinaire et la pénitence rigoureuse, s'il a fait couler son sang.

209. « Pour l'expiation des fautes auxquelles il n'a point été assigné de pénitence particulière, que l'assemblée[3], après avoir considéré les facultés *du coupable* et *la nature de* la faute, prononce l'expiation convenable.

210. « Je vais maintenant vous expliquer *en quoi consistent ces* pénitences, par le moyen desquelles un homme efface ses péchés ; pénitences qui ont été pratiquées par les Dieux, les Saints et les ancêtres divins (Pitris).

211. « Le Dwidja qui subit la pénitence *ordinaire, dite* Prâdjâpatya, doit, pendant trois jours, manger seulement dans la matinée, pendant trois jours seulement dans la soirée, pendant trois jours des aliments non mendiés, *mais qu'on lui a donnés volontairement*, enfin jeûner pendant les trois derniers jours.

212. « Manger, *pendant un jour*, de l'urine et de la bouse de vache mêlées avec du lait, du caillé, du beurre clarifié et de l'eau bouillie avec du kousa, puis jeûner *un jour et* une nuit, c'est en quoi consiste la pénitence appelée Sântapana.

213. « Le Dwidja qui subit la pénitence dite rigoureuse (Atikritchhra), doit manger une seule bouchée de riz, pendant trois fois trois jours, de la même manière que dans la pénitence ordinaire, et pendant les trois derniers jours ne prendre aucun aliment.

214. « Un Brâhmane accomplissant la pénitence ardente (Taptakritchhra), ne doit avaler que de l'eau chaude, du lait chaud, du beurre clarifié chaud et de la vapeur chaude, chaque chose pendant trois jours, se baignant une fois, et conservant le plus profond recueillement.

215. « Celui qui, maître de ses sens et parfaitement attentif, supporte un jeûne de douze jours fait la pénitence appelée Parâka, qui expie toutes les fautes.

216. « Que le pénitent *qui désire faire le Tchândrâyana*, ayant mangé quinze bouchées le jour de la pleine lune, diminue sa nourriture d'une bouchée chaque jour pendant la quinzaine obscure *qui suit*, de sorte que le quatorzième jour il ne mange qu'une bouchée, et qu'il jeûne le quinzième, qui est le jour de la nouvelle lune ; qu'il augmente, au contraire, *sa nourriture d'une bouchée chaque jour* pendant la quinzaine éclairée, *en commençant le premier jour par une bouchée*, et qu'il se baigne le matin, à midi, et le soir : telle est la *première sorte de* pénitence lunaire (Tchândrâyana) *qui est dite semblable au corps de la fourmi, lequel est étroit dans le milieu.*

217. « Il doit observer la même règle tout entière en accomplissant l'espèce de pénitence lunaire dite semblable au grain d'orge, *lequel est large dans le milieu*, en commençant avec la quinzaine éclairée[1], et en réprimant ses organes des sens.

218. « Celui qui subit la pénitence lunaire d'un dévot ascétique (Yati) doit maîtriser son corps et manger seulement huit bouchées de grains sauvages à midi, *pendant un mois, en commençant, soit avec la quinzaine éclairée, soit avec la quinzaine obscure.*

---

[1] Ces offrandes sont au nombre de huit, et accompagnées chacune d'une prière spéciale ; suivant une autre explication, on jette dans le feu, pour ces offrandes, huit morceaux de bois.
[2] Voyez st. 211 et 213. — [3] Liv. XII, st. 110 et suiv.

[1] Le premier jour de la quinzaine éclairée, le pénitent mange une bouchée, et il augmente chaque jour sa nourriture d'une bouchée, de sorte que le jour de la pleine lune il mange quinze bouchées ; à partir du premier jour de la quinzaine obscure qui suit, il diminue sa nourriture d'une bouchée, de sorte qu'il jeûne entièrement le quinzième jour, qui est celui de la nouvelle lune. (*Commentaire.*)

219. « Le Brâhmane qui remplit la pénitence lunaire des enfants doit, pendant un mois, manger quatre bouchées le matin dans un profond recueillement, et quatre bouchées après le coucher du soleil.

220. « Celui qui, imposant un frein à ses organes, pendant tout un mois, ne mange pas plus de trois fois quatre-vingts bouchées de grains sauvages, n'importe de quelle manière, parviendra au séjour du régent de la lune.

221. « Les *onze* Roudras[1], les *douze* Adityas[2], les *huit* Vasous[3], les Génies du vent (Marouts), les *sept* grands Saints (Richis)[4], ont accompli cette pénitence lunaire pour se délivrer de tout mal.

222. « Chaque jour, le pénitent doit faire lui-même l'oblation de beurre clarifié au feu, en prononçant les trois grandes paroles (Mahâ-Vyâhritis); qu'il évite la méchanceté, le mensonge, la colère et les voies tortueuses.

223. « Trois fois le jour et trois fois la nuit, qu'il entre dans l'eau avec ses vêtements, et qu'il n'adresse jamais la parole à une femme, à un Soûdra, ou à un homme dégradé.

224. « Qu'il soit toujours en mouvement, se levant et s'asseyant alternativement, ou, s'il ne le peut pas, qu'il se couche sur la terre *nue*; qu'il soit chaste comme un novice, suive les mêmes règles *relativement à la ceinture et au bâton*, et révère son maître spirituel, les Dieux et les Brâhmanes.

225. « Qu'il répète continuellement, de tout son pouvoir, la Sâvitrî et les autres prières expiatoires, et qu'il déploie la même persévérance dans toutes les pénitences qui ont pour but d'effacer les péchés.

226. « Ces pénitences doivent être imposées aux Dwidjas dont les fautes sont connues du public, pour leur expiation; mais que l'assemblée[5] enjoigne à ceux dont les fautes ne sont pas publiques, de se purifier par des prières et des oblations au feu.

227. « Par un aveu fait devant tout le monde, par le repentir, par la dévotion, par la récitation des prières sacrées, un pécheur peut être déchargé de sa faute, ainsi qu'en donnant des aumônes lorsqu'il se trouve dans l'impossibilité *de faire d'autre pénitence.*

228. « Suivant la franchise et la sincérité de l'aveu fait par un homme qui a commis une iniquité, il est débarrassé de cette iniquité, de même qu'un serpent de sa peau.

229. « Autant son âme éprouve de regret pour une mauvaise action, autant son corps est déchargé du poids de cette action perverse.

230. « Après avoir commis une faute, s'il s'en repent vivement, il en est délivré; lorsqu'il dit : « Je ne le ferai plus, » cette intention de s'en abstenir le purifie.

231. « Ayant bien médité dans son esprit sur la certitude d'un prix réservé aux actes après la mort, qu'il fasse en sorte que ses pensées, ses paroles et ses actions soient toujours vertueuses.

232. « Lorsqu'il a commis un acte répréhensible, soit par mégarde, soit volontairement, s'il désire en obtenir la rémission, qu'il se garde de recommencer; *pour la récidive, la pénitence doit être doublée.*

233. « Si, après avoir fait une expiation, il se sent encore un poids sur la conscience, qu'il continue ses dévotions jusqu'à ce qu'elles lui aient procuré une satisfaction parfaite.

234. « Tout le bonheur des Dieux et des hommes est déclaré, par les Sages qui connaissent le sens des Védas, avoir la dévotion pour origine, pour point d'appui et pour limite.

235. « La dévotion d'un Brâhmane consiste dans la connaissance des saints dogmes; celle d'un Kchatriya, dans la protection accordée aux peuples; celle d'un Vaisya, dans les devoirs de sa profession; celle d'un Soûdra, dans la soumission et l'obéissance.

236. « Des Saints maîtrisant leur corps et leur esprit, ne se nourrissant que de fruits, de racines et d'air, par le pouvoir de leur dévotion austère, contemplent les trois mondes[6] avec les êtres mobiles et immobiles qu'ils renferment.

237. « Les médicaments salutaires, la santé, la science divine et les divers séjours célestes, sont obtenus par la dévotion austère; oui, la dévotion est le moyen de les obtenir.

238. « Tout ce qui est difficile à traverser, difficile à obtenir, difficile à aborder et difficile à accomplir, peut réussir par la dévotion austère; car la dévotion est ce qui présente le plus d'obstacles.

239. « Les grands criminels, et tous les autres hommes coupables de diverses fautes, sont déchargés de leurs péchés par des austérités pratiquées avec exactitude.

---

[1] Roudras, demi-Dieux, qui, suivant une légende, sont nés du front de Brahmâ. Ces Roudras sont : Adjaikapâda, Ahivradhana, Viroûpaksha, Soureswara, Djayanta, Vahouroûpa, Tryambaka, Aparâdjita, Savitra et Hara. Ce dernier est le même que le Dieu Siva, qui joue un grand rôle dans les poëmes mythologiques et les Pourânas, où il est représenté comme égal à Brahmâ. Parmi les Roudras, Hara est le principal. Voyez la *Bhagavad-Gîtâ*, chap. x, st. 23.

[2] Adityas, Dieux qui président à chaque mois de l'année, et qui sont des personnifications distinctes du soleil. On en donne différentes listes; la suivante est tirée du *Narasinga-Pourâna* : Bhaga, Ansou, Aryamâ, Mitra, Varouna, Savitrî, Dhâtri, Vivaswat, Twachtri, Pouchâ, Indra et Vichnou. Ce dernier est le plus éminent des Adityas. Voyez la *Bhagavad-Gîtâ*, chap. x, st. 21.

[3] Vasous, Dieux réunis sous cette dénomination, au nombre de huit, et qui sont : Dhava, Dhrouva, Soma (régent de la lune), Vichnou, Anila (le vent), Anala (le feu), Prabhoûcha et Prabhâva. WILSON.

[4] Voyez Liv. VIII, st. 110.

[5] *Ibid.* XII, st. 110 et suiv

[6] Ces trois mondes sont la terre (Prithivî), l'atmosphère (Antarikcha) et le ciel (Swarga).

240. « *Les âmes qui animent* les vers, les serpents, les sauterelles, les animaux, les oiseaux, et même les végétaux, parviennent au ciel par le pouvoir de la dévotion austère.

241. « Tout péché commis par les hommes en pensées, en paroles ou en actions, ils peuvent le consumer entièrement sur-le-champ par *le feu de leurs austérités*, lorsqu'ils ont pour richesses la dévotion.

242. « Les habitants du ciel agréent les sacrifices, et accomplissent les désirs du Brâhmane toujours purifié par la dévotion.

243. Le tout-puissant Brahmâ produisit ce Livre (Sâstra) par ses austérités; de même, par la dévotion, les Richis acquirent une parfaite connaissance des Védas.

244. « Les Dieux eux-mêmes ont proclamé la suprême excellence de la dévotion, en considérant que la dévotion est l'origine sainte de tout ce qu'il y a d'heureux dans ce monde.

245. « L'étude assidue des Védas, chaque jour, l'accomplissement des *cinq* grandes oblations (Mahâ-Yadjanas), et l'oubli des injures, effacent bientôt même la souillure qui résulte des grands crimes.

246. « De même que, par sa flamme ardente, le feu consume sur-le-champ le bois qu'il atteint; de même celui qui connaît les Védas consume sur-le-champ ses péchés par le feu de son savoir.

247. « Je vous ai déclaré, suivant la loi, le moyen d'expier les fautes publiques; apprenez maintenant quelles sont les expiations convenables pour les fautes secrètes.

248. « Seize suppressions de respiration en même temps que *l'on récite* les trois grandes paroles (Vyâhritis), le monosyllabe *Aum et la Sâvitri*, continuées chaque jour pendant un mois, peuvent purifier même le meurtrier d'un Brâhmane.

249. « Un buveur de liqueurs spiritueuses lui-même est absous en répétant chaque jour la prière de Kôtsa [1], qui commence par APA, ou celle de Vasichtha, dont le premier mot est PRATI, ou le Mâhitra, ou le Souddhavatyah.

250. En répétant une fois *par jour pendant un mois* l'Asyavâmîya et le Sivasankalpa, celui qui a volé de l'or *à un Brâhmane* devient pur à l'instant.

251. En récitant *chaque jour seize fois, pendant un mois*, l'Havichyantîya ou le Natamanha, ou en répétant intérieurement l'hymne Pôroucha, celui qui a souillé le lit de son maître spirituel est absous de sa faute.

252. « L'homme qui désire expier ses péchés *secrets*, grands et petits, doit répéter *une fois par jour*, pendant un an, la prière commençant par AVA ou le Yatkintchida.

253. « Après avoir reçu un présent répréhensible, ou après avoir mangé des aliments défendus, en répétant le Taratsamandîya, on est purifié en trois jours.

254. « Celui même qui a commis beaucoup de fautes *secrètes* est purifié en récitant pendant un mois le Somârôdra, ou les trois prières commençant par AVRAMA, et en se baignant dans une rivière.

255. « Celui qui a commis une faute grave doit répéter les sept stances qui commencent par INDRA, pendant une demi-année, et celui qui a souillé l'eau par quelque impureté ne doit vivre que d'aumônes pendant un mois entier.

256. « Le Dwidja qui offrira du beurre clarifié pendant un an, avec les prières des oblations dites Sâkalâs [1], ou en récitant l'invocation dont le début est NAMA, effacera la faute la plus grave.

257. « Que celui qui a commis un grand crime suive un troupeau de vaches dans un parfait recueillement, en répétant les *prières appelées* Pâvamânîs, et en ne se nourrissant que de choses données par charité, au bout d'un an il sera absous.

258. « Ou bien encore, s'il récite trois fois une Sanhitâ des Védas *avec les Mantras et les Brâhmanas*, retiré au milieu d'une forêt, dans une parfaite disposition de corps et d'esprit, et purifié par trois Parâkas [2], il obtiendra l'absolution de tous ses crimes.

259. « Ou bien, qu'il jeûne trois jours de suite en maîtrisant ses organes, en se baignant trois fois par jour, et en répétant trois fois l'Agamarchana, tous ses crimes seront expiés.

260. « De même que le sacrifice du cheval (Aswamédha), ce roi des sacrifices, enlève tous les péchés, de même l'hymne Agamarchana efface toutes les fautes.

261. « Un Brâhmane possédant le Rig-Véda tout entier ne serait souillé d'aucun crime, même s'il avait tué tous les habitants des trois mondes, et accepté de la nourriture de l'homme le plus vil.

262. « Après avoir trois fois récité dans le plus profond recueillement une Sanhitâ du Ritch, du Yadjous ou du Sâma, *comprenant les Mantras et les Brâhmanas*, avec les parties mystérieuses [3], un Brâhmane est déchargé de toutes ses fautes.

263. « De même qu'une motte de terre jetée dans un grand lac y disparaît, de même tout acte coupable est submergé dans le triple Véda.

264. Les prières du Ritch, celles du Yadjous, et les différentes sections du Sâma, doivent être

---

[1] Kôtsa et Vasichtha sont les Richis, ou auteurs inspirés de plusieurs hymnes et prières des Védas.

[1] Voyez ci-dessus, st. 200.
[2] *Ibid.* 215.
[3] Les Oupanichads.

reconnues comme composant le triple Véda; celui qui le connnaît, connaît la Sainte Écriture.

265. « La sainte syllabe primitive, composée de trois lettres, dans laquelle la triade Védique est comprise, doit être gardée secrète comme un autre triple Véda; celui qui connaît *la valeur mystique de* cette syllabe, connaît le Véda. »

LIVRE DOUZIÈME.

TRANSMIGRATION DES AMES; BÉATITUDE FINALE.

1. « O toi qui es exempt de péché, *dirent les Maharchis*, tu nous as déclaré tous les devoirs des quatre classes; explique-nous maintenant, selon la vérité, la récompense suprême des actions. »

2. Le descendant de Manou, Bhrigou souverainement juste, répondit aux Maharchis : « Écoutez la souveraine décision de *la rétribution destinée à* tout ce qui est doué de la faculté d'agir.

3. « Tout acte de la pensée, de la parole ou du corps, *selon qu'il est bon ou mauvais*, porte un bon ou un mauvais fruit; des actions des hommes résultent leurs différentes conditions supérieures, moyennes ou inférieures.

4. « Que l'on sache que dans le monde, l'esprit (Manas) est l'instigateur de cet acte lié avec l'être animé, qui a trois degrés, *le supérieur, l'intermédiaire et l'inférieur*, qui s'opère de trois manières, *par la pensée, par la parole et par le corps*, et qui est de dix sortes.

5. « Penser aux moyens de s'approprier le bien d'autrui, méditer une action coupable, embrasser l'athéisme et le matérialisme, sont les trois *mauvais* actes de l'esprit;

6. « Dire des injures, mentir, médire de tout le monde et parler mal à propos, sont les quatre *mauvais* actes de la parole;

7. « S'emparer de choses non données, faire du mal aux êtres animés sans y être autorisé par la loi, et courtiser la femme d'un autre, sont reconnus comme trois *mauvais* actes du corps; *les dix actes opposés sont bons au même degré.*

8. « L'être doué de raison obtient une récompense ou une punition, pour les actes de l'esprit, dans son esprit; pour ceux de la parole, dans les organes de la parole; pour les actes corporels, dans son corps.

9. « Pour des actes criminels provenants *principalement* de son corps, l'homme passe *après sa* mort à l'état de créature privée du mouvement; pour des fautes *surtout* en paroles, il revêt la forme d'un oiseau ou d'une bête fauve; pour des fautes mentales *spécialement*, il renaît dans la condition humaine la plus vile.

10. « Celui dont l'intelligence exerce une autorité souveraine (danda) sur ses paroles, sur son esprit et sur son corps, peut être nommé Tridandi (qui a trois pouvoirs) à *plus* juste titre *que le dévot mendiant qui porte simplement trois bâtons* [1]

11. « L'homme qui déploie cette triple autorité *qu'il a sur lui-même* à l'égard de tous les êtres, et qui réprime le désir et la colère, obtient par ce moyen la béatitude finale.

12. « Le *principe vital* moteur de ce corps est appelé Kchétradjna *par les hommes instruits*, et ce *corps* qui accomplit les fonctions est désigné par les Sages sous le nom de Bhoûtatma (composé d'éléments).

13. « Un autre esprit interne, appelé Djîva ou Mahat, naît avec tous les êtres animés, et c'est au moyen de cet esprit, *qui se transforme et devient la conscience et les sens*, que, dans toutes les naissances, le plaisir et la peine sont perçus *par l'âme* (*Kchétradjna*).

14. « Ces deux *principes*, l'intelligence (Mahat) et l'âme (Kchétradjna), unis avec les *cinq* éléments, se tiennent dans une intime liaison avec cette *Ame suprême* (*Paramâtmâ*) qui réside dans les êtres de l'ordre le plus élevé et de l'ordre le plus bas.

15. « De la substance de cette *Ame suprême* s'échappent, *comme les étincelles du feu*, d'innombrables principes vitaux qui communiquent sans cesse le mouvement aux créatures des divers ordres.

16. « Après la mort, les âmes des hommes qui ont commis de mauvaises actions prennent un autre corps, à la formation duquel concourent les cinq éléments subtils, et qui est destiné à être soumis aux tortures de l'enfer.

17. « Lorsque les âmes revêtues de ce corps ont subi dans l'autre monde les peines infligées par Yama, les particules élémentaires se séparent, et rentrent dans les éléments subtils dont elles étaient sorties [2].

18. « Après avoir recueilli le fruit des fautes nées de l'abandon aux plaisirs des sens, l'âme dont la souillure a été effacée retourne vers ces deux principes doués d'une immense énergie, *l'Ame suprême* (*Paramâtmâ*) *et l'intelligence* (*Mahat*).

19. « Ces deux *principes* examinent ensemble, sans relâche, les vertus et les vices de l'âme; et suivant qu'elle s'est livrée à la vertu ou au vice,

---

[1] Le mot *danda* signifie à la fois *autorité, commandement*, et *bâton*.

[2] Ou, suivant une autre interprétation, ces âmes, à la dissolution du corps avec lequel elles ont subi les tortures de l'enfer, entrent dans les éléments grossiers auxquels elles s'unissent pour reprendre un corps et revenir au monde.

elle obtient dans ce monde et dans l'autre le plaisir ou la peine.

20. « Si l'âme pratique presque toujours la vertu et rarement le vice, revêtue *d'un corps tiré* des *cinq* éléments, elle savoure les délices du paradis Swarga);

21. « Mais si elle s'est adonnée fréquemment au mal et rarement au bien, dépouillée, *après la mort, de son corps tiré* des *cinq* éléments, *et revêtue d'un autre corps formé des particules subtiles des éléments*, elle est soumise aux tortures infligées par Yama.

22. « Après avoir enduré ces tourments d'après la sentence du juge des enfers, l'âme (Djîva) dont la souillure est entièrement effacée revêt de nouveau des portions de ces cinq éléments, *c'est-à-dire, prend un corps*.

23. « Que l'homme considérant, par le secours de son esprit, que ces transmigrations de l'âme dépendent de la vertu et du vice, dirige toujours son esprit vers la vertu.

24. « Qu'il sache que l'âme (Atmâ), *c'est-à-dire, l'intelligence*, a trois qualités (Gounas), la bonté (Sattwa), la passion (Radjas) et l'obscurité (Tamas); et c'est douée de *l'une de* ces qualités que l'intelligence (Mahat) reste incessamment attachée aux substances créées.

25. « Lorsque l'une de ces qualités domine entièrement dans un corps mortel, elle rend l'être animé pourvu de ce corps éminemment distingué par *les marques de* cette qualité.

26. « *Le signe distinctif de* la bonté est la science, *celui de* l'obscurité est l'ignorance, *celui de* la passion consiste dans le désir passionné et l'aversion : telle est la manière dont se manifestent invariablement ces qualités, qui accompagnent tous les êtres.

27. « Lorsqu'un homme découvre dans l'âme intelligente un sentiment affectueux, entièrement calme, et pur comme le jour, qu'il reconnaisse que c'est la qualité de bonté (Sattwa).

28. « Mais toute disposition de l'âme qui est accompagnée de chagrin, qui produit l'aversion et porte sans cesse les êtres animés aux plaisirs des sens, qu'il la considère comme la qualité de passion (Radjas), qui est difficile à vaincre;

29. « Quant à cette disposition qui est privée de la distinction du bien et du mal, incapable de discerner les objets, inconcevable, inappréciable *pour la conscience et les sens extérieurs*, qu'il la reconnaisse pour la qualité d'obscurité (Tamas).

30. « Je vais maintenant vous déclarer complétement les actes excellents, médiocres et mauvais, qui procèdent de ces trois qualités.

31. « L'étude du Véda, la dévotion austère, la science divine, la pureté, l'action de dompter les organes des sens, l'accomplissement des devoirs et la méditation de l'Ame suprême, sont les effets de la qualité de bonté :

32. « N'agir que dans l'espoir d'une récompense, se laisser aller au découragement, faire des choses défendues par la loi, et s'abandonner sans cesse aux plaisirs des sens, sont les marques de la qualité de passion.

33. « La cupidité, l'indolence, l'irrésolution, la médisance, l'athéisme, l'omission des actes prescrits, l'importunité et la négligence dénotent la qualité d'obscurité.

34. « En outre, pour ces trois qualités placées dans les trois moments *du passé, de l'avenir et du présent*, voici en abrégé les indices qu'on doit reconnaître comme les meilleurs :

35. « L'action dont on a honte, lorsqu'on vient de la faire, lorsqu'on l'a fait, ou lorsqu'on se prépare à la faire, doit être considérée par l'homme sage comme empreinte de la qualité d'obscurité ;

36. « Tout acte par lequel on désire acquérir dans le monde une grande renommée, sans toutefois s'affliger beaucoup de la non réussite, doit être regardé comme appartenant à la qualité de passion ;

37. « Lorsqu'on désire de toute son âme connaître *les saints dogmes*, lorsqu'on n'a pas honte de ce qu'on fait, et que l'âme en éprouve de la satisfaction, cette action porte la marque de la qualité de bonté.

38. « L'amour du plaisir distingue la qualité d'obscurité ; *l'amour de* la richesse, la qualité de passion ; *l'amour de* la vertu, la qualité de bonté ; la supériorité de mérite suit pour ces choses l'ordre d'énumération.

39. « Je vais maintenant vous déclarer succinctement et par ordre, les diverses transmigrations que l'âme éprouve dans cet univers par l'influence de ces trois qualités.

40. « Les âmes douées de la qualité de bonté acquièrent la nature divine, celles que domine la passion ont en partage la condition humaine, les âmes plongées dans l'obscurité sont ravalées à l'état des animaux : telles sont les trois principales sortes de transmigrations.

41. « Chacune de ces trois *sortes de* transmigrations causées par les différentes qualités doit être reconnue avoir trois degrés, l'inférieur, l'intermédiaire et le supérieur, en raison des actes et du savoir.

42. « Les végétaux [1], les vers et les insectes, les poissons, les serpents, les tortues, les bestiaux et les animaux sauvages, sont les conditions les plus basses dépendantes de la qualité d'obscurité :

---

[1] Littéralement, *les êtres privés du mouvement.*

43. « Les éléphants, les chevaux, les Soûdras, les Barbares (Mlétchhas) méprisés, les lions, les tigres et les sangliers, forment les états moyens procurés par la qualité d'obscurité :

44. « Les danseurs, les oiseaux, les hommes qui font métier de tromper, les géants (Râkchasas) et les vampires (Pisâtchas), composent l'ordre le plus élevé de la qualité d'obscurité.

45. « Les bâtonnistes (Djhallas), les lutteurs (Mallas), les acteurs, les maîtres d'armes et les hommes adonnés au jeu ou aux boissons enivrantes, sont les états les plus bas causés par la qualité de passion :

46. « Les rois, les guerriers (Kchatriyas), les conseillers spirituels des rois, et les hommes très-habiles dans la controverse, forment l'ordre intermédiaire de la qualité de passion :

47. « Les Musiciens célestes (Gandharbas), les Gouhyacas et les Yakchas, les génies qui suivent les Dieux, et toutes les Nymphes célestes (Apsarâs), sont les plus élevées de toutes les conditions que procure la qualité de passion.

48. « Les anachorètes, les dévots ascétiques, les Brâhmanes, les légions de demi-Dieux aux chars aériens, les Génies des astérismes lunaires et les Daityas, forment le premier degré des conditions occasionnées par la qualité de bonté :

49. « Les sacrificateurs, les Saints (Richis), les Dieux, les Génies des Védas, les Régents des étoiles, les Divinités des années, les Pitris et les Sâdhyas, composent le degré intermédiaire auquel mène la qualité de bonté :

50. « Brahmâ, les créateurs du monde, *comme Maritchi*, le Génie de la vertu, les deux Divinités qui président au principe intellectuel (Mahat) et au principe invisible (Avykata) *du système Sânkhya*, ont été déclarés le suprême degré de la qualité de bonté.

51. « Je vous ai révélé dans toute son étendue ce système de transmigrations divisé en trois classes, dont chacune a trois degrés, lequel se rapporte à trois sortes d'actions, et comprend tous les êtres.

52. « En se livrant aux plaisirs des sens, et en négligeant leurs devoirs, les plus vils des hommes qui ignorent les expiations saintes ont en partage les conditions les plus méprisables.

53. « Apprenez maintenant, complétement et par ordre, pour quelles actions commises ici-bas, l'âme doit, en ce monde, entrer dans tel ou tel corps.

54. « Après avoir passé de nombreuses séries d'années dans les terribles demeures infernales, à la fin de cette période, les grands criminels sont condamnés aux transmigrations suivantes, *pour achever d'expier leurs fautes.*

55. « Le meurtrier d'un Brâhmane passe dans le corps d'un chien, d'un sanglier, d'un âne, d'un chameau, d'un taureau, d'un bouc, d'un bélier, d'une bête sauvage, d'un oiseau, d'un Tchandâla et d'un Poukkasa, *suivant la gravité du crime.*

56. « Que le Brâhmane qui boit des liqueurs spiritueuses renaisse sous la forme d'un insecte, d'un ver, d'une sauterelle, d'un oiseau se nourrissant d'excréments, et d'un animal féroce.

57. « Le Brâhmane qui a volé *de l'or* passera mille fois dans des corps d'araignées, de serpents, de caméléons, d'animaux aquatiques, et de vampires malfaisants.

58. « L'homme qui a souillé le lit de son père *naturel ou* spirituel renaît cent fois à l'état d'herbe, de buisson, de liane, d'oiseau carnivore *comme le vautour*, d'animal armé de dents aiguës *comme le lion*, et de bête féroce *comme le tigre.*

59. « Ceux qui commettent des actes de cruauté deviennent des animaux avides de chair sanglante *comme les chats ;* ceux qui mangent des aliments défendus deviennent des vers; les voleurs, des êtres se dévorant l'un l'autre; ceux qui courtisent des femmes de la basse classe, des esprits.

60. « Celui qui a eu des rapports avec des hommes dégradés, qui a connu la femme d'un autre, ou qui a volé quelque chose, *mais non de l'or*, à un Brâhmane, deviendra un esprit appelé Brahmarâkchasa.

61. « Si un homme a dérobé par cupidité des pierres précieuses, des perles, du corail, ou des bijoux de diverses sortes, il renaît dans la tribu des orfévres, [*ou dans le corps de l'oiseau hémakâra.*]

62. Pour avoir volé du grain, il devient rat *dans la naissance qui suit ;* du laiton, cygne; de l'eau, plongeon; du miel, taon; du lait, corneille; le suc extrait d'une plante, chien; du beurre clarifié, mangouste;

63. « S'il a volé de la viande, il renaît vautour; de la graisse, madgou [1]; de l'huile, tailapaka [2]; du sel, cigale; du caillé, cicogne (balâkâ);

64. « S'il a volé des vêtements de soie, il renaît perdrix; une toile de lin, grenouille; un tissu de coton, courlieu; une vache, crocodile; du sucre, vâggouda [3] :

65. « Pour vol de parfums agréables, il devient rat porte-musc; d'herbes potagères, paon; de grain diversement apprêté, hérisson; de grain cru, porc-épic;

66. « Pour avoir volé du feu, il renaît héron; un ustensile de ménage, frelon; des vêtements teints, perdrix rouge;

67. « S'il a volé un cerf ou un éléphant, il renaît loup; un cheval, tigre; des fruits ou des racines, singe; une femme, ours; de l'eau *à boire*, tchâ-

---

[1] Le *madgou* est un oiseau de mer.
[2] Le *tailapaka* est un oiseau inconnu; son nom signifie *buveur d'huile.*
[3] Oiseau inconnu.

taka[1]; des voitures, chameau; des bestiaux, bouc.

68. « L'homme qui enlève par force tel ou tel objet appartenant à un autre, ou qui mange du beurre clarifié et des gâteaux avant qu'ils aient été offerts à une Divinité, sera inévitablement ravalé à l'état de brute.

69. « Les femmes qui ont commis de semblables vols encourent une semblable souillure; elles sont condamnées à s'unir à ces êtres comme leurs femelles.

70. « Lorsque les [hommes des quatre] classes, sans une nécessité urgente, s'écartent de leurs devoirs particuliers, ils passent dans les corps les plus vils, et sont réduits à l'esclavage sous leurs ennemis.

71. « Un Brâhmane qui néglige son devoir renaît après sa mort sous la forme d'un esprit (Préta), nommé Oulkâmoukha[2], qui mange ce qui a été vomi; un Kchatriya, sous celle d'un esprit appelé Katapoûtana, qui se nourrit d'aliments impurs et de cadavres en putréfaction :

72. « Un Vaisya devient un malin esprit appelé Maitrâkchadjyotika, qui avale des matières purulentes; un Soûdra qui néglige ses occupations devient un mauvais génie appelé Tchailâsaka, qui se nourrit de poux.

73. « Plus les êtres animés enclins à la sensualité se livrent aux plaisirs des sens, plus la finesse de leurs sens acquiert de développement;

74. « Et en raison du degré de leur obstination à commettre ces mauvaises actions, ces insensés éprouveront ici-bas des peines de plus en plus cruelles, en revenant au monde sous telle ou telle forme ignoble.

75. « Ils vont d'abord dans le Tâmisra, et dans d'autres horribles demeures de l'enfer, dans l'Asipatravana (forêt qui a pour feuilles des lames d'épée), et dans divers lieux de captivité et de torture :

76. » Des tourments de toutes sortes leur sont réservés; ils seront dévorés par des corbeaux et par des hiboux; ils avaleront des gâteaux brûlants, marcheront sur des sables enflammés, et éprouveront l'insupportable douleur d'être mis au feu comme les vases d'un potier :

77. « Ils naîtront sous les formes d'animaux exposés à des peines continuelles; ils souffriront alternativement la douleur de l'excès du froid et du chaud, et seront en proie à toutes sortes de terreurs;

78. « Plus d'une fois ils séjourneront dans différentes matrices, et viendront au monde avec douleur; ils subiront de rigoureuses détentions, et seront condamnés à servir d'autres créatures;

79. « Ils seront forcés de se séparer de leurs parents, de leurs amis, et de vivre avec des méchants; ils amasseront des richesses et les perdront; leurs amis acquis avec peine deviendront leurs ennemis;

80. « Ils auront à supporter une vieillesse sans ressources, des maladies douloureuses, des chagrins de toute espèce, et la mort impossible à vaincre.

81. « Dans quelque disposition d'esprit *produite par l'une des trois qualités*, qu'un homme accomplisse tel ou tel acte, il en recueille le fruit dans un corps doué de cette qualité.

82. « La rétribution due aux actions vous a été révélée en entier; connaissez maintenant ces actes d'un Brâhmane, qui peuvent le mener au bonheur éternel (Nihsréyasa[1]).

83. « Étudier et comprendre les Védas, pratiquer la dévotion austère, connaître Dieu (*Brahme*), dompter les organes des sens, ne point faire de mal, et honorer son maître spirituel, sont les principales œuvres conduisant à la béatitude finale. »

84. « Mais parmi tous ces actes vertueux accomplis dans ce monde, *dirent les Saints*, un acte est-il reconnu avoir plus de puissance que tous les autres pour mener à la félicité suprême? »

85. « De tous ces devoirs, *répondit Bhrigou*, le principal est d'acquérir, *au moyen de l'étude des Oupanichads*, la connaissance de l'âme (Atmâ) suprême, c'est la première de toutes les sciences; par elle en effet on acquiert l'immortalité.

86. « Oui! parmi ces six devoirs, l'étude du Véda, *dans le but de connaître l'Ame suprême* (*Paramátmá*), est regardée comme le plus efficace pour procurer la félicité dans ce monde aussi bien que dans l'autre.

87. « Car dans cette œuvre de l'étude du Véda et dans l'adoration *de l'âme suprême*, sont entièrement comprises toutes les règles de la bonne conduite, *énumérées ci-dessus* dans l'ordre.

88. « Le culte prescrit par les Livres saints est de deux sortes : l'un, en rapport avec ce monde et procurant des jouissances, *comme celles du Paradis, par exemple;* l'autre, détaché *des choses du monde*, et conduisant à la félicité suprême.

89. « Un acte pieux, procédant de l'espoir d'un avantage dans ce monde, *comme, par exemple, un sacrifice pour obtenir de la pluie*, ou dans l'autre vie, *comme une oblation faite dans le but d'en être récompensé après la mort*, est déclaré lié *au monde;* mais celui qui est désintéressé, et dirigé par la connaissance *de l'Être divin* (*Brahme*), est dit détaché *du monde*.

90. « L'homme qui accomplit *fréquemment* des actes religieux intéressés, parvient au rang des dieux

---

[1] Espèce de coucou (*cuculus-melano-leucus*). Les Indiens croient que cet oiseau ne se désaltère que dans l'eau de la pluie, durant la chute même de cette eau à travers les airs.
[2] Oulkâmoukha signifie, *dont la bouche est comme un brandon*.

[1] *Nihsréasa* est synonyme de *Mokcha;* ces deux mots signifient la béatitude finale, l'état de l'âme délivrée du corps, et qui se réunit pour toujours à l'Ame universelle.

(Dévas); mais celui qui accomplit souvent des œuvres pieuses désintéressées se dépouille pour toujours de cinq éléments, *et obtient la délivrance des liens du corps.*

91. « Voyant également l'âme suprême dans tous les êtres, et tous les êtres dans l'âme suprême, en offrant son âme en sacrifice, il s'identifie avec l'Être qui brille de son propre éclat.

92. « Tout en négligeant les rites religieux prescrits *par les Sâstras*, le Brâhmane doit avec persévérance méditer sur l'Ame suprême, vaincre ses sens, et répéter les Textes saints :

93. « C'est en cela que consiste l'avantage de la seconde naissance [1], principalement pour le Brâhmane; puisque le Dwidja, en s'acquittant de ce devoir, obtient l'accomplissement de tous ses désirs, et non autrement.

94. « Le Véda est un œil éternel pour les Mânes (Pitris), les Dieux et les hommes; le Livre saint ne peut pas avoir été fait *par les mortels*, et n'est pas susceptible d'être mesuré par la raison humaine; telle est la décision.

95. « Les recueils de lois qui ne sont pas fondés sur le Véda, ainsi que les systèmes hétérodoxes quelconques, ne produisent aucun bon fruit après la mort; car les législateurs ont déclaré qu'ils n'ont d'autre résultat que les ténèbres *infernales*.

96. « Tous les livres qui ne reposent pas sur la Sainte Écriture sont sortis *de la main des hommes*, et périront; leur postériorité prouve qu'ils sont inutiles et mensongers.

97. « La connaissance des quatre classes [2], des trois mondes [3] et des quatres ordres [4] distincts, avec tout ce qui a été, tout ce qui est et tout ce qui sera, dérive du Véda.

98. « Le son, l'attribut tangible, la forme visible, le goût et l'odeur, qui est le cinquième *objet des sens*, sont expliqués clairement dans le Véda, avec la formation des *élémens dont ils sont les* qualités, et avec les fonctions *des élémens.*

99. « Le Véda-Sâstra primordial soutient toutes les créatures; en conséquence, je le regarde comme la cause suprême de prospérité pour l'homme.

100. « Celui qui comprend parfaitement le Véda-Sâstra mérite le commandement des armées, l'autorité royale, le pouvoir d'infliger des châtimens, et la souveraineté de toute la terre.

101. « De même qu'un feu violent brûle même les arbres encore verts, de même, l'homme qui étudie et comprend les Livres saints détruit toute souillure de lui-même, née du péché.

102. « Celui qui connaît parfaitement le sens du Véda-Sâstra, quel que soit l'ordre dans lequel il se trouve, se forme, pendant son séjour dans ce bas monde, pour l'identification avec Dieu (Brahme).

103. « Ceux qui ont beaucoup lu valent mieux que ceux qui ont peu étudié; ceux qui possèdent ce qu'ils ont lu sont préférables à ceux qui ont lu *et oublié;* ceux qui comprennent ont plus de mérite que ceux qui savent par cœur; ceux qui remplissent leur devoir sont préférables à ceux qui le connaissent simplement.

104. « La dévotion et la connaissance *de l'Ame divine* sont, pour un Brâhmane, les meilleurs moyens de parvenir au bonheur suprême : par la dévotion il efface ses fautes; par la connaissance de Dieu (*Brahme*) il se procure l'immortalité.

105. « Trois modes de preuves, l'évidence, le raisonnement et l'autorité des différents livres déduits de la Sainte Écriture, doivent être bien compris par celui qui cherche à acquérir une connaissance positive de ses devoirs.

106. « Celui qui raisonne sur la Sainte Écriture et sur le recueil de la loi, en s'appuyant sur des règles de logique conformes à l'Écriture Sainte, connaît seul le système des devoirs religieux et civils.

107. « Les règles de conduite qui mènent à la béatitude ont été exactement et entièrement déclarées; la partie secrète de ce code de Manou va vous être révélée.

108. « Dans les cas particuliers dont il n'est pas fait de mention spéciale, si l'on demande ce qu'il convient de faire, *le voici :* Que la décision prononcée par des Brâhmanes instruits ait force de loi, sans contestation.

109. « Les Brâhmanes qui ont étudié, comme la loi l'ordonne, le Véda et ses branches, *qui sont les Angas*, la doctrine *Mîmânsâ* [1], le *Dharma-Sâstra et les Pourânas*, et qui peuvent tirer des preuves du Livre révélé, doivent être reconnus comme très-instruits.

110. « Que personne ne conteste un point de loi décidé par une assemblée de dix Brâhmanes au moins, ou par un conseil de Brâhmanes vertueux, qui ne doivent pas être moins de trois réunis.

111. « L'assemblée, composée de dix juges au moins, doit renfermer trois Brâhmanes versés dans les trois Livres saints, un Brâhmane imbu *du système philosophique orthodoxe* du Nyâya, un autre imbu de la doctrine Mîmânsâ, un érudit connaissant le Niroukta [2], un légiste, et un membre de chacun des trois premiers ordres.

112. « Un Brâhmane ayant particulièrement étudié le Rig-Véda, un second connaissant spécialement le Yadjous, un troisième possédant le Sâma-

---

[1] Voyez Liv. II, st. 169 et 170.
[2] *Ibid.* I, st. 2, *note.*
[3] *Ibid.* XI, st. 236.
[4] *Ibid.* IV, st. 1, *note.*

[1] Mîmânsâ, l'un des systèmes philosophiques des Indiens. Voyez les *Mémoires de M. Colebrooke sur la Philosophie indienne* (Traduction de M. Pauthier, p. 123. et suiv.).

Véda, forment le conseil de trois juges pour la solution de tous les doutes en matière de jurisprudence.

113. « La décision même d'un seul Brâhmane, pourvu qu'il soit versé dans le Véda, doit être considérée comme une loi de la plus grande autorité, et non celle de dix mille individus ne connaissant pas la doctrine sacrée.

114. « Des Brâhmanes qui n'ont pas suivi les règles du noviciat, qui ne connaissent pas les Textes saints, et n'ont d'autre recommandation que leur classe, fussent-ils au nombre de plusieurs mille, ne sont pas admis à former une assemblée légale.

115. « La faute de celui à qui des gens ineptes, pénétrés de la qualité d'obscurité, expliquent la loi qu'ils ignorent eux-mêmes, cette faute retombera sur ces hommes, et cent fois plus considérable.

116. « Les actes excellents qui conduisent à la béatitude éternelle vous ont été déclarés; le Dwidja qui ne les néglige pas obtient un sort très-heureux.

117. « C'est ainsi que le puissant et glorieux Manou, par bienveillance pour les mortels, m'a révélé entièrement ces lois importantes qui *ne doivent être un secret que pour tous les hommes indignes de les connaître.*

118. « Que le Brâhmane, réunissant toute son attention, voie dans l'Ame divine toutes les choses visibles et invisibles ; car en considérant tout dans l'Ame, il ne livre pas son esprit à l'iniquité.

119. « L'Ame est l'assemblage des Dieux; l'univers repose dans l'Ame suprême ; c'est l'Ame qui produit la série des actes accomplis par les êtres animés.

120. « Que le Brâhmane contemple, *par le secours de la méditation*, l'éther subtil dans les cavités de son corps; l'air, dans son action musculaire et dans les nerfs du toucher; la suprême lumière *du feu et du soleil*, dans sa chaleur digestive et dans ses organes visuels; l'eau, dans les fluides de son corps; la terre, dans ses membres;

121. « La lune (Indou), dans son cœur; les Génies des huits régions [1], dans son organe de l'ouïe; Vichnou [2], dans sa marche; Hara [3], dans sa

force musculaire ; Agni, dans sa parole; Mitra [1], dans sa faculté excrétoire; Pradjâpati, dans son pouvoir procréateur;

122. « Mais il doit se représenter le grand Être (Para-Pouroucha) comme le souverain maître de l'univers, comme plus subtil qu'un atome, comme aussi brillant que l'or le plus pur, et comme ne pouvant être conçu par l'esprit que dans le sommeil de la contemplation la plus abstraite.

123. « Les uns l'adorent dans le feu élémentaire, d'autres dans Manou, Seigneur des créatures; d'autres dans Indra, d'autres dans l'air pur, d'autres dans l'éternel Brahme.

124. « C'est ce *Dieu* qui, enveloppant tous les êtres *d'un corps formé* des cinq éléments, les fait passer successivement de la naissance à l'accroissement, de l'accroissement à la dissolution, par un mouvement semblable à celui d'une roue.

125. « Ainsi l'homme qui reconnaît dans sa propre âme, l'Ame suprême présente dans toutes les créatures, se montre le même à l'égard de tous, et obtient le sort le plus heureux, celui d'être à la fin absorbé dans Brâhme. »

126. Ainsi *termina le Sage*, et le Dwidja qui lit ce code de Manou, promulgué par Bhrigou, sera toujours vertueux et obtiendra la félicité qu'il désire.

NOTE GÉNÉRALE [2].

Les savants Indiens pensent unanimement que plusieurs des lois faites par Manou, qui est réputé leur plus ancien législateur, étaient bornées aux trois premiers âges du monde, et n'ont point de force dans l'âge actuel, quelques-unes d'entre elles étant certainement hors d'usage; et ils fondent leur opinion sur les textes suivants, qui sont réunis dans un ouvrage intitulé MADANA-RATNA-PRADIPA.

I. KRATOU [3] : Dans l'âge Kali, un fils ne peut pas être engendré *avec une veuve* par le frère de *l'époux décédé;* une demoiselle *une fois* donnée *en mariage* ne peut pas non plus être donnée *une seconde fois*, ni un taureau être offert en sacrifice, ni un pot à l'eau être porté *par un étudiant en théologie.*

II. VRIHASPATI : I. Des autorisations *à des parents d'engendrer des enfants avec des veuves ou avec des femmes mariées, lorsque les maris sont morts ou impuissants*, sont mentionnées par le sage

---

[1] Niroukta, l'un des Védângas, glossaire comprenant l'explication des termes obscurs qui se rencontrent dans les Védas.
[1] Ces Génies des huit régions ou points cardinaux sont : Indra, Agni, Yama, Naïrita, Varouna, Vâyou, Kouvéra et Isa.
[2] Vichnou, nommé cette seule fois dans le Texte de Manou, n'est sans doute ici qu'un Dieu secondaire, peut-être celui, des douze Adityas qui porte ce nom. (Voyez ci-dessus, Liv. II, st. 221.) Les Pourânas font de Vichnou un Dieu supérieur à Brahma.
[3] Hara, nom de l'un des onze Roudras. Voyez ci-dessus, Liv. XI, st. 221.

[1] Mitra, un des douze Adityas.
[2] Cette note a été jointe par William Jones à sa traduction; je l'ai traduite de l'anglais.
[3] Kratou, Vrihaspati, Parâsara et Nârada sont de saints personnages auxquels les Indiens attribuent des codes de lois qui existent encore en totalité ou en partie. Voyez la préface du *Digest of Hindu law on contracts and successions*,

Manou, mais défendues par lui-même par rapport à l'ordre des quatre âges; un acte semblable ne peut pas être fait légalement dans cet âge par tout autre *que le mari.*

2. Dans le premier et le second âge, les hommes étaient doués d'une piété véritable et d'un savoir profond; *ils étaient* de même dans le troisième âge; mais dans le quatrième, une diminution de leurs pouvoirs *intellectuels et moraux* fut ordonnée *par leur créateur* :

3. Ainsi des fils de différentes sortes furent acquis par les anciens Sages; mais de tels fils ne peuvent plus être adoptés par les hommes privés de ces éminents pouvoirs.

III. PARASARA : 1. Un homme *qui a eu des rapports avec un grand criminel,* doit abandonner son pays dans le premier âge; il doit quitter sa ville dans le second; sa famille, dans le troisième; mais dans le quatrième, il lui faut seulement s'éloigner du coupable.

2. Dans le premier âge, il est dégradé par une simple conversation avec un homme dégradé; dans le second, en le touchant; dans le troisième, en recevant de la nourriture de lui; mais dans le quatrième, le pécheur seul est chargé de sa faute.

IV. NARADA : La procréation d'un fils par un frère *du mort,* l'action de tuer des bestiaux pour recevoir un hôte, le repas de viande au service funèbre, et l'ordre de l'ermite sont défendus ou hors d'usage dans le quatrième âge.

V. ADITYA-POURANA : 1. Ce qui était un devoir dans le premier âge, ne doit pas, *dans tous les cas,* être fait dans le quatrième; car, dans le Kali-youga, les hommes et les femmes sont adonnés au péché :

2. Tels sont un noviciat continué pendant un temps très-long; et la nécessité de porter un pot à l'eau; le mariage avec une parente paternelle, ou avec une proche parente maternelle, et le sacrifice d'un taureau.

3. Ou d'un homme, ou d'un cheval; et toute liqueur spiritueuse doit, dans l'âge Kali, être évitée par les Dwidjas; il doit en être ainsi même de l'action de donner une seconde fois une jeune femme mariée, *dont le mari est mort avant la consommation,* et de la part plus considérable d'un frère aîné, et de la procréation *d'un enfant* avec la veuve ou la femme d'un frère.

VI. SMRITI : 1. La commission donnée à un homme d'engendrer un fils avec la veuve de son frère; le don d'une jeune femme mariée, à un autre prétendu, *si son mari est mort* tandis qu'elle reste vierge;

2. Le mariage des Dwidjas avec des demoiselles n'appartenant pas à la même classe; le meurtre dans une guerre religieuse de Brâhmanes qui attaquent avec l'intention de tuer;

3. Une relation quelconque avec un Dwidja ayant passé la mer dans un vaisseau, quoiqu'il ait fait une expiation; l'action d'accomplir des sacrifices pour des gens de toutes sortes, et *la nécessité de* porter un pot à l'eau;

4. L'action de marcher en pèlerinage jusqu'à la mort du pèlerin, et d'immoler un taureau dans un sacrifice; celle d'accepter une liqueur spiritueuse même à la cérémonie appelée Sôtrâmani;

5. Celle de recevoir ce qui a été gratté du pot de beurre clarifié, lors d'une oblation au feu; celle d'entrer dans le troisième ordre, ou celui des ermites, quoique cela soit prescrit *pour les premiers âges;*

6. La diminution des crimes en proportion des actes religieux et des connaissances sacrées *des coupables,* la règle d'expiation pour *un* Brâhmane s'étendant jusqu'à la mort;

7. La faute d'entretenir des liaisons avec des coupables; l'expiation secrète d'aucun des grands crimes, excepté le vol; l'action de tuer des animaux en l'honneur des hôtes éminents ou des ancêtres;

8. La filiation de tout autre qu'un fils légalement engendré ou donné en adoption *par ses parents;* l'action de quitter une femme légitime pour une faute moindre que l'adultère;

9. Ces *parties de la loi ancienne* ont été abrogées par les sages législateurs, suivant que les cas se sont présentés au commencement de l'âge Kali, dans l'intention de garantir le genre humain du mal.

Il est à remarquer, sur les textes précédents, qu'aucun d'eux, à l'exception de celui de Vrihaspati, n'est cité par Koullouka, qui ne semble jamais avoir considéré aucune des lois de Manou comme restreinte aux trois premiers âges; que celui de la Smriti, ou du code sacré, est cité sans le nom du législateur, et que la prohibition, dans tout âge, de la défense personnelle même contre des Brâhmanes, est en opposition avec un texte de Soumantou, avec l'exemple et le précepte de Krichna[1] lui-même, suivant le Mahâbhârata, et même avec une sentence du Véda, par laquelle il est enjoint à tout homme de défendre sa propre vie contre tous les violents agresseurs.

[1] Krichna est le Dieu Vichnou incarné; William Jones fait sans doute ici allusion au second chapitre de la Bhagavad-Gîtâ, épisode du Mahâbhârata, grand poëme épique d'une haute célébrité, que l'on croit avoir été composé près de mille ans avant notre ère. La Bhagavad-Gîtâ est un dialogue philosophique entre Krichna et son élève Ardjouna.

FIN DES LOIS DE MANOU.

CIVILISATION MUSULMANE.

OBSERVATIONS HISTORIQUES ET CRITIQUES
SUR
LE MAHOMÉTISME,
TRADUITES DE L'ANGLAIS, DE G. SALE.

LE KORAN,
TRADUCTION NOUVELLE FAITE SUR LE TEXTE ARABE.

PAR M. KASIMIRSKI.

OBSERVATIONS HISTORIQUES ET CRITIQUES

SUR

LE MAHOMETISME.

SECTION PREMIÈRE.

Des Arabes, dans les temps qui ont précédé Mahomet, ou, comme ils s'expriment eux-mêmes, dans les temps d'ignorance; leur histoire, leur religion, leurs sciences et leurs coutumes.

ARGUMENT.

Arabie; d'où lui vient ce nom. — Son étendue. — Sa division. — Province d'*Yémen*. — Province d'*Hedjaz*. — Description de la Mecque. — Description de Médine. — Province de *Tehâma*. — Province de *Najd*. — Province de *Yamama*. — Arabes divisés en deux classes. — Les Arabes anciens. — Tribu d'*Ad*. — Tribu de *Thamoûd*. — Tribus de *Tasm* et *Djadis*. — Tribus de *Djorham* et d'*Amalek*. — Origine des Arabes qui subsistent à présent. — Leur gouvernement. — Règne des Hamyarites dans l'Yémen. — Inondation de l'Aram. — Royaumes de Ghassan et de Hira. — Règne des Djorhamites dans l'Hedjaz. — État du pays d'Hedjaz depuis les Djorhamites jusqu'au temps de Mahomet. — Du gouvernement de l'Arabie dans les temps qui ont suivi Mahomet. — Liberté des Arabes. — Religion des anciens Arabes. — Leurs idées sur la vie à venir. — Quelques-unes de leurs tribus embrassent la religion des Mages, — Et la religion des Juifs, — Et la religion chrétienne. — Diversité dans le genre de vie des Arabes. — Leur langue, leur savoir, leurs talents, etc., avant Mahomet.

Les Arabes et le pays qu'ils habitent, que nous nommons Arabie, et qu'ils appellent *Jesirat al Arab*, ou la Péninsule des Arabes, doivent leur nom à *Araba*, petit territoire de la province de *Tehâma* [1], auquel *Yarab*, fils de *Kathân*, père des anciens Arabes, avait donné son nom ; c'est dans ce même territoire qu'Ismaël, fils d'Abraham par Hagar, fixa sa demeure plusieurs années après Yarab. Les auteurs chrétiens ont parlé pendant plusieurs siècles des Arabes, sous le nom de *Sarrasins* ; ce mot, suivant l'opinion la plus probable, est dérivé de celui de *Shark*, qui signifie l'*Orient* ; et Moïse [2] place à l'orient les descendants de *Joktan* [3], qui est le *Kahtân* des Arabes, parce qu'en effet leur pays était à l'orient de la Palestine [4]

Le nom d'Arabie, pris dans le sens le moins limité, comprend toute cette grande étendue de pays bornée par l'Euphrate, le golfe Persique, la mer des Indes, la mer Rouge, et une partie de la Méditerranée. Les deux tiers de ce pays constituent l'Arabie proprement dite, et ont été possédés par les Arabes presque depuis le déluge ; ils se sont rendus maîtres du reste, soit en y faisant des établissements, soit par leurs continuelles incursions ; c'est pour cela que les Turcs et les Perses ont appelé tout ce pays *Arabistán*, ou le *pays des Arabes*.

Mais, suivant le sens le plus ordinaire, l'Arabie proprement dite n'est point si étendue; on la borne, du côté du nord, à cet isthme qui s'étend depuis le fond de la mer Rouge jusques à la tête du golfe Persique, c'est-à-dire, depuis *Aila* jusqu'aux frontières du territoire de *Koufa* : c'était presque tout cet espace que les Grecs désignaient par le nom d'*Arabie heureuse*. Pour l'*Arabie pétrée*, les géographes orientaux la rapportent, partie à l'Égypte, et partie au *Shâm* ou Syrie ; et ils appellent *Déserts de Syrie* ce que les Grecs nommaient *Arabie déserte* [1].

L'Arabie proprement dite est divisée ordinairement, par les auteurs orientaux, en cinq provinces [2], savoir : *Yémen, Hedjaz, Tehâma, Najd* et *Yamâma* ; quelques-uns y en ajoutent une sixième, savoir *Bahrein* ; mais les plus exacts en font une partie de l'*Irâk* [3] ; d'autres les réduisent à deux, *Yémen* et *Hedjâz*, cette dernière comprenant les trois autres provinces, *Tehâma, Najd* et *Yamâma*.

La province d'*Yémen* tire son nom ou de sa situation à la droite, c'est-à-dire, au midi du temple de la Mecque ; ou de la fertilité et de la verdure de son terroir : elle s'étend le long de l'océan Indien depuis Aden jusqu'au cap *Rasalgát* ; à l'occident et au midi elle est bornée par une partie de la mer Rouge ; et au nord, par la province de *Hedjâz* [4]. On la subdivise en plusieurs autres petites provinces, comme *Haḋrámaut, Shihr, Omân, Najrân*, etc.; celle de *Shihr* est la seule qui fournisse l'encens [5]. La capitale du *Yémen* est *Sanaa*, ville fort ancienne, appelée autrefois *Ozal*, et très-célèbre par sa situation délicieuse : cependant le prince d'aujourd'hui fait sa résidence environ quinze lieues plus au nord, dans un lieu qui n'est pas moins agréable, et qu'on appelle *Hisn-al-Mavâheb* (le Château des Délices) [6].

Ce pays a été célèbre de tout temps par la beauté de son climat, par sa fertilité et par ses richesses ; ce qui engagea Alexandre le Grand, au retour de son expédition des Indes, de former [7] le dessein d'en faire la conquête, pour y établir

---

[1] Pocock, *Specimen Hist. Arab.*, pag. 33.
[2] *Genèse*, x, 30.
[3] « Et leur demeure était depuis *Mesça*, quand on vient en *Sephar*, montagne d'Orient. » *Genèse*, x, 30.
[4] Voyez Pocock, *Specimen Arabicum*, pag. 33, 34.

[1] Golius, *ad Alfragan.*, 78., 79.
[2] Strabon dit que de son temps l'Arabie était divisée en cinq royaumes. Liv. xvi, pag. 1129.
[3] Golius, *ad Alfragan.*, pag. 79.
[4] Id. Ibid.
[5] Larroque, *Voyage de l'Arabie heureuse*, pag. 121.
[6] Id. *ibid.*, pag. 232.
[7] Voyez Dionys. Perieget., vers 927, etc.

la capitale de son empire; sa mort, qui arriva bientôt, empêcha l'exécution de ce projet [1]. Cependant la plus grande partie des richesses, que les anciens regardaient comme les productions de l'Arabie, venaient des Indes et des côtes d'Afrique; les Égyptiens, qui s'étaient rendus maîtres du commerce de ces pays-là (qui se faisait alors par la mer Rouge), cachaient habilement ce qui en était, et tenaient leurs ports fermés, afin que les étrangers n'en recevant aucune information, ne cherchassent point à y pénétrer. C'est, d'un côté, cette précaution des Égyptiens; et de l'autre, les déserts, qu'il était impossible aux étrangers de traverser, qui ont ôté presque toute connaissance de l'Arabie aux Grecs et aux Romains.

La fertilité et les agréments de l'Yémen sont dus à ses montagnes, toute la côte de la mer Rouge n'étant qu'un désert aride et stérile, qui s'étend, en quelques endroits, à dix ou douze lieues dans les terres; en récompense, les montagnes qui la bordent, étant bien arrosées, jouissent d'un printemps presque perpétuel; et outre le café, qui est la production particulière à ce pays, l'on y trouve en abondance des fruits de toute espèce, du blé excellent, des raisins et des aromates. On n'y trouve aucune rivière considérable, et les torrents, qui en certains temps de l'année descendent des montagnes, atteignent rarement la mer; la plupart sont bientôt engloutis et perdus dans les sables brûlants de cette côte [2].

Le terroir des autres provinces, plus stérile que celui de l'Yémen, est presque tout couvert de sables arides ou de rochers; il y a, d'espace en espace, quelques portions de terrain fertile, dont le plus grand avantage est d'avoir quelques sources d'eau et des palmiers.

La province de *Hedjáz* est ainsi nommée parce qu'elle sépare la province de *Najd* de celle de *Tehâma* : elle est bornée, au midi, par l'Yémen et le *Tehâma*; à l'ouest, par la mer Rouge; au nord, par les déserts de la Syrie; et à l'est, par la province de *Najd* [3]. Cette province est fameuse par ses deux principales villes, la Mecque et Médine : la première, à cause de son temple célèbre, et qu'elle a donné la naissance à Mahomet; l'autre, parce que ce prophète l'a choisie pour sa résidence pendant les dix dernières années de sa vie, et qu'il y est enseveli.

La Mecque, que l'on nomme quelquefois *Becca* (ces deux mots sont synonymes, et signifient *un lieu de grand concours*), est certainement une des plus anciennes villes du monde. Quelques-uns [4] ont cru qu'elle était la *Mesça* de l'Écriture [5], nom qui n'est pas inconnu aux Arabes, et que l'on suppose venir de celui d'un des fils d'Ismaël [6]. Elle est située dans une vallée pierreuse et stérile, environnée de tous côtés de montagnes [7]. La longueur de la Mecque, du sud au nord, est à peu près de deux milles; et sa largeur, depuis le pied du mont *Ajyad* jusqu'au sommet d'un autre mont, nommé *Koaikaûn*, est à peu près d'un mille [8]. C'est dans le milieu de cet espace qu'est placée la ville, bâtie des pierres qu'on tire des montagnes voisines [9]. Les habitants de la Mecque sont obligés de se servir d'eau de pluie, qu'ils rassemblent dans des citernes, n'y ayant point de sources dans cette ville [1], ni dans les environs, dont l'eau ne soit amère et mauvaise à boire, excepté [2] celle du puits de *Zemzem*; on ne saurait même boire longtemps de l'eau de ce puits, quoiqu'elle soit meilleure de beaucoup qu'aucune autre de la Mecque [3], parce qu'elle est saumâtre, et cause des élevures à ceux qui en boivent trop [4]. L'eau de pluie ne suffisant pas, on a fait plusieurs tentatives pour en amener d'ailleurs par le moyen d'aqueducs; environ dans le temps de Mahomet, *Zobaïr*, un des principaux de la tribu des *Koreish*, fit une grande dépense pour faire venir dans la ville de l'eau du mont *Arafat*; mais ce fut inutilement : on y a mieux réussi il n'y a pas bien longtemps, par les soins d'une des femmes de *Solimán*, empereur des Turcs, qui l'entreprit à ses frais [5]. Longtemps auparavant, on avait fait un aqueduc pour y amener l'eau d'une source fort éloignée; et ce ne fut qu'après plusieurs années de travail qu'il fut achevé, sous le khalife *al Moktader* [6].

Les environs de la Mecque sont si stériles, qu'ils ne produisent d'autres fruits que les mêmes qui se trouvent dans les déserts; cependant le prince ou shérif a un beau jardin, où il fait ordinairement sa résidence, près du château de *Marbaa*, à trois milles à l'ouest de la ville. Les habitants, n'ayant ni blé ni aucune espèce de grains dans leur territoire, sont obligés d'en faire venir d'ailleurs [7]. Pour leur procurer des provisions assurées, *Hashem*, bisaïeul de Mahomet, alors prince de la tribu, établit deux caravanes pour aller chercher des denrées; chacune devait faire un voyage par an, l'une en été, l'autre en hiver [8] : il est parlé de ces caravanes de pourvoyeurs dans le *Koran*. Les provisions qu'elles apportaient étaient distribuées de même deux fois par an, savoir, dans le mois de *Rajeb* et dans le temps de l'arrivée des pèlerins. La campagne voisine leur fournit les dattes en abondance; pour les raisins, ils les tirent de *Tayef*, qui est éloigné de soixante milles de la Mecque, dont le terroir n'en produit que fort peu.

Les habitants de la Mecque sont en général fort riches; le concours de presque toutes les nations du monde, dans le temps du pèlerinage annuel, leur donne occasion de faire des profits considérables, y ayant alors une foire pour les marchandises de toute espèce. On y vient aussi beaucoup de bétail, et en particulier des chameaux; mais le petit peuple ne peut qu'y mener une vie assez misérable, tout ce qui est nécessaire à la vie se vendant assez chèrement. Malgré la stérilité des environs de cette ville, l'on n'est pas plutôt hors de son territoire, que l'on trouve partout de bonnes sources et des ruisseaux d'eau courante, de même qu'un grand nombre de jardins et de terres cultivées [9]. On parlera du temple de la Mecque, et de la sainteté prétendue de son territoire, dans un endroit plus convenable.

Médine, qui avait été appelée *Yatreb* jusqu'à ce que Mahomet s'y fût réfugié, est une ville environnée de murailles, plus petite de moitié que la Mecque [10]; elle est bâtie dans une plaine, dont le terrain est salé en plusieurs endroits; elle est néanmoins passablement fertile, particulièrement en dattes, surtout près des montagnes, deux desquelles, *Ohod*, vers le nord, et *Aïr*, au sud, n'en sont éloignées que de deux lieues. C'est dans cette ville que Mahomet est enseveli; * son tombeau est dans un bâtiment

---

[1] Strabon, liv. xvi, pag. 1132. Arrian., pag. 161.
[2] *Voyage de l'Arabie heureuse*, pag. 121, 123, 153.
[3] Voyez Gol., ad *Alfragan*, 78. Abulfeda, *Descr. Arab.*, pag. 5.
[4] R. Saadias, in *Version. Arab. Pentat. Sepher Juchasin*, 135, b.
[5] Gen., x, 30.
[6] Gol., ad *Alfrag.*, 82, *Hadar*, *Tema*, *Jetur*, *Naphis* et *Kedma*. Gen., xxv, 15.
[7] Gol., pag. 16, 98. Voyez Pitts, *Religion et coutumes des Mahométans*, pag. 96.
[8] Sharif al Edrisi, apud Pocock, *Specim.*, 122.
[9] Id. ibid.

[1] Gol., ad *Alfragan*, 99.
[2] Sharif al Edrisi, *ubi supra*, 124.
[3] Id., ibid.; et Pitts, *ubi supra*, pag. 107.
[4] Gol., ad *Alfrag.*, 99.
[5] Id., ibid.
[6] Sharif al Edrisi, *ubi supra*.
[7] Id., ibid.
[8] Pocock, *Specimen*, 51.
[9] Sharif al Edrisi, *ubi supra*, 125.
[10] Id. *vulgo Geographia Nubiensis*, 5.
* Quoique la pensée que Mahomet soit enseveli à la

magnifique, orné d'une coupole, et placé sur le côté oriental du grand temple, qui est au milieu de la ville [1].

La province de *Tehâma* est ainsi nommée à cause de la *véhémente chaleur* de son terroir sablonneux; elle est aussi appelée *Gaur*, parce que son terrain est *bas*. Elle est bornée, à l'ouest, par la mer Rouge, et du côté des terres, par l'*Hedjaz* et l'*Yémen*, s'étendant presque depuis la Mecque jusqu'à *Aden* [2].

Le mot de *Najd* signifie *un pays élevé*. Cette province est située entre celles de *Yamâma*, *Yémen* et *Hedjaz*; l'*Irak* lui sert de borne à l'orient [3].

La province de *Yamâma*, appelée aussi *Arud*, à cause de sa situation oblique à l'égard du *Yémen*, est environnée des provinces de *Najd*, *Tehâma*, *Bahrein*, *Omân*, *Schihr*, *Hadramaut* et *Saba*; sa ville principale est *Yamâma*, qui a donné son nom à la province; elle était anciennement appelée *Djaw*; cette ville est particulièrement fameuse parce qu'elle a été la résidence du faux prophète *Moseilama*, concurrent de Mahomet [4].

Les Arabes habitants de cette vaste contrée, qu'ils ont possédée de toute ancienneté, sont distingués en deux classes par les écrivains de leur nation; savoir: les anciens Arabes, qui n'existent plus; et les Arabes, dont sont sortis ceux qui existent à présent.

Les premiers étaient très-nombreux, et divisés en plusieurs tribus, qui sont présentement toutes détruites ou du moins confondues dans les tribus modernes; on n'a même aucun mémoire ou monument certain sur ce qui les regarde [5], quoique la tradition, confirmée ensuite par le *Korân*, ait conservé le souvenir de quelques événements remarquables qui les regardent, et celui de la catastrophe de quelques-unes de ces tribus. Les plus fameuses tribus des anciens Arabes étaient *Ad*, *Thamûd*, *Tasm*, *Djadis*, l'ancienne *Djorham*, et *Amalek*.

La tribu d'*Ad* descendait d'*Ad*, fils d'*Aws* [6], fils d'*Aram* [7], fils de *Sem*, fils de Noé. *Ad*, après la confusion des langues, s'établit dans la province d'*Hadramaut*, en un lieu nommé *all'-Ahkâf*, qui signifie *tourbillon de sable*; et sa postérité s'y multiplia beaucoup.

Shedad, fils d'*Ad*, fut le premier roi de cette tribu: les auteurs orientaux en disent bien des choses fabuleuses, en particulier, qu'il acheva la ville magnifique que son père avait commencée; qu'il y bâtit un beau palais orné de jardins délicieux; qu'il n'avait épargné, pour les embellir, ni dépense, ni travail, se proposant d'inspirer par là à ses sujets une vénération superstitieuse, comme s'il était un dieu [1].

Ce jardin, ou plutôt ce paradis, fut appelé jardin d'*Irem*; il en est parlé dans le *Korân* [2]; et les auteurs orientaux y font souvent allusion. La ville, nous disent-ils, existe encore dans les déserts d'*Aden*, où la Providence l'a conservée comme un monument de la justice divine. Ils ajoutent qu'elle est invisible, excepté lorsque Dieu permet qu'on la découvre, ce qui est fort rare: *Kolabah* prétendait avoir reçu cette faveur, sous le règne du Khalife *Moawiyah*. Ce Khalife l'envoya chercher pour savoir la vérité du fait; *Kolabah* lui raconta que, cherchant un chameau qu'il avait perdu, il s'était trouvé tout d'un coup aux portes de cette ville; qu'y étant entré, il n'y avait vu aucun habitant; qu'effrayé de s'y trouver seul, il ne s'y était arrêté qu'autant de temps qu'il en fallait pour prendre quelques belles pierres, qu'il montra au Khalife [3].

Les descendants d'*Ad* ayant abandonné dans la suite le culte du vrai Dieu, et étant tombés dans l'idolâtrie, Dieu leur envoya le prophète *Hoûd*, que l'on s'accorde généralement à prendre pour *Héber* [4], pour leur prêcher et les ramener à lui; mais ces peuples n'ayant pas voulu reconnaître sa mission ni lui obéir, Dieu envoya un vent chaud et suffoquant, qui souffla pendant huit jours et sept nuits consécutifs; ce vent, entrant dans leurs narines, passait à travers leurs corps, et les fit tous périr, à la réserve d'un petit nombre de personnes qui avaient cru [5] à la prédication de *Hoûd*, et qui se retirèrent avec lui dans un autre lieu [6]. Le prophète retourna après cela à *Hadramaut*, fut enseveli près de *Hasek*, où l'on trouve encore une petite ville appelée *Kabr-Hoûd*, c'est-à-dire, *le Sépulcre de Hoûd*. Avant que les *Adites* eussent été ainsi sévèrement punis, Dieu, pour les humilier et pour les porter à écouter la prédication de son prophète, les avait affligés d'une sécheresse qui avait duré quatre ans, et qui avait été telle, que tous leurs bestiaux étaient péris, et qu'eux-mêmes avaient été en grand danger. Sur quoi ils avaient envoyé *Lokmân* (différent de celui qui vivait du temps de David), avec soixante personnes, à la Mecque, pour demander de la pluie; mais ne l'ayant pu obtenir, *Lokmân* et quelques-uns de ses compagnons restèrent à la Mecque; et ayant ainsi échappé à la destruction de leur patrie, ils donnèrent naissance à une tribu qui fut appelée la *nouvelle Ad*: mais ceux qui la composaient furent dans la suite changés en singes [7].

Quelques commentateurs du *Korân* [8] disent que ces anciens *Adites* étaient d'une taille prodigieuse; que les plus grands avaient cent coudées de haut, et les plus petits, soixante: ils prétendent que cette taille extraordinaire se prouve par le témoignage du *Korân* [9].

La tribu de *Thamoûd* était composée des descendants de

Mecque ait depuis longtemps été réfutée, quelques écrivains modernes (je ne déciderai pas si c'est par ignorance ou par négligence) ont cependant donné dans cette erreur. Je n'en rapporterai ici que deux exemples; le premier est celui du docteur Smith, qui ayant vécu pendant quelque temps en Turquie, semble être inexcusable; il dit, en trois endroits de ses *Épitres* intitulées *de Moribus ac institutis Turcarum*, que les Mahométans vont à la Mecque pour visiter le tombeau de leur prophète; et ailleurs il dit, que Mahomet est né à Médine: il fallait dire précisément le contraire. Voyez *Ép.* I, pag. 22; *Ép.* II, pag. 63 et 64. Le second exemple est du dernier éditeur des *Voyages de Mandeville*, qui, sur ce que son auteur avait dit très-véritablement, pag. 50, que le tombeau de Mahomet est à Méthone, c'est-à-dire, Médine, entreprend de corriger ce nom de ville, quoique un peu corrompu, et met au bas de la page, la Mecque. L'abbé de Vertot, dans son *Histoire de l'ordre de Malte*, vol. I, pag. 410, édit. en 8 vol., paraît aussi avoir confondu ces deux villes, quoiqu'il eût auparavant parlé du sépulcre de Mahomet à Médine; surtout il s'est certainement trompé lorsqu'il avance qu'un des points, soit de la religion des Chrétiens, soit de celle des Mahométans, consiste à visiter au moins une fois en leur vie le tombeau de l'auteur de leur foi respective. Quelle que soit à cet égard l'opinion de quelques Chrétiens, je suis bien assuré que les Mahométans ne se croient obligés en aucune sorte à cet égard.

[1] Golius, *ad Alfragan.*, 97. Abulfeda, *Descrip. Arab.*, pag. 40.
[2] Gol., *ubi supra*, p. 95
[3] Id., *ibid.*, pag. 94.
[4] Id., *ibid.*, pag. 95.
[5] Abulfarag., pag. 159.
[6] Ou *Uz*. « Et les enfants de Sem sont Helam, Assur, Arpacsad, Lud et Aram; et les enfants d'Aram, Hus, Hul, Guether et Mas. » Genèse, x, 22, 23.
[7] Voyez le *Korân*, chap. LXXXIX. Quelques-uns font Ad, fils d'Amalek, fils de Ham; mais l'opinion des autres est plus généralement reçue. Voyez d'Herbelot, 51.

LIVRES SACRÉS DE L'ORIENT.

[1] Voyez d'Herbelot, 498.
[2] Chap. LXXXIX.
[3] D'Herbelot, 51.
[4] Les Juifs reconnaissent qu'Héber fut un grand prophète Seder, *Olam* pag. 2.
[5] Al Beidawi.
[6] Id.; *ibid.*; 35, etc.
[7] Pocock, *Specim.*, 36.
[8] Djellaloddin et Zamakchari.
[9] *Korân*, chap. VII.

Thamoûd, fils de *Gather* [1], fils d'*Aram*; cette tribu étant tombée dans l'idolâtrie, le prophète *Saleh* leur fut envoyé pour les ramener au culte du vrai Dieu. Ce prophète vécut entre le temps de *Hoûd* et celui d'*Abraham*; il ne peut être par conséquent le même que le patriarche *Selah*, comme d'Herbelot [2] se l'est imaginé; le savant Bochart le prend, avec plus de vraisemblance, pour *Phaleg* [3]. Un petit nombre de *Thamoûdites* écoutèrent les remontrances du prophète; mais les autres demandant, pour preuve de sa mission, qu'en leur présence il fît sortir d'un rocher une femelle de chameau pleine, *Saleh* l'obtint de Dieu; et le chameau femelle parut, et accoucha d'un petit, prêt à être sevré : loin que ce miracle leur donnât quelque foi, ils coupèrent les jarrets de cette femelle de chameau, et la tuèrent. Cette impiété ayant extrêmement déplu à Dieu, un tremblement de terre survint trois jours après, accompagné d'un bruit terrible qui se faisait entendre du ciel; et ils périrent tous sous leurs maisons écroulées [4]. Quelques-uns disent que ce bruit était la voix de l'archange Gabriel, qui criait : *Vous tous, mourez!* *Saleh*, et ceux qu'il avait convertis, furent sauvés de cette destruction, ce prophète s'étant retiré dans la Palestine, et de là à la Mecque [5], où il finit ses jours.

Cette tribu s'était d'abord établie dans l'*Yémen*; mais en ayant été chassée par *Hamyar*, fils de *Saba* [6], elle se retira dans le territoire de *Hedjr*, dans la province de *Hedjaz* : on y voit encore dans les rochers les habitations qu'elle s'était creusées, et dont le *Korân* [7] fait mention; on voit aussi la fente du roc par laquelle sortit le chameau femelle : un témoin oculaire [8] assure que cette fente a soixante coudées d'ouverture. Ces maisons des *Thamoûdites* étant d'une grandeur ordinaire, on s'en sert de preuve pour convaincre d'erreur ceux qui attribuent à ce peuple une taille gigantesque [9]. Le *Korân* insiste souvent sur la fin tragique de ces deux puissantes tribus, comme étant des exemples du jugement de Dieu sur les infidèles obstinés.

La tribu de *Tasm* était composée des descendants de *Loûd*, fils de *Sem*; et celle de *Djadís* était la postérité de *Djether* [10]. Ces deux tribus, entremêlées, habitèrent ensemble sous le gouvernement de celle de *Tasm*, jusqu'à ce qu'un certain tyran fit une loi défendant qu'aucune fille de la tribu de *Djadís* se mariât qu'il n'eût joui le premier des droits de l'époux [11]; les *Djadísians*, ne pouvant souffrir cette tyrannie, firent une conjuration; et ayant invité à un festin le roi avec les principaux de la tribu de *Tasm*, ils cachèrent leurs épées dans le sable; et tandis que les conviés se livraient à la joie, ils se jetèrent sur eux, les égorgèrent, et firent périr de cette manière la plus grande partie de cette tribu : cependant le petit nombre de ceux qui étaient échappés ayant imploré du secours du roi d'*Yémen*, qui était, à ce qu'on dit, *Dhou Habshân Ebn Akran* [12], attaquèrent les *Djadísians*, et les détruisirent entièrement; depuis lors, à peine est-il fait mention de l'une ou de l'autre de ces deux tribus [13].

L'ancienne tribu de *Djorham*, que quelques-uns prétendent être issue de l'une des quatre-vingts personnes qui furent sauvées dans l'arche avec Noé, suivant une tradition mahométane [1], était contemporaine de celle d'*Ad*, et périt tout entière [2].

La tribu d'*Amalek* descendait d'*Amalek*, fils d'*Éliphaz*, fils d'*Ésaû* [3], quoique quelques auteurs orientaux disent qu'*Amalek* était fils de *Ham*, fils de Noé [4], et d'autres qu'il était fils de *Sem* [5]. La postérité d'*Amalek* devint fort puissante [6]; elle conquit la basse Égypte, avant les temps de Joseph; leur roi se nommait *Walid*, et ce fut le premier qui prit le nom de Pharaon, suivant les écrivains orientaux [7]. Il paraît que ces Amalékites sont ce même peuple que l'histoire des Égyptiens nomme les *Pasteurs phéniciens* [8]; et après qu'ils eurent possédé le trône d'Égypte pendant quelques générations, les naturels du pays les chassèrent, et enfin les Israélites les détruisirent entièrement [9].

Les Arabes qui subsistent à présent descendent de deux souches, suivant leurs propres historiens : l'une est *Kahtán*, qui est le même que *Djoktan*, fils d'*Héber* *; et l'autre est *Adnân*, descendant en ligne directe d'Ismaël, fils d'Abraham par Hagar : ils appellent la postérité du premier, *al Arab al Ariba* [10], c'est-à-dire, les *Arabes naturels* ou *purs*; et celle du second, *al Arab al Mostareba*, c'est-à-dire, les *Arabes naturalisés* ou les *Arabes entés*. Cependant quelques-uns regardent les anciennes tribus qui n'existent plus comme étant les seuls vrais Arabes; et, en conséquence, donnent le nom de *Motareba* ou d'*Arabes entés* à la postérité de *Kahtán*; mais le mot de *Motareba* désigne un degré plus près que celui de *Mostareba*, les descendants d'Ismaël étant une greffe plus étrangère à l'Arabie que les descendants de *Kahtán*. Ceux de la postérité d'Ismaël n'ont aucun titre pour être admis au rang des Arabes naturels : leur ancêtre était Hébreu d'origine et de langage; mais ayant contracté alliance avec les *Djorhamites* en épousant une fille de *Modad*, il s'accoutuma à leur manière de vivre et à leur langue, et ses descendants furent confondus avec eux en une même nation. Le peu de connaissance que l'on a des descendants d'Ismaël jusqu'à *Adnân*, est cause qu'ils font rarement remonter leurs généalogies plus haut que ce dernier, qu'ils regardent comme le père de leurs tribus; mais depuis *Adnân* ces généalogies sont assez certaines, et hors de contestation [11].

Outre ces tribus dont les Arabes parlent, et qui descen-

---

[1] Ou Guether. *Gènese*, x, 33.
[2] D'Herbelot, *Bibliothèque orientale*, pag. 740.
[3] Bochart, *Géograph. sacr.*
[4] D'Herbelot, *Biblioth. or.*, pag. 366.
[5] Ebn Shohnah.
[6] Pocock, *Specim.*, pag. 57.
[7] Chap. xxv.
[8] Abu Musa al Ashari.
[9] Voyez Pocock, *Specim.*, pag. 37.
[10] Abulfeda.
[11] On dit qu'une coutume pareille à celle-ci était en usage dans quelques seigneuries d'Angleterre, de même qu'en Écosse, ayant été établie par le roi Ewen; mais Malcolm III l'abolit. oyez Bayle, *Dict.*, art. *Sixte IV*, rem *H*.
Pocock, *Specim.*, pag. 60.
ibid., pag. 37, etc.

---

[1] Pocock, *Specim.*, pag. 38.
[2] Ebn Shohnah.
[3] « Et Timnaph fut concubine d'Éliphaz, fils d'Ésaû; et elle enfanta Hamelek à Éliphaz. Ce sont là les enfants de Hada, femme d'Ésaû. » Genèse, xxxvi, 12.
[4] Voyez D'Herbelot, pag. 110.
[5] Ebn Shohnah.
[6] « Hamalek est un commencement de nation; mais sa fin sera à perdition. » *Nomb.*, xxiv, 20.
[7] Mirat Caïnat.
[8] Voyez Joseph *contra Appion.*, lib. i.
[9] « Et l'Éternel dit à Moïse : Écris ceci pour mémoire dans un livre, et fais entendre à Josué que j'effacerai entièrement la mémoire d'Hamalek de dessous les cieux. » *Exod.*, xvii, 14. « Saül prit Agag, roi des Amalékites, et fit passer tout le peuple au fil de l'épée, à la façon de l'interdit. » I. *Samuel*, xv, 8. « Et David faisait des courses sur les Amalékites. » I. *Samuel*, xxvii, 8. « Et ils frappèrent le reste des Amalékites; et ils ont habité ce pays-là jusqu'à aujourd'hui. » I. *Chron.*, iv, 43.
* Saad., *in Vers. arab. Pentat. Gen*, x, 25. Quelques écrivains font descendre Kahtán d'Ismaël, contre le sentiment des historiens orientaux. Voyez Poc., *Specim.*, pag. 39.
[10] Expression qui a quelque rapport avec celle de saint Paul, lorsqu'il se dit Hébreu des Hébreux, *Phil.*, iii, 5.
[11] Pocock, *Specim.*, pag. 40.

dent toutes de la race de Sem, il y en a eu d'autres composées des descendants de *Cham* par son fils *Cush*, nom que l'Écriture donne toujours aux Arabes et à leur pays, et que notre version applique toujours à l'Éthiopie : cependant, à parler exactement, les *Cushites* n'ont point habité l'Arabie proprement dite; ils ont occupé les bords de l'Euphrate et du golfe Persique, après avoir quitté le *Chuzistan* ou la Susiane, qui était originairement la demeure de leurs pères [1] : ils se mêlèrent vraisemblablement dans la suite avec les Arabes de la race de Sem; mais les écrivains orientaux n'en parlent que peu ou point.

Les Arabes furent gouvernés durant quelques siècles par les descendants de *Kahtân*. *Yarab*, l'un de ses fils, fonda le royaume d'*Yémen*; et *Djorham*, un autre de ses fils, fonda celui de *Hedjaz*.

Les princes de la tribu d'*Hamyar* gouvernèrent la plus grande partie de la province d'*Yémen*, et en particulier les provinces de *Saba* et d'*Hadramaut*. Le royaume passa ensuite à la postérité de *Cahlân*, frère d'*Hamyar*, qui retint néanmoins le titre de roi de la tribu d'*Hamyar*; et tous ceux de cette race prirent le titre général de *Tobba*, qui signifie *successeur*; ce titre fut affecté aux princes de cette maison, comme celui de César était affecté aux empereurs romains, et celui de khalife, aux successeurs de Mahomet Il y avait plusieurs autres petits princes qui régnaient en d'autres parties de l'*Yémen*; ils étaient, pour la plupart, sujets du roi de *Hamyar*, qu'ils appelaient le grand roi : l'histoire n'a rien conservé de fort remarquable ou de bien certain sur ce qui les regarde [2].

La première grande calamité qui tomba sur les tribus établies dans l'*Yémen*, fut l'inondation de l'*Aram*, qui arriva peu après les temps d'Alexandre le Grand, et qui est très-fameuse dans l'histoire d'Arabie. Elle força huit tribus à abandonner leurs demeures; et quelques-unes d'entre elles donnèrent naissance aux deux royaumes de *Ghassan* et de *Hira*. Ce fut probablement alors que se fit cette migration dans laquelle des colonies d'Arabes allèrent s'établir en Mésopotamie sous la conduite de trois chefs, *Bekr, Modar* et *Rabia*, qui donnèrent leurs noms aux provinces *Diyar Bekr, Diyar Modar, Diyar Rabia* [3], noms qu'elles portent encore à présent. *Abd'shems*, surnommé *Saba*, avait bâti une ville de son nom, qui fut appelée dans la suite *Mareb*; et il avait fait un vaste bassin avec une écluse [4] pour recevoir les eaux qui venaient des montagnes : ce réservoir était fait non-seulement pour l'usage des habitants et pour arroser leurs terres; mais *Saba* l'avait construit principalement dans la vue de tenir en respect le pays qu'il s'était soumis, en restant maître des eaux. Ce bâtiment était comme une montagne qui dominait sur la ville, et les habitants le croyaient si solide, qu'ils ne comptaient pas qu'il pût jamais être ruiné : l'eau s'élevait presque à la hauteur de vingt brasses, et elle était retenue de tous les côtés par un massif si épais, qu'on avait bâti dessus plusieurs maisons. On distribuait cette eau à chaque famille par le moyen d'aqueducs. Mais Dieu, indigné de l'orgueil et de l'insolence de ces peuples, et voulant les humilier et les disperser, envoya un terrible déluge qui rompit l'écluse et emporta cette ville et les voisines, avec tous leurs habitants, tandis qu'ils étaient endormis [5].

Les tribus qui demeurèrent dans l'*Yémen*, après cette catastrophe, restèrent soumises à leurs anciens princes; ce ne fut que soixante et dix ans avant la naissance de Mahomet que le gouvernement passa en des mains étrangères. Le roi *Dhou Nowâs* était Juif bigot, et persécutait cruellement les Chrétiens de son royaume; le roi d'Éthiopie envoya des troupes pour les secourir; elles poussèrent si vivement le roi *Dhou Nowâs*, qu'il se vit contraint de faire sauter son cheval dans la mer; et il perdit ainsi la couronne et la vie [1]. Après lui, le pays fut gouverné par quatre princes éthiopiens successivement, jusqu'à ce que *Seif*, fils de *Dhou Yazan*, de la tribu de *Hamyar*, chassa les Éthiopiens, et remonta sur le trône par le secours de *Khosrou Anoushirwan*, roi de Perse; il s'était auparavant adressé à l'empereur Héraclius; mais il avait refusé de l'assister : il fut assassiné par quelques-uns des partisans des Éthiopiens qui étaient restés dans le pays. Les Persans établirent dès lors les princes de l'*Yémen* jusqu'au temps où ce pays tomba au pouvoir de Mahomet, *Bazan* ou plutôt *Badhân*, le dernier de ces rois dépendants des Persans, s'étant soumis à lui après avoir embrassé sa religion [2].

Le royaume des *Hamyarites* doit avoir duré, selon quelques-uns, deux mille vingt ans [3] ; et, selon d'autres, plus de trois mille ans [4]; cette différence de calcul vient de ce que la longueur du règne de chaque prince est fort incertaine.

On a déjà remarqué qu'il se forma deux royaumes des débris de ces tribus qui avaient abandonné leur pays à l'occasion de l'inondation de l'*Aram* ; ces royaumes étaient hors des limites de l'Arabie proprement dite; l'un est le royaume de *Ghassan* ; ses fondateurs étaient de la tribu d'*Ad*; et s'étant établis dans la *Syrie damascène*, près d'un ruisseau appelé *Ghassan*, ils en prirent le nom, et chassèrent des Arabes Dajaamians, de la tribu de *Salth* [5], qui possédaient cette contrée. Ils en furent maîtres, selon quelques-uns, durant quatre cents ans; selon d'autres, six cents; ou, comme Abulféda compte avec plus d'exactitude, durant six cent seize ans. Cinq de leurs princes portèrent le nom de *Hareth*, que les Grecs écrivent *Arétas* : ce fut sous le règne d'un de ces Arétas que le gouverneur de Damas, qui en dépendait, fit garder les portes de Damas, afin que saint Paul ne pût s'évader [6]. Cette tribu devint chrétienne; son dernier roi fut *Djabalah*, fils de *al Ayham*, qui professa le Mahométisme pendant les succès des Arabes en Syrie sous le khalife Omar : mais ayant reçu quelque mécontentement de ce khalife, il retourna à sa première religion, et se retira à Constantinople [7].

L'autre royaume qui se forma à l'occasion de l'inondation de l'*Aram*, est le royaume d'*Hira*, fondé dans la Chaldée ou dans le pays d'*Irak*, par *Malek*, l'un des descendants de *Kahlân* [8]. Après trois générations, le trône passa, par un mariage, aux *Lakhmians*, nommés aussi *Mondars*, nom commun à tous ces princes; ils conservèrent leurs États, malgré quelques petites interruptions causées par les Perses, jusqu'au temps du khalife *Abubecker* : sous ce khalife, *al Mondar al Maghrûr*, le dernier de ces princes perdit la couronne et la vie par les armes de *Khaled Ebn al Walid*. La durée de ce royaume fut de six cent vingt-deux ans huit mois [9]. Ces princes étaient sous la protection des rois de Perse, et ils commandaient, comme leurs lieutenants, sur les Arabes d'*Irak*, comme aussi les rois de *Ghassan* commandaient dans la Syrie en qualité de lieutenants des empereurs romains [10].

---

[1] Voyez PRIDEAUX, *Vie de Mahomet*, pag. 61.
[2] POCOCK, *Specim.*, pag. 63, 64.
[3] ABULFÉDA.
[4] AL DJANNABI et AHMED EBN YUSOF.
[5] POCOCK, *Specim.*, pag. 76.
[6] « A Damas, le gouverneur pour le roi Arétas avait mis des gardes dans la ville des Damascéniens pour me prendre. » Corinth., XI, 32. « Or ils gardaient les portes jour et nuit, afin de le faire mourir. » Actes, IX, 24.
[7] Voyez OCKLEY, *Histoire des Sarrazins*, t. I, pag. 174.
[8] POCOCK, *Spec.*, pag. 66.
[9] ID., *ibid.*, pag. 74.
[10] ID., *ibid.*, et PROCOP., *in Pers. apud Photium*, pag. 71, etc.

---

[1] Voyez HYDE, *Hist. rel. des anciens Perses*, pag. 37, etc.
[2] POCOCK, *Specim.*, pag. 65, 66.
[3] Voyez GOL., *ad Alfrag.*, pag. 232.
[4] POCOCK, *Spec.*, pag. 57.
[5] *Geogr. Nubiens*, pag. 52.

Djorham, fils de *Kahtân*, régna dans l'*Hedjaz*, et sa postérité se maintint sur le trône jusqu'au temps d'Ismaël, qui, ayant épousé la fille de *Modad*, en eut douze fils : *Kîdar*, l'un d'eux, obtint la couronne, qui lui fut résignée par ses oncles les *Djorhamites* [1], quoique d'autres disent que les descendants d'Ismaël chassèrent cette tribu, qui, s'étant retirée à *Djohaineh*, périt enfin [2] par une inondation, après plusieurs événements.

Le docteur Pocock nous a donné un catalogue assez exact des rois d'*Hamyar*, d'*Hira*, de *Ghassân* et de *Djorham*, auquel je renvoie les curieux [3].

Après l'expulsion des *Djorhamites*, il paraît que pendant plusieurs siècles le gouvernement d'*Hedjaz* ne fut pas entre les mains d'un seul prince, mais qu'il fut divisé entre les chefs des tribus à peu près de la même manière que sont gouvernés aujourd'hui les Arabes du désert. A la Mecque, l'aristocratie prévalut, et le principal maniement des affaires jusqu'au temps de Mahomet était entre les mains de la tribu des *Koreish*, surtout depuis qu'ils eurent enlevé à la tribu de *Khosadh* la prérogative de garder la *Kaaba*.

Outre les royaumes dont on a parlé, il y a eu quelques autres tribus qui, dans les derniers temps, avaient des princes tirés de leur corps, et qui formèrent des États moins considérables : telle était en particulier la tribu de *Kenda* [4] : mais comme je ne fais pas proprement l'histoire des Arabes, et que le détail sur cette matière ne servirait pas beaucoup à mon dessein, je ne m'y étendrai pas davantage.

Après la mort de Mahomet, l'Arabie fut sous la domination des khalifes, ses successeurs, pendant environ trois siècles ; mais en l'année 325 de l'hégire, une grande partie de ce pays tomba entre les mains des *Karmatiens* [5], nouvelle secte qui avait commis de grands désordres à la Mecque, et avait obligé les khalifes de payer un tribut pour que les pèlerinages que l'on faisait chaque année à cette ville, ne fussent pas interrompus : j'aurai occasion de parler de cette secte dans un autre endroit. Dans la suite, l'*Yémen* fut gouverné par la famille de *Thabateba*, qui descendait d'Ali, gendre de Mahomet : quelques-uns veulent que cette famille y ait régné dès le temps de Charlemagne. Quoiqu'il en soit, la postérité d'*Ali*, ou ceux qui prétendaient en être, régnaient dans l'Yémen et dans l'Égypte dans le dixième siècle.

La famille régnante aujourd'hui dans l'Yémen descend vraisemblablement d'*Ayub* ; une branche de cette famille y régnait déjà dans le treizième siècle, et prenait le titre de khalife et d'*Iman*, titres qu'ils ont gardés jusqu'à présent [6]. Ils ne sont pas en possession de toute la province d'Yémen [7], y ayant plusieurs autres royaumes indépendants, et en particulier celui de *Fartach*. La couronne d'Yémen ne passe pas régulièrement de père en fils ; mais le prince du sang royal, qui est le plus en faveur auprès des grands, ou qui a le plus fort parti, est ordinairement choisi pour successeur [8].

Les gouverneurs de la Mecque et de Médine, qui ont toujours été de la race de Mahomet, se soustrairent aussi dans ce même temps de la domination des khalifes ; et depuis lors quatre familles, qui descendaient d'*Hasan*, fils d'*Ali*, y ont régné sous le titre de *Sharifs*, qui veut dire *nobles*, qu'ils se glorifient d'être, à cause qu'ils descendent de la même famille dont était Mahomet. Ces familles sont *Benu Kâder*, *Benu Mûsa Thani*, *Benu Hashem* et *Benu Kitâda* [1] ; cette dernière famille est encore, ou du moins était dernièrement, sur le trône de la Mecque, qu'elle avait occupé depuis plus de cinq cents ans. La famille régnante à Médine est *Benu Hashem*, qui avait aussi régné à la Mecque avant celle de *Kitâda* [2].

Les rois de l'Yémen, aussi bien que les princes de la Mecque et de Médine, sont absolument indépendants [3], et ne sont point sujets du Turc, comme quelques auteurs se le sont imaginé [4]. Ces princes, se faisant souvent des guerres cruelles, donnèrent à Sélim Ier et à son fils Soliman une occasion favorable de s'emparer des côtes de l'Arabie le long de la mer Rouge, et d'une partie de l'Yémen ; ils avaient équipé pour cela une flotte à Suès ; mais leurs successeurs n'ayant pas été en état de maintenir leurs conquêtes, le Turc ne possède aujourd'hui rien de considérable en Arabie, sinon seulement le port de *Djodda*, où il y a un pacha dont l'autorité est fort bornée [5].

Ainsi les Arabes ont conservé leur liberté depuis le déluge, presque sans interruption ; peu de nations pourraient se vanter de l'avoir conservée si longtemps ; car, quoiqu'on ait envoyé contre eux de grandes armées, toutes ces tentatives ont été inutiles : les empires des Assyriens et des Mèdes n'y ont jamais pris pied [6] ; les monarques persans furent amis des Arabes ; et quoiqu'ils en fussent respectés au point d'en recevoir chaque année un présent d'encens [7], ils n'ont jamais pu les rendre tributaires [8] : bien loin d'en être les maîtres, Cambyse, lors de son expédition contre l'Égypte, fut obligé de leur demander la permission de passer sur leurs terres [9]. L'Arabie craignit si peu les forces d'Alexandre, lorsqu'il eut subjugué ce grand empire, qu'elle fut la seule de toutes les nations voisines qui ne lui députa aucun ambassadeur ; cette circonstance, jointe au désir de posséder une contrée si riche, lui fit former le dessein de la conquérir ; et si sa mort n'en eût arrêté l'exécution [10], cette nation lui aurait peut-être fait voir qu'il n'était pas invincible : je n'ai point trouvé qu'aucun des successeurs d'Alexandre, soit en Asie, soit en Égypte, ait rien entrepris contre l'Arabie [11].

Les Romains n'ont jamais conquis aucune partie de l'Arabie proprement dite ; tout ce qu'ils ont pu faire, a été de rendre tributaire quelques tribus établies dans la Syrie : c'est ainsi que Pompée soumit celle qui était commandée par *Sampciseramus* ou *Shams' al Keram*, qui régnait à *Hems* ou *Emès* [12]. Aucune nation qui nous soit connue, ni aucun des Romains, n'a pénétré aussi avant dans l'Arabie qu'*Ælius Gallus*, sous Auguste [13] ; cependant, bien loin d'avoir subjugué l'Arabie, comme quelques auteurs le prétendent [14], il fut bientôt obligé de se retirer sans avoir rien fait de considérable, les maladies et d'autres accidents [15] ayant fait périr la plus grande partie de son armée. Ce mauvais succès, qui découragea les Romains, les empêcha vraisemblablement d'attaquer dans la suite les Arabes ; Trajan ne

---

[1] Pocock, *Spec.*, pag. 45.
[2] Id., *ibid.*, pag. 79.
[3] Id., *ibid.*, pag. 41 ; et Prideaux, *Vie de Mahomet*, pag. 2.
[4] Voyez Pocock, *Specim.*, pag. 89, etc.
[5] Voyez Elmacin, *in vita al Râdi*.
[6] *Voyage de l'Arabie heureuse*, pag. 255.
[7] *Ibid.*, pag. 153, 273.
[8] *Ibid.*, pag. 254.

[1] *Voyage de l'Arabie heureuse*, pag. 143.
[2] *Ibid.*, 145.
[3] Voyez d'Herbelot, *Bibliothèque orientale*, pag. 143, 148, 477.
[4] Id., *ibid.*, pag. 477.
[5] *Voyage de l'Arabie heureuse*, pag. 148.
[6] Diodore de Sicile, lib. II, pag. 131.
[7] Hérodote, lib. III, pag. 97.
[8] Id., *ibid.*, cap. XCI. Diodore, *ubi supra*.
[9] Hérodote, lib. III, cap. VIII et XCVIII.
[10] Strabon, lib. XVI, pag. 1076, 1132.
[11] Diodore, *ubi supra*.
[12] Strabon, lib. XVI, pag. 1092.
[13] Dion Cassius, lib. LIII, pag. 516.
[14] Huet, *Histoire du commerce et de la navigation des anciens*, chap. L.
[15] Voyez toute l'expédition décrite par Strabon, lib. XVI, pag. 1126, etc.

les soumit jamais, quoi qu'en disent les historiens flatteurs, les orateurs de son temps, et même ses propres médailles, où l'on trouve *Arabia adquisita;* la province d'Arabie, que l'on dit qu'il avait ajoutée à l'empire romain, s'étendait à peine au delà de l'Arabie pétrée, et n'était que la lisière du pays; nous trouvons dans Xiphilin [1], que cet empereur marchant contre les *Agaréniens*, qui s'étaient révoltés, en fut reçu de manière à être obligé de revenir sur ses pas sans avoir rien fait.

Les Arabes appellent l'état de leur religion dans les temps qui ont précédé la venue de Mahomet, l'état d'ignorance, par opposition a la connaissance du culte du vrai Dieu, qui leur a été révélé par leur Prophète.

La religion des anciens Arabes consistait principalement dans une idolâtrie grossière. La religion des Sabéens avait presque gagné toute la nation, quoiqu'il y eût aussi entre eux un grand nombre de Chrétiens, de Juifs, et de ceux qui professaient la religion des Mages.

Je ne rapporterai pas ici ce qu'a écrit le docteur Prideaux [2] touchant l'origine de la religion des Sabéens; mais je dirai en peu de mots ce qui regarde leur culte et leurs dogmes. Non-seulement ils étaient persuadés de l'existence d'un seul Dieu, ils avançaient même plusieurs puissants arguments pour prouver son unité; mais ils adoraient aussi les astres, ou plutôt les anges et les intelligences qu'ils croyaient y résider, pour gouverner le monde sous la suprême divinité. Ils tâchaient de se perfectionner dans les quatre vertus intellectuelles, et croyaient que les âmes des méchants seraient punies pendant neuf mille siècles, après lesquels seulement elles obtiendraient grâce. Ils étaient obligés de prier trois fois par jour [3]. Premièrement, demi-heure ou même moins avant le lever du soleil, réglant cela de sorte qu'au moment du lever du soleil ils eussent achevé huit adorations, dans chacune desquelles ils se prosternaient trois fois [4]. La seconde prière finissait à midi, au moment que le soleil commence à s'abaisser : en prononçant cette prière, ils faisaient cinq adorations pareilles à celles du matin. Ils faisaient de même leur troisième prière, qui finissait au coucher du soleil. Ils jeûnaient trois fois chaque année : le premier jeûne était de trente jours; le second, de neuf jours; et le dernier, de sept. Ils offraient plusieurs sacrifices; mais ils n'en mangeaient aucune portion, et brûlaient l'offrande entière. Ils s'abstenaient des fèves, de l'ail, et de quelques autres légumes et plantes particulières [5]. Quant au *Sabian Kebla*, c'est-à-dire, au côté vers lequel ils tournaient leur visage en faisant leurs prières, les auteurs diffèrent étrangement; les uns disent qu'ils se tournaient vers le nord [6]; d'autres, vers le midi; d'autres, vers la Mecque; d'autres, vers l'astre qu'ils adoraient [7] : peut-être encore, à ce dernier égard, y avait-il quelque variété dans leur pratique. Ils allaient en pèlerinage dans un lieu près de la ville d'*Harram*, en Mésopotamie, où un grand nombre d'entre eux faisait leur demeure; ils avaient aussi beaucoup de respect pour le temple de la Mecque et pour les pyramides d'Égypte [8], s'imaginant que c'étaient les tombeaux de *Seth* et de ses deux fils *Enoch* et *Sabi*, qu'ils regardaient comme les premiers fondateurs de leur religion. Ils sacrifiaient, à ces édifices, un coq [9] et un veau noir.

[1] XIPHILIN., *Ep.*
[2] *Connection of the History of the Old and New Testament*, pag. 1, B. 3.
[3] Quelques-uns disent sept. D'HERBELOT, p. 726; et HYDE, *de Rel. veter. Persar.*, pag. 128.
[4] D'autres disent qu'ils ne se prosternaient point du tout. Voyez HYDE, *ibid.*
[5] ABULFARAG., *Hist. Dynast.*, pag. 281, etc.
[6] ID., *ibid.*
[7] HYDE, *ubi supra*, pag. 124, etc.
[8] D'HERBELOT, *ubi supra.*
[9] Voyez GREAVE'S *Pyramidograph.*, pag. 6, 7.

et leur offraient de l'encens. Outre les Psaumes, le seul livre de l'Écriture qu'ils lussent, ils avaient d'autres livres qu'ils estimaient aussi sacrés, un en particulier écrit en chaldaïque, qu'ils appelaient le *Livre de Seth*, qui est plein de discours moraux. Ceux de cette secte disent qu'ils tirent leur nom du *Sabi*, dont on vient de parler, quoique le nom de *Sabéen* semble plutôt venir de *Saba**, qui signifie *l'armée du ciel*, qu'ils adoraient [1]. Les voyageurs les nomment communément *Chrétiens de saint Jean-Baptiste*, dont ils prétendent aussi être disciples; ils se servent d'une sorte de baptême, qui est la plus grande marque qu'ils aient du christianisme. Cette religion fut une de celles que Mahomet toléra, moyennant un tribut; il en parle souvent dans le *Korân*, et il en désigne les sectateurs par ces mots : *Ceux à qui l'Écriture a été donnée*, ou mot à mot, *le Peuple du Livre*.

L'idolâtrie des Arabes sabéens consistait donc principalement dans le culte qu'ils rendaient aux étoiles fixes et aux planètes, aux anges et à leurs images, qu'ils honoraient comme des divinités inférieures, et dont ils demandaient l'intercession, les regardant comme leurs médiateurs auprès de Dieu; car les Arabes reconnaissaient un Dieu suprême, créateur et seigneur de l'univers, qu'ils nommaient *Allah Tadla* (le Dieu très-haut); et ils appelaient *al Ilahât*, (Déesses), les autres divinités qui lui étaient subordonnées.

Les Grecs, ignorant la signification de ces noms, et accoutumés de rapporter la religion des autres peuples à la leur propre, et d'assortir leurs propres divinités à celles des autres nations, prétendirent que les Arabes n'adoraient que deux divinités, *Orotalt* et *Alilat* (c'est ainsi qu'ils avaient écrit par corruption les mots *Allah Tadla* et *al Ilahât*); ils disaient que ces dieux étaient Bacchus et Uranie; qu'*Allah Tadla* était Bacchus, parce que Bacchus, un de leurs plus grands dieux, avait été élevé en Arabie; et à cause de la vénération que les Arabes avaient pour les astres, ils appelaient Uranie leur autre divinité [2].

Que les Sabéens aient reconnu un Dieu suprême, cela paraît évident par la formule dont ils se servaient pour s'adresser à lui; elle était conçue en ces termes : *Je me consacre à ton service, ô Dieu! je me consacre à ton service, ô Dieu! tu n'as aucun compagnon, excepté ton compagnon, dont tu es absolument le maître, et de tout ce qui est à lui* [3]. Ils supposaient par là que les idoles n'étaient pas *sui juris*, quoiqu'ils leur sacrifiassent et leur fissent d'autres offrandes aussi bien qu'à Dieu, à qui ils n'en présentaient souvent que la plus petite portion, comme Mahomet le leur reproche. Ainsi, lorsqu'ils plantaient des arbres fruitiers ou semaient un champ pour consacrer à des offrandes ce qu'ils en recueilleraient, ils les divisaient par une ligne, en deux parties; l'une des deux portions appartenait à Dieu; l'autre, aux idoles : si les fruits tombaient de la portion des idoles dans celle de Dieu, ils les restituaient aux idoles; mais si les fruits tombaient de la portion de Dieu dans celle des idoles, ils les leur laissaient. De même lorsqu'ils arrosaient la terre consacrée aux idoles, si l'eau rompait les canaux, et coulait sur la portion qui était consacrée à Dieu, ils raccommodaient les canaux et les fermaient; mais si le contraire avait lieu, ils n'arrêtaient pas le cours de l'eau, disant que leurs idoles [4] avaient besoin de ce qui appartenait à Dieu, mais que Dieu n'avait

* THABET EBN KORRAH, fam ux astronome et Sabéen, écrivit un Traité en syriaque concernant les doctrines, les rites et coutumes de cette secte, dont on pourrait, s'il se retrouvait un jour, tirer de beaucoup meilleures instructions que d'aucun autre auteur arabe. Voyez ABULFARAG., *ubi supra.*

[1] Voyez POCOCK, *Specimen*, pag. 138.
[2] Voyez HÉRODOTE, lib. III, cap. VIII; ARRIAN., pag. 162, etc.; et STRABON, lib. XVI.
[3] AL SHAHRESTANI.
[4] *Nodhm al dorr.*

besoin de rien : de même encore, s'il arrivait que l'offrande destinée à Dieu fût meilleure que celle qui était destinée aux idoles, ils en faisaient un échange; mais non pas dans le cas contraire [1].

Ce fut de cette idolâtrie grossière, qui consistait dans le culte des divinités inférieures, soit des *campagnons de Dieu*, comme les Arabes les appellent encore aujourd'hui, que Mahomet retira ses compatriotes, en établissant au milieu d'eux le seul culte du vrai Dieu : ainsi, quelque blâmables que soient les Mahométans sur plusieurs articles, on ne peut point les accuser d'idolâtrie, comme quelques écrivains ignorants l'ont fait.

Les Arabes purent facilement être conduits à adorer les étoiles, par l'observation qu'ils avaient faite que les changements du temps arrivaient lors du lever et du coucher de quelques-unes d'entre elles [2]; et s'en étant assurés par une longue suite d'expériences, ils furent portés à attribuer un pouvoir divin à ces astres, et à croire qu'ils leur étaient redevables des pluies, qui étaient un si grand bien, et un rafraîchissement si nécessaire à leur pays brûlé : le *Korán* traite en particulier de cette superstition [3].

Les anciens Arabes et les Indiens, entre lesquels il y a une grande conformité de religion, avaient sept temples fameux dédiés aux sept planètes; un de ces temples, qui portait le nom de *Beit Ghomdán*, avait été bâti à *Sanáa*, capitale de l'Yémen, par *Dahak*, à l'honneur de *al Zoharah*, qui est la planète de Vénus; ce temple ayant été démoli par le khalife *Othman* [4], qui fut ensuite assassiné, l'on ne manqua pas de regarder sa mort comme l'accomplissement de l'inscription prophétique qui était au haut de ce temple, conçue en ces termes : *Ghomdán, celui qui t'abattra sera mis à mort* [5]. On dit aussi que le temple de la Mecque était consacré à *Zohal* ou Saturne [6].

Quoique ces divinités fussent généralement révérées par toute la nation, cependant chaque tribu en choisissait quelqu'une pour être l'objet plus particulier de son culte. Ainsi, entre les étoiles et les planètes, le soleil était particulièrement adoré par la tribu d'*Hamyar*, *al Debarán*, ou l'œil du Taureau, par celle de *Misam* [7]; *al Moshtari*, ou Jupiter, par celle de *Lakhm* et de *Djoddm*; *Sohail*, ou le Canope, par celle de *Tay*; Syrius ou l'étoile du grand Chien, par celle de *Kad*; *Otáred*, ou Mercure, par celle d'*Asad* [8]. Entre les adorateurs de Syrius, *Abu Cabsha* a été fameux, quelques-uns veulent qu'il soit le même que *Waheb*, aïeul maternel de Mahomet; mais d'autres disent qu'il était de la tribu de *Khozadh*; il fit tous ses efforts pour engager les *Koreish* à abandonner le culte de leurs images pour adorer cette étoile; et ce fut par cette raison que Mahomet ayant aussi voulu les détourner du culte des images, ils lui donnèrent le sobriquet 9. de fils d'*Abu Cabsha* : c'est du culte de cette étoile en particulier qu'il est parlé dans le cinquante-troisième chapitre du *Korán*.

Ce même livre [10] ne fait mention que de trois Anges ou de trois Intelligences adorées par les Arabes sous les noms féminins de *Allát*, *al Uzza* et *Manah* [11]. Les Arabes les nommaient Déesses, nom qu'ils donnaient non-seulement aux anges, mais aussi à leurs images, qu'ils croyaient inspirées du souffle divin * ou devenues la demeure des anges qui les animaient; et ils rendaient à ces images un culte religieux, parce qu'ils s'imaginaient qu'elles intercédaient pour eux auprès de Dieu.

I. *Allát* était l'idole de la tribu de *Thakif*, qui habitait à *Tayef*; elle avait un temple qui lui était consacré dans un lieu nommé *Nakhlah* : *al Mogheirah* détruisit cette idole par l'ordre de Mahomet, qui l'envoya la neuvième année de l'hégire, avec *Abu-Sofián*, pour exécuter cette commission [1]. Les habitants de *Tayef*, et principalement les femmes, pleurèrent amèrement la perte de cette divinité; ils en étaient si entêtés, qu'ils demandèrent à Mahomet, comme une condition de paix, qu'il laissât subsister cette idole encore trois ans; et n'ayant pu l'obtenir, ils demandèrent du moins un mois de répit : mais Mahomet refusa tout délai [2]. Ce mot *Allát* a plusieurs étymologies, que les curieux pourront voir dans le docteur Pocock [3] : il a vraisemblablement la même origine que le mot *Allah*, dont il pourrait bien être le féminin; et, en ce cas, il signifierait *la Déesse*.

II. *Al Uzza*, selon quelques auteurs, était l'idole de la tribu des *Koreish* [4], de celle de *Kenánah*, et d'une partie de la tribu de *Salim* [5]. Quelques-uns disent [6] que cette idole était un arbre appelé *épine d'Égypte*, ou *acacia*, qui était adoré par la tribu de *Ghatfán*, qu'il avait été premièrement consacré par *Dhálem*, qui avait bâti sur cet arbre une chapelle appelée *Boss*, construite de manière qu'elle rendait un certain son lorsqu'on y entrait. La huitième année de l'hégire, *Kháled Ebn Walid* fut envoyé par Mahomet pour abattre cette idole; il démolit la chapelle, et après avoir coupé l'arbre ou l'image, il y mit le feu. Il fit aussi mourir la prêtresse, qui se présentait hors de la chapelle les cheveux épars et les mains sur sa tête, en manière de suppliante. Cependant le même auteur qui rapporte ce fait ailleurs que la chapelle fut en effet abattue; mais que *Dhálem* lui-même fut tué par *Zohaïr*, parce qu'il n'avait consacré cette chapelle que dans le dessein d'attirer dans ce lieu les pèlerins, de les détourner ainsi de la Mecque, et de diminuer la réputation de la *Kaaba*. Le nom de cette divinité est dérivé de la racine *Azza*, qui signifie *le plus puissant*.

III. *Manah* était l'objet du culte des tribus d'*Hodhail* et de *Kosáah* [7], qui habitaient entre la Mecque et Médine; et aussi, selon d'autres [8], des tribus d'*Aws*, de *Khazradj* et de *Thakif*. Cette idole était une grande pierre, qui fut renversée par un certain *Saaba*, la huitième année de l'hégire, qui fut si fatale aux idoles [9] d'Arabie. Il paraît que l'étymologie de ce mot est *Mana*, c'est-à-dire, *couler*, apparemment à cause des ruisseaux qui se formaient du sang des victimes qu'on immolait à son honneur : c'est de la même origine que dérive le nom de *Mina* [10], qui est celui de la vallée près de la Mecque, où les pèlerins font aujourd'hui leurs sacrifices [11].

Avant que de parler des autres idoles, nous dirons un mot de cinq, qui, avec les trois dont nous venons de par-

---

[1] AL BEIDAWI.
[2] Voyez *post*.
[3] Voyez POCOCK, *Specimen*, pag. 163.
[4] SHAHRESTANI.
[5] AL DJANNABI.
[6] SHAHRESTANI.
[7] Ce nom paraît être corrompu, n'y en ayant aucun pareil chez les tribus arabes. POCOCK, *Specim.*, pag. 130.
[8] ABULFARAG., pag. 160.
[9] POCOCK, *Specim.*, pag. 132.
[10] Chap. LIII.
[11] *Ibid.*
* Anges inspirés de la vie de Dieu.

[1] Le docteur Prideaux parle de cette expédition, mais ne nomme qu'Abu-Sofian; et prenant le nom de l'idole pour un nom appellatif, suppose qu'il ôta simplement aux Tayefians leurs armes et leurs machines de guerre. Voyez la *Vie de Mahomet*, pag. 98.
[2] ABULFEDA, *Vie de Mahomet*, pag. 127.
[3] *Specim.*, pag. 90.
[4] AL DJANNABI, *apud eundem*, pag. 91.
[5] AL SHAHRESTANI, *ibid.*
[6] AL FIRAUZABADI, *ibid.*
[7] AL DJANNABI.
[8] AL SHAHRESTANI, ABULFEDA, etc.
[9] AL BEIDAWI, AL ZAMAKSHARI.
[10] POCOCK, *Specim.*, pag. 91, etc.
[11] Le *Korán*, chap. LXXI, *Comment. persic.* Voyez HYDE *de Rel. Pers.*, pag. 133.

ler, sont les seules dont le *Korân* rapporte les noms; ces cinq sont *Wadd, Sawâ, Yaghúth, Yaük, Nasr* : on dit que ces idoles étaient celles qui étaient adorées avant le déluge, contre lesquelles Noé prêcha, et qui devinrent ensuite les dieux des Arabes; on ajoute qu'elles représentaient des personnes d'un mérite et d'une piété distinguées; que d'abord on ne leur rendait qu'un honneur civil, qui, dans la suite, fut porté jusqu'à devenir un culte religieux [1].

1. On suppose que *Wadd* était le ciel; cette idole avait la forme d'un homme, et était adorée par la tribu de *Calb*, dans le *Dauma al Djandal* [2].

2. *Sawâ* avait la figure d'une femme, et était adorée par la tribu de *Hamadan*, ou, selon d'autres écrivains, par la tribu d'*Hodhaïl* [3], dans le *Rohat*. On dit que cette idole ayant resté quelque temps sous l'eau après le déluge, fut enfin découverte par le démon, et adorée par ceux d'*Hodhaïl* qui y allaient en pèlerinage [4].

3. *Yaghúth*, la divinité de la tribu de *Madhad*, ainsi que d'autres habitants du Yémen, avait la forme d'un lion; son nom semble venir de *Ghatha*, c'est-à-dire, *secourir*.

4. *Yaük* l'idole de la tribu de *Morad*, ou, selon d'autres, de celle de *Hamadan* [5], était adorée sous la forme d'un cheval. On dit que *Yaük* était un homme qui avait beaucoup de piété, et qui fut fort regretté après sa mort; qu'à l'occasion de ces regrets le démon, pour séduire ses amis, se présenta à eux sous une forme humaine, et leur conseilla de mettre son .mage dans leurs temples, afin qu'ils l'eussent devant les yeux quand ils feraient leurs dévotions. Cela fut exécuté, et sept autres personnes d'un mérite distingué reçurent les mêmes honneurs. La postérité fit de ces monuments de véritables idoles [6]. Le mot *Yaük* vient vraisemblablement du verbe *Aka*, qui signifie *prévenir* ou *détourner* [7].

5. *Nasr* était adorée per la tribu de *Hamyar* ou à *Dhù'lkhalaah*, territoire de sa dépendance; elle avait la figure d'un aigle, et c'est ce que signifie son nom.

Il y avait à *Bamiyan*, ville du royaume de Caboul, dans les Indes, deux statues de cinquante coudées de haut; quelques auteurs supposent qu'elles représentaient *Yaghúth* et *Yaük*; et d'autres, *Manah* et *Allât*. Ils parlent aussi d'une troisième statue placée près des autres, mais un peu moins grande, sous la forme d'une vieille femme apelée *Nesrem* ou *Nesr*. Ces statues étaient creuses en dedans, ce qui donnait la facilité de leur faire rendre des oracles [8]; mais il paraît que ces statues étaient fort différentes des idoles des Arabes. Il y avait aussi à *Sumenat*, dans les Indes, une idole appelée *Lât* ou *al Lât*, dont la statue avait cinquante coudées de haut, et était d'une seule pierre; elle était placée au milieu d'un temple soutenu par cinquante-six colonnes d'or massif : *Mahmúd Ebn Sebecteghin*, qui conquit cette partie de l'Inde, mit en pièces cette idole de ses propres mains [9].

Outre les idoles dont nous venons de parler, les Arabes en adoraient un grand nombre d'autres dont il serait trop long de parler en détail; et comme leurs noms ne se trouvent pas dans le *Korân*, il n'est pas nécessaire, pour le but que nous nous proposons, d'en donner une connaissance plus distincte.

Chaque père de famille avait son dieu ou ses dieux domestiques, qui étaient les derniers dont il prenait congé en sortant de sa maison, et les premiers qu'il saluait en y rentrant [1] : outre cela, il y avait à la *Kaaba* de la Mecque et aux environs trois cent soixante idoles, égalant en nombre celui des jours dont l'année des Arabes est composée [2]. La principale était *Hobal* [3], que *Amrou Ebn Lohaï* avait apportée en Arabie, de *Balka*, en Syrie, assurant que cette idole ferait descendre de la pluie lorsque l'Arabie en aurait besoin [4]. C'était une statue d'homme en agate rouge. La main de cette idole s'étant perdue par quelque accident, les *Koreish* lui firent une main d'or; elle tenait dans cette main sept flèches sans plumes, pareilles à celles dont les Arabes se servaient dans les divinations [5]. On croit que cette idole était cette image d'Abraham [6] qui fut trouvée et détruite par Mahomet lorsqu'il entra dans la *Kaaba* [7], la huitième année de l'hégire, après avoir pris la Mecque : cette image était entourée d'un grand nombre d'anges et de prophètes, comme d'autant de divinités inférieures; et l'on dit que dans ce nombre était l'idole qui représentait Ismaël, ayant aussi des flèches divinatoires en main [8].

Asâf et *Nayelah*, deux idoles dont la première représentait un homme, et la seconde, une femme, furent aussi apportées de Syrie avec *Hobal*: l'une fut placée sur le mont *Safâ*, et l'autre sur le mont *Merwa*. L'on dit qu'*Asâf* était fils de *Amrou*, et que *Nayelah* était fille de *Sahâl*, tous les deux de la tribu de *Djorham*, et qu'ayant eu un commerce criminel dans la *Kaaba*, Dieu les avait changés en pierre [9]; qu'ensuite ces statues furent adorées par les *Koreish* avec tant de respect, que, quoique Mahomet condamnât cette superstition, il fut néanmoins contraint de leur permettre de visiter ces statues comme des monuments de la justice divine [10]. Je ne parlerai plus que d'une idole de cette nation; c'était un morceau de pâte adoré par la tribu d'*Hanifa* avec plus de vénération que les Catholiques romains n'adorent les leurs; n'osant le manger, à moins que d'y être forcés par la famine [11].

Plusieurs de leurs idoles, comme en particulier *Manah*, n'étaient autre chose que de grandes pierres brutes, dont le culte fut premièrement introduit par les descendants d'Ismaël, qui, à mesure qu'ils se multipliaient, et que le territoire de la Mecque devenait trop petit pour eux, allaient chercher de nouvelles habitations. Or, dans ces migrations ils avaient coutume d'emporter avec eux quelques pierres du pays qu'ils abandonnaient, et ils les regardaient comme sacrées : ils les plaçaient debout dans le lieu où ils s'étaient fixés. Dans les commencements, ils se contentaient de tourner autour de ces pierres, par dévotion, comme ils tournaient auparavant autour de la *Kaaba*; mais cette coutume dégénéra enfin en une idolâtrie outrée; et les Ismaélites oublièrent tellement la religion que leur père leur avait enseignée, qu'ils se mirent à adorer toutes les belles pierres qu'ils rencontraient en leur chemin [12].

Quelques-uns des Arabes païens ne croyaient point que le monde eût été créé, ni qu'il dût y avoir de résurrection; ils attribuaient l'origine de toutes choses à la nature, et leur dépérissement à la vieillesse. D'autres croyaient à la création et à la résurrection; de ce nombre étaient ceux qui en mourant faisaient attacher leur chameau près de leur sépulcre, ordonnant qu'on ne lui donnât ni à boire ni à manger, afin qu'il mourût de faim, et qu'il les accompagnât dans

---

[1] AL DJANNABI, AL SHAHRESTANI.
[2] *Idem*, AL FIRAUZABADI, et SAFIODDIN
[3] AL FIRAUZABADI.
[4] SHAHRESTANI.
[5] AL DJANNABI
[6] AL FIRAUZABAD.
[7] POCOCK, *Specim.*, pag. 94
[8] Voyez HYDE, *de Rel. vet. Pers.*, pag. 132
[9] D'HERBELOT, *Bibliothèque orientale*, p. 612.

[1] AL MOSTATRAF.
[2] AL DJANNABI.
[3] ABULFEDA, SHAHRESTANI, etc.
[4] POCOCK, *Specim.*, pag. 95.
[5] SAFIODDIN
[6] POCOCK, *Specim.*, pag. 97.
[7] ABULFEDA.
[8] EBN AL ATHIR, AL DJANNABI, etc.
[9] POCOCK, *Specim.*, pag 98.
[10] Le *Korân*, chap. II.
[11] AL MOSTATRAF, AL DJANNABI.
[12] In.

l'autre monde, de peur qu'au jour de la résurrection ils ne fussent obligés d'aller à pied; ce qui aurait été contre la bienséance [1]. Quelques-uns croyaient à la métempsycose, et que le sang du cerveau du mort devenait un oiseau appelé *Hamah*, qui faisait la visite du sépulcre chaque siècle une fois ; d'autres disent que l'âme de ceux qui étaient tués injustement animait cet oiseau, et qu'il criait continuellement : *Oscúni oscúni*, c'est-à-dire, *donnez-moi à boire;* demandant ainsi le sang du meurtrier, jusqu'à ce que l'assassinat fût vengé; après quoi il s'envolait. Mahomet défendit expressément de croire ce qui vient d'être rapporté [2].

Je pourrais parler ici de plusieurs rites et coutumes superstitieuses des anciens Arabes, dont quelques-unes ont été abolies par Mahomet, et d'autres ont été conservées; mais je pense qu'il sera plus convenable de les renvoyer aux endroits où je rapporterai les préceptes négatifs ou positifs du *Korân* qui défendent ou qui permettent ces pratiques.

Passons maintenant des Arabes idolâtres à ceux d'entre eux qui avaient embrassé des religions moins extravagantes.

Les Perses, par leur voisinage et leur commerce fréquent avec les Arabes, avaient introduit la religion des Mages dans quelques-unes de leurs tribus, en particulier chez celle de *Tamin* [3]. Cette introduction s'était faite longtemps avant Mahomet, qui non-seulement connaissait bien cette religion, mais même en avait emprunté plusieurs préceptes, comme on le remarquera dans la suite de cet ouvrage. Je renvoie ceux qui sont curieux de connaître le magisme, à l'ouvrage du docteur Hyde sur cette matière [4], dont on pourra lire avec plaisir l'abrégé dans le IVe livre de la *Première partie de la connexion du Vieux et du Nouveau Testament*, par Prideaux [5].

Les Juifs s'étaient réfugiés en grand nombre en Arabie dans le temps que les Romains ravagèrent si cruellement leur pays. Ils firent des prosélytes dans plusieurs tribus, du nombre desquelles étaient celle de *Kendnah*, celle de *al Hareth Ebn Kaaba*, et en particulier celle de *Kendah* [6] ; ils y devinrent très-puissants, et se rendirent maîtres de plusieurs villes et forteresses. Leur religion était connue des Arabes cent ans au moins avant ce refuge. On dit qu'*Abu karb Asad* [*], dont le *Korân* fait mention, et qui régnait dans l'Yémen sept cents ans avant Mahomet, avait introduit le Judaïsme chez les *Hamyarites*, peuple idolâtre. Quelques-uns de ses successeurs embrassèrent aussi cette religion ; et l'un d'eux, nommé *Yousef*, et surnommé *Dhou Nowâs* [7], se fit remarquer par son zèle pour le judaïsme, qui le porta à persécuter cruellement tous ceux qui refusaient de s'y convertir. Il les faisait mourir par divers tourments, dont le plus ordinaire était de les jeter dans une fosse remplie d'un feu ardent; ce qui lui fit donner le nom infâmant de *Seigneur de la fosse*. Le *Korân* parle de cette persécution [8].

Le Christianisme avait aussi fait de grands progrès chez les Arabes avant la venue de Mahomet. Il n'est pas certain que saint Paul ait prêché dans aucun lieu de l'Arabie propre [9] ; mais les persécutions et les désordres arrivés dans les Églises d'Orient dès le commencement du troisième siècle, forcèrent un très-grand nombre de Chrétiens de chercher un asile dans ce pays, qui jouissait de la liberté; et comme ces Chrétiens étaient presque tous Jacobites, cette secte a généralement prévalu chez les Arabes [1]. Les principales tribus qui embrassèrent la religion chrétienne furent celles de *Hamyar*, de *Ghassân*, de *Rabid*, de *Taghlab*, de *Bahrâ*, de *Tonouch* [2] ; une partie de celles de *Tay* et de *Kodda*, les habitants de *Najrân*, et les Arabes de *Hira* [3]. Ceux de *Najrân* devinrent Chrétiens dans le temps de *Dhou Nowds* [4]; et ils étaient du nombre de ceux qui furent convertis de son temps, ou un peu auparavant, à l'occasion suivante (du moins si l'on peut regarder comme probable ce fait rapporté par l'histoire). Les Juifs d'*Hamyar* appelèrent quelques chrétiens du voisinage à une dispute publique qui se tint, *sub dio*, trois jours entiers en présence du roi, de la noblesse et de tout le peuple. Grégentius, évêque de *Tephra* (que je crois être *Dhafâr*), parlait pour ces Chrétiens, et Herbanus, pour ces Juifs. Le troisième jour, Herbanus, pour terminer le différend, demanda « que si Jésus de Nazareth était encore vivant et « dans le ciel, et s'il pouvait entendre les prières de ses « adorateurs, qu'il apparût à leurs yeux, et qu'alors ils « croiraient en lui; » les Juifs s'écrièrent aussi tous d'une voix : *Montrez-nous votre Christ, nous deviendrons chrétiens*. Sur quoi, après un terrible tourbillon de tonnerres et d'éclairs, Jésus-Christ parut dans les airs environné de rayons de gloire, marchant sur un nuage couleur de pourpre, tenant dans sa main une épée, et ayant la tête couronnée d'un diadème d'un prix inestimable; et il adressa ces mots aux assistants : « Voyez; je parais à « vos yeux, moi que vos pères ont crucifié. » Après quoi le nuage le déroba à leur vue. Les Chrétiens s'écrièrent : *Kyrie eleison*, c'est-à-dire, *Seigneur, aie pitié de nous*. Pour les Juifs, ils furent frappés d'aveuglement, et ne recouvrèrent la vue qu'après avoir été tous baptisés [5].

Le nombre des Chrétiens d'*Hira* fut fort augmenté par ceux des différentes tribus, qui s'y réfugièrent pour éviter la persécution de *Dhou Nowâs*. Al *Nooman*, surnommé *Abou Kaboûs*, roi de *Hira*, qui fut tué quelques mois avant la naissance de Mahomet, se fit chrétien à l'occasion suivante. Ce prince étant ivre, ordonna d'ensevelir tout vivants deux de ses intimes amis que les vapeurs du vin avaient endormis; revenu à son état naturel, il se repentit extrêmement de ce qu'il avait fait; et pour expier son crime, non-seulement il éleva un monument à l'honneur de ses amis, mais il fixa deux jours de l'année, dont l'un fut appelé le jour malheureux, et l'autre le jour heureux; et il se fit cette loi inviolable, que quiconque le rencontrerait au jour malheureux serait tué, et son sang serait répandu sur le monument; mais que celui qui se présenterait à lui au jour heureux, serait renvoyé avec des présents magnifiques. L'un de ces jours malheureux, un Arabe de la tribu de *Tay* vint par hasard s'adresser à lui (cet Arabe avait régalé le roi dans sa maison un jour qu'il était fatigué de la chasse, et qu'il était séparé de ceux qui l'accompagnaient); le roi, qui ne pouvait ni lui laisser la vie, à cause de la loi de ce jour, ni le faire mourir, parce que cela était contre les lois de l'hospitalité, que les Arabes observent scrupuleusement, proposa comme un expédient de donner un an de répit à cet infortuné, et de le renvoyer chez lui chargé de riches présents pour soutenir sa famille, sous condition qu'il donnerait caution de revenir au bout de l'an pour souffrir la mort. Un des courtisans, touché de

---

[1] Abulfarag., pag. 160.
[2] Pocock, *Specim.*, pag. 135.
[3] Al Mostatraf.
[4] Dans son *Histoire de la Religion des anciens Perses*.
[5] Docteur Prideaux's *Connection of the Hist. of the Old and New Testament*, part. I, book IV.
[6] Al Mostatraf.
[*] Le *Korân*, chap. L.
[7] Voyez ci-devant, p. 467, et Baronii *Annales* ad sect. VI.
[8] Chap. LXXXV.
[9] « Et je ne retournai point à Jérusalem vers ceux qui avaient été apôtres avant moi; mais je m'en allai en Arabie, et repassai à Damas. » *Galat.*, I, 17.

[1] Abulfarag., pag. 149.
[2] Al Mostatraf.
[3] Voyez Pocock, *Specim.*, pag. 137.
[4] Al Djannabi, *apud eundem*, pag. 63.
[5] Voyez Gregentius, *Disputat. cum Herbano Judæo*.

compassion, s'offrît pour caution, et l'Arabe fut renvoyé. Au dernier jour du terme, l'Arabe, n'ayant point donné de ses nouvelles, le roi, qui n'était pas fâché de sauver la vie de son hôte, ordonna à la caution de se préparer à la mort. Ceux qui étaient présents représentèrent au roi que le jour n'était pas entièrement expiré, et qu'il fallait attendre jusqu'au soir. Pendant qu'ils discouraient, l'Arabe arriva. Le roi, admirant la grandeur d'âme de cet homme qui s'offrait à une mort certaine qu'il aurait pu éviter en laissant sa caution dans le péril, lui demanda quel motif il avait d'en agir ainsi. L'Arabe répondit que sa religion lui avait enseigné à se conduire de la sorte; le roi lui ayant demandé quelle était cette religion, il répliqua que c'était la religion chrétienne; sur quoi le roi voulut être instruit de cette doctrine, qui, lui ayant plu, il se fit baptiser avec tous ses sujets, et non-seulement il laissa la vie à l'Arabe et à sa caution, mais aussi il abolit sa barbare coutume [1].

Au reste, ce prince n'est pas le premier roi de *Hira* qui ait embrassé le christianisme; son grand-père *al Mondar* en avait déjà fait profession, et avait bâti de grandes églises dans sa capitale [2].

Le christianisme ayant fait de si grands progrès chez les Arabes, il est naturel de supposer qu'il y a eu des évêques en divers lieux pour le bon gouvernement des églises; on a déjà parlé de l'évêque de *Dhafâr*, et l'on dit que *Najrân* était aussi un évêché [3]. Nous avons remarqué que, presque généralement, les Arabes chrétiens étaient Jacobites; cette secte avait deux évêques en Arabie qui relevaient de leur *Mafrián*, ou métropolitain de l'Orient; l'un prenait le titre d'évêque en Arabie, et résidait, pour l'ordinaire, à *Akula*, que quelques auteurs prennent pour *Koufa* [4], ou pour quelqu'autre ville située près de *Baghdâd* [5]; l'autre portait le nom d'évêque des Arabes scénites, de la tribu de *Thaalab*, établie à *Hira* (ou *Hirta*, comme les Syriens l'appellent); et c'était le lieu de sa résidence: les Nestoriens n'avaient qu'un évêque, qui présidait sur les deux diocèses d'*Hira* et d'*Akula*, et qui relevait immédiatement de leur patriarche [6].

Voilà les principales religions qui ont été établies chez les anciens Arabes; mais comme la liberté de penser était une conséquence naturelle de leur liberté politique et de leur indépendance, quelques-uns d'entre eux embrassèrent diverses autres opinions; les *Koreish*, en particulier, donnèrent dans le Zendicisme [7], erreur que l'on croit approcher de celle des Saducéens, et qui ne diffère peut-être pas extrêmement du déisme; car, même avant le temps de Mahomet, plusieurs de ceux de cette tribu adoraient un seul Dieu [8], s'abstenaient de l'idolâtrie, et n'embrassaient aucune des religions du pays.

Les Arabes, avant Mahomet, étaient, comme ceux d'aujourd'hui, divisés en deux classes: les uns habitaient des villes, les autres, sous des tentes. Les premiers vivaient de la culture de leurs terres, surtout du fruit de leurs palmiers; du profit qu'ils faisaient sur les bestiaux qu'ils élevaient et nourrissaient [9], et du trafic de toutes sortes de marchandises; car ils exerçaient le commerce [10], même du temps de Jacob: la tribu des *Koreish* y était particulièrement attachée, et Mahomet y fut élevé dès sa jeunesse, parce que c'était un usage chez ces peuples de suivre la profession de ses parents [1]. Quant aux Arabes qui habitaient des tentes, ils s'occupaient à paître leurs troupeaux, et quelquefois à piller les passants; le lait et la chair de leurs chameaux faisaient leur principale nourriture; ils changeaient souvent de lieu de leur habitation, suivant que les eaux ou les pâturages les y invitaient, ne séjournant dans un même lieu qu'autant de temps que leurs troupeaux y trouvaient de quoi vivre [2]; et dès que les subsistances y manquaient, ils cherchaient d'autres demeures: ordinairement ils passaient l'hiver dans l'Irak ou sur les confins de la Syrie. Ce genre de vie, qui était celui de la plus grande partie de la postérité d'Ismaël, était le plus conforme à la manière dont leur père avait vécu: un auteur moderne l'a si bien décrit [3], que je ne saurais mieux faire que d'y renvoyer le lecteur.

La langue des Arabes est sans contredit une des plus anciennes du monde, puisqu'elle fut en usage d'abord après la construction de Babel. Elle a plusieurs dialectes fort différents les uns des autres; les plus remarquables sont ceux de la tribu d'*Hamyar* et des autres Arabes naturels, et ceux des *Koreish*: l'*Hamyaritique* semble plus approcher de la pureté du syriaque que le dialecte d'aucune autre tribu; car les Arabes conviennent qu'ils tiennent leur langage d'*Yarab*, leur premier ancêtre, lequel l'a dérivé du syriaque, qu'il parlait. Ainsi l'Arabe a pour mère langue le syriaque, qui est d'ailleurs presque généralement reconnu par les Asiatiques pour la langue la plus ancienne. Le dialecte des *Koreish* est communément appelé le pur arabe ou l'arabe clair et net, comme le nomme le *Korân*, qui est écrit dans ce même dialecte, et peut être ainsi qualifié, dit le docteur Pocock, « parce qu'Ismaël leur père, qui « avait appris l'arabe des *Djorhamites*, le rapprocha de « l'hébreu, qui en était la source : » mais la douceur et l'élégance du dialecte des *Koreish* doit plutôt être attribuée à ce que la garde de la *Kaaba*, qui leur était confiée, fixait leur demeure à la Mecque, qui est le centre et le rendez-vous de toute l'Arabie; d'un côté, ils se trouvaient par là plus éloignés du mélange des étrangers, qui auraient pu corrompre leur langue; et de l'autre, ils formaient des liaisons avec les Arabes de tout le pays qui se rendaient en cette ville-là, non-seulement à cause des devoirs de la religion, mais aussi pour régler les différends qui naissaient entre eux; par là, les *Koreish* ont pu choisir dans les discours et dans les vers de tous les Arabes les phrases et les mots qu'ils jugeaient les plus purs et les plus élégants, et réunir ainsi dans leur dialecte toutes les beautés de la langue et tous ses dialectes différents; aussi ne doit-on pas trouver tout à fait déraisonnables les grands éloges que les Arabes font de leur langue, non plus que la préférence qu'ils lui donnent sur plusieurs autres, comme leur étant à plusieurs égards supérieure pour l'harmonie et l'expression; ils ajoutent qu'elle est si abondante, qu'aucun homme, à moins d'être inspiré, ne saurait la posséder parfaitement, encore, disent-ils, qu'il s'en est perdu la plus grande partie; ce qui ne paraîtra pas surprenant si l'on considère que l'art d'écrire n'a été pratiqué chez les Arabes que fort tard: le gros des Arabes et ceux de la Mecque en particulier l'ont entièrement ignoré pendant plusieurs siècles: il en faut pourtant excepter ceux qui étaient Juifs ou Chrétiens; car cet art a été connu de Job [4], leur compatriote, et même des *Hamya*

---

[1] AL MEIDANI et AHMED EBN YUSEF, *apud* POCOCK, *Specim.*, pag. 72.
[2] ABULFEDA, *apud eundem*, pag. 74.
[3] SAFIODDIN, *apud eundem*, pag. 137.
[4] ABULFEDA *in Chron. Syriac. MS*
[5] Id., *in Decr. Iracæ*
[6] Voyez ASSEMANNI, *Biblioth. orient.*, t. II, *in Dissert. de Monophysitis*, etc., pag. 459.
[7] AL MOSTATRAF, *apud* POC., *Spec.*, pag. 136.
[8] Voyez RELAND, *de Religione Mohamm.*, pag. 270; et MILLIUM, *de Mohammedismo ante Mohamm.*, pag. 311.
[9] Il paraît que ce sont les mêmes que LARROQUE appelle *Maures. Voyage dans la Palestine*, pag. 110.
[10] Voyez PRIDEAUX, *Vie de Mahomet*, pag. 6.

[1] STRABON, lib. VI, pag. 112
[2] ID., *ibid.*, pag. 1084.
[3] LARROQUE, *Voyage dans la Palestine*, pag. 109 et suiv.
[4] « Plût à Dieu que maintenant mes discours fussent écrits! Plût à Dieu qu'ils fussent gravés dans un livre avec une touche de fer, et sur du plomb, et qu'ils fussent taillés sur une pierre de roche à perpétuité. » JOB, XIX, 23.

rites, plusieurs siècles avant Mahomet, comme il paraît par quelques monuments qui subsistent, où l'on voit cette ancienne écriture que l'on nommait *Al Mosnad* : elle était difficile à comprendre, parce que les lettres n'en étaient pas distinctement séparées ; on ne l'enseignait pas publiquement, ni l'on ne souffrait pas qu'on s'en servît, à moins que d'en avoir obtenu la permission [1].

Moramer Ebn Morra, qui était d'*Anbar*, ville de l'*Irack*, et qui n'a pas vécu bien longtemps avant Mahomet, fut l'inventeur du caractère arabe ; on dit que *Bashar* le *Kendian* l'ayant appris de ceux d'*Anbar*, l'introduisit à la Mecque, mais seulement très-peu de temps avant l'établissement du mahométisme. Ces caractères de *Moramer* sont différents des caractères *Hamyaritiques* ; et quoiqu'ils soient très-grossiers (étant au moins du moins fort semblables au coufique [2], que l'on trouve encore aujourd'hui sur des monuments et dans quelques anciens livres), cependant ce sont ceux dont les Arabes se sont servis très-longtemps ; et le *Korân* a été premièrement écrit de ce caractère. Celui dont ils se servent présentement, qui est très-beau, fut premièrement formé d'après le coufique par *Ebn Moklah*, vizir des khalifes *al Moktader*, *al Kaher* et *al Râdi*, qui régnèrent successivement trois cents ans ou environ après Mahomet ; il fut porté à une grande perfection par *Ali Ebn Bowâb* [*], qui fleurissait dans le siècle suivant, et qui rendit par là son nom fameux : et l'on dit que celui qui a donné la dernière perfection à ce caractère, en le réduisant à la forme qu'il a maintenant, est *Yakût al Mostasemi*, secrétaire de *al Mostasem*, le dernier des khalifes de la famille d'*Abbas* ; et que c'est par cette raison qu'on lui a donné le surnom de *al Khattât*, c'est-à-dire, *le Secrétaire*.

Les talents dont les Arabes se piquent sont, 1° l'éloquence et la connaissance parfaite de leur langue ; 2° l'adresse à se servir de leurs armes et de leurs chevaux ; et 3° enfin à donner l'hospitalité [3]. Ils s'exerçaient, au premier égard, en composant des harangues et des poèmes : leurs harangues étaient de deux espèces, les unes avec une sorte de mesure, les autres, prosaïques. On comparait les premières à des perles enfilées, et les secondes, à des perles séparées. Ils s'appliquaient à exceller également dans les deux genres ; quiconque, dans une assemblée du peuple, était en état de l'animer à quelque grande entreprise ou de le dissuader d'un projet dangereux, ou de lui donner quelque bon conseil, était honoré du titre de *Khâteb* ou *Orateur* ; titre que l'on donne aujourd'hui aux prédicateurs mahométans. Ils suivaient une méthode bien différente de celle des orateurs grecs ou romains, coupant leurs discours par sentences, qui, comme des diamants sans liaison, frappaient les auditeurs principalement par la rondeur des périodes, par l'élégance des expressions et par le choix et la subtilité des sentences proverbiales : ils étaient si persuadés de leur habileté en ce genre, qu'ils prétendaient qu'aucune nation ne savait l'art de parler en public, excepté eux et les Perses, qui même à cet égard leur étaient fort inférieurs [4] : la poésie était si estimée chez eux, que le talent de s'exprimer en vers avec élégance et avec facilité dans les occasions extraordinaires, était regardé comme une grande perfection ; et même dans le discours ordinaire on regardait comme une preuve d'une naissance distinguée, lors-

qu'on savait faire de fréquentes applications des plus beaux passages de leurs fameux poëtes. Leurs poëmes servaient à conserver la distinction des familles, les droits des tribus, la mémoire des grandes actions, et la propriété de leur langage ; par cette raison, un excellent poëte faisait un grand honneur à sa tribu. Aussi dès que, dans une tribu, quelqu'un se faisait admirer par un ouvrage de ce genre, les autres tribus envoyaient féliciter la tribu du poëte par une députation publique : l'on y faisait des festins auxquels les femmes assistaient avec leurs habits de neces, et chantaient au son de leurs tambours le bonheur de leur tribu de posséder quelqu'un qui en sût maintenir l'honneur, qui en conservât les généalogies, la pureté du langage, et qui pût transmettre ses actions à la postérité ; car tout cela résultait de leurs poëmes [1] : les peuples y puisaient leur instruction et leurs connaissances, tant morales qu'économiques ; enfin ils les consultaient comme des oracles dans tous leurs doutes et dans toutes leurs difficultés [2] : ainsi il n'est pas surprenant que ce fût un sujet de réjouissance et de félicitation publique. Ces félicitations publiques ne se faisaient pas pour de légers sujets ; elles n'avaient lieu que dans les trois occasions suivantes, qu'ils regardaient comme de grands points de leur félicité : 1° à la naissance d'un fils ; 2° lorsqu'il s'élevait parmi eux un poëte ; et 3° lorsqu'il naissait un poulain d'une bonne race.

Pour entretenir l'émulation entre leurs poëtes, toutes les tribus s'assemblaient une fois l'année à *Ocadh* [3], lieu devenu célèbre par cette assemblée générale, où se tenait une foire toutes les semaines au jour qui répond à notre dimanche [4] ; ce congrès annuel durait un mois, qu'ils employaient non-seulement au commerce, mais aussi à réciter leurs poésies et à en disputer le prix par des défis qu'ils se faisaient les uns aux autres ; ce qui a fait donner à ce lieu le nom qu'il porte [5]. Les poëmes qui étaient jugés excellents étaient mis dans le trésor royal ; telles furent ces sept fameuses pièces de poésie nommées pour cette raison *al Moallakât*, quoique d'autres veulent qu'elles soient ainsi nommées parce qu'elles furent suspendues dans le temple de la *Kaaba* par ordre du public, qui les fit copier en lettres d'or sur de la soie d'Égypte : et c'est pour la même raison qu'elles furent aussi nommées *al Modhahabât*, c'est-à-dire, *les Vers dorés* [6]. Mahomet abolit cette foire et cette assemblée d'*Ocadh* ; ce qui fit que de son temps, et pendant quelques années ensuite, la poésie fut négligée par les Arabes, qui étaient pour lors occupés de leurs conquêtes ; mais dès qu'ils furent en paix, l'étude de la poésie et de toutes les sciences reprit chez eux une nouvelle vigueur, et ils les perfectionnèrent beaucoup [7]. Cette interruption a occasionné la perte de la plupart de leurs anciennes pièces de poésie, parce qu'alors on les conservait principalement par le secours de la mémoire, l'usage de l'écriture étant fort rare parmi les Arabes dans leur temps d'*ignorance* [8]. Quoique ces peuples fussent depuis si longtemps familiarisés avec la poésie, ils ne s'en servirent pas dans les commencements pour faire des poëmes d'une certaine longueur ; ils se contentaient de s'exprimer en vers dans l'occasion ; leur prosodie ne fut même réduite en règles que quelque temps après Mahomet [*] : ce qui

---

[1] Voyez PRIDEAUX, *Vie de Mahomet*, pag. 29, 30.
[2] On peut voir un échantillon du caractère coufique dans les *Voyages* de CHARDIN, t. III, pag. 119.
[*] *Ebn Khalikân*. D'autres cependant attribuent l'invention du caractère arabe à *Abdalla al Hasan*, frère d'*Ebn Moklah*, et que *Ebn Allid al Kateb* le porta à sa perfection ; après quoi *Abd'alhamid* le réduisit dans la forme qu'il a aujourd'hui. Voyez D'HERBELOT, *Biblioth. orient.*, pag. 108 194, et 590.
[3] POCOCK, *Orat. ante carmen Tograi*, pag. 10
[4] ID., *Specim.*, pag. 161.

[1] EBN RASHIK, apud POC., *Spec.*, 16
[2] POC. *Orat. præfix. Carm. Tograi ubi supra*.
[3] ID., *Spec.*, pag. 159.
[4] *Geograph. Nubi.*, pag. 51.
[5] POC., *Spec.*, 159.
[6] ID., *ibid.*, et pag. 381, *et in calce notar. in Carmen Tograi*, pag. 233.
[7] DJALLALO'DDIN. AL SOYUTI, apud POC., *Spec.*, pag. 159, etc.
[8] ID., *ibid.*, pag. 160.
[*] Voyez CLERICUM, *de Prosod. Arab.*, pag. 161. AL SAFAD confirme ceci par une histoire d'un grammairien nommé

fut, dit-on, l'ouvrage de *al Khalīt Ahmed al Farahidi*, qui vivait sous le khalife *Haroûn al Rachîd* [1].

L'indépendance des tribus arabes donnant lieu à de fréquentes disputes suivies de guerres qui se terminaient par des combats en rase campagne, et ces guerres étant presque continuelles, ces peuples se trouvèrent en quelque manière obligés d'encourager l'étude de l'art militaire et de l'art de bien manier un cheval : ils disaient communément que Dieu leur avait accordé quatre choses particulières : savoir, que leurs turbans leur servissent de diadèmes; leurs tentes, de murailles et de maisons; leurs épées, de remparts; et leurs poëmes, de lois écrites [2].

L'hospitalité était si habituelle et si respectée parmi eux, que les exemples qu'ils nous en donnent surpassent tous ceux que les autres nations peuvent produire.

Hatem, de la tribu de *Tay* [3], et *Hasn*, de celle de *Fezárah* [4], furent particulièrement fameux par leur hospitalité : le vice opposé était en si grand mépris, qu'un de leurs poëtes, pour faire aux habitants de *Waset* le reproche le plus outrageant, leur dit « que leurs hommes ne savent rien « donner, et que leurs femmes ne savent rien refuser [5]. »

Les Arabes qui vécurent après Mahomet ne furent pas moins généreux que leurs ancêtres; j'en pourrais citer plusieurs exemples [6]; mais je me contenterai de rapporter celui-ci. Trois personnes disputaient dans la cour de la *Kaaba* sur celui de tous les Arabes qui se distinguait le plus par la générosité : l'un donnait la préférence à *Abdallah*, fils de *Djaafar*, oncle de Mahomet; l'autre, à *Kaïs Ebn Saad Ebn Obâdah*; et le troisième, à *Arâbah*, de la tribu d'*Aws*. Après bien des contestations, une personne, qui était présente à la dispute, proposa pour la terminer que chacun d'eux allât chez son ami lui demander son assistance, afin qu'on pût voir ce que chacun donnerait, et qu'on pût porter son jugement en conséquence : on convint de faire cette épreuve. L'ami d'*Abdallah* alla chez lui, et le trouva le pied à l'étrier prêt à monter sur son chameau pour faire un voyage; il l'aborde, et lui dit : « Fils « de l'oncle de l'apôtre de Dieu, je voyage et je suis « dans le besoin. » Sur quoi *Abdallah* descend de son chameau, et le lui donne avec sa charge, en le priant seulement de ne pas se défaire d'une épée qui était attachée à la selle, parce qu'elle avait appartenu à *Ali*, fils d'*Abutâleb*. Il prit ainsi le chameau, qu'il trouva chargé de quelques vestes de soie et de quatre mille pièces d'or : mais ce qui rendait ce présent d'un très-grand prix, c'était l'épée d'*Ali*. Le second alla chez *Kaïs Ebn Saad*; son domestique lui dit qu'il dormait encore, et le pria de lui dire ce qui l'amenait; l'ami répondit qu'il venait demander l'assistance de *Kaïs*, se trouvant en route sans argent; sur quoi le domestique répondit qu'il aimait mieux lui fournir ce qui lui était nécessaire que d'éveiller son maître; et lui remit une bourse de sept mille pièces d'or, l'assurant que c'était tout l'argent qu'il y avait dans la maison : il lui indiqua aussi où il trouverait ceux qui avaient la garde des chameaux, et lui donna une certaine marque pour en prendre un avec un esclave; l'ami revint à sa maison avec tout cela. *Kaïs* étant éveillé,

Abu Djaafar, qui s'étant assis près du *Mikyas* ou *nilomètre* en Égypte, une année que le Nil ne s'éleva pas à sa hauteur ordinaire, et qu'on craignait à cause de cela une famine, divisait une pièce de poésie en parties où plus pour les examiner par les règles de l'art, quelqu'un qui passa près de lui, s'imaginant qu'il employait quelque charme pour arrêter la crue de la rivière, le jeta dans l'eau, où il perdit la vie.

[1] CLERICUS, *de Prosod. Arab.*, pag. 2.
[2] POCOCK, *in calce notar. ad carm. Tograī*.
[3] Voyez GENTIL, *Not. in Gulistan cheikh Sadī*, p. 486, etc.
[4] Poc., *Spec.*, pag. 48.
[5] EBN AL HOBEIRAH, *apud* POC., *in Not. ad carm. Tograi* pag. 107.
[6] On en peut voir plusieurs dans D'HERBELOT, articles *Hasan*, fils d'*Ali*, *Maau*, *Fadhel*, et *Ebn Yahya*.

et son domestique l'ayant informé de ce qu'il avait fait, il l'approuva, et lui donna la liberté, en lui reprochant pourtant de ne l'avoir pas appelé, parce qu'il aurait donné davantage à ce voyageur. Le troisième vint chez *Arâbah*; il le rencontra sortant de chez lui pour aller faire sa prière, et s'appuyant sur deux esclaves, parce qu'il avait perdu la vue. L'ami ne lui eut pas plutôt fait connaître le cas où il se trouvait, qu'*Arâbah*, lâchant ses deux esclaves, se mit à frapper des mains, se lamentant amèrement de ce qu'il se trouvait sans argent; mais il conjura son ami de prendre ses deux esclaves : l'ami les ayant refusés, *Arâbah* protesta qu'il leur donnerait la liberté s'il ne les acceptait pas; et laissant les esclaves, il poursuivit son chemin en tâtonnant le long des murs. Les aventuriers étant de retour, tous ceux qui étaient présents à leur rapport jugèrent unanimement, et avec raison, qu'*Arâbah* était le plus généreux des trois amis.

Ce ne sont pas là les seules bonnes qualités des Arabes; les anciens les louent encore de leur exactitude à tenir leur parole [1], et de leur respect pour leurs parents [2] : ils ont aussi été célèbres dans tous les temps pour la promptitude avec laquelle ils conçoivent les choses, pour leur pénétration et pour la vivacité de leur esprit, surtout ceux qui habitent le désert [3].

Comme les Arabes ont de belles qualités, ils ont aussi, comme les autres nations, leurs défauts et leurs vices : leurs propres écrivains avouent qu'ils ont une disposition naturelle à la guerre, à répandre le sang, à la cruauté et à la rapine; qu'ils sont si portés à la rancune, qu'ils n'oublient jamais une vieille querelle : quelques médecins attribuent ce tempérament vindicatif à la quantité de chair de chameau qu'ils mangent; et c'est en effet la nourriture des Arabes du désert, qui sont, à ce que l'on remarque, les plus enclins à la vengeance et à la rancune. Le chameau est un animal très-malin et gardant longtemps sa colère : si cette explication était juste, elle fournirait une bonne raison pour instituer des distinctions des viandes [4].

Les vols fréquents commis par les peuples sur les commerçants et les voyageurs, ont rendu le nom d'Arabe presque infâme en Europe. Ils ont été sensibles à ce reproche, et ont cherché à s'excuser, en alléguant le mauvais traitement fait à leur père Ismaël, qui ayant été chassé de la maison paternelle par Abraham, reçut de Dieu pour son patrimoine les plaines et les déserts, avec le droit de prendre tout ce qu'il y trouverait. Se fondant là-dessus, ils croient pouvoir, sans blesser leur conscience, se dédommager eux-mêmes de leur exhérédation autant qu'ils le peuvent, non seulement sur la postérité d'Isaac, mais aussi sur toute autre personne, supposant toujours quelque parenté entre eux et ceux qu'ils pillent : et en racontant leurs aventures de ce genre, ils croient qu'il suffit de changer l'expression; en sorte qu'au lieu de dire : J'ai volé telle ou telle chose à un tel, ils disent : J'ai recouvré telle chose [5]: on ne doit pas pour cela s'imaginer qu'ils soient moins honnêtes gens entre eux et avec ceux qu'ils reçoivent comme amis; au contraire, la probité la plus exacte est observée dans leurs camps, où l'on tient tout ouvert, et où jamais rien n'est volé [6].

Les sciences cultivées par les Arabes avant le mahométisme se réduisaient à trois : à leur généalogie, à leur histoire, et à une connaissance des astres telle qu'il la fallait pour prédire les changements de temps et pour interpréter les songes [7].

[1] HERODOTE, liv. III, chap. VIII.
[2] STRABON, liv. XVI, pag. 1129.
[3] D'HERBELOT, *Biblioth. orient.*, pag. 121
[4] Voyez POCOCK, *Spec.*, pag. 7.
[5] *Voyage dans la Palestine*, pag. 220, etc.
[6] *Ibid.*, pag. 213, etc.
[7] AL SHAHRESTANI, *apud* POCOCK, *Orat. ubi supra*, p. 9. et *Spec.*, pag. 164.

Ils se glorifiaient extrêmement de la noblesse de leurs familles; et il arrivait tant de disputes sur ce sujet, qu'il n'est pas étonnant qu'ils prissent tant de soins pour établir leur descendance.

La connaissance qu'ils avaient des astres était la suite d'une longue expérience, et non d'aucune étude, d'aucune connaissance régulière ni des règles de l'astronomie [1]. Les Arabes, comme les Indiens, s'appliquaient surtout à l'observation des étoiles fixes, contre l'usage des autres nations, dont les observations se bornaient aux planètes. Ils fondaient leurs prédictions sur l'influence des étoiles, et ne disaient rien de leur nature. De là vient la différence que l'on a observé qui se trouvait entre l'idolâtrie des Grecs et des Chaldéens et celle des Indiens, ceux-là adorant les planètes, et ceux-ci, les étoiles fixes.

Les étoiles ou constellations par lesquelles ils prédisaient ordinairement le temps, étaient celles qu'ils appellent *Anwa*, ou *les Maisons de la Lune;* il y en avait vingt-huit; et ils divisaient le Zodiaque en autant de parties, dont la lune en parcourait une chaque nuit; et comme quelques-unes se couchent avec la lune, tandis que d'autres se lèvent à l'opposite (ce qui arrive à chaque étoile de treize jours en treize jours) [2], les Arabes avaient observé par une longue expérience les changements du temps qui répondaient à ces levers et à ces couchers; et à la fin ils vinrent à attribuer à ces astres un pouvoir divin, disant qu'ils étaient redevables à telle ou telle étoile des pluies qui tombaient sur leurs terres; expressions que Mahomet condamne, et dont il défend absolument que l'on se serve dans le sens ancien, à moins que l'on n'entende par là que Dieu a tellement réglé les saisons, que lorsque la lune est dans telle ou telle maison, ou qu'une telle ou telle étoile se lève ou se couche, il pleuvra ou fera du vent, fera chaud ou froid [3].

Il ne paraît donc pas que les anciens Arabes eussent fait de grands progrès dans l'astronomie, qu'ils cultivèrent dans la suite avec tant de succès et d'applaudissements; ils en étaient restés à la connaissance des influences des étoiles sur les saisons, et à leur donner des noms; ce qui devait s'offrir à eux tout naturellement, à cause de la vie pastorale qu'ils menaient, passant le jour et la nuit en rase campagne : les noms qu'ils donnèrent aux astres avaient généralement du rapport à leurs bestiaux et à leurs troupeaux; et ils étaient si exacts à les distinguer, qu'aucune langue n'a autant de noms de constellations et d'étoiles que la langue arabe; car, quoique depuis ils aient emprunté des Grecs les noms de plusieurs constellations, néanmoins le plus grand nombre de ces noms est de leur langue, et sont beaucoup plus anciens que les noms Grecs, surtout les noms des étoiles les plus remarquables dispersées en diverses constellations, et les noms des petites constellations renfermées dans de plus grandes qui n'avaient pas été observées ou nommées par les Grecs [4].

Après avoir dépeint le plus succinctement qu'il a été possible l'état des anciens Arabes avant Mahomet, ou, pour me servir de leur expression, dans le temps d'ignorance, je vais considérer à présent l'état de la religion de l'Orient et celui des deux grands empires qui partageaient entre eux cette partie du monde, dans le temps que Mahomet s'érigea en prophète, et les événements qui ont amené son entreprise et contribué à ses succès.

[1] ABULFARAGE, pag. 161.
[2] Voyez HYDE, *in Not. ad Tabul. Stellarum fixarum Ulugh-Beigh.*, pag. 5.
[3] Voyez POCOCK, *Spec.*, pag. 163, etc.
[4] Voyez HYDE, *ubi supra*, pag. 4.

SECTION DEUXIÈME.

De l'état du Christianisme, en particulier, de l'état des Églises d'Orient et du Judaïsme au temps de la venue de Mahomet. De la méthode qu'il a suivie pour établir sa religion, et des circonstances qui y ont concouru.

ARGUMENT.

État corrompu du Christianisme après le troisième siècle. — Hérésies parmi les Chrétiens de l'Arabie. — Pouvoir des Juifs en Arabie. — Faiblesse de l'empire des Romains et de celui des Persans. — État florissant de l'Arabie. — Situation dans laquelle se trouvait Mahomet avant qu'il passât pour prophète, et ses motifs pour faire le prophète. — Ses qualités personnelles qui favorisaient ce dessein. — Premières démarches de Mahomet pour exécuter son projet. — Opposition des *Koreish*. — Ils persécutent les sectateurs de Mahomet. — Mahomet perd son oncle *Abu Taleb* et sa femme. — L'opposition des *Koreish* devient plus forte. — Conversion de six habitants de Médine. — Mahomet invente son voyage au ciel. — Douze personnes de Médine viennent à la Mecque prêter serment à Mahomet. — Progrès du Mahométisme à Médine. — Plusieurs personnes de cette ville jurent d'être fidèles à Mahomet. — Il prétend avoir la permission de se défendre par la force. — Les prosélytes de Mahomet s'enfuient à Médine. Conspiration des *Koreish* pour tuer Mahomet. — Il leur échappe. — Il se retire à Médine. — Il y bâtit une Mosquée et une maison. — Il fait des représailles contre les *Koreish*; — Conclut enfin avec eux une trève de dix ans. — Respect que ses sectateurs avaient pour lui. — Mahomet invite les princes étrangers à embrasser sa religion. — Ses troupes défont celles des Grecs. — Il prend la Mecque; — Détruit l'idolâtrie. — Toutes les tribus arabes se soumettent à lui.

Si nous lisons avec attention l'histoire ecclésiastique, nous y verrons, que même dès le troisième siècle, le monde chrétien était dans un état bien différent de celui où quelques auteurs nous l'ont représenté. Bien loin d'être orné des grâces actives du vrai zèle, et de la sincère dévotion que la pureté de la doctrine, l'union et la fermeté de la foi avaient auparavant établis [1], il était au contraire défiguré par l'ambition du clergé, par des schismes, par des controverses sur les subtilités les plus abstruses, et par des disputes sans fin, dans lesquelles on se divisait et subdivisait. Les Chrétiens avaient tellement banni du milieu d'eux la paix, l'amour et la charité fraternelle que l'Évangile était venu établir, et ils s'étaient tellement excités comme à l'envi à toutes sortes de mouvements de malice, de haine et de méchanceté, abandonnant la vraie substance de la religion pour se disputer avec aigreur sur leurs propres imaginations à l'égard de la doctrine, qu'ils avaient en quelque manière chassé le christianisme du monde par ces continuelles et malheureuses controverses sur la façon de l'entendre [2]. C'est dans ces siècles ténébreux que la plupart de ces superstitions, et cette corruption que nous abhorrons aujourd'hui si justement, ont été non-seulement mises au jour, mais même se sont établies; ce qui facilita extrêmement la propagation du mahométisme; ce qui y donna particulièrement lieu, c'est l'excès où le culte des saints et des images était porté pour lors, qui était tel qu'il surpassait même tout ce qui s'est vu depuis [3].

[1] RICAUT, *État de l'Empire ottoman*, pag. 187.
[2] PRIDEAUX, *Préface de la Vie de Mahomet*.
[3] Voyez la *Vie de Mahomet*, par BOULLAINVILLIERS, page 219, etc.

Après le concile de Nicée, l'Église d'Orient se trouva engagée dans des controverses perpétuelles, et fut déchirée par les disputes des Ariens, des Sabelliens, des Nestoriens, et des Eutichiens [1]. On a fait voir que ces deux dernières hérésies consistaient plus dans les mots et dans les expressions que dans la doctrine même, et qu'elles servaient plutôt de prétexte que de motif réel à ces fréquents conciles, où des prélats chicaneurs allaient et venaient continuellement pour faire tourner les affaires suivant leur volonté et leur bon plaisir, et pour se soutenir par des créatures et par des présents de corruption. Le clergé, qui était en crédit à la cour, s'avisa de donner des protections à des officiers de l'armée, et, sous ce prétexte, la justice fut vendue publiquement, et toute sorte de corruption fut encouragée [2].

Dans l'Église d'Occident, Damase et Ursicin se disputèrent le siége épiscopal de Rome avec tant de chaleur, qu'ils en vinrent jusqu'à la violence ouverte et au meurtre. Le gouverneur Viventius n'ayant pu y mettre ordre, se retira à la campagne, et les laissa à eux-mêmes, jusqu'à ce qu'enfin Damase l'emporta; on dit qu'à cette occasion il n'y eut pas moins de cent trente-sept personnes qui restèrent sur la place dans l'église de Sicininus; et il n'est pas étonnant qu'on recherchât ces places avec tant de passion, puisqu'ils s'y enrichissaient par les présents qu'ils recevaient des dames; ils se faisaient traîner en pompe, et donnaient des fêtes avec plus de magnificence que ne pouvaient faire les princes mêmes : genre de vie entièrement opposé à celui des prélats de la campagne, les seuls qui parussent avoir quelque reste de modestie et de tempérance [3].

Ces dissensions s'élevèrent principalement par la faute des empereurs, en particulier par celle de Constance. Ce prince, confondant la pureté et la simplicité de la religion chrétienne avec des superstitions ridicules, et l'embarrassant par des questions obscures, au lieu de concilier les opinions, excita mille disputes qu'il fomentait à mesure qu'elles naissaient par de continuelles altercations [4]. Ce fut encore pis sous Justinien, qui, pour n'avoir pas moins de zèle que les évêques du cinquième et du sixième siècle, crut que ce n'était pas un crime que de condamner à mort un homme d'un sentiment différent du sien [5].

Cette corruption de mœurs et de doctrine, tant parmi les princes que parmi le clergé, fut nécessairement suivie de la dépravation générale du peuple [6], l'unique affaire des gens de toute condition étant de gagner de l'argent par quelque moyen ce que ce fût, pour le dissiper ensuite par le luxe et par la débauche [7].

Mais pour en venir plus particulièrement à la nation que nous avons en vue dans cet ouvrage, l'Arabie était depuis longtemps fameuse par ses hérésies [8], ce que l'on peut attribuer en partie à la liberté et à l'indépendance des tribus.

Quelques Chrétiens de ce pays croyaient que l'âme mourrait avec le corps et ressusciterait avec lui au dernier jour [9]; on dit qu'Origène les détrompa [10]. Ce fut encore chez les Arabes que prirent naissance les hérésies d'Ébion, de Béryllus, des Nazaréens [1] et des Collyridiens ; ce fut du moins chez eux qu'elles s'étendirent le plus. Ces derniers mettaient la Vierge Marie à la place de Dieu, ou lui rendaient un culte pareil à celui qu'ils rendaient à Dieu, lui offrant une espèce de gâteau tortillé appelé collyris, d'où est venu le nom de cette secte [2].

Cette pensée que la Vierge Marie était une divinité, était reçue de quelques-uns de ceux qui composaient le concile de Nicée ; ils disaient qu'il y avait deux dieux avec le Père; savoir Christ et la Vierge Marie; ce qui leur fit donner le nom de Mariamites [3]. D'autres s'imaginèrent qu'elle était affranchie de tout ce qui participe de la nature humaine, et qu'elle avait été déifiée. Quelques autres l'ont appelée le complément de la Trinité, comme si la Trinité eût été imparfaite sans elle. Cette imagination extravagante est condamnée avec raison dans le *Korân* [4], comme tenant de l'idolâtrie; et elle donna occasion à Mahomet d'attaquer la Trinité même.

Il y avait dans les confins de l'Arabie d'autres sectes qui portaient différents noms; les proscriptions impériales les avaient obligées d'y venir chercher un asile : Mahomet incorpora dans sa religion les idées de plusieurs de ces sectes, comme on le remarquera dans la suite.

Quoique les Juifs fussent un peuple fort méprisé et fort peu considérable dans toutes les autres parties du monde, cependant en Arabie, où plusieurs d'entre eux s'étaient retirés depuis la destruction de Jérusalem, ils étaient devenus très-puissants, plusieurs princes et tribus ayant embrassé leur religion; cela fit que Mahomet eut dans le commencement beaucoup d'égard pour eux, et qu'il adopta un grand nombre de leurs opinions, de leurs dogmes et de leurs coutumes, cherchant par là à les mettre, s'il était possible, dans ses intérêts. Mais ce peuple, conformément à son obstination ordinaire, fut si éloigné de devenir son prosélyte, qu'il fut au contraire un de ses plus cruels ennemis, et lui fit continuellement la guerre; de sorte que, pour réduire cette nation, Mahomet se vit exposé à des troubles sans nombre et à des dangers infinis, qui lui coûtèrent enfin la vie. Cette haine des Juifs contre Mahomet lui en inspira à son tour une si forte contre eux qu'il les maltraita sur la fin de sa vie beaucoup plus qu'il ne maltraitait les Chrétiens ; il fait souvent des exclamations contre eux dans son *Korân*; et encore aujourd'hui ses sectateurs font la même différence entre eux et les Chrétiens, traitant les Juifs comme le peuple le plus vil et le plus méprisable de toute la terre.

Un grand politique [5] a remarqué que personne ne peut s'ériger lui-même en prince, et fonder un État, s'il n'est aidé par quelques circonstances favorables. Si les désordres de la religion favorisaient d'un côté les vues de Mahomet, d'un autre la faiblesse des monarchies des Perses et des Romains n'était pas moins propre à lui faire espérer de réussir et ce qu'il entreprendrait contre ces empires autrefois formidables; l'un des deux, s'il eût été dans sa force, aurait suffi pour écraser le mahométisme dès sa naissance; au lieu que rien ne le favorisa tant que les succès qu'eurent les Arabes dans leurs entreprises contre ces deux puissances; succès qu'ils ne manquaient pas d'attribuer à leur nouvelle religion et à la faveur de Dieu qu'elle leur procurait.

L'empire romain déchut à vue d'œil après la mort de Constantin; la plupart de ses successeurs ne se distinguèrent que par leurs mauvaises qualités, et surtout par leur lâcheté et leur cruauté. Au temps de Mahomet, les Goths avaient déjà envahi la moitié occidentale de l'em-

---

[1] Voyez Simon, *Histoire critique de la créance*, etc., des nations du Levant.
[2] Ammien Marcellin, liv. XXVIII. Voyez encore Eusèbe, *Hist. eccles.*, lib. VIII, cap. I. Sozom., lib. I, cap. XIV, etc. Hilar. et Sulpic. Sever., *Hist. sacr.*, pag. 112, etc.
[3] Ammien Marcellin, liv. XXVII
[4] Id. liv. I, XXI.
[5] Procop. *in Anecd.*, pag. 60.
[6] Voyez un exemple de l'impiété des armées chrétiennes lors même qu'elles craignaient les Sarrazins, dans l'histoire de ces peuples par Ockley, t. I, pag. 139.
[7] *Vie de Mahomet*, par Boullainvilliers, *ubi supra*.
[8] Sozom., *Hist. eccl.*, lib. I, cap. I, pag. 16, 17. Sulp. Sever, *ubi supra*.
[9] Eusèbe, *Hist. eccles.*, lib 6, cap. XXXVII.
[10] Id., *ibid.*, cap. XXXVII.

[1] Epiphan., *de Hæresi*, lib. I, hær. 40.
[2] Id., lib. III, hær. 75, 79.
[3] Elmacin., *Eutych.*
[4] Chap. V.
[5] Machiavelli, *Princ.*, chap. VI, pag. 12.

pire, et la partie orientale était si diminuée par les irruptions des Huns d'un côté, et par celles des Perses de l'autre, qu'il n'était plus en état d'arrêter la violence d'une puissante invasion. L'empereur Maurice payait un tribut au *Khakân* ou roi des Huns; et après que Phocas eut assassiné son maître, l'armée fut si misérablement ruinée, qu'Héraclius faisant la revue de cette armée sept ans après, n'y trouva que deux soldats restants de tous ceux qui avaient porté les armes lorsque Phocas usurpa l'empire : et quoique Héraclius fût un prince d'un courage et d'une conduite admirables, et qu'il ait fait tout ce qu'il était possible de faire pour rétablir la discipline militaire dans son armée, que même il ait eu de grands succès contre les Perses, qu'il les ait non-seulement chassés de ses États, mais même d'une partie des leurs, néanmoins la vigueur de l'empire était si éteinte, il était si mortellement blessé, qu'il n'y eut point de temps plus fatal pour lui ni plus favorable aux entreprises des Arabes, qui semblaient être conduits à dessein par la main de Dieu pour punir les Églises chrétiennes d'avoir si mal répondu par leur conduite à la sainteté de la religion qu'elles avaient reçue [1].

Le luxe général et la dépravation de mœurs où étaient tombés les Grecs, contribuèrent beaucoup à énerver leurs forces, qui furent totalement épuisées par ces deux grands destructeurs, le monachisme et la persécution.

Les Perses, quelque temps avant Mahomet, étaient aussi tombés dans un état de décadence, occasionné principalement par leurs brouilleries et leurs dissensions intestines, dont la plupart étaient dues aux doctrines détestables de Manes et de Mazdack : l'opinion du premier est assez connue ; le dernier vécut sous le règne de *Khosrou Kobâd*; il prétendit être envoyé de la part de Dieu pour exhorter les hommes à avoir leurs femmes et leurs biens en commun, comme étant tous frères et descendants d'un même père. Il s'imaginait que cette doctrine mettrait fin à toutes les haines et à toutes les querelles entre les hommes, parce que généralement elles naissent à l'occasion de ces deux choses. *Kobâd* lui-même embrassa les opinions de cet imposteur, et même il lui permit, en conséquence de sa nouvelle doctrine, de coucher avec la princesse sa femme. Mais *Anouchirwân*, son fils, quoique avec beaucoup de peine, qu'il n'userait pas de cette permission : ces sectes auraient certainement causé la ruine soudaine de l'empire persan, si Anouchirwan, dès qu'il eut succédé à son père, n'eût fait mourir *Mazdack* avec tous ceux de son parti, de même que les Manichéens, et n'eût rétabli l'ancienne religion des Mages [2]. Mahomet naquit sous le règne de ce prince, qui mérita le surnom de *Juste*, et qui fut le dernier des rois de Perse qui fût digne de porter la couronne. Après sa mort, sa succession devint un sujet de contestation et de guerre entre les princes ; son trône fut toujours disputé, et enfin les Arabes renversèrent cet empire. Son fils *Hormûz* perdit l'affection de ses sujets par son excessive cruauté, et le frère de sa femme lui ayant fait crever les yeux, il fut obligé de résigner sa couronne à son fils *Khosrou Parvîz*, qui, à l'instigation de *Bahrâm Chubin*, s'était révolté contre lui ; et il fut enfin étranglé. *Parvîz* fut bientôt obligé de céder le trône à *Bahrâm*; mais ayant obtenu du secours de l'empereur Maurice, il le recouvra. Cependant, sur la fin, son règne devint si tyrannique et si odieux à ses sujets, qu'ils entretinrent une correspondance secrète avec les Arabes ; et il fut enfin déposé, emprisonné et tué par son fils *Shiroûyeh*[3]. Après *Parvîz*, le trône fut occupé successivement par six princes en moins de six ans. Ces brouilleries domestiques causèrent la ruine des Perses ; car quoiqu'ils aient ravagé la Sy-

rie, saccagé Jérusalem et Damas sous le règne de *Khosrou Parvîz*, ces avantages doivent plutôt être attribués à la faiblesse des Grecs qu'à la force des Perses. Ils eurent aussi quelque pouvoir pendant que les Arabes étaient divisés et indépendants dans la province de Yémen ; ils y établirent les quatre derniers rois qui y régnèrent avant Mahomet ; mais lorsqu'ils furent attaqués par les Grecs sous Héraclius, ils perdirent non-seulement leurs nouvelles conquêtes, mais encore une partie de leurs États ; et dès que le Mahométisme eut réuni les Arabes, ils furent défaits dans toutes les batailles, et en peu d'années ils furent entièrement soumis.

Autant que ces empires étaient faibles et déclinants, autant l'Arabie était-elle puissante et florissante au temps de la naissance de Mahomet ; elle s'était peuplée aux dépens de l'empire grec ; les violences des sectes dominantes ayant contraint un grand nombre de personnes à chercher un refuge dans un État libre, tel qu'était celui des Arabes, où ceux qui ne pouvaient jouir chez eux de la tranquillité et de la liberté de conscience trouvaient une sûre retraite. Non-seulement les Arabes étaient une nation nombreuse, mais elle ne connaissait ni le luxe ni la délicatesse des Grecs et des Perses ; ses habitants étaient endurcis aux fatigues de toute espèce. Ils vivaient sobrement, ne buvant point de vin, mangeant rarement de la viande, s'asseyant à terre. Leur gouvernement politique fut aussi très-favorable aux desseins de Mahomet ; car la division et l'indépendance de leurs tribus était si nécessaire aux premiers progrès de sa religion et de sa domination, qu'il lui aurait été presque impossible d'établir ni l'une ni l'autre, si les Arabes avaient été unis dans un même corps de société. Mais dès qu'ils eurent embrassé sa religion, la réunion qui se forma entre les tribus ne contribua pas moins à leurs conquêtes et à leur élévation.

Il ne faut pas douter que Mahomet ne fût très-informé de l'état de l'Orient, tel que je viens de le dépeindre par rapport à la religion et à la politique ; il avait eu assez d'occasions de s'instruire de toutes ces particularités dans les voyages qu'il avait faits dans sa jeunesse comme marchand ; quoiqu'on ne doive pas supposer que ses vues fussent, dans les commencements, aussi étendues qu'elles le devinrent dans la suite lorsqu'elles furent secondées par ses heureux succès, cependant, par la considération de l'état des choses, il pouvait se promettre avec raison de réussir dans ses premières entreprises ; et comme il était doué de talents extraordinaires et d'une adresse singulière, il sut mettre chaque incident à profit, et tourna à son avantage ce qui aurait semblé très-dangereux à tout autre que lui.

Mahomet entra dans le monde avec quelques désavantages qu'il eut bientôt réparés. Son père *Abdallah* était le fils [2] cadet de *Abdalmotalleb* ; il mourut fort jeune, du vivant de ce dernier, laissant sa femme et son fils, encore enfant, dans un état fort médiocre. Cinq chameaux et une [2] esclave d'Éthiopie faisaient tout leur bien ; *Abdalmotalleb* fut obligé de prendre soin de son petit-fils Mahomet ; ce qu'il fit non-seulement pendant sa vie, mais, de plus, en mourant il recommanda à *Abutâleb* son fils aîné, frère d'*Abdallah* par la même mère, d'en avoir soin pour l'avenir. *Abutâleb* pourvut avec affection à sa subsistance, et l'éleva au train du négoce qu'il suivait. Ce fut dans ce dessein qu'il le mena avec lui en Syrie, quoiqu'il n'eût encore que treize ans ;

---

[1] Il n'était pas l'aîné, comme le dit PRIDEAUX, dont les réflexions, fondées là-dessus, tombent nécessairement (voyez la *Vie de Mahomet*, pag. 9) ; ni le cadet, comme BOULLAINVILLIERS (*Vie de Mahomet*, pag. 182, etc.) le suppose ; car *Hamza* et *al Abbas* étaient tous les deux plus jeunes qu'*Abdallah*.

[2] ABULFEDA, *Vie de Mahomet*, pag. 2.

---

[1] OCKLEY, *Hist. des Sarrazins*, t. I, pag. 19, etc. Voyez POC., *Spec.*, pag. 70.
[2] TEXEIRA, *Relationes de los Reyes de Persia*, p. 195, etc.

après quoi il le recommanda à *Khadîdjah*, veuve riche et noble, qui en fit son facteur. Mahomet s'acquitta si bien de cet emploi, que *Khadîdjah* l'épousa, et le rendit par là aussi riche qu'aucun particulier de la Mecque.

Dès qu'il commença à être à son aise, par ce mariage avantageux, il forma le dessein d'établir une nouvelle religion, ou, comme il s'exprimait, de faire revivre l'ancienne et seule véritable, qu'Adam, Noé, Abrâham, Moïse, Jésus, et tous les prophètes avaient professée; et pour cela de détruire [1] l'idolâtrie grossière dans laquelle presque tous ses compatriotes étaient tombés, et d'arracher toutes les superstitions que les Juifs et les Chrétiens avaient, selon lui, introduit dans leur religion, pour la ramener à sa pureté originale, qui consistait principalement dans le culte d'un seul Dieu.

Je ne prétends point déterminer si ce fut l'effet de l'enthousiasme, ou seulement le dessein de s'élever au gouvernement suprême de son pays. Ce dernier sentiment est celui de tous les auteurs chrétiens, qui s'accordent en ceci, que l'ambition et le désir de satisfaire sa sensualité furent les motifs de son entreprise; cela peut être : mais il peut être aussi que ses premières vues ne fussent pas si intéressées.

Son premier dessein de porter les Arabes idolâtres à la connaissance du vrai Dieu était certainement grand, et mérite extrêmement d'être loué; car je ne saurais souscrire à ce qu'affirme un savant écrivain [2] moderne, que Mahomet ne fit autre chose que changer l'idolâtrie de sa nation contre une religion qui ne valait pas mieux. Mahomet était sans doute pleinement persuadé de la vérité de l'unité de Dieu, article important qu'il avait particulièrement en vue, toutes ses autres doctrines et ses institutions étant moins des parties essentielles et préméditées de son plan, que des accidents qu'il n'a pu éviter d'y insérer.

Mahomet étant certainement convaincu de ce grand article de foi, qui selon lui était violé par tout le reste du genre humain, non-seulement par les idolâtres, mais aussi par les Chrétiens, soit par ceux qui adoraient à juste titre Jésus-Christ comme Dieu, soit par ceux qui rendaient le même culte superstitieux à la Vierge, aux saints, aux images, et même par les Juifs, qui sont accusés dans le *Korân*[3], de prendre Esdras pour le Fils de Dieu. Il est aisé de comprendre que Mahomet put regarder comme une œuvre très-méritoire de retirer les hommes d'une ignorance et d'une superstition si grossière. Peu à peu et par degrés, aidé d'une imagination vive, dont les Arabes ne manquent guère [4], il put se croire lui-même destiné par la Providence pour effectuer une si grande réformation; et cette imagination put prendre de plus profondes racines dans son esprit pendant la solitude qu'il affectait à cette occasion, se retirant pendant un mois de l'année dans une grotte de la montagne de *Hera*, près de la Mecque. Une chose que l'on peut opposer contre l'enthousiasme de ce prophète des Arabes, c'est la sagesse et la grande prudence qu'il fit paraître dans toute la suite de son projet, qui semble incompatible avec les notions emportées d'un cerveau échauffé par des visions de religion; mais quoique tous les enthousiastes, ou même les fous, ne se conduisent pas avec la même circonspection et la même gravité que Mahomet, cependant il ne serait pas le premier exemple de personnes qui aient été hors du sens commun à l'égard de certain objet, et qui aient agi à tous les autres égards avec la plus grande décence et la plus sage précaution.

La destruction affreuse des Églises d'Orient, autrefois si glorieuses et si florissantes, occasionnée par la propagation soudaine du mahométisme, et les grands succès de ses sectateurs contre les Chrétiens, inspirèrent nécessairement de l'horreur contre cette religion à ceux à qui elle avait été si fatale; et il n'est pas surprenant qu'ils aient tâché de représenter avec les plus noires couleurs son auteur et sa doctrine. Il paraît cependant que l'on doit attribuer les maux que Mahomet a faits aux Chrétiens, plutôt à son ignorance qu'à sa malice; car son grand mal vint de ce qu'il n'avait pas une connaissance approfondie de la véritable et pure doctrine de la religion chrétienne, qui était si abominablement corrompue de son temps, qu'il n'est pas étonnant qu'il allât trop loin, et qu'il se résolût d'abolir ce qu'il jugea ne pouvoir être réformé.

On ne peut guère douter que Mahomet n'eût un violent désir de passer pour un personnage extraordinaire; en quoi il ne pouvait mieux réussir qu'en se disant envoyé de Dieu pour instruire les hommes de sa volonté. Ce fut peut-être là toute son ambition dans les commencements; et si ses concitoyens ne l'avaient pas traité trop injurieusement, et ne l'eussent pas obligé, par leurs persécutions, à se réfugier ailleurs, et à prendre les armes contre eux pour sa propre défense, peut-être aurait-il continué de vivre en simple particulier, et se serait-il contenté de la vénération et du respect dû à sa qualité de prophète. Mais s'étant vu une fois à la tête d'une petite armée encouragée par le succès, il n'est pas surprenant qu'il ait élevé ses idées jusqu'à entreprendre des choses qui auparavant ne lui étaient jamais venues dans l'esprit.

Nous savons, de l'aveu même de Mahomet, qu'il était, comme le sont tous les Arabes par leur complexion naturelle [1], très-adonné aux femmes; les controversistes le lui reprochent constamment; ils ne manquent jamais d'alléguer le nombre de femmes qu'il avait, comme une preuve démonstrative de sa sensualité; ce qui leur paraît suffire pour prouver qu'il était un méchant homme, et en conséquence un imposteur. Mais il faut considérer que la polygamie, quoique défendue par la religion chrétienne, était, du temps de Mahomet, communément en usage en Arabie et dans le reste de l'Orient; qu'elle n'était point regardée comme contraire aux bonnes mœurs, et qu'un homme n'en était pas moins estimé pour avoir plusieurs femmes. C'est par cette raison que Mahomet permit à ses sectateurs la pluralité des femmes avec certaines limitations. Les Mahométans allèguent plusieurs raisons pour montrer qu'il n'y a rien en cela d'illégitime, et s'appuient en particulier de l'exemple de personnes qui sont reconnues de tous les partis pour être gens de bien, et dont quelques-unes avaient été honorées d'une correspondance immédiate avec la Divinité. Les différentes lois du *Korân* qui ont rapport aux mariages, aux divorces et aux privilèges particuliers accordés à Mahomet, sont presque toutes tirées des décisions de la religion juive, comme on le verra dans la suite : il pouvait penser que ces institutions étaient les plus justes et les plus raisonnables, puisqu'il les trouvait approuvées, et pratiquées par ceux qui pratiquaient une religion, qui, de l'aveu général, avait une origine divine.

Quels qu'aient été les motifs de Mahomet, il est certain qu'il avait toutes les qualités propres à faire réussir son entreprise. Les auteurs mahométans sont outrés dans les louanges qu'ils lui donnent; ils parlent beaucoup de ses vertus morales et religieuses, comme de sa piété, de sa véracité, de sa justice, de sa libéralité, de sa clémence, de son humilité, et de sa tempérance; sa charité en particulier était, disent-ils, si extraordinaire qu'il avait rarement de l'argent dans sa maison, n'en gardant pour son usage que ce qui était précisément nécessaire à l'entretien de sa famille : souvent il épargnait une partie de ses provisions

---

[1] Voyez le *Korân*, chap. II.
[2] Prideaux, *Vie de Mahomet*, pag. 76.
[3] Le *Korân*, chap. IX.
[4] Voyez Casaub., *de l'Enthousiasme*, pag. 148.

[1] Ammien Marcellin, liv. XIV, chap. IV.

pour subvenir aux nécessités des pauvres; en sorte qu'à la fin de l'année il ne lui restait presque rien [1]. Dieu, dit *al Bokhâri*, lui offrit les clefs des trésors de la terre; mais il les refusa. Quoique les éloges de ces écrivains soient justement soupçonnés de partialité, je crois cependant qu'on en peut conclure, que pour un Arabe élevé dans le paganisme, et médiocrement instruit de ses devoirs, il avait du moins des mœurs supportables, et n'était pas un monstre de méchanceté tel qu'on le représente ordinairement; il est en effet peu vraisemblable que s'il eût été un aussi grand scélérat qu'on le représentait, il eût pu réussir dans une entreprise de cette nature, quoiqu'un peu d'hypocrisie lui était absolument nécessaire pour sauver les apparences; et je ne prétends point examiner ici la sincérité de ses intentions.

On ne peut lui disputer un esprit très-pénétrant et une grande sagacité; il possédait à fond l'art de s'insinuer [2] : les historiens orientaux lui donnent une mémoire heureuse et un jugement excellent; et ces talents naturels ont été perfectionnés par une grande expérience et une grande connaissance des hommes qu'il avait acquise par les observations qu'il avait faites dans ses voyages. Les mêmes historiens le représentent comme parlant peu, d'une humeur gaie et toujours égale, familier et agréable dans la conversation, obligeant pour ses amis et plein de condescendance pour ses inférieurs [3]; à tout cela se joignait une figure agréable et un abord prévenant: avantages qui ne lui furent pas d'un petit usage pour prévenir en sa faveur ceux qu'il voulait persuader.

Par rapport aux connaissances acquises, elles lui manquaient totalement, n'ayant pas eu d'autre éducation que celle qui était en usage dans sa tribu, qui négligeait et peut-être méprisait ce que nous appelons littérature, ne faisant cas d'aucune langue en comparaison de la leur; et même leur habileté dans leur propre langue n'était que l'effet de l'usage et non pas de la lecture : ils se contentaient de perfectionner leur expérience particulière en mettant dans leur mémoire quelques passages de leurs poëtes qu'ils jugeaient pouvoir leur être utiles dans le cours de la vie. Mais bien loin que ce défaut de connaissances nuisît en aucune façon au dessein de Mahomet, il en tira au contraire un grand usage en insistant sur ce que les écrits qu'il produisait comme des révélations de Dieu ne pouvaient être de sa fabrique, parce qu'il n'était pas concevable qu'un homme qui ne savait ni lire ni écrire pût composer un livre rempli d'une doctrine si excellente et d'un style si élégant; et par là il allait au-devant d'une objection qui aurait été d'un très-grand poids contre lui [4]. Aussi ses sectateurs, loin d'avoir honte de l'ignorance de leur maître, s'en glorifiaient comme d'une preuve évidente de sa mission, et ne se font point de scrupule de l'appeler, comme aussi il est appelé, dans le *Korân* même [5], le Prophète non lettré.

Le tableau de la religion de Mahomet, le but et l'artificieuse fiction des révélations écrites qu'il prétend avoir reçues, et qui composent le *Korân*, étant le sujet des sections suivantes, j'emploierai le reste de celle-ci à rapporter, avec toute la brièveté possible, les moyens qu'il employa pour réussir dans son dessein, et les événements qui concoururent à ses succès.

Mahomet, avant que de rien entreprendre au dehors, jugea avec raison qu'il importait de commencer par la conversion de sa maison. S'étant donc retiré avec sa famille, comme il l'avait fait plusieurs fois auparavant, dans la grotte du mont *Hera*, dont on a déjà parlé, il y confia

à sa femme *Khadîdjah* le secret de sa mission, disant que l'ange Gabriel lui était apparu, et lui avait annoncé qu'il était appelé à l'emploi d'apôtre de Dieu; il lui rapporta un passage qu'il disait lui avoir été révélé par le ministère de l'ange, avec toutes les circonstances qui accompagnèrent sa première apparition, et qui sont rapportées par les écrivains mahométans. *Khadîdjah* reçut ces nouvelles avec une grande joie [*], jurant par celui entre les mains de qui son âme était, qu'elle était certaine qu'il serait le prophète de sa nation; et elle communiqua d'abord ce qu'elle venait d'apprendre à son cousin *Warakah Ebn Nawfal*, qui, étant Chrétien, savait écrire en hébreu, et était passablement versé dans l'Écriture sainte [3]. Il crut sans peine ce qu'elle venait de lui dire, et l'assura que le même ange, qui avait parlé jadis à Moïse était envoyé à présent à Mahomet [4]. Le Prophète fit cette première démarche au mois de *Ramadân*, dans la quarantième année de son âge, qui est appelée, à cause de cela, l'année de sa mission.

Encouragé par un commencement si heureux, il résolut d'aller en avant, et d'essayer pendant quelque temps ce qu'il pourrait faire par la voie des discours particuliers, n'osant pas hasarder toute l'affaire en l'exposant trop soudainement au public; il fit d'abord des prosélytes des gens de sa maison; savoir, sa femme *Khadîdjah*, son esclave *Zeïd Ebn Hâretha*, qu'il mit en liberté [5] à cette occasion (ce qui devint dans la suite une règle pour ses sectateurs), et son cousin *Ali*, fils d'*Abutâleb*, qui était jeune en ce temps-là, et son élève; celui-ci, sans avoir égard aux deux autres, prit le titre de premier des croyants. Ensuite Mahomet s'appliqua à gagner *Abdallah Ebn Abikohâfa*, surnommé *Abou Bekr*, qui avait un grand crédit parmi les *Koreish*; Mahomet vit bien que son parti en tirerait de grands services, et cela parut bientôt; car *Abou Bekr* ayant été gagné, il engagea à suivre son exemple *Othmân Ebn Assân, Abd'alrahmân Ebn Awf, Saad Ebn Abi Wakkâs, al Zobeir Ebn al Awâm,* et *Telha Ebn Obeid'allah,* tous des principaux de la Mecque. Ceux-ci furent les six associés en chef que Mahomet convertit, avec quelque peu d'autres personnes, pendant les trois premières années de sa mission. A la fin de ces trois années, Mahomet ayant, ce qu'il croyait, un parti assez considérable pour se soutenir, ne fit plus un secret de sa mission, et publia ce que Dieu lui avait commandé de déclarer à ses proches parents [6]. Pour le faire plus convenablement et avec plus d'apparence de succès, il ordonna à *Ali* de préparer un festin, et d'y inviter les fils et les descendants d'*Abdalmotalleb*, voulant s'ouvrir alors à eux. Cela fut exécuté : il s'y rendit environ quarante personnes; mais Abu Taleb, un des oncles de Mahomet, ayant rompu l'assemblée avant que Mahomet eût pu trouver le moment favorable de parler, il fut obligé d'inviter les mêmes convives pour le jour suivant. Dès qu'ils furent arrivés, il leur tint ce discours : « Je ne « connais personne en Arabie qui soit en état de faire à ses « parents des offres aussi avantageuses que celles que je « vous fais aujourd'hui; je vous offre le bonheur dans cette « vie et dans celle qui est à venir; le Tout-Puissant m'a or-

---

[1] On convient généralement que ce passage est contenu dans les cinq premiers versets du chap. XCVI du *Korân*.
[2] Je ne me souviens pas d'avoir lu dans aucun auteur oriental, que *Khadîdjah* ait jamais rejeté les prétentions de son mari comme étant des illusions, ou qu'elle l'ait jamais soupçonné d'imposture. Voyez néanmoins ce qu'en dit PRIDEAUX, *Vie de Mahomet*, pag. 11 et suiv.
[3] Poc., *Spec.,* pag. 157.
[4] ABULFEDA, *Vie de Mahomet*, pag. 16, dont le savant traducteur a mal entendu ce passage.
[5] Car il était son esclave, comme ABULFEDA nous le dit expressément, et non son cousin germain, comme l'assure BOULAINVILLIERS, *Vie de Mahomet*, pag. 273.
[6] *Korân.* chap. LXXIV.

---

[1] ABULFEDA, *Vie de Mahomet*, pag. 144, etc.
[2] PRIDEAUX, *Vie de Mahomet*, pag. 105.
[3] Voyez ABULFEDA, *ubi supra.*
[4] *Korân*, ch. XXIX. PRIDEAUX, *Vie de Mahomet*, p. 28, etc.
[5] Chap. VII.

« donné de vous appeler à lui. Qui seront donc ceux d'en-
« tre vous qui voudront m'aider dans mon ministère et
« devenir mes frères et mes vice-gérants? » Comme tous
hésitaient et éludaient sa proposition, *Ali* se leva à la fin,
déclara qu'il voulait l'assister, et menaça violemment ceux
qui s'opposeraient à lui. Alors Mahomet l'embrassa avec de
grandes marques d'affection, et pria tous ceux qui étaient
présents de l'écouter et de lui obéir comme à son député.
L'assemblée y répondit par un grand éclat de rire, en disant
à *Abou Taleb* qu'il n'avait à présent qu'à obéir à son fils.

Bien loin que ce refus décourageât Mahomet, dès lors
il commença à prêcher en public au peuple. Le peuple
l'écouta d'abord tranquillement; mais lorsqu'il vint à lui
reprocher son idolâtrie, son obstination, sa perversité et
celle de ses ancêtres, alors il s'irrita tellement qu'il se déclara son ennemi, et l'aurait mis en pièces sans la protection d'*Abou Taleb*. Les chefs des *Koreïsh* le pressèrent
d'abandonner son neveu, lui faisant de fréquentes représentations sur les nouveautés qu'il voulait introduire; et
voyant qu'ils ne gagnaient rien sur lui, ils le menacèrent de
rompre ouvertement avec lui, s'il ne s'engageait son neveu à
abandonner son entreprise. *Abou Taleb* fut si frappé de
ces menaces, qu'il parla très-sérieusement à son neveu pour
l'engager à ne pousser pas cette affaire plus loin, en lui représentant le grand danger auquel il s'exposait lui et ses
amis; mais Mahomet n'était pas homme à s'effrayer, et il
répondit nettement à son oncle : « Que quand ses adver-
« saires mettraient le soleil contre lui à sa droite, et la
« lune à sa gauche, il n'abandonnerait pas son entreprise. »
Abou Taleb, le voyant si ferme et si résolu d'aller en avant,
ne songea plus à le ramener, et lui promit de le soutenir
contre tous ses ennemis [1].

Les *Koreïsh*, voyant qu'ils n'avaient pu réussir, ni par
leurs raisons ni par leurs menaces, voulurent essayer ce
que pourrait la force et les mauvais traitements; ils agirent d'une manière si violente contre les sectateurs de
Mahomet, qu'il n'y eut plus de sûreté pour eux de rester
à la Mecque. Sur quoi Mahomet permit à ceux qui n'auraient pas des amis pour les protéger de chercher ailleurs
un lieu de retraite.

En conséquence, seize d'entre eux, du nombre desquels
étaient quatre femmes, s'enfuirent en Éthiopie, la cinquième année de la mission du Prophète. *Othmân Ebn
Affân* et sa femme *Rakîah*, fille de Mahomet, étaient de
cette troupe. Ce fut là la première fuite. Ensuite plusieurs
autres les suivirent, se retirant les uns après les autres
jusqu'au nombre de quatre-vingt-trois hommes et dix-huit
femmes, sans compter les enfants [2]. Ces réfugiés furent
reçus honnêtement par *Na Djâchi* [3], ou roi d'Éthiopie,
qui refusa de les rendre à ceux que les *Koreïsh* avaient
envoyés pour les réclamer; et les écrivains arabes attestent
unanimement que ce roi embrassa la religion mahométane.

Mahomet, la sixième année de sa mission [4], eut la satisfaction de voir son parti fortifié par la conversion de son
oncle *Hamza*, homme de beaucoup de mérite et d'une
grande valeur, et par celle d'Omar *Ebn al Khattab*,
homme très-estimé, et qui avait été auparavant l'un des
plus violents antagonistes. Comme la persécution favorise
plutôt les progrès d'une religion qu'elle ne les arrête, l'Islamisme en fit de si grands dans plusieurs tribus arabes,
que les *Koreïsh*, pour le supprimer efficacement, s'il était
possible, firent, la septième année de la mission de Maho-

met [1], une ligue solennelle ou convenant contre les *Hachê-
mites* et la famille d'*Abd' almotalleb*, s'engageant les uns
les autres à ne contracter aucun mariage avec aucun d'entre eux, et à n'avoir aucune communication avec eux; et
pour donner plus de force à leurs engagements, ils les
écrivirent et en déposèrent l'acte dans la *Kaaba*. La tribu
des *Koreïsh* fut ainsi divisée en deux factions. Tous ceux
de la famille d'*Hashem* se retirèrent auprès d'*Abou Taleb*,
comme leur chef, à la réserve d'*Abdal Uzza*, surnommé
Aboulaheb, qui, par une haine invétérée contre son neveu
et sa doctrine, passa dans l'autre parti, dont le chef était
Abousofiân Ebn Harb, de la famille d'*Ommaya*.

La désunion de ces familles dura trois ans; mais la
dixième année de la mission de Mahomet, ce prophète déclara à son oncle *Abou Taleb*, que Dieu avait fait voir manifestement combien il désapprouvait la ligue que les *Koreïsh* avaient faite contre eux, en envoyant un ver pour
ronger tous les mots de l'acte qu'ils en avaient fait, à l'exception du nom de Dieu. Mahomet, avait eu auparavant
quelque avis de cet accident secret; car *Abou Taleb* alla
d'abord aux *Koreïsh*, leur communiqua ce que son neveu
venait de lui dire, leur offrant, si cela se trouvait faux, de
le leur livrer; mais au cas que cela fût vrai, il en exigeait
qu'ils abandonnassent leur animosité, et qu'ils annulassent
la ligue qu'ils avaient faite contre les *Hashemites*. Les
Koreïsh y ayant consenti, allèrent à la *Kaaba*, et virent à
leur grand étonnement que la chose était comme *Abou Taleb* la leur avait dite; en conséquence de quoi, ils annu-
lèrent leur traité.

Abou Taleb mourut la même année, âgé de plus de quatre-vingts ans; l'opinion générale est qu'il mourut infidèle,
quoique d'autres disent qu'étant sur le point de mourir, il
embrassa le Mahométisme. Ils montrent quelques passages de ses œuvres poétiques, pour servir de preuves de
ce qu'ils avancent. Un mois, ou, selon quelques-uns, trois
jours après la mort de ce grand patron, Mahomet eut encore le malheur de perdre sa femme, qui avait si généreusement fait sa fortune; c'est par cette raison que cette
année fut appelée l'année du deuil [2].

Après la mort de ces deux personnes, les *Koreïsh* se
mirent à inquiéter Mahomet plus que jamais; il fut même
traversé par quelques uns de ceux qui avaient été auparavant ses amis; jusque-là qu'il fut obligé de chercher un
asile quelque part. Il choisit d'abord, pour le lieu de sa retraite, *Tayef*, qui est environ à soixante milles à l'orient
de la Mecque. Il s'y rendit accompagné seulement de
Zeid, son affranchi. Il s'adressa à deux des chefs de la tribu
de *Thakîf*, qui habitaient dans les lieux; ils le reçurent très-
froidement : cependant il demeura là un mois. Quelques-
uns des plus considérables habitants eurent assez d'égard
pour lui; mais le petit peuple et les esclaves se soulevèrent,
et l'ayant porté vers les murs de la ville, l'obligèrent de
sortir et de retourner à la Mecque, où il se mit sous la protection de [3] *al Motaam Ebn Adi*.

Ce peu de succès découragea beaucoup les partisans de
Mahomet; mais il ne changea point de dessein, et il continua de prêcher en public, dans les assemblées de ceux qui
venaient en pèlerinage; et il fit divers prosélytes, du nombre
desquels furent six habitants de *Yathreb*, de la tribu juive
de *Khazradj*, qui, de retour chez eux, ne manquèrent pas
de faire les éloges de leur nouvelle religion, et exhortèrent
leurs concitoyens à l'embrasser.

Ce fut la douzième année de sa mission que Mahomet
déclara son voyage nocturne de la Mecque à Jérusalem, et
de là au ciel [4], dont ont tant parlé tous ceux qui ont écrit

---

[1] ABULFEDA, voyez ci-dessus.
[2] ID.; EBN SHOHNAH.
[3] PRIDEAUX paraît prendre ce mot pour un nom propre, mais ce n'est qu'un titre que les Arabes donnent aux rois de ce pays. Voyez la *vie de Mahomet*, pag. 55.
[4] EBN SHOHNAH.

[1] AL DJANNABI.
[2] ABULFEDA, pag. 28. EBN SHOHNAH.
[3] EBN SHOHNAH.
[2] *Korân*, chap. XVI.

de lui. Le docteur Prideaux [1] croit qu'il inventa cette fable, soit pour répondre à l'attente de ceux qui lui demandaient quelque miracle pour preuve de sa mission, soit afin d'autoriser par cette conversation qu'il prétendait avoir eue avec Dieu lui-même, tout ce qu'il jugerait à propos de débiter comme une tradition orale, de manière que ses discours eussent le même usage que la loi orale des Juifs. Mais je ne trouve nulle part que Mahomet se soit jamais flatté que l'on aurait autant d'égard à ses paroles que ses sectateurs en ont eu dans la suite; et puisqu'il a toujours déclaré qu'il n'avait aucun pouvoir de faire des miracles, il semble plutôt que ce fût par un trait de politique et pour augmenter sa réputation, qu'il faisait croire qu'il avait eu un entretien avec Dieu dans le ciel, ainsi que Moïse en avait eu un sur la montagne, et qu'il avait reçu de lui immédiatement plusieurs ordonnances; au lieu que jusqu'alors il s'était contenté de faire croire que l'ange Grabriel lui communiquait tout.

Quoi qu'il en soit, ce fait parut si absurde et si incroyable, qu'il fut cause que plusieurs de ses sectateurs l'abandonnèrent, et probablement il aurait renversé ses projets, si *Abou Bekr* n'eût été garant de sa vérité, et n'eût déclaré que si Mahomet affirmait que la chose fût, il ne ferait pas difficulté de la croire.

Cet heureux incident releva non-seulement le crédit du Prophète, mais l'augmenta à un tel point, qu'il pouvait s'assurer de faire digérer à ses disciples tout ce qu'il voudrait à l'avenir; et je ne doute pas que cette fiction, tout extravagante qu'elle était, ne fût un des plus ingénieux artifices de Mahomet, et qu'elle ne contribuât beaucoup à porter sa réputation à ce haut degré où elle parvint dans la suite.

Cette année, appelée par les Mahométans l'année *acceptée* ou *reçue*, douze hommes de *Yathreb* ou *Médine*, dont dix étaient de la tribu de *Khasradj*, et les deux autres, de celles d'*Aws*, vinrent à la Mécque et prêtèrent serment de fidélité à Mahomet sur l'*al Akaba*, coteau qui est au nord de cette ville. Ce serment fut appelé un *serment de femme*, non qu'aucune fût présente à cette cérémonie, mais parce qu'il n'obligeait pas les hommes à prendre les armes pour la défense de Mahomet ou de sa religion, et que ce même serment fut dans la suite exigé des femmes. Nous trouvons sa formule dans le *Korân* (chap. LX); elle revient à ceci, savoir : « Qu'ils devaient renoncer à toute « idolâtrie, au vol, à la fornication; qu'ils ne devaient pas « faire mourir leurs enfants (comme les Arabes qui étaient « païens avaient accoutumé de le faire lorsqu'ils craignaient « de ne pouvoir les nourrir) [2]; qu'ils ne devaient inventer « aucune calomnie; enfin, qu'ils devaient obéir à leur Pro- « phète en tout ce qui serait raisonnable. » Après qu'ils se furent solennellement engagés à tous ces points, Mahomet envoya avec eux *Mosab Ebn Omair*, un de ses disciples, pour les instruire plus pleinement des fondements et des cérémonies de sa nouvelle religion.

Mosab, arrivé à Médine, et aidé par ceux qui avaient été convertis précédemment, fit un grand nombre de prosélytes, entre lesquels était en particulier *Osaid Ebn Hodeira*, un des principaux de la ville, et *Saad Ebn Moadh*, prince de la tribu d'*Aws*. Le Mahométisme s'étendit si promptement, qu'il n'y avait presque aucune famille où il ne se trouvât quelqu'un qui eût embrassé cette religion.

L'année suivante, la treizième de la mission de Mahomet, *Mosab* revint à la Mecque accompagné de soixante-trois hommes et deux femmes de Médine, qui s'étaient convertis à l'Islamisme, avec quelques autres qui ne l'étaient pas encore. A leur arrivée, ils envoyèrent offrir leurs secours à Mahomet, qui en avait alors grand besoin; car ses ennemis étaient devenus si puissants à la Mecque, qu'il ne pouvait plus y demeurer sans un danger imminent; ce fut par cette raison qu'il accepta leur proposition, et leur donna un rendez-vous nocturne à l'*al Akaba*, dont on a parlé ci-dessus, avec son oncle *al Abbas*; celui-ci, quoique païen, ne laissait pas de vouloir du bien à son neveu, et adressa un discours à ceux de Médine, où il leur dit : « Que comme « Mahomet était obligé de quitter sa ville natale et de cher- « cher un asile ailleurs, et qu'ils lui avaient offert leur « protection, ils feraient bien de ne pas le tromper; et que « s'ils n'étaient pas dans la ferme résolution de le défendre « et de lui être fidèles, ils feraient mieux de déclarer leur « intention, et de le laisser chercher sa sûreté de quelque « autre manière. » Ceux-ci, protestant de leur sincérité, Mahomet fit serment de leur être fidèle, pourvu qu'ils le défendissent contre toute insulte avec autant de courage qu'ils défendraient leurs femmes et leurs enfants. Ils lui demandèrent quelle récompense ils recevraient s'ils perdaient la vie pour sa querelle; il leur répondit qu'ils auraient pour récompense le paradis; sur quoi ils engagèrent leur parole, et s'en retournèrent chez eux 7, après que Mahomet en eut choisi douze d'entre eux, qui devaient avoir sur les autres une autorité pareille à celle que les douze apôtres de Christ avaient sur ses disciples [2].

Jusqu'ici Mahomet avait étendu sa religion par des moyens louables, tous les succès de son entreprise avant sa fuite à Médine ne pouvant être attribués qu'à la persuasion seule, et non point à la force; car avant ce second serment de fidélité ou cette inauguration faite à *al Akaba*, il avait dit qu'il n'avait eu aucune permission d'user de force de quelque manière que ce fût; et dans plusieurs de ces endroits du *Korân*, qu'il prétendait lui avoir été révélés à la Mecque, il déclare que son unique emploi était de prêcher et de donner des avis; qu'il n'avait point d'autorité pour forcer personne à embrasser sa religion; et que, soit que le peuple crût ou non, cela ne le regardait pas, mais regardait Dieu seul. Il était si éloigné de permettre à ses sectateurs d'user de force, qu'il les exhortait à souffrir patiemment les injures que la profession de l'Islamisme leur attirait; et quand il fut persécuté lui-même, il aima mieux quitter son lieu natal et se retirer à Médine que de faire la moindre résistance; mais il paraît que cette modération et cette patience venait uniquement de sa faiblesse et de la grande supériorité de ses adversaires pendant les premières années de sa mission; car il ne fut pas plutôt en état de leur faire tête, par le secours des habitants de Médine, qu'il publia que Dieu avait permis, à lui et à ses disciples, de se défendre contre les infidèles, et sur la fin, comme ses forces augmentèrent, il prétendit avoir reçu de Dieu la permission de les attaquer, de détruire l'idolâtrie, et d'établir la véritable foi par l'épée; trouvant par expérience qu'en se conduisant autrement, son progrès faisait des progrès fort lents, et même qu'il pourrait être entièrement renversé. Il savait d'ailleurs que les innovateurs courent rarement quelque risque lorsqu'ils s'appuient principalement sur leurs forces, et qu'ils en font usage; ce qui a fait remarquer aux politiques que tous les prophètes qui ont été armés ont réussi, tandis que les autres ont toujours échoué.

Moïse, Cyrus, Thésée, Romulus, n'auraient jamais pu faire observer leurs lois ni leurs institutions d'une manière durable, s'ils n'avaient eu la force en main [3]. On dit que le premier passage du *Korân*, qui donne à Mahomet la permission de se défendre par les armes, est celui du chapitre XXII, après lequel il eut un grand nombre de révélations pour le même sujet. On pourrait peut-être accorder que Mahomet avait droit de prendre les armes pour sa

---

[1] *Vie de Mahomet*, pag. 46, 51, etc.
[2] Le *Korân*, chap. VI.

[1] ABULFEDA, *Vie de Mahomet*, pag. 40, etc.
[2] EBN ISHAK.
[3] Le *Prince* de MACHIAVEL, chap. VI.

propre défense contre ses injustes persécuteurs; mais je ne déciderai point ici si, dans la suite, il devait faire usage de ces mêmes moyens pour l'établissement de sa religion: les hommes ne sont point d'accord jusqu'où la puissance séculière peut ou doit intervenir dans les choses de cette nature. La méthode de convertir par l'épée ne donne pas une idée bien favorable des opinions que l'on veut établir par ce moyen; chaque secte la désapprouve quand elle est employée par ceux d'une religion différente, quoique les mêmes personnes l'emploieraient volontiers en faveur de la leur; parce qu'on suppose qu'il n'est pas permis d'employer la force pour l'établissement d'une religion fausse, mais que cela est très-permis lorsqu'il s'agit d'une religion vraie; et en conséquence, la force est presque toujours aussi constamment employée de ce cas par ceux qui ont le pouvoir en main, qu'il est constant que ceux qui en souffrent la violence se croient en droit de s'en plaindre.

C'est certainement une des plus convainquantes preuves que le Mahométisme n'est autre chose qu'une invention humaine, que d'avoir été établi presque entièrement par la force; et c'est une des plus fortes démonstrations de la divinité de la religion chrétienne, que d'avoir prévalu contre toutes les puissances du monde par la seule force de la vérité, et d'avoir enfin amené les empereurs à s'y soumettre, après avoir soutenu toute sorte de persécutions et des oppositions de toute espèce pendant trois siècles [1]. Cette preuve, il est vrai, n'a lieu que pour ces premiers temps, parce qu'ensuite le Christianisme fut établi, et le Paganisme aboli par autorité publique, qui a eu dès lors une grande influence, tant à la propagation de l'un, qu'à la destruction de l'autre [2]. Je reviens à mon sujet.

Mahomet ayant pourvu à la sûreté de ses amis et à la sienne par la ligue offensive et défensive qu'il venait de conclure avec ceux de Médine, donna ordre à ses sectateurs de se retirer, ce qu'ils firent; mais il resta lui-même avec *Abou Bekr* et *Ali*, disant qu'il n'avait pas encore reçu de Dieu la permission de quitter la Mecque. Les *Koreish*, craignant les conséquences de cette nouvelle alliance, commencèrent à croire qu'il était d'une nécessité absolue d'empêcher que Mahomet ne pût s'échapper pour se rendre à Médine; et ayant tenu conseil là-dessus, après que l'on eut rejeté plusieurs expédients modérés, on résolut de chercher à le faire mourir. On choisit pour cette exécution un homme de chaque tribu, et on convint que chacun de ces hommes lui donnerait un coup de son épée, afin que la coulpe de ce meurtre retombât également sur toutes les tribus, qui, étant réunies, étaient fort supérieures aux *Hashemites*, qui n'oseraient par conséquent entreprendre de venger la mort de leur parent.

Cette conspiration était à peine formée, qu'elle vint par quelque moyen à la connaissance de Mahomet. Il publia que l'ange Gabriel la lui avait révélée, et lui avait en même temps donné ordre de se retirer à Médine; et sur cela, pour tromper ses ennemis, il fit coucher *Ali* à sa place et le fit envelopper dans son manteau vert, et il gagna la maison d'*Abou Bekr*, par un miracle [3], à ce que prétendent ses sectateurs, n'ayant point été aperçu par les conspirateurs, qui s'étaient déjà assemblés à sa porte. Ceux-ci, pendant qu'il se retirait, regardaient par les fentes de la chambre de Mahomet, et voyant *Ali* endormi, et le prenant pour Mahomet, ils veillèrent jusqu'au matin, qu'*Ali* s'étant levé, ils s'aperçurent qu'ils s'étaient trompés.

De la maison d'*Abou Bekr*, Mahomet et lui vinrent à la grotte de *Thour*, montagne au sud-est de la Mecque, accompagné seulement de *Amer Ebn Foheiral*, domestique d'*Abou Bekr*, et d'*Abdallah Ebn Oreikat*, idolâtre qu'ils avaient loué pour être leur guide. Ils demeurèrent cachés dans cette caverne pendant trois jours, pour éviter les recherches de leurs ennemis, qui passèrent bien près d'eux, et auxquels ils n'échappèrent pas sans le secours de plus d'un miracle. Car quelques-uns disent que les *Koreish* furent frappés d'aveuglement, en sorte qu'ils ne purent trouver la grotte; d'autres, qu'après que Mahomet et ses compagnons y furent entrés, deux pigeons vinrent pondre leurs œufs à l'entrée, et qu'une araignée en ferma l'ouverture avec sa toile [1], ce qui empêcha les *Koreish* de regarder dedans [2]. Lorsque *Abou Bekr* vit le Prophète dans un si grand péril, il fut fort attristé; mais Mahomet le consola par ces mots rapportés dans le *Korân* [3] : *Ne t'afflige point, car Dieu est avec nous*. Leurs ennemis s'étant retirés, ils sortirent de la grotte, et partirent pour Médine par un chemin de traverse; ayant heureusement, ou, comme disent les Mahométans, miraculeusement échappé à ceux que l'on avait envoyés à leur poursuite, ils arrivèrent sains et saufs dans cette ville, où *Ali* les suivit dans trois jours, après avoir réglé quelques affaires à la Mecque [4].

La première chose que fit Mahomet, à son arrivée à Médine, fut de bâtir un temple pour l'exercice du culte de sa religion et une maison pour lui; il plaça l'un et l'autre sur un terrain qui avait servi auparavant à retirer des chameaux, ou, selon d'autres, à ensevelir des morts, et qui appartenait à *Sahar* et *Soheil*, fils d'*Amou*, qui étaient orphelins [5]. Le docteur Prideaux se récrie contre cette action, et la représente comme une preuve manifeste de l'injustice de Mahomet. « Pour bâtir ces édifices, dit-il, il « a déposséd par force ces pauvres orphelins, les fils d'un « bas artisan (que l'auteur cité par Prideaux [6] appelle « charpentier), et les fondements du premier édifice consacré « à sa religion ont été posés avec autant de méchanceté que « sa religion même [7]. » Mais outre qu'il n'y a aucune apparence que Mahomet ait agi avec aussi peu de politique à sa première arrivée à Médine, les auteurs mahométans nous présentent cette action sous un tout autre point de vue; les uns nous disent qu'il voulut traiter avec les jeunes gens pour le prix de la terre, mais que ceux-ci le prièrent de l'accepter en présent [8]; d'autres historiens très-dignes de foi nous assurent qu'il acheta réellement ce terrain [9], et que le prix en fut payé par *Abou Bekr* [10]. De plus, quand il aurait accepté ce terrain en présent, les orphelins étaient en situation de lui faire ce don, car ils étaient d'une bonne famille, de la tribu de *Nadjdjâr*, l'une des plus illustres entre les Arabes, et non les fils d'un charpentier, comme l'écrit l'auteur que suit M. Prideaux, qui a pris le terme *Nadjdjâr*, dont la signification est *charpentier*, pour un mot appellatif, au lieu que c'est un nom propre [11].

Mahomet étant établi sûrement à Médine, et étant en état non-seulement de se défendre contre les insultes de ses ennemis, mais même de les attaquer, commença d'envoyer

---

[1] Il faut remarquer que les Juifs ont une tradition semblable touchant David, lorsqu'il s'enfuit de devant Saül dans la grotte; et le *Targum* paraphrase les paroles du second verset du psaume LVII qui fut composé à l'occasion de cette délivrance : *Je prierai le Dieu tout-puissant qui fait toutes choses pour mon bien*, de cette manière : *Je prierai le Dieu tout-puissant qui a fait venir une araignée pour faire sa toile pour l'amour de moi à l'entrée de la grotte*.
[2] AL BEIDAWI in *Korân*, cap. IX. Voyez D'HERBELOT, *Bibliot. orient.*, pag. 445.
[3] Chap. IX.
[4] ABULFEDA, *Vie de Mahomet*, pag. 50, etc. EBN SHOANAH.
[5] ABULFEDA, *ibid.*, pag. 52, 53.
[6] *Disputatio Christiani contre Saracen.*, cap. IV.
[7] PRIDEAUX, *Vie de Mahomet*, pag. 58.
[8] AL BOKHARI *in Sonna*.
[9] AL DJANNABI.
[10] AHMED EBN YUSEF.
[11] GAGNIER, *Not. in* ABULFED. *de Vita Mahom.*, p. 52, 53.

---

[1] Voyez *Lettre de* PRIDEAUX *aux Déistes*, pag. 220, etc.
[2] Voyez BAYLE, *Dict. hist.*, art. *Mahomet*, rem. O.
[3] Le *Korân*, chap. VIII et XXXVI.

de petits détachements pour faire des représailles sur les *Koreish*; le premier parti ne consistait qu'en neuf hommes, et attaqua et pilla une caravane qui appartenait à cette tribu, et fit deux prisonniers dans cette action. Mais ce qui servit beaucoup à établir ses affaires, et qui fut le fondement de sa grandeur, ce fut le gain de la bataille de *Bedr*, donnée la seconde année de l'hégire, et qui est si célèbre dans l'histoire mahométane [1]. Comme mon dessein est moins d'écrire la vie de Mahomet que de donner une idée de la manière dont il conduisit son entreprise, je n'entrerai point dans le détail des batailles et des expéditions qui se firent ensuite; le nombre en est très-considérable, outre plusieurs d'entre elles où Mahomet ne fut point présent. Quelques-unes ne comptent pas moins de vingt-sept expéditions où le Prophète se trouva lui-même, et dans ce nombre il donna neuf batailles qu'il gagna sur ses ennemis, et il y en a quelques-unes auxquelles certains passages du *Korán* ont rapport. Il entretint ses forces en partie des contributions qu'il tirait de ses sectateurs, et qu'il appelait *Zacát* ou aumônes, dont il fit habilement envisager le payement comme un devoir essentiel de sa religion, et en partie par le cinquième du butin qu'il avait ordonné qui serait apporté dans le trésor public pour le même usage. Il prétendit aussi que cet ordre venait d'une inspiration divine.

En peu d'années, le succès de ses armes augmenta considérablement son crédit et son pouvoir, quoiqu'il eût aussi quelques revers. La sixième année de l'hégire, il partit avec quatorze mille hommes pour la Mecque, non pour y commettre aucune hostilité, mais pour en visiter le temple et dans une intention pacifique. Cependant lorsqu'il fut arrivé à *al Hodeibiya*, dont une partie est sur le territoire sacré, et l'autre partie au delà, les *Koreish* lui firent savoir qu'ils ne lui permettraient pas d'entrer à la Mecque, à moins qu'il ne forçât le passage. Sur quoi il assembla ses troupes, auxquelles ayant fait prêter serment de fidélité, il résolut d'attaquer la ville; mais ceux de la Mecque envoyèrent *Arva Ebn Masûd*, prince de la tribu de *Thakif*, comme leur ambassadeur pour demander la paix; on conclut une trêve pour dix ans, et par cette trêve il fut permis à toute personne d'entrer dans le parti de Mahomet ou dans celui des *Koreish*, selon qu'elle le jugerait à propos.

On peut se faire une idée du respect et de la vénération inconcevable que les Mahométans avaient dans ce temps-là pour leur Prophète, par le rapport que cet ambassadeur, dont on vient de parler, fit aux *Koreish* à son retour. Il leur dit, qu'il avait été à la cour du roi de Perse et à celle de l'empereur romain, mais qu'il n'avait jamais vu aucun prince aussi respecté de ses sujets que Mahomet l'était de ses compagnons; que toutes les fois qu'il faisait l'ablution avant de réciter ses prières, ils s'empressaient pour recueillir l'eau dont il s'était servi; que toutes les fois qu'il crachait, ils léchaient ce qui venait de sortir de sa bouche, et qu'ils recueillaient avec beaucoup de précaution [2] tous les cheveux qui tombaient de sa tête.

La septième année de l'hégire, Mahomet pensa à étendre sa religion au delà des bornes de l'Arabie. Il envoya des messagers aux princes voisins avec des lettres par lesquelles il les invitait à embrasser sa doctrine. Ce projet ne fut pas sans quelque succès. Cependant *Khosroû Parviz*, alors roi de Perse, reçut celle qui fut écrite avec beaucoup de mépris; il la déchira avec colère, et renvoya le messager tout sur-le-champ. Lorsque Mahomet ouït son rapport, il dit : Dieu déchirera son royaume. Bientôt après, Mahomet reçut un messager de la part de *Badhan*, roi de Yémen, dépendant de la Perse [3], qui lui donnait avis de l'ordre qu'il avait reçu de l'envoyer au roi *Khosroû*. Mahomet remit à répondre au lendemain matin; et pour lors il dit au messager qu'il lui avait été révélé cette nuit même que *Khosroû* venait d'être assassiné par son fils *Shirûyeh*, ajoutant qu'il était bien sûr que sa nouvelle religion et son empire s'élèveraient plus haut que l'empire de *Khosroû*; et il le chargea de conseiller en conséquence à son maître d'embrasser le Mahométisme. Peu de jours après le retour du messager, *Badhán* reçut une lettre de *Shirûyeh* qui lui apprenait la mort de son père, et lui donnait ordre de faire cesser toutes les molesties suscitées contre le Prophète; sur quoi *Badhán* et les Perses qui étaient avec lui se firent mahométans [1].

Les historiens arabes nous assurent que l'empereur Héraclius reçut la lettre de Mahomet avec un grand respect, la mit sous son oreiller, et congédia honorablement le porteur; et quelques-uns prétendent qu'il aurait embrassé cette nouvelle religion, s'il n'avait été retenu par la crainte de perdre sa couronne [2].

Mahomet écrivit dans les mêmes vues au roi d'Éthiopie, quoique, selon les auteurs arabes, ce roi ait été converti auparavant; il écrivit aussi à *Mokaw Kas*, roi d'Égypte, qui reçut très-favorablement son messager, et envoya plusieurs présents considérables à Mahomet, et entre autres deux filles, dont l'une, nommée Marie [3], devint sa favorite. Il écrivit aussi, à ce même sujet, à plusieurs princes arabes, et en particulier à *al Hareth Ebn Abishamer*, roi de *Ghassán*. Celui-ci ayant répondu qu'il irait lui-même porter sa réponse [4] à Mahomet, le Prophète dit là-dessus : *Son royaume puisse-t-il périr !* Il écrivit de même à *Hawdha Ebn Ali*, roi de *Yamáma*, qui avait été Chrétien, et qui ayant, durant quelque temps, fait profession de l'Islamisme, était retourné à sa première croyance. Ce prince lui fit une réponse fort dure; sur quoi Mahomet le maudit, et il mourut aussitôt après. Il écrivit encore à *al Mondar Ebn Sáwa*, roi de *Bahrein*, qui embrassa le Mahométisme, et tous les Arabes de ce pays [5] suivirent son exemple.

La huitième année de l'hégire fut une année très-heureuse pour Mahomet. Dans le commencement de cette année, *Khâled Ebn al Walîd* et *Amrou Ebn al As*, tous deux excellents capitaines, se firent mahométans; le premier conquit dans la suite la Syrie et d'autres pays, et le second conquit l'Égypte : bientôt après le Prophète envoya trois mille hommes contre l'armée des Grecs, pour venger la mort d'un de ses ambassadeurs, qui ayant été envoyé au gouverneur de Bosra pour le même sujet que ceux qui avaient été envoyés aux princes dont on a parlé, avait été tué par un Arabe de la tribu de *Ghassán* à *Múta*, ville du territoire de *Balkh*, en Syrie, à trois journées environ de Jérusalem. Ce fut près de cette dernière ville que la bataille se donna. Les Grecs, étant fort supérieurs en nombre (car, y compris le secours des Arabes, leur armée était de cent mille hommes), repoussèrent les Mahométans à la première attaque, qui y perdirent trois de leurs généraux, savoir : *Zeid Ebn Háretha*, *Djaafar*, affranchi de Mahomet, fils d'*Abutaleb*, et *Abdállah Ebn Rawáha*, qui se succédèrent les uns aux autres; mais enfin *Khâled Ebn al Walîd*, ayant succédé au dernier, vainquit les Grecs, en fit un grand carnage, et remporta une grande quantité de riches dépouilles [6]; ce fut à l'occasion de cette action que Mahomet lui donna le titre honorable de *Soyâf Allah* (l'une des épées de Dieu [7]).

---

[1] ABULFED., *Vie de Mahomet*, pag. 92, etc.
[2] AL DJANNABI.
[3] C'est cependant un nom différent de celui de la Vierge Marie, que les Orientaux écrivent toujours *Maryam* ou *Meriam*; au lieu que celui-ci est écrit *Máriya*.
[4] Ce prince est omis dans la liste que le docteur Pocock donne des rois de Ghassan, *Spec.*, pag. 77.
[5] ABULFED., *ubi supra*, pag. 74, etc.
[6] ID., *ibid.*, pag., 99, 100, etc.
[7] AL BOKHARI *in Sonna*.

---

[1] Voyez ABULFED. *Vie de Mahomet*, pag. 188.
[2] ID., *ibid.*, pag. 85.
[3] Voyez ci-dessus, pag. 11.

Mahomet prit aussi cette même année la Mecque, ses habitants ayant rompu la trêve qui avait été conclue deux ans auparavant : car la tribu de *Bekr* qui était considérée des *Koreish*, attaqua ceux de *Khozâah*, alliés de Mahomet, et fut soutenue dans l'action par un parti des *Koreish*. Plusieurs de ceux de *Khozâah* furent tués. On craignit d'abord les suites de cette violation de la trêve, et *Abou Sofiân* alla lui-même à Médine dans le dessein de la renouer [1] ; mais ce fut en vain ; car Mahomet, charmé de cette occasion, refusa de le voir : *Abou Sofiân* s'adressa à *Abou Bekr* et à *Ali* ; mais ceux-ci ne lui donnant aucune réponse, il fut obligé de retourner à la Mecque comme il en était parti.

Mahomet donna les ordres pour faire les préparatifs nécessaires pour surprendre la Mecque avant que ses habitants fussent préparés à le recevoir. En peu de temps, il se mit en marche de ce côté ; et pendant sa marche, ses forces furent augmentées jusqu'à dix mille hommes. Ceux de la Mecque n'étant pas en état de se défendre contre une armée si formidable, se rendirent à discrétion ; et *Abou-Sofiân* sauva sa vie en embrassant le Mahométisme. Environ vingt-huit idolâtres furent mis à mort par un parti commandé par *Khaled*, mais ce fut contre les ordres de Mahomet, qui, lorsqu'il entra dans la ville, pardonna à tous les *Koreish* qui se soumirent, à l'exception seulement de six hommes et de quatre femmes qui furent destinées pour victimes : quelques-uns d'entre eux ayant apostasié, ils furent proscrits solennellement par le Prophète ; cependant même il n'y eut de ceux-ci que trois hommes et une femme mis à mort, une des femmes s'étant échappée [2], et les autres ayant obtenu leur pardon en embrassant le Mahométisme.

Ce prophète employa le reste de cette année à détruire les idoles qui se trouvaient à la Mecque et aux environs, envoyant plusieurs de ses généraux faire des expéditions, tant pour cet effet que pour inviter les Arabes à embrasser l'Islamisme ; et il n'est pas surprenant que ces invitations aient eu pour lors un bon succès.

L'année suivante, qui fut la neuvième de l'hégire, est appelée par les Mahométans *l'année des ambassades*; car les Arabes avaient attendu jusqu'alors l'issue de la guerre allumée entre Mahomet et les *Koreish*; mais dès que cette tribu eut été soumise, comme elle était la principale de toute la nation, qu'elle était composée des descendants directs d'Ismaël, et que personne ne lui disputait la prééminence, ils virent bien qu'il n'était pas en leur pouvoir de s'opposer à Mahomet, et ils commencèrent à venir à lui en grand nombre, et à lui envoyer des ambassadeurs pour lui rendre leurs hommages, soit à la Mecque, où il resta quelque peu ; soit à Médine, où il retourna cette même année [3]. Entre autres, cinq rois de la tribu de *Hamyar* se convertirent, et firent partir des ambassadeurs pour le notifier à Mahomet [4].

La dixième année, *Ali* fut envoyé dans l'Yémen pour propager le Mahométisme, et l'on dit même qu'il convertit dans un jour toute la tribu de *Hamdan*. Tous les habitants de la province suivirent bientôt cet exemple, à la réserve des *Nadjrâns*, qui, étant Chrétiens, aimèrent mieux payer un tribut [5].

C'est ainsi que l'idolâtrie fut détruite jusqu'à sa racine, et que pendant la vie même de Mahomet (car il mourut l'année suivante) le Mahométisme fut établi dans toute l'Arabie ; il faut néanmoins en excepter l'*Yammâ*;

dans cette province, *Moseilama* s'érigea aussi en prophète, comme compétiteur de Mahomet ; il eut un parti considérable, et ne se soumit que sous le khalifat d'*Abou Bekr*. Ce fut alors que les Arabes, réunis à une même religion, et soumis à un même prince, se trouvèrent en état de faire ces conquêtes qui ont répandu le Mahométisme dans une si grande portion du monde.

SECTION TROISIÈME.

Du Korân ; *de ses particularités ; manière dont il a été écrit et publié ; but général de ce livre.*

ARGUMENT.

Les divers noms du *Korân*. — Sa division. — Ses éditions. — Formule initiale et lettres. — Style. — Dessein de cet ouvrage. — De son auteur et de la manière dont il a été publié. — Quand et par qui il a été mis dans la forme présente. — Différentes leçons. — Passages abrogés. — Disputes touchant sa création. — Exposé de ce livre. — Honneur qu'on lui rend. — Traductions qui en ont été faites.

Le mot *Korân* dérive du verbe *Karaa*, *lire*, et signifie proprement, *la lecture*, ou *ce qui doit être lu*. Par ce nom, les Mahométans désignent non-seulement le livre ou l'ouvrage entier, mais aussi chaque chapitre ou section en particulier, de la même manière que les Juifs désignent toute l'Écriture, ou quelqu'une de ses parties, par le nom de *Karah* ou *Mikra* [1], mot qui a la même origine et le même sens que celui de *Korân*. Cette observation semble renverser l'opinion de quelques docteurs arabes, qui prétendent que le *Korân* est ainsi nommé parce qu'il est une collection de chapitres ou de feuillets qui le composent, le verbe *Karaa* signifiant aussi *recueillir* ou *rassembler* [2]. Ces mêmes remarques sur le vrai sens du mot de *Korân* peuvent aussi servir de réponse à ceux qui soutiennent [3] que le *Korân* a été composé en une seule fois et de suite, à cause que le *Korân* est souvent nommé de ce nom dans le *Korân* même ; d'où l'on conclut qu'il n'a pas été révélé par parties en différents temps et en plusieurs années, comme le disent les Mahométans. Il ne faut pas oublier de remarquer que la première syllabe *Al* du mot *Alkoran*, est seulement un article de la langue arabe qui signifie *le*, et qu'on doit l'omettre, lorsqu'on lui substitue l'article français, et qu'on doit le nommer le *Korân*.

Outre ce nom particulier au *Korân*, on lui en a donné plusieurs autres communs à d'autres livres de l'Écriture, comme, *al Forkan*, du verbe *Faraka* (*diviser* ou *distinguer*); non, comme le veulent les docteurs mahométans, à cause que ces livres sont divisés par chapitres ou sections, ou à cause qu'ils servent à distinguer le bien d'avec le mal ; mais pour exprimer ce que les Juifs entendent par le mot *Perek* ou *Perka*, qui vient aussi de *Faraka*, et qui désigne une section ou portion de l'Écriture [5]. On

---

[1] Cette circonstance est une preuve évidente que les *Koreish* avaient actuellement rompu la trêve, et que ce n'était pas une pure invention de *Mahomet*, comme l'insinue le docteur PRIDEAUX, *Vie de Mahomet*, pag. 94.
[2] Voyez ABULFED., *ubi supra*, cap. LI, LII.
[3] GAGNIER, *Notes sur* ABULFEDA, pag. 121.
[4] ABULFED., *ubi supra*, pag. 128.
[5] ID., *ibid.*, pag. 229.

---

[1] Ce nom fut d'abord donné au *Pentateuque* seulement. NÉHÉMIE, VIII. Voyez SIMON, *Hist. crit. du Vieux Testament*, chap. XIX.
[2] Voyez ERPEN., *Not. ad Hist. Joseph*, pag. III.
[3] MARACC., *de Alcoran*, pag. 41.
[4] Voyez GOL., *in append. ad Gram. Arab. Erpen.*, pag. 175. *Perek* est aussi le nom d'un chapitre ou subdivision du *Massictoth* de la *Mishna*. MAIMON., *Præf. in Seder Zeraim.*, pag. 57.

l'appelle encore, *al Moshâf* (le volume); et *al Kitab* (le livre, le livre par excellence); ce qui répond au *Biblia* des Grecs : on l'appelle aussi *al Dhikr* (l'avertissement), nom que l'on donne également au *Pentateuque* et à l'*Évangile*.

Le *Korân* est divisé en cent quatorze portions, de longueurs fort inégales, que nous appelons chapitres, et que les Arabes nomment *Sowar*, qui fait au singulier *Soûra*, mot dont on se sert rarement en d'autres occasions; il signifie proprement *rang, ordre* ou *suite régulière*, comme celle d'une rangée de briques dans un bâtiment, ou d'un rang de soldats dans une armée. Il est synonyme de celui de *Soûra* ou *Tora* des Juifs, qui nomment aussi les cinquante-trois sections du Pentateuque, *Sedârim*, mot dont la signification est la même [1].

Ces chapitres ne sont pas distingués dans les manuscrits par leur ordre numérique, mais par des titres particuliers, à l'exception du titre du premier chapitre, qui est comme l'introduction de tout l'ouvrage, et que l'ancien traducteur latin n'a pas compté dans le nombre des chapitres; ces titres des chapitres sont pris ou des matières qu'ils renferment, ou des personnes dont il y est parlé, ou, le plus souvent, du premier mot remarquable qui se trouve dans le chapitre, de la même manière que les Juifs l'ont pratiqué à l'égard de leur *Sedârim*; ce mot remarquable, qui fait la dénomination du chapitre, est quelquefois assez éloigné de son commencement, quelquefois même seulement à la fin; ce qui paraît assez ridicule. Mais l'occasion de cette bizarrerie paraît avoir été, que le verset ou passage, dans lequel ce mot se trouve, a été révélé et donné à écrire avant les autres versets de ce même chapitre, qui le précèdent pour l'ordre; de sorte que le titre ayant été donné au chapitre avant qu'il fût achevé, ou avant que les passages fussent arrangés dans l'ordre où ils sont à présent, ce verset d'où le titre est tiré ne commence pas toujours le chapitre.

Quelques chapitres ont deux titres ou plus, ce qui a été occasionné par la différence des copies. Quelques-uns de ces chapitres ayant été révélés à la Mecque, et d'autres à Médine, cette distinction fait aussi partie du titre; et le lecteur remarquera que plusieurs chapitres sont marqués comme ayant été révélés partie à la Mecque et partie à Médine; et quant aux autres, dont le titre ne porte point où ils ont été révélés, c'est un sujet de dispute entre les commentateurs pour savoir à laquelle de ces deux places il faut les rapporter.

Chaque chapitre est divisé en petites parties inégales que nous nommons versets, et que les Arabes nomment *Ayât* : ce mot est le même que le mot hébreu *Ototh*, et signifie *Signe* ou *Merveille*; nom qui convient aux secrets de Dieu, à ses attributs, à ses ouvrages, à ses jugements et à ses ordonnances, qui font le sujet de ces versets : plusieurs versets ont aussi leurs titres particuliers qu'on leur a donné de la même manière qu'aux chapitres.

Quoique cette subdivision soit ordinaire et bien connue, je n'ai cependant jamais vu de manuscrit où ces versets soient actuellement numérotés, quoique l'on en trouve où le nombre des versets de chaque chapitre est mis après le titre. Il semble que les Mahométans se font quelque scrupule de distinguer les versets dans leurs copies, parce que la principale différence qui se trouve entre leurs diverses éditions du *Korân* consiste dans le nombre et la division de ces versets.

Puisque j'ai eu occasion de dire qu'il y avait différentes éditions du *Korân*, je dois informer le lecteur qu'il y en

a sept principales, si l'on peut donner le nom d'édition aux anciennes copies de ce livre. On en a publié deux à Médine, qui y sont particulièrement en usage; une à la Mecque, une quatrième à *Koufa*, une cinquième à *Basra*, une sixième en Syrie, et il y en a une septième appelée l'édition commune ou vulgaire. La première édition contient six mille versets; la seconde et la cinquième, six mille deux cent quatorze; la troisième, six mille deux cent dix-neuf; la quatrième, six mille deux cent trente-six; et la septième, six mille deux cent vingt-cinq : mais on dit qu'elles renferment toutes le même nombre de mots; savoir, soixante et dix-sept mille six cent trente-neuf [1]; et la même nombre de lettres: savoir, trois cent vingt-trois mille quinze [2]. En cela les Mahométans ont imité les Juifs, qui ont compté superstitieusement les mots et les lettres de leur loi; et même ils ont pris la peine de compter combien de fois chaque lettre de l'alphabet est répétée dans le *Korân* [3]: mais je ne voudrais pas garantir l'exactitude de ce calcul. Outre ces divisions inégales en chapitres et en versets, les Mahométans ont encore divisé le *Korân* en soixante parties égales, qu'ils appellent *Ahzab*, mot qui au singulier fait *Hizb*; et ils ont subdivisé ces parties en quatre égales; et en cela encore ils ont imité les Juifs, qui ont une ancienne division de leur *Mishna* en soixante parties appelées *Massictoth* [4]. Cependant le *Korân* est partagé plus ordinairement en trente sections seulement, auxquelles on a donné le nom d'*Ajzâ*, du singulier *Djoz*, dont chacune est deux fois plus longue que les *Ahzab*, et subdivisé comme eux en quatre parties. Ces divisions ont été faites pour la commodité de ceux qui lisent le *Korân*, dans les temples royaux, ou dans les chapelles attenantes dans lesquelles sont les tombeaux des empereurs et des grands hommes. Chaque chapelle a trente lecteurs, et chacun lit chaque jour sa section; en sorte que le *Korân* est lu d'un bout à l'autre une fois par jour [5]. J'ai vu plusieurs exemplaires divisés de cette manière, et reliés en trente petits volumes.

Après le titre, chaque chapitre, excepté le neuvième, est précédé de la formule suivante, que les Mahométans appellent le *Bismillah* : AU NOM DE DIEU TRÈS-MISÉRICORDIEUX; et ils mettent cette formule à la tête de tous leurs livres et de tous leurs écrits en général, comme une marque particulière, ou comme un caractère distinctif de leur religion; on regarde même comme une espèce d'impiété de l'omettre. Les Juifs font le même usage de cette formule: *Au nom du Seigneur*, ou *Au nom du grand Dieu*; et les Chrétiens orientaux, de celle-ci : *Au nom du Père, du Fils et du Saint-Esprit* : mais je pense que Mahomet a pris la formule, ainsi que plusieurs autres choses, des Mages persans, dont les livres commencent ordinairement par ces mots : *Benam yezdân Bakhchaïchgher dâdâr*, c'est-à-dire, *Au nom de Dieu juste et très-miséricordieux* [6]. Le commun des docteurs mahométans et des commentateurs du *Korân* croient que cette formule et les titres des chapitres ont une origine divine aussi bien que le texte; mais ceux qui sont plus modérés pensent que ce sont des additions humaines, et non pas la propre parole de Dieu.

Il y a dans le *Korân* vingt-neuf chapitres qui ont ceci

---

[1] Voyez GOL., *ubi supra*, pag. 177. Chacune des six grandes divisions de la *Mishna* est aussi appelée *Seder*. MAIMON., *ubi sup.*, pag. 55.

[1] Ou, selon d'autres, quatre-vingt-dix-neuf mille quatre cent soixante-quatre. RELAND., *de Rel. Moh.*, pag. 25.
[2] Ou, suivant une autre supputation, trois cent trente mille quinze. Voyez GOL., *ubi supra*, pag. 178. D'HERBELOT, *Bibliotheque orientale*, pag. 87.
[3] RELAND., *de Relig. Moh.*, pag. 25.
[4] Voyez GOLIUS, *ubi supra*, pag. 178. MAIMON., *Præf. in Seder Zeraim.*, pag. 57.
[5] Voyez SMITH., *de Moribus et institutis Persarum*, pag. 58.
[6] HYDE, *Hist. rel. vet. Pers.*, pag. 14.

de particulier, qu'ils commencent par certaines lettres de l'alphabet, quelques-unes par une seule, et les autres par plusieurs. Les Mahométans croient que ces lettres sont des marques particulières du *Korân*, qui cachent de profonds mystères; et les plus éclairés confessent que l'intelligence de ces mystères n'a été communiquée à aucun mortel, à l'exception de leur Prophète; d'autres cependant osent entreprendre de les deviner par cette espèce de cabale, que les Juifs appellent *Notarikon*[1], et prétendent que ces lettres tiennent la place d'autant de mots qui servent à exprimer les noms des attributs de Dieu, de ses ouvrages, de ses ordonnances et de ses décrets ; et que c'est pour cela que ces lettres, aussi bien que les versets, sont nommés *Signes* dans le *Korân*. D'autres déduisent ce que ces lettres désignent de leur nature où de l'organe, qui sert particulièrement à les prononcer; d'autres, de leur valeur en nombre, suivant les règles d'une autre espèce de cabale juive, appelée *Gematria*[2]. La différence de ces conjectures prouve suffisamment leur incertitude. Par exemple, cinq chapitres, du nombre desquels est le second, commencent par ces lettres A. L. M. : quelques-uns s'imaginent qu'elles tiennent la place de ces deux mots, *Allah Latîf Magîd*, c'est-à-dire, *Dieu est clément et doit être glorifié*; ou de ceux-ci, *Ana li minni* (A moi et de moi); ce qui veut dire, *A moi appartient toute perfection, et de moi procèdent tous les biens*; ou de ceux-ci, *Ana Allah Alam* (Je suis Dieu très-sage), la première lettre A marquant le commencement du premier mot; la seconde L, le milieu du second ; la troisième M, la fin du troisième mot: ou encore de ceux-ci, *Allah, Gabriel, Mahomet*, comme qui dirait, *l'auteur, le révélateur, le prédicateur du* Korân. D'autres disent que, comme la lettre A se prononce du fond du gosier, qui est le premier organe de la voix; que le L se prononce du palais, qui est l'organe moyen; et que le M se prononce des lèvres, qui est le dernier organe : ces lettres signifient que Dieu est le commencement, le milieu et la fin ; ou que nous devons le louer au commencement, au milieu et à la fin de toutes nos paroles et de toutes nos actions : ou comme la valeur de toutes ces lettres prises ensemble est soixante et onze, elles signifient que la religion mahométane sera répandue, et pleinement établie au bout de ce même nombre d'années. La conjecture d'un docteur chrétien[3], est pour le moins aussi vraisemblable qu'aucune des précédentes. Il suppose que ces trois lettres ont été mises par le secrétaire de Mahomet, pour exprimer ces mots, *Amar li Mohammed*, c'est-à-dire, *par l'ordre de Mahomet*, et que les cinq lettres qui précèdent le dix-neuvième chapitre auront été écrites par un secrétaire Juif pour ces mots, *Koh Yaas*, c'est-à-dire, *Il est ainsi ordonné*.

On convient généralement que le style du *Korân* est très-élégant, étant écrit dans le dialecte de la tribu des *Koreish*, qui est le plus poli et le plus noble de tous les dialectes arabes. Il est reconnu pour le modèle du langage arabe ; et les plus orthodoxes croient, fondés sur le *Korân* même, que ce style ne saurait être imité par aucun écrivain[4] humain (quoique quelques sectaires aient pensé autrement); ils regardent cette perfection de style au-dessus des forces humaines, comme un miracle permanent plus grand que ne serait la résurrection d'un mort[5], et qui est seul suffisant pour convaincre le monde de l'origine céleste de ce livre. Et c'est à ce miracle que Mahomet lui-même en appelle pour confirmer sa mission ;

il défie publiquement l'homme le plus éloquent de l'Arabie (qui de son temps fourmillait de gens dont la seule étude et toute l'ambition était d'exceller dans l'élégance du style et de la composition) * de faire un seul chapitre qui pût être comparé à cet ouvrage[1]. Je ne citerai qu'un exemple, entre plusieurs, pour faire voir que ce livre était réellement admiré, pour la beauté de son style, par ceux même que l'on reconnaît avoir été des juges compétents. Un poëme de *Lebid Ebn Ratia*, l'un des plus grands esprits de l'Arabie du temps de Mahomet, ayant été affiché sur la porte du temple de la Mecque, honneur qu'on ne faisait qu'aux ouvrages les plus estimés, il ne se trouva aucun autre poëte qui osât produire aucune composition de sa façon pour être mise en concurrence avec l'ouvrage de *Lebid*. Mais le second chapitre du *Korân* ayant été mis à côté de ce poëme; *Lebid* lui-même (quoiqu'il fût idolâtre pour lors) fut saisi d'admiration à la lecture des premiers versets, et professa tout de suite la religion qui y était enseignée, déclarant que de telles paroles ne pouvaient venir que d'une personne inspirée. Dans la suite, ce *Lebid* rendit de grands services à Mahomet, en faisant des réponses aux satires et aux invectives qui furent faites contre lui et sa religion par les infidèles, et en particulier par *Amri al Kais*[2], prince de la tribu de *Asad*[3], auteur de l'un de ces sept fameux poëmes appelés *al Moallakat*[4].

Le style du *Korân* est en général beau et coulant, surtout dans les endroits où il imite la langue prophétique et les phrases de l'Écriture sainte. Il est concis, et souvent obscur; il est orné de figures hardies, suivant le goût des Orientaux. Ce style est animé par des expressions fleuries et sentencieuses; et en plusieurs endroits, surtout lorsqu'il s'agit de décrire la majesté et les attributs de Dieu, il est sublime et magnifique. Quoiqu'il soit écrit en prose, les sentences se terminent par des rimes redoublées, et le sens est souvent interrompu en faveur de ces rimes, et elles donnent lieu à plusieurs répétitions qui paraissent fort choquantes dans une traduction, où l'on ne peut apercevoir l'ornement qui a été cause de ces répétitions, et qui en sauve la défectuosité. Les Arabes sont si charmés de ces rimes redoublées, qu'ils les emploient dans leurs compositions les mieux travaillées, qu'ils embellissent aussi de fréquents passages du *Korân* ou d'allusions à ses sentences; en sorte qu'il est presque impossible de les entendre sans être bien versé dans ce livre.

Il est probable que l'harmonie que les Arabes trouvent dans les expressions du *Korân*, peut beaucoup contribuer à leur faire goûter la doctrine qui y est enseignée, et peut donner une efficacité à certains arguments, qui peut-être n'auraient pas paru si convaincants s'ils eussent été proposés nettement et sans ces ornements oratoires. On raconte des effets extraordinaires du pouvoir des mots bien choisis et artistement arrangés, qui, comme une sorte de musique, peuvent ravir l'âme et l'étonner. Aussi les meilleurs orateurs n'ont pas regardé l'élocution comme une des moindres parties de leur art. Il faut avoir l'oreille bien

---

[1] BUXTORF, *Lexicon Rabbin.*
[2] Voyez ID., *ibid.* Voyez aussi SCHICKARDI *Bechinat Happerushim*, pag. 62, etc.
[3] GOL, *in Append ad Gram. Erp.*, pag. 182.
[4] Voyez ci-dessous.
[5] AHMED ABD' ALHALIM, *apud* MARAC., *de Alcor.*, pag. 43.

* Un illustre auteur s'est donc trompé, lorsqu'il a dit que les fondateurs des religions orientales ont laissé leurs écrits sacrés pour seul modèle des ouvrages de littérature, en détruisant tout véritable savoir : car quoique les Orientaux fussent destitués de ce que nous appelons savoir, ils étaient bien éloignés d'être des ignorants, ou d'être hors d'état de composer élégamment dans leur propre langue. Voyez les *Caractérisques* de mylord SHAFTESBURY, vol. III, pag. 235.

[1] AL GHAZALI, *apud* POC., *Spec.*, pag. 191. Voyez le *Korân*, chap. I, et aussi chap. II et XI, etc.
[2] D'HERBELOT, *Bibliothèque orientale*, pag. 512, etc.
M. le baron MAC GUCLIN DE SLANE vient de publier le *Divan*, ou *Recueil de poésies de ce poëte*, accompagné d'une traduction latine (G. P.)
[3] POC., *Spec.*, pag. 82.
* Voyez ci-devant.

mauvaise pour n'être pas frappé de la cadence d'une sentence bien tournée [1]; et il ne paraît pas que Mahomet ait ignoré cette opération enthousiastique de la rhétorique sur les esprits des hommes; et c'est pour cela qu'il n'a pas seulement employé tout son art dans ses prétendues révélations à conserver cette dignité et cette sublimité de style, qui semble n'être pas indigne de la majesté de cet Être qu'il veut en faire regarder comme l'auteur, et à imiter le ton des prophètes de l'Ancien Testament; mais même il n'a négligé aucun des artifices de l'art oratoire; en quoi il a si bien réussi, et il a si bien su se rendre maître de l'esprit de ses auditeurs, que plusieurs de ses adversaires lui ont reproché que c'était l'effet de quelque magie ou de quelque enchantement, comme il s'en plaint quelquefois [2].

« Le dessein général du *Korán* (pour me servir des termes
« d'un savant auteur) semble avoir été de réunir à une
« seule religion tous les peuples de l'Arabie, dont le plus
« grand nombre était idolâtre; le reste, Juifs ou Chrétiens,
« la plupart hétérodoxes : ceux qui professaient ces diffé-
« rentes religions vivaient sans règle, et s'égaraient faute
« de guide. Cette religion consistait à connaître et à adorer
« un seul Dieu, éternel, invisible, par le pouvoir duquel
« toutes choses ont été faites, et qui peut donner l'existence
« à celles qui ne sont pas, qui est le Gouverneur suprê-
« me, le Juge et le Seigneur absolu de la création. Cette
« religion contenait la sanction de certaines lois et l'éta-
« blissement des signes extérieurs de certaines cérémonies
« en partie d'ancienne institution, en parties nouvelles, et
« elle était renforcée en mettant devant les yeux des pei-
« nes et des récompenses temporelles et éternelles. L'autre
« but du *Korán* a été de porter tous ces peuples à obéir à
« Mahomet, comme au prophète et à l'ambassadeur de
« Dieu, qui, après les fréquents avertissements, les pro-
« messes et les menaces des temps précédents, devait enfin
« établir et répandre la religion de Dieu sur la terre par
« la force des armes, et être reconnu comme souverain
« pontife pour le spirituel, et comme prince suprême pour
« le temporel [3]. » Ainsi donc la grande doctrine du *Korán*,
c'est l'unité de Dieu. Mahomet prétendait que le rétablissement de ce dogme était le but principal de sa mission, et donnait comme une vérité fondamentale, qu'il n'y avait jamais eu et qu'il ne pouvait y avoir qu'une seule véritable religion; que, quoique les lois particulières ou les cérémonies soient seulement à temps et sujettes au changement, conformément à la direction de la Providence, cependant la substance de la religion étant une vérité éternelle, elle ne pouvait être changée, mais demeurait toujours la même; et il enseignait que, toutes les fois que cette religion avait été négligée ou corrompue dans l'essentiel, Dieu avait bien voulu donner de nouvelles instructions, de nouveaux avertissements au genre humain par divers prophètes, entre lesquels Moïse et Jésus ont été les plus distingués jusqu'à la venue de Mahomet, qui était comme le sceau des prophètes, et qu'on n'en devait attendre aucun autre après lui. Et pour engager plus efficacement les hommes à l'écouter, la plus grande partie du *Korán* est employée à rapporter des exemples des punitions terribles que Dieu infligeait autrefois à ceux qui avaient rejeté et maltraité ses envoyés. Plusieurs de ces exemples sont tirés du Vieux et du Nouveau Testament; mais le plus grand nombre est tiré en tout ou en partie des livres apocryphes et des traditions des Juifs et des Chrétiens de ce temps-là, qui sont avancées dans le *Korán*, comme des témoignages incontestables, par opposition à l'Écriture même, parce qu'il la regarde comme altérée par la fraude des Juifs et des Chrétiens. Je suis porté à croire qu'il y a peu ou peut-être qu'il n'y a aucune de ces relations ou de ces circonstances rapportées dans le *Korán* qui soit de l'invention de Mahomet, comme on le suppose généralement, parce qu'il est aisé de prouver que la plupart de ces traits avaient déjà cours avant ce prophète, et qu'on pourrait vraisemblablement le prouver de tous, s'il nous restait un plus grand nombre de ces sortes de livres, et que cette recherche en valût la peine.

Le reste du *Korán* est employé à donner les lois les plus nécessaires, et des conseils tendants à exhorter les hommes à la pratique des vertus morales et divines sur toutes choses, à rendre au seul et vrai Dieu le culte et le respect qui lui sont dus, et à se résigner à sa volonté. Tout cela est entremêlé d'excellentes choses qui ne sont point indignes d'être lues, même par des Chrétiens.

Mais outre tout cela, il y a dans le *Korán* un grand nombre de passages qui y sont occasionnellement, et qui se rapportent à des circonstances particulières; car toutes les fois qu'il arrivait quelque chose qui intriguait et embarrassait Mahomet, il avait constamment recours à une nouvelle révélation, comme à un expédient infaillible dans tous les cas délicats; et le succès de cette méthode a toujours répondu à son attente. Ce fut certainement une invention admirable et une bonne politique à lui, de ne faire descendre le *Korán* en entier que jusqu'au ciel inférieur, et non jusqu'à la terre, comme l'aurait fait sans doute quelque prophète maladroit; car si tout avait été publié à la fois, on aurait fait des objections innombrables, qu'il lui aurait été bien difficile ou même impossible de résoudre; mais comme il prétendait ne l'avoir reçu que par morceaux, à mesure que Dieu trouvait à propos de le faire publier pour la conversion et l'instruction du peuple, il avait un moyen sûr de parer à tous les événements et de se tirer avec honneur de toutes les difficultés qui pouvaient se présenter. Que si on veut tirer de là quelque objection contre l'éternité du *Korán*, qui est un point de foi pour les Mahométans, ils y répondent aisément par leur doctrine de la prédestination absolue, suivant laquelle tous les accidents pour lesquels ces passages occasionnels ont été révélés, avaient été prédéterminés par Dieu même de toute éternité.

Que Mahomet soit réellement l'auteur et le principal inventeur du *Korán*, c'est ce qui est hors de toute conteste, quoiqu'il soit très-probable que d'autres lui ont aidé [1], comme ses compatriotes n'ont pas manqué de le lui reprocher [2]; cependant ils ont été si peu d'accord dans les conjectures sur la désignation des personnes qui lui ont donné ces secours, qu'on en peut conclure qu'ils n'étaient pas en état de prouver leurs accusations. Il est à présumer que Mahomet avait trop bien pris ses mesures pour être découvert.

Le docteur Prideaux [3] est celui qui a donné sur ce sujet les conjectures les plus probables, quoiqu'elles soient principalement tirées des auteurs chrétiens, qui ne méritent pas trop de crédit, à cause des fables ridicules qu'ils mêlent avec tout ce qu'ils racontent sur ce sujet.

Quoi qu'il en soit, les Mahométans nient absolument que le *Korán* ait été composé par leur Prophète ou par quel que autre personne; c'est pour eux un article de foi, de croire que ce livre est d'une origine divine, qu'il est éternel et non créé, et demeurant, comme quelques-uns s'expriment, dans l'essence divine. Que la première copie a été de toute éternité, auprès du trône de Dieu, écrite sur une table d'une vaste étendue, nommée la *Table conservée*, qui contient aussi les décrets de Dieu sur le passé

---

[1] Voyez CASAUBON, *de l'Enthousiasme*, chap. IV.
[2] *Korán*, chap. XV, XXI, etc.
[3] GOLIUS, *in Append. ad Gram. Erp.* pag. 176.

[1] Les Chrétiens donnent au Juif *Abdallah* et au moine *Sergius* la principale part à la composition du *Korán*.
[2] Mahomet s'en plaint aux chap. XVI et XXV du *Korán*.
[3] *Vie de Mahomet*, pag. 31, etc.

et l'avenir : qu'une copie de cette table, écrite dans un volume de papier, fut apportée par l'ange Gabriel dans le ciel le plus bas, au mois de *Ramadân*, la nuit appelée *al Kadr* ou *du pouvoir* [1] ; que de ce ciel le plus bas, Gabriel l'a communiquée à Mahomet par morceaux, tantôt à la Mecque, tantôt à Médine, durant l'espace de vingt-trois ans, selon que les circonstances le demandaient, lui donnant néanmoins la consolation de lui faire voir une fois par an le volume entier, lequel, à ce qu'ils disent, était relié dans de la soie, et orné d'or et de pierres précieuses du paradis ; et ils ajoutent qu'il eut deux fois cette satisfaction dans la dernière année de sa vie. Ils disent que peu de chapitres ont été donnés entiers, la plus grande partie ayant été révélée pêle-mêle et écrite de temps en temps par les secrétaires du Prophète, en telle ou telle partie, ou en tel ou tel chapitre, jusqu'à ce qu'ils fussent complets, suivant la direction de l'ange [2] ; et ils conviennent généralement que les cinq premiers versets [3] du XCVIᵉ chapitre sont la première portion qui ait été révélée.

Après que les passages nouvellement révélés avaient été recueillis de la bouche du Prophète par son secrétaire, on les communiquait à ses sectateurs. Plusieurs d'entre eux en prenaient des copies pour leur usage particulier ; mais le plus grand nombre les apprenait par cœur. Quand on rendait les originaux, on les enfermait confusément dans un coffre sans les ranger, suivant l'ordre des temps ; et c'est par cette raison qu'il est incertain dans quel temps plusieurs passages ont été révélés.

Quand Mahomet mourut, il laissa les révélations dans ce même désordre, et ne les rangea point selon la méthode où nous les trouvons aujourd'hui. Ce fut l'ouvrage de son successeur *Abou Bekr*, qui considérant qu'un très-grand nombre de passages avaient été confiés à la mémoire des sectateurs de Mahomet, et que plusieurs d'entre eux avaient été tués à la guerre, ordonna qu'on rassemblât le tout, non-seulement ceux qui étaient écrits sur des feuilles de palmier et sur des peaux que l'on conservait entre deux planches ou couvertures, mais ceux encore que les Mahométans savaient par cœur ; et dès que cette collection fut complète, il en confia la garde à *Hafsa*, fille d'*Omar*, une des veuves du Prophète [4].

C'est ce qui a fait croire qu'*Abou Bekr* était réellement le compilateur du *Korân*, quoiqu'il paraisse, au contraire, que Mahomet laissa les chapitres de ce livre, aussi complets qu'on les a aujourd'hui, à l'exception des passages que son successeur put ajouter ou corriger d'après ceux qui les avaient appris par cœur. Il paraît qu'*Abou Bekr* ne fit peut-être autre chose que de ranger les chapitres dans l'ordre où ils sont à présent ; ce qu'il paraît avoir fait sans avoir égard au temps, ayant placé les plus longs chapitres les premiers.

Othman, qui était khalife la trentième année de l'hégire, ayant remarqué qu'il y avait une grande variété dans les copies du *Korân* répandues dans les diverses provinces de l'empire, ceux de la province d'*Irak*, par exemple, suivant les manières de lire d'*Abou Musa al Achari*, et les Syriens celles de *Macdâd Ebn Aswad*, ordonna, de l'avis des *compagnons* de Mahomet, que l'on fît plusieurs copies de celle d'*Abou Bekr*, dont *Hafsa* avait la garde, sous l'inspection de *Zeid Ebn Thabet d'Abd'allah Ebn Zobair*, de *Said Ebn al As*, et d'*Abd'alrahmân Ebn al Hâreth* le *Makhzumite*, en leur donnant pour règle

que toutes les fois qu'ils ne s'accorderaient pas sur quelque mot, ils l'écrivissent dans le dialecte des *Korâhis*, parce que c'était en ce dialecte que le *Korân* avait premièrement été donné [1]. Quand ces copies furent faites, on les distribua dans les diverses provinces de l'empire ; et les anciennes copies furent brûlées ou supprimées. Quoique les examinateurs nommés ci-dessus aient fait plusieurs corrections dans la copie d'*Hafsa*, on trouve cependant encore quelques différentes leçons ; et dans la suite on indiquera les principales.

Le manque de voyelles [2], dans le caractère arabe, a rendu absolument nécessaires les *Mokris* ou *Lecteurs*, dont l'étude particulière et la profession sont de lire le *Korân* avec ses véritables voyelles ; mais ces *Mokris* ne s'accordant pas entre eux sur la manière de lire, ont occasionné de nouvelles variations dans les copies du *Korân* où l'on a mis les voyelles, et c'est principalement sur ces voyelles que roulent la plupart des variantes du *Korân*. Il y a sept de ces *lecteurs* dont les commentateurs se servent principalement pour se déterminer entre ces diverses leçons.

Les docteurs Mahométans réfutent toutes les contradictions qui se trouvent entre certains passages du *Korân*, par leur doctrine de l'abrogation, Dieu, disent-ils, ayant commandé dans le *Korân* diverses choses, qu'il a jugé à propos de révoquer et d'abroger dans la suite pour de bonnes raisons.

Les passages qui ont été abrogés sont distingués en trois sortes : la première sorte est de ceux dont la lettre et le sens sont tous deux abrogés ; la seconde sorte est de ceux dont la lettre est abrogée et le sens subsiste ; et la troisième sorte est de ceux dont la lettre subsiste, quoique le sens soit abrogé.

Entre les passages de la première sorte on sait, par la tradition d'*Ans Ebn Malek*, qu'il y avait plusieurs versets qui se trouvaient dans le chapitre de la Repentance du temps de Mahomet, et qui n'existent plus. Un de ces versets supprimés, qui est tout ce dont il se souvenait, est le suivant : « Si un fils d'Adam avait deux rivières d'or, il en « convoiterait une troisième ; et s'il en avait trois, il en « désirerait une quatrième avec les trois autres. Jamais son « ventre ne sera rempli, jusqu'à ce qu'il soit en poudre. Dieu « se tournera vers celui qui se repentira. » On a un autre exemple de cette sorte par une tradition d'*Abd'allah Ebn Masûd*, qui raconte que le Prophète lui donna à lire un verset, qu'il l'écrivit ; mais que le lendemain matin ayant cherché dans son livre, ce verset était évanoui, et la feuille était en blanc ; que l'ayant rapporté à Mahomet, celui-ci lui avait dit que ce verset avait été révoqué cette même nuit.

Entre les versets de la seconde sorte est celui qu'on appelle le verset de la Lapidation, qui, selon une tradition d'*Omar*, qui fut ensuite khalife, existait durant la vie de Mahomet, quoique à présent il ne se trouve plus : en voici les termes : « Ne haïssez pas vos parents ; ce serait une « ingratitude en vous. Si un homme et une femme d'une « bonne réputation commettent un adultère, vous les la« piderez tous deux ; c'est une punition infligée de la part « de Dieu, car Dieu est puissant et sage. »

On trouve deux cent vingt-cinq passages du troisième genre dans soixante-trois différents chapitres. Tels sont ceux qui ordonnent de se tourner du côté de Jérusalem

---

[1] Voyez le *Korân*, chap. XCVII.
[2] PRIDEAUX s'est trompé lorsqu'il a dit que Mahomet le reçut chapitre après chapitre. *Vie de Mahomet*, pag. 6. Les Juifs disent aussi que la loi fut donnée à Moïse par parties. Voyez MILL, *de Mohammedismo*, pag. 365.
[3] Et non le chapitre entier, comme le dit GOLIUS, *Append. ad Gr. Erp.*, pag. 180.
[4] ELMACIN, dans la *Vie d'Abou Bekr*.

---

[1] ABULFEDA, dans les *Vies d'Abou Bekr* et d'*Othman*.
[2] Les caractères et les marques des voyelles arabes ne furent en usage que plusieurs années après Mahomet. Quelques-uns en attribuent l'invention à *Yahya Ebn Yamor* ; d'autres, à *Nars Ebn Asam* ; d'autres enfin, à *Abou' Iaswad al Dili* : tous trois docteurs à Balsora, et qui succédèrent immédiatement aux compagnons de Mahomet. Voyez D'HERBELOT, pag. 87.

pour faire sa prière, de célébrer les fêtes selon l'ancienne coutume, d'avoir de l'indulgence pour les idolâtres, de fuir les ignorants, et autres semblables [1]. Plusieurs écrivains ont soigneusement rassemblé tous ces passages.

Quoique les *Sonnites* ou orthodoxes en général croient que le *Korân* est incréé éternel subsistant dans l'essence de Dieu, et que Mahomet lui-même, à ce que l'on assure, ait déclaré que celui qui affirmerait le contraire était un infidèle [2], plusieurs Mahométans sont cependant d'une opinion différente, en particulier ceux de la secte des *Motazalites* [3] et les disciples d'*Isa Ebn Sobeih Abou Musa*, surnommé al *Mozdâr*, qui accusent d'infidélité ceux qui soutiennent que le *Korân* n'a pas été créé, parce que par là ils établissent deux Êtres éternels [4].

Ce point a été controversé avec tant de chaleur, qu'il a occasionné bien des calamités sous quelques-uns des khalifes de la famille d'*Abbâs al Mamûn* [5], qui publia un édit déclarant que le *Korân* avait été créé; ce qui fut confirmé par *al Motasen* [6] et *al Wâthek* [7], ses successeurs, qui firent fouetter, emprisonner et mettre à mort ceux d'une opinion contraire. Mais enfin le khalife *al Motaakkel* [8], qui succéda à *al Wâthek*, mit fin à ces persécutions, en révoquant ces anciens édits, relâchant ceux qui avaient été emprisonnés à cette occasion, et laissant à chacun la liberté de croire ce qu'il voudrait sur cet article [9].

Il paraît qu'*al Ghazali* a assez bien accordé ces deux opinions. Il dit que l'on prononce de la bouche ce qui est contenu dans le livre du *Korân*, qu'il est écrit dans les livres, et qu'il est conservé dans la mémoire; mais que ce pendant il est éternel, en tant qu'il subsiste dans l'essence de Dieu, dont il ne peut être séparé par aucune transmission dans la mémoire des hommes ou dans les feuilles d'un livre [10]; par où il paraît qu'il n'entend autre chose si ce n'est que l'idée originelle du *Korân* est réellement en Dieu, et en conséquence lui est coessentielle et coéternelle; mais que les copies sont créées et sont l'ouvrage des hommes.

L'opinion de *al Jahedh*, chef de la secte qui porte son nom, est trop remarquable pour être passée sous silence. Il avait coutume de dire, que le *Korân* était un corps qu. pouvait être transformé quelquefois en homme [11] et quelquefois en animal [12]. Cela s'accorde avec l'opinion de ceux qui soutiennent que ce livre a deux faces, une face d'homme et une face d'animal [1]; par où ils entendent, selon moi, les deux espèces d'interprétations que l'on peut lui donner, l'une selon la lettre, l'autre selon l'esprit.

Comme quelques Mahométans ont cru que le *Korân* avait été créé, il s'en est trouvé d'autres qui ont osé assurer qu'il n'y avait rien de miraculeux dans ce livre, eu égard à son style et à sa composition, à la réserve des récits prophétiques des choses passées, et des prédictions des choses à venir; et que si Dieu avait laissé les hommes à leur liberté naturelle, et qu'il ne les eût point restreints à cet égard, les Arabes auraient pu composer des ouvrages, non-seulement égaux, mais même supérieurs au *Korân*, en éloquence, en méthode et en pureté de langage. C'était là l'opinion des *Motazalites*, et en particulier d'*al Mozdar*, dont on a parlé ci-dessus, et de *al Nodham* [2].

Le *Korân* étant la règle de la foi et des devoirs des Mahométans, il n'est pas étonnant que le nombre de ceux qui l'ont expliqué et commenté soit fort grand; et l'on ne doit pas omettre de dire un mot des règles qu'ils observent dans ces expositions du *Koran*.

Un des plus savants commentateurs [3] distingue ce que le *Korân* contient, en *allégorique* et *littéral*. L'allégorique renferme les passages obscurs, paraboliques et énigmatiques; et de ce nombre sont les passages abrogés. À ce qui est littéral se rapportent les passages qui sont clairs, simples, qui ne sont sujets à aucune conteste, et qui sont dans toute leur force.

Pour expliquer ces passages avec justesse, il est nécessaire d'être instruit, par la tradition et par l'étude, du temps où chacun d'eux a été révélé, des circonstances de ce temps, de l'état des choses et des raisons ou des cas particuliers pour lesquels chaque passage a été révélé [4]; il faut déterminer particulièrement si tel ou tel passage a été révélé à la Mecque ou à Médine; s'il est abrogé ou s'il abroge quelques autres passages; s'il est anticipé, placé avant sa date ou après; s'il est détaché de ce qui précède et de ce qui suit, ou s'il en dépend; s'il est particulier ou général; enfin, s'il renferme quelque chose implicitement, ou si les [5] expressions présentent tout ce qu'il veut dire.

On voit aisément, par tout ce qui vient d'être dit, combien ce livre est respecté des Mahométans. Ils n'oseraient le toucher [sans s'être auparavant lavé ou purifié légalement [6]; et dans la crainte que cela ne leur arrive par inadvertance, ils écrivent ces mots sur la couverture: *Que personne ne touche ce livre que ceux qui sont nets.* Ils le lisent avec beaucoup de soin et de respect, ne le tenant jamais plus bas que leur ceinture. Ils jurent par ce livre, le consultent dans les occasions importantes [7], le portent avec eux à la guerre, écrivent ses sentences sur leurs bannières, l'enrichissent d'or et de pierres précieuses, et ne souffrent pas qu'il tombe entre les mains des personnes d'une religion différente.

Bien loin que les Mahométans regardent comme une profanation de traduire le *Korân*, comme quelques auteurs

---

[1] Abu Hashem Hebatallah, dans Maracc., *de Alcor.*, pag. 42.
[2] Poc., *Spec.* pag. 220.
[3] Voyez section VIII, pag. 8.
[4] Poc., *Spec.*, pag. 219, etc.
[5] Abulfarag., pag. 245, l'an de l'hégire 218. Elmacin. Voyez aussi dans la Vie d'*al Mamûn*.
[6] Au temps de *al Motasem*, un docteur nommé *Abu Harun Ebn al Baka* trouva une distinction qui lui sauva la vie, en consentant d'avouer que le *Korân* avait été ordonné, parce qu'il est dit dans le *Korân, Et j'ai ordonné pour toi le Korân*. Et il vint jusqu'à avouer que ce qui avait été ordonné avait été créé; il nia cependant que l'on pût conclure de là que le *Korân* eût été créé. Abulfarag., pag. 255.
[7] Id., *ibid.*, pag. 257.
[8] An de l'hégire 242.
[9] Abulfarag., pag. 262.
[10] Al Ghazali, *in Prof. fidei*.
[11] Le khalife *al Walîd Ebn Yazîd*, le onzième de la race d'*Ommeya*, regardé par les Mahométans comme un réprouvé et sans religion, semble avoir traité ce livre comme une créature raisonnable; car l'ouvrant un jour au hasard, il y trouva ces mots: *Toute personne rebelle ne prospérera pas*. Sur quoi il le posa au bout d'une lance, et le mit en pièces à coups de flèches, en répétant ces paroles: *Rejettes-tu toute personne rebelle? Voilà; je suis cette personne rebelle. Lorsque tu paraîtras devant ton Seigneur au jour de la résurrection, dis lui: O Seigneur, al Walîd m'a ainsi déchiré*. Ebn Shohnar. Voyez Poc., *Spec.*, pag. 223.
[12] Poc., *Spec.*, pag. 222.

---

[1] Herbelot., pag. 87.
[2] Abulfeda, Shahrestani, etc. Poc., *Spec.*, pag. 222. Maracci, *de Alcorân*, pag. 44.
[3] Al Zamakchari.
[4] Ahmed Ebn Moh. Al Thalebi, *in princip. Expos. Alcor.*
[5] Yahya Ebn al Salam al Basri, au commencement de l'Exposition du *Korân*.
[6] Les Juifs ont la même vénération pour leur loi, n'osant la toucher sans s'être lavé les mains, ni même alors sans les avoir couvertes. Voyez Mill., *de Mohammedismo ante Moh.*, pag. 366.
[7] Ils font cela en regardant dans le livre, et en tirant un présage des mots qui se présentent les premiers: coutume qu'ils tiennent des Juifs, qui font la même chose par rapport à l'Écriture. Voyez Mill., *ubi supra*.

l'ont avancé [1], ils ont soin, au contraire, qu'il soit traduit non-seulement en langue persane, mais aussi en plusieurs autres langues, et particulièrement en langues javanaise et malaie [2]. Mais par respect pour l'original arabe, ces versions sont écrites ordinairement, pour ne pas dire toujours, entre les lignes du texte original.

SECTION QUATRIÈME.

Des doctrines et des préceptes positifs du Korân qui ont rapport à la foi et aux devoirs religieux.

Fondement de la religion mahométane. — Division et points fondamentaux de la même religion. — De la foi que les Mahométans ont en Dieu, — Et en ses anges. — Des Écritures, — Des prophètes. — De l'état après la mort. — Du corps avant la résurrection. — De l'âme. — De la résurrection. — Signes de son approche. — Les trois sons de la dernière trompette, et leurs effets. — Longueur du dernier jour. — Circonstance de la résurrection. — Lieu où s'assembleront les ressuscités. — Du jour du jugement. — Attente de ceux qui seront jugés. — Manière dont ils seront jugés. — De la balance où leurs œuvres seront pesées. — Satisfaction des injures. — Du pont *al Sirat*. — Opinion des Mahométans sur l'enfer et les tourments. — De la muraille qui est entre le paradis et l'enfer. — De l'étang de Mahomet. — Du paradis. — Si les femmes en sont exclues. — Du décret absolu de Dieu. — De la prière et des purifications qui doivent la précéder. — De la circoncision. — Des aumônes. — Du jeûne. — Du pèlerinage à la Mecque. — Description abrégée du temple.

On a déjà observé plus d'une fois que le point fondamental sur lequel Mahomet a élevé sa religion, est que du commencement du monde jusqu'à la fin, il n'y a eu, et il ne doit y avoir, qu'une seule véritable religion orthodoxe; que cette religion consistant, quant à la foi, dans la connaissance d'un seul vrai Dieu, et dans la confiance et l'obéissance aux messagers ou prophètes qu'il doit envoyer de temps en temps, avec des lettres de créance convenables, pour déclarer sa volonté aux hommes. Quant à la pratique, cette religion consiste dans l'observation des lois éternelles et immuables du juste et de l'injuste, et de quelques autres préceptes et cérémonies que Dieu juge à propos d'établir pour le temps présent, suivant ses différentes dispensations en différents âges du monde : car Mahomet convient que ces préceptes et ces cérémonies sont des choses indifférentes de leur nature, et qu'ils ne deviennent obligatoires que par le précepte positif de Dieu; qu'ainsi ils sont à temps, et sujets à être changés suivant sa volonté et son bon plaisir.

Mahomet donna à cette religion le nom d'*Islamisme*, mot qui signifie, *résignation ou soumission au service et aux ordres de Dieu* [3]. C'est le nom propre de la religion mahométane, que ses sectateurs prétendent être dans le fonds la même que celle de tous les prophètes depuis Adam.

C'était sous le prétexte que cette religion était corrompue de son temps, et qu'aucune secte ne la professait dans sa pureté, que Mahomet prétendit être un prophète envoyé de la part de Dieu, pour corriger les abus qui s'y étaient glissés, et pour la ramener à sa simplicité primitive, en y joignant cependant quelques lois et quelques cérémonies particulières, dont quelques-unes étaient anciennement en usage, et quelques autres étaient pour lors instituées pour la première fois. Il renferma toute la substance de sa doctrine dans ces deux propositions, ou articles de foi; savoir, qu'il n'y a qu'un Dieu, et qu'il était lui-même l'apôtre de Dieu; et en conséquence de ce second article, qu'il fallait recevoir toutes les ordonnances et toutes les institutions qu'il trouva à propos d'établir, comme étant obligatoires et d'une autorité divine.

Les Mahométans divisent leur religion, qu'ils appellent *Islâm*, comme nous venons de le dire, en deux parties distinctes, l'*Imân*, c'est-à-dire, la *foi* ou la *théorie*, et le *Din*, c'est-à-dire, la *religion* ou la *pratique*. Ils enseignent qu'elle est établie sur cinq points fondamentaux, l'un desquels appartient à la foi, et les quatre autres, à la pratique.

Le premier point est cette confession de foi dont j'ai déjà fait mention, *Qu'il n'y a de Dieu que le vrai Dieu, et que Mahomet est son apôtre*. Sous ce point, ils renferment six différentes branches : I. croire en Dieu; II. croire en ses anges; III. croire à ses Écritures; IV. croire à ses prophètes; V. croire à la résurrection et au jour du jugement; VI. et enfin croire aux décrets absolus de Dieu, et qu'il a prédéterminé tant le bien que le mal.

Les quatre points qui se rapportent à la pratique sont : 1° la prière, qui comprend les ablutions ou purifications, qui sont des préparations nécessaires avant que de prier; 2° les aumônes; 3° les jeûnes; 4° le pèlerinage à la Mecque. Je parlerai de toutes ces choses dans leur ordre.

I. Mahomet, et ceux d'entre ses sectateurs qui sont reconnus pour orthodoxes, ont eu et continuent d'avoir une juste et véritable idée de Dieu et de ses attributs (à l'exception de ce qui concerne la Trinité, qu'ils ont rejetée avec une opiniâtreté impie), comme il paraît par le *Korân* et par les ouvrages de tous les théologiens mahométans; et ce serait perdre son temps que de réfuter l'opinion de ceux qui supposent que le Dieu de Mahomet est différent du vrai Dieu, que ce n'est qu'une divinité qu'il s'est forgée, ou une idole de son invention [1]. Je n'entrerai point non plus dans les controverses des Mahométans sur la nature divine et ses attributs; j'aurai une occasion plus naturelle d'en parler ailleurs [2].

II. Le *Korân* prescrit absolument que l'on croie l'existence des anges et leur pureté. On regarderait comme un infidèle celui qui nierait [3] qu'il y a de tels êtres, qui en haïrait quelqu'un, ou qui assurerait qu'il y a entre eux quelque distinction de sexe. Ils s'imaginent que les anges ont un corps pur et subtil, créé de feu [4]; qu'ils ne mangent ni ne boivent, et qu'ils ne propagent point leurs espèces; qu'ils ont différents emplois; que les uns adorent Dieu en différentes postures; que d'autres chantent ses louanges, et que d'autres intercèdent pour le genre humain. Ils tiennent que quelques-uns sont employés à écrire les actions des hommes, et d'autres à porter le trône de Dieu ou à d'autres services. Les quatre anges qu'ils regardent comme étant le plus en faveur auprès de Dieu, et dont ils parlent souvent à cause des offices qui leur sont attribués, sont *Gabriel*, à qui ils donnent différents titres, et en particulier ceux d'esprit saint [5], et d'ange de révélation [6], supposant qu'il

---

[1] SIONITA, *de Urb. orient.*, pag. 41; et MARACC., *de Alc.*, pag. 33.
[2] RELAND, *de Rel. Moh.*, pag. 265.
[3] La racine *Salama*, d'où le nom d'*Islam* est formé dans la première et dans la quatrième conjugaison, signifie *être sauvé* ou *se trouver en état de l'être* ; suivant cela, on pourra traduire ainsi le mot *Islam* : *Religio* vel *Status salvationis*; mais l'autre sens est plus approuvé par les docteurs mahométans et par le *Korân* même. Voyez chap. II et III.

[1] MARACC., *in Alcor.*, pag. 102.
[2] Section VIII.
[3] Le *Korân*, chap. II.
[4] *Ibid*, chap. VII et XXXVIII.
[5] *Ibid*, chap. II.
[6] C'était l'opinion des Perses, que cet ange était souvent

a été honoré de la confidence de Dieu plus qu'aucun autre, et qu'il est employé à écrire les décrets de Dieu [1]; *Michel*, l'ami et le protecteur des Juifs [2]; *Azraël*, l'ange de la mort, qui sépare les âmes des hommes de leur corps [3]; et *Israfil*, dont l'emploi sera de sonner la trompette au jour de la résurrection [4].

Les Mahométans croient encore que chaque personne est accompagnée de deux anges gardiens, qui observent et écrivent ses actions [5]; qu'ils sont changés tous les jours; que chaque jour ils sont relevés par deux nouveaux, à cause de quoi ils les appellent *al Moakkibât*, c'est-à-dire, anges qui se *succèdent* continuellement les uns aux autres.

Mahomet et ses disciples ont emprunté des Juifs toute cette doctrine concernant les anges; et les Juifs conviennent que c'est des Perses qu'ils ont appris les noms et les offices de ces êtres [6]. Les anciens Perses étaient fermement persuadés du ministère des anges, et qu'ils avaient la surintendance sur les affaires de ce monde (ce que les Mages croient encore). Ils leur avaient en conséquence assigné des charges distinctes et des provinces différentes : ils donnaient leurs noms aux mois et aux jours des mois. Ils appellent Gabriel *Sorûsh* et *Revân bakhch*, ou *le donneur d'âme*, par opposition à l'emploi opposé de l'ange de la mort, à qui, entre autres noms, ils ont donné celui de *Mordâd*, ou *le donneur de la mort*. Pour Michel, ils l'appellent *Bechter*, parce que, selon eux, il pourvoit à la subsistance du genre humain [7]. Les Juifs enseignent que les anges ont été créés de feu [8], qu'ils ont divers offices [9], qu'ils intercèdent pour les hommes [10], et qu'ils les accompagnent [11]. Ils nomment l'ange de la mort *Doûma*, et ils disent qu'il appelle chacun des mourants par leur nom à leur dernier moment [12].

Le diable, que Mahomet appelle *Eblis*, à cause de son désespoir, était un de ces anges qui approchaient le plus près du trône de Dieu; il était nommé *Azazil* [13]. Sa chute arriva, selon le *Korân*, pour avoir refusé de rendre hommage à Adam [14], comme Dieu le lui avait ordonné.

Outre les anges et les démons, le *Korân* enseigne aux Mahométans qu'il y a un ordre intermédiaire de créatures, qu'ils appellent *Djin* ou génies, créés aussi de feu [15], mais d'une nature plus grossière que celle des anges, puisqu'ils mangent et boivent, qu'ils propagent leur espèce, et qu'ils sont sujets à la mort [16]. Ils croient qu'il y en a de bons et de mauvais, et qu'ils peuvent être sauvés ou damnés comme les hommes : et Mahomet prétendait qu'il avait été envoyé pour la conversion des génies, aussi bien que pour celle des hommes [1]. Les Orientaux soutiennent que ces génies ont habité le monde plusieurs siècles avant la création d'Adam, qu'ils ont été soumis au gouvernement de plusieurs princes, qui tous ont porté le nom de Salomon; mais qu'étant tombés dans une corruption presque générale, *Eblis* fut envoyé pour les conduire dans un lieu écarté de la terre, où ils ont été enfermés; que *Tahnûrath*, ancien roi de Perse, fit la guerre au reste de cette génération, et les força à se retirer dans les fameuses montagnes de *Kâf*. Ils ont plusieurs histoires fabuleuses des souverains et des guerres de ces génies. Ils croient qu'il y a parmi eux différents ordres, ou plutôt qu'il y en a de différentes espèces, que quelques-uns s'appellent simplement *Djin*, ou génies; d'autres *Péri*, ou fées; d'autres *Div*, ou géants; et d'autres *Tacwins*, ou destins [2].

Les idées des Mahométans touchant ces génies s'accordent fort bien avec ce que les Juifs ont écrit d'une espèce de démons appelés *Shedim*, qu'ils prétendent être nés avant le déluge de deux anges, *Aza* et *Azaël*, et de *Naamah*, fille de *Lamech* [3]. Ils disent qu'ils ont trois choses qui leur sont communes avec les anges administrateurs: 1° que comme eux ils ont des ailes; 2° qu'ils peuvent voler comme eux d'un bout du monde à l'autre; et 3° qu'ils ont quelque connaissance de l'avenir. Ils assurent qu'ils ont aussi trois choses qui leur sont communes avec les hommes : 1° qu'ils mangent et boivent comme eux; 2° qu'ils propagent leur espèce; et 3° qu'ils sont sujets à la mort [4]. Ils disent aussi que quelques-uns d'entre eux croient à la loi de Moïse, et qu'en conséquence ils sont bons, mais que d'autres sont infidèles et réprouvés [5].

III. Quant aux écrits sacrés, le *Korân* enseigne aux Mahométans qu'en différents temps Dieu a révélé par écrit sa volonté à ses prophètes, et qu'il est nécessaire, pour être bon Musulman, de croire tout ce qui est contenu dans ces écrits. Ces livres sacrés sont, suivant les Mahométans, au nombre de cent quatre : dix ont été donnés à *Adam*; cinquante, à *Seth*; trente, à *Édris*, qui est le même qu'*Énoch*; dix à *Abraham*; et les quatre autres, savoir : le *Pentateuque*, les *Psaumes*, l'*Évangile* et le *Korân*, ont été successivement donnés à Moïse, à David, à Jésus et à Mahomet : que ce dernier étant le sceau des prophètes, on n'en doit plus attendre, et que les révélations sont à présent closes, etc. Ils conviennent qu'à l'exception des quatre derniers livres, tout le reste est perdu; que l'on ignore ce qui y était contenu, bien que les Sabéens aient plusieurs ouvrages qu'ils attribuent aux prophètes antérieurs au déluge. Que de ces quatre livres qui restent, les trois premiers, savoir, le *Pentateuque*, les *Psaumes* et l'*Évangile*, ont souffert tant d'altérations et de corruptions, que, quoiqu'il y en ait peut-être encore quelque portion qui soit la vraie parole de Dieu, l'on ne peut cependant faire aucun fonds sur les copies qui sont à présent entre les mains des Juifs et des Chrétiens. Les Juifs en particulier sont fréquemment accusés, dans le *Korân*, d'avoir falsifié et corrompu les copies de leur loi : mais les auteurs mahométans n'ont sur ce point, pour toute autorité, que leurs préjugés et les récits fabuleux de leurs fausses légendes. Ils donnent quelques exemples de ces prétendus changemens faits dans le livre de la loi, et dans les deux autres. Je ne sais pas sûrement si les Mahométans ont une copie du *Pentateuque*, différente ou non différente de celle des Juifs. On dit qu'une personne qui voyageait dans l'Orient

---

envoyé pour des commissions de ce genre; et il est probable que c'est par cette raison que *Mahomet* a dit que c'était de l'ange Gabriel qu'il avait reçu le *Korân*.

[1] Hyde, *Hist. Rel. vet. Pers.*, pag. 262.
[2] Voyez Id., *ibid.*, pag. 271.
[3] La traduction mahométane dit que ce fut cet ange qui apporta à Dieu la terre dont il forma le premier homme.
[4] *Korân*, chap. vi, xiii et lxxxvi. Les emplois de ces quatre anges sont à peu près décrits de la même manière dans l'évangile de *Barnabas*, où il est dit que *Gabriel* révèle les secrets de Dieu; *Michel* combat contre ses ennemis; *Raphaël* reçoit l'âme de ceux qui meurent, et *Uriel* doit appeler chaque personne en jugement. Voyez le *Menagiana*, t. iv, p. 333.
[5] *Korân*, chap. x.
[6] *Talmud Hieros. in Rosh. Hashana*.
[7] Voyez Hyde, *ubi supra*, chap. xix et xx.
[8] *Gemara, in Hagig. et Berechit Rabbah*, etc. Voyez *Psalm*. civ, 4 : *Il fait des vents ses anges, et des flammes de feu ses ministres*.
[9] *Yalkut Hadash*.
[10] *Gemara, in Shebet et Bava Bethra*, etc.
[11] *Midrash, Yalkut, Shemuni*.
[12] *Gemara, Berachoth*.
[13] Reland, *de Rel. Moh.*, pag. 189, etc.
[14] *Korân*, chap. ii, pag. 5. Voyez aussi chap. vii, pag. 36, etc.
[15] *Ibid.*, chap. liii.
[16] Sallaloddin., *in Alcorân* chap. ii et xviii.

---

[1] Voyez *Korân*, chap. lv, lxxii et lxxiv.
[2] Voyez d'Herbelot, *Bibliothèque orientale*, pag. 369, 820, etc.
[3] *In Libro Zohar*.
[4] *Genara, in Hagiga*.
[5] *Igrat Basle Hayyim*, cap. xv

rapporte que les Mahométans avaient les livres de Moïse, quoique fort corrompus [1]. Mais je ne connais qui que ce soit qui dise les avoir vus ; cependant il est certain qu'ils ont et qu'ils lisent dans leur particulier un livre intitulé *les Psaumes de David*, écrit en arabe et en persan, auquel se trouvent jointes quelques prières de Moïse, Jonas et autres [2]. M. Reland suppose que c'est une traduction faite d'après saint Barnabas, où l'histoire de Notre-Seigneur est rapportée tout différemment que dans nos Évangiles, et s'accorde avec les traditions que Mahomet a suivies dans son *Korán*. Les Maures d'Afrique ont une traduction espagnole de cet évangile [4]. Et l'on trouve dans la bibliothèque du prince Eugène de Savoie un manuscrit assez ancien, qui contient la traduction de ce même évangile en langue italienne : on suppose que cette traduction a été faite pour l'usage des renégats [5]. Ce livre ne paraît pas avoir été fabriqué par les Mahométans, quoique sans doute ils y aient inséré et changé diverses choses, selon que cela convenait à leurs desseins; en particulier, au lieu du mot *Paraclet* ou de *Consolateur* [6], ils ont mis dans cet évangile apocryphe le mot de *Periclyte*, c'est-à-dire, *le Fameux* ou *l'Illustre*; et ils prétendent que cette expression désigne leur Prophète par son propre nom, parce que le nom de Mahomet signifie la même chose en arabe [7]. Et ce changement du mot de *Paraclet* en *Périclyte*, et la conséquence qu'ils en tirent, leur sert à justifier ce passage du *Korán* [8], où il est assuré formellement que Jésus-Christ avait prédit la venue de Mahomet, sous son autre nom *Ahmed*, qui est dérivé de la même racine, et qui a la même signification à peu près que le nom de Mahomet. C'est de ce faux évangile, ou d'autres de pareille fabrique, que les Mahométans tirent plusieurs passages qu'ils citent, et dont on ne trouve pas le moindre vestige dans le Nouveau Testament. Il paraît cependant que l'on ne doit pas conclure de ces citations, que les Mahométans regardent leurs copies comme étant les écrits sacrés, anciens et authentiques. Si on leur objecte que le *Pentateuque* et l'*Évangile* ayant été corrompus, le *Korán* pourrait l'avoir été aussi, ils répondent que Dieu a promis qu'il prendrait soin de ce dernier, et qu'il ne permettrait pas qu'il s'y fît aucune addition ni aucun retranchement [9]; mais qu'il avait abandonné les deux autres à la discrétion des hommes. Ils avouent cependant qu'il y a quelques différentes leçons dans le *Korán*, comme nous l'avons déjà observé [10].

Outre les livres dont on vient de parler, les Mahométans connaissent encore les écrits de Daniel et de plusieurs autres prophètes, et en citent des morceaux ; mais ils ne les mettent point au rang des écrits divins, et ne croient pas qu'ils soient d'aucune autorité en matière de religion [1].

Le nombre des prophètes que Dieu a envoyés de temps en temps sur la terre n'est pas moindre de deux cent vingt-quatre mille, suivant une tradition mahométane, ou de cent vingt-quatre mille, suivant une autre. Parmi ces prophètes, trois cent treize ont été envoyés avec une commission particulière d'apôtres, c'est-à-dire, ont été chargés de retirer les hommes de leur infidélité et de leurs surperstitions. Six d'entre eux ont établi de nouvelles lois et de nouvelles économies, dont la dernière abrogeait toujours la précédente. Ces six sont *Adam, Noé, Abraham, Moïse, Jésus* et *Mahomet*. Les Mahométans croient que tous les prophètes en général ont été exempts de grands péchés, et ne sont tombés dans aucune erreur de conséquence ; qu'ils ont professé une même religion, savoir l'Islamisme, bien que leurs lois et leurs institutions n'aient pas été les mêmes. Ils reconnaissent quelque différence entre eux, et avouent que quelques-uns ont été plus excellents et plus respectables que d'autres. Ils donnent le premier rang à ceux qui ont révélé et établi de nouvelles dispensations, et mettent au second rang les apôtres.

Dans ce grand nombre de prophètes, ils placent plusieurs patriarches, et quantité d'autres personnes nommées dans l'Écriture sainte, mais qui n'y sont point désignées comme étant prophètes; (en quoi les auteurs juifs et chrétiens leur ont montré le chemin [2].) Ces prophètes sont *Adam, Seth, Lot, Ismaël, Nun, Josué*, et quelques autres encore, auxquels ils donnent un nom différent de celui qu'ils ont dans l'Écriture; tels sont *Énoch, Héber* et *Jéthro*, qui sont appelés dans le *Korán Édris, Houd* et *Schoaïb*. Ils mettent encore dans ce rang plusieurs personnes dont les noms ne sont pas dans nos saintes Écritures, mais qu'ils prétendent y trouver, comme *Saleh, Khedr, Dhulkest, etc.*; et ils ont plusieurs traditions fabuleuses concernant ces prophètes.

Comme Mahomet a reconnu l'autorité divine du *Pentateuque*, des *Psaumes* et de l'*Évangile*, il en appelle souvent à la conformité du *Korán* avec ces mêmes écrits, et avec les écrits des prophètes, comme étant des preuves de sa mission. Il accuse souvent les Juifs et les Chrétiens d'avoir supprimé les passages qui lui rendent témoignage [3]. Ses sectateurs ne manquent pas aussi de produire divers textes tirés de nos propres copies du Vieux et du Nouveau Testament, pour soutenir la cause de leur maître [4].

Le second article de foi que le *Korán* exige, est la créance de la résurrection et du jugement dernier : mais avant que d'examiner l'opinion des Mahométans sur ces deux articles, il est à propos de rapporter ce qu'on leur enseigne touchant l'état intermédiaire de l'âme et du corps après la mort.

Lorsqu'un corps est mis dans le tombeau, ils disent qu'il est reçu par un ange, qui lui annonce la venue des deux anges examinateurs. Ces anges examinateurs sont noirs et livides, et d'une figure terrible ; ils se nomment *Monkir* et *Nakir*. Ils ordonnent au défunt de se tenir sur son séant, tandis qu'ils l'examinent sur sa foi, tant par rapport à l'unité de Dieu, que par rapport à la mission de Mahomet. S'il répond d'une manière satisfaisante, ces deux anges permettent que le corps repose en paix, et soit rafraîchi par l'air du paradis ; mais s'il répond mal, ils le frappent sur les tempes avec des massues de fer, jusqu'à ce

---

[1] *Voyage de* TERRY *aux Indes orientales*, pag. 227.
[2] *De Rel. Mahom.*, pag. 23.
[3] Il nous dit qu'il y a une copie de cette sorte dans la bibliothèque du duc de Toscane. *Biblioth. orient.*, pag. 924.
[4] RELAND, *ubi supra*.
[5] *Menag.*, t. IV, pag. 321, etc.
[6] SAINT JEAN, XIV, 16, 26 ; XV, 26 ; et XVI, 17. LUC, XXIV, 49.
[7] Voyez, dans le *Nazarenus* de TOLAND, les huit premiers chapitres.
[8] Chap. LXI.
[9] *Korán*, chap. XV.
[10] RELAND, *ubi supra* pag. 25, 27. pag. ID., *ibid.*, 16, 41.

[1] *Korán*, chap. II, pag. 30, etc.
[2] Ainsi, les Juifs disent qu'*Héber* fut un prophète (*Seder Olam*, pag. 2); et *Adam* était regardé comme tel par ÉPIPHANE. (*Adv. Hæres.*, pag. 6.) Voyez JOSEPH, *Antiq.*, lib. I, cap. II.
[3] *Korán*, chap. II et III.
[4] PRIDEAUX a mis au jour quelques-uns de ces textes, à la fin de la *Vie de Mahomet*; aussi bien que MARACIUS, *Alcor.*, pag. 26, etc.

que la douleur lui fasse pousser de si hauts cris, qu'il soit entendu depuis le levant jusqu'au couchant, par tous les êtres, à l'exception des hommes et des génies. Alors ils pressent la terre sur ce corps, qui est mordu et rongé par quatre-vingt-dix-neuf dragons à sept têtes, jusqu'au jour de la résurrection; ou, selon d'autres, leurs péchés se transforment en bêtes venimeuses, dont les plus grandes les mordent comme des dragons. Les péchés moins grands piquent comme des scorpions; d'autres, comme des serpents. Quelques-uns entendent ces circonstances dans un sens figuré [1].

La persuasion de cet examen, qui se fait dans le sépulcre, n'est pas seulement fondée sur une tradition expresse de Mahomet, mais même le *Korân* fait une manifeste allusion à cet examen [2], quoiqu'il n'en parle pas directement, comme les commentateurs en conviennent; c'est pour cela que les Mahométans orthodoxes le croient généralement, et qu'ils ont soin que leurs tombeaux aient une certaine profondeur, pour pouvoir se relever sur son séant durant le temps de l'examen [3]. Mais cette opinion est rejetée par la secte des *Motazalites*, et peut-être par quelques autres. Mahomet a certainement pris ces idées des Juifs, chez qui elles étaient reçues depuis très-longtemps [4]. Ils disaient que lorsque l'ange de la mort venait s'asseoir sur un sépulcre, l'âme du défunt rentrait dans le cadavre, et le faisait lever sur ses pieds; qu'alors cet ange examinait le défunt, et le frappait avec une chaîne moitié de fer et moitié de feu; qu'au premier coup tous ses membres étaient désunis; qu'au second ses os étaient dispersés, que les anges les rassemblaient ensuite; et qu'au troisième coup le corps était réduit en poudre et en cendre, et rentrait dans le tombeau. Les Juifs appellent cette torture *Hibut hakkeber*, ou *le frappement du sépulcre*, et prétendent que tous les hommes la subiront, excepté seulement ceux qui meurent le soir du *Sabbath*, ou ceux qui ont habité la terre d'Israël [5].

Si l'on objecte aux Mahométans que le cri de ceux qui sont examinés de la sorte n'a jamais été ouï, ou si on leur demande comment les corps qui ont été brûlés ou dévorés par les bêtes ou par les oiseaux, ou autrement consumés sans avoir eu de sépulture, peuvent être examinés de la sorte, ils répondent, sur le premier article, que personne ne connaît ce qui se passe sous le tombeau, et, sur le second, qu'il suffit de rendre la vie à quelque partie du corps que ce soit, pour qu'elle soit en état d'entendre les questions des deux anges, et de leur répondre [6].

Par rapport à l'âme, ils croient que, quand elle est séparée du corps par l'ange de la mort (qui s'acquitte de cet emploi d'une manière douce et modérée quand il s'agit de gens de bien, et quand il s'agit de méchants, d'une manière violente) [7], elle entre dans cet état qu'ils nomment *al Berzakh* ou l'*intervalle* entre la mort et la résurrection [8]. Si le défunt est un croyant, ils disent que deux anges viennent au-devant de cette âme, et la conduisent au ciel, pour y être placée selon son mérite et son rang. Car les Mahométans distinguent les âmes des croyants en trois classes: celles des prophètes, qui sont reçues d'abord dans le ciel; celles des martyrs, qui, selon une tradition de Mahomet, demeurent dans le gésier des oiseaux verts nourris des fruits du paradis et abreuvés de l'eau des fleuves qui l'arrosent; et celles enfin du reste des fidèles. Pour ces dernières, les opinions sont fort différentes sur leur état avant la résurrection: car, 1° les uns croient qu'elles se tiennent ordinairement près des sépulcres, cependant avec la liberté d'aller où il leur plaît; et ils appuient cette idée sur ce que Mahomet, en passant près des tombeaux, avait accoutumé de les saluer, et affirmait que les défunts recevaient ces salutations aussi bien que s'ils étaient vivants; mais qu'ils ne pouvaient les rendre: c'est peut-être aussi sur cela qu'est fondée la coutume qui est si répandue chez les Mahométans, d'aller visiter les tombes de leurs parents [1]. 2° D'autres s'imaginent que les âmes sont avec Adam dans le ciel le plus bas, et ils s'appuient aussi de l'autorité du Prophète, qui racontait qu'au retour de son voyage nocturne, dans lequel il alla au ciel le plus élevé, il avait vu dans le ciel le plus bas les âmes destinées à habiter le paradis, à la droite d'Adam, et les âmes de ceux qui étaient destinés à l'enfer, à sa gauche [2]. 3° D'autres s'imaginent que les âmes des fidèles sont conservées dans le puits de *Zemzem*, et que celles des réprouvés sont dans celui de *Borhût*, dans la province d'*Hadramaut*; mais cette opinion est regardée comme hérétique. 4° D'autres disent qu'elles demeurent pendant sept jours auprès de leurs tombeaux; mais qu'ils ignorent le lieu où elles vont ensuite. 5° D'autres, qu'elles sont dans la trompette, au son de laquelle les morts ressusciteront. 6° D'autres, que les âmes des bons demeurent au pied du trône de Dieu sous la forme d'oiseaux blancs [3]. Quant aux âmes des damnés, outre les opinions qu'on a rapportées, les plus orthodoxes croient qu'elles sont présentées devant le ciel par les anges, d'où étant repoussées comme sales et puantes, les mêmes anges les présentent aussi à la terre, où ne trouvant aucune place, elles sont précipitées dans la septième terre, et enfermées dans un donjon appelé *Sadjîn*, situé sous un roc vert, ou, suivant une tradition de Mahomet, sous la mâchoire du diable [4], pour y être tourmentées jusqu'à ce qu'elles soient appelées pour être réunies à leurs corps.

Quoique quelques-uns des Mahométans aient pensé que la résurrection était purement spirituelle, et n'était autre chose que le retour des âmes dans le lieu d'où elles étaient premièrement venues (ce qui est l'opinion soutenue par *Ebn Sina* [5], et appelée par quelques personnes *l'opinion des philosophes*), et que d'autres, qui croient que l'homme est purement corporel, n'admettent que la résurrection des corps [6], cependant l'opinion la plus générale est que la résurrection aura également lieu pour l'âme et pour le corps; et leurs docteurs soutiennent fermement la possibilité de la résurrection des corps, et raisonnent avec beaucoup de subtilité sur la manière dont elle se fera [7]. Pour Mahomet, il a pris grand soin de réserver une certaine portion du corps (quel que soit le sort du reste) pour servir de base à l'édifice qui doit être rétabli, ou comme un levain qui sert à ranimer toute la masse qui doit y être réunie: car il enseigne que le corps humain était entièrement consumé par la terre, à l'exception de l'os nommé *al ajb*, (os coccygis), ou l'os du croupion; et que comme cet os a été le premier créé, il demeurera de même incorruptible jusqu'au dernier jour, comme une semence qui doit renouveler tout le reste; ce qui se fera par le moyen d'une pluie de quarante jours que Dieu enverra, laquelle couvrant la terre jusqu'à la hauteur de

---

[1] AL GHAZALI. Voyez POC. *Not. in port. Mosis*, p. 241, etc.
[2] Chap. VIII et XLVII, etc.
[3] SMITH, *de Moribus et institutis Turcarum*, ep. II, p. 57.
[4] Voyez HYDE, *in Notis ad Bohor. de Visit. ægro.*, p. 19.
[5] R. ELIAS, *in Tishbi*. Voyez aussi BUXTORF, *Synag. Judaic.* et *Lexic. Talmud*.
[6] Voyez POCOCK, *ubi supra*.
[7] *Korân*, chap. LXXIX. Les Juifs disent la même chose dans le *Nishmat Hoyim*, 1, 77.
[8] *Korân*, chap. XXIII.

[1] POCOCK, *ubi supra*, pag. 247.
[2] ID., *ibid.*, pag. 248. Les idées des Juifs s'accordent en cela avec celles des Mahométans. Voyez ID., *ibid.*, pag. 156.
[3] ID., *Ibid.*, pag. 250.
[4] AL BEIDAWI. Voyez POCOCK, *ubi sup.*, pag. 252.
[5] Ou, comme nous l'appelons, AVICENNE.
[6] KENZAL ASRAR.
[7] POCOCK, pag. 257.

douze coudées, fera germer les corps comme des plantes [1].

En cela encore Mahomet a suivi l'idée des Juifs, qui disent les mêmes choses de l'os *Luz* [2], excepté qu'il attribue à une grande pluie ce qui, selon ceux-ci, ne doit être l'effet que d'une rosée, dont la poussière du globe terrestre sera imprégnée.

Les Mahométans conviennent bien que le temps de la résurrection n'est connu que de Dieu seul, l'ange Gabriel ayant avoué à Mahomet l'ignorance où il était lui-même sur cet article; cependant ils disent que l'on reconnaîtra la proximité de ce jour à certains signes qui doivent le précéder. Ces signes sont de deux espèces; les uns moins remarquables, et les autres plus éclatants. Je suivrai Pocock dans l'énumération qu'il en fait [3]. Voici les signes moins remarquables :

1° La diminution de la foi parmi les hommes [4].
2° L'avancement des personnes de basse condition aux dignités éminentes.
3° Que la servante deviendra la mère de sa maîtresse, ou de son maître ; par où ils entendent, ou que les derniers habitants du monde seront fort adonnés à la sensualité, ou que les Mahométans feront un grand nombre de captifs.
4° Des tumultes et des séditions.
5° Une guerre avec les Turcs.
6° Une calamité si grande, que ceux qui passeront auprès du sépulcre d'un homme diront : « Plût à Dieu que je « fusse à sa place! »
7° Le refus que les provinces d'*Irak* et de Syrie feront de payer tribut.
8° Enfin, que les édifices de la Mecque s'étendront jusqu'à *Ahâb* ou *Yahâb*.

Les signes éclatants sont les suivants :
1° Le lever du soleil à l'occident. (Quelques personnes ont imaginé que cela avait eu lieu au commencement du monde [5]).
2° L'apparition d'une bête, qui sortira de la terre, ou dans le temple de la Mecque, ou sur le mont *Safâ*, ou dans le territoire de *Tâyef*, ou dans quelque autre lieu. Cette bête aura soixante coudées de haut (quoique d'autres, peu contents d'une si petite taille, assurent que lorsque sa tête seulement sera sortie, elle atteindra les nues ; qu'elle ne paraîtra que pendant trois jours seulement, et qu'on ne verra que la troisième partie de son corps). Voici la description qu'ils en font. C'est un monstre, dont la forme participe de celle de plusieurs animaux ; il aura la tête d'un taureau, les yeux d'un porc, les oreilles d'un éléphant, les cornes d'un cerf, le col d'une autruche, la poitrine d'un lion, la couleur d'un tigre, le dos d'un chat, la queue d'un bélier, les jambes d'un chameau et le cri de l'âne. Quelques uns disent que cette bête paraîtra trois fois en différents endroits, et portera la verge de Moïse et le sceau de Salomon; qu'elle sera d'une agilité si grande, que personne ne pourra lui échapper; qu'avec la verge de Moïse, elle frappera tous les croyants au visage, et les marquera du mot *Mûmen*, c'est-à-dire, *croyant*; et qu'avec le sceau de Salomon elle marquera de même la face des infidèles du mot *Câfer*, c'est-à-dire, *infidèle*, afin que chacun soit reconnu pour ce qu'il est réellement : ils ajoutent que cette bête fera voir la vanité de toutes les religions, à la réserve de l'Islamisme, et qu'elle parlera l'arabe. Tout ce fagotage semble être le résultat de quelque idée confuse de la bête de l'Apocalypse [6].

3° Un autre signe éclatant sera une guerre avec les Grecs, et la prise de Constantinople par soixante et dix mille hommes de la postérité d'Isaac, lesquels ne l'emporteront point par la force, mais pendant qu'ils crieront : *Qu'il n'y a point d'autre Dieu que Dieu; Dieu est très-grand!* les murailles de la ville tomberont d'elles-mêmes; mais que tandis qu'ils partageront les dépouilles, il leur viendra des nouvelles que l'Antechrist paraît, et que sur cela ils abandonneront leur butin, et retourneront sur leurs pas.

4° Un quatrième signe est la venue de l'Antechrist, appelé par les Mahométans le *Masîhal Dadjdjâ*, c'est-à-dire, le *faux Christ*, ou seulement *al Dadjdjâ*. Il n'aura qu'un œil, et sera marqué sur son front des lettres C. F. R., qui signifient *Câfer* ou *infidèle*. Ils disent que les Juifs lui donnent le nom de *Messiah Ben David*, et prétendent qu'il doit venir dans les derniers temps, et qu'il régnera tant sur la terre que sur la mer, et qu'il rétablira leur royaume. Suivant les traditions de Mahomet, il paraîtra d'abord entre l'Irak et la Syrie, ou, selon d'autres, dans la province de Khorassan. Ils ajoutent qu'il sera monté sur un âne, qu'il sera suivi de soixante et dix mille Juifs d'Ispahan, et demeurera quarante jours sur la terre; que l'un de ces jours égalera une année, un autre égalera un mois, un autre jour sera d'une semaine, et les autres jours seront des jours ordinaires; qu'il doit ravager tous les lieux du monde, à l'exception de la Mecque et de Médine, qui seront défendues par les anges ; mais qu'à la fin il sera mis à mort par Jésus, qui doit le rencontrer à la porte de *Lud*. Mahomet a prédit la venue de trente antechrists, dont il y en aura un plus grand que tous les autres.

5° La descente de Jésus-Christ sur la terre. Il doit, suivant eux, descendre près de la tour blanche, à l'orient de Damas, dans le temps du retour de ceux qui auront pris Constantinople ; il embrassera le Mahométisme, se mariera, aura des enfants, tuera l'Antechrist, et mourra lui-même, après avoir été sur la terre quarante ans, ou, selon l'autres, vingt-quatre ans [1] : sous son gouvernement, la paix et l'abondance régneront sur la terre; toute malice et toute haine en seront bannies; les lions et les chameaux, les ours et les agneaux paîtront ensemble, et les petits enfants badineront avec les serpents sans être blessés [2].

6° Une guerre avec les Juifs, dont Mahomet fera un horrible carnage, les rochers et les arbres découvrant ceux qui voudraient se cacher, à l'exception de l'arbre *Gharkad*, qui est l'arbre des Juifs.

7° L'éruption de *Gog et Magog*, appelés par les Orientaux *Yadjoûdj* et *Madjoûdj*, dont le *Korân* [3] et les traditions de Mahomet parlent beaucoup. Ces barbares, disent ils, après avoir passé le lac de Tibériade, qui sera bu à sec par l'avant-garde de leur armée, viendront à Jérusalem, et serreront de près Jésus et ses compagnons; mais à sa prière, Dieu les détruira, et la terre sera couverte de leurs carcasses ; mais après quelque temps, à la prière de Jésus et de ses sectateurs, Dieu enverra des oiseaux pour emporter leurs os. Les Moslems brûleront leurs flèches, leurs arcs et leurs carquois pendant sept ans [4], après quoi Dieu enverra une pluie qui nettoiera la terre et la rendra fertile.

8° Une fumée qui couvrira toute la terre [5].
9° Une éclipse de lune. On rapporte que Mahomet a dit qu'il y en aurait trois avant le dernier jour, l'une

---

[1] Pocock., pag. 255, etc.
[2] *Bereshit Rabbah*, etc. Pocock. *ubi supra*, pag. 117, etc.
[3] Id, *ibid*., pag. 258, etc.
[4] Voyez Luc, XVIII, 8.
[5] Voyez Winston, *Théorie de la terre*. liv. II, p. 98, etc.
[6] Chap. XIII.

[1] Al Thababi, *in Kor.*, chap. IV.
[2] Voyez Isaïe, XI, 6, etc.
[3] Chap. XVIII et XXI.
[4] Ezech. XXXIX, 9. *Apoc.*, XX, 8.
[5] Voyez *Korân*, chap. XLIV; et les notes. Comparez aussi Joel, II, 30; et *Apoc.*, IX, 2.

à l'orient, la seconde à l'occident, et une troisième en Arabie.

10° Le culte des anciennes idoles, celui d'*Allât* et *al Uzza* en particulier, rétabli chez les Arabes ; ce qui arrivera après la mort de tous ceux qui auront de la foi gros comme un grain de semence de moutarde, et qu'il ne restera en vie que les plus méchants des hommes : car Dieu, disent les Mahométans, fera passer un vent odoriférant et froid, qui venant de la Syrie Damascène emportera les âmes de tous les fidèles, et le *Korân* lui-même ; de sorte que les hommes resteront dans la plus grossière ignorance pendant cent ans.

11° La découverte d'un grand amas d'or et d'argent, par la retraite de l'Euphrate : ce qui sera cause de la perte d'un grand nombre de personnes.

12° La démolition de la *Kaaba*, temple de la Mecque, par les Éthiopiens [1].

13° Le don de la parole accordé aux animaux et aux êtres inanimés.

14° L'éruption d'un feu dans la province de *Hedjâz*, ou, selon d'autres, dans celle d'*Yémen*.

15° L'apparition d'un descendant de *Kahtân*, qui chassera les hommes devant lui avec son bâton.

16° La venue de *Mohdi*, ou du Directeur, touchant lequel Mahomet a prédit que le monde ne prendrait fin qu'après que les Arabes auraient été gouvernés par une personne de sa famille, qui aurait le même nom que lui, dont le père aurait le même nom que le père du Prophète, et qui ferait régner la justice sur la terre. Les *Shiites* croient que cette personne vit à présent dans quelque lieu inconnu, où elle demeurera cachée jusqu'au temps de sa manifestation ; que cette personne est le dernier des douze *Imâns*, appelé *Mahomet Abulkasem* (ce qui est le nom du Prophète), et qui est fils d'*Hassan al Askeri*, le onzième de cette succession : il naquit à *Sermanray*, la deux cent cinquante-cinquième année de l'hégire [2]. C'est apparemment cette tradition qui a donné lieu à cette opinion assez commune chez les Chrétiens, que les Mahométans attendent le retour de leur Prophète.

17° Un vent qui emportera les âmes de ceux qui auront de la foi, ne fût-ce que comme un grain de moutarde : on en a parlé à l'occasion du dixième signe.

Voilà les grands signes qui, suivant leur doctrine, seront les avant-coureurs de la résurrection, sans pourtant déterminer son heure ; car le signe qui la précédera immédiatement doit être le premier des trois sons de la trompette. Ils appellent le premier son, *le son de la consternation*, qui remplira de terreur tous les habitants des cieux et de la terre, à l'exception de ceux que Dieu voudra bien exempter de cette terreur. Les effets attribués à ce premier son de trompette sont des plus étonnants ; la terre, selon eux, sera ébranlée, et non-seulement les édifices seront renversés rez pied, rez terre, mais même les montagnes seront aplanies, les cieux se fondront, le soleil sera obscurci, les étoiles tomberont par la mort des anges qui les tiennent suspendues entre le ciel et la terre, les mers seront desséchées ou changées en feu, le soleil, la lune et les étoiles y ayant été jetés. Le *Korân*, pour exprimer la grandeur de l'effroi de ce jour, ajoute que les femmes qui allaiteront leurs enfants dans ce moment, les abandonneront, et que l'on négligera totalement les femelles de chameaux qui auront des petits de dix mois ; ce qui est la plus grande richesse des Arabes.

Un autre effet de ce premier son de trompette, sera le concours des animaux dont il est fait mention dans le *Korân* [3]. Quoique quelques-uns soient en doute si cet événement précédera la résurrection, ou non, ceux qui croient que cela sera, disent que les animaux de toute espèce, oubliant leur férocité, ou leur timidité naturelle, courront tous ensemble dans un même lieu, étant effrayés par le son de cette trompette, et par l'ébranlement soudain de toute la nature.

Les Mahométans croient que ce premier son sera suivi d'un autre, qu'ils appellent le *son de l'examination* [1]. Alors toutes les créatures qui habitent le ciel et la terre mourront, ou seront anéanties, excepté celles qu'il plaira à Dieu d'exempter de ce commun destin [2]. Cela s'exécutera, disent-ils, dans un clin d'œil, ou plutôt dans l'instant. Rien ne survivra à ce moment, excepté Dieu seul, le paradis et l'enfer, avec leurs habitants, et le trône de gloire [3]. Le dernier qui mourra, ce sera l'ange de la mort.

Quarante ans après ce second son, on entendra le son de la résurrection, lorsque la trompette sera sonnée pour la troisième fois par *Israfil*, qui aura été rappelé à la vie avec Gabriel et Michel, avant tous les autres êtres. Il se tiendra sur un roc du temple de Jérusalem [4], et appellera, pour le jugement, tous les os secs et pourris, et les autres parties dispersées des corps, jusqu'aux cheveux mêmes. Cet ange ayant embouché la trompette par l'ordre de Dieu, et ayant appelé toutes les âmes dispersées dans toutes les parties du monde, les mettra dans sa trompette ; et lorsque par l'ordre de Dieu il sonnera pour la dernière fois, toutes ces âmes sortiront de sa trompette, en volant comme un essaim d'abeilles, et rempliront tout l'espace entre le ciel et la terre, et rentreront chacune dans le corps qu'elles avaient occupé, et qu'elles trouveront sortant dans ce moment même de la terre, qui s'entr'ouvrira pour les laisser passer. Suivant une tradition de Mahomet, le premier corps qui sortira sera celui du Prophète. Une pluie, qui tombera pendant quarante ans [5], aura préparé la terre pour cette naissance ; elle aura rassemblé tous les germes humains, et se mêlant à l'eau qui sort de dessous le trône de Dieu, qui est appelée l'*eau vivante*. Par la vertu de cette eau vive, les corps morts germeront, et croîtront jusqu'à ce qu'ils soient revenus à leur perfection, tout comme ils avaient crû dans le sein de leur mère, ou comme pousse le blé après une pluie ordinaire. Après quoi ces corps seront pénétrés d'un souffle, et ils dormiront dans leur sépulcre, jusqu'à ce qu'ils soient ranimés au son de la dernière trompette.

Quant à la durée du jour du jugement, le *Korân* dit en un endroit qu'elle sera de mille ans [6], et dans un autre, de cinquante mille [7].

Les commentateurs se servent de divers expédients pour concilier cette contradiction apparente. Les uns disent qu'on ignore de quelle espèce de mesure de temps Dieu a voulu se servir dans ces deux passages ; les autres prétendent que ces manières de parler sont figurées, et ne doivent point être prises à la lettre, et qu'elles ne servent

---

[1] Voyez dans la suite.
[2] D'Herbelot, pag. 531.
[3] Chap. LXXXI.

---

[1] Plusieurs auteurs ne font cependant aucune distinction entre ce *son* et le premier, supposant que la trompette ne sonnera que deux fois.
[2] *Korân*, chap. XXXIX.
[3] Quelques-uns ajoutent à ceux-ci, l'esprit qui soutient les eaux sur lesquelles le trône est placé, la table conservée, et la plume avec laquelle on y enregistre les décrets divins, toutes choses que les Mahométans s'imaginent avoir été créées avant le monde.
[4] Les Mahométans suivent en cela les Juifs, qui conviennent aussi que la trompette sonnera plus d'une fois. Voyez R. Bechai, *in Binr Hattorah* ; et *Otiothshel*, R. Akiba.
[5] Ailleurs (voyez-ci devant), on dit que cette pluie continuera seulement quarante jours ; mais il semble plutôt qu'elle doit tomber durant l'intervalle de temps entre le second et le troisième son.
[6] *Korân*, chap. XXXII.
[7] ibid. chap. LXX.

qu'à exprimer l'horreur de ce jour; car il est ordinaire aux Arabes de représenter ce qui leur fait de la peine, comme une chose de longue durée, et ce qui leur fait plaisir, comme ne durant qu'un instant; d'autres supposent que cela n'est dit que pour faire connaître la difficulté de l'œuvre de ce jour, qui est telle, que si Dieu remettait cet ouvrage à quelqu'une de ses créatures, il n'en est aucune qui pût l'achever, même dans ce nombre prodigieux d'années. Il y a encore d'autres opinions sur cet article, dont on parlera ailleurs.

En voilà assez sur ce qui regarde le temps de la résurrection : voyons à présent, suivant la doctrine des Mahométans, qui sont ceux qui ressusciteront, comment et dans quel état ils ressusciteront, dans quel lieu ils seront assemblés, et le but de cette assemblée.

L'opinion de tous les Mahométans est que la résurrection sera générale, qu'elle s'étendra sur toutes les créatures, anges, génies, hommes, animaux : c'est ce qu'enseigne le Korân, quoique le passage qui concerne la résurrection des animaux soit interprété par quelques-uns dans un autre sens [1].

La manière dont les morts ressusciteront variera beaucoup. Ceux qui sont destinés au bonheur éternel ressusciteront glorieusement et sans crainte; ceux qui sont destinés à la misère, ressusciteront avec des frayeurs terribles, et couverts de honte. Quant aux hommes, ils ressusciteront parfaits dans tout leur corps, et tels qu'ils sont venus au monde, c'est-à-dire, nus et incirconcis. Mahomet, racontant ces circonstances à Ayesha sa femme, elle trouva qu'elles étaient peu conformes aux règles de la modestie, et elle objecta à son mari qu'il serait très-indécent aux hommes et aux femmes de se regarder les uns les autres dans un pareil état; mais Mahomet lui répondit que les événements de ce jour seraient trop importants et trop graves pour leur permettre de faire usage de cette liberté. D'autres, cependant, allèguent l'autorité de leur Prophète pour soutenir l'opinion contraire quant à la nudité, et prétendent qu'il a assuré que les morts ressusciteraient dans les habits qu'ils avaient à l'heure de leur décès [2]; à moins que nous n'interprétions ces dernières paroles, comme quelques personnes, non pas tant des habillements du corps, mais de l'habillement intérieur de l'âme, et qu'on entende par là que chacun ressuscitera dans le même état dans lequel il est mort, par rapport à sa foi ou à son incrédulité, à sa connaissance ou à son ignorance, à ses bonnes ou à ses mauvaises œuvres.

On dit encore que Mahomet a enseigné par une autre tradition, que le genre humain sera rassemblé au dernier jour et distingué en trois classes : la première, de ceux qui vont à pieds; la seconde, de ceux qui seront bien montés; la troisième, de ceux qui rampent le visage contre terre. La première classe est composée des croyants, dont les bonnes œuvres sont en petit nombre; la seconde, de ceux qui sont plus honorés de Dieu, et qui lui sont agréables : et c'était de là qu'Ali affirmait que les gens de bien, en sortant de leurs sépulcres, trouveraient des chameaux blancs et ailés, ayant des selles d'or préparés pour eux (et l'on peut reconnaître en ceci quelque vestige de la doctrine des anciens Arabes) [3]. Enfin la troisième classe sera, disent-ils, composée des infidèles, que Dieu fera paraître le visage contre terre, et qui seront aveugles, sourds, muet et sans entendement : mais ce ne sera pas la seule marque distinctive des impies; car, suivant une tradition du Prophète, il y aura dix espèces de pécheurs, auxquels Dieu mettra dans ce jour des marques particulières. Les premiers paraîtront en forme de singes; ce sont les sectateurs du Zendicisme les seconds, en forme de porcs; ce sont ceux qui ont couru après un gain déshonnête, et se sont enrichis en opprimant le public : les troisièmes auront leurs têtes renversées et les pieds tordus; ceux-ci sont les usuriers : les quatrièmes sont les juges iniques; ils seront aveugles et erreront à l'aventure. Ceux qui se glorifient de leurs propres œuvres feront la cinquième classe; ils seront aveugles sourds, muets et sans entendement. Les savants et les docteurs, qui font le contraire de ce qu'ils disent, feront la sixième classe; ils rongeront leurs langues, qui pendront sur leur poitrine; un sang corrompu sortira de leur bouche, et chacun en aura horreur. Ceux qui auront fait des injustices à leurs voisins, feront la septième classe; ils auront les mains et les pieds coupés. Les faux accusateurs, et ceux qui font de faux rapports, formeront la huitième classe; ils seront attachés à des troncs de palmiers, ou à des pieux de différents bois. Ceux de la neuvième classe seront plus puants que des cadavres; ce sont ceux qui n'ont rien refusé à leurs passions et à leurs désirs voluptueux, et qui n'ont pas voulu consacrer à Dieu la portion de leurs biens qui lui était due. Enfin, les orgueilleux, les arrogants, ceux qui ont eu de la vaine gloire, seront revêtus d'habits doublés de poix, et feront la dixième et dernière classe de ces malheureux.

Le Korân et les traditions de Mahomet s'accordent à placer sur la terre le lieu où les hommes doivent être assemblés en jugement; mais ils diffèrent quant à la situation de ce lieu : les uns disent que le Prophète a nommé la Syrie, d'autres, une étendue de terre blanche et unie, sans habitants et sans édifices; al Ghazali croit que ce sera une seconde terre, qu'il suppose être d'argent; d'autres, que ce sera une terre qui n'aura rien de commun avec la nôtre que le nom. Il peut être qu'ils aient eu quelque connaissance des nouveaux cieux et de la nouvelle terre dont il est parlé dans l'Écriture, et ce peut être de là qu'est venue cette expression du Korân : Au jour où la terre sera changée en une autre terre [1].

Les Mahométans assurent que les hommes ressusciteront, afin de rendre compte de leurs actions et d'en recevoir la rétribution; et ils croient que non-seulement les hommes, mais aussi les génies et les bêtes brutes seront jugés dans ce grand jour [2]; que le bétail qui n'est pas armé prendra vengeance des bêtes à cornes, jusqu'à ce que celui qui a été outragé ait reçu une entière satisfaction [3].

Quant au genre humain, ils pensent qu'il ne sera pas jugé immédiatement après qu'il sera tout rassemblé; mais que les anges feront rester chacun dans son rang et dans son ordre, jusqu'au moment où devra se faire ce jugement; les hommes resteront dans cette attente, suivant les uns, pendant quarante ans; selon d'autres, pendant soixante et

---

[1] Voyez la page précédente.
[2] Ils suivent encore ici les Juifs, leurs anciens guides, qui disent que si le froment que l'on sème nu lève revêtu, il n'est pas étonnant que les gens de bien que l'on a ensevelis avec leurs habits, ressuscitent avec eux. Gemer. Sanhedr., fol. 90.
[3] Voyez section I.

[1] Chap. XIV.
[2] Korân, chap. VI. Voyez MAIMONID. More Nev., pag. 3, chap. XVII.
[3] Le savant Greaves croit que cette opinion a dû sa naissance à ces paroles d'Ézéchiel mal entendues : Mais quant à vous, mes brebis, dit le Seigneur l'Éternel, voici, je m'en vais mettre à part les brebis, les béliers et les boucs : me voici, je mettrai moi-même à part la brebis grasse et la brebis maigre, parce que vous avez poussé du côté de l'épaule, et que vous heurtez de vos cornes toutes celles qui sont langoureuses, jusqu'à ce que vous les ayez chassées dehors. Je sauverai mon troupeau, tellement qu'il ne sera plus en proie; et je distinguerai entre brebis et brebis. EZÉCH., XXXIV, 20, 21, 22. On en pourrait dire davantage sur les bêtes qui méritent une récompense et une punition future. Voyez BAYLE, Dict. hist., art. Rorarius, rem. D., etc.

dix ans ; d'autres vont à trois cents ans, et même d'autres à cinquante mille ans ; chacun d'eux s'appuyant sur l'autorité de leur Prophète. Pendant ce temps-là, les hommes seront debout, regardant vers le ciel, sans en recevoir ni ordre ni aucune nouvelle. Les justes et les injustes souffriront de cruels tourments, quoique avec une manifeste différence ; car les corps des premiers, et en particulier ce qui aura été lavé par les ablutions cérémonielles qui précèdent la prière, brillera glorieusement, et leurs souffrances seront légères en comparaison de celles des injustes ; et elles ne dureront que le temps nécessaire pour faire les prières établies ; mais les visages des méchants seront noircis et défigurés par tous les caractères de désespoir. Une de leurs grandes souffrances sera une sueur étonnante et incroyable, qui fermera leur bouche, et dans laquelle ils seront plongés plus ou moins suivant la grandeur de leurs crimes : à quelques-uns elle montera jusqu'à la cheville du pied ; à d'autres, jusqu'au genou ; à d'autres, jusqu'au milieu du corps, même jusqu'à la bouche ou jusqu'aux oreilles. Et cette sueur, disent-ils, ne viendra pas seulement de ce grand concours de toutes les créatures, qui se presseront et se marcheront sur les pieds ; mais elle sera produite par le voisinage du soleil, qui ne sera alors éloigné que de la distance d'un mille, ou, comme quelques-uns traduisent, de la longueur d'un poinçon : de sorte que leur tête bouillira comme un pot [1]. Et ils seront tous baignés de sueur. Les bons seront garantis de ce malheur, étant à couvert à l'ombre du trône de Dieu ; mais les méchants en souffriront si cruellement, aussi bien que de la faim, de la soif et d'un air suffoquant, qu'ils s'écrieront : « Seigneur, délivre-nous de cette angoisse, « quand ce serait pour nous envoyer dans le feu de l'en« fer [2]. »

Les Mahométans ont certainement pris des Juifs ce qu'ils racontent de la chaleur extraordinaire du soleil dans ce jour ; car les Juifs disent que, pour punir les pécheurs au dernier jour, le soleil sera tiré hors de l'étui dans lequel il est actuellement renfermé, de crainte qu'il ne consume toute chose par son excessive chaleur [3].

Quand ceux qui seront ressuscités auront attendu le temps marqué, les Mahométans croient que Dieu paraîtra à la fin pour les juger ; que Mahomet prendra l'office d'intercesseur, après qu'Adam, Noé, Abraham et Jésus se seront excusés de le prendre, se contentant de demander la délivrance de leurs âmes ; que, dans ce jour solennel, Dieu viendra sur des nuées environné de ses anges, et produira les livres où les actions de chacun des hommes ont été écrites par leurs anges gardiens [4] ; qu'il ordonnera aux prophètes de porter témoignage contre ceux à qui ils ont été envoyés ; qu'alors chacun sera examiné sur les paroles et sur les actions qu'il aura proférées ou faites durant sa vie, non que Dieu ait besoin d'aucune information à cet égard, mais pour obliger chaque homme à en faire une confession publique, et à reconnaître la justice de son jugement. Mahomet lui-même a fait le détail des particularités dont ils seront obligés de rendre compte ; ce sera, 1° de leur temps, et de la manière dont ils l'auront employé ; 2° de leurs richesses, et des moyens par lesquels ils les ont acquises, et comment ils les ont employées ; 3° de leurs corps, et de la manière dont ils s'en sont servis ; 4° de leurs connaissances et de leur savoir, et de l'usage qu'ils en auront fait.

On dit cependant que Mahomet a assuré que soixante et dix mille de ses sectateurs auraient la permission d'entrer en paradis sans subir aucun examen ; ce qui paraît contraire à ce qui a été dit ci-dessus. Chaque personne répondra aux questions que nous venons d'indiquer, et se défendra du mieux qu'il lui sera possible, en tâchant, pour s'excuser, de rejeter sur les autres le blâme de ses mauvaises actions ; de sorte qu'il s'élèvera une dispute entre l'âme et le corps, pour savoir auquel le crime doit être imputé. L'âme dira : « O Seigneur, j'ai reçu mon corps de « toi ; car tu m'as créée sans mains pour saisir quoi que ce « soit, sans pieds pour marcher, sans yeux pour voir, et « sans oreilles pour ouïr, jusqu'à ce que je sois venue et « que je sois entrée dans ce corps : c'est pourquoi punis-le « éternellement, mais délivre-moi. » Le corps, de son côté, fera son apologie : « Seigneur, dira-t-il, tu m'as créé comme « un tronc de bois, ne pouvant faire usage de mes mains « pour saisir, ni de mes pieds pour marcher, jusqu'à ce que « cette âme soit entrée dans moi comme un rayon de lu« mière ; alors ma langue a commencé à parler ; mon œil, à « voir ; et mes pieds, à marcher : c'est pourquoi punis-la éter« nellement, mais délivre-moi. » Alors Dieu leur proposera la parabole de l'aveugle et du boiteux, que les Mahométans ont tirée des Juifs [1], de même que le récit de la dispute précédente.

Un certain roi avait un beau jardin, dans lequel il y avait des fruits mûrs ; il établit deux hommes pour le garder, dont l'un était aveugle, et l'autre estropié : le premier ne pouvait voir les fruits, et l'autre ne pouvait les cueillir ; mais l'estropié engagea l'aveugle à le prendre sur ses épaules, et par ce moyen il cueillit aisément les fruits, qu'ils se partagèrent entre eux. Le maître du jardin étant venu quelque temps après, et ayant demandé son fruit, tous les deux tâchèrent de s'excuser. L'aveugle dit qu'il n'avait point de vue pour voir où était le fruit, et l'estropié dit qu'il n'avait point de pieds pour s'approcher des arbres : mais le roi ayant fait mettre l'estropié sur les épaules de l'aveugle, les jugea, et les punit l'un et l'autre. Dieu traitera de même le corps et l'âme. Comme les apologies en ce jour-là seront inutiles, chacun nierait inutilement ses mauvaises actions, puisque les hommes, les anges, la terre, et même les différents organes du corps de celui qui voudrait nier, rendraient aussitôt témoignage contre lui.

Quoique les Mahométans disent que les ressuscités attendront très-longtemps avant que d'être examinés, cependant ils enseignent que cet examen en lui-même sera achevé en très-peu de temps, ou, suivant une expression assez familière aux Arabes, qu'il ne durera que le temps nécessaire pour traire une brebis, ou que celui qui s'écoule entre les deux traits d'une femelle de chameau [2]. Quelques-uns, en expliquant ces paroles si fréquemment répétées dans le *Korân, Dieu sera prompt en réglant les comptes*, disent que Dieu jugera toutes les créatures dans l'espace d'une demi-journée, et d'autres, en moins d'un clin d'œil [3]. Ils croient encore que dans le temps de cet examen, on remettra à chaque personne le livre où toutes les actions de sa vie sont écrites ; que les gens de bien recevront ce livre de la main droite, et le liront avec beaucoup de plaisir et de satisfaction ; mais que les méchants seront forcés de prendre ce livre malgré eux, avec leur main gauche [4], qui sera attachée derrière eux, leur droite étant attachée sur leur cou [5].

---

[1] AL GHAZALI.
[2] IDEM.
[3] POCOCK, *in Not. in Port. Mosis*, pag. 277.
[4] Voyez ci-devant.

[1] *Gemar. Sanhedr.*, chap. XI, JOS. ALBO, *Serm.*, IV, chap. XXXIII. EPIPHAN., *in annotat. Sect.*
[2] Lorsque les Arabes traient leurs chameaux femelles après avoir trait une petite quantité de lait, ils attendent quelque peu, et laissent allaiter le petit chameau pendant quelques instants, afin que la mère puisse donner son lait plus abondamment à un second trait.
[3] POCOCK, *Not. in Port. Mosis*, pag. 278-282. Voyez aussi *Korân*, chap. II.
[4] *Korân*, chap. XVII, XVIII, LXIX et LXXXIV.
[5] DJELLALO'DDIN.

Pour montrer l'exacte justice qui sera observée en ce jour-là, ils décrivent, en second lieu, la balance où toutes les choses seront pesées. Ils disent que l'ange Gabriel la tiendra, et ils la représentent d'une grandeur si énorme, que ses deux bassins, dont l'un sera suspendu sur le paradis et l'autre sur l'enfer, pourraient contenir le ciel et la terre. Et bien que quelques personnes entendent dans un sens allégorique ce qui est dit de cette balance dans le *Korân*, et seulement comme une représentation figurée de l'équité de Dieu, cependant la plus ancienne opinion des orthodoxes est qu'on doit prendre cette description à la lettre; et comme les actions et les paroles sont de simples accidents, qui ne peuvent être pesées, ils disent que les livres où elles sont écrites seront mis dans les bassins, et que la sentence sera rendue suivant que le livre où sont écrites les bonnes actions, et celui où sont écrites les mauvaises l'emporteront l'un sur l'autre : que ceux dont les balances chargées du livre des bonnes actions seront les plus pesantes seront sauvés, et que les autres, dont les balances se trouveront légères [1], seront damnés; et que personne ne pourra se plaindre que Dieu laisse aucune bonne action sans récompense, puisque les méchants ont déjà obtenu dans cette vie la récompense de leurs bonnes actions, et ne doivent, par conséquent, en attendre aucune dans l'autre.

Les anciens écrivains juifs font aussi mention des livres qui doivent être produits au dernier jour, dans lesquels les actions des hommes sont enregistrées [2], de même que de la balance où elles seront pesées [3]. L'Écriture même semble avoir donné la première idée de l'un et de l'autre [4] : mais la créance des Mages sur la balance du jugement dernier approche encore plus de l'opinion des Mahométans. Ils disent qu'au jour du jugement deux anges nommés *Mihr* et *Sorûsh* se tiendront sur un pont, dont nous aurons occasion de parler dans la suite, pour examiner chaque personne à mesure qu'elles passeront; que le premier, qui représente la miséricorde divine, tiendra une balance en sa main, pour peser les actions des hommes, et que la sentence sera prononcée en conséquence du rapport qu'il en fera à Dieu; que ceux dont les bonnes actions seront trouvées les plus pesantes, fût-ce seulement du poids d'un cheveu, auront la permission de passer dans le paradis; mais que ceux dont les bonnes actions seront trouvées légères, seront précipités de ce pont dans les enfers, par l'autre ange, qui représente la justice de Dieu [5].

Cet examen étant fait, et les œuvres de chacun ayant été pesées dans une juste balance, il se fera une espèce de talion, ou de rétribution, et toutes les créatures se vengeront les unes des autres, ou recevront satisfaction de toutes les injures qui leur auront été faites par les autres : et comme il n'y aura pas alors moyen de rendre précisément la pareille, la manière de donner cette satisfaction sera de prendre une partie proportionnelle des bonnes œuvres de l'offenseur, que l'on ajoutera à celles de l'offensé. Après quoi, les anges, par le ministère desquels tout ceci sera exécuté, disent : « Seigneur, nous avons donné à « chacun ce qui lui était dû, et le surplus des bonnes ac-« tions d'une telle personne est du poids d'une fourmi, » Dieu la doublera par miséricorde, afin qu'il puisse entrer en paradis; mais si au contraire toutes ses bonnes actions sont épuisées, qu'il ne reste que des mauvaises actions, et qu'il se trouve des personnes qui n'auront pu recevoir de lui leur satisfaction, Dieu ordonnera que l'on ajoute à ses péchés un poids de ceux à qui il doit satisfaction, proportionnel à cette satisfaction qu'il leur doit, afin qu'il soit puni à leur place, et il sera envoyé dans les enfers, chargé de leurs crimes et des siens. Telle sera la manière dont Dieu traitera les hommes. Quant aux animaux, après qu'ils auront tiré vengeance les uns des autres, comme nous l'avons dit plus haut, Dieu commandera qu'ils soient réduits en poudre [1]; mais les hommes méchants seront réservés à de plus cruelles peines; de sorte que lorsqu'ils entendront la sentence prononcée contre les animaux, ils crieront : « Plût à Dieu que nous fussions aussi réduits en poudre! »

Pour ce qui regarde les génies, les Mahométans croient que ceux d'entre eux qui sont vrais croyants auront le même sort que les brutes, et qu'ils n'auront d'autre récompense que la faveur d'être réduits en poudre; et ils appuient cette décision de l'autorité de leur Prophète : cependant cette idée ne paraît pas fort raisonnable, puisque les génies, étant aussi capables de se mettre dans l'état des croyants que les hommes, méritent, à ce qu'il semble, tout autant qu'eux, d'être récompensés de leur foi, puisqu'ils doivent être punis de leur incrédulité; c'est pourquoi quelques personnes ont une opinion plus favorable de leur sort, et assignent aux génies croyants une demeure près des confins du paradis, où ils jouiront d'un bonheur assez grand, quoiqu'ils ne soient pas admis dans cet heureux séjour. Pour les génies infidèles, on convient généralement qu'ils seront punis éternellement et précipités dans les enfers avec les infidèles du genre humain. Il faut remarquer que sous le nom de génies, les Mahométans comprennent le diable et ses compagnons [2].

L'examen étant fait et l'assemblée rompue, ceux qui doivent être admis en paradis prendront, suivant les Mahométans, le chemin qui est à main droite, et les damnés, celui qui est à main gauche; mais les uns et les autres passeront auparavant ce pont appelé en Arabe *al Sirât*, qui est construit, disent-ils, sur le milieu de l'enfer; il est plus étroit qu'un cheveu, et plus aigu que le tranchant d'une épée; en sorte qu'il paraît très-difficile de comprendre comment on pourra s'y tenir. C'est par cette raison que la plupart de ceux qui sont de la secte des *Motazalites* rejettent le passage par ce pont, comme une fable; mais les orthodoxes prennent pour une preuve suffisante de la vérité de cet article, l'affirmation sérieuse de celui qui n'a jamais soutenu de fausseté, désignant par là leur Prophète ; et Mahomet, pour augmenter la difficulté de ce passage, a déclaré que ce pont est environné de chaque côté de ronces et d'épines crochues ; ce qui cependant ne sera point un obstacle pour les bons, car ils passeront avec une vitesse et une facilité étonnante, comme un éclair, ou comme le vent, Mahomet et ses Musulmans frayant le chemin : mais la lumière qui les conduisait en paradis étant éteinte, les méchants perdront bientôt leurs traces ; et de ce chemin étroit et glissant, embarrassé de ronces, ils tomberont tête première dans l'enfer qui est ouvert sous eux [3].

Il paraît que Mahomet a pris cette circonstance des Mages, qui enseignent qu'au dernier jour tout le genre humain sera obligé de passer sur un pont qu'ils nomment *Pûlchinavad*, ou *Chinavar*, c'est-à-dire, le pont étroit, qui mène droit dans l'autre monde : ils supposent que Dieu placera deux anges au milieu du pont, pour faire rendre à chacun un compte exact de ses actions, et pour

---

[1] *Korân*, chap. XXIII, etc.
[2] *Midrash*, *Yalkut*, *Shemuni*, fol. 153, chap. III.
[3] *Gemar. Sanhedr.*, fol. 91, etc.
[4] *Exode*, XXXII, 32, 33. DAN., VII, 10. *Apoc.*, XX, 12, etc. DAN., V, 27.
[5] HYD., *de Rel. vet. Pers.*, pag. 245, 401, etc.

[1] Ils disent que le chien des sept Dormans et l'âne d'Ezra, qui doit ressusciter, seront reçus en paradis par une faveur particulière. *Korân*, chap. III et XVIII.
[2] *Korân*, chap. XVIII.
[3] POCOCK, *ubi sup.*, pag. 282-289.

les mettre dans la balance comme nous avons dit [1]. Il est vrai que les Juifs parlent aussi du pont de l'enfer, qui, suivant eux, n'est pas plus large qu'un fil ; mais ils ne nous disent pas que tous les hommes soient obligés d'y passer ; ils disent seulement que les idolâtres y passeront, et qu'ils tomberont de là dans l'enfer [2].

Quant à la punition des méchants, il est enseigné aux Mahométans que l'enfer est divisé en sept étages ou appartements les uns sous les autres, destinés à recevoir autant de différentes classes de damnés [3]. Le premier, qu'ils appellent *Gehennam*, sera le réceptacle de ceux qui, quoiqu'ils aient reconnu l'unité de Dieu, n'ont pas laissé que d'être méchants ; c'est-à-dire, des Mahométans pécheurs qui, après y avoir été punis selon leurs mérites, seront à la fin relâchés. Ils assignent le second appartement, nommé *Ladhá*, aux Juifs ; le troisième, nommé *al Hotama*, aux Chrétiens ; le quatrième, nommé *al Sáïr*, aux Sabéens ; le cinquième, nommé *Sakar*, aux Mages ; le sixième, nommé *al Djahim*, aux idolâtres ; et le septième, qui est le plus bas et le pire de tous, et qu'ils nomment *al Háwiyat*, aux hypocrites, c'est-à-dire à ceux qui extérieurement ont professé quelque religion, et qui dans le fond n'en ont aucune [4]. Ils croient qu'au-dessus de chaque appartement [5] il y aura une garde de dix-neuf anges [6], et que les damnés leur avoueront que le jugement de Dieu est juste, et les prieront d'intercéder auprès de lui pour obtenir quelque soulagement dans leurs peines, ou qu'ils puissent en être délivrés par l'anéantissement [7].

Mahomet a décrit fort exactement, dans son *Korân* et dans ses traditions, les divers tourments de l'enfer ; et, suivant lui, les méchants souffriront, tant par l'excès de la chaleur, que par celui du froid. Nous n'entrerons pas dans le détail sur cet article ; nous remarquerons seulement que le degré de ces peines variera à proportion des crimes de celui qui les souffre, et suivant l'appartement où il sera confiné ; et que celui dont la punition sera la plus légère portera des souliers de feu, dont la chaleur lui fera bouillir la tête comme un chaudron ; et, comme dit Mahomet lui-même, on ne peut pas appeler l'état de ces malheureux ni vie ni mort ; et leur malheur sera considérablement augmenté par le désespoir où les mettra la certitude de n'être jamais délivrés de ce lieu, puisque, suivant cette expression fréquente du *Korân* : *Ils doivent demeurer là pour toujours*. On doit cependant remarquer que les infidèles seuls seront soumis à l'éternité des peines : car les Musulmans, ou ceux qui ont embrassé la véritable religion, mais qui se sont rendus coupables de plusieurs grands péchés, seront délivrés, après avoir expié leurs crimes par leurs souffrances. L'opinion contraire à l'une ou à l'autre de ces deux décisions est regardée comme hérétique ; car c'est la doctrine constante des Mahométans orthodoxes, qu'aucun incrédule ou idolâtre ne sera jamais délivré des peines de l'enfer, et qu'aucune personne qui aura cru ou professé pendant sa vie l'unité de Dieu ne sera damnée pour toujours. Quant au temps de la délivrance de ces croyants, dont les mauvaises actions l'auront emporté sur les bonnes, et quant à la manière dont elle se fera, on trouve une tradition de Mahomet, qui porte qu'ils doivent être relâchés, lorsque la chaleur aura détaché leur peau de dessus leur corps, et que le feu aura brûlé cette peau jusqu'à la réduire en charbon, qu'alors ils seront admis en paradis ; et quand les habitants de ce lieu les appelleront par mépris les *infernaux*, ils obtiendront de Dieu, par leurs prières, qu'il leur ôte ce nom infamant. D'autres nous disent que Mahomet a enseigné que, durant leur séjour en enfer, ils seront privés de la vie, ou, comme d'autres l'interprètent, qu'ils seront ensevelis dans un profond sommeil, afin que leurs tourments se fassent moins sentir ; et qu'ils seront ensuite admis en paradis, où, à leur réception, on les lavera avec *l'eau vive*. Quelques-uns supposent cependant qu'ils reprendront la vie avant que de sortir du lieu de leur tourment, afin qu'ils sentent leurs peines, du moins au moment qu'ils en seront délivrés. Suivant une tradition qui vient du Prophète, le temps pendant lequel ces sortes de croyants seront retenus dans ce lieu, ne sera pas de moins de neuf cents ans, ni de plus de sept mille ans. Quant à la manière de leur délivrance, ils disent que le feu n'aura aucune force sur les portions de leur peau qui auront touché la terre en se prosternant dans leurs prières, ce qui formera sur leurs corps des marques qui serviront à les distinguer, et qu'ils seront relâchés par la miséricorde de Dieu, à la prière de Mahomet et des bienheureux. Que ceux qui auront été dans un état de mort, seront rappelés à la vie, comme il a été dit ; et ceux dont les corps auront été salis et noircis par les flammes et les fumées de l'enfer, seront plongés dans une des rivières du paradis, appelée la *Rivière de vie*, qui les rendra plus blancs que les perles [1].

Il y a toute apparence que Mahomet doit aux Juifs, et en partie aux Mages, la plupart des circonstances qui regardent le paradis et l'enfer. Les uns et les autres s'accordent à diviser le dernier en sept appartements [2], quoiqu'ils diffèrent sur quelques autres particularités. Les Juifs donnent la garde de chacun de ces appartements infernaux à un ange, et ils supposent qu'il intercédera pour les misérables qui y seront prisonniers, qui reconnaîtront ouvertement la justice de Dieu dans leur condamnation [3]. Ils enseignent de plus que les méchants sont friront une grande diversité de tourments, tant par u froid [4] insupportable que par une chaleur [5] excessive, et que leurs visages deviendront noirs [6] : ils croient que ceux de leur religion seront aussi punis selon leurs crimes (car ils prétendent qu'il n'y aura presque personne qui ait été assez juste pour ne mériter aucun châtiment) : mais qu'ils seront bientôt délivrés par leur père Abraham, ou à son intercession, ou à celle de quelque autre des prophètes, dès qu'ils auront été suffisamment purifiés de leurs péchés [7]. Les Mages n'établissent qu'un ange pour présider sur les sept appartements de l'enfer, et ils le nomment *Vanand Yezad*, et enseignent qu'il fixera les peines proportionnellement aux crimes de chacun, mettant aussi

---

[1] HYDE, *de Rel. vet. Pers.*, pag. 245.
[2] *Midrash Yalkut, Reubeni*, § *Gehinnom*.
[3] *Korân*, chap. xv.
[4] D'autres placent dans ces appartements des personnes différentes ; quelques-uns, dans le second, les idolâtres ; dans le troisième, *Gog Magog* ; dans le quatrième, les diables ; dans le cinquième, ceux qui négligent l'aumône et la prière ; et dans le sixième, les Juifs, les Chrétiens et les Mages : quelques autres croient que le premier est destiné aux *Dahriens*, c'est-à-dire, à ceux qui nient la création et croient l'éternité du monde ; le second, à ceux qui admettent les deux principes ou Manichéens, le troisième, aux Brahmanes des Indes ; le quatrième, aux Juifs ; le cinquième, aux Mages : mais ils s'accordent tous à assigner le sixième aux hypocrites. Voyez MILL., *de Mohammedis ante Mahom.*, pag. 412. D'HERBELOT, pag. 368.
[5] *Korân*, chap. XL, XLIII, LXXIV, etc.
[6] *Ibid.*, chap. LXXIV.
[7] *Ibid.*, chap. XL, XLIII.

[1] POCOCK, *Not. in Port. Mosis*, pag. 289-291.
[2] *Nishmat Hayim*, fol. 32. *Gemar., in Arabin*, fol. 10. *Zohar.*, ad *Exod.*, XXV, 2, etc. ; et HYDE, *De Rel. vet. Pers.*, pag. 245.
[3] *Midrash, Yalkut Shemuni*, part. XI, fol. 116.
[4] *Zohar., ad Exod.*, XIX.
[5] *Yalkut Shemuni, ubi sup.*, f. 86.
[6] *Nishmat Hayim*, fol. 82. *Gemar. Ambin*, fol. 19. Voyez *Korân*, chap. VII, pag. 3 et 11.
[7] HYDE, *De Rel. vet. Pers.*, pag. 182.

bornes à la tyrannie et à la cruauté excessive du diable, qui, si on le laissait faire, tourmenterait les damnés au delà de ce que porte leur sentence[1].

Les sectateurs de cette religion décrivent aussi les diverses sortes de tourments que les damnés souffriront dans l'autre vie, entre lesquels ils mettent le froid extrême; cependant ils ne mettent pas le feu commun dans le rang des supplices de l'enfer, sans doute par respect pour cet élément, qu'ils regardent comme la représentation de la nature divine; c'est pour cela qu'ils ont soin de décrire l'état des damnés comme souffrant toute autre sorte de peines, telles, par exemple, qu'une puanteur intolérable, les piqûres et les morsures des serpents et des bêtes sauvages, le déchirement de leurs corps par les diables, une faim et une soif excessives, et autres semblables[2].

Avant que d'en venir à la description du paradis selon les Mahométans, nous ne devons pas oublier de dire quelque chose du mur de séparation qu'ils s'imaginent être situé entre ce lieu et l'enfer; ce qui semble être copié d'après ce grand abîme de séparation[3] dont il est parlé dans l'Écriture. Ils appellent ce mur *al Orf*, et plus souvent au pluriel *al Aráf*, mot dérivé du verbe *Arafa*, qui signifie *distinguer entre deux choses*, ou *les diviser*, quoique quelques commentateurs donnent une autre raison de ce nom; c'est, disent-ils, parce que ceux qui se tiendront sur ce mur de séparation, connaîtront et distingueront les bienheureux d'avec les damnés par leurs marques respectives et caractéristiques[4]. D'autres disent que ce mot signifie proprement une chose qui est *fort élevée*, comme on doit supposer que sera ce mur de séparation[5].

Les écrivains mahométans diffèrent beaucoup sur les personnes qui doivent se trouver sur l'*al Aráf*. Quelques-uns croient que c'est une espèce de *Limbe* pour les patriarches et les prophètes, ou pour les martyrs, ou pour ceux qui ont été d'une sainteté éminente; et ils disent qu'il se trouvera aussi parmi eux des anges en forme d'homme. D'autres y placent ceux dont les bonnes œuvres et les mauvaises auront été dans un parfait équilibre, et qui ne méritent par conséquent aucune récompense ni aucun châtiment. Et ceux-ci, disent-ils, seront admis au dernier jour en paradis, après qu'ils auront fait un acte d'adoration, qui leur sera imputé comme un mérite, et qui fera pencher la balance du côté où sont leurs bonnes actions. D'autres supposent que cet espace mitoyen sera la demeure de ceux qui sont allés à la guerre sans le consentement de leurs parents, et y ont souffert le martyre, parce qu'ils sont exclus du paradis à cause de leur désobéissance, et que leur martyre les délivre de l'enfer. On ne peut pas supposer que ce mur de séparation soit bien large, puisque non-seulement ceux qui seront placés sur ce mur pourront avoir des conférences, tant avec ceux du paradis qu'avec ceux de l'enfer, mais même que les bienheureux et les damnés pourront se parler les uns aux autres[6].

Si Mahomet n'a pas pris de l'Écriture ses idées sur le mur de séparation que nous venons de décrire, du moins il doit les avoir tirées en seconde main des Juifs, qui parlent d'une muraille mince qui sépare le paradis de l'enfer[7].

On enseigne aux Mahométans qu'après que les justes auront surmonté les difficultés, et passé le pont tranchant dont on a parlé ci-dessus, ils seront rafraîchis, avant que d'entrer dans le paradis, en buvant à l'*étang* de leur Prophète. On le décrit comme un carré parfait d'un mois de tour, et l'on dit que l'eau dont il est rempli est conduite par deux canaux de l'*al Kawthar*, une des rivières du paradis; que cette eau est plus blanche que le lait ou que l'argent, plus odoriférante que le musc; que l'étang est environné d'autant de coupes qu'il y a d'étoiles au firmament, et que quiconque boit de cette eau est exempt de soif pour toujours[1]. C'est l'avant-goût que les bienheureux auront de leur félicité future, et dont ils sont tout près de jouir.

Quoiqu'il soit souvent fait mention du paradis dans le *Korán*, c'est cependant un point de controverse entre les Mahométans, s'il est déjà créé ou s'il doit l'être dans la suite. Les *Motazalites*, et quelques autres sectaires, assurent qu'il n'y a point à présent un tel lieu dans le monde, et que le paradis d'où Adam fut chassé, est bien différent de celui que doivent habiter les bienheureux dans l'autre vie; mais les orthodoxes soutiennent le contraire, et prétendent même que le paradis a été créé avant le monde, et ils en font la description, d'après la tradition de leur Prophète, de la manière suivante:

Il est situé, disent-ils, au-dessus des sept cieux (ou dans le septième ciel), et immédiatement au-dessous du trône de Dieu: et pour nous en exprimer l'aménité, ils disent que la terre en est de la plus fine farine de froment, ou du musc le plus pur, ou, selon d'autres, de safran; que ses pierres sont autant de perles et d'hyacinthes; que les murailles de ses édifices sont enrichies d'or et d'argent; que le tronc de tous les arbres est d'or, et qu'entre ces arbres le plus remarquable est l'arbre appelé *Túba*, ou *l'arbre du bonheur*. Ils disent que cet arbre se trouve dans le palais de Mahomet, mais que dans la maison de chaque vrai croyant s'étendra une des branches de cet arbre[2]; qu'il sera chargé de grenades, de raisins, de dattes et d'autres fruits d'une grosseur surprenante, et d'un goût inconnu aux mortels; de sorte que si quelqu'un désire manger du fruit de quelque espèce particulière, il lui sera présenté sur-le-champ; ou s'il préfère de la viande, des oiseaux tout apprêtés seront placés devant lui suivant son souhait. Ils ajoutent que les branches de cet arbre s'abaisseront d'elles-mêmes vers les mains de ceux qui voudront cueillir de ces fruits; et que non-seulement il fournira aux bienheureux leur nourriture, mais encore qu'ils y trouveront des habits de soie, des animaux sellés et bridés, couverts de riches harnois, qui sortiront d'entre ses fruits, pour leur servir de montures; et que cet arbre est si grand, que le cheval le plus léger mettrait plus de cent ans à sortir de son ombre, quand il irait au galop.

Comme l'abondance des eaux est une des choses qui contribuent le plus à rendre un lieu agréable, aussi le *Korán* parle-t-il souvent des rivières du paradis, comme en faisant un des principaux ornements. Quelques-unes, dit-on, sont des rivières où coule de l'eau; dans quelques autres, coule du lait; en d'autres, du vin; en d'autres, du miel. Toutes prennent leur source des racines de l'arbre *Túba*. On a déjà parlé de deux de ces rivières, de l'*al Kawthar* et de la rivière de vie; mais de crainte que ces deux rivières ne soient pas suffisantes, on dit que ce jardin est encore arrosé d'une infinité de sources et de fontaines, dont les cailloux ne sont que rubis et émeraudes, dont la terre n'est que camphre; leurs lits sont de musc; leurs bords, de saffran: les plus remarquables portent le nom de *Salsabil* et de *Tasnim*.

Mais toute cette magnificence est effacée par l'éclat de ces ravissantes filles du paradis, appelées, à cause de leurs grands yeux noirs, *Húr al oyún*, qui feront la principale félicité des fidèles. Elles ne sont pas, disent-ils, créées d'argile comme les femmes mortelles, mais de musc pur.

---

[1] Voyez HYDE, *ibid.*, pag. 399, etc.
[2] LUC, XVI, 26.
[3] DJELLAL'ODDIN.
[4] AL BEIDAWI.
[5] *Korán*, *ubi sup.* Voyez D'HERBELOT, pag. 121, etc.
[6] *Midrash, Yalkut Sioni*, fol. 11.
[7] AL GHAZALI.

[1] YAHIA, *in Kor.*, chap. XIII.
[2] DJELLAL'ODDIN. *ibid.*

Elles sont exemptes, comme le Prophète l'affirme souvent dans son *Korán*, de toutes les impuretés, de tous les défauts, et de tous les accidents de leur sexe : elles sont de la modestie la plus parfaite, et elles sont cachées aux yeux du public par des pavillons faits de perles creuses, si grandes que, selon quelques traditions, une seule pourrait couvrir quatre parasanges, ou, comme d'autres disent, soixante milles, tant en longueur qu'en largeur.

Le nom que les Mahométans donnent ordinairement à cet heureux séjour, est *al Djannat*, ou le *Jardin*; quelquefois aussi *Djannat al Jerdaws*, le *Jardin du Paradis*; *Djannat'Éden*, le *Jardin d'Éden*; quoiqu'ils interprètent communément le mot d'Éden, non suivant le sens du mot hébreu, mais selon la signification qu'il a en leur propre langue, dans laquelle il signifie *une habitation fixe ou perpétuelle*. Ils le nomment encore *Djannat al Mawa*, le *Jardin de la retraite*; *Djannat al Naïm*, le *Jardin du plaisir* : outre plusieurs autres noms semblables.

Quelques-uns entendent, par ces différents noms, autant de différents jardins, ou du moins de places où les degrés de bonheur seront différents (car ils en comptent au moins cent en tout) : et ils disent que dans le lieu où sera le plus haut degré de bonheur, on y trouvera tant de plaisirs et de voluptés, qu'on pourrait penser qu'il y aurait de quoi en être accablé, si Mahomet n'avait déclaré que Dieu donnera à chaque bienheureux la force de cent hommes, pour pouvoir pleinement en jouir.

Nous avons déjà décrit l'étang de Mahomet, dans lequel les justes boiront, avant que d'être reçus dans le séjour des délices : outre cet étang, quelques auteurs [2] parlent de deux fontaines, dont la source est sous un arbre voisin de la porte du paradis; ils disent que les bienheureux boiront de l'eau de l'une des deux, pour purifier leurs corps, et en faire sortir toute crasse impure, et qu'ils se laveront dans l'autre fontaine.

Quand ils seront arrivés à la porte même, ils y trouveront des jeunes gens d'une rare beauté, chargés de les servir et de recevoir leurs ordres; l'un d'eux courra devant eux, pour porter la nouvelle de leur arrivée aux femmes qui leur sont destinées. Ils trouveront aussi deux anges portant les présents que Dieu leur envoie; l'un les revêtira des habits du paradis, et l'autre leur mettra à chaque doigt un anneau qui portera une inscription relative au bonheur de leur état futur. Il n'est pas important d'examiner par laquelle des huit portes ils entreront (car on suppose que le paradis en a autant); mais on doit remarquer que Mahomet a déclaré que les bonnes œuvres de qui que ce soit ne pourraient pas suffire pour lui procurer l'entrée du paradis; et que lui-même serait sauvé, non par ses mérites, mais purement par la miséricorde de Dieu.

C'est cependant la doctrine constante du *Korán*, que la félicité de chaque personne sera proportionnée à ce qu'il mérite, et qu'il y aura des demeures dont les degrés de bonheur seront différents. Le degré le plus éminent est réservé aux prophètes; le second, pour les docteurs et ceux qui enseignent le culte de Dieu; le troisième, pour les martyrs, et le quatrième, pour le reste des justes suivant leur sainteté. Il y aura aussi quelque distinction, par rapport au temps de leur réception. Mahomet, à qui, si on l'en croit, les portes seront premièrement ouvertes, a assuré que les pauvres entreront en paradis six cents ans avant les riches; et ce n'est pas le seul privilège dont ils jouiront dans l'autre vie; car le même prophète a aussi déclaré, que lorsqu'il considéra le paradis, il vit que le plus grand nombre de ses habitants étaient des pauvres; et que quand il considéra l'enfer, il vit que les femmes faisaient le plus grand nombre de ceux qui y étaient renfermés.

Ils racontent que pour le premier repas que les bienheureux feront après leur entrée, Dieu leur présentera toute la terre, qui sera réduite en pain, et qu'il la tiendra dans sa main comme on tient un gâteau; que pour viande ils auront le bœuf *Balám* et le poisson *Nûn*, dont le foie seul suffirait pour nourrir soixante et dix mille hommes; ce sera la portion des principaux convives, c'est-à-dire, de ceux qui seront reçus en paradis sans subir aucun examen [1], et qui sont justement au nombre de soixante et dix mille; quoique d'autres supposent que ce nombre déterminé est mis ici pour un nombre indéterminé, et qu'il exprime seulement une grande multitude de gens.

Au sortir de ce festin, chacun sera conduit à la demeure qui lui est destinée, où, comme on l'a dit, il jouira d'une félicité proportionnée à ce qu'il aura mérité, mais qui passera toute attente et toute compréhension; car (suivant que l'a déclaré celui qu'on prétend qui doit le savoir mieux que personne) celui qui jouira dans le paradis du plus bas degré de bonheur, aura quatre vingt mille domestiques, soixante et douze femmes prises d'entre les filles du paradis, outre celles qu'il avait dans ce monde, une fort grande tente de perles, d'hyacinthes et d'émeraudes; et, suivant une autre tradition, il sera servi à table par trois cents personnes, dans des plats d'or, dont il y en aura trois cents à chaque service, qui contiendront chacun des mets différents, et tous également bons. On lui présentera autant de sortes de liqueurs dans des vases de même métal; et pour rendre le repas complet, le vin y abondera; car quoiqu'il soit défendu d'en boire dans cette vie, on sera libre à cet égard dans la vie à venir, et on le boira sans danger, le vin du paradis n'étant pas de nature à enivrer comme le nôtre. On peut, sans une longue description, se représenter combien le fumet de ce vin sera délicieux, puisque l'eau du *Tasnim* et des autres fontaines avec laquelle les bienheureux le mêleront, doit être d'une odeur et d'une douceur admirables. Si quelqu'un objecte contre ce système de plaisir, comme un Juif impudent osa le faire autrefois à Mahomet, que tant de manger et de boire demandait nécessairement des évacuations proportionnées, nous répondrons, avec le Prophète, que les habitants du paradis n'ont besoin d'aucune évacuation, pas même de se moucher, puisque toutes les superfluités se dissipent et sont emmenées par la transpiration en une sueur aussi odoriférante que le musc, après laquelle l'appétit revient tout de nouveau.

La magnificence des habits que le *Korán* promet à ceux qui seront reçus dans le paradis répond à la délicatesse de leurs mets : ils seront de la soie la plus riche et de brocard, principalement de couleur verte, qui sortiront des fruits du paradis, et que les feuilles de l'arbre *Túba* fourniront aussi. Les bienheureux seront ornés de bracelets d'or et d'argent, et couronnés de perles d'un éclat incomparable; leurs tapis seront de soie, leurs lits, leurs coussins et leurs autres ameublements seront richement brodés d'or et de pierres précieuses.

Afin que nous puissions croire plus aisément ce qui est dit de la faculté extraordinaire qu'auront les habitants du paradis de goûter ces plaisirs dans leur plus haut degré, on assure qu'ils seront toujours dans l'état de la jeunesse; que quel que soit l'âge dans lequel ils soient morts, ils ressusciteront avec toute leur vigueur, et à la fleur de leur âge, c'est-à-dire, à trente ans ou environ; que cet âge sera toujours le même (ils disent qu'il en sera de même des damnés), et que quand ils entreront en paradis leur taille sera égale à celle d'Adam, le père des humains, qui, suivant eux, n'avait pas moins de soixante coudées de

---

[1] AL GHAZALI. KENZ AL ASRAR

[1] Voyez ci-devant.

haut; et leurs enfants, s'ils en désirent (car ce ne sera qu'en ce cas que leurs femmes concevront), seront d'abord du même âge et de la même grandeur, suivant cette parole de leur Prophète : « Si quelqu'un des fidèles qui habitent « le paradis désire des enfants, ils seront conçus, nés et « venus à leur perfection dans l'espace d'une heure. » Et de même si quelqu'un s'occupe à l'agriculture (plaisir champêtre qui pourrait convenir au goût de quelques personnes), tout ce qu'il voudra semer lèvera et viendra à sa maturité dans un moment.

Afin que tous leurs sens soient satisfaits, et que rien ne manque aux plaisirs qui sont propres à chacun d'eux, on nous dit que l'oreille des bienheureux sera occupée, nonseulement à entendre les chants ravissants de l'ange Israfîl, qui a la voix la plus mélodieuse de toutes les créatures de Dieu, et ceux des filles du paradis ; mais encore que les arbres mêmes célébreront les louanges divines avec une harmonie qui surpasse tout ce que les mortels ont jamais entendu : à tout cela sera joint le son des cloches suspendues aux arbres qui seront mises en mouvement par un vent qui procédera du trône de Dieu, et qui soufflera à chaque fois que les bienheureux voudront entendre de la musique ; l'agitation même des arbres d'or, dont les fruits sont des perles et des émeraudes, formera un murmure dont l'agrément est au-dessus de tout ce que l'on peut s'imaginer : en sorte que les plaisirs de l'ouïe ne feront pas une des moins considérables parties des joies du paradis.

Les plaisirs dont nous avons parlé jusqu'ici doivent être communs à tous les habitants du paradis, même à ceux du rang le plus bas. Quelle idée donc pourrons-nous nous former du bonheur dont jouiront ceux qui auront obtenu un degré supérieur d'honneur et de félicité ? Les Mahométans disent que les plaisirs qui leur sont préparés sont de ces choses que l'œil n'a point vues, que l'oreille n'a point entendues, et qui ne sont jamais montées dans le cœur de l'homme ; expressions certainement tirées de l'Écriture [1]. On dit que pour donner à connaître en quoi consistera la félicité de ceux qui seront parvenus au plus haut degré de bonheur, Mahomet s'est exprimé de la sorte : « Que le « dernier des habitants du paradis verra que ses jardins, « ses femmes, ses ameublements et ses autres possessions « occuperont un espace de mille ans de chemin » (car la vue des bienheureux dans l'autre vie s'étendra jusque-là, et même au delà) : mais que le plus favorisé de Dieu sera celui qui verra sa face soir et matin ; et c'est cette faveur que al Ghazâli regarde comme étant cette récompense additionnelle ou surabondante qui est promise dans le Korân [2], et qui donnera un plaisir si grand, qu'on oubliera pour celui-là tous les autres plaisirs du paradis, et qu'ils paraîtront très-peu de chose au prix ; et cela avec raison, puisque, comme dit le même auteur, tout autre plaisir peut être également goûté, même par une bête brute qu'on laisserait libre dans un pâturage abondant [3]. Le lecteur pourra remarquer que ceci réfute pleinement l'opinion de certaines gens, qui prétendent que les Mahométans n'admettent aucun plaisir spirituel dans la vie à venir, et qu'ils ne font consister la félicité des bienheureux que dans les seuls plaisirs du corps [4].

Il est aisé de faire voir d'où Mahomet a pris la plus grande partie de ses idées sur le paradis. Les Juifs représentent toujours la demeure des justes comme un jardin délicieux, et ils le placent au septième ciel [5] : ce jardin a, suivant eux, trois portes, ou, selon d'autres, deux [6] : il a quatre rivières (circonstance qui est sûrement copiée d'après la description du jardin d'Éden) [1]. Dans ces rivières coule du lait, du vin, du baume et du miel [2]. Le Behemot et le Léviathan, que les Juifs prétendent devoir être tués pour régaler les bienheureux [3], sont si manifestement les Balâm et le Nûn de Mahomet, que ses sectateurs confessent que c'est d'eux qu'il a pris l'un et l'autre [4]. Les rabbins parlent aussi de sept différents degrés de félicité [5], et disent que ceux qui contemplent continuellement la face de Dieu jouissent du plus haut degré de bonheur [6]. Les Mages de Perse se font aussi une idée du bonheur des justes dans la vie à venir, qui est peu différente de celle qu'en donne Mahomet. Ils nomment le paradis Behisht et Minu, c'est-à-dire, cristal, et ils croient que les gens de bien y goûteront toutes sortes de plaisirs, et en particulier qu'ils y trouveront les Hurâni Behisht, ou nymphes aux yeux noirs du paradis [7], qui leur seront destinées ; que le soin de ces belles personnes est commis à l'ange Zamiydd [8] ; et l'on voit bien que c'est de là que Mahomet a pris la première idée de ces dames habitantes du paradis.

Il n'est pas improbable qu'il ait aussi emprunté quelque chose des récits des Chrétiens sur le bonheur de la vie future. L'Écriture a été obligée de représenter les félicités célestes par des images tirées des choses corporelles, parce qu'il n'est presque pas possible de donner aux hommes une idée des plaisirs spirituels, sans introduire des objets sensibles ; elle a donc décrit la demeure des bienheureux comme une ville magnifique et glorieuse dont les bâtiments seront d'or et de pierres précieuses, qui aura douze portes, et dont les rues sont traversées par une rivière dont l'eau est celle de la vie, sur les bords de laquelle sera l'arbre de vie, qui porte douze espèces de fruits, et des feuilles dont la vertu est de donner la santé [9]. Notre Sauveur représente aussi l'état futur des bienheureux comme un royaume, où les bienheureux mangeront et boiront à table [10]. Mais ces descriptions ne renferment aucune des imaginations puériles [11] qui se trouvent dans toute la description de Mahomet, moins encore la moindre indication de ces plaisirs sensuels si chéris du Prophète ; au contraire, on nous assure expressément qu'après la résurrection on ne se mariera point, et l'on ne donnera point en mariage, mais que l'on sera semblable aux anges de Dieu qui sont dans le ciel. Cependant Mahomet, voulant augmenter le prix du paradis dans l'esprit de ses Arabes, préféra l'indécence des Mages à la modestie des Chrétiens ; et de crainte que ses Musulmans n'eussent à se plaindre

---

[1] Isaïe, LXIV, 4. Corinth., II, 9.
[2] Chap. 10.
[3] Pocock, in Not. ad Port. Mosis, pag. 305.
[4] Voyez Reland, de Rel. Moh., liv. 2, § 17.
[5] Gemara Tanith, fol. 25. Berachoth fol. 34, et Midrash, Raboth, fol. 37.
[6] Megillath, Amkoth, pag. 78.

[1] Genes., II, 10, etc.
[2] Midrash, Yalk. Shem.
[3] Gemar., Bava, Bathra., fol. 78. Rashi, in Job, I.
[4] Voyez Poc., in Port. Mosis, pag. 298.
[5] Nishmat Nayim, fol. 32.
[6] Midrash, Sehillim fol. 11.
[7] Sadder Porta, 5.
[8] Hyde, de Rel. vet. Pers., pag. 265.
[9] Apocal., XXI, 10, etc. ; et XXII, 1, 2.
[10] Luc, XXII, 29, 30, etc.
[11] Je n'entreprendrais pas cependant de défendre tous les auteurs chrétiens dans ce cas particulier, témoin ce passage d'Irénée, qui rapporte une tradition de saint Jean, où il fait dire à Notre-Seigneur : « Le jour viendra où il y aura des vignes « qui auront chacune dix mille branches, et chacune de ces « branches dix mille plus petites, et chacune de ces plus pe- « tites dix mille jets, et chaque jet dix mille touffes de grap- « pes, et chaque touffe dix mille grappes, chaque grappe « étant pressée rendra deux cent soixante-quinze gallons de « vin ; et lorsqu'un homme prendra une de ces grappes sa- « crées, une autre grappe criera : Prends-moi, car je suis « meilleure, et bénis le Seigneur par moi, etc. » Irénée, I, 5, chap. XXXIII

que quelque chose leur manquait, il leur fournit des femmes, et toutes les autres choses nécessaires à la vie : jugeant, à ce qu'il paraît, par ses propres inclinations, que, comme l'âne de Panurge [1], ils ne croiraient pas que les autres félicités pussent les contenter, s'ils étaient privés de celle-ci.

Si, après toutes ces descriptions, Mahomet avait fait entendre à ses sectateurs que tout ce qu'il leur disait du paradis ne devait pas être pris à la lettre, mais devait être entendu dans un sens métaphorique (comme l'on dit que les Mages entendent la description du paradis que Zoroastre a donnée) [2], il pourrait être excusable; mais le contraire est si évident, par tout ce qui est contenu dans le *Korân*, que quoique quelques Mahométans, dont le génie est trop subtil pour admettre des imaginations se grossières, regardent les descriptions de leur Prophétie comme paraboliques, et veulent les prendre dans un sens allégorique et spirituel [3]; cependant la doctrine générale et orthodoxe est que cette description doit être prise, entendue et crue dans son sens simple et littéral. Pour le prouver, je n'ai besoin d'autre preuve que du serment qu'ils exigent des Chrétiens (à qui ils savent bien que de pareilles imaginations font horreur) lorsqu'ils veulent les obliger de la manière la plus forte et la plus solennelle; car, dans ce cas, ils les font jurer que s'ils viennent à fausser leurs promesses, ils seront obligés d'affirmer qu'il y aura dans l'autre monde de belles filles aux yeux noirs, et que les plaisirs y seront corporels [4].

Avant que de quitter ce sujet, il ne sera pas hors de propos de faire remarquer que c'est à tort que plusieurs écrivains [5] imputent aux Mahométans de croire que les femmes n'ont point d'âme, ou, si elles en ont une, que cette âme périra comme celle des bêtes brutes, et ne recevra aucune rétribution dans l'autre vie.

Mais quelle que puisse être l'opinion de certains ignorants qui se trouvent parmi les sectateurs de Mahomet, il est sûr que ce prophète respectait trop le beau sexe pour enseigner une telle doctrine. On trouve plusieurs passages dans le *Korân* qui affirment que les femmes ne seront pas seulement punies de leurs mauvaises actions dans l'autre monde, mais aussi qu'elles recevront une récompense pour leurs bonnes œuvres, aussi bien que les hommes, Dieu ne faisant sur ce point aucune distinction entre les deux sexes [6]. A la vérité, quoique quelques-uns pensent que les hommes auront, outre les houris, ou femmes du paradis, les mêmes femmes qu'ils ont eues en ce monde, ou du moins celles d'entre elles qu'ils souhaiteront d'avoir [7], cependant l'opinion générale est que les femmes ne seront pas admises dans la même demeure que les hommes, à cause que leur place y est occupée par les femmes du paradis; mais cependant que celles qui auront été vertueuses, iront dans un lieu séparé pour y jouir de toutes sortes de plaisirs [1]. Je ne trouve décidé nulle part si ces plaisirs consisteront dans la jouissance d'aimables amants créés exprès pour elles, comme il semble que cela devrait être pour compléter l'économie du système mahométan. Voici une circonstance de l'état des femmes béatifiées, dont Mahomet instruisit ses sectateurs, en leur rapportant la réponse qu'il avait faite à une vieille femme, et qui est toute semblable à ce qu'il leur avait enseigné touchant l'état des hommes bienheureux. Cette femme le priant d'intercéder auprès de Dieu, afin qu'il la reçût en paradis, il lui répondit qu'il n'entrait point de vieille femme en paradis. Sur quoi cette pauvre femme s'étant mise à pleurer, il expliqua sa pensée en lui disant que Dieu la rendrait jeune de nouveau [2].

VI. Le sixième article de foi dont le *Korân* exige la créance, et qui est d'une très-grande importance, c'est le décret absolu de Dieu, et la prédestination, tant pour le bien que pour le mal; car la doctrine orthodoxe est que tout ce qui s'est passé dans ce monde, et qui doit s'y passer à l'avenir, soit bien, soit mal, procède entièrement de la volonté divine, et est irrévocablement fixé et enregistré de toute éternité sur la table réservée [3] : Dieu ayant secrètement prédéterminé, non-seulement le bonheur et le malheur temporel de chaque personne jusque dans le plus petit détail, mais encore sa foi ou son infidélité, son obéissance ou sa désobéissance, et par conséquent son bonheur ou son malheur éternel après la mort; et l'on ne peut éviter cette destinée ou cette prédestination par prévoyance ni par sagesse.

Mahomet se sert beaucoup de cette doctrine dans le *Korân*, pour l'avancement de son but, animant ses sectateurs à combattre sans crainte en et désespérés pour la propagation de leur foi; car il leur représente que toutes les précautions possibles ne sauraient changer leur inévitable destinée, et prolonger leur vie d'un moment [4]. Il les empêche par là de lui désobéir et de le rejeter comme un imposteur; en leur mettant devant les yeux le danger qu'ils courraient d'être abandonnés, par le juste jugement de Dieu, à la séduction, à l'endurcissement de leur cœur, et à un esprit de réprobation, qui serait la peine de leur obstination [5].

Comme cette doctrine de l'élection et de la réprobation absolue a été regardée par plusieurs théologiens mahométans comme opposée à la bonté et à la justice de Dieu, et comme faisant Dieu l'auteur du mal, on a inventé plusieurs distinctions subtiles; et il s'est élevé plusieurs disputes sur la manière d'expliquer et d'adoucir ce dogme. Il s'est formé différentes sectes suivant les différentes opinions ou les différentes méthodes d'expliquer ce point; quelques-unes même sont allées jusqu'à soutenir le sentiment directement contraire, et à maintenir le libre arbitre de l'homme, comme nous le dirons dans la suite [6].

I. La prière est le premier des quatre points fondamentaux de pratique en fait de religion enseignés dans le *Korân*. On y comprend les purifications et ablutions légales, qui sont les préparations nécessaires pour s'acquitter de ce devoir.

Ces purifications sont de deux sortes : l'une, appelée *Ghosl*, est une immersion totale du corps dans l'eau; et l'autre, nommée *Wodû* (et par les Perses, *Abdest*), consiste à laver le visage, les mains et les pieds d'une certaine

---

[1] Voyez RABELAIS, *Pantagr.*, liv. v, chap. VII. On peut cependant alléguer une meilleure autorité en faveur du jugement de Mahomet à cet égard-là, je veux parler de Platon, qui proposa, dit-on, dans sa *République imaginaire*, les baisers des jeunes gens et des jolis Damoiseaux, comme la récompense de vaillants hommes et des soldats consommés. Voyez GELL. *Noct. att.*, lib. XVIII, cap. II.
[2] HYDE, *de Rel. vet. Pers.*, pag. 266.
[3] Voyez EUND. *in Not. ad. Boho. lit. Turcar.*, pag. 21.
[4] POC. *ad Port. Mos.*, p. 305.
[5] HORNBEK., *Sum. Contr.*, p. 16. GRELOT., *Voyage de Constant.*, liv. II, chap. XXI. RICAUT, *État présent de l'Empire ottoman*, liv. II, chap. XXI.
[6] Voyez *Korân*, chap. III, IV, XIII, XVI, XL, XLVIII, LVII, etc. RELAND, *de Rel. Moham.*, lib. II, § 18; et HYDE, *in Not. ad Boh. de Visit. Ægr.*, pag. 21.
[7] Voyez ci-devant.

[1] CHARDIN, *Voyages*, t. II, pag. 328; et BAYLE, *Dict. hist.*, art. *Mahomet*, Rem. 2.
[2] Voyez *Kor.*, chap. LVI. GAGNIER, *Not. in* ABULFEDA, *Vita Moh.*, pag. 145.
[3] Voyez ci-devant.
[4] *Korân*, chap. III, IV, etc.
[5] *Ibid* chap. IV et II.
[6] Section VIII.

manière. Les Mahométans font usage de la première dans quelques cas extraordinaires seulement, comme après avoir cohabité avec une femme, ou après s'être approchés d'un corps mort. Les femmes sont aussi obligées de l'employer après leurs couches, ou après qu'elles ont eu leurs règles. La seconde est l'ablution commune dans les cas ordinaires, avant que de prier; et chacun est obligé de se purifier de cette manière avant que de se présenter devant Dieu [1]. Elle se fait avec certaines cérémonies, qui ont été décrites par quelques auteurs, mais que l'on comprend plus aisément en les voyant pratiquer que par aucune description.

Mahomet a peut-être pris l'idée de ses purifications des Juifs, du moins elles s'accordent, pour la plus grande partie, avec celles qui sont pratiquées par ce peuple, qui par la suite du temps aggrava les préceptes de Moïse sur cet article, par tant de cérémonies traditionnelles, qu'elles seules font la matière de quelques livres entiers. Cette nation les observait si exactement, et avec tant de superstition, dans le temps même de la venue de Notre-Seigneur, qu'il lui en fait souvent des reproches [2]. Mais il est certain que, comme les Arabes païens se servaient de lustration de cette espèce longtemps avant Mahomet [3], aussi bien que plusieurs peuples de l'Orient, la chaleur du climat demandant plus de propreté que ces pays froids, il pourrait être que ce prophète ne fît que ramener ses compatriotes à l'observation plus exacte de ces rites, qui avaient été apparemment négligés parmi eux, ou qui du moins étaient pratiqués avec peu de soin. Les Mahométans nous assurent cependant que ces ablutions sont aussi anciennes qu'Abraham [4], à qui Dieu ordonna de les observer, et à qui l'ange Gabriel, transformé en beau jeune homme, enseigna la manière de les pratiquer [5]. Quelques personnes même remontent encore plus haut, et s'imaginent que ces cérémonies viennent de nos premiers parents [6], à qui les anges les enseignèrent.

Afin que les sectateurs de Mahomet remplissent plus ponctuellement ce devoir, on dit que ce prophète leur déclara que la pratique de la religion est fondée sur la pureté, qu'elle est la moitié de la foi et la clef de la prière, laquelle, sans la pureté, n'est point entendue de Dieu [7]. Pour faire mieux comprendre ces expressions, *al Ghazâli* compte quatre sortes de purifications : 1° celle qui consiste à nettoyer le corps de toute pollution, de toute ordure et de tout excrément; 2° celle qui consiste à purifier le corps de toute action méchante et injuste; 3° à nettoyer le cœur de toute inclination blâmable et de tout vice odieux; et 4° celle qui consiste à purger les pensées secrètes des hommes de toutes les actions qui pourraient les détourner de s'attacher à Dieu; ajoutant que le corps n'est que comme l'enveloppe extérieure du cœur, qui est la partie principale. C'est aussi pour cela qu'ils se plaignent hautement de ceux qui sont superstitieusement scrupuleux sur les purifications extérieures, qui évitent comme impurs ceux qu'ils ne croient pas aussi délicats qu'eux sur cet article, tandis que leur cœur est rempli de menterie, bouffi d'orgueil, plongé dans l'ignorance, et gâté par l'hypocrisie [8]. On voit par là que c'est avec peu de fondement que quelques écrivains [1] ont accusé les Mahométans d'enseigner ou de croire que ces ablutions cérémonielles suffisent pour les purifier de leurs péchés [2].

Afin qu'une préparation si nécessaire à leur dévotion ne soit pas négligée faute d'eau, ou au cas qu'elle pût préjudicier à la santé, il leur est permis, en de pareilles occasions, de se servir de sable fin ou de poussière en place d'eau [3]. Les Mahométans s'acquittent alors de ce devoir en passant leurs mains ouvertes sur le sable, et ensuite sur leur corps, comme ils le feraient s'ils avaient plongé leur main dans l'eau. Cet expédient n'est pas de l'invention de Mahomet [4], puisque les Juifs et les Mages de Perse, presque aussi scrupuleux qu'eux dans leurs lustrations, prescrivent la même chose en cas de nécessité [5]; et l'on trouve dans l'*Histoire ecclésiastique* un exemple remarquable de cette pratique, où l'on voit que l'on se servit de sable au lieu d'eau en administrant le sacrement du Baptême, plusieurs années avant Mahomet [6].

Les Mahométans ne se contentent pas de simples ablutions, mais se croient encore obligés à plusieurs autres articles de propreté qui font partie de ce devoir, comme de peigner leurs cheveux, de raser leur barbe, de couper leurs ongles, de s'épiler et de se faire circoncire [7]. Je vais ajouter un mot sur ce dernier article.

Quoiqu'il ne soit point parlé du tout de la circoncision dans le *Korân*, les Mahométans la croient d'une ancienne et divine institution, confirmée par la religion d'Islam : et quoiqu'elle ne soit pas d'une nécessité si absolue que l'on ne puisse s'en dispenser en certains cas, elle est cependant, selon eux, une cérémonie très-convenable et très-utile [8]. Elle était en usage chez les Arabes plusieurs siècles avant Mahomet. Ces peuples la tenaient sans doute d'Ismaël, quoique ce ne soient pas seulement ses descendants qui l'aient observée, mais les *Hamyarites* mêmes et d'autres tribus [9]. Nous avons dit que les Ismaélites [10] circoncisaient leurs enfants, non le huitième jour comme les Juifs, mais à leur douzième ou treizième année, qui fut l'âge où leur patriarche avait subi cette opération [11]; et les Mahométans les imitent en ce point, et ne circoncisent point leurs enfants qu'ils ne soient au moins en état de prononcer distinctement cette profession de leur foi : *Il n'y a point d'autre Dieu que Dieu; Mahomet est l'apôtre de Dieu* [12] : mais ils choisissent pour cela le temps qu'il leur plaît, entre six ou seize ans ou environ [13]. Quoique les docteurs musulmans pensent généralement en cela conformément à l'Écriture, que ce précepte a été originairement donné à Abraham, cependant quelques-uns prétendent que c'est à Adam qu'il fut enseigné par l'ange Gabriel, et cela pour satisfaire à un serment qu'il avait fait de couper cette chair qui, après son péché, s'était révoltée contre son esprit; d'où l'on tire un

---

[1] Kor., chap. III, IV. Reland. de Rel. Mah. lib. I, cap. VIII.
[2] Poc., Not. in port. Mosis., pag. 356.
[3] Marc., VII, 3, etc.
[4] Al Djannabi, in vita Abrah. Voyez Poc., Specti., pag. 303.
[5] Ceci s'accorde avec le faux évangile de saint Barnabas, dont la tradition espagnole contient ces mots (chap. XXIX) : « Dixo Abraham, Que haré yo para servir al Dios de los « sanctos y Prophetas? Respondió el Angel, ve a aquella « fuente y lavate porque Dios quiere hablar contigo. Dixo « Abraham, come tengo de lavarme? Luego el Angel se le « appareció como uno bello mancebo, y se lavé en la fuente, y « le dixó Abraham, haz como yo, y Abraham se lavó, etc. »
[6] Al Kessai. Voyez Reland, de Rel. Moham., 81.
[7] Al Ghazali, Ebn al Athir.
[8] Poc. Spec., pag. 302.

[1] Barthol. Edessen, Confut. Hagaren., pag. 360. G. Sionita et J. Hesronita, in tract. de Urb. et Moribus Orient ad calcem Geograph. Nubien., cap. XV. Du Ryer, dans le Sommaire de la Rel. des Turcs, mis à la tête de sa version du Korân. Stolon, Descript. du R. de Maroc, chap. II. Hyde, in not. ad Bohor. de prec. Mah., pag. I. Smith, de Moribus et institut. Turcar., ep. I, pag. 32.
[2] Reland, de Rel. Mah., lib. I, cap. XI.
[3] Korân, chap. III et V.
[4] Voyez Smith, ubi supra.
[5] Gemar. Beracoth, chap. II. Voyez Poc., Not. ad Port. Mosis, pag. 389. Sadder porta, 84.
[6] Cedren, pag. 250.
[7] V. Poc., Spec., pag. 303.
[8] Bobov., de Circumsic., pag. 22.
[9] Philostorge, Hist. eccles., liv. III.
[10] Joseph., Ant., liv. I, chap. XXIII.
[11] Genes., XVII, 25.
[12] Voyez Bobov., ubi supra; et Poc., Spec., pag. 310.
[13] Reland, de Rel. Mah., lib. I, pag. 75.

argument singulier pour prouver que tous les hommes sont obligés de subir la circoncision [1].

Quoique je ne puisse pas dire que ce soient les idées des Juifs qui aient dirigé les Mahométans en tout ceci, cependant il paraît que les Juifs se font une si grande peine de croire que quelques-uns des principaux patriarches et des prophètes antérieurs à Abraham aient été réellement incirconcis, qu'ils prétendent que plusieurs d'entre eux, comme aussi quelques saints hommes qui ont vécu depuis, sont nés tout circoncis, c'est-à-dire, sans prépuce, et qu'Adam en particulier a été créé tel [2]. Et il paraît que c'est de là que les Mahométans assurent la même chose de leur Prophète [3].

Mahomet regardait la prière comme un devoir si nécessaire, qu'il l'appelle ordinairement *le pilier de la religion*, *la clef du paradis* : aussi, quand les *Thakifites*, qui demeuraient à *Tdyef* envoyèrent faire leur soumission à ce prophète, la neuvième année de l'hégire, après qu'il eut refusé de laisser subsister leur idole favorite [4], et qu'ils lui demandèrent d'être au moins dispensés des prières établies, il leur répondit, qu'il ne pouvait y avoir rien de bon dans une religion où il n'y aurait point de prières [5].

Afin qu'un devoir aussi important ne pût être négligé, Mahomet obligea ses disciples à prier cinq fois toutes les vingt-quatre heures, à certains temps marqués, savoir : 1° le matin avant le lever du soleil ; 2° après-midi, lorsque cet astre commence à baisser ; 3° le soir avant son coucher ; 4° avant de se coucher, mais avant qu'il soit nuit close ; et 5° après qu'il est nuit close, mais avant la première veille de la nuit [6]. Il prétendit que, dans son voyage nocturne au ciel, il avait reçu, du trône de Dieu même, l'ordre divin de faire cette institution.

Le *Korân* insiste souvent sur l'observation des temps marqués pour la prière, quoiqu'il n'entre dans aucun détail sur cet article. En conséquence, les *Muedhins*, ou crieurs, avertissent le public, en criant du haut des clochers de leurs mosquées (car ils ne se servent point de cloches), qu'il est le temps marqué pour la prière. Alors chaque Musulman dévot se prépare à la prière, qu'il fait suivant la forme prescrite dans la mosquée, ou dans tout autre endroit, pourvu qu'il soit pur, avec un certain nombre de louanges et d'éjaculations (que les plus scrupuleux comptent par les grains de leurs chapelets), adorant dans une certaine posture. Toutes ces cérémonies ont été décrites par d'autres écrivains, quoique avec quelques méprises [7]. On ne doit point abréger ces prières, excepté dans quelques cas particuliers, comme, par exemple, dans un voyage, ou lorsqu'on se prépare au combat.

Pour s'acquitter régulièrement de ce devoir de la prière, il faut encore, outre les circonstances dont on a parlé : que les Mahométans tournent leur visage, pendant qu'ils prient, du côté de la Mecque [1]. C'est pour cela que la position de cette ville est marquée, dans le dedans de leurs mosquées, par une niche appelée *al Mehrâb*; et dans le dehors, par la situation des portes qui mènent aux galeries des clochers. Ils ont aussi des tables calculées pour trouver aisément leur *Keblah*, c'est-à-dire, le côté vers lequel ils doivent prier dans les endroits où ils n'ont pas d'autre direction [2].

Mais, suivant les docteurs musulmans, ce qui doit faire surtout le sujet de leur attention lorsqu'ils s'acquittent de ce devoir, c'est la disposition intérieure du cœur, qui est la vie et l'esprit de la prière [3], l'observation la plus exacte des rites extérieurs et des cérémonies précédentes, servant à très-peu de chose, ou même à rien, si l'on ne s'en acquitte avec l'intention, le respect, la dévotion et l'espérance qui leur sont dus [4]. Ainsi nous ne devons pas croire que les Mahométans, ou du moins les plus considérables d'entre eux, se contentent du pur *opus operatum*, ou s'imaginent que ce n'est qu'en cela que consiste toute leur religion [5].

J'ai presque omis deux articles, qui, selon moi, méritent une place ici, et sur lesquels la pratique des Mahométans pourrait peut-être se justifier plus aisément que la nôtre qui lui est contraire. L'un est que les Mahométans ne se présentent jamais devant Dieu en habits somptueux, quoiqu'ils soient obligés d'être vêtus décemment; mais ils quittent tous leurs ornements pompeux, et leurs habits magnifiques, lorsqu'ils viennent se mettre en la présence de Dieu, de crainte de paraître arrogants et superbes [6]. L'autre, qu'ils ne permettent point à leurs femmes de prier publiquement avec eux, en sorte qu'elles sont obligées de faire leur dévotion à la maison ; ou si elles veulent aller à la mosquée, il faut que ce soit quand il n'y a plus d'hommes : les Musulmans s'imaginent que la présence du sexe inspire des idées toutes différentes de celles que demande un lieu dédié au service divin [7].

Il paraît que Mahomet a copié d'après les autres peuples, et surtout d'après les Juifs, la plupart des détails qui entrent dans l'institution de la prière musulmane, celle-ci ne l'emportant sur celle des Juifs que par le nombre des prières journalières [8].

Les Juifs doivent prier trois fois par jour [9] : le matin, le soir et dans la nuit, à l'exemple d'Abraham [10], d'Isaac [11]

---

[1] C'est en substance le contenu du passage suivant de l'évangile de *Barnabas* (chap. XXIII) : « Entonces dixó Jesus ; « Adam el primer hombre aviendo comido per engano del « Demonio la comida prohibita por Dios en el Parayso, se le « rebeló su carne a su espiritu ; per lo qual jurò diziendo, « por Dios que yo te quiero cortar ; y rompiendo una piedra « tomò su carne para cortarla con el corte de la piedra. Por « loqual fue reprehendido del Angel Gabriel, y el dixó ; yo « he surado por Dios que lo he de cortar, y mentiroso no lo « serè jamas. A la hora el Angel le enseno la superfluidad de « su carne : y aquella cortò : de manera que ansi como todo « hombre toma carne de Adam ; ansi esta obligando a cumplir « c aquello que Adam, con juramento prometiè.
[2] *Shalshel, Hakkabala*. Poc., *Spec.*, pag. 320. GAGNIER, *Not. in* ABULF., *Vita Mahom*., pag. 2.
[3] Poc., *Spec.*, pag. 304.
[4] Voyez ci-devant.
[5] ABULFED., *Vit. Mah.*, pag. 117.
[6] ID., *ibid.*, pag. 38 et 39.
[7] HOTTING , *Hist. Eccl.* t. VIII, pag. 470-529. BOBOR. *in Liturg. Turc.*, pag. 1, etc. GRELOT, *Voyage de Constant.*, pag. 253-261. CHARDIN, *Voyage de Perse*, t. XI, pag. 388, etc. SMITH, *de Moribus et institut. Turc.*, pag. 1 et 33, etc.

[1] *Korân.*, chap. II.
[2] HYDE, *de Rel. vet. Pers.*, pag. 89 et 126.
[3] AL GHAZALI.
[4] POC., *Spec.*, pag. 305.
[5] SMITH, *ubi sup.*, pag. 40.
[6] RELAND., *de Rel. Mah.*, pag. 96. Voyez *Alcor.*, cap. VI
[7] Un Maure, nommé *Ahmo Ebn Abdella*, dans une lettre qu'il écrivit en latin à Maurice d'Orange et à Emmanuel de Portugal, contenant une censure de la religion chrétienne (dont une copie, qui appartenait à M. Selden, qui en a transcrit un passage très-considérable dans son traité *de Synedrito vet. Hebræor.*, lib. I, cap. XII, est à présent dans la bibliothèque Bodléiène), trouve une grande faute dans la manière peu édifiante dont les catholiques romains disent la messe ; pour cette raison entre autres. Voici ses paroles : « Ubicun- « que congregantur viri et fœminæ illic mens non est intenta « et devota, nam inter celebrandum Missam et Sacrificia, « fœminæ et viri mutuis aspectibus, signis, ac nutibus ac- « cendunt pravorum appetituum et desideriorum suorum « ignes, et quando hoc non fieret, saltem fragilitas humana « delectatur, mutuo, et reciproco aspectu ; et ita non potest « esse mens quieta, attenta et devota. »
[8] Les Sabéens surpassent en cela les Mahométans, priant selon quelques-uns, sept fois le jour.
[9] Gemar. Beracoth.
[10] Genes., XIX, 27.
[11] *Ibid.*, XXIV, 63.

et de Jacob [1]; et cette pratique est pour le moins aussi ancienne que les temps de Daniel [2].

Les différentes postures dans lesquelles les Mahométans se mettent en faisant leurs prières, et en particulier cette manière solennelle d'adorer, en se prosternant jusqu'à toucher la terre de son front, se trouvent également prescrites par les rabbins, quoique [3] ceux-ci prétendent que le pratique des Mahométans à ce dernier égard est un reste de l'ancienne manière dont ils rendaient leur culte à *Baal Péor* [4]. Les Juifs prient toujours le visage tourné vers le temple de Jérusalem [5], qui devint leur *Kebla* depuis la première dédicace par Salomon [6]. C'est pour cela que Daniel priait en Chaldée, les fenêtres de sa chambre, qui étaient tournées du côté de Jérusalem, étant ouvertes [7]. Ce même temple fut le *Kebla* de Mahomet et de ses disciples pendant six à sept mois [8], jusqu'à ce qu'il se vit obligé de changer d'objet, et de se tourner du côté de la *Kaaba*.

Les Juifs sont obligés, par leurs préceptes de religion, à avoir soin que le lieu où ils prient, et les habits dans lesquels ils s'acquittent de ce devoir, soient purs [9]. Les hommes et les femmes prient aussi en des lieux séparés; en quoi les Chrétiens d'Orient les ont imités. On pourrait encore remarquer un grand nombre d'autres conformités entre le culte public des Juifs et celui des Mahométans [10].

II. Les aumônes font le second article de pratique de la religion mahométane; elles sont de deux sortes, les *aumônes légales*, et les *aumônes volontaires*: les premières sont indispensables, étant ordonnées par la loi, qui dirige et détermine, tant la portion, que la nature des choses que l'on doit donner: mais les aumônes volontaires sont laissées à la liberté de chacun, qui donne plus ou moins, comme il le trouve à propos. Quelques personnes croient que le nom des aumônes légales est proprement *Zacât*, et le nom des aumônes volontaires, *Sadakat*; cependant ce nom est donné souvent aux aumônes légales. Elles sont appelées *Zacât*, soit parce qu'elles augmentent les biens des hommes en leur attirant la bénédiction du ciel, et qu'elles forment leur cœur à la libéralité [11], soit parce qu'elles purifient le reste de leurs biens de la pollution, et leur âme, de la souillure ne l'avarice [12]: on nomme les autres *Sadakat*, parce qu'elles sont une preuve de la sincérité du culte que l'on rend à Dieu. Quelques écrivains ont nommé les aumônes légales des *Dîmes*, mais improprement, puisque dans certains cas elles vont au delà de cette proportion, et que dans d'autres elles sont au-dessous.

Le *Korân* recommande fort souvent de faire l'aumône, mais surtout il recommande de faire l'aumône en mêmes temps que l'on prie, parce qu'elle est de grande efficace pour faire que nos prières soient entendues de Dieu. Aussi le khalife *Omas Ebn Abd'Alazis* disait ordinairement, *que la prière nous conduit à moitié chemin du trône de Dieu; que le jeûne nous fait arriver à la porte de son palais, et que les aumônes nous en procurent l'entrée* [1].

C'est pourquoi les Mahométans regardent les actes d'aumônes comme des actes extrêmement méritoires; et un grand nombre d'entre eux se sont rendus très-illustres par là. On dit que *Hasan*, fils d'*Ali*, petit-fils de Mahomet, partagea trois fois son bien entre les pauvres et lui, et que deux fois il leur donna tout ce qu'il avait [2]. Et les Mahométans en général sont si enclins à faire du bien, qu'ils étendent leur charité même jusque sur les animaux [3].

La loi mahométane veut que l'on fasse l'aumône de cinq sortes de choses: 1° du bétail, c'est-à-dire des chameaux, des bœufs et des brebis; 2° de l'argent; 3° du blé; 4° des fruits, savoir, des dattes et des raisins; et 5° des marchandises. De chacune de ces choses il en faut destiner une certaine portion à l'aumône; cette portion est ordinairement un quarantième, ou deux et demi pour cent. Mais si le possesseur n'a pas un certain nombre ou une certaine quantité de ces choses, il est dispensé d'en donner; ou s'il ne les a pas possédées au delà de onze mois, n'étant pas tenu de distribuer aux pauvres la portion qui leur est due avant le commencement du douzième mois, à compter depuis le moment où il est entré en possession. On ne doit pas des aumônes pour les bestiaux qui servent à labourer la terre, ou à porter des fardeaux: en certains cas aussi on doit, pour les aumônes, une plus grande portion que celle dont nous avons parlé, comme de ce qui a été gagné dans les mines, ou sur la mer, ou par quelque art ou profession, au delà de ce qui est nécessaire pour l'entretien de la famille; l'aumône doit être d'un cinquième de ce gain, surtout s'il y a quelque mélange ou soupçon de gain injuste. De plus, à la fin du jeûne de *Ramadân*, chaque Musulman est obligé de donner, pour lui et pour chaque personne de sa famille, une mesure [4] de froment, d'orge, de dattes, de raisins, de riz, et d'autres denrées dont on mange communément [5].

Mahomet lui-même recueillait au commencement les aumônes légales, qu'il employait selon qu'il le jugeait à propos pour le soulagement de ceux de ses parents et de ses sectateurs qui étaient pauvres, mais principalement pour l'entretien de ses troupes, et de ceux qui combattaient, comme il s'exprime, dans la voie de Dieu. Ses successeurs continuèrent à en user de même, jusqu'à ce que dans la suite, ayant mis d'autres impôts et d'autres tributs, pour fournir aux dépenses du gouvernement, ils se lassèrent, à ce qu'il semble, d'être les distributeurs des aumônes de leurs sujets, et ils laissèrent à leurs consciences le soin de s'en acquitter.

Nous pouvons remarquer, dans les règles précédentes qui regardent les aumônes, les traces de ce que les Juifs ont enseigné et pratiqué sur le même sujet. Les aumônes qu'ils appellent *Sedaka*, c'est-à-dire, *justice* ou *droiture*[6], sont extrêmement recommandées par les rabbins, qui les préfèrent même aux sacrifices [7], comme étant un devoir dont la pratique fréquente peut délivrer les hommes du feude

---

[1] *Gernes.*, XXVIII, 11, etc.
[2] DAN., VI, 10.
[3] MILLIUM, *de Mohammedis anteMoh.*, pag. 427, etc.; et HYDE, *de Rel. vet. Pers.*, pag. 5, etc.
[4] MAIMONID., *in Epist. ad Proselyt. Relig.* Voyez POC., *Spec.*, pag. 306.
[5] *Gemar., Bava Bathra* et *Berachoth*.
[6] I. Rois, VIII, 29, etc.
[7] DAN., VI, 10.
[8] Quelques-uns disent dix-huit mois. Voyez ABULF., *Vit. Mah.*, pag. 54
[9] MAIMON., *in Malchot, Tephilla*, cap. IX, § 8, 9. *Musara Mammeor.*, fol. 282.
[10] Voyez MILL., *ubi sup.*, pag. 424 et seqq.
[11] AL BEIDAWI, *Alcor.*, cap. II.
[12] IDEM, comparé avec LUC, XI, 41: *Mais plutôt donnez l'aumône de ce que vous avez, et voici toutes choses vous seront nettes*, dit Notre-Seigneur.

[1] D'HERBELOT, pag. 5.
[2] ID., *ibid.*, pag. 428.
[3] Voyez BUSBEQ., *Epist.* III, pag. 178. SMITH, *de Morib. et institut. Turcar, Epist.* I, pag. 66, comparés *Eccl.*, XI, 1; et *Prov.*, XII, 10.
[4] Cette mesure est un saa, qui contient environ six ou sept livres pesant.
[5] RELAND, *de Rel. Mahom.*, lib. I, pag. 99, etc. CHARDIN. *Voyage de Perse*, t. XI, pag. 415, etc.
[6] Les aumônes sont nommées de là dans le Nouveau Testament, Δικαιοσυνη. MATTH., VI, I (ed. Steph.); et II. *Corinth.*, IX, 10.
[7] *Gemar., in Barabathra*.

l'enfer[1], et leur mériter la vie éternelle[2]. C'est pour cela qu'outre les angles des champs[3], et la liberté de glaner dans les champs et dans les vignes, que la loi de Moïse veut que l'on abandonne pour les pauvres et pour les étrangers, il faut encore mettre à part une certaine portion de blé et de fruits pour leur soulagement; et cette portion était appelée la dîme[4] des pauvres. Les Juifs étaient autrefois fameux par leur charité. Zachée avait donné la moitié de ses biens aux pauvres[5] : et l'on nous dit que quelques-uns ont donné même tout leur bien aux pauvres; jusque-là qu'à la fin les docteurs juifs décidèrent qu'un homme ne devait pas donner en aumône au delà d'une cinquième partie de son bien[6]. Il y avait aussi dans chaque synagogue des gens établis pour recueillir et distribuer les contributions du peuple[7].

III. Le troisième point de la pratique religieuse est le jeûne, devoir d'une si grande importance, que Mahomet disait ordinairement, que c'était la porte de la religion, et que l'odeur de la bouche de celui qui jeûnait, était plus agréable à Dieu que l'odeur du musc; et *al Ghazâli* compte le jeûne pour la quatrième partie de la foi, suivant les théologiens mahométans.

Il y a trois degrés de jeûne. Le premier consiste à empêcher son corps de satisfaire ses appétits; le second, à contenir ses yeux, ses oreilles, sa langue, ses mains, ses pieds, en sorte qu'ils ne pèchent pas; et le troisième, à priver son cœur de toutes les idées mondaines, en détournant ses pensées de tout autre objet que Dieu seul[8].

Les Mahométans sont obligés, par un commandement exprès du *Korân*, de jeûner pendant tout le mois de *Ramadân*, depuis le temps où la nouvelle lune commence à paraître, jusqu'à la nouvelle lune suivante; pendant cet intervalle de temps, ils doivent s'abstenir du manger, du boire et des femmes, depuis le point du jour jusqu'à la nuit ou au coucher du Soleil[9] : et ils observent cet ordre si scrupuleusement, qu'ils ne souffrent pas que quoi que ce soit entre dans leurs corps, soit par la bouche ou autrement, pendant qu'ils jeûnent, regardant le jeûne comme nul et rompu s'ils respirent quelque parfum, s'ils prennent un lavement, s'ils se baignent, ou même s'ils avalent leur salive à dessein. Il y en a qui portent l'exactitude au point de ne vouloir pas même ouvrir la bouche pour parler, dans la crainte que l'air n'y entre trop librement[10]. Le jeûne est encore regardé comme rompu, si un homme baise ou touche une femme, ou s'il se fait vomir; mais après le coucher du soleil, il leur est permis de se rafraîchir, de boire, de manger, d'être avec leurs femmes jusqu'au point du jour[11],

quoique les plus rigides recommencent leur jeûne à minuit[1]. Ce jeûne devient extrêmement rigoureux et dur, lorsque le mois de *Ramadân* tombe en été (car l'année des Arabes étant lunaire[2], chaque mois parcourt les différentes saisons dans l'espace de trente-trois ans), la longueur et la chaleur des jours rendant cet acte religieux beaucoup plus pénible et plus difficile qu'en hiver.

La raison qui a fait choisir ce mois pour être un mois de jeûne préférablement à tout autre, est que le *Korân* descendit du ciel dans ce mois[3] : et quelques-uns prétendent qu'Abraham, Moïse et Jésus reçurent chacun leur révélation dans le même mois[4].

Personne ne peut se dispenser de l'observation du jeûne du *Ramadân*, à l'exception des voyageurs et des malades (les docteurs mettent au rang de ces derniers ceux dont la santé souffrirait visiblement de ce jeûne, comme les femmes en couche, ou celles qui allaitent, les vieillards et les enfants) : mais dès que la raison qui dispense du jeûne a cessé, ces mêmes personnes sont obligées de jeûner autant de jours qu'elles en ont manqué; et elles doivent expier la dispense du jeûne par leurs aumônes[5].

Il semble que Mahomet a suivi les Juifs dans ses ordonnances touchant le jeûne, comme dans les autres articles. Les Juifs, lorsqu'ils jeûnent, s'abstiennent non-seulement de manger et de boire, mais aussi de leurs femmes : ils ne s'oignent point depuis le point du jour jusqu'au soleil couché, ou jusqu'à ce que les étoiles commencent à paraître[6]; mais ils emploient la nuit à prendre les rafraîchissements qu'ils trouvent à propos[7] : ils dispensent de la plupart des jeûnes publics les femmes en couche, celles qui donnent la mamelle, les vieillards et les enfants[8].

Quoique mon dessein ne soit que de traiter en peu de mots ces points qui sont d'une obligation indispensable pour un Musulman, et qui sont requis expressément par le *Korân*, sans entrer dans ce qui regarde les pratiques quant aux actions volontaires et surérogatoires; cependant, pour faire voir combien les institutions de Mahomet suivent de près celles des Juifs, je dirai un mot des jeûnes volontaires des Mahométans.

L'exemple ou l'approbation de Mahomet a rendu ces jeûnes recommandables, mais surtout lorsqu'on les célèbre en certains jours de ces mois qu'ils tiennent pour sacrés. Il y a une tradition qui porte que Mahomet avait coutume de dire que le jeûne d'un seul jour dans un mois sacré, valait mieux qu'un jeûne de trente jours dans un autre mois; et qu'un jour de jeûne dans le mois de *Ramadân* était plus méritoire qu'un jeûne de trente jours dans un de ces mois sacrés[9]. Entre les jours les plus recommandables est celui d'*Ashûra*, le 10 de *Moharram*, que quelques auteurs[10] disent avoir été observé par les Arabes, et en particulier par la tribu de *Koreish*, avant le temps de Ma-

---

[1] *Gemar., in Gittine.*
[2] *Ibid., in Roshchashana.*
[3] *Levit., XIX, 9, 10. Deut., XXIV, 19, etc.*
[4] Voyez *Gemar., Hierosol. in Peh*; et MAIMON., *in Halachoth Matanoth Aniyyim*, cap. VI. Confer. *Pirke. Avoth*, V, 9.
[5] LUC, XIX, 8.
[6] RELAND, *Ant. Sacr. vet. Hebr.*, pag. 402
[7] ID., *ibid.*, pag. 138.
[8] AL GHAZALI, AL MOSTATRAF.
[9] *Korân*, chap. II.
[10] De là nous lisons que l'ange Gabriel avertit la Vierge Marie de feindre qu'elle avait fait vœu de jeûner, afin qu'elle ne fût pas obligée de répondre aux réflexions que l'on ferait sur l'enfant qu'elle portait. *Korân.*, chap. XIX.
[11] Les termes du *Korân* (chap. II) sont les suivants : *Jusqu'à ce que vous puissiez distinguer un fil blanc d'avec un noir à la lumière de l'aurore* : manière de parler que Mahomet emprunta des Juifs. Ces derniers déterminent le temps où ils doivent commencer leur lecture du matin, *dès qu'un homme peut discerner le bleu d'avec le blanc*, c'est-à-dire, les fils bleus d'avec les fils blancs des franges de leurs habits. Mais les commentateurs n'approuvent point cette explication, prétendant que l'on doit entendre par ces fils bleus et blancs, les raies de lumière et l'obscurité de l'aurore; et disent que ce passage fut d'abord révélé sans ces mots, *de l'aurore*. Mais les sectateurs de Mahomet, prenant l'expression dans le premier sens, ont agi en conséquence, et mangeaient jusqu'à ce qu'ils pussent distinguer un fil blanc d'avec un fil noir qu'ils tenaient devant eux; mais pour prévenir cela pour la suite, on ajouta, comme une explication de ce qui précédait, les mots *d'aurore*. AL BEIDAWI. POC., *Not. in Carmen Togra*, pag. 89, etc. CHARDIN, *Voyage de Perse*, t. XI, pag. 473.

[1] ID., *ibid.*, pag. 421. RELAND, *de Rel. Moh.*, pag. 109.
[2] Voyez section VI.
[3] *Korân*, chap. II et XCVII.
[4] AL BEIDAWI, *ex trad. hammedis*.
[5] *Korân*, chap. II.
[6] *Siphra*, fol. 252, 2.
[7] *Tosephoth ad Gemar. Yoma*, fol. 34.
[8] Voyez *Gemar. Yoma*, fol. 40; et MAIMON., *in Halachoth Tanioth*, cap. V, § 5.
[9] Voyez *Gemar. Tanith.*, fol. 12; et *Yoma*, fol. 83; et *Ex Hayim. Tanith.*, cap. I.
[10] AL GHAZALI.

nomet; mais d'autres nous assurent, au contraire, que ce prophète doit aux Juifs le nom et la célébration de ce jeûne, qui se célèbre aussi chez ces peuples le 10 du septième mois, ou mois de *Tisri*, et qui est le grand jour de l'expiation, qu'ils doivent observer suivant la loi de Moïse [1].

Al Kazwini rapporte que Mahomet étant à Médine, et ayant vu célébrer aux Juifs le jeûne du jour d'*Ashûra*, et leur en ayant demandé la raison, ils lui répondirent que c'était parce que ce fut en ce même jour que Pharaon et ses gens furent submergés, et que Moïse et ceux qui étaient avec lui furent délivrés. Sur quoi Mahomet reprit là-dessus qu'il était plus proche parent de Moïse qu'eux; et il ordonna à ses sectateurs de jeûner ce jour-là. Il parut cependant dans la suite qu'il fut fâché de voir imité les Juifs en ceci; et il déclara que s'il était vivant l'année suivante, il changerait de jour, et établirait le jeûne pour le neuvième jour du mois : une conformité si grande avec ce peuple n'étant plus de son goût [2].

IV. Le pèlerinage de la Mecque fait un point si nécessaire de pratique que, suivant une tradition de Mahomet, il vaudrait autant mourir Juif ou Chrétien[3], que mourir Musulman sans s'être acquitté une fois en sa vie de cet acte religieux [4].

Avant que de parler du temps et de la manière dont se fait ce pèlerinage, il faut décrire en abrégé le temple de la Mecque, qui est le lieu principal du culte des Mahométans; sur quoi je me crois pourtant obligé d'être fort court, cet édifice ayant été déjà décrit par plusieurs écrivains [5] ; quoiqu'ils soient tombés dans quelques méprises, pour avoir suivi différentes relations, ce qui fait qu'ils ne s'accordent pas bien entre eux en diverses choses, les auteurs arabes mêmes n'étant pas uniformes entre eux sur ce point, ce qui est arrivé principalement parce qu'ils parlent de différents temps.

Le temple de la Mecque est appelé *Masjad al Alharâm*, c'est-à-dire, *le temple sacré ou inviolable*, et est situé au milieu de cette ville. Ce qui fait dans ce lieu le principal objet de la vénération des Mahométans, et qui rend tout l'édifice sacré, est un bâtiment carré de pierre appelé la *Kaaba*, nom qui, suivant l'idée de quelques personnes, vient de la *hauteur* de l'édifice, qui surpasse celle des autres édifices de la Mecque [6] ; mais il est plus probable que ce nom lui a été donné à cause de sa forme quadrangulaire. Il porte encore le nom de *Beit-allah*, c'est-à-dire, *la maison de Dieu*, étant particulièrement consacrée à son culte. La longueur de la *Kaaba*, du nord au sud, est de vingt-quatre coudées; sa largeur, de l'orient à l'occident, de vingt-trois ; et sa hauteur, de vingt-sept. La porte qui est au côté oriental est élevée de quatre coudées sur le terrain, et son seuil inférieur est de niveau avec[7] le plancher du temple. A l'angle le plus près de cette porte est la pierre noire dont je vais bientôt parler. Au côté du nord de ce temple, est la pierre blanche : on dit que c'est le sépulcre d'Ismaël : elle reçoit la pluie, qui tombe du haut de la *Kaaba*, par une gargouille qui était autrefois de bois [8], mais qui est à présent d'or : autour de la pierre est un enclos en demi-cercle, qui a cinquante coudées de tour. La *Kaaba* a un double toit soutenu en dedans par trois piliers octangulaires de bois d'aloès, entre lesquels on a suspendu à une barre de fer quelques lampes d'argent. L'extérieur de la *Kaaba* est couvert d'un riche damas noir, orné d'une bande brodée en or, que l'on change toutes les années : il était autrefois envoyé par les khalifes, ensuite par les soudans d'Égypte, et aujourd'hui ce sont les empereurs turcs qui le fournissent. A une petite distance de la *Kaaba*, vers l'orient, est la station ou place d'Abraham, où se trouve une autre pierre fort respectée par les Mahométans : j'en dirai quelque chose ailleurs.

La *Kaaba* est entourée, à quelque distance, par une enceinte circulaire de piliers joints ensemble au bas par une petite balustrade, et dans le haut par des barres d'argent; mais cette enceinte ne fait pas le tour entier de la *Kaaba*. Au dehors de cette enceinte sont trois bâtiments situés l'un au midi, l'autre au nord, et l'autre à l'occident du temple. Ce sont autant d'oratoires où trois des sectes orthodoxes s'assemblent pour faire leurs dévotions (la quatrième des sectes orthodoxes, savoir celle de *al Shâfei*, se sert de la station d'Abraham pour le même usage); et au côté du sud-est se trouvent l'édifice qui couvre le puits de *Zemzem*, le bâtiment pour le trésor, et le dôme de *al Abbas* [1].

Autour de ces édifices est un espace considérable terminé par un portique magnifique ou colonnade carrée semblable à celle de la Bourse, mais beaucoup plus vaste, et couverte de petits dômes. Sur les quatre coins s'élèvent autant de minarets ou clochers, avec un double rang de galeries, ornées d'aiguilles et de croissants dorés, comme sont ceux des dômes qui couvrent le portique et les autres bâtiments. Entre les piliers, tant de la grande que de la petite enceinte, sont suspendues un grand nombre de lampes qu'on allume à l'entrée de la nuit. *Omar*, second khalife, jeta les premiers fondements de l'enclos extérieur. D'abord ce n'était qu'un petit mur, pour empêcher que la cour de la *Kaaba*, qui était auparavant ouverte, ne fût embarrassée par des bâtiments particuliers; mais plusieurs grands hommes successeurs de ce prince ont porté, par leurs libéralités, la construction de cette enceinte au point de magnificence où elle est à présent [2].

Voilà proprement tout ce qui est compris sous le nom de temple; mais tout le territoire de la Mecque étant *Harâm*, ou *sacré*, il y a encore une troisième enceinte marquée par des tours placées de distance en distance, dont les unes sont éloignées de la ville de cinq milles; d'autres, de sept; et d'autres, de dix[3]. Il n'est pas permis d'attaquer un ennemi dans cet espace de terrain, d'y chasser de quelque manière que ce soit, ou même de couper une branche d'arbre; et c'est la véritable raison qui fait regarder les pigeons de la Mecque comme sacrés, et non parce qu'on les croit de la race de ce pigeon imaginaire que Mahomet fit passer pour le Saint-Esprit [4], comme quelques auteurs, qui devraient être mieux informés, voudraient nous le persuader.

Le temple de la Mecque était un lieu destiné au culte public, et était en grande vénération parmi les Arabes depuis très longtemps, et plusieurs siècles avant Mahomet. Les Mahométans sont persuadés que la *Kaaba* est presque aussi ancienne que le monde, quoique sans doute elle ait été destinée dès le commencement à un culte idolâtre [5]. Ils

---

[1] Al Barezi, *in Comment. ad Orat. Ebn Nobâta.*
[2] *Levit.*, xvi, 29, et xxiii, 27.
[3] Ebn al Athir. Voyez Pocock, *Spec.*, pag. 309.
[4] Al Ghazali.
[5] Chardin, *Voyage de Perse*, t. xi, pag. 428. Bremond, *Descrittioni de l'Egitto*, lib. i, cap. xxix. Pitt's *Account of the Rel. of the Maho.*, pag. 98, etc. Boullainvilliers, *Vie de Mahomet*, pag. 54, etc. Ce dernier auteur est le plus détaillé.
[6] Ahmed Ebn Yusef.
[7] Sharif al Edrisi, et Kitab Masalet, *apud* Poc., *Spec.*, pag. 126, etc.
[8] Sharif al Edrisi, *ibid.*

[1] Sharie al Edrisi, *ibid.*
[2] Poc., *Spec.*, pag. 116.
[3] Gol., *Not. in Alfrag.*, pag. 99.
[4] Gab. Sionita, et Joh. Hesronita, *de Nonnullis Orient. Urbib. ad culc. Geogr. Nub.*, pag. 21. Al Mogholtaï, dans sa *Vie de Mahomet*, dit que les pigeons du temple de la Mecque sont de la race de ceux qui posèrent leurs œufs à l'entrée de la grotte où le Prophète et *Abu Bakr* se cachèrent quand ils s'enfuirent de cette ville. Voyez ci-devant.
[5] Voyez ci-devant.

disent qu'Adam ayant été chassé du Paradis, demanda à Dieu qu'il lui permît d'élever un bâtiment pareil à celui qu'il avait vu dans le paradis, appelé *Beit al Mamûr*, ou *la maison fréquentée*, et *al Dorah*, vers lequel il pût adresser ses prières, et dont il pût faire le tour, comme les anges faisaient le tour de cet édifice céleste. Sur quoi Dieu fit descendre une représentation de cette maison sur des rideaux de lumière [1], et la plaça à la Mecque perpendiculairement sous son original [2], ordonnant à Adam de se tourner vers elle quand il prierait, et d'en faire le tour par dévotion [3]. Après la mort d'Adam, son fils Seth bâtit une maison de la même figure, de pierre et de glaise; et cette maison ayant été détruite par le déluge, elle fut rebâtie ensuite par Abraham et par Ismaël [4], en suite d'un ordre de Dieu, dans le même endroit où était la première, et suivant le même modèle, étant dirigés dans cet ouvrage par révélation [5].

Cet édifice ayant été déjà réparé plusieurs fois, les *Koreish* le rebâtirent, peu d'années après la naissance de Mahomet, sur les anciens fondements [6]. *Abd' Allah Ebn Zobeir*, khalife de la Mecque, y fit des réparations; et enfin *al Hejaj Ebn Yûsof* la rebâtit une seconde fois, la soixante et quatorzième année de l'hégire, avec quelques changements, et lui donna la forme qu'elle a aujourd'hui [7]. Quelques années après, le khalife *Haroûn al Rashid* (ou, selon d'autres, son père *al Mohdi*, ou son grand-père *al Mansûr*, pensèrent à corriger les changements que *al Hejaj* y avait faits, et voulaient lui rendre la forme ancienne qu'*Abd' Allah* lui avait donnée; mais ils furent détournés de cette entreprise par la crainte qu'un bâtiment aussi saint ne devînt le jouet du caprice des princes, et qu'étant continuellement changé suivant la fantaisie de chacun, il ne fût plus respecté comme il devait l'être [8].

Cependant, quelle que soit l'antiquité et la sainteté de ce temple, il y a une prophétie, qu'on tient de Mahomet par tradition, qui porte que, dans les derniers temps, les Éthiopiens viendront, qu'ils démoliront ce temple entièrement; après quoi il ne sera jamais rebâti [9].

Avant que de cesser de parler de ce temple de la Mecque, il y a deux ou trois articles dont il importe de donner quelque connaissance; l'un est la fameuse pierre noire, qui est enchâssée dans de l'argent, et placée à l'angle du sud-est de la *Kaaba*, qui est celui qui regarde vers *Basra*; elle est placée environ deux coudées et un tiers, ou, ce qui est la même chose, sept empans au-dessus du sol. Les Mahométans vénèrent extrêmement cette pierre, et les pèlerins la baisent avec une grande dévotion. Quelques personnes l'appellent *la main droite* de Dieu sur la terre. On dit que c'est une des pierres précieuses du paradis; qu'elle tomba du ciel en terre avec Adam; qu'elle en fut retirée, ou du moins préservée pendant le déluge; et que l'ange Gabriel la rapporta à Abraham lorsqu'il bâtissait la *Kaaba*. Elle était, au commencement, plus blanche que le lait; mais elle a été noircie longtemps après par l'attouchement d'une femme qui était dans un état d'impureté, ou, comme d'autres le prétendent, par les péchés du genre humain [1], ou plutôt par les baisers et l'attouchement de tant de personnes; la superficie seulement étant noire, et l'intérieur ayant conservé sa blancheur naturelle [2]. Quand les *Karmatiens* [3] profanèrent le temple de la Mecque, ils emportèrent cette pierre, et les habitants de la Mecque ne purent jamais obtenir d'eux, par prière ni par argent, qu'elle leur fût rendue, quoiqu'ils en offrissent jusqu'à cinq mille pièces d'or : cependant après l'avoir gardée vingt-deux ans, les *Karmatiens* la renvoyèrent de leur propre mouvement, voyant bien qu'elle n'attirait pas chez eux les pèlerins qui étaient accoutumés d'aller à la Mecque; et pour se moquer de ces dévots ils leur firent dire que ce n'était pas la véritable pierre; mais on reconnut que c'était, et qu'elle n'était pas contrefaite, par la qualité qui lui est propre de nager sur l'eau [4].

La seconde chose digne de remarque, est une autre pierre placée à la station d'Abraham, où l'on prétend montrer l'empreinte de ses pieds; et on dit qu'il se tenait sur cette pierre pendant qu'il bâtissait la *Kaaba* [5], cette pierre lui servant d'échafaud, s'élevant et s'abaissant d'elle-même dans l'occasion [6]. Une autre tradition porte que c'était la pierre sur laquelle il se tenait, pendant que la femme de son fils Ismaël, à qui il faisait une visite, lui lavait la tête [7] : elle est présentement enfermée dans un coffre de fer. Les pèlerins boivent [8] l'eau du puits de *Zemzem* dans cette pierre, et sont obligés, par le *Korân*, de faire leurs prières auprès de cette pierre [9]. Les officiers du temple eurent soin de la cacher, quand les *Karmatiens* prirent l'autre [10].

La dernière chose à remarquer dans ce temple, est le puits de *Zemzem*, situé à l'orient de la *Kaaba*. Il est couvert d'un petit bâtiment et d'un dôme. Les Mahométans sont persuadés que c'est la source qui parut pour étancher la soif d'Ismaël, lorsque sa mère *Agar* errait avec lui dans le désert [11]; et quelques personnes s'imaginent qu'il doit son nom à la manière dont elle appela son fils lorsqu'elle découvrit ce puits : *Zem, zem*, en langue égyptienne, signifiant *arrête, arrête* [12], quoique ce nom paraisse venir plutôt du murmure de ces eaux. L'eau de ce puits est regardée comme sacrée, et est en grande vénération. Les pèlerins la boivent avec une dévotion particulière, et l'on en envoie dans des bouteilles, comme une chose extrêmement rare, dans la plupart des pays soumis aux Mahométans. *Abd' Allah*, que sa mémoire extraordinaire fit surnommer *Al Hâfedh*, et qui avait retenu particulièrement les traditions de Mahomet, assura qu'il avait acquis cette faculté en buvant à longs traits des eaux *Zemzem* [13];

---

[1] Quelques-uns disent que *Beit al Mamûr* était la *Kaaba d'Adam*; qu'en ayant été envoyée du ciel, y fut retirée lors du déluge, et y est conservée. AL ZAMAKHE, dans l'*Alcor.*, cap. II.
[2] AL SUZI, *ex trad. Ebn Abbas*. On a observé que la primitive Église avait une opinion pareille touchant la situation de la Jérusalem céleste, par rapport à la terrestre; car dans le livre apocryphe des *Révélations de saint Pierre* (chap. XXVII), après que Jésus a parlé à Pierre de la création des anges et des sept cieux (d'où l'on peut remarquer en passant que Mahomet ne fut pas le premier qui imagina les sept cieux), il commence la description de la Jérusalem céleste en ces mots : *Nous avons créé la Jérusalem d'en haut par-dessus les eaux qui sont au-dessus du troisième ciel, directement suspendue au-dessus de la Jérusalem d'en bas, etc.*
[3] GAGNIER, *Not. ad Abulfed., Vit. Moh.*, pag. 28.
[4] AL SHAHRESTANI.
[5] *Korân*, chap. II.
[6] AL DJANNABI, *in vita Abrah.*
[7] Voyez ABULFED., *Vit.*, pag. 13.
ID., *in Hist. Gen.* AL JANNABI, etc.
[9] AL DJANNABI.

[1] AL DJANNABI. AHMED EBN YUSEF. Voyez POC., *Spec.*, p. 115, etc.
[2] AL ZAMAKH, etc., *in Alcor.* AHMED EBN YUSEF.
[3] POC., *Spec.*, pag. 117, etc.
[4] Ces Karmatiens sont des sectaires qui prirent naissance l'an 278 de l'hégire. Leurs opinions renversaient les points fondamentaux du Mahométisme. D'HERBELOT, art. *Karmath.*; et ci-après, sect. VIII.
[5] D'HERBELOT, pag. 40.
[6] AHMED EBN YUSEF, ABULFEDA. POC., *Spec.*, pag. 119.
[7] ABULFED.
[8] HYDE, *de Rel. vet. Pers.*, pag. 35.
[9] AHMED EBN YUSEF, SAFIODDIN.
[10] AHMED EBN YUSEF.
[11] Genes., XXI, 19.
[12] G. SIONIT. et J. HESR. *de Nonnullis Orient. Urbib.*, p. 19.
[13] D'HERBELOT, pag. 5.

et je la crois aussi efficace pour la mémoire que l'étaient les eaux de l'Hélicon pour inspirer un poëte.

C'est à ce temple que tout Mahométan doit venir en pèlerinage au moins une fois en sa vie, si sa santé et ses facultés le lui permettent [1]. Les femmes mêmes ne peuvent se dispenser de remplir ce devoir. Les pèlerins se rencontrent en différents endroits près de la Mecque, suivant différents lieux d'où ils viennent [2], pendant les mois de *Shawâl* et de *Dhu'lkaada*; étant obligés de se trouver à ces rendez-vous au commencement, comme son nom même le fait connaître, à la célébration de cette solennité.

C'est dans ces endroits, dont on vient de parler, que commence la cérémonie du pèlerinage, lorsque les pèlerins se revêtent de l'*Ihram*, ou habit sacré, qui consiste en deux pièces de laine, dont l'une s'entortille autour du milieu de leur corps, et sert à cacher ce qui doit l'être : l'autre est jetée sur leurs épaules. Ils ont leur tête nue, et à leurs pieds une espèce de pantoufles qui ne couvrent ni le talon ni le cou-de-pied. Voilà l'équipage avec lequel ils entrent dans le territoire sacré, en s'avançant vers la Mecque. Tandis qu'ils sont revêtus de ces habits, il leur est défendu de chasser en aucune manière [3]. Ils peuvent cependant pêcher [4], et ils observent si exactement la défense de chasser, qu'ils ne tueraient pas même une puce sur leur propre corps : on leur permet cependant de tuer quelques animaux nuisibles, comme corbeaux, cerfs-volants, souris, scorpions, et les chiens accoutumés à mordre [5]. Pendant tout le temps du pèlerinage, on doit être attentif à ses paroles et à ses actions, éviter toute querelle, tout discours injurieux ou obscène; il ne faut avoir aucune relation avec les femmes, et s'occuper uniquement de l'œuvre excellente à laquelle on s'est engagé.

Les pèlerins étant arrivés à la Mecque, visitent aussitôt le temple, et y entrent avec les cérémonies prescrites, qui consistent principalement à faire en procession le tour de la *Kaaba*, à courir entre les monts *Safâ* et *Merwâ*, à faire un station sur le mont *Arafat*, à égorger des victimes, et à se raser la tête dans la vallée de *Mina*. D'autres auteurs ayant décrit ces cérémonies dans un grand détail [6], on me pardonnera si je ne parle que des circonstances les plus essentielles.

Ils commencent à faire le tour de la *Kaaba*, en partant du coin où se trouve la pierre noire. Ils font sept tours; dans les trois premiers leurs pas sont petits, mais vites; dans les quatre autres, leurs pas sont graves et ordinaires. Mahomet ordonna, dit-on, cette marche, afin que ses sectateurs fissent voir leurs forces et leur activité pour anéantir l'espérance des infidèles, qui disaient que la chaleur extraordinaire de Médine les avait affaiblis [7] : et ils ne sont pas obligés d'aller si vite toutes les fois qu'ils s'acquittent de cet exercice religieux, mais seulement dans certains temps [8]. Chaque fois qu'ils passent près de la pierre noire, ou ils la baisent, ou ils la touchent avec les mains, qu'ils baisent ensuite.

La course entre *Safâ* et *Merwâ* [9] se réitère aussi sept fois, partie à pas lents, et partie en courant [10] : car les pèlerins marchent gravement, jusqu'à un endroit qui est entre deux piliers; là ils se mettent à courir, et recommencent ensuite à marcher, regardant quelquefois derrière eux, et d'autres fois s'arrêtant comme s'ils avaient perdu quelque chose, voulant représenter *Hagar* cherchant de l'eau pour son fils [1]; car on dit que cette cérémonie est aussi ancienne que le temps d'*Hagar* [2].

Le dixième de *Dhu'lhajja*, après la prière du matin, les pèlerins sortent de la vallée de *Mina*, où ils étaient venus le jour précédent, et s'avancent sans ordre et précipitamment vers le mont *Arafat* [3], où ils restent pour achever leurs dévotions jusqu'au soleil couchant; alors ils vont à *Mozdalifa*, oratoire situé entre *Arafat* et *Mina*, et ils y emploient le reste de la nuit à prier et à lire le *Korân*.

Le lendemain, au point du jour, ils visitent *al Masher al Harâm*, ou le *Monument sacré* [4]; et partant de là avant que le soleil soit levé, ils se rendent à la hâte par *Batn Mohasser* à la vallée de *Mina*, où ils jettent sept pierres [5] à trois marques ou piliers, à l'exemple d'Abraham, qui, ayant rencontré le diable dans ce lieu, et étant troublé par ce malin esprit dans ses dévotions, ou même étant tenté par lui de désobéir lorsqu'il allait offrir son fils en sacrifice, reçut ordre de Dieu de le chasser en lui jetant des pierres [6]. D'autres prétendent cependant que cet usage est aussi ancien qu'Adam, qui mit en fuite le diable dans le même endroit et de la même manière [7].

Cette cérémonie étant finie le même jour, savoir le dixième de *Dhu'lhajja*, les pèlerins immolent leurs victimes dans cette vallée de *Mina*; eux et leurs amis en mangent une partie, et le reste est donné aux pauvres.

Ces victimes doivent être des moutons, des chèvres, des vaches ou des chameaux. Si l'on prend des victimes des deux premières espèces, il faut que ce soit des mâles; et si elles sont des deux dernières espèces, il faut que ce soit des femelles, et d'un âge fait [8]. Les sacrifices étant achevés, ils se rasent la tête et rognent leurs ongles, qu'ils enterrent au même endroit : après quoi on regarde le pèlerinage comme complet [9], quoiqu'ils retournent une seconde fois à la *Kaaba*, pour prendre congé de ce bâtiment sacré.

Les Mahométans conviennent que les Arabes païens célébraient presque toutes ces cérémonies anciennement, c'est-à-dire, plusieurs siècles avant Mahomet. Ils observaient particulièrement de faire le tour de la *Kaaba*, de jeter des pierres dans la vallée de *Mina*, et de courir entre *Safâ* et *Merwâ*. Mahomet confirma ces rites en faisant quelque changement dans certains points qui lui parurent le demander; ainsi, par exemple, il ordonna qu'ils s'habilleraient pour faire le tour de la *Kaaba* [10], au lieu qu'auparavant ils devaient être nus, jetant leurs habits, pour faire voir qu'ils avaient abandonné leurs péchés [11], ou comme un mémorial de leur desobéissance aux ordres de Dieu [12].

---

[1] *Korán*, chap. III.
[2] BOBOV., *de Peregr. Mecq.*, pag. 12, etc.
[3] *Korán*, chap. V.
[4] Ibid.
[5] AL BEID.
[6] BOBOV., *de Peregr. Mecq.*, pag. II, etc. CHARDIN, *Voyage de Perse*, t. II, pag. 440, etc. PITT's *Account of the Rel. of the Moh.*, pag. 92, et GAGNIER, *Vie de Mahom.*, t. II, pag. 259, etc. ABULFED., *Vit. Mah.*, pag. 130, etc.; et RELAND, *de Rel. Moham.*, pag. 113, etc.
[7] EBN AL ATHIR.
[8] POC., *Spec.*, pag. 314.
[9] Voyez ci-devant.
[10] AL GHAZALI.

[1] RELAND, *de Rel. Mah.*, pag. 121.
[2] EBN AL ATHIR.
[3] *Korán*, chap. II.
[4] Ibid. M. Gagnier s'est trompé deux fois en confondant ce monument avec l'enclos sacré de la Kaaba. Voyez GAGNIER, *Not. in* ABULFED., *Vit. Moham.*, pag. 131; et *Vie de Mahomet*, t. II, pag. 262.
[5] Pocock dit soixante et dix, d'après al Ghazali, en différents temps et lieux.
[6] AL GHAZALIA AHMED EBN YUSEF.
[7] EBN AL ATHIR.
[8] RELAND, *ubi supra*, page. 117.
[9] *Korán*, chap. II.
[10] Ibid., chap. VII.
[11] AL FAIK, *de tempore ignor. Arabum*, apud MILL : *de Mohammedismo ante Moh.*, pag. 322. ISAÏE, LXIV, 6.
[12] DJALLAL. AL. BEID. Cette notion approche beaucoup de celle des Adamites, si elle n'est pas la même.

On reconnaît aussi que ces cérémonies n'ont pas un mérite intrinsèque, qu'elles n'ont aucune influence sur l'âme, et ne s'accordent point avec la raison naturelle, étant purement arbitraires et établies pour mettre l'obéissance des hommes à l'épreuve, sans aucun autre dessein; et qu'en conséquence on doit les observer, non qu'elles soient bonnes en elles-mêmes, mais parce que Dieu l'a ainsi ordonné [1]. Quelques personnes ont cependant fait leurs efforts pour trouver des raisons qui puissent justifier des ordres si arbitraires; et un auteur, supposant[2] que les hommes doivent imiter les corps célestes, non-seulement dans leur pureté, mais encore dans leurs mouvements circulaires, semble se servir de cette supposition comme d'un moyen pour prouver que la procession autour de la Kaaba est une pratique fondée en raison. Reland [3] a remarqué que les Romains avaient quelque chose de pareil dans leur culte, Numa leur ayant ordonné de faire des mouvements circulaires en adorant les dieux, soit pour représenter le mouvement circulaire du monde, soit pour faire voir qu'ils adressaient leurs prières au Dieu souverain maître de l'univers, ou plutôt par allusion aux roues d'Égypte, qui étaient les hiéroglyphes de l'inconstance de la fortune [4].

Le pèlerinage de la Mecque, et les cérémonies prescrites à ceux qui le font, sont sans doute les moins recevables de toutes les autres institutions de Mahomet, comme étant non-seulement ridicules et extravagantes en elles-mêmes, mais comme étant les restes d'une superstition idolâtre [5]. Mais si l'on considère combien il est difficile d'abolir d'anciennes coutumes dont un peuple est entêté, quelques déraisonnables qu'elles soient, surtout lorsqu'un part considérable s'y trouve intéressé, et qu'un homme peut, suivant cette maxime, *Tutius est multa mutare quam unum magnum*, changer avec moins de risque plusieurs choses qu'une seule considérable; si l'on considère attentivement tout cela, on peut excuser Mahomet d'avoir autorisé quelques points de peu d'importance, pour réussir ensuite dans le point principal. Le temple de la Mecque était respecté de tous les Arabes (à l'exception seulement de ceux de la tribu de Tay et de Khathdam, et de quelques-uns des descendants de al Hareth Ebn Kaab [6], qui n'avaient pas accoutumé d'y aller en pèlerinage); mais il était surtout en très-grande vénération chez ceux de la Mecque qui avaient un intérêt particulier à entretenir cette dévotion; et comme les choses les plus extravagantes, et qui ne signifient rien, sont pour l'ordinaire les objets de la plus grande superstition, Mahomet trouva qu'il lui était plus facile d'abolir l'idolâtrie même, que de déraciner la bigoterie superstitieuse qu'ils avaient pour ces temples et les cérémonies qui s'y faisaient : c'est pourquoi, après avoir essayé plusieurs fois, mais toujours inutilement, de les abolir [7], ce prophète jugea qu'il valait mieux consentir à ces pèlerinages à la Kaaba, et aux cérémonies qui s'y faisaient, et à permettre même qu'on se tournât de côté pour faire les prières, que de faire échouer son dessein; il se contenta de les engager à rendre au vrai Dieu le culte qu'ils rendaient dans ce même lieu à leurs idoles, et de changer les circonstances de ce culte, qu'il crut pouvoir donner du scandale. En ceci Mahomet suivit l'exemple des plus fameux législateurs, qui n'établirent pas les lois qui étaient absolument les meilleures en elles-mêmes, mais celles qui étaient les meilleures que les peuples fussent capables de recevoir; et nous voyons que Dieu eut la même condescendance pour les Juifs, car il eut égard à la dureté de leur cœur en plusieurs choses, en leur donnant des *statuts qui n'étaient pas bons, et des ugements par lesquels ils ne vivraient point* [1].

SECTION CINQUIÈME.

De certains préceptes négatifs du Korân.

ARGUMENT.

Dessein des trois sections suivantes. — De la défense du vin. — Si le café, le tabac et l'opium sont permis par la loi. — Pourquoi le vin fut défendu. — De la défense du jeu. — De la défense des flèches divinatoires. — Des viandes défendues. — De l'usure. — Diverses coutumes superstitieuses touchant le bétail, abolies. — La coutume d'ensevelir les filles toutes vivantes, abolie.

J'ai parlé, dans la section précédente, des points fondamentaux de la religion mahométane par rapport à la foi et à la pratique. Je traiterai avec la même brièveté, dans les deux suivantes, de quelques autres préceptes du *Korân*, qui méritent particulièrement d'être connus, et premièrement de certaines choses qui y sont défendues.

L'usage du vin, sous lequel on comprend toutes les autres liqueurs qui enivrent, est défendu dans plus d'un endroit du *Korân* [2]. Quelques personnes, à la vérité, se sont imaginé que cette défense ne regardait que l'excès, et allèguent deux passages [3] de ce livre pour prouver qu'il était permis d'user de ces liqueurs, pourvu que ce fût avec modération; mais l'opinion générale est qu'il est absolument contraire à la loi d'en boire en grande ou en petite quantité. Et quoique les libertins se permettent une pratique opposée [4], les plus consciencieux des Mahométans sont si exacts là-dessus, surtout s'ils ont fait le pèlerinage de la Mecque [5], qu'ils regardent comme contraire à la loi, non-seulement de goûter le vin, mais de cueillir ou de presser les raisins pour en faire, ou d'en acheter ou d'en vendre, ou même de s'entretenir avec l'argent qu'on aurait tiré de ce commerce. Cependant les Persans, comme les Turcs, l'aiment beaucoup; et si on leur demande comment ils osent boire du vin, puisque cela est si expressément défendu par leur religion, ils répondent qu'il en est d'eux comme des Chrétiens, à qui la paillardise et l'ivrognerie sont défendues comme de grands péchés, et qui cependant font gloire de débaucher les filles et les femmes, ou de boire à l'excès [6].

On a mis en question si le café n'était pas compris au nombre des liqueurs défendues [7], puisque ses fumées produisent quelque effet sur l'imagination. Cette boisson,

---

[1] AL GHAZALI. Voyez ABULFAR., *Hist. Dyn.*, pag. 171.
[2] ABU JAASAR EBN YOFAIL, *in vita Hai Ebn Yokd'han*, pag. 151. Voyez la traduction anglaise d'Ockley, pag. 117.
[3] *De Rel. Moham.*, pag. 123.
[4] PLUTARCH., *in Numa*.
[5] MAIMONID. (dans une *Lettre au Pros. de la rel.*) prétend que le culte de Mercure lui était rendu en jetant des pierres, et celui de Chemosh en ayant la tête nue et en mettant des habits qui ne fussent pas cousus.
[6] AL SHABRESTANI.
[7] *Korân*, chap. II.

[1] EZECH., XX, 25. Voyez SPENCER, *de Urim et Thumim*, cap. 4, § 7.
[2] Voyez chap. II et V.
[3] II et XVI. D'HERBELOT, pag. 696.
[4] Voyez SMITH, *de Moribus et institutis Turcar.*, ep. II, pag. 28.
[5] Voyez CHARDIN, pag. 212.
[6] ID., pag. 344.
[7] ABD'ALKADER MOHAMMED AL ANSARI a fait un traité sur l'usage du café, dans lequel il avance des raisons en faveur de sa légitimité. D'HERBELOT, art. *Cahvah*.

dont on a commencé de faire publiquement usage dès le milieu du neuvième siècle de l'hégire, à Aden, ville de l'Arabie heureuse, s'introduisit peu à peu à la Mecque, à Médine, en Égypte, en Syrie, et dans les autres parties du Levant, et donna occasion à de grandes disputes et à de grands désordres, ayant été quelquefois publiquement défendue et condamnée, et d'autres fois ayant été permise et déclarée légitime [1]. A présent l'usage du café est généralement toléré, ainsi que celui du tabac, quoique les plus religieux se fassent un scrupule de prendre de ce dernier, non-seulement parce qu'il enivre, mais encore par respect pour un discours que la tradition attribue à leur Prophète, si l'on pouvait s'assurer que ce discours est véritablement de lui. Le voici : *Dans les derniers jours, il y aura des hommes qui porteront le nom de Musulmans, mais qui ne seront pas réellement tels; ils fumeront une certaine herbe qui sera appelée tabac.* Cependant les Orientaux sont tellement adonnés à ces deux choses, qu'ils disent qu'une tasse de café et une pipe de tabac font un régal complet; et les Persans ont ce proverbe, *que le café sans le tabac est comme de la viande sans sel* [2].

L'opium et le beng (ce dernier est composé de feuilles de chanvre mises en pilules ou en conserve) sont aussi regardés, par les Mahométans rigides, comme défendus, quoique le *Korân* n'en dise rien, parce qu'ils enivrent et troublent la raison, comme fait le vin, et même d'une manière encore plus extraordinaire; cependant ces drogues sont généralement en usage dans l'Orient; mais ceux qui en prennent sont regardés comme des débauchés [3].

On a débité plusieurs contes sur ce qui a donné occasion à Mahomet de défendre le vin; mais le *Korân* donne les véritables raisons de cette défense, qui sont que les mauvaises qualités de cette liqueur surpassent les bonnes, que ses effets les plus ordinaires sont les querelles et les troubles dans la société, et la négligence, ou du moins l'indécence, dans l'observation des devoirs et des cérémonies de la religion [5]. C'est par les mêmes raisons qu'il fut défendu aux Lévites de boire du vin ou des liqueurs fortes lorsqu'ils entraient dans le tabernacle [6], et que les *Nazaréens* [7] et les *Rechabites* [8], et plusieurs personnes pieuses d'entre les Juifs et les Chrétiens de la primitive Église, s'en abstenaient totalement; quelques-uns même de ces derniers allèrent jusqu'à condamner l'usage du vin, comme étant un péché [9] : mais on dit que Mahomet eut un exemple plus à sa portée qu'aucun de ceux-là dans les personnes les plus dévotes de sa tribu [10].

Le jeu est défendu dans le même endroit du *Korân* [11] qui défend le vin, et pour les mêmes raisons. Le mot *al Meisar*, qui se trouve dans ce passage, signifie une manière particulière de tirer au sort avec des flèches, ce qui était très en usage chez les Arabes païens, et se pratiquait de cette manière. On achetait un jeune chameau, on le tuait et on le divisait en dix ou vingt huit parties : les personnes qui devaient jeter au sort pour avoir ces lots, se rassemblaient au nombre de sept; on prenait onze flèches sans pointe et sans plume, on en marquait sept; on faisait une marque à la première, deux à la seconde, et ainsi de suite pour toutes les sept : les quatre autres flèches n'étaient pas marquées [1]. On mettait ces flèches ensemble pêle-mêle dans un sac, et elles étaient tirées par une personne qui n'avait point de part au jeu; près d'elle était une autre personne, qui devait recevoir les flèches, et prendre garde que cette première personne ne fît aucune tricherie : ceux à qui les flèches marquées échéaient, recevaient des portions du chameau proportionnées à leur lot, les autres, auxquels le sort donnait les flèches sans marque, n'avaient aucune part à la chair du chameau, et étaient obligés de le payer en entier : cependant ceux qui gagnaient ne mangeaient pas plus de la chair du chameau que ceux qui perdaient, mais le tout était distribué aux pauvres; et ils faisaient ces jeux par orgueil et par ostentation : on regardait comme une honte de se retirer, et de ne pas hasarder son argent dans cette occasion [2]. Quoique cet usage fût de quelque avantage pour les pauvres, en fournissant aux riches un amusement, cependant Mahomet [3] le défendit, comme la source de plusieurs inconvéniens, parce qu'il donnait lieu à des querelles et à des picoteries, parce que ceux qui gagnaient insultaient à ceux qui perdaient.

Les commentateurs conviennent que, sous le nom de *lots* dont Mahomet se sert à cette occasion, il faut comprendre tous les autres jeux de hasard, comme des cartes, trictrac, etc., qui par là même sont défendus; et on les regarde comme si mauvais en eux-mêmes, que les rigides Mahométans estiment que le témoignage de toute personne qui a joué ne doit avoir aucune validité dans les cours de justice. Les échecs sont le seul jeu légitime, selon les docteurs mahométans [4], parce que le succès en dépend entièrement de l'habileté et de l'attention, et nullement du hasard; encore a-t-il eu quelque doute sur ce jeu, qui n'est permis que sous certaines restrictions, savoir, qu'il ne soit point un obstacle à remplir les pratiques de dévotion, et qu'on ne joue ni argent ni aucune autre chose. Les Turcs et les *Sonnites* observent religieusement ce dernier article; mais les Persans et les Mogols ne se font aucun scrupule de l'enfreindre [5]. Ce que Mahomet blâma le plus dans ce jeu, c'étaient les pièces sculptées en figures d'hommes, d'éléphants, de chevaux, de dromadaires [6]; et ce sont, suivant quelques commentateurs, ces images qui sont défendues dans un passage du *Korân* [7]. Que les pièces avec lesquelles les Arabes jouaient au temps de Mahomet fussent des figures d'hommes ou d'animaux, c'est ce qui paraît par ce que la *Sonna* rapporte d'*Ali*, que, passant par hasard près de quelques joueurs d'échecs, il leur demanda ce que c'étaient que ces figures auxquelles ils donnaient tant d'attention [8], car elles étaient entièrement nouvelles pour lui, ce jeu n'ayant été introduit que fort tard dans l'Arabie, et peu de temps auparavant en Perse, où il fut apporté des Indes, sous le règne de *Khosroû Nushirwân* [9]. Les docteurs mahométans concluent de là, que leur Prophète ne désapprouva ce jeu qu'à cause des figu-

---

[1] *Traité historique de l'origine et du progrès du café*, à la fin du *Voyage de l'Arabie heureuse*, de LARROQUE.
[2] RELAND, *Dissert. miscel.*, t. II, pag. 280. Voyez CHARDIN, *Voyage de Perse*, t. II, pag. 14 et 66.
[3] Voyez CHARDIN, *ibid.*, pag. 68, etc.; et D'HERBELOT, pag. 200.
[4] Voyez PRID., *Vie de Mahomet.*, pag. 82, etc. BUSBEQ., epist. III, pag. 255; et *Voyages de* MANDEVILLE, pag. 170.
[5] *Kor.*, chap. II, IV, et V. Voyez *Prov.*, XXIII, 29, etc.
[6] *Levit.*, X, 9.
[7] *Nomb.*, VI, 2.
[8] *Jerem.*, XXXV, 5.
[9] C'était l'hérésie des *Encratites et Aquariens*. Le mage Khwaf déclara aussi l'usage du vin illégitime; mais ce fut après le temps de Mahomet. HYDE, *de Rel. vet. Pers.*, p. 300.
[10] Voyez RELAND, *de Rel. Moh.*, pag. 271.
[11] Chap. II et V.

LIVRES SACRÉS DE L'ORIENT.

---

[1] Quelques auteurs, comme Al Zamak et Al Shirazi, ne font mention que de trois flèches sans marques.
[2] *Auctores* NODHM AL DORR, et NOTHR AL DORR, AL ZAMAKH, AL FIRAUZABADI, AL SHIRAZI, *in Orat.* AL HATIRI, AL BEIDAVI, etc. Voyez POC., *Spec.*, pag. 234, etc.
[3] *Korân*, chap. V.
[4] Voyez HYDE, *de Ludis Oriental, in prolegom. ad Shahiludium.*
[5] ID., *ibid.*
[6] ID., *ibid.*, et *in Hist. Shahiludis*, p. 135, etc.
[7] Chap. V.
[8] SOKEIKER AL DIMISHKI, et *auctor libri* AL MOSTATRAF *apud* HYDE, *ubi sup.*, pag. 8.
[9] KHONDEMIR, *apud* HYDE, pag. 41.

res : c'est pourquoi les *Sonnites* jouent avec des pièces toutes unies de bois ou d'ivoire; mais les Persans et les Indiens, qui sont moins scrupuleux, continuent à se servir de pièces figurées [1].

Les Mahométans se soumettent plus facilement à la défense de jouer qu'à celle de boire du vin; car quoique le commun du peuple parmi les Turcs joue fréquemment, cependant les gens de considération tombent rarement dans cette faute; et le peuple persan est encore moins adonné au jeu que le peuple turc [2].

Le jeu poussé à l'excès a été défendu dans tous les États bien policés. Les maisons où l'on donne à jouer étaient regardées chez les Grecs comme des lieux infâmes; et Aristote dit qu'un joueur ne vaut pas mieux qu'un voleur [3]. Le sénat romain avait fait des lois très-sévères contre ceux qui jouaient aux jeux de hasard [4], qui n'étaient permis que pendant les Saturnales, quoique le peuple jouât souvent en d'autres temps malgré les défenses. Les lois civiles défendaient tous les jeux dangereux [5]; et quoiqu'il fût permis aux laïques en certains cas de jouer de l'argent, pourvu qu'ils ne passassent pas certaines bornes, il était défendu aux ecclésiastiques, non-seulement de jouer à toutes tables (qui est un jeu de hasard), mais même de regarder jouer les autres [6]. Il est vrai qu'Accurse est dans l'opinion qu'ils peuvent jouer aux échecs, nonobstant cette loi, parce que ce n'est pas un jeu de hasard [7], et que ce jeu ayant été inventé tout nouvellement sous Justinien, il ne pouvait pas être connu des Orientaux dans le temps de l'établissement de cette loi; il fut cependant défendu aux moines de jouer aux échecs pendant un certain temps [8].

Quant aux Juifs, qui sont les principaux guides de Mahomet, ils désapprouvent hautement le jeu : les joueurs sont fréquemment censurés dans le *Talmud*, et ils sont déclarés incapables de rendre un témoignage valide [9].

Une autre coutume des Arabes idolâtres, qui est aussi défendue par les mêmes passages [10], c'est la devination par les flèches : celles dont ils se servaient pour cela, de même que celles avec lesquelles ils tiraient au sort, étaient sans fer et sans plumes : on les gardait dans le temple de quelque idole, en présence de laquelle on les consultait : il y en avait sept dans le temple de la Mecque [11]; mais, dans la devination, on ne se servait que de trois, sur l'une desquelles étaient écrits ces mots : *Mon Seigneur m'a commandé*; sur l'autre : *Mon Seigneur m'a défendu*; et la troisième était sans inscription. Si l'on tirait la première, c'était une marque d'approbation pour l'entreprise qu'on allait faire; si c'était la seconde, on jugeait tout le contraire; mais si la troisième sortait, on les mêlait de nouveau, et on tirait une seconde fois, jusqu'à ce que l'une des deux précédentes eût donné une réponse décisive. On consultait ordinairement ces flèches devinatoires, avant que de rien faire d'important, comme avant que de se marier, avant que de faire un voyage, et autres choses semblables [1]. Cette coutume superstitieuse de deviner avec des flèches était en usage chez les anciens Grecs [2] et chez plusieurs autres nations : l'Écriture en particulier en fait mention (*Ézech.*, XXI, 21) : « Le roi de Babylone s'arrêta à la division du chemin, à la tête des « deux chemins, pour se servir de la devination; il fit ses « flèches brillantes » (ou suivant la version de la Vulgate, qui paraît préférable en ce texte); « il mêla ensemble ou « secoua ses flèches, consulta avec des images, etc. » Le commentaire de saint Jérôme sur ce passage s'accorde fort bien avec ce que nous avons dit de cette pratique des anciens Arabes : « Il se tiendra, dit-il, sur le grand chemin, « et consultera l'oracle à la manière de sa nation, afin de « jeter les flèches dans un carquois, et les mêlera ensem- « ble après y avoir écrit les noms de chaque peuple, afin « qu'il puisse voir celui dont la flèche sortira et quelle ville « il devra attaquer [3].

Les nations orientales mettent si généralement de la différence entre les viandes, qu'il ne faut pas être surpris si Mahomet a établi quelques règles là-dessus. Le *Korán* défend de manger du sang, de la chair de cochon, et de tout animal qui meurt de soi-même, ou qui est mis à mort au nom et à l'honneur d'une idole, ou qui a été étranglé, ou tué par un coup, ou par une chute, ou par un autre animal [4]. Il paraît que ce prophète a copié les Juifs sur tous ces articles; car on sait que leur loi défendait les mêmes choses : mais il ne fut pas si exact sur d'autres articles que Moïse [5]; par exemple, il permet la chair de chameau [6]; cependant la loi mahométane permet, dans le cas de nécessité où l'on serait en danger de mourir de faim, de manger de ces viandes qui sont défendues [7]. Les docteurs juifs accordent la même permission en pareil cas [8]. Quoique l'aversion pour le sang, et pour tout animal mort de lui-même puisse paraître naturelle, cependant quelques-uns des Arabes païens mangeaient de l'un et de l'autre. On donnera ci-après quelques exemples, par lesquels il paraîtra qu'ils se nourrissaient d'animaux morts de mort naturelle; et quant au sang, on dit qu'ils versaient ordinairement le sang d'un chameau vivant dans un boyau, qu'ils le faisaient frire ou bouillir sur le feu [9], et le mangeaient. Ils appelaient ce mets *Moswadd*, du mot *Aswad*, qui signifie *noir*; ce qui ressemble assez, par son nom et par sa composition, à nos boudins noirs [10].

Je pense que tous les idolâtres en général mangeaient des viandes qui avaient été offertes aux idoles, ce qui était regardé comme une espèce de participation à leur culte; et par cette raison tous les Chrétiens envisageaient cet acte de manger de la chair des victimes offertes aux idoles comme une chose, sinon absolument illégitime, du moins très-scandaleuse [11] : mais les Arabes étaient particulièrement superstitieux sur cet article; ils tuaient les animaux dont ils mangeaient la chair, sur des pierres dressées exprès autour de la *Kaaba*, ou près de leurs propres maisons, et ils invitaient leurs idoles à ces festins, en les appelant à haute voix par leurs noms, lorsqu'ils se mettaient à manger [12].

---

[1] HYDE, *ubi supra*, pag. 9.
[2] ID., *in Proleg.*; et CHARDIN, *Voyage de Perse*, t. II, pag. 46.
[3] Lib. IV, *ad Nicom.*
[4] HORAT., lib. III, *Car.*, ode 24.
[5] H. *de Aleatoribus, Novell. Just.* 123, etc. HYDE, *ubi sup.* Hist. *Aleæ*, pag. 119.
[6] *Authent. interdicimus.* C: *de Episcopis.*
[7] *Incom. ad Legem præd.*
[8] DU FRESNE, *Gloss.*
[9] *Bava Mesia*, 84, 1. *Rosh Hashana* et *Sanhedr.*, 24, 21. Voyez aussi MAIMON., in *tract. Gezila*. MASCARDUS, entre les jurisconsultes modernes, croit que l'on ne doit pas admettre comme témoins des joueurs habituels, comme étant des personnes infâmes. Voyez HYDE, *ubi sup.*, *in Proleg.* et *in Hist. Aleæ*, § III.
[10] *Korán.*, chap. v.
[11] Voyez ci devant.

[1] EBN AL ATHIR, AL ZAMAKH et AL BEID, *in Kor.*, chap. V AL MOSTATRAF, etc. Voyez POC., *Spec.*, pag. 327, etc.; et D'HERBELOT, *Biblioth. orient.*, art. *Acdah.*
[2] POTTER.. *Antiq. of Greece*, vol. I, pag. 334.
[3] POC., *Spec.*, pag. 329, etc.
[4] *Levit.*, XI, 4.
[5] *Korán.*, chap. III et VI.
[6] *Ibid.*, chap. V.
[7] MAIMON., *in Halachoth Melachim*, cap. VIII, § I.
[8] NOTHR AL DORR, AL FIRAUZ, AL ZAMAKH et AL BEID.
[9] POC., *Spec.*, pag. 320.
[10] Comparez *Actes*, XV, 29; et I. *Corinth.*, VIII, 4, etc.
[11] *Korán.*, chap. V.

Il paraît, à la vérité, que les anciens Arabes ne mangeaient pas de la chair de pourceau ; et leur Prophète, par sa défense, semble n'avoir fait que suivre l'aversion commune de la nation pour cette viande. Des écrivains étrangers nous disent que les Arabes s'abstenaient entièrement de la chair de porc [1], regardant comme une chose illicite de s'en nourrir [2] ; que l'on ne trouve point de ces animaux dans leur pays, ou du moins bien peu, parce que l'Arabie ne produit pas une nourriture convenable à cet animal [3] : ce qui a fait croire à un auteur que si un cochon y était transporté, il mourrait sur-le-champ [4].

Je crois que Mahomet a aussi suivi les Juifs dans la défense qu'il a faite de l'usure [5]. On sait qu'il était expressément défendu à ceux de cette nation de prêter à usure entre eux (*Exode*, xxii), quoiqu'ils se rendissent coupables d'une usure infâme dans leur commerce avec ceux qui étaient d'une religion différente ; mais je ne trouve pas que le Prophète des Arabes ait fait aucune distinction dans sa défense de l'usure.

Mahomet abolit aussi plusieurs coutumes superstitieuses à l'égard des troupeaux, qui étaient particulières aux Arabes païens. Le *Korân* [6] rapporte quatre noms que ces peuples donnaient à certains chameaux ou à certains moutons, qu'ils laissaient en liberté pour certaines raisons, et dont ils ne faisaient aucun usage ; ces noms sont : 1° *Bahira*, 2° *Saïba*, 3° *Wasila*, et 4° *Hâmi* ; dont je parlerai suivant leur ordre.

1° On se sert du premier nom, *Bahîra*, pour désigner un chameau femelle ou une brebis qui a porté dix fois ; ils lui fendaient l'oreille, et la laissaient en pleine liberté dans les pâturages ; quand elle mourait, les hommes seuls pouvaient manger de sa chair, et il était défendu aux femmes d'en goûter. On appelait ce chameau femelle, ou cette brebis, *Bahîra*, à cause qu'elle avait l'oreille fendue. Ou le *Bahîra* était une femelle de chameau, qu'on laissait en liberté dans les pâturages, et dont le cinquième petit, s'il était mâle, était tué et mangé par les hommes et les femmes indifféremment ; mais si ce petit était une femelle, on lui fendait l'oreille, et on la laissait libre de pâturer : il n'était permis à personne de manger sa chair ou de boire de son lait, ou de s'en servir comme d'une monture : cependant les femmes pouvaient manger sa chair quand elle mourait. Ou c'était le petit de la femelle de chameau, que l'on nommait *Saïba*, lorsqu'il se trouvait être femelle, parce qu'on en usait à son égard comme à l'égard de sa mère ; ou encore c'était une brebis qui avait fait cinq agneaux [8]. Ce ne sont pas là les seules opinions touchant la *Bahîra* : quelques personnes supposent que ce nom était donné à une femelle de chameau qui, après avoir fait cinq petits, avait l'oreille fendue si son dernier petit était un mâle ; elle était mise en liberté dans les pâturages : de sorte que personne ne pouvait la faire sortir d'un pâturage, ni d'auprès d'une fontaine, ni lui faire porter des fardeaux [8]. Enfin, d'autres nous disent que lorsqu'une femelle de chameau faisait un petit pour la première fois, on avait accoutumé de fendre l'oreille à ce petit, en disant : « O Dieu, s'il vit, il sera pour notre usage ; mais s'il meurt, il sera justement tué : et quand il mourait, on le mangeait [9]. »

2° *Saïba* désigne une femelle de chameau *mise en liberté* d'aller partout où il lui plaisait ; et on lui donnait cette liberté à plusieurs occasions : ou quand elle avait fait dix femelles de suite, ou pour satisfaire à un vœu, ou lorsqu'un homme recouvrait la santé, ou lorsqu'il revenait sain et sauf d'un voyage, ou lorsque son chameau était échappé de quelque grand danger, soit dans une bataille ou autrement. Une femelle de chameau mise ainsi en liberté était déclarée être *Saïba* ; et pour la faire reconnaître, on arrachait une des vertèbres, ou un des os de son dos ; après quoi personne ne pouvait la chasser d'un pâturage, ni d'auprès d'une fontaine, ni la faire servir de monture [1]. Quelques-uns disent que la *Saïba* ayant fait dix fois des femelles, était mise en liberté ; que personne ne pouvait s'en servir comme d'une monture, et que son petit seul pouvait boire de son lait pendant sa vie, ou seulement quelqu'un que l'on recevrait par hospitalité ; qu'après sa mort les hommes et les femmes indifféremment mangeaient de sa chair ; que l'on fendait l'oreille à la dernière femelle qu'elle avait faite, que l'on nommait *Bahîra* ; après quoi on lui donnait la liberté comme à sa mère [2].

Ce nom n'était pas cependant si particulier aux femelles de chameaux, qu'il ne fût encore donné aux mâles, mais seulement lorsque leurs petits avaient engendré d'autres petits [3]. Un esclave mis en liberté et affranchi par son maître, portait aussi le nom de *Saïba* [3]. Quelques personnes croient que ce mot signifie tout animal à qui les Arabes donnaient la liberté, en l'honneur de leurs idoles, défendant à tout le monde de s'en servir, excepté aux femmes seulement [5].

3° *Wasila* signifie, suivant un auteur [6], une femelle de chameau qui a fait dix portées, ou une brebis qui en ayant fait sept, a fait à chaque fois deux petits ; et si les deux derniers se sont trouvés mâle et femelle, ils disent *Wosilat Akhâha*, c'est-à-dire, *elle est jointe*, ou, *elle est venue au monde avec son frère* ; après quoi les hommes seuls peuvent boire le lait de la mère ; et on la traite comme la *Saïba*. Ou *Wasilâ* se dit en particulier des moutons ; lors, par exemple, qu'une brebis faisait un petit qui se trouvait être une femelle, ils le prenaient pour eux ; mais quand elle faisait un mâle, ils le consacraient à leurs dieux : si elle faisait en même temps un mâle et une femelle, ils disaient, *elle est jointe à son frère* ; et ils ne sacrifiaient point ce mâle à leurs dieux. Ou ce mot *Wasila* désignait une brebis qui avait d'abord fait un mâle, et ensuite une femelle, à cause de quoi, ou parce qu'*elle avait suivi son frère*, le mâle n'était pas mis à mort : mais si elle faisait un mâle seulement, ils disaient, *qu'il soit offert à nos dieux* [7].

Un autre [8] auteur écrit, que si une brebis avait fait sept fois des jumeaux, et la huitième fois un mâle, ils sacrifiaient ce dernier à leurs dieux ; mais si la huitième fois elle faisait un mâle et une femelle, ils disaient, *Elle est jointe avec son frère* ; et ils épargnaient le mâle à cause de la femelle ; et ils ne permettaient pas aux femmes de boire le lait de la mère.

Un troisième auteur nous dit que *Wasila* était une brebis qui ayant fait sept portées, si le septième était mâle, on le sacrifiait ; mais si c'était une femelle, on lui donnait la liberté, et les femmes seules en pouvaient faire usage ; et si la septième fois elle mettait au monde un mâle et une femelle, ils les regardaient comme sacrés ; en sorte qu'il n'était permis qu'aux hommes de faire usage de ces petits, ou de boire le lait de la femelle.

---

[1] Solin., *de Arab.*, cap. xxxiii.
[2] Hyeronim. *in Sorin*, lib. ii, chap. vi.
[3] Id., *ibid*.
[4] Solin, *ubi sup.*
[5] *Korân*, chap. ii.
[6] *Korân*, chap. v.
[7] Al Firauzabadi.
[8] Al Zamakh, Al Beidawi, Al Mostatraf.
[9] Ebn al Athir.

[1] Al Firauzab., Al Zamakh
[2] Al Tawhabari, Ebn al Athir.
[3] Al Firauz.
[4] Id. Al Djawhari, etc.
[5] Notur al Dorr.
[6] Al Firauz.
[7] Id. Al Zamakh
[8] Al Djawhari.

Un quatrième[1] désigne le *Wasila* comme une brebis qui fait dix femelles en cinq fois l'une après l'autre, c'est-à-dire, chaque fois deux; et tous les petits qu'elle faisait ensuite étaient accordés aux hommes, et non aux femmes, etc.

4° *Hâmi* était un chameau mâle destiné à servir d'étalon, *qui était libre de tout travail*, et mis en liberté après que les femelles qu'il avait couvertes avaient conçu dix fois; personne ne pouvait le chasser d'un pâturage ou d'auprès d'une fontaine, ni tirer aucun usage de lui, pas seulement tondre son poil[2].

Les anciens Arabes observaient ces choses en l'honneur de leurs faux dieux[3], et comme faisant partie du culte qu'ils leur rendaient, et qu'ils croyaient d'institution divine; mais le *Korân* les condamne toutes, et déclare que ce sont d'impies superstitions[4].

La loi de Mahomet arrêta aussi la coutume inhumaine, qui fut longtemps en usage chez les Arabes païens, d'enterrer leurs filles toutes vivantes, de crainte qu'ils ne fussent réduits à la pauvreté en pourvoyant à leur entretien, ainsi que pour éviter tous les déplaisirs et tous les désagréments qu'ils auraient à essuyer, si elles étaient menées en captivité, ou si leur conduite devenait scandaleuse[5]. Aussi regardait-on la naissance d'une fille comme un grand malheur[6], et leur mort comme un grand bonheur[7]. La manière dont ils exerçaient cette barbare coutume est rapportée différemment. Quelques-uns disent que s'il naissait une fille, et que son père voulût l'élever, il l'habillait de laine ou de poil, et l'envoyait au désert garder les chameaux et les moutons; mais s'il voulait la faire mourir, il la laissait venir à l'âge de six ans, et disait alors à sa mère : « Parfume-la, pare-la, afin que je puisse la mener à ses mères. » Cela fait, le père la conduisait à un puits ou une fosse creusée à ce dessein, et lui ayant ordonné de regarder au fond, il la jetait dedans par derrière, et comblait alors le puits ou la fosse; en sorte qu'il n'en restait aucune trace : mais d'autres disent, qu'au moment même qu'une femme sentait les premières douleurs de l'enfantement, ils creusaient une fosse, sur le bord de laquelle elle devait se délivrer; et que s'il se trouvait que son fruit fût une fille, ils la jetaient dans la fosse; mais que si c'était un fils, ils lui sauvaient la vie[8].

Quoique cette coutume ne fût pas observée par tous les Arabes en général, elle était cependant en usage chez la plupart de leurs tribus, pour telle celle des *Koreish* et de *Kendah* en particulier. Les premiers enterraient ordinairement leurs filles vivantes sur le mont *Abou Dalâma*, près de la Mecque[9].

Dans le temps d'ignorance, et tandis qu'ils se servaient encore de cette manière de se débarrasser de leurs filles, *Sásda*, grand-père du célèbre poète *al Farazdak*, racheta plusieurs filles de la mort, en donnant pour chacune d'elles deux femelles de chameau pleines et un mâle : c'est ce qui donna lieu à son petit-fils, *al Farazdak*, de se vanter, en présence d'un des khalifes de la famille d'*Omeyya*, d'être *le fils de celui qui donne la vie aux morts* : et ayant été repris de cette expression, il s'excusa en rapportant ces mots du *Korân* : *Celui qui a sauvé une personne de la mort, sera comme s'il avait sauvé la vie à tout le genre humain*[10].

Cette coutume de faire mourir les enfants n'était pas particulière aux Arabes; elle était si commune chez les anciens, que l'on regardait comme une chose extraordinaire que les Égyptiens élevassent tous leurs enfants sans exception[1]; et Lycurgue défendit par ses lois d'élever un enfant sans l'approbation des officiers du public[2]; et l'on dit que de nos jours les plus pauvres d'entre les Chinois font mourir impunément leurs enfants, surtout les filles[3].

Le *Korân* condamne cette coutume dans plusieurs endroits[4]. Certains commentateurs[5] prétendent que, dans ces mêmes passages, Mahomet a voulu aussi condamner une ancienne pratique des Arabes, aussi horrible et aussi commune chez les anciens peuples que la précédente, je veux dire, les sacrifices qu'ils faisaient de leurs enfants aux idoles; elle avait surtout lieu pour l'accomplissement d'un vœu qu'ils avaient coutume de faire, que s'il leur naissait un certain nombre de garçons, ils en offriraient un en sacrifice.

Mahomet abolit plusieurs autres coutumes superstitieuses; mais comme elles sont peu considérables, et qu'il n'en est pas parlé dans le *Korân* d'une manière particulière, je n'en parlerai pas ici, les ayant indiquées par occasion dans un autre endroit.

SECTION SIXIÈME,

Des institutions du Korân dans les affaires civiles.

ARGUMENT

La loi civile des Mahométans fondée sur le *Korân*. — Des lois du mariage et du divorce. — Priviléges particuliers de Mahomet par rapport aux lois du mariage. — Des lois concernant les héritages. — Des contrats particuliers. — Du meurtre volontaire et involontaire. — Du vol. — Du Talion. — De la punition des fautes moins considérables. — La décision des docteurs n'est pas toujours suivie par les tribunaux séculiers. — De la guerre contre les infidèles.

La loi civile des Mahométans est fondée sur les préceptes et les décisions du *Korân*, comme celles des Juifs l'étaient sur ceux du *Pentateuque*. Cette loi est diversement interprétée, suivant les différentes opinions des jurisconsultes, et surtout de leurs quatre grands docteurs *Abou Hanîfa*, *Malek*, *al Shâfei*, et *Ebn Hanbal*[6]. Il faudrait composer un grand volume, si l'on voulait traiter cet article aussi à fond et avec autant de clarté que la curiosité et l'utilité du sujet le demande; ainsi, tout ce que l'on doit attendre ici, est une vue générale et une énumération des principales institutions du *Korân*, sans entrer dans le détail sur les cas particuliers. Nous commencerons par ce qui regarde le mariage et le divorce.

Chacun sait que le *Korân* permet la polygamie, et que les

---

[1] AL MOTARREZI.
[2] AL FIRAUZ., AL DJAWHARI.
[3] DJALLAL, *in Coran*.
[4] *Korân*, chap. V et VI. Voyez POCOCK, pag. 330-334.
[5] AL BEIDAWI, AL ZAMAKH, AL MOSTATRAF.
[6] *Korân*, chap. XVI.
[7] AL MEIDANI.
[8] AL ZAMAKH.
[9] AL MOSTATRAF.
[10] In. Voyez EBN KHALEKAN, dans la *Vie de al Farazdak*; et POC., *Spec.*, pag. 334.

---

[1] STRAB., lib. XVII. Voyez DIODOR. SIC., lib. I, cap. LXXX.
[2] Voyez PLUTARCH., *in Lycurgo*.
[3] Voyez PUFFENDORF, *de Jure nat. et gent.*, lib. VI, cap. VII, § 16. Les Grecs traitaient également leurs filles de cette manière; d'où ces vers de Posidippus :

Υἱὸν τρέφει τις κἂν πένης ὢν τύχῃ,
Θυγατέρα δὲ ἐκτίθησι κἂν ᾖ πλούσιος.

[4] *Korân.*, cap. VI et XVI, XVII et LXXXI.
[5] AL ZAMAKH, AL BEID.
[6] Section VIII.

secteurs mahométans avancent plusieurs arguments pour prouver qu'elle est moralement légitime [1] : mais peu de personnes sont instruites des limites dans lesquelles elle est permise. Plusieurs savants sont tombés dans la méprise ordinaire, de croire que Mahomet a permis à ses sectateurs la pluralité des femmes sans aucune restriction. Quelques-uns ont prétendu qu'il était permis à un homme d'avoir autant de femmes [2] qu'il en pouvait entretenir, ou du moins autant de concubines qu'il en pouvait nourrir [3] ; au lieu que, suivant les paroles expresses du *Korán* [4], personne ne peut en avoir plus de quatre, tant femmes que concubines [5] ; et il est ajouté, comme un avis, que si un homme craint quelque inconvénient de ce nombre de femmes libres, il doit n'épouser qu'une seule femme ; ou si une ne lui suffit pas, il peut prendre des esclaves, mais sans aller au delà du nombre prescrit [6]. Le bas peuple, et ceux du moyen ordre généralement, suivent cette pratique [7] ; et c'est là assurément tout ce que Mahomet a accordé à ses sectateurs ; et l'on ne peut pas alléguer comme un argument contre la réalité d'un précepte aussi clairement établi, la conduite corrompue des Mahométans, et principalement des gens riches ou de qualité, qui se permettent à cet égard des excès criminels [8], ni même l'exemple du Prophète, qui avait des priviléges particuliers sur cet article et sur bien d'autres, comme on le remarquera dans la suite. Mahomet, en faisant les restrictions dont on a parlé, suivit la décision des docteurs juifs, qui par voie de conseil limitaient le nombre des femmes à quatre [9], quoique leur loi n'en eût point déterminé le nombre [10].

La loi mahométane permet le divorce, aussi bien que celle de Moïse, avec cette seule différence que, suivant cette dernière, un homme ne pouvait reprendre une femme qu'il avait répudiée, et qui avait été mariée ou fiancée à un autre [11] ; au lieu que Mahomet, voulant empêcher que ses sectateurs ne répudiassent leurs femmes pour de légers sujets ou par inconstance, établit que si un homme répudiait sa femme pour la troisième fois (car il pouvait la répudier deux fois sans être obligé de la quitter, s'il se repentait de ce qu'il avait fait), il ne serait plus permis par la loi de la reprendre, à moins qu'elle n'eût épousé un second mari, et qu'elle n'eût été répudiée par ce second mari ; et cette précaution a eu un si bon effet, que les Mahométans en viennent rarement au divorce, malgré la liberté qu'ils en ont ; que l'on regarde comme un grand mal d'en venir là, et qu'il n'y a presque que ceux qui n'ont aucun sentiment d'honneur qui veuillent reprendre une femme aux conditions dont on a parlé [2].

Il faut remarquer que, quoiqu'il soit permis par la loi mahométane et par celle des Juifs [3] de répudier sa femme, même pour le plus léger dégoût, il n'est cependant pas permis aux femmes de se séparer de leurs maris, à moins que ce ne soit pour cause de mauvais traitements, ou parce qu'elles ne sont pas entretenues, ou parce que le mari ne s'acquitte pas du devoir conjugal, ou pour cause d'impuissance, ou d'autres de pareille importance ; mais alors même elles perdent leur douaire [4] ; ce qui n'a pas lieu si le mari les répudie, à moins qu'elles ne soient coupables d'adultère ou d'une désobéissance notoire [5].

Lorsqu'une femme est répudiée, elle est obligée par le *Korán* d'attendre qu'elle ait eu trois fois des preuves qu'elle n'est pas enceinte, avant que de se remarier ; ou si son âge peut laisser quelque équivoque là-dessus, d'attendre trois mois ; ce temps expiré, si elle n'est point enceinte, elle est pleinement libre de disposer d'elle comme elle voudra ; mais si elle se trouve enceinte, elle doit attendre jusqu'au moment de sa délivrance, et elle peut demeurer, pendant tout cet intervalle de temps, dans la maison de son mari, et doit y être entretenue à ses frais, étant défendu de mettre dehors une femme enceinte avant l'expiration de son terme, à moins qu'elle n'ait commis infidélité [6]. Si un homme renvoie une femme avant la consommation du mariage, elle n'est point obligée d'attendre les trois mois [7], et lui, de son côté, n'est pas obligé de lui donner plus de la moitié de son douaire [8]. Si la femme répudiée a un jeune enfant, elle ne peut le sevrer qu'à l'âge de deux ans, et le père est obligé de l'entretenir de toutes choses pendant tout ce temps-là. Une veuve doit aussi attendre quatre mois et dix jours avant que de se remarier [9].

Ces lois sont aussi copiées sur celles des Juifs ; car, suivant ces dernières, une femme répudiée, ou une veuve, ne pouvait se remarier qu'au bout de quatre-vingt-dix jours après le divorce ou après la mort de son mari [10]. Une femme qui allaite doit être entretenue pendant deux ans, à compter depuis la naissance de son enfant ; et pendant ce temps-là il ne lui est pas permis de se remarier, à moins que son enfant ne vienne à mourir, ou que son lait ne vienne à lui manquer [11].

La fornication, aussi bien que l'adultère, étaient sévèrement punies dans les premiers temps du Mahométisme ; et les personnes qui s'étaient rendues coupables de l'un ou de l'autre de ces crimes étaient renfermées dans une prison pour tout le reste de leur vie ; mais dans la suite la

---

[1] Voyez ci-devant, sect. II.
[2] Nic. Cusanus, *in Cribrat. Alcor.*, lib. II, chap. XIX. Olearius, *in Itiner.* P. Greg. Tolosanus, *in Synt. Juris*, lib. IX, cap. II, § 22. Septem Castrensis, *de Moribus Turc.*, pag. 24, dit que les Mahométans ne peuvent pas avoir plus de douze femmes légitimes. Ricaut assure faussement que leur religion ne restreint point le nombre de leurs femmes, mais que la politique a fait là-dessus une règle. *Préf. de l'État de l'empire ottoman*, liv. III, chap. XXI.
[3] Maracc., *in Prodr. ad refut. Alcor.*, part. IV, pag. 52 et 71. Prideaux, *Vie de Mahomet*, pag. 114. Chardin, *Voyage de Perse*, t. I, pag. 166. Du Ryer, *Sommaire de la religion des Turcs*, mis à la tête de sa version de l'Alcorán. Ricaut, *ubi supra*. Puffendorf, *de Jure N. et Gent.*, lib. I, cap. I, § 18.
[4] Chap. IV.
[5] Gesnier, *Not. ad Abulfedæ vit. Mahom.*, pag. 250. Reland de *Rel. Moh.*, pag. 243, etc. ; et Selden, *Ux. Hebræo*, lib. I, cap. IX.
[6] Voyez Reland, *ubi sup.*, pag. 244.
[7] *Korán*, chap. IV.
[8] Mandeville qui, excepté quelques contes qu'il rapporte d'après un ouï-dire, mérite plus d'être cru que certains voyageurs de réputation, parlant du *Korán*, remarque que Mahomet recommande aux hommes d'avoir deux, ou trois, ou quatre femmes, quoique les Mahométans prennent neuf femmes, et les Imans autant qu'ils en peuvent entretenir. *Voyage*, pag. 164.
[9] Maimon., *in Halachoth Ishoth*, cap. XIV.
[10] Id., *ibid.* Voyez Selden., *Uxor. Heb.*, lib. I, cap. IX.
[11] *Deut.*, XXIV, 3, 4. Jerem., III, I. Selden, *ubi sup.*, lib. I, cap. XI.

[1] *Korán*, chap. II.
[2] Seld., *ubi sup.*, lib. III, cap. XXI ; et Ricaut, *État de l'emp. ottom.*, liv. II, chap. XXI.
[3] *Deuter.*, XIV, I. Leo Modena, *Hist. de Gli Riti Hebr.*, part. I, cap. VI. Voyez Seld., *ubi sup.*
[4] Bubesq., ep. 3, pag. 384. Smith, *de Morib. et instit. Turcar.*, ep. 2, pag. 52 ; et Chardin, t. I, pag. 169.
[5] *Korán*, chap. IV.
[6] *Ibid.*, chap. II et LXV.
[7] *Ibid.*, chap. XXXIII.
[8] *Ibid.*, chap. II.
[9] *Ibid.*, chap. II et LXV.
[10] *Mishna, Yabimoth*, chap. IV. Gemar. Babyl., ad eundem tit. Maimon., *in Halach. Girushin. Shylhan Aruch*, part. III.
[11] *Mishna, Gemara* et Maimon., *ubi sup.* Gem. Babyl., ad tit. Cetuboth., chap. V ; et Jos. Karo, *in Shylhan Aruch*, cap. L, § X. Voyez Selden, *Ux. Hebr.*, lib. II, chap. XII, lib. III, cap. X, *in fine*.

Sonna ordonna qu'une femme adultère serait lapidée [1], et qu'une fille coupable de fornication recevrait cent coups de fouet, et serait bannie pour un an [2]. La punition d'une esclave convaincue d'adultère ne devait être que la moitié de la peine d'une femme libre [3]; par exemple, elle recevait cinquante coups de fouet, et était bannie pour six mois seulement; mais on ne pouvait la mettre à mort. Pour convaincre une femme d'adultère, et la punir capitalement, il fallait nécessairement quatre témoins [4].

Les commentateurs disent que ces quatre témoins devaient être des hommes; et si un homme accusait faussement d'impudicité, de quelque sorte que ce fût, une femme de bonne réputation, et qu'il ne fût pas en état de soutenir son accusation par le nombre de témoins requis, il recevait quatre-vingts coups de fouet, et son témoignage devenait dès lors absolument invalide pour l'avenir [5]. Le *Korán* ordonne que la fornication soit punie de cent coups de fouet, tant sur l'un que sur l'autre sexe [6].

Si un homme accuse sa femme d'infidélité, sans pouvoir en donner des témoins suffisants, et qu'il confirme quatre fois de suite par serment son accusation, et que la cinquième fois il déclare vouloir que Dieu le punisse s'il ne dit pas la vérité, la femme est regardée comme convaincue, à moins qu'elle ne veuille faire les mêmes serments et la même imprécation en preuve de son innocence; en ce cas, elle ne subira aucune peine, mais le mariage sera rompu [7].

Les décisions du *Korán*, dans la plupart des circonstances que nous venons de rapporter, s'accordent avec celles des Juifs. Par la loi de Moïse, l'adultère commis avec une femme ou déjà mariée, ou seulement fiancée, était puni de mort, et l'homme et la femme étaient soumis à la même peine [8]. Le fouet était la punition de la simple fornication, et de toutes les fautes sur lesquelles il n'y avait point de châtiment prescrit. Une esclave fiancée et convaincue d'adultère subissait cette peine, étant exempte de la mort, parce qu'elle n'était pas libre [9].

Par la même loi, personne ne pouvait être mis à mort sur la déclaration par serment d'un seul témoin [10]; et un homme qui calomniait sa femme devait aussi être châtié, c'est-à-dire, fouetté, et payer une amende de cent sicles d'argent [11]. La manière de savoir si une femme accusée d'adultère en était effectivement coupable lorsqu'on manquait de preuves, consistait à lui faire boire l'eau amère de jalousie [12]. Quoique cela ne fût plus d'usage longtemps avant Mahomet [x], cependant l'imprécation, la malédiction prononcée contre l'accusée, et à laquelle elle devait dire *amen*, ressemble beaucoup à la formule d'imprécation que le Prophète prescrit pour ce cas-là.

Les institutions de Mahomet par rapport aux pollutions des femmes durant leurs règles [2], à la permission de prendre des esclaves en mariage [3], et aux défenses de se marier en certains degrés de parenté [4], ont aussi un grand rapport avec celles de Moïse [5]. On pourrait encore pousser plus loin le parallèle sur plusieurs autres particularités.

Quant au degré de parenté, on doit remarquer que les Arabes païens n'épousaient ni leurs mères, ni leurs filles, ni leurs tantes du côté du père ou de la mère, et regardaient comme une chose scandaleuse d'épouser les deux sœurs ou la femme de son père [6]. Ce dernier cas était cependant assez fréquent [7]; aussi le *Korán* le défend-il expressément [8].

Avant que de quitter l'article du mariage, il ne sera pas hors de propos de parler de quelques priviléges particuliers que Mahomet dit que Dieu lui accorda sur ce sujet, exclusivement à tous les autres Musulmans. Le premier est qu'il pourrait épouser légitimement autant de femmes, et avoir autant de concubines qu'il voudrait, sans être restreint à aucun nombre déterminé [9] : et il prétendit que les prophètes qui l'avaient précédé avaient eu le même privilége. Un second privilége est, qu'il pourrait coucher avec celle de ses femmes qu'il lui plairait, sans être obligé d'observer la régularité et l'égalité qui est ordonnée à tous les maris [10]. Un troisième, qu'aucune de ses femmes [11], soit répudiée, soit veuve, ne pourrait se remarier; ce qui s'accorde exactement avec ce que les Juifs avaient décidé sur les femmes des princes; ces peuples regardant comme une chose très-indécente, et par conséquent illégitime, d'épouser une personne qui aurait été femme du roi, soit qu'elle eût été répudiée, ou qu'elle fût demeurée veuve par la mort de son époux [12]. Il semble que Mahomet, jugeant que la dignité de prophète méritait au moins autant de respect que celle de roi, ordonna, dans cette idée, que ses veuves demeureraient toute leur vie dans leur état de veuve.

Les lois du *Korán* touchant les héritages sont aussi conformes à plusieurs égards à celles des Juifs. Leur destination particulière était cependant d'abolir certaines coutumes des Arabes païens, qui traitaient ordinairement les veuves et les orphelins avec beaucoup d'injustice, refusant souvent de leur donner aucune portion dans l'héritage de leurs maris ou de leurs pères, sous prétexte que cet héritage devait être distribué entre ceux-là seulement qui étaient en état de porter les armes, et disposant des veuves comme il leur plaisait, même contre leur consentement, sous prétexte qu'elles faisaient partie du bien des maris [13]. Pour prévenir de pareilles injustices, Mahomet ordonna qu'à l'avenir les femmes seraient respectées, qu'on ne

---

[1] Et son adultère aussi, suivant un passage du *Korán*.
[2] *Korán*, chap. IV.
[3] *Ibid.*
[4] *Ibid.*
[5] *Ibid.*, chap. XXIV.
[6] *Ibid.* Cette loi ne regarde pas les personnes mariées, comme SELDEN le suppose, *Ux. Hebr.*, lib. III, cap. XII.
[7] *Ibid.*, pag. 288.
[8] *Lev.*, XX, 10. *Deut.*, XXII, 22. Le genre de mort que l'on doit infliger aux adultères dans les cas ordinaires n'étant pas exprimé, les *Talmudistes* supposent généralement qu'ils doivent être étranglés; ce qui est, à ce qu'ils pensent, désigné partout où se trouve cette phrase, *sera mis à mort*, ou *mourra de mort*, la lapidation étant exprimée par ces mots, *son sang sera sur lui*; et de là on a conclu que la femme surprise en adultère, dont il est fait mention, JEAN, VIII, était une fille promise, parce qu'on avait ordonné qu'une telle personne et son complice seraient lapidés. (*Deut.*, XXII, 23, 24.) Mais il semble que les anciens regardaient la lapidation comme la punition des adultères en général. Voyez SELDEN, *Ux. Hebr.*, lib. III, cap. XI et XVII.
[9] *Lévit.*, XIX, 20.
[10] *Deut.*, XIX, 15; XVII, 6; et *Nomb.*, XXXV, 30
[11] *Deut.*, XXII, 13-19.
[12] *Nomb.*, V, 11, etc.

[1] SELDEN, *ubi sup.*, lib. III, cap. XV; et LEO MODENA, *de parte Riti Hebraici*, lib. IV, chap. VI.
[2] *Korán*, chap. II.
[3] *Ibid.*, chap. IV.
[4] *Ibid.*
[5] *Levit.*, XV, 24; XVIII, 19; et XX, 18. *Exode*, XXI, 8-11. *Deut.*, XXI, 10-14. *Levit.*, XVIII et XX.
[6] ABULFED., *Hist. Gen.* AL SHAHRESTANI, *apud* POC., *Spec.*, pag. 321 et 338.
[7] Voyez POC., *ibid.*, pag. 337, etc.
[8] Chap. IV.
[9] *Korán*, chap. XXXIII et LXVI.
[10] *Ibid.*, 33.
[11] *Ibid.*
[12] *Mishna*, tit. *Sanhedr.* chap. II; et *Gemar.*, *in eundem* tit. Maim., *Halachot, Melachim*, chap. II. SELDEN, *Ux. Hebr.*, lib. I, cap. X. PRID., *Vie de Mah.*, pag. 118.
[13] Chap. IV. POC., *Spec.*, pag. 327.

serait aucun tort aux orphelins, et surtout qu'on ne prendrait pas les femmes contre leur gré et comme par droit d'héritage, mais qu'elles auraient leur part, dans une certaine proportion, à l'héritage que leurs pères et mères, leurs maris ou leurs proches parents auraient laissés [1].

La règle générale que Mahomet veut qu'on observe dans la distribution du bien laissé par le défunt, est qu'un mâle doit avoir deux fois plus qu'une femme ou fille [2]; mais il y a quelques exceptions. Les parents d'un homme, par exemple, et même ses frères et ses sœurs, lorsqu'ils doivent avoir part, non pas à tout l'héritage, mais seulement à une petite portion, partagent entre eux cette portion par égale part, sans faire aucune différence pour le sexe [3]. Les proportions particulières, dans plusieurs cas, développent clairement et suffisamment l'intention de Mahomet, dont les décisions, contenues dans le *Korân* [4], paraissent assez équitables; car il met les enfants les premiers, et ensuite les plus proches parents.

Si un homme dispose de son bien par testament, il faut au moins deux témoins pour le rendre valide; ces témoins doivent être de sa tribu, et Mahométans, s'il se peut [5]. Les docteurs musulmans regardent comme injuste qu'un homme ôte à sa famille la moindre partie de son bien, quoiqu'il n'y ait aucune loi expresse pour le lui défendre, à moins qu'il n'en fasse des legs pies; et même dans ce cas là il ne peut pas employer tout son bien en ces sortes de legs, mais seulement une portion raisonnable et proportionnée à ses biens. D'un autre côté, quand un homme ne ferait point de testament, ou qu'il ne donnerait rien aux pauvres, cependant les héritiers seraient tenus, dans la distribution des biens délaissés, à en donner, selon leur pouvoir, quelque chose aux pauvres, et particulièrement à ceux qui sont parents du défunt et aux orphelins [6].

Cependant la première loi portée par Mahomet touchant les héritages n'était pas fort équitable; car il déclara que ceux qui l'avaient accompagné dans sa fuite de la Mecque, et ceux qui l'avaient reçu et assisté à Médine, devaient se regarder entre eux comme étant parents au plus prochain degré, et hériter les uns des autres, préférablement à l'exclusion des parents de sang; et même, quoiqu'un homme fût un vrai croyant, s'il n'avait pas abandonné sa patrie pour la cause de la religion, et pour se joindre au Prophète, il devait être regardé comme étranger [7] : mais cette loi ne fut pas longtemps en vigueur, et fut bientôt abrogée [8].

Il faut remarquer que, parmi les Mahométans, les enfants de leurs concubines et de leurs esclaves sont regardés comme étant aussi légitimes que ceux qu'ils ont des femmes libres qu'ils ont épousées; et ils ne mettent au rang des bâtards que ceux qui naissent des femmes publiques, dont les pères sont inconnus.

Le *Korân* [9] recommande fréquemment que les traités d'homme à homme soient exécutés scrupuleusement, et pour cela qu'ils soient faits devant témoins [10]; et au cas qu'ils ne puissent être exécutés sur-le-champ, ils doivent être mis ou couchés par écrit en présence de deux témoins [11], qui doivent être Musulmans. Mais si l'on ne peut avoir deux hommes pour témoins, un homme et deux femmes suffisent.

On doit observer la même méthode pour l'assurance des dettes, qui doivent être payées à un temps marqué; et si l'on ne trouve pas un écrivain, l'on prend des cautions [1] : car si quelqu'un se confie à un autre, sans écrit, sans témoin et sans caution, la partie à qui l'on demande le payement sera toujours déchargée en cas qu'elle nie avec serment la dette, et qu'elle jure qu'elle ne doit rien au demandeur, à moins que le contraire ne se prouve par des circonstances bien convaincantes [2].

Le meurtre volontaire, suivant la doctrine du *Korân*, sera puni de la manière la plus rigoureuse dans la vie à venir [3]. Cependant le même livre permet que l'on entre en composition pour ce crime, en payant une amende à la famille du défunt, et en délivrant de captivité un Musulman. Mais il est au choix du plus proche parent de recevoir cette satisfaction, ou de la refuser; car il peut, s'il lui plaît, insister à ce que le meurtrier soit remis entre ses mains, pour le punir du genre de mort qu'il trouvera à propos [4]. En ceci Mahomet contrevient formellement à la loi de Moïse, qui défend de prendre aucune composition pour la vie du meurtrier [5]: et il paraît qu'il a eu égard, dans cette occasion, à la coutume des Arabes de son temps, qu'un tempérament vindicatif portait à punir ordinairement sans miséricorde le meurtrier [6]. Des tribus entières s'engageaient souvent, pour de pareilles raisons, dans des guerres sanglantes; ce qui était une suite naturelle de leur indépendance, et de ce qu'ils n'avaient point de juges ou de supérieurs communs.

Si les lois de Mahomet qui regardent le meurtre volontaire ne paraissent pas sévères, peut-être les trouvera-t-on trop rigoureuses lorsqu'il s'agit de punir le meurtre involontaire.

Le meurtre involontaire doit se racheter par une amende, (à moins que le plus proche parent n'en dispense par un motif de charité) et par la délivrance d'un captif : mais si le meurtrier n'est pas en état de satisfaire, il doit faire pénitence 7 par un jeûne de deux mois. La *Sonna* fixe l'amende pour le sang à cent chameaux [8], qui doivent être distribués entre les parents du mort suivant les lois des héritages. Sur quoi l'on doit remarquer que si le mort est Musulman, mais d'une nation et d'un parti ennemi, ou qui ne soit pas entré en confédération avec les parents du meurtrier, ce dernier n'est pas tenu de payer aucune amende, le rachat d'un captif étant regardé dans ce cas-là comme une punition suffisante [9]. Je crois que Mahomet, dans l'établissement de ces punitions contre le meurtre involontaire, a non-seulement voulu rendre les gens attentifs à éviter ces accidents, mais encore qu'il a voulu accorder quelque chose au tempérament vindicatif de ses concitoyens, qui se seraient difficilement contentés d'une satisfaction plus légère.

Chez les Juifs, qui paraissent avoir autant de penchant à la vengeance que leurs voisins, le meurtrier qui pouvait s'échapper en se retirant dans une des villes de refuge, était obligé d'y demeurer jusqu'à la mort du grand prêtre, pendant la vie duquel le meurtre s'était commis, afin de donner aux parents et amis le temps de calmer leur colère et leur ressentiment [10]; et le meurtrier ne pouvait donner aucune satisfaction pour avoir la liberté de retourner chez lui avant le temps prescrit [11]; et s'il abandonnait son asile

---

[1] *Korân*, chap. IV.
[2] *Ibid.* CHARDIN, t. II, pag. 293.
[3] Id., *ibid.*
[4] Id., *ibid.*
[5] *Korân*, chap. V.
[6] *Ibid.*, chap. IV.
[7] *Ibid.*, chap. VIII.
[8] Chap. XXXIII.
[9] Chap. II, V, XVII.
[10] Chap. II.
[11] Il semble que la même chose était requise par la loi des Juifs. *Deut.*, XIX, 15. MATTH. XVIII, 16. JEAN, VIII, 17; et II. *Cor.*, XIII, 1.

[1] *Korân*, chap. II.
[2] CHARDIN, t. II, pag. 294.
[3] *Korân*, chap. IV.
[4] Chap. II et XVII. CHARDIN, t. II, pag. 299.
[5] *Nomb.*, XXXV, 31.
[6] Ce qui est particulièrement défendu dans le *Korân*
[7] *Korân*, chap. IV.
[8] *Ibid.*
[9] *Ibid.*
[10] *Nomb.*, XXXV, 26-28.
[11] *Ibid.*, V, 32.

avant ce temps, le vengeur du sang pouvait le tuer impunément partout où il le trouvait.

Un voleur était puni par l'amputation de la main qui avait fait le vol [1]; ce qui paraît assez juste au premier coup d'œil; mais la loi de Justinien, qui défend que le voleur soit mutilé [2], paraît plus raisonnable, parce que le vol étant ordinairement l'effet de la pauvreté, l'amputation de la main prive le voleur des moyens honnêtes de gagner sa vie [3]. La *Sonna* défend aussi d'infliger cette peine, à moins que la chose volée ne soit d'un certain prix. J'ai parlé ailleurs des peines qu'on infligeait à ceux qui continuent à voler, et à ceux qui attaquent et volent sur les grands chemins.

Le *Korân* établit la loi du talion par rapport aux injures faites à un homme dans sa propre personne. Cette loi était aussi établie par la loi de Moïse [4]. Mais cette loi, qui paraît avoir été donnée par Mahomet à ses Arabes pour prévenir la vengeance particulière, à laquelle les Arabes, aussi bien que les Juifs, avaient beaucoup de penchant [5], n'étant ni exactement juste, ni praticable dans plusieurs cas, était rarement mise en exécution, et la peine était changée en amende payable à la partie offensée [6]: ou plutôt, Mahomet avait intention que les paroles du *Korân*, relatives à cet article, fussent entendues comme doivent l'être probablement celles du *Pentateuque* sur le même sujet; c'est-à-dire, non pas d'un talion pris dans le sens littéral, mais d'une rétribution proportionnée à l'injure; car le coupable n'était point effectivement privé d'un œil ni mutilé, suivant la loi de Moïse (qui d'ailleurs condamnait simplement à une amende ceux qui avaient blessé une personne, lorsque la mort ne s'était pas ensuivie) [7]; cette expression, *œil pour œil, et dent pour dent*, étant seulement une manière de parler proverbiale, dont le sens revient à ceci, *que chacun sera puni par les juges suivant l'atrocité du crime* [8].

Dans les causes d'injures, et les crimes de moindre conséquence, pour lesquels le *Korân* n'inflige aucune peine particulière, et pour lesquelles on ne saurait ordonner aucune compensation pécuniaire, les Mahométans, suivant la pratique des Juifs [9], ont recours au fouet ou à la bastonnade, qui est le châtiment le plus en usage dans l'Orient, à présent aussi bien qu'autrefois: et ils disent que le bâton, qui est l'instrument avec lequel s'exécute la sentence du juge [10], est un instrument venu du ciel; pour faire entendre l'efficacité qu'il a pour conserver le bon ordre et contenir le peuple dans les bornes de son devoir.

Quoique le *Korân* soit regardé par les Mahométans comme la partie fondamentale de leurs lois civiles, et que les décisions de la *Sonna* chez les Turcs, et des *Imâns* chez les sectes persanes, jointes aux explications de leurs divers docteurs, soient ordinairement suivies dans les jugements, cependant les tribunaux séculiers ne se croient pas obligés de les suivre ponctuellement dans tous les cas; et ils prononcent souvent le contraire, ses décisions n'étant pas toujours d'accord avec la raison et l'équité. C'est pourquoi l'on doit distinguer entre la loi civile écrite, telle qu'elle est expliquée dans les cours ecclésiastiques, et la loi de la nature, ou la loi commune, si l'on peut lui donner ce nom, laquelle a lieu dans les cours séculières, et qui a pour elle le pouvoir exécutif [1].

On peut rapporter aux lois civiles le commandement de faire la guerre aux infidèles, qui est répété dans plusieurs passages du *Korân* [2], qui déclare que cette guerre est très-agréable aux yeux de Dieu, que ceux qui sont tués en combattant pour la défense de la foi seront mis au nombre des martyrs, et seront reçus immédiatement en paradis [3]; ce qui fait que les théologiens mahométans relèvent extrêmement l'excellence de ce devoir. Ils appellent l'épée *la clef du ciel et de l'enfer*, et persuadent au peuple que la plus petite goutte de sang *répandue dans le chemin de Dieu*, comme ils s'expriment, ou pour la défense du territoire des Musulmans, pendant une seule nuit, est plus méritoire aux yeux de Dieu qu'un jeûne de deux mois [4]. D'un autre côté, la désertion ou le refus que l'on ferait de servir dans ces guerres saintes ou de contribuer aux frais, lorsqu'on le peut, est mis par le *Korân* au rang des crimes les plus odieux et des plus condamnés [5]. Cette doctrine, que Mahomet ne se hasarda pas d'enseigner avant que d'être en état de la mettre en pratique [6] lui fut d'un grand usage, de même qu'à ses successeurs; car quels dangers n'affronterait-on pas, et quelles difficultés ne pourrait-on pas surmonter, avec le courage et la constance que ces principes inspirent nécessairement? Et quoique les Juifs et les Chrétiens détestent ces principes chez les autres, ils connaissent cependant fort bien la force de l'héroïsme enthousiaste, et ne négligent pas d'animer le courage de leurs partisans par des promesses et des motifs de cette espèce. « Que celui
« qui s'est enrôlé pour la défense de la loi, dit Maimonides [7],
« se confie en celui qui est l'espérance d'Israël, et qui est
« son Sauveur en temps de trouble [8], et qu'il sache qu'il
« combat pour la profession de l'unité d'un Dieu; c'est
« pourquoi, qu'il remette son âme entre ses mains [9], qu'il
« ne pense plus ni à sa femme ni à ses enfants, mais qu'il
« en bannisse tout souvenir de son cœur, ayant son esprit
« entièrement tourné du côté de la guerre. Car si les pen-
« sées commencent à être inconstantes, non-seulement il
« se troublera lui-même, mais pèchera contre la loi: bien
« plus, le sang de tout le peuple sera sur lui; car si le peu-
« ple est vaincu, et qu'il n'ait pas combattu de toute sa
« force, c'est tout comme s'il avait répandu le sang de tout
« ce peuple, suivant cette parole: *Qu'il s'en retourne,*
« *de peur que le cœur de ses frères ne défaille comme*
« *le sien* [10]. »

La *Kabala* accommode cet autre passage au même dessein: « Maudit soit celui qui fait négligemment l'œuvre du
« Seigneur! et maudit soit celui qui empêche son épée
« de répandre le sang [11]! Au contraire, celui qui a fait
« tous ses efforts dans le combat, sans frayeur, avec in-
« tention de glorifier le nom de Dieu, doit attendre la vic-
« toire avec confiance, et ne craindre aucun malheur ni
« aucun danger, mais peut être assuré qu'il aura une mai-
« son bâtie en Israël pour lui et ses enfants à toujours; »
comme il est dit, I. SAMUEL, XXV, 28, 29. On pourrait citer plusieurs passages de cette nature tirés des auteurs juifs. Les Chrétiens même ne s'écartent pas beaucoup de

---

[1] *Korân.*, chap. V.
[2] *Novell.* 134, chap. XIII.
[3] PUFFENDORF, *de J. N. et G.*, lib. VIII, cap. III, § 26.
[4] *Exod.*, XXI, 24. *Levit.*, XXIV, 20. *Deut.*, XIX, 21.
[5] *Korân.*, chap. V.
[6] CHARDIN, t. II, pag. 299. Le *talion*, établi aussi chez les Romains par les lois des *Douze Tables*, ne devait pas être infligé, à moins que l'offensé ne pût s'accommoder avec l'offenseur: A. GELL., lib. XX, I; et FESTUS, au mot *Talio*.
[7] Voyez *Exod.*, XXI, 18, 19 et 22.
[8] BARBEYRAC, *in* Grot., *ubi sup.* CLERIC., *in Exod.*, XXI, 24;
[9] *Deut.*, XIX, 21.
[10] *Deut.*, XXV, 2, 3.
[11] GRELOT, pag. 220. CHARDIN, *ubi sup.*, pag. 302.

[1] CHARDIN, *ubi sup.*, pag. 290.
[2] Chap. II, IV, VIII, IX, XXII, XLVII, LXI.
[3] Chap. II, III, XLVII, LXI.
[4] RELAND, *de Jure Milit. Moham.*, pag. 5, etc.
[5] Chap. III et IX.
[6] Voyez ci-devant.
[7] *Halach.*, *Melachim*, chap. VII.
[8] JEREM., XIV, 8.
[9] JOB, XIII, 14.
[10] *Deut.*, XX, 8.
[11] JEREM., XLVIII, 30

ces derniers [1] : « Nous désirons de savoir, » dit un auteur en s'adressant aux Français engagés dans les guerres saintes, « quelle est la charité de vous tous : car le royau- « me des cieux ne sera refusé à aucun de ceux qui per- « dront la vie dans cette guerre, en s'y conduisant en vrais « fidèles; ce que nous ne disons pas, parce que nous le « souhaitons. » Et un autre [2] donne l'exhortation suivante : « Dépouillant toute crainte et toute frayeur, faites vos ef- « forts pour agir efficacement contre les ennemis de la « sainte foi, et les adversaires de toute religion : car le « Tout-Puissant sait que si quelqu'un de vous meurt, il meurt « pour la vérité de la foi, pour sauver son pays, et pour la « défense des Chrétiens; c'est pourquoi il en recevra une « récompense dans le ciel. » Les Juifs avaient, à la vérité, une commission de la part de Dieu assez formelle et assez étendue, d'attaquer et de détruire les ennemis de leur religion; et Mahomet prétendit en avoir reçu une pareille en sa faveur et en celle de ses Musulmans, en termes également clairs; aussi n'est-il pas surprenant qu'ils aient agi d'une manière conforme à leurs principes; mais ce qui paraît extraordinaire, est que les Chrétiens enseignent et pratiquent une doctrine si opposée à la teneur et à l'esprit de l'Évangile : cependant ils sont allés plus loin, et ont montré un esprit moins tolérant qu'aucun des premiers.

Les lois de la guerre, suivant les usages des Mahométans, ont déjà été rédigées par écrit avec tant d'exactitude, par le savant Reland [3], qu'il ne me reste que peu de chose à en dire. Je remarquerai seulement quelques conformités entre leurs lois militaires et celles des Juifs.

Dans l'enfance du Mahométisme, les adversaires qui étaient pris dans une bataille étaient mis à mort sans miséricorde : mais ce traitement fut regardé comme trop sévère, lorsque cette religion étant suffisamment établie, elle ne fut plus en danger d'être renversée par ses ennemis [3]. Chez les Juifs, la même sentence fut prononcée, non-seulement contre les sept nations kananéennes [5], dont les États furent donnés aux Israélites, qui n'auraient pu s'en mettre en possession sans détruire ces peuples, mais encore contre les *Amalékites* [6] et les *Madianites*, qui avaient fait leurs efforts pour détruire les Israélites lorsqu'ils passaient sur leurs terres.

Lorsque les Mahométans déclarent la guerre à une nation d'une religion différente, ils lui donnent le choix sur trois choses : 1° ou d'embrasser le Mahométisme, auquel cas non-seulement leurs personnes, femmes, enfants, biens, sont en sûreté, mais ils ont encore part à tous les priviléges des autres Musulmans; 2° ou de se soumettre et de payer un tribut [7]; et alors il leur est libre de professer leur religion, pourvu qu'elle ne consiste pas dans une grossière idolâtrie, ou qu'il n'y ait rien de contraire à la loi morale; 3° ou enfin de décider leur différend par l'épée : dans ce dernier cas, si les Mahométans remportent la victoire, les femmes et les enfants qui sont faits captifs deviennent absolument esclaves; et les hommes pris dans le combat peuvent être mis à mort, à moins qu'ils ne se convertissent au Mahométisme, ou que le prince n'en dispose autrement à son gré. Ceci s'accorde avec les lois données aux Juifs sur les guerres qui regardent les nations qui ne devaient pas être détruites à la façon de l'interdit [8]; et l'on dit que Josué envoya trois écrits aux habitants de *Kanaan*, avant que d'entrer dans leurs terres; dans le premier, étaient contenus ces mots : *Fuie qui voudra*; dans le second : *Se rende qui voudra*; et dans le troisième : *Combatte qui voudra* [1] : cependant aucune de ces nations ne fit la paix avec les Israélites (excepté seulement les Gabaonites, qui obtinrent des conditions de sûreté par stratagème, après avoir refusé celles que leur offrait Josué), le Seigneur ayant endurci leur cœur, afin de les détruire entièrement [2].

La dispute qui s'éleva entre les sectateurs de Mahomet, lors des premiers succès considérables de ce prophète, sur l'article du partage des dépouilles, l'obligea à faire quelques règlements sur cet article. Il prétendit avoir reçu une permission de Dieu de les distribuer à son gré entre ses soldats [3], en réservant d'abord une cinquième partie pour l'usage dont on parlera ensuite [4]; et en conséquence, il s'autorisa à distribuer, dans les cas extraordinaires, les captures faites sur l'ennemi, comme il le jugeait à propos, sans observer l'égalité. Ainsi, par exemple, il donna le butin fait sur la tribu d'*Hawâzen*, dans la bataille d'*Honcin*, aux habitants de la Mecque seuls, sans avoir égard à ceux de Médine, et distingua surtout les principaux *Korashites*, afin de gagner leurs bonnes grâces après la prise de leur ville [5]. Dans l'expédition contre ceux d'*al Nadir*, Mahomet se réserva toutes les dépouilles, et en disposa comme il voulut, parce que, dans cette guerre, on ne s'était servi ni de chameaux ni de chevaux [6], mais que toute l'armée était composée d'infanterie; et cela fut dans la suite observé comme une loi [7]. La raison en paraît être celle-ci, que les dépouilles faites par un parti d'infanterie seulement, doivent être considérées comme un don de Dieu plus immédiat [8], et doivent être laissées, par conséquent, à la disposition de son apôtre. Suivant les Juifs, les dépouilles devaient être partagées en deux parties égales [9] : l'une était pour ceux qui avaient butiné; l'autre était destinée au prince; et il devait l'employer à son usage et à celui du public. Moïse, à la vérité, partagea la moitié du butin fait sur les *Madianites*, entre les combattants, et l'autre moitié entre toute la congrégation [10]; mais ce cas était particulier, Moïse avait agi de la sorte en conséquence d'un ordre exprès qu'il avait reçu de Dieu : ainsi, il ne doit pas être regardé comme tel ce précédent [11]. Il paraît cependant, par le discours que Josué tint aux deux tribus et demie, lorsqu'il les renvoya chez eux en *Gilead*, après la conquête et la division de la terre de *Kanaan*, qu'ils devaient parta-

---

[1] *Talmud*. Hieron., apud MAIMON., *Halach., Melachim.* cap. VI, § 5. BECHAI, *ex libris Siphes*. SELD. *de Jure N. et G. Sec. Hebr.*, lib. VI, cap. XIII et XIV; et SHICKARDI, *Jus regium Hebreo.*, cap. V, theor. 16.

[2] JOSUÉ, XI, 20. Les Juifs disent cependant que les *Girgashites* croyant de ne pouvoir échapper aux jugements de Dieu s'ils persistaient à se défendre, s'enfuirent en Afrique en très-grand nombre. (Voyez *Talm. Hieros.*, ubi sup.) Et c'est une des raisons pour laquelle il n'est fait mention des *Girgashites*, comme étant du nombre des nations kananéennes qui combattirent contre Josué (JOSUÉ, IX, 1), et ne furent jamais mises à l'interdit (*Deut.*, XX, 17); mais on remarque que les Septante parlent des *Girgashites* dans ces deux textes, et que leur nom paraît dans le dernier de ces deux passages dans le *Pentateuque* samaritain; ils sont aussi joints avec les autres Kananéens, comme ayant combattu contre Israël, dans JOSUÉ, XXIV, 11.

[3] *Korán*, chap. VIII.
[4] *Ibid.*
[5] ABULFED., *Vit. Moh.*, pag. 118, etc. Le *Korán*., chap. IX.
[6] *Korán*, chap. LIX.
[7] ABULFED., *ubi sup.*, pag. 91.
[8] *Korán*, chap. LIX.
[9] *Gemar. Babyl.* ad tit. *Sanhedr.*, cap. II. SELDEN, *de Jure Nat. et Gen. Sec. Hebr.*, lib. VI, cap. XVI.
[10] *Nomb.*, XXXI, 27.
[11] MAIM. *Halach., Melach.*, chap. IV.

---

[1] NICOLAS, *in Jure Canon. c. omnium* 23, quæst. 5.
[2] LEO IV, *ibid.*, quæst. 8.
[3] Dans son traité *de Jure Militari Mahom.*, dans le troisième volume de ses *Dissertationes Miscellanæ*.
[4] *Korán*, chap. IV, V, 47
[5] *Deut.*, XX, 16-18.
[6] *Ibid.*, XXV, 17-19.
[7] *Korán*, chap. IX
[8] *Deut.*, XX, 10-15

ger les dépouilles de leurs ennemis avec leurs frères, après leur retour [1], et c'était sans doute en qualité de chef de la communauté et comme représentant tout le corps, que le roi prit dans la suite la moitié du butin. Il est remarquable que la dispute qui s'éleva parmi les troupes de Mahomet sur le partage du butin fait à la bataille de *Bedr* [2] eut la même source que celle qui s'éleva entre les soldats de David à l'occasion du butin fait sur les *Amalekites* [3], ceux qui avaient combattu demandant que ceux qui étaient restés en arrière par lassitude n'eussent aucune part aux dépouilles; et dans ces deux cas la décision fut la même, et devint une loi pour l'avenir, savoir qu'ils partageraient également.

La cinquième partie du butin, qui devait être levée sur les dépouilles, en conséquence de l'ordre contenu dans le *Korân*, avant qu'elles fussent partagées entre les vainqueurs, est déclarée appartenir à Dieu, à l'apôtre, à ses parents, aux orphelins, aux pauvres et aux voyageurs [4]. Ces paroles sont entendues très-différemment. *Al Shâfei* croit qu'on doit faire cinq parts du tout : la première, appelée la portion de Dieu, doit être mise dans le trésor, et servir à bâtir et réparer les forteresses, les ponts et autres ouvrages publics; à payer les pensions des magistrats, des officiers civils, de ceux qui enseignent, et des ministres du culte public, etc. La seconde partie doit être distribuée entre les parents de Mahomet, c'est-à-dire, entre les descendants de son grand-père *Hâshem*, et de son grand-oncle *al Motalleb* [5], riches et pauvres, enfants comme adultes, femmes ou hommes, observant seulement de donner aux femmes la moitié moins qu'aux hommes. La troisième partie est pour les orphelins; la quatrième, aux pauvres qui n'ont pas de quoi s'entretenir pendant toute l'année, et qui sont hors d'état de gagner leur vie; la cinquième et dernière portion est pour les voyageurs qui peuvent être dans le besoin sur la route, quoiqu'ils puissent être riches chez eux [6].

Suivant *Malek Ebn Ans l'Imâm*, le prince peut disposer de tout, et le distribuer à sa discrétion suivant qu'il le juge nécessaire [7]. *Abul Aliya* s'en tient aux paroles du *Korân*, et déclare que l'on doit, selon lui, diviser les dépouilles en six parties; que la portion qui appartient à Dieu doit être employée pour le service de la *Kaaba* : tandis que d'autres supposent que les portions destinées à Dieu et à l'Apôtre, n'en font qu'une seule [8]. *Abou Hanifa* croit que la portion de Mahomet et de ses parents est perdue pour eux à la mort de ce prophète, et que le tout doit être, par conséquent, divisé entre les orphelins, les pauvres et les voyageurs [9]. Quelques-uns soutiennent que les descendants d'*Hâshem* sont les seuls d'entre les parents de Mahomet qui doivent avoir part aux dépouilles; mais ceux qui croient que la postérité de son frère *al Motalleb* a aussi droit à la distribution, rapportent une tradition en faveur de leur sentiment, portant que Mahomet lui-même divisa sa portion appartenante à ses parents entre les deux familles, et que quand *Othmân Ebn Affân* et *Jobeir Ebn Matâm* (qui descendaient d'*Abdsham* et de *Nawfal*, les autres frères d'*Hâshem*) lui dirent, que quoiqu'ils ne disputassent pas la préférence aux *Hâshémites*, ils ne pouvaient s'empêcher de trouver mauvais qu'il mît de la différence entre eux et ceux de la famille d'*al Motalleb*, étant dans le même degré de parenté que

ces derniers, et n'ayant cependant aucune part dans la distribution du butin. Le Prophète répliqua, que les descendants d'*al Motalleb* ne l'avaient abandonné ni dans le temps d'ignorance ni depuis la révélation d'*Islâm*; et il oignit ses doigts en signe de l'union étroite qui devait se trouver entre eux et les *Hâshémites* [1].

Quelques-uns n'excluent aucun de ceux qui composent la tribu des *Koreish* de la distribution des dépouilles, et ne distinguent ni le pauvre ni le riche; quoique, dans l'opinion la plus raisonnable, le *Korân* n'ait en vue que ceux d'entre eux qui sont pauvres, comme aussi il faut expliquer ce qui regarde les étrangers : et d'autres sont allés jusqu'à dire que la cinquième portion leur appartenait tout entière, et que dans le nombre des *orphelins*, des *pauvres* et des *voyageurs*, on comprenait seulement ceux de cette tribu qui étaient tels [2]. Il faut remarquer que les immeubles, comme terres, etc. pris en temps de guerre, sont sujets aux mêmes lois que les meubles, excepté seulement que la cinquième partie des immeubles n'est pas divisée actuellement, mais que les revenus et les profits qu'on en tire, ou l'argent que produirait leur vente, est employé en usage pieux, et pour le bien public, et est distribué une fois par an; et que le prince peut prendre la cinquième partie de la terre, ou de son revenu, ou du produit de sa vente à son choix.

SECTION SEPTIÈME.

Des mois que le Korân *veut que l'on tienne pour sacrés, et du vendredi destiné particulièrement pour rendre à Dieu le culte qui lui est dû.*

ARGUMENT.

Les Arabes observent quatre mois dans l'année comme sacrés. — L'observation de ces mois confirmée par le *Korân*. — Défense de renvoyer un mois sacré à un mois profane, et de réduire les années lunaires en solaires par l'intercalation d'un mois. — Du vendredi. — Des deux *Beirâms*.

Les anciens Arabes avaient accoutumé d'observer quatre mois de l'année comme sacrés. Pendant ce temps-là, il n'était pas permis de faire la guerre; ils ôtaient les pointes de leurs lances, cessant de faire aucune incursion ni aucun acte d'hostilité. Alors toute personne qui avait un ennemi à craindre, vivait en sûreté, jusque-là que si un homme rencontrait le meurtrier de son père ou de son frère, il n'osait pas lui faire la moindre violence [3] : « preuve évi-
« dente, dit un savant auteur, de l'humanité de cette na-
« tion, qui étant exposée à avoir de fréquentes querelles,
« soit à cause du gouvernement indépendant des diverses
« tribus qui la composaient, soit pour la conservation de
« leurs justes droits, avait cependant appris à calmer la
« vivacité de son naturel violent, et à réprimer son ardeur
« pour la guerre par des trêves établies pendant des temps
« fixés [4]. »

Toutes les tribus arabes observaient cette institution (excepté celles de *Tay* et de *Khatâam*, et quelques-unes

---

[1] JOSUÉ, XXII, 8.
[2] *Korân*, chap. VIII.
[3] I. Sam., XXX, 21-25.
[4] *Korân*, chap. VIII.
[5] *Al Shâfei* descendait de ce dernier.
[6] AL BEID, RELAND, *de Jure Milit. Moh.*, pag. 42, etc.
[7] ID.
[8] ID.
[9] ID.

---

[1] AL BEID, RELAND, *de Jure Milit. Moh.*, pag. 42, etc.
[2] *Idem*.
[3] AL KAZWINI, *apud* GOLIUM *in notis* ALFRAG., pag. 4, etc. AL SHAHRESTANI, *apud* POC., *Spec.*, pag. 311. AL SAWHARI, AL FIRAUZAB.
[4] GOLIUS, *ubi sup.*

des descendants de *al Hareth Ebn Kaab*, qui ne distinguaient ni lieu ni temps sacré[1]; elle était même si religieusement observée, qu'on trouve peu d'exemples qu'elle ait été transgressée. Il n'y a que quatre exemples de la violation de cette loi, selon quelques-uns, ou six, selon d'autres[2]. Les guerres que l'on fit pendant ces temps-là, sans avoir égard à la sainteté de ces mois, furent appelées impies. La guerre allumée entre les tribus de *Koreïsh* et de *Kaïs Ailán*, fournit un de ces exemples; et Mahomet servait lui-même dans cette guerre sous un de ses oncles, étant âgé alors de quatorze ans[3], et selon d'autres, de vingt[4].

Les mois consacrés chez les Arabes sont celui de *al Moharram*, de *Radjeb*, de *Dhúl Kaada* et de *Dhúl Hajja*, qui répondent au 1er, 5e, 7e et 12e de l'année[5].

Dhúl Hajja étant le mois dans lequel on fait le pèlerinage de la Mecque, non-seulement ce mois, mais encore le précédent et le suivant, étaient tenus pour inviolables, afin que chacun pût aller et venir en toute sûreté dans le lieu où l'on célèbre la fête[6]. On dit que le mois de *Radjeb* a été observé plus scrupuleusement que les trois autres[7], probablement parce que c'était pendant ce mois que les Arabes païens avaient coutume de jeûner. Le *Ramadán*, qui fut dans la suite destiné au jeûne par Mahomet, étant au contraire, dans le temps d'*ignorance*, le mois destiné à boire avec excès[8]. A cause de la profonde paix et de la tranquillité dont on jouissait pendant ce mois, une partie des provisions apportées pour fournir aux habitants de la Mecque, par les caravanes des pourvoyeurs, que les *Koreïsh* y envoyaient annuellement[9], était distribuée au peuple, l'autre partie étant, par la même raison, distribuée aux pèlerins[10].

L'observation des mois dont on a parlé, parut si raisonnable à Mahomet, qu'il lui donna son approbation : plusieurs passages du *Korán*[11] la confirment : ces mêmes passages défendent de faire la guerre durant ces mois-là à ceux qui les tiennent pour sacrés; mais permettent en même temps d'attaquer, dans quelque mois que ce soit, ceux qui n'observent aucune distinction entre les mois sacrés et les mois profanes[12].

Mahomet jugea cependant qu'il fallait réformer une pratique commune aux Arabes païens, eu égard à ces mois sacrés : car quelques-uns d'entre eux, ennuyés d'un repos de trois mois, et impatients de faire leurs incursions ordinaires, trouvèrent l'expédient de remettre l'observation du mois *al Moharram* au mois suivant de *Safar*, toutes les fois que cela leur convenait, et évitaient de cette manière d'observer la sainteté de ce premier mois, qu'ils croyaient leur être permis de profaner, pourvu qu'ils en consacrassent un autre à sa place, et qu'ils donnassent connaissance de leur intention au public, dans le temps du pèlerinage précédent. Le mot arabe *al Nasí* exprime ce juste ce transport de l'observation d'un mois sacré à un mois profane, transport qui est absolument condamné dans un passage du *Korán*, et est déclaré être une innovation impie[1]; ce que le docteur Prideaux[2], trompé par Golius[3], s'imagine avoir rapport au prolongement de l'année, en ajoutant un mois intercallaire. Les Arabes, à la vérité, qui imitèrent les Juifs dans leur manière de compter par années lunaires, avaient aussi appris leur méthode de les réduire en années solaires, en ajoutant un mois intercallaire, quelquefois à la seconde, quelquefois à la troisième année[4]; et par ce moyen ils fixèrent le temps du pèlerinage de la Mecque à une certaine saison de l'année, savoir à l'automne (ce qui était contraire à l'institution originaire de cette solennité), considérant cette saison comme étant plus convenable aux pèlerins, à cause de la température de l'air et de l'abondance des provisions[5]. Et il est vrai que Mahomet défendit aussi cette intercallation, par un passage du même chapitre ix du *Korán*; mais ce n'est pas par le passage indiqué ci-dessus, lequel défend toute autre chose, mais c'est par un autre passage qui le précède, dans lequel il est déclaré que le nombre des mois de l'année réglé par l'ordre de Dieu est douze[6]; au lieu que si l'intercallation était permise, chaque seconde ou troisième année serait de treize mois, contre ce que Dieu a établi.

Mahomet trouva si convenable l'institution des Juifs et des Chrétiens à l'égard de la consécration d'un jour de la semaine destiné à rendre un culte plus particulier à Dieu, qu'il ne put que les imiter sur cet article, quoique, pour mettre quelque différence, il se crût obligé de choisir un jour qui ne fût pas le même que celui des Juifs ou des Chrétiens. On donne plusieurs raisons du choix qu'il fit du sixième jour de la semaine[7]; mais il semble que ce prophète le préféra, parce que c'était le jour auquel le peuple avait accoutumé de s'assembler longtemps avant les temps du Prophète[8]. Cependant le sujet de ces assemblées était plutôt pour les affaires civiles que pour les actes de religion. Quoi qu'il en soit, les Mahométans donnent des titres bien extraordinaires à ce jour-là; ils l'appellent *le prince des jours, et le plus excellent des jours dans lesquels le soleil se lève*[9]; prétendant aussi que ce jour sera celui du jugement dernier[10] : et ils regardent comme un honneur particulier à l'islamisme, que Dieu ait bien voulu que ce jour fût le jour solennel des Musulmans, et qu'il leur eût accordé l'avantage d'être les premiers qui l'observassent[11].

Quoique les Mahométans ne se croient pas tenus d'observer leur jour destiné au culte public aussi religieusement que les Chrétiens et les Juifs sont obligés d'observer le leur, le *Korán*, comme on le suppose généralement[12], permettant à ces peuples de retourner à leurs affaires ou à leurs plaisirs après le service divin, cependant les plus dévots trouvent mauvais que l'on emploie la moindre

---

[1] AL SHAHRESTANI, *ubi supra*.
[2] AL MOGHOLTAI.
[3] ABULFEDA, *Vit. Moh.*, pag. 11.
[4] AL KODAI, AL FIRAUZ., *apud* POC., *Spec.*, pag. 174. AL MOGHOLTAI rapporte les deux opinions. M. BAYLE, *Diction.*, art. *la Mecque*, rem. F., accuse Prideaux d'inconstance pour avoir dit quelque part (*Vie de Mah.*, pag. 641) que ces mois sacrés étaient le premier, le septième, le onzième et le douzième; et dans un autre endroit (*ibid.*, pag. 98), que trois d'entre eux étaient contigus. Mais c'est ici une pure absence de la part de M. Bayle; car le premier, le douzième et le onzième, sont des mois contigus. Les deux savants professeurs Golius et Reland ont aussi fait une petite méprise en parlant de ces mois sacrés, qu'ils nous disent être les deux premiers et les deux derniers de l'année. Voyez GOLII *Lexic. Arab.*, col. 601; et RELAND, *de Jure Milit. Mohammedanorum*, pag. 5.
[5] GOL., *in* ALFRAG., pag. 9.
[6] ID., *ibid.*, pag. 6.
[7] AL MAKRIZI, *apud* POC., *ubi sup.*
[8] ID., et author NESK AL AZHAR, *ibid.*
[9] *Korán*, chap. CVI.
[10] AL EDRISI, *apud* POC., *Spec.*, pag. 127.
[11] Chap. V, IV, IX.
[12] Chap. IX.

[1] Chap. IX.
[2] *Vie de Mahom.*, pag. 66.
[3] *In* ALFRAG., pag. 12.
[4] PRIDEAUX, *Préface au premier volume de ses Connexions*, pag. 6, etc.
[5] Voyez GOL., *ubi sup.*
[6] *Korán*, chap. II, et IX.
[7] Chap. LXIII.
[8] AL BEIDAWI.
[9] EBN AL ATHIR, et AL GHAZALI, *apud* POC., *Spec.*, pag. 317.
[10] Voyez *ibid.*
[11] AL GHAZALI, *ubi sup.*
[12] ID., *ibid.*, pag. 318.

partie de ce jour-là à vaquer aux affaires de ce monde, et veulent que l'on soit entièrement occupé à celles qui ont rapport à la vie à venir [1].

Puisque j'ai parlé de la fête hebdomadaire des Mahométans, il me sera permis de dire quelque chose de leurs deux *Beirâms* [2], qui sont leurs principales fêtes annuelles. Le premier est appelé en arabe *Id al feïr*, c'est-à-dire, *la fête de la rupture du jeûne*, et commence le premier jour du mois de *Shawâl*, qui suit immédiatement le jeûne de *Ramadân*; et l'autre est nommé *Id al Korbân*, ou *Id al Adhâ*, c'est-à-dire, *la fête du sacrifice*, et commence le dixième de *Dhulkajja*, lorsque les pèlerins immolent les victimes dans la vallée de *Mina* [3]. La première de ces fêtes est proprement le petit *Beirâm*, et la dernière, le grand *Beirâm* [4]. Mais le vulgaire, aussi bien que la plupart des auteurs qui ont écrit touchant les Mahométans [5], changent les épithètes, et appellent le *Beirâm* qui suit le *Ramadân*, le grand *Beirâm*, parce qu'on l'observe d'une manière extraordinaire pendant trois jours à Constantinople et dans les autres parties de la Turquie, et que le peuple persan la célèbre pendant cinq ou six jours, en donnant publiquement des marques de sa joie, comme pour se dédommager des mortifications qu'il a eues le mois précédent; au lieu que, quoique la *fête des sacrifices* soit célébrée pendant trois jours, dont le premier est le jour le plus solennel de tous ceux du pèlerinage, et qui est le principal acte de la dévotion mahométane, le peuple en général n'y fait pas autant d'attention qu'à l'autre *Beirâm*, parce qu'il n'en est pas autant frappé, et parce que les cérémonies qu'on y célèbre se passent à la Mecque, qui est le seul lieu destiné à cette solennité.

SECTION HUITIÈME.

Des principales sectes des Mahométans et de ceux qui ont prétendu avoir le don de prophétie parmi les Arabes, soit pendant la vie de Mahomet, soit ensuite.

ARGUMENT.

De la théologie pratique et scolastique des Mahométans. — Les articles de foi en conteste entre les scolastiques. — Sectes mahométanes, orthodoxes et hérétiques. — Orthodoxes ou Sonnites. — Divisés en quatre sectes. — Secte d'*Abu Hanifa*. — Secte de *Malek*. — Secte d'*Al Shâfei*. — Secte d'*Ebn Hanbal*. — Sectes hérétiques. — Leurs commencements. — Des *Môtazalites*. — Secte des *Sefatiens*. — Secte des *Kharejites*. — Secte des *Shiites*. — De ceux qui prétendaient à la prophétie du temps de Mahomet. — De *Moseilama*. — De *al Aswâd*, *al Hala*. — De *Toleiha*. — De *Sejai*. — De *al Mokanna*. — De *Babek Khorremi*. De *Mahmed Ebn Faradj*. — Des *Karmatiens*. — Des *Ismaëlites*. — Des *Batenites*. — De *al Motannabi*. — De *Baha*.

Avant que de considérer les sectes répandues chez les Mahométans, il est nécessaire de dire quelque chose des deux sciences par lesquelles ils terminent toutes leurs disputes, savoir, leur théologie scolastique, et leur théologie pratique.

La théologie scolastique est une science mêlée, consistante en recherches métaphysiques, théologiques, philosophiques et logiques, fondées sur des principes et des raisonnements bien différents de ceux qui sont employés par ceux qui sont reconnus par les Mahométans eux-mêmes, pour être les meilleurs théologiens et les plus habiles philosophes [1]. Aussi, dans la distribution des sciences, on regarde la scolastique comme peu digne d'y avoir place, et on ne la compte pas parmi les autres [2]. Le savant Maimonides [3] s'est donné beaucoup de peine pour faire voir que les principes et les systèmes des théologiens scolastiques répugnaient à la nature du monde et à l'ordre de la création, et qu'ils étaient d'une absurdité insupportable.

L'art de manier les disputes de religion n'était pas connu dans l'enfance du Mahométisme : il prit naissance avec les sectes qui s'élevèrent, et lorsque les articles de religion commencèrent à être contestés, on le mit en usage pour défendre la vérité de ces articles contre les novateurs [4]; et tandis que la scolastique est retenue dans ces bornes, on peut dire que [c'est une étude recommandable, étant nécessaire pour soutenir la foi; mais dès qu'elle est portée trop loin par le goût de la dispute, on peut la regarder comme digne de censure.

Telle est l'opinion d'*al Ghazâli* [5], qui tient un milieu entre ceux qui ont trop fait valoir cette science, et ceux qui l'ont entièrement rejetée. *Al Shâfei* est du nombre de ces derniers; il déclare que, selon lui, un homme qui emploierait son temps à l'étude de cette science, mériterait d'être attaché à un poteau, et d'être ainsi promené par toutes les tribus arabes, en faisant crier devant lui ces mots : *Voilà la récompense de celui qui, laissant le Korân et la Sonna, s'attacha à l'étude de la théologie scolastique* [6]. *Al Ghazâli*, d'un autre côté, croit que, comme cette science fut introduite à l'occasion de l'invasion des hérésies, il est nécessaire qu'on la conserve pour les arrêter : mais il demande trois choses de ceux qui étudient cette science, savoir, de la diligence, un jugement exquis, et de la probité; et il ne veut souffrir en aucune façon qu'on l'explique publiquement [7]. Cette science est par conséquent l'art de la controverse chez les Mahométans; ils s'en servent pour discuter les articles de foi concernant l'essence et les attributs de Dieu, et l'état de toutes les choses possibles, soit par rapport à leur création et à leur rétablissement final, suivant les règles de la religion d'*Islam* [8].

L'autre science est la théologie pratique, ou la jurisprudence; elle consiste dans la connaissance des décisions de la loi, par rapport à la pratique, recueillies avec leurs preuves distinctes.

Al Ghazâli déclare qu'il a à peu près la même opinion de cette science que de la précédente, son origine étant due à la corruption de la religion et de la morale. Il conclut de là que ces deux sciences ne sont pas nécessaires en elles-mêmes, mais le sont devenues seulement par accident, pour mettre un frein à l'imagination et aux passions déréglées du genre humain (comme les gardes sont nécessaires dans les grands chemins, à cause des voleurs), le but de la première de ces sciences étant d'étouffer les hérésies, et

---

[1] Le mot *Beirâm* est turc, et signifie proprement *un jour de fête* ou *un jour saint*.
[2] Voyez chap. IX et § 4.
[3] RELAND, *de Religione Moh.*, pag. 109; et d'HERBELOT, art. *Beirâm*.
[4] HYDE, *in notis ad Bohor.*, pag. 16; CHARDIN, *Voyage de Perse*, tom. XI, pag. 450. RICAUT, *État de l'empire ottoman*, liv. II, chap. XXIV, etc.
[5] CHARDIN et RICAUT *ubi sup*.

[1] Poc., *Spec.*, pag. 196.
[2] EBN SINA, *in Libello de Divisione Scientiar.*; et NASIRODDIN. AL JUSI, *in Præfat. ad Ethic.*
[3] *More Nevoch.* lib. I, cap. LXXI et LXXIII.
[4] AL GHAZALI, *apud* Poc., *ubi sup.*
[5] ID., *ibid.*
[6] Voyez Poc., *ubi supra*, pag. 197
AL GHAZALI, *apud* Poc.
[8] EBN AL KOSSA, *apud eundem*, pag. 196.

celui de la seconde, de décider les controverses qui naissent au sujet des lois, pour maintenir le repos et la paix entre les hommes dans ce monde, et pour conserver la règle suivant laquelle les magistrats peuvent empêcher que les hommes ne se fassent des injustices les uns aux autres, en déclarant ce qui est conforme à la loi, ou ce qui ne l'est pas, en déterminant la satisfaction qui doit être faite, ou la peine qui doit être infligée, et en dirigeant nos autres actions extérieures : elle sert encore à décider de la religion et de son état, en tant que cela regarde la profession extérieure que l'on fait de bouche, n'étant pas du ressort des jurisconsultes de sonder les cœurs [1]. La dépravation des mœurs des hommes a cependant rendu cette connaissance des lois si nécessaire, qu'elle est ordinairement appelée, la science par excellence ; et un homme qui la néglige n'est pas reconnu pour savant [2].

Les articles de foi soumis à l'examen et à la discussion des théologiens scholastiques sont réduits à quatre chefs, qu'ils appellent les *quatre bases* ou points fondamentaux [3].

La première base regarde les *attributs* de Dieu et son *unité*, qui en fait partie. Sous ce chef, sont comprises les questions touchant les *attributs éternels*, que quelques-uns affirment, et que d'autres nient ; l'on y explique encore les *attributs essentiels* et les *attributs d'action*, ce que Dieu peut faire, et ce qu'on peut affirmer de lui, et ce qui lui est impossible de faire. Tous ces points sont controversés entre les *Ashâriens*, les *Kerâmiens*, les *Modjassemiens* ou *Corporalistes*, et les *Môtazalites* [4].

La seconde base regarde la *prédestination* et la justice de cette prédestination, ce qui comprend les questions touchant le *dessein* et le *décret* de Dieu, l'*impulsion* de l'homme ou la *nécessité* qui le fait agir de telle ou telle façon, sa *coopération* dans la production des actions, par laquelle le bien ou le mal peut lui être imputé, et encore les questions qui regardent la *volonté* de Dieu par rapport au bien et au mal, quelles sont les choses soumises à son *pouvoir* et celles qui se rapportent à sa *connaissance*, quelques-uns étant pour l'affirmative, d'autres, pour la négative. Ces articles sont controversés entre les *Kadariens*, les *Nazariens*, les *Djabariens*, les *Ashâriens* et les *Kerâmiens* [5].

La troisième base concerne les *promesses* et les *menaces*, le sens précis des *termes* dont on se sert en théologie, et les *décisions* théologiques ; elle comprend les questions qui ont rapport à la *foi*, à la *repentance*, aux *promesses*, aux *menaces*, à la *crainte*, à l'*infidélité* et à l'*erreur*. Les *Morgiens*, les *Waïdiens*, les *Môtazalites*, les *Ashâriens* et les *Kerâmiens* [6] sont en dispute sur tous ces articles.

La quatrième base regarde l'*histoire* et la *raison*, c'est-à-dire, l'influence qu'elles doivent avoir en matière de foi et de religion, la *mission des prophètes*, l'*office de l'Imâm* ou du *principal pontife*. Sous cette base, sont comprises toutes les questions des casuistes qui ont rapport à la *beauté morale* ou à *la turpitude* des actions, en recherchant si les choses sont permises ou défendues de leur propre nature, ou par quelque loi positive ; et encore toutes les questions concernant la *préférence des actions*, la *faveur* ou la *grâce* de Dieu, l'*innocence* qui doit accompagner la charge de prophétie, les *conditions* requises pour celle d'*Imâm*, quelques-uns assurant qu'elle dépend d'un droit de succession, d'autres, du *consentement des fidèles* ; de la manière de la *transférer* par la première voie, et de la *confirmer* par la seconde. Toutes ces ma-

[1] AL GHAZALI *apud* Pocock, *Specimen*, pag. 198, 204.
[2] ID., *ibid.*, pag. 204.
[3] Voyez ABULFARAG., *Hist. Dyn.*, pag. 166.
[4] AL SHAHRESTANI, *apud* Poc., *ubi sup.*, pag. 204, etc.
[5] ID., *ibid.*, pag. 205.
[6] ID., *ibid.*, pag. 206.

tières sont le sujet de la dispute entre les *Shiites*, les *Môtazalites*, les *Kerâmiens*, et les *Ashâriens* [1].

On peut distinguer les différentes sectes des Mahométans en deux sortes, celles qui passent généralement pour *orthodoxes*, et celles qui sont regardées comme *hérétiques*.

Les orthodoxes sont appelés du nom général de *Sonnites* ou *Traditionnaires*, parce qu'ils reconnaissent l'autorité de la *Sonna*, qui est un recueil des traditions morales de tout ce que leur Prophète a dit et fait ; c'est une sorte de *supplément* au *Korân*, et qui règle l'observation des différentes choses que l'on ne trouve point dans ce livre ; il répond, par son nom et par son but, à la *Mishna* des Juifs [2].

Les *Sonnites* sont partagés en quatre principales sectes, qui, nonobstant quelque diversité dans l'interprétation du *Korân*, par rapport aux *conséquences* ou *conclusions légales*, et les choses qui regardent la *pratique*, sont reconnues pour orthodoxes dans les choses *fondamentales*, et dans les matières de *foi*, et qui regardent le salut. Chacune de ces sectes a sa station ou son oratoire particulier au temple de la Mecque [3].

Les fondateurs de ces sectes sont regardés comme les grands maîtres en fait de jurisprudence ; ils passent pour avoir été gens fort dévots, qui avaient un grand renoncement d'eux-mêmes et une connaissance approfondie des choses qui ont rapport à la vie à venir et à la bonne conduite dans celle-ci, et qui rapportaient toute leur science à la gloire de Dieu. Tel est l'éloge qu'en fait *al Ghazâli* ; et il pense que c'est déroger à leur honneur que de donner leur nom à ceux qui, négligeant d'imiter les vertus qui faisaient le fonds de leur caractère, se contentent seulement d'acquérir leurs connaissances, et de suivre leurs opinions sur ce qui regarde la pratique des lois [4].

La première des quatre sectes orthodoxes est celle des *Hanéfites* : ils prennent ce nom de son fondateur *Abou Hanifa al Nómán Ebn Thâbet*, qui naquit à *Koufa* la 80e année de l'hégire (de Notre-Seigneur l'an 699), et mourut la 150e, suivant l'opinion la plus suivie [5]. Il finit ses jours dans les prisons de Baghdâd, où on l'avait mis, sur le refus qu'il fit de l'emploi de *Kâdi* ou juge [6]. Ses supérieurs le traitèrent cruellement à cette occasion, et ne purent cependant jamais obtenir de lui, ni par prières ni par menaces, qu'il acceptât cet emploi, *craignant moins*, dit *al Ghazâli*, *les persécutions qu'il essuyait d'eux, que les châtiments de Dieu* : il ajoute, qu'ayant refusé cet emploi, parce qu'il s'en croyait incapable, et la raison lui en ayant été demandée, il répondit : « Si je dis la vérité, j'en suis incapable ; et si je mens, je ne suis point propre pour être juge [7]. »

On dit qu'il lut sept mille fois le *Korân* d'un bout à l'autre, dans la prison où il mourut.

Un auteur arabe [8] appelle les *Hanéfites*, les *sectateurs*

[1] AL SHAHRESTANI, *apud* Poc., *Specim.*, pag. 206.
[2] POC., *Spec.*, pag. 298. PRID., *Vie de Mah.*, pag. 51, etc. RELAND, *de Rel. Moh.*, pag. 68, etc. MILL., *Mohammedismo ante Moh.*, pag. 368 et 369..
[3] Voyez ci-devant.
[4] Voyez Poc., *Spec.*, pag. 293.
[5] EBN KHALEKAN.
[6] Ce fut la véritable cause de sa mort et de son emprisonnement, et non le refus qu'il fit de souscrire à l'opinion de la prédestination absolue, comme d'Herbelot l'écrit, trompé par la double acception du mot *Kadek*, qui signifie non-seulement *décret de Dieu*, mais encore *la sentence donnée par un juge* en général. Et *Abu Hanîfa* n'aurait pu être regardé comme orthodoxe, s'il avait nié un des principaux articles de foi.
[7] POC., *Spec.*, pag. 297 et 298.
[8] AL SHAHRESTANI, *apud* POC., *Spec.*, pag. 297 et 298.

de la raison ; et ceux des trois autres sectes, les *sectateurs de la tradition ;* les premiers étant principalement guidés, dans leurs décisions, par leur propre examen, et les derniers s'attachant plus scrupuleusement aux traditions de Mahomet.

La secte d'*Abu Hanîfa* était auparavant établie dans l'*Irâk* en particulier [1] ; mais aujourd'hui elle prévaut généralement chez les Turcs et les Tartares, *Abu Yûsof*, chef de la justice sous les khalifes *al Hâdi* et *Haroûn al Raschîd* [2], mit la doctrine d'*Abu Hanîfa* en grande réputation.

La seconde secte orthodoxe est celle de *Mâlek Ebn Ans* [3]. Il naquit à Médine, l'an de l'hégire 90, ou 93, ou 94, ou 95 [4] ; et il mourut l'an 177 [5], ou 178 [6] ou 179 [7] (car les auteurs diffèrent d'autant). On dit que ce docteur avait beaucoup de respect pour la tradition de Mahomet [8]. Un de ses amis l'étant allé voir dans sa dernière maladie, le trouva fondant en larmes ; et lui en ayant demandé le sujet, il répondit : « Comment ne pleurerais-je pas, et qui « en a plus de sujet que moi ? Plût à Dieu que j'eusse reçu « autant de coups que j'ai décidé de questions selon mon « propre sentiment! alors j'aurais moins de compte à « rendre. Plût à Dieu que je n'eusse jamais rien décidé « de moi-même [9] ! » *Al Ghazâli* donne, pour preuve, qu'il tournait toutes ses connaissances à la gloire de Dieu, qu'étant interrogé sur quarante-huit questions, sa réponse sur trente-deux fut, qu'il ne savait pas, parce que tout homme qui aurait eu d'autres vues que la gloire de Dieu, n'aurait pas fait une confession si franche de son ignorance [10]. La doctrine de *Malek* est principalement suivie en Barbarie et dans d'autres lieux de l'Afrique.

L'auteur de la troisième secte orthodoxe était *Mahomet Ebns Edus al Shâfei*, né à *Gaza* ou *Ascalon*, en Palestine, la 155e année de l'hégire, le même jour, comme quelques-uns le prétendent, que mourut *Abu Hanîfa*. Il fut conduit à la Mecque à l'âge de deux ans, et y fut élevé [11]. Il mourut en Égypte, la 204e année de l'hégire [12] ; il y était venu environ cinq ans auparavant [13]. Ce docteur excella dans toutes les parties de la science. Il fut très-estimé d'*Ebn Hanbal*, son contemporain, qui disait ordinairement de lui, « qu'il était comme le soleil au monde, et comme la santé au corps. » *Ebn Hanbal* avait eu cependant si mauvaise opinion d'*al Shâfei* dans les commencements, qu'il avait défendu à ses écoliers de le fréquenter ; mais quelque temps après l'un d'eux ayant rencontré *Hanban* qui suivait à pied *al Shâfei* monté sur une mule, celui-ci lui demanda comment il arrivait qu'il suivît lui-même cet homme qu'il leur avait défendu de voir. *Ebn Hanbal* lui répondit : « Tranquillise-toi, quand tu n'accompagnerais « que sa mule, encore y profiterais-tu [14]. »

On dit que *al Shâfei* fut le premier qui raisonna sur la jurisprudence, et traita cette science avec méthode [15]. Quelqu'un a dit avec esprit, que ceux qui avaient rapporté les traditions de Mahomet, avaient été endormis, jusqu'à ce que *al Shâfei* fût venu les réveiller [16]. On a déjà remarqué qu'il était fort opposé aux théologiens scolastiques [1].

Al Ghazâli nous apprend que *al Shâfei* partageait ordinairement la nuit en trois parties : il en consacrait une à l'étude, une autre à la prière, et la troisième au sommeil. On rapporte aussi de lui qu'il n'a pas juré une seule fois par le nom de Dieu, soit pour affirmer une vérité, soit pour infirmer un mensonge ; et que son opinion lui ayant été un jour demandée, il demeura quelque temps sans répondre; et que la raison de son silence lui ayant été demandée, il répondit : « J'examine premièrement, dit-il, s'il vaut mieux parler que me taire. » Le mot suivant est aussi de lui : « Quiconque prétend aimer le monde et son créateur en même temps, est un menteur [2]. » Ses sectateurs portèrent le nom de *Shâféites* ; ils étaient autrefois répandus dans le *Mâwara 'lnahr*, et autres parties de l'Orient ; mais aujourd'hui cette secte est principalement établie en Arabie et en Perse.

Ahmed Ebn Hanbal, fondateur de la quatrième secte, naquit l'an de l'hégire 164 (de Notre-Seigneur 780) ; mais il y a deux traditions différentes sur le lieu de sa naissance. Quelques-uns prétendent qu'il naquit à *Meroü*, dans le Khorassân, province de Perse, dont ses parents étaient citoyens, et que sa mère l'apporta de là à Baghdâd étant encore à la mamelle ; et d'autres assurent qu'elle était enceinte de lui quand elle vint dans cette dernière ville, où il naquit [3]. La vertu et la science d'*Ebn Hanbal* lui acquirent dans la suite une haute réputation. Il était si parfaitement versé dans les traditions de Mahomet, qu'on dit qu'il en pouvait réciter au moins un million [4]. Il était intime d'*al Shâfei*, de qui il reçut la plus grande partie de ses connaissances en fait de traditions, l'ayant toujours accompagné jusqu'à son départ pour l'Égypte [5]. *Ebn Hanbal* n'ayant pas voulu reconnaître que le *Korân* était créé [6], le khalife *al Motassem* le fit mettre en prison, et fouetter cruellement [7]. Il mourut à Baghdâd, l'an 241 de l'hégire (de Notre-Seigneur 855) : huit cent mille hommes et soixante mille femmes accompagnèrent son convoi funèbre. On rapporte comme une chose qui tient du miracle, que le jour de sa mort vingt mille personnes, tant Chrétiens que Juifs et Mages, se firent Musulmans [8]. Sa secte s'augmenta si promptement, et devint si puissante et si hardie, que l'an de l'hégire 323 (de notre ère 934) sous le khalifat de *al Râdi*, ses sectateurs excitèrent une grande émeute à Baghdâd, entrant dans les maisons des particuliers, répandant le vin qu'ils y trouvaient, maltraitant les chanteuses, et mettant en pièces leurs instruments de musique ; et l'on fut obligé de publier un édit très-sévère contre eux, avant que de pouvoir les ranger à leur devoir [9]. Mais aujourd'hui les *Hanbalites* ne sont pas fort nombreux ; on en trouve fort peu hors des confins de l'Arabie.

On appelle *sectes hérétiques*, chez les Mahométans, celles dont les opinions sont hétérodoxes dans les articles *fondamentaux* en matière *de foi*.

Les premières controverses sur ces articles fondamentaux commencèrent lorsque la plupart des compagnons de Mahomet furent morts [10] : car de leurs jours il n'y eut aucune dispute de quelque importance, excepté celles qui s'élevèrent au sujet des *Imâms*, ou des successeurs

---

[1] AL SHAHRESTANI, *apud* POC. *Sphec.*, pag. 297 et 298.
[2] D'HERBELOT, pag. 21 et 22.
[3] ABULFEDA.
[4] EBN KHALEKAN.
[5] ID.
[6] ABULFEDA.
[7] ELMACINUS.
[8] EBN KHALEK. Voyez POC., *Spec.*, pag. 294
[9] ID., *apud eundem, ibid.*
[10] AL GHAZALI, ID.,
[11] EBN KHALEKAN.
[12] ABULFEDA dit qu'il vécut cinquante-huit ans.
[13] EBN KHALEKAN
[14] ID.
[15] ID.
[16] AL ZAFARANI, *apud* POC., *Spec.*, pag. 296.

[1] Voyez ci-devant.
[2] Voyez POC., *Spec.*, pag. 295-297.
[3] EBN KHALEKAN.
[4] ID.
[5] ID.
[6] Voyez sect. III.
[7] EBN KHALEKAN, ABULFARAG., *Hist. Dynas.*, pag. 252, etc.
[8] EBN KHALEKAN.
[9] ABULFARAG., *ubi sup.*, pag. 301, etc.
[10] AL SHAHRESTANI, *apud* POC., *Spec.*, pag. 194 *Auctor* SHARH AL MAWAKEF, *apud eundem*, pag. 210.

légitimes du Prophète, lesquelles durent leur naissance à l'intérêt et à l'ambition. Les guerres continuelles des Arabes pendant ces temps ne leur laissaient pas le loisir d'entrer dans des recherches délicates, ni dans des distinctions subtiles : mais aussitôt que le désir des conquêtes fut un peu ralenti, ils commencèrent à examiner le *Koran* avec plus d'attention ; ce qui rendit les différences dans les opinions inévitables ; et elles augmentèrent à un tel point que le nombre des sectes monta à soixante et treize, suivant l'opinion commune : et il semble que les Mahométans avaient l'ambition que leur religion surpassât les autres même à cet égard. Les Mages, disent-ils, sont divisés en soixante et dix sectes, les juifs, en soixante et trieze, comme Mahomet l'avait prédit [1], entre lesquelles sectes ils en comptent toujours une orthodoxe et en état de salut [2].

La première hérésie fut celle des *Khârejites*, qui se séparèrent d'*Ali*, la 37e année de l'hégire (de Notre-Seigneur la 657e) ; et peu de temps après, *Mabad al Johni*, *Ghailânâ* de Damas, et *Jonas al Aswâri*, débitèrent leurs opinions erronées concernant la prédestination, et attribuèrent à Dieu tant le bien que le mal. *Wâsel Ebn Atâ* suivit leurs opinions [3]. Ce dernier fut disciple de *Hosan*, natif de *Basra*. On discutait cette question dans l'école de *Hosan*, savoir, si ceux qui ont commis de grands péchés doivent être mis au rang des infidèles ou non ; les *Khârejites*, qui s'y rendaient ordinairement, et qui y disputaient, prenant l'affirmative, et les orthodoxes, la négative, *Wâsel*, sans attendre la décision de son maître, se retira brusquement, et commença à répandre entre ses camarades d'école une opinion nouvelle, et décida de son propre chef qu'un tel pécheur était dans un état mitoyen, c'est-à-dire, qu'il n'était ni infidèle ni croyant ; sur quoi il fut chassé de l'école ; et ses sectateurs, aussi bien que lui, furent dès lors appelés *Môtazalites*, ou *Séparatistes* [4].

Les opinions des différentes sectes qui se sont élevées depuis ce temps sont différemment composées ou décomposées des opinions des quatre sectes principales, qui sont : les *Môtazalites*, les *Sefâtiens*, les *Khârejites*, et les *Shiites* [5].

I. Les *Môtazalites* sont les sectateurs de ce *Wâsel Ebn Atâ*, dont on vient de parler, et leurs dogmes principaux et généraux sont ceux-ci :

1° Ils rejettent entièrement tous les *attributs éternels* de Dieu ; pour éviter la distinction que les Chrétiens font des personnes, ils disent que l'*éternité* est l'attribut propre ou formel de l'essence de Dieu ; que Dieu connaît par son *essence*, et non par son intelligence [6] : et ils affirment la même chose de ses autres attributs [7] (quoique tous les *Môtazalites* n'entendent pas ces paroles dans un même sens). Et comme cette secte *dépouille* Dieu de ses attributs, cela leur a fait aussi donner le nom de *Moattali-*

tes [1] : ils sont allés jusqu'à dire, que soutenir l'existence de ces attributs, c'est la même chose que soutenir l'existence de plusieurs êtres éternels, et que l'unité de Dieu ne peut subsister avec cette opinion [2] ; et c'était là la véritable doctrine de *Wâsel* leur maître, qui déclarait que quiconque affirmait qu'il y avait *un attribut éternel*, affirmait l'existence de *deux dieux* [3]. Ce point de spéculation concernant les attributs divins ne fut pas d'abord porté à sa perfection ; mais par la suite les sectateurs de *Wâsel* le développèrent dans tout son jour, après qu'ils eurent lu les livres des philosophes [4].

2° Ils croyaient que la parole de Dieu avait été créée *in subjecto* (c'est le terme des scolastiques), et consistait en des lettres et des sons, dont les copies avaient été écrites dans les livres, pour exprimer ou imiter l'original. Ils allèrent encore plus loin, et soutinrent que tout ce qui est créé *in subjecto* est aussi un *accident*, et est périssable de sa nature [5].

3° Ils niaient la *prédestination absolue*, assurant que Dieu n'était point l'auteur du mal, mais du bien seulement, et que l'homme était un agent libre [6]. Mais comme cette opinion est particulière aux *Kadariens*, nous renvoyons à en parler lorsque nous traiterons de ce qui regarde cette secte. C'est, eu égard à ce dogme et au précédent, que les *Môtazalites* se regardent comme les défenseurs de l'unité et de la justice de Dieu [7].

4° Ils soutiennent que si quelqu'un qui professe la véritable religion s'est rendu coupable d'un grand péché, et meurt sans repentance, il sera damné éternellement, mais que sa peine sera plus légère que celle des infidèles [8]. Ils nient absolument que les bienheureux puissent voir Dieu en paradis avec les yeux du corps ; et rejettent toutes les comparaisons et les similitudes appliquées à Dieu [9].

On dit que ces sectateurs ont été les premiers inventeurs de la théologie scolastique [10]. Leur secte est divisée en plusieurs autres sectes inférieures, dont le nombre, selon quelques-uns, monte jusqu'à vingt, qui s'accusent mutuellement d'infidélité [11]. Les plus remarquables d'entre elles sont :

1° La secte des *Hodeïliens*, ou sectateurs d'*Hamdân Abu Hodeïl*, docteur *môtazalite* qui s'écarta quelque peu de la manière ordinaire dont s'exprimait sa secte : il disait que Dieu connaît de sa *connaissance*, mais que sa connaissance est son *essence* ; et ainsi des autres attributs de Dieu : il prit cette opinion chez les philosophes qui soutiennent que l'essence de Dieu est simple et sans multiplicité, et que ses attributs n'étaient pas postérieurs ou accessoires à son essence, ou subsistants dans son essence, mais qu'ils sont son essence même. Les docteurs les plus orthodoxes prétendent que cette façon de concevoir les attributs de Dieu approche extrêmement de celle qui établit des choses distinctes dans la Divinité, qui est ce qu'ils abhorrent le plus dans les sentiments des Chrétiens [12].

Ils font quelque distinction sur l'article de la création du *Koran* ; ils croient que la parole de Dieu est en partie

---

[1] Poc., *Spec.*, pag. 194.
[2] AL SHAHRESTANI, dans POCOCK, pag. 211. Le même, et l'auteur SHARH AL MAWAKEF, *ubi sup.*
[3] Les mêmes, dans POCOCK, pag. 211, 212 ; et EBN KHALEKAN, dans la *Vie de Wâsel*.
[4] AL SHAHRESTANI, qui réduit aussi les sectes à quatre principales, met les *Kadariens* à la place des *Môtazalites*. ABULFARAGE, *Hist. des Dyn.*, pag. 166, compte six sectes principales, ajoutant les *Djabariens* et les *Morgiens* ; et l'auteur SHARH AL MAWAKEF en compte huit, savoir : les *Môtazalites*, les *Shiites*, les *Khârejites*, les *Morgiens*, les *Nadjaïtiens*, les *Djabariens*, les *Moshabbehites*, et la secte qu'il appelle *al Najia*, parce que c'est la seule secte qui sera sauvée, cette secte étant, suivant lui, la secte des *Ashariens*. Voyez Poc., *Spec.*, pag. 209.
[5] MAIMONIDES enseigne la même chose, non pas comme étant la doctrine des *Môtazalites*, mais comme la sienne propre. *More Nev.*, lib. I, cap. LVII.
[6] AL SHAHRESTANI, dans l'*Essai de* Poc., pag. 214. ABULFARAGE, pag. 167.

[1] Poc., *Spec.*, pag. 224.
[2] SHARH AL MAWAKEF et AL SHAHREST., *apud* Poc., pag. 116. MAIMONIDES, *in Prolegom. ad Pirk Aboth.*, § 8, assure la même chose.
[3] Poc., *Spec.*, pag. 224.
[4] AL SHAHREST., *apud* Poc., pag. 215.
[5] ABULFARAGE, et AL SHAHRESTANI, *ubi sup.*, pag. 217.
[6] Poc., pag. 240.
[7] AL SHAHRESTANI et SHARH AL MAWAKEF, *apud* Poc., *ubi sup.*, pag. 214.
[8] MARACC., *Prodr. ad Ref. Alcor.*, part. CXI, pag. 74.
[9] Ib., *ibid.*
[10] Poc., *Spec.*, pag. 213 ; et D'HERBELOT, art. *Motazelah*.
[11] L'auteur AL MAWAKEF, dans POCOCK.
[12] SHAHRESTANI, *apud* Poc., pag. 215, 216, 217.

non *in subjecto* (et par conséquent incréée), comme quand Dieu, lors de la création, prononça le mot *Kûn*, c'est-à-dire, *Qu'il soit fait*, et qu'elle est partie *in subjecto*, comme les préceptes, les défenses, etc.[1]. Maracci[2] parle d'une opinion d'*Abou Hodeil* concernant la prédestination, d'après un auteur arabe[3]. Mais comme il l'exprime d'une manière inintelligible, j'aime mieux la passer sous silence.

2° La secte des *Djobbdïens*, ou sectateurs d'*Abou Ali Mahomet Ebn Abd all Wahhdb*, surnommé *al Djobbaï*. Il expliquait l'expression commune des *Mótazalites*, que Dieu *connaît par son essence*, etc., en disant, qu'il entendait par là que lorsqu'on affirmait que *Dieu est connaissant*, ce n'est pas lui donner un *attribut* tel que la *connaissance*, ni lui assigner un tel état qui rende cette *existence connaissante* nécessaire[4]. Il soutenait que la parole de Dieu était créée *in subjecto*, comme sur la table conservée, par exemple, ou dans la mémoire de l'ange Gabriel, ou dans celle de Mahomet, etc.[5]. Si *Maracci* nous a donné le véritable sens de l'auteur de cette secte, les *Djobbdïens* niaient que l'on pût voir Dieu dans le paradis avec le secours des yeux du corps. Ils soutenaient que l'homme agissait par un pouvoir ajouté à la santé de son corps et au parfait état de ses membres; que celui qui était coupable d'un péché mortel n'était ni un croyant ni un infidèle, mais un transgresseur (et c'était là l'opinion originale de *Wâsel*), et que s'il mourait dans ses péchés, il serait précipité dans les enfers pour l'éternité, et que Dieu ne cachait rien à ses serviteurs de tout ce qu'il connaissait[6].

3° La secte des *Hashemiens*, qui fut ainsi nommée du nom de son chef *Abou Hâshem Abd al Salâm*, fils d'*Abou Ali al Djobbâi*, et dont les dogmes reviennent à peu près à ceux de la secte des *Djobbdïens* dont nous venons de parler[7]; *Abou Hâshem* prit cette expression des *Mótazalites*, que Dieu *connaît par son essence*, dans un sens différent des autres. Il supposa qu'elle voulait dire, que Dieu est revêtu d'une *disposition* qui est une *propriété* ou *qualité connue* postérieure ou accessoire à son existence[8]. Ses sectateurs craignirent si fort de faire Dieu l'auteur du *mal*, qu'ils ne voulaient pas même que l'on dît qu'il eût *créé un infidèle*, parce que, suivant leur manière de raisonner, l'infidèle est composé de deux parties, de l'*homme* et de l'*infidélité*, et que Dieu n'est pas le créateur de l'*infidélité*[9]. Abou Hâshem et son père *Abou Ali al Djobbâi* furent tous les deux célèbres pour leur habileté dans la théologie scolastique[10].

4° La secte des *Nodhâmiens*, ou sectateurs d'*Ibrahim al Nodhâm*, qui ayant lu les livres de philosophie, forma une nouvelle secte; et jugeant qu'il ne pouvait assez écarter le soupçon que Dieu pouvait être l'auteur du mal, sans lui ôter la *puissance* de faire le mal, enseigna qu'on ne doit attribuer aucun pouvoir à Dieu, quant aux actions mauvaises et contraires à ses lois; mais il soutenait cette pensée, contre l'opinion même de ses propres disciples, qui convenaient que Dieu *pouvait* faire le mal, mais qu'il ne *faisait point* à cause de sa turpitude[11]. Nous avons parlé ailleurs de ce qu'il pensait touchant la création du *Korân*[12].

5° La secte des *Hâyetiens*, ainsi nommés de *Ahmed Ebn Hâyet*, qui avait été de la secte des *Nodhâmiens*, mais qui y joignit quelques opinions que lui fournit la lecture des livres de philosophie. Ses opinions particulières étaient, que *Jésus-Christ* était le *Verbe éternel incarné*, qui a pris un corps vrai et réel, et qu'il jugera toutes les créatures dans la vie à venir[1]. Il alla plus loin, et affirma qu'il y a deux dieux, ou plutôt deux créateurs, l'un éternel et le plus grand, et l'autre non éternel, qui est Christ[2]: opinion qui ne diffère pas beaucoup de celle des Ariens et des Sociniens, quoique le docteur Pocock[3] l'emploie pour faire voir qu'*Ahmed Ebn Hâyet* ne comprenait pas bien les mystères des Chrétiens. Il croyait, en second lieu, une transmigration successive de l'âme, d'un corps dans un autre, et que le dernier corps qu'elle habiterait souffrirait les peines, ou jouirait des récompenses dues à chaque âme[4]: enfin, qu'au jour de la résurrection, Dieu ne serait pas vu des yeux du corps, mais de ceux de l'entendement[5].

6° La secte des *Djâhedhiens*, ou sectateurs d'*Amru Ebn Bahr*, surnommé *al Djâhedh*, grand docteur des *Mótazalites*, et fort admiré pour l'élégance de ses compositions[6]. Il différait de ses frères, en ce qu'il croyait que les damnés ne seraient pas tourmentés dans l'enfer pendant toute l'éternité, mais seraient changés en feu, et que le feu les attirerait de lui-même sans qu'il fût nécessaire qu'ils allassent dans le feu[8]. Il enseignait aussi que tout homme qui croirait que Dieu était son *Seigneur*, et que Mahomet était l'*Apôtre* de Dieu, serait mis au rang des fidèles, sans être tenu à quoi que ce soit de plus[8]. On a parlé ci-devant de ses opinions particulières touchant le *Korân*[9].

7° La secte des *Mozdâriens*, qui embrassèrent les opinions d'*Isa Ebn Sobeib al Mozdâr*, dont quelques-unes étaient fort absurdes; car outre les idées qu'il avait sur le *Korân*[10], il soutint, contre le sentiment de ceux qui nient que Dieu ait le *pouvoir de faire le mal*, que cet Être pouvait être *menteur* et *injuste*[11]. Il déclara aussi que celui qui se confiait dans le gouvernement suprême était un infidèle[12]. Il alla même jusqu'à soutenir que ceux qui disent qu'*il n'y a point d'autre Dieu que Dieu*, sont dans le même rang, et damnait tout le reste du genre humain comme coupable d'infidélité. Sur quoi *Ibrahim Ebn al Sendi* lui demanda si le paradis, dont la largeur égale celle du ciel et de la terre, avait été créé seulement pour lui, et pour deux ou trois personnes qui pensaient comme lui? À quoi l'on dit qu'il ne répondit rien[13].

8° La secte des *Bashariens*, qui suivaient les dogmes de *Bashar Ebn Mótamer*, le maître d'*al Mozdâr*[14], un des principaux *Mótazalites*. Il s'écartait, à quelques égards, des opinions communes à cette secte, portant la liberté de l'homme à un grand excès, jusqu'à rendre l'homme indépendant. Cependant il croyait que Dieu pouvait damner un enfant pour toute l'éternité; mais il convenait en même temps qu'il serait injuste en cela. Il enseignait que Dieu n'est pas toujours obligé de faire ce qui est le mieux; car

---

[1] Al Shahrestani, *apud* Poc., pag. 217, etc.
[2] *In Prodrom.*, part. III. pag. 74.
[3] Al Shahrest.
[4] Id., *apud* Poc., *Spec.*, pag. 215.
[5] Id., et l'auteur al Mawakef, *ibid.*, pag. 218.
[6] Maracci, *ubi supra*, pag. 73, ex al Shahrestan.
[7] Id., *ibid*.
[8] Al Shahrestan., *apud* Poc., pag. 215.
[9] Id., *ibid.* pag. 242.
[10] Ebn Khalekan, *in vitis eorum*.
[11] Al Shahrest., *ubi sup.*, pag. 241, 242. Maracci, *Prodro.*, part. III, pag. 74.
[12] Voyez ci-devant, sect. III.

[1] Al Shahrest., *ubi sup.*, pag. 218. Abulfarace, pag. 164.
[2] Al Shahrestani, al Mawakef, et Ebn Kossa, *apud* Poc., pag. 219.
[3] Poc., *ibid.*
[4] Maracc., et al Shahrest., *ubi sup.*
[5] Maracc., *ibid.*, pag. 75.
[6] D'Herbelot, art. Giahedh.
[7] Al Shahrest., *ubi sup.*, pag. 200.
[8] Maracc., *ubi sup.*
[9] Sect. III.
[10] *Ibid*
[11] Al Shahrest., *apud* Poc., pag. 241.
[12] Maracc., *ubi sup.*, pag. 75.
[13] Al Shahrest., *ubi sup.*, pag. 210.
[14] Poc., *Spec.*, pag. 221.

s'il lui avait plu, il aurait pu faire de tous les hommes de vrais croyants. Ces sectateurs prétendaient aussi que si un homme s'était repenti d'un péché mortel, mais qu'il y fût ensuite retombé, il était soumis à la peine que son premier péché avait méritée [1].

9° La secte des *Thamamiens*, ou sectateurs de *Thamáma Ebn Bashar*, un des chefs des *Mótazalites*. Voici leurs opinions particulières : 1° que les pécheurs seraient damnés pour toujours ; 2° qu'il n'y avait aucun auteur des actions libres ; 3° qu'à la résurrection tous les infidèles, idolâtres, athées, tous les Juifs, Chrétiens, Mages et hérétiques, seraient réduits en poudre [2].

10° La secte des *Kadariens*, dont le nom est réellement plus ancien que celui des *Mótazalites*. *Mábad al Djohni*, et ses adhérents, en portaient le nom, et disputaient, sur la doctrine de la prédestination, avant que *Wásel* quittât son maître [3] : c'est à cause de cela que quelques-uns se servent du nom de *Kadariens*, comme étant plus étendu, et comprennent sous ce nom tous les *Mótazalites* [4]. Cette secte rejette la prédestination absolue, disant que le mal et l'injustice ne doivent point être attribués à Dieu, mais à l'homme, qui est un agent libre, et qui peut en conséquence être puni ou récompensé de ses actions, Dieu lui ayant donné le pouvoir d'agir ou de n'agir pas [5]. Et c'est de là que l'on dit que cette secte a eu le nom de *Kadariens*, parce qu'ils nient *al Kadr*, ou le *décret absolu* de Dieu ; quoique d'autres, croyant qu'une secte ne doit pas tirer son nom de la doctrine qu'elle combat, la font venir de *Kadr*, ou *Kodrat*, c'est-à-dire, le *pouvoir*, parce qu'ils assurent que l'*homme a la puissance* d'agir librement [6]. Ce sont les ennemis des *Mótazalites* qui leur donnent le nom de *Kadariens* ; car eux-mêmes ne veulent pas recevoir ce nom, et ils le donnent à leurs antagonistes, qui sont les *Djabariens*, qui, pareillement, le refusent comme une dénomination injurieuse [7], parce que l'on dit que Mahomet a déclaré que les *Kadariens* étaient les mages d'entre ses sectateurs [8]. Mais il est fort incertain quelle était l'opinion de ces *Kadariens* du temps de Mahomet. Les *Mótazalites* disent que ce nom appartient à tous ceux qui *soutiennent la prédestination*, et qui font Dieu auteur du bien et du mal ; mais toutes les autres sectes mahométanes s'accordent à le donner aux *Mótazalites*, parce que, suivant elles, ils ressemblent aux Mages, en établissant deux principes : la *lumière*, ou Dieu, qui est l'auteur du bien ; et les *ténèbres*, ou le démon, qui est l'auteur du mal. Cependant on ne peut pas dire cela absolument de cette secte : car (au moins la généralité d'entre eux) attribuent les bonnes actions de l'homme à Dieu, et les mauvaises, à lui-même ; voulant dire par là, que l'homme a la liberté et le pouvoir de faire le bien ou le mal, et qu'il est maître de ses actions ; et c'est par cette raison que les autres Mahométans les appellent Mages, parce qu'ils reconnaissent un autre auteur des actions que Dieu [10]. Et à la vérité il est fort difficile de dire quelle était l'opinion de Mahomet sur cet article : car d'un côté le *Korán* se déclare assez clairement pour la prédestination absolue, et l'on rapporte plusieurs discours de Mahomet sur ce sujet [11], et en particulier celui dans lequel il introduit Adam et Moïse disputant en présence de Dieu de cette manière :

« Tu es Adam, dit Moïse, celui que Dieu a créé et a animé « du souffle de la vie, qu'il a fait adorer par les anges, et « qu'il a placé dans le paradis, d'où tout le genre humain « a été chassé par ta faute. » A quoi Adam répond : « Tu « es Moïse, celui que Dieu choisit pour être son apôtre, « à qui il a confié sa parole en te donnant les tables de la « loi, qu'il a daigné admettre à converser avec lui ; com« bien d'années trouves-tu que la loi a été écrite avant ma « création ?—Quarante années, dit Moïse.—Et n'y trouves« tu pas ces mots, réplique Adam : *Et Adam se révolta* « *contre son Seigneur, et commit une transgression.* » Et Moïse en étant convenu, « Peux-tu donc me blâmer, « continue Adam, d'avoir fait ce que Dieu avait écrit que je « ferais quarante années avant que je fusse créé, ce qui « même avait été décrété cinquante mille ans avant la créa« tion du ciel et de la terre ? » Et à la fin de la dispute, Mahomet déclare qu'Adam eut l'avantage sur Moïse [1]. D'un autre côté, l'on presse, en faveur des *Mótazalites*, cette déclaration de Mahomet, que les *Kadariens* et les *Morgiens* avaient été maudits par les bouches de soixante et dix prophètes ; et étant interrogé qui étaient les *Kadariens*, il répondit : « Ce sont ceux qui soutiennent une action honteuse « prédestinés à être coupables de rébellion, et que néanmoins « il les punira pour ce crime. » On dit aussi que *al Hasan* a déclaré que Dieu avait envoyé Mahomet aux Arabes tandis qu'ils étaient *Kadariens* ou *Djabáriens*, et qu'ils chargeaient Dieu de leurs péchés : et pour confirmer la chose, on allègue cette sentence du VIIe chapitre du *Korán* : « Quand ils commettent une action honteuse, ils di« sent, *Nous trouvons que nos pères en faisaient de* « *même, et Dieu nous a commandé d'agir ainsi :* dis« leur, *Certainement Dieu n'a commandé aucune ac« tion honteuse* [2]. »

11° La secte des *Sefátiens* soutenait l'opinion contraire à celle des *Mótazalites* touchant les *attributs éternels* de Dieu, dont ils affirmaient l'existence ; ne mettant point de différence entre les attributs *essentiels* et les attributs d'*opération* ; ce qui leur a fait donner le nom de *Sefátiens*, ou *Attributistes*. Leur doctrine était celle des premiers Mahométans, qui ne connaissaient point encore ces distinctions subtiles : mais cette secte introduisit dans la suite une autre espèce d'attributs qu'elle nomma *déclaratifs* ; ce sont ceux dont on est obligé de se servir dans la narration historique, comme d'avoir des *mains*, des *yeux*, une *face*, etc. ; attributs qu'ils ne prétendent point expliquer ; mais ils se contentent de dire qu'ils se trouvent dans la loi, et qu'ils leur donnent le nom d'*attributs déclaratifs* [3]. Quoi qu'il en soit, ayant donné dans la suite diverses interprétations et explications de ces attributs, ils se sont trouvés divisés en différentes opinions. Quelques-uns, prenant ces termes à la lettre, ont imaginé qu'il y avait quelque *ressemblance* ou quelque *rapport* entre Dieu et les êtres créés ; opinion à laquelle on dit qu'ils ont été conduits par les Juifs *Karaïtes*, qui sont pour l'interprétation littérale de la loi de Moïse [4]. D'autres ont expliqué ces attributs d'une autre manière, disant qu'aucune créature n'est semblable à Dieu, mais qu'ils n'avaient jamais entendu ni pensé qu'il fût nécessaire de donner la signification précise des termes qui paraissent dire la même chose du Créateur et de la créature, et que pour avoir une vraie foi, il suffit de croire que Dieu n'a point d'égal ou de semblable.

Malek Ebn Ans était de cette opinion. Il déclara en particulier, par rapport à cette expression, *Dieu assis sur son trône*, que, quoiqu'on *entende* assez ce que cela dési-

---

[1] MARACC., *ubi sup.*
[2] ID., *ibid.*
[3] AL SHAHRESTANI.
[4] AL FIRAUZAB., POC., pag. 23, 32, 214.
[5] AL SHAHREST., POC., *Spec.*, pag. 235 et 240, etc.
[6] POC., *ibid.*, pag. 238.
[7] AL MOTARREZ., POC. *Spec.*, AL SHAHREST. Voyez, pag. 230.
[8] ID., *ibid.*
[9] ID., *ibid.*
[10] ID., *ibid.*, pag. 233, etc.
[11] ID., *ibid.*, pag. 237.

---

[1] EBN AL ATHIR, AL BOKHARI, *apud* POC., pag. 236.
[2] AL MOTARREZI, *apud eundem*, pag. 237, 238.
[3] AL SHAHRESTI, *apud eundem*, pag. 223.
[4] POC., pag. 224.

gne, cependant la *manière* dont la chose est, n'est pas connue, et qu'il est nécessaire de le croire; mais que c'est une hérésie de faire quelque question là-dessus [1].

Les sectes des *Sefâtiens* sont les suivantes :

1° Les *Ashâriens* ou sectateurs d'*Abou Hasan al Ashdri*, qui fut d'abord *Môtazaliie*, et disciple d'*Abu Ali al Djobbâi*; mais ne pensant pas comme son maître sur cette opinion, que Dieu *est obligé* (comme l'affirment les *Môtazalites*) de faire toujours ce qui est le *mieux*, ou le plus *expédient*, il le quitta, et forma lui-même une nouvelle secte; ce qui donna lieu à ce dissentiment entre le disciple et le maître, ce fut l'examen de ce cas-ci : *Ashâri* supposait trois frères, dont le premier vivrait *conformément* aux lois de Dieu, le second serait *rebelle* à ses ordres, et le troisième mourrait *dans l'enfance*; et il demandait à *al Djobbâi* quel serait leur sort; il répondit que le premier serait *récompensé* en paradis, le second serait *puni* dans les enfers, et le troisième ne serait *ni puni ni récompensé*. Mais quoi! objectait *al Ashâri*, si le troisième dit : « O Seigneur, si tu m'avais accordé une plus « longue vie, afin que j'eusse pu entrer en paradis avec « mon frère le croyant, cela aurait été bien plus avantageux « pour moi? » A quoi *al Djobbâi* répliqua que Dieu répondrait : « J'ai connu que si tu avais vécu plus longtemps, « tu aurais été un méchant, et tu aurais été jeté dans « l'enfer. » Alors, dit *Ashâri*, le second dira : « O Seigneur, « pourquoi ne m'as-tu pas ôté du monde tandis que j'étais « encore enfant, afin que je n'eusse pas pu mériter d'être « puni pour mes péchés, et jeté en enfer ? » A quoi *Djobbâi* ne put répondre autre chose, que de dire, « que Dieu « lui avait prolongé la vie pour lui fournir l'occasion d'ac-« quérir le plus haut degré de perfection; ce qui était le « mieux pour lui. » Mais *Ashâri* ayant demandé encore, « pourquoi il n'avait pas prolongé la vie à l'autre à qui « cela aurait été avantageux par la même raison, » *al Djobbâi* se sentit tellement pressé, qu'il lui demanda s'il était possédé du diable? « Non, dit *Ashdri*; mais l'âne « du Maître ne passera pas le pont, c'est-à-dire, que le « Maître a la bouche fermée [2]. »

Voici les opinions des *Ashâriens* :

1° Ils conviennent que les attributs de Dieu sont distincts de son essence, mais de manière qu'ils *défendent de faire aucune comparaison* entre Dieu et ses créatures [3]. C'était aussi l'opinion d'*Ahmed Ebn Hanbal* et de *David al Ispahani* et d'autres, qui suivirent en cela *Malek Ebn Ans*, et craignirent si fort d'établir la moindre conformité entre Dieu et les êtres créés, qu'ils déclarèrent que quiconque remue sa main en lisant ces mots, *J'ai créé de mes mains*, ou étend son doigt en répétant ces paroles de Mahomet, *Le cœur du croyant est entre deux doigts du miséricordieux*, doit avoir la *main* et le *doigt* coupés [4]; et les raisons qu'ils avaient pour ne point expliquer de telles expressions étaient, que cela est défendu dans le *Korân*, et que ces explications sont nécessairement fondées sur des *conjectures* et sur l'*opinion*, et que personne ne doit parler des attributs de Dieu sur de pareils fondements, parce que les paroles du *Korân* pourraient, par ce moyen, être prises dans un sens différent de celui de son auteur; bien plus, quelques-uns ont poussé le scrupule sur cet article, jusqu'à ne vouloir pas permettre que l'on rendît en persan, ou en quelqu'autre langue, les mots de *main, face*, et autres pareils, lorsqu'ils se rencontrent dans le *Korân*; mais ils exigent qu'on les lise dans les propres termes de l'original; et c'est ce qu'ils appellent la *voie sûre* [1].

2° Quant à la prédestination, ils soutiennent que Dieu a *une volonté éternelle*, qui s'applique à tout ce qu'il *veut*, soit par rapport à ses propres actions, soit par rapport à celles des hommes en tant qu'elles sont *créées* par lui, mais non pas en tant qu'elles sont *acquises* ou *gagnées* par eux [*]; qu'il *veut* également leur *bien* et leur *mal*, leur *profit* et leur *dommage*; et comme il *veut* et *connaît*, il *veut*, par rapport aux hommes, ce qu'il *connaît*, et qu'il a ordonné à la *plume* d'écrire ce qu'il a connu sur la table préservée, et que c'est là son *décret*, son *conseil éternel*, et son *dessein immuable* [2]. Ils sont allés jusqu'à dire, qu'il peut être convenable aux voies de Dieu de commander à l'homme des choses qu'il n'est pas capable de faire. Mais tandis qu'ils accordent *quelque pouvoir* à l'homme, ils semblent le restreindre à ne pouvoir *produire* rien de *nouveau*; seulement, disent-ils, Dieu règle tellement sa providence, qu'il *crée après* ou *sous* et *avec* chaque pouvoir *créé ou nouveau*, une *action* qui est prête, toutes les fois que l'homme *veut* cette action, ou est *disposé* à la faire; et cette action est appelée *Kasb*, c'est-à-dire, acquisition qui vient de Dieu quant à sa *création*, mais qui vient de *l'homme* quant à sa *production*, à son *emploi* et à sa *moralité* [4]. Et cette opinion étant généralement regardée comme orthodoxe, il ne sera pas hors de propos de la détailler ultérieurement, en empruntant les paroles de quelques autres auteurs. « Les actions électives des « hommes, dit l'un d'entre eux, tombent sous la puis-« sance de Dieu seul, et leur propre puissance n'est pas « efficace en cela; mais Dieu a fait qu'elles soient au pou-« voir et au *choix* de l'homme; et s'il n'y a point d'em-« pêchement, il fera aussi exister son *action*, soumise à « son *pouvoir*, et jointe à ce pouvoir et à ce *choix*. » Cette action, en tant que *créée*, doit être attribuée à Dieu; mais en tant que *produite*, *employée* ou *acquise*, elle doit être attribuée à *l'homme*. Ainsi, ce que l'on entend par l'*acquisition* d'une action, c'est la *liaison* et la *connexion* que l'homme fait de *cette action avec son pouvoir et sa volonté*, ne lui attribuant cependant pas pour cela aucune *impression* ou *influence* sur l'existence de cette action, excepté seulement en ce qu'elle est soumise à son pouvoir [5]. Cependant d'autres, qui sont aussi dans les idées d'*al Ashâri*, et qui sont réputés orthodoxes, expliquent cette matière différemment : ils accordent l'*impression* ou l'*influence* du pouvoir créé de l'homme sur son action, et que ce *pouvoir* est ce qui est appelé *acquisition* [6]; mais ceci deviendra plus clair, si nous écoutons un troisième auteur, qui récapitule les différentes opinions ou explications de l'opinion de sa secte de la manière suivante: Abu'l Hasan *al Ashâri* affirme que toutes les actions des hommes sont soumises au pouvoir de l'homme, étant créées par lui, et que le pouvoir de l'homme n'a aucune influence sur ce qui lui a été accordé de faire; mais que, tant le pouvoir que ce qui en est le sujet, sont sous le pouvoir de Dieu. *Al Kadi Abou Bekr* dit que l'*essence* ou la *substance* de l'action est l'effet du pouvoir de Dieu;

---

[1] Pocock, *Spec.*, pag. 224.
[2] Al Mawakef et al Safedi, *apud* Poc., *ubi sup.*, pag. 230, etc. Ebn Khalek., *in vita* Djobbai.
[3] El Shahrest., dans l'*Essai de* Poc. pag. 230 Id., *apud eund.*, pag. 226.

[1] Voyez Poc., *Spec.*, pag. 228.
[*] Quand les docteurs arabes disent que les actions sont acquises par les hommes, ils veulent dire que le bien ou le mal de cette action est imputé aux hommes, et qu'ils en recevront la récompense ou la peine. Ainsi, dans le sentiment dont il s'agit ici, on veut dire que l'action est produite par le Créateur, mais que la moralité de l'action se rapporte à l'homme, de qui l'action paraît procéder.
[2] Al Shahrest., *apud eund.*, pag. 245.
[3] Id., *ibid.*, pag. 246.
[4] Id., *ibid.*
[5] Id., Al Mawakef, dans Poc., pag. 247.
[6] Al Shahrest., *apud eundem*, pag. 248.

mais que cette action soit une action d'*obéissance*, comme une prière, ou une action de *désobéissance*, comme une fornication, ce sont des *qualités* de l'action qui procède du pouvoir de l'homme. *Abd' al Malek*, connu sous le nom d'*Imân al Haramein*, *Abu'l Hosein* de *Basra*, et d'autres savants, soutiennent que les actions des hommes sont l'effet du pouvoir que Dieu a créé dans l'homme, et que Dieu faisait qu'il existait dans l'homme, tant le *pouvoir* que la *volonté*, et que ce pouvoir et cette volonté produisent nécessairement ce que l'homme a la puissance de faire. Et *Abu Ishâh al Isfarâyeni* enseigne que ce qui fait *impression*, ou a *influence* sur une action, est un composé du pouvoir de Dieu et du pouvoir de l'homme [1]. Le même auteur observe que leurs ancêtres voyant une différence manifeste entre ces choses, qui sont les effets de l'*élection* ou du choix de l'homme, et celles qui sont des effets *nécessaires* des agents inanimés destitués de connaissance et de choix; et étant en même temps pressés par les arguments qui prouvent que Dieu est le *créateur de toutes choses*, et par conséquent de ces choses qui sont faites par les hommes, avaient pris un milieu, assurant que les actions procèdent du *pouvoir* de Dieu, et que leur *acquisition* ou leur moralité est de l'homme. La manière dont Dieu en agit avec ses serviteurs étant que lorsque l'homme se proposait l'obéissance, Dieu créait en lui une action d'obéissance; et s'il se proposait un acte de la désobéissance, il créait aussi en lui cette action de désobéissance : de sorte que l'homme *paraissait* être celui qui produit effectivement l'action, quoique réellement il ne la produisait point [2]. Mais ceci, continue le même écrivain, a encore ses difficultés, parce que l'*intention* même de l'âme est l'*ouvrage* de Dieu; en sorte qu'aucun homme n'a aucune part dans la production de ses propres actions. C'est par cette raison que les anciens désapprouvaient une recherche trop délicate sur ce point, la fin de la dispute sur ce sujet, étant, pour l'ordinaire, ou l'anéantissement de tous les préceptes, soit positifs, soit négatifs, ou l'association d'un *compagnon* à Dieu, en introduisant quelque agent indépendant autre que lui. C'est pourquoi ceux qui voulaient parler plus exactement se servent de cette expression, *Qu'il n'y a point d'impulsion ni de libre arbitre, mais quelque chose entre ces deux voies;* le pouvoir et la volonté de l'homme étant l'un et l'autre créés par Dieu, quoique le *mérite* ou la *coulpe* soient imputés à l'homme; après tout, cependant, on juge que le parti le plus sûr est de suivre les traces des anciens Musulmans, et en évitant des disputes trop subtiles et des recherches trop curieuses, de laisser entièrement à Dieu la connaissance de cette matière *.

[1] SHARE AL TAWALTA, *apud* POCOCK, pag. 248.
[2] ID., *ibid.*, pag. 249, 250.

* J'espère que le lecteur ne sera pas fâché si, pour éclaircir ce qui vient d'être dit sur ce sujet (dans les mêmes expressions de l'original mahométan), je copie un ou deux passages d'une addition jointe à l'épître que j'ai citée plus haut, § 4, dans laquelle la question du franc arbitre est traitée *ex professo*. L'auteur maure, après avoir parlé des deux opinions opposées, de celle des *Kadariens*, qui établissent le franc arbitre, et de celle des *Djabâriens*, qui font de l'homme un agent nécessaire, la première de ces opinions, dit l'auteur, semble approcher de plus près de celle du plus grand nombre des Chrétiens et des Juifs. Il déclare que le sentiment vrai est celui des *Sonnites*, qui soutiennent que l'homme a la volonté et le pouvoir de choisir le *bien* et le *mal*, et qu'il peut savoir de plus qu'il sera récompensé s'il fait bien, et qu'il sera puni s'il fait mal; mais qu'il dépend cependant du pouvoir de Dieu, et qu'il ne peut vouloir qu'autant que Dieu veut, et non autrement. Après quoi il passe à réfuter en peu de mots les deux opinions extrêmes; et premièrement il prouve que celle des *Kadariens*, quoique d'accord avec la justice de Dieu, ne peut s'accorder avec sa sagesse et sa puissance. « Sapientia

3° Quant au péché mortel, les *Aschâriens* enseignent que si un croyant coupable d'un tel péché meurt sans repentance, il doit être laissé au jugement de Dieu, savoir s'il lui pardonnera par sa miséricorde, ou si le Prophète intercédera pour lui, suivant cette parole qu'on lui attribue : « J'intercéderai pour ceux d'entre mon peuple qui « seront coupables de grands crimes; » ou s'il le punira en proportion de sa faute, etc., qu'il le recevra après cela en paradis par sa grâce; mais que l'on ne doit pas supposer qu'il demeure pour toujours en enfer avec les infidèles, puisqu'il a été déclaré que quiconque aura de la foi dans le cœur, seulement autant que pèse une fourmi, sera

« enim Dei, *dit-il*, comprehendit quidquid fuit et futurum
« est ab æternitate in finem usque mundi, et postea. Et ita
« novit ab æterno omnia opera creaturarum, sive bona sive
« mala, quæ fuerint creata, cum potentia Dei, et ejus libera
« et determinata voluntate, sicut ipsi visum fuit. Denique
« novit eum qui futurus erat malus, et tamen creavit eum,
« et similiter bonum, quem etiam creavit : neque negari po-
« test quin, si ipsi libuisset, potuisset omnes creare bonos,
« placuit autem Deo creare bonos et malos, cum Deo sit soli
« absoluta et libera voluntas et perfecta electio, et non ho-
« mini. Ita enim Salomon in suis proverbiis dixit, vitam et
« mortem, bonum et malum, divitias et paupertatem, esse
« et venire a Deo. Christiani autem dicunt S. Paulum dixisse
« in suis epistolis : Dicet etiam lutum figulo, quare facit unum
« vas ad honorem, et aliud vas ad contumeliam. Cum igitur
« miser homo fuerit creatus a voluntate et Dei potentia, nihil
« aliud potest tribui ipsi quam ipse sensus cognoscendi, et
« sentiendi an bene vel male faciat. Quæ unica causa (Id est,
« sensus cognoscendi) erit ejus gloriæ vel pœnæ causa : per
« talem enim sensum novit quid boni vel mali adversus Dei
« præcepta fecerit. » D'un autre côté, il rejette l'opinion des *Djabâriens*, comme contraire au sentiment intérieur que l'homme a de sa liberté, comme incompatible avec la justice de Dieu, et comme ne pouvant subsister avec ce dogme, que Dieu a donné aux hommes des lois, à l'observation ou à la transgression desquelles il a attaché des récompenses et des punitions. Après quoi il continue à expliquer la troisième opinion dans ces termes : « Tertia opinio Zunis (i. e. Sonni-
« tarum) quæ vera est affirmat homini potestatem esse, sed
« limitatam a sua causa, id est, dependentem a Dei potentia
« et voluntate, et propter illam cognitionem quæ deliberat
« bene vel male facere, esse dignam pœna vel præmio. Ma-
« nifestum est in æternitate non fuisse aliam potentiam præ-
« ter Dei omnipotentis, e cujus potentia pendebant omnia
« possibilia, id est, quæ poterant esse, cum ab ipso fuerint
« creata. Sapientia vero Dei novit etiam quæ non sunt futura
« et potentiæ ejus, et si non creaverit ea, potuit tamen; si
« ita Deo placuisset. Ita novit sapientia Dei quæ erant impos-
« sibilia, id est, quæ non poterant esse; quæ tamen nullo
« pacto pendent ab ejus potentia; ab ejus enim potentia nulla
« pendent nisi possibilia. Dicimus enim a Dei potentia non
« pendere creare Deum alium ipsi similem, nec creare ali-
« quid quod moveatur et quiescat simul eodem tempore, cum
« hæc sint ex impossibilibus : comprehendit tamen sua sa-
« pientia tale aliquid non pendere ab ejus potentia. A potentia
« igitur Dei pendet solum quod potest esse et possibile est
« esse; quæ semper parata est dare esse possibilibus : et si
« hoc penitus cognoscamus, cognoscemus pariter omne quod
« est, seu futurum est, sive sint opera nostra, sive quidvis
« aliud, pendere a sola potentia Dei. Et hoc non privatim
« intelligitur, sed in genere de omni eo quod est et movetur,
« sive in cœlis, sive in terra; et nec aliqua potentia potest
« impedire Dei potentiam, cum nulla potentia absoluta sit,
« præter Dei potentiam; potentia vero nostra non est a se,
« nisi a Dei potentia; et cum potentia nostra dicitur esse a
« sua causa, ideo dicimus potentiam nostram esse stramini
« comparatam cum potentia Dei : eo enim modo quo stramen
« movetur a motu maris, ita nostra potentia et voluntas a
« potentia Dei. Itaque Dei potentia semper est parata etiam
« ad occidendum aliquem; ut si quis hominem occidat, non
« dicimus potentia hominis id factum, sed æterna Dei po-
« tentia : error enim est id tribuere potentiæ hominis. Potentia
« enim Dei, cum semper sit parata, et ante ipsum hominem,
« ad occidendum; si sola hominis potentia id factum esse

délivré du feu de l'enfer [1]; et cette doctrine est généralement reçue pour orthodoxe sur cet article, et est diamétralement opposée à celle des *Môtazalites*.

Ceux-ci sont les sectes les plus raisonnables d'entre les *Sefâtiens*; mais ceux d'entre eux qui sont ignorants, ne sachant comment expliquer autrement les expressions du *Korân* touchant les attributs déclaratifs, tombent dans les opinions les plus grossières et les plus absurdes, faisant Dieu *corporel* et *semblable aux êtres créés* [2]. Tels sont,

En second lieu, les *Moshabbehites*, ou *Assimilateurs*, qui supposent une *ressemblance* entre Dieu et ses créatures [3], supposant que Dieu est composé de membres ou de parties, soit spirituelles, soit corporelles, capables de mouvement local, comme de monter, de descendre, etc [4]. Quelques-uns de cette secte penchaient vers l'opinion des *Holûliens*, qui croyaient que sa nature divine pouvait être unie avec sa nature humaine dans une même personne; car ils convenaient que Dieu pourrait paraître sous une forme humaine, comme a paru l'ange Gabriël; et pour confirmer leur opinion, ils allèguent les paroles de Mahomet, qui vit *son Seigneur sous une très-belle forme*, et l'exemple de Moïse, parlant avec Dieu *face à face* [5].

3° Les *Kerâmiens*, ou sectateurs de *Mahomet Ebn Kerâm*, appelés aussi *Modjassémiens* ou *Corporalistes*, qui non-seulement admettent une *ressemblance* entre Dieu et les êtres créés, mais disent que Dieu est *corporel*. Les plus sensés d'entre eux veulent, à la vérité, que l'on entende, lorsqu'ils appliquent le terme de *corps* en parlant de Dieu, qu'il ne s'agit que de faire connaître que c'est un être *subsistant par lui-même*, ce qui, suivant eux, est la définition du *corps* : mais cependant quelques-uns d'entre eux soutiennent qu'il est *fini et limité*, ou de tous les côtés, ou d'un côté seulement, comme, par exemple, *par-dessous*, selon la diversité des opinions [7]. D'autres conviennent qu'il peut être touché des mains et vu des yeux. Et même un certain *David al Djawâri* est allé jusqu'à dire que la Divinité était un corps composé de chair et de sang, et qu'il avait des membres, comme des mains, des pieds, une tête, une langue, des yeux et des oreilles; mais que néanmoins c'était un corps différent de tous les autres corps, et même qu'il n'était semblable à aucun être créé : on dit même qu'il avait affirmé qu'il était creux depuis le sommet de la tête jusqu'à la poitrine, et solide depuis la poitrine jusqu'aux pieds, et qu'il avait

des cheveux noirs et frisés [1]. Toutes ces notions blasphématoires et monstrueuses sont une suite de l'acception *littérale* de ces passages du *Korân*, qui attribuent à Dieu figurément des actions corporelles, et de ces paroles de Mahomet, que Dieu créa l'homme *à sa propre image*, et que lui-même avait *senti que les doigts* de Dieu étaient *froids* lorsqu'il toucha son dos. On accuse encore cette secte d'adopter comme venant de leur Prophète un grand nombre de traditions fausses et inventées pour appuyer leur opinion, qu'ils tiennent des Juifs pour la plus grande partie, ces derniers étant accusés d'être portés naturellement à mettre de la ressemblance entre Dieu et les hommes, puisqu'ils le représentent comme pleurant pour le déluge de Noé, jusqu'au point que ses yeux en furent rougis [2]. Et en effet, quoique nous convenions que les Juifs peuvent en avoir imposé à Mahomet et à ses sectateurs à plusieurs égards, et qu'ils leur donnent comme des vérités solennelles des choses qu'eux-mêmes ne croient pas ou qu'ils ont inventées, on trouve cependant dans leurs écrits plusieurs expressions de cette espèce, comme lorsqu'ils introduisent Dieu rugissant comme un lion à chaque veille de la nuit, et criant : « Hélas! j'ai laissé ravager ma maison, j'ai souffert que mon temple fût réduit en cendres, et j'ai envoyé mes enfants en exil parmi les païens [3]. »

4° Les *Djabâriens*, qui sont les antagonistes directs des *Kadariens*, niant le libre arbitre de l'homme, et attribuant entièrement à Dieu ses actions [4]. Ils tirent leur nom d'*al Djabr*, qui signifie *nécessité* ou *conclusion*, parce qu'ils soutiennent que l'homme est *nécessairement* et *inévitablement contraint* d'agir, comme il fait, par la force du décret éternel et immuable de Dieu [5]. Cette secte est distinguée en plusieurs espèces. Quelques-uns, étant plus rigides et extrêmes dans leur opinion, sont appelés à cause de cela *purs Djabâriens*; et d'autres, plus modérés, sont nommés par cette raison *Djabâriens modérés*. Les premiers nient que l'on puisse dire que l'homme *agisse* ou possède un *pouvoir* quelconque, soit *opératif*, soit *acquérant*, assurant que l'homme ne peut rien faire, que toutes ses actions sont produites par *nécessité*, n'ayant ni *pouvoir*, ni *volonté*, ni *choix*, non plus qu'un agent inanimé; ils déclarent encore que les *récompenses* et les *punitions* sont aussi l'effet de la *nécessité*; et ils disent la même chose de l'établissement des lois. C'était la doctrine des *Djahmiens*, sectateurs de *Djahm Ebn Saffwân*, qui soutenaient aussi que l'enfer et le paradis seraient détruits et anéantis aussitôt que ceux qui y étaient destinés y seraient entrés, en sorte qu'à la fin il ne resterait aucun être existant que Dieu seul [6], supposant que ces paroles du *Korân*, où il est dit que les habitants du paradis et de l'enfer *y seront pour toujours*, sont hyperboliques, et ne désignent pas une durée éternelle en réalité, mais y sont mises seulement pour donner la force [7]. Les *Djabâriens modérés* attribuent quelque *pouvoir* à l'homme, mais tel qu'il n'a *aucune influence* sur l'action; car pour ceux qui accordent que le pouvoir de l'homme a une certaine *influence* sur l'action, laquelle influence est nommée *acquisition*, quelques-uns ne veulent pas les reconnaître pour *Djabâriens* [8], quoique d'autres les rangent aussi dans la classe des *Djabâriens* qui *tiennent le milieu*,

---

« diceremus, et moreretur, potentia sane Dei (quæ antea « erat) jam ibi esset frustra; quia post mortem non potest « potentia Dei eum iterum occidere; ex quo sequeretur po« tentiam Dei a potentia hominis impediri, et potentiam ho« minis anteire et antecellere potentiam Dei; quod est absur« dum et impossibile. Igitur Deus est qui operatur æterna « sua potentia, si vero homini injiciatur culpa, sive in ho« micidio, sive in aliis, hoc est quantum ad legem. Homini « tribuitur solum opus externe, et ejus electio, quæ est a « voluntate ejus et potentia, non vero interne. Hoc est punc« tum indivisibile et secretum, quod a paucissimis capitur, « ut sapientissimus Dominus Abo Hamet Elgaceli (i. e. *Abu « Hamed al Ghazâli*) affirmat, (cujus spiritui Deus concedat « gloriam, Amen!) sequentibus verbis : ita abditum et pro« fundum et abstrusum est intelligere punctum illud liberi « arbitrii, ut nulla characteres ad scribendum, neque ullæ « rationes ad exprimendum sufficiant, et omnes quotquot de « hac re locuti sunt, hæserunt confusi in ripa tanti et tam spa« ciosi maris. »

[1] AL SHAHREST., apud POC., *Spec.*, pag. 258.
[2] Voyez POC., *ibid.*, pag. 255; et ABULFAR., pag. 167, etc.
[3] AL MAWAKEF, *apud* POC., *ubi supra*.
[4] AL SHAHREST., *apud eund.*, *ibid.*, pag. 226.
[5] MARACC., *Prod.*, part. CXI, pag. 76.
[6] AL SHAHREST., *ubi supra*.
[7] ID., *ibid.*, pag. 225.

[1] AL SHAHREST., pag. 226 et 227.
[2] ID., pag. 227 et 228.
[3] *Talm. Berachoth*, chap. 1. Voyez POC., *ubi sup.*, p. 228.
[4] ABULFARAG., pag. 168.
[5] AL SHAHREST., AL MAWAKEF et EBN AL KOSSA, *apud* POC., pag. 238, etc.
[6] AL SHAHREST., AL MOTAREZZI, et EBN AL KOSSA, *apud eundem*, pag. 239, 243, etc.
[7] ID., *ibid.*, pag. 260.
[8] AL SHAHREST. et AL MAWAKEF.

et les regardent comme disputant en faveur de l'opinion *moyenne* entre celle de la *nécessité absolue* et celle de la *liberté absolue*, laquelle opinion moyenne attribue à l'homme une *acquisition* ou une *concurrence* dans la production de l'action, par laquelle il *devient* digne de blâme ou de louange (sans admettre cependant qu'il ait aucune *influence* sur l'action); et de cette manière ils font des *Ashâriens* une branche de cette secte [1]. Ayant parlé du terme d'*acquisition*, il ne sera pas mal à propos de donner une idée plus claire de ce que les Mahométans entendent par là : c'est, disent-ils, *une action dirigée pour obtenir un avantage ou pour éviter un dommage*; et par cette raison ce mot ne peut s'appliquer à aucune action de Dieu, puisque aucune ne peut lui procurer aucun profit ni aucun dommage.

Les *Nadjdriens* et les *Derdriens* sont du nombre des *Djabâriens* modérés ou qui tiennent le milieu.

Les *Nadjdriens* sont les adhérents de *al Hâsan Ebn Mahomet al Nadjdr*, qui enseignait que Dieu *crée* les actions humaines bonnes et mauvaises, et que l'homme les *acquérait*; et aussi que le pouvoir de l'homme a une *influence* sur l'action ou une certaine *coopération*, qu'il appelle *acquisition*; et en cela il s'accorde avec *al Ashâri* [2].

Les *Derdriens* sont les disciples de *Derdr Ebn Amru*, qui soutenait aussi que les actions des hommes sont réellement *créées* par Dieu, et que l'homme les *acquérait* réellement [3].

Les *Djabâriens* disent aussi que Dieu est le maître absolu de ses créatures, et peut en agir avec elles selon son bon plaisir sans en rendre compte à personne; et que quand il recevrait tous les hommes sans distinction en paradis, ce ne serait point une partialité; et quand il les précipiterait tous en enfer, il ne commettrait aucune injustice [4]; ils s'accordent particulièrement en cela avec les *Ashâriens*, qui soutiennent la même chose [5], disant que la *récompense* est une *faveur* de Dieu, et la *punition*, un trait de *justice*; l'obéissance n'étant regardée par eux que comme un *signe* de la récompense à venir, et la transgression, comme un *signe* de la punition future [6].

5° Les *Morgiens*, qui dérivent, à ce que l'on dit, des *Djabâriens* [7]; ils enseignent que le jugement de tout vrai croyant qui a été coupable d'un grand péché sera renvoyé jusqu'à la résurrection; c'est pour cela qu'ils ne jugent point dans ce monde, et ne prononcent sur lui

aucune sentence, soit d'absolution, soit de condamnation. Ils soutiennent aussi que la *désobéissance* ne court point risque d'être punie si on a la *foi*, et, d'un autre coté, que l'*obéissance* avec l'*infidélité* ne sert de rien [1]. Les savants varient beaucoup sur la raison qui leur a fait donner le nom de *Morgiens*, à cause des différentes significations de la racine de ce terme, chacune d'elles pouvant avoir quelque rapport aux différentes opinions de cette secte. Quelques-uns croient qu'ils sont ainsi appelés, parce qu'ils *préfèrent* l'intention aux œuvres, c'est-à-dire, qu'ils regardent les œuvres comme inférieures à l'intention et à la profession de foi [2]; d'autres, parce qu'ils *donnent de l'espérance*, en assurant que la désobéissance ne sera pas punie, si on a la foi, etc.; d'autres disent que leur dénomination vient de ce qu'ils *renvoient* la sentence des grands pécheurs jusqu'au temps de la résurrection [3]; d'autres, de ce qu'ils *dégradent* Ali, et le font descendre du premier degré au quatrième [4]; car les *Morgiens* s'accordent avec les *Khâredjites* sur quelques articles qui ont rapport à l'office d'*Imâm*.

Cette secte est divisée en quatre espèces, trois desquelles, quoiqu'elles s'accordent dans les dogmes particuliers avec les *Kadariens* ou les *Djabâriens*, sont regardés comme les *Morgiens* de ces sectes; et la quatrième secte est celle des *purs Morgiens*; et ces derniers sont encore subdivisés en cinq autres branches [5]. On ne doit pas omettre ici les opinions de *Mokâtel* et *Bashar*, tous deux de la secte des *Morgiens*, appelés *Thaubaniens* : le premier soutenait que la désobéissance ne nuit point à celui qui fait profession de l'unité d'un Dieu, et qui a la foi. Il enseignait aussi que Dieu pardonnerait sûrement tous les crimes, excepté l'infidélité, et qu'un croyant désobéissant serait puni au jour de la résurrection sur le pont [6] qui passe sur le milieu de l'enfer, où les flammes du feu de l'enfer viendraient le saisir et le tourmenteraient à proportion de sa désobéissance, et qu'il serait ensuite admis en paradis [7].

Le dernier soutenait que si Dieu précipitait en enfer les croyants qui seraient coupables de grands péchés, il les en retirerait cependant après qu'ils auraient été suffisamment punis; mais qu'il n'était ni possible ni compatible avec sa justice qu'ils demeurassent dans l'enfer pour toujours : c'était, comme on l'a remarqué, l'opinion de *al Ashâri*.

III. Les *Khâredjites* sont ceux qui se *révoltent contre* le prince légitime et établi par le consentement du peuple; et c'est de là que vient leur nom, qui signifie *révoltés* ou *rebelles* [8]. Les premiers qui portèrent ce nom, furent douze mille hommes qui se séparèrent d'*Ali* après avoir combattu sous ses ordres à *Seffein*, étant choqués de ce qu'il avait soumis à un arbitrage la décision de ses droits au khalifat, que *Modwiah* lui disputait, quoiqu'il l'eût d'abord obligé à s'y soumettre [9]. Ils sont aussi appelés *Mahakkemites* ou *judiciaires*, parce que la raison qu'ils donnaient de leur révolte était qu'*Ali* avait remis un point concernant la religion de Dieu au *jugement* des hommes, au lieu que le *jugement*, en pareil cas, appartient uniquement à Dieu [10]. L'hérésie des *Khâredjites* consistait en deux points principaux : 1° Ils soutenaient qu'un homme peut parvenir à la dignité d'*Imam* ou de prince, sans être de la tribu des *Koreish*, et

---

[1] EBN AL KOSSA, apud POCOCK, *ubi supra*, pag. 240.
[2] AL SHAHREST., apud eundem, pag. 245.
[3] ID., *ibid*.
[4] ABULFARAG., pag. 168, etc.
[5] AL SHAHREST., *ubi sup.*, pag. 252, etc.
[6] SHARH AL DJAWALEA, *ibid*. Pour le même effet, dit l'auteur maure cité ci-dessus, dont je traduirai le passage suivant, par où il finit son discours sur le franc arbitre : « Intellectus fere lumine naturali novit Deum esse rectum Judicem Justum, qui non aliter afficit creaturam quam juste; etiam Deum esse Dominum absolutum, et hanc orbis machinam esse ejus et ab eo creatam; Deum nullis debere rationem reddere, cum quicquid agat, agat jure proprio sibi; et ita absolute poterit afficere præmio vel pœna quem vult, cum omnis creatura sit ejus, nec facit cuiquam injuriam, et si eam tormentis et pœnis æternis afficiat : plus enim boni et commodi accepit creatura, quando accepit esse a suo creatore, quam incommodi et damni quando ab eo damnata est ad affecta tormentis et pœnis. Hoc autem intelligitur si Deus id absolute faceret. Quando enim, Deus pietate et misericordia motus, eligit aliquos ut ipsi serviant, Dominus Deus gratia sua id facit ex infinita bonitate; et quando aliquos derelinquit, et pœnis et tormentis afficit, ex justitia et rectitudine. Et tandem dicimus omnes pœnas esse justas quæ a Deo veniunt et nostra tantum culpa, et omnia bona esse a pietate et misericordia ejus infinita. »
[7] AL SHAHREST., *ubi sup.*, pag. 256.

[1] ABULFARAGE, pag. 169.
[2] AL FIRAUZ.
[3] EBN AL ATHIR, AL MOTARREZI.
[4] AL SHAHREST., *ubi sup.*, pag. 254, etc.
[5] ID., *ibid*.
[6] Voyez ci-devant, sect. IV.
[7] AL SHAHREST., *ubi sup.*, pag. 257.
[8] ID., *ibid.*, pag. 269.
[9] OCKLEY, *Histoire des Sarrazins*, t. I, pag. 60, etc.
[10] AL SHAHREST., *ubi sup.*, pag. 270.

même sans être un homme libre, pourvu qu'il fût juste et pieux, et doué des qualités requises; et que l'Imâm, s'il se détourne de la vérité, peut être déposé et mis à mort, et qu'il n'y avait point de nécessité absolue qu'il y eût aucun Imâm au monde; 2° ils accusaient Ali d'avoir péché en remettant au jugement des hommes une affaire qui devait être déterminée par Dieu seul; et ils allèrent jusqu'à le déclarer coupable d'infidélité, et à le maudire à cette occasion [1]. La trente-huitième année de l'hégire, qui suivit celle de la révolte, tous les Khâredjites qui persistèrent dans leur rébellion, au nombre de quatre mille, furent mis en pièces par les ordres d'Ali, et, selon plusieurs historiens [2], sans qu'il en restât un seul; mais d'autres disent que neuf d'entre eux échappèrent, que deux se retirèrent à Omân, deux dans le Kermân, deux dans le Sedjestân, deux en Mésopotamie, et un à Tel Maworân; et qu'ils répandirent leur hérésie dans ces lieux-là, où elle subsiste encore aujourd'hui [3].

Les principales sectes des Khâredjites sont au nombre de six, sans compter celle des Mohakkemites, dont on a parlé plus haut. Elles diffèrent beaucoup sur plusieurs articles, mais s'accordent toutes en ceci, qu'elles rejettent absolument Othmân et Ali, qu'ils regardent comme plus méritoire que la plus grande obéissance, et ne permettent point de mariage sans cette condition; qu'elles mettent au rang des infidèles ceux qui sont coupables de grands péchés, et qu'elles regardent comme une nécessité de résister à l'Imâm lorsqu'il transgresse la loi. L'une de ces sectes mérite un article particulier, savoir celle des Waïdiens.

Les Waïdiens, ainsi appelés d'al Waïd, qui signifie les menaces que Dieu fait aux méchants, sont les antagonistes des Morgiens : ils soutiennent que celui qui est coupable d'un grand péché, doit être déclaré infidèle ou apostat, et sera puni dans l'enfer pendant toute l'éternité, quand même il serait un vrai croyant [4]. Leur opinion, comme on l'a remarqué, à occasionné la naissance de la secte des Môtazalites. Djaafar Ebn Mobashsher, de la secte des Nodhâmiens, était plus sévère encore que les Waïdiens, et prononçait que qui volerait même un seul grain de blé était un réprouvé et un apostat [5].

IV. Les Shiites ont des opinions opposées à celles des Khâredjites. Leur nom signifie proprement Sectateurs ou adhérents en général; mais on l'emploie particulièrement pour désigner les sectateurs d'Ali Ebn Abi Tâleb, qui soutint qu'il était le légitime khalife et Imâm, et que l'autorité suprême, tant dans le spirituel que dans le temporel, appartenait de droit à ses descendants, quoiqu'ils pussent en être privés par l'injustice des autres ou par leur propre timidité. Ils enseignent aussi que l'office d'Imâm n'est point un emploi ordinaire dépendant de la volonté du peuple, de sorte qu'il puisse le donner à qui bon lui semble : mais ils soutiennent que c'est une affaire capitale de religion, et un article que le Prophète ne saurait avoir négligé, ni laissé à la fantaisie du vulgaire [6]; même quelques-uns d'entre eux, que l'on nomme à cause de cela Imâmiens, sont allés jusqu'à assurer que la religion consiste uniquement à connaître le véritable Imâm [7]. Les principales sectes des Shiites sont au nombre de cinq, subdivisées en un nombre presque innombrable; de sorte que quelques-uns appliquent aux seuls Shiites la prophétie de Mahomet, touchant les soixante et dix sectes étrangères. Leurs opinions générales sont : 1° que la désignation particulière de l'Imâm, et les témoignages qui lui sont rendus par Mahomet et le Korân, sont des points essentiels; 2° que les Imâms doivent nécessairement se garder des péchés de peu de conséquence, aussi bien que des plus graves; 3° que chacun doit déclarer publiquement à qui il est attaché ou de qui il est séparé, soit par paroles, actions, ou engagement, et qu'il ne faut user en cela d'aucune dissimulation; mais quelques-uns de la secte des Zeideiens, qui prennent leur nom de Zein, fils d'Ali, surnommé Zein al Abedin, et l'arrière-petit-fils d'Ali, s'écartèrent des sentiments des Shiites sur ce dernier point [2].

Quant aux autres articles, sur lesquels ils ne s'accordent pas, quelques-uns d'entre eux ont des sentiments approchants de ceux des Môtazalites, d'autres de ceux des Moshabbehites, et d'autres de ceux des Sonnites [3]. Mahomet al Baker, autre fils de Zein al Abedin, semble pencher du côté de ces derniers; car son opinion, par rapport à la volonté de Dieu, était que cet Être voulait quelque chose en nous, et quelque chose de nous, et qu'il nous a révélé ce qu'il voulait de nous. C'est pour cela qu'il regardait comme une chose à contre-temps de réfléchir sur ce que Dieu veut en nous, et de négliger ce qu'il demande de nous; et par rapport au décret de Dieu, il prenait un milieu, et soutenait qu'il n'y avait ni compulsion, ni franc arbitre [3].

Le dogme des Khattâbiens, ou disciples d'un Abu'l Khattâb, est trop particulier pour le passer sous silence; ils soutiennent que le paradis n'est autre chose que les plaisirs de ce monde, et le feu de l'enfer, les peines qu'on y souffre, et que ce monde ne finira jamais. Après avoir posé cette proposition pour principe, il n'est pas surprenant qu'ils en soient venus à déclarer qu'il était permis de s'enivrer, de commettre la fornication, et de faire plusieurs autres choses défendues par la loi, et d'omettre ce qu'elle ordonnait [4].

Plusieurs des Shiites portèrent leur vénération pour Ali et ses descendants si loin, qu'ils passèrent toutes les bornes de la raison et de la convenance, quoique quelques-uns d'entre eux fussent moins extravagants sur ce sujet que d'autres. Les Gholaïtes, à qui on donne ce nom à cause de leur zèle outré pour leurs Imâms, en étaient si transportés qu'ils les élevaient au-dessus de l'ordre des êtres créés, et leur attribuaient des propriétés divines; en cela doublement transgresseurs, puisqu'ils déifiaient un mortel, et faisaient de Dieu un être corporel; car un jour ils comparaient un de leurs Imâms à cet Être, et un autre jour ils comparaient le Créateur à la créature [5]. Il y en a plusieurs différentes sectes, et elles portaient différents noms en différents pays. Abdallah Ebn Saba, Juif qui soutenait la même chose de Josué, fils de Nun, fut le chef de l'une de ces sectes. Cet homme, en saluant Ali, lui dit : Tu es Toi; c'est-à-dire, tu es Dieu; ce qui donna occasion au schisme des Gholaïtes en plusieurs sortes, quelques-uns soutenant la même chose d'Ali, ou du moins quelque chose d'approchant, et d'autres de quelqu'un de ses descendants, assurant qu'il n'était pas mort, mais qu'il reviendrait porté sur les nuées, et ferait régner la justice sur la terre [6]. Mais quelque opposition qui se trouve entre leurs sentiments à d'autres égards, ils sont tous unanimes sur la métempsycose et ce qu'ils appellent al Holul, ou la descente de Dieu sur ces créatures; voulant dire par là que Dieu est présent par tout, parle toutes les langues, et se manifeste dans quelque per-

---

[1] AL SHAHREST., apud POCOCK, Spec., pag. 270.
[2] ABULFEDA, AL DJANNABI, ELMACINUS, pag. 40.
[3] AL SHAHREST., OCKLEY, Hist. des Sarrazins, ubi sup., p. 63.
[4] ABULFARAGE, p. 169. AL SHAHR., apud POC., Spec., p. 256.
[5] POC., ibid., pag. 257.
[6] AL SHAHREST., apud eundem., p. 161. ABULFAR., p. 169.
[7] AL SHAHREST., ubi supra, pag. 262.

[1] AL SHAHR., D'HERB., pag. 262, Bibl. orient., art. Schiah.
[2] Voyez POC.
[3] AL SHAHREST. pag. 263.
[4] Id., apud POC., Spec., et EBN AL KOSSA, apud eundem, pag. 280, etc.
[5] ID., ibid.
[6] ID., ibid., pag. 264. MARACC., Prodr., part. III, pag. 80, etc.

sonne[1] particulière ; et de là quelques-uns d'entre eux affirment que leurs *Imâms* étaient des *prophètes*, et ensuite qu'ils étaient des *dieux*[2]. Les *Nosaïriens* et les *Ishakiens* enseignaient, que les substances spirituelles apparaissaient dans les corps grossiers, et que les anges et le diable apparaissaient de cette manière. Ils assuraient aussi que Dieu avait apparu sous la forme de certains hommes, et que n'y ayant eu après Mahomet aucune personne plus excellente qu'*Ali*, et qu'après lui ses fils ayant excellé sur tous les autres hommes, Dieu avait apparu sous leur forme, avait parlé avec leur langue, et fait usage de leurs mains. C'est pour cela, disaient-ils, que *nous leur attribuons la divinité*[3]. Et pour autoriser ces blasphèmes, ils racontent plusieurs choses miraculeuses d'*Ali*, comme, par exemple, d'avoir remué les portes de *Khaïbar*[4], miracles dont ils se servent comme autant de preuves qu'il était doué d'une portion de divinité et d'un pouvoir souverain, et que ce même *Ali* était celui sous la forme de qui Dieu avait apparu, par les mains de qui il avait tout créé, et par la bouche de qui il donnait ses ordres. C'est pourquoi, disent-ils, son existence était antérieure à celle du ciel et de la terre[5]. Ils appliquent avec beaucoup d'impiété à *Ali* ce que l'Écriture dit de Notre-Seigneur Jésus-Christ, mais en forçant les passages; cependant ces imaginations extravagantes des *Shiites*, de prétendre que leurs *Imâms* soient participants de la nature divine, et l'impiété de quelques-uns de ces *Imâms*, qui prétendent avoir réellement cette prérogative, ne sont pas bornées à cette secte ; la plupart des autres sectes mahométanes ont une teinte de cette folie, plusieurs d'entre eux, surtout entre les *Soufis*, prétendent avoir des relations étroites avec le ciel, et se vantent devant le peuple crédule d'avoir eu d'étranges révélations[6]. Il faut écouter ce que *al Ghazâli* rapporte là-dessus : « Les choses
« sont venues, dit-il, à un point que quelques-uns se van-
« tent d'être unis avec Dieu, de discourir familièrement
« avec lui sans l'interposition d'un voile, disant: Il nous a
« été dit ainsi, et nous avons ainsi parlé; affectant d'imiter
« *Hosein al Hallady*, qui fut mis à mort pour avoir pro-
« féré des discours de cette sorte, ayant dit, comme on
« l'a prouvé par des témoins dignes de foi : Je suis la vé-
« rité[7]; ou d'imiter *Abu Yazîd al Bastâmi*, dont on rap-
« porte qu'il disait souvent, *Sobhâni*, c'est-à-dire, louange
« soit à moi[8]. Mais cette manière de s'exprimer causa de
« grands abus et de grands préjudices parmi le commun du
« peuple; de sorte que les laboureurs, quittant la culture
« de leurs terres, ont prétendu avoir les mêmes priviléges;
« car la nature étant flattée par des discours de cette es-
« pèce, qui fournissent aux hommes un prétexte d'aban-
« donner leurs occupations, dans le but apparent de pu-
« rifier leurs âmes, et de parvenir à je ne sais quel degré de
« perfection : et rien ne peut empêcher les plus stupides de
« former de telles prétentions et de rechercher ces vaines
« expressions; car toutes les fois qu'on leur oppose que ce
« qu'ils disent n'est pas vrai, ils répliquent sans manquer,
« que notre incrédulité vient des sciences et de la logique,
« soutenant que la science est un voile, et que la logique
« n'est que l'ouvrage de l'esprit ; au lieu que ce qu'ils nous
« disent frappe l'intérieur, étant découvert par la lumière
« de la vérité; mais les étincelles de ces prétendues vérités,
« portées dans plusieurs pays, y ont occasionné de grands
« malheurs; en sorte qu'il serait plus avantageux pour la
« vraie religion de mettre à mort un de ceux qui soutien-
« nent de pareilles extravagances que de donner la vie à
« dix autres [1]. »

Nous avons parlé jusqu'ici des principales sectes des Mahométans dans les premiers âges de la religion, sans avoir rien dit des sectes plus modernes, parce que les écrivains de cette religion en parlent très-peu, ou point du tout, et que cet article n'est d'aucune utilité pour le dessein que nous avons à présent[2]. Il sera cependant assez à propos de dire un mot du schisme qui subsiste aujourd'hui entre les *Sonnites* et les *Shiites*, ou les partisans d'*Ali*, et qui est soutenu des deux côtés avec une haine implacable et un zèle furieux. Quoique ce schisme doive sa naissance aux démêlés purement politiques, les circonstances qui s'y sont jointes, et l'esprit de contradiction, l'ont porté si loin, que chaque parti déteste et anathématise l'autre, comme abominable, hérétique, et plus éloigné de la vérité que les Chrétiens et les Juifs[3].

Voici les principaux articles sur lesquels ils diffèrent :
1° Les *Shiites* rejettent les trois premiers khalifes *Abou Becr*, *Omar* et *Othmân*, comme des usurpateurs et des intrus; au lieu que les *Sonnites* les reconnaissent et les respectent comme de légitimes *Imâms*. 2° Les *Shiites* préfèrent *Ali* à Mahomet, ou au moins les regardent tous les deux comme égaux; au lieu que les *Sonnites* n'admettent ni *Ali* ni aucun des prophètes comme égal à Mahomet. 3° Les *Sonnites* accusent les *Shiites* d'avoir corrompu le *Korân*, et d'en négliger les préceptes. Les *Shiites* accusent les *Sonnites* de la même chose. 4° Les *Sonnites* reçoivent la *Sonna*, ou le livre des traditions de leur Prophète, comme ayant une autorité canonique, au lieu que les *Shiites* le rejettent comme apocryphe et indigne qu'on y ajoute foi.

C'est à ces disputes, et à quelques autres de moindre importance, qu'est principalement due l'antipathie qui règne depuis longtemps entre les Turcs qui sont *Sonnites*, et les Persans qui sont de la secte d'*Ali*. Il paraît surprenant que Spinosa, quand il n'aurait connu aucun autre schisme entre les Mahométans, n'ait jamais ouï parler d'un schisme aussi publiquement notoire que celui qui est entre les Turcs et les Persans ; car il paraît clairement qu'il ne l'a pas connu; autrement il n'aurait jamais apporté pour raison de la préférence qu'il donnait à l'ordre ecclésiastique des Mahométans sur celui des Catholiques, qu'il ne s'était élevé aucun schisme dans cette première religion depuis sa naissance[4].

Un projet qui réussit manque rarement d'en faire concevoir de semblables. Mahomet s'étant élevé à ce degré de réputation et de puissance en se donnant pour prophète, d'autres crurent pouvoir parvenir à la même grandeur par le même moyen. *Moseilama* et *al Aswâd*, que les Mahométans appellent ordinairement *les deux menteurs*, furent ses compétiteurs dans l'office de prophète.

Moseilama était de la tribu d'*Honeifa*, qui habitait dans la province de *Yamâma*, et en était un des principaux chefs Il fut à la tête d'une ambassade que sa tribu envoya à Mahomet, et il se fit Musulman, la 9ᵉ année de l'hégire[5] : mais de retour chez lui, considérant qu'il pourrait

---

[1] Al Shahrest., *apud* Poc., *Spec.* pag. 265.
[2] D'Herbelot, *Bibl. orient.*, art. *Hakem*, *Beamvillah*.
[3] Id., *ibid.* Abulfar., pag. 169.
[4] Prid., *Vie de Mahomet*, pag. 93.
[5] Al Shahrest., *ubi sup.*, pag. 266.
[6] Poc., *Spec.*, pag. 267.
[7] D'Herbelot, *Bibl. orient.*, art. *Hallage*.
[8] Id., *ibid.*, art. *Bastam*.

[1] Al Ghazali, *apud* Poc. *ubi sup.*
[2] On trouvera quelque détail sur ces sectes modernes dans Ricaut, *État de l'empire ottoman*, liv. II, chap. XII.
[3] Voyez Id., *ibid.*, chap. x; et Chardin, *Voyage de Perse*, t. XI, pag. 169, 170, etc.
[4] Voici les paroles de *Spinosa* : « Ordinem Romanæ Ecclesiæ... politicum et plurimis lucrosum esse fateor; nec ad « decipiendam plebem, et hominum animos coercendum « commodiorem isto crederem, ni ordo Ecclesiæ Mahumedanæ « esset, qui longe eundem antecellit. Nam a quo tempore « hæc superstitio incepit, nulla in eorum Ecclesia schismata « orta sunt. » *Opera Posthuma*, pag. 613.
[5] Abulfed., *Vie de Mahomet*, pag. 160.

avoir part à la puissance de Mahomet, il s'érigea, l'année suivante, en prophète, et prétendit être uni à Mahomet dans la mission de ramener le genre humain de l'idolâtrie au culte du vrai Dieu [1]. Il publia des révélations écrites à l'imitation du Korân, dont *Abu'lfarage* [2] nous a conservé le passage suivant, savoir : « Dieu a agi à pré-« sent avec miséricorde envers celle qui était enceinte, et « a tiré d'elle l'âme, qui courait entre le péritoine et les « boyaux. » *Moseilama* ayant formé un parti considérable parmi ceux de la tribu d'*Honeifa*, se crut déjà égal à Mahomet, et lui écrivit une lettre dans laquelle il lui proposait d'être de moitié; elle était conçue en ces termes : « *Moseilama*, apôtre de Dieu, à Mahomet, apôtre de Dieu, « que la moitié de la moitié de la terre soit à toi et l'autre « à moi. » Mais Mahomet, se croyant trop bien établi pour avoir besoin d'un associé, lui fit cette réponse : « Maho-« met, apôtre de Dieu, à *Moseilama* le menteur. La terre « appartient à Dieu; il la donne pour héritage à celui de « ses serviteurs qu'il trouve à propos, et l'heureux succès « accompagnera ceux qui le craignent [3]. » Durant le petit nombre de mois que Mahomet vécut encore après cette révolte, *Moseilama* gagna plutôt du terrain qu'il n'en perdit et devint très-redoutable ; mais *Abou Becr*, successeur de Mahomet, envoya une grande armée contre lui, la 11e année de l'hégire, sous le commandement de cet habile général *Khâled Ebn al Wâlid*, qui engagea *Moseilama* à une sanglante bataille, dans laquelle le faux prophète fut tué par *Wahsha*, ce même esclave nègre qui avait tué *Hamza* à Ohod et avec la même lance [4]. Les Musulmans remportèrent une victoire complète; dix mille des apostats demeurèrent sur le champ de bataille, et le reste se convertit au Mahométisme [5].

Al Aswâd, dont le nom est *Aihala*, était de la tribu d'*Ans*, et gouvernait cette tribu, de même que les autres qui descendaient de *Madhadj* [6]. Cet homme avait aussi abandonné le parti de Mahomet, et s'éleva l'année de la mort de ce prophète [7]. Il fut surnommé *Dhu'lhemâr*, ou *le Maître de l'âne*, parce qu'il disait ordinairement, *le Maître de l'âne est venu vers moi* [8], et prétendait avoir reçu ses révélations de deux anges nommés *Sohaïk* et *Shoraïk* [9]. Il avait la main habile, et une manière de s'exprimer douce et engageante. Il gagna l'esprit du peuple par ses tours d'adresse et son éloquence [10]; par ces moyens, il devint très-puissant; et s'étant rendu maître de *Najran* et du territoire de *al Tâyef* [11], à la mort de *Badhân*, gouverneur de *Yémen* pour Mahomet, il se saisit aussi de cette province après avoir tué *Shahr*, fils de *Badhân*, dont il épousa la veuve, de laquelle il avait fait aussi mourir le père, qui était oncle de *Firûz le Deilamite* [12]. Mahomet, ayant appris ces nouvelles, il les fit savoir à ses amis et à ceux d'*Hamadân*. Un parti de ces derniers ayant conspiré avec *Kais Ebn Abd'al Yaghûth*, qui avait une rancune contre *al Aswâd*, et avec *Firûz*, et avec la femme de *al Aswâd*, força de nuit sa maison, où *Firûz* le surprit, et lui coupa la tête. Pendant cette exécution, le malheureux *al Aswâd* mugissait comme un taureau; à ses cris, ses gardes vinrent à la porte de sa chambre; mais sa femme les congédia, en leur disant qu'il était seulement agité par une inspiration divine. Cela arriva la nuit même qui précéda la mort de Mahomet. Le lendemain matin, les conspirateurs firent cette proclamation : *Je rends témoignage que Mahomet est l'apôtre de Dieu, et qu'Aihala est un menteur*. On écrivit tout de suite à Mahomet, et on lui rendit compte de ce qui venait d'être fait; mais un messager céleste prévint les porteurs, et apprit ces nouvelles au Prophète, qui en fit part à ses compagnons un moment avant que de mourir. Les lettres n'étant arrivées qu'après qu'*Abou Bekr* eut été élu khalife, on dit que Mahomet dit à cette occasion à ceux qui le servaient, qu'avant le jour du jugement il s'élèverait encore trente imposteurs, non compris *Moseilama* et *al Aswâd*, et que chacun d'eux se donnerait pour prophète. Tout le temps écoulé, depuis le commencement de la rébellion d'*al Aswad* jusqu'à sa mort, fut d'environ quatre mois [1].

La même année, savoir la 11e de l'hégire, mais probablement après la mort de Mahomet, *Toleiha Ebn Khowailed* s'érigea aussi en prophète, et *Sedjâdj Bint al Monda*, en prophétesse [2].

Toleiha était de la tribu d'*Asad*, laquelle s'attacha à lui, de même qu'un grand nombre de ceux qui composent les tribus de *Ghatfân* et de *Tay*. *Khâled* fut envoyé contre eux; il les attira au combat, et les mit en fuite; il obligea *Toleiha* de se retirer en Syrie avec ses troupes maltraitées : il y demeura jusqu'à la mort d'*Abou Bekr*; après quoi il vint à *Omar*, et embrassa le Mahométisme en sa présence; et après lui avoir prêté le serment de fidélité, il retourna dans son pays [3].

Sedjâdj, surnommée *Omm Sader*, était de la tribu de *Tamim*, et femme d'*Abou Kahdala*, devin du *Yamâma*. Elle ne fut pas seulement suivie par ceux de sa tribu, mais encore par plusieurs autres ; et croyant qu'un prophète était le mari qui lui convenait le mieux, elle vint trouver *Moseilama*, et l'épousa ; mais après avoir demeuré trois jours avec lui, elle le laissa, et retourna chez elle [3]. Je n'ai pu découvrir ce qu'elle devint ensuite. *Ebn Shohnah* nous a donné une partie de la conversation qu'eurent ces deux prétendants à l'inspiration ; mais elle est trop immodeste pour être traduite.

Dans les siècles suivants, il s'éleva plusieurs imposteurs de temps en temps, dont la plupart ne réussirent pas ; mais quelques-uns firent une figure considérable, et formèrent des sectes qui se soutinrent longtemps après leur mort. Je dirai un mot des plus remarquables, selon l'ordre des temps.

Sous le règne d'*Al Mohdi*, troisième khalife de la race de *al Abbas*, un certain *Hakem Ebn Hâshem* [3], originaire de *Meru* en *Khorassân*, qui avait été sous-secrétaire d'*Abou Moslem*, gouverneur de cette province, et qui ensuite s'était fait soldat, passa de là à *Mawerd'lnahr*, où il se donna pour prophète. Les Arabes l'appellent ordinairement *al Mokanna*, et quelquefois *al Borkaï*, c'est-à-dire, *le voilé*, parce qu'il avait accoutumé de se couvrir le visage d'un voile ou d'un masque doré pour cacher sa difformité : il avait perdu un œil dans une bataille, et était d'ailleurs d'une figure très-peu recommandable; mais ses sectateurs prétendaient qu'il se voilait par la même raison que Moïse, afin que son son éclat n'éblouît pas les yeux de ceux qui le verraient. Il fit un grand nombre de prosélytes à *Nakhshab* et à *Kash*, abusant le peuple par

---

[1] ABULFED., *Vie de Mahomet*, pag. 160. ELMAC., pag. 9.
[2] *Hist. Dynast.*, pag. 164.
[3] AL BEIDAWAI, *in Kor.*, cap V.
[4] ABULFEDA, *ubi sup.*
[5] ID., *ibid.* ABULFARAG., pag. 173. ELMAC., pag. 16, etc. Voyez OCKLEY, *Hist. des Sarrasins*, vol. I, pag. 15, etc.
[6] AL SOHEILI, *apud* GAGNIER, *in not. ad* ABULF., *Vit. Mahom.*, pag. 158.
[7] ELMAC., pag. 9.
[8] ABULFED., *ubi sup.*
[9] AL SOHEILI, *ubi sup.*
[10] ABULFED., *ubi sup.*
[11] ID. et ELMAC., *ubi sup.*
[12] ID. AL DJANNABI, *ubi sup*

[1] ABULF., *ubi sup.*
[2] ELMACINUS et EBN SHOHNAH l'appellent la fille de *al Hareth*.
[3] ELMAC., pag. 16. AL BEIDAWI, *in Kor.*, cap V.
[4] EBN SHOHNAH. Voyez ELMACIN, pag. 16.
[5] Ou *Ebn Ata*, suivant EBN SHOHNAH.

divers tours de passe-passe, qui étaient pris pour autant de miracles, et surtout en leur faisant voir une apparition qui s'élevait du fond d'un puits plusieurs nuits de suite, ce qui lui fit donner le nom persan de *Sâzendeh mah*, ou *Faiseur de Lune*. Cet imposteur impie, non content de passer pour prophète, s'arrogea à lui-même les honneurs divins, prétendant que la Divinité résidait en sa personne. La doctrine sur laquelle il se fondait était la même que celle des *Gholaïtes*, dont on a parlé ci-dessus, qui soutenaient la transmigration, ou la manifestation successive de la Divinité dans certains prophètes et dans les saints hommes, depuis Adam jusqu'aux derniers jours; *Abou Moslem* lui-même était de cette opinion [1]; mais *al Mokanna* soutenait qu'*Abou Moslem* était la dernière personne en qui la Divinité avait résidé, et que depuis sa mort elle avait passé en lui. La faction d'*al Mokanna*, qui s'était rendu maître de plusieurs forteresses dans les environs des villes dont on a parlé, devenant de jour en jour plus puissante, le khalife fut enfin obligé d'envoyer une armée pour le mettre à la raison. A l'approche de cette armée, *al Mokanna* se retira dans une de ses plus fortes places, qu'il avait munie de tout ce qui est nécessaire pour soutenir un siége; et il envoya ses émissaires pour faire croire au peuple qu'il ressuscitait les morts, et qu'il connaissait l'avenir. Mais étant assiégé et serré de fort près par les forces des khalifes, et voyant qu'il était impossible d'échapper, il donna du vin empoisonné à toute sa famille et à tous ceux qui étaient avec lui dans le château, et dès qu'ils furent expirés, il brûla leurs corps avec leurs habits, et toutes les provisions et le bétail : et alors, pour que l'on ne pût trouver son corps, il se jeta dans les flammes, ou, selon d'autres, dans un tonneau d'eau forte ou de quelque autre préparation qui consuma tout son corps, à l'exception seulement de ses cheveux : en sorte que lorsque les assiégeants entrèrent dans la place, ils n'y trouvèrent aucune créature vivante, à l'exception d'une de ses concubines, qui ayant soupçonné son dessein, s'était cachée, et découvrit tout ce qui s'était passé. Cette invention ne manqua pas de produire l'effet qu'en attendait l'imposteur chez le reste de ses sectateurs; car il leur avait promis que son âme passerait sous la forme d'un homme à tête grise monté sur un animal gris, et qu'au bout de quelques années il retournerait vers eux, et leur donnerait la terre en possession. L'attente de l'accomplissement de cette promesse soutint cette secte pendant quelques siècles [2], sous le nom de *Mobeyyidites*, ou, comme les Persans les appellent, de *Sefid Djâmehghân*, c'est-à-dire, *les habillés de blanc*; parce qu'ils portaient des habits de cette couleur, par opposition, comme on le suppose, à ceux des khalifes de la famille d'*Abbâs*, dont les bannières et les habits étaient noirs. Les historiens placent la mort d'*al Mokanna* à la 162e ou 163e année de l'hégire [3].

L'an de l'hégire 201, *Bâbek*, surnommé *al Khorremi* et *Khorremdin*, soit parce qu'il était d'un certain district près d'*Ardebil*, dans l'*Adherbidjan*, appelé *Khorrem*, ou parce qu'il établit une religion extravagante, qui est ce que signifie ce mot persan, commença de se donner le titre de prophète. Je n'ai pu trouver quelle doctrine il enseigna; mais on dit qu'il ne professa aucune des religions connues alors dans l'Asie. Il fit un grand nombre de pro-

sélytes dans l'*Adherbidjan* et dans l'*Irâk* persique, et devint assez puissant pour faire la guerre au khalife *al Mamûn*, dont il défit souvent les troupes. Il tua plusieurs de ses généraux; *Bâbek* en tua même un de sa propre main. Par ces victoires, il se rendit si formidable, qu'*al Motasem*, successeur d'*al Mamûn*, fut obligé d'employer toutes les forces de son empire contre lui. Le général *Afshîd* fut envoyé pour réduire *Bâbek*; et l'ayant défait dans une bataille, prit ses châteaux les uns après les autres avec une patience invincible, malgré les pertes que les rebelles lui causèrent; et enfin il enferma l'imposteur dans sa principale forteresse. Cette forteresse étant prise, *Bâbek* trouva le moyen de s'échapper à la faveur d'un déguisement, avec quelques personnes de sa famille et ses principaux sectateurs; mais s'étant réfugié sur le territoire des Grecs, il fut trahi de la manière suivante. *Sahel*, officier arménien, ayant reconnu *Bâbek*, l'engagea adroitement à se confier à lui par des offres de service et par son respect, en le traitant comme un grand prince, jusqu'au moment où il se mit à table; alors *Sahel* se plaça à côté de lui; *Bâbek*, surpris, lui demanda comment il osait prendre cette liberté sans lui en demander la permission : « Il est vrai, grand roi, répondit *Sahel*, j'ai « commis une faute; car qui suis-je pour être assis à table « avec Votre Majesté? » Et ayant sur-le-champ fait venir un forgeron, il lui fit cette mauvaise plaisanterie : *Étendez vos jambes, grand roi, afin que cet homme puisse y mettre des fers*. Après quoi *Sahel* l'envoya à *Afshîd*, quoique *Bâbek* lui offrît de grandes sommes pour sa liberté; *Sahel* le traita comme *Bâbek* avait coutume de traiter ses prisonniers : il viola en sa présence sa mère, sa sœur et sa femme. Dès lors *Afshîd* eut ce chef des rebelles en son pouvoir, il le conduisit à *al Motasem*, qui le fit mourir d'une manière cruelle et ignominieuse. Ce *Bâbek* s'était soutenu contre les khalifes pendant vingt ans; il avait fait mourir cruellement plus de vingt-cinq mille personnes, sa coutume étant de n'épargner ni homme ni femme, ni enfant, soit des Mahométans, soit de leurs alliés [1]. Les sectateurs de *Bâbek* qui lui survécurent furent vraisemblablement tous dispersés, les historiens n'en faisant plus mention.

Mahmud' Ebn Faradj, dans l'an 235, se dit être Moïse ressuscité, et joua si bien son rôle, qu'un grand nombre crurent en lui, et l'accompagnèrent lorsqu'il fut mené devant le khalife *al Motâwakkel*. Ce prince ayant ouï ses discours extravagants, le condamna à recevoir dix soufflets de chacun de ses sectateurs, et ensuite de recevoir la bastonnade sur la plante des pieds jusqu'à ce qu'il en mourût, et ses disciples furent mis en prison jusqu'à ce qu'ils fussent rentrés dans leur bon sens [2].

Les *Karmatiens*, sectaires qui conservaient une vieille rancune contre les Mahométans, commencèrent à faire naître des troubles l'an 278 de l'hégire, sur la fin du règne d'*al Motamed*. Leur origine n'est pas bien connue; mais la tradition vulgaire est, qu'un pauvre garçon, appelé *Karmata*, vint du *Khoûzistân* dans les villages voisins de *Kûfa*, et feignit là une grande sainteté de vie et une grande austérité, disant que Dieu lui avait ordonné de prier cinquante fois par jour, prétendant d'engager le peuple à obéir à un certain *Imâm* de la famille de Mahomet. Il continua cette manière de vivre jusqu'à ce qu'il se fût fait un fort grand parti. Il choisit, entre ses sectateurs, douze personnes qui devaient être comme les apôtres, gouverner le reste et propager sa doctrine. Mais le gouverneur de la province trouvant que les peuples négligeaient leurs travaux, et particulièrement la culture des terres pour faire ces cinquante

---

[1] Ceci explique un doute de Bayle touchant un passage d'Elmacin, traduit par Erpénius, et corrigé par Bespier. Voyez BAYLE, *Dict. hist.*, art. *Ahumuslimus*, vers la fin; et rem. D.

[2] Ils formaient une secte du temps d'Abulfarage, qui vivait plus de cinq cents ans après cet événement extraordinaire; peut-être cette secte subsiste-t-elle encore.

[3] *Ex* ABULFARAG., *Hist. Dyn.*, pag. 226. LOBB AL TAWARIKH, EBN SHOHNAH, AL TABARI et KHONDAMIR, D'HERBELOT, art. *Hakem Ben Haschem*.

[1] *Ex* ABULFARAG., *Hist. Dyn.*, pag. 252, etc. ELMACIN, pag. 141, etc.; et KHONDAMIR. Voyez D'HERBELOT, art. *Bâbek*.

[2] EBN SHOHNAH, D'HERBELOT, pag. 537.

prières par jour, fit prendre ce faux prophète; et l'ayant mis en prison, jura qu'il mourrait ; ce qu'une jeune fille, qui appartenait au gouverneur, ayant oui, elle eut pitié du prisonnier, prit de nuit la clef de la prison de dessous la tête de son maître pendant qu'il dormait; et après avoir fait évader le prisonnier, elle remit la clef où elle l'avait prise. Le lendemain matin, le gouverneur trouva l'oiseau hors de sa cage; et cet événement étant devenu public, excita une grande admiration, ses adhérents publiant que Dieu l'avait enlevé au ciel. Après quoi il se montra dans une autre province, et déclara à une grande multitude de gens qui étaient autour de lui, que personne ne pouvait lui nuire; nonobstant cela, ayant manqué de courage, il se retira en Syrie, et l'on n'en a plus entendu parler. Sa secte cependant se maintint et s'accrut, prétendant que leur maître avait fait voir qu'il était un vrai prophète, et qu'il leur avait laissé une nouvelle loi, par laquelle il avait changé les cérémonies et la forme des prières des Musulmans, et introduit une nouvelle espèce de jeûne; et qu'il leur avait aussi permis de boire du vin, et les avait dispensés de plusieurs choses commandées dans le *Korân*. Ils avaient aussi tourné en allégorie les préceptes de ce livre, enseignant que la prière était le symbole de l'obéissance à leur *Imâm*, et que le jeûne était le symbole du silence et du secret qu'ils devaient garder sur leurs dogmes avec les étrangers. Ils croyaient aussi que le mot de *fornication* désignait le crime d'infidélité, et que ceux qui révélaient les mystères, de leur religion, ou n'obéissaient pas aveuglément à leurs chefs, s'en rendaient coupables. On leur attribue un livre, qui contenait, entre autres choses, ces paroles : *Au nom de Dieu très-miséricordieux*. Al Farajd Ebn Othmân, de la ville de *Nasrâna*, dit que Christ lui était apparu sous une forme humaine, et lui avait dit : *Tu es l'Invitation, tu es la Démonstration, tu es le Chameau, tu es la Bête, tu es Jean le fils de Zacharie, tu es le Saint-Esprit*[1]. Depuis l'an 278, les *Karmatiens*, sous divers chefs, causèrent des troubles continuels, tant aux khalifes qu'à leurs sujets mahométans, pendant plusieurs années, commettant de grands désordres et de grands outrages, en Chaldée, en Arabie, en Syrie et en Mésopotamie; et ils établirent enfin une principauté considérable, qui était dans toute sa splendeur sous le règne d'*Abou Dhâher*, fameux par la prise de la Mecque et par les indignités qu'il commit contre le temple; mais cette principauté déclina, et s'est réduite à rien bientôt après la mort d'*Abou Dhâher*[2].

Les Ismaélites d'Asie étaient fort semblables aux *Karmatiens*, s'ils n'en étaient pas une branche; car ces Ismaélites, qui sont aussi appelés *al Moldhedah*, ou les *Impies* et *Assassins*, par ceux qui ont écrit l'histoire des Croisades, s'accordent avec les *Karmatiens* à plusieurs égards. Ils ont, par exemple, comme eux une haine invétérée contre ceux des autres religions, et contre les Mahométans en particulier. Ils ont, comme eux, une obéissance sans bornes pour leur prince, étant prêts à ses ordres d'assassiner ou de faire toute sorte d'entreprise sanglante et dangereuse; enfin, ils ont, comme eux, un singulier attachement pour un certain Imâm de la maison d'*Ali*, etc. Ces Ismaélites s'emparèrent d'*al Djebal*, dans l'*Irâk* persique, l'an 483, sous la conduite d'*Hasan Sabah*. Ce prince et ses descendants l'ont conservé pendant cent soixante et dix ans, jusqu'à ce que toute leur race fût détruite par le Tartare *Holagou*[3].

[1] *Ex* ABULFAR., *Hist. Dyn.* ELMACIN, pag. 174, etc. EBN SHOHNAH, KHONDAMIR. Voyez D'HERBELOT, art. *Carmath*.
[2] *Apud* ABULFAR., *ubi sup.* pag. 575.
[3] ABULFARAC., *ibid.*, pag. 505, etc. D'HERBELOT, pag. 104, 187, 505, 620 et 784.

Les *Bâtenites*, nom que quelques auteurs donnent aussi aux Ismaélites et aux *Karmâtiens*[1], formèrent une autre secte qui professa les mêmes principes abominables, et qui se dispersa dans plusieurs provinces de l'Orient[2]. Le mot de *Bâtenites* signifie *ésotériques*, ou gens dont les lumières et les connaissances sont *cachées* ou *intérieures*.

Abu'l Teyyebâhmed, surnommé *al Motannabbi*, de la tribu de *Djâfa*, s'est rendu trop fameux par un autre endroit, pour ne pas mériter d'abord une place ici. Ce fut un des plus excellents poëtes arabes, n'y ayant que le seul *Abou Temâm* qui puisse lui disputer le prix; ses inspirations poétiques étaient si animées et si pleines de feu que, ou il se trompa soi-même, ou il crut pouvoir persuader aux autres qu'elles étaient véritablement prophétiques; il se donna pour être véritablement prophète, et de là vient son surnom par lequel il est généralement connu. Il avait trop de talents pour n'avoir pas quelques succès. Plusieurs des tribus arabes du désert, particulièrement celle de *Keldb*, le prirent pour ce qu'il voulait être; mais *Lûlû*, gouverneur de ces contrées pour *Akhshîd*, roi d'Égypte et de Syrie, arrêta bientôt les progrès de cette nouvelle secte en emprisonnant le prophète, et le contraignant de renoncer à sa dignité chimérique; après qu'il y eut renoncé, il obtint sa liberté, et s'attacha à la poésie, par le moyen de laquelle il acquit des richesses considérables, étant en grande estime dans la cour de plusieurs princes. *Al Motannabi* perdit la vie avec son fils sur les bords du Tigre, en défendant l'argent dont *Adadoddaw a*, sultan de Perse, lui avait fait présent, contre quelques voleurs arabes. Il emportait cet argent à *Kûfa*, lieu de sa naissance. Cet accident lui arriva l'an 354.

Le dernier qui ait prétendu passer pour prophète est un Turc qui se donnait le nom de *Bâba*, et qui parut dans la ville d'*Amasie* en Natolie, l'an 638; il séduisit, par ses tours surprenants, une grande multitude. Il avait un disciple, nommé Isaac, qu'il envoya solliciter ceux de sa nation à venir joindre; Isaac, étant venu dans le territoire de *Someisat*, publia sa mission, et engagea plusieurs personnes à embrasser la secte de son maître, surtout parmi les Turcs; en sorte qu'à la fin il eut six mille hommes de cavalerie sous ses ordres, sans compter les gens de pied. Avec ces troupes, *Bâba* et son disciple firent ouvertement la guerre à tous ceux qui refusaient de dire avec eux: *Il n'y a de Dieu que Dieu, Bâba est l'apôtre de Dieu*; et passèrent au fil de l'épée un grand nombre de Mahométans et de Chrétiens dans ces pays-là ; jusqu'à ce qu'enfin les Mahométans et les Chrétiens s'étant réunis, livrèrent bataille aux troupes de ce faux prophète, et les ayant mises en déroute, les passèrent au fil de l'épée, à l'exception des deux chefs, qui ayant été pris en vie, furent décapités par la main du bourreau.

Je pourrais parler de plusieurs autres imposteurs de la même espèce, qui se sont élevés d'entre les Mahométans depuis les temps de leur Prophète, et le nombre en pourrait être assez grand pour approcher de celui qu'il avait marqué; mais je craindrais de fatiguer mon lecteur : c'est pourquoi je terminerai ici mon discours, qu'on trouvera peut-être déjà trop long, pour n'être qu'un abrégé des divers écrits que l'on a sur la matière que je viens de traiter.

[1] ELMACIN, pag. 174 et 286 ; et D'HERBELOT, pag. 194.
[2] ABULFR., *ubi supra*, pag. 361, 374, 380, 483.
[3] *Præf. in opera* MOTANABI MS. Voyez D'HERBELOT, pag. 638, etc.

FIN DES OBSERVATIONS HISTORIQUES ET CRITIQUES SUR LE MAHOMÉTISME.

LE KORAN[1].

CHAPITRE PREMIER [2].
Donné à la Mecque. — 7 versets.

Au nom de Dieu clément et miséricordieux [3].

1. Louange à Dieu souverain de l'univers [4],
2. Le clément, le miséricordieux,
3. Souverain au jour de la rétribution.
4. C'est toi que nous adorons, c'est toi dont nous implorons le secours.
5. Dirige-nous dans le sentier droit,
6. Dans le sentier de ceux que tu as comblés de tes bienfaits,
7. De ceux qui n'ont point encouru ta colère et qui ne s'égarent point. Amen.

CHAPITRE II.
LA VACHE [5].
Donné à Médine. — 286 versets.

Au nom de Dieu clément et miséricordieux.

1. A. L. M. [6] Voici le livre sur lequel il n'y a point de doute; c'est la *direction* de ceux qui craignent le Seigneur;
2. De ceux qui croient aux choses cachées, qui observent exactement la prière et font des largesses des biens que nous leur dispensons;
3. De ceux qui croient à *la révélation* qui a été donnée à toi et à ceux qui t'ont précédé; de ceux qui croient avec certitude à la vie future.
4. Eux seuls seront conduits par leur Seigneur, eux seuls seront bien heureux.
5. Pour les infidèles, il leur est égal que tu les avertisses ou non : ils ne croiront pas.
6. Dieu a apposé un sceau sur leurs cœurs et sur leurs oreilles; leurs yeux sont couverts d'un bandeau, et le châtiment cruel les attend.
7. Il est des hommes qui disent : Nous croyons en Dieu et au jour dernier, et cependant ils ne sont pas du nombre des croyants.
8. Ils cherchent à tromper Dieu et ceux qui croient, mais ils ne tromperont qu'eux-mêmes et ils ne le comprennent pas.
9. Une infirmité siége dans leurs cœurs [1], et Dieu ne fera que l'accroître; un châtiment douloureux leur est réservé, parce qu'ils ont traité les prophètes de menteurs.
10. Lorsqu'on leur dit : Ne commettez point de désordres sur la terre, ils répondent : Loin de là, nous y faisons fleurir l'ordre.
11. Ils commettent des désordres, mais ils ne le comprennent pas.
12. Lorsqu'on leur dit : Croyez, croyez ainsi que croient tant d'autres, ils répondent : Croirons-nous comme croient les sots ? N'est-ce pas plutôt eux qui sont des sots ? mais ils ne le sentent pas.
13. S'ils rencontrent des fidèles, ils disent : Nous avons la même croyance que vous; mais dès qu'ils se trouvent à l'écart, en société de leurs tentateurs, ils disent : Nous sommes avec vous, et nous nous rions de ceux-là.
14. Dieu se rira d'eux; il les fera persister longtemps dans leur rébellion, errant incertains çà et là.
15. Ce sont eux qui ont acheté l'erreur avec la *monnaie* de la vérité, mais leur marché ne leur a point profité; ils ne sont plus dirigés *dans la droite voie*.
16. Ils ressemblent à celui qui a allumé du feu; lorsque le feu a jeté sa clarté sur les objets d'alentour et que Dieu l'a enlevée soudain, laissant les hommes dans les ténèbres, ils ne sauraient voir.
17. Sourds, muets et aveugles, ils ne peuvent plus revenir sur leurs pas [2].
18. Ils ressemblent à ceux qui, lorsqu'un nuage gros de ténèbres, de tonnerre et d'éclairs, fond du haut des cieux, saisis par la frayeur de la mort, se bouchent les oreilles de leurs doigts, à cause du fracas du tonnerre, pendant que le

---

[1] Le mot *Koran* ou *Kouran* veut dire lecture. Avec l'article *al*, la lecture; lecture, livre par excellence.

[2] Ce premier chapitre n'a d'autre titre que *fâtihat oul kitab*, chapitre qui ouvre le livre.

[3] En arabe, *bismillahi'rrahmani'rrahim*. Cette invocation se lit en tête de tous les chapitres du Koran, le chapitre ix seul excepté. Le mot *rahman* est appliqué à Dieu comme embrassant dans sa miséricorde tous les êtres sans distinction aucune; *rahim*, au contraire, veut dire miséricordieux, dans un sens plus restreint, envers les bons, les fidèles, ceux qui méritent sa grâce. Bien que la traduction donnée ici ne rende pas la nuance qui existe entre ces deux mots arabes, nous l'avons conservée comme étant généralement adoptée.

[4] Le mot *alemîn* qui se trouve dans le texte a été traduit diversement. La collation de différents passages où se trouve ce mot, nous permet de le traduire tantôt par univers, tantôt par tous, tout le monde.

[5] Ce chapitre a été intitulé *la Vache*, parce que, entre autres choses, il s'agit de la vache que Moïse avait ordonné d'immoler aux Israélites. Voyez le verset 63.

[6] Un grand nombre de chapitres du Koran portent, soit pour titre, soit au premier verset, des lettres isolées dont la signification et la valeur sont inconnues.

[1] Partout dans le Koran, par les hommes dont le cœur est atteint d'une infirmité, Mohammed entend les hypocrites, les hommes de foi douteuse et chancelante.

[2] Les commentateurs donnent à ces mots le sens de : ils ne se convertiront point.

Seigneur enveloppe de tous côtés les infidèles.

19. Peu s'en faut que la foudre ne les prive de la vue; lorsque l'éclair brille, ils marchent à sa clarté; et lorsqu'il verse l'obscurité sur eux, ils s'arrêtent. Si Dieu voulait, il leur ôterait la vue et l'ouïe, car il est tout-puissant. O hommes [1]! adorez votre Seigneur, celui qui vous a créés, vous et ceux qui vous ont précédés. Craignez-moi.

20. C'est Dieu qui vous a donné la terre pour lit et élevé la voûte des cieux pour abri; c'est lui qui fait descendre l'eau des cieux, qui par elle fait germer les fruits destinés à vous nourrir. Ne donnez donc point d'associés à Dieu. Vous le savez.

21. Si vous avez des doutes sur le livre que nous avons envoyé à notre serviteur, produisez un chapitre au moins pareil à ceux qu'il renferme, et appelez, si vous êtes sincères, vos témoins que vous invoquez à côté de Dieu [2].

22. Mais si vous ne le faites pas, et *à coup sûr* vous ne le ferez pas, redoutez le feu préparé pour les infidèles, *le feu* dont les hommes et les pierres [3] seront l'aliment.

23. Annonce à ceux qui croient et qui pratiquent les bonnes œuvres, qu'ils auront pour demeure des jardins arrosés de courants d'eau. Toutes les fois qu'ils recevront des fruits de ces jardins, ils s'écrieront : Voilà les fruits dont nous nous nourrissions autrefois [4]; mais ils n'en auront que l'apparence [5]. Là ils trouveront des femmes exemptes de toute souillure, et ils y demeureront éternellement.

24. Dieu ne rougit pas d'offrir en parabole un moucheron ou quelque autre objet plus relevé. Les croyants savent que c'est la vérité qui leur vient de leur Seigneur : mais les infidèles disent: Qu'est-ce donc que Dieu a voulu nous dire en nous proposant cette parabole ? Par de telles paraboles, il égare les uns et dirige les autres. — Non, il n'y aura d'égarés que les méchants,

25. *Les méchants*, qui rompent le pacte du Seigneur conclu antérieurement, qui séparent ce que Dieu avait ordonné de conserver uni, qui commettent des désordres sur la terre: ceux-là sont des malheureux.

26. Comment pouvez-vous être ingrats envers Dieu [1], vous qui étiez morts et à qui il a rendu la vie, qui vous fera mourir, qui plus tard vous fera revivre de nouveau, et auprès duquel vous retournerez un jour?

27. C'est lui qui a créé pour vous tout ce qui est sur la terre ; *cette œuvre terminée*, il se porta vers le ciel et en forma sept cieux, lui qui s'entend en toutes choses [2].

28. Lorsque Dieu dit aux anges : Je vais établir un vicaire sur la terre, les anges répondirent : Veux-tu établir un être qui commette des désordres et répande le sang pendant que nous célébrons tes louanges et que nous te sanctifions sans cesse ? — Je sais, répondit le Seigneur, ce que vous ne savez pas.

29. Dieu apprit à Adam les noms de tous les êtres, puis, les amenant devant les anges, il leur dit : Nommez-les-moi, si vous êtes sincères.

30. Loué soit ton nom, répondirent les anges; nous ne possédons d'autre science que celle que tu nous as enseignée; tu es le savant, le sage.

31. Dieu dit à Adam : Apprends-leur les noms de tous les êtres, et lorsqu'il l'eut fait, le Seigneur dit : Ne vous ai-je pas dit que je connais le secret des cieux et de la terre, ce que vous produisez au grand jour et ce que vous cachez?

32. Lorsque nous ordonnâmes aux anges d'adorer Adam, ils l'adorèrent tous, excepté Éblis; celui-ci s'y refusa et s'enfla d'orgueil, et il fut du nombre des ingrats.

33. Nous [3] dîmes à Adam : Habite le jardin avec ton épouse ; nourrissez-vous abondamment

---

[1] Lorsqu'un prédicateur, dans la mosquée, ou un orateur arabe, harangue le peuple, il se sert, dans son allocution, des mots: ô hommes! c'est-à-dire, ô vous qui m'écoutez. De même, dans le Koran, ces mots ne s'étendent pas à tous les hommes, aux mortels, mais aux Mecquois ou aux Médinois que prêchait Mohammed. C'est le caractère propre à tous les discours tenus par Mohammed et à toutes les institutions et préceptes, d'avoir une application actuelle et restreinte aux peuples de l'Arabie, sans embrasser les autres peuples, le genre humain.

[2] Les mots *min douni'llahi* sont traduits ordinairement par : *à l'exclusion de Dieu*. Cependant *min douni* est une locution adverbiale qui exprime, qu'avant de parvenir à tel objet on en rencontre un autre sur son chemin; ainsi, dans ce passage, et dans les passages analogues du Koran, elle veut dire que dans le culte idolâtre il y avait entre les hommes et le Dieu unique, des êtres, des divinités intermédiaires. Mohammed n'accuse pas les Arabes d'adorer les divinités exclusivement et absolument, mais de mêler au culte de Dieu celui d'autres divinités. C'est ce qui résulte de beaucoup de passages du Koran, où les idolâtres sont réputés reconnaître l'action du Dieu suprême.

[3] Les pierres, c'est-à-dire, les statues en pierre des fausses divinités.

[4] C'est-à-dire, dans l'autre monde, sur la terre.

[5] C'est-à-dire, que ces fruits seront d'un goût bien plus exquis que ceux de la terre, quoique semblables en apparence à ces derniers, et ce, pour leur causer une surprise agréable.

[1] On pourrait traduire : Comment pouvez-vous ne pas croire en Dieu ? le même mot en arabe servant à rendre les deux.

[2] Le ciel formait un tout; Dieu l'a partagé en sept cieux superposés les uns au-dessus des autres, comme les pellicules de l'oignon.

[3] Dans le verset précédent, c'est Mohammed qui raconte lui-même ou répète les paroles de l'ange Gabriel, c'est Dieu qui est censé parler lui-même. Ce changement subit de narrateur se reproduit à chaque instant dans le Koran, non-seulement dans les différents versets, mais dans la même période.

de ses fruits, de quelque côté du jardin qu'ils se trouvent ; seulement n'approchez pas de l'arbre que voici, de peur que vous ne deveniez coupables.

34. Satan a fait glisser leur pied et les a fait bannir du lieu où ils se trouvaient. Nous leur dîmes alors : Descendez de ce lieu ; ennemis les uns des autres [1], la terre vous servira de demeure et de possession temporaire.

35. Adam apprit de son Seigneur des paroles *de prière ;* Dieu agréa son repentir ; il aime à revenir *à l'homme qui se repent ;* il est miséricordieux.

36. Nous leur dîmes : Sortez du paradis tous tant que vous êtes ; un livre destiné à vous diriger vous viendra de ma part ; la crainte n'atteindra jamais ceux qui le suivront, et ils ne seront point affligés.

37. Mais ceux qui ne croiront pas, qui traiteront nos signes [2] de mensonge, seront livrés au feu éternel.

38. O enfants d'Israël ! souvenez-vous des bienfaits dont je vous ai comblés, soyez fidèles à mon alliance, et je serai fidèle à la vôtre ; révérez-moi, et croyez au livre que j'ai envoyé pour corroborer vos écritures ; ne soyez pas les premiers à lui refuser votre croyance ; n'allez point acheter avec mes signes un objet de nulle valeur. Craignez-moi.

39. Ne revêtez pas la vérité de la robe du mensonge ; ne cachez point la vérité [3] quand vous la connaissez.

40. Observez exactement la prière, faites l'aumône, et courbez-vous avec mes adorateurs.

41. Commanderez-vous les bonnes actions aux autres pendant que vous vous oublierez vous-mêmes ? Vous lisez cependant le livre [4] ; ne comprendrez-vous donc jamais ?

42. Appelez à votre aide la patience et la prière ; la prière est une charge, mais non pas pour les humbles,

43. Qui pensent qu'un jour ils reverront leur Seigneur et qu'ils retourneront auprès de lui.

44. O enfants d'Israël, souvenez-vous des bienfaits dont je vous ai comblés, souvenez-vous que je vous ai élevés au-dessus de tous les humains.

45. Redoutez le jour où une âme ne satisfera point pour une autre âme, où il n'y aura ni intercession, ni compensation, ni secours à attendre.

46. Souvenez-vous que nous vous avons délivrés de la famille de Pharaon qui vous infligeait de cruels supplices ; on immolait vos enfants et l'on n'épargnait que vos filles. C'était une rude épreuve de la part de votre Seigneur.

47. Souvenez-vous que nous avons fendu la mer pour vous, que nous vous avons sauvés, et noyé Pharaon sous vos yeux.

48. Lorsque nous formions notre alliance avec Moïse pendant quarante nuits, vous avez pris, pendant son absence, un veau pour objet de votre adoration et vous avez agi iniquement.

49. Nous vous pardonnâmes ensuite, afin que vous nous soyez reconnaissants.

50. Nous donnâmes à Moïse le livre et la distinction [1], afin que vous soyez dirigés dans la droite voie.

51. Moïse dit à son peuple : Vous avez agi iniquement envers vous-mêmes en adorant le veau. Revenez à votre créateur, ou bien donnez-vous la mort ; ceci vous servira mieux auprès de lui. Il vous pardonnera, car il aime à revenir à l'homme converti, et il est miséricordieux.

52. Vous dites alors à Moïse : O Moïse, nous ne te donnerons aucune créance avant que nous ayons vu Dieu manifestement. Le châtiment *de cette conduite* vous saisit soudain.

53. Nous vous avons ressuscités après votre mort, afin que vous soyez reconnaissants.

54. Nous fîmes planer un nuage sur vos têtes, et nous vous envoyâmes de la manne et les cailles en vous disant : Mangez des mets délicieux que nous vous avons accordés ; vous avez agi iniquement envers vous-mêmes plus encore qu'envers nous.

55. Nous dîmes *au peuple d'Israël :* Entrez dans cette ville, jouissez des biens qui s'y trouvent, au gré de vos désirs ; mais en entrant

---

[1] C'est-à-dire, hommes et démons.

[2] Le mot arabe *aïé* signifie *signe*, mais surtout un signe d'avertissement du ciel, et par conséquent *miracle, prodige ;* mais il signifie en outre *verset du Koran,* chaque verset étant la parole de Dieu, et regardé comme un *miracle* et un *avertissement.* Pour nous rapprocher autant que possible du texte arabe, nous avons conservé partout la signification de *signe.* Et c'est à cause de cela qu'on trouvera dans cette traduction les mots : *réciter ou relire les signes de Dieu,* c'est-à-dire, les versets du Koran révélés à Mohammed.

[3] Mohammed reproche aux juifs et souvent aux chrétiens d'altérer le sens des Écritures pour en ôter ou éluder les passages dans lesquels l'avenue de Mohammed a dû être prédite selon lui.

[4] Le livre, pris absolument, veut dire : tout livre révélé, les Écritures : le Pentateuque en parlant aux juifs ; l'Évangile, en parlant aux chrétiens ; il s'applique aussi au Koran. Nous ferons observer, à ce sujet, que dans ses prédications, Mohammed distingue les idolâtres et les ignorants de ceux qui ont, à quelque époque que ce soit, reçu des Écritures ; ces derniers sont appelés : famille du Livre.

[1] La distinction : *al-forkan* s'applique ici au Pentateuque comme au Koran dans d'autres passages. C'est tout livre de révélation divine en tant qu'il distingue le licite de l'illicite. On peut dire que, dans chaque livre divin, la partie qui traite des usages, des aliments, etc., s'appelle *al-forkan* (distinction), de même que la partie dogmatique *al houda* (direction).

dans la ville prosternez-vous et dites : Indulgence, ô Seigneur ! et il vous pardonnera vos péchés. Certes nous comblerons les justes de nos bienfaits.

56. Mais les méchants d'entre eux substituèrent à la parole qui leur fut indiquée, une autre [1] parole, et nous fîmes descendre du ciel un châtiment comme rétribution de leur perfidie.

57. Moïse demanda à Dieu de l'eau pour désaltérer son peuple, et nous lui dîmes : Frappe le rocher de ta baguette. Tout d'un coup jaillirent douze sources, et chaque troupe connut aussitôt le lieu où elle devait se désaltérer. Nous dîmes *aux enfants d'Israël* : Mangez et buvez des largesses de Dieu, et ne commettez point des désordres sur la terre.

58. Lorsque vous avez dit : O Moïse ! nous ne pouvons supporter plus longtemps une seule et même nourriture ; prie ton Seigneur qu'il fasse pousser pour nous de ces produits de la terre, des légumes, des concombres, des lentilles, de l'ail et des oignons, Moïse vous répondit : Voulez-vous échanger ce qui est bon contre ce qui est mauvais ? Eh bien, rentrez en Égypte, vous y trouverez ce que vous demandez. Et l'avilissement et la pauvreté s'étendirent sur eux, et ils s'attirèrent la colère de Dieu, parce qu'ils ne croyaient point à ses signes et tuaient injustement leurs prophètes [2]. Voilà quelle fut la rétribution de leur révolte et de leurs méchancetés.

59. Ceux qui ont cru [3], ceux qui suivent la religion juive, les chrétiens, les sabéens et quiconque aura cru en Dieu et au jour dernier, et qui aura pratiqué le bien, tous ceux-là recevront une récompense de leur Seigneur ; la crainte ne descendra point sur eux, et ils ne seront point affligés.

60. Lorsque nous acceptâmes votre alliance et que nous eûmes dressé au-dessus de vos têtes le mont Sinaï, nous dîmes : Recevez avec un ferme dévouement *les lois* que nous vous donnons, et souvenez-vous de ce qu'elles contiennent. Peut-être craindrez-vous Dieu.

[1] D'après les commentateurs, les Juifs, au lieu de dire *hittat*, absoute, indulgence, mot qu'on leur avait ordonné de prononcer en entrant dans la ville, auraient dit en plaisantant *hibbat*, etc., un grain d'orge.

[2] On voit par cette version sur le retour des Israélites en Égypte, que Mohammed refait à son gré l'histoire du peuple de Dieu. Nous nous dispenserons, à l'avenir, de relever les discordances du Koran avec les livres de l'Écriture.

[3] On a voulu conclure des paroles de ce verset, que les hommes de toute religion pouvaient être sauvés, pourvu qu'ils reconnaissent l'existence d'un seul Dieu et pratiquent les bonnes œuvres ; mais le sentiment unanime des commentateurs s'oppose à cette interprétation, d'autant plus que le verset 79 du chapitre III abroge celui-ci en mettant la profession de l'islam pour condition indispensable du salut.

61. Mais vous vous en êtes éloignés dans la suite, et si ce n'était la grâce de Dieu et sa miséricorde, vous auriez péri. Vous connaissez ceux d'entre vous qui ont transgressé le jour du sabbat : nous les transformâmes en vils singes,

62. Et nous les fîmes servir d'exemple terrible à leurs contemporains, à leurs descendants, et de signe *d'avertissement* à tous ceux qui craignent.

63. Moïse dit un jour à son peuple : Dieu vous ordonne d'immoler une vache ; les Israélites s'écrièrent : Nous prendras-tu en dérision ? Que Dieu me préserve, dit-il, d'être au nombre des insensés ? Prie ton Seigneur, répondirent les Israélites, de nous expliquer clairement quelle doit être cette vache. Dieu veut, dit-il, que ce ne soit ni une vache vieille ni une génisse, mais qu'elle soit d'un âge moyen. Faites donc ce qui vous est ordonné.

64. *Les Israélites ajoutèrent* : Prie ton Seigneur de nous expliquer clairement quelle doit être sa couleur. Dieu veut, leur dit Moïse, qu'elle soit d'un jaune très-prononcé, d'une couleur telle qu'elle réjouisse l'œil de quiconque la verra.

65. — Prie le Seigneur de nous expliquer distinctement quelle doit être cette vache, car nous trouvons bien des vaches qui se ressemblent, et nous ne serons bien dirigés *dans notre choix* que si Dieu le veut.

66. Dieu vous dit, *reprit Moïse*, que ce ne soit pas une vache fatiguée par le travail du labourage ou de l'arrosement des champs, mais une vache dont le mâle n'ait jamais approché, qu'elle soit sans aucune tâche. Maintenant, s'écria le peuple, tu nous as dit la vérité. — Ils immolèrent la vache ; et cependant peu s'en fallut qu'ils ne l'eussent point fait.

67. Rappelez-vous ce meurtre qui a été commis sur un homme d'entre vous ; ce meurtre était l'objet de vos disputes. Dieu fit voir au grand jour ce que vous cachiez [1].

68. Nous commandâmes de frapper le mort avec un des membres de la vache ; c'est ainsi que Dieu ressuscite les morts et fait briller à vos yeux ses miracles ; peut-être finirez-vous par comprendre.

69. Vos cœurs se sont endurcis depuis ; ils sont comme des rochers, et plus durs encore, car des rochers coulent des torrents ; les rochers se fendent et font jaillir l'eau ; il y en a qui s'affaissent par la crainte de Dieu, et certes Dieu n'est pas inattentif à vos actions.

70. Désirerez-vous maintenant, ô Musul-

[1] C'est une allusion à un événement arrivé chez les Juifs, et à la manière dont fut découvert l'auteur d'un meurtre.

mans! que les Juifs deviennent croyants à cause de vous ? Un certain nombre d'entre eux cependant obéissaient à la parole de Dieu ; mais par la suite ils l'altérèrent sciemment après l'avoir comprise.

71. S'ils rencontrent les fidèles, ils disent : Nous croyons ; mais aussitôt qu'ils se voient seuls entre eux, ils disent : Racontez-vous aux Musulmans ce que Dieu vous a révélé, afin qu'ils s'en servent devant lui pour vous combattre ? Ne comprenez-vous pas où cela aboutit ?

72. Ignorent-ils donc que le Très-Haut sait ce qu'ils cachent comme ce qu'ils mettent au grand jour ?

73. Parmi eux le vulgaire ne connaît pas le livre (le Pentateuque), mais seulement les contes mensongers, et n'a pas de croyance ferme. Malheur à ceux qui, écrivant le livre de leurs mains *corruptrices*, disent, pour en tirer un vil salaire : Voilà le livre de Dieu. Malheur à eux, à cause de ce que leurs mains ont écrit, et à cause du gain qu'ils en retirent.

74. Ils disent : Si le feu nous atteint, ce ne sera que pour un petit nombre de jours. Dis-leur : En avez-vous reçu de Dieu un engagement qu'il ne révoquera jamais, ou bien n'avancez-vous pas ce que vous ignorez ?

75. Bien loin de là : ceux qui n'ont pour tout gain que leurs mauvaises actions, ceux que leurs péchés enveloppent de tous côtés, ceux-là seront voués au feu, et ils y demeureront éternellement.

76. Mais ceux qui ont cru et pratiqué le bien, ceux-là seront en possession du paradis, et y séjourneront éternellement.

77. Quand nous reçûmes l'alliance des enfants d'Israël, nous leur dîmes : N'adorez qu'un seul Dieu ; tenez une belle conduite envers vos pères et mères, envers vos proches, envers les orphelins et les pauvres ; n'ayez que des paroles de bonté pour tous les hommes ; acquittez-vous exactement de la prière ; donnez l'aumône. Excepté un petit nombre, vous vous êtes montrés récalcitrants, et vous vous êtes détournés de nos commandements.

78. Quand nous stipulâmes avec vous que vous ne verseriez point le sang de vos frères, et que vous ne vous banniriez point réciproquement de votre pays, vous y donnâtes votre assentiment, et vous en fûtes vous-mêmes témoins.

79. Et cependant vous avez exercé des meurtres entre vous, vous avez chassé une partie d'entre vous de votre pays, vous vous prêtez une assistance mutuelle pour les accabler d'injures et d'oppresion ; mais s'ils deviennent vos captifs, vous les rachetez, et il vous était défendu de les chasser de leur pays. Croirez-vous donc à une partie de votre livre, et en rejetterez-vous une autre ; et quelle sera la récompense de celui qui agit de la sorte ? L'ignominie dans ce monde sera leur partage, et au jour de la résurrection ils seront refoulés vers le plus cruel des châtiments. Et certes Dieu n'est pas inattentif à vos actions.

80. Ceux qui achètent la vie de ce monde au prix de la vie future, le châtiment ne sera point adouci pour eux, et ils n'auront aucun secours.

81. Nous avons donné le livre de la loi à Moïse, et nous l'avons fait suivre par d'autres envoyés ; nous avons accordé à Jésus, fils de Marie, des signes manifestes (de sa mission), et nous l'avons fortifié par l'esprit de la sainteté [1]. Toutes les fois que les envoyés du Seigneur vous apporteront une doctrine qui heurte vos passions, leur résisterez-vous orgueilleusement, en accuserez-vous une partie de mensonge, et massacrerez-vous les autres ?

82. Ils ont dit : Nos cœurs sont incirconcis. Dieu les a maudits à cause de leur incrédulité. Oh ! combien le nombre des croyants est petit !

83. Après qu'ils eurent reçu de la part de Dieu un livre confirmant leurs Écritures (auparavant ils imploraient le secours du ciel contre les incrédules) ; après qu'ils eurent reçu le livre qui leur avait été prédit, ils ont refusé d'y ajouter foi ! Que la malédiction de Dieu atteigne les infidèles.

84. C'est un vil prix que celui pour lequel ils ont vendu leurs âmes ; ils ne croient point à ce qui est envoyé d'en haut, par jalousie, parce que Dieu a, par l'effet de sa grâce, envoyé un livre à celui d'entre ses serviteurs qu'il lui a plu de choisir. Ils s'attirent de la part de Dieu colère sur colère. Le châtiment ignominieux est préparé aux infidèles.

85. Lorsqu'on leur dit : Croyez à ce que Dieu a envoyé du ciel, ils répondent : Nous croyons aux Écritures que nous avons reçues ; et ils rejettent le livre venu depuis, et cependant ce livre confirme leurs Écritures. Dis-leur : Pourquoi donc avez-vous tué les envoyés du Seigneur, si vous aviez la foi ?

86. Moïse était venu au milieu de vous avec des signes manifestes, et vous avez pris le veau pour objet de votre adoration. N'avez-vous donc pas agi avec iniquité ?

87. Lorsque nous eûmes accepté votre alliance et élevé au-dessus de vos têtes le mont Sinaï, nous fîmes entendre ces paroles : Recevez nos lois avec une résolution ferme de les conserver, et écoutez-les. Ils répondirent : Nous avons entendu, mais nous n'obéirons pas ; et leurs cœurs

---

[1] C'est, conformément à l'opinion de Mohammed, l'ange Gabriel.

étaient encore abreuvés du culte du veau. Dis-leur : Viles suggestions que celles que vous inspire votre croyance, si vous en avez une.

88. Dis-leur : S'il est vrai qu'un séjour éternel séparé du reste des mortels vous soit réservé chez Dieu, osez désirer la mort, si vous êtes sincères.

89. Mais non, ils ne la demanderont jamais, à cause des œuvres de leurs mains, et Dieu connaît les pervers.

90. Tu les trouveras plus avides de vivre que tous les autres hommes, que les idolâtres même; tel d'entre eux désire vivre mille ans; mais ce long âge ne saurait l'arracher au supplice qui les attend, parce que Dieu voit leurs actions.

91. Dis : Qui se déclarera l'ennemi de Gabriel? c'est lui qui, par la permission de Dieu, a déposé sur ton cœur le livre destiné à confirmer les livres sacrés venus avant lui pour servir de direction et annoncer d'heureuses nouvelles aux croyants.

92. Celui qui sera l'ennemi du Seigneur, de ses anges, de ses envoyés, de Gabriel et de Michel, aura Dieu pour ennemi, car Dieu hait les infidèles.

93. Nous t'avons envoyé des signes manifestes, les pervers seuls refuseront d'y croire.

94. Toutes les fois qu'ils stipulent un pacte, se trouvera-t-il une portion parmi eux qui le mette de côté? Oui, la plupart d'entre eux ne croient pas.

95. Lorsque l'apôtre vint au milieu d'eux de la part de Dieu, confirmant leurs livres sacrés, une portion d'entre ceux qui ont reçu les Écritures jetèrent derrière leur dos le livre de Dieu, comme s'ils ne le connaissaient pas.

96. Ils ont suivi ce que les démons avaient imaginé contre le royaume de Salomon; mais ce n'est pas Salomon qui fut infidèle, ce sont les démons. Ils enseignent aux hommes la magie et la science qui avait été donnée aux deux anges de Babylone, Harout et Marout. Ceux-ci n'instruisaient personne dans leur art sans dire : Nous sommes la tentation, prends garde de devenir infidèle; les hommes apprenaient d'eux les moyens de semer la désunion entre l'homme et sa femme; mais les anges n'attaquaient personne sans la permission de Dieu; cependant les hommes apprenaient ce qui leur était nuisible, et non pas ce qui pouvait leur être avantageux, et ils savaient que celui qui avait acheté cet art était déshérité de toute part dans la vie future. Vil prix que celui pour lequel ils ont livré leurs âmes, s'ils l'eussent su!

97. La foi et la crainte du Seigneur leur aurait procuré une meilleure récompense, s'ils l'eussent su!

98. O vous qui croyez! ne vous servez pas du mot *raina* (observez-nous), dites *ondhorna* (regardez-nous [1]). Obéissez à cet ordre. Un châtiment douloureux attend les infidèles.

99. Ceux qui possèdent les Écritures ainsi que les idolâtres, ne veulent pas qu'une faveur quelconque descende sur vous de la part de votre Seigneur; mais Dieu accorde sa grâce à qui il veut, car il est plein de bonté et il est grand.

100. Nous n'abrégerons aucun verset de ce livre, ni n'en ferons effacer un seul de ta mémoire sans le remplacer par un autre, meilleur ou pareil. Ne sais-tu pas que Dieu est tout-puissant?

101. Ne sais-tu pas que l'empire du ciel et de la terre appartient à Dieu, et que vous n'avez d'autre protecteur ni de défenseur que lui?

102. Exigerez-vous de vos apôtres ce que les Juifs exigeaient autrefois de Moïse [2]? Celui qui échange la foi contre l'incrédulité, celui-là s'égare du chemin droit.

103. Beaucoup d'entre ceux qui possèdent les Écritures désirent de vous faire retomber dans l'incrédulité, excités par la jalousie et après que la vérité eut apparu clairement à leurs yeux. Pardonnez-leur; mais évitez-les jusqu'à ce que vous receviez à cet égard les ordres du Très-Haut qui est tout-puissant.

104. Acquittez-vous avec exactitude de la prière, faites l'aumône; le bien que vous aurez fait, vous le retrouverez auprès de Dieu qui voit vos actions.

105. Ils disent : Les Juifs ou les chrétiens seuls entreront dans le paradis. C'est une de leurs assertions mensongères. Dis-leur : Où sont vos preuves? apportez-les si vous êtes sincères.

106. Loin de là, celui qui se sera livré entièrement [3] à Dieu et qui aura pratiqué le bien, trouvera sa récompense auprès de son Seigneur; la crainte ne l'atteindra pas, et il ne sera point affligé.

107. Les Juifs disent : Les chrétiens ne s'appuient sur rien; les chrétiens de leur côté disent : Les Juifs ne s'appuient sur rien; et cependant les uns et les autres lisent les Écritures. Les idolâtres qui ne connaissent rien tiennent un langage pareil. Au jour de la résurrection, Dieu prononcera entre eux sur l'objet de la dispute.

108. Qui est plus injuste que celui qui empê-

[1] Mohammed a voulu substituer dans la salutation, le mot *ondhar* au mot *raï*, car ce dernier était, d'après les commentateurs, susceptible d'une signification malveillante, surtout employé par les Juifs de son temps.
[2] De leur faire voir Dieu.
[3] On pourrait traduire ces mots par : *qui se sera fait mouslim* (musulman) : le mot *mouslim* veut dire celui qui se résigne à la volonté de Dieu et qui se livre entièrement à lui. Nous observerons seulement qu'il est plus exact de traduire, *résigné à la volonté de Dieu*, que d'y substituer le mot *mouslim*, musulman, car, dans ce dernier cas, le mot serait sans régime.

che que le nom de Dieu retentisse dans les temples, et qui travaille à leur ruine? Ils ne devraient y entrer qu'en tremblant. L'ignominie sera leur partage dans ce monde, et le châtiment cruel leur est préparé dans l'autre.

109. A Dieu appartiennent le levant et le couchant; de quelque côté que vous vous tournez, vous rencontrerez sa face[1]. Dieu est immense et il sait tout.

110. Ils disent: Dieu a des enfants. Loin de lui ce blasphème! Tout ce qui est dans les cieux et sur la terre lui appartient, et tout lui obéit.

111. Unique dans les cieux et sur la terre, dès qu'il a résolu quelque chose, il dit: *Sois*, et elle est.

112. Ceux qui ne connaissent rien (les idolâtres) disent: Si Dieu ne nous parle pas, ou si tu ne nous fais voir un signe, nous ne croirons point. Ainsi parlaient leurs pères; leurs langages et leurs cœurs se ressemblent. Nous avons fait éclater assez de signes pour ceux qui ont la foi.

113. Nous t'avons envoyé avec la vérité et chargé d'annoncer et d'avertir. L'on ne te demandera aucun compte de ceux qui seront précipités dans l'enfer.

114. Les Juifs et les chrétiens ne t'approuveront que quand tu auras embrassé leur religion. Dis-leur: La direction qui vient de Dieu est seule véritable; si tu te rendais à leurs désirs, après avoir reçu la science[2], tu ne trouverais en Dieu ni protection ni secours.

115. Ceux à qui nous avons donné le livre et qui le lisent comme il convient de le lire, ceux-là croient en lui; mais ceux qui n'y ajoutent aucune foi seront voués à la perdition.

116. O enfants d'Israël! souvenez-vous des bienfaits dont je vous ai comblés; souvenez-vous que je vous ai élevés au-dessus de tous les humains.

117. Redoutez le jour où une âme ne satisfera point pour une autre âme, où ne sera reçue aucune compensation, où ne sera admise aucune intercession, où il n'y aura aucun secours à attendre.

118. Lorsque Dieu tenta Abraham par des paroles, et que celui-ci eut accompli ses ordres, Dieu lui dit: Je t'établirai l'imam des peuples[3]. Choisis-en aussi dans ma famille, dit Abraham. Mon alliance, reprit le Seigneur, ne comprendra point les méchants.

119. Nous établîmes la maison sainte pour être la retraite et l'asile des hommes, et nous dîmes: Prenez la station d'Abraham pour oratoire; nous fîmes un pacte avec Abraham et Ismaël en leur disant: Purifiez ma maison pour ceux qui viendront en faire le tour[1], pour ceux qui viendront pour y vaquer à la prière, aux génuflexions et aux prostrations.

120. Alors Abraham dit à Dieu: Seigneur, accorde à cette contrée la sécurité et la nourriture de tes fruits à ceux qui croiront en Dieu et au jour dernier. Je l'accorderai aux infidèles aussi, mais ils n'en jouiront qu'un espace de temps borné; ensuite je les refoulerai vers le châtiment du feu. Quelle affreuse route que la leur!

121. Lorsque Abraham et Ismaël eurent élevé les fondements de la maison, ils s'écrièrent: Agrée-la, ô notre Seigneur, car tu entends et connais tout.

122. Fais, ô notre Seigneur, que nous soyons résignés à ta volonté (musulmans), que notre postérité soit un peuple résigné à toi (musulman); enseigne-nous les rits sacrés, et daigne jeter tes regards vers nous, car tu aimes à agréer la pénitence et tu es miséricordieux.

123. Suscite un apôtre au milieu d'eux, afin qu'il leur lise le récit de tes miracles[2], leur enseigne le Koran et la sagesse, et qu'il les rende purs.

124. Et qui aura de l'aversion pour la religion d'Abraham, si ce n'est l'insensé? Nous l'avons élu dans ce monde, et il sera dans l'autre au nombre des justes.

125. Lorsque Dieu dit à Abraham: Résigne-toi à ma volonté, il répondit: Je me résigne à la volonté de Dieu maître de l'univers.

126. Abraham recommanda cette croyance à ses enfants, et Jacob en fit autant; il leur dit: O mes enfants! Dieu vous a choisi une religion, ne mourez pas sans l'avoir embrassée.

127. Étiez-vous témoins lorsque la mort vint visiter Jacob, et lorsqu'il demanda à ses enfants: Qu'adorerez-vous après ma mort? Ils répondirent: Nous adorerons ton Dieu, le Dieu de tes pères Abraham, Ismaël et Jacob, le Dieu unique, et nous serons résignés à lui.

128. Cette génération a passé, elle a emporté avec elle le prix de ses œuvres; vous en recevrez aussi celui des vôtres, et on ne vous demandera point compte de ce qu'ils ont fait.

129. On vous dit: Soyez juifs ou chrétiens,

---

[1] Ce verset se trouve abrogé par le verset 139 du même chapitre. Or, le temple de la Caba, à la Mecque, a été définitivement désigné comme le point vers lequel les musulmans doivent se tourner en priant.

[2] C'est-à-dire, après la révélation du Koran.

[3] C'est-à-dire, chef en matière de religion, chargé de diriger les hommes dans l'accomplissement des œuvres de dévotion.

[1] C'était une des cérémonies religieuses que de faire le tour d'un temple: cette cérémonie, pratiquée par les Arabes idolâtres relativement à leur temple, s'est conservée dans l'islam relativement au temple de la Caba.

[2] Mot à mot, qui leur lise tes signes. Le mot *signe* étant applicable aux versets d'un livre divin, on peut lui ajouter le mot lire.

et vous serez sur le bon chemin. Répondez-leur : Nous sommes plutôt de la religion d'Abraham, vrai croyant, et qui n'était point du nombre des idolâtres.

130. Dites : Nous croyons en Dieu et à ce qui a été envoyé d'en haut à nous, à Abraham et à Ismaël, à Isaac, à Jacob, aux douze tribus, aux livres qui ont été donnés à Moïse et à Jésus, aux livres accordés aux prophètes par le Seigneur ; nous ne mettons point de différence entre eux, et nous sommes résignés à la volonté de Dieu.

131. S'ils (les juifs et les chrétiens) adoptent votre croyance, ils sont dans le chemin droit ; s'ils s'en éloignent, ils font une scission avec vous ; mais Dieu vous suffit, il entend et sait tout.

132. C'est une confirmation de la part de Dieu ; et qui est plus capable de donner une confirmation que Dieu ?

133. Dis-leur : Disputerez-vous avec nous de Dieu ? Il est notre Seigneur et le vôtre ; nous avons nos actions et vous avez les vôtres. Nous sommes sincères dans notre culte.

134. Direz-vous qu'Abraham, Ismaël, Isaac, Jacob et les douze tribus, étaient juifs ou chrétiens ? Dis-leur : Qui donc est plus savant, de Dieu ou de vous ? Et qui est plus coupable que celui qui cache le témoignage dont Dieu l'a fait le dépositaire ? Mais Dieu n'est point inattentif à ce que vous faites.

135. Ces générations ont disparu. Elles ont emporté le prix de leurs œuvres, de même que vous emporterez celui des vôtres. On ne vous demandera point compte de ce qu'elles ont fait.

136. Les insensés parmi les hommes demanderont : Pourquoi Mohammed change-t-il la *Kebla*[1] ? Réponds-leur : L'Orient et l'Occident appartiennent au Seigneur ; il conduit ceux qu'il veut dans le droit chemin.

137. C'est ainsi que nous avons fait de vous, ô *Arabes* ! une nation intermédiaire, afin que vous soyez témoins vis-à-vis de tous les hommes, et que l'apôtre soit témoin par rapport à vous.

138. Nous t'avons établi la précédente *Kebla* que pour distinguer celui d'entre vous qui aura suivi le prophète de celui qui s'en détourne[2]. Ce changement est une gêne, mais non pas pour ceux que Dieu dirige. Dieu ne souffrira pas que votre croyance soit sans fruit, car il est plein de bonté et de miséricorde pour les hommes.

139. Nous t'avons vu tourner incertain ton visage de tous les côtés du ciel ; nous voulons que tu le tournes *dorénavant* vers une région dans laquelle tu te complairas. Tourne-le donc vers la plage de l'oratoire sacré. En quelque lieu que vous soyez, tournez-vous vers cette plage. Ceux qui ont reçu les Écritures savent que c'est la vérité qui vient du Seigneur, et Dieu n'est point inattentif à leurs actions.

140. Quand même tu ferais en présence de ceux qui ont reçu les Écritures toute sorte de miracles, ils n'adopteraient pas ta *Kebla* (direction dans la prière). Toi tu n'adopteras pas non plus la leur. Parmi eux-mêmes, les uns ne suivent point la *Kebla* des autres. Si, après la science que tu as reçue, tu suivais leurs désirs, tu serais du nombre des impies.

141. Ceux qui ont reçu les Écritures connaissent l'Apôtre comme leurs propres enfants[1] ; mais la plupart cachent la vérité qu'ils connaissent.

142. La vérité vient de ton Seigneur. Ne sois donc pas de ceux qui doutent.

143. Chaque peuple a une plage du ciel vers laquelle il se tourne en priant. Vous, efforcez-vous à pratiquer les bonnes œuvres partout où vous êtes. Dieu vous rassemblera tous un jour, car il est tout-puissant.

144. De quelque lieu que tu sortes, tourne ton visage vers l'oratoire sacré. C'est un précepte vrai émané de ton Seigneur, et Dieu n'est point inattentif à vos actions.

145. De quelque lieu que tu sortes, tourne ton visage vers l'oratoire sacré. En quelque lieu que vous soyez, tournez vos visages de ce côté-là, afin que les hommes n'aient aucun prétexte de dispute contre vous. Quant aux impies, ne les craignez point, mais craignez-moi ; afin que j'accomplisse mes bienfaits sur vous, et que vous soyez dans la droite voie.

146. C'est ainsi que nous avons envoyé des prophètes de votre nation, afin qu'ils vous lisent le récit de nos miracles ; afin que chacun d'eux vous rende purs et vous enseigne le livre (le Koran), la sagesse, et qu'il vous apprenne ce que vous ignoriez.

147. Souvenez-vous de moi, et je me souviendrai de vous ; rendez des actions de grâces, et ne soyez pas ingrats envers moi.

148. O croyants ! implorez le secours du ciel par la prière et la patience. Dieu est avec les patients.

149. Ne dites pas que ceux qui sont tués dans la voie de Dieu sont des morts. Non, ils sont vivants ; mais vous ne le comprenez pas.

150. Nous vous éprouverons par la peur et la faim, par les pertes dans vos biens et dans vos hommes, par les dégâts dans vos récoltes. An-

---

[1] *Kebla* est le point vers lequel on se tourne en priant.
[2] Mot à mot, qui se retourne sur ses talons.

[1] C'est-à-dire qu'au fond ils sont convaincus de la vérité de sa mission.

nonce des nouvelles heureuses à ceux qui souffriront patiemment.

151. A ceux qui, lorsqu'un malheur s'appesantit sur eux, s'écrient : Nous sommes à Dieu, et nous retournerons à lui,

152. Les bénédictions du Seigneur et sa miséricorde s'étendront sur eux. Ils seront dirigés dans la droite voie.

153. Safa et Merwa¹ sont des monuments de Dieu ; celui qui fait le pèlerinage de la Mecque ou qui visitera la maison sainte, ne commet aucun péché, s'il fait le tour de ces deux collines. Celui qui aura fait une bonne œuvre de son propre mouvement, recevra une récompense ; car Dieu est reconnaissant et connaît tout.

154. Que ceux qui dérobent à la connaissance des autres les miracles et la vraie direction après que nous les avons fait connaître dans le livre (le Pentateuque), soient maudits de Dieu et de tous ceux qui savent maudire.

155. Ceux qui reviennent à moi, qui se corrigent et font connaître la vérité aux autres ; à ceux-là je reviendrai aussi, car j'aime à revenir *vers un pécheur converti*, et je suis miséricordieux.

156. Ceux qui mourront infidèles seront frappés de la malédiction de Dieu, des anges et de tous les hommes.

157. Ils en seront éternellement couverts ; leurs tourments ne s'adouciront point, et Dieu ne tournera point vers eux ses regards.

158. Votre Dieu est le Dieu unique ; il n'y en a point d'autre, il est le clément et le miséricordieux.

159. Dans la création des cieux et de la terre, dans la succession alternative des jours et des nuits, dans les vaisseaux qui voguent à travers la mer pour apporter aux hommes des choses utiles, dans cette eau que Dieu fait descendre du ciel et avec laquelle il rend la vie à la terre morte naguère et où il a disséminé des animaux de toute espèce, dans les variations de vents et dans les nuages astreints au service entre le ciel et la terre, dans tout ceci il y a certes des signes pour tous ceux qui ont de l'intelligence.

160. Il est des hommes qui placent à côté de Dieu des compagnons qu'ils aiment à l'égal de Dieu ; mais ceux qui croient, aiment Dieu par-dessus tout. Oh ! que les impies reconnaîtront au moment du châtiment, qu'il n'y a d'autre puissance que celle de Dieu, et qu'il est terrible dans ses châtiments !

161. Lorsque les chefs² seront séparés de ceux qui les suivaient ; qu'ils verront le châtiment, et que tous les liens qui les unissaient seront rompus,

162. Les sectateurs s'écrieront : Ah ! si nous pouvions retourner sur la terre, nous nous séparerions d'eux comme ils se séparent maintenant de nous. C'est ainsi que Dieu leur fera voir leurs œuvres. Ils pousseront des soupirs de regrets, mais ils ne sortiront point du feu.

163. O hommes¹ ! nourrissez-vous de tous les fruits licites et délicieux. Ne marchez point sur les traces de Satan, car il est votre ennemi déclaré.

164. Il vous ordonne le mal et les infamies, il vous apprend à dire de Dieu ce que vous ne savez pas.

165. Lorsqu'on leur dit : Suivez la loi que Dieu vous a envoyée, ils répondent : Nous suivons les habitudes de nos pères. Comment suivront-ils leurs pères qui n'entendaient rien, et qui n'étaient point dans la droite voie ?

166. Les infidèles ressemblent à celui qui crie à un homme qui n'entend que le son de la voix et le cri (sans distinguer les paroles). Sourds, muets, aveugles, ils ne comprennent rien.

167. O croyants ! nourrissez-vous des mets délicieux que nous vous accordons, et rendez grâces à Dieu si vous êtes ses adorateurs.

168. Il vous est interdit de manger les animaux morts, le sang, la chair du porc, et tout animal sur lequel on aura invoqué un autre nom que celui de Dieu. Celui qui le ferait, contraint par la nécessité et non comme rebelle et transgresseur, ne sera pas coupable, car Dieu est indulgent et miséricordieux.

169. Ceux qui dérobent aux hommes les préceptes du livre envoyé d'en haut par l'appât d'un vil intérêt, remplissent leurs entrailles de feu. Dieu ne leur adressera pas la parole au jour de la résurrection et ne les absoudra pas. Un supplice douloureux les attend.

170. Ceux qui achètent l'égarement pour la *direction* et le châtiment pour le pardon de Dieu, comment supporteront-ils le feu ?

171. Ils y seront condamnés, parce que Dieu a envoyé un livre véritable, et que ceux qui se disputent à son sujet forment une scission qui les place bien loin de la vérité.

172. La vertu ne consiste point en ce que vous tourniez vos visages du côté du levant ou du couchant : vertueux sont ceux qui croient en Dieu et au jour dernier, aux anges et au livre, et aux prophètes, qui donnent pour l'amour de Dieu des secours à leurs proches et aux orphelins, aux pauvres et aux voyageurs, et à

---

¹ *Safa* et *Merwa*, collines à peu de distance de la Mecque, sont consacrées par la religion.

² Mot à mot : ceux qui ont été suivis.

¹ Voyez sur la valeur de cette allocution, la note du v. 19

ceux qui demandent, qui rachètent les captifs, qui observent la prière, qui font l'aumône, remplissent les engagements qu'ils contractent, se montrent patients dans l'adversité, dans les temps durs et dans les temps de violences. Ceux-là sont justes et craignent le Seigneur.

173. O croyants! la peine du talion vous est prescrite pour le meurtre. Un homme libre pour un homme libre, l'esclave pour l'esclave, et une femme pour une femme. Celui qui obtiendra le pardon de son frère, sera tenu de payer une certaine somme, et la peine sera prononcée contre lui avec humanité.

174. C'est un adoucissement[1] de la part de votre Seigneur et une faveur de sa miséricorde ; mais quiconque se rendra coupable encore une fois d'un crime pareil, sera livré au châtiment douloureux.

175. Dans la loi du talion est votre vie, ô hommes doués d'intelligence! Peut-être finirez-vous par craindre Dieu.

176. Il vous est prescrit que lorsqu'un d'entre vous se trouve à l'approche de la mort, il doit laisser par testament ses biens à ses père et mère et à ses proches d'une manière généreuse. C'est un devoir pour ceux qui craignent Dieu.

177. Celui qui, après avoir entendu les dispositions du testateur *au moment de sa mort*, les aura dénaturées, commet un crime[2]. Dieu voit et entend tout.

178. Celui qui, craignant une erreur ou une injustice de la part du testateur, aura réglé les droits des héritiers avec justice, n'est point coupable. Dieu est indulgent et miséricordieux.

179. O croyants! le jeûne vous est prescrit, de même qu'il a été prescrit à ceux qui vous ont précédés. Craignez le Seigneur.

180. Le jeûne ne durera qu'un nombre de jours déterminé. Mais celui qui est malade ou en voyage (*et qui n'aura pas pu accomplir le jeûne dans le temps prescrit*) jeûnera dans la suite un nombre de jours égal. Ceux qui, pouvant supporter le jeûne, le rompront, donneront à titre d'expiation la nourriture d'un pauvre. Quiconque accomplit volontairement une œuvre de dévotion, en retire un avantage. Avant tout, il est bien que vous observiez le jeûne si vous connaissez la loi.

181. La lune de Ramadan dans laquelle le Koran est descendu d'en haut pour servir de *direction* aux hommes, pour leur en donner une explication claire, et de distinction *entre le bien et le mal*, est le temps destiné à l'abstinence. Quiconque aura aperçu cette lune, se disposera aussitôt à jeûner. Celui qui sera malade ou en voyage jeûnera dans la suite un nombre de jours égal. Dieu veut vous mettre à votre aise, il ne veut point de choses difficiles. Il veut seulement que vous accomplissiez le nombre voulu, et que vous le glorifiiez de ce qu'il vous dirige dans la droite voie ; il veut que vous soyez reconnaissants.

182. Lorsque mes serviteurs te parleront de moi, je serai près d'eux, j'exaucerai la prière du suppliant qui m'implore; mais qu'ils m'écoutent, qu'ils croient en moi, afin qu'ils marchent droit.

183. Il vous est permis de vous approcher de vos femmes dans la nuit du jeûne. Elles sont votre vêtement et vous êtes le leur. Dieu savait que vous aviez été transgresseurs à cet égard. Il est revenu à vous et vous a pardonné. Voyez vos femmes dans le désir de recueillir les fruits qui vous sont réservés. Il vous est permis de manger et de boire jusqu'au moment où vous pourrez déjà distinguer le fil blanc d'un fil noir. A partir de ce moment observez strictement le jeûne jusqu'à la nuit. Pendant ce temps n'ayez aucun commerce avec vos femmes, passez-le plutôt en actes de dévotion dans les mosquées. Telles sont les limites de Dieu[1]. N'en approchez point de peur de les franchir. C'est ainsi que Dieu développe, explique ses *signes*[2] aux hommes, afin qu'ils le craignent.

184. Ne dissipez point vos richesses en dépenses inutiles entre vous ; ne les portez pas non plus aux juges dans le but de consumer injustement le bien d'autrui. Vous le savez.

185. Ils t'interrogeront sur les nouvelles lunes. Dis-leur : Ce sont les temps établis pour l'utilité des hommes et pour marquer le pèlerinage de la Mecque. La vertu ne consiste pas en ce que vous rentriez dans vos maisons par une ouverture pratiquée derrière[3], elle consiste dans la crainte de Dieu. Entrez donc dans vos maisons par les portes d'entrée et craignez Dieu. — Vous serez heureux.

186. Combattez dans la voie de Dieu[4] contre

---

[1] A la rigueur de la loi du talion.

[2] Le texte porte : *son crime retombe sur ceux qui les dénaturent*, c'est-à-dire, qu'on ne saurait faire un reproche au testateur des dispositions défavorables, mais bien à celui qui les a altérées en les rapportant.

[1] C'est-à-dire posées par Dieu. De là, le mot limite se prend pour tout précepte divin.

[2] Ou versets du Koran.

[3] Lorsque les Arabes revenaient du pèlerinage de la Mecque, ils se croyaient sanctifiés, et regardant comme profane la porte par laquelle ils entraient d'habitude dans leurs maisons, ils en faisaient ouvrir une au côté opposé. Mohammed condamne cet usage.

[4] L'expression de : *combattre dans la voie de Dieu*, est consacrée pour la *guerre sainte*, ou pour la cause de Dieu en général, comme Abd-el-Kader l'a employée récemment en Algérie contre nous en observant le Koran à la lettre.

ceux qui vous feront la guerre. Mais ne commettez point d'injustice en les attaquant les premiers, car Dieu n'aime point les injustes.

187. Tuez-les partout où vous les trouverez, et chassez-les d'où ils vous auront chassés. La tentation à l'idolâtrie est pire que le carnage à la guerre. Ne leur livrez point de combat auprès de l'oratoire sacré, à moins qu'ils ne vous y attaquent. S'ils le font, tuez-les. Telle est la récompense des infidèles.

188. S'ils mettent un terme à ce qu'ils font : certes Dieu est indulgent et miséricordieux.

189. Combattez-les jusqu'à ce que vous n'ayez point à craindre la tentation, et que tout culte soit celui du Dieu unique. S'ils mettent un terme à leurs actions, plus d'hostilités. Les hostilités ne seront dirigées que contre les impies.

190. Le mois sacré pour le mois sacré. S'ils vous attaquent dans l'enceinte sacrée, agissez de même par droit du talion. Quiconque agira violemment contre vous, agissez de même à son égard. Craignez le Seigneur, et apprenez qu'il est avec ceux qui craignent.

191. Employez vos biens pour la cause de Dieu, et ne vous précipitez pas de vos propres mains dans l'abîme. Faites le bien, car Dieu aime ceux qui font le bien.

192. Faites le pèlerinage de la Mecque, et la visite du temple en l'honneur de Dieu. Si vous en êtes empêchés étant cernés par les ennemis, envoyez au moins quelque légère offrande. Ne rasez point vos têtes jusqu'à ce que l'offrande soit parvenue au lieu où l'on doit l'immoler. Celui qui serait malade ou que quelque indisposition obligerait à se raser, sera tenu d'y satisfaire par le jeûne, par l'aumône ou par quelque offrande. Lorsque vous n'avez rien à craindre de vos ennemis, celui qui se contente d'accomplir la visite du temple et remet le pèlerinage à une autre époque, fera une légère offrande ; s'il n'en a pas les moyens, trois jours de jeûne en seront une expiation pendant le pèlerinage même, et sept après le retour : dix jours en tout. Cette expiation est imposée à celui dont la famille ne se trouvera pas présente au temple de la Mecque. Craignez Dieu, et sachez qu'il est terrible dans ses châtiments.

193. Le pèlerinage se fera dans les mois prescrits. Celui qui l'entreprendra doit s'abstenir des femmes, des transgressions des préceptes et de rixes. Le bien que vous ferez sera connu de Dieu. Prenez des provisions pour le voyage. La meilleure provision est la piété. Craignez-moi donc, ô hommes doués de sens !

194. Ce n'est point un crime de demander à Dieu l'accroissement de vos biens en exerçant le commerce durant le pèlerinage. Lorsque vous retournerez du mont Arafat, souvenez-vous du Seigneur près du *monument sacré*[1] ; souvenez-vous de lui, parce qu'il vous a dirigés dans la droite voie, vous qui étiez naguère dans l'égarement.

195. Faites ensuite des processions dans les lieux où les autres les font. Implorez le pardon de Dieu, car il est indulgent et miséricordieux.

196. Lorsque vous aurez terminé vos cérémonies, gardez le souvenir de Dieu comme vous gardez celui de vos pères, et même plus vif encore. Il est des hommes qui disent : Seigneur, donne-nous notre portion de biens dans ce monde. Ceux-ci n'auront point de part dans la vie future.

197. Il en est d'autres qui disent : Seigneur, assigne-nous une belle part dans ce monde et une belle part dans l'autre, et préserve-nous du châtiment du feu.

198. Ceux-ci auront la part qu'ils auront méritée. Dieu est prompt dans ses comptes avec les hommes.

199. Vous vous acquitterez des œuvres de dévotion pendant un nombre de jours marqué. Celui qui aura hâté le départ (de la vallée de Mina) de deux jours, n'est point coupable ; celui qui l'aura retardé ne le sera pas non plus, si toutefois il craint Dieu. Craignez donc Dieu, et apprenez que vous serez un jour rassemblés devant lui.

200. Tel homme excitera ton admiration par la manière dont il te parlera de la vie de ce monde[2] ; il prendra Dieu à témoin des pensées de son cœur. Il est le plus acharné de tes adversaires.

201. A peine t'a-t-il quitté, qu'il parcourt le pays, y propage le désordre, cause des dégâts dans les campagnes et parmi les bestiaux. Dieu n'aime point le désordre.

202. Si on lui dit : Crains Dieu, l'orgueil s'ajoute à son impiété. Le feu sera sa récompense. Quel affreux lieu de repos !

203. Tel autre s'est vendu soi-même pour faire une action agréable à Dieu. Dieu est plein de bonté pour ses serviteurs.

204. O croyants ! entrez tous dans la vraie religion ; ne marchez pas sur les traces de Satan ; il est votre ennemi déclaré.

205. Si vous tombez dans le péché après avoir reçu les signes évidents[3], sachez que Dieu est puissant et sage.

---

[1] C'est le nom d'une montagne où Mohammed s'étant retiré un jour pour prier, son visage devint tout rayonnant.

[2] Allusion à un personnage qui voulait passer pour contempteur des choses mondaines et pour ami de Mohammed.

[3] Les versets du Koran.

206. Les infidèles attendent-ils que Dieu vienne à eux dans les ténèbres d'épais nuages, accompagné de ses anges. Alors tout sera consommé. Tout retournera à Dieu.

207. Demande aux enfants d'Israël combien de signes évidents nous avons fait éclater à leurs yeux. Celui qui fera changer les faveurs que Dieu lui avait accordées, apprendra que Dieu est terrible dans ses châtiments.

208. La vie de ce monde est pour ceux qui ne croient pas et qui se moquent des croyants. Ceux qui craignent Dieu seront au-dessus d'eux au jour de la résurrection. Dieu nourrit ceux qu'il veut sans leur compter ses bienfaits.

209. Les hommes formaient autrefois une seule nation. Dieu envoya les prophètes chargés d'annoncer et d'avertir. Il leur donna un livre contenant la vérité, pour prononcer entre les hommes sur l'objet de leurs disputes. Or, les hommes ne se mirent à disputer que par jalousie les uns contre les autres, et après que les signes évidents leur furent donnés à tous. Dieu fut le guide des hommes qui crurent à la vérité de ce qui était l'objet des disputes avec la permission de Dieu, car il dirige ceux qu'il veut vers le chemin droit.

210. Croyez-vous entrer dans le paradis sans avoir éprouvé les maux qu'ont éprouvés ceux qui vous ont précédés? Les malheurs et les calamités les visitèrent; ils furent ballottés par l'adversité au point que le prophète et ceux qui croyaient avec lui s'écrièrent: Quand donc arrivera le secours de Dieu? Le secours du Seigneur n'est-il pas proche?

211. Ils t'interrogeront comment il faut faire l'aumône. Dis-leur: Il faut secourir les parents, les proches, les orphelins, les pauvres, les voyageurs. Le bien que vous ferez sera connu de Dieu.

212. On vous a prescrit la guerre et vous l'avez prise en aversion.

213. Il se peut que vous ayez de l'aversion pour ce qui vous est avantageux et que vous aimiez ce qui vous est nuisible. Dieu le sait; mais vous, vous ne le savez pas.

214. Ils t'interrogeront sur le mois sacré; ils te demanderont si l'on peut faire la guerre dans ce mois. Dis-leur: La guerre dans ce mois est un péché grave; mais se détourner de la voie de Dieu, ne point croire en lui, et à l'oratoire sacré, chasser de son enceinte ceux qui l'habitent, est *un péché* encore plus grave. La tentation à l'idolâtrie est pire que le carnage. Les infidèles ne cesseront point de vous faire la guerre tant qu'ils ne vous auront pas fait renoncer à votre religion, s'ils le peuvent. Mais ceux d'entre vous qui renonceront à leur religion et mourront en état d'infidélité, ceux-là sont les hommes dont les œuvres ne profiteront ni dans cette vie ni dans l'autre. Ils sont voués au feu où ils resteront éternellement.

215. Ceux qui abandonnent leur pays et combattent dans le sentier de Dieu peuvent espérer sa miséricorde, car il est indulgent et miséricordieux.

216. Ils t'interrogeront sur le vin et le jeu. Dis-leur: L'un et l'autre sont un mal. Les hommes y cherchent des avantages, mais le mal est plus grave que l'avantage n'est grand. Ils t'interrogeront aussi sur ce qu'ils doivent dépenser en largesses.

217. Réponds-leur: Donnez votre superflu. C'est ainsi que Dieu nous explique ses signes[1], afin que vous méditiez

218. Sur ce monde et sur l'autre. Ils t'interrogeront sur les orphelins. Dis-leur: Leur faire du bien est une bonne action.

219. Si vous vivez avec eux, regardez-les comme vos frères. Dieu sait distinguer le méchant d'avec le juste. Il peut vous affliger s'il le veut, car il est puissant et sage.

220. N'épousez point les femmes idolâtres tant qu'elles n'auront pas cru. Une esclave croyante vaut mieux qu'une femme libre idolâtre, quand même celle-ci vous plairait davantage. Ne donnez point vos filles aux idolâtres tant qu'ils n'auront pas cru. Un esclave croyant vaut mieux qu'un incrédule libre, quand même il vous plairait davantage.

221. Les infidèles vous appellent au feu et Dieu vous invite au paradis et au pardon; par sa volonté seule il explique ses enseignements aux hommes, afin qu'ils les méditent.

222. Ils t'interrogeront sur les règles des femmes. Dis-leur: C'est un inconvénient. Séparez-vous de vos épouses pendant ce temps, et n'en approchez que lorsqu'elles seront purifiées. Lorsqu'elles se seront purifiées, venez à elles comme vous l'ordonne Dieu. Il aime ceux qui se repentent, il aime ceux qui observent la pureté.

223. Les femmes sont votre champ. Cultivez-le de la manière que vous l'entendrez, ayant fait auparavant quelque acte de piété. Craignez Dieu, et sachez qu'un jour vous serez en sa présence. Annonce aux croyants d'heureuses nouvelles.

224. Ne prenez point Dieu pour point de mire quand vous jurez d'être justes, vertueux et de le craindre; il sait et entend tout.

225. Dieu ne vous punira point pour une parole inconsidérée dans vos serments, il vous punira pour les œuvres de vos cœurs. Il est clément et miséricordieux.

226. Ceux qui font vœu de s'abstenir de leurs femmes, auront un délai de quatre mois. Si pen-

---

[1] Ou versets du Koran.

dant ce temps-là ils reviennent à elles, Dieu est indulgent et miséricordieux.

227. Si le divorce est fermement résolu; Dieu sait et entend tout.

228. Les femmes répudiées laisseront écouler le temps de trois menstrues avant de se remarier. Elles ne doivent point cacher ce que Dieu a créé dans leur sein, si elles croient en Dieu et au jour dernier. Il est plus équitable que les maris les reprennent quand elles sont dans cet état, s'ils désirent la paix. Les femmes à l'égard de leurs maris, et ceux-ci à l'égard de leurs femmes, doivent se conduire honnêtement. Les maris sont supérieurs à leurs femmes. Dieu est puissant et sage.

229. La répudiation peut se faire deux fois[1]. Gardez-vous votre femme? traitez-la honnêtement; la renvoyez-vous? renvoyez-la avec générosité. Il ne vous est pas permis de garder ce que vous leur avez donné, à moins que vous ne craigniez de ne point observer les limites de Dieu (*en vivant avec elles*). Si vous craignez de ne point les observer, il ne résultera aucun péché pour aucun de vous, de tout ce que la femme fera pour se racheter. Telles sont les limites posées par Dieu[2]. Ne les franchissez pas; car qui franchit les bornes de Dieu est injuste.

230. Si un mari répudie sa femme trois fois, il ne lui est permis de la reprendre que lorsqu'elle aura épousé un autre mari, et que celui-ci l'aura répudiée à son tour. Il ne résultera aucun péché pour aucun des deux, s'ils se réconcilient croyant pouvoir observer les préceptes de Dieu. Tels sont les préceptes que Dieu déclare aux hommes qui entendent.

231. Lorsque vous répudiez une femme et que le moment de la renvoyer est venu, gardez-la en la traitant honnêtement, ou renvoyez-la avec générosité. Ne la retenez point par force pour exercer quelque injustice envers elle; celui qui agirait ainsi, agirait contre lui-même. Ne vous jouez pas des enseignements de Dieu, et souvenez-vous des bienfaits de Dieu, du livre et de la sagesse qu'il a fait descendre sur vous et par lesquels il vous donne des admonitions. Craignez-le et sachez qu'il connaît tout.

232. Lorsque vous répudiez vos femmes et qu'elles auront attendu le temps marqué, ne les empêchez pas de renouer les liens de mariage avec leurs maris, si les deux époux conviennent de ce qu'ils croient juste. Cet avis regarde ceux d'entre vous qui croient en Dieu et au jour dernier. Ce procédé est plus méritoire, Dieu sait et vous ne savez pas.

233. Les mères répudiées allaiteront leurs enfants deux ans complets si le père veut que le temps soit complet. Le père de l'enfant est tenu de pourvoir à la nourriture et aux vêtements de la femme d'une manière honnête. Personne ne doit être chargé au delà de ses facultés; que la mère ne soit pas lésée dans ses intérêts à cause de son enfant, ni le père non plus. L'héritier du père est tenu aux mêmes devoirs. Si les époux préfèrent de sevrer l'enfant (avant le terme) de consentement volontaire et après s'être consultés mutuellement, cela n'implique aucun péché. Si vous préférez de mettre vos enfants en nourrice, il n'y aura aucun mal à cela, pourvu que vous payiez ce que vous avez promis. Craignez Dieu et sachez qu'il voit tout.

234. Si ceux qui meurent laissent des femmes, elles doivent attendre quatre mois et dix jours. Ce terme expiré, vous ne serez point responsables de la manière dont elles disposeront honnêtement d'elles-mêmes. Dieu est instruit de ce que vous faites.

235. Il n'y aura aucun mal à ce que vous fassiez ouvertement des propositions de mariage à ces femmes[1], ou que vous en gardiez le secret dans vos cœurs. Dieu sait bien que vous y penserez; mais ne leur faites point de promesses en secret, et ne leur tenez qu'un langage honnête.

236. Ne décidez des liens du mariage que quand le temps prescrit sera accompli, et sachez que Dieu connaît ce qui est dans vos cœurs; sachez qu'il est indulgent et miséricordieux.

237. Il n'y a aucun péché de répudier une femme avec laquelle vous n'aurez point cohabité ou à qui vous n'aurez pas assigné de dot. Donnez-leur le nécessaire (l'homme aisé selon ses facultés, l'homme pauvre selon les siennes) d'une manière honnête et ainsi qu'il convient à ceux qui pratiquent le bien.

238. Si vous répudiez une femme avant la cohabitation, mais après l'assignation de dot, elle en gardera la moitié, à moins que la femme ne se désiste (de sa moitié), ou bien que celui qui de sa main a lié le nœud du mariage ne se désiste de tout. Se désister est plus proche de la piété. N'oubliez pas la générosité dans vos rapports. Dieu voit ce que vous faites.

239. Accomplissez exactement la prière, surtout celle du milieu. Levez-vous pénétrés de dévotion.

240. Si vous craignez quelque danger, vous pouvez prier debout ou à cheval. Quand vous êtes en toute sécurité, pensez de nouveau à Dieu, car il vous a appris ce que vous ne saviez pas.

---

[1] Sans entraîner d'autre conséquence que de reprendre simplement sa femme.
[2] Voyez la note Ire du verset 183.

[1] Pendant ces quatre mois et dix jours.

241. Ceux d'entre vous qui mourront laissant après eux leurs femmes, leur assigneront un legs destiné à leur entretien pendant une année, et sans qu'elles soient obligées de quitter la maison. Si elles la quittent d'elles-mêmes, il ne saurait résulter aucun péché pour vous de la manière dont elles disposeront honnêtement d'elles-mêmes. Dieu est puissant et sage.

242. Un entretien honnête est dû aux femmes répudiées; c'est un devoir à la charge de ceux qui craignent Dieu.

243. C'est ainsi que Dieu vous explique ses signes, afin que vous réfléchissiez.

244. N'as-tu pas remarqué ceux qui, au nombre de plusieurs mille, sortirent de leur pays par crainte de la mort? Dieu leur a dit: Mourez. Puis il les a rendus à la vie, car Dieu est plein de bonté pour les hommes; mais la plupart ne le remercient point de ses bienfaits.

245. Combattez dans le sentier de Dieu, et sachez que Dieu entend et sait tout.

246. Qui veut faire un prêt magnifique à Dieu? Dieu le multipliera à l'infini, car Dieu borne ou étend ses faveurs *à son gré*, et vous retournerez tous à lui.

247. Rappelle-toi l'assemblée des enfants d'Israël après la mort de Moïse, lorsqu'ils dirent à un de leurs prophètes: Créez-nous un roi et nous combattrons dans le sentier de Dieu. Et lorsqu'on vous le commandera, leur répondit-il, ne vous y refuserez-vous pas? Et pourquoi ne combattrions-nous pas dans le sentier de Dieu, dirent-ils, nous qui avons été chassés de notre pays et séparés de nos enfants? Cependant, lorsqu'on leur ordonna de marcher, ils changèrent d'avis, un petit nombre excepté. Mais Dieu connaît les méchants.

248. Le prophète leur dit: Dieu a choisi Talout (Saül) pour être votre roi. Comment, réprirent les Israélites, aurait-il le pouvoir sur nous? nous en sommes plus dignes que lui; il n'a pas même l'avantage des richesses. Le prophète reprit: Dieu l'a choisi pour vous commander; il lui a accordé une science étendue et la force. Dieu donne le pouvoir à qui il veut. Il est immense et savant.

249. Le prophète leur dit: En signe de son pouvoir viendra l'arche d'alliance. Dans elle vous aurez la sécurité de votre Seigneur; elle renfermera quelques gages de la famille de Moïse et d'Aaron[1]; les anges la porteront. Cela vous servira de signe céleste si vous êtes croyants.

250. Lorsque Talout partit avec ses soldats, il leur dit: Dieu va vous mettre à l'épreuve au bord de cette rivière. Celui qui s'y désaltérera ne sera point des miens; celui qui s'en abstiendra (sauf à en puiser dans le creux de la main), comptera parmi les miens. Excepté un petit nombre, tous les autres burent à leur gré. Lorsque le roi et les croyants qui le suivaient eurent traversé la rivière, les autres s'écrièrent: Nous n'avons point de force aujourd'hui contre Djalout (Goliath) et ses soldats; mais ceux qui crurent qu'au jour dernier ils verraient la face de Dieu, dirent alors: Oh! combien de fois, par la permission de Dieu, une armée nombreuse fut vaincue par une petite troupe! Dieu est avec les persévérants.

251. Sur le point de combattre Djalout et son armée, ils s'écrièrent: Seigneur! accorde-nous la constance, affermis nos pas, et donne-nous la victoire sur ce peuple infidèle.

252. Et ils le mirent en fuite par la permission de Dieu. David tua Djalout, Dieu lui donna le livre[1] et la sagesse; il lui apprit ce qu'il voulut. Si Dieu ne contenait les nations les unes par les autres, certes la terre serait perdue. Mais Dieu est bienfaisant envers l'univers.

253. Tels sont les enseignements de Dieu. Nous te les révélons parce que tu es du nombre des envoyés célestes.

254. Nous élevâmes les prophètes les uns au-dessus des autres. Les plus élevés sont ceux à qui Dieu a parlé. Nous avons envoyé Jésus, fils de Marie, accompagné de signes évidents, et nous l'avons fortifié par l'esprit de la sainteté[2]. Si Dieu avait voulu, ceux qui sont venus après eux et après la manifestation des miracles, ne se seraient point entre-tués. Mais ils se mirent à disputer; les uns crurent, d'autres furent incrédules. Si Dieu l'avait voulu, ils ne se seraient point entre-tués; mais Dieu fait ce qu'il veut.

255. O croyants! donnez l'aumône des biens que nous vous avons départis, avant que le jour vienne où il n'y aura plus ni vente ni achat, où il n'y aura plus ni amitié ni intercession. Les infidèles sont les méchants.

256. Dieu est le seul Dieu; il n'y a point d'autre Dieu que lui, le Vivant, l'Éternel. Ni l'assoupissement ni le sommeil n'ont point de prise sur lui. Tout ce qui est dans les cieux et sur la terre lui appartient. Qui peut intercéder auprès de lui sans sa permission? Il connaît ce qui est devant eux et ce qui est derrière eux, et les hommes n'embrassent de sa science que ce qu'il a voulu leur apprendre. Son trône s'étend sur les cieux

---

[1] L'arche devait contenir les souliers et la baguette de Moïse, un vase plein de manne et les débris des deux tables de la loi.

[1] C'est le livre des Psaumes que les mahométans comptent parmi les livres saints.

[2] Par l'esprit de la sainteté, Mohammed entend *l'ange Gabriel*.

et sur la terre, et leur garde ne lui coûte aucune peine. Il est le Très-Haut, le Grand.

257. Point de violence en matière de religion. La vérité se distingue assez de l'erreur. Celui qui ne croira pas au Thagout[1] et croira en Dieu, ura saisi une anse solide à l'abri de toute briure. Dieu entend et connaît tout.

258. Dieu est le patron de ceux qui croient ; il les fera passer des ténèbres à la lumière.

259. Quant aux infidèles, Thagout est leur protecteur. Il les conduira de la lumière dans les ténèbres ; ils seront voués aux flammes où ils demeureront éternellement.

260. N'as-tu rien entendu de celui[2] qui disputa avec Abraham au sujet du Dieu qui lui donna la royauté ? Abraham avait dit : Mon Seigneur est celui qui fait mourir et qui ressuscite. C'est moi, répondit l'autre, qui fais mourir et je rends à la vie. Dieu, reprit Abraham, amène le soleil de l'Orient, fais-le venir de l'Occident. L'infidèle resta confondu. Dieu ne dirige point les pervers.

261. Ou bien n'as-tu pas entendu parler de ce voyageur qui, passant un jour auprès d'une ville renversée jusque dans ses fondements, s'écria : Comment Dieu fera-t-il revivre cette ville morte ? Dieu le fit mourir, et il resta ainsi pendant cent ans, puis il le ressuscita et lui demanda : Combien de temps as-tu demeuré ici ? Un jour, ou quelques heures seulement, répondit le voyageur. Non, reprit Dieu, tu es resté ici durant cent ans. Regarde ta nourriture et ta boisson : elles ne sont pas encore gâtées ; et puis regarde ton âne (il n'en reste que des ossements). Nous avons voulu faire de toi un signe d'instruction pour les hommes. Vois comment nous redressons les ossements et les couvrons ensuite de chair. *A la vue de ce prodige*, le voyageur s'écria : Je reconnais que Dieu est tout-puissant.

262. Lorsque Abraham dit à Dieu : Seigneur, fais-moi voir comment tu ressuscites les morts, Dieu lui dit : Ne crois-tu point encore ? Je crois, reprit Abraham ; mais que mon cœur soit parfaitement rassuré. Dieu lui dit alors : Prends quatre oiseaux et coupe-les en morceaux ; disperse leurs membres sur la cime des montagnes, appelle-les ensuite : ils viendront à toi ; et sache que Dieu est puissant et sage.

263. Ceux qui dépensent leurs richesses dans le sentier de Dieu, ressemblent à un grain qui produit sept épis et dont chacun donne cent grains. Dieu augmente les biens de celui qu'il veut. Il est immense et savant.

264. Ceux qui dépensent leurs richesses dans le sentier de Dieu et qui ne font point suivre leurs largesses de reproches ni de mauvais procédés, auront une récompense auprès de leur Seigneur ; la crainte ne descendra point sur eux, et ils ne seront point affligés.

265. Une parole honnête, l'oubli des offenses, vaut mieux qu'une aumône qu'aura suivie un mauvais procédé. Dieu est riche et clément.

266. O croyants ! ne rendez point vaines vos aumônes par les reproches ou les mauvais procédés, comme agit celui qui fait des largesses par ostentation, qui ne croit point en Dieu et au jour dernier. Il ressemble à une colline rocailleuse couverte de poussière ; qu'une averse fonde sur cette colline, elle n'y laissera qu'un rocher. De pareils hommes n'auront aucun produit de leurs œuvres, car Dieu ne dirige point les infidèles.

267. Ceux qui dépensent leur avoir dans le désir de plaire à Dieu, et pour l'affermissement de leurs âmes, ressemblent à un jardin planté sur un coteau arrosé par une pluie abondante, et dont les fruits ont été portés au double. Si une pluie n'y tombe pas, ce sera la rosée. Dieu voit ce que vous faites.

268. Quelqu'un de vous voudrait-il avoir un jardin planté de palmiers et de vignes arrosé par des courants d'eau, riche en toute espèce de fruits, et qu'au milieu de ces jouissances la vieillesse le surprenne, et qu'il ait des enfants en bas âge, et qu'un tourbillon gros de flammes consume ce jardin ? C'est ainsi que Dieu vous explique ses enseignements : peut-être vous les méditerez.

269. O croyants ! faites l'aumône des meilleures choses que vous avez acquises, des fruits que nous avons fait sortir pour vous de la terre. Ne distribuez pas en largesses la partie la plus vile de vos biens ;

270. Telle que vous ne la recevriez pas vous-mêmes, à moins d'une connivence avec celui qui vous l'offrirait. Sachez que Dieu est riche et comblé de gloire.

271. Satan vous menace de la pauvreté et vous commande les actions infâmes ; Dieu vous promet son pardon et ses bienfaits, et certes Dieu est immense et savant.

272. Il donne la sagesse à qui il veut ; et quiconque a obtenu la sagesse a obtenu un bien immense ; mais il n'y a que les hommes doués de sens qui y songent.

273. L'aumône que vous ferez, le vœu que vous formerez, Dieu les connaîtra. Les méchants n'auront aucune assistance. Faites-vous l'aumône au grand jour ? c'est louable ; la faites-vous secrètement et secourez-vous les pauvres ? cela sera plus méritoire. Une telle conduite fera effacer vos péchés. Dieu est instruit de ce que vous faites.

---

[1] Par ce mot il entend les idoles.
[2] Ce doit être Nimrod.

274. Tu n'es point chargé de diriger les infidèles. C'est Dieu qui dirige ceux qu'il veut. Tout ce que vous aurez distribué en largesses tournera à votre avantage; tout ce que vous aurez distribué dans le désir de contempler la face de Dieu, vous sera payé, et vous ne serez point traités injustement. Il est parmi vous des pauvres qui, occupés uniquement à combattre dans le sentier de Dieu, ne peuvent s'établir dans le pays; l'ignorant les croit riches, car ils sont modestes; tu les reconnaîtras à leurs marques; ils n'importunent point les hommes par leurs demandes. Tout ce que vous aurez donné à ces hommes, Dieu le saura.

275. Ceux qui feront l'aumône le jour et la nuit, en secret et en public, en recevront la récompense de Dieu. La crainte ne descendra point sur eux, et ils ne seront point affligés.

276. Ceux qui avalent le produit de l'usure se lèveront au jour de la résurrection comme celui que Satan a souillé de son contact. Et cela parce qu'ils disent : L'usure est la même chose que la vente. Dieu a permis la vente, il a interdit l'usure. Celui à qui parviendra cet avertissement du Seigneur et qui mettra un terme à cette iniquité, obtiendra le pardon du passé; son affaire ne regardera plus que Dieu. Ceux qui retourneront à l'usure seront livrés au feu où ils demeureront éternellement.

277. Dieu exterminera l'usure et fera germer l'aumône. Dieu hait tout homme infidèle et pervers. Ceux qui croient et pratiquent les bonnes œuvres, qui observent la prière et donnent l'aumône, recevront une récompense de leur Seigneur; la crainte ne descendra point sur eux, et ils ne seront point affligés.

278. O croyants! craignez Dieu et abandonnez ce qui vous reste encore de l'usure, si vous êtes fidèles.

279. Si vous ne le faites pas, attendez-vous à la guerre de la part de Dieu et de son envoyé. Si vous vous repentez, votre capital vous reste encore. Ne lésez personne et vous ne serez point lésés.

280. Si votre débiteur éprouve de la gêne, attendez qu'il soit plus aisé. Si vous lui remettez sa dette, ce sera plus méritoire pour vous, si vous le savez.

281. Craignez le jour où vous retournerez à Dieu, où toute âme sera rétribuée selon ses œuvres; nul n'y sera lésé.

282. O vous qui croyez, lorsque vous contractez une dette solvable à une époque fixée, mettez-le par écrit. Qu'un écrivain la mette fidèlement par écrit. Que l'écrivain ne refuse point d'écrire selon la science que Dieu lui a enseignée; qu'il écrive et que le débiteur dicte; qu'il craigne son Seigneur et n'en ôte la moindre chose. Si le débiteur est ignorant ou faible, ou s'il n'est pas en état de dicter lui-même, que son patron dicte fidèlement pour lui. Appelez deux témoins choisis parmi vous; si vous ne trouvez pas deux hommes, appelez-en un seul et deux femmes parmi les personnes habiles à témoigner; afin que si l'une oublie, l'autre puisse rappeler le fait. Les témoins ne doivent pas refuser de faire leurs dépositions toutes les fois qu'ils en seront requis. Ne dédaignez point de mettre par écrit une dette, qu'elle soit petite ou grande, en indiquant le terme du payement. Ce procédé est plus juste devant Dieu, mieux accommodé au témoignage, et plus propre à ôter toute espèce de doute, à moins que la marchandise ne soit devant les yeux; alors il ne saurait y avoir de péché si vous ne mettez pas la transaction par écrit. Appelez des témoins dans vos transactions, et ne faites de violence ni à l'écrivain ni au témoin; si vous le faites, vous commettez un crime. Craignez Dieu : c'est lui qui vous instruit, et il est instruit de toutes choses.

283. Si vous êtes en voyage et que vous ne trouviez pas d'écrivain, il y a lieu à un nantissement. Mais si l'un confie à l'autre un objet, que celui à qui le gage est confié le restitue intact, qu'il craigne Dieu son Seigneur. Ne refusez point de rendre témoignage; quiconque le refuse a le cœur corrompu. Mais Dieu connaît vos actions.

284. Tout ce qui est dans les cieux et sur la terre appartient à Dieu; que vous produisiez vos actions au grand jour ou que vous les cachiez, il vous en demandera compte; il pardonnera à qui il voudra, et punira celui qu'il voudra. Dieu est tout-puissant

285. Le prophète croit dans ce que le Seigneur lui a envoyé. Les fidèles croient en Dieu, à ses anges, à ses livres et à ses envoyés. Ils disent : Nous ne mettons point de différence entre les envoyés célestes. Nous avons entendu et nous obéissons. Pardonne-nous nos péchés, ô Seigneur! nous reviendrons tous à toi.

286. Dieu n'imposera à aucune âme un fardeau au-dessus de ses forces. Ce qu'elle aura fait sera allégué pour elle ou contre elle. Seigneur, ne nous punis pas des fautes commises par oubli ou par erreur. Seigneur, ne nous impose pas le fardeau que tu as imposé à ceux qui ont vécu avant nous. Seigneur, ne nous charge pas de ce que nous ne pouvons supporter. Efface nos péchés, pardonne-nous-les, aie pitié de nous, tu es notre Seigneur. *Donne-nous la victoire sur les infidèles.*

CHAPITRE III.

LA FAMILLE D'IMRAN.

Donné à Médine. — 200 versets.

Au nom de Dieu clément et miséricordieux.

1. A. L. M.[1] Dieu. Il n'y a point d'autres dieux que lui, le Vivant.

2. Il t'a envoyé le livre contenant la vérité et qui confirme les Écritures qui l'ont précédé. Avant lui il fit descendre le Pentateuque et l'Évangile pour servir de direction aux hommes. Il a fait descendre le livre de la Distinction.

3. Ceux qui ne croiront point à nos signes éprouveront un châtiment terrible. Dieu est puissant et il sait tirer vengeance.

4. Rien de ce qui est dans les cieux et sur la terre ne lui est caché. C'est lui qui vous forme comme il lui plaît dans le sein de vos mères. Il n'y a point d'autre Dieu que lui. Il est puissant et sage.

5. C'est lui qui t'a envoyé le livre. Parmi les versets qui le composent, les uns sont fermement établis et contiennent des préceptes; ils sont la base du livre; les autres sont allégoriques. Ceux qui ont du penchant à l'erreur dans leurs cœurs s'attachent aux allégories par amour du schisme et par le désir de les interpréter; mais Dieu seul en connaît l'interprétation. Les hommes consommés dans la science diront : Nous croyons au Livre, tout ce qu'il renferme vient de Dieu. Les hommes sensés réfléchissent.

6. Seigneur ! ne permets point à nos cœurs de dévier de la droite voie, quand tu nous y a dirigés une fois. Accorde-nous ta miséricorde, car tu es le dispensateur suprême.

7. Seigneur ! tu rassembleras le genre humain dans le jour au sujet duquel il n'y a point de doute. Certes Dieu ne manque point à ses promesses.

8. Les infidèles ne retireront aucun avantage de leurs richesses et de leurs enfants auprès de Dieu. Ils seront la victime des flammes.

9. Tel a été le sort de la famille de Pharaon et de ceux qui l'ont précédé. Ils ont traité nos signes de mensonges. Dieu les a punis de leurs péchés, et il est terrible dans ses châtiments.

10. Dis aux incrédules : Bientôt vous serez vaincus et rassemblés dans l'enfer. Quel affreux séjour !

11. Un prodige a éclaté devant vos yeux, lorsque les deux armées se rencontrèrent. L'une combattait dans le sentier de Dieu, l'autre c'étaient des infidèles. Vous parûtes à leurs yeux deux fois aussi nombreux qu'eux. Dieu favorise de son secours celui qu'il lui plaît. Certes il y avait dans ceci un avertissement pour les hommes clairvoyants.

12. L'amour des plaisirs, tels que les femmes, les enfants, les trésors entassés d'or et d'argent, les chevaux superbes, les troupeaux, les campagnes, tout cela paraît beau aux hommes, mais ce ne sont que des jouissances temporaires de ce monde; la retraite délicieuse est auprès de Dieu.

13. Dis : Que puis-je annoncer de plus avantageux à ceux qui craignent Dieu, que des jardins arrosés par des fleuves où ils demeureront éternellement, des femmes exemptes de toute souillure, et la satisfaction de Dieu ? Dieu regarde ses serviteurs.

14. Tel sera le sort de ceux qui disent : Seigneur, nous avons cru; pardonne-nous nos péchés et préserve-nous de la peine du feu ;

15. De ceux qui ont été patients, véridiques, soumis, charitables et implorant le pardon de Dieu à chaque lever de l'aurore.

16. Dieu a rendu ce témoignage : Il n'y a point d'autre Dieu que lui; les anges et les hommes doués de science et de droiture répètent : Il n'y a point d'autre Dieu que lui, le Puissant, le Sage.

17. La religion de Dieu est l'Islam[1]. Ceux qui suivent les Écritures ne se sont divisés entre eux que lorsqu'ils ont reçu la science[2], et par jalousie. Celui qui refusera de croire aux signes de Dieu, éprouvera combien il est prompt à demander compte des actions humaines.

18. Dis à ceux qui disputeront avec toi : Je me suis résigné entièrement à Dieu, ainsi que ceux qui me suivent.

19. Dis à ceux qui ont reçu les Écritures et aux hommes dépourvus de toute instruction : Vous résignerez-vous à Dieu ? S'ils le font, ils seront dirigés sur la droite voie; s'ils tergiversent, tu n'es chargé que de la prédication. Dieu voit ses serviteurs.

20. Annonce à ceux qui ne croient pas aux signes de Dieu, qui assassinent leurs prophètes et ceux qui leur prêchent l'équité, annonce-leur un châtiment douloureux.

21. Ils ont rendu vain le mérite de leurs œuvres dans ce monde et dans l'autre. Ils n'auront point de défenseurs.

22. N'as-tu pas vu ceux qui ont reçu une portion des Écritures (les juifs), recourir au livre de Dieu, pour qu'il prononce dans leurs différends, et puis une partie d'entre eux tergiverser et s'éloigner ?

---

[1] Voyez au sujet de ces lettres la note 6 du chapitre II.

[1] *Islam*, dont on fait *l'islamisme*, signifie la résignation à la volonté de Dieu.

[2] C'est-à-dire, que la science ou la révélation a fait surgir des disputes entre eux.

23. C'est qu'ils se sont dit : Le feu ne nous atteindra que pendant un petit nombre de jours. Leurs mensonges mêmes les aveuglent dans leur croyance.

24. Que sera-ce lorsque nous vous rassemblerons dans ce jour au sujet duquel il n'y a point de doute, le jour où toute âme recevra le prix de ses œuvres et où personne ne sera lésé?

25. Dis : Seigneur, toi qui disposes à ton gré des royaumes, tu les donnes à qui il te plaît et tu les ôtes à qui tu veux; tu élèves qui tu veux et tu abaisses qui tu veux. Le bien est entre tes mains, car tu as le pouvoir sur toutes choses.

26. Tu fais succéder la nuit au jour et le jour à la nuit, tu fais sortir la vie de la mort et la mort de la vie. Tu accordes la nourriture à qui tu veux sans compte ni mesure.

27. Que les croyants ne prennent point pour alliés des infidèles plutôt que des croyants. Ceux qui le feraient ne doivent rien espérer de la part de Dieu, à moins que vous n'ayez à craindre quelque chose de leur côté. Dieu vous avertit de le craindre : car c'est auprès de lui que vous retournerez. Dis-leur : Soit que vous cachiez ce qui est dans vos cœurs, soit que vous le produisiez au grand jour, Dieu le saura. Il connaît ce qui est dans les cieux et sur la terre, et il est tout-puissant.

28. Le jour où toute âme retrouvera devant elle le bien qu'elle a fait et le mal qu'elle a commis; ce jour-là, elle désirera qu'un espace immense la sépare de ses mauvaises actions. Dieu vous avertit qu'il faut le craindre, car il regarde d'un œil propice ses serviteurs.

29. Dis-leur : Si vous aimez Dieu, suivez-moi; il vous aimera, il vous pardonnera vos péchés, il est indulgent et miséricordieux. Obéissez à Dieu et à son prophète; mais si vous tergiversez, sachez que Dieu n'aime point les infidèles.

30. Dieu a choisi entre tous les hommes Adam et Noé, la famille d'Abraham et celle d'Imran. Ces familles sont sorties les unes des autres. Dieu sait et entend tout.

31. L'épouse d'Imran adressa cette prière à Dieu : Seigneur, je t'ai voué le fruit de mon sein; agrée-le, car tu entends et connais tout. Lorsqu'elle eut enfanté, elle dit : Seigneur, j'ai mis au monde une fille (Dieu savait ce qu'elle avait mis au monde : le garçon n'est pas comme la fille [1]), et je l'ai nommé Mariam (Marie); je la mets sous ta protection, elle et sa postérité, afin que tu les préserves des ruses de Satan, le lapidé [2].

32. Le Seigneur accueillit favorablement son offrande; il fit produire à Marie un fruit précieux Zacharie eut soin de l'enfant; toutes les fois qu'il allait visiter Marie dans sa cellule, il voyait de la nourriture auprès d'elle. D'où vous vient, lui demanda-t-il, cette nourriture? Elle me vient de Dieu, répondit-elle, car Dieu nourrit abondamment ceux qu'il veut et ne leur compte pas les morceaux.

33. Zacharie se mit à prier Dieu. Seigneur, s'écria-t-il, accorde-moi une postérité bénie; tu aimes à exaucer les prières. L'ange l'appela tandis qu'il priait dans le sanctuaire.

34. Dieu t'annonce la naissance de (Iahia) Jean, qui confirmera la vérité du Verbe de Dieu; il sera grand, chaste et un des plus vertueux prophètes.

35. Seigneur, d'où me viendra cet enfant? demanda Zacharie : la vieillesse m'a atteint, et ma femme est stérile. L'ange lui répondit : C'est ainsi que Dieu fait ce qu'il veut.

36. Zacharie dit : Seigneur, donne-moi un signe comme gage de ta promesse. Voici le signe, répondit l'ange : pendant trois jours tu ne parleras aux hommes que par des signes. Prononce sans cesse le nom de Dieu, et célèbre ses louanges le soir et le matin.

37. Les anges dirent à Marie : Dieu t'a choisie, il t'a rendue exempte de toute souillure, il t'a élue parmi toutes les femmes de l'univers.

38. O Marie, sois dévouée au Seigneur, adore-le, et incline-toi devant lui avec ceux qui l'adorent.

39. C'est le récit des mystères que nous te révélons. Tu n'étais pas parmi eux lorsqu'ils jetaient les chalumeaux à qui aurait soin de Marie; tu n'étais pas parmi eux quand ils se disputaient Marie.

40. Les anges dirent à Marie : Dieu t'annonce son Verbe. Il se nommera le Messie, Jésus fils de Marie, honoré dans ce monde et dans l'autre, et un des confidents de Dieu.

41. Il parlera aux hommes, enfant au berceau et adulte, et il sera du nombre des justes.

42. Seigneur, répondit Marie, comment aurais-je un fils? Aucun homme ne m'a approchée. C'est ainsi, reprit l'ange, que Dieu crée ce qu'il veut. Il dit : Sois, et il est.

43. Il lui enseignera le livre et la sagesse, le Pentateuque et l'Évangile. Jésus sera son envoyé auprès des enfants d'Israël. Il leur dira : Je viens vers vous accompagné de signes du Seigneur; je formerai de boue la figure d'un oiseau; je soufflerai dessus, et par la permission de Dieu l'oiseau sera vivant; je guérirai l'aveugle de naissance et le lépreux; je ressusciterai les morts par

---

[1] C'est-à-dire, que le garçon pouvait s'acquitter des cérémonies religieuses comme prêtre.

[2] C'est l'épithète donnée constamment à *Satan*, parce que, dit la tradition, Abraham assaillit un jour à coups de pierres le diable qui voulait le tenter.

la permission de Dieu; je vous dirai ce que vous aurez mangé et ce que vous aurez caché dans vos maisons. Tous ces faits seront autant de signes pour vous, si vous êtes croyants.

44. Je viens pour confirmer le Pentateuque que vous avez reçu avant moi; je vous permettrai l'usage de certaines choses qui vous ont été interdites. Je viens avec des signes de la part de votre Seigneur. Craignez-le et obéissez-moi. Il est mon Seigneur et le vôtre. Adorez-le: c'est le sentier droit.

45. Jésus s'aperçut bientôt de l'infidélité des Juifs. Il s'écria: Qui m'assistera dans le sentier de Dieu? C'est nous, répondirent les apôtres, qui serons tes aides dans le sentier de Dieu. Nous croyons en Dieu, et tu témoigneras que nous nous résignons à ta volonté[1].

46. Seigneur, nous croyons à ce que tu nous envoies et nous suivons l'apôtre. Écris-nous au nombre de ceux qui rendent témoignage.

47. Les Juifs imaginèrent des artifices contre Jésus. Dieu en imagina contre eux; et certes Dieu est le plus habile.

48. Dieu dit à Jésus: Je te ferai subir la mort et je t'élèverai à moi; je te délivrerai des infidèles, et j'élèverai ceux qui t'ont suivi au-dessus de ceux qui ne croient pas, jusqu'au jour de la résurrection. Vous retournerez tous à moi, et je jugerai vos différends.

49. Je punirai les infidèles d'un châtiment cruel dans ce monde et dans l'autre. Ils ne trouveront nulle part de secours.

50. Ceux qui croient et pratiquent les bonnes œuvres, Dieu leur donnera leur récompense, car il n'aime pas ceux qui agissent iniquement.

51. Voilà les enseignements et les sages avertissements que nous te récitons.

52. Jésus est aux yeux de Dieu ce qu'est Adam. Dieu le forma de poussière, puis il dit: Sois, et il fut.

53. Ces paroles sont la vérité qui vient de ton Seigneur. Garde-toi d'en douter.

54. Dis à ceux qui disputeront avec toi à ce sujet depuis que tu as reçu la science parfaite: Venez, appelons nos enfants et les vôtres, allons-y nous et vous, adjurons le Seigneur et invoquons sa malédiction sur les imposteurs.

55. Ce que je vous prêche est la vérité même. Il n'y a point d'autres divinités que Dieu; il est puissant et sage.

56. S'ils tergiversent, certes Dieu connaît les méchants.

57. Dis aux Juifs et aux chrétiens: O vous qui avez reçu les Écritures, venons-en à un accommodement; n'adorons que Dieu seul et ne lui associons d'autres seigneurs que lui. S'ils s'y refusent, dites-leur: Vous êtes témoins vous-mêmes que nous nous résignons entièrement à la volonté de Dieu.

58. O vous qui avez reçu les Écritures, pourquoi vous disputez-vous au sujet d'Abraham? Le Pentateuque et l'Évangile n'ont été envoyés d'en haut que longtemps après lui. Ne le comprendrez-vous donc jamais?

59. Vous qui disputez des choses dont vous êtes instruits, pourquoi cherchez-vous à disputer sur celles dont vous n'avez aucune connaissance? Dieu sait; mais vous, vous ne savez pas.

60. Abraham n'était ni juif ni chrétien, il était pieux et résigné à Dieu, et il n'associait point d'autres êtres à Dieu.

61. Ceux qui tiennent le plus de la croyance d'Abraham, sont ceux qui le suivent. Tel est le prophète et les croyants. Dieu est le protecteur des fidèles.

62. Une partie de ceux qui ont reçu les Écritures désireraient vous égarer; mais ils n'égarent qu'eux-mêmes, et ils ne le sentent pas.

63. O vous qui avez reçu les Écritures, pourquoi ne croyez-vous pas aux signes du Seigneur quand vous en avez été témoins?

64. O vous qui avez reçu les Écritures, pourquoi revêtez-vous la vérité de la robe du mensonge? pourquoi la cachez-vous, vous qui la connaissez?

65. Une partie de ceux qui ont reçu les Écritures ont dit: Croyez au livre envoyé aux croyants (mahométans) le matin, et rejetez leur croyance le soir; de cette manière ils abandonneront leur religion.

66. N'ajoutez foi qu'à ceux qui suivent votre religion. Dis-leur: La vraie direction est celle qui vient de Dieu; elle consiste en ce que les autres participent à la révélation qui vous a d'abord été donnée. Disputeront-ils avec vous devant le Seigneur. Dis-leur: Les grâces sont dans les mains de Dieu: il les dispense à qui il veut. Il est immense et savant.

67. Il accordera sa miséricorde à qui il voudra. Il est le suprême dispensateur des grâces.

68. Parmi ceux qui ont reçu les Écritures il y en a à qui tu peux confier la somme d'un talent et qui te le rendront intact; il y en a d'autres qui ne te restitueront pas le dépôt d'un dinar, si tu ne les y contrains.

69. Ils agissent ainsi, parce qu'ils disent: Nous ne sommes point tenus à rien envers les

---

[1] Mohammed emploie à dessein le mot *se résigner à Dieu*, parce que ce mot est devenu pour lui un symbole de la foi qu'il prêchait. Il veut rattacher ainsi son culte à celui des anciens.

hommes du peuple (les hommes non instruits, tels que les Arabes). Ils prêtent sciemment un mensonge à Dieu.

70. Celui qui remplit ses engagements et craint Dieu, saura que Dieu aime ceux qui le craignent.

71. Ceux qui pour le pacte de Dieu et leurs serments achètent l'objet de nulle valeur, n'auront aucune part dans la vie future. Dieu ne leur adressera pas une seule parole, il ne jettera pas un seul regard sur eux au jour de la résurrection, il ne les absoudra pas; un châtiment douloureux leur est destiné.

72. Quelques-uns d'entre eux torturent les paroles des Écritures avec leurs langues pour vous faire croire que ce qu'ils disent s'y trouve réellement. Non, ceci ne fait point partie des Écritures. Ils disent : Ceci vient de Dieu. Non cela ne vient point de Dieu. Ils prêtent sciemment des mensonges à Dieu.

73. Convient-il que l'homme à qui Dieu a donné le livre de la sagesse et le don de prophétie, dise aux hommes : Soyez mes adorateurs?— Non, soyez les adorateurs de Dieu, puisque vous étudiez la doctrine du livre et que vous cherchez à le comprendre.

74. Dieu ne vous commande pas d'adorer les anges et les prophètes. Vous ordonnerait-il de vous faire incrédules après que vous avez résolu d'être résignés à la volonté de Dieu?

75. Lorsque Dieu reçut le pacte des prophètes, il leur dit : Voici le livre et la sagesse, que je vous donne. Un prophète viendra un jour confirmer ce que vous recevez. Croyez en lui et aidez-le de tout votre pouvoir. Y consentez-vous et acceptez-vous le pacte à cette condition? Ils répondirent : Nous y consentons. Soyez donc témoins, reprit le Seigneur, je rendrai le témoignage avec vous.

76. Quiconque, après cet engagement, chercherait à s'y soustraire, sera du nombre des pervers.

77. Désirent-ils une autre religion que celle de Dieu, pendant que tout ce qui est dans les cieux et sur la terre se soumet à ses ordres de gré ou de force, et que tout doit un jour retourner à lui?

78. Dis : Nous croyons en Dieu, à ce qu'il nous a envoyé, à ce qu'il a révélé à Abraham, Ismaël, Jacob et aux douze tribus; nous croyons aux livres saints que Moïse, Jésus et les prophètes ont reçus du ciel; nous ne mettons aucune différence entre eux, nous sommes résignés à la volonté de Dieu.

79. Quiconque désire un autre culte que la résignation à Dieu (Islam), ce culte ne sera point reçu de lui, et il sera dans l'autre monde du nombre des malheureux.

80. Comment Dieu dirigerait-il dans le sentier droit ceux qui, après avoir cru et rendu témoignage à la vérité de l'apôtre, après avoir été témoins des miracles, retournent à l'infidélité? Dieu ne conduit point les pervers.

81. Leur récompense sera la malédiction de Dieu, des anges et de tous les hommes.

82. Ils en seront éternellement couverts. Leur supplice ne s'adoucira point, et Dieu ne jettera pas un seul regard sur eux.

83. Il n'en sera pas de même avec ceux qui reviendront au Seigneur par leur repentir et qui pratiqueront la vertu. Car Dieu est indulgent et miséricordieux.

84. Ceux qui redeviennent infidèles après avoir cru, et qui ne font ensuite qu'accroître leur infidélité, le repentir de ceux-là ne sera point accueilli, et ils resteront dans l'égarement.

85. Pour ceux qui étaient infidèles et moururent infidèles, autant d'or que la terre en peut contenir ne saurait les racheter du châtiment cruel. Ils n'auront point de défenseur.

86. Vous n'atteindrez à la vertu parfaite que lorsque vous aurez fait l'aumône de ce que vous chérissez le plus. Et tout ce que vous aurez donné, Dieu le saura.

87. Toute nourriture était permise aux enfants d'Israël, excepté celle que Jacob s'interdit à lui-même, avant que le Pentateuque fût venu. Dis-leur : Apportez le Pentateuque, et lisez si vous êtes sincères.

88. Quiconque forge des mensonges sur le compte de Dieu est du nombre des impies.

89. Dis-leur : Dieu ne dit que la vérité. Suivez donc la religion d'Abraham qui était pieux et n'associait point d'autres êtres à Dieu.

90. Le premier temple qui ait été fondé par les hommes, est celui de Becca [1], temple béni, et *Kebla* [2] de l'univers.

91. Vous y verrez les traces des miracles évidents. Là est la station d'Abraham. Quiconque entre dans son enceinte est à l'abri de tout danger. En faire le pèlerinage, est un devoir envers Dieu pour quiconque est en état de le faire.

92. Quant aux infidèles, qu'importe? Dieu peut se passer de l'univers entier.

93. Dis à ceux qui ont reçu les Écritures : Pourquoi refusez-vous de croire aux signes de Dieu? Il est témoin de vos actions.

94. Dis-leur : O vous qui avez reçu les Écritures, pourquoi repoussez-vous les croyants du sentier de Dieu? Vous voudriez le rendre tor-

---

[1] *Becca* est le nom de la Mecque.
[2] C'est-à-dire le point vers lequel on doit se tourner en priant.

tueux et cependant vous le connaissez. Mais Dieu n'est point inattentif à ce que vous faites.

95. O croyants! si vous écoutez quelques-uns d'entre ceux qui ont reçu les Écritures, ils vous feront devenir infidèles.

96. Mais comment pourriez-vous redevenir infidèles, lorsqu'on vous récite les signes de Dieu, lorsque son envoyé est au milieu de vous? Celui qui s'attache fortement à Dieu sera dirigé dans la droite voie.

97. O croyants! craignez Dieu comme il mérite d'être craint, et ne mourez pas sans que vous vous résigniez à sa volonté.

98. Attachez-vous tous fortement à Dieu et ne vous en séparez jamais; et souvenez-vous de ses bienfaits lorsque, ennemis que vous étiez, il a réuni vos cœurs, et que par les effets de sa grâce vous êtes tous devenus un peuple de frères.

99. Vous étiez au bord du précipice du feu et il vous en a retirés. C'est ainsi qu'il vous fait voir ses miracles, afin que vous ayez un guide;

100. Afin que vous deveniez un peuple appelant les autres au bien, ordonnant les bonnes actions et défendant les mauvaises. Les hommes qui agiront ainsi seront bienheureux.

101. Ne soyez point comme ceux qui, après avoir été témoins de signes évidents, se sont divisés et ont formé des schismes; car ceux-là éprouveront un châtiment cruel.

102. Au jour de la résurrection il y aura des visages blancs et des visages noirs. Dieu dira à ces derniers : N'est-ce pas vous qui, après avoir cru, devîntes infidèles? Allez goûter le châtiment pour prix de votre incrédulité.

103. Ceux dont les visages seront blancs éprouveront la miséricorde de Dieu et en jouiront éternellement.

104. Voilà les signes de Dieu que nous te récitons en toute vérité, car Dieu ne veut point de mal à l'univers.

105. A lui appartient tout ce qui est dans les cieux et sur la terre, et tout retournera à lui.

106. Vous êtes le peuple le plus excellent qui soit jamais surgi parmi les hommes; vous ordonnez ce qui est bon et défendez ce qui est mauvais, et vous croyez en Dieu. Si les hommes qui ont reçu les Écritures voulaient croire, cela ne tournerait qu'à leur avantage; mais quelques-uns d'entre eux croient, tandis que la plupart sont pervers.

107. Ils ne sauraient vous causer que des dommages insignifiants. S'ils s'avisent de vous faire la guerre, ils tourneront bientôt le dos et ne seront point secourus.

108. Partout où ils s'arrêteront l'opprobre s'étendra comme une tente sur leurs têtes, s'ils ne cherchent une alliance avec Dieu ou avec les hommes. Ils s'attireront la colère de Dieu, et la misère s'étendra encore comme une tente au-dessus de leurs têtes. Ce sera le prix de ce qu'ils ont refusé de croire aux signes de Dieu, qu'ils assassinaient injustement les prophètes; ce sera le prix de leur rébellion et de leurs iniquités.

109. Tous ceux qui ont reçu les Ecritures ne se ressemblent pas. Il en est dont le cœur est droit; ils passent des nuits entières à réciter les signes de Dieu et l'adorent.

110. Ils croient en Dieu et au jour dernier; ils commandent le bien et interdisent le mal; ils s'empressent à pratiquer les bonnes œuvres, et ils sont vertueux.

111. Le bien qu'ils auront fait ne sera point méconnu, car Dieu connaît ceux qui le craignent.

112. Les infidèles, leurs richesses et leurs enfants ne leur seront d'aucune utilité auprès de Dieu; ils seront livrés au feu et y demeureront éternellement.

113. Les aumônes qu'ils font dans ce monde sont comme un vent glacial qui souffle sur les campagnes des injustes et les détruit. Ce n'est point Dieu qui les traitera injustement, ils ont été injustes envers eux-mêmes.

114. O croyants! ne formez de liaisons intimes qu'entre vous; les infidèles ne manqueraient pas de vous corrompre : ils désirent votre perte. Leur haine perce dans leurs paroles; mais ce que leurs cœurs recèlent est pire encore. Nous vous en avons déjà fait voir des preuves évidentes, si toutefois vous savez comprendre.

115. Vous les aimez et ils ne vous aiment point. Vous croyez au livre entier; lorsqu'ils vous rencontrent ils disent : Nous avons cru; mais à peine vous ont-ils quittés, qu'enflammés de colère, ils se mordent les doigts. Dis-leur. Mourez dans votre colère; Dieu connaît le fond de vos cœurs.

116. Le bien qui vous arrive les afflige. Qu'il vous arrive un malheur, ils sont remplis de joie; mais si vous avez de la patience et de la crainte de Dieu, leurs artifices ne pourront vous nuire, car Dieu embrasse *de sa science* toutes leurs actions.

117. Rappelle-toi le jour où tu as quitté ta maison le matin à dessein de préparer aux fidèles un camp pour combattre, et Dieu écoutait et savait tout.

118. Rappelle-toi le jour où deux cohortes de votre armée allaient prendre la fuite, et que Dieu fut leur protecteur. Que les croyants mettent donc leur confiance en Dieu.

119. Dieu vous a reconnus à la journée de

Bedr où vous étiez inférieurs en nombre. Craignez donc Dieu et rendez-lui des actions de grâces.

120. Tu disais aux fidèles : Ne vous suffit-il pas que Dieu envoie trois mille anges à votre secours?

121. Ce nombre suffit sans doute ; mais si vous avez la persévérance, si vous craignez Dieu et que les ennemis viennent tout à coup fondre sur vous, il fera voler à votre secours cinq mille anges tout équipés.

122. Dieu vous l'annonce pour porter dans vos cœurs la sécurité et la confiance, car la victoire vient de Dieu seul, le Puissant, le Sage. Il saurait tailler en pièces les infidèles, les renverser et les culbuter.

123. Que Dieu leur pardonne ou qu'il les punisse, leur sort ne te regarde pas. Ce sont des impies.

124. A Dieu appartient tout ce qui est dans les cieux et sur la terre ; il pardonne à qui il veut et châtie celui qu'il veut. Il est indulgent et miséricordieux.

125. O croyants ! ne vous livrez pas à l'usure en la portant au double, et toujours au double. Craignez le Seigneur et vous serez heureux.

126. Craignez le feu préparé aux infidèles ; obéissez à Dieu et au prophète, afin d'obtenir la miséricorde de Dieu.

127. Efforcez-vous de mériter l'indulgence du Seigneur et la possession du paradis, vaste comme les cieux et la terre, et destiné à ceux qui craignent Dieu.

128. A ceux qui font l'aumône dans la prospérité et dans l'adversité, qui savent maîtriser leur colère, et qui pardonnent aux hommes *qui les offensent*. Certes Dieu aime ceux qui pratiquent le bien.

129. Ceux qui, après avoir commis une action malhonnête ou une iniquité, se souviennent aussitôt du Seigneur, lui demandent pardon de leurs péchés (car quel autre que Dieu a le droit de pardonner?) et ne persévèrent point dans les péchés qu'ils reconnaissent :

130. Tous ceux-là éprouveront l'indulgence de leur Seigneur et habiteront éternellement des jardins arrosés par des courants d'eau. Quelle est belle la récompense des vertueux !

131. Avant vous il y eut des châtiments infligés aux méchants. Parcourez la terre, et voyez quelle a été la fin de ceux qui traitaient d'imposteurs les envoyés de Dieu.

132. Ce livre-ci est une déclaration adressée aux hommes ; il sert de guide et d'avertissement à ceux qui craignent.

133. Ne perdez point courage, ne vous affligez point, vous serez victorieux si vous êtes croyants.

134. Si les blessures vous atteignent, eh ! n'en ont-elles pas atteint bien d'autres ? Nous alternons les revers et les succès parmi les hommes, afin que Dieu connaisse les croyants, qu'il choisisse parmi vous ses témoins [1] (il hait les méchants);

135. Afin d'éprouver les croyants et de détruire les infidèles.

136. Croyez-vous entrer dans le paradis avant que Dieu sache qui sont ceux d'entre vous qui ont combattu et ceux qui ont persévéré?

137. Vous désiriez la mort avant qu'elle se fût présentée : vous l'avez vue, vous l'avez envisagée, et vous avez fléchi.

138. Mohammed n'est qu'un apôtre. D'autres apôtres l'ont précédé. S'il mourait ou s'il était tué, retourneriez-vous à vos erreurs ? Votre apostasie ne saurait nuire à Dieu, et il récompense ceux qui lui rendent des actions de grâces.

139. L'homme ne meurt que par la volonté de Dieu, d'après le livre qui en fixe le terme (de sa vie). Celui qui désire la récompense de ce monde nous la lui accorderons ; nous accorderons aussi celle de la vie future à celui qui la désirera, et nous récompenserons ceux qui sont reconnaissants.

140. Combien de prophètes ont combattu contre des armées nombreuses sans se décourager des disgrâces qu'ils avaient éprouvées en combattant dans le sentier de Dieu ! Ils n'ont point fléchi, ils ne se sont point avilis par la lâcheté. Dieu aime ceux qui persévèrent.

141. Ils se bornaient à dire : Seigneur, pardonne-nous nos fautes, les transgressions des ordres reçus, dont nous nous sommes rendus coupables ; raffermis notre courage, et prête-nous ton assistance contre les infidèles. Dieu leur accorda la récompense de ce monde et une belle part dans l'autre, car Dieu aime ceux qui font le bien.

142. O croyants ! si vous écoutez les infidèles, ils vous feront revenir à vos erreurs et vous serez renversés et défaits.

143. Dieu est votre protecteur. Qui mieux que lui peut vous secourir ?

144. Nous jetterons l'épouvante dans le cœur des idolâtres parce qu'ils ont associé à Dieu des divinités sans que Dieu leur ait donné aucun pouvoir à ce sujet ; le feu sera leur demeure. Qu'il est affreux le séjour des impies !

145. Dieu a déjà accompli ses promesses, lorsque, avec sa permission, vous avez anéanti vos ennemis ; mais votre courage a fléchi, et vous disputâtes sur les ordres du prophète ; vous les

---

[1] Témoins veut dire ici *martyrs*.

violâtes, après qu'il vous eut fait voir ce qui était l'objet de vos vœux.

146. Une partie d'entre vous désirait les biens de ce monde, les autres désiraient la vie future. Dieu vous a fait prendre la fuite devant vos ennemis pour vous éprouver, mais il vous a pardonné ensuite, parce qu'il est plein de bonté pour les fidèles.

147. Tandis que vous preniez la fuite en désordre, et que vous n'écoutiez la voix de personne, le prophète vous rappelait au combat. Dieu vous a fait éprouver affliction sur affliction, afin que vous ne ressentiez plus de chagrin à cause du butin qui vous échappa et du malheur qui vous atteignit. Dieu est instruit de toutes vos actions.

148. Après ce revers, Dieu fit descendre la sécurité et le sommeil sur une partie d'entre vous. Les passions ont suggéré aux autres de vaines pensées à l'égard de Dieu, des pensées d'ignorance. Que gagnons-nous à toute cette affaire, disaient-ils. Réponds-leur : Toute affaire dépend de Dieu. Ils cachaient au fond de leurs âmes ce qu'ils ne te manifestaient pas. Ils disaient: Si nous eussions dû obtenir quelque avantage de toute cette affaire, certes nous n'aurions pas été défaits ici. Dis-leur : Quand vous seriez restés dans vos maisons, ceux dont le trépas était écrit là-haut seraient venus succomber à ce même endroit, afin que le Seigneur éprouvât ce que vous cachiez dans vos seins et débrouillât ce qui était au fond de vos cœurs. Dieu connaît ce que les cœurs recèlent.

149. Ceux qui se retirèrent le jour de la rencontre des deux armées furent séduits par Satan, en punition de quelque faute qu'ils avaient commise. Dieu leur a pardonné, parce qu'il est indulgent et clément.

150. O croyants ! ne ressemblez pas aux infidèles qui disent à leurs frères, quand ceux-ci voyagent dans le pays ou quand ils vont à la guerre : S'ils étaient restés avec nous ils ne seraient pas morts, ils n'auraient pas été tués. Dieu a voulu que ce qui est arrivé jetât dans leurs cœurs d'amers regrets. Dieu donne la vie et la mort, et il voit vos actions.

151. Si vous mourez ou si vous êtes tués en combattant dans le sentier de Dieu, l'indulgence et la miséricorde de Dieu vous attendent. Ceci vaut mieux que les richesses que vous ramassez.

152. Que vous mouriez ou que vous soyez tués, Dieu vous rassemblera au jour dernier.

153. Tu leur as dépeint la miséricorde de Dieu douce et facile, ô *Mohammed!* Si tu avais été plus sévère et plus dur, ils se seraient séparés de toi. Aie donc de l'indulgence pour eux, prie Dieu de leur pardonner, conseille-les dans leurs affaires, et lorsque tu entreprends quelque chose, mets ta confiance en Dieu, car il aime ceux qui ont mis en lui leur confiance.

154. Si Dieu vient à votre secours, qui est-ce qui pourra vous vaincre? S'il vous abandonne, qui est-ce qui pourra vous secourir? C'est en Dieu seul que les croyants mettent leur confiance.

155. Ce n'est pas le prophète qui vous tromperait. Celui qui trompe paraîtra avec sa tromperie au jour de la résurrection. Alors toute âme recevra le prix de ses œuvres, et personne ne sera traité avec injustice.

156. Pensez-vous que celui qui aura suivi la volonté de Dieu sera traité comme celui qui a mérité sa colère, et dont la demeure sera le feu? Quelle détestable route que cette route-là !

157. Ils occuperont des degrés différents auprès de Dieu. Il voit vos actions.

158. Dieu a déjà fait éclater sa bienfaisance pour les fidèles en leur envoyant un apôtre d'entre eux pour leur réciter ses signes, les rendre purs et les instruire dans le livre (le Koran) et dans la sagesse, eux qui naguère étaient dans un égarement manifeste.

159. Lorsqu'un revers vous a atteints pour la première fois (et vous aviez précédemment fait éprouver à vos ennemis le double de vos malheurs), vous avez dit : D'où nous vient cette disgrâce? Réponds-leur : De vous-mêmes. Dieu est tout-puissant.

160. Le revers que vous avez éprouvé le jour où les deux armées se sont rencontrées, eut lieu par la volonté de Dieu, afin qu'il distinguât les fidèles des hypocrites. Quand on leur cria : Avancez, combattez dans le sentier de Dieu, repoussez l'ennemi, ils répondirent : Si nous savions combattre nous vous suivrions. Ce jour-là ils étaient plus près de l'infidélité que de la foi.

161. Ils prononçaient de leurs lèvres ce qui n'était point dans leurs cœurs; mais Dieu connaît ce qu'ils cachent.

162. A ceux qui, restés dans leurs foyers, disent : Si nos frères nous avaient écoutés ils n'auraient pas été tués, réponds : Mettez-vous donc à l'abri de la mort si vous êtes véridiques.

163. Ne croyez pas que ceux qui ont succombé en combattant dans le sentier de Dieu, soient morts : ils vivent près de Dieu, et reçoivent de lui leur nourriture.

164. Remplis de joie à cause des bienfaits dont Dieu les a comblés, ils se réjouissent de ce que ceux qui marchent sur leurs traces et qui ne les ont pas encore atteints, seront à l'abri des frayeurs et des peines.

165. Ils se réjouissent à cause des bienfaits de Dieu et de sa générosité, de ce qu'il ne laisse point périr la récompense des fidèles.

166. Ceux qui après le revers (essuyé à Ohod) obéissent à Dieu et au prophète, qui font le bien et craignent le Seigneur, ceux-là recevront une récompense magnifique.

167. Ceux qui, lorsqu'on leur annonce que les ennemis se réunissent et qu'il faut les craindre, ne font qu'accroître leur foi et disent: Dieu nous suffit, c'est un excellent protecteur,

168. Ceux-là retournent comblés de grâces de Dieu; aucun malheur ne les a atteints; ils ont suivi la volonté de Dieu, dont la libéralité est infinie.

169. Souvent Satan intimide ses adhérents; ne le craignez point, mais craignez-moi, si vous êtes fidèles.

170. Que ceux qui se précipitent à l'envi dans l'infidélité ne s'affligent point; ils ne sauraient causer le moindre dommage à Dieu. Dieu leur refusera toute part dans la vie future; le châtiment terrible seul leur est réservé.

171. Ceux qui achètent l'infidélité au prix de leur foi ne sauraient causer aucun dommage à Dieu. Un châtiment douloureux les attend.

172. Que les infidèles ne regardent point comme un bonheur de vivre longtemps. Si nous prolongeons leurs jours, c'est afin qu'ils mettent le comble à leurs iniquités. Une peine ignominieuse les attend.

173. Dieu ne laissera point les fidèles dans l'état où vous êtes; mais il séparera le bon du mauvais.

174. Dieu ne vous fera point connaître les mystères. Il choisit les envoyés qu'il lui plaît pour les leur confier. Croyez donc en Dieu et à ses envoyés; si vous croyez, et si vous craignez, vous recevrez une récompense généreuse.

175. Que ceux qui sont avares des dons que Dieu leur a dispensés, ne croient point y trouver leur avantage. Loin de là, ces dons ne tourneront qu'à leur perte.

176. Les objets de leur avarice seront attachés à leur cou au jour de la résurrection. L'héritage des cieux et de la terre appartient à Dieu; il est instruit de toutes vos actions.

177. Il a entendu la voix de ceux qui ont dit: Dieu est pauvre, et nous sommes riches. Nous tiendrons compte de leurs paroles et du sang des prophètes assassinés injustement, et nous leur dirons: Subissez le châtiment du feu,

178. Pour prix des œuvres de vos mains, car Dieu n'est pas injuste envers ses serviteurs.

179. A ceux qui disent: Dieu nous a promis que nous ne serons tenus de croire à un prophète que lorsqu'il présentera une offrande que le feu du ciel consume,

180. Réponds: Vous aviez des prophètes avant moi qui ont opéré des miracles, et même celui dont vous parlez, pourquoi donc les avez-vous tués; dites-le, si vous êtes véridiques.

181. S'ils te traitent d'imposteur, les apôtres envoyés avant lui ont été traités de même, bien qu'ils eussent opéré des miracles, et apporté le livre des Psaumes et le livre qui éclaire [1].

182. Toute âme subira la mort [2]. Vous recevrez vos récompenses au jour de la résurrection. Celui qui aura évité le feu et qui entrera dans le paradis, celui-là sera bienheureux, car la vie d'ici-bas n'est qu'une jouissance trompeuse.

183. Vous serez éprouvés dans vos biens et dans vos personnes. Vous entendrez beaucoup d'injures de ceux qui ont reçu les Écritures avant vous et des idolâtres; mais prenez patience et craignez Dieu: toutes ces choses sont dans les décrets éternels.

184. Dieu a stipulé avec les Juifs qu'ils auraient à expliquer le Pentateuque aux hommes et qu'ils ne le cacheront pas. Ils l'ont jeté par-dessus leurs épaules et l'ont vendu pour un vil prix. Vilaine marchandise que celle qu'ils ont reçue en retour!

185. Ne pensez pas que ceux qui se réjouissent de leurs œuvres, ou qui veulent être loués de ce qu'ils n'ont point fait, soient à l'abri des châtiments. Un châtiment douloureux les attend.

186. Le royaume des cieux et de la terre est à Dieu; il a le pouvoir sur toutes choses.

187. Dans la création des cieux et de la terre, dans l'alternation des nuits et des jours, il y a sans doute des signes pour les hommes doués d'intelligence,

188. Qui, debout, assis, couchés, pensent à Dieu et méditent sur la création des cieux et de la terre. Seigneur, disent-ils, tu n'as point créé tout cela en vain. Que ce doute soit loin de ta gloire. Préserve-nous de la peine du feu.

189. Seigneur, celui que tu jetteras dans le feu sera couvert d'ignominie. Les pervers n'obtiendront aucun secours.

190. Seigneur, nous avons entendu l'homme qui appelait; il nous appelait à la foi et il criait: Croyez en Dieu, et nous avons cru.

191. Seigneur, pardonne-nous nos fautes, efface nos péchés, et fais que nous mourions dans la voie des justes.

192. Seigneur, accorde-nous ce que tu nous as promis par tes apôtres, et ne nous afflige pas

---

[1] Par le livre qui éclaire, Mohammed entend l'Évangile.
[2] Mot à mot: *toute âme goûtera la mort*. Par âme, il faut entendre toute âme vivante, tout homme.

au jour de la résurrection, puisque tu ne manques point à tes promesses.

193. Dieu les exauce et leur dit : Il ne sera point perdu une seule œuvre d'aucun d'entre vous, homme ni femme. Les femmes sont issues des hommes.

194. J'effacerai les péchés de ceux qui auront émigré ou auront été chassés de leur pays, qui auront souffert dans mon sentier (pour ma cause), qui auront combattu et succombé. Je les introduirai dans les jardins où coulent des fleuves.

195. C'est la récompense de Dieu ; et certes Dieu dispose de magnifiques récompenses.

196. Que la prospérité des infidèles (qui sont à la Mecque) ne t'éblouisse point. C'est une jouissance de courte durée. Leur demeure sera le feu. Quel affreux lieu de repos!

197. Mais ceux qui craignent le Seigneur habiteront les jardins arrosés par des courants d'eau ; ils y demeureront éternellement. Ils seront les hôtes de Dieu, et tout ce qui vient de Dieu vaut mieux pour les justes.

198. Parmi les Juifs et les chrétiens il y en a qui croient en Dieu et aux livres envoyés à vous et à eux, qui s'humilient devant Dieu, et ne vendent point ses signes pour un vil prix.

199. Ils trouveront leur récompense auprès de Dieu, qui est prompt à régler les comptes.

200. O croyants! soyez patients ; luttez de patience les uns avec les autres ; soyez fermes et craignez Dieu. Vous serez heureux.

CHAPITRE IV.

LES FEMMES.

Donné à Médine. — 175 versets.

Au nom de Dieu clément et miséricordieux.

1. O hommes! craignez votre Seigneur qui vous a créés tous d'un seul homme ; de l'homme il forma sa compagne, et fit sortir de ces deux êtres tant d'hommes et de femmes. Craignez le Seigneur au nom duquel vous vous faites des demandes mutuelles. Respectez les entrailles qui vous ont portés. Dieu observe vos actions.

2. Restituez aux orphelins leurs biens ; *ne substituez pas le mauvais pour le bon*. Ne consumez pas leur héritage en le confondant avec le vôtre ; c'est un crime énorme.

3. Si vous craignez d'être injustes envers les orphelins, n'épousez que peu de femmes, deux, trois ou quatre parmi celles qui vous auront plu. Si vous craignez encore d'être injustes, n'en épousez qu'une seule ou une esclave [1]. Cette conduite vous aidera plus facilement à être justes. Assignez librement à vos femmes leurs dots ; et s'il leur plaît de vous en remettre une partie, jouissez-en commodément et à votre aise.

4. Ne remettez pas aux soins des hommes ineptes les biens dont Dieu vous a confié la garde ; mais donnez-leur la nourriture et les vêtements. N'usez à leur égard que de paroles honnêtes.

5. Cherchez à vous assurer de leurs facultés intellectuelles jusqu'à l'âge où elles pourraient se marier ; et quand vous leur connaîtrez un jugement sain, remettez-leur l'administration de leurs biens. Gardez-vous de les dissiper en les prodiguant ou en vous hâtant de les leur confier parce qu'elles grandissent.

6. Que le tuteur riche s'abstienne de toucher aux biens de ses pupilles. Celui qui est pauvre ne doit en user qu'avec discrétion.

7. Au moment où vous leur remettez leurs biens, faites-vous assister par des témoins. Dieu vous tiendra compte de vos actions, et cela vous suffit.

8. Les hommes doivent avoir une portion des biens laissés par leurs pères et mères et leurs proches ; les femmes doivent aussi avoir une portion de ce que laissent leurs pères et mères et leurs proches. Que l'héritage soit considérable ou de peu de valeur, une portion déterminée leur est due.

9. Lorsque les parents, les orphelins et les pauvres sont présents au partage, faites-leur-en avoir quelque chose, et tenez-leur toujours un langage doux et honnête.

10. Que ceux qui craignent de laisser après eux des enfants dans la faiblesse de l'âge, n'abusent point de la position des orphelins ; qu'ils craignent Dieu et n'aient qu'une parole droite.

11. Ceux qui dévorent iniquement l'héritage des orphelins se nourrissent d'un feu qui consumera leurs entrailles.

12. Dieu vous commande, dans le partage de vos biens entre vos enfants, de donner au fils mâle la portion de deux filles ; s'il n'y a que des filles, et qu'elles soient plus de deux, elles auront les deux tiers de la succession ; s'il n'y en a qu'une seule, elle recevra la moitié. Les père et mère du défunt auront chacun le sixième de la succession, s'il a laissé un enfant ; s'il n'en laisse aucun et que ses ascendants lui succèdent, la mère aura un tiers ; s'il laisse des frères, la mère aura un sixième, après que les legs et les dettes du testateur auront été acquittés. Vous ne savez pas qui de vos parents ou de vos enfants

---

[1] Il y a dans le texte : *ce que vos mains droites ont acquis*, c'est-à-dire, les captifs pris à la guerre ou les esclaves achetés à prix d'argent. Cette expression étant consacrée dans le Koran pour les esclaves des deux sexes, nous nous servirons constamment de cette dernière.

vous sont plus utiles. Telle est la loi de Dieu. Il est savant et sage.

13. La moitié des biens d'une femme morte sans postérité appartient au mari, et un quart *seulement* si elle a laissé des enfants, les legs et les dettes prélevés.

14. Les femmes auront un quart de la succession des maris morts sans enfants, et un huitième seulement s'ils en ont laissé, les legs et les dettes prélevés

15. Si un homme hérite d'un parent éloigné ou d'une parente éloignée, et qu'il ait un frère ou une sœur, il doit à chacun des deux un sixième de la succession ; s'ils sont plusieurs ils concourront au tiers de la succession, les legs et les dettes prélevés,

16. Sans préjudice des héritiers. Tel est le commandement de Dieu ; il est savant et clément.

17. Tels sont les commandements de Dieu. Ceux qui écouteront Dieu et l'apôtre seront introduits dans les jardins où coulent des fleuves; ils y demeureront éternellement. C'est un bonheur ineffable.

18. Celui qui désobéira à Dieu et à l'apôtre, et qui transgressera les lois de Dieu, sera précipité dans le feu où il restera éternellement, livré à un châtiment ignominieux.

19. Si vos femmes commettent l'action infâme (l'adultère), appelez quatre témoins [1]. Si leurs témoignages se réunissent contre elles, enfermez-les dans des maisons jusqu'à ce que la mort les visite ou que Dieu leur procure un moyen de salut.

20. Si deux individus parmi vous [2] commettent une action infâme, punissez-les tous deux ; mais s'ils se repentent et s'amendent, laissez-les tranquilles, car Dieu aime à pardonner et il est miséricordieux.

21. Le pardon de Dieu est acquis à ceux qui ont péché par ignorance, mais qui se repentent promptement. Dieu leur pardonne, car il est savant et sage.

22. Le repentir n'est d'aucune utilité à celui qui commet constamment les mauvaises actions, et qui s'écrie, à l'approche de la mort : Je me repens. Il n'est d'aucune utilité à ceux qui meurent infidèles. Nous avons préparé pour ceux-ci un châtiment douloureux.

23. O croyants ! il ne vous est pas permis de vous constituer héritiers de vos femmes contre leur gré, ni de les empêcher de se marier (quand

[1] Les dispositions contenues dans ce passage sont modifiées par celles du chapitre XXIV.

[2] On n'est point d'accord sur le sexe des personnes que ce passage concerne.

vous les avez répudiées), afin de leur ravir une portion de ce que vous leur avez donné, à moins qu'elles ne soient coupables d'un crime manifeste. Soyez honnêtes dans vos procédés à leur égard. Si parmi vos femmes il y en a que vous n'aimez pas, il se peut que vous n'aimiez pas celles dont Dieu a voulu faire un riche trésor.

24. Si vous voulez répudier une femme à qui vous avez donné une dot de la valeur d'un talent [1] pour en prendre une autre, laissez-lui la dot entière. Voudriez-vous la lui arracher par une injustice et une iniquité évidentes ?

25. Voudriez-vous la lui ravir après avoir cohabité avec elle, et après qu'elle a reçu votre foi ?

26. N'épousez pas les femmes qui ont été les épouses de vos pères ; c'est une turpitude, c'est une abomination et un mauvais usage : toutefois laissez subsister ce qui est déjà accompli.

27. Il vous est interdit d'épouser vos mères, vos filles, vos sœurs, vos tantes paternelles et maternelles ; vos nièces, filles de vos frères ou de vos sœurs ; vos nourrices, vos sœurs de lait, les mères de vos femmes, les filles confiées à votre tutelle et issues de femmes avec lesquelles vous auriez cohabité. Mais si vous n'avez pas cohabité avec elles, il n'y a aucun crime à les épouser. N'épousez pas non plus les filles de vos fils que vous avez engendrés, ni deux sœurs. Si le fait est accompli, Dieu sera indulgent et miséricordieux.

28. Il vous est défendu d'épouser des femmes mariées, excepté celles qui seraient tombées entre vos mains comme esclaves. Telle est la loi de Dieu. Il vous est permis du reste de vous procurer avec de l'argent des épouses que vous maintiendrez dans les bonnes mœurs et en évitant la débauche. Donnez à celle avec laquelle vous avez cohabité la dot promise ; ceci est obligatoire. Il n'y a aucun crime de faire des conventions au sus de ce que la loi prescrit. Dieu est savant et sage.

29. Celui qui ne sera pas assez riche pour se marier à des femmes honnêtes et croyantes prendra des esclaves croyantes. Dieu connaît votre foi. Vous venez tous les uns des autres (et d'Adam, le père commun). N'épousez les esclaves qu'avec la permission de leurs maîtres. Dotez-les équitablement. Qu'elles soient chastes, qu'elles évitent la débauche, et qu'elles n'aient point d'amants.

30. Si après le mariage elles commettent l'adultère, qu'on leur inflige la moitié de la peine prononcée contre les femmes libres. Cette loi est établie en faveur de celui qui crait

[1] En arabe : *Kintar,* cent *dinars* ou pièces d'or.

de pécher, en restant célibataire. Mais si vous vous absteniez, cela serait plus méritoire. Dieu est indulgent et miséricordieux.

31. Dieu veut vous expliquer clairement ses volontés et vous guider dans le chemin de ceux qui vous ont précédés. Il agréera votre repentir, car il est savant et sage.

32. Dieu veut agréer votre repentir; mais ceux qui suivent leurs passions veulent vous entraîner dans une pente rapide. Dieu veut vous rendre son joug léger, car l'homme a été créé faible.

33. O croyants! ne dissipez pas entre vous vos biens pour des choses vaines. Que le commerce se fasse avec un consentement mutuel; ne vous tuez pas entre vous. Dieu lui-même est miséricordieux envers vous.

34. Quiconque agira ainsi par iniquité et méchanceté, nous le ferons consumer par le feu. Certes cela sera facile à Dieu.

35. Si vous savez éviter les grands péchés qu'on vous a défendu de commettre, nous effacerons vos fautes, et nous vous procurerons une entrée honorable au paradis.

36. Ne convoitez pas les biens par lesquels Dieu vous a élevés les uns au-dessus des autres. Les hommes auront chacun une portion correspondante à leurs œuvres, et les femmes aussi. C'est à Dieu que vous demanderez ses dons. Il a la connaissance de toutes choses.

37. Nous avons désigné à chacun les héritiers qui doivent recueillir la succession laissée par les ascendants, par les parents et par ceux de vos esclaves qui se sont attachés à vous par un pacte d'amitié. Rendez à chacun la portion qui lui est due, car Dieu est témoin de toutes vos actions.

38. Les hommes sont supérieurs aux femmes à cause des qualités par lesquelles Dieu a élevé ceux-là au-dessus de celles-ci, et parce que les hommes emploient leurs biens pour doter les femmes. Les femmes vertueuses sont obéissantes et soumises; elles conservent soigneusement pendant l'absence de leurs maris ce que Dieu a ordonné de conserver intact. Vous réprimanderez celles dont vous aurez à craindre l'inobéissance; vous les reléguerez dans des lits à part, vous les battrez; mais aussitôt qu'elles vous obéissent, ne leur cherchez point querelle. Dieu est élevé et grand.

39. Si vous craignez une scission entre les deux époux, appelez un arbitre de la famille du mari et un autre choisi dans celle de la femme. Si les deux époux désirent la réconciliation, Dieu les fera vivre en bonne intelligence, car il est savant et instruit de tout.

40. Adorez Dieu et ne lui associez rien dans son culte. Témoignez de la bonté à vos pères et mères, à vos parents, aux orphelins, aux pauvres, aux clients qui vous sont liés par le sang et aux clients étrangers, à vos compagnons, aux voyageurs et à vos esclaves. Dieu n'aime pas les orgueilleux et les présomptueux.

41. Il n'aime pas les avares qui recommandent l'avarice aux autres et cachent soigneusement les biens que Dieu leur a accordés. Nous avons préparé aux infidèles une peine ignominieuse.

42. Il n'aime pas ceux qui font l'aumône par ostentation et qui ne croient point en Dieu et au jour dernier. Quiconque a Satan pour compagnon, celui-là a un mauvais compagnon.

43. Qu'auraient-ils perdu à croire en Dieu et au jour dernier, à faire l'aumône des biens que Dieu leur a accordés, quand Dieu connaît les actions de l'homme?

44. Dieu ne lésera qui que ce soit, pas même pour le poids d'un atome; une bonne action, il la payera double, et accordera une récompense généreuse.

45. Que feront les méchants, lorsque nous rassemblerons contre eux les témoins de toutes les nations, lorsque nous invoquerons contre eux ton propre témoignage, *ô Mohammed!* Dans ce jour terrible, les infidèles et ceux qui ont été rebelles au prophète aimeraient mieux que la terre fût à leur niveau et les dérobât à la vue de tous. Mais ils ne sauront dérober aucune de leurs actions aux yeux de l'Éternel.

46. O croyants! ne priez point lorsque vous êtes ivres: attendez que vous puissiez comprendre *les paroles* que vous prononcez. Ne priez point quand vous êtes souillés: attendez que vous ayez fait vos ablutions, à moins que vous ne soyez en voyage. Si vous êtes malades ou en voyage, si vous avez satisfait vos besoins naturels, ou si vous avez eu commerce avec une femme, frottez-vous le visage et les mains avec de la menue poussière à défaut d'eau. Dieu est indulgent et miséricordieux.

47. N'avez-vous pas remarqué ceux qui ont reçu une portion des Écritures? ils vendent l'erreur et voudraient vous faire quitter le droit chemin; mais le Seigneur connaît vos ennemis Il vous suffit d'avoir Dieu pour protecteur et d'avoir son assistance.

48. Parmi les Juifs il y en a qui déplacent les paroles de leurs Écritures et qui disent: Nous avons entendu, mais nous ne voulons pas obéir. Écoute des choses que tu ne saurais comprendre, et examine-nous (*ra'ina*[1]). Ils embrouillent leurs paroles avec leurs langues, et calomnient la vraie religion.

---

[1] Voyez, au sujet de ce mot, le chapitre II, verset 93.

49. Que ne disent-ils plutôt : Nous avons entendu et nous obéirons? Écoute-nous et jette un regard sur nous. Ce langage leur serait bien plus profitable et serait plus loyal. Mais Dieu les a maudits à cause de leur infidélité, et il n'y a parmi eux qu'un petit nombre de croyants [1].

50. Vous qui avez reçu des Écritures, croyez à ce que Dieu a fait descendre du ciel pour confirmer vos livres sacrés, avant que nous effacions les traits de vos visages et que nous les rendions unis comme le derrière de vos têtes [2]. Croyez avant que nous vous maudissions comme nous avons maudit ceux qui violaient le sabbat; l'ordre de Dieu fut aussitôt accompli.

51. Dieu ne pardonnera point le crime de l'idolâtrie; il pardonnera les autres péchés à qui il voudra, car celui qui associe à Dieu d'autres créatures commet un crime énorme.

52. Vous les avez vus, ces hommes, comme ils cherchaient à se justifier. Mais Dieu ne justifiera que ceux qu'il voudra, et personne n'éprouvera la moindre injustice de sa part.

53. Ne vois-tu pas comme ils forgent des mensonges à l'égard de Dieu? Cela suffit pour les rendre coupables d'une iniquité patente.

54. N'as-tu pas remarqué ceux qui, après avoir reçu une partie des Écritures, croient au Djibt et au Taghout [3], et qui disent aux infidèles qu'ils suivent une route plus vraie que les croyants?

55. Ce sont eux que Dieu a couverts de sa malédiction. Qui pourra protéger ceux que Dieu a maudits?

56. Auront-ils leur part dans le royaume qu'ils rêvent, eux qui regretteraient une obole donnée à leurs semblables?

57. Envieront-ils les bienfaits que Dieu a accordés à d'autres? Nous avons cependant donné à la lignée d'Abraham les Écritures, la sagesse et un grand royaume.

58. Parmi eux, les uns croient au prophète, les autres s'en éloignent. Mais le feu de l'enfer suffira à leurs crimes.

59. Ceux qui refuseront de croire à nos signes, nous les approcherons du feu ardent. Aussitôt que leur peau sera brûlée, nous les revêtirons d'une autre, pour leur faire éprouver un supplice cruel. Dieu est puissant et sage.

60. Ceux qui croiront et pratiqueront les bonnes œuvres seront introduits dans les jardins arrosés de courants d'eau; ils y demeureront éternellement; ils y trouveront des femmes exemptes de toute souillure, et des ombrages délicieux.

61. Dieu vous commande de rendre le dépôt à qui il appartient, et de juger vos semblables avec équité. C'est une belle action que celle que Dieu vous recommande. Il entend et voit tout.

62. O croyants! obéissez à Dieu, obéissez à l'apôtre et à ceux d'entre vous qui exercent l'autorité. Portez vos différends devant Dieu et devant l'apôtre, si vous croyez en Dieu et au jour dernier. C'est le meilleur moyen de terminer vos contestations.

63. N'as-tu pas vu ceux qui prétendent croire aux livres envoyés à toi et avant toi, demander d'être jugés devant Thagout, bien qu'il leur fût défendu de croire en lui? Mais Satan veut les faire dévier le plus loin de la vérité.

64. Si on leur dit : Revenez au livre descendu d'en haut et à l'apôtre, hypocrites qu'ils sont, tu les verras se détourner et s'éloigner.

65. Que feront-ils lorsque, pour prix de leurs œuvres, une grande calamité s'appesantira sur eux? Ils viendront vers toi, et jureront par Dieu qu'ils ne désiraient que le bien et la concorde.

66. Dieu lit au fond de leurs cœurs. Romps avec eux; fais-leur entendre des admonitions sévères et des paroles qui pénètrent leurs âmes.

67. Nous avons envoyé des apôtres, afin qu'on leur obéît. Si ceux qui ont commis des iniquités reviennent à toi; s'ils demandent à Dieu la rémission de leurs péchés, et que le prophète intercède pour eux, ils trouveront Dieu clément et prêt à accueillir leur repentir.

68. J'en jure par ton Dieu, ils ne seront point croyants jusqu'à ce qu'ils t'aient établi le juge de leurs différends Ensuite, ne trouvant eux-mêmes aucune difficulté à croire ce que tu auras décidé, ils y acquiesceront d'eux-mêmes.

69. Si nous leur avions prescrit de se donner la mort à eux-mêmes ou d'abandonner leur pays, peu d'entre eux l'auraient fait. Cependant s'ils avaient exécuté les ordres de Dieu, cela leur aurait été plus profitable et plus propre à raffermir leur foi.

70. Nous les aurions récompensés magnifiquement, et nous les aurions guidés vers un chemin droit.

71. Ceux qui obéiront à Dieu et à l'apôtre, entreront dans la communion des prophètes, des justes, des martyrs, des hommes vertueux que Dieu a comblés de ses bienfaits. Quelle belle communion que la leur!

72. Telle est la libéralité de Dieu. Sa science suffit à tout.

73. O croyants! soyez prudents dans la guerre, et avancez, soit par détachements, soit en masse

---

[1] C'est-à-dire, qu'il n'y a qu'un petit nombre dans la race juive qui aient embrassé la religion de Mohammed.

[2] C'est un des châtiments dont Mohammed menace les infidèles.

[3] Noms des divinités ou des temples des Arabes idolâtres.

74. Il y en aura parmi vous un tel qui se trainera lentement à votre suite. Si vous éprouvez des revers, il dira : Dieu m'a témoigné une grâce particulière, en ce que je n'ai point assisté au combat.

75. Si Dieu vous donne la victoire, il dira (comme si aucune amitié n'existait entre vous et lui)[1] : Plût à Dieu que j'eusse combattu avec eux ! J'aurais emporté un riche butin.

76. Que ceux qui sacrifient la vie d'ici-bas à la vie future combattent dans la voie de Dieu ; qu'ils succombent ou qu'ils soient vainqueurs, nous leur donnerons une récompense généreuse.

77. Et pourquoi ne combattriez-vous pas dans le sentier du Seigneur, quand les faibles, les femmes, les enfants s'écrient : Seigneur, tire-nous de cette ville des méchants, envoie-nous un défenseur de ta part, donne-nous un protecteur ?

78. Les croyants combattent dans le sentier de Dieu et les infidèles dans le chemin de Thagout. Combattez-donc les suppôts de Satan, et certes les stratagèmes de Satan seront impuissants.

79. Vous avez remarqué ceux à qui on a dit : Reposez-vous pendant quelque temps des combats, vaquez à la prière et faites l'aumône : lorsque ensuite on leur a ordonné de combattre, la plupart d'entre eux craignant les hommes autant ou plus que Dieu même, se sont écriés : Seigneur, pourquoi nous ordonnes-tu la guerre ? pourquoi ne nous laisses-tu parvenir au terme *naturel* de nos jours ? Réponds-leur : Le monde d'ici-bas n'est que de peu de valeur, la vie future est le vrai bien pour ceux qui craignent Dieu. Là on ne vous trompera pas de la plus mince portion.

80. En quelque lieu que vous soyez, la mort vous atteindra ; elle vous atteindrait dans des tours élevées. Les infidèles remportent-ils quelque avantage, ils disent : Cela vient de Dieu. Essuient-ils quelque disgrâce, ils s'écrient : Cela vient de toi, ô Mohammed ! Dis-leur : Tout vient de Dieu. Qu'a-t-il donc ce peuple, qu'il est si loin de comprendre ?

81. S'il t'arrive quelque bien, il t'arrive de Dieu. Le mal vient de toi. Et toi, Mohammed, nous t'avons envoyé vers les hommes avec la mission de prophète. Le témoignage de Dieu est suffisant.

82. Celui qui obéit au prophète obéit à Dieu. Nous ne t'avons pas envoyé pour être le gardien de ceux qui se détournent de toi.

83. Ils disent devant toi : Nous obéissons. Sortis de ta présence, la plupart d'entre eux couvent dans la nuit des desseins contraires à leurs paroles ; mais Dieu couche par écrit leurs machinations. Éloigne-toi d'eux et mets ta confiance en Dieu. Il te suffira de l'avoir pour défenseur.

84. N'examinent-ils pas attentivement le Koran ? Si tout autre que Dieu en était auteur, n'y trouveraient-ils pas une foule de contradictions ?

85. Reçoivent-ils une nouvelle qui leur inspire de la sécurité ou telle autre qui les alarme, ils la divulguent aussitôt. S'ils l'annonçaient au prophète ou à leurs chefs, ceux qui désireraient la savoir l'apprendraient de la bouche de ces derniers. Si la grâce de Dieu et sa miséricorde ne veillaient sur vous, la plupart suivraient les conseils de Satan.

86. Combats dans le sentier de Dieu et n'impose des charges difficiles qu'à toi-même. Excite les croyants au combat. Dieu est là pour arrêter la violence des infidèles. Il est plus fort qu'eux, et ses châtiments sont plus terribles.

87. Celui dont l'intercession aura un but louable, en recueillera le fruit ; celui qui intercédera dans un mauvais but, en recevra la peine. Dieu observe tout.

88. Si quelqu'un vous salue, rendez-lui le salut plus honnête encore, ou au moins égal. Dieu compte tout.

89. Dieu est le seul Dieu. Il vous rassemblera au jour de la résurrection. Il n'y a point de doute là-dessus. Et qui est plus sincère dans ses paroles que Dieu ?

90. Pourquoi êtes-vous divisés en deux partis au sujet des hypocrites ? Dieu les a anéantis pour prix de leurs méfaits. Voulez-vous conduire ceux que Dieu a égarés ? Tu ne trouveras point de sentier pour celui que Dieu égare.

91. Ils ont voulu vous rendre infidèles comme eux, afin que vous soyez tous égaux. Ne formez point de liaisons avec eux jusqu'à ce qu'ils aient quitté leur pays pour la cause du Seigneur. S'ils retournaient à l'infidélité, saisissez-les et mettez-les à mort partout où vous les trouverez. Ne cherchez parmi eux ni protecteur ni ami ;

92. Excepté ceux qui chercheraient un asile chez vos alliés, et ceux qui sont forcés de vous faire la guerre ou de la faire à leur propre tribu. Si Dieu avait voulu, il leur aurait donné l'avantage sur vous, et ils vous combattraient sans cesse. S'ils cessent de porter les armes contre vous, et s'ils vous offrent la paix, Dieu vous défend de les attaquer.

93. Vous en trouverez d'autres qui chercheront à gagner également votre confiance et celle de leur nation. Chaque fois qu'ils tremperont dans la sédition, ils seront défaits. S'ils ne se mettent pas à l'écart, s'ils ne vous offrent pas la paix et ne s'abstiennent pas de vous combattre,

---

[1] C'est-à-dire : n'étant intéressé que pour lui-même. (D. Sl.)

saisissez-les et mettez-les à mort partout où vous les trouverez. Nous vous donnons sur eux un pouvoir absolu.

94. Pourquoi un croyant tuerait-il un autre croyant, si ce n'est involontairement? Celui qui le tuera involontairement sera tenu d'affranchir un esclave croyant, et de payer à la famille du mort le prix du sang fixé par la loi, à moins qu'elle ne fasse convertir cette somme en aumône. Pour la mort d'un croyant d'une nation ennemie, on donnera la liberté à un esclave croyant. Pour la mort d'un individu d'une nation alliée, on affranchira un esclave croyant, et on payera la somme prescrite à la famille du mort. Celui qui ne trouvera pas d'esclave à racheter jeûnera deux mois de suite. Voilà les expiations établies par Dieu le savant et sage.

95. Celui qui tuera un croyant volontairement aura l'enfer pour récompense; il y demeurera éternellement. Dieu irrité contre lui le maudira et le condamnera à un supplice terrible.

96. O croyants! lorsque vous marchez pour la guerre sainte, pesez vos démarches. Que la soif des biens de ce monde ne vous fasse pas dire à celui que vous rencontrerez et qui vous adressera le salut : C'est un infidèle. Dieu possède des richesses infinies. Telle fut votre conduite passée. Le ciel vous l'a pardonnée. Examinez donc avant d'agir. Dieu est instruit de toutes vos actions.

97. Les fidèles qui resteront dans leurs foyers sans y être contraints par la nécessité ne seront pas traités comme ceux qui combattront dans le sentier de Dieu, avec le sacrifice de leurs biens et de leurs personnes. Dieu a assigné à ceux-ci un rang plus élevé qu'à ceux-là; il a fait de belles promesses à tous ; mais il a destiné aux combattants une récompense plus grande qu'à ceux qui restent dans leurs foyers

98. Un rang plus élevé, l'indulgence et la miséricorde. Certes Dieu est indulgent et miséricordieux.

99. Les anges, en ôtant la vie à ceux qui avaient agi iniquement envers eux-mêmes, leur demandèrent : De quel pays êtes-vous? Ils répondirent : Nous étions les faibles de la terre. Les anges leur dirent : La terre de Dieu n'est-elle pas assez vaste? Ne pouviez-vous pas, en abandonnant votre pays, chercher un asile quelque part? C'est pourquoi l'enfer sera leur demeure. Quel détestable route que la leur!

100. Les faibles d'entre les hommes et d'entre les femmes et les enfants incapables de se servir d'une ruse et dépourvus de tout moyen de salut, peuvent obtenir le pardon de Dieu, qui est indulgent et miséricordieux.

101. Celui qui abandonnera son pays pour la cause de Dieu, trouvera sur la terre d'autres hommes forcés d'en faire autant; il trouvera des biens en abondance. Pour celui qui aura quitté son pays pour embrasser la cause de Dieu et que la mort viendra surprendre, son salaire sera à la charge de Dieu, et Dieu est indulgent et miséricordieux.

102. Si vous courez le pays, il n'y aura aucun péché d'abréger vos prières, si vous craignez que les infidèles ne vous surprennent; les infidèles sont vos ennemis déclarés.

103. Lorsque tu seras au milieu de tes troupes et que tu feras accomplir la prière, qu'une partie prenne les armes et prie ; lorsqu'elle aura fait les prostrations, qu'elle se retire derrière, et qu'une autre partie de l'armée, qui n'a pas encore fait la prière, lui succède. Qu'ils prennent leurs sûretés et soient sous les armes. Les infidèles voudraient bien que vous abandonnassiez vos armes et vos bagages, afin de fondre à l'improviste sur vous. Si la pluie vous incommode, ou si vous êtes malades, ce ne sera point un péché d'ôter vos armes; toutefois, prenez vos sûretés. Dieu prépare aux infidèles un supplice ignominieux.

104. La prière terminée, pensez encore à Dieu, debout, assis ou couchés sur vos côtés. Aussitôt que vous vous voyez en sûreté, accomplissez la prière. La prière est prescrite aux croyants dans les heures marquées.

105. Ne vous ralentissez point dans la poursuite des ennemis. Si vous souffrez, ils souffriront aussi comme vous ; mais vous devez espérer de Dieu ce qu'ils ne sauraient espérer. Dieu est sage et savant.

106. Nous t'avons envoyé le livre contenant la vérité, afin que tu juges entre les hommes d'après ce que Dieu t'a fait connaître. N'entre point en dispute avec les perfides, et implore le pardon de Dieu. Il est indulgent et miséricordieux.

107. Ne dispute pas avec nous en faveur de ceux qui ont agi perfidement envers eux-mêmes. Dieu n'aime pas l'homme perfide et criminel.

108. Ils peuvent dérober leurs plans aux regards des hommes, mais ils ne les déroberont pas à Dieu. Il est avec eux, quand dans la nuit ils tiennent des discours qui lui déplaisent. Il embrasse de sa science tout ce qu'ils font.

109. Vous disputez avec moi en leur faveur dans ce monde. Qui disputera avec Dieu en leur faveur au jour de la résurrection ? qui sera leur patron?

110. Quiconque aura commis une mauvaise action, agi iniquement envers sa propre âme, mais implorera ensuite le pardon de Dieu, le trouvera indulgent et miséricordieux.

111. Celui qui commet un péché, le commet à son détriment. Dieu est savant et sage.

112. Celui qui commet une faute ou un péché, et puis les rejette sur un homme innocent, portera la charge du mensonge et d'un péché évident.

113. N'était la grâce de Dieu et sa miséricorde envers toi, une partie d'entre ceux qui avaient résolu de t'égarer auraient réussi; mais ils n'ont égaré qu'eux-mêmes et n'ont pu te nuire. Dieu a fait descendre sur toi le livre et la sagesse; il t'a appris ce que tu ne savais pas. La grâce de Dieu a été grande envers toi.

114. Rien de bon n'entre dans la plupart de leurs délibérations. Mais celui qui recommande l'aumône ou une action honnête, ou la concorde entre les hommes, s'il le fait par le désir de plaire à Dieu, recevra certainement de nous une récompense magnifique.

115. Celui qui se séparera du prophète après que la *direction* lui aura été clairement manifestée, celui qui suivra un autre sentier que celui des croyants, nous tournerons le dos à celui-là de même qu'il nous l'a tourné à nous; nous le brûlerons au feu de la géhenne. Quel affreux dénoûment !

116. Dieu ne pardonnera pas le crime de ceux qui lui associent d'autres divinités; il pardonnera tout le reste à qui il voudra. Car quiconque lui associe d'autres dieux est dans un égarement lointain.

117. Ils invoquent les divinités femelles plutôt que Dieu [1]; plutôt que Dieu, ils invoquent Satan le rebelle.

118. Que la malédiction de Dieu soit sur lui. Il a dit : Je m'empare d'une certaine portion de tes serviteurs, je les égarerai, je leur inspirerai des désirs, je leur ordonnerai de couper les oreilles de certains animaux [2], je leur ordonnerai d'altérer la création de Dieu. Quiconque prend Satan pour patron plutôt que Dieu, celui-là est perdu d'une perte évidente.

119. Il leur fait des promesses et leur inspire des désirs, mais Satan ne promet que pour aveugler.

120. Ceux-là auront la géhenne pour demeure, et ils ne lui trouveront point d'issue.

121. Pour ceux qui croient et pratiquent les bonnes œuvres, nous les introduirons dans les jardins, arrosés de rivières; ils y resteront éternellement, en vertu d'une promesse vraie de Dieu. Et qui est plus vrai dans ses paroles que Dieu ?

122. Cela ne saurait être selon votre fantaisie ni selon la fantaisie des hommes des Écritures. Quiconque aura fait le mal sera rétribué par le mal, et ne trouvera aucun patron ni aucune assistance contre Dieu.

123. Hommes ou femmes, ceux qui pratiqueront les bonnes œuvres, et qui seront en même temps croyants, entreront dans le paradis et ne seront fraudés de la moindre part de leur récompense [1].

124. Qui professe une plus belle religion que celui qui s'est résigné tout entier à la volonté de Dieu, qui fait le bien et suit la croyance d'Abraham l'orthodoxe ? Dieu a pris Abraham pour ami.

125. A Dieu appartient tout ce qui est dans les cieux et sur la terre. Il environne tout.

126. Ils te consulteront au sujet des femmes. Dis-leur : Dieu vous a instruits là-dessus; on vous lit dans le livre (le Koran) des préceptes relatifs aux orphelines, à qui vous ne donnez pas ce qu'on vous a prescrit, et que vous refusez d'épouser. Il vous instruit relativement aux enfants faibles; il vous prescrit d'agir en toute équité avec les orphelins. Vous ne ferez aucune bonne action qui soit inconnue de Dieu.

127. Si une femme craint la violence de son mari ou son aversion pour elle, il n'y a aucun mal à ce qu'ils s'arrangent à l'amiable [2] : la réconciliation vaut mieux. Les hommes sont portés à l'avarice; si vous êtes bienfaisants et craignant Dieu, il sera instruit de vos actions.

128. Vous ne pourrez jamais traiter également toutes vos femmes, quand même vous le désireriez ardemment. Gardez-vous donc de suivre entièrement la pente et d'en laisser une comme en suspens; mais si vous êtes généreux et craignant Dieu, il est indulgent et miséricordieux.

129. Si les deux époux se séparent, Dieu les comblera de dons. Il est immense et sage.

130. A lui appartient ce qui est dans les cieux et sur la terre. Nous avons déjà recommandé à ceux qui ont reçu les Écritures avant vous, ainsi qu'à vous-mêmes, de craindre Dieu et de n'être point incrédules. Si vous l'êtes, sachez que tout ce qui est dans les cieux et sur la terre lui appartient. Il est riche et glorieux.

131. A lui appartient tout ce qui est dans les cieux et sur la terre. Le patronage de Dieu suffit.

132. O hommes ! s'il veut, il peut vous faire disparaître et créer d'autres hommes à votre place. Certes, Dieu est assez puissant pour le faire.

---

[1] Les Arabes adoraient *Lat*, *Orra* et *Menat*, qu'ils croyaient être filles de Dieu.
[2] C'est une allusion à quelques superstitions des Arabes.

[1] De ce que peut contenir la fossette d'un noyau de datte.
[2] Il est permis à la femme de céder une portion ou la totalité de sa dot au mari, afin qu'il lui accorde le divorce. (D. S!.)

133. Quelqu'un désire-t-il la récompense de ce monde? La récompense de ce monde, comme celle de l'autre, est *auprès* de Dieu. Il entend et voit tout.

134. O croyants! soyez stricts observateurs de la justice quand vous témoignez devant Dieu, dussiez-vous témoigner contre vous-mêmes, contre vos parents, contre vos proches, vis-à-vis du riche ou du pauvre. Dieu est plus près que vous du riche et du pauvre. Ne suivez point vos passions, de peur de dévier. Si vous refusez votre témoignage, si vous vous abstenez, sachez que Dieu est instruit de ce que vous faites.

135. O croyants! croyez en Dieu, en son apôtre, au livre qu'il lui a envoyé, aux Écritures descendues avant lui. Celui qui ne croit pas en Dieu, en ses anges, à ses livres, à ses apôtres et au jour dernier, est dans un égarement lointain.

136. Ceux qui crurent et retournèrent à l'incrédulité, puis crurent de nouveau et ensuite redevinrent incrédules en laissant accroître leur infidélité; Dieu ne pardonnera pas à ceux-là, il ne les conduira pas dans le chemin droit.

137. Annonce aux hypocrites un supplice douloureux;

138. A ces hypocrites qui cherchent leurs amis parmi les infidèles plutôt que parmi les croyants. Est-ce pour s'en faire gloire? La gloire appartient toute à Dieu.

139. On vous a déjà révélé dans le Koran que lorsque vous êtes là pour écouter les signes de Dieu, on n'y croit pas, on les prend en dérision. Gardez-vous donc de vous asseoir avec les infidèles, jusqu'à ce que la conversation se reporte sur un autre sujet; autrement vous deviendriez leurs semblables. Dieu réunira ensemble les hypocrites et les infidèles dans la géhenne.

140. Ce sont ceux qui attendent les événements. Si Dieu vous accorde la victoire, ils disent: Ne sommes-nous pas avec vous? Si la fortune est pour les infidèles, ils disent à ceux-ci: N'avions-nous pas la supériorité sur vous? Ne vous avons-nous pas protégés contre les croyants? Dieu jugera entre vous au jour de la résurrection. Il ne donnera pas aux infidèles l'avantage sur les croyants.

141. Les hypocrites cherchent à tromper Dieu; c'est Dieu qui les trompera le premier. Quand ils se disposent à faire la prière, ils le font avec nonchalance, ils en font étalage devant les hommes, mais ils ne pensent que très-peu à Dieu,

142. Flottant entre l'un et l'autre, n'appartenant ni à ceux-ci ni à ceux-la. Mais celui que Dieu égare ne trouvera pas la route.

143. O croyants! ne prenez point d'amis parmi les infidèles plutôt que parmi les croyants. Voulez-vous fournir à Dieu un argument contre vous, un argument irréfragable?.

144. Les hypocrites seront relégués au fond de l'abîme de feu, et n'obtiendront aucun secours.

145. Mais ceux qui se seront convertis et corrigés, qui se seront fermement attachés à Dieu et montrés sincères dans leur foi, seront de nouveau avec les croyants. Or Dieu décernera aux croyants une récompense magnifique.

146. Pourquoi Dieu vous infligerait-il le châtiment si vous avez de la reconnaissance et si vous avez cru? Dieu est reconnaissant et savant.

147. Dieu n'aime point que l'on divulgue le mal, à moins qu'on ne soit victime de l'oppression. Dieu entend et sait tout.

148. Soit que vous divulguiez le bien ou le cachiez, soit que vous pardonniez le mal, Dieu est indulgent et puissant.

149. Ceux qui ne croient pas à Dieu et à ses apôtres, ceux qui veulent séparer Dieu de ses apôtres, qui disent: Nous croyons aux uns, mais nous ne croyons pas aux autres. (ils cherchent à prendre un terme moyen),

150. Ceux-là sont véritablement infidèles. Nous avons préparé pour les infidèles un supplice ignominieux.

151. Ceux qui croient à Dieu et à ses apôtres et ne mettent point de distinction entre aucun d'eux, obtiendront leurs récompenses. Dieu est indulgent et miséricordieux.

152. Les hommes des Écritures te demanderont de leur faire descendre le livre du ciel. Ils avaient demandé à Moïse quelque chose de plus. Ils lui disaient: Fais-nous voir Dieu distinctement; mais une tempête terrible fondit sur eux, comme punition de leur méchanceté. Puis, ils prirent pour l'objet de leurs adorations le veau, bien que des signes évidents leur fussent déjà venus. Mais nous le leur pardonnâmes, et nous avons donné à Moïse des preuves évidentes.

153. Nous élevâmes au-dessus de leurs têtes le mont Sinaï pour gage de notre alliance, et nous leur dîmes: Entrez dans la porte de la ville en vous prosternant *devant le Seigneur;* ne transgressez point le sabbat. Nous avons conclu avec eux un pacte solennel.

154. Mais ils violaient leur pacte, ils niaient les signes de Dieu, ils mettaient injustement à mort les prophètes, ils disaient: Nos cœurs sont enveloppés d'*incrédulité.* Oui, Dieu a mis le sceau sur leurs cœurs. Ils sont infidèles; il n'y en a qu'un petit nombre qui croient.

155. Ils n'ont point cru à *Jésus ;* ils ont inventé contre Marie un mensonge atroce.

156. Ils disent : Nous avons mis à mort le Messie, Jésus fils de Marie, l'apôtre de Dieu. Non, ils ne l'ont point tué, ils ne l'ont point crucifié ; un autre individu qui lui ressemblait lui fut substitué, et ceux qui disputaient à son sujet ont été eux-mêmes dans le doute. Ils n'en avaient pas de connaissance précise, ce n'était qu'une supposition. Ils ne l'ont point tué réellement. Dieu l'a élevé à lui, et Dieu est puissant et sage.

157. Il n'y aura pas un seul homme parmi ceux qui ont eu foi dans les Écritures qui ne croie en lui avant sa mort[1]. Au jour de la résurrection, il (Jésus) témoignera contre eux.

158. Pour prix de leur méchanceté, et parce qu'ils détournent les autres du sentier de Dieu, nous leur avons interdit des aliments délicieux qui leur étaient d'abord permis.

159. Parce qu'ils exercent l'usure qui leur a été défendue, parce qu'ils dévorent le bien des autres en futilités, nous avons préparé aux infidèles un châtiment douloureux.

160. Mais ceux d'entre eux qui sont forts dans la science, les croyants qui croient à ce qui a été révélé à toi et avant toi, ceux qui observent la prière, qui font l'aumône, qui croient en Dieu et au jour dernier, à tous ceux-là nous accorderons une récompense magnifique.

161. Nous t'avons donné la révélation, comme nous l'avons donnée à Noé et aux prophètes qui ont vécu après lui. Nous l'avons donnée à Abraham, à Ismaël, à Isaac et à Jacob, aux douze tribus : Jésus, Job, Jonas, Aaron, Salomon ; et nous donnâmes les psaumes à David.

162. Il y eut des envoyés que nous t'avons déjà fait connaître précédemment ; il y en eut dont nous ne te parlerons pas. Dieu a adressé réellement la parole à Moïse.

163. Il y eut des envoyés chargés d'annoncer et d'avertir, afin que les hommes n'aient aucune excuse devant Dieu après la mission des apôtres. Dieu est puissant et sage.

164. Dieu lui-même est témoin de ce qu'il t'a envoyé dans sa science ; les anges en sont témoins. Mais Dieu est un témoin suffisant.

165. Ceux qui ne croient pas, qui détournent les autres du sentier de Dieu, sont dans un égarement lointain.

166. Ceux qui ne croient pas et agissent avec iniquité, Dieu ne leur pardonnera pas, il ne leur montrera pas le chemin ;

167. Si ce n'est le chemin de la Géhenne où ils demeureront éternellement ; ce qui est facile à Dieu.

168. O hommes ! un apôtre vous apporte la vérité de la part de votre Seigneur. Croyez donc ; ceci vous sera plus avantageux ; mais si vous restez incrédules, tout ce qui est dans les cieux et sur la terre lui appartient (*et il peut se passer de vous.*) Il est savant et sage.

169. O vous qui avez reçu les Écritures, ne dépassez pas les limites dans votre religion, ne dites de Dieu que ce qui est vrai. Le Messie, Jésus fils de Marie, est l'apôtre de Dieu et son verbe qu'il jeta dans Marie : il est un esprit venant de Dieu. Croyez donc en Dieu et à ses apôtres, et ne dites point : Il y a Trinité. Cessez de le faire. Ceci vous sera plus avantageux. Car Dieu est unique. Loin de sa gloire qu'il ait eu un fils. A lui appartient tout ce qui est dans les cieux et sur la terre. Son patronage suffit ; il n'a pas besoin d'un agent.

170. Le Messie ne dédaigne pas d'être le serviteur de Dieu, pas plus que les anges qui l'approchent.

171. Dieu rassemblera un jour les dédaigneux et les orgueilleux.

172. Ceux qui croient et pratiquent les bonnes œuvres, Dieu leur payera exactement leur salaire : il l'accroîtra du trésor de sa grâce ; mais il fera subir un châtiment terrible aux dédaigneux et aux orgueilleux.

173. Ils ne trouveront ni patron ni protecteur contre Dieu.

174. O hommes ! une preuve vous est venue de votre Seigneur. Nous avons fait descendre pour vous la lumière éclatante. Dieu fera entrer dans le giron de sa miséricorde et de sa grâce ceux qui croient en lui et s'attachent fermement à lui ; il les dirigera vers le sentier droit.

175. Ils te consulteront. Dis-leur : Dieu vous instruit au sujet des parents éloignés. Si un homme meurt sans enfants et s'il a une sœur, celle-ci aura la moitié de ce qu'il laissera. Lui aussi sera son héritier, si elle n'a aucun enfant. S'il y a deux sœurs, elles auront deux tiers de ce que l'homme aura laissé ; s'il laisse des frères et des sœurs, le fils aura la portion de deux filles. Dieu vous l'explique clairement, de peur que vous ne vous égariez. Dieu sait toutes choses.

---

[1] Il y a dans le texte un vague occasionné par l'emploi du pronom relatif *avant sa mort.* Les uns pensent que Mohammed a voulu dire que tout chrétien ou juif interrogé à son agonie par l'ange avouera qu'il croit à Jésus. D'autres pensent que le pronom se rapporte à Jésus, qui doit encore revenir sur la terre pour tuer l'Antechrist et mourir. Alors tout l'univers croira en lui.

CHAPITRE V.

LA TABLE.

Donné à Médine [1]. — 120 versets.

Au nom de Dieu clément et miséricordieux.

1. O croyants! soyez fidèles à vos engagements. Il vous est permis de vous nourrir de la chair de vos troupeaux; mais ne mangez pas des animaux qu'il vous est défendu de tuer à la chasse, pendant que vous êtes revêtus du vêtement de pèlerinage. Dieu ordonne ce qu'il lui plaît.

2. O croyants! gardez-vous de violer les cérémonies religieuses du pèlerinage, le mois sacré, les offrandes et les ornements *que l'on suspend aux victimes*. Respectez ceux qui se pressent à la maison de Dieu pour y chercher la grâce et la satisfaction de leur Seigneur.

3. Le pèlerinage accompli, vous pouvez vous livrer à la chasse. Que le ressentiment contre ceux qui cherchaient à vous repousser de l'oratoire sacré, ne vous porte pas à des actions injustes. Aidez-vous mutuellement à exercer la bienfaisance et la piété, mais ne vous aidez point dans le mal et dans l'injustice, et craignez Dieu, car ses châtiments sont terribles.

4. Les animaux morts, le sang, la chair du porc, tout ce qui a été tué sous l'invocation d'un autre nom que celui de Dieu, les animaux suffoqués, assommés, tués par quelque chute ou d'un coup de corne; ceux qui ont été entamés par une bête féroce, à moins que vous ne les ayez purifiés par une saignée; ce qui a été immolé aux autels des idoles; tout cela vous est défendu. Ne vous les partagez pas en consultant les flèches, car ceci est une impiété. Le désespoir attend ceux qui ont renié votre religion; ne les craignez point, craignez-moi.

5. Aujourd'hui j'ai mis le sceau à votre religion, et je vous ai comblés de la plénitude de ma grâce. Il m'a plu de vous donner l'islam [2] pour religion. Celui qui, cédant à la nécessité de la faim et sans dessein de mal faire, aura transgressé nos dispositions, celui-là sera absous, car Dieu est indulgent et miséricordieux.

6. Ils te demanderont ce qui leur est permis. Réponds-leur : Tout ce qui est bon et délicieux vous est permis. La proie des animaux de chasse que vous aurez dressés à la manière des chiens, d'après la science que vous avez reçue de Dieu, vous est permise. Mangez ce qu'ils vous auront procuré en invoquant le nom de Dieu. Craignez-le, car il est prompt à faire rendre compte.

7. Aujourd'hui la jouissance de tout ce qui est bon vous a été permise; la nourriture de ceux qui ont reçu les Écritures est licite pour vous, et la vôtre l'est également pour eux. Il vous est permis d'épouser les filles honnêtes des croyants et de ceux qui ont reçu les Écritures avant vous, pourvu que vous leur assigniez leurs dots. Vivez chastement avec elles, ne commettez pas de fornication, et ne les prenez pas comme concubines. Celui qui trahira sa foi perdra le fruit de ses bonnes œuvres, et sera dans l'autre monde au nombre des malheureux.

8. O croyants! quand vous vous disposez à faire la prière, lavez-vous le visage et les mains jusqu'au coude; essuyez-vous la tête et les pieds jusqu'aux talons.

9. Purifiez-vous après la cohabitation avec vos épouses; mais si vous êtes malades ou en voyage, quand vous aurez satisfait vos besoins naturels ou lorsque vous aurez eu commerce avec une femme, dans le cas où vous ne trouveriez pas d'eau, frottez-vous le visage et les mains avec du sable fin et pur. Dieu ne veut vous imposer aucune charge; mais il veut vous rendre purs et mettre le comble à ses bienfaits, afin que vous lui soyez reconnaissants.

10. Souvenez-vous donc de ses bienfaits, et du pacte qu'il a conclu avec vous, quand vous dites : Nous avons entendu et nous obéirons. Craignez Dieu, car il connaît les mystères de vos cœurs.

11. O vous qui croyez, soyez droits devant Dieu dans les témoignages que vous porterez; que la haine ne vous engage point à commettre une injustice. Soyez justes : la justice tient de près à la piété. Craignez Dieu, parce qu'il connaît vos actions.

12. Dieu a fait des promesses à ceux qui croient et pratiquent les bonnes œuvres; l'indulgence et une récompense éclatante les attendent.

13. Ceux qui ne croient pas, et qui traitent nos signes de mensonges, ceux-là seront voués au feu.

14. O croyants! souvenez-vous des bienfaits du Seigneur. Lorsque vos ennemis étaient près d'étendre leurs bras sur vous, Dieu arrêta leurs bras. Craignez Dieu; les vrais croyants ne mettent de confiance qu'en lui.

15. Dieu accepta l'alliance des enfants d'Israël, leur donna douze chefs, et leur dit : Je serai avec vous. Si vous vous acquittez exactement de la prière, si vous faites l'aumône, si vous ajoutez foi à mes envoyés, si vous les aidez et si vous faites à Dieu un prêt généreux, j'expierai vos offenses et vous introduirai dans les jardins arrosés de courants d'eau. Celui qui, après ces avertissements reçus, refuse de croire, celui-là s'égare de la droite voie.

---

[1] Selon d'autres à la Mecque.
[2] L'*Islam* est la résignation à la volonté de Dieu.

16. Ils ont violé le pacte conclu, et nous les avons maudits. Nous avons endurci leurs cœurs. Ils déplacent les paroles des Écritures et oublient une partie de ce qui leur fut enseigné. Tu ne cesseras de dévoiler leur fraude; presque tous en sont coupables. Mais sois indulgent envers eux, car Dieu aime ceux qui agissent noblement.

17. Nous avons aussi accepté l'alliance de ceux qui se disent chrétiens; mais ceux-là aussi ont oublié une partie de nos signes [1]. Nous avons suscité au milieu d'eux l'inimitié et la haine qui doivent durer jusqu'au jour de la résurrection. Dieu leur apprendra ce qu'ils ont fait.

18. O vous qui avez reçu les Écritures! notre envoyé vous en a indiqué beaucoup de passages que vous cachiez, et il a passé outre sur beaucoup d'autres. La lumière vous est descendue des cieux ainsi que ce livre évident par lequel Dieu guidera ceux qui suivent sa volonté dans le sentier du salut. Il les fera passer des ténèbres à la lumière et les dirigera dans la voie droite.

19. Ceux qui disent que Dieu c'est le Messie, fils de Marie, sont des infidèles. Réponds-leur: Qui pourrait arrêter le bras de Dieu s'il voulait anéantir le Messie, fils de Marie, et sa mère, et tous les êtres de la terre?

20. A Dieu appartient la souveraineté des cieux et de la terre, et de l'espace qui les sépare. Il donne l'existence à son gré, car il est tout-puissant.

21. Nous sommes les enfants chéris de Dieu, disent les Juifs et les chrétiens. Réponds-leur: Pourquoi donc vous punit-il de vos péchés? Vous n'êtes qu'une portion des hommes qu'il a créés; il pardonne ou châtie à son gré. A lui appartient la souveraineté des cieux, de la terre et de tout ce qui est entre eux. Il est le terme où tout aboutira un jour.

22. O vous qui avez reçu les Écritures! notre envoyé va vous éclairer sur la cessation des prophètes. Vous ne direz plus: Il ne nous vient plus d'apôtres pour nous annoncer ses promesses et ses menaces. L'un d'eux est au milieu de vous, et Dieu est tout-puissant.

23. Lorsque Moïse dit aux Israélites: Souvenez-vous des bienfaits que vous avez reçus de Dieu: il a suscité des prophètes dans votre sein, il vous a donné des rois, et il vous a accordé des faveurs qu'il n'avait jamais accordées à aucune autre nation.

24. Entrez, ô mon peuple, dans la terre sainte que Dieu t'a destinée; ne vous tournez pas en arrière, de peur que vous ne marchiez à votre perte.

25. Ce pays, répondirent les Israélites, est habité par des géants. Nous n'y entrerons point tant qu'ils l'occuperont. S'ils en sortent, nous en prendrons possession.

26. Présentez-vous à la porte de la ville, dirent deux hommes craignant le Seigneur et favorisés de ses grâces: vous ne serez pas plutôt entrés que vous serez vainqueurs. Mettez votre confiance en Dieu si vous êtes fidèles.

27. O Moïse, dit le peuple, nous n'y pénétrerons point tant que le peuple qui l'habite n'en sera pas sorti. Va avec ton Dieu et combattez tous deux. Nous demeurerons ici.

28. Seigneur, s'écria Moïse, je n'ai de pouvoir que sur moi et sur mon frère; prononce entre nous et ce peuple d'impies.

29. Alors le Seigneur dit: Cette terre leur sera interdite pendant quarante ans. Ils erreront dans le désert, et toi, cesse de t'alarmer pour ce peuple d'impies.

30. Raconte-leur l'histoire véritable de ceux des fils d'Adam qui présentèrent leurs offrandes. L'offrande de l'un fut acceptée, celle de l'autre fut rejetée. Ce dernier dit à son frère: Je vais te tuer. Dieu, répondit l'autre, ne reçoit des offrandes que des hommes qui le craignent.

31. Quand même tu étendrais ta main sur moi pour me tuer, je n'étendrais pas la mienne pour t'ôter la vie, car je crains Dieu, souverain de l'univers.

32. J'aime mieux que toi seul en sortes, chargé de mes péchés et des tiens, et que tu sois voué au feu, récompense des pervers.

33. La passion subjugua l'injuste; il tua son frère, et fut au nombre des malheureux.

34. Dieu envoya un corbeau qui grattait la terre pour lui montrer comment il devait cacher le cadavre de son frère. Malheureux que je suis, s'écria le meurtrier, ne pouvais-je, comme ce corbeau, creuser la terre pour cacher les restes de mon frère! et il s'abandonna au repentir.

35. C'est pourquoi nous avons donné ce précepte aux enfants d'Israël: Celui qui aura tué un homme sans que celui-ci ait commis un meurtre, ou exercé des brigandages dans le pays, sera regardé comme le meurtrier du genre humain; et celui qui aura rendu la vie à un homme, sera regardé comme s'il avait rendu la vie à tout le genre humain.

36. Nos envoyés ont paru au milieu d'eux accompagnés de signes évidents; mais, en dépit des signes, la plupart des hommes ont été prévaricateurs.

---

[1] Le plus grave reproche que Mohammed adresse aux chrétiens; c'est d'avoir interpolé ou altéré les Écritures, dans le but d'en ôter toute allusion à la venue de Mohammed.

37. Voici quelle sera la récompense de ceux qui combattent Dieu et son apôtre, et qui emploient toutes leurs forces à commettre des désordres sur la terre : vous les mettrez à mort ou vous leur ferez subir le supplice de la croix ; vous leur couperez les mains et les pieds alternés ; ils seront chassés de leur pays. L'ignominie les couvrira dans ce monde, et un châtiment cruel dans l'autre,

38. Sauf ceux qui se seront repentis avant que vous les ayez vaincus ; car sachez que Dieu est indulgent et miséricordieux.

39. O croyants ! craignez Dieu ; efforcez-vous de mériter un accès auprès de lui ; combattez pour sa religion, et vous serez heureux.

40. Quand les infidèles posséderaient deux fois autant de richesses que la terre en contient, et les offriraient pour se racheter du supplice au jour de la résurrection, leurs offres ne seraient point acceptées. Un châtiment cruel les attend.

41. Ils voudraient sortir du feu, mais ils n'en sortiront jamais. Un châtiment qui leur est réservé est éternel.

42. Vous couperez les mains des voleurs, homme ou femme, en punition de leur crime. C'est la peine que Dieu a établie contre eux. Il est puissant et sage.

43. Quiconque se sera repenti de ses iniquités et se sera corrigé, Dieu accueillera son repentir ; car il est indulgent et miséricordieux.

44. Ignores-tu que Dieu est le souverain des cieux et de la terre ? il punit qui il veut, et pardonne à qui il veut ; il est tout-puissant.

45. O prophète! ne t'afflige pas à cause de ceux qui courent à l'envi les uns des autres vers l'infidélité, ni à cause de ceux dont les bouches prononcent : Nous croyons, tandis que leurs cœurs ne croient pas ; ni à cause des Juifs qui, prêtant avidement l'oreille aux mensonges et aux discours des autres, ne viennent jamais entendre les tiens. Ils déplacent les paroles de l'Écriture, et disent ensuite aux autres : S'il vous lit l'Écriture de cette manière, acceptez-la, sinon défiez-vous-en. Qui est-ce qui pourra préserver de l'erreur celui que Dieu voudra égarer ? Ceux dont Dieu n'aura point purifié le cœur, seront couverts d'opprobre dans ce monde et souffriront dans l'autre un châtiment terrible.

46. Ils prêtent avidement l'oreille aux mensonges, ils recherchent les mets défendus. S'ils ont recours à ton jugement, prononce entre eux ou abstiens-toi. Si tu t'abstiens, ils ne pourront te nuire ; mais si tu te charges de juger, juge-les avec équité, car Dieu aime ceux qui jugent avec

47. Mais comment te prendraient-ils pour arbitre ? Ils ont cependant le Pentateuque où sont renfermés les préceptes du Seigneur, mais ils s'en sont éloignés et ne croient pas.

48. Nous avons fait descendre le Pentateuque ; il contient la lumière et la direction. Les prophètes, vrais croyants résignés à Dieu, devaient juger les Juifs d'après ce livre ; les docteurs et les prêtres jugeaient d'après les parties du livre de Dieu, dont ils avaient le dépôt ; ils étaient comme témoins de la loi vis-à-vis des Juifs. O Juifs, ne craignez point les hommes ; craignez-moi, et ne vendez point mes signes pour un prix infime. Ceux qui ne jugeront pas conformément à la vérité que Dieu a fait descendre d'en haut, sont infidèles.

49. Dans ce code nous avons prescrit aux Juifs : Ame pour âme, œil pour œil, nez pour nez, oreille pour oreille, dent pour dent. Les blessures seront punies par la loi du talion. Celui qui, recevant le prix de la peine, la changera en aumône, fera bien ; cela lui servira d'expiation de ses péchés. Ceux qui ne jugeront pas d'après les livres que nous avons fait descendre, sont impies.

50. Après les autres prophètes, nous avons envoyé Jésus fils de Marie pour confirmer le Pentateuque. Nous lui avons donné l'Évangile qui contient la lumière et la direction, et qui confirme le Pentateuque, et qui sert d'admonition à ceux qui craignent Dieu.

51. Que ceux qui s'en tiennent à l'Évangile jugent d'après son contenu. Ceux qui ne jugeront pas d'après un livre de Dieu, sont impies.

52. Nous t'avons envoyé le livre contenant la vérité, qui confirme les Écritures qui l'ont précédé, et qui les met à l'abri de toute altération. Juge entre eux tous selon les commandements de Dieu, et garde-toi, en suivant leurs désirs, de t'éloigner de ce qui t'a été donné spécialement. Nous avons assigné à chacun de vous un code et une règle de conduite.

53. Si Dieu l'avait voulu, il aurait fait de vous tous un seul peuple ; mais il a voulu éprouver votre fidélité à observer ce qu'il vous a donné. Courez à l'envi les uns des autres vers les bonnes actions ; vous retournerez tous à Dieu ; il vous éclaircira lui-même l'objet de vos différends.

54. Prononce entre eux, selon les commandements descendus du ciel ; n'écoute pas leurs vœux, et tiens-toi sur tes gardes, de peur qu'ils ne t'éloignent de certains commandements qui te furent donnés d'en haut. S'ils s'éloignent, sache que c'est pour quelques péchés que Dieu veut les punir, et certes le nombre des pervers est considérable.

55. Désirent-ils suivre les maximes du paganisme? Quel juge meilleur que Dieu peuvent avoir ceux qui croient fermement?

56. O croyants! ne prenez point pour amis les juifs et les chrétiens; ils sont amis les uns des autres. Celui qui les prendra pour amis finira par leur ressembler, et Dieu ne sera point le guide des pervers.

57. Tu verras ceux dont le cœur est atteint d'une infirmité, se rendre auprès des infidèles, et leur dire : Nous craignons que les vicissitudes du sort ne nous atteignent ; mais il sera facile à Dieu de donner la victoire au prophète, ou des ordres qui les feront repentir de leurs desseins.

58. Les fidèles diront alors : Sont-ce là ceux qui juraient par des serments solennels qu'ils étaient de notre parti? Leurs efforts n'auront abouti à rien, et ils périront.

59. O vous qui croyez, si vous abandonnez votre religion, Dieu en appellera d'autres à prendre votre place. Dieu les aimera, et ils l'aimeront. Doux envers les vrais croyants, ils seront sévères envers les infidèles. Ils combattront pour la foi, et ne craindront point les reproches de celui qui blâme. C'est la faveur de Dieu qui l'accorde à qui il veut. Il est immense et savant.

60. Vos protecteurs sont Dieu et son apôtre, et ceux qui croient, qui s'acquittent avec exactitude de la prière, qui font l'aumône et s'inclinent devant Dieu.

61. Ceux qui prennent pour protecteurs Dieu, son apôtre et les croyants, sont comme la milice de Dieu; la victoire est à eux.

62. O croyants! ne cherchez point d'appui chez les hommes qui ont reçu l'Écriture, ni chez les infidèles qui font de votre culte l'objet de leurs railleries. Craignez Dieu, si vous êtes fidèles.

63. N'en cherchez pas non plus auprès de ceux qui, quand ils vous entendent appeler à la prière, s'en font un objet de railleries et de dérision. Ils sont dépourvus de jugement.

64. Dis à ceux qui ont reçu l'Écriture : Pourquoi nous fuyez-vous avec horreur? Est-ce parce que nous croyons en Dieu, à ce qui nous a été donné d'en haut et à ce qui a été envoyé antérieurement, et que la plupart d'entre vous sont impies ?

65. Dis-leur encore : Vous annoncerai-je, en outre, quelque chose de plus terrible relativement à la rétribution que Dieu leur réserve? Ceux que Dieu a maudits, ceux contre lesquels il est courroucé, qu'il a transformés en singes et en porcs, ceux qui adorent Thagout, ceux-là sont dans une situation plus déplorable et plus éloignés du sentier droit.

66. Lorsqu'ils se sont présentés devant vous, ils ont dit : Nous croyons. Ils sont entrés avec l'infidélité, et ils sont sortis avec elle. Mais Dieu connaît ce qu'ils cachaient.

67. Tu en verras un grand nombre courir à l'envi vers l'iniquité, et l'injustice rechercher les mets défendus. Que leurs actions sont détestables !

68. Si ce n'étaient les docteurs et les prêtres qui les empêchent de se livrer à l'impiété dans leurs discours et aux mets défendus, quelles horreurs ne commettraient-ils pas ?

69. Les mains de Dieu sont liées, disent les Juifs. Que leurs mains soient liées à leur cou [1]; qu'ils soient maudits pour prix de leurs blasphèmes. Loin de là, les mains de Dieu sont ouvertes; il distribue ses dons comme il veut, et le don que Dieu t'a fait descendre d'en haut ne fera qu'accroître leur révolte et leur infidélité. Mais nous avons jeté au milieu d'eux l'inimitié et la haine, qui durera jusqu'au jour de la résurrection. Toutes les fois qu'ils allumeront le feu de la guerre, Dieu l'éteindra. Ils parcourent le pays pour le ravager et y commettre des désordres. Mais Dieu n'aime point ceux qui commettent le désordre.

70. Oh! si les hommes des Écritures avaient la foi et la crainte du Seigneur, nous effacerions leurs péchés, nous les introduirions dans les jardins de délices. S'ils observaient le Pentateuque et l'Évangile, et les livres que le Seigneur leur a envoyés, ils jouiraient de biens qui se trouvent sous leurs pas et au-dessus de leurs têtes. Il en est parmi eux qui agissent avec droiture; mais le plus grand nombre, oh! que leurs actions sont détestables !

71. O prophète! fais connaître tout ce que Dieu t'a révélé; si tu ne parviens pas à le faire complètement, ne cherche point à remplir ta mission. Dieu te mettra à l'abri des violences des hommes ; il n'est pas le guide des infidèles.

72. Dis aux hommes des Écritures : Vous ne vous appuierez sur rien *de solide*, tant que vous n'observerez pas le Pentateuque, l'Évangile et ce que Dieu a fait descendre d'en haut. Le livre que tu as reçu du ciel, *ô Mohammed!* ne fera qu'accroître la rébellion et l'infidélité d'un grand nombre d'entre eux; mais ne t'inquiète pas du sort des infidèles.

73. Ceux qui croient [2], les Juifs, les Sabéens, les chrétiens qui croient en Dieu et au jour dernier, et qui auront pratiqué la vertu, seront

---

[1] C'est là la signification du mot arabe, et les musulmans croient que les Juifs se présenteront au jour du jugement dernier, la main droite attachée au cou.
[2] Par ces mots il faut entendre ceux qui professent la religion de Mahommed.

exempts de toute crainte et ne seront point affligés.

74. Nous avons accepté le pacte des enfants d'Israël, et nous leur avons envoyé des prophètes; toutes les fois que les prophètes leur annonçaient les vérités que rejetaient leurs penchants, ils accusaient les uns d'imposture et assassinaient les autres.

75. Ils ont pensé que leurs crimes resteront impunis; ils sont devenus aveugles et sourds. Le Seigneur leur a pardonné; un grand nombre d'entre eux devinrent sourds et aveugles de nouveau; mais Dieu connaît leurs actions.

76. Infidèle est celui qui dit : Dieu, c'est le Messie, fils de Marie. Le Messie n'a-t-il pas dit lui-même : O enfants d'Israël, adorez Dieu qui est mon Seigneur et le vôtre? Quiconque associe à Dieu d'autres dieux, Dieu lui interdira l'entrée du jardin, et sa demeure sera le feu. Les pervers n'auront plus de secours à attendre.

77. Infidèle est celui qui dit : Dieu est un troisième de la Trinité. Il n'y a point de Dieu si ce n'est le Dieu unique. S'ils ne désavouent ce qu'ils avancent, un châtiment douloureux atteindra les infidèles.

78. Ne retourneront-ils pas au Seigneur? n'imploreront-ils pas son pardon? Il est indulgent et miséricordieux.

79. Le Messie, fils de Marie, n'est qu'un apôtre; d'autres apôtres l'ont précédé. Sa mère était juste. Ils se nourrissaient de mets [1]. Vous voyez comme nous leur expliquons l'unité de Dieu, et vous voyez également comme ils s'en détournent.

80. Dis-leur : Adorerez-vous à côté de Dieu ce qui n'est capable ni de vous nuire ni de vous être utile, tandis que Dieu entend et sait tout?

81. Dis aux hommes des Écritures : Ne franchissez point les limites de la religion contrairement à la vérité, et ne suivez point les penchants des hommes qui étaient dans l'égarement avant vous, qui ont entraîné dans l'erreur la plupart des hommes, et qui sont éloignés de la droite voie.

82. Ceux qui ont été infidèles parmi les enfants d'Israël ont été maudits de Dieu par la bouche de David et de Jésus, fils de Marie, parce qu'ils ont été rebelles, transgresseurs, et ne cherchaient point à se détourner mutuellement des mauvaises actions qu'ils commettaient. Que leurs actions sont détestables!

83. Tu verras un grand nombre d'entre eux se lier d'amitié avec les infidèles. Que leurs actions sont abominables! ces actions par lesquelles ils ont provoqué le courroux de Dieu. Ils seront voués aux tourments éternels.

84. S'ils eussent cru en Dieu, à l'apôtre et au Koran, ils n'auraient jamais recherché l'alliance des infidèles; mais la plupart d'entre eux ne sont que des pervers.

85. Tu reconnaîtras que ceux qui nourrissent la haine la plus violente contre les fidèles sont les Juifs et les idolâtres, et que ceux qui sont le plus disposés à les aimer sont les hommes qui se disent chrétiens : c'est parce qu'ils ont des prêtres et des moines, hommes exempts de tout orgueil.

86. Lorsqu'ils entendront les versets du Koran, tu verras des larmes s'échapper en abondance de leurs yeux, car ils ont reconnu la vérité. Ils s'écrient : O Seigneur, nous croyons. Inscrivez-nous au nombre de ceux qui rendent témoignage *de la vérité du Koran.*

87. Pourquoi ne croirions-nous pas en Dieu et aux vérités qu'il nous déclare? Pourquoi ne désirerions-nous pas qu'il nous donne une place parmi les justes?

88. Pour récompense de leurs paroles, Dieu leur a accordé les jardins arrosés de courants d'eau, où ils demeureront éternellement; c'est la récompense de ceux qui font le bien. Mais ceux qui ne croient pas, qui traitent nos signes de mensonges, sont voués à l'enfer.

89. O croyants! n'interdisez point l'usage des biens délicieux que Dieu a déclaré licites pour vous. Ne transgressez point ses préceptes, car il n'aime pas les transgresseurs.

90. Nourrissez-vous des aliments que Dieu vous accorde, des aliments licites et bons, et craignez ce même Dieu qui est l'objet de votre croyance.

91. Il ne vous châtiera pas pour un serment inconsidéré, mais il vous châtiera si vous manquez à un engagement réfléchi. L'infraction commise coûtera la nourriture de dix pauvres, nourriture de qualité moyenne et telle que vous la donnez à vos familles, ou bien leur vêtement, ou bien l'affranchissement d'un esclave. Celui qui sera hors d'état de satisfaire à cette peine jeûnera trois jours. Telle sera l'expiation de votre serment si vous avez juré. Observez donc vos serments. C'est ainsi que Dieu vous manifeste ses signes, afin que vous soyez reconnaissants.

92. O croyants! le vin, les jeux de hasard, les statues et le sort des flèches [1] sont une abomination inventée par Satan; abstenez-vous-en, et vous serez heureux.

---

[1] C'est-à-dire que Jésus et Marie n'étaient que des humains qui ne pouvaient se passer de la nourriture.

[1] Les Arabes idolâtres, entre autres manières de consulter le sort que le Koran condamne toutes, avaient l'habitude de le consulter au moyen des flèches sacrées, conservées dans les temples.

93. Satan désire d'exciter la haine et l'inimitié entre vous par le vin et le jeu, de vous éloigner du souvenir de Dieu et de la prière. Ne vous en abstiendrez-vous donc pas? Obéissez à Dieu, obéissez au prophète, et tenez-vous sur vos gardes; car si vous vous détournez des préceptes, sachez que l'apôtre n'est obligé qu'à la prédication.

94. Ceux qui croiront et qui auront pratiqué les bonnes œuvres ne seront point coupables pour avoir mangé des choses défendues, s'ils ont cru et s'ils sont pénétrés de la crainte de Dieu, s'ils pratiquent le bien et craignent Dieu, et croient et craignent encore et font le bien; et certes Dieu aime ceux qui font le bien.

95. O vous qui croyez! Dieu cherche à vous éprouver, quand il vous offre *dans votre pèlerinage* un riche butin que peuvent vous procurer vos bras et vos lances. Il fait cela pour savoir qui est celui qui le craint au fond de son cœur. Dorénavant quiconque transgressera ses lois sera livré au châtiment cruel.

96. O vous qui croyez! ne vous livrez point à la chasse pendant que vous vous acquittez du pèlerinage de la Mecque. Quiconque d'entre vous aura tué un animal de propos délibéré, sera puni comme s'il avait tué un animal domestique; deux hommes équitables le jugeront; il enverra un présent au temple de la Kaba, ou bien il l'expiera par la nourriture donnée aux pauvres, ou bien il jeûnera, et cela afin qu'il éprouve la honte de son action. Dieu oublie le passé; mais celui qui retombe dans le péché encourra la vengeance de Dieu; et certes Dieu est puissant et vindicatif.

97. Il vous est permis de vous livrer à la pêche, de vous nourrir de ses produits et d'y chercher votre profit. La pêche est permise aux voyageurs; mais la chasse vous est interdite tout le temps de votre pèlerinage à la Mecque. Craignez Dieu; un jour vous serez rassemblés autour de lui.

98. Dieu a fait de la Kaba une maison sacrée destinée à être une station pour les hommes; il a établi un mois sacré et l'offrande de la brebis, et les ornements suspendus aux victimes, afin que vous sachiez qu'il connaît tout ce qui se passe aux cieux et sur la terre, qu'il connaît toutes choses. Apprenez aussi que Dieu est terrible dans ses châtiments, mais en même temps indulgent et miséricordieux.

99. Le prophète n'est tenu qu'à la prédication. Dieu connaît ce que vous manifestez et ce que vous cachez.

100. Dis-leur : Le bon et le mauvais ne sauraient être d'un prix égal, bien que l'abondance de ce qui est mauvais vous plaise. O hommes doués de sens, craignez Dieu et vous serez heureux.

101. O vous qui croyez! ne nous interrogez point au sujet des choses qui, si elles vous étaient dévoilées, pourraient vous nuire. Si vous les demandez quand le Koran aura été révélé en entier, elles vous seront déclarées. Dieu vous pardonnera votre curiosité, parce qu'il est indulgent et miséricordieux. Avant vous il y eut des hommes qui ont absolument voulu les connaître : leur connaissance les a rendus infidèles.

102. Dieu n'a rien prescrit au sujet de Bahira, et Saïba, et Vasila et Ham [1]; les infidèles forgent ces mensonges et les prêtent à Dieu; mais la plupart d'entre eux sont sans intelligence.

103. Lorsqu'on leur a dit : Venez et embrassez la religion que Dieu a révélée à son apôtre, ils ont répondu : La croyance de nos pères nous suffit. Peu leur importe que leurs pères n'aient eu ni science ni guide pour être dirigés!

104. O croyants! le soin de vos âmes vous regarde. L'égarement des autres ne vous nuira point si vous êtes guidés. Tous tant que vous êtes, vous retournerez à Dieu qui vous retracera vos œuvres.

105. O croyants! voici les conditions du témoignage au moment où la mort visite quelqu'un d'entre vous et qu'il se dispose à faire un testament : réunissez deux hommes droits choisis parmi vous, ou parmi les étrangers si vous vous trouvez sur quelque point de la terre et que le malheur de la mort vous surprenne; vous les renfermerez tous les deux après la prière, et si vous doutez de leur bonne foi, faites-leur prêter ce serment devant Dieu : Nous ne vendrons pas notre témoignage à quelque prix que ce soit, pas même à nos parents, et nous ne cacherons pas notre témoignage, car nous serions criminels.

106. S'il était évident que ces deux témoins eussent prévariqué, deux autres, parents du testateur et du nombre de ceux qui ont découvert le parjure, seront substitués aux deux premiers. Ils prêteront serment devant Dieu en ces termes : Notre témoignage est plus vrai que celui des deux autres; nous n'avançons rien d'injuste, autrement nous serions du nombre des criminels.

107. Par suite de cette disposition il sera plus facile d'obtenir que les hommes rendent un témoignage vrai; car ils craindront qu'un autre ne soit rendu après le leur. Craignez donc Dieu et écoutez-le; il ne dirige point les pervers.

108. Un jour Dieu rassemblera les prophètes, et leur demandera ce que les peuples ont répondu à leurs exhortations. Seigneur, diront les prophètes, la science n'est point notre partage, toi seul connais les secrets.

[1] Noms des chamelles et des chameaux qui se rattachent à quelques superstitions des Arabes idolâtres.

109. Il dira à Jésus, fils de Marie : Souviens-toi des bienfaits que j'ai répandus sur toi et sur ta mère lorsque je t'ai fortifié par l'esprit de sainteté, afin que tu parles aux hommes, enfant au berceau et à l'âge plus avancé.

110. Je t'ai enseigné l'Écriture, la Sagesse, le Pentateuque et l'Évangile ; tu formas de boue la figure d'un oiseau par ma permission ; ton souffle l'anima par ma permission ; tu guéris un aveugle de naissance et un lépreux par ma permission ; tu fis sortir les morts de leurs tombeaux par ma permission. Je détournai de toi les mains des Juifs. Au milieu des miracles que tu fis éclater à leurs yeux, les incrédules d'entre eux s'écriaient : Tout ceci n'est que de la magie !

111. Lorsque j'ai dit aux apôtres : Croyez en moi et à mon envoyé, ils répondirent : Nous croyons, et tu es témoin que nous sommes résignés à Dieu.

112. O Jésus, fils de Marie, dirent les apôtres, ton Seigneur peut-il nous faire descendre des cieux une table toute servie ? Craignez le Seigneur, leur répondit Jésus, si vous êtes fidèles.

113. Nous désirons, dirent-ils, nous y asseoir et y manger ; alors nos cœurs seront tranquilles, nous saurons que tu nous a prêché la vérité, et nous rendrons témoignage en ta faveur.

114. Jésus, fils de Marie, adressa cette prière : Dieu, Notre Seigneur, fais-nous descendre une table du ciel ; qu'elle soit un festin pour le premier et le dernier d'entre nous, et un signe de ta puissance. Nourris-nous. Tu es le plus libéral des dispensateurs.

115. Le Seigneur dit alors : Je vous la ferai descendre ; mais malheur à celui qui, après ce miracle, sera incrédule ; je préparerai pour lui un châtiment le plus terrible qui fût jamais préparé pour une créature.

116. Dieu dit alors à Jésus : As-tu jamais dit aux hommes : Prenez pour dieux moi et ma mère plutôt que le Dieu unique ? — Loin de ta gloire ce blasphème. Comment aurais-je pu dire ce qui n'est pas vrai ? Si je l'avais tu, ne le saurais-tu pas ? Tu sais ce qui est au fond de mon âme, et moi j'ignore ce qui est au fond de la tienne, car toi seul connais les secrets.

117. Je ne leur ai dit que ce que tu m'as ordonné de leur dire : Adorez Dieu mon Seigneur et le vôtre. Tant que je demeurai sur la terre, je pouvais témoigner contre eux ; et lorsque tu as accompli mes jours, tu avais les yeux sur eux, et tu vois clairement toutes choses.

118. Si tu les punis, tu en as le droit, car ils sont tes esclaves ; si tu leur pardonnes, tu en es le maître, car tu es puissant et sage.

119. Le Seigneur dira alors : Ce jour-ci est un jour où les justes profiteront de leur justice ; les jardins arrosés par des fleuves seront leur séjour éternel. Dieu sera satisfait d'eux, et ils seront satisfaits de Dieu. C'est un bonheur immense.

120. A Dieu appartient la souveraineté des cieux et de la terre, de tout ce qu'ils contiennent. Il est tout-puissant.

CHAPITRE VI.

LE BÉTAIL.

Donné à la Mecque. — 165 versets.

Au nom de Dieu clément et miséricordieux.

1. Louanges à Dieu qui a créé les cieux et la terre, qui a établi les ténèbres et la lumière. Néanmoins, les incrédules donnent des égaux à leur Seigneur.

2. C'est lui qui vous a créés de limon et a fixé un terme *à votre vie*. Le terme marqué est dans sa puissance, et vous doutez encore.

3. Il est Dieu dans les cieux et sur la terre ; il connaît ce que vous cachez et ce que vous dévoilez ; il connaît ce que vous gagnez *par vos œuvres*.

4. Il ne leur apparaît pas un seul signe d'entre les signes de Dieu, qu'ils ne s'en détournent.

5. Ils ont traité de mensonge la vérité qui vint à eux ; bientôt il leur viendra un message concernant ce qu'ils ont pris pour objet de leurs railleries.

6. Ne voient-ils pas combien de générations nous avons anéanties avant eux ? Nous les avions établies dans le pays plus solidement que vous ; nous fîmes tomber du ciel des pluies abondantes ; nous fîmes couler des rivières sous leurs pieds ; puis nous les anéantîmes pour leurs péchés, et nous fîmes surgir à leur place une génération nouvelle.

7. Quand même nous t'aurions fait descendre du ciel le livre en feuillets, et que les infidèles l'eussent touché de leurs mains, ils diraient encore : C'est de la magie pure.

8. Ils disent : A moins qu'un ange ne lui soit envoyé, *nous ne croirons point*. Si nous avions envoyé un ange, leur affaire aurait été déjà décidée ; ils n'auraient pas eu un instant de répit.

9. Si nous avions envoyé un ange, nous l'aurions envoyé sous la forme humaine et revêtu de vêtements semblables aux leurs.

10. Avant toi aussi, des apôtres ont été l'objet des railleries ; le châtiment dont ils se moquaient enveloppa les moqueurs.

11. Dis-leur : Parcourez la terre, et voyez quelle a été la fin de ceux qui traitaient nos apôtres de menteurs.

12. Dis : A qui appartient tout ce qui est dans les cieux et sur la terre ? Dis : C'est à Dieu. Il s'imposa à lui-même la miséricorde comme un devoir ; il vous rassemblera au jour de la résurrection, il n'y a point de doute là-dessus. Ceux qui se perdent eux-mêmes sont ceux qui ne croiront pas.

13. A lui appartient tout ce qui existe dans la nuit et dans le jour ; il entend et sait tout.

14. Dis : Prendrais-je pour protecteur un autre que Dieu le créateur des cieux et de la terre ? il nourrit et il n'est point nourri. Dis : J'ai reçu l'ordre d'être le premier de ceux qui se résignent à Dieu. Vous aussi ne soyez point idolâtres.

15. Dis : Je crains, en désobéissant à mon Seigneur, d'encourir la peine du grand jour.

16. Si quelqu'un l'évite dans ce jour, c'est que Dieu lui aura montré sa miséricorde. C'est un bonheur manifeste.

17. Si Dieu t'atteint d'un mal, lui seul pourra t'en délivrer ; s'il t'accorde un bien, c'est qu'il est tout-puissant.

18. Il est le maître absolu de ses serviteurs ; il est sage et instruit de tout.

19. Dis : Qui est-ce qui témoigne avec plus de poids ? Dis : Dieu est témoin entre vous et moi. Le Koran m'a été révélé afin que je vous avertisse vous et ceux à qui il parviendra. Témoignerez-vous qu'il y a d'autres dieux à côté de Dieu ? Dis : Moi je ne témoignerai pas. Dis : Certes il est le Dieu unique, et je suis innocent de ce que vous lui associez.

20. Ceux à qui nous avons donné les Écritures connaissent le prophète comme ils connaissent leurs enfants ; mais ceux qui perdent leurs âmes ne croiront point en lui.

21. Qui est plus méchant que celui qui invente des mensonges qu'il met sur le compte de Dieu, que celui qui traite nos signes de mensonges ? Dieu ne fera point prospérer les méchants.

22. Un jour nous les rassemblerons tous ; alors nous dirons à ceux qui associent : Où sont les compagnons que vous associez à Dieu et que vous avez imaginés vous-mêmes ?

23. Et quelle autre excuse trouveront-ils que de dire : Nous jurons, par Dieu notre Seigneur, que nous n'avons point associé (d'autres dieux à Dieu).

24. Vois comme ils mentent contre eux-mêmes, et comme se sont dérobées les divinités qu'ils avaient inventées.

25. Il en est parmi eux qui viennent t'écouter ; mais nous avons mis plus d'une enveloppe sur leurs cœurs, afin qu'ils ne comprennent rien, et de la pesanteur dans leurs oreilles. Quand même ils verraient toute sorte de miracles, ils ne croiraient pas, ils viendront même, les incrédules, disputer avec toi et diront : Ce Koran n'est qu'un amas de fables des anciens.

26. Ils écartent les autres du prophète et s'en éloignent eux-mêmes ; mais ils ne perdent que leurs propres âmes, et ils ne le savent pas.

27. Si tu les voyais au moment où, placés sur le feu de l'enfer, ils s'écrieront : Plût à Dieu que nous fussions rendus à la terre ! oh ! nous ne traiterions plus de mensonges les signes de notre Seigneur ; nous serions croyants.

28. Oui, ce qu'ils recélaient autrefois est mis au grand jour ; mais s'ils étaient renvoyés sur la terre, ils retourneraient à ce qui leur était défendu, car ils ne sont que des menteurs.

29. Ils disent : Il n'y a point d'autre vie que la vie d'ici-bas, et nous ne serons point ressuscités.

30. Si tu les voyais au jour où ils seront amenés devant leur Seigneur ; il leur dira : N'était-ce pas la vérité ? Oui, par notre Seigneur. Goûtez donc, dira le Seigneur, le châtiment pour prix de votre incrédulité.

31. Ceux qui traitaient de mensonge la comparution devant Dieu seront perdus lorsque l'heure les surprendra inopinément. Ils diront alors : Malheur à nous pour l'avoir oublié sur la terre ; ils porteront leurs fardeaux sur leurs dos, et quel mauvais fardeau !

32. La vie de ce monde n'est qu'un jeu et une frivolité ; la vie future vaut mieux pour ceux qui craignent ; ne le comprendrez-vous pas ?

33. Nous savons que leurs paroles t'affligent. Ce n'est pas toi qu'on accuse de mensonge ; les infidèles nient les signes de Dieu.

34. Avant toi des apôtres ont été traités de menteurs ; ils supportèrent avec constance les accusations et l'injustice jusqu'au moment où notre assistance vint les appuyer, car qui pourrait changer les paroles de Dieu ? Mais tu connais l'histoire des apôtres.

35. L'éloignement des infidèles pour la vérité te pèse ; certes, si tu le pouvais, tu désirerais pratiquer un antre dans la terre ou une échelle pour monter au ciel, afin de leur montrer un miracle. Si Dieu voulait, ils se réuniraient tous dans la direction du chemin droit. Ne sois donc pas du nombre des ignorants.

36. Certes, il exaucera ceux qui écoutent ; les morts, Dieu les ressuscitera et ils retourneront à lui.

37. A moins qu'un miracle ne descende vers lui, nous ne croirons pas. Dis-leur : Dieu est assez puissant pour faire descendre un miracle, mais la plupart ne le savent pas.

38. Il n'y a point de bêtes sur la terre ni d'oiseau volant de ses ailes, qui ne forme une

troupe comme vous. Nous n'avons rien négligé dans le livre. Toutes les créatures seront rassemblées un jour.

39. Ceux qui traitent nos signes de mensonges sont sourds et muets, errant dans les ténèbres. Dieu égare celui qu'il veut et conduit celui qu'il veut dans le sentier droit.

40. Dis: Si le supplice était prêt, si l'heure arrivait, invoqueriez-vous un autre que Dieu? dites, si vous êtes sincères.

41. Oui, c'est lui que vous invoqueriez; s'il voulait, il vous délivrerait des peines qui vous le feraient invoquer, vous oublieriez les divinités que vous lui associez.

42. Nous avions déjà envoyé des apôtres vers les peuples qui ont existé avant toi; nous les avions visités par des maux et des adversités afin qu'ils s'humilient.

43. Notre colère les visita, et cependant ils ne s'humilièrent point; bien plus, leurs cœurs s'endurcirent, Satan leur prépara leurs actions.

44. Et lorsqu'ils eurent oublié les avertissements qu'on leur faisait, nous ouvrîmes devant eux les portes de tous les biens jusqu'au moment où, plongés dans la joie à cause des biens qu'ils reçurent, nous les saisîmes tout à coup, et les voilà dans le désespoir.

45. Ce peuple méchant fut anéanti jusqu'au dernier. Gloire en soit à Dieu, seigneur de l'univers.

46. Dis-leur: Que vous en semble? Si Dieu vous privait de l'ouïe et de la vue, s'il mettait un sceau sur vos cœurs, quelle autre divinité que Dieu vous les rendrait? Vois de combien de manières nous retournons les enseignements, et cependant ils se détournent.

47. Dis-leur: Qu'en pensez-vous? Si le châtiment vous surprend inopinément ou s'il tombe au grand jour, *précédé de quelque signe*, quel autre sera anéanti que le peuple des méchants?

48. Nos envoyés ne viennent que pour avertir et pour annoncer. Quiconque croit et pratique la vertu sera à l'abri de toute crainte et ne sera point attristé.

49. Ceux qui traitent nos signes de mensonges seront atteints par le supplice pour prix de leurs crimes.

50. Dis-leur: Je ne vous dis pas que je possède des trésors de Dieu, que je connais les choses cachées; je ne vous dis pas que je suis un ange, je ne fais que suivre ce qui m'a été révélé. Dis-leur: L'aveugle et le clairvoyant seront-ils à l'égal l'un de l'autre? N'y réfléchirez-vous pas?

51. Avertis ceux qui craignent, qu'un jour ils seront rassemblés devant leur Seigneur: ils table maître, N'est-ce pas à lui qu'appartient cesseur que Dieu: peut-être le craindront-ils.

52. Ne repousse point ceux qui invoquent le Seigneur le soir et le matin et qui désirent ses regards. Il ne t'appartient pas de juger de leurs intentions, comme il ne leur appartient pas de juger les tiennes. Si tu les repoussais, tu agirais comme les méchants.

53. C'est ainsi que nous avons éprouvé les hommes les uns par les autres, afin qu'ils disent: Sont-ce là ceux que Dieu a comblés parmi nous de ses bienfaits? — Dieu ne connaît-il pas ceux qui sont reconnaissants?

54. Lorsque ceux qui auront cru à nos signes viendront à toi, dis-leur: La paix soit avec vous. Dieu s'est imposé la miséricorde comme un devoir. Si quelqu'un d'entre vous commet une mauvaise action par ignorance et s'en repent ensuite, certes Dieu est indulgent et miséricordieux.

55. C'est ainsi que nous développons nos enseignements, afin que le sentier des criminels soit connu.

56. Dis-leur: Il m'a été défendu d'adorer ceux que vous adorez à l'exclusion de Dieu. Dis: Si je suivais vos désirs, je m'égarerais du chemin droit et je ne serais point dirigé.

57. Dis: Si je m'en tiens à l'enseignement évident de mon Seigneur, vous le traitez de mensonge. Ce que vous voulez hâter n'est pas dans mon pouvoir; le pouvoir n'appartient qu'à Dieu. Il fera connaître la vérité, il est le plus habile à trancher les débats.

58. Dis-leur: S'il était dans mon pouvoir de hâter ce que vous voulez hâter, le différend entre vous et moi serait bientôt terminé. Dieu connaît les méchants.

59. Il a les clefs des choses cachées; lui seul les connaît. Il sait ce qui est sur la terre et au fond des mers. Il ne tombe pas une feuille qu'il n'en ait connaissance. Il n'y a pas un seul grain dans les ténèbres de la terre, un brin vert ou desséché qui ne soit inscrit dans le livre évident.

60. Il vous fait jouir du sommeil pendant la nuit et sait ce que vous avez fait pendant le jour; il vous ressuscitera le jour, afin que le terme fixé d'avance soit accompli; vous retournerez ensuite à lui, et alors il vous récitera ce que vous avez fait.

61. Il est le maître absolu de ses serviteurs; il envoie des anges qui vous surveillent; lorsque la mort s'approche de l'un d'entre vous, nos messagers le font mourir; ils n'y font pas défaut.

62. Ensuite vous êtes rendus à votre véritable maître, n'auront pas d'autre protecteur ni d'autre inter

le jugement ! à lui qui est le plus prompt des juges.

63. Dis-leur : Qui est celui qui vous délivre des ténèbres de la terre et de la mer quand vous l'invoquez humblement et en secret, disant : Si tu nous délivres de cette infortune, nous te serons reconnaissants?

64. Dis : C'est Dieu qui vous délivre de cette infortune et de toute affliction, et néanmoins vous lui associez d'autres divinités.

65. Dis-leur : C'est lui qui peut envoyer le supplice sur vos têtes ou le faire surgir sous vos pieds, vous couvrir de discordes, et faire goûter aux uns les violences des autres. Voilà comment nous savons tourner les enseignements, afin qu'ils comprennent enfin.

66. Ton peuple accuse le Koran de mensonge. Dis-leur : Je ne suis point chargé de vos intérêts ; chaque prophétie a son terme fixe. Vous l'apprendrez.

67. Lorsque tu vois les incrédules entamer la conversation sur nos enseignements, éloigne-toi d'eux jusqu'à ce qu'ils entament une autre matière. Satan peut te faire oublier ce précepte. Aussitôt que tu t'en ressouviendras, ne reste pas avec les méchants.

68. On n'en demandera pas compte à ceux qui craignent Dieu; mais ils doivent se le rappeler afin qu'ils craignent Dieu [1].

69. Éloigne-toi de ceux qui regardent leur religion comme un jeu et une frivolité. La vie de ce monde les a aveuglés. Avertis-les que toute âme sera perdue par ses œuvres. Il n'y aura pour elle aucun autre protecteur ni intercesseur hormis Dieu. Quand même elle offrirait toute espèce d'équivalent, elle sera refusée. Ceux qui seront voués à la perte éternelle en rétribution de leurs œuvres, auront pour boisson l'eau bouillante, et un supplice cruel sera le prix de leur incrédulité.

70. Dis : Invoquerons-nous, à l'exclusion de Dieu, ceux qui ne peuvent ni nous être utiles ni nous nuire? Retournerons-nous sur nos pas après que Dieu nous a dirigés dans le chemin droit, pareils à celui que les tentateurs égarent dans le pays pendant que ses compagnons l'appellent à la route droite et lui crient : Viens à nous? Dis : La direction de Dieu, voilà la direction ! Nous avons reçu l'ordre de nous vouer au Seigneur de l'univers.

71. Accomplissez exactement la prière et craignez Dieu; c'est devant lui que vous serez rassemblés.

[1] Les musulmans objectaient que s'il fallait s'éloigner des infidèles, toutes les fois qu'ils raillent la nouvelle religion, on ne pourrait rester nulle part un seul instant. Mohammed compléta le précepte du verset précédent par celui-ci.

72. C'est lui qui a créé les cieux et la terre d'une création vraie. Ce jour où il dit : Sois, il sera.

73. Sa parole est la vérité. A lui seul appartiendra le pouvoir au jour où l'on embouchera la trompette. Il connaît ce qui est invisible et ce qui est visible ; il est le Savant, l'Instruit.

74. Abraham dit à son père Azar : Prendras-tu des idoles pour dieux? Toi et ton peuple vous êtes dans un égarement évident.

75. Voici comment nous fîmes voir à Abraham le royaume des cieux et de la terre, et lui enseignâmes de croire fermement.

76. Quand la nuit l'eut environné de ses ombres, il vit une étoile et s'écria : Voilà mon Dieu ! L'étoile disparut. Il dit alors : Je n'aime point ceux qui disparaissent.

77. Il vit la lune se lever et il dit : Voilà mon Dieu ! et lorsqu'elle se coucha il s'écria : Si mon Seigneur ne m'avait dirigé, je me serais égaré.

78. Il vit le soleil se lever et il dit : Celui-ci est mon Dieu, celui-ci est bien plus grand ! Mais lorsque le soleil se coucha, il s'écria : O mon peuple ! je suis innocent du culte idolâtre que vous professez.

79. Je tourne mon front vers celui qui a formé les cieux et la terre ; je suis orthodoxe et nullement du nombre de ceux qui associent.

80. Son peuple disputa avec lui. Disputerez-vous, leur dit-il, avec moi au sujet de Dieu? Il m'a dirigé vers le chemin droit, et je ne crains point ceux que vous lui associez, à moins que Dieu ne veuille quelque chose, car il embrasse tout dans sa science. N'y réfléchirez-vous pas?

81. Et comment craindrais-je ceux que vous lui associez, si vous ne craignez pas de lui associer des divinités sans qu'aucun pouvoir vous ait été donné à cet égard ? Lequel des deux partis est le plus sûr? Dites, si vous le savez.

82. Ceux qui croient et qui ne revêtent point leur foi de l'injustice, ceux-là jouiront de la sécurité; ceux-là sont sur le chemin droit.

83. Tels sont les arguments *de l'unité de Dieu* que nous fournîmes à Abraham contre son peuple. Nous élevons ceux qu'il nous plaît. Ton Seigneur est sage et savant.

84. Nous lui donnâmes Isaac et Jacob, et nous les avons dirigés tous deux. Antérieurement nous avons déjà dirigé Noé. Parmi les descendants d'Abraham nous dirigeâmes aussi David et Salomon, et Job et Joseph, et Moïse et Aaron. C'est ainsi que nous récompensons ceux qui font le bien.

85. Zacharie, Yahia (Jean), Jésus et Élie; tous, ils étaient justes.

86. Ismaël, Élisée, Jonas et Loth, nous les

...vons élevés au-dessus de tous les êtres créés.

87. De même, parmi leurs pères et leurs enfants, parmi leurs frères, nous en avons élu un grand nombre et conduit dans le chemin droit.

88. Telle est la direction de Dieu; il dirige celui qu'il veut d'entre ses serviteurs. Si les hommes lui associent d'autres dieux, il est certain que leurs œuvres se réduiront à rien.

89. Ceux-là sont les hommes à qui nous donnâmes les Écritures et la sagesse, et la prophétie. Si leur postérité n'y croit pas, nous les confions à ceux qui y croiront.

90. Ceux-là ont été dirigés par Dieu lui-même dans le chemin droit. Suis donc leur direction. Dis-leur : Je ne vous demande point de salaire *pour le Koran* : il n'est qu'une instruction pour l'univers.

91. Ceux-là n'apprécient point Dieu comme il le mérite, qui disent : Il n'a jamais rien révélé à l'homme. Dis-leur : Qui donc a révélé le livre que Moïse apporta pour être la lumière et le guide des hommes ; ce livre que vous écrivez sur des feuillets, le livre que vous montrez et dont vous cachez une grande partie? Vous avez appris (de *Mohammed*) ce que vous ne saviez pas, non plus que vos pères. Dis-leur : C'est Dieu, et puis laisse-les se divertir par leurs frivoles discours.

92. C'est un livre que nous avons envoyé d'en haut, un livre béni, corroborant les Écritures antérieures, afin que tu avertisses la mère des cités (la *Mecque*) et ses alentours. Ceux qui croient à la vie future croiront à ce livre et seront exacts observateurs de la prière.

93. Qui est plus méchant que celui qui invente des mensonges sur le compte de Dieu et qui dit : J'ai reçu une révélation, lorsque rien ne lui a été révélé ; qui dit : Je ferai descendre un livre pareil à celui que Dieu a fait descendre? Oh! si tu voyais les méchants dans les angoisses de la mort, lorsque les anges étendant leurs bras sur eux prononceront ces mots : Dépouillez-vous de vos âmes ; aujourd'hui vous allez subir un supplice ignominieux pour prix de vos discours mensongers au sujet de Dieu et de vos dédains à l'égard de ses miracles.

94. Vous revenez à nous, dépouillés de tout, tels que nous vous créâmes la première fois ; vous laissez derrière vous les biens que nous vous accordâmes, et nous ne voyons pas avec vous vos intercesseurs que vous avez regardés parmi vous comme compagnons de Dieu. Les liens qui vous unissaient sont rompus, et ceux que vous vous imaginiez *être les égaux de Dieu* ont disparu.

95. C'est Dieu qui sépare le fruit du noyau ; il fait sortir le vivant de ce qui est mort, et la mort de ce qui est vivant. Tel est Dieu : pourquoi donc vous détournez-vous de lui ?

96. Il fait poindre l'aurore ; il a établi la nuit pour le repos, et le soleil et la lune pour le comput des temps. Tel est l'arrêt du Sage, du Savant.

97. C'est lui qui a placé pour vous les étoiles (*dans le ciel*), afin que vous soyez dirigés dans les ténèbres sur la terre et les mers. Nous avons partout déployé des signes pour ceux qui comprennent.

98. C'est lui qui vous a produits d'un seul individu ; vous avez un réceptacle *dans les reins de vos pères* et un dépôt *dans le sein de vos mères*. Nous avons déployé des signes pour ceux qui comprennent.

99. C'est lui qui fait du ciel descendre l'eau. Par elle nous faisons pousser les germes de toutes les plantes ; par elle nous produisons la verdure d'où sortent les grains disposés par séries, et les palmiers dont les branches donnent des grappes suspendues, et les jardins plantés de vignes, et les olives et les grenades qui se ressemblent et qui diffèrent les unes des autres. Jetez vos regards sur leurs fruits, considérez leur fructification et leur maturité. Certes dans tout ceci il y a des signes pour ceux qui comprennent.

100. Ils ont associé les génies à Dieu, à Dieu qui les a créés ; dans leur ignorance ils lui inventent des fils et des filles. Loin de sa gloire ces blasphèmes! il est trop au-dessus de ce qu'ils lui attribuent.

101. Créateur du ciel et de la terre, comment aurait-il des enfants, lui qui n'a point de compagne, qui a créé toutes choses et qui connaît toutes choses ?

102. C'est Dieu, votre Seigneur ; il n'y a point d'autre Dieu que lui. Créateur de toutes choses, adorez-le ; il veille sur toutes choses.

103. La vue ne saurait l'atteindre ; lui, il atteint la vue, le Subtil, l'Instruit.

104. La lumière vous est venue de la part de votre Seigneur. Quiconque voit, voit à son profit ; quiconque est aveugle, l'est à son propre détriment. Moi, je ne suis point votre gardien.

105. C'est ainsi que nous expliquons les signes, afin que l'on dise : Tu l'as étudié avec assiduité, et afin que nous en instruisions ceux qui comprennent.

106. Suis ce qui t'a été révélé par ton Seigneur. Il n'y a point d'autre Dieu que lui ; et éloigne-toi de ceux qui lui associent (*d'autres dieux*).

107. Si Dieu voulait ils ne lui en associeraient point. Nous ne l'avons point chargé d'être leur gardien ni de veiller à leurs intérêts.

108. N'injurie point les divinités qu'ils invo-

quent à l'exclusion de Dieu, de peur qu'ils n'injurient Dieu dans leur ignorance. C'est ainsi que nous avons tracé à chaque peuple ses actions. Plus tard ils retourneront à leur Seigneur qui leur redira ce qu'ils faisaient.

109. Ils ont juré devant Dieu par le serment le plus solennel, que s'il leur fait voir un miracle, ils y croiront. Dis : Dieu dispose à son gré des miracles, mais il ne veut pas vous faire entendre que si un miracle est opéré ils n'y croiront pas.

110. Nous détournerons leurs cœurs et leurs yeux de la vérité, puisqu'ils n'ont point cru la première fois, et nous les laisserons errer confus dans leur égarement.

111. Quand même nous eussions fait descendre les anges, quand même les morts leur auraient parlé, quand même nous eussions rassemblé devant eux tout ce qui existe, ils n'auraient pas cru sans la volonté de Dieu; mais la plupart d'entre eux ignorent cette vérité.

112. C'est ainsi que nous avons suscité un ennemi aux prophètes; parmi les tentateurs des hommes et des génies, les uns suggèrent aux autres le clinquant des discours éblouissants. Si Dieu l'avait voulu, ils ne l'auraient pas fait. Éloigne-toi d'eux et de ce qu'ils inventent.

113. Laisse les cœurs de ceux qui ne croient pas à la vie future, s'arrêter sur ce sentiment et s'y complaire; laisse-les gagner ce qu'ils gagnent.

114. Chercherai-je un autre juge que Dieu, ce Dieu qui vous a fait descendre le Koran par portions? Ceux à qui nous avons donné les Écritures savent bien qu'il a été véritablement envoyé de Dieu. Ne sois donc point de ceux qui doutent.

115. Les paroles de ton Seigneur sont le comble de la vérité et de la justice. Nul ne peut changer ses paroles. Il entend et sait tout.

116. Si tu suis le plus grand nombre de ceux qui habitent la terre, ils t'égareront du sentier de Dieu. Ils ne suivent que des opinions et ne sont que des menteurs.

117. Dieu, ton Seigneur, connaît celui qui s'égare de son chemin, et il connaît ceux qui sont dirigés dans la droite voie.

118. Mangez toute nourriture sur laquelle a été prononcé le nom de Dieu, si vous croyez à ses enseignements.

119. Et pourquoi ne mangeriez-vous pas la nourriture sur laquelle a été prononcé le nom de Dieu, s'il vous a déjà énuméré ce qu'il vous interdit, sauf les cas où vous êtes contraints par la nécessité? Le plus grand nombre des hommes égarent les autres par leurs passions et par ignorance. Mais Dieu connaît les transgresseurs.

120. Abandonnez les dehors et le dedans du péché, car ceux qui travaillent au péché seront rétribués selon ce qu'ils ont gagné.

121. Ne mangez point de nourritures sur lesquelles le nom de Dieu n'a pas été prononcé: c'est un crime. Les tentateurs exciteront leurs clients à disputer avec vous *là-dessus*. Si vous les écoutez, vous deviendrez idolâtres.

122. Celui qui était mort et à qui nous avons donné la vie, à qui nous avons donné la lumière pour marcher parmi les hommes, sera-t-il semblable à celui qui marche dans les ténèbres et n'en sortira point? C'est ainsi que les actions des infidèles ont été préparées d'avance.

123. C'est ainsi que dans chaque cité nous avons fait des grands les criminels de cette même cité; ils agissent avec fraude, mais ils ne trahiront qu'eux-mêmes, et ils ne le savent pas.

124. Lorsqu'un miracle leur apparaît, ils disent : Nous ne croirons pas tant que nous ne verrons pas un miracle pareil à ceux qui ont été accordés aux prophètes de Dieu. Dieu sait mieux où il doit placer sa mission. La honte devant Dieu, et le châtiment terrible atteindra les criminels pour prix de leurs fourberies.

125. Dieu ouvrira pour l'islam le cœur de celui qu'il voudra diriger; il rendra resserré, étroit, et comme s'efforçant à s'élever en l'air, le cœur de celui qu'il voudra égarer. Telle est la punition dont Dieu atteindra ceux qui ne croient pas.

126. C'est le chemin de Dieu, le chemin droit. Nous avons déjà expliqué en détail les enseignements à ceux qui réfléchissent.

127. Une demeure de paix leur est réservée près de Dieu; il sera leur protecteur, en récompense de leurs œuvres.

128. Au jour où il les rassemblera tous, il dira aux génies : Assemblée de génies! vous avez trop abusé des hommes. Seigneur, diront leurs clients parmi les hommes, nous nous rendions les uns aux autres des services réciproques. Nous voici parvenus au terme que tu nous as fixé. Le feu sera votre demeure, reprit Dieu; vous y resterez éternellement. A moins qu'il ne plaise autrement à Dieu; car il est sage et savant.

129. C'est ainsi que parmi les méchants nous donnons les uns comme chefs aux autres, pour prix de leurs œuvres.

130. O assemblée d'hommes et de génies! n'avez-vous pas eu des apôtres choisis parmi vous qui vous répétaient nos enseignements, qui vous avertissaient de la comparution de ce jour? Ils répondront : Nous l'avouons à notre perte. La vie de ce monde les a aveuglés, et ils déposeront qu'eux-mêmes ont été incrédules.

131. Cela fut ainsi afin que Dieu n'anéantît pas les cités par tyrannie et sans qu'elles s'y attendissent.

132. Toute âme occupera un degré correspondant à ses œuvres. Ton Seigneur n'est point inattentif à ce qu'elles font.

133. Ton Seigneur est riche, plein de pitié; s'il voulait, il vous ferait disparaître, et vous remplacerait par tels autres peuples qu'il voudrait, de même qu'il vous a fait sortir des générations passées.

134. Ce dont on vous menace aura lieu et vous ne saurez l'annuler.

135. Dis-leur : O mon peuple ! agis selon tes forces, moi j'agirai aussi. — Vous apprendrez

136. A qui écherra la demeure éternelle du paradis. Dieu ne fera point prospérer les méchants.

137. Ils destinent à Dieu une portion de ce qu'il a fait naître dans leurs récoltes et dans leur bétail, et disent : Ceci est à Dieu (à Dieu selon leur invention), et ceci aux compagnons, que nous lui donnons. Mais ce qui était destiné à leurs compagnons n'arrivera jamais à Dieu, et ce qui était destiné à Dieu arrivera à leurs compagnons. Que leurs jugements sont faux !

138. C'est ainsi que parmi un grand nombre des associants, leurs compagnons les ont amenés à tuer leurs enfants, pour les perdre et pour embrouiller leur religion. Si Dieu l'avait voulu, ils n'auraient jamais agi ainsi; mais laisse-les faire et éloigne-toi de ce qu'ils inventent.

139. Ils disent : Tels animaux et telles récoltes sont défendus; nul autre que ceux que nous voulons (c'est ainsi qu'ils ont imaginé) ne doit s'en nourrir. Tels animaux doivent être exempts de porter des fardeaux. Ils ne prononcent pas le nom de Dieu *en les égorgeant;* ils inventent tout cela sur le compte de Dieu. Il les rétribuera de leurs inventions.

140. Ils disent : Le petit de tels animaux sera licite pour nos enfants mâles; il sera défendu à nos femmes. Mais si le fœtus est avorté, ils sont tous de compagnie à le manger. Dieu les récompensera de leurs distinctions. Il est savant et sage.

141. Ils sont perdus ceux qui tuent leurs enfants par folie, par ignorance, ceux qui défendent les aliments accordés de Dieu, par pure invention sur son compte. Ils sont égarés, ils ne sont point sur le chemin droit.

142. C'est lui qui a créé les jardins de vignes supportés par des treillis et ceux qui ne le sont pas, qui a créé les palmiers et les blés produisant des fruits variés, les olives et les grenades qui se ressemblent et diffèrent entre elles. Il a dit : Nourrissez-vous de leurs fruits et acquittez ce qui est dû au jour de la moisson; évitez la prodigalité, car Dieu n'aime point les prodigues.

143. Parmi les animaux, les uns sont faits pour porter des fardeaux, les autres pour être égorgés. Nourrissez-vous de ce que Dieu vous a accordé, et ne suivez pas les traces de Satan, car il est votre ennemi déclaré.

144. Il y a huit pièces de bétail, savoir : deux brebis et deux chèvres. Demande-leur : Est-ce les mâles qui sont défendus ou bien les femelles, ou bien ce que renferment les entrailles des femelles ? Instruisez-moi, si vous êtes sincères.

145. De plus deux chameaux et deux bœufs. Demande-leur : Est-ce les mâles qui sont défendus ou bien les femelles, ou bien ce que renferment les entrailles des femelles ? Étiez-vous présents quand Dieu vous a prescrit tout cela ? Et qui est plus méchant que celui qui, par ignorance, invente un mensonge sur le compte de Dieu pour égarer les hommes ? Dieu ne dirige point les méchants.

146. Dis-leur : Je ne trouve, dans ce qui m'a été révélé, d'autre défense, relativement à la nourriture, que les animaux morts, le sang qui a coulé et la chair de porc; car c'est une abomination, une nourriture profane sur laquelle fut invoqué un autre nom que celui de Dieu. Si quelqu'un y est contraint, que ce soit par le besoin, et non pas par l'appétit sensuel ou comme transgresseur; certes, Dieu est indulgent et miséricordieux.

147. Pour les Juifs, nous leur avons interdit tous les animaux qui n'ont pas la corne du pied fendue; nous leur avons également défendu la graisse des bœufs et des moutons, excepté celle du dos et des entrailles, et celle qui est mêlée avec des os. C'est pour les punir de leurs iniquités. Nous sommes équitables.

148. S'ils t'accusent d'imposture, dis-leur: Votre Seigneur est d'une miséricorde immense, mais sa colère ne saurait être détournée des criminels.

149. Ceux qui associent (*d'autres personnes à Dieu*) diront : Si Dieu l'avait voulu, ni nous ni nos pères ne lui aurions associé (*d'autres personnes*); nous n'aurions point interdit l'usage d'aucune chose. C'est ainsi que ceux qui les ont précédés accusaient d'imposture *d'autres apôtres* jusqu'au moment où ils éprouvèrent notre colère. Dis-leur : Si vous en avez quelque connaissance, faites-la voir. Mais vous ne suivez que des opinions et vous n'êtes que des menteurs.

150. Dis : A Dieu seul appartient l'argument démonstratif. S'il avait voulu, il vous aurait dirigés tous dans le chemin droit.

151. Dis-leur : Faites venir vos témoins qui attestent que Dieu a défendu ces animaux. S'ils prêtent ce témoignage, toi, ne témoigne pas avec eux, et ne recherche point l'affection de ceux qui traitent nos signes de mensonges, qui ne croient pas à la vie future, et qui donnent des égaux à leur Seigneur.

152. Dis-leur : Venez, et je vais vous lire ce que votre Seigneur vous a défendu : Ne lui associez aucun être; traitez vos pères et mères avec générosité; ne tuez point vos enfants à cause de l'indigence : nous vous donnerons de quoi vivre ainsi qu'à eux; soyez éloignés aussi bien des dehors que de l'intérieur des turpitudes; ne tuez point les hommes, car Dieu vous l'a défendu, excepté si la justice l'exige. Voilà ce que Dieu vous recommande, pour que vous compreniez enfin.

153. Ne touchez point au bien de l'orphelin, à moins que ce ne soit avec des procédés qui lui seraient avantageux, et ce, jusqu'à l'âge de puberté. Remplissez la mesure, et pesez au poids juste. Nous n'imposerons à aucune âme que ce qu'elle peut supporter. Quand vous prononcez un jugement, prononcez-le avec justice, dût-ce être à l'égard d'un parent. Soyez fidèles à l'alliance du Seigneur. Voici ce que Dieu vous a recommandé, afin que vous y réfléchissiez.

154. Ceci est mon sentier. Il est droit. Suivez-le, et ne suivez point plusieurs sentiers, de peur que vous ne soyez détournés de celui de Dieu. Voici ce que Dieu vous recommande, afin que vous le craigniez.

155. Nous avons donné le livre à Moïse, livre complet, pour celui qui fait le bien, une distinction détaillée en toute matière, livre destiné à servir de direction et de preuve de la miséricorde, afin qu'ils (les Juifs) croient à la comparution devant leur Seigneur.

156. Et ce Koran que nous avons fait descendre est un livre béni; suivez-le, et craignez Dieu, afin que vous éprouviez sa miséricorde.

157. Vous ne direz plus : Deux peuples ont reçu avant nous les Écritures, et nous avons négligé de les étudier.

158. Vous ne direz plus : Si l'on nous eût envoyé un livre, nous aurions été mieux dirigés qu'eux. Une déclaration patente est cependant venue vers vous de la part de votre Seigneur; elle est la direction et la preuve de la miséricorde divine. Et qui est plus méchant que celui qui traite de mensonges les signes de Dieu, et qui s'en détourne? Nous punirons ceux qui se détournent de nos signes, d'un supplice douloureux, parce qu'ils se sont détournés de nos signes.

159. Attendent-ils que les anges viennent, ou que Dieu vienne lui-même, ou qu'un signe d'entre les signes de ton Seigneur vienne vers eux? Le jour où un signe d'entre les signes de ton Seigneur viendra vers eux, la foi ne profitera plus à l'âme qui n'aura pas cru auparavant, ou qui, dans sa foi, n'aura fait aucune bonne œuvre. Dis-leur : Si vous attendez, nous attendrons aussi.

160. Tu ne seras point de ceux qui scindent leur foi et qui se partagent en sectes. Leur affaire concernera Dieu, qui leur répétera ce qu'ils ont fait.

161. Quiconque a fait une bonne œuvre en recevra la récompense décuple; celui qui a commis une mauvaise action en recevra un prix équivalent. Ils ne seront point opprimés.

162. Dis-leur : Le Seigneur m'a conduit dans le sentier droit, dans une religion droite, dans la croyance d'Abraham, qui était orthodoxe et qui n'associait point.

163. Dis : Ma prière et mes dévotions, ma vie et ma mort, appartiennent à Dieu, Seigneur de l'univers, qui n'a point de compagnon. Ceci m'a été ordonné, et je suis le premier des musulmans.

164. Désirerais-je avoir pour Seigneur un autre que Dieu, qui est le Seigneur de toutes choses? Toute âme ne fait des œuvres qu'en son propre compte; aucune ne portera le fardeau d'une autre. Vous retournerez à votre Seigneur, qui déclarera ce sur quoi vous étiez en désaccord les uns avec les autres.

165. C'est lui qui vous a établis sur la terre, pour remplacer vos devanciers; il assigne aux uns des degrés plus élevés qu'aux autres, afin de vous éprouver par cela même qu'il vous donne. Votre Seigneur est prompt dans ses châtiments, mais il est indulgent et miséricordieux.

CHAPITRE VII.

EL ARAF.

Donné à la Mecque. — 204 versets.

1. A. L. M. S. Un livre t'a été envoyé (et qu'aucun doute ne s'élève dans ton cœur), afin que tu avertisses par lui et qu'il serve d'admonition aux croyants.

2. Suivez la loi qui vous est venue de votre Seigneur, et ne suivez point d'autres patrons que lui. Oh, que vous y pensez peu!

3. Que de villes nous avons détruites! Notre colère les a surprises, les unes dans la nuit, d'autres à la clarté du jour.

4. Quel était leur cri au moment où notre co-

lère les a surpris? ils criaient : Oui! nous avons été impies.

5. Nous demanderons compte aux peuples à qui nous avons envoyé des prophètes; nous demanderons compte aux prophètes même.

6. Nous leur raconterons leurs propres actions avec connaissance parfaite; car nous n'étions point absents.

7. Ce jour-là, la balance sera tenue avec équité; ceux qui feront pencher la balance seront bien heureux.

8. Ceux qui n'auront pas fourni le poids auront perdu leurs âmes, parce qu'ils ont été injustes envers nos enseignements.

9. Nous vous avons établis sur la terre, nous vous y avons donné la nourriture. Combien peu vous êtes reconnaissants!

10. Nous vous créâmes et nous vous donnâmes la forme, puis nous dîmes aux anges : Inclinez-vous devant Adam; et ils s'inclinèrent, excepté Éblis qui n'était point de ceux qui s'inclinèrent.

11. Dieu lui dit : Qu'est-ce qui te défend de t'incliner devant lui, quand je te l'ordonne? Je vaux mieux que lui, dit Éblis; tu m'as créé de feu, et lui, tu l'as créé de limon.

12. Sors d'ici, lui dit le Seigneur, il ne te sied pas de t'enfler d'orgueil dans ces lieux. Sors d'ici, tu seras au nombre des méprisables.

13. — Donne-moi du répit jusqu'au jour où les hommes seront ressuscités.

14. — Tu l'as, reprit le Seigneur.

15. Et parce que tu m'as égaré, reprit Éblis, je les guetterai dans ton sentier droit.

16. Puis, je les assaillirai par devant et par derrière; je me présenterai à leur droite et à leur gauche. La plupart d'entre eux ne te seront point reconnaissants.

17. Sors d'ici, lui dit le Seigneur, couvert d'opprobre et repoussé au loin, et qui te suivra... je remplirai l'enfer de vous tous.

18. Toi, Adam, habite avec ton épouse le jardin, et mangez de ses fruits partout où vous voudrez; seulement n'approchez point de l'arbre que voici, de peur que vous ne deveniez coupables.

19. Satan mit en œuvre ses suggestions pour leur montrer leur nudité qui leur était cachée. Il leur dit : Dieu ne vous interdit cet arbre qu'afin que vous ne deveniez pas deux anges, et que vous ne soyez immortels.

20. Il leur jura qu'il était leur conseiller fidèle.

21. Il les séduisit en les aveuglant; et lorsqu'ils eurent goûté de l'arbre, leur nudité leur apparut, et ils se mirent à la couvrir de feuilles du jardin. Le Seigneur leur cria alors : Ne vous ai-je point défendu cet arbre? ne vous ai-je point dit que Satan est votre ennemi déclaré?

22. Adam et Ève répondirent : O notre Seigneur! nous sommes coupables, et si tu ne nous pardonnes pas, si tu n'as pas pitié de nous, nous sommes perdus.

23. Descendez, leur dit Dieu, vous serez ennemis l'un de l'autre. Vous trouverez sur la ter.. un séjour et une jouissance temporaires.

24. Vous y vivrez et vous y mourrez, et vous en sortirez un jour.

25. O enfants d'Adam! nous vous avons envoyé des vêtements pour couvrir votre nudité, et des ornements précieux; mais le vêtement de la piété vaut encore mieux. Tels sont les enseignements de Dieu : peut-être les hommes les méditeront-ils.

26. O enfants d'Adam! que Satan ne vous séduise pas comme il a séduit vos pères, qu'il a fait sortir du jardin; il leur ôta leur vêtement pour leur faire voir leur nudité. Lui et ses suppôts vous voient d'où vous ne les voyez pas. Nous les avons donnés pour patrons à ceux qui ne croient pas.

27. Quand les pervers ont commis quelque action abjecte, ils disent : Nous l'avons vu pratiquer par nos pères, c'est Dieu qui le commande. Dis-leur : Dieu n'ordonne point d'actions abjectes; allez-vous dire de Dieu ce que vous ne savez pas?

28. Dis-leur : Mon Seigneur ordonne l'équité. Tournez vos fronts vers le lieu où on l'adore; invoquez-le, sincères dans votre culte. De même qu'il vous a fait sortir du néant, il vous ramènera chez lui. Il dirige les uns d'entre vous et laisse les autres dans l'égarement. Ceux-ci ont pris les suppôts de Satan pour leurs patrons plutôt que Dieu, et ils se croient dans le chemin droit.

29. O enfants d'Adam! mettez vos plus beaux habits quand vous allez au temple. Mangez et buvez, mais sans excès, car Dieu n'aime point ceux qui commettent des excès.

30. Dis-leur : Qui peut défendre de se parer d'ornements que Dieu produit pour ses serviteurs, ou de se nourrir d'aliments délicieux qu'il accorde? Ces biens appartiennent aux fidèles dans ce monde, mais surtout au jour de la résurrection. C'est ainsi que Dieu explique ses enseignements à ceux qui savent.

31. Dis-leur : Dieu a défendu toute turpitude ouverte ou secrète; il a défendu l'iniquité et la violence injuste. Il a défendu de lui associer quelque être que ce soit; il ne vous a donné aucun pouvoir à ce sujet, et il vous a défendu de dire de lui ce que vous ne savez pas.

32. Chaque nation a son terme. Quand leur terme est arrivé, les hommes ne sauraient ni le reculer ni l'avancer.

33. O enfants d'Adam! il s'élèvera au milieu de vous des apôtres. Ils vous réciteront mes enseignements. Quiconque craint le Seigneur et pratique la vertu sera à l'abri de toute crainte et ne sera point attristé.

34. Ceux qui traitent mes signes de mensonges, ceux qui les dédaignent, seront livrés au feu et y demeureront éternellement.

35. Qui est plus impie que celui qui forge des mensonges sur le compte de Dieu ou qui traite ses enseignements d'imposture? A ces hommes une part des biens de ce monde, conformément au livre éternel, sera accordée jusqu'au moment où nos envoyés, en leur ôtant la vie, leur demanderont : Où sont les idoles que vous invoquiez à l'exclusion de Dieu? Ils répondront : Elles sont disparues; et ils témoigneront ainsi eux-mêmes qu'ils étaient infidèles.

36. Dieu leur dira : Entrez dans le feu pour rejoindre les générations des hommes et des génies qui ont disparu avant vous. Toutes les fois qu'une nouvelle génération y entre, elle maudit sa sœur jusqu'au moment où elles seront toutes réunies ensemble; la dernière dira alors en montrant la première : Seigneur, voilà ceux qui nous ont égarés; inflige-leur un double châtiment du feu, et Dieu leur dira : Le double sera pour vous tous; mais vous l'ignorez.

37. Et la première dira à la dernière : Quel avantage avez-vous sur nous? Goûtez le châtiment que vous ont valu vos œuvres.

38. Certes, ceux qui ont traité nos enseignements de mensonges et qui les ont dédaignés, les portes du ciel ne s'ouvriront point pour eux; ils n'entreront au paradis que quand un chameau passera par le trou d'une aiguille. C'est ainsi que nous récompenserons les criminels.

39. La géhenne sera leur lit, et au-dessus d'eux les couvertures du feu. C'est ainsi que nous récompenserons les impies.

40. Nous n'imposerons point de charges au-dessus de leurs forces à ceux qui auront cru et pratiqué les bonnes œuvres. Ils seront en possession du paradis, où ils demeureront éternellement.

41. Nous ôterons tout ressentiment de leurs cœurs. Les fleuves couleront sous leurs pas, et ils s'écrieront : Gloire à Dieu qui nous a conduits en ces lieux! Certes, nous nous serions égarés, si Dieu ne nous avait pas conduits. Les apôtres de notre Seigneur nous avaient bien annoncé vrai. Une voix leur fera entendre ces paroles : Voici le paradis que vous avez gagné par vos œuvres.

42. Et les habitants du jardin crieront aux habitants du feu : Nous avons éprouvé la vérité des promesses de votre Seigneur, et vous, l'avez-vous éprouvée? Et ils répondront : Oui! Un héraut qui crie parmi eux criera ces paroles : Malédiction de Dieu sur les impies;

43. Sur ceux qui détournaient les autres du sentier de Dieu, qui voulaient le rendre tortueux, et qui ne croyaient pas à la vie future!

44. Un voile sépare les bienheureux des réprouvés. Sur l'Alaraf[1], se tiendront les hommes qui connaîtront chacun à sa marque distinctive; ils diront aux habitants du paradis : La paix soit avec vous! Les réprouvés n'y entreront pas, bien qu'ils le désirent ardemment.

45. Et lorsque leurs regards se tourneront vers les habitants du feu, ils s'écrieront : O notre Seigneur! ne nous place pas avec les pervers.

46. Ceux qui se tiendront sur l'Alaraf crieront aux hommes qu'ils reconnaîtront à leurs marques distinctives : A quoi vous ont servi vos richesses amassées et votre orgueil?

47. Sont-ce là les hommes dont vous avez juré qu'ils n'obtiendront jamais la miséricorde de Dieu? Entrez dans le paradis, vous serez à l'abri de toute crainte et vous ne serez point attristés.

48. Les habitants du feu crieront aux habitants du paradis : Répandez sur nous un peu d'eau ou un peu de ces délices que Dieu vous a accordées. Dieu, répondront ceux-là, a interdit l'un et l'autre aux infidèles,

49. Qui ont fait de la religion leur jouet et l'objet de leurs railleries, que la vie du monde a rendus aveugles. Nous les oublions aujourd'hui comme ils ont oublié le jour de leur comparution, et parce qu'ils niaient la vérité de nos signes.

50. Nous leur avons cependant apporté un livre, et nous l'avons expliqué avec science, afin qu'il fût la règle et la preuve de la miséricorde à ceux qui auront cru.

51. Attendent-ils encore son interprétation? Le jour où son interprétation sera arrivée, ceux qui l'auront négligé dans le monde s'écrieront : Les apôtres de Dieu nous enseignaient bien la vérité. Ne trouverons-nous pas quelque intercesseur qui intercède pour nous, afin que nous puissions retourner sur la terre et que nous agissions autrement que nous ne l'avons fait? Mais alors ils seront déjà perdus sans retour, et les divinités qu'ils avaient inventées auront disparu.

52. Votre Seigneur est ce Dieu qui créa les cieux et la terre en six jours et s'assit ensuite sur

---

[1] *Alaraf* est, d'après les commentateurs, un rempart qui sépare le paradis de l'enfer.

le trône; il couvre la nuit avec le jour, qui, à son tour, la poursuit rapidement; il créa le soleil et la lune et les étoiles, soumis par son ordre à certaines lois. La création et la suprême modération de tout ne lui appartiennent-elles pas? Béni soit Dieu Seigneur de l'univers.

53. Invoquez Dieu avec humilité et en secret. Il n'aime point les transgresseurs.

54. Ne corrompez pas la terre quand elle a été rendue à un meilleur état; invoquez Dieu par crainte et par désir, car la miséricorde de Dieu est proche de ceux qui font le bien.

55. C'est lui qui envoie les vents avant-coureurs de sa grâce. Nous leur faisons porter les nuages gros de pluie et nous les poussons vers le pays mort de sécheresse; nous en faisons descendre l'eau, et par elle, nous faisons sortir tous les fruits. C'est ainsi que nous faisons sortir les morts de leurs tombeaux; peut-être y serez-vous.

56. La bonne terre produit de bons fruits par la permission de Dieu; la mauvaise terre n'en donne que de mauvais. C'est ainsi que nous varions nos signes pour les hommes qui rendent des actions de grâce.

57. Nous avons envoyé Noé vers son peuple. Il leur dit: O mon peuple! adore Dieu. Pourquoi adorer d'autres divinités que lui? Je crains pour vous le châtiment du grand jour.

58. Un grand nombre d'entre eux lui dit: Nous voyons que tu es dans une grossière erreur.

59. O mon peuple! je ne suis point dans l'erreur; je suis l'envoyé du Seigneur de l'univers.

60. Je vous annonce les commandements du Seigneur, et je vous donne des conseils salutaires. Je sais de Dieu ce que vous ne savez pas.

61. Vous étonnez-vous de ce que la parole de votre Seigneur vous arrive par un homme d'entre vous chargé de vous exhorter à craindre Dieu, afin que vous éprouviez sa miséricorde?

62. Mais ces hommes le traitèrent d'imposteur. Nous avons sauvé lui et ceux qui l'ont suivi dans un vaisseau, et nous avons noyé ceux qui ont traité nos signes de mensonges. C'était un peuple d'aveugles.

63. Nous avons envoyé son frère Houd aux peuplades d'Ad. Celui-ci leur disait de même: O mon peuple! adore Dieu, et n'adore point d'autres divinités que lui. Ne craignez-vous pas le Seigneur?

64. Un grand nombre des incrédules d'entre eux lui dit: Nous te voyons plongé dans la folie, et nous pensons que tu n'es qu'un imposteur.

65. O mon peuple! leur dit Ad, ce n'est point la folie; loin de là, je suis l'envoyé de Dieu Seigneur de l'univers.

66. Je vous annonce les commandements de Dieu; je suis votre conseiller sincère et fidèle.

67. Vous étonnez-vous de ce que la parole de votre Seigneur vous arrive par un d'entre vous chargé de vous exhorter? Rappelez-vous qu'il vous a fait succéder au peuple de Noé, qu'il vous a rendus puissants parmi les êtres. Souvenez-vous des bienfaits de Dieu, afin que vous soyez heureux.

68. Es-tu venu, lui dirent-ils, pour nous faire adorer un seul Dieu et abandonner les divinités de nos pères? Fais donc que tes menaces s'accomplissent, si tu es sincère.

69. Bientôt, reprit-il, la vengeance et la colère de Dieu vont fondre sur vous. Disputerez-vous avec moi sur les noms que vous et vos pères ont donnés aux divinités, au sujet desquelles Dieu ne vous a accordé aucun pouvoir? Attendez seulement, et moi j'attendrai aussi avec vous.

70. Par l'effet de notre miséricorde, nous sauvâmes Houd et ceux qui l'ont suivi, et nous exterminâmes jusqu'au dernier ceux qui avaient traité nos enseignements de mensonges et qui ne croyaient pas.

71. Nous avons envoyé vers les Thémudéens Saleh leur frère. Il leur dit: O mon peuple! adorez Dieu; pourquoi adoreriez-vous d'autres divinités que lui? Voici un signe évident de Dieu. Cette chamelle de Dieu est pour vous un signe: laissez-la paître dans le champ de Dieu, ne lui faites aucun mal, de peur qu'un châtiment douloureux ne tombe sur vous.

72. Souvenez-vous que Dieu vous a fait succéder au peuple d'Ad, qu'il vous a établis sur la terre, où, du milieu de ses plaines, vous élevez des châteaux, où vous taillez des rochers en maisons. Souvenez-vous des bienfaits du ciel, et ne vous répandez pas sur la terre pour y causer du désordre.

73. Mais les puissants chefs des Thémudéens dirent à ceux d'entre eux qu'ils regardaient comme faibles et qui avaient cru: Êtes-vous sûrs que Saleh soit envoyé par son Seigneur? Nous croyons, reprirent-ils, à sa mission.

74. Quant à nous, nous n'admettons pas ce en quoi vous croyez.

75. Et ils coupèrent les jarrets de la chamelle, furent rebelles aux commandements de Dieu, et dirent ensuite à Saleh: Fais donc que tes menaces s'accomplissent, si tu es réellement apôtre.

76. Alors une commotion violente les surprit, et le lendemain les trouva morts et gisants dans leurs maisons.

77. Saleh les laissa, en disant: Je vous ai annoncé l'avertissement de Dieu et je vous ai

donné des conseils, mais vous n'aimez point ceux qui vous donnent des conseils.

78. Nous avons aussi envoyé Loth vers les siens. Il leur dit : Comméttrez-vous des turpitudes qu'aucun peuple n'a jamais commises avant vous ? Abuserez-vous des hommes au lieu de femmes pour assouvir vos appétits charnels ? En vérité, vous êtes un peuple livré aux excès.

79. Et quelle fut la réponse du peuple de Loth ? Ils se dirent les uns aux autres : Chassez-le de votre ville. Ce sont des gens qui se piquent d'être chastes.

80. Nous sauvâmes Loth et sa famille, excepté sa femme qui demeura en arrière.

81. Nous fîmes pleuvoir sur eux une pluie... Regarde quelle a été la fin des coupables.

82. Nous avons envoyé vers les Madianites Choaïb leur frère, qui leur dit : O mon peuple ! adore Dieu ; pourquoi adorerais-tu d'autres divinités que lui ? Un signe évident du ciel vous a paru. Observez rigoureusement la mesure et le poids ; n'enlevez point aux hommes leur dû, ne propagez point la destruction sur la terre après qu'elle a été rendue à l'ordre. Cela vous sera plus avantageux, si vous êtes croyants.

83. Ne vous mettez pas en embuscade à tout sentier, et ne détournez point de la voie de Dieu ceux qui croient en lui ; vous voulez la rendre tortueuse. Rappelez-vous que vous n'étiez qu'un petit nombre, et qu'il vous a multipliés. Voyez plutôt quelle a été la fin des méchants.

84. Si une partie de vous croit à ma mission, tandis que l'autre la rejette, prenez patience, et attendez que Dieu juge entre nous. Il est le meilleur des juges.

85. Les chefs du peuple enflés d'orgueil dirent à Choaïb : O Choaïb ! nous te chasserons de notre ville, ainsi que ceux qui ont cru avec toi, ou bien revenez à notre religion. — Comment ? nous qui avons de l'aversion pour elle,

86. Nous serions coupables d'avoir inventé des mensonges au sujet de Dieu, si nous revenions à votre religion après que Dieu nous en a délivrés une fois. Comment pourrions-nous revenir à elle autrement que par la volonté de Dieu, qui embrasse tout dans sa science ? Nous avons mis notre confiance en Dieu. Seigneur, décide entre nous, car tu es le plus habile parmi ceux qui décident.

87. Les chefs d'entre ceux qui n'ont point cru dirent au peuple : Si vous suivez Choaïb, vous périrez.

88. Un tremblement de terre violent les surprit, et le lendemain on les trouva morts, gisant dans leurs maisons.

89. Ceux qui traitèrent Choaïb d'imposteur disparurent, comme s'ils n'avaient pas habité ces pays-là ; ceux qui traitèrent Choaïb d'imposteur sont perdus.

90. Choaïb s'éloigna en disant : O mon peuple ! je vous prêchai les commandements de Dieu, et je vous donnai des conseils salutaires. Mais pourquoi m'affligerais-je du sort des infidèles ?

91. Nous n'avons jamais envoyé d'apôtres vers une ville sans visiter ses habitants par l'adversité et les calamités, afin qu'ils s'humilient.

92. Ensuite nous échangeâmes la prospérité contre les malheurs, au point qu'ils disaient, oublieux de tout : Le bonheur et le malheur visitaient aussi nos pères. Puis soudain nous les saisîmes de châtiments, au moment où ils n'y songeaient pas.

93. Si le peuple des villes avait voulu croire et craindre Dieu, nous lui aurions ouvert les bénédictions du ciel et de la terre ; mais ils ont accusé nos apôtres d'imposture, et nous les avons châtiés de leurs œuvres.

94. Les habitants des villes ont-ils été sûrs que notre colère ne les surprendra pas dans la nuit, pendant qu'ils dormiront ?

95. Les habitants des villes ont-ils été sûrs que notre colère ne les surprendra pas à la clarté du jour, pendant qu'ils se livreront aux divertissements ?

96. Se croyaient-ils à l'abri des stratagèmes de Dieu ? Et qui donc se croira à l'abri des stratagèmes de Dieu, excepté le peuple condamné à la perdition ?

97. N'est-il pas encore prouvé aux yeux de ceux qui ont hérité de la terre après ses anciens habitants, que si nous voulions, nous les châtierions de leurs péchés ? Nous imprimerons un sceau sur leurs cœurs, et ils n'entendront rien.

98. Nous allons te raconter quelques histoires de ces villes. Des prophètes s'y élevèrent et firent voir des miracles ; mais ces peuples ne croyaient point à ce qu'ils avaient précédemment taxé de mensonge. C'est ainsi que Dieu imprime le sceau sur les cœurs des incrédules.

99. Nous n'avons trouvé, chez la plupart, aucune fidélité à l'alliance ; le plus grand nombre étaient des pervers.

100. A la suite de ces prophètes, nous envoyâmes Moïse, armé de nos signes, vers Pharaon et les grands de son peuple. Ils ont agi avec iniquité. Tu verras quelle a été la fin des méchants.

101. Moïse dit à Pharaon : Je suis l'envoyé de Dieu, Seigneur de l'univers.

102. Il est juste que je ne dise de Dieu que la pure vérité. Je viens chez vous pour opérer un

prodige éclatant; laisse partir avec moi les enfants d'Israël. Puisque tu es venu, dit Pharaon, pour opérer un prodige, fais-nous-le voir, si tu es véridique.

103. Moïse jeta sa baguette, et tout d'un coup elle se changea en serpent très-distinctement.

104. Moïse tira sa main de son sein, et la voilà toute blanche aux yeux des spectateurs.

105. Les grands du peuple de Pharaon s'écrièrent : C'est un magicien habile !

106. Il veut vous faire sortir de votre pays, dit Pharaon, que jugez-vous qu'il faille faire?

107. Ils répondirent : Retenez-le, ainsi que son frère, et envoyez dans toutes les villes des hommes qui réunissent,

108. Et qui t'amènent tous les habiles magiciens.

109. Les magiciens se réunirent chez Pharaon, et dirent : Sans doute, nous aurons une récompense si nous l'emportons sur lui ?

110. Oui, certes, et vous serez au nombre des plus favorisés.

111. Les magiciens demandèrent à Moïse : Est-ce toi qui jetteras le premier ou bien nous ?

112. Jetez les premiers, dit Moïse; et ils jetèrent et fascinèrent les regards des spectateurs et les épouvantèrent. C'était une magie surprenante.

113. Alors, nous nous révélâmes à Moïse : Jette ta baguette; et voici qu'elle dévore les autres baguettes changées en serpents.

114. La vérité brilla, et les opérations des magiciens s'évanouirent.

115. Ils furent vaincus et se retirèrent humiliés.

116. Les magiciens se prosternèrent adorant Dieu,

117. En disant : Nous croyons en Dieu, Seigneur de l'univers,

118. Seigneur de Moïse et d'Aaron.

119. Pharaon leur dit : Comment! vous devenez croyants avant que je vous en aie donné la permission. Vous avez concerté cette fourberie dans la ville pour en faire sortir les habitants. Bientôt vous verrez.

120. Je vous ferai couper les pieds et les mains alternativement, et ensuite, je vous ferai crucifier tous.

121. Ils répondirent : Nous devons tous retourner à notre Seigneur.

122. Tu veux te venger de nous, parce que nous avons cru aux miracles de Dieu. Seigneur! accorde-nous la constance, et fais que nous mourions dévoués à toi.

123. Les grands du royaume de Pharaon lui dirent : Laisseras-tu partir Moïse et sa nation, afin qu'ils ravagent ta terre, t'abandonnent toi et tes divinités? Alors, répondit Pharaon, faisons mourir leurs enfants mâles, et n'épargnons que leurs filles; ainsi, nous aurons le dessus sur eux.

124. Moïse dit alors à son peuple : Implorez l'assistance de Dieu et attendez, car la terre est à Dieu, et il la donne en héritage à celui de ses serviteurs qu'il veut. La vie future sera la récompense de ceux qui craignent.

125. Nous étions opprimés avant toi, répondirent-ils, et nous le sommes encore. Dieu peut exterminer vos ennemis, reprit Moïse, et vous faire héritiers de leur terre, afin qu'il voie comment vous vous conduirez.

126. Déjà nous avons fait sentir aux peuples de Pharaon la stérilité et un déchet de denrées, afin qu'ils réfléchissent.

127. Quand ensuite nous leur avons accordé la prospérité, ils disaient : Voici ce qui nous est dû. Qu'un malheur leur arrive, ils l'attribuent au mauvais augure de Moïse et de ceux qui le suivent. Leur mauvaise fortune vient de Dieu, mais la plupart ne l'entendent guère.

128. Ils dirent à Moïse : Tu as beau nous apporter des miracles pour nous fasciner, nous ne te croirons pas.

129. Alors, nous envoyâmes contre eux l'inondation, les sauterelles, la vermine, les grenouilles et le sang, signes distincts ; mais ils s'enflèrent d'orgueil, et ils demeurèrent criminels.

130. Chaque fois qu'une plaie leur arriva, ils dirent à Moïse : Invoque ton Dieu suivant l'alliance que tu as contractée avec lui. Si tu nous délivres de cette plaie, nous t'ajouterons foi, et nous laisserons partir avec toi les enfants d'Israël. Mais aussitôt que nous les eûmes délivrés de la plaie et que le terme indiqué fut expiré, ils violèrent leurs promesses.

131. Nous avons tiré vengeance de ce peuple, et nous l'avons noyé dans la mer, parce qu'ils ont traité de mensonges nos signes, et n'y ont prêté aucune attention.

132. Nous avons donné en héritage aux faibles les contrées orientales et les contrées occidentales de la terre sur lesquelles nous avons répandu nos bénédictions. Les magnifiques promesses de ton Seigneur aux enfants d'Israël se sont accomplies, parce qu'ils ont été constants. Nous avons détruit les ouvrages et les édifices de Pharaon et de son peuple.

133. Nous avons traversé la mer avec les enfants d'Israël, et ils trouvèrent dans le pays un peuple adorant leurs idoles. O Moïse, dirent les Israélites fais-nous des dieux comme ces gens

en ont. Vous êtes un peuple d'ignorants, répondit Moïse.

134. Le culte qu'ils professent est caduc et leurs actions sont vaines.

135. Chercherai-je pour vous une divinité autre que ce Dieu qui vous a élevés au-dessus de tous les peuples?

136. Souvenez-vous que nous vous avons délivrés de la famille de Pharaon, qui vous accablait de maux, qui tuait vos enfants mâles et n'épargnait que vos filles. C'était une dure épreuve de la part de votre Seigneur.

137. Nous donnâmes à Moïse un rendez-vous pour trente nuits, et nous les complétâmes par dix autres nuits, en sorte que le temps de son entretien avec Dieu fut de quarante nuits. Moïse dit alors à son frère Aaron : Remplace-moi auprès de mon peuple, agis avec justice et ne suis point le sentier des méchants.

138. Lorsque Moïse arriva à l'heure indiquée et que Dieu lui eut parlé, il dit à Dieu : Seigneur, montre-toi à moi, afin que je te contemple. Tu ne me verras pas, reprit Dieu, regarde plutôt la montagne. Si elle reste immobile à sa place tu me verras. Et lorsque Dieu se manifesta sur la montagne, il la réduisit en poussière. Moïse tomba évanoui la face contre terre.

139. Revenu à lui, il s'écria : Gloire à toi. Je retourne à toi pénétré de repentir, et je suis le premier des croyants.

140. O Moïse, dit le Seigneur, je t'ai choisi de préférence à tous les hommes pour porter mes commandements et ma parole. Prends ce que je te donne et sois reconnaissant.

141. Nous avons tracé pour lui, sur des tables, des commandements sur toutes matières et des explications détaillées sur toutes choses. Emporte-les avec une ferme résolution, et commande à ton peuple de les observer de son mieux. Je vous montrerai le séjour des criminels.

142. J'écarterai de mes signes ceux qui s'enorgueilliront injustement sur la terre, qui, voyant mes miracles, n'y ajouteront aucune foi, et qui, voyant le chemin droit, ne le prendront point, mais qui, apercevant le chemin de l'égarement, s'y précipiteront aussitôt.

143. Il en sera ainsi, parce qu'ils ont traité mes signes de mensonges et n'y prêtaient aucune attention.

144. Les œuvres de ceux qui traitent mes signes de mensonges et qui ne croient point à la vie future seront vaines. Seraient-ils récompensés autrement qu'ils n'ont agi?

145. Le peuple de Moïse prit, pendant son absence, pour objet de son culte, un veau corporel formé de ses ornements, et qui mugissait. Ne voyaient-ils pas qu'il ne pouvait pas leur parler ni les diriger dans le chemin droit?

146. Ils prirent ce veau pour objet de leur culte, et ils agirent avec iniquité.

147. Et lorsqu'ils se furent repentis, et qu'ils eurent reconnu leur égarement, ils s'écrièrent : Si notre Seigneur n'a pas pitié de nous, et s'il ne nous pardonne nos péchés, nous sommes perdus.

148. Moïse revenu au milieu de son peuple, rempli de colère et de dépit, s'écria : Détestable action que celle que vous avez commise pendant mon absence! Voulez-vous hâter la vengeance de Dieu? Il jeta les tables, saisit son frère par la tête et l'attira vers lui. O fils de ma mère! reprit Aaron, le peuple m'a ôté toute force : peu s'en est fallu qu'il ne m'ait tué; ne va pas réjouir mes ennemis en me punissant, et ne me mets pas au nombre des pervers.

149. Seigneur! s'écria Moïse, pardonne-moi et à mon frère; donne-nous une place dans ta miséricorde, car tu es le plus miséricordieux.

150. Ceux qui adorèrent le veau encourront sa colère et l'ignominie dans ce monde. C'est ainsi que nous rétribuerons ceux qui forgent des mensonges.

151. Ceux qui, après avoir commis une mauvaise action, reviennent à Dieu et croient... Dieu sera pour eux indulgent et miséricordieux.

152. Lorsque le courroux de Moïse se calma, il ramassa les tables de la loi. Les caractères qui y étaient tracés renfermaient la direction et la grâce pour ceux qui redoutent leur Seigneur.

153. Moïse prit dans le peuple soixante et dix hommes pour les faire comparaître devant nous. Un violent tremblement de terre les frappa et les engloutit. Moïse s'écria : Seigneur! tu aurais pu les anéantir avant ce jour, et moi avec eux. Nous feras-tu périr tous à cause des crimes de quelques insensés? Ce n'était qu'une de ces épreuves par lesquelles tu égares ou diriges ceux que tu veux. Tu es notre protecteur. Pardonne-nous nos fautes et aie pitié de nous; tu es le meilleur de ceux qui pardonnent.

154. Assigne-nous une belle portion dans ce monde et dans l'autre; nous sommes dans le chemin droit qui conduit à toi. Mon châtiment, reprit Dieu, tombera sur quiconque je voudrai; ma miséricorde embrasse toutes choses; je la destine à ceux qui craignent, qui font l'aumône et qui croient en mes signes;

155. Qui suivent l'envoyé, le prophète illettré qu'ils trouveront indiqué dans leurs livres : dans le Pentateuque et dans l'Évangile; qui leur commande le bien et leur interdit le mal; qui

leur permet l'usage des aliments excellents et leur défend les aliments impurs; qui allégera leurs fardeaux et ôtera les chaînes qui les accablaient; ceux qui croiront en lui, et qui l'assisteront, qui suivront la lumière descendue avec lui : ces hommes-là seront bienheureux.

156. Dis-leur : O hommes! je suis l'apôtre de Dieu envoyé vers vous tous ;

157. De ce Dieu à qui les cieux et la terre appartiennent ; il n'y a point d'autre Dieu que lui ; il donne la vie et fait mourir. Croyez en Dieu et en son envoyé, le prophète illettré, qui croit, lui aussi, en Dieu et en sa parole. Suivez-le et vous serez dans le droit chemin.

158. Il y a dans le peuple de Moïse un certain nombre d'hommes qui prennent la vérité pour leur guide et qui pratiquent l'équité.

159. Nous avons partagé les Hébreux en douze tribus, formant autant de nations, et nous avons révélé à Moïse, implorant la pluie pour son peuple, ces paroles : Frappe le rocher de ta baguette; et le rocher se fendit en douze sources. Chaque tribu savait de laquelle elle devait boire. Puis, nous fîmes planer sur eux un nuage, et nous leur envoyâmes la manne et les cailles. Nourrissez-vous des délices que nous vous accordons. Ce n'est pas à nous qu'ils ont fait du mal; c'est à eux-mêmes.

160. On leur disait : Habitez cette ville et nourrissez-vous de ses produits tant qu'il vous plaira. Demandez l'absolution de vos péchés, et en entrant dans sa porte prosternez-vous pour adorer Dieu. Alors, nous vous pardonnerons vos péchés, et nous augmenterons les richesses de ceux qui font le bien.

161. Mais les méchants parmi eux ont substitué d'autres paroles à celles qui leur furent dites. Alors, nous envoyâmes contre eux un châtiment du ciel pour prix de leur méchanceté.

162. Interroge-les sur cette ville située sur le bord de la mer, dont les habitants transgressaient le sabbat, lorsque, le jour du sabbat, les poissons venaient paraître à la surface de l'eau et qu'ils disparaissaient les autres jours. C'est ainsi que nous les éprouvions, parce qu'ils étaient des prévaricateurs.

163. Une partie d'entre eux disait alors à ceux qui exhortaient les méchants : Pourquoi prêchez-vous un peuple que Dieu exterminera ou châtiera d'un châtiment terrible? — C'est pour nous disculper devant Dieu et afin qu'ils le craignent.

164. Et lorsque les méchants ont oublié ces exhortations, nous sauvâmes ceux qui défendaient de faire le mal, et nous surprîmes les méchants par un châtiment terrible, pour prix de leur impiété.

165. Lorsqu'ils franchirent ce qu'on leur avait défendu de franchir, nous leur dîmes : Soyez changés en singes, repoussés de la communauté des hommes. Ton Seigneur déclara alors qu'avant le jour de la résurrection il enverra contre eux une nation qui leur fera éprouver des maux terribles, car ton Seigneur est prompt dans ses châtiments, mais il est indulgent et miséricordieux.

166. Nous les avons dispersés sur la terre, formant plusieurs peuples distincts. Il y en a qui sont vertueux, et d'autres qui ne le sont pas. Nous les avons éprouvés par le bien et par le mal, afin qu'ils reviennent à nous.

167. Après ceux-ci vinrent leurs successeurs; ils ont reçu l'héritage du livre (le Pentateuque). Ils reçoivent (à titre de corruption) les biens de ce monde, et disent : Cela nous sera pardonné; et puis, si on leur en offre de nouveaux, ils les reçoivent encore, comme si l'on n'avait point reçu d'eux l'alliance du livre, lorsqu'il leur fut dit : Ne dites que la vérité sur le compte de Dieu; vous, étudiez cependant le livre. Le séjour de l'autre monde a plus de valeur pour ceux qui craignent Dieu; (ne le comprendrez-vous pas?)

168. Pour ceux qui s'attachent fermement au livre, qui observent la prière ; car nous ne ferons point périr la récompense des justes.

169. Quand nous élevâmes la montagne de Sinaï comme un ombrage au-dessus de leurs têtes, ils croyaient qu'elle allait tomber sur eux; alors nous leur dîmes : Recevez ces tables que nous vous donnons, avec une ferme résolution de les observer, et souvenez-vous de ce qu'elles contiennent, afin que vous craigniez le Seigneur.

170. Souvenez-vous que Dieu tira un jour des reins des fils d'Adam tous leurs descendants, et leur fit rendre un témoignage contre eux. Il leur dit : Ne suis-je pas votre Seigneur ? Ils répondirent : Oui, nous l'attestons. Nous l'avons fait afin que vous ne disiez pas au jour de la résurrection : Nous l'avons ignoré.

171. Afin que vous ne disiez pas : Nos pères associaient d'autres divinités à Dieu avant nous, nous sommes leur postérité, nous perdras-tu pour les actions de ceux qui ont menti ?

172. C'est ainsi que nous expliquons nos enseignements ; peut-être reviendront-ils à Dieu.

173. Récite-leur l'histoire de celui auquel nous avons fait voir un signe, et qui s'en détourna pour suivre Satan, et qui fut ainsi parmi les égarés [1].

---

[1] Il s'agit ici de Balaam, fils de Beor.

174. Or, si nous avions voulu, nous l'aurions élevé par ce miracle : mais il demeura attaché à la terre et suivit ses passions. Il ressemble au chien qui aboie quand tu le chasses, et qui aboie quand tu t'éloignes de lui. Voilà à quoi ressemblent ceux qui traitent nos signes de mensonges. Répète-leur ces histoires afin qu'ils réfléchissent.

175. C'est à quelque chose de mauvais que ressemblent ceux qui ont traité nos signes de mensonges, et c'est à eux-mêmes qu'ils font du mal.

176. Celui que Dieu dirige est bien dirigé, et celui qu'il égare est perdu.

177. Nous avons créé pour la géhenne un grand nombre de génies et d'hommes qui ont des cœurs avec lesquels ils ne comprennent rien, qui ont des yeux avec lesquels ils ne voient rien, qui ont des oreilles avec lesquelles ils n'entendent rien. Ils sont comme les brutes, ils s'égarent même plus que les brutes. Tels sont les hommes qui ne prêtent aucune attention.

178. Les plus beaux noms appartiennent à Dieu. Invoquez-le par ces noms, et éloignez-vous de ceux qui en détournent le sens. Ils recevront la récompense de leurs œuvres.

179. Il est, parmi ceux que nous avons créés, des hommes qui sont dans la droite voie et qui pratiquent l'équité.

180. Pour ceux qui traitent nos signes de mensonges, nous les anéantirons peu à peu et par des moyens qu'ils ne connaissent pas.

181. Je prolongerai leurs jouissances, car mes stratagèmes sont inébranlables.

182. Ne réfléchiront-ils pas que leur compagnon Mohammed n'est point démoniaque, mais qu'il est un apôtre chargé d'avertir ouvertement ?

183. Que ne tournent-ils leurs regards vers le royaume des cieux et de la terre et sur toutes les choses que Dieu a créées, pour voir si leur terme n'approche pas ? Et en quel autre livre croiront-ils, eux qui ne croient pas au Koran ?

184. Celui que Dieu égarera ne trouvera plus de guide ; il le laissera errant sans connaissance.

185. Ils te demanderont à quand est fixée l'arrivée de l'heure. Dis-leur : La connaissance en est réservée à Dieu seul. Personne ne saurait révéler son terme excepté lui. Elle pèse aux cieux comme à la terre [1], et elle n'arrivera qu'inopinément.

186. Ils te le demanderont comme si tu en avais la connaissance. Dis-leur : La connaissance en est chez Dieu ; mais la plupart des hommes ignorent cette vérité.

187. Dis-leur : Je n'ai aucun pouvoir soit de me procurer ce qui m'est utile, soit d'éloigner ce qui m'est nuisible, qu'autant que Dieu le veut. Si je connaissais les choses cachées, je deviendrais riche et aucun malheur ne pourrait m'atteindre. Mais je ne suis qu'un homme chargé d'annoncer et d'avertir pour ceux qui croient.

188. C'est lui qui vous a créés tous d'un seul homme, qui en a produit son épouse afin qu'il habitât avec elle ; et lorsque l'homme eut cohabité avec elle, elle porta d'abord un fardeau léger et marchait sans peine ; puis, lorsqu'il devint plus pesant, les deux époux adressèrent cette prière à Dieu leur Seigneur : Si tu nous donnes un fils bien conformé [1], nous te rendrons des actions de grâces.

189. Et lorsque Dieu leur eut donné un fils bien conformé, ils donnèrent des associés à Dieu en retour de ce qu'il leur avait accordé. Mais Dieu est trop élevé pour qu'on lui donne des associés.

190. Lui associeront-ils des divinités qui ne peuvent rien créer et qui sont créées elles-mêmes, qui ne peuvent les aider en rien, ni s'aider elles-mêmes ?

191. Si tu les appelles à la vraie religion, ils ne te suivront pas. Si vous les y appelez ou si vous restez muets, cela revient au même pour eux.

192. Ceux que vous invoquez à l'exclusion de Dieu sont ses serviteurs comme vous ; priez-les donc pour eux pour voir s'ils vous exauceront, si vous êtes sincères.

193. Ont-ils des pieds pour marcher ? ont-ils des mains pour saisir quelque chose ? ont-ils des yeux pour voir ? ont-ils des oreilles pour entendre ? Dis-leur : Appelez vos compagnons, imaginez contre moi quelque ruse, et ne me donnez pas de répit. Je ne crains rien.

194. Car mon patron est Dieu, celui qui fait descendre le livre et qui protège les justes.

195. Mais ceux que vous invoquez, à l'exclusion de Dieu, ne peuvent vous porter aucun secours ni les aider eux-mêmes.

196. Si tu les appelles à la vraie religion, ils ne t'entendent pas ; ils te regardent, mais ils ne voient rien.

197. Perçois le superflu, et prononce entre les parties avec équité, et fuis les ignorants.

198. Si une suggestion te vient de Satan, cherche un refuge auprès de Dieu, car il entend et sait tout.

199. Ceux qui craignent Dieu, lorsqu'un fantôme tentateur suscité par Satan leur apparaît, se souviennent de Dieu et deviennent aussitôt clairvoyants.

---

[1] Ceci a trait à une tradition d'après laquelle Satan prédisait à Ève enceinte qu'elle mettrait au monde une brute.

---

[1] Non-seulement elle préoccupe la pensée des hommes, mais celle des anges aussi.

LIVRES SACRÉS DE L'ORIENT.

200. Leurs frères ne font que prolonger leur égarement et ne sauraient se préserver eux-mêmes.

201. Quand tu ne leur apportes pas un verset du Koran, ils te disent : Tu ne l'as donc pas encore trouvé. Dis-leur : Je ne fais que suivre ce qui m'est révélé par Dieu. Ce sont des preuves évidentes de la part de votre Seigneur, c'est une direction et une grâce de miséricorde envers ceux qui croient.

202. Quand on fait la lecture du Koran, soyez attentifs et écoutez-le en silence, afin que vous obteniez la miséricorde de Dieu.

203. Pense à Dieu dans l'intérieur de toi-même, avec humilité et crainte, sans ostentation de paroles, au matin et au soir, et ne sois pas négligent.

204. Ceux qui séjournent avec Dieu ne dédaignent pas de lui adresser la prière, ils célèbrent ses louanges et se prosternent devant lui.

CHAPITRE VIII.
LE BUTIN.
Donné à Médine. — 76 versets.

Au nom de Dieu clément et miséricordieux.

1. Ils t'interrogeront au sujet du butin. Réponds-leur : Le butin appartient à Dieu et à son envoyé. Craignez le Seigneur. Cherchez à vous arranger à l'amiable entre vous, et obéissez à Dieu et à son envoyé, si vous êtes fidèles.

2. Les vrais croyants sont ceux dont les cœurs sont pénétrés de crainte lorsque le nom de Dieu est prononcé; dont la foi augmente à chaque lecture de ses enseignements, et qui ne mettent de confiance qu'en leur Seigneur ;

3. Qui observent la prière et font l'aumône des biens que nous leur dispensons.

4. Ceux-là sont les vrais croyants ; ils occuperont les degrés les plus élevés auprès de leur Seigneur ; à eux son indulgence et ses bienfaits généreusement répartis ;

5. Ainsi que Dieu (*l'a fait*) quand il t'obligea à quitter ta maison contre les vœux d'une partie des fidèles.

6. Ils se mirent à disputer avec toi sur la vérité dont l'évidence frappait leurs yeux, comme s'ils allaient être abreuvés de la mort, et qu'ils l'eussent vue de leurs yeux.

7. Lorsque le Seigneur vous dit : Une des deux nations vous sera livrée, vous désirâtes que ce fût celle qui était sans défense. Le Seigneur cependant a voulu prouver la vérité de ses paroles, et exterminer jusqu'au dernier des infidèles,

8. Pour établir la vérité et anéantir le mensonge, dussent les coupables en concevoir du dépit.

9. Lorsque vous implorâtes l'assistance du Très-Haut, il vous exauça. Je vous appuierai, dit-il, de dix mille anges se succédant sans intervalle.

10. Il vous fit cette promesse afin de porter dans vos cœurs la joie et la confiance. Tout secours vient de Dieu, car il est puissant et sage.

11. Souvenez-vous de ce moment où il vous enveloppa dans le sommeil de la sécurité et fit descendre l'eau du ciel pour vous purifier et vous délivrer de l'abomination de Satan, pour lier vos cœurs par la foi et affermir vos pas.

12. Il dit alors aux anges : Je serai avec vous. Allez affermir les croyants. Moi, je jetterai la terreur dans le cœur des infidèles. Abattez leurs têtes et frappez les extrémités de leurs doigts.

13. Ils ont fait un schisme avec Dieu et son apôtre. Quiconque se séparera de Dieu et de son apôtre, Dieu lui fera éprouver combien il est terrible dans ses châtiments.

14. Telle est votre rétribution, souffrez-la ; le feu est préparé pour les infidèles.

15. O croyants ! lorsque vous rencontrerez l'armée ennemie marchant en ordre, ne prenez pas la fuite.

16. Quiconque tournera le dos au jour du combat, à moins que ce ne soit pour revenir à la charge, ou pour se rallier, sera chargé de la colère de Dieu. Sa demeure sera l'enfer ; quel affreux séjour !

17. Ce n'est pas vous qui les tuez, c'est Dieu. Quand tu lançais (*un trait*), ce n'est pas toi qui le lançais, c'était Dieu, pour éprouver les fidèles par une belle épreuve; car Dieu entend et sait tout.

18. Dieu l'a fait parce qu'il met au néant les ruses des infidèles.

19. Vous avez désiré la victoire, ô infidèles, et la victoire a tourné contre vous. Si vous, vous cessez de nous combattre, cela vous sera plus avantageux. Si vous y revenez, nous y reviendrons aussi. Votre grand nombre ne vous servira à rien, car Dieu est avec les croyants.

20. O croyants ! obéissez à Dieu et à son apôtre ; ne vous en éloignez jamais. Vous l'avez entendu.

21. Ne ressemblez pas à ceux qui disent : Nous vous écoutons, et ils n'écoutent pas.

22. Il n'y a point d'animal plus vil auprès de Dieu que les sourds et les muets qui n'entendent rien.

23. Si Dieu leur eût connu quelque bonne disposition, il leur aurait donné l'ouïe ; mais s'ils l'a

vaient, ils se détourneraient et s'éloigneraient de lui.

24. O croyants! répondez à l'appel de Dieu et du prophète quand il vous appelle à ce qui vous fait vivre, et sachez que Dieu se glisse entre l'homme et son cœur, et que vous serez un jour rassemblés autour de lui.

25. Redoutez la tentation : les injustes ne seront pas les seuls qu'elle atteindra, et sachez que Dieu est terrible dans ses châtiments.

26. Souvenez-vous que faibles et en petit nombre dans cette contrée vous craigniez d'être exterminés par vos ennemis; mais Dieu vous a donné un asile et protégé par son secours, et il a pourvu à votre subsistance. Peut-être lui rendrez-vous des actions de grâces.

27. O croyants! gardez-vous de tromper Dieu et le prophète. N'usez pas de fraude dans vos engagements, puisque vous êtes instruits.

28. Songez que vos richesses et vos enfants sont un sujet de tentation, et que la récompense que Dieu vous prépare est magnifique.

29. O croyants! si vous craignez le Seigneur, il vous séparera des méchants, il expiera vos fautes, il vous les pardonnera, car il est généreux dispensateur de grâces.

30. Quand les infidèles tramaient un complot contre toi, quand ils voulaient te saisir, te tuer ou te chasser, Dieu à son tour complota contre eux, et certes Dieu est le plus habile à nouer un complot.

31. Quand on leur relit nos enseignements, ils disent : Nous les avons déjà entendus. Il ne tiendrait qu'à nous d'en produire de semblables. Ce n'est qu'un tissu de rêveries des anciens.

32. Dieu tout-puissant! si le Koran est réellement la vérité, fais pleuvoir du ciel les pierres sur nos têtes; fais-nous éprouver quelque châtiment douloureux.

33. Dieu ne les punit pas, tant que tu es au milieu d'eux; il ne les punit pas non plus pendant qu'il implore leur pardon.

34. Mais rien n'empêchera Dieu de les châtier quand ils éloigneront les fidèles du temple sacré de la Mecque, quoiqu'ils n'en soient pas les gardiens, car les gardiens du temple sont ceux qui craignent Dieu; la plupart d'entre eux l'ignorent.

35. Leur prière à la maison sainte n'était qu'un sifflement et un battement de mains. Ils entendront ces mots : Goûtez la peine de votre impiété.

36. Les infidèles dépensent leurs richesses pour détourner les autres de la voie de Dieu; ils les dépenseront toutes. Un repentir amer en sera le fruit, et ils seront vaincus.

37. Les infidèles seront réunis dans l'enfer.

38. Dieu séparera le bon du méchant, il entassera les méchants les uns sur les autres, les liera en faisceau et les précipitera dans l'enfer.

39. Dis aux infidèles, que s'ils mettent fin à leur impiété, Dieu leur pardonnera le passé; mais s'ils y retombent, ils ont devant eux l'exemple des anciens peuples.

40. Combattez-les jusqu'à ce que la sédition soit anéantie, et que toute croyance devienne celle de Dieu; s'ils mettent un terme à leurs impiétés : certes Dieu voit tout.

41. S'ils nous tournent le dos, sachez que Dieu est votre protecteur; quel protecteur, et quel défenseur !

42. Sachez que lorsque vous avez fait un butin, la cinquième part en revient à Dieu, au prophète, aux parents, aux orphelins, aux pauvres et aux voyageurs; si vous croyez en Dieu, à ce que nous révélâmes à notre serviteur dans la journée de la Distinction¹, dans la journée où les deux armées se rencontrèrent. Dieu est tout-puissant.

43. Lorsque vous étiez campés en deçà de la vallée, et que vos ennemis en occupaient le côté opposé, la caravane se tenait au-dessous de vous. Si vous aviez pris des engagements mutuels, vous y auriez manqué, effrayés du nombre de l'ennemi; mais vous vous y êtes trouvés réunis, afin que Dieu accomplît l'œuvre décrétée dans ses destins;

44. Afin que celui qui devait périr, pérît par un signe évident du ciel, et que celui qui devait survivre, vécût par le même signe. Dieu sait et entend tout.

45. Souviens-toi, ô Mohammed! que Dieu te montra en songe l'armée ennemie peu nombreuse. S'il te l'eût montrée plus forte, vous auriez tous perdu courage, et vous auriez soulevé à ce propos des disputes; il a voulu vous en préserver. Il connaît ce que recèlent les cœurs des hommes.

46. Quand vous vous trouvâtes en face des ennemis, Dieu les fit voir peu nombreux à vos yeux; il en diminua le nombre à vos yeux pour accomplir l'œuvre décrétée dans ses destins. Il est le terme de toutes choses.

47. O croyants! quand vous êtes en face d'une troupe armée, soyez inébranlables, et répétez sans cesse le nom du Seigneur. Vous serez bénis.

48. Obéissez à Dieu et au prophète; ne soulevez point de disputes, car elles abattraient votre courage et vous enlèveraient le succès. Soyez persévérants, car Dieu est avec les persévérants.

---

¹ La journée de Bedr, où les infidèles furent pour la première fois en présence des croyants.

49. Ne soyez pas comme ces Mecquois qui sortirent avec jactance et ostentation de leurs demeures pour détourner les hommes de la voie du Seigneur. Il voit leurs actions.

50. Satan leur avait déjà préparé leurs actions, et leur dit : Aujourd'hui vous êtes invincibles ; je suis votre auxiliaire ; mais quand les deux armées furent en présence, il leur tourna le dos en disant : Je ne m'en mêle pas, je vois ce que vous ne voyez pas, je crains Dieu dont les châtiments sont terribles.

51. Les hypocrites et ceux dont le cœur est atteint d'une infirmité disaient alors : Leur croyance aveugle ces hommes. Mais celui qui met sa confiance en Dieu sait qu'il est puissant et sage.

52. Quel spectacle, lorsque les anges ôtent la vie aux infidèles ! ils frappent leurs visages et leurs reins, et leur crient : Allez goûter la peine du feu.

53. Ce supplice est l'œuvre de vos mains, car Dieu n'est point un tyran pour ses serviteurs.

54. Leur sort ressemble à celui de la famille de Pharaon et des incrédules qui les ont précédés. Dieu les anéantit à cause de leurs iniquités. Il est fort et terrible dans ses châtiments.

55. C'est parce que Dieu ne change point les bienfaits dont il comble les hommes, tant qu'ils ne pervertissent point leurs cœurs. Il voit et entend tout.

56. Leur sort ressemble à celui de la famille de Pharaon et à ceux qui, avant eux, ont traité de mensonges les signes du Seigneur. Nous les avons anéantis à cause de leurs péchés, et nous avons submergé la famille de Pharaon ; ce n'étaient que des impies.

57. Il n'y a point auprès de Dieu d'animaux plus vils que ceux qui ne croient pas et qui restent infidèles,

58. Que ceux avec qui tu as fait un pacte et qui le brisent à tout moment et ne craignent point Dieu.

59. Si tu parviens à les saisir pendant la guerre, disperse par leur supplice ceux qui les suivront, afin qu'ils y songent.

60. Si tu crains quelque perfidie de la part d'une nation, rejette son alliance en agissant de la même manière à son égard, car Dieu n'aime pas ceux qui agissent avec perfidie.

61. Ne crois pas que les infidèles auront le dessus, car ils ne sauraient affaiblir la puissance de Dieu.

62. Mettez donc sur pied toutes les forces dont vous disposez et de forts escadrons, pour en intimider les ennemis de Dieu et les vôtres, et d'autres encore que vous ne connaissez pas et que Dieu connaît. Tout ce que vous aurez dépensé dans la voie de Dieu vous sera payé, et vous ne serez point lésés.

63. S'ils inclinent à la paix, tu t'y prêteras aussi, et tu mettras ta confiance en Dieu, car il entend et sait tout.

64. S'ils te trahissent, Dieu te suffira : c'est lui qui t'a aidé par son assistance et par celle des fidèles. Il a uni leurs cœurs. Si tu avais dépensé toutes les richesses de la terre, tu n'y serais pas parvenu. Mais Dieu les a unis, car il est puissant et sage.

65. O prophète ! Dieu et ceux des croyants qui te suivent te suffisent.

66. O prophète ! excite les croyants au combat. Vingt braves d'entre eux terrasseront deux cents infidèles. Cent en mettront mille en fuite, parce que les infidèles n'ont point de sagesse.

67. Dieu veut alléger votre tâche, car il connaît votre faiblesse. Cent braves d'entre vous vaincront deux cents ennemis, et mille triompheront de deux mille par la permission de Dieu qui est avec les intrépides.

68. Il n'a jamais été donné aux prophètes de faire des prisonniers sans commettre de grands massacres sur la terre. Vous désirez le bien de ce monde, et Dieu veut vous donner ceux de l'autre. Il est puissant et sage.

69. Si la révélation faite précédemment n'avait pas semblé vous y autoriser, Dieu vous aurait fait expier par des châtiments douloureux la rançon des captifs à Bedr.

70. Nourrissez-vous des biens licites enlevés aux ennemis et craignez le Seigneur. Il est clément et miséricordieux.

71. O prophète ! dis aux prisonniers qui sont entre vos mains : Si Dieu voit de la droiture dans vos cœurs, il vous donnera des richesses plus précieuses que celles qu'on vous a enlevées, et il vous pardonnera, parce qu'il est clément et miséricordieux.

72. S'ils veulent te tromper c'est qu'ils ont résolu d'avance de tromper Dieu. Il les a livrés à toi ; et Dieu est savant et sage.

73. Les croyants qui auront abandonné leurs foyers pour combattre de leurs biens et de leurs personnes dans la voie de Dieu, ceux qui ont donné asile au prophète et l'ont assisté dans ses œuvres, seront regardés comme parents les uns des autres. Ceux qui ont cru, mais qui n'ont point émigré, ne seront point compris dans vos relations de parenté ; jusqu'à ce qu'eux aussi ils quittent leurs foyers. Mais s'ils implorent votre appui à cause de la foi, vous le leur accorderez, à moins que ce ne soit contre ceux qui sont vos alliés. Le Très-Haut voit vos actions.

74. Les infidèles se prêtent une assistance mutuelle. Si vous n'agissez pas de même, la sédition et de graves désordres auront lieu sur la terre.

75. Ceux qui ont cru et quitté leurs foyers pour combattre dans la voie de Dieu, ceux qui ont donné asile et assisté le prophète, ceux-là sont les véritables croyants. L'indulgence du Seigneur leur est acquise et des bienfaits généreux.

76. Ceux qui ont cru et émigré depuis, et qui combattent dans la voie de Dieu, sont des vôtres. Les hommes unis par les seuls liens du sang sont inscrits dans le livre de Dieu selon leurs mérites. Car Dieu sait toutes choses.

CHAPITRE IX.

LE REPENTIR [1].

Donné à Médine. — 130 versets.

1. Voici la déclaration d'immunité [2] de la part de Dieu et de son prophète à ceux d'entre les idolâtres avec lesquels vous avez fait alliance.

2. Voyagez dans le pays pendant quatre mois *avec sécurité*, et sachez que vous ne prévaudrez pas contre Dieu, mais que Dieu couvrira d'opprobre les infidèles.

3. Voici quelle est la proclamation de la part de Dieu et de son prophète adressée aux hommes pour le jour du grand pèlerinage [3]. Dieu est libre de tout engagement envers les idolâtres ainsi que son apôtre. Si vous vous convertissez, cela vous sera plus avantageux; si vous tournez le dos, sachez que vous ne prévaudrez pas contre Dieu. Annonce le châtiment douloureux à ceux qui ne croient pas.

4. Cela toutefois ne concerne pas les idolâtres avec qui vous avez fait la paix et qui ne l'ont point violée, ni prêté à personne aucun secours contre vous. Gardez fidèlement envers eux les engagements pris jusqu'à l'expiration du terme. Dieu aime ceux qui le craignent.

5. Les mois sacrés expirés [4], tuez les idolâtres partout où vous les trouverez, faites-les prisonniers, assiégez-les et guettez-les dans toute embuscade; mais s'ils se convertissent, s'ils observent la prière, s'ils font l'aumône, alors laissez-les tranquilles, car Dieu est indulgent et miséricordieux.

6. Si quelque idolâtre te demande un asile, accorde-le-lui, afin qu'il puisse entendre la parole de Dieu, puis fais-le reconduire à un lieu sûr. Ceci t'est prescrit, parce que ce sont des gens qui ne savent pas.

7. Comment pourrait-il y avoir une alliance entre Dieu, son apôtre et les idolâtres, sauf ceux avec qui vous l'avez contractée auprès de l'oratoire sacré? Tant qu'ils agissent loyalement avec vous, agissez loyalement avec eux. Dieu aime ceux qui le craignent.

8. Comment observeraient-ils cette alliance? S'ils ont le dessus, ils n'auront aucun égard ni aux liens du sang, ni à la foi jurée. La plupart d'entre eux sont des criminels.

9. Ils vendent les enseignements de Dieu pour obtenir un vil prix, et ils détournent les autres de son sentier. Que leurs actions sont mauvaises!

10. Ils n'auront aucun égard aux liens du sang ni à la foi jurée dans leurs rapports avec les croyants, parce qu'ils sont injustes.

11. Mais s'ils se convertissent, s'ils s'acquittent de la prière, s'ils font l'aumône, ils sont vos frères en religion. Nous expliquons distinctement nos enseignements à ceux qui comprennent.

12. S'ils violent leurs serments après avoir contracté l'alliance et attaquent votre croyance, attaquez les chefs des infidèles (parce qu'il n'y a point de serments sacrés pour eux), afin qu'ils cessent *leurs méfaits*.

13. Ne combattrez-vous pas contre un peuple qui a violé ses serments, qui s'efforce de chasser votre prophète? Ce sont eux qui ont été les agresseurs. Les craindrez-vous? Dieu mérite bien plus que vous le craigniez, si vous êtes croyants.

14. Combattez-les, afin que Dieu les châtie par vos mains et les couvre d'opprobre, afin qu'il vous donne la victoire sur eux, et guérisse les cœurs des fidèles;

15. Afin qu'il anéantisse la colère dans les cœurs des infidèles. Dieu revient à celui qu'il veut, car il est savant et sage.

16. Pensez-vous que vous serez abandonnés, comme si Dieu ne connaissait pas ceux d'entre vous qui combattent et qui ne recherchent pas d'autre alliance que celle de Dieu, de son apôtre et des croyants? Dieu est instruit de ce que vous faites.

17. Les idolâtres ne doivent pas visiter le temple de Dieu, eux qui sont des témoins vivants de leur infidélité. Leurs œuvres deviendront nulles,

---

[1] C'est le seul chapitre qui ne porte pas la formule *Au nom de Dieu clément et miséricordieux*, omission que les commentateurs arabes expliquent différemment.

[2] Le mot *berat* du texte peut être traduit ou par *déclaration d'immunité*, que Mohammed accorde aux infidèles pendant un certain temps, ou bien par dégagement de toute alliance avec les infidèles, par suite de leur infidélité à observer celle qu'ils avaient jurée.

[3] C'est-à-dire le 10 du mois de *dhoulhiddjè*.

[4] Les quatre mois *chavval, dhoulcada, dhoulhiddjè* et *monharram*.

et ils demeureront éternellement dans le feu.

18. Qu'ils visitent seuls les temples de Dieu ceux qui croient en Dieu et au jour dernier, qui observent la prière et font l'aumône, et qui ne craignent que lui; ils seront sans doute dirigés sur la voie droite.

19. Mettrez-vous ceux qui portent de l'eau aux pèlerins et visitent l'oratoire sacré au même niveau que celui qui croit en Dieu et au jour dernier, qui combat dans le sentier de Dieu? Non, ils ne seront point égaux devant Dieu. Dieu ne dirige point les méchants.

20. Ceux qui ont quitté leur pays, qui combattent dans le sentier de Dieu, de leurs biens et de leurs personnes, occuperont un degré plus élevé devant Dieu. Ils seront bienheureux.

21. Leur Seigneur leur annonce sa miséricorde, sa satisfaction et les jardins où ils goûteront des délices constantes.

22. Ils y demeureront éternellement, à jamais, car Dieu dispose d'immenses récompenses.

23. O croyants! n'ayez point pour amis vos pères et vos frères, s'ils préfèrent l'incrédulité à la foi. Ceux qui y désobéiraient seraient méchants.

24. Si vos pères et vos enfants, vos frères et vos femmes, vos parents et les biens que vous avez acquis, et le commerce dont vous craignez la ruine, et les habitations dans lesquelles vous vous complaisez, vous sont plus chers que Dieu, son apôtre et la guerre sainte, attendez-vous à voir venir Dieu exécuter ses arrêts. Dieu ne dirige point les méchants.

25. Dieu vous a secourus dans maintes occasions. A la journée de Honeïn où vous vous êtes complu dans votre grand nombre qui ne vous servit à rien: quelque étendue qu'elle soit, la terre fut alors étroite pour vous, vous tournâtes le dos en fuyant.

26. Puis Dieu fit descendre sa protection sur son apôtre et les fidèles; il fit descendre les armées invisibles pour vous, et il châtia ceux qui ne croyaient pas. C'est la rétribution des incrédules.

27. Après cela Dieu reviendra à ceux qu'il voudra, car il est indulgent et miséricordieux.

28. O croyants! ceux qui associent sont immondes; cette année expirée, ils ne doivent point s'approcher de l'oratoire sacré. Si vous craignez l'indigence, Dieu vous rendra riches par les trésors de sa grâce. Il est sage et savant.

29. Faites la guerre à ceux qui ne croient point en Dieu ni au jour dernier, qui ne regardent point comme défendu ce que Dieu et son apôtre ont défendu, et à ceux d'entre les hommes des Écritures qui ne professent pas la vraie religion. Faites-leur la guerre jusqu'à ce qu'ils payent le tribu de leurs propres mains et qu'ils soient soumis.

30. Les Juifs disent: Ozaïr est le fils de Dieu. Les chrétiens disent: Moïse est le fils de Dieu. Telles sont les paroles de leurs bouches; elles ressemblent à celles des infidèles d'autrefois. Que Dieu leur fasse la guerre! Qu'ils marchent à rebours!

31. Ils ont pris leurs docteurs et leurs moines plutôt que Dieu pour leurs seigneurs, et le Messie fils de Marie; et cependant il ne leur a été ordonné que d'adorer un seul Dieu, hormis lequel il n'y a point d'autre Dieu. Loin de sa gloire les divinités qu'ils lui associent!

32. Ils veulent éteindre la lumière de Dieu avec leurs bouches; mais Dieu ne veut que rendre sa lumière plus parfaite, dussent les infidèles en concevoir du dépit.

33. C'est lui qui a envoyé son apôtre avec la direction et la vraie religion, pour l'élever au-dessus de toutes les autres, dussent les idolâtres en concevoir du dépit.

34. O croyants! un grand nombre de docteurs et de moines consument les biens des autres [1] pour des choses vaines, et détournent les hommes du sentier de Dieu. Annonce un châtiment douloureux à ceux qui amassent l'or et l'argent, et ne le dépensent point dans le sentier de Dieu.

35. Le jour où le feu de la géhenne sera allumé sur leurs têtes, des marques brûlantes seront imprimées avec cet or et cet argent sur leurs fronts, sur leurs flancs et sur leurs reins, et on leur dira: Voici ce que vous avez amassé pour vous-mêmes. Goûtez ce que vous avez amassé.

36. Le nombre des mois est de douze devant Dieu: tel il est dans le livre de Dieu depuis le jour où il créa les cieux et la terre. Quatre de ces mois sont sacrés. C'est la croyance constante. Pendant ces mois n'agissez point avec iniquité envers vous-mêmes; mais combattez les idolâtres dans tous les mois, de même qu'ils vous combattent dans tous les temps, et sachez que Dieu est avec ceux qui le craignent.

37. Transporter à un autre temps les mois sacrés est un surcroît d'incrédulité. Les infidèles sont dans l'égarement. Ils le permettent dans une année, et le défendent dans une autre, pour accomplir le nombre des mois rendus sacrés par Dieu, de façon qu'ils rendent licite ce que Dieu a interdit. Leurs mauvaises actions ont été exprès préparées pour eux, car Dieu ne dirige point les infidèles.

38. O croyants! qu'avez-vous donc, lorsque

---

[1] On entend par là les présents que l'on donnait aux prêtres pour obtenir des dispenses, etc.

au moment où l'on vous a dit : Allez combattre dans le sentier de Dieu, vous vous êtes montrés lourds et comme attachés à la terre ? Vous avez préféré la vie de ce monde à la vie future; les jouissances d'ici-bas sont bien peu, comparées à la vie future

39. Si vous ne marchez pas au combat, Dieu vous châtiera d'un châtiment douloureux; il vous remplacera par un autre peuple, et vous ne saurez lui nuire en aucune manière. Dieu est tout-puissant.

40. Si vous ne secourez pas votre prophète, Dieu *le secourra*, comme il l'a déjà secouru lorsque les infidèles l'ont chassé lui deuxième [1]. Ils étaient tous deux dans une caverne; il dit alors à son compagnon : Ne t'afflige point, car Dieu est avec nous. Il a fait descendre d'en haut sa protection; il l'a soutenue par des armées invisibles, et il a abaissé la parole des infidèles. La parole de Dieu est bien la plus élevée. Dieu est le puissant, le sage.

41. Chargés ou légers [2], marchez et combattez dans le sentier de Dieu, de vos biens et de vos personnes. Cela vous sera plus avantageux si vous le comprenez.

42. S'il se fût agi d'un succès très-proche, d'une expédition avec un but fixe, ils t'auraient suivi *sans difficulté* [3]; mais la route leur parut longue, et cependant ils jureront par Dieu, et diront : Si nous l'avions pu, nous aurions fait l'expédition avec vous. Ils se perdent eux-mêmes. Dieu sait bien qu'ils mentent.

43. Que Dieu te le pardonne. Pourquoi leur as-tu permis de rester avant qu'il te fût démontré qu'ils disaient la vérité, et que tu eusses connu les menteurs ?

44. Ceux qui croient en Dieu et au jour dernier ne te demanderont point la permission de ne point combattre de leurs biens et de leurs personnes. Dieu connaît ceux qui le craignent.

45. Ceux-là t'en demanderont la permission qui ne croient point en Dieu ni au jour dernier. Leurs cœurs doutent, et ils chancellent dans leur doute.

46. S'ils avaient eu l'intention d'aller à la guerre, ils auraient fait des préparatifs. Mais il a déplu à Dieu qu'ils y allassent; il les a rendus paresseux, et on leur dit : Restez avec ceux qui restent.

47. S'ils étaient allés avec vous, ils n'auraient fait qu'augmenter vos embarras; ils auraient mis le désordre au milieu de vous; ils cher-

chaient à exciter la mutinerie; or, il y a parmi vous des hommes qui les écoutent avidement. Et Dieu connaît les méchants.

48. Déjà précédemment ils ont cherché à faire naître la rébellion; ils ont même renversé tes plans, jusqu'au moment où la vérité fut connue et que la volonté de Dieu devint manifeste en dépit d'eux.

49. Il en est parmi eux qui disent : Exempte-nous de la guerre; ne nous expose pas à la tentation. N'y sont-ils pas déjà tombés? Mais la géhenne environnera les infidèles.

50. Si tu obtiens un succès, ce succès les met mal à leur aise; si un revers t'atteint, ils disent: Nous avons pris nos mesures d'avance. Puis ils tournent le dos, et se réjouissent.

51. Dis-leur : Il ne nous arrivera que ce que Dieu nous a destiné; il est notre maître, et c'est en Dieu que les croyants mettent leur confiance.

52. Dis-leur : Qu'attendez-vous ? que, sur deux belles *destinées*, il nous en arrive une : *la victoire ou le martyre?* Quant à nous, nous attendons que Dieu vous visite de son châtiment ou du châtiment opéré par nos mains. Eh bien, attendez; nous attendrons aussi avec vous.

53. Dis-leur : Offrez vos biens volontairement ou à contre-cœur; ils ne seront point acceptés, car vous êtes un peuple de méchants.

54. Quel autre obstacle y a-t-il à ce que leurs dons ne soient pas acceptés, si ce n'est qu'ils ne croient pas en Dieu et à son apôtre, qu'ils ne font la prière qu'avec nonchalance, qu'ils ne font l'aumône qu'à contre-cœur?

55. Que leurs richesses et leurs enfants ne te causent point d'étonnement. Dieu veut les punir par là dans ce monde; il veut que leurs âmes s'en aillent, eux demeurant infidèles.

56. Ils jurent par Dieu qu'ils sont de votre parti, et ils n'en sont point; mais ils ont peur.

57. Qu'ils trouvent un asile sûr, des cavernes ou des souterrains, ils tournent le dos et y courent à toutes jambes.

58. Il en est parmi eux qui te calomnient par rapport à la distribution des aumônes. Si on leur en donne, ils sont contents; si on les leur refuse, ils s'irritent.

59. Que ne sont-ils satisfaits de ce que Dieu et son apôtre leur départissent ? Que ne disent-ils : Dieu nous suffit, Dieu nous donnera sa grâce ainsi que son apôtre, nous ne désirons que Dieu ?

60. En effet, les aumônes doivent servir aux pauvres, aux indigents, à ceux qui les recueillent, à ceux dont les cœurs ont été gagnés *pour l'islam*, au rachat des esclaves, aux insolvables, aux voyageurs, pour la cause de Dieu. Tel est le précepte de Dieu. Il est savant et sage.

---

[1] C'est-à-dire quand il n'avait avec lui qu'un seul compagnon, qui était Aboubekr.

[2] C'est-à-dire à cheval ou à pied, mal gré ou bon gré, couverts de cuirasses ou légèrement armés.

[3] Mohammed fait ici allusion à l'expédition de Tabuc.

61. Il en est parmi eux qui déchirent le prophète; ils disent : Il est tout oreille. Réponds-leur : Il est tout oreille pour votre bien; il croit en Dieu et aux croyants.

62. La miséricorde est réservée à ceux d'entre vous qui croient en Dieu. Ceux qui déchirent l'apôtre de Dieu éprouveront un châtiment douloureux.

63. Ils jurent devant vous par Dieu pour vous plaire; cependant Dieu et son apôtre méritent bien plus qu'ils cherchent à leur plaire, s'ils sont croyants.

64. Ne savent-ils pas que le feu est réservé à celui qui s'oppose à Dieu et à son apôtre ? Il y restera éternellement. C'est un grand opprobre.

65. Les hypocrites craignent qu'une *sourate*[1] ne descende d'en haut et ne dévoile ce qui est dans leurs cœurs. Dis : Vous riez. — Dieu fera sortir au grand jour ce que vous appréhendez.

66. Si tu leur demandes *la cause de leur rire*, ils diront : Nous étions en conversation et nous plaisantions. Dis-leur : Vous moquerez-vous de Dieu, de ses miracles et de son apôtre ?

67. Ne cherchez point à vous excuser : vous êtes devenus infidèles après avoir cru. Si nous pardonnons à une partie d'entre vous, nous en châtierons une autre, et cela parce qu'ils sont criminels.

68. Les hommes et les femmes hypocrites s'excitent mutuellement au mal et se défendent mutuellement le bien, et ferment leurs mains pour l'aumône. Ils oublient Dieu, et Dieu les oubliera à son tour. Les hypocrites sont des méchants.

69. Dieu menace du feu de la géhenne les hypocrites, hommes et femmes, et les infidèles; ils y resteront éternellement. C'est la portion qui leur est destinée. Dieu les a maudits, un supplice constant leur est réservé.

70. Vous agissez comme ceux qui vous ont précédés. Ils étaient plus forts que vous et plus riches, et avaient plus d'enfants que vous : ils se contentaient d'en jouir. Vous aussi, vous vous contentez de jouir de ce qui vous est échu en partage comme le faisaient vos devanciers; vous tenez des discours pareils à ceux qu'ils tenaient. Leurs actions ont été vaines dans ce monde et dans l'autre. Ils sont perdus.

71. N'ont-ils point entendu l'histoire de leurs devanciers, du peuple de Noé, de Ad, de Themoud, du peuple d'Abraham, des habitants de Madian et des villes renversées? Ils eurent des apôtres accompagnés de signes évidents. Ce n'est point Dieu qui a agi mal envers eux, ce sont eux-mêmes.

72. Les croyants, hommes et femmes, sont amis les uns des autres; ils se recommandent mutuellement le bien et s'interdisent mutuellement le mal; ils observent la prière, font l'aumône, obéissent à Dieu et à son apôtre. Dieu aura pitié d'eux, car Dieu est puissant et sage.

73. Dieu a promis aux croyants, hommes et femmes, les jardins où coulent les torrents; ils y demeureront éternellement, ils auront des habitations charmantes dans les jardins d'Éden et une grâce infinie de Dieu. C'est un bonheur ineffable.

74. O prophète ! combats les hypocrites et les infidèles; traite-les avec rigueur. La géhenne est leur demeure. Quel détestable séjour !

75. Ils jurent par le nom de Dieu de n'avoir pas dit telle chose, et cependant ils ont dit la parole de l'incrédulité, ils sont devenus infidèles après avoir embrassé l'islam. Ils ont formé un dessein, mais ne l'ont point accompli[1], et ils ne l'ont formé que parce que Dieu et son apôtre les ont enrichis de leur bonté. S'ils se convertissent, cela leur sera plus avantageux ; mais s'ils tergiversent, Dieu les châtiera d'un châtiment douloureux dans ce monde et dans l'autre. Sur toute la terre ils ne trouveront ni protecteur ni aide.

76. Il en est parmi eux qui ont pris cet engagement avec Dieu : s'il nous accorde des dons de sa grâce, nous ferons l'aumône et nous serons justes.

77. Et lorsque Dieu les combla de ses dons, ils se sont montrés avares ; ils tergiversent, ils se détournent de la vérité.

78. Dieu a fait succéder l'hypocrisie dans leurs cœurs jusqu'au jour où ils comparaîtront devant lui *pour rendre compte* d'avoir violé les promesses qu'ils avaient faites à Dieu, et d'avoir accusé les autres de mensonges.

79. Ne savent-ils pas que Dieu connaît leurs secrets et leurs entretiens cachés ? Dieu connaît parfaitement les choses cachées.

80. Quant à ceux qui calomnient les fidèles au sujet des aumônes qu'ils font au delà de ce qui est dû, et qui se livrent avec ardeur au travail pour en faire, ceux qui les raillent à ce propos, Dieu les raillera aussi. Un châtiment douloureux les attend.

81. Implore le pardon pour eux ou ne l'implore pas, *peu importe*. Si tu l'implores soixante et dix fois, Dieu ne leur pardonnera pas, car ils ne croient point en Dieu ni à son apôtre, et Dieu ne dirige point les méchants.

82. Ceux qui restèrent dans leurs foyers à *l'époque de l'expédition de Tabuc*, étaient en-

---

[1] Chapire du Koran.

[1] Celui de tuer Mohammed.

LE KORAN, CHAPITRE IX.

chantés de rester en arrière du prophète; il leur répugnait de combattre, dans le sentier de Dieu, de leurs biens et de leurs personnes. Ils disaient: N'allez pas à la guerre pendant ces chaleurs. Dis-leur : La chaleur du feu de la géhenne est plus brûlante. Ah ! s'ils le comprenaient !

83. Qu'ils rient un peu, un jour ils pleureront beaucoup en récompense de leurs œuvres.

84. Si Dieu te ramène du combat au milieu d'eux, ils te demanderont la permission d'aller en expédition. Dis-leur : Vous n'irez jamais avec moi, jamais vous n'irez avec moi combattre l'ennemi. La première fois vous avez préféré de rester; restez maintenant avec ceux qui restent en arrière.

85. S'il meurt quelqu'un d'entre eux, ne prie point pour lui, ne t'arrête point sur sa tombe, car ils n'ont point cru en Dieu et à son apôtre. Ils moururent criminels.

86. Que leurs richesses et leurs enfants ne te séduisent pas. Dieu veut les punir par ces dons mêmes, dans ce monde; leurs âmes les quitteront dans leur infidélité.

87. Lorsque la *sourate*[1], qui leur enjoignait de croire en Dieu et d'aller à la guerre avec le prophète, fut envoyée d'en haut, les plus aisés d'entre eux te demandèrent pour les exempter; ils te dirent : Laisse-nous ici, nous resterons avec ceux qui restent.

88. Ils ont préféré de rester en arrière. Le sceau a été imprimé sur leurs cœurs; ils n'entendent rien.

89. Mais le prophète et ceux qui ont cru avec lui combattent de leurs biens et de leurs personnes dans le sentier de Dieu. A eux sont réservés tous les biens, et ils seront les bienheureux.

90. Dieu a préparé pour eux des jardins arrosés de torrents; ils y resteront éternellement. C'est un bonheur ineffable.

91. Plusieurs des Arabes du désert sont venus s'excuser et demander d'être exemptés de la guerre. Ceux qui accusent de mensonges Dieu et son apôtre sont restés chez eux. Un châtiment douloureux attendra ceux d'entre eux qui n'ont point de foi.

92. Les faibles, les malades, ceux qui n'ont point de moyens, ne seront point tenus d'aller à la guerre, pourvu qu'ils soient sincères envers Dieu et son apôtre. On ne peut inquiéter ceux qui font le bien. Dieu est indulgent et miséricordieux;

93. Ni ceux non plus qui sont venus te demander de leur donner des chevaux, à qui tu as répondu : Je n'ai point de chevaux à vous donner, et qui s'en retournèrent les larmes aux yeux, affligés de ce qu'ils n'avaient point de ressources.

94. On agira contre ceux qui te demanderont l'exemption, quoiqu'ils soient riches, qui préfèrent de rester avec ceux qui restent. Le sceau est imprimé sur leurs cœurs. Ils ne savent rien.

95. Quand vous revenez au milieu d'eux, ils présentent des excuses. Dis-leur : Ne vous excusez point, nous ne vous croyons pas. Dieu nous a renseignés sur votre compte. Dieu et son apôtre voient vos actions. Vous retournerez un jour à celui qui connaît les choses visibles et invisibles, et qui vous redira ce que vous avez fait.

96. Quand vous serez de retour au milieu d'eux, ils vous adjureront, au nom de Dieu, de vous éloigner d'eux *et de ne pas les punir*. Éloignez-vous d'eux, ils sont immondes. La géhenne leur servira de demeure comme récompense de leurs œuvres.

97. Ils vous adjureront d'être bienveillants envers eux ; si vous l'êtes, Dieu ne sera point bienveillant envers les méchants.

98. Les Arabes du désert sont les plus endurcis dans leur impiété et dans leur hypocrisie, et il est naturel qu'ils ignorent les préceptes que Dieu a révélés à son apôtre. Dieu est sage et savant.

99. Il en est, parmi les Arabes du désert, qui regardent l'aumône comme une contribution; ils épient, attendant un revers de votre fortune, *pour en être délivrés*. Ils éprouveront un terrible revers, car Dieu entend et sait tout.

100. Il en est, parmi les Arabes du désert, qui croient en Dieu et au jour dernier, qui regardent l'aumône comme un moyen de s'approcher de Dieu et d'obtenir les prières du prophète. Certainement l'aumône les approchera de Dieu. Il les fera participer à sa miséricorde, car il est indulgent et miséricordieux.

101. Les plus anciens, les premiers d'entre les Mohadjers[1] et les Ansars[2], et ceux qui les ont suivis dans leur belle conduite, seront satisfaits de Dieu comme il sera satisfait d'eux. Il leur a promis des jardins arrosés par des torrents ; ils y resteront éternellement. C'est un bonheur ineffable.

102. Il y a, parmi les Arabes nomades qui habitent autour de vous, et parmi les habitants de Médine, des hommes endurcis dans leur hypocrisie. Tu ne les connais pas, mais nous les connaissons. Nous les punirons deux fois, puis ils seront livrés au châtiment douloureux.

103. D'autres ont avoué leurs fautes ; ils ont ainsi mêlé une bonne action à d'autres actions

---

[1] C'est-à-dire qui ont émigré de la Mecque.
[2] C'est-à-dire ceux qui ont reçu Mohammed à Médine

mauvaises. Peut-être Dieu leur pardonnera-t-il, car il est indulgent et miséricordieux.

104. Reçois une aumône de leurs biens pour les purifier et les relever de leurs péchés; prie pour eux, car tès prières leur rendront le repos. Et Dieu entend et sait tout.

105. Ne savent-ils pas que Dieu accepte le repentir de ses serviteurs, qu'il agrée l'aumône? Il est indulgent et miséricordieux.

106. Dis-leur encore: Agissez, Dieu verra vos actions, ainsi que son apôtre et les croyants. Vous retournerez un jour à celui qui connaît les choses visibles et invisibles, alors il vous redira ce que vous avez fait.

107. D'autres attendent la décision de Dieu, soit qu'il les punisse, soit qu'il leur pardonne. Dieu est savant et sage.

108. Il en est qui ont bâti un temple pour nuire aux croyants, par infidélité, dans le but de désunir les croyants, et pour servir d'embûche à ceux qui font la guerre à Dieu et à son apôtre. Ils jureront en disant: Nous n'avons voulu que le bien. Dieu est témoin qu'ils mentent.

109. N'y mets jamais ton pied. Il est un temple[1] bâti dès le premier jour sur la crainte de Dieu. Il mérite mieux que tu y entres. Il s'y rassemble des hommes qui désirent être purs. Dieu aime ceux qui aspirent à la pureté.

110. Quel est le plus juste de celui qui a établi ses fondements sur la crainte de Dieu et sur le désir de lui plaire, ou de celui qui a établi ses fondements sur un escarpement d'argile miné par un torrent, et prêt à s'écrouler avec lui dans le feu de la géhenne? Dieu ne conduit pas les méchants.

111. Le temple qu'ils ont construit ne cessera d'être une occasion de doute dans leurs cœurs, jusqu'à ce que leurs cœurs soient brisés en morceaux. Dieu est savant et sage.

112. Dieu a acheté des croyants leurs biens et leurs personnes pour qu'il leur donnât en retour le paradis; ils combattront dans le sentier de Dieu, ils tueront et seront tués. La promesse de Dieu est vraie: il l'a faite dans le Pentateuque, dans l'Évangile, dans le Koran; et qui est plus fidèle à son alliance que Dieu? Réjouissez-vous du pacte que vous avez contracté, c'est un bonheur ineffable.

113. Ceux qui se convertissent, qui adorent Dieu, qui le louent, qui le célèbrent, qui font des génuflexions et des prostrations, qui recommandent le bien et défendent le mal, qui observent les préceptes de Dieu, *seront récompensés*. Annonce cette bonne nouvelle aux croyants.

114. Il ne sied point au prophète ni aux croyants d'implorer le pardon de Dieu pour les idolâtres, fussent-ils leurs parents, lorsqu'il est devenu évident qu'ils seront livrés au feu.

115. Abraham n'implorait le pardon de Dieu pour son père que parce qu'il le lui avait promis; mais quand il lui fut démontré qu'il était l'ennemi de Dieu, il y renonça; et certes Abraham était compatissant et humain.

116. Dieu n'égare un peuple, après l'avoir conduit dans le chemin droit, que lorsqu'il lui a déclaré ce qu'il devait craindre. Dieu sait tout.

117. L'empire des cieux et de la terre appartient à Dieu; il donne la vie et la mort; hors lui il n'y a ni patron ni protecteur.

118. Dieu retourna au prophète et aux Mohadjers et aux Ansars[1] qui l'avaient suivi à l'heure d'affliction, alors que les cœurs d'une grande partie d'entre eux étaient si prêts à défaillir. Il retourna à eux parce qu'il est plein de bonté et de miséricorde.

119. Il retourna aussi à ces trois d'entre eux qui étaient restés en arrière. Toute vaste qu'elle soit, la terre devint étroite pour eux; leurs propres corps leur semblèrent trop à l'étroit, et ils pensaient que pour se sauver devant *la colère* de Dieu, ils n'avaient qu'à chercher un asile chez lui. Il revint à eux, afin qu'eux aussi revinssent à lui, car Dieu aime à revenir, et il est miséricordieux.

120. O croyants! craignez Dieu et soyez avec les justes.

121. Quelle raison avaient les habitants de Médine et les Arabes nomades d'alentour de se séparer de l'apôtre de Dieu, et de préférer leurs vies à la sienne? Quelle raison avaient-ils d'en agir ainsi, quand ni la soif, ni la fatigue, ni le besoin ne pouvaient les atteindre dans le sentier de Dieu, quand ils ne faisaient aucun pas capable d'irriter les infidèles, quand ils n'essuyaient de la part de l'ennemi aucun dommage sans qu'on leur en tînt compte? Certes Dieu ne laisse point périr la récompense de ceux qui font le bien.

122. Ils ne feront pas une aumône petite ou grande; ils ne franchiront pas un torrent sans que tout soit inscrit, afin que Dieu leur accorde la plus magnifique récompense de leurs actions.

123. Il ne faut pas que tous les croyants marchent à la fois à la guerre. Pourquoi ne marcherait-il pas plutôt un détachement de chaque tribu, afin que, s'instruisant dans la foi, les uns

---

[1] Il s'agit ici du temple de Koba, inauguré par Mohammed après sa fuite de la Mecque, et situé à deux lieues de Médine.

[1] Voyez plus haut ces deux mots.

puissent instruire à leur retour leurs concitoyens, et afin que ceux-ci sachent se prémunir ?

124. O croyants ! combattez les infidèles qui vous avoisinent; qu'ils vous trouvent toujours sévères à leur égard. Sachez que Dieu est avec ceux qui le craignent.

125. Quand une nouvelle *sourate* descend d'en haut, il en est parmi eux qui disent : Cette nouvelle *sourate* peut-elle accroître la foi d'aucun de vous ? Oui, elle augmente la foi des croyants, et ils s'en réjouissent.

126. Mais pour ceux dont les cœurs sont atteints d'une maladie, elle n'ajoute qu'une abomination à l'abomination ; ils meurent infidèles.

127. Ne voient-ils pas qu'ils sont éprouvés une ou deux fois par an ? et cependant ils ne se convertissent pas, ni ne réfléchissent.

128. Lorsqu'une nouvelle *sourate* descend d'en haut, ils se regardent mutuellement *pour savoir* si personne ne les observe, puis ils se retirent. Que Dieu détourne leur cœur *de la vérité*, parce qu'ils ne la comprennent pas.

129. Un prophète est venu vers vous, un prophète de votre sein. Vos iniquités lui pèsent, il désire ardemment vous voir croyants. Il est plein de bonté et de miséricorde.

130. S'ils se détournent *de tes enseignements*, dis-leur : Dieu me suffit. Il n'y a point d'autre Dieu que lui. J'ai mis ma confiance en lui ; *il est le Seigneur du grand trône.*

CHAPITRE X.

JONAS.

Donné à la Mecque. — 109 versets.

Au nom de Dieu clément et miséricordieux.

1. A. L. R. Voici les signes du livre sage.

2. Les hommes s'étonnent-ils de ce que nous avons accordé la révélation à un homme pris parmi eux, en lui disant : Avertis les hommes, et annonce à ceux qui croient, qu'ils ont auprès de Dieu une récompense de leur loyauté antérieure. Les infidèles disent : Cet homme est un sorcier avéré.

3. Votre Seigneur est ce Dieu qui créa les cieux et la terre en six jours, et s'assit ensuite sur le trône pour gouverner l'univers. Il n'y a point d'intercesseur auprès de lui, si ce n'est quand il le permet. C'est Dieu votre Seigneur, adorez-le. N'y réfléchirez-vous pas ?

4. Vous retournerez tous à lui. Telle est la promesse véritable de Dieu ; il fait émaner la création, et puis il la fait rentrer, pour récompenser ceux qui croient, qui pratiquent les bonnes œuvres avec toute équité. Ceux qui ne croient pas auront pour breuvage l'eau bouillante et un châtiment douloureux pour prix de leur incrédulité.

5. C'est lui qui a donné le soleil pour éclairer le monde, et la lune pour *refléter* sa lumière, qui a déterminé les phases de celle-ci, afin que vous connaissiez le nombre des années et leur comput. Dieu n'a point créé tout cela en vain, mais pour la vérité ; il explique ses signes à ceux qui comprennent.

6. Et certes, dans l'alternative du jour et de la nuit, et dans tout ce que Dieu a créé, il y a des signes d'avertissement pour ceux qui craignent.

7. Ceux qui n'espèrent point nous voir, qui se contentent de la vie du monde et s'y confient avec sécurité, ceux qui ne prêtent aucune attention à nos signes,

8. Ceux-là auront le feu pour demeure, comme prix de leurs œuvres.

9. Ceux qui auront cru et pratiqué les bonnes œuvres, Dieu les dirigera par leur foi dans le droit chemin. Sous leurs pieds couleront des torrents dans le jardin des délices.

10. Pour toute invocation dans ce séjour, ils répèteront : Gloire à Toi, ô Dieu ! et leur salutation sera le mot : Paix !

11. La conclusion de leur prière sera : Louange à Dieu, Seigneur de l'univers.

12. Si Dieu voulait hâter le mal envers les hommes, comme il hâte le bien, leur terme serait bientôt arrivé. Mais nous laissons ceux qui n'espèrent point nous voir après leur mort, errer avec confusion dans leur égarement.

13. Qu'un mal atteigne l'homme, il nous invoque couché de côté, ou assis, ou debout ; mais aussitôt que nous l'en avons délivré, il marche comme s'il ne nous avait pas appelé pendant le mal qui l'avait atteint. Ainsi sont ménagées les actions des transgresseurs.

14. Et cependant, avant vous, nous avons déjà anéanti plusieurs générations, lorsque, après leurs iniquités, des prophètes vinrent à eux, accompagnés de signes évidents et qu'ils n'étaient point disposés à y croire. C'est ainsi que nous récompensons les criminels.

15. Nous vous avons établis leurs successeurs dans ce pays-ci, afin de voir comment vous agirez.

16. Lorsqu'on récite nos enseignements à ceux qui n'espèrent point nous voir après leur mort, ils disent : Apporte-nous quelque autre livre, ou bien change un peu celui-ci. Dis-leur : Il ne me convient pas de le changer de mon propre chef : je sais ce qui m'a été révélé. Je crains, si je désobéis, le châtiment de mon Seigneur au jour terrible.

17. Dis-leur : Si Dieu ne le voulait pas, je ne

vous les lirais pas et je ne vous les enseignerais pas. J'avais pourtant habité au milieu de vous sans le faire, jusqu'à l'âge de quarante ans. Ne le comprendrez-vous donc pas ?

18. Qui est plus méchant que celui qui invente des mensonges sur le compte de Dieu, que celui qui traite ses signes d'impostures ? Mais Dieu ne fera pas prospérer les coupables.

19. Ils adorent à l'exclusion de Dieu des divinités qui ne les servent ni ne leur nuisent, et ils disent : Voici nos intercesseurs auprès de Dieu. Dis-leur : Ferez-vous connaître à Dieu ce qu'il ne connaît ni dans les cieux ni sur la terre ? Sa gloire est loin de ce blasphème ; il est trop élevé pour qu'on lui associe d'autres divinités.

20. Les hommes formaient d'abord un seul peuple ; ils se divisèrent dans la suite ; et si la parole de Dieu (différant leur châtiment) n'avait pas été révélée précédemment, le sujet de leur dissentiment aurait été décidé.

21. Ils disent : Si un miracle ne lui est accordé par son Seigneur... nous ne croirons pas. Dis-leur : Les choses cachées appartiennent à Dieu. Attendez seulement, et moi j'attendrai aussi avec vous.

22. Nous avons fait goûter notre miséricorde aux hommes après les malheurs qui les avaient atteints, et voici qu'ils ont recours aux subterfuges par rapport à nos signes. Dis-leur : Dieu est plus adroit à manier le subterfuge ; nos envoyés couchent par écrit les vôtres.

23. C'est lui qui vous conduit sur la terre ferme et sur la mer. Lorsqu'ils sont montés dans les vaisseaux et qu'ils courent avec vous, poussés par un vent doux, ils se réjouissent ; qu'un vent violent s'élève et que les flots les assaillent de tous côtés au point qu'ils s'en croient enveloppés, ils invoquent Dieu avec une foi sincère, en criant : Si tu nous sauves de ce péril, nous te serons reconnaissants.

24. Mais lorsqu'il les a sauvés, ils commettent des injustices sur la terre. Ô hommes ! l'injustice que vous commettez contre vous-mêmes n'est que pour la jouissance de ce monde, et cependant vous devez tous retourner ensuite à Dieu : là, nous vous réciterons ce que vous avez fait.

25. Le monde d'ici-bas ressemble à l'eau que nous faisons descendre du ciel ; elle se mêle aux plantes de la terre dont se nourrissent les animaux, jusqu'à ce que la terre l'ayant absorbée, s'en pare et s'en embellisse. Les habitants de la terre croient qu'ils en sont les maîtres ; mais notre commandement y a passé durant la nuit ou pendant le jour, et les fruits sont devenus aussitôt comme s'ils étaient moissonnés, et comme s'il n'y avait eu rien la veille. C'est ainsi que nous expliquons nos miracles.

26. Dieu appelle au séjour de paix, et dirige celui qu'il veut vers le sentier droit.

27. Ceux qui feront le bien auront une belle récompense et une augmentation de bienfaits. Ni la noirceur ni la honte ne terniront l'éclat de leurs visages. Ils habiteront le paradis et y resteront éternellement.

28. Ceux qui feront le mal, leur rétribution sera pareille au mal[1] ; l'ignominie les couvrira (et il n'y aura point de protecteur contre Dieu), et leurs visages seront noirs comme un lambeau de nuit épaisse. Ils habiteront le feu et y demeureront éternellement.

29. Un jour nous les réunirons tous, et nous crierons à ceux qui donnaient des associés à Dieu : A vos places ! vous et vos compagnons ; puis nous les séparerons les uns des autres. Leurs compagnons leur diront alors : Ce n'est pas nous que vous avez adorés (mais plutôt vos passions).

30. Dieu est un témoin compétent entre nous et vous. Nous ne nous soucions guère de vos adorations.

31. Ainsi toute âme éprouvera la rétribution de ce qu'elle aura fait ; ils seront tous rendus à Dieu, leur véritable Seigneur, et les dieux qu'ils avaient inventés disparaîtront.

32. Dis-leur : Qui est-ce qui vous fournit la nourriture du ciel et de la terre ? Qui est-ce qui dispose de l'ouïe et de la vue ? Qui est-ce qui produit l'être vivant de l'être mort ? Qui est-ce qui gouverne tout ? Ils répondront : C'est Dieu. Dis-leur : Pourquoi donc ne le craignez-vous pas ?

33. Celui-ci est Dieu, votre Seigneur véritable. Qu'y a-t-il en dehors de la vérité, si ce n'est l'erreur ? Comment se fait-il que vous vous en détourniez ?

34. Ainsi s'est vérifiée cette parole de Dieu sur les criminels, qu'ils ne croiront jamais !

35. Dis-leur : Quelqu'un de vos compagnons peut-il produire un être, et le faire rentrer ensuite *dans le non-être ?* Dis plutôt : C'est Dieu qui produit cette création, et la fait rentrer. Comment se fait-il que vous vous éloigniez de la foi ?

36. Dis-leur : Quelqu'un de vos compagnons peut-il nous diriger vers la vérité ? Dis : C'est Dieu qui dirige vers la vérité. Qui donc est plus digne d'être obéi de celui qui dirige, ou de celui qui ne dirige qu'autant qu'il est dirigé lui-même ? Quelle est donc la cause que vous jugiez comme vous le faites ?

[1] Ce n'est pas le seul passage du Koran où pour mettre en relief la bonté de Dieu, les récompenses des justes seront plus généreuses que ne seront sévères les châtiments des méchants.

37. La plupart d'entre eux ne suivent qu'une opinion ; mais l'opinion ne tient aucunement lieu de la vérité, et Dieu sait ce que vous faites.

38. Ce livre (le Koran) n'est point inventé par quelque autre que Dieu ; il est donné pour confirmer ce qui était avant lui et pour expliquer les Écritures qui viennent du Seigneur de l'univers. Il n'y a point de doute à cet égard.

39. Disent-ils : C'est lui (Mohammed) qui l'a inventé. Réponds-leur : Composez donc un seul chapitre semblable ; appelez-y même tous ceux que vous pouvez, outre Dieu, si vous êtes sincères.

40. Mais ils accusent de mensonge ce qu'ils sont incapables d'embrasser avec leur science, bien qu'on leur en ait donné l'explication. Ainsi ont agi, avant eux, ceux qui traitaient d'imposteurs d'autres que toi. Regarde quelle a été la fin des impies.

41. Il en est parmi eux qui croient ; il en est qui ne croient pas. Dieu connaît les méchants.

42. S'ils te traitent d'imposteur, dis-leur : Mes actions m'appartiennent, et à vous les vôtres. Vous êtes innocents de ce que je fais, et moi de ce que vous faites.

43. Il est parmi eux des hommes qui viennent pour t'écouter sans rien comprendre. Peux-tu faire que les sourds t'entendent ?

44. Il en est d'autres qui te regardent, sans rien voir. Peux-tu diriger les aveugles ?

45. Dieu ne commet aucune injustice envers les hommes ; les hommes la commettent envers eux-mêmes.

46. Un jour il les rassemblera tous ; à les voir on pourra croire qu'ils ne sont restés (dans le tombeau) qu'une heure de la journée, et ne se connaîtront les uns les autres. Alors ceux qui ont traité de mensonge la componction de Dieu, et n'étaient pas dirigés dans la droite voie, périront.

47. Soit que nous te fassions voir une partie des peines dont nous les menaçons, soit que nous te fassions mourir auparavant, tous retourneront à Dieu. Il apparaîtra alors comme témoin de leurs actions.

48. Chaque nation a eu son prophète, et lorsqu'un prophète vint à eux aussi, le différend fut décidé avec équité, et ils ne furent pas traités injustement.

49. Ils disent : Quand donc ces menaces seront-elles accomplies ? Dites-nous-le, si vous êtes sincères.

50. Dis-leur : Je n'ai aucun pouvoir sur ce qui m'est utile ou nuisible, sinon autant que cela plaît à Dieu. Chaque nation a son terme ; lorsque ce terme est venu, elles ne sauraient le retarder ni l'avancer d'une heure.

51. Dis-leur : Si le châtiment de Dieu doit les surprendre pendant la nuit ou pendant le jour, pourquoi les coupables voudraient-ils le hâter ?

52. Y croirez-vous au moment où le châtiment viendra vous surprendre ? — Oui, vous y croirez alors ; mais pourquoi l'avez-vous hâté ?

53. On dira alors aux injustes : Goûtez le châtiment éternel ; seriez-vous rétribués autrement que vous ne l'avez mérité ?

54. Ils voudront apprendre de toi s'il en sera véritablement ainsi. Dis-leur : Oui, j'en jure par mon Seigneur. C'est la vérité, et vous ne pouvez annuler la puissance de Dieu.

55. Certes toute âme qui a commis des iniquités désirerait alors se racheter au prix de toutes les richesses de la terre. Ils cacheront leur dépit lorsqu'ils verront le châtiment qui les attend. Leur cause sera décidée bientôt, et ils ne seront pas lésés.

56. Tout ce qui est dans les cieux et sur la terre n'appartient-il pas à Dieu ? Les promesses de Dieu ne sont-elles pas véritables ? Mais la plupart des hommes ne le savent pas.

57. Il donne la vie et il fait mourir, et vous retournerez à lui.

58. O hommes ! un avertissement. Il vous est venu de votre Seigneur un remède pour les maux de vos cœurs, et la direction du chemin, et la grâce réservée aux croyants.

59. Dis-leur : Par la grâce de Dieu et par sa miséricorde, qu'ils s'en réjouissent ; ceci leur sera plus avantageux que les richesses qu'ils amassent.

60. Dis-leur : Dites-moi, parmi les dons que Dieu vous a fait descendre d'en haut, vous avez interdit certaines choses et vous en avez permis d'autres. Demande-leur : Est-ce Dieu qui vous l'a commandé, ou bien le mettez-vous mensongèrement sur son compte ?

61. Mais que penseront au jour de la résurrection ceux qui inventent des mensonges sur le compte de Dieu ? Certes Dieu est d'une bonté infinie envers les hommes ; mais la plupart d'entre eux ne lui sont pas reconnaissants.

62. Tu ne te trouveras pas dans une circonstance quelconque, tu ne liras pas un seul mot du livre, tu ne commettras pas une action quelconque, que nous ne soyons présents et témoins dans ce que vous entreprenez. Le poids d'un atome sur la terre ou dans les cieux ne saurait échapper à ton Seigneur. Il n'y a pas de poids plus petit ou plus grand qui ne soit inscrit dans le livre évident.

63. Les amis de Dieu seront à l'abri de toute crainte et ne seront point attristés.

64. A ceux qui croient et qui craignent ;

65. A ceux-là bonne nouvelle dans ce monde et dans l'autre. Les paroles de Dieu ne changent point. Ce sera un bonheur immense.

66. Que leurs discours ne t'affligent pas. Toute la puissance appartient à Dieu ; il entend et sait tout.

67. Tout ce qui est dans les cieux et sur la terre n'est-il pas à Dieu ? Ceux qui invoquent à côté de Dieu ses compagnons ne suivent qu'une croyance vaine et commettent un mensonge.

68. C'est lui qui a établi la nuit pour votre repos et le jour lumineux *pour le travail*. Certes il y a dans ceci des signes pour ceux qui écoutent.

69. Ils disent : Dieu a un fils : loin de sa gloire ce blasphème. Il se suffit à lui-même ; à lui appartient tout ce qui est dans les cieux et sur la terre. Avez-vous reçu quelque pouvoir pour parler ainsi, ou bien dites-vous ce que vous ne savez pas ?

70. Dis-leur : Ceux qui inventent des mensonges sur le compte de Dieu ne seront pas heureux.

71. Ils jouiront temporairement de ce monde, et ensuite retourneront à nous ; puis nous leur ferons goûter le châtiment terrible pour prix de leur incrédulité.

72. Relis-leur l'histoire de Noé lorsqu'il dit à son peuple : O mon peuple ! si mon séjour au milieu de vous et le souvenir des signes de Dieu vous sont insupportables, je mets ma confiance en Dieu seul. Réunissez vos efforts et vos compagnons, et ne cachez pas vos desseins : décidez de moi et ne me faites point attendre.

73. Si vous tergiversez, je ne vous demande aucune rétribution ; ma rétribution est près de Dieu ; il m'a ordonné d'être résigné à sa volonté.

74. On l'a traité d'imposteur, et nous l'avons sauvé lui et ceux qui étaient avec lui dans le vaisseau. Nous les avons fait survivre aux autres ; nous avons noyé ceux qui traitaient nos signes de mensonges. Voilà quelle a été la fin de ceux qu'avertissait Noé.

75. Nous envoyâmes dans la suite d'autres prophètes vers leurs peuples ; ils leur firent voir des signes évidents ; mais ces peuples n'étaient point portés à croire en ce qu'ils ont naguère traité de mensonges. C'est ainsi que nous imprimons le sceau sur les cœurs des injustes.

76. Nous envoyâmes ensuite Moïse et Aaron, accompagnés de nos signes, vers Pharaon et vers les grands de son empire ; mais ils s'enflèrent d'orgueil et devinrent coupables.

77. Lorsque la vérité leur fut venue de nous, ils dirent : C'est de la magie pure.

78. Moïse leur dit alors : Quand la vérité vous apparaît, pourquoi demandez-vous si c'est de la magie ? Les magiciens ne prospéreront pas.

79. Es-tu venu, répondirent-ils, pour nous détourner de ce que nous avons vu pratiquer à nos pères, et pour que le pouvoir dans ce pays appartienne à vous deux ? Nous ne vous croyons pas.

80. Pharaon dit alors : Faites venir tous les magiciens habiles ; et lorsque les magiciens arrivèrent, Moïse leur dit : Jetez ce que vous avez à jeter.

81. Et lorsqu'ils eurent jeté *ce qu'ils avaient à jeter*, Moïse reprit : Ce que vous faites n'est qu'une magie. Dieu en montrera la vanité, car Dieu ne fait point réussir les actions des méchants.

82. Dieu corrobore la vérité par ses paroles, dussent les coupables en concevoir du dépit.

83. Et personne ne crut à Moïse, excepté son propre peuple, de crainte que Pharaon et les grands ne les opprimassent, car Pharaon était puissant dans le pays, et il commettait des excès.

84. Moïse dit alors à son peuple : O mon peuple ! si vous avez cru en Dieu, mettez entièrement votre confiance en lui, si vous êtes réellement résignés à sa volonté.

85. Ils répondirent : Nous avons mis notre confiance en Dieu. Seigneur, ne nous livre point à l'oppression d'un peuple d'oppresseurs.

86. Par ta miséricorde délivre-nous du peuple des infidèles.

87. Nous fîmes entendre alors à Moïse et à son frère cette révélation : Disposez pour votre peuple des maisons en Égypte, et faites-en des maisons d'adoration. Observez exactement la prière, et faites entendre de joyeuses nouvelles aux croyants.

88. Seigneur, s'écria Moïse, tu as donné à Pharaon et à ses grands les richesses et la splendeur dans ce monde, afin qu'ils s'égarent de ton chemin ; ô Seigneur, détruis leurs richesses et endurcis leurs cœurs ; qu'ils ne croient point jusqu'à ce qu'ils éprouvent le châtiment terrible.

89. Votre prière est exaucée, répondit Dieu ; marchez dans le sentier droit, et ne suivez point ceux qui ne savent rien.

90. Nous franchîmes la mer avec les enfants d'Israël. Pharaon et ses armées les poursuivirent avec ardeur et en ennemis, jusqu'au moment où, débordé par les flots, il s'écria : Je crois qu'il n'y a point d'autre Dieu que celui en lequel croient les enfants d'Israël. Je suis de ceux qui se résignent à sa volonté.

91. Oui, à l'heure qu'il est; mais naguère tu t'es montré rebelle, et tu étais du nombre des méchants.

92. Aujourd'hui nous retirons des flots ton corps, afin qu'il soit un signe d'avertissement pour tes successeurs; et cependant la plupart des hommes ne prêtent aucune attention à nos signes.

93. Nous avons disposé, pour les enfants d'Israël des habitations fixes, et nous leur avons donné des choses excellentes pour leur nourriture. Ils ne furent partagés d'avis que lorsqu'ils recurent la science de la part de ton Seigneur. Mais Dieu prononcera entre eux, au jour de la résurrection, sur leurs dissentiments.

94. Si tu es dans le doute sur ce qui t'a été envoyé d'en haut, interroge ceux qui lisent les Écritures envoyées avant toi. La vérité de la part de Dieu est descendue sur toi; ne sois pas de ceux qui doutent.

95. Ne sois pas de ceux qui traitent de mensonges les signes de Dieu, de peur d'être du nombre des réprouvés.

96. Ceux contre lesquels la parole de Dieu a prononcé ne croiront pas.

97. Quand même tous les miracles seraient faits, ils ne croiront pas, jusqu'à ce qu'ils éprouvent le châtiment terrible.

98. S'il en était autrement, une ville qui aurait cru y aurait trouvé son salut; mais il n'y eut que le peuple de Jonas qui fut sauvé, ayant cru. Nous le délivrâmes du châtiment d'opprobre dans ce monde, et nous le laissâmes subsister jusqu'à un certain temps.

99. Si Dieu voulait, tous les hommes de la terre croiraient. Veux-tu contraindre les hommes à devenir croyants?

100. Comment une âme pourrait-elle croire, sans la volonté de Dieu? Il déversera son indignation sur ceux qui ne comprennent pas.

101. Dis-leur: Contemplez ce qui est dans les cieux et sur la terre. Mais les signes et les avertissements ne seront d'aucune utilité à ceux qui ne croient pas.

102. Attendez-vous quelque autre denoûment que celui des générations qui vous ont précédés? Dis-leur: Attendez, et moi j'attendrai avec vous.

103. Puis nous sauverons nos envoyés et ceux qui auront cru. Il est juste que nous sauvions les croyants.

104. Dis-leur: O hommes! si vous êtes dans le doute relativement à ma religion, je vous déclare que je n'adore point ceux que vous adorez à côté de Dieu; j'adore ce Dieu qui vous fera mourir. Il m'a été ordonné d'être

105. Il m'a été dit: Dirige ton front vers la vraie foi; sois orthodoxe, et ne sois pas de ceux qui associent.

106. N'invoque point, à l'exclusion de Dieu, ce qui ne saurait ni te servir ni te nuire. Si tu le fais, tu es impie.

107. Si Dieu te visite d'un mal, nul autre que lui ne peut t'en délivrer; s'il te destine quelque bonheur, nul ne saurait t'en priver. Il visite ceux qu'il veut d'entre ses serviteurs. Il est indulgent et miséricordieux.

108. Dis: O hommes! la vérité vous est venue de votre Seigneur; quiconque prend le chemin droit, il le prend pour son bien; quiconque s'égare, s'égare au détriment de son âme. Je ne suis point chargé de vos intérêts.

109. Suis donc ce qui t'a été révélé, et prends patience jusqu'au moment où Dieu aura jugé. Il est le meilleur des juges.

CHAPITRE XI.

HOUD.

Donné à la Mecque. — 123 versets.

Au nom de Dieu clément et miséricordieux.

1. A. L. R. Ce livre, dont les versets ont été fermement rédigés, puis développés, vient du Sage, de l'Instruit.

2. N'adorez donc que Dieu: moi, je viens, envoyé par lui, comme apôtre chargé d'avertir et d'annoncer.

3. Implorez le pardon de votre Seigneur et revenez à lui; il vous fera jouir d'une belle part, jusqu'au terme marqué, et il accordera la récompense à tout homme qui l'aura mérité. Mais si vous vous détournez, je crains pour vous le châtiment du grand jour.

4. Vous retournerez tous à Dieu, il est tout-puissant.

5. N'enveloppent-ils pas leurs cœurs d'un double repli pour cacher leurs desseins?

6. Et lorsqu'ils cherchent à se couvrir de leurs vêtements, ne sait-il pas ce qu'ils recèlent et ce qu'ils laissent paraître?

7. Certes, il connaît ce que les cœurs renferment.

8. Il n'y a point de créature sur la terre à laquelle Dieu ne se charge de fournir sa nourriture; il connaît son repaire et le lieu de sa mort[1]; tout est inscrit dans le livre évident.

---

[1] Ou bien, d'après un autre sens de deux mots du texte, il connaît sa place dans les reins et dans le ventre de ses parents.

9. C'est lui qui a créé les cieux et la terre dans l'espace de six jours; son trône était, *avant la création*, établi sur les eaux, pour s'assurer qui de vous agira le mieux[1].

10. Quand tu dis : Vous serez ressuscités après votre mort, les infidèles répondent : C'est de la magie pure.

11. Et si nous différons le châtiment jusqu'au temps déterminé, ils disent : Qu'est-ce qui l'empêche *de le faire sur-le-champ ?* — Croient-ils donc qu'il ne viendra pas le jour où personne ne saura plus le conjurer ? Ce qui était l'objet de leurs railleries, les enveloppera de toutes parts.

12. Si nous faisons éprouver notre grâce à l'homme, et si nous la lui retirons ensuite, il se désespère et devient ingrat.

13. Le faisons-nous goûter de nos bienfaits, après que l'adversité l'a atteint, il dit : Le mal m'a quitté; il est plein de joie et de jactance.

14. Ceux qui persévèrent et font le bien, ceux-là obtiendront indulgence et la récompense magnifique.

15. Il se peut que tu oublies *de faire connaître* une partie de ce qui t'a été révélé, et que ton cœur soit dans l'angoisse quand ils te diront: A moins qu'un trésor ne lui soit envoyé d'en haut, ou qu'un ange ne l'accompagne, *nous ne croirons pas.* Toi, Mohammed, tu n'es qu'un apôtre chargé de prêcher. Dieu seul gouverne tout.

16. Diront-ils : Il l'a inventé, ce Koran. Réponds-leur : Eh bien, apportez dix *sourates* pareilles, inventées, et appelez pour vous y aider tous ceux que vous pourrez, hormis Dieu. Faites-le, si vous êtes sincères.

17. Si vous ne l'obtenez pas, apprenez qu'il est descendu avec la science de Dieu, et qu'il n'y a point de Dieu que lui. Êtes-vous musulmans?

18. Nous rétribuerons avec justice les œuvres de ceux qui désireront la vie de ce monde et ses charmes; ils ne seront point lésés.

19. Ce sont ceux-là qui n'auront dans la vie future que le feu pour partage; ce qu'ils ont fait ici-bas se réduira à rien; leurs actions seront vaines.

20. Seront-ils les égaux de ceux qui ont suivi la déclaration du Seigneur, que leur récite un témoin venant de Dieu, précédé du livre de Moïse, comme marchant à la tête et donné comme marque de grâce *aux hommes?* Ceux-ci croient à lui. Le feu menace les confédérés infidèles. Ne conserve aucun doute sur ce livre: il est la vérité même; mais la plupart des hommes n'y croient pas.

21. Qui est plus méchant que celui qui invente des mensonges sur le compte de Dieu? Ces hommes comparaîtront un jour devant leur Seigneur, et les témoins diront : Voilà ceux qui ont accusé leur Seigneur de mensonge. La malédiction de Dieu ne tombera-t-elle pas sur les méchants

22. Qui détournent les autres du sentier de Dieu et veulent le rendre tortueux? Ce sont ceux qui n'ont point cru à la vie future. Ils ne rendront point Dieu impuissant sur la terre et ne trouveront aucun protecteur contre lui. Le châtiment qui les attend sera doublé, parce qu'ils n'ont pu entendre et ne voyaient pas.

23. Ce sont eux qui se sont perdus eux-mêmes, et les divinités qu'ils avaient inventées ont disparu.

24. Nul doute qu'ils ne soient les plus malheureux dans l'autre monde.

25. Ceux qui croient et font le bien, qui s'humilient devant leur Seigneur, seront en possession du paradis où ils resteront éternellement.

26. Ces deux portions *des humains* ressemblent à l'aveugle et au sourd, à celui qui voit et qui entend. Sont-ils égaux les uns et les autres? N'y réfléchirez-vous pas ?

27. Nous envoyâmes Noé vers son peuple: Je suis, leur dit-il, chargé de vous avertir clairement

28. De n'adorer que Dieu. Je crains pour vous le châtiment du jour terrible.

29. Les chefs du peuple incrédule lui dirent: Tu n'es qu'un homme comme nous, et nous ne voyons que la plus vile populace qui t'ait suivi sans réflexion. Vous ne possédez aucun mérite qui vous rende supérieurs à nous. Bien plus, nous vous regardons comme des imposteurs.

30. O mon peuple ! reprit Noé, qu'en pensez-vous? Si je ne fais que suivre la révélation de Dieu et la grâce qui me vient de lui, et que vous ne voyez pas, faut-il que je vous l'impose malgré vous?

31. O mon peuple ! je ne vous demande pas de richesses en retour; ma récompense est à la charge de Dieu, et je ne puis repousser ceux qui croient qu'un jour ils reverront leur Seigneur. Mais je vois que vous êtes un peuple d'ignorants.

32. O mon peuple ! qui est-ce qui m'assistera contre Dieu, si je repousse ceux qui croient? N'y réfléchirez-vous pas?

33. Je ne vous dis pas : Les trésors de Dieu sont à ma disposition. Je ne connais pas les cho-

---

[1] C'est-à-dire, laquelle des choses créées sera plus apte à se charger de ses commandements, des hommes ou de la terre et des cieux.

ses cachées, je ne vous dis pas : Je suis un ange; je ne dis pas à ceux que vos yeux regardent avec mépris : Dieu ne leur accordera aucun bienfait. Dieu sait le mieux ce qui est au fond de leurs âmes. Si je disais cela, je serais du nombre des méchants.

34. Ils répondirent : O Noé ! tu as déjà disputé avec nous, et tu ne fais qu'augmenter nos querelles. Fais-donc arriver ce dont tu nous menaces, si tu es véridique.

35. Sans doute Dieu le fera arriver s'il le veut, et ce n'est pas vous qui le rendrez impuissant.

36. Si je donnais des conseils, ils ne vous serviraient à rien, si Dieu voulait vous égarer. Il est votre Seigneur, et c'est à lui que vous retournerez.

37. Te diront-ils : Il l'a inventé, ce Koran. Dis-leur : Si je l'ai inventé, le crime en retombera sur moi, mais je suis innocent des vôtres.

38. Il a été ensuite révélé à Noé : Il n'y aura de croyants dans ton peuple que ceux qui ont déjà cru. Ne t'afflige point de leurs actions.

39. Construis un vaisseau sous nos yeux et d'après notre révélation, et ne nous parle plus pour les méchants. Ils seront submergés.

40. Et il construisit un vaisseau, et chaque fois que les chefs de son peuple passaient auprès de lui ils le raillaient. Ne me raillez pas, dit Noé, je vous raillerai à mon tour comme vous me raillez, et vous apprendrez

41. Sur qui tombera le châtiment qui le couvrira d'opprobre. Ce châtiment restera perpétuellement sur sa tête.

42. Et il en fut ainsi jusqu'au moment où notre ordre fut donné, et où la fournaise creva. Nous dîmes à Noé : Emporte dans ce vaisseau un couple de chaque espèce, ainsi que ta famille, excepté celui sur qui le jugement a été prononcé[1]. Prends aussi tous ceux qui ont cru ; et il n'y eut qu'un petit nombre qui aient cru.

43. Noé leur dit : Montez dans le vaisseau. Il voguera et il s'arrêtera au nom de Dieu. Dieu est indulgent et miséricordieux.

44. Et le vaisseau voguait avec eux au milieu de flots *soulevés* comme des montagnes. Noé cria à son fils qui était à l'écart : O mon enfant ! monte avec nous, et ne reste pas avec les incrédules.

45. Je me retirerai sur une montagne, dit-il, qui me mettra à l'abri des eaux. Noé lui dit : Nul ne sera aujourd'hui à l'abri des arrêts de Dieu, excepté celui dont il aura eu pitié. Les flots les séparèrent, et le fils de Noé fut submergé.

46. Et il fut dit : O terre ! absorbe tes eaux. O ciel ! arrête ! et les eaux diminuèrent ; l'arrêt fut accompli. Le vaisseau s'arrêta sur la montagne *Djoudi*, et il fut dit : Loin d'ici les méchants !

47. Noé cria alors vers son Seigneur et dit : O mon Seigneur ! mon fils est de ma famille. Tes promesses sont véritables, et tu es le meilleur des juges.

48. O Noé ! reprit Dieu, il n'est point de ta famille. Ce que tu fais est une action injuste. Ne me demande point ce que tu ne sais pas. Je t'avertis, afin que tu ne sois pas du nombre des ignorants.

49. Seigneur ! je me réfugie auprès de toi ; dispense-moi de te demander ce que je ne sais pas, et si tu ne me pardonnes pas, si tu n'as point pitié de moi, je suis perdu.

50. Et il lui fut dit : O Noé ! descends du vaisseau, accompagné de notre salut et de nos bénédictions sur toi et sur les peuples qui sont avec toi. Il est des peuples que nous ferons jouir des biens du monde ; plus tard, un châtiment terrible les atteindra.

51. Voilà une des histoires cachées. Nous révélons cette histoire que vous n'avez pas connue jusqu'ici, ni toi ni ton peuple. Prends patience ; la fin heureuse est pour ceux qui craignent Dieu.

52. Nous envoyâmes aux hommes d'Ad leur frère Houd. Il leur dit : O mon peuple ! adorez Dieu. Vous n'avez point d'autre Dieu que lui. Vous inventez vous-mêmes les autres.

53. O mon peuple ! je ne te demande aucun salaire ; mon salaire est à la charge de celui qui m'a créé. Ne le comprendrez-vous pas ?

54. O mon peuple ! implorez le pardon de votre Seigneur, revenez à lui, il vous enverra du ciel une pluie abondante[1].

55. Il fera accroître vos forces[2]. Ne vous en allez pas pour commettre de nouveaux crimes.

56. O Houd ! répondirent-ils, tu ne viens point accompagné d'un signe évident ; nous n'abandonnerons point nos divinités à ta parole seule ; nous ne te croyons pas.

57. Que dirons-nous, si ce n'est qu'un de nos dieux t'a frappé de quelque coup ? Il répondit : Je prends à témoin Dieu, et vous témoignez vous-mêmes que je suis innocent de ce que vous associez *d'autres divinités*

58. à Dieu ; mettez en œuvre vos machinations et ne me faites point attendre,

59. Car j'ai mis ma confiance en Dieu qui est

---

[1] Un des fils de Noé, que la tradition représente comme infidèle.

[1] Les peuples d'Ad souffraient de la sécheresse.
[2] Les peuples d'Ad sont représentés comme remarquables par leur taille gigantesque et leur force.

mon Seigneur et le vôtre. Il n'existe pas une seule créature qu'il ne tienne par le bout de la chevelure. Dieu est sur le sentier droit.

60. Si vous tournez le dos, je vous ai fait connaître ma mission. Dieu mettra un autre peuple à votre place, et vous ne pourrez lui causer aucun mal. Mon Seigneur contient toute chose dans ses limites.

61. Notre volonté prête à s'accomplir, nous sauvâmes, par l'effet de notre miséricorde, Houd et ceux qui ont cru avec lui ; nous les avons sauvés d'un châtiment terrible.

62. Ce peuple d'Ad avait nié la vérité de son Seigneur ; il a désobéi à ses apôtres et suivi les ordres des hommes puissants et rebelles.

63. La malédiction les poursuit dans ce monde. Au jour de la résurrection on leur criera : Ad n'a-t-il point été incrédule envers son Seigneur ? Loin d'ici, Ad peuple de Houd!

64. Nous envoyâmes vers les Thémoudéens, leur frère Saleh, qui leur dit : O mon peuple! adorez Dieu. N'ayez point d'autres dieux que lui. Il vous a produits de la terre, et il vous l'a donnée pour l'habiter. Implorez son pardon ; revenez à lui. Mon Seigneur est proche; il examine ceux qui le prient.

65. Ils répondirent : O Saleh! tu étais l'objet de nos espérances [1]. Nous défendras-tu maintenant d'adorer ce que nos pères adoraient ? Nous avons de grands doutes sur le *culte* auquel tu nous appelles.

66. O mon peuple! répondit-il, songez-y. Lorsqu'une volonté manifeste de Dieu m'accompagne, lorsque sa miséricorde est descendue sur moi, qui m'assistera contre lui si je lui désobéis? Vous ne sauriez accroître que ma perte [2].

67. O mon peuple! cette chamelle que voici est la chamelle de Dieu, elle sera un signe pour vous ; laissez-la paître tranquillement sur la terre de Dieu, ne lui faites aucun mal ; un châtiment terrible est prêt à le suivre.

68. Ils tuèrent la chamelle. Saleh leur dit alors : Attendez trois jours dans vos maisons. C'est une menace qui ne sera point démentie.

69. Nos arrêts prêts à s'accomplir, nous sauvâmes, par l'effet de notre miséricorde, Saleh et ceux qui ont cru avec lui, de l'opprobre de ce jour-là. Ton Seigneur est le fort, le puissant.

70. Une tempête violente surprit les méchants ; le lendemain ils furent trouvés gisant morts dans leurs habitations.

71. Comme s'ils n'y avaient jamais habité. Thémoud a été incrédule envers son Seigneur. Loin d'ici Thémoud!

72. Nos envoyés allèrent vers Abraham, porteurs d'une heureuse nouvelle. Ils lui dirent: Paix! — Paix! répondit-il, et il ne demeura pas longtemps à apporter un veau rôti.

73. Et lorsqu'il vit que leurs mains ne touchaient pas même *le mets préparé*, cela lui déplut, et il conçut de la frayeur. N'aie pas peur, lui dirent-ils. Nous sommes envoyés vers le peuple de Loth.

74. Sa femme se tenait là debout, et elle se mit à rire [1]. Nous lui annonçâmes Isaac, et après Isaac, Jacob.

75. Ah! moi, enfanter? moi, lorsque je suis si vieille et mon mari un vieillard. Ceci est bien extraordinaire.

76. Tu t'étonneras donc de la volonté de Dieu. Sa miséricorde et ses bénédictions sont sur vous, famille de cette maison. Dieu est digne de gloire et de louanges.

77. Lorsque la frayeur d'Abraham se dissipa, et que l'heureuse prédiction lui fut faite, il disputa avec nous en faveur du peuple de Loth, car Abraham était doux, humain, enclin à l'indulgence.

78. O Abraham! cesse d'en parler, car l'ordre de ton Seigneur a déjà été manifesté ; le châtiment les atteindra ; il est irrévocable.

79. Nos envoyés allèrent vers Loth ; il s'affligea à cause d'eux, et son cœur se serra. C'est un jour difficile, dit-il.

80. Des hommes de son peuple se portèrent en foule chez lui ; ils commettaient des turpitudes. Il leur dit : Voici mes filles ; il serait moins impur d'abuser d'elles. Ne me déshonorez pas dans mes hôtes. Y a-t-il un homme droit parmi vous ?

81. Tu sais, lui dirent-ils, que nous n'avons rien à démêler avec tes filles ; tu sais ce que nous voulons.

82. Ah! si j'avais assez de force pour vous résister, ou si je pouvais trouver asile auprès d'un chef puissant.

83. O Loth! lui dirent *les étrangers*, nous sommes les envoyés de ton Seigneur, ils ne te toucheront pas. Sois avec ta famille cette nuit encore ; mais que personne d'entre vous ne se détourne pour regarder. Ta femme seule le fera; le châtiment qui les surprendra tombera aussi sur elle. Ce dont ils sont menacés s'accomplira avant demain. Le demain n'est pas loin.

84. Un ordre émana de nous ; nous renversâ-

---

[1] Nous pensions t'élire pour notre roi.
[2] Vous qui aviez le projet de m'élire roi, et d'augmenter ainsi ma considération.

[1] Le mot que nous traduisons ici par *rire*, est susceptible d'une autre interprétation ; il veut dire : *menstrua passa est*.

mes cette ville de fond en comble; nous fîmes pleuvoir des briques de terre cuite, tombant continuellement et marquées de Dieu même. Elles ne sont pas loin de tous les méchants! *Avis aux Mecquois.*

85. Nous envoyâmes vers les Madianites leur frère Choaïb. O mon peuple! leur dit-il, adorez Dieu; n'ayez point d'autre Dieu que lui; ne diminuez pas le boisseau et le poids. Je vous vois dans l'aisance; mais je crains pour vous le châtiment du jour qui vous enveloppera tous.

86. O mon peuple! remplissez la mesure, pesez avec justice, et ne fraudez pas les hommes dans leur avoir; ne commettez pas de dévastations sur la terre.

87. La plus petite quantité qui vous restera par la faveur de Dieu vous sera plus avantageuse, si vous êtes croyants.

88. Je ne suis point votre gardien.

89. Ils lui dirent: O Choaïb! sont-ce tes dévotions qui t'enjoignent de nous ordonner d'abandonner ce qu'adoraient nos pères, ou de ne point faire avec nos biens ce qu'il nous plaît? Cependant tu es un homme doux et droit.

90. O mon peuple, répondit Choaïb, dites-le-moi: si Dieu m'a donné une instruction claire, et s'il m'accorde une belle part de ses biens, dois-je ne pas m'opposer à ce qu'il m'a défendu? Je ne veux que vous corriger, autant que je le puis; ma seule assistance me vient de Dieu, c'est en lui que j'ai mis ma confiance, et c'est à lui que je retournerai.

91. O mon peuple! puisse ma séparation d'avec vous ne pas vous valoir les maux pareils à ceux qui accablèrent le peuple de Noé, le peuple de Houd, le peuple de Saleh. Le sort du peuple de Loth n'est pas éloigné de vous.

92. Implorez le pardon de votre Seigneur, et revenez à lui. Dieu est miséricordieux et plein d'amour.

93. O Choaïb! répondit le peuple, nous ne comprenons pas trop ce que tu veux dire; tu es faible parmi nous. Si nous n'avions égard à ta famille, nous t'aurions lapidé. Tu n'aurais pas eu le dessus.

94. O mon peuple! dit Choaïb, ma famille vous est-elle donc plus chère que Dieu? Ferez-vous comme si vous le laissiez derrière vous? Dieu embrasse de sa connaissance ce que vous faites.

95. O mon peuple! agissez, faites le mal tant que vous pourrez, j'agirai de mon côté et vous apprendrez

96. Sur qui tombera le châtiment ignominieux, et qui de nous est menteur. Attendez l'heure, moi je l'attends aussi.

97. Un ordre émana de nous, et nous sauvâmes par l'effet de notre miséricorde Choaïb et ceux qui ont cru avec lui. Une tempête violente surprit les méchants; le lendemain on les trouva gisants dans leurs demeures,

98. Comme s'ils n'avaient jamais habité ce pays. Madian ne s'est-il point éloigné *du chemin droit*, dont s'était éloigné Thémoud?

99. Nous envoyâmes Moïse, accompagné de nos signes et d'un pouvoir incontestable, vers Pharaon et ses grands. Les grands suivirent les ordres de Pharaon, mais les ordres de Pharaon n'étaient pas justes.

100. Pharaon marchera à la tête de son peuple au jour de la résurrection; il le fera descendre dans le feu. De quelle affreuse descente ils descendront!

101. La malédiction les suit dans ce monde; et au jour de la résurrection quel affreux présent leur sera donné!

102. Telle est l'histoire des cités que nous te racontons. Quelques-unes d'elles sont debout, d'autres par terre comme moissonnées.

103. Ce n'est pas nous qui avons agi avec iniquité envers eux, ce sont eux-mêmes. Les divinités qu'ils invoquaient à l'exclusion de Dieu ne leur ont servi à rien au moment où l'arrêt de Dieu fut prononcé. Elles n'ont fait qu'accroître leur défaite.

104. Quand Dieu s'empare des cités criminelles, c'est ainsi qu'il s'en empare. Il s'en empare terriblement, avec violence.

105. Certes, il y a dans ceci des signes pour celui qui craint le supplice de l'autre monde. Ce sera le jour où tous les hommes seront rassemblés, ce sera le jour où sera rendu le témoignage.

106. Nous ne le différons qu'à un terme marqué.

107. Ce jour-là aucune âme n'élèvera la parole qu'avec la permission de Dieu. Parmi les hommes, tel sera réprouvé, tel autre bienheureux.

108. Les réprouvés seront précipités dans le feu; ils y pousseront des soupirs et des sanglots.

109. Ils y demeureront tant que dureront les cieux et la terre, à moins que Dieu ne le veuille autrement. Ton Seigneur fait bien ce qu'il veut.

110. Les bienheureux seront dans le paradis; ils y séjourneront tant que dureront les cieux et la terre, sauf si ton Seigneur ne veut ajouter quelque bienfait qui ne saurait discontinuer.

111. Ne sois point dans le doute sur ce qu'ils adorent. Ces hommes adorent ce qu'adoraient avant eux leurs pères. Nous leur payerons leur part sans diminution quelconque.

112. Nous donnâmes le livre à Moïse; on se

mit à disputer sur ce livre. Si la parole de Dieu n'avait pas été prononcée[1], certes leurs différends auraient été bientôt terminés. Ton peuple aussi, ô Mohammed! est dans le doute là-dessus.

113. Dieu payera à tous le prix de leurs œuvres, car il est instruit de tout ce que vous faites.

114. Suis le chemin droit comme tu en as reçu l'ordre; que ceux qui se convertissent avec toi ne commettent plus d'iniquités, car Dieu voit vos actions.

115. Ne vous appuyez pas sur les méchants, de peur que le feu ne vous atteigne; vous n'aurez point de protecteur contre Dieu, vous ne serez point secourus.

116. Fais la prière aux deux extrémités du jour et à l'entrée de la nuit; les bonnes actions repoussent les mauvaises. Avis à ceux qui pensent.

117. Persévère, car Dieu ne laissera point périr la récompense de ceux qui font le bien.

118. Parmi les générations qui vous ont précédés, ceux qui pratiquaient la vertu et défendaient de commettre des crimes sur la terre n'étaient qu'en petit nombre. Nous les avons sauvés; mais les méchants suivirent leurs appétits et furent coupables.

119. Ton Seigneur n'anéantit point injustement les cités dont les habitants sont justes.

120. Si Dieu avait voulu, il n'aurait fait qu'un seul peuple de tous les hommes. Mais ils ne cesseront de différer entre eux, excepté ceux à qui Dieu aura accordé sa miséricorde. Il les a créés pour cela, afin que la parole de Dieu s'accomplisse lorsqu'il a dit : Je remplirai l'enfer de génies et d'hommes à la fois.

121. Nous te racontons ces histoires de nos envoyés pour en affermir ton cœur. Par elles la vérité descend sur toi, ainsi que l'admonition et l'avertissement pour les croyants.

122. Dis à ceux qui ne croient pas : Agissez autant qu'il est en votre pouvoir. Nous agirons aussi; mais attendez la fin; nous l'attendons aussi.

123. A Dieu appartiennent les choses cachées des cieux et de la terre; tout revient à lui. Adore-le et mets ta confiance en lui. Ton Seigneur n'est point inattentif à ce qu'ils font.

CHAPITRE XII.
JOSEPH.
Donné à la Mecque. — 111 versets.

Au nom de Dieu clément et miséricordieux.

1. A. L. R. Ce sont les signes du livre évident.

[1] Qui différait le châtiment.

2. Nous l'avons fait descendre du ciel en langue arabe, afin que vous le compreniez.

3. Nous allons te raconter la plus belle histoire que nous t'ayons révélée dans ce Koran, une histoire dont tu ne t'es point douté jusqu'ici.

4. Un jour Joseph dit : O mon père! j'ai vu onze étoiles et le soleil et la lune qui m'adoraient.

5. O mon enfant! lui répondit Jacob, garde-toi bien de raconter ton songe à tes frères, de peur qu'ils n'imaginent contre toi quelque artifice, car Satan est l'ennemi déclaré de l'homme.

6. C'est ainsi que Dieu te prendra pour son élu et t'enseignera l'interprétation des événements; il te comblera de ses bienfaits toi et la famille de Jacob, comme il en a comblé tes aïeux d'autrefois, Abraham et Isaac. Ton Seigneur est savant et sage.

7. Joseph et ses frères peuvent servir de marque de la bonté divine à ceux qui veulent s'instruire.

8. Un jour ses frères se disaient l'un à l'autre : Joseph et son frère *Benjamin* sont plus chers à notre père; et cependant nous sommes plus nombreux. En vérité notre père est dans une erreur évidente.

9. Tuez Joseph, ou bien éloignez-le quelque part; les regards de votre père seront exclusivement pour vous. Ensuite vous vous conduirez en hommes de bien.

10. L'un d'entre eux dit alors : Ne mettez pas à mort Joseph, jetez-le plutôt au fond d'un puits, si vous voulez absolument vous en défaire; quelque voyageur viendra et le ramassera.

11. Un jour les frères de Joseph dirent à Jacob : O notre père! pourquoi ne veux-tu pas nous confier Joseph? nous lui voulons cependant du bien.

12. Laisse-le partir demain avec nous, il paîtra les troupeaux et il jouera; nous serons ses gardiens.

13. J'éprouverai du chagrin, dit Jacob, si vous l'enlevez; je crains qu'un loup ne le dévore pendant que vous n'y ferez pas attention.

14. Si un loup doit le dévorer, nous qui sommes plusieurs, nous serions bien malheureux de ne pouvoir le défendre.

15. Puis ils emmenèrent Joseph avec eux, et d'un commun accord le jetèrent au fond d'un puits. Nous fîmes *plus tard*[1] une révélation à Joseph, au moyen de laquelle il leur rappela cette circonstance, pendant qu'ils ne s'en doutaient pas.

16. Le soir ils se présentèrent devant leur père en pleurant.

[1] En Égypte, quand ses frères vinrent chercher des vivres.

17. O notre père! dirent-ils, nous nous sommes éloignés pour courir à l'envi, et nous avons laissé Joseph auprès de nos hardes, et voici qu'un loup l'a dévoré. Mais tu ne nous croiras pas, quoique nous disions vrai.

18. Puis ils lui montrèrent sa chemise teinte d'un autre sang. Jacob leur dit : C'est vous-mêmes qui avez arrangé tout cela, mais la résignation vaut mieux. J'implore le secours de Dieu dans le malheur que vous venez de m'apprendre.

19. Il arriva que des voyageurs vinrent à passer par là ; ils envoyèrent un homme chargé de leur apporter de l'eau ; celui-ci laissa descendre son seau dans le puits, et s'écria : Quelle heureuse rencontre! voici un enfant. Ils le cachèrent pour le vendre ; mais Dieu connaissait leurs actions.

20. Ils le vendirent pour un vil prix, pour quelques drachmes d'argent, et comme tenant peu à le garder.

21. Celui qui l'acheta (ce fut un Égyptien) dit à sa femme : Donne-lui une hospitalité généreuse ; il peut nous être utile un jour, ou bien nous l'adopterons pour notre fils. C'est ainsi que nous avons établi Joseph dans ce pays-là ; nous lui apprîmes l'interprétation des événements. Dieu est puissant dans ses œuvres ; mais la plupart des hommes ne le savent pas.

22. Lorsque Joseph parvint à l'âge de puberté, nous lui donnâmes la sagesse et la science ; c'est ainsi que nous récompensons ceux qui font le bien.

23. La femme dans la maison de laquelle il se trouvait, conçut une passion pour lui ; elle ferma les portes de l'appartement et lui dit : Viens ici. Dieu m'en préserve, répondit Joseph. Mon maître m'a donné une généreuse hospitalité. Les méchants ne prospèrent pas.

24. Mais elle le sollicita, et il était sur le point de céder lorsqu'un avertissement de Dieu vint l'en détourner. Nous le lui avons donné pour le détourner du mal, d'une action déshonorante, car il était de nos serviteurs sincères.

25. Alors tous les deux s'élancèrent vers la porte, *lui pour fuir, elle pour le retenir*, et la femme déchira sa tunique par derrière. Sur ces entrefaites arrive le mari de la femme ; tous deux le rencontrent à l'entrée de la porte. Que mérite, dit la femme, celui qui a formé des intentions coupables à l'égard de ta femme, sinon la prison ou une punition terrible ?

26. C'est elle, dit Joseph, qui m'a sollicité au mal. Un parent de la femme témoigna contre elle alors, en disant : Si la tunique est déchirée par devant, c'est la femme qui dit la vérité et c'est Joseph qui est menteur.

27. Mais si elle est déchirée par derrière, c'est la femme qui a menti, et c'est Joseph qui dit la vérité.

28. Le mari examina la tunique et vit qu'elle était déchiré par derrière. Voilà de vos fourberies! s'écria-t-il : elles sont grandes.

29. O Joseph! laisse s'assoupir cette aventure, et toi, ô femme! demande pardon de ta faute ; car tu as péché.

30. Les femmes de la ville se racontaient l'aventure en disant : La femme du seigneur d'Égypte a voulu jouir de son esclave, qui l'a rendue folle de lui. Elle est vraiment dans une fausse route.

31. Lorsque la femme du seigneur eut entendu ces propos, elle envoya des invitations à ces femmes, prépara un banquet, et donna à chacune d'elles un couteau : puis elle ordonna à Joseph de paraître devant ces femmes ; et quand elles l'eurent vu, elles le comblaient de louanges et se coupaient les doigts *par distraction* en s'écriant : O Dieu! ce n'est pas un homme, c'est un ange adorable.

32. Voilà, leur dit l'épouse du seigneur, celui qui a été cause des blâmes que vous avez déversés sur moi. J'ai voulu lui faire partager ma passion, mais il s'y refuse constamment ; s'il ne condescend pas à mes désirs, il sera jeté dans un cachot et réduit dans un état misérable.

33. Seigneur! s'écria Joseph, la prison est préférable au crime auquel elles m'invitent ; et si tu ne me protéges contre leurs piéges, je pourrais y donner par un penchant de jeune homme et agir comme un insensé.

34. Dieu l'exauça et détourna de lui leurs machinations, car il entend et sait tout.

35. Cependant il leur plut, même après les signes de son innocence, de le jeter pour quelque temps dans un cachot.

36. Deux hommes furent en même temps emprisonnés avec lui ; l'un d'eux dit : J'ai rêvé *cette nuit* que je pressais du raisin ; Et moi, dit l'autre, j'ai rêvé que je portais sur ma tête des pains que les oiseaux venaient becqueter. Donne-nous l'interprétation de ces songes, car nous te tenons pour un homme vertueux.

37. Joseph leur répondit : On ne vous aura pas encore apporté votre nourriture journalière, que je vous aurai expliqué vos songes avant qu'ils se réalisent. Cette science me vient de Dieu qui me l'a enseignée, car j'ai abandonné la religion de ceux qui ne croient point en Dieu et qui nient la vie future.

38. Je professe la religion de mes pères Abraham, Isaac et Jacob ; nous n'associons aucune créature à Dieu. Cela vient de la faveur de Dieu

envers nous comme envers tous les hommes; mais la plupart des hommes ne sont point reconnaissants.

39. O mes camarades de prison! est-ce une multitude de seigneurs qui valent mieux, ou bien un Dieu unique et puissant?

40. Ceux que vous adorez à côté de Dieu ne sont que de vains noms que vous avez inventés, vous et vos pères. Dieu ne vous a donné aucune preuve à l'appui *de votre culte*. Le pouvoir suprême n'appartient qu'à Dieu; il vous commande de ne point adorer d'autre Dieu que lui. C'est la vraie religion, mais la plupart des hommes ne le savent pas.

41. O mes camarades de prison! l'un d'entre vous présentera la coupe de vin à son maître; l'autre sera crucifié, et les oiseaux viendront se repaître de sa tête. La chose sur laquelle vous venez de m'interroger est décrétée infailliblement.

42. Puis Joseph dit à celui auquel il prédisait son élargissement: *Quand tu seras libre*, rappelle-moi au souvenir de ton maître. Satan lui fit oublier de parler de Joseph à son maître, et Joseph resta encore quelques années en prison.

43. Le roi d'Égypte dit un jour aux grands du royaume: J'ai vu en songe sept vaches grasses dévorées par sept vaches maigres, et sept épis verts, et sept autres épis desséchés. O seigneurs, expliquez-moi ma vision, si vous savez expliquer les songes.

44. Ce sont là des fantômes, des songes, nous n'entendons rien à l'explication des songes.

45. Celui des deux prisonniers qui avait été élargi leur dit (or il s'était souvenu de Joseph après quelques années): Je vous en donnerai l'explication. Laissez-moi aller voir *la personne qui le fera*.

46. O Joseph! homme véridique, explique-nous ce que signifient sept vaches grasses que sept vaches maigres dévorent, et sept épis verts et sept autres épis desséchés, afin que quand je serai de retour auprès de ceux qui m'ont envoyé, ils en connaissent l'explication.

47. Joseph lui répondit: Vous sèmerez pendant sept ans, comme d'habitude, le blé que vous aurez moissonné; laissez-le dans l'épi [1], excepté le peu que vous emploierez pour vos besoins.

48. Ensuite de cela viendront sept années stériles, qui consumeront tout ce que vous aurez mis en réserve, excepté le peu que vous aurez économisé.

49. Puis viendra une année pendant laquelle les habitants de ce pays auront beaucoup de pluies et presseront *le raisin et les olives*.

50. Alors le roi dit: Amenez-moi cet homme. Lorsque le messager vint trouver Joseph, celui-ci lui dit: Retourne auprès de ton maître, et demande-lui qu'est-ce que voulaient faire ces femmes qui se coupaient les doigts. Mon Seigneur (Dieu) connaît parfaitement leurs machinations.

51. Le roi demanda alors à ces femmes: Que voulaient dire ces instances pour faire partager à Joseph votre passion? Dieu nous préserve, répondirent-elles; il ne s'est rendu coupable d'aucun péché que nous sachions. Et la femme du gouverneur de l'Égypte ajouta: Maintenant la vérité s'est montrée à nu, c'est moi qui avais sollicité Joseph au mal; lui a toujours dit la vérité.

52. *Lorsque Joseph apprit tout cela*, il dit: Que *mon ancien maître* sache maintenant que je ne l'ai point trahi dans son absence. Dieu ne mène pas à bonne fin les machinations des traîtres.

53. Je ne me dis pas non plus entièrement innocent; la concupiscence conduit au mal, sauf si Dieu a pitié de nous; mais Dieu est indulgent et miséricordieux.

54. Le roi dit alors: Amenez-moi Joseph, je le prendrai à mon service particulier; et quand il lui eut adressé quelques paroles, il lui dit: Dès aujourd'hui tu seras auprès de nous, investi d'autorité et de notre confiance.

55. Joseph lui dit: Donnez-moi l'intendance des magasins du pays. Je saurai les conserver avec intelligence.

56. C'est ainsi que nous avons établi fermement Joseph dans ce pays; il pouvait choisir sa demeure partout où il voulait. Nous comblons de nos faveurs ceux que nous voulons, et nous ne laissons point périr la récompense des hommes qui font le bien.

57. Mais la récompense de la vie future est préférable pour ceux qui croient et craignent Dieu.

58. Il arriva que les frères de Joseph vinrent en Égypte et se présentèrent devant lui: il les reconnut; mais eux ne le reconnurent pas.

59. Et lorsqu'il les eut pourvus de leurs provisions, il leur dit: Amenez-moi votre frère qui est resté avec votre père. Ne voyez-vous pas que je vous donne une bonne mesure et que je reçois bien mes hôtes?

60. Si vous ne me l'amenez pas, vous n'aurez plus de blé; sans lui ne paraissez pas devant moi.

61. Nous nous efforcerons, dirent-ils, de nous

---

[1] C'est-à-dire, dans vos magasins sans le battre.

tenir auprès de notre père, et nous ferons tout pour réussir.

62. Puis Joseph dit à ses gens : Mettez le prix de leur blé parmi leurs hardes; peut-être s'en apercevront-ils à leur arrivée chez eux, et reviendront-ils *ici pour le restituer*.

63. Quand ils furent de retour auprès de leur père, ils lui dirent : On nous refusera à l'avenir le blé *en Égypte*; laisse partir notre frère avec nous, et nous en obtiendrons. Nous aurons soin de lui.

64. Vous confierai-je encore celui-ci comme je vous avais confié autrefois son frère (Joseph)? Dieu est le meilleur gardien; il est le plus clément.

65. Et lorsqu'ils défirent leurs hardes, ils trouvèrent que le prix de leur blé leur avait été rendu. O notre père, dirent-ils, que pouvons-nous désirer de plus ? Voici le prix de notre blé qui nous a été rendu; nous allons y retourner pour acheter des provisions pour nos familles; nous aurons soin de notre frère ; cette fois-ci nous apporterons la charge d'un chameau de plus. C'est une charge si légère !

66. Je ne le laisserai pas partir avec vous, dit Jacob, à moins que vous ne juriez devant Dieu que vous me le ramènerez *sain et sauf*, s'il ne vous arrive pas quelque événement majeur. Lorsqu'ils le lui eurent promis, Jacob s'écria : Dieu m'est caution de vos engagements.

67. Puis il leur dit : O mes enfants! *en arrivant en Égypte*, n'entrez point tous par une seule porte, mais par plusieurs à la fois; cette précaution ne vous servira à rien contre les décrets de Dieu, car le pouvoir suprême appartient à Dieu. Je mets ma confiance en lui, et c'est en lui que mettent leur confiance les hommes qui se résignent.

68. Ils entrèrent donc dans la ville suivant l'ordre de leur père; mais cette précaution ne pouvait leur être d'aucune utilité contre les arrêts de Dieu, sauf qu'elle satisfaisait au désir de Jacob qui la leur avait recommandée. Or Jacob possédait la science que nous lui enseignâmes; mais la plupart des hommes n'en ont point.

69. Et quand ils se présentèrent devant Joseph, il retint son frère *Benjamin*, et lui dit : Je suis ton frère, ne t'afflige plus du crime qu'ils ont commis.

70. Joseph les ayant pourvus de leurs provisions, glissa une coupe à boire dans les hardes de son frère *Benjamin*, puis, *par ses ordres*, un héraut cria après eux : Hé! voyageurs! vous êtes donc voleurs?

71. Les fils de Jacob retournèrent et s'écrièrent : Que cherchez-vous?

72. Nous cherchons, leur répondit-on, la coupe du roi. Quiconque la restituera, recevra une récompense en blé de la charge d'un chameau; j'en suis garant, *dit le héraut*.

73. Nous en jurons par Dieu, répondirent *les fils de Jacob*; vous savez que nous ne sommes point venus ici pour commettre des brigandages; nous ne sommes point voleurs.

74. Et si vous mentez, quelle sera la peine de celui qui l'a fait ? dirent les autres.

75. Celui, répondirent-ils, dans les hardes duquel sera trouvée la coupe, vous sera livré en expiation. C'est ainsi que nous punissons les coupables [1].

76. Joseph commença par fouiller dans leurs sacs avant de fouiller celui de son frère, puis il sortit la coupe du sac de son frère. C'est nous qui avons suggéré cette ruse à Joseph; il n'aurait pas pu, d'après la loi du roi de l'Égypte, s'emparer de la personne de son frère, à moins que Dieu ne l'eût voulu. Nous élevons le rang de celui que nous voulons. Il est quelqu'un plus savant que les savants.

77. Les fils de Jacob dirent alors : Si *Benjamin* a commis ce vol, son frère en avait commis un avant lui [2]. Joseph dissimulait tout et ne se fit pas connaître, et disait en lui-même : Vous êtes dans une condition plus à plaindre que nous deux. Dieu connaît mieux ce que vous racontez.

78. O Seigneur! dirent-ils alors, il a un père âgé, respectable; prends plutôt un d'entre nous à sa place. Nous savons que tu es généreux.

79. A Dieu ne plaise que je prenne un autre que celui chez qui notre coupe a été trouvée. Si je le faisais, j'agirais injustement.

80. Quand ils eurent désespéré du succès de leurs demandes, ils se retirèrent pour se consulter. Le plus âgé d'entre eux dit : Ne savez-vous pas que votre père a reçu de vous une promesse faite devant Dieu? Ne vous rappelez-vous pas quel crime vous avez commis à l'égard de Joseph? Je ne quitterai pas le pays que mon père ne me l'ait permis, ou que Dieu ne m'ait manifesté ses ordres, car il est le meilleur des juges.

81. Retournez auprès de votre père et dites-lui : O notre Père! ton fils a commis un vol; nous ne pouvons témoigner excepté de ce qui est à notre connaissance, et nous ne pouvions nous tenir en garde contre les choses imprévues.

82. Fais prendre des renseignements dans la ville où nous étions, et près de la caravane avec laquelle nous sommes arrivés, et tu verras que nous disons la vérité.

---

[1] C'est-à-dire : d'après l'usage en vigueur chez nous Hébreux, le voleur est retenu comme esclave.
[2] D'après les traditions des Mohammédans, Joseph aurait volé, étant enfant, une idole à son grand-père Laban.

83. *De retour chez eux, Jacob leur parla ainsi :* Vous avez arrangé tout cela vous-mêmes ; mais prenons courage, peut-être Dieu me les rendra-t-il tous deux, car il est le Savant, le Sage.

84. Il s'éloigna donc d'eux et s'écria : Hélas ! ô Joseph ! et ses yeux blanchirent de tristesse, et il était opprimé de douleur.

85. Ses fils lui dirent : Au nom de Dieu, tu ne cesseras donc de parler de Joseph jusqu'à ce que la mort te surprenne ou que la douleur termine tes jours ?

86. Je porte mon affliction et ma douleur devant Dieu, et je sais de Dieu ce que vous ne savez pas.

87. O mes enfants ! allez et informez-vous partout de Joseph et de son frère, et ne désespérez pas de la bonté de Dieu, car les ingrats seuls désespèrent de la bonté de Dieu.

88. Ils revinrent en Égypte ; et s'étant présentés chez Joseph, ils lui dirent : Seigneur ! la misère s'est appesantie sur nous et sur notre famille : nous n'apportons qu'une modique somme ; mais faisnous remplir la mesure, fais-nous-en l'aumône. Dieu récompensera ceux qui font l'aumône.

89. Savez-vous ce que vous avez fait de Joseph et de son frère, quand vous étiez plongés dans l'ignorance ?

90. Serais-tu Joseph ? lui dirent-ils. Oui, je suis Joseph, et celui-ci est mon frère. Dieu a été bienfaisant envers nous ; car quiconque le craint et persévère *est heureux*. Dieu ne fera pas périr la récompense des vertueux.

91. Par le nom de Dieu, répondirent-ils, Dieu t'a permis de nous faire du bien quoique nous ayons péché.

92. Je ne vous ferai point de reproches aujourd'hui ; Dieu vous pardonnera vos fautes, car il est le plus miséricordieux.

93. Allez et emportez ma tunique ; couvrez-en le visage de mon père, il recouvrera la vue. Puis amenez-moi toute votre famille.

94. Quand la caravane partit d'Égypte, Jacob *dit à ceux qui l'environnaient :* Je sens l'odeur de Joseph ; vous pensez peut-être que je suis en délire ?

95. Par le nom de Dieu, lui répondit-on, tu es dans ton ancienne erreur.

96. Lorsque le messager porteur d'heureuse nouvelle arriva, il jeta la tunique *de Joseph* sur le visage de Jacob, et il recouvra la vue.

97. Ne vous ai-je pas dit que je sais de Dieu des choses que vous ne savez pas ?

98. O notre père ! dirent ses fils, implore notre pardon auprès de Dieu, car nous avons péché.

99. Oui, j'implorerai votre pardon auprès de Dieu, il est indulgent et miséricordieux.

100. Quand Jacob, avec sa famille arrivée en Égypte, vint chez Joseph, il les reçut chez lui et leur dit : Entrez en Égypte, s'il plaît ainsi à Dieu ; et habitez ce pays, à l'abri de toute crainte.

101. Il plaça sur un siége élevé ses père et mère qui tombèrent sur leurs faces pour l'adorer. O mon père ! dit Joseph, voilà l'explication de mon songe de l'autre jour : Dieu l'a réalisé ; il a été bienfaisant envers moi, quand il me délivra de la prison, quand il vous a amené auprès de moi du désert, après que Satan nous eut séparés moi et mes frères. Le Seigneur est plein de bonté quand il le veut. Il est le Savant, le Sage.

102. Seigneur, tu m'as accordé le pouvoir et tu m'as appris l'interprétation des événements. Créateur des cieux et de la terre, tu es mon protecteur dans ce monde et dans l'autre ; fais-moi mourir résigné à ta volonté, et place-moi au nombre des vertueux.

103. Telle est cette histoire, ô Mohammed ! du nombre des récits inconnus que nous te révélons. Tu n'as pas été présent quand *les frères de Joseph* ourdirent en commun leur machination, et qu'ils lui tendirent un piége ; mais la plupart des hommes, quel que soit leur désir, n'y croiront pas.

104. Tu ne leur demanderas pas de salaire pour ce récit : c'est un avertissement pour tous les hommes.

105. Que de miracles répandus dans les cieux et sur la terre ! Ils passent auprès d'eux et s'en détournent.

106. La plupart ne croient point en Dieu, sans mêler à son culte celui des idoles.

107. Sont-ils donc sûrs que le châtiment de Dieu ne les enveloppera pas, que l'heure ne fondra pas à l'improviste sur eux pendant qu'ils ne s'y attendront pas ?

108. Dis-leur : Voici mon sentier : je vous appelle à Dieu par des preuves évidentes. Moi et celui qui me suivra, par la gloire de Dieu, nous ne sommes point idolâtres.

109. Nous n'avons jamais envoyé avant toi que des hommes choisis parmi le peuple de différentes cités, auxquels nous révélions nos ordres. N'ont-ils pas voyagé dans le pays ? n'y ont-ils pas remarqué quelle a été la fin de ceux qui ont vécu avant eux ? Certes, la demeure de l'autre monde est d'un plus haut prix pour ceux qui craignent Dieu. Ne le comprendront-ils pas ?

110. Lorsqu'à la fin nos apôtres désespérèrent *du succès de leurs efforts,* quand les hommes s'imaginaient qu'ils mentaient, notre assistance ne fit pas défaut aux apôtres ; nous sauvons ceux que nous voulons, et notre vengeance ne saurait être détournée des têtes des coupables.

111. L'histoire des prophètes est remplie d'exemples instructifs pour les hommes doués de sens. Le livre n'est point un récit inventé à plaisir : il corrobore les Écritures révélées avant lui, il donne l'explication de toute chose, il est la direction et une preuve de la grâce divine pour les croyants.

CHAPITRE XIII.
LE TONNERRE.
Donné à la Mecque. — 43 versets.

Au nom de Dieu clément et miséricordieux.

1. A. L. M. R. Tels sont les signes du livre. La doctrine que tu as reçue du ciel est véritable; cependant le plus grand nombre ne croient pas.

2. C'est Dieu qui éleva les cieux sans colonnes visibles, et s'assit sur son trône. Il a soumis le soleil et la lune. Chacun de ces astres poursuit sa course jusqu'à un point déterminé; il imprime le mouvement et l'ordre à tout; il fait voir distinctement ses merveilles. Peut-être finirez-vous par croire fortement qu'un jour vous verrez votre Seigneur.

3. C'est lui qui étendit la terre, qui y éleva les montagnes et forma les fleuves, qui a établi les deux sexes dans tous les êtres produits, qui ordonne à la nuit d'envelopper le jour. Certes, dans tout cela il y a des signes pour ceux qui réfléchissent.

4. Et sur la terre vous voyez des portions différentes par leur nature, quoique voisines, des jardins de vigne, des blés, des palmiers isolés ou réunis sur un tronc. Ils sont arrosés par la même eau ; et c'est nous qui les rendons supérieurs les uns aux autres, quant au goût. Certes il y a dans ceci des signes pour les hommes doués de sens.

5. Si quelque chose doit t'étonner de leur part, étonne-toi quand tu les entends dire : Se peut-il qu'étant changés en poussière, nous devenions ensuite une création nouvelle ?

6. Ils ne croient point en Dieu, des chaînes entourent leurs cous ; ils seront voués aux flammes, et y demeureront éternellement.

7. Ils te solliciteront plutôt de hâter le mal que le bien, le courroux que la grâce du ciel. De semblables exemples ont déjà eu lieu avant eux. Mais si Dieu est indulgent pour les hommes malgré leur iniquité, il est aussi terrible dans les châtiments.

8. Les incrédules disent : Est-ce que par hasard Dieu ne lui aurait donné aucun pouvoir pour faire des miracles ? Tu n'es donc qu'un donneur d'avis, et chaque peuple a eu un envoyé chargé de le diriger

9. Dieu sait ce que la femme porte dans son sein; de combien la matrice se resserre ou s'élargit. Tout est pesé devant lui.

10. Il connaît ce qui est caché et ce qui est manifeste. Il est le Grand, le Très-Haut.

11. Pour lui tout est égal : celui qui cache son discours et celui qui le proclame tout haut, celui qui s'enveloppe dans la nuit et celui qui se produit au grand jour.

12. Tout homme a des anges qui se succèdent sans cesse, placés devant lui, derrière lui ; ils veillent sur lui par ordre du Seigneur. Dieu ne changera point ce qu'il a accordé aux hommes, tant qu'ils ne le changeront pas les premiers. Quand il veut les punir, rien ne peut lui mettre obstacle ; les hommes n'ont aucun autre protecteur que lui.

13. C'est lui qui fait briller l'éclair à vos regards pour inspirer la crainte et l'espérance. C'est lui qui élève les nuages chargés de pluie.

14. Le tonnerre célèbre ses louanges, les anges le glorifient pénétrés de frayeur. Il lance la foudre, et atteint ceux qu'il veut pendant qu'ils se disputent au sujet de Dieu, car il est immense dans son pouvoir.

15. Lui seul est digne d'être invoqué, et ceux qui implorent d'autres dieux les implorent en vain. Semblables à celui qui étend ses deux mains vers l'eau pour la porter à sa bouche, mais qui ne parvient jamais à l'atteindre. L'invocation n'est qu'un égarement.

16. Tout ce qui est dans les cieux et sur la terre rend à l'Éternel un hommage volontaire ou forcé. Les ombres même de tous les êtres s'inclinent devant lui les matins et les soirs.

17. Quel est le souverain des cieux et de la terre ? Réponds : C'est Dieu. L'oublierez-vous pour chercher des patrons incapables de se protéger eux-mêmes ou de détourner d'eux ce qui leur nuit ? Dis-leur : L'aveugle sera-t-il considéré l'égal de celui qui voit et les ténèbres et la lumière ? Donneront-ils pour compagnons à Dieu des divinités qui auraient créé comme a créé Dieu, en sorte que les deux créations se confondent à leurs yeux ? Dis plutôt : Dieu est créateur de toutes choses ; il est unique et victorieux.

18. Il fait descendre la pluie des cieux, et les torrents selon certaine mesure coulent dans leurs lits ; ils entraînent l'écume qui surnage ; telle est dans la fournaise l'écume des métaux que les hommes travaillent pour leur utilité ou leur parure. Dieu établit le solide et le vain. L'écume disparaît subitement ; ce qui est utile aux hommes reste sur la terre. C'est ainsi que Dieu propose des paraboles. Ceux qui sont soumis à sa volonté posséderont, recevront de plus belles

récompenses; mais les rebelles, quand ils auraient une fois plus de trésors que la terre n'en contient, ne pourront se racheter des tourments. Leur compte sera terrible, leur demeure sera le feu d'enfer et un affreux lit de douleur.

19. Celui qui sait que Dieu t'a envoyé la vérité du ciel, se conduira-t-il comme un aveugle? Les sages y réfléchiront.

20. Ceux qui remplissent fidèlement les engagements pris envers Dieu et ne brisent point son alliance;

21. Qui unissent ce qu'il lui a plu d'unir, qui redoutent leur Seigneur et craignent le compte terrible qu'ils seront forcés de rendre un jour;

22. Ceux que l'espoir de voir Dieu rend constants dans l'adversité, qui s'acquittent avec exactitude de la prière, qui donnent en secret ou en public des biens que nous leur avons dispensés, qui effacent leurs fautes par leurs bonnes œuvres: ceux-là auront pour séjour le palais éternel.

23. Ils seront introduits dans les jardins d'Éden, ainsi que leurs pères, leurs épouses et leurs enfants qui auront été justes. Là ils recevront la visite des anges qui y entreront par toutes les portes.

24. La paix soit avec vous, leur diront-ils. Vous avez persévéré; qu'il est doux le séjour du palais éternel!

25. Ceux qui violent le pacte de Dieu après l'avoir accepté, qui séparent ce que Dieu a voulu unir, et commettent les iniquités sur la terre: ceux-là, chargés de malédictions, auront pour séjour une demeure affreuse.

26. Dieu verse à pleines mains ses bienfaits à qui il veut, ou les resserre. Ils se réjouissent des biens de ce monde; mais qu'est-ce donc que la vie d'ici-bas comparée à la vie future, si ce n'est un usufruit temporaire?

27. Les infidèles disent: Il n'a reçu sans doute d'en haut aucun pouvoir de faire des miracles. Dis-leur: Dieu égare celui qu'il veut, et ramène à lui ceux qui se repentent.....

28. Qui croient, et dont les cœurs se reposeront en sécurité dans le souvenir de Dieu. Eh quoi! des cœurs ne se reposent-ils pas en sécurité dans le souvenir de Dieu? Ceux qui croient et pratiquent les bonnes œuvres, la béatitude et la plus belle retraite seront leur partage.

29. Nous t'avons envoyé à un peuple que d'autres ont précédé, afin que tu leur récites nos révélations. Ils ne croient point au Clément sans bornes. Dis-leur: C'est mon Seigneur, il n'y a point d'autres dieux que lui. J'ai mis ma confiance en lui. C'est à lui que tout doit retourner.

30. Quand le Koran ferait mouvoir les montagnes, quand il partagerait la terre en deux et ferait parler les morts, ils ne croiraient pas; mais Dieu commande à tout. Les croyants ignorent-ils que Dieu pourrait diriger dans la droite voie tous les hommes, s'il le voulait?

31. L'infortune ne cessera pas d'accabler les infidèles à cause de leurs œuvres; elle les serrera de près dans leurs demeures, jusqu'à ce que les menaces de Dieu soient accomplies, et certes Dieu ne manque pas à sa parole.

32. Avant toi, mes ministres furent les objets de la raillerie; j'ai accordé un répit aux infidèles, puis je les ai châtiés; et quels furent mes châtiments!

33. Quel est celui qui observe toutes les actions des hommes? Ils ont donné des égaux à l'Éternel. Dis-leur: Nommez vos divinités; prétendez-vous apprendre à Dieu ce qu'il aurait jusqu'ici ignoré sur la terre, ou bien les divinités ne sont qu'un vain nom? La fraude des infidèles leur fut préparée de longue main, et ils se sont égarés du vrai sentier, et certes celui que Dieu voudra égarer n'aura plus de guide.

34. Le châtiment les atteindra dans ce monde, un autre plus terrible les attend dans l'autre; ils n'auront point de protecteur qui les défende contre Dieu.

35. Voici quel sera le jardin promis à ceux qui craignent: le jardin où coulent les fleuves; il leur fournira une nourriture et une ombre inépuisables. Telle sera la fin des croyants; celle des infidèles sera le feu.

36. Ceux qui ont reçu les Écritures se réjouissent de ce qui t'a été révélé. D'autres, parmi les confédérés, en rejettent une partie. Dis-leur: Dieu m'a ordonné de l'adorer et de ne lui associer aucun être. J'appelle les hommes à son culte et je retournerai à lui.

37. Nous t'avons donné un code en langue arabe: si tu suivais leurs désirs, après avoir reçu la science, quel protecteur et quel secours trouverais-tu contre Dieu?

38. Avant toi, nous avons envoyé d'autres prophètes, à qui nous avons donné des épouses et une lignée. Aucun d'eux n'a fait de miracles, si ce n'est par la volonté de Dieu. Chaque époque a eu son livre sacré.

39. Dieu efface ce qu'il veut ou le maintient. La mère du livre [1] est entre ses mains.

40. Soit que nous te fassions voir l'accomplissement d'une partie de nos menaces, soit que ta mort les prévienne, ta mission est de prêcher;

---

[1] Ce prototype, la mère du livre, sert ordinairement à indiquer le premier chapitre du Koran. Ce mot a encore chez les mystiques mahométans un sens différent: ici il veut dire le fond immuable de la vérité.

et à nous appartient de demander un compte sévère.

41. Ne voient-ils pas que nous avons pénétré dans leur pays et que nous en avons resserré les limites? Dieu juge, et personne ne revise ses arrêts. Il est prompt dans ses comptes.

42. Leurs pères ont agi avec ruse; mais Dieu est maître de toute ruse: il connaît les œuvres de chacun, et les infidèles apprendront un jour qui sera en possession du séjour éternel.

43. Les infidèles te diront : Tu n'as point été envoyé par Dieu. Réponds-leur : Il me suffit que Dieu et ceux qui connaissent le livre sacré soient mes témoins entre vous et moi.

CHAPITRE XIV.

ABRAHAM. LA PAIX SOIT AVEC LUI.

Donné à la Mecque. — 52 versets.

Au nom de Dieu clément et miséricordieux.

1. A. L. R. Nous t'avons envoyé ce livre pour faire passer les hommes des ténèbres à la lumière et les conduire, par la volonté de Dieu, vers le sentier du puissant, du glorieux.

2. Tout ce qui est dans les cieux et sur la terre appartient à Dieu. Malheur aux infidèles! Un châtiment terrible les attend.

3. Ceux qui préfèrent la vie d'ici-bas à la vie future, qui éloignent les hommes de la voie de Dieu et désirent la rendre tortueuse, sont dans un égarement sans terme.

4. Tous nos ministres parlèrent la langue des peuples qu'ils prêchaient, afin de se rendre intelligibles. Dieu égare et conduit ceux qu'il veut. Il est puissant et sage.

5. Nous envoyâmes Moïse muni de nos signes. Nous lui dîmes : Fais sortir ton peuple des ténèbres à la lumière. Rappelle-lui les journées du Seigneur. Certes il y a dans ceci des signes d'avertissement pour tout homme qui sait souffrir et faire des actions de grâces.

6. Moïse dit à son peuple : Souvenez-vous des bienfaits de Dieu, lorsqu'il vous a délivrés du joug de la famille de Pharaon, qui vous opprimait par des châtiments cruels, immolait vos enfants et n'épargnait que vos filles. C'était une dure épreuve de la part de votre Seigneur.

7. Il vous a dit : Soyez reconnaissants et j'accroîtrai mes grâces; mais si vous êtes infidèles, tremblez, car mes châtiments sont terribles.

8. Quand vous seriez infidèles, quand toute la terre le serait, Dieu est riche et plein de gloire.

9. N'avez-vous jamais entendu l'histoire des peuples qui vous ont précédés, les peuples de Noé, d'Aad, de Themoud?

10. Dieu seul connaît leur postérité. Ces peuples eurent des prophètes qui leur offrirent des signes évidents de leur mission; mais ils portaient leurs mains à la bouche et s'écriaient : Nous ne croyons pas à l'objet de votre mission, et nous sommes dans le doute relativement au culte vers lequel vous nous appelez. Aussi c'est pour nous un sujet douteux.

11. Les prophètes leur répondirent : Y a-t-il quelque doute au sujet de Dieu, créateur des cieux et de la terre, qui vous appelle à lui pour effacer vos péchés, et vous donne un délai jusqu'au moment fixé d'avance?

12. Ils dirent : Vous n'êtes que des hommes comme nous, vous voulez nous détourner des divinités qu'adoraient nos pères. Apportez-nous un pouvoir évident, le pouvoir des miracles.

13. Les prophètes leur dirent : Certes nous ne sommes que des hommes comme vous; mais Dieu répand ses grâces sur ceux qu'il veut d'entre ses serviteurs, et nous ne pouvons vous apporter aucun pouvoir,

14. Si ce n'est avec la permission de Dieu. Les croyants ne mettent leur confiance qu'en Dieu seul.

15. Et pourquoi ne mettrions-nous pas notre confiance en lui? Il nous guide sur notre chemin, et nous supportons vos injures avec patience. Les hommes résignés ne mettent de confiance qu'en Dieu.

16. Nous vous chasserons de notre pays, dirent les idolâtres, ou bien rentrez dans notre religion. Et alors Dieu se révéla ainsi aux prophètes : J'anéantirai les impies.

17. Vous habiterez leur pays après eux. C'est la récompense de ceux qui craignent moi et mes menaces.

18. Alors les prophètes demandèrent l'assistance de Dieu, et tout homme orgueilleux et rebelle fut anéanti.

19. L'enfer l'a englouti, et il sera abreuvé d'une eau infecte.

20. Il l'avalera à petites gorgées, et elle aura peine à passer. La mort fondra sur lui de tous côtés et il ne mourra pas. A cela succédera un tourment terrible.

21. Les œuvres des incrédules sont semblables aux cendres dont s'empare le vent dans un jour orageux. Ils ne sauront en rien réussir, et leur égarement sera au comble.

22. Ne voyez-vous pas que Dieu a créé réellement les cieux et la terre? S'il le veut, il peut vous faire disparaître et mettre d'autres créatures à votre place.

23. Cela est facile à sa puissance.

24. Tous les hommes paraîtront devant Dieu; les faibles de la terre diront aux puissants: Nous marchions à votre suite, ne pouvez-vous pas nous ôter quelque peu du châtiment de Dieu?

25. Ils répondront: Si Dieu nous avait dirigés, nous vous aurions servi de guides. Se plaindre de tourments ou les supporter avec patience, tout nous est égal. Il n'y a point de refuge pour nous.

26. Et quand tout fut fini, Satan leur dit: Dieu vous a fait une promesse véritable. Moi, je vous ai fait aussi des promesses, mais je vous ai trompés. Je n'avais aucun pouvoir sur vous.

27. Je n'ai fait que vous appeler et vous m'avez répondu. Ne me faites point de reproches, n'en faites qu'à vous-mêmes. Je ne puis ni vous donner du secours ni en recevoir de vous. Quand vous me mettiez à côté de Dieu, je ne me croyais point son égal. Les injustes ne méritent qu'un châtiment douloureux.

28. Ceux qui auront cru et pratiqué les bonnes œuvres seront introduits dans les jardins où coulent des fleuves; ils y demeureront éternellement par la volonté de Dieu. Ils seront salués par ce mot: *Salut.*

29. Ne savez-vous pas à quoi Dieu compare la bonne parole? C'est un arbre dont les racines sont fermement enracinées dans la terre, et dont les rameaux s'élèvent dans les cieux.

30. Elle porte des fruits dans chaque saison. Le Seigneur parle aux hommes en paraboles, afin qu'ils réfléchissent.

31. La parole mauvaise est comme un arbre mauvais: elle est à fleur de terre et n'a point de stabilité.

32. Dieu affermira les croyants dans cette vie et dans l'autre par la parole immuable. Il égarera les méchants, car Dieu fait ce qu'il veut.

33. Ne vois-tu pas ces hommes qui, payant les bienfaits du Seigneur d'incrédulité, ont fait descendre leurs peuples dans le séjour de la perdition,

34. Dans l'enfer, où ils seront brûlés? Quel détestable séjour!

35. Ils donnent des égaux à Dieu pour égarer les hommes de la voix du Seigneur. Dis-leur: Jouissez, jouissez, votre réceptacle sera le feu.

36. Dis à mes serviteurs qui croient: qu'ils ont à s'acquitter de la prière, à faire l'aumône des biens que nous leur dispensons, en secret ou en public, avant qu'arrive le jour où il n'y aura plus ni trafic ni amitié.

37. C'est Dieu qui a créé les cieux et la terre; il fait descendre l'eau du ciel, par elle il fait germer les fruits qui vous nourrissent; il vous a soumis les vaisseaux qui fendent la mer par son ordre; il a soumis les fleuves pour votre utilité; il a soumis le soleil et la lune, poursuivant leur course dans leurs ornières. Il fait servir le jour et la nuit à vos besoins. Il vous a donné tous les biens que vous lui avez demandés. Comptez les bienfaits de Dieu si vous le pouvez! Mais l'homme est injuste et ingrat.

38. Abraham adressa à Dieu cette prière: Seigneur, fais jouir ce pays de la sécurité parfaite, et préserve-moi ainsi que mes enfants du culte des idoles.

39. O mon Seigneur! elles ont déjà égaré un grand nombre de personnes. Que celui qui me suivra soit des miens; celui qui me désobéit..... Seigneur, tu es indulgent et miséricordieux!

40. Seigneur! j'ai établi une partie de ma famille dans une vallée stérile près de ta demeure sainte. Fais qu'ils accomplissent la prière. Dispose en leur faveur les cœurs des hommes; prends soin de leur subsistance, ils te rendront des actions de grâces.

41. Tu sais ce que nous recélons et ce que nous produisons au grand jour. Rien n'est caché devant Dieu de ce qui est dans les cieux et sur la terre. Louange au Dieu qui dans ma vieillesse m'a donné Ismaël et Isaac. Il écoute nos vœux.

42. Seigneur, fais que j'observe la prière, fais que ma postérité y soit fidèle. Daigne entendre mes vœux. Pardonne-moi, à mes pères et aux croyants au jour du jugement.

43. Ne pensez pas que Dieu soit inattentif aux actions des méchants. Il leur donne un délai jusqu'au jour où tous les regards se fixeront sur le ciel.

44. Courant en toute hâte, la tête levée, leurs regards seront immobiles et leurs cœurs vides. Avertis donc les hommes du jour des châtiments.

45. Seigneur! s'écrieront les impies, attends-nous encore quelque temps;

46. Nous écouterons ton appel à la foi, nous obéirons à tes apôtres. On leur répondra: Ne juriez-vous pas que vous ne changeriez jamais?

47. Vous habitiez même les lieux qu'habitaient les hommes iniques envers eux-mêmes, et vous saviez comment nous avons agi avec eux. Nous vous proposâmes des paraboles. Ils ont mis en œuvre leurs ruses. Dieu était le maître de leurs artifices, quand même ils eussent été assez puissants pour remuer les montagnes.

48. Ne pensez pas que Dieu manque à la promesse faite à ses apôtres. Il est puissant et vindicatif.

49. Le jour viendra où la terre et les cieux seront changés; les hommes comparaîtront devant Dieu, l'unique, le vainqueur.

50. Alors tu verras les criminels pieds et poings chargés de chaînes.

51. Leurs tuniques seront de poix, le feu couvrira leurs figures, afin que Dieu rétribue chaque âme selon ses œuvres. Il est prompt dans ses comptes.

52. Tel est l'avis adressé aux hommes. Qu'ils y puisent leurs enseignements et sachent que Dieu est un, et que les hommes de sens y réfléchissent.

CHAPITRE XV.
HEDJR.
Donné à la Mecque. 99 versets.

Au nom de Dieu clément et miséricordieux.

1. A. L. R. Tels sont les signes du livre et de la lecture lucide.

2. Le jour viendra où les infidèles préféreraient avoir été musulmans.

3. Laisse-les se repaître et jouir et se bercer d'espérance. Bientôt ils sauront la vérité.

4. Nous n'avons anéanti aucune ville qui n'ait eu un terme fixé.

5. Aucun peuple ne peut avancer ni retarder son terme.

6. Ils disent à Mohammed : O toi qui as reçu le Koran d'en haut, tu es possédé du démon.

7. Ne viendrais-tu pas accompagné d'anges, si ce que tu dis était vrai ?

8. Ces anges ne viendront que pour la vérité ; alors les infidèles ne seront plus attendus.

9. Nous avons fait descendre l'Avertissement [1], et nous le conservons avec soin.

10. Déjà avant toi nous envoyâmes des apôtres parmi les sectes des anciens.

11. Et il n'y eut pas un seul apôtre qu'ils n'eussent pris pour l'objet de leurs railleries.

12. Nous mettrons les mêmes sentiments dans les cœurs des criminels *de la Mecque*.

13. Ils ne le croiront pas, bien que l'exemple des anciens soit là.

14. Si nous ouvrions la porte des cieux, et qu'ils fussent prêts à y entrer,

15. Ils diraient encore : Nos yeux sont obscurcis par l'ivresse, ou bien nous sommes sous l'influence d'un enchantement.

16. Nous avons établi les signes du zodiaque dans les cieux, et nous les avons disposés en ordre pour ceux qui regardent.

17. Nous les défendons de l'atteinte de tout démon repoussé à coups de pierres [2].

18. Si quelqu'un d'entre eux s'y glisse pour écouter, il est atteint par un trait de feu visible à tous [1].

19. Nous avons étendu la terre, et nous y avons lancé des montagnes, et nous y avons fait éclore toutes choses en proportion.

20. Nous y avons mis des aliments pour vous et pour des êtres que vous ne nourrissez pas.

21. Il n'y a pas de chose dont les trésors n'existent chez nous, et nous ne les faisons descendre que dans une proportion marquée.

22. Nous envoyons les vents qui fécondent, nous faisons descendre du ciel l'eau dont nous vous abreuvons, et que vous ne conservez pas.

23. Nous faisons vivre et nous faisons mourir ; nous seuls héritons de tout.

24. Nous connaissons ceux d'entre vous qui marchent en avant et ceux qui restent en arrière [2].

25. Votre Seigneur vous rassemblera un jour. Il est sage et savant.

26. Nous avons créé l'homme de limon, d'argile moulée en formes.

27. Avant lui nous avions déjà créé les génies du feu subtil.

28. Souviens-toi que Dieu dit aux anges : Je crée l'homme de limon, d'argile moulée en formes.

29. Lorsque je l'aurai formé et que j'aurai soufflé dans lui mon esprit, prosternez-vous devant lui en l'adorant.

30. Et les anges se prosternèrent tous,

31. Excepté Éblis ; il refusa d'être avec ceux qui se prosternaient.

32. Dieu lui dit alors : O Éblis ! pourquoi n'es-tu pas avec ceux qui se prosternent ?

33. Je ne me prosternerai pas devant l'homme que tu as créé de limon, d'argile moulée en formes.

34. Dieu lui dit : Alors sors d'ici ; tu es lapidé.

35. La malédiction pèsera sur toi jusqu'au jour de la foi.

36. Il répondit : O Seigneur ! donne-moi du répit jusqu'au jour où les hommes seront ressuscités.

37. Dieu lui dit : Le délai t'est accordé

38. Jusqu'au jour du terme marqué.

39. Seigneur, dit Éblis, puisque tu m'as circonvenu, je comploterai contre eux sur la terre, et je chercherai à les circonvenir tous,

40. Excepté tes serviteurs sincères.

---

[1] C'est-à-dire le Koran.
[2] Voyez plus haut la cause de cette épithète au chapitre III.

[1] C'est ainsi que les musulmans expliquent les étoiles qui filent.
[2] Ou bien ceux qui veulent hâter le terme et ceux qui veulent le retarder.

41. Dieu répondit : C'est précisément le chemin droit;
42. Car tu n'as aucun pouvoir sur mes serviteurs, tu n'en auras que sur ceux qui te suivront et qui s'égareront.
43. La géhenne est le séjour qui leur est promis à tous.
44. Elle a sept portes; à chacune se tiendra une troupe d'entre eux.
45. Quant à ceux qui craignent Dieu, ils auront des jardins et des sources vives.
46. On leur dira : Entrez en paix, et à l'abri de toute crainte.
47. Nous ôterons de leurs cœurs toute fausseté; vivant comme frères, ils prendront leur repos sur des lits, face à face les uns des autres.
48. La fatigue ne les y atteindra pas, et ils ne seront jamais expulsés de cette demeure.
49. Déclare à mes serviteurs que je suis l'indulgent, le miséricordieux,
50. Et que mon châtiment est un châtiment douloureux.
51. Raconte-leur l'histoire des hôtes d'Abraham.
52. Lorsqu'ils entrèrent chez lui et le saluèrent, il dit : Vous nous avez fait peur.
53. Ils répondirent : N'aie pas peur, nous venons t'annoncer un fils sage.
54. Il leur répondit : Me l'annoncez-vous à moi qui suis accablé de vieillesse ? Comment me l'annoncez-vous ?
55. Nous te l'annonçons sérieusement. Ne désespère point.
56. Et qui désespérera, dit-il, de la grâce de Dieu, si ce n'est les hommes égarés ?
57. Et quel est le but de votre mission, ô messagers ? dit-il.
58. Nous sommes envoyés vers un peuple criminel, reprirent-ils, pour l'anéantir.
59. Nous sauverons la famille de Loth;
60. Sauf sa femme, que nous avons destinée à rester derrière.
61. Lorsque les envoyés vinrent chez la famille de Loth,
62. Celui-ci leur dit : Vous m'êtes inconnus.
63. Ils répondirent : Nous venons à vous avec le *châtiment* que vos concitoyens révoquent en doute.
64. Nous venons avec la vérité, nous sommes véridiques.
65. Sors cette nuit avec ta famille. Marche après elle. Qu'aucun de vous ne détourne la tête. Allez où l'on vous ordonne.
66. Nous lui signifiâmes cet ordre, parce que ce peuple devait être anéanti jusqu'au dernier avant le lendemain.
67. Des habitants de la ville vinrent tout joyeux *chez Loth*.
68. Il leur dit : Ce sont mes hôtes, ne me déshonorez pas.
69. Craignez Dieu, et ne me couvrez pas d'opprobre.
70. Ils répondirent : Nous ne t'avons pas défendu de donner asile à qui que ce soit au monde.
71. Voici mes filles, dit Loth, si vous voulez commettre quelque action honteuse.
72. Par ta vie, ô Mohammed! ils étaient comme étourdis dans leur ivresse.
73. Au lever du soleil une tempête les surprit.
74. Nous avons renversé la ville de fond en comble, et nous avons fait pleuvoir sur eux des briques cuites.
75. Il y a dans ceci des signes pour les hommes intelligents.
76. Ils suivent une route constante.
77. Il y a dans ceci des signes pour les croyants.
78. Les habitants de la forêt (de Madian) étaient des méchants.
79. Nous en tirâmes vengeance. Nous anéantîmes ces deux cités; elles servent d'exemple frappant aux hommes.
80. Les habitants de Hedjr [1] ont traité d'imposteurs les apôtres qui furent envoyés vers eux.
81. Nous leur avons fait voir nos signes; mais ils s'en sont détournés.
82. Ils taillaient des maisons dans les rochers et se croyaient en sûreté.
83. Une tempête les surprit au lever du matin.
84. Leurs travaux ne leur servirent à rien.
85. Nous avons créé les cieux et la terre et tout ce qui est entre eux pour la vérité, *et non pas en vain*. L'heure viendra. Toi, Mohammed! pardonne d'un beau pardon.
86. Car ton Seigneur est le Créateur, le savant.
87. Déjà nous t'avons donné les sept versets qui doivent être répétés constamment [2], ainsi que le grand Koran.
88. N'étends point tes regards sur les biens dont nous faisons jouir plusieurs des infidèles, et ne t'afflige point à cause d'eux, et incline ton aile sur les croyants [3].
89. Dis-leur : Je suis l'apôtre véritable.
90. Nous punirons ceux qui distinguent [4],

---

[1] Province d'Arabie.
[2] On croit que ce sont les versets du premier chapitre.
[3] Sois doux et bienveillant pour eux.
[4] C'est-à-dire qui admettent certaines choses de l'Écriture et qui en rejettent d'autres

91. Qui scindent le Koran en parties.

92. Par ton Seigneur, ô Mohammed! nous les interrogeons

93. Sur toutes leurs actions.

94. Fais donc connaître ce que l'on t'a ordonné, et éloigne-toi des idolâtres.

95. Nous te suffisons contre ceux qui se moquent,

96. Qui placent à côté de Dieu d'autres divinités. Ils apprendront *la vérité*.

97. Nous savons que ton cœur se serre à leur langage.

98. Mais célèbre les louanges de ton Seigneur, et sois avec ceux qui se prosternent.

99. Adore le Seigneur avant que ce qui est certain arrive.

CHAPITRE XVI.

L'ABEILLE.

Donné à la Mecque.— 120 versets.

Au nom de Dieu clément et miséricordieux.

1. Les arrêts de Dieu s'accompliront. Ne les hâtez pas. Gloire à lui ! il est trop au-dessus des divinités qu'on lui associe.

2. Par sa volonté il fait descendre les anges avec l'esprit *de Dieu* sur celui qu'il veut d'entre ses serviteurs. Il leur dit : Avertissez les hommes qu'il n'y a point d'autre Dieu que moi. Craignez-moi.

3. Il a créé les cieux et la terre pour la vérité; il est trop élevé au-dessus des divinités qu'on lui associe.

4. Il a créé l'homme d'une goutte de sperme, et voilà que l'homme dispute ouvertement.

5. Il a créé sur la terre les bêtes de somme; vous en tirez vos vêtements et de nombreux avantages ; vous vous en nourrissez.

6. Vous y trouvez une belle part quand vous les ramenez le soir et quand vous les lâchez le matin pour le pâturage.

7. Elles portent vos fardeaux dans des pays où vous ne les vendriez qu'avec peine. Certes votre Seigneur est plein de bonté et de miséricorde.

8. Il vous a donné des chevaux, des mulets, des ânes, pour vous servir de monture et d'appareil. Il crée ce dont vous ne vous doutez pas.

9. Il se charge de la direction du chemin. Il y en a qui s'en éloignent. S'il le voulait, il vous dirigerait tous.

10. C'est lui qui fait descendre du ciel l'eau qui vous sert de boisson et qui fait croître les plantes dont vous nourrissez vos troupeaux.

11. Au moyen de l'eau il fait germer les blés, l'olive, le palmier, la vigne et toute sorte de fruits. Il y a dans ceci des signes pour ceux qui réfléchissent.

12. Il vous a soumis la nuit et le jour ; le soleil et la lune et les étoiles vous servent par sa volonté. Il y a dans ceci des signes pour ceux qui réfléchissent.

13. Il vous a soumis aussi tout ce qu'il a créé sur la terre d'objets de différentes couleurs. Il y a dans ceci des signes pour ceux qui réfléchissent.

14. C'est lui qui vous a soumis la mer; vous en mangez des chairs fraîches, vous en retirez des ornements dont vous vous parez. Vous voyez les vaisseaux fendre les flots pour demander à Dieu des trésors de sa bonté. Peut-être serez-vous reconnaissants.

15. Il a lancé de hautes montagnes sur la terre, afin qu'elles se meuvent avec vous; il a tracé des fleuves et des chemins, afin que vous soyez dirigés *dans votre marche*.

16. Il a posé des signes de routes. Les hommes se dirigent aussi d'après les étoiles.

17. Celui qui crée sera-t-il semblable à celui qui ne crée rien ? N'y réfléchirez-vous pas ?

18. Comptez les bienfaits de Dieu ; êtes-vous capables de les dénombrer ? Il est indulgent et miséricordieux.

19. Dieu connaît ce que vous cachez et ce que vous produisez au grand jour.

20. Les dieux qu'ils invoquent ne peuvent rien créer et sont créés eux-mêmes.

21. Êtres morts, dépourvus de vie, ils ne savent point

22. Quand ils seront ressuscités.

23. Votre dieu est le dieu unique ; ceux qui ne croient pas à la vie future ont des cœurs qui nient tout et s'enflent d'orgueil.

24. Certainement Dieu connaît ce qu'ils cachent et ce qu'ils produisent au grand jour.

25. Il n'aime pas les orgueilleux.

26. Quand on leur demande : Qu'est-ce que Dieu vous a envoyé d'en haut? ils disent : Ce sont les fables de l'antiquité.

27. Ils porteront tous le fardeau de leurs propres œuvres et le fardeau de ceux qu'ils ont égarés par stupidité. Quel insupportable fardeau que le leur !

28. Leurs devanciers avaient agi en fourbes. Dieu attaqua leur édifice par les fondements; le toit s'écroula sur leurs têtes, et le châtiment les surprit du côté d'où ils ne s'attendaient pas.

29. Il les couvrira d'opprobre au jour de la résurrection. Il leur demandera : Où sont donc mes associés qui ont été le sujet de vos scissions? Ceux qui ont reçu la science s'écrieront : Au-

jourd'hui l'ignominie et le supplice tomberont sur les infidèles.

30. Ceux à qui les anges ôteront la vie comme à des impies offriront leur soumission. Ils diront alors : Nous n'avons fait aucun mal. Vous avez fait du mal, répondront les anges, et Dieu sait bien ce que vous avez fait.

31. Entrez par les portes de la géhenne, vous y resterez éternellement. Qu'il est détestable le séjour des orgueilleux !

32. On dira à ceux qui ont craint Dieu : Qu'est-ce que votre Seigneur vous a accordé ? Il a accordé toutes sortes de bienfaits dans ce monde à ceux qui ont fait le bien ; mais la vie future en est encore un plus grand. Quel beau séjour que celui des hommes pieux !

33. Ces jardins d'Éden où ils seront introduits ! Des rivières y coulent, et ils y trouveront tout ce qu'ils désireront. C'est ainsi que Dieu récompense ceux qui le craignent.

34. Ceux-ci seront bien à leur aise au moment où les anges, leur ôtant la vie, leur diront : Que la paix soit sur vous ! Entrez dans le paradis pour prix de vos œuvres.

35. Les infidèles attendent-ils que les anges les surprennent, ou que les arrêts de Dieu s'accomplissent ? Ainsi ont agi leurs devanciers : ils n'ont point nui à Dieu, mais à eux-mêmes.

36. Les crimes qu'ils avaient commis retombèrent sur eux, et ce qui était l'objet de leurs railleries les a environnés de tous côtés.

37. Ceux qui associent d'autres divinités à Dieu disent : Si Dieu avait voulu, nous n'aurions adoré que lui seul, nous et nos pères ; nous n'aurions interdit l'usage que de ce que lui-même a interdit. Ceux qui les ont précédés ont agi de même. Les apôtres ne sont tenus que de prêcher ouvertement.

38. Nous avons envoyé des apôtres vers chaque peuple en disant : Adorez Dieu et évitez le Thaghout. Il y en eut parmi eux que Dieu a dirigés ; il y en eut d'autres qui ont été destinés à l'égarement. Parcourez la terre, et voyez quelle a été la fin de ceux qui ont traité les apôtres de menteurs.

39. Si tu désires qu'ils soient dirigés, sache que Dieu ne dirige plus celui qu'il a égaré. Ils n'auront aucun protecteur.

40. Ils jurent devant Dieu, de leur plus grand serment, qu'il ne ressuscitera plus celui qui sera mort. Non. Dieu a fait une promesse vraie ; mais la plupart des hommes ne le savent pas.

41. Il le fera pour leur montrer clairement ce qui était le sujet de leurs disputes, et afin que les infidèles reconnaissent qu'ils en avaient menti.

42. Quelle est notre parole quand nous voulons qu'une chose existe ? Nous disons : Sois. Et elle est.

43. Nous donnerons une habitation honorable à ceux qui ont quitté leur pays pour Dieu après avoir souffert l'oppression. Mais la récompense de la vie future est encore plus magnifique. Oh ! s'ils le savaient.

44. Ceux qui souffrent et qui mettent leur confiance en Dieu !

45. Les apôtres que nous avons envoyés avant toi n'étaient que des hommes que nous avons inspirés. Demandez-le aux hommes des Écritures, si vous ne le savez pas.

46. Nous les avons envoyés avec des signes et des livres. A toi aussi nous avons donné un livre, afin que tu expliques aux hommes ce qui leur a été envoyé, et afin qu'ils réfléchissent.

47. Ceux qui ont mis en œuvre des machinations sont-ils sûrs que Dieu ne fera pas s'entr'ouvrir la terre sous leurs pas, ou qu'un châtiment terrible ne viendra pas les surprendre là où ils ne s'y attendront pas ?

48. Qu'ils ne les surprendra pas pendant leurs allées et venues, incapables d'affaiblir son action ;

49. Ou qu'il ne les châtiera pas par la destruction graduelle de leurs biens ? Mais Dieu est plein de bonté et de miséricorde.

50. N'ont-ils pas vu que tout ce que Dieu a créé incline son ombre à droite et à gauche pour l'adorer, pour se prosterner devant lui ?

51. Toute créature dans les cieux et sur la terre, les anges même, se prosternent devant Dieu et dépouillent tout orgueil.

52. Tous craignent Dieu, de peur qu'il ne fonde d'en haut sur leurs têtes, et ils exécutent ses ordres.

53. Dieu a dit : N'adorez point deux dieux, car Dieu est unique. Craignez-moi.

54. A lui appartient tout ce qui est dans les cieux et sur la terre. Un culte perpétuel lui est dû. Craignez-vous un autre que Dieu ?

55. Tous les biens dont vous jouissez viennent de lui. Qu'un malheur vous atteigne, c'est à lui que vous adressez vos supplications.

56. Mais aussitôt qu'il vous a délivrés du mal, une partie d'entre vous lui donne des compagnons,

57. Pour nier le bien que nous leur avons fait. Jouissez : bientôt vous saurez la vérité.

58. Ils affectent une portion des biens que nous leur accordons à des êtres qu'ils ne connaissent pas. J'en jure par Dieu, on vous demandera compte de ce que vous inventez.

59. Ils attribuent des filles à Dieu (loin de sa gloire ce blasphème !), et ils n'en désirent pas pour eux-mêmes.

60. Si l'on annonce à quelqu'un d'entre eux la

naissance d'une fille, son front se rembrunit et il s'afflige profondément.

61. Il se cache aux siens, à cause de la désastreuse nouvelle. Doit-il contenir sa disgrâce ou l'ensevelir dans la poussière? Que leurs jugements sont déraisonnables!

62. A ceux qui ne croient pas à la vie future, cherchez la comparaison dans tout ce qui est mauvais. Assimilez Dieu à tout ce qu'il y a de plus élevé. Il est le sage, le puissant.

63. Si Dieu voulait châtier les hommes de leur perversité, il ne laisserait aucune créature vivante sur la terre; mais il leur accorde un délai jusqu'au terme marqué. Lorsque le terme sera arrivé, ils ne sauront ni le retarder ni l'avancer d'un seul instant.

64. Ils attribuent à Dieu ce qu'ils abhorrent eux-mêmes; leurs langues profèrent un mensonge quand ils disent qu'une belle récompense leur est réservée. En vérité, ce qui leur est réservé, c'est le feu. Ils y seront précipités les premiers.

65. J'en jure par Dieu. Nous avons envoyé avant toi des apôtres aux différents peuples. Satan leur a préparé leurs actions. Aujourd'hui il est leur patron; mais un châtiment douloureux les attend.

66. Nous t'avons envoyé le livre, afin que tu expliques ce qui est le sujet de leurs controverses, afin qu'il serve de direction et de preuve de notre miséricorde envers ceux qui croient.

67. Dieu envoie du ciel l'eau dont il rend la vie à la terre mourante. Il y a dans ceci un signe pour ceux qui écoutent.

68. Vous trouverez dans les animaux des signes propres à vous instruire. Nous vous faisons boire ce qui, dans leurs entrailles, est entre les aliments élaborés et le sang : le lait pur, d'une absorption si douce pour ceux qui le boivent.

69. Parmi les fruits, vous avez le palmier et la vigne, d'où vous retirez une boisson enivrante et une nourriture agréable. Il y a dans ceci des signes pour ceux qui entendent.

70. Ton Seigneur a dit à l'abeille : Cherche-toi des maisons dans les montagnes, dans les arbres et dans les constructions des hommes.

71. Nourris-toi de tous les fruits, et voltige dans les chemins frayés de ton Seigneur. De leurs entrailles sort une liqueur variée qui sert de remède à l'homme. Certes, il y a dans ceci des signes pour ceux qui réfléchissent.

72. Dieu vous a créés, et il vous fera mourir. Tel d'entre vous parviendra à l'âge de décrépitude, au point qu'il oubliera tout ce qu'il aura appris. Dieu est savant et puissant.

73. Dieu vous a favorisés les uns au-dessus des autres dans la distribution de ses dons. Mais ceux qui ont été favorisés font-ils participer leurs esclaves aux acquits de leurs mains?

74. Dieu vous a élevés les uns au-dessus des autres dans les moyens de ce monde; mais ceux qui ont obtenu une plus grande portion ne vont point jusqu'à faire participer leurs esclaves à leurs biens [1], au point que tous soient égaux. Nieront-ils donc les bienfaits de Dieu?

75. Dieu vous a choisi des épouses dans votre race. De vos épouses il vous donne des fils et des petits-fils; il vous nourrit de mets délicieux. Croiront-ils en des divinités mensongères et seront-ils ingrats envers les bienfaits de Dieu?

76. Adoreront-ils à côté de Dieu des êtres qui ne peuvent leur procurer aucune nourriture du ciel ni de la terre, et qui n'ont aucun pouvoir?

77. Ne prenez point Dieu pour objet de vos paraboles. Dieu sait tout et vous ne savez rien.

78. Dieu vous propose pour exemple un homme esclave qui ne dispose de rien et un autre homme à qui nous avons accordé une subsistance ample, et qui en distribue une partie en aumônes publiquement et secrètement; ces deux hommes sont-ils égaux? Non, grâce à Dieu; mais la plupart d'entre eux n'entendent rien.

79. Dieu vous propose encore pour parabole deux hommes, dont un est muet de naissance, et qui ne peut rien entendre et qui est un fardeau pour son maître; quelque part qu'il l'envoie, celui-ci ne lui rapportera aucun avantage; un tel homme peut-il aller de pair avec un homme qui commande selon toute justice et marche dans la droite voie [2]?

80. Les secrets des cieux et de la terre appartiennent à Dieu. La venue [3] de l'heure est comme un clin d'œil ou peut-être plus proche encore, car Dieu est tout-puissant.

81. Dieu vous fait sortir des entrailles de vos mères, privés de toute connaissance; puis il vous donne l'ouïe, la vue et l'intelligence, afin que vous soyez reconnaissants.

82. Avez-vous jeté un regard sur les oiseaux assujettis *à la volonté de Dieu* au milieu de

---

[1] C'est un reproche que Mohammed adresse aux Arabes idolâtres, qui associent d'autres divinités à Dieu, tandis qu'eux-mêmes ne veulent pas partager leurs biens avec leurs esclaves.

[2] La parabole de l'esclave du verset précédent, et de l'homme muet de celui-ci, s'applique aux idoles et à leur inutilité pour l'homme.

[3] Mot à mot, l'affaire de l'heure, c'est-à-dire, du jour de la résurrection.

l'espace des cieux? quel autre que Dieu a le pouvoir sur eux? Certes, il y a dans ceci des signes pour ceux qui savent comprendre.

83. Dieu vous procure vos tentes[1] pour demeures ; il vous donne des peaux de bestiaux pour des tentes, que vous pouvez porter facilement quand vous vous mettez en marche ou quand vous vous arrêtez ; il vous a créé des hardes et des ustensiles pour un usage temporaire, de la laine, du poil et du crin de votre bétail.

84. Dieu vous a procuré, dans les objets de sa création, des ombrages ; il vous a donné des montagnes pour retraite, des vêtements qui vous abritent contre les chaleurs, et des vêtements qui vous garantissent contre la violence des *coups que vous vous portez les uns aux autres* : c'est ainsi qu'il vous comble de ses bienfaits, afin que vous vous résigniez à sa volonté.

85. Si les Arabes te tournent le dos, *qu'importe?* O Mohammed, tu n'es chargé que de leur faire entendre clairement tes prédications.

86. Ils connaissent les bienfaits de Dieu et cherchent à les méconnaître ensuite. La plupart d'entre eux sont incrédules.

87. Un jour nous susciterons un témoin pour chaque nation ; alors on ne permettra point aux infidèles *de faire valoir des excuses*, et ils ne seront point accueillis.

88. Alors les méchants verront de leurs yeux le supplice qu'ils ne sauront adoucir. Dieu ne daignera pas même jeter un regard sur eux.

89. Les idolâtres apercevront leurs compagnons, *ces divinités qu'ils associent à Dieu*, et diront : Seigneur, voici nos compagnons que nous adorions à côté de toi; mais ceux-ci leur riposteront : Vous n'êtes que des menteurs[2].

90. Ce jour-là les idolâtres offriront leur soumission à Dieu, et les divinités qu'ils avaient inventées disparaîtront.

91. Nous ferons subir châtiment sur châtiment pour prix de leur méchanceté à ceux qui n'ont point cru et qui ont détourné les autres du chemin droit.

92. Un jour nous susciterons du sein de chaque peuple un témoin qui déposera contre lui, et toi, *ô Mohammed!* nous t'instituerons témoin chargé de déposer contre les Arabes, car nous t'avons donné un livre qui contient l'explication de toute chose, qui est une preuve de notre miséricorde, qui sert de direction et annonce d'heureuses nouvelles à ceux qui se résignent à la volonté de Dieu.

[1] Le mot *beït*, en arabe, veut dire tente ou toute autre maison.
[2] C'est-à-dire, les divinités chimériques s'empresseront elles-mêmes de désavouer toute prétention de se croire égales à Dieu.

93. Dieu commande la justice et la bienfaisance, la libéralité envers ses parents, il défend la prostitution et l'iniquité, et l'injustice, il vous avertit, afin que vous réfléchissiez.

94. Soyez fidèles au pacte de Dieu, vous qui l'avez conclu ; ne violez point les serments que vous avez jurés solennellement. J'ai pris Dieu pour votre garant, et il sait ce que vous faites.

95. Ne ressemblez point à cette femme qui a défait le fil qu'elle avait tordu solidement, ne faites point entre vous de serments fallacieux, parce qu'une troupe d'entre vous est plus nombreuse qu'une autre. Dieu cherche à vous éprouver à cet égard, mais au jour de la résurrection, il vous rappellera l'objet de vos disputes.

96. Si Dieu avait voulu, il aurait fait de vous un seul peuple, mais il égare celui qu'il veut et dirige celui qu'il veut; un jour on vous demandera compte de vos actions.

97. Ne vous servez point de vos serments comme d'un moyen de fraude, de peur que vos pieds, fermement posés, ne viennent à glisser, et que vous n'éprouviez le châtiment pour avoir détourné les autres du sentier de Dieu. Un supplice terrible vous serait réservé.

98. N'allez point acheter un objet de vil prix avec le pacte de Dieu. Ce que Dieu tient en réserve vous sera plus avantageux, si vous avez de l'intelligence.

99. Ce que vous possédez passe, ce que Dieu tient en réserve est éternel. Nous donnerons aux persévérants la récompense qui leur est due, la plus conforme à leurs œuvres.

100. Quiconque fait une bonne action, et aura été croyant en même temps, qu'il soit homme ou femme, nous lui accorderons une vie heureuse, et nous lui accorderons la plus belle récompense digne de ses œuvres.

101. Quand tu lis le Koran, cherche auprès de Dieu le refuge de Satan le maudit[1].

102. Satan n'a point de pouvoir sur ceux qui croient et qui mettent leur confiance en Dieu.

103. Son pouvoir s'étend sur ceux qui s'éloignent de Dieu et qui lui associent d'autres divinités.

104. Si nous remplaçons *dans ce Koran* un verset par un autre (Dieu connaît mieux que qui que ce soit ce qu'il révèle), ils disent que tu l'inventes toi-même. Non, mais la plupart d'entre eux ne savent rien.

105. Dis-leur que l'esprit de sainteté te l'a réellement apporté de la part de ton Seigneur pour affermir les croyants, pour les diriger et

[1] Mot à mot, le lapidé.

pour annoncer d'heureuses nouvelles aux vrais croyants.

106. Nous savons bien qu'ils disent : Un homme instruit Mohammed. La langue de celui qu'ils veulent insinuer est une langue barbare, et vous voyez que le Koran est un livre arabe clair.

107. Certes, Dieu ne dirige point ceux qui ne croient point en ses signes ; un châtiment cruel leur est réservé.

108. Ceux qui ne croient point aux signes de Dieu commettent un mensonge, ils sont des menteurs.

109. Quiconque, après avoir cru, redevient infidèle (à moins qu'il ne soit pas contraint et que son cœur ne reste ferme dans la foi) *ne sera point coupable ;* mais la colère de Dieu s'appesantira sur celui qui ouvre son cœur pour l'infidélité, et un châtiment terrible l'attend.

110. Et cela pour prix de ce qu'ils ont préféré la vie de ce monde à celle de l'autre. Dieu ne dirige point les infidèles.

111. Ce sont ceux sur les cœurs, les yeux et les oreilles de qui Dieu a apposé son sceau. Ils n'entendent rien, et nul doute qu'ils ne soient les plus malheureux dans l'autre vie.

112. Mais Dieu est indulgent et plein de miséricorde pour ceux qui ont quitté leur pays après y avoir éprouvé des malheurs, qui depuis ont combattu pour la cause de Dieu et supporté tout avec patience.

113. Le jour viendra où toute âme plaidera pour elle-même, et où elle sera rétribuée selon ses œuvres, et nul ne sera lésé.

114. Dieu vous propose pour parabole une ville qui jouissait de la sécurité et de la tranquillité. Dieu lui avait donné de la nourriture en abondance ; mais elle se montra ingrate envers les bienfaits de Dieu, et il l'a visitée de la faim et de la terreur pour prix des œuvres de ses habitants [1].

115. Un apôtre s'éleva au milieu d'eux et ils le traitèrent d'imposteur ; le châtiment *de Dieu* les saisit, parce qu'ils étaient injustes.

116. Nourrissez-vous des aliments que Dieu vous accorde, des aliments licites et bons, et soyez reconnaissants pour les bienfaits de Dieu, si c'est lui que vous adorez.

117. Il vous a défendu de vous nourrir de cadavres, de sang et de la chair de porc, ainsi que de toute nourriture sur laquelle on aurait invoqué un autre nom que celui de Dieu ; mais si quelqu'un y est contraint, et qu'il ne le fasse pas comme impie et transgresseur, Dieu est indulgent et miséricordieux, *il le lui pardonnera.*

118. Ne dites point : Ceci est licite et ceci est illicite, selon que vos langues sont portées au mensonge, vous imputeriez un mensonge à Dieu, car ceux qui imputent un mensonge à Dieu ne prospèrent point.

119. *Leurs jouissances sont* un bien de peu de valeur et leur châtiment est douloureux.

120. Nous avions défendu aux Juifs les mets dont nous t'avons instruit précédemment ; nous ne les avons point traités injustement, ce sont eux qui ont agi injustement envers eux-mêmes.

121. Pour ceux qui auraient commis une mauvaise action par ignorance, mais qui reviendraient à Dieu et s'amenderaient, Dieu sera indulgent et miséricordieux.

122. Abraham était un homme[1] soumis à Dieu, orthodoxe ; il n'était point du nombre de ceux qui donnaient des égaux à Dieu.

123. Il était reconnaissant pour ses bienfaits ; Dieu l'avait élu et dirigé dans la droite voie.

124. Nous lui accordâmes une belle récompense dans ce monde, et il est au nombre des justes dans l'autre.

125. Nous t'avons révélé que tu as à suivre la religion d'Abraham, qui était orthodoxe, et n'était point du nombre des idolâtres.

126. On a établi le sabbat pour ceux qui engagent des disputes à son sujet. Dieu prononcera entre eux au jour de la résurrection sur leurs différends.

127. Appelle *les hommes* dans le sentier de Dieu par la sagesse et par des admonitions douces ; si tu entres en dispute avec eux, fuis-les avec honnêteté, car ton Seigneur connaît le mieux ceux qui dévient de son sentier et ceux qui suivent le droit chemin.

128. Quand vous exercez une vengeance *pour des injures reçues,* faites qu'elle soit analogue à celles que vous avez souffertes ; mais si vous préférez de les supporter avec patience, cela profitera mieux à ceux qui auront souffert avec patience.

129. Prends donc patience ; mais la patience n'est possible qu'avec *l'aide de Dieu.* Ne t'afflige point à cause d'eux ; que ton cœur ne soit pas dans l'angoisse à cause de leurs machinations, car Dieu est avec ceux qui le craignent et font le bien.

[1] Il y a dans le texte : Abraham était un peuple, c'est-à-dire, la nation d'Abraham, dont les Koréichites idolâtres prétendaient tirer leur origine.

---

[1] Mot à mot, il la revêtit du vêtement de la faim, etc.

CHAPITRE XVII.

LE VOYAGE NOCTURNE.

Donné à Médine. — III versets.

Au nom de Dieu clément et miséricordieux.

1. Louange à celui qui a transporté, pendant la nuit, son serviteur du temple sacré *de la Mecque* au temple éloigné *de Jérusalem*, dont nous avons béni l'enceinte pour lui faire voir nos merveilles. Dieu entend et voit tout.

2. Nous donnâmes à Moïse le Livre *de la loi*, et nous en avons fait un guide pour les enfants d'Israël. Ne prenez point, *leur avons-nous dit*, d'autre patron que Dieu.

3. O postérité de ceux que nous avons sauvés dans l'arche avec Noé! il était un serviteur reconnaissant.

4. Nous avions déclaré aux enfants d'Israël dans le Livre : Vous commettrez deux fois des iniquités sur la terre, et vous vous enorgueillirez d'un orgueil démesuré.

5. Lorsque l'accomplissement de la première prédiction arriva, nous envoyâmes contre vous nos serviteurs, doués d'une puissance terrible; ils pénétrèrent jusque dans l'intérieur de votre temple, et la prédiction fut accomplie.

6. Ensuite nous vous laissâmes prendre votre revanche sur eux, et nous accrûmes vos richesses et vos enfants; nous avons fait de vous un peuple nombreux.

7. *Nous vous avons dit :* Si vous faites le bien, vous le ferez pour vous; si vous faites le mal, vous le faites à vous-mêmes. Lorsque le terme de la seconde promesse arriva, *nous envoyâmes des ennemis* pour vous affliger, pour entrer dans votre temple, comme ils y pénétrèrent la première fois et pour démolir tout.

8. Peut-être Dieu aura pitié de vous; mais si vous revenez à vos péchés, nous aussi, nous reviendrons pour vous punir. Nous avons destiné la géhenne à être la prison des infidèles.

9. En vérité, ce Koran dirige vers le plus droit chemin; il annonce le bonheur aux croyants

10. Qui pratiquent les bonnes œuvres. Ils recevront une récompense magnifique.

11. Nous avons préparé un supplice terrible à ceux qui ne croient point à la vie future.

12. L'homme fait des vœux pour obtenir le mal comme il en fait pour obtenir le bien. L'homme est prompt de sa nature.

13. Nous fîmes de la nuit et du jour deux signes de notre puissance. Nous effaçâmes[1] le signe de la nuit et nous rendîmes visible celui du jour, afin que vous cherchiez à obtenir des bienfaits de la générosité de Dieu, afin que vous connaissiez le nombre des années et leur comput. Nous avons introduit la distinction parfaite dans toutes choses.

14. Nous avons attaché à chaque homme son oiseau au cou[1]. Au jour de la résurrection, nous lui montrerons un livre qu'il trouvera ouvert.

15. Lis dans ton livre, lui dirons-nous; il suffit que tu fasses toi-même ton compte aujourd'hui.

16. Quiconque suit le chemin droit, le suit pour lui-même; quiconque s'égare, s'égare à son propre détriment. Toute âme chargée d'un fardeau ne portera pas celui d'aucune autre. Nous n'avons point puni de peuple avant d'avoir suscité dans son sein un apôtre.

17. Lorsque nous voulûmes détruire une cité, nous adressâmes d'abord nos ordres à ses citoyens opulents; mais ils y commettaient des crimes. L'arrêt fut prononcé, et nous l'avons exterminée.

18. Combien, depuis Noé, avons-nous exterminé de nations? Il suffit que ton Seigneur voie et connaisse les péchés de ses serviteurs.

19. Quiconque a désiré les biens de ce monde qui passera promptement, à celui-là nous avons promptement accordé dans ce monde ce que nous avons voulu, ensuite nous lui avons préparé la géhenne; il y sera brûlé, couvert de honte et privé de toute ressource.

20. Celui qui désire la vie future, qui fait des efforts pour l'obtenir, qui en outre est croyant, les efforts de celui-là seront agréables à Dieu.

21. Nous accorderons en abondance nos grâces à tous, à ceux-ci et à ceux-là. Les grâces de ton Seigneur ne seront refusées à personne.

22. Vois comme nous avons élevé les uns au-dessus des autres *par les biens de ce monde*. Mais la vie future a des degrés plus élevés et des supériorités plus grandes encore.

23. Ne mets point d'autres dieux à côté de Dieu, car tu seras couvert de honte et d'avilissement.

24. Dieu a décidé de n'adorer que lui, de tenir une belle conduite envers vos père et mère, soit que l'un d'eux ait atteint la vieillesse ou qu'ils soient parvenus tous deux et qu'ils restent avec vous. Garde-toi de leur marquer du mépris[2], de leur faire des reproches. Parle-leur avec respect.

25. Sois humble envers eux et plein de ten-

---

[1] C'est-à-dire que la nuit est obscure.

[1] C'est-à-dire, la destinée de chaque homme.
[2] Mot à mot, de leur dire *fi!*

dresse¹, et adresse cette prière à Dieu : Seigneur, aie pitié d'eux, ils m'ont élevé dans mon enfance.

26. Dieu connaît mieux que personne le fond de vos cœurs ; il sait si vous êtes justes.

27. Il est indulgent pour ceux qui reviennent à lui.

28. Rends à tes proches ce qui leur est dû, ainsi qu'au pauvre et au voyageur, et ne sois point prodigue.

29. Les prodigues sont les frères de Satan. Satan a été ingrat envers son Seigneur.

30. Si tu t'éloignes de ceux qui ont besoin, obligé toi-même d'avoir recours à la miséricorde de Dieu, parle-leur au moins avec douceur.

31. Ne te lie pas le bras au cou et ne l'ouvre pas de toute son étendue², de peur que tu n'encoures le blâme et ne deviennes pauvre.

32. Dieu, tantôt répand à pleines mains ses dons à ceux qu'il veut, et tantôt il les mesure. Il est instruit de l'état de ses serviteurs et les voit.

33. Ne tuez point vos enfants par crainte de pauvreté ; nous leur donnerons leur nourriture, ainsi qu'à vous. Les meurtres que vous commettez sont un péché atroce.

34. Évitez l'adultère, car c'est une turpitude et une mauvaise route.

35. Ne tuez point l'homme, car Dieu vous l'a défendu, sauf pour une juste cause ; celui qui serait tué injustement, nous avons donné à son héritier le pouvoir d'exiger une satisfaction ; mais qu'il ne dépasse point les limites en tuant le meurtrier ³, car il est déjà assisté *par la loi*.

36. Ne touchez point aux biens de l'orphelin, à moins que ce ne soit d'une manière louable *pour les faire accroître* jusqu'à ce qu'il ait atteint l'âge fixé. Remplissez vos engagements, car on vous en demandera compte.

37. Quand vous mesurez, remplissez la mesure. Pesez avec une balance juste. Ceci vaut mieux et c'est plus beau.

38. Ne poursuis point ce que tu ne connais pas, l'ouïe, la vue, l'esprit. On vous demandera compte de tout.

39. Ne marche point orgueilleusement sur la terre, tu ne saurais ni la fendre en deux, ni égaler la hauteur des montagnes.

40. Tout cela est mauvais et abominable devant Dieu.

41. Voici ce que Dieu t'a révélé de la sagesse. Ne place point d'autres dieux à côté de Dieu, car tu serais précipité dans la géhenne, couvert de réprobation et d'avilissement.

¹ Mot à mot : Abaisse vers eux l'aile de ton humilité.
² Ne sois ni avare, ni prodigue.
³ C'est-à-dire, qu'il ne commette pas des cruautés.

42. Dieu vous a-t-il choisis pour ses fils, et les anges sont-ils ses filles ? Vous proférez là une parole atroce.

43. Nous avons répandu *des enseignements* dans ce Koran, afin que les hommes réfléchissent ; mais il n'a fait qu'augmenter votre éloignement.

44. Dis-leur : S'il y avait d'autres dieux à côté de Dieu, comme vous le dites, ces dieux désireraient à coup sûr d'évincer le possesseur du trône.

45. Louange à Dieu, il est élevé au-dessus de ce blasphème d'une immense hauteur.

46. Les sept cieux et tout ce qu'ils renferment, ainsi que la terre, célèbrent ses louanges. Il n'y a point de chose qui ne célèbre ses louanges, mais vous ne comprenez pas leurs chants. Dieu est humain et indulgent.

47. Quand tu lis le Koran, nous élevons un voile entre toi et ceux qui ne croient point à la vie future.

48. Nous avons recouvert leurs cœurs de voiles, afin qu'ils ne comprennent pas. Nous avons jeté la pesanteur dans leurs oreilles.

49. Quand tu prononces dans le Koran le nom du Dieu unique, ils tournent le dos et s'éloignent avec aversion.

50. Nous savons comment ils t'écoutent quand ils viennent t'écouter et quand il se parlent en secret, puisque les méchants disent : Vous ne faites là que suivre un homme ensorcelé.

51. Vois à quoi ils te comparent ; mais ils sont dans l'égarement et ne sauront retrouver le sentier.

52. Ils disent : Est-ce que, lorsque nous serons devenus os et cendres, nous pourrons-nous lever sous une forme nouvelle ?

53. Dis-leur : Oui, quand même vous seriez pierre, fer ou telle autre chose de celles qui paraissent impossibles à votre esprit. Ils répondront : Et qui nous fera retourner à la vie ? Dis : Celui qui vous a créés la première fois. Alors ils secoueront la tête et te demanderont : Quand cela aura-t-il lieu ? Dis : Il se peut que cela ne soit pas éloigné.

54. Un jour Dieu vous appellera *de vos tombeaux* ; vous lui répondrez en le louant ; il vous semblera n'y avoir demeuré que très-peu de temps.

55. Dis à mes serviteurs de ne parler qu'avec douceur, car Satan pourrait semer la discorde entre eux. Satan est l'ennemi déclaré de l'homme.

56. Votre Seigneur vous connaît ; s'il le veut, il vous fera sentir sa miséricorde ; s'il le veut, il vous punira. Nous ne t'avons pas envoyé, ô Mohammed ! pour être leur patron.

57. Ton Seigneur connaît mieux que per-

sonne ce qui est aux cieux et sur la terre. Nous avons élevé les prophètes les uns au-dessus des autres. Et nous avons donné les psaumes à David.

58. Dis : Appelez à votre secours ceux que vous vous imaginez être dieux hors lui, et vous verrez qu'ils ne peuvent ni vous délivrer d'un mal, ni le détourner.

59. Ceux que vous invoquez briguent d'avoir un accès auprès de leur Seigneur, c'est à qui sera plus près de lui, ils attendent sa miséricorde et craignent son châtiment, car le châtiment de ton Seigneur est terrible.

60. Nous détruirons ou punirons sévèrement toutes les villes de la terre avant le jour de la résurrection. C'est un arrêt écrit dans le Livre éternel.

61. Rien ne nous aurait empêché de t'envoyer avec le pouvoir des miracles, si les peuples d'autrefois n'avaient déjà traité de mensonges les précédents. Nous avons fait voir aux Thémoudites la femelle du chameau, bien distinctement; *c'était un avertissement*, et cependant ils l'ont maltraitée. Nous n'envoyons de prophètes avec des miracles que pour intimider.

62. Souviens-toi que nous avons dit : Dieu environne les hommes de tous côtés. Nous ne t'avons accordé la vision que nous t'avons fait voir [1], et l'arbre maudit dans le Koran [2] que pour fournir un sujet de dispute aux hommes, et pour les intimider; mais cela ne fera que rendre leur perversité bien plus grande.

63. Nous dîmes aux anges : Prosternez-vous devant Adam, et ils se prosternèrent, *Éblis* seul excepté. Me prosternerai-je, dit-il, devant celui que tu crées de limon?

64. Il ajouta : Que t'en semble? Si tu me donnes du répit jusqu'au jour de la résurrection, j'exterminerai, un petit nombre excepté, la postérité de celui que tu as élevé au-dessus de moi.

65. Éloigne-toi. Ceux qui te suivront d'entre les hommes et toi, vous aurez tous la géhenne pour récompense; ample récompense *de vos crimes*.

66. Attire par ta voix ceux que tu pourras; fonds sur eux avec tes cavaliers et tes piétons [3]; sois leur associé dans leurs richesses et leurs enfants, et fais-leur des promesses; (Satan ne saurait faire des promesses que pour aveugler les hommes).

67. Mais tu n'auras aucun pouvoir sur mes serviteurs. Il leur suffira d'avoir Dieu pour patron.

68. C'est votre Seigneur qui fait voguer pour vous les vaisseaux à travers les mers, afin que vous cherchiez les dons de sa générosité. Il est miséricordieux pour vous.

69. Lorsqu'un malheur vous atteint sur mer, ceux que vous invoquez vous abandonnent. Dieu seul est là. Mais, lorsqu'il vous a sauvés et rendus à la terre ferme, vous vous éloignez de lui. En vérité, l'homme est ingrat.

70. Êtes-vous sûrs qu'il ne vous fera pas engloutir par quelque partie de la terre s'entr'ouvrant sous vos pas, ou qu'il n'enverra pas contre vous un tourbillon qui vous ensevelira sous le sable, sans que vous puissiez alors trouver de protecteur?

71. Êtes-vous sûrs qu'il ne vous ramènera pas une seconde fois sur la mer, et qu'il n'enverra pas contre vous un vent violent, qu'il ne vous submergera pas pour prix de votre incrédulité? Alors vous ne trouverez aucun protecteur.

72. Nous honorâmes les enfants d'Adam. Nous les portâmes sur la terre et les mers, nous leur donnâmes pour nourriture des aliments délicieux et nous leur accordâmes une grande supériorité sur un grand nombre d'êtres que nous avons créés.

73. Un jour nous ferons venir les peuples, leurs chefs à leur tête. Celui qui recevra son livre dans la main droite, le lira : tous ne seront point lésés d'un seul brin.

74. Celui qui est aveugle dans ce monde le sera également dans l'autre, et se trouvera sur le sentier du plus funeste égarement.

75. Peu s'en est fallu que les infidèles ne t'aient éloigné par leurs tentations de ce que nous t'avons révélé, et ne t'aient porté à nous prêter d'autres révélations. Oh! alors ils t'auraient regardé comme leur ami.

76. Si nous ne t'avions point raffermi dans notre foi, *tu aurais cédé*, car tu penchais déjà un peu vers eux.

77. Alors nous t'aurions fait éprouver les malheurs de la vie et ceux de la mort, et tu n'aurais point trouvé d'assistance contre nous.

78. Peu s'en est fallu que les infidèles ne t'aient fait abandonner ce pays pour t'en chasser. Oh! alors, ils n'y auraient pas demeuré longtemps après ton éloignement.

79. C'est la voie qu'ont suivie nos apôtres en-

---

[1] C'est la vision des cieux, que Mohammed disait avoir eue, et qui ensuite a été regardée comme un voyage nocturne réel.

[2] L'arbre maudit. C'est le *zacoum*, qui s'élève du fond de l'enfer.

[3] Expression proverbiale pour dire : Avec toutes tes forces.

voyés avant toi. Tu ne saurais trouver de changement dans nos voies.

80. Fais ta prière au déclin du soleil et au moment de l'arrivée des ténèbres de la nuit ; récite la lecture de l'aube du jour ; les anges assistent à la lecture de l'aube du jour.

81. Dans la nuit, consacre tes veilles à la prière. Ce sera pour toi une œuvre surérogatoire. Il se peut que Dieu t'accorde dans ces veilles une place glorieuse[1].

82. Dis : Seigneur, fais-moi entrer d'une entrée favorable, et fais-moi sortir d'une sortie favorable[2] et accorde-moi une puissance protectrice.

83. Dis encore : La vérité est venue et le mensonge s'est évanoui, car le mensonge est destiné à s'évanouir.

84. Nous envoyons dans le Koran la guérison et la grâce aux fidèles. Quant aux injustes, il ne fera que mettre le comble à leur ruine.

85. Quand nous accordons quelque bienfait à l'homme, il se détourne de nous et se met à l'écart. Lorsqu'un malheur vient l'atteindre, il se désespère.

86. Dis : Chacun agit à sa manière ; mais Dieu sait qui est celui qui suit le chemin le plus droit.

87. Ils t'interrogeront au sujet de l'esprit. Dis-leur : L'esprit a été créé par l'ordre du Seigneur, mais il n'y a qu'un petit nombre d'entre vous qui soit en possession de la science.

88. Si nous voulions, nous pourrions te retirer ce que nous t'avons révélé, et tu ne saurais trouver personne qui se chargeât de ta cause auprès de nous,

89. Excepté la grâce même qui te vient de Dieu. En vérité, la générosité de ton Seigneur à ton égard est immense.

90. Dis : Quand les hommes et les génies se réuniraient pour produire quelque chose de semblable à ce Koran, ils ne produiraient rien de pareil, lors même qu'ils s'aideraient mutuellement.

91. Nous avons répandu dans ce Koran toute sorte de paraboles pour *l'instruction* des hommes ; mais les hommes se sont refusés à tout, excepté à l'incrédulité.

92. Ils dirent : Nous ne te croirons pas, à moins que tu ne fasses jaillir de la terre un source d'eau vive ;

93. Ou à moins que tu n'aies un jardin planté de palmiers et de vignes, et que tu ne fasses jaillir des torrents du milieu de ce jardin ;

94. Ou à moins qu'une partie du ciel ne tombe sur nous, ou à moins que tu n'amènes Dieu et les anges comme garants de tes paroles ;

95. Ou à moins que tu n'aies une maison ornée de dorures, ou à moins que tu ne montes aux cieux par une échelle, nous ne croirons non plus que tu y sois monté que lorsque tu nous feras descendre un livre que nous puissions lire tous. Réponds-leur : Louange à Dieu! Suis-je donc autre chose qu'un homme et un apôtre ?

96. Qu'est-ce donc qui empêche les hommes de croire, lorsque la doctrine de la direction est venue vers eux ? C'est qu'ils ont dit : Dieu aurait-il envoyé un homme pour être son apôtre ?

97. Dis-leur : Si les anges marchaient sur la terre et y vivaient tranquillement, nous leur aurions envoyé un ange pour apôtre.

98. Dis-leur : Dieu sera un témoin suffisant entre vous et moi, car il est instruit des actions de ses serviteurs et les voit.

99. Celui que Dieu dirige est seul sur le droit chemin ; celui que Dieu égare ne trouvera aucun patron en dehors de lui. Au jour de la résurrection, nous les réunirons tous, prosternés sur leurs faces, aveugles, muets et sourds. La géhenne sera leur demeure ; nous attiserons son feu toutes les fois qu'il s'éteindra.

100. Telle sera leur rétribution de ce qu'ils n'ont point cru à nos miracles, et de ce qu'ils avaient coutume de dire : Quand nous ne serons qu'os et poussière, nous nous lèverons revêtus d'une forme nouvelle.

101. Ne voient-ils pas que Dieu qui a créé les cieux et la terre, peut aussi créer des corps semblables à eux ? Il a fixé un terme pour eux ; il n'y a point de doute là-dessus ; mais les injustes se refusent à tout, excepté à l'incrédulité.

102. Dis-leur : Si vous disposiez des trésors de la miséricorde divine, vous les serreriez, de peur de les dépenser. En vérité, l'homme est avare.

103. Nous avons accordé à Moïse neuf prodiges évidents ; interroge plutôt les enfants d'Israël. Lorsque Moïse se présenta devant Pharaon, celui-ci lui dit : J'estime, Moïse, que tu es sous le pouvoir d'un enchantement.

104. Tu sais bien, répondit Moïse, que c'est Dieu, le seigneur des cieux et de la terre, qui envoie ces prodiges évidents ; j'estime, ô Pharaon! que tu es voué à la perdition.

105. Pharaon voulut les expulser du pays, et

---

[1] Il est à remarquer que les Soufis éprouvent leurs extases et les manifestations de Dieu pendant ces veilles. Nul doute que le mot *mekam*, employé dans le texte, a créé à ce mot son acception technique, chez les Soufis, dans le sens d'extase d'un certain degré.

[2] On peut entendre ceci soit comme une prière à Dieu, pour qu'il accorde à l'homme une mort et une résurrection désirée, soit en supposant qu'il s'agit ici de Mohammed, pour que Dieu lui accorde la libre entrée à la Mecque et la faculté d'en sortir libre.

nous l'avons submergé, lui et tous ceux qui l'ont suivi.

106. Nous dîmes ensuite aux enfants d'Israël : Habitez cette terre, et lorsque le terme de la vie future sera arrivé, nous vous réunirons tous ensemble. Nous avons envoyé le Koran réellement, et il est descendu réellement. Et toi, ô Mohammed! nous ne t'avons envoyé que pour annoncer et pour avertir.

107. Nous avons partagé le Koran *en portions*, afin que tu le récites aux hommes par pauses. Nous l'avons fait descendre réellement.

108. Dis-leur: Croyez en lui ou n'y croyez pas, *peu importe!* Ceux à qui la science a été donnée précédemment se prosternent et tombent sur leurs faces quand on leur en récite les versets. Gloire à Dieu! s'écrient-ils. Les promesses de Dieu sont accomplies.

109. Ils tombent sur leurs faces, ils pleurent, et leur soumission ne fait que s'accroître.

110. Invoquez Dieu ou invoquez le Miséricordieux, de quel nom que vous l'invoquiez, les plus beaux noms lui appartiennent. Ne prononce la prière ni d'une voix trop élevée ni d'une voix trop basse. Cherche le milieu entre les deux.

111. Dis : Gloire à Dieu qui n'a point d'enfants ni d'associés au pouvoir. Il n'a point de protecteur chargé de le préserver de l'abaissement. Glorifie Dieu en proclamant sa grandeur.

CHAPITRE XVIII.
LA CAVERNE.
Donné à Médine. — 110 versets.

Au nom de Dieu clément et miséricordieux.

1. Louange à Dieu, qui a envoyé à son serviteur le Livre, où il n'a point mis de tortuosités,

2. Un livre droit destiné à menacer les hommes d'un châtiment terrible de la part de Dieu, et à annoncer aux croyants qui font le bien une belle récompense dont ils jouiront éternellement,

3. Un livre destiné à avertir ceux qui disent : Dieu a un fils.

4. Ils n'en ont aucune connaissance, pas plus que leurs pères. C'est une parole coupable qui sort de leurs bouches. C'est un mensonge.

5. S'ils ne croient pas à ce livre (le Koran), tu es capable de t'anéantir de chagrin en les poursuivant de ton zèle.

6. Tout ce qui sert d'ornement à la terre, nous l'avons donné pour éprouver les hommes, pour savoir qui d'entre eux se conduira le mieux.

7. Mais *tous ces ornements*, nous les réduirons en poussière.

8. As-tu fait attention que l'histoire des compagnons de la Caverne et d'Al-Rakim [1] est un de nos signes et une chose extraordinaire?

9. Lorsque ces jeunes gens s'y furent retirés, ils s'écrièrent : Seigneur! accorde-nous ta miséricorde, et assure-nous la droiture dans notre conduite.

10. Nous avons frappé leurs oreilles de surdité dans la caverne pendant un certain nombre d'années.

11. Nous les réveillâmes ensuite pour voir qui d'entre eux saurait mieux compter le temps qu'ils y étaient restés.

12. Nous te racontons leur histoire en toute vérité. C'étaient des jeunes gens qui croyaient en Dieu, et auxquels nous avons ajouté encore des moyens de suivre la droite voie.

13. Nous fortifiâmes leurs cœurs, lorsque, amenés devant le prince [2], ils dirent : Notre Seigneur est le maître des cieux et de la terre; nous n'invoquerons point d'autre Dieu que lui, autrement nous commettrions un crime.

14. Nos concitoyens adorent d'autres divinités que Dieu; peuvent-ils nous montrer une preuve évidente en faveur de leur culte? Et qui est plus coupable que celui qui a forgé un mensonge sur le compte de Dieu?

15. Ils se dirent alors l'un à l'autre : Si vous les quittiez, ainsi que les idoles qu'ils adorent à côté de Dieu, et si vous vous retiriez dans une caverne, Dieu vous accorderait sa grâce et disposerait vos affaires pour le mieux.

16. Tu aurais vu le soleil, quand il se levait, passer à droite de l'entrée de la caverne, et, quand il se couchait, s'en éloigner à gauche; et ils se trouvaient dans un endroit spacieux de la caverne. C'est un des miracles de Dieu. Celui-là est bien dirigé que Dieu dirige; mais quiconque Dieu égare, on ne saurait lui trouver ni patron ni guide.

17. Tu aurais cru qu'ils veillaient, et cependant ils dormaient; nous les retournions tantôt à droite et tantôt à gauche; leurs chiens étaient couchés, les pattes étendues, à l'entrée de la caverne. Si, arrivé à l'improviste, tu les eusses vus dans cet état, tu t'en serais détourné et enfui; tu aurais été transi de frayeur.

18. Nous les éveillâmes ensuite, afin qu'ils s'interrogeassent mutuellement. L'un d'entre eux demanda : Combien de temps sommes-nous res-

---

[1] On n'est pas d'accord sur la signification du mot *Rakim*. Les uns croient que c'est le nom des chiens des Sept-Dormants, d'autres que c'est le nom d'une table sur laquelle étaient inscrits les noms des hommes qui s'étaient retirés dans la Caverne.

[2] Selon les commentateurs, ce dut être Décianus (Décius).

tés ici ? Un jour, répondit l'autre, ou une partie seulement du jour. Dieu sait mieux que personne, reprirent les autres, le temps que nous y avons demeuré. Envoyez quelqu'un d'entre vous avec cet argent à la ville ; qu'il s'adresse à celui qui aura les meilleurs aliments, qu'il vous en apporte pour votre nourriture, mais qu'il se comporte avec civilité, et ne découvre à personne votre retraite.

19. Car si les habitants en avaient connaissance, ils vous lapideraient, ou bien vous forceraient à embrasser leur croyance. Alors tout bonheur disparaîtrait pour vous.

20. Nous avons fait connaître à leurs concitoyens leur aventure, afin qu'ils apprennent que les promesses de Dieu sont véritables, et qu'il n'y a point de doute sur l'arrivée de l'heure. Leurs concitoyens se disputaient à leur sujet. Élevons un édifice au-dessus *de la caverne*. Dieu connaît mieux que personne la vérité à leur égard. Ceux dont l'avis l'emporta dans leur affaire dirent : Nous y élèverons une chapelle.

21. On disputera sur leur nombre. Tel dira : Ils étaient trois ; leur chien était le quatrième. Tel autre dira : Ils étaient cinq, et leur chien était le sixième. On scrutera le mystère. Tel dira : Ils étaient sept, et leur chien faisait le huitième. Dis : Dieu sait mieux que personne combien ils étaient. Il n'y a qu'un petit nombre qui le sait.

22. Aussi ne dispute point à ce sujet, si ce n'est pour la forme, et ne demande point *à aucun chrétien* des avis à cet égard.

23. Ne dis jamais : Je ferai telle chose demain, sans ajouter : Si c'est la volonté de Dieu. Souviens-toi de Dieu si tu viens à l'oublier, et dis : Peut-être Dieu me dirigera-t-il vers la vraie connaissance de cette aventure [1].

24. Ces jeunes gens demeurèrent dans leur caverne trois cents ans, plus neuf.

25. Dis : Dieu sait mieux que personne combien de temps ils y demeurèrent ; les secrets de Dieu et de la terre lui appartiennent ; prétends-tu lui faire voir ou entendre quelque chose ? Les hommes n'ont point d'autre patron que lui ; Dieu n'associe personne dans ses arrêts.

26. Révèle ce qui t'a été révélé du Livre de Dieu, sans introduire aucun changement dans ses paroles ; dans le cas contraire, tu ne saurais trouver aucun refuge devant Dieu.

27. Prends patience avec ceux qui invoquent le Seigneur au matin et au soir et recherchent ses regards. Ne détourne point tes yeux d'eux pour te livrer aux plaisirs de ce monde, et n'obéis point à celui dont nous avons rendu le cœur insouciant de nous, qui suit ses penchants, et dont la conduite n'est qu'un excès.

28. Dis : La vérité vient de Dieu, que celui qui veut croire, croie, et que celui qui veut être infidèle, le soit. Quant à nous, nous avons préparé pour les impies le feu, qui les entourera de ses parois. Quand ils imploreront du secours, on leur donnera de l'eau ardente comme le métal fondu, qui leur brûlera la figure. Quel détestable breuvage ! quel mauvais support !

29. Ceux qui auront cru et pratiqué les bonnes œuvres ne seront pas privés de la récompense qui leur est due pour avoir mieux agi que les autres.

30. A ceux-ci les jardins d'Éden ; sous leurs pieds couleront des fleuves ; ils s'y pareront de bracelets d'or, se vêtiront de robes vertes de soie et de satin, accoudés sur des trônes. Quelle belle récompense ! quel admirable support !

31. Propose-leur la parabole des deux hommes : A l'un d'eux nous donnâmes deux jardins plantés de vignes ; nous entourâmes ces jardins de palmiers, et entre les deux nous plaçâmes des champs ensemencés. Les deux jardins portèrent des fruits et ne furent point stériles.

32. Nous avons fait couler une rivière au sein même de ces jardins. Cet homme a récolté quantité de fruits, et a dit à son voisin en conversation : Je suis plus riche que toi, et j'ai une famille plus nombreuse.

33. Il entra dans son jardin, coupable envers lui-même, et s'écria : Je ne pense pas que ce jardin périsse jamais.

34. Je ne pense pas que l'heure arrive jamais, et si je reparais devant Dieu, j'aurai en échange un jardin encore plus beau que celui-ci.

35. Son ami lui dit, pendant qu'ils étaient ainsi en conversation : Ne crois tu pas en celui qui t'a créé de poussière, puis de sperme, et qui enfin t'a donné la forme parfaite d'homme ?

36. Quant à moi, Dieu est mon Seigneur, et je ne lui associerai nul autre dans mon culte.

37. Que ne dis-tu pas plutôt en entrant dans ton jardin : Il arrivera ce que Dieu voudra ; il n'y a point de force si ce n'est en Dieu. Bien que tu me voies plus pauvre et ayant moins d'enfants,

38. Il se peut que Dieu m'accorde quelque chose qui vaudra mieux que ton jardin ; il fera tomber des flèches du ciel, et tu seras un beau matin réduit en poussière stérile.

39. Les eaux qui l'arrosent peuvent disparaître sous terre, où tu ne saurais les retrouver.

40. Les possessions de l'incrédule furent en-

---

[1] Mohammed, questionné par les juifs au sujet des Sept-Dormants, leur promit de leur répondre le lendemain. Il oublia d'ajouter : s'il plaît à Dieu. La révélation ne vint pas pendant plusieurs jours en punition de cet oubli.

veloppées dans la destruction avec tous ses fruits. Il se tordait les mains, regrettant ses dépenses, car les vignes se tenaient sur les échalas, dépouillées de leurs fruits, et il s'écriait: Plût à Dieu que je ne lui eusse associé aucun autre dieu!

41. Il n'avait point de troupe armée qui l'eût secouru contre Dieu, il ne trouva aucun secours.

42. La protection n'appartient qu'à Dieu seul, le Dieu vrai. Il sait récompenser mieux que personne, et procurer la plus heureuse issue.

43. Propose-leur la parabole de la vie mondaine. Elle ressemble à l'eau que nous faisons descendre du ciel, les plantes de la terre se mêlent à elle; le lendemain elles sont sèches; les vents les dispersent. Car Dieu est tout-puissant.

44. Les richesses et les enfants sont les ornements de la vie mondaine; mais les bonnes œuvres qui restent obtiennent auprès de ton Seigneur une meilleure récompense, et donnent de plus belles espérances.

45. Un jour que nous ferons marcher les montagnes, tu verras la terre nivelée comme une plaine; nous rassemblerons tous les hommes, sans en oublier un seul.

46. Ils paraîtront devant ton Seigneur rangés en ordre. Dieu leur dira : Vous paraissez devant moi dans l'état où je vous ai créés pour la première fois, et vous pensiez que je ne remplirais pas mes promesses.

47. Le livre où sont inscrites les actions de chacun sera mis entre ses mains; tu verras les coupables saisis de frayeur, à cause de ce qui est écrit: Malheur à nous! Que veut donc dire ce livre? Les plus petites choses comme les plus grandes, aucune n'y est omise; il les a comptées toutes; toutes leurs actions leur seront présentées. Dieu ne lèsera pas un seul homme.

48. Quand nous dîmes aux anges : Prosternez-vous devant Adam, ils se prosternèrent tous, à l'exception d'Éblis, qui était un des démons; il se révolta contre les ordres de Dieu; prendrez-vous donc plutôt Éblis et sa race pour patrons que moi? Ils sont vos ennemis. Quel détestable échange que celui des méchants!

49. Je ne vous ai point pris à témoin quand je créais les cieux et la terre, et quand je vous créais, vous; je n'ai point appelé à mon aide ceux qui s'égarent.

50. Un jour, Dieu dira aux infidèles : Appelez vos compagnons, ceux que vous croyez être dieux. Ils les appelleront, mais ils n'obtiendront aucune réponse. Nous mettrons entre eux la vallée de la distinction.

51. Les coupables verront le feu de l'enfer et sauront qu'ils y seront précipités; ils ne trouveront aucun moyen d'y échapper.

52. Nous avons répandu dans le Koran toute sorte de paraboles à l'usage des hommes; mais l'homme engage la dispute sur la plupart des choses.

53. Qu'est-ce donc qui empêche les hommes de croire quand la direction du droit chemin leur a été donnée? qu'est-ce qui les empêche d'implorer le pardon de Dieu? Peut-être attendent-ils le sort des hommes d'autrefois, ou que le châtiment les atteigne à la face de l'univers.

54. Nous envoyons des apôtres chargés d'avertir et d'annoncer. Les incrédules se servent d'arguments futiles pour effacer la vérité, et prennent nos miracles et les peines dont on les menace pour l'objet de leurs railleries.

55. Quel être plus coupable que celui qui se détourne quand on lui récite nos enseignements, qui oublie les actions qu'il avait commises lui-même? Nous avons recouvert leurs cœurs de plus d'une enveloppe, pour qu'ils ne comprennent point le Koran, et nous avons jeté la surdité dans leurs oreilles.

56. Quand même tu les appellerais à la droite voie, ils ne la suivront jamais.

57. Ton Seigneur est indulgent et plein de compassion; s'il voulait les punir de leurs œuvres, il aurait avancé l'heure du châtiment. Mais ils ont un terme fixé pour l'accomplissement des menaces, et ils ne trouveront aucun refuge contre sa vengeance.

58. Nous avons détruit ces anciennes cités, à cause de leur impiété. Précédemment nous les avions menacées de leur ruine.

59. Un jour Moïse dit à son serviteur [1] : Je ne cesserai de marcher jusqu'à ce que je sois parvenu à l'endroit où les deux mers se joignent, ou je marcherai pendant plus de quatre-vingts ans.

60. Lorsqu'ils furent arrivés au confluent des deux mers, ils s'aperçurent qu'ils avaient perdu leur poisson [2], qui prit la route de la mer par une voie souterraine.

61. Ils passèrent outre, et Moïse dit à son serviteur: Sers-nous notre repas, nous avons éprouvé beaucoup de fatigue dans ce voyage.

62. Qu'en dis-tu? reprit son serviteur. Lorsque nous nous sommes arrêtés auprès de ce rocher, je n'ai fait aucune attention au poisson. Il n'y a que Satan qui eût pu me le faire oublier ainsi, pour que je ne te le rappelasse pas; le poisson a pris son chemin vers la mer; c'est miraculeux.

---

[1] Josué, fils de Noren.
[2] Ils avaient pris un poisson; à l'endroit où il disparaîtrait Moïse devait trouver celui qu'il cherchait.

63. C'est ce que je désirais, reprit Moïse. Et ils retournèrent tous deux sur leurs pas.

64. Ils rencontrèrent un de nos serviteurs que nous avons favorisé de notre grâce et éclairé de notre science.

65. Puis-je te suivre, lui dit Moïse, afin que tu m'enseignes une portion de ce qu'on t'a enseigné à toi-même par rapport à la vraie route ?

66. L'inconnu répondit : Tu ne pourras jamais supporter ma société.

67. Et comment pourrais-tu supporter certaines choses dont tu ne comprendras pas le sens ?

68. S'il plaît à Dieu, reprit Moïse, je serai constant et soumis à tes ordres.

69. Puisque tu veux me suivre, *reprit l'inconnu*, ne m'interroge sur aucun fait avant que je t'aie parlé le premier.

70. Ils partirent donc et marchèrent jusqu'au bord de la mer ; étant entré dans un bateau, *l'inconnu* le brisa. L'as-tu brisé, demanda Moïse, pour noyer ceux qui sont dedans ? Tu viens de commettre là une action étrange.

71. Ne t'ai-je pas dit que tu ne pourrais pas demeurer avec moi ?

72. Ne me blâme pas, reprit Moïse, d'avoir oublié tes ordres, et ne m'impose point des obligations trop difficiles.

73. Ils partirent, et ils marchèrent jusqu'à ce qu'ils eurent rencontré un jeune homme. L'inconnu le tua. Eh quoi ! tu viens de tuer un homme innocent qui n'a tué personne ! Tu as commis là une action détestable.

74. Ne t'ai-je point dit que tu ne pourrais jamais vivre avec moi ?

75. Si je t'interroge encore une seule fois, tu ne me permettras plus de t'accompagner. Maintenant excuse-moi.

76. Ils partirent, et ils marchèrent jusqu'à ce qu'ils arrivassent aux portes d'une ville. Ils demandèrent l'hospitalité aux habitants ; ceux-ci refusèrent de les recevoir. Les deux voyageurs s'aperçurent que le mur de la ville menaçait ruine. L'inconnu le releva. Si tu avais voulu, lui dit Moïse, tu aurais pu en demander la récompense.

77. Ici nous nous séparerons, reprit l'inconnu. Je vais seulement t'apprendre la signification des choses que tu as été impatient de savoir.

78. Le navire appartenait à de pauvres gens qui travaillaient sur mer ; je voulus l'endommager, parce que derrière lui il y avait un roi qui s'emparait de tous les navires.

79. Quant au jeune homme, ses parents étaient croyants, et nous avons craint qu'il ne les infectât de sa perversité et de son incrédulité.

80. Nous avons voulu que Dieu leur donnât en retour un fils plus vertueux et plus digne d'affection.

81. Le mur était l'héritage de deux orphelins de la ville. Sous ce mur était un trésor qui leur appartenait. Leur père était un homme de bien. Le Seigneur a voulu les laisser atteindre l'âge de puberté pour leur rendre le trésor. Ce n'est point de mon propre chef que j'ai fait tout cela. Voilà les choses dont tu as été impatient de connaître le sens [1].

82. On t'interrogera, ô Mohammed ! au sujet de Dhoul'Karneïn [2]. Réponds : Je vous raconterai son histoire.

83. Nous affermîmes sa puissance sur la terre, et nous lui donnâmes les moyens d'accomplir tout ce qu'il désirait, et il suivit une route.

84. Il marcha jusqu'à ce qu'il fût arrivé au couchant du soleil ; il vit le soleil se coucher dans une fontaine boueuse ; il y trouva établie une nation.

85. Nous lui dîmes : O Dhoul'karneïn ! tu peux châtier ce peuple ou le traiter avec générosité.

86. Nous châtierons, répondit-il, tout homme impie ; ensuite nous le livrerons à Dieu, qui lui fera subir un supplice affreux.

87. Mais quiconque aura cru et pratiqué le bien obtiendra une belle récompense, et nous ne lui donnerons que des ordres faciles à exécuter.

88. Dhoul'karneïn de nouveau suivit une route,

89. Jusqu'à ce qu'il arrivât à l'endroit où le soleil se lève ; il se levait sur un peuple auquel nous n'avons rien donné pour se mettre à l'abri de son ardeur.

90. Cette narration est véritable. Nous connaissons tous ceux qui étaient avec Dhoul'karneïn.

91. Il suivit de nouveau une route,

92. Jusqu'à ce qu'il arrivât entre les deux digues au pied desquelles habitait un peuple qui entendait à peine quelque langue.

93. Ce peuple lui dit : O Dhoul'karneïn ! voici que Iadjoudj et Madjoudj commettent des brigandages sur la terre. Pouvons-nous te demander, moyennant une récompense, d'élever une barrière entre eux et nous ?

94. La puissance que m'accorde mon Seigneur, répondit-il, est pour moi une récompense plus considérable. Aidez-moi seulement avec zèle, et j'élèverai une barrière entre vous et eux.

95. Apportez-moi de grandes pièces de fer, jusqu'à ce que j'aie fermé le défilé entre les deux

---

[1] L'inconnu dont il est question ici est Khedr, personnage choisi de Dieu pour accomplir ses arrêts.
[2] Possesseur de deux cornes. C'est le nom sous lequel les Arabes entendaient Alexandre le Grand.

montagnes. Il dit *aux travailleurs :* Soufflez le feu jusqu'à ce que le fer devienne rouge comme le feu. Puis il dit : Apportez-moi de l'airain fondu, afin que je le jette dessus.

96. Iadjoudj et Madjoudj ne purent ni escalader le mur, ni le percer.

97. Cet ouvrage, dit Dhoul'karneïn, est un effet de la miséricorde de Dieu.

98. Quand l'arrêt du Seigneur sera arrivé, il le réduira en pièces ; les promesses de Dieu sont infaillibles.

99. Le jour viendra où nous les laisserons se presser en foule comme les flots les uns sur les autres. On sonnera la trompette, et nous réunirons tous les hommes ensemble.

100. Alors nous livrerons les infidèles au feu de l'enfer,

101. Ainsi que ceux dont les yeux étaient couverts de voiles pour ne pas voir nos avertissements, et qui ne pouvaient pas nous écouter.

102. Les infidèles ont-ils pensé qu'ils pourront prendre pour patrons ceux qui ne sont que nos serviteurs ? Nous leur avons préparé la géhenne pour demeure.

103. Vous ferai-je connaître ceux qui ont le plus perdu à leurs œuvres ?

104. Dont les efforts dans ce monde ont été en pure perte, et qui croyaient cependant avoir bien agi ?

105. Ce sont les hommes qui n'ont point cru à nos signes, ni à leur comparution devant leur Seigneur ; leurs actions sont vaines, et nous ne leur assignerons pas de poids au jour de la résurrection.

106. Leur récompense sera l'enfer, parce qu'ils ont fait de mes signes et de mes apôtres l'objet de leur risée.

107. Ceux qui croient et pratiquent le bien auront pour demeure les jardins du paradis.

108. Ils les habiteront éternellement, et ne désireront aucun changement à leur sort.

109. Dis : Si la mer se changeait en encre pour décrire les paroles de Dieu, la mer faillirait avant les paroles de Dieu, quand même nous y emploierions une autre mer pareille.

110. Dis : Je suis un homme comme vous, mais j'ai reçu la révélation qu'il n'y a qu'un Dieu. Quiconque espère voir un jour la face du Seigneur, qu'il pratique le bien et qu'il n'associe aucune autre créature dans l'adoration due au Seigneur.

CHAPITRE XIX.

MARIE.

Donné à la Mecque. — 98 versets.

Au nom de Dieu clément et miséricordieux.

1. K. H. I. Aïn. S. Récit de la miséricorde de ton Seigneur envers son serviteur Zacharie.

2. Un jour il invoqua son Seigneur d'une invocation secrète,

3. Et dit : Seigneur, mes os languissants se dérobent sous moi, et ma tête s'allume de la flamme de la calvitie.

4. Je n'ai jamais été malheureux dans les vœux que je t'ai adressés.

5. Je crains que mes neveux n'hésitent d'en faire après moi. Ma femme est stérile. Donne-moi un héritier qui vienne de toi,

6. Qui hérite de moi, qui hérite de la famille de Jacob, et fais, ô Seigneur ! qu'il te soit agréable.

7. L'ange dit : O Zacharie ! nous t'annonçons un fils. Son nom sera Iahia.

8. Avant lui, personne n'a porté ce nom.

9. Zacharie dit : Seigneur ! comment aurai-je un fils. Mon épouse est stérile, et moi je suis arrivé à l'âge de décrépitude.

10. Il en sera ainsi. Ton Seigneur a dit : Ceci est plus facile pour moi. Je t'ai créé quand tu n'étais rien.

11. Seigneur, donne-moi un signe *pour garant de ta promesse.* Ton signe sera celui-ci : Tu ne parleras pas aux hommes pendant trois nuits, quoique bien portant.

12. Zacharie s'avança du sanctuaire vers le peuple, et lui faisait signe de louer Dieu matin et soir.

13. O Iahia ! prends ce livre avec une résolution ferme. Nous avons donné à Iahia la sagesse quand il n'était qu'un enfant,

14. Ainsi que la tendresse et la candeur. Il était pieux et bon envers ses parents. Il n'était point violent ni rebelle.

15. Que la paix soit sur lui au jour où il naquit, et au jour où il mourra, et au jour où il sera ressuscité.

16. Parle dans le Koran de Marie, comme elle se retira de sa famille et alla du côté de l'est *du temple.*

17. Elle se couvrit d'un voile qui la déroba à leurs regards. Nous envoyâmes vers elle notre esprit. Il prit devant elle la forme d'un homme, d'une figure parfaite.

18. Elle lui dit : Je cherche auprès du Miséricordieux un refuge pour toi. Si tu le crains.....

19. Il répondit : Je suis l'envoyé de ton Seigneur, chargé de te donner un fils saint.

20. Comment, répondit-elle, aurai-je un fils? Nul homme ne s'est approché de moi, et je ne suis point une dissolue.

21. Il répondit : Il en sera ainsi : ton Seigneur a dit : Ceci est facile pour moi. Il sera notre signe devant les hommes, et la preuve de notre miséricorde. L'arrêt est fixé.

22. Elle devint grosse de l'enfant, et se retira dans un endroit éloigné.

23. Les douleurs de l'enfantement la surprirent auprès d'un tronc de palmier. Plût à Dieu, s'écria-t-elle, que je fusse morte avant que je fusse oubliée d'un oubli éternel !

24. Quelqu'un lui cria de dessous elle [1] : Ne t'afflige point. Ton Seigneur a fait couler un ruisseau à tes pieds.

25. Secoue le tronc du palmier, des dattes mûres tomberont vers toi.

26. Mange et bois [2], et console-toi; et si tu vois un homme,

27. Dis-lui : J'ai voué un jeûne au Miséricordieux; aujourd'hui, je ne parlerai à aucun homme.

28. Elle alla chez sa famille, portant l'enfant dans ses bras. On lui dit : O Marie ! tu as fait une chose étrange.

29. O sœur d'Aaron ! ton père n'était pas un homme méprisable, ni ta mère une femme suspecte.

30. Marie leur fit signe d'interroger l'enfant : Comment, dirent-ils, parlerons-nous à un enfant au berceau?

31. Je suis le serviteur de Dieu; il m'a donné le Livre et m'a constitué prophète.

32. Il a voulu que je sois béni partout où je me trouve; il m'a recommandé de faire la prière et l'aumône tant que je vivrai;

33. D'être pieux envers ma mère; il ne permettra pas que je sois rebelle et abject.

34. La paix sera sur moi au jour où je naquis et au jour où je mourrai, et au jour où je serai ressuscité.

35. Ce fut Jésus fils de Marie, pour parler la parole de la vérité, celui qui est le sujet de doutes d'un grand nombre.

36. Dieu ne peut pas avoir d'enfants. Loin de sa gloire ce blasphème! Quand il décide d'une chose, il dit : Sois, et elle est.

37. Dieu est mon Seigneur et le vôtre. Adorez-le. C'est la voie droite.

38. Les conciliabules diffèrent d'avis entre eux. Malheur à ceux qui ne croient pas, à cause de la comparution du grand jour.

39. Fais-leur entendre, fais-leur voir le jour où ils viendront devant nous. Aujourd'hui, les méchants sont dans un égarement manifeste.

40. Avertis-les du jour des regrets, du jour où l'œuvre sera accomplie, quand, plongés dans l'insouciance, ils ne croient pas.

41. C'est nous qui hériterons de la terre et de tout ce qui existe dessus; eux, ils retourneront à nous.

42. Parle aussi, dans le Livre, d'Abraham; il était juste et prophète.

43. Un jour il dit à son père : O mon père ! pourquoi adores-tu ce qui n'entend ni ne voit, et qui ne saurait servir à rien?

44. O mon père ! il m'a été révélé une portion de la science qui ne t'est point parvenue. Suis-moi; je te conduirai sur un sentier égal.

45. O mon père ! ne sers point Satan, car il a été rebelle au Miséricordieux.

46. O mon père! je crains que le châtiment du Miséricordieux ne t'atteigne et que tu ne deviennes client de Satan.

47. Son père lui répondit : Tu as donc de l'aversion pour mes divinités. O Abraham ! si tu ne cesses d'en agir de la sorte, je te lapiderai. Quitte-moi pour de longues années.

48. Que la paix soit sur toi, répondit Abraham; j'implorerai le pardon de mon Seigneur, car il est bienveillant pour moi.

49. Je m'éloigne de vous et des divinités que vous invoquez à l'exclusion de Dieu. Moi, j'invoquerai mon Seigneur : peut-être ne serai-je pas malheureux dans mes prières au Seigneur.

50. Quand il se fut séparé d'eux et des divinités qu'ils invoquaient, nous lui donnâmes Isaac et Jacob, et nous les avons faits prophètes tous deux.

51. Nous leur accordâmes des dons de notre miséricorde et la langue sublime de la véracité.

52. Parle aussi, dans le Livre, de Moïse. Il était pur. Il était envoyé et prophète en même temps.

53. Nous lui criâmes du côté droit du mont Sinaï, et nous le fîmes approcher pour nous entretenir avec lui en secret.

54. Par l'effet de notre miséricorde, nous lui donnâmes son frère Aaron pour prophète.

55. Parle aussi, dans le Livre, d'Ismaël. Il était fidèle à ses promesses, envoyé et prophète.

56. Il ordonnait à son peuple de faire la prière et l'aumône. Il était agréable devant son Seigneur.

---

[1] On peut entendre ces mots de deux manières : ou bien que l'enfant parla, ou bien l'ange qui était à ses pieds.

[2] Mot à mot : rafraîchis ton œil.

57. Parle aussi, dans le Livre, d'Édris[1]. Il était véridique et prophète.

58. Nous l'avons élevé à une place sublime.

59. Voilà ceux que Dieu a comblés de ses bienfaits, ce sont les prophètes de la postérité d'Adam, ce sont ceux que nous avons conduits avec Noé, c'est la postérité d'Abraham et d'Israël, ce sont ceux que nous avons dirigés et élus en grand nombre. Lorsqu'on leur récitait les enseignements du Miséricordieux, ils se prosternaient la face contre terre, en pleurant.

60. D'autres générations leur succédèrent; elles laissèrent la prière se perdre et suivirent leurs appétits. Elles ne rencontreront que le mal.

61. Mais ceux qui reviennent à Dieu, qui croient et pratiquent le bien, seront introduits dans le paradis, et ne seront point lésés dans la plus petite partie.

62. Ils seront introduits dans les jardins d'Éden, que le Miséricordieux a promis à ses serviteurs. Sa promesse sera accomplie.

63. Ils n'y entendront aucun discours futile; mais le mot Paix. Ils recevront la nourriture le matin et le soir.

64. Tels sont les jardins que nous donnerons en héritage à celui d'entre nos serviteurs qui nous craint.

65. Nous ne descendons du ciel[2] que par l'ordre de ton Seigneur. A lui seul appartient ce qui est devant nous et derrière nous, et ce qui est entre eux deux. Et ton Seigneur n'est point oublieux.

66. Il est le Seigneur des cieux et de la terre, et de ce qui existe entre eux deux. Adore-le et persévère dans ton adoration. En connais-tu quelque autre du même nom?

67. L'homme dit: Quand je serai mort, sortirai-je de nouveau vivant?

68. L'homme ne se souvient-il pas que nous l'avons créé quand il n'était rien?

69. J'en jure par ton Seigneur, nous rassemblerons tous les hommes et les démons, puis nous les placerons autour de la géhenne, à genoux.

70. Puis nous en séparerons de chaque troupe ceux qui ont été les plus rebelles envers le Miséricordieux.

71. Et c'est nous qui connaissons le mieux ceux qui méritent d'être brûlés.

72. Il n'y aura aucun d'entre vous qui n'y soit précipité; c'est un arrêt fixé, décidé chez ton Seigneur.

73. Puis nous sauverons ceux qui craignent, et nous laisserons les méchants à genoux.

74. Lorsqu'on récite nos enseignements clairs aux incrédules, ils disent aux croyants: Lequel de nos deux partis occupe une place plus élevée lequel forme une plus belle assemblée?

75. Oh! combien de générations n'avons-nous pas anéanties, qui les surpassaient cependant en richesses et en splendeur!

76. Dis-leur: Dieu prolongera la vie de ceux qui sont dans l'égarement,

77. Jusqu'au moment où ils verront de leurs yeux si le châtiment dont on les menaçait était celui de cette vie, ou bien si c'est le supplice de l'heure. Alors ils apprendront qui est celui qui occupera la plus mauvaise place et qui sera le plus faible en secours.

78. Dieu ajoutera à la bonne direction de ceux qui ont été conduits dans le chemin droit.

79. Les biens qui restent, les bonnes actions sont destinées à recevoir une belle récompense et un plus beau résultat auprès de ton Seigneur.

80. As-tu vu celui qui n'ajoutait pas foi à nos enseignements, et qui disait: J'aurai des richesses et des enfants?

81. Connaît-il les choses cachées, ou bien a-t-il stipulé avec Dieu qu'il en fût comme il dit?

82. Certes, nous inscrirons ses paroles et nous accroîtrons son supplice.

83. C'est nous qui hériterons des biens qu'il se promet, et lui, il apparaîtra tout nu devant notre tribunal.

84. Ils ont pris des divinités autres que nous, pour en faire leur gloire.

85. Ces divinités les renieront et seront leurs adversaires.

86. Ne vois-tu pas que nous avons envoyé les démons pour exciter les infidèles au mal?

87. Ne cherche donc point à hâter leur supplice; nous leur comptons nous-mêmes leurs jours.

88. Le jour où nous rassemblerons devant le Miséricordieux les hommes pieux avec toutes les marques d'honneur;

89. Le jour où nous précipiterons les criminels dans l'enfer,

90. Nul ne saura faire valoir une intercession, si ce n'est ceux qui avaient fait une alliance avec le Miséricordieux.

91. Ils disent: Le Miséricordieux a des enfants. Vous venez de prononcer une impiété.

92. Peu s'en faut que les cieux ne se fendent

---

[1] Énoch.

[2] On suppose que c'est l'ange Gabriel qui répond ici à Mohammed, qui se plaignait des longs intervalles entre les révélations.

à ces mots, que la terre ne s'entr'ouvre, et que les montagnes ne s'écroulent,

93. De ce qu'ils attribuent un fils au Miséricordieux. Il ne lui sied point d'avoir un fils.

94. Tout ce qui existe dans les cieux et sur la terre est serviteur du Miséricordieux. Il les a comptés et dénombrés tous.

95. Tous paraîtront devant lui au jour de la résurrection, seuls, isolés.

96. Il comblera d'amour ceux qui croient et pratiquent les bonnes œuvres.

97. Nous avons rendu le Koran facile en te le donnant dans ta langue, afin que par lui tu annonces de belles promesses aux pieux et avertisses le peuple querelleur.

98. Combien de générations n'avons-nous pas anéanties ? Peux-tu trouver un seul homme qui en reste? As-tu entendu un seul d'entre eux proférer le plus léger murmure ?

CHAPITRE XX.

T. H.

Donné à la Mecque. — 135 versets.

Au nom de Dieu clément et miséricordieux.

1. T. H. Nous ne t'avons pas envoyé le Koran pour te rendre malheureux,

2. Mais pour servir d'admonition à celui qui craint Dieu.

3. Il a été envoyé par celui qui a créé la terre et les cieux élevés ;

4. Le Miséricordieux qui siège sur le trône.

5. A lui appartient ce qui est dans les cieux et sur la terre, ce qui est entre eux deux, et ce qui est sous la terre.

6. Si tu récites *la prière* à haute voix, *tu fais ce qui est inutile*, car Dieu connaît le secret, et même ce qui est encore plus caché.

7. Dieu, il n'y a point d'autre Dieu que lui. Il a les plus beaux noms [1].

8. As-tu entendu raconter l'histoire de Moïse?

9. Lorsqu'il aperçut un feu, il dit à sa famille : Restez ici, je viens d'apercevoir du feu.

10. Peut-être vous en apporterai-je un tison, ou bien je pourrai, à l'aide du feu, me diriger dans la route.

11. Et lorsqu'il s'en approcha, une voix lui cria : O Moïse !

12. En vérité, je suis ton Seigneur, ôte ta chaussure ; tu es dans la vallée sainte de Thouwa.

13. Je t'ai élu. Écoute attentivement ce qui te sera révélé.

14. Moi, je suis Dieu, il n'y a point d'autre Dieu que moi. Donc adore-moi, et fais la prière en souvenir de moi ;

15. Car l'heure viendra (peu s'en est fallu que je ne te l'aie révélée),

16. Afin que toute âme soit rétribuée pour ses œuvres.

17. Que celui qui ne croit pas, et suit ses passions, ne te détourne pas de *la vérité*, car tu périrais.

18. Qu'est-ce que tu portes dans ta droite ?

19. C'est mon bâton, dit-il, sur lequel je m'appuie et avec lequel j'approche les feuilles d'arbres pour mon troupeau, et il me sert encore à d'autres usages.

20. Dieu dit : Jette-le, ô Moïse !

21. Et Moïse le jette, et voici qu'il devient un serpent qui se mit à courir.

22. Dieu dit : Prends-le et ne crains rien ; nous le rendrons à son ancien état.

23. Porte ta main dans ton sein, elle en sortira blanche, sans aucun mal. Cela te servira d'un second signe.

24. Pour te faire ensuite voir de plus grands miracles,

25. Va trouver Pharaon. Il est impie.

26. Seigneur, dit Moïse, élargis mon sein,

27. Et rends-moi facile ma tâche,

28. Et dénoue le nœud de ma langue,

29. Afin qu'ils comprennent ma parole.

30. Donne-moi un conseiller de ma famille ;

31. Que ce soit mon frère Aaron.

32. Fortifie-moi par lui [1],

33. Et associe-le à moi dans mon entreprise,

34. Afin que nous célébrions sans cesse tes louanges, et pensions à toi sans cesse ;

35. Car tu nous vois.

36. Dieu répondit : O Moïse ! je t'accorde ta demande.

37. Déjà une première fois, nous avons été bienveillant envers toi,

38. Lorsque nous fîmes entendre ces paroles à ta mère:

39. Mets ton fils dans une caisse, et lance-le sur la mer ; la mer le ramènera au rivage. Mon ennemi et le sien l'accueillera. Je lui ai inspiré de l'affection pour toi, ô Moïse !

40. Et j'ai voulu que tu sois élevé sous mes yeux.

41. Un jour ta sœur se promenait disant : Voulez-vous que je vous enseigne une nourrice ? Nous te rendîmes alors à ta mère, afin qu'elle en conçût de la joie [2] et qu'elle cessât de s'affliger.

---

[1] Comme le grand, le bon, le savant, etc.

[1] Mot à mot : ceins mes reins avec lui.
[2] Mot à mot : que son œil fût rafraîchi.

Puis tu as tué un homme; nous te sauvâmes du malheur, et nous t'éprouvâmes par de nombreuses épreuves.

42. Tu as habité plusieurs années parmi les Madianites; ensuite tu es venu ici en vertu d'un ordre, ô Moïse!

43. Je t'ai formé pour moi-même.

44. Allez, toi et ton frère, accompagnés de mes miracles, et ne négligez point mon souvenir.

45. Allez vers Pharaon qui est impie.

46. Parlez-lui un langage doux : peut-être réfléchira-t-il ou craindra-t-il?

47. Ils répondirent : Seigneur, nous craignons qu'il n'use de violence envers nous, ou qu'il commette des impiétés.

48. Ne craignez rien, je suis avec vous, j'entends et je vois.

49. Allez et dites : Nous sommes des envoyés de ton Seigneur; renvoie avec nous les enfants d'Israël, et ne les accable pas de supplices. Nous venons chez toi avec un signe de ton Seigneur. Que la paix soit sur celui qui suit la route droite.

50. Il nous a été révélé que le châtiment est réservé à celui qui nous traiterait d'imposteurs et qui nous tournerait le dos.

51. Qui donc est votre Seigneur, ô Moïse? demanda Pharaon.

52. Notre Seigneur est celui qui a donné la forme à tout ce qui existe et qui dirige dans la voie droite.

53. Quelle fut donc la pensée des générations passées?

54. La connaissance en est dans le sein de Dieu et renfermée dans le Livre[1]. Notre Seigneur ne se trompe pas et n'oublie rien.

55. Qui vous a donné la terre pour lit de repos, et qui y a tracé des chemins pour vous? qui fait descendre du ciel l'eau avec laquelle il produit les espèces de plantes variées?

56. Nourrissez-vous et paissez vos troupeaux. Il y a dans ceci des signes pour les hommes doués d'intelligence.

57. Nous vous avons créés de terre et nous vous y ferons retourner, et nous vous en ferons sortir une seconde fois.

58. Nous lui fîmes voir nos miracles; mais il les traita de mensonges et refusa d'y croire.

59. Pharaon dit : O Moïse! es-tu venu pour nous chasser de notre pays par tes enchantements?

60. Nous t'en ferons voir de pareils. Donnez-nous un rendez-vous, nous n'y manquerons pas; toi non plus, tu n'y manqueras pas. Que tout soit égal.

61. Moïse répondit : Que le rendez-vous soit fixé un jour de notre solennité, que le peuple soit rassemblé en plein jour.

62. Pharaon se retira; il prépara ses artifices et vint *au jour fixé.*

63. Moïse leur dit alors : Malheur à vous! Gardez-vous d'inventer des mensonges sur le compte de Dieu,

64. Car il vous atteindrait de son châtiment. Ceux qui inventaient des mensonges ont péri.

65. Les magiciens se concertèrent et se parlèrent en secret.

66. Ces deux hommes, dirent-ils, sont des magiciens; ils veulent vous chasser de votre pays par leurs artifices et emmener vos principaux chefs.

67. Réunissez, dit Moïse, vos artifices, puis venez vous ranger en ordre. Celui qui aura le dessus aujourd'hui sera heureux.

68. O Moïse! dirent-ils, est-ce toi qui jetteras ta baguette le premier ou bien nous?

69. Il répondit : Jetez les premiers. Et voici que tout d'un coup leurs cordes et leurs baguettes lui parurent courir par l'effet de leurs enchantements.

70. Moïse conçut une frayeur secrète dans lui-même.

71. Nous lui dîmes : Ne crains rien, car tu es le plus fort.

72. Jette ta baguette : elle dévorera ce qu'ils ont imaginé; ce qu'ils ont imaginé n'est qu'un artifice de magicien; et le magicien ne prospère jamais.

73. Et les magiciens se prosternèrent en disant : Nous avons cru au Seigneur d'Aaron et de Moïse.

74. Comment, dit Pharaon, vous avez cru en lui sans attendre ma permission? A coup sûr, il est votre chef, et c'est lui qui vous a enseigné la magie. Je vous ferai couper les mains et les pieds alternés et vous ferai crucifier aux tiges de palmiers. Je vous apprendrai qui de nous est plus terrible et plus constant dans ses châtiments, *de Dieu ou de moi.*

75. Les magiciens reprirent : Nous ne te mettrons pas au-dessus des signes évidents ni au-dessus de celui qui nous a créés. Accomplis ce que tu as résolu; tu ne peux disposer que des choses de ce monde. Quant à nous, nous avons cru en notre Seigneur, afin qu'il nous pardonne nos péchés, et les artifices magiques auxquels tu nous as contraints. Dieu est plus puissant et plus stable que toi.

---

[1] Il s'agit ici du livre éternel qui est dans le ciel.

76. Celui qui se présentera à Dieu, chargé de crimes, aura pour récompense la géhenne. Il n'y mourra pas et n'y vivra pas.

77. Mais tous ceux qui se présenteront devant lui, et ayant pratiqué les bonnes œuvres, tous ceux-là occuperont une échelle élevée.

78. Ils habiteront les jardins où coulent des torrents; ils y resteront éternellement. C'est la récompense de celui qui a été juste.

79. Nous révélâmes à Moïse ces paroles : Emmène mes serviteurs pendant la nuit, et fraye-leur à travers la mer un chemin sec.

80. Ne crains point d'être atteint et n'aie pas peur.

81. Pharaon les poursuivit avec son armée, et les eaux de la mer les couvrirent tous. Pharaon a égaré son peuple ; il ne l'a pas conduit dans le chemin droit.

82. O enfants d'Israël ! nous vous avons délivrés de votre ennemi et nous vous avons donné pour rendez-vous le flanc droit du mont Sinaï ; nous vous avons donné la manne et les cailles.

83. Jouissez des mets délicieux que nous vous donnons, et évitez l'excès, de peur que mon courroux ne s'appesantisse sur vous, car celui sur qui tombera notre colère, périra.

84. Je suis indulgent pour celui qui se repent, fait le bien et suit le chemin droit.

85. Qui t'a sitôt fait quitter ton peuple ? dit Dieu à Moïse.

86. *Les chefs de mon peuple* s'avancent sur mes pas, et je m'empressais d'aller vers toi pour t'être agréable.

87. Nous venons d'éprouver ton peuple, ô Moïse ! Depuis ton départ, le Samaritain les a égarés.

88. Moïse retourna au milieu de son peuple, enflammé de colère et accablé de tristesse,

89. Et dit : O mon peuple ! Dieu ne vous a-t-il pas fait une belle promesse ? L'alliance vous paraîtrait-elle déjà durer trop longtemps ? ou bien avez-vous voulu que la colère de votre Seigneur tombât sur vous, et avez-vous violé vos promesses ?

90. Nous n'avons point violé nos promesses de notre propre mouvement, mais on nous a commandé de porter plusieurs charges de nos ornements; nous les avons réunis ensemble. Le Samaritain les jeta *dans le feu*, et en retira pour le peuple un veau corporel, mugissant. On nous a dit : Ceci est votre Dieu et le Dieu de Moïse ; mais il l'a oublié *pour en chercher un autre*.

91. N'ont-ils pas observé que ce veau ne pouvait pas leur répondre, et qu'il ne pouvait ni leur servir à rien, ni leur nuire ?

92. Aaron leur disait bien : O mon peuple ! on vous éprouve par ce veau. Votre Seigneur est miséricordieux. Suivez-moi et obéissez à mes ordres.

93. Nous ne cesserons de l'adorer, répondaient-ils, que Moïse ne soit de retour.

94. Il dit à Aaron : Qu'est-ce qui t'a empêché de me suivre lorsque tu les a vus s'égarer? Veux-t désobéir à mes ordres ?

95. O fils de ma mère ! répond Aaron, cesse de me tirer par la barbe et par la tête. J'ai craint que tu ne me dises ensuite : Pourquoi as-tu semé la scission parmi les enfants d'Israël ; pourquoi n'as-tu pas observé mes ordres ?

96. Et toi, ô Samaritain ! quel a été ton dessein ? Il répondit : J'ai vu ce qu'eux ne voyaient pas. J'ai pris une poignée de poussière sous les pas de l'envoyé de Dieu, et je l'ai jetée dans le veau fondu ; mon esprit me l'a suggéré ainsi.

97. Éloigne-toi d'ici, lui dit Moïse. Ton châtiment dans ce monde sera celui-ci. Tu diras à quiconque te rencontrera : Ne me touchez pas. En outre, il t'est réservé une comparution à laquelle tu ne saurais échapper. Jette tes yeux sur ce dieu que tu as adoré avec tant de dévotion. Nous le brûlerons, nous le réduirons en poudre et le jetterons dans la mer.

98. Votre Dieu est le Dieu unique ; il n'y a point d'autre Dieu que lui ; il embrasse tout de sa science.

99. C'est ainsi que nous te racontons les histoires d'autrefois ; en outre, nous t'avons envoyé de notre part une admonition.

100. Quiconque s'en détourne portera un fardeau au jour de la résurrection.

101. Il le portera éternellement. Quelle insupportable charge ce sera au jour de la résurrection !

102. Au jour où l'on enflera la trompette et où nous rassemblerons les coupables, qui auront alors les yeux gris [1],

103. Ils se diront à voix basse : Vous n'êtes restés que dix jours *sur la terre*.

104. Nous savons bien ce que veulent dire leurs chefs quand ils répondront : Vous n'y êtes restés qu'un jour.

105. Ils t'interrogeront au sujet de montagnes. Dis-leur : Dieu les dispersera comme la poussière.

106. Il les changera en plaines égales; tu n'en trouveras plus les sinuosités, ni les terrains, tantôt élevés, tantôt déprimés.

107. Puis ils suivront *l'ange* qui les appellera au jugement, et qui marchera sans détours ; les

---

[1] Les yeux gris, ainsi que les cheveux roux et le teint noir, sont regardés par les musulmans comme d'un mauvais augure.

voix s'abaisseront devant le Miséricordieux, et tu n'entendras que le bruit sourd de leurs pas.

108. Ce jour-là l'intercession de qui que soit ne pourra profiter, sauf l'intercession de celui à qui le Miséricordieux permettra de la faire et à qui il permettra de parler.

109. Il connaît ce qui est devant et derrière eux. Des hommes n'embrassent point cela de leur science.

110. Leurs fronts seront baissés alors devant le Vivant, l'Immuable. Celui qui sera chargé d'iniquités périra.

111. Celui qui fait le bien, s'il est en même temps croyant, n'aura point à craindre l'injustice ni la diminution *de sa récompense*.

112. Ainsi, nous avons fait descendre un livre arabe et nous y avons répandu des menaces; peut-être finiront-ils par craindre Dieu, peut-être ce Koran fera-t-il naître des réflexions.

113. Qu'il soit exalté ce Dieu, le roi, la vérité. Ne te hâte point de répéter les versets du Koran, tant que la révélation sera incomplète. Dis plutôt : Seigneur! augmente ma science.

114. Déjà nous avions fait un pacte avec Adam, mais il l'oublia ; nous ne lui avons pas trouvé de résolution ferme.

115. Et lorsque nous dîmes aux anges : Prosternez-vous devant Adam, ils le firent, excepté Éblis; il s'y refusa. Nous dîmes à Adam : Celui-ci est ton ennemi et l'ennemi de ton épouse. Prenez garde qu'il ne vous chasse du paradis et que vous ne soyez malheureux.

116. Tu n'y souffriras ni de la faim, ni de la nudité.

117. Tu n'y seras point altéré de soif ni incommodé de la chaleur.

118. Satan lui fit des suggestions : O Adam! lui dit-il, veux-tu que je te montre l'arbre de l'éternité et d'un royaume qui ne vieillit pas ?

119. Ils mangèrent (*du fruit*) de l'arbre, et leur nudité leur apparut, et ils se mirent à coudre des vêtements de feuilles du paradis. Adam désobéit à son Seigneur, et s'égara.

120. Puis Dieu en fit son élu, revint à lui et le dirigea sur le chemin droit.

121. Il dit *à Adam et à Ève* : Descendez du paradis tous, les uns animés d'inimitié contre les autres. Un jour la direction du chemin droit vous viendra de moi.

122. Celui qui la suivra ne s'égarera point et ne sera point malheureux.

123. Mais celui qui se détournera de mes avertissements, mènera une vie misérable.

124. Nous le ferons comparaître aveugle au jour du jugement.

125. Il dira : Seigneur! pourquoi m'as-tu fait comparaître aveugle, moi qui voyais auparavant ?

126. Nos signes vinrent à toi, et tu les oubliés : de même tu seras oublié aujourd'hui.

127. C'est ainsi que nous rétribuerons le transgresseur qui ne croit pas aux signes de son Seigneur. Le châtiment de l'autre monde sera terrible et permanent.

128. Ignorent-ils combien de générations nous avons anéanties avant eux ? Ils foulent la terre qu'ils habitaient. Il y a dans ceci des signes pour les hommes doués d'intelligence.

129. Si une parole de ton Seigneur ne s'était déjà fait entendre, le châtiment se serait déjà attaché à eux, et le terme fixé serait venu.

130. Supporte avec patience leurs discours et célèbre les louanges de ton Seigneur avant le lever du soleil et avant le coucher, et à l'entrée de la nuit ; célèbre-le aux extrémités du jour pour lui plaire.

131. Ne porte point tes yeux sur les divers biens dont nous les faisons jouir, sur le clinquant de ce monde, que nous leur donnons pour les éprouver. La portion que t'assigne ton Seigneur est plus magnifique et plus durable.

132. Commande la prière à ta famille, fais-la avec persévérance ; nous ne te demandons point de nourriture ; c'est nous qui te nourrissons. Le dénoûment est réservé à la piété.

133. Ils disent : Que ne nous fait-il voir un miracle de la part de son Seigneur ? N'ont-ils pas une preuve évidente dans ce que contiennent les pages d'anciennes annales ?

134. Si nous les avions anéantis de notre châtiment avant *la venue de Mohammed*, ils auraient dit : Pourquoi ne nous as-tu point envoyé d'apôtre ? Nous aurions suivi tes enseignements, plutôt que de tomber dans l'avilissement et dans l'opprobre.

135. Dis : Nous attendons tous la fin. Attendez, vous aussi, et vous apprendrez qui de nous tient le sentier droit, qui de nous est dirigé.

CHAPITRE XXI.

LES PROPHÈTES.

Donné à la Mecque. — 112 versets.

Au nom de Dieu clément et miséricordieux.

1. Le temps approche où les hommes rendront compte, et cependant ils se détournent de nos admonitions, plongés dans l'insouciance.

2. Il ne leur arrive jamais une nouvelle admonition de leur Seigneur, qu'ils ne l'écoutent pour s'en moquer

3. Par la frivolité de leurs cœurs. Les mé-

chants se disent en secret : Est-il donc autre chose qu'un homme comme nous ? Assisterez-vous à ces sorcelleries quand vous voyez clairement ce qui en est ?

4. Dis : Mon Seigneur connaît les discours tenus au Ciel et sur la terre ; il entend et sait tout.

5. Bien plus, ils disent : Ce n'est qu'un amas de rêves ; c'est lui qui a inventé le Koran ; c'est un poëte ; qu'il nous montre un miracle, comme des apôtres d'autrefois en faisaient.

6. Aucune des villes que nous avons détruites n'a cru ; ils ne croiront pas non plus.

7. Avant toi nous n'avons envoyé que des hommes qui recevaient des révélations. Demandez-le aux hommes qui possèdent les Écritures, si vous ne le savez pas.

8. Nous ne leur donnâmes point un corps qui pût se passer de la nourriture ; ils n'étaient point immortels.

9. Nous avons tenu envers eux notre promesse, et nous les avons sauvés, ainsi que ceux qu'il nous a plu, et nous avons anéanti les transgresseurs.

10. Nous venons de vous envoyer un livre qui contient des avertissements pour vous. N'entendez-vous pas raison ?

11. Que de villes criminelles avons-nous renversées, et établi à leur place d'autres populations !

12. Quand ils ont senti la violence de nos coups, ils se sont mis à fuir de leurs villes.

13. Ne fuyez pas, revenez à vos jouissances et à vos demeures. Vous serez interrogés.

14. Ils répondaient : Malheur à nous, nous avons été méchants.

15. Et ces lamentations ne cessèrent pas jusqu'à ce que nous les eussions étendus comme le blé moissonné et se desséchant.

16. Nous n'avons pas créé le ciel, la terre et tout ce qui est entre eux pour nous divertir.

17. Si nous avions voulu nous divertir, nous aurions trouvé des jouets chez nous, si nous avions voulu le faire absolument.

18. Mais nous opposons la vérité au mensonge, et elle le fera disparaître. Le voilà qui disparaît, et malheur à vous à cause de ce que vous attribuez à Dieu.

19. A lui appartient tout être dans le ciel et sur la terre. Ceux qui sont auprès de lui ne dédaignent point de l'adorer, et ne s'en lassent pas.

20. Ils célèbrent ses louanges le jour et la nuit ; ils n'inventent rien contre lui.

21. Ont-ils pris leur dieux sur la terre, des dieux capables de ressusciter les morts ?

22. S'il y avait un autre dieu que lui dans le ciel et sur la terre, ils auraient déjà péri. La gloire du maître du trône est au-dessus de ce qu'ils lui attribuent.

23. On ne lui demandera point compte de ses actions, et il leur demandera compte des leurs.

24. *Les anges* adorent-ils d'autres divinités que Dieu ? Dis-leur : Apportez vos preuves. C'est l'avertissement adressé à ceux qui sont avec moi, et tel qu'il a été fait à ceux qui ont vécu avant moi ; mais la plupart d'entre eux ne connaissent point la vérité et se détournent *des avis qu'on leur donne.*

25. Nous n'avons point envoyé d'apôtres à qui il n'ait été révélé qu'il n'y a point d'autre Dieu que moi. Adorez-moi donc.

26. Ils disent : Le Miséricordieux a eu des enfants ; *les anges sont ses enfants.* A Dieu ne plaise ! ils ne sont que ses serviteurs honorés.

27. Ils ne parlent jamais avant lui et exécutent ses ordres.

28. Il sait tout ce qui est devant eux et derrière eux ; ils ne peuvent intercéder,

29. Excepté pour celui pour lequel il lui plaît, et ils tremblent de frayeur devant lui.

30. Et quiconque dirait : Je suis un dieu à côté de Dieu, aurait pour récompense la géhenne. C'est ainsi que nous récompensons les méchants.

31. Les infidèles ne voient-ils pas que les cieux et la terre formaient une masse compacte, et que nous les avons séparés, et qu'au moyen de l'eau nous donnons la vie à toutes choses ? Ne croiront-ils pas ?

32. Nous avons placé sur la terre les montagnes, afin qu'elles puissent se mouvoir avec eux. Nous y avons pratiqué des passages pour leur servir de routes, afin qu'ils se dirigent.

33. Nous avons fait du ciel un toit solidement établi, et cependant ils ne font point attention à ses merveilles.

34. C'est lui qui a créé la nuit et le jour, le soleil et la lune ; chacun de ces astres court dans une sphère à part.

35. Nous n'avons accordé la vie éternelle à aucun homme avant toi. Si tu meurs, eux croient-ils être immortels ?

36. Toute âme goûtera la mort. Nous vous éprouverons par le mal et par le bien, et vous serez ramenés à nous.

37. Lorsque les infidèles te voient, ils te prennent pour l'objet de leurs railleries. Est-ce cet homme, disent-ils, qui parle de nos dieux *avec mépris ?* Et cependant eux ne croient point aux avertissements du Miséricordieux.

38. L'homme a été créé de précipitation [1] ; mais je vous ferai voir mes signes, et vous ne chercherez point à les accélérer.

[1] Il est prompt et impétueux.

39. Ils diront : Quand donc s'accompliront les menaces? Dites-le si vous êtes sincères.

40. Ah! si les infidèles savaient l'heure où ils ne pourront détourner le feu de leurs visages ni de leurs dos [1], où ils n'auront point de protecteur!

41. Le châtiment les saisira à l'improviste et les rendra stupéfaits; ils ne sauront l'éloigner ni obtenir du répit.

42. Avant toi aussi des apôtres ont été pris en dérision ; mais le châtiment, objet des moqueries, enveloppa les moqueurs.

43. Dis-leur : Qui peut vous défendre, dans la nuit ou dans le jour, *des coups* du Miséricordieux? Et cependant ils tournent le dos aux avertissements!

44. Ont-ils des dieux capables de les défendre contre nous? Ils ne sauraient s'aider eux-mêmes, et ils ne seront pas assistés contre nous par leurs compagnons.

45. Oui! nous avons fait jouir ces hommes, ainsi que leurs pères, des biens de ce monde, tant que durera leur vie. Ne voient-ils pas que nous venons dans le pays *des infidèles*, et que nous en resserrons les limites de toutes parts? Croient-ils être vainqueurs?

46. Dis-leur : Je vous prêche ce qui m'a été révélé ; mais les sourds n'entendent point quand on leur prêche.

47. Qu'un seul souffle du châtiment de Dieu les atteigne; ils crieront: Malheur à nous! nous étions impies.

48. Nous établirons des balances d'équité au jour de la résurrection. Nul ne sera lésé, pas même du poids d'un grain de moutarde. Nous montrerons la balance. Notre compte suffira.

49. Nous avons donné à Moïse et à Aaron la distinction et la lumière, et un avertissement pour ceux qui craignent;

50. Qui craignent leur Seigneur dans le secret, et tremblent au souvenir de l'heure.

51. Et ce livre est un avertissement béni que nous avons envoyé d'en haut. Le méconnaîtrez-vous?

52. Nous avions déjà donné auparavant la direction à Abraham, et nous le connaissions.

53. Quand il dit à son père et à son peuple: Que signifient ces statues que vous adorez avec tant d'ardeur?

54. Ils répondirent: Nous les avons vu adorer à nos pères.

55. Vous et vos pères, dit Abraham, vous êtes dans une erreur évidente.

56. Dis-tu la vérité ou plaisantes-tu?

57. Loin de là. Votre Seigneur est le Seigneur des cieux et de la terre qu'il a créés, et moi j'en rends le témoignage.

58. J'en jure par Dieu, je jouerai un tour à vos idoles aussitôt que vous serez partis.

59. Et il les mit en pièces, excepté la plus grande, afin qu'ils s'en prissent à elle *de ce qui arriva.*

60. Ils dirent : Celui qui a agi ainsi avec nos divinités est certes méchant.

61. Nous avons entendu un jeune homme nommé Abraham médire de nos dieux.

62. Amenez-le, dirent les autres, en présence de tous, afin qu'ils soient témoins *de son châtiment.*

63. Ils dirent: Est-ce toi, Abraham, qui a ainsi arrangé nos dieux?

64. C'est la plus grande des idoles que voici; interrogez-les pour savoir si elles parlent.

65. Et ils se parlèrent à eux-mêmes en disant: En vérité, vous êtes des impies.

66. Et puis ils revinrent à leurs anciennes erreurs, et dirent à Abraham : Tu sais bien que les idoles ne parlent pas.

67. Adorerez-vous, à l'exclusion de Dieu, ce qui ne peut ni vous être utile en rien, ni vous nuire? Honte sur vous et sur ce que vous adorez à l'exclusion de Dieu! Ne le comprendrez-vous pas?

68. Brûlez-le! s'écrièrent-ils, et venez au secours de nos dieux, s'il faut absolument le punir.

69. Et nous, nous avons dit: O feu! sois-lui froid! que le salut soit avec Abraham!

70. Ils ont voulu lui tendre des pièges; mais nous leur avons fait perdre la partie.

71. Nous le sauvâmes, ainsi que Loth, et nous les transportâmes dans un pays dont nous avons béni tous les hommes.

72. Nous lui donnâmes Isaac et Jacob comme une faveur surérogatoire, et nous les rendîmes justes.

73. Nous les avions institués chefs chargés de conduire les hommes, et nous leur avons inspiré la pratique des bonnes œuvres, l'accomplissement de la prière, ainsi que l'aumône, et ils nous adoraient.

74. Nous donnâmes à Loth la science et la sagesse; nous le sauvâmes de la ville qui se livrait à des turpitudes. Certes, c'était un peuple méchant et pervers.

75. Nous le comprîmes dans notre miséricorde; car il était du nombre des justes.

76. Souviens-toi de Noé quand il cria vers nous; nous l'exauçâmes et nous le sauvâmes ainsi que sa famille, de la grande calamité.

77. Nous l'avons secouru contre un peuple méchant; nous les avons submergés tous,

---

[1] C'est-à-dire, que le feu les enveloppera de tous côtés.

78. Souviens-toi aussi de David et de Salomon quand ils prononçaient une sentence concernant un champ où les troupeaux d'une peuplade avaient causé des dégâts. Nous étions présent à leur jugement.

79. Nous donnâmes à Salomon l'intelligence de cette affaire, et à tous les deux la science et la sagesse, et nous assujettîmes les montagnes et les oiseaux à chanter avec David nos louanges. Nous avons agi.

80. Nous apprîmes à David l'art de faire des cuirasses pour vous; c'est pour vous préserver de vos violences mutuelles. Ne serez-vous pas reconnaissants?

81. Nous soumîmes à Salomon le vent impétueux, courant à ses ordres vers le pays que nous avons béni. Nous savions tout.

82. Nous lui soumîmes des démons qui plongeaient pour pêcher des perles pour lui, et exécutaient d'autres ordres. Nous les surveillions nous-même.

83. Souviens-toi de Job quand il cria vers son Seigneur : Voici le malheur qui m'atteint; mais tu es le plus compatissant des compatissants.

84. Nous l'exauçâmes et nous le délivrâmes du mal qui l'accablait; nous lui rendîmes sa famille et en ajoutâmes une nouvelle, par un effet de notre miséricorde, et pour servir d'avertissement à ceux qui nous adorent.

85. Souviens-toi d'Ismaël, d'Édris, de Zoulkifl, qui tous souffraient avec patience.

86. Nous les comprîmes dans notre miséricorde; car tous ils étaient justes.

87. Et Zoulnoun [1] aussi qui s'en alla plein de colère, et croyait que nous n'avions plus de pouvoir sur lui. Mais il cria ensuite vers nous au milieu des ténèbres : Il n'y a point d'autre Dieu que toi. Gloire à toi! gloire à toi! j'ai été du nombre des injustes.

88. Nous l'exauçâmes et nous le délivrâmes de l'affliction. C'est ainsi que nous délivrons les croyants.

89. Souviens-toi de Zacharie quand il cria vers son Seigneur : Seigneur, ne me laisse point seul, tu es le meilleur des héritiers.

90. Nous l'exauçâmes et lui donnâmes Iahia (Jean), et nous rendîmes sa femme capable d'enfanter. Ils pratiquaient à l'envi les bonnes œuvres, nous invoquaient avec amour et avec crainte, et s'humiliaient devant nous.

91. Nous soufflâmes notre esprit à celle qui a conservé sa virginité; nous la constituâmes, avec son fils, un signe pour l'univers.

92. Toutes ces religions n'étaient qu'une religion. Je suis votre Seigneur, adorez-moi.

[1] C'est le prophète Jonas.

93. Ils ont formé des scissions entre eux; mais tous reviendront à nous.

94. Quiconque fera le bien et sera en même temps croyant, ses efforts ne seront point méconnus; nous mettons par écrit ses œuvres.

95. Un anathème pèsera sur la cité que nous aurons anéantie; ses peuples ne reviendront pas,

96. Jusqu'à ce que le passage soit ouvert à Iadjoudj et Madjoudj [1]; alors ils descendront rapidement de chaque montagne.

97. Alors l'accomplissement de la promesse véritable sera près de s'accomplir, et les regards des infidèles seront fixés avec stupéfaction. Malheur à nous! diront-ils. Nous étions insouciants de l'heure, et nous étions impies.

98. En vérité, vous et les idoles que vous adorez à l'exclusion de Dieu, vous deviendrez l'aliment de la géhenne, où vous serez précipités.

99. Si ces idoles étaient des dieux, elles n'y seraient pas précipitées. Tous y resteront pour l'éternité.

100. Ils y pousseront des sanglots et n'entendront rien.

101. Ceux à qui nous avions précédemment promis de belles récompenses seront éloignés *de ce séjour terrible*.

102. Ils n'entendront point venir le moindre bruit, et jouiront éternellement des objets de leurs désirs.

103. La grande terreur ne les préoccupera pas; les anges leur adresseront ces paroles : Voici votre jour, celui qui vous a été promis.

104. Ce jour-là nous plierons les cieux de même que l'ange Sidjil [2] plie les feuillets écrits. Comme nous avons produit la création, de même nous la ferons rentrer. C'est une promesse qui nous oblige. Nous l'accomplirons.

105. Nous avons écrit dans les psaumes, après la loi *donnée à Moïse*, que la terre sera l'héritage de nos serviteurs justes.

106. Il y a dans ce livre une instruction suffisante pour ceux qui nous adorent.

107. Nous ne t'avons envoyé que par miséricorde pour l'univers.

108. Dis-leur : Il m'a été révélé que votre Dieu est le Dieu unique. Êtes-vous résignés à sa volonté (ô Musulmans!)?

109. Mais s'ils tournent le dos, dis-leur : J'ai proclamé la guerre contre vous tous également, et je ne sais pas si ce dont vous êtes menacés est proche ou éloigné.

[1] C'est Gog et Magog qui, d'après les musulmans, sont des peuples renfermés dans une enceinte de murs impénétrables.

[2] L'ange Sidjil est chargé d'inscrire toutes les actions de l'homme sur un rouleau qu'il plie à sa mort.

110. Certes, Dieu connaît la parole prononcée à haute voix comme ce que vous recélez.

111. Je ne sais pas, mais *ce délai* est peut-être pour vous éprouver et vous faire jouir de ce monde jusqu'à un certain temps.

112. Dieu te fait dire: Seigneur, juge-nous avec justice. Notre Seigneur est le Miséricordieux, celui dont nous invoquons l'assistance contre vos assertions.

CHAPITRE XXII.
LE PÈLERINAGE DE LA MECQUE.
Donné à la Mecque. — 78 versets.

Au nom de Dieu clément et miséricordieux.

1. O hommes[1]! craignez votre Seigneur. Le tremblement de terre du grand jour sera terrible.

2. Dans ce jour-là tu verras la nourrice abandonner son nourrisson à la mamelle, la femme enceinte accoucher, et tu verras les hommes comme ivres. Non, ils ne sont point ivres; mais le châtiment de Dieu est terrible, et *son arrivée les étourdira.*

3. Il est des hommes qui disputent de Dieu sans connaissance; ils suivent tout démon rebelle.

4. Il a été décidé qu'il égarât quiconque se sera livré à lui et le conduisît au supplice du feu.

5. O hommes! si vous doutez de la résurrection, considérez que nous vous avons créés de poussière, puis d'une goutte de sperme, qui devint un grumeau de sang; puis d'un morceau de chair tantôt formé tantôt informe. Pour vous démontrer notre puissance, nous laissons demeurer dans les entrailles ce qu'il nous plaît jusqu'à un terme marqué, et puis nous vous en faisons sortir tendres enfants. Vous atteignez ensuite l'âge de maturité; les uns meurent, d'autres parviennent à l'âge décrépit, au point d'oublier tout ce qu'ils savaient autrefois. Tu as vu tantôt la terre séchée; mais que nous y fassions descendre de l'eau, la voilà qui s'ébranle, se gonfle et fait germer toute espèce de végétaux luxuriants.

6. C'est parce que Dieu est la vérité même; il ressuscite les morts, et il peut tout.

7. C'est parce que *l'heure* doit venir, on ne peut en douter, et que Dieu rappellera à la vie les habitants des tombeaux.

8. Il est des hommes qui disputent de Dieu sans connaissance, sans avoir reçu aucune direction, sans être guidés par un livre qui les éclaire.

9. Ils se détournent *avec orgueil* pour éloigner les autres du chemin de Dieu. L'opprobre est réservé à ces hommes dans ce monde; dans l'autre, nous leur ferons subir le supplice du feu.

10. Ce ne sera qu'une rétribution de nos œuvres; car Dieu n'est point injuste envers ses serviteurs.

11. Il en est qui servent Dieu; mais, incertains et méchants, s'il leur arrive quelque avantage, leur cœur s'en rassure; mais à la moindre tentation ils reviennent aussitôt à leurs erreurs; ils perdent ainsi la vie de ce monde et la vie future. C'est une ruine évidente.

12. Ils invoquent à côté de Dieu des divinités qui ne peuvent ni leur nuire ni leur être d'aucune utilité. Qu'ils sont loin du vrai chemin!

13. Ils invoquent des divinités qui leur seraient plutôt funestes que favorables. Quels détestables patrons et quels détestables clients!

14. Dieu introduira les croyants qui auront pratiqué le bien dans des jardins arrosés par des fleuves; il fait ce qu'il lui plaît.

15. Que celui qui pense que le prophète sera privé des secours de Dieu dans ce monde et dans l'autre attache la corde au toit de sa maison[1], *se pende*, et la coupe, il verra si ses artifices rendront vain ce qui l'irrite.

16. C'est ainsi que nous t'avons révélé le Koran en *signes* (versets) évidents. Dieu dirige ceux qu'il lui plaît.

17. Dieu prononcera, au jour de la résurrection, entre les vrais croyants, les juifs, les sabéens, les chrétiens, les mages (adorateurs du feu) et les idolâtres; car Dieu est témoin de toutes choses.

18. Ne vois-tu pas que tout ce qui est dans les cieux et sur la terre adore le Seigneur, le soleil, la lune, les étoiles, les montagnes, les arbres, les animaux et une grande partie des hommes? mais beaucoup d'entre les hommes sont destinés au supplice.

19. Et celui que Dieu rendra méprisable, qui l'honorera? Dieu fait ce qu'il lui plaît.

20. *Les fidèles et les incrédules* sont deux adversaires qui se disputent au sujet de Dieu; mais les vêtements des infidèles seront taillés de feu, et l'eau bouillante sera versée sur leurs têtes.

21. Leurs entrailles et leur peau en seront consumées; ils seront frappés de gourdins de fer.

22. Toutes les fois que, transis de douleur,

---

[1] Presque toujours les mots ô hommes! veulent dire: O Mecquois! ou bien, ô vous qui m'écoutez! C'est la formule par laquelle un orateur qui harangue le peuple ou un prédicateur de la mosquée commence son discours.

[1] Mot à mot: qu'il allonge une corde vers le ciel, c'est-à-dire, en haut.

Ils voudront s'en évader, on les y fera rentrer et on leur criera : Subissez le supplice du feu.

23. Dieu introduira les croyants qui auront pratiqué le bien dans des jardins arrosés par des fleuves ; ils y porteront des bracelets d'or et de perles ; ils s'y vétiront de soie.

24. C'est qu'ils ont été conduits pour entendre de belles paroles, et guidés dans le glorieux chemin.

25. Les incrédules sont ceux qui éloignent les hommes du chemin de Dieu et les écartent de l'oratoire sacré que nous avons établi pour tous les hommes, que les habitants *de la Mecque* ont le droit de visiter, aussi bien que les externes.

26. Et ceux qui voudraient le profaner dans leur iniquité éprouveront un châtiment douloureux.

27. Souviens-toi que nous avons assigné à Abraham l'emplacement de la maison sainte, en lui disant : Ne nous associe aucun autre Dieu dans ton adoration ; conserve cette maison pure pour ceux qui viendront y faire des tours *de dévotion*, qui s'y acquitteront des œuvres de piété debout, agenouillés ou prosternés.

28. Annonce aux peuples le pèlerinage *de la maison sainte*, qu'ils y arrivent à pied ou montés sur des chameaux prompts à la course, venant des contrées éloignées.

29. Afin qu'ils soient eux-mêmes témoins des avantages qu'ils en recueilleront, et afin qu'ils répètent le nom de Dieu à des jours fixes, de Dieu qui leur a donné des bestiaux pour leur nourriture. Nourrissez-vous-en donc, et donnez-en à l'indigent, au pauvre.

30. Mettez un terme à la négligence par rapport à votre extérieur [1] ; accomplissez les vœux que vous aviez formés, et faites les tours *de dévotion* de la maison antique [2].

31. Agissez ainsi. Celui qui respectera ces respectables préceptes de Dieu trouvera une récompense de Dieu. Il vous est permis de vous nourrir de la chair des animaux, à l'exception de ceux au sujet desquels la défense vous a été lue dans le Koran. Fuyez l'abomination des idoles, et évitez la fausseté dans vos discours.

32. Soyez pieux, *n'associez* point de dieu à Dieu ; car celui qui lui associe d'autres dieux est comme celui qui, précipité du ciel sur la terre, y deviendrait la proie des oiseaux, ou que le vent emporterait au loin.

33. Il en sera ainsi. Celui qui observe les divers rites de Dieu, *tels que les offrandes*, fait une action qui provient de la piété dans le cœur.

[1] Par ce verset, Mohammed insinue aux musulmans de raser leurs têtes, couper leurs ongles, etc.
[2] C'est-à-dire, du temple de la Mecque.

34. Vous retirez des animaux consacrés aux offrandes de nombreux avantages jusqu'au temps marqué. Le lieu de sacrifice est dans la maison antique.

35. Nous avons donné à chaque nation ses rites sacrés, afin que l'on répète le nom de Dieu qui leur a accordé des troupeaux. Votre Dieu est le Dieu unique. Résignez-vous entièrement à sa volonté. Et toi, Mohammed ! annonce des nouvelles propices aux humbles,

36. Dont le cœur est saisi de frayeur quand ils entendent prononcer le nom de Dieu, qui supportent avec patience les maux qui les visitent, qui observent la prière et font l'aumône des biens que nous leur avons départis.

37. Nous avons destiné les chameaux pour servir aux rites des sacrifices ; vous y trouvez aussi d'autres avantages. Prononcez donc le nom de Dieu sur ceux que vous allez immoler. Ils doivent rester sur trois pieds, attachés par le quatrième. Quand la victime tombe, mangez-en, et donnez-en à celui qui se contente de ce qu'on lui donne, ainsi qu'à celui qui en demande. Nous vous les avons assujettis ainsi, afin que vous soyez reconnaissants.

38. Dieu ne reçoit ni la chair ni le sang des victimes ; mais votre piété monte vers lui ; il vous les a soumises, afin que vous le glorifiiez de ce qu'il vous a dirigés sur le droit chemin. Annoncez à ceux qui font le bien

39. Que Dieu protégera ceux qui croient *contre toute machination des infidèles*, car il n'aime point les perfides et les infidèles.

40. Il a promis à ceux qui ont reçu des outrages de combattre leurs ennemis ; Dieu est capable de les protéger,

41. Ceux qui ont été injustement chassés de leurs foyers, uniquement pour avoir dit : Notre Seigneur est le Dieu unique. Si Dieu n'eût repoussé une partie des hommes par les autres, les monastères, les églises, les synagogues et les oratoires des Musulmans où le nom de Dieu est invoqué sans cesse auraient été détruits. Dieu assistera celui qui l'assiste *dans sa lutte contre les impies*. Dieu est fort et puissant.

42. *Il assistera ceux* qui, mis en possession de ce pays, observent exactement la prière, font l'aumône, commandent le bien et interdisent le mal. Dieu est le terme de toutes choses.

43. S'ils t'accusent d'imposture, ô Mohammed ! songe donc qu'avant eux les peuples de Noé, d'Ad, de Themoud, d'Abraham, de Loth, les Madianites, en accusaient leurs prophètes. Moïse aussi a été traité de menteur. J'ai accordé un long délai aux incrédules, puis je les ai visités de mon châtiment. Qu'il a été terrible !

44. Combien de villes criminelles avons-nous renversées! A l'heure qu'il est elles sont désertes et rasées; le puits comblé et le château fortifié n'existent plus.

45. N'ont-ils pas voyagé dans le pays? leurs cœurs sont-ils incapables de le comprendre? n'ont-ils pas des oreilles pour entendre? Leurs yeux ne sont point privés de la vue, mais leurs cœurs, ensevelis dans leurs poitrines, sont aveugles.

46. Ils te presseront de hâter le châtiment; *qu'ils attendent*. Dieu ne manque jamais à ses promesses. Un jour auprès de Dieu fait mille ans de votre calcul.

47. Combien de cités criminelles n'avons-nous pas laissées prospérer pendant un certain temps! A la fin nous les visitâmes de notre châtiment. Tout retourne à nous.

48. Dis: O hommes! je suis un apôtre chargé de vous exhorter.

49. Ceux qui ont cru et pratiqué le bien obtiendront le pardon de leurs péchés, et des faveurs généreuses.

50. Ceux qui s'efforcent de prévaloir contre les signes de notre puissance habiteront l'enfer.

51. Nous n'avons envoyé avant toi aucun apôtre que Satan ne lui eût suggéré des erreurs dans la lecture d'un livre divin [1]; mais Dieu met au néant ce que Satan suggère, et affermit le sens de ses *signes*. Car Dieu est savant et sage.

52. Mais Dieu permet de le faire, afin que les suggestions de Satan soient une épreuve pour ceux dont le cœur est atteint, malade ou endurci. (Les méchants sont plongés dans un schisme bien éloigné *de la vérité*.)

53. Afin que ceux qui ont reçu la science sachent que le Koran est une vérité qui provient du Seigneur, afin qu'ils y croient, que leurs cœurs s'humilient devant Dieu; car il guide ceux qui croient vers le sentier droit.

54. Les infidèles ne cesseront point d'en douter jusqu'à ce que l'heure les surprenne soudain, ou que le jour d'un châtiment exterminateur les visite.

55. Dans ce jour, l'empire sur toutes choses restera à Dieu, il jugera entre les hommes; alors ceux qui auront cru et pratiqué les bonnes œuvres iront habiter les jardins des délices;

56. Tandis que les infidèles, qui ont traité nos signes de mensonges, seront livrés au supplice ignominieux.

57. Dieu accordera une belle récompense à ceux qui ont émigré pour la cause de Dieu, ont succombé en combattant, ou qui moururent *éloignés de leur patrie*. Dieu sait le mieux accorder des récompenses.

58. Il les introduira d'une manière qui leur plaira. Dieu est savant et humain.

59. Il en sera ainsi. Celui qui, ayant exercé des représailles en rapport rigoureux avec l'outrage reçu, en recevra un nouveau, sera assisté par Dieu lui-même. Dieu aime à pardonner: il est indulgent.

60. C'est parce que Dieu fait entrer la nuit dans le jour et le jour dans la nuit; il entend et voit tout.

61. C'est parce que Dieu est la vérité même, et que les divinités que vous invoquez à côté de lui sont un mensonge, et que Dieu est le sublime, le grand.

62. N'as-tu pas considéré que Dieu fait descendre l'eau du ciel? par elle, le lendemain, la terre se couvre de verdure. Dieu est plein de bonté et instruit de tout.

63. A lui appartient tout ce qui est dans les cieux et sur la terre; il est le riche, le glorieux.

64. Ne voyez-vous pas qu'il vous a soumis tout ce que la terre contient? le vaisseau court à travers les mers par ses ordres; il soutient le ciel, afin qu'il ne s'affaisse pas sur la terre, sauf quand il le permettra. Dieu est plein de bonté et de miséricorde pour les hommes.

65. C'est lui qui vous a fait vivre et qui vous fera mourir; puis il vous fera revivre; en vérité, l'homme est ingrat.

66. Nous avons établi pour chaque nation des rites sacrés qu'elle suit. Qu'ils cessent donc de disputer avec toi sur cette matière. Appelle-les au Seigneur, car tu es dans le sentier droit.

67. S'ils disputent encore, dis-leur: Dieu connaît vos actions.

68. Dieu prononcera au jour de la résurrection dans vos différends.

69. Ne sais-tu pas que Dieu connaît tout ce qui est dans les cieux et sur la terre? Tout est inscrit dans le livre, et c'est facile à Dieu.

70. Ils adorent des divinités à côté de Dieu, bien que Dieu ne leur ait envoyé aucune preuve à l'appui de ce culte, des divinités dont ils ne savent rien. Mais les impies n'auront aucun protecteur.

71. Quand on lit aux infidèles nos *signes*, tu verras l'aversion se peindre sur leurs fronts; ils sont prêts à se jeter sur ceux qui leur relisent nos signes. Dis-leur: Vous annoncerai-je quelque chose de plus terrible? C'est le feu que Dieu

---

[1] Ceci fait allusion à ce qui arriva une fois à Mohammed, quand il récitait un verset du Koran où les divinités païennes étaient nommées; il prononça, par distraction ou parce qu'il sommeillait, ces mots : Ce sont des demoiselles belles et très-distinguées et qui méritent l'adoration. De là, grande joie parmi les infidèles qui se trouvaient alors à ses côtés.

a promis à ceux qui ne croient pas. Et quel affreux terme de voyage!

72. O hommes! on vous propose une parabole, écoutez-la. Ceux que vous invoquez à côté de Dieu ne sauraient créer une mouche, quand même ils se réuniraient tous; et si une mouche venait leur enlever quelque chose, ils ne sauraient le lui arracher. L'adoré et l'adorateur sont également impuissants.

73. Les hommes ne savent point apprécier Dieu comme il le mérite; il est fort et puissant.

74. Il choisit ses messagers parmi les hommes et parmi les anges; il entend et voit tout.

75. Il connaît ce qui est devant eux et derrière eux; il est le terme de toutes choses.

76. O vous qui croyez! fléchissez vos genoux, prosternez-vous, adorez votre Seigneur, faites le bien, et vous serez heureux.

77. Combattez pour la cause de Dieu comme il convient de le faire; vous êtes ses élus. Il ne vous a rien commandé de difficile dans votre religion, dans la religion de votre père Abraham, il vous a nommés Musulmans.

78. Il y a longtemps qu'il vous a ainsi nommés dans le Koran, afin que votre prophète soit témoin contre vous et que vous soyez témoins contre le reste des hommes. Observez donc la prière, faites l'aumône, attachez-vous fermement à Dieu, il est votre patron; et quel patron et quel protecteur!

CHAPITRE XXIII.

LES CROYANTS.

Donné à la Mecque. — 118 versets

Au nom de Dieu clément et miséricordieux.

1. Heureux sont les croyants
2. Qui font la prière avec humilité,
3. Qui évitent toute parole déshonnête,
4. Qui font l'aumône,
5. Qui gardent les lois de la chasteté,
6. Et qui bornent leur jouissance à leurs femmes et aux esclaves que leur a procurées leur main droite [1]; dans ce cas ils n'encourront aucun blâme.
7. Mais celui qui porte ses désirs au delà est transgresseur.
8. Ceux-là aussi seront heureux qui rendent fidèlement les dépôts qu'on leur confie et remplissent leurs engagements,
9. Qui observent strictement les heures de la prière.
10. Ceux-là seront de véritables héritiers,

[1] Cela veut dire non-seulement celles qu'ils ont achetées, mais aussi les captives.

11. Qui hériteront du paradis pour y demeurer éternellement.

12. Nous avons créé l'homme de l'argile fine.

13. Ensuite nous l'avons fait une goutte de sperme fixé dans un réceptacle solide.

14. De sperme nous l'avons fait un grumeau de sang, le grumeau de sang devint un morceau de chair, que nous avons formé en os, et nous revêtîmes les os de chair; ensuite nous l'avons formé par une seconde création. Béni soit Dieu, le plus habile des créateurs!

15. Après avoir été créés vous mourrez;

16. Et ensuite vous serez ressuscités au jour de la résurrection.

17. Nous créâmes au-dessus de vous les sept voies (les sept cieux), et nous ne négligeons point ce que nous avons créé.

18. Nous faisons descendre du ciel l'eau en certaine quantité, nous la faisons rester sur la terre, et nous pouvons aussi l'en faire disparaître.

19. Au moyen de cette eau nous avons fait surgir pour vous des jardins de palmiers et de vignes. Vous y trouvez des fruits en abondance, et vous vous en nourrissez.

20. Nous créâmes aussi l'arbre qui s'élève au mont Sinaï, qui produit l'huile et le suc bon à manger.

21. Vous avez aussi dans les animaux un sujet d'instruction: nous vous donnons à boire du lait contenu dans leurs entrailles; vous y trouvez de nombreuses utilités, et vous vous en nourrissez.

22. Vous voyagez tantôt montés sur leur dos, et tantôt vous voguez dans les mers sur des navires.

23. Nous envoyâmes Noé vers son peuple. Il leur dit: O mon peuple! adorez Dieu; à quoi vous servent d'autres divinités? ne le craignez-vous pas?

24. Mais les chefs de ceux qui ne croyaient point dirent: Il n'est qu'un homme comme nous; mais il veut se distinguer de nous; si Dieu avait voulu envoyer quelqu'un, il aurait envoyé des anges. Nous n'avons entendu rien de pareil de nos pères les anciens.

25. Ce n'est qu'un homme possédé par le démon. Mais laissez-le tranquille jusqu'à un certain temps.

26. Seigneur, s'écria Noé, prête-moi ton secours, parce qu'on me traite de menteur.

27. Alors nous fîmes une révélation à Noé, en disant: Construis un vaisseau sous nos yeux et d'après notre révélation; et aussitôt que l'arrêt sera prononcé et que la fournaise crèvera,

28. Embarque-toi dans ce vaisseau, et prends

une paire de chaque couple, ainsi que ta famille, excepté l'individu au sujet duquel notre ordre a été donné précédemment. Et ne me parle plus en faveur des méchants; car ils seront engloutis par les flots.

29. Lorsque tu auras pris place dans le vaisseau, ainsi que ceux qui t'accompagneront, dis alors : Louange à Dieu, qui nous a délivrés des méchants!

30. Dis aussi : Seigneur, fais-moi descendre sur un lieu comblé de tes bénédictions; tu sais mieux que tout autre procurer une descente heureuse.

31. Il y a certes dans cet événement des signes évidents, bien que nous ayons par là atteint douloureusement les hommes.

32. Nous fîmes surgir d'autres générations après celle-ci,

33. Et nous envoyâmes au milieu d'elles des apôtres qui leur disaient : Adorez Dieu ; à quoi vous serviront d'autres divinités que lui? ne le craindrez-vous pas ?

34. Mais les chefs des peuples incrédules, qui traitaient de mensonge l'apparition devant Dieu de ces peuples que nous avons laissés jouir des biens du monde, disaient : Cet homme n'est qu'un homme comme vous : il mange ce que vous mangez,

35. Et il boit ce que vous buvez.

36. Si vous obéissez à un homme qui vous est égal, à coup sûr vous êtes perdus.

37. Vous prédira-t-il encore que, devenus os et poussière, vous serez de nouveau rendus à la vie ?

38. Loin, loin avec ses prédictions !

39. Il n'y a point d'autre vie que celle dont nous jouissons ici-bas; nous mourons et nous vivons, et nous ne serons point ressuscités.

40. Ce n'est qu'un homme qui a prêté un mensonge à Dieu ; nous ne croirons pas en lui.

41. Seigneur, s'écria-t-il , prête-moi ton assistance, car voici qu'ils me traitent d'imposteur.

42. Encore quelques instants, et ils s'en repentiront, répondit le Seigneur.

43. Un cri violent de *l'ange exterminateur* les saisit, et nous les rendîmes semblables à des débris emportés par le torrent.

44. Nous avons fait surgir d'autres générations à leur place.

45. Nous n'avançons ni ne reculons le terme fixé à l'existence de chaque peuple.

46. Nous envoyâmes successivement des apôtres. Chaque fois qu'un envoyé se présenta devant son peuple, celui-ci le traita d'imposteur ; nous avons fait succéder un peuple à un autre,
et nous les avons faits la fable des nations. Loin de nous ceux qui ne croient pas.

47. Puis nous avons envoyé Moïse et son frère Aaron, accompagnés de nos signes et munis d'un pouvoir évident,

48. Vers Pharaon et ses semblables ; ceux-ci s'enflèrent d'orgueil : c'était un peuple altier.

49. Croirons-nous, disaient-ils, à deux hommes comme nous, et dont le peuple est notre esclave?

50. Ils les traitèrent donc tous deux d'imposteurs, et ils furent anéantis.

51. Nous donnâmes le Pentateuque à Moïse, afin que les Israélites fussent dirigés sur le droit chemin.

52. Nous fîmes du fils de Marie, ainsi que de sa mère, un signe pour les hommes. Nous leur donnâmes à tous deux pour demeure un lieu élevé, sûr et abondant en sources d'eau.

53. Prophètes de Dieu ! nourrissez-vous d'aliments délicieux, pratiquez le bien; je connais vos actions.

54. Votre religion, celle que vous prêchez, est une. Je suis votre Seigneur, craignez-moi.

55. Les peuples se sont divisés en différentes sectes, et chacune est contente de sa croyance.

56. Laisse-les dans leur erreur jusqu'au temps voulu.

57. Pensent-ils que les biens et les enfants que nous leur avons accordés à profusion leur ont été donnés pour les rendre heureux au plus tôt ? Ils ne le comprennent pas.

58. Ceux qui sont humbles par la crainte de Dieu,

59. Qui croient aux signes que leur Seigneur leur envoie,

60. Qui n'associent point à Dieu *d'autres divinités,*

61. Qui font l'aumône, et dont les cœurs sont pénétrés de frayeur, parce qu'un jour ils retourneront auprès de Dieu,

62. Ceux-là courent à l'envi les uns des autres vers les bonnes œuvres, et les gagnent.

63. Nous n'imposons à personne que la charge qu'il peut supporter. Chez nous est déposé le livre qui dit la vérité ; les hommes n'y seront point traités injustement.

64. Mais leurs cœurs sont plongés dans les profondeurs *de l'erreur* au sujet de cette religion, et leurs actions sont différentes *de celles que nous avons nommées*, et ils pratiquent ces actions.

65. Ils le feront jusqu'au moment où nous visiterons les plus aisés d'entre eux de notre châtiment. Alors ils crieront tumultueusement.

66. On leur dira : Cessez de crier aujourd'hui;

vous n'obtiendrez de nous aucun secours.

67. On vous relisait autrefois nos enseignements, mais vous vous en détourniez.

68. Enflés d'orgueil, au milieu des conversations nocturnes, et proférant des discours insensés,

69. Ne feront-ils donc aucune attention à ce qu'on leur dit, ou bien leur est-il venu une révélation inconnue à leurs pères, les anciens?

70. Ne connaissent-ils pas leur apôtre, au point de le renier?

71. Diront-ils qu'il est possédé par le démon? Cependant il leur apporte la vérité; mais la plupart d'entre eux ont de l'aversion pour la vérité.

72. Si la vérité avait suivi leurs désirs, les cieux et la terre et tout ce qu'ils renferment seraient tombés dans le désordre. Nous leur avons envoyé un avertissement, mais ils s'en éloignent.

73. Leur demanderas-tu une récompense? La récompense de ton Seigneur vaut mieux; il est le meilleur dispensateur des biens.

74. Tu les appelles vers le chemin droit;

75. Mais ceux qui ne croient pas à la vie future s'en écartent.

76. Si nous leur avions témoigné de la compassion et les avions délivrés du mal qui les opprimait, ils n'en auraient pas moins persévéré dans leur aveuglement criminel.

77. Nous les avons visités d'un de nos châtiments, et cependant ils ne se sont point humiliés ni ne nous ont adressé d'humbles prières.

78. Il en fut ainsi jusqu'au moment où nous ouvrirons la porte du supplice terrible; alors ils se sont abandonnés au désespoir.

79. C'est Dieu qui vous a donné l'ouïe, et la vue, et un cœur. Qu'il est petit le nombre des reconnaissants!

80. C'est lui qui vous a fait naître sur la terre, et vous retournerez à lui.

81. C'est lui qui fait vivre et mourir; de lui dépend la succession alternative des jours et des nuits. Ne le comprendrez-vous pas?

82. Mais ils parlent comme parlaient les hommes d'autrefois.

83. Ils disent: Est-ce que, quand nous serons morts et qu'il ne restera de nous que poussière et os, nous serons ranimés de nouveau?

84. On nous le disait déjà autrefois, ainsi qu'à nos pères; ce sont des contes des temps anciens.

85. Demande-leur: A qui appartiennent les cieux et la terre, et tout ce qui y existe? Dites si vous le savez.

86. Ils répondront: Tout cela appartient à Dieu. Dis-leur alors s'ils n'y réfléchiront pas?

87. Demande-leur: Quel est le Seigneur des sept cieux et du trône sublime?

88. Ils répondront: C'est Dieu. Dis-leur: Ne le craindrez-vous donc pas?

89. Demande-leur: Dans la main de qui est le pouvoir sur toutes choses? qui est celui qui protège et qui n'a besoin de la protection de personne? Dites-le si vous le savez.

90. Ils répondront: C'est Dieu. Dis-leur: Et pourquoi donc vous laissez-vous fasciner?

91. Oui, nous leur avons envoyé la vérité; mais ils ne sont que des menteurs.

92. Dieu n'a point de fils, et il n'y a point d'autre Dieu à côté de lui; autrement, chaque dieu s'emparerait de sa création, et les uns seraient plus élevés que les autres. Loin de la gloire de Dieu les mensonges qu'ils inventent;

93. De Dieu qui connaît les choses visibles et invisibles; il est trop élevé au-dessus des êtres qu'on lui associe.

94. Dis: Seigneur! fais-moi voir les châtiments qui leur sont prédits,

95. Et ne me place point, ô Seigneur! au nombre des injustes.

96. Nous pouvons te faire voir les supplices dont on les a menacés.

97. Rends-leur le bien pour le mal; nous savons mieux que personne ce qu'ils disent.

98. Dis: Seigneur! je cherche un refuge auprès de toi contre les suggestions des démons.

99. Je me réfugie vers toi, afin qu'ils n'aient aucun accès auprès de moi.

100. L'impie, au moment de la mort, s'écrie: Seigneur, fais-moi retourner sur la terre,

101. Afin que je pratique le bien que j'avais négligé.—Nullement. Telle sera la parole que Dieu prononcera; et derrière eux s'élèvera une barrière jusqu'au moment où ils seront ressuscités.

102. Lorsque la trompette sonnera, les liens de parenté n'existeront plus pour les hommes. On ne se demandera plus l'assistance.

103. Ceux dont la balance penchera jouiront de la félicité.

104. Ceux pour qui la balance sera légère seront les hommes qui se sont perdus eux-mêmes, et ils demeureront éternellement dans la géhenne.

105. Le feu consumera leurs visages, et ils tordreront leurs lèvres.

106. Ne vous a-t-on pas lu les versets du Koran? et vous les avez traités de mensonges.

107. Ils diront: Seigneur, notre mauvaise fortune a prévalu contre nous, et nous étions dans l'égarement.

108. Seigneur! retire-nous d'ici; si nous retombons dans nos crimes, nous serons les plus impies.

109. Restez-y, leur répondra Dieu, et ne me parlez plus.

110. Quand une partie de nos serviteurs s'écriaient : Seigneur, nous croyons, efface nos péchés, aie pitié de nous, tu es le plus miséricordieux,

111. Vous les avez pris pour objets de vos railleries, au point qu'ils vous ont permis d'oublier mes avertissements. Ils étaient l'objet de vos rires moqueurs.

112. Aujourd'hui je les récompenserai de leur patience, et ils seront bienheureux.

113. Dieu leur demandera : Combien d'années êtes-vous restés sur la terre?

114. Ils répondront : Nous n'y sommes restés qu'un jour, ou même une partie du jour. Interrogez plutôt ceux qui comptent.

115. Vous n'y êtes restés que peu de temps; mais vous l'ignorez.

116. Pensiez-vous que nous vous avions créés en vain, et que vous ne reparaîtriez plus devant nous? Qu'il soit élevé, ce Dieu, véritable roi; il n'y a point d'autre dieu que lui. Il est le maître du trône glorieux. Celui qui invoque d'autres dieux à côté de Dieu, sans qu'il apporte quelque preuve *à l'appui de ce culte*, celui-là aura son compte près de Dieu, et Dieu ne fait point prospérer les infidèles.

117. Dis : Seigneur, efface mes péchés et aie pitié de moi, tu es le plus miséricordieux.

CHAPITRE XXIV.
LA LUMIÈRE.
Donné à Médine. — 64 versets.

Au nom de Dieu clément et miséricordieux.

1. Nous avons fait descendre ce chapitre du ciel, et nous l'avons rendu obligatoire; nous y révélons des choses claires, afin que vous réfléchissiez.

2. Vous infligerez à l'homme et à la femme adultères cent coups de fouet à chacun. Que la compassion ne vous entrave pas dans l'accomplissement de ce précepte de Dieu, si vous croyez en Dieu et au jour dernier. Que le supplice ait lieu en présence d'un certain nombre de croyants.

3. Un homme adultère ne doit épouser qu'une femme adultère ou une idolâtre, et une femme adultère ne doit épouser qu'un homme adultère ou un idolâtre. Ces alliances sont interdites aux croyants.

4. Ceux qui accuseront d'adultère une femme vertueuse, sans pouvoir produire quatre témoins, seront punis de quatre-vingts coups de fouet; au surplus, vous n'admettrez jamais leur témoignage en quoi que ce soit, car ils sont pervers,

5. A moins qu'ils ne se repentent de leur méfait et ne se conduisent exemplairement; car Dieu est indulgent et miséricordieux.

6. Ceux qui accuseront leurs femmes et qui n'auront d'autres témoins à produire qu'eux-mêmes, jureront quatre fois devant Dieu qu'ils disent la vérité,

7. Et la cinquième fois pour invoquer la malédiction de Dieu sur eux s'ils ont menti.

8. On n'infligera aucune peine à la femme si elle jure quatre fois devant Dieu que son mari a menti,

9. Et la cinquième fois, en invoquant la malédiction de Dieu sur elle si ce que le mari a avancé est vrai.

10. Si ce n'était la grâce inépuisable de Dieu et sa miséricorde, il vous punirait à l'instant; mais il aime à pardonner, et il est miséricordieux.

11. Ceux qui ont avancé un mensonge[1] sont en assez grand nombre parmi vous; mais ne le regardez pas comme un mal[2]; bien plus, c'est un avantage pour vous. Chacun de ceux qui sont coupables de ce crime en sera puni; celui qui l'aura aggravé éprouvera un châtiment douloureux.

12. Lorsque vous avez entendu l'accusation, les croyants des deux sexes n'ont-ils pas pensé intérieurement en bien de cette affaire? N'ont-ils pas dit : C'est un mensonge évident.

13. Pourquoi *les calomniateurs* n'ont-ils pas produit quatre témoins, et s'ils n'ont pu les produire, ils sont menteurs devant Dieu.

14. Si ce n'était la grâce inépuisable de Dieu et sa miséricorde dans cette vie et dans l'autre, un châtiment terrible vous aurait déjà atteints en punition des bruits que vous avez propagés, quand vous les avez fait courir de bouche en bouche, quand vous prononciez de vos lèvres e dont vous n'aviez aucune connaissance, que vous regardiez comme une chose légère, et qui est grave devant Dieu.

15. Que n'avez-vous pas dit plutôt, en entendant ces bruits : Pourquoi en parlerons-nous? Louange à Dieu! c'est un mensonge atroce.

16. Dieu vous avertit de vous garder à l'avenir de pareilles imputations, si vous êtes croyants.

17. Dieu vous explique ses enseignements; il est savant et sage.

---

[1] Tout ce chapitre est relatif à l'accusation d'adultère portée contre Aïecha, femme de Mohammed. Mohammed ne savait qu'en penser ; au bout d'un mois, ce chapitre lui fut révélé ; il proclame l'innocence d'Aïecha et règle à l'avenir les procès de cette nature.

[2] C'est Dieu qui parle ici à Mohammed, à sa famille et à celle d'Aïecha.

18. Ceux qui se plaisent à répandre des propos calomnieux sur le compte des croyants éprouveront un châtiment pénible.

19. Dans ce monde et dans l'autre, Dieu sait tout et vous ne savez rien.

20. Si ce n'était la grâce inépuisable de Dieu et sa miséricorde, *il vous punirait;* mais il est humain et miséricordieux.

21. O croyants ! ne suivez pas les traces de Satan; car celui qui suit ses traces, Satan lui commande le déshonneur et le crime; et sans la grâce inépuisable de Dieu et sa miséricorde, nul d'entre vous ne serait jamais innocent; mais Dieu rend innocent celui qu'il veut : il entend et voit tout.

22. Que les riches et les puissants d'entre vous ne jurent jamais de ne plus faire aucune largesse à leurs parents, aux pauvres et à ceux qui se sont expatriés pour la cause de Dieu; qu'ils leur pardonnent leurs fautes[1]. Ne désirez-vous pas que Dieu vous pardonne vos péchés? Il est indulgent et miséricordieux.

23. Ceux qui accusent les femmes vertueuses, femmes croyantes, et qui, *fortes de leur conscience,* ne s'inquiètent pas des apparences, ceux-là seront maudits dans ce monde et dans l'autre; ils éprouveront un châtiment terrible.

24. Un jour leurs langues, leurs mains et leurs pieds témoigneront contre eux.

25. Dans ce jour, Dieu acquittera leurs dettes avec exactitude; ils reconnaîtront alors que Dieu est la vérité même.

26. Les femmes impudiques sont faites pour les hommes impudiques ; les hommes impudiques sont faits pour les femmes impudiques ; les femmes vertueuses pour les hommes vertueux, et les hommes vertueux pour les femmes vertueuses. Ils seront justifiés des propos calomnieux ; l'indulgence de Dieu leur est acquise, ainsi que des dons magnifiques.

27. O croyants! n'entrez pas dans une maison étrangère sans en demander la permission et sans saluer ceux qui l'habitent. Ceci vous vaudra mieux. Pensez-y.

28. Si vous n'y trouvez personne, n'entrez pas, à moins qu'on ne vous l'ait permis. Si l'on vous dit : Retirez-vous, retirez-vous aussitôt. Vous en serez plus purs. Dieu connaît vos actions.

29. Il n'y aura aucun mal si vous entrez dans une maison qui n'est pas habitée; vous pouvez vous y mettre à votre aise. Dieu connaît ce que vous produisez au grand jour et ce que vous cachez.

30. Commande aux croyants de baisser leurs regards et d'être chastes. Ils en seront plus purs. Dieu est instruit de tout ce qu'ils font.

31. Commande aux femmes qui croient de baisser leurs yeux et d'être chastes, de ne découvrir de leurs ornements que ce qui est en évidence, de couvrir leurs seins de voile, de ne faire voir leurs ornements qu'à leurs maris ou à leurs pères, ou aux pères de leurs maris, à leurs fils ou aux fils de leurs maris, à leurs frères ou aux fils de leurs frères, aux fils de leurs sœurs, ou aux femmes de ceux-ci, ou à leurs esclaves acquêts de leurs mains droites, ou aux domestiques mâles qui n'ont point besoin de femmes, ou aux enfants qui ne distinguent pas encore les parties sexuelles d'une femme. Que les femmes n'agitent point les pieds de manière à faire voir les ornements cachés. Tournez vos cœurs vers Dieu, afin que vous soyez heureux.

32. Mariez ceux qui ne le sont pas encore; vos serviteurs probes à vos servantes; s'ils sont pauvres, Dieu les rendra riches ; car Dieu est immense, et il sait tout.

33. Que ceux qui ne peuvent trouver un parti *à cause de leur pauvreté* vivent dans la continence jusqu'à ce que Dieu les ait enrichis de sa faveur. Si quelqu'un de vos esclaves vous demande son affranchissement par écrit, donnez-le-lui si vous l'en jugez digne. Donnez-leur quelque peu de ces biens que Dieu vous a accordés. Ne forcez point vos servantes à se prostituer, si elles désirent se prémunir contre la prostitution en vue des biens de ce monde. Si quelqu'un les y forçait, Dieu sera indulgent et aura pitié d'elles, de ce qu'elles n'ont fait le mal que par contrainte.

34. Nous venons de vous révéler des versets qui vous expliquent tout clairement par des exemples tirés de ceux qui ont existé avant vous, et qui sont un avertissement pour ceux qui craignent Dieu.

35. Dieu est la lumière des cieux et de la terre. Cette lumière ressemble à un flambeau, à un flambeau placé dans un cristal, cristal semblable à une étoile brillante; ce flambeau s'allume de l'huile de l'arbre béni, de cet olivier qui n'est ni de l'Orient ni de l'Occident, et dont l'huile semble s'allumer sans que le feu y touche. C'est une lumière sur une lumière. Dieu conduit vers sa lumière celui qu'il veut, et propose aux hommes des paraboles; car il connaît tout.

36. Dans les maisons que Dieu a permis d'élever pour que son nom y soit répété chaque jour au matin et au soir,

37. Célèbrent ses louanges des hommes que

---

[1] Parmi les personnes qui avaient calomnié *Aïecha*, il y avait un homme parent d'Aboubekr, à qui celui-ci faisait beaucoup de bien. Aboubekr avait voulu lui retirer ses gages pour l'en punir. Mohammed l'interdit par ce verset.

le commerce et les contrats ne détournent point du souvenir de Dieu, de la stricte observance de la prière et de l'aumône. Ils redoutent le jour où les cœurs et les yeux des hommes seront en confusion ;

38. *Ce jour que Dieu a fixé* pour récompenser tous les hommes selon leurs meilleures œuvres, et pour les combler de ses faveurs. Dieu donne la nourriture à qui il veut, et sans compte.

39. Pour les incrédules, leurs œuvres seront comme ce mirage du désert, que l'homme altéré de soif prend pour de l'eau, jusqu'à ce qu'il y accourt et ne trouve rien. Mais il trouvera devant lui Dieu, qui réglera son compte; Dieu est exact dans ses comptes.

40. Leurs œuvres ressemblent encore aux ténèbres étendues sur une mer profonde, que couvrent des flots tumultueux; d'autres flots s'élèvent, et puis un nuage, et puis des ténèbres entassées sur des ténèbres; l'homme étend sa main et ne la voit pas; si Dieu ne donne pas de lumière à un homme, où la trouvera-t-il?

41. N'as-tu pas considéré que tout ce qui est dans les cieux et sur la terre publie les louanges de Dieu, et les oiseaux aussi en étendant leurs ailes? tout être sait la prière et le récit de ses louanges; Dieu connaît leurs actions.

42. A Dieu appartient le royaume des cieux et de la terre. Il est le point où tout aboutit.

43. N'as-tu pas considéré comment Dieu pousse légèrement les nuages, comme il les réunit et les entasse par monceaux; puis tu vois sortir de leur sein une pluie abondante; on dirait qu'il fait descendre du ciel des montagnes grosses de grêle, dont il atteint ceux qu'il veut, et qu'il détourne de ceux qu'il veut. Peu s'en faut que l'éclat de la foudre n'enlève la vue aux hommes.

44. Dieu fait succéder tour à tour le jour et la nuit. Il y a certes dans ceci un exemple frappant pour les hommes doués d'intelligence. Il a créé d'eau tous les animaux. Les uns marchent sur leur ventre, d'autres sur deux pieds, d'autres marchent sur quatre. Dieu crée ce qu'il veut, car il est tout-puissant.

45. Nous venons de vous révéler des versets qui vous expliquent tout clairement. Dieu dirige ceux qu'il veut vers le sentier droit.

46. *Les hypocrites* disent : Nous avons cru en Dieu et à l'apôtre, et nous obéirons; puis une partie d'entre eux reviennent sur leurs pas et ne sont point des croyants.

47. Quand on les appelle devant Dieu et devant son apôtre afin qu'il décide entre eux, voici qu'une portion d'entre eux s'éloigne et se détourne.

48. Si la vérité était de leur côté, ils obéiraient et viendraient à lui.

49. Une maladie siége-t-elle dans leur cœur, ou bien doutent-ils, ou bien craignent-ils que Dieu et son apôtre ne les trompent ? — Non! Mais ils sont méchants.

50. Quelles sont les paroles des croyants quand on les appelle devant Dieu et devant son apôtre afin qu'il décide entre eux? Ils disent: Nous avons entendu et nous obéissons. Et ils seront heureux.

51. Quiconque obéit à Dieu et à son prophète, quiconque le craint, le redoute, sera du nombre des bienheureux.

52. Ils ont juré, par le nom de Dieu, le plus solennel des serments, que si tu leur ordonnais de marcher au combat ils le feraient. Dis-leur: Ne jurez point ; c'est l'obéissance qui a un prix. Dieu connaît vos actions.

53. Dis-leur : Obéissez à Dieu et à l'apôtre. Si vous tournez le dos, *on ne lui en demandera pas compte*, on n'attend de lui que ses œuvres, comme on attend de vous les vôtres. Si vous obéissez vous serez dirigés. La prédication ouverte est seule à la charge de l'apôtre.

54. Dieu a promis à ceux qui auront cru et pratiqué les bonnes œuvres, de les constituer héritiers dans ce pays, ainsi qu'il a fait succéder vos devanciers aux infidèles qui les ont précédés, il leur a promis d'établir fermement cette religion dans laquelle ils se sont complu, et de changer leurs inquiétudes en sécurité. Ils m'adoreront et ne m'associeront dans leur culte aucun autre être. Ceux qui, après ces avertissements, demeureraient infidèles, seraient prévaricateurs.

55. Observez exactement la prière, faites l'aumône, obéissez à l'apôtre, et vous éprouverez la miséricorde de Dieu.

56. N'allez pas croire que les infidèles puissent affaiblir la puissance de Dieu sur la terre, eux qui auront le feu pour demeure. Et quel affreux séjour !

57. O croyants! que vos esclaves, les enfants qui n'ont point atteint l'âge de puberté, vous demandent permission avant d'entrer chez vous, et ce trois fois par jour : avant la prière de l'aurore, lorsque vous quittez vos habits à midi, et après la prière du soir ; ces trois moments doivent être respectés par décence. Il n'y aura aucun mal ni pour vous ni pour eux s'ils entrent à d'autres heures sans permission, quand vous allez vous voir les uns les autres. C'est ainsi que Dieu vous explique ses signes. Or, il est savant et sage.

58. Lorsque vos enfants auront atteint l'âge de puberté, ils devront, à toute heure, demander la permission d'entrer comme l'avaient demandée

ceux qui avaient atteint cet âge avant eux. C'est ainsi que Dieu vous explique ses signes. Or, il est savant et sage.

59. Les femmes qui n'enfantent plus, et qui n'espèrent plus pouvoir se marier, peuvent, sans inconvénient, ôter leurs vêtements, sans cependant montrer leurs ornements; mais si elles s'en abstiennent, cela leur vaudra mieux. Dieu entend et sait tout.

60. On ne tiendra pas à crime à un aveugle, ni à un boiteux, ni à un homme malade, de manger à vos tables, ni à vous, si vous faites vos repas dans vos maisons, dans celles de vos pères ou de vos mères, ou de vos frères, ou de vos oncles et de vos tantes paternels, ou de vos oncles et de vos tantes maternels, dans les maisons dont vous avez les clefs, dans celles de vos amis. Il n'y a aucun inconvénient pour vous à manger en commun ou séparément[1].

61. Quand vous entrez dans une maison, saluez-vous réciproquement, celui qui entre et celui qui reçoit, en vous souhaitant de par Dieu une bonne et heureuse santé. C'est ainsi que Dieu vous explique ses signes, afin que vous les compreniez.

62. Les vrais croyants sont ceux qui croient en Dieu et à son apôtre, qui, lorsqu'ils se réunissent chez toi pour quelque affaire d'intérêt commun, ne s'éloignent pas sans ta permission. Ceux qui te la demandent sont ceux qui croient en Dieu et à son apôtre. S'ils te la demandent pour s'occuper de quelque autre affaire, tu l'accorderas à celui que tu voudras. Implore pour eux l'indulgence de Dieu; car il est indulgent et miséricordieux.

63. N'appelez point l'apôtre avec cette familiarité que vous mettez à vous appeler entre vous. Dieu connaît ceux qui se retirent de l'assemblée en secret, se cachant les uns derrière les autres. Que ceux qui désobéissent à ses ordres redoutent un malheur ou le châtiment terrible.

64. Tout ce qui est dans les cieux et sur la terre n'appartient-il pas à Dieu? Il connaît l'état où vous êtes. Un jour les hommes seront ramenés devant lui, et il leur rappellera vos œuvres car il connaît tout.

[1] Ce verset relève des scrupules fondés sur quelques usages superstitieux chez les Arabes de ne point admettre à leur table les boiteux ou les aveugles, et de ne point faire des repas chez d'autres, comme il y en avait qui se faisaient un scrupule de manger seuls.

CHAPITRE XXV.
ALFORKAN OU LA DISTINCTION.

Donné à la Mecque. — 77 versets.

1. Béni soit celui qui a envoyé du ciel la distinction à son serviteur, afin qu'il avertisse les hommes.

2. Le royaume des cieux et de la terre lui appartient; il n'a point de fils, il n'a point d'associé à l'empire; il a créé toutes choses et assigne à toutes leur destination.

3. Les idolâtres ont pris d'autres dieux que lui, dieux qui n'ont rien créé et ont été créés eux-mêmes,

4. Qui ne peuvent faire ni aucun bien ni aucun mal, qui ne disposent ni de la vie, ni de la mort, ni de la résurrection.

5. Les incrédules disent : Ce livre n'est qu'un mensonge qu'il a forgé; d'autres aussi l'ont aidé à le faire. Voici quelle est leur méchanceté et leur perfidie.

6. Ce ne sont que des fables de l'antiquité, disent-ils encore, qu'il a mises par écrit; elles lui sont dictées le matin et le soir.

7. Dis : Celui qui connaît les secrets des cieux et de la terre a envoyé ce livre. Il est indulgent et miséricordieux.

8. Ils disent : Quel est donc cet apôtre? Il fait ses repas, il se promène dans les marchés. A moins qu'un ange ne descende et ne prêche avec lui,

9. A moins qu'un trésor ne lui soit envoyé, ou qu'il n'ait un jardin qui lui fournisse la nourriture, nous ne croirons pas. Les méchants disent : Vous ne suivez qu'un homme ensorcelé.

10. Vois à quoi ils te comparent. Ils se sont égarés et ne peuvent trouver aucune issue.

11. Béni soit celui qui, s'il lui plaît, peut te donner quelque chose de plus précieux *que leurs biens*, des jardins où coulent des torrents, et des palais.

12. Mais ils traitent de mensonge l'arrivée de l'heure. Nous avons préparé, à ceux qui la traitent de mensonge, un feu ardent.

13. Lorsqu'il les verra de loin, ils l'entendront mugir de rage et ronfler.

14. De là ils seront jetés dans un cachot étroit, liés ensemble; alors ils appelleront la mort.

15. N'en appelez pas une seulement, appelez plusieurs genres de mort, leur dira-t-on.

16. Dis-leur : Qu'est-ce qui vaut mieux de ceci ou du jardin de l'éternité, qui a été promis aux hommes pieux, et qui doit leur servir de récompense et de demeure?

17. Ils y trouveront tout ce qu'ils peuvent désirer dans leur séjour éternel. C'est une pro-

messe qu'ils seront en droit de réclamer de Dieu.

18. Le jour où il les réunira tous, ainsi que les dieux qu'ils adoraient à l'exclusion de Dieu, il demandera à ceux-ci : Est-ce ,vous qui avez égaré mes serviteurs, ou bien sont-ce eux-mêmes qui ont perdu la route?

19. Ils répondront : Que ton nom soit glorifié ! Nous ne pouvions rechercher d'autre allié que toi ; mais tu les as laissés jouir des biens de ce monde, ainsi que leurs pères, et ils ont perdu ton souvenir ; c'est ce qui les a égarés.

20. Il dira aux idolâtres : Voici vos dieux qui démentent vos paroles. Elles ne sauraient ni détourner le châtiment ni vous secourir.

21. Quiconque de vous a agi avec iniquité éprouvera un châtiment terrible.

22. Les apôtres que nous avons envoyés avant toi se nourrissaient et se promenaient dans les marchés *comme les autres hommes*. Nous vous éprouvons les uns par les autres. Serez-vous constants? Dieu voit tout.

23. Ceux qui n'espèrent point nous revoir *dans l'autre monde* disent : Nous ne croirons point, à moins que les anges ne descendent du ciel ou que nous ne voyions Dieu de nos yeux. Ils sont enflés d'orgueil, et commettent un crime énorme.

24. Il n'y aura point d'heureuses nouvelles pour les coupables, le jour où ils verront venir les anges. Ils crieront : Loin, loin avec eux !

25. Alors nous produirons les œuvres de chacun, et nous les réduirons en poussière dispersée de tous côtés.

26. Ce jour-là les hôtes du paradis auront un beau lieu de repos et un endroit délicieux pour prendre la méridienne.

27. Le jour où le ciel se fendra par nuages, et où les anges descendront par troupes,

28. Alors le véritable empire sera au Miséricordieux. Ce sera un jour difficile pour les infidèles.

29. Alors le méchant mordra le revers de sa main et dira : Plût à Dieu que j'eusse suivi le sentier avec l'apôtre.

30. Malheur à moi! Plût à Dieu que je n'eusse pas pris un tel pour patron !

31. Il m'a fait perdre de vue le Livre après qu'il me fut montré. Satan est un traître pour l'homme.

32. Le prophète dira : Seigneur ! mon peuple a pris ce Koran en dédain.

33. C'est ainsi que nous avons donné à tous les apôtres des criminels pour ennemis ; mais Dieu te servira de guide et d'assistance.

34. Les incrédules disent : Pourquoi le Koran ne lui a-t-il pas été envoyé en un seul corps? — Nous faisons ainsi pour fortifier ton cœur; nous le lui récitons par refrains.

35. Toutes les fois qu'ils te proposeront des ressemblances, nous te donnerons la vérité et la plus parfaite explication.

36. Ceux qui seront rassemblés et précipités de leurs têtes dans l'enfer auront certainement, dans un lieu détestable et sûr, un chemin d'égarement.

37. Nous avons donné le Livre à Moïse, et nous lui avons donné pour lieutenant son frère Aaron.

38. Nous leur dîmes : Allez vers le peuple qui traite nos miracles de mensonges. Nous détruisîmes ce peuple d'une destruction complète.

39. Nous ensevelîmes dans les eaux le peuple de Noé qui accusa ses apôtres d'imposture, et nous en fîmes un signe d'avertissement pour tous les peuples. Nous avons préparé aux méchants un supplice douloureux.

40. Nous anéantîmes Ad et Themoud et les habitants de Rass, et tant d'autres générations, dans cet espace de temps.

41. A chacun de ces peuples nous proposions des paraboles d'avertissement, et nous les exterminâmes entièrement.

42. Les infidèles ont souvent passé près de la ville sur laquelle nous avons fait pleuvoir une pluie fatale. Ne l'ont-ils pas vue? Oui; mais ils n'espèrent point d'être ressuscités en jour.

43. Lorsqu'ils te voient, ils te prennent pour l'objet de leurs railleries. Est-ce cet homme, disent-ils, que Dieu a suscité pour être un apôtre?

44. Peu s'en est fallu qu'il ne nous ait fait délaisser nos dieux, si nous n'avions pas montré de la constance. Lorsqu'ils verront approcher le châtiment, ils apprendront qui d'entre nous s'est le plus éloigné du chemin droit.

45. Que t'en semble? Seras-tu l'avocat de ceux qui ont pris leurs passions pour leur dieu?

46. Crois-tu que la plupart d'entre eux entendent ou comprennent? Ils sont comme des brutes, et même plus que les brutes, éloignés du chemin droit.

47. As-tu remarqué comme ton Seigneur étend l'ombre? S'il voulait, il la rendrait permanente. Nous avons fait du soleil son guide;

48. Et puis nous la resserrons avec facilité.

49. C'est lui qui vous donne la nuit pour manteau et le sommeil pour repos. Il a donné le jour pour le mouvement.

50. Il envoie les vents comme précurseurs de ses grâces. Nous faisons descendre du ciel l'eau pure,

51. Pour faire revivre par elle une contrée

mourante; nous en désaltérons nos créatures, un nombre infini d'animaux et d'hommes.

52. Nous la tournons de tous côtés au milieu d'eux, afin qu'ils se souviennent de nous; mais la plupart des hommes se refusent à tout, excepté à être ingrats.

53. Si nous avions voulu nous aurions envoyé vers chaque cité un apôtre.

54. Ne cède point aux infidèles, mais combats-les fortement avec ce livre.

55. C'est lui qui a rapproché deux mers, l'une d'eau douce et rafraîchissante, l'autre salée et amère, et il a placé entre elles un espace et une barrière insurmontables.

56. C'est lui qui crée d'eau les hommes, qui établit entre eux les liens de parenté et d'affinité. Ton Seigneur est puissant.

57. Plutôt que Dieu ils adorent ce qui ne peut ni leur être utile ni leur nuire. L'infidèle assiste *le diable* contre son Seigneur.

58. Nous ne t'avons envoyé que pour annoncer et pour menacer.

59. Dis-leur : Je ne vous demande pas d'autre salaire que de vous voir prendre le sentier qui conduit à Dieu.

60. Mets ta confiance dans le Vivant qui ne meurt pas; célèbre ses louanges. Il connaît suffisamment les péchés de ses serviteurs. Il a créé les cieux et la terre, et tout ce qui se trouve entre eux, dans l'espace de six jours; puis il est allé s'asseoir sur le trône. Il est le Miséricordieux. Interroge sur lui les hommes instruits.

61. Quand on leur dit : Prosternez-vous devant le Miséricordieux, ils demandent : Qui est le Miséricordieux ? Nous prosternerons-nous devant ce que tu nous dis ? Et leur éloignement s'en accroît.

62. Béni soit celui qui a placé au ciel les signes du zodiaque, qui y a suspendu le flambeau et la lune qui éclairent.

63. Il a établi la nuit et le jour se succédant tour à tour pour ceux qui veulent penser à Dieu ou lui rendre des actions de grâces.

64. Les serviteurs du Miséricordieux sont ceux qui marchent avec modestie et qui répondent : Paix! aux ignorants qui leur adressent la parole;

65. Qui passent leur nuit à prier Dieu, prosternés et debout;

66. Qui disent : Seigneur! éloigne de nous le supplice de la géhenne, car ses tourments sont perpétuels; car c'est un mauvais lieu pour se reposer et pour s'y arrêter;

67. Qui, dans leurs largesses, ne sont ni prodigues ni avares, mais qui se tiennent entre les deux;

68. Qui n'invoquent point avec Dieu d'autres divinités; qui ne tuent point l'homme, comme Dieu l'a défendu, excepté pour une juste raison; qui ne commettent point d'adultère. Celui qui le fait recevra le prix de l'iniquité.

69. Au jour de la résurrection, le supplice lui sera doublé; il le subira éternellement, couvert d'ignominie.

70. Mais ceux qui se repentiront, qui auront cru et pratiqué les bonnes œuvres, Dieu changera les mauvaises actions de ceux-là en bonnes; car Dieu est indulgent et miséricordieux.

71. Celui qui se repent et qui croit, revient à Dieu et en est accueilli.

72. Ceux qui ne portent point de faux témoignage, et qui, engagés dans une conversation frivole, la traversent avec décence;

73. Qui, lorsqu'on leur récite les avertissements du Seigneur, ne sont point couchés immobiles comme s'ils étaient sourds et aveugles;

74. Qui disent : Seigneur! accorde-nous, dans nos épouses et dans nos enfants, un sujet de joie, et fais que nous marchions à la tête de ceux qui craignent :

75. Ceux-là auront pour récompense les lieux élevés du paradis, parce qu'ils ont persévéré, et ils y trouveront le salut et la paix.

76. Ils y séjourneront éternellement. Quel beau lieu pour se reposer et pour s'y arrêter!

77. Dis : Peu importe à Dieu que vous ne l'invoquiez pas. Vous avez déjà traité son apôtre d'imposteur. Mais la peine permanente vous atteindra.

CHAPITRE XXVI.

LES POETES.

Donné à la Mecque. — 228 versets.

Au nom de Dieu clément et miséricordieux.

1. T. S. M. Ce sont les signes du livre évident.

2. Tu te consumes d'affliction de ce qu'ils ne veulent pas croire.

3. Si nous avions voulu, nous aurions envoyé du ciel un signe (un prodige) devant lequel, humiliés, ils courberaient leurs têtes.

4. Il ne descend aucun nouvel avertissement du Miséricordieux qu'ils ne s'éloignent pour ne pas l'entendre.

5. Ils le traitent de mensonge, mais bientôt ils apprendront des nouvelles du châtiment dont ils se riaient.

6. N'ont-ils pas jeté les yeux sur la terre ? N'ont-ils pas vu comment nous avons établi d'excellentes espèces en toutes choses ?

7. Il y a des signes dans ceci, mais la plupart des hommes ne croient pas.
8. Certes, ton Seigneur est puissant et sage.
9. Souviens-toi que Dieu appela Moïse, et lui dit : Rends-toi vers ce peuple pervers;
10. Vers le peuple de Pharaon; ne me craindront-ils pas?
11. Seigneur! je crains qu'ils ne me traitent d'imposteur.
12. Mon cœur est dans l'angoisse et ma langue est embarrassée. Appelle plutôt mon frère Aaron.
13. Ils ont à me faire expier un crime, et je crains qu'ils ne me mettent à mort.
14. Nullement, répondit Dieu. Allez tous deux, accompagnés de mes signes; nous serons avec vous, et nous écouterons.
15. Allez donc tous deux auprès de Pharaon, et dites-lui : Je suis Moïse, l'envoyé du Maître de l'univers.
16. Laisse partir avec nous les enfants d'Israël.
17. *Ils s'y rendirent; et Pharaon dit à Moïse :* Ne t'avons-nous pas élevé parmi nous dans ton enfance? Tu as passé plusieurs années de ta vie au milieu de nous.
18. Tu as commis l'action que tu sais; tu es un ingrat.
19. Oui, répondit Moïse, j'ai commis cette action, mais alors j'étais dans l'égarement.
20. J'ai fui du milieu de vous par crainte; ensuite Dieu m'a investi du pouvoir et m'a constitué son apôtre.
21. Est-ce cette faveur envers moi que tu me reproches? Tu as réduit les enfants d'Israël en esclavage.
22. Qu'est-ce donc, dit Pharaon, que le Maître de l'univers?
23. — C'est le Maître des cieux et de la terre, et de tout ce qui est entre eux, si vous croyez.
24. Entendez-vous? dit Pharaon à ceux qui l'entouraient.
25. Votre Maître est le Maître de vos pères les anciens, continua Moïse.
26. Votre apôtre, que l'on a envoyé vers vous, est un possédé, dit Pharaon.
27. C'est le Maître de l'Orient et de l'Occident, et de tout ce qui est dans l'intervalle, si vous avez de l'intelligence, *ajouta Moïse*.
28. Si tu prends pour Dieu un autre que moi, dit Pharaon, je te ferai mettre en prison.
29. Alors même que je te ferais voir quelque preuve évidente *de ma mission?* dit Moïse.
30. Fais-la voir, dit Pharaon, si tu es véridique.
31. Moïse jeta son bâton, qui se changea en un véritable serpent.
32. Puis il étendit la main, et elle parut blanche à tous les spectateurs.
33. Pharaon dit aux grands qui l'entouraient: En vérité, c'est un magicien habile!
34. Par ses sorcelleries il va vous chasser de votre pays; quel est votre avis?
35. Les grands répondirent : Donnez-lui quelque espoir ainsi qu'à son frère, et envoyez, en attendant, des hommes chargés de faire venir des villes de l'empire
36. Les plus habiles magiciens.
37. Les magiciens furent réunis à un rendez-vous, un jour de fête.
38. On demanda au peuple : Y assisterez-vous?
39. Nous suivrons les magiciens s'ils l'emportent, *disait-on dans le peuple*.
40. Quand les magiciens furent assemblés, ils dirent à Pharaon : Pouvons-nous compter sur une récompense si nous sommes vainqueurs?
41. Oui, sans doute, répondit Pharaon; vous prendrez place parmi les hommes honorés de ma faveur particulière.
42. Moïse leur dit alors : Jetez ce que vous avez à jeter.
43. Ils jetèrent leurs cordes et leurs bâtons en prononçant ces paroles : Par la puissance de Pharaon, nous sommes vainqueurs.
44. Moïse jeta sa baguette, et la voici qui dévore leurs inventions mensongères.
45. Et les magiciens se prosternèrent en signe d'adoration,
46. Et s'écrièrent : Nous croyons au Souverain de l'univers,
47. Le Dieu de Moïse et d'Aaron.
48. Vous avez donc cru en lui, dit Pharaon, avant que je vous l'aie permis? Il est donc votre chef? C'est lui qui vous a appris la magie. — Mais vous saurez *ce qui vous en reviendra!*
49. Je vous ferai couper les mains et les pieds alternativement, et je vous ferai crucifier tous.
50. — Nous n'y verrions aucun mal, car nous retournerions à notre Seigneur.
51. Nous espérons que Dieu nous pardonnera nos péchés, car nous avons cru des premiers.
52. Nous révélâmes à Moïse cet ordre : Tu sortiras avec mes serviteurs pendant la nuit, mais vous serez poursuivis.
53. Pharaon envoya dans les villes *de son empire* des hommes chargés de rassembler *des troupes*.
54. *Les Israélites* ne sont qu'un ramassis

de gens de toute espèce, et ils sont peu nombreux;

55. Mais ils sont irrités contre nous.

56. Nous, au contraire, nous sommes nombreux, disciplinés.

57. C'est ainsi que nous les avons fait sortir (les Égyptiens) du milieu de leurs jardins et de leurs fontaines,

58. De leurs trésors et de leurs superbes demeures.

59. Oui, il en fut ainsi, et nous les donnâmes en héritage aux enfants d'Israël [1].

60. Au lever du soleil, les Égyptiens les poursuivirent.

61. Et lorsque les deux armées furent à une distance telle qu'elles pouvaient se voir, des compagnons de Moïse s'écrièrent : Nous sommes atteints.

62. Point du tout, dit Moïse. Dieu est avec moi; il me guidera.

63. Nous révélâmes à Moïse cet ordre : Frappe la mer de ta baguette: la mer se fendit en deux, et chacune de ses parties se dressait comme une grande montagne.

64. Puis nous fîmes approcher les autres (*les Égyptiens*).

65. Nous sauvâmes Moïse et tous ceux qui le suivirent,

66. Et nous submergeâmes les autres.

67. Certes, il y a dans cet événement un signe *de la puissance de Dieu;* mais la plupart des hommes ne croient pas.

68. Et cependant ton Seigneur est puissant et miséricordieux.

69. Relis-leur l'histoire d'Abraham

70. Qui dit un jour à son père et à sa famille : Qu'est-ce que vous adorez ?

71. Nous adorons des idoles, dirent-ils, et nous passons avec assiduité notre temps dans leurs temples.

72. Vous entendent-elles quand vous les appelez? demanda Abraham.

73. Vous servent-elles à quelque chose ? peuvent-elles vous faire quelque mal?

74. Non, dirent-ils ; mais c'est ainsi que nous avons vu faire à nos pères.

75. Que vous en semble? dit Abraham. Ceux que vous adorez,

76. Ceux qu'adoraient vos pères, les anciens,

77. Sont mes ennemis. Il n'y a qu'un Dieu souverain de l'univers;

78. Qui m'a créé, et qui me dirige dans la droite voie;

79. Qui me nourrit et me donne à boire;

80. Qui me guérit quand je suis malade;

81. Qui me fera mourir, et qui me ressuscitera;

82. Qui, j'espère, me pardonnera mes péchés au jour de la rétribution.

83. Seigneur! donne-moi la sagesse, et place-moi au nombre des justes.

84. Accorde-moi la langue de la véracité jusqu'aux temps les plus reculés [1].

85. Mets-moi au nombre des héritiers du jardin des délices.

86. Pardonne à mon père, car il était égaré.

87. Ne me déshonore pas au jour où les hommes seront ressuscités ;

88. Au jour où les richesses et les enfants ne seront d'aucune utilité,

89. Si ce n'est pour celui qui viendra à Dieu avec un cœur droit.

90. Quand le paradis sera rapproché pour les hommes pieux,

91. Et que l'enfer se dressera pour *engloutir* les égarés ;

92. Quand on dira à ceux-ci : Où sont ceux que vous adorez

93. A côté de Dieu? vous aideront-ils ? s'aideront-ils eux-mêmes?

94. Ils seront précipités tous dans l'enfer, les séducteurs et les séduits,

95. Et toutes les armées d'Éblis.

96. Ils s'y disputeront, et *les séduits diront :*

97. Par le nom de Dieu ! nous étions dans une erreur évidente,

98. Quand nous vous mettions de pair avec le souverain de l'univers.

99. Les coupables seuls nous ont séduits.

100. Nous n'avons point d'intercesseurs,

101. Ni un ami zélé.

102. Ah! si une seule fois encore *il nous était permis de revenir sur la terre*, nous serions des croyants !

103. Il y a des signes dans ceci, mais la plupart des hommes ne croient pas.

104. Ton Seigneur est puissant et sage.

105. Le peuple de Noé a aussi traité les apôtres d'imposteurs.

106. Lorsque leur frère Noé leur dit : Ne craindrez-vous pas Dieu ?

107. Je viens vers vous comme apôtre digne de confiance.

108. Craignez Dieu, et obéissez-moi.

---

[1] On pourrait penser, d'après ce verset, que les Israélites retournèrent en Égypte après la destruction des Égyptiens.

[1] C'est-à-dire, que mes paroles soient citées dans la postérité la plus reculée, et qu'on y ajoute foi.

109. Je ne vous en demande pas de salaire, car mon salaire est à la charge de Dieu, souverain de l'univers.

110. Craignez Dieu, et obéissez-moi.

111. Ils répondirent: Croirons-nous à toi, que les plus vils du peuple suivent seuls?

112. Je n'ai aucune connaissance de leurs œuvres, répondit Noé.

113. Ils ne doivent en rendre compte qu'à Dieu; puissiez-vous le comprendre!

114. Je ne puis pas repousser ceux qui croient.

115. Je ne suis qu'un apôtre prêchant ouvertement.

116. Si tu ne cesses d'agir de la sorte, ô Noé! tu seras lapidé.

117. Noé cria vers Dieu : Seigneur! mon peuple m'accuse de mensonge!

118. Décide entre eux et moi; sauve-moi, et ceux qui me suivent et qui ont cru.

119. Nous le sauvâmes, ainsi que ceux qui étaient avec lui, dans une arche qui les comprenait tous.

120. Ensuite nous submergeâmes le reste des hommes.

121. Certes, il y a dans ceci un signe d'avertissement; mais la plupart des hommes ne croient pas.

122. Certes, ton Seigneur est puissant et miséricordieux.

123. Les Adites accusèrent leurs apôtres d'imposture.

124. Houd, leur frère, leur criait : Ne craindrez-vous pas Dieu?

125. Je viens vers vous comme envoyé digne de confiance.

126. Craignez Dieu, et obéissez-moi.

127. Je ne vous en demande aucun salaire, car mon salaire est à la charge de Dieu, souverain de l'univers.

128. Bâtirez-vous sur chaque colline des monuments pour votre plaisir?

129. Élèverez-vous des édifices, apparemment pour y vivre éternellement?

130. Quand vous exercez le pouvoir, l'exercez-vous en tyrans?

131. Craignez donc Dieu, et obéissez-moi.

132. Craignez celui qui vous a donné en abondance ce que vous savez;

133. Qui vous a donné en abondance des troupeaux et une nombreuse postérité;

134. Qui vous a pourvus de jardins et de fontaines.

135. Je crains pour vous le châtiment du jour terrible.

136. Ils répondirent : Il nous est égal que tu nous exhortes ou non.

137. Tes exhortations ne sont que les vieilleries des temps d'autrefois.

138. Nous ne serons jamais punis.

139. Ils accusèrent Houd d'imposture, et nous les exterminâmes. Il y a dans cet événement un signe, mais la plupart ne croient pas.

140. Et certes, votre Seigneur est puissant et miséricordieux.

141. Les Thémoudites accusèrent aussi de mensonge leurs apôtres.

142. Leur frère Saleh leur dit : Ne craindrez-vous pas Dieu?

143. Je viens vers vous comme apôtre digne de confiance.

144. Craignez donc Dieu, et obéissez-moi.

145. Je ne vous en demande pas de salaire, car mon salaire est à la charge de Dieu, souverain de l'univers.

146. Pensez-vous qu'on vous laissera pour toujours en sûreté,

147. Au milieu de vos jardins et des fontaines?

148. Au milieu des champs ensemencés, des palmiers aux branches touffues?

149. Taillerez-vous toujours des maisons dans les rochers, insolents que vous êtes?

150. Craignez donc Dieu, et obéissez-moi.

151. N'obéissez point aux ordres de ceux qui se livrent aux excès,

152. Qui mettent tout en désordre sur la terre et ne l'améliorent pas.

153. Ils lui répondirent : Tu es sous l'empire d'un enchantement.

154. Tu n'es qu'un homme comme nous: fais-moi voir un signe si ce que tu dis est véridique.

155. Que cette femelle de chameau soit un signe; elle aura sa portion d'eau un jour, et vous la vôtre à un autre jour fixe [1].

156. Ne lui faites aucun mal, car vous éprouveriez le châtiment du grand jour.

157. Ils la tuèrent; ils s'en repentirent le lendemain.

158. Le châtiment les a atteints. C'était un signe du ciel; la plupart n'y croient pas.

159. Mais ton Seigneur est puissant et miséricordieux.

160. Le peuple de Loth accusa ses prophètes d'imposture.

161. Loth, leur frère, leur dit : Ne craindrez-vous pas Dieu?

---

[1] C'était une femelle de chameau qui buvait toute l'eau du jour de la fontaine, de sorte que les Thémoudites n'en avaient que le lendemain.

162. Je viens vers vous comme apôtre digne de confiance.

163. Craignez Dieu, et obéissez-moi.

164. Je ne vous en demande aucun salaire, mon salaire est à la charge de Dieu, souverain de l'univers.

165. Aurez-vous commerce avec des hommes parmi toutes les créatures,

166. Abandonnant les femmes que Dieu a créées pour vous? En vérité, vous êtes un peuple criminel !

167. Ils lui répondirent : Si tu ne cesses pas tes exhortations, nous te chasserons de la ville.

168. Je fuis l'abomination pour ce que vous faites.

169. Seigneur ! délivrez-moi et ma famille de leurs infâmes actions.

170. Nous le sauvâmes, ainsi que toute sa famille,

171. Excepté une vieille qui était restée en arrière ;

172. Puis nous exterminâmes les autres.

173. Nous fîmes pleuvoir sur eux une pluie ; quelle terrible pluie que celle qui fondit sur ces hommes que nous exhortions !

174. C'était un signe du ciel ; mais la plupart ne croient pas.

175. Ton Seigneur, cependant, est puissant et miséricordieux.

176. Les habitants de la forêt *de Madian* ont accusé leurs prophètes d'imposture.

177. Choaïb leur criait : Craignez Dieu !

178. Je viens vers vous comme apôtre digne de confiance.

179. Craignez donc Dieu, et obéissez-moi.

180. Je ne vous en demande aucun salaire, mon salaire est à la charge de Dieu, souverain de l'univers.

181. Remplissez la mesure, et ne fraudez pas vos semblables.

182. Pesez avec une balance exacte.

183. Ne fraudez point les hommes, et ne marchez point sur la terre en commettant des désordres.

184. Craignez celui qui vous a créés ainsi que les générations précédentes.

185. Ils lui répondirent : En vérité, ô Choaïb ! tu es sous l'empire d'un enchantement.

186. Tu n'es qu'un homme comme nous, et nous pensons que tu n'es qu'un imposteur.

187. Fais donc tomber sur nos têtes une portion du ciel, si tu es véridique.

188. Dieu connaît parfaitement vos actions, *reprit Choaïb.*

189. Ils le traitaient de menteur ; le châtiment du nuage ténébreux les surprit ; c'était le jour d'un châtiment terrible.

190. C'était un signe du ciel ; mais la plupart des hommes ne croient pas.

191. Ton Seigneur est puissant et miséricordieux.

192. Le Koran est une révélation du souverain de l'univers.

193. L'esprit fidèle [1] l'a apporté du ciel.

194. Et l'a déposé sur ton cœur, afin que tu fusses apôtre.

195. Il (le Koran) est écrit en langue arabe facile à entendre.

196. Il a été prédit par les Écritures des anciens.

197. N'est-ce pas un signe *qui parle en sa faveur,* que les docteurs des enfants d'Israël en aient connaissance ?

198. Si nous l'avions révélé à un homme d'une nation étrangère,

199. Et qu'il l'eût récité aux infidèles, ils n'y auraient pas ajouté foi.

200. C'est ainsi que nous avons gravé l'incrédulité dans les cœurs des coupables.

201. Ils n'y croiront pas jusqu'à ce que le châtiment cruel frappe leurs yeux.

202. Certes, ce châtiment fondra sur eux à l'improviste, quand ils ne s'y attendront pas.

203. Ils s'écrieront alors : Nous accordera-t-on un délai ?

204. Eh bien ! chercheront-ils aujourd'hui à hâter ce moment ?

205. Que t'en semble ? Si après les avoir laissés jouir des biens de ce monde pendant longues années,

206. Le supplice dont on les menaçait les surprend à la fin,

207. A quoi leur serviront leurs jouissances ?

208. Nous n'avons point détruit de cité qui n'ait pas eu ses apôtres

209. Chargés de l'avertir. Nous n'avons point agi injustement.

210. Ce ne sont pas les démons qui ont apporté le Koran du ciel ;

211. Cela ne leur convenait pas, et ils n'auraient pu le faire.

212. Ils sont même privés du droit de l'entendre dans le ciel.

213. N'invoque point un autre que Dieu, de peur que tu ne sois un jour au nombre des damnés.

214. Prêche tes plus proches parents.

---

[1] C'est l'ange Gabriel.

215. Abaisse les ailes de ta protection sur les croyants qui t'ont suivi.

216. S'ils te désobéissent, tu leur diras : Je suis innocent de vos œuvres.

217. Mets ta confiance dans le Dieu puissant et miséricordieux,

218. Qui te voit quand tu te lèves;

219. Qui voit ta conduite quand tu te trouves au milieu de ses adorateurs :

220. Car il entend et sait tout.

221. Vous dirai-je quels sont les hommes que les démons inspirent?

222. Ils inspirent le menteur, l'homme plongé dans les péchés;

223. Les hommes qui enseignent ce qu'ils ont entendu : la plupart d'entre eux étant des menteurs.

224. Ce sont les poëtes, que les hommes égarés suivent à leur tour.

225. Ne vois-tu pas qu'ils suivent toutes les routes [1] comme des insensés ?

226. Qu'ils disent ce qu'ils ne font pas ?

227. Sauf ceux qui ont cru, qui pratiquent le bien, et répètent sans cesse le nom de Dieu;

228. Qui se défendent quand ils sont attaqués : car ceux qui attaquent les premiers apprendront un jour quel sort leur est réservé.

CHAPITRE XXVII.
LA FOURMI.
Donné à la Mecque. — 95 versets.

Au nom de Dieu clément et miséricordieux.

1. T. S. [2] Ce sont les signes du Koran et du livre de l'évidence.

2. Ils servent de direction et annoncent d'heureuses nouvelles aux croyants,

3. Qui observent la prière, font l'aumône et croient fermement à la vie future.

4. Pour ceux qui ne croient point à la vie future, nous avons embelli leurs œuvres à leurs propres yeux, et ils marchent dans l'aveuglement.

5. Ce sont eux à qui est réservé le plus cruel châtiment; ils seront les plus malheureux dans l'autre monde.

6. Tu as obtenu le Koran du savant, du sage.

7. Moïse dit un jour à sa famille : J'ai aperçu du feu. Je vais vous en apporter des nouvelles ; peut-être vous en apporterai-je un tison ardent, pour que vous ayez de quoi vous réchauffer.

8. Il y alla, et voici qu'une voix lui cria : Béni soit celui qui est dans le feu et autour du feu ! Louange au Dieu souverain de l'univers.

9. Ô Moïse ! je suis le Dieu puissant et sage.

10. Jette ton bâton. *Moïse le jeta*, et lorsqu'il le vit se remuer comme un serpent, il se mit à fuir sans se retourner en arrière. Ô Moïse, *lui cria-t-on*, ne crains rien. Les envoyés n'ont rien à craindre de moi,

11. Si ce n'est peut-être celui qui a commis une iniquité; mais s'il a remplacé le mal par le bien, je suis indulgent et miséricordieux.

12. Porte ta main dans ton sein, et tu la retireras toute blanche, sans que ce soit une infirmité [1]. Ce sera un des sept prodiges envoyés contre Pharaon et son peuple; c'est un peuple pervers.

13. Quand nos miracles frappèrent leurs yeux en toute évidence, ils disaient : C'est de la magie, à n'en pas douter.

14. Quoiqu'ils aient acquis la certitude de leur vérité, ils les nièrent par orgueil et injustice. Mais considère quelle fut la fin des méchants.

15. Nous avons donné la science à David et à Salomon. Ils disaient : Louange à Dieu qui nous a élevés au-dessus de tant de ses serviteurs croyants !

16. Salomon fut l'héritier de David ; il dit : Ô hommes ! on m'a appris à comprendre la langue des oiseaux. Nous avons reçu le don de toutes choses. Certes, c'est un bienfait incontestable.

17. Un jour, les armées de Salomon, composées de génies et d'hommes, se rassemblèrent devant lui, et les oiseaux aussi, tous rangés séparément.

18. Lorsque tout ce cortége arriva à la vallée des fourmis, une d'entre elles dit : Ô fourmis ! rentrez dans vos demeures, de peur que Salomon et ses armées ne nous foulent par mégarde sous leurs pieds !

19. Salomon se mit à rire, en entendant ces paroles, et s'écria : Seigneur ! fais que je te sois reconnaissant pour les grâces dont tu m'as comblé ainsi que mes pères; fais que je pratique le bien pour te plaire, et assigne-moi une part dans la miséricorde dont tu environnes tes serviteurs vertueux.

20. Il passa en revue l'armée des oiseaux, et dit : Pourquoi ne vois-je pas la huppe ? Est-elle absente ?

21. Je lui infligerai un châtiment terrible; je la ferai mettre à mort, à moins qu'elle ne me donne une excuse légitime.

---

[1] C'est-à-dire qu'ils font des poésies sur toutes sortes de sujets extravagants et chimériques.

[2] Voyez, au sujet de ces lettres, la note 1 du chapitre II.

[1] C'est-à-dire, ne crois pas que ce soit la lèpre, maladie qui fait que le corps qui en est atteint est couvert d'une croûte blanche.

22. La huppe ne tarda pas à venir, et s'adressa à Salomon, en disant: J'ai acquis la connaissance qui te manque; j'arrive du pays de Saba; je t'en apporte des nouvelles exactes.

23. J'y ai vu une femme régner sur un peuple; elle possède toutes sortes de choses; elle a un trône magnifique.

24. J'ai vu qu'elle et son peuple adoraient le soleil à côté de Dieu: Satan a embelli ce genre de culte à leurs yeux; il les a détournés de la vraie voie, en sorte qu'ils ne sont point dirigés,

25. Et qu'ils n'adorent point ce Dieu qui produit au grand jour les secrets des cieux et de la terre, qui connaît ce que vous cachez et ce que vous publiez;

26. Le Dieu unique possesseur du grand trône.

27. Nous verrons, dit Salomon, si tu dis vrai ou si tu n'es qu'un menteur.

28. Va leur porter ma lettre; remets-la-leur, et place-toi à l'écart; tu verras quelle sera leur réponse.

29. *La huppe partit et s'acquitta de sa mission. La reine dit* aux grands de son royaume: Seigneurs, une lettre honorable vient de m'être remise.

30. Elle est de Salomon; en voici le contenu: « Au nom de Dieu clément et miséricordieux,

31. « Ne vous élevez pas contre moi; venez plutôt avec résignation [1]. »

32. Seigneurs, dit la reine, conseillez-moi dans cette affaire; je ne déciderai rien sans votre concours.

33. Nous sommes forts et redoutables, reprirent-ils; mais c'est à toi qu'il appartient de donner des ordres; c'est à toi de voir ce que tu as à nous commander.

34. Lorsque les rois entrent dans une ville, dit la reine, ils la ravagent et réduisent les plus puissants de ses habitants à une condition vile. C'est ainsi qu'ils agissent.

35. J'enverrai des présents, et j'attendrai la réponse de mes envoyés.

36. Lorsque l'envoyé *de la reine* se présenta devant Salomon, celui-ci lui dit: Vous voulez donc augmenter mes trésors? Ce que Dieu m'a donné vaut mieux que les biens dont il vous a comblés. Mais vous, vous mettez votre bonheur dans vos richesses.

37. Retourne vers le peuple qui t'envoie. Nous irons l'attaquer avec une armée à laquelle ils ne sauraient résister. Nous les chasserons de leur pays, avilis et humiliés.

38. Salomon s'adressa alors aux siens, en disant: Qui d'entre vous m'apportera le trône de Saba avant qu'ils se rendent eux-mêmes à discrétion?

39. Ce sera moi, répondit Ifrit, un des démons; je te l'apporterai avant que tu te sois levé de ta place. J'en ai les forces, et tu peux compter sur moi.

40. Un autre démon, qui avait reçu de la science du livre, dit : Je te l'apporterai avant que tu aies cligné de l'œil. Et lorsque Salomon vit le trône placé devant lui, il dit : C'est une marque de la faveur de Dieu; il m'éprouve pour savoir si je serai reconnaissant ou ingrat. Quiconque est reconnaissant l'est à son avantage; quiconque est ingrat, Dieu *peut s'en passer*, car il est riche et généreux.

41. Transformez ce trône à le rendre méconnaissable. Nous verrons si elle [1] est sur la droite voie, ou bien du nombre de ceux qui ne sauraient être dirigés.

42. Et lorsqu'elle se présenta devant Salomon, on lui demanda : Est-ce là votre trône. On dirait que c'est lui-même [2]. Or, nous avions reçu la science avant elle, et nous étions résignés à la volonté de Dieu.

43. Les divinités qu'elle adorait à côté de Dieu l'avaient égarée, et elle fut du nombre des infidèles.

44. On lui dit : Entrez dans ce palais. Et quand elle le vit, elle croyait que c'était une pièce d'eau, et se retroussa les jambes. C'est un édifice pavé de cristal, répondit Salomon [3].

45. Seigneur, j'avais agi iniquement envers moi-même *en adorant les idoles;* maintenant je me résigne, comme Salomon, à la volonté de Dieu, maître de l'univers.

46. Nous avons envoyé Saleh vers les Thémoudites, ses frères, pour leur faire adorer Dieu. Ils se divisèrent en deux partis.

47. O mon peuple ! leur disait Saleh, pourquoi voulez-vous hâter le mal *du supplice* plutôt que le bien *des récompenses divines?* Que n'implorez-vous le pardon de Dieu, afin qu'il ait pitié de vous ?

48. Toi et ceux qui ont embrassé ton parti, vous êtes le présage d'un malheur. Votre malheur dépend de Dieu, répondit-il, vous êtes un peuple que Dieu veut éprouver.

---

[1] Ou, ce qui revient au même, soyez musulmans.

[1] C'est-à-dire, la reine de Saba.
[2] Le texte arabe est trop vague pour pouvoir dire qui prononce ces paroles. Est-ce Salomon ou la reine ?
[3] Les commentateurs ajoutent que Salomon n'avait fait introduire la reine dans l'appartement pavé de cristal que pour lui procurer cette illusion, et s'assurer, en la forçant à se retrousser les jambes, si elle les avait semblables à celles d'une chèvre, comme on le lui avait rapporté.

49. Il y avait dans la ville neuf individus qui commettaient des excès dans le pays, et ne faisaient aucune bonne action.

50. Ils se dirent entre eux : Engageons-nous, par un serment devant Dieu, de tuer, pendant la nuit, Saleh et sa famille ; nous dirons ensuite aux vengeurs de son sang : Nous n'avons pas été présents à la mort de sa famille. Nous disons la vérité.

51. Ils mirent en œuvre leurs artifices, et nous mîmes en œuvre les nôtres pendant qu'ils ne s'en doutaient pas.

52. Considère quelle a été la fin de leurs subterfuges. Nous les avons exterminés, ainsi que toute leur nation.

53. Leurs demeures, *que vous voyez*, sont désertes, parce qu'ils étaient impies. Il y a dans ceci un signe d'avertissement pour les hommes qui ont de l'intelligence.

54. Nous sauvâmes ceux qui avaient cru et qui craignaient Dieu.

55. Nous envoyâmes Loth, qui disait à son peuple : Commettrez-vous une action infâme ? Vous le savez cependant.

56. Aurez-vous commerce avec des hommes plutôt qu'avec des femmes ? Vous êtes dans l'égarement.

57. Et quelle a été la réponse de son peuple ? Ils se dirent entre eux : Chassons la famille de Loth de notre ville ; ce sont des hommes qui veulent faire les chastes.

58. Nous sauvâmes la famille de Loth, à l'exception de sa femme, que nous avons destinée à être parmi ceux qui restèrent en arrière.

59. Nous avons fait pleuvoir une pluie *de pierres*. Qu'elle fut terrible la pluie qui tomba sur ces hommes, qu'on avertissait en vain !

60. Dis : Louange à Dieu, et paix à ceux d'entre ses serviteurs qu'il a élus! Qui, de Dieu ou des idoles qu'ils lui associent, mérite la préférence ?

61. Qui donc a créé les cieux et la terre? qui nous envoie l'eau du ciel, avec laquelle nous faisons germer nos jardins riants ? Ce n'est pas vous qui faites pousser les arbres. Est-ce quelque autre dieu que Dieu ? — Et cependant vous lui donnez des égaux!

62. Qui donc est celui qui a établi solidement la terre ? qui a fait surgir des fleuves au milieu de sa surface ? qui a établi des montagnes et élevé une barrière entre les deux mers ? Est-ce quelque autre dieu que Dieu ? — Et cependant la plupart ne le comprennent pas.

63. Qui donc exauce l'opprimé quand il lui adresse la prière ? qui le délivre d'un malheur ? qui vous a établis ses lieutenants sur la terre ? Est-ce quelque autre dieu que Dieu ? Oh ! que vous réfléchissez peu !

64. Qui vous dirige dans les ténèbres du continent et de la mer ? qui envoie les vents précurseurs de ses dons ? Est-ce quelque autre dieu que Dieu ? Il est trop élevé pour qu'on lui associe d'autres divinités.

65. Qui est celui qui fait surgir la création, et qui la fera retourner à lui ? qui vous envoie la nourriture du ciel ? Est-ce quelque autre dieu que Dieu ? Dis-leur : Apportez vos preuves, si vous êtes véridiques.

66. Dis : Nul autre que Dieu, au ciel et sur la terre, n'en connaît les secrets. Les hommes ne savent pas

67. Quand ils seront ressuscités.

68. Ils conçoivent par leur science la vie future ; mais ils en doutent, ou plutôt ils sont aveugles à cet égard.

69. Les incrédules disent : Quand nous et nos pères deviendrons poussière, est-il possible qu'on nous en fasse sortir vivants ?

70. On nous le promettait déjà ainsi qu'à nos pères ; mais ce ne sont que des fables des temps d'autrefois.

71. Dis-leur : Parcourez le pays, et voyez quelle a été la fin des coupables.

72. Ne t'afflige point du sort qui les attend, et que ton cœur ne soit pas dans l'angoisse par crainte de leurs machinations.

73. Ils vous demandent : Quand donc s'accompliront ces menaces ? dites-le, si vous êtes sincères.

74. Réponds-leur : Il se peut que le supplice que vous voulez hâter soit à vos trousses.

75. Ton Seigneur est plein de bonté pour les hommes ; mais la plupart d'entre eux ne sont pas reconnaissants.

76. Ton Seigneur connaît ce que leurs cœurs recèlent et ce qu'ils produisent au grand jour.

77. Il n'y a point de chose cachée dans les cieux et sur la terre qui ne soit inscrite dans le livre de l'évidence [1].

78. Le Koran déclare aux enfants d'Israël la plupart des sujets de leurs disputes.

79. Le Koran sert de direction aux croyants et constitue une preuve de la miséricorde divine envers eux.

80. Dieu prononcera son arrêt pour décider entre vous. Il est le puissant, le sage.

81. Mets ta confiance en Dieu, car tu t'appuies sur la vérité évidente.

---

[1] Le livre de l'évidence ou le livre évident est un livre gardé au ciel, et où sont inscrits tous les arrêts qui régissent le monde. Le livre évident est aussi un des noms du Koran.

82. Tu ne saurais rien faire entendre aux morts; tu ne saurais faire entendre aux sourds l'appel *à la vérité*, quand ils te tournent le dos.

83. Tu n'es point le guide des aveugles pour les prémunir contre l'égarement. Tu ne saurais te faire écouter, excepté de ceux qui ont cru à nos signes et qui se résignent à la volonté de Dieu.

84. Lorsque la sentence prononcée contre eux sera prête à recevoir son exécution, nous ferons sortir de la terre un monstre qui leur criera : En vérité ! les hommes n'ont point cru fermement à nos miracles !

85. Un jour nous rassemblerons ceux qui ont traité nos signes de mensonges ; ils seront rangés séparément,

86. Jusqu'à ce qu'ils paraissent devant le tribunal de Dieu, qui leur dira : Avez-vous accusé de mensonges mes signes, faute de les avoir pu comprendre, ou aviez-vous un autre motif d'en agir ainsi ?

87. La sentence sera exécutée en punition de leur impiété, et ils ne prononceront pas un seul mot.

88. Ne voyaient-ils pas que nous avons établi la nuit pour prendre du repos, et le jour clair *pour travailler?* Certes, il y a dans ceci des signes pour un peuple qui croit fermement.

89. Au jour où l'on enflera la trompette, tout ce qui sera dans les cieux et sur la terre sera saisi d'effroi, à l'exception de ceux que Dieu voudra *en délivrer.* Tous les hommes viendront se prosterner devant lui.

90. Tu verras les montagnes, que tu crois solidement fixées, marcher comme marchent les nuages. Ce sera l'ouvrage de Dieu, qui dispose artistement toutes choses. Il est instruit de toutes vos actions.

91. Quiconque se présentera avec de bonnes œuvres, il en retirera les avantages. Ceux-là seront à l'abri de toute frayeur.

92. Ceux qui n'apporteront que leurs péchés seront précipités la face dans le feu. Seriez-vous rétribués autrement que selon vos œuvres ?

93. J'ai reçu ordre d'adorer le Seigneur de cette contrée, ce Dieu qui l'a sanctifiée et à qui tout appartient. J'ai reçu ordre d'être résigné à sa volonté.

94. De réciter le Koran aux hommes. Quiconque se dirigera sur la droite voie le fera pour son propre bien ; s'il y en a qui restent dans l'égarement, dis-leur : Je ne suis chargé que d'avertir.

95. Dis : Louange à Dieu ! Bientôt il vous donnera des marques de sa puissance, et vous ne saurez les nier. Ton Seigneur n'est point inattentif à ce que vous faites.

CHAPITRE XXVIII.

L'HISTOIRE.

Donné à la Mecque. — 88 versets

Au nom de Dieu clément et miséricordieux.

1. T. S. [1] Ce sont les signes du livre évident.

2. Nous te réciterons en toute vérité quelques traits de l'histoire de Moïse et de Pharaon, pour l'instruction des croyants.

3. Pharaon s'éleva au sommet de la puissance dans le pays de l'Égypte, et occasionna la division de son peuple en différents partis ; il en opprimait une portion ; il mettait à mort leurs fils et n'épargnait que leurs femmes. C'était un homme pervers.

4. Nous avons voulu combler de nos faveurs les habitants opprimés du pays ; nous avons voulu les choisir pour chefs de la religion et les établir héritiers du pays.

5. Nous avons voulu établir leur puissance dans le pays, et faire éprouver à Pharaon, à Haman [2] et à leurs armées les maux qu'ils redoutaient.

6. Voici ce que nous révélâmes à la mère de Moïse : Allaite-le, et si tu crains pour lui, jette-le dans la mer, et cesse de craindre ; ne t'afflige pas, car nous te le restituerons un jour, et nous en ferons notre apôtre.

7. La famille de Pharaon recueillit l'enfant. Qui sait s'il ne deviendra pas un jour leur ennemi et un sujet d'affliction ? car Pharaon, Haman et ses soldats étaient prévaricateurs.

8. La femme de Pharaon lui dit un jour : Cet enfant réjouira nos yeux ; ne le mettez pas à mort, peut-être nous sera-t-il utile un jour ; adoptons-le pour notre fils. Ils ne savaient rien.

9. Le cœur de la mère de Moïse fut accablé de douleur ; peu s'en est fallu qu'elle ne découvrît son origine ; *elle l'aurait fait,* si nous n'avions pas affermi son cœur, afin qu'elle aussi fût croyante.

10. Elle dit à sa sœur : Suivez l'enfant. Elle l'observait de loin sans qu'on l'eût remarquée.

11. Nous lui avons interdit le sein des nourrices étrangères, jusqu'au moment où la sœur de sa mère arrivant, dit à la famille de Pharaon : Voulez-vous que je vous enseigne une maison où l'on s'en chargera pour votre compte, et où on lui voudra du bien ? *On y consentit.*

12. Ainsi nous l'avons rendu à sa mère, afin que ses yeux attristés se consolassent, qu'elle ne s'affligeât plus, et qu'elle apprît que les promesses de Dieu sont infaillibles. Mais la plupart des hommes ne le savent pas.

---

[1] Voyez la note 1 du chap. II.
[2] Selon le Koran, Haman est le vizir de Pharaon.

13. Lorsque Moïse eut atteint l'âge de maturité, et que son corps eut pris de la force, nous lui donnâmes la sagesse et la science : c'est ainsi que nous récompensons les hommes vertueux.

14. Un jour il entra dans la ville sans qu'on l'eût remarqué, et il vit deux hommes qui se battaient ; l'un était de sa nation, l'autre était son ennemi (Égyptien). L'homme de sa nation lui demanda du secours contre l'homme de la nation ennemie. Moïse le frappa du poing et le tua ; mais, *revenu de son emportement*, il dit : C'est une œuvre de Satan ; il est notre ennemi déclaré, il nous égare.

15. Seigneur, dit-il, j'ai commis une injustice envers moi-même, pardonnez-le-moi. Et Dieu lui pardonna, car il est indulgent et miséricordieux.

16. Seigneur, dit-il, puisque tu as été bienfaisant à mon égard, je ne serai jamais du parti des coupables.

17. Le lendemain, il marchait dans la ville en tremblant et regardant de tous côtés, et voici que l'homme qu'il avait secouru la veille l'appelait à grands cris. Tu es évidemment un séditieux, lui dit Moïse.

18. Et quand il voulut repousser par la force l'homme leur ennemi commun, *son compatriote* lui dit : Voudrais-tu me tuer comme tu as tué hier un homme ? Tu veux donc devenir tyran dans ce pays ? Tu ne veux pas, à ce qu'on voit, être des justes ?

19. Un homme accouru de l'extrémité de la ville lui dit : O Moïse ! les grands délibèrent pour te faire mourir. Quitte la ville, je te le conseille en ami.

20. Moïse en sortit tout tremblant et regardant autour de lui. Seigneur, s'écria-t-il, délivre-moi des mains des méchants.

21. Il se dirigea du côté de Madian. Peut-être Dieu, dit-il, me dirigera dans le droit chemin.

22. Arrivé à la fontaine de Madian, il y trouva une troupe d'hommes qui abreuvaient leurs troupeaux.

23. Il y aperçut deux femmes qui gardaient leurs troupeaux à quelque distance de là. Que faites-vous ici ? leur demanda-t-il. Nous n'abreuverons nos brebis, répondirent-elles, que lorsque les bergers seront partis. Notre père est un vieillard respectable.

24. Moïse fit boire leur troupeau [1], et, s'étant écarté sous l'ombrage, s'écria : Seigneur, je soupire après un bien pareil à celui que tu viens de me faire entrevoir [1].

25. Une des deux filles revint à lui, et, s'approchant modestement, lui dit : Mon père te demande pour te récompenser de la peine que tu t'es donnée à abreuver notre troupeau. Moïse s'y rendit et lui raconta ses aventures. *Le vieillard* lui répondit : Ne crains rien, te voici délivré des méchants.

26. Une des filles dit alors à son père : O mon père ! prends cet homme à ton service, car tu ne saurais mieux choisir pour ton service qu'en prenant un homme robuste et digne de confiance.

27. Je veux te donner en mariage, dit le vieillard, une de mes deux filles que voici, à condition que tu me serviras pendant huit ans. Si tu veux aller jusqu'à dix, c'est à ta volonté. Je ne veux point cependant t'imposer rien d'onéreux, et, s'il plaît à Dieu, tu me trouveras toujours équitable.

28. C'est convenu entre nous, répondit Moïse ; et, quel que soit le terme que j'accomplisse, il n'y aura aucune transgression de ma part. Dieu lui-même est garant de nos engagements.

29. Lorsque Moïse eut accompli, au service de son beau-père, un certain temps, il partit avec sa famille. Tout d'un coup il aperçut le feu du côté de la montagne, et dit à sa famille : Attendez ici un instant, j'ai aperçu le feu ; j'irai pour vous en donner des nouvelles, ou je vous en apporterai un tison, afin que vous puissiez vous réchauffer.

30. Et quand il y arriva, une voix lui cria du côté droit de la vallée, dans la plaine bénie, du fond d'un buisson : O Moïse ! je suis le Dieu souverain de l'univers.

31. Jette ton bâton. Et quand Moïse après l'avoir jeté le vit se mouvoir comme un serpent, il se mit à fuir, sans se retourner. O Moïse ! lui cria une voix, approche, ne crains rien ; tu es en sûreté.

32. Mets ta main dans ton sein, elle en sortira toute blanche sans être atteinte d'aucun mal [2]. Retire-la à toi sans crainte. Ces deux mouvements seront les deux preuves de la part de ton Seigneur auprès de Pharaon et les grands de son royaume. C'est un peuple pervers.

33. Seigneur, répondit Moïse, j'ai tué un des leurs, et je crains qu'ils ne me mettent à mort.

34. Mon frère Aaron a l'élocution plus facile que moi ; envoie-le avec moi pour m'assister, car je crains qu'on ne me traite de menteur.

35. Nous fortifierons ton bras par ton frère, lui dit Dieu ; nous vous donnerons des arguments

---

[1] En ôtant l'énorme pierre dont on couvre ordinairement une citerne.

[1] Moïse trahit ici le désir qu'il aurait d'épouser une femme pareille à celles qu'il venait de voir.

[2] C'est-à-dire que ce ne sera pas la lèpre.

irrésistibles; *les Égyptiens* ne parviendront jamais à faire des prodiges pareils aux nôtres. Toi et ceux qui te suivront, vous serez les plus forts.

36. Lorsque Moïse parut devant eux muni de nos signes évidents, ils s'écrièrent : Ce n'est que de la magie nouvellement inventée; nous n'en avons point entendu parler à nos pères les anciens.

37. Dieu, mon Seigneur, leur dit Moïse, sait mieux que personne à qui il a donné *la direction*, et qui de nous sera en possession du séjour éternel; car il ne fait point prospérer les méchants.

38. Pharaon, s'adressant alors aux grands, leur dit : Vous n'avez, que je sache, d'autre dieu que moi; et toi, Haman, fais-moi cuire des briques de limon, et construis-moi un palais, afin que je monte vers le Dieu de Moïse, et m'en *assure moi-même;* car je crois qu'il ment.

39. Or, Pharaon et son armée étaient pleins d'orgueil dans le pays d'Égypte, et ils l'étaient à tort; ils croyaient qu'ils ne seraient jamais ramenés devant nous.

40. Mais nous le saisîmes ainsi que son armée; nous les précipitâmes tous dans la mer. Considère donc quelle a été la fin des pervers.

41. Nous en avons fait des chefs qui appellent au feu et s'y *font suivre.* Ils ne trouveront point de secours au jour de la résurrection.

42. La malédiction leur a survécu dans ce monde, et ils seront avilis dans l'autre.

43. Nous donnâmes à Moïse le livre (le Pentateuque), après avoir anéanti les générations précédentes; c'étaient autant d'exemples d'avertissement pour les hommes, c'étaient la direction et la preuve de notre miséricorde; peut-être les méditeront-ils.

44. Tu n'étais pas, ô Mohammed! du côté occidental du *mont Sinaï,* quand nous réglâmes la mission de Moïse; tu n'y assistais pas en témoin.

45. Nous avons fait surgir beaucoup de générations depuis Moïse; leur vie était de longue durée; tu n'as point séjourné parmi les Madianites pour leur réciter nos signes; mais nous, nous y envoyions des apôtres.

46. Tu n'étais point sur le penchant du mont Sinaï quand nous appelâmes Moïse; c'est par l'effet de la miséricorde de ton Seigneur que tu prêches un peuple qui n'a point eu d'apôtre avant toi chargé de les appeler à réfléchir;

47. Afin qu'ils ne disent pas, quand la calamité les atteindra : Seigneur, pourquoi ne nous as-tu pas envoyé un apôtre? nous aurions suivi tes *signes* et nous aurions cru.

48. Mais lorsque la vérité, venant de nous, leur eut apparu, ils dirent : Pourquoi ne lui a-t-on pas donné ce qui a été accordé à Moïse? Eh! n'ont-ils pas nié le livre donné autrefois à Moïse?

ne disent-ils pas : Le Koran et le Pentateuque ne sont que deux œuvres de sorciers qui s'entr'aident? Nous ne croyons ni en l'un ni en l'autre.

49. Dis-leur : Apportez donc d'auprès de Dieu un autre livre qui soit un meilleur guide que ces deux-là, et je le suivrai si vous êtes véridiques.

50. Et s'ils ne le font pas, sache qu'ils ne suivent que leurs penchants. Or, y a-t-il un homme plus égaré que celui qui suit ses penchants sans aucune *direction* de la part de Dieu? et certes Dieu ne dirige point les méchants.

51. Nous leur avons fait entendre notre parole, afin qu'ils réfléchissent.

52. Ceux à qui nous avons donné les écritures avant eux y croient.

53. Quand on les leur récite, ils disent : Nous croyons à ce livre parce qu'il est la vérité qui vient de notre Seigneur. Nous étions musulmans avant sa venue.

54. Ceux-ci recevront une double récompense, car ils souffrent avec patience, car ils repoussent le mal avec le bien, et font des largesses des biens que nous leur avons accordés.

55. Quand ils entendent un discours frivole, ils s'éloignent pour ne pas l'écouter, et disent *à ceux qui le tiennent :* A nous nos œuvres, à vous les vôtres. Que la paix soit avec vous, nous ne recherchons point les insensés.

56. Ce n'est pas toi qui dirigeras ceux que tu voudras, c'est Dieu qui dirige ceux qu'il lui plaît; il connaît mieux que personne ceux qui suivent la bonne voie.

57. Les Mecquois disent : Si nous te suivons, nous serons chassés du pays. Ne leur avons-nous pas procuré un asile sûr, où l'on apporte des productions de toute espèce qui sont notre don, et qui vous servent de nourriture? Mais la plupart des hommes ne le savent pas.

58. Combien n'avons-nous pas détruit de cités dont les habitants vivaient dans l'abondance! Vous voyez leurs habitations, elles sont presque désertes, et c'est nous qui en avons recueilli l'héritage.

59. Ton Seigneur n'a détruit aucune nation sans qu'il ait envoyé dans sa métropole un apôtre chargé de lui réciter ses commandements. Nous n'avons exterminé que les villes dont les habitants étaient impies.

60. Les dons qu'on vous accordait n'étaient que des jouissances de ce monde et une vaine pompe; mais ce que Dieu tient en réserve vaut mieux et est plus durable. Ne le comprendrez-vous pas?

61. Celui à qui nous avons fait de brillantes promesses, et qui les a recueillies, sera-t-il comme celui à qui nous avons accordé les biens de ce

monde, et qui, au jour de la résurrection, sera forcé de comparaître devant Dieu?

62. Au jour où Dieu leur criera: Où sont mes compagnons[1], ces dieux imaginaires que vous adoriez?

63. Ceux sur lesquels la condamnation a été prononcée diront : Seigneur, voilà ceux que nous avons séduits; nous les avons séduits comme nous l'avons été nous-mêmes. Nous n'en sommes pas coupables. Ce n'est pas nous qu'ils adoraient, *mais leurs propres penchants.*

64. On leur dira: Appelez vos compagnons[2]; ils les appellent; mais ceux-ci ne leur répondent pas; ils verront les supplices qu'on leur réserve; ils désireront alors d'avoir suivi le chemin droit.

65. Dans ce jour, Dieu leur criera et leur dira : Qu'avez-vous répondu à nos envoyés?

66. Leurs anciens souvenirs deviendront confus, ils ne sauront que répondre et ils ne pourront pas se le demander les uns aux autres.

67. Mais celui qui se sera converti, qui aura cru et pratiqué le bien, celui-là peut espérer la félicité éternelle.

68. Ton Seigneur crée ce qu'il lui plaît, et il agit librement; mais les *faux dieux* n'ont point de volonté. Gloire à lui! il est trop au-dessus des êtres qu'on lui associe.

69. Votre Seigneur connaît ce que vos cœurs recèlent et ce qu'ils produisent au grand jour.

70. Il est Dieu, il n'y a point d'autre dieu que lui; à lui appartient la gloire dans ce monde et dans l'autre; à lui le pouvoir suprême : c'est à lui que vous retournerez.

71. Dis-leur : Que vous en semble? Si Dieu voulait étendre sur vous la nuit éternelle, la faire durer jusqu'au jour de la résurrection, quel autre dieu que lui vous donnerait la lumière? Ne l'entendez-vous pas?

72. Dis-leur encore : Que vous en semble? Si Dieu voulait étendre sur vous le jour éternel, le faire durer jusqu'au jour de la résurrection, quel autre dieu que lui vous amènerait la nuit pour votre repos? Ne le voyez-vous pas?

73. Mais Dieu, par l'effet de sa miséricorde, vous a donné la nuit et le jour, tantôt pour vous reposer, tantôt pour demander à sa faveur des richesses *par le travail*, et cela afin que vous soyez reconnaissants.

74. Un jour il leur criera: Où sont mes compagnons, ceux que vous vous imaginiez *être dieux avec moi?*

75. Nous ferons venir un témoin de chaque nation, et nous dirons : Apportez vos preuves. Et ils sauront que la vérité n'est qu'avec Dieu; les dieux qu'ils avaient inventés disparaîtront.

76. Karoun était du peuple de Moïse; mais il agissait iniquement envers ses concitoyens. Nous lui avions donné des trésors dont les clefs auraient pu à peine être portées par une troupe d'hommes robustes. Ses concitoyens lui disaient: Ne te glorifie pas de tes trésors; car Dieu n'aime point les glorieux.

77. Cherche à gagner, avec les biens que Dieu t'a donnés, le séjour de l'autre monde; n'oublie point ta quote-part dans ce monde, et sois bienfaisant envers les autres comme Dieu l'a été envers toi; garde-toi de commettre des excès sur la terre; car Dieu n'aime point ceux qui commettent des excès.

78. Les trésors que j'ai ramassés sont le fruit de la science que je possède. Ne savait-il pas que Dieu avait détruit avant lui tant de générations plus fortes et plus riches que lui, et qu'on ne demandera pas compte aux coupables de leurs crimes?

79. Karoun s'avançait vers le peuple avec pompe. Ceux qui n'ambitionnaient que les biens de ce monde disaient: Plût à Dieu que nous eussions des richesses comme Karoun! Il a une fortune immense.

80. Mais ceux qui avaient reçu la science leur disaient : Malheureux! la récompense de Dieu est préférable pour celui qui croit et pratique le bien; mais ceux qui souffriront avec patience l'obtiendront seuls.

81. Nous ordonnâmes que la terre l'engloutit lui et son palais. La multitude de ses gens n'a pu le secourir contre Dieu, et il resta privé de tout secours.

82. Ceux qui, la veille, désiraient d'être à sa place disaient le lendemain : Dieu verse à pleines mains ses trésors à qui il veut, ou les départit dans une certaine mesure. Sans la faveur de Dieu, nous aurions été engloutis par la terre.

83. Cette demeure de la vie future, nous la donnerons à ceux qui ne cherchent point à s'élever au-dessus des autres ni à faire le mal. Le dénoûment heureux est réservé aux hommes pieux.

84. Quiconque aura fait une bonne action en retirera son profit; mais celui qui aura fait le mal..... ceux qui font le mal seront rétribués selon leurs œuvres.

85. Celui qui t'a donné le Koran te ramènera à l'asile (à la Mecque). Dis : Dieu sait mieux que personne qui est celui qui suit la direction et celui qui est dans l'égarement.

86. Tu n'espérais point que le Koran te fût donné. Il t'a été donné par l'effet de la miséricorde

---

[1] C'est par ironie que Dieu leur demande des nouvelles de ses soi-disant compagnons.

[2] Les divinités qu'ils regardaient comme associées de Dieu.

divine. Ne prête point d'appui aux infidèles.

87. Qu'ils ne t'écartent jamais des signes de Dieu quand ils ont été révélés. Invite les hommes au culte de Dieu, et ne sois pas du nombre des idolâtres.

88. N'invoque pas d'autres dieux que Dieu : il n'y a point d'autres dieux que lui; tout périra, excepté la face de Dieu. Le pouvoir suprême lui appartient; c'est à lui que vous retournerez tous.

CHAPITRE XXIX.

L'ARAIGNÉE.

Donné à la Mecque. — 69 versets.

Au nom de Dieu clément et miséricordieux.

1. A. L. M. Les hommes s'imaginent-ils qu'on les laissera tranquilles pour peu qu'ils disent : Nous croyons ; et qu'on ne les mettra pas à l'épreuve ?

2. Nous avons mis à l'épreuve ceux qui les ont précédés, et certes Dieu connaîtra ceux qui ont été sincères et ceux qui ont menti.

3. Ceux qui commettent des iniquités pensent-ils qu'ils prendront les devants sur notre châtiment? Qu'ils jugent mal !

4. Le terme fixé viendra pour ceux qui espèrent comparaître un jour devant Dieu. Il sait et entend tout.

5. Quiconque combat pour la foi combat pour son propre avantage ; car Dieu peut se passer de tout le monde.

6. Nous effacerons les péchés de ceux qui auront cru et pratiqué les bonnes œuvres, et nous les rétribuerons selon leurs plus belles actions.

7. Nous avons recommandé à l'homme de tenir une belle conduite à l'égard de ses père et mère. S'ils t'engagent à m'associer d'autres divinités dont tu ne saches rien, ne leur obéis pas. Vous reviendrez tous devant moi, et alors je vous réciterai ce que vous avez fait.

8. Nous placerons au nombre des justes ceux qui auront cru et pratiqué les bonnes œuvres.

9. Il en est parmi les hommes qui disent : Nous croyons; et quand ils éprouvent quelques souffrances pour la cause de Dieu, ils mettent la persécution des hommes à l'égal du châtiment de Dieu. Que l'assistance de Dieu éclate, ils diront : Nous sommes avec vous; mais Dieu connaît mieux que personne ce que renferment les cœurs des hommes.

10. Dieu connaît les croyants ; il connaît aussi les hypocrites.

11. Les incrédules disent aux croyants : Suivez notre chemin, et nous porterons vos péchés ; ils ne sauront porter aucun de leurs péchés. Ils ne sont que des menteurs.

12. Ils porteront leurs propres fardeaux, et d'autres encore que les leurs. Au jour de la résurrection, on leur demandera compte de leurs inventions mensongères.

13. Nous envoyâmes Noé vers son peuple; il demeura au milieu d'eux neuf cent cinquante années. Le déluge les surprit plongés dans leurs iniquités.

14. Nous le sauvâmes et ceux qui étaient avec lui dans l'arche ; nous avons fait de cette arche un signe pour les hommes.

15. Nous envoyâmes ensuite Abraham. Il dit à son peuple : Adorez Dieu et craignez-le. Ceci vous sera plus avantageux si vous avez quelque intelligence.

16. Vous adorez des idoles à l'exclusion de Dieu, et vous commettez un mensonge ; car les dieux que vous adorez à l'exclusion du Dieu unique ne sauraient vous procurer la subsistance journalière. Demandez-la plutôt à Dieu, adorez-le et rendez-lui des actions de grâces ; vous retournerez à lui.

17. S'ils te traitent de menteur, les peuples qui ont vécu avant vous ont agi de la même manière. Il n'appartient à l'apôtre que de prêcher clairement la foi.

18. N'ont-ils pas considéré comment Dieu produit la création, et comme ensuite il la fera rentrer en lui-même? Cela est facile à Dieu.

19. Dis : Parcourez la terre et considérez comment Dieu a produit les êtres créés. Il les fera renaître par une seconde création ; car il est tout-puissant.

20. Il punit celui qu'il veut et exerce sa miséricorde envers celui qu'il veut. Vous retournerez à lui.

21. Vous ne pourrez affaiblir sa puissance ni dans le ciel ni sur la terre. Vous n'avez ni patron ni protecteur, hormis Dieu.

22. Ceux qui ne croient point aux signes de Dieu et à la comparution devant lui désespèrent de sa miséricorde. Un supplice douloureux leur est réservé.

23. Et quelle a été la réponse du peuple à Abraham? Les uns disaient aux autres : Tuez-le ou brûlez-le vif. Dieu l'a sauvé du feu. Certes, il y a dans ceci des signes pour ceux qui croient.

24. Vous avez pris des idoles pour l'objet de votre culte, à l'exclusion de Dieu, afin d'affermir parmi vous l'amour de ce monde ; mais au jour de la résurrection une partie de vous désavouera l'autre ; les uns maudiront les autres ; le feu sera votre demeure, et vous n'aurez aucun protecteur.

25. Loth crut à Abraham, et dit: Je quitte les miens et je me réfugie vers le Seigneur; il est puissant et sage.

26. Nous donnâmes à Abraham Isaac et Jacob; nous établîmes la prophétie et le livre dans sa postérité; nous lui accordâmes une récompense dans ce monde, et il est au nombre des justes dans l'autre.

27. Nous envoyâmes aussi Loth. Il dit à son peuple : Vous commettez une action infâme qu'aucun peuple du monde ne commettait avant vous.

28. Aurez-vous commerce avec les hommes? les attaquerez-vous sur les grands chemins? commettrez-vous des iniquités dans vos assemblées? Et quelle a été la réponse de ce peuple? Ils disaient : Si tu es sincère, attire sur nous le châtiment de Dieu.

29. Seigneur! s'écria Loth, viens à mon secours contre le peuple méchant.

30. Lorsque nos envoyés vinrent trouver Abraham, porteurs d'une heureuse nouvelle, ils dirent: Nous allons anéantir les habitants de cette ville; car les habitants de cette ville sont impies.

31. Loth est parmi eux, dit Abraham. Nous savons, reprirent-ils, qui est parmi eux. Nous le sauverons, ainsi que sa famille, à l'exception toutefois de sa femme, qui restera en arrière.

32. Lorsque nos envoyés vinrent chez Loth, il fut affligé à cause d'eux, et son bras fut impuissant pour les protéger. Ils lui dirent: Ne crains rien, et ne t'afflige pas. Nous te sauverons ainsi que ta famille, à l'exception de ta femme, qui restera en arrière.

33. Nous ferons descendre du ciel un châtiment sur les habitants de cette ville pour prix de leurs crimes.

34. Nous avons fait de ses ruines un signe d'avertissement pour les hommes doués d'intelligence.

35. Nous envoyâmes vers les Madianites leur frère Choaïb, qui leur dit : O mon peuple! adorez Dieu et attendez-vous à l'arrivée du jour dernier, et ne marchez point sur la terre pour y commettre des désordres.

36. Mais ils le traitèrent d'imposteur: une commotion violente les surprit, et le matin on les trouva dans leurs maisons, étendus la face contre terre.

37. Nous anéantîmes Ad et Thémoud. Vous le voyez clairement aux débris de leurs demeures. Satan avait embelli leurs actions à leurs yeux et il les avait éloignés de la droite voie, malgré leur pénétration.

38. Nous avons fait périr Karoun[1] et Pharaon, et Haman[2], et cependant Moïse avait paru au milieu d'eux avec des preuves évidentes de sa mission. Ils se croyaient puissants sur la terre, mais ils n'ont pu prendre les devants sur le châtiment qui les poursuivait.

39. Tous furent châtiés de leurs péchés: contre tel d'entre eux nous envoyâmes un vent lançant des pierres; tel d'entre eux fut saisi soudain par un cri terrible de l'ange Gabriel; nous ordonnâmes à la terre d'engloutir les uns, et nous noyâmes les autres. Ce n'est point que Dieu ait voulu les traiter injustement, ils ont agi iniquement envers eux-mêmes.

40. Ceux qui cherchent des protecteurs en dehors de Dieu ressemblent à l'araignée qui se construit une demeure; y a-t-il une demeure plus frêle que la demeure de l'araignée? S'ils le savaient!

41. Dieu connaît tout ce qu'ils invoquent dans leurs prières, en dehors de lui. Il est le puissant, le sage.

42. Voilà les paraboles que nous proposons aux hommes, mais les hommes sensés seuls les entendent.

43. Dieu a créé les cieux et la terre en toute vérité. Il y a dans ceci un signe d'instruction pour ceux qui croient.

44. Récite donc ce qui t'a été révélé du livre, acquitte-toi de la prière, car la prière préserve des péchés impurs et de tout ce qui est blâmable. Se souvenir de Dieu est un devoir grave[3]. Dieu connaît vos actions.

45. N'engagez des controverses avec les hommes des écritures que de la manière la plus honnête, à moins que ce ne soient des hommes méchants. Dites : Nous croyons aux livres qui nous ont été envoyés, ainsi qu'à ceux qui vous ont été envoyés. Notre Dieu et le vôtre, c'est tout un. Nous nous résignons entièrement à sa volonté.

46. C'est ainsi que nous t'avons envoyé le livre. Ceux à qui nous avons donné des écritures y croient, beaucoup d'entre les Arabes y croient, et il n'y a que les infidèles qui nient nos signes.

47. Il y avait un temps où tu ne récitais aucun livre, où tu n'en aurais écrit aucun de ta main droite; alors, ceux qui cherchent à anéantir la vérité peuvent élever des doutes sur ce livre.

48. Oui, *les versets du Koran sont des si-*

---

[1] Karoun, c'est Coré de la Bible.
[2] Selon Mohammed, Haman était vizir de Pharaon.
[3] Penser à Dieu, ou se souvenir de lui, c'est prononcer son nom et faire la prière.

gnes évidents dans la pensée de ceux qui ont reçu la science, et il n'y a que les méchants qui nient nos signes.

49. Ils disent : A moins qu'il n'y ait des miracles qui lui soient envoyés de la part de son Seigneur, *nous ne croirons pas*. Réponds-leur : Les signes (les miracles) sont chez Dieu, et moi, je ne suis qu'un apôtre chargé d'avertir.

50. Ne leur suffit-il pas que nous t'ayons envoyé le livre dont tu leur récites les versets? Certes, il y a dans ceci une preuve de la miséricorde de Dieu et un avertissement pour tous les hommes qui croient.

51. Dis-leur : Il suffit que Dieu soit témoin entre moi et vous.

52. Il connaît tout ce qui est dans les cieux et sur la terre. Ceux qui croient en des divinités chimériques et ne croient point en Dieu, ceux-là sont les malheureux.

53. Ils te demanderont de hâter le supplice. Si un terme fixe n'avait pas été établi précédemment, ce supplice les aurait déjà atteints soudain, quand ils s'y attendaient le moins.

54. Ils te demanderont de hâter le supplice. Déjà la géhenne enveloppe les infidèles.

55. Un jour le supplice les enveloppera par-dessus leurs têtes et par-dessous leurs pieds. Dieu leur criera alors : Goûtez vos propres œuvres.

56. O mes serviteurs, la terre est vaste[1], et c'est moi que vous devez adorer.

57. Toute âme éprouvera la mort, ensuite vous reviendrez tous à moi.

58. Nous donnerons à ceux qui auront cru et pratiqué les bonnes œuvres, des palais, des jardins arrosés par des courants d'eau. Ils y demeureront éternellement. Qu'elle est belle la récompense de ceux qui font le bien,

59. Qui supportent la peine avec patience et mettent leur confiance en Dieu?

60. Que de créatures *dans le monde* qui ne prennent aucun soin de leur nourriture! c'est Dieu qui les nourrit, comme il vous nourrit, lui qui entend et voit tout.

61. Si tu leur demandes qui est celui qui a créé les cieux et la terre, ils te répondront : C'est Dieu. Pourquoi donc mentent-ils *en adorant d'autres divinités*?

62. Dieu répand à pleines mains les dons sur celui d'entre ses serviteurs qu'il lui plaît, ou bien il le départit en une certaine mesure. Dieu connaît toutes choses.

63. Si tu leur demandes : Qui est-ce qui fait descendre l'eau du ciel, qui en ranime la terre naguère morte? Ils te répondront : C'est Dieu. Dis : Louanges soient donc rendues à Dieu! Mais la plupart d'entre eux n'entendent rien.

64. La vie de ce monde n'est qu'un jeu et une frivolité; mais la demeure de l'autre monde, c'est la *véritable* vie. Ah! s'ils le savaient.

65. Montés sur un vaisseau, ils invoquent le nom de Dieu, sincères dans leur culte; mais quand il les a rendus sains et saufs à la terre ferme, les voilà qui lui associent d'autres dieux.

66. Qu'ils ne croient point aux livres révélés et jouissent des biens de ce monde; un jour, ils apprendront la vérité.

67. Ne voient-ils pas comment nous avons rendu sûr le territoire sacré *de la Mecque*, pendant que dans les pays d'alentour les voyageurs *sont attaqués et dépouillés?* Croiront-ils aux mensonges et resteront-ils ingrats pour les bienfaits de Dieu?

68. Eh! qui est plus méchant que celui qui invente des propos sur le compte de Dieu, ou accuse la vérité d'imposture? La géhenne n'est-elle pas destinée pour demeure aux infidèles?

69. Nous dirigerons dans nos sentiers tous ceux qui s'efforceront de propager notre culte, et certes Dieu est avec ceux qui font le bien.

CHAPITRE XXX.
LES GRECS.
Donné à la Mecque. — 60 versets.

Au nom de Dieu clément et miséricordieux.

1. A. L. M. Les Grecs ont été vaincus

2. Dans un pays très-rapproché du nôtre; mais après leur défaite, ils vaincront à leur tour

3. Dans l'espace de quelques années. Avant comme après, les choses dépendent de Dieu. Ce jour-là, les croyants se réjouiront

4. De la victoire obtenue par l'assistance de Dieu; il assiste celui qu'il veut; il est le puissant, le miséricordieux.

5. C'est la promesse de Dieu. Il n'est point infidèle à ses promesses; mais la plupart des hommes ne le savent pas.

6. Ils connaissent l'extérieur de ce monde, et vivent dans l'insouciance de la vie future.

7. Ont-ils réfléchi dans eux-mêmes que Dieu a créé les cieux et la terre, et tout ce qui est entre eux pour la vérité, et fixé leur durée jusqu'au terme marqué? Mais la plupart des hommes ne croient point qu'ils comparaîtront un jour devant leur Seigneur.

8. N'ont-ils point voyagé dans les pays? n'y

---

[1] C'est-à-dire, la terre est vaste; par conséquent, si l'on vous défend de m'adorer dans un pays, quittez-le pour un autre.

ont-ils pas vu quelle a été la fin de leurs devanciers plus robustes qu'eux? Ils ont sillonné le pays de routes et de digues ; ils en habitaient une partie plus considérable que ceux-ci. Des apôtres se présentèrent chez eux, accompagnés de preuves évidentes. Ce n'est pas Dieu qui les traite injustement ; ils ont été iniques envers eux-mêmes.

9. Mauvaise a été la fin de ceux qui commettaient de mauvaises actions. Ils ont traité de mensonges nos signes et ils les prenaient pour l'objet de leurs railleries.

10. Dieu produit la création et la fait rentrer *dans son sein*. Vous retournerez à lui.

11. Le jour où l'heure sera venue, les criminels deviendront muets.

12. Ils ne trouveront pas d'intercesseurs parmi leurs compagnons[1] ; ils renieront leurs compagnons.

13. Le jour où l'heure sera arrivée, ils se sépareront les uns des autres.

14. Quant à ceux qui auront cru et pratiqué les bonnes œuvres, ils se divertiront dans un parterre de fleurs.

15. Ceux qui ne croient point et qui traitent de mensonges nos signes et leur comparution dans l'autre monde, seront livrés au supplice.

16. Célébrez donc Dieu le soir et le matin.

17. Car la gloire lui appartient dans les cieux et sur la terre ; célébrez-le à l'entrée de la nuit, et quand vous vous reposez à midi.

18. Il fait sortir le vivant de ce qui est mort et ce qui est mort du vivant ; il vivifie la terre naguère morte ; c'est ainsi que, vous aussi, vous serez ressuscités.

19. C'est un des signes *de sa puissance* qu'il vous a créés de poussière. Puis vous devîntes hommes disséminés de tous côtés.

20. C'en est un aussi, qu'il vous a créés des épouses *formées* de vous-mêmes, pour que vous habitiez avec elles. Il a établi entre vous l'amour et la compassion. Il y a dans ceci des signes pour ceux qui réfléchissent.

21. La création des cieux et de la terre, la diversité de vos langues et de vos couleurs sont aussi un signe ; certes, il y a dans ceci des signes pour l'univers.

22. Du nombre de ses signes est votre sommeil dans la nuit et dans le jour, et votre désir d'obtenir des richesses de sa générosité. Il y a dans ceci des signes pour ceux qui entendent.

23. C'est aussi un de ses signes qu'il fait briller à vos yeux l'éclair pour vous inspirer la crainte et l'espérance ; qu'il fait descendre du ciel l'eau avec laquelle il rend la vie à la terre naguère morte. Il y a dans ceci des signes pour les hommes intelligents.

24. C'en est aussi un, que, par son ordre, le ciel et la terre subsistent. Puis, quand il vous appellera de la terre, vous en sortirez tout à coup.

25. A lui appartient tout ce qui est dans les cieux et sur la terre, tout lui est soumis.

26. C'est lui qui produit la création et qui la fera rentrer *dans son sein ;* cela lui est facile. Lui seul a le droit d'être comparé à tout ce qu'il y a de plus élevé dans les cieux et sur la terre.

27. Il vous propose des exemples tirés de vous-mêmes. Prenez-vous vos esclaves, que vos mains vous ont acquis, pour vos associés dans la jouissance des biens que nous vous avons donnés, au point que vos portions soient égales? Avez-vous pour eux cette déférence que vous avez pour vous? C'est ainsi que nous exposons nos enseignements aux hommes doués d'intelligence.

28. Non ; seulement les méchants suivent leurs passions sans discernement. Et qui dirigera celui que Dieu a égaré? qui peut lui servir de protecteur?

29. Élève donc ton front vers la religion orthodoxe, qui est l'institution de Dieu, pour laquelle il a créé les hommes. La création de Dieu ne peut supporter aucun changements c'est une religion immuable ; mais la plupart des hommes ne l'entendent pas.

30. Tournez-vous vers Dieu et craignez-le ; observez la prière et ne soyez point du nombre des idolâtres ;

31. Du nombre de ceux qui ont fait des scissions et se sont divisés en sectes. Chaque parti se contente de sa croyance.

32. Lorsqu'un malheur les atteint, tournés vers leur Seigneur, ils crient vers lui ; puis, qu'il leur fasse goûter sa miséricorde, un grand nombre d'entre eux lui donnent des associés.

33. C'est pour témoigner leur ingratitude des bienfaits dont nous les avons comblés. Jouissez. Bientôt vous apprendrez *la vérité*.

34. Leur avons-nous envoyé quelque autorité qui leur parle des divinités qu'ils associent à Dieu?

35. Quand nous faisons goûter aux hommes les bienfaits de notre grâce, ils sont dans la joie ; mais si un malheur les surprend pour punition de leurs péchés, ils se désespèrent tout à coup.

36. N'ont-ils pas considéré que Dieu distribue à pleines mains la nourriture à qui il veut, et que tantôt il la mesure?

37. Donne à chacun ce qui lui est dû, à ton proche, au pauvre, au voyageur. Ceci sera plus

---

[1] Leurs compagnons, c'est-à-dire, les idoles qu'ils associaient à Dieu.

avantageux à ceux qui veulent obtenir le regard bienveillant de leur Seigneur. Ils seront heureux.

38. Tout ce que vous donnerez à usure pour augmenter vos biens, ne vous produira rien auprès de Dieu. Mais tout ce que vous donnerez en aumônes pour obtenir les regards bienveillants de Dieu, vous sera porté au double.

39. Dieu vous a créés et il vous nourrit; il vous fera mourir et puis revivre. Y a-t-il parmi vos compagnons un seul qui soit en état d'en faire quoi que ce soit? Gloire à Dieu! il est trop au-dessus de ce qu'on lui associe.

40. Des malheurs ont surgi sur la terre et sur la mer, en punition des œuvres des hommes. Ils leur feront goûter les fruits de quelques-uns de leurs méfaits, et peut-être se convertiront-ils.

41. Dis - leur : Parcourez le pays et voyez quelle a été la fin de ces peuples d'autrefois, dont la plupart ont été incrédules.

42. Élève ton front vers la religion immuable avant que ce jour arrive où l'on ne pourra plus s'éloigner de Dieu. Alors seront séparés en deux partis,

43. Les incrédules portant le fardeau de leur incrédulité, et ceux qui ont pratiqué le bien et préparé leur lit de repos.

44. Afin que Dieu récompense de sa générosité ceux qui ont cru et fait le bien. Il n'aime point les infidèles.

45. C'est un des signes de sa puissance, qu'il envoie les vents précurseurs d'heureuses nouvelles, pour faire goûter aux hommes les dons de sa miséricorde ; qu'à son ordre les vaisseaux fendent les vagues, que les hommes demandent des richesses à sa générosité. Peut-être serez-vous reconnaissants envers lui.

46. Avant toi nous avons envoyé des apôtres vers chacun de ces peuples, ils se présentèrent munis de preuves évidentes. Nous avons tiré vengeance des coupables. Il était de notre devoir de secourir les croyants.

47. Dieu envoie les vents, et les vents sillonnent le nuage. Dieu l'étend dans le ciel comme il veut ; il le divise en fragments, et tu vois sortir la pluie de son sein ; et lorsqu'il la fait tomber sur celui qu'il lui plaît d'entre ses serviteurs, ils sont dans l'allégresse ;

48. Eux qui, avant qu'elle tombât, étaient dans le désespoir.

49. Tourne tes regards sur les traces de la miséricorde de Dieu ; vois comme il rend la vie à la terre morte. Ce même Dieu fera revivre les morts ; il est tout-puissant.

50. Mais si nous envoyons un vent brûlant, tout à coup ils deviennent ingrats.

51. O Mohammed ! tu ne pourras faire entendre ta voix aux morts ni ta prière aux sourds : ils s'éloignent et se détournent.

52. Tu n'es point chargé de conduire les aveugles de peur qu'ils ne s'égarent. Tu ne saurais te faire écouter que de ceux qui croient en nos signes et qui se dévouent entièrement à nous.

53. Dieu vous a créés dans un état de faiblesse. Après la faiblesse il vous a donné la force ; après la force il ramène la faiblesse et les cheveux blancs. Il crée ce qu'il veut. Il est le savant, le puissant.

54. Le jour où viendra l'heure, les coupables jureront

55. Qu'ils ne sont demeurés qu'une heure *dans les tombeaux*. C'est ainsi qu'ils mentaient *sur la terre.*

56. Mais ceux à qui la science et la foi furent données, leur diront : Vous y êtes demeurés, selon l'arrêt du livre de Dieu, jusqu'au jour de la résurrection. Voilà ce jour, mais vous ne le saviez pas.

57. Ce jour-là les excuses des méchants ne leur serviront à rien ; ils ne seront plus invités à se rendre agréables à Dieu.

58. Nous avons proposé dans ce Koran toutes sortes d'exemples. Si tu leur fais voir un signe, les incrédules diront : Vous n'êtes que des imposteurs.

59. C'est ainsi que Dieu imprime le sceau sur les cœurs de ceux qui ne savent rien,

60. Et toi, Mohammed, prends patience ; car les promesses de Dieu sont véritables ; que ceux dont la foi est incertaine ne te communiquent pas leur légèreté.

───

CHAPITRE XXXI.

LOKMAN.

Donné à la Mecque. — 34 versets.

Au nom de Dieu clément et miséricordieux.

1. A. L. M. Tels sont les signes du livre sage.
2. Il sert de direction et a été donné par la miséricorde de Dieu à ceux qui font le bien,
3. Qui s'acquittent exactement de la prière, qui font l'aumône et croient fermement à la vie future.
4. Ils sont dirigés par leur Seigneur et ils sont les bienheureux.
5. Il est des hommes qui achètent des histoires frivoles[1] pour faire dévier par elles les hommes du sentier de Dieu : c'est l'effet de leur

───

[1] Mohammed a ici en vue un Arabe païen qui apporta de son voyage en Perse des livres de romans persans.

Ignorance, et ils le tournent en dérision. Une peine ignominieuse leur est préparée.

6. Quand on leur relit nos enseignements, ils s'en détournent avec dédain comme s'ils ne les entendaient pas, comme s'il y avait un poids dans leurs oreilles. Annonce à ceux-là un châtiment douloureux.

7. Ceux qui auront cru et pratiqué les bonnes œuvres habiteront les jardins de délices.

8. Ils y demeureront éternellement, Dieu le leur a promis d'une promesse véritable ; il est le puissant, le sage.

9. Il a créé les cieux et la terre sans colonnes visibles ; il a jeté sur la terre des montagnes pour qu'elles se meuvent avec vous; il l'a remplie de toutes sortes de créatures. Nous faisons descendre du ciel l'eau, et par elle nous produisons chaque couple précieux.

10. C'est la création de Dieu ; maintenant faites-moi voir ce qu'ont fait d'autres que Dieu. Les méchants sont dans un égarement évident.

11. Nous donnâmes à Lokman la sagesse et nous lui dîmes : Sois reconnaissant envers Dieu, car celui qui est reconnaissant le sera à son propre avantage. Celui qui est ingrat. . . . *Dieu peut s'en passer.* Dieu est riche et glorieux.

12. Lokman dit un jour à son fils par voie d'admonition : O mon enfant ! n'associe point à Dieu d'autres divinités, car l'idolâtrie est une méchanceté énorme.

13. Nous avons recommandé à l'homme ses père et mère (sa mère le porte dans son sein et endure peine sur peine, il n'est sevré qu'au bout de deux ans). Sois reconnaissant envers moi et envers tes parents. Tu retourneras en ma présence.

14. S'ils t'engagent à m'associer ce que tu ne sais pas, ne leur obéis point; comporte-toi envers eux honnêtement dans ce monde, et suis le sentier de celui qui revient à moi. Vous reviendrez tous à moi et je vous redirai ce que vous avez fait.

15. O mon enfant ! ce qui n'aurait que le poids d'un grain de moutarde, fût-il caché dans un rocher, au ciel ou dans la terre, sera produit au grand jour par Dieu; car il est pénétrant et nstruit de tout.

16. O mon enfant ! Observe la prière, ordonne la conduite honnête, défends ce qui est malhonnête, et supporte avec patience les maux qui peuvent t'atteindre. C'est la conduite nécessaire dans les affaires humaines.

17. Ne te tords point la lèvre de dédain pour les hommes ; ne marche point fastueusement sur la terre, car Dieu hait tout homme arrogant, glorieux.

18. Marche d'un pas modéré, baisse la voix *en parlant;* la plus désagréable des voix est celle de l'âne.

19. Ne voyez-vous pas que Dieu a soumis à votre usage tout ce qui est dans les cieux et sur la terre? Il a versé sur vous ses bienfaits évidents et cachés. Il est des hommes qui disputent de Dieu sans science, sans guide, sans livre propre à les éclairer.

20. Lorsqu'on leur dit : Suivez ce que Dieu vous a envoyé d'en haut, ils disent : Nous suivrons plutôt ce que nous avons trouvé chez nos pères. Et si Satan les invite au supplice du feu?

21. Celui qui se résigne entièrement à Dieu est juste, il a saisi une anse solide. Le terme de toutes choses est en Dieu.

22. Que l'incrédulité de l'incrédule ne t'afflige pas ; ils reviendront tous à nous, nous leur redirons leurs œuvres. Dieu connaît ce que les cœurs recèlent.

23. Nous les ferons jouir pendant quelque temps, puis nous les contraindrons à subir un supplice terrible.

24. Si tu leur demandes qui a créé les cieux, ils répondent : C'est Dieu. Dis-leur : Gloire à Dieu ! mais la plupart d'entre eux ne le savent pas.

25. A lui appartient tout ce qui est dans les cieux et sur la terre. Il est riche et glorieux.

26. Quand tous les arbres qui sont sur la terre deviendraient des plumes, quand Dieu formerait des sept mers un océan d'encre, les paroles de Dieu ne seraient point épuisées ; il est puissant et sage.

27. Il vous a créés comme un seul individu, il vous fera ressusciter. Dieu voit et entend tout.

28. Ne vois-tu pas que Dieu fait entrer le jour dans la nuit et la nuit dans le jour ? il vous a assujetti le soleil et la lune ; l'un et l'autre poursuivent leur cours jusqu'au terme marqué. Dieu est instruit de tout ce que vous faites.

29. C'est parce que Dieu est la vérité même, et que les divinités que vous invoquez en dehors de lui ne sont que vanité. Certes, Dieu est le sublime, le grand.

30. Ne vois-tu pas le vaisseau voguer dans la mer chargé de dons de Dieu pour vous faire voir ses enseignements ? Il y a dans ceci des signes pour tout homme constant, reconnaissant.

31. Lorsque les flots couvrent le vaisseau comme des ténèbres, ils invoquent Dieu avec une foi sincère; mais aussitôt qu'il les a sauvés et rendus à la terre ferme, tel d'entre eux flotte dans le doute. Mais qui niera nos miracles, si ce n'est le perfide, l'ingrat ?

32. O hommes qui m'écoutez ! craignez votre

Seigneur, et redoutez le jour où le père ne satisfera pas pour son fils, ni l'enfant pour son père.

33. Les promesses de Dieu sont véritables. Que la vie de ce monde ne vous éblouisse pas ; que l'orgueil ne vous aveugle pas sur Dieu.

34. La connaissance de l'heure est auprès de Dieu. Il fait tomber la pluie. Il sait ce que portent les entrailles des mers ; il sait. L'homme ne sait point ce qui lui arrivera demain; l'homme ne sait dans quelle plage il mourra. Dieu seul est savant et instruit.

CHAPITRE XXXII.
L'ADORATION.
Donné à la Mecque. — 30 versets.

1. A. L. M. C'est le Seigneur de l'univers qui a fait descendre le livre. Il n'y a point de doute là-dessus.

2. Diront-ils : C'est Mohammed qui l'a inventé ? Non, c'est plutôt la vérité venue de ton Seigneur pour que tu avertisses un peuple qui n'a point eu de prophète avant toi, et pour qu'ils soient dirigés dans le droit chemin.

3. C'est Dieu qui créa les cieux et la terre et tout ce qui est entre eux, dans l'espace de six jours; puis il alla s'asseoir sur le trône. Vous n'avez point d'autre patron ni d'intercesseur que lui. N'y réfléchirez-vous pas ?

4. Il gouverne tout depuis le ciel jusqu'à la terre, *tout* ; puis tout retournera à lui au jour dont la durée sera de mille années de votre comput.

5. C'est lui qui connaît les choses visibles et invisibles, le puissant, le compatissant.

6. Il a donné la perfection à tout ce qu'il a créé, et a formé d'abord l'homme d'argile.

7. Puis il a fait dériver sa descendance du sperme, d'une goutte d'eau sans valeur.

8. Puis il lui a donné son complet développement et lui a soufflé son esprit. Il vous a donné l'ouïe et la vue, le cœur. Que vous êtes peu reconnaissants !

9. Ils disent : Quand nous disparaîtrons sous terre, reprendrons-nous une forme nouvelle ?

10. Ils ne croient pas qu'ils comparaîtront devant leur Seigneur.

11. Dis-leur : L'ange de la mort, qui est chargé de vous, vous ôtera d'abord la vie, puis vous retournerez à Dieu.

12. Si tu pouvais voir comme les coupables baisseront leurs têtes devant leur Seigneur ! Ils s'écrieront : Seigneur, nous avons vu et nous avons entendu. Laisse-nous retourner sur la terre, nous ferons le bien, maintenant nous croyons fermement.

13. Si nous avions voulu, nous aurions donné à toute âme la direction de son chemin, mais ma parole est véritable : nous comblerons la géhenne d'hommes et de génies.

14. Goûtez la récompense de votre oubli de la comparution de ce jour. Nous aussi, nous vous avons oubliés. Goûtez le supplice éternel pour prix de vos actions.

15. Ceux-là croient à nos miracles qui, lorsqu'on en fait mention, se prosternent en signe d'adoration, célèbrent les louanges de leur Seigneur, et ne sont point orgueilleux ;

16. Dont les flancs se dressent de leurs couches pour invoquer leur Seigneur, de crainte et d'espérance ; qui distribuent en aumônes les dons que nous leur avons accordés.

17. L'homme ne sait pas combien de joie lui est réservé en secret pour récompense de ses actions.

18. Celui qui a cru sera-t-il comme celui qui s'est livré au péché ? seront-ils égaux l'un et l'autre ?

19. Ceux qui ont cru et qui pratiquent les bonnes œuvres auront les jardins du séjour éternel pour récompense de leurs œuvres.

20. Pour les criminels, le feu sera leur séjour. Chaque fois qu'ils désireront d'en sortir, ils y seront ramenés. On leur dira : Goûtez le supplice du feu que vous traitiez jadis de mensonge.

21. Nous leur ferons éprouver une peine légère *dans ce monde* avant de leur faire essuyer le grand supplice ; peut-être reviendront-ils à nous.

22. Qui est plus coupable que celui qui, ayant été averti par des signes de Dieu, s'en détourne ? Nous nous vengerons des coupables.

23. Nous avons donné le livre à Moïse. Ne doute point qu'il ait eu une entrevue avec le Seigneur. Nous avons fait de ce livre la direction des enfants d'Israël.

24. Nous avons établi parmi eux des pontifes pour les conduire suivant nos ordres, après qu'ils se seront montrés persévérants, et croyant fermement à nos miracles.

25. Certes, Dieu prononcera entre vous au jour de la résurrection dans l'objet de vos disputes.

26. Ignorent-ils combien de générations nous avons anéanties avant eux ? Ils foulent cependant les anciennes demeures de ces peuples. Il y a des signes dans ceci. Ne l'entendent-ils pas ?

27. Ne voient-ils pas comme nous poussons devant nous *les nuages chargés d'eau* vers le pays stérile, et que nous faisons germer les blés dont ils se nourrissent, eux et leurs troupeaux ? Ne le voient-ils pas ?

28. Ils demanderont: Quand donc viendra ce dénoûment? dites-le si vous êtes sincères.

29. Dis-leur: Au jour du dénoûment la foi des infidèles ne sera d'aucun usage. On ne leur accordera plus de délai.

30. Éloigne-toi d'eux et attends. Ils attendent aussi.

CHAPITRE XXXIII.
LES CONFÉDÉRÉS.
Donné à Médine. — 71 versets.

Au nom de Dieu clément et miséricordieux.

1. O prophète! crains Dieu et n'écoute point les infidèles et les hypocrites. Dieu est savant et sage.

2. Suivez plutôt ce qui a été révélé par Dieu. Il connaît vos actions.

3. Mets ta confiance en Dieu; sa protection vous suffira

4. Dieu n'a pas donné deux cœurs à l'homme; il n'a pas accordé à vos épouses le droit de vos mères, ni à vos fils adoptifs ceux de vos enfants. Ces mots ne sont que dans votre bouche. Dieu seul dit la vérité et dirige dans le droit chemin.

5. Appelez vos fils adoptifs du nom de leurs pères, ce sera plus équitable devant Dieu. Si vous ne connaissez pas leurs pères, qu'ils soient vos frères en religion et vos compagnons; vous n'êtes pas coupables si vous ne le savez pas; mais c'est un péché que de le faire sciemment. Dieu est plein de bonté et de miséricorde.

6. Le prophète aime les croyants plus qu'ils ne s'aiment eux-mêmes; ses femmes sont leurs mères. Ses parents seront plus honorablement cités dans le livre de Dieu que ceux qui combattent pour la foi et qui ont émigré; mais tout le bien que vous ferez à vos proches y sera écrit.

7. Souviens-toi que nous avons contracté un pacte avec les prophètes et avec toi, ô Mohammed! ainsi qu'avec Noé, et Abraham, et Moïse, et Jésus, fils de Marie; nous avons formé une alliance ferme,

8. Afin que Dieu puisse interroger ceux qui disent la vérité au sujet de la vérité; car il a préparé un châtiment terrible pour les infidèles.

9. O croyants! souvenez-vous des bienfaits de Dieu envers vous, lorsque l'armée ennemie fondait sur vous, et que nous envoyâmes contre eux un vent et des milices invisibles. Dieu a vu ce que vous faisiez.

10. Lorsqu'ils fondaient sur vous d'en haut et d'en bas, lorsque vos regards furent troublés et que vos cœurs étaient prêts à vous quitter, vous formiez alors des conjectures coupables.

11. Les fidèles furent mis à l'épreuve et tremblèrent de frayeur.

12. Lorsque les hypocrites et ceux dont le cœur est atteint d'une maladie vous disaient que Dieu vous avait fait une fausse promesse;

13. Lorsqu'une partie d'entre eux disait: O habitants de Iathub! il n'y a point ici d'asile pour vous; retournez plutôt chez vous, une partie d'entre vous demanda au prophète la permission de se retirer, en disant: Nos maisons sont sans défense; mais ils n'avaient d'autre intention que de fuir.

14. Si dans cet instant l'ennemi fût entré dans Médine et leur eût proposé d'abandonner les croyants et même de les combattre, ils y auraient consenti; mais dans ce cas ils n'y seraient restés que très-peu de temps.

15. Ils avaient précédemment promis à Dieu de ne point déserter leur poste. On examinera un jour votre conduite dans l'observance de l'engagement.

16. Dis: La fuite ne vous servira à rien si vous fuyez la mort ou le carnage; si Dieu voulait, il ne vous ferait jouir de ce monde qu'un court espace de temps.

17. Dis: Qui est celui qui vous donnera un abri contre Dieu, s'il veut vous affliger d'un malheur, ou s'il veut vous témoigner sa miséricorde? Vous ne trouverez contre lui ni patron ni protecteur.

18. Dieu connaît bien ceux d'entre vous qui empêchent les autres de suivre le prophète, qui disent à leurs frères: Venez à nous, car nous combattons peu;

19. C'est par jalousie envers vous; mais lorsque la peur s'en empare, tu les vois chercher du secours, et rouler les yeux comme celui qu'environnent les ombres de la mort. Que ta frayeur se dissipe; voilà qu'ils vous déchirent de leurs langues, envieux des bienfaits *qui vous attendent*. Ces hommes n'ont pas de foi. Dieu rendra leurs œuvres nulles. Cela lui est facile.

20. Ils s'imaginaient que les confédérés ne s'éloigneraient pas, et ne lèveraient pas le siège; si les confédérés reviennent encore, ils désireraient de vivre alors avec les Arabes scénites et de s'instruire de vos affaires; quoiqu'ils fussent avec vous, ils étaient peu enclins à combattre.

21. Vous avez un excellent exemple dans votre prophète; un exemple pour tous ceux qui espèrent en Dieu et croient au jour dernier, qui y pensent souvent.

22. Quand les croyants virent les confédérés

ils s'écrièrent : Voici ce que Dieu et son apôtre vous ont promis. Dieu et son apôtre ont dit la vérité ; cela servit à raffermir leur foi et leur résignation.

23. Il est parmi les fidèles des hommes qui accomplissent strictement leurs engagements envers Dieu ; plusieurs d'entre eux ont fourni leur carrière, beaucoup d'autres attendent le terme de leurs jours et n'ont point violé leur promesse par le moindre écart.

24. Dieu récompensera les hommes fidèles à leurs engagements ; il punira les hypocrites s'il le veut, ou bien il leur pardonnera ; car Dieu est enclin à pardonner et à avoir pitié.

25. Dieu, dans sa colère, repoussa les infidèles ; ils n'obtinrent aucun avantage. Dieu a suffi pour protéger les croyants dans le combat. Il est fort et puissant.

26. Il a fait que les Juifs qui assistaient les confédérés sortirent de leurs forteresses ; il a jeté dans leurs cœurs la terreur et le désespoir ; vous en avez tué une partie, vous en avez réduit en captivité une autre. Dieu vous a rendus héritiers de leur pays, de leurs maisons et de leurs richesses ; du pays que vous n'aviez jamais foulé jusqu'alors de vos pieds. Dieu est tout-puissant.

27. O prophète ! dis à tes femmes : Si vous recherchez la vie d'ici-bas avec sa pompe, venez, je vous accorderai une belle part et un congé honorable ; mais si vous recherchez Dieu et son apôtre, ainsi que la vie future, Dieu a préparé des récompenses magnifiques à celles qui pratiquent la vertu.

28. O femmes du prophète ! si l'une d'entre vous se rend coupable de la fornication qui soit prouvée, Dieu portera sa peine au double ; c'est facile à Dieu.

29. Celle qui croira fermement en Dieu et à son apôtre, qui pratiquera la vertu, sera récompensée du double de ses bonnes œuvres ; nous vous réservons une belle part au paradis.

30. O femmes du prophète ! vous n'êtes point comme les autres femmes ; si vous craignez Dieu, ne montrez pas trop de complaisance dans vos paroles, de peur que l'homme dont le cœur est atteint d'une infirmité ne conçoive de la passion pour vous. Tenez toujours un langage décent.

31. Restez tranquilles dans vos maisons, et n'étalez pas le luxe des temps de l'ignorance ; observez les heures de la prière ; faites l'aumône ; obéissez à Dieu et à son apôtre. Dieu ne veut qu'éloigner de vous l'abomination de la vanité, et vous assurer une pureté parfaite.

32. Pensez souvent aux versets que l'on relit chez vous, et à la sagesse révélée dans le Koran. Dieu voit tout ; il est instruit de vos actions.

33. Les hommes et les femmes qui se résignent, les hommes et les femmes qui croient, les personnes pieuses des deux sexes, les personnes justes des deux sexes, les personnes des deux sexes qui supportent tout avec patience, les humbles des deux sexes, les hommes et les femmes qui font l'aumône, les personnes des deux sexes qui observent le jeûne, les personnes chastes des deux sexes, les hommes et les femmes qui se souviennent de Dieu à tout moment, tous obtiendront le pardon de Dieu et une récompense généreuse.

34. Il ne convient pas aux croyants des deux sexes de suivre leur propre choix, si Dieu et son apôtre en ont décidé autrement. Quiconque désobéit à Dieu et à son apôtre, est dans un égarement manifeste.

35. O Mohammed ! tu as dit un jour à cet homme envers lequel Dieu a été plein de bonté, et qu'il a comblé de ses faveurs : Garde ta femme et crains Dieu ; et tu cachais dans ton cœur ce que Dieu devait bientôt mettre au grand jour. Il était cependant plus juste de craindre Dieu. Mais lorsque Zeïd prit un parti et résolut de répudier sa femme, nous te l'unîmes par mariage, afin que ce ne soit pas pour les croyants un crime d'épouser les femmes de leurs fils adoptifs après leur répudiation. Le précepte divin doit avoir son exécution.

36. Il n'y a point de crime de la part du prophète d'avoir accepté ce que Dieu lui accordait conformément aux lois établies avant lui. (Les arrêts de Dieu sont fixés d'avance).

37. Par des apôtres porteurs de ses messages, qui le craignaient et ne craignaient nul autre que lui. Dieu est instruit de tout.

38. Mohammed n'est le père d'aucun de vous. Il est l'envoyé de Dieu et le sceau des prophètes. Dieu connaît tout.

39. O croyants ! répétez souvent le nom de Dieu et célébrez-le matin et soir.

40. Il a de la bienveillance pour vous ; ses anges intercèdent pour vous, afin que vous passiez des ténèbres à la lumière ; il est miséricordieux envers les vrais croyants.

41. La salutation qu'ils recevront au jour où ils comparaîtront devant lui sera ce mot : *Paix*. Il leur a préparé en outre une récompense magnifique.

42. O prophète ! nous t'avons envoyé pour être témoin, pour annoncer nos promesses et nos menaces.

43. Tu appelles les hommes à Dieu, tu es le flambeau lumineux.

44. Annonce aux croyants les trésors de la munificence divine.

45. N'écoute ni les infidèles ni les hypocrites. Ne les opprime pas cependant. Mets ta confiance en Dieu. Le patronage de Dieu te suffira.

46. O croyants! si vous répudiez une femme fidèle avant d'avoir eu commerce avec elle, ne la retenez point au delà du terme prescrit. Donnez-lui ce que la loi ordonne, et renvoyez-la avec honnêteté.

47. O prophète! il t'est permis d'épouser les femmes que tu auras dotées, les captives que Dieu a fait tomber entre tes mains, les filles de tes oncles et de tes tantes maternels et paternels qui ont pris la fuite avec toi, et toute femme fidèle qui livrera son cœur au prophète, si le prophète veut l'épouser. C'est un privilége que nous t'accordons sur les autres croyants.

48. Nous connaissons les lois de mariage que nous avons établies pour les croyants. Ne crains point de te rendre coupable en usant de tes droits. Dieu est indulgent et miséricordieux.

49. Tu peux à ton gré accorder ou refuser tes embrassements à tes femmes. Il t'est permis de recevoir dans ta couche celle que tu en avais rejetée, afin de ramener la joie dans un cœur affligé. Tu ne seras coupable d'aucun péché en agissant ainsi; mais il serait plus convenable qu'elles fussent toutes satisfaites, qu'aucune d'elles n'eût à se plaindre, que chacune reçût de toi ce qui peut la contenter. Dieu connaît ce qui est dans vos cœurs; il est savant et humain.

50. Il ne t'est pas permis de prendre d'autres femmes que celles que tu as, ni de les échanger contre d'autres, quand même leur beauté te charmerait, à l'exception des esclaves que peut acquérir ta droite. Dieu voit tout.

51. O croyants? n'entrez point sans permission dans la maison du prophète, excepté lorsqu'il vous invite à sa table. Rendez-vous-y lorsque vous y êtes appelés. Sortez séparément après le repas et ne prolongez point vos entretiens, vous l'offenseriez. Il rougirait de vous le dire; mais Dieu ne rougit point de la vérité. Si vous avez quelque demande à faire à ses femmes, faites-la à travers un voile; c'est ainsi que vos cœurs et les leurs se conserveront en pureté. Évitez de blesser l'envoyé de Dieu. N'épousez jamais les femmes avec qui il aura eu commerce; ce serait grave aux yeux de Dieu.

52. L'action que vous produisez au grand jour, celle que vous ensevelissez dans l'ombre, sont également dévoilées à ses yeux.

53. Vos épouses peuvent se découvrir devant leurs pères, leurs enfants, leurs neveux et leurs femmes, et devant leurs esclaves. Craignez le Seigneur, il est le témoin de toutes vos actions.

54. Dieu et les anges sont propices au prophète. Croyants! adressez pour lui vos prières au Seigneur, et prononcez son nom avec salutation.

55. Ceux qui offenseront Dieu et son envoyé seront maudits dans ce monde et dans l'autre, et dévoués au supplice ignominieux.

56. Quiconque blessera injustement la réputation des fidèles sera coupable d'un mensonge et d'un crime.

57. O prophète! prescris à tes épouses, à tes filles et aux femmes des croyants, d'abaisser un voile sur leur visage. Il sera la marque de leur vertu et un frein contre les propos des hommes. Dieu est indulgent et miséricordieux.

58. Si les hypocrites, les hommes dont le cœur est atteint d'une maladie, ne se corrigent pas, nous t'assisterons contre eux, et Médine les verra bientôt disparaître; ils ne seront plus tes voisins, excepté un très-petit nombre.

59. En quelque lieu qu'ils soient, ils seront couverts de malédictions; on les tuera partout où on les trouvera.

60. Telle a été la conduite de Dieu envers les hommes qui les ont précédés. Tu ne trouveras aucun changement dans la conduite de Dieu.

61. Ils te demanderont quand viendra l'heure. Réponds: La connaissance de l'heure est chez Dieu; et qui peut te dire si l'heure n'est pas imminente?

62. Il a maudit les infidèles et les a menacés du feu.

63. Ils y demeureront éternellement sans intercesseurs et sans secours.

64. Le jour où ils tourneront leurs regards sur les flammes, ils s'écrieront: Fasse le ciel que nous eussions obéi à Dieu et au prophète!

65. Seigneur! nous avons suivi nos princes et nos chefs, et ils nous ont écartés du droit chemin.

66. Seigneur! redouble l'horreur de leurs supplices, accable-les de ta malédiction.

67. O croyants! ne ressemblez pas à ceux qui offensèrent Moïse; Dieu le lava de leurs calomnies, et lui donna une place distinguée dans le ciel.

68. O croyants! craignez le Seigneur; parlez avec droiture.

69. Dieu accordera un mérite à vos actions et effacera vos fautes. Celui qui obéit à Dieu et à son apôtre jouira de la félicité suprême.

70. Nous avons proposé la foi au ciel, à la terre, aux montagnes; ils n'ont osé la recevoir. Ils tremblaient de recevoir ce fardeau. L'homme s'en chargea, et il est devenu injuste et insensé.

71. Dieu punira les hypocrites des deux sexes

et les idolâtres des deux sexes. Il pardonnera aux fidèles, parce qu'il est clément et miséricordieux.

CHAPITRE XXXIV.

SABA.

Donné à la Mecque. — 54 versets.

Au nom de Dieu clément et miséricordieux.

1. Louange à Dieu, à qui appartient tout ce qui est dans les cieux et sur la terre. Les louanges dans l'autre monde lui appartiennent aussi; il est le sage, l'instruit.

2. Il sait ce qui entre dans la terre et ce qui en sort; ce qui descend du ciel et ce qui y monte. Il est le compatissant, l'indulgent.

3. Les incrédules disent : L'heure ne viendra pas. Réponds : Certes, elle viendra, j'en jure par le Seigneur. Celui qui connaît les choses cachées, le poids d'un atome, rien de ce qu'il y a de plus petit ou de plus grand dans les cieux et sur la terre n'échappe à sa connaissance. Il n'y a rien qui ne soit inscrit dans le livre évident,

4. Afin qu'il récompense ceux qui ont cru et pratiqué les bonnes œuvres. A eux le pardon et une subsistance généreuse.

5. Ceux qui s'efforcent de rendre nuls nos enseignements, recevront le châtiment d'un supplice douloureux.

6. Ceux qui ont reçu la science voient bien que le livre qui t'a été envoyé d'en haut par ton Seigneur est la vérité; qu'il conduit dans le sentier du puissant, du glorieux.

7. Les incrédules disent *à ceux qu'ils rencontrent :* Voulez-vous que nous vous montrions l'homme qui vous prédit que lorsque vous aurez été déchirés et rongés en tout sens, vous serez ensuite revêtus d'une forme nouvelle?

8. Ou il a inventé un mensonge contre Dieu, ou il est démoniaque. Dis plutôt : Ceux qui ne croient point à la vie future seront dans le supplice et dans un égarement sans terme.

9. Ne voient-ils pas ce qui est devant eux et derrière eux? le ciel et la terre? Si nous voulions, nous pourrions les faire engloutir par la terre entr'ouverte, ou faire tomber sur leurs têtes un fragment du ciel. Dans ceci il y a un signe pour tout serviteur capable de se convertir.

10. Nous leur avons accordé un don précieux. Nous dîmes : O montagnes et oiseaux! alternez avec lui dans ses chants. Nous avons amolli le fer entre ses mains : fais-en des cottes complètes et observe bien la proportion des mailles. Faites le bien, car je vois vos actions.

11. Nous assujettîmes le vent à Salomon. Il soufflait un mois le matin et un mois le soir. Nous fîmes couler pour lui une fontaine d'airain. Les génies travaillaient sous ses yeux, par la permission du Seigneur, et quiconque s'écartait de nos ordres était livré au supplice de l'enfer.

12. Ils exécutaient pour lui toute sorte de travaux, des palais, des statues, des plateaux larges comme des bassins, des chaudrons solidement étayés comme des montagnes. O famille de David! travaillez en rendant des actions de grâces. Qu'il y a peu d'hommes reconnaissants parmi mes serviteurs!

13. Lorsque nous eûmes décidé qu'il mourût, un reptile de la terre l'apprit le premier aux génies; il rongea le bâton qui étayait son cadavre; lorsqu'il tomba, les génies reconnurent que, s'ils avaient pénétré le mystère, ils ne seraient pas restés aussi longtemps dans cette peine avilissante.

14. Les habitants de Saba avaient, dans le pays qu'ils habitaient, un signe céleste : deux jardins, à droite et à gauche. Nous leur dîmes : Mangez de la nourriture que vous donne votre Seigneur; rendez-lui des actions de grâces. Vous avez une contrée charmante et un Seigneur indulgent.

15. Mais ils se détournèrent *de la vérité.* Nous envoyâmes contre eux l'inondation des digues, et nous échangeâmes leurs deux jardins contre deux autres produisant des fruits amers, des tamarins et quelques fruits du petit lotus.

16. C'est ainsi que nous les rétribuâmes de leur incrédulité. Récompenserons-nous ainsi d'autres que les ingrats?

17. Nous établîmes entre eux et les villes que nous avons bénies des cités florissantes; nous établîmes à travers ce pays une route, et nous dîmes : Voyagez-y en sûreté le jour et la nuit.

18. Mais ils dirent : Seigneur, mets une plus grande distance entre nos chemins. Ils ont agi injustement envers eux-mêmes. Nous les rendîmes la fable des nations et nous les dispersâmes de tous côtés. Il y a dans ceci un avertissement pour tout homme qui sait souffrir et qui est reconnaissant.

19. Eblis reconnut qu'il les avait bien jugés. Tous l'ont suivi, sauf quelques croyants.

20. Il n'avait cependant aucun pouvoir sur eux; seulement, nous voulions savoir qui d'entre eux croira à la vie future et qui en doutera. Ton Seigneur surveille tout.

21. Dis-leur : Appelez ceux que vous croyez exister outre Dieu. Ils n'ont pas de pouvoir au ciel ni sur la terre, pas même pour le poids d'un

atome. Ils n'ont eu aucune part à leur création, et Dieu ne les a point pris pour ses aides.

22. L'intercession de qui que ce soit ne servira à rien, sauf s'il en accorde la permission. Ils attendront jusqu'au moment où la crainte sera bannie de leurs cœurs. Ils diront alors : Qu'est-ce que Dieu a dit ? On leur répondra : La vérité. Il est le sublime, le grand.

23. Dis-leur : Qui est-ce qui vous envoie la nourriture des cieux et de la terre ? Dis : C'est Dieu. Moi et vous, nous sommes sur le droit chemin ou dans l'égarement évident.

24. On ne vous demandera point compte de nos fautes, ni à nous non plus de vos actions.

25. Dis : Notre Seigneur nous réunira tous, et prononcera entre nous en toute justice. Il est le juge suprême, le savant.

26. Dis : Montrez-moi ceux que vous lui avez adjoints comme associés. Il n'en a point. Il est le puissant, le sage.

27. Nous t'avons envoyé vers les hommes, ô Mohammed ! pour annoncer et menacer à la fois. Mais la plupart des hommes ne savent pas.

28. Ils disent : Quand donc s'accomplira cette promesse ? Dites si vous êtes sincères.

29. Dis-leur : On vous menace du jour que vous ne saurez ni reculer, ni avancer d'un seul instant.

30. Les incrédules disent : Nous ne croirons ni à ce Koran ni aux livres envoyés avant lui. Si tu voyais les méchants lorsqu'ils seront amenés devant leur Seigneur et se renverront des reproches mutuels ; les faibles de la terre diront aux puissants : Sans vous, nous aurions été croyants.

31. Et les puissants répondront aux faibles : Est-ce nous qui vous avons empêchés de suivre la direction quand elle vous a été donnée ? Vous en êtes coupables vous-mêmes.

32. Et les faibles répondront aux puissants : Non, ce sont vos ruses de chaque jour et de chaque nuit, lorsque vous nous commandiez de ne point croire à Dieu et de lui donner des égaux. Tous ils cacheront leur dépit à la vue des tourments. Nous chargerons de chaînes le cou des infidèles. Seraient-ils rétribués autrement qu'ils n'ont agi ?

33. Nous n'avons pas envoyé un seul apôtre vers une cité que les hommes opulents n'aient dit : Nous ne croyons pas à sa mission.

34. Ils disaient : Nous sommes plus riches en biens et en enfants ; ce n'est pas nous qui subirons le supplice.

35. Dis-leur : Mon Seigneur verse à pleines mains ses dons à qui il veut, ou les mesure ; mais la plupart des hommes ne le savent pas.

36. Ce n'est point par vos richesses ni par vos enfants que vous vous placerez plus près de nous. Il n'y a que ceux qui croient et pratiquent les bonnes œuvres qui en auront le droit ; à eux la récompense portée au double pour prix de leurs actions. Ils se reposeront en sûreté dans les hautes galeries du paradis.

37. Mais ceux qui s'efforcent d'effacer nos enseignements seront livrés au supplice.

38. Dis : Mon Seigneur verse à pleines mains ses dons sur celui qu'il veut d'entre ses serviteurs, ou les mesure. Tout ce que vous donnerez en aumône, il vous le rendra. Il est le meilleur dispensateur.

39. Un jour il vous rassemblera tous, puis il demandera aux anges : Est-ce vous qu'ils adoraient ?

40. Et les anges répondront : Gloire à toi, tu es notre patron et non point eux. Ils adoraient plutôt les génies, le plus grand nombre croit en eux.

41. Dans ce jour-là, nul d'entre vous ne saurait aider un autre ni lui nuire. Nous dirons aux infidèles : Goûtez le châtiment du feu que vous avez jadis traité de mensonge.

42. Lorsqu'on leur récite nos enseignements, ils disent : Cet homme ne veut que nous détourner des divinités qu'adoraient nos pères. Ils diront encore : Le Koran n'est qu'un mensonge forgé. Quand la vérité se fait clairement voir à eux, les incrédules disent : Ce n'est que de la magie pure.

43. Avant toi nous ne leur avions donné aucun livre ni envoyé aucun apôtre.

44. Ceux qui les ont précédés accusèrent nos messagers d'imposture. Ceux-ci n'ont point obtenu le dixième de ce que nous avions accordé aux autres, et ils ont traité également nos messagers d'imposture. Que mon châtiment a été terrible !

45. Dis-leur : Je vous engage à une seule chose. Présentez-vous sous l'invocation de Dieu, deux à deux ou séparément, et considérez bien si votre compatriote est atteint de la démonomanie ; s'il est autre chose qu'un apôtre chargé de vous avertir à l'approche du supplice terrible.

46. Dis-leur : Je ne vous demande pas de salaire, gardez-le pour vous. Mon salaire n'est qu'à la charge de Dieu. Il est témoin de toutes choses.

47. Dis : Dieu n'envoie que la vérité à ses apôtres. Il connaît parfaitement les choses cachées.

48. Dis : La vérité est venue, le mensonge disparaîtra et ne reviendra plus.

49. Dis : Si je suis dans l'erreur, je le suis à mon détriment ; si je suis dans le droit chemin,

c'est par suite de ce que m'a révélé mon Seigneur. Il entend et voit tout; il est proche partout.

50. Ah! si tu voyais comme ils trembleront sans trouver d'asile, et comme ils seront assaillis d'un endroit proche!

51. Ils diront : Voilà! nous avons cru en lui. Et comment recevront-ils la foi d'un endroit aussi éloigné *que la terre?*

52. Eux qui ne croyaient pas auparavant et aillaient les mystères de loin !

53. Un intervalle immense s'interposera entre eux et l'objet de leurs désirs ;

54. Ainsi qu'il en fut avec leurs semblables d'autrefois, qui étaient dans l'incertitude, révoquant tout en doute.

CHAPITRE XXXV.
LES ANGES [1].
Donné à la Mecque. — 45 versets.

Au nom de Dieu clément et miséricordieux.

1. Gloire à Dieu, créateur des cieux et de la terre! celui qui emploie pour messagers les anges à deux, trois et quatre ailes. Il ajoute à la création autant qu'il veut; il est tout-puissant.

2. Ce que Dieu, dans sa miséricorde, ouvre aux hommes *de ses bienfaits*, nul ne saurait le renfermer, et nul ne saurait leur envoyer ce que Dieu retient. Il est le puissant, le sage.

3. O hommes! souvenez-vous des bienfaits dont Dieu vous a comblés ; y a-t-il un créateur autre que Dieu qui vous nourrisse des dons du ciel et de la terre? Il n'y a point d'autres dieux que lui. Pourquoi donc vous en détournez-vous?

4. S'ils te traitent d'imposteur, ô Mohammed ! les apôtres qui t'ont précédé ont été traités de même ; mais toutes choses reviendront à Dieu.

5. O hommes! les promesses de Dieu sont véritables ; que la vie de ce monde ne vous éblouisse pas ; que la vanité ne vous aveugle pas sur Dieu.

6. Satan est votre ennemi ; regardez-le comme votre ennemi. Il appelle ses alliés au feu de l'enfer.

7. Ceux qui ne croient pas éprouveront un supplice terrible.

8. Ceux qui croient et qui pratiquent les bonnes œuvres obtiendront le pardon et une récompense magnifique.

9. Celui à qui on a présenté de mauvaises actions sous un beau jour, et qui les croit belles, *sera-t-il comme celui à qui le contraire arrive?* Dieu égare celui qu'il veut, et dirige celui qu'il veut. Que ton âme, ô Mohammed! ne s'abîme donc point dans l'affliction sur leur sort. Dieu connaît leurs actions.

10. C'est Dieu qui envoie les vents et fait marcher le nuage. Nous le poussons vers une contrée mourante de sécheresse, nous en vivifions la terre après qu'elle est morte. C'est ainsi qu'aura lieu la résurrection.

11. Si quelqu'un désire la grandeur, la grandeur appartient tout entière à Dieu. Toute bonne parole et toute bonne action montent vers lui, et il les élève. Ceux qui trament de mauvais projets recevront un châtiment terrible. Leurs machinations se réduiront à rien.

12. Dieu vous a d'abord créés de poussière, puis de la semence, ensuite il vous a divisés en sexes : la femelle ne porte et ne met rien au monde dont il n'ait connaissance ; rien n'est ajouté à l'âge d'un être qui vit longtemps et rien n'en est retranché qui ne soit consigné dans le livre. Ceci est facile à Dieu.

13. Les deux mers ne se ressemblent point ; l'une est d'eau fraîche et douce, de facile absorption ; l'autre d'eau amère et salée. Vous vous nourrissez de viandes fraîches l'un et l'autre, et vous en retirez des ornements que vous portez. Vous voyez les vaisseaux fendre les flots pour obtenir des richesses de la faveur de Dieu. Peut-être lui rendrez-vous des actions de grâces.

14. Il fait entrer la nuit dans le jour et le jour dans la nuit. Il vous a assujetti le soleil et la lune ; chacun de ces astres poursuit sa course jusqu'à un terme marqué. Tel est votre Seigneur ; l'empire lui appartient. Ceux que vous invoquez en dehors de lui ne disposent pas même de la pellicule qui enveloppe le noyau de la datte.

15. Si vous les appelez , ils n'entendront point ; s'ils entendaient vos cris, ils ne sauraient vous exaucer. Au jour de la résurrection ils désavoueront votre alliance. Et qui peut t'instruire, si ce n'est celui qui est instruit ?

16. O hommes ! vous êtes des indigents ayant besoin de Dieu, et Dieu est riche et plein de gloire.

17. S'il le veut, il peut vous faire disparaître et former une création nouvelle.

18. Ceci n'est point difficile à Dieu.

19. Aucune âme portant son propre fardeau ne portera celui d'une autre, et si l'âme surchargée demande à en être déchargée d'une partie, elle ne le sera point, même par son proche. Tu avertiras ceux qui craignent Dieu dans le secret *de leurs cœurs*, et qui observent la prière. Quiconque sera pur, le sera pour son propre avantage ; car tout doit un jour revenir à Dieu.

---

[1] Ce livre est encore intitulé le Créateur.

20. L'aveugle et celui qui voit ne sont point de même; pas plus que les ténèbres et la lumière, que la fraîcheur de l'ombre et la chaleur.

21. Les vivants et les morts ne sont point de même; Dieu se fera entendre de quiconque il voudra; et toi, tu ne peux pas te faire entendre dans les tombeaux. Tu n'es chargé que de prêcher.

22. Nous t'avons envoyé avec une mission vraie, chargé d'annoncer et d'avertir. Il n'y a pas eu une seule nation où il n'y ait point eu d'apôtre.

23. S'ils te traitent d'imposteur, leurs devanciers aussi ont traité d'imposteurs les apôtres qui se présentèrent munis de signes évidents, des Écritures et du livre qui éclaire [1].

24. J'ai puni ceux qui n'ont point cru; et quel terrible châtiment!

25. Ne vois-tu pas que Dieu fait descendre l'eau du ciel? Par elle nous produisons des fruits d'espèces variées. Dans les montagnes il y a des sentiers blancs et rouges, de couleurs variées; il y a des corbeaux noirs, et, parmi les hommes, les reptiles et les troupeaux, il y en a de couleurs variées. C'est ainsi que les plus savants d'entre les serviteurs de Dieu le craignent. Il est puissant et indulgent.

26. Ceux qui récitent le livre de Dieu, qui observent la prière et font l'aumône des biens que nous leur donnons en secret et en public, doivent compter sur un fonds qui ne manquera pas.

27. Dieu soldera leur salaire, et y ajoutera encore de sa grâce; car il est indulgent et reconnaissant.

28. Ce que nous t'avons révélé du Koran est la vérité même; il confirme ce qui a été donné avant sa révélation. Dieu est instruit de ce que font ses serviteurs, et il voit tout.

29. Nous avons ensuite transporté l'héritage du livre aux élus d'entre nos serviteurs. Parmi eux il y en eut qui ont agi iniquement envers eux-mêmes; d'autres flottaient entre les deux; tel autre d'entre eux a devancé, dans les bonnes œuvres, tous les autres, avec la permission de Dieu. C'est une faveur insigne.

30. Il seront introduits dans les jardins d'Éden, où ils seront ornés de bracelets d'or, de perles, et revêtus de robes de soie.

31. Ils diront: Gloire à Dieu qui a éloigné de nous l'affliction! Notre Seigneur est indulgent et reconnaissant.

32. Il nous a donné, par un effet de sa grâce, l'hospitalité dans l'habitation éternelle, où la fatigue ne nous atteindra plus, où la langueur ne nous saisira point.

33. Mais le feu de la géhenne est réservé à ceux qui ne croient point. Il n'y aura point d'arrêt qui prononce leur mort; leur supplice ne sera point adouci; c'est ainsi que nous rétribuerons les infidèles.

34. Ils crieront *du fond de l'enfer:* Seigneur! fais-nous sortir d'ici; nous pratiquerons la vertu autrement que nous ne l'avions fait auparavant. — Ne vous avons-nous pas accordé une vie assez longue pour que celui qui devait réfléchir ait eu le temps de le faire? Un apôtre fut envoyé vers vous.

35. Subissez donc votre peine; il n'y a point de protecteur pour les méchants.

36. Dieu connaît les secrets des cieux et de la terre; il connaît ce que les cœurs recèlent.

37. C'est lui qui vous constitue ses lieutenants sur la terre; quiconque ne croit pas, son incrédulité retombera sur lui; l'incrédulité n'ajoutera à l'incrédule qu'un surcroît d'indignation auprès de Dieu; elle ne fera que porter leur ruine au comble.

38. Dis-leur: Vous avez considéré ces divinités que vous invoquez à l'exclusion de Dieu; faites-moi voir quelle portion de la terre elles ont créée; ont-ils leur part dans la création des cieux? Leur avons-nous envoyé un livre qui leur serve de preuve évidente? Non; seulement les méchants se font des promesses illusoires.

39. Dieu contient les cieux et la terre, afin qu'ils ne s'affaissent pas; s'ils s'affaissaient, quel autre que lui saurait les soutenir? Il est humain et indulgent.

40. Ils ont juré devant Dieu, par un serment solennel, que, si un apôtre venait au milieu d'eux, ils se maintiendraient dans le chemin droit plus que ne l'a fait aucun peuple de la terre; mais lorsque l'apôtre parut, sa venue ne fit qu'accroître leur éloignement;

41. Et cela à cause de leur orgueil dont ils s'enflent sur la terre, et de leurs machinations criminelles: mais les machinations criminelles n'enveloppent que ceux qui les mettent en œuvre. Espèrent-ils autre chose que d'être jetés dans la voie des peuples d'autrefois?

42. Tu ne trouveras point de variations dans les voies de Dieu.

43. N'ont-ils pas voyagé dans ces pays? n'ont-ils pas vu quel a été le sort de leurs devanciers, qui étaient cependant plus robustes qu'eux? Rien aux cieux et sur la terre ne saurait affaiblir sa puissance. Il est savant et puissant.

44. Si Dieu avait voulu punir les hommes selon leurs œuvres, il n'aurait laissé à l'heure qu'il est pas un seul reptile à la surface de la terre;

---

[1] Le livre qui éclaire, c'est l'Évangile.

mais il vous donne un délai jusqu'au terme marqué.

45. Lorsque le terme sera arrivé..... Certes, Dieu voit ses serviteurs.

CHAPITRE XXXVI.
IAS.
Donné à la Mecque. — 83 versets.

1. J'en jure par le Koran sage,
2. Que tu es un envoyé,
3. Chargé d'enseigner le sentier droit.
4. C'est la révélation du Puissant, du Miséricordieux;
5. Afin que tu avertisses ceux dont les pères n'ont pas été avertis, et qui vivent dans l'insouciance.
6. Notre sentence a déjà été prononcée relativement à la plupart d'entre eux, et ils ne croiront pas.
7. Nous avons chargé leur cou de chaînes qui leur serrent leur menton; ils ne peuvent plus redresser leur tête.
8. Nous leur avons attaché une barre par devant et une barre par derrière. Nous avons couvert leurs yeux d'un voile, et ils ne voient rien.
9. Peu leur importe si tu les avertis ou non; ils ne croiront pas.
10. Prêche plutôt ceux qui craignent le Koran et redoutent Dieu dans le secret de leurs cœurs; annonce-leur le pardon et une récompense magnifique.
11. Nous ressuscitons les morts, et nous inscrivons leurs pas et leurs traces. Nous avons compté tout dans le prototype évident.
12. Propose-leur comme parabole les habitants d'une cité que visitèrent les envoyés de Dieu.
13. Nous en envoyâmes d'abord deux, et ils furent traités d'imposteurs; nous les appuyâmes par un troisième, et tous trois dirent *aux habitants de cette cité :* Nous sommes envoyés chez vous.
14. Vous n'êtes que des hommes comme nous. Le Miséricordieux ne vous a rien révélé; vous n'êtes que des imposteurs.
15. Notre-Seigneur, répondirent-ils, sait bien que nous sommes envoyés chez vous.
16. Nous ne sommes chargés que de vous prêcher ouvertement.
17. Nous avons consulté le vol des oiseaux sur vous, et si vous ne cessez pas *de nous prêcher,* nous vous lapiderons. Nous vous réservons une peine terrible.
18. Les apôtres répondirent : Votre mauvais sort vous accompagne, quand même on vous avertirait. En vérité, vous êtes des transgresseurs.
19. Un homme, accouru de la partie la plus éloignée de la ville, leur criait : O mes concitoyens! croyez à ces apôtres;
20. Suivez ceux qui ne vous en demandent aucune récompense, et vous serez sur la droite voie.
21. Pourquoi n'adorerais-je pas celui qui m'a créé, et à qui vous retournerez tous?
22. Prendrai-je d'autres dieux que lui? Si le Miséricordieux veut me faire du mal, leur intercession ne me sera d'aucune utilité; ils ne sauraient me sauver.
23. Je serais dans un égarement évident *si je les adorais.*
24. J'ai cru à votre Seigneur; écoutez-moi.
25. *Il fut lapidé; après sa mort on lui dit :* Entre dans le paradis. Ah! si mes concitoyens savaient
26. Ce que Dieu m'a accordé, et comme il m'a honoré!
27. Nous n'envoyâmes point contre cette cité ni armée du ciel ni autres fléaux que nous envoyons *contre les autres.*
28. Un seul cri se fit entendre, et ils furent anéantis.
29. Que mes serviteurs sont malheureux! Aucun apôtre n'est venu vers eux qu'ils ne l'eussent pris pour l'objet de leurs railleries.
30. Ne voient-ils pas combien de générations nous avons détruites avant eux?
31. Ce n'est point à eux qu'ils retourneront;
32. Tous, étant réunis, seront amenés devant nous.
33. Que la terre morte de sécheresse leur serve de signe *de notre puissance.* Nous lui rendons la vie, et nous en faisons sortir des grains dont ils se nourrissent.
34. Nous y plantâmes des jardins de dattiers et de vignes; nous y avons fait jaillir des sources.
35. Qu'ils mangent de leurs fruits et jouissent des travaux de leurs mains. Ne vous seront-ils pas reconnaissants?
36. Gloire à celui qui a créé toutes les espèces dans les plantes que produit la terre parmi les hommes, et dans tout ce que les hommes ne connaissent pas.
37. Que la nuit, dont nous faisons sortir le jour pendant que les hommes sont plongés dans l'obscurité, leur serve de signe de notre puissance.
38. Et le soleil aussi, qui poursuit sa carrière jusqu'à un point fixe. Tel a été l'ordre du Puissant, du Sage.

39. Nous avons établi des stations pour la lune, jusqu'à ce qu'elle devienne semblable à une vieille branche de palmier.

40. Il n'est point donné au soleil d'atteindre la lune, ni à la nuit de devancer le jour ; tous ces *astres* se meuvent séparément.

41. Que ce soit aussi un signe pour vous, que nous portâmes la postérité des hommes dans un vaisseau pourvu de toutes choses,

42. Et que nous créâmes d'autres véhicules capables de les porter.

43. Si nous le voulons, nous les noyons dans les mers ; ils ne sont sauvés, ils ne sont délivrés

44. Que par notre grâce et pour leur faire jouir quelques instants encore de ce monde.

45. Lorsqu'on leur dit : Craignez ce qui est devant vous et derrière vous[1], afin d'obtenir la miséricorde divine, *ils n'en tiennent aucun compte.*

46. Il ne leur apparut aucun signe d'entre les signes de Dieu dont ils n'eussent détourné leurs yeux.

47. Si l'on dit : Faites l'aumône des biens que Dieu vous accorde, les infidèles disent aux croyants : Nourrirons-nous ceux que Dieu nourrirait lui-même s'il le voulait ? Vous êtes dans l'erreur.

48. Ils disent encore : Quand donc s'accompliront vos menaces ? dites-le si vous êtes sincères.

49. Qu'attendent-ils donc ? Est-ce un seul cri parti du ciel qui les surprendra au milieu de leurs querelles ?

50. Ils ne pourront ni disposer par leurs testaments, ni retourner auprès de leurs familles.

51. On enflera la trompette, et ils sortiront de leurs tombeaux, et ils accourront en toute hâte auprès du Seigneur.

52. Malheur à nous, s'écrieront-ils ; qui nous a extraits de ces lieux de repos ? Voici venir les promesses de Dieu. Ses apôtres nous disaient la vérité.

53. Il n'y aura qu'un seul cri *parti du ciel*, et tous rassemblés comparaîtront devant nous.

54. Dans ce jour, pas une seule âme ne sera traitée injustement ; ils ne seront rétribués que selon leurs œuvres.

55. Dans ce jour, les héritiers du paradis seront remplis de joie.

56. En compagnie de leurs épouses, ils se reposeront dans l'ombrage, appuyés sur des sièges.

57. Ils y auront des fruits, ils y auront tout ce qu'ils demanderont.

58. Salut ! sera la parole qui leur sera adressée de la part de leur Seigneur le miséricordieux.

59. Ce jour-là vous serez séparés, ô infidèles !

60. N'ai-je point stipulé avec vous, ô enfants d'Adam ! de ne point servir Satan ? (Il est votre ennemi déclaré.)

61. Adorez-moi ; c'est le sentier droit.

62. Il a séduit une grande portion d'entre vous. Ne l'avez-vous pas compris ?

63. Voilà la géhenne dont on vous menaçait.

64. Aujourd'hui chauffez-vous à son feu, pour prix de vos œuvres.

65. Ce jour-là nous apposerons un sceau sur leurs lèvres ; leurs mains nous parleront seules, et leurs pieds témoigneront de leurs actions.

66. Si nous voulions, nous leur ôterions la vue ; ils s'élanceraient à l'envi sur leurs chemins d'habitude ; et comment y verraient-ils leur erreur ?

67. Si nous voulions, nous leur ferions revêtir d'autres formes ; ils seraient fixés aux lieux qu'ils habitent ; ils ne pourraient ni marcher en avant ni reculer.

68. Nous courbons le dos de celui dont nous prolongeons les jours. Ne le comprennent-ils pas ?

69. Nous n'avons point enseigné à Mohammed l'art de la poésie ; elle ne lui sied pas. Le Koran n'est qu'un avertissement et un livre évident,

70. Afin qu'il prêche les vivants, et que la sentence portée contre les infidèles soit exécutée.

71. Ne voient-ils pas que parmi les choses formées par nos mains, nous avons créé les animaux pour eux, et qu'ils en disposent en maîtres.

72. Nous les leur avons soumis ; ils en font des montures, et se nourrissent des autres.

73. Ils en tirent de nombreux avantages : le lait des animaux leur sert de boisson. Ne nous seront-ils pas reconnaissants ?

74. Ils adorent d'autres divinités que Dieu pour se procurer leur assistance.

75. Mais elles ne sauraient les secourir ; ce sont plutôt eux qui servent d'armée à leurs divinités.

76. Que leurs discours ne t'affligent pas, ô Mohammed ! nous connaissons ce qu'ils recèlent et ce qu'ils mettent au grand jour.

77. L'homme ne voit-il pas que nous l'avons créé d'une goutte de sperme ? et il s'érige en véritable adversaire.

78. Il nous propose des paraboles, lui qui oublie sa création. Il nous dit : Qui peut faire revivre les os, une fois cariés ?

79. Réponds-leur : Celui-là les fera revivre

---

[1] Les châtiments de ce monde et ceux de l'autre.

qui les a produits la première fois, celui qui sait créer tout.

80. Celui qui vous fait jaillir le feu d'un arbre vert, dont vous allumez vos feux;

81. Celui qui a créé les cieux et la terre, n'est-il pas capable de créer des êtres pareils à vous? Oui, sans doute : il est le créateur savant.

82. Quel est son ordre? Lorsqu'il veut qu'une chose soit faite, il dit : Sois. Et elle est.

83. Gloire à celui qui dans ses mains tient la souveraineté sur toutes choses. Vous retournerez tous à lui.

CHAPITRE XXXVII.
LES RANGS.
Donné à la Mecque. — 176 versets.

Au nom de Dieu clément et miséricordieux.

1. J'en jure par les êtres qui se rangent en ordre,
2. Par les êtres qui poursuivent et menacent,
3. Par ceux qui récitent le Koran,
4. Votre Dieu est un Dieu unique,
5. Souverain des cieux et de la terre, de tout ce qui est entre eux, et souverain de l'Orient.
6. Nous avons orné le ciel le plus proche de la terre d'un ornement brillant, d'étoiles,
7. Qui gardent le ciel contre tout démon rebelle,
8. Afin qu'ils ne viennent pas écouter ce qui se passe dans l'assemblée sublime (car ils sont assaillis de tous côtés),
9. Repoussés et livrés à un supplice permanent.
10. Celui qui se serait approché jusqu'à saisir à la dérobée quelques paroles est atteint d'un dard flamboyant.
11. Demande aux infidèles qui est d'une création plus forte, d'eux ou des anges? Or nous avons créé les hommes de boue dure.
12. Tu admires la puissance de Dieu, et eux ils la raillent.
13. Si on les exhorte, ils n'en tiennent aucun compte;
14. S'ils voient un signe d'avertissement, ils s'en rient.
15. C'est de la magie pure, disent-ils.
16. Morts, devenus poussière, serions-nous ranimés de nouveau?
17. Et nos pères, les anciens, ressusciteront-ils?
18. Dis-leur : Oui, et vous serez couverts d'opprobre.
19. La trompette retentira une seule fois, et *ils se lèveront de leurs tombeaux*, et jetteront des regards de tous côtés.

20. Malheur à nous, s'écrieront-ils : c'est le jour de la rétribution.

21. C'est le jour de la décision, leur dira-t-on, ce jour que vous traitiez de chimère.

22. Rassemblez, *dira Dieu aux exécuteurs de ses ordres*, les impies et leurs compagnes, et les divinités qu'ils adoraient

23. A côté de Dieu, et conduisez-les sur la route de l'enfer.

24. Arrêtez-les, ils seront interrogés.

25. Pourquoi ne vous prêtez-vous pas secours (vous et vos dieux)?

26. Mais ce jour-là ils se soumettront au jugement de Dieu.

27. Alors ils s'approcheront les uns des autres, et se feront des reproches mutuels.

28. Vous veniez à nous du côté droit [1], diront-ils à leurs séducteurs.

29. Non. — C'est plutôt que vous n'avez pas voulu croire, *répondront les autres*.

30. Car nous n'avions aucun pouvoir sur vous. C'est plutôt que vous étiez criminels.

31. La sentence de Notre-Seigneur a été prononcée contre nous aussi, et nous éprouverons bientôt sa vengeance.

32. Nous vous avons égarés, car nous étions égarés nous-mêmes.

33. C'est ainsi que ce jour-là ils seront associés et confondus dans un même supplice.

34. C'est ainsi que nous traiterons les coupables.

35. Car lorsqu'on leur disait : Il n'y a point de dieu si ce n'est Dieu, ils s'enflaient d'orgueil. Ils répondaient : Abandonnerons-nous nos dieux pour un poëte, pour un fou?

36. Non. — Il vous apporte la vérité et confirme les apôtres précédents.

37. Certes, vous éprouverez le châtiment douloureux;

38. Vous ne serez rétribués que selon vos œuvres.

39. Mais les fidèles serviteurs de Dieu

40. Recevront certains dons précieux,

41. Des fruits délicieux; et ils seront honorés

42. Dans les jardins des délices,

43. Se reposant sur des sièges, et se regardant face à face.

44. On fera courir à la ronde la coupe remplie d'une source d'eau

45. Limpide et d'un goût délicieux pour ceux qui la boiront.

[1] Ce côté droit étant le côté de bon augure, ces mots peuvent être entendus dans le sens : Vous veniez à nous avec l'apparence de la vérité.

46. Elle n'offusquera point leur raison et ne les enivrera pas.

47. Ils auront des vierges au regard modeste, aux grands yeux noirs et au teint éclatant, semblable à celui d'une perle dans sa coquille.

48. Les uns s'approcheront des autres, et ils se feront des questions.

49. Tel d'entre eux dira : J'avais un ami sur la terre.

50. Il me demandait : Regardes-tu *la résurrection* comme une vérité?

51. Serait-il possible que nous soyons jugés quand une fois nous serons morts et devenus os et poussière.

52. Il dira ensuite : Voulez-vous regarder?

53. Ils regarderont et ils verront au fond de l'enfer.

54. Le juste dira : J'en jure par Dieu, tu as failli causer ma perte.

55. Sans la miséricorde de Dieu, j'aurais été au nombre de ceux que l'on amène devant lui.

56. Subirons-nous encore une autre mort,

57. Outre celle que nous avons subie? Serons-nous livrés au châtiment?

58. En vérité, c'est un grand bonheur *que celui dont nous jouissons*.

59. A l'œuvre, travailleurs! pour en gagner un pareil.

60. Notre repas vaut-il mieux, ou le fruit de Zacoum?

61. Nous en avons fait un sujet de dispute pour les méchants.

62. C'est un arbre qui pousse du fond de l'enfer.

63. Ses branches ressemblent aux têtes de démons.

64. Les réprouvés en seront nourris et s'en rempliront le ventre.

65. Là-dessus ils boiront de l'eau bouillante;

66. Et puis retourneront au fond de l'enfer.

67. Ils voyaient leurs pères égarés,

68. Et se précipitaient sur leurs pas.

69. Une grande partie des peuples anciens s'étaient égarés avant eux.

70. Nous envoyâmes chez eux des apôtres.

71. Regarde et vois quelle a été la fin de ceux que l'on avertissait,

72. Et qui n'étaient point nos serviteurs fidèles.

73. Noé cria vers nous, et certes nous sommes prompts à exaucer.

74. Nous le délivrâmes avec sa famille de la grande calamité.

75. Nous laissâmes subsister ses descendants.

76. Et nous lui conservâmes dans les siècles reculés cette salutation :

77. Que la paix soit avec Noé dans l'univers entier.

78. C'est ainsi que nous récompensons ceux qui font le bien.

79. Il était du nombre de nos serviteurs fidèles.

80. Nous submergeâmes les autres.

81. Abraham était de sa secte.

82. Il apporta à son Seigneur un cœur intact.

83. Il dit un jour à son père et à son peuple : Qu'adorez-vous?

84. Préférez-vous de fausses divinités à Dieu?

85. Que pensez-vous du souverain de l'univers?

86. Il jeta un regard sur les étoiles.

87. Je suis malade, *je n'assisterai pas aujourd'hui à vos cérémonies*.

88. Ils s'en allèrent et le laissèrent.

89. Il se déroba pour aller voir leurs idoles, et leur cria : Mangez-vous?

90. Pourquoi ne parlez-vous pas?

91. Et là-dessus il leur porta un coup de sa droite.

92. Son peuple accourut précipitamment.

93. Adorerez-vous ce que vous taillez vous-même dans le roc? leur dit Abraham.

94. C'est Dieu qui vous a créés, vous et les œuvres de vos mains.

95. Ils se disaient les uns aux autres : Dressez-lui un bûcher, et jetez-le dans le feu ardent.

96. Ils voulurent lui tendre un piége; mais nous les réduisîmes au dernier degré d'impuissance.

97. Je me retire, dit Abraham, auprès de mon Dieu, il me montrera le sentier droit.

98. Seigneur! donne-moi *un fils* qui compte parmi les justes.

99. Nous lui annonçâmes la naissance d'un fils d'un caractère doux.

100. Lorsqu'il fut parvenu à l'âge de l'adolescence,

101. Son père lui dit : Mon enfant! j'ai rêvé comme si je t'offrais en sacrifice à Dieu. Réfléchis un peu, qu'en penses-tu?

102. O mon père! fais ce que l'on te commande; s'il plaît à Dieu, tu me verras supporter *mon sort* avec fermeté.

103. Et quand ils se furent résignés tous deux à la volonté de Dieu, et qu'Abraham l'eut déjà couché, le front contre terre,

104. Nous lui criâmes : O Abraham!

105. Tu as cru à ta vision, et voici comment nous récompensons les vertueux.

106. Certes, c'était une épreuve décisive.

107. Nous rachetâmes Isaac par une hostie généreuse.

108. Nous avons laissé un souvenir glorieux d'Abraham jusqu'aux siècles reculés.

109. Que la paix soit avec Abraham.
110. C'est ainsi que nous récompensons les vertueux.
111. Il est de nos serviteurs fidèles.
112. Nous lui annonçâmes un prophète dans Isaac le juste.
113. Nous répandîmes notre bénédiction sur Abraham et sur Isaac. Parmi leurs descendants, tel est juste, et tel autre est inique envers lui-même.
114. Nous avons comblé de nos bienfaits Moïse et Aaron.
115. C'est ainsi que nous récompensons les vertueux.
116. Ils étaient tous deux de nos serviteurs fidèles.
117. Élie était aussi un de nos apôtres,
118. Quand il dit à son peuple : Ne craindrez-vous pas ?
119. Adorez-vous Baal, et abandonnerez-vous le plus habile des créateurs ?
120. Dieu est votre Seigneur, et le Seigneur de vos pères, les anciens,
121. Ils le traitèrent d'imposteur ; ils seront amenés devant nous.
122. Il n'en sera pas de même avec mes serviteurs fidèles.
123. Nous laissâmes subsister le nom d'Élias jusqu'aux siècles reculés.
124. Que la paix soit avec Éliacin.
125. C'est ainsi que nous récompensons les vertueux.
126. Il était de nos serviteurs fidèles.
127. Et Loth aussi fut un de nos apôtres ;
128. Celui que nous sauvâmes avec toute sa famille,
129. A l'exception de la vieille qui était restée en arrière.
130. Nous exterminâmes les autres.
131. Vous passez auprès de leurs habitations, le matin,
132. Ou la nuit ; ne réfléchissez-vous pas ?
133. Et Jonas aussi fut un de nos apôtres.
134. Il se retira sur un vaisseau chargé.
135. On jeta le sort, et il fut condamné *à être jeté dans la mer.*
136. Le poisson l'avala ; or, il avait encouru notre blâme.
137. Et s'il n'avait point célébré nos louanges,
138. Il serait resté dans les entrailles du poisson jusqu'au jour où les hommes seront ressuscités.
139. Nous le rejetâmes sur la côte aride ; il était malade.
140. Nous fîmes pousser à ses côtés un arbre [1].
141. Nous l'envoyâmes ensuite vers un peuple de cent mille âmes, ou davantage.
142. Ils crurent en Dieu ; nous leur avons accordé la jouissance de ce monde jusqu'à un certain temps.
143. Demande aux Mecquois qu'ils te disent si Dieu a des filles, pendant qu'ils ont des fils.
144. Aurions-nous par hasard créé les anges femelles ? En ont-ils été témoins ?
145. Non ; mais ils forgent eux-mêmes des mensonges.
146. Ils disent : Dieu a eu des enfants. Ils mentent.
147. Aurait-il préféré les filles aux fils ?
148. Quelle raison avez-vous de juger ainsi ?
149. Ne réfléchirez-vous pas ?
150. Ou bien avez-vous quelque preuve évidente à l'appui ?
151. Faites voir votre livre, si vous êtes sincères.
152. Ils établissent une parenté entre Dieu et les génies ; mais les génies savent qu'un jour ils seront amenés devant Dieu.
153. (Louange à Dieu ; loin de lui ces blasphèmes).
154. Il n'en sera pas ainsi avec les fidèles serviteurs de Dieu.
155. Mais vous et les divinités que vous adorez,
156. Vous ne saurez exciter contre Dieu
157. Que l'homme qui s'égare sur la route qui conduit à l'enfer.
158. Chacun de nous a sa place marquée.
159. Nous nous rangeons en ordre,
160. Et nous célébrons ses louanges.
161. Si ces infidèles disent :
162. Si nous avions un livre qui nous fût transmis par les anciens,
163. Nous serions les fidèles serviteurs de Dieu.
164. Ils ne croient pas au Koran ; mais ils sauront *la vérité un jour.*
165. Nous promîmes à nos apôtres
166. De leur prêter notre assistance.
167. Nos armées leur procurent la victoire.
168. Éloigne-toi d'eux un moment, *ô Mohammed !*
169. Vois *quels seront leurs malheurs.* Ils verront aussi.
170. Veulent-ils donc hâter notre châtiment ?
171. Quand il fondra au milieu de leurs enclos, quelle sera terrible la matinée des hommes exhortés *en vain !*

[1] Le mot arbre est suivi dans le texte du mot citrouille.

172. Eloigne-toi d'eux pour un moment.

173. Vois *quelle sera leur fin* ; ils le verront aussi.

174. Gloire à Dieu, Dieu de majesté ; loin de lui leurs blasphèmes.

175. Que la paix soit avec les apôtres.

176. Gloire à Dieu souverain de l'univers.

CHAPITRE XXXVIII.

S.

Donné à la Mecque. — 88 versets.

Au nom de Dieu clément et miséricordieux.

1. Sad [1]. J'en jure par le Koran rempli d'avertissements : Les infidèles sont pleins d'orgueil et vivent dans le schisme.

2. Combien de générations n'avons-nous pas anéanties avant eux. Tous ils criaient secours ; mais il n'était plus temps d'éviter le châtiment.

3. Les infidèles s'étonnent de ce qu'un apôtre s'est tout à coup élevé au milieu d'eux ; ils disent : C'est un magicien, un imposteur.

4. Veut-il faire de tous ces dieux un seul Dieu? En vérité, c'est quelque chose d'extraordinaire.

5. Leurs chefs se séparèrent en leur disant : Allez et persévérez dans le culte de vos dieux. *Vous faire abandonner ce culte*, voilà ce que l'on veut.

6. Nous n'avons entendu rien de pareil dans la dernière religion [2]. La religion de Mohammed n'est qu'un schisme.

7. Un livre d'avertissement serait-il donc envoyé à lui seul d'entre nous? — Oui, ils doutent de nos avertissements ; car ils n'ont point encore éprouvé mes châtiments.

8. Ont-ils à leur disposition les trésors de la miséricorde du Dieu puissant dispensateur des biens?

9. Possèdent-ils donc le royaume des cieux et de la terre, et des choses qui sont entre eux deux? Qu'ils essayent donc d'y monter au moyen de cordes.

10. De quelques armées que les confédérés disposent, elles seront mises en fuite.

11. Avant eux aussi, le peuple de Noé, les Adites et Pharaon, possesseur de pieux [3], accusèrent leurs prophètes de mensonge.

12. Les Thémoudites, le peuple de Loth, les habitants d'une forêt de Madian, ont agi de la même manière ; ils étaient confédérés contre les apôtres de Dieu.

13. Tous ceux qui avaient traité nos apôtres d'imposteurs, mon châtiment vint les en punir.

14. Qu'attendent donc les Mecquois? Est-ce le cri épouvantable *parti du ciel* qui les saisira sans délai?

15. Ils disent ironiquement : Seigneur! donne-nous au plus tôt ce qui nous revient, et avant le jour du compte.

16. Souffre patiemment leurs discours, et rappelle-toi notre serviteur David, homme puissant, et qui aimait à retourner souvent à nous.

17. Nous avons assujetti les montagnes à célébrer nos louanges avec lui, au soir et au lever du soleil.

18. Et les oiseaux aussi qui se réunissaient à lui, et qui aimaient à revenir auprès de lui.

19. Nous affermîmes son empire. Nous lui donnâmes la sagesse et l'éloquence.

20. Connais-tu l'histoire de ces deux plaideurs qui, ayant franchi le mur, se présentèrent dans l'oratoire?

21. Quand ils se présentèrent devant David, il fut effrayé à leur aspect. Ne crains rien, lui dirent-ils. Nous sommes deux adversaires. Un de nous a agi iniquement envers l'autre. Prononce entre nous comme la justice l'exige, sans partialité, et dirige-nous sur le chemin le plus égal.

22. Celui-ci est mon frère ; il avait quatre-vingt-dix-neuf brebis, et moi je n'en avais qu'une. Il me dit un jour : Donne-la-moi à garder. *Il me l'a ravie*, et l'a emporté sur moi dans la dispute.

23. David lui répondit : Il a agi iniquement à ton égard en te demandant une brebis pour l'ajouter aux siennes ; beaucoup d'hommes qui ont des affaires entre eux agissent avec fraude ; ceux qui croient et pratiquent le bien n'agissent pas ainsi, mais leur nombre est si petit! David s'aperçut que nous voulions l'éprouver par cet exemple ; il demanda pardon à Dieu de son crime ; il se prosterna et se convertit.

24. Nous lui pardonnâmes ; nous lui accordâmes dans le paradis une place près de nous, et une belle demeure.

25. O David! nous t'avons établi notre lieutenant sur la terre ; prononce donc dans les différends des hommes avec équité, et garde-toi de suivre tes passions : elles te détourneraient du sentier de Dieu. Ceux qui en dévient éprouveront un châtiment terrible, parce qu'ils n'ont point pensé au jour du jugement.

---

[1] La lettre Sad, ou S.

[2] C'est-à-dire, dans une des religions établies immédiatement avant Mohammed.

[3] Cette épithète est donnée ici à Pharaon à cause des châtiments qu'ils infligeaient aux coupables, et qui consistaient à les faire attacher à quatre pieux, et à leur faire subir divers tourments.

26. Nous n'avons point créé en vain le ciel et la terre, et tout ce qui est entre eux. C'est l'opinion des incrédules, et malheur aux incrédules, ils seront livrés au feu.

27. Traiterons-nous ceux qui croient et font le bien, à l'égal de ceux qui commettent des désordres sur la terre? Traiterons-nous les hommes pieux à l'égal des impies?

28. C'est un livre béni que celui que nous t'avons envoyé; que les hommes doués d'intelligence méditent ses versets, et y puisent des avertissements.

29. Nous donnâmes à David Salomon *pour fils*. Quel excellent serviteur! il aimait à revenir à Dieu.

30. Un jour sur le soir on amena devant lui des chevaux excellents, debout sur trois de leurs pieds, et touchant à peine la terre avec l'extrémité du quatrième.

31. Il dit : J'ai préféré les biens de ce monde au souvenir du Seigneur ; *je n'ai pu me rassasier de la vue de ces chevaux*, jusqu'à ce que le jour ait disparu sous le voile *de la nuit*. Ramenez-les devant moi.

32. Et *lorsqu'on les ramena devant lui*, il se mit à leur couper les jarrets et la tête.

33. Nous éprouvâmes Salomon, et nous plaçâmes sur son trône un corps informe ¹. Salomon, *pénétré de repentir*, retourna à nous.

34. Seigneur, s'écria-t-il, pardonne-moi mes fautes, et donne-moi un empire tel que nul autre après moi ne puisse en avoir de pareil. Tu es le dispensateur suprême.

35. Nous lui soumîmes les vents ; à son ordre ils couraient partout où il les dirigeait.

36. Nous lui soumîmes les démons ; tous étaient des architectes ou des plongeurs chargés de pêcher des perles.

37. Nous lui en livrâmes d'autres chargés de chaînes.

38. Tels sont nos dons, lui dîmes-nous ; montre-toi généreux, ou distribue avec parcimonie : tu ne seras pas tenu d'en rendre compte.

39. Salomon aussi occupe une place proche de nous, et jouit de la plus belle demeure.

40. Souviens-toi aussi de notre serviteur Job, lorsqu'il adressa à son Seigneur ces paroles : Satan m'a accablé de maladies et de calamités.

41. Une voix lui cria : Frappe la terre de ton pied. Il le fit, *et il en jaillit une source d'eau*. Cette eau te servira pour les ablutions ; elle te servira de rafraîchissement et de boisson.

42. Nous lui rendîmes sa famille, en y ajoutant une fois autant. C'était une preuve de notre miséricorde, et un avertissement pour les hommes doués de sens.

43. Nous lui dîmes : Prends un faisceau de verges, frappes-en ta femme, et ne viole point ton serment ¹. Nous t'avons trouvé patient.

44. Quel excellent serviteur que Job ! il aimait à retourner à Dieu.

45. Parle aussi *dans le Koran* d'Abraham, d'Isaac et de Jacob, hommes puissants et prudents.

46. Nous les avons rendus vertueux en leur rappelant la demeure à venir.

47. Ils sont devant nous au nombre des élus privilégiés.

48. Parle aussi *dans le Koran* d'Ismaël, d'Élisa et de Dhoulkefl : tous ils étaient justes.

49. Voilà l'avertissement. Ceux qui craignent Dieu auront une demeure magnifique,

50. Les jardins d'Éden dont les portes s'ouvriront devant eux.

51. Ils s'y reposeront accoudés, et demanderont de toute espèce de fruits et du vin.

52. Auprès d'eux seront des femmes au regard modeste, et leurs égales en âge ².

53. Voici, leur dira-t-on, ce qu'on promettait pour le jour du compte.

54. Voici, diront-ils, la provision qui ne nous faillira jamais.

55. Oui, il en sera ainsi. Mais le plus affreux séjour est réservé aux pervers.

56. C'est la géhenne où ils seront brûlés. Quel affreux lit de repos !

57. *Oui, il en sera ainsi*. Goûtez, leur dira-t-on, l'eau bouillante et le pus,

58. Et autres supplices divers.

59. *On dira aux chefs* : Cette troupe qui vous a suivis, sera précipitée avec vous. On ne leur dira point : Soyez les bienvenus, car ils seront brûlés au feu.

60. Ceux-ci diront à leurs chefs : Non, on ne vous dira pas : Soyez les bienvenus ; c'est vous qui nous avez préparé le feu. Quel affreux séjour !

61. Et ils diront en *s'adressant à Dieu* : Sei-

---

¹ C'est une allusion à une tradition talmudique concernant Salomon. Salomon avait coutume de laisser chez une de ses femmes, toutes les fois qu'il se rendait au bain, son anneau, l'emblème et l'instrument de son pouvoir sur les génies. Un de ces génies parvint à s'en rendre maître, et s'assit sur le trône. Salomon, dépossédé de son anneau, perdit le royaume, et fut obligé d'errer sur la terre, méconnu et renié de ses sujets, jusqu'à ce que l'anneau que le démon avait jeté dans la mer, retiré par un pêcheur, lui fît regagner son autorité.

¹ Job avait fait vœu d'infliger cent coups de fouet à sa femme aussitôt qu'il guérirait.

² De 30 à 33 ans, selon les commentateurs.

gneur! porte au double le supplice du feu à ceux qui nous ont attiré ce châtiment.

62. Pourquoi ne voyons-nous pas, diront les infidèles, des hommes que nous mettions au nombre des méchants,

63. Et dont nous nous moquions? échapperaient-ils à nos regards?

64. C'est ainsi que les hommes condamnés au feu disputeront entre eux.

65. Dis-leur, ô *Mohammed*: Je ne suis que votre apôtre: il n'y a point d'autre dieu que Dieu, l'unique, le tout-puissant;

66. Souverain des cieux et de la terre, et de tout ce qui est entre eux, le puissant, l'indulgent.

67. Dis-leur: Le message est un message grave.

68. Et vous dédaignez de l'entendre!

69. Je n'avais aucune connaissance des princes sublimes [1], quand ils se disputaient au sujet de la création de l'homme.

70. Ceci ne m'a été révélé que parce que je suis un apôtre véritable.

71. Dieu dit un jour aux anges: J'ai formé l'homme de boue.

72. Quand je lui aurai donné la forme parfaite et soufflé en lui de mon esprit, vous aurez à vous prosterner devant lui.

73. Les anges, tous tant qu'ils étaient, se prosternèrent devant lui,

74. A l'exception d'Éblis. Il s'enfla d'orgueil et fut du nombre des ingrats.

75. O Éblis! lui cria Dieu, qui est-ce qui t'empêche de te prosterner devant l'être que nous avons formé de nos mains?

76. Est-ce par orgueil, ou bien parce que tu es plus élevé?

77. Éblis répondit: Je vaux mieux que lui. Tu m'as créé de feu, et lui de boue.

78. Sors d'ici, lui cria Dieu; tu seras repoussé loin de ma grâce.

79. Mes malédictions resteront sur toi jusqu'au jour de la rétribution.

80. Seigneur, dit Éblis, accorde-moi un répit jusqu'au jour où les hommes seront ressuscités.

81. Tu l'as obtenu, répondit Dieu,

82. Jusqu'au jour du terme fixé.

83. J'en jure par ta gloire, répondit Éblis, je les séduirai tous,

84. Sauf tes serviteurs sincères.

85. Il en sera ainsi; et je dis la vérité, que je comblerai la géhenne de toi et de tous ceux qui t'auront suivi.

86. Dis-leur: Je ne vous demande point de

[1] Les anges.

salaire, et je ne suis point de ceux qui se chargent de plus qu'ils ne peuvent supporter.

87. Le Koran est un avertissement pour l'univers.

88. Au bout d'un certain temps, vous apprendrez la grande nouvelle [1].

CHAPITRE XXXIX.

TROUPES [2].

Donné à la Mecque. — 75 versets.

Au nom de Dieu clément et miséricordieux.

1. La révélation du Koran vient du Dieu puissant et sage.

2. Nous t'avons envoyé le livre en toute vérité. Adore donc Dieu, et sois sincère dans ton culte.

3. Un culte sincère n'est-il pas dû à Dieu?

4. Quant à ceux qui prennent d'autres patrons que Dieu, en disant: Nous ne les adorons qu'afin qu'ils nous rapprochent de Dieu; Dieu prononcera entre eux dans leurs différends.

5. Dieu ne dirige point le menteur ni l'incrédule.

6. Si Dieu avait voulu avoir un fils, il l'aurait choisi parmi les êtres qu'il a voulu créer. Mais que ce blasphème soit loin de sa gloire! Il est unique et puissant.

7. Il a créé les cieux et la terre pour la vérité. Il fait succéder la nuit au jour, et le jour à la nuit; il a soumis à ses ordres le soleil et la lune: l'un et l'autre poursuivent leur course jusqu'au terme marqué. N'est-il pas le Fort et l'Indulgent?

8. Il vous créa tous d'un seul individu; il en tira ensuite sa compagne. Il vous a donné huit espèces de troupeaux. Il vous crée dans les entrailles de vos mères, en vous faisant passer d'une forme à une autre, dans les ténèbres d'une triple enveloppe [3]. C'est lui qui est Dieu votre Seigneur; c'est à lui qu'appartient l'empire. Il n'y a point d'autre dieu que lui; pourquoi donc vous détournez-vous de lui?

9. Si vous êtes ingrats, il est assez riche pour se passer de vous. Mais il n'aime point l'ingratitude dans ses serviteurs. Il aimerait vous trouver reconnaissants. Aucune âme chargée du fardeau de ses œuvres ne portera celui des autres. Vous reviendrez tous à votre Seigneur, et il vous montrera vos œuvres.

[1] La grande nouvelle, c'est le jour du jugement.
[2] Le titre de cette sourate est le mot *par troupes* qui s'y trouve vers la fin.
[3] Les entrailles, l'estomac et la membrane qui enveloppe le fœtus.

10. Car il connaît ce que vos cœurs recèlent.

11. Lorsque le malheur atteint l'homme, il crie vers son Seigneur et revient à lui ; à peine Dieu lui a-t-il accordé une faveur, qu'il oublie celui qu'il invoquait naguère ; il lui donne des égaux pour égarer les autres. Dis à un tel homme : Jouis quelques instants de ton ingratitude, tu seras un jour livré au feu.

12. L'homme pieux qui passe la nuit à adorer Dieu, prosterné ou debout, qui appréhende la vie future, et espère dans la miséricorde de Dieu, serait-il traité comme l'impie ? Dis : Ceux qui savent, et ceux qui ignorent, seront-ils traités de la même manière ? Que les hommes doués de sens réfléchissent.

13. Dis : O mes serviteurs qui croyez ! craignez votre Seigneur ! Ceux qui font le bien dans ce monde, obtiendront une belle récompense. La terre du Seigneur est étendue ; les persévérants recevront leur récompense ; on ne comptera point avec eux.

14. Dis : J'ai reçu l'ordre d'adorer Dieu d'un culte sincère ; j'ai reçu l'ordre d'être le premier de ceux qui se résignent à sa volonté (de musulmans).

15. Dis : Si je désobéis au Seigneur, je crains d'éprouver le châtiment du grand jour.

16. Dis : J'adorerai Dieu d'un culte sincère.

17. Et vous, adorez les divinités que vous voulez, à l'exclusion de Dieu. Ceux-là seront vraiment malheureux au jour de la résurrection, qui se perdent eux-mêmes et les leurs. N'est-ce pas une ruine évidente ?

18. Au-dessus de leur tête brûlera une masse de feu, et une masse de feu sous leurs pieds. Voici de quoi Dieu intimide ses serviteurs. Croyez-moi donc, ô mes serviteurs !

19. De belles promesses sont offertes à ceux qui abandonnent le culte de Thaghout[1], et viennent à Dieu. Annonce le bonheur à ceux de mes serviteurs qui écoutent avidement mes paroles, et suivent ce qu'elles contiennent de plus beau. Ce sont eux que Dieu dirigera ; ils sont hommes doués de sens.

20. Sauveras-tu celui qui aura encouru la parole du châtiment ? sauveras-tu celui qui sera une fois livré au feu ?

21. Quant à ceux qui craignent leur Seigneur, ils auront au paradis des appartements au-dessus desquels sont construits d'autres appartements ; à leurs pieds coulent des ruisseaux. Telles sont les promesses de Dieu, qui ne viole point ses promesses.

22. N'as-tu pas vu comment Dieu fait tomber du ciel l'eau, et la conduit dans les sources cachées dans les entrailles de la terre ; comment il fait germer les plantes de diverses espèces ; comment il les fait faner et jaunir ; comment enfin il les réduit en brins desséchés ! Certes, il y a dans ceci un avertissement pour les hommes doués de sens.

23. Celui dont Dieu a ouvert le cœur pour l'islam, qui a reçu la lumière de son Seigneur, sera-t-il *mis au même niveau que l'homme endurci ?* Malheur à ceux dont le cœur est endurci au souvenir de Dieu ; ils sont dans un égarement manifeste.

24. Dieu t'a révélé la plus belle parole, un livre dont les paroles se ressemblent et se répètent ; à leur lecture, le corps de ceux qui craignent leur Seigneur est saisi de frisson, mais, dans la suite, elles l'adoucissent, amollissent leurs cœurs, et les rendent capables de recevoir les avertissements de Dieu. Telle est la direction de Dieu : par elle il dirige ceux qu'il veut ; mais celui que Dieu égare, où trouvera-t-il un guide ?

25. Celui qui, au jour de la résurrection, cherchera à soustraire son visage aux tourments du supplice, sera-t-il placé l'égal du méchant ? C'est dire aux méchants : Savourez le fruit de vos œuvres.

26. Leurs devanciers ont aussi traité nos signes de mensonges. Le châtiment les surprit au moment où ils ne s'y attendaient pas.

27. Dieu les a abreuvés de honte dans cette vie ; ah ! s'ils savaient quel sera le châtiment de l'autre !

28. Nous avons proposé aux hommes toute sorte de paraboles dans le Koran, afin qu'ils réfléchissent.

29. C'est un livre que nous t'avons donné en arabe ; il est exempt de détours, afin *qu'ils l'entendent et* craignent Dieu.

30. Dieu vous propose comme parabole, un homme qui a eu plusieurs maîtres ayant en commun droit sur lui, se disputant l'un avec l'autre, et un homme qui s'était confié à un seul. Ces deux hommes sont-ils dans une condition égale ? Gloire à Dieu ! — Non. — Mais la plupart des hommes ne le comprennent pas.

31. Tu mourras, ô Mohammed ! et ils mourront aussi.

32. Ensuite vous vous disputerez devant Dieu au jour de la résurrection.

33. Et qui est plus méchant que celui qui invente un mensonge sur le compte de Dieu, et qui a traité d'imposture la vérité lorsqu'elle lui apparut ? N'est-ce pas la géhenne qui est la demeure réservée aux infidèles ?

34. Celui qui apporte la vérité, et celui qui y croit : tous deux sont pieux.

---

[1] Nom d'une divinité adorée par les Arabes païens, ou d'un temple

35. Ils trouveront auprès de Dieu tout ce qu'ils désireront. Telle sera la récompense de ceux qui font le bien.

36. Dieu effacera les fautes qu'ils auront commises, et leur accordera la plus généreuse récompense de leurs actions.

37. Dieu seul ne suffit-il pas à protéger son serviteur? Les infidèles chercheront à t'effrayer au nom de leurs idoles; mais celui que Dieu égare ne trouvera plus de guide.

38. Celui que Dieu dirige, qui peut l'égarer? Dieu n'est-il pas puissant et vindicatif?

39. Si tu leur demandes qui a créé les cieux et la terre, ils répondront : C'est Dieu. Dis-leur: Si Dieu voulait m'atteindre d'un mal, pensez-vous que les divinités que vous invoquez en même temps que lui, sauraient m'en délivrer? et si Dieu voulait m'accorder quelque bienfait, pourraient-elles l'arrêter? Dis : Dieu me suffit; les hommes ne placent leur confiance qu'en Dieu.

40. Dis : O mes concitoyens! agissez de toutes vos forces. Et moi, j'agirai aussi, et bientôt vous saurez

41. Qui de nous éprouvera un supplice ignominieux, sur qui d'entre nous un supplice pèsera éternellement.

42. Nous t'avons envoyé, ô Mohammed! le Livre pour le salut des hommes et dans un but réel. Celui qui suit le chemin droit le fait pour son avantage. Quiconque s'égare, s'égare à son détriment. Tu n'es point chargé de leur cause.

43. C'est Dieu qui reçoit les âmes lorsque le moment de la mort est venu. Il saisit par le sommeil, *image de la mort*, ceux qui ne sont pas encore destinés à mourir. Il s'empare sans retour de l'âme dont il a décidé la mort, renvoie les autres [1], et leur permet d'y rester jusqu'au temps marqué. Certes, il y a dans ceci des signes pour ceux qui réfléchissent.

44. Les Koreichites chercheront-ils d'autres intercesseurs que Dieu? A quoi leur serviront-ils, s'ils n'ont aucun pouvoir et sont privés d'entendement?

45. Dis-leur : L'intercession appartient exclusivement à Dieu, ainsi que le royaume des cieux et de la terre. Vous serez tous ramenés devant lui.

46. Lorsque le nom de Dieu est prononcé, les cœurs des infidèles se contractent *de dépit;* ils s'épanouissent de joie quand on prononce ceux de divinités autres que Dieu.

47. Dis : O mon Dieu! créateur des cieux et de la terre! toi qui connais les choses visibles et invisibles, tu prononceras entre tes serviteurs dans leurs différends.

48. Si les méchants possédaient tout ce que la terre contient, et une fois autant que cela, ils le donneraient au jour de la résurrection pour se racheter du châtiment. Alors leur apparaîtront des choses auxquelles ils ne s'étaient jamais attendus.

49. Leurs mauvaises actions se présenteront à leurs yeux, et le supplice qu'ils prenaient en dérision les enveloppera de tous côtés.

50. Lorsque quelque malheur a visité l'homme, il crie vers nous; mais que notre grâce éclate sur lui, il dit : Cette faveur me vient de ce que Dieu a reconnu mon mérite. Loin de là, c'est plutôt une épreuve *de la part de Dieu;* mais la plupart des hommes ne le savent pas.

51. Ainsi parlaient leurs devanciers; mais à quoi leur ont servi leurs œuvres?

52. Les crimes qu'ils avaient commis retombèrent sur eux; les crimes aussi de ceux-là (des Mecquois) retomberont sur eux; ils ne sauront prévaloir contre Dieu.

53. Ne savent-ils pas que Dieu donne à pleines mains la nourriture à qui il veut, ou la départit dans une certaine mesure. Il y a dans ceci des signes pour ceux qui croient.

54. Dis : O mes serviteurs! vous qui avez agi iniquement envers vous-mêmes, ne désespérez point de la miséricorde divine, car Dieu pardonne tous les péchés; il est indulgent et miséricordieux.

55. Retournez donc à Dieu, et livrez-vous entièrement à lui avant que le châtiment vous atteigne là où vous ne trouverez aucun secours.

56. Suivez ces beaux commandements que Dieu vous a révélés, avant que le châtiment vous saisisse subitement quand vous ne vous y attendrez pas,

57. Et avant que l'âme s'écrie : Malheur à moi, qui me suis rendu coupable envers Dieu, et qui le tournais en dérision;

58. Ou bien : Si Dieu m'avait dirigé, j'aurais été pieux;

59. Avant que l'âme, à la vue du châtiment, s'écrie : Ah! s'il m'était permis de retourner encore sur la terre, je ferais le bien.

60. Oui, sans doute, lui dira-t-on, nos signes apparurent à tes yeux, et tu les as traités de mensonges; tu as été orgueilleuse et ingrate.

61. Au jour de la résurrection, ceux qui ont menti contre Dieu auront le visage noir. La géhenne n'est-elle pas une demeure destinée aux orgueilleux?

62. Dieu sauvera ceux qui l'ont craint, et les introduira dans un lieu sûr; aucun mal ne les

---

[1] C'est-à-dire, les âmes de ceux qui ne font que dormir.

atteindra, et ils ne seront point affligés.

63. Dieu est le créateur de toutes choses ; il a soin de toutes choses ; il a les clefs des cieux et de la terre. Ceux qui n'ont point cru à ses signes, ceux-là sont réellement malheureux.

64. Dis : M'ordonnerez-vous d'adorer un autre que Dieu, ô ignorants !

65. Il a été déjà révélé, à toi et à tes prédécesseurs, que vos œuvres seront vaines si vous êtes idolâtres, et que vous serez malheureux.

66. Adore plutôt Dieu et sois reconnaissant.

67. Mais ils ne savent point apprécier Dieu comme il devrait l'être. La terre ne sera qu'une poignée de poussière dans sa main au jour de la résurrection, et les cieux ployés comme un rouleau dans sa droite. Louange à lui ! il est trop élevé au-dessus des divinités qu'on lui associe.

68. La trompette sonnera, et toutes les créatures des cieux et de la terre expireront, excepté celles dont Dieu disposera autrement ; la trompette sonnera une seconde fois, et voilà que tous les êtres se dresseront et attendront l'arrêt.

69. La terre brillera de la lumière de Dieu, le Livre sera déposé, les prophètes et les témoins seront appelés, l'arrêt qui tranchera les différends sera prononcé avec équité ; nul ne sera traité injustement.

70. Toute âme recevra la récompense de ses œuvres. Dieu connaît toutes les actions des hommes.

71. Les infidèles seront poussés par troupes vers la géhenne, et, lorsqu'ils y arriveront, ses portes s'ouvriront devant eux, et leurs gardiens leur crieront : Des apôtres choisis parmi vous ne sont-ils pas venus vous réciter les miracles de votre Seigneur, et vous avertir que vous comparaîtriez devant lui dans ce jour ? Oui, répondront-ils ; mais déjà l'arrêt du supplice enveloppera les infidèles.

72. Entrez, leur dira-t-on, dans ces portes de la géhenne, vous y resterez éternellement. Quelle est affreuse la demeure des orgueilleux !

73. On fera marcher les croyants par troupes vers le paradis, et, lorsqu'ils y arriveront, ses portes s'ouvriront devant eux, et leurs gardiens leur diront : Que la paix soit avec vous ! Vous avez été vertueux ; entrez dans le paradis pour y demeurer éternellement.

74. Louange à Dieu, diront-ils ; il a accompli ses promesses, et il nous avait accordé l'héritage de la terre, afin que nous puissions ensuite habiter le paradis partout où nous voudrions. Qu'elle est belle la récompense de ceux qui ont fait le bien !

75. Tu verras les anges marchant en procession autour du trône, ils célébreront les louanges du Seigneur. Un arrêt sera prononcé avec équité, et ils s'écrieront : Louange à Dieu, souverain de l'univers !

CHAPITRE XL.
LE CROYANT.
Donné à la Mecque. — 85 versets.

Au nom de Dieu clément et miséricordieux.

1. *H. M.* La révélation du Koran vient du Dieu puissant et sage,

2. Qui pardonne les péchés, qui agrée la pénitence. Ses châtiments sont terribles.

3. Il est doué de longanimité. Il n'y a point d'autre Dieu que lui ; il est le terme de toutes choses.

4. Il n'y a que les infidèles qui élèvent des disputes sur les miracles de Dieu ; mais que leur prospérité dans ce pays ne t'éblouisse pas.

5. Avant eux, Noé fut traité d'imposteur par son peuple. Diverses sectes en ont fait autant depuis. Chaque nation couvait de mauvais desseins contre son apôtre pour s'en saisir ; on disputait avec des mensonges pour détruire la vérité. Je les ai saisis. Que mon châtiment fut terrible !

6. C'est ainsi que s'est accomplie cette sentence de ton Seigneur contre les incrédules : Qu'ils seront livrés au feu.

7. Ceux qui portent le trône, ceux qui l'entourent, célèbrent les louanges du Seigneur ; ils croient en lui et implorent son pardon pour les croyants. Seigneur, disent-ils, tu embrasses tout de ta miséricorde et de ta science ; pardonne à ceux qui reviennent à toi, qui suivent ton sentier ; sauve-les du châtiment douloureux.

8. Seigneur, introduis-les dans les jardins d'Éden, que tu leur as promis, ainsi que leurs parents, leurs épouses et leurs enfants qui auront pratiqué la vertu. Tu es le Puissant, le Sage.

9. Préserve-les de leurs péchés ; car tu fais éclater ta miséricorde sur quiconque est disposé au bien, et c'est un bonheur immense.

10. Les infidèles entendront dans ce jour une voix qui leur criera : La haine de Dieu contre vous est plus grande que votre haine contre vous-mêmes, quand, invités à la foi, vous n'avez point cru.

11. Seigneur, répondront-ils, tu nous as fait mourir deux fois et tu nous as ranimés deux fois ; nous confessons nos péchés ; y a-t-il possibilité de sortir d'ici ?

12. Telle sera votre récompense de ce que vous n'avez point cru quand on vous a prêché le

Dieu unique, et que vous avez cru à la doctrine qui lui en associe d'autres. Le jugement suprême appartient au Dieu sublime et grand.

13. C'est lui qui vous fait voir ses miracles, qui vous envoie la nourriture du ciel; mais celui-là seul profite de l'avertissement, qui se tourne vers Dieu.

14. Priez donc Dieu en lui offrant un culte pur, sincère, dussent les infidèles en concevoir du dépit.

15. Sublime possesseur du trône, il envoie son esprit sur quiconque il veut d'entre ses serviteurs, pour l'avertir du jour *de l'entrevue*[1].

16. Le jour où ils sortiront de leurs tombeaux, aucune de leurs actions ne sera cachée devant Dieu, à qui appartient l'empire de ce jour, au Dieu unique et tout-puissant.

17. Le jour où toute âme recevra ce qu'elle aura gagné, il n'y aura point d'injustice ce jour-là. Dieu est prompt à régler les comptes.

18. Avertis-les du jour prochain, du jour où les cœurs, remontant à leur gorge, manqueront de les étouffer.

19. Les méchants n'auront ni ami ni intercesseur que l'on écoute.

20. Dieu connaît les yeux perfides et ce que les cœurs recèlent.

21. Dieu prononce ses arrêts avec justice; ceux qu'ils invoquent à côté de Dieu ne sauraient prononcer dans quoi que ce soit, car Dieu seul entend et connaît tout.

22. N'ont-ils pas voyagé sur la terre? n'ont-ils pas vu quelle fut la fin des peuples qui les ont précédés? Ces peuples étaient cependant plus forts qu'eux, et ils ont laissé des monuments plus importants sur la terre; mais Dieu les saisit pour leurs péchés. Nul ne saura les garantir contre Dieu.

23. Car les apôtres vinrent au milieu d'eux, accompagnés de signes évidents, et ils nièrent leur mission. Dieu s'empara d'eux. Il est terrible dans ses châtiments.

24. Nous envoyâmes Moïse, accompagné de nos miracles et d'un pouvoir évident.

25. Vers Pharaon et Haman, et Caron; mais ils dirent : Ce n'est qu'un magicien et un menteur.

26. Lorsqu'il vint à eux, leur apportant la vérité qui venait de nous, ils s'écrièrent : Mettez à mort ceux qui le suivent, n'épargnez que leurs femmes; mais les machinations des infidèles étaient vaines.

27. Laissez-moi tuer Moïse, dit Pharaon; qu'il invoque alors son Dieu, car je crains qu'il ne vous fasse changer votre religion, ou ne répande la destruction dans ce pays.

28. Moïse répondit : Je cherche asile auprès de celui qui est mon Seigneur et le vôtre, contre les orgueilleux qui ne croient point au jour du compte.

29. Un homme croyant de la famille de Pharaon, mais qui dissimulait sa croyance, leur dit: Tuerez-vous un homme, parce qu'il dit : J'adore Dieu, qui est mon maître, et qui vient accompagné de signes manifestes. S'il est menteur, son mensonge retombera sur lui; s'il dit la vérité, il fera tomber sur vous un de ces malheurs dont il vous menace, car Dieu ne dirige pas les transgresseurs et les menteurs.

30. O mon peuple, continua-t-il, l'empire vous appartient; vous marquez sur la terre; mais qui nous défendra contre la colère de Dieu si elle nous visite. Je ne vous fais voir, répondit Pharaon, que ce que je vois moi-même, et je vous guide sur un chemin droit.

31. L'homme qui avait cru leur dit alors : O mon peuple ! je crains pour vous le jour pareil au jour des confédérés,

32. Le jour pareil à celui du peuple de Noé, d'Ad et de Themoud,

33. Et de ceux qui leur succédèrent. Dieu cependant ne veut point opprimer ses serviteurs.

34. O mon peuple ! je crains pour vous le jour où les hommes s'appelleront les uns les autres,

35. Le jour où vous serez repoussés et précipités dans l'enfer. Vous n'aurez alors personne qui vous protége contre Dieu ; car celui que Dieu égare, qui lui servira de guide ?

36. Joseph était déjà venu au milieu de vous, accompagné de signes évidents; mais vous aviez élevé des doutes sur leur vérité, jusqu'au moment où il mourut. Vous disiez alors : Dieu ne suscitera plus de prophètes après sa mort. C'est ainsi que Dieu égare les transgresseurs, et ceux qui doutent.

37. Ceux qui disputent sur les miracles de Dieu sans avoir reçu aucun argument à l'appui, sont haïs de Dieu et des croyants. Dieu appose le sceau sur le cœur de tout homme orgueilleux et rebelle.

38. Pharaon dit à Haman : Construis-moi un palais pour que je puisse atteindre ces régions,

39. Les régions du ciel, et que je monte auprès du Dieu de Moïse, car je le crois menteur.

40. C'est ainsi que les actions criminelles de Pharaon parurent belles à ses yeux ; il s'écarta du chemin de Dieu; mais les machinations de Pharaon furent en pure perte.

41. L'homme qui avait cru *d'entre les Égyptiens* leur disait : O mon peuple! suivez mes

---

[1] C'est-à-dire, du jour de la résurrection.

conseils, je vous conduirai sur la route droite.

42. O mon peuple! la vie de ce monde n'est qu'un usufruit ; celle de l'autre est une demeure durable.

43. Quiconque aura fait le mal recevra une récompense analogue ; quiconque aura fait le bien (qu'il soit homme ou femme) et qui aura cru sera au nombre des élus qui entreront au paradis, et y jouiront de tous les biens sans compte.

44. Je vous appelle au salut, et vous m'appelez au feu.

45. Vous m'invitez à ne point croire en Dieu et à lui associer des divinités dont je n'ai aucune connaissance, et moi je vous appelle au Puissant, à l'Indulgent.

46. En vérité, les divinités auxquelles vous m'appelez ne méritent point d'être invoquées ni dans ce monde ni dans l'autre, car nous retournerons tous à Dieu, et les transgresseurs seront livrés au feu.

47. Vous vous souviendrez alors de mes paroles ; quant à moi, je me confie tout entier en Dieu qui voit les hommes.

48. Dieu sauva cet homme des machinations qu'ils tramaient contre lui, pendant qu'un plus terrible châtiment enveloppa la famille de Pharaon.

49. Les impies seront amenés devant le feu chaque matin et chaque soir, et lorsque l'heure apparaîtra, on leur dira : Famille de Pharaon, subissez le plus terrible des supplices.

50. Lorsque, au milieu du feu, les impies se disputeront entre eux, les petits de ce monde diront aux grands : Nous vous avions suivis sur la terre, pouvez-vous nous délivrer du feu qui nous est échu en partage ?

51. Et les grands leur répondront : Dieu vient de prononcer entre les hommes.

52. Les réprouvés livrés au feu diront alors aux gardiens de la géhenne : Priez votre Seigneur d'adoucir nos tourments ;

53. Mais ceux-ci leur répondront : Ne vous est-il pas venu des envoyés accompagnés de signes évidents. Oui, répondront-ils. Alors, invoquez-les. Mais l'appel des incrédules s'égarera *sur sa route.*

54. Assurément, nous prêterons secours à nos envoyés et à ceux qui auront cru à la vie future, au jour où des témoins seront appelés,

55. Le jour où les excuses des méchants ne leur serviront à rien, où ils seront couverts de malédictions, où la plus affreuse demeure sera leur partage.

56. Nous donnâmes à Moïse *la direction*, et nous mîmes les enfants d'Israël en possession du Livre. C'était pour le faire servir de direction et d'avertissement aux hommes doués de sens.

57. Prends donc patience, ô *Mohammed*, car les promesses de Dieu sont la vérité même ; implore auprès de lui le pardon de tes péchés, et célèbre les louanges de ton Seigneur le soir et le matin.

58. Ceux qui disputent au sujet des miracles de Dieu sans avoir reçu aucun argument à l'appui, qu'ont-ils dans leurs cœurs, si ce n'est l'orgueil ? Mais ils n'atteindront point leur but. Toi, *Mohammed*, cherche ton refuge auprès de Dieu, car il entend et voit tout.

59. La création des cieux et de la terre est quelque chose de plus grand que la création du genre humain ; mais la plupart des hommes ne le savent pas.

60. L'aveugle et l'homme qui voit, l'homme vertueux et le méchant, ne sont point traités également. Combien peu d'hommes réfléchissent.

61. L'heure viendra ; il n'y a point de doute là-dessus, et cependant la plupart des hommes n'y croient pas.

62. Dieu a dit : Appelez-moi et je vous répondrai; car ceux qui dédaignent de me servir seront ignominieusement précipités dans la géhenne.

63. C'est Dieu qui vous donne la nuit pour vous reposer, et le jour lumineux. Certes, Dieu est plein de bonté envers les hommes, mais la plupart d'entre eux ne lui sont pas reconnaissants.

64. Ce Dieu est votre Seigneur, créateur de toutes choses ; il n'y a point d'autre Dieu que lui ; pourquoi donc vous détournez-vous de lui ?

65. Ainsi se détournaient ceux qui niaient ses miracles.

66. C'est Dieu qui vous a donné la terre pour base et le ciel pour édifice ; c'est lui qui vous a formés (quelles admirables formes il vous a données !), qui vous nourrit de mets délicieux ; ce Dieu est votre Seigneur. Béni soit Dieu le souverain de l'univers !

67. Il est le Dieu vivant, il n'y a pas d'autre Dieu que lui. Invoquez-le donc, en lui offrant un culte pur. Gloire à Dieu, souverain de l'univers.

68. Dis : Il m'a été défendu d'adorer les divinités que vous invoquez à côté de Dieu, depuis que des preuves évidentes me furent venues de Dieu. J'ai reçu l'ordre de me résigner à la volonté du souverain de l'univers.

69. C'est lui qui vous a créés de poussière, puis d'une goutte de sperme, puis d'un grumeau de sang coagulé ; il vous fait naître enfants, vous parvenez ensuite à la force de l'âge, puis vous devenez vieux. Tel d'entre vous meurt avant cette époque ; ainsi vous atteignez le terme marqué pour chacun ; tout cela, afin que vous compreniez.

70. C'est lui qui fait vivre et qui fait mourir; quand il est décidé à faire quelque chose, il dit: Sois, et elle est.

71. As-tu vu ceux qui disputaient au sujet des miracles de Dieu? que sont-ils devenus?

72. Ceux qui traitent d'impostures le Livre et les autres révélations que nous avions confiées à nos envoyés, connaîtront la vérité un jour,

73. Lorsque des colliers et des chaînes chargeront leurs cous, et qu'ils seront entraînés dans l'enfer, lorsqu'ils seront consumés par le feu.

74. On leur criera alors: Et où sont ceux que vous associiez à Dieu? Ils répondront: Ils ont disparu de nos yeux, ou plutôt: Nous n'invoquions personne autrefois. C'est ainsi que Dieu égare les infidèles.

75. Voici la rétribution de votre injuste insolence sur la terre et de vos joies immodérées.

76. Entrez dans les portes de la géhenne pour y rester éternellement. Quelle affreuse demeure que celle des orgueilleux!

77. Prends patience, ô *Mohammed*. Les promesses de Dieu sont la vérité même, et, soit que nous te fassions voir quelques-unes de ces peines dont nous les menaçons, soit que nous te fassions mourir avant ce terme, ils retourneront auprès de nous.

78. Avant toi aussi nous avions envoyé des apôtres; nous t'avons raconté l'histoire de quelques-uns d'entre eux, et il y en a d'autres dont nous ne t'avons rien rapporté. Un envoyé ne peut pas faire éclater un signe de Dieu si ce n'est avec sa permission; mais lorsque Dieu a donné un ordre, il est aussitôt infailliblement accompli; alors périssent ceux qui l'avaient traité de chimère.

79. C'est Dieu qui a créé pour vous les bestiaux; les uns vous servent de montures, et vous mangez la chair des autres.

80. Vous en retirez de nombreux avantages; au moyen d'eux, vous satisfaites aux désirs de vos cœurs. Ils vous servent de montures, et vous êtes portés aussi par les vaisseaux.

81. Dieu vous fait voir ses signes; lequel des signes de Dieu nierez-vous?

82. Ont-ils voyagé sur la terre, ont-ils remarqué quelle fut la fin de leurs devanciers plus nombreux qu'eux, plus robustes et plus riches en monuments qu'ils ont laissés sur la terre; mais les richesses qu'ils avaient acquises ne leur ont servi à rien.

83. Quand leurs apôtres parurent au milieu d'eux avec des signes évidents, ils se vantaient de la science qu'ils possédaient; mais les châtiments dont ils se riaient les enveloppèrent bientôt.

84. Quand ils virent nos vengeances, ils s'écrièrent: Voici, nous avons cru en Dieu, et nous ne croyons plus aux divinités que nous lui associions.

85. Mais leur croyance ne leur servit plus à rien au moment où ils voyaient s'accomplir notre vengeance. C'est la coutume de Dieu qui s'était déjà autrefois exercée contre ses serviteurs, et les infidèles périrent.

CHAPITRE XLI.

LES DISTINCTEMENT SÉPARÉS.

Donné à la Mecque. — 54 versets.

Au nom de Dieu clément et miséricordieux.

1. *H. M.* Voici le livre envoyé par le Clément, le Miséricordieux;

2. Un livre dont les versets ont été distinctement séparés, formant un Koran arabe pour les hommes qui ont de l'intelligence;

3. Un livre qui annonce et qui avertit: mais la plupart s'en éloignent et ne veulent pas l'entendre.

4. Ils disent: Nos cœurs sont fermés à la croyance vers laquelle vous nous appelez; la dureté bouche nos oreilles; un voile nous sépare de vous; agis *comme il te plaît*, et nous agirons *comme il nous plaira*.

5. Dis-leur: Oui, sans doute, je suis un homme comme vous, à qui il a été révélé que votre Dieu est le Dieu unique; acheminez-vous droit à lui, et implorez son pardon. Malheur à ceux qui associent *d'autres dieux à Dieu*;

6. Qui ne font point l'aumône et nient la vie future.

7. Ceux qui auront cru et pratiqué la vertu recevront une récompense éternelle.

8. Dis-leur: Ne croirez-vous pas à celui qui a créé la terre dans l'espace de deux jours? lui donnerez-vous des égaux? C'est lui qui est le maître de l'univers.

9. Il a établi les montagnes sur sa surface, il l'a béni, il y a distribué des aliments dans quatre jours, également pour tous ceux qui demandent.

10. Puis il est allé s'établir au ciel qui n'était qu'un amas de fumée, et il a crié au ciel et à la terre: Vous avez à venir à moi, obéissants ou malgré vous.—Nous venons en toute obéissance.

11. Alors il partagea le ciel en sept cieux dans l'espace de deux jours: à chaque ciel il révéla ses fonctions. Nous ornâmes de flambeaux le ciel le plus voisin de la terre, et le pourvûmes de gardiens. Tel était le décret du Puissant, du Savant.

12. S'ils s'éloignent pour ne pas entendre, dis-leur : Je vous annonce la tempête pareille à la tempête d'Ad et de Thémoud.

13. Lorsque des apôtres s'élevaient de tous côtés au milieu d'eux et leur criaient : N'adorez que Dieu, ils répondaient : Si Dieu avait voulu *nous convertir*, il nous aurait envoyé des anges. Nous ne croyons pas à votre mission.

14. Ad s'était injustement enflé d'orgueil sur la terre ; ses enfants disaient : Qui donc est plus fort que nous? N'ont-ils pas réfléchi que Dieu qui les avait créés était plus fort qu'eux ? Ils niaient nos miracles.

15. Nous envoyâmes contre eux un vent impétueux pendant des jours néfastes pour leur faire subir le châtiment de l'ignominie dans ce monde. Le châtiment de l'autre est encore plus ignominieux : ils ne trouveront personne qui les en défende.

16. Nous avions d'abord dirigé Thémoud, mais il préféra l'aveuglement à la direction. Une tempête du châtiment ignominieux fondit sur ses peuples en punition de leurs œuvres.

17. Nous sauvâmes ceux qui croyaient et craignaient Dieu.

18. Avertis-les du jour où les ennemis de Dieu seront rassemblés devant le feu et marcheront par bandes.

19. Quand ils y seront, leurs oreilles et leurs yeux et leurs peaux *témoigneront* contre eux de leurs actions.

20. Ils diront à leurs peaux : Pourquoi témoignez-vous contre nous ; et leurs peaux répondront : C'est Dieu qui nous fait parler, ce Dieu qui a donné la parole à tout être. Il les a créés la première fois, et vous retournerez à lui.

21. Vous ne pouviez vous voiler au point que vos oreilles, vos yeux et vos peaux ne témoignassent contre vous, et vous vous êtes imaginé que Dieu ignorera une grande partie de vos actions.

22. C'est cette fausse opinion de Dieu dont vous vous êtes bercés, qui vous a ruinés ; vous êtes entièremennt perdus.

23. Qu'ils supportent le feu avec constance, il n'en restera pas moins leur demeure ; qu'ils implorent le pardon de Dieu, ils n'en seront pas plus exaucés.

24. Nous leur attachâmes des compagnons inséparables qui ont tout embelli à leurs yeux. La sentence accomplie sur des générations qui les ont précédés, hommes et génies, sera aussi accomplie sur eux, et ils seront perdus.

25. Les infidèles disent : N'écoutez pas la lecture du Koran, ou bien : Parlez haut pour couvrir la voix de ceux qui le lisent.

26. Nous ferons subir aux infidèles un châtiment terrible.

27. Nous rétribuerons avec usure leurs mauvaises actions.

28. La récompense des ennemis de Dieu, c'est le feu ; il leur servira d'éternelle demeure, parce qu'ils ont nié nos miracles.

29. Ils crieront alors : Seigneur, montre-nous ceux qui nous avaient égarés, hommes ou génies : nous les jetterons sous nos pieds, afin qu'ils soient abaissés.

30. Mais ceux qui s'écrient : Notre Seigneur est Dieu, et qui s'acheminent vers lui, reçoivent les visites des anges qui leur disent : Ne craignez rien et ne vous affligez pas ; réjouissez-vous du paradis qui vous a été promis.

31. Nous sommes vos protecteurs dans ce monde et dans l'autre ; vous y aurez tout ce que vos cœurs désirent, tout ce que vous demanderez,

32. Comme une reception de l'Indulgent, du Miséricordieux.

33. Qui est-ce qui tient un plus beau langage que celui qui invoque Dieu, qui fait le bien et s'écrie : Je suis de ceux qui se résignent à la volonté de Dieu.

34. Le mal et le bien ne sauraient marcher de pair. Rends le bien pour le mal, et tu verras ton ennemi se changer en protecteur et ami.

35. Mais nul autre n'atteindra cette perfection, excepté le persévérant ; nul autre ne l'atteindra, excepté l'heureux.

36. Si le démon te sollicite au mal, cherche un asile auprès de Dieu, car il entend et sait tout.

37. Du nombre de ses miracles est la nuit et le jour, le soleil et la lune ; ne vous prosternez donc ni devant le soleil ni devant la lune, mais devant ce Dieu qui les a créés, si vous voulez le servir.

38. S'ils sont trop orgueilleux pour le faire, ceux qui sont auprès de Dieu célèbrent ses louanges la nuit et le jour, et ne se lassent jamais.

39. C'est encore un de ses miracles, quand tu vois la terre comme abattue ; mais aussitôt que l'eau du ciel descend sur elle, elle s'émeut et se gonfle. Celui qui l'a ranimée ranimera les morts, car il est tout-puissant.

40. Ceux qui méconnaissent mes signes ne sauront se soustraire à notre connaissance. L'impie condamné au feu sera-t-il mieux partagé que celui qui se présentera en toute sûreté au jour de la résurrection. Faites ce que vous voulez, Dieu voit vos actions.

41. Ceux qui ne croient point au livre qui

leur a été donné, *sont coupables :* c'est un livre précieux.

42. Le mensonge ne l'atteindra pas, de quel côté qu'il vienne ; c'est une révélation du Sage, du Glorieux.

43. Les invectives que l'on t'adresse ne sont pas différentes de celles dont on accablait des envoyés qui t'ont précédé ; mais certes, Dieu qui pardonne, inflige aussi des supplices terribles.

44. Si nous avions fait de ce Koran un livre écrit en langue étrangère, ils auraient dit : Si, au moins, les versets de ce livre étaient clairs et distincts, mais c'est un livre en langue barbare ; et celui qui l'enseigne est un Arabe. Réponds-leur : C'est une *direction* et un remède à ceux qui croient ; pour les infidèles, la dureté siége dans leurs oreilles, et ils ne le voient pas : ils ressemblent à ceux que l'on appelle de loin.

45. Nous avions déjà donné le Livre à Moïse ; il s'éleva des disputes à son sujet. Si la parole *de délai* n'avait pas été prononcée antérieurement, leur différend aurait déjà été décidé, car ils étaient dans le doute.

46. Quiconque fait le bien le fait à son avantage ; celui qui fait le mal le fait à son détriment, et Dieu n'est point le tyran des hommes.

47. La connaissance de l'heure est auprès de lui seul ; aucun fruit ne sort de son noyau, aucune femelle ne porte et ne met bas, sans sa connaissance. Le jour où Dieu leur criera : Où sont mes compagnons, ces dieux que vous m'associez, ils répondront : Nous n'avons entendu rien de pareil parmi nous.

48. Les divinités qu'ils invoquaient autrefois auront disparu de leurs yeux ; ils reconnaîtront qu'il n'y aura plus de refuge pour eux.

49. L'homme ne se lasse pas de solliciter le bien auprès de Dieu ; mais qu'un malheur le visite, il se désespère, il doute.

50. Si, après l'adversité, nous lui faisons goûter les bienfaits de notre miséricorde, il dit : C'est ce qui m'était dû ; je n'estime pas que l'heure arrive jamais ; et si je retourne à Dieu, il me réserve une belle récompense. Nous ferons connaître aux infidèles leurs actions, et nous leur ferons éprouver un châtiment douloureux.

51. Lorsque nous avons accordé une faveur à l'homme, il s'éloigne, il s'écarte ; lorsqu'un malheur l'atteint, il adresse d'humbles prières.

52. Dis-leur : Que vous en semble ? Si le Koran vient de Dieu, et vous ne croyez pas en lui, dites : Y a-t-il un homme plus égaré que celui qui s'en sépare.

53. Nous ferons éclater nos miracles sur les différentes contrées de la terre et sur eux-mêmes,

jusqu'à ce qu'il leur soit démontré que le Koran est la vérité. Ne te suffit-il pas du témoignage de ton Seigneur ?

54. Ne doutent-ils pas de la comparution devant Dieu ? Et Dieu n'embrasse-t-il pas l'univers ?

CHAPITRE XLII.

LA DÉLIBÉRATION.

Donné à la Mecque. — 53 versets.

Au nom de Dieu clément et miséricordieux.

1. H. M. A'. S. K. C'est ainsi que Dieu, le Puissant, le Sage, te révèle ses ordres, comme il les révélait aux apôtres qui t'ont précédé.

2. Tout ce qui est dans les cieux et sur la terre lui appartient. Il est le Très-Haut, le Grand.

3. Peu s'en faut que les cieux ne se fendent à leur voûte, de respect devant lui ; les anges célèbrent ses louanges, tous les êtres de la terre le louent. Dieu n'est-il pas indulgent et miséricordieux.

4. Dieu surveille ceux qui invoquent d'autres protecteurs que lui. Tu n'es point leur avocat.

5. C'est pour cela que nous te révélâmes un livre en langue arabe, afin que tu avertisses la mère des cités [1] et les peuples d'alentour, que tu les avertisses du jour de la réunion, dont on ne saurait douter. Les uns alors entreront dans le paradis et les autres dans l'enfer.

6. Si Dieu avait voulu, il n'aurait établi qu'un seul peuple *professant la même religion ;* mais il embrassera les uns dans sa miséricorde, tandis que les méchants n'auront ni protecteur ni défenseur.

7. Prendront-ils pour patrons d'autres que lui ? Cependant c'est Dieu qui est le véritable protecteur ; il fait vivre et il fait mourir, et il est tout-puissant.

8. Quel que soit l'objet de leurs disputes, la décision en appartient à Dieu seul. C'est Dieu mon Seigneur ; j'ai mis ma confiance en lui, et je retournerai à lui.

9. Architecte des cieux et de la terre, il vous a donné des compagnes formées de vous-mêmes, comme il a créé des couples dans l'espèce des animaux ; il vous multiplie par ce moyen. Rien ne lui ressemble ; il entend et voit tout.

10. Il a les clefs du ciel et de la terre ; il verse ses dons à pleines mains, ou les départit dans une certaine mesure, car il sait tout.

11. Il a établi pour vous une religion qu'il recommanda à Noé ; c'est celle qui t'est révélée, ô Mohammed ! c'est celle que nous avons

---
[1] Nom donné à la Mecque, et qui veut dire métropole.

recommandée à Abraham, à Moïse, à Jésus, en leur disant : Observez cette religion, ne vous divisez pas en sectes. Elle est pénible aux idolâtres.

12. La religion à laquelle tu les invites. Dieu choisit pour l'embrasser ceux qu'il veut, et il dirige ceux qui se convertissent à lui.

13. Ils ne se sont divisés en sectes que depuis qu'ils ont reçu la science, et c'est par jalousie. Si la parole de Dieu qui fixe le châtiment à un terme marqué, n'eût pas été prononcée, leurs différends auraient été déjà décidés, bien que ceux qui ont hérité des Écritures après eux soient dans le doute à cet égard.

14. C'est pourquoi invite-les à cette religion, et marche droit comme tu en as reçu l'ordre; n'obéis point à leurs désirs, et dis-leur : Je crois au livre que Dieu a révélé; j'ai reçu l'ordre de prononcer entre vous en toute justice. Dieu est mon Seigneur et le vôtre; j'ai mes œuvres et vous avez les vôtres; point de dispute entre nous. Dieu nous réunira tous, car il est le terme de toutes choses.

15. Pour ceux qui disputent au sujet de Dieu, après qu'ils se sont soumis à sa religion, leurs disputes seront vaines devant Dieu; sa colère les atteindra, et ils subiront un châtiment terrible.

16. Dieu a fait descendre du ciel le livre véritable et la balance; qui te l'a dit? Peut-être l'heure n'est pas éloignée.

17. Ceux qui ne croient pas veulent la hâter; ceux qui croient tremblent à son souvenir, car ils savent qu'elle est vraie. Oh! que ceux qui doutent de l'heure sont égarés !

18. Dieu est plein de bonté envers ses serviteurs; il donne la nourriture à qui il veut; il est le Fort, le Puissant.

19. Celui qui veut labourer le champ de l'autre vie, en obtiendra un plus étendu; celui qui désire cultiver le champ de ce monde, l'obtiendra également, mais il n'aura aucune part dans l'autre.

20. N'auraient-ils pas eu par hasard des compagnons qui établirent une religion sans la permission de Dieu. Si ce n'était la parole de la bonté infinie, leur sort aurait été déjà décidé, car les méchants subiront un supplice terrible.

21. Un jour tu verras les méchants trembler à cause de leurs œuvres, et le châtiment les atteindra; mais ceux qui croient et pratiquent le bien habiteront les parterres des jardins; ils auront chez leur Seigneur tout ce qu'ils désireront. C'est une faveur immense.

22. Voilà ce que Dieu promet à ses serviteurs qui croient et font le bien. Dis-leur : Je ne vous demande pour récompense de mes prédications, que l'amour envers mes parents. Quiconque aura fait une bonne œuvre, obtiendra le mérite d'une bonne œuvre de plus, car Dieu est indulgent et reconnaissant.

23. Diront-ils : Mohammed a forgé un mensonge sur le compte de Dieu? Certes, Dieu, si cela lui plaît, peut apposer un sceau sur ton cœur [1], effacer lui-même le mensonge, et affermir la vérité par ses ordres; car il connaît ce qui est au fond des cœurs.

24. C'est lui qui accueille le repentir de ses serviteurs, qui pardonne leurs péchés; il sait ce que vous faites.

25. Il exauce ceux qui croient et pratiquent le bien; il les comblera de ses faveurs. Le châtiment terrible est réservé aux incrédules.

26. Si Dieu versait à pleines mains ses dons sur les hommes, ils deviendraient insolents sur la terre; il les leur départit à mesure, autant qu'il lui plaît, car il est instruit de la condition de ses serviteurs.

27. Quand ils désespèrent de la pluie, c'est lui qui la leur envoie par averses; il répand ses faveurs. Il est le Protecteur, le Glorieux.

28. La création des cieux et de la terre, des animaux dispersés dans toute leur étendue, est un de ses prodiges. Il peut les réunir autour de lui, aussitôt qu'il le voudra.

29. De lui viennent les malheurs qui vous visitent pour prix de vos œuvres : encore il vous en pardonne beaucoup.

30. Vous ne prévaudrez pas contre lui sur la terre; vous n'avez point de protecteur ni d'appui en dehors de Dieu.

31. C'est un de ses prodiges que ces vaisseaux qui fendent rapidement les flots et s'élèvent comme des montagnes; s'il voulait, il calmerait le vent, les navires resteraient immobiles à la surface des eaux (certes, il y a dans ceci des signes pour tout homme constant et reconnaissant),

32. Ou bien il les briserait; mais il pardonne tant de péchés!

33. Ceux qui se disputent au sujet de nos miracles apprendront un jour qu'il n'y aura point de refuge pour eux.

34. Tous les biens que vous avez reçus ne sont qu'un usufruit; ce que Dieu tient en réserve vaut mieux et est plus durable : ces dons sont réservés aux croyants qui mettent leur confiance en Dieu;

35. Qui évitent les grands péchés et les ac-

---

[1] Ces paroles, que les commentateurs expliquent différemment, me semblent vouloir dire que Dieu, sans se servir des prédications de Mohammed, peut lui-même prêcher et convertir les hommes.

tions infâmes; qui, emportés par la colère, savent pardonner;

36. Qui se soumettent à Dieu, observent les prières, qui délibèrent en commun sur leurs affaires, et font des largesses des biens que nous leur avons accordés;

37. Qui, ayant reçu un outrage, se défendent.

38. Mais la vengeance d'une injure doit être égale à l'injure. Celui qui pardonne entièrement et se réconcilie avec son ennemi, trouvera sa récompense auprès de Dieu. Dieu n'aime pas les méchants.

39. Quiconque venge une injure reçue, ne sera point poursuivi;

40. Car on ne saurait poursuivre que ceux qui oppriment les hommes, agissent avec violence et contre toute justice. Un châtiment douloureux les attend.

41. C'est la sagesse de la vie que de supporter avec patience et de pardonner.

42. Celui que Dieu égare, comment trouvera-t-il un autre protecteur? Tu verras comment les méchants,

43. A la vue des supplices, s'écrieront: N'y a-t-il plus moyen de retourner sur la terre?

44. Tu les verras amenés devant le lieu du supplice, les yeux baissés et couverts d'opprobre; ils jetteront des regards furtifs. Les croyants diront: Voilà ces malheureux qui ont perdu eux-mêmes et leurs familles. Au jour de la résurrection, les méchants ne seront-ils pas livrés au supplice éternel?

45. Pourquoi ont-ils cherché d'autres protecteurs que Dieu? Celui que Dieu égare, comment retrouvera-t-il le chemin?

46. Obéissez donc à Dieu avant que le jour arrive, jour que Dieu ne voudra pas reculer. Ce jour-là vous n'aurez point d'asile. Vous ne pourrez nier vos œuvres.

47. S'ils se détournent avec dédain, tu n'es point chargé, ô Mohammed, de veiller sur eux. Ton devoir est de les prêcher. Si nous accordons quelque faveur à l'homme, il se réjouit; mais qu'un malheur, rétribution de ses propres œuvres, le visite, il blasphème.

48. Le royaume des cieux et de la terre appartient à Dieu. Il crée ce qu'il veut; il accorde aux uns des filles, il donne aux autres des enfants mâles;

49. Ou bien il donne à celui qu'il veut, des fils et des filles, et il rend stérile tel autre. Il est savant, puissant.

50. Dieu ne parle jamais à l'homme, si ce n'est par inspiration ou derrière un voile.

51. Ou bien il envoie un apôtre à qui il révèle ce qu'il veut. Il est sublime et sage.

52. C'est ainsi que par notre volonté l'esprit t'a parlé, à toi, qui ne savais pas ce que c'était que le livre ou la religion. Nous en avons fait une lumière à l'aide de laquelle nous dirigeons ceux d'entre nos serviteurs qu'il nous plaît. Toi aussi dirige-les vers le sentier droit;

53. Vers le sentier de Dieu, de celui à qui appartient tout ce qui est dans les cieux et sur la terre. Toutes choses ne retourneront-elles pas à Dieu?

CHAPITRE XLIII.

ORNEMENTS D'OR.

Donné à la Mecque. — 89 versets.

Au nom de Dieu clément et miséricordieux.

1. J'en jure par le livre évident.

2. Nous l'avons envoyé en langue arabe, afin que vous le compreniez.

3. L'original[1] est auprès de nous; il est sublime, sage.

4. Nous priverons-nous de l'instruction, parce que vous êtes prévaricateurs?

5. Combien avons-nous envoyé d'apôtres dans les siècles précédents?

6. Pas un seul n'échappa à leurs railleries.

7. Nous avons exterminé des nations plus puissantes que les Mecquois. Ils ont sous les yeux l'exemple des anciens.

8. Si tu leur demandes qui est le créateur du ciel et de la terre, ils répondront: C'est le Puissant, le Sage, qui les a créés.

9. C'est lui qui a étendu la terre comme un tapis, et y créa des chemins pour vous guider.

10. C'est lui qui verse la pluie avec mesure. Par cette eau, nous ressuscitons la terre morte. C'est ainsi que vous aussi vous serez ressuscités.

11. C'est lui qui a créé toutes les espèces, qui vous donne les animaux et les vaisseaux pour vous porter.

12. Vous pouvez vous y établir commodément. Souvenez-vous donc des bienfaits de votre Seigneur. Quand vous y êtes assis, dites: Gloire à celui qui nous a soumis *ces animaux et ces vaisseaux*: autrement nous n'aurions pu y parvenir.

13. Nous retournerons à notre Seigneur.

14. Cependant ils lui ont attribué des enfants parmi ses serviteurs. L'homme est vraiment ingrat!

15. Dieu aurait-il pris des filles parmi ses créatures, et vous aurait-il choisis pour ses fils?

16. Et cependant, quand on annonce à l'un d'entre eux la naissance d'un être qu'il attribue

[1] Mot à mot, la mère du livre.

à Dieu [1], sa figure se couvre de tristesse, et il est oppressé par la douleur.

17. Attribuez-vous à Dieu des créatures qui comptent comme un simple ornement, ou qui sont la cause de querelles mal fondées.

18. Ils regardent les anges qui sont serviteurs de Dieu comme des femmes. Ont-ils été témoins de leur création ? Leur témoignage sera consigné, et on les interrogera un jour là-dessus.

19. Si Dieu avait voulu, nous ne les aurions jamais adorés.—Qu'en savent-ils, ils blasphèment.

20. Leur avons-nous donné un livre *qui l'enseigne*, et qu'ils auraient conservé jusqu'ici ?

21. Point du tout. — Mais ils disent : Nous avons trouvé nos pères pratiquant ce culte, et nous nous guidons sur leurs pas.

22. Il en fut ainsi avant toi. Toutes les fois que nous avons envoyé des apôtres pour prêcher quelque cité, ses plus riches habitants leur disaient : Nous avons trouvé nos pères suivant ce culte, et nous marchons sur leurs pas.

23. Dis-leur : Et si je vous apporte un culte plus droit que celui de vos pères ? Ils diront : Non, nous ne croyons pas à ta mission.

24. Nous avons tiré vengeance de ces peuples. Vois quelle a été la fin de ceux qui ont traité nos envoyés d'imposteurs.

25. Souviens-toi de ce que dit Abraham à son père et à son peuple : Je suis innocent de votre culte.

26. Je n'adore que celui qui m'a créé ; il me dirigera sur le chemin droit.

27. Il a établi cette parole comme une parole qui devait rester éternellement après lui parmi ses enfants, afin qu'ils retournent à Dieu.

28. J'ai permis aux Mecquois et à leurs pères de jouir des biens terrestres jusqu'à ce que la vérité et l'apôtre véritable viennent au milieu d'eux.

29. Mais lorsque la vérité leur apparut, ils s'écrièrent : Ce n'est que de la sorcellerie, nous n'y croyons pas.

30. Ils disent : Si au moins le Koran avait été révélé à un des hommes puissants des deux villes (Mecque et Médine), nous aurions pu y croire.

31. Sont-ils distributeurs des faveurs divines ? C'est nous qui leur distribuons leur subsistance dans ce monde ; nous les élevons les uns au-dessus des autres, afin que les uns prennent les autres pour les servir. Mais la miséricorde de Dieu vaut mieux que les biens qu'ils ramassent.

32. Sans la crainte que tous les hommes ne devinssent un seul peuple d'infidèles, nous

[1] Les Arabes disaient que les anges étaient les filles de Dieu, et cependant ils regardaient la naissance d'une fille comme une calamité.

aurions donné à ceux qui ne croient point en Dieu, des toits d'argent à leurs maisons, et des escaliers en argent pour y monter ;

33. Et des portes d'argent et des siéges pour qu'ils s'y reposent à leur aise ;

34. Et des ornements en or. Tout ceci n'est qu'une jouissance passagère de cette vie, car la vie future, ton Seigneur la réserve aux pieux.

35. Celui qui cherchera à se soustraire aux exhortations du Très-Haut, nous lui attacherons Satan avec une chaîne ; il sera son compagnon inséparable.

36. Les démons le détourneront du sentier de Dieu, et croiront cependant suivre le droit chemin,

37. Jusqu'au moment où, arrivé devant nous, l'homme s'écriera : Plût à Dieu qu'il y eût entre moi et Satan la distance des deux levers du soleil. Quel détestable compagnon que Satan !

38. Mais *ces regrets* ne vous serviront à rien dans ce jour ; si vous avez été injustes, vous serez encore compagnons dans le supplice.

39. Saurais-tu, ô Mohammed, faire entendre le sourd, et diriger l'aveugle et l'homme plongé dans l'égarement inextricable ?

40. Soit que nous t'éloignions du milieu d'eux, nous en tirerons vengeance.

41. Soit que nous te rendions témoin de l'accomplissement de nos menaces, nous les tenons en notre pouvoir.

42. Attache-toi fermement à ce qui t'a été révélé, car tu es sur le sentier droit.

43. Le Koran est une admonition pour toi et pour ton peuple. Un jour on vous en demandera compte.

44. Interroge les apôtres que nous avons envoyés avant toi, si nous leur avons choisi d'autres dieux que Dieu pour les adorer.

45. Nous envoyâmes Moïse, accompagné de nos signes, vers Pharaon et les grands de son empire. Je suis, leur dit-il, l'envoyé du souverain de l'univers.

46. Lorsqu'il se présenta devant eux avec nos signes, ils s'en moquèrent.

47. Tous ces miracles étaient plus surprenants les uns que les autres. Nous les visitâmes de supplices afin qu'ils se convertissent.

48. Ils dirent une fois à Moïse : O magicien, prie ton Seigneur de faire ce qu'il a promis, car nous voilà sur la droite voie.

49. Et à peine les avons-nous délivrés du malheur, qu'ils ont violé leurs engagements.

50. Pharaon fit proclamer à son peuple ses paroles : O mon peuple ! le royaume d'Égypte et ces fleuves qui coulent à mes pieds, ne sont-ils pas à moi, ne le voyez-vous pas ?

51. Ne suis-je pas plus fort que cet homme méprisable,

52. Et qui à peine peut s'exprimer?

53. Si au moins on lui voyait des bracelets d'or, s'il était lié avec des anges.

54. Pharaon inspira de la légèreté à ses peuples, et ils lui obéirent, car ils étaient pervers.

55. Mais quand ils provoquèrent notre colère, nous tirâmes vengeance d'eux, et nous les submergeâmes tous.

56. Nous en avons fait un exemple et la fable de leurs successeurs.

57. Si l'on propose à ton peuple le fils de Marie pour exemple, ils ne veulent pas en entendre parler.

58. Ils disent : Nos dieux valent-ils mieux que le Fils de Marie[1], ou le fils de Marie que nos dieux? Ils ne proposent cette question que par esprit de dispute, car ils sont querelleurs.

59. Jésus n'est qu'un serviteur (homme) que nous avons comblé de nos faveurs, et que nous proposâmes comme exemple aux enfants d'Israël.

60. (Si nous voulions, nous aurions produit de vous-mêmes[2] des anges pour vous succéder sur la terre).

61. Il sera l'indice de l'approche de l'heure. N'en doutez donc pas, suivez-moi, car c'est le chemin droit.

62. Que Satan ne vous en détourne pas, car il est votre ennemi déclaré.

63. Quand Jésus vint au milieu des hommes, accompagné de signes, il dit : Je vous apporte la sagesse, et je viens vous expliquer ce qui est l'objet de vos disputes. Craignez donc Dieu, et obéissez-moi.

64. Dieu est mon Seigneur et le vôtre, adorez-le ; c'est le chemin droit.

65. Les confédérés[3] se mirent à disputer entre eux. Malheur au méchant le jour du châtiment douloureux.

66. Qu'attendent-ils donc? Est-ce l'heure qui les surprendra à l'improviste, quand ils ne s'y attendront pas?

67. Les amis les plus intimes deviendront ennemis dans ce jour ; il en sera autrement avec ceux qui craignent.

68. O mes serviteurs! vous n'aurez rien à redouter dans ce jour, vous ne serez point affligés.

69. Vous qui croyiez à nos signes, qui étiez résignés à notre volonté, on vous dira :

70. Entrez dans le paradis, vous et vos compagnes, réjouissez-vous.

71. On leur présentera à la ronde des vases d'or et des coupes remplies de tout ce que leur goût pourra désirer, et tout ce qui charmera leurs yeux ; ils y vivront éternellement.

72. Voici le jardin que vous recevez en héritage pour prix de vos œuvres.

73. Vous y avez des fruits en abondance : nourrissez-vous-en.

74. Les méchants éprouveront éternellement le supplice de la éhenne.

75. On ne le leur adoucira pas, ils seront plongés dans le désespoir.

76. Ce n'est pas nous qui les avons traités injustement, ils ont été iniques envers eux-mêmes.

77. Ils crieront : O Malek[1] ! que ton Seigneur mette un terme à nos supplices. Non, répondra-t-il, vous y resterez.

78. Nous vous apportâmes la vérité ; mais la plupart d'entre vous avaient de l'aversion pour la vérité.

79. Si les infidèles tendent des piéges, nous leur en tendrons aussi.

80. S'imaginent-ils que nous ne connaissons pas leurs secrets, les paroles qu'ils se disent à l'oreille. Oui, nos envoyés qui sont au milieu d'eux inscrivent tout.

81. Dis : Si Dieu avait un fils, je serais le premier à l'adorer.

82. Gloire au Souverain des cieux et de la terre, Souverain du trône! loin de lui ce qu'ils lui attribuent!

83. Laisse-les tenir des discours frivoles, et se divertir jusqu'à ce qu'ils se trouvent face à face avec le jour dont on les menace.

84. Il est celui qui est Dieu dans le ciel, Dieu sur la terre. Il est savant et sage.

85. Béni soit celui à qui appartient tout ce qui est dans les cieux, sur la terre, et dans l'intervalle qui les sépare! Lui seul a la connaissance de l'heure ; c'est lui que vous retournerez.

86. Ceux que vous invoquez à côté de Dieu ne pourront intercéder en faveur de personne ; celui seul le pourra, qui a témoigné de la vérité. Les infidèles l'apprendront.

87. Si tu les interroges en leur disant : Qui vous a créés? Ils répondront : C'est Dieu. Pourquoi donc mentent-ils?

---

[1] Ceci a trait à l'objection artificieuse que faisaient les idolâtres à Mohammed quand il leur disait que leurs idoles seront précipitées dans le feu. Ils lui demandèrent si Jésus, regardé comme Dieu, aurait le même sort.

[2] Comme nous avons fait naître Jésus sans père.

[3] Par ces mots, Mohammed entend ici les différentes sectes, soit juives, soit chrétiennes.

[1] Malek est l'ange qui préside aux tourments des réprouvés.

88. Dieu a entendu ces paroles de Mohammed : Seigneur, le peuple ne croit pas, *et il a répondu :*
89. Eh bien, éloigne-toi d'eux, et dis-leur : La paix soit avec vous! et ils apprendront la vérité.

CHAPITRE XLIV.
LA FUMÉE.
Donné à la Mecque. — 59 versets.

Au nom de Dieu clément et miséricordieux.

1. H. M. J'en jure par le livre de l'évidence.
2. Nous l'avons envoyé dans une nuit bénie, nous qui avons voulu avertir les hommes ;
3. Dans une nuit où toute œuvre sage est décidée une à une [1].
4. Ce livre est un ordre qui vient de notre part; nous envoyons des apôtres *à des intervalles fixés.*
5. Il est la preuve de la miséricorde de ton Seigneur, qui entend et connaît tout ;
6. Du seigneur des cieux et de la terre, et de tout ce qui est entre eux, si vous y croyez fermement.
7. Il n'y a point d'autre Dieu que lui, qui fait revivre et qui fait mourir. C'est votre Seigneur, et le Seigneur de vos pères, les anciens.
8. Mais, plongés dans le doute, ils s'en font un jeu.
9. Observe-les au jour où le ciel fera surgir une fumée visible à tous,
10. Qui couvrira tous les hommes. Ce sera le châtiment douloureux.
11. Seigneur, s'écriront-ils, détourne de nous ce fléau, nous sommes croyants.
12. Qu'ont-ils fait des avertissements, lorsqu'un apôtre véritable vint à eux ?
13. Et qu'ils lui tournèrent le dos en disant : C'est un homme instruit par d'autres, c'est un possédé.
14. Que nous ôtions seulement quelque peu du fléau *prêt à les anéantir,* ils retourneront à *l'infidélité.*
15. Le jour où nous agirons avec une terrible violence, nous en tirerons vengeance.
16. Déjà, avant eux, nous éprouvâmes Pharaon, et un apôtre glorieux fut envoyé vers ce peuple.
17. Il leur disait : Laissez partir avec moi les serviteurs de Dieu; je viens vers vous comme apôtre digne de confiance.
18. Ne vous élevez pas au-dessus de Dieu ; je viens vers vous muni d'un pouvoir incontestable.

19. Je chercherai asile auprès de celui qui est mon Seigneur et le vôtre, pour que vous ne me lapidiez pas.
20. Si vous n'êtes pas croyants, séparez-vous de moi.
21. Il (Moïse) adressa alors des prières à Dieu. C'est un peuple coupable, disait-il.
22. Emmène mes serviteurs, lui dit Dieu pendant la nuit. Les Égyptiens vous poursuivront.
23. Laisse les flots de la mer ouverts, l'armée ennemie y sera engloutie.
24. Combien de jardins et de fontaines n'ont-ils pas abandonnés ?
25. De champs ensemencés et d'habitations superbes ?
26. De délices où ils passaient agréablement leur vie?
27. Telle était leur condition ; mais nous en avons donné l'héritage à un peuple étranger.
28. Les cieux ni la terre n'ont point pleuré sur eux ; leur punition ne fut point différée.
29. Nous délivrâmes les enfants d'Israel de peines humiliantes,
30. De Pharaon, prince orgueilleux et impie.
31. Nous les choisîmes à bon escient, d'entre tous les peuples de l'univers.
32. Nous leur fîmes voir des miracles qui étaient pour eux une épreuve évidente.
33. Mais les incrédules diront :
34. Il n'y a qu'une seule mort, la première, et nous ne serons point ressuscités.
35. Faites donc revenir nos pères, si ce que vous dites est vrai, *disent les incrédules.*
36. Valent-ils mieux que le peuple de *Tobba* [1],
37. Et les générations qui les ont précédés ? Nous les exterminâmes, parce qu'ils étaient coupables.
38. Nous n'avons point créé les cieux et la terre, et tout ce qui est entre eux, pour nous en faire un jeu.
39. Nous les avons créés dans la vérité (sérieusement), mais la plupart d'entre eux ne le savent pas.
40. Au jour de la décision, vous comparaîtrez tous.
41. Dans ce jour, le maître ne saura satisfaire pour le serviteur; ils n'auront aucun secours à attendre.
42. Le secours ne sera accordé qu'à ceux dont Dieu aura eu pitié. Il est puissant et miséricordieux.
43. L'arbre de Zakoum

---

[1] Cette nuit, que les musulmans croient être celle du 23 et 24 de Ramadan, tout ce qui doit arriver l'année suivante est décidé et fixé.

[1] Tobba est un nom commun donné aux rois qui régnèrent dans le Iémen, et auxquels on attribue des conquêtes.

44. Sera la nourriture du coupable.
45. Il bouillonnera dans leurs entrailles comme un métal fondu,
46. Comme bouillonne l'eau bouillante.
47. On criera *aux bourreaux :* Saisissez les méchants, et précipitez-les au plus terrible lieu de l'enfer.
48. Et versez sur leurs têtes le tourment d'eau bouillante;
49. En criant *à chacun d'eux* : Subis ce tourment, toi qui as été puissant et honoré *sur la terre.*
50. Voici les tourments que vous révoquiez en doute.
51. Les hommes pieux seront dans un lieu sûr,
52. Au milieu de jardins et de sources d'eau,
53. Revêtus d'habits de soie et de satin, et placés les uns en face des autres.
54. Telle sera leur condition, et de plus, nous leur donnerons pour épouses des femmes aux yeux noirs.
55. Ils s'y feront servir toute sorte de fruits, et ils en jouiront en sûreté.
56. Ils n'y éprouveront plus de mort après l'avoir subie une fois. Dieu les préservera des tourments.
57. C'est une faveur que Dieu vous accorde, c'est un bonheur ineffable.
58. Nous l'avons facilité en te le donnant dans ta langue, afin que les hommes réfléchissent.
59. Veille donc, ô Mohammed; car eux aussi veillent et épient *les événements.*

CHAPITRE XLV.
LA GÉNUFLEXION.
Donné à la Mecque.—36 versets.

Au nom de Dieu clément et miséricordieux.

1. H. M. La révélation du livre vient du Dieu puissant et sage.
2. Il y a dans les cieux et sur la terre des signes d'avertissements pour les croyants.
3. Dans votre création, dans celle des animaux répandus sur la terre, il y a des signes pour le peuple qui croit fermement.
4. Dans la succession de la nuit et du jour, dans les bienfaits que Dieu envoie du ciel et par lesquels il vivifie la terre naguère morte, dans la direction qu'il imprime aux vents, il y a des signes pour les hommes qui ont de l'intelligence.
5. Ce sont des enseignements de Dieu; nous te les récitons en toute vérité: à quoi donc croiront les *infidèles*, s'ils rejettent Dieu et ses miracles.
6. Malheur à tout menteur et impie,
7. Qui entend la lecture des enseignements de Dieu, et persévère néanmoins dans l'orgueil, comme s'il ne les avait jamais entendus. Annonce à celui-là un châtiment cruel,
8. A celui qui, lorsqu'il apprend quelques-uns de nos enseignements, les prend pour objet de ses railleries. Un châtiment humiliant est réservé à ces hommes.
9. La géhenne est derrière eux; leurs richesses ne leur serviront à rien, ni ceux non plus qu'ils ont pris pour patrons à l'exclusion de Dieu. Un châtiment terrible les attend.
10. Voilà la règle qui sert de guide. Le châtiment des peines douloureuses est préparé à ceux qui ne croient pas aux signes de Dieu.
11. C'est Dieu qui vous a assujetti la mer pour que les vaisseaux la fendent à son ordre, afin que vous obteniez les dons de sa libéralité, et que vous soyez reconnaissants.
12. Il vous a soumis tout ce qui est dans les cieux et sur la terre; tout vient de lui. Il y a dans ceci des signes pour les hommes qui réfléchissent.
13. Dis aux croyants qu'ils pardonnent à ceux qui n'espèrent point en les jours de Dieu, institués pour récompenser les hommes selon leurs œuvres.
14. Quiconque fait le bien, le fait pour son propre compte; quiconque fait le mal, le fait à son détriment. Vous retournerez tous à Dieu.
15. Nous donnâmes aux enfants d'Israël le Livre (le Pentateuque), la sagesse et les prophètes; nous leur donnâmes pour nourriture les mets les plus délicieux, et nous les élevâmes au-dessus de tous les peuples.
16. Nous leur donnâmes des miracles; ils ne se sont séparés en sectes que lorsqu'ils ont reçu la science, et c'est par jalousie les uns envers les autres. Certes, Dieu prononcera entre eux au jour de la résurrection, au sujet de leurs dissentiments.
17. Et toi, Mohammed, nous t'avons donné une loi divine : suis-la, et ne suis point les désirs de ceux qui ne savent rien,
18. Car ils ne sauraient te servir en rien contre Dieu. Les méchants sont patrons les uns des autres; mais Dieu est le patron de ceux qui le craignent.
19. Le Koran est un argument puissant pour les hommes; il a été donné pour être la direction, et une preuve de la miséricorde de Dieu envers ceux qui ont la foi ferme.
20. Ceux qui font le mal pensent-ils que nous

les traiterons à l'égal de ceux qui croient, qui pratiquent le bien ; en sorte que la vie et la mort des uns et des autres soient les mêmes ? Qu'ils jugent mal !

21. Dieu a créé les cieux et la terre dans la vérité ; il récompensera tout homme selon ses œuvres, et personne ne sera lésé.

22. Qu'en penses-tu ? Celui qui a fait son Dieu de ses passions ; celui que Dieu fait errer sciemment, sur l'ouïe et le cœur duquel il a apposé le sceau dont il a couvert la vue avec un bandeau, qui pourrait diriger un tel homme, après que Dieu l'a égaré ? N'y réfléchirez-vous pas ?

23. Ils disent : Il n'y a point d'autre vie que la vie actuelle. Nous mourons et nous vivons, le temps seul nous anéantit. Ils n'en savent rien ; ils ne forment que des suppositions.

24. Lorsqu'on leur relit nos miracles évidents (nos versets clairs), que disent-ils ? Ils disent : Faites donc revenir à la vie nos pères, si vous dites la vérité.

25. Dis-leur : Dieu vous fera revivre, et puis il vous fera mourir ; ensuite il vous rassemblera au jour de la résurrection. Il n'y a point de doute là-dessus ; mais la plupart des hommes ne le savent pas.

26. A Dieu appartiennent les cieux et la terre ; au jour où l'heure viendra, les hommes qui nient la vérité seront perdus.

27. Tu verras tous les peuples à genoux. Chaque peuple sera appelé devant le livre où sont inscrites ses œuvres. Ce jour-là vous serez récompensés selon vos œuvres.

28. Le Koran est notre livre ; il déposera contre vous en toute vérité. Nous avons couché par écrit toutes vos actions.

29. Dieu comprendra dans sa miséricorde ceux qui ont cru et pratiqué le bien. C'est un bonheur incontestable.

30. Pour les incrédules, on leur dira : Ne vous a-t-on pas lu le récit de nos miracles ? Mais vous vous êtes enflés d'orgueil, et vous étiez un peuple criminel.

31. Si on leur dit : Les promesses de Dieu sont véritables, et il n'y a point de doute sur l'arrivée de l'heure, ils répondront : Nous ne savons pas ce que c'est que l'heure. Nous n'en avons qu'une idée vague, et nous n'en avons aucune certitude.

32. Les crimes qu'ils ont commis apparaîtront alors à leurs yeux, et ils seront enveloppés par les supplices dont ils se moquaient.

33. Ce jour-là on leur dira : Nous vous oublierons comme vous avez oublié le jour de la comparution devant votre Seigneur ; le feu sera votre demeure, et vous n'aurez point de secours.

34. Ce sort vous est échu, parce que vous avez pris les signes de Dieu pour l'objet de vos railleries, et que la vie de ce monde vous a éblouis. Ce jour-là on ne les fera plus revenir sur la terre pour mériter, *par une vie exemplaire*, d'obtenir la satisfaction de Dieu.

35. A Dieu appartient la louange, à Dieu Seigneur des cieux et de la terre, Seigneur de l'univers.

36. La grandeur sublime lui appartient aux cieux comme sur la terre ; il est le Puissant, le Sage.

CHAPITRE XLVI.
ALAHKAF.
Donné à la Mecque. — 35 versets.
Au nom de Dieu clément et miséricordieux.

1. H. M. Le Koran a été envoyé par Dieu, le Puissant, le Sage.

2. Nous avons créé les cieux et la terre, et tout ce qui est dans l'intervalle qui les sépare, d'une création vraie, et pour un temps déterminé ; mais les infidèles s'éloignent pour ne pas entendre les avertissements.

3. Dis-leur : Que vous en semble ? Montrez-moi donc ce que les dieux invoqués par vous ont créé sur la terre. Ont-ils leur part au ciel ? Apportez-moi, si vous êtes véridiques, un livre révélé avant le Koran, ou quelque indice qui le prouve.

4. Y a-t-il un être plus égaré que celui qui invoque, en même temps que Dieu, une divinité qui ne lui répondra mot jusqu'au jour de la résurrection ; c'est que ces dieux ne font pas attention à leur appel.

5. Quand les hommes seront rassemblés *pour être jugés*, ces dieux seront leurs ennemis et se montreront ingrats.

6. Lorsqu'on récite nos prodiges évidents à ceux qui nient la vérité, même alors quand elle leur apparaît, ils disent : C'est de la sorcellerie.

7. Diront-ils : C'est Mohammed qui l'a inventé ? Réponds-leur : Si je l'ai inventé moi-même, faites que je ne puisse rien obtenir de Dieu. Il sait ce que vous en dites ; son témoignage me suffira entre vous et moi ; il est indulgent et miséricordieux.

8. Dis : Je ne suis pas le seul apôtre qui ait jamais existé, et je ne sais pas ce que nous deviendrons moi et vous ; je ne fais que suivre ce qui m'a été révélé ; je ne suis qu'un apôtre chargé d'avertir ouvertement.

9. Dis-leur: Que vous en semble ? Si ce livre vient de Dieu, n'y ajoutez-vous pas aucune foi ? si un témoin choisi parmi les enfants d'Israël at-

teste qu'il ressemble à la loi et y croit, ne le rejetez-vous pas avec orgueil? — En vérité, Dieu ne dirige pas un peuple pervers.

10. Les infidèles disent des croyants : Si le Koran était quelque chose de bon, ne nous auraient-ils pas devancés pour l'embrasser? Et comme ils ne suivent pas eux-mêmes le chemin droit, ils diront : C'est un mensonge de vieille date.

11. Avant le Koran, il existait le livre de Moïse, donné pour être le guide *des hommes* et la preuve de la bonté de Dieu. Le Koran le confirme en langue arabe, afin que les méchants soient avertis, et afin que les vertueux apprennent d'heureuses nouvelles.

12. Ceux qui disent : Notre Seigneur, c'est Dieu, et agissent avec droiture, ceux-là seront à l'abri de toute crainte et ne seront point affligés.

13. Ils seront en possession du paradis, ils y demeureront éternellement et y recevront la récompense de leurs œuvres.

14. Nous avons recommandé à l'homme la bienfaisance envers ses père et mère. Sa mère le porte avec peine et l'enfante avec peine. Le temps qu'elle le porte et le temps jusqu'au sevrage dure trente mois. Lorsqu'il atteint l'âge de maturité, et parvenu à quarante ans, il adresse à Dieu cette prière : Seigneur, inspire-moi de la reconnaissance pour les bienfaits dont tu m'as comblé ainsi que mes parents ; ne permets pas que je néglige le bien que tu aimes ; rends-moi heureux dans mes enfants. Je me convertis à toi, et je suis du nombre de ceux qui se livrent à toi [1].

15. Ce sont les hommes dont les bonnes œuvres seront agréées, dont les mauvaises actions seront effacées ; ils seront parmi les habitants du paradis ; les promesses qu'on leur a faites sont des promesses infaillibles.

16. Celui qui dit à ses parents : Nargue de vous! Allez-vous me promettre que je renaîtrai de mon tombeau? Tant de générations ont passé avant moi! ses parents imploreront Dieu en sa faveur. Malheur à toi! lui diront-ils ; crois, car les promesses de Dieu sont véritables. Mais il dira : Ce sont des fables des anciens.

17. Celui-là sera de ceux dont la condamnation a été prononcée, du nombre de ces peuples anéantis autrefois, des peuples de génies et des hommes. Ils périront.

18. Il y a des degrés pour tous, degrés analogues à leurs œuvres ; tous seront rétribués selon leurs œuvres, et nul ne sera lésé.

19. Un jour on livrera les infidèles au feu, et on leur dira : Vous avez dissipé les dons précieux qui vous furent donnés dans la vie terrestre ; vous en avez joui ; aujourd'hui on vous payera du châtiment ignominieux, parce que vous avez été injustement orgueilleux sur la terre, et parce que vous avez été prévaricateurs.

20. Parle dans le Koran du frère d'Ad, qui prêcha son peuple dans l'Ahkaf [1], où il y eut avant lui et après lui d'autres apôtres ; il leur disait : N'adorez d'autres dieux que Dieu ; car je crains pour vous le châtiment du grand jour.

21. Viens-tu, lui dirent-ils, pour nous éloigner de nos divinités? Si tu es véridique, fais venir ces *malheurs* dont tu nous menaces.

22. Dieu seul en a la connaissance, répondit-il ; je ne fais que vous exposer ma mission ; mais je vois que vous êtes un peuple plongé dans l'ignorance.

23. Et quand ils virent un nuage qui s'avançait vers leurs vallées, ils se disaient : Ce nuage nous donnera de la pluie. — Non, c'est ce que vous vouliez hâter : c'est le vent porteur d'un châtiment cruel.

24. Il va tout exterminer par l'ordre du Seigneur. Le lendemain, on ne voyait plus que leurs habitations. C'est ainsi que nous rétribuons les coupables.

25. Nous les avions placés dans une condition pareille à la vôtre, ó *Mecquois!* nous leur avions donné l'ouïe, la vue et des cœurs *faits pour sentir* ; mais ni l'ouïe, ni la vue, ni leurs cœurs, ne leur servirent à rien ; car ils niaient les signes de Dieu ; le châtiment dont ils se riaient les enveloppa à la fin.

26. Nous avions détruit des villes autour d'eux ; nous avions promené partout nos signes d'avertissement, afin qu'ils revinssent à nous.

27. Ceux qu'ils s'étaient choisis en dehors de Dieu pour être leurs dieux et l'objet de leur culte, les ont-ils secourus? — Non. — Ils disparurent de leurs yeux. C'était leur mensonge et leur invention.

28. Un jour nous avons amené une troupe de génies pour leur faire écouter le Koran ; ils se présentèrent et se dirent les uns aux autres : Écoutez ; et quand la lecture fut terminée, ils retournèrent apôtres au milieu de leur peuple.

29. O notre peuple! dirent-ils, nous avons entendu un livre descendu du ciel depuis Moïse, et qui confirme les livres antérieurs ; il conduit à la vérité et dans le sentier droit.

30. O notre peuple! écoutez le prédicateur de Dieu, et croyez en lui ; il effacera vos péchés et vous sauvera d'un supplice cruel.

---

[1] Du nombre des musulmans.

[1] *Ahkaf* est un mot arabe qui désigne ces monticules de sables particuliers au pays de Hadramant, habité jadis par les Adites.

31. Que celui qui n'écoutera pas le prédicateur de Dieu n'espère pas d'affaiblir sa puissance sur la terre : il n'aura point de protecteur contre lui. De tels hommes sont dans un égarement évident.

32. Ne voient-ils pas que c'est Dieu qui a créé les cieux et la terre; il n'a point été fatigué de leur création, et il peut ressusciter les morts; oui, il peut tout.

33. Le jour où les infidèles seront amenés devant le feu de l'enfer, on leur demandera : Est-ce vrai? Oui, diront-ils, par notre Seigneur, c'est vrai. Subissez donc, leur dira-t-on, le supplice pour prix de votre incrédulité.

34. Et toi, Mohammed, prends patience, comme prenaient patience les hommes courageux parmi les apôtres; ne cherche point à hâter leur châtiment. Un jour, lorsqu'ils apercevront l'accomplissement des menaces,

35. Il leur semblera qu'ils n'ont demeuré qu'un instant de la journée sur la terre. Telle est l'exhortation. Les pervers ne seront-ils pas les seuls qui périront?

CHAPITRE XLVII.
MOHAMMED.
Donné à la Mecque. — 40 versets.

Au nom de Dieu clément et miséricordieux.

1. Dieu rendra nulles les œuvres de ceux qui ne croient pas et qui détournent les autres de son chemin.

2. Quant à ceux qui ont la foi, pratiquent le bien et croient en ce qui a été révélé à Mohammed, et ce qui est la vérité venant du Seigneur, Dieu effacera leurs péchés et rendra leurs cœurs droits.

3. Il en sera ainsi, parce que les infidèles ont suivi le mensonge, et que les croyants ont suivi la vérité qui leur venait de leur Seigneur. C'est ainsi que Dieu propose des exemples aux hommes.

4. Quand vous rencontrerez les infidèles[1], tuez-les jusqu'à en faire un grand carnage, et serrez les entraves des captifs que vous aurez faits.

5. Ensuite vous les mettrez en liberté, ou les rendrez moyennant une rançon, lorsque la guerre aura cessé[2]. Si Dieu voulait, il triompherait d'eux lui-même; mais il vous fait combattre pour vous éprouver les uns par les autres. Ceux qui auront succombé dans le chemin de Dieu, Dieu ne fera point périr leurs œuvres.

6. Il les dirigera et rendra leurs cœurs droits.

7. Il les introduira dans le paradis dont il leur a parlé.

[1] Il s'agit ici des infidèles de la Mecque et autres tribus arabes.
[2] Mot à mot, lorsque la guerre aura mis bas sa charge.

8. O croyants! si vous assistez Dieu *dans sa guerre contre les méchants,* lui il vous assistera aussi, et il affermira vos pas.

9. Pour les incrédules, puissent-ils périr, et puisse Dieu rendre nulles leurs œuvres!

10. Ce sera la rétribution de leur aversion pour les révélations de Dieu; puisse-t-il anéantir leurs œuvres!

11. N'ont-ils jamais traversé ces pays? N'ont-ils pas vu quelle a été la fin de leurs devanciers que Dieu extermina? Un sort pareil attend les infidèles *de nos jours.*

12. C'est parce que Dieu est le patron des croyants, et que les infidèles n'en ont point.

13. Dieu introduira ceux qui croient et font le bien dans les jardins où coulent les fleuves; il accordera les biens de ce monde aux infidèles; ils en jouiront à la manière des brutes; mais le feu sera un jour leur demeure.

14. Combien de villes plus puissantes que la ville où tu es né, et qui t'a exilé, ont été anéanties, sans que personne soit venu à leur secours.

15. Celui qui suit les signes évidents du Seigneur sera-t-il traité comme celui à qui ses mauvaises actions ont paru belles, et qui a suivi ses passions?

16. Voici le tableau du paradis qui a été promis aux hommes pieux : des fleuves d'eau qui ne se gâte jamais, des fleuves de lait dont le goût ne s'altérera jamais, des fleuves de vin doux à boire,

17. Des fleuves de miel pur, toute sorte de fruits, et le pardon des péchés. En sera-t-il ainsi avec celui qui, condamné au séjour du feu, sera abreuvé d'eau bouillante qui lui déchirera les entrailles?

18. Il est parmi eux des hommes qui viennent t'écouter; mais à peine t'ont-ils quitté, qu'ils vont dire à ceux qui ont reçu la science : Qu'est-ce qu'il débite? Ce sont ceux sur les cœurs desquels Dieu a apposé le sceau, et qui ne suivent que leurs passions.

19. Dieu ne fera qu'augmenter la bonne direction de ceux qui suivent le chemin droit, et leur enseignera ce qu'ils doivent éviter.

20. Les infidèles, qu'attendent-ils donc? Est-ce l'heure qui surgira subitement? Déjà quelques signes de ce jour ont paru; mais à quoi leur serviront les avertissements?

21. Sache qu'il n'y a point d'autre dieu que Dieu; implore de lui le pardon de tes péchés, des péchés des hommes et des femmes qui croient. Dieu connaît tous vos mouvements et le lieu de votre repos.

22. Les vrais croyants disent : Dieu n'a-t-il

pas révélé un chapitre *qui ordonne la guerre sainte ?* Mais qu'un chapitre péremptoire soit révélé, et que la guerre y soit ordonnée, tu verras ces hommes dont le cœur est atteint d'une infirmité, te regarder d'un regard d'un homme que la vue de la mort fait tomber en défaillance. Cependant, l'obéissance et un langage convenable leur seraient plus avantageux.

23. Quand la guerre est décidée, s'ils tiennent leurs engagements envers Dieu, cela leur sera plus avantageux.

24. A quoi vous eût exposé votre désobéissance : vous auriez commis des brigandages dans le pays et violé les liens sacrés du sang.

25. Ce sont ces hommes que Dieu a maudits et rendus sourds et aveugles.

26. Ne méditeront-ils pas le Koran, ou bien leurs cœurs ne seraient-ils pas fermés par des cadenas ?

27. Ceux qui reviennent à leurs anciennes erreurs, après que la vraie direction a été clairement établie à leurs yeux, Satan leur suggérera leurs œuvres et leur dictera leur conduite.

28. Ce sera le prix de ce qu'ils disaient aux hommes qui ont en aversion le livre révélé par Dieu : Nous vous suivrons dans certaines choses. Dieu connaît ce qu'ils cherchent à cacher.

29. Quelle sera leur condition lorsque les anges, leur ôtant la vie, frapperont leur figure et leur dos.

30. Ce sera pour prix de ce qu'ils ont suivi les choses qui indignent Dieu et dédaigné ce qui lui plaît, au point qu'il anéantira le fruit de leurs œuvres.

31. Ceux dont le cœur est atteint d'une infirmité, pensent-ils que Dieu ne mettra pas au jour leur méchanceté ?

32. Si nous voulions, nous te les ferions voir, nous te les ferions connaître, ô Mohammed, par leurs signes ; mais tu les reconnaîtras à leur langage vicieux. Dieu connaît vos actions.

33. Nous vous mettrons à l'épreuve jusqu'à ce que nous connaissions les hommes qui combattent pour la religion et qui persévèrent. Nous examinerons votre conduite.

34. Ceux qui ne croient point et qui détournent les autres de la voie de Dieu, ceux qui ont fait schisme avec l'apôtre de Dieu après que la vraie direction leur fut clairement démontrée, ceux-là ne sauraient nuire aucunement à Dieu, mais Dieu peut anéantir leurs œuvres.

35. O croyants, obéissez à Dieu, obéissez au prophète, ne rendez point nulles vos œuvres.

36. Dieu n'accordera point le pardon aux infidèles qui ont cherché à détourner les autres du chemin de Dieu, et qui sont morts dans leur infidélité.

37. Ne montrez point de lâcheté, et n'appelez point les infidèles à la paix quand vous leur êtes supérieurs, et que Dieu est avec vous ; il ne vous privera point du prix de vos œuvres.

38. La vie de ce monde n'est qu'un jeu et une frivolité. Si vous croyez en Dieu et le craignez, il vous donnera votre récompense et ne vous demandera rien de vos biens.

39. S'il vous les demandait et vous pressait, vous vous montreriez avares ; alors il mettrait au grand jour votre méchanceté.

40. Voyez un peu, vous êtes appelés à dépenser vos richesses pour la cause de Dieu, et il est des hommes parmi vous qui se montrent avares ; mais l'avare n'est avare qu'à son détriment, car Dieu est riche et vous êtes pauvres, et si vous tergiversez, il suscitera un autre peuple à votre place, un peuple qui ne vous ressemblera point.

CHAPITRE XLVIII.
LA VICTOIRE.
Donné à la Mecque. — 29 versets.

Au nom de Dieu clément et miséricordieux.

1. Nous t'avons accordé une victoire éclatante,

2. Afin que Dieu ait l'occasion de te pardonner tes fautes anciennes et récentes, afin qu'il accomplisse ses bienfaits envers toi, et te dirige vers le chemin droit,

3. Afin qu'il t'assiste de son puissant secours,

4. C'est lui qui fait descendre la tranquillité dans les cœurs des fidèles, afin qu'ils augmentent encore leur foi. Les armées des cieux et de la terre appartiennent à Dieu ; il est savant et sage.

5. Il introduira les croyants, hommes et femmes, dans les jardins où couleront les fleuves, ils y demeureront éternellement. Dieu effacera leurs péchés. C'est un bonheur immense auprès de Dieu.

6. Il punira les hypocrites, hommes et femmes, les idolâtres des deux sexes, tous ceux qui jugent mal de Dieu. Tous ceux-là éprouveront les vicissitudes du malheur, Dieu est courroucé contre eux, il les a maudits, il a préparé la géhenne pour eux ; et quel affreuse demeure !

7. Les armées des cieux et de la terre lui appartiennent ; il est puissant et sage.

8. Nous t'avons envoyé, ô Mohammed, pour être témoin, et apôtre chargé d'annoncer et d'avertir,

9. Afin que vous, ô hommes, croyiez en Die

et à son prophète, afin que vous l'assistiez, que vous l'honoriez, et que vous célébriez ses louanges matin et soir.

10. Ceux qui, en te donnant la main, te prêtent serment de fidélité, le prêtent à Dieu ; la main de Dieu est posée sur leurs mains. Quiconque violera le serment le violera à son détriment, et celui qui reste fidèle au pacte, Dieu lui accorde une récompense magnifique.

11. Les Arabes du désert qui restèrent derrière vous viendront te dire : Nos troupeaux et nos familles nous ont empêchés de te suivre; prie Dieu qu'il nous pardonne nos péchés. Leurs langues prononceront ce qui n'est point dans leurs cœurs. Dis-leur : Qui pourra lutter contre Dieu s'il veut vous affliger d'un malheur ou vous accorder quelque bien? Dieu connaît vos actions.

12. Mais vous vous êtes imaginé que l'apôtre et les croyants ne retourneront jamais auprès de leurs familles, et cette pensée plaisait à vos cœurs : vos pensées ont été coupables, et vous êtes un peuple pervers.

13. Nous avons préparé un brasier ardent pour les infidèles qui n'auront point cru en Dieu et à son apôtre.

14. Le royaume des cieux et de la terre appartient à Dieu ; il pardonne à qui il veut, et inflige le châtiment à qui il veut. Il est indulgent et miséricordieux.

15. Allez-vous enlever un butin assuré, les Arabes qui sont restés dans leurs maisons vous diront : Laissez-nous marcher avec vous. Ils veulent changer la parole de Dieu[1]. Dis-leur : Vous ne marcherez point avec nous. Dieu l'a ainsi décidé d'avance. Ils te diront que vous le faites par jalousie ; point du tout. Mais peu d'entre eux ont de l'intelligence.

16. Dis encore aux Arabes du désert qui sont restés chez eux : Nous vous appellerons à marcher contre des nations puissantes ; vous les combattrez jusqu'à ce qu'elles embrassent l'islamisme. Si vous obéissez, Dieu vous accordera une belle récompense ; mais si vous tergiversez comme vous l'avez déjà fait autrefois, il vous infligera un châtiment douloureux.

17. Si l'aveugle, le boiteux, l'infirme, ne vont point à la guerre, on ne le leur imputera pas à crime. Quiconque obéit à Dieu et à son apôtre, il introduit dans le jardin où coulent des fleuves ; mais Dieu infligera un châtiment douloureux à ceux qui auront tourné le dos à ses commandements.

18. Dieu a été satisfait de ces croyants qui ont donné la main en signe de fidélité sous l'arbre ; il connaissait les pensées de leurs cœurs; il y a versé la tranquillité et les a récompensés par une victoire immédiate,

19. Ainsi que par un riche butin qu'ils ont enlevé. Dieu est puissant et sage.

20. Il vous avait promis de vous rendre maîtres d'un riche butin, et il s'est hâté de vous le donner ; il a détourné de vous le bras de vos ennemis, afin que cet événement fût un signe pour les croyants, et pour vous diriger vers le chemin droit.

21. Il vous avait promis d'autres dépouilles dont vous n'avez pu vous emparer encore ; mais Dieu les a déjà en son pouvoir ; il est tout-puissant.

22. Si les infidèles vous combattent, ils ne tarderont pas à prendre la fuite, et ils ne trouveront ni protecteur ni secours,

23. En vertu de la loi de Dieu, telle qu'elle a été antérieurement. Tu ne trouveras point de variation dans la loi de Dieu.

24. C'est lui qui a détourné de vous le bras de vos ennemis, comme il les a mis à l'abri de vos coups dans la vallée de la Mecque, après vous avoir accordé la victoire sur eux. Dieu voit vos actions.

25. Ce sont eux qui ne croient pas et qui vous éloignent de l'oratoire sacré, ainsi que des offrandes qu'ils retiennent et ne laissent point parvenir à leur destination. Si les croyants des deux sexes, que vous ne connaissez pas, ne s'étaient pas mêlés parmi eux ; s'il n'y avait pas eu à redouter un crime de ta part, commis dans la mêlée, et que Dieu n'eût pas désiré d'accorder sa grâce à qui il voudrait, *si cela n'avait pas eu lieu*, s'ils avaient été séparés (les croyants des infidèles), nous aurions infligé aux infidèles un châtiment douloureux.

26. Tandis que les infidèles ont mis dans leurs cœurs la fureur, la fureur des ignorants, Dieu a fait descendre la tranquillité dans le cœur de l'apôtre. Dans ceux des croyants, il a établi la parole de la dévotion ; ils en étaient dignes et les plus propres à la recevoir. Or Dieu connaît tout.

27. Dieu a confirmé la réalité de ce songe de l'apôtre quand il lui fit entendre ces mots : Vous entrerez dans l'oratoire sacré, s'il plaît à Dieu, sains et saufs, la tête rasée ou les cheveux coupés court ; vous y entrerez sans crainte. Dieu sait ce que vous ignorez. En outre, il vous a réservé une victoire qui suivra sans retard.

28. C'est lui qui a envoyé son apôtre muni de la *direction* et de la véritable religion, pour l'élever au-dessus de toutes les religions. Le témoignage de Dieu te suffit.

---

[1] Car Dieu n'avait promis la victoire qu'à ceux qui ont constamment combattu à côté de Mohammed.

29. Mohammed est l'envoyé de Dieu; ses compagnons sont terribles aux infidèles et tendres entre eux-mêmes; tu les verras agenouillés, prosternés, rechercher la faveur de Dieu et sa satisfaction; sur leur front brille une marque, trace de leurs prostrations. Voici à quoi les compare le Pentateuque et l'Évangile : ils sont comme cette semence qui a poussé; elle grandit, elle grossit et s'affermit sur sa tige; elle réjouit le laboureur. Tels ils sont, afin que les infidèles en conçoivent du dépit. Dieu a promis à ceux qui croient et pratiquent les bonnes œuvres, le pardon des péchés et une récompense généreuse.

CHAPITRE XLIX.
LES APPARTEMENTS.
Donné à Médine. 18 versets.

Au nom de Dieu clément et miséricordieux.

1. O vous qui croyez, n'anticipez point sur les ordres de Dieu et de son envoyé; craignez Dieu, car il entend et sait tout.

2. O vous qui croyez, n'élevez point la voix au-dessus de celle du prophète, ne lui parlez pas aussi haut que vous le faites entre vous, afin que vos œuvres ne deviennent infructueuses à votre insu.

3. Ceux qui baissent leur voix en présence du prophète sont précisément ceux dont Dieu a disposé les cœurs pour la dévotion. Ils obtiendront le pardon de leurs péchés, et une récompense généreuse.

4. Ceux qui t'appellent à haute voix, pendant que tu es dans l'intérieur de tes appartements, sont pour la plupart des hommes dépourvus de sens.

5. Que n'attendent-ils plutôt le moment où tu en sortirais toi-même. Cela vaudrait beaucoup mieux. Mais Dieu est indulgent et miséricordieux.

6. Si un homme méchant vous apporte quelque nouvelle, cherchez d'abord à vous assurer de sa véracité; autrement, vous pourriez faire du tort à quelqu'un sans le savoir, et vous vous en repentiriez ensuite.

7. Sachez que l'apôtre de Dieu est au milieu de vous. S'il vous écoutait dans beaucoup de choses, vous tomberiez dans le péché. Mais Dieu vous a fait préférer la foi, il l'a embellie dans vos cœurs; il vous a inspiré de la répugnance pour l'infidélité, pour l'impiété, pour la désobéissance. De tels hommes sont dans la droite voie

8. Par la grâce de Dieu, et par l'effet de sa générosité. Dieu est savant et sage.

9. Lorsque deux nations des croyants se font la guerre, cherchez à les concilier. Si l'une d'entre elles agit avec iniquité envers l'autre, combattez celle qui a agi injustement, jusqu'à ce qu'elle revienne aux préceptes de Dieu. Si elle reconnaît ses torts, réconciliez-la avec l'autre selon la justice; soyez impartiaux, car Dieu aime ceux qui agissent avec impartialité.

10. Car les croyants sont tous frères; arrangez donc le différend de vos pères, et craignez Dieu, afin qu'il ait pitié de vous.

11. Que les hommes ne se moquent point des hommes : ceux que l'on raille valent peut-être mieux que leurs railleurs; ni des femmes des autres femmes : peut-être celles-ci valent mieux que les autres. Ne vous diffamez pas entre vous, ne vous donnez point de sobriquets. Que ce nom: Méchanceté, vient mal après la foi *que vous professez*. Ceux qui ne se repentiraient pas après une pareille action, ne seraient que méchants.

12. O vous qui croyez éviter le soupçon trop fréquent, il y a des soupçons qui sont des crimes; ne cherchez point à épier les pas des autres, ne médisez point les uns des autres; qui de vous voudrait manger la chair de son frère mort? Vous reculez d'horreur. Craignez donc Dieu. Il aime à revenir aux hommes, et il est miséricordieux.

13. O hommes, nous vous avons procréés d'un homme et d'une femme; nous vous avons partagés en familles et en tribus, afin que vous vous connaissiez entre vous. Le plus digne devant Dieu est celui d'entre vous qui le craint le plus. Or, Dieu est savant et instruit de tout.

14. Les Arabes du désert disent : Nous avons cru. Réponds-leur : Point du tout. Dites plutôt: Nous avons embrassé l'islam, car la foi n'a pas encore pénétré dans vos cœurs. Si vous obéissez à Dieu et à son apôtre, aucune de vos actions ne sera perdue, car Dieu est indulgent et miséricordieux.

15. Les vrais croyants sont ceux qui ont cru en Dieu et à son apôtre, et qui ne doutent plus; qui combattent de leurs biens et de leur personne dans le sentier de Dieu. Ceux-là seuls sont sincères dans leurs paroles.

16. Pensez-vous apprendre à Dieu quelle est votre religion? Mais il sait tout ce qui est dans les cieux et sur la terre. Il connaît tout.

17. Ils te reprochent *comme un mérite de leur part*, d'avoir embrassé l'islam. Dis-leur : Ne me reprochez point votre *islam*. Dieu pourrait bien vous reprocher comme un bienfait de vous avoir conduits vers la foi. *Convenez-en* si vous êtes sincères.

18. Dieu connaît les secrets des cieux et de la terre, il voit toutes vos actions.

CHAPITRE L.
KAF.

Donné à la Mecque. — 45 Versets.

Au nom de Dieu clément et miséricordieux.

1. K. Par le Koran glorieux;
2. Ils s'étonnent de ce que de leur sein s'éleva un homme qui les avertit. Ceci est surprenant, disent les infidèles.
3. Une fois morts et réduits en poussière, devrions-nous revivre ? Ce retour est trop éloigné.
4. Nous savons combien la terre en a déjà dévoré; nous avons un livre que nous conservons, et qui en instruit.
5. Ils ont traité de mensonge la vérité qui leur est venue. Ils sont dans une affaire inextricable.
6. N'élèveront-ils pas leurs regards vers le ciel au-dessus de leurs têtes? Ne voient-ils pas comme nous l'avons bâti et disposé, comme il n'y a aucune fente?
7. Nous avons étendu la terre, nous y avons jeté des montagnes, et nous y avons fixé le couple précieux de toute espèce.
8. Sujet de réflexion, et avis à tout serviteur qui aime à retourner vers nous.
9. Nous faisons descendre du ciel l'eau bienfaisante; par elle, nous faisons germer les plantes des jardins, et les récoltes des moissons,
10. Et les palmiers élevés, dont les branches retombent avec des dattes en grappes suspendues.
11. Elles servent de nourriture aux hommes. Au moyen de l'eau du ciel, nous rendons la vie à une contrée morte. C'est ainsi que s'opérera la résurrection.
12. Le peuple de Noé, les habitants de Rass, et les Thémoudéens, ont avant ceux-ci traité de menteurs leurs prophètes.
13. Ad et Pharaon, les confrères de Loth et les habitants de la forêt [1], le peuple de Tobba, tous ont traité leurs prophètes d'imposteurs, et ont mérité le châtiment dont nous les menacions.
14. Sommes-nous donc fatigué par la première création, pour qu'ils soient dans le doute sur la création nouvelle de la résurrection?
15. Nous avons créé l'homme, et nous savons ce que son âme lui dit à l'oreille; nous sommes plus près de lui que sa veine jugulaire.
16. Lorsque les deux anges chargés de recueillir les paroles de l'homme, se mettent à les recueillir, l'un s'assied à sa droite, et l'autre à sa gauche.
17. Il ne profère pas une seule parole qu'il n'y ait un surveillant prompt à la noter exactement.
18. L'étourdissement de la mort certaine le saisit. Voici le terme que tu voulais reculer.
19. On enfle la trompette ! C'est le jour dont vous étiez avertis.
20. Toute âme s'y rendra accompagnée d'un témoin et d'un conducteur qui la poussera devant soi.
21. Tu vivais dans l'insouciance de ce jour, lui dira-t-on. Nous avons ôté le voile qui te couvrait les yeux. Aujourd'hui ta vue est perçante.
22. L'ange qui l'accompagnera dira : Voilà ce que j'ai préparé contre toi.
23. Jetez dans l'enfer tout infidèle endurci,
24. Qui s'opposait au bien, violait les lois et doutait;
25. Qui plaçait à côté de Dieu d'autres dieux. Précipitez-le dans le tourment affreux.
26. L'autre ange dira : Seigneur, ce n'est pas moi qui l'ai séduit, mais il était dans l'égarement lointain.
27. Ne disputez pas devant moi. Je vous avais menacés d'avance.
28. Ma parole ne change pas, et je ne suis point tyran de mes serviteurs.
29. Alors nous crierons à l'enfer : Es-tu rempli? et il répondra : Avez-vous encore des victimes?
30. Non loin de là, le jardin de délices est préparé pour les justes.
31. Voici ce qui a été promis à tout homme qui faisait la pénitence, et observait les lois de Dieu;
32. A tout homme qui craignait le Clément, et qui vient avec un cœur contrit.
33. Entrez-y en paix, le jour de l'éternité commence.
34. Vous y aurez tout à votre gré, et nous pouvons augmenter ses bénédictions.
35. Combien nous avons exterminé de peuples plus forts que les habitants de la Mecque ! Parcourez les pays, et voyez s'il y a un abri contre notre colère ?
36. Avis à tout homme qui a un cœur, qui prête l'oreille et qui voit.
37. Nous avons créé les cieux et la terre, et tout l'espace qui les sépare, en six jours. La fatigue n'a pas eu de prise sur nous.
38. Souffre avec constance leurs discours, et récite les louanges de ton Seigneur avant le lever et le coucher du soleil,

---

[1] Cette forêt était dans le pays des Madianites.

39. Et pendant la nuit aussi ; et accomplis l'adoration.
40. Prête attentivement l'oreille au jour où le crieur criera du lieu voisin [1].
41. Le jour où les hommes entendront le cri véritable, sera celui de la résurrection.
42. Nous faisons mourir et nous rendons la vie. Nous sommes le terme de toutes choses.
43. Dans ce jour, la terre s'ouvrira soudain au-dessus d'eux. Ce sera le jour du rassemblement. Cette œuvre nous sera facile.
44. Nous connaissons les discours des infidèles, et toi, tu n'es pas chargé de les contraindre.
45. Avertis par le Koran ceux qui craignent mes menaces.

CHAPITRE LI.
QUI ÉPARPILLENT.
Donné à la Mecque. — 60 versets.

Au nom de Dieu clément et miséricordieux.

1. J'en jure par les brises qui éparpillent et disséminent [2],
2. Par les nuées grosses d'un fardeau [3],
3. Par les nacelles qui courent avec agilité [4],
4. Par les anges qui distribuent toutes choses,
5. Les menaces qu'on vous fait entendre sont véritables,
6. Et le jugement est imminent.
7. Par le ciel traversé de bandes [5],
8. Vous errez dans vos discours opposés.
9. On se détournera de celui qui est détourné de la vraie foi.
10. Que les menteurs périssent ;
11. Lesquels s'enfoncent dans les profondeurs de l'ignorance.
12. Ils demandent quand viendra le jour de la foi.
13. Ce jour-là ils seront brûlés au feu.
14. On leur dira : Subissez la peine que vous hâtiez.
15. Ceux qui craignent Dieu sont au milieu des jardins et des sources,
16. Jouissant de ce que leur Seigneur leur a donné, parce qu'ils avaient pratiqué le bien.
17. Ils dormaient peu la nuit (en passant la plus grande partie de la nuit en prières),
18. Et au lever de l'aurore ils demandaient pardon de leurs péchés.
19. Dans leurs richesses il y avait une part pour le mendiant et pour l'infortuné.
20. Il y a sur la terre des signes de la puissance divine pour ceux qui croient fermement.
21. Il y en a dans vous-mêmes : ne les voyez-vous pas ?
22. Le ciel a de la nourriture pour vous ; il renferme ce qui vous a été promis.
23. J'en jure par le Seigneur du ciel et de la terre, c'est la vérité, pour parler votre langage.
24. As-tu entendu l'histoire des hôtes d'Abraham ? Reçus en tout honneur,
25. Lorsqu'ils entrèrent chez lui, ils lui dirent : Paix ! et Abraham leur dit : Paix. — Ce sont des étrangers,
26. Dit-il à part aux siens, et il apporta un veau gras.
27. Il le présenta à ses hôtes, et leur dit : N'en mangerez-vous pas un peu ?
28. Et il eut quelque crainte d'eux ; ils lui dirent : Ne crains rien ! et ils lui annoncèrent un fils sage.
29. Sa femme survint là-dessus ; elle poussa un cri, et se frappa le visage, en disant : Moi, femme vieille et stérile.
30. Ainsi le veut, reprirent les hôtes, Dieu ton Seigneur, le Savant, le Sage.
31. Quel est le but de votre voyage, ô messagers ?
32. Nous sommes envoyés vers un peuple criminel,
33. Pour lancer contre lui des pierres.
34. Destinés chez ton Seigneur pour quiconque commet des excès,
35. Nous en avons énuméré les croyants,
36. Et nous n'y avons trouvé qu'une seule famille d'hommes voués à Dieu.
37. Nous y avons laissé des signes pour ceux qui craignent le châtiment terrible.
38. Il y avait des signes dans la mission de Moïse, lorsque nous l'envoyâmes vers Pharaon, muni d'un pouvoir patent.
39. Mais lui et les grands de son royaume tournèrent le dos en disant : C'est un sorcier ou un fou.
40. Nous l'avons saisi lui et son armée, et nous les avons précipités dans la mer. Il est couvert de réprobation.
41. Il y avait des signes chez le peuple d'Ad, lorsque nous envoyâmes contre lui un vent de destruction.
42. Il ne passa sur aucun être sans qu'il ne l'eût aussitôt converti en poussière.
43. Il y avait des signes chez les Thémoudéens

---

[1] C'est-à-dire, d'où toutes les créatures pourront l'entendre.
[2] Le texte porte *par les éparpillantes*, ce qu'on peut entendre aussi bien des souffles de vent qui dispersent la poussière, comme des femmes qui, en donnant des enfants aux hommes, font éparpiller leur postérité sur la terre.
[3] Ou bien par les femmes enceintes.
[4] Ou bien par les étoiles qui voyagent dans les cieux.
[5] De bandes de nuages.

lorsqu'on leur dit: Jouissez jusqu'à un certain terme.

44. Ils furent rebelles aux ordres du Seigneur, et la tempête les surprit à la clarté du jour.

45. Ils ne pouvaient se soutenir debout ni se sauver.

46. Le peuple de Noé avant eux était aussi un peuple de pervers.

47. Nous avons bâti le ciel par l'effet de notre puissance, et nous l'avons étendu dans l'immensité.

48. Nous avons étendu la terre comme un tapis. Que nous l'avons étendue avec habileté !

49. En toute chose nous avons créé un couple, afin que vous réfléchissiez.

50. Cherchez un asile auprès de Dieu. Je suis envoyé par lui pour vous avertir distinctement.

51. Ne placez point d'autres dieux à côté de Dieu. Je vous en avertis clairement de sa part.

52. C'est ainsi qu'il n'y eut point d'apôtre envoyé vers leurs devanciers, qu'ils n'aient traité de sorcier ou de fou.

53. Se seraient-ils transmis ce procédé comme un legs ? En vérité, c'est un peuple rebelle.

54. Laisse-les donc, tu n'encourras aucun reproche ;

55. Seulement ne cesse de prêcher. L'avertissement profitera aux croyants.

56. Je n'ai créé les hommes et les génies qu'afin qu'ils m'adorent.

57. Je ne leur demande point de pain ; je ne leur demande point qu'ils me nourrissent.

58. Dieu seul est le dispensateur de la nourriture ; il est fort et inébranlable.

59. Ceux qui agiront injustement auront la portion pareille à ceux qui ont agi autrefois de la même manière. Qu'ils ne me provoquent pas.

60. Malheur aux infidèles, à cause du jour dont ils sont menacés.

CHAPITRE LII.
LE MONT SINAI.

Donné à la Mecque. — 49 versets.

Au nom de Dieu clément et miséricordieux.

1. Par le mont Sinaï ;
2. Par le livre écrit
3. Sur un rouleau déployé ;
4. Par le temple visité ;
5. Par la voûte élevée ;
6. Par la mer gonflée,
7. Le châtiment de Dieu est imminent.
8. Nul ne saurait le détourner.
9. Au jour où le ciel flottera d'une ondulation *réelle*,

10. Les montagnes marcheront d'une marc *réelle*,

11. Ce jour-là, malheur à ceux qui accusent les apôtres d'imposture,

12. Qui s'ébattent dans des discours frivoles.

13. Ce jour-là ils seront précipités dans le feu de la géhenne.

14. C'est le feu que vous avez traité de mensonge, *leur dira-t-on.*

15. Est-ce un enchantement ? ou bien ne voyez-vous rien ?

16. Chauffez-vous à ce feu. Supportez-le patiemment ou ne le supportez pas ; l'effet en sera égal pour vous. Vous êtes rétribués de ce que vous avez fait.

17. Ceux qui craignaient Dieu seront dans les jardins et dans les délices,

18. Savourant les présents dont vous gratifie votre Seigneur. Leur seigneur les a préservés du supplice du feu.

19. Mangez et buvez en bonne santé, c'est le prix de vos actions.

20. Accoudés sur des lits rangés en ordre, nous les avons mariés à des filles aux grands yeux noirs.

21. Ceux qui ont cru et dont les enfants ont suivi les traces, seront réunis à leurs enfants. Nous n'ôterons pas la moindre chose de leurs œuvres. Tout homme sert de gage à ses œuvres.

22. Nous leur donnerons en abondance les fruits et les viandes qu'ils désireront.

23. Ils feront aller à la ronde la coupe qui ne fera naître ni propos indécent ni occasion de péché.

24. Autour d'eux circuleront de jeunes serviteurs, pareils à des perles renfermées *dans leur nacre.*

25. Placés en face les uns des autres, les bienheureux se feront réciproquement des questions.

26. Nous étions jadis, diront-ils, pleins de sollicitude pour notre famille.

27. Dieu a été bienveillant envers nous ; il nous a préservés du supplice ardent.

28. Nous l'invoquions jadis ; il est bon et miséricordieux.

29. O Mohammed, prêche les infidèles ; tu n'es, grâce à Dieu, ni un devin, ni un possédé.

30. Diront-ils: C'est un poëte. Attendons avec lui les vicissitudes de la fortune.

31. Dis-leur : Attendez, et moi j'attendrai avec vous.

32. Sont-ce leurs songes qui les inspirent, ou bien sont-ils un peuple pervers ?

33. Diront-ils : Il a inventé lui-même ce Koran. — C'est plutôt qu'ils ne croient pas.

34. Qu'ils produisent donc un discours semblable, s'ils sont sincères.
35. Ont-ils été créés du néant, ou bien se sont-ils créés eux-mêmes ?
36. Ont-ils créé les cieux et la terre ? C'est plutôt qu'ils ne croient pas.
37. Les trésors de Dieu seraient-ils en leur puissance ? Sont-ils les dispensateurs suprêmes ?
38. Ont-ils une échelle pour *voir ce qui se passe au ciel ?* Que celui qui l'a entendu produise donc une preuve évidente.
39. Dieu a-t-il des filles tout comme vous des fils ?
40. Leur demanderas-tu un salaire ? Ils sont accablés de dettes.
41. Ont-ils la connaissance des choses cachées ? Écrivent-ils *dans le Livre comme Dieu le fait ?*
42. Veulent-ils te tendre des pièges ? Les infidèles y seront pris les premiers.
43. Ont-ils une autre divinité que Dieu ? Loin de sa gloire les dieux qu'ils lui associent.
44. S'ils voyaient une portion du ciel tomber, ils diraient : C'est un nuage amoncelé.
45. Laisse-les jusqu'à ce qu'ils rencontrent leur jour, le jour où ils seront frappés,
46. Le jour où leurs fourberies ne leur serviront de rien, où ils ne recevront aucun secours.
47. Les méchants éprouveront encore d'autres supplices ; mais la plupart d'entre eux l'ignorent.
48. Attends avec patience le jugement de ton Seigneur ; tu es sous nos yeux. Célèbre les louanges de ton Seigneur en te levant.
49. Célèbre-le pendant la nuit ; célèbre-le quand les étoiles s'en vont.

CHAPITRE LIII.

L'ÉTOILE.

Donné à la Mecque. — 61 versets.

Au nom de Dieu clément et miséricordieux.

1. J'en jure par l'étoile qui se couche,
2. Votre compatriote n'est point égaré, il n'a point été séduit.
3. Il ne parle pas de son propre mouvement.
4. Ce qu'il dit est une révélation qui lui a été faite.
5. L'énorme en force [1] l'a instruit.
6. Le robuste, après l'avoir instruit, alla se reposer.
7. Il monta au-dessus de l'horizon,
8. Puis il s'abaissa et resta suspendu dans les airs.

[1] C'est-à-dire, l'ange Gabriel.

9. Il était à la distance de deux arcs, ou plus près encore,
10. Et il révéla au serviteur de Dieu ce qu'il avait à lui révéler.
11. Le cœur de Mohammed ne ment pas, il l'a vu.
12. Élèverez-vous des doutes sur ce qu'il a vu ?
13. Il l'avait déjà vu dans une autre descente [1],
14. Près du lotus de la limite [2],
15. Là où est le jardin du séjour.
16. Le lotus était couvert d'un ombrage.
17. L'œil du prophète ne se détourna ni ne s'égara un seul instant.
18. Il a vu la plus grande merveille de son Seigneur.
19. Que vous semble de Lat et d'Al Ozza [3] ?
20. Et cette autre, Menat, la troisième idole ?
21. Aurez-vous des fils et Dieu des filles ?
22. Ce partage est injuste.
23. Ce ne sont que des noms ; c'est vous et vos pères qui les avez ainsi nommés. Dieu ne vous a révélé aucune preuve à ce sujet ; vous ne suivez que des suppositions et vos désirs, et cependant vous avez reçu une direction de votre Seigneur.
24. L'homme aura-t-il ce qu'il désire ?
25. C'est à Dieu qu'appartient la vie future et la vie présente.
26. Quelque nombreux que soient les anges dans les cieux, leur intercession ne servira à rien ;
27. Sauf, si Dieu le permet, à celui qu'il voudra, à celui qu'il lui plaira.
28. Ceux qui ne croient pas à la vie future, appellent les anges des femmes.
29. Ils n'en savent rien, ils ne suivent que des suppositions. Les suppositions ne sauraient nullement tenir lieu de la vérité.
30. Éloigne-toi de celui qui tourne le dos quand on parle de nous, qui ne désire que la vie de ce monde.
31. Voilà jusqu'où va leur science. Ton Seigneur sait mieux que personne qui est celui qui s'égare de son sentier ; il sait le mieux qui est dans la droite voie.
32. Tout ce qui est dans les cieux et sur la terre appartient à Dieu : il rétribuera ceux qui font le mal selon leurs œuvres ; il récompensera d'une belle récompense ceux qui ont pratiqué le bien.
33. Ceux qui évitent les grands crimes et les actions déshonorantes, et tombent dans de lé-

[1] C'est-à-dire, durant son voyage nocturne à travers les cieux.
[2] C'est l'arbre qui sert de limite au paradis.
[3] Noms de divinités arabes.

gères fautes, pour ceux-là Dieu est d'une vaste indulgence. Il vous connaissait bien quand il vous produisait de la terre ; il vous connaît quand vous n'êtes qu'un embryon dans les entrailles de vos mères. Ne cherchez donc pas à vous disculper ; il connaît mieux que personne celui qui le craint.

34. As-tu considéré celui qui tourne le dos,
35. Qui donne peu et qui lésine ?
36. Celui-là a-t-il la connaissance des choses cachées et les voit-il ?
37. Ne lui a-t-on pas récité ce qui est consigné dans les feuillets de Moïse,
38. Et d'Abraham fidèle à ses engagements ?
39. L'âme qui porte la charge, ne portera pas celle d'une autre.
40. L'homme n'aura que ce qu'il a gagné.
41. Son travail sera apprécié.
42. Il en sera récompensé d'une rétribution scrupuleuse.
43. Ton Seigneur n'est-il pas le terme de tout ?
44. Il fait rire et il fait pleurer.
45. Il fait mourir et il fait revivre.
46. Il a créé le couple, le mâle et la femelle ;
47. Il les a créés de la semence par son émission.
48. Une seconde création est à sa charge.
49. Il enrichit et fait acquérir.
50. Il est le Seigneur de la canicule [1].
51. Il a fait périr le peuple d'Ad, l'ancien,
52. Et le peuple de Thémoud, et il n'en a pas laissé un seul ;
53. Et le peuple de Noé avant ceux-ci, car ils étaient méchants et rebelles.
54. Ces villes renversées, c'est lui qui les a renversées.
55. Les décombres qui les couvrent les couvrirent alors.
56. Quels bienfaits du Seigneur mettras-tu en doute ?
57. Cet apôtre (Mohammed) est comme les apôtres d'autrefois.
58. L'heure qui doit venir s'approche. Il n'y a point de remède contre, hormis en Dieu.
59. Est-ce à cause de ce discours que vous êtes dans l'étonnement ?
60. Vous riez au lieu de pleurer.
61. Vous passez votre temps en discours frivoles.
62. Prosternez-vous devant Dieu et adorez-le.

[1] La constellation de la canicule, ou le Sirius, était adorée par les Arabes païens.

CHAPITRE LIV.
LA LUNE.
Donné à la Mecque. — 55 versets.

Au nom de Dieu clément et miséricordieux.

1. L'heure approche et la lune s'est fendue ;
2. Mais les infidèles, à la vue d'un prodige, détournent leurs yeux et disent : C'est un enchantement puissant.
3. Ils traitent le Koran d'imposture et ne suivent que leurs appetits ; mais toute chose sera fixée invariablement.
4. Ils ont déjà entendu dans le Koran des récits capables de les pénétrer de crainte.
5. C'est la sagesse suprême ; mais à quoi leur servent les avertissements ?
6. Éloigne-toi d'eux ; le jour où l'ange chargé d'appeler les hommes, les appellera à l'acte terrible du jugement,
7. Les yeux baissés, ils sortiront de leurs tombeaux, semblables aux sauterelles dispersées,
8. Et se rendront en toute hâte auprès de l'ange. Alors les incrédules s'écrieront : Voici ce jour difficile.
9. Avant eux, les peuples de Noé méconnaissaient la vérité ; ils accusèrent notre serviteur d'imposture ; c'est un possédé, disaient-ils, et il fut chassé.
10. Noé adressa cette prière au Seigneur : Je suis opprimé ; Seigneur, viens à mon aide.
11. Nous ouvrîmes les portes du ciel et l'eau tomba en torrents.
12. Nous fendîmes la terre, d'où jaillirent des sources, et les eaux se rassemblèrent conformément à nos arrêts.
13. Nous emportâmes Noé dans une arche construite de planches jointes avec des clous.
14. Elle fendait les flots sous nos yeux. C'était une récompense due à celui envers lequel on a été ingrat.
15. Nous en avons fait un signe d'avertissement. Y a-t-il quelqu'un qui en profite ?
16. Que mes châtiments et mes menaces ont été terribles !
17. Nous avons rendu le Koran propre à servir d'avertissement. Y a-t-il quelqu'un qui en profite ?
18. Les Adites ont méconnu la vérité. Que mes châtiments et mes menaces ont été terribles !
19. Nous déchaînâmes contre eux un vent impétueux, dans ce jour fatal, terrible ;
20. Il emportait les hommes comme des éclats de palmiers arrachés avec violence.
21. Que mes châtiments et mes menaces ont été terribles !
22. Nous avons rendu le Koran propre à ser-

vir d'avertissement. Y a-t-il quelqu'un qui en profite?

23. Les Thémoudéens ont traité nos menaces de mensonges.

24. Écouterons-nous un homme comme nous? disent-ils; en vérité, nous serions plongés dans l'égarement et dans la folie.

25. Les avertissements du ciel lui seraient-ils donnés à lui seul d'entre nous? Non, mais c'est un imposteur insolent.

26. — Demain ils apprendront qui de nous était l'imposteur insolent.

27. Nous leur enverrons une femelle de chameau comme tentation; nous épierons leurs démarches, et toi, *Saleh*, prends patience.

28. Annonce-leur que l'eau de leurs citernes doit être partagée entre eux et la chamelle, et que leurs portions doivent se suivre alternativement.

29. Les Thémoudéens appelèrent un de leurs concitoyens; il tira son sabre et tua la chamelle.

30. Que nos châtiments et nos menaces ont été terribles!

31. Nous déchaînâmes contre eux un seul cri de l'ange; et ils devinrent comme des brins de paille sèche qu'on mêle à l'argile.

32. Nous avons rendu le Koran propre à avertir. Y a-t-il quelqu'un qui en profite?

33. Le peuple de Loth a traité nos menaces de mensonge.

34. Nous déchaînâmes contre eux un vent qui lançait des pierres. A la pointe du jour nous ne sauvâmes que Loth.

35. C'était un bienfait de notre part; c'est ainsi que nous récompensons les reconnaissants.

36. Il les menaça de notre vengeance; mais ils révoquaient en doute nos menaces.

37. Ils voulaient abuser de ses hôtes; nous les privâmes de la vue, et nous leur dîmes: Éprouvez mes châtiments et mes menaces.

38. Un châtiment permanent fondit sur eux le lendemain au matin.

39. Éprouvez mes châtiments et mes menaces.

40. Nous avons rendu le Koran propre aux avertissements; y a-t-il quelqu'un qui en profite?

41. Nos menaces allèrent trouver la famille de Pharaon.

42. Ils rejetèrent tous nos miracles; nous les châtiâmes comme châtie le Fort, le Puissant.

43. Votre incrédulité, ô Mecquois, vaut-elle mieux que la leur? Auriez-vous trouvé dans les Écritures quelque garantie de votre immunité?

44. Diront-ils: Nous nous réunirons tous et nous serons vainqueurs.

45. Bientôt cette multitude sera dispersée: ils tourneront tous le dos.

46. L'heure du jugement est celle de leur rendez-vous; elle sera douloureuse, amère.

47. Les coupables sont plongés dans l'égarement et dans la folie.

48. Le jour où ils seront traînés sur le front dans le feu de l'enfer, on leur dira: Éprouvez le toucher de l'enfer.

49. Nous avons créé toutes choses d'après une certaine proportion.

50. Notre ordre n'était qu'un seul mot, rapide comme un clignement d'œil.

51. Nous avons exterminé des peuples semblables à vous; y a-t-il quelqu'un qui profite de ces signes?

52. Toutes leurs actions sont écrites dans les Livres.

53. Les plus grandes comme les plus petites y sont consignées.

54. Les justes habiteront au milieu de fontaines et de jardins,

55. Dans le séjour de la vérité, auprès du Roi Puissant.

CHAPITRE LV.

LE MISÉRICORDIEUX.

Donné à la Mecque. — 78 versets

Au nom de Dieu clément et miséricordieux.

1. Le Miséricordieux a enseigné le Koran;
2. Il a créé l'homme;
3. Il lui a enseigné l'éloquence.
4. Le soleil et la lune parcourent la route tracée.
5. Les plantes et les arbres se courbent devant Dieu.
6. Il a élevé les cieux et établi la balance,
7. Afin que vous ne trompiez pas dans le poids.
8. Pesez avec justice et ne diminuez pas les tiges de la balance.
9. Il a disposé la terre pour les différents peuples.
10. Elle porte des fruits et les palmiers dont les fleurs sont couvertes d'une enveloppe;
11. Et le blé qui donne la paille et l'herbe.
12. Lequel des bienfaits de Dieu nierez-vous?
13. Il a formé l'homme de terre, comme celle du potier.
14. Il a créé les génies de feu pur sans fumée.
15. Lequel des bienfaits de Dieu nierez-vous?
16. Il est le souverain de deux orients.
17. Il est le souverain de deux occidents.
18. Lequel des bienfaits de Dieu nierez-vous?
19. Il a séparé les deux mers qui se touchent.
20. Il a élevé une barrière entre elles, de peur qu'elles ne se confondissent.

21. Lequel des bienfaits de Dieu nierez-vous?
22. L'une et l'autre fournit des perles et du corail.
23. Lequel, etc.
24. A lui appartiennent les vaisseaux qui traversent les mers comme des montagnes.
25. Lequel, etc.
26. Tout ce qui est sur la terre passera.
27. La face seule de Dieu restera environnée de majesté et de gloire.
28. Lequel, etc.
29. Tout ce qui est dans les cieux et sur la terre lui adresse ses vœux. Chaque jour il est occupé à quelque œuvre nouvelle.
30. Lequel, etc.
31. Nous vaquerons un jour à votre jugement, d'hommes et génies!
32. Lequel, etc.
33. Si vous pouvez franchir les limites du ciel et de la terre, fuyez; mais vous n'échapperez pas sans un pouvoir illimité.
34. Lequel, etc.
35. Il lancera contre vous des dards de feu sans fumée et de fumée sans feu. Comment vous défendrez-vous?
36. Lequel, etc.
37. Quand le ciel se fendra, quand il sera comme la rose ou comme la peau teinte en rouge.
38. Lequel, etc.
39. Alors on ne demandera point aux hommes ni aux génies quels crimes ils auront commis.
40. Lequel, etc.
41. Les criminels seront reconnus à leurs marques; on les saisira par les chevelures et par les pieds.
42. Lequel, etc.
43. Voilà la géhenne que les criminels traitaient de fable.
44. Ils tourneront autour des flammes et de l'eau bouillante.
45. Lequel, etc.
46. Ceux qui craignent la majesté de Dieu auront deux jardins.
47. Lequel, etc.
48. Ornés de bosquets.
49. Lequel, etc.
50. Dans chacun d'eux jailliront deux fontaines.
51. Lequel, etc.
52. Dans chacun d'eux croîtront deux espèces de fruits.
53. Lequel, etc.
54. Ils s'étendront sur des tapis brochés de soie et brodés d'or; les fruits des deux jardins seront rapprochés, aisés à cueillir.
55. Lequel, etc.
56. Là, seront de jeunes vierges au regard modeste, dont jamais homme ni génie n'a profané la pudeur.
57. Lequel, etc.
58. Elles ressemblent à l'hyacinthe et au corail.
59. Lequel, etc.
60. Quelle est la récompense du bien si ce n'est le bien?
61. Lequel, etc.
62. Outre ces deux jardins, deux autres s'y trouveront encore.
63. Lequel, etc.
64. Deux jardins couverts de verdure.
65. Lequel, etc.
66. Où jailliront deux sources.
67. Lequel, etc.
68. Là, il y aura des fruits, des palmiers et de grenades.
69. Lequel, etc.
70. Là, il y aura des vierges jeunes et belles.
71. Lequel, etc.
72. Des vierges aux grands yeux noirs renfermées dans des pavillons.
73. Lequel, etc.
74. Jamais homme ni génie n'attenta à leur pudeur.
75. Lequel, etc.
76. Leurs époux se reposeront sur des coussins verts et des tapis magnifiques.
77. Lequel des bienfaits de Dieu nierez-vous?
78. Béni soit le nom du Seigneur, environné de majesté et de gloire!

CHAPITRE LVI.

L'ÉVÉNEMENT [1].

Donné à la Mecque. — 96 versets.

Au nom de Dieu clément et miséricordieux.

1. Lorsque l'événement arrivera,
2. Nul ne saura nier son arrivée.
3. Il abaissera et il élèvera.
4. Lorsque la terre sera ébranlée par un violent tremblement,
5. Que les montagnes voleront en éclats
6. Et deviendront comme la poussière dispersée de tous côtés;
7. Lorsque vous, hommes, vous serez partagés en trois classes;

---

[1] C'est un nom donné au jour du jugement.

8. Que les hommes de la droite seront hommes de la droite;

9. Que les hommes de la gauche seront hommes de la gauche;

10. Que ceux qui ont pris le pas *en ce monde dans la foi* y prendront le pas avant les autres :

11. Ceux-ci seront les plus rapprochés de Dieu.

12. Ils habiteront le jardin des délices,

13. (Il y aura un grand nombre de ceux-ci parmi les peuples anciens,

14. Et un petit nombre seulement parmi les modernes),

15. Se reposant sur des siéges ornés d'or et de pierreries,

16. Accoudés à leur aise et se regardant face à face.

17. Ils seront servis par des enfants doués d'une jeunesse éternelle,

18. Qui leur présenteront des gobelets, des aiguières et des coupes, *remplis de vin exquis.*

19. Sa vapeur ne leur montera pas à la tête et n'obscurcira pas leur raison.

20. Ils auront à souhait les fruits qu'ils désireront,

21. Et la chair des oiseaux les plus rares.

22. Près d'eux seront les houris aux beaux yeux noirs, pareilles aux perles dans leur nacre.

23. Telle sera la récompense de leurs œuvres.

24. Ils n'y entendront ni discours frivole ni paroles criminelles;

25. On n'y entendra que les paroles : Paix, paix.

26. Les hommes de la droite (qu'ils seront heureux les hommes de la droite!)

27. Séjourneront parmi les arbres de lotus sans épines,

28. Et les bananiers chargés de fruits du sommet jusqu'en bas,

29. Sous des ombrages qui s'étendront au loin,

30. Près d'une eau courante,

31. Au milieu de fruits en abondance,

32. Que personne ne coupera, dont personne n'interdira l'approche;

33. Et ils se reposeront sur des lits élevés.

34. Nous créâmes les vierges du paradis par une création à part;

35. Nous avons conservé leur virginité.

36. Chéries de leurs époux et d'un âge égal au leur,

37. Elles seront destinées aux hommes de la droite.

38. Il y en aura un grand nombre parmi les anciens

39. Et un grand nombre parmi les modernes.

40. Et les hommes de la gauche, oh! les hommes de la gauche

41. Seront au milieu de vents pestilentiels et d'eaux bouillantes,

42. Dans l'obscurité d'une fumée noire,

43. Ni frais ni doux.

44. Autrefois ils menaient une vie pleine d'aisances,

45. Ils persévéraient dans une haine implacable,

46. Et disaient :

47. Quand nous serons morts, que nous ne serons qu'un amas d'os et de poussière, serons-nous ranimés de nouveau,

48. Ainsi que nos aïeux?

49. Dis-leur : Les anciens et les modernes

50. Seront réunis au rendez-vous du jour fixé.

51. Puis, vous, hommes égarés, et qui aviez traité nos signes de mensonge,

52. Vous mangerez le fruit de Zakoum,

53. Vous vous en remplirez les ventres.

54. Ensuite vous boirez de l'eau bouillante

55. Comme boit un chameau altéré de soif.

56. Tel sera leur festin au jour de la rétribution.

57. Nous vous avons créés, et pourquoi ne croiriez-vous pas à la résurrection?

58. La semence dont vous engendrez,

59. Est-ce vous qui la créez ou bien nous?

60. Nous avons arrêté que la mort vous frappe tour à tour à certains moments, et nul ne saurait prendre le pas sur nous,

61. Pour vous remplacer par d'autres hommes, ou pour créer des êtres que vous ne connaissez pas.

62. Vous connaissez la première création, pourquoi ne réfléchissez-vous pas?

63. Avez-vous remarqué le grain que vous semez?

64. Est-ce vous qui le faites pousser, ou bien nous?

65. Si nous voulions, nous le réduirions en brins de paille secs, et vous ne cesseriez pas de vous étonner et de crier :

66. Nous nous sommes endettés pour *nos cultures*, et nous voilà déçus de nos espérances.

67. Avez-vous fait attention à l'eau que vous buvez?

68. Est-ce vous qui la faites descendre des nuages, ou bien nous?

69. Si nous voulions, nous pourrions la changer en eau saumâtre. Pourquoi n'êtes-vous donc pas reconnaissants?

70. Avez-vous porté vos regards sur le feu que vous obtenez par frottement?

71. Est-ce vous qui créez l'arbre qui vous le donne, ou bien nous?

72. Nous l'avons voulu pour être un enseignement et procurer une utilité à ceux qui voyagent dans le désert.

73. Célèbre le nom du Dieu Très-Haut.

74. J'en jure par le coucher des étoiles,

75. (Et c'est un grand serment, si vous le saviez),

76. Que le Koran glorieux,

77. Dont le prototype est dans le volume caché,

78. Ne doit être touché que par ceux qui sont en état de pureté.

79. Il est la révélation du Souverain de l'univers.

80. Dédaignerez-vous ce Livre?

81. Chercherez-vous votre nourriture dans les accusations d'imposture que vous portez contre lui?

82. Pourquoi donc, au moment que vos cœurs remonteront jusqu'à vos gorges,

83. Que vous jetterez des regards de tous côtés;

84. Que nous serons près de vous sans que vous le voyiez;

85. Pourquoi donc, si vous ne devez jamais être jugés et rétribués,

86. Ne ramenez-vous pas l'âme prête à s'envoler? Dites-le si vous êtes sincères!

87. Celui qui sera au nombre des plus rapprochés de Dieu

88. Jouira du repos, de la grâce et du jardin des délices.

89. Celui qui sera au nombre des hommes de la droite,

90. (Salut à lui de la part des hommes de la droite).

91. Celui qui aura été parmi les hommes accusateurs de mensonge,

92. Les égarés,

93. Aura pour festin l'eau bouillante.

94. Nous le brûlerons au feu.

95. C'est la vérité infaillible.

96. Célèbre le nom du Dieu Très-Haut.

CHAPITRE LVII.

LE FER.

Donné à Médine. — 29 versets.

Au nom de Dieu clément et miséricordieux.

1. Tout ce qui est dans les cieux et sur la terre célèbre les louanges de Dieu. Il est puissant et sage.

2. A lui appartient l'empire des cieux et de la terre; il fait vivre et il fait mourir, et il est tout-puissant.

3. Il est le premier et le dernier; visible et caché, il connaît tout.

4. C'est lui qui a créé les cieux et la terre dans l'espace de six jours, et qui est allé s'asseoir sur le trône; il sait ce qui entre dans la terre et ce qui en sort, ce qui descend du ciel et ce qui y monte; il est avec vous; en quelque lieu que vous soyez, il voit vos actions.

5. L'empire des cieux et de la terre lui appartient; toutes choses retournent à lui.

6. Il fait succéder la nuit au jour, et le jour à la nuit; il connaît ce que les cœurs renferment.

7. Croyez en Dieu et à son apôtre, et donnez en aumônes une portion des biens dont Dieu vous accorda l'héritage. Ceux d'entre vous qui croient et font l'aumône recevront une récompense magnifique.

8. Pourquoi ne croiriez-vous pas en Dieu et à son apôtre, qui vous invite à croire en votre Seigneur, qui a reçu votre pacte à ce sujet, si vous voulez y croire?

9. C'est lui qui fait descendre sur son serviteur des signes évidents pour vous conduire des ténèbres à la lumière. Dieu est à votre égard plein de bonté et de miséricorde.

10. Pourquoi ne dépenseriez-vous pas vos richesses pour la cause de Dieu, à qui appartient l'héritage des cieux et de la terre? Celui qui a donné ses richesses et combattu pour la foi avant la victoire, *et celui qui n'en aura rien fait, ne sont point égaux.* Celui-là occupera un degré plus élevé que ceux qui auront offert leurs richesses après la victoire et combattu depuis. Mais Dieu a promis aux uns et aux autres une belle récompense. Il est instruit de vos actions.

11. A qui fera à Dieu un prêt généreux, Dieu le portera au double, et il recevra une récompense magnifique.

12. Un jour tu verras les croyants des deux sexes; leur lumière courra devant eux, et à leur droite[1]. Aujourd'hui, leur dira-t-on, nous vous annonçons une heureuse nouvelle, celle des jardins où coulent des fleuves et où vous resterez éternellement. C'est un bonheur ineffable.

13. Ce jour-là les hypocrites des deux sexes diront aux croyants: Regardez-nous; attendez un instant[2] que nous empruntions quelques parcelles de votre lumière; mais on leur dira: Retournez sur la terre et demandez-en là. Entre

---

[1] La lumière qui les précédera les conduira vers le sentier droit, celle qui sera à droite sera une lumière réfléchie du livre où sont inscrites leurs actions.

[2] Ces élus courront avec précipitation pour recevoir la récompense.

eux s'élèvera une muraille qui aura une porte, en dedans de laquelle siégera la Miséricorde et le Supplice en dehors. Les hypocrites crieront aux croyants : N'avons-nous pas été avec vous ? Oui, leur répondront ceux-ci, mais vous vous sentiez vous-mêmes et vous attendiez le moment favorable ; puis vous avez douté, et vos désirs vous ont aveuglés, jusqu'au moment où le décret de Dieu vint s'accomplir. Le Séducteur vous a aveuglés sur Dieu.

14. Aujourd'hui on ne recevra plus de rançon ni de vous ni des infidèles. Le feu sera votre demeure : voilà ce que vous avez gagné. Quelle affreuse fin !

15. Le temps n'est-il pas déjà venu pour les croyants d'humilier leurs cœurs devant l'avertissement de Dieu et devant le Livre de la vérité qu'il a envoyé ? Qu'ils ne ressemblent pas à ceux qui avaient précédemment reçu le Livre, dont les cœurs s'endurcissent avec le temps, et parmi lesquels une grande partie sont des pervers.

16. Sachez que Dieu rend la vie à la terre morte. Nous vous avons déjà expliqué ces miracles afin que vous les compreniez.

17. Ceux qui font l'aumône, hommes et femmes, ceux qui font à Dieu un prêt généreux, en recevront le double, et ils auront une récompense magnifique.

18. Ceux qui croient en Dieu et à ses apôtres sont des hommes véridiques ; ils seront témoins devant leur Seigneur, auront leur récompense et leur lumière [1]. Ceux qui n'ont point cru et qui ont traité nos signes de mensonges seront livrés au feu de l'enfer.

19. Sachez que la vie de ce monde n'est qu'un jeu et une frivolité ; un vain ornement ; désir de gloriole parmi vous, et désir de multiplier vos richesses à l'envi les uns des autres. Tout ceci ressemble à la pluie ; les incrédules [2] s'émerveillent à la vue des plantes qu'elle produit ; mais elles se fanent, jaunissent, et deviennent des fétus de paille. Dans l'autre monde est le châtiment terrible,

20. Et le pardon de Dieu et sa satisfaction. La vie de ce monde n'est qu'une puissance temporaire qui éblouit.

21. Luttez donc de vitesse pour obtenir le pardon de Dieu et le paradis, dont l'étendue égale celle du ciel et de la terre, et qui a été préparé pour ceux qui croient en Dieu et à ses apôtres. C'est une faveur de Dieu qu'il accordera à qui il voudra, car Dieu est d'une bienfaisance immense.

22. Aucune calamité ne frappe soit la terre, soit vos personnes, qui n'ait été écrite dans le Livre avant que nous les ayons créées. C'était facile pour Dieu.

23. *On vous dit ceci*, afin que vous ne vous affligiez pas à l'excès du bien qui vous échappe, ni ne vous réjouissiez outre mesure de celui qui vous arrive. Dieu n'aime point les présomptueux et les glorieux,

24. Les avares qui excitent à l'avarice les autres. Mais si l'avare se retire *et se soustrait aux actes de libéralité*, Dieu est assez riche *pour s'en passer*, et il est digne de gloire.

25. Nous avons envoyé des apôtres, accompagnés de signes évidents ; nous leur avons donné le Livre et la balance, afin que les hommes observent l'équité. Nous avons donné le fer qui porte en lui de terribles malheurs et des avantages ; c'est afin que Dieu apprenne qui d'entre vous assistera lui et ses apôtres en secret. Dieu est puissant et fort.

26. Nous envoyâmes Noé et Abraham, et nous établîmes le don de la prophétie dans leurs descendants et le Livre. Tel, parmi eux, suit la droite voie, mais la plupart sont des pervers.

27. Nous envoyâmes sur leurs traces d'autres apôtres, comme Jésus, fils de Marie, à qui nous donnâmes l'Évangile ; nous mîmes dans les cœurs des disciples qui les ont suivis, la douceur, la bonté et le goût de la vie monastique. Ce sont eux-mêmes qui l'ont inventé. Nous n'avons prescrit que le désir de plaire à Dieu ; mais ils ne l'ont point observé comme ils le devaient. Nous avons donné la récompense à ceux d'entre eux qui ont cru, mais la plupart sont des pervers.

28. O vous qui croyez, craignez Dieu et croyez à son apôtre ; il vous donnera deux portions de sa miséricorde ; il vous donnera la lumière, afin que vous marchiez avec son aide ; il effacera vos péchés, car il est indulgent et miséricordieux ;

29. Afin que les hommes qui ont reçu les Écritures sachent qu'ils ne disposent d'aucune des faveurs de Dieu ; que la grâce de Dieu est toute entre ses mains, et qu'il l'accorde à qui il veut. Dieu est d'une bonté inépuisable.

CHAPITRE LVIII.

LA PLAIDEUSE.

Donné à la Mecque. — 22 versets

1. Dieu a entendu la voix de celle qui a plaidé chez toi contre son mari et élevé des plaintes

---

[1] Voyez ci-dessus le verset 12.

[2] Mohammed veut dire les laboureurs ; mais comme les laboureurs de son temps étaient encore tous infidèles, il les appelle ici de ce nom.

a Dieu. Il a entendu vos plaidoyers. Il entend et connaît tout.

2. Ceux qui jurent que leurs femmes leur seront aussi sacrées que leurs mères [1] commettent une injustice : leurs mères sont celles qui les ont enfantés. Elles ne peuvent devenir leurs épouses.

3. Le Seigneur est indulgent et miséricordieux.

4. Ceux qui jurent de ne plus vivre avec leurs femmes, et qui se repentent de leur serment, ne pourront avoir commerce avec elles avant d'avoir donné la liberté à un captif. C'est un précepte de Dieu. Il connaît toutes vos actions.

5. Celui qui ne trouvera point de captif à racheter jeûnera deux mois de suite avant de s'approcher de sa femme, et s'il ne peut supporter ce jeûne, il nourrira soixante pauvres. Croyez en Dieu et à son envoyé. Il vous explique ses commandements. Leur infraction attirera sur vous le châtiment.

6. L'opprobre est réservé à celui qui désobéit à Dieu et au prophète. Ainsi furent humiliés ceux qui vous précédèrent. Nous avons envoyé du ciel notre religion sublime. L'opprobre et les tourments sont réservés aux incrédules.

7. Ils ont oublié le jour de la résurrection; mais Dieu en a marqué le terme. Il exposera devant eux le tableau de leurs œuvres. Il est le témoin universel.

8. Ignorez-vous que Dieu connaît tout ce qui est au ciel et sur la terre? Si trois personnes s'entretiennent ensemble, il est le quatrième; si cinq personnes sont réunies pour converser, il est le sixième. Quelque nombre qu'on soit, en quelque lieu qu'on se trouve, il est toujours présent. Au jour du jugement, il dévoilera les actions des hommes, parce qu'il est instruit de tout.

9. As-tu remarqué ceux à qui les assemblées clandestines ont été interdites, et qui y retournent malgré les défenses? Là ils s'entretiennent de projets criminels, d'hostilités, de révolte contre le prophète, et lorsqu'ils sont en sa présence, ils le saluent en des termes que Dieu ne lui a point accordés, et ils disent en eux-mêmes : Notre hypocrisie ne sera-t-elle pas punie? Leur récompense sera l'enfer. Ils seront la proie des flammes.

10. O croyants ! lorsque vous converserez ensemble, que l'iniquité, la guerre, la désobéissance aux ordres du prophète, ne soient point le sujet de vos discours; que plutôt la justice, la paix, la crainte de Dieu, en soient l'âme Vous serez tous rassemblés devant lui.

11. Les assemblées clandestines sont inspirées par Satan pour affliger les croyants; mais il ne saurait leur nuire sans la permission de Dieu. Que les fidèles mettent donc en lui sa confiance.

12. O croyants! lorsqu'on vous dit : Effacez-vous sur vos siéges, faites-le. Dieu vous donnera un espace immense dans le ciel. Lorsqu'on vous commande de vous lever, obéissez. Le Seigneur élèvera les croyants, et ceux que la science éclaire, à des places honorables. Il voit toutes vos actions.

13. O croyants! faites une aumône avant de parler au prophète : cette œuvre sera méritoire et vous purifiera. Si l'indigence s'y oppose, Dieu est indulgent et miséricordieux.

14. Craindriez-vous de faire une bonne œuvre avant de parler au prophète? Dieu vous pardonnera cette omission; mais observez exactement la prière. Payez le tribut prescrit. Obéissez à Dieu et à son apôtre. Dieu voit vos actions.

15. Avez-vous remarqué ceux qui ont formé des liaisons avec des hommes contre lesquels Dieu est courroucé? Ils ne sont ni de leur parti ni du vôtre; ils profèrent de faux serments, et ils le savent.

16. Dieu les a menacés des plus terribles châtiments, parce qu'ils sont livrés à l'iniquité.

17. Ils écartent les autres du sentier de Dieu, prenant leur serment pour manteau. Une punition terrible les attend.

18. Ni leurs richesses ni leurs enfants ne leur serviront de rien auprès de Dieu; ils seront les victimes d'un feu éternel.

19. Le jour où Dieu les ressuscitera, ils jureront qu'ils lui sont fidèles comme ils vous l'ont juré. Ils croient que ce serment leur sera de quelque utilité; vain espoir! Le mensonge n'est-il pas dans leur cœur?

20. Ils vivent sous l'empire de Satan. Il leur fait oublier le souvenir de Dieu. Ils suivent ses inspirations. Ses sectateurs ne sont-ils pas dévoués à la réprobation?

21. Ceux qui se révoltent contre Dieu et le prophète seront couverts d'opprobre. Dieu a dit : Je donnerai la victoire à mes envoyés. Dieu est fort et puissant.

22. Vous ne verrez aucun de ceux qui croient en Dieu et au jour dernier aimer l'infidèle qui est rebelle à Dieu et au prophète, fût-ce un père, un fils, un frère, un allié. Dieu a gravé la foi dans leurs cœurs, il les inspire. Il les introduira dans les jardins de délices arrosés par des fleuves. Ils y demeureront éternellement. Le Seigneur s'est complu en eux, et ils se complurent

---

[1] Formule solennelle de divorce chez les Arabes idolâtres.

en Dieu. Ils forment le parti de Dieu. N'est-ce pas le parti de Dieu qui doit prospérer?

CHAPITRE LIX.
L'ÉMIGRATION.
Donné à Médine. — 25 versets.

1. Tout ce qui est dans les cieux et sur la terre célèbre les louanges de Dieu. Il est puissant et sage.

2. C'est lui qui a fait sortir de leur forteresse ceux des infidèles qui ont reçu le Livre. Vous ne pensiez pas qu'on pût les y forcer. Ils croyaient que leurs citadelles les défendraient contre le bras de Dieu; mais il les a surpris du côté d'où ils ne s'attendaient pas; il a jeté la terreur dans leurs âmes. Leurs maisons ont été renversées de leurs propres mains et de celles des croyants. C'est un avertissement pour vous, à vous qui en avez été témoins.

3. Si le ciel n'avait écrit leur exil, il les aurait exterminés; mais le supplice du feu les attend dans l'autre monde.

4. Leur défaite est la punition du schisme qu'ils ont fait avec Dieu et le prophète. Le Seigneur punit sévèrement ceux qui s'écartent de sa religion.

5. Vous avez coupé leurs palmiers, vous n'en avez laissé qu'une partie sur leurs racines. Dieu l'a permis ainsi pour se venger des prévaricateurs.

6. Le butin qu'il a accordé au prophète, vous ne l'avez disputé ni avec vos chameaux ni avec vos chevaux; mais Dieu donne la victoire à ses envoyés sur qui il lui plaît. Il est tout-puissant.

7. Les dépouilles enlevées aux juifs chassés de leur forteresse appartiennent à Dieu et à son envoyé. Elles doivent être distribuées à ses parents, aux orphelins, aux pauvres et aux voyageurs. Il serait injuste que les riches les partageassent. Recevez ce que le prophète vous donnera, et ne prétendez rien au delà. Craignez Dieu, il est terrible dans ses vengeances.

8. Une portion est due aux pauvres qui ont abandonné leur pays, à ceux que le zèle pour la religion a fait chasser de leurs maisons et de leurs possessions. Ceux qui aident Dieu et le prophète sont les vrais fidèles.

9. Les habitants de Médine qui les premiers ont reçu la foi chérissent les croyants qui viennent leur demander un asile; ils n'envient point la portion de butin qui leur est accordée: oubliant leurs propres besoins, ils préfèrent leurs hôtes à eux-mêmes. La félicité sera le prix de ceux qui ont défendu leur cœur de l'avarice.

10. Ceux qui embrasseront l'islamisme après eux, adresseront au ciel cette prière: Seigneur, fais éclater ta miséricorde pour nous et pour nos frères qui nous ont devancés dans la foi; ne laisse point dans nos cœurs de haine contre eux. Tu es indulgent et miséricordieux.

11. As-tu entendu les impies qui disent aux juifs infidèles leurs frères: Si l'on vous bannit, nous vous suivrons, nous ne recevrons de loi que de vous. Si l'on vous assiége, nous volerons à votre secours? Dieu est témoin de leurs mensonges.

12. Si l'on oblige leurs frères à s'expatrier, ils ne les suivront point; si on les assiége, ils ne marcheront point à leur secours. S'ils osaient le faire, on les forcerait à prendre la fuite. Il n'y aurait plus de refuge pour eux.

13. L'épouvante que Dieu a jeté dans leurs âmes vous a donné la victoire sur eux, parce qu'ils n'ont point la sagesse.

14. Ils n'oseraient vous combattre en bataille rangée. Ils ne se défendront que dans les villes fortifiées ou derrière des remparts.

15. Ils n'ont de courage qu'entre eux. Vous les croyez unis, et ils sont divisés, parce qu'ils n'ont point la sagesse.

16. Semblables à ceux qui les ont précédés, ils n'ont fait qu'accélérer leur ruine. L'enfer les attend.

17. Semblables à Satan, qui prêche l'infidélité aux hommes lorsqu'ils ont apostasié, et qui ajoute: Je suis innocent de votre crime, je crains le souverain de l'univers;

18. Ils éprouveront nos châtiments. Les brasiers de l'enfer seront leur demeure perpétuelle. Tel est le sort des pervers.

19. O croyants, craignez le Seigneur. Que chacun de vous songe à ce qu'il fera demain. Craignez le Seigneur, il voit vos actions.

20. N'imitez pas ceux que l'oubli de Dieu a conduits à l'oubli d'eux-mêmes; ils sont prévaricateurs.

21. Les réprouvés et les hôtes du paradis auront un sort différent. Ceux-ci jouiront de la béatitude.

22. Si nous eussions fait descendre le Koran sur une montagne, elle se serait fendue et aurait abaissé son sommet. Nous proposons ces paraboles aux hommes, afin qu'ils réfléchissent.

23. Il n'y a qu'un seul Dieu. Rien n'est caché à ses yeux. Il voit tout; il est clément et miséricordieux.

24. Il n'y a qu'un Dieu; il est roi, saint, sauveur, fidèle, gardien, prédominateur, victorieux, suprême. Gloire à Dieu! et loin de lui que les hommes lui attribuent!

25. Il est le Dieu créateur et formateur. Il a tiré tout du néant. Les plus beaux noms sont ses attributs. Tous les êtres au ciel et sur la terre célèbrent ses louanges.

CHAPITRE LX.
MISE A L'ÉPREUVE.
Donné à Médine. — 13 versets.

Au nom de Dieu clément et miséricordieux.

1. O croyants! n'entretenez aucune liaison avec mes ennemis et les vôtres. Vous leur montrez de la bienveillance, et ils ont abjuré la vérité qu'on leur a enseignée. Ils vous ont rejetés, vous et le prophète, du sein de leur ville, parce que vous aviez la foi. Si vous les combattez pour la défense de la religion et pour mériter mes faveurs, comment pouvez-vous conserver leur amitié? Je connais ce qui est caché au fond de vos cœurs et ce que vous produisez au grand jour. Quiconque agit ainsi s'écarte du sentier droit.

2. S'ils vous avaient en leur puissance, ils vous traiteraient en ennemis, et s'efforceraient de vous faire abjurer votre religion.

3. Les liens du sang et vos enfants ne vous serviront de rien au jour du jugement. Dieu mettra une barrière entre vous. Il observe toutes vos actions.

4. La conduite d'Abraham et de ceux qui avaient sa croyance est un exemple pour vous. Nous sommes innocents de vos crimes et de votre idolâtrie, dirent-ils au peuple. Nous nous séparons de vous. Que l'inimitié et la haine règnent entre nous jusqu'à ce que vous ayez cru en un seul Dieu. Abraham ajouta: O mon père, j'implorerai pour toi l'indulgence du Seigneur; mais il ne m'exaucera pas. Seigneur, nous mettons en toi notre confiance, nous sommes tes adorateurs; un jour nous serons rassemblés devant toi.

5. Seigneur, fais que les infidèles ne nous séduisent pas; pardonne-nous, tu es puissant et sage.

6. O vous qui croyez en Dieu et au jour du jugement! ils sont un exemple pour vous. Que l'impie refuse ce qui est dû au Seigneur; il est riche et digne de louanges.

7. Peut-être qu'un jour Dieu fera régner la concorde entre vous et vos ennemis. Il est puissant, indulgent et miséricordieux.

8. Dieu ne vous défend pas la bienfaisance et l'équité envers ceux qui n'ont point combattu contre vous, et qui ne vous ont point bannis de vos foyers. Il aime la justice.

9. Mais il vous interdit toute liaison avec ceux qui vous ont combattus et chassés de vos foyers, et qui ont voulu abolir votre religion. La même défense vous est prescrite contre ceux qui leur ont prêté secours. Quiconque leur montrerait de la bienveillance serait injuste.

10. O croyants! lorsque des femmes fidèles viendront chercher un asile parmi vous, éprouvez-les. Si elles professent sincèrement l'islamisme, ne les rendez pas à leurs maris infidèles. Dieu défend une pareille union; mais vous devez rendre a leurs époux la dot qu'ils leur ont donnée. Il vous sera permis de les épouser, pourvu que vous les dotiez convenablement. Vous ne garderez point une femme infidèle; mais vous pouvez exiger d'elle ce que vous lui avez accordé par le contrat : c'est le précepte de Dieu. Dieu donne des préceptes; il est savant et sage.

11. Si quelqu'une de vos femmes fuyait chez les idolâtres, donnez à son mari, lorsque vous l'aurez recouvrée, une somme égale à la dot qu'il lui avait accordée. Craignez le Seigneur, dont vous professez la religion.

12. O prophète! si des femmes fidèles viennent te demander un asile après t'avoir promis qu'elles fuiront l'idolâtrie, qu'elles ne voleront point, qu'elles éviteront la fornication, qu'elles ne tueront point leurs enfants, qu'elles ne te désobéiront en rien de ce qui est juste, donne-leur ta foi, et prie Dieu pour elles. Il est indulgent et miséricordieux.

13. O croyants! n'ayez aucun commerce avec ceux contre lesquels Dieu est courroucé; ils désespèrent de la vie future comme les infidèles ont désespéré de ceux qui sont dans les tombeaux.

CHAPITRE LXI.
ORDRE DE BATAILLE.
Donné à Médine. — 14 versets.

Au nom de Dieu clément et miséricordieux.

1. Tout ce qui est dans les cieux et sur la terre célèbre les louanges de Dieu. Il est puissant et miséricordieux.

2. O croyants! pourquoi dites-vous ce que vous ne faites pas?

3. Dieu hait ceux qui disent ce qu'ils ne font pas.

4. Il aime ceux qui combattent en ordre dans son sentier, et qui sont fermes comme un édifice solide.

5. Moïse disait à son peuple : O mon peuple! pourquoi m'affligez-vous? Je suis l'apôtre de Dieu envoyé vers vous, vous le savez bien. Mais lorsqu'ils s'écartèrent de la route, Dieu les égara. Il ne dirige point les prévaricateurs.

6. Je suis l'apôtre de Dieu, disait Jésus, fils de

Marie, à son peuple. Je viens confirmer le Livre qui m'a précédé, et vous annoncer la venue du prophète qui me suivra, et dont le nom est Ahmed. Lorsqu'il fit éclater à leurs yeux des signes évidents, ils s'écrièrent : C'est de la sorcellerie pure.

7. Et qui est plus impie que celui qui forge un mensonge sur le compte de Dieu, pendant qu'on l'appelle à l'Islam ? Dieu ne dirige pas les méchants.

8. Ils voudraient de leurs souffles éteindre la lumière de Dieu ; mais Dieu fera briller sa lumière, dussent les infidèles en concevoir du dépit.

9. C'est lui qui a donné à son apôtre la direction et la vraie religion, afin qu'il l'exhausse sur toutes les autres, dussent les infidèles en concevoir du dépit.

10. O croyants! vous ferai-je connaître un capital qui vous délivrera des tourments de l'enfer ?

11. Croyez en Dieu et à son apôtre, combattez dans le sentier de Dieu, faites le sacrifice de vos biens et de vos personnes ; cela vous sera plus avantageux si vous le comprenez.

12. Dieu pardonnera vos offenses. Il vous introduira dans les jardins où coulent des fleuves. Vous habiterez éternellement de charmantes demeures. C'est un bonheur immense.

13. Il vous accordera encore d'autres biens que vous désirez, l'assistance de Dieu et la victoire immédiate.

14. O croyants ! soyez les aides de Dieu, ainsi que Jésus, fils de Marie, dit à ses disciples : Qui m'assistera dans la cause de Dieu ? C'est nous qui serons les aides de Dieu, répondirent-ils. C'est ainsi qu'une portion des enfants d'Israël a cru, et que l'autre n'a point cru. Mais nous avons donné aux croyants la force contre leurs ennemis, et ils ont remporté la victoire.

CHAPITRE LXII.

L'ASSEMBLÉE.

Donné à Médine. — 11 versets.

Au nom de Dieu clément et miséricordieux.

1. Tout ce qui est dans les cieux et sur la terre célèbre les louanges de Dieu, le roi, le saint, le puissant, le sage.

2. C'est lui qui a suscité au milieu des hommes illettrés un apôtre pris parmi eux, afin qu'il leur redît les miracles du Seigneur, afin qu'il les rendît vertueux, leur enseignât le Livre et la sagesse, à eux qui étaient naguère dans un égarement évident.

3. Il en est parmi eux d'autres qui n'ont pas rejoint les premiers dans la voie. Dieu est puissant et sage.

4. La foi est une faveur de Dieu ; il l'accorde à qui il veut, et Dieu est plein d'immense bonté.

5. Ceux qui ont reçu le Pentateuque, et qui ne l'observent pas, ressemblent à l'âne qui porte des livres. C'est à quelque chose de vil que ressemblent les hommes qui traitent les signes de Dieu de mensonges. Dieu ne guidera point les impies.

6. Dis : O juifs ! si vous vous imaginez d'être les alliés de Dieu à l'exclusion de tous les hommes, désirez la mort, si vous dites la vérité.

7. Non, ils ne la désireront jamais, à cause de leurs œuvres ; car Dieu connaît les méchants.

8. Dis-leur : La mort que vous redoutez vous surprendra un jour. Vous serez ramenés devant celui qui connaît les choses visibles et invisibles ; il vous rappellera vos œuvres.

9. O croyants ! lorsqu'on vous appelle à la prière du jour de l'assemblée [1], empressez-vous de vous occuper de Dieu. Abandonnez les affaires de commerce ; cela vous sera plus avantageux. Si vous saviez !

10. Lorsque la prière est finie, allez où vous voudrez [2], et recherchez les dons de la faveur divine [3]. Pensez souvent à Dieu, et vous serez heureux.

11. *Mais ils agissent autrement.* Qu'ils voient seulement quelque vente ou quelque divertissement, ils se dispersent et te laissent là debout seul [4]. Dis-leur : Ce que Dieu tient en réserve vaut mieux que le commerce et le divertissement. Dieu est le meilleur dispensateur de subsistances.

CHAPITRE LXIII.

LES HYPOCRITES.

Donné à Médine. — 11 versets.

Au nom de Dieu clément et miséricordieux.

1. Lorsque les hypocrites viennent chez toi, ils disent : Nous attestons que tu es l'apôtre de Dieu. Dieu sait bien que tu es son apôtre, et est témoin que les hypocrites mentent.

2. Ils se font un rempart de leur foi, et dé-

---

[1] C'est-à-dire, du vendredi.
[2] Dispersez-vous dans le pays.
[3] Vaquez à vos affaires dont vous retirez du gain.
[4] Il arriva qu'un vendredi où Mohammed prêchait peuple, le tambour se fit entendre annonçant quelque vente : tous quittèrent la mosquée, à l'exception de douze.

tournent les autres du sentier de Dieu. Quelle détestable conduite que la leur!

3. Ils ont d'abord cru, puis ils retournèrent à l'incrédulité. Le sceau a été apposé sur leur cœur, et ils ne comprennent rien.

4. Quand tu les vois, leur extérieur te plaît; quand ils parlent, tu les écoutes volontiers; mais ils sont comme des soliveaux appuyés contre la muraille; que le moindre bruit se fasse entendre, ils croient qu'il est dirigé contre eux. Ce sont tes ennemis. Évite-les. Que Dieu les extermine. Qu'ils sont faux!

5. Quand on leur dit: Venez, l'apôtre de Dieu implorera Dieu pour vous, ils détournent leurs têtes, ils s'éloignent avec dédain.

6. Peu leur importe si tu implores le pardon de Dieu pour eux ou non. Dieu ne leur pardonnera pas, car Dieu ne dirige point les pervers sur la droite voie.

7. Ce sont eux qui disent aux *Médinois*: Ne donnez rien aux émigrés qui sont avec le prophète, et ils seront forcés de l'abandonner. Les trésors des cieux et de la terre appartiennent à Dieu; mais les hypocrites n'entendent rien.

8. Ils disent: Si nous retournions à Médine, le plus fort chasserait le plus faible. La force appartient à Dieu; elle est avec son apôtre, avec les croyants; mais les hypocrites ne le savent pas.

9. O croyants! que vos richesses et vos enfants ne vous fassent point oublier Dieu; car ceux qui le feraient seraient perdus.

10. Faites l'aumône des biens que nous vous accordons avant que la mort vous surprenne; l'homme dira alors: Seigneur, si tu m'accordais un court délai, je ferais l'aumône et je serais vertueux.

11. Dieu ne donne point de délai à une âme dont le terme est venu. Il connaît vos actions.

CHAPITRE LXIV.

DÉCEPTION MUTUELLE [1].

Donné à la Mecque. — 18 versets.

Au nom de Dieu clément et miséricordieux.

1. Tout ce qui est dans les cieux et sur la terre chante les louanges de Dieu. L'empire et la gloire sont son partage. Il peut tout.

2. C'est lui qui vous a créés. Tel parmi vous est infidèle, tel autre croyant. Dieu voit ce que vous faites.

3. Il a créé les cieux et la terre d'une création véritable; il vous a formés, il vous a donné de plus belles formes, et vous retournerez tous a lui.

4. Il connaît tout ce qui se passe dans les cieux et sur la terre; il connaît ce que vous recélez et ce que vous produisez au grand jour. Dieu connaît ce que les cœurs renferment.

5. Avez-vous entendu l'histoire des incrédules des temps anciens? Ils subirent leur dure destinée et le châtiment douloureux.

6. Car lorsque leurs apôtres vinrent à eux accompagnés de signes évidents, ils disaient: Un homme *comme nous* nous enseignerait la voie! et ils ne croyaient pas, et ils tournaient le dos aux avertissements. Dieu peut bien se passer d'eux; il est riche et glorieux.

7. Les infidèles prétendent qu'ils ne seront pas ressuscités. Dis-leur: Dieu vous ressuscitera et vous dira ce que vous avez fait. Cela lui sera facile.

8. Croyez en Dieu, et à son apôtre, et à la lumière que Dieu vous a envoyée. Dieu est instruit de toutes vos actions.

9. Au jour où il vous réunira, au jour de la réunion générale, ce sera le jour de la déception mutuelle. Celui qui aura cru en Dieu, et pratiqué le bien, obtiendra le pardon de ses péchés. Il sera introduit dans les jardins où coulent des fleuves. Ces hommes y demeureront éternellement. Ce sera un bonheur ineffable.

10. Les incrédules, ceux qui traitèrent nos signes de mensonges, seront livrés au feu et y demeureront éternellement. Quel détestable voyage!

11. Aucun malheur n'atteint l'homme sans la permission de Dieu. Dieu dirigera le cœur de celui qui croira en lui. Dieu voit tout.

12. Obéissez à Dieu, écoutez son apôtre; mais si vous tournez le dos, *notre envoyé n'en sera pas coupable*: il n'est chargé que de vous prêcher clairement.

13. Dieu. — Il n'y a point d'autre Dieu que lui; les croyants mettent leur confiance en lui.

14. O croyants! vos épouses et vos enfants sont souvent vos ennemis. Mettez-vous en garde contre eux. Si vous pardonnez vos offenses, si vous passez outre, sachez que Dieu est indulgent et miséricordieux.

15. Vos richesses et vos enfants sont votre tentation, et Dieu tient en réserve une récompense magnifique.

16. Craignez Dieu de toutes vos forces; écou-

---

[1] Le jour de la déception mutuelle, c'est le jour du jugement dernier où les justes et les méchants sont censés supplanter réciproquement, car si les justes avaient été méchants, ils auraient pris la place des réprouvés, et ceux-ci auraient été mis en possession du paradis s'ils avaient été justes.

tez, obéissez, et faites l'aumône dans votre propre intérêt. Celui qui se tient en garde contre son avarice sera heureux.

17. Si vous faites à Dieu un prêt généreux, il vous payera le double; il vous pardonnera: car il est reconnaissant et plein de bonté.

18. Il connaît les choses visibles et invisibles. Il est puissant et sage.

CHAPITRE LXV.

LE DIVORCE.

Donné à Médine. — 12 versets.

Au nom de Dieu clément et miséricordieux.

1. O prophète! ne répudiez vos femmes qu'au terme marqué; comptez les jours exactement. Avant ce temps vous ne pouvez ni les chasser de vos maisons, ni les en laisser sortir, à moins qu'elles n'aient commis un adultère prouvé. Tels sont les préceptes de Dieu; celui qui les transgresse perd son âme. Vous ne savez pas si Dieu ne fera pas surgir une circonstance *qui vous réconciliera avec elles.*

2. Lorsque le terme est accompli, vous pouvez les retenir avec humanité ou les renvoyer suivant la loi. Appelez des témoins équitables, choisis parmi vous; que le témoignage soit fait devant Dieu. Dieu le prescrit à ceux qui croient en lui ainsi qu'au jour du jugement. Dieu accordera des moyens à celui qui le craint, et le nourrira de dons qu'il ne s'imaginait pas.

3. Dieu suffira à celui qui met sa confiance en lui. Dieu mène ses arrêts à bonne fin. Dieu a assigné un terme à toutes choses.

4. Attendez trois mois avant de répudier les femmes qui n'espèrent plus d'avoir leurs mois, et si vous en doutez. Accordez le même délai à celles qui ne les ont point encore eus. Gardez celles qui sont enceintes jusqu'à ce qu'elles aient accouché. Dieu aplanira les difficultés de ceux qui le craignent.

5. Tel est l'ordre de Dieu qu'il vous a envoyé. Dieu effacera les péchés de ceux qui le craignent, il augmentera leur récompense.

6. Laissez aux femmes que vous répudiez un asile dans vos maisons. Ne leur faites aucune violence pour les loger à l'étroit. Ayez soin de celles qui sont enceintes, tâchez de pourvoir à leurs besoins jusqu'à ce qu'elles aient accouché; si elles allaitent vos enfants, donnez-leur une récompense, consultez-vous là-dessus et agissez généreusement. S'il se trouve des obstacles, qu'une autre femme allaite l'enfant.

7. Que l'homme aisé donne selon son aisance; que l'homme qui n'a que des facultés bornées donne en proportion de ce qu'il a reçu de Dieu. Dieu n'impose que des charges proportionnées aux forces de chacun. Il fera succéder la prospérité à l'infortune.

8. Combien de villes se sont écartées des préceptes de Dieu et de ses apôtres! Nous leur avons fait rendre un compte rigoureux, et leur avons infligé un châtiment douloureux.

9. Elles ont éprouvé des maux mérités. La ruine entière en fut la suite.

10. Dieu leur réserve des tourments rigoureux. Craignez le Seigneur, ô hommes doués de sens!

11. O croyants! le Seigneur vous a envoyé l'islamisme et un apôtre pour vous parler des miracles évidents. Il fera sortir des ténèbres à la lumière ceux qui auront cru et pratiqué la vertu. Ils seront introduits dans les jardins arrosés de fleuves et y demeureront éternellement. Dieu leur réserve les dons les plus magnifiques.

12. C'est Dieu qui a créé les sept cieux et autant de terres; les arrêts de Dieu y descendent, afin que vous sachiez qu'il est tout-puissant et que sa science embrasse tout.

CHAPITRE LXVI.

LA DÉFENSE.

Donné à Médine. — 12 versets.

Au nom de Dieu clément et miséricordieux.

1. O prophète, pourquoi défends-tu ce que Dieu a permis? Tu recherches la satisfaction de tes femmes. Le Seigneur est indulgent et miséricordieux.

2. Dieu vous a permis de délier vos serments, il est votre patron. Il est savant et sage.

3. Le prophète confia un secret à une de ses femmes; elle le publia. Dieu lui révéla cette indiscrétion. Le prophète lui en fit savoir certaines choses, et il passa outre sur d'autres. Quand il le lui reprocha, elle lui demanda: Qui t'a donc si bien instruit? Celui, répondit Mohammed, à qui rien n'est caché.

4. Revenez à Dieu, si vos cœurs sont coupables, il vous pardonnera. Si vous êtes rebelles au prophète, le Seigneur est son protecteur. Gabriel, tout homme juste parmi les croyants et les anges, lui prêteront assistance.

5. S'il vous répudie, Dieu peut lui donner des épouses meilleures que vous; des femmes qui professeront l'islamisme, femmes croyantes, pieuses, pénétrées du repentir, obéissantes, observant le jeûne, des femmes déjà mariées précédemment ou des vierges.

6. O croyants! sauvez vous-mêmes et vos

milles du feu qui aura pour aliment les hommes et les pierres [1]. Au-dessus d'elles paraîtront es anges menaçants et terribles, obéissants aux ordres du Seigneur; ils exécutent tout ce qu'il leur commande.

7. O infidèles! n'ayez point aujourd'hui recours à de vaines excuses. Vous serez récompensés selon vos œuvres.

8. O croyants! repentez-vous d'un repentir sincère; peut être Dieu effacera-t-il vos péchés et vous introduira-t-il dans les jardins arrosés de fleuves, au jour où il ne confondra ni le prophète ni ceux qui ont cru avec lui. La lumière jaillira devant eux et à leur droite. Ils diront: Seigneur, rends parfaite cette lumière, et pardonne-nous nos péchés, car tu es tout-puissant.

9. O prophète! fais la guerre aux infidèles et aux hypocrites, sois sévère à leur égard. La géhenne sera leur demeure. Quel détestable séjour!

10. Dieu propose aux infidèles cet exemple: La femme de Noé et celle de Loth étaient incrédules; elles vivaient sous l'empire de deux hommes justes. Elles les trompèrent; et à quoi leur a servi leur fourberie contre Dieu? On leur a dit: Entrez au feu avec ceux qui y entrent.

11. Quant aux croyants, Dieu leur propose la femme de Pharaon pour exemple. Seigneur, s'écriait-elle, construis-moi une maison chez toi, dans le paradis, et délivre-moi de Pharaon et de ses œuvres; délivre-moi des méchants.

12. Et Marie, fille d'Amran, qui a conservé sa virginité. Nous lui inspirâmes une partie de notre esprit [2]. Elle a cru aux paroles du Seigneur, aux livres qu'il a révélés, et elle était obéissante.

CHAPITRE LXVII.

L'EMPIRE.

Donné à la Mecque. — 30 versets.

Au nom de Dieu clément et miséricordieux.

1. Béni soit celui dans la main de qui est l'empire, et qui est tout-puissant.

2. C'est lui qui a créé la mort et la vie pour voir qui de vous agira le mieux. Il est puissant et miséricordieux

3. Il a formé les sept cieux élevés les uns au-dessus des autres. Tu ne trouveras aucune imperfection dans la création du Miséricordieux. Lève les yeux vers le firmament, y voyez-vous une seule fissure?

[1] C'est-à-dire, les idoles.
[2] C'est-à-dire, de Gabriel

4. Lève-les encore deux fois, et tes regards retourneront à toi éblouis et fatigués.

5. Nous avons orné le ciel le plus proche de ce monde de flambeaux; nous les y avons placés afin de repousser les démons pour lesquels nous avons préparé les brasiers de l'enfer.

6. Ceux qui ne croient pas en Dieu recevront le châtiment de la géhenne. Quel affreux séjour!

7. Lorsqu'ils y seront précipités, ils l'entendront rugir, et le feu brûlera avec force.

8. Peu s'en faut que l'enfer ne crève de fureur: toutes les fois qu'on y précipitera une troupe d'infidèles, les gardiens de l'enfer leur crieront: Aucun apôtre n'est-il venu vous prêcher?

9. Oui, répondront-ils; un apôtre parut au milieu de nous, mais nous l'avons traité d'imposteur, nous lui avons dit: Dieu ne t'a rien révélé. Vous êtes dans une erreur grossière.

10. Ils diront: Si nous avions écouté, si nous avions réfléchi, nous ne serions pas livrés à ce brasier.

11. Ils feront l'aveu de leurs crimes. Loin d'ici, ô vous, habitants de l'enfer!

12. Ceux qui craignent leur Seigneur au fond de leur cœur obtiendront le pardon de leurs péchés et une récompense généreuse.

13. Parlez en secret ou à haute voix, Dieu connaît ce que vos cœurs renferment.

14. Ne connaîtrait-il pas ce qu'il a formé lui-même, lui qui pénètre tout et qui est instruit de tout?

15. C'est lui qui a aplani la terre pour vous; parcourez ses recoins, et nourrissez-vous de ce que Dieu vous accorde. Vous retournerez à lui au jour de la résurrection.

16. Êtes-vous sûrs que celui qui est dans les cieux n'ouvrira pas la terre sous vos pas? Déjà elle tremble.

17. Êtes-vous sûrs que celui qui est dans les cieux n'enverra pas contre vous un ouragan lançant des pierres? Alors vous reconnaîtrez la vérité de mes menaces.

18. D'autres peuples avant eux accusaient leurs prophètes de mensonge. Que mon courroux fut terrible!

19. Ne voient-ils pas les oiseaux planer sur leurs têtes, déployer et resserrer les ailes? Qui les soutient dans les airs, si ce n'est le Miséricordieux? Il voit tout.

20. Qui est celui qui peut vous tenir lieu d'une armée et vous secourir contre le Miséricordieux? En vérité, les infidèles sont dans l'aveuglement.

21. Qui est celui qui vous donnera la nourriture, si Dieu la retire. Et cependant ils persis-

tent dans leur méchanceté et fuient la vérité.

22. L'homme qui rampe le front contre terre est-il mieux guidé que celui qui marche droit sur le sentier droit?

23. Dis: C'est lui qui vous a créés, qui vous a donné l'ouïe, la vue et des cœurs *capables de sentir.* Combien peu lui rendent des actions de grâces !

24. Dis: C'est lui qui vous a dispersés sur la terre et qui vous rassemblera un jour.

25. Quand donc s'accompliront ces menaces? demandent-ils ; dites-le si vous êtes véridiques.

26. Réponds: Dieu seul en a la connaissance ; je ne suis qu'un apôtre chargé de vous avertir.

27. Mais lorsqu'ils le verront de près, leurs visages se couvriront de tristesse. On leur dira : Voici ce que vous demandiez.

28. Dis: Que vous en semble? Soit que Dieu me fasse mourir, moi et ceux qui me suivent, soit qu'il ait pitié de nous, qui est-ce qui protégera les infidèles contre le châtiment terrible ?

29. Dis: Il est le Miséricordieux, nous croyons en lui et nous mettons en lui notre confiance. Vous apprendrez un jour qui de nous est dans l'erreur.

30. Dis : Que vous en semble? Si demain la terre absorbe toutes les eaux, qui fera jaillir de l'eau courante et limpide ?

CHAPITRE LXVIII.

LA PLUME.

Donné à la Mecque. — 51 versets.

Au nom de Dieu clément et miséricordieux.

1. N. Par la plume et par ce qu'ils écrivent,
2. Par la grâce de ton Seigneur, ô Mohammed, tu n'es pas un possédé du démon.
3. Une récompense éternelle t'attend.
4. Tu es d'un caractère sublime.
5. Tu verras et les infidèles verront aussi
6. Qui de vous est privé d'intelligence.
7. Dieu connaît celui qui s'égare, et il connaît bien ceux qui suivent le droit chemin.
8. N'écoute point ceux qui t'accusent d'imposture.
9. Ils voudraient que tu les traitasses avec douceur ; alors ils te traiteraient de même.
10. Mais toi, n'écoute pas celui qui jure à tout moment, et qui est méprisable.
11. N'écoute point le calomniateur, qui va médisant des autres,
12. Qui empêche le bien, le transgresseur, le criminel,
13. Cruel et de naissance impure,
14. Quand même il aurait des richesses et beaucoup d'enfants.
15. Cet homme qui, à la lecture de nos versets, dit : Ce sont de vieux contes,
16. Nous lui imprimerons une marque sur le nez.
17. Nous avons éprouvé les Mecquois comme nous avions éprouvé jadis les possesseurs du jardin quand ils jurèrent qu'ils en cueilleraient les fruits le lendemain matin.
18. Ils jurèrent sans aucune restriction.
19. Une calamité de nuit survint pendant qu'ils dormaient.
20. Le lendemain matin, le jardin fut détruit comme on avait coupé tout.
21. Le matin ils s'entr'appelaient et se disaient : Allez avec le jour à votre jardin si vous voulez cueillir les fruits.
22. Ils s'en allaient se parlant à l'oreille.
23. Aujourd'hui, pas un seul pauvre n'entrera dans notre jardin.
24. Ils y allèrent avec le jour ayant un but arrêté ;
25. Et quand ils virent ce qu'était devenu le jardin, ils s'écrièrent : Nous étions dans l'erreur.
26. Nous voilà déçus de notre espérance.
27. Le plus raisonnable d'entre eux leur dit : Ne vous ai-je pas répété: Célébrez le nom de Dieu ?
28. Louange à Dieu, répondirent-ils, nous avons commis une iniquité.
29. Et ils commencèrent à se faire des reproches mutuels.
30. Malheureux que nous sommes, nous étions prévaricateurs.
31. Peut-être Dieu nous donnera-t-il en échange un autre jardin meilleur que celui-ci : nous désirons ardemment la grâce de Dieu.
32. Tel a été notre châtiment ; mais le supplice de l'autre monde sera plus terrible. Ah! s'ils le savaient !
33. Les jardins des délices attendent les hommes qui craignent Dieu.
34. Traiterons-nous également les musulmans et les coupables?
35. Qui vous fait juger ainsi ?
36. Avez-vous un livre où vous lisez
37. Que vous obtiendrez ce que vous voudrez?
38. Avez-vous reçu de nous un serment qui oblige pour toujours et jusqu'au jour de la résurrection, de vous fournir ce que vous jugerez à propos d'avoir ?
39. Demande-leur : Qui d'entre vous en est garant ?
40. Ont-ils des compagnons? qu'ils les amènent s'ils disent la vérité.

41. Le jour où l'on retroussera les jambes [1], on les appellera à l'adoration ; mais ils n'auront pas de forces nécessaires.

42. Les yeux baissés et les visages couverts de honte, on les appelait à l'adoration pendant qu'ils étaient sains et saufs, *et ils ne venaient pas.*

43. Ne me parle donc plus en faveur de ceux qui accusent ce nouveau livre de mensonge. Nous les amènerons par degrés à leur perte, sans qu'ils sachent *par quelles voies.*

44. Je leur accorderai un long délai, car mon stratagème est efficace.

45. Leur demanderas-tu une récompense *de ta mission ?* Mais ils sont accablés de dettes.

46. Ont-ils la connaissance des mystères ? les transcrivent-ils du livre de Dieu ?

47. Attends donc avec patience le jugement de ton Seigneur, et ne sois pas comme ce prophète, englouti par la baleine, qui, oppressé par la douleur, criait vers Dieu.

48. Si ce n'était la miséricorde de Dieu, il aurait été jeté sur la côte, couvert de honte.

49 Mais Dieu l'avait pris pour son élu, et il l'a rendu juste.

50. Peu s'en faut que les infidèles ne t'ébranlent par leurs regards quand ils entendent le Koran et qu'ils disent : C'est un possédé.

51. Non, il n'est qu'un avertissement pour l'univers.

CHAPITRE LXIX.

LE JOUR INÉVITABLE.

Donné à la Mecque. — 52 versets.

Au nom de Dieu clément et miséricordieux.

1. Le jour inévitable.
2. Qu'est-ce que le jour inévitable ?
3. Qui te fera comprendre ce que c'est que le jour inévitable ?
4. Thémoud et Ad traitèrent de mensonge ce retentissement terrible.
5. Thémoud a été détruit par un cri terrible *parti du ciel.*
6. Ad a été détruit par un ouragan rugissant, impétueux.
7. Dieu le fit souffler contre eux pendant sept nuits et huit jours successifs : tu aurais vu alors ce peuple renversé par terre comme des tronçons de palmiers creux en dedans.
8. Tu n'aurais pas trouvé un seul homme resté sain et sauf.
9. Pharaon, les peuples qui ont vécu avant lui et les villes renversées [1] étaient coupables de crimes.
10. Ils ont désobéi à l'apôtre de Dieu, et Dieu les châtia par des châtiments multipliés.
11. Lorsque les eaux du déluge s'élevèrent, nous vous portâmes dans l'arche qui les parcourait,
12. Afin qu'elle vous servît d'avertissement et que l'oreille attentive en gardât le souvenir.
13. Au premier son de la trompette,
14. La terre et les montagnes emportées dans les airs seront d'un seul coup réduites en poussière.
15. Alors l'événement inévitable paraîtra tout à coup.
16. Les cieux se fondront et tomberont en pièces.
17. Les anges se placeront de chaque côté, et huit d'entre eux porteront dans ce jour le trône de ton Seigneur.
18. Dans ce jour, vous serez amenés et rien ne sera caché.
19. Celui à qui on donnera son livre dans la main droite dira : Tenez, lisez-moi mon livre.
20. Je pensais toujours qu'il me faudrait un jour rendre compte.
21. Cet homme jouira d'une vie pleine de plaisir
22. Dans le jardin,
23. Dont les fruits seront proches et aisés à cueillir.
24. Mangez et buvez, leur dira-t-on, pour prix de vos œuvres dans les temps écoulés.
25. Celui à qui son livre sera donné dans la main gauche s'écriera : Plût à Dieu qu'on ne m'eût pas présenté mon livre,
26. Et que je n'eusse jamais connu ce compte.
27. Plût à Dieu que la mort eût terminé ma vie.
28. A quoi me servent mes richesses ?
29. Ma puissance s'est évanouie.
30. Dieu dira alors aux gardiens de l'enfer : Saisissez-le et liez-le,
31. Puis montrez-le au feu de l'enfer.
32. Chargez-le ensuite de chaînes de soixante-dix coudées,
33. Car il n'a pas cru au Dieu grand.
34. Il n'a pas été jaloux de nourrir le pauvre.
35. Aussi, n'aura-t-il pas d'ami aujourd'hui,
36. Ni d'autre nourriture que le pus qui coule du corps des réprouvés.

---

[1] Expression métaphorique pour dire que l'on sera préparé pour telle chose

[1] C'est le nom général donné aux villes de Sodôme, Gomorrhe, et trois autres.

37. Les coupables seuls s'en nourriront.
38. Je ne jurerai pas, parce que vous voyez
39. Et parce que vous ne voyez pas
40. Que c'est la parole de l'apôtre honoré,
41. Et non pas la parole d'un poëte. Combien peu croient à la vérité!
42. Ce n'est pas la parole d'un devin. Combien peu réfléchissent!
43. C'est la révélation du maître de l'univers.
44. Si Mohammed avait forgé quelques discours sur notre compte,
45. Nous l'aurions saisi par sa main droite,
46. Et nous lui aurions coupé la veine du cœur,
47. Et aucun d'entre vous ne nous aurait arrêté dans son châtiment.
48. Mais ce livre est une admonition pour ceux qui craignent Dieu,
49. Et nous savons qu'il en est parmi vous qui le traitent d'imposteur ;
50. Mais ce sera un sujet de soupirs pour les infidèles,
51. Car le Koran est la vérité même.
52. Célèbre le nom du Dieu grand.

CHAPITRE LXX.
LES DEGRÉS.
Donné à la Mecque. — 44 versets.

Au nom de Dieu clément et miséricordieux.

1. Un homme a invoqué le châtiment immédiat
2. Contre les infidèles[1]. Nul ne saura le détourner,
3. Car il viendra de Dieu. Maître des degrés célestes,
4. Par eux les anges et l'esprit[2] monteront au jour du jugement, dont la durée sera de cinquante mille ans.
5. Souffre avec une patience exemplaire.
6. Ils croient que le châtiment est éloigné,
7. Et nous le voyons très-proche.
8. Un jour le ciel ressemblera à de l'airain fondu.
9. Les montagnes seront comme des flocons de laine teinte, agités par les vents.
10. L'ami n'interrogera point son ami.
11. Et cependant ils se verront. Le coupable voudrait se racheter du châtiment de ce jour-là au prix de ses enfants,

12. De sa compagne et de son frère,
13. Au prix des parents qui lui témoignaient de l'affection,
14. Au prix de tout ce qui est sur la terre et se délivrer.
15. Vains souhaits, car le feu de l'enfer,
16. Saisissant par les crânes,
17. Revendiquera tout homme qui a tourné le dos *à la vérité*,
18. Qui thésaurisait et se montrait avare.
19. L'homme a été créé impatient;
20. Abattu quand le malheur le visite,
21. Orgueilleux quand la prospérité lui sourit.
22. Ceux qui font la prière,
23. Qui l'observent constamment,
24. Qui assignent de leurs richesses une portion déterminée
25. A l'indigent et au malheureux ;
26. Ceux qui regardent le jour de la rétribution comme une vérité,
27. Que la pensée du châtiment de Dieu saisit d'effroi
28. (Car nul n'est à l'abri du châtiment de Dieu) ;
29. Ceux qui se maintiennent dans la chasteté
30. Et n'ont de commerce qu'avec leurs femmes et les esclaves qu'ils ont acquises, car alors ils n'encourent aucun blâme,
31. Et quiconque porte ses désirs au delà est transgresseur ;
32. Ceux qui gardent fidèlement les dépôts qui leur sont confiés et remplissent leurs engagements,
33. Qui sont inébranlables dans leurs témoignages ;
34. Qui accomplissent assidûment la prière,
35. Demeureront dans les jardins, entourés de tout honneur.
36. Pourquoi les infidèles passent-ils rapidement devant toi,
37. Partagés en troupes, à droite et à gauche ?
38. Ne serait-ce pas parce que chacun d'eux voudrait entrer au jardin des délices ?
39. Non, sans doute ; ils savent de quoi nous les avons créés.
40. Je ne jure point par le souverain de l'Orient et de l'Occident que nous pouvons
41. Les remplacer par un peuple qui vaudra mieux qu'eux, et que rien ne saurait nous devancer *dans l'accomplissement de nos arrêts*.
42. Laisse-les disserter et jouer, jusqu'à ce qu'ils soient surpris par le jour dont on les menaçait.

---

[1] Mohammed fait ici allusion à ces défis qu'on lui portait de faire éclater un miracle ou un châtiment contre les infidèles.

[2] Par l'esprit, les musulmans entendent toujours Gabriel.

43. Un jour, ils s'élanceront de leurs tombeaux, aussi promptement que les troupes qui courent se ranger sous leurs étendards.

44. Leurs regards seront baissés. L'ignominie les atteindra. Tel est le jour dont on les menaçait.

CHAPITRE LXXI.
NOÉ.
Donné à la Mecque. — 29 versets.

Au nom de Dieu clément et miséricordieux.

1. Nous envoyâmes Noé vers son peuple, et nous lui dîmes : Va avertir ton peuple avant que le châtiment douloureux tombe sur eux.

2. Noé dit : O mon peuple ! je suis le véritable apôtre chargé de vous avertir.

3. Adorez le Dieu unique, craignez-le, et obéissez-moi.

4. Il effacera vos péchés et vous laissera subsister jusqu'au terme fixé, car, lorsque le terme fixé par Dieu arrive, nul autre ne saurait le retarder. Puissiez-vous le savoir !

5. Il s'adressa à Dieu en disant : J'ai appelé mon peuple vers toi nuit et jour, mais mon appel n'a fait qu'augmenter leur éloignement.

6. Toutes les fois que je les invitais *à ton culte*, afin que tu pusses leur pardonner, ils se bouchaient les oreilles de leurs doigts et s'enveloppaient de leurs vêtements; ils persévérèrent *dans leur erreur* et s'enflèrent d'orgueil.

7. Puis, je les ai appelés ouvertement à ton culte.

8. Je les ai prêchés en public et en secret.

9. Je leur disais : Implorez le pardon du Seigneur ; il est très-enclin à pardonner.

10. Il vous enverra des pluies abondantes du ciel.

11. Il accroîtra vos richesses et le nombre de vos fils ; il vous donnera des jardins et des fleuves.

12. Qu'avez-vous pour ne pas croire à la bonté de Dieu ?

13. Il vous a cependant créés sous des formes différentes.

14. Ne voyez-vous pas comment Dieu a créé les sept cieux, disposés par couches, s'enveloppant les unes les autres [1].

15. Il y établit la lune pour servir de lumière, et il y a placé le soleil comme un flambeau.

16. Il vous a fait surgir de la terre comme une plante.

17. Il vous y fera rentrer et vous en *fera* sortir de nouveau.

18. Il vous a donné la terre pour tapis,

19. Afin que vous y marchiez par des routes larges.

20. Noé cria vers Dieu : Seigneur, les voilà qui sont rebelles à ma voix et suivent ceux dont les richesses et les enfants ne font qu'aggraver la ruine.

21. Ils ont ourdi *contre Noé* une machination affreuse.

22. Leurs chefs leur criaient : N'abandonnez pas vos divinités, n'abandonnez pas *Wodd* et *Soa'* ;

23. Ni Iaghouth, ni Iaone, ni Nesr [1].

24. Ces idoles en ont égaré un grand nombre, et ne font qu'accroître l'égarement des méchants.

25. En punition de leurs péchés, ils ont été noyés et puis précipités dans le feu.

26. Ils ne purent trouver de protecteurs contre Dieu.

27. Noé adressa cette prière à Dieu : Seigneur, ne laisse point subsister sur la terre aucune famille infidèle ;

28. Car, si tu en laissais, ils séduiraient tes serviteurs, et n'enfanteraient que des impies et des incrédules.

29. Seigneur, pardonne-moi, ainsi qu'à mes enfants, aux fidèles qui entreront dans ma maison, aux hommes, aux femmes qui croient, et extermine les méchants.

CHAPITRE LXXII.
LES GÉNIES.
Donné à la Mecque. — 28 versets.

Au nom de Dieu clément et miséricordieux.

1. Dis : Il m'a été révélé qu'une troupe de génies ayant écouté la lecture du Koran, s'écria : Nous avons entendu le Koran, c'est une œuvre merveilleuse.

2. Il conduit à la vérité ; nous croyons en elle, et nous n'associerons plus aucun être à notre Seigneur.

3. Notre Seigneur (que sa majesté soit élevée) n'a ni épouse ni enfant.

4. Un d'entre nous, insensé qu'il était, a proféré des extravagances au sujet de Dieu.

5. Nous pensions que ni les hommes ni les génies n'auraient jamais énoncé un mensonge sur Dieu.

---

[1] D'après l'opinion des mahométans, les cieux sont disposés les uns sur les autres comme l'enveloppe de l'oignon.

[1] Noms des idoles adorées du temps de Noé.

6. Quelques individus d'entre les humains ont cherché leur refuge auprès de quelques individus d'entre les génies, mais cela ne fit qu'augmenter leur démence.

7. Ces génies croyaient comme vous, ô hommes! que Dieu ne ressusciterait personne.

8. Nous avons touché le ciel *dans notre essor*, mais nous l'avons trouvé rempli de gardiens forts et de dards flamboyants[1].

9. Nous y avons été assis sur des siéges pour entendre *ce qui s'y passait;* mais quiconque voudra écouter désormais, trouvera la flamme en embuscade *et prête à fondre sur lui.*

10. Nous ne savons si c'était un malheur qu'on destinait aux habitants de la terre, ou bien si le Seigneur voulait par là les diriger sur la droite voie.

11. Parmi nous, il est des génies vertueux, il en est qui ne le sont pas; nous sommes divisés en diverses espèces.

12. Nous pensions que nous ne saurions affaiblir la puissance de Dieu sur la terre, que nous saurions la rendre moins forte par notre fuite.

13. Aussitôt que nous avons entendu le livre de la direction (le Koran), nous y avons cru, et quiconque croit en Dieu n'a point à craindre d'être fraudé ni traité injustement.

14. Il en est parmi nous qui se résignent à la volonté de Dieu, il y en a d'autres qui s'éloignent de la vraie route; mais

15. Quiconque s'est résigné suit avec ardeur la droite voie.

16. Ceux qui s'en éloignent serviront d'aliment au feu de la géhenne.

17. S'ils veulent suivre le chemin droit, nous leur donnerons une pluie abondante[2] pour les éprouver par là; et quiconque se détournerait pour ne pas entendre les avertissements du Seigneur, le Seigneur lui fera subir un supplice rigoureux.

18. Les temples sont consacrés à Dieu, n'invoquez point un autre que lui.

19. Lorsque le serviteur de Dieu[3] s'arrêta pour prier, peu s'en fallut que les génies ne l'étouffassent en se pressant en foule pour entendre le Koran.

20. Dis-leur: J'invoque le Seigneur, et je ne lui associe aucun autre dieu.

21. Dis-leur : Je n'ai aucun pouvoir pour vous faire du mal ni pour vous faire embrasser la vérité.

22. Dis-leur : Personne ne saurait me protéger contre Dieu.

23. Je ne trouverai point d'abri *contre sa vengeance.*

24. Je n'ai point d'autre pouvoir que celui de vous prêcher ce qui vient de Dieu, et de vous porter ses messages. Quiconque est rebelle à Dieu et à son apôtre, aura le feu de la géhenne pour récompense, et y restera éternellement.

25. Ils seront pervers jusqu'à ce qu'ils auront vu de leurs yeux ce dont on les menaçait. Ils apprendront alors qui de nous avait choisi un plus faible appui, et qui est en plus petit nombre.

26. Dis-leur : J'ignore si les peines dont vous êtes menacés sont proches, ou bien si Dieu leur a assigné un terme éloigné. Dieu seul connaît les choses cachées et ne les découvre à personne,

27. Si ce n'est au plus aimé parmi les apôtres, celui qu'il fait précéder et suivre par son nombreux cortége d'anges,

28. Afin qu'il sache que ses envoyés ont fait parvenir les messages de leur Seigneur. Il embrasse toutes leurs démarches et tient un compte exact de toutes choses.

CHAPITRE LXXIII.

LE PROPHÈTE ENVELOPPÉ DANS SON MANTEAU.

Donné à la Mecque. — 20 versets.

Au nom de Dieu clément et miséricordieux

1. O toi qui es enveloppé de ton manteau,

2. Lève-toi et prie la nuit entière, ou presque entière.

3. Reste en prière jusqu'à la moitié de la nuit, par exemple, ou à peu près,

4. Ou bien un peu plus que cela, et psalmodie le Koran.

5. Nous allons te révéler des paroles d'un grand poids.

6. En se levant pendant la nuit, on est plus dispos à l'œuvre et plus propre à parler,

7. Car, dans la journée, tu as une longue besogne.

8. Répète le nom de ton Seigneur, et consacre-toi exclusivement à lui.

9. Il est le souverain de l'Orient et de l'Occident. Il n'y a point d'autre Dieu que lui, prends-le pour ton protecteur.

10. Supporte avec patience les discours des infidèles, et éloigne-toi d'eux de la manière la plus convenable.

---

[1] L'opinion des anciens Arabes, que Mohammed a conservée, regarde les étoiles qui filent comme les dards lancés contre les génies qui tentent de pénétrer dans le ciel.

[2] Ces paroles doivent se rapporter aux Mecquois.

[3] Mohammed.

11. Laisse-moi seul aux prises avec les hommes qui le traitent d'imposteur et qui jouissent des bienfaits du ciel. Accorde-leur un peu de répit.

12. Nous avons pour eux de lourdes chaînes et un brasier ardent,

13. Un repas qui leur déchirera les entrailles, et un supplice douloureux.

14. Un jour, la terre sera ébranlée et les montagnes aussi ; les montagnes deviendront des amas de sable qui s'éparpillera.

15. Nous vous avons envoyé un apôtre chargé de témoigner contre vous, ainsi que nous en avions envoyé un auprès de Pharaon.

16. Pharaon a été rebelle à la voix de l'apôtre, et nous l'avons puni d'un châtiment pénible.

17. Si vous demeurez infidèles, comment vous garantirez-vous du jour où les cheveux des enfants blanchiront *de frayeur*.

18. Le ciel se fendra de frayeur ; les promesses de Dieu seront accomplies.

19. Voilà l'avertissement : que celui qui veut, s'achemine vers le Seigneur.

20. Ton Seigneur sait bien, ô Mohammed! que tu restes en prière, tantôt environ les deux tiers de la nuit, tantôt jusqu'à la moitié, et tantôt jusqu'à un tiers ; une grande partie de ceux qui te suivent le font également. Dieu mesure la nuit et le jour ; il sait que vous ne savez pas compter exactement le temps, c'est pourquoi il vous le pardonne. Lisez donc du Koran autant qu'il vous sera le moins pénible. Dieu sait qu'il y a parmi vous des malades, qu'il y en a d'autres qui voyagent dans le pays pour se procurer des biens par la faveur de Dieu ; il sait que d'autres combattent dans le sentier de Dieu. Lisez donc du Koran ce qui vous en sera le moins pénible. Observez la prière, faites l'aumône, et faites un large prêt à Dieu. Tout le bien que vous ferez pour vous, vous le retrouverez auprès de Dieu. Ce sera plus avantageux pour vous, et il vous procurera une plus large récompense. Implorez le pardon de Dieu, car il est indulgent et miséricordieux.

CHAPITRE LXXIV.

LE PROPHÈTE COUVERT DE SON MANTEAU.

Donné à la Mecque. — 55 versets.

Au nom de Dieu clément et miséricordieux.

1. O toi qui es couvert d'un manteau
2. Lève-toi et prêche.
3. Glorifie ton Seigneur.
4. Purifie tes vêtements.
5. Fuis l'abomination.

6. Ne fais point de largesses dans l'intention de t'enrichir.

7. Attends avec patience ton Dieu.

8. Lorsqu'on enflera la trompette,

9. Ce jour-là sera un jour pénible,

10. Un jour difficile à supporter pour les infidèles.

11. Laisse-moi seul avec l'homme que j'ai créé [1],

12. A qui j'ai donné des biens en abondance,

13. Et des enfants vivant sous ses yeux.

14. J'ai aplani tout devant lui ;

15. Et il veut que j'augmente mes faveurs.

16. Vains souhaits, car il est rebelle à nos enseignements.

17. Je le forcerai à gravir une montée pénible.

18. Il a agi avec préméditation, et disposé tout *pour attaquer le Koran*.

19. Mais il a été tué (c'est-à-dire *vaincu*) de la même manière qu'il avait tout disposé.

20. Alors il a été tué comme il avait tout disposé.

21. Il a porté ses regards autour de lui.

22. Puis il a froncé le sourcil et pris un air sombre.

23. Il s'est détourné de la vérité, et s'est enflé d'orgueil,

24. Et il a dit : Le Koran n'est qu'une sorcellerie d'emprunt.

25. Ce n'est que la parole d'un homme.

26. —Nous le ferons chauffer au feu du plus profond enfer.

27. Qu'est-ce qui te fera connaître le gouffre de l'enfer ?

28. Il consume tout et ne laisse rien échapper.

29. Il brûle la chair de l'homme.

30. Dix-neuf anges sont chargés d'y veiller.

31. Nous n'avons établi pour gardiens du feu que les anges [2] ; leur nombre a été déterminé ainsi pour tenter les incrédules, pour que les hommes des Écritures croient à la vérité du Koran, et que la foi des croyants en soit accrue.

32. Que les hommes des Écritures et les croyants n'en doutent donc pas ;

33. Afin que ceux dont les cœurs sont atteints d'une maladie [3], et les infidèles, disent : Que veut dire Dieu par cette parabole ?

34. Il en est ainsi. Dieu égare ceux qu'il veut, et dirige ceux qu'il veut. Nul autre que lui ne

---

[1] C'est une allusion à un des personnages les plus marquants alors parmi les idolâtres, Ebn Moghaïre.

[2] Créatures différentes des hommes, afin qu'ils soient exempts de toute compassion.

[3] Sous ces mots, Mohammed entend les hommes douteux ou des hypocrites.

connaît le nombre de ses armées. Ce n'est qu'un avertissement pour les hommes.

35. Assurément, j'en jure par la lune,
36. Et par la nuit quand elle se retire,
37. Et par la matinée quand elle se colore,
38. Que l'enfer est une des choses les plus graves,
39. Destiné à servir d'avertissement aux hommes,
40. A ceux d'entre vous qui s'avancent trop, comme à ceux qui restent en arrière.
41. Tout homme est un otage de ses œuvres, excepté ceux qui occuperont la droite ;
42. Car ils entreront dans les jardins et s'interrogeront au sujet des coupables. *Ils les interrogeront aussi eux-mêmes, en disant :*
43. Qui vous a conduits dans l'enfer ?
44. Ils répondront : Nous n'avons jamais fait la prière.
45. Nous n'avons jamais nourri le pauvre.
46. Nous passions notre temps à des discours frivoles avec ceux qui en débitaient.
47. Nous regardions le jour de la rétribution comme un mensonge,
48. Jusqu'au moment où nous en acquîmes *la certitude.*
49. L'intercession des intercesseurs ne leur sera d'aucun fruit.
50. Pourquoi fuyaient-ils l'avertissement,
51. Comme un âne sauvage épouvanté fuit devant un lion ?
52. Chacun d'entre eux voudrait qu'il lui arrivât de Dieu un édit spécial.
53. Il n'en sera pas ainsi ; mais ils ne craignent pas la vie future.
54. Il n'en sera pas ainsi. Le Koran est un avertissement ; quiconque veut est averti.
55. Ceux que Dieu voudra écouteront seuls ces avertissements. Dieu mérite qu'on le craigne. Il aime à pardonner.

CHAPITRE LXXV.

LA RÉSURRECTION.

Donné à la Mecque. — 40 versets.

Au nom de Dieu clément et miséricordieux.

1. Je ne jurerai point par le jour de la résurrection [1].
2. Je ne jurerai point par l'âme qui s'accuse elle-même.

3. L'homme croit-il que nous ne réunirons pas ses os ?
4. Oui, nous le ferons ; nous pouvons replacer exactement jusqu'aux extrémités de ses doigts.
5. Mais l'homme veut nier ce qui est dev a: ses yeux.
6. Il demande : Quand donc viendra le j ou: de la résurrection ?
7. Lorsque l'œil sera ébloui,
8. Lorsque la lune s'éclipsera,
9. Lorsque le soleil et la lune seront réunis.
10. L'homme criera alors : Où trouver un asile ?
11. Non, il n'y en a pas.
12. Ce jour-là, la dernière retraite sera auprès de ton Seigneur.
13. On récitera alors à l'homme ce qu'il avait fait autrefois, et ce qu'il a fait en dernier lieu.
14. L'homme sera un témoin oculaire contre lui-même,
15. Quelques excuses qu'il présente.
16. N'agite point ta langue en lisant le Koran, pour finir plus tôt.
17. C'est à nous qu'appartient de le réunir et de t'en apprendre la lecture.
18. Quand nous te lirons le Koran *par la bouche de Gabriel,* suis la lecture avec nous.
19. Nous t'en donnerons ensuite l'interprétation.
20. Garde-toi de le faire à l'avenir. Mais vous aimez la vie actuelle qui s'écoule promptement ;
21. Et vous négligez la vie qui doit venir plus tard.
22. Ce jour-là, il y aura des visages qui brilleront d'un vif éclat,
23. Et qui tourneront leurs regards vers leur Seigneur.
24. Il y aura ce jour-là des visages rembrunis,
25. Qui penseront qu'une grande calamité doit tomber sur eux.
26. Oui, sans doute. Lorsque la mort surprend l'homme,
27. Quand les assistants s'écrient : Où trouver une potion enchantée ?
28. Il songe alors au départ.
29. Ses cuisses s'entrelacent l'une dans l'autre.
30. A ce moment suprême, on le fera marcher vers le Seigneur.
31. Il ne croyait point et ne priait pas.
32. Il accusait plutôt le Koran de mensonge, et s'éloignait.
33. Puis, rejoignant les siens, il marchait avec orgueil.
34. L'heure cependant arrive, elle est proche

---

[1] *Je ne jurerai point.* Cette expression, qui se répète plusieurs fois dans les derniers chapitres du Koran, veut dire : Ce que je dis est tellement certain que je pourrais m'abstenir de l'affirmer par un serment.

35. Elle est toujours plus proche, et puis encore plus proche.
36. L'homme pense-t-il qu'on le laissera libre?
37. N'était-il pas d'abord une goutte de sperme qui se répand aisément?
38. N'était-il pas ensuite un grumeau de sang, dont Dieu le forma ensuite.
39. Il en a formé un couple, l'homme et la femme.
40. N'est-il pas capable de ressusciter les morts?

CHAPITRE LXXVI.

L'HOMME.

Donné à la Mecque. — 31 versets.

Au nom de Dieu clément et miséricordieux.

1. S'est-il passé un long espace de temps sans qu'on se soit souvenu de lui?
2. Nous l'avons d'abord créé du sperme où étaient réunis les deux sexes, et c'était pour l'éprouver. Nous lui avons donné la vue et l'ouïe.
3. Nous l'avons dirigé sur la droite voie, dût-il être reconnaissant ou ingrat.
4. Nous avons préparé aux infidèles des chaînes, des colliers et un brasier ardent.
5. Les justes boiront des coupes où Cafour sera mêlé au vin [1],
6. Fontaine où se désaltéreront les serviteurs de Dieu, et dont ils conduiront les eaux où ils voudront.
7. Ils ont accompli leurs vœux [2], et ont craint le jour dont les calamités se répandront au loin.
8. Ils ont distribué, à cause de lui, de la nourriture au pauvre, à l'orphelin, au captif,
9. En disant: Nous vous donnons cette nourriture pour être agréable devant Dieu, et nous ne vous en demanderons ni récompense ni actions de grâces.
10. Nous craignons de la part de Dieu un jour terrible et calamiteux.
11. Aussi Dieu les a préservés du malheur de ce jour; il a donné de l'éclat à leurs fronts et les a comblés de joie.
12. Pour prix de leur constance, il leur a donné le paradis et des vêtements de soie.
13. Ils s'y reposent accoudés sur des divans; ils n'y éprouveront ni la chaleur du soleil, ni les rigueurs du froid.
14. Des arbres avoisinants les couvriront de leur ombrage, et leurs fruits s'abaisseront pour être cueillis sans peine.
15. On fera circuler parmi eux des vases d'argent et des coupes en cristal,
16. En cristal semblable à l'argent, et qu'ils feront remplir à leur gré.
17. Ils s'y désaltéreront avec des coupes remplies de boisson mêlée de gingembre,
18. Dans une fontaine du paradis nommée Selsebil.
19. Ils seront servis à la ronde par des enfants d'une éternelle jeunesse; en les voyant, tu les prendrais pour des perles défilées.
20. Si tu voyais cela, tu verrais un séjour de délices et un royaume étendu.
21. Ils seront revêtus d'habits de satin vert et de brocart, ornés de bracelets d'argent. Leur Seigneur leur fera boire une boisson pure.
22. Telle sera votre récompense. On vous tiendra compte de vos efforts.
23. Nous t'avons envoyé le Koran d'en haut.
24. Attends avec patience les arrêts de ton Seigneur; n'obéis point aux impies et aux ingrats.
25. Répète le nom de Dieu matin et soir,
26. Et pendant la nuit aussi; adore Dieu, et chante ses louanges pendant de longues nuits.
27. Ces hommes aiment la vie qui s'écoule rapidement, et laissent derrière eux le jour terrible.
28. Nous les avons créés, et nous leur avons donné de la force; si nous voulions, nous pourrions les remplacer par d'autres hommes.
29. Voilà l'avertissement; que celui qui veut entre dans la route qui conduit à Dieu.
30. Mais ils ne peuvent vouloir que ce que Dieu voudra; car il est savant et sage.
31. Il embrassera de sa miséricorde ceux qu'il voudra; il a préparé aux impies un supplice douloureux.

CHAPITRE LXXVII.

LES MESSAGERS.

Donné à la Mecque. — 50 versets.

Au nom de Dieu clément et miséricordieux.

1. Par les anges envoyés l'un après l'autre,
2. Par ceux qui se meuvent avec rapidité [1],
3. Par ceux qui dispersent au loin,
4. Par ceux qui divisent et distinguent,
5. Par ceux qui font parvenir la parole

---

[1] *Cafour* veut dire camphre. Mais ce peut être aussi le nom d'une source d'eau au paradis.

[2] C'est une allusion à l'accomplissement d'un vœu qu'avait fait la famille d'Ali, gendre de Mohammed.

[1] Le texte portant simplement, *par ceux qui sont envoyés*, on peut entendre, soit les vents, soit les anges. Les commentateurs ne sont pas d'accord à ce sujet.

6. D'excuse ou d'avertissement.

7. Les peines dont on vous menace viendront,

8. Lorsque les étoiles auront été effacées,

9. Lorsque le ciel se fendra,

10. Lorsque les montagnes seront éparpillées comme la poussière,

11. Lorsque les apôtres seront assignés à un terme fixe.

12. Jusqu'à quel jour remettra-t-on le terme?

13. Jusqu'au jour de la décision.

14. Qu'est-ce qui te fera connaître le jour de la décision?

15. Malheur dans ce jour à ceux qui t'accusent d'imposture!

16. N'avons-nous pas exterminé des peuples d'autrefois?

17. Ne les avons-nous pas remplacés par des nations plus récentes?

18. C'est ainsi que nous traitons les coupables.

19. Malheur dans ce jour à ceux qui t'accusent d'imposture!

20. N'est-ce pas d'une goutte d'eau vile que nous les avons créés,

21. Et placés dans un réceptacle sûr,

22. Jusqu'à un terme marqué?

23. Nous avons pu le faire. Que nous sommes puissants!

24. Malheur dans ce jour à ceux qui t'accusent d'imposture!

25. N'avons-nous pas constitué la terre pour renfermer

26. Les vivants et les morts?

27. Nous y avons établi des montagnes élevées, et nous vous faisons boire de l'eau douce.

28. Malheur dans ce jour à ceux qui t'accusent d'imposture!

29. Allez au supplice que vous avez traité de mensonge.

30. Allez sous l'ombre d'une fumée à trois colonnes;

31. Elle ne vous ombragera pas, elle ne vous mettra point à l'abri des flammes;

32. Elle lancera des étincelles comme des tours,

33. Semblables à des chameaux roux.

34. Malheur dans ce jour à ceux qui t'auront accusé d'imposture!

35. Ce jour-là les coupables seront muets;

36. On ne leur permettra point d'alléguer des excuses.

37. Malheur dans ce jour à ceux qui t'auront accusé d'imposture!

38. Ce sera le jour où nous vous rassemblerons, vous et vos devanciers.

39. Si vous disposez de quelque artifice, mettez-le en œuvre.

40. Malheur dans ce jour à ceux qui t'auront accusé d'imposture!

41. Les hommes pieux seront au milieu des ombrages et des sources d'eau.

42. Ils auront des fruits qu'ils aiment.

43. On leur dira: Mangez et buvez; grand bien vous fasse, pour prix de vos actions.

44. C'est ainsi que nous récompensons ceux qui ont pratiqué le bien.

45. Malheur dans ce jour à ceux qui t'auront accusé d'imposture!

46. Mangez et jouissez ici-bas quelque temps encore. Vous êtes criminels.

47. Malheur dans ce jour à ceux qui t'auront accusé d'imposture!

48. Quand on leur dira: Courbez-vous, ils refuseront de se courber.

49. Malheur dans ce jour à ceux qui t'auront accusé d'imposture!

50. En quel autre livre croiront-ils ensuite?

CHAPITRE LXXVIII.

LA GRANDE NOUVELLE.

Donné à la Mecque. — 41 versets.

Au nom de Dieu clément et miséricordieux.

1. De quoi s'entretiennent-ils?

2. De la grande nouvelle (de la résurrection).

3. Qui fait le sujet de leurs controverses.

4. Ils la sauront infailliblement;

5. Oui, ils la sauront.

6. N'avons-nous pas fait la terre comme une couche?

7. Et les montagnes comme des pilotis?

8. Nous vous avons créés homme et femme.

9. Nous vous avons donné le sommeil pour vous reposer.

10. Nous vous avons donné la nuit pour vous envelopper.

11. Nous avons créé le jour pour les affaires de la vie.

12. Nous avons bâti au-dessus de vos têtes sept cieux solides.

13. Nous y avons suspendu un flambeau lumineux.

14. Nous faisons descendre des nuages de l'eau en abondance,

15. Pour faire germer par elle le grain et les plantes,

16. Et des jardins plantés d'arbres.

17. Le jour de la décision est un terme marqué.

18. Un jour on sonnera la trompette, et vous viendrez en foule.

19. Le ciel s'ouvrira et présentera des portes nombreuses.

20. Les montagnes seront mises en mouvement, et paraîtront comme un mirage.

21. La géhenne sera toute formée d'embûches,

22. Où tomberont les méchants,

23. Pour y demeurer des siècles.

24. Ils n'y goûteront ni la fraîcheur ni aucune boisson,

25. Si ce n'est l'eau bouillante et le pus,

26. Comme récompense conforme à leur œuvre;

27. Car ils n'ont jamais pensé qu'il faudra régler les comptes,

28. Et ils niaient nos signes, les traitant de mensonges.

29. Mais nous avons compté et inscrit tout.

30. Goûtez donc la récompense, nous n'augmenterons que vos supplices.

31. Un séjour de bonheur est réservé aux justes ;

32. Des jardins et des vignes ;

33. Des filles au sein arrondi et d'un âge égal au leur ;

34. Des coupes remplies.

35. Il n'y entendront ni discours frivoles ni mensonges.

36. C'est une récompense de ton Seigneur; elle est suffisante ;

37. Du maître des cieux et de la terre et de tout ce qui est dans leur intervalle; du Clément; mais ils ne lui adresseront pas la parole

38. Au jour où l'esprit[1] et les anges seront rangés en ordre; personne ne parlera, si ce n'est celui à qui le Miséricordieux le permettra, et qui ne dira que ce qui est juste.

39. Ce jour est un jour infaillible; quiconque le veut, peut entrer dans le sentier qui conduit au Seigneur.

40. Nous t'avons averti d'un supplice imminent,

41. Au jour où l'homme verra les œuvres de ses mains, et où l'infidèle s'écriera : Plût à Dieu que je fusse poussière !

[1] C'est-à-dire, l'ange Gabriel.

CHAPITRE LXXIX.

LES ANGES QUI ARRACHENT LES AMES.

Donné à la Mecque. — 46 versets.

Au nom de Dieu clément et miséricordieux.

1. Par les anges qui arrachent les âmes des uns avec violence[1],

2. Par les anges qui les emportent doucement du sein des autres,

3. Par ceux qui traversent rapidement les airs,

4. Par ceux qui courent promptement et devancent,

5. Par ceux qui gouvernent et commandent.

6. Un jour, le premier son de la trompette ébranlera tout.

7. Un autre le suivra.

8. Ce jour-là les cœurs seront saisis d'effroi ;

9. Les yeux seront humblement baissés.

10. Les incrédules diront alors : Reviendrons-nous dans notre premier état,

11. Quand nous ne serons plus que des os pourris ?

12. Dans ce cas, disent-ils, ce serait une nouvelle ruine.

13. Un seul son se fera entendre,

14. Et déjà ils seront au fond de l'enfer.

15. Connais-tu l'histoire de Moïse ?

16. Lorsque Dieu lui cria du fond de la vallée de *Thowa :*

17. Va trouver Pharaon, il est impie,

18. Et dis-lui : Veux-tu devenir juste ?

19. Je te guiderai vers Dieu ; crains-le.

20. Moïse fit éclater à ses yeux un grand miracle.

21. Pharaon le traita d'imposteur et fut rebelle.

22. Il tourna le dos et se mit à agir.

23. Il rassembla des hommes, et fit proclamer ses ordres,

24. En disant : Je suis votre souverain suprême.

25. Dieu lui fit subir le supplice de ce monde et de l'autre.

26. Il y a dans ceci un enseignement pour quiconque a de la crainte.

27. Est-ce vous qu'il était le plus difficile de créer ou les cieux ?

28. C'est Dieu qui les a construits; il éleva haut leur sommet, et leur donna une forme parfaite.

29. Il a donné les ténèbres à sa nuit, et il fit luire son jour.

30. Ensuite il étendit la terre comme un tapis.

[1] Le texte ne porte que les mots *ceux qui arrachent* etc., de sorte qu'on peut donner à ces mots plusieurs autres sens.

31. Il en fait jaillir ses eaux et germer ses pâturages.

32. Il a amarré les montagnes,

33. Pour servir à vous et à vos troupeaux ;

34. Et lorsque le grand bouleversement arrivera,

35. L'homme se souviendra de ses actions.

36. L'enfer surgira et frappera les yeux de tous.

37. Quiconque a été impie,

38. Quiconque a préféré la vie d'ici-bas,

39. Aura l'enfer pour demeure;

40. Mais celui qui tremblait devant la majesté du Seigneur, et maîtrisait son âme dans ses penchants,

41. Celui-là aura le paradis pour demeure.

42. Ils t'interrogeront en disant : Quand viendra cette heure fatale ?

43. Qu'en sais-tu ?

44. Son terme n'est connu que de Dieu.

45. Tu n'es chargé que d'avertir ceux qui la redoutent.

46. Le *jour où ils la verront*, il leur semblera qu'ils ne sont restés sur la terre qu'une soirée ou un matin.

CHAPITRE LXXX.

LE FRONT SÉVÈRE.

Donné à la Mecque. — 42 versets.

Au nom de Dieu clément et miséricordieux.

1. Le prophète a montré un front sévère et a détourné les yeux,

2. Parce qu'un aveugle s'est présenté chez lui [1].

3. Qui te l'a dit? peut-être cet homme est juste ;

4. Peut-être accueillera-t-il tes avertissements, et peut-être ces avertissements lui profiteront-ils

5. Mais le riche,

6. Tu le reçois avec distinction ;

7. Et cependant, ce ne sera point sa faute s'il n'est pas juste.

8. Mais celui qui vient à toi, animé du zèle *pour la foi*,

9. Qui craint le Seigneur,

10. Tu le négliges.

11. Garde-toi d'en agir ainsi : le Koran est un avertissement.

[1] Pendant que Mohammed travaillait à la conversion d'un riche koreïchite, un aveugle se présenta chez lui pour lui faire quelque question. Mohammed montra du mécontentement. Ce chapitre contient un blâme des égards donnés au riche et du dédain envers le pauvre.

12. Quiconque veut, le retiendra dans sa mémoire.

13. Il est écrit sur des pages honorées,

14. Sublimes, pures ;

15. Tracé par les mains des écrivains honorés et justes.

16. Puisse l'homme périr ! Qu'il est ingrat !

17. De quoi Dieu l'a-t-il créé ?

18. D'une goutte de sperme.

19. Il l'a créé et l'a façonné d'après certaines proportions.

20. Il lui a facilité la voie *pour le faire sortir des entrailles*.

21. Il le fait mourir et il l'ensevelit dans le tombeau ;

22. Puis il le ressuscitera quand il voudra.

23. Assurément l'homme n'a pas encore accompli les commandements de Dieu.

24. Qu'il jette les yeux sur sa nourriture.

25. Nous versons l'eau par ondées ;

26. Nous fendons la terre par fissures,

27. Et nous en faisons sortir le grain,

28. La vigne et le trèfle,

29. L'olivier et le palmier,

30. Les jardins aux arbres touffus,

31. Les fruits et les herbes

32. Qui servent à vous et à vos troupeaux.

33. Lorsque le son assourdissant de la trompette retentira ;

34. Le jour où l'homme abandonnera son frère,

35. Son père et sa mère,

36. Sa compagne et ses enfants ;

37. Alors une seule affaire occupera les pensées de tout homme.

38. On y verra des visages rayonnants,

39. Riants et gais;

40. Et des visages couverts de poussière,

41. Voilés de ténèbres :

42. Ce sont les infidèles, les prévaricateurs.

CHAPITRE LXXXI.

LE SOLEIL PLOYÉ.

Donné à la Mecque. — 29 versets.

Au nom de Dieu clément et miséricordieux.

1. Lorsque le soleil sera ployé,

2. Que les étoiles tomberont,

3. Que les montagnes seront mises en mouvement,

4. Que les femelles de chameaux seront abandonnées,

5. Que les bêtes sauvages seront rassemblées,

6. Que les mers bouillonneront,

7. Que les âmes seront réunies aux coups,

8. Lorsqu'on demandera à la fille enterrée vivante[1]

9. Pour quel crime on l'a fait mourir;

10. Lorsque la feuille du Livre sera déroulée;

11. Lorsque les cieux seront mis de côté;

12. Lorsque les brasiers de l'enfer brûleront avec bruit;

13. Lorsque le paradis s'approchera,

14. Toute âme reconnaîtra alors l'œuvre qu'elle avait faite.

15. Je ne jurerai pas par les cinq planètes rétrogrades

16. Qui courent rapidement et se cachent,

17. Par la nuit quand elle survient,

18. Par l'aurore quand elle s'épanouit,

19. Que le Koran est la parole de l'envoyé illustre[2],

20. Puissant auprès du maître du trône, ferme,

21. Obéi et fidèle.

22. Votre concitoyen n'est pas un possédé.

23. Il l'a vu distinctement au sommet du ciel,

24. Et il ne soupçonne pas des mystères qui lui sont révélés.

25. Ce ne sont pas les paroles du démon poursuivi à coups de pierres.

26. Où donc allez-vous? (A quelles pensées vous abandonnez-vous?)

27. Le Koran est un avertissement pour l'univers;

28. Pour ceux d'entre vous qui recherchent le sentier droit.

29. Mais vous ne pouvez vouloir que ce que veut Dieu, le souverain de l'univers.

CHAPITRE LXXXII.
LE CIEL QUI SE FEND.
Donné à la Mecque. — 19 versets.

Au nom de Dieu clément et miséricordieux.

1. Lorsque le ciel se fendra,

2. Que les étoiles seront dispersées,

3. Que les mers confondront leurs eaux,

4. Que les tombeaux seront renversés,

5. L'âme verra ses actions anciennes et récentes.

6. Mortel! qui t'a aveuglé contre ton maître généreux,

7. Ton maître qui t'a créé, qui t'a donné la perfection et la justesse dans tes formes,

[1] Les Arabes idolâtres regardaient la naissance des filles comme un malheur, et souvent s'en débarrassaient en les enterrant vivantes.

[2] L'ange Gabriel.

8. Qui t'a façonné d'après la forme qu'il a voulu.

9. Mais vous traitez sa religion de mensonge.

10. Des gardiens veillent sur vous,

11. Des gardiens honorés qui écrivent vos actions.

12. Ils savent ce que vous faites.

13. Les justes seront dans le séjour des délices,

14. Mais les prévaricateurs dans l'enfer.

15. Au jour de la rétribution, ils seront brûlés au feu.

16. Ils ne pourront s'en éloigner jamais.

17. Qui te fera comprendre ce que c'est que le jour de la rétribution?

18. Qui te fera comprendre ce que c'est que le jour de la rétribution?

19. C'est le jour où l'âme ne pourra rien pour l'âme. Ce jour-là l'empire sera tout entier à Dieu.

CHAPITRE LXXXIII.
LA FAUSSE MESURE.
Donné à la Mecque. — 36 versets.

Au nom de Dieu clément et miséricordieux.

1. Malheur à ceux qui faussent la mesure ou le poids!

2. Qui en achetant exigent une mesure pleine,

3. Et qui, quand ils mesurent ou pèsent aux autres, les trompent.

4. Ne savent-ils pas qu'un jour ils seront ressuscités

5. Pour paraître au jour terrible.

6. Ce jour-là les hommes paraîtront devant le souverain de l'univers.

7. Oui, la liste des prévaricateurs est dans le *Siddjin*.

8. Qui te fera connaître qu'est-ce que le Siddjin?

9. C'est un livre couvert de caractères.

10. Alors, malheur à ceux qui traitent la vérité d'imposture,

11. Qui regardent le jour de la rétribution comme une fiction!

12. Le transgresseur, le coupable, peuvent seuls le traiter de mensonge.

13. Quand on leur relit nos signes, ils disent : Ce sont des contes des vieux temps.

14. Non. — Mais leurs mauvaises œuvres ont jeté un voile sur leurs cœurs.

15. Assurément, ce jour-là ils seront exclus de la présence du Seigneur.

16. Ensuite ils seront précipités dans l'enfer.

17. On leur dira : Voilà le châtiment que vous traitiez de mensonge.

18. Assurément, la liste des justes est dans l'Illiun.

19. Qui te fera connaître ce que c'est que l'Illiun?

20. C'est un livre couvert de caractères.

21. Ceux qui approchent de l'Éternel sont témoins de ce qu'on y trace.

22. Certes, les justes seront dans le séjour de délices.

23. Étendus sur des coussins, ils porteront çà et là leurs regards.

24. Tu verras sur leurs fronts briller l'éclat de la félicité.

25. On leur présentera à boire du vin exquis et scellé.

26. Le cachet sera de musc. C'est à quoi tendent ceux qui aspirent au bonheur.

27. Ce vin sera mêlé avec l'eau de Tasnim.

28. C'est une fontaine où se désaltéreront ceux qui approchent de l'Éternel.

29. Les criminels se moquaient des croyants.

30. Quand ils passaient auprès d'eux, ils se faisaient avec les yeux des signes ironiques.

31. De retour dans leurs maisons, ils les prenaient pour l'objet de leurs rires.

32. Quand ils les voyaient, ils disaient : Ce sont des hommes égarés.

33. Mais ils n'ont pas été envoyés pour veiller sur eux.

34. Aujourd'hui les croyants riront des infidèles;

35. Appuyés sur des coussins, et portant leurs regards çà et là.

36. Les infidèles ne seront-ils pas récompensés selon leurs œuvres?

CHAPITRE LXXXIV.
L'OUVERTURE.
Donné à la Mecque. — 25 versets.

Au nom de Dieu clément et miséricordieux.

1. Lorsque le ciel se fendra,
2. Qu'il aura obéi au Seigneur, et se chargera d'exécuter ses ordres,
3. Lorsque la terre sera aplanie,
4. Qu'elle aura secoué tout ce qu'elle portait et qu'elle restera déserte,
5. Qu'elle aura obéi au Seigneur, et qu'elle se chargera d'exécuter ses ordres,
6. Alors! ô mortel! toi qui désirais de voir ton Seigneur, tu le verras.
7. Celui à qui on donnera le livre (*de ses œuvres*) dans la main droite
8. Sera jugé avec douceur.

9. Il retournera joyeux à sa famille.

10. Celui à qui l'on donnera le livre (*de ses œuvres*) derrière le dos [1]

11. Invoquera la mort,

12. Et sera la proie des flammes.

13. Sur la terre il se réjouissait au sein de sa famille;

14. Il s'imaginait qu'il ne paraîtrait jamais devant Dieu.

15. Mais Dieu voyait tout.

16. Je ne jurerai pas par le crépuscule du soir,

17. Par la nuit et par ce qu'elle rassemble,

18. Par la lune quand elle est dans son plein,

19. Vous serez transformés et passerez par différents degrés.

20. Pourquoi donc ne croient-ils pas?

21. Pourquoi, lorsqu'on leur récite le Koran, ne se prosternent-ils pas?

22. Bien plus : les infidèles le traitent d'imposture.

23. Mais Dieu connaît leur haine secrète.

24. Annonce le châtiment terrible,

25. Excepté à ceux qui ont cru, qui pratiquent le bien; car ils recevront une récompense éternelle.

CHAPITRE LXXXV.
LES SIGNES CÉLESTES.
Donné à la Mecque. — 22 versets.

Au nom de Dieu clément et miséricordieux.

1. Par le ciel orné de douze signes,
2. Par le jour qui doit venir,
3. Par le témoin et le témoignage,
4. Maudits soient ceux qui faisaient précipiter *les croyants* dans le fossé
5. Rempli de feu et entretenu constamment,
6. Quand ils étaient assis tout autour.
7. Ils seront eux-mêmes témoins des tyrannies exercées contre les fidèles.
8. Ils ne les ont tourmentés que parce qu'ils croyaient au Dieu puissant et glorieux,
9. Au Dieu à qui appartient l'empire des cieux et de la terre, et qui est témoin de toutes les actions.
10. Ceux qui ont tourmenté les fidèles des deux sexes, qui n'ont pas fait pénitence, subiront les tourments de la géhenne, les tourments du feu.
11. Ceux qui auront cru et pratiqué le bien auront pour récompense les jardins où coulent des fleuves. Ce sera un bonheur immense.

---

[1] C'est-à-dire, dans la main gauche, car les infidèles auront la droite attachée au cou, et la main gauche retournée derrière le dos.

12. La vengeance de ton Seigneur sera terrible.
13. Il est le créateur et le terme de toutes choses;
14. Il est indulgent et aimant;
15. Il possède le trône glorieux;
16. Il fait ce qu'il lui plaît.
17. As-tu jamais entendu l'histoire des armées
18. De Pharaon et des Thémoudites?
19. Mais les infidèles nient tout.
20. Dieu est derrière eux; il les enveloppera de tous côtés.
21. Ce Koran glorieux
22. Est écrit sur une table gardée avec soin.

CHAPITRE LXXXVI.
L'ÉTOILE NOCTURNE.
Donné à la Mecque. 17 versets.

Au nom de Dieu clément et miséricordieux.

1. Par le ciel et l'étoile nocturne.
2. Qui te fera connaître ce que c'est que l'étoile nocturne?
3. C'est l'étoile qui lance des dards.
4. Toute âme a un gardien qui la surveille.
5. Que l'homme considère de quoi il a été créé:
6. D'une goutte d'eau répandue,
7. Sortie des reins et des os de la poitrine.
8. Certainement Dieu peut le ressusciter,
9. Le jour où tout ce qui est caché sera dévoilé,
10. Et où il n'aura ni puissance ni appui.
11. Par le ciel qui accomplit ses révolutions;
12. Par la terre qui se fend pour faire germer les plantes,
13. En vérité le Koran est une parole qui décide;
14. Ce n'est point un discours frivole.
15. Ils mettent en œuvre leurs stratagèmes;
16. Et moi je mettrai en œuvre les miens.
17. Donne du répit aux infidèles; laisse-les en repos pour quelques instants.

CHAPITRE LXXXVII.
LE TRÈS-HAUT.
Donné à la Mecque. — 19 versets.

Au nom de Dieu clément et miséricordieux.

1. Célèbre le nom de ton Seigneur le Très-Haut,
2. Qui a créé les choses et les a façonnées;
3. Qui a fixé leurs destinées et qui les dirige toutes vers son but;
4. Qui fait germer l'herbe des pâturages,
5. Et la réduit en foin desséché.
6. Nous t'enseignerons à lire le Koran, et tu n'en oublieras rien,
7. Excepté ce qu'il plaira à Dieu; car il connaît ce qui paraît au grand jour et ce qui est caché.
8. Nous te rendrons nos voies faciles.
9. Avertis; car tes avertissements sont salutaires.
10. Quiconque craint Dieu en profitera;
11. Le réprouvé seul s'en éloignera.
12. Celui qui sera exposé au feu terrible,
13. Il n'y mourra pas, et il n'y vivra pas.
14. Heureux l'homme innocent,
15. Qui répète le nom de Dieu, et prie.
16. Mais vous préférez la vie de ce monde;
17. Et cependant la vie future vaut mieux et est plus durable.
18. Cette doctrine est enseignée dans les livres anciens,
19. Dans les livres de Moïse et de Jésus.

CHAPITRE LXXXVIII.
LE VOILE.
Donné à la Mecque. — 26 versets.

Au nom de Dieu clément et miséricordieux.

1. As-tu jamais entendu parler du jour qui enveloppera tout;
2. Où les hommes, le front humblement courbé,
3. Travaillant et accablés de fatigue,
4. Brûlés au feu ardent,
5. Boiront de l'eau bouillante.
6. Ils n'auront d'autre nourriture que le fruit de *Dari*[1],
7. Qui ne leur donnera ni embonpoint, ni ne calmera leur faim.
8. D'autres visages seront riants ce jour-là;
9. Satisfaits de leurs labeurs d'autrefois,
10. Ils séjourneront dans le séjour élevé,
11. Où l'on n'entend aucun discours frivole.
12. On y trouvera des fontaines d'eaux courantes,
13. Des siéges élevés,
14. Des coupes préparées,
15. Des coussins disposés par séries,
16. Des tapis étendus.
17. N'ont-ils pas jeté les yeux sur le chameau, comme il a été créé;
18. Sur le ciel, comme il a été élevé,

---
[1] *Dari* est un arbrisseau épineux qui porte un fruit d'un goût très-âcre. Ce mot veut dire aussi en général les chardons et les épines.

19. Et sur les montagnes, comme elles ont été affermies;
20. Et sur la terre, comme elle a été étendue.
21. Prêche les hommes, car tu n'es qu'un apôtre;
22. Tu n'as pas le pouvoir sans bornes;
23. Mais quiconque tourne le dos et ne croit pas,
24. Dieu lui fera subir le grand châtiment.
25. C'est à moi que vous retournerez;
26. C'est à moi de vous faire rendre compte.

CHAPITRE LXXXIX.
L'AURORE.
Donné à la Mecque. — 30 versets.

Au nom de Dieu clément et miséricordieux.

1. Par l'aurore et les dix nuits [1],
2. Par ce qui est double et ce qui est simple,
3. Par la nuit, quand elle approche.
4. N'est-ce pas là un serment fait avec intelligence?
5. Ne voyez-vous pas à quoi Dieu a réduit le peuple d'Ad,
6. Qui habitait l'Irem aux grandes colonnes;
7. Peuple dont il n'y eut pas de semblable sur la terre;
8. A quoi il a réduit les Thémoudéens qui taillaient leurs maisons en roc dans la vallée [2],
9. Et Pharaon inventeur du supplice des pieux?
10. Tous, ils opprimaient la terre,
11. Et multipliaient les désordres.
12. Dieu leur infligea à tous le fouet des châtiments,
13. Car Dieu se tient en embuscade et observe.
14. Quand, pour éprouver l'homme, Dieu le comble d'honneurs et de ses bienfaits,
15. L'homme dit : Le Seigneur m'a honoré;
16. Mais que Dieu, pour l'éprouver, lui mesure ses dons;
17. L'homme s'écrie : Le Seigneur m'avilit.
18. Point du tout; mais vous n'honorez pas l'orphelin;
19. Vous ne vous excitez pas mutuellement à nourrir le pauvre;
20. Vous dévorez les héritages du pauvre avec une avidité insatiable,
21. Et vous aimez les richesses par-dessus tout;
22. Quand la terre sera réduite en menues parcelles;

[1] Il s'agit ici des dix nuits sacrées du mois dhoulhiddja.
[2] C'est la vallée nommée Wadi'lkora, à une journée de distance d'Alhedji.

23. Quand ton Seigneur viendra, et que les anges formeront les rangs;
24. Lorsqu'on approchera de la géhenne, oh! alors, l'homme se souviendra; mais à quoi lui servira de s'en ressouvenir alors?
25. Il s'écriera : Plût à Dieu que j'eusse fait le bien durant ma vie ! Ce jour-là personne ne sera puni du supplice qu'il aura mérité;
26. Personne ne portera ses chaînes.
27. O âme, qui t'endors dans la sécurité,
28. Retourne auprès de Dieu, satisfaite de *ta récompense*, et agréable à Dieu;
29. Entre au nombre de mes serviteurs;
30. Entre dans mon paradis.

CHAPITRE CX.
LE TERRITOIRE.
Donné à la Mecque. — 20 versets.

Au nom de Dieu clément et miséricordieux.

1. Je ne jurerai pas par ce territoire,
2. Le territoire que tu es venu habiter;
3. Ni par le père, ni par l'enfant.
4. Nous avons créé l'homme dans la misère.
5. S'imagine-t-il que nul n'est plus fort que lui?
6. Il s'écrie : J'ai dépensé d'énormes sommes [1].
7. Pense-t-il que personne ne le voit?
8. Ne lui avons-nous pas donné deux yeux,
9. Une langue et deux lèvres?
10. Ne l'avons-nous pas conduit sur les deux grandes routes (du bien et du mal)?
11. Et cependant il n'a pas encore descendu la pente.
12. Qu'est-ce que la pente?
13. C'est de racheter les captifs,
14. De nourrir, aux jours de la disette,
15. L'orphelin qui nous est lié par le sang,
16. Ou le pauvre qui couche sur la dure.
17. Celui qui agit ainsi, et qui en outre croit et recommande la patience aux autres, qui conseille l'humanité,
18. Sera parmi ceux qui occuperont la droite au jour du jugement.
19. Ceux qui auront accusé nos signes de mensonge occuperont la gauche;
20. Ils seront entourés d'une voûte de flammes.

CHAPITRE CXI.
LE SOLEIL.
Donné à la Mecque. — 15 versets.

Au nom de Dieu clément et miséricordieux.

1. Par le soleil et sa clarté,
2. Par la lune, quand elle le suit de près,

[1] Soit pour le luxe, soit pour combattre Mohammed.

3. Par le jour, quand il le laisse voir dans tout son éclat,
4. Par la nuit, quand elle le voile,
5. Par le ciel, et par celui qui l'a bâti,
6. Par la terre et celui qui l'a étendue,
7. Par l'âme et celui qui l'a formée,
8. Et qui lui a inspiré sa méchanceté et sa piété ;
9. Celui qui la conserve pure, sera heureux ;
10. Celui qui la corrompt, sera perdu.
11. Thémoud a traité son prophète d'imposteur, par l'excès de sa méchanceté.
12. Lorsque les plus factieux accoururent pour tuer la femelle du chameau,
13. L'apôtre de Dieu Saleh leur dit : C'est la chamelle de Dieu, laissez-la boire.
14. Ils le traitèrent d'imposteur et tuèrent la chamelle. Le Seigneur les châtia de leur crime et l'étendit également sur tous.
15. Il n'en redoute point les suites.

CHAPITRE CXII.
LA NUIT.
Donné à la Mecque. — 21 versets.

Au nom de Dieu clément et miséricordieux.

1. Par la nuit, quand elle étend son voile,
2. Par le jour, quand il brille de tout son éclat,
3. Par celui qui a créé le mâle et la femelle,
4. Vos efforts ont des fins différentes.
5. Celui qui donne et qui craint,
6. Qui regarde la plus belle des croyances comme la véritable,
7. Nous lui rendrons facile la route la plus facile ;
8. Mais l'avare qui dédaigne les autres,
9. Qui regarde la plus belle des croyances comme un mensonge,
10. Nous le conduirons facilement sur la route la plus difficile.
11. A quoi lui serviront ses richesses s'il doit être précipité dans l'enfer ?
12. A nous appartient de diriger les hommes,
13. A nous appartient la vie future et la vie d'ici-bas.
14. Je vous annonce un feu qui bruit.
15. Les réprouvés seuls y seront jetés,
16. Eux qui ont traité nos apôtres de menteurs et leur ont tourné le dos.
17. L'homme pieux y échappera,
18. Celui qui dépensait ses richesses pour se rendre plus pur,
19. Qui ne fait pas le bien digne d'une récompense en vue de quelque homme,
20. Mais par le seul désir d'obtenir les regards du Dieu sublime :
21. Et assurément il obtiendra sa satisfaction.

CHAPITRE CXIII.
LE SOLEIL DE LA MATINÉE.
Donné à la Mecque. — 11 versets.

Au nom de Dieu clément et miséricordieux.

1. Par le soleil de la matinée,
2. Par la nuit quand ses ténèbres s'épaississent,
3. Ton Seigneur ne t'a point oublié, et il ne t'a pas pris en haine.
4. La vie future vaut mieux pour toi que la vie présente.
5. Dieu t'accordera des biens et te satisfera.
6. N'étais-tu pas orphelin, et ne t'a-t-il pas accueilli ?
7. Il t'a trouvé égaré, et il t'a guidé.
8. Il t'a trouvé pauvre, et il t'a enrichi.
9. N'use point de violence envers l'orphelin.
10. Garde-toi de repousser le mendiant.
11. Raconte plutôt les bienfaits de ton Seigneur.

CHAPITRE CXIV.
N'AVONS-NOUS PAS OUVERT ?
Donné à la Mecque. — 8 versets.

Au nom de Dieu clément et miséricordieux.

1. N'avons-nous pas ouvert ton cœur
2. Et allégé ton fardeau,
3. Qui accablait tes épaules ?
4. N'avons-nous pas élevé haut ton nom ?
5. A côté du bonheur est l'adversité ;
6. A côté de l'infortune est le bonheur.
7. Quand tu auras achevé l'œuvre ¹, travaille pour Dieu,
8. Et recherche-le avec ferveur.

CHAPITRE CXV.
LE FIGUIER.
Donné à la Mecque — 8 versets.

Au nom de Dieu clément et miséricordieux.

1. Par le figuier et par l'olivier,
2. Par le mont Sinaï,
3. Par ce territoire sacré,
4. Nous avons créé l'homme dans les plus admirables proportions ;
5. Puis nous le précipiterons vers le plus bas degré de l'échelle,
6. Excepté ceux qui auront cru et pratiqué le bien ; car ceux-là auront une récompense éternelle.

¹ Ou terminé la prière.

7. Qui peut te faire traiter la vraie religion de mensonge?

8. Dieu n'est-il pas le meilleur des juges?

CHAPITRE CXVI.
LE SANG COAGULÉ.
Donné à la Mecque. — 19 versets.

Au nom de Dieu clément et miséricordieux.

1. Lis, au nom de ton Seigneur qui a créé tout;
2. Qui a créé l'homme de sang coagulé.
3. Lis, car ton Seigneur est le plus généreux.
4. Il t'a appris l'usage de la plume;
5. Il apprit à l'homme ce que l'homme ne savait pas.
6. Oui. — Mais l'homme a été rebelle
7. Aussitôt qu'il s'est vu riche.
8. Tout doit retourner à Dieu.
9. Que penses-tu de celui qui empêche
10. Le serviteur de prier Dieu?
11. Que t'en semble? S'il suivait plutôt la droite voie,
12. Et recommandait la piété.
13. Que t'en semble, si l'homme traite la vérité de mensonge et tourne le dos?
14. Ignore-t-il que Dieu sait tout?
15. Il le sait; et s'il ne cesse, nous le saisirons par les cheveux de son front,
16. De son front menteur et coupable.
17. Qu'il rassemble son conseil,
18. Et nous rassemblerons nos gardiens.
19. Ne lui obéis pas; mais adore Dieu et cherche à t'approcher de lui.

CHAPITRE CXVII.
ALKADR [1].
Donné à la Mecque. — 5 versets.

Au nom de Dieu clément et miséricordieux.

1. Nous avons fait descendre le Koran dans la nuit d'Alkadr.
2. Qui te fera connaître ce que c'est que la nuit d'Alkadr?
3. La nuit d'Alkadr vaut plus que mille mois.
4. Dans cette nuit les anges et l'esprit [2] descendent avec la permission de Dieu, portant ses ordres sur toutes choses.
5. La paix accompagne cette nuit jusqu'au lever de l'aurore.

CHAPITRE CXVIII.
LE SIGNE ÉVIDENT.
Donné à la Mecque. — 8 versets.

Au nom de Dieu clément et miséricordieux.

1. Les infidèles, parmi ceux qui ont reçu les Écritures, ainsi que les idolâtres, ne se sont divisés en deux partis que lorsqu'eut apparu le signe évident;
2. Un apôtre de Dieu qui leur lit des feuillets saints, lesquels renferment les Écritures vraies.
3. Ceux qui ont reçu les Écritures ne se sont divisés en sectes que lorsque le signe évident vint vers eux.
4. Que leur commande-t-on, si ce n'est d'adorer Dieu d'un culte sincère, d'être orthodoxes, d'observer la prière, de faire l'aumône; c'est la vraie religion.
5. Les infidèles, parmi ceux qui ont reçu les Écritures, et les idolâtres, resteront éternellement dans le feu de la géhenne. Ils sont les plus pervers de tous les êtres créés.
6. Ceux qui croient et pratiquent le bien sont les meilleurs de tous les êtres créés.
7. Leur récompense près de Dieu sont les jardins où coulent des fleuves, et ils y demeureront éternellement.
8. Dieu sera satisfait d'eux, et eux seront satisfaits de lui. Voilà ce qui est réservé à celui qui craint le Seigneur.

CHAPITRE CXIX.
LE TREMBLEMENT DE TERRE.
Donné à la Mecque. — 8 versets.

Au nom de Dieu clément et miséricordieux.

1. Lorsque la terre tremblera d'un violent tremblement,
2. Qu'elle aura secoué ses fardeaux [1],
3. L'homme demandera: Qu'a-t-elle?
4. Alors elle racontera ce qu'elle sait,
5. Ce que ton Seigneur lui inspirera.
6. Dans ce jour, les hommes s'avanceront par troupes pour voir leurs œuvres.
7. Celui qui aura fait le bien du poids d'un atome le verra,
8. Et celui qui aura commis le mal du poids d'un atome le verra aussi.

CHAPITRE C.
LES COURSIERS.
Donné à la Mecque. — 11 versets.

Au nom de Dieu clément et miséricordieux.

1. Par les coursiers qui courent à perte d'haleine,
2. Par les coursiers qui, frappant la terre du pied, font jaillir des étincelles,
3. Par ceux qui attaquent les ennemis au matin,

---

[1] Le mot kadr, qui veut dire *puissance*, est joint dans le chapitre au mot *nuit*, où sont réglés les décrets de Dieu et les événements de l'année suivante.

[2] L'ange Gabriel.

[1] Les morts ans les tombeaux.

4. Qui font voler la poussière sous leurs pas,
5. Qui se frayent le chemin à travers les cohortes ennemies;
6. En vérité, l'homme est ingrat envers son Seigneur.
7. Lui-même en est témoin.
8. La soif des biens de ce monde le dévore.
9. Ignore-t-il que lorsque les corps renfermés dans les sépulcres seront renversés,
10. Lorsque les secrets du cœur paraîtront au grand jour,
11. Que Dieu sera instruit alors de leurs actions?

CHAPITRE CI.
LE COUP.
Donné à la Mecque. — 8 versets.

Au nom de Dieu clément et miséricordieux.

1. Le coup. Qu'est-ce que le coup?
2. Qui te fera entendre ce que c'est que le coup?
3. Le jour où les hommes seront dispersés comme des papillons,
4. Où les montagnes voleront comme des flocons de laine teinte,
5. Celui dont les œuvres seront de poids dans la balance, aura une vie pleine de plaisirs.
6. Celui dont les œuvres seront légères dans la balance, aura pour demeure le fossé.
7. Qui te dira ce que c'est que ce fossé?
8. C'est le feu ardent.

CHAPITRE CII.
LE DÉSIR DE S'ENRICHIR.
Donné à la Mecque. — 8 versets.

Au nom de Dieu clément et miséricordieux.

1. Le désir d'augmenter vos richesses vous préoccupe
2. Jusqu'au moment où vous descendez dans la tombe;
3. Mais vous apprendrez,
4. Mais vous apprendrez.
5. Si vous le saviez de science certaine, vous ne le feriez pas.
6. Vous verrez l'enfer;
7. Vous le verrez de vos propres yeux :
8. Alors, on vous demandera compte des plaisirs de ce monde.

CHAPITRE CIII.
L'HEURE DE L'APRÈS-MIDI.
Donné à la Mecque. — 3 versets.

Au nom de Dieu clément et miséricordieux.

1. J'en jure par l'heure de l'après-midi.
2. L'homme travaille à sa perte.

3. Tu en excepteras ceux qui croient et pratiquent les bonnes œuvres, qui recommandent aux autres la vérité et la patience.

CHAPITRE CIV.
LE CALOMNIATEUR.
Donné à la Mecque. — 9 versets.

Au nom de Dieu clément et miséricordieux.

1. Malheur au calomniateur, au médisant,
2. Qui ramasse des richesses et les garde pour l'avenir.
3. Il s'imagine que ses trésors le feront vivre éternellement.
4. Assurément il sera précipité dans *Al hotama* [1].
5. Qui te dira ce que c'est qu'*Al hotama* ?
6. C'est le feu de Dieu, le feu allumé
7. Qui prendra aux cœurs *des réprouvés*.
8. Il les entourera comme une voûte
9. Appuyée *sur des colonnes*.

CHAPITRE CV.
L'ÉLÉPHANT.
Donné à la Mecque. — 5 versets.

Au nom de Dieu clément et miséricordieux.

1. As-tu vu comment le Seigneur a traité les compagnons de l'éléphant [2] ?
2. N'a-t-il pas jeté dans le désarroi leurs machinations?
3. N'a-t-il pas envoyé contre eux les oiseaux *ababil?*
4. Et lancé sur leurs têtes des pierres portant des marques faites au ciel ?
5. Il les a foulés comme le grain broyé par les bestiaux.

CHAPITRE CVI.
LES KOREICHITES.
Donné à la Mecque. — 4 versets.

Au nom de Dieu clément et miséricordieux.

1. A l'union des Koreïchites ;
2. A leur union, pour envoyer des caravanes pendant l'hiver et l'été ;
3. Qu'ils servent le Dieu de ce temple, le Dieu qui les a nourris pendant la famine,
4. Et qui les a *délivrés des alarmes*.

---

[1] Al hotama est un des noms de l'enfer, et spécialement de l'un des appartements où tout ce qui y sera jeté sera brisé en morceaux.
[2] C'est-à-dire, ceux qui ont pris part à l'expédition contre le temple de la Mecque, conduite par Abraha, prince éthiopien, qui montait un éléphant blanc.

CHAPITRE CVII.
LES USTENSILES.
Donné à la Mecque. — 7 versets.

Au nom de Dieu clément et miséricordieux.

1. Que penses-tu de celui qui traite cette religion de mensonge?
2. C'est celui qui repousse l'orphelin,
3. Qui n'excite point les autres à nourrir le pauvre.
4. Malheur à ceux qui font la prière,
5. Et la font négligemment;
6. Qui la font par ostentation,
7. Et refusent les ustensiles *nécessaires à ceux qui en ont besoin.*

CHAPITRE CVIII.
LE KAUTHER.
Donné à la Mecque. — 3 versets.

Au nom de Dieu clément et miséricordieux.

1. Nous t'avons donné le Kauther [1].
2. Adresse ta prière au Seigneur, et immole-lui des victimes.
3. Celui qui te hait mourra sans postérité.

CHAPITRE CIX.
LES INFIDÈLES.
Donné à la Mecque. — 6 versets.

Au nom de Dieu clément et miséricordieux.

1. O infidèles,
2. Je n'adorerai point ce que vous adorez.
3. Vous n'adorerez pas ce que j'adore.
4. Je n'adore pas ce que vous adorez.
5. Vous n'adorez pas ce que j'adore.
6. Vous avez votre religion, et moi j'ai la mienne.

CHAPITRE CX.
L'ASSISTANCE.
Donné à la Mecque. — 3 versets.

Au nom de Dieu clément et miséricordieux.

1. Lorsque l'assistance de Dieu et la victoire nous arrivent,
2. Tu verras les hommes accourir en foule et embrasser la croyance de Dieu.
3. Célèbre les louanges du Seigneur et implore son pardon, car il aime à pardonner aux hommes.

[1] Kauther est le nom d'un fleuve du paradis.

CHAPITRE CXI.
ABOU-LAHAB.
Donné à la Mecque. — 5 versets.

Au nom de Dieu clément et miséricordieux.

1. Que les deux mains d'Abou-Lahab périssent, et qu'il périsse lui-même.
2. Ses richesses et ses œuvres ne lui serviront à rien.
3. Il sera brûlé au feu flamboyant,
4. Ainsi que sa femme, porteuse de bois.
5. A son cou sera attachée une corde de filaments de palmier.

CHAPITRE CXII.
L'UNITÉ DE DIEU.
Donné à la Mecque. — 4 versets.

Au nom de Dieu clément et miséricordieux.

1. Dis: Dieu est un.
2. C'est le Dieu éternel.
3. Il n'a point enfanté, et n'a point été enfanté.
4. Il n'a point d'égal.

CHAPITRE CXIII.
L'AUBE DU JOUR.
Donné à la Mecque. — 5 versets.

Au nom de Dieu clément et miséricordieux.

1. Dis: Je cherche un asile auprès de Dieu dès l'aube du jour,
2. Contre la méchanceté des êtres qu'il a créés,
3. Contre le malheur de la nuit ténébreuse quand elle nous surprend,
4. Contre la méchanceté des sorcières qui soufflent sur les nœuds,
5. Contre le malheur de l'envieux qui nous envie.

CHAPITRE CXIV.
LES HOMMES.
Donné à la Mecque. — 6 versets.

Au nom de Dieu clément et miséricordieux

1. Dis: Je cherche un asile auprès du Seigneur des hommes,
2. Roi des hommes,
3. Dieu des hommes,
4. Contre la méchanceté de celui qui suggère les mauvaises pensées et se dérobe;
5. Qui souffle le mal dans les cœurs des hommes;
6. Contre les génies et contre les hommes.

FIN DU KORAN.

LE BORDA,

POEME

A LA LOUANGE DE MAHOMET, TRADUIT DE L'ARABE DE SCHERF-EDDIN ELBOUSSIRI,

PAR M. LE BARON SILVESTRE DE SACY.

Quel sujet fait couler de tes yeux des larmes mêlées de sang? Le souvenir des voisins que tu as laissés à Dhou-Sélem est-il la cause de tes pleurs? est-ce le vent qui, soufflant du côté de Kadhéma, les rappelle à ta mémoire; ou l'éclair brillant au milieu de l'obscurité, sur les hauteurs d'Idham, découvre-t-il à tes regards le lieu qu'ils habitent? Pourquoi tes yeux versent-ils des torrents d'eau, lors même que tu leur ordonnes de retenir leurs larmes? Pourquoi ton cœur, au moment où tu lui dis : Reviens à toi, est-il dans une violente agitation?

Celui que l'amour possède s'imagine-t-il tenir cachée la passion qui l'agite, lorsque deux parties de lui-même trahissent son secret; ses yeux qui fondent en pleurs, et son cœur que consume une flamme ardente?

Ah! si l'amour n'était la cause de ta peine, on ne te verrait pas verser des larmes sur les débris d'une habitation abandonnée; le souvenir de ce ban et de cette colline ne te ravirait pas le sommeil. Et comment pourrais-tu nier que tu sois en proie aux tourments de l'amour, lorsque deux témoins irréprochables déposent contre toi, les pleurs que tu répands, et la maladie qui te consume; lorsque la violence de ta passion a écrit ta conviction sur tes joues, en y traçant les deux lignes des pleurs et de la maigreur, et en leur imprimant les couleurs de la rose jaune et du bois d'anem?

Oui, l'ombre de ce que j'aime est venue me ravir le sommeil. Tel est l'effet de l'amour, il change nos plaisirs en cruels tourments.

O toi qui me reproches la violence d'un amour insurmontable, ma faiblese est digne d'excuse, et si tu étais équitable, tu m'épargnerais tes réprimandes. Puissent les maux que j'éprouve retomber sur toi! Mon secret ne saurait échapper aux regards des délateurs, et le mal qui me mine n'admet point de guérison.

Tu m'as donné de sages avis, mais je n'étais pas capable de les entendre; car celui que l'amour domine est sourd à toutes les censures. La vieillesse même aux cheveux blancs n'a pas été à l'abri de mes soupçons injurieux, lorsqu'elle a voulu, par ses conseils, réformer ma conduite; et cependant est-il des conseils moins suspects que ceux que donne la vieillesse?

Dans sa folie, le penchant violent qui m'entraîne vers le mal, n'a point mis à profit les sages avertissements des cheveux blancs et de l'âge décrépit. Incapable d'aucune bonne action, mon âme corrompue n'a pas même offert un repas hospitalier à l'hôte respectable qui était venu sans façon chercher l'hospitalité près de moi. Ah! si j'eusse prévu que je ne lui rendrais pas les honneurs qui lui étaient dus, j'aurais déguisé par le jus du katam son secret que j'ai aperçu [1].

Qui ramènera de son égarement cette volonté rebelle et indomptable, ainsi que l'on gouverne avec un frein le cheval le plus fougueux! Ne te flatte pas d'amortir la violence de ses passions, en t'abandonnant aux actions criminelles. Telle la nourriture ne sert qu'à augmenter la violence d'un appétit déréglé.

L'âme est semblable à un tendre enfant : si on le laisse suivre son penchant, il conservera en grandissant l'amour du lait maternel; mais si on l'en prive, il se sèvrera de cet aliment.

Détourne donc ton âme de l'amour auquel elle se livre, garde-toi de souffrir qu'il domine chez elle; car où l'amour règne sans obstacle, il la donne à la mort, ou bien il couvre d'ignominie. Veille sur elle au milieu de ses actions, ainsi qu'un berger veille sur ses troupeaux au milieu des pâturages; et quand même le pâturage lui paraîtrait agréable, ne permets pas qu'elle y paisse à son gré. Combien d'hommes l'attrait de la concupiscence n'a-t-il pas séduits, en leur présentant, sous une apparence favorable, des plaisirs qui leur ont donné la mort! ils ignoraient que le poison est caché dans les mets les plus délicats.

Crains également les pièges cachés de la faim et ceux de la satiété. Souvent une faim violente est pire encore que les maux qui suivent l'excès de la nourriture.

Que tes yeux qui ont été remplis de crimes se purifient par des larmes abondantes; et ne quitte jamais l'asile de la repentance.

Résiste à la concupiscence et à Satan, et sois rebelle à leurs suggestions; quand même ils te donneraient des conseils sages en apparence, tiens-les toujours pour suspects. Ne leur obéis jamais, soit qu'ils manifestent la malice d'un ennemi, ou qu'ils se couvrent des apparences d'une impartiale justice; car tu connais les pièges que tendent et

[1] C'est-à-dire, j'aurais noirci sa chevelure, afin que la couleur de ses cheveux blancs n'ajoutât pas à l'indignité de ma conduite un nouveau degré de honte et d'opprobre.

ces ennemis manifestes, et ces conciliateurs insidieux.

Je demande pardon à mon Dieu de ce que mes discours ne sont point accompagnés d'une conduite qui leur soit conforme. Mon inconséquence est la même que si j'attribuais une postérité à un homme que la nature aurait frappé de stérilité.

Je t'ai donné des leçons de vertu dont moi-même je n'ai pas fait la règle de mes actions. Je n'ai point redressé ma conduite, m'appartient-il de te dire : Redresse-toi ?

J'ai négligé d'amasser avant la mort une provision de bonnes œuvres pour le temps de mon voyage. Je n'ai ajouté ni prières ni jeûnes à ceux dont l'obligation est d'une indispensable nécessité.

J'ai criminellement omis de me conformer à l'exemple de celui.[1] qui vivifiait les nuits en les passant en prières, jusque-là que ses pieds fatigués par la longueur de ses veilles en contractaient des tumeurs douloureuses; qui, épuisé par des jeûnes assidus, était obligé de serrer par des ligatures ses entrailles affamées, et de comprimer avec des pierres la peau fine de ses flancs délicats.

Des montagnes d'or d'une élévation prodigieuse ont sollicité l'honneur de lui appartenir; mais il leur a fait voir quelque chose de bien plus élevé, par son mépris pour les biens de ce monde. La nécessité qui le pressait ajoutait un nouveau mérite à son détachement, les suggestions du besoin ne purent triompher de son désintéressement. Que dis-je ! le besoin pouvait-il inspirer le désir des biens de ce monde, à celui sans lequel le monde ne serait jamais sorti du néant ?

Mahomet est le prince des deux mondes, des hommes et des génies, le souverain des deux peuples, des Arabes et des barbares. Il est notre prophète, qui nous prescrit ce que nous devons faire, et nous défend ce que nous devons éviter. Il est le plus véridique de tous les hommes, soit qu'il affirme, soit qu'il nie. Il est l'ami de Dieu; il est celui dont l'intercession est l'unique fondement de notre espoir et notre ressource contre les dangers les plus affreux. Il a appelé les mortels à la connaissance de Dieu, et quiconque s'attache à lui s'attache à une corde qui n'est point sujette à se rompre. Il a surpassé tous les autres prophètes par l'excellence de ses qualités extérieures et de ses qualités morales. Aucun d'eux n'approche de lui en science ni en vertu. Chacun d'eux sollicite de l'apôtre de Dieu une gorgée de la mer de sa science, ou une goutte des pluies abondantes de sa vertu. Ils se tiennent près de lui dans le rang qui leur convient, n'étant en comparaison de sa science, et au prix de sa sagesse, que ce qu'est un point ou un accent dans l'écriture.

C'est lui qui est parfait par les qualités de son cœur et par les grâces de sa personne. Le créateur des âmes l'a choisi pour ami. Il ne partage avec aucun autre ses qualités incomparables; il possède tout entière et sans partage la substance même de l'excellence.

Laisse là ce que les chrétiens débitent faussement de leur prophète : cela seul excepté[1], use d'une liberté sans bornes dans les éloges que tu donneras à Mahomet. Vante autant qu'il te plaira l'excellence de sa nature, relève autant que tu le voudras l'éminence de ses mérites; car l'excellence de l'apôtre de Dieu ne connaît point de bornes, et il n'est personne dont les paroles puissent dignement l'exprimer. Si la grandeur de ses miracles répondait à l'éminence de son mérite, la seule invocation de son nom rendrait la vie aux ossements depuis longtemps desséchés.

Par l'amour qu'il nous a porté, il n'a point voulu nous mettre à une épreuve dangereuse, en nous enseignant des choses auxquelles notre intelligence ne pût atteindre. Nous n'avons éprouvé ni doute ni soupçon sur la vérité de sa doctrine.

Les hommes s'efforceraient en vain de comprendre l'excellence de ses qualités intérieures; il n'en est aucun soit proche soit éloigné qui ne soit incapable d'y atteindre. Tel le soleil vu de loin ne paraît pas dans sa véritable grandeur, et, regardé de près, éblouit la vue. Et comment pourraient, en ce monde, atteindre à la connaissance parfaite de ce qu'est ce grand prophète, des mortels plongés dans le sommeil, qui se contentent des songes de leur imagination ?

Tout ce qu'on peut savoir de lui, c'est qu'il est homme, et la plus excellente des créatures de Dieu.

Tous les miracles qu'ont fait les saints envoyés de Dieu, n'étaient qu'une communication de la lumière de ce prophète. Il est lui seul le soleil de l'excellence, les autres ne sont que les planètes qui dépendent de ce soleil, et qui réfléchissent ses rayons lumineux sur les mortels, au milieu des ténèbres.

Combien est digne d'admiration la figure de ce prophète, dont les charmes sont relevés par ses qualités intérieures, qui réunit toutes les grâces, qui a pour caractère distinctif la douceur et l'aménité de ses traits. Il réunit à la beauté délicate d'une fleur, la grandeur majestueuse de la lune. Sa générosité est vaste comme la mer, ses desseins sont grands et fermes comme le temps. Lors même qu'il est seul, la majesté de son visage

---

[1] C'est-à-dire de Mahomet. Le poëme ne commence réellement qu'ici. Tout ce qui précède ne sert que d'introduction au véritable sujet.

[1] C'est-à-dire : n'attribue point à Mahomet la divinité ; mais à l'exception de cela, dis de lui tout ce que tu voudras.

rend son aspect aussi redoutable à ceux qui le rencontrent, que s'il avait autour de lui une armée et de nombreuses cohortes.

On dirait que les organes qui produisent en lui la parole et le sourire, sont des perles cachées au fond de la nacre. Aucun parfum n'égale l'odeur suave de la terre qui couvre ses os; heureux qui respire cette odeur, qui couvre cette terre de baisers!

L'instant même de sa naissance a fait connaître l'excellence de son origine. Qu'ils sont précieux les premiers et les derniers moments de son existence!

En ce jour les Perses ont reconnu par des pronostics certains, l'annonce des malheurs et de la vengeance qui allaient tomber sur eux. Le portique de Cosroès renversé au milieu de la nuit annonça par sa chute la division qui allait ruiner la famille des souverains de cet empire, sans aucun espoir de réunion. Le feu sacré, dans la douleur où le plongeait cet événement, vit s'éteindre sa flamme, et le fleuve, troublé par la frayeur, oublia sa source accoutumée.

Sava [1] s'affligea sur la disparition de ses eaux que la terre avait englouties, et celui qui venait y étancher se soif s'en retourna transporté de colère et d'indignation.

Il semblait qu'en ce jour la violence de l'affliction eût transporté au feu l'humidité naturelle à l'élément aqueux, et à l'eau l'ardeur desséchante du feu.

Alors les génies poussèrent des hurlements, des lumières éclatantes s'élevèrent et se répandirent dans l'atmosphère, la vérité se manifesta par des signes muets et par des paroles. Mais ils ont été aveugles et sourds [2], les impies: les annonces les plus claires des heureux événements qui allaient arriver, ils ne les ont point entendues; les signes les plus éclatants des maux dont le ciel les menaçait, ils n'y ont point fait attention, après même que les peuples ont été avertis par leurs devins que leurs religions erronées allaient être détruites; après qu'ils ont vu dans les cieux des flammes se détacher et se précipiter en bas, de même que sur la terre leurs idoles se renversaient.

Poursuivis par ces flammes, les démons prirent la fuite à l'envi les uns des autres, obligés d'abandonner la route céleste par laquelle la révélation se communique aux mortels. A voir leur fuite précipitée, on eût dit que c'étaient les guerriers de l'armée d'Abraha, ou les troupes infidèles mises en fuite par les cailloux que lancèrent sur elles les mains du Prophète à la journée de Bedr, lorsque ces cailloux, après avoir chanté les louanges de Dieu dans ses mains, furent lancés contre l'ennemi, semblables à Jonas jeté hors des entrailles du monstre qui l'avait dévoré, après que, dans son sein, il avait invoqué le nom de Dieu.

A l'ordre de Mahomet, les arbres sont venus se prosterner devant lui; sans pieds et portés seulement sur leur tige, ils s'avançaient vers le Prophète. De même que le crayon trace sur le papier la ligne qui doit servir de règle à l'écrivain, ainsi leur tronc semblait en marchant décrire une ligne droite, sur laquelle leurs branches, en sillonnant la poussière, devaient tracer au milieu de la route une écriture merveilleuse. Semblables dans leur obéissance à ce nuage officieux qui suivait l'apôtre de Dieu en quelque endroit qu'il portât ses pas, pour le défendre des feux du soleil dans la plus grande chaleur du jour.

J'en jure par la lune qui, à son ordre, se fendit en deux; le prodige qui s'opéra alors sur cet astre, est pareil à celui qui s'était opéré sur le cœur du Prophète lorsque les anges l'avaient ouvert pour le purifier [1]; et cette ressemblance est si parfaite que l'on peut légitimement l'assurer avec serment.

Les yeux des incrédules frappés d'aveuglement n'ont point vu ce que la caverne renfermait de vertus et de mérites. La justice même et l'ami fidèle [2] étaient cachés dans la caverne sans que personne les aperçût, et les impies disaient: Assurément il n'y a personne dans cette caverne. Ils ne s'imaginaient pas que des colombes voltigeassent autour de la créature la plus excellente, et qu'une araignée la couvrît de sa toile. La protection de Dieu lui a tenu lieu de la cotte de mailles la plus épaisse, et de la forteresse la plus inaccessible.

Jamais, dans les injustices que j'ai éprouvées de la fortune, je n'ai eu recours à l'assistance de Mahomet, que je n'aie trouvé en lui un patron dont la protection est invincible. Jamais je n'ai désiré recevoir de sa main aucun bien temporel ou spirituel, que cette main, la plus excellente que l'on puisse baiser, ne m'ait accordé quelque don de sa libéralité.

Ne fais aucune difficulté de reconnaître sa vision nocturne pour une véritable révélation; car le cœur de ce Prophète ne dort pas, alors même que ses yeux sont fermés par le sommeil. Dès lors il avait atteint l'âge parfait pour la mission prophétique, et l'on ne doit lui refuser aucun des avantages qui conviennent à l'âge parfait.

Combien de maladies a guéries le seul attouchement de sa main! combien de malheureux elle a délivrés des mains de la folie!

Vivifiée par l'efficacité de ses prières, l'année de

---

[1] Lac qui se dessécha, dit-on, à la naissance de Mahomet.

[2] Allusion au verset 17 de la seconde surate du Koran.

[1] C'est-à-dire pour en ôter *la concupiscence* et *la source du péché*, ce que les Arabes nomment, *la noirceur* ou *le grain du cœur*.

[2] C'est-à-dire Mahomet et Abou-bekr son beau-père.

la plus grande sécheresse s'est distinguée au milieu des temps de disette, par une abondante fertilité, semblable à cette étoile blanche qui brille sur le front d'un cheval, au milieu des crins noirs qui l'environnent de toute part. Les nuages l'ont fécondée par leurs eaux abondantes, et l'on eût dit que les vallées étaient devenues un bras de mer, ou des torrents échappés de leurs digues.

Laisse-moi, que je chante les oracles [1] de ce Prophète. Ils ont paru ces oracles avec un éclat pareil à celui que jettent, au milieu de la nuit et sur le sommet d'une montagne, les feux qu'allume une main généreuse pour attirer le voyageur dans sa demeure hospitalière.

La perle reçoit, il est vrai, quelque augmentation de beauté de la main habile qui l'emploie à former un collier; mais lors même qu'elle n'est pas mise en œuvre, elle ne perd rien de son prix. Pour moi je n'espère pas de pouvoir atteindre dans mes chants l'excellence des vertus et des qualités naturelles de cet auguste envoyé du Très-Haut.

Ces oracles, oracles de la vérité, émanés du Dieu de miséricorde, ont été produits dans le temps; mais en tant qu'ils sont un attribut de celui dont l'essence est éternelle, ils sont eux-mêmes aussi anciens que l'éternité, sans qu'on puisse leur assigner aucune époque; ils nous instruisent cependant et de ce qui doit arriver au dernier jour, et des événements des siècles d'Ad et d'Irem [2]. Ils sont un miracle toujours existant près de nous, bien supérieurs en cela aux miracles des autres prophètes dont l'existence n'a été que d'un instant. Leur sens clair ne laisse aucun doute dont puissent abuser ceux qui se séparent de la vérité, et il n'est pas besoin d'arbitre pour fixer leur signification. Jamais ils n'ont éprouvé d'attaque, que l'ennemi le plus envenimé n'ait abandonné le combat pour leur faire des propositions de paix. Leur sublime éloquence repousse toutes les entreprises de quiconque ose les attaquer, comme un homme jaloux repousse la main téméraire qui veut attenter à l'honneur de ses femmes. L'abondance des sens qu'ils renferment est pareille aux flots de la mer; ils surpassent en prix et en beauté les perles que recèle l'Océan. Les merveilles qu'on y découvre ne sauraient être comptées; quoiqu'on les relise souvent, jamais ils ne causent de dégoût. Ils répandent la joie et la vie sur les yeux de quiconque les lit : ô toi qui jouis de ce bonheur, tu as saisi une corde qui est Dieu même, garde-toi de la laisser échapper de tes mains. Si tu les lis pour y trouver un refuge contre les ardeurs du feu de l'enfer, les eaux fraîches du livre sacré éteindront les flammes infernales. Ainsi la piscine du Prophète blanchira le visage des pécheurs, fussent-ils noirs comme le charbon avant de se plonger dans ses eaux. Droits comme le pont Sirath, justes comme la balance dans laquelle seront pesées les œuvres des mortels, eux seuls sont la règle et la source unique de toute justice parmi les hommes. Ne t'étonne pas que l'envieux méconnaisse leur mérite, agissant ainsi en insensé, quoiqu'il soit plein de discernement et d'intelligence : ne vois-tu pas que l'œil altéré méconnaît l'éclat du soleil, et que la bouche d'un malade ne reconnaît plus la saveur de l'eau?

O toi, le plus excellent de tous ceux dont les indigents visitent la cour [1], vers lequel ils se rendent en foule soit à pied, soit sur le dos d'un chameau dont les pieds impriment de profondes traces sur la poussière, toi le plus grand de tous les prodiges pour l'homme capable de réflexion, le plus précieux bienfait de la divinité pour quiconque sait le mettre à profit! En une seule nuit tu as été transporté du sanctuaire de la Mecque au sanctuaire de Jérusalem : ainsi la lune parcourt la voûte céleste au milieu des plus épaisses ténèbres. Tu n'as cessé de t'élever jusqu'à ce que tu aies atteint un degré auquel nul mortel ne saurait prétendre; la longueur de deux arcs seulement te séparait de la divinité [2].

Tous les prophètes, tous les envoyés de Dieu ont reconnu ta supériorité; ils t'ont cédé le pas, comme le serviteur se tient derrière son maître. Entouré de cette vénérable cohorte parmi laquelle tu paraissais comme le porte-enseigne, tu as traversé l'espace des sept cieux, ne laissant devant toi aucune place plus proche de la divinité, au-dessus de toi aucun degré plus élevé que celui où tu es parvenu. Tu as rendu tout autre rang vil et méprisable, en comparaison de celui que tu occupais lorsque Dieu lui-même t'a appelé par ton nom, comme on appelle celui qui est distingué par son mérite, et qu'il t'a invité à venir jouir de l'union la plus inaccessible aux regards des mortels, et de la vue du secret le plus impénétrable.

Tu as réuni toute sorte de gloire en ta personne, sans la partager avec qui que ce soit. Il n'est aucun lieu que tu n'aies traversé, sans y trouver de concurrent.

Sublime degré que celui auquel tu as été élevé! éminentes faveurs que celles dont tu as été comblé!

Disciples de l'islamisme, que notre sort est heureux! nous avons, dans la protection de Dieu même, une ferme colonne que rien ne peut renverser.

Celui qui nous a appelés au culte de Dieu a été déclaré par Dieu même le plus excellent des envoyés.

---

[1] C'est-à-dire les versets du Koran.
[2] Prince impie qui voulait s'attribuer la divinité. Mahomet en parle dans le Koran, au chap. 89. Voyez la Biblioth. orientale, au mot *Iram*.

[1] C'est-à-dire le tombeau, ou « Le plus excellent de ceux à qui l'on peut demander des faveurs ».
[2] Koran, sur. LIII, v. 9.

nous sommes donc aussi le plus excellent de tous les peuples.

La seule nouvelle de sa mission a jeté l'épouvante dans le cœur de ses ennemis : tel un troupeau d'imbéciles brebis fuit en désordre au seul rugissement du lion. Partout où il a repoussé leurs attaques, il les a laissés percés de ses lances et étendus sur le champ de bataille, comme la viande sur l'étal d'un boucher. La fuite a été l'objet de leurs vœux, ils portaient envie à ceux dont les menbres déchirés étaient enlevés en l'air par les aigles et les vautours. Les jours et les nuits se succédaient et s'écoulaient sans que l'effroi dont ils étaient saisis leur permît d'en connaître le nombre, à l'exception des mois sacrés où la guerre est suspendue [1]. La religion était pour eux comme un hôte importun descendu dans leur demeure, suivi d'une foule de braves tous altérés du sang de leurs ennemis, traînant après lui une mer de combattants montés sur d'agiles coursiers, une mer qui vomissait des flots de guerriers dont les rangs pressés se choquaient et se heurtaient à l'envi, tous dociles à la voix de Dieu, tous animés par l'espoir de ses récompenses, enflammés du désir d'extirper et d'anéantir l'impiété. La religion musulmane qui était d'abord comme étrangère parmi eux, et l'objet de leur mépris, est, pour ainsi dire, devenue par l'effet des armes victorieuses de ce grand Prophète, leur proche parente, et le plus cher objet de leur amour. Dieu a assuré pour toujours parmi eux le secours d'un père et les soins attentifs d'un époux à cette religion auguste ; jamais elle n'a éprouvé le triste sort de l'orphelin, ou l'abandon du veuvage.

Ces défenseurs de la religion ont été aussi fermes et aussi inébranlables que des montagnes. Demande à leurs adversaires ce qu'ils ont éprouvé de la part de ces braves dans chacun des lieux qui ont été le théâtre de leur courage. Interroge Honeïn, Bedr et Ohod [2], ces lieux où les ennemis de la religion ont succombé à un fléau mortel plus terrible que la peste.

Les glaives de ces soutiens de l'islamisme qui, avant le combat, étaient d'une blancheur éclatante, sont sortis rouges de l'action, après s'être abreuvés dans la gorge de leurs ennemis qu'ombrageait une épaisse forêt de cheveux.

Les flèches que distinguent des raies noires et dont Alkhatt [3] a armé leurs mains, ont tracé une écriture profonde sur les corps de leurs adversaires ; leurs lances, ces plumes meurtrières, n'ont laissé aucun corps exempt de leurs atteintes ; aucune lettre n'est demeurée sans point diacritique [4].

[1] Ces mois sont au nombre de quatre, ce sont *moharram*, *rejeb*, *zou-l-kada* et *zou-l-hijja*, c'est-à-dire le 1er, le 6e, le 7e et le 12e de l'année.
[2] Lieux des victoires de Mahomet.
[3] Voyez la Chrestomathie arabe, tom. II, pag. 331.
[4] Allusion à l'écriture arabe dans laquelle la moitié en-

Ces nobles combattants, hérissés de leurs armes, ont un caractère de piété qui les distingue de leurs ennemis : ainsi le rosier se distingue par ses épines, du bois de sélam qui n'est bon qu'à être la pâture du feu.

Les vents qui t'apportent leur odeur, sont les garants d'une victoire assurée : chacun de ces guerriers, au milieu des armes qui le couvrent, semble une fleur au milieu de son calice. Fixés sur le dos de leurs coursiers, ils y demeurent aussi immobiles qu'une plante qui a crû sur une colline : c'est la fermeté de leur cœur qui les attache, et non la solidité de leurs sangles. Leurs ennemis saisis d'effroi, perdent l'usage de la raison ; ils ne sont plus capables de distinguer un troupeau de faibles agneaux, d'un escadron de cavalerie.

Quiconque a pour appui l'assistance de l'apôtre de Dieu, réduira au silence les lions mêmes dans les marais qui leur servent de retraite.

Jamais vous ne verrez aucun de ses amis privé de la victoire, ni aucun de ses ennemis qui ne soit vaincu. Il a assuré à son peuple, dans la forteresse de la religion, une demeure tranquille, comme le lion habite sans crainte avec ses lionceaux dans des marais inaccessibles.

Combien de disputeurs audacieux que, par le ministère de ce prophète, les paroles de Dieu ont terrassés ? Combien d'adversaires ont été subjugués par ses arguments victorieux ?

Te faut-il un autre prodige qu'une science si vaste dans un homme sans lettres, au milieu des siècles de l'ignorance, que tant de connaissances dans un orphelin ?

En lui offrant ce tribut de louanges, je me flatte d'obtenir la rémission des péchés d'une vie passée dans les frivolités de la poésie et dans le service des grands. Ces vaines occupations ont orné mon cou d'une félicité passagère dont les suites fâcheuses sont le sujet de mes justes alarmes : ainsi l'on pare une brebis destinée à servir de victime. En me livrant à ces frivoles amusements j'ai suivi la séduction de la jeunesse ; le crime et le repentir, voilà les fruits que j'en ai recueillis.

O mon âme ! ton négoce t'a ruinée entièrement, tu n'as pas su acheter les biens de la religion au prix des choses de ce monde. Celui qui vend sa félicité future pour s'assurer un bonheur présent, fait un échange funeste, et souffre une perte incalculable.

Quand je commettrais une faute, je ne perdrais pas pour cela tous mes droits à la protection de ce prophète : la corde à laquelle je me suis attaché, ne sera pas rompue sans ressource. J'ai droit à le regarder comme mon patron, puisque je porte le

viron des lettres ont un ou plusieurs points que les grammairiens nomment diacritiques.

mon de Mahomet ; et personne ne respecte plus que lui les droits de la clientèle.

Si, au jour de la résurrection, il ne me prend pas la main avec une bonté pleine de tendresse, tu pourras dire de moi que j'avais appuyé les pieds sur un lieu glissant ; mais loin de lui cette infidélité, que quiconque a espéré en sa bonté soit frustré de son espoir ; que celui qui a cherché un asile près de lui n'éprouve pas les effets de sa protection !

Depuis que mon esprit s'occupe de chanter ses louanges, j'ai reconnu qu'il prend le soin le plus tendre de mon salut.

Jamais ses libéralités ne manquent d'enrichir la main de l'indigent : ainsi la pluie fait éclore les fleurs sur les collines.

Je ne désire point de recevoir de lui les biens frivoles de ce monde, pareils à ceux dont Harim, fils de Sénan, payait les vers que Zohaïr chantait à sa louange [1].

O le plus excellent des êtres créés ! quel autre que toi prendrai-je pour refuge en ce moment terrible, commun à tous les mortels ? Apôtre de Dieu, ta gloire ne sera point ternie par le secours que tu m'accorderas, au jour où Dieu se manifes-tera sous le nom de vengeur : car ce monde et le monde futur sont des effets de ta libéralité, et tous les décrets tracés par la plume éternelle sur les tablettes du Très-Haut, font partie de tes connaissances.

O mon âme, que la grandeur de tes fautes ne te jette pas dans le désespoir ; les plus grands crimes sont, par rapport à la clémence divine, comme les fautes les plus légères. Au jour où le Seigneur distribuera ses miséricordes, sans doute il daignera les proportionner aux péchés de ceux qui l'auront offensé.

O mon Dieu ! ne permets pas que je sois trompé dans mon espérance ; ne permets pas que je sois déçu dans mes calculs.

Qu'en ce monde et en l'autre ta bonté se fasse sentir à ton esclave ; car tout courage l'abandonne aussitôt que les dangers le menacent.

Ordonne aux nuées de tes faveurs de se répandre toujours avec abondance sur ton prophète, et de verser sur lui sans interruption leurs eaux salutaires, aussi longtemps que le souffle des zéphyrs agitera les rameaux du *ban* ; aussi longtemps que les conducteurs des chameaux charmeront leurs fatigues par des chansons.

Fais la même grâce à ses descendants, à ses compagnons, et à ceux qui leur ont succédé, à ces hommes distingués par leur piété, leur pureté leur science, et la noblesse de leurs sentiments.

---

[1] Zohaïr est auteur d'une des sept *moallacats*, célèbres poëmes, ainsi nommés à cause qu'ils avaient été attachés par honneur à la porte de la Caaba. Voyez *Zohairi carmen foribus templi Meccani appensum*, publié par M. Rosemmüller, à Leipsick, en 1792.

FIN DU BORDA.

TABLE DES MATIÈRES

CONTENUES DANS CE VOLUME.

	Pag.
INTRODUCTION et Notices bibliographiques.	VII

CIVILISATION CHINOISE.

Le CHOU-KING	1
PRÉFACE DU PÈRE GAUBIL.	Ibid.
I. Histoire critique du Chou-king.	Ibid.
II. Chapitres qui sont dans le nouveau et dans l'ancien texte	2
III. De la chronologie du Chou-king.	Ibid.
IV. Astronomie qui se trouve dans le Chou-king.	3
V. Éclaircissements sur les étoiles du chapitre Yao-tien.	5
VI. Observations sur l'éclipse solaire rapportée dans le Chou-king	6
VII. Recherches sur les caractères chinois, par le père de Mailla.	8
Recherches sur les temps antérieurs à ceux dont parle le Chou-king, par le père de Prémare .	13
CHAPITRE PREMIER. De la naissance de l'Univers.	Ibid.
CHAP. II. Les principales époques de l'histoire chinoise.	16
CHAP. III. Idée générale de l'ancienne chronique	18
CHAP. IV. De Pouan-kou et des trois Hoang.	19
CHAP. V. Abrégé des six premiers Ki.	21
CHAP. VI. Septième Ki, appelé Sun-feï [1].	23
CHAP. VII. Huitième Ki.	24
CHAP. VIII. Neuvième Ki.	27
CHAP. IX. Des empereurs suivants jusqu'à Tcho-yong.	29
CHAP. X. Des empereurs depuis Tcho-yong jusqu'à Fo-hi.	30
CHAP. XI. Fo-hi.	32
CHAP. XII. Kong-kong.	34
CHAP. XIII. Hiu-oua.	35
CHAP. XIV. Chin-noung.	37
CHAP. XV. Des descendants de Chin-noung.	40
CHAP. XVI. Tchi-yeou.	41
DIXIÈME KI. Hoang-ti.	42
Table généalogique des trois premières dynasties dont il est question dans le Chou-king.	43

LE CHOU-KING.

PREMIÈRE PARTIE,

Intitulée *Yu-chou.*

RÈGNE DE YAO.

CHAP. I. Yao-tien, ou Règlements faits par Yao.	46

[1] On a imprimé par erreur *feï* au lieu de *feï*.

RÈGNE DE CHUN.

CHAP. II. Chun-tien, ou Règlements faits par Chun.	49
CHAP. III. Ta-yu-mo, ou Avis du grand Yu.	53
CHAP. IV. Kao-yao-mo, ou Avis de Kao-yao.	56
CHAP. V. Y-tsi, Avis de Yu et éloge des ministres Y et Tsi.	58

SECONDE PARTIE,

Intitulée *Hia-chou,* ou *Histoire des Hia.*

RÈGNE DE YU.

CHAP. I. Yu-kong, ou Tributs assignés par Yu.	60

RÈGNE DE KI.

CHAP. II. Kan-tchi, ou Ordres donnés dans le pays de Kan.	65

RÈGNE DE TAI-KANG.

CHAP. III. Ou-tse-tchi-ko, ou Chanson des cinq fils.	66

RÈGNE DE TCHONG-KANG.

CHAP. IV. Yn-tching, ou Punition faite par Yn.	67

TROISIÈME PARTIE,

Intitulée *Chang-chou, Histoire des Chang.*

RÈGNE DE TCHING-TANG.

CHAP. I. Tang-tchi, ou Ordres de Tching-tang.	69
CHAP. II. Tchong-hoei-tchi-kao, ou Avis de Tchong-hoei.	Ibid.
CHAP. III. Tang-kao, ou Discours de Tching-tang.	71

RÈGNE DE TAI-KIA.

CHAP. IV. Y-hiun, ou Instructions de Y-yn.	72
CHAP. V. Taï-kia, ou Discours de Y-yn, en trois parties.	73
CHAP. VI. Hien-yeou-y-te, préceptes de Y-yn à Taï-kia.	75

RÈGNE DE PAN-KENG.

CHAP. VII. Pan-keng, Discours de ce prince à ses peuples, en trois parties.	76

RÈGNE DE VOU-TING.

CHAP. VIII. Yuë-ming, Instructions de Fou-yuë, en trois parties.	79
CHAP. IX. Kao-tsong-yong-ji, Abus des trop fréquentes cérémonies.	82

RÈGNE DE CHEOU.

Chap. X. Si-pe-kan-li, Plaintes de Tsou-y sur les malheurs qui arrivent dans le royaume. 82
Chap. XI. Ouei-tse, sur le même sujet. 83

QUATRIÈME PARTIE,

Intitulée *Tcheou-chou*, ou *Histoire de la dynastie des Tcheou*.

RÈGNE DE VOU-VANG.

Chap. I. Taï-tchi, Ordres de Vou-vang aux peuples, en trois parties. 84
Chap. II. Mou-tchi, Défaite de l'armée des Chang. . 86
Chap. III. Vou-tching, Fin de la guerre. 87
Chap. IV. Hong-fan, Traité de physique et de morale. 89
Chap. V. Lou-gao, usage des présents. 94
Chap. VI. Kin-teng, maladie de Vou-vang. 95

RÈGNE DE TCHING-VANG.

Chap. VII. Ta-kao, Administration de Tcheou-kong. 97
Chap. VIII. Ouei-tse-tchi-ming, Ordres donnés à Ouei-tse. 98
Chap. IX. Kang-kao, Ordres donnés à Kang-cho. . 99
Chap. X. Tsieou-kao, Quel doit être l'usage du vin. 101
Chap. XI. Tse-tsaï, Accord qui doit régner entre le roi, les grands et le peuple. 103
Chap. XII. Tchao-kao, Avis de Tchao-kong au roi. . 104
Chap. XIII. Lo-kao, Instructions de Tcheou-kong faites au roi. 106
Chap. XIV. To-che, Instruction du roi au peuple. . 109
Chap. XV. Vou-y, Contre les plaisirs 110
Chap. XVI. Kiun-chi, Discours de Tcheou-kong à Tchao-kong. 112
Chap. XVII. Tsaï-tchong-tchi-ming, Ordres du roi à Tsaï-tchong. 114
Chap. XVIII. To-fang, Instructions de Tcheou-kong au peuple. 115
Chap. XIX. Li-tching, Établissement du gouvernement. 117
Chap. XX. Tcheou-kouan, Officiers du royaume. . 119
Chap. XXI. Kiun-tchin, Éloge de Tcheou-kong et Avis de Tching-vang. 122
Chap. XXII. Kou-ming, Testament et funérailles de Tching-vang. 123

RÈGNE DE KANG-VANG.

Chap. XXIII. Kang-vang-tchi-kao, Conseils adressés au roi Kang-vang. 126
Chap. XXIV. Pi-ming, Ordres de Kang-vang. . . . 127

RÈGNE DE MOU-VANG.

Chap. XXV. Kiun-ya, Discours du roi Mou-vang. . 129
Chap. XXVI. Kiong-ming, Instructions de Mou-vang. 130
Chap. XXVII. Liu-king, Punition des crimes. . . . Ibid.

RÈGNE DE PING-VANG.

Chap. XXVIII. Ven-heou-tchi-ming, le roi Ping-vang se plaint de sa famille. 133

RÈGNES DE DEUX PRINCES VASSAUX.

Chap. XXIX. Mi-tchi, Ordre aux troupes pour se mettre en campagne. 134
Chap. XXX. Thsin-tchi, Discours du prince de Thsin. 135

Les chapitres du *Chou-king* qui existent sont au nombre de cinquante-huit, parce que les Chinois regardent comme autant de chapitres les différentes parties qu'il y a dans quelques-uns de ces chapitres. Ceux qui sont perdus sont au nombre de quarante et un; ce qui fait en tout quatre-vingt-dix-neuf chapitres qui existaient anciennement.

Notice du Y-king, par le père Visdelou. 137
Les Sse-chou, ou les quatre livres de philosophie morale et politique de la Chine. 151
Le Ta-hio ou la Grande Étude. 153
Préface de *Tchou-hi*. . . . . Ibid.
Texte 155
Le Tchoung-young ou l'Invariabilité dans le milieu. 163
Le Lun-yu ou les Entretiens philosophiques . . . 177
Premier livre. . . . . Ibid.
Second livre 195
Le Meng-tseu 219
Premier livre. . . . . Ibid.
Second livre. 255

CIVILISATION INDIENNE.

Notice sur les Védas, ou Livres sacrés des Hindous. 307
Lois de Manou. 331
Préface de M. A. Loiseleur Deslongchamps. . . . Ibid.

TABLE DES MATIERES

DES LOIS DE MANOU.

LIVRE PREMIER.

CRÉATION. 333
Obscurité primitive, stance 5. L'Être suprême la dissipe, 6. Création des eaux, 8. L'œuf du monde, Brahmâ, 9. Nârâyana, 10. Création du ciel et de la terre, 13. Création des divers principes, 14-20. Production des trois Védas, 23. Création du Brâhmane, du Kchatriya, du Vaisya et du Soûdra, 31. Virâdj, 32. Manou, 33. Les dix Pradjâpatis, 34, 35. Création des Manous, des Divinités inférieures, des astres, des hommes, des animaux, des plantes, 36-40. Repos de l'Être suprême, 51. Son réveil, 52. Destructions et créations successives de l'Univers, 57. Le code de lois, 58. Bhrigou, 59. Les sept Manous, 61, 62. Divisions du temps, 64. Jour et nuit des Pitris, 66. Jour et nuit des Dieux, 67. Ages humains, 69, 70. Age des Dieux, 71. Jour et nuit de Brahmâ, 72. Réveil de l'Être suprême, 74. L'esprit divin, 75. Les cinq éléments, 75-78. Période d'un Manou, 79. Description des âges humains, 81-86. Devoirs des quatre classes, 87-91. Supériorité et priviléges des Brâhmanes, 93-101. Droit des Brâhmanes d'enseigner le code, 103. Excellence du code, 106. Autorité des coutumes immémoriales, 108-110. Table sommaire des matières, 111-118.

LIVRE SECOND.

SACREMENTS; NOVICIAT. 340
Les devoirs, st. 1. Bases de la loi, 6. La révélation et la tradition, 10. Autorité de la révélation, 14. Privilége des Dwidjas de lire le code, 16. Pays de Brahmâvarta, 17. Contrée de Brahmarchi, 19. Madhyadésa, 21. Aryâvarta, 22. Sacrements, 27. Cérémonie de la naissance, 29. Don d'un nom, 30. Cérémonie de la tonsure, 35. Époque de l'investiture, 36-38. Vrâtyas ou excommuniés, 39. Vêtements des élèves en théologie, 41. Ceintures, 42, 43. Cordons sacrés, 44. Bâtons, 45-47. Devoir de la mendicité, 49, 50. Repas du novice, 51, 52. Ablutions, 53. Partie de la main qui doit servir à l'ablution, 58, 59. Manière de faire l'ablution, 60-62. Position du cordon sacré, 63. Cérémonies pour les femmes, 66, 67. Étude du Véda, 70. Le monosyllabe Aum, les trois Mots, la Sâvitrî, 74-87. Les onze organes des sens, 89-92. Nécessité de les dompter, 93-100. Récitation de la Sâvitrî, le matin et le soir, 101-103. Personnes auxquelles on peut enseigner le Véda, 109. Défense de l'enseigner à un élève indigne, 112-115. Égards dus aux supérieurs, 117-121. Formules de salutation, 122-129. Respects dus à certains parents, 130-133. Égards dus à certaines personnes, 135-139. Atchârya, ou instituteur, 140. Oupâdhyâya, ou précepteur, 141. Gourou, ou maître spirituel, 142. Ritwidj, ou prêtre célébrant, 143. Supériorité de la naissance spirituelle, 146-148. Mérite du savoir, 149-158. Étude du Véda prescrite au novice, 164-168. Naissance divine par la Sâvitrî, 170. Actes pieux prescrits au novice, 173-176. Règles d'abstinence, 177-181. Manière de mendier, 182-190. Conduite de l'élève à l'égard de son instituteur, de ses propres parents, des hommes respectables et des femmes de son instituteur, 191-217. Devoirs pieux du lever et du coucher du soleil, 219-222. Le souverain bien, 224. Respect dû à un instituteur, à un père, à une mère, à un frère aîné, 225, 226. Égards que méritent un instituteur, un père et une mère; récompenses obtenues par celui qui les respecte, 228-237. Devoir de l'élève à l'égard d'un instituteur qui n'appartient pas à la classe sacerdotale, 241, 242. Noviciat illimité, 243-245. Présents que doit faire l'élève à son maître spirituel, 246. Devoir de celui qui passe sa vie dans le noviciat, 247, 248.

LIVRE TROISIÈME.

MARIAGE; DEVOIRS DU CHEF DE FAMILLE. 352
Durée du noviciat, st. 1. Mariage, 4. Degré de parenté prohibé, 5. Familles auxquelles on ne doit pas s'allier, 6, 7. Observations sur le choix d'une jeune fille, 8-11. Injonction d'épouser en premières noces une femme de sa classe; danger d'agir autrement, 12-19. Modes de mariage au nombre de huit, description de ces modes, leurs avantages et leurs désavantages, 20-42. Union des mains, 43, 44. Saison naturelle des femmes, 45, 46. Nuits permises, nuits interdites, 47-50. Défense au père de recevoir de gratification en mariant sa fille, 51. Injonction d'honorer les femmes et de leur faire des présents; avantages qui en résultent; danger de ne pas le faire, 55-62. Causes de perte ou d'élévation pour les familles, 63-66. Les cinq endroits ou ustensiles meurtriers, 68. Les cinq oblations journalières prescrites au chef de famille; avantages de ces oblations, 69-76. Importance de l'ordre du maître de maison, 77-79. Nécessité des cinq oblations, 80, 81. Srâddha journalier aux Mânes, 82. Oblations de riz et de beurre clarifié, 84-93. Devoir de l'hospitalité; égards dus aux hôtes, 94-115. Moment où le maître de maison doit manger, 116-118. Srâddha mensuel en l'honneur des Mânes, 122-127. Néces-

sité de n'y admettre que des Brâhmanes honorables, 128-135. Défense d'y inviter des amis, 138-141. Défense d'inviter un ennemi, 144. Brâhmanes qui doivent être conviés, 145, 146. Énumération des hommes indignes d'être admis à un Srâddha, en l'honneur des Dieux et des Mânes, 150-167. Punition de ceux qui les reçoivent, 170-182. Brâhmanes capables de purifier une assemblée souillée par des hommes inadmissibles, 183-186. Énumération des Pitris, 192-199. Libation d'eau qu'il faut leur adresser, 202. Nécessité de faire précéder et suivre un Srâddha des Mânes, d'un Srâddha des Dieux, 204, 205. Place qu'il faut choisir pour le Srâddha, 206, 207. Oblation au feu, 210, 211. Offrande des trois gâteaux ou pindas, 215-223. Repas, mets qui doivent en faire partie ; manière de les apporter et de les servir, 224-230. Lecture qu'il faut faire, 232. Nécessité que les mets soient chauds, 236, 237. Individus qu'il faut écarter, 239-242. Srâddha pour un Brâhmane récemment décédé, 247. Fin du repas, 251. Le mot Swadhâ, 252. Choses avantageuses pour le Srâddha des Mânes, et pour celui des Dieux, 255, 256. Prière adressée aux Mânes par le maître de maison, 259. Énumération des diverses oblations qui causent le plus de satisfaction aux Mânes, 267-275. Jours convenables pour un Srâddha, 276. Moment de la journée qu'il faut choisir, 278. Importance de la libation d'eau, 283. Vighasa et Amrita, 285.

LIVRE QUATRIÈME.

MOYENS DE SUBSISTANCE; PRÉCEPTES. 366
Moyens de subsistance, st. 4-9. Règles de conduite pour le maître de maison, 13-24. Sacrifices qu'il doit faire, 25-27. Injonctions et défenses de diverses sortes, 29-87. Les vingt et un enfers, 88-90. Récitation de la Sàvitrî, 93, 94. Cérémonies de l'Oupâkarma et de l'Outsarga, 95, 96. Cas où la lecture des Védas doit être interrompue, 101-127. Préceptes divers, 128-178. Personnes avec lesquelles on doit éviter toute querelle, 179, 180. Récompense de cette conduite, 181-185. Danger de recevoir des présents, 186-194. Hypocrites, 195-200. Devoirs moraux, devoirs pieux, 204. Sacrifices auxquels on ne doit point assister, 205, 206. Personnes dont il ne faut pas recevoir de la nourriture, 207-217. Punition de ceux qui en acceptent, 218-221. Pénitence à subir dans ce cas, 222, 223. Mérite de la bienfaisance ; récompense des hommes généreux, 224-235. Avantages de la vertu, 238-243. Importance des alliances honorables, 244, 245. Choses que l'on peut accepter, 247-250. Cas où l'on peut recevoir de tout le monde, 251. Hommes qui peuvent manger la nourriture de leurs supérieurs, 253. Mérite de la véracité, 254-256. Les trois dettes, 257.

LIVRE CINQUIÈME.

RÈGLES D'ABSTINENCE ET DE PURIFICATION DES FEMMES. . 378
Causes de mort pour les Brâhmanes, st. 4. Aliments défendus, 6-9. Exception, 10. Animaux qu'on doit éviter, 11-15. Poissons dont l'usage est permis, 16.

Autres animaux défendus ou permis, 17, 18. Pénitences de ceux qui ont enfreint ces règles, 19-21. Droit de manger de la viande dans les sacrifices, 22, 23. Cas où l'on peut et même où l'on doit manger de la viande ; règles à ce sujet, mérite de ceux qui s'y conforment ; punitions de ceux qui ne s'y commettent pas ; mérite de ceux qui s'abstiennent de viande, 26-56. Règles de purification pour les sapindas et les samânodakas, à l'occasion d'une mort ou d'une naissance, 57-104. Choses qui purifient, 105-109. Purification des ustensiles, 110-126. Choses pures pour les Brâhmanes, 127. Choses exemptes d'impureté, 128-133. Purification du corps, 134-140. Choses qui ne souillent pas, 141, 142. Purifications diverses, 143-145. Dépendance des femmes, 147-149. Leurs occupations, 150. Fidélité qu'elles doivent à leurs maris, 151-156. Règles de conduite pour une femme après la mort de son mari, 157-160. Punition de la femme infidèle à son mari, 161-164. Mérite de la femme vertueuse, 165-166. Ses funérailles, 167. Second mariage du Dwidja, 168.

LIVRE SIXIÈME.

DEVOIRS DE L'ANACHORÈTE ET DU DÉVOT ASCÉTIQUE. . . .
Retraite du chef de famille dans la forêt, st. 1-4. Oblations et sacrifices qu'il doit faire ; pratiques qu'il doit suivre ; choses qu'il doit manger ou éviter, 5-32. Passage de l'anachorète (Vânaprastha) dans le quatrième ordre, 33. Défense de passer dans le quatrième ordre avant d'avoir acquitté les trois dettes, 34-37. Cas où cela se peut, 38, 39. Conduite du dévot ascétique (Yati) ; règles qu'il doit suivre ; méditation à laquelle il doit se livrer ; moyen d'obtenir la béatitude, 41-85. Les quatre classes de dévots ascétiques, 86. Supériorité de l'ordre du maître de maison, 87-90. Devoirs essentiels au nombre de dix, 91, 92. Règle particulière, 94, 95.

LIVRE SEPTIÈME.

CONDUITE DES ROIS ET DE LA CLASSE MILITAIRE. . . . .
Création d'un roi, st. 3, 4. Respect qu'on doit avoir pour lui, 5-9. Création du génie du châtiment, 14. Utilité du châtiment, 15-25. Qualités nécessaires pour l'infliger à propos, avantages qui en résultent, dangers d'une conduite opposée, 26-34. Devoirs d'un roi ; avantages d'une sage conduite, 37-44. Vices, au nombre de dix-huit, qu'il faut éviter, 45-53. Choix des ministres ; délibérations, 54-59. Employés secondaires, 60-62. Qualités requises dans un ambassadeur ; ses devoirs, 63-67. Choix d'une résidence, 69. Avantages d'une forteresse, 70-75. Construction d'un palais, 76. Mariage, 77. Conseiller spirituel et chapelain, 78. Perception du revenu annuel, 80. Nécessité de faire des présents aux Brâhmanes, 82-86. Devoirs d'un Kchatriya dans le combat, 87-95. Partage du butin, 96 ; 97. Conduite d'un prince ambitieux, 99-106. Moyens de réduire les ennemis, 107-109. Injonction au roi de protéger les peuples, 110-112. Précautions à prendre pour la sûreté du royaume ; choix de différents délégués, 114-124. Salaire des gens attachés au ser-

TABLE DES MATIÈRES.

vice du roi, 125, 126. Impôts et taxes, 127-139. Choix d'un principal ministre, 141. Protection due aux peuples, 142-144. Lever du roi, audience, 145, 146. Conseil des ministres; nécessité de tenir les décisions secrètes, d'écarter les intrus, 147-150. Sujets de délibération; énumération des puissances alliées, ennemies ou neutres; choses à méditer, 151-159. Les six ressources, 160-168. Circonstances dans lesquelles il faut faire la guerre ou la paix, ou chercher un allié puissant, 169-176. Mesures à prendre, 177-180. Invasion du territoire ennemi, 181. Temps convenable pour une expédition, 182. Précautions nécessaires, 184-186. Disposition des troupes; ordres de bataille, 187-192. Soldats d'élite, 193. Dévastation du territoire ennemi, 195, 196. Moyens de réduire l'ennemi, 197-200. Conduite du roi après la victoire; différents avantages qu'il peut en retirer, 201-211. Sacrifices qu'un roi doit subir pour se tirer d'affaire, 212, 213. Moyen qu'il doit employer pour réussir, 214-215. Repas du roi; précautions qu'il doit prendre; moments de loisir, 216-221. Revue des troupes, 222. Rapports des émissaires, 223. Repas et divertissement du soir, 224-225.

LIVRE HUITIÈME.

OFFICE DES JUGES; LOIS CIVILES ET CRIMINELLES. 402
Les dix-huit principaux titres de loi, 3-7. Choix d'un Brâhmane savant et de trois assesseurs pour remplacer le roi, 9-11. Nécessité de ne point porter atteinte à la justice, 12-19. Défense de choisir un Soûdra pour juge, 20,21. Soins qu'il faut apporter à l'examen des causes, 23, 24. Signes extérieurs de la pensée, 25, 26. Personnes qui ont droit à la protection du roi, 27, 28. Objet perdu et réclamé, 30-33. Trésors découverts, 35-39. Examen des lois particulières, 41. Emprunts et dettes, 47-48. Réclamation d'une dette; manières de la recouvrer, 49-52. Demandeurs qui doivent être déboutés de leurs prétentions, 53-57. Punition de celui qui réclame ou nie faussement une dette, 59. Nécessité des témoins, 60. Témoins admissibles, 62, 63. Personnes qui ne doivent pas être admises à porter témoignage, 64-67. Témoignages admissibles dans certains cas, 69-72. Choix à faire entre des témoignages contradictoires, 73. Détails sur le témoignage, 74-78. Allocution du juge aux témoins, 79, 80. Récompense future de celui qui dit la vérité, 81. Punition réservée à celui qui parle faussement, 82. Témoignage intérieur de l'âme, 83, 84, 85. Allocution du juge au témoin, 87-101. Faux témoignage dans une bonne intention, 104-106. Serments, 109-113. Épreuves, 114-116. Témoignages non valables, 118. Punition des faux témoignages, 120-123. Les dix places de châtiment, 124-125. Choses à considérer en infligeant le châtiment, 126-130. Détermination des poids d'or, d'argent et de cuivre, 131-137. Amendes, 138. Amende à infliger à celui qui nie une dette, 139. Fixation de l'intérêt; gages; choses prêtées, 140-157. Cautions, 158-162. Causes de nullité, 163-165. Dépôts; manière de les réclamer; moyens de reconnaître la vérité en cas de dénégation; punition d'un dépositaire infidèle; cas où l'on n'est pas responsable d'un dépôt, 179-195. Fraude dans une vente, dans un marché ou dans un mariage, 197-205. Partage du bénéfice entre associés, 206-211. Cas où l'on peut reprendre une chose donnée, 212, 213. Circonstances où le salaire peut être refusé, 214-217. Loi concernant les engagements non remplis et la rupture d'un marché, 218-223. Punition d'une fraude dans un mariage, 224. Pacte nuptial complet au septième pas, 227. Règlements concernant les propriétaires et les gardiens de bestiaux, 229-244. Contestations relatives aux limites; moyens de reconnaître les bornes, et de les déterminer, 245-265. Punitions des propos injurieux, 266-277. Règlements relatifs aux mauvais traitements et aux dommages, 278-287. Circonstances où le cocher d'une voiture est exempt d'amende pour un accident; cas où il doit en payer, 290-298. Peines diverses à infliger aux voleurs, 301-343. Soin que doit avoir un roi de les réprimer, 302-311, 343-347. Cas où l'on peut prendre les armes, 348-351. Punition de l'adultère et du viol, 352-385. Défense au roi de prononcer sur les devoirs des Dwidjas, 390, 391. Règlements relatifs à un festin, 392, 393. Individus qui ne doivent pas payer de taxes, 394. Règlements relatifs au tisserand et au blanchisseur, 396,397. Taxes établies sur les marchandises, 398-401. Fixation du prix des marchandises et des poids et mesures, 402, 403. Péage; fret, 404-407. Accidents en bateau, 408, 409. Injonction au Vaisya et au Soûdra de remplir leurs devoirs, 410. Défense de faire remplir des fonctions serviles à des Dwidjas, 412. Servitude des Soûdras, 413, 414. Serviteurs de sept sortes, 415. Permission donnée à un Brâhmane de prendre le bien d'un Soûdra, 417.

LIVRE NEUVIÈME.

LOIS CIVILES ET CRIMINELLES; DEVOIRS DE LA CLASSE COMMERÇANTE ET DE LA CLASSE SERVILE. 42
Lois concernant la conduite de l'homme et de la femme, st. 1-31. Dispositions relatives aux enfants; comparaison du champ et de la semence, 32-56. Autorisation donnée à une femme de concevoir du fait d'un autre que son mari, 57-68. Lois relatives aux femmes, 69-103. Partage des successions, 104-220. Supériorité du fils aîné, 106, 107. Le fils d'une fille, 127. Étymologie du mot Poutra, 138. Les douze sortes de fils, 158-160, 166-178. — Jeux de hasard et combats d'animaux, 221-228. Punition des quatre principaux crimes, 235-242. Défense au roi de s'approprier le bien d'un grand criminel, 243-247. Injonction à un roi de punir les criminels, de protéger les gens de bien, et de réprimer les voleurs; moyens de les découvrir et de s'en emparer, 248-260. Punitions des vols et de divers délits, 270-293. Les cinq membres d'un royaume, 294-297. Comparaison du roi et d'un des âges, 301, 302. Pouvoir et attributs du roi, semblables à ceux de plusieurs Divinités, 303-311.

TABLE DES MATIÈRES.

Pouvoirs extraordinaires des Brâhmanes; danger de les irriter; honneurs qui leur sont dus, 313-319. Importance de l'union de la classe militaire et de la classe sacerdotale, 320-322. Fin d'un monarque, 323. Devoirs des Vaisyas et des Soûdras, 325-335.

LIVRE DIXIÈME.

CLASSES MÊLÉES; TEMPS DE DÉTRESSE. 435
Classes mêlées; emplois et professions des individus qui font partie de ces classes; signes auxquels on doit les reconnaître, st. 5-68. Devoirs et moyens de subsistance des Brâhmanes, des Kchatriyas et des Vaisyas, 74-80. Conduite d'un Brâhmane et d'un Kchatriya en cas de détresse; professions qu'ils peuvent exercer; choses qu'ils doivent éviter de vendre, 81-94. Défense à tout homme de pratiquer le devoir d'une classe plus élevée que la sienne, 95-97. Manière de vivre d'un Vaisya et d'un Soûdra en cas de détresse, 98-100. Conduite d'un Brâhmane qui, dans un moment de détresse, ne veut pas adopter les pratiques des Vaisyas, 101, 102. Exemples, 105-108. Actes plus ou moins désapprouvés, 109-111. Choses qu'on peut recevoir plus innocemment que d'autres 114. Moyens d'acquérir du bien, 115. Modes de subsistance en cas de détresse, 116, 117. Impôts que peut lever un roi en cas de nécessité, 118-120. Devoir d'un Soûdra en cas de détresse; mérite de servir un Brâhmane, 121, 122. Actes des Dwidjas que les Soûdras peuvent remplir, 126-128. Défense à un Soûdra d'amasser de trop grandes richesses, 129.

LIVRE ONZIÈME.

PÉNITENCES ET EXPIATIONS. 441
Brâhmanes auxquels on doit donner des aumônes, st. 1-6. Droit de boire le soma, 7, 8. Cas où l'on peut prendre certaines choses, 11-21. Défense de substituer sans nécessité le devoir secondaire au devoir principal, 28-30. Pouvoir des Brâhmanes; imprécations, 31-34. Règles relatives aux oblations et aux sacrifices, 36-40. Nécessité des expiations; infirmités causées par certaines fautes, 44-53. Les cinq crimes principaux, et les autres crimes presque aussi grands, 54-58. Crimes secondaires, 59-66. Autres péchés, 67-70. Expiation du meurtre d'un Brâhmane, 72-89. Pénitences des hommes qui ont bu des liqueurs spiritueuses, 90-97. Expiations de ceux qui ont volé de l'or, 98-101. Expiations de ceux qui ont souillé le lit de leur père, 103-106. Pénitences des fautes secondaires, 108-117. Pénitence de celui qui a violé ses vœux de chasteté, 118-123. Autres pénitences, 124, 125. Expiation de divers meurtres ou dommages, 126-145. Pénitences de ceux qui ont bu des liqueurs spiritueuses inférieures, ou mangé des aliments défendus, 146-160. Expiations des vols, 161-168. Expiations du péché charnel, 169-178. Expiations de ceux qui ont eu des rapports avec les pécheurs, 180, 181. État du criminel dégradé, 182-185. Réhabilitation, 186, 187. Pénitence des Vrâtyas,

191. Expiations de diverses fautes, 192-210. Explication des pénitences, 211-225. Moyens d'effacer une faute, 227. Mérite du repentir, 228, 229. Excellence de la dévotion et du savoir, 234-247. Expiation des fautes secrètes; prières qui les effacent, 248-264.

LIVRE DOUZIÈME.

TRANSMIGRATION DES AMES; BÉATITUDE FINALE. . . . 454
Distinction des bonnes et des mauvaises actions de diverses sortes; fruits qu'elles produisent, st. 1-10. L'âme et le corps, 12. L'intelligence, 13. Production des esprits vitaux, 15. Corps destiné aux tourments de l'enfer, 16. Punition des mauvaises actions dans l'enfer; récompense des bonnes œuvres dans le paradis, 16-23. Les trois qualités de bonté, de passion et d'obscurité; actes qui en procèdent, 24-38. Transmigrations produites par ces qualités, 39-50. Passages des âmes des criminels dans divers corps, en punition de leurs fautes; châtiments des mauvaises actions, 53-81. Actes qui mènent à la béatitude finale, 82-87. Excellence du Véda, 94-106. Autorité des savants Brâhmanes, 108, 109. Assemblées de Brâhmanes propres à décider des cas douteux, 110-112. Défense aux ignorants d'expliquer la loi, 114-115. Contemplation de l'Être suprême, 118-125.

NOTE GÉNÉRALE. 459
Note de William Jones, relative à celles des lois de Manou qui sont considérées n'être plus en vigueur dans l'âge actuel.

CIVILISATION MUSULMANE

OBSERVATIONS HISTORIQUES ET CRITIQUES SUR LE MAHOMÉTISME. 463
Section première. Des Arabes dans les temps qui ont précédé Mahomet, ou, comme ils s'expriment eux-mêmes, dans les temps d'ignorance; leur histoire, leur religion, leurs sciences et leurs coutumes. *Ibid.*
Section deuxième. De l'état du christianisme, en particulier de l'état des Églises d'Orient et du judaïsme au temps de la venue de Mahomet. De la méthode qu'il a suivie pour établir sa religion, et des circonstances qui y ont concouru. 476
Section troisième. Du *Korân*; de ses particularités; manières dont il a été écrit et publié; but général de ce livre. 485
Section quatrième. Des doctrines et des préceptes positifs du *Korân* qui ont rapport à la foi et aux devoirs religieux. 491
Section cinquième. De certains préceptes négatifs du *Korân*. 511
Section sixième. Des institutions du *Korân* dans les affaires civiles. 516
Section septième. Des mois que le *Korân* veut que l'on tienne pour sacrés 522
Section huitième. Des principales sectes des Mahométans et de ceux qui ont prétendu avoir le don de prophétie parmi les Arabes, soit pendant la vie de Mahomet, soit après 524

TABLE DES MATIERES.

LE KORAN.

	Pag.
CHAPITRE PREMIER.	539
CHAP. II. La Vache.	Ibid.
CHAP. III. La famille d'Imran.	555
CHAP. IV. Les Femmes.	563
CHAP. V. La Table.	572
CHAP. VI. Le Bétail	578
CHAP. VII. El Araf.	585
CHAP. VIII. Le Butin.	594
CHAP. IX. Le Repentir.	597
CHAP. X. Jonas	603
CHAP. XI. Houd.	607
CHAP. XII. Joseph.	612
CHAP. XIII. Le Tonnerre.	617
CHAP. XIV. Abraham, la paix soit avec lui.	619
CHAP. XV. Hedjr.	621
CHAP. XVI. L'Abeille.	623
CHAP. XVII. Le Voyage nocturne.	628
CHAP. XVIII. La Caverne.	632
CHAP. XIX. Marie.	636
CHAP. XX. T. H.	639
CHAP. XXI. Les Prophètes.	642
CHAP. XXII. Le Pèlerinage de la Mecque.	646
CHAP. XXIII. Les Croyants.	649
CHAP. XXIV. La Lumière.	652
CHAP. XXV. Al Forkan, ou la Distinction.	655
CHAP. XXVI. Les Poëtes.	657
CHAP. XXVII. La Fourmi.	662
CHAP. XXVIII. L'Histoire.	665
CHAP. XXIX. L'Araignée.	669
CHAP. XXX. Les Grecs.	671
CHAP. XXXI. Lokman.	673
CHAP. XXXII. L'Adoration.	675
CHAP. XXXIII. Les Confédérés.	676
CHAP. XXXIV. Saba.	679
CHAP. XXXV. Les Anges.	681
CHAP. XXXVI. Ias.	683
CHAP. XXXVII. Les Rangs.	685
CHAP. XXXVIII. S.	688
CHAP. XXXIX. Troupes.	690
CHAP. XL. Le Croyant.	693
CHAP. XLI. Distinctement séparés.	696
CHAP. XLII. La Délibération.	698
CHAP. XLIII. Ornements d'or.	700
CHAP. XLIV. La Fumée.	703
CHAP. XLV. La Génuflexion.	704
CHAP. XLVI. Alah-kaf.	705
CHAP. XLVII. Mohammed.	707
CHAP. XLVIII. La Victoire.	708
CHAP. XLIX. Les Appartements.	710
CHAP. L. Kaf.	711
CHAP. LI. Qui Éparpillent.	712
CHAP. LII. Le Mont Sinaï.	713
CHAP. LIII. L'Étoile.	714
CHAP. LIV. La Lune.	715
CHAP. LV. Le Miséricordieux.	716
CHAP. LVI. L'Événement.	717
CHAP. LVII. Le Fer.	719
CHAP. LVIII. La Plaideuse.	720

	Pag.
CHAP. LIX. L'Émigration.	722
CHAP. LX. Mise à l'Épreuve.	723
CHAP. LXI. Ordre de bataille.	Ibid.
CHAP. LXII. L'Assemblée.	724
CHAP. LXIII. Les Hypocrites.	Ibid.
CHAP. LXIV. Déception mutuelle.	725
CHAP. LXV. Le Divorce.	726
CHAP. LXVI. La Défense.	Ibid.
CHAP. LXVII. L'Empire.	727
CHAP. LXVIII. La Plume.	728
CHAP. LXIX. Le Jour inévitable.	729
CHAP. LXX. Les Degrés.	730
CHAP. LXXI. Noé.	731
CHAP. LXXII. Les Génies.	Ibid.
CHAP. LXXIII. Le Prophète enveloppé dans son manteau.	732
CHAP. LXXIV. Le Prophète couvert de son manteau.	733
CHAP. LXXV. La Résurrection.	734
CHAP. LXXVI. L'Homme.	735
CHAP. LXXVII. Les Messagers.	Ibid.
CHAP. LXXVIII. La Grande Nouvelle.	736
CHAP. LXXIX. Les Anges qui arrachent les Ames.	737
CHAP. LXXX. Le Front sévère.	738
CHAP. LXXXI. Le Soleil ployé.	Ibid.
CHAP. LXXXII. Le Ciel qui se fend.	739
CHAP. LXXXIII. La Fausse Mesure.	Ibid.
CHAP. LXXXIV. L'Ouverture.	740
CHAP. LXXXV. Les Signes célestes.	Ibid.
CHAP. LXXXVI. L'Étoile nocturne.	741
CHAP. LXXXVII. Le Très-Haut.	Ibid.
CHAP. LXXXVIII. Le Voile.	Ibid.
CHAP. LXXXIX. L'Aurore.	742
CHAP. XC. Le Territoire.	Ibid.
CHAP. XCI. Le Soleil.	743
CHAP. XCII. La Nuit.	Ibid.
CHAP. XCIII. Le Soleil de la Matinée	Ibid.
CHAP. XCIV. N'avons-nous pas Ouvert?	Ibid.
CHAP. XCV. Le Figuier.	744
CHAP. XCVI. Le Sang coagulé.	Ibid.
CHAP. XCVII. Al Kadr.	Ibid.
CHAP. XCVIII. Le Signe évident.	Ibid.
CHAP. XCIX. Le Tremblement de terre.	Ibid.
CHAP. C. Les Coursiers.	745
CHAP. CI. Le Corps.	Ibid.
CHAP. CII. Le Désir de s'enrichir.	Ibid.
CHAP. CIII. L'Heure de l'après-midi	Ibid.
CHAP. CIV. Le Calomniateur.	Ibid.
CHAP. CV. L'Éléphant.	Ibid.
CHAP. CVI. Le Koréichites.	746
CHAP. CVII. Les Estentiels.	Ibid.
CHAP. CVIII. Le Kauther.	Ibid.
CHAP. CIX. Les Infidèles.	746
CHAP. CX. L'Assistance.	Ibid.
CHAP. CXI. Abou Lahab.	Ibid.
CHAP. CXII. L'Amitié de Dieu.	Ibid.
CHAP. CXIII. L'Aube du jour.	Ibid.
CHAP. CXIV. Les Hommes.	Ibid.

Le Borda, poëme en l'honneur de Mohammed, traduit de l'arabe, par M. le baron Silvestre de Sacy.

FIN DE LA TABLE DES CHAPITRES DU KORAN.

TABLE ALPHABÉTIQUE

DES NOMS PROPRES

ET

DES TERMES RELATIFS A LA RELIGION ET AUX USAGES

CONTENUS DANS LES LOIS DE MANOU.

A

ADJIGARTA, Liv. X, st. 105.
AGASTYA, saint fameux, V, 22.
AGNI, Dieu du feu, régent du sud-est, III, 85; IX, 314.
AHANKARA, le sentiment du moi, I, 14.
AHOUTA, adoration sans offrande, III, 73, 74.
AKCHAMALA, femme de Vasichtha, IX, 23.
AMBACHTHA, homme né d'un Brâhmane et d'une Vaisyâ, X, 8, 47.
AMRITA, ambroisie, II, 162, *note*.
ANDJALI, salut respectueux, II, 70.
ANDHRA, fils d'un Vaidéha et d'une Kârâvarâ, X, 36, 48.
ANGAS ou VÉDANGAS, livres sacrés accessoires, II, 105.
ANGIRAS, l'un des dix Pradjâpatis, I, 35.
ANOUMATI, déesse, III, 86.
ANTYAVASAYI, homme né d'un Tchandâla et d'une Nichâdi, X, 39.
ANTARIKCHA, l'atmosphère, I, 13.
APSARAS, nymphes, I, 37, *note*.
ASOURAS, Titans, génies en hostilité avec les Dévas, I, 37.
ASWAMÉDHA, sacrifice du cheval, V, 53.
ASWIS, médecins des Dieux, IV, 231.
ATHARVA-VÉDA, XI, 33.
ATIKRITCHHRA, pénitence, XI, 213.
ATITHI, hôte, III, 102.
ATRI, l'un des Pradjâpatis, compté au nombre des législateurs, I, 35; III, 16.
AVABHRITHA, sacrifice supplémentaire, XI, 82.
AVASATHYA, feu ainsi nommé, III, 100, *note*.
AVYAKTA, principe invisible, XII, 50.
AUM, le monosyllabe sacré, nom mystique de la Divinité, II, 74.

â

ABHIRA, homme né d'un Brâhmane et d'une Ambachthâ, Liv. X, st. 15.
ADITYAS, génies qui président aux douze mois, XI, 221.
AHAVANIYA, feu du sacrifice, II, 231, *note*.
AHINDIKA, fils d'un Nichâda et d'une Vaidéhi, X, 37.
ARYAVARTA, séjour des hommes honorables, II, 22.
ATCHARYA, instituteur, II, 140.
ATMA, l'âme, VIII, 84.
AVRITA, fils d'un Brâhmane et d'une Ougrâ, X, 15.
AYOGAVA, fils d'un Soûdra et d'une Vaisyâ, X, 12, 48.

B

BALI, oblation, Liv. III, st. 87.
BHADRAKALI, III, 89.
BHARADWADJA, Richi, X, 107.
BHOUR, BHOUVAH, SWAR, mots sacrés signifiant : *terre, atmosphère, ciel*, II, 76.
BHOUTATMA, le corps, XII, 12.
BHRIGOU, l'un des Pradjâpatis, I, 35; III, 16.
BOUDDHI, l'intelligence, I, 15, *note*.
BRAHMA, le Créateur, I, 9.
BRAHMANAS, préceptes, partie du Véda, I, 3, *note*.
BRAHMANE, homme de la classe sacerdotale, I, 31, 88.
BRAHMANI, femme de la classe sacerdotale.
BRAHMARCHI, contrée, II, 19.
BRAHMASATTRA, oblation de la sainte Écriture, II, 106.
BRAHMATCHARI, élève en théologie, novice, II, 41.
BRAHMAVARTA, pays ainsi nommé, II, 17.
BRAHME, l'Être suprême, éternel, infini; principe et essence du monde, I, 98.
BRAHMYA-HOUTA, offrande divine, III, 73, 74.

D

DAKCHINA, feu des cérémonies, Liv. II, st. 231.
DARADAS, X, 44.
DÉVAS, Dieux, génies du ciel, I, 36, *note*.
DHANWANTARI, Dieu de la médecine, III, 85.
DHARANA, poids d'or ou d'argent, VIII, 135.
DHARMA, Dieu de la justice, IX, 129.
DHARMA-SASTRA, Livre de la loi, I, 10.
DHIGVANA, fils d'un Brâhmane et d'une Ayogavi, X, 15, 49.
DJATA, coiffure particulière, II, 219, *note*.
DJIVA, l'intelligence, XII, 13.
DRAVIDAS, X, 44.
DRICHADWATI, rivière, II, 17.
DRONA, mesure de capacité, VII, 126.
DYAVA, Déesse du ciel, III, 86.
DWAPARA-YOUGA, second âge, I, 68, *note*; 83 *et suiv.*
DWIDJA, homme régénéré, membre de l'une des trois premières classes, II, 26, *note*.

E

EKODDICHTA, Srâddha en l'honneur d'une seule personne, Liv. III, st. 247.

G

GANDHARBAS, musiciens célestes, Liv. I, st. 37, *note*.

TABLE ALPHABÉTIQUE.

GANGA, Déesse du Gange, VIII, 92.

GARHAPATYA, feu nuptial, feu sacré; un Brâhmane, en se mariant, l'allume en prenant du feu au foyer d'une personne respectable; II, 231.

GOLAKA, adultérin né après la mort du mari, III, 174.

GOTAMA, législateur, III, 16.

GOUHYAKA, demi-dieu, gardien des trésors de Kouvéra, XII, 47.

GOUNAS, qualités au nombre de trois, XII, 24 et suiv.

GOUROU, directeur, maître spirituel, II, 142.

GOUROU (Vrihaspati), régent de la planète de Jupiter, XI, 119.

GRAMA, commune, village, VII, 115.

GRIHASTHA, maître de maison, III, 2.

H

HIMAVAT, ou HIMALAYA, Liv. II, st. 21, note.

HIRANYAGARBHA, I, 9, note.

HOMA, oblation de riz et de beurre faite dans le feu, III, 84.

HOUTA, offrande, III, 73, 74.

I

INDRA, chef des Dévas, roi du ciel et régent de l'Est, Liv. III, st. 87.

K

KALI-YOUGA, quatrième âge, Liv. I, st. 68, note; 81 et suiv.

KALPA, jour de Brahmâ, I, 72.

KAMANDALOU, aiguière, II, 64, note.

KAMBODJAS, X, 44.

KANYAKOUBJA, II, 19, note.

KARANA, homme né d'un Vaisya et d'une Soûdrâ, X, 6, note.

KARAVARA, fils d'un Nichâda et d'une Vaidéhi, X, 36.

KARCHAPANA, poids de cuivre, VIII, 136.

KASYAPA, saint ou Richi, I, 37; note; IX, 129.

KATAPOUTANA, génie malfaisant, XII, 71.

KAVI, fils d'Angiras, II, 151.

KCHATRYA, guerrier, homme de la classe militaire et royale, I, 31 89.

KCHATTRI, homme né d'un Soûdra et d'une Kchatriyâ, X, 12, 49.

KCHÉTRADJNA, l'âme, XII, 12.

KÉSANTA, cérémonie, II, 65.

KHASAS, X, 44.

KINNARAS, demi-dieux qui ont une tête de cheval, I, 39.

KIRATAS, X, 44.

KOTSA, saint ou Richi, XI, 249.

KOUKKOUTAKA, fils d'un Soûdra et d'une Nichâdî, X, 18.

KOUHOU, déesse, III, 86.

KOULA, étendue de terrain, VII, 119.

KOUMBHA, mesure de capacité, VIII, 320.

KOUNDA, adultérin né pendant la vie du mari, III, 174.

KOUROUKCHÉTRA, II, 19, note.

KOUSA, herbe sacrée (Poa cynosuroïdes), II, 75.

KOUVÉRA, Dieu des richesses, et régent du Nord, III, 87.

KRATOU, l'un des Pradjâpatis, I, 35.

KRICHNALA, poids d'or, d'argent ou de cuivre, VIII, 134.

KRITA-YOUGA, le premier âge, l'âge d'or, I, 68, note; 81 et suiv.

L

LOKAPALAS, gardiens du monde, Liv. V, st. 96.

M

MACHA, poids d'or ou d'argent, Liv. VIII, st. 134.

MACHAKA, poids d'argent, VIII, 135.

MADGOU, fils d'un Brâhmane et d'une Ougrâ, X, 48.

MADHOUPARKA, offrande hospitalière, III, 119.

MADHYADÉSA, pays du milieu, II, 21.

MAGADHA, homme né d'un Vaisya et d'une Kchatriyâ, X, 11, 47.

MAHARCHI, saint éminent, I, 1. Les dix Maharchis, I, 35.

MAHAT, le principe intellectuel, I, 15.

MAHA-YADJNAS, grandes oblations au nombre de cinq, III, 69 et suiv.

MACHICHYA, fils d'un Kchatriya et d'une Vaisyâ, X, 6.

MAITRAKCHADJYOTIKA, malin esprit, XII, 72.

MAITRÉYAKA, fils d'un Vaidéha et d'une Ayogavî, X, 33.

MANAS, le sentiment, le sens interne, I, 14, 15, note.

MANDAPALA, saint ou Richi, IX, 23.

MANOU SWAYAMBHOUVA, le premier des Manous, I, 33, 61.

MANTRAS, prières des Védas, I, 3, note.

MANWANTARA, période d'un Manou, I, 79.

MARGAVA, fils d'un Nichâda et d'une Ayogavî, X, 34.

MARÎTCHI, l'un des Pradjâpatis, I, 35.

MAROUTA, nom de Vâyou, XI, 121.

MAROUTS, génies du vent, XI, 221.

MASAS, mois, III, 273, note.

MATSYA, II, 19.

MÉDA, fils d'un Vaidéha et d'une Nichâdî, X, 36, 48.

MÎMANSA, doctrine philosophique, XII, 109-111.

MITRA, l'un des Adityas, XII, 121.

MLÉTCHHAS, Barbares, II, 23; X, 44.

MOKCHA, délivrance finale, I, 98, note.

MOUNI, personnage sanctifié, I, 59, note.

MOURDHABHICHIKTA, fils d'un Brahmane et d'une Kchatriyâ, X, 6, note.

N

NAGAS, dragons, Liv. I, st. 37.

NAHOUCHA, prince de la dynastie lunaire, VII, 41.

NARA, l'esprit divin, I, 10.

NARADA, nom de l'un des dix Pradjâpatis, I, 35.

NARAKAS, séjours infernaux, IV, 87 et suiv.; XII, 75 et suiv.

NARAYANA, I, 10, note.

NICHADA, fils d'un Brâhmane et d'une Soûdrâ, X, 8, 48.

NICHKA, poids, VIII, 137.

NIHSRÉYASA, délivrance finale, XII, 82.

NIMI, roi de Mithila, VII, 41.

NIRGHATA, bruit surnaturel, I, 38, note.

NIROUKTA, glossaire des termes obscurs du Véda, XII, 111.

NIRRITI, divinité qui préside au sud-ouest, XI, 104.

NIVITI, Dwidja dont le cordon est attaché à son cou, II, 63.

NIYAMAS, devoirs pieux, IV, 204.

NYAYA, système philosophique, XII, 111.

O

ODRAS, Liv. X, st. 44.

OTTAMI, troisième Manou, I, 62.

OUGRA, fils d'un Kchatriya et d'une Soûdrâ, X, 9, 49.
OULKAMOUKHA, malin esprit, XII, 71.
OUPADHYAYA, sous-précepteur, II, 141.
OUPANAYANA, initiation, investiture, II, 36, note.
OUPANICHADS, traités théologiques, II, 140.
OUPAVÎTI, Dwidja qui porte le cordon sur l'épaule gauche, II, 63.

P

PAHLAVAS, Liv. X, st. 44.
PAKCHA, quinzaine lunaire; chaque mois est divisé en deux quinzaines, la blanche et la noire, I, 66, note.
PALA, poids, VIII, 135.
PANA, poids de cuivre, VIII, 136.
PANDOUSOPAKA, fils d'un Tchandâla et d'une Vaidéhî, X, 37.
PANIGRAHA, union des mains, mariage, III, 43.
PANTCHALA, II, 19.
PARADAS, X, 44.
PARAKA, genre de pénitence, XI, 215.
PARAMATMA, l'âme universelle, VI, 65.
PARA-POUROUCHA, le grand Être, XII, 122.
PARIVETTRI, jeune frère marié avant son aîné, III, 171.
PARIVITTI, frère aîné qui ne s'est pas marié avant son jeune frère, III, 171.
PARIVRADJAKA, mendiant ascétique, VI, 54, note.
PAVAKA, un des noms d'Agni, XI, 121.
PINDANWAHARYA, Srâddha ainsi nommé, III, 122.
PISATCHAS, vampires, génies malfaisants, I, 37, note.
PITRIS, ancêtres divins, Mânes, I, 37; III, 192 et suiv.
PONDRAKAS, X, 44.
POUKKASA, fils d'un Nichâda et d'une Soûdrâ, X, 18, 49.
POULAHA, l'un des dix Pradjâpatis, I, 35.
POULASTYA, l'un des Pradjâpatis, I, 35.
POURANA, poids, VIII, 136.
POURANAS, antiques légendes, III, 232; XII, 109.
POUROHITA, conseiller spirituel.
POUROUCHA, le mâle divin, I, 11.
POUROUHOUTA, nom d'Indra, XI, 121.
PRAKRITI, la nature, la matière première, I, 5, note.
PRADAKCHINA, cérémonie honorifique, II, 48.
PRADJAPATI, Seigneur des créatures; nom donné à Brahmâ, à Virâdj, aux dix Maharchis et aux Manous, I, 34.
PRADJAPATYA, genre de pénitence, XI, 211.
PRAHOUTA, offrande excellente, III, 73, 74.
PRALAYA, destruction du monde, I, 6, note.
PRASITA, bon repas, III, 73, 74.
PRATCHÉTAS, l'un des Pradjâpatis, I, 35.
PRATCHÎNAVÎTI, Dwidja qui porte le cordon sur l'épaule droite, II, 63.
PRAYAGA, II, 21.
PRITHIVÎ, Déesse de la terre, III, 86.
PRITHOU, roi de l'Inde, VII, 42; IX, 44.

R

RADJARCHI, Richi, ou saint de la classe royale, Liv. IX, st. 67.
RADJAS, qualité de passion, XII, 24 et suiv.
RAHOU, le nœud ascendant personnifié, IV, 110, note.
RAIVATA, nom du cinquième Manou, I, 62.
RAKCHASAS, géants, génies malfaisants, I, 37, note.
RAJI-TCHAKRA, Zodiaque, IV, 69, note.
RICHI, saint, I, 1. Les sept Richis, VIII, 110.

RITCH (ou avec le mot Véda et par euphonie, Rig-Véda), nom du premier des Védas, ou Livres saints, I, 3, note. 23; IV, 123, 124.
RITOUS, saisons au nombre de six, III, 273, note.
RITWIDJ, chapelain célébrant, II, 143.
ROUDRAS, Dieux ainsi nommés, XI, 221.

S

SABHYA, feu ainsi nommé, Liv. III, st. 100, note.
SADHYAS, génies, I, 22.
SAIRINDHRA, fils d'un Dasyou et d'une Ayogavi, X, 32.
SAKALAS, offrandes, XI, 200.
SAKAS, X, 44.
SAKRA, nom d'Indra, VIII, 386.
SAKHA, branche des Védas, V, 91.
SAMA, nom du troisième Véda I, 23; IV, 123, 124.
SAMANODAKAS, parents éloignés, V, 60.
SANDYAS, devoirs pieux, II, 69.
SANHITA, collection de prières des Védas, XI, 77.
SANNYASI, dévot ou mendiant ascétique, VI, 54, note.
SANSKARAS, sacrements, II, 26 et suiv.
SANTAPANA, genre de pénitence, XI, 212.
SAPINDANA, Srâddha ainsi nommé, III, 247.
SAPINDAS, parents, V, 60; IX, 187.
SARANGI, femme de Mandapâla, IX, 23.
SARASWATÎ, rivière, II, 17, note.
SARASWATÎ, Déesse de l'éloquence, VIII, 105.
SARIRA, la forme visible, I, 17.
SARPAS, serpents divins, I, 37.
SASTRA, livre, science, loi, IV, 19, note.
SATAMANA, poids d'argent, VIII, 137.
SATTWA, qualité de bonté, XII, 24 et suiv.
SAVANAS, les trois moments ainsi nommés, VI, 22.
SAVITRÎ, prière, II, 77.
SIVA ou HARA, XI, 221.
SMRITI, la tradition, la loi dont le sens a été conservé, mais non dans les mêmes termes, II, 10.
SNATAKA, élève ayant terminé son noviciat, maître de maison, II, 245.
SNATAKAS, mendiants vertueux, XI, I, 2.
SOMA, Dieu de la lune et chef des Brâhmanes, III, 85; IX, 129.
SOMA, plante consacrée à la lune (*asclepias acida*); le jus de cette plante est aussi nommé *soma*, III, 158; XI, 7
SOMA-VANSA, race lunaire, VII, 42, note.
SONAKA, Mouni célèbre, III, 16.
SOPAKA, fils d'un Tchandâla et d'une Poukkasi, X, 38.
SOUDAMA, fils de Piyavana, VIII, 110.
SOUDASA, roi d'Ayodhâ, VII, 41.
SOUDRA, homme de la classe servile, I, 31, 9
SOUMOUKHA, roi, VII, 41.
SOUNAHSÉPHA, X, 105, note.
SOUPARNAS, oiseaux divins, I, 37.
SOURASÉNAKA, II, 19.
SOURYA, Dieu du soleil, IV, 231.
SOURYA-VANSA, race solaire, VII, 42, note.
SOUTA, fils d'un Kchatriya et d'une Brâhmanî, X, 11, 47.
SOUVARNA, poids d'or, VIII, 135.
SRADDHA, service funèbre, cérémonie en l'honneur des Dieux ou des Mânes, III, 122.
SRÎ, Déesse de l'abondance, III, 89.
SROUTI, la révélation, l'Écriture Sainte, que les Indiens

croient avoir été révélée par Brahma, II, 10.
SVABRAHMANYAS, prières, IX, 126.
SWADHA, exclamation adressée aux Mânes dans le repas funèbre, III, 223, 252.
SWAPAKA, fils d'un Kchattri et d'une Ougrâ, X, 19.
SWARGA, ciel ou paradis, séjour des Dieux et des bienheureux, XII, 20.
SWAROTCHICHA, le second Manou, I, 62.

T

TAMAS, obscurité primitive, Liv. I, st. 5. Qualité d'obscurité, XII, 24 et suiv.
TAMASA, le quatrième Manou, I, 62.
TANMATRAS, rudiments subtils des éléments, I, 15, note.
TAPTAKRITCHHRA, pénitence ainsi appelée, XI, 214.
TARPANA, libation d'eau fraîche, II, 176.
TCHAILASAKA, mauvais génie, XII, 72.
TCHAKCHOUCHA, le sixième Manou, I, 62.
TCHANDALA, homme impur, né d'un Soûdra et d'une Brâhmani, X, 12.
TCHANDRA, Dieu de la lune, III, 85; IX, 314.
TCHANDRAYANA, pénitence ainsi appelée, XI, 216.
TCHINAS, X, 44.
TCHOUNTCHOU, fils d'un Brâhmane et d'une Vaidéhî, X, 48.
TILA, *Sesamum orientale*, III, 210; XI, 91.
TITHI, jour lunaire.
TRASARÉNOU, première quantité perceptible, VIII, 132.
TRÉTA-YOUGA, second âge, I, 68, note; 81 et suiv.

V

VAHNI, nom d'Agni, Liv. XI, st. 121.
VAIDÉHA, fils d'un Vaisya et d'une Brâhmani, X, 11, 47.
VAIVASWATA, le septième Manou, I, 62, note.
VAIVASWATA, nom de Yama, VIII, 92.
VAISWANARI, oblation particulière, XI, 27.
VAISYA, homme de la classe commerçante et agricole, I, 31, 90.
VAMADEVA, Richi, X, 106.

VANAPRASTHA, ermite, anachorète, VI, 2.
VAROUNA, Dieu des eaux, III, 87; VIII, 82; IX, 245, 308.
VASICHTHA, l'un des dix Pradjâpatis, auquel on attribue un code qui existe encore, I, 35; VIII, 140.
VASICHTHA, célèbre Mouni, VII, 42, note; VIII, 110.
VASOUS, Dieux ainsi nommés, XI, 221.
VASTOSPATI, Dieu domestique, III, 89.
VATA, nom de Vayou, XI, 119.
VATSA, saint ou Richi, VIII, 116.
VÉDA ou VÉDA-SASTRA, la Sainte Écriture, I, 3, note; 23.
VÉDANGAS, livres sacrés accessoires, II, 105.
VÉDANTA, partie théologique du Véda, II, 160, note.
VÉNA, ancien roi, VII, 41; IX, 66.
VÉNA, homme né d'un Vaidéha et d'une Ambachthi, X, 19, 49.
VICHNOU, XII, 121.
VINASANA, pays ainsi nommé, II, 21.
VINDHYA, montagne, II, 21.
VIRADJ, I, 32.
VISWAMITRA, prince de la race lunaire et célèbre Mouni, VII, 42; IX, 314, note; X, 108.
VISWAS-DÉVAS, Dieux ainsi nommés, III, 85.
VITANA, mode de disposition du feu, VI, 9.
VRATYAS, excommuniés, II, 39; X, 20 et suiv.
VYAHRITIS, mots sacrés, II, 76.

Y

YADJOUS (ou avec le mot Véda, et par euphonie, Ya-djour-Véda), nom du second des Védas ou Livres saints, Liv. I, st. 23; IV, 122, 123.
YAKCHA, demi-dieu, gardien des trésors de Kouvéra, I, 37; XII, 47.
YAMA, juge des morts, et régent du Midi, III, 87.
YAMAS, devoirs moraux, IV, 204.
YATI, dévot ou mendiant ascétique, VI, 54.
YAVANA, roi ainsi nommé, VII, 41.
YAVANAS, X, 44.
YODJANA, mesure égale à neuf milles anglais, XI, 75.
YOUGAS, âges humains, I, 68, 81 et suiv.

FIN DE LA TABLE ALPHABÉTIQUE.

www.ingramcontent.com/pod-product-compliance
Lightning Source LLC
Chambersburg PA
CBHW061732300426
44115CB00009B/1191